山顺明 主编

华东师范大学图书馆藏新方志目录

第四册

索　引

国家图书馆出版社

书名笔画字头索引

十一画

十二画

十三画

书名笔画索引

一 画

二　画

二　画

二 画

三 画

三　画

三　画

三　画

三　画

三 画

三　画

三　画

三　画

三　画

三　画

三　画

三　画

三 画

b21765017　山东冶金地质公司志 / 1023
b21765029　山东冶金志　1904-1987 / 1018
b49550706　山东苔藓志 / 1020
b22431676　山东苔藓植物志 / 1020
b22431640　山东林木昆虫志 / 1020
b20951255　山东果树志 / 1021
b50817590　山东昆嵛山自然保护区志 / 1021
b41235125　山东明水经济开发区志 / 1032
b45479926　山东明水铝土矿志　957-1985 / 1032
b44795142　山东河口经济开发区志 / 1074
b50247396　山东河西黄金集团有限公司志 / 1087
b4998231x　山东诚信工程建设监理有限公司志　1996-2016 / 1023
b21570012　山东建筑工程学院院志　1956-1996 / 1025
b17645499　山东建筑大学校志　1956-2006 / 1025
b41375993　山东药用植物志 / 1020
b20951280　山东树木志 / 1021
b50729950　山东威海文登南桥村志　2015 / 1120
b45873379　山东省广饶县第一中学志　1951-2011 / 1079
b21570024　山东省广饶第一中学校志　1951-2001 / 1079
b50248029　山东省卫生防疫站　山东省环境卫生监测站站志　1992-2002 / 1026
b49849517　山东省卫生防疫站　山东省环境卫生监测站站志（济南）/ 1026
b50221978　山东省卫生志 / 1021
b22431664　山东省艺术馆馆志　1957-2007 / 1024
b36013766　山东省区域地质志 / 1020
b46443423　山东省中医药研究院院志　1958-2013 / 1026
b21570061　山东省水文事业志 / 1021
b50066572　山东省计算中心志　2006-2016 / 1023
b50817371　山东省平度市地名志 / 1051
b41235848　山东省平度经济开发区志　1992-2012 / 1051
b46668883　山东省东阿县第一中学校志　1950-2015 / 1152
b18806247　山东省北镇中学志 / 1154
b49851329　山东省电力工业志 / 1017
b20103542　山东省电力学校志　1958-2008 / 1112
b49942414　山东省外经贸工会志　1973-2016 / 1016
b13245910　山东省地名志　第 1 卷 1-2 / 1019
b20018836　山东省地名录　东营市 / 1071
b16357498　山东省地名录　泰安市 / 1112
b2001885x　山东省地名录　菏泽地区 / 1160
b20018848　山东省地名录　淄博市 / 1056
b20018824　山东省地名录　滨州地区 / 1154
b22431652　山东省地质矿产志 / 1020
b44916103　山东省地质矿产科学技术志 / 1020

三　画

b15370884　山东省志　第 13 卷 外事志 / 1008
b46274236　山东省志　第 13 卷 外事志 1986–2005 / 1008
b10570810　山东省志　第 14 卷 民政志 / 1008
b10570809　山东省志　第 15 卷 公安志 / 1008
b46188071　山东省志　第 15 卷 公安志 1986–2005 / 1008
b1341527x　山东省志　第 16 卷 司法志 / 1008
b10570792　山东省志　第 17 卷 军事志 / 1008
b13749341　山东省志　第 18 卷 农业志 / 1008
b10570780　山东省志　第 19 卷 林业志 / 1008
b15693533　山东省志　第 1 卷 序例目录 / 1007
b10570779　山东省志　第 20 卷 水利志 / 1008
b16583231　山东省志　第 21 卷 黄河志 / 1009
b10570767　山东省志　第 22 卷 水产志 / 1009
b10570755　山东省志　第 23 卷 一轻工业志 / 1009
b13155908　山东省志　第 24 卷 二轻工业志 / 1009
b10570743　山东省志　第 25 卷 纺织工业志 / 1009
b10570731　山东省志　第 26 卷 丝绸志 / 1009
b1057072x　山东省志　第 27 卷 烟草志 / 1009
b10570718　山东省志　第 28 卷 陶瓷工业志 / 1009
b10570706　山东省志　第 29 卷 乡镇企业志 / 1009
b15545039　山东省志　第 2 卷 大事记 / 1007
b1057069x　山东省志　第 30 卷 机械工业志 / 1009
b10570688　山东省志　第 31 卷 电子工业志 / 1009
b13155805　山东省志　第 32 卷 冶金工业志 / 1009
b10570676　山东省志　第 33 卷 黄金工业志 / 1009
b46188083　山东省志　第 33 卷 黄金工业志 1986–2005 / 1009
b10570664　山东省志　第 34 卷 化学工业志 / 1010
b10570652　山东省志　第 35 卷 医药志 / 1010
b10564445　山东省志　第 36 卷 石油工业志 / 1010
b10570640　山东省志　第 37 卷 电力工业志 / 1010
b13155891　山东省志　第 38 卷 煤炭工业志 / 1010
b10570639　山东省志　第 39 卷 农机志 / 1010
b15539787　山东省志　第 3 卷 建置志 / 1007
b10570627　山东省志　第 40 卷 交通志 / 1010
b10570615　山东省志　第 41 卷 铁路志 / 1010
b15222160　山东省志　第 42 卷 邮电志 / 1010
b15222172　山东省志　第 43 卷 城乡建设志 / 1010
b13155817　山东省志　第 44 卷 建筑志 / 1010
b1315588x　山东省志　第 45 卷 环境保护志 / 1010
b10572491　山东省志　第 46 卷 建材工业志 / 1010
b1057248x　山东省志　第 47 卷 测绘志 / 1010
b10572478　山东省志　第 48 卷 商业志 / 1011

三　画

b13155842 山东省志 第 83 卷 档案志 / 1013
b1658322x 山东省志 第 84 卷 人物志 / 1013
b47299575 山东省志 第 85 卷 盐业志 前 26 世纪 -2005 / 1013
b17707080 山东省志 第 86 卷 诸子名家志 辛弃疾 李清照 / 1014
b14054619 山东省志 第 86 卷 诸子名家志 诸葛亮 / 1013
b13415293 山东省志 第 86 卷 诸子名家志 颜真卿 / 1013
b47299587 山东省志 第 87 卷 大事记 1999–2008 / 1014
b36133991 山东省志 第 87 卷 民政志 1988–2005 / 1014
b20214984 山东省志 第 87 卷 铁路志 1986–2005 / 1014
b14882383 山东省志 第 88 卷 山东文物事业大事记 1840–1999 / 1014
b47299678 山东省志 第 88 卷 统计志 1992–2005 / 1014
b47299605 山东省志 第 89 卷 交通志 1986–2005 / 1014
b20953720 山东省志 第 89 卷 税务志 1986–2005 / 1014
b10570846 山东省志 第 8 卷 地震志 / 1007
b50160679 山东省志 第 90 卷 邮政志 1996–2005 / 1014
b36000966 山东省志 第 90 卷 海事志 1861–2005 / 1014
b44749570 山东省志 第 91 卷 发展计划志 1993–2005 / 1014
b49953199 山东省志 第 91 卷 环境保护志 1996–2005 / 1014
b44795270 山东省志 第 92 卷 政权志 1983–2005 / 1014
b44795269 山东省志 第 93 卷 石油工业志 1996–2005 / 1014
b46240068 山东省志 第 94 卷 保险志 1991–2005 / 1014
b47317097 山东省志 第 95 卷 测绘志 1991–2005 / 1015
b47317103 山东省志 第 96 卷 工会志 1994–2005 / 1015
b47079137 山东省志 第 97 卷 物价志 1997–2005 / 1015
b47415113 山东省志 第 98 卷 广播电视志 1991–2005 / 1015
b4948994x 山东省志 第 99 卷 海洋与渔业志 1986–2005 / 1015
b10570834 山东省志 第 9 卷 海洋志 / 1007
b21764992 山东省劳改 劳教志 1840–1985 / 1017
b2010361x 山东省医学科学院志 / 1026
b51079926 山东省利津县第二中学志 1952–2012 / 1078
b20951279 山东省邹县土壤志 / 1106
b47073639 山东省沂水县王家箕山村志 富官庄镇 / 1132
b36247534 山东省即墨一中志 1904–2004 / 1048
b46562242 山东省青岛第十七中学志 1954–2014 / 1041
b4491541x 山东省拍卖行业协会志 / 1024
b20368768 山东省招远县地名志 / 1087
b16635784 山东省图书馆志 / 1024
b20368756 山东省兖州县地名志 / 1103
b49505646 山东省单县师范学校志 / 1162
b49625524 山东省单县国土资源志 / 1161
b2037866x 山东省郓城县地名志 / 1163
b46011912 山东省建筑科学研究院史志 1958–1993 / 1027

三　画

三　画

b47126061 山西省志 人民代表大会志 / 171
b36708628 山西省志 人事志 / 171
b50346866 山西省志 工业统计志 / 171
b45445448 山西省志 大事记 / 170
b46551098 山西省志 气象志 / 171
b46551475 山西省志 化学工业志 / 170
b50346970 山西省志 古戏台志 / 171
b46274418 山西省志 古建筑志 / 170
b46551323 山西省志 电力工业志 / 170
b46551074 山西省志 外事侨务志 / 171
b45445497 山西省志 民主党派和工商联志 / 170
b4544545x 山西省志 发展改革志 / 170
b21570073 山西省志 交通志 / 170
b36708604 山西省志 农业机械化志 / 170
b45445485 山西省志 劳动和社会保障志 / 170
b36708586 山西省志 医药志 / 171
b49506274 山西省志 邮政志 / 171
b45445436 山西省志 财政志 / 170
b46551311 山西省志 体育志 / 171
b49953187 山西省志 证券志 / 171
b36708616 山西省志 社会科学志 / 171
b45445461 山西省志 纺织工业志 / 170
b46551451 山西省志 物价志 / 171
b36708598 山西省志 供销合作社志 / 170
b46551463 山西省志 审计志 / 171
b45445473 山西省志 科学技术志 / 170
b47365985 山西省志 第 10 卷 林业志 / 172
b47365948 山西省志 第 11 卷 非物质文化遗产志 / 172
b47366035 山西省志 第 12 卷 政区沿革志 / 172
b4736600x 山西省志 第 13 卷 农业统计志 / 172
b47365936 山西省志 第 14 卷 地震志 / 172
b50234249 山西省志 第 15 卷 煤炭志 / 172
b50268703 山西省志 第 16 卷 楹联志 / 172
b47366023 山西省志 第 1 卷 铁路志 / 172
b47365961 山西省志 第 2 卷 检察志 / 172
b20883018 山西省志 第 3 卷 军事志 / 172
b47365924 山西省志 第 4 卷 地方税务志 / 172
b4736595x 山西省志 第 5 卷 机械电子工业志 / 172
b47366011 山西省志 第 6 卷 农业学大寨志 / 172
b20462323 山西省志 第 78 卷 人物志 / 173
b47365997 山西省志 第 7 卷 民政志 / 172
b47365912 山西省志 第 8 卷 陈永贵志 / 172

三　画

b10982176　山西通志　第 19 卷 轻工业志 / 174
b10982176　山西通志　第 1 卷 总述 / 173
b10982176　山西通志　第 20 卷 纺织工业志 / 174
b10982176　山西通志　第 21 卷 交通志 公路水运篇 / 174
b10982176　山西通志　第 21 卷 交通志 民用航空篇 / 174
b10982176　山西通志　第 22 卷 铁路志 / 174
b10982176　山西通志　第 23 卷 邮电志 / 174
b10982176　山西通志　第 24 卷 测绘志 / 174
b10982176　山西通志　第 25 卷 城乡建设环境保护志 环保篇 / 174
b10982176　山西通志　第 25 卷 城乡建设环境保护志 城乡建设篇 建筑业篇 / 174
b10982176　山西通志　第 26 卷 商业志 供销合作社篇 / 175
b10982176　山西通志　第 26 卷 商业志 商业贸易篇 / 175
b10982176　山西通志　第 27 卷 粮食志 / 175
b10982176　山西通志　第 28 卷 对外贸易志 / 175
b10982176　山西通志　第 29 卷 财政志 / 175
b10982176　山西通志　第 2 卷 地理 / 173
b10982176　山西通志　第 30 卷 金融志 / 175
b10982176　山西通志　第 31 卷 经济管理志 工商行政管理篇 / 175
b10982176　山西通志　第 31 卷 经济管理志 计划统计物价篇 / 175
b10982176　山西通志　第 31 卷 经济管理志 技术监督篇 / 175
b10982176　山西通志　第 31 卷 经济管理志 劳动篇 / 175
b10982176　山西通志　第 31 卷 经济管理志 物资设备成套篇 / 175
b10982176　山西通志　第 31 卷 经济管理志 审计篇 / 175
b10982176　山西通志　第 32 卷 党派群团志 / 175
b10982176　山西通志　第 33 卷 政务志 人民代表大会篇 / 175
b10982176　山西通志　第 33 卷 政务志 政府篇 / 176
b10982176　山西通志　第 33 卷 政务志 政治协商会议篇 / 175
b10982176　山西通志　第 34 卷 政法志 司法行政篇 / 176
b10982176　山西通志　第 34 卷 政法志 审判篇 / 176
b10982176　山西通志　第 34 卷 政法志 检察篇 / 176
b10982176　山西通志　第 34 卷 政法志 警察篇 / 176
b10982176　山西通志　第 35 卷 民政志 / 176
b10982176　山西通志　第 36 卷 军事志 / 176
b10982176　山西通志　第 37 卷 教育志 / 176
b10982176　山西通志　第 38 卷 科学技术志 / 176
b10982176　山西通志　第 39 卷 社会科学志 / 176
b10982176　山西通志　第 3 卷 气象志 / 173
b10982176　山西通志　第 40 卷 文化艺术志 / 176
b10982176　山西通志　第 41 卷 卫生医药志 卫生篇 / 176
b10982176　山西通志　第 41 卷 卫生医药志 医药篇 / 176
b10982176　山西通志　第 42 卷 体育志 / 176
b10982176　山西通志　第 43 卷 新闻出版志 广播电视篇 / 176

三　画

三　画

三　画

三　画

三　画

b12488550　广西通志　第 19 卷 教育志 / 1536
b12488550　广西通志　第 1 卷 自然地理志 / 1535
b12488550　广西通志　第 20 卷 邮电志 / 1536
b12488550　广西通志　第 21 卷 体育志 / 1536
b12488550　广西通志　第 22 卷 民俗志 / 1537
b12488550　广西通志　第 23 卷 科学技术志 / 1537
b12488550　广西通志　第 24 卷 民航志 / 1537
b12488550　广西通志　第 25 卷 地质矿产志 / 1537
b12488550　广西通志　第 26 卷 冶金工业志 / 1537
b12488550　广西通志　第 27 卷 煤炭工业志 / 1537
b12488550　广西通志　第 28 卷 电力工业志 / 1537
b40938761　广西通志　第 28 卷 电力工业志 1986–2002 / 1537
b12488550　广西通志　第 29 卷 农业志 / 1537
b12488550　广西通志　第 2 卷 地震志 / 1535
b12488550　广西通志　第 30 卷 糖业志 / 1537
b12488550　广西通志　第 31 卷 农垦志 / 1537
b12488550　广西通志　第 32 卷 测绘志 / 1537
b12488550　广西通志　第 33 卷 水利志 / 1537
b4093875x　广西通志　第 33 卷 水利志 1991–2005 / 1538
b12488550　广西通志　第 34 卷 人事志 / 1538
b12488550　广西通志　第 35 卷 政府志 / 1538
b12488550　广西通志　第 36 卷 大事记 / 1538
b12488550　广西通志　第 37 卷 科学技术协会志 / 1538
b12488550　广西通志　第 38 卷 政协志 / 1538
b12488550　广西通志　第 39 卷 经济总志 / 1538
b12488550　广西通志　第 3 卷 气象志 / 1535
b12488550　广西通志　第 40 卷 有色金属工业志 / 1538
b12488550　广西通志　第 41 卷 铁路志 / 1538
b49860756　广西通志　第 41 卷 铁路志 1991–2005 / 1538
b12488550　广西通志　第 42 卷 工会志 / 1538
b40938748　广西通志　第 42 卷 工会志 1991–2005 / 1538
b12488550　广西通志　第 43 卷 外事志 / 1538
b12488550　广西通志　第 44 卷 粮食志 / 1539
b12488550　广西通志　第 45 卷 劳动志 / 1539
b12488550　广西通志　第 46 卷 少数民族语言志 / 1539
b12488550　广西通志　第 48 卷 外经贸志 / 1539
b12488550　广西通志　第 49 卷 医疗卫生志 / 1539
b12488550　广西通志　第 4 卷 人口志 / 1535
b12488550　广西通志　第 50 卷 岩溶志 / 1539
b12488550　广西通志　第 51 卷 社会科学志 / 1539
b12488550　广西通志　第 52 卷 民俗志 / 1539
b12488550　广西通志　第 53 卷 生物志 / 1539

三　画

三　画

三　画

三　画

三　画

四　画

四　画

四　画

四 画

b49625986　开封市鼓楼区志　1986–2005 / 1201
b20182843　开封市鼓楼区教育志　初稿 / 1201
b20950238　开封市粮食志 / 1199
b1374334x　开封民族宗教志 / 1200
b50817693　开封老街志 / 1201
b49850209　开封地区农机志 / 1199
b22430519　开封农林科研所志　1958–1996 / 1201
b20102537　开封医专校志 / 1200
b20043752　开封县戏曲志 / 1203
b10647235　开封县志 / 1202
b45969395　开封县志 / 1202
b2001546x　开封县学校志 / 1203
b50861359　开封建置志　前 712–1996 / 1200
b50991577　开封政协志　1949.12–2009.4 / 1198
b47352474　开封档案志　1948–2010 / 1200
b20467643　开封菊花志 / 1201
b10603967　开封简志 / 1198
b45453093　开原市志　1986–2005 / 389
b10494893　开原县志 / 389
b50994001　开原崇寿寺志 / 389
b46011602　开鲁县义和塔拉镇五合村志　1913–2007 / 296
b13946079　开鲁县志 / 296
b19929596　开鲁县志　1998–2007 / 296
b44851868　开鲁县财政志　1908–2001 / 296
b50727485　开鲁县政协志　1980–2017 / 296
b50017007　开鲁检察志　2010–2016 / 296
b20577060　开滦二中校志 / 103
b40863888　开滦煤矿志　1989–2008 / 103
b15933799　天一阁藏书史志 / 739
b47206615　天下晋商　人物志 / 180
b37531712　天山天池志 / 2205
b10633911　天山区志 / 2187
b2001983x　天门水利志 / 1377
b47317309　天门市人口与计划生育志　1949–2004 / 1377
b50152555　天门市卫生志 / 1377
b4978979x　天门市志　1979–2003 / 1377
b40743810　天门市实验小学校志　1908–2008 / 1377
b17298556　天门市教育志　1986–2003 / 1377
b47415940　天门县土壤志 / 1377
b10728004　天门县志 / 1377
b45569691　天门金融志　1800–1985 / 1377
b16415474　天门教育志 / 1377

四　画

四　画

四　画

四 画

四　画

b12275281 云南少数民族婚俗志 / 1851
b20046960 云南中华职业教育社社志 1939-1997 / 1861
b2113621x 云南中药志 第1卷 / 1854
b12158616 云南风物志 / 1852
b1317924x 云南风物志 / 1852
b46665559 云南玉溪高新技术产业开发区志 1992-2007 / 1888
b51012315 云南石油化工集团有限公司志 2000.8-2005.8 / 1857
b49706184 云南电力线路器材厂厂志 1999.1-2008.12 / 1857
b5015719x 云南电网志 2002-2012 / 1850
b16446872 云南鸟类志 第1卷 非雀形目 / 1853
b22433041 云南民政志 / 1850
b50017032 云南民革志 / 1850
b53339770 云南民革志 / 1850
b20397604 云南民族药志 / 1854
b22433053 云南曲靖师宗县丹凤完全小学校志 1573-2008 / 1884
b36374659 云南曲靖师宗县丹凤镇第一中学校志 1985-2008 / 1884
b3637491x 云南曲靖师宗县教师进修学校校志 1978-2006 / 1884
b17991043 云南曲靖陆良文化小学教育志 1542-2006 / 1883
b47297001 云南曲靖陆良县三岔河镇第一中学校志 / 1883
b46377001 云南曲靖罗平九龙一中校志 建校 -2010 / 1885
b46531440 云南曲靖罗平九龙二中校志 1983-2009 / 1885
b46531452 云南曲靖罗平马街一中校志 1960-2010.12 / 1885
b4653099x 云南曲靖罗平马街镇教育志 古代 -2009 / 1885
b50207969 云南曲靖罗平老厂第一中学校志 建校 -2009 / 1885
b20044380 云南曲靖罗平县教育志 1978-2005 / 1885
b50207945 云南曲靖罗平阿岗二中校志 1997-2009 / 1885
b46376483 云南曲靖罗平阿岗镇教育志 建校 -2009 / 1885
b46377013 云南曲靖罗平钟山一中校志 1969-2009 / 1885
b50066948 云南华电金沙江中游水电开发有限公司志 2005-2015 / 1857
b44749430 云南会泽铅锌矿志 / 1887
b49706251 云南壮剧志 / 1947
b49706196 云南交通技师学院志 2008-2013 / 1860
b17457725 云南农业大学志 / 1860
b41235733 云南红河竹类图志 / 1937
b10975901 云南两栖类志 / 1853
b5023447x 云南金星化工有限公司志 1967 — 2007 / 1939
b11257386 云南鱼类志 / 1853
b20807156 云南审判志 1900-1994 / 1850
b4548031x 云南建行志 / 1858
b21766216 云南经济木材志 / 1854
b15656780 云南政协通志 / 1849
b20250551 云南树木图志 / 1854

四 画

b16445491 云南省永平县地名志 / 1963
b16430517 云南省永胜县地名志 / 1913
b12158537 云南省永善县地名志 / 1908
b16436945 云南省永德县地名志 / 1924
b47331380 云南省台湾事务志 1991-2010 / 1850
b50349806 云南省老龄工作志 纪念云南省老龄委成立三十周 1984-2013 / 1850
b36245045 云南省地震监测志 / 1852
b16436246 云南省西畴县地名志 / 1948
b1614191x 云南省西盟佤族自治县地名志 / 1921
b36374696 云南省有色地质三O八队志 / 1939
b16449484 云南省师宗县地名志 / 1884
b16431984 云南省曲靖市地名志 / 1879
b20019464 云南省曲靖市教育志 / 1879
b36374672 云南省曲靖地区畜禽疫病志 / 1880
b41235630 云南省血吸虫病防治史志 续集 / 1854
b16425765 云南省会泽县地名志 / 1887
b16425728 云南省江川县地名志 / 1894
b16449526 云南省江城哈尼族彝族自治县地名志 / 1920
b16423987 云南省安宁县地名志 / 1873
b46667866 云南省农业科学院志 1950-2004 / 1862
b50207684 云南省农业科学院科技情报研究所志 1985-2004 / 1861
b2176623x 云南省农村金融志 / 1851
b50207970 云南省农垦总局第二职工医院志 1972-2010 / 1972
b20807314 云南省设计院院志 1952-1993 / 1862
b16859339 云南省寻甸回族彝族自治县地名志 / 1877
b1644730x 云南省牟定县地名志 / 1931
b19518250 云南省红河州新型少数民族说唱曲种志略 / 1937
b16436477 云南省红河县地名志 / 1943
b17581680 云南省红河哈尼族彝族自治州民族志 / 1937
b16425923 云南省贡山独龙族怒族自治县地名志 / 1977
b45445333 云南省志 财税志 1978-2005 / 1849
b46274145 云南省志 金融志 修改稿 1978-2008 / 1849
b15544989 云南省志 卷首 / 1843
b10586659 云南省志 第10卷 技术监督志 / 1843
b16449435 云南省志 第11卷 乡镇企业志 / 1844
b10586647 云南省志 第12卷 财政志 / 1844
b10586635 云南省志 第13卷 金融志 / 1844
b10586623 云南省志 第14卷 商业志 / 1844
b10586611 云南省志 第15卷 粮油志 / 1844
b16425224 云南省志 第16卷 对外经济贸易志 / 1844
b1058660x 云南省志 第17卷 供销合作社志 / 1844
b10546789 云南省志 第18卷 轻工业志 / 1844

b13999904 云南省志 第57卷 司法志 / 1847
b10586453 云南省志 第58卷 汉语方言志 / 1847
b15222731 云南省志 第59卷 少数民族语言文字志 / 1847
b14031085 云南省志 第5卷 植物志 / 1843
b10586441 云南省志 第60卷 教育志 / 1847
b15638145 云南省志 第61卷 民族志 / 1847
b15539702 云南省志 第62卷 文物志 / 1848
b10546832 云南省志 第63卷 地名志 / 1848
b15222123 云南省志 第64卷 土地志 / 1848
b1058643x 云南省志 第65卷 侨务志 / 1848
b10586428 云南省志 第66卷 宗教志 / 1848
b10586416 云南省志 第67卷 环境保护志 / 1848
b10546844 云南省志 第68卷 旅游志 / 1848
b20133182 云南省志 第69卷 卫生志 / 1848
b10586672 云南省志 第6卷 动物志 / 1843
b10586404 云南省志 第70卷 医药志 / 1848
b17398186 云南省志 第71卷 人口志 / 1848
b10586398 云南省志 第72卷 体育志 / 1848
b15539696 云南省志 第73卷 文化艺术志 / 1848
b16047278 云南省志 第74卷 文学志 / 1849
b10546868 云南省志 第75卷 社会科学志 / 1849
b13999953 云南省志 第76卷 出版志 / 1849
b10546856 云南省志 第77卷 报业志 / 1849
b10586386 云南省志 第78卷 广播电视志 / 1849
b13999977 云南省志 第79卷 档案志 / 1849
b20133157 云南省志 第7卷 科学技术志 / 1843
b15638169 云南省志 第80卷 人物志 / 1849
b16424219 云南省志 第81卷 卷末 / 1849
b10586660 云南省志 第8卷 经济综合志 / 1843
b13999850 云南省志 第9卷 工商行政管理志 / 1843
b16425893 云南省呈贡县地名志 / 1863
b47415575 云南省邱北县水利水电志 / 1950
b16436507 云南省邱北县地名志 / 1950
b16445351 云南省沧源佤族自治县地名志 / 1926
b16431959 云南省陆良县地名志 / 1883
b12158549 云南省武定县地名志 / 1934
b40935486 云南省林业科学院志 / 1862
b20806309 云南省林业调查规划设计院志 / 1862
b46899509 云南省林业勘察设计院志 / 1861
b16449496 云南省昆明市五华区地名志 / 1864
b49669254 云南省昆明市石林彝族自治县北山村志 / 1875
b16449447 云南省昆明市地名志 / 1861

四　画

b16436568　云南省耿马傣族佤族自治县地名志 / 1926
b49706226　云南省监狱志　1951-1995 / 1850
b16425571　云南省峨山彝族自治县地名志 / 1897
b46665730　云南省畜禽遗传资源志 / 1854
b20807168　云南省烟草志 / 1850
b21766241　云南省烟草科学研究所志 / 1891
b3753175x　云南省烟草科学研究所志　1999-2007 / 1891
b36013444　云南省家畜家禽品种志 / 1854
b16425066　云南省宾川县地名志 / 1962
b16431996　云南省祥云县地名志 / 1961
b1643206x　云南省勐海县地名志 / 1953
b16432022　云南省勐腊县地名志 / 1954
b16425613　云南省通海县地名志 / 1895
b16447256　云南省绥江县地名志 / 1908
b20806310　云南省检察志　1910-1985 / 1850
b47073299　云南省第二劳动教养管理所志 / 1934
b50727758　云南省第三化工技工学校校志　1990-2005 / 1860
b49677664　云南省第三强制隔离戒毒所志　2004-2015 / 1888
b16445582　云南省麻栗坡县地名志 / 1949
b49814953　云南省商务志　1985-2005 / 1851
b16436556　云南省梁河县地名志 / 1973
b16449502　云南省维西傈僳族自治县地名志 / 1982
b36013456　云南省综合简志 / 1849
b16445612　云南省绿春县地名志 / 1944
b40739521　云南省森林公安志　1980-2009 / 1850
b16436908　云南省景东彝族自治县地名志 / 1918
b1643691x　云南省景谷傣族彝族自治县地名志 / 1919
b16436490　云南省景洪县地名志 / 1953
b36374684　云南省税务志　1949-1993 / 1851
b16445971　云南省鲁甸县地名志 / 1906
b11160469　云南省普洱哈尼族彝族自治县地名志 / 1916
b2095265x　云南省道路交通管理志 / 1851
b22433065　云南省道路交通管理图志 / 1851
b16425716　云南省富宁县地名志 / 1951
b12158562　云南省富民地名志 / 1873
b20405133　云南省富民县第一中学校志　1944-1994 / 1873
b16425649　云南省富源县地名志 / 1886
b22433077　云南省富源县第一中学校志　1941.3-2007.3 / 1886
b16445399　云南省禄丰县地名志 / 1935
b21766228　云南省禄劝彝族苗族自治县地名志 / 1877
b16447268　云南省瑞丽县地名志 / 1973
b16447578　云南省蒙自县地名志 / 1938

四 画

四　画

四　画

四 画

四　画

四　画

b20105253 中共本溪市委党校校志 1949-1999 / 369
b47585067 中共石林县委志 / 1875
b50777877 中共石棉县委宣传部续修部志 1986-2006 / 1739
b45480436 中共平谷区委党校校志 / 49
b47126310 中共平遥县委党校志 1956.5-2014.12 / 232
b42305056 中共东营市委政法委志 / 1069
b46442388 中共四川省委党校函授教育志 第 1 卷 总院卷 / 1633
b46874136 中共四川省委党校函授教育志 第 2 卷 省直机关 中专 重庆 涪陵 万县 黔江 成都 / 1633
b46874148 中共四川省委党校函授教育志 第 3 卷 南充 广安 成铁 攀钢 检察 工商 石油 巴中 达州 / 1633
b4687415x 中共四川省委党校函授教育志 第 4 卷 绵阳 遂宁 广元 德阳 雅安 / 1634
b46874161 中共四川省委党校函授教育志 第 5 卷 宜宾 内江 资阳 泸州 自贡 / 1634
b46874173 中共四川省委党校函授教育志 第 6 卷 乐山 眉山 攀枝花 甘孜 阿坝 凉山 / 1634
b20952910 中共仪陇县委志 1985-2002 / 1717
b46012217 中共吉林市委党校校志 1952-2002 / 418
b50207611 中共西山区委政策研究室志 / 1869
b2040525x 中共成都市委党校志 / 1644
b20466596 中共名山县委志 1950-2005 / 1737
b20816042 中共江苏省委党校史志 / 573
b20806632 中共安顺市西秀区委组织志 / 1808
b20105241 中共安徽省委党校校志 1951-2001 / 834
b20952909 中共寿光市委党校志 1948-2008 / 1094
b46274170 中共运城市委党校志 1948-2013 / 234
b49669072 中共赤峰地区宣传志 1945-2014 / 287
b47073330 中共苍溪县委党校校志 1951-2008 / 1695
b17486749 中共丽江市委党校志 / 1911
b49938629 中共库伦旗委组织志 / 296
b20142031 中共沈阳市委党校校志 1949-1989 / 335
b20578337 中共阿坝州委党校志 / 1748
b21571351 中共阿城市委党校志 1949.10-2000.12 / 462
b20578374 中共武汉市委党校志 1951-1991 / 1297
b46240494 中共茂名市委办公室简志 1958-2008 / 1505
b20141956 中共杭州市委党校校志 1992-2002 / 709
b47206810 中共昌宁县委党校志 / 1904
b45480424 中共荆门市委党校志 1959-2009 / 1341
b50727825 中共荆门市组织志 1923.9-2005.12 / 1341
b16403964 中共南阳县委志 1926-1986 / 1260
b5081798x 中共咸阳市委中心工作志 1984-2008 / 2034
b37531530 中共临沂市委党校志 1942-2012 / 1128
b22433247 中共香格里拉县委志 1978-2005 / 1981
b50992430 中共重庆市委办公厅志 1949-2006 / 1595
b46012515 中共重庆市委党校函授志 1985-2010 / 1595
b46274182 中共重庆市渝北区委党校（行政学校）志 1991-2009 / 1611

四　画

四　画

b49534488 中国工商银行泸州市分行志 / 1676
b49534270 中国工商银行湖北省分行行志 1985–2005 / 1300
b38892650 中国大兴安岭植物志 / 493
b20182594 中国云南曲靖宣威田坝镇教育志 / 1881
b17319924 中国云南两个少数民族村落影像民俗志 民俗文化在传播中的意义 / 1852
b49669047 中国太平洋人寿保险股份有限公司无锡分公司志 1989–2008 / 592
b49669059 中国太平洋财产保险股份有限公司无锡分公司志 1989–2008 / 592
b27574799 中国内蒙古土种志 / 277
b3642772x 中国内蒙古森工集团内蒙古大兴安岭林管局志 2000–2011 / 304
b49705829 中国水电顾问集团昆明勘测设计研究院志 续编 11996–2005 / 1862
b49704680 中国水电顾问集团贵阳勘测设计研究院志 2003–2007 / 1785
b21571429 中国水稻研究所志 1981–1999 / 717
b4583748x 中国长白山木本植物彩色图志 / 404
b17515920 中国长白山观赏植物彩色图志 / 404
b49963181 中国长白山药食兼用植物资源种志 / 404
b36730373 中国长白山食用植物彩色图志 / 404
b21571363 中国长白山植物资源志 / 404
b16144302 中国长白山蝶类彩色图志 / 404
b20105307 中国计量学院志 / 715
b23379832 中国古城名胜图志 山东卷 / 1019
b45453901 中国石化(新星石油公司)西北石油局钻井志 1955–2000 / 2186
b49550354 中国石化洛阳石油化工工程公司志 / 1206
b51012467 中国石油天然气股份有限公司江苏销售公司志(南京)/ 575
b50269008 中国石油化工股份有限公司齐鲁分公司塑料厂志 2002–2011 / 1054
b50151642 中国石油四川岷江销售分公司志 2006–2010 / 1660
b50777671 中国石油吉林省吉林市销售分公司志 1955–2005 / 419
b21767336 中国石油地质志 大港油田 / 62
b17305792 中国石油地质志 玉门油田卷 / 2114
b17302201 中国石油地质志 第 14 卷 青藏油气区 / 2136
b2176685x 中国石油地质志 第 3 卷 辽河油田 / 385
b17302493 中国石油地质志 第 5 卷 华北油田 / 83
b50044849 中国石油西北销售公司志 2001–2015 / 2090
b49669096 中国石油新疆销售公司志 1954–2013 / 2186
b50779539 中国东风汽车公司志丛书 刃量具厂分卷 2000–2008 / 1318
b50779382 中国东风汽车公司志丛书 车轮公司分卷 1984–1998 / 1317
b50779370 中国东风汽车公司志丛书 车架厂分卷 1984–1998 / 1317
b49939063 中国东风汽车公司志丛书 车箱厂分卷 1984–1998 / 1318
b50779540 中国东风汽车公司志丛书 水厂分卷 1984–1998 / 1317
b50779357 中国东风汽车公司志丛书 动力设备厂分卷 1984–1998 / 1317
b50779394 中国东风汽车公司志丛书 传动轴厂分卷 1984–1997 / 1316
b50779497 中国东风汽车公司志丛书 汽车运输处分卷 1984–1998 / 1317
b50779564 中国东风汽车公司志丛书 制泵厂分卷 1984–1998 / 1317

四　画

b45828635　中国白族村落影像文化志 狮河村 / 1965
b45828544　中国白族村落影像文化志 海印村 / 1957
b45828763　中国白族村落影像文化志 诺邓村 / 1964
b45828520　中国白族村落影像文化志 梅园村 / 1965
b45828738　中国白族村落影像文化志 喜洲村 / 1957
b45828775　中国白族村落影像文化志 新华村 / 1966
b15237734　中国外运上海公司志 / 498
b4584091x　中国市政工程西北设计研究院院志 1959–1994 / 2092
b20807363　中国民用航空志 东北地区卷 / 329
b44953562　中国民用航空志 西北地区卷 / 2005
b40863943　中国民用航空志 华东地区卷 / 504
b40969484　中国民用航空志 华北地区卷 / 81
b37530422　中国民用航空志 新疆卷 / 2181
b46562199　中国民主同盟石家庄市志 / 85
b36093786　中国民主建国会合肥市地方组织志 / 834
b36234618　中国民主建国会福建省地方组织志 / 890
b50207313　中国民主促进会个旧市地方组织志 1983–2014 / 1939
b12697631　中国民主党派上海市地方组织志 / 496
b23002979　中国民主党派上海市松江区地方组织志 / 545
b17726190　中国民主党派江西省地方组织志 / 950
b17248048　中国民俗文化志 北京 第 1 卷 门头沟区卷 / 38
b17248048　中国民俗文化志 北京 第 2 卷 宣武区卷 / 28
b17248048　中国民俗文化志 北京 第 3 卷 大兴区卷 / 47
b17248048　中国民俗文化志 北京 第 4 卷 顺义区卷 / 43
b17248048　中国民俗文化志 北京 第 5 卷 平谷区卷 / 49
b22921588　中国民航飞行学院志 1956–2000 / 1680
b17707894　中国民航华东空管志 / 504
b20136250　中国刑事警察学院院志 / 340
b50151599　中国吉林昌邑区志 1986–2002 / 421
b1100969x　中国地方志民俗资料汇编 中南卷 / 1388
b11260087　中国地方志民俗资料汇编 东北卷 / 330
b1121031x　中国地方志民俗资料汇编 西北卷 / 2006
b1054723x　中国地方志民俗资料汇编 华东卷 / 512
b11308710　中国地方志民俗资料汇编 华北卷 / 82
b18905407　中国共产党八十年湖南图志 衡阳卷 / 1407
b20018149　中国共产党广州市荔湾区委员会组织志 1919–1993.12 / 1476
b45837582　中国共产党天水市委员会志 1985–2011 / 2099
b36129525　中国共产党辽宁省政法志 1945–1985 / 328
b15560570　中国共产党西安市委员会志 1925.10–2002.7 / 2010
b46006321　中国共产党西藏历史图志 / 1986
b16766994　中国共产党在上海 85 年图志 / 495
b5086189x　中国共产党成都市新都历史图志 第 1 卷 1921–1978 / 1654

四 画

b10643059 中国曲艺志 吉林卷 / 403
b10643059 中国曲艺志 西藏卷 / 1987
b10643059 中国曲艺志 江西卷 / 949
b10643059 中国曲艺志 江苏卷 / 569
b10643059 中国曲艺志 安徽卷 / 831
b10643059 中国曲艺志 河北卷 / 82
b10643059 中国曲艺志 河南卷 / 1171
b10643059 中国曲艺志 贵州卷 / 1778
b10643059 中国曲艺志 黑龙江卷 / 452
b10643059 中国曲艺志 湖北卷 / 1293
b10643059 中国曲艺志 湖南卷 / 1387
b10643059 中国曲艺志 福建卷 / 891
b40805852 中国曲艺志 北京卷 初审稿 第 1 卷 志略 曲(书)目表 上 / 20
b40805852 中国曲艺志 北京卷 初审稿 第 2 卷 志略 曲(书)目表 下 / 20
b40805852 中国曲艺志 北京卷 初审稿 第 3 卷 志略 曲种 / 20
b40805852 中国曲艺志 北京卷 初审稿 第 4 卷 志略 音乐 舞台美术 / 20
b40806492 中国曲艺志 江苏卷 初稿 第 1 卷 综述 / 569
b40806492 中国曲艺志 江苏卷 初稿 第 2 卷 演出习俗 演出行话 轶闻传说 谚语口诀 / 569
b40806492 中国曲艺志 江苏卷 初稿 第 3 卷 曲种 / 569
b40806492 中国曲艺志 江苏卷 初稿 第 4 卷 曲(书)目 / 569
b40806492 中国曲艺志 江苏卷 初稿 第 5 卷 大事年表 / 569
b40806492 中国曲艺志 江苏卷 初稿 第 6 卷 传记 / 569
b40806492 中国曲艺志 江苏卷 初稿 第 7 卷 舞台美术 文物古迹 报刊专著 附录(目录) / 569
b40806492 中国曲艺志 江苏卷 初稿 第 8 卷 音乐 / 569
b40806492 中国曲艺志 江苏卷 初稿 第 9 卷 表演 / 570
b3636650x 中国江苏常熟服装城志 / 646
b22433314 中国农工民主党石家庄史志 1981.10–2004.10 / 85
b22433302 中国农工民主党北京市西城区志 1949–2003 / 28
b47419982 中国农工民主党乐清市志 / 757
b44749454 中国农工民主党邯郸市志 1985–2010 / 112
b40837415 中国农工民主党昆明市委员会志 1989–2003 / 1855
b49804005 中国农业发展银行河南省分行志 1995–2002 / 1179
b49804017 中国农业发展银行湖南省分行志 / 1393
b22433326 中国农业科学院北京畜牧兽医研究所所志 1957–2007 / 24
b44916279 中国农业科学院兰州兽医研究所志 1954.10–1996.12 / 2091
b21766496 中国农业科学院郑州果树研究所志 1960–2010 / 1182
b45840908 中国农业科学院哈尔滨兽医研究所所志 1999–2008 / 460
b41235794 中国农业科学院麻类研究所所志 1958–1997 / 1394
b50207702 中国农业银行大理白族自治州分行志 1979–2008 / 1956
b49804273 中国农业银行开封市分行行志 1955–2004 / 1199
b44916206 中国农业银行云南省分行志 1991–2008 / 1859
b49804285 中国农业银行内蒙古自治区分行志 / 278

四　画

四　画

b22169118　中国禅宗三祖寺志 / 856
b20099356　中国嵩山少林寺武术学校志 / 1197
b50007907　中国新药志　1985–2000 / 514
b40806066　中国煤炭志　山东卷 / 1018
b40806078　中国煤炭志　山西卷 / 178
b40805979　中国煤炭志　广东卷 / 1465
b40805980　中国煤炭志　广西卷 / 1544
b40805967　中国煤炭志　甘肃卷 / 2083
b40805943　中国煤炭志　北京卷 / 13
b4080608x　中国煤炭志　四川卷 / 1635
b40806054　中国煤炭志　辽宁卷 / 329
b40806029　中国煤炭志　吉林卷 / 402
b40806091　中国煤炭志　西藏卷 / 1986
b40806042　中国煤炭志　江西卷 / 948
b40806030　中国煤炭志　江苏卷 / 568
b40805931　中国煤炭志　安徽卷 / 831
b4080592x　中国煤炭志　附卷 重庆卷 / 1596
b22433296　中国煤炭志　河南卷 / 1170
b40805992　中国煤炭志　贵州卷 / 1778
b40806005　中国煤炭志　黑龙江卷 / 452
b40806017　中国煤炭志　湖北卷 / 1292
b40806108　中国煤炭志　新疆卷 / 2181
b40805955　中国煤炭志　福建卷 / 890
b13797311　中国福利会志 / 496
b23003406　中国福建省龙岩市东肖镇志 / 933
b36128533　中和乡志 / 1699
b50828393　中和镇志 / 1901
b49460614　中岳庙志 / 1197
b46670026　中河岛志 / 610
b51011712　中油辽河工程有限公司志　1989–2012 / 384
b21766435　中城村志 / 206
b2176654x　中南矿冶学院志　1952–1982 / 1394
b21855031　中南院志　1949–1989 / 1394
b49550317　中钢衡重志　衡冶厂志续编 1981–2010 / 1408
b4548045x　中信重型机械公司志　1986–2005 / 1206
b50642674　中洪村志 / 541
b49982084　中洲垸农场志　1957–1985 / 1349
b50151691　中敖中学志　1958–2005 / 1610
b44915421　中盐吉兰泰盐化集团有限公司志 / 320
b21590588　中原乡志　1948–1987 / 1184
b17962043　中原区志 / 1183
b45969449　中原区林山寨村志 / 1184

四 画

四　画

四　画

四　画

四　画

四　画

b12488537　长春市志　第 11 卷 公路交通志 / 406
b12488537　长春市志　第 12 卷 邮电志 / 406
b12488537　长春市志　第 13 卷 农业机械化志 / 406
b12488537　长春市志　第 14 卷 农业志 / 406
b12488537　长春市志　第 15 卷 粮食志 / 406
b12488537　长春市志　第 16 卷 蔬菜志 / 406
b12488537　长春市志　第 17 卷 畜牧业志 / 406
b12488537　长春市志　第 18 卷 商业志 / 406
b12488537　长春市志　第 19 卷 金融志 / 406
b12488537　长春市志　第 1 卷 自然地理志 / 405
b12488537　长春市志　第 20 卷 体育志 / 406
b12488537　长春市志　第 21 卷 民俗方言志 / 406
b12488537　长春市志　第 22 卷 城市煤气志 城市热力志 / 406
b12488537　长春市志　第 23 卷 城市供水志 / 406
b12488537　长春市志　第 24 卷 电影志 / 406
b12488537　长春市志　第 25 卷 少数民族志 宗教志 / 407
b12488537　长春市志　第 26 卷 文物志 / 407
b12488537　长春市志　第 27 卷 卫生志 / 407
b12488537　长春市志　第 28 卷 环境保护志 / 407
b12488537　长春市志　第 29 卷 军事志 / 407
b12488537　长春市志　第 2 卷 土地志 / 405
b12488537　长春市志　第 30 卷 人大志 / 407
b12488537　长春市志　第 31 卷 计划志 / 407
b12488537　长春市志　第 32 卷 人口志 / 407
b12488537　长春市志　第 33 卷 公安志 / 407
b12488537　长春市志　第 34 卷 人事志 / 407
b12488537　长春市志　第 35 卷 文化艺术志 / 407
b12488537　长春市志　第 36 卷 政府志 / 407
b12488537　长春市志　第 37 卷 劳动志 / 407
b12488537　长春市志　第 38 卷 工商行政管理志 / 407
b12488537　长春市志　第 39 卷 审计志 / 408
b12488537　长春市志　第 3 卷 审判志 / 405
b12488537　长春市志　第 40 卷 乡镇企业志 / 408
b12488537　长春市志　第 41 卷 民用航空志 / 408
b12488537　长春市志　第 42 卷 司法行政志 / 408
b12488537　长春市志　第 43 卷 妇联志 / 408
b12488537　长春市志　第 44 卷 高等教育志 / 408
b12488537　长春市志　第 45 卷 电子工业志 / 408
b12488537　长春市志　第 46 卷 税务志 / 408
b12488537　长春市志　第 47 卷 民政志 / 408
b12488537　长春市志　第 48 卷 水产志 / 408
b12488537　长春市志　第 49 卷 政协志 / 408

四　画

四　画

四　画

四 画

四　画

b21569150　六盘水市志　第 29 卷 交通志 / 1791
b16438206　六盘水市志　第 2 卷 地理志 / 1789
b21569204　六盘水市志　第 30 卷 统计志 / 1791
b21569149　六盘水市志　第 31 卷 检察志 / 1791
b21569125　六盘水市志　第 32 卷 城乡建设志 / 1791
b21569137　六盘水市志　第 33 卷 党派群团志 / 1791
b21569228　六盘水市志　第 34 卷 武警志 / 1791
b21569241　六盘水市志　第 35 卷 冶金工业志 / 1791
b22430751　六盘水市志　第 36 卷 大事记 1276–1991 / 1791
b22082748　六盘水市志　第 37 卷 外贸志 / 1791
b36093191　六盘水市志　第 38 卷 劳动和社会保障志 / 1791
b36245823　六盘水市志　第 39 卷 政协志 / 1792
b16860974　六盘水市志　第 3 卷 人民代表大会志 / 1789
b46378601　六盘水市志　第 40 卷 质量技术监督志 / 1792
b50013300　六盘水市志　第 41 卷 商业志 / 1792
b50065427　六盘水市志　第 42 卷 司法行政志 / 1792
b50207416　六盘水市志　第 43 卷 人物志 / 1792
b50206849　六盘水市志　第 44 卷 供销合作志 / 1792
b50207428　六盘水市志　第 45 卷 审判志 / 1792
b20950470　六盘水市志　第 46 卷 文学艺术志 / 1792
b36247017　六盘水市志　第 47 卷 乡镇企业志 / 1792
b50207404　六盘水市志　第 48 卷 财政志 / 1792
b2208275x　六盘水市志　第 49 卷 工会志 / 1792
b17482719　六盘水市志　第 4 卷 政府志 / 1789
b20585366　六盘水市志　第 5 卷 邮电志 / 1789
b20401942　六盘水市志　第 6 卷 城乡规划志 / 1789
b20774175　六盘水市志　第 7 卷 公安志 / 1789
b20774187　六盘水市志　第 8 卷 蔬菜水产志 / 1789
b20774266　六盘水市志　第 9 卷 环境保护志 / 1789
b49865262　六盘水市钟山区志　1988–2008 / 1793
b5020807x　六盘水市钟山区志　荷城街道志 / 1794
b41234406　六盘水市钟山区志政协志　1988–2010 / 1794
b46995468　六盘水市教育志 / 1793
b46899200　六盘水市第一实验中学志（原水矿集团公司第一中学）1970–2010 / 1793
b49471880　六盘水市简志 / 1792
b50811381　六盘水师范高等专科学校志 / 1793
b40879951　六朝九江志 / 964
b40935437　六街乡志　1257–2007 / 1870
b17992072　六横志 / 806
b36379098　文大村志 / 1589
b50777956　文山壮族苗族自治州人民医院志　1950–2008 / 1947
b17482033　文山壮族苗族自治州文化艺术志 / 1946

四　画

四　画

四　画

b46551402　双林镇志 / 774
b40743755　双河乡志　1911-1992 / 1871
b46133331　双河村志 / 1965
b50727643　双河镇志 / 1343
b20103815　双河镇志 / 424
b51072646　双城市土地志 / 462
b50697407　双城市志　1986-2005 / 462
b10636651　双城县志 / 462
b4984989x　双城县粮食志 / 462
b50208445　双柏县人民代表大会志　1950-2005 / 1930
b16862107　双柏县水利志 / 1930
b50208457　双柏县水利志　1991-2005 / 1930
b13089821　双柏县志 / 1930
b36374052　双柏县林业志 / 1930
b46531038　双柏县政协志　1950-2009 / 1930
b51080163　双柏县粮食志 / 1930
b5302915x　双桥村志 / 599
b10570561　双鸭山市志 / 474
b50234869　双鸭山市烟草志 / 474
b22921485　双鸭山矿务局志　1914-1985 / 474
b37532030　双峰人物志 / 1450
b1973265x　双峰乡志 / 993
b20462104　双峰县志 / 1450
b49668948　双浜社区志 / 634
b20103827　双流中学志 / 1657
b22431871　双流中学志　1995-2009 / 1657
b50319796　双流县人民法院志　2005 本 / 1657
b49533010　双流县人事志　2005 / 1656
b20577746　双流县三星镇志 / 1656
b46668585　双流县万安镇志　2005 / 1656
b47045346　双流县广播电视志　2005 / 1657
b36379980　双流县中和镇志 / 1656
b20807284　双流县水利电力志 / 1658
b45453469　双流县文化体育新闻出版（版权）志　1986-2005 / 1657
b49640823　双流县东升镇志　2005 / 1656
b20883043　双流县共青团志 / 1656
b50992326　双流县兴隆镇瓦窑村志　1911-2012 / 1656
b50152518　双流县农机志　2005 年本 / 1657
b10727553　双流县志 / 1655
b51077425　双流县志　1911-1985 / 1655
b37531633　双流县志　1986-2005 / 1655
b50017329　双流县劳动和社会保障志　2005 年本 / 1657

五　画

五　画

五 画

五　画

b10572053 甘肃省志 第46卷 计量志 / 2079
b10572041 甘肃省志 第47卷 物资志 / 2079
b20806115 甘肃省志 第48卷 储备物资志 / 2079
b1057203x 甘肃省志 第49卷 商业志 / 2079
b16425431 甘肃省志 第4卷 政权志 人大 / 2075
b10572028 甘肃省志 第50卷 供销合作社志 / 2079
b10572016 甘肃省志 第51卷 工商行政管理志 / 2079
b10572004 甘肃省志 第52卷 粮食志 / 2079
b16425443 甘肃省志 第53卷 外经贸志 / 2079
b17688358 甘肃省志 第54卷 民主党派工商联志 / 2079
b17761025 甘肃省志 第55卷 群众团体志 工会 / 2079
b17959706 甘肃省志 第56卷 外事志 / 2079
b10571991 甘肃省志 第57卷 人事志 / 2079
b19757402 甘肃省志 第58卷 劳动志 / 2080
b19180214 甘肃省志 第59卷 教育志 / 2080
b10572247 甘肃省志 第5卷 公安志 / 2075
b1057198x 甘肃省志 第60卷 科学技术志 / 2080
b18776644 甘肃省志 第61卷 社会科学志 古代至一九九〇 / 2080
b45445047 甘肃省志 第62卷 档案志 / 2080
b16594617 甘肃省志 第63卷 新闻出版志 出版 / 2080
b19246894 甘肃省志 第64卷 广播电影电视志 / 2080
b50042087 甘肃省志 第65卷 文化志 上古-1985 / 2080
b35967389 甘肃省志 第66卷 烟草志 / 2080
b3624529x 甘肃省志 第67卷 医药卫生志 卫生 / 2080
b20806103 甘肃省志 第68卷 体育志 / 2080
b17761013 甘肃省志 第69卷 人口志 / 2080
b17959718 甘肃省志 第6卷 检察志 / 2075
b16325928 甘肃省志 第70卷 民族志 / 2080
b16425455 甘肃省志 第71卷 宗教志 / 2081
b49484746 甘肃省志 第72卷 公安志 1991-2010 / 2081
b47224551 甘肃省志 第72卷 附录 / 2081
b10572235 甘肃省志 第7卷 审判志 / 2075
b20953501 甘肃省志 第8卷 司法行政志 / 2075
b10572223 甘肃省志 第9卷 民政志 / 2075
b47206342 甘肃省志 税务志 甘肃税务 1986-1993 甘肃国税 1994-2010 / 2081
b49533472 甘肃省冶金科学技术志 / 2085
b36245288 甘肃省迭部县地名志 / 2126
b5077752x 甘肃省定西地区教育志 / 2119
b10578717 甘肃省建筑总公司志 1949-1989 / 2089
b17482835 甘肃省经济植物病害志 / 2084
b20100887 甘肃省经济管理干部学院志 1983-1994 / 2091
b10729288 甘肃省畜禽品种志 / 2085

五　画

b46934133　甘南藏族自治州水利志　1953–2013 / 2125
b13756898　甘南藏族自治州志 / 2124
b49963752　甘南藏族自治州金融志 / 2125
b50991346　甘南藏族自治州金融志　1991–2014 / 2125
b40864054　甘南藏族自治州藏医志 / 2125
b40649398　甘泉寺志 / 1063
b2020114x　甘泉县军事志　前 358–2005 / 2053
b10836263　甘泉县志 / 2053
b14259941　甘泉宫志 / 2041
b13992144　甘洛县志 / 1769
b50729561　甘眉（铝硅）工业园区志 / 1718
b16179183　甘家口街道志 / 36
b10646735　甘棠镇志 / 938
b20100875　甘旗卡一中志 / 298
b16140473　甘德县志 / 2146
b20280531　世纪留痕　二十世纪澳门教育大事志 / 2233
b19931499　古丈县民族志 / 1453
b14373634　古丈县志 / 1453
b4741618x　古夫镇志　1949–2003 / 1329
b22429633　古书院矿志　1958–2007 / 213
b19434777　古北口乡志　初稿 / 50
b21277369　古田县土地志 / 939
b20042504　古田县地名录 / 940
b13202911　古田县志 / 939
b27575597　古田县教育志 / 940
b47416129　古田临水宫志 / 940
b49981973　古田溪水力发电厂志 / 939
b17358395　古代开发西北人物志 / 2006
b2024535x　古交市交通志 / 188
b13274831　古交志 / 188
b2242961x　古交矿区建设志 / 188
b18471948　古交教育志 / 188
b19732089　古邳志 / 615
b49533125　古县人民代表大会志 / 257
b49611537　古县电力工业志　1971–2013 / 257
b50347275　古县合作金融志　1978–2012 / 257
b13946900　古县志 / 256
b11470598　古县志　初稿 / 256
b21763409　古县财政志 / 257
b22429645　古县牡丹志 / 257
b3753080x　古县现代人物志 / 257
b47316950　古县政协志　1985–2015 / 257

五　画

五 画

五　画

五　画

五　画

b13400150　龙陵县志 / 1903
b50208093　龙陵县志 / 1903
b40743500　龙陵县教育志 / 1903
b18838285　龙陵政协志 / 1903
b50269410　龙眼志　中国新型社会的岭南标本 / 1523
b17482665　龙眼洞村志 / 1477
b1558771x　龙港镇志 / 760
b49704655　龙湖区法院院志　1949–2005 / 1493
b50204804　龙湖华侨志 / 1493
b46667234　龙湾区风景旅游志 / 751
b22364729　龙湾农业志 / 754
b2176430x　龙游县卫生志 / 804
b21856874　龙游县水利志 / 804
b49938721　龙游县水利志 / 804
b51080187　龙游县地名志 / 804
b10983739　龙游县志 / 803
b50871122　龙游县志 / 803
b51080199　龙游县志 / 803
b49982527　龙游县建设志 / 804
b20015835　龙游县教育志 / 804
b20099435　龙游县教育志　1983–2005 / 804
b47242863　龙游政协志 / 803
b49982278　龙感湖农场志　1956–1985 / 1364
b49848975　龙煤集团鸡西分公司志　1986–2010 / 472
b36247443　龙潭区志　1986–2003 / 421
b1685939x　平山方言志 / 101
b22921734　平山县水利志 / 101
b20369001　平山县地名志 / 101
b10600231　平山县志 / 100
b50065464　平山县志　1992–2010 / 100
b49533915　平山县科学技术志 / 100
b1642461x　平山县教育志 / 100
b50137967　平山县教育志　2001–2015 / 101
b40739806　平川区人大志 / 2098
b50268600　平川区教育志　2003–2012 / 2098
b46012709　平乡县人大志　1938–2012 / 126
b13095857　平乡县志 / 126
b49639523　平乡县政协志 / 126
b20951024　平乡县第一中学校志 / 126
b46133525　平水镇志 / 780
b50778833　平电公司志 / 845
b49803499　平乐农业志 / 1561

五　画

五　画

五 画

五　画

五　画

五　画

b46551232 东莞市南城区志 / 1522
b49639997 东莞市统计志 / 1522
b18659056 东莞市桥头镇志 / 1522
b46995110 东莞市海洋与渔业志 / 1523
b49580784 东莞市黄江镇志 / 1521
b4093522x 东莞市检察志 / 1522
b20466614 东莞市常平镇志 / 1521
b22359618 东莞市常平镇桥梓村志 / 1521
b4064800x 东莞市横沥镇志 / 1521
b47073548 东莞市横沥镇村尾村志 / 1521
b22359953 东莞市樟木头镇志 / 1522
b44795038 东莞质量技术监督志 / 1523
b18120568 东莞政协志 1956–1998 / 1522
b17509579 东莞教育志 1979–2000 / 1523
b20922693 东莞植物志 / 1523
b46011092 东莞粮食志 / 1523
b40445793 东桥镇志 / 636
b16435291 东浦镇志 / 778
b41234777 东海民俗志 / 666
b36245227 东海县工会志 / 666
b10616780 东海县志 / 666
b49864701 东海县志 1990–2010 / 666
b50318615 东海县法院志 1912–2005 / 666
b21567499 东海县粮食志 / 666
b13501938 东海鱼类志 / 666
b16648262 东海镇志 / 532
b45969759 东流亭社区志 / 1045
b46010993 东陵区水利志 / 345
b13274533 东陵区志 1986–1990 / 345
b3624840x 东陵区志 1991–1995 / 345
b19733860 东陵区志 1996–2000 / 345
b40742787 东营区民政志 / 1072
b3753046x 东营区地方史志志 / 1072
b15656743 东营区志 / 1071
b20198279 东营区志 1998–2005 / 1071
b4707355x 东营区政协志 1984–2014 / 1072
b21763112 东营电力志 / 1070
b45841056 东营市工会志 / 1069
b49705118 东营市卫生防疫站志 / 1071
b50318305 东营市中级人民法院志 / 1069
b16466779 东营市水利志 / 1071
b3753144x 东营市水利志 2006–2010 / 1071

五 画

五　画

五 画

五　画

b21017992 北京师范大学名人志 学子篇 / 21
b21666064 北京师范大学名人志 校长篇 / 21
b17581667 北京各类型图书馆志 / 16
b1643271x 北京安徽会馆志稿 / 28
b44850888 北京农业志 第 1 卷 种植业篇 / 12
b16434328 北京志 工业卷 电力工业志 1888–1998 / 10
b4042585x 北京志 北京奥运会志 / 10
b3624515x 北京志 青年组织志 / 10
b22428768 北京志 海关志 评审稿 / 10
b16358090 北京志 第 100 卷 新闻出版广播电视卷 期刊志 / 9
b16358090 北京志 第 101 卷 新闻出版广播电视卷 出版志 / 9
b16358090 北京志 第 102 卷 新闻出版广播电视卷 广播电视志 / 9
b15550801 北京志 第 103 卷 卫生卷 卫生志 / 9
b15702662 北京志 第 104 卷 体育卷 体育志 / 10
b16883706 北京志 第 105 卷 民族宗教卷 民族志 / 10
b16883706 北京志 第 105 卷 民族宗教卷 宗教志 / 10
b49749109 北京志 第 106 卷 人物卷 人物志 / 10
b49788711 北京志 第 107 卷 民俗 方言卷 方言志 / 10
b40425873 北京志 第 107 卷 民俗 方言卷 民俗志 / 10
b40424595 北京志 第 10 卷 中央机构卷 中央机构志 / 1
b15545027 北京志 第 11 卷 政权政协卷 人民代表大会志 / 2
b46994919 北京志 第 12 卷 政权政协卷 政府志 / 2
b46010853 北京志 第 13 卷 政权政协卷 人民政协志 / 2
b15222147 北京志 第 14 卷 政务卷 民政志 / 2
b15222147 北京志 第 15 卷 政务卷 人事志 / 2
b15222147 北京志 第 16 卷 政务卷 监察志 / 2
b15222147 北京志 第 17 卷 政务卷 外事志 / 2
b44850864 北京志 第 18 卷 共产党卷 共产党志 / 2
b50083764 北京志 第 19 卷 党派工商联卷 国民党志 / 2
b15702686 北京志 第 1 卷 综合卷 总述 大事记 历史概要 / 1
b40739703 北京志 第 20–21 卷 党派工商联卷 民盟志 民建志 民进志 农工党志 致公党志 九三学社志 台盟志 工商联志 / 2
b16883408 北京志 第 22 卷 人民团体卷 工人组织志 / 2
b37530227 北京志 第 23 卷 人民团体卷 青组织志 / 2
b1915754x 北京志 第 24 卷 人民团体卷 妇女组织志 / 2
b15638194 北京志 第 25 卷 政法卷 公安志 / 3
b15638194 北京志 第 26 卷 政法卷 检察志 / 3
b15638194 北京志 第 27 卷 政法卷 审判志 / 3
b49652096 北京志 第 27 卷 统计志 / 3
b51131857 北京志 第 28 卷 国家税务志 1994–2010 / 3
b15638194 北京志 第 28 卷 政法卷 司法行政志 / 3
b51131845 北京志 第 29 卷 地方税务志 1994–2010 / 3

五　画

b13773483　北京志　第63卷 工业卷 煤炭工业志 煤炭流通志 / 6
b13773483　北京志　第64卷 工业卷 电力工业志 建材工业志 / 6
b13773483　北京志　第65卷 工业卷 化学工业志 石油化学工业志 / 6
b13773483　北京志　第66卷 工业卷 机械工业志 农机工业志 / 6
b13773483　北京志　第67卷 工业卷 汽车工业志 机车车辆工业志 / 6
b13773483　北京志　第68卷 工业卷 电子工业志 仪器仪表工业志 / 6
b51131869　北京志　第68卷 云居寺志 / 6
b13773483　北京志　第69卷 工业卷 一轻工业志 二轻工业志 / 6
b51131882　北京志　第6卷 气象志 1996-2010 / 1
b12844664　北京志　第6卷 地质矿产水利气象卷 地质矿产志 / 1
b13773483　北京志　第70卷 工业卷 纺织工业志 工艺美术志 / 6
b13773483　北京志　第71卷 工业卷 医药工业志 印刷工业志 / 6
b12844573　北京志　第72卷 农业卷 农村经济综合志 / 6
b12844573　北京志　第73卷 农业卷 种植业志 / 7
b12844573　北京志　第74卷 农业卷 林业志 / 7
b12844573　北京志　第75卷 农业卷 畜牧志 / 7
b12844573　北京志　第76卷 农业卷 水产业志 / 7
b12844573　北京志　第77卷 农业卷 国营农场志 / 7
b12844573　北京志　第78卷 农业卷 乡镇企业志 / 7
b15222159　北京志　第79卷 商业卷 日用工业品商业志 / 7
b15222159　北京志　第79卷 商业卷 供销合作社商业志 / 7
b15222159　北京志　第79卷 商业卷 副食品商业志 / 7
b12844664　北京志　第7卷 地质矿产水利气象卷 水利志 / 1
b15222159　北京志　第80卷 商业卷 石油商业志 / 7
b15222159　北京志　第80卷 商业卷 饮食服务志 / 7
b36092812　北京志　第80卷 商业卷 烟草商业志 / 7
b15222159　北京志　第80卷 商业卷 粮油商业志 / 7
b16427191　北京志　第81卷 对外经贸卷 对外经贸志 / 7
b16427191　北京志　第82卷 对外经贸卷 海关志 / 8
b16427191　北京志　第82卷 对外经贸卷 检验检疫志 / 8
b19938408　北京志　第83卷 开发区卷 中关村科技园区志 / 8
b17398204　北京志　第84卷 旅游卷 旅游志 / 8
b46010841　北京志　第85卷 教育卷 基础教育志 / 8
b4637713x　北京志　第86卷 教育卷 高等教育志 / 8
b14018007　北京志　第87卷 教育卷 成人教育志 / 8
b16372165　北京志　第88卷 科学卷 科学技术志 / 8
b12844664　北京志　第8卷 地质矿产水利气象卷 气象志 / 1
b13680213　北京志　第90卷 文化艺术卷 文学创作志 / 8
b13680213　北京志　第90卷 文化艺术卷 美术志 摄影志 书法篆刻志 / 8
b13680213　北京志　第91卷 文化艺术卷 戏剧志 曲艺志 电影志 / 8
b13680213　北京志　第92卷 文化艺术卷 音乐志 舞蹈志 杂技志 / 8
b13680213　北京志　第93卷 文化艺术卷 群众文化志 图书馆志 文化艺术管理志 / 8

五　画

b49980877　北京铁路建设集团有限公司志　1953-2003 / 15
b49980841　北京航空航天大学制造工程系系志　1952-1998 / 17
b16327147　北京航空航天大学校志　1952-1992 / 17
b44972337　北京航空航天大学航空科学与工程学院人物志 / 21
b15907508　北京高等教育志 / 16
b16339678　北京站志　1901-2000 / 15
b21762740　北京烟草志　1986-1996 / 13
b15329549　北京海关志　1929-1999 / 15
b13742085　北京理工大学志 / 17
b46273505　北京理工大学志　1994-2005 / 17
b18261516　北京理工大学房山分校志　1985-2005 / 17
b17302006　北京理工大学秦皇岛分校志　1984-2004 / 109
b40647742　北京理工大学管理与经济学院院志 / 17
b19518158　北京教育学院志　1953-2008 / 19
b44850840　北京教育学院志　2008-2013 / 19
b49682106　北京教育科学研究院志　1996-2015 / 16
b1618063x　北京第二外国语学院志　中国旅游学院 / 16
b17063991　北京第二外国语学院志续　1994-2003 / 16
b40840992　北京第二外国语学院图志　1964-2009 / 16
b18201702　北京商学院志 / 18
b13992399　北京兽类志 / 23
b51144785　北京隆福寺商业民俗志 / 21
b4474903x　北京联合大学志　1978-2000 / 18
b46429220　北京联合大学志　学院篇　2001-2010 / 18
b45904728　北京联合大学志　学校篇　2001-2010 / 18
b15699171　北京联合大学校志　下卷　1993-1997 / 17
b15699171　北京联合大学校志　上卷　1978-1992 / 17
b10904451　北京植物志 / 23
b11327340　北京植物志 / 23
b16648389　北京植物园志 / 23
b50233725　北京街志 / 1474
b14654684　北京街巷图志 / 22
b16906305　北京街巷胡同分类图志 / 22
b45479422　北京普通中等专业教育史志资料选编　第3-7卷 / 19
b15959417　北京普通中等专业教育志稿 / 20
b16326180　北京普通教育志稿 / 16
b20279899　北京煤炭工业学校校志　1956-1996 / 19
b17996600　北京舞蹈学院志　1954-1992 / 20
b49848811　北京蔬菜病情志 / 24
b16092648　北京潮人人物志 / 21
b50006952　北京燕山石油化工公司合成橡胶厂志　1970-1990 / 13
b49938101　北京燕山石油化工公司炼油厂志 / 13

五　画

b36245161 北塔山牧场志 / 2206
b51079409 北程庄村志 / 46
b50317817 北焦厂志 1958–1988 / 12
b23003510 北街村志 / 227
b1887275x 北道区志 / 2101
b20402466 北港乡志 / 621
b16428389 北塘区志 / 595
b20576183 北碚文化艺术志 / 1608
b50993884 北新城村志 / 92
b50233713 北蔡镇志 / 531
b16661114 北蔡镇志 第 1 卷 –1990 / 531
b16661114 北蔡镇志 第 2 卷 1991–2000 / 531
b16661114 北蔡镇志 第 3 卷 2001–2010 / 531
b36028861 北膏腴村志 / 254
b45839980 北寨张村志 / 114
b50817450 北镇市志 1986–2005 / 376
b15667960 北镇志 / 1155
b36247583 北镇县志 / 376
b46273578 北戴河鸟类图志 / 110
b10625100 北戴河志 / 110
b20198206 北戴河志 1988–2003 / 110
b17486634 卢氏县人民代表大会志 / 1259
b21856461 卢氏县水利志 / 1259
b12697898 卢氏县志 / 1259
b17994019 卢氏县志 1988–2000 / 1259
b47352917 卢氏县邮电志 / 1259
b17609756 卢龙县水利志 / 111
b10640988 卢龙县志 / 111
b36361483 卢沟桥乡志 / 34
b23397548 卢湾区军事志 / 516
b10524861 卢湾区志 / 516
b18569092 卢湾区志 1994–2003 / 516
b13854392 卢湾公安志 / 516
b47052132 旧军庄志 / 1031
b47316809 旧泉坊村志 / 2020
b22359849 旧尉屯村志 / 262
b16432162 旧堡区志 / 363
b14510959 归元禅寺志 第 1 卷 丛林 / 1297
b14510959 归元禅寺志 第 2 卷 沿革 / 1297
b50664803 且末县农村信用合作社志 / 2212
b1375354x 且末县志 / 2212
b19329441 叶尔羌河流域水利志 / 2184

五　画

五　画

五　画

b12488549 四川省志 第 24 卷 农业志 / 1629
b46376872 四川省志 第 25 卷 物价志 1986-2005 / 1629
b12488549 四川省志 第 25 卷 粮食志 / 1629
b12488549 四川省志 第 26 卷 水利志 / 1629
b49639845 四川省志 第 26 卷 质量技术监督志 1986-2005 / 1629
b12488549 四川省志 第 27 卷 金融志 / 1629
b12488549 四川省志 第 28 卷 旅游志 / 1630
b12488549 四川省志 第 29 卷 丝绸志 / 1630
b12488549 四川省志 第 2 卷 气象志 / 1627
b12488549 四川省志 第 30 卷 林业志 / 1630
b12488549 四川省志 第 31 卷 对外经济贸易志 / 1630
b49675412 四川省志 第 31 卷 劳动和社会保障志 1986-2005 / 1630
b12488549 四川省志 第 32 卷 哲学社会科学志 / 1630
b12488549 四川省志 第 33 卷 宗教志 / 1630
b12488549 四川省志 第 34 卷 文物志 / 1630
b4491538x 四川省志 第 34 卷 税务志 1986-2005 / 1630
b46240111 四川省志 第 35 卷 金融志 1986-2005 / 1630
b12488549 四川省志 第 35 卷 海关志 / 1630
b12488549 四川省志 第 36 卷 人事志 / 1630
b47051322 四川省志 第 36 卷 粮食志 1986-2005 / 1630
b12488549 四川省志 第 37 卷 体育志 / 1630
b50016763 四川省志 第 37 卷 商务志 1986-2005 / 1630
b12488549 四川省志 第 38 卷 供销合作社志 / 1631
b12488549 四川省志 第 39 卷 煤炭工业志 / 1631
b12488549 四川省志 第 3 卷 峨眉山志 / 1627
b12488549 四川省志 第 40 卷 地震志 / 1631
b47051334 四川省志 第 40 卷 旅游志 1986-2005 / 1631
b12488549 四川省志 第 41 卷 科学技术志 / 1631
b12488549 四川省志 第 42 卷 地质志 / 1631
b12488549 四川省志 第 43 卷 医药卫生志 / 1631
b46376859 四川省志 第 44 卷 地矿勘查开发志 1986-2005 / 1631
b12488549 四川省志 第 44 卷 测绘志 / 1631
b12488549 四川省志 第 45 卷 建材工业志 / 1631
b46376860 四川省志 第 46 卷 气象志 1986-2005 / 1631
b12488549 四川省志 第 46 卷 政务志 / 1631
b12488549 四川省志 第 47 卷 综合管理志 / 1631
b12488549 四川省志 第 48 卷 教育志 / 1631
b12488549 四川省志 第 49 卷 大事记述 / 1632
b49738768 四川省志 第 49 卷 水利志 1986-2005 / 1632
b12488549 四川省志 第 4 卷 民政志 / 1627
b12488549 四川省志 第 50 卷 派团体志 / 1632
b49864695 四川省志 第 51 卷 乡镇企业志 1986-2005 / 1632

五　画

五　画

五　画

五　画

五　画

b49625676　乐山工会志 / 1705
b21764116　乐山市二轻工业志　1950-1988 / 1705
b49640185　乐山市人大志　1985-2011 / 1705
b49506110　乐山市人民政府志　1949-2009 / 1705
b49533496　乐山市人事志　1734-2003 / 1705
b50727497　乐山市广播电视志　1933-2006 / 1706
b40739910　乐山市五通桥区志　1991-2005 / 1707
b21857325　乐山市水利志 / 1706
b21137055　乐山市市中区志 / 1706
b40424571　乐山市市中区志　1996-2008 / 1706
b46442996　乐山市市中区教育志　1949.12-1989.12 / 1707
b17358498　乐山市市中区教育志　1990.1-1996.10 / 1707
b46443009　乐山市市中区教育志　清至民国时期 / 1707
b49982461　乐山市地方税务志 / 1705
b46442984　乐山市地震志　1984-2003 / 1706
b19930008　乐山市自然地理志 / 1706
b49706512　乐山市交通志 / 1705
b4656231x　乐山市军事志 / 1705
b13755857　乐山市志 / 1704
b36174518　乐山市志　1995-2006 / 1704
b22430659　乐山市劳动和社会保障志　1851-2004 / 1705
b50727503　乐山市沙湾区人大志 / 1707
b36238946　乐山市沙湾区志　1996-2006 / 1707
b22430647　乐山市国土志 / 1705
b49789284　乐山市物价志 / 1705
b50066365　乐山市物价志　1995-2009 / 1705
b49938642　乐山市供销合作社志　1951-2006 / 1705
b47414212　乐山市金口河区志　1998-2007 / 1707
b4962572x　乐山市金融志　上篇 1911-1949 / 1706
b47073020　乐山市党校志 / 1704
b22430635　乐山市歌舞剧团志　1933-2007 / 1706
b12158707　乐山地区乐山市地名录 / 1706
b20806929　乐山报业志 / 1706
b49625640　乐山金融志 / 1705
b5034741x　乐山教育志 / 1706
b50642285　乐乌村志　1650-2014 / 1886
b14444173　乐平市志　1985-2000 / 958
b10824856　乐平县志 / 958
b50248108　乐平政协志 / 958
b15588099　乐东县志 / 1590
b19930124　乐业县土地志 / 1571
b21857337　乐业县水利电力志 / 1571

五　画

五　画

五　画

五 画

五　画

五 画

五　画

五　画

五　画

五　画

五　画

五　画

五　画

b36036432 台湾全志 第3卷 住民志 族群篇 / 2234
b51011001 台湾全志 第4卷 政治志 10审计篇 / 2239
b51010975 台湾全志 第4卷 政治志 4建置沿革篇 / 2239
b51010999 台湾全志 第4卷 政治志 5民主宪政篇 / 2240
b51010987 台湾全志 第4卷 政治志 6民意机关篇 / 2240
b51011025 台湾全志 第4卷 政治志 7治安篇 / 2240
b51011013 台湾全志 第4卷 政治志 8选举罢免篇 / 2239
b51010963 台湾全志 第4卷 政治志 9法制篇 / 2239
b47320795 台湾全志 第4卷 政治志 考铨篇 / 2234
b47321258 台湾全志 第4卷 政治志 行政篇 / 2234
b47320783 台湾全志 第4卷 政治志 党团篇 / 2234
b49916476 台湾全志 第5卷 经济志 工业篇 / 2234
b4991649x 台湾全志 第5卷 经济志 交通篇 / 2235
b49916531 台湾全志 第5卷 经济志 农业水利篇 / 2235
b4991652x 台湾全志 第5卷 经济志 林业篇 / 2234
b49916518 台湾全志 第5卷 经济志 矿业篇 / 2234
b49916488 台湾全志 第5卷 经济志 国际贸易及对外投资篇 / 2234
b49916506 台湾全志 第5卷 经济志 科技篇 / 2234
b49916567 台湾全志 第5卷 经济志 总论 经济成长篇 / 2235
b49916543 台湾全志 第5卷 经济志 商业篇 / 2234
b49916555 台湾全志 第5卷 经济志 渔业篇 / 2234
b51011037 台湾全志 第6卷 国防志 3军事后勤与装备篇 / 2240
b51011049 台湾全志 第6卷 国防志 4军事教育与训练篇 / 2240
b50218049 台湾全志 第6卷 国防志 迁台后篇 / 2235
b50218037 台湾全志 第6卷 国防志 军事组织与制度篇 / 2235
b51011116 台湾全志 第7卷 外交志 1总论暨外交行政篇 / 2240
b51011098 台湾全志 第7卷 外交志 2条约及协定篇 / 2240
b51011086 台湾全志 第7卷 外交志 3国民外交篇 / 2240
b51011062 台湾全志 第7卷 外交志 4对外关系篇 / 2240
b51011074 台湾全志 第7卷 外交志 5国际组织篇 / 2240
b51011104 台湾全志 第7卷 外交志 6外交政策篇 / 2240
b5101113x 台湾全志 第8卷 教育志 社会教育篇 / 2240
b4732126x 台湾全志 第8卷 教育志 学校教育篇 / 2235
b51011128 台湾全志 第8卷 教育志 教育行政篇 / 2240
b51011141 台湾全志 第8卷 教育志体育篇 / 2240
b19024162 台湾全志 第9卷 社会志 卫生与健康篇 / 2235
b19024186 台湾全志 第9卷 社会志 文化与社会篇 / 2235
b17843820 台湾全志 第9卷 社会志 社会多元化与社会团体篇 / 2235
b19024204 台湾全志 第9卷 社会志 社会阶层篇 / 2235
b19024150 台湾全志 第9卷 社会志 社会运动篇 / 2235
b18919649 台湾全志 第9卷 社会志 社会福利篇 / 2235
b19024137 台湾全志 第9卷 社会志 环境与社会篇 / 2235

六　画

六　画

六　画

b13773471　吉林省志　第 13 卷 群众团体志 共青团 / 397
b13773471　吉林省志　第 13 卷 群众团体志 妇联 / 397
b10488728　吉林省志　第 14 卷 军事志 / 397
b10488716　吉林省志　第 15 卷 经济综合管理志 土地 / 398
b10488716　吉林省志　第 15 卷 经济综合管理志 计划 / 398
b10488716　吉林省志　第 15 卷 经济综合管理志 劳动 / 397
b10488716　吉林省志　第 15 卷 经济综合管理志 物价 / 397
b10488716　吉林省志　第 15 卷 经济综合管理志 物资 / 397
b10488716　吉林省志　第 15 卷 经济综合管理志 标准计量 / 397
b10488716　吉林省志　第 15 卷 经济综合管理志 统计 / 397
b10488704　吉林省志　第 16 卷 农业志 农业机械化 / 398
b10488704　吉林省志　第 16 卷 农业志 农村生产关系 / 398
b10488704　吉林省志　第 16 卷 农业志 种植 / 398
b10488704　吉林省志　第 16 卷 农业志 畜牧 / 398
b10488698　吉林省志　第 17 卷 林业志 / 398
b46239728　吉林省志　第 17 卷 林业志 1986–2000 / 398
b10488686　吉林省志　第 18 卷 水利志 / 398
b10488674　吉林省志　第 19 卷 水产志 / 398
b16583279　吉林省志　第 1 卷 总述 / 396
b10488662　吉林省志　第 20 卷 轻工业志 一轻工业 / 398
b10488662　吉林省志　第 20 卷 轻工业志 手工业 / 398
b10488650　吉林省志　第 21 卷 重工业志 石油化学工业 / 398
b10488650　吉林省志　第 21 卷 重工业志 电力 / 399
b10488650　吉林省志　第 21 卷 重工业志 机械 / 399
b10488650　吉林省志　第 21 卷 重工业志 冶金 / 399
b10488650　吉林省志　第 21 卷 重工业志 煤炭 / 398
b17128018　吉林省志　第 22 卷 地质矿产志 / 399
b10488649　吉林省志　第 23 卷 医药志 / 399
b10488637　吉林省志　第 24 卷 烟草志 / 399
b10488625　吉林省志　第 25 卷 乡镇企业志 / 399
b10488613　吉林省志　第 26 卷 交通志 公路 水运 民航 / 399
b10488613　吉林省志　第 26 卷 交通志 铁道 / 399
b46239716　吉林省志　第 26 卷 第 1 部 交通志 铁道 1986–2000 / 399
b10488601　吉林省志　第 27 卷 邮电志 / 399
b10488595　吉林省志　第 28 卷 建设志 城乡建设 / 399
b10488595　吉林省志　第 28 卷 建设志 测绘 / 399
b16596183　吉林省志　第 2 卷 大事记 / 396
b10488583　吉林省志　第 30 卷 财政志 / 399
b17363561　吉林省志　第 31 卷 金融志 / 399
b46377268　吉林省志　第 31 卷 金融志 1986–2000 / 400
b10488571　吉林省志　第 32 卷 国内商业志 供销合作社 / 400
b10488571　吉林省志　第 32 卷 国内商业志 商业 / 400

六　画

六　画

六　画

b17804000　西关村志 / 242
b21136701　西兴村志 / 721
b50767070　西安车辆厂志　1938-1987 / 2011
b4064960x　西安六十年图志　1949.5-2009.5 / 2012
b16430311　西安古代交通志 / 2011
b50269562　西安电力电容器厂厂志　1953-1985 / 2011
b20404827　西安电力学校志　1953-1993 / 2012
b17736080　西安电影志 / 2012
b50318123　西安印钞厂志 / 2011
b15560430　西安市人民代表大会志　1949.7-1997.5 / 2010
b49534294　西安市人事志 / 2010
b47416087　西安市卫生志 / 2013
b4735267x　西安市卫生志续编　1990-2000 / 2013
b50817553　西安市水务志　1991-2010 / 2014
b20099228　西安市水利志 / 2014
b17510302　西安市户县教育志 / 2020
b16430694　西安市未央区教育志　1912-1989 / 2015
b15957718　西安市地理志 / 2012
b1488883x　西安市军事志 / 2010
b13328062　西安市志　第 1 卷 总类 / 2009
b13328062　西安市志　第 2 卷 城市基础设施 / 2009
b13328062　西安市志　第 3 卷 经济 上 / 2009
b13328062　西安市志　第 4 卷 经济 下 / 2009
b13328062　西安市志　第 5 卷 政治 军事 / 2009
b13328062　西安市志　第 6 卷 科教文卫 / 2009
b13328062　西安市志　第 7 卷 社会 人物 / 2009
b51116364　西安市建设志　1991-2010 / 2010
b44870115　西安市城建系统志 / 2010
b21765583　西安市临潼区军事志　前 4000-2005 / 2018
b13742395　西安市临潼区教育志 / 2018
b20104315　西安市临潼县华清中学校志　1938-1988 / 2018
b14998452　西安市莲湖区地名录 / 2017
b16430438　西安市莲湖区教育志 / 2017
b20182272　西安市高陵县教育志 / 2019
b15641879　西安市教育志 / 2011
b20182533　西安市教育志大事记　审阅稿之三 1949-1989 / 2011
b49939105　西安市第八十九中学百年校志　1912-2012 / 2012
b50669722　西安市阎良区志　1996-2010 / 2018
b46440987　西安市雁塔区人民代表大会志　1949.5-2002.12 / 2017
b14996261　西安市雁塔区地名录 / 2018
b50669394　西安市碑林区人民代表大会志　1952.12-2016.03 / 2016
b14996303　西安市碑林区地名录 / 2016

六　画

六　画

b37530318 西藏自治区志 卫生志 / 1986
b37530306 西藏自治区志 财政志 / 1986
b20536045 西藏自治区志 初稿 人大志 / 1986
b18004866 西藏自治区志 第 14 卷 公路交通志 / 1983
b16240145 西藏自治区志 第 15 卷 民航志 / 1983
b36174452 西藏自治区志 第 16 卷 城乡建设志 / 1983
b2046759x 西藏自治区志 第 23 卷 邮电志 / 1983
b18209075 西藏自治区志 第 24 卷 粮食志 / 1983
b19929146 西藏自治区志 第 29 卷 金融志 / 1983
b16240121 西藏自治区志 第 30 卷 税务志 / 1983
b18004854 西藏自治区志 第 32 卷 价格志 / 1983
b20597174 西藏自治区志 第 34 卷 审计志 / 1984
b20597149 西藏自治区志 第 34 卷 测绘志 / 1984
b16240157 西藏自治区志 第 36 卷 统计志 / 1984
b18629295 西藏自治区志 第 38 卷 海关志 / 1984
b16240169 西藏自治区志 第 43 卷 广播电影电视志 / 1984
b1624011x 西藏自治区志 第 48 卷 教育志 / 1984
b19929110 西藏自治区志 第 49 卷 体育志 / 1984
b19929122 西藏自治区志 第 50 卷 旅游志 / 1984
b21137122 西藏自治区志 第 55 卷 政务志 / 1984
b20597162 西藏自治区志 第 56 卷 政协志 / 1984
b17658652 西藏自治区志 第 57 卷 军事志 / 1984
b20597186 西藏自治区志 第 58 卷 武警志 / 1985
b16268143 西藏自治区志 第 5 卷 动物志 / 1983
b20597150 西藏自治区志 第 62 卷 审判志 / 1985
b21765601 西藏自治区志 第 63 卷 民政志 / 1985
b16164556 西藏自治区志 第 66 卷 外事志 / 1985
b46240238 西藏自治区志 第 69 卷 工会志 / 1985
b40649908 西藏自治区志 第 70 卷 共青团志 / 1985
b4613346x 西藏自治区志 第 71 卷 文物志 / 1985
b46133458 西藏自治区志 第 72 卷 检验检疫志 / 1985
b46996072 西藏自治区志 第 73 卷 水利志 / 1985
b46996084 西藏自治区志 第 74 卷 畜牧志 / 1985
b47287482 西藏自治区志 第 75 卷 国民经济综合志 / 1986
b4957825x 西藏自治区志 第 76 卷 民航志 2001-2010 / 1986
b49923286 西藏自治区志 第 77 卷 工商联志 / 1986
b49486147 西藏自治区志 第 78 卷 检察志 / 1986
b51069386 西藏自治区志 第 79 卷 劳动和社会保障志 / 1986
b16240133 西藏自治区志 第 9 卷 气象志 / 1983
b11915663 西藏苔藓植物志 / 1988
b46668913 西藏林芝地区气象志 / 1993
b16449654 西藏夜蛾志 / 1988

六　画

b16435680　成都市志　第28卷 水利志 / 1641
b16585641　成都市志　第29卷 广播电视志 / 1642
b15693442　成都市志　第2卷 人民代表大会志 / 1640
b4083699x　成都市志　第2卷 丝绸志 / 1640
b16437627　成都市志　第30卷 外事志 / 1642
b16432496　成都市志　第31卷 体育志 / 1642
b16432290　成都市志　第32卷 物资志 / 1642
b16595713　成都市志　第33卷 审判志 / 1642
b16595725　成都市志　第34卷 房地产志 / 1642
b16718860　成都市志　第35卷 哲学社会科学志 / 1642
b17343240　成都市志　第36卷 商业志 / 1642
b17658676　成都市志　第37卷 民俗方言志 / 1642
b1774880x　成都市志　第38卷 化学工业志 / 1642
b17748811　成都市志　第39卷 金融志 / 1642
b15693399　成都市志　第3卷 公用事业志 / 1640
b17748823　成都市志　第40卷 图书出版志 / 1642
b17748835　成都市志　第41卷 工商行政管理志 / 1642
b17748847　成都市志　第42卷 司法行政志 / 1642
b17748859　成都市志　第43卷 公安志 / 1642
b17748860　成都市志　第44卷 科学技术志 / 1643
b17748872　成都市志　第45卷 粮食志 / 1643
b1994519x　成都市志　第46卷 文化艺术志 / 1643
b19945218　成都市志　第47卷 国土志 / 1643
b20534012　成都市志　第48卷 民族志 / 1643
b20774230　成都市志　第49卷 军事志 / 1643
b15693429　成都市志　第4卷 建筑材料工业志 / 1640
b20774229　成都市志　第50卷 勘测志 / 1643
b16447748　成都市志　第51卷 地理志 / 1643
b20774217　成都市志　第52卷 物价志 / 1643
b20948268　成都市志　第53卷 政党志 / 1643
b20948232　成都市志　第54卷 机械工业志 / 1643
b20948256　成都市志　第55卷 检察志 / 1643
b20948244　成都市志　第56卷 监察志 / 1643
b20948220　成都市志　第57卷 环境保护志 / 1643
b21137018　成都市志　第58卷 农机志 / 1643
b21567232　成都市志　第59卷 财政志 / 1644
b15693430　成都市志　第5卷 群众团体志 / 1640
b21567244　成都市志　第60卷 档案志 / 1644
b21567220　成都市志　第61卷 报业志 / 1644
b22921552　成都市志　第62卷 市政建设志 / 1644
b40743226　成都市志　第63卷 医药志 / 1644
b15693405　成都市志　第6卷 劳动志 / 1640

六　画

六 画

六 画

六　画

六 画

六　画

六　画

六　画

六画

六 画

六　画

六　画

六 画

六　画

六 画

六　画

六　画

b18120908 江油市文化志 / 1687
b47358427 江油市志 1988-2005 / 1687
b22430404 江油市国土志 1840-1995 / 1687
b27575846 江油市教育志 征求意见稿 1903-1988 / 1687
b13015321 江油县志 / 1687
b19732272 江城县水利志 1949-2005 / 1920
b50207519 江城哈尼族彝族自治县民族志 / 1920
b10655451 江城哈尼族彝族自治县志 / 1919
b44795385 江城哈尼族彝族自治县志 1978-2005 / 1920
b21717746 江南制造局翻译馆图志 / 499
b21763896 江南学院志 1997.7-2000.12 / 592
b21568534 江南造船厂志 1865-1995 / 499
b21568522 江津民建志 1956.6-2005.12 / 1614
b13273954 江津县志 / 1613
b40743421 江津政协志 1950.2-2005.2 / 1614
b50352106 江津残联志 1980-2015 / 1614
b21568510 江都水利志 / 683
b15599899 江都水利枢纽志 / 683
b36133814 江都医药志 / 682
b10597864 江都县志 / 681
b40864273 江都县财政志 / 682
b4074341x 江都镇志 / 682
b45822852 江桃村志 / 780
b19186022 江夏区志 1980-2004 / 1307
b40658363 江夏区建设志 1975-2008 / 1307
b19930355 江浦县土地管理志 / 583
b49677950 江浦县卫生志 / 584
b49851172 江浦县电力工业志 1988-2002 / 583
b10616718 江浦县志 / 582
b3613353x 江浦县志 1988-2001 / 582
b19023893 江海续志 1985-2002.5 / 553
b46669371 江海街道志 / 596
b17516122 江陵县水利志 / 1358
b36379384 江陵县文化志 / 1358
b36245707 江陵县民政志 / 1357
b49849566 江陵县机构编制志 / 1357
b10758963 江陵县志 / 1357
b50152658 江陵县志 1994-2007 / 1357
b36379396 江陵县志 文化志 初稿 / 1357
b45479604 江陵县金融志 送审稿 / 1358
b20182818 江陵县教育志 1877-1981 / 1358
b20949960 江陵粮食志 / 1358

六 画

六　画

六 画

六　画

六　画

b46899017　安徽省志　第 24 卷 地方税务志 1994–2008 / 825
b49781339　安徽省志　第 25 卷 国家税务志 1994–2005 / 825
b12607538　安徽省志　第 25 卷 煤炭工业志 / 825
b12607538　安徽省志　第 26 卷 电力工业志 / 825
b50346878　安徽省志　第 26 卷 银行志 1986–2005 / 825
b12607538　安徽省志　第 27 卷 石油化学工业志 / 826
b12607538　安徽省志　第 28 卷 冶金工业志 / 826
b49460420　安徽省志　第 28 卷 审计志 1983–2007 / 826
b4719487x　安徽省志　第 29 卷 工商行政管理志 1986–2005 食品药品监督管理志 1986–2005 / 826
b12607538　安徽省志　第 29 卷 机械工业志 / 826
b46551049　安徽省志　第 29 卷 统计志 1986–2005 / 826
b12607538　安徽省志　第 2 卷 大事记 / 823
b46361601　安徽省志　第 2 卷 名山志 / 823
b12607538　安徽省志　第 30 卷 电子工业志 / 826
b46551128　安徽省志　第 30 卷 价格管理志 1986–2005 / 826
b12607538　安徽省志　第 31 卷 下 烟草志 / 826
b12607538　安徽省志　第 31 卷 上 轻工业志 / 826
b46114403　安徽省志　第 31 卷 国有资产管理志 1999–2008 / 826
b12607538　安徽省志　第 32 卷 纺织工业志 / 826
b51090223　安徽省志　第 32 卷 国土资源管理志 1986–2010 / 826
b47051206　安徽省志　第 33 卷 质量技术监督志 1986–2008 / 826
b12607538　安徽省志　第 33 卷 建材工业志 / 826
b12607538　安徽省志　第 34 卷 军事工业志 / 827
b12607538　安徽省志　第 35 卷 交通志 / 827
b49460407　安徽省志　第 35 卷 海关志 / 827
b12607538　安徽省志　第 36 卷 邮电志 / 827
b46361637　安徽省志　第 36 卷 城乡建设志 1986–2007 / 827
b46114361　安徽省志　第 37 卷 交通志 1986–25005 / 827
b12607538　安徽省志　第 37 卷 测绘志 / 827
b46361728　安徽省志　第 38 卷 民航志 1929–2012 / 827
b12607538　安徽省志　第 38 卷 城乡建设志 / 827
b12607538　安徽省志　第 39 卷 商业志 / 827
b12607538　安徽省志　第 3 卷 建置沿革志 / 823
b12607538　安徽省志　第 40 卷 粮食志 / 827
b12607538　安徽省志　第 41 卷 供销合作社志 / 827
b12607538　安徽省志　第 42 卷 对外经济贸易志 / 827
b46114373　安徽省志　第 42 卷 农垦志 1986–2005 / 827
b51030445　安徽省志　第 43 卷 林业志 1986–2005 / 828
b12607538　安徽省志　第 43 卷 旅游志 / 827
b49788620　安徽省志　第 44 卷 水利志 1986–2005 / 828
b12607538　安徽省志　第 44 卷 金融志 / 828
b12607538　安徽省志　第 45 卷 财政志 / 828

六　画

六　画

六 画

六　画

七　画

七　画

七　画

七　画

七 画

七　画

七　画

七　画

七　画

七　画

七　画

七　画

七　画

七　画

七　画

七　画

七　画

七　画

七　画

七 画

七　画

七 画

七 画

七 画

七　画

八 画

八　画

八　画

八　画

八　画

八　画

八　画

八 画

八 画

八　画

八　画

八　画

八　画

八　画

八 画

八　画

八 画

八　画

八　画

八　画

八　画

八　画

八　画

八　画

八 画

八　画

八　画

b20403136　河北林学院院志　1909-1993 / 130
b44748851　河北金融学院校志 / 130
b49533927　河北建设银行志　1954-1990 / 81
b50066122　河北建设集团有限公司志　1996-2010 / 129
b1635817x　河北政区沿革志 / 82
b13589015　河北树木志 / 84
b21763641　河北省水(陆)稻品种志 / 83
b49505932　河北省水文地质工程地质志 / 83
b50233932　河北省水文志　1999之前 / 82
b49938964　河北省水文志　2000-2010 / 83
b10468572　河北省水利志 / 80
b18120738　河北省石家庄地区文化志 / 86
b21568157　河北省电力工业志 / 80
b37530379　河北省电力工业志　1991-2002 / 80
b10565188　河北省地名志　第10卷 邢台分册 / 122
b10565188　河北省地名志　第11卷 保定分册 / 131
b10565188　河北省地名志　第12卷 张家口分册 / 141
b10565188　河北省地名志　第1卷 石家庄市分册 / 89
b10565188　河北省地名志　第2卷 衡水地区分册 / 166
b10565188　河北省地名志　第3卷 唐山市分册 / 103
b10565188　河北省地名志　第4卷 秦皇岛市分册 / 109
b10565188　河北省地名志　第5卷 沧州地区分册 / 154
b10565188　河北省地名志　第6卷 石家庄地区分册 / 89
b10565188　河北省地名志　第7卷 承德分册 / 148
b10565188　河北省地名志　第8卷 廊坊地区分册 / 162
b10565188　河北省地名志　第9卷 邯郸地区分册 / 113
b22429955　河北省地震监测志 / 82
b21763616　河北省交通工会志 / 80
b49533903　河北省农林科学院志 / 90
b50066134　河北省赤城县交通运输志 / 147
b53029215　河北省志　人口与计划生育志 1979-2005 / 80
b53029227　河北省志　邮电志 1979-2005 / 79
b53029203　河北省志　财政志 1979-2005 / 80
b10589326　河北省志　第10卷 自然灾害志 / 74
b10589326　河北省志　第11卷 环境保护志 / 74
b10589326　河北省志　第12卷 人口志 / 74
b10589326　河北省志　第13卷 经济实力志 / 74
b10589326　河北省志　第14卷 经济体制改革志 / 75
b10589326　河北省志　第15卷 计划管理志 / 75
b10589326　河北省志　第16卷 农业志 / 75
b10589326　河北省志　第17卷 林业志 / 75
b10589326　河北省志　第18卷 畜牧志 / 75

八　画

八 画

八　画

八　画

八　画

八　画

八　画

八　画

八　画

八　画

八　画

b14998828　陕西省合阳县地名志 / 2046
b1499902x　陕西省旬阳县地名志 / 2071
b14998191　陕西省旬邑县地名志 / 2041
b12160635　陕西省安康地区地理志 / 2068
b47416051　陕西省防空志　1934-1990 / 2005
b13549534　陕西省戏剧志　汉中地区卷 / 2056
b13459053　陕西省戏剧志　西安市卷 / 2012
b13549509　陕西省戏剧志　延安地区卷 / 2050
b13549546　陕西省戏剧志　安康地区卷 / 2068
b13549479　陕西省戏剧志　宝鸡市卷 / 2027
b13549480　陕西省戏剧志　咸阳市卷 / 2036
b13549467　陕西省戏剧志　省直卷 / 2006
b13549522　陕西省戏剧志　铜川市卷 / 2023
b13549558　陕西省戏剧志　商洛地区卷 / 2072
b13549492　陕西省戏剧志　渭南地区卷 / 2043
b13549510　陕西省戏剧志　榆林地区卷 / 2060
b1216060x　陕西省扶风县地名志 / 2031
b5072972x　陕西省志　工会志 1992-2010 初审稿 / 2004
b10469047　陕西省志　第 102 卷 地震志 / 2004
b10469047　陕西省志　第 103 卷 冶金工业志 / 2004
b46513875　陕西省志　第 10 卷 政治 司法行政志 1995-2010 / 1998
b23048062　陕西省志　第 11 卷 军事志 1991-2005 / 1998
b10469047　陕西省志　第 11 卷 农牧志 / 1998
b50669990　陕西省志　第 11 卷 政治 1 共青团志 1990-2010 / 1998
b50351382　陕西省志　第 12 卷 文化 1 科学技术志 / 1998
b10469047　陕西省志　第 12 卷 林业志 / 1998
b46028225　陕西省志　第 12 卷 政治协商会议志 1991-2012 / 1998
b10469047　陕西省志　第 13 卷 水利志 / 1998
b49749213　陕西省志　第 13 卷 文物志 / 1998
b50351370　陕西省志　第 13 卷 档案志 1988-2012 / 1998
b10469047　陕西省志　第 14 卷 水土保持志 / 1998
b44816157　陕西省志　第 14 卷 知识产权志 / 1999
b10469047　陕西省志　第 15 卷 轻工业志 / 1999
b10469047　陕西省志　第 16 卷 纺织工业志 / 1999
b10469047　陕西省志　第 17 卷 煤炭志 / 1999
b10469047　陕西省志　第 18 卷 石油化学工业志 / 1999
b10469047　陕西省志　第 19 卷 电力工业志 / 1999
b10469047　陕西省志　第 1 卷 大事记 / 1996
b10469047　陕西省志　第 20 卷 有色金属工业志 / 1999
b10469047　陕西省志　第 20 卷 黄金工业志 / 1999
b10469047　陕西省志　第 21 卷 机械工业志 / 1999
b10469047　陕西省志　第 22 卷 军事工业 / 1999

八　画

b10469047 陕西省志 第58卷 审判志 / 2002
b10469047 陕西省志 第59卷 军事志 / 2002
b50748658 陕西省志 第5卷 经济 4电信志 1991-2010 / 1996
b49598545 陕西省志 第5卷 经济 水运志 1991-2010 / 1997
b47051280 陕西省志 第5卷 经济 公路志 1991-2010 / 1996
b49709756 陕西省志 第5卷 经济 建设志 1996-2010 / 1997
b5081753x 陕西省志 第5卷 经济 铁路志 1990-2005 / 1997
b10469047 陕西省志 第5卷 黄土高原志 / 1996
b10469047 陕西省志 第61卷 政治协商会议志 / 2002
b10469047 陕西省志 第62卷 工会志 / 2003
b10469047 陕西省志 第62卷 工商联志 / 2002
b10469047 陕西省志 第62卷 共青团志 / 2002
b10469047 陕西省志 第62卷 妇女志 / 2002
b10469047 陕西省志 第62卷 社科联志 / 2002
b10469047 陕西省志 第63卷 教育志 / 2003
b10469047 陕西省志 第64卷 科学技术志 / 2003
b10469047 陕西省志 第65卷 文化艺术志 / 2003
b10469047 陕西省志 第66卷 文物志 / 2003
b10469047 陕西省志 第67卷 旅游志 / 2003
b10469047 陕西省志 第69卷 广播电视志 / 2003
b10469047 陕西省志 第6卷 气象志 / 1997
b5066945x 陕西省志 第6卷 经济 粮食志 1991-2010 / 1997
b10469047 陕西省志 第70卷 出版志 / 2003
b10469047 陕西省志 第70卷 报刊志 / 2003
b10469047 陕西省志 第71卷 著述志（古代部分）/ 2003
b10469047 陕西省志 第72卷 卫生志 / 2003
b10469047 陕西省志 第73卷 体育志 / 2003
b10469047 陕西省志 第74卷 民族志 / 2004
b10469047 陕西省志 第74卷 宗教志 / 2003
b10469047 陕西省志 第75卷 黄帝陵志 / 2004
b10469047 陕西省志 第76卷 方言志 陕北部分 / 2004
b10469047 陕西省志 第77卷 民俗志 / 2004
b10469047 陕西省志 第78卷 外事志 / 2004
b10469047 陕西省志 第79卷 人物志 / 2004
b10469047 陕西省志 第7卷 人口志 / 1997
b49951130 陕西省志 第7卷 经济 国有资产管理志 2003-2012年 / 1997
b44795294 陕西省志 第7卷 经济 审计志 1990-2010 / 1997
b49652126 陕西省志 第7卷 经济 统计志 1991-2011 / 1997
b47358506 陕西省志 第7卷 经济 税务志 地税 1994-2010 / 1997
b46133264 陕西省志 第7卷 经济 税务志（国税）1995-2010 / 1997
b10469047 陕西省志 第80卷 炎帝志 / 2004
b10469047 陕西省志 第81卷 太白山志 / 2004

八　画

b14998373　陕西省韩城市地名志 / 2044
b36168919　陕西省植被志 / 2007
b51116327　陕西省森工医院志　2006-2015 / 2013
b14996327　陕西省紫阳县地名志 / 2070
b10468560　陕西省道路交通管理志 / 2005
b13845329　陕西省道路交通管理志　汉中分志 / 2056
b13773537　陕西省道路交通管理志　西安分志 / 2011
b13773513　陕西省道路交通管理志　延安市分志 / 2050
b13921198　陕西省道路交通管理志　华阴市分志 / 2045
b15560338　陕西省道路交通管理志　安康分志 / 2068
b13845470　陕西省道路交通管理志　杨凌分志 / 2037
b13773501　陕西省道路交通管理志　咸阳分志 / 2035
b47352632　陕西省道路交通管理志　铜川分志 / 2022
b13773525　陕西省道路交通管理志　商洛分志 / 2071
b13773495　陕西省道路交通管理志　渭南分志 / 2042
b19930689　陕西省渭南地区地理志 / 2043
b14998804　陕西省富平县地名志 / 2048
b21278052　陕西省富县地名志 / 2054
b14998324　陕西省蓝田县地名志 / 2021
b14998646　陕西省蒲城县地名志 / 2048
b12160623　陕西省榆林地区地理志 / 2060
b14998993　陕西省镇巴县地名志 / 2059
b50152889　陕西省镇安县中学校志 / 2074
b14996248　陕西省镇坪县地名志 / 2070
b14997836　陕西省潼关县地名志 / 2045
b12160593　陕西省澄城县地名志 / 2047
b14996339　陕西省耀县地名志 / 2023
b50669771　陕西帝王陵墓志 / 2006
b20478677　陕西神木马镇村志 / 2061
b13246203　陕西监狱志 / 2005
b49678383　陕西高级医药卫生专家人名志　第 1 辑 / 2006
b16082308　陕西教育志资料续编 / 2006
b13130171　陕西黄河小北干流志 / 2009
b49827352　陕西警卫志 / 2005
b50991620　陕庄村志 / 218
b13277303　陕县大营村志 / 1255
b46995717　陕县水利志 / 1255
b36379190　陕县文化志 / 1255
b13992892　陕县志 / 1255
b16574382　陕县志　1986-2000 / 1255
b21765121　陕县政协志　1949-2006 / 1255
b50320051　陕汽厂志　1968-2003 / 2010

八　画

九　画

九　画

九　画

九　画

九　画

b10564664 南充市志 续编 / 1713
b2243107x 南充市政协志 / 1713
b20198462 南充市顺庆区志 1993-2005 / 1714
b49705374 南充市顺庆区国家税务局志 1986-2010 / 1714
b40739405 南充市高坪区志 1993-2007 / 1714
b36369731 南充市嘉陵区志 1993-2003 / 1714
b47051164 南充民盟志 1945-2014 / 1713
b22431068 南充地区水利志 / 1714
b20044586 南充地区文化艺术志 / 1714
b20044574 南充地区交通志 / 1713
b36386443 南充地区军事志 / 1713
b22431056 南充地区国土志 / 1713
b49982680 南充地方税务志 / 1713
b4491636x 南充县交通志 / 1713
b10630612 南充县志 / 1713
b47414224 南充县志 1986-1993 / 1713
b49625731 南充蚕丝志 / 1713
b40500913 南关村志 / 209
b51122443 南关村志 1955-2016 / 2065
b50778638 南关社区志 / 204
b4093584x 南关镇志 / 1800
b44749235 南江县人大常委会志 / 1744
b45840404 南江县人大常委会志 续 / 1744
b20806905 南江县人民政府志 / 1744
b4962569x 南江县卫生志 / 1744
b50729597 南江县卫生志 1983-2013 / 1744
b10758677 南江县志 / 1744
b40935206 南江县国土资源志 1912-2003 / 1744
b4960790x 南江县统战志 1932-2002 / 1744
b16447487 南安华侨志 / 924
b46376793 南安华侨志 / 924
b46011936 南安阳村志 / 218
b10503511 南安县志 / 924
b36014643 南安县教育志 / 924
b20103104 南阳中医药学校志 1978-1998 / 1262
b17623431 南阳市土地志 / 1260
b19932157 南阳市文化志 / 1261
b16433427 南阳市文物志 / 1262
b40740444 南阳市民政志 1986-2006 / 1260
b13588187 南阳市地名志 / 1262
b49803487 南阳市农村卫生协会志 / 1262
b17490856 南阳市戏曲志 / 1262

九　画

九　画

九　画

九　画

九　画

九 画

九画

九　画

b21774742　临洮县志 / 2120
b21136531　临洮县志　1986–2005 / 2120
b22032575　临桂县土地志 / 1558
b16595737　临桂县地名志 / 1558
b10589363　临桂县志 / 1558
b49982503　临桂县供电志 / 1558
b18874447　临夏人物志 / 2123
b18874459　临夏市志 / 2123
b35966506　临夏市志　1986–2005 / 2123
b19931979　临夏回族自治州土地管理志 / 2123
b10645068　临夏回族自治州志 / 2122
b16325242　临夏回族自治州教育志 / 2123
b4547865x　临夏州人事劳动志 / 2123
b10597797　临夏县志 / 2123
b10633777　临高县志 / 1590
b20198085　临浦镇志 / 722
b41234893　临浦镇第一小学校志　1904–2004 / 725
b20102690　临海中学校志　1978–1998 / 814
b21855109　临海水利志 / 814
b16482037　临海文物志 / 814
b47073056　临海市人民代表大会志 / 813
b47396593　临海市公路管理志 / 813
b49851664　临海市电力工业志　1992–2005 / 813
b20576158　临海市白云高级中学建校二十周年简志　1987–2007 / 814
b4627389x　临海市交通志　1986–2003 / 813
b47073068　临海市退休教师协会简志 / 813
b16323774　临海市教育志 / 813
b49963776　临海市第五中学校志　1992–2012 / 814
b47073044　临海市第六中学十年校志　1988.8–2008.8 / 814
b10597888　临海志 / 677
b50727515　临海县交通志 / 813
b1062501x　临海县志 / 812
b20566219　临海林业特产志 / 813
b1376018x　临海宗教志 / 813
b46273906　临海政协志 / 813
b50992387　临海政协志　2007–2016 / 813
b36129033　临海政协志（续）　1998–2006 / 813
b50318780　临涣选煤厂志 / 850
b49502220　临涣煤矿续志二　2005–2015 / 850
b49715677　临盘街道志 / 1144
b45479744　临猗县电力工业志　1953–1998 / 237
b13742851　临猗县地名志 / 237

九　画

九　画

b50697109 贵州省志 第16卷 农业 1978-2010 / 1772
b5103041x 贵州省志 第17卷 扶贫开发 1978-2010. / 1773
b12488483 贵州省志 第17卷 黑色冶金工业志 / 1773
b12488483 贵州省志 第18卷 轻纺工业志 / 1773
b51030421 贵州省志 第18卷 能源 1978-2010. / 1773
b12488483 贵州省志 第19卷 电力工业志 / 1773
b50697080 贵州省志 第19卷 海关 检验检疫 1978-2010 / 1773
b12488483 贵州省志 第1卷 军事志 / 1771
b12488483 贵州省志 第20卷 林业志 / 1773
b50861256 贵州省志 第20卷 城乡建设 1978-2010 / 1773
b12488483 贵州省志 第21卷 民用航空志 / 1773
b51030433 贵州省志 第21卷 铁路 1978-2010. / 1773
b12488483 贵州省志 第22卷 民族志 / 1773
b12488483 贵州省志 第23卷 文物志 / 1773
b50665108 贵州省志 第23卷 社会科学 1978-2010 / 1773
b12488483 贵州省志 第24卷 文学艺术志 / 1774
b50708375 贵州省志 第24卷 教育 1978-2010 / 1774
b12488483 贵州省志 第25卷 政协志 / 1774
b12488483 贵州省志 第26卷 社会科学志 / 1774
b5012965x 贵州省志 第27卷 卫生 1978-2010 / 1774
b12488483 贵州省志 第27卷 文化志 / 1774
b12488483 贵州省志 第28卷 乡镇企业志 / 1774
b50697092 贵州省志 第28卷 文学艺术 1978-2010 / 1774
b12488483 贵州省志 第29卷 质量技术监督志 / 1774
b12488483 贵州省志 第2卷 审计志 / 1771
b12488483 贵州省志 第30卷 广播电视志 / 1774
b12488483 贵州省志 第31卷 农业志 / 1774
b12488483 贵州省志 第32卷 烟草志 / 1774
b12488483 贵州省志 第33卷 检察志 / 1774
b12488483 贵州省志 第34卷 体育志 / 1774
b12488483 贵州省志 第35卷 民政志 / 1775
b12488483 贵州省志 第36卷 报纸志 / 1775
b12488483 贵州省志 第37卷 建筑志 / 1775
b12488483 贵州省志 第38卷 司法行政志 / 1775
b12488483 贵州省志 第39卷 铁道志 / 1775
b50129648 贵州省志 第3卷 气象·地震 1978-2010 / 1771
b12488483 贵州省志 第3卷 财政志 / 1771
b12488483 贵州省志 第40卷 环境保护志 / 1775
b12488483 贵州省志 第41卷 物价志 / 1775
b12488483 贵州省志 第42卷 统计志 / 1775
b12488483 贵州省志 第43卷 建筑材料工业志 / 1775
b12488483 贵州省志 第44卷 城乡建设志 / 1775

九　画

b49533162　贵州省科协志 / 1778
b13779813　贵州省剑河县地名志 / 1834
b21763483　贵州省剑河县林业志 / 1834
b21275889　贵州省都匀市地名志 / 1839
b13780001　贵州省息烽县地名录 / 1788
b13779862　贵州省绥阳县地名志 / 1804
b13779965　贵州省黄平县地名志 / 1835
b21275610　贵州省铜仁县地名录 / 1819
b49655632　贵州省减贫志 / 1777
b13742929　贵州省清镇县地名志 / 1787
b21571624　贵州省博物馆藏品志　第 1 卷 / 1784
b50320531　贵州省紫云苗族布依族自治县人民法院院志　1951-2011 / 1810
b13779916　贵州省紫云苗族布依族自治县地名录 / 1810
b13742887　贵州省普定县地名录 / 1809
b12158653　贵州省湄潭县地名录 / 1805
b20101259　贵州省锦屏县地名志 / 1834
b23228891　贵州省福泉县地名志 / 1840
b13779898　贵州省榕江县地名志 / 1835
b4758516x　贵州省镇远县政府志 / 1832
b1377993x　贵州省黎平县地名志 / 1835
b13742759　贵州省黔东南苗族侗族自治州地名志 / 1831
b12158641　贵州省黔西县地名录 / 1814
b46995237　贵州虻类志 / 1779
b46524265　贵州科学院志　1935-2015 / 1784
b50778390　贵州送变电公司志 / 1783
b11911591　贵州蚊类志　上卷 库蚊亚科和巨蚊亚科 / 1779
b44915858　贵州消防志 / 1777
b1951833x　贵州兽类志 / 1779
b11327601　贵州植物志 / 1779
b46995250　贵州税务志　1949-1987 / 1778
b50280533　贵州煤炭工业志　1991-2010 / 1777
b16438061　贵州蕨类植物志 / 1779
b19931578　贵池市人民代表大会志 / 876
b2091846x　贵池市志　1988-2000 / 876
b13275975　贵池县志 / 876
b20534474　贵池政协志 / 876
b19417202　贵阳文物志　第 1 卷 / 1784
b15907478　贵阳市小河区志 / 1785
b16574023　贵阳市云岩区志 / 1785
b49505920　贵阳市乌当区人民代表大会志　1950.3-2013.12 / 1785
b19732144　贵阳市乌当区地名志 / 1785
b2080636x　贵阳市乌当区志 / 1785

九 画

b13742577　贵阳市志　第 7 卷 民族志 / 1780
b15942612　贵阳市志　第 8 卷 教育志 / 1780
b16428390　贵阳市志　第 9 卷 地理志 / 1780
b21567803　贵阳市志　粮食 供销 外贸 蔬菜 医药志 / 1780
b18838777　贵阳市花溪区志 / 1785
b50348619　贵阳市财政志　1978–2008 / 1784
b40648072　贵阳市国土资源志　1978–2008 / 1783
b40648084　贵阳市建设志　1949–2009 / 1783
b20098583　贵阳市政协志　1950.1–2007.1 / 1782
b20575713　贵阳市南明区志 / 1785
b15641909　贵阳市南明区街道志 / 1785
b46011158　贵阳市统计志 / 1782
b49849396　贵阳发电厂志　1927–1995 / 1783
b49982047　贵阳发电厂志　续集 11996–2000 / 1783
b12312617　贵阳志　建置志 / 1782
b15905871　贵阳知青图志 / 1782
b3638575x　贵阳清华中学志 / 1784
b2094911x　贵定县民族志 / 1841
b46442881　贵定县军事志　1201–2007 / 1840
b10655554　贵定县志 / 1840
b5013128x　贵定县志　1978–2008 / 1840
b40934858　贵定县粮食志　1447–1990 / 1840
b13740155　贵南县志 / 2145
b49849384　贵铝志 / 1777
b41213737　贵港文物图志 / 1567
b49963879　贵港市人民代表大会志 / 1567
b16424955　贵港市土地志 / 1567
b10623024　贵港市志 / 1567
b13742371　贵港市教育志 / 1567
b50017184　贵港政协志 / 1567
b50066067　贵溪县交通志 / 971
b10600589　贵溪县志 / 971
b18120945　贵溪县政协志 / 971
b10569364　贵德县志 / 2145
b49625482　贵德县志　1986–2005 / 2145
b20019804　界河镇志　1988–2005 / 1067
b46531142　界首市志　1986–2010 / 867
b20015380　界首村志 / 821
b36379451　界首县文物志 / 867
b10524939　界首县志 / 867
b12626764　虹口区志 / 520
b13280284　虹口区教育志 / 521

九　画

九　画

九　画

九　画

b47420418　重庆市志　发展改革志 1986-2005 / 1594
b47416452　重庆市志　军事志 第三军医大学志 1954-2008 / 1596
b4742042x　重庆市志　扶贫开发志 1978-2005 / 1594
b47420443　重庆市志　社会科学志 1986-2005 / 1594
b47420455　重庆市志　审计志 1983-2005 / 1594
b16609979　重庆市志　第 10 卷 教育志 文化志 文艺志 广播电视志 档案志 文物志 报业志 / 1592
b14673411　重庆市志　第 11 卷 科学技术志 社会科学志 卫生志 体育志 / 1592
b14446066　重庆市志　第 12 卷 中国共产党志 群众团体志 民主党派志 / 1592
b16609967　重庆市志　第 13 卷 人大志 政府志 政协志 人事志 劳动志 民政志 / 1592
b16609955　重庆市志　第 14 卷 公安志 检察志 审判志 司法行政志 军事志 外事志 / 1592
b17486841　重庆市志　第 15 卷 报业志 / 1592
b46562680　重庆市志　第 15 卷 财政志 1986-2005 / 1592
b20953112　重庆市志　第 16 卷 工会志 1986-2005 / 1592
b47420431　重庆市志　第 16 卷 纪检监察志 1949-2005 / 1592
b20953124　重庆市志　第 17 卷 烟草志 1621-2003 / 1592
b44852290　重庆市志　第 18 卷 供销合作社志 1989-2008 / 1592
b44852289　重庆市志　第 19 卷 工商行政管理志 1986-2005 / 1592
b14446066　重庆市志　第 1 卷 总述 大事记 地理志 人口志 / 1591
b44917016　重庆市志　第 20 卷 共青团志 1986-2005 / 1592
b45915969　重庆市志　第 21 卷 交通志 1986-2005 / 1593
b46012989　重庆市志　第 22 卷 出版志 1840-1987 / 1593
b46240524　重庆市志　第 23 卷 农业银行志 1979-2008 / 1593
b46668238　重庆市志　第 24 卷 人物志 当代人物 / 1593
b46668172　重庆市志　第 25 卷 经济地理志 1891-2005 / 1593
b46899649　重庆市志　第 26 卷 中国致公党重庆地方组织志 1983-2007 / 1593
b47297347　重庆市志　第 27 卷 人民银行志 1984-2007 / 1593
b47206846　重庆市志　第 28 卷 电力志 1986-2005 / 1593
b4742039x　重庆市志　第 29 卷 电信志 1986-2005 / 1593
b1604728x　重庆市志　第 2 卷 民族志 宗教志 民俗志 附录 / 1591
b47420388　重庆市志　第 30 卷 出入境检验检疫志 1891-2005 / 1593
b47420406　重庆市志　第 31 卷 对外经济贸易志 1986-2005 / 1593
b4955041x　重庆市志　第 32 卷 统计志 1986-2005 / 1593
b49640483　重庆市志　第 33 卷 教育志 1986-2005 / 1593
b49904206　重庆市志　第 34 卷 文学志 / 1593
b49939324　重庆市志　第 35 卷 人口和计划生育志 1986-2005 / 1594
b49863204　重庆市志　第 36 卷 卫生志 1986-2005 / 1594
b50351126　重庆市志　第 37 卷 民政志 1986-2005 / 1594
b51046817　重庆市志　第 38 卷 工业经济志 1986-2005 / 1594
b51051291　重庆市志　第 39 卷 煤炭工业志 1991-2012 / 1594
b16047291　重庆市志　第 3 卷 综合经济志 计划管理志 统计志 物价志 计量志 标准志 / 1591
b50748130　重庆市志　第 40 卷 体育志 1986-2005 / 1594
b1604731x　重庆市志　第 4 卷 下 一轻工业志 二轻工业志 纺织工业志 食品工业志 建材工业志 冶金工业志 医药

九　画

九　画

九　画

b49789545　泉州市电影志 / 920
b49704576　泉州市民政志 / 918
b50318068　泉州市对外经济贸易志 / 920
b16434729　泉州市华侨志 / 918
b16875916　泉州市交通志 / 919
b47133284　泉州市农业志 / 919
b13155167　泉州市志 / 918
b20593740　泉州市物价志 / 919
b4993885x　泉州市供销合作社志　1991-2001 / 919
b49963995　泉州市侨联志 / 918
b45841196　泉州市建筑志 / 921
b13276232　泉州市建置志 / 920
b45453391　泉州市城乡建设志 / 919
b17996661　泉州市政协志 / 918
b50756515　泉州市政协志　1986-2012 / 918
b46018426　泉州市科学技术志 / 920
b20181693　泉州市教育志 / 920
b47415587　泉州市商会志　1908-2006 / 919
b19932261　泉州市鲤城区人口志 / 921
b49533769　泉州市鲤城区人民代表大会志 / 918
b20951176　泉州市鲤城区军事志　669-2005 / 921
b51079434　泉州市鲤城区侨联志　1991-2010 / 921
b4758502x　泉州市鲤城区政协志　1951-2011 / 921
b1993225x　泉州市鲤城区群众文化志 / 922
b46442340　泉州民间信俗文化志 / 920
b49704564　泉州民建五十年　中国民主建国会泉州市地方组织志 1956-2006 / 918
b47206573　泉州交通运输志　1991-2010 / 919
b19932285　泉州宗教志 / 918
b20987481　泉州党校工作志 / 918
b1612103x　泉州海关志 / 919
b46133215　泉州港口志 / 919
b4731722x　泉州新四军人物志 / 920
b50729676　泉港区政协志 / 922
b50016581　禹州中药志 / 1250
b50994128　禹州市军事志　约前 21 世纪 -2005 / 1250
b13588370　禹州市志 / 1250
b50748087　禹州市志 / 1250
b16357917　禹州市志　1985-2000 / 1250
b20141749　禹城市水利志　1986-2005 / 1143
b50328979　禹城市志　1986-2010 / 1143
b12639539　禹城县志 / 1142
b50309316　禹越镇志 / 774

九　画

b50778596　胜利油田供水公司志　2003–2012 / 1069
b47390839　胜利油田油气集输总厂志　2005–2015 / 1070
b49961123　胜利油田孤岛社区管理中心志　2007–2016 / 1069
b50112521　胜利油田胜利采油厂志　1964–2002 / 1070
b50083910　胜利油田海洋采油厂志　2004–2013 / 1070
b49938204　胜利油田通讯公司志　1983–2000 / 1070
b46562758　胜利街道志 / 1072
b37531062　胜坨镇志 / 1075
b47365869　胜坨镇志 / 1075
b17151934　胜浦镇志 / 631
b20014818　脉旺镇志 / 1348
b50993124　勉县水利志 / 2058
b1075989x　勉县志 / 2058
b51044444　勉县志　1987–2007 / 2058
b49705295　勉县教育志　232–1998 / 2058
b45839669　狮城镇志 / 940
b16427336　独山子区志 / 2190
b49505506　独山县民族志 / 1841
b10603906　独山县志 / 1841
b49788954　独坡八寨志 / 1449
b20882658　独流镇志 / 72
b10630715　饶平县志 / 1527
b4042098x　饶平县志　1979–2005 / 1527
b20369025　饶阳县地名志 / 168
b40935607　饶阳县交通志 / 168
b10524885　饶阳县志 / 168
b20951188　饶河农场志　1986–2000 / 475
b10727905　饶河县志 / 475
b20467096　饶河县志　1986–2005 / 475
b50152300　饶埠镇教育志 / 1005
b20015343　将乐县地名录 / 917
b12692359　将乐县志 / 917
b47071138　将乐县志　1991–2005 / 917
b50070514　亭北村志 / 540
b19733811　亭林镇志 / 540
b46133136　亭林镇志　1990–2005 / 541
b14439943　亭新乡志 / 541
b4485190x　亮子河发电厂志　1967–1985 / 482
b49903135　度城村志 / 649
b20016323　亲贤村志 / 186
b50222089　施甸县人民法院志　1963–2015 / 1903
b16862211　施甸县水利志 / 1903

九　画

九 画

九　画

b12488501 洛阳市志 第 7 卷 工业志 / 1204
b12488501 洛阳市志 第 8 卷 农业志 / 1204
b37531852 洛阳市财政志 1996-2010 / 1207
b49640902 洛阳市汽车运输公司志 / 1207
b45479781 洛阳市金属材料公司志 1964-1984 / 1206
b21856527 洛阳市郊区水利志 征求意见稿 / 1211
b16446793 洛阳市郊区志 / 1210
b37531864 洛阳市郊区志 1991-2000 / 1210
b21569368 洛阳市实验小学校志 1954-2009 / 1207
b21764384 洛阳市政建设志 / 1209
b47287718 洛阳市洛龙区财政志 1948-2010 / 1211
b47206111 洛阳市洛龙区国土资源志 / 1211
b49549959 洛阳市疾病预防控制中心志 / 1209
b16746569 洛阳市涧西区志 / 1210
b36248678 洛阳市涧西区志 1986-2000 / 1210
b44869897 洛阳市涧西区财政志 1955-2011 / 1210
b20102847 洛阳市第一中学校志 洛阳市第一中学 60 周年校庆特别纪念专集 1948-2008 / 1207
b20102859 洛阳市第一师范学校志 1924-1999 / 1208
b17298805 洛阳市第一高级中学校志 1904-2004 / 1207
b20102835 洛阳市第二师范学校志 中国中等师范名校 1916-2000 / 1208
b2040377x 洛阳市第十二中学校志 1956-2006 / 1207
b49849670 洛阳市第十二中学校志 洛阳市第十二中学第二个三年计划 2007-2010 / 1207
b36014102 洛阳市粮食志 / 1207
b45479793 洛阳市煤炭公司志 1948-1984 / 1206
b10597840 洛阳市廛河回族区志 / 1210
b21589483 洛阳市瀍河回族区志 1986-2000 / 1210
b23920154 洛阳民俗志 / 1209
b50866242 洛阳老君山文化志 / 1213
b20044409 洛阳地区交通志 / 1206
b21764359 洛阳地区金融志 / 1207
b13743351 洛阳地区教育志 / 1207
b21764360 洛阳地税志 1994.9-2003.12 / 1207
b2057731x 洛阳师范学院体育学院志 / 1208
b1058349x 洛阳师范高等专科学校志 1916-1995 / 1208
b3601395x 洛阳交通扶贫志 / 1206
b46274200 洛阳关林志 / 1209
b50994153 洛阳牡丹图志 / 1209
b4547977x 洛阳矿山机器厂志 / 1206
b51186548 洛阳明清碑志 偃师卷 / 1208
b36380453 洛阳建筑志 / 1209
b50007798 洛阳轴承厂志 / 1206
b40424777 洛阳高新技术产业开发区志 1992-2010 / 1205

九　画

九　画

九　画

十　画

十　画

十　画

十　画

十 画

十 画

十　画

十　画

b1351524x　株洲市志　第 11 册 政法 / 1399
b13515263　株洲市志　第 12 册 军事 防空 / 1399
b13515172　株洲市志　第 13 册 教育 科学技术 文化 卫生 体育 新闻 / 1399
b13515202　株洲市志　第 14 册 人物 / 1399
b13515251　株洲市志　第 15 册 杂志 / 1399
b13459430　株洲市志　第 1 册 总述 大事记 人口 地理 / 1398
b13515299　株洲市志　第 2 册 城市建设 房地产 建筑 环境保护 / 1398
b13515196　株洲市志　第 3 册 交通 邮电 / 1398
b13515305　株洲市志　第 4 册 工业 下 电子工业 轻工业 纺织工业 药业 食品工业 包装 饲料工业 城镇区街工业 / 1398
b13515305　株洲市志　第 4 册 工业 上 工业综述 机械工业 冶金工业 化学工业 建材工业 煤炭工业 电力工业 / 1398
b13515184　株洲市志　第 5 册 农业 / 1398
b13515287　株洲市志　第 6 册 商业 / 1398
b13515275　株洲市志　第 7 册 对外经济贸易 / 1398
b13515238　株洲市志　第 8 册 财政金融 / 1398
b13515226　株洲市志　第 9 册 经济管理 / 1398
b47073354　株洲市法院志　1991-2010 / 1399
b20578416　株洲市南区志 / 1401
b20953148　株洲市教育志 / 1400
b36014795　株洲市教育志续志 / 1400
b16142536　株洲地名志　2004 首版 / 1400
b2004723x　株洲县交通志 / 1402
b10525026　株洲县志 / 1402
b2077431x　株洲县志　1991-2000 / 1402
b49790122　株洲县政协志　1984-2014 / 1402
b20182697　株洲县教育志 / 1402
b47416488　株洲县黄龙镇中学校志　第 1 卷 1957-2002 / 1402
b20807028　株洲县第一中学校志　1958-1998 / 1402
b49608290　株洲冶炼厂志　1953-1980 / 1400
b5032052x　株洲汽车齿轮厂厂志　1987-1997 / 1400
b49939336　株洲齿轮公司志　1998-2008 / 1399
b47416476　株洲国税志　1991-2000 / 1400
b36014783　株洲教育改革志　1978-2000 / 1400
b13459570　株洲简志 / 1399
b12611839　桥东区志 / 141
b12611839　桥东区志 / 90
b20182910　桥东区教育志　1903-1991 / 90
b49982941　桥东区教育志　1991-2005 / 90
b36246049　桥东志 / 989
b4982742x　桥东法院志　2003-2013 / 142
b21569915　桥北村志 / 262

十　画

十　画

十　画

十　画

十　画

十 画

十　画

十　画

十　画

十　画

十　画

十　画

十 画

十　画

十　画

十　画

十　画

十一画

十一画

十一画

十一画

十一画

十一画

十一画

十一画

十一画

十一画

b50992193　铜川市统计志 / 2021
b4636884x　铜川市档案志 / 2022
b49518707　铜川市疾病预防控制志　1958–2011 / 2023
b20141099　铜川市教育志 / 2023
b44870073　铜川市景丰中学志 / 2023
b50817796　铜川市耀州区人民代表大会志 / 2023
b51071320　铜川市耀州区北街村志 / 2023
b50992764　铜川矿务局志　1990–2015 / 2022
b50778535　铜仁电网志 / 1818
b49640288　铜仁市老年人体育志　1984–2013 / 1819
b40740468　铜仁市地方志　金融志 / 1818
b15246966　铜仁市志 / 1818
b50206904　铜仁市志　1997–2011 / 1818
b50234377　铜仁市城乡建设志 / 1818
b20045876　铜仁地区文物志　第 1 卷 / 1819
b46667982　铜仁地区志　人口和计划生育志 / 1816
b46668858　铜仁地区志　大事记 / 1816
b46995948　铜仁地区志　农业志 / 1818
b20575701　铜仁地区志　政协志 / 1816
b21858147　铜仁地区志　第 10 卷 水利电力志 / 1817
b22432267　铜仁地区志　第 11 卷 气象志 / 1817
b22432255　铜仁地区志　第 12 卷 科学技术志 / 1817
b22432243　铜仁地区志　第 13 卷 国土资源志 / 1817
b36174713　铜仁地区志　第 14 卷 文化新闻出版志 / 1817
b40935279　铜仁地区志　第 15 卷 民政志 / 1817
b46273566　铜仁地区志　第 16 卷 工业志 / 1818
b4699595x　铜仁地区志　第 18 卷 质量技术监督志 / 1818
b47206639　铜仁地区志　第 19 卷 人事志 / 1818
b16445235　铜仁地区志　第 1 卷 教育志 / 1816
b47296896　铜仁地区志　第 20 卷 国民经济和社会发展计划志 / 1818
b50991449　铜仁地区志　第 21 卷 地理志 / 1818
b21570498　铜仁地区志　第 2 卷 政党群团志 / 1817
b18225962　铜仁地区志　第 3 卷 政权志 / 1817
b19929377　铜仁地区志　第 4 卷 民族志 / 1817
b20774060　铜仁地区志　第 5 卷 粮食志 / 1817
b20900557　铜仁地区志　第 6 卷 风物志 / 1817
b20774072　铜仁地区志　第 7 卷 金融志 / 1817
b20806607　铜仁地区志　第 8 卷 交通志 / 1817
b20806619　铜仁地区志　第 9 卷 体育志 / 1817
b49506353　铜仁地区城乡建设志 / 1818
b49477584　铜仁地区通志　第 1 卷 卷首 地理 / 1816
b49477584　铜仁地区通志　第 2–3 卷 经济 / 1816

十一画

十一画

十一画

十一画

十一画

十一画

十一画

十一画

十一画

b20045669　宿松县教育志　清末－1985 / 857
b46018311　宿城区政协志　1996.09-2011.01 / 695
b17151892　窑坡村志 / 123
b16438000　寀卢村志 / 793
b50747769　密山市志　1986-2005 / 472
b10503262　密山县志 / 472
b16648468　密云水库志 / 51
b16377060　密云公路志 / 50
b17736006　密云县水利志 / 50
b10468444　密云县志 / 50
b49981043　密云县志　1991-2010 初稿 / 50
b17759614　密云县园林绿化志 / 50
b18266526　密云县普通教育志 / 50
b36128211　密县牛店乡志 / 1193
b17128055　密县戏曲志 / 1194
b1060425x　密县志 / 1193
b49981377　谏壁发电厂志　1991-2002 / 685
b36014023　谙正村志 / 259
b41235447　逯家庄村志 / 244
b36129100　逯家寨村志 / 2139
b20141178　尉氏县人大志 / 1203
b10644945　尉氏县志 / 1203
b51093005　尉氏县志　1986-2004 / 1203
b18217783　尉氏县政协志　1959-2001 / 1204
b47287469　尉犁县农村信用合作社志 / 2211
b13275926　尉犁县志 / 2211
b3638009x　随州文化志 / 1368
b47317279　随州交通志　1869-2005 / 1367
b11488438　随州志 / 1367
b49533952　随州金融志　1979-2008 / 1368
b50319826　随州贸易志 / 1367
b20404591　随州教育志 / 1368
b21857738　随县水利志 / 1369
b15957615　随县教育志　1900-1983 / 1368
b50993732　隍城镇志　1950-2012 / 989
b4699547x　隆子县志 / 1994
b1637552x　隆中志 / 1335
b18024087　隆化文物志 / 150
b15907569　隆化县志 / 150
b13276979　隆务寺志　藏文 / 2144
b21857404　隆尧县水利志 / 124
b2057728x　隆尧县地名志 / 124

十一画

十二画

十二画

十二画

十二画

十二画

十二画

十二画

十二画

十二画

十二画

十二画

十二画

十二画

十二画

b20918458　湖南地名志 / 1388
b36247303　湖南共青团志 / 1386
b36245628　湖南有色冶金劳动保护研究所志　第 2 卷 1982-1997 / 1392
b18572960　湖南百年志　1900-1999 / 1388
b16432307　湖南师大附中百年校志 / 1393
b17862814　湖南名人志　第 1-3 卷 / 1388
b18176318　湖南名校志 / 1387
b20043041　湖南军事人物志 / 1388
b20953586　湖南农业志　第 1-2,4 卷 / 1386
b49803177　湖南农业科研志 / 1389
b45479550　湖南农药厂志 / 1404
b12303033　湖南妇女英烈志 / 1388
b46337805　湖南戏曲志　简编 / 1387
b50727199　湖南财经高等专科学校志　1933-2006 / 1393
b12070580　湖南鱼类志 / 1390
b12070592　湖南鱼类志 / 1390
b46337830　湖南宗教志 / 1386
b16648547　湖南城专志　1978-2002 / 1433
b1657428x　湖南树木志 / 1390
b2176377x　湖南省工会志　人物志 1919-1989 / 1386
b36013742　湖南省区域地质志 / 1389
b4556937x　湖南省内部审计志　1985-2010 / 1386
b21855201　湖南省水文志 / 1389
b47352516　湖南省水产科学研究所所志　1959-2009 / 1393
b21856801　湖南省水利志　第 1 卷 湖南水利大事记 / 1390
b21856801　湖南省水利志　第 2 卷 概述 水系与水资源 水文与勘测 水政 / 1390
b21856801　湖南省水利志　第 3 卷 洞庭湖区水利 / 1390
b21856801　湖南省水利志　第 4 卷 山丘地区水利 / 1390
b21856801　湖南省水利志　第 5 卷 水利教育 水利科学 技术 附录 / 1390
b21227676　湖南省气象志 / 1389
b16355362　湖南省长沙市地名录 / 1394
b20948074　湖南省长沙市南区志 / 1395
b20101879　湖南省长沙市第一中学校志　1912-1987 / 1393
b20949613　湖南省长沙师范学校校志　1912-1992 / 1394
b16437998　湖南省长沙县地名志 / 1398
b40864224　湖南省公共图书馆事业志 / 1387
b20101922　湖南省双峰县第一中学校志　1905-2005 / 1450
b45872715　湖南省双峰县第一中学校志　1906-1993 / 1450
b19732636　湖南省石门县教育志 / 1430
b47316937　湖南省东安县土壤志 / 1442
b49850283　湖南省电力工业志 / 1386
b37530380　湖南省电力工业志　1991-2002 / 1386

十二画

b36174440 湖南省志 银行志 1978-2002 / 1385
b12488513 湖南省志 第10卷 交通志 水运 / 1382
b12488513 湖南省志 第10卷 交通志 公路 / 1382
b12488513 湖南省志 第10卷 交通志 民用航空 / 1382
b12488513 湖南省志 第10卷 交通志 铁路 / 1382
b12488513 湖南省志 第10卷 交通志 联合运输 / 1382
b12488513 湖南省志 第11卷 邮电志 / 1382
b12313397 湖南省志 第1-2卷 / 1379
b12488513 湖南省志 第12卷 建设志 气象 / 1382
b12488513 湖南省志 第12卷 建设志 环境保护 / 1382
b12488513 湖南省志 第12卷 建设志 城乡建设 / 1382
b12488513 湖南省志 第12卷 建设志 测绘 建筑业 / 1382
b12488513 湖南省志 第13卷 贸易志 供销合作社 / 1382
b12488513 湖南省志 第13卷 贸易志 贸易综述 商业 / 1382
b12488513 湖南省志 第14卷 对外经济贸易志 / 1382
b12488513 湖南省志 第15卷 财政志 / 1382
b12488513 湖南省志 第16卷 金融志 / 1383
b12488513 湖南省志 第17卷 教育志 / 1383
b12488513 湖南省志 第18卷 科学技术志 / 1383
b12488513 湖南省志 第19卷 文化志 文化事业 / 1383
b12488513 湖南省志 第19卷 文化志 文学艺术 / 1383
b14664215 湖南省志 第1卷 湖南近百年大事纪述 / 1379
b12488513 湖南省志 第20卷 新闻出版志 出版 / 1383
b12488513 湖南省志 第20卷 新闻出版志 报业 / 1383
b12488513 湖南省志 第21卷 医药卫生志 / 1383
b12488513 湖南省志 第22卷 体育志 / 1383
b12488513 湖南省志 第23卷 人口志 / 1383
b12488513 湖南省志 第24卷 民族志 / 1383
b12488513 湖南省志 第25卷 方言志 / 1383
b12488513 湖南省志 第26卷 民俗志 / 1383
b12488513 湖南省志 第27卷 宗教志 / 1384
b12488513 湖南省志 第28卷 文物志 / 1384
b12488513 湖南省志 第29卷 著述志 / 1384
b14664215 湖南省志 第2卷 地理志 / 1379
b14983916 湖南省志 第2卷 地理志 / 1379
b12488513 湖南省志 第30卷 人物志 / 1384
b12488513 湖南省志 第3卷 党派群团志 工会 / 1379
b12488513 湖南省志 第3卷 党派群团志 民主党派及工商联 国民党湖南地方组织 / 1379
b12488513 湖南省志 第3卷 党派群团志 共青团 / 1379
b12488513 湖南省志 第3卷 党派群团志 妇女团体 / 1379
b12488513 湖南省志 第4卷 政务志 人民代表大会 / 1379
b12488513 湖南省志 第4卷 政务志 人事 / 1380

十二画

十二画

十二画

十二画

十二画

十三画

十三画

十三画

十三画

十三画

十三画

十三画

十三画

十三画

十三画

十三画

十三画

十三画

b10824947 福建省建瓯县志 / 932
b10824637 福建省政和县志 / 933
b51011876 福建省茶树品种图志 / 892
b20016426 福建省泉州市地名录 / 920
b10646917 福建省泰宁县志 / 917
b20018617 福建省莆田县江口镇志 / 910
b10824832 福建省晋江市志 / 923
b21276328 福建省海域地名志 / 891
b5082837x 福建省第一公路工程公司志 1949–2017 / 919
b51012078 福建省第六建筑工程公司志 / 894
b2013759x 福建省福州市台江区人民代表大会志 / 898
b2094889x 福建省福州市鼓楼区建设志 / 898
b15602151 福建省福州市鼓楼区教育志 / 898
b2126837x 福建省福清市西涧寺志 / 901
b40743305 福建省福清华侨中学校志 福清华侨中学建校五十周 1955–2005 / 902
b45417350 福建省福清县城乡建设志 / 901
b36128843 福建省福清第一中学校志 / 902
b50016830 福建省福清第一中学校志 1993–2004 / 902
b20015823 福建省德化县龙浔镇志 / 926
b40647882 福建海事局志 1999–2010（福州）/ 894
b20099010 福建船政学校校志 1866–1996 / 896
b11327200 福建植物志 / 892
b40647821 福建税务志 1949–1994 / 890
b50712548 福建煤炭工业志 1991–2010 / 890
b16636107 福保村志 / 1865
b49549728 福泉市地方税务志 1994–2013 / 1839
b45969760 福泉市志 1986–2008 / 1839
b50859821 福泉市政协志 1984–2013 / 1839
b49625366 福泉市信用合作志 / 1839
b21856771 福泉县水利电力志 / 1840
b36092927 福泉县地理志 / 1840
b10646863 福泉县志 / 1839
b20576456 福莆仙乡贤人物志 / 914
b4666838x 福海乡志 / 1868
b49705489 福海县农村信用合作社志 / 2225
b14883302 福海县志 / 2225
b50861116 福能天湖山能源公司志 1996–2015 / 926
b50016271 福清史志资料汇编 / 902
b21276584 福清市土地志 / 902
b47024835 福清市方志丛书 福清风物纪略 / 902
b10760866 福清市志 / 901
b49923456 福清市志 1989–2005 / 901

十四画

十四画

十四画

十四画

十五画

十五画

十五画

b16324006　镇江百年图志 / 686
b20952892　镇江医学院院志　1951–2000 / 686
b36374908　镇江邮电志 / 686
b40432658　镇江建设志 / 685
b49850908　镇江保险志 / 686
b20416581　镇江保险志　1871–2003 / 686
b22443940　镇安县军事志 / 2074
b10488327　镇安县志 / 2074
b47352449　镇远县人大志　1950.2–2008.6 / 1832
b10636353　镇远县志 / 1832
b49781479　镇远县志　1987–2010 / 1832
b2235993x　镇抚寨村志 / 1227
b50208652　镇沅彝族哈尼族拉祜族自治县卫生志 / 1919
b50208664　镇沅彝族哈尼族拉祜族自治县交通志 / 1919
b10604352　镇沅彝族哈尼族拉祜族自治县志 / 1919
b46133422　镇沅彝族哈尼族拉祜族自治县志　1978–2008 / 1919
b20121040　镇沅彝族哈尼族拉祜族自治县第二中学校志 / 1919
b45480382　镇沅彝族哈尼族拉祜族自治县税务志　1727–2005 / 1919
b20201084　镇坪县军事志　1476–2005 / 2070
b15708366　镇坪县志 / 2070
b16142779　镇南州志 / 1931
b49661176　镇原县志　–2010 / 2118
b10796770　镇原县志　约前 11 世纪 –1985 / 2118
b20047137　镇原县现代人物志 / 2118
b49678462　镇原县政协志　1984–2013 / 2118
b46274169　镇原县教育志 / 2118
b21571314　镇海人民代表大会志 / 742
b49981225　镇海发电厂志　1991–2005 / 742
b17586707　镇海县土地志 / 742
b19417548　镇海县水利志 / 742
b36248629　镇海县农业志　暨镇海区 北仑区农业志 / 742
b10645032　镇海县志　增设镇海区北仑区新志备稿 / 742
b16802330　镇海楼史文图志 / 1473
b16434870　镇赉县文物志 / 437
b16428626　镇赉县地名志 / 437
b20536422　镇赉县地名图集 / 437
b10494959　镇赉县志 / 437
b10622998　镇康县志 / 1924
b1591429x　镇康县教育志 / 1925
b50207994　镇雄一中校志 / 1909
b20807326　镇雄县人民代表大会志 / 1908
b17676617　镇雄县土地志 / 1909

十五画

十五画

十五画

b49550445　遵义市人民代表大会志　1997-2012 / 1798
b36370174　遵义市人民政府志　1997-2007 / 1798
b47594470　遵义市人物志 / 1800
b47404346　遵义市三线建设志 / 1798
b50247761　遵义市工业志　1998-2007 / 1798
b50991462　遵义市公安志 / 1798
b47594482　遵义市风俗志 / 1800
b51079550　遵义市文化志　1997-2012 / 1799
b36370198　遵义市汇川区（经济技术开发区）志 / 1800
b50318287　遵义市汇川区人民检察院志 / 1800
b21275294　遵义市地名志 / 1800
b47594457　遵义市名特资源产品志 / 1799
b22433429　遵义市交通志 / 1798
b41213671　遵义市交通志　1990-2007 / 1799
b51079537　遵义市妇幼保健院（遵义市第二人民医院）志 / 1800
b21571557　遵义市红花岗区中桥村志 / 1801
b10503201　遵义市志 / 1797
b51090284　遵义市志 / 1798
b50151472　遵义市财政志　1989-2007 / 1799
b51079549　遵义市体育志　1979-2013 / 1799
b4121366x　遵义市国土资源志 / 1798
b49963090　遵义市物价志 / 1799
b50664918　遵义市供销合作志 / 1799
b50991486　遵义市质量技术监督志 / 1798
b50665959　遵义市金融志　1996-2007 / 1799
b50861281　遵义市房产管理志 / 1798
b46562291　遵义市政区地名志 / 1800
b47404334　遵义市茶文化志 / 1800
b4993935x　遵义市旅游志 / 1799
b5086127x　遵义市商务志　1986-2007 / 1799
b49472690　遵义市朝阳小学校志　1910-2010 / 1799
b15329665　遵义地区文物志 / 1800
b49489793　遵义地区志　卷首 / 1795
b17183200　遵义地区志　第 10 卷　科学技术志 / 1796
b17183194　遵义地区志　第 11 卷　财政志　税务志 / 1796
b17505884　遵义地区志　第 12 卷　文化志　文学艺术志 / 1796
b20953239　遵义地区志　第 13 卷　党派群团志 / 1796
b20953264　遵义地区志　第 14 卷　水利志 / 1796
b20953252　遵义地区志　第 15 卷　审判志 / 1796
b20953276　遵义地区志　第 16 卷　乡镇企业志 / 1796
b20953240　遵义地区志　第 17 卷　广播电视志　报业志 / 1796
b21571508　遵义地区志　第 18 卷　交通志　邮电志　城乡建设环境保护志 / 1796

十五画

十五画

十六画

十六画

b20806589　黔东南苗族侗族自治州志　第 12 卷 水利志 / 1829
b20806590　黔东南苗族侗族自治州志　第 13 卷 邮电志 / 1829
b2080653x　黔东南苗族侗族自治州志　第 14 卷 对外经济贸易志 物资志 / 1829
b20806577　黔东南苗族侗族自治州志　第 15 卷 劳动人事志 / 1829
b20806553　黔东南苗族侗族自治州志　第 16 卷 金融志 / 1829
b20806541　黔东南苗族侗族自治州志　第 17 卷 工商行政管理志 / 1829
b20806565　黔东南苗族侗族自治州志　第 18 卷 科学技术志 科学普及志 / 1829
b21277643　黔东南苗族侗族自治州志　第 19 卷 文化志 / 1829
b10796575　黔东南苗族侗族自治州志　第 1 卷 地理志 / 1828
b21764839　黔东南苗族侗族自治州志　第 20 卷 人物志 / 1829
b21764827　黔东南苗族侗族自治州志　第 21 卷 财政志 审计志 / 1829
b2243138x　黔东南苗族侗族自治州志　第 22 卷 档案志 / 1830
b2243141x　黔东南苗族侗族自治州志　第 23 卷 税务志 / 1830
b22431391　黔东南苗族侗族自治州志　第 24 卷 农业机具志 / 1830
b22431408　黔东南苗族侗族自治州志　第 25 卷 轻纺工业志 / 1830
b36247042　黔东南苗族侗族自治州志　第 26 卷 商业志 / 1830
b36247030　黔东南苗族侗族自治州志　第 27 卷 民政志 / 1830
b36247054　黔东南苗族侗族自治州志　第 28 卷 司法志 / 1830
b36246037　黔东南苗族侗族自治州志　第 29 卷 政权志 政府分册 / 1830
b15693648　黔东南苗族侗族自治州志　第 2 卷 名胜志 文物志 / 1828
b40938323　黔东南苗族侗族自治州志　第 30 卷 政党群团志 / 1830
b1644842x　黔东南苗族侗族自治州志　第 3 卷 教育志 / 1828
b16436854　黔东南苗族侗族自治州志　第 4 卷 总述 大事记 / 1828
b16859510　黔东南苗族侗族自治州志　第 5 卷 民族志 / 1828
b19733288　黔东南苗族侗族自治州志　第 6 卷 军事志 / 1828
b1993015x　黔东南苗族侗族自治州志　第 7 卷 交通志 / 1828
b20774199　黔东南苗族侗族自治州志　第 8 卷 供销合作志 / 1828
b20774059　黔东南苗族侗族自治州志　第 9 卷 经济综述 / 1828
b38128184　黔东南苗族侗族自治州志　粮食志 / 1830
b41132105　黔东南苗族侗族自治州林业志　1988-2010 / 1831
b4995023x　黔东南苗族侗族自治州国土资源志 / 1830
b47584798　黔东南苗族侗族自治州图志 / 1830
b40863955　黔西县人民代表大会志 / 1814
b19929729　黔西县民政志 / 1814
b10796587　黔西县志 / 1814
b2046728x　黔西县志　1986-2007 / 1814
b42291458　黔西县政协志 / 1814
b4229146x　黔西县政协志　1981-2007 / 1814
b50247347　黔西县烟草志 / 1814
b20951073　黔西南布依族苗族自治州志　第 10 卷 党派群团志 / 1824
b20951115　黔西南布依族苗族自治州志　第 11 卷 质量技术监督志 / 1824
b22082402　黔西南布依族苗族自治州志　第 12 卷 卫生志 / 1824

十六画

b22431457 黔南布依族苗族自治州志 第 31 卷 轻纺工业志 / 1837
b22431457 黔南布依族苗族自治州志 第 32 卷 重工业志 / 1838
b21569873 黔南布依族苗族自治州志 第 34 卷 检察志 / 1838
b36247108 黔南布依族苗族自治州志 第 36 卷 军事志 / 1838
b17509634 黔南布依族苗族自治州志 第 37 卷 水利电力志 / 1838
b17726141 黔南布依族苗族自治州志 第 38 卷 政协志 / 1838
b22431421 黔南布依族苗族自治州志 第 39 卷 财政志 / 1838
b16596213 黔南布依族苗族自治州志 第 3 卷 文物名胜志 / 1836
b36092435 黔南布依族苗族自治州志 第 40 卷 党群志 / 1838
b36247121 黔南布依族苗族自治州志 第 41 卷 政权志 / 1838
b36247091 黔南布依族苗族自治州志 第 42 卷 广电志 / 1838
b36247091 黔南布依族苗族自治州志 第 43 卷 体育志 / 1838
b36247066 黔南布依族苗族自治州志 第 44 卷 城乡建设志 / 1838
b36247078 黔南布依族苗族自治州志 第 45 卷 档案志 / 1838
b21569885 黔南布依族苗族自治州志 第 46 卷 审判志 / 1838
b20774114 黔南布依族苗族自治州志 第 49 卷 人事志 / 1839
b16594666 黔南布依族苗族自治州志 第 4 卷 民族志 / 1836
b20806528 黔南布依族苗族自治州志 第 5 卷 商业志 / 1836
b2046664x 黔南布依族苗族自治州志 第 6 卷 交通志 / 1836
b21569903 黔南布依族苗族自治州志 第 7 卷 卫生志 / 1836
b36092447 黔南布依族苗族自治州志 第 8 卷 科学技术志 / 1837
b36092447 黔南布依族苗族自治州志 第 9 卷 气象志 / 1837
b36374234 黔南布依族苗族自治州志 简编本 / 1839
b37530768 镜湖区志 -2002 / 841
b50729809 镜湖区政协志 1984-2014 / 841
b45841238 赞皇人口和计划生育志 / 100
b46274364 赞皇县地名志 / 100
b13400939 赞皇县志 / 100
b40938827 赞皇县志 1991-2005 / 100
b37530963 赞皇县林业志 / 100
b40424297 赞皇县南关村志 / 100
b47316949 穆云畲族乡志 / 938
b50246690 穆家村志 / 1082
b13209437 穆棱县志 / 487
b50234948 穆棱卷烟厂志 / 487
b22430027 衡山文化志 / 1411
b13055859 衡山县志 / 1411
b13055781 衡山县简志 / 1411
b13055902 衡山届志 评审稿 / 1411
b20882713 衡水人物志 第 1 卷 古代近现代 / 166
b20882713 衡水人物志 第 2 卷 当代 / 166
b16746090 衡水市水利志 / 167

十六画

十七画

十七画

十八画

十九画

二十画

二十一画

二十二画

二十三画

二十四画

其 他

山顺明 主编

华东师范大学图书馆藏

新方志目录

第一册

京、津、冀、晋、蒙、辽、吉、黑、沪、苏

国家图书馆出版社

图书在版编目（CIP）数据

华东师范大学图书馆藏新方志目录 / 山顺明主编 . — 北京 : 国家图书馆出版社 , 2020.12

ISBN 978-7-5013-7137-2

Ⅰ . ①华…　Ⅱ . ①山…　Ⅲ . ①华东师范大学—院校图书馆—地方志—图书馆目录　Ⅳ . ① Z88: K29

中国版本图书馆 CIP 数据核字（2020）第 257488 号

书　　名　华东师范大学图书馆藏新方志目录
著　　者　山顺明　主编
责任编辑　于春媚

出　　版　国家图书馆出版社（100034　北京市西城区文津街 7 号）
（原书目文献出版社　北京图书馆出版社）
发　　行　010-66114536　66126153　66151313　66175620
66121706（传真）　66126156（门市部）
E - mail　nlcpress@nlc.cn（邮购）
Website　www.nlcpress.com →投稿中心
经　　销　新华书店
印　　装　北京科信印刷有限公司
版　　次　2020 年 12 月第 1 版　2020 年 12 月第 1 次印刷

开　　本　787 × 1092（毫米）　1/16
印　　张　189.75
字　　数　4257 千字

书　　号　ISBN 978-7-5013-7137-2
定　　价　980.00 元（全四册）

《华东师范大学图书馆藏新方志目录》
编纂委员会

主　　编　山顺明

编委会成员　胡晓明　张静波　山顺明
　　　　　　徐　敏　惠光秀　李雪锋

编　纂　者　朱亚芳　山　涛　徐　敏
　　　　　　惠光秀　张小兰　雷　敏

凡 例

一、本书目收录华东师范大学图书馆已入藏并编目的1949–2018年在中国大陆以及港澳台出版的中国新方志共30353种，其中省、地市、区县及乡镇级综合志11838种，各类专志18515种。1949年以前出版的方志，1949年以后再重新出版，或者影印、校订、译注的，不在此书目收录范围。

二、本书目收录的中国新方志的范围包括已正式出版和非正式出版的省（自治区、直辖市、特别行政区）、市（地区、自治州、盟）、县（县级市、自治县、旗、自治旗、区），乡（镇、街道）、社区、村各级志书；以及省市县乡各级专业志、部门志、厂矿志、农场志、企业志、学校志、山河志、文艺志、人物志、地名志（录）、风物志等。新疆生产建设兵团的各种专业志以及所属的各团志、师志等也在收录范围。

三、本书目的编纂以华东师范大学图书馆CNMARC（China Machine–Readable Catalogue）即中国机读目录数据为目录条目来源。CNMARC依据国家标准《中国机读目录格式》《中国文献编目规则》以及《CALIS（中国高等教育文献保障系统）联机编目手册》进行著录。条目著录的款目主要有题名、卷次、编纂单位、编纂者、出版地、出版单位、出版年、页码、版本、丛书名、系列名、文献记录号、索书号。

四、本书目的编纂以华东师范大学图书馆文献记录号（Bibliography Number）作为设立条目的依据。条目的设立有两种方式：1，一个文献记录号基本设立一个条目。如果是多卷集，且每卷都有单独副题名，则每卷设立一个条目，一个文献记录号可以有多个条目；2，如果多卷集每卷没有单独副题名，不能分解，则一个文献记录号只设一个条目。

五、本书目著录的中国新方志，以县级及县级以上行政区划为单位进行编排。行政区划次序依据中华人民共和国民政部编《中华人民共和国行政区划简册 2018》。各行政区划中条目的排列，综合志在前，专志在后。县级行政区划中，县级综合志在前，乡镇村志在后。专志以《中国图书馆图书分类法（第四版）》分类表排列。

六、部门志、厂矿志、农场志、企业志、学校志等单位志在行政区划中的位置确定，以该单位的所在地为原则，该单位志归到该单位所在地的行政区划中。例如《黑龙江矿业学院志》，黑龙江矿业学院的所在地在哈尔滨市，其院志归入哈尔滨市行政区划。

七、冠以”中国”字样的大型专业志等丛书的行政区划位置的确定，以地方性原则为准。丛书中有某某地方卷，该条目归入某某地方。例如《中国海湾志 第6卷 浙江省南部海湾》，该条目归入浙江省。

八、题名项完整著录包括正题名、副题名、卷次以及起止年代等。编纂者项中，单位编纂者在前，个人编纂者在后。无个人编纂而以单位编纂者出版的，则以单位编纂者补齐编纂者项。出版项中的出版地，仅著录出版地的名称，不以市、县称。例如上海市著录为上海。无出版地，而又有出版者的，则查出出版者所在地，补齐出版地项。无出版年，实无查处，则空缺。

九、本书目正文之后附有书名笔画索引，按照书名首字的汉字笔画顺序编排。书名之前均列出文献记录号，以方便检索华东师范大学图书馆书目数据库著录的详细资料。

前言

20 世纪 80 年代以来，我国新方志的编撰工作在全国各省市普遍展开。盛世修志，地方志的出版事业一片繁荣。作为中华民族特有的文化瑰宝，地方志的现实和历史价值已经被越来越多的人所认识，已经有越来越多的图书馆和个人收藏地方志。中华五千年的文明和历史，通过地方志这一独特的文化载体得以延续传承，发扬光大。

地方志是一种资料性的文献，它全面、系统地记述本行政区域自然、政治、经济、文化、社会等的历史与现状。而专志是地方志书的重要组成部分，是专门记述某一事物或某一事业的历史与现状的著述，包括专门志、专题志、部门志、行业志等独立于综合志书之外的志书，是单独成书并具有独有的编纂体系的志书。在社会主义新方志中，专志占有极高的比重。华东师范大学图书馆历来十分重视收藏地方志。我馆收藏的新方志（中华人民共和国成立以来所编纂出版的方志，我们定义为新方志）包括省市县乡各级综合性方志以及各种专志。截至目前，我馆共收藏了 33300 余种。从 2016 年 6 月起，我们开始编纂《华东师范大学图书馆藏新方志目录》，对馆藏新方志进行系统的书目数据整理，使读者对馆藏新方志有一个更直观、更全面的了解，以便更好地使用新方志。

我馆系统收藏新方志，是从 20 世纪 90 年代开始的，但当时国内没有形成方志的图书市场，收藏方志的个人、单位和图书馆很少。各种方志编纂出版后，不管是正式出版还是非正式出版的，大都作为本部门本系统的资料保存，或者做资料交换之用。因此我们很难在图书市场上看到方志这类图书。鉴于这种情况，我们采取的做法是直接与各地的方志办公室联系，首先从收藏县志入手，与各地县志办公室联系购买县志，我们先后从两千余家县志办公室购买到县志，或者他们免费赠送给我们县志。我馆收藏的首轮县志基本上是通过邮购和赠送的方式获得的。

进入新世纪以后，我国方志的编纂出版有了很大的发展，购书环境也得到了极大的改善，出现了很多民营书商，形成了一个地方志的图书市场。我馆的地方志收藏也从这时起，有了长足的发展，从刚开始的收集综合性方志逐步扩大到兼收各种专志。经过 20 余年不懈的努力，我馆新方志的收藏已经达到了相当的规模。为了更好地保存和利用地方志，我们在复旦大学龙向洋老师的具体指导下，编纂了这套《华东师范大学图书馆藏新方志目录》。目录编纂工作从 2016 年 6 月到 2018 年底，基本完成初稿，历时两年半。

此次编纂的《华东师范大学图书馆藏新方志目录》共收入已分编的新方志 30353 种。另有 3000 余种新方志在分编中未收入。

新方志的收藏率

我馆省级地方志的收藏，全国 34 个省、自治区、直辖市、特别行政区（主要统计中国大陆 31 个省、自治区、直辖市，不包括台港澳），所收藏的省志、省通志、直辖市志、市通志、自治区志、区通志，其收藏面全覆盖，收藏率 100%。

地级市地方志的收藏，全国 334 个地级市，我馆收藏有 332 个，收藏率几近 100%。

县（区、县级市、旗）级地方志的收藏，全国有 2851 个县级单位，经过多年的行政区划变更，撤县设区，截至 2017 年 12 月 31 日，现有 1897 个县（县级市、旗等）、954 个市辖区，我馆收藏有 1853 个县的县志，收藏率约 98%。收藏有 813 个市辖区区志和专志，收藏率 85.22%。

乡（镇、村、街道）志的收藏，我馆收藏的乡级志，包括乡志、镇志、村志和街道志等共有 3500 余种。

新方志的分类

根据《中国图书馆图书分类法》第四版，我馆所收藏的新方志，涵盖了《中图法》中的 19 个大类，包括政治、经济、军事、文化、教育、语言、文学、艺术、历史、地理以及地球科学、生物学、医学、农业等自然科学。除省市县乡级综合志外，还有各种专志。专志所占比率超过综合志，达到 61%。这是地方志科学发展的必然结果。专志在深度和广度上补充了综合性志书之不足；顺应社会发展，适应时代需求，丰富了地方志内容，拓展了地方志发展的空间。

新方志的特色收藏

我馆收藏新方志，主要是为我校学科建设而服务。我们最初把收藏的重点放在省、市、县、乡镇志以及教育志、学校志、文化志、地名志（录）、江河志、水利志、土地志、国土资源志、山志等方面。后来随着图书经费的不断增加和学校专业的不断扩大，我们把新方志收藏的范围逐渐扩大，最终形成了一个比较全面、完整的新方志馆藏。

在新方志馆藏中，比较有特色的有以下几种：

1. 乡镇志，目前我馆已收藏全国各地的乡镇志 3500 余种。一个乡一个镇，地方虽不大，但它涉及到当地的政治、经济、文化、历史、人口、地理、民俗等等，无所不包，各具特色。乡镇志为研究中国农业、农村、农民提供了不可多得的资料。

2. 学校志，包括大中小学校以及各类专业学校、党校、师范学校等，共计 1300 余种。一部校志，就是一个学校的发展史，学校的历史沿革、学校的学科发展、学校的文化传承等等，校志中都会有真实而详尽的记录。一部部校志，就是中国教育历程中一个个缩影。

3. 教育志和学校志一样，也是对教育历史事实的真实记录。对于我们师范院校来说，学校志和教育志是我们研究中国教育的基本资料。我馆现收藏各地各级教育志 1405 种。

4. 地名志（录），地名志（录）是记载地名演变发展的专志。一部地名志（录），真实地记录一个地方行政区划的演变过程。从地名志（录）中我们可以窥探历史沿革、疆域变化、氏族发展、人口迁徙、地理演变、文化传承、经济发展脉络等方方面面。我馆现收藏各地地名志（录）1482 种。

5. 土地志及国土资源志，土地志是记述土地资源、土地制度沿革、土地开发利用、土地保护、地籍管理等方面的专志，是研究、保护土地的重要资料。我馆现收藏各地土地志及国土资源志575种。

6. 水利志，水利志主要记录一个地方的水系和水资源，记录历朝历代所发生的旱灾、洪灾以及防洪措施等。我馆现收藏全国各地水利志792种。

新方志的出版形态

方志是一种原始资料，它的研究价值和收藏价值是不言而喻的。它的读者对象比较专、比较少，这决定了它的出版印数是不多的，多至上千，少则几十上百。它的出版形态有以下几种：

公开出版（出版社出版）。此次编纂的《华东师范大学图书馆藏新方志目录》中，有20077种方志是出版社出版的，占总数的66.30%。涉及到的出版社（包括台港澳地区）有500多家。这说明我国方志的出版在全国得到了普及。作为方志出版的专业社，方志出版社在方志出版事业中发挥了巨大的作用，我馆收藏的新方志中有2300余种是方志出版社出版的。中华书局、中国文史出版社、中州古籍出版社等，以及全国各地的人民出版社也都是方志出版的主力军。

内部出版发行（非出版社出版）。内部出版发行的方志主要是各类专志。这些志书因专业性极强，印数少，不通过出版社出版，而是通过当地主管部门的批准，申领一个准印证号而自行编纂出版发行。我馆收藏的这类方志有10203种，占总数的33.25%。

油印本。油印本的印刷时间大都是上世纪的80或90年代，也许是限于当时的出版条件，编纂者自行油印，仅仅是为了本单位保存这些资料，或者用于交换赠送。印数极少，不易保存。这种油印本方志我馆现收藏近220种。

《华东师范大学图书馆藏新方志目录》的编纂自始至终得到了华东师范大学图书馆胡晓明馆长、张静波常务副馆长以及其他一些馆领导的支持和鼓励，没有他们一直以来的鞭策，我们是很难完成这样繁复的目录编纂工作的。这部书还得到了图书馆采编部、流通阅览部和古籍部段双喜老师、惠光秀老师、李雪锋老师、韩进老师以及葛小红老师、金彪老师、李善强老师、于博老师的帮助，他们为方志的采集分编、方志的收藏保存和目录的资料查找等做了大量的工作。在此，我们向他们表示衷心的感谢。

我还要感谢华东师范大学哲学系的徐怀启、赵修义老师和复旦大学的吴格老师，他们在我长达40年的图书馆图书采访生涯中真诚地帮助了我，用他们渊博的学识，他们对书籍的那种挚爱的感情深深地影响了我；激励我把普通的图书采访工作，踏踏实实地当作一项事业来做；教会了我怎样买书，买好书。借此机会，也表达我对徐怀启老先生的怀念之情，对赵修义、吴格老师的感激之情。

山顺明
2020年8月

序

今年是改革开放的第40个年头。如所周知，40年来发生了翻天覆地的巨大变化，堪称人类历史上的奇迹。随着中华民族越来越增强的文化自信与越来越强大的文化复兴，图书馆事业也取得了辉煌的成就。仅就华东师范大学图书馆而论，40年来，不仅在空间、技术、服务与设施方面取得了极大的改善，馆藏文献规模也以体量巨大、增幅持续、布局合理、纸电并进、特藏鲜明的诸多特点，得到日益丰富完善的良好发展，不负"双一流"高校文献保障中心的重大使命。

说到特藏，就要说到我馆多年来持续经营的方志馆藏。地方志，简称"方志"，即按一定体例，全面记载某一时期某一地域的自然、社会、政治、经济、文化等方面情况或特定事项的书籍文献。方志是记述地方情况的史志。有全国性的总志和地方性的州郡府县制两类。后来还有乡镇志、山川志等。方志分门别类，取材宏富，是研究历史及历史地理的重要资料。方志往往详细记载一地的地理、沿革、风俗、教育、物产、人物、名胜、古迹以及诗文、著作等，为研究历史，特别是地方史的重要参考资料。历代以来，国家修史、地方上修志书，已经成为传统，此是我国五千年文明史持续传承的重要方式之一，对文化资源的维护与发展起到重要作用。我馆曾经率先在全国高校图书馆系统出版《华东师范大学图书馆稀见方志丛刊》（全二十册，黄秀文、吴平主编，国家图书馆出版社2005年出版），介绍了我馆庋藏的旧方志的精华与特色，在图书馆界有很高的美誉。

除了旧方志之外，我馆还收藏有大量的新方志。新方志大致是指1949年以后修纂的方志。新时期以来，国家与各个地区仍然兴修了大批方志。20世纪80年代以来，我国新方志的编撰工作在全国各省市普遍展开。据不完全统计，新方志数量至少也在几万册之上，而且还在源源不断地持续增加。华东师范大学图书馆收藏的新方志，包括各省（自治区）市县（区）乡（镇、村、街道）以及各种专业志、行业志、单位志等，截至目前，总计就有33300余种。

《华东师范大学图书馆藏新方志目录》，正是这个特色馆藏的一个集中的展示。我馆资深专家山顺明老师带领馆里的几位年轻人，编纂了此目录，山顺明老师是有着40年丰富工作经验的老图书馆人，40年来以饱满的工作热情从事图书的采编采购，他在采编部担任主任多年，勤力用心，经验丰富，为馆藏采购健康发展贡献良多，而且不声不响地、孜孜矻矻地专精一事，直到成功。这部《华东师范大学图书馆藏新方志目录》的编纂，正是他多年心血所凝的一部大书。

《华东师范大学图书馆藏新方志目录》有以下几点特色：

一是积累深厚。在20世纪90年代的1994年，面对新方志大量涌现的现实，山老师就激发了要为华东师大图书馆建立新方志馆藏的宏愿，开始留心收集新方志，迄今已经有20多年，其先后联系过两千余家县志办和一些省志市志办，其间倍尝冷暖，甘苦自知。其愿力、用力、热情、耐心，在在皆可圈可点，颇有现代愚公的精神。经过多年不懈的努力，我馆新方志的收藏，已经达到了相当可观的规模。

二是注重编撰体例。为了充分利用新方志，编纂方志目录提到日程上来。编撰者广泛请教国内外各个方面的专家学者，结合自身丰富的工作经验，带领一批工作人员，从2016年开始编纂，如今基本完成。在目录的选取、目录的内容、目录的排列、目录的检索四个方面都有新的贡献与突破，也在实际工作中总结了诸多有效的经验，不但使本书具有风貌特色，也为类似的工作起到开拓作用。《华东师范大学图书馆藏新方志目录》共收入已分编的新方志30353种，在编撰安排上需要非常仔细，才能避免一些分类上的失误。

《华东师范大学图书馆藏新方志目录》是我馆重视文化资源的整理与开发的最新成果之一，相信在山老师等一批资深专家的带领下，我馆各项事业必将会有更大的进步。如今山老师已经退出工作第一线，但仍然以饱满的工作热情和良好的精神风貌，在返聘岗位上继续发挥余热。本目录不仅是一个厚重的馆藏书目，而且更是一个资深图书馆馆员、一个将自己一生最美好的年华都献给图书馆的学人，——毕生学问的结晶、长期经验的凝结以及工作热情的阐释。我相信它在图书文献目录学上，一定会得到使用者发自内心的敬重。

是为序。

华东师范大学图书馆　胡晓明

2018年12月26日

总　目

第一册目录

北京市

北京志 第 1 卷 综合卷 总述 大事记 历史概要
北京市地方志编纂委员会编 张明义 王立行 段柄仁主编 北京 北京出版社 2013 年 885 页
b15702686 K291 B3171

北京志 第 2 卷 综合卷 建置志 地名志 区县概要
北京市地方志编纂委员会编 北京 北京出版社 2008 年 587 页
b15702686 K291 B3171

北京志 第 3 卷 综合卷 人口志
北京市地方志编纂委员会编 李慕真主编 北京 北京出版社 2004 年 388 页
b15702686 K291 B3171

北京志 第 4 卷 综合卷 人民生活志
北京市地方志编纂委员会编 张明义 王立行 段柄仁主编 庄宝国卷主编 北京 北京出版社 2007 年 558 页
b15702686 K291 B3171

北京志 第 5 卷 自然环境卷 自然环境志
北京市地方志编纂委员会编 张明义 王立行 段柄仁主编 王春柱 谭烈飞卷主编 北京 北京出版社 2016 年 561 页
b49652102 K291 B3171B 2016

北京志 第 6 卷 地质矿产水利气象卷 地质矿产志
北京市地方志编纂委员会编 张明义 王立行 段柄仁主编 王学德卷主编 北京 北京出版社 2001 年 501 页
b12844664 k291 B3171

北京志 第 6 卷 气象志 1996–2010
北京市地方志编纂委员会编 段柄仁主编 曹冀鲁卷主编 北京 北京出版社 2017 年 421 页
b51131882 K291 B3171B 2016

北京志 第 7 卷 地质矿产水利气象卷 水利志
北京市地方志编纂委员会编 张明义 王立行 段柄仁主编 高振奎 李永善 刘炳树卷主编 北京 北京出版社 2000 年 630 页
b12844664 k291 B3171

北京志 第 8 卷 地质矿产水利气象卷 气象志
北京市地方志编纂委员会编 张明义 王立行 段柄仁主编 恽耀南卷主编 北京 北京出版社 1999 年 366 页
b12844664 k291 B3171

北京志 第 9 卷 自然灾害卷 自然灾害志
北京市地方志编纂委员会编 张明义 王立行 段柄仁主编 白有光 段天顺 范毓扬卷主编 北京 北京出版社 2012 年 758 页
b4073948x K291 B3171

北京志 第 9 卷 自然灾害卷 地震志
北京市地方志编纂委员会编 张明义 王立行 段柄仁主编 北京 北京出版社 2014 年 352 页
b4623942x K291 B3171

北京志 第 10 卷 中央机构卷 中央机构志
北京市地方志编纂委员会编 张明义 王立行 段柄仁主编 谭烈飞卷主编 北京 北京

出版社 2011 年 614 页
b40424595 K291 B3171

北京志 第 11 卷 政权政协卷 人民代表大会志
北京市地方志编纂委员会编 张明义 王立行 段柄仁主编 陈选权卷主编 北京 北京出版社 2003 年 581 页
b15545027 K291 B3171

北京志 第 12 卷 政权政协卷 政府志
北京市地方志编纂委员会编 陈一夫 郑理 陈显良主编 北京 北京出版社 2013 年 901 页
b46994919 K291 B3171

北京志 第 13 卷 政权政协卷 人民政协志
北京市地方志编纂委员会编 张明义 王立行 段柄仁主编 孙聿卷主编 北京 北京出版社 2013 年 363 页
b46010853 K291 B3171

北京志 第 14 卷 政务卷 民政志
北京市地方志编纂委员会编 聂志达主编 北京 北京出版社 2003 年 656 页
b15222147 K291 B3171

北京志 第 15 卷 政务卷 人事志
北京市地方志编纂委员会编 高云厚 左小玲主编 北京 北京出版社 2004 年 556 页
b15222147 K291 B3171

北京志 第 16 卷 政务卷 监察志
北京市地方志编纂委员会编 张明义 王立行 段柄仁主编 张厚昆卷主编 北京 北京出版社 2010 年 446 页
b15222147 K291 B3171

北京志 第 17 卷 政务卷 外事志
北京市地方志编纂委员会编 张明义 王立行 段柄仁主编 管全复 陈省耕卷主编 北京 北京出版社 2012 年 621 页
b15222147 K291 B3171

北京志 第 18 卷 共产党卷 共产党志
北京市地方志编纂委员会编 张明义 王立行 段柄仁主编 王修身卷主编 北京 北京出版社 2012 年 593 页
b44850864 K291 B3171

北京志 第 19 卷 党派工商联卷 国民党志
北京市地方志编纂委员会编 张明义 王立行 段柄仁主编 北京 北京出版社 2017 年 502 页
b50083764 K291 B3171

北京志 第 20–21 卷 党派工商联卷 民盟志 民建志 民进志 农工党志 致公党志 九三学社志 台盟志 工商联志
北京市地方志编纂委员会编 张明义 王立行 段柄仁主编 北京 北京出版社 2012 年 687 页
b40739703 K291 B3171

北京志 第 22 卷 人民团体卷 工人组织志
北京市地方志编纂委员会编 张明义 王立行 段柄仁主编 周永浩卷主编 北京 北京出版社 2005 年 652 页
b16883408 K291 B3171

北京志 第 23 卷 人民团体卷 青组织志
北京市地方志编纂委员会编 张明义王立行 段柄仁主编 张效廉卷主编 北京 北京出版社 2011 年 405 页
b37530227 K291 B323R 2011

北京志 第 24 卷 人民团体卷 妇女组织志
北京市地方志编纂委员会编 尹玲珍主编 北京 北京出版社 2007 年 450 页
b1915754x K291 B3171R 2007

北京志 第 25 卷 政法卷 公安志
北京市地方志编纂委员会编 北京 北京出版社 2007 年 530 页
b15638194 K291 B3171

北京志 第 26 卷 政法卷 检察志
北京市地方志编纂委员会编 张明义 王立行 段柄仁主编 许海峰卷主编 北京 北京出版社 2007 年 530 页
b15638194 K291 B3171

北京志 第 27 卷 政法卷 审判志
北京市地方志编纂委员会编 嵇昆梅 贺荣 王振清主编 北京 北京出版社 2008 年 680 页
b15638194 K291 B3171

北京志 第 27 卷 统计志
北京市地方志编纂委员会编 段柄仁主编 顾兖州卷主编 北京 北京出版社 2016 年 570 页
b49652096 K291 B3171B 2016

北京志 第 28 卷 政法卷 司法行政志
北京市地方志编纂委员会编 北京 北京出版社 2005 年 284 页
b15638194 K291 B3171

北京志 第 28 卷 国家税务志 1994–2010
北京市地方志编纂委员会编 段柄仁主编 吴新联 李亚民卷主编 北京 北京出版社 2017 年 292 页
b51131857 K291 B3171B 2016

北京志 第 29 卷 政法卷 监狱管理 劳教志
北京市地方志编纂委员会编 张明义 王立行 段柄仁主编 刘煜 王金亮卷主编 北京 北京出版社 2006 年 509 页
b15638194 K291 B3171

北京志 第 29 卷 地方税务志 1994–2010
北京市地方志编纂委员会编 段柄仁主编 王勇生卷主编 北京 北京出版社 2017 年 288 页
b51131845 K291 B3171B 2016

北京志 第 30 卷 军事卷 军事志
北京市地方志编纂委员会编 张明义 王立行 段柄仁主编 邵德龙 郑传福 韩平卷主编 北京 北京出版社 2002 年 1014 页
b14018019 K291 B3171

北京志 第 31 卷 军事卷 人民武装警察志
北京市地方志编纂委员会编 张明义 王立行 段柄仁主编 黄正明卷主编 北京 北京出版社 2003 年 494 页
b14018019 K291 B3171

北京志 第 32 卷 军事卷 人民防空志
北京市地方志编纂委员会张明义 王立行 段柄仁主编 陈本荣卷主编 北京 北京出版社 2001 年 451 页
b14018019 K291 B3171

北京志 第 33 卷 综合经济管理卷 计划志
北京市地方志编纂委员会编 王军主编 北京 北京出版社 2000 年 501 页
b12844652 K291 B3171

北京志 第 34 卷 综合经济管理卷 劳动志
北京市地方志编纂委员会编 张明义 王立行 段柄仁主编 王凤禄 徐泽昱卷主编 北京 北京出版社 1999 年 336 页
b12844652 K291 B3171

北京志 第 35 卷 综合经济管理卷 统计志
北京市地方志编纂委员会编 张明义 王立行 段柄仁主编 杨乃超卷主编 北京 北京出版社 2002 年 571 页
b12844652 K291 B3171

北京志 第 36 卷 综合经济管理卷 财政志
北京市地方志编纂委员会编 张明义 王立行 段柄仁主编 陈婷 郭文杰卷主编 北京 北京出版社 2000 年 716 页
b12844652 K291 B3171

北京志 第 37 卷 综合经济管理卷 税务志
北京市地方志编纂委员会编 张明义 王立行 段柄仁主编 孙志强卷主编 北京 北京出版社 2001 年 368 页
b12844652 K291 B3171

北京志 第 38 卷 综合经济管理卷 审计志
北京市地方志编纂委员会编 张明义 王立行 段柄仁主编 程显华卷主编 北京 北京出版社 2010 年 339 页
b12844652 K291 B3171

北京志 第 39 卷 综合经济管理卷 金融志
北京市地方志编纂委员会编 张明义 王立行 段柄仁主编 卢学勇 席长庚卷主编 北京 北京出版社 2001 年 603 页
b12844652 K291 B3171

北京志 第 40 卷 综合经济管理卷 物价志
北京市地方志编纂委员会编 张明义 王立行 段柄仁主编 李仲源卷主编 北京 北京出版社 2005 年 466 页
b12844652 K291 B3171

北京志 第 40 卷 海关志 2000–2010
北京市地方志编纂委员会编 段柄仁主编 张砚甲 孙方勇卷主编 北京 北京出版社 2017 年 281 页
b51131870 K291 B3171B 2016

北京志 第 41 卷 综合经济管理卷 物资志
北京市地方志编纂委员会编 北京 北京出版社 2004 年 427 页
b12844652 K291 B3171

北京志 第 42 卷 综合经济管理卷 工商行政管理志
北京市地方志编纂委员会编 张明义 王立行 段柄仁主编 曹克宇 王正在卷主编 北京 北京出版社 2001 年 379 页
b12844652 K291 B3171

北京志 第 43 卷 综合经济管理卷 技术监督志
北京市地方志编纂委员会编 梁益圃主编 北京 北京出版社 2004 年 483 页
b12844652 K291 B3171

北京志 第 44 卷 城乡规划卷 规划志
北京市地方志编纂委员会编 张明义 王立行 段柄仁主编 董光器卷主编 北京 北京出版社 2009 年 764 页
b14018020 K291 B3171

北京志 第 45 卷 城乡规划卷 测绘志
北京市地方志编纂委员会编 北京 北京出版社 2001 年 438 页
b14018020 K291 B3171

北京志 第 46 卷 城乡规划卷 勘察志
北京市地方志编纂委员会编 张明义 王立行 段柄仁主编 姚炳华 曹佑裕卷主编 北京 北京出版社 2012 年 282 页
b14018020 K291 B3171

北京志 第 47 卷 城乡规划卷 建筑工程设计志
北京市地方志编纂委员会编 北京 北京出版社 2007 年 607 页
b14018020 K291 B3171

北京志 第 47 卷 城乡规划卷 市政工程设计志
北京市地方志编纂委员会编 李森主编 北京 北京出版社 2009 年 487 页
b14018020 K291 B3171

北京志 第 48 卷 建筑卷 建筑志
北京市地方志编纂委员会编 张明义 王立行 段柄仁主编 李燕秋卷主编 北京 北京出版社 2003 年 1014 页
b15539684 K291 B3171

北京志 第 49 卷 市政卷 房地产志
北京市地方志编纂委员会编 张明义 王立行 段柄仁主编 张一峰卷主编 北京 北京出版社 2000 年 489 页
b13680201 K291 B3171

北京志 第 50 卷 市政卷 供水志 供热志 燃气志
北京市地方志编纂委员会编 张明义 王立行 段柄仁主编 北京 北京出版社 2003 年 585 页
b13680201 K291 B3171

北京志 第 51 卷 市政卷 道桥志 排水志
北京市地方志编纂委员会编 张明义 王立行 段柄仁主编 刘铁珊 马丽生卷主编 北京 北京出版社 2002 年 856 页
b13680201 K291 B3171

北京志 第 52 卷 市政卷 园林绿化志
北京市地方志编纂委员会编 张明义主编 徐德权卷主编 北京 北京出版社 2002 年 570 页
b13680201 K291 B3171

北京志 第 53 卷 市政卷 环境卫生志
北京市地方志编纂委员会编 张卫华主编 北京 北京出版社 2002 年 206 页
b13680201 K291 B3171

北京志 第 53 卷 体育志
北京市地方志编纂委员会编 段柄仁主编 刘兴忠卷主编 北京 北京出版社 2016 年 501 页
b49675321 K291 B3171B 2016

北京志 第 54 卷 市政卷 环境保护志
北京市地方志编纂委员会编 北京 北京出版社 2004 年 557 页
b13680201 K291 B3171

北京志 第 55 卷 市政卷 公共交通志
北京市地方志编纂委员会编 张明义 王立行 段柄仁主编 王彤民等卷主编 北京 北京出版社 2002 年 582 页
b13680201 K291 B3171

北京志 第 55 卷 人力资源和社会保障志 1995–2010
北京市地方志编纂委员会编 段柄仁主编 刘江平 张春荣卷主编 北京 北京出版社 2018 年 732 页
b51044432 K291 B3171B 2016

北京志 第 56 卷 市政卷 道路交通管理志
北京市地方志编纂委员会编 张明义 王立行 段柄仁主编 于春全卷主编 北京 北京出版社 2000 年 352 页
b13680201 K291 B3171

北京志 第 57 卷 市政卷 公路运输志
北京市地方志编纂委员会编 禹堂 费义达主编 北京 北京出版社 2000 年 431 页
b13680201 K291 B3171

北京志 第 58 卷 市政卷 铁路运输志
北京市地方志编纂委员会编 寇兴军 周俊岭主编 北京 北京出版社 2004 年 590 页
b13680201 K291 B3171

北京志 第 59 卷 市政卷 民用航空志
北京市地方志编纂委员会编 董汉文主编 北京 北京出版社 2000 年 466 页
b13680201 K291 B3171

北京志 第60卷 市政卷 邮政志
北京市地方志编纂委员会编 胡仲元主编
北京 北京出版社 2004年 416页
b13680201 K291 B3171

北京志 第61卷 市政卷 电信志
北京市地方志编纂委员会编 范铁生主编
北京 北京出版社 2004年 455页
b13680201 K291 B3171

北京志 第62卷 工业卷 黑色冶金工业志 有色金属工业志
北京市地方志编纂委员会编 张明义 王立行 段柄仁主编 张功焰 王庚武卷主编 北京 北京出版社 2005年 680页
b13773483 K291 B3171

北京志 第63卷 工业卷 煤炭工业志 煤炭流通志
北京市地方志编纂委员会编 张明义 王立行 段柄仁主编 李志强卷主编 北京 北京出版社 2010年 687页
b13773483 K291 B3171

北京志 第64卷 工业卷 电力工业志 建材工业志
北京市地方志编纂委员会编 张明义 王立行 段柄仁主编 北京 北京出版社 2001年 610页
b13773483 K291 B3171

北京志 第65卷 工业卷 化学工业志 石油化学工业志
北京市地方志编纂委员会编 张明义 王立行 段柄仁主编 闻智廉卷主编 北京 北京出版社 2001年 633页
b13773483 K291 B3171

北京志 第66卷 工业卷 机械工业志 农机工业志
北京市地方志编纂委员会编 张明义 王立行 段柄仁主编 郭家成 孙长俊等卷主编
北京 北京出版社 2001年 674页
b13773483 K291 B3171

北京志 第67卷 工业卷 汽车工业志 机车车辆工业志
北京市地方志编纂委员会编 陈凤午 李国安等主编 北京 北京出版社 2003年 671页
b13773483 K291 B3171

北京志 第68卷 工业卷 电子工业志 仪器仪表工业志
北京市地方志编纂委员会编 张明义 王立行 段柄仁主编 高玉庆 卞援朝卷主编 北京 北京出版社 2001年 677页
b13773483 K291 B3171

北京志 第68卷 云居寺志
北京市地方志编纂委员会编 段柄仁主编 李桂清卷主编 北京 北京出版社 2017年 326页
b51131869 K291 B3171B 2016

北京志 第69卷 工业卷 一轻工业志 二轻工业志
北京市地方志编纂委员会编 张明义 王立行 段柄仁主编 李凤歧等卷主编 北京 北京出版社 2003年 629页
b13773483 K291 B3171

北京志 第70卷 工业卷 纺织工业志 工艺美术志
北京市地方志编纂委员会编 张明义 王立行 段柄仁主编 刘秉悌 李仓彦卷主编 北京 北京出版社 2002年 642页
b13773483 K291 B3171

北京志 第71卷 工业卷 医药工业志 印刷工业志
北京市地方志编纂委员会编 张明义 王立行 段柄仁主编 于让 陈升贵卷主编 北京 北京出版社 2011年 632页
b13773483 K291 B3171

北京志 第72卷 农业卷 农村经济综合志
北京市地方志编纂委员会编 白有光 范毓

扬 赵树枫主编 北京 北京出版社 2008 年 617 页
b12844573 K291 B3171

北京志 第 73 卷 农业卷 种植业志
北京市地方志编纂委员会编 张明义 王立行 段柄仁主编 董四留卷主编 北京 北京出版社 2001 年 409 页
b12844573 K291 B3171

北京志 第 74 卷 农业卷 林业志
北京市地方志编纂委员会编 李永芳主编 北京 北京出版社 2003 年 612 页
b12844573 K291 B3171

北京志 第 75 卷 农业卷 畜牧志
北京市地方志编纂委员会编 张明义 王立行 段柄仁主编 于双墨卷主编 北京 北京出版社 2007 年 374 页
b12844573 K291 B3171

北京志 第 76 卷 农业卷 水产业志
北京市地方志编纂委员会编 王晞主编 北京 北京出版社 2003 年 452 页
b12844573 K291 B3171

北京志 第 77 卷 农业卷 国营农场志
北京市地方志编纂委员会编 张明义 王立行 段柄仁主编 祝遵璜卷主编 北京 北京出版社 1999 年 309 页
b12844573 K291 B3171

北京志 第 78 卷 农业卷 乡镇企业志
北京市地方志编纂委员会编 邵炜 夏连生主编 北京 北京出版社 2004 年 525 页
b12844573 K291 B3171

北京志 第 79 卷 商业卷 副食品商业志
北京市地方志编纂委员会编 王永福 段葆兰 孙杰主编 北京 北京出版社 2003 年 378 页
b15222159 K291 B3171

北京志 第 79 卷 商业卷 供销合作社商业志
北京市地方志编纂委员会编 侯德祥主编 北京 北京出版社 2003 年 295 页
b15222159 K291 B3171

北京志 第 79 卷 商业卷 日用工业品商业志
北京市地方志编纂委员会编 张明义 王立行 段柄仁主编 李永正卷主编 北京 北京出版社 2006 年 472 页
b15222159 K291 B3171

北京志 第 80 卷 商业卷 粮油商业志
北京市地方志编纂委员会编 王一平 耿树春 田鸿儒主编 北京 北京出版社 2004 年 421 页
b15222159 K291 B3171

北京志 第 80 卷 商业卷 石油商业志
北京市地方志编纂委员会编 乔林非主编 北京 北京出版社 2008 年 518 页
b15222159 K291 B3171

北京志 第 80 卷 商业卷 饮食服务志
北京市地方志编纂委员会编 李顺利主编 北京 北京出版社 2008 年 600 页
b15222159 K291 B3171

北京志 第 80 卷 商业卷 烟草商业志
北京市地方志编纂委员会编 张明义 王立行 段柄仁主编 焦为中 梁宝贵 孙奇卷主编 北京 北京出版社 2009 年 220 页
b36092812 K291 B3171

北京志 第 81 卷 对外经贸卷 对外经贸志
北京市地方志编纂委员会编 张明义 王立

行 段柄仁主编 张学群卷主编 北京 北京出版社 2005 年 441 页
b16427191 K291 B3171

北京志 第 82 卷 对外经贸卷 海关志
北京市地方志编纂委员会编 张明义 王立行 段柄仁主编 唐麒麟卷主编 北京 北京出版社 2005 年 340 页
b16427191 K291 B3171

北京志 第 82 卷 对外经贸卷 检验检疫志
北京市地方志编纂委员会编 张明义 王立行 段柄仁主编 魏传忠卷主编 北京 北京出版社 2005 年 548 页
b16427191 K291 B3171

北京志 第 83 卷 开发区卷 中关村科技园区志
北京市地方志编纂委员会编 戴卫主编 北京 北京出版社 2008 年 839 页
b19938408 K291 B3171

北京志 第 84 卷 旅游卷 旅游志
北京市地方志编纂委员会编 张明义 王立行 段柄仁主编 于长江卷主编 北京 北京出版社 2006 年 717 页
b17398204 K291 B3171

北京志 第 85 卷 教育卷 基础教育志
北京市地方志编纂委员会编 张明义 王立行 段柄仁 耿申卷主编 北京 北京出版社 2014 年 582 页
b46010841 K291 B3171

北京志 第 86 卷 教育卷 高等教育志
北京市地方志编纂委员会编 李壑主编 北京 北京出版社 2014 年 489 页
b4637713x K291 B3171

北京志 第 87 卷 教育卷 成人教育志
北京市地方志编纂委员会编 张明义 王立行 段柄仁主编 北京 北京出版社 2001 年 370 页
b14018007 K291 B3171

北京志 第 88 卷 科学卷 科学技术志
北京市地方志编纂委员会编 张明义 王立行 段柄仁主编 北京 北京出版社 2005 年 967 页
b16372165 K291 B3171

北京志 第 90 卷 文化艺术卷 文学创作志
北京市地方志编纂委员会编 马玉田 高玉琨主编 北京 北京出版社 2007 年 394 页
b13680213 K291 B3171

北京志 第 90 卷 文化艺术卷 美术志 摄影志 书法篆刻志
北京市地方志编纂委员会编 刘曦林等主编 北京 北京出版社 2009 年 560 页
b13680213 K291 B3171

北京志 第 91 卷 文化艺术卷 戏剧志 曲艺志 电影志
北京市地方志编纂委员会编 张明义 王立行 段柄仁主编 鲁刚卷主编 北京 北京出版社 2000 年 748 页
b13680213 K291 B3171

北京志 第 92 卷 文化艺术卷 音乐志 舞蹈志 杂技志
北京市地方志编纂委员会编 张明义 王立行 段柄仁主编 姚思源等卷主编 北京 北京出版社 2002 年 653 页
b13680213 K291 B3171

北京志 第 93 卷 文化艺术卷 群众文化志 图书馆志 文化艺术管理志
北京市地方志编纂委员会编 张明义 王立行 段柄仁主编 宋海波等卷主编 北京 北

京出版社 2001 年 549 页
b13680213 K291 B3171

北京志 第 94 卷 档案卷 档案志
北京市地方志编纂委员会编 王国华卷主编 北京 北京出版社 2003 年 430 页
b15550795 K291 B3171

北京志 第 96 卷 文物卷 博物馆志
北京市地方志编纂委员会编 张明义 王立行 段柄仁主编 宋惕冰卷主编 北京 北京出版社 2005 年 505 页
b16573742 K291 B3171

北京志 第 96 卷 文物卷 文物志
北京市地方志编纂委员会编 张明义 王立行 段柄仁主编 宋惕冰卷主编 北京 北京出版社 2006 年 799 页
b16573742 K291 B3171

北京志 第 97 卷 世界文化遗产卷 周口店遗址志
北京市地方志编纂委员会编 张森水 宋惕冰主编 北京 北京出版社 2004 年 516 页
b15702674 K291 B3171

北京志 第 97 卷 世界文化遗产卷 故宫志
北京市地方志编纂委员会编 张明义 王立行 段柄仁主编 宋惕冰卷主编 北京 北京出版社 2005 年 814 页
b15702674 K291 B3171

北京志 第 97 卷 世界文化遗产卷 长城志
北京市地方志编纂委员会编 张明义 王立行 段柄仁主编 罗哲文 宋惕冰卷主编 北京 北京出版社 2008 年 606 页
b15702674 K291 B3171

北京志 第 98 卷 世界文化遗产卷 颐和园志
北京市地方志编纂委员会编 翟小菊主编 北京 北京出版社 2004 年 562 页
b15702674 K291 B3171

北京志 第 98 卷 世界文化遗产卷 天坛志
北京市地方志编纂委员会编 张明义 王立行 段柄仁主编 姚安卷主编 北京 北京出版社 2006 年 386 页
b15702674 K291 B3171

北京志 第 99 卷 新闻出版广播电视卷 报业 通讯社志
北京市地方志编纂委员会编 王相 满运来 徐文珍卷主编 北京 北京出版社 2005 年 448 页
b16358090 K291 B3171

北京志 第 100 卷 新闻出版广播电视卷 期刊志
北京市地方志编纂委员会编 张明义 王立行 段柄仁主编 北京 北京出版社 2005 年 791 页
b16358090 K291 B3171

北京志 第 101 卷 新闻出版广播电视卷 出版志
北京市地方志编纂委员会编 张明义 王立行 段柄仁主编 田耕卷主编 北京 北京出版社 2005 年 842 页
b16358090 K291 B3171

北京志 第 102 卷 新闻出版广播电视卷 广播电视志
北京市地方志编纂委员会编 张明义 王立行 段柄仁主编 于云先等卷主编 北京 北京出版社 2005 年 749 页
b16358090 K291 B3171

北京志 第 103 卷 卫生卷 卫生志
北京市地方志编纂委员会编 王康久卷主编 北京 北京出版社 2003 年 603 页
b15550801 K291 B3171

北京志 第 104 卷 体育卷 体育志
北京市地方志编纂委员会编 马贵田 田长波 李春龙主编 北京 北京出版社 2004 年 475 页
b15702662 K291 B3171

北京志 第 105 卷 民族宗教卷 民族志
北京市地方志编纂委员会编 张明义 王立行 段柄仁主编 姜立勋等卷主编 北京 北京出版社 2006 年 332 页
b16883706 K291 B3171

北京志 第 105 卷 民族宗教卷 宗教志
北京市地方志编纂委员会编 张明义 王立行 段柄仁主编 姜立勋等卷主编 北京 北京出版社 2007 年 615 页
b16883706 K291 B3171

北京志 第 106 卷 人物卷 人物志
北京市地方志编纂委员会编 张明义 王立行 段柄仁主编 北京 北京出版社 2016 年 533 页
b49749109 K291 B3171B 2016

北京志 第 107 卷 民俗 方言卷 民俗志
北京市地方志编纂委员会编 张明义 王立行 段柄仁主编 刘景华卷主编 北京 北京出版社 2012 年 260 页
b40425873 K291 B3171

北京志 第 107 卷 民俗 方言卷 方言志
北京市地方志编纂委员会编 张明义 王立行 段柄仁主编 王春柱卷主编 北京 北京出版社 2015 年 382 页
b49788711 K291 B3171B 2016

北京志 工业卷 电力工业志 1888–1998
黄鹏良主编 天津 天津人民出版社 2002 年 321 页
b16434328 K291 B3171D 2002

北京志 海关志 评审稿
北京志海关志编纂委员会编 唐麒麟主编 北京 北京志海关志编纂委员会 2003 年 299 页
b22428768 K291 B3171H 2003

北京志 青年组织志
团市委北京志青年组织志编委会办公室编 北京 共青团北京市委北京志青年组织志编委会办公室 2003 年 征求意见稿 492 页
b3624515x K291 B323RC 2003

北京志 北京奥运会志
北京市地方志编纂委员会编 张明义 王立行 段柄仁主编 蒋效愚卷主编 北京 北京出版社 2012 年 2 卷 999 页
b4042585x K291 B3171B

北京市第六次全国人口普查图志
北京市第六次人口普查领导小组办公室编 北京 北京市第六次人口普查领导小组办公室 2012 年 170 页
b4485206x C924.251–64 B317 2012

校志暨校史大事记 1958–1990
中国共产党北京市宣武区委党校编 北京 中国共产党北京市宣武区委党校 1993 年 油印本 87 页
b20971862 D261.41 B323 1993

共青团中央团校中国青年政治学院志 1948–1998
共青团中央团校 中国青年政治学院编 北京 改革出版社 1998 年 550 页
b16096034 D296.19 G4559 1998

北京市教育工会志
北京市教育工会志编纂委员会编 孙军主编 北京 北京市教育工会 2005 年 489 页
b16635802 D412.81 B318 2005

清华大学工会志 1950–2000
清华大学工会志编委会编 北京 清华大学出版社 2007 年 350 页
b20279735 D412.6 Q467 2007

燕山石化工会志 1973–2007
中国石化燕山石化公司工会编 任进祥主编 北京 中国石化燕山石化公司工会 2008 年 522 页
b49981262 D412.81 Y199 2008

北京青年组织志文稿
共青团北京市委员会编著 北京 北京出版社 2007 年 521 页
b17988500 D432.81 G455 2007

宁夏驻京办事处志
林智源主编 北京 宁夏驻京办事处 1993 年 218 页
b35979987 D625.43 L588 1993

北京侨联志
北京市归国华侨联合会编著 马坚 陈佩康主编 北京 中国华侨出版社 2010 年 405 页
b21567098 D634.1 B319 2010

北京司法行政志 征求意见稿
北京司法行政志编纂委员会编 程远总纂 北京 北京市司法局 2001 年 764 页
b16859534 D927.161 B322 2001

武警北京市总队志
北京市总队志编纂委员会编 许洪福主编 北京 北京市总队志编纂委员会 1992 年 521 页
b21765558 E277 X594 1992

北京市区县审计志 2001–2010
北京市区县审计志编纂编委会编 王宏涛主编 北京 北京出版社 2015 年 2 卷 1240 页
b46669309 F239.227.1 W218 2015

北京科技园建设(集团)股份有限公司志
北京科技园建设(集团)股份有限公司编 许强主编 北京 北京科技园建设(集团)股份有限公司 2009 年 263 页
b49980853 F276.6 B318 2009

北京市望京实业总公司志 1993–2007
北京市望京实业总公司编 北京 北京市望京实业总公司 2012 年 519 页
b50778262 F299.233.47 B323 2012

北京天鸿集团公司志
北京天鸿集团公司编 北京 北京天鸿集团公司 2014 年 903 页
b5072728x F299.271 B322 2014

北京国营农场志 精简本
北京国营农场志编纂委员会编 北京 北京出版社 2000 年 484 页
b21567086 F324.1 B318 2000

北京市北郊农场志 1956–2016
郑维业主编 北京 北郊农场 2016 年 285 页
b51090156 F324.1 B3164 2016

北京林业志 第 1 卷
北京林业志编委会编 李莉主编 北京 中国林业出版社 1993 年 705 页
b36092691 F326.271 L399 1993

北京种植业志 简本
北京种植业志编辑委员会编 北京 北京种植业志编辑委员会 2002 年 343 页
b2242877x F326.1 B323 2002

北京农业志 第 1 卷 种植业篇
北京市农业局农业志办公室编 北京 北京市农业局农业志办公室 1994 年 油印本 102 页
b44850888 F329.1 B319 1994

北京市农村合作经济经营管理志 1952–2002
熊文武 胡登洲主编 北京 中国农业出版社 2008 年 698 页
b36092757 F329.1 X522 2008

北安公司志
北京市设备安装工程公司志编纂委员会编 王品主编 北京 中国科学技术出版社 1993 年 479 页
b50778468 F426.9 B322 1993

北焦厂志 1958–1988
北京炼焦化学厂编 北京 北京炼焦化学厂 1988 年 487 页
b50317817 F426.7 B318 1988

北京北辰实业集团公司志 1986–1997
北京北辰实业集团公司编 北京 北京出版社 2010 年 562 页〔北京建筑志系列丛书〕
b50778250 F426.9 B3171 2010

北京电力经济技术研究院院志 1955–2015
卞斌编写 北京 中国电力出版社 2015 年 337 页
b47047239 F426.61-24 B317 2015

北京电力设备总厂志
北京电力设备总厂编 贾惠元主编 北京 北京电力设备总厂 1993 年 2 卷 663 页
b49980828 F426.61 B317 1993

北京供电志 1888–1988
北京供电志编辑委员会编 张琪主编 北京 水利电力出版社 1993 年 535 页
b50991322 F426.61 B317C 1993

北京建工集团志 1993–2010
北京建工集团有限责任公司编 田振郁主编 北京 北京建工集团有限责任公司 2012 年 1225 页
b36385256 F426.9 B318 2012

北京乐器行业志 1949–1999
北京星海乐器有限责任公司志书编辑办公室编 吴立刚主编 北京 北京星海乐器有限责任公司志书编辑办公室 1999 年 322 页
b3609268x F426.89 W493 1999

北京市城市建设开发集团总公司志 1977–1995
北京城市建设开发集团总公司编 赵康主编 北京 中国建筑工业出版社 1997 年 424 页〔北京建筑志系列丛书〕
b51011852 F426.9 B3172 1997

北京市建筑工程总公司志 1953–1992
北京建工集团总公司编 北京 中国建筑工业出版社 1994 年 906 页〔北京建筑志系列丛书〕
b51011864 F426.9 B3189 1994

北京市农村建设总公司志 1981–1991
北京市城乡建设集团总公司编 北京 中国建筑工业出版社 1996 年 623 页〔北京建筑志系列丛书〕
b49802793 F426.9 B319 1996

北京市住宅建设总公司志 1983–1992
北京住宅开发建设集团总公司编 北京 中国建筑工业出版社 1996 年 762 页〔北京建筑志系列丛书〕
b49981584 F426.9 B3239 1996

北京烟草志 1986–1996
顾阿朝主编 北京 中国商业出版社 1995 年 348 页
b21762740 F426.89 B317 1995

北京盐业志
刘德良 王昶主编 北京 中盐北京市盐业公司 2002 年 422 页
b17960216 F426.82 L673 2002

北京燕山石油化工公司合成橡胶厂志 1970–1990
合成橡胶厂志编纂委员会编 北京 合成橡胶厂志编纂委员会 1993 年 327 页
b50006952 F426.7 B323 1993

北京燕山石油化工公司炼油厂志
炼油厂志编纂委员会编 北京 炼油厂志编纂委员会 1990 年 570 页
b49938101 F426.22 B323 1990

北京印钞厂志
北京印钞厂志编辑委员会编 北京 中国金融出版社 1993 年 598 页〔中国印钞造币志丛书〕
b44851212 F426.41 B323 1993

红都志稿
红都修志办编 郭剑萍主编 北京 红都修志办公室 1995 年 164 页
b41256931 F426.86 B318 1995

神华集团志 1985–2010
神华集团志编委会编 张喜武主编 北京 煤炭工业出版社 2012 年 3 卷 1335 页
b44820148 F426.2 Z3678 2012

石油物探局志 1961–1997
中国石油集团地球物理勘探局志编纂委员会编 黄彤宇主编 北京 石油工业出版社 2002 年 966 页
b40782906 F426.22 H667 2002

邮电部北京通信设备厂厂志
邮电部北京通信设备厂志编委会编 北京 邮电部北京通信设备厂 1992 年 532 页
b49981286 F426.63 Y667 1992

中国煤炭志 北京卷
中国煤炭志编纂委员会编 崔云龙 李志强主编 北京 煤炭工业出版社 1999 年 658 页
b40805943 F426.21 Z6485H 1999

北京工业志 印刷志
陈升贵主编 北京 中国科学技术出版社 2001 年 594 页
b19720889 F427.1 C432 2001

北京市电力工业志
北京市电力工业志编纂委员会编 张彬主编 北京 当代中国出版社 1995 年 545 页〔中国电力工业志丛书〕
b36092733 F427.1 Z346 1995

数字行业民俗志
周锦章著 北京 北京师范大学出版社 2009 年 261 页〔数字民俗文化遗产丛书〕
b20480465 F427.1 Z666 2009

北京工业志 综合志
李振兴主编 北京 北京燕山出版社 2003年 892页
b22428720 F429.1 B318 2003

北京工业志 第1卷 北内志
北京工业志编辑部 北京 中国科学技术出版社 1997年 706页
b14882875 F429.1 B318 1995

北京工业志 第2卷 燕山石化志
北京工业志编辑部 北京 中国科学技术出版社 1995年 720页
b14882905 F429.1 B318 1995

北京工业志 第3卷 化工志
闻智廉主编 北京 中国科学技术出版社 2001年 284页
b14883259 F429.1 B318 1995

北京工业志 第4卷 建材志
北京工业志编辑部 建筑志编辑部编 北京 中国科学技术出版社 1999年 509页
b36092630 F429.1 B318 1999

北京工业志 第5卷 电力志
王宏超主编 北京 中国科学技术出版社 1995年 437页
b36092605 F429.1 B318 1995

北京工业志 第6卷 汽车志
蔡云龙主编 北京 中国科学技术出版社 2001年 654页
b36092654 F429.1 B318 2001

北京工业志 第10卷 二七车辆志
王永进 赵恒山主编 北京 中国科学技术出版社 2002年 406页
b36092617 F429.1 B318 2002

北京工业志 第11卷 机械志
郭家成 刘夫山主编 北京 中国科学技术出版社 2002年 505页
b36092629 F429.1 B318 2002

北京工业志 第13卷 仪器仪表志
卞援朝主编 北京 中国科学技术出版社 2003年 456页
b36092666 F429.1 B318 2003

北京工业志 第14卷 煤炭流通志
李京来主编 北京 中国科学技术出版社 2006年 352页
b36092642 F429.1 B318 2006

第九六〇厂厂志
翟康乐主编 北京 第九六〇厂厂志编辑部 2011年 472页
b40806935 F429.1 D413 2011

朔黄铁路公司志 1985–2010（北京）
朔黄铁路公司志编委会编 赵俊义主编 北京 中国铁道出版社 2013年 2卷 651页
b44805135 F532.6 S642 2013

北京城建设计研究总院院志简编 1958–2008
北京城建设计研究总院有限责任公司编 北京 北京城建设计研究总院有限责任公司 2008年 542页
b23227953 F532.6–24 B317 2008

北京工务段志 1897–2000
北京工务段编 王兴 西建国主编 北京 北京工务段 2001年 224页
b50005091 F532.6 W233 2001

北京南站志 1897–1997
北京南站志编委会编 史宗卿主编 北京 北京南站志编委会 1998年 198页

b40449695　F532.81　S488　1998

北京铁路建设集团有限公司志　1953–2003
北京铁路建设集团有限公司编　北京　北京铁路建设集团有限公司　2004 年　515 页
b49980877　F532.81–09　B322　2004

北京铁路局志　1881–1987
北京铁路局志编纂委员会编　王纯善总编辑　北京　中国铁道出版社　1995 年　2 卷　1688 页
b20413592　F532.81　W213　1995

北京铁路局志　1988–2004
北京铁路局志编纂委员会编　陈江河主编　北京　方志出版社　2006 年　940 页
b36092794　F532.81　W215C　2006

北京站志　1901–2000
北京站志编纂委员会编　郑群　孙玲　王丽娟主编　北京　中国铁道出版社　2003 年　506 页
b16339678　F532.81　B323　2003

广安门站志　1906–2004
广安门站编　马俊红主编　北京　广安门站　2004 年　241 页
b20469159　F532.9　M138　2004

广安门站志　1906–1990
王开利主编　北京　新华出版社　1991 年　215 页
b17676575　F532.9　W221　1991

北京公路志
北京市公路局编　马耘主编　北京　文津出版社　1995 年　292 页〔北京公路志丛书〕
b21762715　F542.814　B318B　1995

北京日用工业品商业志稿
北京一商集团公司商业志编委会编　李永正主编　北京　北京一商集团公司　2002 年　740 页
b35979240　F727.1　L422C　2002

北京海关志　1929–1999
北京海关志编纂委员会编　甄朴主编　北京　北京建筑工业印刷厂　2002 年　435 页
b15329549　F752.59　B318　2002

北京财政志
北京财政志编纂委员会编　陈婷　郭文杰主编　北京　北京财政志编纂委员会　1998 年　修订本　1151 页
b19720877　F812.71　C433　1998

北京市农村信用合作社志
北京市农村信用合作社联合社编　丛书林撰稿　北京　北京出版社　2005 年　423 页
b27574490　F832.71　B317　2005

建设银行北京西四支行志
中国人民建设银行北京西四支行编　关怀民主编　北京　中国人民建设银行北京西四支行　1992 年　271 页
b49981572　F832.71　B317C　1992

北京人民广播电台志
北京人民广播电台编　丁图主编　北京　北京人民广播电台　1999 年　336 页
b45492153　G229.271　B321　1999

北京出版史志
北京出版史志编辑部　北京　北京出版社　1993 年　12 辑
b10757508　G239.271　B317

北京市青年宫志 1995–2015
北京市青年宫志编委会编 张铁主编 北京 北京联合出版公司 2016 年 291 页
b49467219 G244–092 Z368 2016

北京各类型图书馆志
张树华主编 北京 北京大学出版社 1993 年 813 页
b17581667 G259.271 Z364 1993

北京科学技术志
北京市科学技术志编辑委员会编 邹祖烨 范伯元主编 北京 科学出版社 2002 年 3 卷 2462 页
b13854094 G322.71 B318

北京市科学技术协会志
北京市科学技术协会编 罗忠仁主编 北京 北京出版社 2002 年 414 页
b15329574 G322.71 B318K 2002

北京教育科学研究院志 1996–2015
北京教育科学研究院编著 方中雄主编 北京 光明日报出版社 2016 年 491 页
b49682106 G40–242.1 B318 2016

北京高等教育志
北京高等教育志编纂委员会编 北京 华艺出版社 2004 年 3 卷 1873 页
b15907508 G527.1 B319 2004

北京普通教育志稿
北京市教育志编纂委员会编著 北京 北京出版社 1998–2003 年 3 卷 1962 页
b16326180 G527.1 B3184 1998

北京孔德学校——北京市第二十七中学校志汇编（文集）
北京孔德学校 北京市第二十七中学校志编纂委员会编 陈继红 王时主编 北京 北京孔德学校——北京市第二十七中学校志编纂委员会 2011 年 275 页
b45655625 G639.281 B31727 2011

北京市基础教育志稿
北京教育志编纂委员会办公室编 耿申主编 北京 方志出版社 2016 年 586 页〔北京教育志丛书〕
b50046172 G639.2 B317 2016

北方交通大学志
北方交通大学志编纂委员会编 李士群主编 北京 中国铁道出版社 2001 年 1078 页
b15651526 G649.281 B316 2001

北京第二外国语学院图志 1964–2009
刘培昌主编 北京 北京第二外国语学院 2009 年 117 页
b40840992 G649.281–64 B3172 2009

北京第二外国语学院志 中国旅游学院
常殿元主编 北京 旅游教育出版社 1994 年 509 页〔北京高等学校校志丛书〕
b1618063x G649.281 B3174 1994

北京第二外国语学院志续 1994–2003
段建国 杜江主编 北京 旅游教育出版社 2004 年 478 页
b17063991 G649.281 B3174 2004

北京电影学院志 1950–1995
任杰主编 北京 北京电影学院 2000 年 677 页
b15913399 G649.281 B3171 2000

北京电影学院志 1996–2008
赵建平主编 北京 北京电影学院 2010 年 714 页

b22428719　G649.281　B3171　2010

北京工商大学志　1950–2010
北京工商大学志编撰委员会编　卢思锋主编　北京　北京工商大学志编撰委员会　2010年　717页
b40647730　G649.281　B31832　2010

北京工业大学后勤志　1959–1999
北京工业大学后勤志编纂委员会编　巩中华主编　北京　北京工业大学后勤志编纂委员会　2000年　153页
b36092599　G649.281　B3183H　2000

北京工业大学建筑工程学院院志　1960–2010
北京工业大学建筑工程学院编　北京　北京工业大学建筑工程学院　2010年　208页
b21590692　G649.281　B3188J　2010

北京工业大学志　1960–1998
李荣发主编　北京　北京工业大学出版社　2000年　710页〔北京高等学校校志丛书〕
b16095431　G649.281　B3188　2000

北京广播电视大学志　1960–2006
北京广播电视大学志编纂委员会办公室编　张岱霞主编　北京　北京广播电视大学志编纂委员会办公室　2008年　435页
b4704519x　G649.281　B3186H　2008

北京航空航天大学校志　1952–1992
北京航空航天大学校志编委会编　北京　北京航空航天大学出版社　2000年　665页
b16327147　G649.281　B318C　2000

北京航空航天大学制造工程系系志　1952–1998
制造工程系系志编写组编　北京　北京航空航天大学出版社　2000年　46页
b49980841　G649.281　B318Z　2000

北京化工学院志　北京化工大学 1958–1992
周万祥主编　北京　化学工业出版社　1996年　643页
b13742346　G649.281　B3184

北京理工大学房山分校志　1985–2005
北京理工大学房山分校志编纂委员会编　刘卫军主编　北京　方志出版社　2005年　251页
b18261516　G649.281　L691　2005

北京理工大学管理与经济学院院志
北京理工大学管理与经济学院编　北京　北京理工大学管理与经济学院院志编纂委员会　2010年　253页
b40647742　G649.281　B3185B　2010

北京理工大学志
赵学仁主编　北京　北京理工大学出版社　1995年　710页〔北京高等学校校志丛书〕
b13742085　G649.281　B3185

北京理工大学志　1994–2005
李志祥主编　北京　北京理工大学出版社　2012年　675页
b46273505　G649.281　B3185　2012

北京联合大学校志　上卷 1978–1992
北京联合大学编　北京　北京联合大学　1998年　征求意见稿　903页
b15699171　G649.281　B3187　1998

北京联合大学校志　下卷 1993–1997
北京联合大学编　北京　北京联合大学　1998年　征求意见稿　813页
b15699171　G649.281　B3187　1998

北京联合大学志 1978–2000
熊家华主编 北京 科学出版社 2006 年 1965 页
b4474903x G649.281 B3187 2006

北京联合大学志 学校篇 2001–2010
徐永利 张楠主编 北京 北京大学出版社 2014 年 571 页
b45904728 G649.281 B3187C 2014

北京联合大学志 学院篇 2001–2010
徐永利 张楠主编 北京 北京大学出版社 2014 年 1184 页
b46429220 G649.281 B3187D 2014

北京人民警察学院志 1949–1999
北京人民警察学院编 北京 北京人民警察学院 1999 年 504 页
b16093331 G649.281 B3214 1999

北京人文大学志 1984–2004
李德堂主编 香港 中国文献出版社 2004 年 682 页
b15681774 G649.281 B321 2004

北京商学院志
张延生主编 北京 北京商学院 1998 年 523 页〔北京高等学校志丛书〕
b18201702 G649.281 B3227 1998

北京石油化工学院志 1978–2007
北京石油化工学院三十年校庆丛书编委会编 郭文莉主编 北京 中国石化出版社 2008 年 353 页〔北京石油化工学院三十年校庆丛书〕
b20099848 G649.281 B3226 2008

北京体育学院校志
谢亚龙主编 北京 北京体育学院 1994 年 430 页〔北京高等学校校志丛书〕
b20100243 G649.281 B3228 1994

北京外国语大学保卫志 1941–2001
辛崇胜主编 北京 北京外国语大学保卫部 2001 年 293 页
b50777385 G649.281 B3233 2001

北京外国语大学后勤志 2001–2010
北京外国语大学后勤志编委会编 魏春友主编 北京 北京外国语大学后勤志编纂委员会 2011 年 210 页
b40449774 G649.281 B3238W 2011

北京外国语大学志
北京外国语大学志编委会编 北京 北京外国语大学志编委会 2001 年 726 页
b20121520 G649.281 B3238C 2001

北京外国语大学志 2001–2010
北京外国语大学志编纂委员会编 北京 北京外国语大学志编纂委员会 2011 年 835 页
b44915330 G649.281 B3238C 2011

北京物资学院志
北京物资学院编建校 30 年纪念丛书编委会编 龚树生主编 北京 中国物资出版社 2010 年 719 页〔北京物资学院建校 30 年纪念丛书〕
b21380314 G649.281 B323W 2010

北京中医药大学校志 1956–1992
北京中医药大学校志编委会编 北京 学苑出版社 2002 年 740 页
b20099514 G649.281 B3239 2002

对外经济贸易大学校志
对外经济贸易大学校志编委会编 北京

对外贸易教育出版社 2001 年 第 2 版 797 页
b15656731 G649.281 D762 2001

对外经济贸易大学校志 2000–2010
对外经济贸易大学校志编委会编 施建军主编 北京 对外经济贸易大学出版社 2011 年 783 页
b23058456 G649.281 D762D 2011

清华大学志
方惠坚 张思敬主编 北京 清华大学出版社 2001 年 2 卷 1857 页
b13745207 G649.281 Q467M

清华大学志 1911–2010
陈旭 贺美英 张再兴主编 北京 清华大学出版社 2018 年 4 卷〔清华大学百年校庆〕
b50920169 G649.281 Q467CC 2018

清华园风物志
黄延复 贾金悦著 北京 清华大学出版社 2001 年 增订版 344 页
b1374477x G649.281 Q467FW

清华园风物志
黄延复 贾金悦著 北京 清华大学出版社 2005 年 第 3 版 335 页
b16415279 G649.281 Q467FW 2005

首都经济贸易大学志 1956–2014
首都经济贸易大学志编纂编委会编 柯文进 王嫁琼主编 北京 首都经济贸易大学出版社 2016 年 2 卷 1228 页
b50016593 G649.281 S5244 2016

中国金融学院院志
许其立主编 北京 中国金融出版社 2002 年 413 页
b16344406 G649.281 Z647 2002

中国人民公安大学校志
王文林主编 北京 中国人民公安大学出版社 1994年 478页〔北京高等学校校志丛书〕
b15667935 G649.281 Z649 1994

北京教育学院志 1953–2008
北京教育学院编 北京 北京出版社 2008 年 522 页
b19518158 G659.281 B318 2008

北京教育学院志 2008–2013
北京教育学院编 郭世安 杨志成主编 北京 北京出版社 2013 年 435 页
b44850840 G659.281 B318 2013

北京师范大学百年图志
马新国 刘锡庆主编 北京 北京师范大学出版社 2002 年 475 页〔北京师范大学百年校庆丛书〕
b14030263 G659.281 B322M

首都师范大学志 1954–2003
首都师范大学志编写组编 北京 首都师范大学出版社 2006 年 649 页〔北京高等学校校志丛书〕
b17021285 G659.281 S524 2006

北京煤炭工业学校校志 1956–1996
北京煤炭工业学校校志编委会编 北京 北京煤炭工业学校校志编委会 1997 年 212 页
b20279899 G719.281 B318 1997

北京普通中等专业教育史志资料选编 第 3–7 卷
北京普通中专教育志办公室编 朱兆勇主

编 北京 北京普通中专教育志办公室 1996年 5卷
b45479422 G719.281 B3197

北京普通中等专业教育志稿
北京普通中等专业教育志编纂委员会编 北京 朝花少年儿童出版社 2001年 828页
b15959417 G719.281 B319 2000

北京物资储备职工中等专业学校校志 1978-2000
北京物资储备职工中等专业学校校志编辑委员会编 王迎安主编 北京 北京物资储备职工中等专业学校校志编辑委员会 2001年 142页
b20947884 G719.281 B3239 2001

北京成人教育史志资料选辑
何祥生等编 北京 中国建材工业出版社 1993年 3卷 1883页
b19074190 G729.2 H279 1993

中华会计函授学校校志
中华会编计函授学校校志编写组编 北京 中国财政经济出版社 1998年 530页
b17999364 G729.28 Z651 1998

北京舞蹈学院志 1954-1992
北京舞蹈学院院志编委会编 吕艺生主编 北京 北京舞蹈学院院志编委会 1997年 399页〔北京高等学校校志丛书〕
b17996600 J7-40 B323 1997

中国曲艺志 北京卷
中国曲艺志全国编辑委员会编 中国曲艺志北京卷编辑委员会编 罗杨主编 王松声卷主编 北京 中国ISBN中心 1999年 786页
b10643059 J809.2 Z648

中国戏曲志 北京卷
中国戏曲志编辑委员会 中国戏曲志北京卷编辑委员会编 张庚主编 金和增卷主编 北京 中国ISBN中心 1999年 2卷 1682页
b17338177 J809.2 Z651BJ

中国曲艺志 北京卷 初审稿 志略 表演
中国曲艺志编辑委员会 中国曲艺志北京卷编辑部编印 北京 中国曲艺志北京卷编辑部 1992年 57页
b50232927 J826 B317C 1992

中国曲艺志 北京卷 初审稿 传记
中国曲艺志北京卷编辑部编印 北京 中国曲艺志北京卷编辑部 1992年 136页
b50232939 J826 B317D 1992

中国曲艺志 北京卷 初审稿 第1卷 志略 曲(书)目表 上
中国曲艺志北京卷编辑部编 北京 中国曲艺志北京卷编辑部 1992年 油印本 201页
b40805852 J826 B317 1992

中国曲艺志 北京卷 初审稿 第2卷 志略 曲(书)目表 下
中国曲艺志北京卷编辑部编 北京 中国曲艺志北京卷编辑部 1992年 油印本 407页
b40805852 J826 B317 1992

中国曲艺志 北京卷 初审稿 第3卷 志略 曲种
中国曲艺志北京卷编辑部编 北京 中国曲艺志北京卷编辑部 1992年 油印本 82页
b40805852 J826 B317 1992

中国曲艺志 北京卷 初审稿 第4卷 志略 音乐 舞台美术
中国曲艺志北京卷编辑部编 北京 中国曲

艺志北京卷编辑部 1992年 油印本 164页
b40805852 J826 B317 1992

北京潮人人物志
北京潮人海外联谊会 北京潮人人物志编委会编 柳梆主编 北京 中国物资出版社 1996–1999年 3卷 1185页
b16092648 K820.865 L699 1996

北京历史人物志
曹子西主编 北京 北京燕山出版社 2014年 2卷 898页
b4493032x K820.81 C214 2014

北京师范大学名人志 学子篇
顾明远主编 北京 北京师范大学出版社 2010年 464页
b21017992 K820.7 G557 2010

北京师范大学名人志 校长篇
顾明远主编 北京 北京师范大学出版社 2010年 450页
b21666064 K820.7 G557C 2010

北京师范大学名人志 大师篇
顾明远主编 北京 北京师范大学出版社 2010年 450页
b21666052 K820.7 G557D 2010

清华人物志 第2–5卷
清华大学校史研究室编 北京 清华大学出版社 1992年 4卷〔清华校史丛书〕
b10982024 K820.81 Q467

人物志 第1辑
清华大学校史组编 北京 清华大学出版社 1983年〔清华校史丛书〕
b12305807 K820.7 Q467

燕京大学人物志 第1–2辑
燕京研究院编 侯仁之主编 北京 北京大学出版社 2001年 2卷 779页
b13441656 K820.7 Y199

中国人民解放军北京军区总医院院志 1949.02–2005.08
中国人民解放军北京军区总医院院志编委会编 北京 中国人民解放军北京军区总医院院志编委会 2005年 439页
b40841030 K821.7 Z649 2005

北京航空航天大学航空科学与工程学院人物志
林贵平 杨超编 北京 北京航空航天大学 2009年 275页
b44972337 K826.16 L585 2009

北京医科大学人物志
徐天民 韩启德主编 北京 北京医科大学中国协和医科大学联合出版社 1997年 526页
b18263045 K826.2 X579C 1997

时传祥志
郝德禄主编 香港 现代文化出版社 2014年 340页〔齐河县地方志丛书〕
b51072348 K828.1 S467H 2014

北京隆福寺商业民俗志
卫才华著 北京 商务印书馆 2018年 353页
b51144785 K892.29 L739 2018

北京风物志
北京风物志编辑部编 北京 北京旅游出版社 1984年 321页〔中国风物志丛书〕
b12161056 K921 B312

北京胡同志
段柄仁主编 北京 北京出版社 2007 年 2 卷 1062 页
b18004805 K921 D744B 2007

北京街巷胡同分类图志
北京市西城区档案馆编 白宝泉 白鹤群著 北京 金城出版社 2006 年 342 页
b16906305 K921 B152 2006

北京街巷图志
王彬 徐秀珊著 北京 作家出版社 2004 年 327 页
b14654684 K921 W212

北京市地名志 第 1 卷 城近郊区
北京市地名志编纂委员会 陈永川主编 北京 北京出版社 1996 年 1143 页
b1531490x K921 B317 1996

北京市地名志 第 2 卷 东部远郊区
北京市地名志编纂委员会 陈永川主编 北京 北京出版社 1996 年 1058 页
b1531490x K921 B317 1996

北京市地名志 第 3 卷 西部远郊区
北京市地名志编纂委员会 陈永川主编 北京 北京出版社 1996 年 887 页
b1531490x K921 B317 1996

老北京街巷图志
张洪著 济南 山东画报出版社 2004 年 324 页
b15587320 K921 Z353 2004

史家志
国赫宫编 北京 国赫宫 201– 年 82 页
b41234856 K291 S487

北京动物园志
北京动物园管理处编 杨小燕主编 北京 中国林业出版社 2002 年 404 页
b15960638 K928.73 B317 2002

北京内城寺庙碑刻志
董晓萍 吕敏主编 北京 国家图书馆出版社 2011 年 4 卷 5 册 2270 页
b23919978 K928.75 D596 2011

北京私家园林志
贾珺著 北京 清华大学出版社 2009 年 582 页〔清华大学学术专著〕
b20514414 K928.73 J242S 2009

慕田峪长城旅游区志
北京市慕田峪长城旅游服务有限公司编 北京 电子工业出版社 2016 年 293 页
b47275352 K928.77 B3188 2016

清代以来北京内城土地庙民俗志
赵娜著 北京 学苑出版社 2015 年 331 页〔清代民俗文献史研究丛书〕
b47028567 K928.75 Z4376 2015

天坛公园志
天坛公园管理处编 北京 中国林业出版社 2002 年 369 页
b16088323 K928.73 T343 2002

香山公园志
香山公园管理处编 北京 中国林业出版社 2001 年 491 页
b13830995 K928.73 X259

新编国子监志
孔庙和国子监博物馆组织编纂 高彦 王琳琳等编著 北京 中国社会科学出版社 2016 年 556 页

b50918138 K928.71 G255 2016

颐和园志
颐和园管理处编 北京 中国林业出版社 2006年 490页
b17748884 K928.73 Y434 2006

北京市行政区划图志 1949–2006
北京市民政局 北京市测绘设计研究院编制 北京 中国旅游出版社 2007年 193页
b20019658 K992.21 B318 2007

北京市地震监测志
北京市地震局编 北京 地震出版社 2006年 335页〔中国地震监测志系列〕
b36092721 P315.732.1 B317 2006

北京气候志
北京市气象局气候资料室编著 北京 北京出版社 1987年 185页
b1203664x P468.214 B322

北京泉志
北京市水文地质工程地质公司编 北京 北京市水文地质工程地质公司 1983年 205页
b50006848 P641.1 B317 1983

北京植物园志
北京植物园管理处编 石宪友主编 北京 中国林业出版社 2003年 385页〔北京市园林局公园志〕
b16648389 Q94–339 B323 2003

北京地区植物志 单子叶植物
北京师范大学生物系编写 北京 北京人民出版社 1975年 349页
b11327637 Q948.2 B322

北京植物志
贺士元等编 北京 北京出版社 1984年 修订版 2卷 1476页
b11327340 Q948.521 H315

北京植物志
贺士元等编 北京 北京出版社 1993年 2版修订本 2卷 1510页
b10904451 Q948.521 H315（2）

校园植物志
侯光明 李和章主编 北京 北京理工大学出版社 2012年 230页
b35972099 Q948.521 H429 2012

北京鱼类和两栖爬行动物志 1993版
王鸿媛编著 北京 北京出版社 1994年 302页
b15587563 Q958.521 W218 1994

北京鸟类志
蔡其侃 北京 北京出版社 1988年 644页
b11913022 Q959.7 C137

北京兽类志
陈卫 高武 傅必谦编著 北京 北京出版社 2001年 304页
b13992399 Q959.8 C4348

北京卫生志
北京卫生志编纂委员会编 王康久主编 北京 北京科学技术出版社 2001年 940页
b3602899x R–092 W221 2001

北京市教工休养院志
北京市教工休养院编 侯福君主编 北京 北京出版社 2016年 386页
b49832487 R197.7 H429 2016

北京世纪坛医院志 1915–2009
北京世纪坛医院编 北京 中国铁道出版社 2010 年 264 页
b3609271x R199.2 B322 2010

北京市农业机械研究所志 1959–2009
刘大军主编 北京 北京市农业机械研究所 2009 年 177 页
b4980280x S22–242.1 B319 2009

北京蔬菜病情志
李明远 李固本 裘季燕著 北京 北京科学技术出版社 1987 年 196 页
b49848811 S436.3 L411 1987

北京果树志
曲泽洲主编 北京 北京出版社 1990 年 721 页
b11111434 S660.192.1 Q562

北京郊区古树名木志
施海主编 北京 中国林业出版社 1995 年 204 页
b16012963 S717.21 S465 1995

中国农业科学院北京畜牧兽医研究所所志 1957–2007
中国农业科学院北京畜牧兽医研究所所志编纂委员会编 郑友民 邓荫樟主编 北京 中国农业科学院北京畜牧兽医研究所 2007 年 624 页
b22433326 S8–242.1 Z545 2007

北京市动物疫病志 1990–2003
祝俊杰主编 北京 北京市畜牧兽医总站 2005 年 235 页
b45452581 S851.921 Z745 2005

北京市畜禽疫病志 1949–1989
北京市畜牧兽医工作站主编 王士铎主编 北京 北京市畜牧兽医工作站 1990 年 402 页
b36092782 S855 W229 1990

北京国营渔场三十年志
北京市淡水渔业公司编 王晞主编 北京 北京市淡水渔业公司 1993 年 233 页
b36232634 S931.41 B318 1993

五十四所志 简本 1952–2012
中国电子科技集团公司编第五十四研究所编 北京 中国电子科技集团公司第五十四研究所 2012 年 213 页
b44972702 TN91–24 Z646 2012

北京钢琴厂志 1949–1992
北京钢琴厂志编辑办公室编 吴立刚主编 北京 北京钢琴厂 1992 年 305 页
b4998083x TS953.350.8 B318 1992

北京四合院志
段柄仁主编 北京 北京出版社 2016 年 2 卷 1325 页
b47373362 TU241.5 B317 2016

北京城市规划图志 1949–2005
北京市规划委员会 北京市城市规划设计研究院 北京城市规划学会编 北京 北京市规划委员会 2006 年 510 页
b40805839 TU984.21 B318D 2006

陶然亭公园志
陶然亭公园志编纂委员会编 王孑 司光中主编 北京 中国林业出版社 1999 年 286 页
b17021248 TU986.621 T263 1999

北京市市政工程设计研究总院志 1955–1995
赵遐主编 北京 中国科学技术出版社 1999 年 454 页
b27574507 TU99–242.1 B317 1999

北京水利志 第 5 卷
北京水利史志编辑委员会编 高振奎主编 北京 北京水利史志编辑委员会 1990–1993 年
b20953331 TV–092 B3223 1990

北京水利志稿 第 1–3 卷
北京水利史志编辑委员会编 高振奎主编 北京 北京水利史志编辑委员会 1987 年 3 卷 1029 页
b20947872 TV–092 B3223 1987

东城区

北京市崇文区志
北京市崇文区地方志编纂委员会编 潘非 宋演武主编 北京 北京出版社 2004 年 965 页
b15686826 K291.3 C541C 2004

北京市东城区志
北京市东城区地方志编纂委员会编 刘晓晨主编 北京 北京市东城区地方志编纂委员会 1384 页
b15621522 K291.3 D582

北京市崇文区志 复审稿 1994.1–2010.6
北京市东城区地方志编纂委员会编 王文竹主编 北京 北京市东城区地方志编纂委员会 2017 年 644 页
b50664700 K291.3 C541C 2017

北京市东城区和平里街道志
和平里街道志编纂委员会编 张进义 苑成悦 张树槐 靳云华 严岩主编 北京 方志出版社 2008 年 628 页
b19826394 K291.3 D582H 2008

前门街道简志
前门街道地方志编纂办公室编 北京 前门街道简志编纂办公室 1997 年 375 页
b13277844 K291.3 C541Q

北京市东城区人民代表大会志 1950–1998
北京市东城区人民代表大会志编委会编 北京 北京市东城区人民代表大会志编委会 2002 年 312 页
b15715437 D624.13 B317 2002

北京市崇文区军事志
北京市崇文区军事志编纂委员会编 北京 北京市崇文区军事志编纂委员会 2008 年 送审稿 410 页
b22428744 E289.13 C541 2008

北京市崇文区军事志
北京市崇文区军事志编纂委员会编 徐光华主编 北京 北京出版社 2012 年 506 页
b36708914 E289.13 C541 2012

北京市东城区房屋土地管理志
北京市东城区房屋土地管理局主编 北京 东城区房屋土地管理局 1998 年 916 页
b19931190 F293.33 D582 1998

北京市东城区文化文物志
东城区文化文物局编 郑毅主编 北京 东城区文化文物局 2000 年 376 页
b18056453 G127.13 Z545 2000

北京市崇文区教育志 1994–2010
孔庆亮主编 北京 编著者 2010 年 2 卷 953 页〔北京市区县教育志丛书〕

b49826918 G527.13 C541 2010

东城区普通教育志
席文启 于大利主编 北京 北京出版社 1998年 454页〔北京市区县教育志丛书〕
b13742966 G527.13 X141

东城区普通教育志 1991–2010
王丽萍主编 北京 编著者 2010年 476页〔北京市区县教育志丛书〕
b49706445 G527.13 D582 2010

北京市崇文区普通教育志
北京市崇文区教育委员会编 赵志洁主编 北京 北京市崇文区教育委员会 2009年 371页
b44915329 G639.291.3 C541 2009

北京市崇文区成人教育志
崇文区成人教育局 崇文区成人教育志编委会编 任尚信主编 北京 崇文区成人教育局 1996年 273页
b19516988 G729.281 R196 1996

北京市东城区地方志资料文化文物资料汇编 文化卷
北京市东城区文化文物局 北京 北京市东城区文化文物局 2000年 2卷 492页
b36378586 K291.3 D582W 2000

北京市东城区地方志资料文化文物资料汇编 文物卷
北京市东城区文化文物局 北京 北京市东城区文化文物局 2000年 224页
b36378598 K291.3 D582X 2000

北京市崇文区地名录
北京市崇文区地名录编委会编 北京 北京市崇文区地名录编委会 1982年 163页
b11188509 K921.3 B317C

北京市崇文区地名志
崇文区地名志编辑委员会编 北京 北京出版社 1992年 460页
b15959090 K921.3 B317CA 1992

北京市东城区地名录
北京市东城区地名录编委会编 北京 北京市东城区地名录编委会 1982年 198页
b11188479 K921.3 B317D

北京市东城区地名录
东城区人民政府编 北京 东城区人民政府 1998年 238页
b23228015 K921.3 D582B 1998

北京市东城区地名录
北京市东城区人民政府编 北京 北京市东城区人民政府 1981年 189页
b16288920 K921.3 D582C 1981

北京市东城区地名志
东城区地名志编辑委员会编 北京 北京出版社 1992年 538页
b15656652 K921.3 D582 1992

中山公园志
中山公园管理处编 北京 中国林业出版社 2002年 344页
b14203728 K928.73 Z6453

北京市东城区卫生志
北京市东城区卫生志编纂委员会编 北京 北京市东城区卫生志编纂委员会 2006年 201页
b23227990 R199.2 D5827 2006

东城区规划志
北京市东城区规划管理局编 仲建惟主编 北京 北京科学技术出版社 1993 年 433 页
b20413907 TU984.213 Z654 1993

东城区环境保护志
东城区环境保护局编 范洪庭主编 北京 东城区环境保护局 2000 年 430 页
b41223615 X321.213 D582 2000

西城区

北京市西城区志
北京市西城区志编纂委员会编 北京 北京出版社 1999 年 979 页
b13608617 K291.3 X119

北京市宣武区志
北京市宣武区地方志编纂委员会编 林福临 王廷柱 邢丛罗主编 北京 北京出版社 2004 年 885 页
b16164969 K291.3 X637 2004

白纸坊街道志
北京市宣武区白纸坊街道志编纂委员会编 北京 北京市宣武区白纸坊街道志编纂委员会 1998 年 373 页
b15621443 K291.3 X637B 1998

北京市西城区月坛街道社区志
李红兵 王奇主编 北京 北京市西城区月坛街道办事处 2010 年 778 页
b40647754 K291.5 X119Y 2010

北京市宣武区广安门外街道志
北京市宣武区广安门外街道志编纂委员会编 北京 北京出版社 2006 年 415 页
b17298441 K291.3 B317XG 2006

北京市宣武区天桥街道志
北京市西城区天桥街道志编纂委员会编 胡亮全主编 北京 北京市西城区天桥街道志编纂委员会 2016 年 512 页
b50065841 K291.5 T3437 2016

大栅栏街道志
北京宣武区大栅栏街道志编审委员会编 北京 机械工业出版社印刷厂 1996 年 461 页
b16435163 K291.3 X637D 1996

大栅栏街道志
北京市宣武区大栅栏街道志编审委员会编 寇世和撰稿 北京 北京市宣武区大栅栏街道 1997 年 482 页
b15932837 K291.3 X637D 1997

广安门外街道志
北京市宣武区广安门外街道志编纂委员会编 沈平主笔 北京 北京市宣武区广安门外街道志编纂委员会 2002 年 413 页
b1637549x K291.3 X637H 2002

广内街志
北京市宣武区广内街道 北京 文源印刷厂 1996 年 385 页
b15698488 K291.3 X637G 1996

陶然亭街道志稿长篇
陶然亭街道办事处地方志办公室编 北京 陶然亭街道办事处地方志办公室 1997 年 油印本 126 页
b23003868 K291.3 X637T 1997

新编北京白云观志
李养正编著 北京 宗教文化出版社 2003 年 766 页
b14088587 B957.2 L422

中国农工民主党北京市西城区志 1949–2003
中国农工民主党北京市西城区委员会编 北京 中国农工民主党北京市西城区委员会 2005 年 106 页
b22433302 D665.5 B323 2005

北京市西城区军事志
北京市西城区军事志编纂委员会编 刘铁棍主编 北京 北京出版社 2013 年 562 页
b46010816 E289.13 X119 2013

北京市宣武区军事志
中国人民解放军北京市宣武区人民武装部编 北京 中国人民解放军北京市宣武区人民武装部 1999 年 118 页
b36234643 E289.13 X637 1999

北京市宣武区军事志
北京市宣武区军事志编纂委员会编 刘铁棍主编 北京 北京出版社 2013 年 732 页
b46010828 E289.13 X637 2013

北京市西城区工商行政管理志
孙建生主编 北京 北京市工商行政管理局西城分局 2008 年 574 页
b49980865 F123.82 X119 2008

北京市西城区财政志
北京市西城区财政局编 李振洪主编 北京 北京出版社 1999 年 559 页
b36092770 F812.713 X119 1999

西城区普教财务志
马聪燕 钱敏编 北京 北京市西城区教育局 2011 年 743 页
b49849128 G526.7 M137 2011

西城区普通教育志
端木慧总纂稿 北京 北京出版社 1998 年 534 页〔北京市区县教育志丛书〕
b16432654 G527.13 D722 1998

宣武区普通教育志
宣武区教育志编委会编 北京 北京出版社 2001 年 466 页〔北京市区县教育志丛书〕
b16434675 G527.13 X637 2001

北京市宣武区成人教育志
北京市宣武区成人教育志编纂委员会编 北京 北京出版社 2008 年 339 页
b19516964 G729.29 B3233 2008

北京安徽会馆志稿
北京市宣武区档案馆编 王灿炽纂 北京 北京燕山出版社 2001 年 488 页
b1643271x K291 W213C 2001

什刹海图志
北京市西城区地方志办公室编著 北京 北京出版社 2005 年 204 页
b21136634 K291 S478D 2005

什刹海志
什刹海研究会 什刹海景区管理处编 侯仁之主编 北京 北京出版社 2003 年 491 页〔什刹海丛书〕
b16619006 K291 S478 2003

中国民俗文化志 北京 第 2 卷 宣武区卷
刘铁梁主编 北京 中央编译出版社 2006 年 395 页〔中国民间文化遗产抢救工程〕
b17248048 K892.41 L689 2006

北京市西城区地名录
北京市西城区地名录编委会编 北京 北京市西城区地名录编委会 1982 年 264 页
b11188492 K921.3 B317

北京市西城区地名录
西城区人民政府编 隋振江主编 北京 西城区人民政府 1998 年 348 页
b23232316 K921.3 X119D 1998

北京市西城区地名志
西城区地名志编辑委员会编 北京 北京出版社 1992 年 510 页
b16447062 K921.3 B317X 1992

北京市宣武区地名录
北京市宣武区地名录编委会编 北京 北京市宣武区地名录编委会 1982 年 198 页
b11188480 K921.3 B323X

北京市宣武区地名志
宣武区地名志编辑委员会编 北京 北京出版社 1993 年 569 页
b17385118 K921.3 B323XC 1993

北海景山公园志
北海景山公园管理处编 傅玉华主编 北京 中国林业出版社 2000 年 464 页
b1444043x K928.73 F495

宣武艺园志 第 1 卷
宣武艺园志编写组编 李秀朋主编 北京 宣武艺园志编写组 2004 年 125 页
b23389722 K928.73 L421 2004

北京市西城环卫志 第 1 卷 1949–1993
北京市西城区环境卫生服务中心 环卫史志编研办公室编 北京 北京市西城区环境卫生服务中心 2005 年 206 页
b40449762 R126 B323 2005

北京市宣武区中医医院院志 1986–1996
北京市宣武区中医医院院志编纂领导小组编 北京 北京市宣武区中医医院 1997 年 119 页
b51072361 R197.4 B323 1997

北京市西城区园林绿化志 1949–2010
北京市西城区园林绿化局史志编委会 白贵海主编 北京 北京市西城区园林绿化局史志编委会 2015 年 235 页
b4731669x TU986.621.3 X119 2015

北京市宣武区园林绿化志
宣武区园林市政管理局文史编委会编 李秀朋主编 北京 宣武区园林市政管理局文史编委会 2006 年 443 页
b2041545x TU986.621.3 L421 2006

北京市宣武区园林绿化志 2001.1–2010.6
北京市宣武区园林绿化局史志编委会编 高兴春主编 北京 北京市宣武区园林绿化局史志编委会 2015 年 272 页
b50016532 TU986.621.3 X637 2015

朝阳区

北京市朝阳区志
北京市朝阳区地方志编纂委员会编 陈刚主编 北京 北京出版社 2007 年 792 页
b1757674x K291.3 C373J 2007

朝阳区志稿
北京市朝阳区地方志编纂委员会编 王洁编 北京 北京市朝阳区地方志编纂委员会 1989 年 488 页
b20416611 K291.3 C373W 1989

北皋村志
王宗林 王义峰主编 北京 北京国人文化艺术有限公司 2010 年 214 页
b40647729 K291.5 B316 2010

北京市朝阳区豆各庄乡志
北京市朝阳区豆各庄乡志编纂委员会编 陈杰主编 北京 中国时代经济出版社 2016年 581页
b49469952 K291.5 D645 2016

草场地村志
张耕畦主编 北京 草场地村志编写者 2007年 101页
b36028964 K291.5 C226

大望京村志
大望京村党支部 大望京村村委会编 张文元 王瑞主编 北京 大望京村党支部 2010年 212页
b37531281 K291.5 D1364 2010

垡头街志 1960–1995
北京市朝阳区垡头街道办事处编纂 贾学武主编 北京 北京市朝阳区垡头街道办事处 1998年 345页
b18660472 K291.010.5 F123 1998

高碑店村志
北京市朝阳区高碑店乡高碑店村志编纂委员会编 王春清主编 北京 方志出版社 2017年 194页〔中国名村志丛书〕
b50871043 K291.5 G233 2017

雷家桥村志
李福印主编 北京 北京国人文化艺术有限公司 2011年 224页
b46995407 K291.5 L291 2011

马泉营村志
中共马泉营村党支部 马泉营村村民委员会编 徐文章 徐建军主编 北京 中共马泉营村党支部 2010年 217页
b4547980x K291.5 M141 2010

奶东村志
奶东村党支部 奶东村村委会编 陈明主编 北京 奶东村党支部 2010年 247页〔崔各庄乡地方志系列丛书〕
b40647778 K291.5 N137 2010

南皋村志
韦玉星 王荣和主编 北京 中共北京市朝阳区崔各庄乡南皋村支部委员会 北京市朝阳区崔各庄乡南皋村民委员会 2010年 146页
b46562187 K291.5 N1613 2010

孙河村志
中国共产党北京市朝阳区孙河乡孙河村支部委员会 北京市朝阳区孙河乡孙河村村民委员会编 吕栋主编 北京 北京市朝阳区孙河乡孙河村村民委员会 2012年 231页
b41235186 K291.5 S769 2012

驼房营村志
中国共产党北京市朝阳区将台乡驼房营村总支部委员会 北京市朝阳区将台乡驼房营村民委员会编 吉明月主编 北京 北京市朝阳区将台乡驼房营村民委员会 2009年 147页
b20882610 K291.5 T598 2009

北京东岳庙志
袁志鸿主编 北京 宗教文化出版社 2018年 2册 696页
b51034876 B957.21 D582 2018

北京市朝阳区统计局志
北京市朝阳区统计局 北京市朝阳区经济社会调查队编 张建萍主编 北京 线装书局 2016年 307页
b49864683 C829.23 Z354 2016

北京市朝阳区军事志
北京市朝阳区军事志编纂委员会编 邵亨主编 北京 北京出版社 2011年 650页
b4545257x E289.13 C373 2011

北京市朝阳区人民防空志 1949–1995
北京市朝阳区人民防空办公室编 安瑞敏主编 北京 北京市朝阳区人民防空办公室 1998年 213页
b44907928 E289.13 A164 1998

北京市朝阳区普通教育志
北京市朝阳区教育志编纂委员会编 北京 北京市朝阳区教育志编纂委员会 1996年 88页
b17359478 G527.13 C373 1996

北京市朝阳区普通教育志 学校志·人物志
北京市朝阳区教育志编纂委员会编 北京 北京市朝阳区教育志编纂委员会 1996年 235页
b20533871 G527.13 C373B 1996

朝阳文物志
北京市朝阳区文化委员会编 黄晓伟主编 北京 文物出版社 2014年 251页
b45516261 K872.13 C373 2014

东坝民俗文化志
北京民俗博物馆编 孙爱军主编 北京 民族出版社 2009年 251页〔朝阳区村落民俗文化志系列丛书〕
b36378665 K892.413 C373 2009

高碑店村民俗文化志
北京民俗博物馆编 北京 民族出版社 2007年 295页〔朝阳区村落民俗文化志系列丛书〕
b17693391 K892.415 B318 2007

北京市朝阳区地名录
北京市朝阳区人民政府编 北京 北京市朝阳区人民政府 1982年 187页
b16081560 K921.3 C373C 1982

北京市朝阳区地名录
朝阳区人民政府编 张和平主编 北京 北京市朝阳区人民政府 2000年 404页
b23232298 K921.3 C373C 2000

北京市朝阳区地名志
朝阳区地名志编辑委员会编 北京 北京出版社 1993年 938页
b13742541 K921.3 C373

朝阳区水利志
北京市朝阳区水利志编辑委员会编 彭长春主编 北京 北京市朝阳区水利志编辑委员会 1992年 225页〔北京市区县水利志丛书〕
b18905365 TV–092 P334 1992

丰台区

北京市丰台区志
北京市丰台区地方志编纂委员会编 吉泰主编 北京 北京出版社 2001年 813页
b13755699 K291.3 F359B

白盆窑村志
中共北京市丰台区花乡白盆窑村总支部委员会 北京市丰台区花乡白盆窑村村民委员会编 于连成主编 北京 中共北京市丰台区花乡白盆窑村总支部委员会 2012年 302页
b46018220 K291.5 B152 2012

长辛店镇太子峪村志
长辛店镇太子峪村志编纂委员会编 周淑英主编 北京 长辛店镇太子峪村志编纂委

员会 2011 年 161 页
b46273748 K291.5 T1628 2011

长辛店镇赵辛店村志
长辛店镇赵辛店村志编纂委员会编 李海鹰主编 北京 长辛店镇赵辛店村志编纂委员会 2012 年 162 页
b46239479 K291.5 Z441 2012

成寿寺村志
中共北京金城源投资管理公司总支部委员会编 陈绍晏主编 北京 中共北京金城源投资管理公司总支部委员会 2011 年 191 页
b46669012 K291.5 C461 2011

丰台区长辛店镇志
长辛店镇党委 长辛店镇政府编 李永勤主编 北京 中国书籍出版社 2012 年 356 页
b36259317 K291.5 C346 2012

丰台区花乡乡志
丰台区花乡乡志编写组编 北京 丰台区花乡乡志编写组 2011 年 335 页
b36014060 K291.5 H531

丰台区卢沟桥乡菜户营村志
菜户营村志编纂委员会编 于有东主编 北京 菜户营村志编纂委员会 2009 年 115 页
b20537475 K291.5 C138 2009

丰台区卢沟桥乡大井村志
大井村志编纂委员会编 黎名元主编 北京 大井村志编纂委员会 2009 年 146 页
b20537529 K291.5 D135 2009

丰台区卢沟桥乡大瓦窑村志
大瓦窑村志编纂委员会编 张霖 宋德臣主编 北京 大瓦窑村志编纂委员会 2009 年 134 页
b36128235 K291.5 D1369 2009

丰台区卢沟桥乡靛厂村志
靛厂村志编纂委员会编 党啸林主编 北京 靛厂村志编纂委员会 2009 年 158 页
b20537384 K291.5 D462 2009

丰台区卢沟桥乡东管头村志
东管头村志编纂委员会编 张站立主编 北京 东管头村志编纂委员会 2009 年 140 页
b2053744x K291.5 D582 2009

丰台区卢沟桥乡郭庄子村志
郭庄子村志编纂委员会编 郝文静主编 北京 郭庄子村志编纂委员会 2009 年 108 页
b20537530 K291.5 G778 2009

丰台区卢沟桥乡六里桥村志
六里桥村志编纂委员会编 王琨主编 北京 六里桥村志编纂委员会 2009 年 117 页
b20537438 K291.5 L723 2009

丰台区卢沟桥乡卢沟桥村志
卢沟桥村志编纂委员会编 刘路菲主编 北京 卢沟桥村志编纂委员会 2009 年 180 页
b20537402 K291.5 L791 2009

丰台区卢沟桥乡马连道村志
马连道村志编纂委员会编 孙凤林主编 北京 马连道村志编纂委员会 2009 年 150 页
b20537323 K291.5 M139 2009

丰台区卢沟桥乡太平桥村志
太平桥村志编纂委员会编 刘增兴主编 北京 太平桥村志编纂委员会 2009 年 153 页
b2292128x K291.5 T162 2009

丰台区卢沟桥乡万泉寺村志
万泉寺村志编纂委员会编 周凤琴主编 北

京 万泉寺村志编纂委员会 2009年 186页
b20537426 K291.5 W173 2009

丰台区卢沟桥乡西局村志
西局村志编纂委员会编 杨勇主编 北京 西局村志编纂委员会 2009年 169页
b20537554 K291.5 X119 2009

丰台区卢沟桥乡小井村志
小井村志编纂委员会编 张霖主编 北京 小井村志编纂委员会 2009年 140页
b20469147 K291.5 X3474 2009

丰台区卢沟桥乡小屯村志
小屯村志编纂委员会编 刘增兴主编 北京 小屯村志编纂委员会 2009年 127页
b20534231 K291.5 X347 2009

丰台区卢沟桥乡小瓦窑村志
小瓦窑村志编纂委员会编 张栋主编 北京 小瓦窑村志编纂委员会 2009年 135页
b20537396 K291.5 X3479 2009

丰台区卢沟桥乡岳各庄村志
岳各庄村志编纂委员会编 刘增兴主编 北京 岳各庄村志编纂委员会 2009年 207页
b2053758x K291.5 Y862 2009

丰台区卢沟桥乡张仪村志
张仪村志编纂委员会编 张栋主编 北京 张仪村志编纂委员会 2009年 174页
b20537463 K291.5 Z368 2009

丰台区卢沟桥乡郑常庄村志
郑常庄村志编纂委员会编 张智敏主编 北京 郑常庄村志编纂委员会 2009年 167页
b2047846x K291.5 Z532 2009

丰台区卢沟桥乡周庄子村志
周庄子村志编纂委员会编 刘增兴 徐凤主编 北京 周庄子村志编纂委员会 2009年 197页
b20537414 K291.5 Z675 2009

高立庄村志
张国岩主编 北京 中共北京市丰台区花乡高立庄村总支部委员会 2011年 167页
b40805815 K291.5 G243 2011

郭公庄村志
中共北京市丰台区花乡郭公庄村总支部委员会 北京市丰台区花乡郭公庄村村民委员会编 王殿福主编 北京 中共北京市丰台区花乡郭公庄村总支部委员会 2011年 223页
b40805827 K291.5 G767 2011

果园村村志
中共北京市丰台区南苑乡果园村委员会 北京市丰台区南苑乡果园村村民委员会编 刘士洪主编 北京 中共北京市丰台区南苑乡果园村委员 2012年 254页
b3753130x K291.5 G814 2012

槐房村志
中共北京市丰台区南苑乡槐房村总支部委员会 北京市丰台区南苑乡槐房村村民委员会编 张洪主编 北京 中共北京市丰台区南苑乡槐房村总支部委员会 2011年 172页
b44749168 K291.5 H557 2011

黄土岗村志
黄土岗村志编委会编 徐瑞芬主编 北京 黄土岗村志编委会 2009年 495页
b20279279 K291.5 H667 2009

卢沟桥乡志
卢沟桥乡地方志编纂委员会编 李红霞主编 北京 当代中国出版社 2012 年 569 页
b36361483 K291.5 L791C 2012

三路居村志
三路居村志编修委员会编著 尹志强主编 北京 北京燕山出版社 2009 年 233 页
b20882853 K291.5 S145 2009

四合庄村志
四合庄村志编纂委员会编 北京 四合庄村志编纂委员会 2009 年 216 页
b21570292 K291.5 S663 2009

新发地村志
中共北京市丰台区花乡新发地村委员会 北京市丰台区花乡新发地村村民委员会编 程芸云主编 北京 北京市丰台区花乡新发地村村民委员会 2010 年 381 页
b44852332 K291.5 X4432 2010

羊坊村志
中共北京市丰台区花乡羊坊村总支部委员会 北京市丰台区花乡羊坊村村民委员会编 刘亚军主编 北京 中共北京市丰台区花乡羊坊村总支部委员会 2010 年 266 页
b4627411x K291.5 Y222 2010

北京市丰台区军事志
北京市丰台区军事志编纂委员会编 邵亨主编 北京 北京出版社 2012 年 600 页
b4042599x E289.13 F359 2012

丰台区劳动志
丰台区劳动局编 李宇丰主编 丰台 丰台区劳动局 1996 年 221 页
b21763185 F249.271.3 F359 1996

丰台供电段志 1979–2001
丰台供电段志编纂委员会编 李洪 王绍宏主编 北京 文物出版社印刷厂 2002 年 227 页
b44907758 F532.813 L396 2002

丰台机务段志 1897–1997
丰台机务段志编纂委员会编 王新桥 郭江毅主编 北京 中国铁道出版社 1997 年 339 页
b49980890 F532.6 F359 1997

丰台机务段志 1998–2007
丰台机务段志编纂委员会编 高凤岐主编 北京 丰台机务段志编纂委员会 2007 年 301 页
b5020872x F532.6 F359C 2007

丰台站站志 1895–1988
丰台站站志编委会编辑 王志宏主编 北京 丰台站站志编委会 1989 年 357 页
b21567591 F532.81 F359 1989

毛泽东号志 1946–2008
毛泽东号志编纂委员会编 高凤岐 石景旺主编 北京 毛泽东号志编纂委员会 2008 年 217 页
b20950603 F532.81 G237 2008

北京市丰台区财政志 1949–1990
丰台区财政志编写组编 刘先瑞主编 北京 丰台区财政志编写组 1995 年 216 页
b45655674 F812.713 F359 1995

丰台区文化文物志
丰台区文化文物局编 李杜主编 北京 丰台区文化文物局 1998 年 154 页
b23388171 G127.13 F359 1998

丰台区科技志
北京市丰台区科技志编纂办公室编 陈家林主编 北京 北京市丰台区科技志编纂办公室 1994年 433页
b23228131 G322.713 F359 1994

北京市丰台区普通教育志
丰台区教育志编纂委员会编 张铁琦 王洪琦主编 北京 丰台区教育志编纂委员会 1998年 简装本 168页〔北京市区县教育志丛书〕
b27575524 G527.13 F359 1998

北京市丰台区地名录
丰台区人民政府编 北京 丰台区人民政府 1980年 65页
b20369165 K921.3 F359C 2009

北京市丰台区地名志
丰台区地名志编辑委员会编 刘晨主编 北京 北京出版社 1993年 559页
b15699158 K921.3 F359 1993

北京市丰台区卫生志
北京市丰台卫生局编 北京 北京市丰台卫生局 2007年 232页
b45452593 R199.2 F359 2007

丰台区水利志
北京市丰台区水利志编辑委员会编 孙锦文主编 北京 北京市丰台区水利志编辑委员会 1993年 241页〔北京市区县水利志丛书〕
b17736067 TV-092 B318 1993

石景山区

北京市石景山区志
北京市石景山区地方志编纂委员会编 北京 北京出版社 2005年 920页
b16355465 K291.3 S473C 2005

北京市石景山区志 1996-2010
北京市石景山区地方志编纂委员会编 杨博贤 刘永明 张相明主编 北京 北京出版社 2017年 920页
b51090168 K291.3 S473D 2017

北京市石景山区志 初稿 1996-2010
北京市石景山区地方志编纂委员会编 北京 北京市石景山区地方志编纂委员会 2013年 935页
b4485089x K291.3 S473C 2013

北京市石景山区军事志
北京市石景山区军事志编纂委员会 邵亨马誉炜 王东 李金巳主编 北京 北京出版社 2012年 574页
b50247827 E289.13 S473 2012

石景山区文物小志 第3卷
石景山区文化文物局编 北京 石景山区文化文物局 1997年 96页
b18071582 K291.3 S473S 1997

石景山文物小志
石景山文物小志编纂组编 北京 石景山文物小志编纂组 1989年 2卷 207页
b36378677 K872.13 S473 1989

北京市石景山区地名录
石景山区人民政府编 北京 石景山区人民政府 1980年 69页
b16476281 K921.3 S473L 1980

北京市石景山区地名志
石景山区地名志编辑委员会编 杨文生主编 北京 北京科学技术出版社 1991年

534 页〔北京市地名志〕
b13742978　K921.3　S473

石景山区水利志
关续文主编　北京　北京市石景山区水利志编辑委员会　1996 年　151 页〔北京市区县水利志丛书〕
b20140733　TV-092　G641　1996

海淀区

北京市海淀区志
北京市海淀区地方志编纂委员会编　张宝章主编　北京　北京出版社　2004 年　1063 页
b15666372　K291.3　H145　2004

东升乡志
北京市海淀区东升乡志编纂委员会　杨永安　张军　刘毅主编　北京　学苑出版社　2012 年　714 页
b41235617　K291.5　D5827　2012

甘家口街道志
北京市海淀区甘家口街道志编纂委员会编　周沙尘主编　北京　机械工业出版社　1993 年　471 页
b16179183　K291.3　H145G　1993

后沙涧村志
后沙涧村志编纂委员会编　王树正　李念清主编　北京　后沙涧村志编纂委员会　2012 年　209 页
b40743366　K291.5　H443　2012

门头村志
宋义权主编　北京　门头村志编委会　2009 年　121 页
b44851923　K291.5　M332　2009

小牛坊村志
中共北京市海淀区西北旺镇小牛坊村支部委员会　北京市海淀区西北旺镇小牛坊村村民委员会编　孟金龙主编　北京　中共北京市海淀区西北旺镇小牛坊村支部委员会　2010 年　186 页
b40647808　K291.5　X3472　2010

北京市海淀区林业志　初稿 1949–1990
白树权编纂　北京　海淀区农林局　1993 年　油印本　558 页
b40805906　F326.271.3　H145　1993

香山小学志
香山小学编著　程立新主编　北京　香山小学　2010 年　212 页
b4474934x　G629.281.3　X259　2010

海淀古镇风物志略
王珍明主编　北京　学苑出版社　2000 年　263 页
b1596050x　K291.3　H145W　2000

北京市海淀区地名录
田建春主编　北京　海淀区人民政府　1996 年　415 页
b2012112x　K921.3　H145E　1996

北京市海淀区地名志
海淀区地名志编辑委员会编　北京　北京出版社　1992 年　559 页
b13742760　K921.3　H145

玉渊潭公园志
玉渊潭公园管理处编　段继山　王践和　康毓倩主编　北京　学苑出版社　2000 年　237 页
b16357280　K928.73　Y774　2000

圆明园百景图志
圆明园管理处编 张恩荫主编 北京 中国大百科全书出版社 2010年 523页〔圆明园丛书〕
b21172602 K928.73-64 Z349Y 2010

海淀环卫志
海淀环卫志编纂委员会编 安向红主编 北京 书目文献出版社 1993年 278页
b45841068 R126 H145 1993

北京市海淀区卫生志
海淀区卫生志编委会编 王泽平主笔 北京 海淀区卫生志编委会 2000年 334页
b23228088 R199.2 H145 2000

海淀区水利志
北京市海淀区水利志编辑委员会编 北京 北京市海淀区水利志编辑委员会 1993年 178页〔北京市区县水利志丛书〕
b20416556 TV-092 B3183 1993

门头沟区

北京市门头沟区志
北京市门头沟区地方志编纂委员会编 北京 北京出版社 2006年 834页
b16784625 K291.3 M332J 2006

川底下村志
刘望鸿主编 北京 门头沟区档案史志局 2009年 210页
b36013833 K291.5 C627

川底下村志
门头沟区档案史志局编 刘望鸿主编 北京 中共党史出版社 2009年 208页
b47414017 K291.5 C627C 2009

北京市门头沟区人民代表大会志 1948.12-2011.1
北京市门头沟区人民代表大会志编纂委员会编 谭杰主编 北京 中央文献出版社 2011年 834页
b37530756 D624.13 M332 2011

北京市门头沟区军事志
北京市门头沟区军事志编纂委员会编 邵亨主编 北京 北京出版社 2010年 524页
b21762739 E289.13 M332 2010

门头沟文化遗产精粹 京煤史志资料辑考
门头沟区文化委员会 门头沟区文学艺术界联合会编 潘惠楼编著 北京 北京燕山出版社 2007年 548页〔门头沟第四套文化丛书〕
b20428893 F426.21 P159 2007

门头沟公路志
北京市公路局 北京市公路局门头沟分局编 北京 文津出版社 1995年 142页〔北京公路志丛书〕
b20950652 F542.814 B318M 1995

门头沟文化志
门头沟区文化文物局编 北京 门头沟区文化文物局 1996年 201页
b18066811 G127.13 M332 1996

门头沟区普通教育志
门头沟区教委教育志编写组编 张忠贤主编 北京 北京出版社 1998年 241页〔北京市区县教育志丛书〕
b16435266 G527.13 Z369 1998

门头沟文物志
北京市门头沟区文化文物局编 张广林执行主编 北京 北京燕山出版社 2001年

412 页〔北京市文物志丛书〕
b16096046 K872.13 M332 2001

中国民俗文化志 北京 第1卷 门头沟区卷
刘铁梁主编 北京 中央编译出版社 2006年 378页〔中国民间文化遗产抢救工程〕
b17248048 K892.41 L689 2006

北京门头沟村落文化志 第1卷 清水镇 潭柘寺镇
北京门头沟村落文化志编委会编 魏洲平 石明廷主编 北京 北京燕山出版社 2008年 462页〔北京门头沟村落文化丛书〕
b19929961 K921.5 M332 2008

北京门头沟村落文化志 第2卷 斋堂镇
北京门头沟村落文化志编委会编 师昌璞主编 北京 北京燕山出版社 2008年 505页〔北京门头沟村落文化丛书〕
b19929961 K921.5 M332 2008

北京门头沟村落文化志 第3卷 雁翅镇 大台地区 王平镇 妙峰山镇
北京门头沟村落文化志编委会编 姜春山 史阿森 袁树森主编 北京 北京燕山出版社 2008年 580页〔北京门头沟村落文化丛书〕
b19929961 K921.5 M332 2008

北京门头沟村落文化志 第4卷 军庄镇 龙泉镇 永定镇
北京门头沟村落文化志编委会编 霍彦明 潘惠楼 李迎杰主编 北京 北京燕山出版社 2008年 510页〔北京门头沟村落文化丛书〕
b19929961 K921.5 M332 2008

北京市门头沟区地名录
门头沟区人民政府编 北京 门头沟区人民政府 1980年 95页
b16476323 K921.3 M332 1980

门头沟区卫生志
李金山主修 张万顺主笔 北京 北京市门头沟区卫生志办公室 1995年 436页〔门头沟区地方志丛书〕
b44908829 R-092 L3977 1995

门头沟区水利志
北京市门头沟水区利志编辑委员会编 北京 北京市门头沟区水利志编辑委员会 1994年 274页〔北京市区县水利志丛书〕
b18266459 TV-092 M332 1994

房山区

北京市房山区志
北京市房山区志编纂委员会编 北京 北京出版社 1999年 763页
b13608605 K291.3 F241

北京市房山区志 1996-2010
北京市房山区志编纂委员会编 北京 北京市房山区志编纂委员会 2010年 259页
b50016520 K291.3 F241C 2010

房山区夏庄志
房山区夏庄志编纂委员会编 周荣新主编 北京 中国时代经济出版社 2013年 230页
b45625670 K291.5 X188 2013

交道二街村志
北京市房山区窦店镇交道二街村志编纂委员会编 北京 北京市房山区窦店镇交道二街村志编纂委员会 2014年 222页
b46010877 K291.5 J368 2014

良乡一街志
郭凤兰主编 北京 北京金利红通文化传媒有限公司 2013年 333页
b49607844 K291.3 F241LX 2013

南韩继村志
中共周口店镇南韩继村总支部委员会 房山区周口店镇南韩继村村民委员会 李东志著 北京 中国文史出版社 2016年 239页
b4971563x K291.5 N1614 2016

三合村志
三合村志编委会编 杨守凯主编 北京 国家行政学院出版社 2013年 129页〔北京市房山区村志系列〕
b45839724 K291.5 S1453 2013

水峪村志
水峪村志编纂委员会编 吴海龙主编 北京 水峪村志编纂委员会 2012年 196页〔国人文化志丛书〕
b49981237 K291.5 S614 2012

四马台村志
北京市房山区霞云岭乡四马台村村民居委会编 任全胜主编 北京 方志出版社 2011年 308页
b36168725 K291.5 S6638 2011

望楚村志
北京市房山区窦店镇望楚村委会编 北京 中国文史出版社 2016年 134页
b49715641 K291.5 W258 2016

房山统计志
房山统计志编纂委员会编 王良编撰 北京 房山统计志编纂委员会 2004年 444页
b4998102x C829.29 F241 2004

房山政协志
中国人民政治协商会议北京市房山区委员会编 唐淑荣主编 北京 学苑出版社 2016年 2卷 764页
b49625962 D628.13 F241 2016

北京市房山区军事志
北京市房山区军事志编纂委员会编 王锁群 韩裕 郝恭平主编 北京 北京出版社 2012年 696页
b40425915 E289.13 F241 2012

房山农业志
房山农业志编纂委员会编 赵辰隆 王淑玲主编 北京 方志出版社 2010年 1060页
b46376586 F327.13 F241 2010

石楼车辆段志 1969–2000
石楼车辆段志编委会编 菅京河 毛国明主编 北京 石楼车辆段志编委会 2002年 244页
b49849876 F532.81–09 S473 2002

房山公路志
北京市公路局 北京市公路局房山分局编 北京 文津出版社 1995年 264页〔北京公路志丛书〕
b20948761 F542.814 B318F 1995

房山区教育志 2001–2010
北京市房山区教育委员会编 北京 北京市房山区教育委员会 2011年 826页
b40863827 G527.13 F241 2011

房山区蒲洼乡教育志
梁文歧主编 北京 蒲洼乡教育志编纂委员会 2011年 121页
b50817085 G527.15 P677 2011

房山区普通教育志 1080–1990
北京市房山区教育志编纂委员会编 北京 北京市房山区龙门印刷厂 1996 年 253 页〔北京市区县教育志丛书〕
b1941898x G527.13 B318 1996

北京市房山区良乡高教园区志
北京市房山区良乡高教园区志编委会编 高培军主编 北京 北京理工大学出版社 2014 年 296 页
b45816153 G649.21 G247 2014

房山区文联十年图志 2001–2011
北京市房山区文学艺术界联合会编 史长义主编 北京 北京市房山区文学艺术界联合会 2011 年 188 页
b41256736 I2–26 F241 2011

百花山志
百花山志编纂委员会编 王淑玲 石建山主编 北京 方志出版社 2006 年 419 页
b17385246 K291.3 B163 2006

百花山志 族谱篇
百花山志编纂委员会编 刘文江主编 北京 百花山志编纂委员会 2010 年 98 页
b44917041 K291.3 B163Z 2010

北京考古志 房山卷
宋大川主编 李伟敏著 上海 上海古籍出版社 2012 年 273 页
b36405474 K872.1 B318F 2012

房山碑刻通志 第 1 卷 大石窝镇
杨亦武著 北京 社会科学文献出版社 2018 年 188 页
b51166239 K877.42 F241 2018

房山碑刻通志 第 4 卷 城关街道 周口店镇
"国史馆"台湾文献馆编 杨亦武著 北京 社会科学文献出版社 2018 年 233 页
b53015691 K877.42 F241 2018

北京市房山区地名录
房山区人民政府编 北京 北京市房山区人民政府 1998 年 229 页
b20121088 K921.3 F241C1998

北京市房山区地名志
房山区地名志编辑委员会编 翟鸿儒主编 北京 北京出版社 1992 年 523 页
b19434807 K921.3 F241 1992

北京市房山县地名录
房山县人民政府编 北京 房山县人民政府 1981 年 77 页
b1647627x K921.4 F241 1981

北京市燕山区地名录
燕山区人民政府编 北京 燕山区人民政府 1981 年 30 页
b16476293 K921.3 Y199 1981

北京市房山区卫生志
北京市房山区卫生志编纂委员会编 苏宝敦 张东升总纂 北京 中国博雅出版社 2007 年 450 页
b27574489 R199.2 B318 2007

北京药品监督管理志 房山区分志
北京市药品监督管理局房山分局编 陈立伟主编 北京 北京市药品监督管理局房山分局 2013 年 250 页
b50065853 R954 F241 2013

房山区水利志
北京市房山区水利志编辑委员会编 段汝

高主编 北京 北京市房山区水利志编辑委员会 1995 年 252 页〔北京市区县水利志丛书〕
b21854890 TV-092 D7457 1995

通州区

通县志
通州区地方志编纂委员会编 孙自凯 张洪林主编 北京 北京出版社 2003 年 930 页
b15329501 K291.4 T426 2003

北京市通州区军事志
北京市通州区军事志编纂委员会编 石志远主编 北京 北京出版社 2010 年 616 页
b21567104 E289.13 S475 2010

通县公路志
北京市公路局 北京市公路局通县分局编 北京 文津出版社 1995 年 156 页〔北京公路志丛书〕
b2176539x F542.814 B318T 1995

通城县粮食志 1842–1988
孔宪尧主编 通城 通城县粮食局修志组 1987 年 216 页
b47126322 F762.1-092 T426 1987

通州文化志
北京市通州区文化委员会编 北京市通州区文学艺术界联合会编 杜德久主编 北京 文化艺术出版社 2007 年 576 页
b21277849 G127.13 D698 2007

通州文物志
北京市通州区文化委员会编 北京市通州区文学艺术界联合会编 杜德久主编 北京 文化艺术出版社 2006 年 375 页
b17298519 K872.13 D698 2006

北京市通县地名录
通县人民政府编 通县 通县印刷厂 1982 年 92 页
b1647630x K921.4 T426 1982

北京市通县地名志
通县地名志编辑委员会编 北京 北京出版社 1992 年 483 页
b2037852x K921.4 T426Z 1992

北京市通州区地名录
通州区人民政府编 北京 北京市通州区人民政府 2000 年 249 页
b2127731x K921.3 B317T 2000

通县卫生志
曹明杰主编 北京 农业出版社 1992 年 350 页
b36093397 R199.2 T426 1992

通县水利志
李长清主编 北京 北京市通县水利志编辑委员会 1993 年 303 页〔北京市区县水利志丛书〕
b17645529 TV-092 L391 1993

顺义区

顺义县志
顺义县地方志编纂委员会编 魏荣主编 北京 北京出版社 2009 年 853 页
b20883067 K291.4 S628C 2009

顺义区志 初稿修改稿
顺义区地方志编纂委员会编 北京 顺义区地方志编纂委员会 2017 年 697 页
b50247876 K291.3 S628 2017

北京市顺义区后沙峪镇志
北京市顺义区后沙峪镇志编纂委员会编 赵洪涛 王学武主编 石家庄 河北人民出版社 2016 年 581 页
b49865249 K291.5 S2319 2016

天竺镇志
北京市顺义区天竺镇政府编 北京 北京市顺义区天竺镇政府 2011 年 465 页
b4950633x K291.5 T343 2011

顺义区统计志 1991–2010
顺义区统计局编 解长春 张金林 张自林主编 北京 北京市顺义区统计局 2015 年 406 页
b49981249 C832.13 S628 2015

北京市顺义区人民代表大会志
北京市顺义区人民代表大会常务委员会编 北京 北京市顺义区人民代表大会常务委员会 2006 年 462 页
b20041640 D624.13 S628

北京市顺义区军事志
北京市顺义区军事志编纂委员会编 邵亨主编 北京 北京出版社 2013 年 445 页
b44850852 E289.13 S628 2013

顺义县林业志
顺义县林业局编 张志和主编 北京 顺义县林业局 1991 年 220 页
b49704540 F326.271.4 S628 1991

顺义公路志
北京市公路局 北京市公路局顺义分局编 北京 文津出版社 1995 年 215 页〔北京公路志丛书〕
b16377035 F542.814 B318S 1995

顺义区教委机关志 1980–2013
冯义国主编 北京 北京市顺义区教育委员会 2013 年 633 页
b49607984 G526.221.3 S628 2013

顺义教育志 综述卷
顺义教育志编委会编 冯义国主编 北京 顺义教育志编委会 2007 年 269 页
b50862340 G527.13 S628 2007

顺义教育志 北小营卷
顺义教育志编委会编 冯义国主编 北京 顺义教育志编委会 2007 年 149 页
b50862169 G527.13 S628B 2007

顺义教育志 城区卷
顺义教育志编委会编 冯义国主编 北京 顺义教育志编委会 2007 年 426 页
b50862170 G527.13 S628C 2007

顺义教育志 大孙各庄卷
顺义教育志编委会编 冯义国主编 北京 顺义教育志编委会 2007 年 159 页
b50862182 G527.13 S628D 2007

顺义教育志 北石槽卷
顺义教育志编委会编 冯义国主编 北京 顺义教育志编委会 2007 年 118 页
b50862145 G527.13 S628E 2007

顺义教育志 北务卷
顺义教育志编委会编 冯义国主编 北京 顺义教育志编委会 2007 年 96 页
b50862157 G527.13 S628F 2007

顺义教育志 高丽营卷
顺义教育志编委会编 冯义国主编 北京 顺义教育志编委会 2007 年 246 页
b50862194 G527.13 S628G 2007

顺义教育志 **后沙峪卷**
顺义教育志编委会编 冯义国主编 北京 顺义教育志编委会 2007 年 288 页
b50862200 G527.13 S628H 2007

顺义教育志 **李桥卷**
顺义教育志编委会编 冯义国主编 北京 顺义教育志编委会 2007 年 97 页
b50862212 G527.13 S628J 2007

顺义教育志 **李遂卷**
顺义教育志编委会编 冯义国主编 北京 顺义教育志编委会 2007 年 128 页
b50862224 G527.13 S628K 2007

顺义教育志 **龙湾屯卷**
顺义教育志编委会编 冯义国主编 北京 顺义教育志编委会 2007 年 210 页
b50862236 G527.13 S628L 2007

顺义教育志 **马坡卷**
顺义教育志编委会编 冯义国主编 北京 顺义教育志编委会 2007 年 142 页
b50862248 G527.13 S628M 2007

顺义教育志 **牛栏山卷**
顺义教育志编委会编 冯义国主编 北京 顺义教育志编委会 2007 年 219 页
b50862285 G527.13 S628N 2007

顺义教育志 **南法信卷**
顺义教育志编委会编 冯义国主编 北京 顺义教育志编委会 2007 年 83 页
b50862273 G527.13 S628P 2007

顺义教育志 **南彩卷**
顺义教育志编委会编 冯义国主编 北京 顺义教育志编委会 2007 年 134 页
b50862261 G527.13 S628Q 2007

顺义教育志 **仁和卷**
顺义教育志编委会编 冯义国主编 北京 顺义教育志编委会 2007 年 151 页
b50862297 G527.13 S628R 2007

顺义教育志 **木林卷**
顺义教育志编委会编 冯义国主编 北京 顺义教育志编委会 2007 年 123 页
b5086225x G527.13 S628S 2007

顺义教育志 **天竺卷**
顺义教育志编委会编 冯义国主编 北京 顺义教育志编委会 2007 年 134 页
b50862303 G527.13 S628T 2007

顺义教育志 **赵全营卷**
顺义教育志编委会编 冯义国主编 北京 顺义教育志编委会 2007 年 106 页
b50862339 G527.13 S628X 2007

顺义教育志 **杨镇卷**
顺义教育志编委会编 冯义国主编 北京 顺义教育志编委会 2007 年 512 页
b50862315 G527.13 S628Y 2007

顺义教育志 **张镇卷**
顺义教育志编委会编 冯义国主编 北京 顺义教育志编委会 2007 年 157 页
b50862327 G527.13 S628Z 2007

人·物志 **杨镇一中**
北京市顺义区杨镇第一中学编 孙孟远主编 北京 北京市顺义区杨镇第一中学 2008 年 200 页
b36385347 G639.281.3 B322 2008

中国民俗文化志 **北京 第 4 卷 顺义区卷**
刘铁梁主编 北京 中央编译出版社 2006 年 467 页〔中国民间文化遗产抢救工程〕

b17248048　K892.41　L689　2006

北京市顺义县地名录
顺义县人民政府编　北京　顺义县地名办公室　1982年　84页
b16476335　K921.4　S628C　1982

北京市顺义县地名志
顺义县地名志编辑委员会编　北京　北京出版社　1993年　626页
b13588564　K921.4　S628

顺义县水利志
北京市顺义县水利志编辑委员会编　北京　北京市顺义县水利志编辑委员会　1995年　175页〔北京市区县水利志丛书〕
b17735956　TV-092　B322　1995

昌平区

昌平县志
昌平县志编纂委员会编　于长海主编　北京　北京出版社　2007年　1027页
b18209038　K291.4　C329C　2007

白庙村志
刘学增主编　北京　北京市昌平区七家镇白庙村党支部　村委会　2011年　192页
b44907801　K291.5　B151　2011

北七家庄村志
吕建新主编　北京　中共北京市昌平区北七家镇北七家庄村支部委员会　2011年　135页
b46239443　K291.5　B3164　2011

单家村村志
李秀芬　王增国主编　北京　中共北京市昌平区东小口镇单家村村支部委员会　北京市昌平区东小口镇单家村村民委员会　2011年　159页
b46635191　K291.5　S281　2011

东小口村志
魏士德主编　北京　北京市昌平区东小口镇东小口村村民委员会　2012年　226页
b46669036　K291.5　D5828　2012

贺家村村志
中共北京市昌平区东小口镇贺家村支部委员会　北京市昌平区东小口镇贺家村村民委员会编　王永刚主编　北京　北京市昌平区东小口镇贺家村村民委员会　2012年　162页
b37531323　K291.5　H314　2012

岭上村志
赵正忠主编　北京　中共北京市昌平区北七家镇岭上村支部委员会　2010年　232页
b23228143　K291.513　L642　2010

鲁疃村志
魏永生主编　北京　中共北京市昌平区北七家镇鲁疃村支部委员会　2015年　219页
b49677718　K291.5　L813　2015

南口镇志
郑高智　张文静　李国棣主编　北京　中共北京市昌平区南口镇委员会　2012年　649页
b4064778x　K291.5　N161M　2012

郑各庄村志
黄福水主编　北京　北京市昌平区北七家镇郑各庄村村民委员会　2010年　293页
b23227977　K291.5　Z534　2010

中滩村志
张亮主编　北京　中共北京市昌平区东小口镇中滩村支部委员会　2010年　212页

b36093804　K291.5 Z645 2010

昌平区人事志
昌平区人事局编 赵海英主编 北京 昌平区人事局 2009 年 302 页
b49532492　D630.3 B317C 2009

昌平县人事志
刘文田主编 北京 昌平县人事局 1998 年 198 页〔昌平县地方志丛书〕
b47352383　D630.3 C329 1998

昌平劳动和社会保障志 1996.1–2009.9
昌平区人力资源和社会保障局编 赵海英主编 北京 昌平区人力资源和社会保障局 2011 年 452 页
b40863815　D669.2 C329 2011

昌平县计划志
北京市昌平县计划委员会 卢广域主编 北京 昌平县县志编纂委员会 1993 年 240 页〔昌平地方志丛书〕
b47352395　F127.14 C329 1993

昌平县房地产志
张玉泉主编 北京 北京出版社 1995 年 222 页〔昌平地方志丛书〕
b4707288x　F299.271.4 C329 1995

昌平县粮食志
王之彦主编 北京 北京出版社 1992 年 544 页〔昌平地方志丛书〕
b20566232　F327.14 C329 1992

昌平县交通志
韦振华主编 北京 人民交通出版社 1993 年 251 页〔昌平地方志丛书〕
b20041718　F512.714 C329 1993

昌平公路志
北京市公路局 北京市公路局昌平分局编 马耘主编 北京 文津出版社 1994 年 129 页〔北京公路志丛书〕
b21762818　F542.814 B318C 1994

昌平县财政志
郭守庚主编 北京 中国财政经济出版社 1995 年 493 页〔昌平地方志丛书〕
b47413992　F812.713 G776 1995

昌平县普通教育志
昌平县教育志编委会编 陈彦康 李斌主编 北京 北京出版社 1999 年 601 页〔北京市区县教育志丛书〕
b16375002　G639.281.4 C329 1999

昌平县市政志 修改稿
昌平县市政志编纂委员会编 王清山主编 北京 昌平县市政志编纂委员会 1991 年 油印本 286 页
b49848823　K291.3 C3291C 1991

阳坊风物志
北京市昌平区阳坊镇人民政府 中共北京市昌平区阳坊镇委员会 刘永亮主编 北京 北京市昌平区阳坊镇人民政府 2013 年 204 页
b47206743　K291.5 Y225 2013

北京考古志 昌平卷
宋大川主编 王燕玲著 上海 上海古籍出版社 2013 年 191 页
b44695056　K872.1 B318C 2013

昌平文物志
陈玉起主编 北京 北京燕山出版社 2010 年 328 页
b36378604　K872.13 C329 2010

北京市昌平县地名录
昌平县人民政府编 北京 昌平县人民政府 1980 年 140 页
b11187827 K921.4 B317P

北京市昌平县地名志
昌平县地名志编辑委员会编 北京 北京出版社 1997年 1246页〔北京市地名志丛书〕
b13275422 K921.4 B317Q

北京药品监督管理志 昌平区分志
北京市药品监督管理局昌平分局编 潘世华卷主编 北京 北京市药品监督管理局昌平分局 2013 年 277 页
b50016544 R954 C329 2013

昌平县水利志
北京市昌平县水利志编辑委员会编 何文化主编 北京 北京市昌平县水利志编辑委员会 1992 年 286 页〔北京市区县水利志丛书〕
b20533937 TV-092 C3296 1992

昌平县环境保护志
孙仁福主编 北京 北京燕山出版社 1993 年 169 页〔昌平地方志丛书〕
b3609285x X321.21 C329 1993

大兴区

大兴县志
大兴县志编纂委员会编 王金富 张书领主编 北京 北京出版社 2002 年 896 页
b14884161 K291.4 D136D 2002

北程庄村志
中共北京市大兴区黄村镇北程庄村支部委员会编 北京市大兴区黄村镇北程庄村民委员会编 张俊顺主编 北京 中共北京市大兴区黄村镇北程庄村支部委员会 2013 年 219 页
b51079409 K291.5 B3161 2013

梨花村志
张俊臣主编 北京 中共北京市大兴区庞各庄镇梨花村支部委员会 北京市大兴区庞各庄镇梨花村村民委员会 2012 年 391 页
b51090326 K291.5 L375 2012

沁水营村志
沁水营村志编委会编 张贺才主编 香港 中国国际新闻出版社 2012 年 514 页
b49704539 K291.5 Q461 2012

小营村志
中共北京市大兴区黄村镇小营村支部委员会 北京市大兴区黄村镇小营村民委员会编 刘金红主编 北京 中共北京市大兴区黄村镇小营村支部委员会 2012 年 302 页
b4741652x K291.5 X3478 2012

榆垡镇志 第 1 卷
榆垡镇编纂委员会编 北京 榆垡镇编纂委员会 2003 年
b20121374 K291.5 Y736 2003

周村村志
中共北京市大兴区黄村镇周村村支部委员会 北京市大兴区黄村镇周村村民委员会编 周振泉主编 北京 北京市大兴区黄村镇周村村民委员会 2012 年 249 页
b4064781x K291.5 Z662 2012

大兴区统计志 2001-2010
北京市大兴区统计局 国家统计局大兴调查队 北京市大兴区经济社会编调查队编 汪锡锟主编 北京 北京市大兴区统计局

2012 年 415 页
b40647766 C832.13 D136 2012

大兴民政志 1948–2005
北京市大兴区民政局 田守信主编 北京 北京市大兴区民政局 2006 年 412 页
b46455024 D632 D1368 2006

北京市大兴区军事志
北京市大兴区军事志编纂委员会编 李鸿如 王观凤 梁书旺主编 北京 北京出版社 2011 年 678 页
b40425927 E289.13 D136 2011

大兴公路志
北京市公路局 北京市公路局大兴分局编 北京 文津出版社 1995 年 177 页〔北京公路志丛书〕
b16377047 F542.814 B318D 1995

大兴公路志 1991–200
北京市路政局大兴公路分局 张连和主编 北京 北京市路政局大兴公路分局 2008 年 285 页
b40935127 F542.814 B318D 2008

大兴县普通教育志
大兴县教育志编委会编 北京 北京出版社 1998 年 330 页〔北京市区县教育志丛书〕
b14882346 G527.13 D136 1998

大兴学校志
北京市大兴区教育委员会编 王永庆主编 北京 北京出版社 2016 年 794 页
b5006535x G527.13 D1367 2016

北京市大兴区第五中学校志 1985–2013
北京市大兴区第五中学编纂 于万永主编 北京 北京市大兴区第五中学 2014 年 102 页
b46442790 G639.281.3 B317 2014

黄村七中校志 1993 建校 –1999 暑假
李国总编 北京 大兴县黄村第七中学 1999 年 165 页
b21137171 G639.281.4 H655 1999

中国民俗文化志 北京 第 3 卷 大兴区卷
刘铁梁主编 北京 中央编译出版社 2006 年 411 页〔中国民间文化遗产抢救工程〕
b17248048 K892.41 L689 2006

北京市大兴县地名录
大兴县人民政府编 北京 大兴县人民政府 1982 年 126 页
b16476244 K921.4 D136C 1982

北京市大兴县地名录
大兴县人民政府编 北京 大兴县人民政府 1997 年 279 页
b23232377 K921.4 D136C 1997

北京市大兴县地名志
大兴县地名志编辑委员会编 北京 北京出版社 1992 年 489 页
b15959168 K921.4 D136 1992

大兴县水利志
北京市大兴县水利志编辑委员会编 北京 北京市大兴县水利志编辑委员会 1994 年 346 页〔北京市区县水利志丛书〕
b17735993 TV–092 B317 1994

怀柔区

怀柔县志
怀柔县志编纂委员会编 北京 北京出版社 2000 年 890 页
b13608599 K291.4 H558

长元村村志
中共怀柔区雁栖镇长元村党支部 怀柔区雁栖镇长元村村民委员会 北京众信泽源文化传媒有限公司编 李秉柱主编 北京 长元村村志编委会 2013 年 324 页
b44851431 K291.5 C3461 2013

怀柔区纪检监察志
怀柔区纪检监察志编纂委员会编 卢通玉主编 北京 北京市怀柔区纪检监察志编纂委员会 2016 年 552 页
b50777397 D262.6 L792 2016

怀柔县人大志 1954–2002
怀柔县人大志编纂委员会办公室编 怀柔 怀柔县人大志编纂委员会办公室 2004 年 517 页
b17676393 D624.14 H558 2004

北京市怀柔区军事志
北京市怀柔区军事志编纂委员会编 邵亨主编 北京 北京出版社 2012 年 582 页
b46010798 E289.13 H558 2012

怀柔公路志
北京市公路局 北京市公路局怀柔分局编 北京 文津出版社 1994 年 230 页〔北京公路志丛书〕
b21763781 F542.814 B318H 1994

怀柔县财政志
怀柔县财政局编 于占泉主编 北京 中国财政经济出版社 1993 年 303 页〔怀柔地方志丛书〕
b46101974 F812.713 H558 1993

北京市怀柔县地名录
怀柔县人民政府编 北京 怀柔县人民政府 1997 年 260 页
b1608164x K921.4 H558 1997

北京市怀柔县地名志
怀柔县地名志编辑委员会编 北京 北京出版社 1993 年 749 页〔北京市地名志〕
b16142548 K921.4 H558 1993

怀柔园林绿化志
北京市怀柔区园林绿化局编纂 张红军主编 北京 北京怀柔区园林绿化局 2016 年 301 页
b50747575 S732.13 H558 2016

怀柔县水利志
北京市怀柔县水利志编辑委员会编 辛瑞春 郑亚洲主编 北京 北京市怀柔县水利志编辑委员会 1996 年 489 页〔北京市区县水利志丛书〕
b18264955 TV–092 X447 1996

平谷区

平谷县志
平谷县志编纂委员会办公室编 北京 平谷县志编纂委员会办公室编 1988 年 249 页
b18266848 K291.4 P612C 1988

大华山镇志
平谷区大华山镇志编纂委员会编 王进才 王庆来主编 北京 方志出版社 2011 年 717 页
b36133565 K291.5 D1357 2011

峪口村志
刘长江主编 北京 国人文化志编委会 2012 年 372 页〔国人文化丛书〕
b49706603 K291.5 Y769 2012

平谷寺庙志略
柴福善编著 北京 民族出版社 2014年 552页
b46064849 B947.213 C294 2014

平谷区统计志
北京市平谷区统计局 北京市平谷区经济社会调查队编 王进利主编 北京 北京市平谷区统计局等 2014年 453页
b49849001 C832.14 P612 2014

中共平谷区委党校校志
平谷区委党校校志编委会编 北京 平谷区委党校校志编委会 2012年 619页
b45480436 D261.41 P612 2012

平谷人大志
北京市平谷区人大志编委会编 王子来编辑 北京 北京市平谷区人大志编委会 2010年 553页
b40647791 D624.13 P612 2010

平谷政协志
北京市平谷区政协志编委会编 北京 北京金彩伟业印刷公司 2009年 513页
b20882932 D628.1 P612 2009

平谷区老干部工作图志
中共平谷区委组织部 平谷区老干部局 中共平谷区委党史办编 王国兴主编 北京 中共平谷区委党史办 2013年 182页
b49848999 D632.2 P612 2013

北京市平谷区军事志
北京市平谷区军事志编纂委员会编 邵亨主编 北京 北京出版社 2011年 540页
b36092769 E289.13 P612 2011

平谷公路志
北京市公路局 北京市公路局平谷分局编 北京 文津出版社 1995年 183页〔北京公路志丛书〕
b20951012 F542.814 B318P 1995

平谷财政志
平谷财政志编纂委员会编 史长生主编 北京 平谷财政志编纂委员会 2012年 520页
b44916437 F812.713 P612 2012

北京考古志 平谷卷
宋大川主编 张利芳著 上海 上海古籍出版社 2013年 174页
b46183887 K872.1 B318P 2013

平谷文物志
北京市平谷区文化委员会编 北京 民族出版社 2005年 302页〔北京文物志丛书〕
b15633871 K872.13 P612 2005

中国民俗文化志 北京 第5卷 平谷区卷
刘铁梁主编 北京 中央编译出版社 2006年 276页〔中国民间文化遗产抢救工程〕
b17248048 K892.41 L689 2006

北京市平谷县地名录
平谷县人民政府编 北京 北京市平谷县人民政府 1982年 57页
b16476347 K921.4 P612C 1982

北京市平谷县地名志
平谷县地名志编辑委员会编 北京 北京出版社 1993年 465页
b15374889 K921.4 P612 1993

平谷桃志
北京市平谷区人民政府果品办公室 北京

市平谷区区志编委会办公室编著 邢彦峰主编 呼和浩特 内蒙古人民出版社 2007年 414页
b36233493 S662.1 P612 2007

平谷古树名木图志
柴福善编著 北京 中国文史出版社 2015年 254页
b49748592 S717.213 P612 2015

平谷县水利志
北京市平谷县水利志编辑委员会编 袁耀南主编 北京 北京市平谷县水利志编辑委员会 1997年 253页〔北京市区县水利志丛书〕
b21857623 TV-092 Y794 1997

密云区

密云县志
密云县志编纂委员会编 北京 北京出版社 1998年 693页
b10468444 K291.4 M421

密云县志 1991-2010 初稿
密云县志编纂委员会编 北京 密云县志编纂委员会 2016年 930页
b49981043 K291.4 M421 2016

古北口乡志 初稿
古北口乡编写者编 北京 古北口乡志编写者 1989年 410页
b19434777 K291.5 G542C 1989

石马峪村志
王海明主编 北京 石马峪村志编纂委员会 2010年 224页〔国人文化丛书〕
b46668573 K291.5 S473 2010

司马台村志
隋福民编著 北京 中华书局 2013年 467页
b45445503 K291.5 S648 2013

北京市密云县军事志
北京市密云县军事志编纂委员会编 张涛主编 北京 北京出版社 2013年 808页
b46010804 E289.14 M421 2013

密云公路志
北京市公路局 北京市公路局密云分局编 北京 文津出版社 1995年 206页〔北京公路志丛书〕
b16377060 F542.814 B318 1995

密云县普通教育志
密云县教育志编委会编 张广茂主编 北京 北京出版社 2000年 431页〔北京市区县教育志丛书〕
b18266526 G527.14 Z352 2000

北京市密云县地名录
密云县人民政府编 北京 密云县人民政府 1981年 95页
b16476268 K921.4 M421 1981

北京市密云县地名志
密云县地名志编辑委员会编 王兆功主编 北京 北京出版社 1992年 522页
b22428756 K921.4 M421C 1992

密云县园林绿化志
北京市密云县园林绿化服务中心编 王敬魁主编 北京 北京市密云县园林绿化服务中心 2005年 299页
b17759614 TU986.621.4 W219 2005

密云县水利志
北京市密云县水利志编辑委员会编 北京

北京市密云县水利志编辑委员会 1992 年 261 页〔北京市区县水利志丛书〕
b17736006　TV-092　B3188

密云水库志
北京市密云水库管理处编　俞建义主要执笔　北京　北京市密云水库管理处 1990 年 116 页
b16648468　TV632.1　Y713　1990

延庆区

延庆县志
延庆县志编纂委员会编　北京　北京出版社 2006 年 827 页
b1664699x　K291.4　Y174　2006

康庄镇志
康庄镇志编纂小组编　北京　康庄镇志编纂小组 2008 年 336 页
b21568844　K291.5　K185　2008

小川村志
闫永春著　北京　小川村志编写者 2012 年 200 页
b46102292　K291.5　X3471　2012

永宁镇志
延庆县永宁镇志编委会编　王永川主编　北京　延庆县永宁镇志编委会 2011 年 296 页
b49981274　K291.5　Y636C　2011

北京市延庆县军事志
北京市延庆县军事志编纂委员会编　田山主编　北京　北京出版社 2013 年 722 页
b4601083x　E289.14　Y174　2013

延庆县农村合作经济经营管理志　1950–2002
延庆县农村合作经济经营管理志编纂委员会编　王富杰　贾春媚主编　北京　延庆县农村合作经济经营管理志编纂委员会 2006 年 383 页
b49803840　F321.42　Y174　2006

延庆县林业志
张殿阁主编　北京　延庆县林业局 1989 年 207 页
b46398880　F326.271　Y174　1989

延庆公路志
北京市公路局　北京市公路局延庆分局编　北京　文津出版社 1995 年 145 页〔北京公路志丛书〕
b21766010　F542.814　B318Y　1995

延庆文化文物志
延庆文化文物志编委会编　延庆县文化委员会编　连禾执行主编　北京　北京出版社 2010 年 2 卷 648 页
b22082773　G127.14　Y174　2010

延庆县普通教育志
延庆县教育志编委会编　北京　北京出版社 2000 年 494 页〔北京市区县教育志丛书〕
b17992023　G527.14　Y174　2000

八达岭特区志　1981–2011
八达岭特区办事处编　赵建军主编　北京　社会科学文献出版社 2011 年 538 页
b40863864　K291.3　B111　2011

延庆乡村文化志　张山营镇卷
延庆县文化委员会编　程金龙　赵万江主编　北京　新华出版社 2013 年 357 页
b46668895　K291.5　Y174Z　2013

北京考古志 延庆卷
宋大川主编 盛会莲著 上海 上海古籍出版社 2012年 195页
b36346950 K872.1 B318Y 2012

北京市延庆县地名录
延庆县人民政府编 北京 延庆县人民政府 1981年 106页
b16476311 K921.4 Y174C 1981

北京市延庆县地名志
延庆县地名志编辑委员会编 北京 北京出版社 1993年 686页
b16327007 K921.4 Y174 1993

延庆县水利志
北京市延庆县水利志编辑委员会编 北京 北京市延庆县水利志编辑委员会 1993年 273页〔北京市区县水利志丛书〕
b21857489 TV-092 Y1748 1993

官厅水库志
周章焕编 北京 北京市官厅水库管理处 1984年 油印本 48页
b21854907 TV632.1 Z675 1984

天津市

天津市志 外事志
天津市地方志编修委员会办公室 天津市人民政府外事办公室编著 苏长伟总编 田贵明卷主编 北京 光明日报出版社 2013年 560页
b45453573 K292.1 S694 2013

天津市志 地理志
天津市地方志编修委员会办公室编著 苏长伟主编 天津 天津社会科学院出版社 2016年 475页
b47585432 K292.1 T344DL 2016

天津市志 妇女组织志
天津市地方志编修委员会办公室 天津市妇女联合会编著 程兰书主编 天津 天津社会科学院出版社 2015年 834页
b47585444 K292.1 T344FN 2015

天津市志 教育志 普通教育卷 征求意见稿
天津市教育局教育志编修办公室编 天津 天津市教育局教育志编修办公室 1997年 645页
b20182958 G527.21 T344T 1997

天津市志 高等教育志
天津市地方志编修委员会办公室 天津市教育委员会编著 苏长伟总编 沙洵分志主编 天津 天津社会科学院出版社 2014年 784页
b46158856 K292.1 T344GD 2014

天津市志 工会志
天津市地方志编修委员会办公室 天津市总工会编著 关树锋总编 沙洵卷主编 孟令军执行主编 北京 方志出版社 2017年 1242页
b50862765 K292.1 T344GG 2017

天津市志 黄崖关长城志
天津市地方志编修委员会办公室 天津黄崖关长城风景名胜区管理局编著 苏长伟主编 天津 天津社会科学院出版社 2015年 484页
b50017391 K292.1 T344HY 2015

天津市志 市容环卫志
天津市地方志编修委员会办公室 天津市市容和园林管理委员会编著 关树锋总编 宋铭月卷主编 北京 方志出版社 2017年 604页
b5024436x K292.1 T344SC 2017

天津市志 民政志 1978-2009
天津市地方志编修委员会办公室 天津市民政局编著 张中华主编 天津 天津社会科学院出版社 2014年 848页
b45969590 K292.1 T344M 2014

天津市志 人民防空志 1988-2007
天津市地方志编修委员会办公室 天津市人民政府民防办公室编 张士银主编 天津 天津古籍出版社 2013年 468页
b46102206 K292.1 T344RF 2013

天津市志 检察志 1990–2012
天津市地方志编修委员会办公室 天津市人民检察院编著 关树锋总编 于新民主编 沙洵卷主编 天津 天津社会科学院出版社 2017年 816页
b50339503 K292.1 T344JC 2017

天津市志 城乡建设志 1991–2010
天津市地方志编修委员会办公室 天津市城乡建设委员会编著 苏长伟总编 王明浩主编 庞振华分志主编 天津 天津社会科学院出版社 2015年 2卷 1096页
b46487189 K292.1 S694C 2015

天津市志 规划志 1991–2010
天津市地方志编修委员会办公室 天津市城乡建设委员会编著 苏长伟总编 庞振华分志主编 赵友华主编 北京 光明日报出版社 2015年 2卷 1126页
b46551360 K292.1 T344GH 2015

天津市志 审判志 1991–2010
天津市地方志编修委员会办公室 天津市高级人民法院编著 高震主编 天津 天津社会科学院出版社 2015年 573页
b46326947 K292.1 T344SP 2015

天津市志 质量技术监督志 1991–2010
天津市地方志编修委员会办公室 天津市质量技术监督局编著 杨效勇主编 天津 天津社会科学院出版社 2014年 920页
b46102218 K292.1 T344Z 2014

天津简志
天津市地方志编修委员会编 天津 天津人民出版社 1991年 1429页
b10633893 K292.1 T344

天津通志 高等教育志
天津市教育委员会地方志编修委员会编 天津 天津市教育委员会地方志编修委员会 2005年 征求意见稿 2卷 1601页
b20806942 K292.1 T344G 2005

天津通志 公路运输志
天津市地方志编修委员会办公室 天津市交通集团有限公司编著 耿捷主编 天津 天津社会科学院出版社 2007年 410页
b17999455 K292.1 T344TG 2007

天津通志 规划志
天津市地方志编修委员会办公室 天津市规划局编著 何志英总编 徐勇卷主编 天津 天津科学技术出版社 2009年 501页
b20815736 K292.1 T344TH 2009

天津通志 民俗志
天津市地方志编修委员会办公室 天津市老城博物馆编著 尚洁主编 天津 天津社会科学院出版社 2006年 514页
b17999340 K292.1 T344TM 2006

天津通志 统计志
天津市地主志编修委员会办公室 天津市统计局编著 何志英总编 张镜卷主编 天津 天津社会科学院出版社 2009年 789页
b20815748 K292.1 T344TT 2009

天津通志 文化艺术志
天津市地方志编修委员会办公室 天津市文化局编著 方伯敬主编 天津 天津社会科学院出版社 2007年 1110页
b17999509 K292.1 T344TW 2007

天津通志 中国共产党天津志
天津市地方志编修委员会 中国共产党天

津志编修委员会编 何志英总编 李文芳主编 北京 中共党史出版社 2007 年 902 页
b18621107 K292.1 T344TZ 2007

天津通志 金融志
天津市地方志编修委员会办公室编纂 郭凤岐总编纂 刘兆福主编 天津 天津社会科学院出版社 1995 年 777 页
b13005960 K292.1 T344T

天津通志 港口志
天津市地方志编修委员会办公室编纂 郭凤岐总主编 杨德英 李恩宽 李伦炳卷主编 天津 天津社会科学院出版社 1999 年 643 页
b13005960 K292.1 T344T

天津通志 政权志 政府
天津市地方志编修委员会办公室编纂 郭凤岐总主编 张书义 吴湃澄卷主编 天津 天津社会科学院出版社 1996 年 445 页
b13005960 K292.1 T344T

天津通志 照片志 1949–1999
天津市地方志编修委员会办公室编纂 郭凤岐主编 李福生 杨志垣 毕卫利卷主编 天津 天津人民美术出版社 1999 年 958 页
b13005960 K292.1 T344T

天津通志 地震志
天津市地方志编修委员会办公室编纂 郭凤岐总编纂 尹伯忠卷主编 天津 天津社会科学院出版社 1995 年 568 页
b13005960 K292.1 T344T

天津通志 商业志 粮食卷
天津市地方志编修委员会办公室编纂 郭凤岐总纂 王作源 张志兴主编 天津 天津社会科学院出版社 1994 年 614 页
b13005960 K292.1 T344T

天津通志 审判志
天津市地方志编修委员会办公室编纂 郭凤岐总主编 刘俊臣 隋凤春 丁建津卷主编 天津 天津社会科学院出版社 1999 年 644 页
b13005960 K292.1 T344T

天津通志 财税志
天津市地方志编修委员会办公室编纂 郭凤岐总主编 刘俊臣 孙丙湘 吕延年卷主编 天津 天津社会科学院出版社 1996 年 564 页
b13005960 K292.1 T344T

天津通志 物价志
天津市地方志编修委员会办公室编纂 郭凤岐总主编 翁家禄卷主编 天津 天津社会科学院出版社 1997 年 849 页
b13005960 K292.1 T344T

天津通志 信访志
天津市地方志编修委员会办公室编纂 郭凤岐总主编 俞肇新卷主编 天津 天津社会科学院出版社 1997 年 488 页
b13005960 K292.1 T344T

天津通志 保险志
天津市地方志编修委员会办公室编纂 郭凤岐总主编 张静 刘俊臣 胡文芳主编 天津 天津社会科学院出版社 1999 年 994 页
b13005960 K292.1 T344T

天津通志 政权志 人民代表大会卷
天津市地方志编修委员会办公室编纂 郭凤岐总主编 刘惠根卷主编 天津 天津社会科学院出版社 1997 年 556 页
b13005960 K292.1 T344T

天津通志 档案志
天津市地方志编修委员会办公室编纂 郭凤岐总主编 刘俊臣 孙志廉卷主编 天津 天津社会科学院出版社 1999年 590页
b13005960 K292.1 T344T

天津通志 体育志
天津市地方志编修委员会办公室编纂 郭凤岐总编纂 谢德龙 梁瑞卿卷主编 天津 天津社会科学院出版社 1994年 699页
b13005960 K292.1 T344T

天津通志 城乡建设志
天津市地方志编修委员会办公室编纂 郭凤岐总编纂 乔虹卷主编 天津 天津社会科学院出版社 1996年 2卷 1289页
b13005960 K292.1 T344T

天津通志 科学技术志
天津市地方志编修委员会办公室编纂 郭凤岐总编纂 师宝蓉 刘俊臣 李树夫卷主编 天津 天津社会科学院出版社 1998年 1196页
b13005960 K292.1 T344T

天津通志 人民防空志
天津市地方志编修委员会办公室编纂 郭凤岐总主编 张普卷主编 天津 天津社会科学院出版社 1998年 545页
b13005960 K292.1 T344T

天津通志 卫生志
天津市地方志编修委员会办公室编纂 郭凤岐总主编 尤润生卷主编 天津 天津社会科学院出版社 1999年 992页
b13005960 K292.1 T344T

天津通志 审计志
天津市地方志编修委员会办公室编纂 郭凤岐总编纂 董俊通 王洪涛等卷主编 天津 天津社会科学院出版社 1998年 517页
b13005960 K292.1 T344T

天津通志 旧志点校
天津市地方志编修委员会办公室编纂 南开大学地方文献研究室编 来新夏 郭凤岐主编 天津 南开大学出版社 1999年 3卷 1531页
b13005960 K292.1 T344T

天津通志 大事记
天津市地方志编修委员会办公室编纂 郭凤岐总编纂 梁占鳌卷主编 天津 天津社会科学院出版社 1994年 572页
b13005960 K292.1 T344T

天津通志 附志 租界
天津市地方志编修委员会办公室编纂 郭凤岐总编纂 罗澍伟主编 天津 天津社会科学院出版社 1996年 572页
b13005960 K292.1 T344T

天津通志 政协 民主党派志
天津市地方志编修委员会办公室编纂 郭凤岐总主编 杨德英 刘俊臣卷主编 天津 天津社会科学院出版社 2000年 527页
b13005960 K292.1 T344T

天津通志 人事志
天津市地方志编修委员会办公室编纂 郭凤岐总主编 刘俊臣 张镜卷主编 天津 天津社会科学院出版社 2001年 569页
b13005960 K292.1 T344T

天津通志 民政志
天津市地方志编修委员会办公室编纂 郭凤岐总主编 张月光 王涛等主编 天津 天

津社会科学院出版社 2001 年 550 页
b13005960 K292.1 T344T

天津通志 军事志
天津市地方志编修委员会办公室编纂 郭凤岐总主编 隋凤春 张巨文卷主编 天津 天津社会科学院出版社 2001 年 740 页
b13005960 K292.1 T344T

天津通志 公安志
天津市地方志编修委员会办公室编纂 郭凤岐总主编 刘俊臣 张月光卷主编 天津 天津人民出版社 2001 年 980 页
b13005960 K292.1 T344T

天津通志 基础教育志
天津市地方志编修委员会办公室编纂 郭凤岐总主编 李福生 张凤民卷主编 天津 天津社会科学院出版社 2000 年 771 页
b13005960 K292.1 T344T

天津通志 外贸志
天津市地方志编修委员会办公室编纂 郭凤岐总主编 范维尚 孙书海卷主编 天津 天津社会科学院出版社 2001 年 611 页
b13005960 K292.1 T344T

天津通志 检察志
天津市地方志编修委员会办公室编纂 郭凤岐总主编 柏定文卷主编 天津 天津社会科学院出版社 2002 年 717 页
b13005960 K292.1 T344T

天津通志 邮电志
天津市地方志编修委员会办公室编纂 郭凤岐总主编 杨德英卷主编 天津 天津社会科学院出版社 2002 年 656 页
b13005960 K292.1 T344T

天津通志 出版志
天津市地方志编修委员会办公室编纂 郭凤岐总编纂 尤润生 孙五川卷主编 天津 天津人民出版社 2001 年 661 页
b13005960 K292.1 T344T

天津通志 水利志
天津市地方志编修委员会办公室编纂 何志英总编 张镜卷主编 天津 天津社会科学院出版社 2005 年 878 页
b13005960 K292.1 T344T

天津通志 工商行政管理志
天津市地方志编修委员会办公室编纂 天津市工商行政管理局编 何志英总编 张镜卷主编 天津 天津社会科学院出版社 2005 年 363 页
b13005960 K292.1 T344T

天津通志 标准 计量志
天津市地方志编修委员会办公室编纂 邓士铭主编 天津 天津社会科学院出版社 2004 年 583 页
b13005960 K292.1 T344T

天津通志 广播电视电影志 1924-2003
天津市地方志编修委员会办公室编纂 天津市广播电视电影局 天津广播电视电影集团编 王大方主编 天津 天津社会科学院出版社 2004 年 508 页
b13005960 K292.1 T344T

天津通志 土地管理志
天津市地方志编修委员会办公室编纂 廉敬民 张龙斌主编 天津 天津社会科学院出版社 2004 年 787 页
b13005960 K292.1 T344T

天津通志 鸟类志
天津市地方志编修委员会办公室编纂 天津通志鸟类志编修委员会编 王凤琴主编 天津 天津社会科学院出版社 2006 年 240 页
b13005960 K292.1 T344T

天津通志 二商志
天津市地方志编修委员会办公室编纂 天津二商集团有限公司编纂 季宝华主编 天津 天津社会科学院出版社 2005 年 928 页
b13005960 K292.1 T344T

天津通志 气象志
天津市地方志编修委员会办公室 天津市气象局编著 何志英总编 王宗信卷主编 天津 天津社会科学院出版社 2005 年 337 页
b13005960 K292.1 T344T

天津通志 计划志
天津市地方志编修委员会办公室 天津市计划志编委会编著 杨振江主编 天津 天津社会科学院出版社 2005 年 744 页
b13005960 K292.1 T344T

天津通志 铁路志
天津市地方志编修委员会办公室编纂 何志英总编 杨德英卷主编 天津 天津社会科学院出版社 2006 年 885 页
b13005960 K292.1 T344T

天津通志 商检志
天津市地方志编修委员会办公室编纂 郭凤岐总主编 祁伟斌卷主编 天津 天津社会科学院出版社 2002 年 906 页
b13005960 K292.1 T344T

天津通志 监察志
天津市地方志编修委员会办公室 天津市监察局编著 庞宗荃主编 天津 天津社会科学院出版社 2008 年 503 页
b13005960 K292.1 T344T

天津通志 司法行政志
天津市地方志编修委员会办公室 天津市司法局编著 于香名主编 天津 天津社会科学院出版社 2008 年 368 页
b13005960 K292.1 T344T

天津通志 海事志
天津市地方志编修委员会办公室 中华人民共和国天津海事局编纂 何志英总编 天津 天津古籍出版社 2008 年 558 页
b13005960 K292.1 T344T

天津通志 大事记 1979–2008
天津市地方志编修委员会办公室编纂 何志英主编 天津 天津社会科学院出版社 2009 年 754 页
b13005960 K292.1 T344T

天津通志 烟草志
天津市地方志编修委员会办公室编纂 天津市烟草专卖局编纂 张永栋主编 天津 天津古籍出版社 2009 年 536 页
b13005960 K292.1 T344T

天津市机构编制志 试印本
市机构编制志编辑组编著 吴钟俭 孙嘉铭主编 天津 天津社会科学院出版社 1998 年 350 页
b4545355x D625.21 W516 1998

天津政府志 1404–1990 蓝本
天津市人民政府办公厅修志办公室编 天津 天津市人民政府办公厅修志办公室 1995 年 492 页
b50248431 D625.21 T344 1995

港南公安志 1964–2010
天津市公安局港南治安分局编著 卢瑞生主编 天津 天津市公安局港南治安分局 2011 年 537 页
b50777932 D631 T344G 2011

天津经济技术开发区简志
天津经济技术开发区地方志编修办公室编 李勇主编 北京 方志出版社 2005 年 269 页
b49848860 F127.21 T3444 2005

天津经济技术开发区志
李勇主编 北京 中华书局 2004 年 667 页
b17999522 F127.21 L422 2004

中国·天津武清开发区志
天津市武清开发区志编修委员会编 张书月主编 北京 方志出版社 2018 年 619 页
b53029197 F127.21 W534 2018

天津房地产志
天津市房地产管理局编 康天锦主编 天津 天津社会科学院出版社 1999 年 1009 页〔天津市地方志丛书〕
b13180551 F299.272.1 T344

渤海油田志
渤海油田志编纂委员会编 吕清章主编 李芳新编写 天津 天津人民出版社 1993 年 413 页
b1730202x F426.22 L981 1993

大港油田志 1964–1993
大港油田志编纂委员会编 段新坎 高金水主编 北京 石油工业出版社 1997 年 596 页
b45452726 F426.22 D135 1997

大沽化工志 1939–2011
大沽化工志编委会编 天津 天津人民出版社 2015 年 2 卷 700 页
b47543425 F426.7 D135 2015

盘山发电公司志 1996–2006
张晨东主编 北京 中国电力出版社 2007 年 627 页
b50778420 F426.61 T3446 2007

天津电力建设公司志 1999–2008
天津电力建设公司志编辑委员会编 王文庆主编 天津 天津电力建设公司志编辑委员会 2009 年 117 页
b51012650 F426.61 T3442 2009

天津化工厂志 1938–1985
天津化工厂志编写委员会编 天津 天津化工厂志编写委员会 1988 年 285 页
b50665601 F426.7 T3443 1988

天津碱厂志 1917–1992
天津碱厂志编修委员会编 刘福存 宁培海主编 天津 天津人民出版社 1992 年 783 页
b49849931 F426.7 T344 1992

天津市电力工业志 1888–1990
天津市电力工业志编辑委员会 寇士清主编 北京 中国铁道出版社 1993 年 508 页〔中国电力工业志丛书〕
b46422961 F426.61 T344 1993

天津市电力公司供电设备修造厂志 1994–2003
天津市电力公司供电设备修造厂编委会编 程孝伟主编 天津 天津市电力公司供电设备修造厂编委会 2004 年 280 页
b49849943 F426.61 C456 2004

中水北方勘测设计研究有限责任公司志
中水北方勘测设计研究有限责任公司志编委会编 段文生 王庆玉主编 北京 中国水利水电出版社 2016 年 783 页
b50046007 F426.9 D745 2016

天津邮政志
天津市邮政局史志编辑委员会编 仇润喜主编 天津 天津社会科学院出版社 1998 年 554 页〔天津市地方志丛书〕
b49849955 F632.721 T344 1998

天津海关志
天津海关编志室编 杨戊辰主编 天津 天津海关编志室 1993 年 431 页
b22432097 F752.821 T3448 1993

天津口岸统计志
天津市人民政府口岸管理委员会编 天津 天津人民出版社 2001 年 490 页〔天津市地方志丛书〕
b14106838 F752.821 T344

天津市图书馆志
天津市图书馆志编修委员会编著 天津 天津人民出版社 1996 年 501 页〔天津市地方志系列丛书〕
b12697448 G259.272.1 T344

天津市科学技术协会志
天津市科学技术协会编纂 孟宪斌主编 天津 天津市科学技术协会 2001 年 412 页
b49534208 G322.721 M369 2001

天津高等教育史志资料
天津市高等教育史志编写组编 天津 天津市高等教育史志编写组 1991 年 183 页
b36013328 G527.21 T344G 1991

天津史志丛刊 天津教育大事记
天津市教育局教育志编修办公室编 天津 天津市地方史志编修委员会总编辑室 1987 年 2 卷 838 页
b20045785 G527.21 T344 1987

中华学府志 天津卷
中华学府志编辑委员会编 何致瑜主编 北京 中共中央党校出版社 2004 年 1455 页
b47414522 G528 Z643

近代天津教育图志
张绍祖主编 天津 天津古籍出版社 2013 年 2 卷 807 页〔天津通史专题研究丛书〕
b4608129x G529.5-64 Z364 2013

十年磨一剑 2005-2015 天津大学冯骥才文学艺术研究院图志
冯骥才主编 北京 文化艺术出版社 2015 年 293 页
b50198324 G649.282.1 T344G 2015

天津大学志 综合卷
王杰主编 天津 天津大学出版社 2015 年 614 页
b49469460 G649.282.1 T344F 2015

天津外国语学院四十周年校志 1964-2004
天津外国语学院校志编委会编 张学海 田松君主编 天津 天津外国语学院校志编委会 2004 年 260 页
b17301798 G649.282.1 T3448 2004

天津职业大学志 1978.7-2001.12
天津职业大学编 天津 天津职业大学 2002 年 582 页
b2014104x G719.282.1 T344 2002

中国曲艺志 **天津卷**
中国曲艺志全国编辑委员会编 中国曲艺志天津卷编辑委员会编 罗扬主编 北京 中国 ISBN 中心 2009 年 1025 页
b10643059 J809.2 Z648

中国戏曲志 **天津卷**
中国戏曲志编辑委员会编 北京 文化艺术出版社 1990 年 539 页
b18280699 J809.2 Z651T 1990

中国戏曲志 天津卷资料汇编 **第 1 辑**
中国戏曲志天津卷编纂组编 高介云等主编 天津 中国戏曲志天津卷编纂组 1984 年 175 页
b20142109 J809.221 G241 1984

中国戏曲志 天津卷资料汇编 **第 2 辑**
中国戏曲志天津卷编纂组编 高介云等主编 天津 中国戏曲志天津卷编纂组 1984 年 168 页
b20142109 J809.221 G241 1984

中国戏曲志 天津卷资料汇编 **第 5 辑 戏曲音乐专辑**
中国戏曲志天津卷编纂组编 高介云等主编 天津 中国戏曲志天津卷编纂组 1984 年 377 页
b20142109 J809.221 G241 1984

中国戏曲志 天津卷资料汇编 **第 6 辑 戏曲活动史料 上**
中国戏曲志天津卷编纂组编 高介云等主编 天津 中国戏曲志天津卷编纂组 1984 年 262 页
b20142109 J809.221 G241 1984

中国戏曲志 天津卷资料汇编 **第 7 辑 戏曲活动史料 下**
中国戏曲志天津卷编纂组编 高介云等主编 天津 中国戏曲志天津卷编纂组 1984 年 250 页
b20142109 J809.221 G241 1984

滨江乐园文化志
刘玉方主编 天津 滨江乐园文化志编纂者 2000 年 107 页
b21277412 J892.4 L693 2000

当代天津人文志
方之 张连璧主编 天津 天津社会科学院出版社 2010 年 1376 页〔津门群星系列丛书专辑〕
b47415927 K292.1 F226 2010

北洋大学人物志
左森 胡如光编 天津 天津教育出版社 1990 年 281 页
b17510594 K820.821 Z971 1990

天津大学人物志
左森主编 天津 天津大学出版社 1993 年 527 页
b17645955 K825.46 Z971 1993

天津当代曲艺人物志
鲁学政 孙福海主编 天津 百花文艺出版社 2003 年 375 页
b18063196 K825.78 L813 2003

盘山金石志
天津盘山风景名胜区管理局编 天津 天津古籍出版社 2013 年 388 页
b50817516 K877.24 P163 2013

天津市地震监测志
天津市地震局编 北京 地震出版社 2005 年 335 页〔中国地震监测志系列〕
b36245033 P315.732.21 T344 2005

海河志　大事记
海河志编纂委员会编　王克非　李红有主编　北京　中国水利水电出版社　1995 年　303 页
b17182980　P344.22　H145　1995

海河志　1–4 卷
海河志编纂委员会编　北京　中国水利水电出版社　1997 年　4 卷
b13276554　P344.22　H145

中国石油地质志　大港油田
大港油田石油地质编辑委员会编　北京　石油工业出版社　1991 年　436 页
b21767336　P618.13　Z649

天津植物志
刘家宜主编　天津　天津科学技术出版社　2004 年　994 页
b16635899　Q948.522.1　L678　2004

天津医科大学总医院院志　1946–2006
赵风喜总编　天津　天津医科大学总医院　2006 年　385 页
b22432115　R199.2　T344　2006

天津土种志
天津市土壤普查办公室等编著　蒋德勤主编　天津　天津科学技术出版社　1990 年　76 页
b11124532　S159.221　J353

天津动植物检疫志
杨维长主编　天津　天津社会科学院出版社　1999 年　230 页〔天津市地方志丛书〕
b51080114　S40　T344　1999

天津历史风貌建筑图志
天津市历史风貌建筑保护委员会办公室　天津市国土资源和房屋管理局编　路红主编　天津　天津大学出版社　2013 年　391 页
b41980311　TU–092.2　L829　2013

天津市城市规划志
天津市城市规划志编纂委员会编著　张龙斌主编　天津　天津科学技术出版社　1994 年　493 页〔天津市地方志丛书〕
b13833911　TU984.221.3　T344

天津市市政工程设计研究院简志
天津市市政工程设计研究院简志编纂委员会编　邱志明主编　天津　天津市市政工程设计研究院简志编纂委员会　2004 年　522 页
b47415939　TU99–242.21　Q528　2004

天津水利志　海河干流志大事记　送审稿
天津市水利局水利志编纂委员会编　天津　天津市水利局水利志编纂委员会　1998 年　55 页
b21856394　TV–092　T344S　1998

天津水利志　第 15 卷　北大港水库志
大港区水利志编纂者编　天津　天津科学技术出版社　2003 年　129 页
b16861036　TV–092　T344　2003

天津水利志　第 16 卷　引滦入津工程志
张荣玉主编　天津　天津科学技术出版社　1999 年　289 页
b21856369　TV–092　T344

滦河志
水利部海河水利委员会海河志编纂委员会编　石家庄　河北人民出版社　1994 年　306 页
b17182840　TV882.821　S614　1994

河西区

河西区志
天津市河西区地方志编修委员会编著 王戈主编 天津 天津社会科学院出版社 1998年 936页
b13006952 K292.13 H285

天津市河西区教育志
任树纲主编 天津 河西区教育志编修委员会 1992年 220页
b10913543 G527.22 R196

天津河西区地名录
河西区人民政府编 天津 河西区人民政府 1985年 333页
b20016967 K922.13 H2858 1985

天津市地名志 第3卷 河西区
河西区地名志编纂委员会编 孙淑环主编 天津 天津人民出版社 1999年 481页
b2001921x K922.1 T344

和平区

和平区志
天津市和平区地方志编修委员会编著 李润兰主编 北京 中华书局 2004年 2卷 1324页
b16050253 K292.13 H313 2004

天津市地名志 第1卷 和平区
和平区地名志编纂委员会编 陈灿文 何铁冰主编 天津 天津人民出版社 1998年 424页
b20019208 K922.1 T344

天津市和平区地名录
和平区人民政府编 天津 天津市和平区人民政府 1988年 331页
b20017017 K922.13 H313 1988

河东区

河东区志
天津市河东区地方志编修委员会编著 天津 天津社会科学院出版社 2001年 1123页
b14351407 K292.13 H2852

河东区志 蓝本
河东区地方志编修委员会编著 郭俊杰主编 天津 河东区地方志编修委员会 2000年 939页
b22432103 K292.13 H2852 2000

天津市地名志 第2卷 河东区
河东区地名志编纂委员会编 齐泉林主编 天津 天津人民出版社 1996年 466页
b13276657 K922.1 T344

天津市河东区地名录
河东区人民政府编 天津 河东区人民政府 1987年 273页
b20017030 K922.13 H285 1987

南开区

南开区志
天津市南开区地方志编修委员会编著 天津 天津社会科学院出版社 1998年 1037页
b12865941 K292.13 N161

南开区志 蓝本
南开区地方志编修委员会编著 王树凯主编 天津 南开区地方志编修委员会 1997年 949页
b21765364 K292.13 N161 1997

天津市南开区教育志
天津市南开区教育局教育志编辑委员会编 周良主编 天津 天津市南开区教育局教育志编辑委员会 1986年 274页
b18120556 G527.213 Z668 1986

天津南开中学志
天津南开中学志编修委员会编 马跃美 周鸿飞主编 天津 天津教育出版社 2014年 760页
b46138687 G639.282.1 N161T 2014

南开人物志
王文俊主编 天津 南开大学出版社 1999年 2卷 630页〔纪念南开大学建校八十周年丛书〕
b17646273 K820.821 W232

天津市地名志 第4卷 南开区
南开区地名志编纂委员会编 陈灿文主编 黄志敏卷主编 天津 天津人民出版社 1998年 635页
b20019166 K922.1 T344

河北区

河北区志
天津市河北区地方志编修委员会编著 李德崇主编 天津 天津社会科学院出版社 2003年 1209页
b16436362 K292.13 H286 2003

河北区教育志
河北区教育局教育志编写组编 天津 河北区教育局教育志编写组 1986年 167页
b17183066 G527.213 H286 1986

天津市河北区教育志
天津市河北区教育委员会编 天津 天津市河北区教育委员会 1999年 223页〔天津市河北区地方志丛书〕
b3601381x G527.213 H2851 1999

河北工学院院志 1903–1993
冯其标主编 天津 河北工学院院志编纂者 1995年 438页
b20403094 G649.282.2 H2869 1995

天津市地名志 第5卷 河北区
河北区地名志编纂委员会编 任彦林主编 天津 天津人民出版社 2002年 579页
b20019221 K922.1 T344

天津市河北区地名录
河北区人民政府编 天津 河北区人民政府 1988年 344页
b20017029 K922.13 H286 1988

天津市河北区地名志
河北区人民政府编 天津 河北区人民政府 1987年 722页
b20369335 K922.13 H2851 1987

红桥区

红桥区志
天津市红桥区地方志编修委员会编著 天津 天津古籍出版社 2001年 1049页
b13818831 K292.13 H419

天津市地名志 第6卷 红桥区
红桥区地名志编纂委员会编 邢克文主编 天津 天津人民出版社 1997年 467页
b13454729 K922.1 T344

天津市红桥区地名录
红桥区人民政府编 天津 天津市红桥区人民政府 1988年 377页

b20104066　K922.13　H419　1988

东丽区

东丽区志
天津市东丽区地方志编修委员会编著　陈章伟主编　天津　天津社会科学院出版社　1996 年　1011 页
b20462396　K292.13　D582　1996

胡张庄村志
东丽区胡张庄村志编修委员会编　张法魁主修　天津　天津古籍出版社　2001 年　209 页〔天津市东丽区地方志系列丛书〕
b17604710　K292.15　H476　2001

新立村志
东丽区新立村志编修委员会编　张法魁总撰　天津　天津古籍出版社　2002 年　403 页〔天津市东丽区地方志系列丛书〕
b16426708　K292.15　X443X　2002

东丽区土地管理志
东丽区土地管理志编纂委员会编　刘玉生主编　天津　天津社会科学院出版社　1998 年　292 页〔天津市土地管理系列丛书〕
b16378568　F327.213　D582　1998

天津市地名志　第 10 卷　东丽区
东丽区地名志编纂委员会编　刘玉生主编　天津　天津人民出版社　1997 年　297 页
b13454730　K922.1　T344

天津市东郊区地名录
东郊区人民政府编　天津　天津市东郊区人民政府　1986 年　177 页
b20016992　K922.13　D582　1986

东丽区水务志　1991–2010
天津市水务局　天津市东丽区水务局编　杨兰英主编　北京　中国水利水电出版社　2015 年　365 页〔天津水务志丛书〕
b49904231　TV–092.213　D582　2015

天津水利志　第 9 卷　东丽区水利志
东丽区水利志编纂委员会编　王仁岭主编　天津　天津科学技术出版社　1996 年　148 页
b18280675　TV–092　T344　1996

西青区

西青区志
天津市西青区地方志编修委员会编著　沈正国　燕连玉主编　天津　天津社会科学院出版社　2003 年　1251 页
b16446641　K292.13　X119　2003

大蒋庄村志
刘新国主编　天津　天津社会科学院出版社　1995 年　271 页〔天津市地方志丛书〕
b13991000　K292.15　D135

大寺镇志
大寺镇地方志编修委员会编著　柳彩云主编　天津　天津社会科学院出版社　1998 年　598 页〔西青区乡镇志系列丛书〕
b13833601　K292.15　D136

李七庄乡志
李七庄乡地方志编修委员会编　高文通主编　天津　天津社会科学院出版社　2000 年　485 页〔西青区乡镇志系列丛书〕
b16431285　K292.15　X119　2000

凌庄子村志
天津市西青区李七庄街凌庄子村志编纂委

员会编 赵光勋主编 北京 方志出版社 2017年 196页〔中国名村志丛书〕
b50871109 K292.15 L627 2017

南河镇志
南河镇地方志编修委员会编著 杨茂荣 肖培芝主修 马德荫 徐凤琪主编 天津 天津社会科学院出版社 2005年 507页〔西青区乡镇志系列丛书〕
b16635814 K292.15 N161 2005

上辛口乡志
上辛口乡地方志编修委员会编著 天津 天津社会科学院出版社 1997年 421页〔西青区乡镇志系列丛书〕
b17996673 K292.15 S322 1997

王兰庄村志
天津市西青区李七庄街王兰庄村志编纂委员会编 郭宝印主编 北京 方志出版社 2017年 186页〔中国名村志丛书〕
b50871110 K292.15 W222 2017

王稳庄乡志
王稳庄乡地方志编修委员会编著 天津 天津社会科学院出版社 1996年 509页〔天津市西青区乡镇志系列丛书〕
b17586732 K292.15 W234 1996

杨柳青镇志 1214–1995
杨柳青镇志编写者编 天津 杨柳青镇志编写者 1995年
b21766058 K292.15 Y238 1995

张家窝镇志
天津市西青区张家窝镇地方志编修委员会编著 天津 天津社会科学院出版社 2007年 409页〔西青区街镇志系列丛书〕
b36247881 K292.15 Z354 2007

中北斜乡志
中北斜乡地方志编修委员会编著 天津 天津社会科学院出版社 1999年 451页〔天津市西青区乡镇志系列丛书〕
b17457609 K292.15 Z643 1999

西青区政府志 1953–1995
白秉刚主编 天津 天津古籍出版社 1999年 366页〔天津市地方志丛书〕
b16447475 D625.213 B151 1999

西青区城乡建设志
天津市西青区城乡建设志编修委员会编 何振声主编 天津 天津社会科学院出版社 2001年 678页〔天津市地方志丛书 天津市西青区系列分志〕
b46669917 F299.272.13 X119 2001

西青区土地管理志
西青区土地管理志编纂委员会编 何振声主编 天津 天津社会科学院出版社 1999年 362页〔天津市土地管理系列志书〕
b18120532 F327.213 X119 1999

西青区教育志
迟亚平主编 天津 天津社会科学院出版社 2003年 503页〔天津市地方志丛书〕
b20182405 G527.213 X119 2003

天津市地名志 第11卷 西青区
西青区地名志编纂委员会编 怀禹主编 天津 天津人民出版社 1994年 245页
b13454742 K922.1 T344

天津水利志 第11卷 西青区水利志
西青区水利志编纂委员会编 房学勇主编 天津 天津科学技术出版社 1997年 317页
b20019130 TV–092 T344

西青区水务志 1991–2010
天津市水务局 天津市西青区水务局编 岳会通主编 北京 中国水利水电出版社 2014年 271页〔天津水务志丛书〕
b47126097 TV–092 X1196 2014

津南区

津南区志
天津市津南区地方志编修委员会编著 天津 天津社会科学院出版社 1999年 966页
b13639006 K292.13 J481

八里台镇志
八里台镇志编修委员会编 崔文明主编 天津 八里台镇志编修委员会 1994年 302页
b20017054 K292.15 B111 1994

北闸口乡志
北闸口乡志编修委员会编 杜海生主编 天津 天津市大港区光明报刊印刷厂 1994年 518页
b17991900 K292.15 B316 1994

东大站村志
东大站村志编修委员会编 天津 天津市证照印刷厂 1997年 239页〔天津市津南区地方志丛书〕
b17992795 K292.15 D582 1997

葛沽镇志
津南区葛沽镇志编修委员会编 天津 津南区葛沽镇志编修委员会 1993年 392页
b19732739 K292.15 G347 1993

津南辛庄乡志
辛庄乡志编修委员会编 天津 天津市大港光明报刊印刷厂 1994年 352页
b19732399 K292.15 X447 1994

小站镇志
小站镇志编修委员会编 李文主编 天津 天津市大港光明报刊印刷厂 1993年 553页
b19732843 K292.15 X347 1993

小站镇志
小站镇志编修委员会编 张贤海主编 刘景州 李文编辑 天津 小站镇志编修委员会 2004年 523页
b36093427 K292.15 X347 2004

津南区人大志
天津市津南区人大常委会编 李克明主编 天津 天津市大港光明报刊印刷厂 1995年 196页
b20139159 D624.213 J481 1995

津南区政协志
政协天津市津南区委员会编 天津 天津市大港光明报刊印刷厂 1994年 179页
b20015410 D628.213 J481 1994

津南区土地管理志
津南区土地管理志编纂委员会编 天津 天津社会科学院出版社 1998年 283页〔天津市土地管理系列志书〕
b16437469 F327.213 J481 1998

天津市地名志 第12卷 津南区
津南区地名志编纂委员会编 宋兴良 商庆祥主编 天津 天津人民出版社 1996年 332页
b13454754 K922.1 T344

天津水利志 第10卷 津南区水利志
天津市水利局水利志编纂委员会编 天津 天津科学技术出版社 1996年 276页
b20019129 TV–092 T344

北辰区

北辰区志
天津市北辰区地方志编修委员会编著 宋联洪主编 天津 天津古籍出版社 2000年 1249页
b1363902x K292.13 B316

北辰区志 1979-2009
北辰区地方志编修委员会编 陈文慧主修 北京 方志出版社 2016年 2卷 1127页
b49669126 K292.13 B316C 2016

天津市北辰区志
天津市北辰区地方志编修委员会编著 天津 天津市北辰区地方志编修委员会 2000年 242页
b50017408 K292.13 B316E 2000

霍庄子镇志
霍庄子镇志编修委员会编 张普通主编 天津 霍庄子镇志编修委员会 2001年 541页〔天津市北辰区霍庄子地方志丛书〕
b49472379 K292.15 H794 2001

南王平镇志
南王平镇地方志编修委员会编著 张金锁主编 天津 南王平镇地方志编修委员会 2001年 378页〔天津市北辰区地方志丛书〕
b19732594 K292.13 N1616 2001

青光镇志
天津市北辰区青光镇地方志编修委员会编著 兰永瑜主编 廊坊 廊坊市永庆印刷厂 2005年 747页〔天津市北辰区地方志丛书〕
b20404062 K292.15 Q464 2005

双街村志
天津市北辰区双街镇双街村志编纂委员会编 霍贵兴 刘春东主编 北京 方志出版社 2017年 212页〔中国名村志丛书 中国名村志文化工程〕
b50642728 K292.15 v5

双街镇志
北辰区双街镇志编修委员会编 天津 北辰区双街镇志编修委员会 2002年 411页〔天津市北辰区地方志丛书〕
b19932376 K292.1 S592 2002

双街镇志
双街镇志编修委员会编著 长春 吉林人民出版社 2015年 602页〔天津市北辰区地方志分志丛书〕
b50246550 K292.15 S592 2015

双口镇志
北辰区双口镇志编修委员会编 费国生主编 天津 天津市北辰区双口一村印刷厂 2003年 381页〔天津市北辰区地方志丛书〕
b20402442 K292.13 S5924 2003

天津市北辰区北仓镇志
北仓镇志编修委员会编著 天津 天新纸制品有限公司 2002年 525页〔天津市北辰区地方志丛书〕
b17992771 K292.15 B3161 2002

天穆村志
北辰区天穆村志编修委员会编 杨光祥主编 天津 北辰区天穆镇天穆村民委员会 2007年 395页〔天津市北辰区地方志丛书〕
b22432139 K292.13 T343T 2007

天穆镇志
天穆镇地方志编修委员会编著 天津 天津市北辰区双口一村印刷厂 1999年 673页〔天津市北辰区地方志丛书〕

b19732740　K292.13　T343　1999

天穆镇志
天津市北辰区天穆镇志编纂委员会编　霍贵兴　李顺利主编　北京　方志出版社　2016年　296页〔中国名镇志丛书〕
b47206160　K292.15　T343　2016

小淀镇志
小淀镇志编修委员会编著　长春　吉林人民出版社　2016年　387页〔天津市北辰区地方志分志丛书〕
b50246574　K292.15　X3472　2016

宜兴埠镇志
天津市北辰区宜兴埠镇志编修委员会编　薄良弼主编　北辰　天津市北辰区双口印刷厂　1999年　550页
b20017856　K292.15　Y425　1999

民革北辰区志　1983–2013
民革北辰区志编修委员会编著　霍贵兴主编　香港　中国国际文化艺术出版社有限公司　2014年　283页〔天津市北辰区地方志分志丛书〕
b50151447　D665.1　T344　2014

北辰区土地管理志
北辰区土地管理志编纂委员会编　赵师泉主编　天津　天津社会科学院出版社　1999年　318页〔天津市土地管理系列志书〕
b18120519　F327.213　B316　1999

农业志
北辰区农业志编修委员会编　赵建强主编　天津　北辰区农业志编修委员会　2004年　2卷　1078页〔天津市北辰区地方志丛书〕
b49802781　F329.213　B316　2004

北辰区文化志
天津市北辰区文化志编修委员会编　天津　天津市北辰区文化局　2003年　修订本　383页〔天津市北辰区地方志丛书〕
b19931189　G127.213　T344　2003

北辰区教育志
北辰区教育志编修委员会编著　李士亮主编　北京　线装书局　2011年　856页〔天津市北辰区地方志丛书〕
b50642881　G527.213　L417　2011

天津市北郊区地名录
北郊区人民政府编　天津　北郊区人民政府　1988年　210页
b20016979　K922.13　B316　1988

天津市地名志　第13卷　北辰区
北辰区地名志编辑部编　冯义东主编　天津　天津人民出版社　1996年　287页
b13454766　K922.1　T344

天津水利志　第12卷　北辰区水利志
北辰区水利志编纂委员会编　孙肇明主编　天津　天津科学技术出版社　1999年　260页
b21856370　TV–092　T344

武清区

武清县志
武清县地方史志编修委员会编著　刘金铎主修　天津　天津社会科学院出版社　1991年　875页
b10633856　K292.14　W534

武清县志　1991–2000
武清区地方史志编修委员会编著　李宝锟主编　天津　天津社会科学院出版社　2004年　650页

b16802299 K292.14 W534W 2004

大王古庄镇志
天津市武清区大王古庄镇志编修委员会编 韩志军主编 北京 方志出版社 2017年 630页
b49977908 K292.15 D1363 2017

东马圈镇志
天津市武清区东马圈镇地方志编修委员会编 陈勇主修 马敬福总纂 天津 天津社会科学院出版社 2008年 575页
b19929201 K292.15 D5827 2008

王庆坨镇志
王庆坨镇地方史志编修委员会编著 天津 天津古籍出版社 1996年 553页
b12866039 K292.15 W227

武清县土地管理志
武清县土地管理志编纂委员会编著 孙家骅主编 天津 天津社会科学院出版社 1998年 287页〔天津市土地管理系列志书〕
b1644677x F327.214 W534 1998

天津市地名志 第15卷 武清县
武清县地名志编纂委员会编 李本贵主编 天津 天津人民出版社 1995年 540页
b13454778 K922.1 T344

天津水利志 第3卷 武清县水利志
武清县水利志编纂委员会编 徐文发主编 天津 天津科学技术出版社 1998年 303页
b18280687 TV-092 T344 1998

宝坻区

宝坻县志
宝坻县志编修委员会编著 吴静顺主编 天津 天津社会科学院出版社 1995年 993页
b10571978 K292.14 B268

宝坻县志
宝坻县志编修委员会编著 张殿成主编 天津 天津社会科学院出版社 2010年 825页
b29382038 K292.14 B268 2010

宝坻县土地管理志
宝坻县土地管理志编纂委员会编 张宝年主编 天津 天津社会科学院出版社 2000年 406页〔天津市土地管理系列志书〕
b19930835 F327.214 Z346 2000

天津市宝坻县地名录
宝坻县人民政府编 天津 天津市宝坻县人民政府 1988年 278页
b20013838 K922.14 B268 1988

天津市地名志 第17卷 宝坻县
宝坻区地名志编纂委员会编 孟宪昆主编 天津 天津人民出版社 2002年 606页
b2001918x K922.1 T344

天津水利志 第2卷 宝坻县水利志
宝坻县水利志编纂委员会编 王长庚主编 天津 天津科学技术出版社 2001年 372页
b20019117 TV-092 T344 2001

滨海新区

大港区志
天津市大港区地方志编修委员会编著 徐长喜主编 天津 天津社会科学院出版社 1994年 964页
b12865989 K292.13 D135

汉沽区志
天津市汉沽区地方志编修委员会编纂 天津 天津社会科学院出版社 1994年 1065页
b1063650x K292.14 H215

塘沽区志
塘沽区地方志编修委员会编著 周宝发主编 天津 天津社会科学院出版社 1996年 933页
b12865898 K292.13 T246

塘沽区房地产志
塘沽区房地产管理局编 高景阳主编 天津 天津社会科学院出版社 1998年 223页〔天津房地产志丛书〕
b20710689 F299.272.13 T246 1998

大港区土地管理志
大港区土地管理志编纂委员会编 郭焕章主编 天津 天津社会科学院出版社 2000年 263页〔天津市土地管理系列志书〕
b18120520 F327.213 D135 2000

汉沽区土地管理志
汉沽区土地管理志编纂委员会编 张立民主编 天津 天津社会科学院出版社 1999年 315页〔天津市土地管理系列志书〕
b18120544 F327.213 H215 1999

塘沽区土地管理志
塘沽区土地管理志编纂委员会编 张心德主编 天津 天津社会科学院出版社 1999年 336页〔天津市土地管理系列志书〕
b17676769 F327.213 T246 1999

塘沽盐场志 1265–1989
塘沽盐场志编写委员会编 天津 天津科学技术出版社 1993年 368页
b50319899 F426.82 T246 1993

天津市大港区地名录
大港区人民政府编 天津 大港区人民政府 1988年 122页
b20016980 K922.13 D135 1988

天津市地名志 第7卷 塘沽区
塘沽区地名志编纂委员会编 何宝堂 陈灿文主编 天津 天津人民出版社 1994年 366页
b20019233 K922.1 T344

天津市地名志 第8卷 汉沽区
汉沽区地名志编纂委员会编 刘增 陈灿文主编 天津 天津人民出版社 1997年 336页
b20019245 K922.1 T344

天津市地名志 第9卷 大港区
大港区地名志编纂委员会编 杨钟璟主编 天津 天津人民出版社 1998年 298页
b20019257 K922.1 T344

天津市塘沽区地名录
塘沽区人民政府编 天津 天津市塘沽区人民政府 1984年 244页
b20017066 K922.13 T246 1984

天津市塘沽区规划志
巢元凯主编 北京 海潮出版社 2013年 374页
b45453561 TU984.221.3 T246 2013

天津水利志 第6卷 塘沽区水利志
塘沽区水利志编纂委员会编 天津 天津科学技术出版社 1995年 239页
b20019099 TV-092 T344

天津水利志 第7卷 汉沽区水利志
天津市水利局水利志编纂委员会 汉沽区

水利志编纂委员会编 何慰祖总编辑 闫朝主编 天津 天津科学技术出版社 2000年 216页
b17301774 TV-092 T344

天津水利志 第8卷 港区水利志
大港区水利志编纂委员会编 何慰祖总编辑 孙宗伯卷主编 天津 天津科学技术出版社 2000年 283页
b20534085 TV-092 T344

宁河区

宁河县志
宁河县地方志编修委员会编著 天津 天津社会科学院出版社 1991年 809页
b10806520 K292.14 N413

宁河县志 1979–2014
宁河区地方志编修委员会编纂 杨霞主修 天津 天津社会科学院出版社 2017年 1010页
b50994013 K292.14 N413D 2017

宁河政协志
天津市宁河政协志编修委员会编著 天津 天津人民出版社 2002年 608页
b17457464 D628.214 T344 2002

宁河县土地管理志
宁河县土地管理志编纂委员会编 天津 天津社会科学院出版社 1999年 317页〔天津市土地管理系列志书〕
b18120581 F327.214 N413 1999

芦台农场志
河北省芦台农场地方志编纂委员会编 董文喜 刘文武主编 北京 海潮出版社 1997年 662页
b10488388 K292.24 L789

天津市地名志 第14卷 宁河县
宁河县地名志编纂委员会编 于深主编 天津 天津人民出版社 1998年 248页
b20019178 K922.1 T344

天津水利志 第4卷 宁河县水利志
宁河县水利志编纂委员会编 化新田主编 天津 天津科学技术出版社 1996年 246页
b20019142 TV-092 T344

静海区

静海县志
静海县志编修委员会编著 张培生主编 天津 天津社会科学出版社 1995年 886页
b12865965 K292.14 J563

静海县志 1979–2008
静海县志编修委员会编著 孙橄 舒万成主编 天津 天津社会科学院出版社 2013年 961页
b45841123 K292.14 J563 2013

独流镇志
独流镇地方志编修委员会编著 王敬模主编 长春 吉林人民出版社 2009年 539页
b20882658 K292.15 D696 2009

唐官屯镇志
唐官屯镇志编修委员会编著 王敬模主编 郑州 中州古籍出版社 2014年 795页
b49964604 K292.15 T241 2014

静海县土地管理志
静海县土地管理志编纂委员会编 天津 天津社会科学院出版社 1999年 268页〔天

津市土地管理系列志书〕
b16438218　F327.214　J563　1999

静海县文化志
刘富宝　王敬模　杨伯良主编　天津　天津市静海县文化局　1991 年　163 页
b19931827　G127.214　L675　1991

天津市地名志　**第 16 卷　静海县**
静海县地名志编纂委员会编　李凤舞主编　天津　天津人民出版社　1994 年　332 页
b1345478x　K922.1　T344

天津水利志　**第 5 卷　静海县水利志**
静海县水利志编纂委员会编　元景池主编　天津　天津科学技术出版社　1998 年　305 页
b21856382　TV–092　T344

蓟州区

蓟县志
蓟县志编修委员会编著　郭新纪主编　天津　天津社会科学院出版社　1991 年　1010 页
b10630430　K292.14　J184

蓟县土地管理志
蓟县土地管理志编纂委员会编　天津　天津社会科学院出版社　2001 年　304 页〔天津市土地管理系列志书〕
b16428468　F327.214　J184　2001

蓟县文化志
蓟县文化志编纂委员会编　赵海军主编　天津　天津人民出版社　2014 年　367 页
b46442170　G127.214　J184　2014

蓟县文物志
蓟县文物志编纂委员会编　赵海军主编　天津　天津人民出版社　2014 年　472 页
b47072817　K872.214　J184　2014

蓟州风物志
金振东　刘春　董秀娜编著　天津　天津古籍出版社　2006 年　400 页
b16596304　K922.14　J184　2006

天津市蓟县地名录
蓟县人民政府编　赵万祥总编辑　天津　蓟清县人民政府　1988 年　426 页
b20017042　K922.14　Z441　1988

盘山志
天津市地方志编修委员会办公室　天津市蓟县盘山志编修委员会编著　高卓越　何志英主编　天津　天津社会科学院出版社　2006 年　353 页
b17151752　K928.3　G2569　2006

天津黄崖关长城志
天津市爱我中华修我长城赞助活动指导委员会办公室编　方放主编　天津　天津古籍出版社　1988 年　157 页
b10688201　K928.71　T344

蓟县水务志　1986–2010
天津市水务局　天津市蓟县水务局编　韩瑞海主编　北京　中国水利水电出版社　2015 年　302 页〔天津水务志丛书〕
b50346921　TV–092　J184　2015

天津水利志　**第 1 卷　蓟县水利志**
蓟县水利志编纂委员会编　吴桂芹主编　天津　天津科学技术出版社　1998 年　231 页
b20019087　TV–092　T344

天津水利志　**第 14 卷　于桥水库志**
于桥水库编纂委员会编　天津　天津科学技术出版社　2003 年　139 页
b1686105x　TV–092　T344　2003

河北省

河北省志 第 1 卷 大事记
河北省地方志编纂委员会编 保定 河北大学出版社 1992 年 551 页
b1058884x K292.2 H286

河北省志 第 2 卷 建置志
河北省地方志编纂委员会编 张岗主编 石家庄 河北人民出版社 1993 年 328 页
b10589326 K292.2 H286

河北省志 第 3 卷 自然地理志
河北省地方志编纂委员会编 石家庄 河北科学技术出版社 1993 年 485 页
b10589326 K292.2 H286

河北省志 第 4 卷 海洋志
河北省地方志编纂委员会编 石家庄 河北人民出版社 1994 年 536 页
b10589326 K292.2 H286

河北省志 第 5 卷 测绘志
河北省地方志编纂委员会编 石家庄 河北人民出版社 1998 年 420 页
b10589326 K292.2 H286

河北省志 第 6 卷 地名志
河北省地方志编纂委员会编 程鸿飞主编 石家庄 河北人民出版社 2007 年 598 页
b10589326 K292.2 H286

河北省志 第 7 卷 地质矿产志
河北省地方志编纂委员会编 石家庄 河北人民出版社 1991 年 249 页
b10589326 K292.2 H286

河北省志 第 8 卷 气象志
河北省地方志编纂委员会编 北京 方志出版社 1996 年 306 页
b10589326 K292.2 H286

河北省志 第 9 卷 地震志
河北省地方志编纂委员会编 肖风总纂 张秀梅卷主编 石家庄 河北人民出版社 1993 年 375 页
b10589326 K292.2 H286

河北省志 第 10 卷 自然灾害志
河北省地方志编纂委员会编 王云主编 北京 方志出版社 2009 年 397 页
b10589326 K292.2 H286

河北省志 第 11 卷 环境保护志
河北省地方志编纂委员会编 北京 方志出版社 1997 年 347 页
b10589326 K292.2 H286

河北省志 第 12 卷 人口志
河北省地方志编纂委员会编 石家庄 河北人民出版社 1991 年 215 页
b10589326 K292.2 H286

河北省志 第 13 卷 经济实力志
河北省地方志编纂委员会编 樊振海主编 北京 中国统计出版社 2000 年 874 页
b10589326 K292.2 H286

河北省志 第14卷 经济体制改革志
河北省地方志编纂委员会编 肖风总纂 王世贤卷主编 石家庄 河北人民出版社 2000年 340页
b10589326 K292.2 H286

河北省志 第15卷 计划管理志
河北省地方志编纂委员会编 刘志金主编 石家庄 河北人民出版社 1999年 707页
b10589326 K292.2 H286

河北省志 第16卷 农业志
河北省地方志编纂委员会编 北京 中国农业出版社 1995年 632页
b10589326 K292.2 H286

河北省志 第17卷 林业志
河北省地方志编纂委员会编 肖风总纂 罗茂林卷主编 石家庄 河北人民出版社 1998年 536页
b10589326 K292.2 H286

河北省志 第18卷 畜牧志
河北省地方志编纂委员会编 石家庄 河北人民出版社 1993年 400页
b10589326 K292.2 H286

河北省志 第19卷 水产志
河北省地方志编纂委员会编 天津 天津人民出版社 1996年 282页
b10589326 K292.2 H286

河北省志 第20卷 水利志
河北省地方志编纂委员会编 石家庄 河北人民出版社 1995年 450页
b10589326 K292.2 H286

河北省志 第21卷 电子工业志
河北省地方志编纂委员会编 冯瑞兰等主编 北京 电子工业出版社 2003年 502页
b10589326 K292.2 H286

河北省志 第22卷 市县区域志
河北省地方志编纂委员会编 肖风总纂 黄品鑫卷主编 石家庄 河北人民出版社 2012年 970页
b10589326 K292.2 H286

河北省志 第22卷 文学志
河北省地方志编纂委员会编 王力平主编 保定 河北大学出版社 2012年 512页
b36354752 K292.2 H286C

河北省志 第23卷 纺织工业志
河北省地方志编纂委员会编 北京 方志出版社 1996年 434页
b10589326 K292.2 H286

河北省志 第24卷 化学工业志
河北省地方志编纂委员会编 北京 方志出版社 1996年 455页
b10589326 K292.2 H286

河北省志 第25卷 武警志
河北省地方志编纂委员会编 肖风总纂 刘元明卷主编 石家庄 河北人民出版社 2001年 480页
b10589326 K292.2 H286

河北省志 第26卷 盐业志
河北省地方志编纂委员会编 北京 中国书籍出版社 1996年 391页
b10589326 K292.2 H286

河北省志 第27卷 国民党志
河北省地方志编纂委员会编 孙继民主编 北京 中华书局 2005年 615页
b10589326 K292.2 H286

河北省志 第 28 卷 煤炭工业志
河北省地方志编纂委员会编 石家庄 河北人民出版社 1995 年 465 页
b10589326 K292.2 H286

河北省志 第 29 卷 监狱志
河北省地方志编纂委员会编 张淑荣 王宇震主编 北京 中国对外翻译出版公司 2002 年 582 页
b10589326 K292.2 H286

河北省志 第 30 卷 电力工业志
河北省地方志编纂委员会编 石家庄 河北人民出版社 1996 年 477 页
b10589326 K292.2 H286

河北省志 第 31 卷 冶金工业志
河北省地方志编纂委员会编 北京 冶金工业出版社 1994 年 432 页
b10589326 K292.2 H286

河北省志 第 32 卷 机械工业志
河北省地方志编纂委员会编 北京 中国社会出版社 2000 年 628 页
b10589326 K292.2 H286

河北省志 第 34 卷 国防科技工业志
河北省地方志编纂委员会编 北京 中国书籍出版社 1995 年 307 页
b10589326 K292.2 H286

河北省志 第 36 卷 建筑业志
河北省地方志编纂委员会编 肖风总纂 龚树河卷主编 石家庄 河北人民出版社 2003 年 711 页
b10589326 K292.2 H286

河北省志 第 37 卷 城乡建设志
河北省地方志编纂委员会编 韩光灿主编 石家庄 河北人民出版社 2002 年 651 页
b10589326 K292.2 H286

河北省志 第 38 卷 土地志
河北省地方志编纂委员会编 北京 方志出版社 1997 年 325 页
b10589326 K292.2 H286

河北省志 第 39 卷 交通志
河北省地方志编纂委员会编 刘树仁主编 石家庄 河北人民出版社 1992 年 435 页
b10589326 K292.2 H286

河北省志 第 40 卷 铁道志
河北省地方志编纂委员会编 陈志坚主编 北京 中国铁道出版社 1997 年 347 页
b10589326 K292.2 H286

河北省志 第 41 卷 邮电志
河北省地方志编纂委员会编 肖风总纂 宋志远卷主编 石家庄 河北人民出版社 1998 年 457 页
b10589326 K292.2 H286

河北省志 第 42 卷 财政志
河北省地方志编纂委员会编 石家庄 河北人民出版社 1992 年 463 页
b10589326 K292.2 H286

河北省志 第 43 卷 金融志
河北省地方志编纂委员会编 北京 中国书籍出版社 1997 年 812 页
b10589326 K292.2 H286

河北省志 第 44 卷 商业志
河北省地方志编纂委员会编 肖风总纂 沈济群卷主编 石家庄 河北人民出版社 1999 年 419 页
b10589326 K292.2 H286

河北省志 第45卷 供销合作社志
河北省地方志编纂委员会编 石家庄 河北人民出版社 1994年 388页
b10589326 K292.2 H286

河北省志 第46卷 物资志
河北省地方志编纂委员会编 石家庄 河北人民出版社 1996年 453页
b10589326 K292.2 H286

河北省志 第47卷 粮食志
河北省地方志编纂委员会编 北京 中国城市出版社 1994年 376页
b10589326 K292.2 H286

河北省志 第48卷 对华贸易经济合作志
河北省地方志编纂委员会编 石家庄 河北人民出版社 1995年 646页
b10589326 K292.2 H286

河北省志 第49卷 旅游志
河北省地方志编纂委员会编 宣振富主编 石家庄 河北人民出版社 1994年 382页
b10589326 K292.2 H286

河北省志 第50卷 物价志
河北省地方志编纂委员会编 石家庄 河北人民出版社 1994年 463页
b10589326 K292.2 H286

河北省志 第51卷 工商行政管理志
河北省地方志编纂委员会编 肖风总纂 芮志贤等主编 石家庄 河北人民出版社 1994年 368页
b10589326 K292.2 H286

河北省志 第52卷 统计志
河北省地方志编纂委员会编 樊振海 郭书政主编 石家庄 河北人民出版社 1994年 387页
b10589326 K292.2 H286

河北省志 第53卷 审计志
河北省地方志编纂委员会编 北京 中国审计出版社 1996年 460页
b10589326 K292.2 H286

河北省志 第54卷 标准计量志
河北省地方志编纂委员会编 石家庄 河北人民出版社 1994年 248页
b10589326 K292.2 H286

河北省志 第55卷 共产党志
河北省地方志编纂委员会编 肖风总纂 张葆文 王运芳卷主编 北京 中央文献出版社 1999年 955页
b10589326 K292.2 H286

河北省志 第56卷 民主党派志
河北省地方志编纂委员会编 北京 中国档案出版社 1997年 438页
b10589326 K292.2 H286

河北省志 第57卷 工会志
河北省地方志编纂委员会编 北京 中国档案出版社 1996年 825页
b10589326 K292.2 H286

河北省志 第58卷 共青团志
河北省地方志编纂委员会编 田向利 张硕平主编 石家庄 河北教育出版社 2003年 804页
b10589326 K292.2 H286

河北省志 第59卷 妇女运动志
河北省地方志编纂委员会编 蔡胜春主编 北京 中国档案出版社 1997年 688页
b10589326 K292.2 H286

河北省志 第 60 卷 政治协商会议志
河北省地方志编纂委员会编 曾昭余主编 石家庄 河北人民出版社 1993 年 326 页
b10589326 K292.2 H286

河北省志 第 61 卷 人民代表大会志
河北省地方志编纂委员会编 黄贤主编 北京 人民出版社 1993 年 366 页
b10589326 K292.2 H286

河北省志 第 62 卷 政府志
河北省地方志编纂委员会编 肖风总纂 郭文书 赵越 陈学慎卷主编 北京 人民出版社 2000 年 868 页
b10589326 K292.2 H286

河北省志 第 63 卷 民政志
河北省地方志编纂委员会编 肖风总纂 石家庄 河北人民出版社 2010 年 650 页
b10589326 K292.2 H286

河北省志 第 64 卷 劳动志
河北省地方志编纂委员会编 北京 中国档案出版社 1996 年 539 页
b10589326 K292.2 H286

河北省志 第 65 卷 人事志
河北省地方志编纂委员会编 王国义主编 石家庄 河北人民出版社 1991 年 333 页
b10589326 K292.2 H286

河北省志 第 66 卷 监察志
河北省地方志编纂委员会编 石家庄 河北人民出版社 1999 年 415 页
b10589326 K292.2 H286

河北省志 第 67 卷 民族志
河北省地方志编纂委员会编 北京 民族出版社 1995 年 489 页
b10589326 K292.2 H286

河北省志 第 68 卷 宗教志
河北省地方志编纂委员会编 北京 中国书籍出版社 1995 年 557 页
b10589326 K292.2 H286

河北省志 第 69 卷 外事志
河北省地方志编纂委员会编 石家庄 河北人民出版社 1995 年 305 页
b10589326 K292.2 H286

河北省志 第 70 卷 侨务志
河北省地方志编纂委员会编 石家庄 河北人民出版社 1995 年 336 页
b10589326 K292.2 H286

河北省志 第 71 卷 公安志
河北省地方志编纂委员会编 刘孟书主编 北京 中华书局 1993 年 305 页
b10589326 K292.2 H286

河北省志 第 72 卷 检察志
河北省地方志编纂委员会编 北京 中国书籍出版社 1996 年 517 页
b10589326 K292.2 H286

河北省志 第 73 卷 审判志
河北省地方志编纂委员会编 石家庄 河北人民出版社 1994 年 358 页
b10589326 K292.2 H286

河北省志 第 74 卷 司法行政志
河北省地方志编纂委员会编 肖风总纂 王大为卷主编 石家庄 河北人民出版社 2012 年 443 页
b10589326 K292.2 H286

河北省志 第75卷 军事志
河北省地方志编纂委员会编 肖风总纂 韩世谦等卷主编 北京 军事科学出版社 2000年 884页
b10589326 K292.2 H286

河北省志 第76卷 教育志
河北省地方志编纂委员会编 北京 中华书局 1995年 757页
b10589326 K292.2 H286

河北省志 第77卷 科学技术志
河北省地方志编纂委员会编 张妥主编 北京 中华书局 1993年 851页
b10589326 K292.2 H286

河北省志 第78卷 哲学社会科学志
河北省地方志编纂委员会编 赵池主编 北京 中华书局 1996年 819页
b10589326 K292.2 H286

河北省志 第79卷 文化志
河北省地方志编纂委员会编 赵景之 刘谷主编 北京 方志出版社 2001年 758页
b10589326 K292.2 H286

河北省志 第81卷 长城志
河北省地方志编纂委员会编 张平一主编 北京 文物出版社 2011年 802页
b10589326 K292.2 H286

河北省志 第82卷 新闻志
河北省地方志编纂委员会编 北京 中华书局 1995年 463页
b10589326 K292.2 H286

河北省志 第83卷 出版志
河北省地方志编纂委员会编 曹宗安主编 石家庄 河北人民出版社 1996年 526页
b10589326 K292.2 H286

河北省志 第84卷 著述志
河北省地方志编纂委员会编 肖风总纂 许明辉卷主编 北京 中国对外翻译出版公司 1999年 674页
b10589326 K292.2 H286

河北省志 第85卷 档案志
河北省地方志编纂委员会编 石家庄 河北人民出版社 1994年 314页
b10589326 K292.2 H286

河北省志 第86卷 卫生志
河北省地方志编纂委员会编 北京 中华书局 1995年 562页
b10589326 K292.2 H286

河北省志 第87卷 体育志
河北省地方志编纂委员会编 杜志平主编 北京 人民体育出版社 1992年 386页
b10589326 K292.2 H286

河北省志 第88卷 民俗志
河北省地方志编纂委员会编 杜英 陈旭霞主编 石家庄 河北人民出版社 2013年 501页
b46376653 K292.2 H286C

河北省志 第89卷 方言志
河北省地方志编纂委员会编 吴继章 唐健雄 陈淑静主编 北京 方志出版社 2005年 653页
b10589326 K292.2 H286

河北省志 邮电志 1979-2005
河北省地方志编纂委员会编 李志兴主编 石家庄 河北人民出版社 2017年 1098页
b53029227 K292.2 L423 2017

河北省志 人口与计划生育志 1979–2005
河北省地方志编纂委员会编 张志逊主编 石家庄 河北人民出版社 2017年 528页
b53029215 K292.2 Z369 2017

河北省志 财政志 1979–2005
河北省地方志编纂委员会编 赵文海 李杰刚主编 石家庄 河北人民出版社 2017年 591页
b53029203 K292.2 Z441 2017

燕赵人口勘察志 河北省第三次人口普查摄影集锦
河北省第三次人口普查领导小组办公室编 石家庄 河北省第三次人口普查领导小组办公室 1982年
b21571041 C924.252.2 H2862 1982

河北省交通工会志
河北省交通工运史志编纂委员会编 徐震鹏主编 石家庄 河北省交通工运史志编纂委员会 1999年 2卷 1609页
b21763616 D412.4 X581 1999

九三学社河北省志
九三学社河北省委员会编 王长华主编 石家庄 河北科学技术出版社 2014年 471页
b47206482 D665.7 H286 2014

河北检察志 图片部分 1991–2011
河北省人民检察院检察志办公室编 刘天明主编 石家庄 河北省人民检察院检察志办公室 2012年 265页
b44749156 D926.32 L689 2012

河北检察志 大事记部分 1991–2011
河北省人民检察院检察志办公室编 刘天明主编 石家庄 河北省人民检察院检察志办公室 2013年 292页
b46101913 D926.32 L689C 2013

河北省检察志 1907–1990
河北省人民检察院检察志编辑办公室编 石家庄 河北省人民检察院检察志编辑办公室 1995年 1061页
b21568169 D926.32 H286 1995

河北省审判志
河北省高级人民法院编 戴瑞林主编 石家庄 中国人民解放军军械工程学院印刷厂 1992年 401页
b2176363x D926.22 D153 1992

河北省电力工业志
河北省电力工业志编纂委员会编 臧其臣主编 北京 当代中国出版社 1996年 440页〔中国电力工业志丛书〕
b21568157 F426.61 Z142 1996

河北省电力工业志 1991–2002
何永章主编 北京 中国电力出版社 2011年 613页〔中国电力工业志丛书〕
b37530379 F426.61 H281 2011

河北省黄金工业志
河北省黄金工业志编辑委员会编 河北省黄金管理局编 石家庄 河北省黄金管理局 1992年 449页
b40806686 F426.3 H286 1992

河北省勘察设计志
王学林主编 北京 中国对外翻译出版公司 2003年 506页
b22429967 F426.9 W233 2003

河北省水利志
河北省水利厅水利志编辑办公室编 石家庄 河北人民出版社 1996年 1091页〔河北省水利史志丛书〕
b10468572 F426.9 H286

河北省烟草志
河北省烟草志编纂委员会编 石家庄 河北人民出版社 2008年 838页
b21302194 F426.89 H286 2008

华北电力工业志 1888–1990
王宏超主编 北京 中国科学技术出版社 1997年 502页〔中国电力工业志丛书〕
b4985091x F426.61 W2181 1997

华北电力工业志 1991–2002
黄鹏良主编 北京 中国电力出版社 2010年 632页〔中国电力工业志丛书〕
b49850532 F426.61 H528 2010

华北电力工业志 1991–1996
中国华北电力集团编 周名立主编 天津 天津人民出版社 1998年 396页
b41235551 F426.61 Z669 1998

中国民用航空志 华北地区卷
中国民用航空志华北地区卷编纂委员会编 相如山 孙德富主编 北京 中国民航出版社 2012年 3卷 2058页
b40969484 F562.9 Z648G 2012

河北省粮食志
河北省粮食志编纂委员会编 北京 中国城市出版社 1994年 372页
b16425546 F724.721 H286 1994

河北石油商业志
郭定宏主编 石家庄 河北省人民出版社 2002年 283页
b50221656 F724.741 G765 2002

河北省商业志
河北省商业志编纂委员会编 沈济群主编 石家庄 河北人民出版社 1988年 665页
b4998293x F727.22 S412 1988

河北建设银行志 1954–1990
李俊英主编 石家庄 河北人民出版社 1994年 583页
b49533927 F832.722 L397 1994

河北农村金融志
河北省农业银行金融志编纂委员会编 翟洪尧主编 石家庄 河北人民出版社 1994年 494页
b47242954 F832.722 Z282 1994

河北省城市金融志
河北省工商银行金融志编纂委员会编 师希京主编 北京 中国金融出版社 1992年 535页
b20710781 F832.722 S461 1992

河北省保险志
河北省保险志编纂委员会编 刘东都主编 石家庄 河北科学技术出版社 1990年 465页
b46668780 F842.722 H286 1990

河北省高校学术期刊志 1905–2014
赵志伟主编 保定 河北大学出版社 2017年 873页
b51039977 G237.5 Z441 2017

中华舞蹈志 河北卷
中华舞蹈志编辑委员会编 蓝凡主编 张润卷主编 上海 学林出版社 2014年 260页
b44692870 J709.2 Z6438 2014

中华舞蹈志 河北卷
中华舞蹈志编辑委员会编 蓝凡主编 张润卷主编 上海 学林出版社 2002年 259页
b27575214 J709.222 Z643 2002

中国曲艺志 河北卷
中国曲艺志全国编辑委员会编 中国曲艺志河北卷编辑委员会编 罗扬主编 李国春卷主编 北京 中国 ISBN 中心 2000 年 705 页
b10643059 J809.2 Z648

中国戏曲志 河北卷
中国戏曲志编辑委员会 中国戏曲志河北卷编辑委员会编 张庚主编 马龙文卷主编 北京 中国 ISBN 中心 1993 年 834 页
b10846050 J809.2 Z352

河北抗日战争简志
河北省地方志办公室编 董经纬 杨洪进主编 北京 中国大百科全书出版社 2005 年 598 页
b49848938 K265.06 D594 2005

燕赵文化志 燕赵文化
杜荣泉 张京华著 秦皇岛 燕山大学出版社 2017 年 654 页〔燕赵文库 研究编〕
b50228730 K292.2 D698 2017

河北省非物质文化遗产项目代表性传承人图志
马维彬主编 石家庄 河北美术出版社 2011 年 537 页〔燕赵文化精品丛书〕
b40648163 K825.7-64 M143 2011

河北省非物质文化遗产项目代表性传承人图志 第 2 辑
彭卫国主编 石家庄 河北美术出版社 2012 年 313 页〔燕赵文化精品丛书〕
b49964112 K825.7-64 M143B 2012

河北棉花人物志
崔瑞敏 崔淑芳 田海燕主编 北京 中国农业科学技术出版社 2017 年 366 页
b50747058 K826.1 C819 2017

中国地方志民俗资料汇编 华北卷
丁世良赵放主编 北京 书目文献出版社 1989 年 766 页
b11308710 K892.42 D533

河北风物志
河北人民出版社编 石家庄 河北人民出版社 1985 年 172 页〔中国风物志丛书〕
b12160908 K922.2 H285F

河北名胜志
河北省地名委员会办公室编 石家庄 河北科学技术出版社 1987 年 360 页〔地理地名丛书〕
b10655074 K928.7022 H286

河北政区沿革志
河北省地名办公室编 石家庄 河北科学技术出版社 1985 年 337 页〔地理地名丛书〕
b1635817x K928.2 H286 1985

河北科学技术志
刘俊孝总编纂 张妥主编 北京 中国科学技术出版社 1993 年 1377 页
b1269745x N092 Z365

河北省地震监测志
河北省地震局 曹志成主编 北京 地震出版社 2005 年 356 页〔中国地震监测志系列〕
b22429955 P315.732.22 C214 2005

河北省水文志 1999 之前
河北省水文水资源勘测局编 赵恩普 邱景唐主编 石家庄 河北人民出版社 2016 年 442 页
b50233932 P337.222 Z432 2016

河北省水文志 2000–2010
河北省水文水资源勘测局编著 杨海波主编 石家庄 河北科学技术出版社 2015年 240页
b49938964 P337.222 Y235 2015

中国石油地质志 第5卷 华北油田
华北油田石油地质编写组编 北京 石油工业出版社 1988年 569页
b17302493 P618.13 Z649

河北省水文地质工程地质志
河北省水文地质工程地质编写组编 石家庄 河北省水文地质工程地质编写组 1981年 684页
b49505932 P641.622.2 H286 1981

河北野生资源植物志
杜怡斌主编 保定 河北大学出版社 2000年 436页
b15307682 Q948.522.2 D698 2000

河北植物志
河北植物志编辑委员会编 石家庄 河北科学技术出版社 1986年 3卷 2157页
b11327339 Q948.522.2 H285

华北经济植物志要
崔友文编撰 北京 科学出版社 1953年 642页
b20043107 Q948.522 C822 1953

河北动物志 第1卷 鱼类
王所安等编著 石家庄 河北科学技术出版社 2001年 366页
b17127919 Q958.522.2 H286

河北动物志 第2卷 两栖 爬行 哺乳动物类
吴跃峰 武明录 曹玉萍等编著 石家庄 河北科学技术出版社 2009年 409页
b20924173 Q958.522.2 H286

河北动物志 第3卷 甲壳类
宋大祥 杨思谅主编 石家庄 河北科学技术出版社 2009年 772页
b20924185 Q958.522.2 H286

河北动物志 第4卷 蚜虫类
乔格侠 田士波编著 石家庄 河北科学技术出版社 2009年 622页
b22429943 Q958.522.2 H286

华北灯下蛾类图志 第1–2卷
杨集昆主编 北京 华北农业大学 1977年 2卷
b20468799 Q969.42 Y236 1977

河北检验检疫志
河北检验检疫志编纂委员会编 郭捷主编 石家庄 河北人民出版社 2014年 2卷 1075页
b4596970x R185.3 G769 2014

河北土种志
丁鼎治主编 石家庄 河北科学技术出版社 1992年 1147页
b19930197 S159.222 D529 1992

河北省水(陆)稻品种志
刘燕方 丁鹤山 韩宝蕴编 廊坊 河北省廊坊地区农业科学研究所 1984年 105页
b21763641 S511.029 L693 1984

河北蔬菜品种志
河北省农林科学院蔬菜研究所编 石家庄 河北省农林科学院蔬菜研究所 1990年 368页
b36028927 S630.292.22 H286 1990

河北省果树志 第1卷
河北省农业科学院果树研究所主编 石家庄 河北人民出版社 1959年 640页
b21763586 S660.192.22 H286 1959

河北古树志
河北省林学会编著 石家庄 河北科学技术出版社 1995年 96页
b10488479 S717.222 H286

河北树木志
孙立元 任宪威主编 北京 中国林业出版社 1997年 616页
b13589015 S717.222 H286S

华北树木志
华北树木志编写组编 北京 中国林业出版社 1984年 743页
b1207407x S718.4 H528

河北省家畜家禽品种志
刘肇清主编 北京 中国农业出版社 2009年 86页
b3609299x S813.9 L694 2009

中国油气田开发志 第6卷 华北中国石油油气区油气田卷
中国油气田开发志总编纂委员会编 刘宝和主编 北京 石油工业出版社 2011年 2卷 2344页
b49826955 TE3 L671 2011

中国油气田开发志 第26卷 渤海油气区油气田卷
中国油气田开发志总编纂委员会编 刘宝和主编 北京 石油工业出版社 2011年 786页
b2302060x TE3 L671 2011

石家庄市

石家庄地区志
石家庄地区地方志编纂委员会编 张德良主编 北京 文化艺术出版社 1994年 1176页
b10636481 K292.22 S473

石家庄郊区志
石家庄市郊区志编纂委员会编 王月林主编 北京 中国社会出版社 1995年 459页
b10570548 K292.24 J372

石家庄市志
石家庄市地方志编纂委员会编 北京 中国社会出版社 1995年 5卷 2313页
b13032422 K292.21 S473

石家庄市志 国防工业
石家庄志国防工业篇编写组编 李明主编 石家庄 石家庄志国防工业篇编写组 1990年 107页
b44852204 K292.21 S473D 1990

石家庄地区集镇志
石家庄地区工商行政管理局 石家庄地区地名办公室编 石家庄 河北人民出版社 1988年 188页
b2001854x K292.22 S473S 1988

石家庄人口和计划生育志
石家庄人口和计划生育志编委会编 王金海主编 北京 中国人口出版社 2016年 2卷 1019页
b50151460 C924.252.21 S473 2016

石家庄市政协志 1952–2007
政协石家庄市委员会编 北京 中国文史出版社 2007年 1114页

b18267798　D628.221　Z649　2007

中国民主同盟石家庄市志
中国民主同盟石家庄市委员会编　陈百成主编　石家庄　河北人民出版社　2013 年　578 页
b46562199　D665.2　S473　2013

中国农工民主党石家庄史志　1981.10–2004.10
农工党石家庄市委员会编　刘亚娴主编　石家庄　农工党石家庄市委员会　2004 年　215 页
b22433314　D665.5　L6939　2004

石家庄市民政志
石家庄市民政志编纂委员会编　尹志云主编　北京　中国社会出版社　1993 年　568 页
b21765200　D672.21　S473　1993

石家庄市人民防空志　1947–2007
石家庄市人民防空办公室编　杜旭军主编　石家庄　河北人民出版社　2008 年　506 页
b50319711　E256　S473　2008

防空志
石家庄市人民防空办公室编　白书春总修　韩德欣主编　石家庄　石家庄市人民防空办公室　1990 年　503 页
b46012011　E289.221　B152　1990

石家庄市工商行政管理志
石家庄市工商行政管理志编纂委员会编　王呈璋主编　石家庄　河北人民出版社　1993 年　398 页〔石家庄市地方志系列丛书〕
b27574994　F203.9　W213　1993

石家庄市城乡建设局志
张宗超主编　北京　新华出版社　1995 年　374 页
b49981250　F299.272.21　Z369　1995

石家庄市粮食志
石家庄市粮食志编纂委员会编　李树程主编　石家庄　河北人民出版社　1998 年　371 页〔石家庄市地方志系列丛书〕
b20566384　F327.221　L417　1998

石家庄市土地志
石家庄市土地志编纂委员会编　郑建中主编　石家庄　河北人民出版社　2001 年　442 页
b1826248x　F327.221　Z536　2001

棉五厂志
国营石家庄第五棉纺织厂厂志编纂领导小组编　洪金生主编　石家庄　国营石家庄第五棉纺织厂厂志编纂领导小组　1991 年　246 页
b50319735　F426.81　S473　1991

石家庄炼化志
石家庄炼化志编纂委员会编　张西义主编　北京　中国石化出版社　2017 年　726 页
b50877355　F426.22　Z3679　2017

石家庄热电厂志　1954–1988
石家庄热电厂志编委会编　丛荣达主编　石家庄　石家庄热电厂志编委会　1994 年　216 页
b50319747　F426.61　S4739　1994

石家庄市纺织工业志　1921–1990
石家庄市纺织工业志编纂委员会编　苏志书总编　石家庄　河北人民出版社　1994 年　517 页〔石家庄市地方志系列丛书〕
b50319693　F426.81　S4731　1994

石家庄拖拉机厂厂志
石家庄拖拉机厂厂志编纂委员会编 石家庄 石家庄拖拉机厂厂志编纂委员会 1990年 375页
b50319784 F426.42 S473 1990

北京铁路局石家庄物资供应段志 1939–2007
石家庄物资供应段 董文卫总编辑 石家庄 石家庄物资供应段 2008年 474页
b50317829 F532.6 B322 2008

石家庄车辆段段志
石家庄车辆段志编辑委员会编 北京 中国铁道出版社 1997年 336页
b49849062 F532.822-09 S473 1997

石家庄铁路分局志 1897–1990
石家庄铁路分局志编辑委员会编 郎国平主编 北京 中国铁道出版社 1997年 658页
b20807375 F532.822.1 L218 1997

石家庄地区公路志
河北省石家庄地区行政公署交通局编 李德功主编 北京 人民日报出版社 1991年 445页〔河北公路交通史志丛书〕
b16378532 F542.822.1 S473 1991

石家庄市公路交通志
李金玉主编 北京 人民日报出版社 1994年 445页〔河北交通史志丛书 石家庄市地方志丛书〕
b20045505 F542.822.3 L397 1994

石家庄市公共交通总公司志 1956–2013
石家庄市公共交通总公司编 张玉锁主编 石家庄 石家庄市公共交通总公司 2015年 793页
b49704722 F572.882.21 S473 2015

石家庄市电信志 1906–1990
石家庄市电信志编纂委员会编 陈铁安主编 石家庄 河北科学技术出版社 1993年 263页〔石家庄市地方志丛书〕
b49849864 F632.722.3 S473 1993

石家庄市邮政志
石家庄市邮政志编纂委员会编 王耀栋主编 石家庄 河北人民出版社 1995年 457页〔石家庄市地方志系列丛书〕
b50319723 F632.722.3 S4731 1995

石家庄市财政志
石家庄市财政志编纂委员会编 石家庄 河北人民出版社 1994年 344页
b21570231 F812.722.1 S473 1994

石家庄市税务志
石家庄市税务局编 马金通 王二赞主编 北京 学苑出版社 1994年 395页
b50319383 F812.722.1 M138 1994

石家庄工商银行志
中国工商银行石家庄分行编 高居朝主编 石家庄 工商银行石家庄分行 1991年 398页
b49533939 F832.33 S473 1991

石家庄农村金融志
石家庄农村金融志编纂委员会编 王永霞主编 北京 中国审计出版社 1996年 435页
b36128260 F832.722.1 W234 1996

河北省石家庄地区文化志
石家庄市文化局编 李文祥主编 石家庄 石家庄市文化局 1994年 508页
b18120738 G127.222 S473 1994

石家庄地区文化志 征求意见稿
河北省石家庄地区行政公署文化局编 石家庄 河北省石家庄地区行政公署文化局 1992年 3卷 965页
b36379943 G127.222 S473S 1992

石家庄市文化志
石家庄市文化局编 高树槐主编 石家庄 石家庄市文化局 1992年 357页〔石家庄市地方志系列丛书〕
b20140721 G127.221 S473 1992

河北省新华书店志 1941–2002
河北省新华书店志编委会编 刘国庆主编 石家庄 河北省新华书店志编委会 2007年 538页
b49549765 G239.272.2 H286 2007

石家庄市档案志
石家庄市档案局编 周红妮主编 石家庄 石家庄市档案局 1995年 378页
b3848691x G279.272.21 S473 1995

河北省社会科学院志
河北省社会科学院编 孙宝存 刘仲 杜荣水主编 石家庄 河北人民出版社 2011年 566页
b37530975 G322.232.2 H286 2011

石家庄地区科学技术志
石家庄地区科学技术志编纂委员会编 北京 新华出版社 1991年 510页
b21765194 G322.722.2 S473 1991

石家庄市科学技术志
石家庄市科学技术志编纂委员会编 胡南燕 高惠彬主编 石家庄 河北科学技术出版社 1991年 535页
b41223664 G322.722.1 H474 1991

石家庄市郊区教育志 1941–1989
石家庄市郊区教育志编纂组编 石家庄 石家庄市郊区教育志编纂组 1992年 244页
b20182338 G527.221 J372 1992

石家庄市教育志 1902–1988
侯世远编 石家庄 河北教育出版社 1992年 513页
b15667340 G527.221 H429 1992

河北师范大学附属中学校志
吴庆月主编 石家庄 河北师范大学附属中学 2005年 390页
b20101387 G639.282.2 H2867 2005

石家庄市第二中学（河北省实验中学）校志 1948–1998
石家庄市第二中学校志编委会编 石家庄 河北少年儿童出版社 1998年 701页
b2040444x G639.282.21 S4732 1998

石家庄市第二中学志 1998–2008
石家庄市第二中学校志编委会编 石家庄 河北教育出版社 2008年 492页
b21570243 G639.282.21 S4732 2008

石家庄市第一中学校志 1947–2007
石家庄市第一中学校志编写组编 田运隆主编 石家庄 石家庄市第一中学校志编写组 2007年 315页
b2010375x G639.282.21 S473 2007

河北地质学院志 1953–1991
阎凤鸣 赵淑兰主编 武汉 中国地质大学出版社 1993年 682页
b17646224 G649.282.2 H2862 1993

河北医科大学志 1894–2007
河北医科大学校编纂委员会编 石家庄 河

北医科大学校编纂委员会 2009 年 1225 页
b4474948x G649.282.2 H2868 2009

石家庄铁道学院志 1950–1996
石家庄铁道学院史志编审委员会编 刘同庆主编 北京 教育科学出版社 1994 年 362 页〔河北教育史志丛书〕
b20098911 G649.282.2 S4738 1994

石家庄邮政高等专科学校志 1956–1993
赵烈载执笔主编 石家庄 石家庄邮政高等专科学校 1996 年 489 页
b20103773 G649.282.2 S473 1996

河北教育学院志
河北教育学院志编纂委员会编 石家庄 河北教育出版社 1999 年 403 页
b16433269 G659.282.2 H286 1999

河北师范大学汇华学院志 2001–2011
蔡新华 徐国强主编 石家庄 河北师范大学汇华学院 2011 年 449 页
b45840222 G659.282.2 H2865 2011

河北师范大学体育学院志 1931–2006
河北师范大学体育学院志编写组编 赵斌主编 石家庄 河北师范大学体育学院志编写组 2006 年 274 页
b17799326 G659.282.2 H2867 2006

河北师范大学志 1906–1995
河北师范大学编 石家庄 河北人民出版社 1996 年 850 页
b13588175 G659.282.21 H286

河北师范学院志 1902–1994
彭子光主编 北京 教育科学出版社 1994 年 787 页
b20098935 G659.282.2 H2861 1994

河北化工学校校志
河北化工学校编 石家庄 河北化工学校 90 周年校庆筹备委员会 1999 年 179 页
b20101363 G719.282.21 H286 1999

石家庄电力工业学校志 第 1 卷 1979–1994
王录斌主编 石家庄 石家庄电力工业学校志编辑委员会 1995 年 400 页
b21633666 G719.282.21 S4732 1995

石家庄工程技术学校校志
石家庄工程技术学校校志编委会编 张西月主编 石家庄 石家庄工程技术学校校志编委会 2000 年 189 页
b20103736 G719.282.2 S473 2000

石家庄工程技术学校校志 第 2 卷 1952–2012
石家庄工程技术学校校志编纂委员会编 石家庄 石家庄工程技术学校校志编纂委员会 2012 年 198 页
b50234304 G719.282.21 S4733 2012

石家庄科技工程职业学院志 1924–2010
吴书林主编 石家庄 河北教育出版社 2010 年 300 页
b40648199 G719.282.21 S4734 2010

石家庄市财经学校校志 1963–1999
石家庄市财经学校校志编委会编 石家庄 石家庄市财经学校校志编委会 2000 年 321 页
b20103748 G719.282.21 S473 2000

石家庄市第一商业学校校志 1970–1999
石家庄市第一商业学校编 石家庄 石家庄市第一商业学校 2009 年 340 页
b20404451 G719.282.2 S4732 2009

石家庄市特殊教育学校志 1957–2007
丁红兵主编 石家庄 河北人民出版社 2011年 356页
b37530987 G769.282.2 S473 2011

石家庄特殊教育学校志 送审稿 1957–2007
石家庄特殊教育学校志编纂委员会编 丁红兵主编 石家庄 石家庄特殊教育学校志编纂委员会 2007年 258页
b20103761 G769.282.2 S473 2007

石家庄地区体育志
石家庄地区体育史志编纂委员会编 赵经建主编 石家庄 河北人民出版社 1995年 377页
b2157022x G812.722.1 Z434 1995

石家庄地区方言志
石家庄地区地方志办公室编 李藏柱 刘建洲主编 香港 金陵出版社 1993年 308页
b16434730 H172.1 L391 1993

河北省地名志 第1卷 石家庄市分册
河北省地名办公室编 石家庄 河北省地名办公室 1984年 328页
b10565188 K922.2 H286

河北省地名志 第6卷 石家庄地区分册
河北省地名办公室编 石家庄 河北省地名办公室 1983年 371页
b10565188 K922.2 H286

石家庄地区地名录
石家庄地区行政公署地名办公室编 李志峰主编 石家庄 河北科学技术出版社 1990年 271页〔河北省地名录全集〕
b13742838 K922.22 S473

石家庄地区地名志
石家庄地区行政公署地名办公室编 李金波主编 石家庄 石家庄地区行政公署地名办公室 1984年 586页
b11469894 K922.2 S473

石家庄风物志
石家庄市政协文史资料研究委员会编 石家庄市地名办公室编 石家庄 石家庄市政协文史资料研究委员会 1985年 170页
b20245403 K922.21 S473J 1985

石家庄市地名录
石家庄市地名办公室编 西安 西安地图出版社 1995年 262页〔河北省地名录全集〕
b20019324 K922.21 S473S 1995

石家庄市地名志
石家庄市地名办公室编 石家庄 河北人民出版社 1986年 688页
b13590911 K922.21 S473

河北医学院院志 1915–1991
赵荣伦主编 石家庄 河北科学技术出版社 1995年 579页
b17729373 R–40 Z437 1995

石家庄疾病预防控制志
石家庄市疾病预防控制中心编 张红英主编 石家庄 河北科学技术出版社 2014年 400页
b5031967x R197.2 S473 2014

石家庄市卫生志
石家庄市卫生志编纂委员会编 刘世仓主编 石家庄 河北科学技术出版社 1993年 408页
b50319681 R199.2 S473 1993

河北省农林科学院志
河北省农林科学院编 马梦祥主编 石家庄 河北科学技术出版社 1998 年 427 页
b49533903 S-242.22 H286 1998

冶河灌区志
冶河灌区志编纂委员会编 朱振海撰稿 北京 中国物价出版社 1996 年 249 页
b20046583 S279.222.1 Z723 1996

石家庄市古树名木志
石家庄市园林局编 石家庄 石家庄市园林局 2008 年 184 页
b50319760 S717.222.1 S473 2008

石家庄市排水志
石家庄市排水志编纂委员会编 贾建英主编 石家庄 河北人民出版社 2016 年 222 页
b5031970x TU992.922.21 S473 2016

石家庄地区水利志
赵士舜主编 石家庄 河北人民出版社 2000 年 570 页〔河北省水利史志丛书〕
b20136092 TV-092 S473 2000

黄壁庄水库志
河北省黄壁庄水库管理局编 北京 中国水利水电出版社 2015 年 285 页
b5034691x TV632.221 H654 2015

长安区

石家庄市长安区志
石家庄市长安区地方志编纂委员会编 张俊义主编 北京 中国社会出版社 1997 年 649 页
b10570585 K292.24 C346

石家庄市长安区志 1991-2005
石家庄长安区志编纂委员会编 周淑芬 王玉萍主编 北京 新华出版社 2010 年 688 页
b22431846 K292.21 C346 2010

桥东区志
石家庄市桥东区志编委会编 董双珍主编 北京 中国社会出版社 1993 年 776 页
b12611839 K292.24 Q384

石家庄市桥东区志 1990-2005
石家庄市桥东区地方志编纂委员会编 何贵福主编 石家庄 河北人民出版社 2014 年 648 页
b45969711 K292.21 Q384 2014

石家庄市桥东区志 2006-2014
石家庄市桥东区地方志编纂委员会编 何贵福主编 北京 九州出版社 2015 年 556 页
b47287603 K292.21 Q384C 2015

长安区教育志 1989-2010
石家庄市长安区教育志编纂委员会编 谈跃云主编 石家庄 河北美术出版社 2015 年 499 页
b47206251 G527.221 C346 2015

桥东区教育志 1903-1991
桥东区教育志编辑组编 王日新主编 石家庄 桥东区文教局 1991 年 476 页
b20182910 G527.221 Q3842 1991

桥东区教育志 1991-2005
石家庄市桥东区教育志编纂委员会编 孙秀玉主编 石家庄 石家庄市桥东区教育局 2011 年 260 页
b49982941 G527.221 Q3842 2011

桥西区

石家庄市桥西区国家税务局志
石家庄市桥西区国家税务局 石家庄市桥西区档案馆编 石家庄 石家庄市桥西区国家税务局 2000 年 425 页
b50319772 F812.722.142 S473Q 2000

石家庄市桥西区教育志
石家庄市桥西区教育志编纂委员会编 王长冬主编 石家庄 河北省石家庄市文教印刷厂 1997 年 231 页
b2014071x G527.221 Q384 1997

石家庄市桥西区教育志 1912–1991
王长冬主编 石家庄 石家庄市桥西区教育局 1996 年 266 页
b2018234x G527.221 Q384 1996

新华区

石家庄市新华区人民法院志 1962–1995
石家庄市新华区人民法院编 吕文阁主编 石家庄 石家庄市新华区人民法院 1996 年 205 页
b47045334 D926.22 S473 1996

石家庄市新华区教育志
石家庄市新华区教育局编 杨青梅主编 石家庄 河北人民出版社 2001 年 179 页
b16649886 G527.221 Y244 2001

井陉矿区

石家庄市井陉矿区志
井陉矿区地方志编纂委员会编 康贵春主编 北京 新华出版社 2007 年 1018 页
b4624007x K292.21 S473E 2007

贾庄村志
苏志辉主编 石家庄 石家庄市井陉印刷有限公司 1998 年 298 页
b17151715 K292.25 J243 1998

石家庄市井陉矿区人大志
井陉矿区人民代表大会常务委员会编 吴会堂 王新军主编 石家庄 井陉矿区人民代表大会常务委员会 2009 年 747 页
b50665558 D624.221 J555 2009

井陉矿区政协志 1984–2002
政协石家庄市井陉矿区委员会编 田瑞生主编 石家庄 石家庄市富强胶印厂 2002 年 365 页
b20139238 D628.221 J556 2002

井陉矿区教育志
井陉矿区文教局编 吕治儒编撰 井陉 井陉矿区文教局 1991 年 168 页
b20182831 G527.221 J556 1991

裕华区

石家庄市裕华区志 2001–2005
石家庄市裕华区地方志编纂委员会编 王月林 赵春常主编 长春 吉林人民出版社 2013 年 563 页
b46995766 K292.21 Y769 2013

石家庄市裕华区塔冢志
塔冢志编纂委员会编 张冉冉 冯米山 张家文主编 石家庄 河北人民出版社 2012 年 3 卷 1440 页
b40424741 K292.25 T123 2012

藁城区

藁城县志
藁城市地方志编纂委员会编 张中义主编

北京 中国大百科全书出版社 1994年 716页
b10796423 K292.24 G279

藁城市志 1986–2005
藁城市地方志编纂委员会编 米志科主编 北京 新华出版社 2015年 1187页
b47584737 K292.24 G279D 2015

岗上村志
岗上村志编纂委员会编 宋志芳主编 石家庄 岗上村志编纂委员会 2017年 315页
b49964100 K292.25 G195 2017

梅花古镇志 前300–2015
樊海江主编 北京 中国文史出版社 2015年 555页
b47073603 K295.75 F167 2015

藁城人口和计划生育志
樊海江主编 北京 中国人口出版社 2012年 442页
b44749740 C924.252.24 G279 2012

藁城市土地志
藁城市土地志编纂委员会编 姚文海 米志科 于俊艳主编 石家庄 石家庄市西印刷厂 2000年 334页〔河北省土地志系列丛书〕
b17646637 F327.223 Y297 2000

藁城教育志
藁城市教育志编纂委员会编 张中义主编 石家庄 河北人民出版社 2002年 537页
b13947059 G527.223 Z369

鹿泉区

获鹿县志
鹿泉市史志编纂委员会编 吴顺元主编 北京 中国档案出版社 1998年 888页
b10468493 K292.24 H796

鹿泉市志 1991–2005
鹿泉市史志编纂委员会编 付明辉 齐海群主编 北京 中国文史出版社 2012年 793页
b36174634 K292.23 L825 2012

北故城村志
北故城村志编纂委员会编 霍雪海主编 鹿泉 北故城村志编纂委员会 2014年 325页
b50248315 K292.25 B3162 2014

北胡庄村志
北胡庄村志编纂委员会编 张书贵主编 石家庄 北胡庄村志编纂委员会 2015年 313页
b50269197 K292.25 B3164 2015

北铜冶村志
北铜冶村志编纂委员会编 赵爱国主编 石家庄 北铜冶村志编纂委员会 2017年 396页
b51079562 K292.25 B3167 2017

北新城村志
北新城村志编纂委员会编 赵晓卓主编 石家庄 石家庄市鹿泉区史志编纂委员会 2017年 376页
b50993884 K292.25 Z441 2017

大毕村志
大毕村志编纂委员会编 鲁印建主编 石家庄 大毕村志编纂委员会 2016年 372页
b49678280 K292.25 D135 2016

东焦村志
东焦村志编委会编 何顺祥主编 鹿泉 东焦村志编委会 2012年 298页

b44917107 K292.25 D5821 2012

东邵营村志
东邵营村志编辑组编 霍雪海主编 鹿泉 东邵营村志编辑组 2016年 387页
b50248327 K292.25 D5828 2016

东辛庄村志
东辛庄村志编纂委员会编 李春义主编 石家庄 东辛庄村志编纂委员会 2015年 341页
b5006597x K292.25 D5829 2015

东营村志
东营村志编纂委员会编 吴国锋主编 石家庄 东营村志编纂委员会 2014年 407页
b50248339 K292.25 D5823 2014

古贤村志
古贤村志编纂委员会编 鹿泉 鹿泉邮苑印刷厂 2017年 489页
b50269203 K292.25 G542 2017

横山村志
横山村志编纂委员会编 王济民主编 鹿泉 鹿泉市史志编纂委员会办公室 2013年 562页
b49505944 K292.25 H391 2013

莲花营村志
莲花营村志编纂委员会编 王孟珍主编 石家庄 河北友谊彩印有限公司 2017年 434页
b51092232 K292.25 L468 2017

岭底村志
鹿泉市岭底村志编委会编 鹿泉 铜冶镇岭底村委会 2013年 177页
b4644306x K292.25 L642 2013

鹿泉市曲寨村志
鹿泉市曲寨村志编纂委员会编 石家庄 河北人民出版社 2016年 391页
b47291187 K292.25 Q562 2016

南海山村志
南海山村志编纂委员会编 肖志刚 张运普主编 石家庄 河北友谊彩印有限公司 2017年 464页
b50747782 K292.25 N1617 2017

南降壁村志
南降壁村志编纂委员会编 张计朝主编 石家庄 南降壁村志编纂委员会 2016年 462页
b51079586 K292.25 N1613 2016

秦庄村志
秦庄村志编纂委员会编 李秋海主编 石家庄 秦庄村志编纂委员会 2014年 369页
b50729652 K292.25 Q449 2014

上寨村志
上寨村志编纂委员会编 刘军书主编 石家庄 上寨村志编纂委员会 2016年 429页
b49964124 K292.25 S322 2016

石井乡志
石家庄市鹿泉区石井乡人民政府编 刘建丽主编 北京 中国文史出版社 2017年 577页
b50828496 K292.25 S4738 2017

向阳村志
向阳村志编纂委员会编 常辰才主编 石家庄 向阳村志编纂委员会 2016年 256页
b49964689 K292.25 X315 2016

鹿泉市政协志
政协鹿泉市委员会编 冯振平主编 鹿泉 新科技印刷厂 2003 年 229 页
b17803081 D628.224 L825 2002

鹿泉市军事志 前 505–2005
鹿泉市军事志编纂委员会编 东士田主编 鹿泉 鹿泉市军事志编纂委员会 2012 年 326 页〔石家庄市军事志系列丛书〕
b50861323 E289.223 L825 2012

鹿泉市土地志
鹿泉市土地志编纂委员会编 吴顺元 韩庆志编著 鹿泉 鹿泉市土地志编纂委员会 2002 年 284 页
b16426058 F327.223 W511 2002

获鹿县教育志
获鹿县教育委员会编 北京 法律出版社印刷厂 1992 年 291 页
b15667431 G527.224 H796 1992

鹿泉市教育志 1991–2005
鹿泉市教育志编纂委员会编 张凤林主编 香港 中国国际图书出版社 2009 年 494 页
b51079574 G527.224 L825 2009

获鹿方言志
陈淑静主编 石家庄 河北人民出版社 1990 年 243 页
b13276426 H172.1 C432

栾城区

栾城县志
河北省栾城县地方志编纂委员会编 杨海山主编 北京 新华出版社 1995 年 1150 页〔中华人民共和国地方志丛书〕
b10645007 K292.24 L852

栾城县志 1993–2005
栾城县地方志编纂委员会编 北京 中央文献出版社 2010 年 864 页
b21764347 K292.24 L852 2010

窦妪镇志 1939–2005
栾城县窦妪镇志编纂委员会编 保定 保定市北方胶印有限公司 2007 年 579 页
b18217734 K292.25 D647 2007

栾城镇志
栾城镇志编纂委员会编 张俊义主编 栾城 栾城镇志编纂委员会 2012 年 540 页
b46443137 K292.25 L852 2012

栾城县人大志 1949–2012
栾城县人大志编纂委员会编 朱兴林主编 北京 中国文史出版社 2014 年 724 页
b46012667 D624.224 L852 2014

栾城县政协志
栾城县政协志编纂委员会编 栾城 政协栾城委员会 2006 年 543 页
b17993969 D628.224 L852 2006

栾城县土地志
栾城县土地志编纂委员会编 张俊义主编 石家庄 石家庄市西里印刷厂 2000 年 371 页〔河北省土地志系列丛书〕
b21569344 F327.224 L852 2000

栾城县交通志
栾城县交通志编纂委员会编 栾城 栾城县交通局 2008 年 537 页
b20015896 F512.722.4 L852 2008

栾城县教育志 1301–1991
栾城县教育志编纂领导小组编 程立民主编 石家庄 河北教育出版社 1994年 310页
b16662027 G527.224 C454 1994

栾城县教育志 1992–2000
栾城县教育志编纂委员会编 崔振林主编 北京 中央文献出版社 2003年 310页
b15905536 G527.224 C8225 2003

栾城县地名志
栾城县地名委员会办公室编 王捍主编 石家庄 河北科学技术出版社 1992年 368页〔河北县级地名志丛书〕
b16661965 K922.24 L852 1992

栾城县水利志
栾城县水利志编纂委员会编 周梦江主编 石家庄 河北人民出版社 1997年 228页〔河北省水利史志丛书〕
b21856187 TV–092 Z669 1997

辛集市

辛集市志
辛集市地方志编纂委员会编 王登普主编 北京 中国书籍出版社 1996年 1158页
b10598091 K292.23 X446

辛集市志 1986–2005
辛集市志编纂委员会编 董文强 张文奇主编 北京 中华书局 2012年 1044页
b40648291 K292.23 X446 2012

东张口村志
东张口村志编纂委员会 刘朋湖主编 辛集 东张口村志编纂委员会 2016年 523页
b47560411 K292.25 D5824 2016

辛集市政协志 1949.11–1989.12
政协河北省辛集市委员会编 辛集 政协河北省辛集市委员会 1989年 149页
b20017431 D628.224 Z649 1989

辛集市土地管理志
辛集市土地管理局编 北京 中国农业科技出版社 1995年 225页
b17677932 F327.223 X446 1995

辛集市科学技术志
辛集市科学技术志编纂委员会编 穆凤凯主编 石家庄 河北科学技术出版社 1992年 379页
b40740122 G322.722.3 X446 1992

辛集市教育志
郑建华主编 石家庄 河北教育出版社 2008年 611页
b21570863 G527.223 X446 2008

辛集市城乡建设志
郑萍信 刘进田主编 北京 中国建筑工业出版社 1994年 414页〔中华人民共和国地方志〕
b10771748 TU984.222 Z542

晋州市

晋县志
河北省晋州市地方志编纂委员会编 张喜聚主编 北京 新华出版社 1995年 1011页〔中华人民共和国地方志丛书〕
b10597633 K292.24 J518

晋县志
河北省晋州市地方志编纂委员会编 张喜

聚主编 北京 中国文史出版社 2014 年 1011 页
b47052119 K292.24 J518C 2014

晋州市志 1991–2005
晋州市地方志编纂委员会编 安锁然主编 北京 新华出版社 2014 年 922 页
b4613329x K292.23 J518 2014

侯城村志
侯城村志编委会编 程兆文主编 济南 黄河出版社 2016 年 299 页〔作家探寻文丛〕
b50152063 K292.25 H429 2016

晋县教育志 1102–1990
晋县教育志局编 晋县 晋县教育志局 1997 年 油印本 2 卷 659 页
b20181930 G527.224 J518 1997

晋州市教育志
晋州市教育志编纂委员会编 刘得志主编 石家庄 河北人民出版社 2001 年 384 页
b15667303 G527.224 L673 2001

新乐市

新乐县志
新乐县志编纂委员会编 韩书林主编 北京 中国对外翻译出版公司 1997 年 766 页
b10521008 K292.24 X443

新乐市志 1993–2005
新乐市地方志编纂委员会编 刘月霞主编 长春 吉林人民出版社 2011 年 866 页
b44851790 K292.23 X443 2011

新乐市供水志
新乐市供水志编纂委员会编 马文进主编 新乐 新乐市供水有限责任公司 2004 年 177 页〔河北地方史志丛书〕
b46443599 F299.241 M143 2004

新乐县交通志
新乐县交通局编 康君成主编 新乐 新乐县交通局 1990 年 147 页〔河北地方史志丛书〕
b20046364 F512.722.4 X443 1990

新乐教育志
新乐教育志编纂委员会编 苏玉山主编 石家庄 河北教育出版社 1999 年 516 页
b16445788 G527.224 S715 1999

新乐县教育志 唐末 –1992
新乐市教育局 新乐 新乐市教育局 199– 年 842 页
b36014680 G527.224 X443

新乐县水利志
新乐县水利志编纂委员会编 王灵彦主编 新乐 新乐市印刷厂 1994 年 230 页〔河北省水利史志丛书〕
b21570942 TV–092 X4435 1994

井陉县

井陉县志
井陉县志编纂委员会编 梁建楼 刘喜明总纂 石家庄 河北人民出版社 1986 年 802 页
b10655505 K292.24 J556

井陉县志
井陉县志编纂委员会编 梁建楼主编 北京 中国文史出版社 2011 年 802 页
b40648266 K292.24 J556 2011

井陉县志 1985–2004
井陉县志编纂委员会编 梁建楼主编 北京 新华出版社 2006 年 1182 页
b16859364 K292.24 J555 2006

虎皮庄村志
井陉县虎皮庄村志编委会编 王泽主编 井陉 井陉县虎皮庄村志编委会 2008 年 425 页
b21568340 K292.25 H495 2008

井陉县微水村志 2004–2014
井陉县微水村志编纂委员会编 杜建增主编 石家庄 河北人民出版社 2017 年 920 页
b50089961 K292.25 W272C 2017

前百家村志 约前 4000–2012
前百家村志编纂委员会编 王志刚主编 郑州 中州古籍出版社 2014 年 613 页
b46133616 K292.25 Q228 2014

桃王庄村志
井陉县辛庄乡桃王庄村志编纂委员会编 李全文主编 北京 中国文史出版社 2015 年 610 页
b50070447 K292.25 T266 2015

微水村志
微水村志编纂委员会编 梁建楼主编 北京 新华出版社 2005 年 728 页
b16635619 K292.25 W272 2005

辛庄乡志
井陉县辛庄乡志编纂委员会编 井陉 井陉县辛庄乡志编纂委员会 2007 年 812 页
b18620887 K292.25 X447 2007

井陉县人大志
井陉县人大志编纂委员会编 郝晋生主编 北京 中国文史出版社 2011 年 620 页
b38893824 D624.224 J556 2011

井陉县政协志 1983–1999
井陉县政协志编纂委员会编 梁建楼主编 石家庄 河北人民出版社 1999 年 444 页
b15621546 D628.224 L491 1999

井陉矿务局志 1989–2007
井陉矿务局志编纂委员会编 刘旭宝主编 井陉 井陉矿务局印刷厂 2008 年 632 页
b22430489 F426.21 L692 2008

井陉县交通志
井陉县交通志编纂委员会编 石家庄 河北人民出版社 2008 年 516 页
b20018538 F512.722.4 J556 2008

井陉县公路工程志 1949–2011
井陉县公路工程志编撰委员会编著 仇玉英主编 石家庄 河北人民出版社 2013 年 440 页
b44916619 F542.822.4 J556 2013

井陉县财政志 2004–2008
毕吉平总纂 石家庄 河北人民出版社 2009 年 751 页
b20810398 F812.722.4 J555 2009

井陉县教育志
崔治先主编 石家庄 河北人民出版社 1991 年 269 页
b15621571 G527.224 C822 1991

井陉县教育志 1991–2010
井陉县教育志编纂委员会编 刘志华主编 北京 中国文史出版社 2012 年 629 页

b40648254 G527.224 C822 2012

井陉县卫生志
井陉县卫生志编纂委员会编 马有有 范二奎主编 北京 中国文史出版社 2013年 532页
b49748403 R199.2 J555 2013

井陉县建设志
井陉县建设志编委会编著 吴兆林主编 北京 中国档案出版社 2000年 366页〔中华人民共和国地方志〕
b20710732 TU984.222.4 J556 2000

井陉县水利志
井陉县水利志编纂委员会编 北京 新华出版社 2008年 396页
b21289360 TV-092 J556 2008

正定县

正定县志
河北省正定县地方志编纂委员会编 张五岳主编 北京 中国城市出版社 1992年 984页〔中华人民共和国地方志丛书〕
b10982243 K292.24 H286

正定县志 1986–2005
正定县志编纂委员会编 雍玉申主编 北京 新华出版社 2009年 1084页
b30002321 K292.24 H286 2009

固营村志
固营村志编纂委员会编 张书文主编 正定 固营村志编纂委员会 2012年 633页
b50727370 K292.25 G5619 2012

正定纪检监察志 1979–2014
正定纪检监察志编纂委员会编 吕晨辉主编 北京 中国方正出版社 2015年 353页
b49963041 D262.6 Z515 2015

正定县人大志 1949–2015
正定县人大志编纂委员会编 王贵福主编 正定 正定县人大志编纂委员会 2016年 882页
b49964550 D624.224 Z515 2016

正定县土地志
正定县土地管理局编纂 刘永辰主编 石家庄 河北人民出版社 2001年 513页
b16436088 F327.224 Z515 2001

正定教育志
正定县教育委员会编 冯祥亮主编 石家庄 河北教育出版社 1996年 406页
b20136079 G527.224 Z515 1996

正定县水利志
正定县水利志编纂委员会编 刘玉库主编 正定 正定县水利志编纂委员会 1995年 202页〔河北省水利史志丛书〕
b21857490 TV-092 Z515 1995

行唐县

行唐县志
行唐县志地方志编纂委员会编 王永德主编 北京 中国对外翻译出版公司 1998年 822页
b12697874 K292.24 X477

行唐县志 1991–2005
行唐县地方志编纂委员会编 李蕙萍主编 石家庄 河北人民出版社 2010年 845页
b21765881 K292.24 X477 2010

西街村志
行唐县龙州镇西街村志编纂委员会编 刘增其主编 行唐 行唐县龙州镇西街村志编纂委员会 2017 年 328 页
b50727692 K292.25 X1194 2017

行唐县交通志
行唐县交通局编 石家庄 河北人民出版社 1990 年 359 页〔河北地方史志丛书〕
b20046443 F512.722.4 X477 1990

灵寿县

灵寿县志
灵寿县地方志编纂委员会编 牛玉珂主编 北京 新华出版社 1993 年 854 页
b10727796 K292.24 L628

灵寿县政协志
中国人民政治协商会议河北省灵寿县委员会编 赵守国主编 灵寿 灵寿县育才印刷厂 2012 年 593 页
b44916292 D628.224 L628 2012

高邑县

高邑县志
河北省高邑县地方志编纂委员会编 赵连印 崔占吉主编 北京 新华出版社 1993 年 790 页〔中华人民共和国地方志丛书〕
b10644994 K292.24 G255

里村志
里村村民委员会 刘新国 董占国编著 石家庄 石家庄市高邑县里村村民委员会 2018 年 393 页
b51090454 K292.25 L384 2018

高邑县军事志 前 500–2005
高邑县军事志编纂委员会编 邢玉胜主编 高邑 高邑县军事志编纂委员会 2010 年 364 页〔石家庄市军事志系列丛书〕
b50861311 E289.224 G255 2010

高邑县交通志
河北省高邑县交通局编 高邑 河北省高邑县交通局 1990 年 98 页〔河北省地方史志丛书〕
b20042462 F512.722.4 G255 1990

高邑县教育志
高邑县教育志编纂委员会编 石家庄 河北人民出版社 2004 年 342 页
b16433154 G527.224 G255 2004

高邑人物志
高春需主编 北京 光明日报出版社 2014 年 615 页
b47106128 K820.822.4 G255 2014

高邑县地名志
河北省高邑县地名办公室编 高邑 河北省高邑县地名办公室 1983 年 125 页
b20368926 K922.24 G255 1983

深泽县

深泽县志
深泽县地方志编纂委员会编 延连喜主编 北京 方志出版社 1997 年 648 页
b10525178 K292.24 S387

深泽县军事志 2–2005
深泽县军事志编纂委员会编 张振波主编 深泽 深泽县军事志编纂委员会 2013 年 359 页〔石家庄市军事志系列丛书〕
b44916553 E289.224 S387 2013

赞皇县

赞皇县志
河北省赞皇县地方志编纂委员会编 甄民一主编 北京 方志出版社 1998年 767页〔中国地方志丛书〕
b13400939 K292.24 Z138

赞皇县志 1991–2005
赞皇县地方志编纂委员会编 甄民一主编 石家庄 河北人民出版社 2013年 803页
b40938827 K292.24 Z138 2012

见守村志
陈更新著 保定 保定市中画美凯印刷公司 2006年 322页
b20597198 K292.25 J312 2006

赞皇县南关村志
南关村志编纂委员会编 马志文主编 石家庄 河北人民出版社 2013年 295页
b40424297 K292.25 N161 2013

赞皇人口和计划生育志
蔡占军主编 赵发起编著 北京 中国人口出版社 2013年 404页
b45841238 C924.252.24 Z138 2013

赞皇县林业志
吕爱文 秦文平主编 保定 河北大学出版社 2011年 636页
b37530963 F326.272.24 Z138 2011

赞皇县地名志
张金乾 闫瑞廷 翟国朝主编 北京 中国社会出版社 2010年 363页〔中华人民共和国地名志书系〕
b46274364 K922.24 Z138 2010

无极县

无极县志
无极县地方志编纂委员会编 刘宗诚主编 北京 人民出版社 1993年 804页
b10646772 K292.24 W479

无极县军事志 前250–2005
无极县军事志编纂委员会编 刘腾飞主编 无极 无极县军事志编纂委员会 2011年 462页〔石家庄市军事志系列丛书〕
b44916796 E289.224 W479 2011

无极县教育志
无极县教育志编纂委员会编 石家庄 河北人民出版社 2004年 420页
b16438243 G527.224 W479 2004

平山县

平山县志
平山县地方志编纂委员会编 张泊川 刘峰川主编 北京 中国书籍出版社 1996年 985页
b10600231 K292.24 P613

平山县志 1992–2010
平山县地方志编纂委员会编 曹军军主编 马建林主编 北京 中央文献出版社 2012年 962页
b50065464 K292.24 P613E 2012

平山县科学技术志
王文学主编 石家庄 河北科学技术出版社 1991年 291页
b49533915 G322.722.4 P613 1991

平山县教育志
平山县教育志编纂委员会编 石家庄 河北

人民出版社 2003 年 431 页
b1642461x G527.224 P613 2003

平山县教育志 2001–2015
平山县教育志编纂委员会编 刘淑云主编 石家庄 河北人民出版社 2017 年 563 页
b50137967 G527.224 P613C 2017

平山方言志
盖林海著 石家庄 河北教育出版社 2004 年 152 页
b1685939x H172.1 G349 2004

平山县地名志
平山县地名办公室编 平山 平山县印刷厂 1983 年 547 页
b20369001 K922.24 P613 1983

平山县水利志
平山县水利志编辑办公室编 陈建永主编 平山 平山县水利志编辑办公室 1989 年 207 页
b22921734 TV–092 P6127 1989

元氏县

元氏县志
元氏县志编纂委员会编 李英辰主编 北京 中国和平出版社 1995 年 586 页
b10617061 K292.24 Y811

元氏县志 1986–2005
元氏县地方志编纂委员会编 王国斌主编 石家庄 河北人民出版社 2015 年 833 页
b46531361 K292.24 Y811C 2015

元氏县交通志
河北省元氏县交通局编 元氏 河北省元氏县交通局 1990 年 139 页〔河北省地方史志丛书〕
b20046868 F512.722.4 Y811 1990

元氏县财政志
元氏县财政志编纂委员会编 王金奎 魏显峰主编 石家庄 河北人民出版社 2009 年 563 页
b20815608 F812.722.4 Y811 2009

元氏县教育志 41–2002
元氏县教育局编 杜青竹主编 保定 河北大学出版社 2011 年 382 页
b45837041 G527.224 Y811 2011

元氏方言志
吕路平 吕巧平著 北京 对外经济贸易大学出版社 2013 年 210 页
b41024692 H172.1 L979 2013

赵 县

赵县志
河北省赵县地方志编纂委员会编 北京 中国城市出版社 1993 年 768 页〔中华人民共和国地方志丛书〕
b10636225 K292.24 Z441C

赵县志 1987–2005
赵县地方志编纂委员会编 李军华主编 长春 吉林人民出版社 2011 年 824 页
b3617435x K292.24 Z441C 2011

柏林禅寺志
明海主编 净慧主修 郑州 大象出版社 2015 年 913 页
b47072787 B947.222.4 B165 2015

赵县土地志
赵县地方志编纂委员会编 白保华 郑清杰主编 石家庄 石家庄市西里印刷厂 2001年 227页〔河北省土地志系列丛书〕
b21277473 F327.224 Z441 2001

赵县公路交通志
米拴国 魏松辉主编 北京 同心出版社 1998年 200页
b47414376 F542.822.4 Z441 1998

赵县教育志
赵县教育委员会编 石家庄 河北人民出版社 1991年 391页
b16323725 G527.224 Z441 1991

赵县地名志
赵县地名办公室编 赵县 赵县地名办公室 1984年 343页
b12160891 K922.2 Z441

赵州桥志
冯才钧主编 北京 人民交通出版社股份有限公司 2015年 396页
b47199350 K928.78 F3734 2015

唐山市

唐山市志
唐山市地方志编纂委员会编 靳宝峰 孟祥林主编 北京 方志出版社 1999年 5卷 3538页
b13607510 K292.23 T242C

唐山市东矿区志
东矿区地方志编纂委员会编 刘宗沛主编 北京 中国和平出版社 1994年 587页
b20462372 K292.23 T242D 1994

中共唐山市委办公厅志 1987–2005
中共唐山市委办公厅编 鲁颖主编 北京 方志出版社 2013年 353页
b44810763 D235.223 T242Y 2013

唐山工会志 1919–1988
唐山市总工会工运史志征编委员会编 王守谦主编 唐山 唐山市总工会工运史志征编委员会 1992年 273页
b49983064 D412.822.3 T242 1992

唐山市国土资源志
唐山市国土资源志编纂委员会编 崔光华主编 北京 中国文史出版社 2013年 496页
b42291537 F129.922.3 T242T 2013

唐山城市建设志
唐山城市建设志编纂委员会编 王克勤主编 天津 天津人民出版社 1992年 341页
b38128263 F299.272.23 T242 1992

唐山市畜牧志
唐山市畜牧志编纂委员会编 杨学诚主编 天津 天津人民出版社 2002年 281页
b49789776 F326.372.23 T242 2002

唐山市土地志
唐山市土地志编纂委员会编 崔光华主编 唐山 唐山市土地志编纂委员会 2000年 540页〔河北省土地志系列丛书〕
b16437081 F327.223 T242 2000

唐山市农业资源区划志 1979–2003
唐山市农业区划委员会办公室编著 于树纯 刘士彬主编 北京 中国大地出版社 2004年 340页
b22432085 F329.922.3 Y726 2004

开滦煤矿志 1989–2008
开滦集团有限责任公司编 殷作如主编 北京 新华出版社 2011年 1020页
b40863888 F426.21 K122 2011

南堡盐场志
南堡盐场志编委会编 天津 百花文艺出版社 1996年 484页
b21569605 F426.89 N161 1996

唐山供电公司志 1989–2006
朱晓岭主编 北京 中国电力出版社 2008年 485页
b50778432 F426.61 T2427 2008

唐山工商银行志
中国工商银行唐山分行金融志编纂委员会编 常久林 孟祥辰主编 北京 红旗出版社 1997年 396页
b49532534 F832.722.3 T242G 1997

唐山市金融志 第2部 1978–2005
唐山市金融志编纂委员会编 王志山主编 北京 中国文史出版社 2013年 491页
b4491555x F832.722.3 T242 2013

唐山市教育志 1840–1990
唐山市教育志编纂委员会编 刘水主编 北京 教育科学出版社 1993年 814页
b13742310 G527.223 T242

开滦二中校志
刘启功主编 唐山 正前彩印广告公司 2002年 342页
b20577060 G639.282.2 K122 2002

唐山市开滦二中志
马宏文 曹国富主编 唐山 唐山市开滦二中 2007年 457页
b21570437 G639.282.23 T242 2007

河北理工学院校志 1958–1995
刘义 史纯泉主编 北京 冶金工业出版社 1996年 359页
b50779291 G649.282.2 H2865 1996

华北煤炭医学院志 1926–2006
华北煤炭医学院志编写组编 唐山 华北煤炭医学院志编写组 2006年 316页
b20102008 G649.282.2 H5285 2006

唐山学院校志 1956–2006
唐山学院史志编纂委员会办公室编 王文和撰 唐山 唐山学院史志编纂委员会办公室 2006年 344页
b50319887 G649.282.2 T242 2006

唐山师范专科学校河北唐山教育学院志
王士立 郑禾主编 唐山 唐山师范专科学校 1996年 154页
b20104030 G659.282.2 T242 1996

唐山市文化志资料汇编
唐山市文化局文化志办公室编 唐山 唐山市文化局文化志办公室 1989年 6卷
b20045724 K292.23 T242S 1989

河北省地名志 第3卷 唐山市分册
河北省地名办公室编 石家庄 河北省地名办公室 1986年 398页
b10565188 K922.2 H286

唐山市地名录
唐山市地名委员会编 石家庄 河北科学技术出版社 1992年 185页〔河北省地名录全集〕
b13742802 K922.23 T242C

唐山市地名志
唐山市地名办公室编 石家庄 河北人民出版社 1986年 617页
b13743521 K922.23 T242

唐山市水利志
刘进举主编 石家庄 河北人民出版社 1990年 403页〔河北省水利史志丛书〕
b20136109 TV-092 L678 1990

唐山市水利志 1987-2006
唐山市水利志编纂委员会编 王赞 赵军昌主编 北京 中国水利水电出版社 2011年 643页
b22462181 TV-092 L678 2011

陡河水库志
邵裕年主编 石家庄 河北人民出版社 1993年 164页〔河北省水利史志丛书〕
b18280997 TV632.223 S339 1993

路北区

唐山市路北区志
唐山市路北区地方志编纂委员会编 杨居斗 高金山主编 北京 中华书局 1999年 845页〔中华人民共和国地方志丛书〕
b12824574 K292.23 T2425

路南区

唐山市路南区志
唐山市路南区地方志编纂委员会编 北京 海潮出版社 2000年 848页
b13521147 K292.23 T242L

开平区

开平区志
唐山市开平区地方志编纂委员会编 李述主编 天津 天津人民出版社 1998年 669页
b15656676 K292.23 T242T 1998

开平区志 1987-2008
开平区地方志编纂委员会编 阎景新执行主编 北京 方志出版社 2016年 696页
b4740436x K292.23 T242TC 2016

丰南区

丰南县志
丰南县志编纂委员会编 北京 新华出版社 1990年 807页〔中国地方志丛书〕
b10647363 K292.24 F359C

丰南县续志 1986-1993
丰南县续志编纂委员会编 李继隆主编 北京 方志出版社 2003年 1135页
b15315873 K292.24 F359C 2003

丰南镇志
丰南镇志编纂委员会编 李继隆主编 北京 民族出版社 2014年 1099页
b46065076 K292.25 F359 2014

太各庄村志
梁永焦主编 北京 中国文史出版社 2015年 313页
b46106169 K292.25 T162 2015

丰南县水利志
丰南县水利局编 耿少军主编 石家庄 河北人民出版社 1990年 190页〔河北省水利史志丛书〕
b20136122 TV-092 G398 1990

丰润区

丰润县志
丰润县地方志编纂委员会编 王从政主

编 北京 中国社会科学出版社 1993 年 786 页
b10623073 K292.24 F3597

唐山市丰润区图志
河北省唐山市丰润区地方志编纂委员会编 孙雅丽主编 石家庄 河北人民出版社 2006 年 313 页
b1678473x K292.23 T242F 2006

唐山市丰润区志 1978–2005
唐山市丰润区地方志编纂委员会编 潘贵存主编 北京 方志出版社 2010 年 2 卷 1153 页
b22457768 K292.23 T242G 2010

唐山市丰润区志 第 1 卷 1978–2005 评审稿
潘贵存 孙雅丽主编 唐山 唐山市丰润区地方志编纂委员会 2005 年 921 页
b22433545 K292.23 T242G 2005

唐山市新区志
唐山市新区地方志编纂委员会编 韩彦敏 冯军主编 北京 中华书局 1993 年 491 页〔中华人民共和国地方志丛书〕
b10727279 K292.23 T242

丰润县教育志 1898–1987
丰润县文教局教育志编写办公室编 张平主编 丰润 丰润县文教局 1988 年 270 页
b20402831 G527.224 F3597 1988

河北丰润车轴山中学志
河北丰润车轴山中学志编辑委员会编 马国栋主编 北京 中国文联出版社 2003 年 605 页
b20136742 G639.282.2 F359 2003

邱庄水库志
刘满囤主编 石家庄 河北人民出版社 1996 年 146 页〔河北省水利史志丛书〕
b22431494 TV632.224 Q528 1996

曹妃甸区

唐海县志
唐海县地方志编纂委员会编 孟祥州 王凤龙主编 天津 天津人民出版社 1997 年 738 页
b10524812 K292.24 T241

唐海县志 1991–2005
唐海县地方志编纂委员会编 刘玉峰 王凤龙主编 北京 中国文史出版社 2014 年 1033 页
b46899169 K292.24 T241C 2014

唐海县水利志
郭先平 王德庆主编 石家庄 河北人民出版社 1993 年 322 页〔河北省水利史志丛书〕
b17856322 TV–092 T241 1993

遵化市

遵化县志
遵化县志编纂委员会编 张显忱主编 石家庄 河北人民出版社 1990 年 672 页
b1076107x K292.24 Z954

迁安市

迁安县志
迁安县地方志编纂委员会办公室编 田军民 肖波主编 北京 中国社会出版社 1994 年 696 页
b10633595 K292.24 Q1971

迁安市志 1987–2006
迁安市地方志编纂委员会编 刘英椿主编 北京 方志出版社 2013 年 1142 页
b45625256 K292.23 Q197 2013

迁安市土地志
迁安市土地志编纂委员会编 郝可军主编 石家庄 石家庄市西里印刷厂 2000 年 290 页〔河北省土地志系列丛书〕
b17803111 F321.1 H249 2000

迁安县水利志
燕宝恒主编 石家庄 河北人民出版社 1990 年 225 页〔河北省水利史志丛书〕
b1729891x TV–092 Y199 1990

滦 县

滦县志
滦县志编纂委员会编 石家庄 河北人民出版社 1993 年 866 页
b10623140 K292.24 L853

滦县志 1986–2003
滦县地方志编纂委员会编 陈明广 樊宝章主编 北京 方志出版社 2006 年 1011 页
b17359995 K292.24 L853 2006

滦县土地志
滦县土地管理局编 北京 地质出版社 2000 年 267 页
b20466493 F327.224 L853 2000

滦县教育志 1886–1986
滦县教育志编辑组 高起主编 滦县 滦县文教局 1987 年 204 页
b20139664 G527.224 L853 1987

河北滦县一中校志 1913–1998
朱天祜主编 滦县 河北省滦县印刷厂 1998 年 522 页
b17302067 G639.282.2 H286 1998

河北滦县一中校志 1913–2008
朱天祜主编 滦县 河北省滦县一中 2008 年 687 页
b21763598 G639.282.2 H286 2008

滦县地名志
滦县地名委员会办公室编 北京 中国对外翻译出版公司 1997 年 536 页
b20019609 K922.24 L8536 1997

滦南县

滦南县志
河北省滦南县志编纂委员会编 王义钧主编 北京 三联书店 1997 年 1029 页〔中华人民共和国地方志丛书〕
b10468547 K292.24 L8535

滦南县志 1979–2005
滦南县地方志编纂委员会编 刘占才主编 北京 新华出版社 2010 年 1235 页
b22430842 K292.24 L8535 2010

滦南县安各庄乡铁匠庄志
孙继民著 香港 天马图书有限公司 1993 年 221 页〔百家论坛丛书〕
b20099460 K292.25 T389 1993

滦南县土地志
滦南县土地志编纂委员会编 何俊林 刘永茂主编 滦南 滦南县土地志编纂委员会 2000 年 331 页〔河北省土地志系列丛书〕
b16448340 F327.224 H271 2000

滦南县地名志
河北省滦南县地名办公室编 滦南 滦南县印刷厂 1983 年 368 页
b16425947 K922.24 L853 1983

乐亭县

乐亭县志
乐亭县地方志编纂委员会编 王文清主编 北京 中国大百科全书出版社 1994 年 906 页
b10698851 K292.24 Y871

乐亭县土地志
乐亭县土地管理局编 王炎生主编 乐亭 乐亭县土地管理局 1999 年 284 页
b21277199 F327.224 L267 1999

乐亭县文化志 1840–2013
乐亭县文化志编纂委员会编 于红主编 乐亭 乐亭县文化志编纂委员会 2016 年 779 页
b50234043 G127.224 Y871 2016

乐亭县教育志
乐亭县文教局教育志编写办公室编 张世五 任春耕 郭玉柱编纂 乐亭 乐亭县文教局教育志编写办公室 1987–2000 年 2 卷 528 页
b27575937 G527.224 L871 1987

迁西县

迁西县志
迁西县地方志编纂委员会编 潘秀华 孙万忠主编 北京 中国科学技术出版社 1991 年 814 页
b10759499 K292.24 Q197

迁西县志 1987–2005
迁西县地方志编纂委员会编 孙万忠主编 北京 方志出版社 2012 年 1089 页
b40739417 K292.24 Q197 2012

迁西县地名志
迁西县地名办公室编 潘秀华 刘百涛主编 北京 新华出版社 1990 年 669 页
b17298672 K922.24 P162 1990

迁西县水利志
王治河主编 石家庄 河北人民出版社 1993 年 164 页〔河北省水利史志丛书〕
b21856229 TV–092 Q197 1993

玉田县

玉田县志
玉田县志编纂委员会编 夏庆明 吴尔亮主编 北京 中国大百科全书出版社 1993 年 585 页
b10625252 K292.24 Y774

玉田县地名志
胡炳成 王希安主编 北京 中国对外翻译出版公司 1998 年 635 页〔河北县级地名志丛书〕
b1643433x K922.24 Y774 1998

玉田县水利志
齐光庭主编 石家庄 河北人民出版社 1991 年 161 页〔河北省水利史志丛书〕
b21856217 TV–092 Y7748 1991

秦皇岛市

秦皇岛市志
秦皇岛市地方志编纂委员会编 王岳辰 齐家璐主编 天津 天津人民出版社 1994

年 10 卷 4257 页
b10636286 K292.23 Q447C

秦皇岛市志 1979–2002
秦皇岛市人民政府地方志办公室编 孙继胜主编 北京 方志出版社 2009 年 3 卷 1959 页
b20815530 K292.23 Q447D 2009

秦皇岛市妇联史志
秦皇岛市妇女联合会编 抚宁 河北省抚宁县印刷厂 1999 年 453 页
b38486908 D442.822.3 Q447 1999

秦皇岛市政协志 1949–1998
秦皇岛市政协志编纂委员会编 于广渤主编 秦皇岛 中国标准出版社秦皇岛印刷厂 1999 年 347 页
b2053551x D628.223 Q447 1999

秦皇岛市武警志
秦皇岛市武警志编审委员会编 李新旺主编 天津 天津人民出版社 2000 年 275 页〔秦皇岛方志丛书〕
b46442017 E277.009 Z649 2000

秦皇岛经济技术开发区志
秦皇岛经济技术开发区地方志编纂委员会编 深圳 海天出版社 2004 年 407 页
b20462232 F127.223 Q447 2004

秦皇岛市国土资源局志 1986–2011
秦皇岛市国土资源局编 李增文 焦鹏利主编 北京 新华出版社 2016 年 354 页
b50993574 F129.922.3 Q447 2016

耀华玻璃厂志
耀华玻璃厂志编纂委员会编 赵维舟主编 北京 中国建筑材料工业出版社 1992 年 545 页
b50318081 F426.7 Y331 1992

秦皇岛市交通志
秦皇岛市交通局 南金英主编 石家庄 河北科学技术出版社 1992 年 312 页〔河北交通史志丛书 秦皇岛市地方志丛书〕
b19733331 F512.722.3 Q447 1992

铁道部山海关桥梁工厂志
铁道部山海关桥梁工厂志编委会编 田荫宽主编 沈阳 辽宁人民出版社 1994 年 555 页
b49849852 F532.6–09 T389 1994

秦皇岛港口志
王庆普主编 大连 大连海事大学出版社 1996 年 511 页〔秦皇岛市地方志丛书〕
b16327123 F552.9 W227Q 1996

秦皇岛港口志 1996–2005
秦皇岛港务集团有限公司史志编审委员会编 姚凤霞主编 北京 方志出版社 2010 年 408 页
b21039513 F552.9 Q447 2010

秦皇岛市文化志
秦皇岛市文化局编 张禾田 齐家璐主编 秦皇岛 秦皇岛市文化局 1992 年 274 页〔秦皇岛市地方志丛书〕
b20577485 G127.223 Q447 1992

秦皇岛市科学技术志
陈玉成主编 北京 中国科学技术出版社 1994 年 597 页
b49532686 G322.722.3 Q447 1994

秦皇岛教育志 1436–1985
高平主编 秦皇岛 秦皇岛市教育委员会

1992 年 482 页〔秦皇岛市地方志丛书〕
b20182156 G527.223 Q447 1992

秦皇岛市第一中学校志 建校六十周年纪念 1929–1989
秦皇岛市第一中学编 秦皇岛 秦皇岛市第一中学 1989 年 298 页
b49849736 G639.282.23 Q447 1989

北京理工大学秦皇岛分校志 1984–2004
北京理工大学秦皇岛分校校志编写委员会编 秦皇岛 北京理工大学秦皇岛分校校志编写委员会 2004 年 151 页
b17302006 G649.282.2 B318 2004

秦皇岛地区抗日战争志
中共秦皇岛市委宣传部 秦皇岛市地方志办公室编 于春海 孙继胜主编 北京 中共党史出版社 2005 年 230 页
b17510491 K265.06 Z643 2005

秦皇岛风物志
秦皇岛市地名办公室编 石家庄 河北人民出版社 1986 年 175 页
b16426022 K292.23 Q447F 1986

秦皇岛人物志
马誉峰主编 北京 中央文献出版社 2009 年 380 页
b21764840 K820.822.3 M143 2009

河北省地名志 第 4 卷 秦皇岛市分册
河北省地名办公室编 石家庄 河北省地名办公室 1986 年 271 页
b10565188 K922.2 H286

秦皇岛市地名录
秦皇岛市地名办公室编 石家庄 河北科学技术出版社 1993 年 337 页〔河北省地名录全集〕
b20018502 K922.23 Q447Q 1993

秦皇岛鸟类图志
孙继胜主编 香港 香港文汇出版社 2005 年 168 页
b22431482 Q959.7–64 S771 2005

秦皇岛市水利志
安洪声主编 天津 天津人民出版社 1993 年 325 页〔河北省水利史志丛书〕
b20136560 TV–092 A1637 1993

海港区

海港区志
秦皇岛市海港区地方志编纂委员会编 赵士杰 孙文周主编 秦皇岛 秦皇岛市海港区地方志编纂委员会 1990 年 756 页〔中华人民共和国地方志丛书〕
b1056939x K292.24 H145

秦皇岛市海港区志 1983–2002
秦皇岛市海港区志地方志编纂委员会编 王澍主编 北京 方志出版社 2009 年 808 页
b20710768 K292.23 Q447H 2009

海港区村镇志
秦皇岛市海港区地方志编纂委员会编 王澍主编 北京 方志出版社 2011 年 484 页
b36306095 K292.23 Q447E 2011

山海关区

秦皇岛市山海关区志 1979–2004
山海关区人民政府地方志办公室编 马学智主编 北京 方志出版社 2011 年 860 页
b40836964 K292.23 Q447S 2011

山海关志
秦皇岛市山海关区地方志编纂委员会编 窦连起主编 天津 天津人民出版社 1994年 718页
b10825010 K292.23 Q447

第一关镇志
河北省秦皇岛市山海关区第一关镇志编纂委员会编 孙继胜主编 北京 方志出版社 2016年 334页〔中国名镇志丛书〕
b47206032 K292.25 D413 2016

山海关图志
时晓峰主编 香港 香港文汇出版社 2006年 273页〔山海关史料丛书〕
b41235599 K292.23 Q447S 2006

山海关长城志
郭述祖著 石家庄 河北省地名办公室 1984年 124页
b17298398 K928.77 G776 1984

北戴河区

北戴河志
秦皇岛市北戴河区地方志编纂委员会编 天津 天津人民出版社 1994年 662页
b10625100 K292.24 B316

北戴河志 1988–2003
北戴河区地方志编纂委员会编 北京 方志出版社 2008年 825页
b20198206 K292.24 B316Q 2008

北戴河鸟类图志
刘学忠等编著 石家庄 河北教育出版社 2011年 445页
b46273578 Q959.7-64 L6929 2011

抚宁区

抚宁县志
抚宁县编审委员会编 康占忠主编 石家庄 河北人民出版社 1990年 702页
b10758938 K292.24 F472

抚宁县志 1979–2002
抚宁县地方志编纂委员会编 呼贵礼主编 北京 方志出版社 2010年 829页
b22032277 K292.24 F472 2010

抚宁县国土资源志
抚宁县国土资源志编纂者编 抚宁 抚宁县国土资源志编纂者 2005年 367页
b16860676 F129.922.4 F472 2005

抚宁县交通志
抚宁县交通局编 邵耀庭主编 北京 人民日报出版社 1991年 251页〔河北交通史志丛书〕
b20042292 F512.722.4 S339 1991

南戴河旅游志
单明礼主编 石家庄 河北科学技术出版社 1996年 159页
b15667972 F592.722.4 S281 1996

南戴河旅游志 1995–2005
南戴河旅游度假区管委会编 单明礼主编 抚宁 南戴河旅游度假区管委会 2005年 275页
b20139822 F592.722.4 S281 2005

抚宁县教育志 1979–2003
抚宁县教育局教育志编写组编 抚宁 抚宁县教育局教育志编写组 2005年 232页
b1686069x G527.224 F472 2005

抚宁县地名志
河北省抚宁县地名办公室编 秦皇岛 秦皇岛市第二印刷厂 1983 年 577 页
b18176252 K922.244 F472 1983

抚宁县卫生志
抚宁县卫生志编纂委员会编 陈立军主编 抚宁 抚宁县卫生志编纂委员会 2014 年 489 页〔抚宁县地方志丛书〕
b49704692 R199.2 F472 2014

抚宁县水利志
王景曜主编 天津 天津大学出版社 1992 年 244 页〔河北省水利史志丛书〕
b20534310 TV-092 W2199 1992

昌黎县

昌黎县志
昌黎县地方志编纂委员会编 陈雨时主编 北京 中国国际广播出版社 1992 年 771 页
b10641026 K292.24 C329

昌黎县志 1986-2002
昌黎县地方志编纂委员会办公室编 张贵田主编 北京 方志出版社 2011 年 950 页
b4073934x K292.24 C329 2011

昌黎方言志
河北省昌黎县县志编纂委员会 中国科学院语言研究所合编 北京 科学出版社 1960 年 283 页
b15026760 412.1911 200.5

昌黎方言志
河北省昌黎县县志编纂委员会 中国社会科学院语言研究所同编 上海 上海教育出版社 1984 年 新 1 版 283 页
b11383781 H172.1 H285

昌黎县水利志
孙思功主编 天津 天津大学出版社 1992 年 294 页〔河北省水利史志丛书〕
b2185631x TV-092 C3295 1992

卢龙县

卢龙县志
卢龙县志编纂委员会编 彭勃主编 天津 天津人民出版社 1994 年 766 页
b10640988 K292.24 L791

卢龙县水利志
卢龙县水利志编委会编 天津 天津大学出版社 1992年 192页〔河北省水利史志丛书〕
b17609756 TV-092 L791 1992

青龙满族自治县

青龙满族自治县志
青龙满族自治县志编纂委员会编 胡广利主编 北京 中国城市出版社 1997 年 1028 页
b10568840 K292.24 Q464

青龙满族自治县志 1979-2004
青龙满族自治县地方志编纂委员会编 曹子辉主编 北京 方志出版社 2010 年 852 页
b36133875 K292.24 Q464D 2010

邯郸市

邯郸市志
邯郸市地方志编纂委员会编 陈朝卿主编 北京 新华出版社 1992 年 1012 页
b10636298 K292.23 H168

邯郸市志
邯郸市地方志编纂委员会编 姬振江 刘弘瑛主编 北京 方志出版社 2015 年 5 卷

b49904176　K292.23　H168E　2015

邯郸人大志
程连星主编　北京　中国档案出版社　1995年　430页
b17301865　D624.223　C454　1995

邯郸市政协志
邯郸市政协志编纂委员会编　崔玉章主编　北京　中国文史出版社　2016年　1008页
b49715707　D628.223　H168　2016

邯郸民进会志　1981–2005
中国民主促进会河北省邯郸市委员会编　邯郸　中国民主促进会河北省邯郸市委员会　2005年　221页
b40864108　D665.3　H168　2005

中国农工民主党邯郸市志　1985–2010
中国农工民主党邯郸市委员会编　赵立春主编　邯郸　中国农工民主党邯郸市委员会　2010年　305页
b44749454　D665.5　H168　2010

邯郸市立法志
邯郸市立法志编纂委员会编　齐景海主编　北京　中国文史出版社　2017年　798页
b49950186　D927.223　H168　2017

邯郸市武警志
邯郸市武警志编审委员会编　李丙建　勒福林主编　石家庄　河北人民出版社　2001年　258页
b49640057　E277.09　H168　2001

邯郸市城市建设志
邯郸市城市建设志编纂委员会编　唐宗义主编　北京　中国建筑工业出版社　1996年　469页〔中华人民共和国地方志〕
b20949261　F299.272.23　H168　1996

邯郸市建设志
邯郸市建设志编纂委员会编　北京　中国建筑工业出版社　1994年　796页〔中华人民共和国地方志〕
b17856334　F299.276.13　H168　1994

邯郸市畜牧水产志
张顺田主编　北京　中国城市出版社　1991年　180页
b49640069　F326.372.23　H168　1991

邯郸市农业志　1945–1990
邯郸市农业局编　李树声主编　合肥　黄山书社　1993年　330页
b49607698　F327.223　H168　1993

峰峰煤矿志　第3部　2009–2014
峰峰煤矿志第三部编纂委员会编　张德祥总编辑　北京　新华出版社　2015年　724页
b49938125　F426.21　H168　2015

邯郸电力工业志　1989–1999
邯郸市电业党委史志编委会编　陈中杰主编　北京　方志出版社　2003年　564页
b49850350　F426.61　H168　2003

邯郸供电志　1995–2005
邯郸供电公司编　田发川主编　北京　中国电力出版社　2011年　525页
b49850507　F426.61　H168H　2011

邯郸矿业集团志　1991–2006
邯郸矿业集团史志编审委员会编　韩福明总编辑　邯郸　邯郸矿业集团史志编审委员会　2008年　933页
b47584907　F426.1　H168　2008

邯郸热电厂厂志 1986–1997
侯天恩主编 北京 中国文联出版公司 1999年 381页
b50318251 F426.61 H168G 1999

邯郸陶瓷志 新石器时期–1989
邯郸市陶瓷总公司编纂 唐荆文主编 合肥 安徽新华印刷厂 1990年 679页
b22429876 F426.7 T241 1990

中煤建安集团志
朱必毅主编 北京 煤炭工业出版社 2013年 2卷 796页〔中煤建安集团志丛书〕
b49963053 F426.21 Z6444 2013

中煤一建公司四十九工程处志 1956–2016
中煤一建公司四十九工程处志编纂委员会编 北京 煤炭工业出版社 2016年 302页
b49689721 F426.9 Z6449 2016

邯郸供销社志 1949–2000
邯郸供销社志编纂委员会编 张纪元主编 邯郸 邯郸供销社志编纂委员会 2001年 356页
b49982072 F721.2 H168 2001

邯郸市税务志 1911–1985
刘亚曾主编 邯郸 邯郸市税务志编委会 1989年 308页
b47317000 F812.722.342 H168 1989

邯郸保险志
邱森贵主编 邯郸 中国人民保险公司邯郸中心支公司 1994年 233页
b50066092 F842.722.3 H168 1994

邯郸市教育志 初稿
邯郸市教育局编志办公室编 邯郸 邯郸市教育局编志办公室 2011年 714页
b27575640 G527.223 H168 2011

邯郸师范教育志
辛彦怀 李广主编 石家庄 河北人民出版社 2005年 561页
b17186730 G659.29 X447 2005

邯郸市地名录
邯郸市地名办公室编 石家庄 河北科学技术出版社 1991年 168页〔河北省地名录全集〕
b13742784 K922.23 H168

河北省地名志 第9卷 邯郸地区分册
河北省地名办公室编 石家庄 河北省地名办公室 1983年 440页
b10565188 K922.2 H286

邯郸市节水志
尚跃清主编 北京 中国文联出版社 2000年 371页
b49962899 TU991.64 H168 2000

跃峰渠志
跃峰渠志编纂委员会编 刘增秀 温江水主编 北京 中华书局 2001年 273页
b36248617 TV–092 Y869 2001

邯郸市环境保护志
邯郸市环境保护志编纂委员会编 刘景平总编 邯郸 邯郸市环境保护志编纂委员会 2010年 468页
b47584919 X321.222.3 H168 2010

丛台区

丛台区志
邯郸市丛台区地方志编纂委员会编 王学臣主编 北京 新华出版社 1998年 502页

b13274132　K292.23　H168C

吴唐营村志
吴唐营村村志编辑委员会编　吴敏慈主编　邯郸　吴唐营村村志编辑委员会　2015 年　315 页
b50665133　K292.25　W512　2015

邯山区

邯山区志
邯山区地方志编纂委员会编　陈贵璋主编　合肥　安徽人民出版社　1991 年　522 页
b20949273　K292.23　H168HS　1991

邯郸县志
邯郸县地方志编纂委员会编　刘建军主编　北京　中国人事出版社　1993 年　710 页〔中国地方志丛书〕
b10633935　K292.24　H168

邯郸县志　1986–2002
邯郸县地方志编撰委员会编　丁向平主编　北京　方志出版社　2003 年　862 页
b15988776　K292.24　H168　2003

邯郸县志　2003–2016
邯郸县地方志编纂委员会编　贾奉朝主编　北京　线装书局　2016 年　800 页
b49744057　K292.24　H168C　2016

北寨张村志
马振兴主编　邯郸　北寨张村志编纂委员会　2004 年　447 页
b45839980　K292.25　B3169　2004

邯郸县军事志　前 660–2005
邯郸县军事志编纂委员会编　曹印璞主编　邯郸　邯郸县军事志编纂委员会　2013 年　408 页
b49607704　E289.224　H168　2013

邯郸县土地志
邯郸县土地志编纂委员会编　曹印璞主编　石家庄　石家庄市西里印刷厂　2000 年　259 页〔河北省土地志系列丛书〕
b20534528　F327.224　H168　2000

邯郸县交通志
邯郸县交通局编　郭连江主编　北京　中国文史出版社　2007 年　210 页
b20042772　F512.722.4　G772　2007

邯郸师范专科学校志
辛彦怀主编　保定　河北大学出版社　2003 年　536 页
b18280377　G659.282.2　H168　2003

邯郸地名志
河北省邯郸地区地名办公室编　邯郸　河北省邯郸地区地名办公室　1987 年　439 页
b15251895　K922.22　H168　1987

东武仕水库志
孙凤芹　杨雪岗主编　天津　天津人民出版社　1994 年　146 页〔河北省水利史志丛书〕
b16424724　TV632.223　S768　1994

复兴区

复兴区志
河北省邯郸市复兴区地方志编纂委员会编　卢双强主编　北京　中国县镇年鉴社　1999 年　512 页〔中华人民共和国地方志丛书〕
b15698609　K292.23　H168F　1999

峰峰矿区

峰峰志
峰峰矿区地方志编纂委员会编 侯廷臻主编 北京 新华出版社 1996 年 1083 页
b10589405 K292.24 F354

邯郸市峰峰矿区志 1991–2006
邯郸市峰峰矿区志编纂委员会编 李春社主编 郑州 中州古籍出版社 2009 年 708 页
b20711128 K292.24 F354 2009

峰峰统战志
峰峰统战志编委会编 包志毅 李春社主编 邯郸 邯郸市丛台和美印刷公司 2012 年 283 页
b40864091 D613 F354 2012

峰峰矿区旅发志
峰峰矿区旅发志编纂委员会编 刘伟 黄长福 代海生主编 邯郸 峰峰矿区旅发志编纂委员会 2018 年 329 页
b50992041 F592.722.3 L691 2018

峰峰矿区水利志
峰峰矿区水利志编纂委员会编 田更书 吴增斌主编 北京 中国档案出版社 2000 年 195 页〔河北省水利史志丛书〕
b21854932 TV–092 F354 2000

肥乡区

肥乡县志
河北省肥乡县地方志编纂委员会编 王福建主编 北京 方志出版社 2001 年 831 页
b15956349 K292.24 F279W 2001

肥乡县政协志
政协肥乡县委员会编 刘玉彬主编 肥乡 政协肥乡县委员会 2012 年 507 页
b49640562 D628.224 F279 2012

永年区

永年县志
永年县地方志编纂委员会编 霍文山 刘诗奇主编 北京 中华书局 2002 年 992 页
b16432332 K292.24 Y6366 2002

河北铺村志
河北铺村志编纂委员会编 赵海京主编 北京 北京图书出版社 2014 年 747 页
b47316706 K292.25 H286 2014

永年县体育志
郑连生主编 永年 永年县体育局 2003 年 286 页
b22432991 G812.722.4 Y636 2003

永年县太极拳志
郑尔诠编著 永年 永年县太极拳志编著者 2005 年 270 页
b2243298x G852.11 Z533 2005

广府城志 前 594–2013
路群良 王贤春主编 北京 中国文史出版社 2015 年 2 卷 974 页
b47052053 K292.24 L829 2015

武安市

武安县志
武安市地方志编纂委员会编 李拴庆主编 北京 中国广播电视出版社 1990 年 1002 页
b10761172 K292.24 W532

武安市志 1989-2010
武安市志编纂委员会编 孙占文主编 北京 中国文史出版社 2015年 917页
b49663483 K292.24 W532C 2015

磁山村志
霍九桓主编 磁山 磁山印刷厂 1990年 356页
b17302390 K292.25 C728 1990

固镇村志
刘北方编 北京 中国社会出版社 2003年 433页〔新世纪农村志系列丛书〕
b15602175 K292.25 G561 2003

新固镇村志
新固镇村志编写组编 刘北方主编 北京 新固镇村志编写组 1997年 561页
b23003303 K292.25 G561L 1997

武安市人大志
武安市人大志编委会编 贾学祥主编 石家庄 河北人民出版社 2003年 593页
b36247200 D624.223 W532 2003

武安市政协志
武安市政协志编委会编 石家庄 河北人民出版社 2006年 564页
b18120829 D628.223 W532 2006

武安市民政志
武安市民政局编 武安 武安市民政局 1993年 431页
b2157070x D632 W532 1993

武安市民政志 续 1989-2007
武安市民政志编辑小组编 石富太主编 武安 武安市民政志编辑小组 2008年 459页
b46274066 D632 W532 2008

武安市城乡建设志
武安市城乡建设志编纂委员会编 李凤九主编 北京 中国科学技术出版社 1993年 278页〔中华人民共和国地方志 河北省〕
b46670415 F299.272.24 W532 1993

河北华丰煤化电力有限公司志
王厌芳主编 王厌芳主编 天津 天津人民出版社 2013年 518页
b51012649 F426.21 H286 2013

武安职业教育志
武安职业教育志编纂委员会编著 程耀根主编 北京 中国财富出版社 2012年 564页
b40863918 G719.282.23 W532 2012

武安市文物志
李香如 刘玉平主编 北京 中国文史出版社 2010年 859页
b4064828x K872.224 W532 2010

武安县地名志
河北省武安县地名办公室编 武安 河北省武安县地名办公室 1984年 863页
b16182844 K922.24 W532 1984

武安市医院志
武安市医院志编纂委员会编 安云主编 北京 方志出版社 2010年 575页
b50247517 R199.2 W5321 2010

武安水利志
武安水利志编纂委员会编 郭福喜主编 郑州 中州古籍出版社 2009年 642页
b21765546 TV-092 W5322 2009

临漳县

临漳县志
河北省临漳县地方志编纂委员会编 黄浩

等主编 北京 中华书局 1999年 935页〔中国地方志丛书〕
b13274715 K292.24 L5819

临漳一中志
临漳一中志编纂委员会编 黄浩主编 郑州 中州古籍出版社 2010年 760页
b21569101 G639.282.24 L581 2010

成安县

成安县志
河北省成安县地方志编纂委员会编 常运锋主编 北京 新华出版社 1996年 864页〔中华人民共和国地方志丛书〕
b1059758x K292.24 C459

成安县志 1991–2010
成安县地方志编纂委员会编 姜海明主编 郑州 中州古籍出版社 2014年 866页
b45649194 K292.24 C459 2014

成安县人口和计划生育志
成安县人口和计划生育志编纂委员会编 吴长海主编 郑州 中州古籍出版社 2012年 318页
b37531797 C924.252.24 C459 2012

成安县地名志
成安县地名志办公室编 成安 成安县地名志办公室 1984年 211页
b16424475 F922.24 C459 1984

大名县

大名县志
大名县县志编纂委员会编 陈奇龄主编 北京 新华出版社 1994年 851页〔中国地方志丛书〕
b10636468 K292.24 D1355

大名县志
大名县县志编纂委员会编 陈奇龄主编 北京 新华出版社 2005年 835页〔中国地方志丛书〕
b16802469 K292.24 D1355D 2005

大名县人民代表大会志 1949.10–2012.1
大名县人民代表大会常务委员会编 于占习主编 大名 大名县人民代表大会常务委员会 2012年 751页
b40739788 D624.224 D135 2012

大名县教育志
大名县教育志编辑组编 魏县 魏县振兴印刷厂 1993年 219页〔河北省教育志丛书〕
b2001420x G527.224 D135 1993

大名县教育志
大名县教育志编纂委员会编 张陆方主编 郑州 中州古籍出版社 2016年 1119页
b49469988 G527.224 D135 2016

大名一中史志 1945–2015
大名一中史志编写组编 王新军主编 石家庄 河北美术出版社 2015年 468页
b47206287 G639.282.24 H2865 2015

大名师范志
邯郸学院大名分院编 司中瑞主编 石家庄 河北人民出版社 2013年 872页
b41213762 G659.282.2 H168C 2013

涉 县

涉县志
涉县地方志编纂委员会编 赵彩林主编

北京 中国对外翻译出版公司 1998年 1016页
b10525142 K292.24 S371

涉县志 1991-2011
涉县地方志编纂委员会编 樊春楼主编 北京 中华书局 2012年 942页〔中华人民共和国地方志丛书〕
b40837324 K292.24 S371 2012

更乐镇志
更乐镇志编纂委员会编 北京 新华出版社 2001年 338页
b13990536 K292.25 G384

固新村志
固新村志编纂委员会编 李高保主编 涉县 河北省涉县惠文彩印有限公司 2008年 454页
b36379001 K292.25 G5618 2008

涉县赤岸村志
涉县赤岸村志编纂委员会编 晋国生主编 石家庄 河北人民出版社 2017年 342页〔河北省涉县美丽乡村村志丛书〕
b50756539 K292.25 C515 2017

涉县南庄村志
涉县南庄村志编纂委员会编 江会斌主编 石家庄 河北人民出版社 2014年 385页
b46531427 K292.25 N1619 2014

西戌村志
西戌村志编纂委员会编 连恩华主编 北京 民族出版社 2005年 326页
b19930495 K292.204.26 X119 2005

涉县人事劳动志
涉县人事劳动和社会保障局编 王品主编 北京 新华出版社 2009年 665页
b40837245 D630.3 S371 2009

涉县农业志
涉县农业志编纂委员会编 赵学堂主编 香港 天马出版公司 2011年 494页
b40837233 F327.224 S371 2011

涉县供销合作社志 1939.9-2009.12
涉县供销合作社志编纂委员会编 王玉明 王江河 程反元主编 北京 新华出版社 2010年 657页
b40648242 F721.2 S371 2010

涉县教育志
涉县教育志编纂委员会编 北京 中华书局 2003年 618页
b16449381 G527.224 S371 2003

涉县地名志
涉县地名办公室编 涉县 涉县地名办公室 1984年 650页
b13742607 K922.24 S371

涉县水利志
牛千飞 张耀义主编 天津 天津大学出版社 1993年 155页〔河北省水利史志丛书〕
b21857702 TV-092 S371 1993

磁 县

磁县志
河北省磁县地方志编纂委员会编 孙作家主编 北京 新华出版社 2000年 1145页
b13400289 K292.24 C728

磁县民政志
磁县民政志编纂委员会编 汪振海主编 北京 新华出版社 2005年 473页

b21567323　D632　C728　2005

磁县国土资源志

磁县国土资源志编纂委员会编　刘武海主编　北京　团结出版社　2016 年　564 页

b50246434　F129.922.4　C728　2016

磁县交通志

磁县交通局史志编写办公室编　董云波主编　磁县　磁县交通局史志编写办公室　1989 年　216 页

b36245185　F512.722.4　C728　1989

磁县供销社志

磁县供销社志编纂委员会　孙作洲　刘天祥主编　北京　团结出版社　2016 年　539 页

b50246422　F721.2　C728　2016

磁县教育志

磁县教育志编纂委员会编　孔令德主编　北京　中华书局　2002 年　440 页

b16325370　G527.224　C728　2002

邱　县

邱县志

邱县地方志编纂委员会编　张敏主编　北京　方志出版社　2001 年　1199 页

b13833881　K292.24　Q528

邱县人大志

河北省邱县人大志编纂委员会编　曹广法主编　北京　新华出版社　2007 年　728 页

b17993970　D624.224　C211　2007

邱县土地志

李义民主编　北京　中国文史出版社　2013 年　512 页

b40935097　F327.224　Q528　2013

邱县电力志

邱县电力志编纂委员会编　北京　方志出版社　2003 年　378 页

b49980981　F426.61　Q528　2003

邱县交通运输志

邱县交通运输志编纂委员会编　蒋兆海主编　北京　中国文史出版社　2009 年　633 页

b49827042　F512.722.4　Q528　2009

邱县农村信用合作志

邱县农村信用合作社联合社社志编纂委员会编　杨凤奎总纂　吕俊峰主编　北京　方志出版社　2003 年　468 页

b49803542　F832.722.4　Q528　2003

鸡泽县

鸡泽县志

河北省鸡泽县地方志编纂委员会编　李振江主编　北京　方志出版社　2002 年　846 页〔中国地方志丛书〕

b16178968　K292.24　J119　2002

鸡泽县交通志

河北省鸡泽县交通局编　窦庆坤编　鸡泽　河北省鸡泽县交通局　1990 年　133 页

b20043260　F512.722.4　D647　1990

鸡泽县水利志

张志田主编　天津　天津大学出版社　1993 年　129 页〔河北省水利史志丛书〕

b22430258　TV-092　J119　1993

广平县

广平县志

河北省广平县地方志编纂委员会编　李金国主编　北京　文化艺术出版社　1995 年

696页
b10600656　K292.24　G681

广平县志　1989–2009
广平县地方志编纂委员会编　刘增才主编　北京　中国文史出版社　2014年　818页
b46239601　K292.24　G681　2014

广平县人口和计划生育志
广平县人口和计划生育志编纂委员会编　马率正主编　广平　广平县人口和计划生育志编纂委员会　2017年　335页
b50728052　C924.252.24　G681　2017

广平县交通志
河北省广平县交通局编　广平　河北省广平县交通局　1988年　232页
b20042589　F512.722.4　G681　1988

广平县地名志
刘增才主编　北京　中国对外翻译出版公司　2000年　363页〔河北县级地名志丛书〕
b14882334　K922.24　G681　2000

馆陶县

馆陶县志
河北省馆陶县地方志编纂委员会编　任润刚主编　北京　中华书局　1999年　942页
b12798587　K292.24　G656

馆陶县土地志
馆陶县土地志编纂者编　馆陶　馆陶县土地志编纂者　19--年　302页
b21136440　F327.224　G656

馆陶县交通志
馆陶县交通志编纂委员会编　崔银峰主编　北京　方志出版社　2008年　506页
b20493678　F512.722.4　C822　2008

馆陶县交通志　2008–2017
馆陶县交通志编纂委员会编　胡志祥主编　天津　天津古籍出版社　2017年　485页
b50770809　F512.722.4　G656　2017

魏　县

魏县志
魏县地方志编纂委员会编　王学贵主编　北京　方志出版社　2003年　1231页
b15601067　K292.24　W359　2003

魏县志
魏县志编纂委员会编　郑州　中州古籍出版社　2010年　970页
b21570565　K292.24　W359　2010

斗门村志
斗门村志编纂委员会编　栗修德主编　魏县　魏县振兴印刷厂　1993年　282页
b23003030　K292.25　D634　1993

魏县国土资源志
魏县国土资源志编纂委员会编　王学贵主编　北京　中国文史出版社　2017年　695页
b51090399　F129.922.4　W359　2017

梨乡水城魏都建设志
张建强主编　北京　中国文化出版社　2011年　630页
b46442698　F299.272.24　W359　2011

魏县交通志
魏县交通局史志编写委员会编　王学贵主编　魏县　魏县交通局史志编写委员会　1989年　259页
b20951784　F512.722.4　W233　1989

魏县水利志 1986–2014
魏县水利志编纂委员会编 高章文主编 北京 中国文史出版社 2017 年 510 页
b50581636 TV–092 W359 2017

魏县水利志
梁东湖主编 石家庄 河北人民出版社 1990 年 272 页〔河北省水利史志丛书〕
b18280389 TV632.224 L489 1990

曲周县

曲周县志
曲周县地方志编纂委员会编 侯建国 李修文主编 北京 新华出版社 1997 年 810 页〔中华人民共和国地方志丛书〕
b10520995 K292.24 Q562

曲周县志 1986–2005
曲周县地方志编纂委员会编 胡玉敏主编 郑州 中州古籍出版社 2013 年 799 页
b4480863x K292.24 Q562 2013

曲周县交通志
河北省曲周县交通局编 杨金耀主编 曲周 河北省曲周县交通局 1990 年 217 页
b20951164 F512.722.4 Y236 1990

邢台市

邢台市志 前 17 世纪 –1993
邢台市地方志编纂委员会编 张西服主编 北京 中国对外翻译出版公司 2001 年 2 卷 1335 页
b13946055 K292.23 X479

邢台统战志 1945–2012
中共邢台市委统战部编 赵坤峨主编 石家庄 河北人民出版社 2014 年 378 页
b45445175 D613 X479 2014

邢台市人民代表大会志
邢台市人民代表大会志编纂委员会编 刘少敏主编 邢台 邢台市人民代表大会志编纂委员会 2001 年 385 页
b17457890 D624.223 L688 2001

邢台市政协志
政协河北省邢台市委员会编 孙兰学 许振吉主编 北京 中国文史出版社 2012 年 886 页
b44749788 D628.223 X479 2012

邢台市公安志
邢台市公安局编 石家庄 河北人民出版社 1990 年 412 页
b22432723 D631 X479 1990

邢台民进志 1981–2006
中国民主促进会邢台市委员会编 刘宇新主编 邢台 中国民主促进会邢台市委员会 2006 年 203 页
b49505737 D665.3 X479 2006

邢台市武警志 1950.4–1998.12
邢台市武警志编纂委员会编 邵子宾主编 邢台 邢台市武警志编纂委员会 2002 年 252 页
b49506420 E277.09 X479 2002

冀中能源股份公司志 1978–2011
冀中能源股份公司志编纂委员会编 高金凯 宋仁涛主编 北京 煤炭工业出版社 2012 年 966 页
b50778286 F426.2 J183 2012

邢东矿志 2001–2011
达乙更主编 邢台 冀中能源股份公司邢东

矿 2011 年 437 页
b4491720x F426.21 J183 2011

邢台矿务局志
刑台矿务志编纂委员会编 李广申总编 刑台 刑台矿务志编纂委员会 1991 年 167 页
b2243270x F426.21 X479 1991

邢台报社志
甄德圣主编 北京 中国环境科学出版社 1999 年 786 页
b22432693 G219.272.2 X479 1999

邢台教育志
河北省邢台市教育局编 常中秋主编 北京 人民日报出版社 2003 年 804 页〔邢台市地方志丛书〕
b15602795 G527.223 H286 2003

河北机电职业技术学院志 1956.7.23–2006.6.30
河北机电职业技术学院编 李文义主编 邢台 河北机电职业技术学院 2006 年 197 页
b20101375 G719.282.2 H2864 2006

邢台开元寺金石志
冀金刚 赵福寿主编 北京 国家图书馆出版社 2013 年 476 页
b44820124 K877.22 J183 2013

河北省地名志 第 10 卷 邢台分册
河北省地名办公室编 石家庄 河北省地名办公室 1988 年 609 页
b10565188 K922.2 H286

邢台地名志
邢台地区地名办公室编 石家庄 河北科学技术出版社 1989 年 608 页
b13742644 K922.22 X479

邢台市地名录
邢台市地名委员会办公室编 石家庄 河北科学技术出版社 1989 年 91 页〔河北省地名录全集〕
b20018514 K922.23 X479 1989

邢台市地名志
河北省邢台市地名委员会编 邢台 邢台印刷厂 1984 年 416 页
b22432711 K922.23 X479X 1984

邢台市土壤志
邢台市农业局 邢台市土壤普查办公室编 邢台 邢台市土壤普查办公室 1984 年 130 页
b21570991 S159.222.3 X479 1984

桥东区

邢台市桥东区志 1980–2006
邢台市桥东区地方志编纂委员会编 贾雪芬主编 北京 方志出版社 2013 年 670 页
b44795014 K292.23 X479R 2013

桥西区

邢台市桥西区志
邢台市桥西区地方志编纂委员会编 刘承华主编 石家庄 河北人民出版社 1993 年 476 页
b19417287 K292.23 X479Q 1993

南宫市

南宫市志
河北省南宫市地方志编纂委员会编 张春起主编 石家庄 河北人民出版社 1995

年 934 页〔中国地方志丛书 2001〕
b10630466　K292.23　N161

南宫市志　1979–2008
南宫市地方志编纂委员会编　王聚卫　李玉钊主编　北京　中国文史出版社　2014 年　1098 页
b46442297　K292.23　N161C　2014

南宫市地名志
河北省南宫市地名委员会办公室编　石家庄　河北科学技术出版社　1989 年　464 页〔河北县级地名志丛书〕
b10494911　K922.23　N161

南宫县水利志
刘录仓主编　石家庄　河北人民出版社　1991 年　191 页〔河北省水利史志丛书〕
b20419922　TV–092　L681　1991

沙河市

沙河市志
河北省沙河市地方志编纂委员会编　张月民主编　北京　三联书店　1994 年　876 页〔中国地方志丛书〕
b10600644　K292.23　S231

册井村志
张月民主编　北京　中国对外翻译出版公司　2002 年　376 页
b23004034　K292.25　C228　2002

渡口村志
石华主编　北京　人民日报出版社　2002 年　559 页〔河北沙市地方志丛书〕
b40934998　K292.25　D699　2002

李石岗村志　1506–1997
李宗爱编　沙河　李石岗村志编纂者　1999 年　332 页
b16436659　K292.25　L417　1999

窑坡村志
冀彤军主编　大连　大连出版社　2004 年　349 页〔沙河市地方志丛书〕
b17151892　K292.25　Y288　2004

邢台县

邢台县志
邢台县地方志编纂委员会编　刘汝福主编　北京　新华出版社　1993 年　736 页〔中华人民共和国地方志丛书〕
b10836329　K292.24　X479

邢台县志　1979–2009
邢台县地方志编纂委员会编　杨冬蕲主编　石家庄　河北人民出版社　2012 年　695 页
b36370551　K292.24　X479X　2012

邢台县教育志
邢台县文教局　邢台县教育志编辑组编　文清肃主编　邢台　邢台县教育志编辑组　1987 年　319 页
b20104571　G527.224　X479　1987

邢台县教育志　1986–2007
邢台县教育志编纂委员会编　石家庄　河北教育出版社　2013 年　563 页
b47415782　G527.224　X479C　2013

临城县

临城县志
临城县地方志编纂委员会编　杨生林主编　北京　团结出版社　1996 年　898 页

b10487086　K292.24　L5811

临城革命人物志
临城县人大常委会编著　刘小黑主编　北京　中国文史出版社　2007年　571页
b49704709　K827　L6924　2007

临城县文物志
河北省临城县文物保管所编　北京　法律出版社　1983年　84页
b2004415x　K872.224　H286　1983

内丘县

内丘县志　夏-2000
河北省内丘县地方志编纂委员会编　北京　方志出版社　2006年　1341页〔中华人民共和国地方志丛书〕
b17021212　K292.24　N262H　2006

内邱县志
河北省内邱县地方志编纂委员会编　张进斌主编　北京　中华书局　1996年　1050页
b10525117　K292.24　N262

内丘县军事志　前1033-2005
内丘县军事志编纂委员会编　仝永信主编　郑州　郑州志鉴印务公司　2013年　344页
b44811007　E289.224　N262　2013

内邱县文物志
孙剑华主编　北京　北京燕山出版社　1999年　157页〔北方文丛〕
b2180381x　K872.224　N262　1999

内邱县地名志
河北省内邱县地名办公室编　内丘　河北省内邱县地名办公室　1983年　274页
b20368999　K922.24　N262　1983

内邱县水利志
内邱县水利志编纂委员会编　梁大友主编　内邱　内邱县水利志编纂委员会　1993年　158页〔河北水利史志丛书〕
b21857544　TV-092　N262　1993

柏乡县

柏乡县志
柏乡县地方志编纂委员会编　赵志均主编　北京　方志出版社　2000年　883页
b13095833　K292.24　B165

隆尧县

隆尧县志
隆尧县志地方志编纂委员会编　董树仁主编　北京　三联书店　1998年　1029页〔中国地方志丛书〕
b12697862　K292.24　L739

隆尧县志　1979-2008
隆尧县地方志编纂委员会编　董景元主编　郑州　中州古籍出版社　2014年　1006页
b45649200　K292.24　L739　2014

隆尧县政协志
隆尧县政协志编委会编　李印林主编　隆尧　隆尧县政协志编委会　2009年　445页
b47415344　D628.224　L739　2009

隆尧县地名志
河北省隆尧县地名办公室编　隆尧　河北省隆尧县地名办公室　1983年　224页
b2057728x　K922.24　L739　1983

隆尧县水利志
隆尧县水利志编纂委员会编　刘志坤主编　隆尧　隆尧县水利志编纂委员会　1994年

154 页〔河北省水利史志丛书〕
b21857404　TV-092　L7399　1994

任　县

任县志
任县地方志编纂委员会编　陈振斌主编　北京　中华书局　2000 年　783 页〔中华人民共和国地方志丛书〕
b13761559　K292.24　R196

任县志　1979-2008
任县地方志编纂委员会编　张志周主编　郑州　中州古籍出版社　2015 年　720 页
b47073664　K292.24　R196C　2015

南和县

南和县志
杨一明　任书香主编　北京　方志出版社　1996 年　682 页
b10568773　K292.24　N1613

南和县志　1979-2009
南和县地方志编纂委员会编　尤春兴主编　石家庄　河北人民出版社　2015 年　846 页
b47051383　K292.24　N1613C　2015

南和县水利志
南和县水利志编纂委员会编　高红坤主编　南和　南和县水利志编纂委员会　1996 年　114 页〔河北省水利史志丛书〕
b21569629　TV-092　N1614　1996

宁晋县

宁晋县志
宁晋县地方志编纂委员会编　张枫林总编　北京　中华书局　1999 年　1124 页〔中华人民共和国地方志丛书〕
b13400800　K292.24　N413

宁晋县志　1979-2008
宁晋县地方志编纂委员会编　耿增华主编　北京　方志出版社　2012 年　873 页
b4583958x　K292.24　N413　2012

宁晋县政协史志
中国人民政治协商会议宁晋县委员会编　刘月斗主编　宁晋　政协河北省宁晋县委员会　2006 年　193 页
b1779934x　D628.22　N413　2006

宁晋金石志
宁纺集团宁晋金石志编纂委员会编　苏瑞广主编　郑州　中州古籍出版社　2015 年　406 页
b47331264　K877.22　S713　2015

宁晋县地名志
宁晋县地名办公室编　石家庄　宁晋县印刷厂　1984 年　305 页
b21274915　K922.24　N413　1984

巨鹿县

巨鹿县志
巨鹿县志编纂委员会编　王自发主编　北京　文化艺术出版社　1994 年　794 页
b1072798x　K292.24　J676

巨鹿县志　1979-2008
巨鹿县志编纂委员会编　滑春改主编　北京　方志出版社　2013 年　694 页
b44795002　K292.24　J676　2013

新河县

新河县志
新河县地方志编纂委员会编 安志辉主编 北京 方志出版社 2000年 718页
b13740118 K292.24 X4433

新河县水利志
新河县水利志编纂委员会编 田恒通主编 新河 新河县水利志编纂委员会 1988年 198页
b20952107 TV-092 T3548 1988

广宗县

广宗县志
河北省广宗县地方志编纂委员会编 杨振朋主编 北京 方志出版社 1999年 787页〔中华人民共和国地方志丛书〕
b12611682 K292.24 G6819

广宗县志
广宗县地方志编纂委员会编 谷华池主编 石家庄 河北人民出版社 2015年 962页
b47287548 K292.24 G6819C 2015

广宗县政协志
广宗县政协志编纂委员会编 谷华池主编 广宗 广宗县政协志编纂委员会 2016年 459页
b50233919 D628.224 G681 2016

广宗县电力志
广宗县电力志编纂委员会编 贾金锐主编 北京 方志出版社 2003年 270页
b49980919 F427.224 G681 2003

广宗县地名志
广宗县地名办公室编 广宗 广宗县地名办公室 1984年 231页
b21275269 K922.24 G6819 1984

平乡县

平乡县志
平乡县地方志编纂委员会编 夏存为主编 北京 方志出版社 1999年 998页
b13095857 K292.24 P6138

平乡县人大志 1938–2012
胡书军主编 北京 中国文史出版社 2014年 657页
b46012709 D624.224 P613 2014

平乡县政协志
政协平乡县委员会编纂 徐同考主编 北京 中国文史出版社 2017年 610页
b49639523 D628.224 P613 2017

平乡县第一中学校志
平乡县第一中学校志编纂委员会编 李万印主编 北京 新华出版社 2009年 626页
b20951024 G639.282.24 P613 2009

威　县

威县志
威县地方志编纂委员会编 张桂菊主编 北京 方志出版社 1998年 1049页
b12611736 K292.24 W273

威县人大志 2005–2011
威县人大志编纂委员会编 杜广学主编 威县 威县人大志编纂委员会 2011年 198页
b41251416 D624.224 W273 2011

威县政协志
威县政协志编纂委员会编 李俊申主编 北

京 中央文献出版社 2008 年 353 页
b2157053x D628.224 W273 2008

威县教育志 1105–1997
吕思然主编 北京 教育科学出版社 2000 年 339 页〔河北教育史志丛书〕
b44749028 G527.224 W273 2000

威县地名志
河北省威县地名办公室编 邢台 邢台地区印刷厂 1983 年 407 页
b20806656 K922.24 W273 1983

清河县

清河县志
河北省清河县地方志编纂委员会编 沈世远主编 北京 中国城市出版社 1993 年 816 页〔中华人民共和国地方志丛书〕
b10771670 K292.24 Q467

清河县志
清河县地方志编纂委员会编 李靖主编 北京 中华书局 2011 年 1106 页
b36172200 K292.24 Q467 2011

清河县人民代表大会志
清河县人民代表大会志编委会编 沈世远主编 清河 清河县人民代表大会志编委会 2006 年 206 页
b49533745 D624.224 Q467 2006

清河县人事劳动和社会保障志
徐升昊主编 香港 中国新闻联合出版社 2008 年 318 页
b49532832 D630.3 Q467 2008

清河县电力志
清河县电力志编纂委员会编 沈世远主编 北京 中国档案出版社 2000 年 457 页〔中国地方志丛书〕
b49849037 F426.61 Q467C 2000

清河县羊绒志
清河县羊绒志编委会编 沈世远主编 北京 方志出版社 2001 年 444 页〔中国地方志丛书〕
b4998097x F426.81 Q467 2001

清河县财政志
焦满堂 沈世远主编 北京 方志出版社 1998 年 418 页
b49980968 F812.722.4 Q467 1998

清河县金融志
清河县金融志编委会编 沈世远 姜新秋主编 香港 中国新闻联合出版社 2011 年 778 页
b37530707 F832.722.4 Q467 2011

清河县教育志
清河县教育委员会编 马凤英主编 石家庄 河北教育出版社 1993 年 261 页
b16464813 G527.224 Q4673 1993

清河县水利志 初稿
河北省清河县水利局 水利志编辑办公室编 王金福主编 清河 河北省清河县水利局 1989 年 170 页
b20136080 TV–092 W2192 1989

临西县

临西县志
临西县地方志编纂委员会编 李夫燕 方海滨主编 北京 中国书籍出版社 1996 年 929 页
b10597815 K292.24 L581

临西图志
临西图志编委会编 李夫燕 方海滨主编 北京 中国对外翻译出版公司 2000年 147页
b14084193 K292.24 L394

临西金融志
孙小林主编 临西 临西金融志编辑委员会 2005年 221页
b51079628 F832.722.3 L581 2005

临西县地名志
河北省临西县地名办公室编 邢台 邢台印刷厂 1983年 265页
b20018496 K922.24 L581 1983

保定市

保定市志 第1卷 卷首 总类 政党群团 政权 政协 政务 司法 军事
保定市地方志编纂委员会编 尤文远主编 北京 方志出版社 1999年 895页
b1309581x K292.23 B267

保定市志 第2卷 城建 工业 交通 邮电
保定市地方志编纂委员会编 尤文远主编 北京 方志出版社 1999年 616页
b1309581x K292.23 B267

保定市志 第3卷 商业 农业 财税 金融 经济管理
保定市地方志编纂委员会编 尤文远主编 北京 方志出版社 1999年 844页
b1309581x K292.23 B267

保定市志 第4卷 教育 科技 文化 卫生 体育 社会生活 人物 附录
保定市地方志编纂委员会编 尤文远主编 北京 方志出版社 1999年 823页
b1309581x K292.23 B267

保定市简志
保定市人民政府办公室编 保定 北方胶印厂 1994年 105页
b17301877 K292.23 B267J 1994

保定佛教文化志
保定市佛教协会编著 尤文远主编 北京 中国文史出版社 2010年 620页
b37530537 B949.2 B267 2010

保定道教文化志
保定市道教协会编 尤文远主编 保定 保定市道教协会 2013年 512页
b50016507 B958 B267 2013

保定市人事志 1948–1986
保定市人事局编纂 石彦生主编 保定 保定市人事局 1989年 275页
b41234637 D630.3 B267 1989

保定市民政志
保定市民政志编纂委员会编 林志忠 黄天宝主编 北京 新华出版社 1990年 354页
b40740250 D632 B267 1990

中国保定国家高新技术产业开发区志 1992–2012
中共保定高新区工委编 马铁里主编 保定 河北大学出版社 2013年 314页
b45438961 F127.223 B267 2013

保定市工商行政管理志
朱宾廉主编 保定 保定市工商局 1989年 352页〔保定市地方志丛书〕
b5015137x F203.9 B267 1989

保定市城市建设志
李松欣主编 北京 中国建筑工业出版社 1999年 583页〔中华人民共和国地方志〕

b20971874 F299.272.23 L417 1999

保定市土地志
保定市土地志编纂委员会编著 王常在主编 北京 方志出版社 2002年 653页〔保定市土地志系列丛书〕
b1637874x F327.223 B267 2002

保定电力修造厂志 1956–1988
贾桐群主编 北京 新华出版社 1993年 463页
b45655571 F426.61 B267 1993

保定供电志 1917–1988
宰树栋主编 北京 新华出版社 1991年 325页
b4978870x F426.61 B2673 1991

河北保定电力工业志
宰树栋主编 北京 新华出版社 1992年 318页
b49850441 F426.61 B267C 1992

河北建设集团有限公司志 1996–2010
河北建设集团有限公司志编纂委员会编 李宝元主编 保定 河北建设集团有限公司志编纂委员会 2012年 643页
b50066122 F426.9 H2864 2012

河北新华印刷一厂志 1938–1998
河北新华印刷一厂志编委会编 孙洪亮主编 石家庄 河北新华印刷一厂志编委会 1998年 452页
b50347287 F426.84 S769 1998

保定市交通志
保定市交通史志编纂委员会编 胡学中主编 北京 中国文史出版社 1993年 521页〔河北交通史志丛书〕
b20041585 F512.722.3 H476 1993

保定地区对外经济贸易志
保定地区对外经济贸易局编纂 张天主编 北京 北京文史出版社 1994年 399页
b50317982 F752.9 B267 1994

保定市税务志
李书田主编 北京 新华出版社 1990年 486页
b47413980 F812.722.342 B267 1990

保定工商银行志
王春主编 北京 书目文献出版社 1989年 250页
b49532789 F832.33 B267 1989

保定金融志
保定金融志编纂委员会编 何玉田主编 保定 保定金融志编纂委员会 1989年 489页
b4556906x F832.722.3 B267 1989

保定市科学技术志
保定市科学技术志编纂委员会编 霍振彩主编 北京 新华出版社 1991年 718页
b27574477 G322.722 B267 1991

保定市教育志
保定市教育志编纂委员会编 张彦军等主编 北京 中国社会出版社 1994年 468页
b17676824 G527.223 B267C 1994

保定金融高等专科学校校志 初稿 1952–1988
保定金融高等专科学校校志编纂委员会编 李有龄主编 保定 保定金融高等专科学校校志编纂委员会 1993年 油印本 2卷 675页
b20402429 G649.282.2 B267 1993

保定学院志 1978–2010
保定学院志编纂委员会编 齐卫东主编 保定 河北大学出版社 2014年 828页
b46003940 G649.282.23 B267C 2014

河北金融学院校志
陈尊厚 万素英主编 保定 河北大学出版社 2012年 890页
b44748851 G649.282.2 H2864 2012

河北林学院院志 1909–1993
金柏年主编 保定 河北大学出版社 1994年 461页
b20403136 G649.282.23 H286 1994

河北农业大学校志 1902–2002
刘大群 刘继亭 张璞主编 北京 中国文史出版社 2002年 775页
b15699183 G649.282.2 H2866 2002

河北农业大学校志 2002–2012
王志刚主编 北京 中国文史出版社 2012年 983页
b37530550 G649.282.2 H2866 2012

河北农业大学中兽医学院院志 1956–2006
河北农业大学中兽医学院院志编纂委员会编 王建永 钟秀会主编 保定 河北农业大学中兽医学院院志编纂委员会 2006年 377页
b20949479 G649.282.2 H2866Z 2006

莲池书院志略
陈美健 柴汝新著 北京 中国文史出版社 2013年 250页
b46012655 G649.299.223 L468 2013

校志 1964–1994
苏林波主编 保定 河北省保定地区商业学校 1994年 194页
b50221759 G719.282.23 B267 1994

铁道部电气化工程局党校职工学校志
铁道部电气化工程局党校职工学校志编纂委员会编 天津 天津铁路电化院文印中心 1999年 77页
b20104078 G729.282.23 T389 1999

保定市体育志
保定市体育运动委员会文史办公室编 北京 书目文献出版社 1992年 442页
b37531906 G812.722.3 B267 1992

保定人物志
保定人物志编辑委员会编 孙进柱主编 北京 中央文献出版社 2011年 768页
b37530744 K820.822.3 B267 2011

保定市文物志
穆强主编 北京 中国社会科学出版社 1990年 177页
b20041597 K872.223 M684 1990

保定地名志
保定地区行政公署地名办公室编 保定市人民政府地名办公室编 保定 保定地区行政公署地名办公室 1985年 672页
b1374348x K922.22 B267C

保定地区地名录
保定地区地名委员会办公室编 石家庄 河北科学技术出版社 1991年 280页〔河北省地名录全集〕
b13742826 K922.22 B267

保定市地名录
保定市地名办公室编 常俊魁主编 石家庄 河北科学技术出版社 1990年 124页

〔河北省地名录全集〕
b21276250　K922.23 B267C 1990

河北省地名志 第 11 卷 保定分册
河北省地名办公室编 石家庄 河北省地名办公室 1985 年 674 页
b10565188　K922.2 H286

保定会馆志
梁连起主编 保定 河北大学出版社 2009 年 73 页
b20290147　K928.71 L491 2009

保定市卫生志
保定市卫生局编纂委员会编 欧阳维主编 北京 新华出版社 1992 年 539 页
b40743020　R199.2 B267 1992

保定地区水利志
保定地区水利志编纂委员会编 刘文恺主编 北京 中国社会出版社 1994 年 607 页〔河北省水利史志丛书〕
b1764561x　TV-092 L691 1994

保定市水利志
保定市水利志编纂委员会编 白德斌主编 北京 中国和平出版社 1994 年 301 页〔河北省水利史志丛书〕
b17586689　TV-092 B151 1994

保定市环境保护志
保定市环境保护局编 门漱石主编 北京 新华出版社 1990 年 356 页
b40740249　X321.222.3 B267 1990

竞秀区

保定市新市区志
保定市新市区地方志编纂委员会编 刘继敏总编 保定 保定市新市区地方志编纂委员会 1989 年 364 页〔中华人民共和国地方志丛书〕
b16426113　K292.23 B267X 1989

保定市新市区土地志
保定市新市区土地志编纂委员会编 方志义主编 保定 保定市新市区土地志编纂委员会 2001 年 620 页〔保定市土地志系列丛书〕
b16447451　F327.223 F226 2001

莲池区

保定市北市区志
保定市北市区志编纂委员会编 吴金贵主编 北京 新华出版社 1991 年 625 页
b16425777　K292.23 B267C 1991

保定市南市区志
保定市南市区志编纂委员会编 白晓津主编 北京 新华出版社 1990 年 356 页〔中华人民共和国地方志丛书〕
b13274430　K292.23 B267N

马家疃村志
马家疃村志编委会编 李风林 张占宗主编 北京 中国文史出版社 2017 年 390 页
b49958057　K292.25 M138 2017

南金庄村志
南金庄村志编纂委员会编 李风林 张占宗主编 北京 中国文史出版社 2015 年 388 页
b47584786　K292.25 N1614 2015

西高庄村志
保定市南市区西高庄村志编委会编 李风林 张占宗主编 北京 中国文史出版社

2012年 354页
b41212319 K292.25 X1193 2012

保定市北市区土地志
保定市北市区土地志编纂委员会编 保定 保定市北市区土地志编纂委员会 2001年 300页〔保定市土地志系列丛书〕
b1643335x F327.223 B267B 2001

保定市南市区土地志
保定市南市区土地志编纂委员会编 王新章 孙玉来主编 保定 保定市南市区土地志编纂委员会 2000年 281页〔保定市土地志系列丛书〕
b17182967 F327.223 B267N 2000

保定市北市区地名志
保定市北市区地名委员会办公室编 陈宪庚 吴金贵著 石家庄 河北科学技术出版社 1990年 484页〔河北县级地名志丛书〕
b21276249 K922.23 B267B 1990

保定市南市区地名志
保定市南市区地名委员会办公室编 石家庄 河北科学技术出版社 1991年 285页〔河北县级地名志丛书〕
b21276316 K922.23 B267N 1991

满城区

满城县志
满城县地方志编纂委员会编 北京 中国建材工业出版社 1997年 1046页
b1261175x K292.24 M189

满城县土地志
满城县土地志编纂委员会编 李广臣主编 满城 满城县土地志编纂委员会 2001年 344页〔保定市土地志系列丛书〕
b16437585 F327.224 M189 2001

满城县水利志
满城县水利志编纂委员会编 王崇生主编 保定 保定市北方胶印厂 1999年 232页〔河北省水利史志丛书〕
b20139688 TV-092 W213 1999

龙门水库志
龙门水库志编纂委员会编 吴鹤民主编 北京 团结出版社 1995年 104页〔河北省水利史志丛书〕
b3624790x TV632.223 B267 1995

清苑区

清苑县志
清苑县地方志编纂委员会编 张僧元主编 北京 新华出版社 1991年 839页〔中华人民共和国地方志丛书〕
b10622962 K292.24 Q4678

清苑县志 1986-2004
清苑县地方志编纂委员会编 李新锁 李志芳 高彦敏主编 北京 中央文献出版社 2013年 862页
b45570693 K292.24 Q4678 2013

清苑县土地志
清苑县土地志编纂委员会编 保定 保定市北方胶印厂 1999年 263页〔保定市土地志系列丛书〕
b16445387 F327.224 Q467 1999

清苑县水利志
河北省清苑县水利志编纂委员会编 霍喜长主编 保定 保定市水利局 1999年 218页〔河北省水利史志丛书〕

b21569988　TV-092 Q4679 1999

徐水区

徐水县志
徐水县地方志编纂委员会编 王国祥主编 北京 新华出版社 1997年 864页〔中华人民共和国地方志丛书〕
b12697801　K292.24 X578

徐水县志 1991-2006
徐水县志编纂委员会编 北京 方志出版社 2011年 725页
b36174373　K292.24 X578 2011

徐水县土地志
河北省徐水县土地志编纂委员会编 徐水 徐水县土地局 2000年 254页〔保定市土地志系列丛书〕
b16437445　F327.224 X578 2000

徐水县水利志
河北省徐水县水利志编纂委员会编 卢琛主编 保定 水文印刷厂 1995年 184页〔河北省水利史志丛书〕
b21571004　TV-092 X578 1995

涿州市

涿州志
涿州市地方志编纂委员会编 北京 方志出版社 1997年 819页
b10569376　K292.23 Z826

涿州市公安志
薛焕民编著 石家庄 河北人民出版社 1992年 324页
b36093853　D631 Z826 1992

涿州市土地志
涿州市土地志编纂委员会编 阎华主编 涿州 涿州市土地管理局 2000年 309页〔保定市土地志系列丛书〕
b22433399　F327.223 Z826 2000

华铝志 1977-1997
华北铝业有限公司编 涿州 华北铝业公司 1998年 553页
b50016519　F426.32 H528 1998

涿州教育志
涿州市教育委员会涿州教育志编纂组编 何龙祥主编 北京 新华出版社 1992年 250页
b13947485　G527.223 Z826

涿州市教育志 征求意见稿
涿州市教育委员会教育志编辑组编 涿州 涿州市教育委员会教育志编辑组 1990年 油印本 388页
b49964677　G527.224 Z826 1990

涿州文物志
主编涿州市旅游文物局编 杨卫东 黄涿生 北京 北京燕山出版社 2005年 271页〔涿州历史文化丛书〕
b16635772　K872.223 Z826 2005

涿州市地名志
涿州市地名委员会办公室编 石家庄 河北科学技术出版社 1992年 383页〔河北县级地名志丛书〕
b13992193　K922.23 Z826

涿州史迹图志
康术营主编 北京 北京燕山出版社 2011年 2卷 577页〔涿州历史文化建设丛书〕
b40805840　K928.702.23 Z826 2011

涿州市水利志
涿州市水利志编纂委员会编 石家庄 河北人民出版社 1993年 265页〔河北省水利史志丛书〕
b20136110 TV-092 Z826 1993

定州市

定州市志
定州市地方志编纂委员会编 王福田主编 北京 中国城市出版社 1998年 1225页〔中华人民共和国地方志丛书〕
b13400228 K292.23 D547

定州市志
定州市地方志编纂委员会编 王福田主编 北京 九州出版社 2013年 1052页
b40837142 K292.23 D547 2013

定州市志 1990–2008
定州市地方志编纂委员会编 韩振京主编 北京 九州出版社 2016年 1141页
b49503121 K292.23 D547C 2016

定州人大志 1949–2016
定州人大志编委会编 帅建军主编 定州 定州人大志编委会 2016年 2卷 782页
b50151721 D624.224 D547 2016

定州政协志
定州政协志编委会编 帅建军主编 定州 定州政协志编委会 2012年 408页
b50151733 D628.223 D547 2012

定州市建设志
定州市城乡建设志编纂委员会编 刘宗岳主编 北京 中国城市出版社 1993年 308页〔中华人民共和国地方志丛书〕
b20414018 F299.272.23 D547 1993

定州市土地志
定州市土地志编纂委员会编 侯树民主编 定州 定州市土地志编纂委员会 2002年 460页〔保定市土地志系列丛书〕
b16433373 F327.223 D547 2002

定洲电厂志 2000–2010
定洲电厂志编纂委员会编 定洲 定洲电厂志编纂委员会 2010年 356页
b50318603 F426.61 D547 2010

定州市科学技术志
盛志杰主编 北京 社会科学文献出版社 1990年 270页〔河北省地方志系列丛书〕
b49532583 G322.722.4 D547 1990

定州市教育志
定州市教育志编纂委员会编 北京 中国城市出版社 1994年 308页〔中华人民共和国地方志丛书〕
b13993094 G527.223 D547

河北中兽医学校校志 1956–1996
王振生主编 定州 河北中兽医学校 1996年 234页
b20101429 G719.282.2 H286 1996

定州市水利志
定州市水利志编纂委员会编 李纪彬 鲁进录主编 定州 定州市水利志编纂委员会 1998年 293页〔河北省水利史志丛书〕
b21856758 TV-092 D5479 1998

安国市

安国县志
河北省安国市地方志编纂委员会编 赵英主编 北京 方志出版社 1996年 1041页〔中国地方志丛书〕

b12697813　K292.24　A163

安国市土地志
安国市土地志编纂委员会编　王永祥主编　安国　安国市土地管理局　2002 年　365 页〔保定市土地志系列丛书〕
b16427348　F327.223　A163　2002

祁州中药志
杨见瑞主编　石家庄　河北科学技术出版社　1987 年　360 页
b20462360　R281.422.4　A163　1987

安国市水利志
安国市水利志编纂委员会编　赵英　朱孟申　李帅修主编　安国　保定市水利局　1998 年　258 页〔河北省水利史志丛书〕
b21567013　TV–092　A1633　1998

高碑店市

高碑店市志
高碑店市地方志编纂委员会编　北京　新华出版社　1997 年　861 页〔中华人民共和国地方志丛书〕
b12698258　K292.24　G233

高碑店市土地志
高碑店市土地志编纂委员会编　保定　保定市北方胶印厂　2000 年　311 页〔保定市土地志系列丛书〕
b16428444　F327.223　G233　2000

白沟志略
平白主编　北京　中国经济出版社　2008 年　785 页
b22428628　K292.25　B151　2008

新城县水利志
新城县水利志编纂委员会编　冯振兴主编　新城　新城县水利志编纂委员会　1994 年　217 页〔河北省水利史志丛书〕
b21570875　TV–092　X4431　1994

涞水县

涞水县志
涞水县地方志编纂委员会编　王同敬主编　北京　北京燕山出版社　2000 年　968 页
b16928982　K292.24　L1465　2000

涞水县土地志
涞水县土地志编纂委员会编　罗桂金主编　涞水　涞水县土地志编纂委员会　2001 年　323 页〔保定市土地志系列丛书〕
b16426526　F327.224　L921　2001

涞水县三坡志
涞水县志地方志编纂委员会办公室编　涞水　河北涞水县地方志编委会　1986 年　105 页
b22921461　K292.24　L1465L　1986

涞水县水利志
涞水县水利志编纂委员会编　祖景田主编　保定　保定市北方胶印厂　1998 年　237 页〔河北省水利史志丛书〕
b21856242　TV–092　L1467　1998

阜平县

阜平县志
阜平县地方志编纂委员会编　高明乡主编　北京　方志出版社　1999 年　875 页
b12747695　K292.24　F491

阜平县土地志
阜平县土地志编纂委员会编 周耀林主编 阜平 阜平县土地管理局 2002 年 345 页〔保定市土地志系列丛书〕
b16433336 F327.224 F491 2002

阜平县公路交通志
阜平县交通局编 石家庄 河北人民出版社 1992 年 226 页〔河北公路交通史志丛书〕
b20042334 F542.822.4 F491 1992

阜平县现代人物志
阜平县现代人物志编纂委员会编 保定 保定市北方胶印厂 2000 年 2 卷 488 页
b16426447 K820.822.4 F491 2000

阜平县气象志 1958–2013
阜平县气象志编辑委员会编 张新利主编 北京 中国文史出版社 2013 年 361 页
b47052041 P468.222.4 F491 2013

阜平县水利志
河北省阜平县水利志编纂委员会编 高明乡 周怀钧 邓风川主编 北京 方志出版社 1996 年 159 页〔河北省水利史志丛书〕
b21854944 TV–092 F4916 1996

定兴县

定兴县志
河北省定兴县地方志编纂委员会编 王重补主编 北京 方志出版社 1997 年 744 页〔中国地方志丛书〕
b1052101x K292.24 D547

定兴县土地志
定兴县土地志编纂委员会编 丁光辉主编 定兴 定兴县土地志编纂委员会 2003 年 326 页〔保定市土地志系列丛书〕
b16433361 F327.224 D547 2003

唐 县

唐县志
河北省唐县地方志编纂委员会编 张孝琳主编 石家庄 河北人民出版社 1999 年 881 页
b12986227 K292.24 T242

唐县土地志
唐县土地志编纂委员会编 贾占法主编 唐县 唐县土地管理局 2002 年 318 页〔保定市土地志系列丛书〕
b16425996 F327.224 T241 2002

河北省唐县中学志
唐县中学志编纂委员会编 于同池 刘兴彩执笔 唐县 唐县中学志编纂委员会 2001 年 313 页
b22429979 G639.282.24 T242 2001

唐县水利志
河北省唐县水利志编纂委员会编 王正中主编 唐县 河北省唐县水利志编纂委员会 1998 年 231 页〔河北省水利史志丛书〕
b36246207 TV–092 T242 1998

高阳县

高阳县志
高阳县地方志编纂委员会编 张增德主编 北京 方志出版社 1999 年 1191 页
b13277819 K292.24 G2559

高阳县志 1991–2010
高阳县地方志编纂委员会编 宋进良主编

北京 方志出版社 2015 年 744 页
b47051231 K292.24 G2559C 2015

高阳县土地志
高阳县土地志编纂委员会编 汪润平 赵宏权主编 高阳 高阳县土地管理局 2001 年 322 页〔保定市土地志系列丛书〕
b16436350 F327.224 G255 2001

容城县

容城县志
容城县志编辑委员会编 杨秉诚主编 北京 方志出版社 1999 年 654 页
b12747701 K292.24 R262

涞源县

涞源县志
河北省涞源县地方志编纂委员会编 李保同主编 北京 新华出版社 1998 年 870 页〔中华人民共和国地方志丛书〕
b12698301 K292.24 L146

涞源县志 1979–2009
涞源县地方志编纂委员会编 李静主编 郑州 中州古籍出版社 2017 年 988 页
b49977945 K292.24 L146C 2017

涞源县扶贫志
涞源县扶贫志编纂委员会编 姚金山主编 郑州 中州古籍出版社 2014 年 271 页
b46011626 F127.224 L146 2014

涞源县水利志
涞源县水利志编纂委员会编 涞源 涞源县水利志编纂委员会 1994 年 191 页〔河北省水利史志丛书〕
b21856254 TV-092 L146 1994

望都县

望都县志
望都县地方志编纂委员会编 栾振生 韩增寿主编 北京 方志出版社 2000 年 908 页
b13212680 K292.24 W258

望都县民政志
望都县民政志编纂委员会编 陈新和主编 北京 中国文史出版社 2015 年 484 页
b47052387 D632 W258 2015

望都县林业志
望都县林业志编纂委员会编 陈新和主编 北京 中国文史出版社 2015 年 496 页
b47073640 F326.272.24 W258 2015

望都县土地志
望都县土地志编纂委员会编 李保安主编 望都 望都县土地管理局 2002 年 263 页〔保定市土地志系列丛书〕
b16436301 F327.224 W258 2002

望都县水利志
河北省望都县水利志编纂委员会编 李慧先主编 望都 河北省望都县水利志编纂委员会 1996 年 189 页〔河北省水利史志丛书〕
b36093415 TV-092 W258 1996

安新县

安新县志
安新县地方志编纂委员会编 高俊杰主编 北京 新华出版社 2000 年 1200 页
b13277790 K292.24 A1648

安新县志 1978–2008
安新县地方志编纂委员会编 夏石矿主编

北京 方志出版社 2017 年 940 页
b50861293 K292.24 v5

北冯村志
刘岱编著 安新 北冯村公所 2010 年 520 页
b23002797 K292.25 B316 2010

安新县土地志
安新县土地管理局编 安新 安新县土地管理局 1999 年 272 页
b2113635x F327.224 A163 1999

安新县教育志
安新县教育志编纂委员会编 张天才主编 安新 安新县教育志编纂委员会 2002 年 454 页
b22921473 G527.224 A164 2002

白洋淀志
安新县地方志办公室编 李爱国 辛惠英主编 北京 中国书店 1996 年 644 页
b17457257 K928.43 A164 1996

安新县水利志
安新县水利志编纂委员会编 李保衡主编 安新 安新县水利志编纂委员会 1995 年 189 页〔河北省水利史志丛书〕
b3609254x TV-092 A1649 1995

易 县

易县志
易县地方志编纂委员会编 陈瑞泉主编 北京 中央编译出版社 2000 年 1230 页
b13588904 K292.24 Y464

易县志 1989-2005
易县地方志编纂委员会编 苑治国主编 北京 中国文史出版社 2014 年 806 页
b46442327 K292.24 Y464D 2014

武阳台村志
刘信主编 易县 武阳台村 2008 年 201 页
b36128703 K292.25 W534 2008

易县水利志
河北省易县水利志编纂委员会编 赵连勋主编 保定 保定市北方胶印厂 1998 年 194 页〔河北省水利史志丛书〕
b20141622 TV-092 Z436 1998

曲阳县

曲阳县志
曲阳县志编纂委员会编 韩爱营主编 北京 新华出版社 1998 年 795 页
b13032410 K292.24 Q562Y

曲阳县志 1991-2008
曲阳县地方志编纂委员会编 韩爱营主编 北京 九州出版社 2017 年 807 页
b50346192 K292.24 Q5629 2017

曲阳县政协志
曲阳县政协志编委会编 刘同孝主编 北京 中国文史出版社 2016 年 378 页
b49662909 D628.224 Q562 2016

曲阳县土地志
曲阳县土地志编纂委员会编 韩国勋 赵成信主编 曲阳 曲阳县国土资源局 2002 年 346 页〔保定市土地志系列丛书〕
b16437032 F327.224 Q562 2002

曲阳文物志略
曲阳县文物保管所编 保定 河北外贸包装印刷厂 1985 年 40 页
b36379840 K872.224 Q562 1985

曲阳县水利志
河北省曲阳县水利志编纂委员会编 白文占主编 曲阳 河北省曲阳县水利志编纂委员会 1999 年 272 页〔河北省水利史志丛书〕
b20140253 TV–092 B1529 1999

蠡 县

蠡县志
河北省蠡县志地方志编纂委员会编 鲁春芳主编 北京 中华书局 1999 年 950 页
b13399998 K292.24 L427

蠡县志 1996–2005
蠡县地方志编纂委员会办公室编 鲁春芳主编 北京 中国文史出版社 2015 年 906 页
b47560551 K292.24 L427C 2015

蠡县土地志
蠡县土地志编纂委员会编 蠡县 蠡县土地管理局 2002 年 396 页〔保定市土地志系列丛书〕
b1643710x F327.224 L427 2002

蠡县水利志
蠡县水利志编纂委员会编 曹双前主编 保定 保定市北方胶印厂 1999 年 169 页〔河北省水利史志丛书〕
b21856266 TV–092 L427 1999

顺平县

顺平县志
河北省顺平县地方志编纂委员会编 韩占军主编 北京 中华书局 1999 年 1103 页〔中华人民共和国地方志丛书〕
b13212709 K292.24 S628

顺平县土地志
顺平县土地志编纂委员会编 郝建坡主编 顺平 顺平县土地管理局 2002 年 360 页〔保定市土地志系列丛书〕
b1643707x F327.224 S628 2002

顺平现代人物志
邹瓒主编 北京 文物出版社 1999 年 924 页
b13761729 K820.822.4 S628（2）

顺平县水利志
河北省顺平县水利志编纂委员会编 葛运东 李兰池主编 顺平 河北省顺平县水利志编纂委员会 1998 年 222 页〔河北省水利史志丛书〕
b21856904 TV–092 S628 1998

博野县

博野县志
博野县志编纂委员会编 程玉波主编 北京 新华出版社 1996 年 666 页〔中国地方志系列丛书〕
b10521033 K292.24 B555

博野县畜牧志 1949–2009
博野县畜牧志编纂委员会编 王富林主编 保定 河北大学出版社 2012 年 656 页
b36406697 F326.372.24 B555 2012

博野县土地志
博野县土地志编纂委员会编 寇亚夫主编 博野 博野县土地志编纂委员会 2001 年 297 页〔保定市土地志系列丛书〕
b16430773 F327.224 B555 2001

雄　县

雄县志
雄县县志编纂委员会编 李凤昆主编 北京 中国社会科学出版社 1992 年 636 页〔保定地区地方志系列丛书〕
b10627960　K292.24 X523

雄县土地志
雄县土地志编纂委员会编 刘维领主编 保定 保定市北方胶印厂 2003 年 386 页〔保定市土地志系列丛书〕
b1643738x　F327.224 X523 2003

温泉城志
鹤鸣主编 北京 中国文史出版社 2013 年 394 页
b46012746　K928.922.4 B152 2013

雄县水利志
雄县水利志编纂委员会编 周顺升主编 北京 中国社会出版社 1994 年 202 页〔河北省水利史志丛书〕
b21855171　TV-092 X523 1994

张家口市

张家口市志
张家口市地方志编纂委员会编 张旭明 王建雄主编 北京 中国对外翻译出版公司 1998 年 2 卷 2042 页
b12747750　K292.23 Z354

张家口市志 1993-2008
张家口市地方志编纂委员会编 朱会林主编 北京 九州出版社 2015 年 3 卷 2158 页
b47414364　K292.23 Z696 2015

张家口人民代表大会志
张家口人民代表大会志编纂委员会编 王金玉 刘儒主编 北京 中国民主法制出版社 2004 年 1029 页
b17505860　D624.223 W219 2004

张家口市政协志 1949-2013
张家口市政协志编纂委员会编 祁万利主编 北京 中国文史出版社 2013 年 703 页
b4601276x　D628.223 Z354 2013

张家口市土地志
张家口市土地志编纂委员会编 吕福昌主编 张家口 张家口市海林装订印刷厂 2001 年 454 页〔河北省土地志系列丛书〕
b17676563　F327.223 L977 2001

张家口地区公路志
河北省张家口地区行政公署交通局编 黄殿芳主编 石家庄 河北科学技术出版社 1989 年 319 页
b21571193　F542.822.2 H655 1989

张家口地区对外经济贸易志
张家口地区对外经济贸易志编纂委员会编 张家口 张家口地区对外经济贸易志编纂委员会 1993 年 255 页
b50320361　F752.822.3 Z354 1993

张家口金融志 1840-1988
张家口金融志编纂委员会编 王一明总纂 张家口 张家口金融志编纂委员会 1993 年 330 页
b45569885　F832.722.3 Z354 1993

张家口金融志 续编 1989-2002
张家口金融志编纂委员会编 贾君主编 张家口 张家口金融志编纂委员会 2006 年 670 页

b49939269　F832.722.3　Z354C　2006

张家口戏曲志　送审稿
张家口戏曲志编委会编　张家口　张家口戏曲志编委会　1982 年　油印本　2 卷　390 页
b20141786　J809.222.3　Z354

河北文化艺术志资料汇编
河北省文化厅文化志办公室　张家口地区文化局编　怀安　怀安县印刷厂　1987 年　4 卷
b20101399　K292.23　H286

张家口人物志
刘海林主编　北京　党建读物出版社　2005 年　453 页
b17515956　K820.822.3　L6775　2005

河北省地名志　第 12 卷　张家口分册
河北省地名办公室编　石家庄　河北省地名办公室　1985 年　537 页
b10565188　K922.2　H286

张家口地区地名志
张家口地区行政公署地名办公室编　石家庄　河北省地名委员会办公室　1985 年　537 页
b17581643　K922.22　Z354　1985

张家口市地名录
张家口市地名办公室编　张旭明主编　石家庄　河北科学技术出版社　1991 年　146 页〔河北省地名录全集〕
b20018526　K922.23　Z354Z　1991

张家口市地名志
河北省张家口市地名办公室编　张家口　河北省张家口市地名办公室　1984 年　482 页
b2157120x　K922.23　Z354D　1984

张家口市风物志
张家口市地名办公室　张家口市文化局编　张家口　张家口市地名办公室　1984 年　62 页
b22433119　K922.23　Z354F　1984

张家口地区水利志
岳愚主编　天津　天津大学出版社　1993 年　450 页〔河北省水利史志丛书〕
b18201714　TV-092　Y863　1993

桥西区

张家口市桥西区志
河北省张家口市桥西区地方志编纂委员会编　张家口　河北建筑工程学院印刷厂　1991 年　727 页
b40935735　K292.23　Z354Q　1991

张家口市桥西区志
张家口市桥西区地方志编纂委员会编　李德明主编　北京　九州出版社　2015 年　1257 页
b49502402　K292.23　Z354QC　2015

张家口市桥西区地名志
张家口市桥西区地名委员会办公室编　石家庄　河北科学技术出版社　1990 年　517 页〔河北县级地名志丛书〕
b20368902　K922.23　Z354Q　1990

桥东区

桥东区志
石家庄市桥东区志编委会编　董双珍主编　北京　中国社会出版社　1993 年　776 页
b12611839　K292.24　Q384

桥东法院志 2003-2013
董玉明主编 张家口 张家口市桥东区人民法院 2014年 462页
b4982742x D926.22 D596 2014

宣化区

宣化区志
宣化区地方志编纂委员会编 张祥等主编 西安 三秦出版社 1998年 830页
b12698246 K292.24 X637D

宣化区志 1994-2003
韩铁主编 北京 中国广播电视出版社 2007年 923页
b18659494 K292.23 X637 2007

宣化县志
宣化县地方志编纂委员会编 陈家明主编 石家庄 河北人民出版社 1993年 1004页
b1079654x K292.24 X637

宣化县志 1989-2006
宣化县地方志编纂委员会编 石家庄 河北人民出版社 2011年 804页
b22364961 K292.24 X637 2011

宣化县交通志
宣化县交通志编纂委员会编 毛飞主编 北京 九州出版社 2017年 361页
b49951208 F512.722.4 X637 2017

宣化区文化志
张家口市宣化区文化局编 张家口 张家口市宣化区文化局 1989年 67页
b36380386 G127.223 Z354X 1989

宣化县教育志
宣化县教育委员会编 宣化 宣化印刷公司 1996年 334页
b17358176 G527.224 X637 1996

宣化县水利志
宣化县水利水保局编 孙镇国主编 宣化 宣化县水利水保局 1996年 174页
b21136749 TV-092 X637 1996

下花园区

下花园区志
下花园区地方志编纂委员会编 北京 中国戏剧出版社 2007年 978页
b36174567 K292.23 X185 2007

万全区

万全县志
万全县志编纂委员会编 王金城主编 北京 新华出版社 1992年 1033页〔中国地方志丛书〕
b10616883 K292.24 W173

万全县志 1989-2005
万全县地方志编纂委员会编 董海燕主编 长春 吉林人民出版社 2011年 938页
b36174749 K292.24 W173C 2011

万全县政协志
中国人民政治协商会议万全县委员会编 何盛主编 万全 中国人民政治协商会议万全县委员会 2007年 385页
b50729755 D628.224 W173 2007

万全县水利志
张日东主编 北京 气象出版社 1995年 218页〔河北省水利史志丛书〕
b2009906x TV-092 Z363 1995

崇礼区

崇礼县志
崇礼县地方志编纂委员会编 萧承乾主编 北京 中国社会出版社 1995 年 709 页
b10604224 K292.24 C541

崇礼县志 1978–2006
崇礼县地方志编纂委员会编 岳宝正主编 北京 九州出版社 2014 年 1058 页
b45969668 K292.24 C541 2014

崇礼县土地志
黄祝福主编 张家口 张家口市海林装订印刷厂 2000 年 307 页〔河北省土地志系列丛书〕
b16427257 F327.224 H671 2000

张北县

张北县志
张北县地方志编纂委员会编 尹自先主编 北京 中国社会科学出版社 1994 年 703 页〔中国地方志丛书〕
b10616664 K292.24 Z346

张北县志 1989–2006
张北县地方志编纂委员会编 郑铭主编 石家庄 河北人民出版社 2010 年 2 卷 1126 页
b21766836 K292.24 Z346 2010

张北县人民代表大会志
张北县人民代表大会志编纂委员会编 尹自先主编 北京 北京燕山出版社 2014 年 526 页
b49532480 D624.224 Z346 2014

张北县政协志 1949–2014
张北县政协志编纂委员会编 史崇森主编 北京 中国文史出版社 2014 年 730 页
b47052478 D628.224 Z346 2014

张北县文化志
张北县文化局编 张家口 张家口市印刷厂 1999 年 215 页
b19932893 G127.224 Z346 1999

张北县地名志
张北县地名志编纂委员会编 郑铭主编 北京 中国社会出版社 2011 年 542 页
b37530458 K922.24 Z346 2011

张北县水利志
左万英主编 张北 张北县水利局 1995 年 175 页
b21571181 TV–092 Z971 1995

康保县

康保县志
河北省康保县志编纂委员会编 于伯良主编 北京 新华出版社 1991 年 1098 页〔中国地方志丛书〕
b10641051 K292.24 K184

康保县志 1988–2005
康保县地方志编纂委员会编 李亮主编 长春 吉林人民出版社 2010 年 1353 页
b36174415 K292.24 K184 2010

康保县土地志
康保县土地志编纂委员会编 施俊英主编 张家口 康保县土地志编纂委员会 2000 年 310 页〔河北省土地志系列丛书〕
b16446835 F327.224 S465 2000

康保县地名志
康保县地名委员会办公室编 石家庄 河北科学技术出版社 1989年 447页〔河北县级地名志丛书〕
b20018484 K922.24 K184 1989

康保县卫生志 1949–2009
李殿光主编 北京 中国文史出版社 2011年 495页
b37530586 R199.2 K184 2011

沽源县

沽源县志
沽源县地方志编纂委员会编 北京 中国三峡出版社 2003年 888页
b36248502 K292.24 G512C 2003

沽源县水利志
沽源县水利志编纂委员会编 北京 气象出版社 1995年 230页〔河北省水利史志丛书〕
b18280584 TV882.822.4 G512 1995

尚义县

尚义县志
尚义县地方志编纂委员会编 徐有祥主编 北京 方志出版社 1999年 1100页
b12611578 K292.24 S321

尚义商业志 1862–2010
中共尚义县委档案史志局编 石尚德主编 尚义 中共尚义县委档案史志局 2011年 353页〔尚义县地情资料丛书 4〕
b47415770 F727.224 S321 2011

尚义口头文学志
中国共产党尚义县委员会档案史志局编 石尚德主编 尚义 中共尚义县委档案史志局 2012年 495页〔尚义县地情资料丛书〕
b49964069 I277 S475 2012

尚义曲艺戏剧志
河北省尚义县委档案史志局编著 石尚德主编 尚义 河北省尚义县委档案史志局 2013年 469页〔尚义县地情资料丛书 6〕
b47415769 J809.2 S475 2013

尚义县水利志
河北省尚义县水利志编纂委员会编 天津 天津大学出版社 1993年 149页〔河北省水利史志丛书〕
b20136547 TV-092 H286 1993

友谊水库志
安磊主编 天津 天津人民出版社 1994年 164页〔河北省水利史考丛书〕
b1760493x TV632.22 A163 1994

蔚 县

蔚县志
蔚县地方志编纂委员会编 郭德忠主编 北京 中国三峡出版社 1995年 821页
b10604285 K292.24 W338

蔚县续志
蔚县地方志编纂委员会编 郭德忠主编 蔚县 蔚县地方志编纂委员会 1996年 222页
b16436295 K292.24 W338 1996

蔚县人民代表大会志
蔚县人民代表大会志编纂委员会编 北京 中国民主法制出版社 1998年 461页
b18281102 D624.224 W338 1998

张家口土地志 第8卷 蔚县土地志 修正稿
河北省土地志编纂委员会编 吕志强主编 石家庄 河北省土地志编纂委员会 1996年 油印本 2卷 505页〔河北省土地志序列〕
b21276729 F327.222 Z354W 1996

蔚县文化志
蔚县文化局编 蔚县 蔚县文化局 1990年 247页
b19932480 G127.224 W338 1990

蔚县教育志
蔚县教育志编辑组编 王藻主编 阳原 阳原县印刷厂 1988年 203页
b36014758 G527.224 W338 1988

小五台山植物志
赵建成 郭书彬 李盼威主编 北京 科学出版社 2011年 2卷 1383页
b23169357 Q948.522.2 Z434X 2011

阳原县

阳原县志
阳原县地方志编纂委员会编 北京 中国大百科全书出版社 1997年 841页
b10530782 K292.24 Y225

阳原县志 1994–2005
阳原县地方志编纂委员会编 石家庄 河北人民出版社 2011年 1090页
b36247212 K292.24 Y225D 2011

阳原县土地志
阳原县土地志编纂委员会编 王萃主编 张家口 张家口市海林装订印刷厂 2001年 267页〔河北省土地志系列丛书〕
b16426204 F327.224 W213 2001

泥河湾文化志
刘志河编 北京 河北人民出版社 1989年 49页
b2127616x G127.225 N318 1989

怀安县

怀安县志
河北省怀安县志地方志编纂委员会编 李全玉主编 北京 中国社会出版社 1994年 748页〔河北省地方史志丛书〕
b10645226 K292.24 H5581

怀安县志 1989–2003
怀安县地方志编纂委员会编 李全玉 樊守春主编 北京 新华出版社 2010年 1125页
b40648230 K292.24 H5581 2010

怀安县人民代表大会志
怀安县人民代表大会志编纂委员会编 杜春欣主编 北京 北京燕山出版社 2012年 421页
b40648151 D624.224 H558 2012

怀来县

怀来县志
河北省怀来县地方志编纂委员会编 李建华主编 北京 中国对外翻译出版公司 2001年 903页
b14444057 K292.24 H558C 2001

怀来交通志
河北省怀来县交通局编 北京 北京市德美印刷厂 2007年 283页
b20576924 F512.722.4 H558 2007

怀来县文化艺术志
河北省怀来县文化体育局编 北京 民主与

建设出版社 2000年 289页
b20043168 G127.224 H558

怀来县戏曲志
张玉生著 北京 中国戏剧出版社 2006年 275页〔艺苑秋实丛书〕
b18068042 J825.22 Z368 2006

怀来县水利志
侯云鹏 谌祺孙主编 怀来 怀来县水利志编纂者 2001年 402页
b18839976 TV-092 H429 2001

涿鹿县

涿鹿县志
涿鹿县志编纂委员会编 石家庄 河北人民出版社 1994年 716页
b10727747 K292.24 Z825

涿鹿县志
涿鹿县地方志编纂委员会编印 王建国 岳晓云 李怀全主编 涿鹿 涿鹿县地方志编纂委员会 2002年 续修版 806页
b16435849 K292.24 Z825 2002

涿鹿县志 1989–2009
涿鹿县地方志编纂委员会编 谷新声主编 石家庄 河北人民出版社 2014年 1137页
b46133161 K292.24 Z825 2014

涿鹿县交通志
涿鹿县交通志编纂委员会编 齐亮主编 北京 九州出版社 2015年 432页
b46665766 F512.722.4 Z826 2015

涿鹿县文体旅游志
河北省涿鹿县文体旅游志编纂委员会编 涿鹿 河北省涿鹿县文体旅游志编纂委员会 1998年 394页
b20105393 G127.224 H286 1998

涿鹿县教育志
河北省涿鹿县教育志编纂委员会编 涿鹿 河北省涿鹿县教育志编纂委员会 1996年 308页
b16465039 G527.224 Z825 1994

涿鹿风土人物志
涿鹿县地名方志办公室编 涿鹿 涿鹿县地名方志办公室 1986年 209页
b3598112x K292.24 L396 1986

惠民北渠灌区志
涿鹿县水利志编写组编 韩宗礼编纂 涿鹿 涿鹿县水利志编写组 1988年 112页
b21856837 S279.222.4 Z826 1988

赤城县

赤城县志
河北省赤城县地方志编纂委员会办公室编 蒲游江主编 北京 改革出版社 1992年 669页
b10759888 K292.24 C515

赤城县志 1991–2007
赤城县地方志编纂委员会编 蒲游江主编 石家庄 河北人民出版社 2012年 1116页
b40739491 K292.24 C515 2012

赤城县工会志 1940.4–2013.12
赤城县工会志编纂委员会编 孙登海 张景伦主编 北京 中国工人出版社 2014年 270页〔张家口市工会志〕
b47297268 D412.822.4 C515 2014

赤城县人民代表大会志
赤城县人民代表大会志编纂办公室编 张景伦主编 赤城 赤城县人民代表大会志编纂办公室 2008 年 358 页
b50347147 D624.224 C515 2008

黑龙山林场志 1952–2012
赵海玉主编 北京 北京天正元印务有限公司 2014 年 262 页
b47584865 F326.272.24 H331 2014

赤城县土地志
赤城县土地志编纂委员会编 赵桂悦主编 张家口 张家口市海林装订印刷厂 2001 年 263 页〔河北省土地志系列丛书〕
b16436337 F327.224 C515 2001

河北省赤城县交通运输志
赤城县交通运输局编著 唐继武主编 赤城 赤城县交通运输局 2014 年 477 页〔河北省交通运输史志丛书〕
b50066134 F512.722.4 C515 2014

赤城县教育志
张明主编 赤城 赤城县教育局 1999 年 496 页
b16650013 G527.224 Z357 1999

赤城县地名志
刘伯忠主编 北京 中国文史出版社 2017 年 732 页
b49953229 K922.24 C515C 2017

赤城县水利志
李全主编 北京 气象出版社 1996 年 287 页
b2156727x TV–092 C515 1996

承德市

承德市志
承德市地方志编纂委员会编 邢燕群 王富鹏主编 北京 新华出版社 2009 年 4 卷 1880 页〔中华人民共和国地方志丛书〕
b21007925 K292.23 C464C 2009

承德市政协志
中国人民政治协商会议承德市委员会编 葛曙光主编 承德 中国人民政治协商会议承德市委员会 2013 年 504 页
b50268831 D628.223 C464 2013

承德市计划志 1949–1988
承德市计划志编纂委员会编 王振权主编 承德 承德市计划志编纂委员会 1990 年 538 页
b49849268 F127.223 C464 1990

承德避暑山庄企业集团有限责任公司志
承德避暑山庄企业集团有限责任公司志编纂委员会编 吴宝泉 马祥主编 北京 团结出版社 2013 年 354 页
b49962887 F279.272.23 C464 2013

承德市城乡建设志
承德市城乡建设志编纂委员会编 陈宝森主编 北京 中国建筑工业出版社 1993 年 272 页〔中华人民共和国地方志〕
b21763604 F299.272.23 C464 1993

承德市房地产志
李德成主编 石家庄 河北人民出版社 2012 年 256 页
b40648175 F299.272.23 C464C 2012

承德市土地志
承德市土地志编纂委员会编 王赞良主编

承德 承德市土地志编纂委员会 2001年 518页〔河北省土地志系列丛书〕
b36245173 F327.223 C464 2001

承德电业志 1918–1988
王根运 刘雷杰主编 北京 水利电力出版社 1993年 347页
b40743238 F426.61 C464 1993

承德供电公司志 1989–2008
尚智 周玉超主编 北京 中国电力出版社 2010年 556页
b50778389 F426.61 C464C 2010

承德车辆段志 1953–2000
承德车辆段编 李树民 吴尚主编 承德 承德车辆段志编委会 2004年 210页
b49607522 F532.822-09 C464 2004

承德地区公路志
承德地区交通局史志编写委员会编 左恩庆主编 北京 人民交通出版社 1993年 380页〔河北省公路交通史志丛书〕
b45490090 F542.822.2 C464 1993

承德市科学技术志 1681–1988
刘仲发主编 北京 中国科学技术出版社 1992年 530页
b49532674 G322.722.3 C464 1992

承德民族师范高等专科学校志 1907–1992
刘明显主编 北京 教育科学出版社 1994年 435页〔河北教育史志丛书〕
b16164192 G659.282.23 C464 1994

承德民族师范高等专科学校志 承德民族师范高等专科学校建校100周年 1907–2007
王建主编 沈阳 辽宁民族出版社 2008年 729页
b20099009 G659.282.23 C464 2008

承德石油高等专科学校志 1903–2003
丁德全主编 北京 石油工业出版社 2003年 630页
b17993957 G719.282.2 C464 2003

河北旅游职业学院志
陈志夫主编 保定 河北大学出版社 2014年 903页
b47206408 G719.282.23 H286 2014

承德地区曲艺志
承德地区曲艺志编辑部 关文学主编 承德 承德地区曲艺志编辑部 1989年 759页
b20041925 J809.222.2 G641 1989

承德戏曲全志
承德戏曲全志编辑部 王乃和主编 承德 承德戏曲全志编辑部 1986年 752页
b17609987 J809.2 W224 1986

承德地区文物志略
河北省文物管理处编 石家庄 河北省文物管理处 1979年 油印本 312页
b3637913x K872.222 C464 1979

河北省地名志 第7卷 承德分册
河北省地名办公室编 石家庄 河北省地名办公室 1986年 221页
b10565188 K922.2 H286

塞罕坝动物志 脊椎动物卷
侯建华等编著 北京 科学出版社 2011年 616页
b23034002 Q958.522.23 H429 2011

双滦区

承德市双滦区志
承德市双滦区志编纂委员会编 王乃民 王德山 李学荣主编 北京 方志出版社 2016年 908页
b50777336 K292.23 C464S 2016

平泉市

平泉县志
河北省平泉县地方志编编委员会编 宋海丁孜 王翦主编 北京 作家出版社 2000年 1194页
b13277807 K292.24 P6137

平泉县志 1993–2005
平泉县地方志编纂委员会编 吴宝泉主编 北京 方志出版社 2011年 971页
b36133607 K292.24 P6137C 2011

平泉县妇女志 1941–2009
平泉县妇女志编纂委员会编 杨文华主编 平泉 平泉县妇女志编纂委员会 2010年 378页
b40648217 D442.822.4 P613 2010

平泉县人民代表大会志
平泉县人民代表大会志编纂委员会编 王学珍主编 平泉 平泉县人民代表大会志编纂委员会 2014年 652页
b49704710 D624.224 P6137 2014

平泉军事志
田恩华主编 北京 中共党史出版社 1995年 481页
b46239935 E289.224 P613 1995

平泉县公路交通志
平泉县交通局编 平泉 平泉县印刷厂 1991年 209页〔河北地方史志丛书〕
b20245373 F542.822.4 P613 1991

承德县

承德县志
河北省承德县地方志编纂委员会编 李欣主编 赤峰 内蒙古科学技术出版社 1998年 689页〔中国地方志丛书〕
b12611530 K292.24 C464

承德县志 1995–2005
承德县地方志编纂委员会编 王福明主编 北京 九州出版社 2014年 718页
b46376537 K292.24 C464 2014

承德县土地志
承德县土地志编纂委员会编 张玉华主编 石家庄 石家庄市西印刷厂 2001年 413页〔河北省土地志系列丛书〕
b17803147 F321.1 Z368 2001

兴隆县

兴隆县志
兴隆县地方志编纂委员会编 赵珊 王庆生主编 北京 新华出版社 2004年 1137页〔中国地方志丛书〕
b20404967 K292.24 X463C 2004

兴隆县人大志
兴隆县人大志编纂委员会编 王庆生主编 兴隆 兴隆县人大志编纂委员会 2011年 476页
b40648229 D624.224 X463 2011

兴隆县土地志
兴隆县土地志编纂委员会编 程日新主编 石家庄 石家庄西里印刷厂 2000年 309页〔河北省土地志系列丛书〕
b21570978 F327.224 X463 2000

兴隆县教育志
井涛主编 兴隆 兴隆县印刷厂 1991年 303页
b36014709 G527.224 X463 1991

兴隆县水利志
刘庆华主编 天津 天津大学出版社 1992年 254页〔河北省水利史志丛书〕
b17610072 TV-092 L686 1992

滦平县

滦平县志
河北省滦平县地方志编纂委员会编 张文升 计俊录 杨秀林主编 沈阳 辽海出版社 1997年 1063页〔中国地方志丛书 2001〕
b10494923 K292.24 L8536

滦平县志
滦平县地方志编纂委员会编 崔璞主编 北京 九州出版社 2013年 2卷 1789页
b4596984x K292.24 L8536 2013

滦平县志 1991–2002
滦平县地方志编纂委员会编 石家庄 河北人民出版社 2006年 726页〔中国地方志丛书〕
b17564918 K292.24 L8536 2006

滦平县政协志 1949–2016
政协第九届滦平县委员会编 王国平 丁海娟主编 滦平 政协第九届滦平县委员会 2016年 1057页
b50991516 D628.224 L853 2016

隆化县

隆化县志
隆化县地方志编纂委员会编 王福悦主编 石家庄 河北人民出版社 2001年 1085页〔中国地方志丛书〕
b15907569 K292.24 L7398 2001

隆化文物志
姜振利主编 北京 中国文史出版社 2007年 403页
b18024087 K872.224 J332 2007

丰宁满族自治县

丰宁满族自治县志
丰宁满族自治县志编纂委员会编 马铁松主编 北京 中国和平出版社 1994年 1234页〔中华人民共和国地方志丛书〕
b1072641x K292.24 F3596

丰宁满族自治县志 1991–2000
丰宁满族自治县地方志编纂委员会编 马铁松主编 香港 世界文艺出版社 2005年 994页〔中华人民共和国地方志丛书〕
b16402376 K292.24 F3596 2005

八间房村志 1645–2015
丰宁满族自治县黑山嘴镇八间房村编写 马铁松主编 丰宁 丰宁满族自治县黑山嘴镇八间房村 2015年 322页
b5086130x K292.25 B111 2015

丰宁政协志 1981–2012
中国人民政治协商会议丰宁满族自治县委员会编 孙丰秋主编 丰宁 中国人民政

治协商会议丰宁满族自治县委员会 2014 年 696 页
b50233841 D628.224 F359 2014

丰宁满族自治县土地志
丰宁满族自治县土地志编纂委员会编 于瑞杰主编 北京 北京云浩印刷公司 2002 年 183 页〔河北省土地志系列丛书〕
b17302031 F327.223 Y726 2002

丰宁文物志
张汉英 白瑞杰主编 呼和浩特 内蒙古人民出版社 1998 年 366 页〔百合丛书〕
b13997075 K872.224 Z353

丰宁水利志
丰宁满族自治县水利水保局编 屈志成 叶国春主编 北京 团结出版社 1995 年 373 页〔河北省水利史志丛书〕
b17126010 TV-092 Q559 1995

宽城满族自治县

宽城县志
宽城县志编纂委员会编 王满主编 石家庄 河北人民出版社 1990 年 482 页
b10728478 K292.24 K452

宽城满族自治县志 1988-2005
宽城满族自治县志编纂委员会编 王满主编 秦皇岛 燕山大学出版社 2013 年 1011 页
b46274297 K292.24 K452 2013

围场满族蒙古族自治县

围场满族蒙古族自治县志
围场满族蒙古族自治县地方志编纂委员会编 杨振国主编 沈阳 辽海出版社 1997 年 647 页〔中华人民共和国地方志丛书〕
b10521112 K292.24 W287

围场满族蒙古族自治县志 1991-2005
围场满族蒙古族自治县志编纂委员会编 王金生主编 石家庄 河北人民出版社 2009 年 988 页
b45569344 K292.24 W287 2009

庙宫村志
河北省围场满族蒙古族自治县四道沟乡庙宫村志编纂委员会编 孙兆岭主编 北京 方志出版社 2017 年 176 页〔中国名村志丛书〕
b50642820 K292.25 M495 2017

四合永镇志
四合永镇志编纂委员会编 曹成伟主编 北京 九州出版社 2017 年 336 页〔河北省围场满族蒙古族自治县乡镇村志系列〕
b50756540 K292.25 S663 2017

围场满族蒙古族自治县军事志 1681-2005
围场满族蒙古族自治县军事志编纂委员会编 鲍凯丰 邹永齐主编 围场 围场满族蒙古族自治县军事志编纂委员会 2013 年 392 页
b50861396 E289.264 W287 2013

围场县农业志
河北围场县农业局 河北省围场县志办公室编 围场 河北省围场县志办公室 1984 年 100 页
b11475870 F329.922 H286

围场满族蒙古族自治县税务志
马俊明主编 围场 围场满族蒙古族自治县税务局 1990 年 335 页
b49849980 F812.722.442 W287 1990

河北木兰围场植物志
赵建成 孔照普主编 北京 科学出版社 2008年 2卷 1158页
b20281882 Q948.522.2 Z434H 2008

塞罕坝植物志
黄金祥 李信 钱进源主编 北京 中国科学技术出版社 1996年 492页
b1764639x Q948.522.2 H659 1996

河北滦河上游国家级自然保护区脊椎动物志
吴跃峰 徐成立 孔昭普编著 北京 科学出版社 2013年 488页
b40984965 Q958.522.2 W515 2013

围场县土壤志
河北省围场县农业局 围场县志办公室编 围场 河北省围场县农业局 1983年 64页
b11494815 S159.222 H286

沧州市

沧州市志
沧州市志编纂委员会编 孟庆斌主编 北京 方志出版社 2006年 4卷 3097页
b16926511 K292.23 C178 2006

沧州市志 中国共产党志
中共沧州市党志编纂办公室编 杨庆润主编 北京 方志出版社 1998年 391页
b47009007 D235.223 C178C 1998

沧州市城区志
王志成 孟繁庭 申志辉主编 北京 方志出版社 1996年 301页
b17510570 K292.23 C1781 1996

沧州政协志
赵金霞主编 石家庄 河北教育出版社 2004年 311页
b17505768 D628.223 Z434 2004

沧州政协志 2003–2014
中国人民政治协商会议沧州市委员会编 王寿华 颜素云 高桦主编 石家庄 河北人民出版社 2016年 649页
b49865250 D628.223 C178 2016

渤西公安志 1972–2015
沧州市公安局渤西分局编著 卢瑞生 冯关军主编 沧州 河北省沧州市公安局渤西分局 2016年 696页
b49950034 D631 C178 2016

沧州市工商行政管理志
沧州市工商行政管理志编纂委员会编 高锡增 李健敏主编 沧州 沧州市工商行政管理志编纂委员会 1998年 504页
b40743056 F123.82 C178 1998

沧州市房地产志
沧州市房地产志编纂委员会编 许秀章主编 沧州 沧州市房地产志编纂委员会 1993年 226页
b50065889 F299.272.23 X598 1993

沧州市建设志
沧州市建设志编纂办公室编 何家瑞主编 北京 中国建筑工业出版社 2001年 461页〔中华人民共和国地方志〕
b49981481 F299.272.23 C178 2001

南大港农场志
南大港农场志编纂委员会编 张华北主编 北京 中国文史出版社 2015年 606页
b49607893 F324.1 N1613 2015

沧州烟草志
沧州烟草志编纂委员会编 李东庄主编 北京 中国文史出版社 1996年 424页
b49827017 F426.89 C178 1996

大元志
大元志编审委员会编 沧州 大元志编审委员会 2013年 370页
b49472707 F426.9 D136 2013

东塑集团公司志
东塑集团公司志编纂委员会编 孟庆斌编写 沧州 东塑集团公司志编纂委员会 2000年 489页
b50778626 F426.73 M369 2000

沧州市交通志
沧州市交通志编纂委员会编 北京 中国社会出版社 1993年 392页
b20041706 F512.722.3 C178 1993

沧州市粮食志
沧州市粮食局编 陈扬中主编 澳门 人文出版社 1993年 378页
b4699497x F724.721 C178 1993

沧州地区对外经济贸易志
沧州地区对外经济贸易委员会编纂 赵燕燕主编 沧州 沧州地区对外经济贸易委员会 1992年 205页
b50065877 F752.822.3 C178 1992

沧州财政志
高金生 李学文主编 北京 方志出版社 1998年 541页
b42291240 F812.722.3 C178C 1998

沧州市财政税收志
沧州市财政局 高健 朱振国主编 沧州 沧州市财政局 2002年 235页
b46442819 F812.722.3 C178G 2002

沧州市财政志
李铭月主编 北京 中国文史出版社 1994年 280页
b38893812 F812.722.3 C178 1994

沧州城市金融志
中国工商银行沧州分行沧州城市金融志编辑委员会 李保斋主编 北京 书目文献出版社 1993年 356页
b49981213 F832.722.3 C1781 1993

沧州建设银行志
沧州市建设银行编纂委员会编 周守谦主编 北京 人文出版社 1993年 288页
b49532571 F832.722.3 C178 1993

沧州金融志
沧州金融志编纂委员会编 杜树勇主编 北京 方志出版社 1998年 365页
b50246914 F832.722 C178 1998

沧州市文化志
沧州市文化志编纂委员会编 张善武主编 沧州 沧州市文化志编纂委员会 1993年 377页
b21136361 G127.223 C178 1993

沧州日报社志
李春生主编 石家庄 河北人民出版社 2004年 710页
b49982928 G219.242.23 C178 2004

沧州新闻志
沧州新闻志编纂委员会编 李继光主编 石家庄 河北人民出版社 2001年 312页
b4074307x G219.272.23 C178 2001

沧州地区科学技术志
沧州地区科学技术志编纂委员会编 邵桐山主编 天津 天津科学技术出版社 1989年 430页
b49534166 G322.722.3 C178C 1989

沧州市科学技术志
沧州市科学技术志编纂委员会编 吕士荣主编 天津 天津科学技术出版社 1993年 331页
b49534178 G322.722.3 C178 1993

沧州教育志
沧州教育志编纂委员会编 白宏勤主编 北京 中华书局 1998年 433页
b17962018 G527.223 C178 1998

沧州市教育志
沧州市教育志编纂委员会编 卢建启主编 石家庄 河北教育出版社 1995年 549页
b19733318 G527.223 L791 1995

沧州市第一幼儿园志
沧州市第一幼儿园志编纂委员会 沧州 沧州市第一幼儿园志编纂委员会 2008年 88页
b47296975 G619.282.23 C178 2008

沧州市第二中学校志
沧州市第二中学校志编纂委员会编 崔长智主编 沧州 沧州新颖印务公司 2013年 569页
b45839992 G639.282.23 C178 2013

沧州师范学校校志
沧州师范学校编 李书声主编 沧州 沧州市运河新辛印刷厂 2001年 424页
b20101351 G659.282.2 C178 2001

沧州师范专科学校志
刘树桢主编 石家庄 河北人民出版社 2007年 636页
b22032897 G659.282.2 C1789 2007

沧州武术志
沧州武术志纂委员会编 石家庄 河北人民出版社 1991年 646页
b13276542 G852.092 C178

沧州地名志
河北省沧州地区地名办公室编著 沧州 沧州地区地名办公室 1983年 438页
b20368914 K922.22 C178 1983

沧州风物志
沧州风物志编写组编 赵德森 杨岩松主编 石家庄 河北人民出版社 1989年 406页
b20533913 K922.22 C178F 1989

河北省地名志 第5卷 沧州地区分册
河北省地名办公室编 石家庄 河北省地名办公室 1983年 371页
b10565188 K922.2 H286

沧州市卫生志
马振芳主编 北京 中医古籍出版社 1997年 503页
b40743068 R199.2 C178 1997

沧州古树名木图志
沧州市绿化委员会办公室编著 董相友主编 北京 中国文史出版社 2016年 222页
b47560496 S717.222.3 D596 2016

沧州地区水利志
沧州地区水利局编志办公室编 薛冠智主编 北京 科学技术文献出版社 1994年

825 页
b17646339　TV-092　X675　1994

运河区

沧州市运河区志　1990-2010
沧州市运河区志编纂委员会编　申志辉主编　北京　线装书局　2016 年　853 页
b49923547　K292.23　C178Y　2016

新华区

沧州市新华区军事志　1980-2005
沧州市新华区军事志编纂委员会编著　孙福军主编　沧州　沧州市新华区军事志编纂委员会　2013 年　312 页〔沧州市军事志丛书〕
b50151587　E289.223　C178　2013

泊头市

泊头市志
河北省泊头市地方志编纂委员会编　张泊生主编　北京　中国对外翻译出版公司　2000 年　777 页
b13212655　K292.23　B562

泊头市交通志　1949-1985
泊头市交通局编史组编　泊头　河北省泊头市交通局史志组　1987 年　114 页
b20041664　F512.722.3　B562　1987

泊头市文化志
范凤驰主编　北京　中国档案出版社　2009 年　315 页
b20533895　G127.224　B562　2009

泊头市梨业志
孟庆斌撰　石家庄　河北教育出版社　1989 年　168 页
b49788760　S661.219　B562　1989

泊头市水利志
泊头市水利志编纂委员会编　王淑真主编　石家庄　河北科学技术出版社　1993 年　265 页〔河北省水利史志丛书〕
b2156713x　TV-092　B562　1993

任丘市

任丘市志
任丘市地方志编纂委员会编　孙杰主编　北京　书目文献出版社　1993 年　788 页〔中华人民共和国地方志丛书〕
b10759724　K292.23　R196

任丘市志　1988-2008
任丘市地方志编纂委员会编　马向齐主编　北京　方志出版社　2016 年　1021 页
b47194868　K292.23　R196C　2016

石门桥村志
石门桥村志编纂委员会编　任江总编　石门桥　石门桥村志编纂委员会　2017 年　423 页
b50991528　K292.25　S4737　2017

华北石油局井下作业公司志　1977-2014（任丘市）
华北石油局井下作业公司志编纂委员会编　艾昆　蒋新立主编　北京　中国文史出版社　2015 年　373 页
b47584762　F426.22　H528　2015

任丘市交通志
任丘市交通志史年鉴编写办公室编　王传玉主编　任丘　任丘市交通志史年鉴编写办公室　1987 年　247 页
b2095119x　F512.722.4　W213　1987

任丘市教育志
杨宝录主编 任丘 任丘市教育委员会 1994年 574页
b36014187 G527.223 R196 1994

河北任丘一中校志
任丘一中校志编纂委员会编 任丘 任丘一中校志编纂委员会 2001年 重修本 522页
b2040315x G639.282.24 H2867 2001

河北任丘一中校志
任丘一中校志编纂委员会编 顾恒敬主编 任丘 任丘一中校志编纂委员会 2011年 续修本 472页
b4545291x G639.282.24 H2867 2011

华北油田勘探开发研究院志 1973–2000
华北油田勘探开发研究院志编纂委员会编 丁连湖主编 北京 石油工业出版社 2003年 603页
b22430167 P618.13–24 D531 2003

任丘市水利志
任丘市水利志编纂办公室编 北京 水利电力出版社 1993年 258页〔河北省水利史志丛书〕
b17676812 TV–092 R196 1993

黄骅市

黄骅县志
黄骅县地方志编纂委员会编 杨庆礼主编 北京 海潮出版社 1990年 581页
b10761184 K292.24 H658

黄骅市志 1986–2008
黄骅市地方志编纂委员会编 杨庆礼主编 北京 方志出版社 2013年 903页
b40938566 K292.23 H658H 2013

黄骅县政协志
中国人民政治协商会议黄骅县委员会编 黄骅 中国人民政治协商会议黄骅县委员会 1986年 121页
b20043211 D628.224 H658 1986

黄骅县交通志
黄骅县交通局史志编写办公室编 司建明主编 黄骅 黄骅县交通局史志编写办公室 1989年 116页
b50066183 F512.722.4 H658 1989

黄骅市文物志
黄骅市博物馆著 张宝刚主编 北京 北京燕山出版社 2015年 264页
b4982692x K872.224 H658 2015

中捷友谊农场水利志
郗志刚主编 天津 天津人民出版社 1993年 151页〔河北省水利史志丛书〕
b21571430 TV–092 X112 1993

河间市

河间市志
河间市地方志编纂委员会编 赵景春主编 北京 中国三峡出版社 2003年 843页〔中华人民共和国地方志丛书〕
b15374877 K292.23 H285 2003

河间县志
河间市地方志编纂委员会编 赵景春主编 北京 书目文献出版社 1992年 956页〔中华人民共和国地方志丛书〕
b10641038 K292.24 H285

束州志
束城镇人民政府编 张国信主编 河间 束州镇人民政府 2006年 496页
b50007579 K292.25 S557 2006

河间市人大志
赵景春主编 香港 中国国际图书出版社 2007年 564页
b50347299 D624.224 H285 2007

河间政协志
戈兆升主编 河间 政协河间市委员会 2014年 433页
b50665182 D628.224 H285 2014

河间市土地志
河间市土地志编纂委员会编 刘文通主编 北京 方志出版社 2004年 598页
b1750577x F327.223 L691 2004

河间文化艺术志
河北省河间市文化艺术编纂委员会编 郝双良主编 北京 方志出版社 2003年 433页
b18262417 G127.224 H249 2003

河间市一中校志
河间市一中校志编纂委员会编 韩允增 孙殿友 毕根廷主编 北京 教育科学出版社 2001年 250页
b18281047 G639.282.2 H285 2001

河间人物志
河间市地方志办公室编 赵景春主编 北京 书目文献出版社 1994年 154页
b13276293 K820.822.4 H285

河间县水利志
河间县水利志编纂委员会编 孔庆新主编 北京 科学技术文献出版社 1994年 417页〔河北省水利史志丛书〕
b21568194 TV-092 H2718 1994

沧 县

沧县志
沧县地方志编纂委员会编 崔守禄主编 北京 中国和平出版社 1995年 773页
b10568815 K292.24 C178

沧县志 1986-2004
沧县地方志编纂委员会编 刘云甲 王振声主编 北京 线装书局 2011年 1191页
b30002230 K292.24 C178 2011

张辛庄村志
张国芝主编 沧县 张辛庄村编纂者 2014年 400页
b50861335 K292.25 Z367 2014

沧县人民代表大会志
田恩中主编 北京 人民日报出版社 2006年 615页
b1862117x D624.224 T354 2006

沧县土地志 征求意见稿
沧县土地管理局编 沧县 沧县土地管理局 1999年 油印本 2卷 504页
b21277278 F327.224 C178 1999

沧县文化志
沧县文教局文化志编辑部编 王振声主编 沧县 沧县文教局文化志编辑部 1990年 348页
b20137096 G127.224 C178 1990

沧县教育志
王振声主编 北京 教育科学出版社 1994

年 305 页〔河北教育史志丛书〕
b27575342 G527.224 C178 1994

沧县中学校志
朱金恒主编 沧县 沧县中学 2006 年 530 页
b20100280 G639.282.2 C178 2006

捷地乡土志
中共沧县捷地乡委员会 沧县捷地回族乡人民政府编 回峰主编 沧县 沧县捷地回族乡人民政府 2011 年 208 页
b40743445 K292.25 J436 2011

沧县医院志 1949-2016
沧县医院志编纂委员会编 娄锡文主编 郑州 中州古籍出版社 2018 年 290 页
b51332462 R199.2 C1788 2018

沧县水利志
沧县水利志编纂办公室编 时恩同主编 北京 方志出版社 1997 年 382 页〔河北省水利史志丛书〕
b20098479 TV-092 S467 1997

青 县

青县志
青县地方志编纂委员会编 褚学发 陈国民主编 北京 方志出版社 1999 年 825 页
b12986252 K292.24 Q4648

青县志 1978-2008
青县地方志编纂委员会编 王晓海主编 北京 九州出版社 2012 年 746 页
b40863803 K292.24 Q4648 2012

马厂镇志
马厂镇志编纂委员会编 沧州 青县马厂镇人民政府 2005 年 283 页
b17991997 K292.25 M137 2005

青县军事志 前 719-2005
青县军事志编纂委员会编 刘沙曼主编 北京 军事科学出版社 2013 年 458 页
b50151411 E289.224 Q464 2013

河北青县一中校志
孙景祺主编 沧州 沧州报社印刷厂 2004 年 412 页
b20576651 G639.282.24 H2866 2004

东光县

东光县志
东光县地方志编纂委员会编 韩长斌主编 北京 方志出版社 1999 年 759 页
b13544822 K292.24 D582

东光县志 1991-2010
东光县地方志编纂委员会编 赵宝岭主编 郑州 中州古籍出版社 2013 年 1216 页
b4083735x K292.24 D582 2013

东光县水利志
东光县水利志编纂委员会编 耿炳新主编 北京 水利电力出版社 1995 年 172 页
b21855079 TV-092 D5823 1995

海兴县

海兴县志
海兴县地方志编纂委员会编 杨双发主编 北京 方志出版社 2002 年 1138 页
b14882826 K292.24 H1458 2002

海兴县水利志
海兴县水利志编纂委员会编 邢汝明主编

北京 方志出版社 1995 年 218 页〔河北省水利史志丛书〕
b47009159 TV-092 X479 1995

盐山县

盐山县志
盐山县地方志编纂委员会编 张爱国主编 天津 南开大学出版社 1990 年 1021 页
b1063373x K292.24 Y179

盐山县志 1987–2005
盐山县地方志编纂委员会编 王连义主编 郑州 中州古籍出版社 2018 年 1010 页
b50994177 K292.24 Y179C 2018

采家庄志 采氏家谱
采玉双著 沧州 沧州第一印刷厂 1997 年 237 页
b16474491 K292.25 C125 1997

盐山县国税志
盐山县国家税务局编 付新农主编 盐山 盐山县国家税务局 2007 年 378 页〔沧州国税文化丛书〕
b49505749 F812.722.4 Y179 2007

盐山县水利志
盐山县水利志编纂委员会编 宋月柱主编 北京 科学技术文献出版社 1994 年 265 页〔河北省水利史志丛书〕
b20952387 TV-092 S682 1994

肃宁县

肃宁县志
河北省肃宁县地方志编纂委员会编 刘金泉主编 北京 方志出版社 1999 年 716 页〔中华人民共和国地方志丛书〕
b13095845 K292.24 S722

肃宁县志 1995–2008
肃宁县志编纂委员会编 曹新娥 郭九州主编 北京 中国书籍出版社 2016 年 838 页
b50246495 K292.24 S722C 2016

肃宁县土地志
肃宁县土地志编纂委员会编 石生龙主编 北京 方志出版社 2002 年 352 页
b1637728x F327.224 S722 2002

肃宁分公司志 2002–2014
肃宁分公司志编委会编 赵金海主编 肃宁 肃宁分公司志编委会 2015 年 502 页
b50777907 F532.6 S642S 2015

肃宁县教育志
肃宁县教育志编纂委员会编 陈秉钧主编 肃宁 肃宁县教育志编纂委员会 2003 年 401 页
b20182065 G527.224 S722 2003

南皮县

南皮县志
南皮县地方志编纂委员会编 田汝汾主编 石家庄 河北人民出版社 1992 年 1152 页
b10616809 K292.24 N161

南皮县志 1987–2006
南皮县志编纂委员会编 赵永生主编 天津 天津科学技术出版社 2011 年 1036 页
b37531670 K292.24 N161N 2011

南皮县人民代表大会志
南皮县人大常委会编 赵永生主编 吴桥 吴桥金鼎古今印刷厂 2006 年 520 页

b44851996　D624.224　N161　2006

南皮县政协志
政协南皮县委员会编　赵树森主编　南皮　政协南皮县委员会　2006年　673页
b46443356　D628.224　N161　2006

南皮县民政志
河北省南皮县民政局编　赵永生主编　南皮　河北省南皮县民政局　2003年　660页
b4601827x　D632　N1616　2003

南皮县国土志
河北省南皮县国土资源局编　赵子荣主编　南皮　河北省南皮县国土资源局　2003年　275页
b19932145　F129.922.4　Z441　2003

南皮县建设志
南皮县建设志编纂办公室编　王玉良主编　南皮　南皮县建设志编纂办公室　2003年　272页
b49472318　F299.272.24　N161　2003

南皮县土地志　终审稿
南皮县土地志编纂组编　南皮　南皮县土地志编纂组　1999年　2卷
b21277229　F327.224　N161　1999

南皮县交通志
河北省南皮县交通局编　汤倬林主编　南皮　河北省南皮县交通局　1987年　211页
b20245415　F512.722.4　N161　1987

南皮县交通志
南皮县交通局编　赵永生主编　南皮　南皮县交通局　2008年　719页
b49789442　F512.722.4　N161C　2008

南皮县财政志
南皮县财政局编　贾树营　李玉华主编　沧州　沧州市山水彩色印务公司　2011年　737页
b44749247　F812.722.4　N161　2011

南皮县国税志
南皮县国家税务局编　高国胜主编　南皮　南皮县国家税务局　2008年　361页
b45840416　F812.722.4　N161N　2008

南皮县文化艺术志
南皮县教育文化体育局编　田如芬主编　沧州　沧州华新印业股份合作公司　2009年　616页
b4123506x　G127.224　N161　2009

南皮县教育志
南皮县教育志编辑委员会编　杨玉书主编　南皮　南皮县印刷厂　1993年　448页
b20403884　G527.224　N161　1993

南皮县教育志　1990–2015
南皮县教育局编　田国健主编　南皮　南皮县教育局　2015年　401页
b49678188　G527.224　N161C　2015

南皮县水利志
王玉良主编　石家庄　河北科学技术出版社　1992年　263页〔河北省水利史志丛书〕
b21856175　TV-092　N1616　1992

吴桥县

吴桥县志
吴桥县地方史志编纂委员会编　王畏主编　北京　中国社会出版社　1992年　626页
b10628459　K292.24　W498

西宋门村志
张宪臣著 吴桥 吴桥东方印业公司 2000年 296页
b20404864 K292.25 X119 2000

吴桥县人民代表大会志 1995.01–2011.03
吴桥县人大志编纂委员会编 吴桥 吴桥县人大常委会 2011年 697页
b46274054 D624.224 W498 2011

吴桥县水利志
吴桥县水利志编纂委员会编 刘志秀主编 北京 中国人事出版社 1992年 270页〔河北省水利志丛书〕
b21570693 TV–092 W498 1992

献 县

献县志
献县地方志编纂委员会编 秦焕泽主编 北京 中国和平出版社 1995年 783页〔中华人民共和国地方志丛书〕
b1061655x K292.24 X248

献县志 1979–2005
献县地方志编纂委员会编 于万复 秦焕泽主编 郑州 中州古籍出版社 2016年 856页
b49625974 K292.24 X248C 2016

献县护持寺村村志
白焕宗主编 北京 人民日报出版社 2008年 266页〔沧州国学文库〕
b49826943 K292.25 H515 2008

献县一中校志
献县一中校志编纂委员会编 申士谦 范颖苏主编 石家庄 新华书店河北发行所 2003年 377页
b19732818 G639.282.2 H2868 2003

献县水利志
献县水利志编纂委员会编 王书珍主编 北京 中国和平出版社 1994年 261页〔河北省水利史志丛书〕
b18281114 TV–092 W2299 1994

孟村回族自治县

孟村回族自治县志
孟村回族自治县志编纂委员会编 祝延青主编 北京 科学出版社 1993年 797页
b10640952 K292.24 M367C

孟村回族自治县志 1989–2009
孟村回族自治县地方志编纂委员会编 任浩新主编 郑州 中州古籍出版社 2015年 1088页
b46670841 K292.24 M367E 2015

孟村回族自治县水利志
王镇铭主编 天津 天津大学出版社 1993年 328页〔河北省水利史志丛书〕
b21569423 TV–092 W235 1993

廊坊市

廊坊市志
廊坊市志编修委员会编 曹渊主编 北京 方志出版社 2001年 3卷 2116页
b13638853 K292.23 L222

廊坊民盟志
中国民主同盟廊坊市委员会编 王景硕主编 香港 翰墨文艺出版社 2009年 438页
b20918446 D665.2 W219 2009

廊坊市建设志
廊坊市建设志编纂委员会编 北京 中国文史出版社 1998年 607页

b21568923　F299.272.23　L216　1998

廊坊市土地志
廊坊市土地志编纂委员会编著　施泰主编　北京　中国大地出版社　2001 年　600 页〔河北廊坊市土地志系列丛书〕
b19931025　F321.1　S466　2001

廊坊交通运输志
廊坊交通运输志编委会编　薛兴东交通主编　北京　人民交通出版社　2013 年　626 页
b40863852　F512.722.3　L216　2013

华北油田第五中学校志
王宝林主编　廊坊　华北油田第五中学　2012 年　261 页
b40648205　G639.282.23　H529　2012

防灾科技学院校志
防灾科技学院校志编写组编　北京　地震出版社　2011 年　154 页
b23171844　G649.282.2　F239　2011

廊坊地区民族志
玉光莹主编　北京　中国民族摄影艺术出版社　1993 年　203 页
b17996612　K280.222　Y774　1993

河北省地名志　第 8 卷　廊坊地区分册
河北省地名办公室编　石家庄　河北省地名办公室　1984 年　204 页
b10565188　K922.2　H286

廊坊经济技术开发区志
廊坊经济技术开发区管理委员会编　北京　中国财政经济出版社　2007 年　588 页
b18280766　K922.23　L222　2007

中国制浆造纸研究院院志　1956–2006
中国制浆造纸研究院院志编纂委员会编　邝仕均主编　廊坊　中国制浆造纸研究院院志编纂委员会　2006 年　160 页
b40806972　TS7–242.1　Z651　2006

廊坊地区水利志
廊坊市水利局水利志编纂办公室编　杨杰主编　石家庄　河北人民出版社　1998 年　447 页〔河北省水利史志丛书〕
b21568911　TV–092　L216　1998

广阳区

廊坊市广阳区志
廊坊市广阳区志编纂委员会编　王军　李国江主编　北京　方志出版社　2012 年　792 页
b40426142　K292.23　L216G　2012

安次区

廊坊安次志
廊坊安次志编修委员会编　刘化田主编　北京　中国文史出版社　2011 年　2 卷　1404 页
b37530598　K292.23　L216A　2011

安次教育志　第 1 卷　讨论稿
廊坊市安次区教育局编　杨藻主编　廊坊　廊坊市安次区教育局　1990 年　油印本　509 页
b20181449　G527.223　A163　1990

霸州市

霸县志
霸县编史修志委员会　崔伟基主编　石家庄　河北人民出版社　1989 年　659 页
b10647119　K292.24　B146

霸州市志
霸州市志编纂委员会编 蔡福利 谷蓬然主编 北京 中国文史出版社 2006年 989页
b20947781 K292.23 B146 2006

霸州人物志
霸州人物志编纂委员会编 袁宏新 蔡福利主编 石家庄 河北人民出版社 2002年 473页
b17623479 K820.822.4 B146 2002

三河市

三河市志
河北省三河市地方志编纂委员会编 金城 刘亚寰主编 北京 中国文史出版社 2001年 1031页〔中华人民共和国地方志丛书〕
b13759334 K292.24 S145B

三河县志
河北省三河县志编纂委员会编 金城主编 北京 学苑出版社 1988年 751页〔中华人民共和国地方志丛书〕
b10759451 K292.24 S145

三河政协志
三河政协志编纂委员会编 李春华主编 三河 三河政协志编纂委员会 2006年 540页〔河北省·三河市地方志丛书〕
b4984975x D628.224 L391 2006

三河政协志 2006-2014
三河政协志编纂委员会编 汪立新主编 三河 三河政协志编纂委员会 2014年 502页
b50066560 D628.224 S145 2014

三河县教育志
三河县教育委员会 三河 三河县教育委员会 1991年 188页
b20103487 G527.224 S145 1991

固安县

固安县志
赵复兴主编 北京 中国人事出版社 1998年 904页
b10494856 K292.24 G561

固安县志 1997-2009
固安县志编纂委员会编 洪炳君主编 北京 方志出版社 2016年 904页
b49832505 K292.24 G561C 2016

固安县志 一审稿 1997-2009
固安县志编纂委员会编 洪炳君主编 固安 固安县志编纂委员会 2012年 900页
b45452908 K292.24 G561 2012

北关村志
固安县北关村志编纂委员会编 孙广华主编 北京 中国文史出版社 2017年 394页
b49715719 K292.25 B3163 2017

林城村志
林城村志编纂委员会编 齐全国主编 北京 中国文史出版社 2014年 443页
b4656228x K292.25 L5851 2014

固安县政协志 1950-2007
固安县政协志编纂委员会编 张建忠主编 固安 保利达印务有限公司 2007年 517页
b18621442 D628.624 Z354 2007

华北石油职工大学志
华北石油职工大学志编写组编 李邦搪主编 固安 华北石油职工大学志编写组 1994年 270页
b2010201x G729.282.2 L389 1994

固安人物志
固安人物志编纂委员会编 史增尚 洪炳君主编 北京 中国文史出版社 2015年 324页
b50070460 K820.822.4 G561 2015

固安县水利志
固安县水利局编 张海瀛主编 北京 中国人事出版社 1991年 280页〔河北省水利史志丛书〕
b20136687 TV-092 Z3539 1991

固安县水利志 1986-2000
固安县水利局编 孙光华主编 北京 中国人事出版社 2001年 273页〔河北省水利史志丛书〕
b20415369 TV-092 Z3539 2001

永清县

永清县志
永清县志办公室编 邢宪昌主编 石家庄 河北人民出版社 2000年 661页
b13458863 K292.24 Y636

永清县志 1989-2007
永清县地方志编纂委员会编 马秀花 刘炳主编 北京 方志出版社 2012年 831页
b36370381 K292.24 Y636Y 2012

永清县土地志
永清县土地志编纂委员会编著 宋景云主编 北京 中国大地出版社 2001年 179页〔河北廊坊土地志系列丛书〕
b17505847 F327.224 Y636 2001

永清县地名志
永清县地名委员会办公室编 石家庄 河北科学技术出版社 1991年 409页〔河北县级地名志丛书〕
b20368896 K922.24 Y636 1991

香河县

香河县志
河北省香河县地方志编纂委员会编 许生主编 北京 中国对外翻译出版公司 2001年 726页
b13755730 K292.24 X597

香河县志 1979-2008
香河县地方志编纂委员会编 高景全主编 北京 方志出版社 2017年 966页
b51011694 K292.24 X259 2017

大城县

大城县志
河北省大城县地方志编纂委员会编 李玉川主编 北京 华夏出版社 1995年 892页〔中华人民共和国地方志丛书〕
b10646760 K292.24 D135

大城县志 1989-2006
大城县地方志编纂委员会编 徐志敏主编 石家庄 河北人民出版社 2011年 845页
b36134004 K292.24 D1352 2011

东阜村村志
徐文凯主编 香港 中华诗词出版社 2011年 350页
b3666828x K292.25 D5822 2011

大城县交通志
大城县交通志编写组纂修 廊坊 廊坊地区行政公署交通局 1987年 257页
b20042012 F512.722.4 D135 1987

大城县交通志 1986–1999
大城县交通志编写组编 周志芳主编 北京 中国档案出版社 2001年 548页
b20042024 F512.722.4 D135 2001

大城县文化艺术志
大城县政协文史委员会编 刘兰芳主编 北京 中国戏剧出版社 2010年 544页〔大城县文史资料 第13辑〕
b46442169 G127.224 D135 2010

大城县教育志
大城县教育志编纂委员会编 刘兰芳主编 大城 大城县教育志编纂委员会 2009年 364页
b27575421 G527.224 D1351

河北大城一中校志
河北省大城县第一中学校志编纂委员会编 徐文凯主编 北京 中华诗词出版社 2009年 666页
b37531931 G639.282.24 H2862 2009

大城人物志
政协大城县委员会编纂 杨馨远主编 大城 政协大城县委员会 2015年 376页
b50233804 K820.822.4 D135 2015

大城地名志
孙全录编著 石家庄 河北人民出版社 2014年 448页
b4544514x K922.24 D1351C 2014

大城县地名志
大城县地名委员会办公室编 黄学通主编 石家庄 河北科学技术出版社 1994年 478页〔河北县级地名志丛书〕
b20018460 K922.24 D1351C 1994

大城县水利志
大城县水利志编纂委员会编 北京 地震出版社 1993年 265页〔河北省水利史志丛书〕
b21136932 TV-092 D1351 1993

文安县

文安县志
河北省文安县地方志编纂委员会编 吕炳忠主编 北京 中国社会出版社 1994年 797页
b10646814 K292.24 W386

文安县志 1986–2008
文安县地方志编纂委员会编 唐国生主编 北京 九州出版社 2017年 882页
b49923250 K292.24 W386C 2017

苑口村志
崔伯友编著 香港 香港天马出版公司 2006年 415页
b2001935x K292.25 Y837 2006

文安县政协志
文安县政协志编委会编 王慧芬主编 文安 文安县政协志编委会 2015年 582页
b49827340 D628.224 W386 2015

文安县交通志
文安县交通局史志编写组纂修 董宗学 李家盛主编 廊坊 廊坊地区行政公署交通局 1987年 86页
b20951796 F512.722.4 D596 1987

文安县水利志
文安县水利志编纂委员会编 燕俊林主编 北京 水利电力出版社 1994年 204页〔河北省水利史志丛书〕

b17676800　TV-092 W386 1994

大厂回族自治县

大厂回族自治县志
大厂回族自治县地方志编纂委员会编 王庆元主编 北京 中国画报出版社 1995年 457页
b1060411x　K292.24 D1351

大厂回族自治县志 1986-2004
大厂回族自治县地方志编修委员会编 李桂强主编 北京 民族出版社 2010年 574页
b21762934　K292.24 D135 2010

大厂人大志
大厂人大志编纂委员会编 俞孟钢主编 大厂 大厂人大志编纂委员会 2014年 488页
b50992478　D624.224 D1351 2014

衡水市

衡水市志
衡水市地方志编纂委员会编 刘鹏起主编 北京 民族出版社 1996年 949页
b1061669x　K292.23 H388

衡水市志
河北省衡水市地方志编纂委员会编 武铁良主编 北京 方志出版社 2002年 2卷 1485页
b14165855　K292.23 H388H

衡橡股份(衡水橡胶股份有限公司)志 1954-2014
衡水橡胶股份有限公司志编委会编 王希来主编 衡水 河北方志出版社 2014年 596页
b49938113　F426.74 H388 2014

衡水邮电志
衡水邮电志编纂委员会编 贾广真主编 衡水 衡水邮电志编纂委员会 1992年 309页
b23229081　F632.722.2 H388 1992

衡水金融志
衡水金融学会 中国人民银行衡水市中心支行金融研究室编 郑洪果主编 北京 中国文联出版社 2000年 616页
b4998164x　F832.722.3 H388 2000

衡水地区科学技术志
衡水地区科学技术志编纂委员会编 北京 中国科学技术出版社 1993年 434页
b21763744　G322.722.2 H388 1993

衡水市教育志 1307-1990
衡水市教育委员会史志办公室编 李金财主编 衡水 河北衡水翼峰印刷公司 1994年 393页
b20014971　G527.223 L397 1994

衡水师范专科学校志 1978-1991
蔡俊华主编 北京 教育科学出版社 1994年 187页〔河北教育史志丛书〕
b20098947　G659.282.2 H388 1994

衡水人物志 第1卷 古代近现代
徐学清主编 石家庄 河北人民出版社 2010年 502页
b20882713　K820.822.3 X581 2010

衡水人物志 第2卷 当代
徐学清主编 石家庄 河北人民出版社 2010年 631页
b20882713　K820.822.3 X581 2010

河北省地名志 第2卷 衡水地区分册
河北省地名办公室编 石家庄 河北省地名

办公室 1985 年 414 页
b10565188 K922.2 H286

衡水地名志
衡水地区地名办公室编 石家庄 河北省地名办公室 1985 年 414 页
b15698415 K922.22 H388 1985

衡水地区地名录
衡水地区地名委员会地名办公室编 张文清 白文超 杜淑敏主编 石家庄 河北科学技术出版社 1990 年 276 页〔河北省地名录全集〕
b20018472 K922.22 H388C 1990

衡水市地名志
张恩昌 栾建英主编 衡水 河北省衡水市地名办公室 1985 年 271 页
b15698427 K922.23 H388C 1985

衡水地区水利志
衡水地区水利志编纂委员会编 董忆锋主编 石家庄 河北人民出版社 1995 年 494 页〔河北省水利史志丛书〕
b19418309 TV-092 D596 1995

衡水市水利志
王书申主编 天津 天津古籍出版社 1994 年 287 页〔河北省水利史志丛书〕
b16746090 TV-092 W229 1994

冀州区

冀县志
河北省冀县地方志编纂委员会编 乔居主编 北京 中国科学技术出版社 1993 年 846 页〔中华人民共和国地方志丛书〕
b10633984 K292.24 J183

冀州市志
冀州市志编纂委员会编 常海成主编 北京 方志出版社 2012 年 2 卷 1170 页
b44850955 K292.24 J183J 2012

魏家屯镇志
魏家屯镇志编纂委员会编 孟宪英主编 呼和浩特 远方出版社 2006 年 305 页
b20019452 K292.25 W356 2006

冀县教育志 1071–1988
尚广济主编 冀县 冀县文教局 1989 年 321 页
b20403446 G527.224 S321 1989

深州市

深县志
河北省深州市地方志编纂委员会编 孟祥寅主编 北京 中国对外翻译出版公司 1999 年 775 页
b12747683 K292.24 S3878

深州市志 1990–2003
深州市地方志编纂委员会编 李藏慧主编 石家庄 河北人民出版社 2016 年 786 页
b49951142 K292.24 S3879 2016

深州市东四王村志
徐发蕴主编 石家庄 河北人民出版社 2013 年 502 页
b40837087 K292.25 D582 2013

深州市邮电志 1994–1998.8
深州市邮电志编纂委员会编 杨海兴主编 深州 深州市邮电志编纂委员会 1998 年 137 页
b2322924x F632.722.3 S387 1998

深县教育志
河北省深县教育志编纂办公室编 陈长根主编 深县 河北省深县教育志编纂办公室 1993 年 227 页
b20016621 G527.224 C415 1993

枣强县

枣强县志
枣强县地方志编纂委员会编 王桓主纂 北京 文化艺术出版社 1994 年 1011 页
b10641063 K292.24 Z177

枣强县志 1989–2006
枣强县地方志编纂委员会编 王桓主编 石家庄 河北人民出版社 2013 年 1056 页
b44795105 K292.24 Z177 2013

枣强县邮电志 1994–1998
枣强县邮电志编纂委员会编 王建睦主纂 枣强 枣强县邮电志编纂委员会 2000 年 135 页
b23229330 F632.722.4 Z177 2000

枣强人物志
枣强人物志编纂委员会编 李恩华主编 北京 中国文史出版社 2010 年 550 页
b22433107 K820.822.4 L393 2010

武邑县

武邑县志
武邑县地方志编纂委员会编 李根旺主编 北京 方志出版社 1998 年 972 页〔中华人民共和国地方志丛书〕
b12692396 K292.24 W533

武邑县志 1994–2008
武邑县地方志编纂委员会编 阎汝耀主编 北京 方志出版社 2015 年 745 页
b49668894 K292.24 W5349 2015

河北武邑中学校志
河北武邑中学校志编纂委员会编 武邑 河北武邑中学校志编纂委员会 2006 年 207 页
b20101405 G639.282.2 W534 2006

武强县

武强县志
河北省武强县地方志编纂委员会编 李玖柱主编 北京 方志出版社 1996 年 798 页
b10568852 K292.24 W534

武强教育志
孙立秋 李永杰主编 武强 武强教育志编纂者 1989 年 191 页
b21570747 G527.224 W534 1989

饶阳县

饶阳县志
饶阳县地方志编纂委员会编 胡卓川主编 北京 方志出版社 1998 年 788 页〔中华人民共和国地方志丛书〕
b10524885 K292.24 R158

饶阳县交通志
臧通主编 衡水 衡水地区印刷厂 1988 年 233 页
b40935607 F512.722.4 R158 1988

饶阳县地名志
饶阳县地名办公室编 饶阳 饶阳县地名办公室 1982 年 88 页
b20369025 K922.24 R158 1982

安平县

安平县志
安平县地方志编纂委员会编 王建斌主纂 北京 中国社会出版社 1996年 720页〔中华人民共和国地方志丛书〕
b1059761x K292.24 A164

安平县志 1991–2002
安平县地方志编纂委员会编 崔立学主编 北京 方志出版社 2017年 855页
b51131791 K292.24 A164C 2017

故城县

故城县志
故城县地方志编纂委员会编 崔衍国主编 北京 中国对外翻译出版公司 1998年 714页
b1261161x K292.24 G562

故城县水利志
故城县水利志编纂委员会编 郭念文主编 天津 天津古籍出版社 1994年 418页〔河北省水利史志丛书〕
b20136559 TV-092 G774 1994

景 县

景县志
景县志编纂委员会编 周连会主编 天津 天津人民出版社 1991年 1015页〔中华人民共和国地方志丛书〕
b1064524x K292.24 J553

景县志 1986–2003
景县志编纂委员会编 北京 新华出版社 2008年 1280页
b22430507 K292.24 J553 2008

广川街村志
广川街村志编纂委员会编 王书明主编 北京 中国文史出版社 2016年 412页
b47306762 K292.25 G681 2016

景渤志
景渤志编纂委员会编 王书明主编 北京 中国文史出版社 2014年 394页
b46012643 F426.22 J553 2014

景县交通志
景县交通局编 景县 景县交通局 1992年 76页〔河北省公路交通史志丛书〕
b20043703 F512.922.4 J553 1992

阜城县

阜城县志
阜城县地方志编纂委员会编 崔振明主编 北京 中国文联出版公司 1998年 1012页
b16448285 K292.24 F4911 1998

阜城县土地志
阜城县土地志编纂委员会编 彭宝新主编 阜城 阜城县土地志编纂委员会 1999年 送审稿 182页〔衡水市土地志〕
b21136488 F327.224 F4911 1999

阜城县教育志
阜城县教育委员会编 罗建国主编 阜城 阜城县教育委员会 1992年 321页
b20181711 G527.224 F491 1992

阜城县水利志
阜城县水利志编纂委员会编 郭泽云主编 北京 中国水利水电出版社 1996年 235页〔河北省水利史志丛书〕
b20136699 TV-092 G778 1996

山西省

山西省志 财政志
山西省地方志办公室编 郑建国 武涛主编 北京 中华书局 2013 年 794 页
b45445436 K292.5 S254CZ 2013

山西省志 大事记
山西省地方志办公室编 李茂盛总主编 北京 中华书局 2012 年 799 页
b45445448 K292.5 S254DC 2012

山西省志 电力工业志
山西省地方志办公室编 孙彦章主编 北京 中华书局 2014 年 927 页
b46551323 K292.5 S254DL 2014

山西省志 发展改革志
山西省地方志办公室编 李茂盛总主编 王广社卷主编 北京 中华书局 2013 年 882 页
b4544545x K292.5 S254FC 2013

山西省志 交通志
山西省地方志办公室编 张润 韩日裕主编 北京 中华书局 2010 年 1260 页
b21570073 K292.5 S254FJ

山西省志 纺织工业志
山西省地方志办公室编 孙宝明主编 北京 中华书局 2013 年 1309 页
b45445461 K292.5 S254FZ 2013

山西省志 古建筑志
山西省地方志办公室编 郑庆春主编 北京 中华书局 2013 年 824 页
b46274418 K292.5 S254GJ 2013

山西省志 供销合作社志
山西省地方志办公室编 齐润阁主编 北京 中华书局 2012 年 678 页
b36708598 K292.5 S254GX 2012

山西省志 化学工业志
山西省地方志办公室编 王乐意主编 北京 中华书局 2015 年 1021 页
b46551475 K292.5 S254HX 2015

山西省志 科学技术志
山西省地方志办公室编 高策主编 北京 中华书局 2012 年 825 页
b45445473 K292.5 S254K 2012

山西省志 劳动和社会保障志
山西省地方志办公室编 刘延德卷主编 北京 中华书局 2013 年 636 页
b45445485 K292.5 S254L 2013

山西省志 民主党派和工商联志
山西省地方志办公室编 马天荣主编 北京 中华书局 2012 年 782 页
b45445497 K292.5 S254M 2012

山西省志 农业机械化志
山西省地方志办公室编 李茂盛总主编 王立伟卷主编 北京 中华书局 2012 年 635 页
b36708604 K292.5 S254N 2012

山西省志 气象志
山西省地方志办公室编 郭庆文主编 北京 中华书局 2013 年 930 页
b46551098 K292.5 S254Q 2013

山西省志 人事志
山西省地方志办公室编 李茂德总主编 刘延德主编 北京 中华书局 2011 年 660 页
b36708628 K292.5 S254R 2011

山西省志 人民代表大会志
山西省地方志办公室编 李仁和主编 北京 中华书局 2015 年 734 页
b47126061 K292.5 S254RM 2015

山西省志 社会科学志
山西省地方志办公室编 李茂盛总主编 李中元 孙丽萍主编 北京 中华书局 2011 年 986 页
b36708616 K292.5 S254SH 2011

山西省志 审计志
山西省地方志办公室编 郝志远主编 北京 中华书局 2014 年 799 页
b46551463 K292.5 S254SJ 2014

山西省志 税务志（地税）
山西省地方志办公室编 卢晓中主编 太原 山西省地方志办公室 2014 年 844 页
b47415903 K292.5 S254SW 2014

山西省志 体育志
山西省地方志办公室编 李俊温主编 北京 中华书局 2014 年 1214 页
b46551311 K292.5 S254T 2014

山西省志 外事侨务志
山西省地方志办公室编 高玉厚主编 北京 中华书局 2014 年 558 页
b46551074 K292.5 S254W 2014

山西省志 物价志
山西省地方志办公室编 王克信主编 北京 中华书局 2014 年 1129 页
b46551451 K292.5 S254WJ 2014

山西省志 医药志
山西省地方志办公室编 李茂盛总主编 李炳林卷主编 北京 中华书局 2012 年 706 页
b36708586 K292.5 S254Y 2012

山西省志 邮政志
山西省地方志办公室编 杨海峰主编 北京 中华书局 2015 年 864 页
b49506274 K292.5 S254YZ 2015

山西省志 证券志
山西省地方志办公室编 孙才仁主编 北京 中华书局 2016 年 1038 页
b49953187 K292.5 S254ZQ 2016

山西省志 工业统计志
山西省地方志办公室编 李茂盛总主编 北京 中华书局 2016 年 2 册 1570 页
b50346866 K292.5 v5 F427.25 v5

山西省志 商务志
山西省地方志办公室编 王淑珍 孙跃进主编 北京 中华书局 2016 年 902 页
b50346994 K292.5 v5 F729.7（225）v5

山西省志 古戏台志
山西省地方志办公室编 李茂盛总主编 冯俊杰主编 北京 中华书局 2016 年 1253 页
b50346970 K292.5 v5 J809.225 v5

山西省志 第1卷 铁路志
山西省地方志办公室编 杨绍清主编 北京 中华书局 2015年 1174页
b47366023 K292.5 S254F

山西省志 第2卷 检察志
山西省地方志办公室编 荣彰主编 北京 中华书局 2015年 912页
b47365961 K292.5 S254F

山西省志 第3卷 军事志
山西省地方志办公室编 李茂盛总主编 陈印鑫主编 北京 中华书局 2009年 1054页
b20883018 K292.5 S254F

山西省志 第4卷 地方税务志
山西省地方志办公室编 卢晓中主编 北京 中华书局 2015年 760页
b47365924 K292.5 S254F

山西省志 第5卷 机械电子工业志
山西省地方志办公室编 刘小平主编 北京 中华书局 2015年 1047页
b4736595x K292.5 S254F

山西省志 第6卷 农业学大寨志
山西省地方志办公室编 李静萍主编 北京 中华书局 2015年 2卷 1765页
b47366011 K292.5 S254F

山西省志 第7卷 民政志
山西省地方志办公室编 陈满屯主编 北京 中华书局 2016年 918页
b47365997 K292.5 S254F

山西省志 第8卷 陈永贵志
山西省地方志办公室编 李静萍主编 北京 中华书局 2015年 2卷 2007页
b47365912 K292.5 S254F

山西省志 第9卷 金融统计志
山西省地方志办公室编 毛金明主编 北京 中华书局 2015年 2卷 2057页
b47365973 K292.5 S254F

山西省志 第10卷 林业志
山西省地方志办公室编 常光明主编 北京 中华书局 2015年 1165页
b47365985 K292.5 S254F

山西省志 第11卷 非物质文化遗产志
山西省地方志办公室编 王晖主编 北京 中华书局 2015年 912页
b47365948 K292.5 S254F

山西省志 第12卷 政区沿革志
山西省地方志办公室编 石荣主编 北京 中华书局 2015年 1058页
b47366035 K292.5 S254F

山西省志 第13卷 农业统计志
山西省地方志办公室编 北京 中华书局 2015年 2卷 1891页
b4736600x K292.5 S254F

山西省志 第14卷 地震志
山西省地方志办公室编 赵新平主编 北京 中华书局 2015年 646页
b47365936 K292.5 S254F

山西省志 第15卷 煤炭志
山西省地方志办公室编 李承义主编 北京 中华书局 2016年 929页
b50234249 K292.5 S254F

山西省志 第16卷 楹联志
山西省地方志办公室编 李茂盛总主编

赵望进主编 北京 中华书局 2016年 1175页
b50268703 K292.5 S254F

山西省志 第78卷 人物志
山西省史志研究院 北京 中华书局 2008年 3卷 3148页
b20462323 K292.5 S254F

山西省志丛稿 山西大事记 1840–1985
山西省地方志编纂委员会编 太原 山西人民出版社 1987年 544页
b12315801 K292.5 S354

山西通志 教育志 初稿
山西省教育志编审委员会编 张忠政主编 太原 山西省教育志编审委员会
b49850003 K292.5 S2541

山西通志 第1卷 总述
山西省史志研究院编 侯文正主编 北京 中华书局 1999年 960页
b10982176 K292.5 S254D

山西通志 第2卷 地理
山西省地方志编纂委员会编 张维邦主编 北京 中华书局 1996年 733页
b10982176 K292.5 S254D

山西通志 第3卷 气象志
山西省史志研究院编 牛殿富主编 北京 中华书局 1999年 602页
b10982176 K292.5 S254D

山西通志 第4卷 地质矿产志
山西省地方志编纂委员会编 刘凯主编 北京 中华书局 1993年 472页
b10982176 K292.5 S254D

山西通志 第5卷 地震志
山西省地方志编纂委员会编 齐书勤主编 北京 中华书局 1991年 355页
b10982176 K292.5 S254D

山西通志 第6卷 人口志
山西省史志研究院编 李俊喜主编 北京 中华书局 1999年 712页
b10982176 K292.5 S254D

山西通志 第7卷 土地志
山西省史志研究院编 李枝荣主编 北京 中华书局 1998年 685页
b10982176 K292.5 S254D

山西通志 第8卷 农业志
山西省地方志编纂委员会编 郭展翔 王品增 杨五云主编 北京 中华书局 1994年 854页
b10982176 K292.5 S254D

山西通志 第9卷 林业志
山西省地方志编纂委员会编 李慧培主编 北京 中华书局 1992年 407页
b10982176 K292.5 S254D

山西通志 第10卷 水利志
山西省史志研究院编 张荷 李乾太主编 北京 中华书局 1999年 951页
b10982176 K292.5 S254D

山西通志 第11卷 乡镇企业志
山西省史志研究院编 戎昌谦主编 北京 中华书局 1999年 386页
b10982176 K292.5 S254D

山西通志 第12卷 煤炭工业志
山西省地方志编纂委员会编 北京 中华书局 1993年 707页

b10982176　K292.5　S254D

山西通志　第 13 卷　电力工业志
山西省史志研究院编　卞学海主编　北京　中华书局　1997 年　587 页
b10982176　K292.5　S254D

山西通志　第 14 卷　冶金工业志
山西省史志研究院编　张晓瑜主编　北京　中华书局　1999 年　956 页
b10982176　K292.5　S254D

山西通志　第 15 卷　化学工业志
山西省史志研究院编　王乐意主编　北京　中华书局　1998 年　404 页
b10982176　K292.5　S254D

山西通志　第 16 卷　机械电子工业志
山西省史志研究院编　谷连云主编　北京　中华书局　1999 年　654 页
b10982176　K292.5　S254D

山西通志　第 17 卷　建筑材料工业志
山西省地方志编纂委员会编　张文盛主编　北京　中华书局　1993 年　350 页
b10982176　K292.5　S254D

山西通志　第 18 卷　军事工业志
山西省史志研究院编　张翼主编　北京　中华书局　1997 年　530 页
b10982176　K292.5　S254D

山西通志　第 19 卷　轻工业志
山西省史志研究院编　衡易汤　寇彩兰主编　北京　中华书局　1998 年　637 页
b10982176　K292.5　S254D

山西通志　第 20 卷　纺织工业志
山西省史志研究院编　胡富国　孙文盛　郭裕怀主修　杨海东卷主编　北京　中华书局　1997 年　563 页
b10982176　K292.5　S254D

山西通志　第 21 卷　交通志　公路水运篇
山西省史志研究院编　杨继刚主编　北京　中华书局　1999 年　965 页
b10982176　K292.5　S254D

山西通志　第 21 卷　交通志　民用航空篇
山西省史志研究院编　李战志　刘绍勇主编　北京　中华书局　1999 年　630 页
b10982176　K292.5　S254D

山西通志　第 22 卷　铁路志
山西省史志研究院编　胡富国　孙文盛　郭裕怀主修　张光玉卷主编　北京　中华书局　1997 年　1000 页
b10982176　K292.5　S254D

山西通志　第 23 卷　邮电志
山西省地方志编纂委员会编　张广文主编　北京　中华书局　1996 年　583 页
b10982176　K292.5　S254D

山西通志　第 24 卷　测绘志
山西省史志研究院编　黄荣钊主编　北京　中华书局　1999 年　483 页
b10982176　K292.5　S254D

山西通志　第 25 卷　城乡建设环境保护志　城乡建设篇　建筑业篇
山西省史志研究院编　赵劲夫　马骏主编　北京　中华书局　2001 年　1108 页
b10982176　K292.5　S254D

山西通志　第 25 卷　城乡建设环境保护志　环保篇
山西省史志研究院编　薄越亮主编　北京　中华书局　2001 年　513 页

b10982176　K292.5　S254D

山西通志　第 26 卷 商业志 供销合作社篇
山西省史志研究院编 姜桂元 郝岱主编 北京 中华书局 1998 年 688 页
b10982176　K292.5　S254D

山西通志　第 26 卷 商业志 商业贸易篇
山西省史志研究院编 陈靖北主编 北京 中华书局 1999 年 516 页
b10982176　K292.5　S254D

山西通志　第 27 卷 粮食志
山西省史志研究院编 胡富国 孙文盛 郭裕怀主修 侯欣珪卷主编 北京 中华书局 1996 年 561 页
b10982176　K292.5　S254D

山西通志　第 28 卷 对外贸易志
山西省史志研究院编 张有陞主编 北京 中华书局 1999 年 1062 页
b10982176　K292.5　S254D

山西通志　第 29 卷 财政志
山西省史志研究院编 胡富国 孙文盛 郭裕怀主修 杜善学卷主编 北京 中华书局 1997 年 485 页
b10982176　K292.5　S254D

山西通志　第 30 卷 金融志
山西省地方志编纂委员会编 王森浩 李修仁主修 张尚喜卷主编 北京 中华书局 1991 年 471 页
b10982176　K292.5　S254D

山西通志　第 31 卷 经济管理志 计划统计物价篇
山西省史志研究院编 蔡维田 李庭钧 王成林主编 北京 中华书局 1998 年 678 页
b10982176　K292.5　S254D

山西通志　第 31 卷 经济管理志 技术监督篇
山西省史志研究院编 孙桂芳主编 北京 中华书局 1999 年 395 页
b10982176　K292.5　S254D

山西通志　第 31 卷 经济管理志 物资设备成套篇
山西省史志研究院编 贺登才 王玲 晋维邦主编 北京 中华书局 1999 年 318 页
b10982176　K292.5　S254D

山西通志　第 31 卷 经济管理志 工商行政管理篇
山西省地方志编纂委员会编 吴书忠主编 北京 中华书局 1999 年 679 页
b10982176　K292.5　S254D

山西通志　第 31 卷 经济管理志 劳动篇
山西省史志研究院编 李顺通主编 北京 中华书局 1999 年 475 页
b10982176　K292.5　S254D

山西通志　第 31 卷 经济管理志 审计篇
山西省史志研究院编 张喜昌主编 北京 中华书局 1999 年 461 页
b10982176　K292.5　S254D

山西通志　第 32 卷 党派群团志
山西省地方志编纂委员会编 梁志祥主编 北京 中华书局 2000 年 1180 页
b10982176　K292.5　S254D

山西通志　第 33 卷 政务志 人民代表大会篇
山西省史志研究院编 张铭主编 北京 中华书局 1998 年 437 页
b10982176　K292.5　S254D

山西通志　第 33 卷 政务志 政治协商会议篇
山西省史志研究院编 张长珍 万良适主编 北京 中华书局 1998 年 499 页
b10982176　K292.5　S254D

山西通志 第 33 卷 政务志 政府篇
山西省史志研究院编 赵命柱主编 北京 中华书局 1999 年 865 页
b10982176 K292.5 S254D

山西通志 第 34 卷 政法志 检察篇
山西省史志研究院编 段江风主编 北京 中华书局 1998 年 404 页
b10982176 K292.5 S254D

山西通志 第 34 卷 政法志 司法行政篇
山西省史志研究院编 亢敬先主编 北京 中华书局 1998 年 331 页
b10982176 K292.5 S254D

山西通志 第 34 卷 政法志 审判篇
山西省史志研究院编 李玉臻主编 北京 中华书局 1998 年 376 页
b10982176 K292.5 S254D

山西通志 第 34 卷 政法志 警察篇
山西省史志研究院编 巩玉生主编 北京 中华书局 1999 年 648 页
b10982176 K292.5 S254D

山西通志 第 35 卷 民政志
山西省地方志编纂委员会编 孙有福主编 北京 中华书局 1996 年 491 页
b10982176 K292.5 S254D

山西通志 第 36 卷 军事志
山西省史志研究院编 陈印鑫主编 北京 中华书局 1997 年 646 页
b10982176 K292.5 S254D

山西通志 第 37 卷 教育志
山西省史志研究院编 杨进发 张理明 张忠政主编 北京 中华书局 1999 年 1113 页
b10982176 K292.5 S254D

山西通志 第 38 卷 科学技术志
山西省地方志编纂委员会编 宋培贤主编 北京 中华书局 1994 年 819 页
b10982176 K292.5 S254D

山西通志 第 39 卷 社会科学志
山西省地方志编纂委员会编 吴德春 田其治主编 北京 中华书局 1995 年 722 页
b10982176 K292.5 S254D

山西通志 第 40 卷 文化艺术志
山西省地方志编纂委员会编 郭士星主编 北京 中华书局 1996 年 674 页
b10982176 K292.5 S254D

山西通志 第 41 卷 卫生医药志 卫生篇
山西省史志研究院编 赵震寰主编 北京 中华书局 1997 年 693 页
b10982176 K292.5 S254D

山西通志 第 41 卷 卫生医药志 医药篇
山西省史志研究院编 李炳林主编 北京 中华书局 1998 年 405 页
b10982176 K292.5 S254D

山西通志 第 42 卷 体育志
山西省地方志编纂委员会编 胡富国 李修仁主修 关彬卷主编 北京 中华书局 1995 年 650 页
b10982176 K292.5 S254D

山西通志 第 43 卷 新闻出版志 广播电视篇
山西省史志研究院编 谢洪涛 田惠爱主编 北京 中华书局 1998 年 754 页
b10982176 K292.5 S254D

山西通志 第 43 卷 新闻出版志 出版篇
山西省史志研究院编 贾鸿鸣 谢洪涛主编 北京 中华书局 1999 年 546 页

b10982176　K292.5　S254D

山西通志　第 43 卷 新闻出版志 报业篇
山西省史志研究院编 温幸 康溥泉主编 北京 中华书局 1999 年 593 页
b10982176　K292.5　S254D

山西通志　第 44 卷 文物志
山西省史志研究院编 高可主编 北京 中华书局 2002 年 1465 页
b10982176　K292.5　S254D

山西通志　第 45 卷 旅游志
山西省史志研究院编 王锴深 李太阳主编 北京 中华书局 2000 年 1108 页
b10982176　K292.5　S254D

山西通志　第 46 卷 民族宗教志
山西省史志研究院编 北京 中华书局 1997 年 639 页
b10982176　K292.5　S254D

山西通志　第 47 卷 民俗方言志
山西省史志研究院编 聂元龙 温端政主编 北京 中华书局 1997 年 683 页
b10982176　K292.5　S254D

山西通志　第 48 卷 人物志
山西省史志研究院编 刘纬毅主编 北京 中华书局 2001 年 974 页
b10982176　K292.5　S254D

山西通志　第 49 卷 大事记
山西省史志研究院编 刘纬毅主编 北京 中华书局 1999 年 848 页
b10982176　K292.5　S254D

山西通志　第 50 卷 附录
山西省史志研究院编 袁培钢主编 北京 中华书局 2001 年 1256 页
b10982176　K292.5　S254D

山西市县简志
山西市县简志编写组编 卢昆 曹振武主编 太原 山西人民出版社 1990 年 1399 页
b10883228　K922.5　S254Y

山西社会科学志
山西省地方志编纂委员会办公室编 田其治 贾大武编 太原 山西省地方志编纂委员会办公室 1988 年 244 页〔山西省志丛稿〕
b21765066　C122.5　S254　1988

山西省工会志
郎文荣主编 郭长夫编著 北京 中共中央党校出版社 1997 年 699 页
b49532595　D412.825　L218　1997

山西交通运输执法志　2009–2013
山西交通运输执法志编委会编 张晋鹏主编 太原 山西人民出版社 2014 年 431 页
b51012601　D631.5　Z354　2014

山西省“五个全覆盖”工程志
山西省地方志办公室编 张晓光主编 北京 方志出版社 2013 年 679 页
b50247414　D672.5　S254　2013

山西重点工程大事志　2009
山西省地方志办公室 山西省重点建设领导小组办公室编 李茂盛主编 太原 山西人民出版社 2009 年 383 页
b49534075　F127.25　S2548

山西重点工程大事志　2010
山西省地方志办公室 山西省重点建设领导小组办公室编 李茂盛主编 太原 山西

人民出版社 2010 年 269 页
b49534075 F127.25 S2548

山西重点工程大事志 2013
山西省地方志办公室 山西省重点建设领导小组办公室编 李茂盛主编 太原 山西人民出版社 2013 年 231 页
b49534075 F127.25 S2548

山西省审计志 1996-2012
山西省审计志编委会编 郝志远主编 太原 山西省审计志编委会 2013 年 716 页
b49505658 F239.227.25 S254 2013

山西粮官志
高志信 崔济哲主编 太原 山西经济出版社 1997 年 652 页
b4547994x F279.272.5 G256 1997

山西蚕业志
闫和健 武怀庆主编 济南 山西经济出版社 2010 年 300 页
b40649532 F326.372.5 Y165 2010

山西林业志
山西省地方志编纂委员会办公室编 李慧培主编 太原 山西省地方志编纂委员会办公室 1988 年 404 页〔山西省志丛稿〕
b21765042 F326.272.5 S254 1988

山西农业志
山西省地方志编纂委员会编 郭展翔 杨五云主编 太原 山西省地方志编纂委员会 1987 年 495 页〔山西省志丛稿〕
b20951309 F327.25 G254 1987

山西二轻(手)工业志
张效文主编 太原 山西人民出版社 1989 年 554 页
b36093312 F426.8 Z367 1989

山西煤炭工业志
山西煤炭工业志编委会编 时洪才主编 北京 煤炭工业出版社 1991 年 731 页
b2243169x F426.21 S467 1991

山西煤炭工业志 1978-2010
山西煤炭工业志编纂委员会编 李承义总纂 北京 煤炭工业出版社 2015 年 758 页
b47014143 F426.21 L391 2015

山西轻工业志
衡翼汤主编 北京 中国轻工业出版社 1991 年 366 页
b36093324 F426.8 H388 1991

山西省电力工业志
山西省电力工业志编纂委员会编 卞学海主编 北京 中国电力出版社 1997 年 526 页〔中国电力工业志丛书〕
b49851202 F426.61 S254 1997

山西省电力工业志 1991-2002
张绍贤 孙彦章主编 北京 中国电力出版社 2012 年 657 页〔中国电力工业志丛书〕
b40649611 F426.61 Z364S 2012

中国煤炭志 山西卷
中国煤炭志编纂委员会编 崔云龙 时洪才主编 北京 煤炭工业出版社 1995 年 816 页
b40806078 F426.21 Z6485F 1995

山西省工业基本建设志 初稿
山西省基本建设委员会省工业基本建设志编纂领导小组编 张秉权编写 太原 山西省基本建设委员会省工业基本建设志编纂领导小组 1982 年 286 页
b45479951 F427.25 Z346 1982

山西交通征稽志 1987–2002
山西交通征稽志编委会编 张晋鹏主编 太原 山西人民出版社 2004 年 356 页
b27574878 F512.725 Z354 2004

山西交通征稽志 2003–2005
山西交通征稽志编委会编 张晋鹏主编 太原 山西古籍出版社 2007 年 399 页
b21765030 F512.725 Z354 2007

山西交通征稽志 2006–2009
山西交通征稽志编委会编 张晋鹏主编 太原 山西人民出版社 2011 年 481 页
b23212482 F512.725 Z354 2011

山西交通志 1978–2008
张润主编 太原 山西人民出版社 2009 年 3 卷 3428 页
b21007536 F512.725 Z363 2009

山西公路志
郭俊楼主编 北京 人民交通出版社 2010 年 1028 页
b36655272 F542.825 G769 2010

山西省道路运输管理志
李华中主编 北京 人民交通出版社 2010 年 802 页
b40649489 F542.825 L396 2010

太旧高速公路建设志
杜五安主编 太原 山西人民出版社 2002 年 534 页〔山西省重点工程建设志系列丛书〕
b45480060 F542.825 T162 2002

山西邮电志
山西邮电志编纂委员会编 张广文主编 太原 山西人民出版社 1995 年 549 页
b49534117 F632.725 Z352 1995

山西文化艺术志
山西省地方志编纂委员会办公室编 郭士星主编 太原 山西新华印刷一分厂 1990 年 342 页〔山西省志丛稿〕
b21765108 G127.25 S254 1990

山西县市报志
山西省县市报协会编 袁世俊主编 太原 山西省县市报协会 2012 年 190 页
b49534142 G219.272.5 Y794 2012

山西古籍印刷出版史志
李晋林 畅引婷著 北京 中央编译出版社 2000 年 497 页〔编辑出版研究丛书〕
b13614885 G256.22 L397

山西科协志
席荣宝主编 太原 山西人民出版社 1993 年 381 页
b49534105 G322.725 X141 1993

山西科学技术志
吴达才主编 太原 山西科学教育出版社 1989 年 1239 页
b20413956 G322.725 W485 1989

中华舞蹈志 山西卷
中华舞蹈志编辑委员会编 蓝凡主编 刘润泽卷主编 上海 学林出版社 2014 年 290 页
b44693400 J709.225 L687 2014

中华舞蹈志 山西卷
中华舞蹈志编辑委员会编 蓝凡主编 刘润泽卷主编 上海 学林出版社 2009 年 290 页
b20458915 J709.253 L171 2009

中国戏曲志 山西卷
中国戏曲志编辑部编 北京 文化艺术出版社 1990年 830页
b10996692 J809.2 Z651S

蒲州梆子志
申维辰主编 太原 山西教育出版社 2007年 777页
b18981318 J825.25-09 S385 2007

山西省文化志戏曲史料集
鲁克义 郭士星 纪丁著 太原 山西省文化局文化志编纂办公室 1983年 征求意见稿 79页
b1807831x J825.25 L813 1983

山西省乡镇简志
山西省地方志办公室编纂 赵群虎主编 太原 山西人民出版社 北岳文艺出版社 2013年 4卷 2965页
b47126309 K292.55 Z437 2013

晋察冀革命文化艺术人物志
晋察冀革命文化史料征集协作组编 太原 山西人民出版社 2003年 632页
b14170474 K820.82 J518

裴氏历史人物志
周庆义 章学松著 太原 山西古籍出版社 1998年 159页〔三晋文化研究丛书〕
b1643254x K820.9 Z6729 1998

山西科技名人志
山西省科学技术协会编 陈震主编 北京 中国科学技术出版社 1993年 340页
b16327081 K820.825 S2544 1993

山西人物志资料 第1,3,5卷 意见稿
山西地方志编纂委员会办公室编 太原 山西地方志编纂委员会办公室 1982-1988年 3卷 410页
b20121271 K820.825 S2542 1982

中国人民政治协商会议山西省委员会人物志 1950-2007
贺德宏编著 太原 山西科学技术出版社 2007年 237页〔山西省政协史料丛书〕
b50347901 K820.825 H314 2007

天下晋商 人物志
山西广播电视台天下晋商栏目组编 李亚炜主编 太原 山西科学技术出版社 2009年 271页
b47206615 K825.38 L4228 2009

荧屏因有您而溢彩 山西电视台人物志
董育中主编 北京 中国广播电视出版社 2000年 437页
b47414352 K825.42 D5969 2000

山西风物志
山西人民出版社编 太原 山西人民出版社 1985年 408页〔中国风物志丛书〕
b15698531 K922.5 S2547 1985

山西历史地名录
山西省图书馆编印 太原 山西省图书馆 1977年 277页
b12157089 K928.6 S254

山西省地震监测志
山西省地震局 景呈国主编 北京 地震出版社 2006年 533页〔中国地震监测志系列〕
b46273517 P315.732.25 J553 2006

山西省区域地质志
山西省地质矿产局编 北京 地质出版社 1989年 780页〔中华人民共和国地质矿

产部地质专报〕
b36013778　P548.225　S254　1989

山西山河志
王铭　孙元巩　仝立功编著　太原　山西科学技术出版社　1994 年　382 页
b19930628　P942.250.76　W223　1994

恒山资源植物志要　上卷
李日明　上官铁梁　张吉林主编　太原　山西科学技术出版社　2015 年　2 卷　638 页
b47318569　Q948.522.54　H389　2015

山西省经济植物志
山西省农业区划委员会编著　李惠民主编　北京　中国林业出版社　1990 年　346 页
b20045165　Q948.522.5　L396　1990

山西植被志　针叶林卷
郭东罡主编　北京　科学出版社　2014 年　402 页
b46421178　Q948.522.5　S2541　2014

山西植物志
山西植物志编辑委员会编　刘天慰主编　北京　中国科学技术出版社　1992 年　5 卷
b10939234　Q948.522.5　S254

山西省寄蝇志
刘银忠等编著　北京　科学出版社　1998 年　378 页
b18201799　Q969.453.5　L693　1998

山西中药志
山西省卫生厅编　太原　山西人民出版社　1960 年　444 页
b36093336　R281.425　S254　1960

山西水土保持志
山西水土保持志编纂委员会编　刘润堂　李仰斌主编　郑州　黄河水利出版社　1998 年　572 页
b17646327　S157　L687　1998

山西省农作物品种志
山西省农业科学院　庚正平　王星玉主编　太原　山西科学教育出版社　1985 年　610 页
b27574891　S329.225　G385　1985

山西小麦品种志
张亨禄　赵文志主编　太原　山西经济出版社　2006 年　679 页
b2176511x　S512.102.92　Z353　2006

山西玉米品种志
贾明进　张亨禄主编　北京　中国农业出版社　2003 年　452 页
b4980361x　S513.029.2　J242　2003

山西果树志
山西省园艺学会编　王中英主编　北京　中国经济出版社　1991 年　475 页
b49532662　S66　S254　1991

山西树木图志　第 1 卷
山西省农业区划委员会编　宋朝枢主编　北京　科学出版社　1991 年　243 页
b15960250　S717.225-64　S254　1991

山西树木志
山西省林业科学研究院著　北京　中国林业出版社　2001 年　787 页
b13990664　S717.225　S254

山西省家畜家禽品种志
山西省家禽品种志和图谱编辑委员会编

上海 华东师范大学出版社 1984年 119页
b12072667 S82 S254

山西省蚕桑种质资源志
国家蚕桑产业技术体系运城综合实验站 山西省蚕业科学研究院编 韩红发主编 太原 山西经济出版社 2014年 404页
b49534026 S882.1 S254 2014

汾河志
山西省水利厅编纂 裴群主编 太原 山西人民出版社 2006年 543页
b17516183 TV882.825 P285 2006

山西黄河小北干流志
黄河小北干流山西河务局编 赵海祥主编 郑州 黄河水利出版社 2002年 499页
b1643822x TV882.1 H6588 2002

太原市

太原市志 精编版
太原市地方志编纂委员会编 安捷主编 太原 三晋出版社 2011年 832页
b37531487 K292.51 A163 2011

太原市志
太原市地方志编纂委员会编 张升 张国宁主编 太原 山西古籍出版社 1999年 8卷 6634页
b15660187 K292.51 T162T 1999

太原图志
张政 安捷主编 太原 三晋出版社 2009年 691页
b21765327 K292.51-64 Z369 2009

太原统计志
太原统计志编纂委员会编 冯霞主编 太原 太原市统计局 2005年 385页
b22432061 C832.251 T162 2005

太原市人口和计划生育志
崔燕主编 太原 三晋出版社 2016年 2卷 616页
b49578273 C924.252.51 C822 2016

太原市人大志
太原市人大常委会办公厅编 太原 太原市人大常委会办公厅 1986年 300页
b20140939 D624.251 T162 1986

太原公安志 1901–2005
太原公安志编纂委员会编 刘华政主编 太原 三晋出版社 2014年 814页
b50248406 D631 T162 2014

太原市劳动和社会保障志 1949–1996
付德胜主编 太原 太原市劳动和社会保障局 2011年 352页
b50017378 D669.2 F5127 2011

太原军事志
邓守义主编 太原 山西人民出版社 2001年 484页
b1993063x E289.251 D348 2001

太原市军事志
太原市军事志编纂委员会编 邓守义主编 太原 太原市军事志编纂委员会 2009年 587页
b46564846 E289.251 D348 2009

太原审计志
太原审计志编委会编 梁新生主编 太原 太原审计志编委会 2000年 683页
b45569678 F239.227.251 L493 2000

太原市自来水公司志 2000–2009
王健雄主编 太原 山西人民出版社 2011年 403页
b46102188 F279.26 T162 2011

太原房地产志
段福林主编 太原 山西人民出版社 1999年 490页
b45480096 F299.272.51 D744 1999

太原房地产志
太原房地产志编纂委员会编 张双娥主编 太原 山西人民出版社 2010年 547页
b20937210 F299.272.51 T162 2010

太原市政志 1949–2005
太原市市政管理局编 王美蓉主编 太原 太原市市政管理局 2009年 730页
b44916693 F299.272.51 W223 2009

太原市国营林场志
太原市国营林场志编纂委员会编 王巧珍主编 太原 三晋出版社 2010年 230页
b22032484 F326.272.51 W227 2010

太原农牧志
贾玉祥 常风渊主编 太原 山西人民出版社 1991年 263页〔太原市志丛书〕
b3612915x F327.251 J243 1991

太原市粮食志
太原市粮食局编 南炳亮主编 太原 山西人民出版社 1993年 588页
b20418218 F327.251 N161 1993

官地矿志
官地矿志编委会编 范望虎 李健主编 太原 山西人民出版社 2010年 763页
b20882683 F426.21 F199 2010

山西电力科学研究院志 1992–2007
山西电力科学研究院编 太原 山西电力科学研究院 2008年 270页
b44916644 F426.61–24 S2542 2008

山西电力设备厂志 1959–1995
山西电力设备厂志编纂委员会编 孙新贵主编 太原 山西电力设备厂志编纂委员会 1997年 325页〔山西省电力工业志丛书〕
b45479938 F426.61 S779 1997

山西省电力试验研究所志
山西省电力试验研究所志编纂委员会编 陈克绥主编 北京 中国电力出版社 1997年 332页〔山西省电力工业志丛书〕
b2757488x F426.61–24 S254 1997

山西漳泽电力股份有限公司志 1997–2016
山西漳泽电力股份有限公司志（1997–2016）编纂委员会编 王志强主编 太原 山西经济出版社 2017年 713页
b50777919 F426.61 S2549 2017

太原第二热电厂志 1958–2002
太原第二热电厂志编纂委员会编 侯志勇主编 南海 广东南海市美华彩印厂 2003年 689页〔山西省电力工业志丛书〕
b45480072 F426.61 T1622 2003

太原第一热电厂志
贾诚主编 太原 山西日报印刷厂 1990年 506页
b45480084 F426.61 T162 1990

太原二轻（手）工业志
太原市城镇集体工业联合社编 太原 太原市城镇集体工业联合社 2012年 390页
b50729731 F426.899 T162 2012

太原机车车辆厂志 1898–1990
房金钟 姚进田主编 北京 中国铁道出版社 1995年 481页
b45480102 F426.472 T162 1995

西山煤矿志
薛山 李仪 车树春主编 北京 中华书局 2005年 1026页〔山西省重点企业志系列丛书〕
b21765054 F426.21 X1197 2005

太原供电志
太原供电志编委会编 刘新文主编 北京 水利电力出版社 1995年 434页〔山西省电力工业志丛书〕
b49983052 F427.251 L692 1995

太原市北郊区交通志
王玉林主编 太原 山西经济出版社 1997年 298页
b46995894 F512.725.1 W234 1997

太原市交通志
王玉林主编 太原 山西经济出版社 1999年 895页
b20045700 F512.725.1 T162 1999

太原公路志
李润平主编 太原 山西人民出版社 2010年 320页
b2136736x F542.9 L416 2010

太原铁路分局志 1896–1995
太原铁路分局志编审委员会编 吴石生主编 北京 中国铁道出版社 1999年 912页
b13551632 F532.825 T162

山西长线局志 1960–2003
山西省长途电信线务局编 太原 山西省长途电信线务局 2004年 465页
b23212408 F632.725 S254 2004

太原国税志 1994–2014
太原市国家税务局编 史爱生 吴素贤主编 太原 太原市国家税务局 2016年 663页
b49964148 F812.725.1 S487 2016

太原市地税图志 1994–2013
靳世豪 尉子旺主编 太原 江西人民出版社 2014年 2册 835页
b51012613 F812.725.142 J517C 2014

太原市地税志 1994–2013
靳世豪 尉子旺主编 太原 山西人民出版社 2014年 2册 1322页
b51012625 F812.725.142 J517 2014

山西新华书店志
山西新华书店志编纂委员会编 张斌主编 太原 山西人民出版社 2003年 524页
b2041822x G239.23 Z346 2003

太原科学技术志
太原科学技术志编纂委员会编 刘文远主编 太原 山西人民出版社 1993年 487页
b20418103 G322.725.1 T162 1993

太原教育志 1840–1990
王敏主编 太原 山西人民出版社 1996年 544页
b15656755 G527.251 W223 1996

山西艺术职业学院志
山西艺术职业学院志编委会编 李力主编 太原 山西人民出版社 2011年 338页
b36668382 G719.282.5 S2549S 2011

太原电力高等专科学校志
太原电力高等专科学校志编纂委员会编

南海 广东南海市彩印总厂 1995 年 271 页〔山西省电力工业志丛书〕
b20140927 G719.282.51 T1622 1995

太原工业学校校志 1954–1988
太原工业学校校志编审委员会编 太原 太原工业学校校志编审委员会 1989 年 199 页〔中国兵器工业史丛书〕
b20103992 G719.282.51 T162 1989

山西省晋剧院院志 第 1 卷 1952–1992
山西省晋剧院编 侯桂林主编 太原 山西省晋剧院 1994 年 359 页
b49534130 J825.25 S2544 1994

太原市城区街巷标准地名录
太原市地名办公室编 太原 太原市地名办公室 1987 年 152 页
b21275907 K922.51 T162 1987

太原风景名胜志
山西旅游景区志丛书编委会编 安捷主编 太原 山西人民出版社 2004 年 802 页〔山西旅游景区志丛书〕
b15588038 K928.702.51 A163 2004

太原植物志 第 1–3 卷
太原植物志编辑委员会编 北京 学术书刊出版社 1990 年 3 卷
b11084029 Q948.522.51 T162

山西省药品检验所所志 1953–2003
杨勇在主编 太原 山西省药品检验所 2003 年 191 页
b49472367 R197.2 S254 2003

山西省儿童医院山西省妇幼保健院志 1947–2005
山西省儿童医院山西省妇幼保健院志编纂委员会编 太原 山西省儿童医院山西省妇幼保健院志编纂委员会 2006 年 406 页
b50269501 R197.5 S254 2006

山西医科大学第二医院志 1919–1998
何亚田主编 太原 山西医科大学第二医院 1999 年 502 页
b20418206 R199.2 H281 1999

太原卫生志 1840–1998
太原卫生志编纂委员会编 李瑞瑜主编 太原 太原卫生志编纂委员会 2001 年 392 页
b4491670x R199.2 T162 2001

山西省林业调查规划院志 1952–2012
山西省林业调查规划院志编委会编 朱世忠 王弟 崔本义主编 太原 山西省林业调查规划院志编委会 2012 年 377 页
b49678322 S7–242.25 S254 2012

太原市园林志
太原市园林局编 张建刚主编 太原 山西经济出版社 2015 年 956 页
b47106256 TU986.622.51 Z354 2015

山西省水利勘测设计院测量队队志 1949.9–1985.12
山西省水利勘测设计院测量队编 梁济淮编写 太原 山西省水利勘测设计院测量队 1986 年 油印本 55 页
b2185628x TV22–242.25 L491 1986

杏花岭区

太原市北城区志
太原市杏花岭区地方志编纂委员会编 王彪主编 北京 中华书局 2002 年 832 页
b14446777 K292.53 T162B 2002

太原市北城区地名志
太原市北城区地名委员会办公室编印 太原 太原市北城区地名委员会办公室 1988年 426页
b13742991 K922.53 B316

太原市北城区地名志
太原市北城区地名委员会办公室编 太原 太原市北城区地名委员会办公室 1994年 增补本 256页
b2243205x K922.53 B316 1994

小店区

太原市南郊区志
太原市南郊区地方志编纂委员会编 张育文主编 北京 三联书店 1994年 1064页〔中国地方志丛书〕
b10636511 K292.54 N161

太原市小店区志
小店区志编纂委员会编 陈德善主编 太原 山西人民出版社 2009年 810页
b20402004 K292.51 X3472 2009

狄村志
狄村村志编辑委员会编 张凤荣主编 狄村 狄村村志编辑委员会 2013年 310页
b47206299 K292.55 D377 2013

亲贤村志
史润金主持编著 太原 亲贤村志编写者 2008年 297页
b20016323 K292.55 Q434

小店村志
张育文主编 太原 山西古籍出版社 1999年 468页〔山西省重点乡镇村志系列丛书〕
b15958553 K292.51 X347 1999

太原市南郊区教育志 1840–1990
太原市南郊区教育志编委会编 石永泉主编 太原 太原市南郊区新华印刷厂 1992年 280页
b15958097 G527.251 S475 1992

小店区地震志
小店区地震志编纂委员会编 陈德善主编 太原 三晋出版社 2013年 211页
b44749557 P316.225.1 X347 2013

迎泽区

太原市南城区志
太原市南城区地方志编纂委员会编 王若愚主编 北京 红旗出版社 2000年 916页
b15656767 K292.51 N161 2000

太原市南城商业志
南城商业志编委员会编 贾绪才主编 太原 山西经济出版社 1999年 768页
b41235484 F727.251 J243 1999

太原市迎泽区教育志
太原市迎泽区教育局编 张海忠 高力主编 太原 太原市迎泽区教育局 2010年 724页
b51012637 G527.251 T162Y 2010

太原市南城区地名志
太原市南城区人民政府编 太原 太原市南城区人民政府 1987年 397页
b15960407 K922.51 N161 1989

尖草坪区

北固碾村志
殷有理主编 太原 北固碾村志编纂委员会 2016年 244页

b50778213 K292.55 B3167 2016

上兰村志
常清文主编 太原 山西人民出版社 2011年 434页
b35970947 K292.55 S3225 2011

向阳镇志
药权 王树英主编 太原 向阳镇人民政府 1998年 434页
b16661916 K292.55 X315 1998

新城村志
常清文主编 太原 山西人民出版社 2011年 349页
b36668370 K292.55 X4431 2011

尖草坪区地名印志
郑俊杰著 太原 三晋出版社 2014年 167页
b46011870 J292.47 Z536 2014

万柏林区

太原市北郊区志
太原市尖草坪区地方志编纂委员会编 王树英主编 北京 中华书局 2006年 962页
b17799351 K292.51 T162B 2006

太原市河西区志
太原市万柏林区地方志编纂委员会编 韩建平主编 北京 中华书局 2006年 551页
b16633581 K292.51 H279 2006

西铭村志
任根珠 任静芳主编 北京 中华书局 2009年 760页〔山西省重点乡镇村志系列丛书〕
b21282377 K292.55 X1196 2009

新庄村志
新庄村志编纂委员会编 赵面焕主编 太原 山西弘成图文公司 2006年 232页
b40743901 K292.55 X444 2006

太原市北郊区教育志
太原市北郊区教育志编纂组编 张有年主编 太原 太原市北郊区教育志编纂组 1992年 285页
b20182387 G527.251 B316 1992

太原市北郊区地名志
太原市北郊区人民政府编 太原 太原市北郊区人民政府 1998年 254页
b15959995 K922.51 B316 1998

太原市河西区地名志
太原市河西区人民政府地名办公室编制 西安 西安地图出版社 1989年 324页
b16095959 K922.51 H285 1989

晋源区

太原市古城营村志
刘铁旦主编 张德一编撰 太原 三晋出版社 2009年 1132页
b20883079 K292.55 G5429 2009

武家庄村志
武家庄村志编委会编 郝妙海主编 太原 武家庄村志编委会 2015年 572页
b50727680 K292.55 W533 2015

西寨村志
西寨村志编辑委员会编 王祺主编 太原 西寨村志编辑委员会 2007年 137页
b44917181 K292.55 X11991 2007

晋祠志
山西旅游景区志丛书编委会编 安捷 赵树忠主编 太原 三晋出版社 2009 年 621 页〔山西旅游景区志丛书〕
b2041495x K928.75 A163 2009

晋祠水利志
晋祠水利志编委会编 牛娅薇 赵本义主编 太原 山西人民出版社 2002 年 239 页
b21856278 TV-092 N435 2002

古交市

古交志
古交市地方志办公室编 翟润元主编 太原 山西人民出版社 1996 年 696 页
b13274831 K292.53 G542

太原古交区志稿选编
王继祖等编 太原 太原市人民政府地方志办公室 1987 年 369 页
b36128624 K292.51 G542 1987

东曲煤矿志
龚红鹏编辑 魏生强主编 太原 山西人民出版社 2011 年 859 页
b23212536 F426.21 D582 2011

古交矿区建设志
薛山主编 太原 山西人民出版社 1997 年 666 页
b2242961x F426.21 X678 1997

屯兰矿志
屯兰矿志编纂委员会编 李宝光 尹根成 杨玉民主编 太原 屯兰矿志编纂委员会 2007 年 662 页
b36246244 F426.21 T571 2007

西曲矿志
西曲矿志编纂委员会编 郭福忠主编 古交 西曲矿志编纂委员会 2004 年 406 页
b21765650 F426.21 G767 2004

古交市交通志
王玉林主编 太原 山西经济出版社 2001 年 364 页
b2024535x F512.725.3 G542 2001

古交教育志
古交市教委教育志编纂组编 耿越亮主编 太原 山西高校联合出版社 1991 年 171 页
b18471948 G527.253 G398 1991

清徐县

清徐县志
清徐县地方志编纂委员会编 太原 山西古籍出版社 1999 年 1034 页
b15251755 K292.54 Q467 1999

东于村志
贺灵宝主编 太原 山西人民出版社 2007 年 图文版 312 页
b21567529 K292.55 D5827 2007

清徐县政协志
政协清徐县委员会编 杨拴保主编 清徐 政协清徐县委员会 2009 年 788 页
b23212822 D628.254 Q467 2009

清徐法院志
山西省清徐县人民法院编 宁雨泽主编 清徐 山西省清徐县人民法院 1998 年 653 页
b45479902 D926.22 Q467 1998

清徐法院志 2007 续编
王利生主编 清徐 清徐县人民法院 2007年 329页
b50234225 D926.22 Q467B 2007

清徐县教育志
山西省太原市清徐县教育志编纂组编 齐岫昆主编 清徐 清徐县印刷厂 1989年 229页
b15959946 G527.254 Q139 1989

清徐县职业教育中心志
闫渊林主编 清徐 清徐县职业教育中心 2016年 770页
b49938848 G719.282.54 Q467 2016

太原市清徐县地名志
清徐县人民政府编 清徐 清徐县人民政府 1983年 89页
b20045712 K922.54 Q467

龙林山志
李中编著 太原 三晋出版社 2011年 251页〔清徐史志丛书〕
b37531475 K928.3 L7415 2011

阳曲县

阳曲县志
阳曲县地方志编纂委员会编 张志荣主编 太原 山西古籍出版社 1999年 845页
b1565686x K292.54 Y2257 1999

阳曲县人民代表大会志 1949–2014
阳曲县人民代表大会志编纂委员会编 智民保主编 北京 中华书局 2014年 3卷 1614页
b46133550 D624.254 Y225 2014

阳曲公安志
阳曲公安志编纂委员会编 孟巨拴主编 阳曲 山西省史志印刷厂 2006年 314页
b44916851 D631 Y225 2006

阳曲方言志
孟庆海著 北京 社会科学文献出版社 1991年 153页〔山西省方言志丛书〕
b11002608 H172.2 M369

阳曲县地名志
阳曲县人民政府编 张廷翰总纂 阳曲 阳曲县人民政府 1990年 267页
b16093343 K922.54 Y225 1990

娄烦县

娄烦县志
山西省娄烦县地方志编纂委员会编 张宪平主编 北京 中华书局 1999年 786页〔中华人民共和国地方志丛书〕
b13400745 K292.54 L254

娄烦县人民代表大会志 1981–2013
娄烦县人民代表大会志编委会编 段润义主编 太原 山西人民出版社 2014年 464页
b46442182 D624.254 L764 2014

娄烦县政协志
政协第八届娄烦县委员会编 马存海主编 娄烦 政协第八届娄烦县委员会 2015年 754页
b50727539 D628.254 L764 2015

娄烦县交通志
娄烦县交通志编纂委员会编 北京 中华书局 1999年 294页
b20044331 F512.725.4 L764 1999

娄烦县教育志 初稿
娄烦县教育局 娄烦县教育志办公室编 娄烦 娄烦县教育局 1987 年 116 页
b2041660x G527.254 L764 1987

娄烦县教育志 续
娄烦教育志编纂委员会编 娄烦 娄烦县文印修理服务部 2001 年 133 页
b20710628 G527.254 L764 2001

汾河水库志
汾河水库志编纂委员会编 翟光珠主编 太原 山西人民出版社 1991 年 276 页
b16449022 TV632.25 Z282 1991

大同市

大同市志
大同市地方志编纂委员会编 要子瑾 姚斌主编 北京 方志出版社 2000 年 3 卷 2178 页
b14084120 K292.53 D136D 2000

大同民政志 1949–2013
大同市民政局编 白玉主编 北京 中国社会出版社 2015 年 483 页
b47301235 D632 D136 2015

大同市农业机械化志
大同市农业机械局编纂 曹瑛主编 北京 中国农业大学出版社 2006 年 512 页
b49802896 F327.253 D136 2006

大齿集团志 1958–2008
山西大同齿轮集团有限责任公司大齿集团志编纂委员会编 大同 山西大同齿轮集团有限责任公司大齿集团志编纂委员会 2008 年 725 页
b50664980 F426.4 D1354 2008

大同第二发电厂志 1975–1997
大同第二发电厂志编纂委员会编 葛溪亭 侯敬山主编 北京 中国电力出版社 1999 年 552 页〔山西省电力工业志丛书〕
b49848872 F426.61 D1368 1999

大同供电志 1918–1995
大同供电志编纂委员会编 张嘹斐主编 大同 大同供电志编纂委员会 1997 年 467 页〔山西省电力工业志丛书〕
b49981870 F426.61 D1368C 1997

大同机车工厂志 1954–1985
铁道部大同机车工厂 郑显道主编 大同 铁道部大同机车工厂 1987 年 309 页
b50318561 F426.472 D136 1987

大同矿务局志
大同矿务局志编纂委员会编 彭建勋主编 太原 山西人民出版社 1996 年 882 页
b20418243 F426.21 P335 1996

燕子山矿志 1988–2011
冯超 张久儒主编 太原 北岳文艺出版社 2012 年 529 页
b41234303 F426.21 Y199 2012

大同市交通志
高青主编 呼和浩特 内蒙古人民出版社 2001 年 779 页
b20042048 F512.725.3 G248 2001

大同干线公路志
刘美主编 太原 山西人民出版社 2006 年 929 页
b45452763 F542.825–09 D136 2006

大同科协志 1957–2012
大同市科学技术协会编 赵春义主编 大

同 大同市科学技术协会 2013 年 378 页
b4953306x G322.725.3 D136Z 2013

大同市科学技术志
赵效 徐增祥主编 太原 山西科学技术出版社 1997 年 644 页
b49534051 G322.725.3 D136 1997

大同市教育志
李名植等撰稿 大同 大同市教育志编著者 1988 年 356 页
b27575445 G527.253 D136 1988

大同市教育志
项致中编著 太原 山西高校联合出版社 1993 年 408 页
b47297232 G527.253 D136C 1993

大同煤炭工业学校校志 1950–2000
曹光楚主编 徐州 中国矿业大学出版社 2000 年 389 页
b46012552 G719.282.53 D136 2000

大同革命老区志
大同市老区建设促进会编 王善主编 香港 天马图书有限公司 2001 年 556 页
b19733896 K292.53 D136G 2001

大同市地名志
大同市地名办公室编 大同 大同市地名办公室 1986 年 585 页
b15959818 K922.53 D136 1986

山西省地质勘查局二一七地质队队志 1954–2014
二一七地质队队志编纂委员会编 李治国 刘超主编 大同 二一七地质队队志编纂委员会 2014 年 333 页
b50017366 P562.25 L423 2014

同煤集团总医院志 1949–2012
同煤集团总医院志编纂委员会编 王盛主编 北京 煤炭工业出版社 2017 年 520 页
b50817000 R197.63 T437 2017

山西省农业科学院高寒区作物研究所志
王梦飞编 太原 山西经济出版社 2011 年 259 页
b37531578 S5–242.25 S254 2011

城　区

大同市城区志
大同市城区地方志编纂委员会编 赵佃玺主编 长春 吉林文史出版社 2006 年 889 页〔中国地方志丛书〕
b16696463 K292.53 D136Q 2006

矿　区

大同市矿区志
大同市矿区志编纂委员会编 孟祖夷主编 太原 山西古籍出版社 2005 年 884 页
b17340639 K292.53 D136K 2005

南郊区

大同市南郊区志
大同市南郊区志编纂委员会编 北京 中华书局 2001 年 887 页
b15656779 K292.53 D136N 2001

大同市南郊区政协志 1984–2015
陈凤兰主编 大同 政协大同市南郊区委员会 2016 年 764 页
b49963314 D628.253 D136N 2016

山西省大同市南郊区地名录
南郊区人民政府编 大同 南郊区人民政

府 1984 年 181 页
b20103657　K922.53 D136N 1984

新荣区

大同市新荣区志
大同市新荣区志编纂委员会编 金明主编 北京 中华书局 2015 年 1034 页
b46551219　K292.53 X444 2015

大同市新荣区政协志
李成主编 大同 政协大同市新荣区委员会 2008 年 462 页
b20948499　D628.253 D136

阳高县

阳高县志
郭海主编 北京 中国工人出版社 1993 年 715 页
b10622986　K292.54 Y2253

安家皂村志
阳高县老区建设促进会编 钮逊主编 香港 香港天马出版社 2014 年 510 页
b50992132　K292.55 A1634 2014

阳高县人民代表大会志
阳高县人民代表大会志编纂委员会编 巩才主编 阳高 阳高县人民代表大会志编纂委员会 2008 年 869 页
b50665832　D624.254 Y2253 2008

阳高人物志
阳高县志编纂委员会编 北京 航空工业出版社 1995 年 522 页
b17340731　K820.825.4 Y225 1995

阳高县地名录
阳高县地名委员会编 阳高 阳高县地名委员会 1984 年 152 页〔阳高县地方丛书〕
b16141854　K922.54 Y225 1984

天镇县

天镇县志
山西省天镇县地方志办公室编 太原 山西教育出版社 1997 年 1232 页
b13275562　K292.54 T343

天镇县志 1991–2008
天镇县志编纂委员会编 高志英 高利春 阎芳主编 太原 山西人民出版社 2009 年 793 页
b20951620　K292.54 T343 2009

天镇县村镇简志
天镇县史志办公室编 逯廷 高志英主编 呼和浩特 内蒙古人民出版社 2005 年 2 卷 2431 页
b17340688　K292.55 T343 2005

天镇县人民代表大会志
天镇县人民代表大会志编纂委员会编 刘世清主编 太原 山西人民出版社 2015 年 807 页
b49938988　D624.254 T343 2015

天镇县司法行政简志
滕文飞主编 太原 山西经济出版社 2013 年 276 页
b40967530　D927.254.613 T343 2013

天镇县财政志
天镇县财政志编纂委员会编 张福喜 高志英主编 太原 山西人民出版社 2012 年 657 页
b4073996x　F812.725.4 T343 2012

天镇县地名录
天镇县人民政府编 秦皇岛 秦皇岛市资料印刷厂 1984 年 148 页
b16426770 K925.4 T343 1984

广灵县

广灵县志
山西省广灵县志编纂委员会编 姜正禹主编 北京 人民出版社 1993 年 758 页
b10617371 K292.54 G681

广灵县志 1991-2010
广灵县地方志编纂委员会编 姜成晋主编 太原 三晋出版社 2011 年 728 页〔中华人民共和国地方志丛书〕
b40421168 K292.54 G681 2011

广灵县人民代表大会志
广灵县人民代表大会志编纂委员会编 刘祖福主编 太原 山西人民出版社 2005 年 812 页
b16784662 D624.254 L694 2005

广灵县金融志
卫文江主编 北京 中华书局 2003 年 461 页
b22429700 F832.725.4 G681 2003

广灵县教育志
梁兆贵主编 太原 三晋出版社 2013 年 增订本 585 页
b47073561 G527.254 G681 2013

广灵县卫生志
广灵县卫生局 梁德军主编 广灵 广灵县卫生局 2013 年 862 页
b49607625 R199.2 G681 2013

灵丘县

灵丘县志
赵成玉主编 太原 山西古籍出版社 2000 年 865 页
b16075341 K292.54 L6287 2000

灵丘县第十五届人民代表大会志
灵丘县第十五届人民代表大会志编纂委员会编 张枢主编 灵丘 灵丘县第十五届人民代表大会志编纂委员会 2016 年 1117 页
b49938691 D624.254 L6287 2016

灵丘县畜牧志
灵丘县畜牧志编纂委员会编 牛学谦主编 北京 九州出版社 2013 年 824 页
b44915391 F326.372.54 L628 2013

灵丘县教育志
任智主编 太原 山西教育出版社 1996 年 208 页
b20018903 G527.254 R196 1996

灵丘革命老区志
灵丘县老区建设促进会编 高风山主编 太原 山西人民出版社 2005 年 354 页
b16343281 K292.54 L6287C 2005

灵丘县地名录
灵丘县人民政府编印 灵丘 灵丘县人民政府 1984 年 115 页
b20368975 K922.54 L628 1984

浑源县

浑源县志
山西省浑源县志编纂委员会编 熊存福主编 北京 方志出版社 1999 年 1011 页
b1354486x K292.54 H737

浑源县人物志
浑源县党史县志办公室编 狄金柱主编 北京 方志出版社 2011年 562页
b36370289 K820.825.4 D377 2011

浑源县地名录
浑源县地名办公室编纂 浑源 浑源县地名办公室 1984年 修改本 199页
b20368938 K922.54 H737 1984

北岳恒山志
张剑扬编著 太原 山西人民出版社 2008年 856页
b20089119 K928.3 Z3549 2008

左云县

左云县志
左云县志编纂委员会编 北京 中华书局 1999年 1016页〔中华人民共和国地方志丛书〕
b13991164 K292.54 Z971

左云县志 1991-2003
左云县地方志编纂委员会编 吴维官主编 北京 方志出版社 2005年 748页〔中华人民共和国地方志丛书〕
b16580485 K292.54 Z971 2005

左云县教育志 1840-1985
左云县教育志编纂组编 马兴主编 左云 左云县教育志编纂组 2007年 286页
b50248674 G527.254 Z971 2007

三屯文化图志
中国人民政治协商会议山西省左云县委员会 左云县文学艺术界联合会 左云县三屯乡党委政府编 刘志尧主编 左云 中国人民政治协商会议山西省左云县委员会 2008年 248页
b20577576 K292.55 S145 2008

大同县

大同县志
大同县志编纂委员会编 吉广仁 刘春主编 北京 方志出版社 2005年 734页
b16434353 K292.53 D136C 2005

阳泉市

阳泉市志
阳泉市地方志编纂委员会编 陈霈 孟宏儒主编 北京 当代中国出版社 1998年 2卷 1582页
b15251706 K292.53 Y225 1998

阳泉市乡镇简志
阳泉市地方志办公室编 任佟苏主编 北京 方志出版社 2012年 283页
b44748747 K292.53 Y225X 2012

阳泉工会志
阳泉工会志编纂委员会 王文生主编 北京 方志出版社 2008年 2卷 982页
b50247608 D412.825.3 Y225C 2008

阳泉市城区工会志
阳泉市城区工会志编纂委员会编 范秀林主编 太原 山西人民出版社 2012年 615页
b41235496 D412.825.3 Y225 2012

阳泉统战志 1950-2010
杨永生 刘星主编 太原 山西人民出版社 2011年 410页
b23217327 D613 Y225 2011

阳泉市人民代表大会志
阳泉市人民代表大会志编纂委员会编 武建功 张保明主编 太原 山西人民出版社 2002年 571页
b1745749x D624.253 W533 2002

阳泉市郊区政协志
阳泉市郊区政协志编纂委员会编 王如生主编 太原 三晋出版社 2016年 798页
b47560733 D628.253 Y225 2016

阳泉市政协志
政协阳泉市委员会编 焦希勃 崔庆和主编 太原 山西人民出版社 2005年 637页
b1665089x D628.253 Z5469 2005

阳泉法院志
阳泉法院志编纂委员会编 王志刚 陈明华主编 北京 方志出版社 2012年 908页
b50871018 D926.22 Y225C 2012

阳泉郊区法院志
阳泉郊区法院志编纂委员会编 闫建生总纂 北京 方志出版社 2015年 605页
b5087102x D926.22 Y225J 2015

阳泉市城区人民法院志
阳泉市城区人民法院志编委会编 杨玉春主编 北京 方志出版社 2008年 449页
b5024761x D926.22 Y225 2008

阳泉市审计志
李润萍主编 北京 方志出版社 2013年 597页
b41236038 F239.227.253 Y225 2013

阳泉供水志
阳泉供水志编纂委员会编 房庆主编 太原 山西人民出版社 2006年 1186页
b49505750 F299.241 Y2257 2006

阳泉市城区社区建设志 2001-2015
阳泉市城区地方志编纂委员会编 史立新主编 北京 中国文史出版社 2016年 952页
b47364610 F299.272.53 S487 2016

阳泉市政工程志
王振明 葛春林主编 太原 山西人民出版社 2009年 357页
b23212792 F299.272.53 Y225 2009

阳泉林业志
延万里主编 北京 中国林业出版社 1994年 159页
b49640343 F326.272.54 Y225 1994

东升志 1996-2006
葛海林主编 北京 方志出版社 2008年 317页
b50247001 F426.21 D5827 2008

山西煤炭工业志 阳泉煤业集团志 1950-2010
山西煤炭工业志阳泉煤业集团志编纂委员会编 王继平主编 北京 煤炭工业出版社 2016年 2卷 943页〔山西煤炭工业志系列志书〕
b47560721 F426.21 Y2255 2016

山西阳泉铝矾土矿志 1955-1985
山西阳泉铝矾土矿矿志办公室编 刘茂昭主编 阳泉 山西阳泉铝矾土矿矿志办公室 1989年 388页
b49789582 F426.1 Y225 1989

阳泉市矿区志
阳泉市矿区地方志编纂委员会编 王泉主编 北京 方志出版社 2014年 1065页
b46996230 F426.21 Y225 2014

阳泉市区电力工业志 1987-2002
阳泉市区电力工业志编纂委员会编 阳泉 阳泉正达彩色印刷有限公司 2004年 282页〔山西省电力工业志丛书〕
b46102309 F426.61 Y2257 2004

阳泉公路交通史
阳泉市交通局编 丁世福 史晋阳主编 太原 山西科学技术出版社 1992年 397页〔山西省交通史志丛书〕
b20430504 F512.725.3 Y225 1992

阳泉市道路运输管理志
尚保银主编 太原 山西人民出版社 2015年 688页〔山西省交通运输史志丛书〕
b49705258 F542.825.3 Y225Y 2015

阳泉市道路运输协会志
赵善斌主编 太原 山西人民出版社 2012年 257页〔山西省交通史志丛书〕
b42291574 F542.825.3 Y225 2012

阳泉市公路志
曹继春主编 太原 山西人民出版社 2012年 614页〔山西省交通史志丛书〕
b4064957x F542.9 Y225 2012

阳泉市国税志 1994-2003
吴素贤主编 阳泉 阳泉市国家税务局 2004年 408页
b49550238 F812.725.3 Y225 2004

阳泉市商业银行志
安慧鹏主编 北京 北京燕山出版社 2015年 770页
b49938216 F832.33 Y244 2015

中国人民建设银行阳泉市支行行志 1954-1993
中国人民建设银行阳泉市支行四十年行志编委会编 赵光亮主编 阳泉 中国人民建设银行阳泉市支行四十年行志编委会 1994年 124页
b50248571 F832.33 Z6494 1994

阳泉市文化志
阳泉市文化局文化志编写组编 马斌元主编 阳泉 阳泉市文化局 1990年 247页
b19932765 G127.253 M136 1990

阳泉教育志
阳泉教育志编辑委员会编 王吉明 冯德清主编 阳泉 阳泉市教师进修学校印刷厂 1986年 227页
b16649928 G527.253 Y225 1986

阳泉市教育志
阳泉市教育志编纂委员会编 宋崇魁主编 北京 方志出版社 2012年 594页
b36370186 G527.253 Y225C 2012

阳泉市卫生学校志 1958-2008
阳泉市卫生学校志编纂委员会编 阳泉 阳泉市卫生学校志编纂委员会 2008年 317页
b20104741 G719.282.53 Y225 2008

山西省阳泉市地名志
山西省阳泉市地名委员会办公室编 阳泉 山西省阳泉市地名委员会办公室 1994年 435页
b20245233 K922.53 Y225S 1994

阳泉风景名胜志
山西旅游景区志丛书编委会编 马玉隆 任佟苏主编 太原 三晋出版社 2008年 500页〔山西旅游景区志丛书〕
b20228284 K928.702.53 M143 2008

阳泉市卫生志
阳泉市卫生志编纂委员会编 张义所主编 太原 三晋出版社 2015年 862页
b47106232 R199.2 Y225 2015

城 区

阳泉市城区志
阳泉市城区志编纂委员会编 阳泉 阳泉市城区志编纂委员会 1995年 送审稿 521页
b20416027 K292.53 Y225Y 1995

阳泉市城区志
阳泉市城区志编纂委员会编 李森 高维标主编 太原 山西古籍出版社 1997年 569页
b15656792 K292.53 Y225Y 1997

阳泉市城区财政志
阳泉市城区财政志编纂委员会编 康建光主编 北京 方志出版社 2016年 542页
b49923316 F812.97 Y225 2016

矿 区

阳泉市矿区志
阳泉市矿区地方志编纂委员会编 王泉主编 北京 方志出版社 2014年 1065页
b46996230 F426.21 Y225 2014

阳泉市矿区志
阳泉市矿区地方志编纂委员会编 赵联庆主编 北京 中华书局 1999年 705页
b22432905 K292.53 Y225Q 1999

阳泉市矿区工会志
阳泉市矿区工会志编纂委员会编 宋崇魁主编 北京 方志出版社 2016年 694页
b4947778x D412.825.3 Y225K 2016

矿区人大志
山西省阳泉市矿区人民代表大会常务委员会编 阳泉 山西省阳泉市矿区人民代表大会常务委员会 2010年 241页
b36014072 D624.253 Y225

阳泉矿区教育志
山西省阳泉市矿区教育志编辑室编 任选荣主编 阳泉 山西省阳泉市矿区教育志编辑室 1991年 236页
b20405017 G527.253 Y225Y 1991

洪城河小学校志 1950-2000
洪城河小学校志编纂委员会编 赵金水 张巧花主编 阳泉 洪城河小学校志编纂委员会 2000年 235页
b4666905x G629.282.53 H415 2000

郊 区

阳泉市郊区志
阳泉市郊区地方志编纂委员会编 马根全主编 北京 中华书局 1999年 880页
b15656809 K292.53 Y225J 1999

阳泉市郊区志
阳泉市郊区地方志编纂委员会编 杨济才主编 北京 方志出版社 2013年 1028页
b45648992 K292.53 Y225J 2013

河底村志
要宜慎主编 太原 山西古籍出版社 1996年 367页〔山西省重点乡镇村志系列丛书〕
b16378143 K292.55 H285 1996

柳沟村志
柳沟村志编纂委员会编 阎骥麟主编 呼和浩特 远方出版社 2004年 225页
b20019440 K292.55 L699 2004

上五渡村志
上五渡村志编纂委员会编 石守荫主编 太原 山西经济出版社 2017年 515页
b50817504 K292.55 v5

桃林沟村志
桃林沟村志编纂委员会编 李乃珠主编 太原 山西人民出版社 2014年 803页
b46389490 K292.55 T266 2014

义东沟村志
张清主编 太原 山西人民出版社 2011年 3卷 1171页
b40649581 K292.55 Y468 2011

平定县

平定县志
平定县志编纂委员会编 穆建民主编 北京 社会科学文献出版社 1992年 786页
b10758951 K292.54 P612

平定县志
平定县志编纂委员会编 张丽荣主编 北京 中国文史出版社 2018年 786页
b50828575 K292.54 P612D

东关村志
平定县东关村志编纂委员会编 王鸿钰主编 太原 山西人民出版社 2009年 836页
b21763100 K292.55 D5823 2009

理家庄村志
李克明 黄顺荣主编 太原 北岳文艺出版社 2004年 384页
b15600324 K292.54 P612L 2004

乱流村志
王慷 周立业主编 呼和浩特 内蒙古科学技术出版社 1999年 309页
b20018733 K292.55 L874 1999

南坳镇志
平定县南坳镇志编纂委员会编 北京 海潮出版社 1998年 505页
b15251780 K292.54 N1611 1998

南上庄村志
平定县南上庄村志编纂委员会编 岳齐德主编 太原 三晋出版社 2013年 457页
〔山西省村志系列丛书〕
b45479859 K292.55 N1612 2013

娘子关志
平定县娘子关志编纂委员会编 朱玉芳主编 北京 中华书局 2000年 242页
b16326118 K292.55 N344 2000

平定县东锁簧村志
东锁簧村志编纂委员会编 冯元利主编 北京 方志出版社 2002年 396页
b13833698 K292.55 S795D

平定县乡村简志
赵培锦 李明义主编 太原 山西人民出版社 2012年 288页
b42291446 K292.55 P612 2002

前黄安村志
李明义主编 太原 山西人民出版社 2011年 348页
b23070092 K292.55 Q228 2011

山西省平定县龙庄村志
龙庄村志编纂委员会编 杜锡 杜联 陶定躬主编 太原 三晋出版社 2016年 643页
b49630726 K292.55 L742 2016

上董寨村志
上董寨村志编纂委员会编 王安宁 赵鸿承 张建华主编 太原 三晋出版社 2017年 765页
b50246811 K292.55 S3222 2017

西沟村志
平定县西沟村志编纂委员会编 潘纪田主编 北京 方志出版社 2011年 534页
b22458906 K292.55 X1192 2011

西回村志
西回村志编纂委员会编 朱存业 李明义主编 平定 西回村志编纂委员会 2006年 457页
b18621922 K292.55 X1195 2006

西郊村志
平定县西郊村志编委会编 赵燕龙主编 北京 中国文史出版社 2011年 683页
b36410391 K292.55 X1191 2011

下马郡头村志
中共下马郡头村支部 下马郡头村民委员会编 王文盛主编 阳泉 中共下马郡头村支部 2017年 639页
b50861803 K292.55 X1855 2017

新城村志
王秀年主编 平定 新城村志编写者 2006年 251页
b23003157 K292.55 X443 2006

开河寺志
周立业 石光宁主编 太原 山西科学技术出版社 2017年 350页
b50817498 B947.225.4 K122 2017

平定县人民代表大会志
平定县人大常委会编 刘爱明 高培先 杨祗主编 太原 山西人民出版社 2004年 787页
b17581771 D624.254 L669 2004

平定县政协志
平定县政协志编纂委员会编 赵珍珠主编 太原 山西人民出版社 2014年 680页
b46442194 D628.254 P612 2014

平定县审计志
李宝平 李鸿志主编 太原 山西人民出版社 2013年 342页
b49534087 F239.227.254 P612 2013

娘子关发电厂志 1965–1990
娘子关发电厂志编纂委员会编 王扁桃主编 平定 娘子关发电厂志编纂委员会 1996年 369页〔山西省电力工业志丛书〕
b49983362 F426.61 N344 1996

平定县国营工业志
平定县国营工业志编纂委员会编 葛先武主编 太原 山西人民出版社 2016年 738页
b47366047 F427.254 P612 2016

平定县信用合作社志
郭宝忠主编 北京 中华书局 2007年 626页
b50151551 F832.725.4 P612 2007

平定县广播电视志
高培先 李克明 王苟玉主编 太原 北岳文艺出版社 2000年 715页
b49849918 G229.272.54 P612 2000

平定县教育志 讨论稿
平定县教育局教育史志编辑室编 平定 平定县教育局教育史志编辑室 1988 年 油印本 462 页
b36014175 G527.254 P6122 1988

平定一中校志 庆祝平定一中建校 100 周年百华诞 1903-2003
李华峰主编 北京 方志出版社 2003 年 600 页
b20103244 G639.282.54 P612 2003

平定师范校志
平定师范校志编纂委员会编 平定 平定师范校志编纂委员会 1999 年 317 页
b20103232 G659.282.54 P612 1999

平定县志 人物志
平定县县志编纂委员会办公室编 平定 平定县县志编纂委员会办公室 1989 年 油印本 127 页
b22431263 K820.825.4 P612 1989

平定县娘子关提水工程志
刘春生主编 北京 方志出版社 2003 年 358 页
b49980956 S279.225.4 L672 2003

盂 县

盂县志
盂县史志编纂委员会编 高承治主编 北京 方志出版社 1995 年 882 页
b1053071x K292.54 Y739

盂县志
盂县史志编纂委员会编 崔石头 郭芝华主编 北京 中华书局 2011 年 2 卷 1968 页
b36012907 K292.54 Y739 2011

上社村志
上社村委会编 侯书善 郝新政 刘兆贵采编 盂县 盂县上社村委会 2002 年 306 页
b1644825x K292.55 S322 2002

盂县工会志
盂县工会志编纂委员会编 韩万德主编 太原 山西人民出版社 2011 年 503 页
b23160664 D412.825.4 Y739 2011

盂县人大志
盂县人大志编纂委员会编 李素明 韩新亮主编 太原 山西人民出版社 2010 年 1050 页
b3624773x D624.254 Y739 2010

盂县公安志 第 2 卷 1998-2009
盂县公安志编纂委员会编 郭芝华 李斌科主编 太原 北岳文艺出版社 1998 年 392 页
b37531591 D631 Y739

盂县电力工业志 1956-1995
齐守义主编 北京 中国电力出版社 1997 年 473 页〔山西省电力工业丛书〕
b45479823 F426.61 Y739 1997

盂县东坪煤矿志
张德荣编著 北京 长城出版社 2006 年 363 页
b50151381 F426.21 D5826Y 2006

盂县东坪煤业志
史向军主编 太原 三晋出版社 2011 年 357 页
b23216864 F426.21 D5826 2011

盂县工业志
盂县工业志编纂委员会编 韩万德主编 盂

县 盂县工业志编纂委员会 1989 年 188 页
b49803918　F427.254 Y739 1989

盂县交通运输志
盂县交通运输志编纂委员会编 胡俊卿主编 山西 山西人民出版社 2016 年 528 页
b49749250　F512.725.4 Y739 2016

盂县财政志
张云龙主编 太原 山西人民出版社 2011 年 628 页
b23217078　F812.925.4 Y739 2011

盂县教育志
山西省盂县教育志编纂组 戴良贵主编 太原 山西教育出版社 1999 年 528 页
b16431170　G527.254 D152 1999

盂县教育志
盂县教育志编纂委员会编 张德荣主编 太原 山西人民出版社 2016 年 921 页
b49823504　G527.254 Y739 2016

盂县方言志
宋欣桥著 太原 山西高校联合出版社 1991 年 68 页〔山西省方言志丛书〕
b18280614　H172.2 S682 1991

山西省盂县地名志
武俊和主编 盂县 山西省盂县地名委员会 1989 年 298 页
b16432836　K922.54 Y739 1989

长治市

长治市志
长治市地方志编纂委员会编 和声 刘奇主编 北京 海潮出版社 1995 年 944 页
b16141994　K292.53 C346 1995

晋东南地区志
山西省地方志办公室编 秦海轩主编 北京 方志出版社 2016 年 2 卷 2235 页
b50206837　K292.5 Q447 2016

长治市乡镇简志
长治市地方志办公室编纂 马书岐主编 太原 北岳文艺出版社 2013 年 313 页
b41234297　K292.55 C346 2013

长治市人民代表大会志
王进卯主编 太原 山西人民出版社 2010 年 1138 页
b23216475　D624.253 C346 2010

长治市人民政府驻北京联络处志
申旭峰主编 北京 中央编译出版社 2011 年 357 页
b36193379　D625.253 S385 2011

长治市政协志 1949–2009
王云亭主编 太原 山西人民出版社 2009 年 617 页
b20466699　D628.253 C346C 2009

长治民政志
陈雪田 申旭峰主编 申旭峰 平俊玲编著 长治 山西省长治市民政局 1988 年 163 页
b21567165　D632 C346 1988

长治市民政志
陈雪田 申旭峰主编 北京 中国社会出版社 1995 年 340 页
b18280985　D632 C435 1995

长治市城区人民法院志 1976.06–2015.11
长治市城区人民法院编 栗向东主编 长治 长治市城区人民法院 2015 年 505 页
b50233762　D926.22 C346 2015

长治审计志
长治审计志编纂委员会编 温秀成主编 长治 长治审计志编纂委员会 2009年 519页
b45569095 F239.227.253 C346 2009

长治市交通志
长治市交通志编纂委员会编 韩金廷主编 北京 人民交通出版社 2002年 700页
b20041779 F512.725.3 C346 2002

长治市公共交通志 1968–2010
长治市公共交通总公司编 刘红伟主编 长治 长治市公共交通总公司 2013年 479页
b49607492 F572.882.53 C346 2013

长治市文物旅游志 旅游卷
长治市文物旅游局编 闫广主编 北京 新华出版社 2015年 251页
b47584695 F592.725.3 C346 2015

长治邮电志
李玉树主编 太原 山西人民出版社 1991年 664页
b49678310 F632.725.3 C346 1991

长治市科学技术志 1986–2005
长治市科学技术志编纂委员会编 秦小红主编 太原 山西科学技术出版社 2008年 520页
b46440963 G322.725.3 C346 2008

长治市教育志
长治市教育局编 范长喜主编 太原 山西人民出版社 2011年 2卷 806页
b36168828 G527.253 C346 2011

长治卫生学校校志 2000–2010
长治卫生学校校志编纂委员会编 蔡晋 杜永康主编 长治 长治卫生学校校志编纂委员会 2011年 284页
b45569101 G719.282.53 C346 2011

山西机电职业技术学院志 1958–2008
山西机电职业技术学院志编辑委员会编 皇甫志芳主编 长治 山西机电职业技术学院志编辑委员会 2008年 279页
b22921436 G719.282.5 S2548 2008

长治方言志
侯精一编 北京 语文出版社 1985年 134页〔山西省方言志丛书〕
b11933495 H172.2 H429

长治楹联志
长治市地方志办公室编纂 高峰 马书岐主编 太原 北岳文艺出版社 2013年 301页
b46239480 I269 G237 2013

长治人物志
长治市地方志办公室编纂 王连成主编 太原 北岳文艺出版社 2010年 410页
b49533964 K820.825.3 C346 2010

长治人物志
山西省长治市地方志办公室编 榆社 榆社县印刷厂 1986年 110页
b1951816x K820.825.3 S254 1986

长治市地名志
长治市地名委员会编 贾先凤主编 长治 长治市地名委员会办公室 2006年 489页
b46010920 K922.53 C346C 2006

上党风景名胜志
山西旅游景区志丛书编委会编 太原 山西人民出版社 2006年 771页〔山西旅游

景区志丛书〕
b1702125x　K928.702.52　S254　2006

山西省地质勘查局二一二地质队队志（续） 2004–2014
山西省地质勘查局编二一二地质队队志编纂小组编　长治　二一二地质队队志编纂小组　2014 年　337 页
b50347585　P562.25　S2542　2014

长治医学院附属和平医院志 1946–2006
长治医学院附属和平医院志编纂委员会编　魏武　唐云亭主编　长治　长治医学院附属和平医院志编纂委员会　2006 年　473 页
b21762879　R199.2　C346　2006

城　区

长治市城区志
长治市城区志编委会编　阎炜生主编　西安　陕西人民出版社　1999 年　496 页
b16178099　K292.53　C346C　1999

新民菜场志
长治市城区史志研究会编　李书平主编　长治　长治市城区史志研究会　2015 年　453 页
b50234432　K292.53　C346X　2015

郊　区

长治郊区志
长治郊区志编撰委员会编　申光主编　北京　中华书局　2002 年　452 页
b16427300　K292.53　C346J　2002

郊区区志
长治市郊区区志编委会编　长治　长治市郊区区志编委会　1997 年　476 页
b21567177　K292.54　J372　1997

葛家庄村志
葛家庄村志编纂委员会编　长治　葛家庄村志编纂委员会　2006 年　256 页
b17962584　K292.55　H664G　2006

史家庄村志
史家庄村志编纂委员会编　王福根主编　太原　太原市长江孚来印刷制版公司　2009 年　514 页
b2088302x　K292.55　S487　2009

台上村志
台上村志编纂委员会编　宋国庆主编　长治　台上村志编纂委员会　2006 年　186 页
b40935632　K292.55　T151　2006

杨暴村志
杨暴村志编纂委员会编　李元珍主编　长治　杨暴村志编纂委员会　2012 年　386 页
b49625615　K292.25　Y228　2012

长治郊区政协志 1984–2004
政协长治市郊区委员会编　长治　政协长治市郊区委员会　2005 年　524 页
b2001398x　D628.253　C346　2005

漳泽发电厂志 1976–1991
漳泽发电厂志编纂委员会编　马世珍主编　北京　中国电力出版社快速出版服务部　1996 年　287 页〔山西省电力工业志丛书〕
b45480370　F426.61　Z376　1996

长治北工务段志 1987–2004
长治北工务段志编纂委员会编　刘春彦主编　长治　长治北工务段志编纂委员会　2005 年　274 页
b49788784　F532.6　C346　2005

长治市郊区教育志
长治市郊区教育志编审组编 王正科主编 长治 长治市彩印厂 1994年 187页
b20013991 G527.253 W235 1994

漳泽水库志
漳泽水库志编纂委员会编 翟光珠主编 北京 中国水利水电出版社 1999年 558页
b16377308 TV632.25 Z376 1999

潞城市

潞城市志
潞城市志编纂委员会编 戴玉刚主编 北京 中华书局 1999年 1044页
b13990780 K292.53 L843

鼎留村志
鼎留村志编纂委员会编 王忠义主编 潞城 鼎留村志编纂委员会 2013年 294页
b50992144 K292.55 D545 2013

东街社区志
潞城市东街社区志编纂委员会编 谢俊义主编 潞城 潞城市东街社区志编纂委员会 2016年 288页
b50248169 K292.54 L843D 2016

沟北村志
沟北村志编纂委员会编 太原 三晋出版社 2011年 362页
b40649490 K292.55 G469 2011

南关社区志
南关社区志编纂委员会编 冯文栓 冯文学主编 长治 南关社区志编纂委员会 2012年 386页
b50778638 K292.55 N1615 2012

西街社区志
潞城市西街社区志编纂委员会编 宋怀支主编 潞城 潞城市西街社区志编纂委员会 2014年 404页
b50248170 K292.54 L843X 2014

潞城市人民代表大会志
申靳红主编 太原 山西人民出版社 2011年 910页
b2321255x D624.254 L843 2011

潞城市科学技术志
潞城市科学技术志编纂委员会主编 李林毓主编 太原 山西科学技术出版社 2014年 519页
b4953404x G322.725.3 L843 2014

潞城市教育志
潞城市教育志编纂委员会编 戴玉刚主编 北京 中华书局 2004年 798页
b15906103 G527.253 D154 2004

潞城县教育志
潞城县教育志编纂委员会编 王育英主编 潞城 潞城县教育志编纂委员会 1990年 268页
b20139652 G527.254 L843 1990

潞城人物志
潞城人物志编纂委员会编 申质良主编 北京 中国文史出版社 2007年 400页
b20576043 K820.825.4 S385 2007

长治县

长治县志
长治县志编纂委员会编 冯龙珍主编 北京 中华书局 2003年 1019页
b14447162 K292.54 C346 2003

八义村志
万满喜主编 长治 八义村志编纂委员会 2012 年 523 页
b46994889 K292.55 B111 2012

东和村志
东和村志编纂委员会编 李周清主编 长治 东和村志编纂委员会 2010 年 258 页
b44917090 K292.55 D58231 2010

东掌村志
毕永刚主编 太原 山西人民出版社 2015 年 692 页
b46903136 K292.55 D5822 2015

辉河村志
辉河村志编写组编 王庆和主编 香港 天马出版有限公司 2011 年 335 页
b46377244 K292.54 C346H 2011

焦家庄村志
王阳和主编 长治 焦家庄村志编委会 2004 年 272 页
b5001674x K292.55 J369 2004

南宋村志
李保富主编 太原 北岳文艺出版社 2009 年 252 页
b21569678 K292.55 N1617 2009

长治县人民代表大会志
任文琳主编 太原 山西人民出版社 2011 年 942 页
b23216207 D624.254 C346 2011

长治县政协志
傅永祥主编 太原 山西人民出版社 2011 年 824 页
b23212548 D628.254 C346 2011

漳村煤矿志 1958–2008
郭日平主编 太原 山西人民出版社 2008 年 343 页
b21765418 F426.21 Z376 2008

长治县财政志
刘志安主编 太原 山西人民出版社 2011 年 1005 页
b23216128 F812.725.4 C346 2011

长治县教育志
李汝信主编 太原 山西人民出版社 2002 年 588 页
b15656688 G527.254 L416 2002

长治县环境保护志
牛青山主编 太原 山西人民出版社 2010 年 618 页
b23212810 X321.225.4 C346 2010

襄垣县

襄垣县志
襄垣县志编纂委员会编 北京 海潮出版社 1998 年 924 页
b1417148x K292.54 X2628

五阳村志
张林源 马书岐编著 太原 山西人民出版社 1994 年 266 页
b36129161 K292.55 W538 1994

襄垣政协志
杨飞华主编 太原 山西人民出版社 2014 年 775 页
b46240287 D628.254 X2629 2014

襄垣检察志 1951–2012
襄垣检察志编纂委员会编 魏国敏主编

襄垣 襄垣检察志编纂委员会 2012 年 444 页
b50234420 D926.32 X262 2012

襄垣县教育志
襄垣县教育志编纂委员会编 史启荣主编 襄垣 襄垣县教育志编纂委员会 2000 年 432 页
b20017352 G527.254 S488 2000

襄垣一中校志
王新民主编 黎城 山西黎城印刷公司 2004 年 409 页
b20104418 G639.282.54 X262 2004

襄垣方言志
山西省社会科学院语言研究室编 陈润兰 李唯实编著 太原 语文研究编辑部 1984 年 56 页〔山西省方言志丛刊〕
b19932613 H172.2 C431 1984

山西省襄垣县地名录
襄垣县史志办公室编 张林源 李天德主编 襄垣 襄垣县史志办公室 1983 年 484 页
b20404220 K922.54 X262 1983

屯留县

屯留县志
屯留县志编纂委员会编 西安 陕西人民出版社 1995 年 625 页〔山西地方志丛书〕
b1048839x K292.54 T571

寺底村志
寺底村村志编纂委员会编 李西园 李培明主编 屯留 寺底村村志编纂委员会 1999 年 216 页
b36380052 K292.55 S6662 1999

中城村志
中城村志编纂委员会编 王俊红主编 太原 太原市金容印业公司 2009 年 261 页
b21766435 K292.55 Z643 2009

屯留县政协志 1984–2008
山西省屯留县政协文史委编 倪建中主编 屯留 山西省屯留县政协文史委 2008 年 494 页
b21289499 D628.254 T571 2008

屯留县法院志 1938–2008
张沁虎主编 屯留 山西省屯留县人民法院 2009 年 400 页
b50319929 D926.22 T571 2009

屯留县教育志
屯留县教育志办公室编 靳茂堂主编 太原 山西科学教育出版社 2003 年 669 页
b15656858 G527.254 T571 2003

屯留人物志
政协屯留县委员会编著 王国志主编 屯留 屯留县文通印业公司 2007 年 104 页
b18471225 K820.825.4 W217 2007

山西省屯留县地名录
山西省屯留县地名普查办公室编 屯留 山西省屯留县地名普查办公室 1982 年 140 页
b16660778 K922.54 T571 1982

平顺县

平顺县志
平顺县志编纂委员会编 马民贤主编 北京 海潮出版社 1997 年 594 页
b12698210 K292.54 P613

东寺头乡志
山西省平顺县东寺头乡志编纂委员会编 吴月红主编 太原 三晋出版社 2011年 383页
b36129112 K292.55 D5826 2011

西沟村志
张松斌 周建红主编 北京 中华书局 2002年 274页
b14882358 K292.55 X119 2002

平顺县人民代表大会志
苏和平主编 太原 山西人民出版社 2016年 2册 1301页
b49479799 D624.254 P613 2016

平顺县政协志
政协平顺县委员会编 杨显斌主编 太原 三晋出版社 2011年 328页
b23212469 D628.254 P613 2011

平顺县电力工业志
平顺县电力工业志编纂委员会编 北京 中国电力出版社 1998年 291页〔山西省电力工业志丛书〕
b49850635 F426.61 P613 1998

平顺县烟草志
耿瑞山主编 太原 山西古籍出版社 1999年 288页
b21764773 F426.89 P613 1999

平顺县教育志 1529–1984
平顺县教育志编写组编 平顺 平顺县教育志编写组 1985年 322页
b20140010 G527.254 P613 1985

平顺县综合交通桥隧志
石旭东主编 太原 山西人民出版社 2017年 365页
b50777920 U44 P613 2017

黎城县

黎城县志
黎城县志编纂委员会编 刘书友主编 北京 中华书局 1994年 949页
b10634083 K292.54 L372

黎城县志 1991–2003
黎城县志编纂委员会编 刘书友主编 北京 中华书局 2006年 902页
b16574345 K292.54 L372 2006

东关村志
刘书友主编 北京 中国文联出版社 2003年 241页〔黎城县地方志系列丛书〕
b1748196x K292.55 L688 2003

东阳关镇志
韩志斌主修 刘书友主编 武汉 武汉出版社 2008年 501页〔黎城乡镇志〕
b2009940x K292.55 D5829 2008

河南村志
黎城县志编纂委员会办公室编 上遥镇河南村志编纂委员会编 赵松贤主编 廊坊 中国人民解放军第四二一零工厂 2002年 331页〔黎城县重点村志丛书〕
b36379505 K292.55 H287 2002

洪井乡志
李志刚主修 刘书友主编 武汉 武汉出版社 2008年 459页〔黎城县乡镇志〕
b22359965 K292.55 H415 2008

黄崖洞镇志
张晓明主修 刘书友主编 武汉 武汉出版

社 2006 年 329 页〔黎城乡镇志〕
b17564852 K292.55 H669 2006

黎侯镇志
郭联宾 王仁芳主修 刘书友主编 武汉 武汉出版社 2006 年 415 页〔黎城乡镇志〕
b17564840 K292.55 L372 2006

上遥镇志
谢永强主修 赵松贤主编 武汉 武汉出版社 2006 年 764 页〔黎城乡镇志〕
b36248058 K292.55 S3229 2006

停河铺村志
刘书友主编 北京 光明日报出版社 2008 年 318 页〔黎城县重点村志丛书〕
b40743822 K292.55 T415 2008

西井村志
西井村志编纂委员会编 刘书友主编 北京 中国文联出版社 2012 年 447 页
b4073982x K292.55 X11941 2012

西井镇志
杨红军 吴长生主修 刘书友主编 武汉 武汉出版社 2006 年 379 页〔黎城乡镇志〕
b17564864 K292.55 X1194 2006

西仵乡志
刘永清 王青元主修 刘书友主编 武汉 武汉出版社 2006 年 287 页〔黎城乡镇志〕
b17564839 K292.55 X1199 2006

下村志
张贵生主编 北京 中国文联出版社 2005 年 336 页
b17478066 K292.55 X185 2005

岩井村志
刘书友主编 呼和浩特 远方出版社 2006 年 187 页
b17564803 K292.55 Y176 2006

黎城县人大志
黎城县人大志编纂委员会编 王联芳 郭俊芳主编 黎城 黎城县人大志编纂委员会 2007 年 516 页
b50347421 D624.254 L372 2007

黎城政协志
蔡雷飚 路小玲主编 黎城 中国人民政治协商会议黎城县委员会 2007 年 520 页
b20535089 D628.254 L372 2007

黎城土地志
王爱中主修 刘书友主编 北京 五洲传播出版社 2000 年 329 页〔黎城县地方志丛书〕
b1644663x F327.254 W211 2000

黎城工业志
刘书友编著 北京 中国人民大学出版社 1990 年 299 页
b49789296 F427.254 L372 1990

黎城县交通志
黎城县交通志编纂委员会编 刘书友主编 太原 山西春秋电子音像出版社 2010 年 671 页
b49983003 F512.725.4 L372 2010

黎城县教育志 1670–1985
黎城县教育志编写组编 范书祺主编 黎城 黎城县教育志编写组 1988 年 207 页
b46443010 G527.254 L372 1988

黎城县卫生学校志
黎城县卫生局编 杨锐北主编 黎城 黎城

县卫生局 2006 年 243 页
b46668500 G719.282.54 L372 2006

黎城县地名录
黎城县人民政府编 黎城 黎城县知青印刷厂 1988 年 236 页
b16436180 K922.54 L372 1988

壶关县

壶关县志
壶关县志编纂委员会编 李彦忠主编 北京 海潮出版社 1999 年 909 页
b16075274 K292.54 H488 1999

南关村志
李书中主编 太原 山西人民出版社 2012 年 526 页
b40500913 K292.55 N1613 2012

南庄村志
郭书忠主编 壶关 山西进鼎印务公司 2005 年 209 页
b20016062 K292.55 N1619 2005

桥头村志
弓长安主编 壶关 桥头村志编纂者 2016 年 519 页
b50665194 K292.55 Q3848 2016

土河村志
土河村志编纂委员会编 赵佩林主编 壶关 土河村志编纂委员会 2012 年 334 页
b49506377 K292.55 T492 2012

五集村志
张润棠主编 西安 陕西人民出版社 2013 年 391 页〔山西省村志系列丛书〕
b44953550 K292.55 W5381 2013

壶关县教育志 1840–1985
山西省壶关县教育志编纂办公室编 宋怀保主编 壶关 山西省壶关县教育志编纂办公室 1987 年 381 页
b16650578 G527.254 S679 1987

太行山大峡谷志
山西旅游景区志丛书编委会编 李彦忠主编 太原 三晋出版社 2008 年 601 页〔山西旅游景区志丛书〕
b19733768 K928.3 L422 2008

壶关县卫生志
壶关县卫生志编纂委员会编 盖建胜主编 太原 三晋出版社 2014 年 820 页
b46011869 R199.2 H488 2014

壶关树木图志
政协壶关县委员会编 王明德主编 北京 方志出版社 2018 年 2 册 611 页
b5087116x S717.225.4-64 H488 2018

长子县

长子县志
长子县志编纂委员会编 崔贵豪主编 北京 海潮出版社 1998 年 890 页
b15656871 K292.54 C3469 1998

大京村志
大京村志编辑委员会编 冯喜堂主编 长子 长子县印刷厂 2006 年 333 页
b36014291 K292.55 D135 2006

长子县教育志
山西省长子县教育志编纂办公室编 王岳主编 长子 山西省长子县教育志编纂办公室 1993 年 524 页
b17991948 G527.254 W234 1993

长子人物志
政协山西省长子县委员会编著 杨旭根主编 太原 山西人民出版社 2011年 424页
b40500937 K820.825.4 C346 2011

武乡县

武乡县志
山西省武乡县县志编纂委员会编 太原 山西人民出版社 1986年 905页
b10636237 K292.54 W534

洪水镇志
中共洪水镇委员会 洪水镇人民政府编 魏振东主编 武乡 中共洪水镇委员会 2010年 585页
b49963533 K292.55 H416 2010

砖壁村志 八路军总部旧址
肖江河主编 太原 山西人民出版社 2006年 466页
b18176471 K292.55 X364 2006

武乡县人民代表大会志
武乡县人大常委会编 袁俊山主编 武乡 武乡县人大常委会 2011年 692页
b40649477 D624.254 W534 2011

武乡县农业志
武乡县农业志编纂组编 程春虎主编 武乡 武乡县农业志编纂组 1984年 286页
b47126346 F329.254 W534 1984

武乡县文化志 初稿
武乡县文化局编 王仲祥 王照骞执笔 榆社 榆社县印刷厂 1982年 128页
b21318311 G127.254 W534 1982

武乡县新华书店志 1944.3–2012.11
武乡县新华书店志编委会编 张建鹏主编 武乡 武乡县新华书店志编委会 2012年 214页
b49550159 G239.272.54 W534 2012

武乡太极拳志
安润祥主编 武乡 武乡县太极协会 2007年 679页
b49472434 G852.11 A1648 2007

武乡人物志
政协山西省武乡县委员会编著 王建华主编 太原 山西人民出版社 2003年 685页
b15959752 K820.825 W219 2003

关河水库志
关河水库管理局组织编写 赵建文 张建国主编 北京 中国水利水电出版社 2010年 433页
b20971102 TV632.254 Z434 2010

沁 县

沁县志
山西省沁县志编纂委员会编 马留堂 梁建国 王中庆主编 北京 中华书局 1999年 802页
b13991036 K292.54 Q4618

太里村志
郭志仁主编 太原 三晋出版社 2011年 329页
b36129124 K292.55 T162 2011

沁县畜牧兽医志
李儒宏主编 太原 山西经济出版社 2018年 413页
b50770822 F326.372.54 Q461 2018

沁县人物志
沁县人物志编纂委员会编 张俊芳主编 北京 方志出版社 2004年 632页
b15545052 K820.825.4 Z354 2004

沁源县

沁源县志
沁源县志编纂委员会编 李贵和主编 北京 海潮出版社 1996年 744页
b13274879 K292.54 Q4619

聪子峪村志
聪子峪村志编纂委员会编 史留庆 史有龙主编 郑州 中州古籍出版社 2014年 369页
b45969383 K292.55 C744 2014

任家庄村志
王久正主编 太原 三晋出版社 2017年 425页
b5024680x K292.55 R195 2017

贤友村志
贤友村志编纂委员会编 刘如恩主编 郑州 中州古籍出版社 2014年 342页
b46012941 K292.55 X215 2014

沁源县人民代表大会志 1950.4–2012.6
赵海军主编 郑州 中州古籍出版社 2013年 864页
b40935796 D624.254 Q461 2013

沁源县人民法院志
张有权主编 太原 山西人民出版社 2013年 531页
b49983040 D926.22 Q461C 2013

沁源县发展和改革志 1954–2014
沁源县发展和改革局编印 韩智主编 沁源 沁源县发展和改革局 2016年 553页
b50779205 F127.254 Q461 2016

沁源县煤炭志
沁源县煤炭志编纂委员会编 李华宾主编 北京 煤炭工业出版社 2001年 395页
b49532558 F426.21 Q461 2001

山西沁新公司志
孙宏原主编 北京 中华书局 2001年 442页〔山西省重点企业志系列丛书〕
b50778572 F426.21 S2547 2001

沁源县交通志
沁源县交通志编委会编 刘书友 李贵和主编 郑州 中州古籍出版社 2010年 518页
b21569939 F512.725.4 Q4619 2010

沁源财政志
王耀主编 北京 中华书局 2007年 789页
b2203223x F812.725.4 Q461 2007

沁源文化志
杨栋编 北京 中国文史出版社 2007年 620页〔长江学人文集〕
b36378781 G127.254 Q461 2007

沁源县教育志
王守忠编 沁源 沁源县教育局 1994年 596页
b16650542 G527.254 W229 1994

沁源一中志 1952–2012
沁源一中志编纂委员会编 姚先恩主编 北京 方志出版社 2012年 684页
b41236014 G639.282.54 S254 2012

沁源人物志 第1卷
沁源人物志编纂委员会编 北京 方志出版

社 2005 年 806 页
b17340676 K820.825.4 Q461 2005

灵空山志

山西旅游景区志丛书编委会编 郭天红主编 太原 三晋出版社 2009 年 262 页〔山西旅游景区志丛书〕
b21764244 K928.3 L6284 2009

晋城市

晋城市志

晋城市地方志编纂委员会编 秦海轩主编 北京 中华书局 1999 年 3 卷 2557 页
b13833753 K292.53 J518

晋城市志 1985–2008

晋城市志编纂委员会编 秦海轩主编 北京 中华书局 2011 年 3 卷 3133 页
b30301439 K292.53 J518 2011

晋城县志

晋城县志编纂委员会编 秦海轩 王守信主编 太原 山西古籍出版社 1999 年 962 页
b1565669x K292.53 J518J 1999

晋城市乡镇志

秦海轩主编 太原 山西人民出版社 2013 年 871 页
b41213889 K292.55 J518 2013

晋城市纪检监察志

晋城市纪检监察志编纂委员会编 石正民主编 太原 山西人民出版社 2009 年 449 页
b49851378 D262.6 J518 2009

晋城市人民代表大会志

晋城人民代表大会志编纂委员会编 北京 中华书局 1999 年 602 页
b17482252 D624.253 J518 1999

晋城市政协志

政协晋城市委员会编 张国荣主编 北京 中华书局 2001 年 546 页
b1571522x D628.253 Z546 2001

晋城市政协志 2001–2015

政协晋城市委员会编 郝锐主编 北京 中华书局 2015 年 698 页
b47365857 D628.253 J518C 2015

晋城市中级人民法院志

晋城市中级人民法院志编纂委员会编 蔚新旺主编 太原 三晋出版社 2011 年 654 页
b5031984x D926.22 J518 2011

晋城市军事志 前 660–2005

晋城市军事志编纂委员会编 杨秉聿主编 晋城 晋城市军事志编纂委员会 2009 年 747 页
b47415150 E289.253 J518 2009

晋城市国土资源志

晋城市国土资源志编纂委员会编 商国富 马甫平主编 晋城 晋城市国土资源局 2006 年 2 卷 1042 页
b21763963 F129.925.3 J518 2006

晋城市质量技术监督志

陈家富主编 北京 新华出版社 2017 年 365 页
b50747691 F203 J518 2017

晋城市乡镇企业志

谭宽年 吉天义主编 北京 中华书局 2003 年 781 页

b21763975　F279.272.53　J518　2003

晋城城管志
陈家富主编　太原　三晋出版社 2013 年 324 页
b4477820x　F299.272.53　J518　2013

巴公发电厂志　1968–1995
巴公发电厂志编纂委员会编　王振华主编　北京　中国电力出版社 1998 年 380 页〔山西省电力工业志丛书〕
b49982357　F426.61　B1123　1998

凤凰山煤矿志
晋城煤业集团凤凰山煤矿志编纂委员会编　晋城　晋城煤业集团凤凰山煤矿志编纂委员会 2008 年 323 页
b4584009x　F426.21　F413　2008

古书院矿志　1958–2007
王茂盛　闫振义主编　晋城　山西晋城煤业集团古书院矿 2007 年 560 页
b22429633　F426.21　W223　2007

晋城电力工业志　1949–2003
晋城电力工业志编委会编　高景虎主编　北京　中国电力出版社 2005 年 1047 页〔山西省电力工业志丛书〕
b49850581　F426.61　J5181　2005

晋城矿务局十年志　1986.8–1995.8
晋城矿务十年志编辑委员会编　贾中秀　何绍基主编　天津　百花文艺出版社 1996 年 691 页
b49625585　F426.1　J518　1996

晋城煤业集团赵庄煤业志　2002–2016
赵庄煤业志编纂委员会编　崔广鑫主编　晋城　赵庄煤业志编纂委员会 2017 年 488 页
b50248054　F426.21　J518　2017

晋城市交通志
晋城市交通志编纂委员会编　北京　人民交通出版社 1999 年 480 页〔山西省公路交通史志丛书〕
b13834691　F512.9　J518

晋城市郊区城区交通志
王国亮　郝茂林主编　北京　人民交通出版社 2000 年 370 页〔山西省公路交通史志丛书〕
b20043648　F512.725.3　W217　2000

晋城粮食志
晋城市粮食局编　刘金锋主编　晋城　晋城市粮食局 2012 年 305 页
b47352553　F724.721　J518　2012

晋城税务志
张炜主编　北京　中华工商联合出版社 1997 年 940 页
b49532856　F812.725.342　J518　1997

晋城电视台志
沈人鹏主编　香港　世界华人艺术出版社 1999 年 243 页
b47585122　G229.272.53　J518　1999

晋城市教育志
晋城市教育志编纂委员会编　太原　山西人民出版社 2008 年 743 页
b20018939　G527.253　J518　2008

晋城革命老区志
山西省晋城市老区建设促进会编　吴佩光　马甫平主编　北京　中华书局 2005 年 838 页
b36248563　K292.53　J518G　2005

晋城金石志
晋城市地方志丛书编委会编著 北京 海潮出版社 1995 年 896 页〔晋城市地方志丛书〕
b16737441 K877.2 J518 1995

晋城地名志
卫永太主编 北京 中华书局 2014 年 935 页
b46133094 K922.53 J518J 2014

山西省晋城县地名录
晋城县地名办公室编 晋城 晋城县地名办公室 1984 年 299 页
b16662003 K922.54 J518 1984

晋城市地震志
李金斗主编 北京 经济日报出版社 2010 年 519 页
b40649441 P316.225.3 J518 2010

晋城市环保志
晋城市环保志编纂委员会编 晋城 晋城市环境保护局 2009 年 1097 页
b23216062 X321.225.3 J518 2009

城 区

晋城市城区志
晋城市城区地方志编纂委员会编 阎书军主编 北京 中华书局 2005 年 807 页
b16636016 K292.53 Y165 2005

西马匠志
西马匠志编纂委员会编 刘庆庆主编 晋城 西马匠志编纂委员会 2011 年 485 页〔晋城国学丛书 乡土文化系列〕
b49963703 K292.55 X11951 2011

晓庄村志
邢昊主编 晋城 晓庄村志编纂委员会 2009 年 588 页
b50991267 K292.55 X349 2009

尧圣头村志
尧圣头村志编纂委员会编 晋城 尧圣头村志编纂委员会 2014 年 485 页
b50729342 K292.55 Y289 2014

晋城市城区人大志
晋城市城区人大志编纂委员会编 王新喜主编 太原 山西人民出版社 2011 年 953 页
b2321627x D624.253 J518 2011

晋城市城区政协志
晋城市城区政协志编纂委员会编 王秉华主编 太原 山西人民出版社 2011 年 572 页
b23216268 D628.253 J518 2011

高平市

高平市志
高平市志编纂委员会编 文战胜主编 北京 中华书局 2009 年 3 卷 2378 页
b20198504 K292.53 G247 2009

高平县志
高平县志编纂委员会编 北京 中国地图出版社 1992 年 748 页
b13990561 K292.54 G247

城北村志
城北村志编纂委员会编 文战胜 李晋生主编 高平 城北村志编纂委员会 1999 年 340 页〔高平市地方志丛书〕
b20014053 K292.55 C4661 1999

凤和志
祁明主编 香港 天马出版有限公司 2006 年 442 页
b5107994x K292.55 F4133 2006

梨园村志
梨园村志编纂委员会编 张志文主编 高平 梨园村志编纂委员会 2014 年 441 页
b49533113 K292.55 L375 2014

良户村志
张建军主编 高平 良户村志编纂者 2012 年 398 页〔中国古村珍藏系列〕
b46018256 K292.55 L487 2012

马村志
马村志编委会编 韩天有主编 高平 马村志编委会 2014 年 578 页
b50665066 K292.55 M137 2014

上庄村志
上庄村志编纂委员会编 赵诚主编 高平 上庄村志编纂委员会 2014 年 286 页
b49963429 K292.55 S3228 2014

野川镇志
牛耕田主编 太原 山西人民出版社 2016 年 663 页
b49864130 K292.55 Y357 2016

高平市人民代表大会志
高平市人民代表大会志编纂委员会编 杨锁明主编 北京 中华书局 2011 年 2 卷 1504 页
b49532844 D624.253 G247 2011

高平市政协志
高平市政协志编纂委员会编 北京 中华书局 2007 年 497 页
b20533676 D628.254 G247 2007

高平科兴申家庄煤业有限公司志
高平科兴申家庄煤业有限公司志编纂委员会编 张春荣主编 太原 山西人民出版社 2012 年 454 页
b49849906 F426.21 G247 2012

高平市赵庄煤矿志
高平市赵庄煤矿志编纂委员会编 李经纬主编 太原 三晋出版社 2008 年 585 页
b21763355 F426.21 Z441 2008

长平中学志 2002.9–2012.9
长平中学校志编纂委员会编 赵杰策划工作室编著 赵杰主编 高平 长平中学校志编纂委员会 2012 年 325 页
b46101810 G639.282.54 S2541 2012

高平一中志 1952.9–2001.10
高平一中校志编纂室编 郭明辅主编 高平 高平一中校志编纂室 2002 年 632 页
b49472069 G639.282.54 G247 2002

高平抗战志
高平市志办公室编 秦皓宇主编 太原 山西人民出版社 2015 年 359 页
b46995201 K265.06 G2478 2015

高平革命老区志
高平市老区建设促进会编 文战胜主编 北京 中华书局 2012 年 632 页
b45841317 K292.53 G247C 2012

高平金石志
王树新主编 北京 中华书局 2004 年 907 页
b16859583 K877.24 W229 2004

高平市地名志
姬积亮 文战胜主编 北京 中国言实出版社 2013年 408页
b4545288x K922.53 G247 2013

高平县地名志
山西省高平县地名办公室编 高平 山西省高平县地名办公室 1988年 416页
b23229202 K922.54 G247 1988

沁水县

沁水县志
沁水县志编纂办公室编 太原 山西人民出版社 1987年 675页
b10727826 K292.54 Q461

沁水县志 1986–2003
沁水县志编纂办公室编 续文琴主编 北京 方志出版社 2006年 712页
b16737532 K292.54 Q461 2006

冯村村志
冯村村党支部 冯村村委会编著 柴秋永主编 沁水 沁水县百年新梦文化创作公司 2006年 232页
b21763197 K292.55 F373 2006

沁水县中村志
政协沁水县委员会编 马刘勤主编 太原 山西人民出版社 2011年 790页
b33608416 K292.55 Z6431 2011

杨树庄村志
沁水县杨树庄村志编纂委员会编 王连绪主编 沁水 沁水县杨树庄村志编纂委员会 2014年 292页
b47126267 K292.55 Y246 2014

沁水县人口和计划生育志
沁水县人口和计划生育志编纂委员会编 王军战主编 北京 中国人口出版社 2014年 467页
b46377426 C924.252.54 Q461 2014

沁水县工会志
吴希华主编 太原 山西人民出版社 2011年 617页
b49534099 D412.825.4 Q461 2011

沁水县人民代表大会志 1949–2015
田同旭主编 太原 山西人民出版社 2016年 2卷 1334页
b49655553 D624.254 Q4617 2016

沁水县政协志
马刘勤主编 太原 山西人民出版社 2011年 2卷 1409页
b23216621 D628.254 Q461 2011

沁水县人民法院志
沁水县人民法院志编纂委员会编 王宇晓主编 沁水 沁水县人民法院志编纂委员会 2007年 348页
b46562382 D926.22 Q461 2007

沁水县军事志 前810–2005
沁水县军事志编纂委员会编 王良主编 沁水 沁水县军事志编纂委员会 2009年 428页
b47585018 E289.254 Q461 2009

沁水县审计志
吉张奎主编 北京 中国时代经济出版社 2013年 393页〔中华人民共和国审计志丛书〕
b45625700 F239.227.254 Q461 2013

沁水县城乡建设志
韩卿主编 北京 方志出版社 2005 年 373 页
b21282286 F299.272.54 Q461 2005

沁水县电力工业志 1956–2002
沁水县电力工业志编纂委员会编 王明智主编 南海 广东南海市美华彩印厂 2002 年 593 页〔山西省电力工业志丛书〕
b45479884 F426.61 Q461 2002

沁水县交通志
沁水县交通局编纂 太原 山西人民出版社 1993 年 385 页〔山西公路交通史志丛书 晋城市地方志丛书〕
b20044896 F512.725.4 Q461 1993

沁水县财政志
霍树宾主编 太原 山西人民出版社 2011 年 293 页
b23216670 F812.925.4 Q461 2011

沁水县档案志
霍林林主编 太原 山西人民出版社 2016 年 402 页
b5024842x G279.272.54 Q461 2016

沁水教育志 1840–1990
沁水教育志编纂组编 侯明福主编 沁水 沁水教育志编纂组 1995 年 283 页
b20140113 G527.254 Q461 1995

沁水革命老区志
邵委员主编 太原 山西人民出版社 2012 年 660 页
b40864443 K292.54 Q4618Q 2012

阳城县

阳城县志
阳城县志编纂委员会编 刘伯伦主编 北京 海潮出版社 1994 年 666 页
b10644635 K292.54 Y225

阳城县志 1978–2008
王家胜主编 太原 山西人民出版社 2015 年 2 卷 1842 页〔中华人民共和国地方志丛书〕
b49789910 K292.54 Y225C 2015

八甲口镇志
贾末红主编 北京 中国文史出版社 2015 年 579 页
b49579393 K292.55 B1114 2015

柏沟村志
山西省史志研究院编 王继林 刘伯伦主编 太原 山西古籍出版社 1997 年 224 页〔山西省重点乡镇村志系列丛书〕
b16434791 K292.55 B165 1997

柏沟村志
乔晓虎主编 北京 中华书局 2009 年 307 页〔山西省重点乡镇村志系列丛书〕
b49962875 K292.55 B165Q 2009

蒿峪村志
邢昊 马二阳主编 晋城 晋城市文化新闻出版管理局 2004 年 663 页
b49964422 K292.55 H236 2004

李街村志
李街村志编委会编 张家庆主编 阳城 李街村志编委会 2014 年 399 页
b4993921x K292.55 L397 2014

美泉史志
美泉村党支部村委会主编 成金锁主编 北京 北京燕山出版社 2015 年 423 页
b47052235 K292.55 M299 2015

南安阳村志
南安阳村志编辑委员会编 潘满库 陈南主编 燕小揪编著 太原 山西人民出版社 2014年 525页
b46011936 K292.55 N1618 2014

山西阳城下孔村志
下孔村志编纂委员会编 刘伯论 王益民主编 香港 世界华人艺术出版社 2001年 391页
b21570760 K292.55 X1854 2001

陕庄村志
陕庄村志编纂委员会编 刘伯伦主编 阳城 陕庄村志编纂委员会 2008年 306页
b50991620 K292.55 S267 2008

上伏村志
上伏村志编委会编 栗守田主编 阳城 上伏村志编委会 1995年 281页
b16081481 K292.55 R378S 1995

上孔村志
上孔村志编纂委员会编 邢昊主编 阳城 上孔村志编纂委员会 2002年 437页
b49534427 K292.55 S3223 2002

水村志
水村志编纂委员会编 梁建忠主编 北京 中国文史出版社 2011年 780页
b49579411 K292.55 S6141 2011

卧庄村志
卧庄村志编纂委员会编 卫福胜 梁建忠主编 北京 中国文史出版社 2012年 520页
b50664840 K292.55 W448 2012

杨腰村志
杨腰村志编纂委员会编 小羊主编 阳城 杨腰村志编纂委员会 2011年 492页
b50665819 K292.55 Y251 2011

义城村志
义城村志编纂委员会编 梁建忠主编 阳城 义城村志编纂委员会 2008年 650页
b50665820 K292.55 Y4682 2008

阳城县人民代表大会志
阳城县人民代表大会志编纂委员会编 李锁江主编 阳城 阳城县人民代表大会志编纂委员会 2011年 740页
b47416221 D624.254 Y2251 2011

阳城县政协志
政协山西省阳城县委员会编 郭天林主编 北京 中华书局 2002年 443页
b36093464 D628.254 Y225 2002

阳城县公安志 1937–2005
山西省阳城县公安局编 宋德保主编 阳城 山西省阳城县公安局 2006年 738页
b5024856x D631 Y2251 2006

阳城畜牧兽医志
山西省阳城县畜牧兽医局编 毕家闹 原崇德主编 晋城 晋城市新闻出版局 2008年 712页
b49983350 F326.372.54 Y225 2008

阳城县农业志
山西省阳城县农业局编 李海良主编 阳城 山西省阳城县农业局 1987年 341页
b4548028x F329.254 Y225 1987

阳城县电力工业志 1946–1992
刘予胜主编 北京 水利电力出版社 1993年 715页〔山西省电力工业志丛书〕
b45480278 F426.61 Y225 1993

阳城县电力工业志 1993–2010
王家胜主编 北京 中国电力出版社 2013年 660页〔山西省电力工业志丛书〕
b49579423 F426.61 Y225C 2013

阳城教育志 送审稿
阳城县教育志编纂组编 王连绪主编 阳城 阳城县教育志编纂组 1986年 油印本 445页
b20182570 G527.254 Y225 1986

阳城县第一中学校志
刘伯伦主编 阳城 山西省阳城县第一中学校 2013年 350页
b4637758x G639.282.54 S2548 2013

阳城一中志
阳城一中校志编委会编 刘伯伦主编 阳城 阳城一中志编委会 1997年 483页
b51079975 G639.282.54 Y225 1997

阳城县地名志
阳城县地名办公室编 郭保岗主编 阳城 阳城县地名办公室 1992年 427页
b16141945 K922.54 Y2258 1992

山西省阳城县卫生志
阳城县卫生志编纂委员会编 张天林主编 阳城 阳城县卫生志编纂委员会 2010年 654页
b50992168 R199.2 Y2251 2010

陵川县

陵川县志
陵川县志编纂委员会编 张振山主编 北京 人民日报出版社 1999年 762页
b15656718 K292.54 L625 1999

陵川县志 1997–2007
陵川县志编纂委员会编 程跃新主编 北京 中华书局 2009年 768页
b2019013x K292.54 L625C 2009

礼义村志
张振山主编 陵川 陵川县印刷厂 2001年 276页
b18077055 K292.55 L383 2001

平城镇志
陵川县平城镇志编纂委员会编 靳胜主修 陵川 陵川县平城镇志编纂委员会 2003年 456页
b50665376 K292.55 P6121 2003

沙上头村志
沙上头村志编纂委员会编 武银虎主编 陵川 沙上头村志编纂委员会 2015年 316页
b50729536 K292.55 S231 2015

小召村志
小召村志编纂委员会编 靳贵龙主编 晋城 小召村志编纂委员会 2008年 438页〔陵川县地方志丛书〕
b50665388 K292.55 X3479 2008

杨村村志
杨村村志编纂委员会编 郭治琛主编 陵川 杨村村志编纂委员会 1999年 365页
b36380271 K292.55 Y229 1999

椅掌村志
张振山主编 陵川 陵川县印刷厂 2006年 250页
b36128491 K292.55 Y445 2006

陵川县政协志 1984–2015
政协陵川县委员会编 郎在陵主编 陵川

政协陵川县委员会 2016 年 534 页
b5066539x D628.254 L625 2016

陵川政协志
中国人民政治协商会议山西省陵川县委员会编 董小苏主编 陵川 陵川县印刷厂 1998 年 266 页
b20535193 D628.254 L625 1998

陵川县民政志
山西省陵川县民政局编 路书静 张天纯主编 北京 中国社会出版社 2001 年 392 页
b17182876 D672.54 L625 2001

陵川县煤炭工业志
陵川县煤炭工业志编纂委员会编 牛志平主编 太原 三晋出版社 2011 年 417 页
b49851299 F426.21 L625 2011

陵川县交通志
陵川县交通志编纂委员会编 张金富主编 太原 山西经济出版社 1997 年 325 页
b20044197 F512.725.4 L625 1997

山西省陵川县地名录
陵川县地名委员会办公室编印 陵川 陵川县地名委员会办公室 1985 年 270 页
b17340469 K922.54 L625 1985

王莽岭志
山西旅游景区志丛书编委会编 程跃新主编 太原 山西人民出版社 2005 年 374 页〔山西旅游景区志丛书〕
b16121697 K928.702.54 S254 2005

泽州县

泽州县志 1985–2009
泽州县志编纂委员会编 杜秋炉主编 北京 中华书局 2015 年 2 卷 1896 页
b47316846 K292.54 Z214C 2015

巴公镇志
巴公镇志编纂委员会编 侯生哲 卢文祥主编 晋城 东风彩印厂 1998 年 659 页
b21137146 K292.54 B112 1998

北堆村志
邢昊主编 泽州 北堆村志编纂者 2011 年 553 页
b46010786 K292.55 B3161 2011

北坡村志
北坡村志编纂委员会编 毋绪明 毋福珠主编 晋城 北坡村志编纂委员会 2011 年 253 页〔山西省村志系列丛书〕
b50729548 K292.55 v5

大南庄村志
段江河主编 泽州 大南庄村志编纂委员会 2008 年 417 页
b49938551 K292.55 D1368 2008

东四义村志
邢昊编著 张春旺策划 晋城 山西省晋城市东风彩印厂 1998 年 535 页
b18847109 K292.55 D582 1998

拦车村志
李保太主编 太原 山西古籍出版社 2007 年 460 页
b18806405 K292.55 L175 2007

南村镇志
南村镇志编纂委员会编 赵学梅主编 太原 山西古籍出版社 1995 年 353 页
b20099198 K292.55 N1611 1995

南岭乡志
彭守忠 成根同主编 太原 山西人民出版社 2005 年 496 页
b16635590 K292.55 P336 2005

山耳东村志
阎炉主编 太原 山西人民出版社 2001 年 347 页
b18176483 K292.55 Y165 2001

辛壁村志
辛壁村志编纂委员会编 冯树声主编 泽州 辛壁村志编纂委员会 2002 年 306 页
b2001742x K292.55 X446 2002

周村镇志
周村镇志编纂委员会编 郎军芳 焦志成主编 太原 三晋出版社 2015 年 2 卷 1187 页
b49625858 K292.55 Z662 2015

泽州县工会志
段青根主编 太原 山西人民出版社 2010 年 715 页
b22365096 D412.825.4 Z214 2010

泽州县政协志
申和金主编 泽州 政协泽州县委员会 2007 年 718 页
b4699628x D628.254 Z214 2007

泽州县法院志
泽州县法院志编纂委员会编 朱天喜主编 太原 山西古籍出版社 2007 年 668 页
b50319851 D926.22 Z214 2007

泽州县广播电视志
泽州县广播电视台编 马才富主编 泽州 泽州县广播电视台 2011 年 647 页
b49790018 G229.272.54 Z214 2011

珏山志
山西旅游景区志丛书编委会编 杜秋炉主编 太原 山西古籍出版社 2007 年 480 页〔山西旅游景区志丛书〕
b20018897 K928.3 D698 2007

泽州环境保护志
李永林主编 太原 山西春秋电子音像出版社 2007 年 381 页
b21766289 X321.225.4 Z214 2007

朔州市

朔县志
朔县志编纂委员会编 太原 山西古籍出版社 1999 年 607 页
b15329744 K292.54 S642 1999

同朔佛道志
廉慧斌 郝溪若著 太原 山西人民出版社 2013 年 216 页
b4491667x B949.2 D136 2013

朔州经济开发区志
朔州经济开发区志编纂委员会编 高世宝 吴会明主编 太原 三晋出版社 2014 年 357 页
b47106244 F127.253 S642 2014

山西电建二公司志 2000–2011
山西电建二公司志编纂委员会编 刘志云主编 北京 中华书局 2012 年 663 页〔山西省电力工业志丛书〕
b49849050 F426.61 S2544 2012

朔州煤炭志
王智杰主编 北京 方志出版社 2009 年 965 页
b5024744x F426.21 S642 2009

朔州市电力工业志 1934–2009
李生河 王尚邦主编 太原 山西人民出版社 2017 年 973 页〔山西省电力工业志丛书〕
b5064225x F426.61 S642 2017

朔州地税图志 1994–2014
朔州市地方税务局编 常国栋主编 朔州 朔州市地方税务局 2015 年 508 页
b50777890 F812.725.342 S642 2015

朔州地税志
朔州地税志编纂委员会编 史龙俊主编 北京 中华书局 2013 年 2 卷 924 页
b44795440 F812.725.3 S642 2013

朔州地名志
朔州市地名委员会办公室编 卫占成主编 朔州 朔州市地名委员会办公室 1998 年 643 页
b16650098 K922.54 S642 1998

朔州风景名胜志
山西旅游景区志丛书编委会编 蔚文彩 吴夺奎主编 太原 三晋出版社 2010 年 672 页〔山西旅游景区志丛书〕
b44749600 K928.702.53 S642 2010

朔城区

朔州市朔城区志 1989–2010
朔州市朔城区志编纂委员会编 杜启贵主编 北京 中华书局 2014 年 2 卷 1810 页
b46670701 K292.53 S642 2014

朔城区教育志
季成主编 太原 山西人民出版社 2000 年 534 页
b17530222 G527.254 J175 2000

平鲁区

平鲁县志
平鲁县志编纂委员会编 张权主编 太原 山西人民出版社 1992 年 550 页
b10646929 K292.54 P6125

朔州市平鲁区志
朔州市平鲁区志编纂委员会编 郭文亮主编 太原 三晋出版社 2017 年 2 册 1163 页
b50991206 K292.53 S642P 2017

平鲁人大志
平鲁人大志编委会编 焦文主编 太原 三晋出版社 2014 年 585 页
b46562667 D624.253 S642P 2014

平鲁旅游志
平鲁旅游志编纂委员会编 郭文亮 李耀林 郝森主编 北京 高等教育出版社 2012 年 390 页
b44844414 F592.725.3 S642 2012

平鲁文化图志
中共平鲁区委 平鲁区人民政府编纂 郭健 李俊主编 太原 山西古籍出版社 2007 年 308 页
b21282171 K292.53-64 S642 2007

平鲁人物志
平鲁人物志编纂委员会编 郭文亮主编 太原 三晋出版社 2009 年 532 页
b21289463 K820.825.3 G778 2009

平鲁石刻图志
平鲁石刻图志编辑委员会编 范和平主编 范和平著 太原 三晋出版社 2009 年 315 页

b21764761 K877.402 F195 2009

平鲁民俗图志
平鲁区三晋文化研究会编纂 范和平主编 太原 三晋出版社 2010年 239页
b22921497 K892.425.3 F196 2010

平鲁县地名录
平鲁县人民政府编 张泉主编 平鲁 平鲁县人民政府 1986年 314页
b21275592 K922.54 P612 1986

山阴县

山阴县志
李志斌 黄冀主编 北京 中国华侨出版社 1999年 681页
b13588643 K292.54 S252

北周庄镇志
王碧邦 史俊龙主编 太原 三晋出版社 2013年 488页
b41235435 K292.55 B31691 2013

岱岳镇志
刘德义 马维华主编 太原 三晋出版社 2015年 620页
b47106220 K292.55 D147 2015

古城镇志
李日宏 刘德义主编 香港 香港商务旅游出版社 2009年 317页
b45656009 K292.55 G5421 2009

山阴县人大志
李国胜主编 太原 山西人民出版社 2011年 516页
b23216840 D624.254 S252 2011

应 县

应县志
应县志编纂委员会编 马良主编 太原 山西人民出版社 1992年 787页
b10726445 K292.54 Y548

应县志 1986–2008
应县志编纂委员会编 马良主编 北京 方志出版社 2013年 767页
b45625359 K292.54 Y548 2013

应县教育志
山西省应县教育志编纂组编 尚惠元主编 太原 山西人民出版社 2005年 289页
b17340767 G527.254 S321 2005

山西省应县地名志
应县地名办公室编 应县 应县地名办公室 1984年 446页
b12160854 K922.5 S254

右玉县

右玉县志
右玉县志编纂委员会编 北京 中华书局 1999年 1004页〔中华人民共和国地方志丛书〕
b16075250 K292.54 Y696 1999

右玉县政协志 1984–2011
右玉县政协志编纂委员会编 黄凤莲主编 太原 山西人民出版社 2012年 667页
b40649593 D628.254 Y696 2012

右玉县土地志
刘长胜 曹满荣主编 右玉 山西省右玉县土地管理局 1994年 176页
b21276547 F327.254 Y696 1994

右玉文化图志
中共右玉县委 右玉县人民政府编纂 赵向东 陈小洪主编 太原 三晋出版社 2008年 327页
b20952521 K292.54 Y696Y 2008

右玉县地名录
右玉县人民政府编印 右玉 右玉县人民政府 1986年 78页
b16141933 K922.54 Y696 1986

右玉县绿化志
右玉县绿化志编委会编著 刘义主编 胡永祯总纂 太原 山西人民出版社 2007年 622页
b21282663 S732.254 Y696 2007

怀仁县

怀仁县志
周子君主编 北京 中国工人出版社 1992年 602页
b10761202 K292.54 H558

怀仁县志
怀仁县志编纂委员会编 杨志雁主编 北京 方志出版社 2017年 1263页
b50231935 K292.54 H558C 2017

怀仁县人大志
韩效华主编 太原 三晋出版社 2010年 494页
b21802002 D624.254 H558 2010

怀仁方言志
山西省社会科学院语言研究室编 温端政编著 太原 语文研究编辑部 1983年 56页〔山西省方言志丛刊〕
b19732235 H172.2 W362H 1983

晋中市

晋中地区志
晋中地区地方志编纂委员会办公室编 孙庚午 刘树岗主编 太原 山西人民出版社 1993年 1002页
b10628381 K292.52 J518

晋中市志
晋中市志编纂委员会编 王雅安 李永宏 张璞主编 北京 中华书局 2010年 4卷 2861页
b21568741 K292.53 J5189C 2010

晋中市国土资源志
晋中市国土资源局编著 赵春雷主编 太原 山西经济出版社 2012年 2卷 1176页
b40649544 F129.925.3 J5189 2012

晋中地区电力工业志 1909–1990
晋中地区电力工业志编纂委员会编 勋臣主编 北京 中国电力出版社快速出版服务部 1994年 321页〔山西省电力工业志丛书〕
b45479707 F426.61 J518 1994

晋商文化旅游区志
山西旅游景区志丛书编委会编 侯文正主编 太原 山西人民出版社 2005年 824页〔山西旅游景区志丛书〕
b17340779 F592.725.3 S254 2005

晋中地税志 税志 1994–2014
晋中地税志编纂委员会编 史龙俊主编 北京 中华书局 2016年 2卷 1082页
b49738720 F812.725.342 J5189 2016

晋中地税志 图志 1994–2014
晋中地税志编纂委员会编 史龙俊主编 北京 中华书局 2016年 490页

b50233385　F812.725.342　J5189C　2016

晋中地税志　人员名录 1994–2014
晋中地税志编纂委员会编　史龙俊主编　北京　中华书局　2016 年　510 页
b50233403　F812.725.342　J5189D　2016

晋中金融志
晋中金融志编纂委员会编　尹优平主编　北京　中华书局　2013 年　778 页
b44810933　F832.725.3　J518　2013

晋中教育简志
宁祥根主编　太原　山西教育出版社　1992 年　335 页
b49534014　G527.253　J5189　1992

晋中职业技术学院院志　2004.12–2009.9
晋中职业技术学院院志编纂委员会编　裴月成主编　晋中　晋中职业技术学院院志编纂委员会　2009 年　114 页
b47415162　G719.282.53　J518　2009

山西晋中秧歌志
田瑞主编　太原　山西人民出版社　2018 年　848 页
b51130282　J823　J518　2018

晋中劳模画志
晋中市劳动竞赛委员会　晋中市总工会编　赵瑞瑛主编　北京　中国画报出版社　2009 年　468 页
b49532625　K828.1　J518　2009

晋中汾河志
晋中汾河志编纂委员会编　翟光珠主编　太原　山西人民出版社　2008 年　488 页
b20018940　TV882.825　J518　2008

榆次区

榆次市志
山西省榆次市志编纂委员会编　吴廷鸾主编　北京　中华书局　1996 年　1209 页〔中华人民共和国地方志丛书〕
b10604364　K292.53　Y736

榆次乡村简志
政协晋中市榆次区委员会编　张增翔　郭恒耀主编　太原　山西人民出版社　2016 年　1506 页
b49647349　K292.55　Y736　2016

榆次乡村图志
政协晋中市榆次区委员会编　王琳玉主编　太原　山西人民出版社　2017 年　259 页
b50189104　K292.53–64　J518Y　2017

榆次重点工程志
榆次区史志研究室编　成江平　刘锦萍主编　太原　山西经济出版社　2008 年　433 页
b23212809　F127.254　Y736　2008

山西省榆次市土地志
秦增有　王树荣主编　太原　山西人民出版社　1996 年　341 页
b16425340　F327.253　Q449　1996

榆次站志
刘甫主编　太原　山西经济出版社　1993 年　545 页
b3601333x　F532.825　Y736　1993

榆次教育志
榆次教育志编写组编　榆次　榆次教育志编写组　1991 年　332 页
b20104947　G527.253　Y736　1991

介休市

介休市志
介休市志编纂委员会编 侯清柏总纂 北京 海潮出版社 1996年 824页
b10503316 K295.63 J462

介休工会志
马省国主编 太原 山西人民出版社 2010年 383页
b22032344 D412.825.3 J462 2010

介休市人民代表大会志
介休市第五届人大常委会编 张培荣 温培玠主编 介休 介休市第五届人大常委会 2009年 490页
b36668357 D624.254 J462 2009

介休政协志
吴定元主编 太原 山西人民出版社 2009年 505页
b20413762 D628.254 J462 2009

介休检察志
介休市人民检察院编 干晋左主编 介休 介休市人民检察院 2011年 393页
b49705222 D926.32 J462 2011

介休市电力工业志 1938–1999
罗勇虎主编 太原 山西人民出版社 2000年 431页〔山西省电力工业志丛书〕
b49851366 F426.61 J462 2000

凯嘉集团倡源煤业志
凯嘉集团倡源煤业志编委会编 李保同主编 介休 凯嘉集团倡源煤业志编委会 2017年 517页
b50152531 F426.21 K134C 2017

凯嘉集团志
凯嘉集团志编委会编 路斗恒主编 太原 山西经济出版社 2016年 837页
b50152543 F426.21 K134 2016

山西义棠煤业公司志
路斗恒主编 北京 中华书局 2004年 540页〔山西省重点企业志系列丛书〕
b50778584 F426.21 Y468 2004

教育志资料选编
介休县教育局教育志编写组编 介休 介休县教育局教育志编写组 1987年 128页
b20181917 G527.254 J462 1987

介休县教育志
山西省介休县教育志编写组编 太原 山西新华印刷厂 1992年 295页
b45479677 G527.254 J462J 1992

介休当代人物志
介休市老区建设促进会编 介休市史志办公室编纂 介休 介休当代人物志编纂委员会 2006年 380页
b20043582 K820.825.3 J462 2006

介休市地名志
介休市地名委员会办公室 介休市地名志编辑委员会编 介休 介休市地名委员会办公室 2011年 276页
b46010890 K922.54 J462 2011

绵山志
山西旅游景区志丛书编委会编 王融亮主编 太原 山西人民出版社 2007年 515页〔山西旅游景区志丛书〕
b17735609 K928.3 S2546 2007

榆社县

榆社县志
榆社县志编纂委员会编 任林峰主编 北京 中华书局 2015年 2卷 1751页
b46551190 K292.54 R195 2015

榆社县志
榆社县志编纂委员会编 胡德荣主编 太原 山西古籍出版社 1999年 895页
b13991437 K292.54 Y736

偏良村志
刘晋主编 榆社 榆社县国瑞印刷社 2016年 434页
b50066493 K292.55 P418 2016

小里道庄村志
张晋贤主编 香港 天马图书出版社 2014年 342页
b46240305 K292.55 X3472 2014

旋余沟村志
张治平主编 榆社 旋余沟村党支部 2015年 377页
b46669152 K292.55 X641 2015

鱼头村志
禹明编 榆社 鱼头村志编写者 1987年 76页〔榆社县志丛书〕
b20104935 K292.55 Y749 1987

榆次站志
乔亮主编 太原 山西人民出版社 2007年 726页
b4984992x F532.825-09 Y736 2007

山西省榆社县地名录
常铭编 榆社 榆社县人民政府 1983年 342页
b21275117 K922.54 Y736 1983

左权县

左权县志
左权县志编纂委员会编 赵世元主编 北京 高等教育出版社 1999年 716页
b16142251 K292.54 Z9717 1999

左权县志 1991-2010
左权县志编纂委员会编 张俊平 刘伏生主编 北京 中华书局 2016年 1120页
b50347068 K292.54 Z9717C 2016

北街村志
左权县北街村志编纂委员会编著 程建明主编 太原 山西春秋电子音像出版社 2010年 599页
b23003510 K292.55 B3164 2010

桐峪村志
郝建文主编 左权 左权县桐峪镇桐峪村 2008年 330页
b20121027 K292.55 T441 2008

左权县人民代表大会志
左权县第十三届人大常委会编 北京 中国文史出版社 2007年 622页
b18176665 D624.254 Z971 2007

左权县政协志
左权县政协志编纂委员会编 李连旭主编 北京 中国文史出版社 2012年 658页
b40864030 D628.254 Z971 2012

左权县电力工业志 1929-2004
田彦平主编 太原 山西人民出版社 2005年 318页〔山西省电力工业志丛书〕

b4610365x F426.61 Z971 2005

左权县交通运输志
张保伟主编 太原 山西人民出版社 2011年 691页
b23217194 F512.725.4 Z971 2011

左权县文化志
左权县文化志编纂委员会编 王保牛主编 北京 农业出版社 2004年 420页
b1828081x G127.254 W212 2004

左权方言志
王希哲编著 太原 山西高校联合出版社 1991年 70页〔山西省方言志丛书〕
b19733744 H172.2 W233 1991

左权县人物志
陈厚裕主编 太原 山西古籍出版社 1998年 728页
b15960006 K820.825.4 C421 1998

和顺县

和顺县志
和顺县志编纂委员会编 郭满东主编 北京 海潮出版社 1993年 696页
b10625288 K292.54 H313

和顺县政协志
和顺县政协志编纂委员会编 刘素英主编 北京 商务印书馆 2016年 422页
b47378049 D628.254 H313 2016

和顺县电力工业志
王建华主编 太原 山西经济出版社 2005年 239页〔山西省电力工业志丛书〕
b49851706 F426.61 H313 2005

和顺县交通志 2001–2010
和顺县交通运输局主编 巩红中主编 太原 三晋出版社 2013年 234页
b49962905 F512.725.4 H313 2013

和顺县文化艺术志
常跃生主编 太原 北岳文艺出版社 2011年 2卷 684页
b40743330 G127.254 H313 2011

和顺县教育志
和顺县教育志编写组编 王哲明 李宜风主编 太原 山西古籍出版社 1995年 286页
b20136419 G527.254 H313 1995

和顺当代人物志
和顺当代人物志编纂委员会编 郭满东主编 太原 北岳文艺出版社 2003年 363页
b15959855 K820.825.4 G773 2003

和顺县地名录
山西省和顺县地名办公室编 和顺 山西省和顺县地名办公室 1986年 205页
b17301816 K922.54 H313 1986

昔阳县

昔阳县志
昔阳县志编纂委员会编 史文寿 凌三荀主编 北京 中华书局 1999年 1123页
b13992090 K292.54 X137

白羊峪村志
白羊峪村志编纂委员会编 吕鹏鸣主编 昔阳 白羊峪村志编纂委员会 2008年 387页
b20227723 K292.55 B152 2008

北南沟村志
北南沟村志编委会编 吴胜明主编 太原 山西省史志印刷厂 2006 年 324 页
b23003005 K292.55 B3165 2006

大寨村志
王俊山主编 太原 山西人民出版社 2003 年 317 页
b14404503 K292.55 D136

皋落村志
宋俊元主编 昔阳 皋落村志编写者 2010 年 468 页
b23212573 K292.55 G261 2010

库城村志
库城村志编纂委员会编 张建国主编 太原 山西省史志印刷厂 2015 年 516 页〔山西省村志系列丛书〕
b50665728 K292.55 K416 2015

昔阳县人大志
昔阳县人大志编纂委员会编 郭爱生主编 昔阳 昔阳县人大志编纂委员会 2012 年 673 页
b36370538 D624.254 X137 2012

昔阳县政协志
昔阳县政协志编纂委员会编 王录文主编 太原 山西省史志印刷厂 2012 年 781 页
b36168804 D628.254 X137 2012

昔阳县军事志 前 660–2007
昔阳县军事志编纂委员会编 史文寿主编 昔阳 昔阳县军事志编纂委员会 2009 年 422 页
b36370587 E289.254 X137 2009

昔阳县电力工业志
昔阳县电力工业志编委会编 刘甫主修 王华峰主编 陈怀维执行主编 太原 山西人民出版社 2005 年 348 页〔山西省电力工业志丛书〕
b44852101 F426.61 X137 2005

昔阳县交通志
昔阳县交通志编委会编 赵珍珠主编 昔阳 昔阳县交通志编委会 2006 年 382 页
b21301529 F512.725.4 X137 2006

昔阳县财政志
昔阳县财政志编纂委员会编 翟书棠主编 昔阳 昔阳县财政志编纂委员会 2007 年 594 页
b21302236 F812.725.4 X137 2007

昔阳县金融志
昔阳县金融志编纂委员会编 毛秀琴主编 昔阳 昔阳县金融志编纂委员会 2005 年 359 页
b21302224 F832.725.4 X137 2005

昔阳教育志
李嶂主编 太原 山西古籍出版社 2000 年 636 页
b16095200 G527.254 L423 2000

大寨风物志
山西旅游景区志丛书编委会编 太原 山西古籍出版社 2007 年 431 页
b20099186 K292.55 D136D 2007

寿阳县

寿阳县志
寿阳县志编纂委员会编 岳守荣主编 太原 山西人民出版社 1989 年 870 页

b10726676 K292.54 S528

寿阳县郭村志
山西省寿阳县松塔镇郭村志编纂委员会编 赵文书主编 石家庄 河北人民出版社 2010年 316页
b21579842 K292.55 G765 2010

寿阳重点工程志 2004-2011
寿阳重点工程志编纂委员会 寿阳县发展和改革局编 郝万泰主编 太原 山西人民出版社 2012年 374页
b49534063 F123.6 S528 2012

寿阳县电力工业志 1957-2002
赵文书主编 太原 山西人民出版社 2005年 299页〔山西省电力工业志丛书〕
b45480047 F426.61 S528 2005

寿阳金融志
赵振国编著 太原 山西人民出版社 1996年 180页
b49983039 F832.725.4 S528 1996

寿阳教育志
李庆发主编 寿阳 山西省寿阳县教育志编写组 1990年 272页
b20182351 G527.254 S528 1990

寿阳县卫生志
寿阳县卫生志编纂委员会 寿阳县卫生局编 闫树刚主编 太原 山西人民出版社 2015年 461页
b50642947 R199.2 S528 2015

太谷县

太谷县志
太谷县志编纂委员会编 郭齐文主编 太原 山西人民出版社 1993年 838页
b10647442 K292.54 T162

太谷县志
太谷县志编纂委员会编 陈旭主编 北京 中华书局 2015年 3卷 2593页
b47291163 K292.54 T162D 2015

古城阳邑志
杨茂林主编 武安 阳邑志编纂者 2008年 550页〔山西历史文化名村〕
b50729895 K292.55 Y225 2008

太谷政协志 1955-2009
政协太谷县委员会编 太谷 政协太谷县委员会 2009年 668页
b20413804 D628.254 T162 2009

太谷县电力工业志 1922-1998
郭桂柱主编 北京 中国电力出版社 2000年 371页〔山西省电力工业志丛书〕
b49850660 F426.61 T1623 2000

太谷教育志
太谷教育志编写组编 太原 山西人民出版社 1993年 435页
b16078627 G527.254 T162 1993

太谷方言志
山西省社会科学院语言研究室编 杨述祖编著 太原 语文研究编辑部 1983年 62页〔山西省方言志丛刊〕
b19732703 H172.2 Y2469 1983

太谷人物志
太谷县党史县志办公室编 太原 山西人民出版社 2005年 1264页
b16437408 K820.825.4 T162 2005

祁　县

祁县志
祁县地方志编纂委员会编 北京 中华书局 1999年 1042页〔中国历史文化名城〕
b14445402　K292.54 Q127 1999

东观村志
东观村志编纂委员会编 王正喜主编 太原 三晋出版社 2015年 283页〔山西省村志系列丛书〕
b46995080　K292.55 D58232 2015

谷恋村志 银圐图
众智著 高著玉主编 祁县 谷恋村志编写小组 2005年 138页
b18226073　K292.55 G543 2005

贾令村志
祁县贾令村志编纂委员会编 袁钟晋主编 太原 三晋出版社 2013年 343页〔山西省村志系列丛书〕
b45428694　K292.55 J242 2013

祁县工会志
祁县总工会编 郭进主编 祁县 祁县总工会 2015年 560页
b50727588　D412.825.4 Q127 2015

祁县统一战线志
中共祁县县委统战部编 李郁明主编 祁县 中共祁县县委统战部 2013年 418页
b50861773　D613 Q127 2013

祁县人大志
袁钟福主编 太原 三晋出版社 2015年 568页
b4986421x　D624.254 Q127 2015

祁县国土志
祁县国土资源局编 武玉龙主编 太原 山西经济出版社 2014年 389页
b46995614　F129.925.4 Q127 2014

祁县电力工业志 1909–2004
祁县供电支公司编 殷康主编 太原 山西人民出版社 2004年 440页〔山西电力工业志丛书〕
b49851342　F426.61 Q127 2004

祁县财政志
何惠忠主编 太原 山西经济出版社 2009年 1015页
b21764815　F812.725.4 Q127 2009

乔家大院民俗博物馆志
王正前主编 太原 山西人民出版社 2006年 411页
b17457385　G269.272.54 W235 2006

祁县方言志
语文研究编辑部编 杨述祖 王艾录编著 太原 语文研究编辑部 1984年 60页
b20044847　H172.2 Y2469Q 1984

祁县人物志 1919–2010
孔襄中 庞祥瑞主编 太原 山西经济出版社 2011年 541页
b40649556　K820.825.4 Q127 2011

汾河灌区志
刘光春主编 太原 山西人民出版社 1993年 300页
b21763173　TV632.25 L676 1993

平遥县

平遥县志
平遥县地方志编纂委员会编 北京 中华书

局 1999 年 1140 页〔中华人民共和国地方志丛书〕
b13833765 K292.54 P6139

平遥县志 1997–2011
平遥县地方志编纂委员会编 马维林主编 北京 中华书局 2016 年 1417 页〔中华人民共和国地方志丛书〕
b47560708 K292.54 P6139C 2016

北营村志
韦生喜主编 太原 山西人民出版社 2005 年 345 页〔山西省重点乡镇村志系列丛书〕
b16434936 K292.55 B316 2005

东泉村志
郭保旺主编 太原 山西经济出版社 2015 年 795 页
b46995109 K292.55 D5825 2015

中共平遥县委党校志 1956.5–2014.12
冀月仙主编 太原 山西经济出版社 2015 年 414 页
b47126310 D261.41 P613 2015

平遥县电力工业志 1924–2004
平遥县电力工业志编委会编 尹维平主编 太原 山西人民出版社 2005 年 388 页〔山西省电力工业志丛书〕
b49851391 F426.61 P6139 2005

平遥县财政志
霍天华主编 太原 山西经济出版社 2013 年 363 页
b46011948 F812.725.4 P613 2013

平遥教育志
平遥教育史志编写组编 程仁瑞主编 平遥 平遥教育史志编写组 1997 年 285 页
b19932200 G527.254 C455 1997

平遥古城志
杜拉柱主编 北京 中华书局 2002 年 470 页〔晋商文化研究系列丛书〕
b15329082 K922.54 P613D 2002

平遥县地名录
平遥县人民政府编 平遥 平遥县人民政府 1984 年 128 页
b20369013 K922.54 P613P 1984

三坝灌区志
郭培成主编 太原 山西人民出版社 2005 年 148 页
b50269495 S279.225.4 P613 2005

灵石县

灵石县志
山西省灵石县志编纂委员会编 陈发长主编 北京 中国社会出版社 1992 年 769 页
b10640940 K292.54 L628

灵石县志 1978–2011 终审稿
灵石县志编纂委员会编 温向雄主编 灵石 灵石县志编纂委员会 2011 年 4 册 741 页
b51091537 K292.54 L628D 2011

北庄村志
陈发长主编 北京 中国文联出版社 2012 年 645 页
b50233737 K292.55 B31692 2012

交口乡志
灵石县交口乡志编纂委员会编 任守田主编 灵石 灵石县交口乡志编纂委员会 2002 年 300 页
b17994330 K292.55 J368 2002

旌介村志
旌介村志编纂委员会编 张国华主编 灵石 旌介村志编纂委员会 2012 年 279 页〔山西省重点乡镇村志丛书〕
b50017111 K292.55 J534 2012

灵石县乡村志
灵石文史丛书编委会编 张玉立主编 太原 山西人民出版社 2011 年 852 页
b33608441 K292.55 L628 2011

王禹村志
王禹村志编委会编 牛志经主编 灵石 王禹村志编委会 2005 年 176 页
b22359941 K292.55 W234 2005

王家大院志
侯廷亮主编 太原 经济出版社 2009 年 840 页〔王家大院丛书〕
b21765431 K928.702.5 H429W 2009

灵石人大画志
灵石县人民代表大会常务委员会编 赵瑞英主编 北京 中国画报出版社 2005 年 325 页
b49532637 D624.254 L628 2005

灵石县政协志
政协灵石县委员会编 灵石 政协灵石县委员会 2007 年 399 页
b49849645 D628.254 L628 2007

灵石县审计志
查建清主编 灵石 灵石县审计局 2012 年 318 页
b49640197 F239.227.254 L628 2012

灵石县城乡建设志
山西省灵石县城乡建设环境保护局编纂 姚诚主编 灵石 山西省灵石县城乡建设环境保护局 1986 年 153 页
b4541757x F299.272.54 L628 1986

灵石县林业志
王振华主编 王新文卷主编 太原 三晋出版社 2012 年 270 页
b44916632 F326.272.54 L628 2012

灵石煤炭志
灵石县煤炭工业局编 王爱国主编 灵石 灵石县煤炭工业局 2010 年 500 页
b49533526 F426.21 L628 2010

灵石县电力工业志
刘甫主编 太原 山西经济出版社 1997 年 317 页〔山西省电力工业志丛书〕
b21764256 F426.61 L628 1997

灵石县电力工业志 1996–2002
刘甫主编 北京 中华书局 2003 年 250 页〔山西省电力工业丛书〕
b49850957 F426.61 L628 2003

灵石县电力工业志 2003–2010
穆秦岭主编 太原 山西经济出版社 2013 年 290 页〔山西省电力工业丛书〕
b49851330 F426.61 L628C 2013

灵石县教育志
灵石县教育史志编写组编 任恒泰主编 灵石 灵石县教育史志编写组 1994 年 415 页
b20182016 G527.254 L628 1994

石膏山志
灵石县史志办公室编 王新文著 灵石 灵石县史志办公室 2007 年 385 页〔灵石史志丛书〕
b20016669 K928.3 W233 2007

运城市

运城地区志
山西省运城地区地方志编纂委员会编 董洪运 刘文豹主编 北京 海潮出版社 1999年 2卷 1546页
b16075249 K292.52 Y914 1999

运城地区简志
山西省运城地区地方志办公室编 员创生等主编 运城 山西省运城地区地方志编纂委员会办公室 1986年 600页
b16449599 K292.52 Y914 1986

运城市志
运城市地方志编纂委员会编 北京 三联书店 1994年 840页〔中国地方志丛书〕
b10603979 K292.53 Y914

赤社村志
闫良吉主编 运城 赤社村志编写者 2009年 343页
b21567293 K292.55 C515 2009

运城市人口计生志
卫新平主编 太原 山西经济出版社 2013年 2卷 1069页
b49983015 C924.252.53 Y914 2013

中共运城市委党校志 1948–2013
中共运城市委党校志编纂委员会编 孙恩恩主编 运城 山西省运城市东阜印刷厂 2013年 506页
b46274170 D261.41 Y914 2013

运城市工会志 1925–2000
运城市总工会编 牛志敏主编 运城 山西省运城测绘印刷厂 2002年 495页
b46012412 D412.825.3 Y914 2002

运城市政协志
中国人民政治协商会议山西省运城市委员会编 靳玉庆主编 运城 中国人民政治协商会议山西省运城市委员会 1999年 624页
b20121416 D628.253 Y914 1999

山西省运城市盐湖区民政志
运城市盐湖区民政志编纂委员会编 孙学良主编 北京 中国社会出版社 2008年 572页〔中华人民共和国县级民政志书系〕
b49532728 D632 Y914Y 2008

运城司法行政志 1981–2014
运城市司法局编 王吉海主编 运城 运城市司法局 2015年 452页
b50017548 D927.253.61 Y914 2015

运城审计志
任永吉主编 太原 山西人民出版社 2013年 585页
b45569423 F239.227.253 Y914 2013

运城市人力资源和社会保障志
运城市人力资源和社会保障局编 周迎主编 运城 运城市人力资源和社会保障局 2013年 2册 1450页
b50729913 F249.272.53 Y914 2013

运城市土地志
康自修主编 北京 新华出版社 2001年 284页
b21571168 F327.253 Y914 2001

运城地区电力工业志 1928–1990
运城地区电力工业志编纂委员会编 北京 水利电力出版社快速出版服务部 1993年 365页〔山西省电力工业志丛书〕
b45480357 F426.61 Y914 1993

运城市电力工业志 1991–2007
运城市电力工业志编纂委员会编 王燕平主编 北京 中国水利水电出版社 2011年 394页〔山西省电力工业志丛书〕
b46102334 F426.61 Y914 2011

运城地区交通志
运城地区行政公署交通局交通史志编纂委员会编 陆峰波编纂 太原 山西人民出版社 1992年 463页〔山西公路交通史志丛书 运城地区地方志丛书〕
b20046984 F512.725.2 Y914 1992

运城科协志
运城市科学技术协会编 王森祥主编 运城 运城市科学技术协会 2009年 398页
b4644368x G322.725.3 Y914 2009

运城市教育志
运城市教育史志编纂委员会编 李晋杰主编 太原 山西人民出版社 2009年 3卷 1871页
b20182223 G527.253 Y914 2009

运城市财经学校志
运城市财经学校志编委会编 李迪民主编 运城 运城市财经学校志编委会 2009年 358页
b44749442 G719.282.53 Y914 2009

运城市体育志
运城市体育志编纂委员会编 任永吉主编 运城 运城市体育志编纂委员会 2007年 391页
b46012400 G812.725.3 Y914 2007

运城方言志
吕枕甲著 太原 山西高校联合出版社 1991年 70页〔山西省方言志丛书〕
b20578210 H172.2 L983 1991

运城人物志
中共运城市委 运城市人民政府编 王水成主编 北京 中央文献出版社 2003年 491页
b16696451 K820.825.2 W229 2003

运城地区水利志
运城地区水利志编纂委员会编 香港 香港天马图书公司 2001年 622页
b20019300 TV-092 Y914 2001

山西省三门峡库区志
山西省三门峡库区管理局编 郑州 黄河水利出版社 2007年 544页
b20951322 TV632.25 S254 2007

盐湖区

西王村志
西王村志编纂委员会编 高彩青主编 运城 西王村志编纂委员会 2017年 348页
b50777828 K292.55 X11982 2017

运城市盐湖区人民代表大会志
武惠民主编 北京 中央文献出版社 2006年 661页
b22433089 D624.253 Y914Y 2006

盐湖区电力工业志
盐湖区电力工业志编纂委员会编 李泽民主编 北京 中国水利水电出版社 2011年 380页〔山西省电力工业志丛书〕
b27564010 F426.61 L423 2011

运城市盐湖区财政志
马秋来主编 北京 中央文献出版社 2004年 522页

b41235897　F812.725.3　Y914Y　2004

运城市盐湖区教育志
运城市盐湖区教育志编纂委员会编　卫运虎主编　太原　山西教育出版社　2012 年　2 卷　1454 页
b40649520　G527.253　Y914Y　2012

永济市

永济县志
永济县志编纂委员会编　殷锡汉主编　太原　山西人民出版社　1991 年　631 页
b10727280　K292.54　Y636

永济市人民代表大会志
永济市人民代表大会志编纂委员会编　杨文宁主编　太原　山西人民出版社　2012 年　886 页
b36111090　D624.253　Y636　2012

永济热电厂志　1970–1991
永济热电厂志编纂委员会编　北京　中国电力出版社　1995 年　284 页〔山西省电力工业志丛书〕
b50318056　F426.61　Y636C　1995

永济市电力工业志
杨洪波著　北京　中国电力出版社　2008 年　359 页〔山西省电力工业志丛书〕
b21766149　F426.61　Y636　2008

永济县教育志
永济县教育志编纂办公室编　运城　运城市桥北印刷厂　1987 年　303 页
b14445815　G527.254　Y636　1987

永济方言志
吴建生　李改祥著　太原　山西高校联合出版社　1990 年　68 页〔山西省方言志丛书〕
b20578167　H172.2　W491Y　1990

河津市

河津市志
河津市志编纂委员会编　王应立主编　太原　山西人民出版社　2002 年　2 卷　1280 页
b16426423　K292.53　H285W　2002

河津县志
河津县志编纂委员会编　高尚友主编　太原　山西人民出版社　1989 年　610 页
b10645135　K292.54　H2854

北方平村志　初稿
原红生主笔　河津　北方平村志编写者　2003 年　203 页
b22359515　K292.55　B3162　2003

龙门村志
龙门村志编纂委员会编　原德彦主编　北京　新世界出版社　1991 年　258 页
b1747811x　K292.55　L741　1991

河津统计志　1953–2013
河津统计志编纂委员会编　原宏仁主编　河津　河津统计志编纂委员会　2014 年　503 页
b50016933　C832.254　H285　2014

河津市人口和计划生育志
河津市人口和计划生育局　中共河津市委党史研究室编　薛千山　高创奇　刘小华主编　太原　山西经济出版社　2007 年　586 页
b50248418　C924.252.53　H285　2007

河津统战志
中共河津市委统战部编　陈西京主编　北京　海潮出版社　1999 年　578 页
b49532510　D613　H285　1999

河津政协志
中国人民政治协商会议山西省河津市委员会编 王永平主编 北京 海潮出版社 1997年 561页
b20136043 D628.254 H285 1997

河津乡镇企业志
河津市民营企业发展服务中心编 史上海 卫降泽主编 北京 方志出版社 2002年 512页
b49980932 F279.272.53 H285 2002

河津煤炭工业管理志
河津煤炭工业管理志编纂委员会编 史改玲主编 北京 方志出版社 2004年 376页
b49980920 F426.21 S487 2004

河津市电力工业志
河津市电力工业志编纂委员会编 史改玲主编 北京 中国水利水电出版社 2009年 300页〔山西省电力工业志丛书〕
b20843987 F426.61 S487 2009

山西铝厂志
王伟钦主编 西安 陕西人民出版社 2003年 741页
b5076701x F426.32 S254 2003

河津教育志
河津教育志编纂委员会编 史改玲主编 河津 河津教育志编纂委员 2006年 590页
b47415010 G527.254 H285 2006

河津环境保护志
河津环境保护志编纂委员会编 闫吉河主编 河津 河津环境保护志编纂委员会 2006年 407页
b36245471 X321.225.4 H285 2006

临猗县

临猗县志
临猗县志编纂委员会编 宁新杰主编 北京 海潮出版社 1993年 846页
b10727437 K292.54 L5819

临猗县志
临猗县志编纂委员会编 张万荣主编 太原 三晋出版社 2009年 807页
b20531989 K292.54 L5819C 2009

临猗县电力工业志 1953–1998
临猗县电力工业志编委会编 张武群主编 北京 中国电力出版社 1999年 392页〔山西省电力工业志丛书〕
b45479744 F426.61 L5819 1999

临猗县教育志
徐钟棠主编 临猗 临猗县教育志编纂者 1987年 修订稿 326页
b3612848x G527.254 L5819 1987

临猗县教育志 1840–1985
山西省临猗县教育史志编写组编 徐钟棠主编 临猗 山西省临猗县教育史志编写组 1988年 268页
b20102719 G527.254 X581 1988

临猗县地名志
山西省临猗县县志编纂委员会办公室编 孙晋怀主编 临猗 山西省临猗县县志编纂委员会办公室 1986年 236页
b13742851 K922.54 L581

万荣县

万荣县志
山西省万荣县志编纂委员会编 屈栋材主

编 北京 海潮出版社 1995年 955页
b10503341 K292.54 W173

万荣县人民代表大会志
万荣县人民代表大会志编纂委员会编 王崇智主编 太原 山西人民出版社 2011年 958页
b36370101 D624.254 W173 2011

万荣县政协志
万荣县政协志编委会编 高彩青主编 运城 山西春秋文化艺术公司 2011年 507页
b40503148 D628.254 W173 2011

万荣县纪检监察志
万荣县纪检监察志编纂委员会编 刘政光主编 太原 山西人民出版社 2013年 643页
b45453639 D630.9 W173 2013

万荣县交通志
万荣县交通局交通志编纂委员会编 卫志高主编 北京 人民交通出版社 1993年 221页
b20045888 F512.725.4 W173 1993

万荣县财政志
薛秀武主编 太原 山西人民出版社 2008年 648页
b2130225x F812.725.4 W173 2008

闻喜县

闻喜县志
闻喜县志编纂委员会编 张贵保主编 北京 中国地图出版社 1993年 578页
b10647508 K292.54 W374

闻喜县志 1991-2007
闻喜县志编纂委员会编 周卡林主编 北京 中国文史出版社 2012年 882页
b46018438 K292.54 W374 2012

中共闻喜县委党校志 1958-2010
王慕军主编 太原 三晋出版社 2011年 320页
b23216724 D261.41 Z6458 2011

闻喜县人民代表大会志
闻喜县人民代表大会志编纂委员会编 张平安主编 北京 中国时代经济出版社 2006年 867页
b18201738 D624.254 W374 2006

闻喜县民政志
闻喜县民政志编纂委员会编 张新虎主编 北京 中国社会出版社 2008年 527页〔中华人民共和国县级民政志书系〕
b20951334 D632 W374 2008

闻喜县电力工业志
闻喜县电力工业志编纂委员会编 张长伟 温育民主编 北京 中国水利水电出版社 2009年 304页〔山西省电力工业志丛书〕
b49981626 F426.61 W374 2009

闻喜财政志
闻喜财政志编纂委员会编 杨正义 李宝珠主编 北京 中国财政经济出版社 2003年 540页
b21765522 F812.725.4 W374 2003

闻喜县教育志 初稿 1840-1989
山西省闻喜县教育志编纂办公室编 郭伟主编 闻喜 山西省闻喜县教育志编纂办公室 1990年 447页
b20182247 G527.254 W374 1990

闻喜武术志
闻喜县县志办 闻喜县武术协会 闻喜县杨氏太极拳协会编 王树光主编 闻喜 闻喜县县志办 2006年 271页〔闻喜县地方志丛书〕
b36246268 G852.09 W374 2006

闻喜人物志
张成礼主编 北京 中国大地出版社 1999年 506页
b15959909 K820.825.4 Z356 1999

闻喜裴氏宰相志
闻喜县县志编纂委员会办公室编 周卡林主编 北京 中国文史出版社 2014年 283页
b46668846 K827 P285 2014

闻喜水利志
冯志华主编 闻喜 山西闻喜县水务局 2005年 530页
b18176495 TV-092 F377 2005

稷山县

稷山县志
稷山县县志编纂委员会编 文登有 杨隆频 梁华主编 北京 新华出版社 1994年 746页
b10631276 K292.54 J191

稷山县志 1991–2008
程明云主编 太原 山西人民出版社 2011年 882页
b3753158x K292.54 J191J 2011

西位村志
稷山县西位村志编纂委员会编 宁金城主编 稷山 稷山县西位村志编纂委员会 2011年 394页
b50729305 K292.55 X11981 2011

稷山县人民代表大会志 1947.4–2004.4
稷山县人民代表大会志编纂委员会编 稷山 稷山县人民代表大会志编纂委员会 2004年 652页
b19931773 D624.254 J191 2004

稷山县电力工业志
稷山县电力工业志编纂委员会编 惠诚贤 姚武学主编 北京 中国水利水电出版社 2010年 293页〔山西省电力工业志丛书〕
b49981638 F426.61 J191 2010

稷山粮食志
稷山粮食志编纂委员会编 文登有主编 运城 山西省地矿局运城测绘印刷厂 1999年 540页
b36014345 F724.721 J191 1999

新绛县

新绛县志
山西省新绛县志编纂委员会编 靳欣文主编 西安 陕西人民出版社 1997年 833页〔山西省地方志丛书〕
b15656810 K292.54 X443 1997

新绛县志
新绛县县志编纂委员会编 许隽主编 太原 山西人民出版社 2015年 2卷 1678页
b50017354 K292.54 X443C 2015

新绛县人民代表大会志
新绛县人民代表大会志编纂委员会编 马新立主编 北京 社会科学文献出版社 2009年 876页
b21230353 D624.254 X443 2009

新绛县电力工业志
新绛县电力工业志编纂委员会编 牛丙寅主编 北京 中国水利水电出版社 2011年 432页〔山西省电力工业志丛书〕
b37530483 F426.61 X4434 2012

新绛教育志
新绛县教育志编写组编 新绛 新绛县教育志编写组 1986年 油印本 2卷 651页
b20182545 G527.254 X443 1986

新绛县教育志
新绛县教育局编 王守伟主编 新绛 新绛县教育局 2003年 396页
b20404943 G527.254 X443 2003

新绛方言志
朱耀龙著 太原 山西高校联合出版社 1990年 64页〔山西省方言志丛书〕
b20046352 H172.2 Z722 1990

新绛县地名录
新绛县人民政府编印 新绛 新绛县人民政府 1985年 206页
b20104479 K922.54 X443 1985

绛 县

绛县志
绛县志编纂委员会编 王存良等主编 西安 陕西人民出版社 1997年 889页〔山西省地方志丛书〕
b13588990 K292.54 J362

绛县简志
山西省绛县志编纂委员会办公室编 绛县 山西省绛县志编纂委员会办公室 1985年 50页
b21763951 K292.54 J362C 1985

绛县人民代表大会志
卢廷荣主编 太原 山西人民出版社 2007年 2卷 1163页
b18622136 D624.254 L792 2007

绛县政协志
政协山西省绛县委员会编 陈建章总编 太原 三晋出版社 2013年 610页
b44852071 D628.254 J362 2013

绛县电力工业志
绛县电力工业志编纂委员会编 管俊强主编 北京 中国水利水电出版社 2011年 303页〔山西省电力工业志丛书〕
b37530471 F426.61 J362 2011

绛县教育志
李勇主编 太原 山西教育出版社 1993年 251页
b20403513 G527.254 J362 1993

绛县水利志
绛县水利志编纂委员会编 马怀俭主编 香港 香港爱心出版集团公司 2001年 268页〔辉煌的足迹文丛〕
b20416702 TV-092 M138 2001

垣曲县

垣曲县志
垣曲县志编纂委员会编 太原 山西人民出版社 1993年 869页
b10636249 K292.54 Y812

垣曲县志 1991-2000
垣曲县地方志编纂委员会编 李鹏主编 北京 中华书局 2001年 640页〔中华人民共和国地方志丛书〕
b13833856 K292.54 Y812C

刘张村志
杨昭玉 刘爱民主编 郑州 河南人民出版社 2014 年 201 页〔山西省垣曲县地方志丛书〕
b46239856 K292.55 L694 2014

山西垣曲古城村志
古城村志编纂委员会编 王云洲主编 北京 中华书局 1999 年 528 页
b13742735 K292.55 G542

垣曲县人民代表大会志
垣曲县人大志编委会编纂 林全虎主编 北京 人民日报出版社 2004 年 611 页〔山西省垣曲县地方志丛书 3〕
b4953256x D624.254 Y812 2004

垣曲政协志
垣曲政协志编纂委员会编 周集锋主编 西安 陕西人民出版社 2004 年 400 页〔山西省垣曲县地方志丛书〕
b21766204 D628.254 Y812 2004

垣曲农业志
垣曲农业志编写组编 陈竹林主编 郑州 河南人民出版社 2002 年 239 页
b49803931 F327.254 Y812 2002

垣曲县电力工业志
垣曲县电力工业志编纂委员会编 乔济全主编 北京 中国水利水电出版社 2011 年 337 页〔山西省电力工业志丛书〕
b46102310 F426.61 Y812 2011

中条山有色金属公司志 1956–1996
中条山有色金属公司志编纂委员会编 李九同主编 垣曲 中条山有色金属公司志编纂委员会 2001 年 653 页
b50067060 F426.32 Y812 2001

垣曲县财政志
垣曲县财政志编纂委员会编 毛小明主编 西安 陕西人民出版社 2013 年 366 页
b44852125 F812.725 Y812 2013

垣曲县地名录
垣曲县人民政府编 常铭编 垣曲 垣曲县人民政府 1985 年 179 页
b2036913x K922.54 Y812 1985

垣曲县人民医院志
垣曲县人民医院编纂 杨小平 王建民主编 北京 中国文史出版社 2016 年 318 页〔垣曲县地方志丛书〕
b49823115 R199.225.4 Y812 2016

夏　县

夏县志
夏县地方志编纂委员会编 裴高山主编 北京 人民出版社 1998 年 684 页
b20952004 K292.54 X188 1998

夏县志 1991–2007
孙英杰主编 太原 三晋出版社 2013 年 840 页〔中国地方志丛书〕
b44825468 K292.54 X188 2013

夏县人民代表大会志
张有道主编 香港 中国时代出版社 2006 年 773 页
b46440975 D624.254 X188 2006

夏县农商银行志 1951–2014
李荣生 张娟编 太原 山西人民出版社 2015 年 550 页
b49506407 F832.7 X188 2015

夏县教育志
李树华主编 北京 知识出版社 1997 年 259 页
b16426903 G527.254 L417 1997

平陆县

平陆县志
平陆县志编纂委员会编 张明堂 刘耀武主编 北京 中国地图出版社 1992 年 744 页
b10625215 K292.54 P6124

平陆县志 1991–2005
平陆县志编纂委员会编 裴幸渠主编 北京 方志出版社 2010 年 702 页
b23216414 K292.54 P6124 2010

平陆县人民代表大会代表志
吴晨 谭建国主编 平陆 平陆县人大常委会 2009 年 2 卷 1091 页
b49625603 D624.254 P612 2009

平陆县电力工业志
平陆县电力工业志编纂委员会编 张安文 赵保胜主编 北京 中国水利水电出版社 2010 年 332 页〔山西省电力工业志丛书〕
b40649635 F426.61 P612 2010

平陆县教育志
平陆县教育志编纂委员会编 张建国主编 姚治业等编辑 平陆 平陆县教育志编纂委员会 2009 年 355 页
b36013353 G527.254 P612 2009

芮城县

芮城县志
芮城县志编纂委员会编 西安 三秦出版社 1994 年 1265 页〔山西省地方志丛书〕
b10636419 K292.54 R365

芮城县志
芮城县地方志编纂委员会编 董少峰主编 北京 中华书局 2016 年 3 册 3018 页
b50346842 K292.54 R365C 2016

西关村志
西关村志编纂委员会编 芮城 西关村志编纂委员会 2005 年 361 页〔芮城县村志系列丛书〕
b17804000 K292.55 X1193 2005

芮城县人民代表大会志
芮城县人民代表大会志编纂委员会编 李官智主编 香港 中国文化出版社 2011 年 766 页
b49640264 D624.254 R365 2011

芮城县电力工业志
芮城县电力工业志编纂委员会编 王丰收 杨丕忠主编 北京 中国水利水电出版社 2010 年 246 页〔山西省电力工业志丛书〕
b40649623 F426.61 R365 2010

亚宝志 亚宝药业集团股份有限公司发展历程 1978–2015
许振江 鲁永勤主编 太原 山西人民出版社 2018 年 837 页
b52952885 F426.77 Y141 2018

芮城国税志
芮城国税志编纂委员会编 齐海平主编 太原 山西人民出版社 2000 年 758 页
b21764918 F812.725.4 R365 2000

山西省芮城县地名录
芮城县民政局地名录编写组编写 芮城 芮城县民政局 1986 年 94 页
b16660766 K922.54 R365 1986

永乐宫志
山西旅游景区志丛书编委会编 张亦农 景昆俊主编 太原 山西人民出版社 2006 年 370 页〔山西旅游景区志丛书〕
b16771011 K928.75 S254 2006

大禹渡志
大禹渡志编纂委员会编 张亦农主编 太原 山西人民出版社 2010 年 633 页
b21763045 TV-092 R365 2010

忻州市

忻州地区志
忻州地区志编纂委员会编 白卯成主编 太原 山西古籍出版社 1999 年 1210 页
b15329896 K292.52 X453 1999

忻州地区宗教志
忻州地区宗教志编纂者 太原 山西人民出版社 1993 年 326 页
b17581564 B929.2 X453 1993

忻州法院志
韩根主编 太原 山西人民出版社 2014 年 2 卷 1378 页
b50319863 D926.22 X453 2014

潞宁孟家窑煤业志 2007–2016
潞宁孟家窑煤业志编纂委员会编 赵光荣 白向举主编 忻州 潞宁孟家窑煤业志编纂委员会 2016 年 391 页
b50269215 F426.21 L843 2016

忻州地区电力工业志 1924–1990
忻州地区电力工业志编纂委员会编 赵生玉主编 北京 水利电力出版社 1993 年 358 页〔山西省电力工业志丛书〕
b49869589 F426.61 X453 1993

忻州煤炭志
忻州煤炭志编纂委员会编 范建民主编 太原 山西人民出版社 2012 年 772 页
b36396382 F426.21 X453 2012

山西输电协会志（忻州）
山西输电协会编 忻州 山西输电协会 2006 年 143 页
b47585079 F426.61-26 S254 2006

忻州地区交通志
忻州地区交通局史志编审委员会编 太原 山西人民出版社 1993 年 460 页
b20046273 F512.725.2 X453 1993

忻州公路志
忻州公路志编纂委员会编 张天安主编 太原 三晋出版社 2010 年 562 页〔山西交通史志丛书〕
b22921503 F542.825.3 X453 2010

忻州市财政志 1949–2015
忻州市财政局编 王补祥撰稿 太原 山西人民出版社 2017 年 752 页
b50215498 F812.725.3 X453 2017

忻州地区教育志
忻州地区教育志编纂委员会编 班羽斐 贾真主编 太原 山西人民出版社 2002 年 779 页
b15656846 G257.252 B189 2002

忻州地区教育志史料
忻州地区教育志编辑室编 忻州 忻州地区教育志编辑室 1986 年 4 卷 1092 页
b20141415 G527.252 B189 1986

忻州地区英模志
吕德功主编 太原 山西古籍出版社 1999

年 601 页
b17799296　K820.8252　L976　1999

忻州市当代人物志 第 1 卷
刘庚年主编 太原 山西人民出版社 2008 年 379 页
b19930641　K820.825.2　L676　2008

忻州市地名录
忻州市人民政府编 李黄玉撰稿 忻州 忻州市人民政府 1984 年 184 页
b21275440　K922.53　X453　1984

忻州市地震志
李文元主编 北京 当代中国出版社 2016 年 431 页
b47403779　P316.225.3　X453　2016

滹沱河灌区水利志
马月林编著 太原 山西人民出版社 2006 年 210 页
b17562144　S279.22　M143　2006

山西省农业科学院玉米研究所志 1950–2014
山西省农业科学院玉米研究所编 杜宣文主编 太原 山西经济出版社 2015 年 364 页
b49803608　S513-242.25　D698　2015

忻州水利志
忻州水利志编纂委员会编 郭元德主编 太原 山西人民出版社 2015 年 642 页
b47415915　TV-092　X4539　2015

忻府区

忻县志
山西省忻州市地方志编纂委员会编 王龙太主编 北京 中国科学技术出版社 1993 年 695 页〔中华人民共和国地方志丛书〕
b1076110x　K292.54　X453

逯家庄村志
张有根主编 太原 三晋出版社 2013 年 447 页〔山西省村志系列丛书〕
b41235447　K292.55　L832　2013

前郝村志
前郝村民委员会编 张恩阁主编 忻州 前郝村民委员会 2011 年 167 页
b40743676　K292.55　Q228　2011

忻州方言志
温端政编 北京 语文出版社 1985 年 149 页〔山西省方言志丛书〕
b11933483　H172.2　W362

原平市

原平市志
原平市志编纂委员会编 张文炳主编 北京 中华书局 2014 年 2 卷 1609 页
b46551384　K292.53　Y797　2014

原平县志
原平县志编纂委员会编 北京 中国科学技术出版社 1991 年 711 页
b15948407　K292.54　Y797　1991

难忘的岁月 轩岗煤电公司志
大同煤矿集团轩岗煤电有限责任公司史志编纂委员会编 王宝宝主编 北京 煤炭工业出版社 2010 年 376 页
b50778298　F426.21　X6395　2010

轩岗矿务局志
轩岗矿务局志编委会编 北京 煤炭工业出版社 1994 年 308 页
b20418231　F426.21　X639　1994

原平粮食志
原平粮食志编纂委员会编 王银田主编 太原 三晋出版社 2011 年 284 页
b23217339 F724.721 Y797 2011

原平教育志
原平教育志编纂委员会编 张占生主编 太原 山西人民出版社 1995 年 405 页
b17676873 G527.254 Z369 1995

原平方言志
金梦茵编 北京 语文出版社 1989 年 128 页〔山西省方言志丛书〕
b20046893 H172.2 J477 1989

都庄李氏宗谱志
李海屿主编 原平 都庄李氏宗谱志编著者 2003 年 254 页
b16447232 K820.9 L3969 2003

原平百年人物志
吴斌主编 太原 山西人民出版社 2005 年 3 卷 1380 页
b17340834 K820.825.4 W483 2005

原平县地名录
原平县人民政府编 原平 原平县人民政府 1981 年 141 页
b21274812 K922.54 Y797 1981

定襄县

定襄县志
定襄县志编纂委员会编 韩生贵主编 北京 中国青年出版社 1993 年 697 页
b10628162 K292.54 D547

崔家庄村志
智茂林主编 太原 山西人民出版社 2006 年 309 页〔山西省重点乡镇村志系列丛书〕
b17178587 K292.55 C816 2006

神山村志
张国华主编 北京 中国档案出版社 1998 年 319 页〔山西省重点乡镇村志系列丛书〕
b22431822 K292.55 S398 1998

定襄县政协志 1949.11–2015.5
中国人民政治协商会议山西省定襄县委员会编 兰继升主编 定襄 中国人民政治协商会议山西省定襄县委员会 2016 年 618 页
b4982708x D628.254 D547 2016

定襄文化人物志
贾玉文主编 太原 山西人民出版社 2009 年 253 页〔定襄文化丛书〕
b20467035 K825.4 J2438 2009

定襄县地名录
定襄县人民政府编 定襄 定襄县人民政府 1982 年 108 页
b16648377 K922.54 D547 1982

五台县

五台县志
五台县志编纂者编 五台 五台县志编纂者编 1984 年 7 卷 1260 页
b11379686 K292.5 W512

五台县志
五台县志编纂委员会编 太原 山西人民出版社 1988 年 753 页
b1064748x K292.54 W5388

槐荫村志
赵培成主编 太原 山西古籍出版社 1999

年 282 页〔山西省重点乡镇村志系列丛书〕
b16434924　K292.55　H557　1999

五台县人民代表大会志
五台人大志编纂委员会编　孙子清主编　五台　五台人大志编纂委员会　2015 年　2 卷　1179 页
b47317322　D624.254　W5388　2015

五台老三区志
五台老三区志编纂委员会编　韩先平主编　太原　三晋出版社　2014 年　624 页
b4996415x　K292.54　W5388C　2014

五台县当代人物志
五台县当代人物志编纂者编　五台　五台县当代人物志编纂者　2002 年　5 卷
b18079349　K820.825　W538

阳白乡人物志
阳白乡人物志编委会编　郭金堂编著　五台　阳白乡人物志编委会　2014 年　578 页
b50248480　K820.825.5　Y225　2014

五台山志
山西旅游景区志丛书编委会编　候文正主编　太原　山西人民出版社　2003 年　637 页〔山西旅游景区志丛书〕
b14882954　K928.3　S2545　2003

代　县

代县志
代县志编纂委员会编　黄培业　高开源主编　北京　书目文献出版社　1988 年　541 页
b10727255　K292.54　D146

代县政协志　1957–2008
政协山西省代县委员会编　杨继兴主编　太原　山西人民出版社　2008 年　328 页
b20018915　D628.254　D146　2008

代县文化图志
中共代县县委　代县人民政府编　张卫平著　太原　山西古籍出版社　2006 年　317 页〔县域文化图志〕
b17340822　K292.54–64　D146　2006

代州古城图志
郝钧藩主编　太原　山西人民出版社　2009 年　140 页〔中国历史文化名城〕
b20317268　K292.54　H249　2009

雁门关志
山西旅游景区志丛书编委会编　王凤岗主编　冯湘等撰稿　太原　三晋出版社　2010 年　869 页〔山西旅游景区志丛书〕
b40649519　K928.77　D146　2010

繁峙县

繁峙县志　1978–2013
繁峙县地方志编纂委员会编　郭杰主编　北京　中华书局　2014 年　1172 页
b46551220　K292.54　F171　2014

大营村志
麋果才主编　太原　三晋出版社　2013 年　159 页〔三晋方志书系〕
b44825456　K292.55　D1367　2013

繁峙县人民代表大会志
繁峙县人民代表大会志编纂委员会编　张诚主编　太原　山西人民出版社　2012 年　1157 页
b36370472　D624.254　F171　2012

宁武县

宁武县志
宁武县志编纂委员会办公室编 太原 山西人民出版社 1989 年 704 页
b10655530 K292.54 N413

宁武县志
宁武县志编纂委员会编 王树森主编 北京 红旗出版社 2001 年 615 页
b1608827x K292.54 N413 2001

宁武县志 1987-2009
宁武县志编纂委员会编 白瑞萍主编 北京 中华书局 2013 年 1220 页
b45445412 K292.54 N413 2013

山西省宁武县凤凰镇大河堡村志
宁武县凤凰镇大河堡村志编纂委员会编 齐文义主编 宁武 宁武县凤凰镇大河堡村志编纂委员会 2017 年 319 页
b50347597 K292.55 D1351 2017

山西省宁武县地名录
宁武县人民政府编 宁武 宁武县人民政府 1981 年 195 页
b21274782 K922.54 N413 1981

管涔山志
山西旅游景区志丛书编委会编 太原 山西人民出版社 2003 年 416 页〔山西旅游景区志丛书〕
b15329550 K928.3 S2543 2003

宁武县卫生志
吴永胜主编 太原 山西人民出版社 2017 年 622 页
b51079951 R199.2 N413 2017

静乐县

静乐县志
周满堂主编 北京 红旗出版社 2000 年 819 页
b1399296x K292.54 J563

静乐教育志
静乐教育志编纂委员会编 太原 山西古籍出版社 2000 年 470 页
b16448984 G527.564 J563 2000

神池县

神池县志
神池县志编纂委员会编 李保和主编 北京 中华书局 1999 年 668 页
b16142275 K292.54 S398 1999

后东毗村志
后东毗村志编纂委员会编 张瑞峰主编 神池 后东毗村志编纂委员会 2016 年 392 页
b50248340 K292.55 H443 2016

神池县人民代表大会志
贺新平主编 太原 山西人民出版社 2012 年 1057 页
b36368039 D624.254 S398 2012

五寨县

五寨县志
山西省五寨县志编纂办公室编 武必泰主编 北京 人民日报出版社 1992 年 507 页
b10758653 K292.54 W538

五寨县人民代表大会志
张志军主编 太原 山西人民出版社 2013 年 423 页

b44749624　D624.254　W538　2013

岢岚县

岢岚县志
岢岚县志修订编纂委员会编　任保顺　王东凤主编　太原　山西古籍出版社　1999 年　638 页
b1316160x　K292.54　K246

岢岚县人民代表大会志
任川中主编　太原　山西人民出版社　2009 年　679 页
b20530948　D624.254　K272　2009

岢岚县政协志　1984–2009
中国人民政治协商会议山西省岢岚县委员会编　曾桂花主编　岢岚　中国人民政治协商会议山西省岢岚县委员会　2010 年　285 页
b49506080　D628.254　K272　2010

河曲县

河曲县志
河曲县志编纂委员会编　周绍卿总纂　太原　山西人民出版社　1989 年　582 页
b10726342　K292.54　H285

河曲县志
河曲县志编纂委员会编　牛少山主编　北京　中华书局　2013 年　3 卷　2965 页
b45445400　K292.54　H285　2013

山西河曲泥彩村志
泥彩村志编委会编修　河曲　泥彩村志编委会　2011 年　504 页
b50861785　K292.55　v5

硬地峁村志
村志编纂委员会编　杜水田主编　河曲　村志编纂委员会　2017 年　394 页
b50727953　K292.55　Y612　2017

河曲县工会志
河曲县工会志编纂委员会编　党志强主编　太原　山西人民出版社　2017 年　589 页
b49923419　D412.825.4　H285　2017

山西省河曲县地名录
河曲县地名志办公室　河曲县志办公室　河曲　河曲县地名志办公室　河曲县志办公室　1984 年　114 页
b12160830　K922.54　H285

河曲水利志
韩骏飞主编　北京　中国水利水电出版社　2011 年　343 页
b46668020　TV–092.254　H285　2011

保德县

保德县志
保德县志编纂办公室编　太原　山西人民出版社　1990 年　489 页
b13274892　K292.54　B267

保德县地名录
保德县人民政府编印　保德　保德县人民政府　1983 年　105 页
b21275129　K922.54　B267　1983

偏关县

偏关县志
山西省偏关县志编纂委员会编　牛儒仁主编　太原　山西经济出版社　1994 年　790 页〔中华人民共和国地方志丛书〕

b10645287 K292.54 P418

偏关县志
偏关县志编纂委员会编 范耀武主编 北京 中华书局 2017年 2册 1881页
b50747812 K292.54 P418 2017

水泉村志
任树祥编著 太原 三晋出版社 2014年 258页〔山西省村志系列丛书〕
b49533976 K292.55 S614 2014

山西省偏关中学校志 1957–2007
山西省偏关中学校编 杨创业主编 偏关 山西省偏关中学校 2007年 199页
b20121568 G639.282.5 P418 2007

临汾市

临汾市志
山西省临汾市志编纂委员会编 李百玉总编 北京 海潮出版社 2002年 3卷 1979页
b1394695x K292.53 L581

临汾市志
尉俊 邵玉义主编 岳普煜主修 北京 中华书局 2013年 3584页
b46442157 K292.53 L581C 2013

临汾市佛教志
临汾市佛教协会 临汾市佛教文化研习会编 长修主编 临汾 临汾市佛教协会 1999年 218页
b2321241x B949.2 L581C 1999

临汾市政协志 1950–1997
中国人民政治协商会议山西省临汾市委员会编 梁正岗主编 临汾 中国人民政治协商会议山西省临汾市委员会 1997年 378页
b20535168 D664.253 L581 1997

临汾乡镇企业志
李安民主编 临汾 临汾市中小企业局 2008年 367页
b22430738 F279.272.53 L581 2008

临汾地区电力工业志 1929–1990
临汾地区电力工业志编委会编 乔玉虎主编 北京 中国电力出版社 1995年 396页〔山西省电力工业志丛书〕
b49850593 F426.61 L5812C 1995

临汾电力车辆志
临汾电力车辆志编纂委员会编 刘刚主编 临汾 临汾电力车辆志编纂委员会 2016年 297页〔临汾电力专业志丛书〕
b50992156 F426.472 L581 2016

临汾电力计量志 1980–2013
临汾电力计量志编纂委员会编 任素琴主编 太原 临汾电力计量志编纂委员会 2015年 329页〔临汾电力专业志丛书 1〕
b49705234 F426.61 L5812 2015

临汾电力物资志 1960–2015
临汾电力物资志编纂委员会编 周柱民主编 临汾 临汾电力物资志编纂委员会 2017年 229页〔临汾电力专业志丛书〕
b50234055 F426.61 L5812D 2017

临汾纺织厂厂志 1958–2008
临纺厂志编纂委员会编 孙贵堂 张福林主编 临汾 临纺厂志编纂委员会 2011年 313页
b49963764 F426.81 L581 2011

临汾钢铁公司志 1957–1998
临钢志编辑室编 临汾 临钢志编辑室 1999年 723页
b50779059 F426.31 L581C 1999

临钢志 1998–2008
临钢志编纂委员会编 景东亮主编 临汾 临钢志编纂委员会 2010年 548页
b49705246 F426.31 L581 2010

临汾市煤炭志
临汾市煤炭志编纂委员会编 王青丽主编 北京 中华书局 2000年 685页
b21301542 F427.253 L581 2000

临汾地区财政志
临汾地区财政志编纂委员会编 张传华主编 北京 中华书局 2001年 1109页
b22430714 F812.725.2 Z347 2001

临汾金融志
临汾金融志编纂委员会编 卢文礼主编 北京 方志出版社 2005年 349页
b22430726 F832.725.3 L581 2005

临汾市银行业协会志
临汾市银行业协会编 樊国刚主编 临汾 临汾市银行业协会 2017年 219页
b49938678 F832.725.3 L581C 2017

山西省文化志史料集 临汾地区专集
山西省文化厅文化志编纂办公室编 王振湖 张四维编 太原 山西省文化厅文化志编纂办公室 1986年 459页
b20140502 G127.252 L581 1986

临汾广播电视志
临汾广播电视志编纂委员会编 王友明主编 太原 山西人民出版社 2011年 422页
b23216311 G229.272.53 L581 2011

临汾地区教育简志 1840–1985
孙觉民 贾胥 李思远主编 临汾 临汾地区教育史志编辑室 1998年 509页
b19931955 G527.252 L581 1998

临汾市教育志 1671–1987
山西省临汾市教育志编写办公室 山西省临汾市档案馆编 许司钧主编 临汾 山西省临汾市教育志编写办公室 1989年 311页〔临汾市专业志〕
b18120787 G527.253 X597 1989

临汾电力高级技工学校志 1984–2006
临汾电力高级技工学校志编纂委员会编 太原 山西人民出版社 2008年 346页〔山西省电力工业志丛书〕
b20099204 G719.282.5 L581 2008

临汾方言志
潘家懿著 北京 语文出版社 1990年 126页〔山西省方言志丛书〕
b20044161 H172.2 P159 1990

山西省临汾地区农业合作史人物志
山西省临汾地区农业合作史编辑委员会编 张国彦主编 北京 海潮出版社 1995年 248页
b45479963 K820.825.2 Z352 1995

临汾地区教育系统人物志
贾胥 孙觉民 李思远主编 临汾 临汾地区教育史志编辑室 1989年 289页〔临汾地区教育史志资料专辑〕
b27575998 K825.46 J243 1989

山西省地质勘查局二一三地质队队志
1960–2009
徐颜兆 乔俊卿主编 临汾 山西省地质勘

查局二一三地质队 2009 年 273 页
b21765078　P56-242.25 X581 2009

尧都区

城隍村志
城隍村志编纂委员会编 景希森主编 临汾 城隍村志编纂委员会 2009 年 321 页
b22359539　K292.55 C4663 2009

贾村志
贾村志编纂委员会编 陈长记主编 北京 长城出版社 2007 年 369 页
b22359497　K292.55 J241 2007

南乔村志
临汾市尧都区县底镇南乔村委会编著 贺玉虎 贺寿瑜主编 临汾 临汾市尧都区县底镇南乔村委会 2015 年 293 页
b49789454　K292.55 N1616 2015

乔李村志
山西省临汾市尧都区乔李镇乔李村志编纂委员会编 王中央主编 北京 方志出版社 2017 年 198 页〔中国名村志丛书〕
b50642741　K292.55 Q3825 2017

孙曲村志
孙曲村志编纂委员会编 临汾 孙曲村志编纂委员会 2009 年 472 页
b21765303　K292.55 S776 2009

小苏村志
民盟临汾市委小苏村志编辑委员会编 祁石仓主编 临汾 民盟临汾市委小苏村志编辑委员会 2008 年 332 页
b22921746　K292.55 X347 2008

薛村村志
襄汾县薛村村志编纂委员会编 贾学平主编 临汾 临汾市尧都区恒升源印刷装订厂 2008 年 169 页
b22359977　K292.55 X675 2008

尧都地税志
临汾市尧都区地税志编纂委员会编 黄志林主编 临汾 临汾市尧都区地税志编纂委员会 2006 年 694 页
b23217005　F812.725.342 Y289 2006

尧都区农村信用合作志 1951–2000
尧都区农村信用合作志编纂委员会编 柴金胜主编 临汾 尧都区农村信用合作志编纂委员会 2001 年 330 页
b49803876　F832.35 L581Y 2001

侯马市

侯马市志
赵建国主编 北京 长城出版社 2005 年 2 卷 1069 页
b16580503　K292.53 H429 2005

北坞村志
侯马市志办北坞村志编纂领导组编 李小民主编 香港 天马图书公司 2006 年 161 页
b20402545　K292.55 B3168 2006

埕上村志
埕上村志编写者编 香港 香港天马出版社 2005 年 274 页
b20019361　K292.55 D498 2005

小里村志
小里村志编委会编著 景元祥主编 侯马 小里村志编委会 2011 年 175 页
b46012205　K292.55 X3475 2011

侯马市人民法院志
侯马市人民法院志编纂委员会编 霍向阳主编 太原 山西经济出版社 2014年 642页
b50222065 D926.22 H4295 2014

侯马市城建志
王佐文主编 北京 长城出版社 2006年 538页
b49532509 F299.272.54 H429 2006

侯马市农村信用合作志 1952–2011
山西侯马农村商业银行编 侯马 山西侯马农村商业银行 2013年 739页〔侯马市地方志系列丛书〕
b50222053 F832.35 H429 2013

霍州市

霍州市志
霍州市志编纂委员会编 赵学惠 陈锐 刘仁洛 赵光明主编 北京 中华书局 2013年 2卷 1447页
b46551165 K292.53 H794 2013

涧北后湾志
方新保总纂 临汾 临汾德美印业公司 2009年 259页
b22359679 K292.55 J289 2009

寺庄村志
寺庄村志编纂委员会编 刘海泉主编 霍州 寺庄村志编纂委员会 2008年 260页
b2001675x K292.55 S666 2008

霍州市人民代表大会志
霍州市人大志编纂委员会编 晋从华主编 北京 中华书局 2016年 994页
b49789168 D624.254 H794 2016

霍州发电厂志
霍州发电厂志编纂委员会编 北京 中国电力出版社 1998年 563页〔山西省电力工业志丛书〕
b4984894x F426.61 H794 1998

霍州教育志 1840–1985
霍州教育志编纂委员会编 太原 山西人民出版社 1994年 338页
b27575780 G527.253 H794 1994

曲沃县

曲沃县志
曲沃县志编纂委员会编 吉长安主编 北京 海潮出版社 1991年 564页
b10726391 K292.54 Q562

曲沃县志
曲沃县志编纂委员会编 孙继耀主编 北京 长城出版社 2007年 654页
b19733070 K292.54 Q562S 2007

西南街村志
孙继耀主编 北京 长城出版社 2007年 238页
b19932595 K292.55 S771 2007

下院村志
政协曲沃县文史资料委员会 曲沃县杨谈乡下院村志编纂委员会编 太原 山西古籍出版社 1994年 250页
b16429862 K292.55 Y231X 1994

郑村方志
张新年 张京平编著 北京 中国书籍出版社 2015年 489页
b49532777 K292.55 Z532 2015

曲沃县政协志
曲沃县政协志编纂委员会编 薛经纬主编 太原 山西人民出版社 2009年 370页
b20532908 D628.254 Q562 2009

曲沃县电力工业志 1950–2012
曲沃县电力工业志编纂委员会编 原大宏主编 太原 山西人民出版社 2015年 383页〔山西省电力工业志丛书〕
b49827297 F426.61 Q562 2015

曲沃县文化志 初稿
曲沃县县志办 曲沃县文化局合辑 曲沃 曲沃县县志办公室 1988年 油印本 67页
b21275968 G127.524 Q562 1988

曲沃教育志 1840–1985
山西省曲沃县教育志编纂办公室编 边宏主编 曲沃 山西省曲沃县教育志编纂办公室 1988年 191页
b20182235 G527.254 Q562 1988

翼城县

翼城县志
赵宝金主编 太原 山西人民出版社 2007年 2卷 794页
b20046716 K292.54 Y476Z 2007

陵下村志
陵下村志编纂委员会 翼城县史志办公室编 杨玉宝主编 翼城 翼城县兴翼印刷厂 2012年 391页〔新农村建设系列志书〕
b41213877 K292.55 L626 2012

西闫村志
张杰武 张颖主编 翼城 党校印刷厂 2005年 228页
b22359850 K292.55 X1197 2005

翼城县人望村志
李鸿德 王怀林主编 翼城 翼城县人望村村委会 2007年 174页
b20578143 K292.55 R185 2007

翼城县人口计生志
翼城县人口计生志编委会编 李克聪主编 翼城 翼城县人口计生志编委会 2016年 616页
b49964446 C924.252.54 Y476 2016

翼城城乡建设志
翼城县史志办公室编 赵宝金主编 翼城 翼城县史志办公室 2010年 529页
b22432930 F299.272.54 Y476 2010

翼城县建设志
翼城县建设志编纂委员会编 宁文斗主编 太原 山西省地图制印中心 2002年 752页
b4637761x F299.272.54 Y476J 2002

翼城农业志
翼城县史志办公室编 赵宝金主编 翼城 翼城县史志办公室 2011年 423页
b4980389x F327.254 Y476 2011

翼城县电力工业志
翼城县电力工业志编纂委员会编 张梦龙主编 北京 中华书局 2011年 416页〔山西省电力工业志丛书〕
b49938228 F426.61 Y476 2011

翼城县财政志
翼城县财政志编纂委员会编 王玉柱主编 翼城 翼城县财政志编纂委员会 2000年 340页
b21302248 F812.725.4 Y476 2000

翼城文化志
翼城县史志办公室编 赵宝金主编 翼城 翼城县史志办公室 2010年 671页
b37532066 G127.254 Y476 2010

翼城县教育志
翼城县教育志编纂委员会编 赵大志主编 太原 山西人民出版社 2016年 2卷 1096页
b47291175 G527.254 W222 2016

翼城县教育志 1840–1985
王力主编 太原 山西人民出版社 1992年 371页
b18226139 G527.254 W222 1992

翼城水利志
翼城县史志办公室编 赵宝金主编 郑州 中国人民解放军测绘学院印刷厂 2010年 439页
b22432942 TV-092 Y476 2010

襄汾县

襄汾县志
襄汾县志编纂委员会编 天津 天津古籍出版社 1991年 665页
b10727966 K292.54 X262

襄汾县志
襄汾县志编纂委员会编 张俊义主编 北京 方志出版社 2011年 1271页
b36370447 K292.54 X262X 2011

北膏腴村志
任强稳 路昌茂主编 襄汾 北膏腴村党支部 2008年 291页
b36028861 K292.55 B3169 2008

邓曲村志
邓曲村志编委会编 侯增胜主编 襄汾 邓曲村志编委会 2006年 177页
b36128788 K292.55 D347 2006

古城镇志
刘武经 李安义主编 郑州 黄河水利出版社 2001年 596页
b21855420 K296.15 G542 2001

贾罕村志
贾罕村志编写组编 武七管 崔学文主编 襄汾 贾罕村志编写组 2009年 490页
b4735253x K292.55 J2413 2009

京安村志
京安村志编委会编 刘润恩主编 襄汾 京安村志编委会 2014年 462页
b50017512 K292.55 L687 2014

景毛村志 800–2011
景毛村志编纂委员会编 王泽培 贾世平主编 襄汾 襄汾县印刷厂 2013年 358页
b4474917x K292.55 J553 2013

司马村志
司马村志编纂委员会编 马玉胜主编 襄汾 司马村志编纂委员会 2012年 470页
b47317371 K292.55 M143 2012

襄汾县汾城镇南中黄村志 前2205–2010
南中黄村志编纂委员会编 赵发主编 襄汾 南中黄村志编纂委员会 2011年 390页
b4953435x K292.55 N16131 2011

襄汾县人民代表大会志
襄汾县第十三届人民代表大会常务委员会编 杨耀水主编 襄汾 襄汾县第十三届人民代表大会常务委员会 2007年 828页

b22432565 D624.254 X262 2007

襄汾县政协志 1950–2011

襄汾县政协志编纂委员会编 王建中主编 临汾 临汾工艺美术印刷公司 2012年 835页

b46012187 D628.254 X262 2012

襄汾县老干部工作志

襄汾县老干部工作志编纂委员会编 王稳锁主编 北京 方志出版社 2017年 517页

b51332383 D632.2 X262 2017

襄汾民盟志

中国民主同盟襄汾总支部委员会编著 邱小林主编 襄汾 中国民主同盟襄汾总支部委员会 2015年 484页

b50994086 D665.2 X262 2015

襄汾县人民法院院志

襄汾县人民法院志编纂委员会编 阎晓敏主编 襄汾 襄汾县人民法院志编纂委员会 2013年 548页

b49939178 D926.22 X262 2013

襄汾县农机志

襄汾县农机志编纂委员会编 张来顺主编 北京 方志出版社 2009年 564页

b49981018 F324.2 X262 2009

襄汾县交通志

襄汾县交通志编纂委员会编 李文耀主编 太原 北岳文艺出版社 2016年 588页

b49715720 F512.725.4 X262 2016

襄汾县财政志

杜贻和主编 北京 中华书局 2007年 757页

b21302212 F812.725.4 X262 2007

襄汾县教育志 1840–1985

襄汾县教育志编纂委员会编 景小仓主编 襄汾 襄汾县教育志编纂委员会 1990年 336页

b20017339 G527.254 J553 1990

襄汾戏剧志

张优良 陈玉广主编 北京 中国戏剧出版社 2013年 425页

b46423151 J809.2 Z3685 2013

襄汾县人民医院志 1954–2013

襄汾县人民医院志编纂委员会编 乔铁柱主编 襄汾 襄汾县人民医院志编纂委员会 2014年 317页

b49964409 R199.2 X262X 2014

襄汾县卫生志

襄汾县卫生志编纂委员会编 史增怀主编 北京 中国文史出版社 2014年 505页

b47052417 R199.2 X262 2014

洪洞县

洪洞县志

洪洞县县志编纂委员会编 张青主编 太原 山西春秋电子音像出版社 2005年 2卷 1813页

b16356731 K292.54 H415H 2005

广胜寺镇志

李永奇 严双鸿主编 太原 山西古籍出版社 1999年 416页

b20014685 K292.55 G681 1999

刘家垣镇志

柳勇主编 太原 三晋出版社 2013年 809页

b40935619 K292.55 L678 2013

马牧古镇志
李新民主编 洪洞 马牧古镇志编委会 2016年 313页
b51079902 K292.55 M1391 2016

曲亭镇志
山西省史志研究院编 崔山原著 太原 山西古籍出版社 1995年 259页〔山西省重点乡镇村志系列丛书〕
b20806863 K292.55 Q5628 1995

赵城镇志
王秋平主编 太原 山西人民出版社 2014年 840页
b46240469 K292.55 Z432 2014

洪洞县检察志 1951–2008
洪洞县检察志编纂委员会编 李金海主编 洪洞 洪洞县检察志编纂委员会 2010年 618页
b4993854x D926.32 H415 2010

洪洞合作金融志 1952–2002
洪洞合作金融志编辑委员会编 李兴强主编 洪洞 洪洞合作金融志编辑委员会 2003年 616页
b45569368 F832.725.4 H415 2003

洪洞广播电视志
洪洞广播电视志编纂委员会编 郅陆平主编 太原 山西人民出版社 2015年 473页
b47415885 G229.272.54 H415 2015

洪洞县教育志
郭星明主编 太原 山西人民出版社 1991年 295页
b20182211 G527.254 H415 1991

洪洞大槐树移民志
张青主编 太原 山西古籍出版社 2000年 359页
b13201189 K292.54 H415

广胜寺志
扈石祥编著 北京 中央民族学院出版社 1988年 142页
b4741411x K928.75 G681 1988

洪洞县水利志
陈振先主编 太原 山西人民出版社 2008年 1081页
b20533408 TV-092 C4378 2008

洪洞县水利志
郑东风主编 太原 山西人民出版社 1993年 361页
b18078278 TV-092 Z532 1993

古 县

古县志 初稿
古县志编纂委员会编 古县 古县志编纂委员会 1984年 398页
b11470598 K292.54 G542

古县志
古县志编纂委员会编 黄翠莲主编 西安 陕西人民出版社 2001年 673页〔山西省地方志丛书〕
b13946900 K292.54 G542C

热留村志
刘广琦主编 临汾 临汾平阳众诚印业有限公司 2011年 312页
b51090922 K292.55 R181 2011

张家沟村志
赵新民主编 古县 古县岳阳镇张家沟村村民委员会 2009年 309页
b21282730 K292.55 Z354 2009

古县人民代表大会志
古县人民代表大会志编纂委员会编 赵安平主编 古县 古县人民代表大会志编纂委员会 2014年 1044页
b49533125 D624.254 G542 2014

古县政协志 1985–2015
政协古县委员会编 李红专主编 古县 政协古县委员会 2015年 585页
b47316950 D628.254 G542 2015

古县电力工业志 1971–2013
古县电力工业志编委会编 刘建军主编 太原 山西人民出版社 2016年 354页〔山西省电力工业志丛书〕
b49611537 F426.61 G542 2016

古县牡丹志
古县地方志编纂委员会办公室编 付珍祥主编 古县 古县地方志编纂委员会办公室 2008年 143页
b22429645 F592.725.4 F512 2008

古县财政志
古县财政志编纂委员会编 薛安民主编 太原 山西人民出版社 2007年 698页
b21763409 F812.725.4 G542 2007

古县合作金融志 1978–2012
古县合作金融志编辑委员会编 高勇主编 古县 古县合作金融志编辑委员会 2012年 211页
b50347275 F832.35 G542 2012

古县现代人物志
古县老区建设促进会编 韩联愈主编 太原 北岳文艺出版社 2011年 377页
b3753080x K820.825.4 G542 2011

安泽县

安泽县志
安泽县志编纂委员会编 逯丁艺主编 太原 山西人民出版社 1997年 503页〔山西地方志丛书〕
b10532742 K292.54 A164

安泽县财政志
安泽县财政志编纂委员会编 赵红兵主编 北京 中华书局 2016年 747页
b4947196x F812.725.4 A164 2016

浮山县

浮山县志
浮山县地方志编纂委员会编 北京 新华出版社 2001年 662页
b13761584 K292.54 F448

浮山辛庄村志
辛庄村志编纂委员会编 采新峰主编 临汾 临汾德美印业公司 2011年 211页
b36128405 K292.55 X395 2011

贯里村志 研讨稿
李挥军主编 浮山 贯里村志编写者 2004年 139页〔临汾名村简志〕
b22359503 K292.55 G665 2004

浮山县人民代表大会志
浮山县人民代表大会志编纂委员会编 太原 山西人民出版社 2008年 1038页
b1973377x D624.254 F448 2008

浮山县民政志
浮山县民政局编 浮山 浮山县民政局 2009年 472页
b49472021 D632 F448 2009

浮山县教育志 1840-1985
浮山县教育志编纂委员会编 浮山 浮山县教育志编纂委员会 1994年 308页
b18120969 G527.254 F448 1994

浮山县地名录
浮山县人民政府编 浮山 浮山县人民政府 1984年 90页
b16081602 K922.54 F448 1984

龙角山志
浮山县地方志办公室编 李吉瑞主编 浮山 浮山县地方志办公室 2007年 242页
b3597915x K928.3 L7414 2007

吉 县

吉县志
吉县志编纂委员会编 石全正主编 北京 中国科学技术出版社 1992年 592页
b10604078 K292.54 J138

吉县政协志
中国人民政治协商会议山西省吉县委员会编 许小根主编 吉县 中国人民政治协商会议山西省吉县委员会 2010年 391页
b45840258 D628.254 J139 2010

吉县电力工业志 1940－2013
吉县电力工业志编委会编 张勋主编 太原 山西人民出版社 2016年 307页〔山西省电力工业志丛书〕
b4986466x F426.61 J139 2016

吉县教育志
山西省吉县教育志编审委员会编 燕生纲主编 吉县 陕西省外语师专印刷厂 1995年 330页
b20403422 G527.254 J138 1995

壶口志
山西旅游景区志丛书编委会编 许小根主编 太原 山西人民出版社 2004年 271页〔山西旅游景区志丛书〕
b16426356 K928.42 S254 2004

乡宁县

乡宁县志
乡宁县志编纂委员会编 郭居明主编 北京 新华出版社 1992年 825页
b10636626 K292.54 X267

乡宁县志
乡宁县志编纂委员会编 成全红 杨立新主编 太原 山西人民出版社 2012年 2卷 1618页
b40935620 K292.54 X267X 2012

李子坪村志
仪生主编 北京 中国文联出版社 2007年 423页
b20577163 K292.55 Y423 2007

南崖村志
仪生主编 北京 长城出版社 2010年 437页
b50234134 K292.55 N16191 2010

乡宁县人口和计划生育志
乡宁县人口和计划生育志编纂委员会编 李顺祥 阎建和主编 乡宁 新宁县人口和计划生育志编纂委员会 2014年 317页

b50729822 C924.252.54 L417 2014

乡宁县教育志
乡宁县教育志编纂委员会编 孙毅勇主编 乡宁 乡宁县教育志编纂委员会 2007年 215页
b36029063 G527.254 X267 2007

乡宁县教育志
乡宁县教育志编纂委员会编 王建明主编 乡宁 乡宁县教育志编纂委员会 2016年 2卷 1112页
b50234419 G527.254 X267 2016

乡宁县教育志 初稿
乡宁县教育局教育志编辑室编 卢振川编写 乡宁 乡宁县教育局教育志编辑室 1991年 油印本 477页
b36014667 G527.254 X267L 1991

大宁县

大宁县志
大宁县志编纂委员会编 冯岩主编 北京 海潮出版社 1990年 617页
b16464941 K292.54 D136 1990

大宁县志 1986–2012
大宁县志编纂委员会编 李瑜平主编 郑州 中州古籍出版社 2017年 1297页
b5005143x K292.54 D136C 2017

白杜村村志
许新民主编 太原 三晋出版社 2013年 299页
b44834706 K292.55 B151 2013

大宁县人民代表大会志
大宁县人大志编纂委员会编 贺寅生主编 大宁 大宁县人大志编纂委员会 2015年 2卷 1770页
b47126139 D624.254 D136 2015

大宁县电力工业志 1944–2013
大宁县电力工业志编委会编 房建峰主编 太原 山西人民出版社 2015年 247页〔山西省电力工业志丛书〕
b49827285 F426.61 D1362 2015

隰 县

隰县志
隰县志编纂委员会编 张仁杰主编 北京 方志出版社 2007年 816页〔中国地方志丛书〕
b19329398 K292.54 X144 2007

隰县志 1991–2010
隰县志编纂委员会编 赵兵兵主编 北京 中华书局 2015年 2卷 1272页
b49471971 K292.54 X144C 2015

谙正村志
谙正村志编纂委员会编 曹宇鹏主编 隰县 谙正村志编纂委员会 2009年 375页
b36014023 K292.55 A166 2009

隰县人民法院志
隰县人民法院志编纂委员会编 刘志华主编 隰县 隰县人民法院志编纂委员会 2012年 524页
b50222132 D926.22 X144 2012

隰县林业志
隰县林业志编纂委员会编 贾只贵主编 临汾 临汾市文化新闻出版管理局 2012年 442页
b44852307 F326.272.54 X144 2012

隰县电力工业志 1953–2013
隰县电力工业志编委会编 窦慧萍主编 太原 山西人民出版社 2016年 385页〔山西省电力工业志丛书〕
b49749249 F426.61 X144 2016

小西天志
山西旅游景区志丛书编委会编 王哲士主编 太原 山西人民出版社 2004年 214页〔山西旅游景区志丛书〕
b17340809 K928.75 S254X 2004

永和县

永和县志
永和县志征编领导组 刘勇主编 北京 学苑出版社 1999年 726页
b13993033 K292.54 Y6363

乾坤湾志 永和卷
马毅杰主编 太原 山西人民出版社 2016年 370页
b50167042 S759.93 Q227 2016

蒲 县

蒲县志
蒲县县志编纂委员会编 张世贤主编 北京 中国科学技术出版社 1992年 655页
b10623012 K292.54 P677

蒲县志
蒲县地方志编纂委员会编 王建宏主编 北京 方志出版社 2013年 2卷 1573页
b45969851 K292.54 P677 2013

黑龙关镇志
黑龙关镇志编纂委员会编 霍怀德主编 蒲县 黑龙关镇志编纂委员会 2006年 征求意见稿 543页
b20576729 K292.55 H331 2006

化乐村志
化乐村志编委会编撰 席志道 席凤儒主编 蒲县 化乐村志编撰委员会 2006年 240页
b3612896x K292.55 H545 2006

克城镇志
克城镇志编纂委员会编 吕乡锁主编 蒲县 克城镇志编纂委员会 2012年 562页
b47352619 K292.55 K282 2012

乔家湾乡志
乔家湾乡志编纂委员会编 乔天民主编 蒲县 乔家湾乡志编纂委员会 2000年 267页
b20103311 K292.55 Q382 2000

蒲县政协志
蒲县政协志编纂委员会编 曹家信 邵晓东主编 蒲县 蒲县鸿益印刷公司 2011年 451页
b40934871 D628.254 P677 2011

蒲县交通志
双新胜主编 太原 三晋出版社 2009年 315页
b21282304 F512.725.4 P677 2009

蒲县书画志
蒲县中老年书画协会编著 张世贤主编 北京 大众文艺出版社 2011年 364页
b40863736 J221.254 P677 2011

东岳庙志
张世贤主编 太原 山西人民出版社 2005年 403页
b17799132 K928.75 Z364 2005

汾西县

汾西县志
汾西县地方志编纂委员会编 郭六喜主编 北京 方志出版社 1997年 615页〔中华人民共和国地方志丛书〕
b10501137 K292.54 F334

店头村志
汾西县史志馆 店头村委会编 汾西 汾西县史志馆 2004年 289页
b1734119x K292.55 D455 2004

汾西县人民代表大会志
汾西县人民代表大会常务委员会编 樊国俊主编 汾西 汾西县人民代表大会常务委员会 2011年 816页
b40649453 D624.254 F3348 2011

汾西县检察志 1951–2014
汾西县检察志编纂委员会编 郑宏亮主编 汾西 汾西县检察志编纂委员会 2016年 466页
b50233828 D926.32 F334 2016

汾西县军事志 590–2005
汾西县军事志编纂委员会编 马广礼 李春雷主编 汾西 汾西县军事志编纂委员会 2010年 238页
b50066006 E289.254 F334 2010

设备修造厂志 1956–2006
设备修造厂志编辑委员会编 毛守仁主撰 汾西 设备修造厂志编辑委员会 2006年 246页
b49705210 F426.61 F334 2006

汾西矿业(集团)有限责任公司员工学校教育志 1958–2008
员工学校教育志编纂委员会编 介休 员工学校教育志编纂委员会 2008年 308页
b2156758x G522.74 F334 2008

吕梁市

吕梁地区志
吕梁地区地方志编纂委员会办公室编 任勋禄主编 太原 山西人民出版社 1989年 777页
b10640927 K292.52 L979

吕梁市乡镇志
吕梁市地方志办公室编 赵秀龙 王月明主编 北京 中华书局 2017年 3册 2445页
b50747745 K292.55 L979 2017

华晋焦煤志
席北明主编 太原 山西人民出版社 2012年 692页
b36370319 F426.21 H528 2012

吕梁石油志
中石化山西吕梁石油分公司编 亢玉怀主编 太原 山西人民出版社 2013年 268页
b44916668 F426.22 L979 2013

吕梁地区交通志
吕梁地区交通志编纂委员会编 居思勤 苏俊旗主编 北京 方志出版社 2005年 690页
b20575622 F512.725.2 L979 2005

吕梁市卫生学校校志
穆天真 薛永斌主编 吕梁 吕梁市卫生学校 2008年 240页
b21569332 G719.282.53 L979 2008

吕梁市晋剧院院志
张雯斌主编 太原 山西闻兴印务公司 2009年 277页

b21764335　J892.4　L979　2009

吕梁地区卫生志
梁广恒　赵俊田主编　太原　山西科学技术出版社　1999年　364页
b45479768　R199.2　L979　1999

文峪河志
文峪河水利管理局编　刘占山主编　太原　山西古籍出版社　1999年　490页
b16343190　TV-092　W388　2000

离石区

离石县志
李文凡主编　太原　山西人民出版社　1996年　820页
b16075298　K292.54　L371　1996

吕梁市离石区马茂庄村志
吴满有主编　吕梁　马茂庄村志编纂者　2016年　323页
b50248182　K292.55　M139　2016

离石区工会志　1923.1–2015.6
离石区工会志编委会编　王根田主编　离石　离石区工会志编委会　2015年　348页
b50269227　D412.825.3　L979L　2015

离石县教育志
离石县教育志编辑办公室编　王佩琮主编　太原　山西古籍出版社　1995年　281页
b20182181　G527.254　L371　1995

孝义市

孝义县志
孝义县地方志编纂委员会编　倪力人主编　北京　海潮出版社　1992年　929页
b10825034　K292.54　X359

孝义县志　续
孝义市地方志编纂委员会编　王有名主编　太原　山西古籍出版社　1996年　500页
b1607533x　K292.54　X359　1996

北关村志
张福主编　太原　山西春秋电子音像出版社　2009年　331页
b22428689　K292.55　B3163　2009

旧尉屯村志
姚心宝主编　太原　山西春秋电子音像出版社　2010年　474页
b22359849　K292.55　J599　2010

楼东村志
孝义市楼东村志编委会编修　郭华主编　太原　山西人民出版社　2007年　418页
b17457270　K292.55　L765　2007

桥北村志
武贵生主编　薛延金执行主编　太原　山西人民出版社　2010年　229页
b21569915　K292.55　Q384　2010

山西省孝义市东小景村志
武立贵编著　吕梁　吕梁市印刷厂　2005年　324页
b20014387　K292.55　D5828　2005

山西省孝义市东小景村志
武立贵编著　香港　天马出版有限公司　2007年　429页
b49850027　K292.55　D58281　2007

山西孝义相王村志
王正树编著　孝义　山西人民印刷厂　2008

年 518 页
b20577989 K292.55 X264 2008

上荆封村志
上荆封村志编纂委员会编 张党生主编 北京 中国文史出版社 2013 年 472 页
b46442376 K292.55 S3224 2013

孝义市城关乡志
李林生主编 太原 山西古籍出版社 1996 年 455 页〔山西省重点乡镇村志系列丛书〕
b15958437 K292.55 C466 1996

孝义市兑镇镇志
孝义市兑镇镇志编纂委员会编修 张由泉主编 太原 山西人民出版社 2010 年 617 页
b21765765 K292.55 D759 2010

孝义市西辛庄镇志
孟武生主编 孝义 孝义市西辛庄镇志编纂者 2005 年 551 页
b16446598 K292.55 X1198 2005

孝义市柱濮镇志
冯太贵主编 太原 山西古籍出版社 1998 年 444 页〔山西省重点乡镇村志系列丛书〕
b16012975 K292.55 Z754 1998

孝义政协志
任张广主编 太原 山西人民出版社 2009 年 400 页
b20530936 D628.254 X359 2009

孝义城乡建设志
孝义城乡建设志编纂委员会编 冯俊年主编 太原 北岳文艺出版社 2003 年 485 页
b21282262 F299.272.53 X359 2003

孝义林业志
孝义市林业局编 梁希武主编 北京 中国地图出版社 1992 年 216 页
b20415898 F326.272.54 L493 1992

孝义市土地志
孝义市土地管理局编 周锡锋主编 北京 中国大地出版社 1998 年 641 页
b51079963 F327.253 X359 1998

孝义电力工业志
孝义电力工业志编纂委员会编修 赵世斌主编 太原 山西人民出版社 2007 年 429 页〔中国电力工业志丛书〕
b21765753 F426.61 X359 2007

孝义交通志
杜云主编 太原 山西人民出版社 2013 年 295 页
b44916681 F512.725.4 X359 2013

孝义邮电志
孝义市邮电局孝义邮电志编纂领导组编 李开泰主编 太原 山西古籍出版社 2000 年 373 页
b4953399x F632.725.3 X359 2000

孝义金融志
段明亮主编 太原 山西人民出版社 2002 年 517 页
b49534129 F832.725.4 X359 2002

孝义广播电视志
马明高主编 太原 山西人民出版社 2006 年 350 页
b47317292 G229.272.54 X359 2006

孝义教育志
杨如森主编 太原 山西人民出版社 1994

年 323 页
b16430414　G527.254　X359　1994

汾阳市

汾阳县志
汾阳县志编纂委员会编　刘锡仁　王希良主编　北京　海潮出版社　1998 年　1150 页
b14351183　K292.54　F3349

东雷家堡村志
曹其金主编　汾阳　汾阳市中元印刷厂　2006 年　226 页
b36014308　K292.55　D5824　2006

汾阳县宣柴堡村志
武福长主编　太原　山西高校联合出版社　1995 年　279 页〔爱我家乡系列〕
b36129148　K292.55　X637　1995

古镇青堆村志
杨宝忠　张型主编　晋中　晋中市万嘉兴印刷公司　2009 年　527 页
b36378914　K292.55　Q464　2009

南广城村志
王维程主编　太原　山西人民出版社　2006 年　461 页
b17182943　K292.55　N161　2006

山西汾阳中寨村志
中寨村志编委会编　董建国主编　汾阳　汾阳市中寨村　2010 年　365 页〔“爱我家乡”系列丛书〕
b22359606　K292.55　Z645　2010

义安村志
师永春主编　太原　山西古籍出版社　1998 年　321 页
b36379906　K292.55　Y4681　1998

汾阳人口志
汾阳人口志编纂委员会编印　高舰　李彦京主编　汾阳　汾阳人口志编纂委员会　2004 年　634 页
b16433105　C924.252.54　F334　2004

汾阳工会志
王建川主编　太原　山西人民出版社　2016 年　752 页
b49864129　D412.825.3　F334　2016

汾阳市人大志
安广礼　李应杰主编　汾阳　汾阳市人民代表大会常务委员会　2002 年　541 页
b40806285　D624.254　F334　2002

汾阳政协志
政协汾阳市委员会编　汾阳　政协汾阳市委员会　2005 年　580 页
b2053095x　D628.254　F334　2005

汾阳县煤炭志
武福长主编　北京　中国大百科全书出版社　1993 年　422 页
b49848896　F426.21　F334　1993

汾阳交通志
王彦智　张林润主编　北京　冶金工业出版社　1993 年　358 页
b20042231　F512.725.4　W234　1993

汾阳县教育志
雷守敬　李九礼主编　太原　山西人民出版社　1992 年　335 页
b18280638　G527.254　L291　1992

文水县

文水县志
李培信主编 太原 山西人民出版社 1994 年 956 页
b10641129 K292.54 W388

文水县志 1986–2002
文水县党史县志编纂委员会编 徐锦笙主编 北京 中华书局 2009 年 1130 页
b30301385 K292.54 W388 2009

西韩村志
文水县西韩村志编纂委员会编 郭建安主编 文水 文水县西韩村志编纂委员会 2004 年 305 页
b36128648 K292.55 X11931 2004

信贤村志
山西省史志研究院编 蔚树生主编 太原 山西古籍出版社 1997 年 296 页〔山西省重点乡镇村志系列丛书 第一辑〕
b49534002 K292.55 X461 1997

文水县工会志
文水县工会志编纂委员会编 陈保平主编 文水 文水县工会志编纂委员会 2014 年 481 页
b50777968 D412.825.4 W388 2014

文水县人民法院志
山西省文水县人民法院编 张永胜主编 文水 山西省文水县人民法院 2012 年 398 页
b4964029x D926.22 W388 2012

文水县军事志 前 514–2006
文水县军事志编纂委员会编 薛广楼 王立志主编 文水 文水县军事志编纂委员会 2010 年 345 页
b50861797 E289.254 W388 2010

文水县农业志
张之蕊主编 文水 山西省文水县农业局 1991 年 153 页
b49803712 F329.254 W388 1991

文水县文化志
李广生主编 香港 香港天马图书公司 1999 年 800 页
b20577928 G127.254 W388 1999

文水县教育志
文水县教育体育局教育志编纂组编 陈福陵主编 文水 文水县教育体育局教育志编纂组 2009 年 447 页
b50729779 G527.254 W388 2009

文水县城镇中学校志 1983–2013
文水县城镇中学校志编纂委员会编著 张俊锐主编 太原 山西人民出版社 2013 年 616 页
b45453676 G639.282.54 W3881 2013

文水中学校志
文水中学校志编纂委员会编 陷有步主编 太原 三晋出版社 2011 年 293 页
b37531499 G639.282.54 W388 2011

文水方言志
胡双宝编 北京 语文出版社 1990 年 124 页〔山西省方言志丛书〕
b17183169 H172.2 H475 1990

刘胡兰纪念馆志 1956–2012
郭栋材主编 北京 中国文史出版社 2014 年 294 页
b46442352 K878.2 L677 2014

交城县

交城县志
交城县志编写委员会编 太原 山西古籍出版社 1994年 935页
b10624776 K292.54 J368

交城县志 1986-2005
杨丽萍主编 北京 中华书局 2012年 1190页
b44810921 K292.54 J368 2012

段村镇志
山西省史志研究院编 田瑞主编 太原 山西古籍出版社 1994年 309页〔山西省重点乡镇村志系列丛书〕
b20391997 K292.55 D744 1994

交城县人民代表大会志
交城县人民代表大会志编纂委员会编 石保平主编 交城 交城县人民代表大会志编纂委员会 2010年 764页
b49506043 D624.254 J368 2010

交城县教育志 初稿
交城县教育志编写组编 常兆祥主编 交城 交城县教育志编写组 1986年 121页
b20181899 G527.254 J368 1986

交城县地名录
交城县民政局编 胡增博主编 交城 交城县民政局 1989年 117页
b20015367 K922.54 J368J 1989

兴　县

兴县志
贾维桢 尚永红 孙海声主编 北京 中国大百科全书出版社 1993年 666页
b10640903 K292.54 X463

兴县政协志
政协兴县委员会编 康荣惠主编 兴县 政协兴县委员会 2016年 634页
b5072986x D628.254 X463 2016

兴县军事志 556-2006
兴县军事志编纂委员会编 崔雷廷 徐应军主编 兴县 兴县军事志编纂委员会 2010年 428页
b49789879 E289.254 X463 2010

兴县财政志
王贵荣 孙海声主编 太原 山西经济出版社 1997年 404页
b2176587x F812.725.4 X463 1997

兴县文化志 1840-1991
贾佩珍主编 太原 山西人民出版社 1993年 574页
b19930653 G127.254 J243 1993

兴县教育志 1840-1988
贾佩珍主编 太原 山西人民出版社 1991年 452页
b16092168 G527.254 J243 1991

山西黑茶山林区植物志
王喜贵 吴埃平主编 太原 山西科学技术出版社 1999年 287页
b20045141 Q948.522.5 W482 1999

临　县

临县志
临县志编纂委员会编 段崇象主编 北京 海潮出版社 1994年 906页
b10726433 K292.54 L581

后刘家庄村志
刘长久 刘峰主编 太原 山西人民出版社 2009年 270页
b20403252 K292.55 D1369 2009

木瓜坪乡志
木瓜坪乡志编委会编 赵有庆编著 临县 木瓜坪乡志编委会 2014年 138页
b49678139 K292.55 M689 2014

碛口志
王洪廷编著 太原 山西经济出版社 2005年 393页
b16261434 K292.55 Q167 2005

临县民政志
刘众民主编 太原 山西人民出版社 2011年 705页
b35969921 D632 L581 2011

临县电力志 1970–2010
李平陆主编 太原 山西人民出版社 2010年 504页
b22032356 F426.61 L581 2010

临县煤炭志
李廷江主编 太原 山西人民出版社 2013年 465页
b44916656 F426.21 L581 2013

临县交通志
刘焕林 曹毓楠主编 太原 山西人民出版社 2010年 371页
b22032368 F512.725.4 L581 2010

临县地税志
孙三平主编 太原 山西人民出版社 2012年 512页
b40649568 F812.725.4 L581 2012

临县教育志
王海平主编 太原 山西人民出版社 2010年 920页
b21764219 G527.254 L581 2010

柳林县

柳林县志
李九林主编 北京 中国海潮出版社 1995年 756页〔中华人民共和国地方志丛书〕
b10597645 K292.54 L711

柳林屯村志 征求意见稿
柳林屯村志编纂委员会编 刘永禹主编 柳林 柳林屯村志编纂委员会 1994年 油印本 136页
b21569113 K292.55 L711 1994

柳林县人民代表大会志 1981–2010
柳林县人民代表大会志编纂委员会编 宋月照主编 太原 山西人民出版社 2011年 784页
b23216323 D624.254 L711 2011

柳林县政协志 1984–2014
杨登生主编 柳林 中国人民政治协商会议柳林县委员会 2015年 529页
b49472203 D628.254 L699 2015

柳林电力工业志 1948–1998
柳林电力工业局编 马晓华主编 太原 山西人民出版社 2002年 380页〔山西省电力工业志丛书〕
b4985138x F426.61 L711 2002

沙曲矿志 1989–2011
李玉麟主编 太原 山西经济出版社 2013年 577页
b44749612 F426.21 S231 2013

柳林县教育志 初稿
柳林县教育志编纂办公室编 杨海量主编 柳林 柳林县教育志编纂办公室 1997年 632页
b27576012 G527.254 L711

柳林县地名录
柳林县民政局编 李文俊主编 柳林 柳林县民政局 1988年 126页
b16141714 K922.54 L711 1988

柳林县水利志
陈保华主编 太原 山西人民出版社 2006年 674页
b17178629 TV-092 C414 2006

石楼县

石楼县志
石楼县志编纂委员会编 张祥 刘根奎主编 太原 山西人民出版社 1994年 607页
b10488406 K292.54 S473

石楼县人民代表大会志 1954–2014
石楼县人民代表大会常务委员会编 孙卫东主编 石楼 石楼县人民代表大会常务委员会 2014年 547页
b49789715 D624.254 S473 2014

石楼县人民法院志 1945–2015
石楼县人民法院编 杨海兵主编 太原 山西人民出版社 2016年 349页
b49864671 D926.22 S4735 2016

石楼县军事志 前665–2006
石楼县军事志编纂委员会编 郭雄 纪根有主编 吕梁 吕梁联众设计印业公司 2010年 287页
b40649465 E289.254 S473 2010

石楼县人民医院院志
贾小强主编 石楼 石楼县人民医院 2015年 473页
b49827273 R199.225.4 S473 2015

岚 县

岚县志
康茂生主编 北京 中国科学技术出版社 1991年 744页
b10600607 K292.54 L173

岚县河口乡志
河口乡志编委会编 史桂发主编 岚县 河口乡志编委会 2016年 508页
b49506092 K292.55 H2854 2016

岚县政协志 1984–2015
李拴珍 刘瑞峰主编 太原 山西人民出版社 2017年 837页
b50189116 D628.254 L173 2017

方山县

方山县志
方山县县志编纂办公室编 张春浦主编 太原 山西人民出版社 1993年 540页
b10655190 K292.54 F226

方山县工会志
方山县工会志编纂委员会编 白子亮 张克明主编 太原 山西人民出版社 2018年 486页
b51079938 D412.825.4 F226 2018

方山县人大志 1981–2014
方山县人大志编纂委员会编 任年有主编 方山 方山县人大志编纂委员会 2015年 783页

b49505907 D624.254 F226 2015

方山县人民法院志
山西省方山县人民法院编 武元成主编 方山 山西省方山县人民法院 2010 年 533 页
b50318639 D926.22 F226 2010

中阳县

中阳县志
中阳县志编纂委员会编 阴乃二主编 太原 山西人民出版社 1996 年 831 页
b10600802 K292.54 Z645

中阳县人民代表大会志 1946.3–2007.12
中阳县人民代表大会常务委员会编 高江主编 中阳 中阳县人民代表大会常务委员会 2008 年 568 页
b44852502 D624.254 Z645 2008

中阳县林业志
中阳县林业局编 武中明主编 中阳 中阳县林业局 2009 年 251 页
b4947263x F326.272.54 Z645 2009

中阳教育志
中阳县教育志编纂领导组编 任慎让主编 中阳 中阳县教育志编纂领导组 1999 年 393 页
b21571454 G527.254 Z645 1999

中阳县方言志
胡福汝编著 上海 学林出版社 1990 年 153 页
b1469587x H172.2 H471

交口县

交口县志
山西省交口县地方志编纂委员会编 郭聚义主编 北京 中华书局 2002 年 740 页
〔中国地方志丛书〕
b14446844 K292.54 J3684 2002

交口县志 乡镇志
交口县史志编纂委员会编 武允明主编 交口 交口县史志编纂委员会 2015 年 213 页
b46995377 K292.54 J3684C 2015

内蒙古自治区

内蒙古通志 第1卷 地理
内蒙古通志编纂委员会编 刑野主编 呼和浩特 内蒙古人民出版社 2007年 531页
b1824094x K292.6 N263R 2007

内蒙古通志 第2卷 经济 上
内蒙古通志编纂委员会编 刑野主编 呼和浩特 内蒙古人民出版社 2007年 478页
b1824094x K292.6 N263R 2007

内蒙古通志 第3卷 经济 下
内蒙古通志编纂委员会编 刑野主编 呼和浩特 内蒙古人民出版社 2007年 532页
b1824094x K292.6 N263R 2007

内蒙古通志 第4卷 政治 军事
内蒙古通志编纂委员会编 刑野主编 呼和浩特 内蒙古人民出版社 2007年 609页
b1824094x K292.6 N263R 2007

内蒙古通志 第5卷 文化
内蒙古通志编纂委员会编 刑野主编 呼和浩特 内蒙古人民出版社 2007年 576页
b1824094x K292.6 N263R 2007

内蒙古通志 第6卷 民俗
内蒙古通志编纂委员会编 刑野主编 呼和浩特 内蒙古人民出版社 2007年 628页
b1824094x K292.6 N263R 2007

内蒙古自治区志 外事志 送审稿
蒙古自治区志外事志编纂委员会编 呼和浩特 蒙古自治区志外事志编纂委员会 2007年 463页〔内蒙古自治区地方志丛书〕
b49849499 K292.6 N263QD 2007

内蒙古自治区志 供销合作社志
乌兰巴特尔 杨玺总纂 王生厚卷总纂 韩宝旃卷主编 呼和浩特 内蒙古人民出版社 2007年 494页〔内蒙古自治区地方志丛书〕
b37531992 K292.6 W464 2007

内蒙古自治区志 第1卷 大事记
内蒙古自治区地方志编纂委员会办公室编 乌日吉图主编 呼和浩特 内蒙古人民出版社 1997年 1052页〔内蒙古自治区地方志丛书〕
b13255198 K292.6 N263Q

内蒙古自治区志 第2卷 人事志
内蒙古自治区人事厅编 白音德力海主编 赤峰 内蒙古教育出版社 1999年 654页〔内蒙古自治区地方志丛书〕
b13466732 K292.6 N263Q

内蒙古自治区志 第3卷 铁路志
蒙古自治区志铁路志编辑部编 韩志然等总纂 张生荣卷主编 北京 中国铁道出版社 1998年 395页〔内蒙古自治区地方志丛书〕
b13466719 K292.6 N263Q

内蒙古自治区志 第4卷 水产志
蒙古自治区志水产志编纂委员会编 呼和

浩特 内蒙古人民出版社 1998 年 193 页〔内蒙古自治区地方志丛书〕
b13518240 K292.6 N263Q

内蒙古自治区志 第 5 卷 商业志
蒙古自治区志商业志编纂委员会编 张培桂总编 呼和浩特 内蒙古人民出版社 1998 年 556 页〔内蒙古自治区地方志丛书〕
b13518239 K292.6 N263Q

内蒙古自治区志 第 6 卷 民用航空志
内蒙古自治区志民用航空志编纂委员会编纂 王秀清主纂 呼和浩特 内蒙古人民出版社 1999 年 383 页〔内蒙古自治区地方志丛书〕
b13518252 K292.6 N263Q

内蒙古自治区志 第 7 卷 地质矿产志
蒙古自治区志地质矿产志编纂委员会编 潘启宇主编 呼和浩特 内蒙古人民出版社 1999 年 361 页〔内蒙古自治区地方志丛书〕
b13518264 K292.6 N263Q

内蒙古自治区志 第 8 卷 畜牧志
蒙古自治区志畜牧志编纂委员会编 许岢主编 呼和浩特 内蒙古人民出版社 1999 年 577 页〔内蒙古自治区地方志丛书〕
b1351829x K292.6 N263Q

内蒙古自治区志 第 9 卷 粮食志
蒙古自治区志粮食志编纂委员会编 吴奇本主编 呼和浩特 内蒙古人民出版社 1997 年 536 页〔内蒙古自治区地方志丛书〕
b13518185 K292.6 N263Q

内蒙古自治区志 第 10 卷 科学技术志
内蒙古自治区志科学技术志编纂委员会编 李铁生主编 呼和浩特 内蒙古人民出版社 1997 年 1135 页〔内蒙古自治区地方志丛书〕
b13518197 K292.6 N263Q

内蒙古自治区志 第 11 卷 物资志
内蒙古自治区志物资志编编纂委员会编 苗尚文主编 呼和浩特 内蒙古人民出版社 1997 年 398 页〔内蒙古自治区地方志丛书〕
b13518203 K292.6 N263Q

内蒙古自治区志 第 12 卷 测绘志
蒙古自治区志测绘志编纂委员会编 索守伦主编 呼和浩特 内蒙古人民出版社 1997 年 337 页〔内蒙古自治区地方志丛书〕
b13518215 K292.6 N263Q

内蒙古自治区志 第 13 卷 共产党志
任亚平主编 呼和浩特 内蒙古人民出版社 1999 年 726 页〔内蒙古自治区地方志丛书〕
b13518227 K292.6 N263Q

内蒙古自治区志 第 14 卷 财政志
唐斧主编 呼和浩特 内蒙古自治区财政厅编印 1995 年 549 页
b13518276 K292.6 N263Q

内蒙古自治区志 第 14 卷 财政志
唐斧 崔更发主编 北京 中国财政经济出版社 2007 年 737 页〔内蒙古自治区地方志丛书〕
b2012143x K292.6 N263Q

内蒙古自治区志 第15卷 邮电志
内蒙古自治区志邮电志编纂委员会编 张树旺主编 呼和浩特 内蒙古人民出版社 2000年 819页〔内蒙古自治区地方志丛书〕
b13749353 K292.6 N263Q

内蒙古自治区志 第16卷 政府志
蒙古自治区志政府志编纂委员会编 呼和浩特 内蒙古人民出版社 1998年 1093页〔内蒙古自治区地方志丛书〕
b13966121 K292.6 N263Q

内蒙古自治区志 第17卷 公路 水运交通志
蒙古自治区志公路水运交通志编纂委员会编 韩志然等总纂 郝继业卷主编 呼和浩特 内蒙古人民出版社 2001年 795页〔内蒙古自治区地方志丛书〕
b13966194 K292.6 N263Q

内蒙古自治区志 第18卷 统计志
蒙古自治区志统计志编纂委员会编 乌兰巴特尔等总纂 呼和浩特 远方出版社 2002年 626页〔内蒙古自治区地方志丛书〕
b13966133 K292.6 N263Q

内蒙古自治区志 第19卷 电力工业志
蒙古自治区志电力工业志编纂委员会编 呼和浩特 内蒙古人民出版社 1997年 473页〔内蒙古自治区地方志丛书〕
b13966145 K292.6 N263Q

内蒙古自治区志 第20卷 煤炭工业志
蒙古自治区志煤炭工业志编纂委员会编 刘永泽 刘志詹主编 北京 煤炭工业出版社 1999年 619页〔内蒙古自治区地方志丛书〕
b13966157 K292.6 N263Q

内蒙古自治区志 第21卷 工会志
蒙古自治区志工会志编纂委员会编 呼和浩特 内蒙古人民出版社 2001年 479页
b13966169 K292.6 N263Q

内蒙古自治区志 第22卷 军事志
蒙古自治区志军事志编纂委员会编 乌兰巴特尔等总纂 昭日格图 王印清卷主编 呼和浩特 内蒙古人民出版社 2002年 735页〔内蒙古自治区地方志丛书〕
b1396611x K292.6 N263Q

内蒙古自治区志 第23卷 农业志
蒙古自治区志农业志编纂委员会编 刘永安主编 呼和浩特 内蒙古人民出版社 2000年 580页〔内蒙古自治区地方志丛书〕
b16344522 K292.6 N263Q

内蒙古自治区志 第24卷 气象志
蒙古自治区志气象志编纂委员会编 北京 气象出版社 2005年 428页〔内蒙古自治区地方志丛书〕
b17044686 K292.6 N263Q

内蒙古自治区志 第25卷 武警志
中国人民武装警察部队内蒙古自治区总队史志编审委员会编 王钰嵌主编 呼和浩特 内蒙古人民出版社 2003年 701页
b18660356 K292.6 N263Q

内蒙古自治区志 第26卷 公安志
内蒙古自治区公安厅编 赵黎平主编 北京 中国人民公安大学出版社 2008年 2卷 1824页〔内蒙古自治区地方志丛书〕
b18659287 K292.6 N263Q

内蒙古自治区志 第27卷 审计志
内蒙古自治区审计志编纂委员会编 王国

盛主编 呼和浩特 远方出版社 2003年 529页〔内蒙古自治区地方志丛书〕
b1951718x K292.6 N263Q

内蒙古自治区志 第27卷 审计志 2003-2012
长江主编 北京 中国时代经济出版社 2015年 321页〔内蒙古自治区地方志丛书〕
b47316780 K292.6 N263QC

内蒙古自治区志 第28卷 税务志
乌兰巴特尔 杨玺总纂 李青山 白烨卷主编 呼和浩特 内蒙古人民出版社 2006年 735页〔内蒙古自治区地方志丛书〕
b17760616 K292.6 N263Q

内蒙古自治区志 第29卷 工商行政管理志
乌兰巴特尔 杨玺总纂 王玉英主编 呼和浩特 远方出版社 2008年 498页
b20121386 K292.6 N263Q

内蒙古自治区志 第31卷 技术监督志
刘秀清 阮景海 段勇主编 北京 方志出版社 2004年 570页〔内蒙古自治区地方志丛书〕
b20121064 K292.6 N263Q

内蒙古自治区志 第32卷 政协志
陈毅民主编 呼和浩特 内蒙古人民出版社 2009年 702页〔内蒙古自治区地方志丛书〕
b20575865 K292.6 N263Q

内蒙古自治区志 第33卷 乡镇企业志
贺海东主编 呼和浩特 内蒙古教育出版社 2009年 318页〔内蒙古自治区地方志丛书〕
b20882889 K292.6 N263Q

内蒙古自治区志 第34卷 检察志
刑宝玉主编 呼和浩特 内蒙古人民出版社 2008年 492页〔内蒙古自治区地方志丛书〕
b21137092 K292.6 N263Q

内蒙古自治区志 第35卷 出入境检验检疫志
内蒙古自治区出入境检验检疫局编 呼和浩特 内蒙古人民出版社 2009年 759页〔内蒙古自治区地方志丛书〕
b21592500 K292.6 N263Q

内蒙古自治区志 第36卷 卫生志
郑泽民主编 赤峰 内蒙古科学技术出版社 2007年 1110页〔内蒙古自治区地方志丛书〕
b21569587 K292.6 N263Q

内蒙古自治区志 第37卷 广播电视志
内蒙古自治区广播电视志编审委员会编 刘瑞主编 呼和浩特 内蒙古人民出版社 2003年 529页〔内蒙古自治区地方志丛书〕
b21569575 K292.6 N263Q

内蒙古自治区志 第38卷 人民代表大会志
尤仁 柳秀主编 呼和浩特 内蒙古人民出版社 2007年 1312页〔内蒙古自治区地方志丛书〕
b40648977 K292.6 N263Q

内蒙古自治区志 第39卷 旅游志
内蒙古自治区旅游局主编 赵广华总编 呼和浩特 内蒙古人民出版社 2010年 808页〔内蒙古自治区地方志丛书〕
b40648965 K292.6 N263Q

内蒙古自治区志 第40卷 妇联志
陈羽主编 呼和浩特 内蒙古人民出版社

2008年 660页〔内蒙古自治区地方志丛书〕
b4093536x K292.6 N263Q

内蒙古自治区志 第41卷 民俗志
内蒙古自治区地方志办公室编 杨泽荣主编 北京 方志出版社 2012年 2卷 632页〔内蒙古自治区地方志丛书〕
b46133112 K292.6 N263Q

内蒙古自治区志 第41卷 共青团志
常志刚总编 呼和浩特 远方出版社 2013年 700页〔内蒙古自治区地方志丛书〕
b46012345 K292.6 N263Q

内蒙古自治区志 第42卷 方言志 蒙古语卷
杨泽荣主编 北京 方志出版社 2012年 1040页〔内蒙古自治区地方志丛书〕
b46442431 K292.6 N263Q

内蒙古自治区志 第42卷 方言志 达斡尔语 鄂温克语 鄂伦春语卷
杨泽荣主编 北京 方志出版社 2012年 284页〔内蒙古自治区地方志丛书〕
b46442431 K292.6 N263Q

内蒙古自治区志 第42卷 方言志 汉语卷
杨泽荣主编 北京 方志出版社 2012年 752页〔内蒙古自治区地方志丛书〕
b46442431 K292.6 N263Q

内蒙古自治区志 第43卷 测绘志 1988–2008
郭党师主编 呼和浩特 内蒙古人民出版社 2011年 298页〔内蒙古自治区地方志丛书〕
b4731705x K292.6 N263Q

内蒙古自治区志 第44卷 宣传志
内蒙古自治区党委宣传部编 周纯杰主编 呼和浩特 内蒙古人民出版社 2015年 608页〔内蒙古自治区地方志丛书〕
b47317061 K292.6 N263Q

内蒙古自治区志 第45卷 统计志 1998–2013
内蒙古自治区统计局主编 呼和浩特 内蒙古大学出版社 2014年 742页〔内蒙古自治区地方志丛书〕
b49505580 K292.6 N263Q

内蒙古自治区志 第46卷 环境保护志
内蒙古自治区环境保护厅编 李万忠 苏青主编 呼和浩特 远方出版社 2010年 749页〔内蒙古自治区地方志丛书 内蒙古史志丛书〕
b49533265 K292.6 N263Q

内蒙古自治区志 第48卷 人口志
邸少坚 王玉希主编 呼和浩特 内蒙古人民出版社 2016年 589页〔内蒙古自治区地方志丛书〕
b51091112 K292.6 N263Q 2016

内蒙古大兴安岭林区共青团志
董振峰主编 呼和浩特 内蒙古人民出版社 1993年 561页
b46995511 D292.26 D596 1993

内蒙古林业工会志 1949–2015
陈远主编 呼伦贝尔 内蒙古文化出版社 2016年 934页
b49823462 D412.826 C436 2016

内蒙古文化大革命通志
邢野 宿梓枢主编 香港 中国科学教育文化国际交流促进会出版社 2005年 568页
b17760331 D652 X479N 2005

内蒙古知识青年通志
内蒙古通志馆 赤峰市圣宝成置业公司编 邢野主编 呼和浩特 内蒙古人民出版社 2003 年 491 页〔内蒙古十通〕
b16028582 D652 X479 2003

内蒙古民盟志
中国民主同盟内蒙古自治区委员会编 徐翔 赵彦铮主编 呼和浩特 中国民主同盟内蒙古自治区委员会 2006 年 78 页
b22431020 D665.2 N263 2006

内蒙古国土资源通志
邢野主编 呼和浩特 内蒙古人民出版社 2001 年 500 页〔内蒙古十通〕
b13933346 F129.926 X479

内蒙古轻纺工业志
内蒙古自治区轻纺工业厅编 曾昭义主编 呼和浩特 内蒙古人民出版社 1995 年 589 页
b27574787 F426.8 N263 1995

内蒙古自治区电力工业志
内蒙古自治区电力工业志编纂委员会编 张彬主编 北京 当代中国出版社 1996 年 419 页〔中国电力工业志丛书〕
b49850295 F426.61 N263 1996

内蒙古旅游资源通志
邢野主编 呼和浩特 内蒙古人民出版社 2002 年 476 页〔内蒙古十通〕
b13766867 F592.7 N263

内蒙古建设银行志
中国人民建设银行内蒙古分行编 呼和浩特 建设银行内蒙古分行 1994 年 830 页
b49533277 F832.726 Z649 1994

内蒙古金融志
内蒙古金融志编纂委员会编 董化南主编 呼和浩特 内蒙古人民出版社 2007 年 3 卷 2143 页
b21571752 F832.726 D594 2007

内蒙古自治区农业政策金融志
卢纯才主编 呼和浩特 内蒙古人民出版社 2001 年 430 页
b45453251 F832.726 L791 2001

内蒙古保险志 2001–2010
内蒙古保险学会编 智鹏飞主编 呼和浩特 内蒙古保险学会 2014 年 935 页
b47317048 F842.726 Z598 2014

内蒙古教育史志资料 第 1–2,22 卷
内蒙古教育志编委会编 呼和浩特 内蒙古大学出版社 1995 年 4 卷
b10565450 G527.26–09 N263

内蒙古汉语方言志
马国凡 邢向东 马叔骏著 呼和浩特 内蒙古教育出版社 1997 年 433 页
b1317633x H172.2 M137

中华舞蹈志 内蒙古卷
中华舞蹈志编辑委员会编 蓝凡主编 王景志卷主编 上海 学林出版社 2014 年 347 页
b44694040 J709.2 Z6436 2014

中华舞蹈志 内蒙古卷
中华舞蹈志编辑委员会编 蓝凡主编 王景志卷主编 上海 学林出版社 2006 年 347 页
b16455836 J709.226 Z643 2006

中国曲艺志 内蒙古卷
中国曲艺志全国编辑委员会编 中国曲艺志内蒙古卷编辑委员会编 罗扬主编 达·阿拉坦巴干卷主编 北京 中国ISBN中心 2000年 506页
b10643059 J809.2 Z648

中国戏曲志 内蒙古卷
中国戏曲志编辑委员会 中国戏曲志内蒙古卷编辑委员会编 张庚主编 北京 中国ISBN中心 1994年 640页
b10771712 J809.2 Z651N

内蒙古方志通要
内蒙古自治区地方志办公室 内蒙古通志馆编 杨泽荣总纂 邢野主编 呼和浩特 远方出版社 2017年 814页
b50747770 K292.6 Y252 2017

绥远通志
刑野 姜宝泰主编 呼和浩特 内蒙古人民出版社 2005年 692页〔内蒙古十通通志系列〕
b16802457 K292.6 X4799 2005

内蒙古当代医学人物志
李少白主编 北京 中国医药科技出版社 1990年 379页
b17736055 K826.2 L4171 1990

内蒙古电力人物志 巴彦淖尔卷
董建民主编 巴彦诺尔 巴彦诺尔电业局 2007年 452页
b21764505 K826.16 D594 2007

内蒙古民俗风情通志
邢野 宿梓枢主编 呼和浩特 内蒙古人民出版社 2004年 643页〔内蒙古十通〕
b16006616 K892.426 X479 2004

内蒙古风物志
内蒙古风物志编写组编 呼和浩特 内蒙古人民出版社 1985年 268页〔中国风物志丛书〕
b12160799 K922.6 N262F

内蒙古自治区地名志 包头市分册
内蒙古自治区地名委员会编 呼和浩特 内蒙古自治区地名委员会 1985年 820页
b13743181 K922.63 B255

内蒙古自治区地名志 呼和浩特市分册
内蒙古自治区地名委员会编 呼和浩特 内蒙古自治区地名委员会 1985年 372页
b1374317x K922.63 H455

中华人民共和国内蒙古自治区地名录
内蒙古自治区革命委员会编测绘局 民政局编 呼和浩特 内蒙古自治区测绘局民政局 1976年 871页
b13933401 K922.6 N263

内蒙古测绘志
索守伦主编 呼和浩特 内蒙古测绘志编纂委员会 1993年 385页
b17991791 P2-092 S821 1993

内蒙古植物志 第1卷
内蒙古植物志编辑委员会编 马毓泉主编 呼和浩特 内蒙古人民出版社 1989年 第2版 294页
b20013012 Q948.522.6 N262 1989

内蒙古植物志 第2-4卷
内蒙古植物志编写组编著 呼和浩特 内蒙古人民出版社 1996年 3卷 1698页
b16018825 Q948.5226 v4

内蒙古白粉菌志
刘铁志著 赤峰 内蒙古科学技术出版社 2010 年 322 页
b44851960 Q949.327.5 L689 2010

内蒙古苔藓植物志
赵遵田著 白学良主编 呼和浩特 内蒙古大学出版社 1997 年 541 页
b13654317 Q949.35 B152

内蒙古动物志 第 1 卷 圆口纲 鱼纲
旭日干主编 呼和浩特 内蒙古大学出版社 2013 年 329 页
b13654305 Q958.522.6 X625

内蒙古动物志 第 2 卷 1 陆栖脊椎动物总论
旭日干主编 呼和浩特 内蒙古大学出版社 2001 年 247 页
b13654305 Q958.522.6 X625

内蒙古动物志 第 2 卷 2 两栖纲 爬行纲
旭日干主编 呼和浩特 内蒙古大学出版社 2001 年 247 页
b13654305 Q958.522.6 X625

内蒙古动物志 第 3 卷 鸟纲 非雀形目
旭日干主编 呼和浩特 内蒙古大学出版社 2013 年 679 页
b13654305 Q958.522.6 X625

内蒙古动物志 第 4 卷 鸟纲 雀形目
旭日干主编 呼和浩特 内蒙古大学出版社 2015 年 583 页
b13654305 Q958.522.6 X625

内蒙古动物志 第 5 卷 哺乳纲 啮齿目 兔形目
旭日干主编 呼和浩特 内蒙古大学出版社 2016 年 309 页
b13654305 Q958.522.6 X625

内蒙古动物志 第 6 卷 哺乳纲 非啮齿动物
旭日干主编 呼和浩特 内蒙古大学出版社 2016 年 319 页
b13654305 Q958.522.6 X625

内蒙古昆虫志 半翅目 – 异翅亚科
能乃扎布主编 呼和浩特 内蒙古人民出版社 1986 年 469 页
b19733641 Q968.222.6 N273 1986

内蒙古植物药志 第 1,3 卷
朱亚民主编 呼和浩特 内蒙古人民出版社 1989 年 2 卷 1248 页
b16288890 R281.426 Z722 1989

中国内蒙古土种志
内蒙古自治区土壤普查办公室编 内蒙古自治区土壤肥料工作站 赵俊寿主编 北京 中国农业出版社 1994 年 499 页
b27574799 S155.922.6 Z434 1994

内蒙古自治区农业技术推广志
内蒙古农业技术推广站编 贾振业主编 呼和浩特 内蒙古人民出版社 2001 年 236 页
b27574805 S3–33 N263 2001

内蒙古农作物品种志
内蒙古自治区革命委员会农林局编 呼和浩特 内蒙古人民出版社 1976 年 352 页
b12086599 S329.225 N262

内蒙古自治区农作物种子志
王礼主编 呼和浩特 内蒙古人民出版社 1999 年 426 页
b17298878 S329.226 W222 1999

内蒙古自治区农作物种子志 1991–2002
张同美主编 呼和浩特 内蒙古人民出版社 2003 年 618 页

b44915925　S329.226　W222　2003

内蒙古自然灾害通志
邢野主编　呼和浩特　内蒙古人民出版社　2001 年　479 页〔内蒙古十通〕
b1365617x　X432.26　X479

呼和浩特市

呼和浩特市志　第 1 卷
呼和浩特市地方志编修办公室编　李瑛主编　呼和浩特　内蒙古人民出版社　1999 年　733 页〔内蒙古自治区地方志丛书〕
b13655012　K292.61　H4552

呼和浩特通志
内蒙古兴安岭实业股份有限公司编　内蒙古通志馆编　宿梓枢　邢野主编　呼和浩特　内蒙古人民出版社　2003 年　909 页〔内蒙古十通〕
b17735919　K292.61　S718　2003

呼和浩特市民政志
呼和浩特市民政局民政志编写办公室编　呼和浩特　呼和浩特市民政局民政志编写办公室　1986 年　286 页
b20949571　D672.61　H455　1986

金河志　1988–1998
金河志编纂委员会编　李守业主编　呼和浩特　内蒙古人民出版社　1998 年　331 页
b15601079　F279.26　J477　1998

呼钢志　1958–1984
呼和浩特钢铁厂编　马福元主编　呼和浩特　呼和浩特钢铁厂　1987 年　419 页
b50007622　F426.31　H455　1987

呼和浩特电力志
呼和浩特电力志编写委员会编　杜艺主编　呼和浩特　呼和浩特电力志编写委员会　1986 年　192 页
b40806364　F426.61　D698　1986

呼和浩特发电厂志　1988–1998
呼和浩特发电厂志编纂委员会编　杜艺主编　呼和浩特　远方出版社　1999 年　315 页〔内蒙古电力工业志丛书〕
b49982230　F426.61　H455　1999

内蒙古送变电工程公司志　第 1 卷 1958–1990
内蒙古送变电工程公司志编委会编　高振型主编　北京　水利电力出版社　1993 年　318 页
b51012200　F426.61　N2637　1993

呼和浩特交通志
颜景良主编　北京　人民交通出版社　1997 年　421 页〔呼和浩特市地方志丛书〕
b13833728　F512.726.1　Y168

呼和浩特铁路局志　1914–1988
呼和浩特铁路志编纂委员会编　北京　中国铁道出版社　1994 年　2 卷　1077 页
b20416489　F532.6　H455　1994

呼和浩特电信志
呼和浩特市电信局编　呼和浩特　内蒙古人民出版社　1994 年　357 页
b50221905　F632.726.1　H455　1994

中国农业银行内蒙古自治区分行志
李儒农等主编　呼和浩特　内蒙古人民出版社　2007 年　793 页
b49804285　F832.33　N263　2007

内蒙古自治区群众艺术馆文化馆志
内蒙古自治区群众艺术馆编 呼和浩特 内蒙古人民出版社 1997 年 404 页
b36379670 G249.272.6 N263 1997

呼和浩特市档案志
呼和浩特市档案志编纂委员会编 姚子明主编 呼和浩特 内蒙古大学出版社 2012 年 392 页
b44749491 G279.272.61 Y297 2012

内蒙古自治区科学技术协会志 1951–1997（呼和浩特）
张应琦主编 呼和浩特 内蒙古大学出版社 1998 年 493 页
b47073378 G322.726 Z368 1998

内蒙古自治区科学技术协会志 1997–2007
内蒙古科学技术协会编著 呼和浩特 内蒙古大学出版社 2008 年 571 页
b22431044 G322.726 N263 2008

内蒙古自治区农业科学院志 1950–1990
刘怀北 李彦主编 呼和浩特 内蒙古大学出版社 1998 年 282 页
b21569563 G322.232.6 N263 1998

呼和浩特市教育志
呼和浩特市教育志编辑委员会编 张云鹏主笔 呼和浩特 内蒙古人民出版社 1990 年 253 页
b17298945 G527.261 Z368 1990

呼和浩特市第二中学校志 1942–2012
呼和浩特市第二中学校志编写组编 呼和浩特 呼和浩特市第二中学校志编写组 2012 年 191 页
b49472100 G639.282.61 H455 2012

呼和浩特市第一中学校志 1903–1993
呼和浩特市第一中学校志编写组编 呼和浩特 呼和浩特市第一中学校志编写组 1993 年 64 页
b20101739 G639.282.6 H455 1993

呼和浩特市实验中学五十年校志 1955–2005
嘎达莎主编 呼和浩特 呼和浩特市实验中学五十年校志编委会 2005 年 142 页
b20102963 G639.282.61 G114 2005

内蒙古师大附中志
内蒙古师大附中志编纂委员会编 斯琴照日格图主修 呼和浩特 内蒙古教育出版社 1994 年 220 页
b18281084 G639.282.6 N263 1994

内蒙古林学院志
内蒙古林学院志编纂委员会编 郭连生主修 崔纯璞主纂 呼和浩特 远方出版社 1998 年 474 页
b13655978 G649.282.6 N2635

内蒙古农业大学经济管理学院院志
高潮 修长柏主编 呼和浩特 内蒙古人民出版社 2012 年 486 页〔内蒙古农业大学建校 60 周年纪念丛书〕
b45656393 G649.282.6 N2633J 2012

内蒙古农业学校志 1924–2008
李永义 卢剑主编 北京 农业出版社 2008 年 401 页
b20099800 G649.282.6 N2633 2008

内蒙古师范大学体育学院志 1952–2012
内蒙古师范大学体育学院志编委会编著 呼和浩特 内蒙古人民出版社 2012 年 316 页
b41235393 G659.282.6 N2637 2012

内蒙古师范大学志 1952–1992
内蒙古师范大学志编委会编 窦伯菊主修 刘成法主纂 呼和浩特 内蒙古人民出版社 1993 年 773 页
b13655966 G659.282.6 N263

内蒙古师范大学志 2005–2012
陈中永 杨一江主修 刘成法主纂 呼和浩特 内蒙古教育出版社 2012 年 912 页
b49963636 G659.282.6 N263C 2012

呼和浩特职业教育志
呼和浩特职业教育志编委员编 荣板晓主编 呼和浩特 内蒙古人民出版社 1996 年 332 页
b16427245 G719.29 H455 1996

内蒙古电子信息职业技术学院志 2001–2011
内蒙古电子信息职业技术学院校志编委会编 廉福生主纂 呼和浩特 内蒙古电子信息职业技术学院校志编委会 2011 年 429 页
b47073081 G719.282.6 N2632 2011

内蒙古电子学校志 1981–2001
内蒙古电子学校志编纂委员会编 刘友仁主纂 呼和浩特 内蒙古电子学校志编纂委员会 2001 年 254 页
b21569551 G719.282.61 N2632 2001

内蒙古建筑职业技术学院志 1956–2006
侯元主修 王立主纂 呼和浩特 内蒙古地矿印刷厂 2006 年 439 页
b20121210 G719.282.6 N263 2006

呼和浩特市蒙古族学校校志 1948–1998
呼和浩特市蒙古族学校编 呼和浩特 内蒙古教育出版社 1998 年 251 页
b20099034 G758.1 H455 1998

呼和浩特市民间歌舞剧团志
呼和浩特市民间歌舞剧团编 邢野 段八旺主编 长春 吉林文史出版社 2013 年 674 页〔内蒙古文化遗产丛书〕
b50664931 J792.4 X479 2013

呼和浩特经济技术开发区如意工业园区志
呼和浩特经济技术开发区如意工业园区管委会编 逯志强主编 呼和浩特 内蒙古大学出版社 2012 年 431 页
b40791567 K292.61 H4551 2012

呼和浩特市政协志
呼和浩特市政协志编纂委员会编 刘香芸主编 呼和浩特 内蒙古人民出版社 2007 年 2 卷 1235 页
b18472084 K292.61 L692H 2007

呼和浩特市地名志
却金扎布编 呼和浩特 呼和浩特市人民政府 1985 年 372 页
b12160787 K922.63 Q685

内蒙古医科大学第二附属医院志 1985–2015
内蒙古医科大学第二附属医院编 杨学军主编 王美珍 李晓涛执行主编 呼和浩特 内蒙古医科大学第二附属医院 2015 年 314 页
b50152026 R197.3 N263 2015

内蒙古一机医院志 内蒙古医学院第四附属医院志 1958–2008
内蒙古一机医院志编纂委员会编纂 王青山主编 呼和浩特 内蒙古人民出版社 2008 年 399 页
b50016957 R199.2 N263 2008

内蒙古自治区石油化工监督检验研究院志
内蒙古自治区石油化工监督检验研究院

编 李强主编 呼和浩特 内蒙古人民出版社 2015年 470页〔内蒙古自治区地方志丛书〕
b51091100 TE626-24 N263 2015

内蒙古电力科学研究院志 1958-2002
内蒙古电力科学研究院志编纂委员会编 徐润生 张翼展主编 呼和浩特 内蒙古电力科学研究院 2003年 296页〔内蒙古电力工业志丛书〕
b21764499 TM-242.26 N263 2003

内蒙古自治区水利水电勘测设计院志 1956-2006
胡大海主编 呼和浩特 内蒙古自治区水利水电勘测设计院 2007年 427页
b21855778 TV22-242.26 H469 2007

新城区

呼和浩特市新城区志
张祥主编 呼和浩特 远方出版社 2006年 2卷 1360页
b17232089 K292.61 X443 2006

新城区志
呼和浩特市新城区志编纂办公室编 张祥主编 呼和浩特 内蒙古党委印刷厂 1992年 653页
b20462414 K292.61 X443 1992

回民区

呼和浩特市回民区志
呼和浩特市回民区志编纂办公室编 丹昌国主编 呼和浩特 内蒙古广播电视厅机关印刷厂 1996年 461页
b21988146 K292.61 H691 1996

呼和浩特市回民区政协志
呼和浩特市回民区政协志编纂委员会编 牛俊主编 呼和浩特 呼和浩特市回民区政协志编纂委员会 2008年 260页
b20576808 D628.263 H455 2008

玉泉区

玉泉区志
玉泉区志编纂委员会编 李杰主编 呼和浩特 内蒙古人民出版社 1993年 520页〔内蒙古自治区地方志丛书〕
b46240421 K292.61 Y774 1993

呼和浩特市玉泉区教育志
马进魁主编 呼和浩特 内蒙古大学出版社 2016年 556页
b50747551 G527.261 Y774 2016

赛罕区

呼和浩特市郊区志
呼和浩特市郊区志编纂委员会编 雷忠主编 呼和浩特 内蒙古人民出版社 1996年 840页〔内蒙古自治区地方志丛书〕
b20467527 K292.61 L291 1996

后不塔气村志
乡镇农村史志家谱丛书编委会编 后不塔气村编委会编 云龙著 呼和浩特 乡镇农村史志家谱丛书编委会 2006年 143页〔“乡镇农村史志家谱”丛书〕
b36128910 K292.65 H443 2006

内蒙古呼和浩特市郊区地名志
呼和浩特市郊区人民政府编 呼和浩特 呼和浩特市郊区人民政府 1984年 258页
b15246802 K922.61 H455J 1984

呼和浩特市郊区水利志
呼和浩特市郊区水利志编纂委员会编 金保年主编 呼和浩特 内蒙古人民出版社 2002年 660页〔内蒙古自治区地方志丛书〕
b20136341 TV-092 J476 2002

托克托县

托克托县志
托克托县志编委会编 朱耀主编 呼和浩特 内蒙古人民出版社 2003年 2卷 1228页〔内蒙古自治区地方志丛书〕
b16446197 K292.64 T586 2003

托克托县志 前307-1981
托克托县志编写委员会编 张军主编 托克托 托克托县志编写委员会 1984年 修订稿 469页
b10503286 K292.64 T586

托克托县政协志
中国人民政治协商会议托克托县委员会编 塔娜主编 托克托 中国人民政治协商会议托克托县委员会 2010年 349页
b50067059 D628.264 T586 2010

托克托发电公司志 1983-2006
托克托发电公司志编纂委员会编 郝志邦主编 北京 中国电力出版社 2008年 535页
b50778444 F426.61 T586 2008

托克托县教育志
托克托县教育志编写委员会编 张睿主编 呼和浩特 托克托县教育志编写委员会 1990年 276页
b18261760 G527.264 T586 1990

托克托文物志
石俊贵主编 北京 中华书局 2006年 2卷
b16662696 K872.264 S473 2006

托克托县地名志
托克托县人民政府编 托克托 托克托县人民政府 1984年 179页
b1642508x K922.64 T586 1984

和林格尔县

和林格尔县志
和林格尔县志编纂委员会编 温明亮主编 呼和浩特 内蒙古人民出版社 1993年 670页〔内蒙古自治区地方志丛书〕
b16006586 K292.64 H313 1993

和林格尔县政协志
伊明世主编 呼和浩特 呼和浩特市铭泰精工印务有限公司 2007年 285页
b18571761 D628.264 Y398 2007

和林格尔县政协志 1984.3-2012.6
和林格尔县政协志编纂委员会编 康德文主编 和林格尔 和林格尔县政协志编纂委员会 2012年 459页
b4123490x D628.264 H313 2012

和林格尔教育志
和林格尔县教育委员会编 弓福主编 呼和浩特 和林格尔县教育委员会 2000年 429页
b45840210 G527.264 H313 2000

清水河县

清水河县志
清水河县志编纂委员会编 万凤翔主编 海拉尔 内蒙古文化出版社 2001年 910页

〔内蒙古自治区地方志丛书〕
b1373989x K292.64 Q467

清水河方言志
李景泉著 呼和浩特 内蒙古大学出版社 1996 年 173 页
b20044975 H172.1 L397 1996

武川县

武川县志
武川县武川县志编纂委员会编 呼和浩特 内蒙古人民出版社 1988 年 822 页〔内蒙古自治区地方志丛书〕
b10525051 K292.64 W532

武川县志 1987–1997
武川县武川县志（续编）编纂委会编 呼和浩特 内蒙古人民出版社 1998 年 714 页〔内蒙古自治区地方志丛书〕
b13427064 K292.64 W532B

武川县志 1998–2009
武川县志（1998–2009）编纂委员会编 张占福主编 北京 方志出版社 2010 年 862 页〔内蒙古自治区地方志丛书〕
b21570723 K292.64 W532 2010

武川县文物志
武川县文物志编纂委员会编 于贤来 赵慧林主编 武川 武川县文物志编纂委员会 2005 年 517 页
b20046078 K872.264 Y726 2005

土默特左旗

土默特志 第 2 卷
土默特左旗土默特志编纂委员会编 云海主编 呼和浩特 内蒙古人民出版社 1997 年 979 页
b15545064 K292.64 T492Z 1997

土默特左旗人民代表大会志 1950–2013
土默特左旗人民代表大会常务委员会编 李银枝主编 土默特左旗 土默特左旗人民代表大会常务委员会 2013 年 507 页
b5034769x D624.264 T492 2013

土默特左旗政协志 1957–2012
中国人民政治协商会议土默特左旗委员会编 张老在主编 土默特左旗 中国人民政治协商会议土默特左旗委员会 2013 年 432 页
b47206640 D628.264 T492 2013

包头市

包头市志 评审稿
包头市志办公室编 包头 包头市志办公室 2001 年 2 卷
b1773597x K292.63 B255T 2001

内蒙古自治区志 第 47 卷 包钢志 1954–1990
包钢志编委会编 魏栓师主编 呼和浩特 远方出版社 2016 年 952 页〔内蒙古自治区地方志丛书〕
b50347470 K292.6 N263Q

包头民族宗教志稿
包头市民族事务委员会编 包头 内蒙古教育印刷厂 1996 年 243 页
b19931177 B928.2 B255 1996

包头政协志 1950–1987
王耀康主编 包头 内蒙古教育印刷厂 1987 年 212 页
b18571712 D628.26 B255 1987

包头政协志 1991.1-2003.6
政协包头市委员会编 白舍旺主编 包头 政协包头市委员会 2003 年 280 页
b18572790 D628.26 B255 2003

包头民政志
张和平主编 呼和浩特 内蒙古人民出版社 2011 年 402 页
b37531396 D632 B255 2011

东钢厂志 1957-1986
东风钢铁厂编 周自立主编 包头 东风钢铁厂 1987 年 564 页
b50317775 F426.31 D582 1987

石宝铁矿志 1988-2008
石宝铁矿志编纂委员会编 李志强主编 包头 石宝铁矿志编纂委员会 2008 年 335 页
b47415046 F426.1 S472 2008

包头铁路分局志 1923-1988
包头铁路分局志编委会编 刘平安主编 包头 包头铁路分局志编纂委员会 1992 年 592 页
b49607443 F532.826.3 B255 1992

包头公安交通管理志
包头公安交通管理志编纂委员会编 张福祥主编 呼和浩特 内蒙古人民出版社 2001 年 613 页
b20418061 F542.826.3 B255 2001

包头公路交通志
张洪川主编 呼和浩特 内蒙古人民出版社 1995 年 508 页〔包头市地方志丛书〕
b2004155x F542.826.3 Z353 1995

包头税务志
包头市税务志编委会编 呼和浩特 内蒙古人民出版社 1994 年 474 页〔包头市地方志丛书〕
b40864376 F812.726.3 B255 1994

包头市文化志
包头市文化局编 戴炳林主编 呼和浩特 内蒙古人民出版社 2001 年 571 页
b16079516 G127.263 D151 2001

包头科学技术志 史前-1990
孙兆瑞主编 呼和浩特 内蒙古人民出版社 2001 年 796 页
b21282754 G322.726.3 S779 2001

包头体育志
肖国柱主编 赵首人总纂 呼和浩特 内蒙古人民出版社 1995 年 399 页〔包头市地方志丛书〕
b38892984 G812.726.3 B255 1995

包头国家稀土高新技术产业开发区志
稀土高新区志编纂委员会编 任福主编 呼和浩特 内蒙古人民出版社 2012 年 905 页
b37531384 K292.63 B255B 2012

包头城市建设志
包头城市建设志编纂委员会编 耿志强主编 呼和浩特 内蒙古大学出版社 2007 年 410 页
b22428653 TU984.226.3 B255 2007

昆都仑区

昆都仑区志
昆都仑区地方志史编修委员会办公室编 桂晓梅主编 呼和浩特 内蒙古人民出版

社 2006 年 2 卷 925 页〔内蒙古自治区地方志丛书〕
b17360006 K292.63 B255K 2006

东河区

东河区志
王慧主编 北京 中国档案出版社 2007 年 1450 页〔内蒙古自治区地方志丛书〕
b36168671 K292.63 D5823 2007

青山区

包头市青山区志
包头市青山区志编撰委员会编 呼和浩特 内蒙古人民出版社 2007 年 2 卷 1350 页〔内蒙古自治区地方志丛书〕
b18658921 K292.63 Q464 2007

包头市青山区志 1991–2010
包头市青山区志编纂委员会编 苗林旺主编 呼和浩特 内蒙古人民出版社 2016 年 2 册 1324 页〔内蒙古自治区地方志丛书〕
b50777658 K292.63 B255Q 2016

白云鄂博矿区

白云鄂博矿区志
白云鄂博矿区志编纂委员会编 呼和浩特 远方出版社 1998 年 430 页〔内蒙古自治区地方志丛书〕
b36245124 K292.63 B152 1998

白云鄂博矿区志 1994–2009
白云鄂博矿区地方志编纂委员会编 赵剑海主编 呼伦贝尔 内蒙古文化出版社 2010 年 800 页
b21762685 K292.63 B152 2010

白云鄂博铁矿志 1957–2006
包刚白云鄂博铁矿编 姬志勇 杨占峰主编 包头 包刚白云鄂博铁矿 2006 年 739 页
b21590576 F426.1 J115 2006

九原区

包头市郊区志
任宽厚主编 呼和浩特 内蒙古人民出版社 1999 年 358 页〔内蒙古自治区地方志丛书〕
b22428665 K292.63 B255J 1999

万水泉镇志
万水泉镇志编纂委员会编 庄荣起 宋安智主编 呼和浩特 内蒙古人民出版社 2013 年 601 页
b46274194 K292.65 W173 2013

包头市九原区人民代表大会志
包头市九原区人大常委会编 姚国良主编 包头 包头市九原区人大常委会 2012 年 606 页
b49788693 D624.263 B255J 2012

固阳县

固阳县志
固阳县地方志编纂委员会编 任永利主编 呼和浩特 内蒙古人民出版社 1999 年 702 页〔内蒙古自治区地方志丛书〕
b13426709 K292.64 G561

固阳县志
固阳县地方志编纂委员会 任永利主编 呼和浩特 内蒙古人民出版社 2015 年 第 2 版 711 页〔内蒙古自治区地方志丛书〕
b4707338x K292.64 G561 2015

土默特右旗

土默特右旗志
土默特右旗志编纂委员会编 史银堂主编 呼和浩特 内蒙古人民出版社 1994年 1291页〔内蒙古自治区地方志丛书〕
b13274326 K292.64 T492

土默特右旗志 1991–2008
张海明主编 呼和浩特 远方出版社 2009年 1129页〔内蒙古史志丛书〕
b2100142x K292.64 T492 2009

苏波盖村志
侯林河编著 呼和浩特 内蒙古大学出版社 2016年 492页
b50747952 K292.65 S694 2016

达尔罕茂明安联合旗

达尔罕茂明安联合旗志
达尔罕茂明安联合旗志编纂委员会编 孟克德力格尔 韩俊璞主编 呼和浩特 内蒙古人民出版社 1994年 822页〔内蒙古自治区地方志丛书〕
b10521136 K292.64 D123

达尔罕茂明安联合旗志 1991–2005
韩俊璞主编 呼伦贝尔 内蒙古文化出版社 2008年 807页〔内蒙古自治区地方志丛书〕
b20948384 K292.64 D123 2008

达尔罕茂明安联合旗教育志
达尔罕茂明安联合旗教育志编纂委员会编 郭杰主编 呼伦贝尔 内蒙古文化出版社 2017年 644页
b49951026 G527.264 D123 2017

乌海市

乌海市志
乌海市志编纂委员会编 史继法主编 呼和浩特 内蒙古人民出版社 1996年 862页〔内蒙古自治区地方志丛书〕
b13518173 K292.63 W463

乌海市志 1994–2008
梁树平主编 呼和浩特 内蒙古人民出版社 2012年 1123页〔内蒙古自治区地方志丛书〕
b4666791x K292.63 W463D 2012

乌海市人民代表大会志
乌海市人民代表大会志编纂委员会编 史继法主编 乌海 乌海市人民代表大会志编纂委员会 2003年 466页〔乌海市专志系列丛书〕
b49534245 D624.263 W463 2003

乌海市政协志 1981–2006
政协乌海市委员会编 乌海 政协乌海市委员会 2007年 354页
b20045979 D628.263 W463 2007

乌海市审计志 1983–2010
乌海市审计志编纂委员会编 冯文彬主编 乌海 乌海市审计志编纂委员会 2012年 170页
b50152634 F239.227.263 W463 2012

乌海公路交通志
张云飞主编 乌海 乌海市交通局 1997年 406页
b21570644 F542.826.3 W463 1997

建设银行乌海市分行志
中国建设银行乌海市分行志编委会编 李

占山主编 乌海 中国建设银行乌海市分行 2004 年 278 页
b50152646 F832.726.3 W463 2004

内蒙古自治区地名志 乌海市分册
内蒙古自治区地名委员会编 呼和浩特 内蒙古自治区地名委员会 1989 年 120 页
b13933516 K922.63 W463

海勃湾区

海勃湾区志
海勃湾区志编纂委员会编 边存俊主编 呼和浩特 内蒙古人民出版社 1999 年 609 页〔内蒙古自治区地方志丛书〕
b15602205 K292.63 W463H 1999

海南区

海南区志
海南区地方志编纂委员会编 吴焕学总纂 呼和浩特 内蒙古人民出版社 2004 年 764 页〔内蒙古自治区地方志丛书〕
b15641673 K292.63 W463L 2004

乌海市海南区人民代表大会志
王培林主编 乌海 乌海市海南区人民代表大会志编纂委员会 2012 年 581 页
b5077797x D624.263 W463H 2012

乌达区

乌达区志
乌达区地方志编纂委员会编 呼和浩特 内蒙古人民出版社 2001 年 631 页〔内蒙古自治区地方志丛书〕
b16446975 K292.63 W463W 2001

赤峰市

赤峰市志
赤峰市地方志编纂委员会编 武国栋总纂 呼和浩特 内蒙古人民出版社 1996 年 3 卷 3445 页〔内蒙古自治区地方志丛书〕
b10503596 K292.63 C515

中共赤峰地区宣传志 1945–2014
中共赤峰市委宣传部编纂委员会编 佟国清主编 呼伦贝尔 内蒙古文化出版社 2015 年 416 页
b49669072 D261.5 C515 2015

赤峰市政协志 讨论稿
赤峰市政协志编纂委员会编 赤峰 赤峰市政协志编纂委员会 2008 年 2 卷 1033 页
b2024454x D628.263 C515 2008

赤峰市中级人民法院志
赤峰市中级人民法院志编委会编 金柱主编 赤峰 赤峰市中级人民法院志编委会 2011 年 324 页
b50318433 D926.22 C515 2011

赤峰军事志
杨志春 倪金峰 于志军主编 呼和浩特 内蒙古人民出版社 1992 年 518 页
b20534048 E289.263 C515 1992

赤峰市工商行政管理志
赤峰市地方志办公室编 田雨亭主编 赤峰 赤峰市地方志办公室 1998 年 613 页
b4074324x F123.82 C515 1998

赤峰市建设志
赤峰市建设局主办 赤峰市建设志编纂委员会编 斯钦巴特尔主编 赤峰 内蒙古科学技术出版社 1999 年 675 页

b41235381 F299.272.63 C515 1999

赤峰市林业志
赤峰市林业志编纂委员会编 赤峰 内蒙古科学技术出版社 2015年 710页
b49963612 F326.272.63 C515 2015

赤峰市农垦志
王士侠主编 赤峰 赤峰市农牧场管理局 2001年 211页
b46667763 F327.453 C515 2001

柴胡栏子金矿志
柴胡栏子金矿志编委会编 李景禄主编 赤峰 赤峰富德印刷公司 2003年 212页
b22032617 F426.1 L397 2003

赤峰彩世印刷有限公司志 2001–2010
赤峰彩世印刷有限公司志编纂委员会编 赵怀信主编 赤峰 赤峰彩世印刷有限公司志编纂委员会 2011年 249页
b50861669 F426.84 C515 2011

赤峰制药厂志
赤峰制药厂志编辑委员会 刘玉琛主编 呼和浩特 内蒙古人民出版社 1994年 486页〔内蒙古自治区地方志丛书〕
b49849487 F426.77 L693 1994

赤峰市公路交通志
赤峰市公路交通志编委会编 马群主编 北京 人民交通出版社 1997年 439页〔内蒙古自治区地方志丛书〕
b20041937 F542.826.3 M141 1997

赤峰市邮电志
赤峰市邮电志编纂委员会编 王全主编 北京 方志出版社 1998年 728页
b49848835 F632.726.3 W227 1998

赤峰市粮食志 1946–2010
赤峰市粮食志编纂委员会编 王敬国主编 呼伦贝尔 内蒙古文化出版社 2011年 555页
b49963600 F724.721 C515 2011

赤峰市财政志
杨凤趾主编 赤峰 赤峰市财政局 1996年 407页
b46101822 F812.726.3 C515 1996

赤峰税务志 讨论稿
赤峰税务志编纂办公室编 樊景龙主编 赤峰 赤峰税务志编纂办公室 1992年 486页
b50016775 F812.726.342 C515 1992

赤峰市金融志
董化南主编 呼和浩特 内蒙古人民出版社 1996年 938页〔内蒙古自治区地方志丛书〕
b49849475 F832.726.3 C515 1996

赤峰市教育志
赤峰市教育志编纂委员会编 赤峰 内蒙古科学技术出版社 1995年 490页
b18261784 G527.263 C515 1995

赤峰市地名志
赤峰市人民政府编 赤峰 赤峰市人民政府 1987年 914页
b20368823 K922.63 C515D 1987

内蒙古自治区地名志 赤峰市分册
内蒙古自治区地名委员会编 呼和浩特 内蒙古自治区地名委员会 1987年 914页
b13743168 K922.63 C515

赤峰市农作物种子志
翟培恩主编 香港 亚太新闻出版社 2003

年 549 页〔赤峰市地方志丛书〕
b49472471 S329.226.3 C515 2003

赤峰市水利志 1991–2015
李延庆 郭玉强主编 赤峰 内蒙古科学技术出版社 2016 年 988 页
b50065555 TV–092 C5152 2016

红山区

赤峰市红山区志
赤峰市红山区地方志编纂委员会编 斯乃洪主编 呼和浩特 内蒙古人民出版社 1996 年 832 页〔内蒙古自治区地方志丛书〕
b21567281 K292.63 C515HS 1996

赤峰市红山区志 1991–2007
刘瑞祥主编 呼伦贝尔 内蒙古文化出版社 2012 年 2 卷 1002 页
b45840970 K292.63 C515HS 2012

赤峰市红山区文化志
赤峰市红山区文化志编委会编 张占海主编 赤峰 内蒙古科学技术出版社 1999 年 548 页
b2053324x G127.263 C515H 1999

赤峰市红山区文化馆志 纪念建馆五十周年
赤峰市红山区文化馆志编委会编 赵文戈主编 赤峰 赤峰市红山区文化馆志编委会 1996 年 195 页
b49640537 G249.272.63 C515H 1996

赤峰市红山区教育志 1644–1990
赤峰市红山区教育志编委会编 李文廷主编 呼和浩特 内蒙古人民出版社 1993 年 468 页
b18572704 G527.263 L419 1993

赤峰市红山区地名志
赤峰市红山区地名志编辑委员会编辑 赤峰 赤峰市红山区人民政府 1989 年 236 页
b18622112 K922.63 H419 1989

元宝山区

赤峰市元宝山区志
赤峰市元宝山区地方志编纂委员会编 赵芝怀主编 呼和浩特 内蒙古人民出版社 1997 年 939 页
b13274570 K292.63 C515Y

赤峰市元宝山区志 1996–2008
赤峰市元宝山区地方志编纂委员会编 赤峰 赤峰市元宝山区地方志编纂委员会 2011 年 评审稿 2 册 1248 页〔内蒙古自治区地方志丛书〕
b50991991 K292.63 C515Y 2011

建昌营镇志
建昌营镇志编纂委员会编 呼和浩特 内蒙古人民出版社 1995 年 406 页〔赤峰市元宝山区地方志丛书〕
b13990858 K292.65 J295

元宝山区军事志 前 1800–2005
元宝山区军事志编纂委员会编 杨青松主编 赤峰 元宝山区军事志编纂委员会 2008 年 409 页
b50234468 E289.263 C515Y 2008

五家煤矿志
五家煤矿志编纂委员会编 苏国禹主编 赤峰 五家煤矿志编纂委员会 2014 年 415 页
b49705520 F426.21 W538 2014

松山区

松山区志
赤峰市松山区志编纂委员会编 赵建国主编 沈阳 辽宁人民出版社 1995 年 1130 页
b13274612 K292.63 C515S

赤峰市松山区志 1991–2005
赤峰市松山区地方志编纂委员会编 赤峰 赤峰市松山区地方志编纂委员会 2008 年 送审稿 766 页
b20948293 K292.63 C515F 2008

赤峰市松山区人民代表大会志 1948–2011
赤峰市松山区人民代表大会志编纂委员会编 张百川主编 呼伦贝尔 内蒙古文化出版社 2012 年 730 页
b40739776 D624.263 C515S 2012

松山区政协志
段玉强 郑顺生主编 赤峰 政协赤峰市松山区委员会 2007 年 298 页
b20103931 D628.263 S673 2007

松山区法院志 1949–2015
董德文主编 北京 光明日报 2016 年 853 页
b50747940 D926.22 C515S 2016

赤峰市郊区教育志
赤峰市郊区教育志编纂委员会编 王彗主编 赤峰 赤峰市郊区教育志编纂委员会 1992 年 465 页〔赤峰市郊区地方志丛书〕
b18571785 G527.263 W218 1992

内蒙古赤峰市郊区地名志
赤峰市郊区人民政府赤峰市郊区地名志编纂委员会编 赤峰 赤峰市郊区地名志编纂委员会 1987 年 305 页
b20014107 K922.63 C515J 1987

林西县

林西县志
林西县志编纂委员会编 谢国柱主编 呼和浩特 内蒙古人民出版社 1999 年 930 页〔内蒙古自治区地方志丛书〕
b13933000 K292.64 L588

林西县政协志 1980–2017
中国人民政治协商会议林西县委员会编 王春艳主编 林西 中国人民政治协商会议林西县委员会 2017 年 550 页
b50729512 D628.264 L588 2017

内蒙古林西县地名志
林西县人民政府编 林西 林西县人民政府 1987 年 256 页
b18660393 K922.64–61 L588 1987

宁城县

宁城县志
宁城县志编纂委员会编 呼和浩特 内蒙古人民出版社 1992 年 1206 页〔内蒙古自治区地方志丛书〕
b15906176 K292.64 N413 1992

宁城县政协志
中国人民政治协商会议宁城县委员会编 曲山主编 宁城 中国人民政治协商会议宁城县委员会 2015 年 446 页
b47126255 D628.264 N413 2015

宁城县军事志 前 300–2005
宁城县军事志编纂委员会编 郭子刚 王志国 张明迪编纂 宁城 宁城县军事志编纂委员会 2008 年 472 页

b50234146　E289.264　N413　2008

宁城县书店志
宁城县书店志编纂委员会编　吴殿珍主编　赤峰　内蒙古科学技术出版社　1998 年　345 页
b5026896x　G239.272.64　N413　1998

阿鲁科尔沁旗

阿鲁科尔沁旗志
阿鲁科尔沁旗志编纂委员会编　阿拉坦格日乐主编　呼和浩特　内蒙古人民出版社　1994 年　1253 页〔内蒙古自治区地方志丛书〕
b10524988　K292.64　A114

阿鲁科尔沁旗志　1989–2006
阿鲁科尔沁旗地方志编纂委员会编　于丽华主编　呼伦贝尔　内蒙古文化出版社　2011 年　930 页〔内蒙古自治区地方志丛书〕
b40421156　K292.64　A114　2011

阿鲁科尔沁旗人口和计划生育志　1991–2014
阿鲁科尔沁旗人口和计划生育局　袁青林　哈斯通拉嘎主编　阿鲁科尔沁旗　阿鲁科尔沁旗人口和计划生育局　2017 年　266 页
b5099198x　C924.252.64　A114　2017

阿鲁科尔沁旗人民代表大会志
阿鲁科尔沁旗人民代表大会常务委员会编　李维明主编　阿鲁科尔沁旗　阿鲁科尔沁旗人民代表大会常务委员会　2002 年　609 页
b49532431　D624.264　A1144　2002

阿鲁科尔沁旗国土资源志
阿鲁科尔沁旗国土资源志编纂委员会编　韩福明主编　呼和浩特　内蒙古人民出版社　2010 年　752 页
b50065361　F129.926.4　A1144　2010

阿鲁科尔沁旗林业志
阿鲁科尔沁旗林业志编纂委员会编　贾志文主编　阿鲁科尔沁旗　阿鲁科尔沁旗林业志编纂委员会　2014 年　916 页
b46994865　F326.272.64　A1144　2014

巴林左旗

巴林左旗志
巴林左旗志编辑委员会编　巴林左旗　巴林左旗志编辑委员会　1985 年　680 页
b13588825　K292.64　B1139

巴林左旗志
巴林左旗志编纂委员会编　鲍海明主编　呼和浩特　内蒙古人民出版社　1996 年　修订本　1173 页〔内蒙古自治区地方志丛书〕
b16095467　K292.64　B1139C　1996

巴林左旗公路交通志
于洪臣主编　赤峰　巴林左旗交通局　2005 年　358 页
b4960742x　F512.726.4　B113　2005

巴林左旗教育志
巴林左旗教育志编辑委员会编　白鹤章主编　巴林左旗　巴林左旗东印刷厂　1989 年　496 页
b17298301　G527.264　B151　1989

林东第一中学简志
林东一中简志编委会编　赵凤喜主编　赤峰　林东第一中学印刷厂　2009 年　225 页
b20577199　G639.282.63　L585　2009

林东三中简志 1928–2008
林东三中简志编委会编 巴林左旗 林东三中简志编委会 2008 年 176 页
b20577205 G639.282.6 L585 2008

巴林右旗

巴林右旗志
巴林右旗志编纂委员会编 呼和浩特 内蒙古人民出版社 1990 年 799 页〔内蒙古自治区地方志丛书〕
b1060084x K292.64 B113

巴林右旗志 1987–2006
巴林右旗地方志编纂委员会编 钢苏和 孟和达来主编 呼和浩特 内蒙古人民出版社 2011 年 937 页
b49963594 K292.64 B113C 2011

巴林右旗人民代表大会志 1950–2004
梁新建主编 海拉尔 内蒙古文化出版社 2004 年 870 页
b17457634 D624.264 L493 2004

巴林右旗林业志
吴建兴主编 巴林右旗 内蒙古巴林右旗林业局 2007 年 450 页
b50066468 F326.272.64 B113 2007

巴林右旗邮电志
巴林右旗邮电局编 刘建国主编 巴林右旗 巴林右旗邮电局 1998 年 415 页〔内蒙古邮电志丛书〕
b49848793 F632.726.4 B113 1998

巴林右旗地名志
巴林右旗人民政府巴林右旗地名志编纂委员会编 巴林右旗 巴林右旗地名志编辑委员会 1987 年 246 页
b20013802 K922.64 B113 1987

赛罕乌拉自然保护区志
李桂林主编 王兴贵总纂 赤峰 内蒙古科学技术出版社 2005 年 587 页
b46240032 S759.992.263 S134 2005

克什克腾旗

克什克腾旗志
克什克腾旗地方志编纂委员会编 李振刚主编 呼和浩特 内蒙古人民出版社 1993 年 1144 页〔内蒙古自治区地方志丛书〕
b10645160 K292.64 K282

克什克腾旗公路交通志
张玉良主编 赤峰 内蒙古科学技术出版社 2006 年 266 页
b21568856 F542.826.4 K282 2006

克什克腾旗文物志
克什克腾旗文物志编委会编 刘志一主编 呼和浩特 内蒙古人民出版社 1993 年 265 页
b36379669 K872.264 K282 1993

翁牛特旗

翁牛特旗志
翁牛特旗志编纂委员会编 范郁森主编 呼和浩特 内蒙古人民出版社 1993 年 981 页〔内蒙古自治区地方志丛书〕
b10503638 K292.64 W412

翁牛特旗乌兰牧骑志
刘增军 张仲仁主编 呼伦贝尔 内蒙古文化出版社 2012 年 180 页
b40743858 G249.272.64 W412 2012

喀喇沁旗

喀喇沁旗志
喀喇沁旗志编纂委员会编 呼和浩特 内蒙古人民出版社 1998年 1334页〔内蒙古自治区地方志丛书〕
b1352690x K292.64 K111

喀喇沁旗军事志 前300–2005
喀喇沁旗军事志编纂委员会编 乌力吉主编 喀喇沁旗 喀喇沁旗军事志编纂委员会 2008年 326页
b5023402x E289.264 W464 2008

喀喇沁旗林业志
喀喇沁旗林业志编纂领导小组编 郭长升主编 喀喇沁旗 喀喇沁旗林业局 1999年 192页
b23229147 F326.272.64 K111 1999

喀喇沁旗地名志
赵桂馥主编 喀喇沁旗 喀喇沁旗人民政府 1986年 300页
b37531955 K922.64 K111 1986

喀喇沁旗水利志
喀喇沁旗水利志编纂领导小组编 呼和浩特 内蒙古人民出版社 1991年 208页
b21855754 TV–092 K111 1991

敖汉旗

敖汉旗志
敖汉旗志编纂委员会编 张乃夫主编 呼和浩特 内蒙古人民出版社 1991年 2卷 1347页〔内蒙古自治区地方志丛书〕
b10521148 K292.64 A245

敖汉旗人口和计划生育志
张乃夫主编 敖汉 敖汉旗人口和计划生育志编纂委员会 2016年 502页
b50861645 C924.252.64 A245 2016

敖汉旗人口志
黎晖主编 敖汉旗 敖汉旗计划生育委员会 1991年 309页〔敖汉旗地方志丛书〕
b19931165 C924.264 L372 1991

敖汉旗总工会志
张靖主编 敖汉 敖汉旗总工会志编纂委员会 2011年 558页
b50664670 D412.826.4 A245 2011

敖汉旗政协志
马新华主编 敖汉 敖汉旗政协志编纂委员会 2012年 469页
b50861657 D628.264 A245 2012

敖汉旗军事志 前300–2005
敖汉旗军事志编纂委员会编 张洪钟主编 敖汉旗 敖汉旗军事志编纂委员会 2008年 380页
b50233695 E289.264 A245 2008

新惠中学校志
新惠中学校志编纂委员会编 刘建华主编 赤峰 新惠中学校志编纂委员会 2002年 384页
b18659330 G639.282.64 L678 2002

敖汉旗地名志
敖汉旗人民政府编 敖汉旗 敖汉旗人民政府 1987年 407页
b4230734x K922.64–61 A245 1987

通辽市

通辽市志
王琼主编 北京 方志出版社 2002年 1252页

b15286861　K292.63　T426　2002

通辽市志　1999–2008
中共通辽市委史志办公室编　王守国主编　呼伦贝尔　内蒙古文化出版社　2009 年　2 卷　1902 页
b21571788　K292.63　T426C　2009

哲里木盟志
哲里木盟志编纂委员会编　杨青峰主编　北京　方志出版社　2000 年　2 卷　2010 页
b13544664　K292.62　Z444

中共通辽市委组织志
中共通辽市委组织部编　杨静波主编　通辽　中共通辽市委组织部　2016 年　443 页
b49550329　D235.263　T426C　2016

通辽市政协志
王宝湖主编　通辽　政协内蒙古通辽市委员会　200– 年　335 页
b20017091　D628.263　T426

通辽市军事志
陈庆荣　王宗华　杨秀春主编　北京　军事科学出版社　2008 年　583 页
b22432176　E289.263　T426　2008

通辽扶贫志
通辽市扶贫办公室编　王亚林主编　通辽　通辽市扶贫办公室　2009 年　398 页
b50347676　F126　T426　2009

通辽市发展和改革委员会志　1954–2015
通辽市发展和改革委员会编　刘兰英主编　通辽　通辽市发展和改革委员会　2016 年　400 页
b49640720　F127.263　T426　2016

通辽市审计志
通辽市审计局编　张青主编　通辽　通辽市审计局　2014 年　454 页
b4993899x　F239.227.263　T426　2014

胜利农场志　1954–1990
哲盟国营胜利农场场志办公室编辑　白金生主编　哲里木盟　哲盟国营胜利农场场志办公室　1995 年　352 页
b49982783　F324.1　S445　1995

哲里木盟农垦志
李双喜主编　哲里木盟　哲里木盟农牧场管理局　1998 年　544 页
b18621053　F324.1　L417　1998

通辽铁路分局志　1917–2000
通辽铁路分局志编纂委员会编　雷明义执行主编　北京　中国铁道出版社　2002 年　798 页
b22432188　F532.826　T426　2002

哲里木盟公路交通志
哲里木盟公路交通志编纂委员会编　安宇主编　北京　方志出版社　1997 年　392 页
b20047058　F542.826.2　A164　1997

哲里木盟邮电志
哲里木盟邮电局编　王太亭主编　北京　方志出版社　1996 年　462 页
b5001657x　F632.726.2　W231　1996

通辽市财政志　1616–2002
通辽市财政局编　张国秋主编　通辽　通辽市财政局　2002 年　575 页
b44916735　F812.726.3　T426　2002

通辽市地方税务志　1947–2010
通辽市地方税务局编　王长清主编　通辽

通辽市地方税务局 2013 年 639 页
b49983088 F812.726.342 T426 2013

哲里木盟金融志
哲里木盟金融志编辑部 张爱兰主编 呼和浩特 内蒙古新华印刷厂 1992 年 278 页
b4556954x F832.726.2 Z444 1992

中国人民财产保险股份有限公司通辽市分公司志
中国人民财产保险股份有限公司通辽市分公司志编纂委员会编 张建民主编 通辽 中国人民财产保险股份有限公司通辽市分公司志编纂委员会 2011 年 202 页
b51012662 F842.726.3 T426 2011

通辽市文化志 2009–2016
通辽市文化志编委会编 包福舜主编 通辽 通辽市文化志编委会 2017 年 348 页
b50861682 G127.263 T426 2017

哲里木盟文化志
哲盟文化志编纂委员会编 扎鲁特 扎鲁特旗印刷厂 1993 年 257 页
b19932935 G127.262 Z444 1993

通辽市教育志 1914–1988
通辽市教育志编写办公室编 刘汉良主编 通辽 通辽市教育志编写办公室 1988 年 529 页
b18572650 G527.263 L677 1988

哲里木盟教育志 1636–1986
哲里木盟教育处教育志编纂办公室编 哲里木盟 哲里木盟教育处教育志编纂办公室 1989 年 534 页
b20105095 G527.262 Z444 1989

通辽第四中学校志 1958–2008
葛海林主编 通辽 通辽四中 2008 年 210 页
b20404694 G639.282.63 T426 2008

内蒙古自治区地名志 哲里木盟分册
内蒙古自治区地名委员会编 呼和浩特 内蒙古自治区地名委员会 1990 年 895 页
b13933590 K922.62 Z444

哲里木盟地名志
诺敏总编 哲里木盟 哲里木盟地名委员会 1990 年 895 页
b20369141 K922.62 Z444C 1990

通辽市卫生志
白力军主编 通辽 通辽市卫生局 2005 年 1269 页
b50066730 R199.2 T4265 2005

科尔沁区

通辽市科尔沁区志 1999–2008
科尔沁区地方志编纂委员会编 乔志钢主编 呼伦贝尔 内蒙古文化出版社 2010 年 1252 页〔内蒙古自治区地方志丛书〕
b46995936 K292.63 K245 2010

科尔沁区政协志
科尔沁区政协志编纂办公室编 艾武利主编 通辽 科尔沁区政协志编纂办公室 2016 年 669 页
b49506079 D628.263 T426K 2016

科尔沁区公安史志 2004
科尔沁区公安分局编 王力田主编 通辽 科尔沁区公安局 2006 年 534 页
b50993835 D631 K245

霍林郭勒市

霍林郭勒市志
霍林郭勒市志编纂委员会编 程湜主编 呼和浩特 内蒙古人民出版社 1996 年 467 页〔内蒙古自治区地方志丛书〕
b13753010 K292.63 H793

霍林郭勒市志 1994–2006
霍林郭勒市志编纂委员会编 李东辉主编 呼伦贝尔 内蒙古文化出版社 2008 年 754 页〔内蒙古自治区地方志丛书〕
b20396387 K292.63 H793 2008

霍林河矿区志 1991–2000
霍林河矿区志编纂委员会编 张福仲主编 通辽 霍林河矿区志编纂委员会 2003 年 532 页
b50861670 F426.21 H793 2003

开鲁县

开鲁县志
耿璞主编 海拉尔 内蒙古文化出版社 2001 年 1106 页
b13946079 K292.64 K122

开鲁县志 1998–2007
开鲁县地方志编纂委员会编 呼伦贝尔 内蒙古文化出版社 2008 年 745 页〔内蒙古自治区地方志丛书〕
b19929596 K292.64 K122 2008

开鲁县义和塔拉镇五合村志 1913–2007
开鲁县义和塔拉镇五合村志编纂组编 王相武主编 开鲁 开鲁县义和塔拉镇五合村志编纂组 2008 年 176 页
b46011602 K292.65 W538 2008

开鲁县政协志 1980–2017
政协开鲁县委员会编纂 包步仁主编 开鲁 政协开鲁县委员会 2017 年 715 页
b50727485 D628.264 K122 2017

开鲁检察志 2010–2016
开鲁县人民检察院编 高宗荣撰 开鲁 开鲁县人民检察院 2017 年 192 页
b50017007 D926.32 K122 2017

开鲁县财政志 1908–2001
开鲁县财政局编 张国成 贾和主编 开鲁 开鲁县财政局 2008 年 522 页
b44851868 F812.726.4 K122 2008

库伦旗

库伦旗志
包福舜主编 呼伦贝尔 内蒙古文化出版社 2005 年 926 页
b17457804 K292.64 K416 2005

库伦旗志 1646–2008
库伦旗志编纂委员会编 张立峰主编 呼伦贝尔 内蒙古文化出版社 2010 年 1224 页〔内蒙古自治区地方志丛书〕
b30301476 K292.64 K416C 2010

中共库伦旗委组织志
中共库伦旗委组织部编 高明主编 库伦 中共库伦旗委组织部 2016 年 339 页
b49938629 D235.264 K416C 2016

库伦旗检察志 1988–2016
库伦旗人民检察院编 包英兰总编 通辽 库伦旗人民检察院 2017 年 182 页
b50248066 D926.32 K416 2017

库伦旗教育志 1636–1986
库伦旗教育志编写办公室编 刘永顺主编 通辽 内蒙古通辽教育印刷厂 1993 年 335 页
b27575901 G527.264 K416 1993

奈曼旗

奈曼旗志
吴志强主编 北京 方志出版社 2002 年 1086 页〔内蒙古自治区自治区地方志丛书〕
b13833583 K292.64 N148

奈曼旗志 1999–2008
奈曼旗志编纂委员会编 蔡川龙主编 呼伦贝尔 内蒙古文化出版社 2010 年 1122 页〔内蒙古自治区地方志丛书〕
b21569599 K292.64 N148C 2010

奈曼旗公安志 1949–2011
奈曼旗公安志编纂委员会编 包巴根那主编 奈曼 奈曼旗公安志编纂委员会 2012 年 286 页
b50642984 D631 B255 2012

奈曼旗第一中学校志
奈曼旗第一中学校志编纂委员会编 杨子春主编 奈曼旗 奈曼旗第一中学校志编纂委员会 2003 年 378 页
b20403859 G639.282.64 N148 2003

奈曼旗文化志
奈曼旗文化志（总卷）编写组编 李延辉主编 北京 中央民族大学出版社 2017 年 汉文版 657 页
b50051490 K292.64 N148D 2017

扎鲁特旗

扎鲁特旗志
扎鲁特旗志编纂委员会编 都瓦萨主编 北京 方志出版社 2001 年 728 页
b16427063 K292.64 Z2665 2001

扎鲁特旗人口和计划生育志
扎鲁特旗人口和计划生育局编 步庆森主编 呼伦贝尔 内蒙古文化出版社 2014 年 420 页
b46018360 C924.252.64 Z266 2014

扎鲁特旗政协志
扎鲁特旗政协志编纂委员会编 陈守峰主编 北京 方志出版社 2010 年 550 页
b22364912 D628.264 Z266 2010

扎鲁特旗检察志 1955–2014
扎鲁特旗人民检察院编 傅强主编 扎鲁特旗 扎鲁特旗人民检察院 2015 年 158 页
b4741506x D926.32 Z266 2015

扎鲁特旗审计志
扎鲁特旗审计局编 王振生主编 呼伦贝尔 内蒙古文化出版社 2017 年 358 页
b5023304x F239.227.264 Z266 2017

科尔沁左翼中旗

科尔沁左翼中旗志
赵海山主编 海拉尔 内蒙古文化出版社 2003 年 1072 页
b15905846 K292.64 K245K 2003

科尔沁左翼中旗志 1998–2008 年
科尔沁左翼中旗志编纂委员会编 白铁峰主编 呼伦贝尔 内蒙古文化出版社 2010 年 1120 页

b49963624　K292.64　K2458　2010

巴彦塔拉中学校志　1952–1992
巴彦塔拉中学校志编写组编　巴彦塔拉　巴彦塔拉中学校志编写组　1992 年　57 页
b18571827　G639.282.65　B114　1992

科尔沁左翼后旗

科尔沁左翼后旗志
科尔沁左翼后旗志编纂委员会编　巴根那主编　呼和浩特　内蒙古人民出版社　1993 年　1061 页
b13946213　K292.64　K2459

科尔沁左翼后旗志　1989–2007
科尔沁左翼后旗志编纂委员会编　阎舍楞希林布和主编　呼伦贝尔　内蒙古文化出版社　2008 年　866 页〔内蒙古自治区地方志丛书〕
b2024518x　K292.64　K2459　2008

科左后旗总工会志
都嘎尔主编　科左后旗　科左后旗总工会志编纂委员会　2015 年　374 页
b5006633x　D412.826.4　K245　2015

科尔沁左翼后旗人民代表大会志
科尔沁左翼后旗人民代表大会常务委员会编　赵青龙主编　科尔沁左翼后旗　科尔沁左翼后旗人民代表大会常务委员会　2009 年　764 页
b49533435　D624.264　K245　2009

科尔沁左翼后旗政协志　1980–2003
陈林　那达木德主编　科尔沁左翼后旗　政协科尔沁左翼后旗委员会　2003 年　354 页
b20015495　D628.264　C424　2003

甘旗卡一中志
甘旗卡一中志编纂委员会编　刘国卿　那达木德主编　科左后旗　甘旗卡一中志编纂委员会　1985 年　300 页
b20100875　G639.282.65　G157　1985

鄂尔多斯市

伊克昭盟志
伊克昭盟地方志编纂委员会编　梁冰总纂　北京　现代出版社　1994 年　6 卷
b10636262　K292.62　Y398

伊克昭盟政协志　1949–2001
政协伊克昭盟委员会编　鄂尔多斯　内蒙古鄂尔多斯日报社印刷厂　2001 年　351 页
b20017765　D628.263　Y398　2001

鄂尔多斯市公安志　1948–2008
王会师主编　北京　群众出版社　2008 年　383 页
b40500925　D631　E127　2008

神华东胜精煤公司志　1984–1998
神华东胜精煤公司志编委会编　院良臣主编　鄂尔多斯　神华东胜精煤公司志编委会　1998 年　627 页
b50268867　F426.21　E1272　1998

伊克昭盟交通志
伊克昭盟交通志编委会编　肖亦农主编　呼和浩特　内蒙古人民出版社　1997 年　251 页
b20046595　F512.726.2　Y398　1997

伊克昭盟教育志
伊克昭盟教育志编纂委员会编　鄂尔多斯　鄂尔多斯日报社印刷厂　1994 年　378 页
b17735725　G527.26　Y398　1994

鄂尔多斯市蒙古族中学志
鄂尔多斯市蒙古族中学志编纂委员会编 吉斯塔主纂 鄂尔多斯 鄂尔多斯市蒙古族中学志编纂委员会 2006 年 288 页
b20137527 G639.282.63 E127 2006

伊盟蒙古族中学志
伊盟蒙古族中学志编纂委员会编 杨勇主纂 呼和浩特 内蒙古教育出版社 1996 年 233 页
b47415058 G758.1 Y398 1996

内蒙古自治区地名志 **伊克昭盟分册**
内蒙古自治区地名委员会编 呼和浩特 内蒙古自治区地名委员会 1986 年 493 页
b13933425 K922.62 Y398

伊克昭盟地名录
伊克昭盟地名委员会编 伊克昭盟 伊克昭盟地名委员会 1986 年 191 页
b20141555 K922.62 Y398Y 1986

鄂尔多斯植物志
鄂尔多斯植物志编纂者编 呼和浩特 内蒙古人民出版社 2007 年 2 卷 1273 页
b21802014 Q948.522.63 E127 2007

东胜区

东胜市志
东胜市志编纂委员会编 李世义主编 呼和浩特 内蒙古人民出版社 1997 年 995 页〔内蒙古自治区地方志丛书〕
b10503626 K292.63 D582

达拉特旗

达拉特旗志
达拉特旗史志征编办公室编 郭世乐主编 呼和浩特 远方出版社 2006 年 751 页
b17298660 K292.64 D1238 2006

内蒙古伊克昭盟达拉特旗地名志
达拉特旗人民政府编 达拉特旗地名志编委会编 达拉特旗 达拉特旗地名志编委会 1983 年 457 页
b20368835 K922.62 Y398N 1983

达拉特旗水利水保志
练志英主编 呼和浩特 内蒙古人民出版社 1989 年 280 页
b21855742 TV-092 L485 1989

准格尔旗

准格尔旗志
准格尔旗志编纂委员会编 呼和浩特 内蒙古人民出版社 1993 年 819 页〔内蒙古自治区地方志丛书〕
b1050364x K292.64 Z822

乌日图高勒乡志
川掌镇人民政府准格尔旗史志办公室编 呼和浩特 内蒙古地质测绘院地图印刷厂 2002年 359页〔内蒙古自治区地方志丛书〕
b20404736 K292.6 W4658 2002

准格尔能源公司志
准格尔能源公志编纂委员会编 吕廉主编 北京 方志出版社 2004 年 877 页
b5024775x F426.2 Z822 2004

准格尔旗科学技术协会志
刘生荣主编 北京 中国社会科学出版社 2010 年 399 页〔准格尔旗地方志丛书〕
b4953273x G322.726.4 Z822 2010

准格尔人物志
准格尔人物志编纂委员会编 杨玉铭主编 北京 中国文史出版社 2017年 762页
b50642327 K820.826.4 Z822 2017

准格尔旗文物志
刘玉印主编 呼和浩特 远方出版社 1998年 321页
b17514319 K872.264 L693 1998

鄂托克前旗

鄂托克前旗志
鄂托克前旗志编纂委员会编 余志龙主编 呼和浩特 内蒙古人民出版社 1995年 781页〔内蒙古自治区地方志丛书〕
b13275525 K292.64 E1277

鄂托克前旗志 1991-2009
鄂托克前旗地方志编纂委员会编 李巨义主编 呼和浩特 内蒙古人民出版社 2010年 904页〔内蒙古地方志丛书〕
b30301531 K292.64 E1277 2010

城川镇志
城川镇志编纂委员会编 李巨义主编 呼和浩特 内蒙古教育出版社 2011年 559页
b50777646 K292.65 v5

鄂托克旗

鄂托克旗志
鄂托克旗志编纂委员会编 仁钦道尔吉主编 呼和浩特 内蒙古人民出版社 1993年 989页〔内蒙古自治区地方志丛书〕
b10796137 K292.64 E127

鄂托克旗政协志
中国人民政治协商会议鄂托克旗委员会编 呼和浩特 内蒙古大学印刷厂 2002年 279页
b20014442 D628.264 E127 2002

鄂托克旗文化志 1949-2010
鄂托克旗文化志编纂委员会编 云苏米雅 那嘎耐主编 鄂托克旗 鄂托克旗文化志编纂委员会 2012年 229页
b45479495 G127.264 E127 2012

鄂托克旗文物志
内蒙古伊克昭盟鄂托克旗文物保护管理所编 鄂托克旗 内蒙古伊克昭盟鄂托克旗文物保护管理所 1990年 158页
b36379682 K872.264 E127 1990

杭锦旗

杭锦旗志
杭锦旗地方志编纂委员会编 崔永锋 贡生淖尔布主编 呼和浩特 内蒙古人民出版社 1994年 816页〔内蒙古自治区地方志丛书〕
b16081146 K292.64 H2267 1994

杭锦旗农业科技推广志
杭锦旗史志办公室编 张美英主编 北京 中国时代经济出版社 2013年 212页
b49803074 F327.264 H2267 2013

杭锦旗文物志
辛易莲 白志荣主编 鄂尔多斯 鄂尔多斯日报印刷厂 2006年 148页
b20576638 K872.264 X447 2006

乌审旗

乌审旗志
乌审旗志编纂委员会编 尔德木图主编 呼

和浩特 内蒙古人民出版社 2001 年 1089 页〔内蒙古自治区地方志丛书〕
b13932974 K292.64 W465

乌审旗政协志
乌审旗政协志编纂委员会编 李斌总纂 北京 中央民族大学出版社 2017 年 289 页
b50092923 D628.264 W465 2017

伊金霍洛旗

伊金霍洛旗志
伊金霍洛旗志编纂委员会编 张相文总纂 呼和浩特 内蒙古人民出版社 1997 年 1132 页〔内蒙古自治区地方志丛书〕
b1300699x K292.64 Y398

乌兰木伦煤矿志 第 1 卷
神华神府东胜煤炭有限责任公司乌兰木伦煤矿编 张文有 王志强 高利编纂 伊金霍洛旗 神华神府东胜煤炭有限责任公司乌兰木伦煤矿 1998 年 340 页
b45840672 F426.21 W464 1998

伊金霍洛旗植物志
乔栈彪主编 呼和浩特 远方出版社 2013 年 616 页
b49963648 Q948.522.64 Y398 2013

呼伦贝尔市

呼伦贝尔盟志
呼伦贝尔盟史志编纂委员会编 程道宏 徐占江主编 海拉尔 内蒙古文化出版社 1999 年 3 卷 2536 页
b13753101 K292.62 H455

呼伦贝尔市工会志
封树民主编 呼伦贝尔 内蒙古文化出版社 2017 年 761 页
b5113178x D412.826.3 H455 2017

呼伦贝尔市人力资源和社会保障志 1949–2015
呼伦贝尔市人力资源和社会保障局编 铁岭主编 呼伦贝尔 呼伦贝尔市人力资源和社会保障局 2015 年 817 页
b50729251 F249.23 H455 2015

呼伦贝尔盟建设志
呼伦贝尔盟城乡建设环境保护处编 崔奎主编 海拉尔 内蒙古文化出版社 1991 年 791 页〔呼伦贝尔盟地方志丛书 3〕
b46669784 F299.272.62 H455 1991

上库力农场志 1956–2010
边向民主编 呼伦贝尔 内蒙古文化出版社 2011 年 927 页
b23217261 F324.1 S322 2011

苏沁农牧场志 1955–2014
海拉尔农牧场管理局苏沁农牧场 海拉尔农垦（集团）公司苏沁分公司编 左彦光主编 呼伦贝尔 内蒙古文化出版社 2015 年 1002 页
b47051401 F324.1 S713 2015

特尼河农牧场志
马宝贵主编 北京 中国农业科技出版社 1993 年 711 页
b19931049 F324.1 M136 1993

三河种马场志 1955–2010
海拉尔农牧场管理局三河种马场 海拉尔农垦（集团）公司三河分公司编 李世河 韩在望主编 呼伦贝尔 内蒙古文化出版社 2013 年 847 页
b44851650 F326.39 S145 2013

呼伦贝尔农垦志
孟宪满主编 北京 中国农业科技出版社 1990年 1007页
b15958930 F327.262 M369 2000

大雁煤业公司志
大雁煤业公司编 谢照主编 海拉尔 内蒙古文化出版社 2005年 736页
b50778870 F426.21 D136C 2005

呼伦贝尔盟供销合作社志
呼伦贝尔盟供销合作社编 海拉尔 内蒙古文化出版社 1992年 546页〔呼伦贝尔盟地方志丛书〕
b50268958 F721.2 H455 1992

呼伦贝尔国税志
呼伦贝尔市国家税务局编纂 苏日勒主编 呼伦贝尔 内蒙古文化出版社 2009年 780页
b5072924x F812.42 H455 2009

中国工商银行呼伦贝尔分行志
中国工商银行呼伦贝尔分行编 周庆林主编 呼伦贝尔 内蒙古文化出版社 2004年 462页
b49533253 F832.33 Z6473H 2004

呼伦贝尔市科学技术协会志
呼伦贝尔市科学技术协会 胡淑萍主编 呼伦贝尔 内蒙古文化出版社 2007年 413页
b49533241 G322.726.3 H455 2007

呼伦贝尔盟地名志
呼伦贝尔盟地名委员会编 呼伦贝尔 呼伦贝尔盟地名委员会 1990年 838页
b13274466 K292.62-62 H455

内蒙古·呼伦贝尔风物志
卢明辉 李烨编著 昆明 云南人民出版社 2001年 163页〔中国西部风物志丛书〕
b13776940 K922.62 L791H

内蒙古自治区地名志 呼伦贝尔盟分册
内蒙古自治区地名委员会编 呼和浩特 内蒙古自治区地名委员会 1990年 405页
b13966182 K922.62 H455

呼伦湖志 续志1 1987–1997
湖伦湖渔业集团有限公司编 张志波 姜凤元主编 海拉尔 内蒙古文化出版社 1998年 2卷 1359页
b17302055 K928.43 Z369 1998

呼伦贝尔市土种志
崔文华主编 北京 中国农业出版社 2014年 321页
b46274352 S155.922.63 H455 2014

呼伦贝尔盟农作物种子志
呼伦贝尔盟种子公司编 孙泽海主编 海拉尔 内蒙古文化出版社 1991年 383页〔呼伦贝尔盟地方志丛书〕
b36093026 S329.226 H455 1991

海拉尔区

海拉尔市志
海拉尔市志编纂委员会编 崔广域主编 呼和浩特 内蒙古人民出版社 1997年 895页〔内蒙古自治区地方志丛书〕
b10589338 K292.63 H145

海拉尔区志 1991–2005
海拉尔区志编纂委员会编 白福君主编 呼伦贝尔 内蒙古文化出版社 2008年 856页〔内蒙古自治区地方志丛书〕

b20121222 K292.63 H145 2008

海拉尔市哈克乡志
海拉尔市哈克乡人民政府编 海拉尔 内蒙古文化出版社 1996年 369页〔海拉尔市专业志丛书〕
b36129549 K292.65 H111 1996

海拉尔区工会志 1947–2016
海拉尔区总工会编 安淑英主编 呼伦贝尔 内蒙古文化出版社 2017年 429页
b50993227 D412.826.3 H455H 2017

海拉尔政协志 1955–2009
海拉尔政协志编纂委员会编 王育勤主编 呼伦贝尔 内蒙古文化出版社 2010年 438页〔呼伦贝尔名片丛书〕
b21567943 D628.263 H145 2010

海拉尔铁路公安志 1896–2013
海拉尔铁路公安处史志编纂委员会编 卢永伟主编 北京 中国文史出版社 2014年 720页
b47584749 D631 H145 2014

绰尔河农场志 1970–2014
海拉尔农牧场管理局绰尔河农场 海拉尔农垦（集团）公司绰尔河农牧有限责任公司编 李相侦主编 呼伦贝尔 内蒙古文化出版社 2016年 982页
b47365791 F324.1 C694 2016

谢尔塔拉农牧场志 2010–2014
戴延生主编 呼伦贝尔 内蒙古文化出版社 2015年 664页
b4668444x F326.372.63 X425 2015

海拉尔铁路分局志 1997–1999
苏宝坤主编 北京 中国铁道出版社 2001年 828页
b36374568 F532.826.3 H145 2001

扎赉诺尔区

扎赉诺尔区志
扎赉诺尔区志编纂委员会编 李农主编 呼伦贝尔 内蒙古文化出版社 2010年 1181页〔内蒙古自治区地方志丛书〕
b23217182 K292.63 M189Z 2010

满洲里市

满洲里市志
夏恩训主编 呼和浩特 内蒙古人民出版社 1998年 1148页〔内蒙古自治区地方志丛书〕
b13655334 K292.63 M189

满洲里站志 1901–2001
谢东方主编 北京 中国铁道出版社 2002年 435页
b15588063 F532.826.3 X325 2002

满洲里海关志 1949–1999
满洲里海关志编委会编 王殿武 武金宏主编 呼和浩特 远方出版社 1999年 324页
b16425303 F752.826.3 M189 1999

伪满洲国殖民统治机构图志
伪满皇宫博物院 吉林省方志馆编 赵继敏 李云鹤主编 长春 吉林人民出版社 2010年 408页
b21765455 K265.61–64 Z434 2010

牙克石市

牙克石市志
牙克石市志编纂委员会编 肖丽萍主编 呼

和浩特 内蒙古人民出版社 1996年 1191页〔内蒙古自治区地方志丛书〕
b10600267 K292.63 Y114

牙克石市志 1990–2005
牙克石市志编纂委员会编 田维峰主编 呼伦贝尔 内蒙古文化出版社 2010年 961页〔内蒙古自治区地方志丛书〕
b36174531 K292.63 Y114C 2010

博克图镇志 1732–2010
张宝平主编 呼和浩特 内蒙古人民出版社 2011年 955页
b40648989 K292.65 B555 2011

绰源镇志 1901–1999
牙克石市绰源镇人民政府编 苗春丽主编 呼伦贝尔 内蒙古文化出版社 2000年 518页
b49505865 K292.65 C694 2000

牙克石市人民代表大会志
牙克石市人民代表大会常务委员会编 高文选主编 呼伦贝尔 呼伦贝尔市倡汇印务公司 2007年 493页
b20536148 D624.264 Y124 2007

内蒙古大兴安岭森林公安志
内蒙古大兴安岭森林公安局编 徐文华主编 呼伦贝尔 内蒙古文化出版社 2013年 296页
b44795208 D631 X5813 2013

牙克石市物价工商行政管理志
孙亚杰主编 呼和浩特 内蒙古人民出版社 1999年 488页
b49789909 F203.9 Y124 1999

免渡河农场志 1954–2013
海拉尔农牧场管理局免渡河农场 海拉尔农垦（集团）公司免渡河分公司编 王树勇主编 呼伦贝尔 内蒙古文化出版社 2014年 643页
b45649108 F324.1 M447 2014

内蒙古大兴安岭林业管理局志
内蒙古大兴安岭林业管理局编 海拉尔 内蒙古文化出版社 2000年 1006页
b27574775 F326.272.6 N263 2000

中国内蒙古森工集团内蒙古大兴安岭林管局志 2000–2011
李喜恩主编 呼伦贝尔 内蒙古文化出版社 2012年 1390页
b3642772x F326.272.6 L421 2012

扎兰屯市

扎兰屯市志
扎兰屯市史志编纂委员会编 董联声 张海田主编 天津 百花文艺出版社 1993年 1271页〔内蒙古自治区地方志丛书〕
b1082456x K292.63 Z266

扎兰屯市志 1991–2006
扎兰屯市志编纂委员会 内蒙古出版集团有限责任公司编 赵凤梅主编 呼伦贝尔 内蒙古文化出版社 2011年 1304页〔内蒙古自治区地方志丛书〕
b23217170 K292.63 Z266 2011

扎兰屯市教育志 1902–1990
扎兰屯市教育志编委会编 王钟业 金让泉主编 扎兰屯 扎兰屯市教育志编委会 2010年 471页
b44852447 G527.263 Z266 2010

扎兰屯民族宗教志
陈鹤龄编著 北京 文化艺术出版社 1996年 347页
b10548221 K280.26 C421

额尔古纳市

额尔古纳市志 1991–2005
额尔古纳市地方志编纂委员会编 邹玉主编 呼伦贝尔 内蒙古文化出版社 2012年 1157页〔内蒙古自治区地方志丛书〕
b40739430 K292.64 E116 2012

额尔古纳右旗志
额尔古纳右旗史志编纂委员会编 濮德茂主编 海拉尔 内蒙古文化出版社 1993年 908页
b13274351 K292.64 E116

根河市

根河市志
根河市史志编纂委员会编 海拉尔 内蒙古文化出版社 1998年 863页
b10488303 K292.63 G371

根河市志 1996–2005
根河市史志编纂委员会编 杨金满主编 海拉尔 内蒙古文化出版社 2007年 766页〔内蒙古自治区地方志丛书〕
b18240975 K292.63 G371 2007

内蒙古满归森工公司 内蒙古满归林业局志
关爱民主编 呼伦贝尔 内蒙古文化出版社 2014年 711页
b46376781 F326.272.65 M189 2014

阿荣旗

阿荣旗志
阿荣旗史志编委会编 李彤之主编 呼和浩特 内蒙古人民出版社 1992年 1058页〔内蒙古自治区地方志丛书〕
b10501241 K292.64 A115

阿荣旗志 1991–2005
阿荣旗志编纂委员会编 陈倩 刘振科主编 呼和浩特 内蒙古文化出版社 2008年 934页〔内蒙古自治区地方志丛书〕
b20198164 K292.64 A115C 2008

查巴奇鄂温克族乡志
鲍迪川主编 阿荣旗 中共查巴奇鄂温克族乡委员会 2006年 488页
b23003169 K292.65 Z255 2006

陈巴尔虎旗

陈巴尔虎旗志
陈巴尔虎旗史志编纂委员会编 王召国主编 海拉尔 内蒙古文化出版社 1998年 793页〔内蒙古自治区地方志丛书〕
b13654330 K292.64 C414

陈巴尔虎旗人民代表大会志 1950–2011
陈巴尔虎旗人大常委会编 满都拉主编 呼伦贝尔 内蒙古文化出版社 2011年 1257页〔内蒙古自治区地方志丛书〕
b36134028 D624.264 C414 2011

哈达图牧场志 1958–2008
包福泉主编 呼伦贝尔 内蒙古文化出版社 2008年 869页
b36247613 F326.372.64 B255 2008

新巴尔虎左旗

新巴尔虎左旗志
新巴尔虎左旗史志编纂委员会编 海拉尔 内蒙古文化出版社 2002年 744页〔内蒙古自治区地方志丛书〕
b16075213　K292.64　X443　2002

新巴尔虎左旗志　1997–2005
新巴尔虎左旗史志编纂委员会编 斯琴主编 海拉尔 内蒙古文化出版社 2009年 886页〔内蒙古自治区地方志丛书〕
b20883122　K292.64　X443　2009

嵯岗镇志
新巴尔虎左旗政协文史委员会 嵯岗镇人民政府编 彭全军主编 呼伦贝尔 内蒙古文化出版社 2010年 427页〔呼伦贝尔名片丛书〕
b36168610　K292.65　C886　2010

新巴尔虎左旗人民检察志
阿木古郎主编 呼伦贝尔 内蒙古文化出版社 2013年 467页
b46133239　D926.32　X443　2013

新巴尔虎左旗财政志
杜巨邦主编 呼伦贝尔 内蒙古文化出版社 2010年 556页〔呼伦贝尔名片丛书〕
b36188657　F812.726.4　X443　2010

新巴尔虎右旗

新巴尔虎右旗志
新巴尔虎右旗史志编纂委员会编 巴·哈斯 额尔德尼朝古拉主编 海拉尔 内蒙古文化出版社 2004年 656页〔中华人民共和国地方志丛书〕
b15708305　K292.64　X4439C　2004

新巴尔虎右旗志　1991–2005
新巴尔虎右旗志编纂委员会编 白山主编 呼伦贝尔 内蒙古文化出版社 2011年 739页〔内蒙古自治区地方志丛书〕
b36134041　K292.64　X4439　2011

新巴尔虎右旗政协志
新巴尔虎右旗政协志编纂委员会编 戴金泉主编 呼伦贝尔 内蒙古文化出版社 2011年 454页〔地方志丛书〕
b36134016　D628.264　X443　2011

莫力达瓦达斡尔族自治旗

莫力达瓦达斡尔族自治旗志
莫力达瓦达斡尔族自治旗史志编纂委员会编 铁林嘎主编 呼和浩特 内蒙古人民出版社 1998年 1149页〔内蒙古自治区地方志丛书〕
b16142305　K292.64　M629　1998

莫力达瓦达斡尔族自治旗志　1993–2005
莫力达瓦达斡尔族自治旗史志编纂委员会编 呼和浩特 内蒙古人民出版社 2008年 1028页〔内蒙古自治区地方志丛书〕
b19023418　K292.64　M629　2008

巴彦鄂温克民族乡志
中共巴彦鄂温克民族乡委员会 巴彦鄂温克民族乡人民政府编 莫力达瓦旗 中共巴彦鄂温克民族乡委员会 巴彦鄂温克民族乡人民政府 2008年 530页
b36014849　K292.65　B114　2008

杜拉尔鄂温克民族乡志
杜拉尔鄂温克民族乡志编纂委员会编 铁林嘎 那顺宝主编 莫力达瓦旗 杜拉尔鄂温克民族乡志编纂委员会 2006年 363页

b20100711 K292.65 D698 2006

莫力达瓦达斡尔族自治旗人民代表大会志
莫力达瓦达斡尔族自治旗人大常委会编 德定华主编 北京 文物出版社印刷厂 2001年 297页
b36245902 D624.264 M629 2001

甘河农场志 2007–2015
大兴安岭农场管理局甘河农场 大兴安岭农垦集团甘河分公司编 王俊强主编 呼伦贝尔 内蒙古文化出版社 2016年 548页
b4755986x F324.1 G157 2016

尼尔基第一中学志 1946–1996
尼尔基第一中学志编委会编 张强主修 任天保主纂 莫力达瓦旗 尼尔基第一中学志编委会 1996年 514页
b41235071 G639.282.64 N284 1996

鄂伦春自治旗

鄂伦春自治旗志
鄂伦春自治旗史志编纂委员会编 金勋主编 呼和浩特 内蒙古人民出版社 1991年 888页〔内蒙古自治区地方志丛书〕
b10503614 K292.64 E1275

鄂伦春自治旗志 1989–1999
鄂伦春自治旗史志编纂委员会编 呼和浩特 内蒙古人民出版社 2001年 767页〔内蒙古自治区地方志丛书〕
b15246991 K292.64 E1275 2001

鄂伦春自治旗志 2000–2009
鄂伦春自治旗史志编纂委员会编 董明杰主编 呼伦贝尔 内蒙古文化出版社 2011年 1218页〔内蒙古自治区地方志丛书〕
b36170239 K292.64 E1275 2011

阿里河林业局志 2001–2010
阿里河林业局编纂 包国庆 朱玉珍总编 海拉尔 内蒙古文化出版社 2011年 747页
b4610169x F326.272.64 A114 2011

大兴安岭农场管理局续志
大兴安岭农场管理局续志编委会编 大兴安岭 大兴安岭农业管理局续志编委会 2006年 665页
b50065944 F327.35 D136 2006

鄂温克族自治旗

鄂温克族自治旗志
鄂温克族自治旗志编纂委员会编 北京 中国城市出版社 1997年 1043页〔中华人民共和国地方志丛书〕
b10554555 K292.6 E127

鄂温克族自治旗志 1991–2005
鄂温克族自治旗史志编纂委员会编 呼和浩特 内蒙古文化出版社 2008年 1264页〔内蒙古自治区地方志丛书〕
b19329507 K292.6 E127 2008

鄂温克族自治旗人民代表大会志 1948–2010
鄂温克族自治旗人大常委会编 乔志钢主编 呼伦贝尔 内蒙古文化出版社 2010年 796页〔内蒙古自治区地方志丛书〕
b22032290 D624.264 E127 2010

鄂温克族自治旗政协志 1957–2007
中国人民政治协商会议鄂温克族自治旗委员会编 呼伦贝尔 内蒙古文化出版社 2007年 402页
b19329192 D628.264 Z649 2007

大雁矿务局志
大雁矿务局编 刘志成主编 海拉尔 内蒙古文化出版社 1990 年 490 页
b49851251 F426.21 D136 1990

伊敏煤电公司志
伊敏煤电公司编 张福林等主编 海拉尔 内蒙古文化出版社 1994 年 615 页
b50778882 F426.21 Y398 1994

巴彦淖尔市

巴彦淖尔盟志
巴彦淖尔盟志编纂委员会编 王治国主编 呼和浩特 内蒙古人民出版社 1997 年 2 卷 1874 页〔内蒙古自治区地方志丛书〕
b10593391 K292.62 B114

巴彦淖尔盟政协志 1955.4-2004.7
政协巴彦淖尔盟委员会编 巴彦淖尔盟 政协巴彦淖尔盟委员会 2004 年 388 页
b51079811 D628.262 B114 2004

巴彦淖尔盟土地志
巴彦淖尔盟土地志编纂领导小组编 呼和浩特 内蒙古自治区新闻出版局 2001 年 606 页〔巴彦淖尔盟地方志丛书〕
b15329781 F327.262 B114 2001

巴彦淖尔盟公路交通志
巴彦淖尔盟公路交通志编纂委员会编 北京 人民交通出版社 1997 年 417 页〔内蒙古自治区地方志丛书〕
b20041524 F542.826.2 B114 1997

巴彦淖尔盟邮电志 续编
潘竟达主编 呼和浩特 内蒙古人民出版社 2001 年 977 页
b49788681 F632.726.2 B114 2001

巴彦淖尔市财政志 1986-2006
巴彦淖尔市财政局编 巴彦淖尔盟 巴彦淖尔市财政局 2009 年 588 页
b50347093 F812.726.3 B114 2009

巴彦淖尔盟地名志
巴彦淖尔盟地名委员会编 巴彦淖尔盟 巴彦淖尔盟行政公署 1987 年 445 页
b1374320x K922.62 B114

内蒙古自治区地名志 巴彦淖尔盟分册
内蒙古自治区地名委员会编 呼和浩特 内蒙古自治区地名委员会 1987 年 444 页
b13933632 K922.62 B114B

巴彦淖尔市水利志
内蒙古河套灌区管理总局 内蒙古巴彦淖尔市水务局编 巴彦淖尔盟 内蒙古河套灌区管理总局 2007 年 796 页
b21857532 TV-092 N263 2007

内蒙古河套灌区永济灌域水利志
内蒙古河套灌区永济灌域管理局编 柳锵主编 巴彦淖尔盟 内蒙古河套灌区永济灌域管理局 2002 年 395 页
b2185709x TV-092 N2633 2002

黄河三盛公水利枢纽工程志
张雷主编 呼和浩特 内蒙古人民出版社 1999 年 300 页
b21136178 TV632.26 H658 1999

临河区

临河市志
临河市志编纂委员会编 高智常主编 呼和浩特 内蒙古人民出版社 1997 年 1178 页〔内蒙古自治区地方志丛书〕
b13426643 K292.63 L581

五原县

五原县志
五原县志编纂委员会编 孙忠耀主编 呼和浩特 内蒙古人民出版社 1996 年 919 页〔内蒙古自治区地方志丛书〕
b13753265 K292.64 W538

五原县政协简志 1956.11–2009.10
中国人民政治协商会议五原县第十届委员会编 五原 政协五原县第十届委员会 2009 年 413 页
b50992016 D628.264 W538 2009

磴口县

磴口县志
磴口县地方志编纂委员会编 周培荣主编 呼和浩特 内蒙古人民出版社 1998 年 585 页〔内蒙古自治区地方志丛书〕
b13932925 K292.64 D324

磴口县志 1988–2010
磴口县志编纂委员会编 李玉梅主编 呼伦贝尔 内蒙古文化出版社 2014 年 704 页〔内蒙古自治区地方志丛书〕
b4666774x K292.64 D324C 2014

磴口县农村信用社志 1952–2014
内蒙古磴口县农村信用社编 吴国平主编 磴口 内蒙古磴口县农村信用社 2015 年 441 页
b50993719 F832.35 D324 2015

磴口县土地志
巴彦淖尔盟土地志编纂领导小组 磴口县土地志编纂领导小组编 邱作荣主编 巴彦淖尔盟 巴盟土地管理局印刷厂 2001 年 441 页〔内蒙古磴口县地方志丛书〕
b19931360 K292.624 D324 2001

乌拉特前旗

乌拉特前旗志
乌拉特前旗志编纂委员会编 王文忠主编 呼和浩特 内蒙古人民出版社 1994 年 1068 页〔内蒙古自治区地方志丛书〕
b10625240 K292.64 W464

乌梁素海渔场志
乌梁素海渔场志编纂办公室编 孙荣总纂 呼和浩特 内蒙古人民出版社 1990 年 196 页
b49982229 F326.472.6 W464 1990

内蒙古乌梁素海鸟类志
邢莲莲主编 呼和浩特 内蒙古大学出版社 1996 年 379 页
b10597487 Q959.708 X479

乌拉特中旗

乌拉特中旗志
乌拉特中旗地方志编纂委员会编 兰建中主编 呼和浩特 内蒙古人民出版社 1994 年 802 页〔内蒙古自治区地方志丛书〕
b10503602 K292.64 W464Z

乌拉特后旗

乌拉特后旗志
乌拉特后旗志编纂委员会编 刘尚义主编 呼和浩特 内蒙古人民出版社 1992 年 533 页〔内蒙古自治区地方志丛书〕
b1342709x K292.64 W4635

乌拉特后旗志 1989–2004
乌拉特后旗志编纂委员会编 窦永刚主编

呼和浩特 远方出版社 2005年 494页〔内蒙古自治区地方志丛书〕
b17760896 K292.64 W4635 2005

杭锦后旗

杭锦后旗志
内蒙古自治区杭锦后旗志编纂委员会编 王士雄主编 北京 中国城市经济社会出版社 1989年 656页〔中华人民共和国地方志丛书〕
b13476348 K292.64 H226

杭锦后旗人大志
黄积录执行主编 北京 中国文史出版社 2012年 668页
b40649003 D624.264 H226 2012

杭锦后旗审计志
杭锦后旗审计志编纂委员会编 黄积录主编 杭锦后旗 杭锦后旗审计志编纂委员会 2003年 382页
b45569319 F239.227.264 H226 2003

杭锦后旗土地志
杭锦后旗巴盟土地管理局土地志编纂领导小组编 黄积录主编 呼和浩特 内蒙古自治区新闻出版局 2000年 450页〔内蒙古杭锦后旗地方志丛书〕
b20101314 F327.264 H226 2000

杭锦后旗农村信用合作社志
吴国平主编 呼和浩特 内蒙古人民出版社 1999年 288页
b49803062 F832.35 H226 1999

乌兰察布市

乌兰察布盟志
乌兰察布盟地方志编纂委员会编 孙继光主编 呼伦贝尔 内蒙古文化出版社 2004年 3卷 2220页〔内蒙古自治区地方志丛书〕
b16075183 K292.62 W464 2004

乌兰察布政协志
中国人民政治协商会议内蒙古乌兰察布市委员会编 乌兰察布 乌兰察布市委机关印刷厂 2006年 920页
b20017157 D628.263 W464

乌兰察布盟法院志
乌兰察布盟中级人民法院 马泰主编 乌兰察布 乌兰察布盟中级人民法院 1992年 262页
b4491717x D926.22 W464 1992

内蒙古自治区乌兰察布盟公路交通志
乌盟公路交通史志编纂委员会编 呼和浩特 远方出版社 1997年 615页
b27574817 F542.826.2 W464 1997

乌兰察布革命老区志
乌兰察布市老区建设促进会编 刘官喜主编 乌兰察布 乌兰察布市老区建设促进会 2013年 518页
b50665662 K292.63 L676 2013

内蒙古自治区地名志 乌兰察布盟分册
内蒙古自治区地名委员会编 呼和浩特 内蒙古自治区地名委员会 1988年 555页
b13933577 K922.62 W464

集宁区

集宁市志
集宁市志编纂委员会办公室编 孟涛主编 呼伦贝尔 内蒙古文化出版社 2006年 2卷 1252页〔内蒙古自治区地方志丛书〕

b18008148　K292.63 J145 2006

丰镇市

丰镇市志
丰镇市志编纂委员会编 呼伦贝尔 内蒙古文化出版社 2005年 2卷 1656页〔内蒙古自治区地方志丛书〕
b1616460x　K292.63 F359 2005

丰镇市志 2003–2013
贾来天主编 呼和浩特 远方出版社 2016年 1091页〔内蒙古自治区地方志丛书〕
b50246665　K292.63 F359C 2016

丰镇政协志
丰镇政协志编纂委员会编 张勇主编 呼和浩特 内蒙古人民出版社 2007年 857页
b19023856　D628.263 F359 2007

丰镇发电厂志
丰镇发电厂志编纂委员会编 姚镇生编 呼和浩特 远方出版社 2001年 414页〔内蒙古电力工业志丛书〕
b44916012　F426.61 F359 2001

卓资县

卓资县志
卓资县志编纂委员会编 穆生荣主编 呼和浩特 内蒙古人民出版社 2003年 1111页〔内蒙古自治区地方志丛书〕
b14447022　K292.64 Z825 2003

卓资县志
卓资县地方志编纂委员会编 黄建华主编 呼和浩特 远方出版社 2012年 935页〔内蒙古自治区地方志丛书〕
b37531724　K292.64 Z825 2012

化德县

化德县志
化德县志编纂委员会编 李鹏飞主编 呼伦贝尔 内蒙古文化出版社 2006年 906页
b17120676　K292.64 H545 2006

商都县

商都县志
魏兆主编 呼伦贝尔 内蒙古文化出版社 2007年 1360页〔内蒙古自治区地方志丛书〕
b18008136　K292.64 S297 2007

商都县志 2005–2013
商都县地方志编纂委员会编 魏兆主编 呼伦贝尔 内蒙古文化出版社 2016年 2卷 1098页〔内蒙古自治区地方志丛书〕
b49814928　K292.64 S297C 2016

商都物语志
魏兆主编 北京 中国广播电视出版社 2017年 198页〔商都风物丛书〕
b51071897　K292.64 S297D 2017

兴和县

兴和县志
兴和县志编纂委员会编 李志升主编 海拉尔 内蒙古文化出版社 2003年 1203页〔内蒙古自治区地方志丛书〕
b16028594　K292.64 X463 2004

兴和人物志
王聪主编 北京 华艺出版社 2009年 353页
b21570966　K820.826.4 W213 2009

凉城县

凉城县志
凉城县凉城县志编纂委员会编 王琦主编 呼和浩特 内蒙古人民出版社 1993年 1057页〔内蒙古自治区地方志丛书〕
b13518161 K292.64 L488

凉城县政协志
中国人民政治协商会议凉城县委员会编 马永在 袁宽主编 凉城 中国人民政治协商会议凉城县委员会 2016年 670页
b50992004 D628.264 L488 2016

凉城军事志
凉城军事志编纂委员会编著 周飞主编 凉城 凉城军事志编纂委员会 2008年 426页
b46443046 E289.264 L488 2008

凉城人物志
朱暄主编 呼和浩特 内蒙古文化出版社 2005年 443页
b16648353 K820.826.4 Z721 2005

凉城人物志 续
朱暄主编 呼和浩特 内蒙古文化出版社 2008年 275页
b20575877 K820.826.4 Z721 2008

凉城县文物志
凉城县文物保护管理所编 凉城 凉城县印刷厂 1992年 329页
b36379517 K872.264 L488 1992

察哈尔右翼前旗

察哈尔右翼前旗志
哈尔右翼前旗志编纂委员会编 王瑞主编 呼伦贝尔 内蒙古文化出版社 2006年 2卷 1403页
b18240793 K292.64 W228 2006

察哈尔右翼前旗政协志
中国人民政治协商会议察哈尔右翼前旗委员会编 纳森主编 察哈尔右翼前旗 内蒙古古乌兰察布市市委机关印刷厂 2012年 860页
b37531268 D628.264 C2693 2012

察哈尔右翼前旗地名志
纳森主编 呼和浩特 远方出版社 2016年 551页〔察哈尔右旗前旗文史资料〕
b5099380x K922.64 C269 2016

察哈尔右翼中旗

察右中旗志
察右中旗志编纂委员会编 朱永生主编 呼和浩特 内蒙古人民出版社 1999年 1122页〔内蒙古自治区地方志丛书〕
b13526935 K292.64 C269

察哈尔右翼中旗志 1997-2007
察哈尔右翼中旗志编纂委员会编 朱永生主编 呼和浩特 远方出版社 2010年 748页〔内蒙古史志丛书〕
b30002205 K292.64 C269 2010

察哈尔右翼后旗

察哈尔右翼后旗志
察哈尔右翼后旗地方志编纂委员会编 孟泽辉主编 呼伦贝尔 内蒙古文化出版社 2007年 1159页〔内蒙古自治区地方志丛书〕
b18620796 K292.64 C269H 2007

察哈尔右翼后旗政协志 1984–2007
政协察哈尔右翼后旗委员会编 梁建军主编 乌兰察布 乌兰察布市集宁区大地印刷厂 2007年 809页
b20137102 D628.264 C269 2007

四子王旗

四子王旗志
四子王旗地方志编纂委员会编 梁宝贵主编 海拉尔 内蒙古文化出版社 2005年 732页〔内蒙古自治区地方志丛书〕
b16580461 K292.64 S663 2005

内蒙古四子王旗地名录
四子王旗地名办公室编 胡格吉勒图编写 四子王旗 四子王旗地名办公室 1983年 467页
b19932108 K922.63 S663 1983

兴安盟

兴安盟志
兴安盟地方志编纂委员会编 金耀东主编 呼和浩特 内蒙古人民出版社 1997年 2卷 1207页〔内蒙古自治区地方志丛书〕
b13544603 K292.62 X463

兴安盟志 1996–2005
兴安盟地方志编纂委员会编 呼伦贝尔 内蒙古文化出版社 2007年 2卷 2373页〔内蒙古自治区地方志丛书〕
b46011754 K292.62 X463 2007

兴安盟政协志
王玉主编 北京 中国科技教育出版社 2010年 374页.
b44851224 D628.262 X463 2010

兴安盟档案志
兴安盟档案局编 刘汉智主编 呼伦贝尔 内蒙古文化出版社 2015年 369页
b47073391 G279.272.62 X463 2015

内蒙古自治区地名志 兴安盟分册
内蒙古自治区地名委员会编 呼和浩特 内蒙古自治区地名委员会 1989年 223页
b13933462 K922.62 X463C

兴安盟地名志
兴安盟地名办公室编 兴安盟 兴安盟行政公署 1989年 223页
b13743193 K922.62 X463

乌兰浩特市

乌兰浩特市志
刘殿生 郑殿全主编 呼和浩特 内蒙古人民出版社 1993年 1004页〔内蒙古自治区地方志丛书〕
b10501095 K292.63 W464

乌兰浩特市志 1991–2008
乌兰浩特市志编纂委员会编 苗燕主编 呼伦贝尔 内蒙古文化出版社 2010年 2卷 1340页
b2157179x K292.63 W464C 2010

乌兰浩特市人民代表大会志 1949–2011
乌兰浩特市人民代表大会志编纂委员会编 张慧敏主编 呼和浩特 内蒙古教育出版社 2012年 615页
b49803736 D624.264 W464 2012

阿尔山市

阿尔山市志
阿尔山市志编纂委员会编 李玉侠主编 呼

和浩特 内蒙古人民出版社 2001 年 576 页
b13766879 K292.63 A113

阿尔山市志 2001-2010
阿尔山市地方志编纂委员会编 唐楠主编 呼伦贝尔 内蒙古文化出版社 2014 年 700 页
b45840969 K292.63 A113 2014

阿尔山林业局(森工公司)志
丁凤和主编 阿尔山 阿尔山林业局 2001 年 247 页
b49788607 F326.272.64 A113 2001

突泉县

突泉县志
突泉县志编纂委员会编 呼和浩特 内蒙古人民出版社 1993 年 882 页〔内蒙古自治区地方志丛书〕
b10603918 K292.64 T489

突泉县志 1986-2005
突泉县地方志编纂委员会编 董威主编 呼伦贝尔 内蒙古文化出版社 2007 年 976 页〔内蒙古自治区地方志丛书〕
b2095167x K292.64 T489 2007

突泉图文志
突泉县人民政府主办 突泉县史志局编 李广云主编 呼伦贝尔 内蒙古文化出版社 2017 年 623 页
b50110007 K292.64 T489C 2017

科尔沁右翼前旗

科尔沁右翼前旗志
科尔沁右翼前旗志编纂委员会编 冯学忠主编 呼和浩特 内蒙古人民出版社 1991 年 1066 页〔内蒙古自治区地方志丛书〕
b10600619 K292.64 K245

科尔沁右翼前旗人民代表大会志 1950-2012
科尔沁右翼前旗人民代表大会志编纂委员会编 张宝泉主编 科尔沁右翼前旗 科尔沁右翼前旗人民代表大会志编纂委员会 2012 年 927 页
b49640161 D624.264 K2459 2012

索伦牧场志
索伦牧场志编纂委员会编 张月胜主编 呼伦贝尔 内蒙古文化出版社 2014 年 1026 页
b46018359 F326.372.64 S821 2014

科尔沁右翼前旗地名志
科尔沁右翼前旗人民政府编 呼伦贝尔 内蒙古文化出版社 2006 年 350 页
b19369694 K922.64 K245 2006

科尔沁右翼中旗

科尔沁右翼中旗志
科尔沁右翼中旗志编纂委员会编 贺希格杜荣主编 呼和浩特 内蒙古人民出版社 1993 年 797 页〔内蒙古自治区地方志丛书〕
b1060392x K292.64 K245Z

科尔沁右翼中旗志
科尔沁右翼中旗志编纂委员会编 何全宝主编 呼伦贝尔 内蒙古文化出版社 2007 年 1180 页〔内蒙古自治区地方志丛书〕
b20214935 K292.64 K245Z 2007

扎赉特旗

扎赉特旗志
扎赉特旗志编纂委员会编 胡宝玉主编 呼和浩特 内蒙古人民出版社 1993 年 587 页〔内蒙古自治区地方志丛书〕
b10728041 K292.64 Z266

扎赉特旗志 1986–2002
扎赉特旗委史志局编 钟丽霞主编 呼伦贝尔 内蒙古文化出版社 2007 年 850 页〔内蒙古自治区地方志丛书〕
b46553149 K292.64 Z266C 2007

扎赉特旗教育志
中共扎赉特旗委员会 扎赉特旗人民政府编 呼和浩特 内蒙古人民出版社 2010 年 320 页〔扎赉特历史文化丛书〕
b36013559 G527.26 Z266 2010

锡林郭勒盟

锡林郭勒盟志
锡林郭勒盟志编纂委员会编 张魁义主编 呼和浩特 内蒙古人民出版社 1996 年 3 卷 2055 页〔内蒙古自治区地方志丛书〕
b13427118 K292.62 X138

锡林郭勒盟志 宣传志
包丽玲 斯琴毕力格主编 呼伦贝尔 内蒙古文化出版社 2017 年 560 页
b50748026 K292.62 X138E 2017

锡林郭勒盟志 第 1 卷 财政志 1991–2007
锡林郭勒盟财政局编 张新亭主编 呼伦贝尔 内蒙古文化出版社 2011 年 529 页
b36370605 K292.62 X138D 2011

锡林郭勒盟志 第 2 卷 人口和计划生育志
曹世忠 戎悦胜主编 呼和浩特 内蒙古文化出版社 2011 年 428 页〔地方志丛书〕
b40648990 K292.62 X138D 2011

锡林郭勒盟志 第 3 卷 地方税务志
冯壮军主编 呼伦贝尔 内蒙古文化出版社 2012 年 447 页〔内蒙古地方年鉴史志丛书〕
b44851972 K292.62 X138D 2011

锡林郭勒盟志 第 4 卷 民族宗教志
温都尔乎主编 呼伦贝尔 内蒙古文化出版社 2013 年 565 页
b44915986 K292.62 X138D 2011

锡林郭勒盟志 第 5 卷 统战志
包丽玲 马峰主编 呼伦贝尔 内蒙古文化出版社 2013 年 511 页
b44915998 K292.62 X138D 2011

锡林郭勒盟志 第 6 卷 工商联志
高晓峰主编 呼伦贝尔 内蒙古文化出版社 2013 年 368 页
b44915974 K292.62 X138D 2011

锡林郭勒盟志 第 7 卷 文化体育新闻出版志
李询主编 呼伦贝尔 内蒙古文化出版社 2013 年 822 页
b44916000 K292.62 X138D 2011

锡林郭勒盟志 第 8 卷 法院志
黄宝宪主编 呼伦贝尔 内蒙古文化出版社 2012 年 553 页
b44915950 K292.62 X138D 2011

锡林郭勒盟志 第 9 卷 残联志
张九钧主编 呼伦贝尔 内蒙古文化出版社 2013 年 329 页

b44915949 K292.62 X138D 2011

锡林郭勒盟志 第10卷 扶贫开发志
包广华 张瑞祥主编 呼伦贝尔 内蒙古文化出版社 2013年 654页
b44915962 K292.62 X138D 2011

锡林郭勒盟志 第11卷 城乡建设志
赵宏伟主编 呼伦贝尔 内蒙古文化出版社 2014年 554页
b45445217 K292.62 X138D 2011

锡林郭勒盟志 第12卷 党校志
康万成主编 呼伦贝尔 内蒙古文化出版社 2014年 388页
b45445229 K292.62 X138D 2011

锡林郭勒盟志 第13卷 商务志 1991–2010
吉呼兰图主编 呼伦贝尔 内蒙古文化出版社 2014年 706页
b46240263 K292.62 X138D 2011

锡林郭勒盟志 第14卷 安全生产监督管理志
哈斯朝鲁主编 呼伦贝尔 内蒙古文化出版社 2014年 361页
b4624024x K292.62 X138D 2011

锡林郭勒盟志 第15卷 草原志
包祥主编 呼伦贝尔 内蒙古文化出版社 2014年 561页
b46240251 K292.62 X138D 2011

锡林郭勒盟志 第16卷 政府志
阿立达尔图 张亮主编 呼伦贝尔 内蒙古文化出版社 2014年 690页
b46240275 K292.62 X138D 2011

锡林郭勒盟志 第17卷 审计志
锡林郭勒盟审计局编 包海山主编 呼伦贝尔 内蒙古文化出版社 2015年 402页
b49677561 K292.62 X138D 2011

锡林郭勒盟志 第18卷 粮食志
锡林郭勒盟粮食局编 哈斯 陶福主编 呼伦贝尔 内蒙古文化出版社 2016年 567页
b50347020 K292.62 X138D 2011

锡林郭勒盟志 第19卷 档案志
锡林郭勒盟志档案志编委会编 白青林主编 呼伦贝尔 内蒙古文化出版社 2016年 496页
b50871316 K292.62 X138D 2011

锡林郭勒盟政党志
中共锡林郭勒盟委员会办公室编 哈斯巴根主编 锡林郭勒 中共锡林郭勒盟委员会 1991年 273页
b49939129 D235.262 X138C 1991

锡林郭勒盟政协志 1955–2004
政协锡林郭勒盟委员会编 高·拉希扎布主编 图雅编撰 锡林浩特 内蒙古锡林浩特市文兴印刷厂 2004年 268页
b20536082 D628.262 X138 2004

锡林郭勒盟政协志 2004.9–2012.9
中国人民政治协商会议内蒙古锡林郭勒盟委员会编 其木格主编 呼伦贝尔 内蒙古文化出版社 2012年 451页
b40424339 D628.262 X138 2012

锡林郭勒盟畜牧志
齐伯益主编 呼和浩特 内蒙古人民出版社 2002年 1372页
b21765662 F326.372.62 X138 2002

锡林郭勒盟交通志 1991–2007
齐白乙拉主编 呼和浩特 内蒙古人民出版

社 2009年 513页〔内蒙古自治区志 交通史志丛书〕
b22432516 F512.726.2 X138 2009

锡林郭勒盟公路交通志
锡林郭勒盟公路交通志编写委员会编 王建新主编 北京 人民交通出版社 1997年 551页
b20046157 F542.826.2 W219 1997

锡林郭勒日报志
牛占元 陶德巴雅尔主编 呼伦贝尔 内蒙古文化出版社 2013年 577页
b44795221 G219.242.62 X138 2013

锡林郭勒盟科学技术志
赵生 戎悦胜主编 海拉尔 内蒙古文化出版社 2006年 810页
b50347755 G322.726.3 X138 2006

乌拉盖综合开发区志
王文锦主编 海拉尔 内蒙古文化出版社 2000年 526页〔内蒙古自治区地方志丛书〕
b15958905 K292.64 W4643 2000

内蒙古锡林郭勒风物志
卢明辉 李烨编著 昆明 云南人民出版社 2002年 176页〔中国西部风物志丛书〕
b13777051 K922.62 L791

内蒙古自治区地名志 锡林郭勒盟分册
内蒙古自治区地名委员会编 呼和浩特 内蒙古自治区地名委员会 1987年 433页
b13933486 K922.62 X138

锡林郭勒盟水利志
锡林郭勒盟水利志编纂办公室编 呼和浩特 内蒙古人民出版社 1999年 342页
b21855766 TV-092 X138 1999

锡林浩特市

锡林浩特市志
锡林浩特市地方志编纂委员会编 优木主编 呼和浩特 内蒙古人民出版社 1999年 608页〔内蒙古地方志丛书〕
b13655085 K292.63 X138

二连浩特市

二连浩特市志
二连浩特市志编纂委员会编 冯子林主编 呼伦贝尔 内蒙古文化出版社 2003年 550页〔内蒙古自治区地方志丛书〕
b15641636 K292.63 E163 2003

二连海关志 1956–1991
中华人民共和国二连海关 二连海关修志小组编著 李祥海主编 二连浩特 二连海关修志小组 1995年 179页
b20948736 F752.826.3 E163 1995

多伦县

多伦县志
多伦县志编纂委员会编 卓孔铭主编 海拉尔 内蒙古文化出版社 2000年 786页〔内蒙古自治区地方志丛书〕
b13654287 K292.64 D798

多伦县人民代表大会志
李青山主编 呼和浩特 内蒙古新闻出版局 2012年 501页
b51079823 D624.264 D798 2012

多伦县政协志
姜波编纂 呼和浩特 内蒙古新闻出版局 2011年 622页
b40864352 D628.264 D798 2011

多伦县军事志
多伦县军事志编纂委员会 刘绪功主编 郑良台主编 呼和浩特 内蒙古大学出版社 2009年 300页
b51091082 E289.264 D798 2009

阿巴嘎旗

阿巴嘎旗志
那木吉主编 呼和浩特 内蒙古人民出版社 2001年 776页〔内蒙古自治区地方志丛书〕
b1379467x K292.64 A112

阿巴嘎旗人民代表大会志 民族文献 1946–2007
阿巴嘎旗人大志编纂委员会编 呼日乐巴特尔主编 呼伦贝尔 内蒙古文化出版社 2011年 666页
b40739740 D624.264 A112 2011

政协阿巴嘎旗委员会志 民族文献 1980–2007
政协阿巴嘎旗委员会志编纂委员会编 李力量主编 呼伦贝尔 内蒙古文化出版社 2010年 200页
b23216888 D628.264 A112 2010

苏尼特左旗

苏尼特左旗志
苏尼特左旗志总纂委员会编 策引批力主编 呼伦贝尔 内蒙古文化出版社 2004年 676页〔内蒙古自治区地方志丛书〕
b16075201 K292.64 S7121 2004

苏尼特左旗志 2000–2010
苏尼特左旗党史地方志编纂委员会 苏尼特左旗党史地方志办公室编 娜仁格日勒主编 呼伦贝尔 内蒙古文化出版社 2016年 806页〔内蒙古自治区地方志丛书〕
b47404632 K292.64 S7121C 2016

苏尼特右旗

苏尼特右旗志
苏尼特右旗志编纂委员会编 巴雅尔主编 海拉尔 内蒙古文化出版社 2002年 910页〔内蒙古自治区地方志丛书〕
b14444094 K292.64 S712 2002

苏尼特右旗政协志 1956–2005
高永厚主编 呼和浩特 呼和浩特市亿环印刷厂 2006年 341页
b20577813 D628.264 S712 2006

苏尼特右旗商业志
苏尼特右旗商业局编纂领导小组编 武君主编 苏尼特右旗 苏尼特右旗商业局编纂领导小组 1991年 216页〔锡林郭勒盟商业志系列丛书〕
b50066705 F727.264 S712 1991

苏尼特右旗水利志
苏尼特右旗水利志编纂领导小组编 呼和浩特 内蒙古人民出版社 1992年 241页
b17457695 TV–092 S712 1992

东乌珠穆沁旗

东乌珠穆沁旗志
乌力吉主编 呼伦贝尔 内蒙古文化出版社 2013年 747页〔内蒙古自治区地方志丛书〕
b45840982 K292.64 D582 2013

东乌珠穆沁旗人民代表大会志 1956–2015
东乌珠穆沁旗人民代表大会常务委员会编 陶·巴特尔主编 呼伦贝尔 内蒙古文化出版社 2016年 1064页
b49832529 D624.264 D582 2016

西乌珠穆沁旗

西乌珠穆沁旗志
白和平主编 海拉尔 内蒙古文化出版社 2004年 917页〔内蒙古自治区地方志丛书〕
b15905986 K292.64 X119 2004

西乌珠穆沁旗公路交通志
西乌珠穆沁交通志编写领导小组编 贾凤鸣主编 西乌珠穆沁旗 西乌珠穆沁交通志编写领导小组 2001年 126页〔内蒙古锡林郭勒盟交通志丛书〕
b46668639 F542.826.4 X119 2001

太仆寺旗

太仆寺旗志
太仆寺旗志编纂委员会编 王海亮主编 海拉尔 内蒙古文化出版社 2000年 838页〔内蒙古自治区地方志丛书〕
b13655310 K292.64 T162

镶黄旗

镶黄旗志
镶黄旗志编纂委员会编 马宝军主编 呼和浩特 内蒙古人民出版社 1999年 791页〔内蒙古自治区地方志丛书〕
b13277273 K292.64 X268

镶黄旗人民代表大会志 1951–1998
镶黄旗人大志编纂委员会编 苏庆嘎 乌力吉主编 镶黄旗 镶黄旗人大志编纂委员会 2016年 新编译版 367页
b50861694 D624.264 X268 2016

正镶白旗

正镶白旗志
正镶白旗地方志编纂委员会编 武根娃主编 海拉尔 内蒙古文化出版社 2004年 906页〔内蒙古自治区地方志丛书〕
b16075195 K292.64 Z515 2004

正镶白旗水利志
正镶白旗水利志编纂委员会编 马登天编纂 正镶白旗 正镶白旗水利志编纂委员会 2017年 279页〔正镶白旗地方志丛书〕
b50861700 TV–092 Z5158 2017

正蓝旗

正蓝旗政协志 1981–2012
钢苏和主编 北京 民族出版社 2015年 632页
b49479362 D628.264 Z515 2015

内蒙古自治区五一种畜场志
李炳臣主编 呼伦贝尔 内蒙古文化出版社 2013年 551页
b4479521x F326.372.64 N263 2013

阿拉善盟

阿拉善盟志
阿拉善盟地方志编纂委员会编 北京 方志出版社 1998年 1355页〔内蒙古地方志丛书〕
b1354455x K292.62 A114

阿拉善盟志 1990–2009
阿拉善盟地方志编纂委员会编 金山主编 呼伦贝尔 内蒙古文化出版社 2012年 2卷 2109页〔内蒙古自治区地方志丛书〕
b40864388 K292.62 A114 2012

阿拉善盟志 教育志
彭加杰编著 呼和浩特 远方出版社 2004年 729页
b20019439 G527.262 P335 2004

阿拉善盟志 档案史志志
阿拉善盟档案史志局编 金山主编 呼伦贝尔 内蒙古文化出版社 2013年 361页〔阿拉善盟地方志丛书〕
b46376495 K292.62 A114D 2013

阿拉善盟志 人物志
阿拉善盟档案史志局编 金山主编 呼伦贝尔 内蒙古文化出版社 2013年 620页〔内蒙古自治区地方志丛书〕
b44810878 K292.62 A114R 2013

阿拉善盟志 行政公署志 2000–2012
阿拉善盟志行政公署志编纂委员会 阿拉善盟档案史志局编 李文斌主编 呼伦贝尔 内蒙古文化出版社 2016年 568页〔阿拉善盟地方志丛书〕
b49814382 K292.62 A114E 2016

内蒙古自治区人大常委会阿拉善盟工作委员会志 2005–2010
内蒙古自治区人大常委会阿拉善盟工作委员会志编纂委员会编 王雅生主编 兰州 甘肃省五彩商务印刷公司 2011年 338页〔阿拉善盟地方志丛书〕
b44749223 D624.262 A114 2011

阿拉善盟行政公署志
阿拉善盟行政公署志编纂领导小组编 王玉宝主编 长春 吉林人民出版社 2002年 529页〔阿拉善盟地方志丛书〕
b21567001 D625.262 A114 2002

阿拉善电业志 1995–2015
阿拉善电业志编纂委员会编 姚文中主编 呼伦贝尔 内蒙古文化出版社 2017年 871页〔内蒙古电力工业志丛书〕
b49814394 F426.61 A1147 2017

阿拉善盟盐业志
牧人主编 呼和浩特 内蒙古人民出版社 2007年 409页
b47352607 F426.82 A114 2007

吉兰泰盐化集团公司志
吉兰泰盐化集团公司志编纂领导小组编 姚志强主编 呼和浩特 内蒙古人民出版社 2003年 612页
b50778869 F426.82 J1385 2003

中盐吉兰泰盐化集团有限公司志
中盐吉兰泰盐化集团公司编著 姚志强主编 北京 人民日报出版社 2013年 625页
b44915421 F426.82 Z645 2013

阿拉善盟公路交通志
阿拉善盟公路交通志编纂委员会编 石有田主编 北京 人民交通出版社 1998年 359页
b20041445 F542.826.2 S475 1998

阿拉善盟邮电志
阿拉善盟邮电志编委会编 魏耀国主编 银川 宁夏人民出版社 1999年 377页〔内蒙古邮电志丛书〕
b36375081 F632.726.2 A114 1999

内蒙古阿拉善风物志
蔡家艺编著 昆明 云南人民出版社 2001年 169页〔中国西部风物志丛书〕
b13763301 K922.62 C137

内蒙古自治区地名志 阿拉善盟分册
内蒙古自治区地名委员会编 呼和浩特 内蒙古自治区地名委员会 1991 年 392 页
b13426783 K922.62 A123

阿拉善左旗

阿拉善左旗志
阿拉善左旗志地方志编纂委员会编 罗巴特尔主编 呼和浩特 内蒙古教育出版社 2000 年 1010 页〔内蒙古自治区地方志丛书〕
b13655590 K292.64 A1149

阿拉善左旗志 2000–2012
阿拉善左旗地方志编纂委员会编 布仁巴依尔主编 呼伦贝尔 内蒙古文化出版社 2015 年 877 页〔内蒙古自治区地方志丛书〕
b47306737 K292.64 A1149C 2015

中国人民政治协商会议阿拉善左旗委员会志 1996–2007 年
中国人民政治协商会议阿拉善左旗委员会编 尹喜红主编 银川 宁夏美利科技印刷包装公司 2007 年 575 页
b51090041 D628.264 A114 2007

阿拉善左旗财政志 1949–2010
聂舜声主编 银川 阳光出版社 2013 年 311 页
b46012278 F812.726.4 A114 2013

阿拉善左旗水利志
阿拉善左旗水利志编纂委员会编 呼和浩特 内蒙古人民出版社 1993 年 229 页
b21856692 TV–092 A114 1993

阿拉善右旗

阿拉善右旗志
阿拉善右旗地方志编纂委员会编 马西巴图主编 赤峰 内蒙古教育出版社 2000 年 595 页〔内蒙古地方志丛书〕
b13753137 K292.64 A1145

阿拉善右旗志 2000–2010
阿拉善右旗地方志编纂委员编 刘金莲主编 呼伦贝尔 内蒙古文化出版社 2014 年 864 页〔内蒙古自治区地方志丛书〕
b46667751 K292.64 A1145C 2014

阿拉善右旗人民代表大会志 1949–2011
阿拉善右旗人民代表大会志编纂委员会编 高志强主编 阿拉善右旗 阿拉善右旗人民代表大会志编纂委员会 2011 年 600 页
b49625810 D624.264 A114 2011

额济纳旗

额济纳旗志
额济纳旗志编纂委员会编 李生昌总编辑 北京 方志出版社 1998 年 844 页〔内蒙古自治区地方志丛书〕
b13544925 K292.64 E1164

额济纳旗志 1991–2010
李靖主编 呼伦贝尔 内蒙古文化出版社 2013 年 1036 页〔内蒙古自治区地方志丛书〕
b4481088x K292.64 E1164 2013

内蒙古额济纳旗地名志
巴达拉虎主编 青云 哈斯译 额济纳旗 额济纳旗地名委员会 1988 年 227 页
b17736213 K922.64 E116 1988

辽宁省

辽宁省志 地震志
辽宁省地方志编纂委员会办公室主编 沈阳 辽宁科学技术出版社 1996年 242页
b13032720 K293.1 L539C

辽宁省志 地质矿产志
辽宁省地方志编纂委员会办公室主编 寒光卷主编 沈阳 辽宁科学技术出版社 1997年 284页
b13032720 K293.1 L539C

辽宁省志 民政志
辽宁省地方志编纂委员会办公室主编 张景盛卷主编 沈阳 辽宁科学技术出版社 1996年 383页
b13032720 K293.1 L539C

辽宁省志 石化工业志
辽宁省地方志编纂委员会办公室主编 魏光富卷主编 沈阳 辽宁科学技术出版社 1996年 362页
b13032720 K293.1 L539C

辽宁省志 电力工业志
辽宁省地方志编纂委员会办公室主编 刘绍文卷主编 沈阳 辽宁科学技术出版社 1996年 414页
b13032720 K293.1 L539C

辽宁省志 金融志
辽宁省地方志编纂委员会办公室主编 苏长春总纂 赵锡安卷主编 沈阳 辽宁科学技术出版社 1996年 2卷 655页
b13032720 K293.1 L539C

辽宁省志 检察志
辽宁省地方志编纂委员会办公室主编 高静总纂 滕元瑜卷主编 沈阳 辽宁科学技术出版社 1999年 265页
b13032720 K293.1 L539C

辽宁省志 司法行政志
辽宁省地方志编纂委员会办公室主编 高静总纂 沈阳 辽宁民族出版社 2003年 570页
b13032720 K293.1 L539C

辽宁省志 农业志
辽宁省地方志编纂委员会办公室主编 张之民卷主编 沈阳 辽宁民族出版社 2003年 458页
b13032720 K293.1 L539C

辽宁省志 共青团志
辽宁省地方志编纂委员会办公室主编 常家树 冯宪龙卷主编 沈阳 辽宁民族出版社 2003年 332页
b13032720 K293.1 L539C

辽宁省志 医药志
辽宁省地方志编纂委员会办公室主编 高静总纂 沈阳 辽宁民族出版社 2003年 583页
b13032720 K293.1 L539C

辽宁省志 宗教志
辽宁省地方志编纂委员会办公室主编 高静总纂 沈阳 辽宁人民出版社 2002年 394页
b13032720 K293.1 L539C

辽宁省志 对外经济贸易志
辽宁省地方志编纂委员会办公室主编 张贵新卷主编 沈阳 辽宁民族出版社 2003年 519页
b13032720 K293.1 L539C

辽宁省志 公路水运志
辽宁省地方志编纂委员会办公室主编 高静总纂 沈阳 辽宁科学技术出版社 1999年 656页
b13032720 K293.1 L539C

辽宁省志 军事志
辽宁省地方志编纂委员会办公室主编 白士合卷主编 沈阳 辽宁科学技术出版社 1999年 818页
b13032720 K293.1 L539C

辽宁省志 化学工业志
辽宁省地方志编纂委员会办公室主编 高静总纂 齐文彬卷主编 沈阳 辽宁科学技术出版社 1999年 423页
b13032720 K293.1 L539C

辽宁省志 地理志 建置志
辽宁省地方志编纂委员会办公室主编 尹德涛等卷主编 沈阳 辽宁民族出版社 2002年 389页
b13032720 K293.1 L539C

辽宁省志 出版志
辽宁省地方志编纂委员会办公室主编 王今胜卷主编 沈阳 辽宁科学技术出版社 1999年 289页
b13032720 K293.1 L539C

辽宁省志 体育志
辽宁省地方志编纂委员会办公室主编 沈阳 辽宁人民出版社 1999年 331页
b13032720 K293.1 L539C

辽宁省志 测绘志
辽宁省地方志编纂委员会办公室主编 纪航卷主编 沈阳 辽宁科学技术出版社 1999年 361页
b13032720 K293.1 L539C

辽宁省志 审判志
辽宁省地方志编纂委员会办公室主编 赵日新卷主编 沈阳 辽宁民族出版社 2003年 775页
b13032720 K293.1 L539C

辽宁省志 物资志
辽宁省地方志编纂委员会办公室主编 沈阳 辽宁科学技术出版社 1999年 314页
b13032720 K293.1 L539C

辽宁省志 煤炭工业志
辽宁省地方志编纂委员会办公室主编 高静总纂 孟进卷主编 沈阳 辽宁民族出版社 1999年 351页
b13032720 K293.1 L539C

辽宁省志 工商行政管理志
辽宁省地方志编纂委员会办公室主编 吕预兆卷主编 沈阳 辽宁人民出版社 1999年 294页
b13032720 K293.1 L539C

辽宁省志 计划志
辽宁省地方志编纂委员会办公室主编 高

静总纂 沈阳 辽宁科学技术出版社 1999 年 264 页
b13032720 K293.1 L539C

辽宁省志 文化志
辽宁省地方志编纂委员会办公室主编 高静总纂 房果大等卷主编 沈阳 辽宁科学技术出版社 1999 年 484 页
b13032720 K293.1 L539C

辽宁省志 卫生志
辽宁省地方志编纂委员会办公室主编 高静总纂 李仁卷主编 沈阳 辽宁人民出版社 1999 年 476 页
b13032720 K293.1 L539C

辽宁省志 人大志
辽宁省地方志编纂委员会办公室主编 高静总纂 李慧贞卷主编 沈阳 辽宁科学技术出版社 2000 年 388 页
b13032720 K293.1 L539C

辽宁省志 公安志
辽宁省地方志编纂委员会办公室主编 鲁鸿明卷主编 沈阳 辽宁科学技术出版社 1999 年 654 页
b13032720 K293.1 L539C

辽宁省志 石油开采工业志
辽宁省地方志编纂委员会办公室主编 高静总纂 张宴臣卷主编 沈阳 辽宁科学技术出版社 2000 年 330 页
b13032720 K293.1 L539C

辽宁省志 建材工业志
辽宁省地方志编纂委员会办公室主编 北京 民族出版社 1999 年 253 页
b13032720 K293.1 L539C

辽宁省志 妇女志
辽宁省地方志编纂委员会办公室主编 沈阳 辽宁科学技术出版社 2000 年 303 页
b13032720 K293.1 L539C

辽宁省志 文物志
辽宁省地方志编纂委员会办公室主编 高静总纂 沈阳 辽宁人民出版社 2001 年 843 页
b13032720 K293.1 L539C

辽宁省志 统计志
辽宁省地方志编纂委员会办公室主编 裴志远卷主编 沈阳 辽宁民族出版社 2001 年 766 页
b13032720 K293.1 L539C

辽宁省志 人事志
辽宁省地方志编纂委员会办公室主编 赵国红卷主编 沈阳 辽宁民族出版社 2005 年 505 页
b13032720 K293.1 L539C

辽宁省志 轻工业志
辽宁省地方志编纂委员会办公室主编 于长春卷主编 沈阳 辽宁民族出版社 2005 年 647 页
b13032720 K293.1 L539C

辽宁省志 人口志
辽宁省地方志编纂委员会办公室主编 高静总纂 李秀君卷主编 沈阳 辽宁民族出版社 2005 年 414 页
b13032720 K293.1 L539C

辽宁省志 林业志
辽宁省地方志编纂委员会办公室主编 陈天民 张廷福 李钟琪卷主编 沈阳 辽宁民族出版社 1999 年 328 页

b13032720 K293.1 L539C

辽宁省志 海关志
辽宁省地方志编纂委员会办公室主编 孙松璞总编辑 郭宗保卷主编 沈阳 辽宁人民出版社 2002 年 276 页
b13032720 K293.1 L539C

辽宁省志 水产志
辽宁省地方志编纂委员会办公室主编 高静总纂 杨峰 王付兴 丁国藩 李桂林卷编辑 沈阳 辽宁民族出版社 2001 年 364 页
b13032720 K293.1 L539C

辽宁省志 民主党派志 工商联志 国民党志
辽宁省地方志编纂委员会办公室主编 高静总纂 李发卷总纂 沈阳 辽宁科学技术出版社 2000 年 447 页
b13032720 K293.1 L539C

辽宁省志 机械工业志
辽宁省地方志编纂委员会办公室主编 张战军卷主编 沈阳 辽宁民族出版社 2004 年 501 页
b13032720 K293.1 L539C

辽宁省志 报业志
辽宁省地方志编纂委员会办公室主编 沈阳 辽宁人民出版社 2005 年 299 页
b13032720 K293.1 L539C

辽宁省志 铁道志
辽宁省地方志编纂委员会办公室主编 刘汉涛卷主编 北京 中国铁道出版社 2000 年 612 页
b13032720 K293.1 L539C

辽宁省志 邮电志
辽宁省地方志编纂委员会办公室主编 殷维国卷主编 沈阳 辽宁民族出版社 2002 年 478 页
b13032720 K293.1 L539C

辽宁省志 科学技术志
辽宁省地方志编纂委员会办公室主编 高静总纂 周复元卷主编 沈阳 辽宁人民出版社 2000 年 680 页
b13032720 K293.1 L539C

辽宁省志 供销合作社志
辽宁省地方志编纂委员会办公室主编 宋云仑卷主编 沈阳 辽宁科学技术出版社 1999 年 242 页
b13032720 K293.1 L539C

辽宁省志 档案志
辽宁省地方志编纂委员会办公室主编 吴俊杰卷主编 沈阳 辽宁民族出版社 2004 年 334 页
b13032720 K293.1 L539C

辽宁省志 劳动志
辽宁省地方志编纂委员会办公室主编 王佑明卷主编 沈阳 辽宁民族出版社 2004 年 470 页
b13032720 K293.1 L539C

辽宁省志 政协志
辽宁省地方志编纂委员会办公室主编 沈阳 辽宁科学技术出版社 1999 年 242 页
b13032720 K293.1 L539C

辽宁省志 广播电视志
辽宁省地方志编纂委员会办公室主编 沈阳 辽宁科学技术出版社 1998 年 347 页
b13032720 K293.1 L539C

辽宁省志 财政志
辽宁省地方志编纂委员会办公室主编 袁卫亮 阎伟卷主编 沈阳 辽宁人民出版社 2000年 699页
b13032720 K293.1 L539C

辽宁省志 纺织工业志
辽宁省地方志编纂委员会办公室主编 沈阳 辽宁民族出版社 2001年 456页
b13032720 K293.1 L539C

辽宁省志 少数民族志
辽宁省地方志编纂委员会办公室主编 高静总纂 包玉梅卷主编 沈阳 辽宁民族出版社 2000年 602页
b13032720 K293.1 L539C

辽宁省志 物价志
辽宁省地方志编纂委员会办公室主编 高静总纂 李恩达等卷主编 沈阳 辽宁民族出版社 2000年 476页
b13032720 K293.1 L539C

辽宁省志 武警志
辽宁省地方志编纂委员会办公室主编 高静总纂 胡志勇卷主编 沈阳 辽宁民族出版社 2001年 526页
b13032720 K293.1 L539C

辽宁省志 社会科学志
辽宁省地方志编纂委员会办公室主编 高静总纂 赵子祥 吴世良卷主编 沈阳 辽宁人民出版社 2000年 471页
b13032720 K293.1 L539C

辽宁省志 工会志
辽宁省地方志编纂委员会办公室主编 高静总纂 李荫福 张征 马凤兰卷主编 沈阳 辽宁民族出版社 1999年 475页
b13032720 K293.1 L539C

辽宁省志 水利志
辽宁省地方志编纂委员会办公室主编 高静总纂 仲刚卷主编 沈阳 辽宁民族出版社 2001年 550页
b13032720 K293.1 L539C

辽宁省志 教育志
辽宁省地方志编纂委员会办公室主编 高静总纂 张德祥卷主编 沈阳 辽宁大学出版社 2001年 953页
b13032720 K293.1 L539C

辽宁省志 粮食志
辽宁省地方志编纂委员会办公室主编 高静总纂 杨喜海卷主编 沈阳 辽宁大学出版社 2000年 433页
b13032720 K293.1 L539C

辽宁省志 商检志
辽宁省地方志编纂委员会办公室主编 高静总纂 李延辉卷主编 沈阳 辽宁人民出版社 2003年 410页
b13032720 K293.1 L539C

辽宁省志 电子工业志
辽宁省地方志编纂委员会办公室主编 陈利民卷主编 沈阳 辽宁民族出版社 2003年 364页
b13032720 K293.1 L539C

辽宁省志 政府志
辽宁省地方志编纂委员会办公室主编 高静总纂 沈阳 辽海出版社 2005年 705页
b13032720 K293.1 L539C

辽宁省志 中国共产党地方组织志
辽宁省地方志编纂委员会办公室主编 高

静总纂 孟庆忠卷主编 沈阳 辽宁民族出版社 2005 年 909 页
b13032720 K293.1 L539C

辽宁省志 气象志
辽宁省地方志编纂委员会办公室主编 高静总纂 沈阳 辽宁民族出版社 2002 年 438 页
b13032720 K293.1 L539C

辽宁省志 黑色冶金工业志 有色金属工业志 黄金工业志
辽宁省地方志编纂委员会办公室主编 高静总纂 李瑞等卷主编 沈阳 辽宁民族出版社 2001 年 879 页
b13032720 K293.1 L539C

辽宁省志 大事记
辽宁省地方志编纂委员会办公室主编 高静主编 沈阳 辽宁民族出版社 2006 年 623 页
b13032720 K293.1 L539C

辽宁省志 商业志
辽宁省地方志编纂委员会办公室主编 高静总纂 赵颖奇卷主编 沈阳 辽宁民族出版社 2001 年 497 页
b13032720 K293.1 L539C

辽宁省志 建设志
辽宁省地方志编纂委员会办公室主编 高静总纂 张有忠卷主编 沈阳 辽宁人民出版社 2003 年 792 页
b13032720 K293.1 L539C

辽宁省志 气象志 1986–2005
辽宁省人民政府地方志办公室编 王江山卷主编 沈阳 辽宁民族出版社 2015 年 415 页
b13032720 K293.1 L539C

辽宁省志 畜牧业志
辽宁省人民政府地方志办公室编 王树林卷主编 沈阳 辽宁民族出版社 2015 年 668 页
b13032720 K293.1 L539C

辽宁省志 林业志 1986–2005
辽宁省人民政府地方志办公室编 金连成卷主编 沈阳 辽宁民族出版社 2016 年 531 页
b13032720 K293.1 L539C

辽宁省志 人民代表大会志 1986–2005
辽宁省人民政府地方志办公室编 李小平主编 沈阳 辽宁民族出版社 2014 年 581 页
b49549923 K293.1 L539R 2014

辽宁省志 统计志 1986–2005.
辽宁省人民政府地方志办公室编 张晶主编 沈阳 辽宁民族出版社 2015 年 591 页
b51092177 K293.1 L539T 2015

辽宁省工会志
辽宁省总工会编 沈阳 辽宁人民出版社 1999 年 784 页
b42291355 D412.831 L538 1999

辽宁省职工技术协作活动志
崔文信 王专主编 沈阳 辽宁人民出版社 1990 年 321 页
b49789314 D412.831 C822 1990

辽宁邮电工会志
赵庆丰主编 沈阳 中国邮电工会辽宁省委员会 1997 年 446 页
b4964063x D412.6 Z437 1997

辽宁民进志 1952–2002
民进辽宁省委史志办公室编 贺旻主编 沈阳 辽宁教育出版社 2012年 187页
b40648850 D665.3 H314 2012

辽宁省民政志
辽宁省民政志编纂委员会编 张景盛主编 沈阳 辽宁人民出版社 1996年 705页
b36129021 D673.1 Z354 1996

辽宁省行政监察志 1950–1959
辽宁省监察厅编 沈阳 辽宁省地质矿产局印刷厂 1997年 216页
b36014874 D673.1 L539 1997

中国共产党辽宁省政法志 1945–1985
唐俊杰主编 沈阳 中共辽宁省委政法委员会 1996年 374页
b36129525 D927.31 T241 1996

辽宁省审计志 第1卷 1983–1996
辽宁省审计志编纂委员会编 戴金玉主编 沈阳 辽宁省审计志编纂委员会 2000年 787页
b45569502 F239.227.31 D152 2000

辽宁省审计志 第2卷 1997–2006
辽宁省审计志编纂委员会编 戴金玉主编 沈阳 辽宁省审计志编纂委员会 2000年 958页
b45569502 F239.227.31 D152 2000

辽宁省家畜家禽品种志
辽宁省家畜家禽品种志编辑委员会编 吴子英 赵索魁主编 沈阳 辽宁科学技术出版社 1986年 191页
b35979082 F316.3 W516 1986

辽宁省畜牧业志 1151–2000
辽宁省动物卫生监督管理局主编 赵索魁 王喜才主编 沈阳 辽宁民族出版社 2007年 624页
b49849785 F326.373.1 Z438 2007

辽宁省土地志
辽宁省土地志编纂委员会编 廖维满主编 沈阳 辽宁大学出版社 2001年 627页
b21277448 F327.31 L539 2001

辽宁白酒志 1949–2017
辽宁省白酒工业协会编 沈阳 沈阳出版社 2018年 366页
b50831471 F426.82 L539 2018

辽宁煤炭工业志
辽宁煤炭工业志编纂委员会编 郭玉森总纂 北京 煤炭工业出版社 2016年 617页〔中国煤炭工业志省级志系列〕
b47604396 F426.21 G7787 2016

辽宁省电力工业志
东北电业志编纂委员会编 张彬 齐明 刘绍文主编 沈阳 辽宁大学出版社 1993年 667页〔中国电力工业志丛书〕
b4985124x F426.61 L539 1993

辽宁省电力工业志 1991–2002
张力主编 北京 中国电力出版社 2008年 622页〔中国电力工业志丛书〕
b20950366 F426.61 Z356 2008

辽宁省石油销售志
辽宁省石油总公司编 沈阳 辽宁省石油总公司 1997年 357页
b49505567 F426.22 L539 1997

辽宁烟草志
辽宁烟草志编纂委员会编 初昭仑主编 沈阳 白山出版社 2006 年 737 页
b21764165 F426.89 C579 2006

中国煤炭志 辽宁卷
中国煤炭志编纂委员会编 孟进主编 北京 煤炭工业出版社 1996 年 634 页
b40806054 F426.21 Z6485R 1996

东北电力工业志
东北电业志编辑委员会编 张彬主编 北京 当代中国出版社 1995 年 763 页〔中国电力工业志丛书〕
b47352401 F427.3 Z346 1995

辽宁省交通志
辽宁省交通史志编审委员会编 常玉良主编 沈阳 沈阳出版社 1992 年 898 页
b20044057 F512.731 C345 1992

中国民用航空志 东北地区卷
徐奇长主编 北京 中国民航出版社 2007 年 680 页
b20807363 F562.9 Z648 2007

辽宁税务志 1840–1989
郑树模主编 沈阳 辽宁人民出版社 1998 年 827 页
b47106219 F812.42 Z543 1998

辽宁税务志 国税卷 1986–2005
辽宁省国家税务局编著 何力主编 沈阳 辽宁教育出版社 2017 年 712 页
b5086161x F812.42 Z543 2017

辽宁省农村金融志
辽宁省农村金融志编纂委员会编 何林祥 宫垂英主编 沈阳 辽宁人民出版社 1992 年 512 页
b49803372 F832.731 H273 1992

辽宁省保险志
中国人民保险公司辽宁省分公司编 徐士瑞主编 沈阳 中国人民保险公司辽宁省分公司 1989 年 409 页
b42291343 F842.731 X578 1989

辽宁省文化志资料汇编 第 1,2 卷
辽宁省文化厅文化志编辑部编 沈阳 辽宁省理化测试中心印刷厂 1986 年 2 卷 182 页
b19931931 G127.31 L539

辽宁集邮志 1878–1996
辽宁省集邮协会编 李光日主编 沈阳 辽宁省集邮协会 1999 年 372 页
b49938927 G262.2 L395 1999

辽宁省科学技术志
林声主编 沈阳 辽宁人民出版社 1993 年 1714 页
b49533897 G322.731 L588 1993

辽宁省科学技术志 1986–2005
辽宁省科学技术志编纂委员会编 刘晓东主编 沈阳 辽宁科学技术出版社 2013 年 1002 页
b47352577 G322.731 L692 2013

中国曲艺志 辽宁卷
中国曲艺志全国编辑委员会 中国曲艺志辽宁卷编辑委员会编 罗扬主编 宫钦科卷主编 北京 中国 ISBN 中心 2000 年 655 页
b10643059 J809.2 Z648

中国戏曲志 辽宁卷
中国戏曲志编辑委员会 中国戏曲志辽宁

卷编辑委员会编 张庚主编 刘效炎卷主编 北京 中国ISBN中心 1994年 571页
b10817876 J809.2 Z651L

辽宁省锡伯族志
辽宁省锡伯族志编纂组编 沈阳市民委方志办公室编 沈阳 辽宁省锡伯族志编纂组 1988年 油印本 2卷 271页
b20044094 K284.3 L539 1988

东北乡土志丛编 全册
辽宁省图书馆 沈阳 辽宁省图书馆 1985年 867页
b1231559x K293 L538

辽宁教育人物志
辽宁省教育史志编纂委员会编 沈阳 辽宁科学技术出版社 1998年 1205页
b20044045 K825.46 L539 1998

辽宁青年科技人物志 第1,3卷
辽宁省科学技术协会编 沈阳 辽宁古籍出版社 1997年 2卷 1274页
b49533861 K826.1 L539 1997

辽宁碑志
王晶辰主编 沈阳 辽宁人民出版社 2002年 512页
b16426745 K877.42 W219 2002

中国地方志民俗资料汇编 东北卷
丁世良 赵放主编 北京 书目文献出版社 1989年 506页
b11260087 K892.43 D533

辽宁风物志
辽宁人民出版社编 沈阳 辽宁人民出版社 1985年 404页〔中国风物志丛书〕
b12160763 K923.1 L538

辽宁省地名录
辽宁省地名委员会办公室编 沈阳 沈阳市正阳印刷厂 1988年 586页
b16093240 K923.1 L539 1988

辽宁省海岛地名志
毕远溥 刘林林主编 北京 海洋出版社 2014年 260页
b46357178 K928.44 B396 2014

中国海岛志 辽宁卷 第1卷 辽宁长山群岛
中国海岛志编纂委员会编 陈连增总编 李培英卷主编 北京 海洋出版社 2013年 668页
b40677047 K928.44 C424 2013

辽宁省地震监测志
辽宁省地震局编 卢群 殷为民主编 北京 地震出版社 2004年 604页〔中国地震监测志系列〕
b36013729 P315.732.31 L792 2004

辽宁水灾志 1995
徐德主编 北京 方志出版社 1996年 449页
b12697436 P426.616 X567

辽宁乙丑水灾志
林声主编 沈阳 辽宁人民出版社 1988年 385页
b16446781 P426.616 L588 1988

辽宁省区域地质志
辽宁省地质矿产局编 北京 地质出版社 1989年 856页〔中华人民共和国地质矿产部地质专报〕
b36013754 P548.231 L539 1989

中国海湾志 第1卷 辽东半岛东部海湾
中国海湾志编纂委员会编 北京 海洋出版

社 1991 年 338 页
b10905157 P722 Z647

中国海湾志 第 2 卷 辽东半岛西部和辽宁省西部海湾
中国海湾志编纂委员会编 鲍永恩主编 北京 海洋出版社 1991 年 425 页
b10905157 P722 Z647

东北草本植物志
辽宁省林业土壤研究所编 北京 科学出版社 1975 年 12 卷 2972 页
b11327571 Q948.2 L538

东北藓类植物志
辽宁省林业土壤研究所编 北京 科学出版社 1977 年 404 页
b11327509 Q948.2 L538X

辽宁植物志
李书心主编 沈阳 辽宁科技出版社 1988 年 1439 页
b11306075 Q948.523.1 L417

东北防护林带大型真菌图志
章荷生主编 沈阳 辽宁科学技术出版社 1992 年 189 页
b2046695x Q949.32 Z373 1992

东北木材腐朽菌类图志
刘正南等编 北京 科学出版社 1982 年 105 页
b11915936 Q949.3 L694

东北苔类植物志
高谦 张光初著 北京 科学出版社 1981 年 220 页
b11915699 Q949.35 G248

辽宁经济植物志
中国科学院林业土壤研究所等编 沈阳 辽宁人民出版社 1960 年 700 页
b20533214 Q949.9 L539 1960

辽宁动物志 鸟类
辽宁省科学技术委员会辽宁动物志编辑委员会主编 黄沐朋等编著 沈阳 辽宁科学技术出版社 1989 年 543 页
b11197559 Q958.523.1 H663

辽宁动物志 两栖类 爬行类
辽宁科学技术生物志编辑委员会编 季达明等主编 沈阳 辽宁科学技术出版社 1987 年 170 页
b11913125 Q958.523.1 L538

辽宁动物志 兽类
辽宁省科学技术委员会辽宁动物志编辑委员会主编 肖增祜等编著 沈阳 辽宁科学技术出版社 1988 年 242 页
b11296720 Q958.523.1 X364

中国东北地区珍稀濒危动物志
赵正阶主编 北京 中国林业出版社 1999 年 699 页
b18280808 Q958.523 Z441 1999

辽宁动物志 鱼类
辽宁科学技术动物志编辑委员会编 刘蝉馨等主编 沈阳 辽宁科学技术出版社 1987 年 552 页
b11913113 Q959.523.1 L538C

东北农林蚜虫志 昆虫纲 半翅目 蚜虫类
姜立云 乔格侠 张广学著 北京 科学出版社 2011 年 709 页
b22377049 Q969.360.8 J331 2011

辽宁省卫生志
辽宁省卫生志编纂委员会编 李仁主编 沈阳 辽沈书社 1997年 836页
b42291367 R199.2 L416 1997

东北植物药图志
肖培根等编著 北京 人民卫生出版社 1959年 352页
b20468714 R281.43-64 X364 1959

辽宁中药志 植物类
高松主编 沈阳 辽宁科学技术出版社 2010年 1239页
b21735384 R281.431 G251 2010

辽宁省蒙医药志
海龙宝主编 齐宝山总纂 北京 中国国际广播出版社 2008年 235页
b21568996 R291.2 H145 2008

辽宁土种志
辽宁省土壤肥料总站编 沈阳 辽宁大学出版社 1991年 523页
b19930471 S155.923.1 L539 1991

辽宁土壤志
辽宁省土壤普查办公室编 沈阳 辽宁人民出版社 1961年 232页
b38892911 S159.231 L539 1961

中国东北野生食药用真菌图志
戴玉成 图力古尔主编 北京 科学出版社 2007年 231页
b17752887 S646-64 D154 2007

辽宁苹果品种志
辽宁省果树科学研究所编 长春 辽宁人民出版社 1980年 486页
b36013997 S661.1 L539 1980

东北树木病害菌类图志
刘正南等编著 北京 科学出版社 1981年 194页
b12073209 S763.1 L694

辽宁树木病害图志 侵染性病害
高国平 单锋 赵瑞星等编著 沈阳 辽宁科学技术出版社 2016年 610页
b49533873 S763.1-64 G238 2016

东北经济木材志
黄达章主编 白同仁等编著 北京 科学出版社 1964年 320页
b50006976 S781.892 D582 1964

辽宁省环境保护志
辽宁省环境保护局编 杜秋根主编 沈阳 万卷出版公司 2005年 628页
b40740225 X321.231 D698L 2005

沈阳市

沈阳市十县简志
沈阳市人民政府地方志办公室编 吴歌主编 沈阳 沈阳出版社 2016年 503页
b50234298 K293.11 W488 2016

沈阳市志 第1卷 综合
沈阳市人民政府地方志编纂办公室编 孟杰主编 沈阳 沈阳出版社 1989年 591页
b13032732 K293.11 S414

沈阳市志 第2卷 城市建设
沈阳市人民政府地方志编纂办公室编 慕绥新主编 沈阳 沈阳出版社 1998年 791页
b13032732 K293.11 S414

沈阳市志 第3卷 工业综述 机械工业
沈阳市人民政府地方志编纂办公室编 慕绥新主编 沈阳 沈阳出版社 2000年 557页
b13032732 K293.11 S414

沈阳市志 第4卷 化学工业 医药工业 冶金工业 建材工业 电力工业 煤炭工业 石油工业
沈阳市人民政府地方志编纂办公室编慕绥新主编 沈阳 沈阳出版社 1999年 476页
b13032732 K293.11 S414

沈阳市志 第5卷 轻工业 纺织工业 区街企业
沈阳市人民政府地方志编纂办公室编 殷蔚然主编 沈阳 沈阳出版社 1994年 517页
b13032732 K293.11 S414

沈阳市志 第6卷 军事工业
沈阳市人民政府地方志编纂办公室编 孟杰主编 沈阳 沈阳出版社 1992年 266页
b13032732 K293.11 S414

沈阳市志 第7卷 交通邮电
沈阳市人民政府地方志编纂办公室编 孟杰主编 沈阳 沈阳出版社 1989年 375页
b13032732 K293.11 S414

沈阳市志 第8卷 环境和资源 农业生产关系变革 粮食作物种植 蔬菜 畜牧 水产 林果 水利 农业机械化 农垦 乡镇企业
沈阳市人民政府地方志编纂办公室编 慕绥新主编 沈阳 沈阳出版社 1998年 586页
b13032732 K293.11 S414

沈阳市志 第9卷 商业
沈阳市人民政府地方志编纂办公室编 慕绥新主编 沈阳 沈阳出版社 1999年 728页
b13032732 K293.11 S414

沈阳市志 第10卷 财政 税务 审计 金融
沈阳市人民政府地方志编纂办公室编 殷蔚然主编 沈阳 沈阳出版社 1992年 525页
b13032732 K293.11 S414

沈阳市志 第11卷 计划管理 统计 劳动工资管理 工商行政管理 物价 标准化与计量管理 经济体制改革
沈阳市人民政府地方志编纂办公室编 慕绥新主编 沈阳 沈阳出版社 2000年 530页
b13032732 K293.11 S414

沈阳市志 第12卷 教育 科学技术 社会科学
沈阳市人民政府地方志编纂办公室编 慕绥新主编 沈阳 沈阳出版社 1998年 719页
b13032732 K293.11 S414

沈阳市志 第13卷 文化 新闻 出版 卫生 体育 文物
沈阳市人民政府地方志编纂办公室编 孟杰主编 沈阳 沈阳出版社 1990年 555页
b13032732 K293.11 S414

沈阳市志 第14卷 政权
沈阳市人民政府地方志编纂办公室编 慕绥新主编 沈阳 沈阳出版社 1999年 598页
b13032732 K293.11 S414

沈阳市志 第15卷 政党 政协 社会团体
沈阳市人民政府地方志编纂办公室编 慕绥新主编 沈阳 沈阳出版社 1998年 847页
b13032732 K293.11 S414

沈阳市志 第16卷 社区 人民生活 民政 少数民族 宗教 风俗 方言
沈阳市人民政府地方志编纂办公室编 张毓茂主编 沈阳 沈阳出版社 1994年 588页
b13032732 K293.11 S414

沈阳市志 第17卷 人物
沈阳市人民政府地方志编纂办公室编 慕绥新主编 沈阳 沈阳出版社 2000年 623页
b13032732 K293.11 S414

沈阳市志 1986-2005
沈阳市人民政府地方志办公室编 长春 吉林省科学技术出版社 2008年 4卷
b20018630 K293.11 S414Y

沈阳市志 1994
沈阳市人民政府地方志编纂办公室编 沈阳 沈阳出版社 1995年 777页
b13032732 K293.11 S414

沈阳市志 1995
沈阳市人民政府地方志办公室编 沈阳 沈阳出版社 1996年 731页
b12698192 K293.11 S414C

沈阳市志 1996
沈阳市人民政府地方志办公室编 沈阳 沈阳出版社 1997年 682页
b12698192 K293.11 S414C

沈阳市志 2004
沈阳市人民政府地方志办公室编 陈政高主编 沈阳 辽宁民族出版社 2004年 609页
b12698192 K293.11 S414C

沈阳市志 2005
沈阳市人民政府地方志办公室编 沈阳 吉林科学技术出版社 2005年 549页
b12698192 K293.11 S414C

沈阳市志 2006
沈阳市人民政府地方志办公室编 沈阳 辽宁民族出版社 2006年 494页
b12698192 K293.11 S414C

沈阳市志 2007
沈阳市人民政府地方志办公室编 沈阳 吉林科学技术出版社 2007年 476页
b12698192 K293.11 S414C

沈阳市志 2008
沈阳市人民政府地方志办公室编 沈阳 沈阳出版社 2008年 550页
b12698192 K293.11 S414C

沈阳市志 2009
沈阳市人民政府地方志办公室编 沈阳 沈阳出版社 2009年 521页
b12698192 K293.11 S414C

沈阳市志 2010
沈阳市人民政府地方志办公室编 陈海波主编 沈阳 沈阳出版社 2010年 646页
b4042117x K293.11 C421 2010

沈阳市志 2011
沈阳市人民政府地方志办公室编 沈阳 沈阳出版社 2011年 655页
b12698192 K293.11 S414C

沈阳图志
沈阳市人民政府地方志办公室编 朱慧主编 沈阳 沈阳出版社 2012年 3卷 727页
b41235502 K293.11-64 Z696 2012

沈阳宗教志 1986–2013
沈阳市宗教事务局编 任桂芳主编 沈阳 辽宁民族出版社 2014年 429页
b45969656 B929.2 R194 2014

沈阳慈恩寺志
释盖忠主编 北京 社会科学文献出版社 2018年 264页
b51048267 B947.231.1 C727 2018

沈阳佛教志
照元主编 王志鹏总纂 北京 宗教文化出版社 2018年 358页
b5120891x B949.2 S414 2018

中国共产党沈阳地方组织志
中共沈阳市委党史研究室编 李培生 李国鸿主编 沈阳 白山出版社 1998年 469页
b20018253 D235.311 L414 1998

中共沈阳市委党校校志 1949–1989
徐倜主编 沈阳 沈阳市第二印刷厂 1989年 180页
b20142031 D261.41 S414 1989

沈阳市纪检监察志 1949–2007
中共沈阳市纪律检查委员会 沈阳市监察局编 杨大勇 李革志 关卫民主编 沈阳 沈阳出版社 2008年 509页
b44749648 D262.9 S414 2008

沈阳华侨志
沈阳市人民政府地方志办公室 沈阳市归国华侨联合会编 王庆伟 吴歌主编 沈阳 沈阳出版社 2016年 354页
b5024677x D634.3 W227 2016

沈阳检察志 1950–1985
辽宁省沈阳市人民检察院编 张福礼主编 沈阳 辽宁省沈阳市人民检察院 1987年 259页〔沈阳市地方志丛书〕
b49982904 D926.32 S414 1987

沈阳司法行政志 1664–1986
顾长恩主编 沈阳 沈阳市司法局 1990年 243页〔沈阳市地方志丛书〕
b42291495 D927.311.61 G556 1990

沈阳市军队离退休干部安置志 1980–2000
沈阳市军队离休退休干部安置办公室编 林振山主编 沈阳 沈阳市军队离休退休干部安置办公室 2000年 621页
b49789661 E263 L588 2000

驻沈铁军代处志 1950–2008
中国人民解放军驻沈阳铁路局军事代表办事处编 周春生 丁维坤 马学谦主编 沈阳 中国人民解放军驻沈阳铁路局军事代表办事处 2008年 744页
b50269458 E297 Z662 2008

沈阳辉山农业高新技术开发区区志
沈阳辉山农业高新技术开发区管理委员会编 陈航主编 沈阳 沈阳辉山农业高新技术开发区管理委员会 2005年 273页
b20951383 F127.311 C421 2005

沈阳市劳动志 1862–1996
沈阳市劳动志编纂委员会编 宋海盛主编 沈阳 航空工业总公司六〇六所印刷厂 1999年 354页
b4548000x F249.273.11 S679 1999

沈阳市储运公司志 1953–1990
沈阳市储运公司志编纂委员会编 王登科主编 沈阳 沈阳市储运公司 1993年 378页〔沈阳市地方志丛书〕
b50779266 F259.273.11 S414 1993

沈阳城建志 1388–1990
沈阳市建设管理局编 沈阳 沈阳出版社 1995 年 956 页
b12698118 F299.273.13 S414

沈阳农机志
沈阳农机志编委会编 王丽红主编 沈阳 沈阳农机志编委会 1997 年 234 页
b49938939 F324.2 W222 1997

沈阳林果志 第 2 卷 1991–2010
沈阳市林业局编纂 沈阳 辽宁美术出版社 2012 年 876 页
b40707635 F326.273.11 S414 2012

沈阳市林业果树志 第 1 卷 1904–1990
沈阳市林业果树志编纂委员编 何顺应主编 沈阳 沈阳市林业局 1993 年 514 页〔沈阳市地方志丛书〕
b49803645 F326.273.11 S414C 1993

沈阳市畜牧志 第 1 卷 1905–1985
沈阳市畜牧业志编纂委员会编 曹克璋主编 沈阳 沈阳市副食品公司食品包装印刷厂 1989 年 344 页〔沈阳市地方志丛书〕
b45480023 F326.373.11 C212 1989

沈阳市农业志
沈阳市农业局农业志编纂办公室编 王津主编 沈阳 沈阳市农业局农业志编纂办公室 1993 年 317 页〔沈阳市地方志丛书〕
b44916589 F327.311 W219 1993

沈阳市土地志
姚奇男主编 沈阳 沈阳市土地管理局 1999 年 561 页
b17125881 F327.311 Y296 1999

东北第六制药厂志 1948–1990
姜翔翕主编 沈阳 辽宁省气象局印刷厂 1991 年 484 页〔沈阳市地方志丛书〕
b45479471 F426.7 D582 1991

金马油田开发公司志 1998–2008
金马油田开发公司志编纂委员会编 姜旭主编 北京 方志出版社 2011 年 351 页
b36133620 F426.22 J477 2011

黎明公司志 1986–1995
沈阳市黎明发动机制造公司史志编审委员会编 王玉成主编 沈阳 沈阳市黎明发动机制造公司史志编审委员会 1999 年 834 页〔沈阳市地方志丛书〕
b50248303 F426.5 L372 1999

沈阳第一机床厂志 1935–1985
沈阳第一机床厂志编纂委员会编 黄铭亮主编 沈阳 沈阳第一机床厂志编纂委员会 1987 年 482 页〔沈阳市地方志丛书〕
b49789636 F426.42 S4141 1987

沈阳第一制药厂志 1949–1988
沈阳第一制药厂编 沈阳 沈阳第一制药厂 1990 年 510 页〔沈阳市地方志丛书〕
b49849803 F426.77 S414 1990

沈阳风动工具厂志 第 1 卷
吴运宽总编辑 沈阳 沈阳风动工具厂 1988 年 510 页〔沈阳市地方志丛书〕
b44852149 F426.4 S414 1988

沈阳高压开关厂厂志
沈阳高压开关厂厂志编纂委员会编 沈阳 沈阳市第九印刷厂 1986 年 555 页〔沈阳市地方志丛书〕
b44852150 F426.44 S414 1986

沈阳工程技术处志 1999–2004
辽河石油勘探局沈阳工程技术处史志编纂委员会编 阎进先主编 北京 方志出版社 2005年 294页
b50247426 F426.22 S4143 2005

沈阳工程技术处志 2005–2009
辽河油田公司沈阳工程技术处史志编纂委员会编 黄显利主编 北京 方志出版社 2009年 301页
b49980993 F426.22–29 L538 2009

沈阳机车车辆工厂志
沈阳机车车辆工厂志编纂委员会编 沈阳 辽宁大学出版社 1987年 361页
b49849815 F426.472–09 S414 1987

沈阳老龙口厂志 第2卷
沈阳老龙口厂志第二卷编纂委员会编 沈阳 沈阳老龙口厂志第二卷编纂委员会 2012年 622页
b50248297 F426.82 S4147C 2012

沈阳市副食品公司志
沈阳市副食品公司志编纂委员会编 赵毓昆主编 沈阳 沈阳市副食品公司志编纂委员会 1988年 293页〔沈阳市地方志丛书〕
b41235149 F426.82 Z441 1988

沈阳市化工原料公司志
沈阳市化工原料公司志编纂委员会编 杨森主编 沈阳 沈阳市化工原料公司 1989年 358页〔沈阳市地方志丛书〕
b4978965x F426.7 S414 1989

沈阳市老龙口酒厂志
沈阳市老龙口酒厂志编纂办公室编 刘树生 李平忠主编 沈阳 沈阳出版社 1993年 356页
b45480011 F426.82 S4147 1993

沈阳市煤气总公司志 1923–1985
沈阳市煤气总公司编 沈阳 沈阳市煤气总公司 1988年 380页〔沈阳市地方志丛书〕
b49849839 F426.72 S414 1988

沈阳市燃料流通志 1851–1985
沈阳市燃料公司编 沈阳 沈阳市燃料公司 1987年 444页
b49789673 F426.2 S414 1987

沈阳市石油公司志 1951–1987
沈阳市石油公司编 朱吉光主编 沈阳 沈阳市石油公司 1991年 345页
b49506304 F426.22 S414 1991

沈阳铜网厂志 第1卷 1949–1988
沈阳铜网厂志编纂委员会编 戴龙章主编 沈阳 沈阳铜网厂志编纂委员会 1989年 277页
b50319449 F426.41 S4148 1989

沈阳线材厂志
沈阳线材厂志编纂委员会编 沈阳 沈阳线材厂 1988年 352页〔沈阳市地方志丛书〕
b41235150 F426.41 S414 1988

沈阳医药志 1948–1988
姜翔翕主编 沈阳 沈阳医药志编辑部 1992年 575页〔沈阳市志丛书〕
b49849840 F426.77 J332 1992

沈阳有色金属加工厂志 1938–2003
沈阳有色金属加工厂志编纂工作领导小组办公室编 白常厚主编 沈阳 沈阳有色

金属加工厂志编纂工作领导小组办公室 2003 年 332 页
b49789697 F426.32 S414 2003

沈阳造币厂志 1991–1995
沈阳造币厂志编辑委员会编 刘世荣主编 沈阳 沈阳造币厂志续志编辑委员会 1996 年 206 页
b50318111 F426.84 S414 1996

沈阳重型机器厂志
沈阳重型机器厂编 沈阳 沈阳铁路局沈建印刷厂 1996 年 458 页
b44852186 F426.42 S414 1996

中国建筑东北设计研究院志 1952–1995
中国建筑东北设计研究院志编辑部 邹庆堂主编 沈阳 辽宁人民出版社 2000 年 311 页〔中国建筑工程总公司企业志系列丛书〕
b36093774 F426.9 Z6472 2000

沈阳造币厂图志 沈阳造币厂建厂 105 周年 1896–2001
王生龙主编 沈阳 沈阳出版社 2001 年 147 页
b50319437 F427.311–64 S414 2001

沈阳市交通志 第 1 卷
沈阳市交通志编著者编 沈阳 沈阳市万豪彩印厂 2008 年 754 页
b20045438 F512.731.1 S414 2008

沈阳铁路分局志 1898–1988
沈铁分局史志办公室编 冯曰武主编 沈阳 沈铁分局史志办公室 1990 年 812 页
b44916590 F532.831.1 F377 1990

沈阳铁路货运志 1894–1990
沈阳铁路局货运处 沈阳铁路局史志办公室编 姜培华 王子民主编 沈阳 沈阳铁路局货运处 1991 年 518 页
b45480035 F532.831.1 J332 1991

沈阳铁路局志稿 第 1 卷 综合篇
沈阳铁路局志编纂委员会编 沈阳 沈阳铁路局志编纂委员会 1988 年 556 页
b36128612 F532.831.1 S414 1988

沈阳铁路局志稿 第 2 卷 干线篇
沈阳铁路局志编纂委员会编 沈阳 沈阳铁路局志编纂委员会 1989 年 342 页
b36128570 F532.831.1 S414 1989

沈阳铁路局志稿 第 9 卷 工务篇
沈阳铁路局志编纂委员会编 邢德本主编 沈阳 沈阳铁路局锦州分局印刷厂 1992 年 483 页
b36128582 F532.831.1 S414 1992

沈阳铁路局志稿 第 13 卷 基建篇
沈阳铁路局志编纂委员会编 沈阳 沈阳铁路局志编纂委员会 1991 年 367 页
b36128594 F532.831.1 S414 1991

沈阳铁路局志稿 第 20 卷 教育篇
沈阳铁路局志编纂委员会编 沈阳 沈阳铁路局志编纂委员会 1990 年 323 页
b36128600 F532.831.1 S414 1990

铁道部沈阳桥梁厂志 1937–1985
于龙仁主编 沈阳 铁道部沈阳桥梁厂 1990 年 734 页
b50234353 F532.6–09 T3897 1990

沈阳市电车公司志
沈阳市电车公司编 沈阳 沈阳市电车公司

1988 年 463 页〔沈阳市地方志丛书〕
b49789648 F572.89 S414 1988

辽宁省邮电工程局志 1950–2005
辽宁省邮电工程局志编纂委员会编 李建昌总编辑 沈阳 辽宁省邮电工程局 2007 年 203 页
b45479720 F632.731.1 L539 2007

沈阳邮政志
沈阳市邮政局编 沈阳 沈阳市邮政局 1991 年 370 页
b46018645 F632.731.1 S414 1991

沈阳商会志 1862–1995
沈阳商会志编纂委员会编 周勇顺主编 沈阳 白山出版社 1998 年 337 页
b49849827 F721 S414 1998

沈阳市供销合作社志
沈阳市供销合作社地方志编纂办公室 王立贵主编 沈阳 沈阳市供销合作社地方志编纂办公室 1987 年 345 页
b50861633 F721.2 S414 1987

沈阳市粮食志 1840–1985
王崇智 田春寰主编 沈阳 沈阳市粮食食品局 1990 年 304 页〔沈阳市地方志丛书〕
b27574982 F724.721 S414 1990

沈阳五金商业集团公司志 1986–1992
沈阳五金商业集团公司志编纂委员会编 李开明主编 沈阳 辽宁古籍出版社 1994 年 724 页〔沈阳市地方志丛书〕
b49789685 F724.743 S414 1994

沈阳市商业志
沈阳市商业管理局商业志编纂办公室编 王韶程主编 沈阳 沈阳市商业管理局商业志编纂办公室 1990 年 849 页〔沈阳市地方志丛书〕
b2157019x F727.311 S414 1990

沈阳海关志
中华人民共和国沈阳海关编 阚玉林主编 沈阳 中华人民共和国沈阳海关 1999 年 208 页
b17510338 F752.59 K161 1999

沈阳税务志 1840–1985
沈阳税务志编纂委员会编 于文弘主编 沈阳 沈阳税务志编纂委员会 1988 年 471 页
b50347627 F812.731.142 Y726 1988

沈阳金融志 1840–1986
中国人民银行沈阳市分行 沈阳市金融学会主编 刘新 姜载国 归嘉德主编 沈阳 中国人民银行沈阳市分行 1992 年 505 页
b41235137 F832.731.1 L692 1992

沈阳市文化志
沈阳市文化局文化志编纂委员会编 沈阳 沈阳市文化局文化志编纂委员会 198- 年 350 页
b19932352 G127.311 S414

辽宁省科协志
赵惠田主编 沈阳 辽宁人民出版社 1991 年 433 页
b21568984 G322.731 Z434 1991

沈阳市科协志 第 1 卷 1948–1985
沈阳市科协志编纂委员会编 杜顺成主编 沈阳 沈阳市科学技术协会 1987 年 287 页〔沈阳市地方志丛书〕
b45479999 G322.731.1 D698

中国科学院沈阳分院志
李国经主编 北京 人民日报出版社 1993 年 704 页
b49849189 G322.21 Z648S 1993

东北育才学校志 1949–2009
高琛主编 沈阳 辽宁教育出版社 2009 年 627 页
b21567487 G639.283.11 D582 2009

辽宁省实验中学校志
刘玉华主编 沈阳 辽宁省实验中学 2009 年 197 页
b20139482 G639.283.1 L5397 2009

沈阳市第八十三中学校志 1961–2005
沈阳市第八十三中学校志办公室编 张德波主编 沈阳 沈阳市第八十三中学校志办公室 2006 年 282 页
b44852162 G639.283.11 S414 2006

沈阳市第八十三中学校志 2006–2010
张德波主编 沈阳 沈阳市第八十三中学 2011 年 154 页
b50066614 G639.283.11 S414C 2011

沈阳市第六十三中学校志 1927–2012
姜绍强主编 沈阳 辽宁教育出版社 2012 年 263 页
b51072634 G639.283.11 S4147 2012

沈阳市第六十一中学校志 2006–2010
姜绍强主编 沈阳 辽宁教育出版社 2011 年 219 页
b40648862 G639.283.11 S4146 2011

沈阳市第五十六中学校志
沈阳市第五十六中学校志编委会编 关凤艳主编 沈阳 沈阳市第五十六中学校志编委会 2011 年 155 页
b49827261 G639.283.11 S4148 2011

东北大学校志 第 2 卷 1 1949.2–1987.12
东北大学校志办公室编 杨佩祯主编 沈阳 东北大学出版社 1995 年 480 页
b1644758x G649.283.11 D582D 1995

东北大学校志 第 2 卷 2 1988.1–1993.3
东北大学校志办公室编 杨佩祯主编 沈阳 东北大学出版社 1998 年 517 页
b1644758x G649.283.11 D582D 1995

中国刑事警察学院院志
崔锡昆主编 北京 警官教育出版社 1996 年 365 页
b20136250 G649.283.1 Z651 1996

辽宁省民政学校校志 1985–2011
辽宁省民政学校校志编纂委员会编 沈阳 辽宁省民政学校校志编纂委员会 2011 年 244 页
b4064893x G719.283.11 L539 2011

沈阳电力高等专科学校校志 第 1 卷 1952–1990
马德麟主编 沈阳 辽宁大学出版社 1995 年 377 页
b20098996 G719.283.1 S414 1995

辽宁老干部大学校志
辽宁老干部大学校志编纂委员会编 王秋晨主编 沈阳 辽宁老干部大学 2006 年 254 页
b20102665 G777 L539 2006

沈阳市戏曲志
沈阳市戏曲志编纂委员会编 沈阳 辽宁大学出版社 1992 年 655 页

b2004544x　J809.231.1　S414　1992

沈阳民族志　1986–2013
沈阳市民族事务委员会编　任桂芳主编　沈阳　辽宁民族出版社　2013 年　509 页
b45969644　K280.311　R194　2013

沈阳朝鲜族志
沈阳市民委民族志编纂办公室编　沈阳　辽宁民族出版社　1989 年　379 页
b20136304　K281.9　S414　1989

沈阳回族志
杨耀恩　王俊主编　沈阳　辽宁民族出版社　1996 年　384 页
b16432575　K281.3　Y251　1996

沈阳蒙古族志
沈阳市民族事务委员会编　沈阳　辽宁民族出版社　2006 年　540 页
b20045426　K281.2　S414　2006

沈阳满族志
沈阳市民委民族志编纂办公室编　沈阳　辽宁民族出版社　1991 年　600 页
b17581679　K282.1　S414　1991

沈阳锡伯族志
沈阳市民委民族志编纂办公室编　沈阳　辽宁民族出版社　1988 年　354 页
b1327692x　K284.3　X138S

沈阳市文物志
沈阳市文物管理办公室编纂　沈阳　沈阳出版社　1993 年　363 页
b16445892　K872.311　S414　1993

沈阳市城区地名录
沈阳市地名办公室编　沈阳　沈阳市地名办公室　1983 年　367 页
b20016645　K923.11　S414　1983

沈阳福陵志
沈阳一宫两陵志编纂委员会编著　沈阳　辽宁民族出版社　2006 年　209 页〔沈阳一宫两陵志〕
b17385301　K928.76　S4149F　2006

沈阳故宫志
沈阳一宫两陵志编纂委员会编著　沈阳　辽宁民族出版社　2006 年　528 页〔沈阳一宫两陵志〕
b17385295　K928.74　S414　2006

沈阳昭陵志
沈阳一宫两陵志编纂委员会编著　沈阳　辽宁民族出版社　2006 年　197 页〔沈阳一宫两陵志〕
b17385313　K928.76　S4149　2006

沈阳地震志　1970–2009
沈阳市地震局编著　喻虹桥主编　沈阳　沈阳出版社　2010 年　208 页
b45479975　P316.231.1　Y767　2010

沈阳乙亥水灾志
沈阳市辽宁省水利局编　沈阳　沈阳市水利局　1996 年　192 页
b21857714　P426.616　S414　1996

中国科学院沈阳应用生态研究所志　1954–2014
中国科学院沈阳应用生态研究所志编纂委员会编　沈阳　辽宁科学技术出版社　2014 年　872 页
b49938903　Q14–242.311　Z648　2014

中国医科大学校史图志 1931–2011
戴万津主编 沈阳 辽宁人民出版社 2011 年 329 页
b47243016 R–40 Z651 2011

辽宁省健康教育所志
刘懿卿主编 沈阳 辽宁省健康教育所 2007 年 173 页
b22430672 R193–242 L693 2007

辽宁省卫生防疫站志
辽宁省卫生防疫站编 陈书兴主编 锦州 锦州医学院印刷厂 1991 年 395 页
b45479719 R197.2 C432 1991

辽宁中医药大学附属医院院志 1956–2006
辽宁中医药大学附属医院编 沈阳 辽宁中医药大学附属医院 2006 年 741 页
b49849797 R197.4 L539 2006

中国人民解放军沈阳军区总医院院志 1948–1990
唐文俊主编 沈阳 中国科学院金属研究所印刷厂 1991 年 463 页
b45874840 R82 Z6497 1991

辽宁省农业科学院科技情报研究所所志 1978–1999
赵金林主编 沈阳 辽宁省农业科学院科技情报研究所 2000 年 161 页
b40743494 S–242.31 L5394 2000

辽宁省农业科学院院志
辽宁省农业科学院院志编纂委员会编 陶承光主编 沈阳 辽宁省农业科学院院志编纂委员会 2006 年 654 页
b20102677 S–242.31 L539 2006

沈阳市农业科学院志
沈阳市农业科学院编 宁鑫主编 沈阳 沈阳市农业科学院 2012 年 394 页
b40648941 S–242.311 S414 2012

沈阳土种志
沈阳市土壤普查办公室编 朱涛执笔 沈阳 沈阳市土壤普查办公室 1987 年 169 页
b19932364 S159.231.1 Z718 1987

国家林业局森林病虫害防治总站站志 1964–2009
马爱国主编 沈阳 国家林业局森林病虫害防治总站 2009 年 261 页
b47414121 S763.1 M136 2009

沈阳煤矿设计院志 1952–1990
沈阳煤矿设计院志编审委员会编 孟朴忱主编 沈阳 东煤地质局沈阳印刷厂 1993 年 330 页
b45479987 TD82–242.311 S414 1993

沈阳标准件厂志
沈阳标准件厂志编纂委员会编 崔志霖主编 沈阳 沈阳标准件厂 1987 年 466 页
〔沈阳市地方志丛书〕
b49789624 TH–292.311 S414 1987

东北电力试验研究院志
东北电力试验研究院志编辑部编 沈阳 东北电力系统科技情报中心 1989 年 418 页
b49625780 TM7–24 D582 1989

沈阳城市供水百年图志 1915–2015
陈阳主编 沈阳 沈阳出版社 2016 年 320 页
b50246768 TU991.923.11 C436 2016

沈阳市水利志
沈阳市水利局水利志编纂委员会编 徐德昌主编 沈阳 沈阳市水利局水利志编纂委员会 1991年 430页〔沈阳市地方志丛书〕
b20140666 TV-092 S4147 1991

沈阳市水利志
沈阳市水利志编纂委员会编 王树雨主编 沈阳 沈阳出版社 2008年 253页
b20140691 TV-092 S4147 2008

沈阳市水利志 1986-1992
沈阳市水利局水利志编纂委员会编 徐德昌主编 沈阳 沈阳市水利局 1997年 246页〔沈阳市地方志丛书〕
b20140678 TV-092 S4147 1997

沈阳市水利志 1993-1996
沈阳市水利局水利志编纂委员会编 沈萍主编 沈阳 辽宁地矿测绘院印刷厂 1999年 393页〔沈阳市地方志丛书〕
b2014068x TV-092 S4147 1999

沈阳市水利志 1997-2000
沈阳市水利局水利志编纂委员会编 罗乃斌主编 沈阳 辽宁地矿测绘院印刷厂 2001年 321页
b20140708 TV-092 S4147 2001

辽宁省水利水电勘测设计院志 1954-1988
辽宁省水利水电勘测设计院院志编辑委员会编 傅学玄主编 长沙 辽宁省水利水电勘测设计院院志编辑委员会 1992年 423页
b2185614x TV22-242.31 L539 1992

辽宁省水利学会史志 初稿
辽宁省水利学会编 沈阳 辽宁省水利学会 1986年 78页
b21856151 TV22-242.31 L5395 2009

沈阳市浑河河道志 1986-1992
浑河沈阳城市段浑河河道志编委会编 刘永全 顾育悟主编 沈阳 辽宁地矿测绘院印刷厂 1999年 264页
b35979136 TV882.831.1 L693 1999

沈阳桃仙国际机场机场志
白成和 宋玉岐主编 北京 中国民航出版社 2006年 374页
b49981535 V351 S414 2006

沈河区

沈河区志
沈阳市沈河区人民政府地方志办公室编 杨崇民主编 沈阳 沈河区地方志办公室 1989年 569页
b16445909 K293.11 S412 1989

沈阳市沈河区志 1986-2005
沈河区人民政府地方志办公室编 庞洪波 王健主编 沈阳 辽海出版社 2012年 623页〔沈阳市地方志丛书〕
b4729694x K293.11 S412C 2012

五三乡志
沈阳市五三乡志编纂委员会编 王立先主编 沈阳 辽海出版社 2012年 674页
b44916565 K293.15 W538 2012

和平区

和平区志
沈阳市和平区人民政府地方志编纂办公室 高柏金主编 沈阳 沈阳出版社 1989年 437页
b13277194 K293.11 H313

西塔 沈阳市和平区西塔街道志
朴梅花 周宇主编 沈阳 辽宁民族出版社 2014年 456页
b46273694 K293.11 H313X 2014

和平政协志 1951–2011
政协沈阳市和平区委员会编 李和主编 沈阳 辽宁人民出版社 2012年 601页
b40864340 D628.311 H313 2012

沈阳市和平区副食志 1905–1984
沈阳市和平区副食志编纂委员会编 沈阳 沈阳市和平区副食志编纂委员会 1985年 248页
b44852174 F426.82 S414 1985

和平百年图志
政协沈阳市和平区委员会编 李和主编 沈阳 政协沈阳市和平区委员会 2013年 2卷 817页
b49982862 K293.11 H313H 2013

大东区

大东区志 1896–1995
沈阳市大东区人民政府地方志编纂办公室编纂 傅柏友主编 沈阳 辽宁民族出版社 1999年 745页〔沈阳市地方志丛书〕
b16427294 K293.11 D135 1999

大东政协志 1951–2014
政协沈阳市大东区委员会编 李红英主编 沈阳 辽宁人民出版社 2014年 672页
b47072866 D628.311 D135 2014

大东城管志 1948–2006
沈阳市大东区城市建设管理局编 沈阳 沈阳出版社 2008年 661页
b20948414 F299.273.11 D135 2008

教育志 1902–1995
沈阳市大东区教育志编纂委员会编 齐春林主编 郭作则撰稿 沈阳 沈阳市大东区教育志编纂委员会 1999年 889页
b20014193 G527.311 Q137 1999

大东区地名志
沈阳市大东区城市建设委员会编 张怀山主编 沈阳 沈阳市大东区城市建设委员会 1994年 366页
b20014181 K923.11 D135 1994

皇姑区

皇姑区志
沈阳市皇姑区人民政府地方志编纂委员会办公室编 邢崇山主编 沈阳 辽宁大学出版社 1993年 457页〔沈阳市地方志丛书〕
b17125765 K293.11 H672 1993

沈阳市皇姑区志 1986–2005
沈阳市皇姑区人民政府地方志办公室编 杜春华主编 沈阳 辽宁大学出版社 2011年 779页
b36174737 K293.11 H672H 2011

皇姑区教育志 1907–2006
沈阳市皇姑区教育志编纂委员会编 邓华主编 沈阳 沈阳市皇姑区教育志编纂委员会 2008年 1210页〔皇姑区教育志丛书〕
b41234959 G527.311 H672 2008

和信朝小校志
赵淑子主编 沈阳 和信朝鲜族小学 2007年 253页〔皇姑区教育志丛书〕
b40743731 G629.283.11 S414 2007

铁西区

铁西区志 1989–2005
沈阳市铁西区人民政府地方志编纂办公室编 刘树敏主编 沈阳 沈阳出版社 2016年 784页
b50246902 K293.11 T389 2016

沈阳市铁西区文化志 1937–1988
沈阳市铁西区文化局修志委员会编 沈阳 沈阳市铁西区文化局 1991年 194页
b20535697 G127.311 T389 1991

苏家屯区

苏家屯区志
沈阳市苏家屯区人民政府地方志编纂委员会编 张荣仑总编 李恒秀 郭荣城编纂 沈阳 辽宁大学出版社 1991年 807页〔沈阳市地方志丛书〕
b20951516 K293.11 S414S 1991

苏家屯区志 1986–1995
苏家屯区人民政府地方志编纂委员会办公室编 张世斌主编 沈阳 苏家屯区人民政府地方志编纂委员会办公室 1999年 715页
b16465027 K293.11 S697 1999

苏家屯区志 1996–2000
沈阳市苏家屯区人民政府地方志办公室编 杨洪峰主编 长春 吉林科学技术出版社 2006年 631页
b16784923 K293.11 S697 2006

沈阳市苏家屯区志 2001–2005
苏家屯区人民政府地方志办公室编 蹇骞主编 沈阳 沈阳出版社 2014年 759页〔沈阳市地方志丛书〕
b46000719 K293.11 S697 2014

苏家屯区教育志 1907–1997
苏家屯区教育志编纂委员会编 沈阳 辽宁地矿测绘院印刷厂 2000年 1119页
b16426629 G527.311 S694 2000

沈阳市苏家屯区教育人物志 1907–2002
沈阳市苏家屯区教育志编纂委员会编 沈阳 辽宁地矿测绘院印刷厂 2004年 606页
b16426836 K825.46 S4148 2004

浑南区

东陵区志 1986–1990
沈阳市东陵区人民政府地方志编纂办公室编 刘和总编 沈阳 沈阳出版社 1991年 726页〔沈阳市地方志丛书〕
b13274533 K293.11 D582

东陵区志 1991–1995
沈阳市东陵区人民政府地方志办公室编 刘和总编 沈阳 中国城市出版社 1998年 489页〔沈阳市地方志丛书〕
b3624840x K293.11 D582 1998

东陵区志 1996–2000
东陵区政府地方志办公室编 刘和总编 沈阳 沈阳出版社 2003年 613页〔沈阳市地方志丛书〕
b19733860 K293.11 D582 2003

东陵区水利志
东陵区水利志编纂领导小组办公室编辑 沈阳 沈阳市东陵区印刷厂 1992年 189页
b46010993 TV–092 D5824 1992

沈北新区

沈北新区志 2006–2010
沈阳市沈北新区人民政府办公室地方志办公室编 金志生主编 沈阳 沈阳出版社 2016 年 629 页
b49811113 K293.11 S411 2016

新城子区志
新城子区地方志编纂办公室编 杨德林著 沈阳 沈阳出版社 1992 年 433 页〔沈阳市地方志丛书〕
b1715165x K293.11 X443D 1992

新城子区志 1991–2000
新城子区人民政府主办 新城子区地方志编纂办公室编 徐茂盛著 长春 吉林科学技术出版社 2006 年 637 页
b16802470 K293.11 X443 2006

新城子区志 2001–2006
沈阳市沈北新区人民政府编 李鹏宇主编 长春 吉林科学技术出版社 2011 年 501 页
b44748991 K293.11 X443 2011

新城子区教育志 1904–2000
沈阳市新城区教育志编纂委员会编 田春耕主编 沈阳 沈阳市新城区教育志编纂委员会 2003 年 944 页
b20017455 G527.311 T354 2003

于洪区

于洪区志
沈阳市于洪区地方志编纂委员会编 魏广志总编 沈阳 沈阳市于洪区地方志编纂委员会 1989 年 832 页
b20952533 K293.11 S414YH 1989

于洪区志 1991–2000
于洪区政府地方志编纂办公室编 沈阳 沈阳出版社 2007 年 392 页
b18225822 K293.11 Y725 2007

沈阳市于洪区志 2001–2005
沈阳市于洪区人民政府地方志编纂办公室编 戴贺臣 连茂君主编 沈阳 辽宁民族出版社 2012 年 450 页
b36174543 K293.11 Y725C 2012

北陵乡志
北陵乡志编纂办公室编 沈阳 沈阳市北陵印刷厂 1986 年 292 页
b17490881 K293.15 B316 1986

马三家镇志
马三家镇人民政府编 沈阳 马三家镇人民政府 1985 年 229 页
b20015926 K293.15 M142 1985

于洪区乡镇街志 1986–1990
沈阳市于洪区地方志编纂委员会编 于波总编 沈阳 于洪区志办公室 1993 年 840 页
b19932832 K293.101.14 Y725 1993

于洪区水利志
于洪区水利志编委会编 邢宝顺编 沈阳 辽宁地矿测绘院印刷厂 1998 年 307 页
b20141725 TV–092 Y725 1998

辽中区

辽中县志 1906–1985
沈阳市辽中县人民政府地方志编纂委员会编 杨振坤总编辑 沈阳 辽宁人民出版社 1993 年 901 页
b45479732 K293.14 L5389E 1993

辽中政协志 1960–2013
政协辽宁省辽中县委员会编 万秀英主编 沈阳 沈阳出版社 2014年 690页
b46078927 D628.314 L538 2014

辽中县教育志 1990–1999
辽中县教委教育志编写办公室编 王天斌主编 辽中 辽中县教委教育志编写办公室 2000年 590页
b20181553 G527.314 L538 2000

辽中县水利志
辽中县水利志编纂领导小组办公室编辑 段永清 燕奎巨编纂 辽中 辽中县水利志编纂领导小组办公室 1991年 334页
b21856163 TV–092 D745 1991

新民市

新民县志
新民县县志编纂办公室编 李宝权主编 沈阳 沈阳出版社 1992年 976页
b1062479x K293.14 X443

新民市志 1986–1995
新民市人民政府地方志办公室编 郑朝权 李玉强主编 沈阳 辽宁大学出版社 2010年 424页〔沈阳市地方志丛书〕
b36174725 K293.14 X443 2010

新民市交通志
新民市交通志编纂者 沈阳 沈阳出版社 1994年 423页〔辽宁公路交通史丛书〕
b20099277 F512.731.4 X443 1994

校志
新民县高中编 张乃斌编写 沈阳 地方国营新民印刷总厂 1992年 182页
b20104480 G639.283.14 X443 1992

沈阳市新民师范校志
赵廷厚主编 沈阳 沈阳市新民师范学校 1996年 410页
b20103724 G659.283.11 X443 1996

新民县水利志
新民县水利局编制 支启兴主编 新民 新民县水利局 1994年 121页
b20141452 TV–092 Z559 1994

康平县

康平县志
康平县志编纂委员会编 陈满诚主编 沈阳 东北大学出版社 1995年 785页
b10600255 K293.14 K185

康平县志 1993–2000
康平县人民政府地方志编纂办公室编 沈阳 东北大学出版社 2008年 648页
b19023972 K293.14 K185 2008

康平县志 2001–2005
康平县人民政府地方志编纂办公室编 王一兵 李晓航主编 沈阳 东北大学出版社 2012年 484页〔沈阳市地方志丛书〕
b49505543 K293.14 K185E 2012

法库县

法库县志
法库县地方志编纂委员会编 沈阳 沈阳出版社 1990年 626页〔中华人民共和国地方志丛书〕
b10604182 K293.14 F133

法库图志
法库县地方志编纂委员会办公室编 冯守权 陈佳标主编 沈阳 沈阳出版社 2014

年 628 页
b50017305 K293.14 F133E 2014

法库县志 1986–1995
法库县地方志编纂委员会办公室编 高文义主编 北京 东方出版社 1999 年 820 页
b16402339 K293.14 F133 1999

法库县志 1996–2005
法库县地方志编纂委员会办公室编 冯守权 陈佳标主编 沈阳 辽宁民族出版社 2012 年 618 页〔沈阳市地方志丛书〕
b40648874 K293.14 F133 2012

法库县志 2006–2010
法库县地方志编纂委员会办公室编 冯守权 陈佳标 王欢苗主编 沈阳 沈阳出版社 2017 年 614 页
b50232046 K293.14 F133F 2017

法库县人口和计划生育志 1963–2014
方占祥主编 法库 法库县人口和计划生育局 2014 年 209 页
b50777531 C924.253.14 F133 2014

法库县人大志 1954–2014
法库县人民代表大会常务委员会编 徐凤贵主编 法库 法库县人民代表大会常务委员会 2014 年 554 页
b46995158 D624.314 F133 2014

法库县民政志
法库县民政局编 沈庆新主编 法库 法库县民政局 1992 年 160 页
b50065993 D632 F133 1992

法库县人物志
沈阳市法库县地方志编纂委员会办公室编 高文义主编 北京 中国文化出版社 2004 年 733 页
b1643769x K820.831.4 F133 2004

法库县文物志
冯永谦 温丽和著 沈阳 辽宁民族出版社 1996 年 442 页〔辽宁市县文物志.〕
b1053510x K872.314 F133

大连市

大连市志 第 1 卷 自然环境志 水利志 1840–1990
大连市地方志编纂委员会办公室编 唐法明 贾崇斌主编 大连 大连出版社 1993 年 409 页
b13032719 K293.13 D135

大连市志 第 2 卷 检察志 1840–1990
大连市地方志编纂委员会办公室编 康积惠主编 张富锦卷主编 大连 大连出版社 1994 年 294 页
b13032719 K293.13 D135

大连市志 第 3 卷 卫生志 1840–1990
大连市地方志编纂委员会办公室编 康积惠主编 孙承岱卷主编 大连 大连出版社 1994 年 193 页
b13032719 K293.13 D135

大连市志 第 4 卷 民政志 军事志 1840–1990
大连市地方志编纂委员会办公室编 康积惠主编 崔维连 任玉起卷主编 大连 大连出版社 1993 年 360 页
b13032719 K293.13 D135

大连市志 第 5 卷 邮电志 1840–1990
大连市地方志编纂委员会办公室编 王景相主编 大连 大连出版社 1997 年 561 页
b13032719 K293.13 D135

大连市志 第 6 卷 广播电视志 1840–1990
大连市地方志编纂委员会办公室编 康积惠主编 孟昭礼 刘者平卷主编 大连 大连出版社 1996 年 316 页
b13032719 K293.13 D135

大连市志 第 7 卷 人民代表大会志 1840–1990
大连市史志办公室编 单文俊主编 杨永森卷主编 大连 大连出版社 1997 年 580 页
b13032719 K293.13 D135

大连市志 第 8 卷 轻工业志 1840–1990
大连市地方志编纂委员会办公室编 康积惠主编 王学忠 许贵昌卷主编 大连 大连出版社 1997 年 433 页
b13032719 K293.13 D135

大连市志 第 9 卷 教育志 1840–1990
大连市史志办公室编 丛者恕主编 北京 中央文献出版社 2001 年 894 页
b13032719 K293.13 D135

大连市志 第 10 卷 人物志 1840–1990
大连市史志办公室编 王佩平 单文俊 李尚华主编 北京 中央文献出版社 2002 年 493 页
b13032719 K293.13 D135

大连市志 第 11 卷 港口志 1840–1990
大连市史志办公室编 王佩平主编 朱宝学 赵怀宁卷主编 沈阳 辽宁民族出版社 2004 年 395 页
b13032719 K293.13 D135

大连市志 第 12 卷 民俗志 1840–1990
大连市史志办公室编 王佩平主编 王万涛卷主编 北京 方志出版社 2004 年 560 页
b13032719 K293.13 D135

大连市志 第 13 卷 外经外贸志 1840–1990
大连市史志办公室编 钟善恩主编 北京 方志出版社 2004 年 834 页
b13032719 K293.13 D135

大连市志 第 14 卷 城市建设志 1840–1990
大连市史志办公室编 王佩平主编 谭积斌卷主编 北京 方志出版社 2004 年 732 页
b13032719 K293.13 D135

大连市志 第 15 卷 化学工业志 1840–1990
大连市史志办公室编 王佩平主编 王成才卷主编 沈阳 辽宁民族出版社 2004 年 344 页
b13032719 K293.13 D135

大连市志 第 16 卷 工商联志 1840–1990
大连市史志办公室编 王佩平主编 魏玉田本卷主编 大连 大连出版社 2002 年 466 页
b13032719 K293.13 D135

大连市志 第 17 卷 水产志 1840–1990
大连市史志办公室编 王佩平主编 徐志宽卷主编 大连 大连出版社 2004 年 442 页
b13032719 K293.13 D135

大连市志 第 18 卷 环境保护志 1840–1990
大连市史志办公室编 王佩平主编 王忠彦卷主编 大连 大连理工大学出版社 2003 年 454 页
b13032719 K293.13 D135

大连市志 第 19 卷 冶金工业志 电子工业志 盐业志 医药志 1840–1990
大连市史志办公室编 王佩平主编 沈阳 辽宁民族出版社 2004 年 624 页
b13032719 K293.13 D135

大连市志 第 20 卷 档案志 1840–1990
大连市史志办公室编 单文俊主编 张殿忱卷主编 大连 大连出版社 1998 年 323 页
b13032719 K293.13 D135

大连市志 第 21 卷 中共地方组织志 1840–1990
大连市史志办公室编 单文俊主编 单文俊 李尚华卷主编 北京 中央文献出版社 2001 年 750 页
b13032719 K293.13 D135

大连市志 第 22 卷 公安志 1840–1990
大连市史志办公室编 王佩平主编 张继先卷主编 北京 方志出版社 2004 年 900 页
b13032719 K293.13 D135

大连市志 第 23 卷 人民防空志 1840–1990
大连市史志办公室编 王佩平主编 刘积深卷主编 北京 方志出版社 2004 年 522 页
b13032719 K293.13 D135

大连市志 第 24 卷 土地志 1840–1990
大连市史志办公室编 单文俊主编 姜兵卷主编 北京 大连出版社 1998 年 381 页
b13032719 K293.13 D135

大连市志 第 25 卷 工商行政管理志 1840–1990
大连市史志办公室编 王佩平主编 李学宜卷主编 北京 方志出版社 2004 年 780 页
b13032719 K293.13 D135

大连市志 第 26 卷 物价志 1840–1990
大连市史志办公室编 王太培主编 北京 方志出版社 2004 年 862 页
b13032719 K293.13 D135

大连市志 第 27 卷 体育志 1840–1990
大连市史志办公室编 单文俊主编 盖增圣卷主编 大连 大连出版社 2001 年 361 页
b13032719 K293.13 D135

大连市志 第 28 卷 交通志 1840–1990
大连市史志办公室编 王佩平主编 姜冰卷主编 沈阳 辽宁民族出版社 2004 年 534 页
b13032719 K293.13 D135

大连市志 第 29 卷 农机志 畜牧业志 水果志 蔬菜志 粮油作物志 1840–1990
大连市史志办公室编 王佩平主编 尹小敏等编辑 大连 大连出版社 2004 年 486 页
b13032719 K293.13 D135

大连市志 第 30 卷 文化志 1840–1990
大连市史志办公室编 王佩平主编 李振远卷主编 大连 大连出版社 2003 年 429 页
b13032719 K293.13 D135

大连市志 第 31 卷 电力工业志 1840–1990
大连市史志办公室编 王佩平主编 于福林卷主编 沈阳 辽宁民族出版社 2004 年 1008 页
b13032719 K293.13 D135

大连市志 第 32 卷 妇联志 1840–1990
大连市史志办公室编 王佩平主编 崔庆群卷主编 大连 大连出版社 2004 年 443 页
b13032719 K293.13 D135

大连市志 第 33 卷 房地产志 1840–1990
大连市地方志编纂委员会办公室编 单文俊主编 沈海生卷主编 大连 大连出版社 1997 年 279 页
b13032719 K293.13 D135

大连市志 第 34 卷 旅游志 1840–1990
大连市史志办公室编 柳振万主编 北京 中国旅游出版社 2006 年 487 页

b13032719　K293.13　D135

大连市志　第 35 卷　税务志　1840–1990
大连市史志办公室编　单文俊主编　沈长江　刘太明卷主编　大连　大连出版社　1998 年　398 页
b13032719　K293.13　D135

大连市志　第 36 卷　共青团志　1840–1990
大连市史志办公室编　单文俊主编　王红卫卷主编　大连　大连出版社　2001 年　727 页
b13032719　K293.13　D135

大连市志　第 37 卷　统一战线志　1840–1990
大连市史志办公室编　王佩平主编　楚国丰卷主编　大连　大连海事大学出版社　2004 年　490 页
b13032719　K293.13　D135

大连市志　第 38 卷　民族志　宗教志　1840–1990
大连市史志办公室编　单文俊主编　沈阳　辽宁民族出版社　2002 年　739 页
b13032719　K293.13　D135

大连市志　第 39 卷　金融志　保险志　1840–1990
大连市史志办公室编　王佩平主编　大连　大连海事大学出版社　2004 年　470 页
b13032719　K293.13　D135

大连市志　第 40 卷　科学技术志　1840–1990
大连市史志办公室编　大连　大连理工大学出版社　2006 年　2 卷　1276 页
b13032719　K293.13　D135

大连市志　第 41 卷　人民政协志　1840–1990
大连市史志办公室编　单文俊主编　王希智　方军卷主编　大连　大连出版社　1999 年　530 页
b13032719　K293.13　D135

大连市志　第 42 卷　工会志　1840–1990
大连市史志办公室编　刘功成主编　大连　大连出版社　1996 年　456 页
b13032719　K293.13　D135

大连市志　第 43 卷　乡镇企业志　1840–1990
大连市史志办公室编　单文俊主编　康积惠卷主编　大连　大连出版社　1999 年　306 页
b13032719　K293.13　D135

大连市志　第 44 卷　审判志　1840–1990
大连市史志办公室编　单文俊主编　谷振春　姜志远卷主编　大连　大连出版社　1999 年　241 页
b13032719　K293.13　D135

大连市志　第 45 卷　报业志　1840–1990
大连市史志办公室编　单文俊主编　杨启卷主编　大连　大连出版社　1998 年　285 页
b13032719　K293.13　D135

大连市志　第 46 卷　计划志　1840–1990
大连市地方志编纂委员会办公室编　单文俊主编　邢良忠　柏长年卷主编　北京　中央文献出版社　2001 年　438 页
b13032719　K293.13　D135

大连市志　第 47 卷　人事志　机构编制志　1840–1990
大连市史志办公室编　单文俊主编　宋有成　王艺波　张中卷主编　北京　中央文献出版社　2001 年　285 页
b13032719　K293.13　D135

大连市志　第 48 卷　大事记　行政建置志
大连市史志办公室编　康积惠　单文俊主编　徐承茂卷主编　大连　大连出版社　2001 年　100 页
b13032719　K293.13　D135

大连市志 第49卷 公共事业志 1840-1990
大连市地方志编纂委员会办公室编 单文俊主编 吕佩德 化启庄卷主编 大连 大连出版社 2000年 415页
b13032719 K293.13 D135

大连市志 第50卷 劳动志 1840-1990
大连市史志办公室编 单文俊主编 于仁国卷主编 大连 大连出版社 1999年 626页
b13032719 K293.13 D135

大连纪检监察志
中共大连市纪委 大连市监察局编 胡志民主编 大连 大连出版社 1999年 366页
b50991930 D262.6 D135 1999

大连市工会志 1991-2010
大连市总工会编 梁强 栾宏革 曲朝阳主编 大连 大连出版社 2013年 1060页
b45839530 D412.831.3 D135 2013

大连市政协志
范勇昌主编 北京 中国书籍出版社 1992年 483页
b1269728x D664.313 F199

大连经济技术开发区志 1984-2004
大连经济技术开发区志编纂委员会编 张亚东主编 沈阳 辽宁人民出版社 2006年 528页
b20948426 F127.313 Z368 2006

大连市工商行政管理志 1840-1990
大连市工商行政管理局编 刘宗胜主编 大连 大连出版社 1995年 312页
b46667891 F203.9 D135 1995

大连市人力资源和社会保障志 1945-2014
大连市人力资源和社会保障局编 于德泉主编 大连 大连市人力资源和社会保障局 2014年 933页
b50729160 F249.23 D135 2014

辽渔志
辽宁省大连海洋渔业总公司志编纂委员会编 于格恩主编 沈阳 沈阳出版社 1990年 382页
b12698064 F279.26 L539C

铁道部大连机车车辆工厂志 1899-1987
大连机车车辆工厂厂志编纂委员会编 大连 大连出版社 1993年 801页
b12698052 F279.26 D135

大连市住房公积金管理中心志
大连市住房公积金管理中心编 谭臻尧主编 北京 方志出版社 2013年 306页
b40938505 F299.273.13 D135 2013

大连市土地志
大连市土地志编纂委员会编 姜兵主编 大连 大连出版社 1998年 359页
b16437615 F327.313 D135 1998

大纺厂志
大纺厂志编纂委员会编 大连 大纺厂志编纂委员会 1993年 619页
b50318469 F426.81 D135 1993

大钢志续志 1986-2002
大钢志续志编纂委员会编 渠敬民主编 大连 大钢志续志编纂委员会 2003年 810页〔大连市地方志丛书〕
b50318470 F426.3 D135 2003

大化志
大化志编纂委员会编 何迎春 胡修广卷主编 大连 大化志编纂委员会 1988年 2

卷 730 页〔大连市地方志丛书〕
b50318482　F426.7 D1355 1988

大连电业局志　第 1 卷 1890–1985
大连电业局局志编辑委员会编 于福林主编 北京 新华出版社 1990 年 901 页
b50317994　F426.61 D135 1990

大连钢厂志
大连钢厂志编纂者 沈阳 辽宁人民出版社 1988 年 1083 页
b50319425　F426.31 D135 1988

大连石油化工公司科技志
大连石油化工公司科技志编写组编 大连 大连石油化工公司科技志编写组 1992 年 471 页
b50065920　F426.72 D135 1992

中国北车集团大连机车研究所志　1922–2003
中国北车集团大连机车研究所志编纂委员会编 迟兴国主编 北京 中国铁道出版社 2005 年 559 页〔中铁史志〕
b49849141　F426.472 Z646 2005

大连海关志
大连海关志编纂委员会编 孙庆发著 北京 中国海关出版社 2005 年 304 页
b17457683　F752.831.3 S776 2005

大连海关志续志　第 1 卷
大连海关志续志编纂委员会编 李淑苓主编 大连 大连海关志续志编纂委员会 2007 年 249 页
b50318494　F752.831.3 S776B 2007

大连市地方税务志
大连市地方税务局编 刘斌主编 大连 东北财经大学出版社 2012 年 2 卷 773 页
b49981857　F812.731.342 D135 2012

大连市税务志　1840–1994
大连市税务局税志办公室编 大连 大连出版社 1999 年 868 页
b4545274x　F812.42 D135 1999

大连建行志
大连建行志编写小组编 大连 中国人民建设银行大连市分行 1989 年 334 页
b50318500　F832.731.3 J295 1989

大连市农村金融志　1945–1990
大连市农村金融志编纂委员会编 侯耀国主编 沈阳 辽宁人民出版社 1995 年 324 页
b44851911　F832.731.3 D135 1995

建行大连市分行行志　续一
中国建设银行大连市分行编 贾志宽 马敬祺 靳荣丽总纂 大连 中国建设银行大连市分行 1996 年 250 页
b50318536　F832.33 J295 1996

中国建设银行大连市分行志　1994–2000
中国建设银行大连市分行志编纂委员会编著 方宗翰主编 大连 中国建设银行大连市分行 2003 年 477 页
b50318093　F832.33 Z6472 2003

中国建设银行股份有限公司大连市分行志　2001–2008
中国建设银行股份有限公司大连市分行志编撰委员会编 方宗翰主编 北京 中国金融出版社 2012 年 492 页
b49981523　F832.33 D135 2012

大连市科协志
张昌绪主编 大连 大连市科学技术协会 1990 年 296 页

b49533046　G322.731.3　D135　1990

大连理工大学科学技术志
徐景南主编　大连　大连理工大学出版社　1994 年　520 页
b49533034　G644　D135　1994

大连理工大学土木水利学院院志　1949–2009
大连理工大学土木水利学院院志编写组编　大连　大连理工大学出版社　2009 年　537 页
b21567384　G649.283.13　D135T　2009

大连医科大学校志　1997–2006
大连医科大学校志编辑委员会编　孟宪志　吴英　许晓光总编辑　大连　大连医科大学校志编辑委员会　2007 年　432 页
b22429177　G649.283.13　D1359　2007

东北财经大学 50 年史志　1952–2002
东北财经大学史志编委会编撰　宋广法　吴东皎主编　大连　东北财经大学出版社　2002 年　634 页
b1772935x　G649.283.1　S678　2002

辽宁警官高等专科学校校志　1960–2000
曲滋升主编　大连　辽宁警官高等专科学校　2000 年　316 页
b20139469　G719.283.1　L5394　2000

大连市戏曲志
大连市戏曲志编纂委员会编　郑述诚主编　大连　大连出版社　1991 年　578 页
b18176203　J809.2　Z543　1991

大连市科学技术志
大连市科学技术志编纂委员会编　大连　大连出版社　1994 年　752 页
b40740080　N1　D135　1994

大连海产软体动物志
赵汝翼等编　北京　海洋出版社　1982 年　167 页
b11913915　Q959.21　Z437

大连市爱国卫生运动志　1988–1998
大连市爱国卫生运动志编委会编　刘成俊主编　大连　大连市爱国卫生运动志编委会　2001 年　580 页
b50318524　R193.3　D135　2001

大连市卫生志　1840–1985
李学文主编　大连　大连出版社　1991 年　430 页
b45452751　R199.2　D1355　1991

院志
大连大学附属中山医院编　赵德伟主编　大连　医院史志办公室　2007 年　423 页
b49789181　R199.2　D1352　2007

辽宁蛇岛老铁山国家级自然保护区志
1980–2010
辽宁蛇岛老铁山国家级自然保护区志编辑委员会编　王建军　吴玉群主编　大连　大连海事大学出版社　2010 年　138 页
b51072415　S759.992.313　L539　2010

大连水产志
大连水产志编纂委员会编　大连市水产局编　大连　大连水产志编纂委员会　1994 年　586 页
b12698155　S922.313　D135

大连轻工业学院志　1958–1998
大连轻工业学院志编纂委员会编　李如森主编　沈阳　沈阳出版社　1998 年　358 页
b17516067　TS–40　L416　1998

大连市城市供水志 1879–2004
大连市自来水集团有限公司编 姜雄城 孙松主编 北京 方志出版社 2005年 504页
b45452738 TU991.923.13 D135 2005

大连市水利志
大连市水利局编 贾崇斌主编 大连 大连出版社 1992年 340页
b20135968 TV–092 J241 1992

碧流河水库志 1996–2005
大连市碧流河水库管理局编 大连 大连出版社 2006年 249页
b17994470 TV632.313 D135 2006

大连海监志
交通部大连海上安全监督局编 毛德敏主编 大连 大连出版社 1995年 331页
b12698040 U691 J368

大连周水子国际机场志
大连周水子国际机场志编纂委员会编 高广文 胡志安主编 北京 航空工业出版社 2003年 289页
b50317908 V351 D135 2003

西岗区

西岗区志
大连市西岗区地方志编纂委员会编 宋玉山主编 大连 大连理工大学出版社 2005年 560页
b16325874 K293.13 D135X 2005

西岗政协志 1983–2013
政协大连市西岗区委员会编 李长军主编 大连 政协大连市西岗区委员会 2013年 433页
b51092530 D628.313 D135X 2013

中山区

中山区志
大连市中山区地方志编纂委员会编 张福更主编 北京 方志出版社 2002年 602页
b1973315x K293.13 D135Z 2002

大连市中山区志 1986–2005
大连市中山区地方志编纂委员会编 张福更主编 北京 方志出版社 2008年 562页
b20250526 K293.13 D135Z 2008

中山区工会志 1947–1992
大连市中山区总工会编 姜蕙英 马文春主编 大连 大连市中山区总工会 1994年 400页
b50817152 D412.831.3 D135Z 1994

中山区政协志
中国人民政治协商会议大连市中山区委员会编 大连 中国人民政治协商会议大连市中山区委员会 1992年 227页
b49790067 D628.313 D135Z 1992

沙河口区

沙河口区志 第1卷
大连市沙河口区地方志编纂委员会编 蒋建平 赵鲁民主编 北京 方志出版社 2003年 535页
b17457786 K293.13 D135S 2003

甘井子区

甘井子区志
大连市甘井子区地方志编纂委员会编 许铁兵 毕秀丽主编 北京 方志出版社 1995年 792页〔大连市地方志丛书〕
b16427233 K293.13 D135G 1995

红旗镇志
红旗镇志编纂委员会编 牛飞 张逊主编 大连 大连出版社 2003 年 525 页
b16075328 K293.15 H419 2003

营城子镇志
大连营城子镇志编纂委员会编 北京 中国经济出版社 2001 年 812 页
b16449150 K293.15 Y565 2001

大连市甘井子区中共地方组织志
大连市甘井子区史志办公室 大连市甘井子区档案局编 许铁兵 张慧芳主编 北京 中共党史出版社 2005 年 608 页
b21567396 D235.313 D135G 2005

甘井子区政协志
曲连江主编 大连 政协大连市甘井子区委员会 2008 年 379 页
b22429517 D628.313 D135G 2008

甘井子区政协志 1950–1955 1984–1994
刘丽勤主编 大连 中国人民政治协商会议大连市甘井子区委员会 1995 年 178 页
b22429505 D628.313 D135G 1995

旅顺口区

旅顺口区志
大连市旅顺口区史志办公室编著 梁恩宝主编 大连 大连出版社 1999 年 975 页
b13999801 K293.13 D135L

旅顺口区志 1986–2005
旅顺口区史志办公室编 张景范 梁恩宝主编 沈阳 辽宁民族出版社 2013 年 700 页
b44749041 K293.13 D135L 2013

大潘家村志
大潘家村志编纂委员会编 潘宏建主编 沈阳 辽宁民族出版社 2012 年 412 页〔大连市旅顺口区地方志丛书〕
b40935590 K293.15 D135 2012

大王村志
大王村志编纂委员会编 张明怀主编 沈阳 辽宁民族出版社 2014 年 308 页〔大连市旅顺口地方志丛书〕
b46273682 K293.15 D1368 2014

方家村志
方家村志编纂委员会编 陈仁政主编 沈阳 辽宁民族出版社 2013 年 366 页
b50319401 K293.15 F224 2013

郭家沟村志
旅顺口区龙头街道郭家沟村志编纂委员会编 宫再良主编 长春 吉林大学出版社 2013 年 363 页〔大连市旅顺口区地方志丛书〕
b44934981 K293.15 G769 2013

后三羊头村志
后三羊头村志编纂委员会编 许传福主编 沈阳 辽宁民族出版社 2012 年 538 页〔大连市旅顺口区地方志丛书〕
b40648886 K293.15 H4437 2012

龙头村志
旅顺口区龙头街道龙头村志编纂委员会编 张杰主编 大连 大连出版社 2011 年 328 页〔大连市旅顺口区地方志丛书〕
b49963296 K293.15 L742 2011

龙头街道志
龙头街道志编纂委员会编 王巍巍主编 沈阳 辽宁民族出版社 2014 年 741 页〔大

连市旅顺口区地方志丛书〕
b50319413　K293.15　L7421　2014

龙王塘街道志
龙王塘街道志编纂委员会编　赵百强主编　沈阳　辽宁民族出版社　2012 年　720 页
b40648898　K293.13　D135LL　2012

前夹山村志
前夹山村志编纂委员会编　刘道平主编　沈阳　辽宁民族出版社　2011 年　374 页〔大连市旅顺口区地方志丛书〕
b36407665　K293.15　Q2286　2011

三八里村志
三八里村志编纂委员会编　张晓清主编　沈阳　辽宁民族出版社　2011 年　353 页〔大连市旅顺口区地方志丛书〕
b23217029　K293.15　S1455　2011

三涧堡街道志
三涧堡街道志编纂委员会编　顾兵主编　沈阳　辽宁民族出版社　2015 年　1005 页〔大连市旅顺口区地方志丛书〕
b47072854　K293.15　S1454　2015

三洋村志
三洋村志编纂委员会编　杨佳臻主编　沈阳　辽宁民族出版社　2013 年　308 页〔大连市旅顺口区地方志丛书〕
b44749053　K293.15　S1459　2013

水师营村志
水师营村志编纂委员会编　生力军主编　沈阳　辽宁民族出版社　2011 年　393 页〔大连市旅顺口区地方志丛书〕
b23216098　K293.15　S614　2011

水师营街道志
水师营街道志编纂委员会编　于卫华主编　沈阳　辽宁民族出版社　2012 年　794 页〔大连市旅顺口区地方志丛书〕
b40648904　K293.13　D135LS　2012

寺沟村志
寺沟村志编纂委员会编　王连兴主编　沈阳　辽宁民族出版社　2010 年　296 页〔大连市旅顺口区地方志丛书〕
b36676779　K293.15　S666　2010

王家村志
王家村志编纂委员会编　王贤君主编　沈阳　辽宁民族出版社　2014 年　631 页〔大连市旅顺口区地方志丛书〕
b46240184　K293.15　W219　2014

西沟村志
西沟村志编纂委员会编　赵元鹤主编　沈阳　辽宁民族出版社　2012 年　462 页〔大连市旅顺口区地方志丛书〕
b37531207　K293.15　X119　2012

小黑石村志
小黑石村志编纂委员会编　王德业主编　沈阳　辽宁民族出版社　2015 年　584 页〔大连市旅顺口区地方志丛书〕
b46668159　K293.15　X3477　2015

小南村志
旅顺口区水师营街道小南村修志委员会编　解麟海主编　沈阳　辽宁民族出版社　2009 年　352 页〔大连市旅顺口区地方志丛书〕
b20815864　K293.15　X347　2009

袁家沟村志
旅顺口区北海街道袁家沟村修志委员会

编 李皆辉主编 北京 现代出版社 2010 年 272 页〔大连市旅顺口区地方志丛书〕
b23003923 K293.15 Y792 2010

大连市旅顺口区土地志
大连市旅顺口区土地志编纂委员会编 王家吉主编 大连 大连出版社 1998 年 262 页
b21866673 F327.313 D135L 1998

旅顺教育志 1840–1990
杜继祥主编 大连 大连市旅顺口区教育委员会 1991 年 361 页
b20182028 G527.313 D135L 1991

金州区

金县志
大连市金州区地方志编纂委员会办公室编 大连 大连出版社 1989 年 819 页
b10759207 K293.34 J476

金州区工会志 1945–1992
大连市金州区总工会编 何锡铭主编 大连 大连市金州区总工会 1994 年 393 页
b23228878 D412.831.3 D135J 1994

辽宁省大连市金州区土地志
大连市金州区土地志编纂委员会编 崔宝来主编 大连 大连出版社 1998 年 246 页
b21276833 F327.313 D135J 1998

金县地名志
金县地名办公室编 重庆 西南师范大学出版社 1988 年 410 页
b40743457 K923.14 J479 1988

瓦房店市

瓦房店市志
瓦房店市地方志编纂委员会编 陈恒国刘吉贞主编 大连 大连出版社 1994 年 862 页
b10488418 K293.13 W122

瓦房店市志 1986–2005
瓦房店市地方志编纂委员会编 杨述铎 魏俊恕主编 沈阳 辽宁民族出版社 2014 年 1138 页
b46273700 K293.13 W122 2014

仙浴湾镇志
付春海 董作显主编 海拉尔 内蒙古文化出版社 1999 年 415 页
b20404918 K293.15 X192 1999

瓦房店市邮电志
瓦房店市邮电志编纂委员会编 鞠先德主编 北京 人民邮电出版社 2001 年 300 页
b49849104 F632.731.3 W122 2001

瓦房店市教育志
吴振贞 高龙清主编 瓦房店 瓦房店市教育委员会 1992 年 270 页
b20141129 G527.313 W122 1992

普兰店区

新金县志
新金县志编纂委员会办公室编 杨绍卿主编 大连 大连出版社 1993 年 731 页
b10616949 K293.14 X4434

普兰店市志 1986–2005
普兰店市地方志编纂委员会编 蒋殿普 沙浩然主编 沈阳 辽宁民族出版社 2016 年 681 页
b4736581x K293.13 P693 2016

庄河市

庄河县志
庄河县志编纂委员会办公室编 梁毓堂 顾春发主编 北京 新华出版社 1996 年 1148 页〔中华人民共和国地方志丛书〕
b10604133 K293.14 Z787

庄河市志 1986–2005
庄河市地方志编纂委员会编 赵成堂 孙卫东主编 沈阳 辽宁民族出版社 2012 年 664 页
b37531219 K293.14 Z787Z 2012

庄河政协志
中国人民政治协商会议庄河市委员会编 吴胜达主编 庄河 中国人民政治协商会议庄河市委员会 2008 年 319 页
b4485254x D628.314 Z787 2008

庄河市土地志
庄河市土地志编纂委员会编 赵兴基主编 大连 大连出版社 2003 年 253 页
b16425388 F327.314 Z441 2003

庄河教育志 1986–1995
李信昌主编 庄河 庄河教育志编纂领导小组 1997 年 535 页
b36014801 G527.314 Z787 1997

庄河县教育志 1906–1985
李信昌主编 庄河 庄河教育志编纂领导小组 1992 年 380 页
b40740511 G527.314 Z787 1992

长海县

长海县志
中共长海县委员会 长海县人民政府长海县志编纂委员会编 长海 长海县人民政府长海县志编纂委员会 1984 年 712 页〔中华人民共和国地方志丛书〕
b1050350x K293.14 C346

广鹿乡志
广鹿乡志编纂委员会编 王厚斌 姜晓主编 哈尔滨 黑龙江人民出版社 2010 年 896 页
b50318755 K293.15 G681 2010

海洋乡志
海洋乡志编纂委员会编 范百昌主编 沈阳 辽宁人民出版社 2013 年 647 页
b49964082 K293.15 H145 2013

小长山乡志
小长山乡志编纂委员会编 于明家主编 长春 吉林文史出版社 2016 年 977 页
b50643010 K293.15 X3476 2016

獐子岛镇志
獐子岛镇志编纂委员会编 吴厚刚 张俊之主编 北京 中国社会出版社 2003 年 706 页
b16325771 K293.15 Z378 2003

鞍山市

鞍山市志 第 1 卷 党政群体
鞍山市人民政府地方志办公室编 姜涛主编 沈阳 沈阳出版社 1993 年 865 页
b13032707 K293.13 A162C

鞍山市志 第 2 卷 社会
鞍山市人民政府地方志办公室编 陈国山主编 沈阳 沈阳出版社 1993 年 340 页
b13032707 K293.13 A162C

鞍山市志 第 3 卷 政法
鞍山市人民政府地方志办公室编 陈国山主编 沈阳 沈阳出版社 1995 年 273 页
b13032707 K293.13 A162C

鞍山市志 第 4 卷 军事
鞍山市人民政府地方志办公室编 董逊主编 沈阳 沈阳出版社 1994 年 309 页
b13032707 K293.13 A162C

鞍山市志 第 5 卷 文化 卫生 体育
鞍山市人民政府地方志办公室编 陈国山主编 沈阳 沈阳出版社 1992 年 400 页
b13032707 K293.13 A162C

鞍山市志 第 6 卷 科技
鞍山市人民政府地方志办公室编 丁明主编 沈阳 沈阳出版社 1994 年 435 页
b13032707 K293.13 A162C

鞍山市志 第 7 卷 鞍钢
鞍山市人民政府地方志办公室编 陈正斌主编 沈阳 沈阳出版社 1997 年 542 页
b13032707 K293.13 A162C

鞍山市志 第 8 卷 商业
鞍山市人民政府地方志办公室编 聂秀峰主编 沈阳 沈阳出版社 1997 年 380 页
b13032707 K293.13 A162C

鞍山市志 第 9 卷 教育
鞍山市人民政府地方志办公室编 赵宝林主编 沈阳 沈阳出版社 1994 年 404 页
b13032707 K293.13 A162C

鞍山市志 第 10 卷 交通邮电
鞍山市人民政府地方志办公室编 陈国山主编 沈阳 沈阳出版社 1990 年 348 页
b13032707 K293.13 A162C

鞍山市志 第 11 卷 财政金融
鞍山市人民政府地方志办公室编 陈国山主编 沈阳 沈阳出版社 1993 年 357 页
b13032707 K293.13 A162C

鞍山市志 第 12 卷 综合管理
鞍山市史志办公室编辑 陈正斌主编 刘耀业执行副主编 沈阳 沈阳出版社 1997 年 443 页
b13032707 K293.13 A162C

鞍山市志 第 13 卷 工业
鞍山市人民政府地方志办公室编 刘永琦主编 沈阳 沈阳出版社 1994 年 340 页
b13032707 K293.13 A162C

鞍山市志 第 14 卷 城乡建设
鞍山市人民政府地方志办公室编 王珉主编 沈阳 沈阳出版社 1992 年 539 页
b13032707 K293.13 A162C

鞍山市志 第 15 卷 大事记 1915–1985
鞍山市人民政府地方志办公室编 丁江主编 沈阳 沈阳出版社 1989 年 499 页
b13032707 K293.13 A162C

鞍山市志 第 16 卷 综合
鞍山市人民政府地方志办公室编 赵青远主编 沈阳 沈阳出版社 1990 年 364 页
b13032707 K293.13 A162C

鞍山市志 第 17 卷 农业
鞍山市人民政府地方志办公室编 沈阳 沈阳出版社 1989 年 353 页
b13032707 K293.13 A162C

鞍山市志 第 18 卷 附录
鞍山市史志办公室编 王春贵主编 沈阳 辽宁民族出版社 2001 年 869 页

b13032707　K293.13　A162C

鞍山市志　综合卷 1986–2005
鞍山市史志办公室编　王春贵主编　沈阳　万卷出版公司　2011 年　577 页
b47071497　K293.13　A162D　2011

鞍山市宗教志
鞍山市民族宗教事务委员会编　鞍山　鞍山市民族宗教事务委员会　1994 年　227 页
b16649047　B929.2　A162　1994

中共鞍钢党校志
袁铁军主编　北京　中国社会出版社　2001 年　260 页
b40744036　D261.41　Z64312　2001

中共鞍山市委党校志
冯贵祥主编　沈阳　辽宁大学出版社　1990 年　267 页
b20136298　D261.41　A162　1990

共青团鞍山市志
共青团鞍山市委员会编　王安平总编　鞍山　共青团鞍山市委员会　1999 年　493 页
b50221504　D292.313　A162　1999

鞍山市人民代表大会志
钱明业主编　沈阳　辽宁人民出版社　1991 年　403 页
b4978867x　D624.313　A162　1991

鞍山市人民政府志
鞍山市人民政府志编纂委员会编　鞍山　鞍山市人民政府志编纂委员会　1993 年　531 页
b12697333　D625.313　A162

鞍山市民政志
鞍山市地方志办公室编　周长玉主编　鞍山　鞍山市地方志办公室　1989 年　199 页
b50727229　D632　A162　1989

鞍山法院志
王玉琴主编　鞍山　鞍山市中级人民法院　1996 年　282 页
b50317763　D926.22　A162　1996

鞍山检察志
鞍山市人民检察院编　赵桐文主编　鞍山　鞍山市人民检察院　1998 年　402 页
b22428604　D926.32　A162　1998

鞍山市工商行政管理志
范炳武主编　沈阳　辽宁人民出版社　1990 年　244 页〔鞍山市地方志丛书〕
b49788668　F203.9　A162　1990

鞍山市土地志
鞍山市土地志编纂委员会编　鞍山　鞍山市第三印刷厂　1992 年　294 页
b19931153　F327.313　A162　1992

鞍钢集团机械制造公司七十年志　1933–2003
毕恩洪主编　北京　社会科学文献出版社　2002 年　499 页
b50222077　F426.4　B395　2002

鞍钢科技志
龙春满主编　沈阳　辽宁大学出版社　1991 年　434 页
b40864339　F426.31　L741　1991

鞍钢矿山志　第 1 卷
鞍钢矿山志编纂委员会编　黄占元主编　鞍山　鞍钢矿山公司　1988 年　606 页
b22428598　F426.1　H671　1988

鞍钢志 1916–1985
鞍钢史志编纂委员会编 北京 人民出版社 1991年 2卷 1109页
b50221942 F426.31 A162C 1991

鞍钢志 1986–2008
鞍钢史志编纂委员会编 黄广利主编 北京 冶金工业出版社 2011年 751页
b49788632 F426.31 A162 2011

鞍山化纤纺织厂志 第1卷 1976–1985
鞍山化纤纺织厂志编委会编 鞍山 鞍山化纤纺织厂志编委会 1987年 388页
b50247785 F426.81 A162 1987

鞍山市地方冶金工业志
何丽娟主编 北京 大地出版社 1989年 282页
b49939038 F426.3 A162 1989

鞍拖厂志 1949–1984
鞍山红旗拖拉机制造厂志编纂委员会编 郑辉主编 鞍山 当代中国重型矿山机械工业编辑委员会 1985年 629页
b49788644 F426.47 A162 1985

鞍山市税务志
盖建中主编 鞍山 鞍山市地方志办公室 1989年 358页
b45839943 F812.731.3 A162 1989

鞍山市保险志
鞍山市地方志办公室编 周荣林主编 鞍山 鞍山市地方志办公室 1989年 172页
b50065816 F842.731.3 A162 1989

鞍山市文化志
安士全主编 沈阳 辽宁大学出版社 1989年 238页
b21276092 G127.313 A162 1989

鞍山市档案志
张吉凤主编 沈阳 辽海出版社 1997年 336页
b49788656 G279.273.13 Z354 1997

鞍山市第九中学校志
鞍山市第九中学校志编纂委员会编 鞍山 鞍山市第九中学校志编纂委员会 2005年 315页
b20100139 G639.283.1 A162 2005

鞍山市十三中学校志 1956–2000
鞍山市十三中学校志编纂委员会编 闫旭主编 鞍山 鞍山市十三中学校志编纂委员会 2001年 288页
b49639894 G639.283.13 A162 2001

鞍山市广播电视学校校志
鞍山市广播电视学校校志编纂委员会编 鞍山 鞍山市广播电视学校校志编纂委员会 2005年 661页
b20100140 G719.283.1 A162 2005

鞍山市民族志
鞍山市民族宗教事务委员会编 胡世民主编 鞍山 鞍山市民族宗教事务委员会 1999年 237页
b16433166 K280.313 A162 1999

鞍山市文物志
安士全主编 沈阳 辽宁大学出版社 1989年 233页
b47415721 K872.313 A162 1989

鞍山市地名管理志
段玉藩主编 沈阳 辽宁人民出版社 1991年 265页

b20245312 K923.13 A162D 1991

鞍山市地名志
鞍山市地名委员会办公室编辑 鞍山 鞍山市地名委员会 1984 年 183 页
b20100127 K923.13 A162 1984

鞍山市地震志
戴国泰 王怡学 戴盛斌主编 沈阳 辽海出版社 1998 年 409 页
b36184949 P316.231.3 A162 1998

95 鞍山水灾志
陈国山主编 沈阳 沈阳出版社 1996 年 293 页
b12697254 P426.616 C419

辽宁省劳动卫生研究所志
李春生主编 沈阳 辽宁省劳动卫生研究所 1993 年 285 页
b49789302 R13 L539 1993

鞍山钢铁公司钢铁研究所志 第 1 卷 1948–1985
鞍钢钢铁研究所编 曹荫之主编 鞍山 鞍钢钢铁研究所 1988 年 444 页
b50221462 TF–242.31 A162 1988

鞍山市水利志
鞍山市地方志办公室编 李志学主编 鞍山 鞍山市地方志办公室 1991 年 168 页
b21854889 TV–092 A162 1991

鞍山市环境保护志
葛晔主编 杨国安主笔 北京 红旗出版社 1989 年 302 页
b51079793 X321.231.3 A162 1989

铁东区

铁东区人民代表大会常务委员会志 1980.9–2015.9
铁东区人民代表大会常务委员会志编委会编 鞍山 铁东区人民代表大会常务委员会志编委会 2015 年 488 页
b47316676 D624.313 A162T 2015

铁西区

铁西区志
鞍山市铁西区志编纂委员会编 陈迁远主编 鞍山 鞍山市铁西区志编纂委员会 1993 年 389 页
b1644775x K293.13 T3898 1993

立山区

立山公安史志 1945 – 2006
鞍山市公安局立山分局编 杨玉川主编 鞍山 鞍山市公安局立山分局 2006 年 288 页
b50268594 D631 A162L 2006

千山区

千山区志 1986-2000
鞍山市千山区史志编纂委员会编 李鸿维主编 于国安主笔 鞍山 鞍山市千山区史志编纂委员会 2003 年 666 页
b16447025 K293.13 A162Q 2003

旧堡区志
鞍山市旧堡区志编纂委员会编 赵国玺主编 沈阳 辽宁大学出版社 1989 年 641 页
b16432162 K293.13 A162J 1989

千山志 1986-2002
张群 于树安主编 北京 社会科学文献出版社 2003年 432页
b17298933 K928.3 Z362 2003

海城市

海城县志
海城市地方志编纂委员会办公室编 海城 海城市地方志编纂委员会 1987年 628页
b10604534 K293.14 H145

什司县乡志
中国共产党什司县乡委员会 什司县乡人民政府 什司县乡经济委员会编 海城 什司县乡人民政府 1988年 油印本 433页
b23003881 K293.15 S478 1988

海城教育志 1384-1985
海城市教育委员会编 海城 海城市教育委员会教育志编纂委员会 1989年 264页
b20014776 G527.313 H145 1989

海城市西关小学校志
海城市西关小学校志编纂委员会编 田作文主编 海城 海城市西关小学校志编纂委员会 2010年 584页
b49607649 G629.283.14 X119 2010

海城同泽中学校志
海城同泽中学校志编纂委员会编 田作文主编 海城 海城同泽中学 2008年 605页
b40806947 G639.283.13 H145 2008

台安县

台安县志
台安县志编纂委员会编 台安 中共台安县委员会 1981年 436页
b1617740x K293.14 T151 1981

台西区志 2002-2008
台安县台西区志编纂委员会编 李德山主编 台安 台安县台西区志编纂委员会 2008年 156页
b20951577 K293.14 T151X 2008

富家镇志
张玉石主编 台安 富家镇志编纂委员会 2013年 392页
b50991942 K293.15 F496 2013

高力房镇志
高力房镇志编纂办公室编 高忠良主编 台安 高力房镇志编纂办公室 2005年 525页
b20014570 K293.15 G243 2005

黄沙坨镇志 1986-2013
黄沙坨镇志编纂委员会编 潘军勇主编 台安 黄沙坨镇志编纂委员会 2013年 647页
b50991966 K293.15 H666 2013

桑林镇志
桑林镇志编委会编 常建明 付立荣主编 台安 桑林镇志编委会 2011年 468页
b41235113 K293.15 S157 2011

台安纪检监察志 1950-2008
中共台安县纪律检查委员会台 安县监察局编 刘彦明主编 台安 中共台安县纪律检查委员会 2009年 759页
b4970509x D262.6 T151 2009

达牛镇人大志 1989-2016
达牛镇人大志编纂委员会编 赵峰主编 台安 达牛镇人大志编纂委员会 2016年

354 页
b50665571　D624.315　D123　2016

台安县政协志　1949–2012
中国人民政治协商会议辽宁省台安县委员会编　刘彦明主编　台安　中国人民政治协商会议辽宁省台安县委员会　2012 年　781 页
b47317280　D628.314　T151　2012

台安县政协志　1963–2002
中国人民政治协商会议辽宁省台安县委员会编　台安　中国人民政治协商会议辽宁省台安县委员会　2002 年　627 页
b20535831　D628.314　T151　2002

台安建设志
台安建设志编纂办公室编　杨春荣主编　北京　中国建材工业出版社　1995 年　467 页
b22432024　F299.273.14　T151　1995

台安县林业志
台安县林业局编　张友权主编　台安　台安县林业局　1987 年　265 页
b5024839x　F326.273.14　T151　1987

台安县财政志
台安县财政志编纂小组编　北京　中国统计出版社　1993 年　421 页
b41235198　F812.731.4　T151　1993

台安县财政志　1989–2014
台安县财政志编纂委员会编　王洪喜主编　台安　台安县财政志编纂委员会　2014 年　602 页
b50665583　F812.731.4　T151　2014

台安县教育志
台安县教育局编　阎忠卿主编　付兆春　金天青编辑　台安　台安县印刷厂　1987 年　420 页
b36014540　G527.314　T151　1987

台安县水利志
台安县水利局编　台安　台安县印刷厂　1985 年　317 页
b20103955　TV–092　T151　1985

台安县水利志
台安县水利局编　台安　台安县蓝天印刷厂　2001 年　393 页
b2053582x　TV–092　T151　2001

岫岩满族自治县

岫岩县志
岫岩县志编辑部编　曹世明主编　沈阳　辽宁大学出版社　1989 年　772 页〔中华人民共和国地方志丛书〕
b1059792x　K293.14　X545

岫岩高中校志　1956–2011
岫岩高中校志编委会编　韩晓丽主编　岫岩　岫岩高中校志编委会　2011 年　223 页
b46274091　G639.283.14　X545　2011

抚顺市

抚顺市志　市情要览卷
抚顺市社会科学院　抚顺市人民政府地方志办公室编　沈阳　辽宁民族出版社　2005 年　1178 页
b16351873　K293.13　F472H　2005

抚顺市志　第 1 卷　概述　大事记　建置　自然环境　人口
抚顺市地方志办公室编　尉常荣主编　沈阳　辽宁人民出版社　1993 年　588 页
b14883223　K293.13　F472G　1993

抚顺市志 第2卷 农业
抚顺市社会科学院编 尉常荣主编 沈阳 辽宁人民出版社 1996年 600页
b14883223 K293.13 F472G 1993

抚顺市志 第3-5卷 政党 政权 政协 群团 城建 环保 交通 邮电 科技 教育 文化 卫生
抚顺市社会科学院编 邓欧总编辑 沈阳 辽宁人民出版社 1999年 1037页
b14883223 K293.13 F472G 1993

抚顺市志 第6-8卷 商贸 经济管理 社会生活
抚顺市社会科学院编 邓欧总编辑 沈阳 辽宁民族出版社 2000年 1056页
b14883223 K293.13 F472G 1993

抚顺市志 第9-10卷 军事 政法 人物
抚顺市社会科学院编 邓欧总编辑 沈阳 辽宁民族出版社 2000年 595页
b14883223 K293.13 F472G 1993

抚顺市志 第11卷 工业
抚顺市社会科学院编 傅波 张炯主编 沈阳 辽宁民族出版社 2003年 973页
b14883223 K293.13 F472G 1993

抚顺市志 1986-2005
抚顺市人民政府地方志办公室 抚顺市社会科学院编 傅波 张炯主编 沈阳 辽宁民族出版社 2009年 1098页
b46995183 K293.13 F472C 2009

抚顺市人民代表大会志
抚顺市人民代表大会志编委会编 沈阳 辽宁人民出版社 1993年 528页
b17482197 D624.313 F472 1993

抚顺市人民代表大会志 1993-2003
抚顺市人民代表大会志编委会编 沈阳 辽宁人民出版社 2005年 471页
b19930483 D624.313 F472 2005

抚顺市政府志
袁丁主编 沈阳 辽宁人民出版社 1991年 496页
b18120854 D625.313 Y791 1991

抚顺市政协志
钱洪洲主编 沈阳 辽宁人民出版社 1995年 613页
b45452866 D628.313 F472 1995

雷锋志
雷锋志编纂委员会编 宋凤鸣 关殿军主编 沈阳 白山出版社 1998年 1331页
b13991401 D648 L2912

抚顺市工商行政管理志
屈彦文主编 沈阳 辽宁人民出版社 1992年 347页
b49789016 F203.9 F472 1992

抚顺市林业志
抚顺市林业志编纂委员会编 刘庆儒主编 抚顺 抚顺市林业志编纂委员会 1995年 251页
b49789028 F326.273.13 F472 1995

抚顺发电厂志 第1卷 1908-1985
马玉春 孙文卿主编 沈阳 辽宁人民出版社 1989年 453页
b49982898 F426.61 F472 1989

抚顺西露天矿志 1901-1985
抚顺西露天矿志编纂委员会编 王继栋主编 抚顺 抚顺西露天矿志编纂委员会 1991年 548页
b47414765 F426.21 W2192 1991

抚顺冶金工业志 1910–1985
抚顺冶金工业志编纂委员会编 沈阳 辽宁科学技术出版社 1995年 659页
b49789041 F426.3 F472 1995

新抚钢志 1958–1985
抚顺新抚钢厂新抚钢志编辑室编 朱贵轩 朱仲山主编 抚顺 抚顺新抚钢厂新抚钢志编辑室 1988年 481页
b4993840x F426.31 X444 1988

抚顺市商业志 1840–1985
抚顺市商业局商业志编纂办公室编 佟明宽主编 沈阳 辽沈书社 1993年 955页〔抚顺市地方志丛书〕
b4978903x F727.313 F472 1993

抚顺市金融志 1840–1985
抚顺市金融志编纂委员会编 抚顺 抚顺市金融志编纂委员会 1989年 411页
b4556923x F832.731.3 F472 1989

抚顺市金融志 续编 1986–1996
抚顺市金融志编纂委员会编 抚顺 抚顺市金融志编纂委员会 2007年 415页
b45876071 F832.731.3 F472 2007

抚顺市保险志
刘万吉编 沈阳 辽宁人民出版社 1990年 256页
b49938915 F842.731.3 F472 1990

抚顺文化志
抚顺市文化广播电影电视局编 吴耀华 李栋主编 抚顺 抚顺市文化广播电影电视局 2013年 529页
b50665030 G127.313 F472 2013

抚顺档案志 1840–2000
抚顺市档案局馆编 殷长林主编 抚顺 抚顺市档案局馆 2004年 626页
b49640586 G279.273.13 F472 2004

抚顺市科学技术志
蒋震坤主编 沈阳 辽宁人民出版社 1991年 609页
b49533885 G322.731.3 F472 1991

抚顺市戏曲志
赵文忠主编 沈阳 辽宁人民出版社 1991年 259页〔辽宁戏曲志丛书〕
b19733628 J809.2 Z441 1991

抚顺市区地名录
抚顺市地名委员会办公室编 抚顺 抚顺市地名委员会办公室 1993年 176页
b20014545 K923.13 F472 1993

辽宁省第十地质大队志 1965–2015
辽宁省第十地质大队志编纂委员会编 杨新泉总编 张亚莉主编 抚顺 辽宁省第十地质大队志编纂委员会 2015年 229页
b50066389 P624 L539 2015

抚顺地区树木志
抚顺市林业科学研究所 桑树臣编著 沈阳 新农业杂志社 1986年 340页
b49789004 S717.231.3 F472 1986

抚顺市水利志
张启明主编 沈阳 辽宁人民出版社 1994年 492页
b21856138 TV–092 Z3625 1994

大伙房水库志
辽宁省大伙房水库管理局组编 王在兴主编 北京 中国水利水电出版社 2006年

255 页
b20121453 TV632.313 F472 2006

抚顺市环境保护志
王建成主编 沈阳 辽宁教育出版社 1997 年 547 页
b46667842 X321.231.3 F472 1997

顺城区

顺城区志
高昌海 高玉恩主编 沈阳 辽宁人民出版社 1994 年 485 页
b16424578 K293.13 F472S 1994

顺城区志 1988–2005
抚顺市顺城区地方志办公室编 沈阳 辽宁民族出版社 2010 年 662 页
b21765224 K293.13 F472S 2010

抚顺县

抚顺县志
杜景琴主编 沈阳 辽宁人民出版社 1995 年 991 页
b10501265 K293.14 F472

抚顺县志 1986–2005
抚顺县人民政府地方志办公室编 王继华 孙维东主编 沈阳 辽宁民族出版社 2011 年 1160 页
b36174580 K293.14 F472F 2011

新宾满族自治县

新宾满族自治县志
房守志主编 沈阳 辽沈书社 1993 年 778 页
b10501277 K293.14 X4431

新宾满族自治县志 1986–2005
新宾满族自治县地方志办公室编 邹本镛主编 沈阳 辽宁民族出版社 2015 年 921 页
b4742025x K293.14 X4431C 2015

清原满族自治县

清原县志
清原县志编纂委员会办公室编 潘芳俊 王治山 谭新财主编 沈阳 辽宁人民出版社 1991 年 687 页
b1062319x K293.14 Q467

清原满族自治县志 1986–2000
清原满族自治县志编纂委员会办公室编 武汉 长江出版社 2007 年 1012 页
b20951140 K293.14 Q467C 2007

清原林业志
清原林业志编纂委员会编 陈海楼主编 清原 清原林业志编纂委员会 1993 年 461 页
b50007889 F326.273.14 Q467 1993

清原朝鲜族志
清原满族自治县朝鲜族志编纂委员会编 沈阳 辽宁民族出版社 1999 年 268 页
b20044987 K281.9 Q467 1999

本溪市

本溪市志
本溪市地方志编纂办公室编 北京 新华出版社 1991–2004 年 4 卷
b1941884x K293.13 B337C 1991

本溪市志 第 1 卷 1986–2005
本溪市党史地方志办公室编 艾明臣 孙诚主编 沈阳 辽海出版社 2013 年 505 页

b47420248 K293.13 B337D 2013

中共本溪市委党校校志 1949–1999
中共本溪市委党校校志编写组编 本溪 本溪市政府印刷厂 1999年 145页
b20105253 D261.41 Z6431 1999

本溪市工会志
本溪市总工会工会志编纂委员会编 姜涤总编 本溪 本溪市总工会 1993年 375页
b2242880x D412.831.3 B337 1993

本溪市人民代表大会志
本溪市人民代表大会志编纂委员会编 于兆琨主编 本溪 本溪市人民代表大会志编纂委员会 2011年 2卷 705页
b49532911 D624.313 B337 2011

本溪政协志 1950.9–2000.12
政协本溪市委员会编纂 沈阳 沈阳市印刷研究所 2002年 内部资料 540页
b16862351 D628.313 Z546 2002

本溪市人事局志
本溪市人事局编 王在珊主编 本溪 本溪市人事局 2008年 306页
b49532935 D630.3 B337 2008

本溪盟志 1952.8–2006.9
中国民主同盟本溪市委员会编 本溪 中国民主同盟本溪市委员会 2006年 296页
b22428793 D665.2 B337 2006

本溪市民政志 第1卷
本溪市民政志编纂委员会编 本溪 本溪市民政局 2001年
b21762776 D673.13 B337 2001

本溪检察志
本溪市人民检察院院志办公室编 马魁明主编 本溪 辽宁省本溪市人民检察院 1988年 387页
b49981705 D926.32 B337 1988

本溪市劳动志
本溪市劳动局编 本溪 本溪市劳动局 1987年 250页
b49788735 F249.273.13 B337 1987

本钢钢铁研究所志
本钢钢铁研究所志编纂委员会编 林勋沐主编 沈阳 辽宁教育出版社 1989年 234页
b35979100 F426.31-24 B337 1989

本钢歪头山铁矿志
张连福主编 沈阳 辽宁教育出版社 1989年 397页
b35979112 F426.1 B337 1989

本钢修建公司志 1959–1986
本溪钢铁公司修建工程公司厂志办公室编 于天忱总编 沈阳 辽宁人民出版社 1991年 243页
b51032570 F426.31 B3378 1991

本钢志 第2卷 1986–2011
本钢志第二卷编辑委员会编 北京 冶金工业出版社 2015年 921页
b46480791 F426.31 B337

二铁厂志 1956–1985
孟庆瑞总编 本溪 本溪钢铁公司第二炼铁厂 1988年 400页
b50319097 F426.31 B3373 1988

南芬铁矿志 1910–1985
本钢南芬铁矿志编纂委员会编 于清波总编辑 沈阳 辽宁人民出版社 1992年 363页
b50065269 F426.1 N161 1992

一机修厂志 1910–1985
本溪钢铁公司第一机修厂编 郝柏康主编 本溪 本溪钢铁公司第一机修厂 1990年 514页
b50320555 F426.4 B337 1990

本溪国税志 2004–2008
本溪国税志编写组编 杨嘉胜主编 本溪 本溪市税源票据印刷厂 2010年 684页
b40648928 F812.731.3 B337 2010

本溪文化志
本溪市文化局 本溪市新闻出版局编 大连 大连出版社 1999年 610页
b18571724 G127.313 B337 1999

本溪市科学技术志
本溪市科学技术志编纂委员会编 韩家璋主编 沈阳 辽宁教育出版社 1988年 287页
b49788723 G322.731.3 B337 1988

本溪化工学校志
本溪化工学校校志编委会编 任语静主编 本溪 本溪化工学校校志编委会 2000年 184页
b20100267 G719.283.1 B337 2000

本溪广播电视大学校志 1979–2009
李秀生主编 本溪 本溪广播电视大学 2009年 389页
b20882622 G729.283.13 B337 2009

本溪戏曲志
本溪戏曲志编辑部 本溪 本溪县印刷厂 1986年 280页
b20041652 J809.231.3 B337 1986

本溪碑志
本溪市博物馆编 梁志龙 崔祎主编 沈阳 辽宁民族出版社 2016年 444页
b4736578x K877.424 B337 2016

本溪卫生志
本溪市卫生局 本溪市爱卫会编 盛超主编 本溪 本溪市第二印刷厂 1990年 643页
b46010889 R199.2 B337 1990

本溪市水利志 1132–1990
本溪市水利电力局编 赵常余主编 本溪 本溪市水利电力局 1993年 207页
b20137059 TV–092 Z432 1993

本溪满族自治县

本溪县志
徐秀纲总编 本溪 本溪县印刷厂 1983年 1138页〔中华人民共和国地方志丛书〕
b20462402 K293.14 B337 1983

本溪满族自治县志
本溪满族自治县党史地方志办公室编 吴彦卿总纂 沈阳 辽宁民族出版社 2009年 2卷 1706页
b20815578 K293.14 B337C 2009

思山岭满族乡志
瓜尔佳·天牧主编 本溪 本溪市南芬区思山岭满族乡政府 2009年 424页
b36128739 K293.15 S655 2009

本溪满族自治县风物志
张杰贵主编 北京 中国文史出版社 2006 年 237 页
b18513074 K923.14 B337 2006

桓仁满族自治县

桓仁县志
桓仁县地方志编纂委员会编 纪飞主编 北京 方志出版社 1996 年 877 页
b10597773 K293.14 H596

桓仁满族自治县人民代表大会志 1946–2015
桓仁满族自治县人民代表大会志编纂委员会编 张恒大主编 桓仁 桓仁满族自治县人民代表大会志编纂委员会 2016 年 590 页
b49789144 D624.314 H596 2016

桓仁政协志
桓仁政协志编委会编 黄柏栋主编 沈阳 沈阳市印刷研究所 2006 年 254 页
b22430210 D628.314 H596 2006

桓仁土地志
桓仁土地志纂委员会编 孙高虹主编 沈阳 辽宁地矿测绘院印刷厂 1998 年 244 页
b21276146 F327.314 H596 1998

桓仁发电厂志
桓仁发电厂志编纂委员会编 范联主编 辽宁 桓仁发电厂志编纂委员会 1998 年 300 页
b49982266 F426.61 H596 1998

桓仁地方税务志
桓仁地方税务志编委会编 潘德明主编 桓仁 桓仁地方税务志编委会 2015 年 401 页
b49789132 F812.731.4 H596 2015

桓仁建州女真志
桓仁建州女真志编委会编 黄伯栋主编 凤城 凤城市报社印刷厂 2006 年 218 页〔桓仁政协文史资料丛书〕
b2004317x K289 H6542 2006

桓仁满族自治县文物志
桓仁满族自治县文物志编纂委员会编 张萍主编 桓仁 桓仁满族自治县文物志编纂委员会 1990 年 248 页
b36379256 K872.314 H596 1990

桓仁县地名录
桓仁县地名办公室编 桓仁 桓仁县地名办公室 1985 年 129 页
b20368690 K923.14 H596D

五女山志
五女山志编纂委员会编 黄柏栋主编 桓仁 五女山志编纂委员会 2004 年 206 页〔桓仁政协文史资料丛书〕
b16862193 K928.3 H654 2004

丹东市

丹东市志 第 1 卷 综合 总述 大事记 行政建置 区县 自然环境
丹东市地方志办公室编 徐通火 张其卓 李鸿璧主编 沈阳 辽宁科学技术出版社 1993 年 633 页〔中华人民共和国地方志丛书〕
b13032690 k293.13 D165

丹东市志 第 2 卷 城市建设 交通运输 邮政电信
丹东市地方志办公室编 陈松贵主编 沈阳 丹东市地方志办公室 1996 年 534 页〔中华人民共和国地方志丛书〕
b13032690 k293.13 D165

丹东市志 第 3 卷 经济综述 计划 统计 财政 税务 金融 保险 工商 标准计量 审计
丹东市地方志办公室编 陈松贵主编 沈阳 辽宁科学技术出版社 1996 年 520 页〔中华人民共和国地方志丛书〕
b13032690 k293.13 D165

丹东市志 第 4 卷 综述 丝纺 轻工 二轻 医药 电子 化工 机械 冶金 建材煤炭 电力
丹东市地方志办公室编 陈松贵主编 沈阳 沈阳出版社 1996 年 414 页〔中华人民共和国地方志丛书〕
b13032690 k293.13 D165

丹东市志 第 5 卷 综述 种植业 蔬菜 烟草 农机具 水利 渔业 林业 蚕业 畜牧业 乡镇企业
丹东市地方志办公室编 沈阳 辽宁科学技术出版社 1993 年 398 页〔中华人民共和国地方志丛书〕
b13032690 k293.13 D165

丹东市志 第 6 卷 商业 供销合作 物资 粮油 外经贸 口岸
丹东市地方志办公室编 陈松贵主编 沈阳 辽宁人民出版社 1996 年 355 页〔中华人民共和国地方志丛书〕
b13032690 k293.13 D165

丹东市志 第 7 卷 政治 政党 群团 政权 政事
丹东市地方志办公室编 陈松贵主编 沈阳 辽宁民族出版社 1997 年 509 页〔中华人民共和国地方志丛书〕
b13032690 k293.13 D165

丹东市志 第 8 卷 司法 军事
丹东市地方志办公室编 沈阳 辽宁人民出版社 1994 年 355 页〔中华人民共和国地方志丛书〕
b13032690 k293.13 D165

丹东市志 第 9 卷 文化 教育 科学 文化 出版 广播 电视 卫生 体育
丹东市地方志办公室编 沈阳 辽宁科学技术出版社 1992 年 550 页〔中华人民共和国地方志丛书〕
b13032690 k293.13 D165

丹东市志 第 10 卷 居民 人物
丹东市地方志办公室编 陈松贵主编 沈阳 丹东市地方志办公室 1997 年 275 页〔中华人民共和国地方志丛书〕
b13032690 k293.13 D165

丹东市工会志 1876–1994
丹东市总工会编 沈阳 辽宁画报出版社 2000 年 594 页
b49640501 D412.831.3 D165 2000

丹东市财政志
丹东市财政志编纂委员会编 徐经国主编 北京 中国财政经济出版社 2001 年 495 页
b4610186x F812.731.3 D165 2001

丹东朝鲜族志
丹东市民族宗教事务委员会民族志编纂委员会编 李圣植 文钟哲主编 沈阳 辽宁民族出版社 2000 年 373 页
b13753071 K281.9 D165

丹东满族志
丹东市民族事务委员会民族志编纂办公室编 沈阳 辽宁民族出版社 1992 年 417 页
b2004205x K282.1 D165 1992

丹东市水利志
丹东市水利局史志办公室编 丹东 丹东市水利局史志办公室 1993 年 166 页〔中华人民共和国地方志丛书〕

b21856746　TV–092　D1652　1993

东港市

东沟县志
许敬文主编　沈阳　辽宁人民出版社　1996年　1208页〔中华人民共和国地方志丛书〕
b10600711　K293.14　D582

东港市志　1986–2005
东港市地方志编纂委员会编著　孙承云主编　沈阳　沈阳出版社　2015年　818页
b47415733　K293.14　D5823C　2015

獐岛村志
辽宁省东港市北井子镇獐岛村志编纂委员会编　北京　方志出版社　2017年　254页〔中国名村志丛书　中国名村志文化工程〕
b50234481　K293.15　Z3781　2017

獐岛村志
辽宁省东港市北井子镇獐岛村志编纂委员会编　赵铭主编　北京　方志出版社　2017年　192页〔中国名村志丛书〕
b50642819　K293.15　Z3781C　2017

凤城市

凤城市志
赵万兴主编　北京　方志出版社　1997年　1280页〔中华人民共和国地方志丛书〕
b10501198　K293.13　F413

凤城市文物志
崔玉宽著　沈阳　辽宁民族出版社　1996年　300页〔辽宁省文物志〕
b14445153　K872.314　C822　1996

宽甸满族自治县

宽甸县志
宽甸县志编纂委员会编　卫庆堂　康波主编　沈阳　辽宁科学技术出版社　1993年　834页
b16464886　K293.14　K452　1993

宽甸土地志
宽甸满族自治县土地志编纂委员会编　李荪主编　宽甸　宽甸满族自治县土地志编纂委员会　2001年　343页
b21277515　F327.314　K452　2001

锦州市

锦州市志　第1卷　综合卷　1986–2002
锦州市人民政府地方志办公室编　高大力　周杰　战英克主编　沈阳　辽宁民族出版社　2008年　624页
b19929298　K293.13　J4929C

锦州市志　第2卷　经济建设卷
锦州市政府地方志办公室编　北京　中国统计出版社　1996年　740页
b20774254　K293.13　J4929C

锦州市志　第3卷　经济卷　1986–2002
锦州市人民政府地方志办公室编　方文生　周杰　马成刚主编　沈阳　辽宁民族出版社　2016年　581页
b4756071x　K293.13　J4929C

锦州市工会志
锦州市总工会史志办公室编写　赵玉林主编　锦州　锦州市总工会史志办公室　1988年　527页
b4229132x　D412.831.3　J492　1988

锦州市人民代表大会志
锦州市人大常委会编 许成志主编 锦州 锦州市人大常委会 1992年 345页
b50234006 D624.313 J492 1992

锦州市土地志
锦州市土地志编纂委员会编 韩克捷主编 沈阳 辽宁人民出版社 1999年 402页
b36379542 F327.313 J492 1999

华润电力(锦州)有限公司志 1997–2007
华润电力(锦州)有限公司编 黄爱民主编 锦州 华润电力(锦州)公司 2009年 256页
b50269057 F426.61 H5297 2009

金城造纸厂志 1939–1985
金城造纸厂厂志编纂委员会编 锦州 金城造纸厂厂志编纂委员会 1986年 742页
b50347366 F426.83 J492 1986

锦州采油厂志
锦州采油厂编纂委员会编 景宝国 汤文鹏主编 北京 方志出版社 2011年 531页
b50247219 F426.22-29 J492 2011

锦州发电厂志 1977–1996
于洪彦主编 锦州 锦州发电厂 1997年 217页
b49982345 F426.61 J492 1997

辽河石油勘探局锦州工程技术处志 1999–2011
锦州工程技术处史志编纂委员会编 郑兴波 刘红叶主编 北京 方志出版社 2013年 390页
b44915366 F426.22 L5384 2013

足迹 锦州节能热电股份有限公司志 1992–2002
刘杰熙主编 张玉库 尤立冬 张兵撰写 锦州 锦州节能热电股份有限公司修志办 2002年 206页
b51012273 F426.61 J4924 2002

锦州市公路交通志
锦州市交通局史志编审委员会编 张英明主编 锦州 锦州市交通局史志编审委员会 1990年 270页
b45840283 F542.831.3 J492 1990

锦州市供销合作社志 1948–1985
锦州市供销合作社志编纂委员会编 锦州 锦州市供销合作社志编纂委员会 1988年 276页
b49963697 F721.2 J492 1988

锦州市粮食志
锦州市粮食局修志办公室编 贾敬阳主编 锦州 锦州市粮食局 2014年 409页
b49549881 F724.721 J492 2014

锦州国税志 1994–2008
锦州国税志编写组编 戴一光主编 锦州 锦州国税志编写组 2010年 629页
b49789223 F812.731.342 J492 2010

锦州国税志 2009–2012
锦州国税志编写组编 戴一光主编 锦州 锦州国税志编写组 2013年 629页
b49789235 F812.731.342 J492 2013

锦州市财政志
锦州市财政志编纂办公室编 刘正安主编 锦州 沈铁锦州工程印刷厂 1990年 478页
b46101998 F812.731.3 J492 1990

锦州税务志 1856–1994
锦州税务志编写组编 戴一光主编 锦州

锦州税务志编写组 2010 年 537 页
b49789247 F812.731.342 J492J 2010

锦州市文化志
锦州市文化志编纂委员会编 张传石主编 锦州 锦州市文化志编纂委员会 1985 年 225 页
b21277953 G127.313 J492 1985

锦州新闻志 报纸部分 1909–1993
宋继业主编 锦州 锦州市志编纂委员会 1993 年 224 页
b50665261 G219.273.13 S679 1993

锦州市教育志 1840–1985
锦州市教育志编纂委员会编 刘宝忠主编 沈阳 辽宁大学出版社 1991 年 615 页
b20098984 G527.313 J492J 1991

锦州校志选编
锦州市教育志办公室编 刘宝忠主编 锦州 锦州市教育志办公室 1994 年 3 卷 2790 页
b20102458 G528 J492 1994

辽宁省锦州市洛阳路小学校志
洛阳路小学校志编写组编 宣文燕主编 锦州 洛阳路小学校志编写组 1985 年 168 页
b49938733 G629.283.13 J492 1985

校志 1948–1985
锦州铁路第一中学校志编写组编 锦州 锦州铁路第一中学校志编写组 1986 年 206 页
b45479690 G639.283.13 J492 1986

锦州市戏曲志
辽宁戏曲志丛书编委会主编 刘效炎主编 沈阳 春风文艺出版社 1989 年 290 页〔辽宁戏曲志丛书〕
b35979148 J809.231.3 J492 1989

锦州市文物志
赵振新主编 北京 学苑出版社 2005 年 384 页
b16398476 K872.313 Z441 2005

锦州风物志
锦州市人民政府地方志办公室编 沈阳 辽宁民族出版社 2001 年 386 页
b16445740 K923.13 J492 2001

锦州市区地名录
锦州市地名办公室编 锦州 锦州市地名办公室 1984 年 145 页
b20369529 K923.13 J492E 1984

锦州市乡镇地名志
锦州市地名委员会办公室编 鲁绍争主编 锦州 锦州市地名委员会办公室 1986 年 397 页
b20368719 K923.13 J492D 1986

锦州市政区地名录
锦州市地名委员会办公室编 锦州 锦州市地名委员会办公室 1984 年 65 页
b2036927x K923.13 J492F 1984

医巫闾山志
邱德富主编 沈阳 万卷出版公司 2005 年 788 页
b16802512 K928.3 Q5282 2005

院志 1922–1985
沈阳铁路局锦州中心医院编 王希周主编 沈阳 沈阳铁路局锦州中心医院 1986 年 271 页
b50347639 R199.2 S4148 1986

太和区

太和区志
锦州市太和区志编委会编 锦州 锦州市太和区志编委会 1989 年 送审稿 3 卷 435 页
b20140915 K293.13 J4929T 1989

新民乡志 1948–2008
王克强编著 沈阳 辽宁民族出版社 2011 年 945 页
b23216876 K293.15 X443 2011

锦州市太和区土地志
锦州市太和区土地志编纂委员会编 史宝山主编 锦州 锦州市太和区土地志编纂委员会 2001 年 207 页
b21275373 F327.313 J492T 2001

凌海市

辽宁省锦县地名录
锦县地名办公室编 锦州 锦州市劳动服务公司印刷厂 1984 年 129 页
b20368951 K923.14 J492 1984

北镇市

北镇县志
北镇满族自治县地方志编纂委员会编 沈阳 辽宁人民出版社 1990 年 696 页
b36247583 K293.14 B3169 1990

北镇市志 1986–2005
北镇市志编纂委员会编 李彩云 朱新华主编 沈阳 万卷出版公司 2018 年 742 页
b50817450 K293.14 B3169C 2018

北宁市高级中学校志 1919–1996
北宁市高级中学校志编纂委员会编 郭连山 朱玉贵主编 北宁 北宁市高级中学校志编纂委员会 1997 年 167 页
b22921631 G639.283.13 B316 1997

北宁市文物志
赵杰 周洪山著 沈阳 辽宁民族出版社 1996 年 421 页〔辽宁省文物志〕
b14445062 K872.314 Z434 1996

黑山县

黑山县志
黑山县地方志编纂委员会编 孙万里 白俊山总编 沈阳 辽宁大学出版社 1994 年 634 页〔中华人民共和国地方志丛书〕
b16447396 K293.14 H331 1994

黑山政协志 1961–2008
中国人民政治协商会议黑山县委员会编 王树学主编 黑山 中国人民政治协商会议黑山县委员会 2009 年 241 页
b47352802 D628.314 H331 2009

黑山工商联志
黑山县工商业联合会编 王根 赵伟 林长军主编 黑山 黑山县工商业联合会 2011 年 355 页
b49963582 D665.4 H331 2011

黑山县教育志 1902–1985
黑山县教育志办公室编 张继昌主编 黑山 黑山县教师进修学校印刷厂 1991 年 305 页
b27575688 G527.314 H331 1991

黑山县教育志 1986–2000
黑山县教育志编委会办公室编 牛文忠主编 黑山 黑山县教育委员会 2001 年 306 页

b2010165x　G527.314　N435　2001

黑山县卫生志　1854–1985
黑山县卫生志编纂委员会编　王凤文　门升山主编　黑山　黑山县卫生志编纂委员会　1987 年　283 页
b50991954　R199.2　H331　1987

黑山县土壤志
锦州市土壤普查办公室　黑山县土壤普查办公室编　黑山　黑山县土壤普查办公室　1983 年　278 页
b20576754　S159.231.4　H331　1983

黑山水利志
刘春远主编　黑山　黑山水利局　1995 年　264 页
b20101661　TV–092　L672　1995

义　县

义县志
义县人民政府地方志办公室编　邸德惠　高恒主编　沈阳　沈阳出版社　1992 年　718 页
b10488285　K293.14　Y468

营口市

营口市志　第 1 卷　总述　大事记　县区纪略
营口市地方志编纂委员会办公室编　北京　中国社会科学出版社　2004 年　594 页
b16746612　K293.13　Y565C

营口市志　第 1 卷　总述　大事记　县区纪略　拾遗补正
营口市史志办公室编　周丛一主编　北京　中国社会科学出版社　2004 年　修订本　592 页
b40863980　K293.13　Y565C　2004

营口市志　第 2 卷　行政建置　自然环境　城市建设　交通邮电
营口市地方志编纂委员会办公室编　北京　方志出版社　1997 年　450 页
b16746612　K293.13　Y565C

营口市志　第 4 卷　农业　贸易　财税　金融
营口市地方志编纂委员会办公室编　梁文科主编　北京　辽宁民族出版社　2000 年　620 页
b16746612　K293.13　Y565C

营口市工会志　1945–2011
营口市总工会编　宋建国主编　营口　营口市总工会　2013 年　398 页
b49789958　D412.831.3　Y565　2013

营口市政协志　1950–1990
营口市政协志编辑委员会编　王乃林主编　营口　中国人民政治协商会议营口市委员会　1993 年　251 页〔营口市地方志系列丛书〕
b20141658　D628.313　Y565　1993

营口民进志　1957–2012
中国民主促进会营口市委员会编　王育忠主编　营口　中国民主促进会营口市委员会　2014 年　381 页
b47317437　D665.3　Y565　2014

营口海关志
郭宝藩主编　营口　营口海关　2001 年　303 页
b40935863　F752.59　Y565　2001

营口市保险志
中国人民保险公司营口市支公司编　刘忠杰主编　营口　中国人民保险公司营口市支公司　1991 年　242 页
b49705106　F842.731.3　Y565　1991

营口市科学技术志
营口市科学技术志编纂委员会编 纪承阁主编 北京 中国书籍出版社 1992年 486页
b49532765 G322.731.3 J174 1992

营口市戏曲志
营口市戏曲志编辑部编辑 沈阳 春风文艺出版社 1990年 319页〔辽宁戏曲志丛书〕
b17623352 J825.3 L539 1990

营口市文物志
崔艳茹 冯永谦 崔德文著 沈阳 辽宁民族出版社 1996年 452页〔辽宁省文物志〕
b14445190 K872.314 C8227 1996

老边区

老边区志 1986–2007
营口市老边区地方志办公室编 张子玉主编 沈阳 辽宁民族出版社 2010年 844页
b23216645 K293.13 Y565L 2010

盖州市

盖州市志 第1卷
盖州市地方志编纂委员会办公室编 曲强主编 沈阳 辽宁科学技术出版社 2008年 645页
b19023807 K293.13 G349 2008

后蚂虹嘴村志
李芳馨主编 营口 营口县商标印刷厂 1992年 104页
b36128922 K293.15 H443 1992

盖州市金融志
高德勋主编 北京 中国社会出版社 2003年 442页
b49472033 F832.731.4 G349 2003

盖县教育志
盖县教育局编 盖县 盖县印刷厂 1989年 486页〔辽宁盖县地方志丛书〕
b27575573 G527.314 G349 1989

盖州教育志
盖州市教育委员会编 沈阳 辽沈书社 1993年 第2版 334页〔辽宁盖州地方志丛书〕
b1812074x G527.313 G349 1993

熊岳农专校志 1948–1988
熊岳农专校志编纂委员会编 何献毅主编 营口 熊岳农专校志编纂委员会 1998年 382页
b20104595 G659.283.13 X522 1998

大石桥市

大石桥市志 1840–2000
大石桥市市志编纂办公室编纂 姚承俭主编 长春 吉林文史出版社 2006年 732页〔中华人民共和国地方志丛书〕
b13794681 K293.14 D1367 2006

阜新市

阜新市志
阜新市人民政府地方志办公室编 杨柏林 杨立成主编 北京 东方出版社 1993–1999年 4卷
b16633611 K293.13 F491 1993

阜新市志 1986–2005
阜新市人民政府地方志办公室编 沈福忱主编 阜新 阜新市人民政府地方志办公室 2013年 657页
b47073500 K293.13 F491S 2013

阜新市人民代表大会志
阜新市人大常委会编 潘宝余主编 阜新 阜新市人大常委会 1989 年 297 页
b46455231 D624.313 W219 1989

阜新市人民代表大会志 1988–2005
阜新市人民代表大会志编纂委员会编 王金瑛主编 阜新 阜新市人民代表大会志编纂委员会 2005 年 531 页
b19518146 D624.313 W219 2005

阜新市政协志
巩俊轩主编 阜新 阜新市政协志编审委员会 1992 年 390 页
b18571773 D628.313 G444 1992

阜新市政协志 1989–2012
阜新市政协志编纂委员会编 王广林 徐翠华主编 阜新 阜新市政协志编纂委员会 2012 年 562 页
b49789053 D628.313 G444C 2012

阜新林业志 1911–2007
王金瑛主编 北京 经济科学出版社 2009 年 568 页
b49505919 F326.273.13 F491 2009

阜新发电厂志 第 1 卷 1936–1985
阜新发电厂志编审委员会编 阜新 阜新发电厂志编审委员会 1987 年 360 页
b4998195x F426.61 F491 1987

阜新发电厂志 第 2 卷 1986–2005
阜新发电厂志编审委员会编 王荣凯主编 北京 知识出版社 2006 年 655 页
b50233051 F426.61 F491 1987

海州露天煤矿志
海州露天煤矿志续集编纂委员会编 王福清 孙洪茂主编 阜新 海州露天煤矿志续集编纂委员会 2003 年 275 页
b49704965 F426.21 H145 2003

阜新市金融志
阜新市金融志编纂委员会编 郭庆平主编 阜新 阜新市金融志编纂委员会 1990 年 229 页
b49705064 F832.731.3 F491 1990

阜新市教育志
阜新市教育志编纂委员会编 北京 教育科学出版社 2007 年 801 页
b17962535 G527.313 F491 2007

阜新市教育志 1299–1988
阜新市教育志编纂委员会编 崔国榜主编 沈阳 辽宁教育出版社 1990 年 462 页
b20181978 G527.313 F491 1990

阜新市民族教育志
阜新市民族教育志编纂委员会编 白浩波主编 沈阳 辽宁民族出版社 2003 年 541 页
b15960675 G759.2 F491 2003

阜新市戏曲志
阜新市戏曲志编辑部编辑 沈阳 春风文艺出版社 1993 年 343 页〔辽宁戏曲志丛书〕
b20042358 J809.231.3 F491 1993

阜新市少数民族志
阜新市少数民族志编纂委员会编 海国兴主编 沈阳 辽宁民族出版社 2010 年 532 页
b22429475 K280.313 F491 2010

海州区

阜新市海州区志 1986–2006
阜新市海州区人民政府编 孙明主编 沈

阳 辽宁民族出版社 2011 年 637 页
b23216608 K293.13 F491H 2011

新邱区

新邱区志 1990-2006
新邱区人民政府地方志办公室编 陈晓娟主编 北京 方志出版社 2010 年 462 页
b22082682 K293.13 F491X 2010

太平区

太平区志 1986-2005
阜新市太平区地方志编纂委员会编 刘闻欣主编 深圳 东方财富出版社 2014 年 607 页
b50269446 K293.13 F491T 2014

清河门区

阜新市清河门区志 1988-2006
清河门区地方志办公室编 刘丽主编 沈阳 白山出版社 2013 年 783 页
b45839517 K293.13 F491Q 2013

彰武县

彰武县志
彰武县志编纂委员会编 刘丰保主编 彰武 彰武县志编纂委员会 1988 年 475 页
b13753113 K293.14 Z371

彰武县人民代表大会志 1949-1989
彰武县人大常委会编 彰武 彰武县印刷厂 1989 年 288 页
b19417500 D624.314 Z371 1989

彰武县教育志 1902-1989
彰武县教育志编纂委员会编 王正平主编 彰武 彰武县印刷厂 1993 年 433 页
b22433120 G527.314 Z371 1993

彰武县教育志 1990-2003
彰武县教育志编纂委员会编 王东升主编 北京 教育科学出版社 2005 年 620 页
b36247509 G527.314 Z371 2005

彰武县第二初级中学校志 1968-2005
彰武县第二初级中学校志编委会编 刘德成主编 北京 中国文史出版社 2007 年 515 页
b36248538 G639.283.14 Z3712 2007

彰武县高级中学志 1958-2008
彰武县高级中学志编纂委员会编 冯守信主编 北京 教育科学出版社 2008 年 622 页
b20098923 G639.283.14 Z371 2008

彰武县教师进修学校志 1960-2005
王树林主编 北京 教育科学出版社 2008 年 446 页
b18621685 G659.283.14 W229 2008

彰武县文物志
张春宇 刘俊玉 孙杰著 沈阳 辽宁民族出版社 1996 年 415 页〔辽宁省文物志〕
b14445116 K872.314 Z347 1996

彰武县地名志
辽宁省彰武县人民政府编 彰武 辽宁省彰武县人民政府 1985 年 420 页
b20018022 K923.14 Z371 1985

阜新蒙古族自治县

阜新蒙古族自治县志
阜新蒙古族自治县地方志编纂委员会编 苏立贤 朱宝珍主编 沈阳 辽宁民族出版

社 1998 年 939 页〔东北蒙古族自治县志丛书〕
b1375340x　K293.14　F491

阜新蒙古族自治县教育志 1637–1986
吴贵新主编 沈阳 辽宁民族出版社 1992 年 457 页
b20181991　G527.314　F491　1992

阜新蒙古族自治县教育志 1987–2006
阜新蒙古自治县教育志编纂委员会编 吴贵新主编 北京 教育科学出版社 2008 年 488 页
b4741408x　G527.314　F491C　2008

阜蒙县蒙古族实验中学校志 稳中求新整体优化全面发展 1988.3–2008.6
师占德主编 北京 教育科学出版社 2008 年 420 页
b50247839　G639.283.14　F491　2008

辽宁省阜新蒙古族自治县民族志
项福生主编 沈阳 辽宁民族出版社 1991 年 469 页〔民族志丛书〕
b17645645　K280.314　X316　1991

辽阳市

辽阳市志 第 1–3 卷
辽阳市志编纂委员会编 沈阳 辽宁人民出版社 1993 年 1477 页
b20953653　K293.13　L538

辽阳市志 第 1 卷 1989–2005
辽阳市人民政府地方志办公室编 叶红钢主编 沈阳 辽宁民族出版社 2014 年 791 页
b47073585　K293.13　L538C　2014

辽阳市志 林业志 1989–2005
辽阳市林业志编纂委员会主编 胡忠飞主编 辽阳 辽阳市林业志编纂委员会 2005 年 241 页
b45840325　K293.13　L538L　2005

辽阳市宗教志
辽阳市民族宗教事务委员会编 庄志学主编 辽阳 辽阳市民族宗教事务委员会 2001 年 260 页
b41235034　B929.2　Z788　2001

辽阳市工会志 1991–2005
辽阳市工会志编纂委员会编 苏海军主编 青岛 青岛今日杂志社 2008 年 711 页
b47317218　D412.831.3　L538　2008

辽阳市政府志
王清远主编 沈阳 辽宁人民出版社 1994 年 485 页
b20044112　D625.313　W227　1994

辽阳市政协志
中国人民政治协商会议辽阳市委员会 辽阳市政协志编纂委员会编 鞍山 鞍山太平洋印务公司 1998 年 404 页
b20015690　D628.313　L538　1998

辽阳民革志 1957–2007
民革辽阳市委员会编 张晓波主编 辽阳 民革辽阳市委员会 2007 年 262 页
b22430684　D665.1　L538　2007

辽阳市法院志
辽阳市中级人民法院院志编纂委员会编 辽阳 辽阳市中级人民法院院志编纂委员会 1992 年 448 页
b50319206　D926.22　L538　1992

辽阳市建设志 建委篇 1989-2005
辽阳市城乡建设委员会编 张玉明主编 辽阳 辽阳市城乡建设委员会 2007年 234页
b45840313 F299.273.13 L538 2007

辽阳市土地志
辽阳市土地规划管理局编 大连 大连出版社 1999年 577页
b1993001x F301.2 L538 1999

辽阳市财政志
辽阳市财政局编 李恒 穆占昌 姚枫执笔 沈阳 沈阳出版社 1992年 503页
b50065324 F812.731.3 L538 1992

辽阳市金融志
辽阳市金融志编纂委员会办公室编 佟玉相主编 沈阳 辽宁人民出版社 1997年 401页
b49789326 F832.731.3 L538 1997

辽阳市文化艺术志
辽阳市文化局文化艺术志编委会编 辽阳 辽阳市文化局文化艺术志编委会 1988年 364页
b20044100 G127.313 L538 1988

辽阳市科学技术志
辽阳市科学技术志编纂委员会编 姚长禧主编 辽阳 辽阳市科学技术志编纂委员会 1994年 352页
b49533502 G322.731.3 L538 1994

辽阳市教育志 1840-1985
辽阳市教育志编纂委员会编 姚之湘 张永刚主编 辽阳 辽阳市教育志编纂委员会 1990年 338页
b20181486 G527.313 L538 1990

辽阳市戏曲志
辽宁曲艺志丛书编委会主编 辽阳市戏曲志编辑部编辑 辽阳 辽宁曲艺志丛书编委会 1993年 366页〔辽宁戏曲志丛书〕
b16434742 J809.231 L538 1993

辽阳市少数民族志
辽阳市民族事务委员会编 辽阳 辽阳胶版印刷公司 2005年 448页
b19931943 K280.313 L538 2005

辽阳市区地名录
辽阳市地名委员会办公室编 辽阳 辽阳县印刷厂 1993年 196页
b20369281 K923.13 L538 1993

辽阳市水利志
辽阳市水利志编纂委员会编 杨宗仁主编 辽阳 辽阳市水利志编纂委员会 1989年 196页
b49640641 TV-092 Y252 1989

汤河水库志
辽宁省汤河水库管理局组织编写 姜波主编 北京 中国水利水电出版社 2009年 312页
b21855250 TV632.31 J329 2009

灯塔市

灯塔县志
灯塔县志办公室编 李汪洋总编 沈阳 辽宁人民出版社 1990年 648页
b10600334 K293.14 D323

灯塔县志续编 1988-1996
灯塔市志办公室编 李祝国主编 沈阳 辽宁民族出版社 2001年 547页
b13655218 K293.14 D323B

灯塔水灾志 1995
灯塔市市志编纂委员会办公室编 富敏主编 灯塔 灯塔市市志编纂委员会办公室 1999年 284页
b49788905 P426.616 D323 1999

辽阳县

辽阳县志
辽阳县志编纂委员会办公室编 陈敬东 何明清总编 北京 新华出版社 1994年 810页
b10644878 K293.14 L538

辽阳县志 1988–2005
辽阳县人民政府地方志办公室编 刘美华 张静主编 沈阳 辽宁民族出版社 2015年 717页
b47126292 K293.14 L538C 2015

辽化志 1972–2007
张琨主编 辽阳 辽宁省辽阳市宠伟印务公司 2008年 917页
b44916577 F426.72 Z649 2008

辽宁省邮电学校志 征求意见稿 1958–1998
辽宁省邮电学校志编纂组编 辽阳 辽宁省邮电学校 1998年 317页
b20102689 G719.283.1 L539 1998

参窝水库志
辽宁省参窝水库管理局编 洪加明总编 李道庆 刘桂丽主编 郑州 黄河水利出版社 2012年 393页
b44810829 TV632.31 H415 2012

盘锦市

盘锦市志 第1卷 综合卷
盘锦市人民政府地方志办公室编 北京 方志出版社 1998年 524页
b12698167 K293.13 P163

盘锦市志 第2卷 政治卷
盘锦市人民政府地方志办公室编 北京 方志出版社 1998年 528页
b12698167 K293.13 P163

盘锦市志 第3卷 农业卷
盘锦市人民政府地方志办公室编 北京 方志出版社 1998年 516页
b12698167 K293.13 P163

盘锦市志 第4卷 工交卷
盘锦市人民政府地方志办公室编 北京 方志出版社 1999年 485页
b12698167 K293.13 P163

盘锦市志 第5卷 经贸卷
盘锦市人民政府地方志办公室编 北京 方志出版社 1999年 464页
b12698167 K293.13 P163

盘锦市志 第6卷 社会卷
盘锦市人民政府地方志办公室编 北京 方志出版社 2000年 520页
b12698167 K293.13 P163

盘锦市简志
盘锦市人民政府地方志办公室编 刘亚辉主编 北京 方志出版社 2005年 687页
b1613266x K293.13 P163C 2005

盘锦市人口和计划生育志
盘锦市人口和计划生育志编纂委员会编 贾洪琳主编 盘锦 盘锦市人口和计划生育志编纂委员会 2006年 298页
b51072518 C924.253.13 P163 2006

盘锦市工会志
盘锦市工会志编纂委员会编 王永申主编 盘锦 盘锦市工会志编纂委员会 1995年 227页
b49625457 D412.831.3 P163 1995

盘锦公安志 1906-2011
盘锦市公安局编 李超主编 盘锦 盘锦市公安局 2013年 754页
b50248200 D631 P1634 2013

辽河石油勘探局华油实业公司志 1988-2012
华油实业公司史志编纂委员会编 于勤菊主编 沈阳 辽宁人民出版社 2015年 333页
b50248285 F426.22 L53831 2015

辽河石油勘探局欢喜岭工程技术处志 1999-2011
辽河石油勘探局欢喜岭工程技术处史志编纂委员会编 范英才主编 北京 方志出版社 2013年 327页
b50247177 F426.22 L5382 2013

辽河石油勘探局油气工程技术处志 1999-2010
辽河石油勘探局油气工程技术处史志编纂委员会编 李旭 董昌生主编 北京 方志出版社 2012年 304页
b50247190 F426.22 L5381 2012

辽河石油勘探局油田建设工程一公司志 1989-2010
油田建设工程一公司史志编纂委员会编 崔德忠主编 北京 方志出版社 2013年 520页
b50247207 F426.22 L5386 2013

辽河油田经济贸易置业总公司志 1994-2009
辽河油田经济贸易置业总公司编纂委员会编 田宝石主编 北京 方志出版社 2012年 397页
b50247232 F426.22 L53841 2012

高升采油厂志 1977-1990
辽河石油勘探局高升采油厂志编纂委员会编 史兴宝主编 北京 新华出版社 1994年 403页
b49640847 F426.22 G251 1994

录井公司志 1992-2005
辽河石油勘探局录井公司史志编纂委员会编 北京 方志出版社 2007年 423页
b50247189 F426.22 L826 2007

盘锦电业局志 1996-2008
盘锦电业局志编纂委员会编 班荣兴主编 盘锦 盘锦电业局志编纂委员会 2011年 2册 890页
b50269331 F426.61 P163 2011

浅海石油开发公司志 1989-2008
辽河油田浅海石油开发公司史志编纂委员会编 唐凤杰主编 北京 方志出版社 2012年 321页
b50247220 F426.22 Q311 2012

水电厂志
辽河石油勘探局水电厂志编纂委员会编 高新芳主编 北京 新华出版社 1993年 382页
b49826980 F426.61 L538 1993

中油辽河工程有限公司志 1989-2012
马景源主编 北京 红旗出版社 2015年 538页
b51011712 F426.22 Z6458 2015

筑路工程公司志 1970–1995
辽河石油勘探局筑路工程公司志编纂委员会编纂 佟国忱主编 北京 新华出版社 1996年 312页
b50779254 F426.22 L53891 1996

筑路工程公司志 1991–2003
辽河石油勘探局筑路工程公司史志编纂委员会编 刘世臣 姜孝仁主编 沈阳 沈阳出版社 2006年 388页
b50779175 F426.22 L53891 2006

盘锦市文化志
盘锦市文化(新闻出版 版权)局编 盘锦 盘锦市文化局 2004年 544页
b20103153 G127.313 P163 2004

盘锦市科学技术志 1888–1985
盘锦市科学技术志编纂委员会编 符玉琢主编 盘锦 盘锦市科学技术志编纂委员会 1991年 245页
b50152270 G322.731.3 P163 1991

盘锦市第三完全中学校志 2004–2014
盘锦市第三完全中学校志编纂委员会编 盘锦 盘锦市第三完全中学校志编纂委员会 2014年 247页
b50234171 G639.283.13 P1632 2014

盘锦市实验中学校志 1977–2001
盘锦市实验中学校志编纂委员会编 吴立明 张冠英执笔 盘锦 盘锦市实验中学校志编纂委员会 2002年 200页
b21569769 G639.283.13 P163 2002

盘锦市文物志
杨洪琦 杨春风著 沈阳 辽宁人民出版社 2014年 483页
b4609202x K872.313 P163 2014

盘锦乙丑年水灾志
盘锦市地方志办公室编辑 王本道主编 盘锦 盘锦市地方志办公室 1988年 184页
b20121544 P426.616 W212 1988

中国石油地质志 第3卷 辽河油田
辽河油田石油地质志编辑委员会编 北京 石油工业出版社 1993年 550页
b2176685x P618.13 Z649

盘锦市水利志 1451–1990
盘锦市水利志编纂委员会编 盘锦 盘锦市水利志编纂委员会 1994年 304页
b46273943 TV–092 P163 1994

兴隆台区

兴隆台区志
盘锦市兴隆台区地方志编纂委员会编 张剑主编 沈阳 沈阳出版社 1997年 530页
b20462438 K293.13 P163X 1997

西跃村志
西跃村志编纂委员会编 孟隆主编 盘锦 西跃村志编纂委员会 2012年 447页
b46668640 K293.15 X1199 2012

赵家村志
徐尚纯 刘殿弼 孟隆编著 盘锦 赵家村志编纂者 2006年 365页
b50269343 K293.15 Z434 2006

科学技术研究院志 1967–1990
辽河石油勘探局科学技术研究院志编纂委员会编 马玉龙主编 北京 新华出版社 1994年 531页
b46562370 F426.22–24 L538 1994

辽河石油勘探局高升工程技术处志 1999-2011
高升工程技术处史志编纂委员会编 北京 方志出版社 2012年 251页
b36194177 F426.22 L5383 2012

辽河石油勘探局石油化工总厂志 1999-2009
辽河石油勘探局石油化工总厂史志编纂委员会编 北京 方志出版社 2011年 275页
b36194153 F426.22 L5387 2011

辽河石油勘探局通信公司志 1990-2008
通信公司史志编纂委员会编 叶学峰主编 北京 方志出版社 2011年 332页
b49677743 F426.22 L5388 2011

辽河石油勘探局兴隆台工程技术处志 1999-2013
兴隆台工程技术处史志编纂委员会编 徐宪胜 黄显利主编 沈阳 辽宁人民出版社 2016年 569页
b50269434 F426.22 L53881 2016

辽河石油勘探局兴隆台公用事业处志 2000-2009
兴隆台公用事业处志编纂委员会编 邹文来主编 北京 方志出版社 2012年 240页
b50247244 F426.22 L53811 2012

油气集输公司志 1991-2008
油气集输公司志编纂委员会编 杨云海主编 北京 方志出版社 2011年 439页
b36133437 F426.22 L538 2011

钻井一公司志(盘锦市)
辽河石油勘探局钻井一公司志编纂委员会编 阎日禄 陈克金主编 北京 中国书籍出版社 1992年 418页
b49938241 F426.22 L5385 1992

钻井二公司志 1974-1990
辽河石油勘探局钻井二公司志编纂委员会编 北京 新华出版社 1995年 394页
b49640859 F426.22 L5389 1995

辽河油田实验中学校志
辽河油田实验中学校志编写组编 盘锦 辽河油田实验中学校志编写组 2005年 270页
b20577175 G639.283.13 L538 2005

辽河油田勘探开发研究院志 1991-2010
辽河油田勘探开发研究院志编纂委员会编 张方礼主编 北京 石油工业出版社 2014年 643页
b49962942 P618.130.8-24 L538 2014

辽河石油学校志 1978-1991
辽河石油勘探局辽河石油学校志编纂委员会编 北京 中国档案出版社 1998年 272页
b18281072 TE-40 L538 1998

辽河石油学校志 1992-2005
辽河石油勘探局辽河石油学校志编纂委员会编 张志宝主编 北京 石油工业出版社 2008年 292页
b20099289 TE-40 L538 2008

双台子区

双台子区志 1985-1996
盘锦市双台子区地方志编纂委员会编 苏洪高主编 沈阳 辽宁民族出版社 2011年 655页
b36174476 K293.13 P163S 2011

大洼区

大洼县志
盘锦市大洼县地方志编纂委员会编 宋普亚主编 沈阳 沈阳出版社 1998 年 667 页
b13752728 K293.14 D136

平安场乡志 1394–1992
平安场乡志编委会编 孙景华主编 大洼 平安场乡志编委会 1992 年 413 页
b45840441 K293.15 P612 1992

大洼县粮食志
大洼县粮食局编纂 贾大彬主编 大洼 大洼县粮食志编纂办公室 1992 年 291 页
b50664992 F724.721 J241 1992

大洼县水利志 1928–1990
大洼县水利志编纂领导小组编 王霭云主编 沈阳 辽宁省第二测绘院 1996 年 257 页
b21856734 TV–092 D136 1996

大洼县水利志 2006–2010
大洼县水利志编纂领导小组编 赵强主编 大洼 大洼县水利志编纂领导小组 2013 年 216 页
b4963995x TV–092 D136B 2013

盘山县

盘山县志
盘山县地方志编纂委员会办公室编 沈阳 沈阳出版社 1996 年 697 页
b13276773 K293.14 P163

盘山公安志 1906–2015
盘山公安志编纂委员会编 赵玉坤主编 盘山 盘山公安志编纂委员会 2017 年 1163 页
b50269355 D631 P163 2017

盘山县土地志
辽宁省盘山县土地志编纂委员会编 盘山 盘山县土地管理局 2000 年 540 页
b21277394 F327.314 P163 2000

盘山县高级中学校志 1992–2007
盘山县高级中学编 王朝武主编 盘山 盘山县高级中学 2007 年 321 页
b50727552 G639.283.14 P163 2007

盘山县水利志 1436–1990
盘山县水利志编纂委员会编 郑国华主编 盘山 盘山县水利志编纂委员会 1997 年 304 页
b4978948x TV–092 P1637 1997

铁岭市

铁岭市志 综合卷
铁岭市人民政府地方志办公室编 李瑞清主编 北京 新华出版社 1997 年 343 页
b13276049 K293.13 T3895

铁岭市志 人物志
铁岭市人民政府地方志办公室编 张克江主编 北京 科学普及出版社 1999 年 606 页
b16575143 K293.13 T3895

铁岭市志 第 1 卷 1984–2005
铁岭市人民政府地方志办公室编 李成斌主编 沈阳 辽宁民族出版社 2012 年 764 页
b40648916 K293.13 T3895 2012

铁岭市道教志
李兴明主编 沈阳 沈阳出版社 2016 年 290 页

b50065567　B959.231.3　T389　2016

铁岭妇女志　1948–1987
韩凤玲　李渤燕主编　铁岭　铁岭市妇女联合会　1998 年　115 页
b21765376　D442.831.3　T389　1998

铁岭市人民代表大会志
贺云儒主编　沈阳　沈阳出版社　2002 年　374 页
b17486786　D624.313　H315　2002

铁岭市政协志　1984.9–2005.12
政协铁岭市委员会编　沈阳　辽海出版社　2007 年　495 页
b20121209　D628.313　T389　2007

铁岭市土地志
铁岭市土地志编纂委员会编　阮瀛洲主编　北京　方志出版社　2004 年　460 页
b16378301　F327.313　T389　2004

清河发电厂志　第 1 卷　1966–1985
清河发电厂志编委会编　柳艳芬主编　铁岭　清河发电厂志编委会　1989 年　361 页
b49789533　F426.61　Q467　1989

清河发电厂志　第 2 卷　1986–1999
清河发电厂志办公室编　铁岭　清河发电厂志办公室　2000 年　443 页
b50011868　F426.61　Q467　1989

铁岭市公路志　1986–2010
铁岭市公路管理处编志办公室编　李树桐主编　沈阳　辽宁民族出版社　2013 年　697 页
b45453615　F542.831.3　T389　2013

辽北五县（市）教育史志资料　1840–1949
铁岭市教育志编纂委员会编　铁岭　铁岭一中印刷厂　1994 年　282 页
b20015677　G527.314　T389　1994

铁岭市教学改革志　1978–1990
铁岭市教育志编纂委员会编　吴汉忱主编　昌图　昌图县印刷一厂　1991 年　396 页
b21765388　G527.313　T389W　1991

铁岭市民办教育校志选编
铁岭市民办教育管理办公室编　铁岭市教育史志办公室编　铁岭　铁岭市教育志编纂委员会　2004 年　375 页
b20017078　G527.313　T389　2004

校志选编　第 6 卷
铁岭市教育志编纂委员会编　范有才主编　铁岭　铁岭市教育志编纂委员会　2000 年
b36014564　G527.313　T389X　2000

铁岭师范高等专科学校校志　1958–2009
徐兆东主编　沈阳　辽海出版社　2009 年　857 页
b47415745　G659.283.13　T389　2009

铁岭体育志　1948–2000
铁岭市体育局编　喻国政主编　铁岭　铁岭市体育局　2002 年　317 页
b41235204　G812.731.3　T389　2002

铁岭市区地名志
铁岭市地名委员会编　沈阳　辽宁矿产地质研究所印刷厂　1996 年　204 页
b20368781　K923.13　T389　1996

银州区

银州区志
铁岭市银州区地方志编纂委员会编　张德林总编　沈阳　辽宁人民出版社　1991 年

329 页
b13276980　K293.13　T3895Y

铁岭市银州区军事志　1986–2005
铁岭市银州区军事志编纂委员会编　马长友主编　北京　国防大学出版社　2010 年 407 页〔辽宁军事志内部版系列〕
b46667805　E289.313　Y496　2010

清河区

清河区志
铁岭市清河区人民政府地方志办公室编　富文斌主编　北京　新华出版社　1999 年 452 页
b14883260　K293.13　T3895Q　1999

清河区志　1993–2007
铁岭市清河区人民政府地方志办公室编　刘军主编　沈阳　辽宁民族出版社　2017 年　435 页
b50817462　K293.13　T3895Q　2017

清河水库志　1958–1995
辽宁省清河水库管理局　王德君主编　清河　辽宁省清河水库管理局　1998 年　307 页
b21855237　TV632.31　W214　1998

调兵山市

铁法市志
李德云主编　北京　中国书籍出版社　1992 年　385 页
b10758513　K293.13　T389

调兵山市政协志
政协调兵山市委员会编　常德贵主编　调兵山　政协调兵山市委员会　2007 年　332 页
b49505488　D628.314　T369　2007

铁法矿务局志　1958–1987
铁法矿务局志编审委员会编纂　潘国忠主编　铁法　铁法矿务局志编审委员会　1988–1991 年　3 册　1615 页
b50777944　F426.21　T389　1988

铁煤集团志　1988–2002
刘国锋主编　北京　中国文化出版社　2005 年　3 册　1369 页
b50664827　F426.21　L676　2005

开原市

开原县志
开原市地方志办公室编著　贾墨林主编　沈阳　辽宁人民出版社　1995 年　680 页〔中华人民共和国地方志丛书〕
b10494893　K293.14　K122

开原市志　1986–2005
开原市人民政府地方志办公室编　张贵贺主编　沈阳　辽宁民族出版社　2013 年 690 页
b45453093　K293.14　K122　2013

开原崇寿寺志
刘兴晔编　沈阳　辽宁人民出版社　2017 年　309 页〔开原丛书〕
b50994001　B947.231.4　C541　2017

铁岭县

铁岭县志
铁岭县地方志编纂委员会编　李流芳主编　沈阳　辽沈书社　1993 年　739 页
b10503298　K293.14　T389

铁岭县志　1986–2005
铁岭县志编纂委员会办公室编　沈阳　辽宁

民族出版社 2012 年 689 页
b36174683 K293.14 T389C 2012

铁岭县人民代表大会志 1954–2015
王崇泽主编 沈阳 沈阳出版社 2017 年 382 页
b5030821x D624.314 T389 2017

铁岭县政协志 1955.11–2004.12
政协铁岭县委员会编纂 袁尚广主编 铁岭 铁岭市语开公司 2006 年 363 页
b20535909 D628.314 T389 2006

西丰县

西丰县志
西丰县地方志办公室编 沈阳 沈阳出版社 1995 年 660 页
b10503249 K293.14 X119

昌图县

昌图县志
昌图县地方志编审委员会办公室编 昌图 昌图县地方志编审委员会 1988 年 800 页〔中华人民共和国地方志丛书〕
b10761007 K293.14 C329

宝力镇志 1806–1990
郭武编 昌图 中共宝力镇委员会 1996 年 336 页
b16430323 K293.15 B268 1996

大洼镇志 1806–1995
王殿会编写 昌图 中共大洼镇委员会 1997 年 318 页
b16430335 K293.15 D136 1997

三江口镇志 1821–1995
中共三江口镇委员会 三江口镇政府编 巩振龙主编 昌图 中共三江口镇委员会 1998 年 320 页
b16445843 K293.15 S145 1998

昌图县科学技术志
辽宁省昌图县科学技术志编纂委员会编 李向午主编 昌图 辽宁省昌图县科学技术志编纂委员会 1989 年 393 页〔中华人民共和国地方志丛书〕
b50247906 G322.731.4 C329 1989

昌图县中心医院志
昌图县中心医院志编纂委员会编 王中华 李秀荣主编 沈阳 辽宁科学技术出版社 2017 年 597 页
b50747459 R199.2 C329 2017

朝阳市

朝阳市志 第 1–3 卷
朝阳市史志办公室编 董砚国主编 沈阳 辽宁大学出版社 1996 年 1926 页〔中华人民共和国地方志丛书〕
b13753575 K293.13 C373

朝阳市宗教志
朝阳市宗教事务局主编 北京 宗教文化出版社 2010 年 370 页
b21035246 B929.2 C373 2010

中共朝阳市委志 1959–2005
中共朝阳市委志编纂委员会编 赵德军主编 沈阳 辽海出版社 2013 年 498 页
b4979002x D235.313 C373Y 2013

朝阳市工会志 1986–2005
朝阳市工会志编纂委员会编 史国安主编

朝阳 朝阳市工会志编纂委员会 2011 年 613 页
b49938290 D412.831.3 C373 2011

朝阳纪检监察志 1949–2009
中共朝阳市纪委 朝阳市监察局编 艾红锷主编 沈阳 辽宁民族出版社 2014 年 454 页
b46442571 D630.9 C373 2014

朝阳市物资志
朝阳市物资志编纂委员会编辑 朝阳 朝阳市物资志编纂委员会 1985 年 405 页〔朝阳市地方志资料丛书〕
b45569125 F259.273.13 C373 1985

朝阳市农业志 1949–2011
朝阳市农村经济委员会编 周景富主编 沈阳 辽宁民族出版社 2017 年 541 页
b49814370 F327.313 C373 2017

东风朝阳柴油机公司志
东风朝阳柴油机公司志编纂委员会编 王九山 张新华主编 北京 方志出版社 1998 年 612 页
b50246999 F426.42 D582 1998

东北电业管理局第三工程公司志 1949–1999
东电三公司志编辑室编 沈阳 辽宁科学技术出版社 1999 年 434 页
b49849773 F426.61 D5822 1999

中国北方航空公司朝阳飞行大队志
中国北方航空公司朝阳飞行大队编 刘彦宏主编 朝阳 中国北方航空公司朝阳飞行大队 2001 年 398 页
b49790031 F562.831.3 C373 2001

朝阳市物价志
朝阳市物价局编 吴余言 新民主编 朝阳 朝阳市物价局 2011 年 229 页
b49505841 F726.731.3 C373 2011

朝阳市财政志
朝阳市财政志编纂委员会编 徐绍乙主编 朝阳 朝阳市财政志编纂委员会 1988 年 549 页〔朝阳地方志丛书〕
b46562138 F812.731.3 C373 1988

朝阳市金融志
朝阳市金融志编纂委员会编 何其辉 李德昌主编 朝阳 朝阳市金融志编纂委员会 1990 年 310 页〔朝阳市地方志资料丛书〕
b45569113 F832.731.3 C373 1990

建设银行志
朝阳建行志编纂委员会编 高增伦主编 朝阳 中国人民建设银行朝阳市中心支行 1990 年 349 页〔朝阳地方志资料丛书〕
b49532960 F832.33 Z6474C 1990

朝阳市保险志
中国人民保险公司朝阳市支公司编 朝阳 中国人民保险公司朝阳市支公司 1991 年 269 页
b49505427 F842.731.3 C373 1991

朝阳市科学技术志
朝阳市科学技术志编委会编 屈玉辰主编 沈阳 辽宁大学出版社 1989 年 304 页
b49505439 G322.731.3 C373 1989

朝阳市教育志 1986–2005
朝阳市教育局教育志办公室编 张福海主编 朝阳 朝阳市教育局教育志办公室 2010 年 128 页
b49963259 G527.313 C373C 2010

朝阳市少数民族志
朝阳市民族事物委员会编 鲍晓华主编 沈阳 辽宁民族出版社 2004年 614页
b16649862 K280.313 B252 2004

朝阳市水土保持志
朝阳市水土保持局编 丁福俊主编 沈阳 辽宁民族出版社 2012年 666页
b37531190 S157 C373 2012

双塔区

双塔区人大志 1984–2009
朝阳市双塔区人大常委会办公室主编 朝阳 朝阳市双塔区人大常委会办公室 2010年 390页
b46668597 D624.313 C373S 2010

双塔区政协志
政协朝阳市双塔区委员会编 张曦光主编 朝阳 政协朝阳市双塔区委员会 2010年 379页
b46274005 D628.313 C373S 2010

龙城区

龙城区政协志
政协朝阳市龙城区委员会编 朝阳 政协朝阳市龙城区委员会 2010年 352页
b49788814 D628.313 C373L 2010

北票市

北票市志
辽宁省北票市市志编纂委员会编 香港 国际商务出版社 2003年 1062页〔中国地方志丛书〕
b14446984 K293.14 B316 2003

北票市民族宗教志
北票市民族宗教局编 杨青主编 北票 新文印刷公司 2006年 493页
b20816066 K280.314 B316 2006

北票人物志
北票市史志办公室编 徐国林主编 北京 中国文史出版社 2007年 502页
b36248526 K820.831.4 B316 2007

凌源市

凌源县志
凌源县志编纂委员会编 王沐林总编 沈阳 辽宁古籍出版社 1995年 710页〔中华人民共和国地方志丛书〕
b10644921 K293.14 L627

凌源市志 1986–2005
凌源市史志办公室编 杨树礼总编 沈阳 辽宁民族出版社 2015年 2卷 1165页〔中华人民共和国地方志丛书〕
b46994841 K293.14 L627C 2015

万祥寺志
曹玉柱编著 沈阳 辽宁人民出版社 2013年 133页
b49964094 B947.231.4 W173 2013

凌源市人口和计划生育局志 1958–2014
凌源市人口和计划生育局志编辑办公室编 董广辉主编 凌源 凌源市人口和计划生育局志编辑办公室 2015年 506页
b50347445 C924.253.14 L627 2015

凌源人大志 1950–2011
凌源人大志编纂委员会编 凌源市人大常委会研究室主编 凌源 凌源市人大常委会 2012年 746页

b46443071　D624.314　L627　2012

凌源市政协志

政协凌源市委员会编　凌源　政协凌源市委员会　2009 年　356 页

b49472197　D628.314　L627　2009

朝阳县

朝阳县志

朝阳县地方志编纂委员会编　倪华杰　杜广权主编　沈阳　辽宁民族出版社　2003 年　837 页

b15329537　K293.14　C373　2003

朝阳县粮食志

朝阳县粮食志编纂委员会编　李建忠主编　朝阳　朝阳县粮食志编纂委员会　1991 年　277 页〔朝阳县地方志丛书〕

b49788826　F724.721　C373　1991

朝阳县财政志　1991–2005

韩丽华　刘相忠主编　朝阳　朝阳县财政志（1991–2005 年）编纂委员会　2010 年　204 页

b49505440　F812.731.4　C373　2010

朝阳县文化志

董桂珍　王树林主编　朝阳　朝阳县印刷厂　1994 年　187 页

b2127650x　G127.314　C373　1994

建平县

建平县志

辽宁省建平县县志编纂委员会编　沈阳　辽海出版社　1999 年　1038 页〔中国地方志丛书〕

b13277042　K293.14　J2956

国营建平县热水畜牧农场志　1960–2008

热水畜牧农场志编纂委员会编　王建涛主编　建平　热水畜牧农场志编纂委员会　2009 年　327 页〔建平县地方志丛书〕

b50861621　F324.1　R181　2009

建平县二轻工业志

建平县城镇集体工业联社编　姜瑞学主编　建平　建平县城镇集体工业联社　1988 年　354 页〔建平县地方志丛书〕

b49705088　F426.8　J295　1988

建平县交通志续编　2001–2010

建平县交通局编　沈阳　辽宁大学出版社　2016 年　550 页〔辽宁交通史志丛书〕

b50665546　F542.831.4　J295　2016

建平地税志

建平县地方税务局编　孟凡学主编　建平　建平县地方税务局　2013 年　791 页

b49982333　F812.731.4　J295　2013

中国人民银行建平县支行行志

中国人民银行建平县支行编　丛滋田主编　建平　中国人民银行建平县支行　1992 年　257 页〔建平县地方志丛书〕

b5107980x　F832.31　J295　1992

建平县教育志　1994–2005

建平县教育志编纂委员会编　国元令主编　北京　诗联文化出版社　2010 年　273 页

b50269422　G527.314　G792　2010

建平人物志

中共建平县委　建平县人民政府主办　建平县史志办公室编　尹泉主编　长春　吉林文史出版社　吉林音像出版社　2006 年　434 页

b50991978　K820.831.4　Y522　2006

喀喇沁左翼蒙古族自治县

喀喇沁左翼蒙古族自治县志
喀喇沁左翼蒙古族自治县志编纂委员会编 张德钦主编 沈阳 辽宁人民出版社 1998年 798页〔中华人民共和国地方志丛书〕
b1745766x K293.14 K111 1998

喀喇沁左翼蒙古族自治县志 1986–2005
喀喇沁左翼蒙古族自治县志编纂委员会编 张德钦主编 沈阳 辽宁民族出版社 2014年 788页
b46239170 K293.14 K111 2014

葫芦岛市

葫芦岛市志 第1卷 综合
葫芦岛市地方志工作办公室编 邹锦凯主编 深圳 海天出版社 2009年 569页
b20882750 K293.13 H481 2009

葫芦岛市志 第2卷 政治
葫芦岛市地方志工作办公室编 邹锦凯主编 深圳 海天出版社 2010年 565页
b20882750 K293.13 H481 2009

葫芦岛市志 农业卷
葫芦岛市地方志工作办公室编 邹锦凯主编 深圳 海天出版社 2012年 3355页
b49705076 F327.313 H481 2012

锦西市志
锦西市地方志编纂委员会办公室编纂 锦州 锦州市地方志编纂委员会 1988年 855页
b10645019 K293.13 J492

葫芦岛共青团志 1989–2009
柴力君主编 北京 中国文史出版社 2009年 494页
b22430143 D292.313 H481 2009

葫芦岛市畜牧业志 1989–2010
葫芦岛市畜牧兽医局编 蒋瑞武主编 葫芦岛 葫芦岛市畜牧兽医局 2012年 560页
b46560683 F326.373.13 H481 2012

锦西炼油化工总厂厂志 1940–1985
锦西炼油化工总厂厂志编纂委员会编 罗尚文总编 葫芦岛 锦西炼油化工总厂厂志编纂委员会 1990年 510页
b50318834 F426.22 J492 1990

锦西石化公司厂志 1986–1999
中国石油锦西石化公司厂志编委会编 孙景毅主编 锦西 中国石油锦西石化公司厂志编委会 2001年 386页
b50234547 F426.22 J4927 2001

锦西工业学校志 1978–2010
锦西工业学校志编纂委员会编 高福和著 葫芦岛 锦西工业学校志编纂委员会 2011年 173页
b46669061 G719.283.13 J492 2011

连山区

连山区志
葫芦岛市连山区地方志编纂委员会编 傅维升 柴文海主编 北京 中国炎黄文化出版社 2008年 726页
b47317073 K293.13 H481L 2008

锦郊街道志
中共锦郊街道委员会 锦郊街道办事处编 杜志宝 张恺新主编 葫芦岛 中共锦郊街道委员会 2016年 280页
b50347378 K293.15 J492 2016

连山区政协志 1989–2015
政协连山区委员会编 刘玉安主编 葫芦岛 政协连山区委员会 2015 年 865 页
b50347433 D628.313 H481L 2015

连山区文物志
韩立新主编 长春 吉林文史出版社 2017 年 351 页
b50231960 K872.313 H179 2017

兴城市

兴城县志
兴城市地方志编纂委员会编 安德才主编 沈阳 辽宁大学出版社 1990 年 706 页〔中华人民共和国地方志丛书〕
b10600668 K293.14 X463

兴城市志 1986–2012
兴城市地方志编纂委员会编 于学利主编 北京 方志出版社 2014 年 926 页
b46442443 K293.14 X463C 2014

兴城人大志 1949–2009
兴城人大志编辑部编 许殿金主编 兴城 兴城人大志编辑部 2010 年 379 页
b50347810 D624.314 X463 2010

绥中县

绥中县志
绥中县地方志编纂委员会编 沈阳 辽宁人民出版社 1988 年 644 页
b10625203 K293.14 S747

绥中县志
绥中县地方志编纂委员会编 刘向阳主编 北京 中国社会出版社 2002 年 798 页
b14085434 K293.14 S747 2002

绥中县果业志
绥中县地方志办公室编 罗建彪主编 秦皇岛 燕山大学出版社 2013 年 516 页
b50016611 F326.13 S747 2013

建昌县

建昌县志
辽宁省建昌县县志编纂委员会编 周殿阁主编 沈阳 辽宁大学出版社 1992 年 747 页
b10824558 K293.14 J295

牤牛营子乡志
康化忠 冀大勇主编修 北京 中国文史出版社 2017 年 590 页
b50817012 K293.15 M214 2017

魏家岭乡志
康化忠主编修 北京 中国文史出版社 2015 年 400 页
b46668007 K293.15 W356 2015

建昌县交通志
建昌县交通志编纂委员会编 沈阳 辽宁大学出版社 1990 年 273 页〔朝阳地区交通志丛书〕
b4982725x F512.731.4 J295 1990

吉林省

吉林省志 第1卷 总述
吉林省地方志编纂委员会编 孙宝君 邹吉田 崔永河主编 长春 吉林人民出版社 2004年 517页
b16583279 K293.4 J141

吉林省志 第2卷 大事记
吉林省地方志编纂委员会编 全哲洙总纂 孙宝君主编 长春 吉林人民出版社 2001年 839页
b16596183 K293.4 J41

吉林省志 第3卷 建置沿革志
吉林省地方志编纂委员会编 孙宝君 齐景山主编 长春 吉林人民出版社 2005年 439页
b16933321 K293.4 J141

吉林省志 第4卷 自然地理志
吉林省地方志编纂委员会编 长春 吉林人民出版社 1992年 386页
b10488790 K293.4 J141

吉林省志 第5卷 人口志
吉林省地方志编纂委员会编 王季平总纂 古清中卷主编 长春 吉林人民出版社 1992年 481页
b10488789 K293.4 J141

吉林省志 第6卷 中国共产党志
吉林省地方志编纂委员会编 长春 吉林人民出版社 1997年 739页
b10488777 K293.4 J141

吉林省志 第7卷 政府志
吉林省地方志编纂委员会编 马俊清主编 长春 吉林人民出版社 2003年 820页
b16585690 K293.4 J141

吉林省志 第8卷 人民代表大会志
吉林省地方志编纂委员会编 长春 吉林人民出版社 1994年 389页
b10488765 K293.4 J141

吉林省志 第9卷 人民政协志
吉林省地方志编纂委员会编 王富远主编 长春 吉林人民出版社 2005年 531页
b16268179 K293.4 J141

吉林省志 第9卷 人民政协志 1986–2000
吉林省地方志编纂委员会编 王尔智主编 长春 吉林人民出版社 2009年 413页
b46239753 K293.4 J141C

吉林省志 第10卷 民主党派 工商联志
吉林省地方志编纂委员会编 李国泰主编 长春 吉林人民出版社 1995年 491页
b10488753 K293.4 J141

吉林省志 第11卷 政事志 民政
吉林省地方志编纂委员会编 罗兴华主编 长春 吉林人民出版社 1991年 420页
b10488741 K293.4 J141

吉林省志 第11卷 政事志 人事
吉林省地方志编纂委员会编 王季平总纂 朱克民主编 长春 吉林人民出版社 1994

年 606 页
b10488741 K293.4 J141

吉林省志 第 11 卷 政事志 外事
吉林省地方志编纂委员会编 长春 吉林人民出版社 2004 年 280 页
b10488741 K293.4 J141

吉林省志 第 11 卷 政事志 侨务
吉林省地方志编纂委员会编 长春 吉林人民出版社 2009 年 261 页
b10488741 K293.4 J141

吉林省志 第 12 卷 司法公安志 检察
吉林省地方志编纂委员会编 张志英主编 长春 吉林人民出版社 1992 年 291 页
b1048873x K293.4 J141

吉林省志 第 12 卷 司法公安志 公安
吉林省地方志编纂委员会编 张志英主编 长春 吉林人民出版社 1998 年 753 页
b1048873x K293.4 J141

吉林省志 第 12 卷 司法公安志 司法行政
吉林省地方志编纂委员会编 张志英主编 长春 吉林人民出版社 2000 年 427 页
b1048873x K293.4 J141

吉林省志 第 12 卷 司法公安志 审判
吉林省地方志编纂委员会编 张志英主编 长春 吉林人民出版社 2004 年 328 页
b1048873x K293.4 J141

吉林省志 第 13 卷 群众团体志 妇联
吉林省地方志编纂委员会编 伞国英主编 长春 吉林人民出版社 1999 年 420 页
b13773471 K293.4 J141

吉林省志 第 13 卷 群众团体志 共青团
吉林省地方志编纂委员会编 伞国英主编 长春 吉林人民出版社 2000 年 428 页
b13773471 K293.4 J141

吉林省志 第 13 卷 群众团体志 工会
吉林省地方志编纂委员会编 伞国英主编 长春 吉林人民出版社 2004 年 399 页
b13773471 K293.4 J141

吉林省志 第 14 卷 军事志
吉林省地方志编纂委员会编 周再康 刘长富主编 长春 吉林人民出版社 1996 年 740 页
b10488728 K293.4 J141

吉林省志 第 15 卷 经济综合管理志 标准计量
吉林省地方志编纂委员会编 长春 吉林人民出版社 1991 年 321 页
b10488716 K293.4 J141

吉林省志 第 15 卷 经济综合管理志 统计
吉林省地方志编纂委员会编 长春 吉林人民出版社 1991 年 467 页
b10488716 K293.4 J141

吉林省志 第 15 卷 经济综合管理志 物价
吉林省地方志编纂委员会编 长春 吉林人民出版社 1994 年 792 页
b10488716 K293.4 J141

吉林省志 第 15 卷 经济综合管理志 物资
吉林省地方志编纂委员会编 长春 吉林人民出版社 1995 年 420 页
b10488716 K293.4 J141

吉林省志 第 15 卷 经济综合管理志 劳动
吉林省地方志编纂委员会编 长春 吉林人民出版社 1998 年 498 页

b10488716　K293.4　J141

吉林省志　第 15 卷　经济综合管理志　土地
吉林省地方志编纂委员会编　长春　吉林人民出版社　2000 年　592 页
b10488716　K293.4　J141

吉林省志　第 15 卷　经济综合管理志　计划
吉林省地方志编纂委员会编　长春　吉林人民出版社　2000 年　681 页
b10488716　K293.4　J141

吉林省志　第 16 卷　农业志　种植
吉林省地方志编纂委员会编　长春　吉林人民出版社　1993 年　551 页
b10488704　K293.4　J141

吉林省志　第 16 卷　农业志　农业机械化
吉林省地方志编纂委员会编　长春　吉林人民出版社　1993 年　423 页
b10488704　K293.4　J141

吉林省志　第 16 卷　农业志　畜牧
吉林省地方志编纂委员会编　长春　吉林人民出版社　1994 年　551 页
b10488704　K293.4　J141

吉林省志　第 16 卷　农业志　农村生产关系
吉林省地方志编纂委员会编　长春　吉林人民出版社　1999 年　540 页
b10488704　K293.4　J141

吉林省志　第 17 卷　林业志
吉林省地方志编纂委员会编　王季平总纂　王天佐卷主编　长春　吉林人民出版社　1994 年　777 页
b10488698　K293.4　J141

吉林省志　第 17 卷　林业志　1986-2000
吉林省地方志编纂委员会编　陈晓光总纂　长春　吉林人民出版社　2012 年　538 页
b46239728　K293.4　J141C

吉林省志　第 18 卷　水利志
吉林省地方志编纂委员会编　长春　吉林人民出版社　1996 年　931 页
b10488686　K293.4　J141

吉林省志　第 19 卷　水产志
吉林省地方志编纂委员会编　王季平总纂　赵鸿儒卷主编　长春　吉林人民出版社　1996 年　352 页
b10488674　K293.4　J141

吉林省志　第 20 卷　轻工业志　手工业
吉林省地方志编纂委员会编　王季平总纂　蒋本翔主编　长春　吉林人民出版社　1997 年　476 页
b10488662　K293.4　J141

吉林省志　第 20 卷　轻工业志　一轻工业
吉林省地方志编纂委员会编　王季平总纂　牟永祥主编　长春　吉林人民出版社　1997 年　521 页
b10488662　K293.4　J141

吉林省志　第 21 卷　重工业志　煤炭
吉林省地方志编纂委员会编　王季平总纂　长春　吉林人民出版社　1993 年　523 页
b10488650　K293.4　J141

吉林省志　第 21 卷　重工业志　石油化学工业
吉林省地方志编纂委员会编　王季平总纂　长春　吉林人民出版社　1994 年　757 页
b10488650　K293.4　J141

吉林省志 第 21 卷 重工业志 电力
吉林省地方志编纂委员会编 王季平总纂
长春 吉林文史出版社 1995 年 745 页
b10488650 K293.4 J141

吉林省志 第 21 卷 重工业志 冶金
吉林省地方志编纂委员会编 王季平总纂
长春 吉林人民出版社 1996 年 754 页
b10488650 K293.4 J141

吉林省志 第 21 卷 重工业志 机械
吉林省地方志编纂委员会编 王季平总纂
长春 吉林人民出版社 2007 年 413 页
b10488650 K293.4 J141

吉林省志 第 22 卷 地质矿产志
吉林省地方志编纂委员会编 全哲洙总纂
贾汝颖卷主编 长春 吉林人民出版社
2001 年 670 页
b17128018 K293.4 J141

吉林省志 第 23 卷 医药志
吉林省地方志编纂委员会编 孙国忠主编
长春 吉林人民出版社 1994 年 939 页
b10488649 K293.4 J141

吉林省志 第 24 卷 烟草志
吉林省地方志编纂委员会编 王季平总纂
高自明卷主编 长春 吉林人民出版社
1996 年 426 页
b10488637 K293.4 J141

吉林省志 第 25 卷 乡镇企业志
吉林省地方志编纂委员会编 长春 吉林人民出版社 1993 年 343 页
b10488625 K293.4 J141

吉林省志 第 26 卷 交通志 铁道
吉林省地方志编纂委员会编 陈绍彭主编
长春 吉林人民出版社 1994 年 913 页
b10488613 K293.4 J141

吉林省志 第 26 卷 交通志 公路 水运 民航
吉林省地方志编纂委员会编 朱吉源 房崇河主编 长春 吉林人民出版社 2003 年
713 页
b10488613 K293.4 J141

吉林省志 第 26 卷 第 1 部 交通志 铁道 1986–2000
吉林省地方志编纂委员会编 王化文 张耀锟主编 长春 吉林人民出版社 2013 年
419 页
b46239716 K293.4 J141C

吉林省志 第 27 卷 邮电志
吉林省地方志编纂委员会编 王季平总纂
杨振山卷主编 长春 吉林人民出版社
1991 年 426 页
b10488601 K293.4 J141

吉林省志 第 28 卷 建设志 测绘
吉林省地方志编纂委员会编 朱廷士主编
长春 吉林人民出版社 1996 年 410 页
b10488595 K293.4 J141

吉林省志 第 28 卷 建设志 城乡建设
吉林省地方志编纂委员会编 耿国明主编
长春 吉林人民出版社 2001 年 1410 页
b10488595 K293.4 J141

吉林省志 第 30 卷 财政志
吉林省地方志编纂委员会编 李乃洁主编
长春 吉林人民出版社 1993 年 870 页
b10488583 K293.4 J141

吉林省志 第 31 卷 金融志
吉林省地方志编纂委员会编 傅文龄 刘万山主编 长春 吉林人民出版社 1991 年

559 页
b17363561 K293.4 J141

吉林省志 第 31 卷 金融志 1986-2000
吉林省地方志编纂委员会编 张文汇主编
长春 吉林人民出版社 2014 年 682 页
b46377268 K293.4 J141C

吉林省志 第 32 卷 国内商业志 粮食
吉林省地方志编纂委员会编 长春 吉林人民出版社 1991 年 454 页
b10488571 K293.4 J141

吉林省志 第 32 卷 国内商业志 供销合作社
吉林省地方志编纂委员会编 长春 吉林人民出版社 1993 年 626 页
b10488571 K293.4 J141

吉林省志 第 32 卷 国内商业志 商业
吉林省地方志编纂委员会编 长春 吉林人民出版社 1996 年 590 页
b10488571 K293.4 J141

吉林省志 第 33 卷 对外经贸志
吉林省地方志编纂委员会编 王季平总纂
李永林卷主编 长春 吉林人民出版社 1995 年 717 页
b1048856x K293.4 J141

吉林省志 第 34 卷 海关商检志
吉林省地方志编纂委员会编 王季平总纂
綦国华卷主编 长春 吉林人民出版社 1995 年 195 页
b10488558 K293.4 J141

吉林省志 第 35 卷 气象志
吉林省地方志编纂委员会编 王季平总纂
杭彤卷主编 长春 吉林人民出版社 1996 年 452 页
b10488546 K293.4 J141

吉林省志 第 35 卷 气象志 1986-2000
吉林省地方志编纂委员会编 冯贵良主编
长春 吉林人民出版社 2012 年 390 页
b4623973x K293.4 J141C

吉林省志 第 37 卷 教育志
吉林省地方志编纂委员会编 王季平总纂
长春 吉林人民出版社 1992 年 564 页
b10488534 K293.4 J141

吉林省志 第 38 卷 科学技术志 科技群众团体
吉林省地方志编纂委员会编 王季平总纂
丁经绪卷主编 长春 吉林人民出版社 1994 年 329 页
b10488522 K293.4 J141

吉林省志 第 38 卷 科学技术志 社会科学学术
吉林省地方志编纂委员会编 李绍庚总纂
长春 吉林人民出版社 1996 年 753 页
b10488522 K293.4 J141

吉林省志 第 39 卷 文化艺术志 社会文化
吉林省地方志编纂委员会编 长春 吉林人民出版社 1992 年 349 页
b10488510 K293.4 J141

吉林省志 第 39 卷 文化艺术志 出版
吉林省地方志编纂委员会编 长春 吉林人民出版社 1993 年 1106 页
b10488510 K293.4 J141

吉林省志 第 39 卷 文化艺术志 电影
吉林省地方志编纂委员会编 长春 吉林人民出版社 1996 年 357 页
b10488510 K293.4 J141

吉林省志 第 39 卷 文化艺术志 文学
吉林省地方志编纂委员会编 长春 吉林人民出版社 1996 年 418 页
b10488510 K293.4 J141

吉林省志 第 39 卷 文化艺术志 艺术
吉林省地方志编纂委员会编 长春 吉林人民出版社 2004 年 732 页
b10488510 K293.4 J141

吉林省志 第 40 卷 卫生志
吉林省地方志编纂委员会编 长春 吉林人民出版社 1992 年 651 页
b10488509 K293.4 J141

吉林省志 第 41 卷 体育志
吉林省地方志编纂委员会编 谷成总编 长春 吉林人民出版社 2003 年 584 页
b16596195 K293.4 J141

吉林省志 第 43 卷 文物志
吉林省地方志编纂委员会编 贾士金主编 长春 吉林人民出版社 1991 年 382 页
b10488492 K293.4 J141

吉林省志 第 45 卷 民族志
吉林省地方志编纂委员会编 赵德安 居儒木图主编 长春 吉林人民出版社 2003 年 531 页
b16585707 K293.4 J141

吉林省志 第 46 卷 民俗志
吉林省地方志编纂委员会编 汪玢玲主编 长春 吉林人民出版社 1992 年 278 页
b10488480 K293.4 J141

吉林省志 第 47 卷 人物志
吉林省地方志编纂委员会编 刘淑坤 孙宝君主编 长春 吉林人民出版社 2005 年 1032 页
b16609992 K293.4 J141

吉林省志 第 48 卷 武警志
吉林省地方志编纂委员会编 郭振和主编 长春 吉林人民出版社 2005 年 336 页
b1658563x K293.4 J141

吉林省志 第 49 卷 方志志
吉林省地方志编纂委员会编 李锦斌总纂 刘淑坤主编 长春 吉林人民出版社 2009 年 318 页
b40503276 K293.4 J141 2009

吉林省志 第 50 卷 测绘志 1986–2000
吉林省地方志编纂委员会编 王化文总纂 张立民卷主编 长春 吉林大学出版社 2014 年 414 页
b46239698 K293.4 J141C

吉林省志 第 51 卷 商务志 1986–2000
吉林省地方志编纂委员会编 王甫铁主编 长春 吉林人民出版社 2011 年 614 页
b46239765 K293.4 J141C

吉林省志 第 52 卷 出入境检验检疫志 1986–2000
吉林省地方志编纂委员会编 王化文总纂 朱宽胜卷主编 长春 吉林人民出版社 2013 年 315 页
b46239704 K293.4 J141C

吉林省志 第 53 卷 人口和计划生育志 1986–2000
吉林省地方志编纂委员会编 史学敏主编 长春 吉林人民出版社 2013 年 390 页
b46239741 K293.4 J141C

吉林省志 第 54 卷 军事志 1986–2000
吉林省地方志编纂委员会编 曹维广主编 长春 吉林人民出版社 2012 年 567 页

b46442200　K293.4　J141C

吉林省志　第 54 卷　工会志　1989–2000
吉林省地方志编纂委员会编　王绍斌主编　长春　吉林人民出版社　2014 年　379 页
b46377256　K293.4　J141C

吉林省志　第 56 卷　交通志·公路水运地方铁路　1986–2000
吉林省地方志编纂委员会编　王力主编　长春　吉林文史出版社　2015 年　461 页
b49625445　K293.4　J141C

吉林省志　第 57 卷　科学技术志　1986–2000
吉林省地方志编纂委员会编　张伟汉主编　长春　吉林文史出版社　2015 年　1119 页
b49640112　K293.4　J141C

吉林省志　第 58 卷　畜牧志　1986–2000.
吉林省地方志编纂委员会编　贾涛　裴中主编　长春　吉林文史出版社　2015 年　391 页
b50016696　K293.4　J141C

吉林省志　第 59 卷　民族宗教志　1986–2000.
吉林省地方志编纂委员会编　朴松烈主编　长春　吉林文史出版社　2016 年　544 页
b50065592　K293.4　J141C

吉林省志　第 60 卷　公安志　1986–2000.
吉林省地方志编纂委员会编纂　胡家福主编　长春　吉林文史出版社　2016 年　508 页
b50729135　K293.4　J141C

吉林省志　第 61 卷　财政志　1986–2000.
吉林省地方志编纂委员会编纂　李晋修总纂　王慧群主编　长春　吉林人民出版社　2017 年　588 页
b50351084　K293.4　J141C

吉林省志　第 62 卷　邮政志　1986–2000.
吉林省地方志编纂委员会编纂　李革平主编　长春　吉林人民出版社　2017 年　588 页
b50747629　K293.4　J141C

吉林省志　第 63 卷　中共志　1986–2000.
吉林省地方志编纂委员会编纂　张安顺　唐宪强　李申学主编　长春　吉林文史出版社　2017 年　806 页
b50817103　K293.4　J141C

吉林省志　第 64 卷　粮食志　1986–2000.
吉林省地方志编纂委员会编纂　张宏明主编　长春　吉林人民出版社　2017 年　413 页
b50747617　K293.4　J141C

吉林省志　第 65 卷　司法行政志　1986–2000
吉林省地方志编纂委员会编纂　李晓英主编　长春　吉林人民出版社　2017 年　475 页
b51079756　K293.4　J141C

吉林省志　第 66 卷　工商行政管理志　1986–2000
吉林省地方志编纂委员会编纂　赵光辉主编　长春　吉林文史出版社　2016 年　542 页
b51090545　K293.4　J141C

吉林省检察志
吉林省检察志编纂委员会编　聂晓生主编　长春　吉林省人民检察院　2002 年　316 页
b20478501　D926.32　N379　2002

吉林省电力工业志　1991–2002
江亚平主编　北京　中国电力出版社　2012 年　803 页〔中国电力工业志丛书〕
b49850568　F426.61　J141　2012

中国煤炭志　吉林卷
中国煤炭志编纂委员会编　景国川主编　北

京 煤炭工业出版社 1997 年 695 页
b40806029 F426.21 Z6485S 1997

吉林省电力工业志
吉林省电力工业志编委会编 孙玉超主编 北京 中国城市出版社 1994 年 701 页〔中国电力工业志丛书〕
b36013869 F427.34 S779 1994

吉林交通志
吉林省交通厅编 哈尔滨 黑龙江人民出版社 1988 年 672 页
b20043284 F512.734 J141 1988

吉林省纺织品对外贸易志 1954–1990
孙德成 杨广琪主编 长春 吉林省纺织品进出口公司 1991 年 370 页
b50320440 F727.34 S766

长白山地方税务志 2006–2016
长白山地方税务志编纂委员会编 刘毅主编 延边 长白山地方税务志编纂委员会 2016 年 538 页
b50729111 F812.734 L693 2016

长白山国税志 2006–2016
长白山国税志编纂委员会编 王生主编 吉林 长白山国税志编纂委员会 2017 年 383 页
b50991796 F812.734 W229 2017

吉林省税务通志
吉林省国家税务局 吉林省地方税务局编 段林波 徐瑞云主编 北京 中国税务出版社 2004 年 453 页
b36013948 F812.734 D744 2004

吉林省建设银行志
中国人民建设银行吉林省分行行志编纂委员会编 马恒 周福根主编 长春 中国人民建设银行吉林省分行 1994 年 471 页
b49533332 F832.734 J141 1994

吉林省农村金融志
吉林省农村金融志编纂委员会编 张文仲主编 长春 吉林人民出版社 1994 年 504 页
b46011419 F832.734 Z366 1994

中国曲艺志 吉林卷
中国曲艺志全国编辑委员会 中国曲艺志吉林卷编辑委员会编 罗扬主编 吕树坤卷主编 北京 中国 ISBN 中心 2005 年 639 页
b10643059 J809.2 Z648

中国戏曲志 吉林卷
中国戏曲志编辑委员会 中国戏曲志吉林卷编辑委员会编 张庚主编 北京 中国 ISBN 中心 1993 年 747 页
b16431455 J809.2 Z651JL 1993

长白山志
吉林省地方志编纂委员会编 全哲洙主编 长春 吉林人民出版社 2002 年 再版本 294 页
b16261367 K293.4 J141

吉林风物志
吉林风物志编辑部编 长春 吉林文史出版社 1985 年 337 页〔中国风物志丛书〕
b1216074x K923.4 J138

吉林省军事气候志
吉林省气象台 长春 吉林省气象台 155 页
b50991802 P468.234 J141

吉林省区域地质志
吉林省地质矿产局著 北京 地质出版社

1988 年 698 页〔中华人民共和国地质矿产部地质专报〕
b11209653 P562.34 J141

吉林省自然地名志
邢国志主编 北京 气象出版社 1993 年 447 页
b16434912 P942.34 X479 1993

长白山东北部野生经济植物志
金洙哲编审 李春光等编 延吉 延边人民出版社 1990 年 343 页
b20467898 Q948.523.4 J479 1990

中国长白山植物资源志
周繇编著 北京 中国林业出版社 2010 年 606 页
b21571363 Q948.523 Z675 2010

吉林省野生经济植物志
吉林省野生经济植物志编辑委员会编著 长春 吉林人民出版社 1961 年 320 页
b1993029x Q949.9 J141 1961

中国长白山木本植物彩色图志
朱俊义 周繇著 长春 吉林大学出版社 2013 年 240 页
b4583748x Q949.4-64 Z697 2013

中国长白山食用植物彩色图志
周繇 朱俊义 于俊林著 北京 科学出版社 2012 年 501 页
b36730373 Q949.91-64 Z675 2012

中国长白山药食兼用植物资源种志
严仲铠 王永明 范惠明主编 长春 吉林科学技术出版社 2013 年 580 页
b49963181 Q949.9 C346 2013

长白山鸟类志
赵正阶主编 长春 吉林科学技术出版社 1985 年 460 页
b17516195 Q959.7 Z441 1985

中国长白山蝶类彩色图志
周繇 朱俊义著 于俊林 徐克学摄影 长春 吉林教育出版社 2003 年 205 页
b16144302 Q969.438.1 Z661 2003

吉林省人民医院院志 1946-2014
周建民 张柱曲主编 沈阳 辽海出版社 2015 年 489 页
b50861529 R199.2 J141 2015

吉林药材图志 续集
樊少钵等主编 北京 中医古籍出版社 1995 年 928 页
b50016684 R282 F168 1995

长白山植物药志
吉林省中医研究所等编 长春 吉林人民出版社 1982 年 1476 页
b11895172 R932.434 J138

吉林省农作物品种志 1963-1986
吉林省农业科学院 吉林省种子公司编著 长春 吉林科学技术出版社 1988 年 153 页
b36013705 S329.234 J141 1988

吉林省栽培植物真菌病害志
戚佩坤等著 北京 科学出版社 1966 年 479 页
b36013821 S432.4 Q117 1966

中国长白山观赏植物彩色图志
周繇 朱俊义 于俊林著 于俊林 周繇 徐克学摄影 长春 吉林教育出版社 2005 年 525 页

b17515920　S580.192.3　Z675　2005

吉林省蔬菜品种志
吉林省农牧厅 吉林省蔬菜科学研究所编 长春 吉林省农牧厅 吉林省蔬菜科学研究所 1984 年 298 页
b36014850　S63　J141　1984

吉林省畜禽疫病志
赵中三主编 长春 吉林省畜禽疫病普查办公室 1991 年 495 页
b44915615　S851.923.4　Z441　1991

吉林省水利志
吉林省水利厅编 赵鸿儒主编 长春 吉林人民出版社 1997 年 2 卷 1136 页
b2185533x　TV-092　Z4343　1997

长春市

长春市志　首卷 总志
长春市地方志编纂委员会编 贾文全主编 顾万春 李荣先卷主编 长春 吉林人民出版社 2000 年 2 卷 1201 页
b12488537　K293.41　C346

长春市志　第 1 卷 自然地理志
长春市地方志编纂委员会编 顾万春 杨美华主编 长春 吉林人民出版社 1995 年 577 页
b12488537　K293.41　C346

长春市志　第 2 卷 土地志
长春市地方志编纂委员会编 夏德政主编 长春 吉林人民出版社 1998 年 525 页
b12488537　K293.41　C346

长春市志　第 3 卷 审判志
长春市地方志编纂委员会编 张广益主编 赵建军卷主编 长春 吉林文史出版社 1993 年 310 页·
b12488537　K293.41　C346

长春市志　第 4 卷 检察志
长春市地方志编纂委员会编 赵润山主编 长春 吉林人民出版社 1996 年 281 页
b12488537　K293.41　C346

长春市志　第 5 卷 财政志
长春市地方志编纂委员会编 朱庆丰主编 长春 吉林文史出版社 1992 年 293 页
b12488537　K293.41　C346

长春市志　第 6 卷 工会志
长春市地方志编纂委员会编 任长友 魏长清主编 长春 吉林人民出版社 1995 年 350 页
b12488537　K293.41　C346

长春市志　第 7 卷 教育志
长春市地方志编纂委员会编 王秉祯 董玉琦主编 长春 吉林人民出版社 1995 年 646 页
b12488537　K293.41　C346

长春市志　第 8 卷 物价志
长春市地方志编纂委员会编 叶凤禄主编 长春 吉林人民出版社 1997 年 481 页
b12488537　K293.41　C346

长春市志　第 9 卷 煤炭工业志
长春市地方志编纂委员会编 杨守文主编 长春 吉林文史出版社 1993 年 334 页
b12488537　K293.41　C346

长春市志　第 10 卷 对外经济贸易志
长春市地方志编纂委员会编 贺连甲主编 长春 吉林人民出版社 1996 年 527 页

b12488537　K293.41　C346

长春市志　第 11 卷　公路交通志
长春市地方志编纂委员会编　肖朝光主编　长春　吉林人民出版社　1995 年　455 页
b12488537　K293.41　C346

长春市志　第 12 卷　邮电志
长春市地方志编纂委员会编　李淑华主编　长春　吉林文史出版社　1994 年　381 页
b12488537　K293.41　C346

长春市志　第 13 卷　农业机械化志
长春市地方志编纂委员会编　张广益主编　王英杰卷主编　长春　吉林文史出版社　1993 年　374 页
b12488537　K293.41　C346

长春市志　第 14 卷　农业志
长春市地方志编纂委员会编　史纪章主编　长春　吉林文史出版社　1993 年　570 页
b12488537　K293.41　C346

长春市志　第 15 卷　粮食志
长春市地方志编纂委员会编　孙海廷主编　长春　吉林人民出版社　1996 年　455 页
b12488537　K293.41　C346

长春市志　第 16 卷　蔬菜志
长春市地方志编纂委员会编　长春　吉林人民出版社　1996 年　385 页
b12488537　K293.41　C346

长春市志　第 17 卷　畜牧业志
长春市地方志编纂委员会编　长春　吉林人民出版社　1996 年　408 页
b12488537　K293.41　C346

长春市志　第 18 卷　商业志
长春市地方志编纂委员会编　长春　吉林文史出版社　1995 年　369 页
b12488537　K293.41　C346

长春市志　第 19 卷　金融志
长春市地方志编纂委员会编　张广益总主编　金广风卷主编　长春　吉林人民出版社　1993 年　378 页
b12488537　K293.41　C346

长春市志　第 20 卷　体育志
长春市地方志编纂委员会编　长春　吉林文史出版社　1993 年　288 页
b12488537　K293.41　C346

长春市志　第 21 卷　民俗方言志
长春市地方志编纂委员会编　长春　吉林文史出版社　1995 年　315 页
b12488537　K293.41　C346

长春市志　第 22 卷　城市煤气志　城市热力志
长春市地方志编纂委员会编　张广益　陈福元　尹克刚主编　长春　吉林文史出版社　1995 年　123 页
b12488537　K293.41　C346

长春市志　第 23 卷　城市供水志
长春市地方志编纂委员会编　张广益主编　盖新肇卷主编　长春　吉林文史出版社　1993 年　333 页
b12488537　K293.41　C346

长春市志　第 24 卷　电影志
长春市地方志编纂委员会编　张广益主编　胡昶卷主编　长春　东北师范大学出版社　1992 年　381 页
b12488537　K293.41　C346

长春市志 第 25 卷 少数民族志 宗教志
长春市地方志编纂委员会编 长春 吉林人民出版社 1998 年 2 卷 647 页
b12488537 K293.41 C346

长春市志 第 26 卷 文物志
长春市地方志编纂委员会编 赵德让主编 长春 吉林人民出版社 1995 年 277 页
b12488537 K293.41 C346

长春市志 第 27 卷 卫生志
长春市地方志编纂委员会编 张广益主编 孙明卷主编 长春 吉林文史出版社 1993 年 566 页
b12488537 K293.41 C346

长春市志 第 28 卷 环境保护志
长春市地方志编纂委员会编 马洪祥主编 长春 吉林人民出版社 1997 年 382 页
b12488537 K293.41 C346

长春市志 第 29 卷 军事志
长春市地方志编纂委员会编 贾文全主编 牛玺廷卷主编 长春 吉林人民出版社 1995 年 926 页
b12488537 K293.41 C346

长春市志 第 30 卷 人大志
长春市地方志编纂委员会编 张广田主编 长春 吉林人民出版社 1999 年 400 页
b12488537 K293.41 C346

长春市志 第 31 卷 计划志
长春市地方志编纂委员会编 贾文全主编 汤兴华卷主编 长春 吉林人民出版社 1995 年 414 页
b12488537 K293.41 C346

长春市志 第 32 卷 人口志
长春市地方志编纂委员会编 贾文全主编 顾万春卷主编 长春 吉林人民出版社 1999 年 542 页
b12488537 K293.41 C346

长春市志 第 33 卷 公安志
长春市地方志编纂委员会编 刘宏强主编 张忠耀卷主编 长春 吉林人民出版社 2000 年 929 页
b12488537 K293.41 C346

长春市志 第 34 卷 人事志
长春市地方志编纂委员会编 刘宏强主编 孙成军卷主编 长春 长春出版社 2001 年 396 页
b12488537 K293.41 C346

长春市志 第 35 卷 文化艺术志
长春市地方志编纂委员会编 陈景慧主编 王兆一卷主编 长春 吉林人民出版社 2003 年 591 页
b12488537 K293.41 C346

长春市志 第 36 卷 政府志
长春市地方志编纂委员会编 陈景慧主编 李海善卷主编 长春 吉林人民出版社 2004 年 469 页
b12488537 K293.41 C346

长春市志 第 37 卷 劳动志
长春市地方志编纂委员会编 张福绵 李伟臣主编 长春 长春市地方志编纂委员会 2006 年 279 页
b12488537 K293.41 C346

长春市志 第 38 卷 工商行政管理志
长春市地方志编纂委员会编 张伟平主编 长春 长春市地方志编纂委员会 2006 年

257 页
b12488537　K293.41　C346

长春市志　第 39 卷　审计志
长春市地方志编纂委员会编　叶忠和主编　长春　长春市地方志编纂委员会　2006 年　211 页
b12488537　K293.41　C346

长春市志　第 40 卷　乡镇企业志
长春市地方志编纂委员会编　张德勋主编　长春　长春市地方志编纂委员会　2006 年　232 页
b12488537　K293.41　C346

长春市志　第 41 卷　民用航空志
长春市地方志编纂委员会编　长春　长春市地方志编纂委员会　2006 年　192 页
b12488537　K293.41　C346

长春市志　第 42 卷　司法行政志
长春市地方志编纂委员会编　李林主编　长春　长春市地方志编纂委员会　2006 年　317 页
b12488537　K293.41　C346

长春市志　第 43 卷　妇联志
长春市地方志编纂委员会编　王美兰主编　长春　长春市地方志编纂委员会　2005 年　241 页
b12488537　K293.41　C346

长春市志　第 44 卷　高等教育志
长春市地方志编纂委员会编　长春　长春市地方志编纂委员会　2007 年　529 页
b12488537　K293.41　C346

长春市志　第 45 卷　电子工业志
长春市地方志编纂委员会编　陈景慧主编　长春　长春市地方志编纂委员会　2003 年　416 页
b12488537　K293.41　C346

长春市志　第 46 卷　税务志
长春市地方志编纂委员会编　马万钧主编　长春　长春市地方志编纂委员会　2008 年　2 卷　1112 页
b12488537　K293.41　C346

长春市志　第 47 卷　民政志
长春市地方志编纂委员会编　陈景慧主编　马孟寅卷主编　长春　吉林人民出版社　2002 年　500 页
b12488537　K293.41　C346

长春市志　第 48 卷　水产志
长春市地方志编纂委员会编　陈肇仁主编　长春　长春市地方志编纂委员会　2006 年　310 页
b12488537　K293.41　C346

长春市志　第 49 卷　政协志
长春市地方志编纂委员会编　郑向廷　石坚主编　长春　长春市地方志编纂委员会　2008 年　416 页
b12488537　K293.41　C346

长春市志　1989–2000
杜福主编　长春　长春出版社　2017 年　4 册
b50204798　K293.41　D698　2017

长春市人民代表大会志　1989–2002
长春市人民代表大会志编纂委员会编　长春　长春出版社　2005 年　612 页〔长春市专志、专著〕
b16635747　D624.341　C346　2005

长春九三学社六十年志 1954–2014
黄晓音主编 长春 九三学社长春市委员会 2014 年 376 页
b51011943 D665.7 C346 2014

长春军事志
牛玺廷主编 长春 吉林人民出版社 2005 年 702 页
b36247352 E289.341 N435 2005

长春国家高新技术产业开发区志 1988–2005
长春高新技术产业开发区管理委员会编 孙莉主编 长春 吉林人民出版社 2011 年 712 页〔长春市县(市)区志〕
b4064859x F127.341 S773 2011

长春经济技术开发区志 1992–2004 2005–2007
长春经济技术开发区志编纂委员会编 长春 吉林人民出版社 2008 年 2 卷 1059 页〔长春市县(市)区志〕
b20484124 F127.341 C346

长春市国土志 1991–2010
王胜利主编 长春 吉林人民出版社 2012 年 791 页
b4123456x F129.934.1 W229 2012

长春汽车经济贸易开发区志
张宏伟主编 长春 长春出版社 2006 年 295 页〔长春市县(市)区志〕
b50320385 F279.273.41 C346 2006

长春发电厂志 1908–1985
长春发电厂志编审委员会编 长春 长春市印刷厂 1988 年 334 页
b44851406 F426.61 C346 1988

长春热电二厂志 第 1 卷 1948–1996
长春热电二厂厂志办公室编辑 罗家录主编 长春 长春热电二厂多种经营印刷厂 1998 年 552 页
b50233750 F426.61 L9225 1998

第一汽车制造厂厂志 第 1 卷 1950–1986
第一汽车制造厂史志编纂室编 吕福源总编辑 长春 吉林科学技术出版社 1991–1992 年 290 页
b50320427 F426.471 D413 1991

工具厂厂志 1953–1988
第一汽车制造厂工具厂厂志编纂小组编 长春 第一汽车制造厂工具厂 1990 年 186 页〔中国第一汽车制造厂厂志丛书〕
b50320452 F426.471 D4131 1990

一汽锻造志 1953–2013
一汽锻造志编委会编 夏裕曦 王守春主编 长春 一汽锻造志编委会 2013 年 334 页
b5086208x F426.471 D413D 2013

一汽模具制造有限公司志 1988–2010
一汽模具制造有限公司志编委会编 侯哲平主编 长春 一汽模具制造有限公司志编委会 2011 年 450 页
b51011955 F426.471 Y411 2011

中国一汽志 1987–2011
中国第一汽车集团公司编 黄昌文总编辑 平华 张永训主编 长春 中国第一汽车集团公司 2013 年 3 卷 2051 页
b50016714 F426.471 D413 2013

长春市二轻工业志 1800–1988
范新早主编 长春 长春市第二轻工业局 1990 年 298 页
b22428884 F427.341 F199 1990

长春海关志

长春海关志编委会编 蔡尚群主编 长春 吉林摄影出版社 2000年 288页

b1822605x F752.59 C346 2000

吉林省化工进出口公司贸易志 吉林省机械进出口公司贸易志

高连科 葛春雷主编 长春 东北师范大学出版社 1994年 218页

b50320397 F752.657-09 G243 1994

长春市第一五〇中学校志 1958-2008

长春市第一五〇中学校志编纂委员会编 闫富玉主编 长春 长春市第一五0中学 2008年 589页

b20402594 G639.283.41 C346 2008

吉林省城市建设学校校志

袁宏达主编 吉林 吉林省城市建设学校办公室 1999年 146页

b50729123 G639.283.4 J141 1999

白求恩医科大学第三临床学院志 1949-1989

白求恩医科大学第三临床学院编 长春 白求恩医科大学第三临床学院 1989年 267页

b20100164 G649.283.41 B152S 1989

长春邮电学院史志 1947.3-1987.7

长春邮电学院史志编委会编 丛林主编 长春 长春邮电学院 1987年 151页

b20100322 G649.283.41 C3469 1987

长春市戏曲志

长春市戏曲志编辑部编 王兆一主编 长春 吉林省文化厅 1989年 394页

b20041731 J809.234.1 W235 1989

长春市文物志

吉林省文物志编委会编 长春 吉林省文物志编委会 1987年 180页〔吉林省文物志丛书〕

b20948025 K872.341 J141 1987

长春净月潭旅游经济开发区志

王国英主编 长春 长春出版社 2005年 560页〔长春市县(市)区志〕

b18280316 K923.41 J561 2005

长春市地名录

长春市地名委员会编 长春 吉林省林业勘察设计院印刷厂 1984年 797页

b15621509 K923.41 C346 1984

长春净月潭志

王华栋主编 长春 长春出版社 2005年 297页〔长春市专志、专著〕

b16164179 K928.43 W218 2005

吉林波罗湖志 1970-2007

吉林波罗湖自然保护区管理局编 王学主编 农安 吉林波罗湖自然保护区管理局 2008年 146页〔长春市专志、专著〕

b49963934 K928.43 B539 2008

辽河志

水利部松辽水利委员会编 尤志方主编 长春 吉林人民出版社 2002-2004年 4卷 1510页

b16261033 K928.42 S6147 2002

松花江志

水利部松辽水利委员会编 毛民治主编 长春 吉林人民出版社 2000-2004年 4卷 1965页

b16240807 K928.42 S614 2000

中国科学院长春光学精密机械与物理研究所志 1952-2002
中国科学院长春光学精密机械与物理研究所志编纂委员会编 长春 吉林人民出版社 2002年 561页
b20478537 N24 Z648 2002

医疗卫生志 1953-1985
中国第一汽车制造厂职工医院 中国第一汽车制造厂卫生处编 蔡文灿主编 长春 中国第一汽车制造厂卫生处 1988年 245页〔中国第一汽车制造厂厂志丛书〕
b50320439 R199.2 Z646 1988

吉林省农业科学院志
吉林省农业科学院编 长春 吉林省科学技术出版社 2008年 1270页
b36013699 S-242.34 J141 2008

吉林省农业机械研究院志 1958-2003
吉林省农业机械研究院编 长春 吉林省农业机械研究院 2003年 195页
b49803207 S22-242.34 J141 2003

长春市郊区水利志
长春市郊区水利局编 长春 松辽委资料出版科 1989年 198页
b1735948x TV-092 C3461 1989

吉林省水利水电勘测设计研究院院志
吉林省水利水电勘测设计研究院院志编纂委员会编 长春 院志编纂委员会 2008年 331页
b21855341 TV22-242.34 J141 2008

院志
水利部东北勘测设计研究院院志编纂委员会编 臧学忠主编 长春 吉林人民出版社 2001年 585页
b21855328 TV22-242.343 D582 2001

南关区

长春市南关区志
长春市南关区地方史志编纂委员会编 杨树森主编 长春 吉林文史出版社 1993年 544页
b12606741 K293.44 N161

长春市南关区志 1989-2003
长春市南关区地方志编纂委员会编 长春 吉林科学技术出版社 2014年 658页〔长春市县(市)区志 11〕
b49938277 K293.41 N161 2014

长春市南关区地名志
长春市南关区人民政府编 长春 长春市南关区人民政府 1988年 267页〔吉林省地名志丛书〕
b20016049 K923.41 N161 1988

宽城区

长春市宽城区志
长春市宽城区地方志编纂委员会编 王久荣主编 长春 吉林人民出版社 1996年 378页
b1260673x K293.44 K452

长春市宽城区志 1989-2000
长春市宽城区地方志编纂委员会编 长春 吉林人民出版社 2011年 464页〔长春市县(市)区志〕
b29382063 K293.41 K452 2011

奋进乡志 1958-2006
长春市宽城区奋进乡人民政府编 仇凤江主编 长春 长春市宽城区奋进乡人民政

府 2007 年 260 页〔长春市专志、专著〕
b20100772 K292.25 F342 2007

长春市宽城区军事志 1860–2005
长春市宽城区军事志编纂委员会编 李延昭主编 长春 长春市宽城区军事志编纂委员会 2008 年 436 页
b49938265 E289.341 K452 2008

长春市宽城区地名志
宽城区地名志编委会编 赵焕贵主编 长春 长春市宽城区人民政府 1985 年 302 页〔吉林省地名志丛书〕
b1643027x K923.41 K452 1985

朝阳区

长春市朝阳区志
长春市地方志编纂委员会编 张新华 高学章主编 长春 长春市地方志编纂委员会 2002 年 496 页
b16428456 K293.41 C373 2002

长春市朝阳区地名志
朝阳区地名志编辑办公室编 冯建华主编 长春 长春市朝阳区人民政府 1984 年 250 页〔吉林省地名志丛书〕
b16430232 K923.41 C373 1984

二道区

长春市二道河子区志
长春市地方志编纂委员会编 张捷讯 杨文岐主编 长春 长春市地方志编纂委员会 2006 年 583 页
b16888017 K293.41 E163 2006

长春市二道区志 1989–2000
长春市二道区地方志编纂委员会编纂 徐志田主编 长春 吉林人民出版社 2016 年 508 页〔长春市县(市)区志〕
b49669448 K293.41 E1631 2016

胡家村志
李青山编纂 长春 吉林文史出版社 2008 年 288 页
b23003352 K293.41 H472 2008

绿园区

长春市郊区志
长春市地方志编纂委员会编 王志国主编 长春 吉林文史出版社 1995 年 776 页
b12606716 K293.44 C3467

长春市郊区志 1989–1995
长春市绿园区地方志编纂委员会编 王庭凯 安然主编 长春 长春方圆印业公司 2009 年 385 页〔长春市县(市)区志〕
b2077428x K293.44 C3467 2009

双阳区

双阳县志
吉林省双阳县地方志编纂委员会编 林阔山主编 长春 吉林文史出版社 1992 年 1076 页〔吉林省地方志丛书〕
b10655591 K293.44 S592

双阳县城乡建设志
双阳县城乡建设局编写领导小组编 张兴荣主编 双阳 双阳县城乡建设局编写领导小组 1987 年 291 页
b46102176 F299.273.44 S592 1987

双阳县教育志 续编 1986–1995
长春市双阳区教育局编 王立宇主编 长春 长春市双阳区教育局 1999 年 396 页

b50727655　G527.341　S592　1999

双阳县文物志
吉林省文物志编委会编　长春　吉林省文物志编修委员会　1986 年　106 页〔吉林省文物志丛书〕
b16358235　K872.344　J141SY　1986

双阳县地名志
双阳县人民政府编　双阳　双阳县地名志编辑委员会　1985 年　463 页〔吉林省地名志丛书〕
b16425832　K923.44　S592　1985

双阳县水利志
双阳县水利局水利志办公室编　长春　长春市第十一印刷厂　1988 年　182 页
b17359375　TV-092　S5929　1988

九台区

九台县志
戴玉芬　陆军　赵锡歧主编　长春　长春市地方志编纂委员会　2001 年　1029 页〔吉林省地方志丛书〕
b13827996　K293.44　J585

九台市志　1988–2000
九台市地方志编纂委员会编　车宝全主编　长春　吉林大学出版社　2011 年　765 页〔吉林省地方志丛书〕
b46102000　K293.43　J585　2011

其塔木志
刘红彬著　长春　吉林文史出版社　2017 年　274 页〔吉林省村落民俗文化志〕
b50817115　K293.45　Q129　2017

九台市人民代表大会常务委员会志
九台市人大常委员会编　韩国荣主编　九台　九台市人大常委员会　2005 年　400 页
b44916188　D624.344　J585　2005

九台市粮食志　第 1 卷　1726–1987
九台市粮食志编纂委员会编　王占玉主编　长春　时代文艺出版社　1988 年　364 页
b50138479　F724.721　J585　1988

九台市粮食志　第 2 卷　1988–2000
九台市粮食志编纂委员会编　巩庆春主编　长春　时代文艺出版社　2007 年　325 页
b49963156　F724.721　J585　1988

九台市教育志　1987–1997
吴绍文主编　九台　九台市教育委员会　1997 年　504 页
b27575895　G527.343　J585

九台县教育志
九台县教育局编　王忠仁主编　九台　九台县教育局　1988 年　324 页
b20181942　G527.344　J585　1988

九台县文物志
吉林省文物志编委会编　郑首杉总纂　长春　吉林省文物志编委会　1986 年　226 页〔吉林省文物志丛书〕
b16358867　K872.344　J141J　1986

九台市水利志
九台市水利局编　长春　长春市第十一印刷厂　1988 年　293 页
b17359430　TV-092　J585　1988

榆树市

榆树县志
榆树县地方志编纂委员会编　高继尧主编

长春 吉林文史出版社 1993年 1057页
b12606789 K293.44 Y736

榆树市志 1989–2000
吉林省榆树市地方志编纂委员会编 长春 吉林人民出版社 2008年 1159页〔吉林省续修市县志〕
b19329453 K293.43 Y736 2008

榆树市乡镇志
吉林省榆树市地方志编纂委员会编 李国强 李洪亮主编 长春 吉林人民出版社 2008年 1415页〔长春市专志专著〕
b19929328 K293.43 Y736X 2008

榆树教育志
榆树市教育委员会编 榆树 榆树市包装印刷公司 1998年 421页
b36014266 G527.343 Y736 1998

榆树县文物志
吉林省文物志编委会编 长春 吉林省文物志编委会 1983年 280页〔吉林省文物志丛书〕
b16358831 K872.344 J141Y 1983

榆树县水利志
榆树县水利志编纂办公室编 北镇 辽宁省北镇县印刷厂 1990年 226页
b17359405 TV–092 Y736 1990

德惠市

德惠县志
德惠县市地方志编纂委员会编 长春 长春出版社 2001年 937页〔吉林省地方志丛书〕
b13738434 K293.44 D291

德惠县文物志
吉林省文物志编委会编 长春 吉林省文物志编委会 1983年 187页〔吉林省文物志丛书〕
b1735805x K872.344 J138D 1983

德惠县水利志
德惠县水利局编 德惠 松辽水利委员会印刷厂 1989年 239页
b17359491 TV–092 D2913 1989

农安县

农安县志
农安县志编纂委员会编 长春 吉林文史出版社 1993年 835页
b1076060x K293.44 N458

农安县志 1988–2000
农安县地方志编纂委员会编 赵立国主编 长春 吉林文史出版社 2017年 878页〔吉林省地方志丛书〕
b50993677 K293.44 N458C 2017

农安县华家乡志
吉林省农安县华家乡志编写委员会编 王玉芳 邹才 袁即拂执笔 农安 华家乡志办公室 1988年 144页
b36128521 K293.45 H528 1988

农安县政协志 1959.9–2002.12
农安县政协志编纂委员会编 潘翔主编 农安 政协农安县委员会 2004年 754页
b20016128 D628.344 P162 2004

农安县政协志 2003.1–2013.12
农安县政协志编纂委员会编 张广君主编 农安 农安县政协志编纂委员会 2014年 488页

b5026932x D628.344 N458 2014

农安县文物志
吉林省文物志编委会编 长春 吉林省文物志编委会 1986年 448页〔吉林省文物志丛书〕
b16358272 K872.344 J141N 1986

农安县土壤志
吉林省农安县农业区划试点领导小组编 农安 吉林省农安县农业区划试点领导小组 1980年 258页
b22431202 S159.234.4 N458 1980

吉林市

吉林市志 第1卷 人物志
吉林市地方志编纂委员会编 王振夫主编 长春 吉林人民出版社 2004年 410页
b16424918 K293.43 J141

吉林市志 第1卷 工业品商业志
吉林市地方志编纂委员会编 王俊廷 高国山主编 长春 吉林人民出版社 2013年 194页
b44810854 K293.43 J141D

吉林市志 第2卷 综述 大事记
吉林市地方志编纂委员会编 王振夫 韩茹主编 长春 吉林人民出版社 2002年 315页
b16633593 K293.43 J141

吉林市志 第2卷 大事记
吉林市地方志编纂委员会编 王振夫主编 长春 吉林人民出版社 2011年 402页
b23216384 K293.43 J141D

吉林市志 第3卷 房地产管理志 1986–2003
吉林市房地产管理局编 李忠祥主编 长春 吉林人民出版社 2005年 313页
b16647063 K293.43 J141

吉林市志 第3卷 饮食服务志
吉林市地方志编纂委员会编 耿荫昌主编 长春 吉林人民出版社 2013年 332页
b44810866 K293.43 J141D

吉林市志 第4卷 轻工业志
吉林市地方志编纂委员会编 杨金顺总纂 长春 吉林人民出版社 2006年 488页
b17341425 K293.43 J141

吉林市志 第6卷 妇女团体志
吉林市地方志编纂委员会编 杨金顺总纂 王若云主编 长春 吉林人民出版社 2008年 212页
b1936961x K293.43 J141

吉林市志 第7卷 土地志
吉林市地方志编纂委员会编 田才年主编 长春 吉林人民出版社 2001年 838页
b17677130 K293.43 J141

吉林市志 第8卷 公路水运交通志
吉林市地方志编纂委员会编 汪泽源主编 长春 吉林文史出版社 1993年 483页
b17688371 K293.43 J141

吉林市志 第9卷 邮电志
吉林市地方志编纂委员会编 胡国军 解海君主编 长春 吉林文史出版社 1992年 396页
b17688383 K293.43 J141

吉林市志 第10卷 城市规划志
吉林市城乡建设委员会编 胡国军主编 李

伟卷主编 长春 吉林市城乡建设委员会 1997年 351页
b17688395 K293.43 J141

吉林市志 第11卷 地理志
吉林市地方志编纂委员会编 杨金顺总纂 王振夫主编 长春 吉林人民出版社 2005年 311页
b17688401 K293.43 J141

吉林市志 第12卷 城市建筑志
吉林市城乡建设委员会编 胡国军主编 李秀峰 王振科卷主编 长春 吉林市城乡建设委员会 1997年 432页
b17688425 K293.43 J141

吉林市志 第13卷 军事志
吉林市地方志编纂委员会编 唐明吉 李开山主编 长春 吉林人民出版社 2001年 521页
b17688437 K293.43 J141

吉林市志 第14卷 城市市政公用设施志
吉林市政乡建设委员会编 长春 吉林市政乡建设委员会 1997年 535页
b17688450 K293.43 J141

吉林市志 第15卷 市政府志
吉林市地方志编纂委员会编 胡国军主编 长春 吉林文史出版社 1992年 243页
b17688462 K293.43 J141

吉林市志 第16卷 税务志
吉林市地方志编纂委员会编 桑洪义主编 长春 吉林文史出版社 1993年 331页
b17688474 K293.43 J141

吉林市志 第17卷 体育志
吉林市地方志编纂委员会编 吕有信主编 长春 吉林人民出版社 2002年 564页
b17688486 K293.43 J141

吉林市志 第18卷 公安志
吉林市志公安志编纂委员会编 长春 吉林文史出版社 1992年 234页
b17688498 K293.43 J141

吉林市志 第19卷 文物志
吉林市地方志编纂委员会编 胡国军 赵廷贵主编 长春 吉林文史出版社 1994年 538页
b17688504 K293.43 J141

吉林市志 第20卷 环境保护志
吉林市地方志编纂委员会编 胡国军 冯松林主编 长春 吉林文史出版社 1992年 252页
b17688516 K293.43 J141

吉林市志 第21卷 房地产志
吉林市地方志编纂委员会编 胡国军 郭世玉主编 长春 吉林文史出版社 1992年 284页
b17688528 K293.43 J141

吉林市志 第22卷 地方税务志
吉林市地方志编纂委员会编 长春 吉林人民出版社 2005年 232页
b17748896 K293.43 J141

吉林市志 第23卷 林业志
胡国军 付树学主编 北京 中国林业出版社 1996年 396页
b17748902 K293.43 J141

吉林市志 第24卷 电力工业志
吉林市地方志编纂委员会编 李丽娜主编 长春 吉林文史出版社 1995年 576页

b17748914　K293.43　J141

吉林市志　第 25 卷　金融志
吉林市地方志编纂委员会编　胡国军主编　长春　吉林文史出版社　1992 年　462 页
b20478525　K293.43　J141

吉林市志　第 26 卷　卫生志
吉林市地方志编纂委员会编　长春　吉林人民出版社　2008 年　419 页
b20949881　K293.43　J141

吉林市志　第 27 卷　共青团志
吉林市地方志编纂委员会编　长春　吉林人民出版社　2007 年　184 页
b3624739x　K293.43　J141

吉林市志　第 28 卷　政协志　1986.1-2007.11
吉林市志政协志编纂委员会编　吉林　中国人民政治协商会议吉林省吉林市委员会　2008 年　692 页
b20534772　K293.43　J141

吉林市志　第 29 卷　外事志
吉林市地方志编纂委员会编　刘萍总纂　柴吉庸卷主编　长春　吉林人民出版社　2001 年　240 页
b20949856　K293.43　J141

吉林市志　第 30 卷　审判志
吉林市地方志编纂委员会编　孙秀芳主编　长春　吉林文史出版社　1998 年　369 页
b20949832　K293.43　J141

吉林市志　第 31 卷　铁路运输志
吉林市地方志编纂委员会编　那雅夫主编　北京　中国铁道出版社　1995 年　481 页
b20949844　K293.43　J141

吉林市志　第 32 卷　物价志
吉林市地方志编纂委员会编　刘萍总纂　徐欣周主编　长春　吉林人民出版社　2000 年　355 页
b2094987x　K293.43　J141

吉林市志　第 33 卷　工商行政管理志
吉林市地方志编纂委员会编　于海龙主编　长春　吉林人民出版社　2000 年　406 页
b20949765　K293.43　J141

吉林市志　第 35 卷　文化志
吉林市地方志编纂委员会编　刘萍总纂　张国利主编　长春　吉林人民出版社　1999 年　475 页
b20949868　K293.43　J141

吉林市志　第 36 卷　广播电视志
吉林市地方志编纂委员会编　杨丽华主编　郭仁主编　长春　吉林文史出版社　2000 年　166 页
b20949777　K293.43　J141

吉林市志　第 37 卷　检察志
吉林市地方志编纂委员会编　姜潼主编　长春　吉林文史出版社　2000 年　262 页
b20949807　K293.43　J141

吉林市志　第 38 卷　科技志
吉林市科技志编纂委员会编　张昌斗主编　吉林　吉林市科技志编纂委员会　1994 年　428 页
b20949820　K293.43　J141

吉林市志　第 39 卷　工会志
吉林市总工会编　王建忠　曲义兰　张书文主编　吉林　吉林市总工会　1997 年　529 页
b20949753　K293.43　J141

吉林市志 第 40 卷 机械工业志
吉林市地方志编纂委员会编 单超主编 长春 吉林人民出版社 2000 年 294 页
b20949790 K293.43 J141

吉林市志 第 41 卷 教育志
吉林市地方志编纂委员会编 宋昱主编 长春 吉林人民出版社 2009 年 555 页
b21001339 K293.43 J141

吉林市志 第 42 卷 财政志
吉林市地方志编纂委员会编 孙剑秋主编 长春 吉林文史出版社 1994 年 316 页
b36247431 K293.43 J141

吉林市志 第 43 卷 人民代表大会志
吉林市地方志编纂委员会编 长春 吉林人民出版社 2007 年 244 页
b36247418 K293.43 J141

吉林市志 第 44 卷 副食品志
吉林市地方志编纂委员会编 杨金顺总纂 长春 吉林人民出版社 2006 年 298 页
b36247388 K293.43 J141

吉林市志 第 45 卷 水利志
吉林市地方志编纂委员会编 朱云庆主编 长春 吉林人民出版社 2002 年 988 页
b3624742x K293.43 J141

吉林市志 第 46 卷 粮食志
吉林市地方志编纂委员会编 李建人主编 长春 吉林人民出版社 2001 年 433 页
b36247406 K293.43 J141

吉林市志 第 47 卷 四山志
吉林市地方志编纂委员会编 王振主编 长春 吉林文史出版社 2015 年 280 页
b46442546 K293.43 J141

吉林市志 第 56 卷 图片志
吉林市地方志编纂委员会编 长春 吉林人民出版社 2005 年 273 页
b16433245 K293.43 J141

吉林市志 第 59 卷 桥志
吉林市地方志编纂委员会 吉林市地方志办公室编 王振夫总纂 长春 吉林文史出版社 2017 年 240 页
b50064952 K293.43 J141

吉林市志 第 63 卷 统计志
吉林市地方志编纂委员会编 武松林主编 长春 吉林人民出版社 2007 年 264 页
b19318236 K293.43 J141

吉林市志 1986–2003
吉林市地方志编纂委员会编 王振夫 陈东主编 长春 吉林文史出版社 2014 年 3 卷 962 页
b46011420 K293.43 J141F 2014

吉林市简志
吉林市地方志编纂委员会编 王振夫总纂 长春 吉林人民出版社 2011 年 590 页
b23216591 K293.43 J141E 2011

郊区志
吉林市郊区地方志编纂委员会编 长春 吉林文史出版社 1996 年 617 页
b16737714 K293.43 J141J 1996

中共吉林市委党校校志 1952–2002
中共吉林市委党校校志编写组编 吉林 中共吉林市委党校校志编写组 2002 年 145 页
b46012217 D261.41 J1417 2002

吉林高新技术产业开发区志 1992–2003
吉林高新技术产业开发区地方志编纂委员会编 王立宽主编 长春 吉林人民出版社 2006年 274页
b40421107 F127.343 J141 2006

吉林经济技术开发区志 1999–2011
吉林经开区编纂委员会编 徐有吉主编 长春 吉林文史出版社 2016年 322页
b50065609 F127.343 J1414 2016

吉林市林业志 1988–2003
吉林市林业局编纂 吴丰林主编 吉林 吉林市林业局 2005年 200页
b50268788 F326.273.43 J141 2005

吉化松南机械厂志 1989–2007
吉化集团松南机械厂志编委会编 辛军主编 吉林 吉化集团松南机械厂志编委会 2007年 134页
b50248017 F426.22 J138 2007

吉林化学工业公司建设公司志 1950–1988
吉林化学工业公司建设公司编 董国昌总编辑 长春 吉林化学工业公司建设公司 1992年 594页
b50778912 F426.7 J141 1992

吉林化建志 1989–2014
中油吉林化建工程有限公司编 长春 中油吉林化建工程有限公司 2015年 840页
b50268776 F426.7 Z645 2015

吉林化学工业公司化肥厂厂志 1954–1988
李百尧主编 吉林 吉林化学工业公司化肥厂 1989年 376页
b51090508 F426.76 J141 1989

吉林石化公司志 1989–2010
吉林石化公司志编纂委员会编 长春 吉林石化公司志编纂委员会 2010年 3卷 1743页
b50066213 F426.22 J141 2010

建设公司志 1950–1988
吉林化学工业公司建设公司 董国昌总编辑 长春 吉林化学工业公司建设公司 2015年 643页
b5026879x F426.9 J141 2015

中国石油吉林省吉林市销售分公司志 1955–2005
中国石油吉林省吉林市销售分公司编 尹万臣主编 吉林 中国石油吉林省吉林市销售分公司 2006年 570页
b50777671 F426.22 Z64942 2006

吉林铁路分局志 1896–1985
吉林铁路分局志编纂委员会编 那雅夫主编 北京 中国铁道出版社 1995年 481页
b4086425x F532.834 N123 1995

吉林市城市客运志
吉林市城乡建设委员会史志办公室 吉林市城市客运管理处编 王春仁主编 吉林 吉林市蓝天印刷厂 1996年 186页
b41234960 F572.883.43 J141 1996

吉化通信公司志 1958–2003
张璘主编 长春 吉化通信公司志编辑部 2003年 548页
b50778900 F632.734.3 J138 2003

甲子回眸 吉林市人民广播电台志 1954.9.8–2014.9.8
郭福金编撰 长春 吉林文史出版社 2016年 329页

b49963144　G229.273.43　J141　2016

吉林市戏曲志
吉林市戏曲志编辑部编　刘汉主编　长春　吉林省文化厅　1988 年　356 页
b20043314　J809.234.3　J141　1988

吉林市朝鲜族志　1907–1988
吉林市民族事务委员会专志编写领导小组编　马振魁主编　吉林　吉林市民族事务委员会专志编写领导小组　1999 年　364 页
b18569146　K281.9　M143　1999

吉林市郊区文物志
吉林省文物志编修委员会编　长春　吉林省文物志编修委员会　1984 年　263 页〔吉林省文物志丛书〕
b36379347　K872.343　J141K　1984

吉林市市区文物志
吉林省文物志编委会编　长春　吉林省文物志编委会　1983 年　306 页〔吉林省文物志丛书〕
b16358132　K872.343　J141J　1983

吉林市地名录
吉林市地名委员会编　长春　吉林市地名委员会　1984 年　715 页〔吉林省地名录〕
b15697885　K923.43–61　J141　1984

吉林市地名志
邢国志主编　吉林　吉林市人民政府　1988 年　654 页
b16430244　K923.43　J141　1988

吉林市山水地名志略
邢国志主编　北京　气象出版社　1990 年　467 页
b16428572　K923.43　J138　1990

吉林省蚕业科学研究所所志　1952–2002（吉林市）
何德硕主编　吉林　吉林省蚕业科学研究所　2002 年　144 页
b49471995　S88–242.34　J141　2002

吉林市水利志　初稿
吉林市水利志编委会办公室编　吉林　吉林市水利志编委会办公室　1988 年　油印本　3 卷　880 页
b20534760　TV–092　J141　1989

吉林市水利志　1986–2005
吉林市水利局编纂　倪红军主编　吉林　吉林市荣鑫印刷公司　2012 年　749 页
b40648606　TV–092　J141　2012

船营区

吉林市自来水公司志　1927–1995
吉林市自来水公司志编纂委员会编　关云蛟主编　吉林　吉林市自来水公司志编纂委员会　1997 年　462 页
b49549856　F299.241　J141　1997

吉林市船营区教育志　1693–1999
吉林市船营区教育志编纂小组编　张洪涛主编　吉林　吉林市船营区教育志编纂小组　2000 年　289 页
b20138866　G527.343　J141C　2000

昌邑区

昌邑区志
昌邑区地方志编纂委员会编　长春　吉林文史出版社　1992 年　629 页
b1673760x　K293.43　J141C　1992

中国吉林昌邑区志 1986–2002
刘吉全主编 长春 吉林人民出版社 2005年 910页
b50151599 K293.43 J141C 2005

吉林市昌邑区城建志 1986–2002
吉林市昌邑区城乡建设局编 王伟主编 吉林 吉林市昌邑区城乡建设局 2003年 188页
b46273852 F299.273.43 J141C 2003

吉林市昌邑区教育志
丁秀生 张德明主编 吉林 吉林市昌邑区教育局 1990年 181页
b2757622x G527.344 C329 1990

卫生志
吉林市昌邑区卫生局编 韩树义主编 王东黎主笔 吉林 吉林市昌邑区卫生局 1989年 222页
b50066225 R199.234.3 J141C 1989

龙潭区

吉林市龙潭区志 1986–2003
吉林市龙潭区地方志编纂委员会编 崔振吉主编 吉林 吉林市龙潭区地方志编纂委员会 2006年 2卷 824页
b36245677 K293.43 J141L 2007

龙潭区志 1986–2003
龙潭区地方志编纂委员会编 吴琼主编 长春 吉林文史出版社 2006年 824页〔吉林省地方志丛书〕
b36247443 K293.43 J141LC 2006

杨木乡志 1986–2002
吉林市龙潭区杨木乡政府编 陈富主编 吉林 吉林市龙潭区杨木乡政府 2003年 116页
b17457580 K293.45 Y239 2003

吉林市龙潭区军事志 1986–2005
吉林市龙潭区军事志编纂委员会编 袁铁军 成刚 高亚明主编 吉林 吉林市龙潭区军事志编纂委员会 2011年 151页
b5077766x E289.343 J141L 2011

丰满区

丰满区志 1992–2001
吉林市丰满区地方志编纂委员会编 刘刚主编 长春 吉林人民出版社 2003年 622页〔吉林省续修市州县志〕
b16433002 K293.43 F359 2003

丰满发电厂志 第1卷
丰满发电厂志编辑室编 吉林 丰满发电厂志编辑室 1991年 595页
b4998228x F426.61 F3595 1991

丰满电力工业学校校志 1986–1998
丰满电力工业学校校志编纂委员会编 李贺林主编 吉林 丰满电力工业学校校志编纂委员会 1999年 256页
b5023383x TM–40 F359 1999

蛟河市

蛟河县志
蛟河县志编纂委员会编 张中滨 陈景东主编 长春 长春出版社 1991年 1004页〔吉林省地方志丛书〕
b10645172 K293.44 J373

蛟河市志 1989–2003
吉林省蛟河市地方志编纂委员会编 孟宪江主编 长春 吉林人民出版社 2006年

872 页〔吉林省续修市州县志〕
b17298477 K293.43 J373 2006

白石山林业局志 1996–2011
白石山林业局志编纂委员会编 王辉主编 长春 吉林人民出版社 2013 年 622 页
b41234558 F326.273.44 B152 2013

蛟河市土地志
蛟河市土地局编 蛟河 蛟河市土地局 2000 年 445 页
b20015379 F327.343 J373 2000

蛟河市粮食志
蛟河市粮食志编纂小组编 金炯球主编 蛟河 蛟河市粮食志编纂小组 1992 年 222 页
b50729330 F724.721 J477 1992

蛟河县文物志
吉林省文物志编委会编 董学增 史吉祥总纂 长春 吉林省文物志编委会 1986 年 406 页〔吉林省文物志丛书〕
b17183145 K872.344 J141JH 1986

蛟河县地名录
吉林省蛟河县地名委员会编 蛟河 吉林省蛟河县地名委员会 1984 年 112 页
b20245348 K923.44 J373J 1984

蛟河县地名志
蛟河县人民政府编 蛟河 蛟河县人民政府 1987 年 458 页
b16428596 K923.44 J373 1987

桦甸市

桦甸县志
桦甸县地方志编纂委员会编 李柏主编 长春 吉林人民出版社 1995 年 891 页〔吉林省地方志丛书〕
b10627996 K293.44 H546

桦甸市志 1988–2003
桦甸市地方志编纂委员会编 赵凡夫主编 长春 吉林文史出版社 2006 年 832 页〔吉林省地方志丛书〕
b17178654 K293.43 H546 2006

金沙乡志
金沙乡志编辑室编 桦甸 金沙乡志编辑室 1987 年 230 页
b17992783 K293.45 J479 1987

红石林业局志 1997–2008
红石林业局志编纂委员会编 马平主编 桦甸 红石林业局志编纂委员会 2008 年 391 页
b49505956 F326.273.4 H419 2008

夹皮沟金矿史志 中国黄金第一矿
邱玉林 李新清主编 北京 中国文史出版社 2005 年 770 页〔东方文丛〕
b45839852 F426.1 J226 2005

桦甸县交通志
桦甸县交通局史志办公室编 长春 长春市印刷厂 1987 年 308 页
b22430180 F512.734.4 H546 1987

桦甸市第一中学校志 续编志 1949–1998
桦甸市第一中学校志编委会编 卢广生主编 桦甸 桦甸市荣达印刷厂 1999 年 200 页
b45840234 G639.283.44 H546 1999

桦甸县地名志
桦甸县地名委员会编 桦甸 桦甸县人民政

府 1985 年 420 页〔吉林省地名志丛书〕
b16428663 K923.44 H546 1985

舒兰市

舒兰县志
舒兰县地方志编纂委员会编 郭志明 魏忠庆主编 长春 吉林人民出版社 1992 年 928 页
b10727371 K293.44 S543

舒兰市志 1986–2002
吉林省舒兰市地方志编纂委员会编 何庆阳主编 长春 吉林人民出版社 2005 年 973 页〔吉林省续修市州县志〕
b1673757x K293.43 S543 2005

水曲柳镇志
王连芳主笔 舒兰 舒兰县印刷厂 1988 年 255 页
b23002761 K293.45 S614

舒兰市政协志
政协舒兰市委员会编 刘志国主编 舒兰 政协舒兰市委员会 2003 年 383 页
b50727631 D628.343 S543 2003

舒兰教育志 第 1 卷 1910–1985
范景学主编 长春 吉林人民出版社 2014 年 270 页
b4996317x G527.344 S543 2014

舒兰县文物志
吉林省文物志编委会编 长春 吉林省文物志编修委员会 1985 年 197 页〔吉林省文物志丛书〕
b16358521 K872.344 J141S 1985

舒兰县地名志
舒兰县人民政府编 舒兰 舒兰县人民政府 1987 年 616 页〔吉林省地名志丛书〕
b21275890 K923.44 S543 1987

舒兰县水利志
舒兰县水利局编 舒兰 松辽水利委员会印刷厂 1989 年 336 页
b17359442 TV–092 S543 1989

磐石市

磐石县志
磐石县志编纂委员会编 崔喜荣主编 长春 吉林人民出版社 1999 年 948 页〔吉林省地方志丛书〕
b13654822 K293.44 P164

磐石市志 1991–2003
吉林省磐石市地方志编纂委员会编 张磐主编 长春 吉林文史出版社 2006 年 909 页〔吉林省地方志丛书〕
b17760884 K293.43 P164 2006

磐石市人大志 2002–2011
磐石市人大志编纂委员会编 岳金安主编 磐石 磐石市人大志编纂委员会 2012 年 261 页
b49963946 D624.344 P164 2012

磐石市政协志
秦贵福主编 磐石 政协磐石市委员会 2001 年 351 页〔磐石文史资料〕
b49706536 D628.344 P164 2001

磐石县文化志 1906–1995
磐石县文化志编纂委员会编 孙国臣主编 磐石 磐石县文化志编纂委员会 2014 年 278 页

b50777774　K293.44　P164S　2014

磐石人物志
高忠志主编　长春　吉林文史出版社 2016 年 510 页
b50016702　K820.834.4　P164　2016

磐石县文物志
吉林省文物志编委会编　长春　吉林省文物志编修委员会 1987 年 134 页〔吉林省文物志丛书〕
b36379360　K872.344　P164　1987

磐石县地名志
蒋昭民　马元江主编　磐石　磐石县人民政府 1988 年 791 页
b16429941　K923.44　P164　1988

永吉县

永吉县志
永吉县地方志编纂委员会编　于为民主编　长春　长春出版社 1991 年 869 页〔吉林省地方志丛书〕
b13274557　K293.44　Y636

永吉县志　1986–2005
永吉县地方志编纂委员会编　李长山主编　长春　吉林文史出版社 2006 年 1107 页〔吉林省续修市县志〕
b20429836　K293.44　Y636Y　2006

双河镇志
永吉县双河镇镇志编写委员会编　永吉　永吉县双河镇镇志编写委员会 1986 年 507 页
b20103815　K293.45　S592　1986

五里河镇志　第 2 卷
吉林省永吉县五里河镇志编委会编　毛庆山　宋广和主编　永吉　华山印刷厂 1987 年 725 页
b20104236　K293.45　W538　1987

永吉县财政志　1986–2002
张百顺主编　永吉　永吉县财政局 2004 年 291 页
b44749405　F812.734.4　Y636　2004

永吉县文物志
吉林省文物志编委会编　长春　吉林省文物志编委会 1985 年 318 页〔吉林省文物志丛书〕
b36379311　K872.344　Y636　1985

永吉县地名志
永吉县地名委员会编　姜柏忠主编　吉林　吉林市印刷制本厂 1987 年 743 页〔吉林省地名志丛书〕
b46274133　K923.44　Y636　1987

星星哨水库志　1958–1985
吉林省永吉县星星哨水库管理处编　永吉　吉林省永吉县星星哨水库管理处 1988 年 243 页
b17359387　TV632.344　X464　1988

四平市

四平市志
四平市地方志编纂委员会编　郭永德　李世学主编　长春　吉林人民出版社 1993 年 2 卷 2713 页
b10836287　K293.44　S663

四平政协志　1984–2012
中国人民政治协商会议四平市委员会编

四平 中国人民政治协商会议四平市委员会 2012 年 612 页
b40864248 D628.343 S663 2012

四平市税务志
四平市税务局 四平 四平市税务局 1986 年 250 页
b22431937 F812.734.3 S663 1986

四平市教育志 1911–1985
赵家璧主编 四平 四平市教育委员会 1986 年 152 页〔四平市地方志资料丛书〕
b20182363 G527.343 S663 1986

四平市文物志
吉林省文物志编委会编 四平 吉林省文物志编委会 1988 年 154 页〔吉林省文物志丛书〕
b16358168 K872.343 J141S 1988

四平市地名录
四平市地名委员会编 四平 四平市地名委员会 1984 年 802 页〔吉林省地名录〕
b16358260 K923.43-61 S663 1984

四平市中心人民医院志 1995–2007
唐立峰主编 长春 四平市中心人民医院 2008 年 370 页
b49938976 R199.2 S663 2008

四平市水利志
四平市水利局 四平 四平市水利局 1994 年 728 页
b21570310 TV-092 S6637 1994

公主岭市

怀德县志
怀德县志编纂委员会编著 吕振兴 姚金祥主编 长春 吉林文史出版社 1996 年 1038 页〔吉林省地方志丛书〕
b13275069 K293.44 H558

公主岭市志 1985–2004
公主岭市地方志编纂委员会编 董德主编 长春 吉林人民出版社 2009 年 715 页〔吉林省地方志丛书〕
b20396429 K293.43 G423 2009

吉林省怀德县金融志
怀德县金融志编写组编 孙德昌主编 怀德 怀德县金融志编写组 1986 年 235 页
b45569381 F832.734.4 H558 1986

怀德县文物志
吉林省文物志编委会编 长春 吉林省文物志编修委员会 1985 年 194 页〔吉林省文物志丛书〕
b16358156 K872.344 J141HD 1985

公主岭市地名志
公主岭市人民政府编 公主岭 公主岭市人民政府 1989 年 616 页
b16428602 K923.43 G423 1989

吉林省农业科学院畜牧科学分院志
吉林省农业科学院畜牧科学分院编 徐安凯主编 公主岭 吉林省农业科学院畜牧科学分院 2010 年 429 页
b49803219 S-242.34 J1418 2010

双辽市

双辽县志
魏连生主编 北京 中国青年出版社 2000 年 1372 页
b13654445 K293.44 S5925

双辽市民政志
明耀林主编 长春 吉林文史出版社 2001 年 442 页〔双辽市方志丛书〕
b2113702x D632.343 S592 2001

双辽县文化艺术志
顾铁民编 双辽 双辽县文化局 1988 年 158 页
b20045566 G127.344 G559 1988

双辽县文物志
吉林省文物志编委会编 顾铁民编撰 长春 吉林省文物志编委会 1987 年 173 页〔吉林省文物志丛书〕
b3624613x K872.344 S592

双辽县水利志
双辽县水利局编 长春 长春市人民印刷厂 1990 年 189 页
b17359466 TV-092 S5925 1990

梨树县

梨树县志
梨树县志编纂委员会编 赵国春主编 沈阳 辽宁教育出版社 1992 年 1167 页〔吉林省地方志丛书〕
b10628319 K293.44 L375

梨树县志 1986–2005
梨树县地方志编纂委员会编 孙艳军主编 长春 吉林人民出版社 2012 年 863 页
b41234571 K293.44 L375 2012

梨树镇志
梨树镇志编纂委员会编 李奔放 张润河主笔 梨树 吉林省梨树县印刷厂 1989 年 419 页〔梨树县地方志丛书〕
b23004113 K293.45 L375 1989

梨树县政协志
政协吉林省梨树县委员会编 梨树 吉林省政协机关印务中心 2006 年 464 页
b2057714x D628.344 L375 2006

梨树县畜牧志
吉林省梨树县畜牧业管理局编 刘凤华主编 长春 吉林文史出版社 2017 年 492 页
b50993665 F326.373.44 L375 2017

梨树县文物志
吉林省文物志编修委员会编 长春 吉林省文物志编修委员会 1984 年 240 页〔吉林省文物志丛书〕
b16081298 K872.344 J141 1984

吉林省梨树县地名志
梨树县地名志编辑委员会编 梨树 梨树县地名志编辑委员会 1983 年 410 页〔吉林省地名志丛书〕
b16430025 K923.44 L375 1983

伊通满族自治县

伊通满族自治县志
伊通满族自治县志编纂委员会编 胡万军总编 长春 吉林人民出版社 2006 年 962 页
b17298489 K293.44 Y3995 2006

伊通县志
伊通县志编纂委员会编著 长春 吉林文史出版社 1991 年 1047 页
b10759232 K293.44 Y399

大孤山乡土志
吉林省伊通县大孤山乡土志编写委员会编 伊通 吉林省伊通县大孤山乡土志编写委员会 1983 年 218 页
b20534097 K293.45 D135 1983

伊通县文化志
张国彦主编 伊通 吉林省伊通县文化局 1988年 311页
b19932789 G127.344 Z352 1988

伊通县文物志
吉林省文物志编委会编 长春 吉林省文物志编委会 1988年 199页〔吉林省文物志丛书〕
b36379335 K872.344 Y399 1988

辽源市

辽源市志
辽源市地方志编纂委员会编 张江总编 长春 吉林人民出版社 1995年 1397页〔吉林省地方志丛书〕
b10503559 K293.43 L538

辽源市志 1986–2002
常忆杰 袁文清主编 长春 吉林人民出版社 2012年 2卷 1185页〔吉林省地方志丛书〕
b3753113x K293.43 L538L 2012

辽源市财政志 1986–2000
檀正东主编 辽源 辽源市财政局 2004年 651页
b49849633 F812.734.3 L538 2004

辽源市戏曲志
辽源市戏曲志编辑部编 长春 吉林省文化厅 1988年 212页
b20044124 J809.234.3 L538 1988

辽源市文物志
吉林省文物志编委会编 李君 苏洪武总纂 长春 吉林省文物志编修委员会 1988年 84页〔吉林省文物志丛书〕
b16437974 K872.343 L397 1988

辽源市地名录
辽源市地名委员会编 高秉涛主编 长春 吉林省地名委员会 1984年 358页〔吉林省地名录〕
b16358120 K923.43-61 L538 1984

龙山区

辽源市龙山区志 1984–2004
辽源市龙山区地方志编纂委员会编 张武主编 长春 吉林文史出版社 2017年 867页〔吉林省地方志系列丛书〕
b50231972 K293.43 L538M 2017

西安区

辽源市西安区志 1984–2003
西安区地方志编纂委员会编 苏瑞萍 黄丽梅 赵颖志主编 长春 吉林文史出版社 2016年 831页〔吉林省地方志系列丛书 59〕
b49749298 K293.43 L538X 2016

西安县教育志
中共辽源市委档案馆编 辽源 中共辽源市委档案馆 油印本 45页
b20182983 G527.343 L538

东丰县

东丰县志
东丰县志编纂委员会编 赵国泮总编 北京 中国广播电视出版社 1994年 687页
b10488431 K293.44 D582

东丰县志 1986–2002
东丰县地方志编纂委员会编 马美娟 孙义

杰主编 长春 吉林人民出版社 2012 年 709 页〔吉林省地方志丛书〕
b44851789 K293.44 D582 2012

东丰县文物志
吉林省文物志编委会编 周传波总纂 长春 吉林省文物志编委会 1987 年 171 页〔吉林省文物志丛书〕
b36245215 K872.344 D582 1987

东辽县

东辽县志 1902–1986
东辽县地方志编纂委员会编 长春 吉林文史出版社 2002 年 637 页〔吉林省地方志丛书〕
b14084739 K293.44 D5828

东辽县检察志
东辽县人民检察院编 刘景昌主编 北京 中国检察出版社 2015 年 289 页
b47109361 D926.32 D5825 2015

东辽县文物志
吉林省文物志编委会编 史吉祥总纂 长春 吉林省文物志编委会 1986 年 347 页〔吉林省文物志丛书〕
b16434948 K872.344 S487 1986

通化市

通化市志
通化市地方志编纂委员会编 高士心主编 北京 中国城市出版社 1996 年 1123 页〔中华人民共和国地方志丛书〕
b10623085 K293.43 T426

通化市志 1986–2005
通化市地方志编纂委员会编 肖伟 姜运超主编 长春 吉林人民出版社 2010 年 2 卷 1304 页〔吉林省地方志丛书〕
b22433570 K293.43 T426 2010

通化市城市建设志
石柏岩主编 通化 通化市建设局 1997 年 820 页
b49472380 F299.273.43 T426 1997

通钢志 1986–1995
通钢志编辑委员会编 郑焕惠主编 通化 通钢志编辑委员会 2000 年 479 页
b50017421 F426.31 T426 2000

通化人物志
肖伟主编 长春 吉林大学出版社 2013 年 528 页
b49532947 K820.834.3 T426 2013

通化市文物志
吉林省文物志编委会编 长春 吉林省文物志编委会 1986 年 103 页〔吉林省文物志丛书〕
b16437731 K872.343 J141T 1986

吉林省通化市地名志
通化市人民政府编 李千生主编 通化 通化市人民政府 1985 年 669 页〔吉林省地名志丛书〕
b16430050 K923.43 T426 1985

长白山西南坡野生经济植物志
吉林省通化地区农业区划委员会办公室编 高文由 富国栋主编 长春 吉林省林业勘探设计院印刷厂 1985 年 763 页
b15668046 Q948.523.42 G253 1985

长白山西南坡野生经济动物志
吉林省通化地区农业区划委员会办公室

编 富国栋 高文由主编 长春 吉林省林业勘探设计院印刷厂 1985 年 251 页
b15668058 Q958.523.42 F496 1985

东昌区

通化市东昌区志 1985–1997
东昌区地方志编纂委员会编 孙怡主编 长春 吉林人民出版社 2002 年 699 页〔吉林省地方志丛书〕
b16425005 K293.43 T426D 2002

二道江区

通化市二道江区志 1985–1999
二道江区地方志编纂委员会编 王文刚主编 长春 吉林人民出版社 2000 年 732 页〔吉林省地方志丛书〕
b36174464 K293.43 T426E 2000

梅河口市

梅河口市志
梅河口市地方志编纂委员会编 张长弓总编 长春 吉林人民出版社 1999 年 990 页
b13753034 K293.43 M287

梅河口市志 1986–2000
梅河口市地方志编纂委员会编 于翠利主编 长春 吉林人民出版社 2006 年 707 页〔吉林省地方志丛书〕
b17298465 K293.43 M287J 2006

海龙县文物志
吉林省文物志编修委员会编 长春 吉林省文物志编修委员会 1984 年 157 页〔吉林省文物志丛书〕
b1643495x K872.344 J138 1984

海龙县地名志
海龙县人民政府编 海龙 海龙县人民政府 1984 年 248 页〔吉林省地名志丛书〕
b16428705 K923.44 H145 1984

集安市

集安县志
集安县地方志编纂委员会编 集安 集安县地方志编纂委员会 1987 年 668 页〔吉林省地方志丛书〕
b10796800 K293.34 J145

集安市志 1984–2003
集安市地方志编纂委员会编 佟德才主编 长春 吉林文史出版社 2005 年 994 页〔吉林省地方志丛书〕
b17183261 K293.14 J145 2005

台上镇志
集安市台上镇人民政府编 辛宏主编 长春 吉林文史出版社 2008 年 352 页
b19023947 K293.45 T151 2008

集安市人口和计划生育志
集安市人口和计划生育局编 张大成主编 长春 吉林大学出版社 2012 年 789 页
b46273670 C924.253.44 J145 2012

集安建设志
集安市住房和城乡建设局编 王军主编 长春 吉林大学出版社 2010 年 502 页
b45969632 F299.273.44 J145 2010

集安县文物志
吉林省文物志编委会编 长春 吉林省文物志编委会 1984 年 453 页〔吉林省文物志丛书〕
b16358144 K872.344 J141X 1984

集安市地名志
王伟卿主编 长春 吉林文史出版社 2014年 672页〔吉林省地名志丛书 2〕
b49549868　K923.43 J145 2014

集安县地名志 内部资料
集安县人民政府编 集安 集安县人民政府 1985年 407页〔吉林省地名志丛书〕
b16428730　K923.44 J145 1985

通化县

通化县志
通化县地方志编纂委员会编 刘福德主编 长春 吉林人民出版社 1996年 933页〔吉林省地方志丛书〕
b10588814　K293.44 T4263

通化县志 1986–2000
通化县地方志编纂委员会编 吉祥云 肖志刚主编 长春 吉林文史出版社 2006年 781页〔吉林省地方志丛书〕
b1820899x　K293.44 T4263 2006

通化县文物志
吉林省文物志编委会编 长春 吉林省文物志编委会 1987年 169页
b1643772x　K872.344 J141TH 1987

通化地区地名录
通化地区地名委员会编 通化 通化地区地名委员会 1984年 428页〔吉林省地名录〕
b15697654　K923.42-61 T426 1984

通化县地名志
通化县地名委员会编 温成全主编 通化 通化县地名委员会 1984年 490页〔吉林省地名志丛书〕
b16433397　K923.44 T426 1984

辉南县

辉南县志
吉林省辉南县县志办公室编 深圳 海天出版社 1989年 500页〔吉林省地方志丛书〕
b1075894x　K293.44 H685

辉南县志 1986–1997
辉南县县志编纂委员会编 苏福刚主编 长春 吉林人民出版社 2000年 972页〔吉林省续修市县志〕
b13833832　K293.44 H685H

杉松岗矿志
吉林省杉松岗矿业集团矿志编撰办公室编 张文刚主编 北京 中华书局 2011年 697页
b2321692x　F426.21 S255 2011

辉南县少数民族志
辉南县民族事务委员会少数民族志编写小组编 辉南 辉南县民族事务委员会少数民族志编写小组 1986年 146页〔辉南县地方志丛书〕
b40864236　K280.344 H685 1986

辉南县文物志
吉林省文物志编委会编 长春 吉林省文物志编修委员会 1987年 163页〔吉林省文物志丛书〕
b16358545　K872.344 J141H 1987

辉南县地名志
辉南县人民政府编 沈阳 辽宁实验印刷厂 1987年 317页〔吉林省地名志丛书〕
b16428699　K923.44 H685 1987

柳河县

柳河县志
柳河县志编纂委员会编 周鸣山总编 长春 吉林文史出版社 1991年 717页
b10760775 K293.44 L699

柳河县志 1986–2000
柳河县地方志编纂委员会编 刘吉军主编 长春 吉林人民出版社 2006年 830页〔吉林省地方志丛书〕
b17385532 K293.44 L699 2006

柳河县人大志
柳河县人大常委会编纂 刘勇主编 长春 吉林省政协机关印务中心 2011年 679页
b46377384 D624.344 L699 2011

柳河县政协志 1959–2007
政协柳河县委员会编 赵文森主编 柳河 政协柳河县委员会 2010年 635页
b50991826 D628.344 L699 2010

柳河县文物志
吉林省文物志编委会编 耿铁华 王志敏 李奎星编 长春 吉林省文物志编修委员会 1987年 181页〔吉林省文物志丛书〕
b16437780 K872.344 G398 1987

吉林省柳河县地名志
柳河县地名委员会编辑 柳河 柳河县地名委员会 1985年 311页〔吉林省地名志丛书〕
b16435175 K923.44 L699 1985

白山市

白山市志 第三轮续志资料长编 第1卷 2006–2010
孙焕华主编 长春 吉林大学出版社 2012年 744页〔吉林省续志资料长编丛书〕
b40938372 K293.43 B152 2012

白山市志 1986–2005
孙焕华主编 长春 吉林人民出版社 2011年 2卷 1454页
b36174427 K293.43 B152 2011

白山市交通志 1985–2005
白山市交通志编纂委员会编 隋志林主编 杨万卿执行主编 长春 吉林人民出版社 2008年 463页
b20250538 F512.734.3 S749 2008

白山市教育志 1902–2002
白山市教育志编纂委员会编 杨振英主编 北京 同心出版社 2005年 701页
b17994007 G527.343 B152 2005

白山市中医药志 1949.10.01–2008.12.31
白山市卫生局中医药志编纂委员会编 刘永财主编 长春 吉林文史出版社 2014年 257页
b49963132 R2 L693 2014

白山市水利志 1986–2005
白山市水利志编纂委员会编 雷鸣家主编 长春 吉林人民出版社 2011年 361页
b5077749x TV–092 B1527 2011

浑江区

白山市八道江区志 1985–2005
白山市八道江区地方志编纂委员会编 宋毅 娄贸森主编 长春 吉林大学出版社 2010年 848页
b44810842 K293.43 B152B 2010

浑江市志
浑江市地方志编纂委员会编 张天鹏总编 北京 中华书局 1994年 927页〔吉林省地方志丛书〕
b10494960 K293.43 H737

浑江市文物志
吉林省文物志编修委员会主编 长春 吉林省文物志编委会 1987年 144页〔吉林省文物志丛书〕
b36379293 K872.344 H737 1987

浑江市地名志
赵庆文主编 浑江 浑江市人民政府 1987年 538页〔吉林省地名志丛书〕
b16428675 K923.43 H737 1987

浑江市水利志 送审初稿
浑江市水利志编委会办公室编 浑江 浑江市水利志编委会办公室 1988年 2卷 626页
b20534735 TV-092 H737 1988

江源区

江源县志 1985-2005
武传仁主编 长春 吉林人民出版社 2009年 977页〔吉林省地方志丛书〕
b20244216 K293.44 J326 2009

临江市

临江林业局志 1991-2000
临江林业局志编纂委员会编 张全民主编 临江 临江林业局 2002年 722页
b50234067 F326.273.44 L581 2002

临江林业局志 2001-2010
临江林业局志编纂委员会编 张全民 赵宁主编 临江 临江林业局志编纂委员会 2013年 753页
b49607868 F326.273.44 Z362 2013

大栗子矿志 1986-2005
大栗子矿志编纂委员会编 程琳执笔 临江 大栗子矿志编纂委员会 2008年 296页
b22429165 F426.21 D135 2008

临江市教育志 1902-2004
临江市教育志编纂委员会编 李瑞荣主编 北京 同心出版社 2005年 543页
b1817615x G527.343 L416 2005

临江市地名志
贾清林主编 长春 吉林文史出版社 2014年 499页〔吉林省地名志丛书 1〕
b46442534 K923.44 L581 2014

抚松县

抚松县志
抚松县地方志编纂委员会编 张梦周 姜家齐总编 北京 中华书局 1994年 1027页〔吉林省地方志丛书〕
b10503523 K293.44 F472

抚松县志 1986-2000
抚松县地方志编纂委员会 抚松县档案局编 孙晨旭主编 长春 吉林大学出版社 2009年 636页
b20882671 K293.44 F472 2009

抚松县地名志
抚松县人民政府编 抚松 抚松县人民政府 1988年 295页〔吉林省地名志丛书〕
b16430220 K923.44 F472 1988

靖宇县

靖宇县志
靖宇县地方志编纂委员会编 吕元靖主编 长春 吉林人民出版社 2001 年 484 页〔吉林省地方志丛书〕
b13654895 K293.44 J562

靖宇县志 1986–2002
靖宇县地方志编纂委员会编 崔凤祥 曲亚男主编 长春 吉林人民出版社 2006 年 549 页〔吉林省地方志丛书〕
b17385817 K293.44 J562 2006

靖宇县文物志
吉林省文物志编委会编 长春 吉林省文物志编委会 1988 年 178 页〔吉林省文物志丛书〕
b23388614 K872.344 J562 1988

靖宇县地名志
靖宇县地名委员会编 靖宇 靖宇县地名委员会 1988 年 378 页〔吉林省地名志丛书〕
b16429886 K923.44 J562 1988

长白朝鲜族自治县

长白朝鲜族自治县志
长白县志编纂委员会编 黄世明 顾孔生总编 北京 中华书局 1993 年 503 页〔吉林省地方志丛书〕
b1327384x K293.44 C3461

长白朝鲜族自治县志 1986–2005
长白朝鲜自治县志编纂委员会编 韩连第主编 长春 吉林文史出版社 2009 年 669 页〔吉林省地方志丛书〕
b20190049 K293.44 C3461H 2009

长白朝鲜族自治县林业志
孙准兴 郭发详主编 长白 长白朝鲜族自治县林业局 长白森林经营局 1992 年 423 页
b41234674 F326.273.44 C346 1992

长白朝鲜族自治县文物志
吉林省文物志编委会编 长春 吉林省文物志编委会 1986 年 164 页〔吉林省文物志丛书〕
b36379323 K872.344 C346 1986

长白朝鲜族自治县地名志
长白朝鲜族自治县人民政府编 长白 长白朝鲜族自治县人民政府 1985 年 184 页〔吉林省地名志丛书〕
b16434961 K923.44 C3461 1985

长白朝鲜族自治县土壤志
长白朝鲜族自治县农业局 长白朝鲜族自治县农科站编 长白 长白朝鲜族自治县农业局 1985 年 287 页
b20576225 S159.234.4 C346 1985

松原市

松原市志
松原市地方志编纂委员会编 范凤勤主编 长春 吉林人民出版社 2006 年 1166 页〔吉林省地方志丛书〕
b17385362 K293.43 S673 2006

松原市土地志 1616–2000
松原市土地志编纂委员会编 王广泰主编 长春 吉林文史出版社 2003 年 834 页
b17457294 F321.1 W217 2003

宁江区

松原市宁江区志 1995–2003
宁江区地方志编纂委员会编 长春 吉林大

学出版社 2008 年 692 页〔吉林省地方志丛书〕
b19023467　K293.43　S673N　2008

扶余市

扶余县志
松原市扶余区史志工作委员会编 耿云生主编 长春 吉林人民出版社 1993 年 939 页
b13276116　K293.44　F456

扶余县志 1988–2000
扶余县地方志编纂委员会编 刘树林主编 长春 吉林大学出版社 2013 年 862 页〔吉林省地方志丛书〕
b4121383x　K293.44　F456　2013

扶余县文物志
陈相伟 李殿福主编 长春 吉林省文物志编修委员会 1984 年 128 页〔吉林省文物志丛书〕
b16358223　K872.344　C435F　1984

吉林省扶余县地名志
扶余县地名委员会办公室编 长春 扶余县地名委员会办公室 1985 年 382 页
b12160738　K923.44　F456

扶余县水利志
扶余市水利局 扶余 扶余市水利局 1989 年 284 页
b17359508　TV–092　F456　1989

长岭县

长岭县志
长岭县史志编纂委员会编 苏国清主编 北京 中华书局 1993 年 786 页〔吉林省地方志丛书〕
b10628174　K293.44　C346

长岭县人大志
王继杰主编 长春 吉林文史出版社 2011 年 1412 页
b49607480　D624.344　C346　2011

长岭县政协志 文史资料专辑
长岭县政协办公室编 长岭 长岭县政协办公室 1986 年 40 页
b20533962　D628.344　C346　1986

长岭县文物志
吉林省文物志编修委员会主编 长春 吉林省文物志编修委员会 1987 年 314 页〔吉林省文物志丛书〕
b16435308　K872.344　J141C　1987

长岭县地名录
长岭县地名委员会编 长岭 长岭县地名委员会 1984 年 157 页
b15621492　K923.44　C346　1984

长岭县水利志
王玉成主编 长岭 长岭县水利史志办公室 1988 年 油印本 222 页
b20533950　TV–092　C3465　1988

乾安县

乾安县志
乾安县地方志编纂委员会编 徐万江主编 长春 吉林人民出版社 1999 年 761 页〔吉林省地方志丛书〕
b14882814　K293.44　Q227　1999

乾安县志 1986–2000
乾安县地方志编纂委员会编 张兴贵主编 长春 吉林人民出版社 2008 年 718 页

〔吉林省地方志丛书〕
b20198188 K293.44 Q227Z 2008

乾安县文物志
吉林省文物志编委会编 长春 吉林省文物志编修委员会 1986年 162页〔吉林省文物志丛书〕
b16358247 K872.344 J141Q 1986

乾安县水利志
乾安县水利局编 长春 水利部松辽委印刷厂 1988年 184页
b17359429 TV-092 Q227 1988

前郭尔罗斯蒙古族自治县

前郭尔罗斯蒙古族自治县志
前郭尔罗斯蒙古族自治县地方志编纂委员会编 苏博主编 沈阳 辽宁民族出版社 1993年 1163页〔吉林省地方志丛书〕
b13655279 K293.44 Q228

前郭尔罗斯蒙古族自治县志 1986-2000
前郭尔罗斯蒙古族自治县地方志编纂委员会编 呼和少布主编 长春 吉林文史出版社 2006年 1085页〔吉林省续修市县志〕
b17186717 K293.44 Q228 2006

前郭县检察志 1951-2015
徐贵华 韩志文 孙金芝主编 长春 吉林文史出版社 2016年 507页
b49489938 D926.32 Q228 2016

前郭尔罗斯蒙古族自治县国土资源志 1648-2010
前郭尔罗斯蒙古族自治县国土资源志编纂委员会编 张福林主编 长春 吉林大学出版社 2011年 562页
b45417428 F129.934.4 Q228 2011

查干湖渔场志 1960-2009
查干湖渔场志编纂委员会编 闫来锁主编 长春 吉林大学出版社 2010年 606页
b50004815 F326.473.44 Z255 2010

前郭尔罗斯蒙古族自治县农业志
前郭尔罗斯蒙古族自治县农业志编纂委员会编 呼和少布主编 陈义编纂 长春 吉林人民出版社 2006年 565页
b36013717 F327.344 Q228 2006

前郭尔罗斯蒙古族自治县文物志
吉林省文物志编委会编 长春 吉林省文物志编修委员会 1983年 209页〔吉林省文物志丛书〕
b3637930x K872.344 Q228 1983

前郭尔罗斯蒙古族自治县地名志
前郭尔罗斯蒙古族自治县地名委员会编 前郭尔罗斯 前郭尔罗斯蒙古族自治县地名委员会 1989年 930页
b16429990 K923.44 Q228 1989

查干湖志 1547-2007
前郭尔罗斯查干湖旅游经济开发区查干湖志编纂委员会编 焦洪学主编 长春 吉林大学出版社 2009年 564页〔吉林省地情丛书〕
b20397483 K928.43 J369 2009

前郭尔罗斯蒙古族自治县水利志 讨论稿
前郭尔罗斯蒙古族自治县水利史志办公室编 武士学主编 前郭尔罗斯 前郭尔罗斯蒙古族自治县水利史志办公室 1988年 油印本 351页
b2053548x TV-092 Q228 1988

白城市

白城市志
白城市地方志编纂委员会编 李杰主编 北京 中国广播电视出版社 1993 年 850 页
b17186729　K293.43　B151L　1993

白城市志 1986–1995
刘润璞主编 长春 吉林人民出版社 1999 年 1186 页〔吉林省续修市县志〕
b13209371　K293.43　B151

白城地区志
白城地区地方志编纂委员会编 汪田总编 长春 吉林文史出版社 1992 年 1202 页
b10525130　K293.42　B151

白城人大志 1985–2007
白城市人大常委会编 白城 吉林省白城市亚东印务中心 2007 年 417 页
b1932926x　D624.343　B151　2007

白城地区文物志简编
唐秀琴主编 长春 吉林人民出版社 1992 年 504 页
b20041536　K872.344　B151　1992

白城市文物志
吉林省文物志编委会编 长春 吉林省文物志编修委员会 1986 年 122 页〔吉林省文物志丛书〕
b16358818　K872.343　J141　1986

白城地区地名录
白城地区地名委员会编 杨光浴主编 白城 白城地区地名委员会 1984 年 1095 页〔吉林省地名录〕
b16358259　K923.42–61　B151　1984

白城市地名志
白城市地名委员会编 白城 吉林省白城市人民政府 1986 年 373 页〔吉林省地名志丛书〕
b16434882　K923.43　B151　1986

白城市医院院志
白城市医院院志编纂委员会编 孙英主编 长春 吉林文史出版社 2018 年 557 页
b50817127　R199.2　B151　2018

白城市林业科学研究院志 1972–2012
白城市林业科学研究院编 梁云和主编 白城 白城市林业科学研究院 2012 年 258 页
b50065786　S7–242.343　B151　2012

白城地区水利志
白城地区水利志编纂委员会编 刘长远主编 白城 白城地区水利志编纂委员会 2000 年 424 页
b20478471　TV–092　L6729　2000

洮北区

白城市洮北区志 1993–2000
白城市洮北区地方志编纂委员会编 张洪军主编 长春 吉林人民出版社 2009 年 1113 页〔吉林省地方志丛书〕
b36174579　K293.44　B151T　2009

洮南市

洮南市志
洮南市志编纂委员会编著 张忠海主编 长春 吉林文史出版社 2000 年 556 页〔吉林省地方志丛书〕
b13753204　K293.43　T268

洮南市志 1988–2000
洮南市地方志编纂委员会编 周柏涛 徐锋主编 长春 吉林人民出版社 2009年 743页
b20244204 K293.43 T268 2009

黑水镇志
洮南市黑水镇志编写办公室编 洮南 洮南市干部疗养所印刷厂 1987年 198页
b23003856 K293.45 H331 1987

大安市

大安县志
逯献青主编 沈阳 辽宁人民出版社 1990年 870页
b11188455 K293.44 L832

大安市志 1986–2000
大安市地方志编纂委员会编 长春 吉林人民出版社 2008年 977页〔吉林省地方志丛书〕
b20209022 K293.43 D135 2008

大安县文物志
吉林省文物志编委会编 陈相伟 李殿福主编 长春 吉林省文物志编修委员会 1982年 128页〔吉林省文物志丛书〕
b16358181 K872.344 C435 1982

镇赉县

镇赉县志
镇赉县志编纂委员会编 张英杰主编 长春 吉林人民出版社 1995年 948页〔吉林省地方志丛书〕
b10494959 K293.44 Z493

镇赉县文物志
吉林省文物志编修委员会主编 镇赉 吉林省文物志编修委员会 1985年 176页〔吉林省文物志丛书〕
b16434870 K872.344 J141Z 1985

镇赉县地名图集
镇赉县地名委员会办公室编 吉万方主编 镇赉 镇赉县地名委员会 1985年
b20536422 K923.44-64 Z493 1985

镇赉县地名志
镇赉县地名委员会办公室编 镇赉 镇赉县地名委员会办公室 1985年 416页〔吉林省地名志丛书〕
b16428626 K923.44 Z493 1985

通榆县

通榆县志
通榆县志编纂委员会编 赵福山主编 长春 吉林人民出版社 1994年 938页〔吉林省地方志丛书〕
b10727486 K293.44 T426

通榆县志 1986–2000
通榆县地方志编纂委员会编 高洪贤主编 长春 吉林人民出版社 2008年 892页
b19023297 K293.44 T426 2008

通榆县文物志
吉林省文物志编修委员会主编 长春 吉林省文物志编修委员会 1985年 235页〔吉林省文物志丛书〕
b16425984 K872.344 J141T 1985

通榆县水利志 讨论稿
通榆县水利志编审委员会编 王廷贵主编 通榆 通榆县水利志编审委员会 1988年

油印本 251 页
b20535910　TV-092　W231　1988

延边朝鲜族自治州

延边朝鲜族自治州志
延边朝鲜族自治州地方志编纂委员会编　安龙祯总编　北京　中华书局　1996 年 2 卷　1971 页〔吉林省地方志丛书〕
b10600115　K293.42　Y174

延边朝鲜族自治州志　1989–2005
延边朝鲜族自治州地方志编纂委员会编　李希荣主编　长春　吉林文史出版社　2016 年 3 卷　2084 页〔吉林省地方志丛书〕
b50065774　K293.42　Y174E　2016

延边朝鲜族自治州人民代表大会志　1945.11–2007.12
延边朝鲜族自治州人民代表大会志编纂委员会编　刘锡春主编　延吉　延边人民出版社　2007 年　385 页
b22432814　D624.342　Y174　2007

延边州民政志
延边朝鲜族自治州民政局编　延吉　延边朝鲜族自治州民政局　2009 年　424 页
b22432826　D632　Y174　2009

法院志　第 2 卷
延边朝鲜族自治州中级人民法院志编纂委员会编　郑成哲主编　延吉　延边新华印刷公司　2002 年　400 页
b44749363　D926.22　Y174　2002

延边林业志
延边朝鲜族自治州林业管理局林业志编纂委员会编　赵华主编　延边　延边朝鲜族自治州林业管理局林业志编纂委员会　1990 年　685 页〔延边林业志 1〕
b49704941　F326.273.42　Y174　1990

吉林省邮电志　延边卷
延边朝鲜族自治州邮电局编　北京　北京燕山出版社　1997 年　607 页
b50991814　F632.734　Y174　1997

延边朝鲜族自治州财政志　1952–2008
延边朝鲜族自治州财政局　延边朝鲜族自治州地方志编委会编　赵龙虎主编　延吉　延边人民出版社　2012 年　625 页
b45445242　F812.734.2　Y174　2012

延边地方税务志　1994–2008
延边朝鲜族自治州地方税务志编纂委员会编　明日新主编　延边　延边朝鲜族自治州地方税务志编纂委员会　2009 年　363 页
b46996229　F812.734.242　Y174S　2009

延边州地方税务志　2009–2014
延边朝鲜族自治州地方税务志编纂委员会编　张为林主编　延边　延边朝鲜族自治州地方税务志编纂委员会　2015 年　478 页
b49704953　F812.734.242　Y174S　2015

延边朝鲜族自治州教育志
延边朝鲜族自治州教育志编纂委员会编　延吉　东北朝鲜民族教育出版社　1992 年　577 页
b17646297　G527.342　Y174　1992

延边朝鲜族自治州教育志　1989–2006
延边州教育局编　黄龙锡主编　延吉　延边州教育局　2008 年　525 页
b49939191　G527.342　Y174C　2008

延边朝鲜族自治州志　民族编　送审稿
延边历史研究所民族志编写组编　延边　延

边历史研究所民族志编写组 1988年 56页
b50066869　K280.34 Y174 1988

延边州方志志 1984–2014
延边朝鲜族自治州地方志编纂委员会编 李希荣主编 香港 香港亚洲出版社 2014年 319页
b46531373　K293.424 Y174 2014

延边朝鲜族自治州地名录
延边朝鲜族自治州地名委员会编 延边 延边朝鲜族自治州地名委员会 1985年 559页〔吉林省地名录〕
b15697733　K923.42-61 Y174 1985

延边中西医结合医院院志 2005–2015
许春善执笔 延边 延边中西医医院 2015年 94页
b50861542　R199.2 Y174 2015

延边州卫生志
主编蔡春锡 蔡春锡主编 延边 延边朝鲜族自治州卫生局 1990年 161页
b50861530　R199.2 Y1741 1990

延边朝鲜族自治州土壤志
刘忠杰主编 延边 延边大学出版社 1990年 287页
b47317401　S159.234.2 Y174 1990

延边朝鲜族自治州水利志
延边朝鲜族自治州水利局 延边 延边朝鲜族自治州水利局 2001年 336页
b17359399　TV-092 Y174 2001

延吉市

延吉市志
吉林省延吉市地方志编纂委员会编 金信后主编 北京 新华出版社 1994年 606页〔吉林省地方志丛书〕
b10625033　K293.43 Y174

延吉市志 1986–2000
延吉市地方志编纂委员会编 文光春主编 北京 中华书局 2003年 837页〔吉林省续修市州县志〕
b14883338　K293.43 Y174Y 2003

延吉市土地志 1840–1995
延吉市土地志编纂委员会编 延吉 延边人民出版社 2000年 289页
b16378726　F329.343 Y174 2000

延吉教育志 1901–1988
延吉市教育志编纂委员会编 金振权主编 延吉 延吉市教育志编纂委员会 1990年 793页
b20181632　G527.343 Y174 1990

延吉市文物志
吉林省文物志编委会主编 长春 吉林省文物志编委会 1985年 208页〔吉林省文物志丛书〕
b36246360　K872.344 Y174 1985

延吉市地名志
延吉市人民政府编 延吉 延边新华印刷厂 1987年 332页〔吉林省地名志丛书〕
b16433415　K923.43 Y174 1986

图们市

图们市志 1644–1985
吉林省图们市地方志编纂委员会编 蓝海主编 长春 吉林文史出版社 2006年 609页
b1718325x　K293.43 T513 2006

图们市邮电局志
金勋主编 长春 吉林文史出版社 1996 年 327 页
b4960806x F632.734.4 T513 1996

图们市集邮协会志 1986-2006
图们市集邮协会编 刘永茂主编 图们 图们市集邮协会 2006 年 395 页
b50665649 G262.2-092 L693 2006

图们市地名志
图们市人民政府 图们市地名志编辑委员会编 图们 图们市地名志编辑委员会 1985 年 274 页
b16437718 K923.43 T513 1985

敦化市

敦化市志
敦化市地方志编纂委员会编 温大成主编 北京 新华出版社 1991 年 596 页〔吉林省地方志丛书〕
b10623000 K293.43 D773

敦化市志 1986-2000
敦化市地方志编纂委员会编 闫士杰主编 长春 吉林人民出版社 2010 年 907 页
b40421090 K293.43 D773 2010

敦化市劳动和社会保障志
敦化市劳动和社会保障局编 敦化 敦化市青华资讯服务中心 2008 年 511 页
b20469160 D669.2 D773 2008

法院志 1882-2002
吉林省敦化市人民法院志编纂委员会编 唐文忠主编 敦化 吉林省敦化市人民法院志编纂委员会 2003 年 292 页
b50268855 D926.22 J141 2003

敦化市教育志
李建树主编 敦化 敦化市教育局 2003 年 967 页
b27575494 G527.343 D773 2003

敦化市教育志 续志 2001-2009
李建树主编 吉林 吉林市京源彩印厂 2011 年 1620 页
b45839554 G527.343 D773 2011

敦化市民族志
金光哲主编 敦化 敦化市民族事物委员会 1991 年 145 页
b19732028 K280.343 J476 1991

敦化县地名志
王殿武主编 敦化 敦化县地名委员会 1985 年 508 页〔吉林省地名志丛书〕
b16434894 K923.44 D773 1985

敦化市水利志
敦化市水利局编 刘树桐主编 敦化 敦化市水利局 1992 年 198 页
b21857118 TV-092 D773 1992

珲春市

珲春市志
珲春市地方志编纂委员会编 郎景宽总编 长春 吉林人民出版社 2000 年 913 页〔吉林省地方志丛书〕
b13753186 K293.43 H736

珲春市志 1988-2005
珲春市地方志编纂委员会编 李虎范主编 长春 吉林人民出版社 2009 年 1099 页〔吉林省地方志丛书〕
b2024423x K293.43 H736 2009

防川村志
吉林省珲春市敬信镇防川村志编纂委员会编 金向阳主编 北京 方志出版社 2017年 238页〔中国名村志丛书〕
b50642765 K293.45 F239 2017

珲春法院志 1949–2013
吉林省珲春市人民法院志编纂委员会编 刘丽萍主编 珲春 吉林省珲春市人民法院志编纂委员会 2014年 453页
b50318871 D926.22 H736 2014

珲春边境经济合作区志 1992–2010
珲春边境经济合作区志编纂委员会编 金今福主编 珲春 珲春边境经济合作区志编纂委员会 2012年 286页
b47126218 K293.43 H736C 2012

珲春市地名志
珲春市人民政府编 珲春 珲春市人民政府 1989年 536页〔吉林省地名志丛书〕
b16428729 K923.43 H736 1989

珲春市地名志
黄炳昊主编 长春 吉林文史出版社 2017年 742页〔吉林省地名志丛书〕
b49528907 K923.43 H736C 2015

珲春县卫生志
珲春县卫生志编辑委员会编 李能镐主编 珲春 珲春县卫生志编辑委员会 1986年 242页
b50066195 R199.2 H736 1986

珲春县水利志 初稿
珲春县水利办公室编 珲春 珲春县水利办公室 1988年 279页
b20534693 TV–092 H736 1988

龙井市

龙井县志
吉林省龙井县地方志编纂委员会编 郭三滐总编 吉林 东北朝鲜民族教育出版社 1989年 700页〔吉林省地方志丛书〕
b22430763 K293.44 L741 1989

龙井法院志 1946–2006
吉林省龙井市人民法院院志编纂委员会编 龙井 吉林省龙井市人民法院院志编纂委员会 2006年 369页
b50727527 D926.22 L7414 2006

龙井县文物志
吉林省文物志编委会主编 长春 吉林省文物志编修委员会 1984年 188页〔吉林省文物志丛书〕
b16358193 K872.344 J141L 1984

龙井县地名志
龙井县地名委员会编 龙井 龙井县人民政府 1985年 383页〔吉林省地名志丛书〕
b16425935 K923.44 L741 1985

和龙市

和龙县志
和龙县地方志编纂委员会编 长春 吉林文史出版社 1992年 681页
b10796228 K293.44 H313

和龙市志 1988–2000
和龙市地方志编纂委员会编 长春 吉林人民出版社 2008年 960页
b1992916x K293.44 H313 2008

和龙市妇联志 1926–2009
朴日仙主编 和龙 和龙市妇女联合会 2010

年 235 页
b49640604 D442.834.4 H313 2010

和龙工商志
吉林省和龙市工商行政管理局志编纂委员会编 刘毓敏主编 和龙 吉林省和龙市工商行政管理局志编纂委员会 2003 年 391 页
b50268934 F123.82 H313 2003

和龙市城乡建设志
和龙市城乡建设志编纂领导小组编 朴都益 刘振清主编 和龙 和龙市城乡建设志编纂领导小组 1994 年 161 页
b50665170 F299.273.44 P455 1994

和龙市城乡建设志 1990-2000
和龙市城乡建设志编纂领导小组编 李弘范主编 和龙 和龙市城乡建设志编纂领导小组 2003 年 340 页
b50729226 F299.273.44 P455 2003

和龙县文物志
吉林省文物志编委会主编 长春 吉林省文物志编修委员会 1984 年 138 页〔吉林省文物志丛书〕
b36379359 K872.344 H313 1984

和龙市地名志
金哲主编 长春 吉林文史出版社 2017 年 591 页〔吉林省地名志丛书〕
b51090533 K923.44 H313C 2017

和龙县地名志
和龙县地名委员会编 和龙 和龙县人民政府 1984 年 240 页〔吉林省地名志丛书〕
b16430268 K923.44 H313 1984

和龙县卫生志
和龙县卫生志编辑委员会编 金光进主编 和龙 和龙县卫生志编辑委员会 1987 年 363 页
b50729238 R199.2 H313 1987

和龙县水利志 初稿
和龙县水利局编 和龙 和龙县水利局 1988 年 241 页
b20534541 TV-092 H313 1988

汪清县

汪清县志 1909-1985
汪清县地方志编纂委员会编 李全德主编 延边 汪清县地方志编纂委员会 2002 年 561 页
b15314996 K293.44 W186 2002

汪清县志 1986-2004
汪清县地方志编纂委员会编 胡庆文主编 长春 吉林文史出版社 2017 年 890 页〔吉林省地方志丛书〕
b51142557 K293.44 W186C 2017

汪清县水利志 初稿
汪清县水利局编 崔载轼主编 汪清 汪清县水利局 1988 年 408 页
b2053596x TV-092 C822 1988

安图县

安图县志
安图县地方志编纂委员会编 长春 吉林文史出版社 1993 年 664 页〔吉林省地方志丛书〕
b10624946 K293.44 A164

安图县志 1986–2005
安图县地方志编纂委员会编 汪克明主编 长春 吉林人民出版社 2010 年 777 页 〔吉林省地方志丛书〕
b40742763 K293.44 A164 2010

吉林省安图县石门镇茶条村志
中国朝鲜民族史学会编 朴今海 郑喜淑 金学锦主编 北京 中央民族大学出版社 2016 年 213 页 〔朝鲜族乡村志〕
b5024646x K293.45 C267 2016

安图县政协志
安图县政协志编纂委员会编 伊斌主编 延吉 延边大学出版社 1999 年 238 页
b49472537 D628.344 A164 1999

安图县税务志
安图县税务局编 景树祥主编 安图 安图县税务局 1994 年 235 页
b50233683 F812.734.442 A164 1994

安图县教育志
安图县教育志编纂委员会编 田子斌主编 延吉 延边大学出版社 1999 年 413 页
b27575251 G527.344 A164 1999

安图县文物志
吉林省文物志编委会主编 长春 吉林省文物志编修委员会 1985 年 142 页〔吉林省文物志丛书〕
b36379281 K872.344 A164 1985

安图县地名志
安图县人民政府编 延吉 延边人民出版社 1989 年 490 页〔吉林省地名志丛书〕
b16428717 K923.44 A164 1989

安图县医院院志
安图县人民医院编 刘永华主笔 安图 安图县人民医院 2009 年 540 页
b4996284x R199.234.4 A164 2009

黑龙江省

黑龙江省志 第 1 卷 总述
黑龙江省地方志编纂委员会编 张向凌主编 哈尔滨 黑龙江人民出版社 1999 年 568 页
b1048923x K293.5 H332

黑龙江省志 第 2 卷 大事记
黑龙江省地方志编纂委员会编 张向凌主编 哈尔滨 黑龙江人民出版社 1992 年 1116 页
b1048923x K293.5 H332

黑龙江省志 第 3 卷 地理志
黑龙江省地方志编纂委员会编 张盛学卷主编 哈尔滨 黑龙江人民出版社 1998 年 718 页
b1048923x K293.5 H332

黑龙江省志 第 3 卷 气象志 1986-2005
黑龙江省地方志编纂委员会编 王会山主编 哈尔滨 黑龙江人民出版社 2016 年 327 页
b49578170 K293.5 H332D

黑龙江省志 第 4 卷 地质矿产志
黑龙江省地方志编纂委员会编 苏钧主编 哈尔滨 黑龙江人民出版社 1994 年 398 页
b1048923x K293.5 H332

黑龙江省志 第 5 卷 气象志 地震志
黑龙江省地方志编纂委员会编 李荣芳 姜凡堂主编 哈尔滨 黑龙江人民出版社 2003 年 488 页
b1048923x K293.5 H332

黑龙江省志 第 6 卷 经济综志
黑龙江省地方志编纂委员会编 张文科主编 哈尔滨 黑龙江人民出版社 1999 年 498 页
b1048923x K293.5 H332

黑龙江省志 第 6 卷 土地志 1986-2005
黑龙江省地方志编纂委员会编 孙建功主编 哈尔滨 黑龙江人民出版社 2014 年 399 页
b46239649 K293.5 H332D

黑龙江省志 第 7 卷 农业志
黑龙江省地方志编纂委员会编 徐健民主编 哈尔滨 黑龙江人民出版社 1993 年 532 页
b1048923x K293.5 H332

黑龙江省志 第 7 卷 地质矿产志 1986-2005.
黑龙江省地方志编纂委员会编 孙建功主编 哈尔滨 黑龙江人民出版社 2016 年 407 页
b5066511x K293.5 H332D

黑龙江省志 第 8 卷 土地志
黑龙江省地方志编纂委员会编 尤文郁主编 哈尔滨 黑龙江人民出版社 1997 年 488 页
b1048923x K293.5 H332

黑龙江省志 第 9 卷 水利志
黑龙江省地方志编纂委员会编 乔德昌主编 哈尔滨 黑龙江人民出版社 1993 年 521 页
b1048923x K293.5 H332

黑龙江省志 第 10 卷 畜牧志
黑龙江省地方志编纂委员会编 杨化文主编 哈尔滨 黑龙江人民出版社 1993 年 494 页
b1048923x K293.5 H332

黑龙江省志 第 11 卷 水产志
黑龙江省地方志编纂委员会编 张士耀主编 哈尔滨 黑龙江人民出版社 1996 年 660 页
b1048923x K293.5 H332

黑龙江省志 第 12 卷 林业志
黑龙江省地方志编纂委员会编 张绍卿主编 哈尔滨 黑龙江人民出版社 2000 年 964 页
b1048923x K293.5 H332

黑龙江省志 第 13 卷 农机志
黑龙江省地方志编纂委员会编 王国安主编 哈尔滨 黑龙江人民出版社 1996 年 482 页
b1048923x K293.5 H332

黑龙江省志 第 14 卷 国营农场志
黑龙江省地方志编纂委员会编 哈尔滨 黑龙江人民出版社 1992 年 619 页
b1048923x K293.5 H332

黑龙江省志 第 15 卷 煤炭志
黑龙江省地方志编纂委员会编 邓建中主编 哈尔滨 黑龙江人民出版社 1993 年 819 页
b1048923x K293.5 H332

黑龙江省志 第 16 卷 石油工业志
黑龙江省地方志编纂委员会编 董平恩主编 哈尔滨 黑龙江人民出版社 1988 年 347 页
b1048923x K293.5 H332

黑龙江省志 第 17 卷 电力工业志
黑龙江省地方志编纂委员会编 马世民主编 哈尔滨 黑龙江人民出版社 1992 年 640 页
b1048923x K293.5 H332

黑龙江省志 第 18 卷 铁路志
黑龙江省地方志编纂委员会编 玛世明主编 哈尔滨 黑龙江人民出版社 1992 年 795 页
b1048923x K293.5 H332

黑龙江省志 第 19 卷 交通志
黑龙江省地方志编纂委员会编 哈尔滨 黑龙江人民出版社 1997 年 1017 页
b1048923x K293.5 H332

黑龙江省志 第 20 卷 邮电志
黑龙江省地方志编纂委员会编 哈尔滨 黑龙江人民出版社 1994 年 487 页
b1048923x K293.5 H332

黑龙江省志 第 21 卷 冶金志
黑龙江省地方志编纂委员会编 王广前主编 哈尔滨 黑龙江人民出版社 1997 年 511 页
b1048923x K293.5 H332

黑龙江省志 第 22 卷 黄金志
黑龙江省地方志编纂委员会编 张君主编 哈尔滨 黑龙江人民出版社 1996 年 485 页

b1048923x　K293.5　H332

黑龙江省志　第 23 卷　机械工业志
黑龙江省地方志编纂委员会编　时钟常主编　哈尔滨　黑龙江人民出版社　2003 年　792 页
b1048923x　K293.5　H332

黑龙江省志　第 24 卷　电子工业志
黑龙江省地方志编纂委员会编　陆明山卷主编　哈尔滨　黑龙江人民出版社　2003 年　411 页
b1048923x　K293.5　H332

黑龙江省志　第 25 卷　化学工业志
黑龙江省地方志编纂委员会编　刘守运主编　哈尔滨　黑龙江人民出版社　2003 年　375 页
b1048923x　K293.5　H332

黑龙江省志　第 26 卷　轻工业志
黑龙江省地方志编纂委员会编　金士儒卷主编　哈尔滨　黑龙江人民出版社　2001 年　490 页
b1048923x　K293.5　H332

黑龙江省志　第 27 卷　烟草志　纺织志
黑龙江省地方志编纂委员会编　王学孝　张德民主编　哈尔滨　黑龙江人民出版社　1994 年　370 页
b1048923x　K293.5　H332

黑龙江省志　第 28 卷　手工业志
黑龙江省地方志编纂委员会编　李春阔主编　哈尔滨　黑龙江人民出版社　2000 年　453 页
b1048923x　K293.5　H332

黑龙江省志　第 28 卷　公安志　1986-2005
黑龙江省地方志编纂委员会编　顾昕煜　刘珂主编　哈尔滨　黑龙江人民出版社　2017 年　666 页
b50038503　K293.5　H332D

黑龙江省志　第 29 卷　建设志
黑龙江省地方志编纂委员会编　陈志谦主编　哈尔滨　黑龙江人民出版社　2003 年　666 页
b1048923x　K293.5　H332

黑龙江省志　第 30 卷　建材工业志
黑龙江省地方志编纂委员会编　杨丽彬　谷清泉卷主编　哈尔滨　黑龙江人民出版社　2003 年　235 页
b1048923x　K293.5　H332

黑龙江省志　第 31 卷　测绘志
黑龙江省地方志编纂委员会编　熊君彦主编　哈尔滨　黑龙江人民出版社　1996 年　465 页
b1048923x　K293.5　H332

黑龙江省志　第 31 卷　司法行政志　1986-2005
黑龙江省地方志编纂委员会编　安佰林主编　哈尔滨　黑龙江人民出版社　2016 年　454 页
b49864142　K293.5　H332D

黑龙江省志　第 32 卷　金融志
黑龙江省地方志编纂委员会编　李家祚　毕风鹏主编　哈尔滨　黑龙江人民出版社　1989 年　728 页
b1048923x　K293.5　H332

黑龙江省志　第 33 卷　财政志
黑龙江省地方志编纂委员会编　徐颖主编　哈尔滨　黑龙江人民出版社　1991 年

652 页
b1048923x　K293.5 H332

黑龙江省志 第 34 卷 对外经济贸易志
黑龙江省地方志编纂委员会编 李东辉主编 哈尔滨 黑龙江人民出版社 1997 年 515 页
b1048923x　K293.5 H332

黑龙江省志 第 35 卷 商业志
黑龙江省地方志编纂委员会编 郝荣主编 哈尔滨 黑龙江人民出版社 1994 年 592 页
b1048923x　K293.5 H332

黑龙江省志 第 36 卷 供销合作社志
黑龙江省地方志编纂委员会编 汪天寅 王德主编 哈尔滨 黑龙江人民出版社 2003 年 593 页
b1048923x　K293.5 H332

黑龙江省志 第 37 卷 乡镇企业志
黑龙江省地方志编纂委员会编 郭奎德主编 哈尔滨 黑龙江人民出版社 2003 年 401 页
b1048923x　K293.5 H332

黑龙江省志 第 38 卷 粮食志
黑龙江省地方志编纂委员会编 张继民主编 哈尔滨 黑龙江人民出版社 1994 年 711 页
b1048923x　K293.5 H332

黑龙江省志 第 39 卷 物资志
黑龙江省地方志编纂委员会编 施盘星主编 哈尔滨 黑龙江人民出版社 1994 年 436 页
b1048923x　K293.5 H332

黑龙江省志 第 40 卷 审计志
黑龙江省地方志编纂委员会编 哈尔滨 黑龙江人民出版社 1992 年 242 页
b1048923x　K293.5 H332

黑龙江省志 第 40 卷 审计志 标准计量志
黑龙江省地方志编纂委员会编 哈尔滨 黑龙江人民出版社 1993 年 332 页
b1048923x　K293.5 H332

黑龙江省志 第 41 卷 工商行政管理志
黑龙江省地方志编纂委员会编 张仁德主编 哈尔滨 黑龙江人民出版社 1994 年 366 页
b1048923x　K293.5 H332

黑龙江省志 第 41 卷 农垦志 1986–2005
曲伟 齐长伐主编 哈尔滨 黑龙江人民出版社 2015 年 613 页
b46995298　K293.5 H332D

黑龙江省志 第 42 卷 物价志
黑龙江省地方志编纂委员会编 张忠诚，李云龙主编 哈尔滨 黑龙江人民出版社 1993 年 509 页
b1048923x　K293.5 H332

黑龙江省志 第 42 卷 石油工业志 1986–2005
黑龙江省地方志编纂委员会 李勇主编 哈尔滨 黑龙江人民出版社 2017 年 363 页
b50642261　K293.5 H332D

黑龙江省志 第 43 卷 环境保护志
黑龙江省地方志编纂委员会编 李德源主编 哈尔滨 黑龙江人民出版社 2003 年 255 页
b1048923x　K293.5 H332

黑龙江省志 第44卷 科学技术志
黑龙江省地方志编纂委员会编 冉秉利 刘国华主编 哈尔滨 黑龙江人民出版社 1999年 774页
b1048923x K293.5 H332

黑龙江省志 第45卷 教育志
黑龙江省地方志编纂委员会编 张守中主编 哈尔滨 黑龙江人民出版社 1996年 998页
b1048923x K293.5 H332

黑龙江省志 第46卷 文学艺术志
黑龙江省地方志编纂委员会编 张连俊主编 哈尔滨 黑龙江人民出版社 2003年 1083页
b1048923x K293.5 H332

黑龙江省志 第47卷 卫生志
黑龙江省地方志编纂委员会编 哈尔滨 黑龙江人民出版社 1996年 528页
b1048923x K293.5 H332

黑龙江省志 第48卷 医药志
黑龙江省地方志编纂委员会编 李钧贵主编 哈尔滨 黑龙江人民出版社 1999年 909页
b1048923x K293.5 H332

黑龙江省志 第48卷 电信志 1986–2005.
黑龙江省地方志编纂委员会编 孙明海主编 哈尔滨 黑龙江人民出版社 2017年 627页
b50320981 K293.5 H332D

黑龙江省志 第49卷 体育志
黑龙江省地方志编纂委员会编 刘海云主编 哈尔滨 黑龙江人民出版社 1997年 965页
b1048923x K293.5 H332

黑龙江省志 第50卷 报业志
黑龙江省地方志编纂委员会编 邢世良主编 哈尔滨 黑龙江人民出版社 1993年 372页
b1048923x K293.5 H332

黑龙江省志 第51卷 广播电视志
黑龙江省地方志编纂委员会编 陈守芳主编 哈尔滨 黑龙江人民出版社 1996年 366页
b1048923x K293.5 H332

黑龙江省志 第52卷 出版志
黑龙江省地方志编纂委员会编 哈尔滨 黑龙江人民出版社 1996年 491页
b1048923x K293.5 H332

黑龙江省志 第53卷 文物志
黑龙江省地方志编纂委员会编 干志耿主编 哈尔滨 黑龙江人民出版社 1994年 529页
b1048923x K293.5 H332

黑龙江省志 第53卷 公路志 1986–2005
黑龙江省地方志编纂委员会编 赵文惠主编 哈尔滨 黑龙江人民出版社 2015年 571页
b49938496 K293.5 H332D

黑龙江省志 第54卷 档案志
黑龙江省地方志编纂委员会编 盛彦主编 哈尔滨 黑龙江人民出版社 1996年 424页
b1048923x K293.5 H332

黑龙江省志 第55卷 宗教志
黑龙江省地方志编纂委员会编 柴夔生 王占英主编 哈尔滨 黑龙江人民出版社 1999年 370页

b1048923x K293.5 H332

黑龙江省志 第 56 卷 民族志
黑龙江省地方志编纂委员会编 徐基述主编 哈尔滨 黑龙江人民出版社 1998 年 438 页
b1048923x K293.5 H332

黑龙江省志 第 56 卷 民族志 复审稿
黑龙江省民族事务委员会编 舒景祥主编 哈尔滨 黑龙江省民族事务委员会 2008 年 425 页
b22430015 K293.5 S543 2008

黑龙江省志 第 57 卷 人口志
黑龙江省地方志编纂委员会编 李树萱主编 哈尔滨 黑龙江人民出版社 1996 年 761 页
b1048923x K293.5 H332

黑龙江省志 第 58 卷 方言民俗志
黑龙江省地方志编纂委员会编 刘小南 马名超主编 哈尔滨 黑龙江人民出版社 2001 年 671 页
b1048923x K293.5 H332

黑龙江省志 第 59 卷 旅游志 侨务志
黑龙江省地方志编纂委员会编 薄喜如 陈继权主编 哈尔滨 黑龙江人民出版社 2002 年 391 页
b1048923x K293.5 H332

黑龙江省志 第 59 卷 旅游志 1986–2005.
黑龙江省地方志编纂委员会编 李学瑶主编 哈尔滨 黑龙江人民出版社 2017 年 492 页
b50777580 K293.5 H332D

黑龙江省志 第 60 卷 政权志
黑龙江省地方志编纂委员会编 王培乐主编 哈尔滨 黑龙江人民出版社 2003 年 915 页
b1048923x K293.5 H332

黑龙江省志 第 60 卷 物价志 1986–2005.
黑龙江省地方志编纂委员会编 刘清海主编 哈尔滨 黑龙江人民出版社 2017 年 411 页
b50665121 K293.5 H332D

黑龙江省志 第 61 卷 政协志
黑龙江省地方志编纂委员会编 哈尔滨 黑龙江人民出版社 1997 年 436 页
b1048923x K293.5 H332

黑龙江省志 第 62 卷 民政志
黑龙江省地方志编纂委员会编 耿煜主编 哈尔滨 黑龙江人民出版社 1993 年 566 页
b1048923x K293.5 H332

黑龙江省志 第 63 卷 公安志
黑龙江省地方志编纂委员会编 高德林主编 哈尔滨 黑龙江人民出版社 2001 年 604 页
b1048923x K293.5 H332

黑龙江省志 第 64 卷 统计志
黑龙江省地方志编纂委员会编 刘春声主编 哈尔滨 黑龙江人民出版社 1999 年 848 页
b1048923x K293.5 H332

黑龙江省志 第 65 卷 司法行政志
黑龙江省地方志编纂委员会编 张百如主编 哈尔滨 黑龙江人民出版社 1998 年 410 页
b1048923x K293.5 H332

黑龙江省志 第 66 卷 军事志
黑龙江省地方志编纂委员会编 孙成武主编 哈尔滨 黑龙江人民出版社 1994 年 460 页
b1048923x K293.5 H332

黑龙江省志 第 66 卷 财政志 1986-2005
黑龙江省地方志编纂委员会编 王庆江主编 哈尔滨 黑龙江人民出版社 2013 年 656 页
b4583975x K293.5 H332D

黑龙江省志 第 67 卷 人事编制志
黑龙江省地方志编纂委员会编 哈尔滨 黑龙江人民出版社 1992 年 786 页
b1048923x K293.5 H332

黑龙江省志 第 67 卷 审计志 1986-2005
黑龙江省地方志编纂委员会编 张翠萍主编 哈尔滨 黑龙江人民出版社 2015 年 399 页
b47296926 K293.5 H332D

黑龙江省志 第 68 卷 劳动志
黑龙江省地方志编纂委员会编 刘建华主编 哈尔滨 黑龙江人民出版社 1995 年 583 页
b1048923x K293.5 H332

黑龙江省志 第 69 卷 外事志
黑龙江省地方志编纂委员会编 张镔主编 哈尔滨 黑龙江人民出版社 1993 年 524 页
b1048923x K293.5 H332

黑龙江省志 第 69 卷 工商行政管理志 1986-2005
黑龙江省地方志编纂委员会编 付晓光 刘学良 于莎燕总编辑 孟祥君卷主编 哈尔滨 黑龙江人民出版社 2016 年 573 页
b49669515 K293.5 H332D

黑龙江省志 第 70 卷 共产党志
黑龙江省地方志编纂委员会编 邬芳林主编 哈尔滨 黑龙江人民出版社 1996 年 776 页
b1048923x K293.5 H332

黑龙江省志 第 70 卷 共产党志 1986-2000
黑龙江省志共产党志编纂委员会编 邬芳林主编 哈尔滨 黑龙江人民出版社 2007 年 539 页
b41234431 K293.5 H332C 2007

黑龙江省志 第 71 卷 民主党派 工商联志
黑龙江省地方志编纂委员会编 哈尔滨 黑龙江人民出版社 1999 年 627 页
b1048923x K293.5 H332

黑龙江省志 第 72 卷 工会志
黑龙江省地方志编纂委员会编 哈尔滨 黑龙江人民出版社 1999 年 588 页
b1048923x K293.5 H332

黑龙江省志 第 73 卷 共青团志
黑龙江省地方志编纂委员会编 李兰田 杨同芬 王雅军主编 哈尔滨 黑龙江人民出版社 1999 年 416 页
b1048923x K293.5 H332

黑龙江省志 第 74 卷 妇联志
黑龙江省地方志编纂委员会编 哈尔滨 黑龙江人民出版社 1995 年 517 页
b1048923x K293.5 H332

黑龙江省志 第 74 卷 科学技术志 1986-2005.
黑龙江省地方志编纂委员会编 杨廷双主编 哈尔滨 黑龙江人民出版社 2017 年 2 册 1377 页
b50308154 K293.5 H332D

黑龙江省志 第 75 卷 科学文化团体志
黑龙江省地方志编纂委员会编 张彧 赖子良 王学武主编 哈尔滨 黑龙江人民出版社 2000 年 728 页
b1048923x K293.5 H332

黑龙江省志 第 76 卷 人物志
黑龙江省地方志编纂委员会编 马放主编 哈尔滨 黑龙江人民出版社 1999 年 1056 页
b1048923x K293.5 H332

黑龙江省志 第 77 卷 出版图书期刊总目
黑龙江省地方志编纂委员会编 哈尔滨 黑龙江人民出版社 1998 年 2 卷 1706 页
b1048923x K293.5 H332

黑龙江省志 第 77 卷 烟草志 1986-2005
黑龙江省地方志编纂委员会编 付晓光 刘学良 于莎燕总编辑 何连志 袁宝贵主编 哈尔滨 黑龙江人民出版社 2016 年 392 页
b47366059 K293.5 H332D

黑龙江省志 第 78 卷 地名录
黑龙江省地方志编纂委员会编 耿煜主编 哈尔滨 黑龙江人民出版社 1998 年 688 页
b1048923x K293.5 H332

黑龙江省志 人民代表大会志
黑龙江省人大志编纂委员会编 哈尔滨 黑龙江省人大常委会办公厅 1997 年 515 页
b21568224 K293.5 H332E 1997

黑龙江省志简编
黑龙江省地方志编纂委员会编 隋岩主编 北京 方志出版社 2014 年 884 页
b46983430 K293.5 S749 2014

黑龙江统计志 1986-2005
黑龙江统计志编纂委员会编 刘春声主编 哈尔滨 黑龙江人民出版社 2008 年 996 页
b41234443 C832.35 L672 2008

黑龙江纪律检查志
中共黑龙江省纪律检查委员会编 哈尔滨 中共黑龙江省纪律检查委员会 1993 年 240 页
b49677937 D262.6 Z643H 1993

黑龙江省人大 政协会议图志 2011 2011
黑龙江省人民代表大会常务委员会 中国人民政治协商会议黑龙江省委员会 黑龙江省地方志编纂委员会主编 哈尔滨 黑龙江人民出版社 2010 年 327 页〔黑龙江系列图志〕
b22364997 D624.35 H332 2010

黑龙江政府志
黑龙江省人民政府办公厅编 王培乐主编 哈尔滨 黑龙江人民出版社 2001 年 706 页
b16447785 D625.35 H332 2001

黑龙江法院志
蒋九辅主编 黑龙江 黑龙江省高级人民法院 1989 年 174 页
b50318743 D926.22 H332 1989

黑龙江检察志
黑龙江省人民检察院编著 石凤翔主编 哈尔滨 黑龙江人民出版社 1988 年 184 页
b50016891 D926.32 S472 1988

黑龙江省防空志
黑龙江省人民防空办公室编 王平主编 哈尔滨 黑龙江省人民防空办公室 1989 年 520 页
b46011225 E289.35 W226 1989

黑龙江省建设志
陈志谦主编 哈尔滨 黑龙江省建设委员会 1990 年 401 页
b36029002 F299.273.5 C437 1990

黑龙江省农业机械供应志
黑龙江省农业机械供应公司史志编辑室编 鄂俊才主编 哈尔滨 黑龙江人民出版社 1990 年 662 页
b50221796 F306.2 H332 1990

红兴隆农垦志 1947-1985
红兴隆国营农场管理局史志办公室编 双鸭山 黑龙江省红兴隆国营农场管理局印刷厂 1989 年 635 页
b20121155 F327.35 H419 1989

红兴隆农垦志 1986-2000
褚建平 王希武 王鸿鸣主编 哈尔滨 黑龙江人民出版社 2010 年 941 页
b23216517 F327.35 H419 2010

九三农垦志 1949-1985
黑龙江省九三国营农场管理局局志办公室编 赵庆才总编 嫩江 黑龙江省九三国营农场管理局局印刷厂 1986 年 867 页
b44851698 F327.35 J585 1986

黑龙江省电力工业志 1986-2002
马世民主编 北京 中国电力出版社 2007 年 500 页〔中国电力工业志丛书〕
b49850519 F426.61 H332 2007

黑龙江省烟草通志
黑龙江省烟草通志编纂委员会编 王玉林主编 哈尔滨 黑龙江人民出版社 2003 年 902 页〔黑龙江省烟草通志丛书〕
b50233968 F426.89 W234 2003

中国煤炭志 黑龙江卷
中国煤炭志编纂委员会编 邓建中主编 北京 煤炭工业出版社 1996 年 723 页
b40806005 F426.21 Z6485C 1996

松花江森林工业志
黑龙江省松花江林业管理局编 许奎生主编 松花江 黑龙江省松花江林业管理局 1992 年 655 页
b36014333 F427.35 X594 1992

黑龙江省烟草志
王学孝主编 哈尔滨 中国烟草总公司黑龙江省公司 1990 年 304 页
b10915667 F768.2 W233

黑龙江省农村金融志
黑龙江省农村金融志编纂委员会编 金文琳主编 北京 中国书籍出版社 1992 年 436 页
b36013936 F832.35 J4795 1992

黑龙江省文艺史志资料
黑龙江省文化厅文艺志编辑部编 哈尔滨 黑龙江省文化厅印刷厂 1985 年 5 卷
b20101624 G127.35 H332

黑龙江省图书馆志 1906-2011
黑龙江省图书馆编 高文华主编 哈尔滨 黑龙江人民出版社 2016 年 422 页
b50642911 G259.273.5 G253 2016

中国曲艺志 黑龙江卷
中国曲艺志全国编辑委员会编 中国曲艺志黑龙江卷编辑委员会编 罗扬主编 靳蕾卷主编 北京 中国 ISBN 中心 2004 年 765 页
b10643059 J809.2 Z648

中国戏曲志 黑龙江卷
中国戏曲志编辑委员会 中国戏曲志黑龙江卷编辑委员会编 张庚主编 北京 中国ISBN中心 1994年 544页
b10806301 J809.2 Z651H

黑龙江省朝鲜族志 初稿
黑龙江省朝鲜族志编写组编 哈尔滨 黑龙江省朝鲜族志编写组 1987年 308页
b20534620 K281.9 H332 1987

黑龙江古代简志
张泰湘编著 哈尔滨 黑龙江人民出版社 1989年 2267页
b11141906 K293.5 Z365

黑龙江图志 综合卷
黑龙江省地方志编纂委员会编 隋岩主编 哈尔滨 黑龙江人民出版社 2014年 2卷 1401页
b49963508 K293.5-64 S749 2014

黑龙江风物志
黑龙江人民出版社编 哈尔滨 黑龙江人民出版社 1985年 177页〔中国风物志丛书〕
b15900617 K923.5 H332 1985

黑龙江旅游景区志
孙景钰 薄喜如主编 哈尔滨 黑龙江人民出版社 2009年 412页
b20534607 K928.703.5 H332 2009

黑龙江省植物志 第1卷 被子植物门
周以良主编 哈尔滨 东北林业大学出版社 1985年 231页
b1132725x Q948.523.5 Z675

黑龙江省植物志 第4卷 被子植物门
周以良主编 董世林等编著 哈尔滨 东北林业大学出版社 1992年 483页
b1132725x Q948.523.5 Z675

黑龙江省植物志 第5卷 被子植物门
周以良主编 哈尔滨 东北林业大学出版社 1992年 392页
b1132725x Q948.523.5 Z675

黑龙江省植物志 第6卷 被子植物门 蔷薇目
周以良主编 聂绍荃 张艳华等编著 哈尔滨 东北林业大学出版社 1998年 371页
b1132725x Q948.523.5 Z675

黑龙江省植物志 第7卷 被子植物门 牻牛儿苗目–伞形目
周以良主编 石福臣卷主编 哈尔滨 东北林业大学出版社 2003年 421页
b1132725x Q948.523.5 Z675

黑龙江省植物志 第8卷 被子植物门 石楠目–管花目
周以良主编 毛子军等编著 哈尔滨 东北林业大学出版社 2001年 430页
b1132725x Q948.523.5 Z675

黑龙江省植物志 第9卷 被子植物门
周以良主编 张桂一 袁晓颖 陆兆华编著 哈尔滨 东北林业大学出版社 1998年 363页
b1132725x Q948.523.5 Z675

黑龙江省植物志 第10卷 被子植物门 沼生目–禾本目
周以良主编 曲秀春等编著 哈尔滨 东北林业大学出版社 2002年 404页
b1132725x Q948.523.5 Z675

黑龙江省植物志 第 11 卷 被子植物门 佛焰花目－微子目
周以良主编 袁晓颖等编著 哈尔滨 东北林业大学出版社 1993 年 262 页
b1132725x Q948.523.5 Z675

黑龙江植物资源志
聂绍荃 袁晓颖 杨逢建主编 哈尔滨 东北林业大学出版社 2003 年 940 页
b16424335 Q948.523.5 N379 2003

黑龙江省两栖爬行动物志
赵文阁等编著 北京 科学出版社 2008 年 249 页
b18891731 Q959.6 Z441 2008

黑龙江省鸟类志
黑龙江省野生动物研究所编 马建章主编 北京 中国林业出版社 1992 年 398 页
b10925260 Q959.708 H332

黑龙江省兽类志
马逸清等编著 哈尔滨 黑龙江科学技术出版社 1986 年 520 页
b50221760 Q959.8 M143 1986

黑龙江省农垦水利志 1947–2000
黑龙江省农垦水利志编纂委员会编 康百赢著 哈尔滨 黑龙江省农垦水利志编纂委员会 2006 年 821 页
b49704825 S279.235 K184 2006

黑龙江树木志
周以良等编著 哈尔滨 黑龙江科学技术出版社 1986 年 585 页
b17906805 S717.235 Z675 1986

黑龙江省水利志
黑龙江省水利厅编 乔德昌主编 哈尔滨 黑龙江省水利厅 1991 年 631 页
b50221838 TV–092 Q382 1991

黑龙江省公路建设志 2008–2011
黑龙江省地方志办公室 黑龙江省交通运输厅编 隋岩主编 哈尔滨 黑龙江人民出版社 2015 年 341 页
b47206433 U412.36 S749 2015

哈尔滨市

哈尔滨市志 第 1 卷 城市纵览 1991–2005
哈尔滨市地方志编纂委员会编 宋希斌主编 哈尔滨 黑龙江人民出版社 2016 年 519 页
b49669473 K293.51 S682 2016

哈尔滨市志 第 2 卷 大事记 人口
哈尔滨市地方志编纂委员会编 岳玉泉主编 哈尔滨 黑龙江人民出版社 1999 年 1021 页
b10469278 K293.51 H111

哈尔滨市志 第 2 卷 经济行政管理 1991–2005
哈尔滨市地方志编纂委员会编 宋希斌主编 哈尔滨 黑龙江人民出版社 2013 年 786 页
b44851686 K293.51 H111C

哈尔滨市志 第 3 卷 自然地理
哈尔滨市地方志编纂委员会编 岳玉泉主编 赵启刚等卷主编 哈尔滨 黑龙江人民出版社 1993 年 463 页
b10469278 K293.51 H111

哈尔滨市志 第 4 卷 城市规划 土地 市政公用建设
哈尔滨市地方志编纂委员会编 曲春兴 乔德昌 王敏主编 哈尔滨 黑龙江人民出版社 1998 年 943 页
b10469278 K293.51 H111

哈尔滨市志 第4卷 工业农业 1991-2005
哈尔滨市地方志编纂委员会编 宋希斌主编 哈尔滨 黑龙江人民出版社 2014年 634页
b46376641 K293.51 H111C

哈尔滨市志 第5卷 建筑业 房产业
哈尔滨市地方志编纂委员会编 鲁一 陈纪阳主编 哈尔滨 黑龙江人民出版社 1995年 555页
b10469278 K293.51 H111

哈尔滨市志 第5卷 商贸财税金融 1991-2005
哈尔滨市地方志编纂委员会编 宋希斌主编 哈尔滨 黑龙江人民出版社 2015年 628页
b4728755x K293.51 H111C

哈尔滨市志 第6卷 交通
哈尔滨市地方志编纂委员会编 哈尔滨 黑龙江人民出版社 1999年 527页
b10469278 K293.51 H111

哈尔滨市志 第6卷 文化 1991-2005
哈尔滨市地方志编纂委员会编 宋希斌主编 哈尔滨 黑龙江人民出版社 2012年 737页
b40654898 K293.51 H111C

哈尔滨市志 第7卷 邮政 电信
哈尔滨市地方志编纂委员会编 岳玉泉主编 哈尔滨 黑龙江人民出版社 1995年 409页
b10469278 K293.51 H111

哈尔滨市志 第7卷 党政群团 1991-2005
哈尔滨市地方志编纂委员会编 林铎主编 哈尔滨 黑龙江人民出版社 2011年 986页
b37531013 K293.51 L585 2011

哈尔滨市志 第8卷 电力工业 石油化学工业
哈尔滨市地方志编纂委员会编 孙君英 闫公瑞 徐涛主编 哈尔滨 黑龙江人民出版社 1995年 538页
b10469278 K293.51 H111

哈尔滨市志 第8卷 司法军事 社会 1991-2005
哈尔滨市地方志编纂委员会编 宋希斌主编 哈尔滨 黑龙江人民出版社 2016年 712页
b49669485 K293.51 H111C

哈尔滨市志 第9卷 机械工业
哈尔滨市地方志编纂委员会编 岳玉泉主编 李中琦卷主编 哈尔滨 黑龙江人民出版社 1997年 669页
b10469278 K293.51 H111

哈尔滨市志 第10卷 电子仪表工业 冶金工业
哈尔滨市地方志编纂委员会编 朱景义 张洪琪主编 哈尔滨 黑龙江人民出版社 1995年 586页
b10469278 K293.51 H111

哈尔滨市志 第11卷 纺织工业 医药
哈尔滨市地方志编纂委员会编 岳玉泉主编 哈尔滨 黑龙江人民出版社 1996年 520页
b10469278 K293.51 H111

哈尔滨市志 第12卷 轻工业 食品工业
哈尔滨市地方志编纂委员会编 岳玉泉主编 哈尔滨 黑龙江人民出版社 1999年 597页
b10469278 K293.51 H111

哈尔滨市志 第13卷 建材工业 木材工业
哈尔滨市地方志编纂委员会编 岳玉泉主编 哈尔滨 黑龙江人民出版社 1999年 391页

b10469278　K293.51　H111

哈尔滨市志　第 14 卷 农业 水利
哈尔滨市地方志编纂委员会编　岳玉泉主编　哈尔滨　黑龙江人民出版社　1998 年　614 页
b10469278　K293.51　H111

哈尔滨市志　第 15 卷 日用工业品商业 副食品商业 饮食服务业
哈尔滨市地方志编纂委员会编　滕英武　张启生　赵天主编　哈尔滨　黑龙江人民出版社　1996 年　981 页
b10469278　K293.51　H111

哈尔滨市志　第 16 卷 粮食 供销合作社
哈尔滨市地方志编纂委员会编　岳玉泉主编　哈尔滨　黑龙江人民出版社　1997 年　748 页
b10469278　K293.51　H111

哈尔滨市志　第 17 卷 外事 对外经济贸易 旅游
哈尔滨市地方志编纂委员会编　哈尔滨　黑龙江人民出版社　1998 年　591 页
b10469278　K293.51　H111

哈尔滨市志　第 18 卷 金融
哈尔滨市地方志编纂委员会编　岳玉泉主编　邓焕文　关立新卷主编　哈尔滨　黑龙江人民出版社　1995 年　537 页
b10469278　K293.51　H111

哈尔滨市志　第 19 卷 财政 税务 审计
哈尔滨市地方志编纂委员会编　魏升瑞　李纲　徐立义主编　哈尔滨　黑龙江人民出版社　1996 年　858 页
b10469278　K293.51　H111

哈尔滨市志　第 20 卷 计划 统计 物资
哈尔滨市地方志编纂委员会编　王涛志　孙泰治　罗蠖主编　哈尔滨　黑龙江人民出版社　1996 年　677 页
b10469278　K293.51　H111

哈尔滨市志　第 21 卷 工商行政管理 物价
哈尔滨市地方志编纂委员会编　岳玉泉主编　哈尔滨　黑龙江人民出版社　1997 年　541 页
b10469278　K293.51　H111

哈尔滨市志　第 22 卷 环境保护 技术监督
哈尔滨市地方志编纂委员会编　岳玉泉主编　哈尔滨　黑龙江人民出版社　1998 年　339 页
b10469278　K293.51　H111

哈尔滨市志　第 23 卷 劳动 人事 档案
哈尔滨市地方志编纂委员会编　梁三基　张辅臣　郭淑媛主编　哈尔滨　黑龙江人民出版社　1997 年　781 页
b10469278　K293.51　H111

哈尔滨市志　第 24 卷 教育 科学技术
哈尔滨市地方志编纂委员会编　岳玉泉主编　哈尔滨　黑龙江人民出版社　1998 年　773 页
b10469278　K293.51　H111

哈尔滨市志　第 25 卷 报业 广播电视
哈尔滨市地方志编纂委员会编　岳玉泉主编　哈尔滨　黑龙江人民出版社　1994 年　413 页
b10469278　K293.51　H111

哈尔滨市志　第 26 卷 文化 文学艺术
哈尔滨市地方志编纂委员会编　岳玉泉主编　哈尔滨　黑龙江人民出版社　1999 年

478 页
b10469278 K293.51 H111

哈尔滨市志 第 27 卷 卫生 体育
哈尔滨市地方志编纂委员会编 岳玉泉主编 穆瑞等卷主编 哈尔滨 黑龙江人民出版社 1998 年 549 页
b10469278 K293.51 H111

哈尔滨市志 第 28 卷 中共地方组织
哈尔滨市地方志编纂委员会编 岳玉泉主编 方存忠卷主编 哈尔滨 黑龙江人民出版社 1999 年 566 页
b10469278 K293.51 H111

哈尔滨市志 第 29 卷 政权
哈尔滨市地方志编纂委员会编 房崇林等主编 哈尔滨 黑龙江人民出版社 1998 年 661 页
b10469278 K293.51 H111

哈尔滨市志 第 30 卷 政协 民主党派 工商业联合
哈尔滨市地方志编纂委员会编 岳玉泉主编 哈尔滨 黑龙江人民出版社 1997 年 538 页
b10469278 K293.51 H111

哈尔滨市志 第 31 卷 群团
哈尔滨市地方志编纂委员会编 岳玉泉主编 傅宝善卷主编 哈尔滨 黑龙江人民出版社 1997 年 613 页
b10469278 K293.51 H111

哈尔滨市志 第 32 卷 公安司法行政
哈尔滨市地方志编纂委员会编 岳玉泉主编 吴大桓 石保中卷主编 哈尔滨 黑龙江人民出版社 1996 年 556 页
b10469278 K293.51 H111

哈尔滨市志 第 33 卷 民政 侨务
哈尔滨市地方志编纂委员会编 岳玉泉主编 哈尔滨 黑龙江人民出版社 1994 年 340 页
b10469278 K293.51 H111

哈尔滨市志 第 34 卷 宗教 方言
哈尔滨市地方志编纂委员会编 岳玉泉主编 哈尔滨 黑龙江人民出版社 1998 年 742 页
b10469278 K293.51 H111

哈尔滨市志 第 35 卷 军事 军事工业
哈尔滨市地方志编纂委员会编 岳玉泉主编 哈尔滨 黑龙江人民出版社 1994 年 450 页
b10469278 K293.51 H111

哈尔滨市志 第 36 卷 人物附录
哈尔滨市地方志编纂委员会编 岳玉泉主编 哈尔滨 黑龙江人民出版社 1999 年 884 页
b10469278 K293.51 H111

中国共产党哈尔滨地方组织志资料 1945–1990
中共哈尔滨地方组织志编委会办公室编 朴逸主编 哈尔滨 中共哈尔滨地方组织志编委会办公室 200– 年 4 卷 2363 页
b20018150 D235.351 P455

中国共产党黑龙江省委员会党校志 1948.2–1998.5
刘斌主编 哈尔滨 黑龙江人民出版社 1998 年 286 页
b19410311 D261.41–09 L671 1998

哈尔滨市人民代表大会志 1992.12–2007.1
哈尔滨市人民代表大会志编纂委员会编

张臣主编 哈尔滨 博奇印刷公司 2009年 429页
b22429827 D624.351 H111 2009

哈尔滨劳动保障志 1989–2005
哈尔滨市人力资源和社会保障局史志编辑办公室编 刘志军主编 哈尔滨 哈尔滨市人力资源和社会保障局史志编辑办公室 2014年 583页
b49789090 D669.2 H111 2014

哈尔滨铁路检察志 1953–2003
马林主编 北京 哈尔滨铁路运输检察分院 2004年 206页
b21763501 D926.33 H111 2004

哈尔滨铁路运输中级法院志 1953–2008
李建辉主编 哈尔滨 黑龙江画报社 2009年 182页
b50861384 D926.22 H111 2009

哈尔滨劳动志
哈尔滨市劳动志编纂委员会编 朱守明主编 哈尔滨 黑龙江科学技术出版社 1991年 535页
b20710641 F249.273.51 Z717 1991

哈尔滨粮食志
马士成主编 哈尔滨 哈尔滨市粮食局 1985年 367页
b20566311 F327.351 M142 1985

哈尔滨电机厂志
哈尔滨电机厂志编纂委员会编 哈尔滨 哈尔滨电机厂志编纂委员会 2006年 3卷
b36128880 F426.42 H111 2006

哈尔滨市烟草志
哈尔滨市烟草志编纂委员会编 杨鹤声主编 哈尔滨 黑龙江人民出版社 2002年 301页〔黑龙江省烟草通志丛书〕
b50235035 F426.89 H111 2002

哈尔滨烟叶公司志
哈尔滨烟叶公司志编纂委员会编 董长华主编 哈尔滨 黑龙江人民出版社 2002年 207页〔黑龙江省烟草通志丛书〕
b50235023 F426.89 H1119 2002

哈尔滨轴承厂史志 1950–1985
田明珍主编 哈尔滨 哈尔滨轴承厂 1990年 306页
b4491586x F426.42 H1111 1990

黑龙江省化轻公司志 1962–1985
黑龙江省化工轻工材料公司编 关世家 杜林宽主编 哈尔滨 黑龙江省化工轻工材料总公司 1991年 373页
b50778791 F426.7 H332 1991

黑龙江省烟草物资公司志
黑龙江省烟草物资公司志编纂委员会编纂 严玉安 李晓莉编纂 哈尔滨 黑龙江人民出版社 2002年 132页〔黑龙江省烟草通志丛书〕
b50234997 F426.89 H332 2002

火电三公司志 第2卷 1986–2002
黑龙江省火电第三工程公司编 魏显忠主编 哈尔滨 黑龙江省火电第三工程公司 2002年 571页
b51012133 F426.61 H3323 2002

站志 1899–1999
哈尔滨铁路分局哈尔滨站编 高海 屈冰操主编 哈尔滨 黑龙江省教育委员会印刷厂 1999年 400页
b20467576 F532.6 G239 1999

黑龙江省烟草卷烟销售公司志
黑龙江省烟草卷烟销售公司志编纂委员会编纂 秦殿刚主编 哈尔滨 黑龙江人民出版社 2002年 298页〔黑龙江省烟草通志丛书〕
b50233956 F721.8 H332 2002

哈尔滨物价志 1888–1985
哈尔滨市物价局编 张连伦主编 哈尔滨 哈尔滨市物价局 1992年 558页
b50991656 F726.735.1 H111 1992

哈尔滨海关志
哈尔滨海关志编纂委员会编 张忠诚主编 哈尔滨 黑龙江人民出版社 1999年 340页
b15314947 F752.59 H111 1999

哈尔滨海关志 1907–1995
哈尔滨海关志编纂委员会主编 张忠诚主编 哈尔滨 黑龙江人民出版社 2017年 340页
b50232988 F752.835.1 Z369 2017

中国烟草黑龙江进出口有限责任公司志
中国烟草黑龙江进出口有限责任公司志编纂委员会编 徐景波主编 哈尔滨 黑龙江人民出版社 2002年 218页〔黑龙江省烟草通志丛书〕
b5023500x F752.658.29 Z651 2002

哈尔滨城市金融志 1946–1990
哈尔滨城市金融志编纂委员会编 白曾儒主编 哈尔滨 哈尔滨出版社 1992年 667页
b45569290 F832.735.1 B152 1992

哈尔滨书业志
赵庆骥主编 哈尔滨 哈尔滨出版社 1996年 145页
b45839736 G239.273.51 Z437 1996

哈尔滨科学技术志
哈尔滨市科学技术委员会编 鲁振宝 曹玉璞主编 哈尔滨 黑龙江科学技术出版社 1992年 611页
b49533174 G322.735.1 L813 1992

黑龙江省农垦科学院志 1989–1999
黑龙江省农垦科学院志编写委员会编 姜少周主编 哈尔滨 黑龙江省农垦科学院志编写委员会 1999年 559页
b20101612 G322.233.5 H332 1999

兆麟中学百年校志 1905–2005
兆麟中学百年校志编纂委员会编 关永文主编 哈尔滨 兆麟中学百年校志编纂委员会 2005年 350页
b46274157 G639.283.51 Z428 2005

黑龙江中医药大学基础医学院院志 1972–2012
基础医学院编 赵桂新主编 哈尔滨 黑龙江中医药大学基础医学院 2012年 638页
b49640616 G649.283.5 H33291 2012

黑龙江矿业学院志 1947–1987
黑龙江矿业学编写组编 王忠臣主编 徐州 中国矿业大学出版社 1989年 312页
b22430003 G649.283.5 H3326 1989

松花江地区志
松花江地区志编辑部编 管正信 李明芹主编 北京 中国统计出版社 1995年 1140页
b10636456 K293.52 S673

哈尔滨市地名志
哈尔滨市地名志编纂委员会编 赵洪君主

编 哈尔滨 黑龙江人民出版社 2011年 1102页
b37531001 K923.51 Z434 2011

黑龙江省哈尔滨市地名录
哈尔滨市人民政府编制 哈尔滨 哈尔滨市人民政府 1985年 507页〔黑龙江省标准化地名资料汇编〕
b20014958 K923.51 H111 1985

黑龙江省中医药科学院院志 1957-2017
黑龙江省中医药科学院院志编写委员会编 王顺主编 哈尔滨 黑龙江人民出版社 2017年 2册 814页
b50231959 R2-24 W229 2017

中国农业科学院哈尔滨兽医研究所所志 1999-2008
中国农业科学院哈尔滨兽医研究所所志编辑委员会编 赵晓岩主编 哈尔滨 中国农业科学院哈尔滨兽医研究所所志编辑委员会 2008年 389页
b45840908 S85-242.351 Z648 2008

哈尔滨水利志
郑应爽编著 哈尔滨 哈尔滨水利局 1994年 462页
b17482914 TV-092 Z5457 1994

道里区

道里区志
哈尔滨市道里区地方志编纂委员会编 哈尔滨 黑龙江人民出版社 1993年 680页
b13277285 K293.51 D277

哈尔滨市道里区志 1986-2005
汪源主编 哈尔滨 黑龙江人民出版社 2014年 733页
b46239182 K293.51 D277H 2014

南岗区

南岗区志
哈尔滨市南岗区地方志编纂委员会编 阎善德主编 哈尔滨 哈尔滨出版社 1994年 693页
b16449411 K293.51 N161 1994

哈尔滨市南岗区教育志
哈尔滨市南岗区教育委员会编 吴凤石主编 哈尔滨 哈尔滨市南岗区教育局 1991年 288页
b20181814 G527.351 H111N 1991

道外区

道外区志
哈尔滨市道外区地方志编纂委员会编 徐宝贵主编 北京 中国大百科全书出版社 1995年 738页
b13277200 K293.51 D2778

道外区志 1991-2003
道外区地方志编纂委员会编 姜世栋主编 哈尔滨 黑龙江人民出版社 2009年 686页
b20468684 K293.51 H111D 2009

哈尔滨市太平区志
哈尔滨市太平区地方志办公室编 滕茂行主编 哈尔滨 黑龙江人民出版社 1992年 386页
b12606339 K293.54 T162

哈尔滨市太平区志 1986-2003
哈尔滨市道外区地方志编纂委员会编 李宏伟主编 哈尔滨 黑龙江人民出版社

2015 年 574 页
b4712619x K293.51 T162 2015

平房区

平房区志
平房区政府地方志编纂办公室编 哈尔滨 黑龙江人民出版社 1997 年 751 页
b10468432 K293.54 P612

香坊区

动力区志
哈尔滨市动力区地方志编纂委员会编 孙树圻主编 北京 中国大百科全书出版社 1995 年 522 页
b20099721 K293.51 D623 1995

哈尔滨市动力区志 1989–2006
哈尔滨市香坊区地方志编纂委员会编 周传龙主编 哈尔滨 黑龙江人民出版社 2012 年 510 页
b44748863 K293.51 D623H 2012

哈尔滨市香坊区志 1991–2006
哈尔滨市香坊区地方志编纂委员会编 周传龙主编 哈尔滨 黑龙江人民出版社 2013 年 694 页
b49938484 K293.51 X259 2013

香坊区志
哈尔滨市香坊区地方志编纂委员会编 杨凤鸣主编 哈尔滨 哈尔滨出版社 1995 年 639 页
b12805002 K293.54 X259

香坊区教育志 1991–2005
哈尔滨市香坊区教育局编 薛树林主编 哈尔滨 哈尔滨市香坊区教育局 2006 年 68 页
b20181826 G527.351 X259 2006

呼兰区

呼兰县志
呼兰县志编纂委员会编 姜世忠主编 北京 中华书局 1994 年 1022 页
b13611306 K293.54 H4555

呼兰县志 1991–2003
哈尔滨市呼兰区地方志办公室编 赵禹主编 哈尔滨 黑龙江人民出版社 2008 年 876 页
b20209034 K293.54 H4555 2008

呼兰县土地志
呼兰县土地管理局编 呼兰 黑龙江省呼兰县土地管理局 2000 年 412 页
b16428419 F327.354 H455 2000

呼兰县教育志
呼兰县教育局教育志编纂组编 呼兰 呼兰县建国小学印刷厂 1988 年 370 页
b18120635 G527.354 H455 1988

哈尔滨市呼兰区第一中学校志 1914–2014
王路主编 哈尔滨 黑龙江教育出版社 2014 年 499 页
b4627358x G639.283.51 H111 2014

阿城区

阿城县志
阿城县志编纂委员会办公室编 李洪德主编 哈尔滨 黑龙江人民出版社 1988 年 743 页
b10598030 K293.54 A112

阿城市志 1986-2005
阿城市志编纂委员会编著 张立民主编 哈尔滨 黑龙江人民出版社 2008年 1134页
b20198103 K293.53 A112 2008

中共阿城市委党校志 1949.10-2000.12
中共阿城市委党校编 阿城 中共阿城市委党校 2000年 276页
b21571351 D261.41 Z64311 2000

阿城市土地志
阿城市土地志编纂委员会办公室编 阿城 阿城市土地管理局 1998年 444页
b1643318x F327.353 A112 1998

阿城市公路交通志
阿城市交通局编 阿城 阿城市交通局 1991年 331页
b2004141x F542.835.3 A112 1991

黑龙江省阿城县地名录
黑龙江省阿城县地名领导小组编 阿城 黑龙江省阿城县地名领导小组 1981年 132页〔黑龙江省标准化地名资料汇编〕
b17121085 K923.54 A112 1981

双城区

双城县志
双城县志编纂委员会办公室编 李益兴主编 北京 中国展望出版社 1990年 983页
b10636651 K293.54 S592

双城市志 1986-2005
哈尔滨市双城区地方志编纂委员会编 葛文庆主编 哈尔滨 黑龙江人民出版社 2016年 720页
b50697407 K293.51 S592 2016

双城市土地志
双城市土地管理局史志编纂办公室编 田忠禹主编 双城 双城市土地管理局史志编纂办公室 1998年 435页
b51072646 F327.354 S592 1998

双城县粮食志
双城县粮食志编纂委员会编 荀文复主编 双城 双城市粮食局 1994年 643页
b4984989x F724.721 S592 1994

尚志市

尚志县志
尚志市地方志编纂委员会办公室编纂 佟常存主编 北京 中国展望出版社 1990年 571页
b10625069 K293.54 S321

尚志市教育志 1900-2002
尚志市教育志编纂委员会编 李晔主编 尚志 尚志市教育局 2009年 776页
b40864145 G527.354 S321 2009

黑龙江省尚志县地名录
尚志县地名领导小组 尚志 尚志县人民政府 1981年 175页〔黑龙江省标准化地名资料汇编〕
b16424499 K923.54 S321 1981

五常市

五常县志
五常县地方志编纂委员会编 哈尔滨 黑龙江人民出版社 1989年 970页
b10636535 K293.54 W538

五常市志 1986-2005
五常市地方志编纂委员会编著 杨勇 李树

成 张伟主编 哈尔滨 黑龙江人民出版社 2010年 983页
b40648424 K293.53 W5381 2010

五常市牛家满族镇志
五常市牛家满族镇志编纂委员会编 刘凤林主编 哈尔滨 黑龙江人民出版社 2010年 948页
b36168580 K293.55 N435 2010

五常粮食志
五常市粮食局编 石秀禄主编 哈尔滨 东北林业大学出版社 1994年 519页
b45839542 F724.721 W538 1994

五常县教育志 1756–1984
黑龙江省五常县教育志编辑委员会编 姜化民主编 五常 黑龙江省五常县教育志编辑委员会 1985年 647页
b36014606 G527.354 W538 1985

五常朝鲜民族志
五常市朝鲜民族事业促进会编著 黄彪主编 哈尔滨 黑龙江人民出版社 2017年 402页
b50255356 K281.9 W538 2017

依兰县

依兰县志
黑龙江省依兰县志办公室编 关文选主编 哈尔滨 黑龙江人民出版社 1990年 1043页
b10630508 K293.54 Y412

依兰县志 1986–2005
石成柱主编 哈尔滨 黑龙江人民出版社 2015年 1083页
b47072830 K293.54 Y412C 2015

依兰县土地志
徐廷仪主编 依兰 依兰县土地管理局 2000年 358页
b17992928 F327.354 X579 2000

依兰县烟草志
依兰县烟草志编纂委员会编 王庆君主编 哈尔滨 黑龙江人民出版社 2002年 126页〔黑龙江省烟草通志丛书〕
b50234985 F426.89 Y412 2002

方正县

方正县志
方正县志编纂委员会编 赵青林 柴险峰主编 北京 中国展望出版社 1990年 708页
b10796599 K293.54 F226

宾 县

宾县志
宾县地方志办公室编 徐剑影 张德润主编 哈尔滨 黑龙江人民出版社 1991年 1216页
b10616524 K293.54 B494

宾县农村信用合作志
宾县农村信用合作联社编 范洪喜主编 宾县 宾县农村信用合作联社 2008年 574页
b49802811 F832.35 B494 2008

宾县第一中学百年校志 1911–2011
王树圃主编 宾县 宾县第一中学 2011年 337页
b41235964 G639.283.54 B494 2011

黑龙江省宾县地名录
宾县人民政府编制 宾县 宾县人民政府

1982 年 159 页〔黑龙江省标准化地名资料汇编〕
b17121097 K923.54 B494 1982

巴彦县

巴彦县志
巴彦县县志办公室编 张旭和主编 哈尔滨 黑龙江人民出版社 1990 年 838 页
b10625227 K293.54 B114

兴隆林业局志
黑龙江省兴隆林业局史志编辑室编 陈世昌主编 巴彦 黑龙江省兴隆林业局 1993 年 602 页
b2322907x F326.273.5 C432 1993

巴彦县文艺志
马天晓编写 巴彦 巴彦县文化局 1990 年 204 页
b20013814 G127.354 M142 1990

黑龙江省巴彦县地名录
巴彦县人民政府编制 巴彦 巴彦县人民政府 1984 年 146 页
b20368628 K923.54 B114 1984

木兰县

木兰县志
木兰县志编纂委员会编 哈尔滨 黑龙江人民出版社 1989 年 651 页
b10625082 K293.54 M689

木兰县志 1986-2005
木兰县志编纂委员会编著 刘伟山主编 哈尔滨 黑龙江人民出版社 2010 年 880 页
b4042103x K293.54 M689 2010

政协木兰县委员会志
张润田 周铭德主编 郭喜堂执行主编 木兰 政协木兰县委员会办公室 2006 年 686 页
b20141919 D628.354 M689 2006

木兰县教育志
王光迅主编 哈尔滨 黑龙江教育出版社 2003 年 809 页
b16430293 G527.354 W217 2003

黑龙江省木兰县地名录
木兰县人民政府编制 木兰 木兰县人民政府 1981 年 141 页〔黑龙江省标准化地名资料汇编〕
b1712590x K923.54 M689 1981

通河县

通河县志
通河县志编纂委员会编 杨枫主编 北京 中国展望出版社 1990 年 548 页
b10644982 K293.54 T426

岔林河农场志 1984-2005
岔林河农场志编纂委员会编 刘金贵主编 通河 岔林河农场志编纂委员会 2007 年 467 页
b5031872x F324.1 C275 2007

延寿县

延寿县志
黑龙江省延寿县志编纂委员会办公室编 吴兴斌 崔树林主编 海南 三环出版社 1991 年 757 页
b10727358 K293.54 Y174

延寿林业志
王振昌 邢延秋 刘荣娴合编 延寿 延寿县林业局 1984 年 289 页
b50248546 F326.273.54 Y174 1984

黑龙江省延寿县地名录
延寿县人民政府编制 延寿 延寿县人民政府 1981 年 142 页〔黑龙江省标准化地名资料汇编〕
b16028600 K923.54 Y174 1981

黑龙江省延寿县水利志
延寿县水利局编 戴春富主编 延寿 黑龙江省延寿县印刷厂 1989 年 419 页
b21857945 TV-092 Y1747 1989

齐齐哈尔市

齐齐哈尔市志 第 1 卷 综合
齐齐哈尔市志编审委员会 褚唤民总编 合肥 黄山书社 1998 年 681 页〔中华人民共和国地方志丛书〕
b13655358 K293.53 Q139

齐齐哈尔市志 第 2 卷 政治
齐齐哈尔市志编审委员会 潘晓黎总编 合肥 黄山书社 1999 年 627 页〔中华人民共和国地方志丛书〕
b13655358 K293.53 Q139

齐齐哈尔市志 第 3 卷 经济
齐齐哈尔市志编审委员会 潘晓黎总编 合肥 黄山书社 2000 年 853 页〔中华人民共和国地方志丛书〕
b13655358 K293.53 Q139

齐齐哈尔市志 第 4 卷 文化
齐齐哈尔市志编审委员会 潘晓黎总编 合肥 黄山书社 1999 年 826 页〔中华人民共和国地方志丛书〕
b13655358 K293.53 Q139

齐齐哈尔市志 第 17 卷 金融志
高家武主编 北京 中国金融出版社 1992 年 351 页
b2095105x K293.53 Q139C

齐齐哈尔市志稿 地名志
齐齐哈尔市志总编辑室编 齐齐哈尔 齐齐哈尔市铁路印刷厂 1992 年 171 页
b16426939 K293.53 Q139D 1992

齐齐哈尔市志稿 经济管理志
齐齐哈尔市志总编辑室编 陈键主编 齐齐哈尔 齐齐哈尔市地方志办公室 1996 年 215 页
b36129069 K293.53 Q139DC 1996

齐齐哈尔市志稿 城市建设志
齐齐哈尔市志总编辑室编 梁敏主编 齐齐哈尔 齐齐哈尔市志总编辑室 1991 年 197 页
b50152336 K293.53 Q139DCS 1991

齐齐哈尔市志稿 军事志
齐齐哈尔市志总编辑室编 叶永才主编 齐齐哈尔 齐齐哈尔市地方志办公室 1988 年 87 页
b36129070 K293.53 Q139DD 1988

齐齐哈尔市志稿 民政志
齐齐哈尔市志总编辑室编 顾宏伟主编 齐齐哈尔 齐齐哈尔市地方志办公室 1991 年 90 页
b36129082 K293.53 Q139DE 1991

齐齐哈尔市志稿 工业志
齐齐哈尔市志总编辑室编 邢永绵主编 齐

齐哈尔 齐齐哈尔市志总编辑室 1999 年 285 页
b50152348 K293.53 Q139DG 1999

齐齐哈尔市志稿 教育志
齐齐哈尔市志总编辑室编 李江晓主编 齐齐哈尔 齐齐哈尔市地方志办公室 1993 年 237 页
b36014473 K293.53 Q139DJ 1993

齐齐哈尔市志稿 交通志
齐齐哈尔市志总编辑室编 王洗尘主编 齐齐哈尔 齐齐哈尔市志总编辑室 1993 年 162 页
b5015235x K293.53 Q139DJT 1993

齐齐哈尔市志稿 科学志
齐齐哈尔市志总编室编 林科植 王延华主编 齐齐哈尔 齐齐哈尔市地方志办公室 1996 年 179 页
b50152361 K293.53 Q139DK 1996

齐齐哈尔市志稿 民族志
齐齐哈尔市志总编辑室编 敖海林主编 齐齐哈尔 齐齐哈尔市志总编辑室 1996 年 168 页
b50152373 K293.53 Q139DM 1996

齐齐哈尔市志稿 农业志
齐齐哈尔市志总编辑室编 康荣本主编 齐齐哈尔 齐齐哈尔市志总编辑室 1992 年 305 页
b50152324 K293.53 Q139DN 1992

齐齐哈尔市志稿 文化艺术志
齐齐哈尔市志总编辑室编 褚唤民总编 李文龙主编 齐齐哈尔 齐齐哈尔市地方志办公室 1993 年 171 页
b50152385 K293.53 Q139DW 1993

政协齐齐哈尔市委员会志 1987–2007
政协黑龙江省齐齐哈尔市委员会编 高景洲总编 李东玮撰稿 齐齐哈尔 齐齐哈尔日报社印刷厂 2009 年 400 页
b20883225 D628.353 Q139 2009

齐齐哈尔第二机床厂志 1950–1985
孙振英主编 哈尔滨 黑龙江人民出版社 1992 年 625 页
b50234201 F426.4 Q139 1992

齐齐哈尔电业局志 第 1 卷 1908–1985
鞠殿春主编 齐齐哈尔 齐齐哈尔市电业局志办公室 1988 年 480 页
b49704837 F426.61 Q139 1988

齐齐哈尔烟草志
齐齐哈尔烟草志编纂委员会编 孙建华主编 哈尔滨 黑龙江人民出版社 2002 年 334 页〔黑龙江省烟草通志丛书〕
b50235047 F426.89 Q139 2002

齐齐哈尔造纸厂志 第 1 卷 1949–1985.
徐臻主编 合肥 黄山书社 1994 年 394 页
b50268910 F426.83 Q139 1994

铁道部齐齐哈尔车辆工厂厂志 1935–1984
赵亚华主编 哈尔滨 黑龙江美术出版社 1986 年 594 页
b50319267 F426.472 T389 1986

工程公司志 1973–2000
齐齐哈尔铁路分局基层单位志编审委员会编 秦元常主编 北京 中国铁道出版社 2002 年 333 页〔齐齐哈尔铁路分局基层单位志〕
b51011888 F532.835 Q139 2002

林海运输管理中心志 1970–2000
齐齐哈尔铁路分局基层单位志编审委员会编 田德生主编 北京 中国铁道出版社 2006年 498页〔齐齐哈尔铁路分局基层单位志〕
b51072531 F532.835–09 L586 2006

龙江车务段志 1896–2000
齐齐哈尔铁路分局基层单位志编审委员会编 于永华主编 北京 中国铁道出版社 2003年 392页〔齐齐哈尔铁路分局基层单位志 92001〕
b49848963 F532.835–09 L741 2003

齐齐哈尔车轮厂志 1954–2000
齐齐哈尔铁路分局基层单位志编审委员会 齐齐哈尔车轮厂志编审委员会编辑 顾书华主编 北京 中国铁道出版社 2002年 292页〔齐齐哈尔铁路分局基层单位志〕
b49849013 F532.6 Q1391 2002

齐齐哈尔站志 1928–2000
齐齐哈尔站志编审委员会编辑 凌杰主编 北京 中国铁道出版社 2002年 438页〔齐齐哈尔铁路分局基层单位志 1〕
b49849025 F532.6 Q139 2002

齐齐哈尔地方税务局志 1994–2004
齐齐哈尔市地方税务局编制 齐齐哈尔 齐齐哈尔市地方税务局 2005年 556页
b49982771 F812.735.342 Q139 2005

齐齐哈尔市财政志
王殿生主编 哈尔滨 黑龙江人民出版社 1995年 771页
b2041805x F812.735.3 W214 1995

齐齐哈尔市税务志 1734–1985
齐齐哈尔市税务志局编 齐齐哈尔 齐齐哈尔市税务志局 1990年 521页
b49505610 F812.735.3 Q139 1990

齐齐哈尔市金融志 1986–2010
郑传玉主编 哈尔滨 黑龙江人民出版社 2016年 727页
b49769996 F832.735.3 Q139 2016

齐齐哈尔日报报业集团社志 1994.9–2004.9
报业集团社志编纂委员会编 王伟主编 齐齐哈尔 齐齐哈尔日报报业集团报业集团社志编纂委员会 2004年 406页
b47352371 G219.24 Q139 2004

齐齐哈尔市广播电视志 1986–2005
金伟 王涛主编 哈尔滨 黑龙江人民出版社 2007年 529页
b49550019 G229.273.53 Q139 2007

齐齐哈尔教育志 1743–1985
齐齐哈尔市教育志编审委员会编 果承刚主编 齐齐哈尔 齐齐哈尔市教育委员会 1993年 640页
b20182132 G527.353 Q139 1993

校志 1907–2007
于湘秋主编 齐齐哈尔 齐齐哈尔市建华区二马路小学校 2007年 208页
b40743664 G629.283.53 Q139 2007

鹤鸣九皋 水润芳华 校志 1952–2012
赵恕 刘玉璞 王金主编 齐齐哈尔 齐齐哈尔市第三中学 2012年 322页
b47585006 G639.283.53 Q1393 2012

齐齐哈尔市第一中学校校志 1908–2008
胡世才主编 齐齐哈尔 齐齐哈尔市第一中学校 2008年 406页
b22431342 G639.283.53 Q1392 2008

齐齐哈尔市实验中学校志 1950–2010
齐齐哈尔市实验中学校志编写组编 齐齐哈尔 齐齐哈尔市实验中学校志编写组 2010年 125页
b44908921 G639.283.53 Q1397 2010

齐齐哈尔市职业教育中心学校校志 1967.10–1997.10
辛超主编 齐齐哈尔 齐齐哈尔市职业教育中心学校 1997年 108页
b20103359 G639.283.53 Q139 1997

齐齐哈尔铁路第一中学校志 1949–2002
吴德连 兰良主编 齐齐哈尔 齐齐哈尔铁路第一中学 2003年 184页
b49607923 G639.283.53 Q1398 2003

峥嵘岁月 齐齐哈尔中学校志 1949–2009
吴德连 庄爱平主编 哈尔滨 哈尔滨市群新彩印包装公司 2009年 278页
b22032885 G639.283.53 Q1399 2009

齐齐哈尔轻工学院志
齐齐哈尔轻工学院校史志编审委员会编 张元士主编 北京 中国轻工业出版社 1997年 672页
b50268697 G649.283.53 Q1397 1997

齐齐哈尔师范高等专科学校校志 1906–2006
薛宝林 张鹏志主编 齐齐哈尔 齐齐哈尔师范高等专科学校 2006年 372页
b20577473 G649.283.5 Q139 2006

齐齐哈尔市师范学校志 1906–1985
李锦程 欧阳孚主编 齐齐哈尔 齐齐哈尔市师范学校 1990年 276页
b20103347 G659.283.53 Q139L 1990

加格达奇职工专业技术学校志 1979–2000
齐齐哈尔铁路分局基层单位志编审委员会 加格达奇职工专业技术学校志编审委员会编辑 张锁山主编 北京 中国铁道出版社 2003年 249页〔齐齐哈尔铁路分局基层单位志〕
b36248514 G719.283.53 J213 2003

齐齐哈尔铁路工程学校校志
齐齐哈尔铁路工程学校校志编写组编 齐齐哈尔 齐齐哈尔铁路工程学校印刷厂 1986年 223页
b20103360 G719.283.53 Q139 1986

齐齐哈尔文物志
辛健 沈沉主编 哈尔滨 黑龙江人民出版社 2017年 325页
b5023299x K872.353 Q139 2017

黑龙江省齐齐哈尔市地名录
齐齐哈尔市人民政府编 齐齐哈尔 齐齐哈尔市人民政府 1985年 368页〔黑龙江省标准化地名资料汇编〕
b20016293 K923.53 Q139 1985

齐齐哈尔市水利志 市区部分
吴化鹏 宋玉萍主编 哈尔滨 黑龙江科学技术出版社 1991年 154页
b21855651 TV-092 Q139 1991

建华区

齐齐哈尔市建华区志 1649–1995
郭祥玉主编 哈尔滨 黑龙江人民出版社 2005年 735页〔黑龙江省地方志丛书〕
b15988831 K293.53 Q139J 2005

齐齐哈尔市建华区志 1996–2005
齐齐哈尔市建华区地方志编纂委员会编

王伟主编 哈尔滨 黑龙江人民出版社 2011 年 636 页
b3616866x K293.53 Q139E 2011

龙沙区

龙沙区志
龙沙区志编纂委员会编 孙振华主编 哈尔滨 黑龙江人民出版社 2000 年 888 页〔中华人民共和国地方志丛书〕
b16449290 K293.53 Q139L 2000

龙沙区志 1996–2005
龙沙区志编纂委员会编 鲁杰主编 哈尔滨 黑龙江人民出版社 2017 年 704 页
b50817231 K293.53 Q139L 2017

铁锋区

齐齐哈尔市铁锋区志 1991–2005
王振东主编 哈尔滨 黑龙江人民出版社 2009 年 484 页
b30002278 K293.53 Q139T 2009

齐齐哈尔市铁锋区查罕诺村志
查罕诺村志编纂委员会编 沈贵卿主编 齐齐哈尔 齐齐哈尔市新闻出版局 2001 年 349 页
b23003479 K293.55 Z255 2001

铁锋区人大志
铁锋区人民代表大会志编纂委员会编 孟繁立主编 齐齐哈尔 铁锋区人民代表大会志编纂委员会 2006 年 269 页
b36014114 D624.353 Q139T

昂昂溪区

昂昂溪区志
姚丽华主编 哈尔滨 黑龙江人民出版社 2006 年 512 页
b17298520 K293.53 Q139A 2006

富拉尔基区

齐齐哈尔市富拉尔基区志 1986–2005
段喜林主编 哈尔滨 黑龙江人民出版社 2009 年 676 页
b20882956 K293.53 Q139F 2009

碾子山区

碾子山地名志略
齐齐哈尔市碾子山区地方志办公室编 赵守仁编著 齐齐哈尔 齐齐哈尔市委印刷厂 2007 年 152 页〔碾子山史志丛书〕
b21277837 K293.53 Q139NA 2007

碾子山石文化图志
齐齐哈尔市碾子山区地方志办公室编 康连梦 李士友编著 齐齐哈尔 齐齐哈尔市委印刷厂 2007 年 108 页〔碾子山史志丛书〕
b2131844x K293.53 Q139ND 2007

梅里斯达斡尔族区

齐齐哈尔市梅里斯达斡尔族区志
梅里斯达斡尔族区志编纂委员会编 杜兴毅主编 合肥 黄山书社 1999 年 696 页
b13888080 K293.53 Q139M

讷河市

讷河市志 1986–2005
讷河市志编纂委员会编 洪加才主编 哈尔滨 黑龙江人民出版社 2013 年 623 页
b46273608 K293.53 N239 2013

讷河市审计志 1983–2008
黑龙江省讷河市审计局编 孟庆江编著 讷河 黑龙江省讷河市审计局 2010年 321页
b49506213 F239.227.353 N239 2010

讷河市地方税务局局志 1994–2004
讷河市地方税务局局志编委办编 讷河 讷河市地方税务局局志编委办 2004年 401页
b49982758 F812.735.4 N239 2004

讷河市人物志
孟庆江编著 讷河 讷河市政协文史资料委员会 1998年 332页
b18569158 K820.835.4 M369 1998

讷河县文物志
讷河县文物志编写组编 孟庆江总纂 哈尔滨 北方文物杂志社 1986年 101页
b36378872 K872.354 N239 1986

黑龙江省讷河县地名录
讷河县人民政府编制 孟庆江主编 讷河 讷河县人民政府 1986年 188页〔黑龙江省标准化地名资料汇编〕
b36245537 K923.54 N239 1986

龙江县

龙江县志
黑龙江省龙江县地方志编纂委员会编 张国昌主编 北京 中国城市出版社 1991年 758页
b13277029 K293.54 L741

龙江县教育志
黑龙江省龙江县教育志编纂领导小组编 武秉华主编 龙江 黑龙江省龙江县教育志编纂领导小组 1988年 291页
b20181863 G527.354 L741 1988

黑龙江省龙江县地名录
龙江县人民政府编制 龙江 龙江县人民政府 1982年 175页〔黑龙江省标准化地名资料汇编〕
b17125911 K923.54 L741 1982

龙江县水利志
龙江县水利志编写组编 杨树明 丰金田主编 哈尔滨 黑龙江人民出版社 1988年 235页〔龙江县地方志丛书〕
b21855663 TV–092 Y246 1988

依安县

依安县志
黑龙江省依安县地方志编纂委员会编 孙光忠主编 北京 中国青年出版社 1989年 483页
b10617280 K293.54 Y4121

黑龙江省依安县地名录
依安县人民政府办公室编制 依安 依安县人民政府办公室 1983年 175页〔黑龙江省标准化地名资料汇编〕
b36245550 K923.54 Y412 1983

依安县医药志
黑龙江省依安县医药药材公司编 刘玉明主编 依安 黑龙江省依安县医药药材公司 1987年 291页〔黑龙江省医药诸志丛书〕
b50066894 R199.2 Y412 1987

泰来县

泰来县志
泰来县地方志办公室编 人钧主编 哈尔滨 黑龙江人民出版社 1992年 658页

b10616603 K293.54 T163

泰来县志 1986–2005
人钧主编 哈尔滨 黑龙江人民出版社 2010年 926页
b50777609 K293.54 T163 2010

黑龙江省泰来县地名录
黑龙江省泰来县人民政府编制 泰来 黑龙江省泰来县人民政府 1982年 146页〔黑龙江省标准化地名资料汇编〕
b20369219 K923.54 T163 1982

甘南县

甘南县志
甘南县地方志编纂委员会编 何文光主编 合肥 黄山书社 1992年 770页
b16432897 K293.54 G157 1992

甘南县志 1986–2005
骆国强 何文光主编 哈尔滨 黑龙江人民出版社 2010年 695页
b23216566 K293.54 G157 2010

查哈阳农场志 1991–2000
查哈阳农场志编审委员会编 刁家本 吕文琦主编 甘南 查哈阳农场志编审委员会 2005年 801页
b41234650 F324.1 Z255 2005

黑龙江省甘南县地名录
甘南县人民政府编制 甘南 甘南县人民政府 1982年 111页〔黑龙江省标准化地名资料汇编〕
b36245513 K923.54 G157 1982

富裕县

富裕县志
富裕县志编纂委员会编 姜成厚 纪永长主编 北京 中共党史资料出版社 1990年 499页
b10727735 K293.54 F497

克山县

克山县志
克山县志编纂委员会编 孙剑平主编 北京 中国经济出版社 1991年 827页
b10760416 K293.54 K282

克山农场志 1985–2000
克山农场志编纂委员会编 刘世禄主编 克山 克山农场志编纂委员会 2006年 932页
b4954990x F324.1 K282 2006

克东县

克东县志
克东县志编纂委员会办公室编 哈尔滨 黑龙江人民出版社 1987年 457页
b10631264 K293.54 K2822

拜泉县

拜泉县志
拜泉县志编审委员会办公室编 雒洪海总纂 哈尔滨 黑龙江人民出版社 1988年 638页
b11470586 K293.54 B176

黑龙江省拜泉县地名录
拜泉县人民政府编制 拜泉 拜泉县人民政府 1982年 138页〔黑龙江省标准化地名资料汇编〕

b36245495　K923.54 B176 1982

鸡西市

鸡西市志
鸡西市地方志编纂委员会编著 罗树忠主编 北京 方志出版社 1996年 2卷 1436页
b10503390　K293.53 J119

鸡西市工商行政管理志
鸡西市工商局 鸡西市工商行政管理志编委会编 鸡西 鸡西市工商行政管理志编委会 1989年 371页
b23229123　F123.82 J119 1989

鸡西市烟草志
鸡西市烟草志编纂委员会编 马绍彬编辑 哈尔滨 黑龙江人民出版社 2002年 336页〔黑龙江烟草通志丛书〕
b50234857　F426.89 J119 2002

龙煤集团鸡西分公司志 1986–2010
龙煤集团鸡西分公司志1986–2010年编纂委员会编 成照东 刘维久执行主编 北京 煤炭工业出版社 2011年 2卷 920页
b49848975　F426.21 L741 2011

鸡西市交通志
董旭升主编 北京 档案出版社 1992年 589页
b20043259　F512.735.3 D596 1992

恒山区

鸡西市恒山区志 1906–2006
恒山区地方志编纂委员会编 姜敏 王伟梁飞翔主编 哈尔滨 黑龙江人民出版社 2010年 1104页〔中华人民共和国地方志丛书〕
b21579106　K293.53 J119H 2010

虎林市

虎林县志
虎林县志编纂委员会编 刘翰章主编 北京 中国人事出版社 1992年 864页
b1050333x　K293.54 H495

虎林市志 1986–2005
黑龙江省虎林市地方志编纂委员会编 张国辉主编 哈尔滨 黑龙江人民出版社 2013年 835页
b47584877　K293.54 H495C 2013

八五〇农场志 1985–2000
八五〇农场志编纂委员会编 李华森 郝振武主编 虎林 八五〇农场志编纂委员会 2003年 604页
b50318846　F324.1 B1115 2003

密山市

密山县志
密山县志编纂委员会编 北京 中国标准出版社 1993年 975页
b10503262　K293.54 M421

密山市志 1986–2005
密山市志编纂委员会编 刘晓军主编 哈尔滨 黑龙江人民出版社 2017年 751页
b50747769　K293.53 M421 2017

鸡东县

鸡东县志
鸡东县志编纂委员会办公室编 李魁生等编辑 鸡东 鸡东县志编纂委员会办公室 1989年 462页

b10760404 K293.54 J119

鸡东县志 1986–2005
鸡东县地方志编纂委员会编 王晓峰主编 哈尔滨 黑龙江人民出版社 2018 年 1143 页
b50747605 K293.54 J119C 2018

鹤岗市

鹤岗市志
鹤岗市地方志编纂委员会办公室编 赵学礼主编 哈尔滨 黑龙江人民出版社 1990 年 829 页
b10616937 K293.53 H312

鹤岗市烟草志
鹤岗市烟草志编纂委员会编 关际奎主编 哈尔滨 黑龙江人民出版社 2002 年 320 页〔黑龙江省烟草通志丛书〕
b50234894 F426.89 H312 2002

普阳农场志 1986–2000
普阳农场史编审委员会编 佳木斯 佳木斯劝业印刷制版公司 2001 年 474 页
b2004480x F324.1 P693 2001

黑龙江省鹤岗市地名录
鹤岗市地名领导小组编制 鹤岗 鹤岗市地名领导小组 1983 年 108 页〔黑龙江省标准化地名资料汇编〕
b17151697 K923.53 H312 1983

萝北县

萝北县志
萝北县地方志编纂委员会编 王文光主编 北京 中国人事出版社 1992 年 884 页
b10727929 K293.54 L926

萝北县志 1906–1985
萝北县政府史志办公室编纂 王文光主编 北京 五洲传播出版社 2012 年 643 页
b49962954 K293.54 L926C 2012

宝泉岭农场志 1950–1985
黑龙江省宝泉岭农场场志办公室编 萝北 黑龙江省宝泉岭农场志编审委员会 1990 年 515 页
b36245136 F324.1 B268 1990

萝北粮食志 1906–1989
萝北县粮食志编纂委员会编 陈万才主编 萝北 萝北县粮食志编纂委员会 1991 年 461 页
b50066420 F724.721 L926 1991

宝泉岭高级中学校志 1981–2011
宝泉岭高级中学校志编纂委员会编 邓夫勤 李小平 张英兴主编 哈尔滨 黑龙江远东联达教育文化传媒有限公司 2011 年 280 页
b46273724 G639.283.54 B268 2011

共青农场志 1955–1985
黑龙江省共青农场志编纂委员会办公室编 萝北 黑龙江省共青农场志编纂委员会办公室 1994 年 685 页
b12643683 K293.55 G455

共青农场志 1986–2000
共青农场志编纂委员会 金洪洋主编 萝北 共青农场志编纂委员会 2006 年 483 页
b49640021 K293.55 G455B 2006

绥滨县

绥滨县志
绥滨县地方志编纂委员会编 刘殿启主编

北京 方志出版社 1996年 632页
b10468456 K293.54 S7471

二九〇农场志 1955–1985
黑龙江省二九〇农场场史办公室编辑 佳木斯 佳木斯书刊印刷厂 1990年 403页
b1951704x F324.1 H3322 1990

二九〇农场志 2001–2011
二九〇农场志编纂委员会编 绥滨 二九〇农场志编纂委员会 2013年 579页
b49963570 F324.1 H3322 2013

绥滨县地名志
绥滨县地名志编辑部编著 李仁刚主编 哈尔滨 黑龙江人民出版社 2016年 325页
b5064290x K923.54 S747 2016

双鸭山市

双鸭山市志
双鸭山市地方志编纂委员会办公室编 孙文采主编 北京 中国展望出版社 1991年 1135页
b10570561 K293.53 S592

双鸭山矿务局志 1914–1985
崔沛文主编 南京 南京大学出版社 1989年 528页
b22921485 F426.21 S592 1989

双鸭山市烟草志
双鸭山市烟草志编纂委员会编 孙胜良主编 哈尔滨 黑龙江人民出版社 2002年 426页〔黑龙江省烟草通志丛书〕
b50234869 F426.89 S592 2002

黑龙江省双鸭山市地名录
黑龙江省双鸭山市人民政府编制 双鸭山 黑龙江省双鸭山市人民政府 1983年 103页〔黑龙江省标准化地名资料汇编〕
b36245549 K923.53 S592 1983

集贤县

集贤县志
黑龙江省集贤县县志编纂委员会编 栾中书主编 集贤 黑龙江省集贤县县志编纂委员会 1985年 869页
b10628332 K293.54 J145

集贤县志 1982–2005
郭恩普主编 哈尔滨 黑龙江人民出版社 2015年 759页
b49506018 K293.54 J145 2015

集贤县教育志 1914–1999
孙风林主编 集贤 集贤县教育志编审委员会 1999年 447页
b27575792 G527.354 J145 1999

宝清县

宝清县志
宝清县地方志编纂委员会编 刘广运主编 宝清 宝清县地方志编纂委员会 1993年 737页
b13849426 K293.54 B268

宝清县志 1986–2005
齐魁元主编 哈尔滨 黑龙江人民出版社 2011年 1053页
b36174361 K293.54 B268 2011

八五二农场志 1985–2000
姜绍林主编 哈尔滨 八五二农场志编审委员会 2006年 642页
b36245100 F324.1 B111 2006

八五三农场志 1956–1985
八五三农场志编审委员会编 梁士魁主编 宝清 八五三农场志编审委员会 1986 年 516 页
b50317805 F324.1 B1117C 1986

八五三农场志 1986–2000
八五三农场志编纂委员会编 王子端主编 宝清 八五三农场志编纂委员会 2006 年 654 页
b36245112 F324.1 B1117 2006

黑龙江宝清七星河湿地自然保护区植物志
七星河湿地自然保护区植物志编委会编 湛盛田主编 宝清 黑龙江宝清七星河湿地自然保护区 2003 年 475 页
b50066171 Q948.523.54 B268 2003

饶河县

饶河县志
饶河县地方志编纂办公室编 姚中嵋撰 哈尔滨 黑龙江人民出版社 1992 年 928 页
b10727905 K293.54 R158

饶河县志 1986–2005
饶河县地方志编纂委员会编 鞠桂兰主编 哈尔滨 黑龙江人民出版社 2009 年 874 页
b20467096 K293.54 R158 2009

八五九农场志 1985–2005
八五九农场志编纂委员会编 贾乃生 张士凡主编 饶河 八五九农场志编纂委员会 2009 年 650 页
b50017238 F324.1 B1119 2009

饶河农场志 1986–2000
徐星彪 王德强主编 哈尔滨 黑龙江人民出版社 2005 年 423 页〔红兴隆农垦史志丛书〕
b20951188 F324.1 X581 2005

黑龙江省饶河县地名录
饶河县人民政府编 饶河 饶河县人民政府 1988 年 148 页〔黑龙江省标准化地名资料汇编〕
b21275956 K923.54 R158 1988

大庆市

大庆市志
大庆市地方志编纂委员会办公室编 时永发主编 南京 南京出版社 1988 年 998 页
b11309672 K293.53 D136

大庆市志 1986–2005
大庆市地方志编纂委员会办公室编 哈尔滨 黑龙江人民出版社 2014 年 1460 页
b49788887 K293.53 D136C 2014

大庆石油化工总厂纪检监察志 1961–1997
中共大庆石油化工总厂纪律检查委员会编 中国石油大庆石油化工总厂监察处编 宏学诚主编 大庆 中共大庆石油化工总厂纪律检查委员会 1998 年 603 页
b50861402 D262.6 D1357 1998

大庆市人民代表大会志 1980–2010
大庆市人民代表大会志编纂委员会编 白满主编 大庆 大庆市人民代表大会志编纂委员会 2011 年 510 页
b49533058 D624.353 D136 2011

大庆市司法行政志
大庆市司法局编 周文龙主编 大庆 大庆市司法局 2009 年 324 页
b50991644 D927.353.61 D136 2009

大庆石油管理局供水公司志 第1卷
供水公司志编纂委员会编 大庆 供水公司志编纂委员会 2005年 373页
b50016787 F299.241 D136 2005

大庆石油管理局供水公司志 第2卷
供水公司志编纂委员会编 单景龙主编 大庆 供水公司志编纂委员会 2007年 564页
b50243676 F299.241 D136 2007

采油五厂志 1972–1989
采油五厂志编纂委员会编 刘恒玉主编 大庆 采油五厂志编纂委员会 1989年 468页
b50318548 F426.22 D1364 1989

测井公司志
大庆测井公司编纂委员会编 吕文亭 许华明总编辑 大庆 大庆测井公司编纂委员会 1990年 473页
b51012042 F426.22 D1361 1990

测井公司志 第2卷 1990–1999
大庆石油管理局测井公司编 香港 香港新时代出版社 1999年 431页
b53934805 F426.22 D1361 1999

大庆石油管理局总机厂志 第3卷 1991–1995
大庆石油管理局总机厂志编纂委员会 庄敬主编 大庆 大庆石油管理局总机厂志编纂委员会 1996年 412页
b50664979 F426.22 D1369 1985

大庆石油化工设计院院志 1961–2000
大庆石油化工设计院院志编纂委员会编 张新 史书耘主编 大庆 大庆石油化工设计院院志编纂委员会 2001年 247页
b49549704 F426.72-24 D136 2001

大庆石油化工总厂厂志
大庆石油化工总厂厂志编纂委员会编 关绍明主编 哈尔滨 哈尔滨工业大学出版社 1993年 1131页
b50318731 F426.22 D1367 1993

大庆烟草志
大庆市烟草志编纂委员会编 付雅芳主编 哈尔滨 黑龙江人民出版社 2002年 583页〔黑龙江省烟草通志丛书〕
b50234845 F426.89 D136 2002

大庆油田电力集团志 1998–2006
大庆油田电力集团志编纂办公室编 大庆 大庆油田电力集团志编纂办公室 2008年 439页
b49639948 F426.61 D1367 2008

大庆油田志 1959–2008
陈广玉主编 哈尔滨 黑龙江人民出版社 2009年 1151页
b21567402 F426.22 D136 2009

第三采油厂志 1966–1985
大庆第三采油厂志编审委员会编 吴伯川主编 大庆 大庆第三采油厂志编审委员会 1990年 590页
b49963302 F426.22 D1362 1990

第十采油厂志 1996–1998
第十采油厂志编审委员会编办公室编 董喜贵主编 香港 香港文学报出版公司 1999年 705页
b51079653 F426.22 D1366 1999

井下作业公司志 1960–1990
井下作业公司志编纂委员会编 周望主编 北京 中国文史出版社 2008年 第2版修订版 778页
b50778547 F426.22 J556 2008

林源炼油厂志 1971–1999
林源炼油厂厂志编纂委员会编 王旭主编 大庆 林源炼油厂厂志编纂委员会 2001年 785页
b5031855x F426.22 L588 2001

物探公司志
大庆物探公司志编纂委员会编 大庆 大庆物探公司志编纂委员会 1993年 452页
b50065932 F426.22 D1368 1993

新华发电厂志 第1卷 1969–1984
新华发电厂志办公室编 李文学主编 大庆 新华发电厂志办公室 1986年 423页
b49472719 F426.61 X4432 1986

总机厂志 第1卷 1960–1985
大庆石油管理局总机厂志办公室编 大庆 大庆石油管理局总机厂志办公室 1985年 411页
b5113388x F426.22 D1369 1985

大庆邮电志 1918–1985
大庆邮电志编纂委员会编 于学奇主编 哈尔滨 黑龙江人民出版社 1999年 370页
b3637426x F632.735.3 D136 1999

大庆市中医医院院志 1986–2008
大庆市中医医院院志编纂委员会编 高超主编 大庆 大庆市中医医院院志编纂委员会 2010年 274页
b45655790 R199.2 D136 2010

园林绿化公司志 2000–2013
园林绿化志编审委员会编 刘国辉主编 大庆 园林绿化志编审委员会 2015年 392页
b50347172 S732.353 D135 2015

萨尔图区

萨尔图区志
大庆市萨尔图区修志办公室编 王皓主编 大庆 黑龙江新华印刷厂 1986年 326页
b20014235 K293.53 D136S 1986

萨尔图区志 1986–2005
大庆市萨尔图区地方志编纂委员会编 刘英主编 哈尔滨 黑龙江人民出版社 2010年 704页
b22364985 K293.53 D136S 2010

萨尔图区教育志 1932–2008
萨尔图区教育志编纂委员会编 梁传宝主编 哈尔滨 黑龙江教育出版社 2011年 369页
b4741490x G527.353 D136 2011

龙凤区

大庆高新区区志 1992–2012
中共大庆（国家）高新技术产业开发区党工委 大庆（国家）高新技术产业开发区管委会编 王利主编 大庆 大庆高新区区志编纂委员会 2012年 2卷 1128页
b46010956 K293.53 D136G 2012

龙凤区志 1960–2005
大庆市龙凤区地方志编纂委员会编 徐振良主编 哈尔滨 黑龙江人民出版社 2009年 790页
b21569253 K293.53 D136L 2009

让胡路区

让胡路区志 1980–2005
大庆市让胡路区地方志编纂委员会编 赵

金波 徐海丹主编 哈尔滨 黑龙江人民出版社 2009年 1006页
b20810477　K293.53 D136R 2009

大同区

大同区志
大庆市大同区志编审委员会办公室编 哈尔滨 黑龙江新华附属印刷厂 1987年 428页
b20948487　K293.53 D136D 1987

肇州县

肇州县志
肇州县县志编纂委员会编 哈尔滨 黑龙江人民出版社 1987年 540页
b10616767　K293.54 Z4269

肇州县志 1986–2005
大庆市肇州县续志编纂委员会编 孙秀峰 张芝慧 李宪全主编 哈尔滨 黑龙江人民出版社 2011年 830页
b36174609　K293.54 Z4269Z 2011

肇州县百年教育志 1905–2005
周希三主编 大庆 大庆市第二印刷厂 2007年 917页
b3601476x　G527.354 Z4269 2007

肇州二中校志 1944–2014
肇州二中校志编纂委员会编 王树文主编 肇州 肇州二中校志编纂委员会 2015年 558页
b50727795　G639.283.54 Z426 2015

肇源县

肇源县志
黑龙江省肇源县地方志编审委员会办公室编 中共黑龙江省肇源县委史志工作办公室修订 王文主编 肇源 肇源县委史志工作办公室 1998年 修订本 630页
b13753228　K293.54 Z4268

肇源县志 1983–2005
肇源县志编纂委员会编 郭风主编 哈尔滨 黑龙江人民出版社 2009年 660页
b21589495　K293.54 Z4268 2009

茂兴湖水产养殖场志 1986–2000
黑龙江省茂兴湖水产养殖场编 赵敬富主编 肇源 黑龙江省茂兴湖水产养殖场 2004年 319页
b49983404　F307.46 M259 2004

肇源县粮食志
黑龙江省肇源县粮食局编 肇源 黑龙江省肇源县粮食局 1996年 598页
b21136804　F327.354 Z426 1996

肇源县电力志
肇源县电力志编纂委员会编 鲁克力 孟宪金主编 肇源 肇源县电力志编纂委员会 2011年 509页
b41235319　F426.61 Z426 2011

肇源县教育志
肇源县教育志编纂委员会编 肇源 肇源县教育志编纂委员会 2001年 563页
b21136798　G527.354 Z426 2001

肇源县蒙古中学志 1961–2011
肇源县蒙古中学编 白万胜主编 肇源 肇源县蒙古中学 2011年 341页
b50269677　G639.282.64 Z426 2011

肇源文博志 2006
肇源县文物管理所 肇源县博物馆编 肇

源 肇源县文物管理所 2005 年 333 页
b36380398 K872.354 Z426 2005

肇源县中医医院志 1979–2011
肇源县中医医院志编纂委员会编 董希军主编 肇源 肇源县中医医院志编纂委员会 2011 年 399 页
b50248637 R197.4 Z426 2011

肇源县水利志
肇源县水利志编纂委员会编 李文斌主编 肇源 肇源县水利志编纂委员会 2004 年 556 页
b4964077x TV–092 Z4269 2004

林甸县

林甸县志
林甸县志编纂委员会办公室编 管德祥主编 林甸 林甸县志编纂委员会 1988 年 411 页
b10796125 K293.54 L585

林甸县志 1986–2005
林甸县志编纂委员会编 赵洪林主编 哈尔滨 黑龙江人民出版社 2011 年 624 页〔大庆地方志〕
b40421028 K293.54 L585 2011

巨浪牧场志 1960–2000
巨浪牧场志编纂委员会编 王庆堂主编 林甸 巨浪牧场志编纂委员会 2006 年 557 页
b50319127 F324.1 J676 2006

林甸县粮食志
黑龙江省林甸县粮食局编 赵鹏主编 林甸 黑龙江省林甸县粮食局 1993 年 528 页
b2113652x F724.721 L585 1993

黑龙江省林甸县地名录
林甸县人民政府编制 林甸 林甸县人民政府 1982 年 111 页〔黑龙江省标准化地名资料汇编〕
b20369207 K923.54 L585 1982

杜尔伯特蒙古族自治县

杜尔伯特蒙古族自治县志
杜尔伯特蒙古族自治县地方志编纂委员会编 王国志主编 哈尔滨 黑龙江人民出版社 1996 年 786 页
b1048842x K293.54 D698

杜尔伯特蒙古族自治县志 1986–2003
杜尔伯特蒙古族自治县地方志编纂委员会编 司广武主编 沈阳 辽宁民族出版社 2006 年 847 页
b22429281 K293.54 D698 2006

杜尔伯特蒙古族自治县志 2004–2013
杜尔伯特蒙古族自治县地方志编纂委员会编 付卫国主编 北京 中国文史出版社 2016 年 624 页〔大庆地方志〕
b49639432 K293.54 D698D 2016

杜尔伯特文化志
陈玉芝主编 海拉尔 内蒙古文化出版社 2008 年 403 页
b21567530 G127.264 D698 2008

伊春市

伊春市志
伊春市地方志编纂委员会编 宁士敏 王利民主编 哈尔滨 黑龙江人民出版社 1995 年 3 卷 1587 页
b10494881 K293.53 Y398

伊春烟草志
伊春烟草志编纂委员会编 李奎主编 哈尔滨 黑龙江人民出版社 2002 年 273 页〔黑龙江省烟草通志丛书〕
b50234870 F426.89 Y398 2002

伊春教育志
张中秋主编 哈尔滨 黑龙江人民出版社 1996 年 429 页
b13834708 G527.353 Z369

黑龙江省伊春市地名录
伊春市人民政府编 伊春 伊春市人民政府 1984 年 338 页
b16081766 K923.53 Y398 1984

伊春市水利志
杨诚衷主编 伊春 伊春市水利局 1990 年 330 页
b21857970 TV-092 Y229 1990

伊春区

伊春区志
伊春市伊春区地方志办公室编 姜腾光主编 伊春 伊春市伊春区委宣传部 1990 年 371 页
b36246402 K293.53 Y398Y 1990

伊春区志 1986–2005
伊春区地方志编纂委员会编 孟庆彬主编 伊春 伊春区地方志编纂委员会 2011 年 803 页〔中华人民共和国地方志丛书〕
b30301397 K293.53 Y398Y 2011

友好区

伊春市友好区（林业局）志 1986–2005
刘国平主编 哈尔滨 黑龙江人民出版社 2016 年 941 页
b50065397 F326.273.53 Y398Y 2016

西林区

西林区志 1985–2005
西林区地方志编纂委员会编 赵长顺主编 哈尔滨 西林区地方志编纂委员会 2009 年 649 页〔中华人民共和国地方志丛书〕
b30301403 K293.53 Y398X 2011

伊春市西林区志 1985–2005
西林区地方志编纂委员会编 赵长顺主编 哈尔滨 黑龙江人民出版社 2016 年 729 页
b50993756 K293.53 Y398XC 2016

翠峦区

翠峦区（林业局）志
伊春市翠峦区地方志编纂委员会编 侯颖达主编 北京 改革出版社 1999 年 600 页
b22921333 F326.273.53 Y398 1999

翠峦区（林业局）志 1986–2005
杨国利主编 哈尔滨 黑龙江人民出版社 2013 年 726 页
b44748875 F326.273.53 Y398C 2013

新青区

新青区志 1956–1985
伊春市新青区地方志编纂委员会编 陈永江主编 伊春 伊春市新青区地方志编纂委员会 1989 年 841 页
b36246347 K293.53 Y398W 1989

五营区

五营区（林业局）志
黑龙江省伊春市五营区 黑龙江省五营林业局地方志编纂委员会编 王国栋主编 北京 方志出版社 1999年 594页
b20951917 F326.273.53 W217 1999

汤旺河区

伊春市汤旺河区（林业局）志 1986–2005
汤旺河区地方志编纂委员会编 郝庆平主编 哈尔滨 黑龙江人民出版社 2017年 788页
b51090971 K293.53 Y398WC 2017

带岭区

带岭区志 1986–1990
带岭区地方志办公室编 北京 改革出版社 1993年 329页
b13276906 K293.53 Y398D

红星区

红星区志
伊春市红星区 黑龙江省红星林业局 吴文孝主编 伊春 伊春市红星区 1989年 662页
b23229305 K295.55 Y398H 1989

上甘岭区

伊春市上甘岭区志 1953–1985
伊春市上甘岭区地方志办公室编 柳镇主编 伊春 伊春市上甘岭区地方志办公室 1989年 651页
b13277121 K293.53 Y398S

铁力市

铁力县志
铁力县志编纂委员会办公室编 王学慧主编 哈尔滨 黑龙江人民出版社 1990年 652页
b13277327 K293.54 T389

铁力市志 1986–2005
铁力市地方志编纂委员会编 宗元主编 哈尔滨 黑龙江人民出版社 2013年 809页
b45453603 K293.54 T389 2013

桃山林业局志
黑龙江省桃山林业局编纂 伊春 桃山林业局 1989年 542页
b20710720 F326.273.53 T266 1989

铁力林业局志 1986–2005
铁力林业局志编纂委员会编 刘录江 李显庭 刘剑铭主编 北京 方志出版社 2017年 414页
b50721136 F326.273.54 T389 2017

铁力市土地志 1891–1996
铁力市土地管理局编 铁力 中共铁力市委铅印室 1998年 459页
b19932467 F327.354 T389 1998

黑龙江省铁力县地名录
铁力县人民政府编制 铁力 铁力县人民政府 1987年 181页〔黑龙江省标准化地名资料汇编〕
b21275932 K923.54 T389 1987

嘉荫县

嘉荫县志
范德昌主编 哈尔滨 黑龙江人民出版社

1988 年 657 页
b10616561 K293.54 J198

嘉荫县志 1986–2005
嘉荫县地方志编纂委员会编 任桂嫣主编 哈尔滨 黑龙江人民出版社 2014 年 874 页
b45649091 K293.54 J198 2014

乌拉嘎黄金矿业公司志 1986–2014
黑龙江乌拉嘎黄金矿业有限公司志编纂委员会编 刘金主编 哈尔滨 黑龙江人民出版社 2015 年 600 页
b50247992 F426.1 W464 2015

佳木斯市

佳木斯市志
佳木斯市地方志编纂委员会编 宋惠民主编 北京 中华书局 1996 年 2 卷 1630 页
b10503389 K293.53 J199

佳木斯市志 1990–2005
佳木斯市地方志编纂委员会编 富宏博主编 哈尔滨 黑龙江人民出版社 2015 年 3 卷 1825 页
b4666824x K293.53 J199C 2015

佳木斯市房地产志 1888–1991
佳木斯市房地产管理局编 佳木斯 佳木斯市房地产管理局 1993 年 444 页
b17482926 F299.273.53 J199 1993

佳木斯市烟草志
佳木斯市烟草志编纂委员会编 王国臣主编 哈尔滨 黑龙江人民出版社 2002 年 113 页〔黑龙江省烟草通志丛书〕
b50234833 F426.89 J199 2002

亮子河发电厂志 1967–1985
亮子河发电厂志编审委员会编 姜书伟主编 伊春 亮子河发电厂志编审委员会 1988 年 214 页
b4485190x F426.61 L525 1988

佳木斯铁路分局志 1926–1997
佳木斯铁路分局史志办公室编 胡昌荣主编 北京 中国铁道出版社 2000 年 1023 页
b40864169 F532.835.3 J199 2000

佳木斯市地名志
佳木斯市人民政府办公室编 佳木斯 佳木斯市人民政府办公室 1986 年 154 页
b16436040 K923.57 J199 1986

黑龙江省农业科学院水稻研究所志 1949–2009
潘国君主编 北京 中国农业出版社 2012 年 358 页
b36360089 S511–242.35 H332 2012

向阳区

佳木斯市向阳区志 1946–2005
佳木斯市向阳区志编纂委员会编 贾山主编 哈尔滨 黑龙江人民出版社 2016 年 1008 页
b50065385 K293.53 J199X 2016

同江市

同江县志
同江县志编纂委员会编 吴文孝主编 上海 上海社会科学院出版社 1993 年 525 页
b10501289 K293.54 T437

同江市志 1986–2005
同江市志编纂委员会编 徐胜民主编 哈尔

滨 黑龙江人民出版社 2016 年 768 页
b49471521 K293.54 T437C 2016

八岔村志
黑龙江省同江市八岔赫哲族乡八岔村志编纂委员会编 高学智主编 北京 方志出版社 2017 年 244 页〔中国名村志丛书 中国名村志文化工程〕
b50642698 K293.55 v5

洪河农场志 1980–1984
黑龙江省洪河农场志编审办公室编 佳木斯 佳木斯市印刷总厂 1986 年 413 页
b36245574 F324.1 H415 1986

赫哲族风俗志
黄任远编著 北京 中央民族学院出版社 1992 年 161 页〔民俗文库〕
b1098012x K892.325 H665

富锦市

富锦县志
黑龙江省富锦市地方志办公室编 焦贵林主编 海口 三环出版社 1991 年 777 页
b10727991 K293.54 F496

富锦市志 1986–2005
富锦市地方志编纂委员会编 哈尔滨 黑龙江人民出版社 2008 年 755 页
b20467382 K293.54 F496 2008

创业农场志 1985–2005
创业农场志编纂委员会编 范克谦主编 哈尔滨 创业农场志编纂委员会 2008 年 601 页
b50318652 F327.354 C643 2008

抚远市

抚远县志 1909–1985
抚远县地方志编纂委员会编 李茂喜主编 北京 中华书局 1998 年 694 页
b12643798 K293.54 F472

桦南县

桦南县志
桦南县志办公室编 孙进主编 哈尔滨 黑龙江科学技术出版社 1991 年 993 页
b10760362 K293.54 H546

桦川县

桦川县志
桦川县志编纂委员会办公室编 傅民主编 哈尔滨 黑龙江人民出版社 1991 年 810 页
b1061686x K293.54 H5461

桦川县志 1986–2005
桦川县志编纂委员会编 王晓禹主编 哈尔滨 黑龙江人民出版社 2016 年 1141 页
b50065373 K293.54 H5461C 2016

汤原县

汤原县志
汤原县地方志编纂委员会编 哈尔滨 黑龙江人民出版社 1992 年 977 页
b10468407 K293.54 T239

汤原县志 1991–2005
汤原县地方志编纂委员会编 邹志光主编 哈尔滨 黑龙江人民出版社 2015 年 1127 页
b49506328 K293.54 T239C 2015

七台河市

七台河市志
七台河市地方志编纂委员会办公室编 袁凤梧主编 北京 档案出版社 1992年 873页
b10636559 K293.53 Q113

七台河市工会志 1958–2008
七台河市工会志编纂委员会编 姜艳主编 七台河 七台河市工会志编纂委员会 2009年 491页
b50152312 D412.835.3 Q113 2009

七台河市烟草志
七台河市烟草志编纂委员会编 徐颖主编 哈尔滨 黑龙江人民出版社 2002年 246页〔黑龙江省烟草通志丛书〕
b50234882 F426.89 Q113 2002

七台河市公路交通志
七台河市交通局编 七台河 七台河市交通局 1991年 225页
b20044811 F542.835.3 Q113 1991

勃利县

勃利县志
勃利县志编纂委员会编 王长山主编 北京 中国社会出版社 1992年 708页
b10600875 K293.54 B552

牡丹江市

牡丹江市志
牡丹江市志编审委员会编 王璟琳总编辑 哈尔滨 黑龙江人民出版社 1993年 3卷 1683页
b10570421 K293.53 M669

牡丹江市志 1986–2005
牡丹江市志编审委员会办公室编 杨锡春 吕耀勋主编 哈尔滨 黑龙江人民出版社 2015年 3卷 1795页
b49506201 K293.53 M669C 2015

牡丹江市工会志 1946–1986
牡丹江市总工会工运研究室编 钱勇主编 牡丹江 黑龙江省牡丹江市总工会 1993年 596页
b49640677 D412.835.3 M669 1993

牡丹江市残联志 1989–2015
代英夫主编 牡丹江 牡丹江市残疾人联合会 2015年 312页
b49549984 D669.69 M669 2015

八五六农场志 1983–2000
八五六农场志编纂委员会编 孙长波主编 牡丹江 八五六农场志编纂委员会 2003年 682页
b21762661 F324.1 S766 2003

牡丹江机车工厂志 第2卷
杨喜林主编 牡丹江 黑龙江朝鲜民族出版社 1992年 618页
b50151952 F426.472 M669 1992

牡丹江卷烟材料厂志
牡丹江卷烟材料厂志编纂委员会编 东传斌主编 哈尔滨 黑龙江人民出版社 2002年 433页〔黑龙江省烟草通志丛书〕
b50234961 F426.89 M6694 2002

牡丹江石油机械厂厂志 1973–1983
牡丹江石油机械厂编 牡丹江 牡丹江石油机械厂 1984年 80页
b44851947 F426.22 M669 1984

牡丹江烟草志
牡丹江烟草志编纂委员会编 王元德主编 哈尔滨 黑龙江人民出版社 2002 年 204 页〔黑龙江省烟草通志丛书〕
b5024369x F426.89 M6699 2002

牡丹江烟叶公司志
牡丹江烟叶公司志编纂委员会 罗国良主编 哈尔滨 黑龙江人民出版社 2002 年 194 页〔黑龙江烟草通志丛书〕
b50234973 F426.89 M669 2002

牡二电厂志 第 1 卷
牡二电厂志编审委员会编 贾乐珊主编 牡丹江 牡丹江第二发电厂编审委员会 1989 年 401 页
b44851959 F426.61 M669 1989

哈尔滨铁路局牡丹江站志 1901–2001
牡丹江站志编纂委员会编 牡丹江 牡丹江站志编纂委员会 2003 年 578 页
b4758497x F532.835-09 M669 2003

牡丹江市公路交通志
牡丹江市交通局编写 刘学章主编 哈尔滨 黑龙江省新闻出版局 1989 年 382 页
b20044495 F542.835.3 L692 1989

牡丹江市公路交通志 1986–2005
牡丹江市交通局 姚广鹏总编 牡丹江 牡丹江市交通局 2006 年 358 页
b49607881 F542.835.3 L692 2006

牡丹江邮电志
牡丹江市邮电局编纂委员会编 赵桂英主编 哈尔滨 黑龙江人民出版社 1999 年 431 页
b50162068 F632.735.3 M669 1999

牡丹江市财政志 1990–2005
牡丹江市财政局史志编委会编 张国君主编 牡丹江 黑龙江朝鲜民族出版社 2009 年 591 页
b40935292 F812.735.3 M669 2009

牡丹江市金融志 1928–1985
李殿生主编 哈尔滨 黑龙江朝鲜民族出版社 1990 年 424 页
b47316986 F832.735.3 M669 1990

牡丹江日报社志 续 1986–1997
李景山主编 牡丹江 牡丹江日报社 1997 年 416 页
b50066456 G219.243.53 M669 1997

牡丹江市科学技术志
牡丹江市科学技术委员会编 张同义主编 哈尔滨 黑龙江科学技术出版社 1992 年 236 页
b49533587 G322.735.3 M669 1992

黑龙江幼儿师范高等专科学校校志 1906–2007
姜亚林主编 牡丹江 黑龙江幼儿师范高等专科学校 2007 年 550 页
b20403240 G659.283.5 H332 2007

牡丹江师范学校校志 1950–1999
姜亚林主编 牡丹江 牡丹江师范学校 2000 年 237 页
b18569171 G659.283.53 J332 2000

牡丹江戏曲志
牡丹江市文化局主修 牡丹江 牡丹江市文化局 1990 年 289 页〔黑龙江戏曲志系列丛书之一〕
b20044501 J809.235.3 M669 1990

牡丹江市郊区志
温士杰主编 哈尔滨 哈尔滨工业大学出版社 1992年 477页
b13277881 K293.53 M669J

黑龙江省烟草科学研究所志
黑龙江省烟草科学研究所志编纂委员会编 焦庆明 李春山主编 哈尔滨 黑龙江人民出版社 2002年 204页〔黑龙江省烟草通志丛书〕
b50235011 S572-242.35 H332 2002

牡丹江市水利志
牡丹江市水利局编 牡丹江 牡丹江市水利局 1998年 307页
b21857465 TV-092 M669 1998

牡丹江市环境保护志 1956-1985
牡丹江市环境保护局编 张荣富主编 牡丹江 牡市哲学社会科学联合会 1989年 325页
b21764487 X321.235.3 M669 1989

绥芬河市

绥芬河市志
刘欣主编 哈尔滨 黑龙江人民出版社 2000年 1066页
b18280407 K293.53 S747 2000

绥芬河市志 1989-2005
绥芬河市档案局编 刘桂花主编 哈尔滨 黑龙江人民出版社 2014年 949页
b46442212 K293.53 S747C 2014

绥芬河海关志 1907-1996
刘清江撰稿 北京 新华出版社 1998年 367页
b16326994 F752.835.3 L686 1998

绥芬河市地方税务局志
绥芬河市地方税务局编 迟令纪主编 绥芬河 绥芬河市地方税务局 2004年 328页
b49982977 F812.735.4 S747 2004

海林市

海林县志
海林县地方志编纂委员会编 金东哲主编 北京 中国文史出版社 1990年 699页
b10568797 K293.54 H145

海林市志 1986-2005
海林市志编审委员会编 李学华主编 哈尔滨 黑龙江人民出版社 2016年 781页
b49823449 K293.54 H145C 2016

海林卷烟厂志
海林卷烟厂志编纂委员会编 贺志勤主编 哈尔滨 黑龙江人民出版社 2002年 354页〔黑龙江省烟草通志丛书〕
b50234936 F426.89 H145 2002

海林县教育志
海林县教育志编辑委员会编 侯宝琛主编 南京 南京第四彩色印刷厂 1990年 189页
b27575639 G527.354 H145 1990

海林市朝鲜族志
金东哲主编 北京 民族出版社 2017年 660页
b50322436 K281.9 H145 2017

宁安市

宁安县志
宁安县志编纂委员会办公室编 朱德清主编 哈尔滨 黑龙江人民出版社 1989年 819页
b1358893x K293.54 N413

宁安市志 1986–2005
宁安市地方志编纂委员会编 李洪波主编 哈尔滨 黑龙江人民出版社 2015 年 771 页
b46531014 K293.54 N413C 2015

宁安市土地志
黑龙江省宁安市土地管理局编 哈尔滨 地矿部黑龙江测绘印制中心印刷厂 1999 年 452 页
b20535399 F327.354 N413 1999

黑龙江省宁安县地名录
宁安县人民政府编制 宁安 宁安县人民政府 1984 年 186 页〔黑龙江省标准化地名资料汇编〕
b17141795 K923.54 N413 1984

穆棱市

穆棱县志
穆棱县志编纂委员会编 北京 中国文史出版社 1990 年 859 页
b13209437 K293.54 M684

八面通镇志 1912–1985
崔元信主编 穆棱 穆棱县八面通镇人民政府 1990 年 511 页
b36014448 K293.55 B111 1990

穆棱卷烟厂志
穆棱卷烟厂志编纂委员会编 赵忠元主编 哈尔滨 黑龙江人民出版社 2003 年 244 页〔黑龙江省烟草通志丛书〕
b50234948 F426.89 M684 2003

东宁市

东宁县志
东宁县志办公室编 哈尔滨 黑龙江人民出版社 1989 年 602 页
b10796629 K293.54 D582

东宁县志 1986–2005
东宁县志编纂委员会编著 董岐山主编 哈尔滨 黑龙江人民出版社 2012 年 866 页
b40935309 K293.54 D582 2012

东宁县财政志 1881–1987
东宁县财政局编 王锡江主编 东宁 东宁县财政局 2001 年 286 页
b46995092 F812.735.4 D582 2001

林口县

林口县志
林口县志编纂委员会编 陈泓友主编 哈尔滨 黑龙江人民出版社 1999 年 2 卷 1495 页
b1394700x K293.54 L586

林口县志 1993–2005
林口县地方志编纂委员会编著 刘洪河主编 哈尔滨 黑龙江人民出版社 2015 年 744 页
b4974933x K293.54 L586C 2015

林口人大志 1953–2015
林口人大志编纂委员会编 丛林主编 林口 林口县人大常委会办公室 2016 年 615 页
b50152142 D624.354 L586 2016

林口林业局志
黑龙江省林口林业局 蒋春杰 王贺林主编 林口 黑龙江省林口林业局 2000 年 948 页
b49549935 F326.273.5 L586 2000

黑河市

黑河地区志
黑河市地方志编纂委员会编 王兆明主编

北京 三联书店 1996年 1042页〔中国地方志丛书〕
b10588838 K293.52 H331

红色边疆农场志 1949–1984
红色边疆农场志编审委员会编 黑河 红色边疆农场志编审委员会 1997年 290页
b36093014 F324.1 H419 1997

黑河市烟草志
黑河市烟草志编纂委员会编 王怀仁主编 哈尔滨 黑龙江人民出版社 2002年 190页〔黑龙江省烟草通志丛书〕
b50234900 F426.89 H331 2002

黑河海关志 1909–1998
中华人民共和国黑河海关编 徐志贤主编 北京 中国社会科学出版社 1999年 407页
b17182931 F752.59 H331 1999

黑河海关志 1999–2012
中华人民共和国黑河海关编 潘智东主编 哈尔滨 黑龙江人民出版社 2014年 411页
b46011213 F752.59 H331 2014

爱辉区

爱辉县志
爱辉县修志办公室编 哈尔滨 北方文物杂志社 1986年 790页
b10569352 K293.54 A151

瑷珲镇志
黑龙江省黑河市爱辉区瑷珲镇志编纂委员会编 田桂珍主编 北京 方志出版社 2017年 256页〔中国名镇志文化工程〕
b50642662 K293.55 A152 2017

瑷珲镇志 送审稿
黑河市人民政府地方志办公室编 田桂珍主编 北京 方志出版社 2017年 520页〔中国名镇志文化工程〕
b50728994 K293.55 A152 2017a

新生鄂伦春族乡志
新生乡乡志编纂委员会编 王兆明主编 哈尔滨 黑龙江人民出版社 2003年 579页
b17298866 K293.55 X444 2003

北安市

北安县志
北安市地方志办公室编 卢斌总编 北安 北安市地方志办公室 1994年 835页
b10647120 K293.54 B316

北安市志 1983–2005
北安市地方志编纂委员会编 牛升海主编 哈尔滨 黑龙江人民出版社 2010年 978页〔黑河地方志〕
b22364973 K293.53 B316 2010

二龙山农场志 1985–2000
二龙山农场志编审委员会编 李凤林主编 佳木斯 黑龙江银手杖印务公司 2004年 776页
b22429311 F324.1 E163 2004

步兵第六十八师通北农场志 1961–1991
中国人民解放军步兵第八十六师通北农场志编审委员会编 徐明辉主编 通北 中国人民解放军步兵第八十六师通北农场志编审委员会 1993年 334页
b50318792 F324.1 T426 1993

通北林业局志 2003–2013
通北林业局志编纂委员会编 姜希军主编 哈尔滨 黑龙江教育出版社 2013年 801页

b47584889　F326.273.5　T426　2013

五大连池市

德都县志
德都县地方志办公室编　滕骏华主编（兼总纂）合肥　黄山书社　1994 年　1082 页
b10726615　K293.54　D291

五大连池市志　1986-2000
五大连池市地方志编纂委员会编　宋兹荣主编　哈尔滨　黑龙江人民出版社　2004 年　942 页〔黑河地方志〕
b15935929　K293.53　W538　2004

黑龙江省德都县地名录
德都县人民政府编制　德都　德都县人民政府　1983 年　248 页
b13588059　K923.54　D291

嫩江县

嫩江县志
嫩江县地方志编纂委员会编　胡连顺主编　海口　三环出版社　1992 年　785 页
b10759542　K293.54　N269

嫩江县志　1986-2000
嫩江县地方志编纂委员会编　哈尔滨　黑龙江人民出版社　2006 年　784 页〔黑河地方志〕
b16574424　K293.54　N269　2006

九三农垦党校志　1949-2007
刘秉范主编　黑河　黑龙江省九三天辅印刷厂　2008 年　680 页
b44749181　D261.41　J585　2008

嫩江县第二中学校志
尹福元主编　嫩江　嫩江县第二中学　2003 年　263 页
b40743603　G639.283.54　N269　2003

逊克县

逊克县志
逊克县地方志编纂委员会编　刘德林主编　哈尔滨　黑龙江人民出版社　1991 年　614 页
b10616597　K293.54　X775

黑龙江省逊克县地名录
逊克县人民政府编制　逊克　逊克县人民政府　1986 年　96 页〔黑龙江省标准化地名资料汇编〕
b17141771　K923.54　X775　1986

孙吴县

孙吴县志
孙吴县志编纂委员会办公室编　张国相主编　哈尔滨　黑龙江人民出版社　1991 年　616 页
b10617437　K293.54　S779

孙吴县教育志　送审稿
蔡维梅主编　孙吴　孙吴县教育志编委会　1990 年　油印本　238 页
b20182375　G527.354　S779　1990

绥化市

绥化县志
黎成修主编　哈尔滨　黑龙江人民出版社　1985 年　497 页
b10597748　K293.54　S747

绥化地区志
绥化地区地方志编纂委员会编　赵泽民主编　哈尔滨　黑龙江人民出版社　1995 年　2 卷　1513 页
b10503377　K293.52　S747

绥化卷烟厂志
绥化卷烟厂志编纂委员会编 王振山主编 哈尔滨 黑龙江人民出版社 2002 年 269 页〔黑龙江省烟草通志丛书〕
b5023495x F426.89 S747C 2002

绥化市烟草志
绥化市烟草志编纂委员会编 张绍忱主编 哈尔滨 黑龙江人民出版社 2002 年 322 页〔黑龙江省烟草通志丛书〕
b50234912 F426.89 S747 2002

绥化地区粮食志 1685–1992
绥化地区粮食局编 李少康主编 绥化 黑龙江省绥化地区粮食局 1998 年 750 页
b40743780 F724.721 S747 1998

绥化地区金融志
绥化地区金融志编纂委员会编 孙永刚主编 北京 中国财政经济出版社 1994 年 408 页
b47414303 F832.735.2 S747 1994

北林区

绥化市北林区志 1983–2005
杜英海主编 哈尔滨 黑龙江人民出版社 2017 年 1266 页
b50777592 K293.53 S7473B 2017

安达市

安达县志
安达市地方志办公室编 张景川主编 哈尔滨 黑龙江人民出版社 1992 年 960 页
b10503353 K293.54 A163

安达市审计志 1983.7–2011.12
安达市审计志撰写组编 米胜平主编 北京 中国文史出版社 2012 年 444 页
b45841263 F239.227.353 A163 2012

肇东市

肇东县志
肇东县县志办公室编 刘有才主编 肇东 肇东县县志办公室 1985 年 604 页
b10796617 K293.54 Z426

肇东市志 1982–2000
邵玉华主编 哈尔滨 黑龙江教育出版社 2008 年 717 页
b21571223 K293.53 Z426 2008

肇东粮食志
肇东市粮食局史志办公室编 杨毓福主编 肇东 肇东市粮食局史志办公室 1987 年 310 页
b3609352x F724.721 Z4262 1987

肇东县水利志
肇东市水利局编 肇东 肇东市水利局 1992 年 316 页
b21858172 TV–092 Z4262 1992

海伦市

海伦市志 1986–2010
海伦市地方志编纂委员会编 栾丽娟主编 哈尔滨 黑龙江人民出版社 2013 年 903 页〔中华人民共和国地方志丛书〕
b4123442x K293.53 H145 2013

海伦市土地志
海伦市土地志编纂委员会编 刘连喜主编 海伦 海伦市人民政府办公室 1999 年 238 页
b16424487 F327.353 H145 1999

望奎县

望奎县志
望奎县地方志编纂委员会编 王保中主编 望奎 望奎县地方志编纂委员会 1989 年 695 页〔黑龙江省地方志〕
b10570378 K293.54 W258

望奎县志 1986–2005
望奎县地方志编纂委员会编 张东伟主编 哈尔滨 黑龙江人民出版社 2012 年 1070 页
b40743846 K293.54 W258 2012

兰西县

兰西县志
黑龙江省兰西县办公室编 韩明学主编 海口 海南出版社 1992 年 620 页
b10570457 K293.54 L172

兰西县志 1986–2005
兰西县地方志编纂委员会编 车承学主编 哈尔滨 黑龙江人民出版社 2011 年 966 页
b36174592 K293.54 L172L 2011

青冈县

青冈县志
青冈县志编纂委员会办公室编 关崇文主编 哈尔滨 黑龙江人民出版社 1987 年 491 页
b12315394 K293.54 Q464

青冈县志 1986–2005
青冈县地方志办公室编 蔡丽娜 赵东 王慧丹主编 哈尔滨 黑龙江人民出版社 2015 年 1081 页
b50151964 K293.54 Q464 2015

庆安县

庆安县志
庆安县地方志编纂委员会办公室编 赵成立主编 哈尔滨 黑龙江人民出版社 1995 年 524 页
b10617176 K293.54 Q491

庆安县土地志 1862–1996
庆安县土地管理局编 李刚 杨永庆编著 庆安 庆安县土地管理局 1997 年 420 页
b21276845 F327.354 Q491 1997

黑龙江省庆安县地名录
庆安县人民政府编 庆安 庆安县人民政府 1984 年 166 页〔黑龙江省标准化地名资料汇编〕
b17141783 K923.54 Q491 1984

明水县

明水县志
明水县志编纂委员会编 蔡华伟主编 哈尔滨 黑龙江人民出版社 1989 年 743 页
b1062840x K293.54 M572

明水县工艺美术志
李明月主编 明水 明水县工艺美术协会 2011 年 138 页
b49640665 J509.2 M572 2011

绥棱县

绥棱县志
郑治平主编 哈尔滨 黑龙江人民出版社 1988 年 523 页
b20951541 K293.54 S7471 1988

绥棱县志 1986-2000
绥棱县地方志编纂委员会编 王江主编 哈尔滨 黑龙江人民出版社 2008年 791页
b20214972 K293.54 S7475 2008

大兴安岭地区

呼中区志
呼中区志编纂委员会编 夏云祥主编 合肥 黄山书社 1993年 602页
b13276876 K293.54 H4559

加格达奇区志 1990-2005
加格达奇区地方志办公室编 汤福华主编 哈尔滨 黑龙江人民出版社 2010年 596页
b22082372 K293.52 D136J 2010

松岭区志
刘家庆主编 北京 方志出版社 1995年 654页
b12692372 K293.54 S673

新林区志
徐敬国主编 哈尔滨 黑龙江人民出版社 2008年 712页
b20214911 K293.54 X443 2008

新林区志 1965-1988
新林区地方志办公室编纂 李传生 张春雷主编 北京 中国文史出版社 1990年 577页
b12643750 K293.54 X443

大兴安岭纪律检查志 1949-1999
金书彬主编 合肥 黄山书社 2001年 348页
b49549716 D262.6 J479 2001

中国武警志 大兴安岭森林支队志
中国人民武装警察部队大兴安岭支队史志编审委员会编 管黎丽主编 大兴安岭 大兴安岭支队史志编审委员会 2003年 498页〔武警森林部队史志丛书〕
b4645732x E277 G653 2003

大兴安岭林业志
大兴安岭林业志编纂委员会编 吴春甫主编 合肥 黄山书社 1994年 561页
b12606285 F326.273.5 W484

大兴安岭地区烟草志
大兴安岭地区烟草志编纂委员会编 刘少东主编 哈尔滨 黑龙江人民出版社 2002年 146页〔黑龙江省烟草通志丛书〕
b50234924 F426.89 L688 2002

加格达奇铁路分局志 1958-1994
加格达奇铁路分局志编委会编 王兴东主编 北京 中国铁道出版社 1995年 694页
b40864157 F532.835 J213 1995

大兴安岭地区邮电通信志
王全满总编 刘庚正主编 哈尔滨 黑龙江人民出版社 2005年 490页
b49802902 F632.735.2 D136 2005

黑龙江省大兴安岭地区地名录
大兴安岭行政公署编制 大兴安岭地区 大兴安岭行政公署 1987年 402页〔黑龙江省标准化地名资料汇编〕
b36245501 K923.52 D1361 1987

松岭区地名志
松岭区人民政府办公室编 朱占和编辑 哈尔滨 黑龙江省民政厅 1996年 28页
b16433300 K923.52 D136S 1996

新林区地名志
黑龙江新林区人民政府民政局编 郭立宪

主编 大兴安岭地区 新林区人民政府民政局 2002 年 133 页
b16426976 K923.52 D136X 2002

中国大兴安岭植物志
柏松林 吴德成主编 哈尔滨 黑龙江科学技术出版社 1994 年 740 页
b38892650 Q948.52 B165 1994

呼玛县

呼玛县志
中共呼玛县委员会 呼玛县政府编 呼玛 呼玛县人民政府 1980 年 728 页
b16427282 K293.54 H455 1990

呼玛县志 1406–2005
呼玛县地方志编纂委员会编 哈尔滨 黑龙江人民出版社 2014 年 2 卷 1529 页〔中华人民共和国地方志丛书〕
b46273591 K293.54 H455 2014

呼玛县志 1978–1987
呼玛县地方志办公室编纂 王占国主编 北京 中国文史出版社 1990 年 458 页
b10796265 K293.54 H455

白银纳鄂伦春族乡志 1953–2001
白银纳乡志编辑组编 关金红 张檄文主编 上海 上海申光制版彩印厂 2002 年 324 页
b36028873 K293.55 B152 2002

呼玛县人民代表大会志
呼玛县人大志编纂委员会编 刘世杰主编 呼玛 呼玛县人大志编纂委员会 2006 年 504 页
b49533289 D624.354 H455 2006

黑龙江省大兴安岭地区呼中区地名志
王立德主编 北京 中国文史出版社 1996 年 162 页
b18176641 K923.52 W222 1996

塔河县

塔河县志
塔河县志编纂委员会编 朱波主编 北京 中华书局 2000 年 916 页
b13991218 K293.54 T123

漠河县

漠河县志
漠河县志编纂委员会编 王树才主编 北京 中国大百科全书出版社 1993 年 884 页
b10836081 K293.54 M635

漠河县志 1991–2005
刘艳玲 朱天伟主编 哈尔滨 黑龙江人民出版社 2009 年 664 页
b20810465 K293.54 M635C 2009

阿木尔林业局志 1988–2009
高树源主编 哈尔滨 黑龙江人民出版社 2010 年 443 页
b40864133 F326.273.54 A114 2010

漠河县财政志
黑龙江省漠河县财政局编 香港 天马出版社 2000 年 308 页
b49549972 F812.735.4 M635 2000

漠河县地名志
黑龙江省漠河县民政局编 王树财 王琦主编 香港 天马出版社 2000 年 235 页〔中华人民共和国地方志丛书〕
b13400903 K923.5 M635

上海市

上海市志 第 1 卷 工业分志 4 钢铁业卷 1978–2010
上海市地方志编纂委员会编 徐乐江 马国强主编 上海 上海辞书出版社 2017 年 670 页
b51050432 K295.1 S323C

上海市志 第 1 卷 工业分志 3 工业综述卷 1978–2010
上海市地方志编纂委员会编 戎之勤 肖文高执行主编 上海 上海辞书出版社 2017 年 1022 页
b50142987 K295.1 S323C

上海市志 第 1 卷 工业分志 5 船舶业卷 1978–2010
上海市地方志编纂委员会编 李平主编 上海 上海辞书出版社 2018 年 643 页
b52973268 K295.1 S323C

上海市志 第 1 卷 工业分志 纺织业卷 1978–2010
上海市地方志编纂委员会编 汪时维主编 上海 上海辞书出版社 2017 年 2 卷 1296 页
b50347603 K295.1 S323C

上海市志 第 1 卷 工业分志 2 航天业卷 1978–2010
上海市地方志编纂委员会编 朱芝松主编 上海 上海辞书出版社 2015 年 328 页
b50642959 K295.1 v5 F123.7 v5

上海市志 第 2 卷 人民政协分志 1978–2010
上海市地方志编纂委员会编 上海 上海人民出版社 2017 年 843 页
b5033850x K295.1 S323C

上海市志 第 3 卷 交通运输分志 2 城市公共交通卷 1978–2010
上海市地方志编纂委员会编 孙建平 谢峰主编 上海 上海交通大学出版社 2018 年 682 页
b50993987 K295.1 S323C

上海市志 第 3 卷 交通运输分志 1 港口卷 1978–2010
上海市地方志编纂委员会编 孙建平主编 上海 上海交通大学出版社 2017 年 931 页
b50992272 K295.1 S323C

上海市志 第 5 卷 中国共产党分志 1 党史研究卷 1978–2010
上海市地方志编纂委员会编 顾明主编 上海 上海人民出版社 2018 年 465 页
b50932895 K295.1 S323C

上海通志
上海通志编纂委员会编 上海 上海社会科学院出版社 2005 年 10 卷 7182 页
b16258022 K295.1 S3296 2005

上海通志 干部读本
中共上海市委组织部 中共上海市委宣传部 上海市地方志办公室编 王孝俭纂 上海 上海人民出版社 2014 年 644 页
b47223200 K295.1 W2334 2014

上海宗教志
孙金富主编 上海 上海社会科学院出版社 2001 年 740 页〔上海市专志系列丛刊〕
b13398398 B929.2 S771

上海城隍庙志
吉宏忠主编 北京 宗教文化出版社 2017年 2卷 848页
b50631949 B957.251 J138 2017

上海社会科学志
上海社会编科学志编纂委员会编 张仲礼主编 上海 上海社会科学院出版社 2002年 1168页〔上海市专志系列丛刊〕
b1385432x C125.1 Z369

上海市台湾同胞联谊会志
上海市台湾同胞联谊会志编纂委员会编 林明月主编 上海 上海市台湾同胞联谊会志编纂委员会 2011年 287页
b4741568x C232.51 S329 2011

上海统计志
上海统计志编纂委员会编 颜德纶主编 上海 上海社会科学院出版社 1997年 402页〔上海市专志系列丛刊〕
b12697667 C832.51 Y167

中共上海党志
江怡 邵有民主编 上海 上海社会科学院出版社 2001年 798页〔上海市专志系列丛刊〕
b13613418 D235.51 J326

中国共产党在上海85年图志
中共上海市委党史研究室编 冯小敏主编 上海 上海人民出版社 2006年 295页
b16766994 D235.51-64 Z645 2006

中共上海市委党校 上海行政学院志 大事记 1949-2009
中共上海市委党校、上海行政学院志编辑部编 上海 上海人民出版社 2010年 333页
b40649714 D261.41-09 Z6453 2010

中共上海市委党校志
中共上海市委党校志编写组编 上海 上海教育出版社 1999年 229页
b14706775 D261.41-09 Z644 1999

中共上海市委党校志
上海市地方志编纂委员会编 上海 上海人民出版社 2017年 793页〔上海市级专志〕
b50817383 D261.41-09 Z644C 2017

上海港务工会志
上海国际港务（集团）股份有限公司工会编 王晓华主编 上海 上海国际港务（集团）股份有限公司工会 2013年 230页
b50861840 D412.851 G227 2013

上海工运志
上海工运志编纂委员会编 李家齐主编 上海 上海社会科学院出版社 1997年 922页〔上海市志系列丛刊〕
b12697618 D412.851 L397

上海青年志
上海青年志编纂委员会编 金大陆主编 上海 上海社会科学院出版社 2002年 1430页〔上海市专志系列丛刊〕
b13783737 D432.851 J476

上海妇女志
上海妇女志编纂委员会编 荒砂 孟燕堃主编 上海 上海社会科学院出版社 2000年 779页〔上海市专志系列丛刊〕
b13797232 D442.851 H642

上海改革开放30年图志 第1-2卷 区县
上海市地方志办公室 当代上海研究所编 上海 上海人民出版社 2008年 712页
b19030071 D619.51-64 S324 2008

上海改革开放 30 年图志 第 3 卷 综合
上海市地方志办公室 当代上海研究所编 上海 上海人民出版社 2008 年 296 页
b19030071 D619.51-64 S324 2008

上海人民代表大会志
上海人民代表大会志编纂委员会编 蔡秉文主编 上海 上海社会科学院出版社 1998 年 691 页〔上海市专志系列丛刊〕
b1269762x D624.51 C137

上海人民政府志
上海人民政府志编纂委员会编 李开亚主编 上海 上海社会科学院出版社 2004 年 1059 页〔上海市专志系列丛刊〕
b15908586 D625.51 L398 2004

上海人民政协志
上海人民政协志编纂委员会编 叶元主编 上海 上海社会科学院出版社 1998 年 532 页〔上海市专志系列丛刊〕
b12697643 D628.51 Y384

上海人民政协志 1993.2–2003.2
上海人民政协志编纂委员会编 周骏羽主编 上海 上海古籍出版社 2009 年 941 页〔上海市专志系列丛刊〕
b20208984 D628.51 Y384 2009

上海人事志
上海人事志编纂委员会编 上海 上海社会科学院出版社 2010 年 647 页〔上海市专志系列丛刊〕
b40649726 D630.3 S327 2010

上海港公安志 1954–2011
中国交通运输部上海港公安局编 上海 上海港公安局 2013 年 709 页
b50993963 D631 S3243 2013

上海民政志
上海民政志编纂委员会编 范静思主编 上海 上海社会科学院出版社 2000 年 496 页〔上海市专志系列丛刊〕
b13797219 D632 F196

中国福利会志
中国福利会志编纂委员会编 杜淑贞主编 上海 上海社会科学院出版社 2002 年 600 页〔上海市专志系列丛刊〕
b13797311 D632.1 D698

上海港澳台侨胞联络志
上海港澳台侨胞联络志编纂委员会编 金闽珠主编 上海 上海社会科学院出版社 2010 年 634 页〔上海市专志系列丛刊〕
b20847397 D634.3 J477 2010

上海侨务志
上海侨务志编撰委员会编 袁采主编 上海 上海社会科学院出版社 2001 年 421 页〔上海市专志系列丛刊〕
b13720600 D634 Y791

中国民主党派上海市地方组织志
中国民主党派上海市地方组织志编纂委员会编 陶人观主编 上海 上海社会科学院出版社 1998 年 549 页〔上海市专志系列丛刊〕
b12697631 D665 T263

上海公安志
上海市公安局公安史志编纂委员会编 易庆瑶主编 上海 上海社会科学院出版社 1997 年 678 页〔上海市专志系列丛刊〕
b12697655 D675.1 Y464

上海旧政权建置志
上海旧政权建置志编纂委员会编 王国忠

主编 上海 上海社会科学院出版社 2001年 262页〔上海市专志系列丛刊〕
b13720533 D675.1 W217

上海外事志
上海外事志编辑室编 周明伟 唐振常主编 上海 上海社会科学院出版社 1999年 895页〔上海市专志系列丛刊〕
b12924945 D827.51 Z669

上海外事志 1994–2010
上海市人民政府外事办公室编 张小松 李铭俊主编 上海 上海市人民政府外事办公室 2016年 903页
b50017287 D827.51 Z367 2016

上海检察志
上海检察志编纂委员会编 张光明主编 上海 上海社会科学院出版社 1999年 477页〔上海市专志系列丛刊〕
b12925202 D926.32 Z352

上海铁路检察志
江文志总编 黄郁成主编 上海 上海铁路局印刷厂 2003年 413页
b23002724 D926.33 S323 2003

上海监狱志
上海监狱志编纂委员会编 麦林华主编 上海 上海社会科学院出版社 2003年 984页〔上海市专志系列丛刊〕
b14674592 D927.516.7 M165 2003

上海审判志
上海审判志编纂委员会编 滕一龙主编 上海 上海社会科学院出版社 2003年 735页〔上海市专志系列丛刊〕
b14075763 D927.51 T291

上海司法行政志
上海司法行政志编纂委员会编 史秋波主编 上海 上海社会科学院出版社 2003年 462页〔上海市专志系列丛刊〕
b15238040 D927.516.1 S488 2003

上海民防志
上海民防志编纂委员会编 宋元鹏主编 上海 上海社会科学院出版社 2001年 455页〔上海市专志系列丛刊〕
b13797177 E256 S682

上海武警志
周祥根主编 上海 上海社会科学院出版社 2001年 549页〔上海市专志系列丛刊〕
b14708607 E277 Z675 2001

上海军事志
上海军事志编纂委员会编 相守荣主编 上海 上海社会科学院出版社 1994年 603页〔上海市专志系列丛刊〕
b14869305 E289.51 S324 1994

上海计划志
上海计划志编纂委员会编 祝兆松主编 上海 上海社会科学院出版社 2001年 527页〔上海市专志系列丛刊〕
b13773598 F127.51 Z746

立信会计高等专科学校志
李海波主编 上海 立信会计出版社 1998年 293页
b10493281 F23–40 L396

上海审计志
上海审计志编纂委员会编 蔡元来主编 上海 上海社会科学院出版社 1994年 187页〔上海市专志系列丛刊〕
b15618924 F239.227.51 C137 1994

上海劳动志
上海劳动志编纂委员会编 沈智 李涛主编 上海 上海社会科学院出版社 1998年 567页〔上海市专志系列丛刊〕
b12697990 F249.275.1 S414

上海物资流通志
上海物资流通志编撰委员会编 杨剑方主编 上海 上海社会科学院出版社 2003年 433页〔上海市专志系列丛刊〕
b15328478 F259.275.1 Y236 2003

上海质量技术监督志
上海质量技术监督志编纂委员会编 钱仲裘主编 上海 上海社会科学院出版社 2003年 275页〔上海市专志系列丛刊〕
b1590586x F273.2 Q223 2003

上海东浩国际服务贸易(集团)有限公司志
上海市地方志编纂委员会编 上海 上海社会科学院出版社 2016年 834页〔上海市级专志〕
b4981493x F279.251 S324 2016

上海高桥石化志
上海高桥石化志编纂委员会编 钱澹簃主编 上海 上海社会科学院出版社 1997年 482页〔上海市专志系列丛刊〕
b12697515 F279.26 S3243

上海工商社团志
上海工商社团志编纂委员会编 张亚培主编 上海 上海社会科学院出版社 2001年 702页〔上海市专志系列丛刊〕
b13605616 F279.275.1 Z368

上海石油化工总厂志
上海石油化工总厂厂史编委会编 徐金华主编 上海 上海社会科学院出版社 1995年 750页〔上海市专志系列丛刊〕
b10623036 F279.26 S328

上海市电话号簿公司志 1984–2002
上海市电话号簿公司编印 刘苏南主编 上海 上海市电话号簿公司 2003年 339页
b15379899 F279.26 S3242 2003

上海市工艺品进出口有限公司志 1956–2000
上海市工艺品进出口有限公司志编纂委员会编 上海 上海市新闻出版局 2000年 565页
b15577533 F279.26 S3244 2000

上海外服公司志
上海外服公司志编纂委员会编 顾家栋主编 上海 汉语大词典出版社 2003年 589页
b21136233 F279.246 S3318 2003

中国外运上海公司志
中国外运上海公司志编纂委员会编 北京 中国对外经济贸易出版社 2001年 335页
b15237734 F279.26 Z651 2001

上海房地产志
上海房地产志编纂委员会编 陆文达主编 上海 上海社会科学院出版社 1999年 654页〔上海市专志系列丛刊〕
b1269759x F299.275.1 L841

上海公用事业续志
蔡君时主编 上海 上海市印刷七厂 2002年 202页〔上海市专志系列丛刊〕
b23003728 F299.275.1 C1377 2002

上海公用事业志
上海公用事业志编纂委员会编 蔡君时主

遍 上海 上海社会科学院出版社 2000 年 770 页〔上海市专志系列丛刊〕
b12925196 F299.275.1 C1377

上海市政工程志
上海市政工程志编委员会编 张人龙主编 上海 上海社会科学院出版社 1998 年 538 页〔上海市专志系列丛刊〕
b12697552 F299.275.1 Z363

上海住宅建设志
上海住宅建设志编纂委员会编 催广录主编 上海 上海社会科学院出版社 1998 年 563 页〔上海市专志系列丛刊〕
b12697564 F299.275.1 C816

上海畜牧志
上海畜牧志编纂委员会编 钱根兴主编 上海 上海市畜牧办公室 2001 年 264 页〔上海市专志系列丛刊〕
b2203268x F326.375.1 Q219 2001

上海渔业志
上海鱼业志编纂委员会编 顾惠庭主编 上海 上海社会科学院出版社 1998 年 569 页〔上海市专志系列丛刊〕
b12924738 F326.475.1 G557

上海农垦志
上海农垦志编纂委员会编 顾勇主编 上海 上海社会科学院出版社 2004 年 765 页〔上海市专志系列丛刊〕
b16075316 F327.51 G559 2004

上海农业科研志
上海农业科研志编纂委员会编 章道忠 孙国强主编 上海 上海社会科学院出版社 1996 年 450 页〔上海市专志系列丛刊〕
b12697989 F327.51 Z372

上海农业志
上海农业志编纂委员会编 王祖德 陈正玄主编 上海 上海社会科学院出版社 1996 年 468 页〔上海市专志系列丛刊〕
b10597244 F327.51 W235

华东电力工业志 1991-2002
徐航主编 北京 中国水利水电出版社 2009 年 702 页〔中国电力工业志丛书〕
b20918537 F426.61 X571 2009

江南造船厂志 1865-1995
江南造船厂志编纂委员会编 沈劢主编 上海 上海人民出版社 1999 年 650 页
b21568534 F426.474 S412 1999

江南制造局翻译馆图志
樊兆鸣主编 上海 上海科学技术文献出版社 2011 年 210 页〔上海图书馆历史文献研究丛刊〕
b21717746 F426.48 F168 2011

上海白玉兰烟草材料有限公司志
上海白玉兰烟草材料有限公司志编纂委员会编 陈桂荣主编 上海 上海江杨印刷厂 2010 年 396 页
b4642314x F426.89 C419 2010

上海超高压输变电公司志
上海超高压输变电公司志编纂委员会 金志明主编 上海 上海中华印刷厂 1993 年 193 页
b46423072 F426.61 S3261 1993

上海船舶工业志
上海船舶工业志编纂委员会编 王树春主编 上海 上海社会科学院出版社 1999 年 616 页〔上海市专志系列丛刊〕
b18280663 F426.474 W229 1999

上海第一钢铁厂厂志
上海第一钢铁厂厂志编写组编 蔡龙根 王鸿锷主编 上海 上海科学技术文献出版社 1992年 744页
b23003546 F426.31 S324 1992

上海电缆输配电公司志 1991–2009
上海电缆输配电公司志编纂委员会 卫振宇主编 上海 上海电缆输配电公司志编纂委员会 2011年 317页
b47415666 F426.61 W354 2011

上海电力工业志
上海市电力工业局史志编纂委员会编 胡永钫主编 上海 上海社会科学院出版社 1994年 518页〔上海市专志系列丛刊〕
b12697680 F426.61 H476

上海电力建设局电力建设志
上海电力建设局电力建设志编委会编 朱惠友主编 北京 水利电力出版社 1994年 312页〔中国电力工业志丛书〕
b20478513 F426.61 Z696 1994

上海电子仪表工业志
上海电子仪表工业志编纂委员会编 秦福祥主编 上海 上海社会科学院出版社 1999年 535页〔上海市专志系列丛刊〕
b13032434 F426.6 Q447

上海二轻工业志
上海二轻工业志编纂委员会编 王定一主编 上海 上海社会科学院出版社 1997年 1010页〔上海市专志系列丛刊〕
b12697746 F426.899 W214

上海纺织工业志
上海纺织工业志编纂委员会编 施颐馨主编 上海 上海社会科学院出版社 1998年 928页〔上海市专志系列丛刊〕
b12697734 F426.81 S466

上海飞航电线电缆有限公司志 1984–2014
上海飞航电线电缆有限公司志编纂委员会编 上海 上海飞航电线电缆有限公司志编纂委员会 2014年 294页
b4637744x F426.61 S3242 2014

上海副食品商业志
上海副食品商业志编纂委员会编 袁恒权主编 上海 上海社会科学院出版社 1998年 442页〔上海市专志系列丛刊〕
b12697722 F426.82 Y792

上海钢铁工业志
上海钢铁工业志编纂委员会编 李其世 顾德骥 尹灏主编 上海 上海社会科学院出版社 2001年 626页〔上海市专志系列丛刊〕
b13797207 F426.31 L415

上海海洋地质调查志
上海海洋地质调查志编纂委员会编 杨启伦主编 上海 上海社会科学院出版社 1998年 214页〔上海市专志系列丛刊〕
b12697692 F426.1 Y244

上海航空工业志
上海航空工业志编纂委员会编 卞济和主编 上海 上海社会科学院出版社 1996年 365页〔上海市专志系列丛刊〕
b12697783 F426.5 B453

上海航天志
上海航天志编纂委员会编 王德鸿 陆正廷主编 上海 上海社会科学院出版社 1997年 705页〔上海市专志系列丛刊〕
b13797268 F426.5 L841

上海化学工业志
上海化学工业志编纂委员会编 秦柄权主编 上海 上海社会科学院出版社 1997年 826页〔上海市专志系列丛刊〕
b10568827 F426.7 Q447

上海机床行业志
魏安宝主编 昆山 玉山印刷厂 1993年 332页
b23002906 F426.41 W355 1993

上海机电工业研究院所志
上海机电工业研究院所志编委会编 上海 上海机电工业研究院所志编委会 1993年 531页
b50269380 F426.4-242 S324 1993

上海机电工业志
上海机电工业志编纂委员会编 孟燕坤主编 上海 上海社会科学院出版社 1996年 670页〔上海市专志系列丛刊〕
b1269776x F426.61 M369

上海建工集团志
上海地方志编纂委员会编 范忠伟主编 上海 上海社会科学院出版社 2017年 798页〔上海 级专志〕
b50680055 F426.9 F199 2017

上海建筑材料工业志
建筑材料工业志编纂委员会编 姜在渭主编 上海 上海社会科学院出版社 1997年 393页〔上海市专志系列丛刊〕
b10488054 F426.9 J332

上海建筑施工志
上海建筑施工志编纂委员会编 吴文达主编 上海 上海社会科学院出版社 1997年 544页〔上海市专志系列丛刊〕
b12697710 F426.9 W513

上海勘察设计志
上海勘察设计志编纂委员会编 沈恭主编 上海 上海社会科学院出版社 1998年 789页〔上海市专志系列丛刊〕
b10487025 F426.9 S411

上海炼油厂志
上海炼油厂志编纂委员会编 章柏林主编 上海 上海社会科学院出版社 1998年 996页
b46423138 F426.22 S325 1998

上海毛麻纺织工业志
上海毛麻纺织工业志编纂室编 曹炽坤主编 上海 上海社会科学院出版社 1996年 905页
b12697771 F426.81 C211

上海南市发电厂志
上海南市发电厂史志编纂委员会编 王显庭主编 上海 上海中华印刷厂 1993年 338页
b23003595 F426.61 S3266 1993

上海皮革行业志
上海皮革行业志编纂委员会编 诸炳生主编 北京 中国轻工业出版社 1994年 575页
b2300406x F426.85 Z726 1994

上海汽车工业志
上海汽车工业志编纂委员会编 仇克主编 上海 上海社会科学院出版社 1999年 626页〔上海市专志系列丛刊〕
b12925299 F426.471 Q542

上海汽轮机厂厂志 专业卷 1953–2013
夏惠忠 黄征主编 上海 上海汽轮机厂

2013 年 633 页
b50017263 F426.61 S3267 2013

上海轻工业志
上海轻工业志编纂委员会编 贺贤稷主编 上海 上海社会科学院出版社 1996 年 1002 页〔上海市专志系列丛刊〕
b10583154 F426.8 H315

上海燃料流通志
上海市燃料总公司编 上海 上海市燃料总公司 1998 年 382 页
b4955007x F426.2 S327 1998

上海市电力工业志
上海市电力工业局史志编纂委员会编 北京 水利电力出版社 1993 年 456 页〔中国电力工业志丛书〕
b15291790 F426.61 S324 1993

上海市电力工业志 1991–2002
陈方增主编 北京 中国电力出版社 2011 年 767 页〔中国电力工业志丛书〕
b38893708 F426.61 S324 2011

上海水利志
上海水利志编纂委员会编 徐其华主编 上海 上海社会科学院出版社 1997 年 626 页〔上海市专志系列丛刊〕
b12697709 F426.9 X577

上海丝绸志
上海丝绸志编纂委员会编 朱祖贤主编 上海 上海社会科学院出版社 1998 年 449 页
b10503365 F426.81 S328

上海送变电工程公司志
上海送变电工程公司史志编纂委员会编 李佩伟主编 北京 水利电力出版社 1994 年 177 页
b21855092 F426.61 L414 1994

上海外高桥发电有限责任公司志 1990–2007
田野主编 北京 中国电力出版社 2011 年 230 页
b46976267 F426.61 S331 2011

上海线带行业志 1901–1992
上海线带行业志编纂委员会编 上海 上海线带行业志编纂委员会 1996 年 268 页
b15968649 F426.81 S331 1996

上海橡胶工业志
上海橡胶工业志编纂委员会编 陈树滋主编 上海 上海社会科学院出版社 2000 年 650 页
b13854537 F426.89 C432

上海烟草志
上海烟草志编纂委员会编 董浩林主编 上海 上海社会科学院出版社 1998 年 530 页〔上海市专志系列丛刊〕
b12697758 F426.89 D594

上海烟草志 1993–2003
上海烟草志编纂委员会编 董浩林主编 上海 上海社会科学院出版社 2010 年 528 页
b21576300 F426.89 D594 2010

上海杨树浦发电厂志 1991–2005
上海杨树浦发电厂志编纂委员会编 居琴主编 北京 中国电力出版社 2007 年 334 页
b4689908x F426.61 Y246 2007

上海有色金属工业志
上海有色金属工业志编纂委员会编 朱光华 陈禹志主编 上海 上海社会科学院出

版社 1999年 650页〔上海市专志系列丛刊〕
b12924519 F426.32 Z695

上海造纸志
上海市造纸公司史志编纂委员会编 杨慕曾主编 上海 上海社会科学院出版社 1996年 418页
b10655281 F426.83 Y239

上海制皂厂厂志 1923–1990
上海制皂厂厂志编审委员会编 冯家麟主编 上海 上海社会科学院出版社 1993年 424页
b22431779 F426.7 F374 1993

中船第九设计研究院工程有限公司志 1955–213
中船第九设计研究院工程有限公司志编委会编 上海 中船第九设计研究院工程有限公司 2013年 978页
b49982849 F426.474 Z643 2013

中国药厂志
金桥信息工作室编 上海 金桥信息工作室 2001年 836页
b21766526 F426.7 J478 2001

中华造船厂志 1926–1990
何光耀 钱小康主编 上海 上海三联书店 1996年 453页
b15292964 F426.474 H268 1996

上海缝纫机一厂厂志
上海缝纫机一厂厂志编委会编 王耀鑫主编 上海 上海人民出版社 1994年 571页
b23003637 F427.51 S3242 1994

上海郊县工业志
上海郊县工业志编纂委员会编 郎丰盈盛亚飞主编 上海 上海新闻出版局 2001年 562页〔上海市专志系列丛刊〕
b13797244 F427.51 L218

上海市工业综合开发区志
上海市工业综合开发区志编纂委员会编 钟洪葵主编 上海 学林出版社 2010年 458页
b40649738 F427.51 Z624 2010

上海天原化工厂志
上海天原化工厂志编写委员会编 刘金贵主编 上海 上海市印刷七厂 1994年 537页
b23002943 F427.51 S329 1994

上海铁路局集体经济志
上海铁路局集体经济志编纂委员会编 陆乃臧主编 上海 上海铁路局集体经济志编纂委员会 1999年 198页
b50347615 F532.851 L838 1999

上海铁路局志
上海铁路局志编委会编 北京 中国铁道出版社 2004年 1378页
b17735634 F532.6 S329 2004

上海铁路志
上海铁路志编纂委员会编 王兆成主编 上海 上海社会科学出版社 1999年 708页〔上海市专志系列丛刊〕
b12924684 F532.851 W235

中铁二十四局志 2004–2010
中铁二十四局集团有限公司史志编审委员会编 石绍明主编 上海 中铁二十四局集团有限公司史志编审委员会 2013年 906页
b49640392 F532.851 Z645 2013

上海公路运输志
上海市交通运输局交通史志编纂委员会编 王敬德主编 上海 上海社会科学院出版社 1996年 645页〔上海市专志系列丛刊〕
b12697576 F542.851 W219

上海长江航运志
上海长江航运史志编纂委员会编 夏国分主编 上海 上海社会科学院出版社 1997年 360页〔上海市专志系列丛书〕
b12697606 F552.751 X186

上海港志
上海港志编纂委员会编 张燕主编 上海 上海社会科学院出版社 2001年 699页〔上海市专志系列丛刊〕
b13720491 F552.9 Z368

上海内河航运志
上海内河航运志编纂委员会编 任慈杰主编 上海 上海社会科学院出版社 1999年 426页〔上海市专志系列丛刊〕
b12925044 F552.751 R194

上海沿海运输志
上海沿海运输志编纂委员会编 燕明义主编 上海 上海社会科学院出版社 1999年 520页〔上海市专志系列丛刊〕
b12925184 F552.751 Y199

上海远洋运输志
上海远洋运输志编纂委员会编 金仲明主编 上海 上海社会科学院出版社 1999年 419页〔上海市专志系列丛刊〕
b12925317 F552.751 J479

上海民用航空志
民航华东地区史志编纂办公室编 王世敏主编 上海 上海社会科学院出版社 2000年 992页〔上海市专志系列丛刊〕
b1335498x F562.9 W229

中国民航华东空管志
华东空管志编纂委员会编 王世敏主编 上海 上海辞书出版社 2007年 839页
b17707894 F562.85 W229 2007

中国民用航空志 华东地区卷
王世敏主编 北京 中国民航出版社 2012年 2卷 1519页
b40863943 F562.9 Z648H 2012

上海旅游资源图志
上海旅游资源图志编写组编著 周琦编撰 上海 上海科学普及出版社 2014年 3卷 1011页
b46598777 F592.751-64 Z672 2014

上海佘山国家旅游度假区志
上海佘山国家旅游度假区志编纂委员会编 许银章主编 上海 上海辞书出版社 2010年 357页
b22431743 F592.751 X598 2010

上海长途电信图志 1871-1996
梅绍祖主编 上海 上海市长途电信局 1996年 144页〔上海长途电信历史丛书〕
b10583099 F632.751-64 M288

上海郊县邮电志
上海市郊县邮电局编 上海 上海市郊县邮电局 1995年 489页
b14512245 F632.751 S324

上海邮电志
上海邮电志编纂委员会编 徐志超 程锡远 刘长前主编 上海 上海社会科学院出

版社 1999 年 902 页〔上海市专志系列丛刊〕
b12925093 F632.751 X581

上海邮电志稿 1991–1995
钟建明主编 上海 上海邮电志稿编纂者 1995 年 425 页
b23002669 F632.751 S3319

上海市第一医药商店店志 中华医药第一店
邵松岐主编 上海 百家出版社 2000 年 243 页
b23002785 F721.8 S3242 2000

上海粮食志
上海粮食志编纂委员会编 应飞主编 上海 上海社会科学院出版社 1995 年 738 页〔上海市专志系列丛刊〕
b10488042 F724.721 Y548

上海木材流通志
姚鹤年主编 上海 上海市木材总公司 1996 年 396 页
b47415678 F724.724 Y295 1996

上海蔬菜商业志
上海蔬菜商业志编纂委员会编 陈蕙英主编 上海 上海社会科学院出版社 1996 年 422 页
b10600693 F724.723 C421

上海价格志
上海价格志编纂委员会编 汪杰 潘建新 葛美君主编 上海 上海社会科学院出版社 1998 年 666 页〔上海市专志系列丛刊〕
b12698027 F726 W185

上海工商行政管理志
上海工商行政管理志编纂委员会编 孔祥毅主编 上海 上海社会科学院出版社 1997 年 373 页〔上海市专志系列丛刊〕
b10547514 F727.51 K344

上海日用工业品商业志
上海日用工业品商业志编纂委员会编 由月东主编 上海 上海社会科学院出版社 1999 年 693 页〔上海市专志系列丛刊〕
b13063212 F727.51 Y666

上海饮食服务业志
上海饮食服务业志编撰委员会编 唐家宁主编 上海 上海市印刷七厂 2006 年 275 页〔上海市专志系列丛刊〕
b16926729 F727.51 T241 2006

上海对外经济贸易志
上海对外经济贸易志编纂委员会编 上海 上海社会科学院出版社 2001 年 3 卷 2711 页〔上海市专志系列丛刊〕
b13701150 F752.851 S324

上海海关志
上海海关志编纂委员会编 陈正恭主编 上海 上海社会科学院出版社 1997 年 672 页
b10568803 F752.5 C4373

上海市畜产进出口公司志
上海市畜产进出口公司志编纂委员会编 秦放主编 上海 汉语大词典出版社 2003 年 672 页
b19418802 F752.652.5 S323 2003

上海商检志
上海商检志编纂委员会编 赵国君主编 上海 上海社会科学院出版社 1999 年 589 页〔上海市专志系列丛刊〕
b12697539 F760.6 Z433

上海医药志
上海医药志编纂委员会编 俞斯庆主编 上海 上海社会科学院出版社 1997 年 903 页〔上海市专志系列丛刊〕
b12697679 F763 Y714

上海财政税务志
王渭泉主编 上海 上海社会科学院出版社 1995 年 815 页〔上海市专志系列丛刊〕
b10711405 F812.751 W232

上海财政税务志 1991-2005
上海财政税务志编纂委员会编 刘红薇 葛爱玲 顾炬主编 上海 上海辞书出版社 2009 年 1146 页
b20806127 F812.751 L677 2009

上海财政税务志资料长编
上海财政税务志编纂委员会编 上海 上海财政局 1999 年 2 卷 1988 页
b15237783 F812.751 W232B 1999

爱建志 1979-1999
上海爱建股份有限公司编 宗之琥 王祚岩主编 上海 汉语大词典出版社 2003 年 467 页
b17490923 F832.39 Z863 2003

交通银行志
上海市地方志编纂委员会编 金礼方总纂 上海 上海社会科学院出版社 2018 年 1084 页〔上海市级专志〕
b51077504 F832.751 S323 2018

上海金融志
上海金融志编纂委员会编 洪葭管主编 上海 上海社会科学出版社 2003 年 810 页〔上海市专志系列丛刊〕
b14662267 F832.751 H415 2003

上海银行志
上海市地方志编纂委员会编 胡友联 靳曾德 张志蛟主编 上海 上海社会科学院出版社 2017 年 738 页〔上海市级专志〕
b5068002x F832.9 S323 2017

上海文化艺术志
上海文化艺术志编纂委员会编 李太成主编 上海 上海社会科学院出版社 2001 年 1212 页〔上海市专志系列丛刊〕
b13854288 G127.51 L418

上海文化娱乐场所志
上海文化艺术志编纂委员会 上海文化娱乐场所志编辑部编 童本一主编 常熟 常熟市白云印刷厂 2000 年 414 页〔上海文化艺术志〕
b13856418 G127 S331

上海新闻志
贾树枚主编 上海 上海社会科学院出版社 2000 年 805 页〔上海市专志系列丛刊〕
b13431560 G219.29 J243

上海新闻志 1993-2002
上海新闻志（1993-2002）编纂委员会编 上海 上海人民出版社 2018 年 501 页
b51212316 G219.275.1 S331 2018

上海电视栏目志 新闻观察 1997-2003
上海广播电视台 上海东方传媒集团有限公司编 叶汀主编 上海 学林出版社 2009 年 304 页
b2047653x G229.275.1 Y383 2009

上海电视栏目志 2008-2013
上海文化广播影视集团有限公司编 张明华主编 上海 学林出版社 2014 年 212 页
b45482809 G229.275.1 Z357 2014

上海广播电视志
上海广播电视志编辑委员会编 赵凯主编 上海 上海社会科学院出版社 1999 年 952 页〔上海市专志系列丛刊〕
b1292457x G229.275.1 Z435

上海出版志
上海出版志编纂委员会编 宋原放 孙颙主编 上海 上海社会科学院出版社 2000 年 1234 页〔上海市专志系列丛刊〕
b13797256 G239.275.1 S682

上海群众文化志
上海群众文化志编纂委员会编 习文 季金安主编 上海 上海文化出版社 1999 年 431 页
b1557779x G249.275.1 X142 1999

上海图书馆事业志
上海图书馆事业志编纂委员会编 朱庆祚主编 上海 上海社会科学院出版社 1996 年 543 页〔上海市专志系列丛刊〕
b10494947 G259.275.1 Z715

上海档案志
上海档案志编纂委员会编 董永昌主编 上海 上海社会科学院出版社 1999 年 477 页〔上海市专志系列丛刊〕
b12925123 G279.275.1 D596

上海科学技术志
上海市科学技术志编纂委员会编 张鳌主编 上海 上海社会科学院出版社 1996 年 1106 页〔上海市专志系列丛刊〕
b12697540 G322.751 Z345

上海科学技术志 1991–1999
上海科学技术志编纂委员会编 张鳌主编 上海 上海社会科学院出版社 2003 年 929 页〔上海市专志续志系列丛书〕
b14075842 G322.751 Z345B

上海普通教育志
上海普通教育志编纂委员会编 薛明扬主编 上海 上海社会科学院出版社 2015 年 771 页〔上海市专志系列丛刊〕
b46598789 G527.51 X676 2015

上海帕丁顿双语学校志
上海帕丁顿双语学校志编纂委员会编 王丹花主编 北京 方志出版社 2017 年 319 页
b50650701 G639.285.1 S3262 2017

第二军医大学志
第二军医大学编 陆增祺主编 上海 第二军医大学 1994 年 515 页
b20576353 G649.285.1 D413 1994

复旦大学百年志 1905–2005
复旦大学百年志编纂委员会编 上海 复旦大学出版社 2005 年 2 卷 2187 页
b16144569 G649.285.1 F514Q 2005

复旦大学经济学院志
复旦大学经济学院志编纂委员会编 上海 上海人民出版社 2005 年 415 页
b16339745 G649.285.1 F514S 2005

复旦大学志 第 1 卷 1905–1949
复旦大学校志编写组编 上海 复旦大学出版社 1985 年 531 页
b10716051 G649.285.1 F514X

复旦大学志 第 2 卷 1949–1988
复旦大学校志编写组编 上海 复旦大学出版社 1995 年 803 页
b10716051 G649.285.1 F514X

华东化工学院志
蒋凌棫主编 上海 华东化工学院出版社 1992年 759页〔中国高等学校志〕
b12637993 G649.28 J354

华东理工大学志 1992.7–2002.6
华东理工大学志编纂委会编 上海 华东理工大学出版社 2002年 816页
b1398939x G649.28 J354B

上海财经大学志 1917–2017
上海财经大学志编纂委员会编 上海 上海财经大学出版社 2017年 922页
b50323179 G649.285.1 S323C 2017

上海大学志 1994–2004
上海大学志编纂委员会编 方明伦主编 上海 上海大学出版社 2004年 1141页
b20099253 G649.285.1 S3248 2004

上海第二医科大学志
王一飞主编 上海 华东理工大学出版社 1997年 477页
b15908562 G649.285.1 S3242 1997

上海高等教育志
上海高等教育志编纂委员会编 薛明扬主编 上海 上海社会科学院出版社 2010年 699页〔上海市专志系列丛刊〕
b21570127 G649.29 X676 2010

上海格致书院志略
王尔敏著 香港 中文大学出版社 1980年 119页〔香港中文大学中国文化研究所专刊〕
b12629777 G649.299.51 G322

上海工业大学校志
方明伦主编 上海 上海工业大学 1994年 620页
b23002657 G649.285.1 S3246

上海海洋大学百年志 1912–2011
上海海洋大学百年志编纂委员会编 上海 上海人民出版社 2012年 820页
b40846751 G649.285.1 S32432 2012

上海海洋大学志
上海市地方志编纂委员会编 上海 华东师范大学出版社 2016年 716页〔上海市级专志〕
b49650877 G649.285.1 S32432C 2016

上海海运学院志 1958–1995
王恩田主编 北京 人民交通出版社 1999年 845页
b23003492 G649.285.1 S3249 1999

上海机械高等专科学校志
上海机械高等专科学校校志编纂委员会编 江晚卿撰稿 上海 上海机械高等专科学校 1996年 257页
b20806280 G649.285.1 S32448 1996

上海技术师范学院院志
高兰村主编 上海 上海技术师范学院 1995年 439页
b10622421 G649.285.1 S324

上海建材学院志
上海建材学院院志编纂委员会编 许关禄主编 上海 上海建材学院院志编纂委员会 1996年 304页
b20140599 G649.285.1 S3243 1996

上海交通大学电气工程系志 1908–2008
上海交通大学电气工程系志编纂委员会编 上海 上海交通大学出版社 2008年

282 页
b19320462　G649.285.1　S324T　2008

上海交通大学志　1896–1996
上海交通大学校志编纂委员会编　上海　上海交通大学出版社　1996 年　1132 页
b13032343　G649.285.1　S324S

上海理工大学志　1906–2006
上海理工大学志编纂委员会编　北京　高等教育出版社　2006 年　854 页
b17647150　G649.285.1　S3255　2006

上海理工大学志　2006–2016
上海理工大学志编纂委员会编　上海　上海人民出版社　2016 年　648 页
b50993975　G649.285.1　S3253　2016

上海立信会计学院 80 周年校志
上海立信会计学院校志编纂委员会编　上海　立信会计出版社　2008 年　696 页
b20805998　G649.285.1　S3254S　2008

上海旅游高等专科学校志
上海旅游高等专科学校志编纂委员会编　上海　复旦大学出版社　1999 年　247 页
b15380658　G649.285.1　S325　1999

上海旅游高等专科学校志　1999–2008
上海旅游高等专科学校志编纂委员会编　上海　华东师范大学出版社　2009 年　290 页
b20395577　G649.285.1　S325　2009

上海铁道大学志
上海铁道大学志编写组编　上海　同济大学出版社　2013 年　682 页
b40887650　G649.285.1　S329C　2013

上海铁道学院志
朱士明主编　上海　上海铁道学院　1996 年　606 页〔中国高等学校志〕
b15380749　G649.285.1　S329　1996

上海铁道医学院志
上海铁道医学院院志编纂委员会编　北京　中国铁道出版社　1995 年　318 页
b20099873　G649.285.1　S3299　1995

上海外国语大学志
上海外国语大学志编纂委员会编　戴炜栋主编　上海　上海外语教育出版社　1996 年　853 页
b13849384　G649.285.1　S331D

上海医科大学图志　1927–2000
彭裕文主编　上海　复旦大学出版社　2005 年　125 页
b21570140　G649.285.1　S3245W　2005

上海医科大学志　1927–2000
上海医科大学志编纂委员会编　上海　复旦大学出版社　2005 年　1080 页
b16144545　G649.285.1　S3245　2005

上海医疗器械高等专科学校志　1960–2006
上海医疗器械高等专科学校志编纂委员会编　上海　上海理工大学　2006 年　239 页
b17760914　G649.285.1　S3312　2006

上海中医药大学志　献给上海中医药大学建校四十周 1956–1996
施杞主编　上海　上海中医药大学出版社　1997 年　866 页
b10535688　G649.285.1　S3311

同济大学百年志　1907–2007
同济大学百年志编纂委员会编　陆敏恂主

编 上海 同济大学出版社 2007 年 2 卷 2145 页
b17647186 G649.285.1 T437L 2007

同济大学土木工程学院建筑工程系简志 1914–2006
同济大学土木工程学院建筑工程系简志（1914–2006）编写组编 上海 同济大学出版社 2007 年 264 页
b18104666 G649.285.1 T437S 2007

同济大学志 1907–2000
同济大学志编辑部编 上海 同济大学出版社 2002 年 1194 页
b13928260 G649.285.1 T437T

上海出版印刷高等专科学校志
上海出版印刷高等专科学校志编纂委员会编 上海 上海理工大学出版社 2006 年 441 页
b20140587 G719.285.1 S323 2006

上海职业技术教育志
上海职业技术教育志编纂委员会编 上海 上海社会科学院出版社 2005 年 673 页〔上海市专志系列丛刊〕
b16153443 G719.29 S331 2005

上海中华职业教育社志
上海中华职业教育社志编纂委员会编 吴仲信主编 上海 上海古籍出版社 2007 年 507 页〔上海市专志系列丛刊〕
b17761712 G719.285.1 S331 2007

上海成人高等教育志 1863–1990
上海成人高等教育志编纂委员会编 忻福良主编 上海 上海交通大学出版社 1997 年 241 页
b14508552 G729.29 X453

上海成人教育志
上海成人教育志编纂委员会编 上海 上海社会科学院出版社 2007 年 569 页〔上海市专志系列丛刊〕
b20182326 G729.285.1 S323 2007

上海体育志
上海体育志编纂委员会编 蔡扬武主笔 上海 上海社会科学院出版社 1996 年 740 页〔上海市专志系列丛刊〕
b10600681 G812.751 C137

上海市区方言志
许宝华 唐珍珠主编 上海 上海教育出版社 1988 年 582 页
b11490652 H173 X592

上海文学志
上海文学志编纂者 上海 上海文学志编纂者 2008 年 2 卷 1146 页
b23397573 I209.951 S331 2008

上海文学志稿
上海文学志稿编纂委员会编 朱文华 许道明主编 上海 上海社会科学院出版社 2014 年 1170 页〔上海市专志系列丛刊〕
b50269392 I209.951 Z719 2014

上海美术志
上海文化艺术志编纂委员会编 上海美术志编纂委员会编 徐昌酩主编 上海 上海书画出版社 2004 年 878 页
b16147297 J120.9 X567 2004

上海艺术史图志
上海艺术研究所编 上海 上海文化出版社 1999 年 225 页
b1353192x J120.9-64 S324

上海音乐志
上海文化艺术志编纂委员会编 上海音乐志编辑部主编 上海 上海文化艺术志编纂委员会 上海音乐志编辑部 2001 年 694 页
b13658645 J609.2 S331

上海舞蹈舞剧志 上海歌剧志
上海文化艺术志编委会 上海舞蹈舞剧志编辑部 上海歌剧志编辑部主编 谢明主编 上海 上海市新闻出版局 2000 年 571 页
b20045281 J709.251 X426 2000

中华舞蹈志 上海卷
中华舞蹈志编辑委员会编 蓝凡主编 张优卷主编 上海 学林出版社 2000 年 225 页
b14191672 J709.251 Z643

中华舞蹈志 上海卷
中华舞蹈志编辑委员会编 蓝凡主编 张优卷主编 上海 学林出版社 2014 年 225 页
b4469247x J709.251 Z643 2014

上海扬剧志 上海甬剧志 上海锡剧志
上海市文化局史志办公室编 周良村主编 常熟 常熟市白云印刷厂 1996 年 320 页
b23002955 J809.251 Z668 1996

中国曲艺志 上海卷
中国曲艺志全国编辑委员会 中国曲艺志上海卷编辑委员会编 罗扬主编 吴宗锡卷主编 北京 中国 ISBN 中心 2007 年 713 页
b10643059 J809.2 Z648

中国戏曲志 上海卷
中国戏曲志编辑委员会 中国戏曲志上海卷编辑委员会编 张庚主编 孙滨卷主编 北京 中国 ISBN 中心 1996 年 1047 页
b10563246 J809.2 Z651SH

上海京剧志
徐幸捷 蔡世成主编 上海 上海文化出版社 1999 年 486 页
b22921539 J821 X581 1999

上海话剧百年图志 1907-2007
上海戏剧博物馆编 王伯男主编 北京 中国戏剧出版社 2015 年 259 页
b47143125 J824-64 W212 2015

上海话剧志
上海文化艺术志编纂委员会 上海话剧志编纂委员会编 李晓主编 上海 百家出版社 2002 年 452 页〔上海文化艺术志〕
b13979693 J824 S331

上海沪剧志
汪培 陈剑云 蓝流主编 上海 上海文化出版社 1999 年 238 页
b12545855 J825.51 W186

上海淮剧志
上海市文化局史志办公室编 上海淮剧志编辑部主编 常熟 常熟市白云印刷厂 1998 年 279 页
b22431718 J825.53 S3313 1998

上海昆剧志
上海文化艺术志编纂委员会编 上海昆剧志编辑部编 方家骥 朱建明主编 上海 上海文化出版社 1998 年 339 页
b10487050 J825.53 F224

上海越剧志
上海文化艺术志编纂委员会 上海越剧志编纂委员会编 卢时俊 高义龙主编 北京 中国戏剧出版社 1997 年 420 页
b13991802 J825.55 L792

上海滑稽戏志
上海滑稽戏志编辑部编 缪依杭主编 常熟 常熟市白云印刷厂 1997 年 227 页
b18569109 J827 M494 1997

上海电影志
上海电影志编纂委员会编 吴贻弓主编 上海 上海社会科学院出版社 1999 年 1118 页〔上海市专志系列丛刊〕
b12925238 J909.2 W515

上海民族志
上海民族志编纂委员会编 哈宝信主编 上海 上海社会科学院出版社 1997 年 291 页〔上海市专志系列丛刊〕
b10501125 K280.51 S325

上海名街志
上海市地方志办公室编著 朱敏彦主编 上海 上海社会科学院出版社 2004 年 1084 页〔上海特色志丛书〕
b15374403 K295.1 S324S 2004

上海名镇志
上海市地方志办公室编著 沙似鹏主编 上海 上海社会科学院出版社 2003 年 797 页〔上海特色志丛书〕
b14662255 K295.15 S324 2003

上海租界志
上海租界志编纂委员会编 史梅定主编 上海 上海社会科学院出版社 2001 年 758 页〔上海市专志系列丛刊〕
b13676258 K295.1 S4872

大夏大学人物志
郭景仪编撰 上海 上海财经大学科技发展有限公司 2004 年 592 页
b15715966 K820 G769 2004

上海文物博物馆志
上海文物博物馆志编纂委员会编 马承源主编 上海 上海社会科学院出版社 1997 年 510 页〔上海市专志系列丛刊〕
b12697503 K872.51 M137

中国地方志民俗资料汇编 华东卷
丁世良 赵放主编 哈特 玛特等编 北京 书目文献出版社 1995 年 3 卷 1911 页
b1054723x K892.45 D533

上海地名小志
郑祖安主编 上海 上海社会科学院出版社 1988 年 135 页
b11259991 K925.1 Z545

上海地名志
上海地名志编纂委员会编 陈征琳 邹逸麟 刘君德主编 上海 上海社会科学院出版社 1998 年 826 页〔上海市专志系列丛刊〕
b12698015 K925.1 C437

上海风物志
吴贵芳主编 上海 上海文化出版社 1982 年 337 页〔中国风物志丛书〕
b12160428 K925.1 W488

上海市地名录
上海市地名管理办公室编 上海 学林出版社 2001 年 595 页
b1379226x K925.1-62 S323

上海方塔园志
上海方塔园志编纂委员会编 诸菊华 龚忠辉主编 北京 方志出版社 2012 年 185 页
b36650225 K928.73 F226 2012

上海名园志
上海市地方志办公室 上海市绿化管理局

编著 朱敏彦 王孝泓主编 上海 上海画报出版社 2007年 558页〔上海特色志丛书〕
b18452310 K928.73 Z711 2007

上海市岛屿志
上海市岛屿志编纂委员会编 张恩迪主编 上海 上海辞书出版社 2013年 351页
b44810891 K928.44 Z349 2013

中国海岛志 江苏 上海卷
中国海岛志编纂委员会编 陈连增总编 黄秀清卷主编 北京 海洋出版社 2013年 513页
b40846222 K928.44 C424E 2013

中国科学院上海细胞生物学研究所志 1950.8–2000.5
中国科学院上海细胞生物学研究所志编辑部编 丁秀兰撰稿 上海 中国科学院上海细胞生物学研究所志编辑部 2006年 368页
b23002967 N242 Z648 2006

中国科学院上海技术物理研究所志 1958–1998
上海技术物理研究所志编纂委员会编 上海 上海景隆电脑印务公司 2001年 668页
b15237692 O3–24 S331 2001

上海测绘志
上海测绘志编纂委员会编 陈征琳主编 上海 上海社会科学院出版社 1999年 423页〔上海市专志系列丛刊〕
b12925020 P2–092 C437

上海市地震监测志
上海市地震局编 朱元清主编 上海 同济大学出版社 2005年 318页〔中国地震监测志系列〕
b16426873 P315.732.51 S324 2005

上海气象志
上海气象志编纂委员会编 束家鑫主编 上海 上海社会科学院出版社 1997年 715页〔上海市专志系列丛刊〕
b12697795 P468.251 S557

上海地质矿产志
上海地质矿产志编纂委员会编 张宏良主编 上海 上海社会科学院出版社 1999年 249页〔上海市专志系列丛刊〕
b12924830 P562.51 Z353

上海市区域地质志
上海地质矿产区编著 北京 地质出版社 1988年 315页〔中华人民共和国地质矿产部地质专报〕
b11202774 P562.51 S324

中国海湾志 第5卷 上海市和浙江省北部海湾
中国海湾志编纂委员会编 北京 海洋出版社 1991年 357页
b10905157 P722 Z647

中国科学院上海生物化学研究所志 1950.05–2000.05
中国科学院上海生物化学研究所志编纂委员会编 上海 上海生物化学研究所 2008年 627页
b19417664 Q5–242.51 Z648 2008

复旦校园植物图志
李辉 周晔主编 上海 复旦大学出版社 2015年 254页
b4651398x Q948.525.1 L396 2015

上海植物志 上卷 区系植物
上海科学院著 上海 上海科学技术文献出

版社 1999 年 953 页
b1294628x Q948.525.1 S325

上海植物志 下卷 经济植物
上海科学院著 上海 上海科学技术文献出版社 1999 年 596 页
b1294628x Q948.525.1 S325

长江三角洲及邻近地区孢子植物志
上海自然博物馆编著 上海 上海科学技术出版社 1989 年 573 页
b16018813 Q949.1 S331

上海卫生志
上海卫生志编纂委员会编 张明岛 邵浩奇主编 上海 上海社会科学院出版社 1998 年 798 页〔上海市专志系列丛刊〕
b12698003 R-092 Z357

儿科医院志
复旦大学附属儿科医院纂委员会编 上海 复旦大学出版社 2012 年 444 页〔复旦大学附属儿科医院院庆六十周年丛书〕
b36647202 R197.5 F514 2012

上海市胸科医院 上海交通大学附属胸科医院 50 年院志 1957–2007
上海市胸科医院 上海交通大学附属胸科医院编 上海 上海交通大学出版社 2007 年 163 页
b23003522 R197.5 S331 2007

上海环境卫生志
上海环境卫生志编纂委员会编 施振国主编 上海 上海社会科学院出版社 1996 年 560 页〔上海市专志系列丛刊〕
b13797189 R199.2 S466

上海中医药大学附属曙光医院院志
上海中医药大学附属曙光医院院志编写办公室编 周展红主编 上海 上海中医药大学附属曙光医院 1996 年 214 页
b23002736 R199.2 S3317 1996

中国疾病预防控制中心寄生虫病预防控制所所志 1950–2010
余森海 周晓农主编 上海 上海科学技术出版社 2014 年 422 页
b49851408 R53-242 Z647 2014

中国新药志 1985–2000
金桥信息工作室编 上海 金桥信息工作室 2000 年 882 页
b50007907 R97-62 J478 2000

上海土种志
汪超俊主编 上海 上海土种普查办公室 1992 年 123 页
b40864467 S155.925.1 W184 1992

上海大麦品种志
黄培忠等编 上海 上海科学技术出版社 1986 年 68 页
b36247807 S512.302.92 S323 1986

上海蔬菜品种志
上海市农业科学研究所编 上海 上海科学技术出版社 1959 年 374 页
b18280651 S630.23 S326 1959

上海竹种图志
康喜信 胡永红等编著 上海 上海交通大学出版社 2011 年 252 页
b23160822 S795.03-64 K185 2011

煤炭科学研究总院上海分院志
煤炭科学研究总院上海分院志编纂委员会编 孙正心主编 北京 煤炭工业出版社 1999 年 318 页〔中国煤炭专志系列丛刊〕

b1557782x　TD82-242.51　S779　1999

华东电力设计院志 1953–2003
华东电力设计院志编纂委员会编　上海　中共上海市委办公厅文印中心　2003 年　544 页
b14674518　TM-242.51　H528　2003

上海化工研究院志 第 1 卷 1956–1989
金企中主编　上海　化工部上海化工研究院　1991 年　370 页
b2300289x　TQ-242.51　S324

上海名建筑志
上海市地方志办公室编著　沙似鹏主编　上海　上海社会科学院出版社　2005 年　953 页〔上海特色志丛书〕
b1635347x　TU-092　S324　2005

上海市装饰装修行业志 2002–2006
上海市装饰装修行业协会编　上海　上海市装饰装修行业协会　2006 年　163 页
b23002931　TU238　S331

上海城市规划志
上海城市规划志编纂委员会编　孙平主编　上海　上海社会科学院出版社　1999 年　702 页〔上海市专志系列丛刊〕
b13006927　TU984.251　S776

上海市城市建设设计研究院建院四十周年院志 1963–2003
王炯主编　上海　上海市城市建设设计研究院　2003 年　360 页
b23002918　TU984.251　S3231

上海园林志
上海园林志编纂委员会编　程绪珂　王焘主编　上海　上海社会科学院出版社　2000 年　732 页〔上海市专志系列丛刊〕
b13797220　TU985.251　C456

园林工程志 1954–2004
上海市园林工程有限公司编　上海　上海市园林工程有限公司　2005 年　69 页
b20410657　TU986.625.1　S331　2005

船舶工艺研究所志 1964–2003
船舶工艺研究所志编纂委员会编　王树春主编　上海　上海社会科学院出版社　2004 年　441 页
b22429116　U66-24　W229　2004

上海船舶研究设计院院志 1964–2003
上海船舶研究设计院编　杭州　杭州东联广告印刷公司　2004 年　365 页
b23002712　U66-24　S323　2004

上海救捞志
上海救捞志编纂委员会编　叶似虬主编　上海　上海社会科学院出版社　1999 年　333 页〔上海市专志系列丛刊〕
b12925287　U676.6　Y383

上海环境保护志
上海环境保护志编纂委员会编　吕淑萍主编　上海　上海社会科学院出版社　1998 年　556 页〔上海市专志系列丛刊〕
b1052485x　X-092　L982

黄浦区

黄浦区志
上海市黄浦区志编纂委员会编　周太彤　胡炜主编　上海　上海社会科学院出版社　1996 年　1485 页〔上海市区志系列丛刊〕
b10640964　K295.13　H665

黄浦区续志 1993–2000.6
上海市黄浦区黄浦区续志编纂委员会编 张来庆主编 上海 上海社会科学院出版社 2003年 1421页〔上海市区志续志系列丛刊〕
b14075738 K295.13 H665B

卢湾区志
上海市卢湾区志编纂委员会编 胡瑞荣主编 上海 上海社会科学院出版社 1998年 1238页〔上海市区志系列丛刊〕
b10524861 K295.13 L792

卢湾区志 1994–2003
卢湾区志（1994–2003）编纂委员会编 忻伟明主编 上海 上海人民出版社 2008年 1239页〔上海市区县志系列丛刊〕
b18569092 K295.13 L792 2008

南市区志
上海市南市区志编纂委员会编 孙卫国主编 上海 上海社会科学院出版社 1997年 1056页〔上海市区志系列丛刊〕
b10501150 K295.13 N161

南市区续志 1993–2000.6
上海市黄浦区南市区续志编纂委员会编 沈善初主编 上海 上海社会科学院出版社 2003年 1089页〔上海市区志续志系列丛刊〕
b14075805 K295.13 N161B

上海市黄浦区金陵东路街道简志
黄浦区金陵东路街道办事处编 上海 黄浦区金陵东路街道办事处 1994年
b2004527x K295.13 H665J 1994

上海市黄浦区军事志 1991–2007
上海市黄浦区军事志编纂委员会编 胡明朝主编 上海 上海市印刷七厂 2009年 499页
b46423011 E289.513 H665 2009

上海市黄浦区商业志
上海市黄浦区人民政府财贸办公室 上海市黄浦区商业志编纂委员会编 方加寿主编 上海 上海科学技术出版社 1995年 939页
b10646711 F727.51 F224

黄浦区文化志
上海市黄浦区文化志编纂委员会编 陆元德 林康哉主编 上海 上海市黄浦区文化志编纂委员会 1993年 222页
b20403379 G127.513 H665 1993

上海市黄浦区地名志
胡炜主编 上海 上海社会科学院出版社 1989年 869页
b11059217 K925.13 H476

卢湾公安志
卢湾公安志编纂委员会编 上海 上海社会科学院出版社 1999年 369页
b13854392 D675.13 L792

卢湾区军事志
卢湾区军事志编纂委员会编 张悦煮等编 上海 卢湾区军事志编纂委员会 1999年 131页
b23397548 E289.513 L792C

上海市卢湾区军事志 1997–2007
上海市卢湾区军事志编纂委员会编 程汉林主编 上海 上海江杨印刷厂 2011年 455页
b23397500 E289.513 L792 2011

上海市卢湾区地名志
上海市卢湾区人民政府编 陈力生主编 上海 上海社会科学院出版社 1990 年 400 页
b10690074 K925.13 L792

上海南市区商业志
南市区商业志办公室编 顾弟根主编 上海 上海社会科学院出版社 1995 年 251 页
b2243172x F727.513 N161 1995

南市区文化志
南市区文化志编纂委员会编 上海 南市区文化志编纂委员会 199- 年 168 页
b14365480 G127.513 N161

瑞金医院志
上海市地方志编纂委员会编 上海 上海科学技术文献出版社 2017 年 842 页〔上海市级专志〕
b50266998 R199.2 R3644 2017

徐汇区

徐汇区志
上海市徐汇区志编纂委员会编 萧一华主编 上海 上海社会科学院出版社 1997 年 1117 页〔上海市区志系列丛刊〕
b10547502 K295.13 X571

上海市徐汇区志 1991–2005
上海市徐汇区地方志编纂委员会编 林官良 陈高宏 周秀芬主编 上海 上海辞书出版社 2011 年 1146 页〔上海市区县志系列丛书〕
b22439535 K295.13 S323 2011

华泾镇志 1984–2006
华泾镇志编纂委员会编 刘永明主编 上海 上海天地海印刷设计公司 2009 年 524 页
b22006771 K295.15 H528 2009

龙华镇志
龙华镇人民政府编 吴春龙主编 上海 上海社会科学院出版社 1996 年 478 页〔中国名镇志〕
b14706830 K295.15 L741 1996

上海市徐汇区徐家汇街道志 1994–2014
徐家汇街道志编纂委员会编 顾锡培 华茂主编 上海 上海书店出版社 2016 年 455 页
b49550688 K295.13 X571J 2016

田林街道简志 1985–2014
田林街道简志编纂委员会编 上海 田林街道简志编纂委员会 2015 年 374 页
b47073202 K295.15 T355 2015

上海市徐汇区军事志 874–2007
上海市徐汇区军事志编纂委员会编 盛光杰 刘新宝主编 上海 上海江杨印刷厂 2009 年 326 页
b49706561 E289.513 X571 2009

徐汇区文化志
徐汇区文化局文化志编写组编 上海 徐汇区文化局文化志编写组 1997 年 198 页
b15672578 G127.513 X571 1997

徐汇区教育志
王懋功主编 上海 上海辞书出版社 2011 年 489 页
b23397561 G527.513 X571 2011

徐汇区文物志
徐汇区文物志编辑委员会编 章卫民 周秀芬主编 上海 上海辞书出版社 2009 年 168 页

b20208972　K872.513　Z375　2009

上海市徐汇区地名志　2010 版
上海市徐汇区地名志编纂委员会编　夏颖秋主编　上海　上海辞书出版社　2012 年　659 页
b40649702　K925.13　X571S　2012

徐汇区地名志
上海市徐汇区人民政府编　上海　上海社会科学院出版社　1989 年　570 页
b13608484　K925.13　X571

龙华寺略志
汤义方编　上海　佛学书局　1955 年　24 页
b12634037　K928.751　L741

长宁区

长宁区志
上海市长宁区志编纂委员会编　姜梁主编　上海　上海社会科学院出版社　1999 年　1240 页〔上海市区县志系列丛书〕
b10468559　K295.13　C346

上海市长宁区志　1993–2005
上海市长宁区地方志编纂委员会编　施文雄主编　北京　方志出版社　2010 年　1356 页〔上海市区县志系列丛书〕
b21616012　K295.13　C346　2010

上海市长宁区北新泾镇志　1949–1996
上海市长宁区北新泾街道编　徐春霞　邢炜　顾耀军主编　南京　译林出版社　2016 年　385 页
b47335579　K295.15　B3164　2016

庄家宅村志
胡敏豪主编　香港　银河出版社　2012 年　271 页
b40864571　K295.15　Z787　2012

上海市长宁区文化志
上海市长宁区文化志编纂委员会编　王慧敏主编　上海　上海市长宁区文化志编纂委员会　1996 年　270 页
b21276614　G127.513　C346　1996

长宁区地名志
上海长宁区人民政府编　包鸿琪等编纂　上海　学林出版社　1988 年　311 页〔上海地名志丛书〕
b11276654　K925.13　S328

上海市长宁区城市建设志
上海市长宁区建设委员会编著　徐剑萍主编　上海　上海人民美术出版社　2001 年　293 页
b15578033　TU984.251.3　X572C　2001

静安区

静安区志
上海市静安区志编纂委员会编　瞿钧主编　上海　上海社会科学院出版社　1996 年　1172 页〔上海市区志系列丛刊〕
b10600735　K295.13　J563

上海市静安区志　1993–2010
陆晓栋　夏以群主编　上海　上海社会科学院出版社　2016 年　1290 页〔上海市区县志系列丛书〕
b47609722　K295.13　J563　2016

闸北区志
上海市闸北区志编纂委员会编　郭天成　曹一丁　钱学忠主编　上海　上海社会科学院出版社　1998 年　1305 页〔上海市区志系

列丛刊〕
b10501083 K295.13 Z265

上海市闸北区志 1994–2005
上海市闸北区地方志编纂委员会编 王宏伟主编 上海 上海人民出版社 2016 年 907 页〔上海市区县志系列丛书〕
b47079022 K295.13 Z265D 2016

上海市静安区志 1993–2010 资料精编
上海市静安区地方志办公室编 唐长国主编 上海 上海社会科学院出版社 2015 年 755 页
b46492525 K295.13 J563T 2015

上海市静安区军事志
上海市静安区军事志编纂委员会编 章正元总纂 上海 上海市静安区军事志编纂委员会 2010 年 478 页
b50992235 E289.513 J563 2010

上海市闸北区军事志
上海市闸北区军事志编纂委员会编 周建国 陶鲁豫 钱静主编 上海 上海市闸北区军事志编纂委员会 2010 年 321 页
b46976255 E289.513 Z265 2010

静安区文化志
姚国强主编 上海 静安区文化志办公室 1994 年 178 页
b21276511 G127.513 J563 1994

静安区地名志
静安区人民政府编 王鹤洲主编 上海 上海社会科学院出版社 1988 年 496 页
b15913818 K925.13 J563J 1988

上海市静安区卫生志
上海市静安区卫生局编 殷祖泽主编 上海 商务印书馆 2000 年 264 页
b40743706 R199.2 J563 2000

闸北政协志
政协上海市闸北区委员会编 上海 政协上海市闸北区委员会 1997 年 215 页
b14706702 D628.513 Z546 1997

闸北区工商行政管理志
郑惠庭主编 上海 上海市闸北区工商行政管理局 1999 年 169 页
b36014497 F203.9 Z265

闸北区教育志
闸北区教育志编纂委员会编 周金彩 黄孟源主编 上海 上海社会科学院出版社 2001 年 420 页
b13350225 G529 Z666

上海市闸北区地名志
上海市闸北区人民政府编 钱以平主编 上海 百家出版社 1989 年 326 页
b18280298 K925.13 Z265 1989

上海市闸北区城市规划管理志
上海市闸北区城市规划管理局编 袁宝麟主编 上海 上海市闸北区城市规划管理局 2000 年 245 页
b2300292x TU984.251.3 Z265 2000

普陀区

普陀区志
上海市普陀区志编纂委员会编 张一雷主编 上海 上海社会科学院出版社 1994 年 995 页〔上海市区志系列丛刊〕
b10726366 K295.13 P693C

普陀区志 1991–2003
上海市普陀区地方志编纂委员会编 侯龙其主编 北京 方志出版社 2007年 1364页〔上海市区志续志系列丛刊〕
b17855779 K295.13 P693D 2007

长征乡志
普陀区长征乡政府编 上海 上海社会科学院出版社 1995年 358页
b14512142 K295.15 C346 1995

真如镇志
真如镇人民政府编 上海 上海社会科学院出版社 1994年 221页
b13588692 K295.13 P693Z

真如镇志 1991–2003
真如镇志编纂委员会编 上海 上海辞书出版社 2009年 206页
b20208996 K295.13 P693Z 2009

真如寺志
妙灵主编 上海 上海社会科学院出版社 2006年 177页
b17598229 B947.251 M496 2006

上海市普陀区军事志
上海市普陀区军事志编纂委员会编 朱生存 魏学朴主编 上海 上海市普陀区军事志编纂委员会 2010年 570页
b50992259 E289.513 P693 2010

上海市普陀区住宅建设志
上海市普陀区人民政府住宅建设办公室编纂 上海 群众印刷厂 1994年 167页
b14708024 F299.275.13 S326 1994

普陀区教育志
上海市普陀区教育志编纂委员会编 管梅英主编 上海 汉语大词典出版社 2002年 432页
b15246899 G527.513 G653 2002

普陀区地名志
上海市普陀区人民政府编 张一雷主编 上海 学林出版社 1988年 433页〔上海地名志丛书〕
b11309623 K295.13 P693

苏州河文化遗产图志 普陀段
上海市普陀区文化局编 刘毛伢主编 上海 上海辞书出版社 2009年 136页
b20407075 K295.13-64 P693 2009

上海普陀市容环卫志
上海普陀市容环卫志编纂委员会编 卞芸生主编 上海 上海普陀市容环卫志编纂委员会 2010年 339页
b46976334 R12 P693 2010

虹口区

虹口区志
上海市虹口区志编纂委员会编 王明辉 姚宗强主编 上海 上海社会科学院出版社 1999年 1220页〔上海市区志系列丛刊〕
b12626764 K295.13 H417

上海市虹口区志 1994–2007
上海市虹口区地方志编纂委员会编 夏志毅主编 北京 方志出版社 2011年 1531页〔上海市区县志系列丛书〕
b36133899 K295.13 H417C 2011

嘉兴路街道志
上海市虹口区人民政府嘉兴路街道志编纂领导小组编 上海 上海展望电脑广告公司 1996年 214页

b15237825　K295.13　H417J　1996

江湾镇志
上海市虹口区江湾镇人民政府镇志编写组编　上海　上海市第二印刷厂　1988 年　141 页
b22360219　K295.15　J326　1988

江湾镇续志
江湾镇续志编纂者　上海　江湾镇续志编纂者　1999 年　188 页
b14365534　K295.15　J326B

唐山路街道志
周斌华主编　上海　唐山路街道　1998 年　262 页
b20577862　K295.13　H417T　1998

上海市虹口区军事志　1991–2005
虹口区军事志编纂委员会编　陈安静　程正义主编　上海　上海书球图文设计有限公司　2010 年　364 页
b4642300x　E289.513　H417　2010

虹口文化志
虹口文化志编纂委员会编　张永林主编　上海　上海书店出版社　1997 年　175 页
b14365327　G127.513　Z368

虹口区教育志
上海市虹口区教育志编纂委员会编　邢继祖主编　上海　学林出版社　1999 年　296 页
b13280284　G529　S323

上海市虹口区地名志
上海市虹口区人民政府编　应云龙主编　上海　百家出版社　1989 年　561 页
b16446884　K925.13　H417　1989

杨浦区

杨浦区志
上海市杨浦区志编纂委员会编　施叔华主编　上海　上海社会科学院出版社　1995 年　1103 页〔上海市区志系列丛刊〕
b10501204　K295.13　Y243

杨浦区志　1991–2003
上海市杨浦区地方志编纂委员会编　上海　上海高教电子音像出版社　2009 年　1246 页〔上海市区县志系列丛书〕
b21616024　K295.13　Y243　2009

五角场乡志
上海宝山五角场乡志编写组编　上海　上海宝山五角场乡志编写组　1985 年　油印本　285 页
b23002694　K295.15　W538　1985

五角场镇志
上海市杨浦区五角场镇人民政府编　北京　科学技术文献出版社　1988 年　312 页
b15270294　K295.13　W535

杨浦公安志
杨浦公安志编纂委员会编　冯建祥主编　上海　上海社会科学院出版社　2000 年　671 页
b2176606x　D675.13　Y243　2000

上海市杨浦区军事志　1127–2007
杨浦区军事志编纂委员会编　叶金茂主编　上海　上海市印刷七厂　2009 年　358 页
b50862133　E289.513　v5

杨浦区商业续志　1991–2003
上海市杨浦区商业委员会编　上海　上海市杨浦区商业委员会　2005 年　179 页

b23002700 F727.513 Y243 2005

杨浦区地名志
上海市杨浦区人民政府编 上海 学林出版社 1989年 384页〔上海地名志丛书〕
b11241123 K925.1 S331

闵行区

闵行区志
上海市闵行区志编纂委员会编 徐尚武 汪祖超主编 上海 上海社会科学院出版社 1996年 540页〔上海市区志系列丛刊〕
b10600577 K295.13 M542

上海市闵行区志 1992–2011
上海市闵行区地方志编纂委员会编 吕万端 许庆龙 朱雷萍主编 上海 上海人民出版社 2018年 2卷 1827页
b50152464 K295.13 M542C 2018

上海市闵行区志 1992–2011 验收稿
上海市闵行区地方志编纂委员会编 吕万端 许庆龙主编 上海 上海人民出版社 2011年 2卷 1827页
b50152464 K295.13 M542C 2011

上海市上海县志
上海市上海县县志编纂委员会编 王孝俭主编 上海 上海人民出版社 1993年 1338页〔中国地方志〕
b10893209 K295.14 S331

北桥村志
上海市闵行区颛桥镇北桥村民委员会编 范金辉主编 上海 上海市闵行区颛桥镇北桥村民委员会 2015年 308页
b50152476 K295.15 B3167 2015

曹行简志 1949–1983
张琦主笔 上海 曹行简志编纂者 1987年 144页
b23003777 K295.15 C2123 1987

褚家塘志
褚半农撰 上海 上海人民出版社 2010年 251页
b21528354 K295.15 C593 2010

杜行志
上海县杜行乡杜行志编写组编 上海 上海社会科学院出版社 1991年 259页
b14440167 K295.15 D698

杜行志 续 1988.1–2000.10
闵行区杜行镇杜行志（续）编写组编 张培熙主编 上海 上海东亚彩印有限公司 2001年 292页
b21567542 K295.15 D698 2001

华漕志
朱墨钧编 上海 上海县华漕乡人民政府 1988年 133页
b22430179 K295.15 H5281 1988

华一村志
上海市闵行区梅陇镇华一村村民委员会 上海市闵行区区志办公室编 上海 学林出版社 2003年 252页
b15245172 K295.15 H529 2003

纪王镇志
闵行区区志办公室纪王镇志编纂委员会编 江良深主编 上海 学林出版社 2007年 162页
b36129409 K295.15 J174 2007

金红村志
金红村志编纂委员会编 陈介明主编 上海 金红村志编纂委员会 2017 年 316 页
b50777841 K295.15 J4774 2017

井亭村志
上海市闵行区虹桥镇井亭村村民委员会编 韩世皋主编 上海 上海人民出版社 2010 年 291 页
b23003649 K295.15 J556 2010

九星村志
上海市闵行区七宝镇九星村民委员会编 吴恩福主编 上海 上海人民出版社 2013 年 667 页
b44749995 K295.15 J5858 2013

老莘庄 莘庄镇历史文化图志
张乃清主编 上海 上海市闵行区非物质文化遗产保护中心 109 页〔闵行区非物质文化遗产丛书〕
b46976309 K295.15-64 X389

陇西志
上海市闵行区梅陇镇陇西村民委员会编 上海 文汇出版社 2006 年 470 页
b17962468 K295.15 M287L 2006

鲁汇镇志
上海市闵行区浦江镇人民政府编 上海 上海人民出版社 2014 年 355 页
b46423035 K295.15 L813 2014

梅陇志
梅陇志编写组编写 夏福兴主编 上海 上海市上海县梅陇乡人民政府 1986 年 293 页
b2243091x K295.15 M287Z 1986

七宝镇志
上海市闵行区七宝镇人民政府编 夏根福主编 上海 上海人民出版社 2010 年 831 页
b21569824 K295.15 Q113D 2010

七一公社志
七一公社志编写组著 北京 农村读物出版社 1988 年 175 页〔中国乡村面面观〕
b21569836 K295.15 S327Q 1988

塘湾志
钱镜明 杜建国执笔 上海 塘湾志编纂者 1987 年 208 页
b20016931 K295.15 T2469 1987

西南乡土 颛桥镇历史文化图志
张乃清主编 上海 上海市闵行区非物质文化遗产保护中心 2011 年 95 页〔闵行区非物质文化遗产丛书〕
b46976322 K295.15-64 Z764 2011

闲话紫堤村志
朱墨钧编著 上海 上海社会科学院出版社 2009 年 281 页
b2040699x K295.15 Z711 2009

莘庄乡志
莘庄乡编志组编 陈根荣主编 上海 上海县莘庄乡人民政府 1986 年 262 页
b17623340 K295.15 S389 1987

莘庄镇志
莘庄镇人民政府镇志编纂组编 赵福洲主编 上海 中国纺织大学印刷厂 1986 年 145 页
b22432607 K295.15 S389C 1986

新泾乡志
新泾乡人民政府乡志编写组编 庄关坤 张

鼎源主编 上海 新泾乡人民政府乡志编写组 1987年 212页
b36129380 K295.15 X4434 1987

新桥村志
新桥村志编委会编 上海 学林出版社 2009年 245页
b20397537 K295.15 X4448 2009

诸翟乡志
诸翟乡人民政府乡志编写组编 张鼎源主笔 上海 诸翟乡人民政府乡志编写组 1985年 166页
b20018198 K295.15 Z727 1985

颛桥志
上海市上海县颛桥镇颛桥志编写组编 康德根主笔 上海 上海市上海县颛桥镇颛桥志编写组 1989年 229页
b20105381 K295.15 Z764 1989

闵行公安志
闵行公安志编纂委员会编 上海 闵行公安志编纂委员会 1994年 201页
b49640215 D631 M542 1994

上海市闵行区社会福利院院志
上海市闵行区社会福利院院志编写组委员会著 陈方主编 北京 中国文史出版社 2015年 181页
b47584804 D632.1 M542 2015

上海市闵行区军事志
上海市闵行区军事志编纂委员会编 陆广根 骆林森主编 上海 上海市闵行区军事志编纂委员会 2010年 470页
b50992247 E289.513 M542 2010

闵行区人力资源社会保障志 1992–2012
闵行区人力资源社会保障志编纂委员会编 上海 闵行区人力资源社会保障志编纂委员会 2012年 137页
b47206536 F249.275.13 M542 2012

闵行区商业志
上海市闵行区财政贸易办公室编 车光华主编 昆山 江苏省昆山市第二印刷厂 1995年 241页
b2300261x F727.513 M542 1995

闵行区文化志
闵行区文化局编 胡正宏主编 上海 上海社会科学院出版社 1997年 169页
b23003716 G127.513 M542 1997

闵行区教育志
闵行区教育志编纂委员会编 陈儒俊主编 上海 上海人民出版社 1992年 304页
b10910864 G527.513 M542

闵行区地名志
上海市闵行区地名志编纂委员会编 汪祖超主编 上海 上海社会科学院出版社 2000年 483页
b16436726 K925.13 M542 2000

上海市闵行区地名志
上海市闵行区人民政府编 吴高明主编 上海 中国大百科全书出版社上海分社 1991年 205页
b1643660x K925.13 M542 1991

闵行区城市建设志
闵行区城市建设志编纂委员会编 吴高明 汪祖超主编 上海 上海社会科学院出版社 1996年 267页
b20950706 TU984.251.3 W488 1996

上海市上海县工业志
上海县工业局上海县工业志编写组编 吴德贤主编 上海 三联书店上海分店 1988年 299页
b22431767 F427.514 W485 1988

曹行文化志
丁洪泉主编 上海 曹行文化志编纂者 1992年 138页
b21276365 G127.515 C212 1992

上海县文化志
上海县文化志编纂委员会编 张渊主编 上海 上海社会科学院出版社 1997年 561页
b19930768 G127.514 Z368 1997

塘湾文化志
何顺林主编 上海 闵行区塘湾镇文化中心站 1996年 105页
b23045796 G127.513 M542T 1996

新泾文化志
新泾乡人民政府文化中心站编 上海 新泾乡人民政府文化中心站 1993年 108页
b19932649 G127.515 X443 1993

上海县教育志
上海县教育局教育志编纂室编 褚半农主编 上海 上海社会科学院出版社 1989年 220页
b2013650x G527.514 S331 1989

华一村民俗志
王水主编 香港 新浸书局 2007年 166页
b17760902 K892.451.5 W229 2007

上海县卫生志
上海县卫生局编 上海 上海县卫生局 1990年 245页
b21136610 R199.2 S331 1990

上海县水利志
上海县水利局编 上海 上海社会科学院出版社 1994年 194页
b17021364 TV-092 S331 1994

宝山区

上海市宝山县志
朱保和主编 上海 上海人民出版社 1992年 1109页〔中国地方志〕
b10983788 K295.14 Z689

上海市宝山区志 1988–2005
上海市宝山区史志编纂委员会编 陈金龙 仇小平 朱显武主编 北京 方志出版社 2009年 1356页〔上海市区县志系列丛书〕
b20466973 K295.13 B268S 2009

大场乡志
宝山县大场乡人民政府编 徐曰椿编写 上海 上海市宝山县大场乡政府 1988年 356页
b23077566 K295.15 D135 1988

大场镇志
中共上海市宝山区大场镇委员会 上海市宝山区大场镇人民政府编 上海 上海市印刷七厂 2001年 2卷 931页〔上海市宝山区乡镇志系列〕
b19418310 K295.15 D135 2001

顾村镇志 1986–2015
顾村镇志编纂委员会编 周峰主编 上海 上海科学普及出版社 2016年 758页〔上海市宝山区乡镇志系列〕
b49923560 K295.15 G556 2016

横沙乡志 1985-2004
中共上海市宝山区横沙乡委员会 上海市宝山区横沙乡人民政府编 上海 上海市印刷七厂 2006年 261页〔上海市宝山区乡镇志系列〕
b17021376 K295.15 H3918 2006

罗店镇志
中共上海市宝山区罗店镇委员会 上海市宝山区罗店镇人民政府编 杨造和主编 上海 上海大学出版社 2005年 775页〔上海市宝山区乡镇志系列〕
b40743524 K295.15 L921 2005

罗南乡志
上海市宝山县罗南乡罗南乡志编写组编 上海 上海宝山蔡家弄印刷厂 1987年 172页
b22921291 K295.15 L923L 1987

罗南镇志
中共上海市宝山区罗店镇委员会 上海市宝山区罗店镇人民政府编 上海 上海市宝山区江杨印刷厂 2008年 356页
b20010059 K295.15 L923 2008

庙行镇志
中共上海市宝山区庙行镇委员会 上海市宝山区庙行镇人民政府编 周峰主编 上海 上海社会科学院出版社 2010年 553页
b21569526 K295.15 M4953 2010

盛桥镇志
中共上海市宝山区月浦镇委员会 上海市宝山区月浦镇人民政府编 上海 上海市印刷七厂 2003年 219页
b17855573 K295.15 S447 2003

淞南镇志
中共上海市宝山区淞南镇委员会 上海市宝山区淞南镇人民政府编 上海 上海社会科学院出版社 2007年 427页〔上海市宝山区乡镇志系列〕
b18569067 K295.15 S672 2007

杨行镇志 第1卷 清末 民国
中共上海市宝山区杨行镇委员会 上海市宝山区杨行镇人民政府编 上海 上海人民出版社 2010年 233页〔宝山区乡镇志系列丛书〕
b22006795 K295.15 Y235 2010

杨行镇志 第2卷 1949-1985 杨行
中共上海市宝山区杨行镇委员会 上海市宝山区杨行镇人民政府编 上海 上海人民出版社 2010年 297页〔宝山区乡镇志系列丛书〕
b22006795 K295.15 Y235 2010

杨行镇志 第3卷 1949-1985 吴淞
中共上海市宝山区杨行镇委员会 上海市宝山区杨行镇人民政府编 上海 上海人民出版社 2010年 300页〔宝山区乡镇志系列丛书〕
b22006795 K295.15 Y235 2010

杨行镇志 第4卷 1986-2004
中共上海市宝山区杨行镇委员会 上海市宝山区杨行镇人民政府编 上海 上海人民出版社 2010年 537页〔宝山区乡镇志系列丛书〕
b22006795 K295.15 Y235 2010

月浦镇志
中共上海市宝山区月浦镇委员会 上海市宝山区月浦镇人民政府编 毛念慈主编 上海 上海社会科学院出版社 2008年 507

页〔上海市宝山区乡镇志系列〕
b20136481　K295.15　Y864　2008

上海市宝山区军事志
上海市宝山区军事志编纂委员会编　姚家驹　吴越总纂　上海　上海市宝山区军事志编纂委员会　2008 年　502 页
b50861852　E289.513　B268　2008

宝钢志
宝钢志编撰委员会编　上海　上海古籍出版社　1996 年　511 页
b15908720　F279.26　B268　1996

宝钢志
宝钢志编纂委员会编　朱尔沛主编　上海　上海社会科学院出版社　1995 年　578 页〔上海市专志系列丛刊〕
b10623048　F279.26　S323

宝钢志　1993–1998
宝钢志编撰委员会编　上海　上海古籍出版社　2000 年　432 页
b15237904　F279.26　B268　2000

中国二十冶志　1991–2010
姜英南主编　上海　上海社会科学院出版社　2014 年　747 页
b45969607　F426.3　J332　2014

宝山县教育志
宝山县教育局教育志办公室　蒋育才主编　上海　宝山县教育局　1987 年　192 页
b46423060　G527.514　B268　1987

吴淞区志
上海市宝山区史志编纂委员会编　顾伯民主编　上海　上海社会科学院出版社　1996 年　502 页〔上海市区志系列丛刊〕
b10501216　K295.13　W511

上海市宝山区地名志
上海市宝山区人民政府编　武培航　陈汝明主编　上海　上海科学技术文献出版社　1995 年　889 页
b10636675　K925.13　B268

上海市宝山区中西医结合医院志　1937–2017
周华　丁任主编　上海　上海科学技术出版社　2017 年　568 页
b50817413　R199.2　S323　2017

宝山县水利志
宝山县水利局编　上海　上海社会科学院出版社　1994 年　243 页
b17021388　TV–092　B268　1994

嘉定区

嘉定县简志
上海市嘉定区地方志办公室编　倪所安主编　北京　方志出版社　2008 年　324 页
b18805115　K295.13　J198F　2008

嘉定县志
倪所安主编　北京　方志出版社　2001 年　470 页〔新编中国优秀地方志简本丛书〕
b46239777　K295.14　J198F　2001

上海市嘉定县志
上海市嘉定县县志编纂委员会编　杨于白主编　上海　上海人民出版社　1992 年　1178 页〔中国地方志〕
b10825009　K295.14　J198C

上海市嘉定县续志　1988–1992
上海市嘉定区嘉定县续志编纂委员会编　倪所安主编　上海　上海交通大学出版社

1999 年 850 页
b13275033 K295.14 J198D

安亭方泰合志 1988–2003
安亭方泰合志编纂委员会编 林冬敏主编 上海 学林出版社 2006 年 632 页
b17650549 K295.15 A164D 2006

仓场村志
上海市嘉定区马陆镇仓场村党总支 上海市嘉定区马陆镇仓场村村委会编 上海 上海三联书店 2017 年 441 页
b50817401 K295.15 v5

曹王志
上海市嘉定区曹王志编纂领导小组编 上海 上海交通大学出版社 1994 年 274 页
b47585043 K295.15 C214 1994

方泰乡志
上海市嘉定县方泰乡乡志领导小组编 上海 上海社会科学院出版社 1992 年 255 页
b10910773 K295.15 F226

封浜志
上海市嘉定区封浜镇修志领导小组编 倪金龙主编 上海 上海社会科学院出版社 1994 年 362 页
b18120726 K295.15 F352 1994

华亭乡志
华亭乡志编纂委员会编 沈曰兰主编 上海 学林出版社 2013 年 414 页
b4491653x K295.15 H5298 2013

黄渡志
上海市嘉定县黄渡乡黄渡志编纂办公室编 徐学长主编 衡水 河北省衡水地区印刷厂 1986 年 423 页
b20138775 K295.15 H655C 1986

娄塘镇志
嘉定县娄塘镇修志领导小组编著 罗宏运 倪福堂主笔 上海 上海三联书店 1992 年 323 页
b36129215 K295.15 L764 1992

马陆戬浜合志 1990–2007
上海市嘉定区马陆镇马陆戬浜合志编纂委员会编 张舜明主编 上海 学林出版社 2009 年 700 页
b21001467 K295.15 M139 2009

马陆志
上海市嘉定区马陆志修志领导小组编 赵士明主编 上海 上海社会科学院出版社 1994 年 324 页
b19518213 K295.15 Z4415 1994

南翔镇志
上海市嘉定区南翔镇志编纂委员会编 严健明主编 北京 方志出版社 2017 年 400 页〔中国名镇志文化工程〕
b50642546 K295.15 N161F 2017

南翔镇志 1988–2011
南翔镇志编纂委员会编 陈懿主编 上海 学林出版社 2016 年 824 页
b47404619 K295.15 N161E 2016

钱桥村志
沈志浩主编 上海 上海印刷技工学校印刷厂 2003 年 395 页
b23002876 K295.15 Q222C 2003

上海市嘉定区嘉定镇志
徐燕夫主编 上海 上海人民出版社 1994

年 463 页〔中国名镇志〕
b21136191 K295.15 J198 1994

太平村志
上海市嘉定区江桥镇太平村党总支 上海市嘉定区江桥镇太平村村民委员会编 上海 上海文化出版社 2009 年 309 页
b20511590 K295.15 T162 2009

唐行志
唐行志编写组编 王永昌主编 上海 上海社会科学院出版社 1996 年 273 页
b15380439 K295.15 T242 1996

桃浦乡志
上海市嘉定县桃浦乡志编写组编 郑含光主编 上海 上海科学普及出版社 1995 年 391 页
b2300356x K295.15 T266 1995

望新乡志
望新乡志编写组编 上海 上海社会科学院出版社 1994 年 242 页
b21570504 K295.15 W258 1994

徐行乡志
上海市嘉定县徐行乡人民政府徐行乡志编写组编 上海 上海科学普及出版社 1994 年 306 页
b23003571 K295.15 X581 1994

云翔寺志
慧禅主编 上海 上海人民出版社 2009 年 376 页〔南翔古镇文化书系〕
b20971965 B947.251 H711Y 2009

嘉定区工会志 1993–2011
嘉定区总工会编 陆晞主编 上海 嘉定区总工会 2017 年 235 页
b50248261 D412.851.3 J198C 2017

上海市嘉定县工会志 1912–1993
嘉定区总工会编 李中贤主编 上海 嘉定曹王文化印刷厂 1995 年 259 页
b23002645 D412.851.3 J198 1995

嘉定县人民代表大会志 1949.10–1993.4
嘉定县人民代表大会志编纂委员会编 王品祺主编 上海 汉语大词典出版社 2006 年 531 页
b17127981 D624.513 J198 2006

嘉定县民政志
上海市嘉定县民政局编 归曾录主编 上海 上海社会科学院出版社 1991 年 243 页
b22430313 D632 J198 1991

嘉定人民政协志 1956–2011
嘉定人民政协志编纂委员会编 周关东总纂 上海 上海三联书店 2017 年 765 页
b50150534 D664.513 J198 2017

嘉定县法院志 1911–1992
嘉定县法院志编纂委员会编 杨承韬主编 北京 方志出版社 2009 年 324 页
b50247098 D926.22 J198 2009

嘉定工商行政管理志 1993–2006
嘉定工商行政管理志编纂委员会编 上海 上海文艺出版社 2008 年 229 页
b19167611 F203.9 J198 2008

嘉定县工商行政管理志
金友椿主编 上海 上海社会科学院出版社 1997 年 181 页
b23003686 F203.9 J198C 1997

嘉定质量技术监督志
上海市嘉定区质量技术监督局编 唐瑞良 王洪元主编 上海 学林出版社 2012 年 292 页
b36208267 F279.23 T2425 2012

嘉定房产经营集团志 1988–2009
上海市嘉定区房产经营集团有限公司编 上海 上海辞书出版社 2012 年 221 页
b46377293 F299.275.13 J198 2012

嘉定建设志
嘉定建设志编纂领导小组编 庄永奎主编 上海 上海社会科学院出版社 2002 年 809 页
b15329732 F299.275.1 J198 2002

嘉定住宅志
上海市嘉定住宅志编纂领导小组编 上海 上海社会科学院出版社 1999 年 401 页
b13854525 F299.275.13 S323

嘉定县畜牧水产局志
上海市嘉定区畜牧水产局志编写组编 陶景祥主编 上海 上海社会科学院出版社 1994 年 240 页
b47415642 F326.375.14 J198 1994

嘉定土地管理志
嘉定区房屋土地管理局编 香港 天马出版公司 2005 年 201 页
b17761700 F327.513 J198 2005

嘉定土地管理志 2001–2010
嘉定土地管理志编纂委员会编 陈仲元主编 上海 学林出版社 2013 年 125 页
b49706494 F327.513 J198C 2013

嘉定县农业局志
上海市嘉定县农业局志编纂室编 步达明主编 上海 上海市嘉定区农业委员会 2002 年 397 页
b23002864 F327.513 J198N 2002

嘉定县供销合作商业志
嘉定县供销合作联合社编纂 邵志兴主编 上海 上海松江华亭印刷厂 1988 年 477 页
b23002852 F721.2 J198 1988

嘉定县财政志
嘉定县财政志编写组编 袁宝林主编 上海 上海社会科学院出版社 1993 年 206 页
b23003674 F812.751.3 J198C 1993

嘉定财政志 1990–2005
嘉定财政志编纂委员会编 张枫主编 上海 学林出版社 2008 年 319 页
b21568455 F812.751.3 J198 2008

嘉定县金融志
嘉定县金融志编写组编 嘉定 嘉定县金融志编写组 1988 年 243 页
b45569411 F832.751.4 J198 1988

嘉定文化志
嘉定文化志编修组编 上海 汉语大词典出版社 1998 年 424 页
b14365558 G127.513 J198

嘉定县教育志
嘉定县教育志编纂组编 上海 上海社会科学院出版社 1995 年 220 页
b18569122 G527.514 J198 1995

嘉定地名志
嘉定地名志编纂委会编 张裕明主编 上海 上海社会科学院出版社 2002 年 917 页

b16432381 K925.13 J198 2002

嘉定卫生志
嘉定卫生志编纂委员会编 姚旭参主编 上海 学林出版社 2011年 455页
b41235605 R199.2 J198 2011

嘉定县水利志
上海市嘉定县水利局编 杜铫主编 上海 上海社会科学院出版社 1991年 126页
b20136493 TV-092 D698 1991

南翔机务段简志
上海铁路分局南翔机务段段志编纂委员会编 王福元 曾石民主编 上海 上海铁路分局南翔机务段段志编纂委员会 1992年 330页
b22431159 U269.2 W216 1992

浦东新区

上海市南汇县志
薛振东主编 上海 上海人民出版社 1992年 824页〔中国地方志〕
b10985694 K295.14 X678

南汇县续志 1986-2001
上海市南汇区南汇县续志编纂委员会编 薛振东 张校平主编 上海 上海社会科学院出版社 2005年 756页
b1647708x K295.13 N1613C 2005

南汇县志资料 第1,3,4卷
南汇县县志编纂委员会编 上海 南汇县县志编委会 1983年 611页
b1826671x K295.13 N1613Z

上海市川沙县志
上海市川沙县县志编修委员会编 朱鸿伯主编 上海 上海人民出版社 1990年 1000页〔中国地方志〕
b10910359 K295.14 C627

川沙县续志 1986-1992
上海市浦东新区史志编纂委员会编 张建明 陈少能 朱岳群主编 上海 上海社会科学院出版社 2004年 827页〔上海市志续志系列丛刊〕
b15947944 K295.14 C627 2004

北蔡镇志
浦东新区北蔡镇人民政府编 顾今良主编 上海 北蔡镇人民政府 1993年 375页
b50233713 K295.15 v5

北蔡镇志 第1卷 -1990
浦东新区北蔡镇人民政府编 上海 学林出版社 2002年 331页
b16661114 K295.15 B316 2002

北蔡镇志 第2卷 1991-2000
浦东新区北蔡镇人民政府编 上海 学林出版社 2002年 334页
b16661114 K295.15 B316 2002

北蔡镇志 第3卷 2001-2010
浦东新区北蔡镇人民政府编 上海 学林出版社 2002年 449页
b16661114 K295.15 B316 2002

曹路镇志
曹路镇志编纂委员会编 陈晓钟主编 上海 上海辞书出版社 2007年 458页〔浦东新区镇志系列丛刊〕
b18569079 K295.15 C212 2007

川沙镇志
川沙镇志编撰委员会编 陆雨欣主编 上

海 上海社会科学院出版社 2008 年 678 页〔浦东新区镇志系列丛刊〕
b1992477x K295.15 C627 2008

大团镇志
大团镇志编纂委员会编 茅长根主编 北京 方志出版社 2004 年 426 页
b15697770 K295.15 D136 2004

东海镇志
东海镇志编纂委员会编 宋波祥主编 北京 方志出版社 2006 年 338 页
b16648262 K295.15 D582 2006

高东镇志 1986–2002
高东镇志编纂委员会编 顾建达主编 上海 上海辞书出版社 2008 年 416 页〔浦东新区镇志系列丛刊〕
b1932893x K295.15 G235 2008

高南乡志
高南乡人民政府编 上海 上海社会科学院出版社 1990 年 292 页
b20948967 K295.15 G245 1990

高桥镇志
高桥镇志编纂委员会编 上海 上海辞书出版社 2009 年 587 页〔浦东新区镇志系列丛刊〕
b20010060 K295.15 G248 2009

高行镇志
高行镇志编纂委员会编 黄明德主编 上海 上海社会科学院出版社 2007 年 488 页〔浦东新区镇志系列丛刊〕
b18621016 K295.15 G254 2007

果园村志
果园村志编纂委员会编 陆德福主编 北京 方志出版社 2014 年 238 页
b45648979 K295.15 G814 2014

航头镇志
航头镇志编纂委员会编 王裕舟主编 北京 方志出版社 2003 年 400 页〔上海市南汇县镇志系列丛书〕
b14250731 K295.15 H227

合庆镇志
合庆镇志编纂委员会编 上海 汉语大词典出版社 2006 年 528 页〔浦东新区镇志系列丛刊〕
b16862235 K295.15 H283 2006

横沔镇志
横沔镇志编纂委员会编 李祖裔主编 北京 方志出版社 2006 年 512 页
b16648298 K295.15 H391 2006

花木镇志
浦东新区花木镇镇志编纂委员会编 上海 浦东电子出版社 2003 年 343 页
b16661126 K295.15 H531 2003

环东村志
中共上海市浦东新区张江镇环东中心村总支委员会 上海市浦东新区张江镇环东中心村民委员会编 袁涛主编 北京 中国文史出版社 2014 年 334 页
b46239686 K295.15 H5932 2014

黄路镇志
黄路镇志编纂委员会编 冯秉锐主编 北京 方志出版社 2004 年 448 页
b15906152 K295.15 H662 2004

惠南镇志
惠南镇志编纂委员会编 邬盛林主编 北

京 方志出版社 2005 年 452 页
b1608925x K295.15 H696 2005

机场镇志
机场镇志编纂委员会编 傅新伯主编 上海 上海社会科学院出版社 2009 年 532 页〔浦东新区镇志系列丛刊〕
b20407105 K295.15 J112 2009

金桥镇志
金桥镇志编纂委员会编 上海 上海辞书出版社 2008 年 696 页〔浦东新区镇志系列丛刊〕
b19328916 K295.15 J478 2008

金星村志
浦东新区祝桥镇金星村志编纂委员会编 叶竹青主编 上海 浦东新区祝桥镇金星村志编纂委员会 2014 年 186 页
b49938885 K295.15 J4798 2014

康桥镇志
康桥镇志编纂委员会编 李祖裔主编 北京 中华书局 2006 年 371 页
b16661096 K295.15 K185 2006

老港镇志
老港镇志编纂委员会编 谢根明主编 北京 方志出版社 2004 年 458 页
b15587472 K295.15 L255 2004

六里镇志
六里镇志编纂委员会编 陈熙农主编 上海 上海社会科学院出版社 2009 年 374 页〔浦东新区镇志系列丛刊〕
b20407099 K295.15 L7235 2009

六灶镇志
六灶镇志编纂委员会编 傅培昌主编 北京 方志出版社 2003 年 392 页〔上海市南汇县镇志系列丛书〕
b14250767 K295.15 L723

芦潮港志
芦潮港志编纂委员会编 冯秉锐主编 北京 方志出版社 2003 年 322 页〔上海市南汇县镇志系列丛书〕
b14250809 K295.15 L789

南汇新城镇 芦潮港·村志
南汇新城镇 芦潮港村志编纂委员会编 冯秉锐主编 北京 方志出版社 2016 年 746 页
b47365699 K295.15 L7891 2016

泥城镇志
泥城镇志编纂委员会编 郭也平主编 北京 方志出版社 2005 年 326 页
b16144612 K295.15 N318 2005

彭镇镇志
彭镇镇志编纂委员会编 庄云清主编 北京 方志出版社 2006 年 426 页
b16648249 K295.15 P336 2006

三墩镇志
三墩镇志编纂委员会编 陈青主编 北京 方志出版社 2004 年 364 页
b15936028 K295.15 S1459 2004

三林志
上海县三林乡志编写组编 王一翔主笔 上海 华东化工学院印刷厂 1984 年 223 页
b22431573 K295.15 S1455 1984

三林镇志 1985–2003
三林镇志编纂委员会编 张祥生主编 上海 上海辞书出版社 2009 年 492 页〔浦

东新区镇志系列丛刊〕
b20410736　K295.15　S14591　2009

三灶镇志
三灶镇志编纂委员会编　季水耕主编　北京　方志出版社　2004 年　371 页
b15935978　K295.15　S145　2004

书院镇志
书院镇志编纂委员会编　陆友官主编　北京　方志出版社　2005 年　357 页
b16144661　K295.15　S542　2005

坦东村志
浦东新区新场镇坦东村志编纂委员会编　龚桂峰主编　北京　方志出版社　2014 年　338 页
b46376902　K295.15　T2151　2014

坦直镇志
坦直镇志编纂委员会编　龚桂峰主编　北京　方志出版社　2003 年　409 页〔上海市南汇县镇志系列丛书〕
b14250780　K295.15　T215

唐镇志　1986–2000
唐镇志编纂委员会编　北京　方志出版社　2006 年　428 页〔浦东新区镇志系列丛刊〕
b16633544　K295.15　T2429　2006

瓦屑镇志
瓦屑镇志编纂委员会编　胡林祥　宣道同主编　北京　方志出版社　2004 年　402 页
b15905883　K295.15　W122　2004

万祥镇志
万祥镇志编纂委员会编　杜国华主编　北京　方志出版社　2004 年　351 页
b15300043　K295.15　W173　2004

王港续志　1986–2000
浦东新区唐镇人民政府编　上海　上海金顺包装印刷厂　2005 年　191 页〔浦东新区镇志系列丛刊〕
b16926717　K295.15　W217　2005

下沙镇志
下沙镇志编纂委员会编　张新根主编　北京　方志出版社　2004 年　547 页
b15602126　K295.15　X185　2004

新场镇志
新场镇志编纂委员会编　陆德福主编　北京　方志出版社　2004 年　435 页
b15697757　K295.15　X443　2004

新港镇志
新港镇志编纂委员会编　陈龙弟主编　北京　中华书局　2006 年　460 页
b16661084　K295.15　X4433　2006

新盛村志
上海市浦东新区张江镇新盛村村民委员会　上海市浦东新区史志办公室编　上海　上海三联书店　2007 年　308 页
b18045339　K295.15　X444　2007

宣桥镇志
宣桥镇志编纂委员会编　严龙兴主编　北京　方志出版社　2004 年　367 页
b15697794　K295.15　X637　2004

薛洪村志
浦东新区祝桥镇薛洪村志编纂委员会编　张永祥主编　上海　浦东新区祝桥镇薛洪村志编纂委员会　2016 年　250 页
b51092062　K295.15　X676　2016

严桥镇志
严桥镇志编纂委员会编 范洪涛主编 上海 上海辞书出版社 2008年 660页〔浦东新区镇志系列丛刊〕
b18671433 K295.15 Y173 2008

盐仓镇志
盐仓镇志编纂委员会编 沈林根主编 北京 中华书局 2006年 317页
b16661059 K295.15 Y179 2006

杨思乡志
杨思乡人民政府编 上海 上海长鹰印刷厂 1997年 226页
b23077578 K295.15 Y246 1997

杨园乡志
杨园乡志编修领导小组编 川沙 杨园乡志编修领导小组 2008年 176页
b5109146x K295.15 Y251 2008

张江镇志
张江镇志编纂委员会编 陈林云主编 上海 汉语大词典出版社 2006年 656页〔浦东新区镇志系列丛刊〕
b18569134 K295.15 Z354 2006

众安村志
浦东新区新场镇众安村志编纂委员会编 陆德福主编 北京 方志出版社 2016年 306页
b49477821 K295.15 Z655 2016

周浦镇志
周浦镇志编纂领导小组编 练洪元 洪忠德主编 上海 上海科学技术文献出版社 1995年 439页
b49608289 K295.15 Z672 1995

周浦镇志
周浦镇志编纂委员会编 翟春荣主编 北京 方志出版社 2005年 524页
b16089212 K295.15 Z672 2005

祝桥村志
浦东新区新场镇祝桥村志编纂委员会编 龚桂峰主编 北京 方志出版社 2016年 377页
b47358518 K295.15 Z7461 2016

祝桥镇志
祝桥镇志编纂委员会编 叶竹青主编 北京 方志出版社 2005年 392页
b16144624 K295.15 Z746 2005

南汇统计志
南汇统计志编纂委员会编 顾永祥主编 北京 方志出版社 2010年 294页
b22439559 C832.513 N161 2010

南汇人口志
南汇人口志编纂委员会编 张新根主编 北京 方志出版社 2012年 724页
b36708677 C924.255.13 N161 2012

南汇青年志
南汇青年志编纂委员会编 王东主编 北京 方志出版社 2015年 398页
b46995535 D432.851.3 N161 2015

南汇妇女志
南汇妇女志编纂委员会编 朱慧玲主编 北京 方志出版社 2012年 367页
b4121352x D442.851.3 N161 2012

南汇人事志
南汇人事志编纂委员会编 王裕舟主编 北京 方志出版社 2012年 353页

b36708665　D630.3　N161　2012

南汇公安志
南汇公安志编纂委员会编　虞显辉主编　北京　方志出版社　2012年　544页
b41213555　D631　N161　2012

浦东新区公安志
浦东新区公安志编纂委员会编　王履敏主编　上海　浦东新区公安志编纂委员会　2013年　961页
b47415654　D631　W222　2013

南汇红十字志
南汇红十字志编纂委员会编　丁超英主编　北京　方志出版社　2012年　269页
b3670877x　D632.1　N1613　2012

南汇民政志
南汇民政志编纂委员会编　颜国平主编　北京　方志出版社　2010年　522页
b22439547　D632　N1613　2010

南汇劳动和社会保障志
南汇劳动和社会保障志编纂委员会编　张惠棠主编　北京　方志出版社　2012年　626页
b36708689　D669.2　N161　2012

南汇检察志
南汇检察志编纂委员会编　刘卫鸣主编　北京　方志出版社　2012年　368页
b41213567　D926.32　N161　2012

南汇司法行政志
南汇司法行政志编纂委员会编　王建中主编　北京　方志出版社　2012年　333页
b41213592　D927.513.61　N161　2012

浦东新区审判志
浦东新区审判志编纂委员会编　北京　法律出版社　2013年　507页
b40877681　D927.513.622　P694　2013

南汇工商行政管理志
南汇工商行政管理志编纂委员会编　乔林芳主编　北京　方志出版社　2013年　357页
b41213531　F203.9　N1613　2013

南汇审计志
南汇审计志编纂委员会编　周敬国主编　北京　方志出版社　2010年　285页
b21569630　F239.277.513　N161　2010

南汇城乡建设志
南汇城乡建设志编纂委员会编　钱银楼主编　北京　方志出版社　2011年　700页
b36133589　F299.275.13　N161　2011

南汇农业志
南汇农业志编纂委员会编　龚桂峰主编　北京　方志出版社　2010年　601页
b22439560　F329.513　N161　2010

上海浦东供电志
上海浦东供电志编纂委员会编　北京　水利电力出版社快速出版部　1994年　258页
〔上海市电力工业志丛书〕
b13655887　F426.61　S326

南汇工业志
南汇工业志编纂委员会编　顾天敏主编　北京　方志出版社　2013年　493页
b41213543　F427.513　N161　2013

上海浦东康桥工业区志
康桥工业区志编纂委员会编　童火根主编　北京　方志出版社　2013年　299页

b47009226　F427.513　P694　2013

南汇交通志
南汇交通志编纂委员会编　钱银楼主编　北京　方志出版社　2011 年　507 页
b23397469　F512.751.3　Q223　2011

上海南汇滨海旅游度假区志
滨海旅游度假区志编纂委员会编　李永良主编　北京　方志出版社　2011 年　303 页
b22439572　F592.751.3　B495　2011

南汇价格志
南汇价格志编纂委员会编　周根青主编　北京　方志出版社　2011 年　394 页
b3613384x　F726.751.3　N161　2011

南汇工商联（商会）志
南汇工商联（商会）志编纂委员会编　邱国华主编　北京　方志出版社　2004 年　333 页
b15936107　F727.51　Q528　2004

南汇对外经济贸易志
南汇对外经济贸易志编纂委员会编　师心舟主编　北京　方志出版社　2013 年　293 页
b46091816　F752.851.3　P694　2013

南汇财政志
南汇财政志编纂委员会编　梁广伦主编　北京　方志出版社　2009 年　423 页
b2081592x　F812.751　L489　2009

南汇税务志
南汇税务志编纂委员会编　高华强主编　北京　方志出版社　2012 年　388 页
b41213580　F812.751.3　N161　2012

南汇金融志
南汇金融志编纂委员会编　朱晓峰主编　北京　方志出版社　2004 年　272 页
b36245938　F832.751.4　N161　2004

南汇县文化志
南汇县文化局编　上海　南汇县文化局　1993 年　297 页
b23003443　G127.513　N1613　1993

南汇文化广播电视志
南汇文化广播电视志编纂委员会编　顾洁迈主编　北京　方志出版社　2007 年　629 页
b18899638　G229.275.13　G557　2007

南汇科学技术志
南汇科学技术志编纂委员会编　陆铭主编　北京　方志出版社　2013 年　299 页
b41213579　G322.751.3　N161　2013

上海市南汇县教育志
上海市南汇县教育局教育志办公室　上海市南汇县教育局档案室编　上海　上海古籍出版社　2005 年　260 页
b16241319　G527.513　N161　2005

上海市南汇县教育志　续　1991-2001
上海市南汇区教育局编纂　上海　上海古籍出版社　2005 年　700 页
b16241320　G527.513　N161　2005a

南汇体育志
南汇体育志编纂委员会编　陈亮仁主编　北京　方志出版社　2013 年　302 页
b45956042　G812.751.3　N161　2013

南汇卫生志
南汇卫生志编纂委员会编　康向清主编　北京　方志出版社　2012 年　788 页
b46995547　R199.2　N1613　2012

南汇水利志
南汇水利志编纂委员会编 朱国松主编 北京 方志出版社 2012年 436页
b36708768 TV-092 N161Z 2012

南汇县水利志
南汇县水利志编委会编 上海 南汇县水利志编委会 1989年 225页
b17021352 TV-092 N161 1989

南汇环境保护志
南汇环境保护志编纂委员会编 龚桂峰主编 北京 方志出版社 2011年 392页
b36708690 X321.251.3 N161 2011

川沙县文化志
川沙县文化志编修组编 王乐德主编 上海 上海人民出版社 1989年 212页
b19930732 G127.514 W222 1989

川沙县建设志
吴思德主编 上海 上海社会科学院出版社 1988年 247页
b12272899 K295.14 W511

川沙县教育志
川沙县教育局编 杨正德主编 上海 川沙县教育局 1992年 260页
b20402661 G527.514 C627 1992

川沙乡土志
朱鸿伯等编辑 上海 上海市川沙印刷厂 1986年 160页
b23003182 K295.14 C627X 1986

川沙县水利志
川沙县水利局编 上海 川沙县水利局 1991年 191页
b21856114 TV-092 C627 1991

上海市浦东新区地名志
陈少能等主编 上海 华东理工大学出版社 1994年 865页
b15621376 K925.13 P694 1994

浦东展览馆建设志
浦东展览馆筹委会 上海中益建筑有限公司编著 刘荣明主编 上海 同济大学出版社 2006年 320页
b18005792 TU242.5 L687 2006

浦东新区环保市容局志
浦东新区环保市容局志编纂委员会编 张政主编 上海 上海辞书出版社 2015年 505页
b46531129 X321.251.3 P694 2015

金山区

上海市金山县志
上海市金山县县志编纂委员会编 朱炎初总纂 上海 上海人民出版社 1990年 1159页〔中国地方志〕
b11079654 K295.14 Z722

金山县续志 1986-1997
上海市金山区地方志编纂委员会编 王应华主编 北京 方志出版社 2009年 1107页〔上海市县志续志系列丛刊〕
b20198322 K295.14 J479 2009

八一村志
八一村村志编纂委员会编 宋伯仁主编 上海 八一村村志编纂委员会 2016年 248页〔金山区村志丛书〕
b51072555 K295.15 B111 2016

漕泾志
漕泾志编纂委员会编 上海 上海古籍出版

社 1995 年 334 页
b14365479　K295.15 C215

菖梧村志
菖梧村村志编纂委员会编 叶秋林主编 上海 菖梧村村志编纂委员会 2016 年 174 页〔金山区村志丛书〕
b51072567　K295.15 C332 2016

东方村志
上海市金山区山阳镇东方村民委员会编 张连忠主编 上海 上海市金山区山阳镇东方村民委员会 2014 年 455 页
b49505877　K295.15 D582 2014

枫泾通志
枫泾镇志编纂室编著 上海 汉语大词典出版社 1993 年 432 页
b10846141　K295.15 F356

枫泾镇志
上海市金山区枫泾镇志编纂委员会编 戴桂云主编 北京 方志出版社 2016 年 351 页〔中国名镇志丛书〕
b47206044　K295.15 F356C 2016

枫围乡志
上海市金山县枫围乡人民政府编 上海 上海科学普及出版社 1993 年 370 页
b20533421　K295.15 F3568 1993

干巷乡志
上海市金山县干巷乡人民政府编 上海 上海科学普及出版社 1993 年 249 页
b20099265　K295.15 G182 1993

干巷镇志 1990-2004
上海市金山区吕巷镇人民政府编 张进根主编 北京 方志出版社 2014 年 410 页〔上海金山乡镇志系列〕
b46376616　K295.15 G182 2014

海涯村志
海涯村村志编纂委员会编 吴辉云主编 上海 海涯村村志编纂委员会 2016 年 168 页〔金山区村志丛书〕
b51072579　K295.15 H145 2016

红阳村志
红阳村村志编纂委员会编 朱仁良主编 上海 红阳村村志编纂委员会 2016 年 307 页〔金山区村志丛书〕
b50070526　K295.15 H419 2016

欢兴村志
欢兴村村志编纂委员会编 吴德海主编 上海 欢兴村村志编纂委员会 2016 年 250 页〔金山区村志丛书〕
b50070502　K295.15 H582 2016

建农村志
建农村村志编纂委员会编 陈士法主编 上海 建农村村志编纂委员会 2016 年 289 页〔金山区村志丛书〕
b50817139　K295.15 J2956 2016

金明村志
金明村村志编纂委员会编 顾耀根主编 上海 金明村村志编纂委员会 2016 年 239 页〔金山区村志丛书〕
b50817425　K295.15 J4775 2016

金卫志
上海市金山县金卫乡人民政府编 徐伯勤主编 上海 上海科学普及出版社 1992 年 418 页
b20403550　K295.15 J479 1992

九龙村志
九龙村村志编纂委员会编 王永冲主编 上海 九龙村村志编纂委员会 2016年 311页〔金山区村志丛书〕
b51072580 K295.15 J5855 2016

廊下志 1989–2004
上海市金山区廊下镇人民政府编 董明根主编 北京 方志出版社 2013年 373页〔上海金山乡镇志系列〕
b40837026 K295.15 L216 2013

吕巷镇志
上海市金山县吕巷镇人民政府编 上海 上海科学普及出版社 1992年 284页
b13277108 K295.15 L983

吕巷镇志 1988–2004
上海市金山区吕巷镇人民政府编 沈保良 徐娟英主编 北京 方志出版社 2016年 368页
b49639808 K295.15 L983C 2016

民主村志
民主村村志编纂委员会编 周鑫有主编 上海 民主村村志编纂委员会 2016年 333页〔金山区村志丛书〕
b50817437 K295.15 M528 2016

南塘村志
南塘村村志编纂委员会编 沈保良主编 上海 南塘村村志编纂委员会 2016年 213页〔金山区村志丛书〕
b51072592 K295.15 N1618 2016

钱圩志
上海市金山县钱圩乡人民政府编 上海 百家出版社 1993年 267页
b20098340 K295.15 Q223 1993

阮巷村志
阮巷村村志编纂委员会编 邬士林主编 上海 阮巷村村志编纂委员会 2016年 142页〔金山区村志丛书〕
b50817449 K295.15 R342 2016

山阳志
金山县山阳乡山阳志领导小组编 朱锡延主编 上海 上海社会科学院出版社 1994年 318页
b20404256 K295.15 S252 1994

上海市金山县松隐志
金山县松隐志编写组编 黄佩荚主编 上海 上海人民出版社 1991年 254页
b13274387 K295.15 S673

松隐志 1986–2005
亭林镇松隐志编纂委员会编 盛火观主编 北京 方志出版社 2012年 435页〔上海金山乡镇志系列〕
b4050329x K295.15 S673 2012

太平村志
太平村村志编纂委员会编 包道余主编 上海 太平村村志编纂委员会 2016年 235页〔金山区村志丛书〕
b51072609 K295.15 T1626 2016

亭北村志
亭北村村志编纂委员会编 庄新岩主编 上海 亭北村村志编纂委员会 2016年 272页〔金山区村志丛书〕
b50070514 K295.15 T4121 2016

亭林镇志
上海市金山县亭林镇人民政府编 上海 上海科学普及出版社 1993年 310页
b19733811 K295.15 T4125 1993

亭林镇志 1990–2005
上海市金山区亭林镇人民政府编 张明法 薛毓纯主编 北京 方志出版社 2014年 399页〔上海金山乡镇志系列〕
b46133136 K295.15 T4125 2014

亭新乡志
金山县亭新乡人民政府编 王润乾主编 上海 上海社会科学院出版社 1994年 251页
b14439943 K295.15 T412

新泾村志
新泾村村志编纂委员会编 许治权主编 上海 新泾村村志编纂委员会 2016年 355页〔金山区村志丛书〕
b51072543 K295.15 X4435 2016

兴塔志
上海市金山县兴塔乡人民政府编 李以衡主编 上海 上海科学普及出版社 1993年 334页
b23003558 K295.15 X463 1993

兴塔志 1990–2004
上海市金山区兴塔镇人民政府编 吴加林主编 北京 方志出版社 2012年 317页〔上海金山乡镇志系列〕
b36708756 K295.15 X463X 2012

胥浦村志
胥浦村村志编纂委员会编 曹品林主编 上海 胥浦村村志编纂委员会 2016年 246页〔金山区村志丛书〕
b50070496 K295.15 X553 2016

杨家村志
上海市金山区杨家村党总支委员会 上海市金山区杨家村村民委员会编 上海 上海市金山区杨家村村民委员会 2006年 313页
b40864479 K295.15 Y236 2006

张桥村志
张桥村村志编纂委员会编 宋伯仁主编 上海 张桥村村志编纂委员会 2015年 223页〔金山区村志丛书〕
b51072610 K295.15 Z362 2015

张堰乡志
上海市金山县张堰乡人民政府编 陆治中主编 上海 上海社会科学院出版社 1994年 403页
b18659809 K295.15 Z368 1994

张堰镇志
金山县张堰镇镇志办公室编 上海 上海交通大学出版社 1995年 300页
b23003534 K295.15 Z368C 1995

中洪村志
上海市金山区枫泾镇中洪村志编纂委员会编 戴桂云主编 北京 方志出版社 2017年 340页〔中国名村志丛书〕
b50642674 K295.15 Z643 2017

周栅村志
周栅村村志编纂委员会编 杨金连主编 上海 周栅村村志编纂委员会 2016年 200页〔金山区村志丛书〕
b51072622 K295.15 Z675 2016

朱泾乡志
朱泾乡志编纂委员会编 朱碧主编 上海 上海浦江出版服务社 1993年 347页
b14365352 K295.15 Z697

朱泾镇志
朱泾镇志编纂委员会编 金丽勤主编 上

海 上海浦江出版服务社 1993年 262页
b20019014 K295.15 Z6979 1993

朱行乡志
上海市金山县朱行乡人民政府编 上海 上海科学普及出版社 1993年 262页
b20405388 K295.15 Z696 1993

朱行镇志 1988-2005
上海金山工业区管理委员会 朱行镇志编纂委员会编 宋锡苇主编 北京 方志出版社 2011年 370页〔上海金山乡镇志系列〕
b22365291 K295.15 Z696 2011

金山县民政志
金山县民政志编委会编 陈品福主编 上海 上海社会科学院出版社 1996年 435页
b17305809 D632 C428 1996

金山民防志 审议稿 1950-2010
金山民防志编纂领导小组编 上海 金山民防志编纂领导小组 2012年 393页
b40864455 E256 J479 2012

金山县建设志
金山县建设局编 马昌焯 叶心源 陈泰来主编 上海 上海人民出版社 1994年 350页
b23003613 F299.275.13 J479 1994

金山县畜牧水产志
金山县畜牧水产局编 沈文祥主编 上海 金山县畜牧水产局 1997年 180页
b20952314 F326.375.14 S414 1997

金山县交通志
金山县交通志编纂委员会编 莫嘉 丁洪泉主编 上海 上海社会科学院出版社 1991年 329页
b23003704 F512.751.3 J479 1991

金山县供销合作商业志
金山县供销合作联合社编纂 上海 上海市供销合作社史料编纂委员会 1989年 253页〔上海市供销合作社史料丛书〕
b23003741 F727.513 J479 1989

金山县财税志
金山县财税志编志组编 上海 上海社会科学院出版社 1997年 383页
b23003698 F812.751.3 J479 1997

金山文化志
上海市金山区文化广播电视管理局编 陈积鸿主编 上海 上海社会科学院出版社 2003年 419页
b19930744 G127.513 C422 2003

金山档案志
金山档案志编委会编 黄卫标主编 上海 上海社会科学院出版社 2000年 297页
b36374891 G279.275.13 J479 2000

金山县教育续志 1986.1-1997.5
上海市金山县教育局编 薛毓良主编 北京 方志出版社 2006年 255页
b16906639 G527.514 X678 2006

上海市金山县教育志
金山县教育局教育志办公室编 宋顺康主编 上海 上海人民出版社 1990年 272页
b10487062 G527.514 J479

上海石化地区基础教育志
上海市金山区教育局编 王秉衡主编 北京 方志出版社 2008年 200页

b19929705　G639.2　W212　2008

地区简志
上海石油化工总厂地区修志办公室编　龚飞霞主编　上海　上海石油化工总厂地区修志办公室　1991 年　285 页
b23002633　K295.13　J479D　1991

金山县地名志
金山县地名志编纂委员会编　上海　汉语大词典出版社　1992 年　590 页
b16446859　K925.14　J479　1992

金山县卫生志
曹明哲主编　上海　上海少儿出版服务社　1994 年　344 页
b23003650　R-092　J4797　1994

上海市金山县水利志
金山县水利局编　陈积鸿主编　上海　上海社会科学院出版社　1996 年　250 页
b1702139x　TV-092　J479　1996

金山县海塘志
金山县水利局编　陈积鸿主编　南京　河海大学出版社　1991 年　194 页
b21856011　U656.31　J479　1991

松江区

松江县志
上海市松江县地方史志编纂　何惠明　王健民主编　上海　上海人民出版社　1991 年　1208 页〔中国地方志〕
b11041432　K295.14　H269

松江县续志
上海市松江区地方史志编纂委员会编　何惠明主编　北京　方志出版社　2007 年　1489 页〔上海市县志续志系列丛刊〕
b17761724　K295.14　H269　2007

车墩镇志
车墩镇志编纂委员会编　徐卫兴主编　上海　上海辞书出版社　2011 年　533 页〔上海市松江区街镇志系列丛书〕
b4083718x　K295.15　C3932　2011

洞泾镇志　征求意见稿
洞泾镇镇志编纂办公室编　上海　洞泾镇镇志编纂办公室　2007 年　779 页
b22921655　K295.15　D624　2007

洞泾镇志
洞泾镇志编纂委员会编　苏炳根主编　上海　上海辞书出版社　2011 年　632 页〔上海市松江区街镇志系列丛书〕
b36318024　K295.15　D624　2011

方松街道志
方松街道志编纂委员会编　何西安等编纂　上海　上海辞书出版社　2012 年　745 页〔上海市松江区街镇志系列丛书〕
b40649684　K295.13　S673F　2012

九亭镇志
九亭镇志编纂委员会编　张金弟主编　上海　上海辞书出版社　2012 年　523 页〔上海市松江区街镇志系列丛书〕
b40649696　K295.15　J585　2012

九亭志
松江县九亭乡人民政府编　上海　上海社会科学院出版社　1993 年　277 页
b15913776　K295.15　J585　1993

泖港镇志
泖港镇志编纂委员会编　顾良忠主编　上

海 上海辞书出版社 2011年 535页〔上海市松江区街镇志系列丛书〕
b40837208 K295.15 M252 2011

上海市松江县松江镇志
车驰 龚福章主编 上海 上海人民出版社 1990年 688页〔中国名镇志〕
b11080887 K295.15 C393

佘山镇志
佘山镇志编纂委员会编 上海 上海辞书出版社 2012年 753页〔上海市松江区街镇志系列丛书〕
b3607147x K295.15 S364 2012

石湖荡镇志
石湖荡镇志编纂委员会编 郭若贤主编 上海 上海辞书出版社 2012年 524页〔上海市松江区街镇志系列丛书〕
b36071857 K295.15 S473 2012

泗泾镇志
上海市松江县泗泾镇编史修志领导小组编 欧粤主编 上海 上海社会科学院出版社 1989年 253页
b21774778 K295.15 S665 1989

小昆山镇志
小昆山镇志编纂委员会编 宋国林主编 上海 上海辞书出版社 2011年 409页〔上海市松江区街镇志系列丛书〕
b4083721x K295.15 X347 2011

新浜镇志
新浜镇志编纂委员会编 周艳主编 上海 上海辞书出版社 2011年 768页〔上海市松江区街镇志系列丛书〕
b23045772 K295.15 X443X 2011

新桥镇志
新桥镇志编纂委员会编 黄水平主编 上海 上海辞书出版社 2011年 778页〔上海市松江区街镇志系列丛书〕
b40742891 K295.15 X4446 2011

叶榭镇志
叶榭镇志编纂委员会编 顾顺林主编 上海 上海辞书出版社 2012年 816页〔上海市松江区街镇志系列丛书〕
b40837221 K295.15 Y384 2012

叶榭志
上海市松江区叶榭志编纂委员会编 顾顺林主编 上海 上海辞书出版社 2003年 769页
b17855561 K295.15 Y384 2003

永丰街道志
永丰街道志编纂委员会编 俞德福主编 上海 上海辞书出版社 2012年 913页〔上海市松江区街镇志系列丛书〕
b40742921 K295.13 S673X 2012

岳阳街道志
岳阳街道志编纂委员会编 高文龙主编 上海 上海辞书出版社 2011年 493页〔上海市松江区街镇志系列丛书〕
b23045784 K295.13 S673Y 2011

张泽志
张泽志编纂委员会编 上海 学林出版社 1999年 612页
b16877792 K295.15 Z369 1999

中山街道志
中山街道志编纂委员会编 严锡泉主编 上海 上海辞书出版社 2011年 645页〔上海市松江区街镇志系列丛书〕

b36318012　K295.13 S673Z 2011

松江镇志　**人物编 征询稿**
松江镇志编纂办公室编 上海 松江镇志编纂办公室 1988年 139页
b36129276　K820.851.5 S673 1988

松江统计志
松江统计志编纂委员会编 潘永俭主编 上海 上海古籍出版社 2014年 417页〔上海市松江区专业志系列丛书〕
b47420236　C832.513 S673 2014

中国共产党松江历史图志
中共上海市松江区委党史研究室 上海市松江区档案局编 上海 上海辞书出版社 2011年 333页
b46018384　D235.513-64 S673 2011

松江共青团志
松江共青团志编纂委员会编 金正斌主编 上海 上海古籍出版社 2011年 375页〔上海市松江区专业志系列丛书〕
b36318000　D292.513 S673 2011

松江人民代表大会志
松江人民代表大会志编纂委员会编 吴尧鑫主编 上海 上海辞书出版社 2005年 422页
b16635711　D624.513 W515 2005

松江人事志
松江人事志编纂委员会编 许春主编 上海 上海古籍出版社 2016年 494页〔上海市松江区专业志系列丛书〕
b49533824　D630.3 S673 2016

松江红十字志
松江红十字志编纂委员会编 程瑜主编 上海 上海古籍出版社 2015年 342页〔上海市松江区专业志系列丛书〕
b47206597　D632.1 S673 2015

中国民主党派上海市松江区地方组织志
中国民主党派上海市松江区地方组织志编纂委员会编 房剑森 张汝皋主编 上海 中国民主党派上海市松江区地方组织志编纂委员会 2007年 339页
b23002979　D665 S673 2007

松江民政志
上海市松江区民政局编 上海 上海辞书出版社 2006年 530页
b16893098　D675.1 S673 2006

松江县检察志
松江县人民检察院编 张汝皋主编 上海 松江县人民检察院 1995年 170页
b23002682　D926.32 S673

松江审判志
上海市松江区人民法院松江审判志编委会编 上海 上海市松江区人民法院松江审判志编委会 2000年 379页〔上海松江专业志〕
b15380075　D927.51 S328S 2000

松江民防志
松江民防志编纂委员会编 朱林海 许道良主编 上海 上海古籍出版社 2014年 466页〔上海市松江区专业志系列丛书〕
b50993999　E256 S6734 2014

上海市松江区军事志
上海市松江区军事志编纂委员会编 庄尧清 马发明主编 上海 上海市松江区军事志编纂委员会 2010年 613页
b50992260　E289.513 S673 2010

松江民营经济志
松江民营经济志编纂委员会编 方炳云主编 上海 上海古籍出版社 2014年 556页〔上海市松江区专业志系列丛书〕
b46240123 F127.513 S673 2014

松江工商行政管理志
松江工商行政管理志编纂委员会编 张建主编 上海 汉语大词典出版社 2003年 222页
b15577703 F203.9 Z3544 2003

松江质量技术监督志
上海市松江区质量技术监督局编 上海 上海辞书出版社 2007年 336页
b46274261 F203 S673 2007

松江劳动志
松江劳动志编纂委员会编 许春主编 上海 上海古籍出版社 2015年 497页〔上海市松江区专业志系列丛书〕
b49533812 F249.275.13 S673 2015

松江县房产志
上海市松江县房产管理局 上海市房产经济学会松江分会编 上海 上海人民出版社 1997年 308页
b10487098 F299.275.14 S673

松江供电志 1911–1990
高金源主编 上海 上海市南供电局松江供电所 199–年 189页
b23002670 F426.61 S673

松江工业区志
上海市松江工业区管理委员会编 胡永表主编 上海 上海书店出版社 2015年 395页
b47073421 F427.513 S673 2015

松江工业志
方炳云主编 上海 上海古籍出版社 2017年 876页〔上海市松江区专业志系列丛书〕
b50319346 F427.513 S673C 2017

松江县工业志
松江县工业志编写组 邓钟璜主编 上海 上海科学技术出版社 1988年 210页
b22431950 F427.514 S673 1988

松江交通运输志
松江交通运输志编纂委员会编 冯水火主编 上海 上海古籍出版社 2013年 510页〔上海市松江区专业志系列丛书〕
b46442467 F512.751.3 S673 2013

松江电信志
松江电信志编纂委员会编 吴伟 何震渊主编 上海 上海古籍出版社 2013年 307页〔上海市松江区专业志系列丛书〕
b47415691 F632.751.3 S673 2013

松江粮食志
松江粮食志编纂委员会编 车传根主编 上海 上海古籍出版社 2011年 491页〔上海市松江区专业志系列丛书〕
b36317962 F724.721 S673S 2011

松江县粮食志
上海市松江县粮食局编 上海 上海市松江县粮食局 1990年 185页
b21273947 F724.721 S673 1990

松江县供销合作商业志
松江县供销合作联合社编 上海 上海市供销合作社史料编纂委员会 1990年 264页〔上海市供销合作社史料丛书〕
b23003753 F727.513 S673 1990

松江对外经济贸易志
松江对外经济贸易志编纂委员会编 顾憬度主编 上海 上海古籍出版社 2015年 691页〔上海市松江区专业志系列丛书〕
b4699581x F752.851.3 S673 2015

松江县财政税务志
上海市松江县财政局 上海市松江县税务局编 许梅春主编 上海 上海社会科学院出版社 1990年 166页
b46240147 F812.751.3 S673 1990

松江文化志
松江文化志编写组编 上海 百家出版社 2001年 295页
b15601092 G127.513 S673 2001

松江文化广播影视志
松江文化广播影视志编纂委员会编 何西安 陆权南 陆天锡编纂 上海 上海古籍出版社 2016年 1284页〔上海市松江区专业志系列丛书〕
b50152452 G229.275.13 S673 2016

松江档案志
松江档案志编纂委员会编 范田华主编 上海 上海古籍出版社 2014年 447页〔上海市松江区专业志系列丛书〕
b46995808 G279.275.13 S673 2014

松江科技志
松江区科学技术委员会 松江区科学技术协会编 上海 上海社会科学院出版社 2001年 202页
b1385446x G322.751.4 S673

松江教育志
松江教育志编纂委员会编 上海 上海辞书出版社 2003年 474页
b15329422 G527.513 S673 2003

松江县教育志
松江县教育志编纂委员会编 上海 上海社会科学院出版社 1989年 220页
b13276074 G529 S673

松江体育志
松江体育志编纂委员会编 周浩 孔林德主编 上海 上海古籍出版社 2017年 666页〔上海市松江区专业志系列丛书〕
b50328955 G812.751.3 S673 2017

松江方言志
上海市松江区地方史志编纂委员会编 张源潜编著 上海 上海辞书出版社 2003年 356页〔松江文献系列丛书〕
b16429928 H173 Z368 2003

松江图志
何惠明主编 上海 汉语大词典出版社 2005年 300页
b16784959 K295.13-64 S673 2005

松江文物志
林晓明主编 上海 上海人民美术出版社 2001年 267页
b1399069x K872.51 L588

松江风俗志
上海市松江区地方史志编纂委员会编 欧粤著 上海 上海文艺出版社 2007年 469页
b17760276 K892.451.3 O113 2007

松江地名志
上海市松江区规划和土地管理局编 上海 上海社会科学院出版社 2014年 698页
b45482950 K925.13 S673C 2014

九峰志
何惠明编著 上海 上海辞书出版社 2004年 323页〔松江文献系列丛书〕
b16142688 K928.3 H269 2004

松江文物胜迹志
何惠明编著 上海 华东师范大学出版社 1991年 296页
b18969835 K928.705.14

松江气象志
松江气象志编纂委员会编 管兴中主编 上海 上海古籍出版社 2014年 403页〔上海市松江区专业志系列丛书〕
b46240135 P468.251.3 S673 2014

松江县水利志
松江县水利志编志组编 吴四一主编 上海 上海科学技术出版社 1993年 190页
b10690293 S279.251 L673

松江绿化市容志
松江绿化市容志编纂委员会编 朱国华主编 上海 上海古籍出版社 2016年 306页〔上海市松江区专业志系列丛书〕
b51092086 S732.513 Z695 2016

松江规划志
松江规划志编纂委员会编 唐亚生纂稿 上海 上海辞书出版社 2009年 306页
b22431949 TU984.251.3 S673 2009

松江水务志 1991–2004
松江水务志编辑委员会编 上海 学林出版社 2008年 324页
b19320474 TV-092 S673 2008

松江环境保护志
松江环境保护志编纂委员会编 徐荣主编 上海 上海古籍出版社 2015年 409页〔上海市松江区专业志系列丛书〕
b49964057 X321.251.3 S673 2015

松江安全生产监督管理志
松江安全生产监督管理志编纂委员会编 上海 上海古籍出版社 2014年 384页〔上海市松江区专业志系列丛书〕
b46018396 X931 S673 2014

青浦区

上海市青浦县志
上海市青浦县县志编纂委员会编 冯学文主编 上海 上海人民出版社 1990年 917页〔中国地方志〕
b10910414 K295.14 Q464

青浦县志 1985–2000
上海市青浦区地方志编纂委员会编 陆名有主编 北京 方志出版社 2009年 1331页〔上海市区县志系列丛书〕
b20467254 K295.14 Q464 2009

白鹤乡志
上海市青浦县白鹤乡志编纂组编 严企华等编 上海 上海市青浦县白鹤乡志编纂组 1988年 212页
b23002992 K295.15 B151Y 1988

白鹤志
白鹤志编纂委员会编 上海 上海科学普及出版社 2004年 571页〔青浦乡镇志系列丛书〕
b17855792 K295.15 B151 2004

大盈志
大盈志编纂委员会编 陆瑞怡 曹关泉主编 北京 方志出版社 2004年 591页〔青

浦乡镇志系列丛书〕
b16424530　K295.15　D1369　2004

凤溪镇志
凤溪镇志编纂委员会编　上海　上海江杨印刷厂　2008年　550页〔青浦乡镇志系列丛书〕
b20576419　K295.15　F413　2008

环城志
青浦镇地方志编纂委员会编　邵磊主编　北京　方志出版社　2004年　271页〔青浦乡镇志系列丛书〕
b16289171　K295.15　H593　2004

解放乡志
解放乡志编纂委员会编　胡爱明主编　上海　解放乡志编纂委员会　2013年　379页〔青浦乡镇志系列丛书〕
b46442959　K295.15　J448　2013

莲盛志
莲盛志编纂委员会编　李森林　沈春元主编　上海　莲盛志编纂委员会　2004年　295页〔青浦乡镇志系列丛书〕
b36128569　K295.15　L468　2004

练塘志
练塘志编纂委员会编　陆明主编　上海　上海市印刷七厂　2006年　556页〔青浦乡镇志系列丛书〕
b16926730　K295.15　L485　2006

青浦镇志
青浦镇志编纂委员会编　邵磊　侯健根主编　上海　青浦镇志编纂委员会　2009年　519页〔青浦乡镇志系列丛书〕
b36668308　K295.15　Q4646　2009

沈巷续志
朱家角镇地方志编纂委员会编　夏仁荣主编　蒋益峰执行主编　香港　新大陆出版社有限公司　2007年　237页〔青浦乡镇志系列丛书〕
b21137079　K295.15　S414　2007

崧泽村志
崧泽村志编辑委员会　陆惠新主编　上海　文汇出版社　2013年　375页
b47073433　K295.15　S674　2013

香花桥志
香花桥志编纂委员会编　张自强主编　北京　方志出版社　2005年　526页〔青浦乡镇志系列丛书〕
b16288841　K295.15　X259　2005

小蒸志
小蒸志编纂委员会编　陆明主编　上海　小蒸志编辑委员会　2006年　475页〔青浦乡镇志系列丛书〕
b47352693　K295.15　X3479　2006

徐泾志
徐泾志编纂委员会编　上海　徐泾志编纂委员会　1992年　2卷　739页〔青浦乡镇志系列丛书〕
b18905754　K295.15　X572

赵屯志
赵屯志编纂委员会编　记怀中　姚菊宏　曹关良主编　北京　方志出版社　2003年　465页〔青浦乡镇志系列丛书〕
b15602837　K295.15　Z439　2003

赵巷镇志
赵巷镇志编纂委员会编　朱同福　沈龙泉主编　上海　学林出版社　2007年　412页〔青

浦乡镇志系列丛书〕
b18261334 K295.15 Z441 2007

重固镇志
重固镇志编纂委员会编 卢永兴主编 上海 上海社会科学院出版社 2007年 447页〔青浦乡镇志系列丛书〕
b36129227 K295.15 C537 2007

朱家角乡志
朱家角镇地方志编纂委员会编 夏仁荣主编 香港 新大陆出版社有限公司 2007年 329页〔青浦乡镇志系列丛书〕
b23077621 K295.15 Z6974Y 2007

朱家角乡志
朱家角乡志编写组编 上海 朱家角乡志编写组 1987年 油印本 364页
b2010537x K295.15 Z6974Z 1987

朱家角镇志
朱家角镇地方志编纂委员会编 夏仁荣主编 上海 上海辞书出版社 2006年 598页〔青浦乡镇志系列丛书〕
b17707869 K295.15 Z6974 2006

青浦统计志
青浦统计志编纂委员会编 张民新主编 上海 青浦统计志编纂委员会 2009年 238页〔青浦专业志系列丛书〕
b44749259 C832.513 Q464 2009

青浦人民代表大会志 1949-2003
青浦人民代表大会志编纂委员会编 康涛主编 上海 上海三联文化用品有限公司 2003年 615页〔青浦专志系列丛书〕
b15578069 D624.513 Q464 2003

青浦县人民政协志
中国人民政治协商会议上海市青浦区委员会青浦县人民政协志编纂委员会编 上海 中国人民政治协商会议上海市青浦区委员会青浦县人民政协志编纂委员会 2002年 402页
b15672943 D628.514 Q464 2002

青浦民政志
青浦民政志编纂委员会编 张家良主编 上海 上海青浦印刷厂公司 2008年 198页〔青浦区专业志系列丛刊〕
b20951127 D675.13 Q464 2008

青浦检察志
青浦检察志编纂委员会编 上海 青浦检察志编纂委员会 2005年 410页〔青浦区专业志系列丛书〕
b46995651 D926.32 Q464 2005

青浦审判志
青浦审判志编纂委员会编 上海 上海市印刷七厂 2004年 334页〔青浦区专业志系列丛书〕
b1647725x D926.22 Q464 2004

青东农场志
洪祖良主编 上海 青浦县青霞印刷厂 1997年 347页
b23397512 F324.1 Q464 1997

青浦县农业志
青浦县农业局主编 上海 青浦县农业局 1989年 207页
b23003765 F327.513 Q464 1989

青浦县工业志
上海市青浦县工业志编纂委员会编 上海 商务印书馆上海印刷公司 2007年 415页
b21136579 F427.514 Q464 2007

青浦旅游志
青浦旅游志编纂委员会编 玛世明主编 香港 今日出版社 2013 年 770 页〔青浦区专业志系列丛书〕
b45944362 F592.751.3 Q464 2013

青浦县供销合作商业志
青浦县供销合作联合社编 上海 上海市供销合作社史料编纂委员会 1990 年 300 页〔上海市供销合作社史料丛书〕
b23002888 F727.513 Q464 1990

青浦文化志
青浦文化志编纂委员会编 沈尔立主编 上海 青浦文化志编纂委员会 1994 年 295 页
b21276523 G127.514 Q464 1994

青浦广播电视志
青浦广播电视志编纂委员会编 周建中总编 刘玉明主编 北京 方志出版社 2005 年 312 页〔青浦区专业志系列丛书〕
b36246062 G229.275.13 Q464 2005

青浦县档案志
上海市青浦县档案局编 吴玉珍主笔 上海 上海社会科学院出版社 1994 年 216 页
b46239984 G279.275.13 Q464 1994

青浦教育志
上海市青浦教育志办公室编著 上海 文汇出版社 2006 年 4 卷
b16859303 G527.513 S326 2006

青浦教育志 第 2 卷 上 行政管理与幼教 1986–2000
上海市青浦教育志办公室编著 上海 文汇出版社 2006 年 300 页
b16859303 G527.513 S326 2006

青浦教育志 第 2 卷 中 中小学教育 1986–2000
上海市青浦教育志办公室编著 上海 文汇出版社 2006 年 844 页
b16859303 G527.513 S326 2006

青浦教育志 第 2 卷 下 成职教育 1986–2000
上海市青浦教育志办公室编著 上海 文汇出版社 2006 年 1186 页
b16859303 G527.513 S326 2006

青浦体育志
青浦区体育志编纂委员会编 吉永裕主编 上海 青浦区体育志编纂委员会 2006 年 239 页〔青浦区专业志系列丛书〕
b49982825 G812.751.3 Q464 2006

华新镇志
华新镇志编纂委员会编 张善智 石宝主编 上海 华新镇志编纂委员会 2007 年 709 页〔青浦乡镇志系列丛书〕
b50729287 K295.15 H5299 2007

上海雪米村民俗志
陆新民著 上海 上海文艺出版社 2008 年 346 页
b18569110 K892.451.5 L841 2008

青浦地名小志
青浦县志编纂办公室 青浦县博物馆编 顾秋葵等 上海 青浦县志编纂办公室 1985 年 120 页
b12160416 K925.14 Q464

青浦区地名志
青浦区地名志编纂委员会编 张正翔主编 上海 上海辞书出版社 2011 年 677 页〔上海市区县地名志丛书〕
b46976243 K925.13 Q464C 2011

上海市青浦区中心医院志
上海市青浦区中心医院志编纂委员会编 庄人通主编 香港 今日出版社 2003年 188页
b46441992 R197.3 S326 2003

青浦市容环卫志
青浦市容环卫志编纂委员会编 朱华生 陈天鹏编纂 上海 上海市印刷七厂 2004年 179页〔青浦区专业志系列丛书〕
b23002621 R199.2 Q4646 2004

青浦卫生志
青浦县卫生志编纂委员会编 上海 上海科学技术出版社服务部 1989年 235页
b44852137 R199.2 Q4646C 1989

上海市青浦区中医医院院志
上海市青浦区中医医院院志编纂委员会编 孙标龙主编 上海 上海市青浦区中医医院 2011年 124页
b50017275 R199.2 S3267 2011

青浦水利志
青浦水利志编纂委员会编 北京 方志出版社 2006年 446页〔青浦区专业志系列丛书〕
b16746119 TV-092 Q464 2006

青浦县水利志
青浦县水利局编 上海 青浦县水利局 1986年 232页
b16434365 TV-092 Q464 1986

奉贤区

上海市奉贤县志
上海市奉贤县县志修编委员会编 姚金祥主编 上海 上海人民出版社 1987年 1099页〔中华人民共和国地方志〕
b10910402 K295.14 F412

奉贤县续志
上海市奉贤区史志编纂委员会编著 丁惠义 陈忠主编 北京 方志出版社 2007年 1259页〔上海市县志续志系列丛书〕
b18285697 K295.14 F412X 2007

奉贤县志资料 第5卷
上海市奉贤县修编县志办公室编 奉贤 奉贤县印刷厂
b18419926 K295.14 F412F

冯桥村志
上海市奉贤区冯桥村志编写组编 顾斌泉主编 冯桥 冯桥村志编写组 2008年 200页
b19328783 K295.15 F376 2008

奉城续志 1985–2001
上海市奉贤区奉城续志编纂委员会编 萧水新主编 上海 学林出版社 2008年 516页〔奉城镇志系列丛书〕
b18899341 K295.13 F412B 2008

奉城志
奉贤县奉城镇奉城志编写组编 奉贤 奉贤县奉城镇奉城志编写组 1987年 309页
b22429396 K295.15 F412 1987

高桥村志
上海市奉贤区奉城镇高桥村村志编纂委员会编 唐石英主编 上海 上海市奉贤区奉城镇高桥村村志编纂委员会 2009年 452页
b49964021 K295.15 G2481 2009

光明村志
上海市奉贤区南桥镇光明村志编纂委员会编 顾煜平主编 上海 学林出版社 2014年 398页
b46239595 K295.15 G679 2014

光明续志 1985-2003
上海市奉贤区光明续志编纂委员会编 吴伟主编 上海 学林出版社 2007年 425页〔青村镇志系列丛书〕
b27574635 K295.15 Q464C 2007

洪庙镇志
上海市奉贤区洪庙镇志编纂委员会编 卫永章主编 上海 学林出版社 2008年 592页〔奉城镇志系列丛书〕
b19328898 K295.15 H415 2008

胡桥续志 1985-2003
上海市奉贤区胡桥续志编纂委员会编 陆仁理 翁秒均主编 上海 学林出版社 2009年 489页
b2041061x K295.15 H474 2009

江海续志 1985-2002.5
上海市奉贤区江海续志编纂委员会编 谢欣晨 周洪江主编 上海 上海辞书出版社 2008年 443页
b19023893 K295.15 J324 2008

金汇续志 1985-2002.5
上海市奉贤区金汇续志编纂委员会编 金二新主编 上海 上海辞书出版社 2008年 490页
b18899675 k295.15 J477 2008

南桥镇志
上海市奉贤县南桥镇人民政府南桥镇志编写领导小组编 上海 上海市奉贤印刷厂 1987年 239页〔奉贤县地方志丛书〕
b20403896 K295.15 N1617 1987

南桥镇志 1985-2002.5
南桥镇志编纂委员会编 黄云清主编 上海 上海辞书出版社 2007年 406页
b17760598 K295.15 N1617 2007

南胜村志 1949-2011
上海市奉贤区柘林镇南胜村村志编纂委员会编 邹顺兴主编 上海 上海市奉贤区柘林镇南胜村村志编纂委员会 2013年 541页
b49938873 K295.15 N1616 2013

平安志
奉贤县平安乡平安志编写组编 陈建忠主编 奉贤 奉贤县平安乡平安志编写组 1987年 205页〔奉贤县地方志丛书〕
b22431251 K295.15 P612 1987

平安续志 1985-2003
上海市奉贤区平安续志编纂委员会编 李正明主编 上海 上海辞书出版社 2007年 546页
b19929420 K295.15 P612 2007

齐贤志
奉贤县齐贤乡齐贤志编写组编 奉贤 奉贤县齐贤乡齐贤志编写组 1986年 223页
b20404013 K295.14 F412Q 1986

齐贤续志 1985-2002.5
上海市奉贤区齐贤续志编纂委员会编 严忠阳主编 上海 上海辞书出版社 2008年 410页
b1902387x K295.15 Q139 2008

钱桥续志
上海市奉贤区钱桥续志编纂委员会编 陈

炳章主编 上海 学林出版社 2007 年 509 页〔青村镇志系列丛书〕
b18569043 K295.15 Q222 2007

青村志
上海市奉贤县青村乡青村志编写组编 奉贤 上海市奉贤县青村乡青村志编写组 1984 年 281 页〔奉贤县地方志丛书〕
b20103414 K295.15 Q464 1984

青村续志
上海市奉贤区青村续志编纂委员会编 顾煜平主编 上海 学林出版社 2007 年 478 页〔青村镇志系列丛书〕
b18569031 K295.15 Q464 2007

邵厂志
邵厂志编纂委员会编 上海 上海社会科学院出版社 2003 年 359 页
b14662528 K295.15 S337 2003

树园村志
树园村志编纂委员会编 上海 树园村志编纂委员会 2006 年 197 页
b19320486 K295.15 S554 2006

四团续志 1985–2003
上海市奉贤区四团续志编纂委员会编 陶银龙主编 上海 上海辞书出版社 2007 年 410 页
b1787645x K295.15 S663 2007

泰日志
上海市奉贤县泰日乡泰日志编写组 沈才斌主编 南汇 南汇印刷厂 1986 年 222 页〔奉贤县地方志丛书〕
b20404645 K295.15 T163 1986

泰日续志 1985–2003
上海市奉贤区泰日续志编纂委员会编 赵一琴主编 上海 上海辞书出版社 2009 年 549 页
b20209010 K295.15 T163 2009

塘外续志
上海市奉贤区塘外续志编纂委员会编 许洪其主编 上海 学林出版社 2008 年 484 页〔奉城镇志系列丛书〕
b19328849 K295.15 T246 2008

陶宅志
陶宅志编纂委员会编 顾煜平 金赪主编 上海 学林出版社 2014 年 550 页
b46012254 K295.15 T264 2014

头桥志
奉贤县头桥乡头桥志编写组编 宋宝维编写 上海 上海市卫生局印刷厂 1987 年 252 页〔奉贤县地方志丛书〕
b22432309 K295.15 T466 1987

头桥续志
上海市奉贤区头桥续志编纂委员会编 宋伯葵主编 上海 学林出版社 2008 年 452 页〔奉城镇志系列丛书〕
b19328874 K295.15 T466 2008

邬桥志
奉贤县邬桥乡邬桥志编写组编 上海 上海市卫生局印刷厂 1985 年 398 页〔奉贤县地方志丛书〕
b20404748 K295.15 W469 1985

邬桥续志 1985–2003
上海市奉贤区邬桥续志编纂委员会编 宋智清主编 上海 学林出版社 2007 年 502 页
b17760604 K295.15 W469 2007

西渡志 1986–2003
上海市奉贤区西渡志编纂委员会编 上海 上海辞书出版社 2008 年 422 页
b19929468 K295.15 X119 2008

萧塘志
奉贤县萧塘乡萧塘志编写组编 朱土才主编 奉贤 奉贤县印刷厂 1988 年 275 页〔奉贤县地方志丛书〕
b22432577 K295.15 X334 1988

新寺志
上海市奉贤县新寺乡新寺志编写组编 翁妙均主编 上海 三联书店 1989 年 431 页
b11211830 K295.14 W411

新寺续志 1988–2003
上海市奉贤区新寺续志编纂委员会编 邹顺兴主编 上海 学林出版社 2008 年 655 页
b19929365 K295.15 X4447 2008

新塘村志 1949–2010
上海市奉贤区柘林镇新塘村村志编纂委员会编 邹顺兴主编 上海 上海市奉贤区柘林镇新塘村村志编纂委员会 2011 年 502 页
b46422900 K295.15 X4448 2011

杨王村志
上海市奉贤区南桥镇杨王村志编纂委员会编 杨瑞金主编 上海 学林出版社 2016 年 623 页
b49958094 K295.15 Y248 2016

柘林志 古代–2003
上海市奉贤区柘林志编纂委员会编 翁妙均主编 北京 方志出版社 2011 年 754 页
b23397494 K295.15 Z456 2011

庄行志
奉贤县庄行乡庄行志编写组编 杨楚南 何汉祥 蒋联洪主编 上海 上海市卫生局印刷厂 1988 年 253 页〔奉贤县地方志丛书
b22433387 K295.15 Z788 1988

庄行续志 1985–2003
上海市奉贤区庄行续志编纂委员会编 上海 学林出版社 2008 年 453 页
b19328904 K295.15 Z788 2008

奉贤工会志
奉贤工会志编纂委员会编 黄金泉主编 上海 上海辞书出版社 2006 年 264 页
b18899663 D412.851.3 H659 2006

奉贤人民代表大会志
奉贤人民代表大会志编纂委员会编 朱立夫 徐建平主编 上海 学林出版社 2010 年 801 页
b20809530 D624.53 F412 2010

奉贤政协志
奉贤政协志编纂委员会编 杨林才 金国强主编 上海 学林出版社 2011 年 738 页
b4064974x D628.513 F412 2011

奉贤警察志
陈佐时 马勤根主编 上海 上海社会科学院出版社 1998 年 556 页
b23003662 D631 F412 1998

上海市奉贤区民主党派志
上海市奉贤区民主党派志编纂委员会编 包蓓英主编 北京 方志出版社 2017 年 363 页
b49923201 D665 S323F 2017

奉贤县法院志
奉贤县人民法院法院志编写组编 邹文彦主编 上海 交通部上海船舶研究所印刷厂 1986 年 221 页〔奉贤县地方志丛书〕
b23002840 D926.22 F412 1986

上海市奉贤区军事志 751-2006
上海市奉贤区军事志编纂委员会编 徐晓明主编 上海 上海市奉贤区军事志编纂委员会 2009 年 473 页
b46423126 E289.513 F412 2009

奉贤区农机志
奉贤区农机志编纂委员会编 张之桐主编 上海 学林出版社 2017 年 379 页
b50992211 F324.2 Z369 2017

奉贤区林业志
奉贤区林业志编纂委员会编 褚可龙主编 北京 方志出版社 2018 年 477 页
b50871158 F326.275.13 F412 2018

奉贤县农业续志 1985-2001
上海市奉贤区奉贤县农业续志编纂领导小组编 吴四军主编 上海 上海辞书出版社 2009 年 337 页
b46018372 F327.513 F412 2009

奉贤县工业志
奉贤县农机工业局编志组编 龚震主编 奉贤 奉贤县农机工业局 1984 年 224 页〔奉贤县地方志丛书〕
b11693228 F427.51 F412

上海市奉贤县乡镇工业志
金伯明等主编 上海 三联书店上海分店 1990 年 380 页
b11164827 F427.514 J476

奉贤县交通志
奉贤县交通运输局编志组编 崔士炎主编 奉贤 奉贤县交通运输局 1985 年 137 页〔奉贤县地方志丛书〕
b23003212 F512.751.3 F412 1985

奉贤县物价志 1995-2001
徐欣帮主编 上海 学林出版社 2010 年 627 页
b2081043x F726.751.3 F412 2010

奉贤供销合作社志 1950-2012
马晨辉主编 北京 方志出版社 2014 年 675 页
b46376598 F727.513 F412C 2014

奉贤县供销合作商业志
奉贤县供销合作联合社编纂 蒋侃主编 上海 上海市供销合作社史料编纂委员会 1987 年 385 页
b46011997 F727.513 F412 1987

奉贤县金融志
中国农业银行上海市奉贤支行编写组编 上海 中国农业银行上海市奉贤支行编写组 1985 年 102 页
b11681846 F832.7 Z644

奉贤县文化志
奉贤县文化局奉贤县文化志编写组编 严良华主编 上海 上海市卫生局印刷厂 1988 年 230 页〔奉贤县地方志丛书〕
b20402855 G127.514 F412 1988

奉贤教育续志 1984-2001
上海市奉贤区奉贤教育续志编纂委员会编 陆建国主编 上海 上海辞书出版社 2010 年 369 页
b4627425x G527.51 F412 2010

奉贤县教育志
奉贤县教育局教育志编写组编 奉贤 奉贤县教育局教育志编写组 1984 年 159 页〔奉贤县地方志丛书〕
b12245070 G527.51 F412

奉贤史志图志
中共上海市奉贤区委党史研究室 上海市奉贤区地方志办公室 上海市奉贤区史志学会编 丁惠义主编 上海 学林出版社 2012 年 459 页
b46012242 K295.13 F412C 2012

奉贤县图照志
上海市奉贤区地方志办公室 上海市奉贤区史志学会编 丁惠义主编 姚金祥执行主编 上海 学林出版社 2016 年 2 卷 1139 页
b49802999 K295.13 F412D 2016

海湾旅游区志 1979.9–2006.12
上海奉贤区海湾旅游区志编纂委员会编 房同盟主编 上海 上海辞书出版社 2008 年 357 页
b19929213 K295.13 F412H 2008

奉贤盐政志
柳国瑜主编 上海 上海社会科学院出版社 1987 年 181 页
b12314687 K925.14 L699

奉贤县卫生志 1985–2001
上海市奉贤区奉贤县卫生志编纂委员会编 上海 上海辞书出版社 2008 年 251 页
b19929407 R199.2 F412 2008

奉贤县建设志
奉贤县建设志编纂领导小组编 魏裕庆 周正仁主编 上海 上海社会科学院出版社 1995 年 276 页〔奉贤县地方志丛书〕
b19733835 TU984.251.4 W359 1995

奉贤水利志
金星主编 上海 上海交通大学出版社 2007 年 399 页
b20410724 TV–092 J4798 2007

奉贤区公路市政道路志
奉贤区公路市政道路志编纂委员会编 于光新主编 北京 方志出版社 2018 年 338 页
b53029070 U412.36 F412 2018

崇明区

上海市崇明县志
上海市崇明县县志编纂委员会编 周之珂主编 上海 上海人民出版社 1989 年 1006 页〔中国地方志〕
b10910396 K295.14 C541

崇明县志 1985–2004
上海市崇明县县志编纂委员会编 张利钧 朱鑫德主编 北京 方志出版社 2013 年 1582 页〔上海市区县志系列丛书〕
b44794927 K295.14 C541S 2013

长兴乡志 1986–2004
长兴乡志编纂组编 上海 长兴乡志编纂组 2007 年 205 页
b2307758x K295.15 C3469 2007

陈家镇志 1985–2004
崇明县陈家镇镇志编纂委员会编 陆红星主编 上海 崇明县陈家镇镇志编纂委员会 2005 年 429 页
b2041075x K295.15 C422 2005

建设乡志
崇明县建设乡志委员会编 黄振忠主编 上海 上海科学普及出版社 1991 年 350 页
b20949959 K295.15 J295 1991

庙镇志 1985–2004
庙镇人民政府编 上海 庙镇人民政府 2008 年 274 页
b20804192 K295.15 M495 2008

三星镇志 1985–2004
三星镇志编纂委员会编 上海 三星镇志编纂委员会 2008 年 315 页
b20410645 K295.15 S14592 2008

上海市崇明县中兴镇志
蔡健主编 上海 上海社会科学院出版社 2009 年 556 页
b20407063 K295.15 Z645 2009

竖新镇志 1985–2004
中共崇明县竖新镇委员会 崇明县竖新镇人民政府 崇明县竖新镇镇志编纂领导小组编 崇明 中共崇明县竖新镇委员会 2008 年 330 页
b50665522 K295.15 S561 2008

向化镇志
崇明县向化镇镇志编纂委员会编 汤进达主编 上海 上海三联书店 2007 年 505 页
b17994469 K295.15 X315 2007

崇明县统战志 1926–2012
中共崇明县委统战部编 王为群主编 上海 学林出版社 2014 年 445 页
b47585055 D613 C541C 2014

崇明县人大志
郁京忠主编 北京 方志出版社 2016 年 938 页〔上海市专志丛书〕
b49814862 D624.514 C541 2016

崇明县政协志 1956–2012
崇明县政协志编纂委员会编 陈汉刚主编 北京 方志出版社 2016 年 841 页〔上海市专志丛书〕
b49814874 D628.514 C541 2016

上海市崇明县军事志
上海市崇明县军事志编纂委员会编 傅爱林 邓政主编 上海 上海市崇明县军事志编纂委员会 2010 年 461 页
b50992223 E289.514 C541 2010

崇明电力工业志 1921–1990
上海市崇明电力公司史志编纂委员会编 毕毓良主编 上海 上海市崇明电力公司史志编纂委员会 1994 年 220 页
b41234728 F426.61 C541 1994

崇明县文化志
崇明县文化局史志办编 上海 崇明县文化局史志办 1992 年 油印本 190 页
b14365595 G127.514 C541

崇明县水利续志
沈新民主编 上海 崇明县水务局 2002 年 297 页
b18674161 K295 v4

崇明县水利志
崇明县水利局编 崇明 崇明县水利局 1988 年 217 页
b1879208x K295

崇明岛水利志
崇明县水利局编 上海 崇明县水利局 1988 年 217 页
b18685365 K928 v4

江苏省

江苏省志丛书 保险志 1978–2008
中国保险监督管理委员会编江苏监管局 江苏省保险学会编 南京 中国保险监督管理委员会江苏监管局 2016年 326页
b5099184x F842.753 J327 2016

江苏省志 第1卷 总述
江苏省地方志编纂委员会编 郁冠 樊发源主编 南京 江苏古籍出版社 2001年 444页
b16437676 K295.3 J327C

江苏省志 第1卷 2–3 民国部分 建国后部分
江苏省地方志编纂委员会编 胡福明总纂 南京 江苏古籍出版社 2001年 602页
b16449186 K295.3 J327C

江苏省志 第2卷 资源志 1978–2008
江苏省地方志编纂委员会编 石泰峰 罗志军 李学勇总纂 南京 江苏凤凰科学技术出版社 2017年 385页
b50231947 K295.3 J327C

江苏省志 第2卷 地理志
江苏省地方志编纂委员会编 单树模 马湘泳主编 南京 江苏古籍出版社 1999年 585页
b10586817 K295.3 J327C

江苏省志 第3卷 人口志
江苏省地方志编纂委员会编 北京 方志出版社 1999年 479页
b1338076x K295.3 J327C

江苏省志 第3卷 环境志 1978–2008
江苏省地方志编纂委员会编 南京 江苏凤凰科学技术出版社 2017年 531页
b50747666 K295.3 J327D

江苏省志 第4卷 计划生育志
江苏省地方志编纂委员会编 南京 江苏古籍出版社 1999年 316页
b13888109 K295.3 J327C

江苏省志 第4卷 发展改革志 1978–2008
江苏省地方志编纂委员会编 罗志军 李学勇总纂 陈震宁卷主编 南京 江苏凤凰科学技术出版社 2014年 412页
b51012418 K295.3 J327D

江苏省志 第5卷 天文事业志
江苏省地方志编纂委员会编 胡福明总纂 陆本魁卷主编 南京 江苏古籍出版社 2001年 467页
b15241348 K295.3 J327C

江苏省志 第5卷 农林志 1978–2008
江苏省地方志编纂委员会编 吴沛良主编 南京 江苏凤凰科学技术出版社 2016年 390页
b49958112 K295.3 J327C

江苏省志 第6卷 气象事业志
江苏省地方志编纂委员会编 徐南侠主编 南京 江苏科学技术出版社 1996年 372页
b16648365 K295.3 J327C

江苏省志 第 7 卷 地质矿产志
江苏省地方志编纂委员会编 南京 江苏科学技术出版社 1999 年 381 页
b13888110 K295.3 J327C

江苏省志 第 8 卷 地震事业志
江苏省地方志编纂委员会编 南京 江苏古籍出版社 1994 年 273 页
b1388878x K295.3 J327C

江苏省志 第 9 卷 土壤志
江苏省地方志编纂委员会编 南京 江苏古籍出版社 2001 年 650 页
b15246887 K295.3 J327C

江苏省志 第 10 卷 生物志 植物篇
江苏省地方志编纂委员会编 胡福明总纂 佘孟兰卷主编 南京 凤凰出版社 2005 年 705 页
b16635607 K295.3 J327C

江苏省志 第 10 卷 生物志 动物篇
江苏省地方志编纂委员会编 胡福明总纂 周开亚卷主编 南京 凤凰出版社 2005 年 851 页
b16635723 K295.3 J327C

江苏省志 第 11 卷 土地管理志
江苏省地方志编纂委员会编 穆广荣主编 南京 江苏人民出版社 2000 年 605 页
b16275974 K295.3 J327C

江苏省志 第 12 卷 综合经济志
江苏省地方志编纂委员会编 胡福明总纂 郁冠卷主编 南京 江苏古籍出版社 1999 年 2 卷 1048 页
b13888122 K295.3 J327C

江苏省志 第 13 卷 水利志
江苏省地方志编纂委员会编 南京 江苏古籍出版社 2001 年 909 页
b14017970 K295.3 J327C

江苏省志 第 14 卷 农业志
江苏省地方志编纂委员会编 胡福明总纂 王庆耆卷主编 南京 江苏古籍出版社 1997 年 583 页
b10524435 K295.3 J327C

江苏省志 第 14 卷 邮电志 1978–2008
江苏省地方志编纂委员会编 石泰峰 罗志军总纂 南京 江苏凤凰科学技术出版社 2016 年 402 页
b49923572 K295.3 J327C

江苏省志 第 15 卷上 林业志
江苏省地方志编纂委员会编 武建华主编 北京 方志出版社 2000 年 400 页
b1774877x K295.3 J327C

江苏省志 第 15 卷 下 园艺志
江苏省地方志编纂委员会编 胡福明总纂 王璐卷主编 南京 江苏古籍出版社 2003 年 541 页
b16433063 K295.3 J327C

江苏省志 第 15 卷 交通运输志 1978–2008
江苏省地方志编纂委员会编 石泰峰 罗志军 李学勇总纂 南京 江苏凤凰教育出版社 2017 年 619 页
b50993902 K295.3 J327D

江苏省志 第 16 卷 畜牧志
江苏省地方志编纂委员会编 刘敞主编 南京 江苏古籍出版社 2000 年 486 页
b13888134 K295.3 J327C

江苏省志 第 17 卷 水产志
江苏省地方志编纂委员会编 高粱主编 南京 江苏古籍出版社 2001 年 530 页
b15222093 K295.3 J327C

江苏省志 第 18 卷 农机具志
江苏省地方志编纂委员会编 南京 江苏古籍出版社 1999 年 448 页
b13888146 K295.3 J327C

江苏省志 第 19 卷 海涂开发志
江苏省地方志编纂委员会编 胡福明总纂 南京 江苏科学技术出版社 1995 年 303 页
b10586805 K295.3 J327C

江苏省志 第 19 卷 旅游餐饮志 1978-2008
江苏省地方志编纂委员会编 罗志军 李学勇总纂 南京 江苏凤凰科学技术出版社 2015 年 576 页
b50246719 K295.3 J327D 2015

江苏省志 第 20 卷 蚕桑丝绸志
江苏省地方志编纂委员会编 胡福明总纂 李根祥等卷主编 南京 江苏古籍出版社 2000 年 595 页
b13888158 K295.3 J327C

江苏省志 第 21 卷 轻工业志
江苏省地方志编纂委员会编 洪子英主编 南京 江苏科学技术出版社 1996 年 568 页
b10586799 K295.3 J327C

江苏省志 第 22 卷 纺织工业志
江苏省地方志编纂委员会编 林庆生主编 南京 江苏古籍出版社 1997 年 478 页
b16268155 K295.3 J327C

江苏省志 第 23 卷 陶瓷工业志
江苏省地方志编纂委员会编 刘勉之主编 南京 江苏人民出版社 1994 年 344 页
b10586787 K295.3 J327C

江苏省志 第 24 卷 盐业志
江苏省地方志编纂委员会编 相恒伯主编 南京 江苏科学技术出版社 1997 年 352 页
b10524447 K295.3 J327C

江苏省志 第 25 卷 医药志
江苏省地方志编纂委员会编 南京 江苏科学技术出版社 1998 年 522 页
b17748781 K295.3 J327C

江苏省志 第 26 卷 电子工业志
江苏省地方志编纂委员会编 南京 江苏古籍出版社 1999 年 631 页
b1388816x K295.3 J327C

江苏省志 第 27 卷 冶金工业志
江苏省地方志编纂委员会编 陆云飞 胡穰主编 南京 江苏古籍出版社 1994 年 434 页
b10586775 K295.3 J327C

江苏省志 第 28 卷 机械工业志
江苏省地方志编纂委员会编 苏泽民主编 南京 江苏人民出版社 1998 年 962 页
b13416285 K295.3 J327C

江苏省志 第 29 卷 石油工业志
江苏省地方志编纂委员会编 罗益策主编 北京 方志出版社 2000 年 565 页
b21568601 K295.3 J327C

江苏省志 第 30 卷 化学工业志
江苏省地方志编纂委员会编 陆欣荣主编 北京 方志出版社 1999 年 630 页
b13187223 K295.3 J327C

江苏省志 第 31 卷 煤炭工业志
江苏省地方志编纂委员会编 胡福明总纂 董吉元卷主编 南京 江苏科学技术出版社 1999 年 568 页
b13888171 K295.3 J327C

江苏省志 第 31 卷 纪检监察志 1978-2008
江苏省地方志编纂委员会编 罗志军 李学勇总纂 陈章浩主编 南京 江苏凤凰科学技术出版社 2015 年 424 页
b5101242x K295.3 J327D

江苏省志 第 32 卷 电力工业志
江苏省地方志编纂委员会编 南京 江苏科学技术出版社 1994 年 428 页
b10586763 K295.3 J327C

江苏省志 第 32 卷 审计志 1978-2008
江苏省地方志编纂委员会编 罗志军 顾树生主编 南京 江苏科学技术出版社 2013 年 402 页
b46239789 K295.3 J327D

江苏省志 第 33 卷 建材工业志
江苏省地方志编纂委员会编 胡福明总纂 张洪阶卷主编 北京 方志出版社 2002 年 604 页
b16275998 K295.3 J327C

江苏省志 第 34 卷 建筑志
江苏省地方志编纂委员会编 胡福明总纂 陈锡澜 顾临潼卷主编 南京 江苏古籍出版社 2001 年 940 页
b16449137 K295.3 J327C

江苏省志 第 35 卷 军事工业志
江苏省地方志编纂委员会编 南京 江苏人民出版社 2000 年 424 页
b13888183 K295.3 J327C

江苏省志 第 35 卷 审判志 1978-2008
江苏省地方志编纂委员会编 罗志军 李学勇总纂 南京 江苏人民出版社 2012 年 307 页
b40743433 K295.3 J327D

江苏省志 第 35 卷 下 检察志 1978-2008
江苏省地方志编纂委员会编 罗志军 李学勇总纂 唐元高卷主编 南京 江苏人民出版社 2014 年 286 页
b46523455 K295.3 J327D

江苏省志 第 36 卷 乡镇工业志
江苏省地方志编纂委员会编 北京 方志出版社 2000 年 652 页
b16276000 K295.3 J327C

江苏省志 第 37 卷 城乡建设志
江苏省地方志编纂委员会编 南京 江苏人民出版社 2008 年 3 卷 2639 页
b20043454 K295.3 J327C

江苏省志 第 38 卷 房地产管理志
江苏省地方志编纂委员会编 孙云卿 卞敬礼主编 南京 江苏人民出版社 2005 年 682 页
b16574114 K295.3 J327C

江苏省志 第 39 卷 风景园林志
江苏省地方志编纂委员会编 南京 江苏古籍出版社 2000 年 625 页
b13888195 K295.3 J327C

江苏省志 第 40 卷 测绘志
江苏省地方志编纂委员会编 胡福明总纂 阚学熙卷主编 北京 方志出版社 1999 年 480 页
b16276012 K295.3 J327C

江苏省志 第 40 卷 教育志 1978–2008.
江苏省地方志编纂委员会编 石泰峰 罗志军 李学勇总纂 沈健主编 南京 江苏凤凰教育出版社 2017 年 446 页
b51091719 K295.3 J327D

江苏省志 第 41 卷 环境保护志
江苏省地方志编纂委员会编 胡福明总纂 柴汉明等卷主编 南京 江苏古籍出版社 2001 年 533 页
b15222135 K295.3 J327C

江苏省志 第 42 卷 交通志 民航篇
江苏省地方志编纂委员会编 韩宏祥主编 南京 江苏人民出版社 1996 年 126 页
b10586751 K295.3 J327C

江苏省志 第 42 卷 交通志 航运篇
江苏省地方志编纂委员会编 胡福明总纂 蔡致中卷主编 南京 江苏古籍出版社 2001 年 505 页
b14017982 K295.3 J327C

江苏省志 第 42 卷 交通志 公路篇
江苏省地方志编纂委员会编 胡福明总纂 刘荫棠 龚捷卷主编 南京 江苏古籍出版社 2001 年 476 页
b13888389 K295.3 J327C

江苏省志 第 42 卷 交通志 铁路篇
江苏省地方志编纂委员会编 胡福明总纂 李华春主编 北京 方志出版社 2007 年 301 页
b19281134 K295.3 J327C

江苏省志 第 43 卷 邮电志
江苏省地方志编纂委员会编 南京 江苏人民出版社 1997 年 584 页
b13888201 K295.3 J327C

江苏省志 第 44 卷 商业志
江苏省地方志编纂委员会编 胡福明总纂 石定贤卷主编 南京 江苏人民出版社 1999 年 587 页
b13888213 K295.3 J327C

江苏省志 第 45 卷 供销合作社志
江苏省地方志编纂委员会编 于伯之 徐真主编 南京 江苏人民出版社 1994 年 584 页
b1058674x K295.3 J327C

江苏省志 第 46 卷 粮食志
江苏省地方志编纂委员会编 王德澄主编 南京 江苏人民出版社 1994 年 484 页
b10586738 K295.3 J327C

江苏省志 第 47 卷 物资志
江苏省地方志编纂委员会编 胡福明总纂 丁渝生卷主编 南京 江苏古籍出版社 1999 年 599 页
b13888225 K295.3 J327C

江苏省志 第 48 卷 对外经济贸易志
江苏省地方志编纂委员会编 高鹤云主编 南京 江苏古籍出版社 1997 年 467 页
b10524459 K295.3 J327C

江苏省志 第 49 卷 旅游业志
江苏省地方志编纂委员会编 南京 江苏古籍出版社 1996 年 503 页
b10564780 K295.3 J327C

江苏省志 第 50 卷 商品检验志
江苏省地方志编纂委员会编 南京 江苏古籍出版社 1996 年 300 页
b10586726 K295.3 J327C

江苏省志 第51卷 海关志
江苏省地方志编纂委员会编 南京 江苏古籍出版社 1998年 441页
b13888237 K295.3 J327C

江苏省志 第52卷 工商行政管理志
江苏省地方志编纂委员会编 张彦 庄林主编 南京 江苏古籍出版社 1995年 368页
b10586714 K295.3 J327C

江苏省志 第53卷 价格志
江苏省地方志编纂委员会编 南京 江苏人民出版社 1995年 417页
b10586702 K295.3 J327C

江苏省志 第54卷 标准化志
江苏省地方志编纂委员会编 吕效义主编 北京 方志出版社 2001年 485页
b13888249 K295.3 J327C

江苏省志 第55卷 计量志
江苏省地方志编纂委员会编 南京 江苏人民出版社 1997年 340页
b10564779 K295.3 J327C

江苏省志 第56卷 财政志
江苏省地方志编纂委员会编 姜其温主编 南京 江苏古籍出版社 1996年 2卷 1243页
b10564767 K295.3 J327C

江苏省志 第57卷 税务志
江苏省地方志编纂委员会编 南京 江苏古籍出版社 1997年 743页
b17761219 K295.3 J327C

江苏省志 第58卷 金融志
江苏省地方志编纂委员会编 胡福明总纂 林振雄 邵之久卷主编 南京 江苏人民出版社 2001年 1094页
b13888250 K295.3 J327C

江苏省志 第59卷 保险志
江苏省地方志编纂委员会编 南京 江苏古籍出版社 1998年 552页
b13888262 K295.3 J327C

江苏省志 第60卷 审计志
江苏省地方志编纂委员会编 南京 江苏古籍出版社 1999年 509页
b13888274 K295.3 J327C

江苏省志 第61卷 议会 人民代表大会志
江苏省地方志编纂委员会编 南京 江苏人民出版社 1999年 673页
b13888286 K295.3 J327C

江苏省志 第61卷 政协志
江苏省地方志编纂委员会编 胡福明总纂 卜承祖卷主编 南京 江苏人民出版社 2003年 732页
b15545015 K295.3 J327C

江苏省志 第61卷 政府志
江苏省地方志编纂委员会编 胡福明总纂 南京 江苏人民出版社 2005年 2卷 1586页
b16449174 K295.3 J327C

江苏省志 第62卷 民主党派 工商联志
江苏省地方志编纂委员会 南京 江苏人民出版社 2000年 738页
b13888298 K295.3 J327C

江苏省志 第62卷 中共志
江苏省地方志编纂委员会 南京 江苏人民出版社 2003年 866页
b13888298 K295.3 J327C

江苏省志 第 63 卷 农民团体篇
江苏省地方志编纂委员会编 刘祺主编 北京 方志出版社 2000 年 411 页
b16449149 K295.3 J327C

江苏省志 第 63 卷 妇女团体篇
江苏省地方志编纂委员会编 彭燕如主编 北京 方志出版社 2000 年 295 页
b16449149 K295.3 J327C

江苏省志 第 63 卷 青年团体篇
江苏省地方志编纂委员会编 文洁民主编 北京 方志出版社 2002 年 568 页
b16449149 K295.3 J327C

江苏省志 第 63 卷 工人团体篇
江苏省地方志编纂委员会编 北京 江苏人民出版社 2006 年 244 页
b16449149 K295.3 J327C

江苏省志 第 64 卷 军事志
江苏省地方志编纂委员会编 北京 军事科学出版社 2000 年 2 卷 1298 页
b13888377 K295.3 J327C

江苏省志 第 65 卷 政府法制志
江苏省地方志编纂委员会编 胡福明总纂 北京 方志出版社 2003 年 387 页
b17044698 K295.3 J327C

江苏省志 第 66 卷 公安志
江苏省地方志编纂委员会编 裴锡章主编 北京 群众出版社 2000 年 944 页
b13888304 K295.3 J327C

江苏省志 第 67 卷 检察志
江苏省地方志编纂委员会编 胡福明总纂 南京 江苏人民出版社 1997 年 558 页
b10564755 K295.3 J327C

江苏省志 第 68 卷 审判志
江苏省地方志编纂委员会编 南京 江苏人民出版社 1997 年 366 页
b10524460 K295.3 J327C

江苏省志 第 69 卷 司法志
江苏省地方志编纂委员会编 南京 江苏人民出版社 1997 年 267 页
b10564743 K295.3 J327C

江苏省志 第 70 卷 民政志
江苏省地方志编纂委员会编 刘善棠主编 北京 方志出版社 2002 年 973 页
b14367518 K295.3 J327C

江苏省志 第 71 卷 地名志
江苏省地方志编纂委员会编 胡福明总纂 徐庆祥卷主编 南京 江苏古籍出版社 2003 年 718 页
b15222755 K295.3 J327C

江苏省志 第 72 卷 劳动管理志
江苏省地方志编纂委员会编 胡福明总纂 阙德馨卷主编 南京 江苏人民出版社 2000 年 531 页
b20953616 K295.3 J327C

江苏省志 第 73 卷 人事管理志
江苏省地方志编纂委员会编 胡福明总纂 南京 凤凰出版社 2007 年 429 页
b19509340 K295.3 J327C

江苏省志 第 74 卷 外事志
江苏省地方志编纂委员会编 黄捷主编 南京 江苏人民出版社 2001 年 792 页
b13888316 K295.3 J327C

江苏省志 第 75 卷 侨务志
江苏省地方志编纂委员会编 胡福明总纂

南京 江苏人民出版社 2007 年 495 页
b21137109 K295.3 J327C

江苏省志 第 76 卷 档案志
江苏省地方志编纂委员会编 南京 江苏古籍出版社 1996 年 384 页
b10586696 K295.3 J327C

江苏省志 第 77 卷 教育志
江苏省地方志编纂委员会编 南京 江苏古籍出版社 2000 年 2 卷 1320 页
b13888328 K295.3 J327C

江苏省志 第 78 卷 科学技术志
江苏省地方志编纂委员会编 胡福明总纂 王永顺主编 南京 江苏人民出版社 2007 年 2 卷 1262 页
b20043466 K295.3 J327C

江苏省志 第 79 卷 社会科学志
江苏省地方志编纂委员会编 南京 江苏古籍出版社 1998 年 653 页
b16276024 K295.3 J327C

江苏省志 第 80 卷 报业志
江苏省地方志编纂委员会编 南京 江苏古籍出版社 1999 年 513 页
b1388833x K295.3 J327C

江苏省志 第 81 卷 出版志
江苏省地方志编纂委员会编 南京 江苏人民出版社 1996 年 671 页
b14017957 K295.3 J327C

江苏省志 第 82 卷 广播电视志
江苏省地方志编纂委员会编 韩泽主编 南京 江苏人民出版社 2000 年 661 页
b19197470 K295.3 J327C

江苏省志 第 83 卷 文化艺术志
江苏省地方志编纂委员会编 王鸿 季根章主编 南京 江苏古籍出版社 2003 年 780 页
b15544990 K295.3 J327C

江苏省志 第 83 卷 文学志
江苏省地方志编纂委员会编 刘静生主编 南京 江苏古籍出版社 2004 年 1102 页
b15545003 K295.3 J327C

江苏省志 第 84 卷 文物志
江苏省地方志编纂委员会编 南京 江苏古籍出版社 1998 年 746 页
b14017969 K295.3 J327C

江苏省志 第 85 卷 卫生志
江苏省地方志编纂委员会编 南京 江苏古籍出版社 1999 年 2 卷 1075 页
b13888341 K295.3 J327C

江苏省志 第 86 卷 体育志
江苏省地方志编纂委员会编 南京 江苏古籍出版社 1998 年 806 页
b13888353 K295.3 J327C

江苏省志 第 87 卷 宗教志
江苏省地方志编纂委员会编 胡福明总纂 何泽君等卷主编 南京 江苏古籍出版社 2001 年 486 页
b1522210x K295.3 J327C

江苏省志 第 88 卷 民俗志
江苏省地方志编纂委员会编 梁白泉主编 南京 江苏人民出版社 2002 年 537 页
b13888365 K295.3 J327C

江苏省志 第 89 卷 方言志
江苏省地方志编纂委员会编 鲍明炜主编 南京 南京大学出版社 1998 年 786 页

b13439200　K295.3　J327C

江苏省志　第 90 卷　人物志
江苏省地方志编纂委员会编　汪文超主编　南京　凤凰出版社　2008 年　3 卷　1048 页
b22433508　K295.3　J327C

江苏省志　26　人大志　1978–2008
江苏省地方志编纂委员会编　罗志军　李学勇总纂　南京　江苏凤凰科学技术出版社　2014 年　265 页
b51012431　K295.3　J327D

江苏省志　民主党派工商联志　1978–2008
民主党派工商联志编委会编辑室编　南京　民主党派工商联志编委会编辑室　2017 年　901 页
b50861554　K295.3　J327D

江苏省志简编
江苏省地方志编纂委员会编　方未艾主编　南京　江苏人民出版社　2011 年　2 卷　868 页
b23216657　K295.3　F224　2011

江苏名村志
江苏省地方志编纂委员会编　汪文超等总纂　南京　江苏古籍出版社　1993 年　718 页
b10824662　K295.35　J327C

江苏名镇志
江苏省地方志编纂委员会编　汪文超等总纂　南京　江苏古籍出版社　1993 年　808 页
b10824650　K295.35　J327

江苏省统计志
江苏省统计志编纂委员会　江苏省统计志编纂委员会编　北京　中国统计出版社　1997 年　576 页
b10553629　C832.53　J327

江苏省工会志
江苏省工运史志编纂委员会编　周行主编　南京　江苏古籍出版社　1994 年　564 页
b15299855　D412.853　J327　1994

红十字志　1978–2008
江苏省地方志编纂委员会编　张立明主编　南京　江苏人民出版社　2017 年　408 页〔江苏省志丛书〕
b49951038　D632.1　J327C　2017

江苏帮会志
郁有满著　北京　方志出版社　2004 年　412 页
b16432745　D693.75　Y764J　2004

民防志
江苏省地方志编纂委员会　江苏省民防局编　袁崇德　尚华宁主编　南京　南京大学出版社　2018 年　346 页〔江苏省志丛书〕
b51170322　E256　Y791　2018

梅山冶金公司志　1969–1988
上海梅山冶金公司厂史编辑委员会编　张思明主编　上海　上海人民出版社　1989 年　1098 页
b10910852　F279.26　M288

江苏省农业生产资料流通行业志
江苏省农业生产资料集团公司编　卢祥进主编　南京　江苏省农业生产资料集团公司　1998 年　386 页
b4978920x　F302.7　L792　1998

江苏省农业机械化志
江苏省农业机械化志编纂委员会编　殷少林主编　南京　江苏省农业机械化志编纂委员会　1991 年　236 页

b36013390　F327.53　Y484　1991

江苏省农业机械化志　1978–2008
江苏省农业机械化志编纂委员会　徐顺年主编　南京　江苏农机化编辑部　2012 年 532 页〔江苏省志丛书〕
b50066274　F327.53　X578　2012

江苏省志丛书　石油志 1978–2008
江苏省地方志编纂委员会编　俞凯　毛凤鸣　高安东主编　南京　江苏凤凰教育出版社　2016 年　479 页
b50665443　F426.22　Y713　2016

江苏省电力工业志　1991–2002
费圣英　冯军主编　北京　中国电力出版社 2012 年　684 页〔中国电力工业志丛书〕
b47414170　F426.61　F314　2012

江苏石油志　2001–2012
江苏石油志编纂委员会编　张有根主编　北京　中国石化出版社　2013 年　612 页
b40935085　F426.22　Z368　2013

良庄煤矿志　1988–2008
良庄煤矿志（1988–2008）编纂委员会编　韩勇主编　徐州　中国矿业大学出版社　2010 年　698 页
b44852496　F426.21　L487　2010

盐业志　1978–2008
江苏省盐务管理局主编　王德善主编　南京　江苏凤凰科学技术出版社　2014 年 414 页〔江苏省志丛书〕
b50065634　F426.8　W214　2014

中国煤炭志　江苏卷
中国煤炭志编纂委员会编　北京　煤炭工业出版社　1999 年　510 页
b40806030　F426.21　Z6485G　1999

邮电志　1990–1998
江苏省邮电史志编纂领导小组编　南京　江苏省志丛书邮电编辑部　2009 年　512 页〔江苏省志丛书〕
b21568613　F632.753　J326　2009

江苏省粮食志
江苏省粮食局编　王德澄主编　南京　江苏人民出版社　1993 年　434 页
b40864285　F724.721　W214　1993

江苏省肉禽蛋商业志
江苏省食品总公司编　程翼云主编　南京　江苏省食品总公司　1998 年　287 页
b49851226　F724.725　C456　1998

江苏石油商业志
江苏石油商业志编纂委员会编　刘宝贵主编　南京　江苏古籍出版社　2005 年　2 卷 886 页
b49849700　F727.53　L671　2005

江苏省地方税务志　1994–2008
江苏省地方税务局编　北京　中国税务出版社　2012 年　448 页
b41235824　F812.753　J3277　2012

江苏省农村金融志
江苏省农村金融志编纂委员会编　顾正宇主编　南京　江苏人民出版社　1999 年　476 页
b47243120　F832.753　G559　1999

银行志　1978–2008
中国人民银行南京分行主编　江苏省地方志编纂委员会编　孙工声　周学东　郭新明主编　南京　江苏人民出版社　2018 年　302 页〔江苏省志丛书〕

b50871262 F832.753 S768 2018

江苏省中等专业学校简志汇编
江苏省教育志编纂委员会编辑办公室编 王世华 穆嘉琨 韩家瑞总纂 南京 南京师范大学印刷厂 1989 年 853 页
b36013389 G718.3 W229

中华舞蹈志 江苏卷
中华舞蹈志编辑委员会编 蓝凡主编 殷亚昭 王沂卷主编 上海 学林出版社 2007 年 575 页
b18859628 J709.2 L171J 2007

中华舞蹈志 江苏卷
中华舞蹈志编辑委员会编 蓝凡主编 殷亚昭 王沂卷主编 上海 学林出版社 2014 年 575 页
b44694702 J709.253 L171J 2014

江苏戏曲志 南京卷
江苏戏曲志南京卷编辑委员会编 南京 江苏文艺出版社 1996 年 415 页
b19517002 J809.253 J327 1996

中国曲艺志 江苏卷
中国曲艺志全国编辑委员会编 中国曲艺志江苏卷编辑委员会编 罗扬主编 王鸿卷主编 北京 中国 ISBN 中心 1996 年 899 页
b10643059 J809.2 Z648

中国戏曲志 江苏卷
中国戏曲志编辑委员会 中国戏曲志江苏卷编辑委员会编 张庚主编 王鸿卷主编 北京 中国 ISBN 中心 1992 年 1128 页
b17338104 J809.2 Z651JS

中国曲艺志 江苏卷 初稿 第 1 卷 综述
中国曲艺志江苏卷编辑部编 南京 中国曲艺志江苏卷编辑部编 1992 年 油印本
b40806492 J826 Z648 1992

中国曲艺志 江苏卷 初稿 第 2 卷 演出习俗 演出行话 轶闻传说 谚语口诀
中国曲艺志江苏卷编辑部编 南京 中国曲艺志江苏卷编辑部编 1992 年 油印本
b40806492 J826 Z648 1992

中国曲艺志 江苏卷 初稿 第 3 卷 曲种
中国曲艺志江苏卷编辑部编 南京 中国曲艺志江苏卷编辑部编 1992 年 油印本
b40806492 J826 Z648 1992

中国曲艺志 江苏卷 初稿 第 4 卷 曲（书）目
中国曲艺志江苏卷编辑部编 南京 中国曲艺志江苏卷编辑部编 1992 年 油印本
b40806492 J826 Z648 1992

中国曲艺志 江苏卷 初稿 第 5 卷 大事年表
中国曲艺志江苏卷编辑部编 南京 中国曲艺志江苏卷编辑部编 1992 年 油印本
b40806492 J826 Z648 1992

中国曲艺志 江苏卷 初稿 第 6 卷 传记
中国曲艺志江苏卷编辑部编 南京 中国曲艺志江苏卷编辑部编 1992 年 油印本
b40806492 J826 Z648 1992

中国曲艺志 江苏卷 初稿 第 7 卷 舞台美术 文物古迹 报刊专著 附录（目录）
中国曲艺志江苏卷编辑部编 南京 中国曲艺志江苏卷编辑部编 1992 年 油印本
b40806492 J826 Z648 1992

中国曲艺志 江苏卷 初稿 第 8 卷 音乐
中国曲艺志江苏卷编辑部编 南京 中国曲

艺志江苏卷编辑部编 1992 年 油印本
b40806492 J826 Z648 1992

中国曲艺志 江苏卷 初稿 第 9 卷 表演
中国曲艺志江苏卷编辑部编 南京 中国曲艺志江苏卷编辑部编 1992 年 油印本
b40806492 J826 Z648 1992

江苏吴文化志
江苏省地方志编纂委员会 王健 唐茂松主编 南京 江苏科学技术出版社 2013 年 453 页
b46377335 K295.3 W219 2013

宋氏文化志 鲁南苏北卷
宋树斌编著 泰安 山东省泰安市新闻出版局 1999 年 192 页〔中华宋氏文化丛书〕
b19932418 K820.9 S6828 1999

江苏出版人物志
俞洪帆 穆纬铭主编 南京 江苏人民出版社 1995 年 882 页〔出版史志丛书 20010〕
b49533630 K825.4-61 J327 1995

江苏科技群英志
江苏省科学技术志编纂委员会编 姚应才主编 南京 江苏科学技术出版社 1995 年 734 页
b15681749 K826.1 Y297 1995

江苏科技群英志 续集
江苏省科学技术编纂委员会编 姚应才主编 北京 方志出版社 1998 年 573 页
b47009196 K826.1 Y297C 1998

江苏历代医人志
陈道瑾 薛渭涛编 南京 江苏科学技术出版社 1985 年 477 页
b20018666 K826.2 C416J 1985

江苏风物志
周村主编 南京 江苏古籍出版社 1985 年 396 页〔中国风物志丛书〕
b12160246 K925.3 Z662

江苏建置志
江苏建置志编纂委员会编 胡阿祥 姚乐主编 南京 江苏人民出版社 2013 年 700 页
b44795166 K925.3 H468 2013

京杭运河志 苏北段
京杭运河江苏省交通厅苏北航务管理处史志编纂委员会编 上海 上海社会科学出版社 1998 年 789 页
b16434766 K928.42 J535 1998

江苏科学技术志
江苏省科学技术志编纂委员会编 王永顺 姚应才主编 北京 科学技术文献出版社 1997 年 943 页
b36093051 N125.3 W234 1997

江苏省地震监测志
江苏省地震局编 南京 河海大学出版社 2008 年 411 页〔中国地震监测志系列〕
b20949972 P315.732.53 J327 2008

江苏地震志
江苏省地震局编 北京 地震出版社 1987 年 412 页
b12050696 P316.253 J326

江苏省水文志
江苏省水文水资源勘测局编 梅宽祥主编 南京 江苏古籍出版社 2002 年 342 页
b21568583 P337.253 M287 2002

江苏省及上海市区域地质志
江苏省地质矿产局编 北京 地质出版社 1984年 857页
b11890034 P562.53 J326

宁镇山脉地质志
江苏省地质矿产局编著 南京 江苏科学技术出版社 1989年 505页
b11156648 P562.53 J326N

江苏湖泊志
中国科学院南京地理研究所湖泊室编 南京 江苏科学技术出版社 1982年 220页
b11893011 P941.78 Z644

江苏植物志
江苏省植物研究所编 南京 江苏科学技术出版社 1982年 2卷 1010页
b11327236 Q948.525.3 J326

江苏植物志 第3卷
江苏省中国科学院植物研究所编 刘启新主编 南京 江苏科学技术出版社 2013年 528页
b49962759 Q948.525.3 J327

江苏沿海地区原色种子植物志 裸子植物和双子叶植物离瓣花类
于延球编著 北京 科学出版社 2008年 322页
b18840024 Q949.408 Y726 2008

江苏沿海地区原色种子植物志 双子叶植物合瓣花类和单子叶植物
于延球编著 北京 科学出版社 2013年 420页
b40852532 Q949.408 Y726 2013

江苏野生植物志
江苏省商业厅 中国科学院植物研究所南京中山植物园编 南京 江苏人民出版社 1959年 714页
b2004348x Q949.9 J327 1959

苏州血防史志
苏州血防史志编纂委员会编 周家瑜主编 上海 上海科学技术文献出版社 1997年 368页
b50665534 R532.21 Z666 1997

江苏土种志
江苏省土壤普查办公室编 喻长新 李桂荣主编 南京 江苏科学技术出版社 1996年 302页
b49849712 S159.253 Y767 1996

江苏省家畜家禽品种志
江苏省家畜家禽品种志编委会 江苏省农林厅畜牧局编 谢成侠主编 南京 江苏科学技术出版社 1987年 89页
b36093063 S813.9 X425 1987

江苏省畜禽疫病志
江苏省畜禽疫病志编委会 江苏省农林厅畜牧局编 曹霄主编 南京 江苏省畜禽疫病志编委会 1990年 455页
b44916383 S851.925.3 C214 1990

中国油气田开发志 第19卷 江苏油气区卷
中国油气田开发志总编纂委员会编 刘宝和主编 北京 石油工业出版社 2011年 345页
b4741442x TE3 L671 2011

中国油气田开发志 第19卷 江苏油气区油气田卷
中国油气田开发志总编纂委员会编 刘宝和主编 北京 石油工业出版社 2011年

1143 页
b23016358 TE3 L671 2011

江苏省电力工业志
江苏省电力工业志编委会编 顾志鹏主编 北京 水利电力出版社 1994 年 431 页 〔中国电力工业志丛书〕
b10582976 TM-12 G559

江苏省水利测绘志
吴兴如主编 南京 河海大学出版社 1994 年 206 页
b21136257 TV221-092 J327 1994

京杭运河志 苏南段
江苏省交通厅航道局 江苏省航道协会编 陆维让主编 北京 人民交通出版社 2009 年 791 页
b20575890 U621.2 L841 2009

南京市

南京简志
南京市地方志编纂委员会办公室编纂 南京 江苏古籍出版社 1986 年 950 页
b10628289 K295.31 N162

南京简志
南京市地方志编纂委员会办公室编著 南京 南京出版社 2014 年 632 页
b45935506 K295.31 N162 2014

南京市志 第 1 卷 总述 大事专记 地理 人口 环保
南京市地方志编纂委员会编 高柭主编 北京 方志出版社 2009 年 622 页
b20816017 K295.31 G255 2009

南京市志 第 2 卷 城乡建设
南京市地方志编纂委员会编 高柭主编 北京 方志出版社 2009 年 740 页
b20995301 K295.31 G255 2009

南京市志 第 3 卷 交通 邮电
南京市地方志编纂委员会编 高柭主编 北京 方志出版社 2009 年 466 页
b20995313 K295.31 G255 2009

南京市志 第 4 卷 贸易 金融 旅游
南京市地方志编纂委员会编 高柭主编 北京 方志出版社 2009 年 716 页
b20995337 K295.31 G255 2009

南京市志 第 5 卷 工业
南京市地方志编纂委员会编 高柭 陈翀主编 北京 方志出版社 2010 年 905 页
b22364766 K295.31 G255 2009

南京市志 第 6 卷 农业 水利
南京市地方志编纂委员会编 高柭主编 魏训德卷主编 北京 方志出版社 2010 年 506 页
b2236478x K295.31 G255 2009

南京市志 第 7 卷 经济综合管理
南京市地方志编纂委员会编 高柭 顾常宁等主编 北京 方志出版社 2010 年 788 页
b22364778 K295.31 G255 2009

南京市志 第 8 卷 党政群团 政法 军事
南京市地方志编纂委员会编 高柭主编 北京 方志出版社 2013 年 1043 页
b40938554 K295.31 G255 2009

南京市志 第 9 卷 教育 科技 社科 卫生 体育
南京市地方志编纂委员会编 高柭主编 北京 方志出版社 2013 年 572 页
b40938542 K295.31 G255 2009

南京市志 第10卷 文化
南京市地方志编纂委员会编 高耘主编 北京 方志出版社 2013年 556页
b40938530 K295.31 G255 2009

南京市志 第11卷 社会生活 人物
南京市地方志编纂委员会编 高耘主编 北京 方志出版社 2013年 944页
b40938529 K295.31 G255 2009

南京市志 第12卷 杂记 大事表 重要文献 南京历代地方志记略 索引
南京市地方志编纂委员会编 高耘主编 北京 方志出版社 2013年 544页
b40938463 K295.31 G255 2009

南京社会科学志
南京市地方志编纂委员会编 华彬清主编 北京 方志出版社 1998年 2卷 1163页〔南京市志丛书〕
b27574842 C125.31 H528 1998

南京社团志
南京市地方志编纂委员会编 黄峙主编 北京 方志出版社 2001年 629页〔南京市志丛书〕
b14179295 C232.531 N162

南京人口志
南京市地方志编纂委员会编 夏海勇主编 上海 学林出版社 2001年 759页〔南京市志丛书〕
b16325059 C924.255.31 N162 2001

中共江苏省委党校史志
中共江苏省委党校史志编纂委员会编 汪锡奎主编 南京 江苏人民出版社 2010年 2卷 874页
b20816042 D261.41 W187 2010

南京工会志
南京市地方志编纂委员会编 黄峙主编 深圳 海天出版社 1994年 457页〔南京市志丛书 2001〕
b10593664 D412.8531 N162

南京人民代表大会志
南京市地方志编纂委员会编 北京 方志出版社 2003年 500页〔南京市志丛书〕
b14250482 D624.531 N162

南京市政协志
南京市地方志编纂委员会编 龚惠庭主编 北京 方志出版社 1997年 300页〔南京市志丛书〕
b16464771 D628.531 N162 1997

南京红十字会110年史志
南京市红十字会编 南京 南京出版社 2014年 2卷 1181页
b47052247 D632.1 N162 2014

南京公安志
南京市地方志编纂委员会编 许成基主编 深圳 海天出版社 1994年 564页〔南京市志丛书 2001〕
b10593494 D675.31 N162

南京民政志
南京市地方志编纂委员会编 周济宾主编 深圳 海天出版社 1994年 743页〔南京市志丛书 2001〕
b10593500 D675.31 N162M

南京人事志
南京市地方志编纂委员会编 刘玉伦主编 北京 方志出版社 1997年 337页〔南京市志丛书〕
b17481995 D675.31 L693 1997

南京政党志
南京市地方志编纂委员会编 许青 董体全主编 南京 河海大学出版社 1997年 678页〔南京市志丛书〕
b15586340 D675.31 N162Z 1997

南京检察志
南京市地方志编纂委员会编 深圳 海天出版社 1994年 493页〔南京市志丛书 2001〕
b10593524 D927.531 N162

南京审判志
南京市地方志编纂委员会编 李建民主编 北京 方志出版社 1997年 327页〔南京市志丛书〕
b17482021 D927.531 L397 1997

南京司法行政志
南京市地方志编纂委员会编 王忠主编 北京 方志出版社 2000年 356页〔南京市志丛书〕
b20566244 D927.531.61 W235 2000

南京人民防空志
南京市地方志编纂委员会编 张兴基主编 深圳 海天出版社 1994年 603页〔南京市志丛书 2001〕
b10593512 E256 N162

南京市军事志
南京市军事志编纂委员会编 侯宪和主编 北京 军事科学出版社 2010年 2卷 1526页
b22365023 E289.531 N162C 2010

南京经济协作志
南京市地方志编纂委员会编 北京 方志出版社 2001年 246页〔南京市志丛书〕
b45479847 F127.531 N162 2001

南京审计志
南京市地方志编纂委员会编 孙澄生主编 深圳 海天出版社 1994年 511页〔南京市志丛书 2001〕
b10593639 F239.22753 N162

南京劳动志
南京市劳动志编纂委员会编 束瑞和主编 北京 方志出版社 1999年 910页〔南京市志丛书〕
b20121076 F249.275.31 S557 1999

南京物资志
南京市地方志编纂委员会 南京物资志编纂委员会编 北京 中国城市出版社 1993年 443页〔南京市志丛书〕
b10593731 F259.275.31 N162

南化志
南京化学工业(集团)公司编南化志编委会编 北京 中华书局 1994年 511页
b10634228 F279.26 N162

南京宝庆银楼志
南京宝庆银楼志编纂委员会编 王正方主编 南京 南京精艺印刷公司 2006年 276页
b22431081 F279.26 W235 2006

南京标准计量管理志
南京市地方志编纂委员会编 北京 方志出版社 2002年 449页〔南京市志丛书〕
b20566189 F279.275.31 N162 2002

南京城镇建设综合开发志
南京市地方志编纂委员会编 深圳 海天出版社 1994年 474页〔南京市志丛书

2001〕
b10593597 F299.275.31 N162

南京房地产志
南京市地方志编纂委员会编 南京 南京出版社 1996年 686页〔南京市志丛书〕
b10593585 F299.275.31 N162C

南京公用事业志
南京市地方志编纂委员会编 刘克安主编 深圳 海天出版社 1994年 380页〔南京市志丛书 2001〕
b10593627 F299.24 N162

南京市政建设志
南京市地方志编纂委员会编 陈光华主编 深圳 海天出版社 1994年 518页〔南京市志丛书 2001〕
b10593573 F299.275.31 N162D

南京青龙山林场志
南京青龙山林场志编纂委员会编 安士才主编 南京 南京航空学院飞达印刷厂 1992年 258页
b22431093 F326.275.31 A164 1992

南京土地管理志
南京市地方志编纂委员会编 南京 江苏人民出版社 1999年 789页〔南京市志丛书〕
b27574854 F327.531 N162N 1999

农林志
南京市地方志编纂委员会编 北京 农业出版社 1994年 479页〔南京市志丛书〕
b10593676 F327.531 N162

中国石油天然气股份有限公司江苏销售公司志(南京)
江苏销售公司志编纂委员会编 张伏侃主编 南京 江苏销售公司志编纂委员会 2013年 548页
b51012467 F426.22 Z64943 2013

大唐南京发电厂志 2003–2010
大唐南京发电厂编著 王建泉主编 南京 南京出版社 2010年 246页
b36725869 F426.61 D136 2010

红宝丽公司志 1987–2007
芮敬功主编 南京 南京红宝丽股份有限公司 2007年 365页
b51012455 F426.7 H419 2007

建筑材料工业志
南京市地方志编纂委员会编 南京 南京出版社 1991年 360页〔南京市志丛书〕
b1059372x F426.9 N162

江苏省电力建设第一工程公司志 1953–2007
许咸晶主编 南京 江苏人民出版社 2013年 359页〔江苏省电力工业志丛书〕
b44851807 F426.61 X598 2013

江苏省电力燃料集团有限公司志
朱八寅主编 北京 中国电力出版社 2009年 191页〔江苏省电力工业志丛书〕
b51011773 F426.61 J3272 2009

江苏省送变电公司志 1953–2002
丁文瑞主编 北京 中国电力出版社 2011年 361页〔江苏省电力工业志丛书〕
b50779114 F426.61 J3277 2011

南京电力工业志
南京市地方志编纂委员会编 南京电力工业志编纂委员会编 徐健卷主编 北京 方志出版社 1997年 648页〔南京市志丛书〕
b20566256 F426.61 X572 1997

江苏省电力建设公司志(南京)
江苏省电力建设公司志编纂委员会编 姚正明主编 南京 江苏省电力建设公司志编纂委员会 1993年 375页
b49982722 F426.61 Y297 1993

南京二轻工业志
南京市地方志编纂委员会编 深圳 海天出版社 1994年 496页〔南京市志丛书 2001〕
b10593652 F426.899 N162

南京钢铁厂志 1957-1985
南京钢铁厂厂志编写办公室编 余锡康主编 南京 南京钢铁厂厂志编写办公室 1987年 440页
b50319218 F426.31 N162 1987

南京市电力工业志 1988-2002
江苏省电力公司 南京供电公司编 费圣英 冯军主编 北京 中国电力出版社 2012年 432页〔江苏省电力工业志丛书〕
b4985060x F426.61 N162C 2012

南京水利志
南京市地方志编纂委员会编 深圳 海天出版社 1994年 469页〔南京市志丛书 2001〕
b10593767 F426.9 N162C

南京下关发电厂志 1991-2002
汤长胜主编 北京 中国电力出版社 2011年 196页〔江苏省电力工业志丛书〕
b40648746 F426.61 N162 2011

南京冶金工业志
南京市地方志编纂委员会编 黄长椿主编 北京 方志出版社 1996年 342页〔南京市志丛书〕
b10593743 F426.3 N162

南汽厂志 1947-1985
南京汽车制造厂 顾子祥总编辑 南京 南京汽车制造厂 1987年 493页
b5031922x F426.471 N162 1987

下关发电厂志
下关发电厂志编纂委员会编 袁明主编 南京 江苏人民出版社 1994年 213页
b49982710 F426.61 X185 1994

南京机械工业志
南京市地方志编纂委员会编 南京机械工业志编纂委员会编 郑乐明主编 北京 方志出版社 1998年 945页〔南京市志丛书〕
b27574830 F427.531 N162 1998

南京交通志
南京市地方志编纂委员会编 张洪礼主编 深圳 海天出版社 1994年 764页〔南京市志丛书 2001〕
b10593640 F512.753.1 N162

南京电信志
南京市地方志编纂委员会编 陈德麟 诸锡龄主编 深圳 海天出版社 1994年 238页〔南京市志丛书 2001〕
b10593561 F632.753.1 N162

邮政志
南京市地方志编纂委员会编 朱云主编 北京 中国城市出版社 1993年 346页〔南京市志丛书〕
b1059355x F632.753.1 N162C

粮食志
南京市地方志编纂委员会编 魏思有主编 北京 中国城市出版社 1993年 356页〔南京市志丛书〕
b10593615 F724.721 N162

南京日用工业品商业志
南京市地方志编纂委员会编 后文洙主编 南京 南京出版社 1996年 404页〔南京市志丛书〕
b10593755 F724.74 N162

南京蔬菜志
南京市地方志编纂委员会编 南京 南京出版社 1996年 353页〔南京市志丛书〕
b10593603 F724.723 N162

南京价格管理志
南京价格协会编 徐济平主编 南京 南京市价格协会 2001年 279页
b17996570 F726.753.1 X572 2001

南京价格志
南京市地方志编纂委员会编 徐济平主编 深圳 海天出版社 1996年 533页〔南京市志丛书〕
b20566128 F726.753.1 X572N 1996

南京工商行政管理志
南京市地方志编纂委员会编 陈应安主编 深圳 海天出版社 1994年 337页〔南京市志丛书 2001〕
b10593718 F727.531 N162

海关志
南京市地方志编纂委员会编 许慧玲主编 北京 中国城市出版社 1993年 233页〔南京市志丛书〕
b17991882 F752.59 X594 1993

南京海关志 1988–2010
盛占省 冯忠明主编 南京 江苏科学技术出版社 2014年 2卷 454页〔江苏省志丛书〕
b46018190 F752.59 S447 2014

南京海关志 1988–2010 第1卷 文字
盛占省 冯忠明 主编 南京 江苏科学技术出版社 2014年 396页
b46018190 F752.59 S447 2014

南京海关志 1988–2010 第2卷 画册
盛占省 冯忠明 主编 南京 江苏科学技术出版社 2014年 58页
b46018190 F752.59 S447 2014

南京医药商业志
南京医药商业志编纂委员会编 熊燕琦 袁传义主编 南京 南京医药商业志编纂委员会 1994年 225页〔南京医药志丛书〕
b49963855 F763 X522 1994

南京财政志
南京市地方志编纂委员会编 金钟主编 南京 河海大学出版社 1996年 1073页〔南京市志丛书〕
b10593548 F812.753.1 N162

南京税务志
南京市地方志编纂委员会编 李文光主编 深圳 海天出版社 1994年 468页〔南京市志丛书 2001〕
b10593536 F812.753.1 N162C

交通银行南京分行志
江苏地区交通银行志编纂委员会编著 姚金华主编 南京 江苏人民出版社 1997年 309页〔江苏地区交通银行志丛书〕
b4980327x F832.33 N162 1997

南京金融志
南京市地方志编纂委员会编 李如斌主编 南京 南京出版社 1995年 793页〔南京市志丛书〕
b10593706 F832.753.1 N162

央行志 1978–2008
中国人民银行南京分行主编 周学东 郭新明主编 南京 江苏人民出版社 2018 年 202 页〔江苏省志丛书〕
b50871250 F832.31 J327 2018

南京文化志
徐耀新主编 北京 中国书籍出版社 2003 年 2 卷 1127 页〔南京市志丛书〕
b14884008 G127.531 X581 2003

南京报业志
南京市地方志编纂委员会编 谈嘉祐主编 上海 学林出版社 2001 年 539 页〔南京市志丛书〕
b20566177 G219.275.31 T189 2001

南京广播电视志
南京市地方志编纂委员会编 吴传梁主编 南京 南京出版社 1998 年 302 页〔南京市志丛书〕
b17735154 G229.275.31 N162 1998

南京市新华书店史志 1949–1990
南京市新华书店店史编委会编 董庆吉主编 南京 南京市新华书店店史编委会 1997 年 430 页
b49938782 G235 N162 1997

南京群众文化志
南京市群众文化学会编 南京市群众艺术馆编纂 杨霖主编 合肥 黄山书社 1994 年 386 页
b19930276 G249.275.31 Y238 1994

南京图书馆志 1907–1995
南京图书馆志编写组编纂 卢子博 包中协主编 南京 南京出版社 1996 年 390 页
b21569654 G259.275.31 N162 1996

南京档案志
南京市地方志编纂委员会编 杨宗仁主编 北京 方志出版社 1996 年 248 页〔南京市志丛书〕
b10593688 G279.275.31 N162

江苏省科学技术协会志
江苏省科学技术协会志编纂委员会编 吴国彬主编 北京 方志出版社 1999 年 544 页
b21763914 G322.753 W488 1999

南京教育志
南京市地方志编纂委员会编 徐承德主编 北京 方志出版社 1998 年 2 卷 2070 页〔南京市志丛书〕
b16378088 G527.531 N162 1998

南京农业大学史志 1914–1988
费旭 周邦任编撰 南京 南京农业大学 1994 年 342 页
b17515981 G649.285.3 N1626F 1994

南京师范大学志
冯世昌 笪佐领主编 南京 南京师范大学出版社 2002 年 2 卷 1228 页〔南京师范大学百年校庆·校史系列丛书〕
b1530047x G649.285.31 N1627 2002

江苏教育学院志 初稿
江苏教育学院院志编写组编 南京 江苏教育学院院志编写组 2002 年 338 页
b17996624 G659.285.3 J327J 2002

江苏电大教育志 1978–1988
江苏电大教育志编委会编 马良生主编 南京 江苏教育出版社 1990 年 465 页
b18262119 G728.8 M139 1990

南京青奥会图志 2014
南京市地方志编纂委员会办公室 第二届夏季青年奥林匹克运动会组织委员会编 胡万进主编 南京 南京出版社 2016年 299页
b47313584 G811.21-64 H476 2016

南京体育志
南京市地方志编纂委员会编 北京 方志出版社 2002年 418页〔南京市志丛书〕
b14250330 G812.753.1 N162

南京方言志
南京市地方志编纂委员会编 南京 南京出版社 1993年 298页〔南京市志丛书〕
b1059369x H172.4 N162

南京民族宗教志
南京市地方志编纂委员会编 杨荣良 朱淮宁主编 南京 南京出版社 2009年 560页〔南京市志丛书〕
b20196088 K280.531 Y245 2009

南京人物志
南京市地方志编纂委员会编 王能伟主编 上海 学林出版社 2001年 805页〔南京市志丛书〕
b16325114 K820.853.1 N162 2001

南京农林人物志
南京农林人物志编纂委员会编 魏训德主编 南京 南京出版社 1999年 387页
b16375671 K826.3 N162 1999

南京卫生人物志
南京卫生人物志编纂委员会编 王绮纹 刘洪基主编 北京 方志出版社 1999年 1017页
b47009299 K826.2-62 N162 1999

南京文物志
南京市地方志编纂委员会编 北京 方志出版社 1997年 731页〔南京市志丛书〕
b15251858 K872.531 N1627 1997

南京民俗志
南京市地方志编纂委员会编 南京 南京市地方志编纂委员会 2002年 修定稿 236页〔南京市志丛书〕
b16326179 K892.453.1 N162 2002

南京民俗志
南京市地方志编纂委员会编 陈济民 蒋永才主编 北京 方志出版社 2003年 300页〔南京市志丛书〕
b14197595 K892.453.1 N162 2003

江苏省南京市地名录
南京市地名委员会编 南京 南京市地名委员会 1984年 456页
b12160295 K925.3 N161D

南京风物志
南京市博物馆编著 南京 江苏人民出版社 1983年 160页
b12160301 K925.3 N161

南京建置志
南京市地方志编纂委员会编 马伯伦主编 深圳 海天出版社 1994年 375页〔南京市志丛书〕
b17623455 K925.31 M136 1994

南京城墙志
杨国庆 王志高著 南京 凤凰出版社 2008年 752页
b20484902 K928.77 Y234N 2008

南京莫愁湖志
吴小铁编纂 北京 中央文献出版社 2005年 502页
b16937065 K928.43 W514 2005

中山陵志
王鹏善主编 南京 南京出版社 2013年 614页
b41194652 K928.76 W2267 2013

钟山志
王鹏善主编 南京 南京出版社 2009年 652页
b23190711 K928.3 Z626 2009

长江中下游地层志 寒武－第四系
陈华成 吴其切等编著 合肥 安徽科学技术出版社 1989年 789页
b17646315 P535.5 C421 1989

自然地理志
南京市地方志编纂委员会编 王庭槐主编 南京 南京出版社 1992年 512页〔南京市志丛书〕
b1072851x P942.53 N162

南京卫生志
南京市地方志编纂委员会编 刘洪基主编 北京 方志出版社 1996年 2卷 1335页〔南京市志丛书〕
b10593482 R-092 N162

江苏省医院协会会志 1980-2015（南京）
江苏省医院协会编 唐维新主编 北京 科学技术文献出版社 2016年 236页
b49471508 R-262.53 J327 2016

南京市鼓楼医院院志 1892-1998
南京市鼓楼医院院志编辑室编 南京 南京市鼓楼医院院志编辑室 2006年 修订版 406页
b49704989 R197.3 N162 2006

南京医药志
南京市地方志编纂委员会编 廖敦宇主编 深圳 海天出版社 1994年 706页〔南京市志丛书〕
b2056613x R199.2 L563 1994

南京军区联勤部军事医学研究所所志 1954-2004
冯福根 李富荣主编 南京 南京鑫图文印务公司 2004年 377页
b23229482 R82-24 N162 2004

江苏省电力设计院志 1991-2002
韩涛 任士奇主编 北京 中国电力出版社 2009年 414页〔江苏省电力工业志丛书〕
b4086392x TM-242.53 J327 2009

南京建筑志
南京市地方志编纂委员会编 谈鸿仪主编 北京 方志出版社 1996年 582页〔南京市志丛书〕
b10593470 TU-092 N162

南京城市规划志
南京市地方志编纂委员会编 奚永华主编 南京 江苏人民出版社 2008年 2卷 990页〔南京市志丛书〕
b19689536 TU984.253.1 X126 2008

南京园林志
南京市地方志编纂委员会编 廖庆和主编 北京 方志出版社 1997年 867页〔南京市志丛书〕
b20566190 TU986.625.31 L564 1997

南京环境保护志
南京市地方志编纂委员会编 北京 中国环境科学出版社 1996年 660页〔南京市志丛书〕
b10593469 X-092 N162

江苏艺文志 南京卷
赵国璋主编 杨云海卷主编 南京 江苏人民出版社 1995年 2卷 1318页〔出版史志丛书〕
b10719040 Z812.3 Z433N

玄武区

玄武区志
南京市玄武区地方志编纂委员会编 北京 方志出版社 2005年 1027页
b16105138 K295.31 X642 2005

南京市玄武区教育志
南京市玄武区教育局编 吴百辉主编 南京 南京市玄武区教育局 2008年 2卷 791页
b49938794 G527.531 X642 2008

玄武新志
李朝润主编 南京 南京出版社 2006年 351页
b18261413 K295.31 X642X 2006

秦淮区

秦淮区志
南京市秦淮区地方志编纂委员会编 杨献文总纂 北京 方志出版社 2003年 1042页〔南京地方志〕
b1558804x K295.33 Q447Q 2003

白下区志
南京市白下区地方志编纂委员会编 常康平主编 南京 江苏科学技术出版社 1988年 650页
b15251676 K295.31 B152 1998

南京市白下区志 1986–2005
南京市白下区地方志编纂委员会编 刘广春 王安玉主编 北京 方志出版社 2011年 2卷 1335页
b36133632 K295.31 B152C 2011

秦淮文学志
龚斌 范少林编 合肥 黄山书社 2013年 3卷 1733页
b4137163x I209.953.1 G431 2013

十里秦淮志
南京市秦淮区地方志办公室编 北京 方志出版社 2002年 170页
b14250366 K295.33 Q447

南京市白下区文物志
南京市白下区文物事业管理委员会编 相秀棠 卓友渔主编 南京 江苏古籍出版社 1995年 298页
b1751423x K872.531 N1621 1995

南京市白下区地名志
白下区地名志编纂委员会编 南京 白下区地名志编纂委员会 2000年 195页
b1532946x K925.31 B152 2000

建邺区

建邺区志
南京市建邺区地方志编纂委员会编 赵永江 庄会柏主编 北京 方志出版社 2003年 1278页〔南京地方志〕
b16424748 K295.31 J295 2003

江心洲街道志
南京市建邺区地方志编纂委员会编 洪彪主编 北京 中国文史出版社 2010年 492页〔南京市建邺区部门街道志丛书〕
b36128302 K295.31 J326 2010

建邺统战志
南京市建邺区地方志编纂委员会编 桂正荣主编 北京 方志出版社 2013年 508页
b45444808 D613 J295 2013

建邺文化志
南京市建邺区地方志编纂委员会编 金光明主编 北京 中国文史出版社 2010年 497页〔南京市建邺区部门街道志丛书〕
b4064876x G127.531 J295 2010

建邺档案志
南京市建邺区地方志编纂委员会编 张兴春 马献礼主编 北京 中国文史出版社 2010年 330页〔南京市建邺区部门街道志丛书〕
b44810908 G279.275.31 J295 2013

南京市建邺区教育志 1875–1987
南京市建邺区教育局教育志办公室编 南京 南京市建邺区教育局教育志办公室 1991年 337页
b36013407 G527.531 J295 1991

鼓楼区

鼓楼区志
南京市鼓楼区地方志编纂委员会编 勾文迪 张国防 周国平主编 北京 中华书局 2006年 2卷 1661页
b1800488x K295.31 G539 2006

下关区志
南京市下关区地方志编纂委员会编 徐书华 陈冲主编 北京 方志出版社 2005年 949页〔南京地方志〕
b16325710 K295.31 X185 2005

小市街道志
小市街道地方志编纂办公室编 曹永林主编 南京 小市街道地方志编纂办公室 2001年 171页
b19732831 K295.31 X185X 2001

下关教育志
南京市下关区教育局编 南京 南京市下关区教育局 2005年 186页
b20141336 G527.531 X185 2005

鼓楼区文物志
鼓楼区文物志编纂委员会编 南京 江苏文史资料编辑部 1999年 466页
b15601146 K872.531 G539 1999

下关区文物志
南京市下关区文化局编 吴欣迎主编 南京 南京出版社 2012年 534页
b4608132x K872.531 X185 2012

浦口区

浦口区志
南京市浦口区地方志编纂委员会编 马德金 刘海东主编 北京 方志出版社 2005年 837页
b1663357x K295.31 P694 2005

江浦县志
江浦县地方志编纂委员会编 刘海东主编 南京 河海大学出版社 1995年 756页
b10616718 K295.34 J3256

江浦县志 1988–2001
南京市浦口区地方志编纂委员会编 刘海

东主编 北京 方志出版社 2010年 953页
b3613353x K295.34 J3256C 2010

顶山街道志
浦口区顶山街道顶山街道志编纂委员会编 余福龙 许百平主编 北京 中国文史出版社 2008年 637页〔南京市浦口区街镇志丛书〕
b22365035 K295.31 P694D 2008

盘城镇志
浦口区盘城街道盘城镇志编纂委员会编 徐志恩主编 北京 中国文史出版社 2008年 408页〔南京市浦口区街道镇志丛书〕
b22082736 K295.35 P163 2008

桥林镇志
浦口区桥林街道桥林镇志编纂委员会编 蒋富连 刘连顺 杜承禹主编 北京 中国文史出版社 2008年 658页〔南京市浦口区街镇志丛书〕
b23004071 K295.35 Q3849 2008

石桥镇志
浦口区石桥镇石桥镇志编纂委员会编 狄成林主编 北京 中国文史出版社 2008年 498页〔南京市浦口区街道镇志丛书〕
b22365047 K295.35 S474 2008

泰山街道志
浦口区泰山街道泰山街道志编纂委员会编 王国发主编 北京 中国文史出版社 2008年 499页〔南京市浦口区街镇志丛书〕
b23217121 K295.35 T163 2008

汤泉镇志
周世泉主编 江浦 江浦县机关后勤彩色印刷厂 2003年 743页〔浦口区志丛书〕
b2001689x K295.31 T239 2003

星甸镇志
浦口区星甸镇星甸镇志编纂委员会编 张子林 林如宝 倪世清主编 北京 中国文史出版社 2008年 686页〔南京市浦口区街镇志丛书〕
b22365059 K295.35 X464 2008

沿江街道志
浦口区沿江街道沿江街道志编纂委员会编 陈勇主编 北京 中国文史出版社 2008年 400页〔南京市浦口区街镇志丛书〕
b40743925 K295.31 P694Y 2008

珠江镇志
浦口区江浦街道珠江镇志编纂委员会编 刘尚和主编 北京 中国文史出版社 2008年 720页〔南京市浦口区街镇志丛书〕
b4481091x K295.35 Z724 2008

江浦县土地管理志
江浦县国土管理局编 杨宜洲主编 南京 江苏人民出版社 1999年 252页
b19930355 F321.1 J325 1999

南京市浦口区土地管理志
南京市浦口区土地管理局编 李孝传主编 北京 方志出版社 1999年 240页
b3624594x F327.531 P694 1999

江浦县电力工业志 1988–2002
江浦县电力工业志编纂委员会编 李培琪主编 南京 江苏人民出版社 2008年 199页〔南京市电力工业志丛书〕
b49851172 F426.61 J325 2008

江苏省江浦县地名录
江浦县地名委员会编 江浦 江浦县地名委员会 1987年 257页
b18241049 K925.34 J325 1987

江浦县卫生志
江浦县卫生志编纂办公室编 郗立人主笔 江浦 江浦县卫生志编纂办公室 1990年 281页
b49677950 R199.2 J325 1990

栖霞区

栖霞区志
南京市栖霞区地方志编纂委员会编 北京 方志出版社 2002年 1284页〔南京地方志〕
b14250561 K295.31 Q115

南京市栖霞区土地管理志
南京市栖霞区国土管理局编 沈春发 周传明主编 北京 方志出版社 1999年 350页
b50247268 F327.531 Q115 1999

雨花台区

雨花台区志
南京市雨花台区地方志编纂委员会编 北京 方志出版社 2002年 794页〔南京地方志〕
b14250573 K295.31 Y748

板桥街道志
雨花台区板桥街道志编纂委员会编 张良云主编 北京 中国文史出版社 2008年 554页〔南京市雨花台区街道志丛书〕
b19929158 K295.31 Y748YB 2008

南京市雨花台区土地管理志
南京市雨花台区国土管理局编 余发和主编 北京 方志出版社 1999年 230页
b16432630 F327.533 Y721 1999

南京市雨花台区文物志
杨新华主编 南京 南京大学出版社 1994年 1044页〔南京市雨花台区文史系列丛书〕
b17645633 K872.531 Y249 1994

南京市雨花台区地名志
雨花台区地名委员会办公室编纂 南京 南京花园印刷厂 1992年 349页
b16178336 K925.31 Y748 1992

江宁区

江宁区志
南京市江宁区地方志编纂委员会编 王瑞林 郭传华主编 北京 方志出版社 2014年 4卷
b46668287 K295.31 J3255M 2014

江宁县志
江宁县地方志编纂委员会编 李荣潮 陈祖贻主编 北京 档案出版社 1989年 1040页〔江苏省地方志〕
b10633601 K295.34 J325

淳化街道志
淳化街道志编纂委员会编 尹功瑞主编 北京 方志出版社 2011年 973页〔南京市江宁区地方志书〕
b36133711 K295.35 C6883 2011

丹阳镇志
南京市江宁区丹阳镇人民政府编 南京 南京市新闻出版局 2001年 449页
b20100553 K295.301.21 D165 2001

东山街道志
东山街道志编纂委员会编 王慧民主编 北京 方志出版社 2011年 1038页〔南京市江宁区地方志书〕
b36245252 K295.35 D5826 2011

谷里乡志
谷里乡地方志编纂领导小组编 赵恒林主编 江宁 谷里乡地方志编纂领导小组 1992年 285页〔江宁县地方志丛书〕
b18831680 K295.35 G543 1992

横溪街道志
南京市江宁区横溪街道志编纂委员会编 虞长来主编 北京 方志出版社 2011年 1221页〔南京市江宁区地方志书〕
b36133802 K295.35 H3919 2011

湖熟街道志
江宁区湖熟街道志编纂委员会编 姚孝毅编纂 南京 中共江宁区委湖熟街道工作委员会 江宁区人民政府湖熟街道办事处 2011年 923页〔南京市江宁区地方志书〕
b46011468 K295.31 J325H 2011

湖熟镇志
江宁县湖熟镇地方志编纂领导小组编 沈铸 李正鹄主编 江宁 江宁县湖熟镇地方志编纂领导小组 1987年 280页
b36128454 K295.35 H4777 1987

江宁街道志
江宁街道志编纂委员会编 李益泉主编 北京 方志出版社 2011年 909页〔南京市江宁区地方志书〕
b23216694 K295.35 J325 2011

江宁镇志
中共江宁镇委员会 江宁镇人民政府编 南京 南京出版社 1990年 315页
b17623364 K295.31 J325 1990

龙都乡志 送审稿
笪本才主编 江宁 江宁县龙都乡地方志编纂领导小组 1987年 油印本 2卷 580页
b20540541 K296.35 L741 1987

禄口街道志
江宁区禄口街道志编纂委员会编 嵇世慧主编 南京 江苏人民出版社 2010年 1313页〔南京市江宁区地方志书〕
b47415472 K295.35 L831C 2010

禄口镇志
江宁县禄口镇地方志编纂领导小组编 陶绪元主编 南京 江宁县民政印刷厂 1992年 277页〔江宁县地方志丛书〕
b16466901 K295.35 L831 1992

秣陵镇志
中共秣陵镇委员会 秣陵镇人民政府编 陆纯霖主编 南京 南京出版社 1992年 301页〔江宁县地方志丛书〕
b17481958 K295.35 M637 1992

上坊乡志
江宁县上坊乡人民政府编 王仲模主编 江宁 江宁县上坊乡人民政府 1990年 317页
b17991845 K295.31 S322 1990

汤山街道志
汤山街道志编纂委员会编 沈阳海主编 北京 方志出版社 2011年 775页〔南京市江宁区地方志书〕
b36133681 K295.31 T2397 2011

陶吴镇志
陶吴镇志编纂领导小组编 南京 南京出版社 1992年 298页〔江宁县地方志丛书〕
b36379694 K295.35 T264 1992

周岗镇志
俞林松主编 江宁 江宁县周岗镇人民政府 1995年 516页〔江宁县地方志丛书〕

b17478029　K295.35　Z664　1995

江宁人民代表大会志
郭宇飞　庞树根主编　南京　江苏人民出版社　2007年　567页
b18838376　D624.531　G778　2007

江宁政协志
庞树根总纂　赵鹤康　吴德厚　庞树根主编　南京　江苏人民出版社　2005年　388页
b16635851　D628.531　Z434　2005

江宁区劳动和社会保障志
南京市江宁区劳动和社会保障志编纂委员会编　北京　方志出版社　2009年　673页〔南京市江宁区地方志书〕
b20971989　D669.2　N162　2009

江宁民政志
周久耕主编　南京　江苏人民出版社　2004年　446页
b18201751　D675.31　Z666　2004

江宁经济志
周久耕主编　南京　江苏人民出版社　2001年　426页
b46011481　F127.531　J325　2001

南京江宁经济技术开发区志
中共南京市江宁经济技术开发区工作委员会编　南京江宁经济技术开发区管理委员会编　杨友林　庞树根主编　南京　江苏人民出版社　2010年　388页
b21569642　F127.531　Y251　2010

江宁质量技术监督志
江宁质量技术监督志编纂委员会编　杨俭余主编　北京　方志出版社　2011年　295页
b22458852　F279.275.31　J325　2011

江宁区农机化志
南京市江宁区水利局编　谈太年主编　北京　方志出版社　2004年　311页
b50247116　F327.531　J325　2004

江宁县土地管理志
江宁县国土管理局编　汤存燮主编　南京　江苏人民出版社　1999年　357页
b46011493　F327.534　J325　1999

江宁区电力工业志　1988–2002
江宁区电力工业志编纂委员会编　江宝华主编　南京　江苏人民出版社　2008年　194页〔南京市电力工业志丛书〕
b49851160　F426.61　N162J　2008

江宁区建筑工程志
江宁区建筑工程志编纂委员会编　杨俭余主编　北京　方志出版社　2013年　557页〔南京市江宁区地方志书〕
b4544481x　F426.9　N162J　2013

江宁县交通志
江宁县交通志编纂领导小组编　张镛祥主编　南京　南京出版社　1993年　512页〔江宁县地方志丛书〕
b20043417　F512.753.4　Z368　1993

江宁县供销合作社志
江宁县供销合作总社编　张秋萍主编　江宁　江宁县供销合作总社　1998年　329页〔江宁县地方志丛书〕
b21568546　F721.2　Z362　1998

江宁地方税务志
江宁地方税务志编纂委员会编　李洪进主编　北京　方志出版社　2010年　357页〔南京市江宁区地方志书〕
b22364687　F812.753.142　J325　2010

江宁区文化志
南京市江宁区文化志编纂委员会编 刘道成主编 南京 南京出版社 2011年 550页〔南京市江宁区地方志书〕
b3667834x G127.531 J325 2011

江宁档案志
南京市江宁区档案局 南京市江宁区档案馆编 赵鹤康 庞树根主编 南京 江苏人民出版社 2009年 338页〔南京市江宁区地方志书〕
b45417490 G279.275.31 J325 2009

江宁县教育志
江宁县教育委员会编 董德华 彭年德主编 江宁 江宁县教育委员会 2000年 715页〔江宁县地方志丛书〕
b18621879 G527.534 D593 2000

江宁高级中学志
周世东主编 南京 江苏凤凰教育出版社 2014年 269页
b4950602x G639.285.31 J325 2014

江苏省江宁县地名录
江宁县地名委员会编辑 江宁 江宁县地名委员会 1984年 293页
b12160337 K925.3 J326J

南京市江宁医院志
南京市江宁医院志编纂委员会编 丁义宝 徐必华主编 北京 方志出版社 2017年 460页
b50756497 R199.2 N162 2017

江宁县水利志
江宁县水利农机局编 谈太年主编 南京 河海大学出版社 2001年 399页
b1812088x TV-092 J325 2001

江宁区环境保护志
江宁区环境保护志编纂委员会编 杨俭余主编 北京 方志出版社 2011年 435页〔南京市江宁区地方志书〕
b22434331 X321.253.1 J325 2011

六合区

大厂区志
南京市大厂区地方志编纂委员会编 杨俭余主编 北京 方志出版社 2006年 988页
b16926481 K295.31 D135 2006

六合县志
江苏省六合县志编纂委员会编 卞琛主编 北京 中华书局 1991年 728页〔中华人民共和国地方志丛书〕
b10726408 K295.34 L723

六合县志 1988–2002
南京市六合区地方志编纂委员会编 卢立才 刘献华主编 王学仁执行主编 北京 方志出版社 2013年 1034页
b45444869 K295.34 L723 2013

长芦镇志
长芦镇志编纂委员会编 游余林主编 北京 中国工商出版社 2006年 348页
b16926432 K295.35 C3465 2006

竹镇镇志
竹镇镇地方志编纂委员会编 王福春 吕金才主编 北京 方志出版社 2011年 502页
b36133838 K295.35 Z729 2011

六合人口和计划生育志
六合人口和计划生育志编纂委员会编 谢军主编 北京 方志出版社 2012年 298页
b40938578 C924.255.31 L723 2012

六合县工会志
南京市六合区总工会编 陈义斌主编 北京 方志出版社 2009年 384页
b47009251 D412.853.1 L723 2009

六合人大志
六合人大志编纂委员会编 李志强主编 北京 方志出版社 2013年 873页
b47009263 D624.534 L723 2013

南京市六合区军事志
南京市六合区军事志编纂委员会编 北京 大众文艺出版社 2007年 580页
b19930021 E289.531 N162 2007

六合建设志
六合建设志编纂委员会编 吕金才主编 北京 方志出版社 2014年 503页
b46091063 F299.275.31 L723 2014

南京市大厂区土地管理志
南京市大厂区国土管理局编 北京 方志出版社 1999年 225页
b16432642 F327.533 D135 1999

六合县电力工业志 1988–2002
六合县电力工业志编纂委员会编 叶扬 李群一主编 南京 江苏人民出版社 2008年 213页〔南京市电力工业志丛书〕
b49851196 F426.61 L723 2008

冶山铁矿志
杨静根主编 南京 江苏冶山铁矿有限公司 1987年 329页
b46422985 F426.1 L723 1987

六合交通志
六合交通志编纂领导小组编 合肥 黄山书社 1995年 323页
b19733458 F512.753.4 L723 1995

六合县教育志 860–1985
六合县文教局文教志编纂办公室编 潘洪潮 张维顺主编 六合 六合县文教局文教志编纂办公室 1988年 354页
b36014382 G527.534 L723 1988

六合县教育志 1986–1997
六合县教育志编纂委员会编 六合 六合县教育志编纂委员会 1998年 395页
b4993871x G527.534 L723C 1998

江苏省六合县地名录
六合县地名委员会编 六合 六合县地名委员会 1983年 393页
b15621686 K925.34 L723 1983

雨花石志
南京市六合区地方志工作办公室 南京市六合区档案室编 北京 中华书局 2008年 367页
b21311195 TS933.21 N162 2008

六合县水利志
六合县水利志编纂委员会编 杨建国主编 北京 方志出版社 2003年 428页
b17648452 TV–092 Y236 2003

溧水区

溧水县志
溧水县地方志编纂委员会编 殷东俊主编 南京 江苏人民出版社 1990年 742页〔江苏省地方志〕
b10727838 K295.34 L4577

溧水县志 1986–2005
溧水县地方志编纂委员会编 巫永发主编

北京 方志出版社 2012 年 953 页
b40503239 K295.34 L4577 2012

洪蓝镇志
洪蓝镇志编纂委员会编 陈伟主编 北京 中国文史出版社 2017 年 562 页〔溧水地方志丛书〕
b50642376 K295.35 H415 2017

在城镇志
秘光祥主编 溧水 溧水县在城镇人民政府 1990 年 227 页
b18621703 K295.35 Z128 1990

溧水县民政志
江苏省溧水县民政局编 朱鸿主编 溧水 江苏省溧水县民政局 1993 年 136 页
b20950342 D675.34 L457 1993

溧水县国土资源志 1996–2013
南京市国土资源局溧水分局编 裴敬主编 北京 方志出版社 2018 年 490 页〔溧水地方志丛书〕
b5104450x F129.953.4 L457 2018

溧水县土地管理志
溧水县土地管理志编纂委员会编 夏华主编 南京 江苏人民出版社 1999 年 395 页
b19930422 F321.1 X186 1999

溧水县电力工业志 1988–2002
溧水县电力工业志编纂委员会编 曾斌 唐传全主编 南京 江苏人民出版社 2008 年 181 页〔南京市电力工业志丛书〕
b49851184 F426.61 L457 2008

溧水交通志 1927–1985
溧水县交通局编 芮经衡主编 南京 南京市溧水印刷厂 1989 年 270 页
b40743470 F512.753.4 L457 1989

溧水县教育志
溧水县教育志编纂领导小组办公室编 溧水 溧水县教育志编纂领导小组办公室 1995 年 390 页
b18659433 G527.534 L457 1995

江苏省溧水县地名录
溧水县地名委员会编 溧水 溧水县地名委员会 1982 年 195 页
b21274964 K925.34 L4577 1982

溧水县环境保护志
南京市溧水区环境保护局编 何存茂 邹厚生主编 北京 中国文史出版社 2016 年 299 页〔溧水地方志丛书〕
b50151496 X321.253.1 L457 2016

高淳区

高淳县志
高淳县地方志编纂委员会编 薛兴祥主编 南京 江苏古籍出版社 1988 年 884 页
b1076043x K295.34 G234

高淳县志 1986–2005
高淳县地方志编纂委员会编 北京 方志出版社 2010 年 2 卷 1244 页
b22364626 K295.34 G234 2010

淳溪镇志
淳溪镇编史修志领导小组编 孙兴隆主编 高淳 江苏高淳印刷厂 1988 年 204 页
b15300523 K295.35 C688 1988

固城镇志
张泰和主编 高淳 固城镇志编纂者 1991 年 246 页

b20014612 K295.35 G561 1991

武家嘴村志
中共高淳县委党史工作办公室 高淳县地方志办公室编 陈为庆 薛兴祥总纂 南京 江苏古籍出版社 2001 年 263 页
b16429989 K295.35 G542W 2001

薛城乡志
薛城乡志编写组编 王润心主编 高淳 薛城乡编史修志领导小组 1988 年 302 页
b20104704 K295.35 X675 1988

南京市高淳区人口和计划生育志
南京市高淳区人口和计划生育局 南京市高淳区档案局（馆）编 陈亭 徐晓晨主编 南京 江凤凰文艺出版社 2015 年 215 页
b4996382x C924.255.31 G234 2015

高淳县土地管理志
高淳县国土管理局编 张登岳 邢志刚主编 南京 江苏人民出版社 1997 年 450 页
b19930343 F327.534 G234 1997

高淳县电力工业志 1988–2002
高淳县电力工业志编纂委员会编 朱星 吴祚心主编 南京 江苏人民出版社 2008 年 168 页〔南京市电力工业志丛书〕
b49851159 F426.61 G234 2008

江苏省高淳县地名录
高淳县地名委员会编 高淳 高淳县地名委员会 1985 年 250 页
b12160210 K925.34 G234

高淳县水利志
高淳县水利志编纂委员会编 南京 江苏古籍出版社 2002 年 365 页
b18120751 TV–092 G234 2002

无锡市

无锡市志
无锡市地方志编纂委员会编 庄申主编 南京 江苏人民出版社 1995 年 4 卷 3367 页
b10646875 K295.33 W479C

无锡市志 1986–2005
无锡市地方志编纂委员会编 王耀元 郑晓奇 许建军主编 北京 方志出版社 2017 年 4 册 2933 页
b50204725 K295.33 W479L 2015

无锡人口和计划生育志
无锡人口和计划生育志编纂委员会编 杨清华主编 北京 中国人口出版社 2012 年 751 页
b40863967 C924.255.33 W479 2012

无锡宣传志 1949–2009
无锡宣传志编纂委员会编 南京 凤凰出版社 2011 年 515 页
b37530914 D261.5 W479 2011

无锡市工会志
无锡工人运动史志编纂委员会编 叶建兴主编 南京 江苏科学技术出版社 1995 年 798 页
b49851147 D412.853.3 W479C 1995

无锡市工会志 1990–2003
无锡市工会志编纂委员会编 北京 方志出版社 2005 年 476 页
b22432413 D412.853.3 W479 2005

无锡市工会志 2004–2013
无锡市工会志编纂委员会编 刘国伟主编 北京 方志出版社 2016 年 705 页
b49460523 D412.853.3 W479 2016

无锡市公安志 1949–1987
无锡市公安志编纂委员会编 王立人主编 北京 群众出版社 1993 年 258 页
b40451471 D631 W479 1993

无锡市民政志
无锡市民政局编 毛建新主编 无锡 无锡市民政局 2008 年 493 页
b21570681 D632 W479 2008

无锡帮会志
郁有满著 香港 大世界出版公司 1999 年 193 页
b16324869 D693.75 Y764 1999

无锡律师志 1911–2009
无锡律师志编纂委员会编 刘亚军 孙敏主编 无锡 无锡律师志编纂委员会 2012 年 335 页
b49964203 D926.5 L6934 2012

无锡市审计志
黄蓉华主编 北京 中国时代经济出版社 2007 年 501 页
b22432425 F239.227.533 W479 2007

无锡市土地志
王云鹤主编 虞君和主笔 南京 江苏人民出版社 1998 年 362 页
b19930409 F327.53 W234 1998

无锡电力工业志
无锡供电局编 张文奎主编 上海 上海三联书店 1990 年 240 页〔太湖流域地区专业志丛书〕
b4985141x F426.61 W479C 1990

无锡纺织志
无锡纺织工会协会编 张宗文主笔 / 编纂 无锡 无锡纺织工会协会 2011 年 307 页
b49550135 F426.81 W479 2011

无锡钢厂志 1958–1985
无锡钢厂志编纂委员会编 无锡 无锡钢厂志编纂委员会 1988 年 364 页
b50319942 F426.31 W479 1988

无锡市电力工业志 1988–2002
无锡市电力工业志编纂者 北京 中国电力出版社 2012 年 417 页〔江苏省电力工业志丛书〕
b40648758 F426.61 W479 2012

无锡市交通志 1986–2005
无锡市交通志编纂委员会编 卢永寨主编 北京 方志出版社 2008 年 679 页
b19816893 F512.753.3 L792 2008

无锡市旅游志
无锡市旅行游览事业管理局 无锡市地方志办公室编 许辉主编 沈虹太撰稿 上海 三联书店上海分店 1990 年 306 页〔太湖流域地区专业志丛书〕
b13277182 F592.753.3 W479

无锡粮食志
无锡市粮食局编 长春 吉林科学技术出版社 1990 年 355 页
b46018323 F724.721 W479 1990

无锡市物价志
无锡市物价志编纂委员会编 沈荣村 邹玉书 章惠娟编写 南京 江苏人民出版社 1996 年 350 页
b42291549 F726.753.3 W479 1996

无锡市商业局志 1980–2008
顾德夫主编 无锡 无锡市商业经济学会

2009 年 262 页
b50066778 F727.533 W479 2009

无锡市财政志 1840–1985
无锡市财政局编 钱裕盛主编 无锡 无锡市财政局 1989 年 255 页
b46443514 F812.753.3 W479Q 1989

无锡市地方税务志 1994–2007
无锡市地方税务局编 马伟主编 苏州 古吴轩出版社 2009 年 328 页
b2157067x F812.753.3 W479 2009

无锡市地方税务志 2008–2018
无锡市地方税务局编 丁源主编 南京 江苏人民出版社 2018 年 346 页
b51116832 F812.753.3 W479 2018

交通银行无锡分行志 1911–2007
交通银行无锡分行志编纂委员会编 傅尚辑主编 上海 上海人民出版社 2009 年 555 页
b22430428 F832.33 J368W 2009

无锡市金融志
张荣坤主编 上海 复旦大学出版社 1996 年 304 页
b1059825x F832.9 Z363

中国太平洋财产保险股份有限公司无锡分公司志 1989–2008
中国太平洋财产保险股份有限公司无锡分公司志编纂委员会编 邵高美主编 南京 凤凰出版社 2009 年 334 页
b49669059 F842.65 Z651 2009

中国太平洋人寿保险股份有限公司无锡分公司志 1989–2008
中国太平洋人寿保险股份有限公司无锡分公司志编纂委员会编 蒋强主编 南京 凤凰出版社 2009 年 382 页
b49669047 F842.622 Z651 2009

无锡市教育志
无锡市教育志编纂委员会编 刘谦冲主编 上海 三联书店上海分店 1994 年 433 页〔太湖流域地区专业志丛书〕
b15667467 G527.533 L686 1994

无锡市教育志 1991–2005
无锡市教育志编纂委员会编 南京 江苏人民出版社 2015 年 386 页
b47373404 G527.533 W479C 2015

江南学院志 1997.7–2000.12
江南学院志编纂委员会编 王武主编 无锡 江南学院志编纂委员会 2004 年 293 页
b21763896 G649.285.33 J3257 2004

无锡轻工大学志 续篇 1986–2000
无锡轻工大学志编纂委员会编 陶文沂主编 无锡 无锡市人民印刷厂 2004 年 834 页
b17505616 G649.285.3 W479 2004

无锡轻工业学院院志
无锡轻工业学院院志编纂委员会编 常州 常州市人民印刷厂 1988 年 185 页
b20141208 G649.285.3 W479 1988

江苏戏曲志 无锡卷
江苏戏曲志无锡卷编辑委员会编 缪维荣主编 南京 江苏文艺出版社 1999 年 729 页
b20097827 J809.253.3 M494 1999

无锡南方泉望族 -- 庄氏宗族史志
庄为其 庄祖荣 庄政荣编著 南京 江苏人民出版社 2017 年 272 页
b50993938 K820.9 Z787 2017

江苏省无锡市地名录
无锡市地名委员会编 无锡 无锡市地名委员会 1983 年 289 页
b18241062 K925.33 W479 1983

无锡风物志
徐武等编 南京 江苏人民出版社 1981 年 139 页
b11097954 K928.705.3 X581

江苏省无锡市土壤志
无锡市农业局 江苏省土壤普查办公室编 无锡 无锡市农业局 1989 年 142 页
b49849992 S159.253.3 W479C 1989

无锡园林志
无锡市公园景区管理中心 无锡市园林文化研究会编 常荣初主编 南京 凤凰出版社 2013 年 2 卷 804 页
b40935553 TU986.625.33 W479 2013

无锡市水利志
无锡市水利局编 北京 中国水利水电出版社 2006 年 495 页
b20099861 TV-092 W479 2006

无锡市水利志 2001-2005
无锡市水利局编 北京 中国水利水电出版社 2008 年 250 页
b20951875 TV-092 W479C 2008

江苏艺文志 无锡卷
南京师范大学古文献整理研究所编著 赵国璋主编 宫爱东卷主编 南京 江苏人民出版社 1995 年 2 卷 1657 页〔出版史志丛书〕
b19733537 Z812.3 Z433W 1995

锡山区

无锡县志
无锡县志编纂委员会编 谈汗人主编 上海 上海社会科学院出版社 1994 年 1138 页
b10646826 K295.34 W479

锡山市志 1986-2000
锡山市志编纂委员会编 顾伟伦主编 北京 方志出版社 2008 年 2 卷 1332 页
b19929225 K295.33 X138 2008

东亭镇志
东亭镇志编纂委员会编 华振范主编 南京 江苏人民出版社 2003 年 669 页〔江苏省地方志〕
b15329707 K295.35 D582 2003

杨市乡志
杨市镇人民政府编 无锡 无锡县人民印刷厂 1991 年 359 页
b1569771x K295.35 Y246 1991

无锡县农业志
江苏省无锡县农业志编纂委员会编 蒋国良主编 北京 中国农业出版社 1996 年 500 页
b22432437 F327.534 W479 1996

无锡县土地志
无锡县土地志编纂委员会编 彭焕明主编 南京 江苏人民出版社 1998 年 425 页
b17735208 F327.534 P334 1998

无锡县工业志
无锡县经济委员会 无锡县乡镇企业管理局编 上海 上海人民出版社 1990 年 443 页〔太湖流域地区专业志丛书〕
b14646936 F427.53 W479

无锡县交通志
无锡县交通志编纂委员会编 无锡 无锡县交通志编纂委员会 1988 年 155 页
b49789818 F512.753.4 W479 1988

无锡县教育志
唐涵德主编 上海 上海科学技术文献出版社 1992 年 467 页
b20182302 G527.534 W479 1992

无锡县地名录
无锡县地名委员会编 无锡 无锡县地名委员会 1986 年 540 页
b18241098 K925.34 W479 1986

惠山区

苏庙社区志
苏庙社区志编纂委员会编 刘邦俊主编 北京 方志出版社 2017 年 404 页
b49977891 D669.3 W479 2017

陆区乡志
杨维新主编 无锡 无锡县陆区乡人民政府 1991 年 413 页
b3612865x K295.35 L838 1991

洛社镇志
洛社镇志办公室编 强济和主编 南京 江苏科学技术出版社 1990 年 440 页
b16326167 K295.35 L948 1990

前洲镇志
前洲镇志编纂委员会编 张岳根主编 南京 江苏人民出版社 2002 年 638 页
b14882838 K295.35 Q228 2002

玉祁镇志
无锡市玉祁镇志编纂委员会编著 刘云骥主编 南京 江苏人民出版社 2009 年 904 页
b20397458 K295.35 Y774Y 2009

无锡惠山志
无锡市史志办公室编 郁家树主编 北京 方志出版社 2010 年 638 页
b22364869 K928.3 Y764 2010

滨湖区

无锡市郊区志
无锡市郊区地方志编纂委员会编 窦厚培编写 无锡 无锡市春远印刷厂 1992 年 689 页
b16448972 K295.33 W479J 1992

无锡市郊区志 1986-2000
无锡市滨湖区地方志编纂委员会编 北京 方志出版社 2014 年 794 页
b46121626 K295.33 W479BH 2014

胡埭乡志
胡埭乡志办公室编 南京 江苏科学技术出版社 1990 年 413 页
b1799441x K295.35 H469 1990

梅村志
梅村镇志办公室编 南京 江苏科学技术出版社 1991 年 503 页
b1993032x K295.35 M287D 1991

梅村志 1986-2009
江苏省无锡市新区梅村街道办事处编 北京 方志出版社 2014 年 528 页
b46376756 K295.35 M2871 2014

荣巷街道志
无锡市滨湖区荣巷街道志编纂委员会编著 胡汉茂主编 南京 凤凰出版社 2011

年 736 页
b40742866　K295.33　W479BR　2011

太湖街道志
太湖街道志编纂委员会编 强新主编 南京 南京出版社 2016 年 853 页
b50817334　K295.35　T1623　2016

无锡村志
王立人主编 北京 中国社会出版社 2004 年 226 页
b16140485　K295.33　W479G　2004

无锡市胡埭镇志
无锡市胡埭镇志编纂委员会编 许振华主编 北京 方志出版社 2010 年 638 页
b23216578　K295.35　H469　2010

无锡市马山志
无锡市马山志编纂委员会编 徐惠红主编 南京 南京出版社 2015 年 411 页
b50817322　K295.33　W479T　2015

江苏省无锡市郊土壤志
无锡市郊区土壤普查办公室编 无锡 无锡市郊区土壤普查办公室 1985 年 217 页
b21568595　S159.253.3　W479　1985

梁溪区

北塘区志
无锡市北塘区地方志办公室编 无锡 无锡市北塘区地方志办公室 1990 年 717 页
b16428389　K295.33　W479B　1990

崇安区志
无锡市崇安区地方志办公室编 无锡 无锡市崇安区地方志办公室 1991 年 598 页
b2094830x　K295.33　W479CA　1991

崇安区志　1986–2005
无锡市崇安区地方志编纂委员会编 唐海主编 北京 方志出版社 2014 年 2 卷 1302 页
b50016556　K295.33　W479CAC　2014

南长区志
无锡市南长区志编纂委员会编 过继德主编 上海 上海人民出版社 1991 年 482 页
b10824984　K295.33　W479

无锡市崇安区志　1986–2005
无锡市崇安区地方志编纂委员会编 唐海主编 北京 方志出版社 2015 年 2 卷 1290 页
b46668299　K295.33　C5411　2015

无锡市南长区志　1988–2007
无锡市南长区志编纂委员会编 陈锡伦主编 北京 方志出版社 2013 年 663 页
b44851030　K295.33　W479N　2013

崇安寺街道志
无锡市崇安区崇安寺街道志编纂委员会编 廉伟庆主编 南京 凤凰出版社 2010 年 731 页〔无锡市崇安区街道志丛书〕
b46669346　K295.33　W479CD　2010

广瑞路街道志
无锡市崇安区广瑞路街道志编纂委员会编 韩胜强主编 南京 凤凰出版社 2010 年 297 页〔无锡市崇安区街道志丛书〕
b46669358　K295.33　W479CG　2010

广益街道志
无锡市崇安区广益街道志编纂委员会编 许庆娟主编 南京 凤凰出版社 2010 年 676 页〔无锡市崇安区街道志丛书〕
b4666936x　K295.33　W479CY　2010

江海街道志
无锡市崇安区江海街道志编纂委员会编 吴新云主编 南京 凤凰出版社 2010年 273页〔无锡市崇安区街道志丛书〕
b46669371 K295.33 W479CJ 2010

上马墩街道志
无锡市崇安区上马墩街道志编纂委员会编 杨震宇主编 南京 凤凰出版社 2010年 323页〔无锡市崇安区街道志丛书〕
b46669383 K295.33 W479CS 2010

通江街道志
无锡市崇安区通江街道志编纂委员会编 沈燕主编 南京 凤凰出版社 2010年 677页〔无锡市崇安区街道志丛书〕
b46669395 K295.33 W479CT 2010

扬名街道志 2004–2011
无锡市南长区扬名街道志编纂委员会编著 许祥新主编 南京 凤凰出版社 2013年 488页
b45839657 K295.35 Y224C 2013

扬名镇志
扬名镇志编纂委员会编著 陈国柱主编 北京 方志出版社 2004年 531页
b15588105 K295.35 Y224 2004

江阴市

江苏省江阴市志
江苏省江阴市地方志编纂委员会编 程以正主编 上海 上海人民出版社 1992年 1419页
b10824881 K295.33 J328

江阴市志 1988–2007
江阴市史志办公室承编 吴海英 李阳主编 北京 方志出版社 2012年 2卷 1890页
b41213488 K295.33 J326E 2012

长泾镇志
江阴市长泾镇人民政府编 上海 上海三联书店 1991年 324页
b36028897 K295.35 C3464 1991

澄江志
江苏省江阴市澄江志编纂委员会编 严伯英主编 北京 方志出版社 2007年 1013页〔江阴市方志丛书〕
b18240859 K295.35 C458 2007

顾山镇志
顾山镇志编纂委员会编 毛德彦主编 北京 方志出版社 2016年 874页〔江阴市志丛书〕
b49781376 K295.35 G559 2016

华士镇志
华士镇志编纂委员会编 包国良主编 北京 方志出版社 2009年 1328页
b20467151 K295.35 H5297 2009

璜塘志
江阴市徐霞客镇人民政府主持 璜塘志编纂委员会编 张明福主编 南京 凤凰出版社 2013年 695页〔江阴市地方志丛书〕
b44748760 K295.35 H6739 2013

璜土镇志
中共江阴市璜土镇委员会编 江阴市璜土镇人民政府编 苏州 苏州大学出版社 1996年 426页
b36247868 K295.35 H673 1996

璜土镇志 1992–2011
璜土镇镇志编纂委员会编 周青 段玲华主

编 北京 方志出版社 2014 年 568 页〔江阴市方志丛书〕
b45625190 K295.35 H673 2014

利港镇志
中共江阴市利港镇委员会 江阴市利港镇人民代表大会 江阴市利港镇人民政府编 苏州 苏州大学出版社 1997 年 448 页
b17478030 K295.35 L4549 1997

马镇志
江阴市徐霞客镇人民政府主持 马镇志编纂委员会编 陈泉兴主编 南京 凤凰出版社 2013 年 701 页〔江阴市地方志丛书〕
b44748772 K295.35 M143 2013

南澗志
江阴长泾南澗志编修组 夏瑾东主编 杨州 广陵书社 2007 年 307 页〔江阴市方志丛书〕
b18290528 K295.35 N1618 2007

难忘乡愁 江阴市消失自然村图志
江阴市史志办公室编 吴海英主编 北京 方志出版社 2015 年 1172 页
b49661097 K295.35 W489 2015

峭岐志
江阴市徐霞客镇人民政府主持 峭岐志编纂委员会编 沈国清执行主编 南京 凤凰出版社 2013 年 544 页〔江阴市地方志丛书〕
b44748784 K295.35 Q411 2013

青阳镇志
中共江阴市青阳镇委员会编 江阴市青阳镇人民政府编 苏州 苏州大学出版社 1999 年 519 页
b17120718 K295.35 Q464 1999

新桥镇志
江苏省江阴市新桥镇镇志编纂委员会编 郁光义主编 郁光义 徐正平 聂和宝 孙杨生编纂 北京 方志出版社 2011 年 542 页〔江阴市方志丛书〕
b22458918 K295.35 X444 2011

云亭镇志
云亭镇志编纂委员会编 苏州 苏州大学出版社 1998 年 331 页
b17457579 K295.35 Y879 1998

周庄镇志
中共江阴市周庄镇委员会 江阴市周庄镇人民政府编 南京 南京大学出版社 1999 年 457 页
b15681798 K295.35 Z675 1999

祝塘镇志
祝塘镇志编纂委员会编 李中林主编 北京 方志出版社 2014 年 966 页〔江阴市方志丛书〕
b4544500x K295.35 Z746 2014

江阴市工会志 1994–2012
江阴市工会志编纂委员会编 刘文红主编 北京 方志出版社 2013 年 392 页〔江阴市地方志丛书〕
b40934925 D412.853.3 J326 2013

江阴市人民代表大会志 1949–2007
江阴市人民代表大会常务委员会 江阴市人民代表大会志编纂委员会编 北京 方志出版社 2007 年 539 页〔江阴市方志丛书〕
b18217710 D624.533 J326 2007

江阴法院志
江阴法院志编纂委员会编 朱林祥 方国钦 殷新宝编纂 江阴 江阴法院志编纂委

员会 2014 年 963 页
b50318949 D926.22 J3269 2014

江阴市农业机械化志 1988–2000
江阴市水利农机局编 钱金瑞主编 北京 方志出版社 2003 年 314 页
b5024713x F323.3 Q221 2003

江阴市土地志
江阴市土地志编纂委员会编 王忠义主编 南京 江苏人民出版社 1998 年 389 页
b1643321x F327.533 J326 1998

江阴市土地志 1996–2007
江阴市土地志编纂委员会编 北京 方志出版社 2008 年 408 页〔江阴市方志丛书〕
b19329404 F327.533 J326 2008

江阴市电力工业志
江阴市供电局编 陈希港主编 上海 上海人民出版社 1994 年 213 页
b49851238 F426.61 J3269 1994

江阴电信志
江阴电信志编纂委员会编 冯卫钊主编 北京 方志出版社 2014 年 283 页〔江阴市方志丛书〕
b45625207 F632.753.4 J326 2014

江阴市口岸志
江阴市口岸志编纂委员会编 北京 中国文史出版社 2005 年 286 页
b1773633x F752.853.3 J326 2005

江阴市财政志 1988–2007
江阴市财政志编纂委员会编 北京 方志出版社 2013 年 257 页〔江阴方志丛书〕
b40658697 F812.9 J326 2013

江阴市地方税务志 1994–2009
无锡市江阴地方税务局编 北京 方志出版社 2012 年 316 页
b36370216 F812.753.442 J326 2012

江阴市金融志
江阴市金融志编纂办公室编纂 陈正熙 鲁汝华主编 上海 上海古籍出版社 1998 年 249 页
b50665510 F832.753.4 J326 1998

南菁书院志 初稿
赵统编著 江阴 江苏省南菁高级中学 2002 年 199 页
b19418772 G649.299.533 N161 2002

南菁书院志
赵统著 上海 上海书店出版社 2015 年 664 页〔南菁文化丛书〕
b4662157x G649.299.533 N161C 2015

江阴县土壤志
江阴县土壤普查办公室编 江阴 江阴县土壤普查办公室 1984 年 262 页
b18120775 S159.253.4 J326 1984

江阴市水利志 1988–2000
江阴市水利农机局编 丁玉森主编 北京 中国水利水电出版社 2002 年 422 页
b18280857 TV–092 D533 2002

宜兴市

江苏省宜兴县志
江苏省宜兴市地方编纂委员会编 韩霞辉主编 上海 上海人民出版社 1990 年 997 页
b10910384 K295.34 Y425

宜兴市志 1988–2005
宜兴市地方志编纂委员会编 芮占良主编 北京 宜兴市地方志编纂委员会 2012年 2卷 1682页
b40503161 K295.34 Y425Y 2012

丁蜀镇志
江苏省宜兴市丁蜀镇志编纂委员会编 北京 中国书籍出版社 1992年 818页〔中国名镇志〕
b20019683 K295.35 D533 1992

高塍镇志
高塍镇志编纂委员会编 杜乃立主编 北京 方志出版社 2005年 560页
b16635887 K295.35 G234 2005

官林镇志
官林镇志编纂委员会编 陈志平主编 北京 新华出版社 1998年 311页〔中华人民共和国地方志丛书〕
b16326192 K295.35 G639 1998

和桥镇志
和桥镇志编纂委员会编 朱斌培主编 北京 方志出版社 2017年 815页
b51030482 K295.35 H313 2017

江苏省宜兴市宜城镇志
杨晓方主编 上海 上海人民出版社 1991年 681页〔中国名镇志〕
b10912800 K295.35 Y425

江苏宜兴湖㳇镇志
湖㳇镇志编纂委员会编 俞光华 陆嘉祥主编 北京 中央文献出版社 1999年 395页〔中华人民共和国地方志丛书〕
b23004083 K295.35 H4778 1999

鲸塘镇志
鲸塘镇志编纂委员会编 杨晓方主编 扬州 广陵书社 2008年 507页
b20810349 K295.35 J543 2008

屺亭镇志
屺亭镇志编纂委员会编 李济国主编 宜兴 屺亭镇志编纂委员会 1998年 403页〔中华人民共和国地方志丛书〕
b17994378 K295.35 Q159 1998

善卷镇志
善卷镇志编纂委员会编 史国兴主编 南京 江苏人民出版社 1999年 309页
b17125960 K295.35 S285 1999

双桥村志
江苏省宜兴市丁蜀镇双桥村志编纂委员会编 范新荣主编 北京 方志出版社 2018年 374页
b5302915x K295.35 S5926 2018

太华镇志
太华镇志编纂委员会编 张焕明 史国兴主编 南京 江苏古籍出版社 2001年 416页
b16445673 K295.35 T162 2001

万石镇志
万石镇志编纂委员会编 邵少华主编 南京 江苏人民出版社 2014年 742页
b46133173 K295.35 W173 2014

徐舍镇志
徐舍镇志编纂委员会编 蒋益芝 邵少华主编 南京 南京人民出版社 2017年 1018页
b50309304 K295.35 X5787 2017

杨巷镇志
杨巷镇志编纂委员会编 曹凤仪主编 北

京 方志出版社 2003年 424页
b15329513 K295.35 Y249 2003

宜城志
宜城志编纂委员会编 杨晓方主编 北京 方志出版社 2010年 701页
b50247645 K295.35 Y425C 2010

张渚镇志
张渚镇志编纂委员会编 宜兴 张渚镇志编纂委员会 1991年 390页〔中国名镇志〕
b20018010 K295.35 Z369 1991

张渚镇志
张渚镇志编纂委员会编 史国兴主编 南京 江苏人民出版社 2013年 877页
b44749004 K295.35 Z369 2013

周铁镇志
周铁镇志编纂委员会编 郭海泉主编 南京 凤凰出版社 2008年 611页
b19023339 K295.35 Y249Z 2008

宜兴工会志
宜兴工会志编纂委员会编 金保元主编 北京 方志出版社 2002年 342页
b46240408 D412.853.3 Y425 2002

宜兴市工会志 2001–2015
宜兴市工会志编纂委员会编 刘建伟主编 北京 方志出版社 2017年 449页
b4995166x D412.853.4 Y637 2017

宜兴县民政志
宜兴县民政局编 邵泽明主编 宜兴 宜兴县民政局 1987年 159页
b18261656 D675.34 S339 1987

宜兴市城乡建设志 1988–2008
许周溥 余录生 蒋云龙主编 宜兴 宜兴市建设局 2009年 279页
b4667004x F299.275.34 Y425 2009

宜兴市土地志
宜兴市土地志编纂委员会编 钱宁 史科祥主编 南京 江苏人民出版社 1998年 320页
b17516109 F321.1 Y425 1998

江苏省宜兴县教育志
江苏省宜兴县教育志编纂组编 吴省忠主编 宜兴 宜兴市教育彩印厂 1993年 497页
b18217667 G527.534 W511 1993

宜兴体育志
宜兴体育志编纂委员会编 北京 人民体育出版社 2002年 323页
b36247662 G812.753.4 Y425 2002

宜兴人物志 第2卷
江苏省政协文史资料委员会 宜兴市政协文史资料委员会编 南京 江苏文史资料编辑部 1997年 339页〔江苏省政协文史资料〕
b20952429 K820.853.3 Y425X

江苏省宜兴县地名录
宜兴县地名委员会编 宜兴 宜兴县地名委员会 1983年 339页
b20017868 K925.34 Y425 1983

徐州市

徐州市志
徐州市地方志编纂委员会编 董献吉总纂 北京 中华书局 1994年 2卷 2375页〔中

华人民共和国地方志丛书〕
b10616652　K295.33　X581

徐州市志　1978–2005
徐州市地方志编纂委员会编　宋余东主编　南京　江苏人民出版社　2017 年　3 册　2024 页
b50871237　K295.33　X581L　2017

徐州市委党校志　1949–1994
中共徐州市委党校编　曹建成　赵启东　王文华主编　徐州　中国矿业大学出版社　1994 年　213 页
b20104637　D261.41　C212　1994

徐州市人民代表大会志　1949–2008
徐州市人民代表大会志编纂委员会编　佟明泰主编　北京　方志出版社　2009 年　812 页
b20397574　D624.533　X581　2009

徐州政协志　1949–1985
政协徐州市委员会办公室编　徐州　政协徐州市委员会办公室　1989 年　166 页
b20017686　D628.533　Z649

徐州公安志　1906–1985
徐州市公安局史志办公室编　杜运太主编　徐州　徐州市公安局史志办公室　1991 年　302 页
b2080703x　D631　X5819　1991

徐州民政志
江红主编　北京　中国文史出版社　1992 年　745 页
b20807399　D632　X581　1992

徐州市民政志　1989–2009
徐州市民政局编　北京　方志出版社　2010 年　219 页
b20815803　D675.33　X581　2010

徐州司法志
舒景明主修　陈颖主编　徐州　江苏省徐州市司法局徐州司法志办公室　1989 年　141 页
b21571016　D927.533　X581　1989

淮海经济区志
王其林主编　南京　凤凰出版社　2010 年　278 页〔徐州地方志丛刊〕
b40864261　F127.5　W2275　2010

徐州市国土资源志
徐州市国土资源志编纂委员会编　田忠恩主编　徐州　中国矿业大学出版社　2014 年　494 页
b45961037　F129.953.3　X581　2014

徐州工商行政管理志　–2005
江苏省徐州工商行政管理局编　徐州　江苏省徐州工商行政管理局　2008 年　408 页
b47073263　F203.9　X581　2008

徐州市房地产志　1912–1985
陈恒兴　李良贵主修　高宗祐主编　徐州　徐州市房地产管理局　1989 年　148 页
b45453743　F299.275.33　X581　1989

徐州市农机志
徐州市农机志编纂委员会编　李向东主编　徐州　中国矿业大学出版社　2011 年　373 页
b36090384　F324.2　X581　2011

徐州市畜牧志　1910–1988
徐州市多种经营管理局　徐州市畜牧志编委会编　殷力生主编　徐州　江苏省徐州地图印刷厂　1990 年　202 页
b22432772　F326.375.33　X581　1990

徐州农村经济体制变革志　1926–1985
徐州农村经济体制变革志编纂委员会编

苏邦权 高学禄主纂 徐州 中共徐州市委农村工作部 1995年 211页
b49803839 F327.533 X581C 1995

徐州市土地管理志
徐州市土地管理志编纂委员会编 赵法臣主编 南京 江苏人民出版社 2000年 287页
b17604722 F327.533 X581X 2000

大黄山煤矿志
大黄山煤矿志编纂委员会编 孔庆瑞主编 徐州 大黄山煤矿志编纂委员会 1992年 317页
b22429153 F426.21 K342 1992

韩桥煤矿志 1882-1986
徐州矿务局韩桥煤矿志编纂委员会编 李瑞民 姚澄梧主编 徐州 中国矿业大学出版社 1992年 548页
b36373977 F426.21 H181 1992

徐工集团志 1999-2012
徐工集团志编纂委员会编 徐州 中国矿业大学出版社 2015年 528页
b4636321x F426.4 X581 2015

徐重厂志 1943-1985
徐州重型机械厂编 金增序主编 徐州 徐州重型机械厂 1988年 271页
b21765893 F426.42 J479 1988

徐州电力工业志 1914-1987
徐州电力工业志编委会编 骆嘉英主编 北京 水利电力出版社 1995年 351页〔江苏省电力工业志丛书〕
b45480199 F426.61 X581 1995

徐州发电厂志
徐州发电厂志编纂委员会编 丁同庆主编 徐州 中国矿业大学出版社 1997年 211页〔江苏省电力工业志丛书20010〕
b49983325 F426.61 X581C 1997

徐州纺织志 1978-2012
徐州纺织志编纂委员会 朱寿祥编 南京 凤凰出版社 2013年 798页
b50246732 F426.81 X581 2013

徐州矿务集团志 1987-2012
徐州矿务集团志编纂委员会编 卫炎主编 北京 煤炭工业出版社 2012年 673页
b44915408 F426.21 X581 2012

徐州矿务局志 1882-1986
徐州矿务局史志编纂委员会编 黄茂宣 陈利生主编 北京 煤炭工业出版社 1992-1994年 2卷 583页
b22433594 F426.21 H663 1992

徐州市电力工业志 1988-2002
徐金堂主编 北京 中国电力出版社 2013年 465页〔江苏省电力工业志丛书〕
b49981456 F426.61 X581D 2013

徐州市建筑安装工程总公司志
郑庆友主修 张宝吉主编 徐州 徐州市建筑安装工程总公司 1992年 341页
b4985012x F426.9 X581 1992

徐州市交通志
徐州市交通志编纂委员会编 徐州 徐州市交通志编纂委员会 1988年 129页
b20046455 F512.753.3 X581 1988

徐州市公路志 1978-2005
徐州市公路管理处编 茅庆梅 郑孝平主编 徐州 中国矿业大学出版社 2013年 451页
b45960987 F542.853.3 X581 2013

徐州航道志
徐州市航道管理处主办 冯作林主编 南京 江苏人民出版社 2013 年 798 页
b49704990 F552.753.3 X581 2013

徐州市地方海事志 1978–2007
徐州市地方海事局编 周平主编 徐州 徐州市地方海事局 2012 年 373 页
b49550214 F552.9 X581 2012

徐州电信局志
徐州电信局志编纂委员会编著 马凯旋主编 南京 江苏人民出版社 2009 年 370 页
b20883146 F632.753.3 X581 2009

徐州邮政志
徐州邮政志编纂委员会编 戴宪法主编 南京 凤凰出版社 2010 年 326 页〔徐州地方志丛刊〕
b51072695 F632.753.3 X581C 2010

徐州市粮食志
徐州市粮食局编 栾日昶主编 徐州 徐州新华印刷厂 1991 年 312 页
b21765911 F724.721 X581 1991

徐州物价志 1912–1985
岳公军 于磊主编 北京 中国物价出版社 1992 年 442 页
b42291550 F726.753.3 X581 1992

徐州市财政志 1912–1985
徐州市财政局编 程经国主修 徐州 徐州市财政局 1989 年 223 页
b22432759 F812.753.3 X581C 1989

徐州市税务志
严峰 刘振华 张希杰编纂 徐州 中国矿业大学出版社 1990 年 257 页
b21765947 F812.753.3 X581 1990

交通银行徐州分行志
江苏地区交通银行志编纂委员会编著 侯云祥主编 南京 江苏人民出版社 1999 年 187 页〔江苏地区交通银行志丛书〕
b49803281 F832.33 X5819 1999

徐州市金融志
徐州市金融志编纂委员会编 窦茂群主编 徐州 中国矿业大学出版社 1994 年 361 页
b2176590x F832.753.3 X581 1994

徐州市农村金融志
王回主编 徐州 中国矿业大学出版社 1999 年 591 页
b21765923 F832.753.3 X581W 1999

徐州市农村金融志 续篇 农业银行卷
中国农业银行徐州市分行编 王回主编 徐州 中国矿业大学出版社 2002 年 311 页
b21765935 F832.753.3 X581W 2002

徐州市保险志 1918–1987
徐州市保险志编纂委员会编 石连和主编 徐州 徐州市保险志编纂委员会 1989 年 188 页
b45480205 F842.753.3 X581 1989

徐州文化志 1911–1986
徐州市文化局编 韩京等撰稿 徐州 徐州市文化局 1989 年 275 页
b19732879 G127.533 X581 1989

徐州日报社志 1948–2008
徐州日报社志编纂委员会编 翟崇礼主编 南京 凤凰出版社 2009 年 434 页
b22432747 G219.245.33 X581 2009

徐州市科学技术志 1949–2005
徐州市科学技术局编 南京 凤凰出版社 2013年 310页
b49533617 G322.753.3 X581 2013

徐州教育志 1986–2005
徐州市教育局编 北京 方志出版社 2009年 396页
b20467278 G527.533 X581 2009

徐州市教育志
徐州市教育局教育志编写办公室编 徐州 中国矿业大学出版社 1991年 352页
b17646832 G527.533 X581 1991

朱庄乡教育志 1910–1986
朱庄乡教育志编写组编 王洪岩 刘运丰主编 徐州 朱庄乡教育志编写组 1987年 114页
b36014886 G527.535 Z723 1987

江苏省徐州市第一中学校志 1917–2002
梁德龄主编 徐州 徐师先达印刷厂 2002年 385页
b20102306 G639.285.3 X5812 2002

务本校志 记录二十年发展历程 1988–2008
潘晴川主编 徐州 徐州市务本高级中学 2008年 132页
b20104303 G639.285.33 W549 2008

校志 历史名校 英才摇篮
张鹏主编 徐州 徐州市第一中学 2013年 414页〔徐州一中110周年校庆丛书〕
b46377566 G639.285.33 J3278 2013

徐州三中校志 初稿 1949–1985
萧哲辅 尤建伟主编 徐州 徐州市第三中学 1986年 油印本 144页
b20104613 G639.285.3 X581 1986

徐州市第十三中学校志 1964–2004
许吉东主编 徐州 徐州市第十三中学40年校庆丛书编委会 2004年 299页
b20104625 G639.285.33 X5811 2004

徐州市王杰中学校志 1956–2016
郭兆峰主编 徐州 徐州市王杰中学 2016年 290页
b50248522 G639.285.33 W219 2016

徐州铁路职工子弟第一中学校志 1948–1986
杨德松主编 徐州 徐州铁路职工子弟第一中学 1987年 223页
b20104649 G639.285.33 X581 1987

徐州五中志
杨宪东主编 徐州 中国矿业大学出版社 2005年 308页〔徐州五中校园文化丛书〕
b17457622 G639.285.3 X581 2005

中国矿业大学志 1909–1990
吴培儒主编 徐州 中国矿业大学出版社 1992年 392页
b17298829 G649.285.3 Z648 1992

中国矿业大学志 1909–2009
邹放鸣主编 徐州 中国矿业大学出版社 2009年 2卷 1780页
b49625792 G649.285.3 Z648 2009

江苏省运河师范学校校志 1928–1990
江苏省运河师范学校校志编委会编 刘怀喜主编 徐州 中国矿业大学出版社 1998年 324页
b20099794 G659.285.33 Y914 1998

徐州教育学院院志 1959–1999
徐州教育学院院志编辑委员会编 吴育文主编 徐州 中国矿业大学出版社 1999 年 371 页
b21137067 G659.285.33 X581 1999

运河高等师范学校 江苏教育学院运河分院校志续编 1928–2008
运河高等师范学校校志编委会编 扈振江主编 徐州 运河高等师范学校校志编委会 2008 年 459 页
b20105010 G659.285.33 Y914 2008

徐州工业职业技术学院志 1964–2014
徐州工业职业技术学院志编纂委员会编著 张振亚主编 徐州 中国矿业大学出版社 2014 年 345 页
b46668196 G719.285.33 X5813 2014

徐州煤炭工业学校 徐州矿务局干部学校校志 1951–1987
校志编写组编 徐州 徐州煤炭工业学校印刷厂 1991 年 271 页
b19186630 G719.285.33 X581 1991

徐州省运会志
徐州省运会志编纂委员会编 崔锋主编 徐州 中国矿业大学出版社 2015 年 398 页
b46498205 G812.253 C816 2015

徐州市体育志
刘尊明 许敬诚主编 徐州 中国矿业大学出版社 1989 年 425 页
b45480217 G812.753.3 X581C 1989

徐州体育志 1949.10–2004.9
徐州市体育局编 王兴华主编 徐州 中国矿业大学出版社 2006 年 506 页
b21571028 G812.753.3 X581 2006

徐州方言志
李申著 北京 语文出版社 1985 年 360 页
b11933604 H172.1 L417

江苏戏曲志 徐州卷
江苏戏曲志编辑委员会 江苏戏曲志徐州卷编辑委员会编 陈晓棠主编 南京 江苏文艺出版社 2002 年 647 页
b36379402 J809.253.3 X581 2002

徐州民族宗教志 1910–1985
徐州市民族宗教事务局编 黄殿墀主编 徐州 徐州市民族宗教事务局 1991 年 215 页
b19932728 K280.533 H655 1991

徐州风物志
董治祥 沈华甫 李瑞林著 南京 江苏人民出版社 1984 年 142 页
b18280468 K295.33 X581F 1984

江苏省徐州市地名录
徐州市地名委员会编 徐州 徐州市地名委员会 1982 年 155 页
b20017674 K925.33 X581 1982

徐州市地名录
徐州市民政局编 徐州 中国矿业大学出版社 2007 年 1136 页
b20019634 K925.33 X581M 2007

徐州园林志
王河桥主编 徐州 徐州市园林风景管理局 1988 年 219 页
b19732880 K928.73 W218 1988

徐州市地震志
徐州市地震局编 南京 江苏人民出版社 2015 年 147 页
b49477766 P316.253.3 X581 2015

徐州市卫生防疫站志
徐州市卫生防疫站志编纂委员会编 郭兆林主编 徐州 徐州市卫生防疫站志编纂委员会 1994年 269页
b45480229 R197.2 X581 1994

徐州市卫生志
徐州市卫生志编纂委员会编 刘福元 牛蔼华 汪明甫主编 徐州 徐州新华印刷厂 1991年 302页
b21765959 R199.2 X581 1991

徐州卫生志 1985–2005
徐州卫生志编纂委员会编 吴宪主编 徐州 中国矿业大学出版社 2015年 682页
b4996303x R199.2 X581C 2015

江苏徐淮地区徐州农业科学研究所志 1910–2010
李国柱主编 北京 中国农业科学技术出版社 2010年 717页
b21763926 S-242.533 X581 2010

徐州蚕桑志
花晋洪主编 徐州 徐州蚕桑志编纂者 2001年 264页
b22432735 S88 H531 2001

徐州市城乡规划志 1945–1985
徐州市城乡规划志编纂领导小组编 秦培升主编 徐州 徐州市城乡规划志编纂领导小组 1988年 319页
b22432760 TU984.253.3 X581 1988

徐州园林志
徐州园林志编纂委员会编 李勇主编 北京 方志出版社 2016年 593页
b49460547 TU986.625.33 X581 2016

徐州市水利志
徐州市水利局编 滕雅元主编 徐州 中国矿业大学出版社 2004年 700页
b17516171 TV-092 T2919 2004

徐州市环境保护志 1978–2006
赵本国主编 北京 中国环境科学出版社 2012年 2卷 874页
b49532649 X321.253.3 X581 2012

云龙区

云龙区志
徐州市云龙区地方志编纂委员会编 司广瑞主编 徐州 云龙区地方志编纂委员会 1985年 278页
b1993287x K295.33 Y879 1985

徐州市云龙区志
徐州市云龙区地方志编纂委员会编 耿云玲主编 南京 江苏人民出版社 2016年 845页
b50728015 K295.33 X581YL 2016

鼓楼区

徐州市鼓楼区志
徐州市鼓楼区地方志编纂委员会编 史长青主编 南京 江苏人民出版社 2016年 766页
b49961160 K295.33 X581GL 2016

潘塘志
张宗友主编 南京 凤凰出版社 2010年 404页〔徐州地方志丛刊〕
b4064862x K295.33 P162 2010

贾汪区

贾汪区志
贾汪区地方志办公室编 胡永同主编 徐州 贾汪区地方志办公室 1990年 437页
b20583370 K295.33 X581J 1990

贾汪区志
徐州市贾汪区地方志编纂委员会编 李晓雷主修 王吉林主编 北京 方志出版社 2002年 615页〔中华人民共和国地方志丛书〕
b15956325 K295.33 X581J 2002

大吴镇志 1588–1995
徐州市大吴镇人民政府编 张荣华主编 徐州 徐州市大吴镇人民政府 1997年 374页
b49639961 K295.35 D13681 1997

江庄乡志
贾汪区江庄乡志编纂委员会编 刘广东主修 杨家安主编 徐州 徐州彩色包装印刷厂 1998年 262页
b23003959 K295.35 J326 1998

青山泉乡志 1882–1992
青山泉乡人民政府 徐州市人民政府地方志办公室编 李运之主编 徐州 中国矿业大学出版社 1994年 237页
b21569976 K295.35 Q4647 1994

徐州市贾汪区土地管理志
贾汪区土地管理志编纂委员会编 徐州 徐州市贾汪区土地房产管理局 1996年 197页
b16439673 F327.533 X581 1996

贾汪发电厂志
王衍庆主编 徐州 贾汪发电厂 1990年 185页
b49983313 F426.61 J243 1990

贾汪区水利志
徐州市贾汪区水利志编纂委员会编 石荣坤主编 徐州 徐州市贾汪区水利志编纂委员会 2007年 233页
b20015197 TV-092 S4744 2007

泉山区

徐州市郊区志
徐州市郊区地方志编纂委员会编 徐州 徐州市郊区地方志编纂委员会 1987年 422页
b19732867 K295.33 X581K 1987

江苏省徐州市郊区土壤志
徐州市郊区土壤普查办公室编 徐州 徐州市郊区土壤普查办公室 1985年 223页
b20949984 S159.253.3 X581 1985

铜山区

江苏省铜山县志
江苏省铜山县县志编纂委员会编 韩大鹏主编 北京 中国社会科学出版社 1993年 1087页〔江苏省地方志〕
b10640939 K295.34 T439

铜山县志 1978–2010
徐州市铜山区地方志编纂委员会 单兆民主编 南京 江苏人民出版社 2014年 1002页
b46376938 K295.34 T439 2014

大泉乡志
吕世新主编 铜山 铜山县大泉印刷厂 1989年 355页
b36129306 K295.35 D1366 1989

荒里村志 1588–1998
荒里村民委员会编 郑在堂主修 王兆惠主编 铜山 荒里村民委员会 2000 年 221 页
b2156839x K295.35 H642 2000

利国村志
利国村志编纂委员会编 吴奇主编 香港 香港天马出版社 2000 年 562 页
b3624577x K295.35 L454L 2000

利国乡志
利国志编委会编 吴奇主编 铜山 利国志编委会 1998 年 537 页
b13400964 K295.35 L454

柳泉乡志
柳泉乡志编纂小组编 杨学仪主笔 徐州 柳泉乡志编纂小组 1989 年 144 页
b2010277x K295.35 L7127 1989

柳新乡志
柳新乡人民政府编 王敦孟主修 铜山 铜山县教育印刷厂 1997 年 464 页
b19732508 K295.35 L712 1997

马楼村志
马楼村志编纂委员会编 海兴恩主编 张光浩主修 香港 香港华夏文化出版社 2001 年 516 页
b1799181x K295.35 M139 2001

茅村乡志
铜山县茅村乡志编纂领导小组编 徐州 铜山县茅村乡志编纂领导小组 1986 年 245 页
b21136543 K295.35 M246 1986

铜山县工会志 1882–1993
铜山县工会志编纂委员会编 朱淑美主修 韩昭先主编 徐州 中国矿业大学出版社 1995 年 617 页
b22432280 D412.853.4 T439 1995

铜山县政协志
铜山县政协志编纂委员会编 北京 中国友谊出版公司 1992 年 230 页
b17581576 D628.534 T439 1992

铜山国土资源志 1995–2012
铜山国土资源志编纂委员会编 徐永杰主编 徐州 中国矿业大学出版社 2014 年 384 页
b46363245 F129.953.4 T439 2014

铜山县土地管理志
铜山县土地管理志编纂委员会编 马祥宇主编 南京 江苏人民出版社 2002 年 289 页
b16434699 F327.534 T439 2002

铜山县水利志
铜山县水利局编 张汉书主编 徐州 中国矿业大学出版社 1995 年 223 页
b18572698 F426.9 Z353 1995

铜山税务志
陆绍仁主编 靖建国主笔 南京 江苏人民出版社 1992 年 408 页
b22432279 F812.753.442 T439 1992

铜山县金融志
萧麟主编 北京 中国财政经济出版社 1993 年 342 页
b22432292 F832.753.4 T439 1993

铜山县教育志
铜山县教育志编写办公室编 铜山 铜山教育印刷厂 1995 年 317 页
b1812060x G527.534 T439 1995

江苏省铜山县地名录
铜山县地名委员会编 铜山 铜山县地名委员会 1982 年 289 页
b20017108 K925.34 T439 1982

江苏省铜山县土壤志
铜山县土壤普查办公室 徐州市土壤普查办公室 江苏省土壤普查办公室编 铜山 铜山县土壤普查办公室 1986 年 274 页
b1730569x S159.253.4 T439 1986

新沂市

新沂县志
新沂市地方志编纂委员会编 南京 江苏科学技术出版社 1995 年 815 页〔江苏省地方志〕
b14034037 K295.34 X444

新沂市志 1978–2008
新沂市地方志编纂委员会编 戚玉成主编 南京 凤凰出版社 2010 年 1183 页
b2243267x K295.33 X444 2010

阿湖镇志
阿湖镇志编纂委员会编 徐振银主编 新沂 阿湖镇志编纂委员会 2008 年 424 页
b20100000 K295.35 A113 2008

北沟乡志
新沂市北沟乡人民政府编 戴承礼主编 新沂 新沂市北沟乡人民政府 1998 年 364 页
b36028903 K295.35 B3162

港头镇志
中国共产党新沂市港头镇委员会 新沂市港头镇人民政府 港头镇志编纂委员会编 新沂 港头镇志编纂委员会 2006 年 466 页
b20100905 K295.35 G2278 2006

高流镇志
新沂市高流镇人民政府编 陈立科主编 新沂 新沂印刷厂 2000 年 486 页
b17992035 K295.35 G243 2000

合沟镇志
中共合沟镇委员会 合沟镇人民政府编 戴全善主编 新沂 合沟镇人民政府 2011 年 355 页
b49789120 K295.35 H2833 2011

棋盘镇志
棋盘镇志编纂委员会编 马正厚主编 新沂 棋盘镇志编纂委员会 2006 年 393 页
b21136567 K295.35 Q131 2006

桥塘村志
谢春武主编 新沂 新沂市印刷厂 1999 年 454 页
b20016311 K295.35 Q384 1999

邵店镇志
邵店镇志编纂委员会编写 孙其炯主编 北京 中国戏剧出版社 2000 年 567 页
b19023273 K295.35 S337T 2000

时集乡志
中共新沂市时集镇委员会编 新沂市时集镇人民政府编 新沂 新沂印刷厂 2000 年 432 页
b21136646 K295.35 S467 2000

双塘镇志
双塘镇志编纂委员会 戈山虎 庞慧主编 新沂 双塘镇志编纂委员会 2013 年 371 页〔江苏省新沂市地方志丛书〕
b4699578x K295.35 S5927 2013

瓦窑镇志
中共瓦窑镇委员会 瓦窑镇人民政府编 戴全善主编 新沂 瓦窑镇人民政府编 2010年 535页
b49472513 K295.35 W122 2010

新安乡志
新安乡地方志编纂委员会编 新沂 新安乡地方志编纂委员会 2000年 374页
b36129379 K295.35 X4431 2000

中河岛志
新沂市史志办公室编 张鲁道主编 新沂 新沂市史志办公室 2014年 382页
b46670026 K295.35 Z643 2014

新沂市工会志
新沂市工会志编纂委员会编 朱希朴主修 周琦主编 徐州 中国矿业大学出版社 1995年 533页
b36013900 D412.853.3 Z721 1995

新沂人民代表大会志
新沂人民代表大会志编纂委员会编 许化如主编 新沂 泰新利彩色印刷厂 2007年 629页
b22432668 D624.534 X445 2007

新沂县电力工业志
新沂县供电局编志办公室编 甄增俭主编 新沂 新沂县供电局编志办公室 1987年 206页
b49983301 F426.61 X444 1987

新沂市粮食志
新沂市粮食局编 汤秉哲主编 新沂 新沂市粮食局 1991年 291页
b21765832 F724.721 X444 1991

新沂县教育志 1911–1986
新沂县教育局编志办公室编 宿迁 宿迁市印刷厂 1988年 246页
b36016007 G527.534 X444 1988

新安小学校志
新沂市新安小学校志编纂委员会编 谢春武 戴栋双主编 临沂 山东新华印刷厂临沂厂 2006年 286页
b46018347 G629.285.33 X444 2006

江苏省新沂县地名录
新沂县地名委员会编 新沂 新沂县地名委员会 1982年 229页
b20017625 K925.34 X444 1982

新沂市人民医院志
新沂市人民医院志编纂委员会编 闫峰主笔 北京 方志出版社 2009年 514页
b50247566 R199.2 X4449 2009

江苏省新沂县土壤志
王耀华 任锦良 李志华执笔 新沂 徐州市新沂县土壤普查办公室 1986年 277页
b2010229x S159.253.4 W234 1986

邳州市

邳县志
邳州市地方志编纂委员会编 张冠星 王朝堂主编 北京 中华书局 1995年 912页
〔中华人民共和国地方志丛书〕
b1063356x K295.34 P364

邳州市志 1978–2006
邳州市地方志编纂委员会编 陆东坡 胡海英 张允庆主编 南京 江苏人民出版社 2017年 2册 946页
b50871249 K295.34 P364C 2017

八路镇志
杲怀倩主编 邳州 八路镇地方志编纂委员会 2004年 523页
b18199008 K295.35 B111 2004

岔河镇志
王如珅主编 邳州 岔河镇人民政府 2001年 432页
b5108014x K295.35 C275 2001

陈楼镇志
汤继文主编 北京 中国戏剧出版社 2001年 845页〔世纪曙光文丛〕
b36128338 K295.35 C424 2001

岱山乡志
赵成吉主编 北京 海潮出版社 1989年 155页
b20098613 K295.35 D147 1989

戴庄镇志
中共邳州市戴庄镇委员会 邳州市戴庄镇人民政府编 徐辉主编 南京 凤凰出版社 2015年 354页
b49669011 K295.35 D154 2015

港上镇志 1914–2000.9
邳州市港上镇志编纂领导小组编 陈厚杰主编 邳州 邳州市港上镇志编纂领导小组 2000年 326页
b19732077 K295.35 G2277 2000

邳州市官湖镇志
邳州市官湖镇人民政府编 刘乐林主编 南京 江苏人民出版社 2016年 508页
b50246720 K295.35 G6393 2016

邳州市政协志
邳州市政协志编纂委员会编 贾宜强主编 南京 江苏人民出版社 2012年 542页
b36070609 D628.534 P364 2012

邳州市纪检监察志
邳州市纪检监察志编委会编 孙跃先主编 南京 江苏人民出版社 2011年 409页
b36134065 D675.33 P364 2011

邳州市财贸金融志
邳州市史志办 邳州市财贸办编 颜廷峰主编 北京 中国国际广播音像出版社 2007年 602页
b3637393x F127.533 P364 2007

邳州市土地管理志
邳州市土地管理志编纂委员会编 胡正脉主编 南京 江苏人民出版社 2006年 282页
b17127993 F327.533 P364 2006

江苏徐塘发电有限责任公司志 1972–2003
吴广俊主编 北京 中国电力出版社 2009年 248页〔江苏省电力工业志丛书〕
b40863931 F426.61 J327 2009

邳县教育志 1911–1990
邳县教育局编志办公室编 杨泽民 顾威主编 邳县 邳县教育局编志办公室 1991年 324页
b20103219 G527.534 P364 1991

明德实验学校志
明德实验学校志编纂委员会编 沙正礼主编 邳州 明德实验学校志编纂委员会 2011年 241页
b50066444 G639.285.34 P364 2011

江苏省邳县地名录
邳县地名委员会编 邳县 邳县地名委员

会 1982年 277页
b20016189 K925.34 P364 1982

邳县银杏志
张清吉主笔 北京 海潮出版社 1989年 170页
b13273838 S664.3 Z362

邳县水利志
邳县水利局编 邳县 邳县水利局 1990年 280页
b21855146 TV-092 P364 1990

丰 县

丰县简志
王文升编写 丰县 丰县印刷厂 1986年 420页
b23228696 K295.34 F359G 1986

江苏省丰县志
江苏省丰县县志编纂委员会办公室编 于瑞茂主修 王文升编写 北京 中国社会科学出版社 1994年 1045页〔江苏省地方志〕
b1056875x K295.34 F359D

丰县政协志 1950-1990
中国人民政治协商会议江苏省丰县委员会政协志编纂委员会编 张洪昌主编 丰县 中国人民政治协商会议江苏省丰县委员会政协志编纂委员会 1990年 221页
b20014491 D628.534 F359 1990

丰县国土资源志
丰县国土资源志编纂委员会编 杨洪军主编 北京 农业出版社 2007年 322页
b20533640 F129.953.4 F359 2007

丰县农业志
丰县农业志编纂委员会编 刘祖斌主编 北京 中国农业出版社 2009年 596页
b44851273 F327.534 F359 2009

丰县交通志
丰县交通志编纂委员会编 侯勇 程鹏主编 长春 吉林人民出版社 2000年 393页
b20098832 F512.753.3 F359 2000

丰县公路志
丰县公路志编纂委员会编 北京 气象出版社 2002年 312页
b20948797 F542.853.4 F359 2002

校志 1923-1998
魏崇镇主编 丰县 江苏省丰县中学 1998年 530页〔江苏省丰县中学七十五周年校庆系列丛书〕
b22464256 G639.285.34 J327 1998

丰县戏曲志
丰县戏曲志编辑委员会编 史先周主编 北京 中国戏剧出版社 2010年 294页
b40648783 J809.2 F359 2010

丰县风物志
政协丰县委员会文史委编 丰县 丰县中学印刷厂 2005年 284页
b20534243 K925.34 F359 2005

江苏省丰县地名录
丰县地名委员会编 丰县 丰县地名委员会 1982年 250页
b18622124 K925.34 F359 1982

丰县水利志
丰县水利局编 胡炜 齐慕勇主修 王明忠主编 南京 江苏人民出版社 2009年 586页

b20948803 TV-092 F359 2009

沛 县

沛县简志
沛县地方志办公室编 沛县 沛县印刷厂 1989年 364页
b20121246 K295.34 P298 1989

沛县志
江苏省沛县地方志编纂委员会编 郑善谆主编 北京 中华书局 1995年 973页〔中华人民共和国地方志丛书〕
b14034050 K295.34 P298

沛县志 1978–2008
沛县地方志编纂委员会编 朱晓沛 欧英俊 徐安伯主编 北京 中华书局 2016年 989页
b50234183 K295.34 P298C 2016

安国乡志
安国乡人民政府编 张兆厚主编 沛县 安国乡人民政府 1988年 265页
b20576080 K295.35 A1633 1988

龙固镇镇志
中共沛县龙固镇委员会 沛县龙固镇人民政府编 朱志军主编 徐州 徐州精典彩色印刷有限公司 2010年 601页
b50152282 K295.35 L7413 2010

鹿湾乡志
鹿湾乡志编纂委员会编 李维静主编 南京 江苏人民出版社 1997年 334页
b20403768 K295.35 L825 1997

魏庙镇志
魏庙镇志编纂委员会编 徐州 魏庙镇志编纂委员会 1999年 292页
b21136683 K295.35 W357 1999

沛县政协志 1950–2005
政协沛县第七届委员会主编 沛县 政协沛县第七届委员会 2006年 419页
b19732600 D628.534 Z649 2006

沛县政协志 2006–2016
刘广远主编 南京 江苏人民出版社 2016年 815页
b49953205 D628.534 P298 2016

沛县民政志 1912–1985
沛县民政局编 徐州 徐州新华印刷厂 1989年 320页
b20950950 D675.34 P298 1989

沛县城乡建设志
江苏省沛县城乡建设委员会编 苗尊守 高兴隆主编 沛县 江苏省沛县城乡建设委员会 1990年 341页
b4666970x F299.275.34 P298 1990

大屯建安公司志
大屯煤电公司建筑安装工程公司史志编纂委员会编 祝永君主编 沛县 大屯煤电公司建筑安装工程公司史志编纂委员会 1992年 252页
b50779643 F426.9 D1364 1992

沛县税务志 1912–1994
沛县税务志编纂委员会编 朱德玉主编 沛县 沛县税务志编纂委员会 2006年 229页
b49505592 F812.753.442 P298 2006

沛县文化志 初稿
沛县文化局编 沛县 沛县文化局 1985年

油印本 136 页
b20535430 G127.534 P298 1985

沛县文化志 续编 初稿 1984–1985
沛县文化局编 沛县 沛县文化局 1986 年 油印本 15 页
b20692572 G127.534 P298 1986

沛县第二中学校志 1978–2008
季传民主编 沛县 沛县第二中学 2008 年 150 页
b20139962 G639.285.34 P298 2008

沛县体育中学志 1964–2015
沛县体育中学志编纂委员会编 朱德玉主编 沛县 沛县体育中学志编纂委员会 2015 年 363 页
b49963958 G639.285.34 P2982 2015

沛县魏庙中学校志 1958–2008
孙尊斌主编 沛县 沛县魏庙中学校 2008 年 180 页
b21764724 G639.285.34 W357 2008

沛县中学志 1923–1991
沛县中学志编委会编 吴运昌主编 沛县 沛县中学志编委会 1987 年 175 页
b20403975 G639.285.34 P2981 1987

江苏省沛县中等专业学校志 1963–2013
王云峰主编 南京 江苏人民出版社 2015 年 732 页
b46669668 G719.285.34 P298 2015

沛县武术志
沛县文化与体育局编 朱德玉 孙敦亚主编 徐州 徐州市新闻出版局 2000 年 461 页
b36379748 G852 P298 2000

江苏省沛县地名录
沛县地名委员会编 沛县 沛县地名委员会 1982 年 203 页
b20016165 K925.34 P298 1982

江苏省沛县地名录
张世君主编 沛县 沛县地名委员会 2001 年 652 页
b20103165 K925.34 P298Z 2001

江苏省沛县土壤志
韦邦杰 李延禄撰写 沛县 沛县土壤普查办公室 1986 年 256 页
b19732302 S159.253 W313 1986

沛县水利志 1911–1985
姚念礼主编 徐州 中国矿业大学出版社 1990 年 264 页
b18569183 TV–092 Y296 1990

睢宁县

睢宁县志
睢宁县地方志编纂委员会编 朱绍根主编 北京 中国社会科学出版社 1994 年 797 页〔江苏省地方志丛书〕
b10824820 K295.34 S742

睢宁县志 1978–2013
睢宁县志编纂委员会编 马玉营主编 南京 江苏人民出版社 2015 年 2 卷 1163 页
b47415496 K295.34 S742D 2015

高作镇志
睢宁县高作镇志编纂委员会编 北京 新华出版社 1997 年 320 页〔江苏省睢宁县乡镇志〕
b13400344 K295.35 G256

古邳志
睢宁县古邳镇编史修志组编 南京 南京西善桥印刷厂 1989 年 260 页
b19732089 K295.35 G5426 1989

凌城镇志
睢宁县凌城镇志编纂委员会编 周伯彦主编 北京 新华出版社 2001 年 390 页〔江苏省睢宁县乡镇志〕
b1657381x K295.35 L627 2001

浦棠乡志
睢宁县浦棠乡志编纂委员会编 北京 新华出版社 1997 年 433 页〔江苏省睢宁县乡镇志〕
b13400721 K295.35 P694

双沟镇志
睢宁县双沟镇志编纂委员会编 北京 新华出版社 1997 年 462 页
b12698465 k295.35 S592

睢宁县李集镇志
睢宁县李集镇人民政府编 杨方主编 南京 江苏人民出版社 2018 年 436 页
b50871274 K295.35 L397 2018

桃园镇志
睢宁县桃园镇志编纂委员会编 常光侠主编 香港 香港天马出版社 2000 年 456 页〔江苏省睢宁县乡镇志〕
b13743387 K295.35 T266

魏集乡志
睢宁县魏集乡志编纂委员会编 北京 新华出版社 1997 年 308 页〔江苏省睢宁县乡镇志〕
b12698490 K295.35 W356

姚集乡志
睢宁县姚集乡志编纂委员会编 北京 新华出版社 1997 年 386 页〔江苏省睢宁县乡镇志〕
b12698507 K295.35 Y295

张圩乡志
睢宁县张圩乡志编纂委员会编 北京 新华出版社 1997 年 244 页〔江苏省睢宁县乡镇志〕
b12698489 K295.35 Z366

睢宁县工会志
睢宁县工会志编纂委员会编 王保江主编 李振平等编写 徐州 中国矿业大学出版社 1995 年 536 页
b47297281 D412.853.4 S742 1995

睢宁县政协志
睢宁县政协志编纂委员会编 王甫春主编 睢宁 睢宁县政协志编纂委员会 2009 年 480 页
b49505683 D628.534 S742 2009

睢宁县政协志 2008–2016
睢宁县政协志编纂委员会编 邓冰主编 睢宁 睢宁县政协志编纂委员会 2016 年 688 页
b50248388 D628.534 S742C 2016

睢宁县土地管理志
仲崇威主编 徐州 中国矿业大学出版社 2005 年 219 页
b16426599 F327.534 S742 2005

睢宁县农业志
江苏省睢宁县农业委员会编 陈振富主编 徐州 中国矿业大学出版社 2013 年 229 页
b46003514 F329.534 S742 2013

睢宁县教育志 1911–1985
睢宁县教育局编志办公室编．睢宁 睢宁县教育局编志办公室 1986 年 340 页
b36014357 G527.534 S742C

睢宁县教育志 1986–1995
睢宁县教育志办公室编 睢宁 睢宁县教育志办公室 1998 年 508 页
b20181954 G527.534 S742 1998

睢宁县李集中学校志 1952–2002
江苏省睢宁县李集中学校志编辑委员会编 睢宁 江苏省睢宁县李集中学校志编辑委员会 2002 年 295 页
b46668615 G639.285.34 S742 2002

睢宁县乡村地名文化人物志
睢宁县乡村地名文化人物志编纂委员会编 北京 商务印书馆 2016 年 8 卷
b49726122 K925.34 S742 2016

睢宁县水利志
睢宁县水利局编 王保乾主编 徐州 中国矿业大学出版社 2000 年 366 页
b20019622 TV–092 W212 2000

常州市

常州市志
常州市地方志编纂委员会编 黄元裕总纂 北京 中国社会科学出版社 1995 年 3 卷 1219 页
b10636274 K295.33 C3459

常州共青团志
共青团常州市委编著 蔡骏主编 北京 中央文献出版社 1999 年 403 页
b40743184 D292.533 C345 1999

常州市工会志
常州市工会志编纂委员会编 薛焕炳主编 南京 江苏古籍出版社 1993 年 331 页
b40743196 D412.853.3 C345 1993

常州市人民代表大会志
常州市人民代表大会常务委员会编 卞愉清主编 常州 常州市人民代表大会常务委员会 1993 年 333 页
b1993127x D624.533 C345 1993

常州红十字志
余坚主编 鲍惠舫执行主编 南京 南京大学出版社 2014 年 724 页
b49788802 D632.1 C345 2014

常州农工党志 1931–1991
中国农工民主党常州市委员会编 武进 国营武进印刷厂 1994 年 150 页
b20948189 D665.5 Z6481 1994

常州市工商业联合会常州市商会志 1905–1995
常州市工商业联合会（商会）编 郑德舫主编 常州 常州市工商业联合会（商会） 1996 年 300 页
b22429037 D665.4 Z532 1996

常州市工商业联合会常州市总商会志 1996–2005
常州市工商业联合会编 赵幼章主编 常州 常州市工商业联合会 2006 年 244 页
b22429049 D665.4 Z532 2006

常州市军事志
常州市军事志编纂委员会编 杨家政主编 南京 凤凰出版社 2011 年 2 卷 1098 页
b36134053 E289.533 C345 2011

常州市国土资源志 1995–2007
常州市国土资源志编纂委员会编 徐建伟主编 南京 凤凰出版社 2011 年 638 页
b35997278 F129.953.3 X572 2011

常州市质量技术监督志
常州市质量技术监督志编纂委员会编 黄国瑾主编 常州 常州市质量技术监督志编纂委员会 2012 年 2 册 329 页
b50347135 F203 C345 2012

常州劳动志
常州劳动志编纂委员会编 薛扬诚主编 南京 江苏科学技术出版社 1994 年 279 页
b21567189 F249.275.33 C345 1994

常州市物资志
常州市物资局编 常州 常州市物资局 1990 年 409 页〔常州市地方志丛书〕
b50065890 F259.275.33 C345 1990

常州城市建设志
常州城市建设志编纂委员会编 张兆域主编 北京 中国建筑工业出版社 1993 年 727 页〔中华人民共和国地方志〕
b20948177 F299.275.33 C345 1993

常州市土地志
常州市土地志编纂委员会编 潘义鉴主编 南京 江苏人民出版社 1999 年 425 页
b17645530 F327.533 P162 1999

常州第二织布厂志
常州第二织布厂编 常州 常州第二织布厂 1987 年 261 页
b44915627 F426.81 C345 1987

常州电池厂志 1956–1985
常州电池厂编志办公室编 常州 常州电池厂编志办公室 1986 年 217 页
b50318329 F426.61 C3451 1986

常州港华燃气志 1981–2011
常州港华燃气志编纂委员会编 吴成义主编 常州 常州港华燃气志编纂委员会 2012 年 444 页
b50268818 F426.22 C345 2012

常州热工仪表厂厂志 1962–1984
陶有福主笔 常州 常州热工仪表厂厂志编纂组 1986 年 183 页
b50318330 F426.46 C345 1986

常州市电力工业志 1988–2002
林敏主编 北京 中国电力出版社 2011 年 508 页〔江苏省电力工业志丛书〕
b49850477 F426.61 C3459 2011

戚墅堰发电厂志
戚墅堰发电厂编 沈法良主编 上海 生活·读书·新知三联书店上海分店 1992 年 186 页〔太湖流域地区专业志丛书〕
b49982837 F426.61 Q1179 1992

江苏华电戚墅堰发电有限公司志 1988–2006
钱大阜主编 北京 中国电力出版社 2009 年 334 页〔江苏省电力工业志丛书〕
b51011761 F426.61 J3273 2009

常州交通志
常州交通志编纂委员会编 沈桂南主编 上海 上海人民出版社 1992 年 296 页
b2113618x F512.753.3 C345 1992

常州市公共交通集团公司志 1960–2010
常州市公共交通集团公司志编纂委员会编 李志瑜主编 北京 方志出版社 2011

年 258 页
b40424650　F542.853.3　C345　2011

常州市郊区供销社志
常州市郊区供销合作联社修志组编　常州　常州市郊区供销合作联社修志组　1989 年　103 页
b50016751　F727.533　C345C　1989

常州市商业志
常州市商业志编纂委员会编　薛奕干主编　南京　江苏科学技术出版社　1994 年　379 页
b40743202　F727.533　C345　1994

常州市税务志　1840–1985
常州市税务局编志办公室　陈时煌主编　常州　常州市税务局编志办公室　1993 年　169 页
b46995018　F812.753.342　C345　1993

常州市金融志
常州市金融志编纂委员会编　陈中云主编　南京　河海大学出版社　1999 年　296 页
b45569356　F832.753.3　C345　1999

常州保险志　1913–2009
常州保险志编纂委员会编　孙益民　蒋旭主编　北京　方志出版社　2010 年　265 页
b20972027　F842.753.3　S779　2010

常州文化志
吴伯瑜　钱泳林主编　北京　中央文献出版社　1999 年　264 页
b16753951　G127.533　W483　1999

常州广播电视志　1932–2006
常州广播电视志编纂委员会编　陈俊杰主编　北京　中国文联出版社　2009 年　657 页
b40783492　G229.275.33　C345　2009

常州市教育志
常州市教育志编纂委员会编　高天德主编　上海　上海人民出版社　1990 年　456 页
〔太湖流域地区专业志丛书〕
b1327644x　G529.7　C345

江苏省常州市第二中学校志　建校九十周年纪念专集
唐子黔主编　常州　常州市第二中学校志编纂委员会　2014 年　712 页
b46669693　G639.285.33　C3451C　2014

常州工学院志　1998–2008
常州工学院志编纂委员会编　金心主编　南京　江苏人民出版社　2008 年　438 页
b19023340　G649.285.3　C345　2008

常州工业技术学院志　1978–1998
马树杉主编　南京　江苏文艺出版社　1998 年　448 页
b19930434　G649.285.33　C345　1998

江苏技术师范学院志　1985–2005
江苏技术师范学院志编写组编　北京　方志出版社　2005 年　486 页
b16638001　G659.285.3　J327　2005

常州刘国钧高等职业技术学校志
2004.10–2009.10
b44915639　G719.285.33　C3455　2009

常州轻工业学校校志　1963–1985
常州轻工业学校校志编纂组编　常州　轻校校志编纂组　1986 年　111 页
b20402612　G719.285.33　C3457　1986

常州市第三职业高级中学志　1943–2003
常州市第三职业高级中学志编纂委员会编　常州　常州市第三职业高级中学志编纂

委员会 2003 年 183 页
b17962699 G719.285.33 C345 2003

常州市刘国钧职业教育中心志 1989–1999
常州市刘国钧职业教育中心编志编委会编 常州 常州市照排中心 1999 年 243 页
b17960204 G719.285.3 L676 1999

江苏省常州工业学校志 1958–1998
江苏省常州工业学校志编委会编 常州 常州市照排中心 1999 年 321 页
b19418164 G719.285.3 C345 1999

江苏省常州技师学院志 1960–2015
江苏省常州技师学院志编纂委员会编 王国海主编 常州 江苏省常州技师学院志编纂委员会 2015 年 478 页
b47316895 G719.285.33 J327 2015

常州省运会志
常州省运会志编纂委员会编著 何玉清 杭永宝主编 南京 凤凰出版社 2011 年 455 页
b40648618 G812.253 H281 2011

常州体育志
常州体育志编纂委员会编 张戬炜主编 北京 方志出版社 2004 年 478 页
b20948190 G812.753.3 C345 2004

常州文联志
常州文联志编纂委员会编 胡军生 池银合主编 南京 凤凰出版社 2013 年 515 页
b44851510 I2–26 C345 2013

常州市编史修志志
中共常州市委党史工作委员会 常州市地方志办公室编著 虞建安主编 南京 南京大学出版社 2013 年 383 页
b46011778 K295.33 C3459H 2013

常州市郊区志 1984–2000
江苏省常州市郊区志编纂委员会编 孟建发主编 北京 方志出版社 2003 年 975 页
b16178464 K295.33 C345J 2003

常州市烈士陵园志 1978–1998
常州市烈士陵园志编纂委员会编 常州 常州市烈士陵园 1999 年 259 页
b18262090 K878.23 C345 1999

常州市卫生志
常州市卫生志编纂委员会编 章涛主笔 常州 常州市卫生局 1989 年 441 页〔常州地方志丛书〕
b45452702 R199.2 C345 1989

江苏省常州市土壤志
常州市农业局 江苏省土壤普查办公室编 常州 常州市农业局 1987 年 226 页
b18120696 S159.253.3 C345 1987

常州市规划设计院院志 1999–2009
史海峰编写 常州 常州市规划设计院院志 1999–2009 编纂委员会 2009 年 201 页
b41234716 TU98–242.533 C345 2009

江苏艺文志 常州卷
赵国璋主编 钱之卷主编 南京 江苏人民出版社 1994 年 1134 页〔出版史志丛书〕
b10733711 Z812.3 Z433

新北区

勤丰村志 1949–2000
常州市郊区茶山乡勤丰村志编纂委员会编 黄元裕主编 常州 常州市郊区茶山乡勤丰村志编纂委员会 2001 年 308 页
b20404037 K295.35 Q446 2001

徐墅村志
殷瑞良主编 常州 常州市新北区春江镇徐墅村 2006年 221页
b20404931 K295.33 C3459Y 2006

高新区（新北区）检察志
江苏省常州市高新区（新北区）人民检察院编 常州 江苏省常州市高新区（新北区）人民检察院 2011年 462页
b49981754 D926.32 C345G 2011

天宁区

天宁区志
江苏省常州市天宁区志编纂委员会编 钱达茂总纂 北京 方志出版社 2003年 945页
b14447034 K295.33 C3459T 2003

青龙乡志
青龙乡志编写组编 王培全主笔 武进 青龙乡志编写组 1986年 249页
b20104285 K295.35 Q4645 1986

常州市天宁区军事志
常州市天宁区军事志编纂委员会编 巢华康主编 南京 凤凰出版社 2011年 569页
b37530902 E289.533 C345T 2011

钟楼区

钟楼区志 1840–1985
常州市钟楼区编史修志委员会编 陈涛 钱泰来主编 南京 江苏人民出版社 1992年 390页
b13276827 K295.33 C3459Z

钟楼区志 1986–2002
江苏省常州市钟楼区志编纂委员会编 倪良法主编 北京 方志出版社 2007年 726页
b18148335 K295.33 C3459Z 2007

常州市钟楼区军事志
常州市钟楼区军事志编纂委员会编 章锡安主编 南京 凤凰出版社 2011年 398页
b37530872 E289.533 C345Z 2011

常州市钟楼区教育志
常州市钟楼区教育志编纂委员会编 北京 中央文献出版社 1999年 522页
b18262260 G527.533 C345 1999

武进区

武进县志
江苏省武进县志编纂委员会编 上海 上海人民出版社 1988年 1014页
b10910347 K295.34 W533

武进志 1986–2007
常州市武进区地方志编纂委员会编 北京 方志出版社 2011年 2卷 1990页
b36369755 K295.33 W533 2011

安家乡志
武进县安家乡编史修志领导小组编 武进 武进县安家乡编史修志领导小组 1984年 246页
b18471237 K295.35 A163 1984

坂上乡志
武进县坂上乡编史修志领导小组编 庄仁厚 储绍熙主笔 武进 武进县坂上乡编史修志领导小组 1985年 333页
b20533822 K295.35 B213 1985

北港乡志
武进县北港乡编史修志领导小组编 武进 武进县北港乡编史修志领导小组 1984年 218页
b20402466 K295.35 B3163 1984

奔牛镇志
常州市武进区奔牛镇地方志编纂委员会编 高平主编 南京 南京大学出版社 2010年 823页
b36077240 K295.35 B343 2010

卜弋乡志
武进县卜弋乡编史修志领导小组编 主笔何平 武进 武进县卜弋乡编史修志领导小组 1985年 242页
b18262326 K295.35 B581 1985

巢家志
陶红亮主编 巢家 巢家志编纂委员会 2012年 253页
b40863700 K295.35 C374 2012

成章乡志
邹俊等编写 武进 成章乡志编写者 1984年 239页
b20402648 K295.35 C461 1984

村前志
村前乡志编写组 骆敏求主笔 武进 江苏省武进县村前印刷厂 1984年 343页
b20402697 K295.35 C849 1984

东华村志
常州市武进区湖塘镇东华村志编纂委员会编 徐忠林主编 北京 方志出版社 2011年 370页
b23216141 K295.35 D5823 2011

东青乡志
武进县东青乡编史修志领导小组编 武进 武进县东青乡编史修志领导小组 1985年 216页
b18262363 K295.35 D5824 1985

坊前乡志
武进县坊前乡编史修志领导小组编 赵荣光编写 武进 武进县坊前乡编史修志领导小组 1984年 232页
b20402818 K295.35 F229 1984

贺北村志
常州市武进国家高新区贺北村志编纂委员会编 恽辛耕主编 北京 方志出版社 2016年 470页
b49518501 K295.35 H314 2016

横林镇志 1984–2007
常州市武进区横林镇志编纂委员会编 诸汉章主编 南京 南京大学出版社 2011年 870页
b40648680 K295.35 H3915 2011

横山桥公社志
横山桥公社编史修志领导小组编 武进 横山桥公社编史修志领导小组 1983年 310页
b20534632 K295.35 H3918 1983

红联村志
红联村志编写组编 常州 红联村志编写组 2008年 196页
b47206445 K295.35 H4195 2008

湖塘乡志
武进县湖塘乡编史修志领导小组编 武进 武进县湖塘乡编史修志领导小组 1984年 305页
b17992825 K295.35 H477 1984

湖塘镇志
常州市武进区湖塘镇志编纂委员会编 孙杰主编 北京 方志出版社 2013年 2卷 1608页
b4693411x K295.35 H477C 2013

湟里镇志
湟里镇志编纂委员会编著 张嘉平主编 南京 南京大学出版社 2011年 1144页
b40648692 K295.35 H6725H 2011

湟里志
武进县湟里乡编史修志领导小组编 武进 武进县湟里乡编史修志领导小组 1986年 308页
b18261462 K295.35 H6725 1986

嘉泽镇志
常州市武进区嘉泽镇地方志编纂委员会编 南京 南京大学出版社 2012年 912页
b4123540x K295.35 J198 2012

剑湖乡志
剑湖乡编史修志领导小组编 唐友方主笔 武进 江苏省武进县剑湖印刷厂 1984年 253页
b20102203 K295.35 J296 1984

焦溪乡志
武进县焦溪乡编史修志领导小组编 顾盘甫主编 武进 武进县焦溪乡编史修志领导小组 1984年 350页
b20403525 K295.35 J369 1984

蠡河乡志
武进县蠡河乡编史修志领导小组编 武进 武进县蠡河乡编史修志领导小组 1983年 178页
b19732466 K295.35 L4273 1983

礼嘉乡志
武进县礼嘉乡编史修志领导小组编 武进 武进县礼嘉乡编史修志领导小组 1985年 325页
b20403690 K295.35 L383 1985

礼嘉镇志
常州市礼嘉镇地方志编纂委员会编 庄仁厚主编 南京 凤凰出版社 2013年 796页
b46273530 K297.195 L383 2013

龙虎塘乡志
武进县龙虎塘乡编史修志办公室编 武进 武进县龙虎塘乡编史修志办公室 1985年 232页
b20403744 K295.35 L741 1985

洛阳乡志
武进县洛阳乡编史修志领导小组编 吴洪元主笔 武进 武进县洛阳乡编史修志领导小组 1985年 422页
b20403793 K295.35 L9489 1985

马杭乡志
中共武进县马杭乡委员会编史修志领导小组编 徐文渭主笔 苏州 苏州印刷总厂 1985年 346页
b20104273 K295.35 M138 1985

鸣凰乡志
武进县鸣凤乡编史修志领导小组编 武进 武进县鸣凤乡编史修志领导小组 1985年 355页
b20403811 K295.35 M566 1985

牟家村志
牟家村志编纂委员会编 承正伟编修 常州 牟家村志编纂委员会 2009年 291页
b40935851 K295.35 M646 2009

南周村志
常州市武进区南夏墅街道南周村志编纂委员会编 周锡伟主编 南京 南京大学出版社 2014年 445页
b49640227 K295.35 N1619 2014

牛塘乡志
武进县牛塘乡编史修志领导小组编 白清渊主笔 南京 南京京新印刷厂 1986年 335页
b20566402 K295.35 N435 1986

牛塘镇志
常州市武进区牛塘镇地方志编纂委员会编著 白清渊主编 北京 方志出版社 2011年 661页
b36245975 K295.55 N435 2011

潘家乡志
武进县潘家乡编史修志领导小组编 徐荫良 刘行健主笔 武进 武进县潘家乡编史修志领导小组 1984年 222页
b2040394x K295.35 P159 1984

戚墅堰区志
江苏省常州市戚墅堰区志编纂委员会编 潘傲齐主编 北京 方志出版社 2006年 784页
b1735934x K295.33 C3459Q 2006

前黄乡志
高国瑾主笔 武进 前黄乡志编写者 1985年 292页
b1799391x K295.35 Q2288 1985

前黄镇志 1984–2007
常州市武进区前黄镇地方志编纂委员会编 唐建安主编 南京 凤凰出版社 2014年 730页
b45839645 K295.35 Q2283 2014

三井乡志
武进县三井乡编史修志领导小组编 万峰 白者洁 张龙华编写 武进 武进县三井乡编史修志领导小组 1985年 169页
b20404086 K295.35 S145 1985

三勤村志
三勤村志编纂委员会编 杨耀宽主编 北京 方志出版社 2012年 351页
b36370435 K295.35 S1457 2012

汤庄桥乡志
武进县汤庄桥乡编史修志领导小组编 武进 武进县汤庄桥乡编史修志领导小组 1984年 234页
b20577850 K295.35 T239 1984

武进湖塘镇志
武进县湖塘镇编史修志领导小组编 陈志方主笔 宜兴 宜兴市第二印刷厂 1986年 471页
b19732223 K295.35 H477W 1986

武进镇街道开发区简志 1986–2007
中共常州市武进区委党史工作委员会 常州市武进区地方史志办公室编 赵小平 王继祖 许本源主编 南京 南京大学出版社 2010年 398页〔武进地方志丛书〕
b37532054 K295.33 C345W 2010

西夏墅公社志
武进县西夏墅编史修志领导小组编 何少文主笔 武进 武进县西夏墅编史修志领导小组 1984年 319页
b20536070 K295.35 X1198 1984

夏雷村志
武进区湖塘镇夏雷村志编纂委员会编 吕志铁主编 南京 南京大学出版社 2012年 284页
b40648710 K295.35 X187 2012

夏溪乡志
武进县夏溪乡编史修志领导小组编 武进 武进县夏溪乡编史修志领导小组 1985年 223页
b17992953 K295.35 X188 1985

小河乡志
武进县小河乡编史修志领导小组编 武进 常州市塑料彩印厂 1985年 350页
b17994433 K295.35 X347 1985

薛家乡志
武进县薛家乡编史修志领导小组编 邵斌主笔 常州 常州日报印刷厂 1985年 259页
b20404979 K295.35 X6768 1985

雪堰乡志
武进县雪堰乡编史修志领导小组编 无锡 无锡市毛巷印刷厂 1985年 372页
b2057809x K295.35 X711 1985

雪堰镇志 1984–2007
常州市武进区雪堰镇志编纂委员会编 杨斌其主编 南京 南京大学出版社 2012年 872页
b50347834 K295.35 X7119 2012

遥观乡志
遥观乡编史修志领导小组编 张浩良 刘志仁主笔 武进 遥观乡编史修志领导小组 1986年 361页
b18261632 K295.35 Y291 1986

遥观镇志
常州市武进区遥观镇地方志编纂委员会编著 张浩良主编 南京 南京大学出版社 2011年 642页
b41235411 K295.35 Y291 2011

榨树沟志
徐忠林编著 珠海 珠海出版社 2008年 268页
b2056630x K295.35 Z269 2008

寨桥乡志
武进县寨桥乡编史修志领导小组编 武进 江苏省武进印刷厂 1986年 267页
b20405157 K295.35 Z291 1986

郑陆乡志
武进县郑陆乡编史修志领导小组编 高午庭主笔 武进 武进县郑陆乡编史修志领导小组 1984年 264页
b20405224 K295.35 Z538 1984

郑陆镇志
常州市武进区郑陆镇地方志编纂委员会编 蒋建平主编 北京 方志出版社 2011年 1032页
b36133322 K295.35 Z5389 2011

政平乡志
武进县政平乡编史修志领导小组编 周达生编写 武进 武进县政平乡编史修志领导小组 1984年 241页
b20405236 K295.35 Z546 1984

周家巷村志
中共湖塘镇周家巷村总支部 湖塘镇周家巷村民委员会编 吴兆焕主编 武进 中共湖塘镇周家巷村总支部 2009年 158页
b23003327 K295.35 Z666

邹区镇志
常州市武进区邹区镇地方志编纂委员会编著 袁仁明主编 南京 南京大学出版社 2010年 804页
b40648722 K295.35 Z879 2010

共青团武进志 1926–2014
共青团武进志编纂委员会编 吴洪生主编 南京 南京大学出版社 2016年 369页
b49715628 D292.533 W533 2016

武进县统战志 1925–1985
中共武进县委统一战线工作部编 金玉堂主编 武进 中共武进县委统一战线工作部 1989年 192页
b4644354x D613 W533 1989

武进民政志 1994–2007
常州市武进区民政局编著 朱唤忠主编 北京 方志出版社 2011年 584页
b23217054 D632 W533 2011

武进县民政志
武进县民政局编 南京 江苏人民出版社 1994年 374页
b49640495 D632 W533C 1994

武进检察志
石金祥主编 武进 武进检察志编纂者 1998年 347页
b49983234 D926.32 W533 1998

武进司法行政志 1981–2015
武进司法行政志编纂委员会办公室编 巢鸿鹰主编 南京 南京大学出版社 2016年 584页〔武进地方文献丛书〕
b50234390 D927.534.61 W533 2016

常州市武进区军事志
常州市武进区军事志编纂委员会编 王其锡主编 南京 凤凰出版社 2011年 625页
b37530860 E289.533 C345W 2011

江苏省武进高新技术产业开发区志 1996–2009
江苏省武进高新技术产业开发区志编纂委员会编 李焕祥总纂 南京 南京大学出版社 2012年 506页
b40648709 F127.533 C3459W 2012

武进县物资志
武进县物资局编史修志领导小组编 蒋建中 陆学军编写 武进 武进县物资局编史修志领导小组 1986年 204页
b46012151 F259.275.34 W533 1986

武进县城乡建设志
江苏省武进县城乡建设局编 武进 江苏省武进县城乡建设局 1989年 139页
b21570735 F299.275.34 W533 1989

武进市土地志
武进市土地志编纂委员会编 王细大主编 南京 江苏人民出版社 2000年 269页
b20046091 F321.533 W233 2000

滆湖良种繁育场志
武进县滆湖良种繁育场编志领导小组编 武进 滆湖良种繁育场 1992年 262页
b49981766 F324.1 W533 1992

武进县农业志
武进县农业局编 骆伯仁 丁光霁主编 武进 武进县农业局 1990年 440页
b49803773 F329.534 W533 1990

武进电力工业志 1986-2002
伍志刚主编 北京 中国电力出版社 2011年 279页〔常州市电力工业志丛书〕
b4644242x F426.61 C3459W 2011

武进县电力工业志
武进县供电局编 武进 武进县供电局 1989年 187页
b49851457 F426.61 W533 1989

武进交通志
武进县交通局编 邵新叶主编 武进 武进县交通局 1990年 331页
b19732788 F512.753.4 S339 1990

武进交通志 1986-2007
武进交通志编纂领导小组编 殷正祥总编纂 武进 武进交通志编纂工作领导小组 2011年 350页
b49550147 F512.753.4 S339 2011

武进农村金融志
中国农业银行武进县支行编史修志领导小组编 武进 中国农业银行武进县支行编史修志领导小组 1986年 159页
b49803761 F832.753.4 W533 1986

武进县文化志
武进县文化局编 李祺主笔 武进 武进县文化局 1988年 252页
b3612932x G127.534 W533 1988

武进广播电视志
武进广播电视志编纂委员会编 沈克强主编 北京 方志出版社 2012年 692页
b40938621 G229.275.33 C345W 2012

武进教育志 1986-2007
常州市武进区教育志编纂委员会编 顾树民 陈飞燕主编 南京 南京大学出版社 2011年 667页
b40935577 G527.533 C345W 2011

武进县教育志
武进县教育志编委会编 武进 武进县教育志编委会 1988年 290页
b20404785 G527.534 W533 1988

武进文化志
常州市武进区文化广电新闻出版局编 范正洪主编 北京 方志出版社 2016年 534页
b50748002 K295.33 C3459WC 2016

江苏省武进县地名录
武进县地名委员会编 武进 武进县地名委员会 1985年 646页
b20015239 K925.34 W533 1985

武进血防志
武进血防志编纂委员会编 北京 中央文献出版社 1999年 272页〔武进市地方志丛书〕
b50347731 R183.5 W533 1999

江苏省武进县土壤志
王细大执笔 武进 武进县土壤普查办公室 1985年 181页
b20046108 S159.253.4 W533 1985

武进水利志
武进县水利局编史修志领导小组编 何国才主编 武进 武进县水利局编史修志领导小组 1985年 338页
b18176550 TV-092 H268 1985

金坛区

金坛县志
金坛县地方志编纂委员会编 孟济元主编

南京 江苏人民出版社 1993 年 901 页〔江苏省地方志〕
b10836299 K295.34 J479

金坛市志 1988–2007
金坛市地方志编纂委员会编 张建华 王艳红主编 北京 中央文献出版社 2011 年 1127 页
b40648801 K295.33 J479J 2011

金坛县工会志
金坛县工会志编纂委员会编 范学贵主编 北京 红旗出版社 1994 年 171 页
b36247248 D412.853.4 J479 1994

金坛市军事志
金坛市军事志编纂委员会编 王如洪主编 南京 凤凰出版社 2011 年 635 页
b37530884 E289.534 J479 2011

金坛市土地志
金坛市土地志编纂委员会编 南京 江苏人民出版社 1999 年 390 页
b21277084 F327.534 J479 1999

金坛市电力工业志 1988–2002
张澄主编 北京 中国电力出版社 2011 年 290 页〔常州市电力工业志丛书〕
b49981389 F426.61 J479 2011

金坛县粮食志
金坛县粮食志编写组编 金坛 金坛县粮食志编写组 1989 年 237 页
b20950093 F724.721 J479 1989

江苏省金坛县地名录
金坛县地名委员会编 金坛 金坛县地名委员会 1983 年 224 页
b20015409 K925.34 J479 1983

溧阳市

溧阳县志
溧阳县志编纂委员会编 钱选青主编 南京 江苏人民出版社 1992 年 966 页〔江苏省地方志〕
b10644933 K295.34 L457C

溧阳市志 1986–2007
溧阳市地方志编纂委员会编 朱洪伟 徐军芳 甘正富主编 北京 方志出版社 2016 年 2 卷 1496 页
b50268685 K295.33 L457 2016

溧阳县志资料
溧阳县地方志办公室编 溧阳 溧阳县地方志办公室 1984 年 220 页
b11470550 K295.34 L457

溧阳检察志
溧阳市人民检察院编 许岳华主编 溧阳 溧阳市人民检察院 2011 年 278 页
b47415320 D926.32 L457 2011

溧阳市土地志
溧阳市土地志编纂委员会编 钱和金主编 朱云生主笔 南京 江苏人民出版社 1999 年 379 页
b18008112 F321.1 L457 1999

溧阳市农业志
王云龙主编 溧阳 溧阳市农林局 2003 年 344 页
b49803359 F329.534 W457 2003

溧阳教育志 1983–2007
溧阳市教育局教育志编纂委员会编 李建新主编 溧阳 溧阳市教育局教育志编纂委员会 2015 年 639 页

b51091483　G527.534　L457C　2015

江苏省溧阳县地名录
溧阳县地名委员会编　溧阳　溧阳县地名委员会　1983 年　237 页
b2001563x　K925.34　L457　1983

溧阳市中医院志　1950–2009
溧阳市中医院志编委会编　潘荣华主编　溧阳　溧阳市中医院志编委会　2010 年　360 页
b5001710x　R197.4　L457　2010

沙河水库志　1958–1988
江苏省溧阳市沙河水库管理处编　溧阳　江苏省溧阳市沙河水库管理处　1991 年　145 页
b21857362　TV632.533　L457　1991

苏州市

苏州市志
苏州市地方志编纂委员会编　陈晖主编　南京　江苏人民出版社　1995 年　3 卷　3317 页
b10727449　K295.33　S715

苏州市志　1986–2005
苏州市地方志编纂委员会编　刚毅　叶正亭　邬才生主编　南京　江苏凤凰科学技术出版社　2014 年　3 卷　2156 页
b46551293　K295.33　S715G　2014

苏州老街志
柯继承等编纂　扬州　广陵书社　2011 年　352 页〔苏州专志系列〕
b36313993　K295.33　K244S　2011

镇湖镇志
镇湖镇志编纂委员会编　姚海泉主编　上海　上海辞书出版社　2007 年　485 页
b17876436　K295.35　Z493　2007

苏州佛教寺院志
苏州市地方志办公室编　陈兴南主编　北京　宗教文化出版社　2017 年　335 页〔苏州专志系列〕
b50073746　B947.253.3　S715　2017

苏州人口与计划生育志
苏州人口与计划生育志编纂委员会编　俞明路主编　南京　江苏人民出版社　2000 年　547 页
b16431248　C924.255.33　S715　2000

苏州市公安志
苏州市公安志编纂委员会编　陈度主编　苏州　苏州市公安志编纂委员会　2005 年　626 页
b47352668　D631　S715　2005

苏州市审计志
苏州市审计局编　陶孙贤主编　苏州　古吴轩出版社　2008 年　274 页
b45569253　F239.227.533　S715　2008

苏州冶金工业志　1949–1985
苏州冶金工业志编纂委员会编　苏州　苏州冶金工业志编纂委员会　1988 年　224 页
b23228842　F426.3　S715　1988

苏州工业园区志　1994–2005
苏州工业园区地方志编纂委员会编　李巨川主编　南京　江苏人民出版社　2012 年　3 卷　1385 页
b49472306　F427.533　L397　2012

苏州交通运输志　1986–2005
苏州交通运输志编纂委员会编　张小鹰主编　扬州　广陵书社　2011 年　6 卷
b36664145　F512.753.3　S715　2011

苏州市旅游志
苏州市旅游志编委会编 沈文娟主编 扬州 广陵书社 2009 年 600 页〔江苏省苏州市地方志丛书〕
b20810350 F592.753.3 S715 2009

苏州邮电志
苏州电信局苏州电信局志编纂委员会编著 苏州 古吴轩出版社 2001 年 453 页〔江苏省邮电志系列〕
b22431962 F632.753.3 S715 2001

苏州市粮食志
苏州市粮食志编纂委员会编著 吴云高 陆荣林 谢国珍主编 北京 北京时代华文书局 2014 年 315 页〔苏州市地方志系列丛书〕
b46377499 F724.721 S715 2014

苏州市价格志
苏州市价格志编纂委员会编 苏州 古吴轩出版社 2017 年 2 册 1176 页
b50137992 F726.753.3 S715 2017

苏州对外经济志 1896–1990
苏州市对外经济贸易委员会编 陆允昌主编 南京 南京大学出版社 1991 年 229 页
b50269264 F752.853 S715 1991

苏州海关志
苏州海关志编纂委员会编 杨建国 王龙主编 苏州 苏州大学出版社 2009 年 395 页
b20132360 F752.59 Y236 2009

苏州市财税志
苏州市财政局 苏州市税务局编 苏州 苏州大学出版社 1995 年 302 页
b3624787x F812.753.3 S715 1995

苏州市金融志
苏州市金融志编纂委员会编 钱嘉吉 许耀亚 张启良主编 南京 南京大学出版社 1994 年 355 页
b42291513 F832.753.3 S715 1994

苏州保险志
徐林南主编 扬州 广陵书社 2009 年 489 页
b20810507 F842.753.3 S715 2009

苏州日报社志 1949–2008
苏州日报社志编纂委员会编 刘文洪主编 苏州 古吴轩出版社 2009 年 424 页
b36246876 G219.245.33 S715 2009

苏州市档案局(馆)志
苏州市档案局编 苏州 古吴轩出版社 2017 年 478 页〔苏州市地方志系列丛书〕
b49961135 G279.2 S715 2017

苏州府学志
杨镜如编著 苏州 苏州大学出版社 2013 年 3 卷 2331 页
b40892530 G527.533 S715 2013

苏州教育志
苏州市教育局苏州教育志编纂组编 徐世仁主编 上海 三联书店上海分店 1991 年 403 页〔太湖流域地区专业志丛书〕
b13276931 G529 X578

苏州教育志 续志
苏州市教育局苏州教育志续志编纂组编 鲍寅初 王少东 申建华主编 香港 香港文汇出版社 2007 年 568 页
b49964392 G527.533 S715C 2017

苏州电力工业学校志 1994–2003
苏州电力工业学校编 北京 中国电力出版

社 2010 年 155 页〔江苏省电力工业志丛书〕
b46995857 G719.285.33 S7152 2010

苏州方言志
叶祥苓著 南京 江苏教育出版社 1988 年 450 页
b16024710 H173 Y384

苏州市方言志
苏州市地方志编纂委员会办公室编 苏州 苏州市地方志编纂委员会办公室 1987 年 58 页〔苏州史志资料专辑〕
b36246153 H173 S715 1987

苏州民间舞蹈志
苏州市文化广播电视管理局编 上海 上海文艺出版社 2004 年 400 页
b16424359 J722.21 S715 2004

南社戏剧志
梁淑安著 北京 社会科学文献出版社 2008 年 302 页〔国际南社学会·南社丛书〕
b19404992 J809.25 L493N 2008

苏州戏曲志
苏州市文化局 苏州戏曲志编辑委员会编 钱璎主编 苏州 古吴轩出版社 1998 年 582 页
b16436386 J809.253.3 S715 1998

苏州郊区志
苏州郊区志编纂委员会编 吴企新主编 上海 上海社会科学院出版社 2003 年 859 页〔苏州地方志〕
b16261409 K295.33 S715W 2003

苏州史志资料选辑 第 1-3,8-10,17-18 卷
苏州市地方志编纂委员会办公室 苏州市档案局 政协苏州市委员会文史编辑室编 苏州 苏州市地方志编纂委员会办公室 1984 年 8 卷
b15622964 K295.305 S715 1984

苏州历代名人小志
苏简亚主编 上海 百家出版社 2005 年 260 页
b16419601 K820.853.3 S697 2005

江苏省苏州市地名录
苏州市地名委员会编 苏州 苏州市地名委员会 1982 年 145 页
b16081572 K925.33 S715 1982

苏州风物志
张墀山等编著 南京 江苏人民出版社 1982 年 223 页
b12160258 K925.3 Z347

耦园志
苏州市园林和绿化管理局编 上海 文汇出版社 2013 年 158 页〔苏州园林风景绿化志丛书〕
b41194251 K928.73 S7156 2013

苏州老桥志
苏州市地方志办公室编 邬才生 叶正亭主编 扬州 广陵书社 2013 年 347 页〔苏州专志系列〕
b45524725 K928.78 S715 2013

苏州山水志
苏州市地方志办公室编 张振雄著 扬州 广陵书社 2010 年 390 页〔苏州专志系列〕
b20810386 K928.3 S715 2010

拙政园志稿
苏州市地方志编纂委员会办公室 苏州市地方园林管理局编 苏州 苏州市地方志编纂委员会办公室 1986 年 193 页〔苏州史志资料专辑〕
b15622162 K928.73 S7157 1986

苏州医学院附属儿童医院 苏州市儿童医院院志 1959–1985
苏州医学院附属儿童医院 苏州市儿童医院院志编委会编纂 刘汉祥主编 南京 江苏人民出版社 2011 年 143 页
b49625767 R197.5 S715 2011

苏州卫生志
苏州市卫生局编 张应忠主编 南京 江苏科学技术出版社 1995 年 227 页
b5023433x R199.253.3 S715 1995

江苏省苏州专区土壤志 初稿
苏州专区土壤普查鉴定委员会编 苏州 苏州人民出版社 1959 年 178 页
b18684919 S159.253.2 v3

阳澄湖蟹志
邹国华 刘新中主编 北京 海洋出版社 2012 年 367 页
b46422894 TS971.2 Z878 2012

苏州水利志
苏州市水利史志编纂委员会编 范家麒主编 上海 上海社会科学院出版社 1997 年 431 页
b2013647x TV–092 S7157 1997

苏州河道志 前 514–2000
苏州河道志编写组 瞿慰祖主编 长春 吉林人民出版社 2007 年 349 页
b20098844 TV882.853.3 Q567 2007

苏州当代艺文志
张耘田主编 扬州 广陵书社 2009 年 5 卷 2749 页
b20980218 Z812.253.3 Z368 2009

苏州民国艺文志
苏州图书馆编 张耘田 陈巍主编 扬州 广陵书社 2005 年 2 卷 848 页
b16597412 Z812.6 Z368 2005

江苏艺文志 苏州卷
南京师范大学古文献整理研究所编著 南京 江苏人民出版社 1996 年 4 卷 3545 页〔出版史志丛书〕
b22928418 Z88:K295.3 v4

姑苏区

沧浪区志
沧浪区志编纂委员会编 上海 上海社会科学院出版社 2006 年 2 卷 1397 页〔苏州地方志〕
b1687559x K295.33 S715D 2006

金阊区志
金阊区志编纂委员会编 刘文保主编 南京 东南大学出版社 2005 年 918 页〔苏州地方志〕
b18679225 K295.33 S715JC 2005

平江区志
苏州市平江区地方志编纂委员会编 上海 上海社会科学院出版社 2006 年 2 卷 1785 页〔苏州地方志〕
b17735932 K295.33 S715Q 2006

胜浦镇志
胜浦镇志编纂委员会编 吴兵主编 北京

方志出版社 2001 年 373 页〔苏州工业园区乡镇志丛书〕
b17151934 K295.35 S445 2001

唯亭镇志
唯亭镇志编纂委员会编 沈及主编 北京 方志出版社 2001 年 497 页〔苏州工业园区乡镇志丛书〕
b17586744 K295.35 W312 2001

友新六村志
路军主编 苏州 古吴轩出版社 2008 年 277 页
b4966900x K295.35 Y682 2008

寒山寺志
寒山寺志编写组编 性空主编 南京 江苏古籍出版社 2002 年 重修本 181 页
b18280456 K928.75 X494 2002

苏州市平江区军事志 前 514–2005 内部版
苏州市平江区军事志编纂委员会编 钱春明 张荣根主编 苏州 苏州市平江区军事志编纂委员会 2011 年 337 页
b50991851 E289.533 S715P 2011

虎丘区

苏州市高新区虎丘区志
苏州市高新区虎丘区志编纂委员会编 唐荣媛 陈永生主编 上海 上海社会科学院出版社 2012 年 847 页
b3609108x K295.34 S715 2012

东渚镇志
东渚镇志编纂委员会编 上海 上海辞书出版社 2007 年 471 页〔苏州地方志〕
b17707882 K295.35 D5829 2007

枫桥镇志
枫桥镇志编志领导小组编 徐双林主编 上海 上海社会科学出版社 2005 年 628 页〔苏州地方志〕
b16398415 K295.35 F356 2005

横塘镇志
横塘镇志编撰委员会编 徐胜主编 上海 上海社会科学院出版社 2004 年 424 页〔苏州地方志〕
b15641910 K295.35 H391 2004

虎丘镇志
虎丘镇志编纂委员会编 金秀华主编 上海 上海社会科学院出版社 2003 年 719 页〔苏州地方志〕
b15905962 K295.35 H495 2003

浒墅关志
苏州高新区浒墅关镇人民政府 江苏省苏州浒墅关经济开发区管理委员会编 殷岩星主编 上海 上海社会科学院出版社 2005 年 927 页〔苏州地方志〕
b16155063 K295.35 H496 2005

通安镇志
通安镇志编纂委员会编 上海 上海辞书出版社 2007 年 441 页〔苏州地方志〕
b18621740 K295.35 T426 2007

吴中区

吴县志
吴县地方志编纂委员会编 詹一先主编 上海 上海古籍出版社 1994 年 1265 页〔江苏省地方志〕
b1082490x K295.34 W514

苏州市吴中区志 1988–2005
苏州市吴中区地方志编纂委员会编 周凤鸣主编 上海 上海社会科学院出版社 2012年 2卷 1430页
b39235956 K295.33 S715WX 2012

尹山社区志
尹山社区志编纂委员会编 袁今观主编 苏州 古吴轩出版社 2016年 313页〔苏州地方志〕
b49923328 D669.3 Y522 2016

长桥镇志
长桥镇志编纂委员会编 王志强主编 苏州 苏州大学出版社 2003年 515页〔苏州市地方志〕
b15380518 K295.35 C346 2003

东山镇志
江苏省苏州市吴中区东山镇志编纂委员会编 金惠华主编 北京 方志出版社 2017年 298页〔中国名村志丛书 中国名村志文化工程〕
b50642558 K295.35 v5

洞庭东山志
薛利华主编 上海 上海人民出版社 1991年 664页表〔长江三角洲乡镇志〕
b11025311 K295.35 X676

渡村镇志
金波主编 苏州 古吴轩出版社 2003年 242页〔苏州市地方志〕
b49788966 K295.35 D699 2003

光福镇志
光福镇志编纂委员会编 朱锡华主编 苏州 苏州大学出版社 2005年 456页〔苏州市地方志〕
b16325308 K295.35 G679 2005

郭巷街道自然村变迁志
郭巷街道自然村变迁志编纂委员会编 陆复渊 邹文良主编 苏州 古吴轩出版社 2016年 421页〔苏州地方志〕
b49921897 K295.33 S715GX 2016

郭巷镇志
郭巷镇志编纂委员会编 陆复渊主编 苏州 苏州大学出版社 2005年 336页〔苏州市地方志〕
b16325850 K295.35 G778 2005

横泾镇志
横泾镇志编纂委员会编 沈学群主编 苏州 古吴轩出版社 2007年 334页〔苏州市地方志〕
b1745721x K295.35 H3914 2007

红庄社区志
红庄社区志编纂委员会编 王志强 刘建根 毛俊杰主编 苏州 苏州大学出版社 2017年 304页
b50633405 K295.33 S715HZ 2017

湖桥村志
湖桥村志编纂委员会编 徐顺兴 薛利华主编 苏州 古吴轩出版社 2016年 339页
b49542060 K295.35 H4776 2016

黄潦泾社区志
黄潦泾社区志编纂委员会编 邹文良主编 苏州 古吴轩出版社 2015年 374页〔苏州地方志〕
b49668900 K295.35 H662 2015

跨塘镇志
跨塘镇志编纂委员会编 魏雪耿主编 北

京 方志出版社 2001年 409页〔苏州工业园区乡镇志丛书〕
b17581801 K295.35 K428 2001

娄葑镇志
娄葑镇志编纂委员会编 吴万铭主编 北京 方志出版社 2001年 501页〔苏州工业园区乡镇志丛书〕
b1437352x K295.35 L764 2001

角直镇志
江苏省苏州市吴中区角直镇志编纂委员会编 周民森主编 北京 方志出版社 2016年 347页〔中国名镇志丛书〕
b47206093 K295.35 L833 2016

陆巷村志
陆巷村志编纂委员会编 杨维忠主编 苏州 古吴轩出版社 2014年 246页〔中国历史文化名村〕
b49668912 K295.35 L841 2014

木渎镇志
木渎镇志编纂委员会编 潘泽苍主编 上海 上海社会科学院出版社 1999年 396页
b13854197 K295.35 M689

木林社区志
木林社区志编纂委员会编 金波执笔 苏州 古吴轩出版社 2016年 735页
b49668924 K295.35 M6895 2016

浦庄镇志
浦庄镇志编纂委员会编 赵云发 金波主编 苏州 苏州大学出版社 2005年 294页〔苏州市地方志〕
b18261681 K295.35 P6949 2005

上林村志
上林村志编纂委员会编 周建萍主编 苏州 古吴轩出版社 2013年 756页
b49668936 K295.35 S3225 2013

上巷社区志
上巷社区志编纂委员会编 邹喜敏主编 苏州 古吴轩出版社 2016年 561页
b49923213 K295.35 S3228 2016

双浜社区志
双浜社区志编纂委员会编 陆复渊主编 苏州 古吴轩出版社 2015年 266页〔苏州地方志〕
b49668948 K295.35 S5921 2015

苏州市地方志 东山镇志
东山镇志编纂委员会编 沈炳荣主编 南京 东南大学出版社 2002年 902页
b19517063 K295.33 D5827 2002

吴县东桥乡志
东桥志编纂办公室编辑 吴县 中共吴县东桥乡委员会 1984年 385页
b15697691 K295.35 D5827 1984

西山镇志
苏州市吴中区西山镇志编纂委员会编 苏州 苏州大学出版社 2001年 340页
b16329326 K295.35 X119 2001

席家湖村志
席家湖村志编委会编 薛利华主编 香港 香港文汇出版社 2004年 269页
b36129355 K295.35 X141 2004

斜塘镇志
斜塘镇志编纂委员会编 俞文浩主编 北京 方志出版社 2001年 428页〔苏州工

业园区乡镇志丛书〕
b17586690 K295.35 X393 2001

新路村志
新路村志编纂委员会编 陆庆芳主编 苏州 古吴轩出版社 2016年 453页
b49542126 K295.35 X4435 2016

新齐村志
新齐村志编纂委员会编 朱建明主编 苏州 古吴轩出版社 2016年 526页
b49668985 K295.35 X4447 2016

胥口镇志
胥口镇志编纂委员会编 袁雪洪主编 苏州 古吴轩出版社 2015年 575页〔苏州市地方志〕
b49668997 K295.35 X553 2015

杨湾村志
杨湾村志编纂委员会编 杨维忠主编 苏州 苏州大学出版社 2017年 371页〔中国历史文化名村〕
b5023206x K295.35 Y248 2017

尧南社区志
尧南社区志编纂委员会编 王炳荣主编 苏州 古吴轩出版社 2009年 716页
b22058175 K295.33 S715YN 2009

越溪镇志
越溪镇志编纂委员会编 陆金根主编 苏州 苏州大学出版社 2003年 375页〔苏州市地方志〕
b16425170 K295.35 Y867 2003

苏州市吴中区军事志 内部版
苏州市吴中区军事志编纂委员会编 金波 鲁飞主编 苏州 苏州市吴中区军事志编纂委员会 2011年 436页
b50991863 E289.533 S715W 2011

吴县工商行政管理志
吴县工商行政管理志编纂委员会编 吴县 吴县工商行政管理志编纂委员会 2002年 464页
b46443526 F123.82 W514 2002

吴县市土地志
吴县市土地志编纂委员会编 上海 上海社会科学院出版社 1998年 265页
b13854100 F327.533 W514

吴县工业志
吴县经济委员会编 胡金楠主编 上海 上海社会科学院出版社 1993年 475页
b47415708 F429.534 W514 1993

吴县财政志
吴县财政志编纂委员会编 陈竟成主编 上海 上海社会科学院出版社 2001年 545页
b46422997 F812.753.4 W514 2001

吴县税务志
王运昌主编 上海 上海社会科学院出版社 1995年 447页
b46011985 F812.753.442 W514 1995

江苏省吴县地名录
吴县地名委员会编 吴县 吴县地名办公室 1982年 325页
b20017182 K925.34 W514 1982

吴县土壤志
江苏省吴县土壤普查办公室编 吴县 江苏省吴县土壤普查办公室 1981年 140页
b17298763 S159.253.4 W514 1981

东山艺文志
东山镇人民政府 东山历史文化研究会编 杨维忠 金本福 薛利华主编 扬州 广陵书社 2008年 238页〔东山历史文化丛书〕
b20092672 Z812.253.3 Y248 2008

相城区

相城区志
苏州市相城区地方志编纂委员会编 裔正明主编 南京 江苏人民出版社 2014年 956页
b47126243 K295.33 S715XC 2014

北桥镇志
北桥镇志编纂委员会编 苏州 苏州大学出版社 2007年 422页〔苏州地方志〕
b17993908 K295.35 B3167 2007

东桥镇志
东桥镇志编纂委员会编 侯楷炜主编 上海 上海社会科学院出版社 2012年 793页〔苏州地方志〕
b40445793 K295.35 D58271 2012

黄桥镇志
黄桥镇志编纂委员会编 沈侃 董福生 金根祥主编 苏州 古吴轩出版社 2010年 505页〔苏州地方志〕
b45839670 K295.35 H665 2010

蠡口镇志
蠡口镇志编纂委员会编 王复耕主编 苏州 苏州大学出版社 2006年 379页〔苏州地方志〕
b1688789x K295.35 L427 2006

陆慕镇志
陆慕镇志编纂委员会编 苏州 苏州大学出版社 2005年 431页〔苏州市地方志〕
b16447116 K295.35 L837 2005

青台村志
青台村志编纂委员会编 张欣木执笔 苏州 青台村志编纂委员会 2003年 161页
b46669115 K293.25 Q464 2003

太平镇志
太平镇志编纂委员会编 李福男主编 扬州 广陵书社 2009年 478页〔江苏省苏州市地方志丛书〕
b21001315 K295.35 T1626 2009

望亭镇志
望亭镇志编纂委员会编 纪昌熙主编 苏州 苏州大学出版社 2007年 565页〔苏州地方志〕
b18209014 K295.35 W258 2007

渭塘镇志
渭塘镇志编纂委员会编 张必武主编 上海 上海社会科学院出版社 2006年 478页〔苏州地方志〕
b16588952 K295.35 W341 2006

湘城镇志
湘城镇志编纂委员会编 薛勇良主编 上海 上海辞书出版社 2006年 521页〔苏州地方志〕
b17707870 K295.35 X263 2006

阳澄湖镇志
阳澄湖镇志编纂委员会编 陈双福主编 上海 上海社会科学院出版社 2004年 548页〔苏州地方志〕
b15948390 K295.35 Y225 2004

阳澄湖镇志
江苏省苏州市相城区阳澄湖镇志编纂委员会编 惠林方主编 北京 方志出版社 2017年 310页〔中国名镇志文化工程〕
b50642534 K295.35 Y225C 2017

张庄村志
张庄村志编纂委员会编 金波主编 苏州 古吴轩出版社 2017年 529页
b50748099 K295.35 Z3699 2017

相城国土资源志
苏州市相城国土资源志编纂委员会编 俞宝康 张瑞照主编 南京 江苏人民出版社 2016年 238页
b49550196 F129.953.3 S715 2016

望亭发电厂志 1989–2005
陆昌生主编 北京 中国电力出版社 2009年 256页〔江苏省电力工业志丛书〕
b47414339 F426.61 W258 2009

吴江区

吴江县志
吴江市地方志编纂委员会编 韩铎 沈春荣主编 南京 江苏科学技术出版社 1994年 893页〔江苏省地方志〕
b10647284 K295.34 W491

吴江市志 1986–2005
吴江市地方志编纂委员会编 陈雷根主编 上海 上海社会科学院出版社 2013年 2卷 1175页
b44795312 K295.33 W491 2013

北厍镇志
费阿虎主编 上海 文汇出版社 2003年 495页
b1590748x K295.35 B316 2003

北厍镇志
北厍镇志编纂委员会编 顾永翔主编 上海 上海社会科学院出版社 2016年 333页〔吴江地方志系列丛书〕
b47313559 K295.35 B316C 2016

横扇镇志
朱国亮主编 北京 中央文献出版社 2004年 490页
b1644694x K295.35 H3917 2004

金家坝镇志
金家坝镇志编纂委员会编 顾永翔主编 上海 上海社会科学院出版社 2015年 441页〔吴江市地方志系列丛书〕
b46053347 K295.35 J477 2015

开弦弓村志
开弦弓村志编纂小组编 刘豪兴主编 南京 江苏人民出版社 2015年 639页〔吴江市地方志系列丛书〕
b46530988 K295.35 K122 2015

开弦弓村志
江苏省苏州市吴江区七都镇开弦弓村志编纂委员会编 沈卫新 王炜主编 北京 方志出版社 2017年 256页〔中国名村志丛书〕
b50642716 K295.35 K122C 2017

黎里镇志
黎里镇志编纂委员会编 顾永翔主编 上海 上海社会科学院出版社 2014年 618页〔吴江市地方志系列丛书〕
b45915490 K295.35 L372C 2014

黎里镇志
江苏省苏州市吴江区黎里镇志编纂委员会

编 吴伟斌主编 北京 方志出版社 2017 年 340 页〔中国名镇志文化工程〕
b50642510 K295.35 L372D 2017

龙泾村志
龙泾村志编纂委员会编 郑云林主编 上海 上海社会科学院出版社 2016 年 299 页〔吴江地方志系列丛书〕
b49485003 K295.35 L7415 2016

芦墟镇志
芦墟镇志编纂委员会编 顾永翔主编 上海 上海社会科学院出版社 2004 年 643 页〔苏州地方志〕
b16140515 K295.35 L789 2004

梅堰镇志
吴江市梅堰镇地方志编纂委员会编 南京 江苏古籍出版社 2002 年 499 页
b27574751 K295.35 W491 2002

庙港镇志
庙港镇志编纂委员会编 朱瑞章主编 杭州 浙江大学出版社 2002 年 377 页
b3612946x K295.35 M495C 2002

南麻镇志
吴江市南麻镇镇志编纂委员会编 张菊生主编 北京 方志出版社 1999 年 320 页
b13544391 K295.35 N161

平望镇志
平望镇志编纂办公室编 南京 江苏科学技术出版社 1992 年 492 页
b17646509 K295.35 P613 1992

七都镇志
吴江市七都镇地方志编纂委员会编 丁学明主编 南京 江苏古籍出版社 2001 年 490 页
b16888066 K295.35 Q113 2001

盛泽镇志
盛泽镇地方志办公室编纂 李炳华主编 南京 江苏古籍出版社 1991 年 578 页
b17992047 K295.35 S447C 1991

松陵镇志
松陵镇志编纂委员会编 沈春荣编 扬州 广陵书社 2013 年 1056 页〔吴江市地方志系列丛书〕
b46011146 K295.35 S673 2013

坛丘镇志
坛丘镇志编纂委员会编 钱琴珠主编 上海 上海社会科学院出版社 2016 年 493 页〔吴江地方志系列丛书〕
b47373386 K295.35 T198 2016

同里镇志
江苏省苏州市吴江区同里镇志编纂委员会编 计东生主编 北京 方志出版社 2016 年 374 页〔中国名镇志丛书〕
b47206172 K295.35 T437C 2016

同里镇志
同里镇志编纂委员会编 计东生主编 扬州 广陵书社 2007 年 768 页
b20951644 K295.35 T437T 2007

菀坪镇志
菀坪镇志编者编 哈尔滨 黑龙江人民出版社 2004 年 238 页
b1590751x K295.35 W155 2004

莘塔镇志
莘塔镇志编纂委员会编 顾永翔主编 上海 上海社会科学院出版社 2015 年 469

页〔吴江市地方志系列丛书〕
b46547174　K295.35　S389　2015

震泽镇志
震泽镇志编纂委员会编　徐州　中国矿业大学出版社　1999 年　338 页
b16044162　K295.35　Z494　1999

震泽镇志
江苏省苏州市吴江区震泽镇志编纂委员会编　陈载主编　北京　方志出版社　2017 年　287 页〔中国名镇志文化工程〕
b50642509　K295.35　Z494C　2017

吴江市人口和计划生育志
吴江市人口和计划生育志编纂委员会编　浦德琪主笔　上海　上海社会科学院出版社　2015 年　265 页〔吴江市地方志系列丛书〕
b46362447　C924.255.33　W491　2015

吴江市民政志
吴江市民政志编纂委员会编　徐惠琴　陈瑞荣　高建民主编　苏州　古吴轩出版社　2014 年　302 页〔吴江市地方志系列丛书〕
b49677500　D632　W491　2014

吴江检察志
吴江检察志编纂委员会编　朱文瑞主编　扬州　广陵书社　2016 年　296 页〔吴江地方志系列丛书〕
b47397408　D926.32　W491　2016

吴江市法院志
吴江市法院志编纂委员会编　殷小荣　金玉平主编　苏州　古吴轩出版社　2013 年　231 页
b49668961　D926.22　W491　2013

吴江市司法行政志
吴江市司法行政志编纂委员会编　苏州　古吴轩出版社　2016 年　248 页〔吴江市地方志系列丛书〕
b49923274　D927.533.61　W491　2016

吴江经济技术开发区志
吴江经济技术开发区志编纂委员会编　上海　上海社会科学院出版社　2016 年　430 页〔吴江地方志系列丛书〕
b49697845　F127.533　W4914　2016

吴江市土地管理志
吴江市土地管理志编纂委员会编　上海　上海科学技术文献出版社　2000 年　253 页
b14373956　F327.533　W491

吴江市电力志　1914–2008
吴江市电力志编纂委员会编　苏州　古吴轩出版社　2011 年　348 页
b4966895x　F426.61　W4917　2011

吴江丝绸志
吴江丝绸志编纂委员会编　沈卫新主编　上海　上海社会科学院出版社　2016 年　452 页〔吴江地方志系列丛书〕
b4717870x　F426.81　W491　2016

吴江丝绸志
周德华编　南京　江苏古籍出版社　1992 年　473 页
b10882443　F429.534　Z662

吴江市邮政志
吴江市邮政志编纂委员会编　南京　江苏科学技术出版社　2013 年　409 页
b49963843　F632.753.4　W491　2013

吴江市粮食志
吴江市粮食志编纂委员会编　黄万章　池国仁　汝少峰主编　扬州　广陵书社　2013 年

319 页〔吴江市地方志系列丛书〕
b45839694 F724.721 W491 2013

吴江市对外经济贸易志
吴江市对外经济贸易志编纂委员会编 马伟成主编 扬州 广陵书社 2015 年 256 页〔吴江市地方志系列丛书〕
b50347019 F752.9 W491 2015

吴江县财税志
吴江县财政局 吴江县税务局编 南京 江苏科学技术出版社 1992 年 317 页
b22432449 F812.753.4 W491 1992

吴江市文化广播电视志 文化卷
吴江市文化广播电视志编纂委员会编 杨应福主编 苏州 古吴轩出版社 2014 年 690 页〔吴江市地方志系列丛书〕
b49668973 G127.534 W491 2014

吴江市文化广播电视志 广播电视卷
吴江市文化广播电视志编纂委员会编 杨应福主编 苏州 古吴轩出版社 2014 年 438 页〔吴江市地方志系列丛书〕
b49904164 G127.534 W491C 2014

吴江档案志
吴江档案志编纂委员会编 沈卫新主编 上海 上海社会科学院出版社 2018 年 325 页〔吴江地方志系列丛书〕
b50812336 G279.275.33 S715W 2018

吴江市教育志
吴江市教育志编纂委员会编 王剑荣 史建荣主编 上海 上海社会科学院出版社 2014 年 702 页〔吴江市地方志系列丛书〕
b45625657 G527.533 W491 2014

吴江市方言志
汪平著 上海 上海社会科学院出版社 2010 年 322 页
b20912912 H173 W186 2010

吴江人物志
中共吴江县委宣传部编 南京 江苏人民出版社 1986 年 133 页
b20046005 K820.853 Z645 1986

江苏省吴江县地名录
吴江县地名委员会编 吴江 吴江县地名委员会 1983 年 351 页
b20017170 K925.34 W491 1983

吴江县水利志
吴江县水利史志编纂委员会编 戚冠华 李克主编 南京 河海大学出版社 1996 年 226 页
b47296902 TV-092 W491 1996

吴江市环境保护志
吴江市环境保护志编纂委员会编 范新元主编 扬州 广陵书社 2014 年 385 页〔吴江市地方志系列丛书〕
b49534415 X321.253.3 W491 2014

吴江艺文志
董振声 潘丽敏主编 北京 国家图书馆出版社 2011 年 2 卷 911 页
b36001752 Z812.253 D596 2011

常熟市

江苏省常熟市志
江苏省常熟市志地方志编纂委员会编 瞿鸿烈主编 上海 上海人民出版社 1990 年 1170 页
b10910372 K295.33 C345

常熟市志
江苏省常熟市地方志编纂委员会办公室编 上海 上海辞书出版社 2006年 修订本 1170页〔江苏省地方志〕
b1770926x K295.33 C345 2006

常熟市志
常熟市地方志编纂委员会编 北京 方志出版社 2016年 3卷 2546页
b47091307 K295.33 C345C 2016

白茆镇志
白茆镇志编纂委会编 王剑白 王振明 梁力编写 南京 江苏人民出版社 2002年 546页〔江苏省常熟市地方志丛书〕
b13947461 K295.35 B151

碧溪镇志
殷业成主编 上海 百家出版社 1995年 438页〔江苏省常熟市地方志丛书〕
b17992758 K295.35 B399 1995

碧溪镇志 吴市卷
吴市卷编纂委员会编 沈永炳主编 北京 中国文史出版社 2009年 580页〔江苏省常熟市地方志丛书〕
b21567128 K295.35 W511 2009

大义镇志
大义镇志编纂委员会编 周煜良主编 上海 上海社会科学院出版社 2002年 603页〔江苏省常熟市地方志丛书〕
b14365364 K295.35 D1369

东张乡志
东张乡志编纂领导小组编 上海 上海古籍出版社 1993年 475页〔江苏省常熟市乡镇志丛书〕
b1973380x K295.35 D58291 1993

董浜镇志
董浜镇志编纂委员会编 韦毓华主编 北京 方志出版社 2001年 999页〔江苏省常熟市地方志丛书〕
b1383468x K295.35 D593

福山镇志
福山镇人民政府编 顾鼐主编 常熟 东南大学出版社 1992年 635页〔常熟市地方志丛书〕
b22359564 K295.35 F451 1992

古里镇志
古里镇志编纂委员会编 密永良主编 上海 上海社会科学院出版社 2003年 593页
b17326230 K295.35 G542 2003

海虞镇志 第1卷 海虞志
海虞镇志编纂委员会编 上海 上海社会科学院出版社 2005年 497页〔江苏省常熟市地方志丛书〕
b16398336 K295.35 H145 2005

海虞镇志 第2卷 王市志
海虞镇志编纂委员会编 上海 上海社会科学院出版社 2005年 517页〔江苏省常熟市地方志丛书〕
b16398336 K295.35 H145 2005

海虞镇志 第3卷 福山志
海虞镇志编纂委员会编 上海 上海社会科学院出版社 2005年 700页〔江苏省常熟市地方志丛书〕
b16398336 K295.35 H145 2005

海虞镇志 第4卷 周行志
海虞镇志编纂委员会编 上海 上海社会科学院出版社 2005年 472页〔江苏省常熟市地方志丛书〕

b16398336　K295.35　H145　2005

海虞镇志　第5卷　棉花原种场志
海虞镇志编纂委员会编　上海　上海社会科学院出版社　2005年　169页〔江苏省常熟市地方志丛书〕
b16398336　K295.35　H145　2005

何市镇志
何市镇志编纂委员会编　王坚民等编纂　合肥　黄山书社　1998年　477页〔江苏省常熟市地方志丛书〕
b17991808　K295.35　H277　1998

浒浦志
常熟市浒浦镇浒浦志编写组编　罗汾庆　胡振青主编　常熟　立信常熟印刷联营厂　1991年　333页
b20015045　K295.35　H4956　1991

环湖村志
环湖村志编委员会编　上海　上海科学普及出版社　2009年　358页〔江苏省常熟市地方志丛书〕
b20102070　K295.35　H593　2009

李袁村志
李袁村村志编纂委员会编　茹振球主编　上海　上海科学技术文献出版社　2012年　629页〔江苏省常熟市地方志丛书〕
b4656262x　K295.35　L422　2012

练塘镇志
练塘镇志编纂委员会编　高保根主编　北京　中共党史出版社　2001年　821页〔江苏省常熟市地方志丛书〕
b13947564　K295.35　L485

梅李镇志
常熟市梅李镇人民政府编　苏州　古吴轩出版社　1995年　546页〔江苏省常熟市地方志丛书〕
b1799276x　K295.35　M2875C　1995

梅李镇志　第1卷　梅李
梅李镇志编纂委员会编　上海　上海辞书出版社　2006年　846页〔江苏省常熟市地方志丛书〕
b17707900　K295.35　M2875　2006

梅李镇志　第2卷　赵市
梅李镇志编纂委员会编　上海　上海辞书出版社　2006年　797页〔江苏省常熟市地方志丛书〕
b17707900　K295.35　M2875　2006

梅李镇志　第3卷　珍门
梅李镇志编纂委员会编　上海　上海辞书出版社　2006年　762页〔江苏省常熟市地方志丛书〕
b17707900　K295.35　M2875　2006

淼泉镇志
淼泉镇志编纂委员会编　陶钟朴主编　上海　立信会计出版社　2000年　687页〔江苏省常熟市地方志丛书〕
b18241141　K295.35　M484　2000

莫城镇志
莫城镇志编纂委员会编　邵军主编　上海　上海科学技术文献出版社　2002年　642页〔江苏省常熟市地方志丛书〕
b36129185　K295.35　M629　2002

藕渠镇志
藕渠镇志编纂委员会编　上海　上海科学技术文献出版社　2000年　635页〔江苏省

常熟市地方志丛书〕
b15926266　K295.35　O125　2000

琴湖村志
琴湖村志编纂委员会编　顾树强主编　上海　上海科学普及出版社　2011 年　430 页〔江苏省常熟市地方志丛书〕
b40743688　K295.35　Q451　2011

勤丰村志
勤丰村志编纂委员会编　钱臻兴主编　扬州　广陵书社　2011 年　452 页〔江苏省常熟市地方志丛书〕
b40394943　K298.535　Q446　2011

任阳镇志
浦天伦主编　北京　中共党史出版社　1996 年　483 页〔江苏省常熟市地方志丛书〕
b17120688　K295.35　R196　1996

沙家浜镇志
沙家浜镇志编纂委员会编　赵庆锋　王金良主编　北京　方志出版社　2013 年　718 页〔江苏省常熟市乡镇志丛书〕
b40938517　K295.35　S2311　2013

沙家浜镇志
中共沙家浜镇委员会　沙家浜镇人民政府编　徐耀良主编　北京　中共党史出版社　1994 年　412 页〔江苏省常熟市乡镇志丛书〕
b14373002　K295.35　Z645

沙家浜镇志
江苏省常熟市沙家浜镇志编纂委员会编　赵庆锋主编　北京　方志出版社　2017 年　258 页〔中国名村志丛书　中国名村志文化工程〕
b50642479　K295.35　v5

尚湖镇志　第 1 卷　冶塘
尚湖镇志编纂委员会编　钱建平　沈玉军主编　上海　上海辞书出版社　2007 年　678 页〔江苏省常熟市地方志丛书〕
b18225901　K295.35　S321　2007

尚湖镇志　第 2 卷　练塘
尚湖镇志编纂委员会编　钱建平　沈玉军主编　上海　上海辞书出版社　2007 年　784 页〔江苏省常熟市地方志丛书〕
b18225901　K295.35　S321　2007

尚湖镇志　第 3 卷　王庄
尚湖镇志编纂委员会编　钱建平　沈玉军主编　上海　上海辞书出版社　2007 年　678 页〔江苏省常熟市地方志丛书〕
b18225901　K295.35　S321　2007

尚湖镇志　第 4 卷　尚湖
尚湖镇志编纂委员会编　钱建平　沈玉军主编　上海　上海辞书出版社　2007 年　576 页〔江苏省常熟市地方志丛书〕
b18225901　K295.35　S321　2007

唐市镇志
徐应济主编　常熟　唐市镇人民政府　1997 年　701 页〔江苏省常熟市地方志丛书〕
b2080717x　K295.35　T242　1997

王庄镇志
王庄镇志编纂委员会编　袁小弟主编　北京　中共党史出版社　2001 年　539 页〔江苏省常熟市地方志丛书〕
b16648420　K295.35　W235　2001

吴市镇志
吴市镇志编纂委员会编　朱绍曾主编　上海　百家出版社　1998 年　605 页〔江苏省常熟市地方志丛书〕

b20120990　K295.35　W511　1998

谢桥镇志
谢桥镇志编纂委员会编　钱臻兴主编　上海　上海科学技术文献出版社　2003 年 634 页〔江苏省常熟市地方志丛书〕
b15602667　K295.35　X427　2003

辛庄镇志
辛庄镇志编纂委员会编　高荣林主编　上海　上海社会科学院出版社　2003 年　553 页〔江苏省常熟市地方志丛书〕
b18131189　K295.35　X447　2003

兴隆镇志
兴隆镇志编纂委员会编　徐君连　杨国梁主编　北京　方志出版社　1999 年　570 页〔江苏省常熟市地方志丛书〕
b13544305　K295.35　X463

徐市镇志
徐市镇志编纂委员会编　王东平主编　上海　上海三联书店　2001 年　801 页〔江苏省常熟市地方志丛书〕
b36129203　K295.35　X578　2001

杨园镇志
杨园镇志编纂委员会编　李艳主编　上海　上海社会科学院出版社　2006 年　533 页〔江苏省常熟市地方志丛书〕
b18620735　K295.35　Y251　2006

冶塘镇志
冶塘镇志编纂委员会编　陈耀明主编　上海　上海科学技术文献出版社　2002 年 461 页〔江苏省常熟市地方志丛书〕
b14084272　K295.35　Y356

虞山镇志
虞山镇志编纂委员会编　谢伟麟主编　北京　中央文献出版社　2000 年　931 页〔江苏省常熟市地方志丛书〕
b13818788　K295.35　Y732

虞山镇志
虞山镇志编纂委员会编　张勇主编　上海　上海辞书出版社　2012 年　2 卷　1512 页〔江苏省常熟市地方志丛书〕
b46668305　K295.35　Y732C　2012

虞山镇志
江苏省常熟市虞山镇志编纂委员会编　朱亚辉主编　北京　方志出版社　2017 年　360 页〔中国名镇志文化工程〕
b50642455　K295.35　Y732D　2017

张桥镇志
张桥镇志编纂委员会编　周阿林主编　上海　上海社会科学院出版社　2003 年　557 页〔江苏省常熟市地方志丛书〕
b16447037　K295.35　Z362　2003

支塘镇志
支塘镇志编纂委员会编　王加　陈涵树主编　苏州　古吴轩出版社　1994 年　471 页〔江苏省常熟市地方志丛书〕
b17992084　K295.35　Z559　1994

常熟破山兴福寺志
妙生主编　苏州　古吴轩出版社　1993 年 301 页
b20018356　B947.253.3　M496　1993

常熟市人口与计划生育志
常熟市人口与计划生育志编纂委员会编　上海　上海社会科学院出版社　2004 年 647 页〔江苏省常熟市地方志丛书〕

b16247498 C924.255.33 C345 2004

中共常熟市委党校志 1959–2012
中共常熟市委党校编 王建国主编 苏州 古吴轩出版社 2014年 253页
b47415836 D261.41–09 W219 2014

常熟市工会志
颜承文主修 王醒民主编 苏州 古吴轩出版社 1994年 342页
b50319814 D412.853.3 C345C 1994

常熟统战志
常熟统战志编纂委员会编 范葆华 徐国良主编 上海 上海社会科学院出版社 2015年 384页〔江苏省常熟市地方志丛书〕
b4666984x D613 C345 2015

常熟政协志
常熟政协志编纂委员会编 笪伟中主编 扬州 广陵书社 2015年 375页
b50017147 D628.534 C345 2015

常熟市公安志
常熟市公安志编纂委员会编 归志国主编 上海 上海社会科学院出版社 2000年 508页
b50319371 D631 C3457 2000

常熟法院志
常熟法院志编纂委员会编 李建新主编 北京 人民法院出版社 2007年 667页〔江苏省常熟市地方志丛书〕
b22429025 D926.22 C345 2007

常熟市普法志
常熟市普法志编纂委员会编 陈燕薇主编 扬州 广陵书社 2017年 248页
b50817358 D927.533 C345P 2017

常熟市政法志 1949–2012
中共常熟市委政法委员会编 赵利群主编 上海 上海三联书店 2016年 535页
b50817395 D927.533 C345 2016

常熟发展改革志
常熟发展改革志编纂委员会编 上海 上海社会科学院出版社 2011年 501页
b36066904 F127.533 C345 2011

常熟市建设志
常熟市建设志编纂委员会编 朱良钧 翁志廉 时国生主编 上海 百家出版社 1998年 303页〔中华人民共和国地方志〕
b49982813 F299.275.33 C3457 1998

虞山林场志
虞山林场志编纂委员会编 李金祥主编 北京 中国林业出版社 2004年 664页〔江苏省常熟市地方志丛书〕
b44851248 F326.275.33 C345 2004

常熟市土地管理志
常熟市土地管理志编纂委员会编 上海 百家出版社 1999年 326页〔江苏省常熟市地方志丛书〕
b1992995x F327.533 C345 1999

江苏常熟发电有限公司志
江苏常熟发电有限公司志编纂委员会编 张云贵主编 北京 中央文献出版社 2003年 314页〔江苏省电力工业志丛书〕
b46012849 F426.61 J3271 2003

常熟市交通志
常熟市交通局编 上海 上海人民出版社 1990年 232页〔太湖流域地区专业志丛书〕
b2004186x F512.754.3 C345 1990

中国江苏常熟服装城志
常熟服装城志编纂委员会编 潘云来主编 上海 上海人民出版社 2012 年 616 页〔江苏省常熟市地方志丛书〕
b3636650x F724.783 C345 2012

常熟市财政志
常熟市财政志编纂委员会编 周慕秋主编 上海 上海科学技术文献出版社 2013 年 566 页〔江苏省常熟市地方志丛书〕
b50319358 F812.753.3 C345 2013

常熟市地方税务志 1994–2013
苏州市常熟地方税务局编 范建国主编 北京 方志出版社 2014 年 480 页
b4611502x F812.753.442 C345 2014

常熟图书馆志
常熟市图书馆志编纂委员会编 李向东主编 扬州 广陵书社 2015 年 352 页
b47112505 G259.275.34 L421 2015

常熟市教育志
常熟市教育局教育志编纂委员会编 戈正明主编 上海 中国大百科全书出版社上海分社 1994 年 240 页〔江苏省常熟市地方志丛书〕
b17516249 G527.533 G291 1994

常熟市实验小学志
常熟市实验小学志编纂委员会编 苏州 古吴轩出版社 2016 年 691 页〔江苏省常熟市地方志丛书〕
b49541936 G629.285.33 C345 2016

石梅小学志
石梅小学志编纂委员会编 顾泳主编 上海 上海辞书出版社 2011 年 285 页〔江苏省常熟市地方志丛书〕
b35861137 G629.285.3 S473 2011

常熟市地名志
常熟市地名志编纂委员会办公室编 上海 上海交通大学出版社 2006 年 515 页〔江苏省常熟市地方志丛书〕
b40743172 K925.34 C345 2006

江苏省常熟市地名录
常熟市地名委员会编 常熟 常熟市地名委员会 1983 年 452 页
b20014004 K925.33 C345J 1983

常熟市卫生志
常熟市卫生志编纂委员会编 程海容 褚玄仁主编 常熟 常熟市卫生志编纂委员会 1990 年 239 页
b50318317 R–092 C345 1990

常熟卫生志 1986–2010
常熟卫生志编纂委员会编 上海 上海科学技术文献出版社 2016 年 634 页〔江苏省常熟市地方志丛书〕
b50777853 R199.2 C3457 2016

常熟市土壤志
常熟市土壤普查办公室 苏州市农业局 江苏省土壤普查办公室编 常熟 常熟市土壤普查办公室 1985 年 220 页
b20102240 S159.253.3 C3457 1985

常熟水利志
常熟市水利志编纂委员会编 薛国平 罗光璜主编 北京 水利电力出版社 1990 年 365 页
b20136535 TV–092 X6756 1990

张家港市

沙洲县志
张家港市地方志编纂委员会编 李恺民主编 南京 江苏人民出版社 1992 年 976 页〔江苏省地方志〕
b10796034 K295.34 S231

张家港市志 1986–2005
张家港市地方志编纂委员会编 陈建明主编 北京 方志出版社 2013 年 2 卷 1289 页
b45444985 K295.33 Z354C 2013

港区镇志
邹达才主编 北京 方志出版社 2001 年 421 页〔张家港市镇志丛书〕
b13833790 K295.35 G227

合兴镇志
锦丰镇地方志编纂委员会编 何子龙主编 扬州 广陵书社 2012 年 391 页〔张家港市乡镇志系列丛书〕
b46562254 K295.35 H283 2012

花园村志
花园村志编纂委员会编 扬州 广陵书社 2017 年 373 页〔张家港市名村志系列丛书〕
b5081736x K295.35 H5319 2017

锦丰镇志
徐平主编 北京 方志出版社 2001 年 436 页〔张家港市镇志丛书〕
b13833789 K295.35 J492

锦丰镇志
江苏省张家港市锦丰镇志编纂委员会编 徐平主编 北京 方志出版社 2017 年 322 页〔中国名镇志文化工程〕
b50642595 K295.35 J492C 2017

乐余镇志
陆卫东主编 南京 凤凰出版社 2012 年 418 页〔张家港市乡镇志系列丛书〕
b37530896 K295.35 Y871 2012

李巷村志
李巷村志编纂委员会编 陈进章主编 南京 凤凰出版社 2015 年 342 页〔张家港市名村志系列丛书〕
b49669023 K295.35 L421 2015

南丰镇志
谭德宝主编 北京 方志出版社 2001 年 492 页〔张家港市镇志丛书〕
b13833807 K295.35 N1612

塘桥镇志 1994–2005
塘桥镇志（1994–2005）编纂委员会编 朱栋裕主编 扬州 广陵书社 2017 年 635 页〔张家港市乡镇志系列丛书〕
b50204713 K295.35 T246C 2017

塘桥志
塘桥志编纂委员会编 庞梁主编 上海 上海交通大学出版社 1996 年 554 页
b20404657 K295.35 T2467 1996

塘市镇志
陈进章主编 北京 方志出版社 2001 年 314 页〔张家港市镇志丛书〕
b13638968 K295.35 T246

斜桥村志
斜桥村志编纂委员会编 林新望主编 扬州 广陵书社 2018 年 343 页〔张家港市名村志系列丛书〕
b52662792 K295.35 X3937 2018

杨舍镇志
杨舍镇志编纂委员会编 戴玉兴主编 扬州 广陵书社 2017年 2册 1470页
b50204737 K295.35 Y2467 2017

永联村志
永联村志编纂委员会编 李世富主编 南京 凤凰出版社 2015年 474页〔张家港市名村志系列丛书〕
b49669035 K295.35 L417 2015

袁家桥村志
袁家桥村民委员会编 孙海航主编 北京 中国文史出版社 2017年 363页
b5064242x K295.35 Y792 2017

章卿村志
章卿村志编纂委员会编 陈进章主编 扬州 广陵书社 2017年 302页
b52662810 K295.35 Z374 2017

兆丰镇志
陆卫东主编 南京 凤凰出版社 2013年 379页〔张家港市乡镇志系列丛书〕
b46011031 K295.35 Z428 2013

张家港宗教志
张家港宗教志编纂委员会编 赵志刚主编 扬州 广陵书社 2016年 456页
b50994116 B929.2 Z3543 2016

张家港政协志
张家港政协志编纂委员会编 钱新棣主编 北京 方志出版社 2012年 722页
b40658661 D628.533 Z354 2012

张家港市纪检监察志 1962–2011
中共张家港市纪律检查委员会 张家港市监察局编 顾月华 张玮主编 北京 方志出版社 2012年 593页
b40432671 D630.9 Z354 2012

张家港市人民法院志
张家港市人民法院志编纂委员会编 徐建东主编 苏州 古吴轩出版社 2017年 290页
b50339205 D926.22 X572 2017

常阴沙农场志
常阴沙农场志编纂委员会编 陆锦法主编 北京 方志出版社 2017年 407页
b50051416 F324.1 C345 2017

张家港联合铜业有限公司志 1996–2005
张家港 张家港联合铜业有限公司 2006年 159页
b51012832 F426.32 Z354 2006

张家港市乡镇工业志
张家港市地方志办公室 张家港市乡镇工业局编 李恺民主编 上海 上海人民出版社 1990年 312页〔太湖流域地区专业志丛书〕
b38893228 F427.534 Z354 1990

德积地名志
金港镇人民政府编 张家港 金港镇人民政府 2004年 318页〔张家港市乡镇地名志丛书〕
b16859376 K925.35 D291 2004

江苏省沙洲县地名录
沙洲县地名领导小组编 沙洲 沙洲县地名领导小组 1982年 261页
b20016487 K925.34 S231 1982

张家港市地名志
中共张家港市委党史地方志办公室编 北

京 方志出版社 2007 年 664 页
b18621004 K925.33 Z645 2007

镇山地名志
张锡文主编 张家港 镇山地名志编纂者 2004 年 117 页
b20018137 K925.35 Z367 2004

江苏省沙洲县土壤志
沙洲县土壤普查办公室 苏州市农业局 江苏省土壤普查办公室编 沙洲 沙洲县土壤普查办公室 1984 年 307 页
b19732314 S159.253.4 S231 1984

昆山市

江苏省昆山县志
江苏省昆山县县志编纂委员会编 王道伟主编 上海 上海人民出版社 1990 年 963 页
b11074474 K295.34 J327

昆山市志 1981–2010
昆山市地方志编纂委员会编 王建东 郭秧全 蔡坤泉主编 南京 江苏人民出版社 2013 年 2 卷 1210 页
b44810994 K295.33 K538 2013

安上村志
安上村志编委会编 计俊林主编 苏州 苏州大学出版社 2017 年 334 页〔淀山湖镇村志〕
b50136914 K295.35 A164 2017

巴城镇志
昆山市巴城镇镇志编纂办公室编 孔德润主编 上海 上海人民出版社 1991 年 242 页〔长江三角洲乡镇志〕
b10910785 K295.35 B112

巴城镇志
江苏省昆山市巴城镇志编纂委员会编 孙道寻 王晔主编 北京 方志出版社 2017 年 278 页〔中国名镇志丛书 中国名镇志文化工程〕
b50642601 K295.35 v5

淀山湖镇志
昆山市淀山湖镇政府主编 西安 西安地图出版社 2005 年 336 页〔昆山地方志丛书〕
b16436313 K295.35 D461 2005

度城村志
度城村志编委会编 夏小棣主编 苏州 苏州大学出版社 2017 年 343 页〔淀山湖镇村志〕
b49903135 K295.35 D697 2017

红星村志
红星村志编委会编 张大年主编 苏州 苏州大学出版社 2017 年 401 页〔淀山湖镇村志〕
b49967666 K295.35 H4198 2017

江苏省昆山市锦溪镇志 1988–2006
锦溪镇志编纂委员会编 程文荣 王文主编 南京 江苏人民出版社 2014 年 609 页〔昆山市第二轮地方志丛书〕
b4596967x K295.35 J4928 2014

千灯镇志
昆山市千灯镇镇志编纂委员会编 上海 上海人民出版社 1991 年 295 页〔长江三角洲乡镇丛书〕
b10910360 K295.35 Q197

千灯镇志
江苏省昆山市千灯镇志编纂委员会编 高苡平主编 北京 方志出版社 2017 年 270

页〔中国名镇志文化工程〕
b50642613　K295.35　Q197　2017

江苏省昆山市千灯镇志　1988–2007
千灯镇志编纂委员会编　赵建勇主编　南京　江苏人民出版社　2015年　555页〔昆山市第二轮地方志丛书〕
b46523480　K295.35　Q197C　2015

江苏省昆山市张浦镇志　1989–2008
张浦镇志编纂委员会编　王建华主编　南京　江苏人民出版社　2015年　553页〔昆山市第二轮地方志丛书〕
b49550275　K295.35　Z361　2015

金家庄村志
金家庄村志编委会编　吕善新主编　苏州　苏州大学出版社　2017年　366页〔淀山湖镇村志〕
b50232058　K295.35　J4779　2017

昆山市城北镇志　续集
王国桢主编　上海　上海科学技术文献出版社　2003年　263页〔昆山市地方志丛书〕
b14367610　K295.35　C466B

昆山市玉山镇志
陈琦南主编　上海　上海科学技术文献出版社　2003年　362页〔昆山市地方志丛书〕
b14367609　K295.35　Y7747

昆山市自然村变迁图志　开发区卷
昆山市地方志编纂委员会办公室编　石敏主编　南京　江苏科学技术出版社　2014年　419页〔昆山市地方文献丛书〕
b50017159　K295.33　K538K　2014

昆山市自然村变迁图志　张浦　淀山湖　周庄卷
昆山市地方志编纂委员会办公室编　郭秧全　蔡坤泉主编　苏卫红　张晓东　袁挺卷主编　南京　江苏科学技术出版社　2013年　235页
b4601147x　K295.35-64　K538　2013

昆山市自然村变迁图志　巴城卷
昆山市地方志编纂委员会办公室编　屠祖荣主编　南京　江苏科学技术出版社　2012年　210页〔昆山市地方文献丛书〕
b46669590　K295.35-64　K538B　2012

昆山市自然村变迁图志　花桥卷
昆山市地方志编纂委员会办公室编　冯善明主编　南京　江苏科学技术出版社　2012年　582页〔昆山市地方文献丛书〕
b46669607　K295.35-64　K538H　2012

昆山市自然村变迁图志　陆家卷
昆山市地方志编纂委员会办公室编　吴永康主编　南京　江苏科学技术出版社　2013年　202页〔昆山市地方文献丛书〕
b46669619　K295.35-64　K538L　2013

昆山市自然村变迁图志　千灯卷
昆山市地方志编纂委员会办公室编　赵建勇主编　南京　江苏科学技术出版社　2014年　262页〔昆山市地方文献丛书〕
b46669620　K295.35-64　K538Q　2014

昆山市自然村变迁图志　玉山卷
昆山市地方志编纂委员会办公室编　陶桂荣主编　南京　江苏科学技术出版社　2014年　388页〔昆山市地方文献丛书〕
b46669632　K295.35-64　K538Y　2014

昆山市自然村变迁图志　周市卷
昆山市地方志编纂委员会办公室编　陆根元　计华明　杨悦主编　南京　江苏科学技术出版社　2014年　199页〔昆山市地方文

献丛书〕
b46669656 K295.35-64 K538Z 2014

陆家镇志 1988–2006
吴永康主编 扬州 广陵书社 2011 年 527 页〔昆山市地方志丛书〕
b40394931 K295.35 L836 2011

民和村志
民和村志编委会编 王忠林主编 苏州 苏州大学出版社 2016 年 301 页〔淀山湖镇村志〕
b49700091 K295.35 M528 2016

蓬朗镇志
昆山市蓬朗镇镇志编纂委员会编 上海 上海三联书店 1992 年 298 页
b16862508 K295.35 P337 1992

晟泰村志
晟泰村志编委会编 董根金主编 苏州 苏州大学出版社 2017 年 315 页〔淀山湖镇村志〕
b50106685 K295.35 S444 2017

双护村志
双护村志编委会编 柳根龙主编 苏州 苏州大学出版社 2017 年 275 页〔淀山湖镇村志〕
b49966947 K295.35 S5923 2017

同心村志
胡仁豪主编 成都 四川人民出版社 2002 年 428 页〔昆山市地方志丛书〕
b46667817 K295.35 T4378 2002

兴复村志
兴复村志编委会编 苏州 苏州大学出版社 2017 年 296 页〔淀山湖镇村志〕
b50633417 K295.35 X4632 2017

杨湘泾村志
杨湘泾村志编委会编 倪才孚主编 苏州 苏州大学出版社 2017 年 305 页〔淀山湖镇村志〕
b50136926 K295.35 Y2494 2017

永新村志
永新村志编委会编 张品荣主编 苏州 苏州大学出版社 2016 年 525 页〔淀山湖镇村志〕
b49700005 K295.35 Y636 2016

张浦镇志 大市卷
陈阿根主编 西安 西安地图出版社 2003 年 326 页〔昆山市地方志丛书〕
b16859492 K295.35 Z361D 2005

张浦镇志 南港卷
张梅官主编 西安 西安地图出版社 2003 年 326 页〔昆山市地方志丛书〕
b17044704 K295.35 Z361N 2003

周庄镇志
周庄镇志编委委员会编 南京 江苏人民出版社 2014 年 2 卷 1276 页〔昆山市第二轮地方志丛书〕
b45969681 K295.35 Z675 2014

周庄镇志
江苏省昆山市周庄镇志编纂委员会编 唐翱主编 北京 方志出版社 2016 年 282 页〔中国名镇志丛书〕
b47206202 K295.35 Z675C 2016

周庄镇志
昆山市周庄镇志编纂委员会编 上海 上海三联书店 1992 年 258 页

b19733823　K295.35　Z675K　1992

昆山统计志
昆山统计志编纂委员会 昆山市统计局 中国国家统计局昆山调查队编 昆山 昆山统计志编纂委员会 2016 年 532 页
b50269100　C832.534　K538　2016

昆山人民代表大会志　1954-2004
昆山市人民代表大会常务委员会 昆山人民代表大会志编纂委员会编 昆山 昆山市亭林印刷厂 2004 年 569 页
b19931864　D624.533　K538　2004

昆山市人事志
昆山市人事志编纂委员会编 陆惠明主编 扬州 广陵书社 2011 年 285 页〔昆山市第二轮地方志丛书〕
b40394955　D630.3　K538　2011

江苏省昆山市公安志
陆迎芳主编 扬州 广陵书社 2012 年 506 页〔昆山市第二轮地方志丛书〕
b50248558　D631　K5387　2012

汶川特大地震昆山市援建图志
昆山市地方志办公室编著 宋德强 郭秧全 蔡坤泉主编 南京 江苏科学技术出版社 2012 年 161 页〔昆山市地方文献丛书〕
b36282078　D632.5-64　K538　2012

昆山市政协志
昆山市政协志编纂委员会编 昆山 昆山市政协志编纂委员会 2006 年 703 页
b16887980　D928.533　K538　2006

江苏省昆山市建设志
昆山市建设志编纂委员会编 沈立新主编 扬州 广陵书社 2013 年 520 页〔昆山市第二轮地方志丛书〕
b47317413　F299.275.34　K538　2013

昆山市农林志
昆山市农林志编纂委员会编 毛伟主编 扬州 广陵书社 2013 年 372 页〔昆山市第二轮地方志丛书〕
b44782706　F329.534　K538　2013

昆山市土地志
昆山市土地志编纂委员会编 徐惠中主编 上海 上海科学技术文献出版社 1998 年 282 页〔昆山市地方志丛书〕
b17736250　F329.533　X571　1998

昆山市工业志　1991-2010
昆山市工业志编纂委员会编 陶林生主编 苏州 古吴轩出版社 2014 年 306 页〔昆山市第二轮地方志丛书〕
b46377359　F427.534　K538　2014

江苏省昆山市交通志　1986-2006
昆山市交通志编纂委员会编 唐建中主编 扬州 广陵书社 2011 年 264 页〔昆山市第二轮地方志丛书〕
b40648631　F512.753.4　K538　2011

昆山市交通志
昆山市交通志编纂委员会编 赵舵主编 上海 上海科学技术文献出版社 1994 年 196 页〔昆山市地方志丛书〕
b2004382x　F512.753.3　Z432　1994

苏州市昆山地方税务志
苏州市昆山地方税务志编纂委员会编 沈宝龙主编 南京 江苏凤凰科学技术出版社 2014 年 480 页〔昆山市第二轮地方志丛书〕
b47415484　F812.753.442　K538　2014

江苏省昆山市科学技术志
费文隽主编 扬州 广陵书社 2012年 477页〔昆山市第二轮地方志丛书〕
b50665807 G322.753.4 F314 2012

昆山市教育志 1988–2007
昆山市教育志编纂委员会编 张云主编 扬州 广陵书社 2012年 292页〔昆山市第二轮地方志丛书〕
b44748826 G527.534 K538 2012

昆山县教育志
昆山县教育志编纂委员会编 上海 中国大百科全书出版社上海分社 1991年 265页〔太湖流域地区专业志丛书〕
b27575925 G527.534 K538 1991

昆剧志
王永敬主编 上海 上海文化出版社 2015年 2卷 1159页〔中国"昆曲学"研究课题系列〕
b46595016 J821.9 W234 2015

江苏省昆山县地名录
昆山县地名委员会编 昆山 昆山县地名委员会 1983年 237页
b20015537 K925.34 K538 1983

昆山市第一人民医院志
昆山市第一人民医院志编纂委员会编 陈健主编 上海 上海科学技术文献出版社 2009年 297页
b50246756 R199.2 K5382 2009

昆山市锦溪人民医院院志 1948–2013
朱敏主编 北京 团结出版社 2014年 201页
b5001660x R199.2 K538 2014

江苏省昆山县土壤志
昆山县土壤普查办公室 苏州市土壤普查办公室 江苏省土壤普查办公室编 昆山 昆山县土壤普查办公室 1985年 450页
b19732284 S159.253.4 K583 1985

昆山县水利志
陆耀德主编 上海 上海科学技术文献出版社 1995年 326页〔昆山市地方志丛书〕
b17514332 TV–092 L841 1995

昆山历代艺文志
昆山市地方志办公室编 郭秧全 蔡坤泉主编 南京 江苏科学技术出版社 2012年 534页〔昆山市地方文献丛书〕
b36282054 Z812.253.3 G778 2012

太仓市

太仓县志
太仓县县志编纂委员会编 龚乃光总纂 南京 江苏人民出版社 1991年 956页〔江苏省地方志〕
b10727395 K295.34 T162

太仓市志 1986–2005
太仓市地方志编纂委员会编 张志华主编 王维强总纂 北京 方志出版社 2014年 2卷 1517页
b46120981 K295.33 T162C 2014

城厢镇志
太仓市城厢镇志编纂委员会编 陶辛农主编 上海 华东理工大学出版社 1997年 551页〔江苏省太仓市地方志丛书〕
b2300373x K295.35 C4668 1997

浏河镇志
江苏省太仓市浏河镇志编纂委员会编 杨

晓峰 张义主编 北京 方志出版社 2017年 276页〔中国名镇志文化工程〕
b50642522 K295.35 L667 2017

双凤镇志
太仓市双凤镇志编纂委员会编 周国华主编 北京 方志出版社 2013年 611页〔江苏省太仓市地方志丛书〕
b40934949 K295.35 S5929 2012

岳王镇志
江苏省太仓市岳王镇志编纂委员会编 何亦如主编 上海 上海交通大学出版社 1996年 417页
b36379931 K295.35 Y863 1996

太仓市人民代表大会志
太仓市人民代表大会志编纂委员会编 上海 上海交通大学出版社 2009年 677页
b20701767 D624.534 T162 2009

太仓市政协志
太仓市政协志编纂委员会编 北京 方志出版社 2009年 669页
b36246177 D628.534 T162 2009

太仓市农业志
太仓市农业委员会编 金启元主编 苏州 古吴轩出版社 2017年 515页
b51040001 F327.534 T162 2017

太仓市电力工业志 1906–1997
太仓市电力工业志编纂委员会编 奚品全主编 北京 中国文史出版社 2001年 344页〔江苏省太仓市地方志丛书〕
b22432048 F426.61 X126 2001

太仓市财政志
太仓市财政志编纂委员会编 袁国强主编 北京 方志出版社 1999年 253页〔江苏省太仓市地方志丛书〕
b47009457 F812.753.4 T162 1999

太仓县教育志
太仓县教育志编纂组编著 刘文荣 严经略 黄秋农主编 南京 江苏人民出版社 1992年 348页〔太仓县地方志〕
b36013377 G527.534 T162 1992

江苏省太仓县地名录
太仓县地名委员会编 太仓 太仓县地名委员会 1983年 234页
b20016840 K925.34 T162 1983

太仓市地名志
太仓市地名志编纂委员会办公室编 苏州 古吴轩出版社 2016年 564页
b49961147 K925.34 T162C 2016

江苏省太仓县土壤志
太仓县土壤普查办公室 苏州市土壤普查办公室 江苏省土壤普查办公室编 太仓 太仓县土壤普查办公室 1986年 271页
b20102276 S159.253.4 T162 1986

南通市

南通市志
南通市地方志编纂委员会编 施景钤总纂 上海 上海社会科学院出版社 2000年 3卷 2641页
b13616614 K295.33 N161N

南通市志 1983–2005
南通市地方志编纂委员会编 吴声和 严崇明主编 北京 中华书局 2015年 3卷 2641页
b47404310 K295.33 N161F 2015

南通人口和计划生育志
顾绮主编 北京 中国人口出版社 2010年 643页
b21591398 C924.255.33 N161 2010

南通市人大志
南通市人大志编纂委员会编 王昀主编 北京 方志出版社 2012年 1000页
b40837038 D624.533 N161 2012

南通市政协志
南通市政协志编纂委员会编 孙应杰主编 南京 江苏文艺出版社 2007年 752页
b18622008 D628.533 S779 2007

南通市老龄志
南通市老龄志编纂委员会编 顾嘉禾主编 北京 方志出版社 2015年 722页
b4720655x D669.6 N161 2015

南通市政府志 958–1990
管长江主编 北京 中国社会科学出版社 1993年 432页
b17663106 D675.33 G653 1993

南通市军事志 江苏省南通军分区军事志
南通军分区军事志编纂委员会编 长春 吉林人民出版社 2000年 291页
b19930306 E289.533 N161 2000

南通市经济技术开发区志
陈德新 屈宝贤主编 北京 方志出版社 2014年 2卷 1075页
b4655323x F127.533 N161 2014

南通审计志
南通审计志编委会编著 纪进主编 北京 中国时代经济出版社 2012年 545页
b42291410 F239.227.533 N161 2012

南通市土地志
南通市土地志编纂委员会编 朱正年 韩国荣主编 南京 江苏人民出版社 2001年 387页
b19930379 F321.1 Z723 2001

南通市粮食志
李庶 顾培元主编 北京 方志出版社 2000年 354页
b47009330 F327.533 N161 2000

南通醋酸纤维有限公司志
南通醋酸纤维有限公司编纂委员会编 孙桂泉主编 北京 方志出版社 2007年 317页
b5024727x F426.89 N1618 2007

南通电力工业志
南通供电局修志办公室编著 南京 江苏人民出版社 1992年 185页
b4985169x F426.61 N161 1992

天生港发电厂志
天生港发电厂志编纂委员会编 南京 江苏科学技术出版社 1994年 248页
b49982709 F426.61 T343 1994

南通市财政志 1912–1987
葛印陈主编 南京 江苏科学技术出版社 1995年 378页
b50065282 F812.753.3 N161 1995

南通市金融志
南通市金融志编纂委员会编 杨桐主编 北京 中国金融出版社 1995年 375页
b45570619 F832.753.3 N161 1995

南通市图书馆志 1912–2012
陈亮主编 上海 上海古籍出版社 2012年

274 页
b51092074　G259.275.33　N161　2012

南通市教育志
南通市教育局编　王建明主编　北京　新华出版社　2001 年　562 页
b1525012x　G527.533　W219　2001

南通大学百年志　1912–2012
包志华主编　南京　江苏人民出版社　2012 年　2 卷　1789 页
b40648643　G649.285.33　N161　2012

南通体臣卫生学校志　1951–2010
南通体臣卫生学校志编纂委员会编　管军主编　南通　南通体臣卫生学校志编纂委员会　2011 年　265 页
b40648679　G719.285.33　N161　2011

南通市民族宗教志
南通市民族宗教志编纂委员会编　匡志森主编　合肥　黄山书社　1996 年　247 页
b21764621　K280.533　K463　1996

江苏省南通市地名录
南通市地名委员会编　南通　南通市地名委员会　1982 年　146 页
b20016050　K925.33　N161D　1982

南通医学院志
南通医学院志编纂委员会编　南京　江苏人民出版社　2002 年　409 页
b17302651　R–40　N161　2002

南通大学附属医院志
南通大学附属医院志编纂委员会编　景为民主编　北京　方志出版社　2011 年　435 页
b36133619　R199.2　N1618　2011

南通市第一人民医院志
南通市第一人民医院志编纂委员会编　王建军主编　北京　方志出版社　2007 年　333 页
b50234109　R199.2　N1618D　2007

南通市第一人民医院志　1907–1985
南通市第一人民医院院志编写办公室编　南通　南通市第一人民医院院志编写办公室　1987 年　290 页
b50234110　R199.2　N16181　1987

南通市第一人民医院志　2006–2015
南通市第一人民医院志编纂委员会编　王建军主编　南京　江苏人民出版社　2017 年　370 页
b50346167　R199.2　N16181D　2017

南通市肿瘤医院志　1972–2013
南通市肿瘤医院志编纂委员会编　强福林主编　北京　方志出版社　2015 年　465 页
b50206874　R199.2　N1618C　2015

南通市建设志
南通市建设志编纂委员会编　上海　上海社会科学院出版社　2004 年　790 页〔中华人民共和国地方志〕
b20413841　TU984.253.3　N161　2004

南通市水利志
王承功　须景昌主编　合肥　黄山书社　1998 年　401 页
b21137031　TV–092　N1618　1998

南通市水利志　1991–2005
南通市水利志编纂委员会编　李国梁主编　北京　方志出版社　2018 年　265 页
b51069404　TV–092　N1618C　2018

江苏艺文志 南通卷
南京师范大学古文献整理研究所编著 赵国璋 顾启主编 南京 江苏人民出版社 1995年 456页〔出版史志丛书〕
b16622492 Z812.3 Z433M 1995

崇川区

崇川区志
崇川区地方志编纂委员会编 北京 方志出版社 2007年 698页
b18838406 K295.33 C541 2007

竹行镇志
竹行镇志编纂委员会编 陈一鸣 张天玲 盛晓奕主编 北京 方志出版社 2017年 639页
b50650592 K295.35 Z7298 2017

崇川区人大志 1980–2007
南通市崇川区人民代表大会常务委员会 崇川区人大志编纂委员会编 南通 南通市崇川区人民代表大会常务委员会 2009年 741页
b5006647x D624.533 N161C 2009

通州区

南通县志
通州市地方志编纂委员会编 庄奂主编 南京 江苏人民出版社 1996年 1279页〔江苏省地方志〕
b10603980 K295.34 N161

通州市志 1993–2009
南通市通州区地方志编纂委员会编 北京 中国文史出版社 2014年 2卷 1215页
b46551335 K295.33 T426 2014

通州老龄志
通州老龄志编纂委员会编 王飞 张武军 季亚主编 北京 中国文史出版社 2016年 289页
b49923249 D669.6 N161T 2016

通州市土地志
通州市土地志编纂委员会编 季伦广主编 南京 江苏人民出版社 1998年 409页
b19930392 F327.533 J175 1998

江苏省南通县土壤志
南通县土壤普查办公室 南通市农业局 江苏省土壤普查办公室编 南通 南通县土壤普查办公室 1985年 336页
b19732296 S159.253.4 N161 1985

启东市

启东县志
江苏省启东县志编纂委员会编 陈明山等总纂 北京 中华书局 1993年 1155页〔中华人民共和国地方志丛书〕
b10645147 K295.34 Q156

启东市志 1986–2005
启东市地方志编纂委员会编 吴天昌 顾永辉 黄翠芳主编 北京 中华书局 2014年 2卷 1256页
b46551414 K295.34 Q156C 2014

启东县工会志
启东县工会志编纂委员会编 赵越 刘汉成主编 张诚 黄振岳编辑 北京 中国工人出版社 1995年 331页
b36093269 D412.853.4 Q156 1995

启东市电力工业志 1986–2005
陈仲兴 徐森主编 北京 中国电力出版社

2010年 228页〔南通市电力工业志丛书〕
b49981407 F426.61 Q156 2010

启东市建筑业志
启东市建筑业志编纂委员会编 徐炜东主编 北京 中国城市出版社 1997年 369页〔中华人民共和国地方志丛书〕
b49550020 F426.9 Q156 1997

启东市教育志
陈振前主编 长春 吉林出版集团有限责任公司 2014年 1133页
b46995638 G527.534 Q156 2014

如皋市

如皋县志
如皋市地方志编纂委员会编 李实秋主编 香港 新亚洲出版公司 1995年 853页〔江苏省地方志 2001〕
b1057038x K295.34 R314

如皋市志
如皋市地方志编纂委员会编 北京 方志出版社 2017年 2册 1700页
b49958082 K295.33 R314C 2017

如皋市人大志 1949.1–2016.7
如皋市人大志编纂委员会编 杨国斌主编 北京 方志出版社 2016年 445页
b49675370 D624.534 R3143 2016

如皋检查志 1952–2007
如皋市人民检察院编 潘庆华主编 如皋 如皋市人民检察院 2008年 154页
b49550056 D926.32 R314 2008

如皋劳动志
如皋劳动志编辑委员会编 缪长青主编 南京 江苏人民出版社 1991年 264页
b47045310 F249.275.34 R314 1991

如皋土地志
如皋市国土规划管理局编 黄裕龙主编 北京 中央文献出版社 2001年 322页
b2127745x F327.534 R314 2001

如皋金融志
如皋金融志编辑室编 周振中主编 南京 南京大学出版社 1994年 405页
b40740171 F832.753.4 R314 1994

如皋县教育志
如皋县教育局编写 如皋 如皋县印刷厂 1987年 196页
b20140277 G527.534 R314 1987

如皋史志资料 第8辑
中共如皋县委党史办公室 如皋县编史修志办公室编 如皋 中国共产党如皋县委员会党史办公室 1985年
b21516108 K295.34 R314D

江苏省如皋县地名录
如皋县地名委员会编 如皋 如皋县地名委员会 1983年 349页
b20016451 K925.34 R314 1983

如皋市卫生志 1991–2010
如皋市卫生志编纂委员会编 李向东主编 北京 方志出版社 2013年 746页
b4562527x R199.2 R314 2013

如皋县卫生志
如皋县卫生志编纂委员会编 许秀银主编 北京 新华出版社 1998年 354页
b2176489x R199.2 R314 1998

江苏省如皋县土壤志
江苏省土壤普查办公室 如皋县土壤普查办公室编 如皋 如皋县土壤普查办公室 1987 年 236 页
b36379852 S159.253.4 R314 1987

海门市

海门县志
海门市地方志编纂委员会编 俞茂林主编 南京 江苏科学技术出版社 1996 年 1088 页〔江苏省地方志〕
b10617334 K295.34 H145

海门市志
海门市地方志编纂委员会办公室编 张凤斌主编 北京 方志出版社 2014 年 2 卷 1888 页
b46442455 K295.33 H145 2014

海门市工会志 1995-2009
海门市工会志编纂委员会编 管云山 顾玉琴主编 北京 中国工人出版社 2012 年 218 页〔中国地方工会史志丛书〕
b46995286 D412.853.4 H1455 2012

海门建筑业志
海门市建筑工程管理局编 北京 方志出版社 2005 年 466 页
b47009135 F426.9 H145 2005

海门县电力工业志 1920-1985
徐慎庠主编 北京 中国电力出版社 2010 年 134 页
b47352784 F426.61 H145 2010

海门方言俗语志略
管剑阁编著 海门 海门方言俗语志略编著者 1988 年 184 页
b1249558x H173 G653

江苏省海门县地名录
海门县地名委员会编 海门 海门县地名委员会 1983 年 193 页
b2001479x K925.34 H1455 1983

海门市水利志
黄志良主编 北京 方志出版社 2014 年 524 页
b47009147 TV-092 H1456 2014

海门市环境保护志
海门市环境保护局编 海门市地方志办公室编 北京 方志出版社 2008 年 392 页
b19329477 X321.253.3 H145 2008

海安县

海安县志
海安县志编纂委员会编 吉光等总纂 上海 上海社会科学院出版社 1997 年 1014 页
b10568864 K295.34 H1451

海安县志 1993-2008
海安县史志编纂委员会编 董玉龙 杨斌 周宏文总纂 北京 方志出版社 2015 年 2 卷 1198 页
b4655130x K295.34 H1451C 2015

墩头镇志
墩头镇志编纂委员会编 周金国总纂 北京 中国文史出版社 2017 年 468 页
b5064239x K295.35 D772 2017

海安镇志
胡增武 陆群主编 上海 上海人民出版社 1989 年 539 页〔中国名镇志〕
b17623376 K295.35 H1453 1989

胡集镇志
海安县胡集镇志编委会编 卢辉平总编 合肥 安徽电子音像出版社 2007 年 384 页
b40935358 K295.35 H472 2007

曲塘镇志
曲塘镇志编写委员会编 黄宝书主编 南通 南通韬奋印刷厂 1990 年 376 页
b16403745 K295.35 Q562 1990

海安县工会志 1993–2006
海安县工会志编纂委员会编 段仁贵主编 北京 方志出版社 2009 年 338 页
b20815542 D412.853.4 H145 2009

海安县人大志
海安县人大常委会编纂 高星三总纂 北京 方志出版社 2001 年 542 页
b20135981 D624.534 H145 2001

海安县政协志
海安县政协志编纂委员会编 长春 吉林人民出版社 2006 年 576 页
b1718292x D628.534 H145 2006

海安县城乡建设志
海安县城乡建设志编纂委员会编 北京 中国建筑工业出版社 1997 年 525 页〔中华人民共和国地方志〕
b21567931 F299.275.34 H145 1997

海安县农业志
海安县农业志编纂委员会编 陈名主编 北京 方志出版社 2013 年 411 页
b41220341 F327.534 H1451 2013

海安县土地志
海安县土地志编纂委员会编 王圣法主编 北京 中央文献出版社 2000 年 373 页
b15656706 F327.534 H145 2000

海安文化志
海安县文化广电新闻出版局编 陈琳主编 北京 方志出版社 2014 年 406 页
b45969784 G127.534 H145 2014

江苏省海安县地名录
海安县地名委员会编 海安 海安县地名委员会 1983 年 271 页
b15932886 K925.34 H145 1983

海安县水利志
海安县水利局编 海安 海安县水利局 2012 年 480 页
b50268880 TV–092.534 H145 2012

如东县

如东县志
如东县编史修志办公室编 南京 江苏古籍出版社 1985 年 474 页
b10564585 K295.34 R3142

如东县志
如东县地方志编纂委员会编 北京 商务印书馆 2015 年 2 卷 1842 页
b47558970 K295.34 R3142C 2015

潮桥志
江苏省如东县潮桥公社潮桥志编写组编 如东 江苏省如东县潮桥公社潮桥志编写组 1982 年 250 页
b19731966 K295.34 R3142Z 1982

大豫镇志
江苏省如东县大豫镇人民政府编 管霖主编 北京 方志出版社 2016 年 2 卷 1391 页
b47560514 K295.35 D1365 2016

丰利镇志
如东县丰利镇志编纂委员会编 如东 如东县丰利镇志编纂委员会 1981年 403页
b36128557 K295.34 F3595 1981

掘港镇志
掘港镇志编纂委员会编 汤夕华主编 北京 方志出版社 2007年 718页
b18621855 K295.35 J739 2007

掘港镇志
掘港镇志编写组编 如东 掘港镇志编写组 1981年 363页
b19931840 K295.35 K739 1981

马塘镇志
马塘镇志办公室编著 上海 学林出版社 1986年 248页
b23232390 K295.35 M142 1986

双甸镇志
双甸镇志编纂委员会编 丁德全主编 北京 中国文史出版社 2014年 565页
b46377475 K295.35 S5928 2014

如东县工会志 1949.12–2014.12
如东县工会志编纂委员会编 王鹤声 冷强华主编 北京 方志出版社 2017年 653页
b50756527 D412.853.4 R314 2017

如东县人大志
如东县人民代表大会常务委员会编 吴春华主编 北京 方志出版社 2008年 429页
b20490203 D624.534 R314 2008

如东县政协志
如东县政协志编纂委员会编 陈建华主编 扬州 广陵书社 2017年 544页
b51030561 D628.534 R314 2017

马塘农机志
如东县马塘镇人民政府编 扬州 广陵书社 2017年 386页〔如东方志丛书〕
b50817346 F324.3 M142 2017

如东县土地志
虞建宣主编 南京 江苏人民出版社 1995年 305页
b19930380 F327.533 Y731 1995

如东建筑业志
缪世如 陈斌总纂 北京 方志出版社 1998年 273页
b4700941x F426.9 R314 1998

如东卫校志
如东卫校志编纂组编 刘昌年总编 如东 如东卫校志编纂组 1998年 247页
b47415599 G719.285.34 R314 1998

如东人口计划生育志
陈祥志 镇余保编 南京 南京大学出版社 1987年 246页
b18928183 K269 v4

如东史志志
如东史志志编纂委员会编 虞建宣主编 南京 江苏人民出版社 2017年 492页
b50747848 K295.34 R3142Y 2017

江苏省如东县地名录
如东县地名委员会编 如东 如东县地名委员会 1982年 283页
b2001644x K925.34 R3142 1982

如东县卫生志
如东县卫生志编纂委员会编 丛浩主编 北京 方志出版社 2015年 2卷 1694页
b49640471 R199.2 R3142 2015

连云港市

连云港市志
连云港市地方志编纂委员会编 北京 方志出版社 2000 年 3 卷 2762 页
b13946043 K295.33 L469

连云港市工会志 1990–2011
连云港市工会志编纂委员会编 李强主编 南京 江苏人民出版社 2013 年 468 页
b44916371 D412.853.3 L469 2013

连云港市人民代表大会志 1948–2012
连云港市人民代表大会志编纂委员会编 朱浩 董恕娟主编 北京 方志出版社 2014 年 647 页
b46118457 D624.533 L469 2014

连云港市政协志
中国人民政治协商会议江苏省连云港市委员会编 连云港 中国人民政治协商会议江苏省连云港市委员会 1997 年 289 页
b20015641 D628.533 L469 1997

连云港市公安志
连云港市公安局编纂 张立国主编 北京 中国城市出版社 1995 年 478 页
b46442054 D631 Z356 1995

连云港市民政志
刘风光主编 南京 南京大学出版社 1991 年 302 页
b47415460 D632 L469 1991

连云港经济技术开发区志
连云港经济技术开发区志编纂委员会编 北京 方志出版社 2015 年 750 页
b47082434 F127.533 L469 2015

灌西盐场志
灌西盐场志编纂委员会编 吴再忠总纂 连云港 灌西盐场志编纂委员会 2004 年 570 页
b50319115 F426.82 G6668 2004

连云港电力工业志
连云港电力工业志编纂委员会编 殷开龙主编 北京 方志出版社 1996 年 184 页
b49850374 F426.61 L469 1996

台北盐场志
台北盐场志编纂委员会编 徐锋主编 徐州 中国矿业大学出版社 2008 年 461 页
b22432036 F426.89 T1511 2008

台南盐场志
台南盐场志编纂委员会编 连云港 台南盐场志编纂委员会 2009 年 646 页
b21570358 F426.89 T151 2009

新海发电厂志
新海发电厂志编纂委员会编 赵风刚主编 北京 华龄出版社 1996 年 168 页
b49982473 F426.61 X4433 1996

连云港港志
张树玉 杨贤益主编 北京 人民交通出版社 1993 年 594 页
b15588087 F552.9 Z364 1993

连云港口岸志
杨贤益主编 北京 人民交通出版社 1992 年 320 页
b16179006 F752.853.3 Y249 1992

连云港市财政志
连云港市财政志编纂委员会编著 张文武主编 北京 中国财政经济出版社 2002

年 423 页
b21764141 F812.753.3 L469 2002

连云港市金融志
连云港市金融志编纂委员会编 孙恩庆主编 徐州 中国矿业大学出版社 2001 年 253 页
b21764153 F832.753.3 L469 2001

连云港市文化志
连云港市文化局编 刘增国主编 北京 中国戏剧出版社 1996 年 324 页
b19931074 G127.533 L694 1996

连云港广播电视志
连云港广播电视志编纂委员会编 戴咏寒主编 南京 江苏人民出版社 2016 年 348 页
b49503133 G229.275.33 L469 2016

连云港市教育志
连云港市教育委员会教育志办公室编 史爱荣主编 徐州 中国矿业大学出版社 1995 年 250 页
b20136663 G527.533 L469 1995

连云港戏曲志
刘增国主编 连云港 连云港市凹凸彩色印刷厂 19-- 年 2 卷 435 页〔中国戏曲志〕
b20043983 J809.2 L6943

连云港抗战志
苏中保主编 北京 中国文史出版社 2015 年 523 页
b46995420 K265.06 S7151 2015

连云港风物志
薛鸿迎 刘洪石著 南京 江苏人民出版社 1983 年 165 页
b1216026x K925.3 X676

连云港市地名录 市区部分
连云港市地名委员会编 连云港 连云港市地名委员会 1983 年 220 页
b21275075 K925.33 L469 1983

锦屏山志
连云港市海州区地方志编纂委员会编纂 孙大伟主编 北京 方志出版社 2018 年 324 页
b51044493 K928.3 J492 2018

连云港市卫生志
连云港市卫生志编纂委员会编 张文科主编 北京 方志出版社 1998 年 361 页
b47009238 R199.2 L469 1998

江苏省连云港市土壤志
连云港市土壤普查办公室编 武心敏 林聪阳主编 连云港 江苏省连云港市农业局 1989 年 462 页
b21568571 S159.253.3 W534 1989

连云港市水利志
连云港市水利史志编纂委员会编 张卫怀主编 北京 方志出版社 2001 年 642 页〔连云港市水利史志丛书〕
b21855018 TV-092 Z3663 2001

江苏艺文志 徐州卷 连云港卷
南京师范大学古文献整理研究所编著 赵国璋 邱鸣皋主编 汤大民 赵国军撰稿 南京 江苏人民出版社 1995 年 298 页〔出版史志丛书〕
b19733549 Z812.3 Z433X 1995

连云港艺文志
连云港市图书馆编 许厚文 崔明月主编 沈阳 沈阳出版社 2001 年 422 页〔海韵文丛〕

b2001904x　Z812.253.3　X594　2001

海州区

海州区志
连云港市海州区地方志编纂委员会编　周恒泰主编　北京　方志出版社　1999 年　500 页〔江苏省城市区志丛书〕
b13544524　K295.33　L469H

连云港市海州区志　1986–2005
连云港市海州区地方志编纂委员会编　孙大伟主编　北京　方志出版社　2013 年　1073 页
b45625220　K295.33　L469H　2013

新浦区志
连云港市新浦区地方志编纂委员会编　韩世泳主编　北京　方志出版社　2000 年　621 页〔江苏省城市区志丛书〕
b17648488　K295.33　L469X　2000

连云港市新浦区新志
连云港市新浦区地方志编纂委员会编　韩世泳主编　北京　方志出版社　2014 年　2 卷　1728 页
b47287421　K295.33　L469XC　2014

新浦政协志
新浦政协志编纂委员会编　吴新明主编　连云港　新浦政协志编纂委员会　2009 年　380 页
b47243156　D628.53　L469X　2009

连云港市新浦区教育志　1913–1990
张绍民　徐一德主编　连云港　连云港市新浦区文教局　1993 年　347 页
b20017601　G527.533　Z364　1993

海州民俗志
刘兆元著　南京　江苏文艺出版社　1991 年　519 页
b20534516　K892.453　L469　1991

花果山志
连云港市花果山风景区管理处编　北京　中华书局　2005 年　451 页〔江苏省地方志文库〕
b16325667　K928.3　L469　2005

连云区

连云区志
连云区地方志编纂委员会编　北京　方志出版社　1995 年　475 页〔江苏省地方志〕
b16430372　K295.33　L469L　1995

连云港市连云区志　1990–2005
连云港市连云区地方志编纂委员会编　王继澍主编　北京　方志出版社　2013 年　1035 页
b45648943　K295.33　L469L　2013

锦绣连云　连云港市连云区志 1990–2005 图志
王继澍主编　北京　方志出版社　2013 年　213 页
b50247141　K295.33–64　L469L　2013

云台区志
云台区地方志编纂委员会编　张义壮主编　云台　云台区地方志编纂委员会　1995 年　473 页〔江苏省地方志〕
b1608116x　K295.33　L469Y　1995

朝阳镇志
朝阳镇志编纂委员会编　北京　方志出版社　2005 年　678 页

b16132749 K295.35 C373 2005

花果山乡志

连云港市云台区花果山乡地方志编纂委员会编 北京 中华书局 2000年 646页

b17991857 K295.35 H531 2000

连云港市连云区政协志 1984–2014

政协连云区委员会编 王继澍主编 徐州 中国矿业大学出版社 2014年 283页

b46341778 D628.533 L469L 2014

赣榆区

赣榆县志

赣榆县县志编纂委员会编 杨少华 郑涛主编 北京 中华书局 1997年 1244页

b10530721 K295.34 G184

赣榆县志 1990–2009

连云港市赣榆区地方志编纂委员会编 王淙主编 北京 方志出版社 2018年 2册 1154页

b53029082 K295.34 G184C 2018

赣榆县政协志

中国人民政治协商会议江苏省赣榆县委员会编 崔永利 李彦主编 赣榆 中国人民政治协商会议江苏省赣榆县委员会 1998年 173页

b21567736 D628.534 G184 1998

赣榆县沙河子园艺场志

赣榆县沙河子园艺场志编纂委员会编 张承敏 孙继和主编 赣榆 赣榆县沙河子园艺场志编纂委员会 2000年 246页

b49640598 F324.1 S231 2000

赣榆县土地志

赣榆县土地志编纂委员会编 孙兴平主编 北京 方志出版社 2004年 270页

b15602187 F327.534 G184 2004

赣榆县电力工业志

赣榆县电力工业志编纂委员会编 王其东总纂 赣榆 赣榆县电力工业志编纂委员会 1997年 215页

b49851019 F426.61 G184 1997

江苏宏安集团志

江苏宏安集团志编审委员会编 白文连主编 徐州 中国矿业大学出版社 2011年 412页

b40675610 F426.21 J327 2011

青口盐场志

王继怀主编 南京 南京大学出版社 2013年 470页

b49607959 F426.82 W219 2013

赣榆县邮电志

赣榆县邮电局编 北京 方志出版社 2001年 360页〔江苏省邮电志系列 41〕

b46899935 F632.753.4 G184 2001

赣榆县粮食志

于建业主编 北京 中华工商联合出版社 1994年 341页

b21137006 F724.721 G184 1994

赣榆县教育志

李家藻主编 北京 方志出版社 1997年 377页

b47009111 G527.534 G184 1997

赣榆县职业教育中心校志 2003.09–2008.08

赣榆县职业教育中心校志编纂委员会编

董淑石主编 北京 方志出版社 2009 年 343 页
b20815852 G719.285.34 G184 2009

赣榆方言志
刘传贤著 北京 中华书局 2001 年 329 页
b13995005 H172.1 L672

抗日山志
中共赣榆县委抗日山志编辑委员会编 赣榆 中共赣榆县委抗日山志编辑委员会 1983 年 222 页
b20015483 K827 K198 1983

江苏省赣榆县地名录
赣榆县地名委员会编 赣榆 赣榆县地名委员会 1982 年 185 页
b20014569 K925.34 G184 1982

东海县

东海县志
东海县地方志编纂委员会编 张永安 袁堂贵主编 北京 中华书局 1994 年 868 页〔江苏省地方志〕
b10616780 K295.34 D582

东海县志 1990–2010
东海县地方志编纂委员会编 朱荣 张辉主编 北京 方志出版社 2015 年 2 卷 1345 页
b49864701 K295.34 D582 2015

东海县工会志
东海县总工会编 刘书田主编 北京 方志出版社 1995 年 133 页
b36245227 D412.853.4 D582 1995

东海县法院志 1912–2005
东海县法院志编纂委员会编 唐涛主编 东海 东海县法院志编纂委员会 2006 年 282 页
b50318615 D926.22 D5823 2006

东海县粮食志
东海县粮食局编 朱守和主编 北京 中国商业出版社 1995 年 279 页
b21567499 F327.534 D582 1995

东海民俗志
政协东海县学习文史委员会编 高兰军主编 朱守和撰稿 东海 政协东海县学习文史委员会 2009 年 312 页
b41234777 K892.453.4 D582 2009

东海鱼类志
朱元鼎 张春霖 成庆泰主编 北京 科学出版社 1963 年 642 页
b13501938 S922.9 Z722

灌云县

灌云县志
灌云县地方志编纂委员会编 袁洪宝总纂 北京 方志出版社 1999 年 1105 页〔江苏省地方志〕
b13544585 K295.34 G6669

韩圩村志
武光亚 贾玉军 赵永华编 北京 中国文史出版社 2017 年 304 页
b50009941 K295.35 H183 2017

灌云县土地志
灌云县国土资源局编 北京 方志出版社 2007 年 417 页〔江苏省地方志文库〕
b18621776 F327.534 G666 2007

灌云县交通志
灌云县交通志编纂委员会编 周庆霖主编 北京 方志出版社 2009年 584页
b20467692 F512.753.4 G6669 2009

灌云县邮电志
朱兆忠 任芝祥主编 南京 江苏古籍出版社 1997年 251页〔江苏省邮电志系列 42〕
b47317188 F632.753.4 G666 1997

灌云县财政志
灌云县财政局编 周克定主编 北京 方志出版社 2015年 608页
b47051243 F812.753.4 G666 2015

灌云县教育志
灌云县教育志编纂委员会编 周庆昭主编 上海 上海科学技术文献出版社 1995年 273页
b27575603 G527.534 G666 1995

东辛农场志
江苏省国营东辛农场场志编纂委员会编 南京 江苏人民出版社 1992年 384页
b20042164 K295.34 G6669D 1992

东辛农场志
东辛农场志编纂委员会编 北京 方志出版社 2007年 399页
b20042176 K295.34 G6669D 2007

江苏省灌云县地名录
灌云县地名委员会编 灌云 灌云县地名委员会 1983年 245页
b21275063 K925.34 G6669 1983

大伊山志
灌云县大伊山旅游经济区管委会编 张启银主编 北京 方志出版社 2012年 356页
b40432646 K928.3 Z3629 2012

灌南县

灌南县志
灌南县地方志编纂委员会编 张新济主编 南京 江苏古籍出版社 1995年 862页〔江苏省地方志〕
b10616925 K295.34 G666

灌南县志 1984–2005
灌南县地方志编纂委员会编 韩翠林 于洪景主编 南京 江苏人民出版社 2016年 1116页
b49578194 K295.34 G666C 2016

灌南县政协志 1981–2007
政协江苏省灌南县委员会编 徐州 徐州市特快彩色印刷公司 2007年 435页
b20534425 D628.534 G666 2007

灌南县交通志
灌南县交通局编 张新羽 唐建法主编 北京 中国展望出版社 1990年 302页
b20101016 F512.753.4 G666 1990

江苏省灌南县地名录
江苏省灌南县地名委员会编 灌南 江苏省灌南县地名委员会 1983年 241页
b15932862 K925.34 G666 1983

淮安市

淮安市志
淮安市志编纂委员会编 钟士和主编 南京 江苏人民出版社 1998年 1006页〔江苏省地方志〕
b15957706 K295.33 H5591 1998

淮阴市志
淮阴市地方志编纂委员会编 荀德麟主编 上海 上海社会科学院出版社 1995 年 3 卷 2640 页
b10616640 K295.33 H559

淮安市工会志 1990–2015
淮安市工会志编纂委员会编 张月武主编 北京 中国文史出版社 2015 年 562 页
b47364440 D412.853.3 H559 2015

淮安法院志
淮安法院志编纂委员会编 淮安 淮安法院志编纂委员会 2012 年 442 页
b49938563 D926.22 H559 2012

淮安市工商行政管理史志
淮安市工商行政管理史志编纂委员会编 周性军 王连骥主编 南京 江苏人民出版社 2015 年 758 页
b46934157 F123.82 H5591 2015

淮安税务志
赵琪主编 南京 江苏科学技术出版社 1989 年 346 页
b46442066 F812.753.3 H559 1989

淮安市电力工业志 1988–2004
王兴栋主编 北京 中国电力出版社 2012 年 424 页〔江苏省电力工业志丛书〕
b49850556 F426.61 H559 2012

淮安市保险志
淮安市保险志编纂委员会编 陈涤非主编 北京 方志出版社 2017 年 543 页
b50346143 F842.753.3 H559 2017

江苏省淮安县地名录
淮安县地名委员会编 淮安 淮安县地名委员会 1983 年 365 页
b20015082 K925.34 H5591 1983

淮安市水利志
淮安市水利局编著 北京 中共党史出版社 2001 年 467 页
b21855134 TV–092 H5591 2001

淮阴市城乡建设志
袁春海主编 北京 中国建筑工业出版社 1999 年 658 页〔中华人民共和国地方志〕
b21568388 F299.275.33 H559 1999

淮阴电化厂志 1958–1998
淮阴电化厂志编纂组编 刘宝龙主编 淮阴 淮阴电化厂志编纂组 1998 年 203 页
b50152038 F426.7 H559 1998

淮阴发电厂(有限公司)志 1988–2010
王加兵主编 南京 凤凰出版社 2011 年 297 页
b49982692 F426.61 H5591 2011

淮阴发电厂志
淮阴发电厂志编纂委员会编 田杰 田同明主编 上海 上海古籍出版社 1995 年 207 页
b50152440 F426.61 H5592 1995

淮阴邮电志
章湘杰主编 北京 方志出版社 2002 年 463 页〔江苏省邮电志系列 9〕
b49850362 F632.753.3 H559 2002

淮阴市财政志
淮阴市财政志编纂委员会编 张承运总编 北京 方志出版社 2006 年 292 页
b50247074 F812.753.3 H5597 2006

淮阴市金融志
淮阴市金融志编纂委员会编 张静主编 北

京 中国金融出版社 2006年 537页
b45452982 F832.753.3 H559 2006

淮阴文化艺术志
淮阴市文化局 淮阴市文联编 周佳虎主编 淮阴 淮阴市文化局 1997年 526页
b36382346 G127.533 H559 1997

江苏财经职业技术学院志
江苏财经职业技术学院编 吴兆方主编 淮安 江苏财经职业技术学院 2014年 399页
b47415459 G719.285.3 J327 2014

淮阴市文物志
淮阴市文化局编 徐省生主编 淮阴 淮阴市文化局 1994年 289页
b36379244 K872.533 H559 1994

淮阴市卫生志
淮阴市卫生志编纂委员会编 王炯明 赵庆富主编 徐州 中国矿业大学出版社 1997年 346页
b47317395 R199.2 H559 1997

淮阴市水利志
淮阴市水利志编纂委员会编 许夕保主编 北京 方志出版社 2004年 512页
b16893141 TV-092 H559 2004

淮阴区

淮阴县志
淮阴县志编纂委员会编 周立诚主编 上海 上海社会科学院出版社 1996年 838页〔江苏省地方志 2001〕
b10617206 K295.34 H559

淮阴县土地志
淮阴县土地志编委会编 哈尔滨 黑龙江人民出版社 2003年 381页
b19930227 F321.1 H559 2003

淮阴地方税务志
淮安市淮阴地方税务局编 李仁俊主编 北京 方志出版社 2010年 380页
b22032307 F812.753.342 H559 2010

江苏省淮阴县地名录
淮阴县地名委员会编 淮阴 淮阴县地名委员会 1982年 316页
b20015094 K925.34 H559 1982

淮阴县水利志
石学金主编 南京 江苏人民出版社 1997年 333页
b20136237 TV-092 S475 1997

清江浦区

清河区志
清河区志编纂委员会编 蒋兆扬主编 南京 江苏古籍出版社 2003年 820页
b16424323 K295.33 H5591Q 2003

洪泽区

洪泽县志
洪泽县地方志编纂委员会编 王德成主编 北京 中国大百科全书出版社 1999年 988页
b13149982 K295.34 H416

洪泽县志 1988–2010
洪泽县地方志编纂委员会办公室承编 流新武主编 北京 方志出版社 2016年 2册 1182页

b53029094　K295.34　H416C　2016

万集乡志
万集乡志编纂办公室编　南京　江苏科学技术出版社　1991 年　265 页
b47415502　K295.35　W172　1991

朱坝镇志
季大相主编　成都　电子科技大学出版社　2014 年　458 页
b49677822　K295.35　Z689　2014

洪泽县土地志
洪泽县土地志编纂委员会编　周延京主编　长春　吉林文史出版社　2004 年　267 页
b21277667　F327.534　H416　2004

洪泽县电力工业志　1988–2010
洪泽县供电公司编著　南京　江苏人民出版社　2016 年　292 页〔淮安市电力工业志丛书〕
b49477523　F426.61　H416　2016

洪泽县文化志
洪泽县文化志编纂委员会编　夏宝国　王云主编　北京　方志出版社　2012 年　203 页
b36370307　G127.534　H416　2012

江苏省洪泽县地名录
洪泽县地名委员会编　北京　北京市海淀区北下关印刷厂　1984 年　344 页
b20014995　K925.34　H416　1984

洪泽湖通志
武继羽编著　武汉　长江文艺出版社　2012 年　509 页
b37530835　K928.43　H416C　2012

洪泽湖志
洪泽湖志编纂委员会编　荀德麟主编　北京　方志出版社　2003 年　839 页
b15907557　K928.43　H416　2003

涟水县

涟水县志
涟水县地方志编纂委员会编　王怀宝主编　南京　江苏古籍出版社　1997 年　1069 页〔江苏省地方志〕
b15957676　K295.34　L463　1997

涟水县志
涟水县地方志编纂委员会办公室编　戴从柏主编　北京　方志出版社　2014 年　865 页〔江苏省地方志〕
b45625232　K295.34　L463　2014

涟水教育志
涟水县文教局教育志编写组编　李杰主编　涟水　涟水县文教局教育志编写组　1986 年　284 页
b27575974　G527.534　L463

江苏省涟水县地名录
涟水县地名委员会编　涟水　涟水县地名委员会　1983 年　363 页
b20015653　K925.34　L463　1983

涟水县水利志
涟水县水利志编纂委员会编　长春　吉林文史出版社　2003 年　468 页
b46377360　TV–092　L463　2003

盱眙县

盱眙县志
盱眙县县志编纂委员会编　南京　江苏科学技术出版社　1993 年　897 页〔江苏省地方志〕

b10760544 K295.34 X554

盱眙县土地志
盱眙县国土管理局土地志编纂委员会编 杜长祥主编 南京 河海大学出版社 2001年 215页
b27575093 F327.534 X554 2001

盱眙县邮电志
盱眙县电信局 盱眙县邮政局编 北京 方志出版社 2003年 311页〔江苏省邮电志系列 20〕
b49850386 F632.753.4 X554 2003

江苏省盱眙县地名录
盱眙县地名委员会编 盱眙 盱眙县地名委员会 1984年 292页
b20015240 K925.34 X554 1984

盱眙县人民医院志
盱眙县人民医院志编纂委员会编 翁学明主编 北京 方志出版社 2013年 348页
b50247591 R199.2 X554 2013

金湖县

金湖县志
金湖县县志编纂委员会编 吴振宝主编 南京 江苏人民出版社 1994年 789页〔江苏省地方志〕
b10628010 K295.34 J477

金湖县政协志
政协金湖县委员会编 王殿宏主编 北京 中国文史出版社 2012年 575页〔金湖文史资料〕
b40648771 D628.534 J477 2012

江苏省金湖县地名录
金湖县地名委员会编 金湖 金湖县地名委员会 1983年 236页
b20015392 K925.34 J477 1983

盐城市

盐城市志
盐城市地方志编纂委员会编 韩建勋主编 南京 江苏科学技术出版社 1998年 3卷 3092页
b13833595 K295.33 Y179

盐城县志
盐城市郊区地方志编纂委员会编 宋金城总编 严古咸主编 南京 江苏人民出版社 1993年 965页〔江苏省地方志〕
b10645299 K295.34 Y179

汶川特大地震盐城援建志
盐城市地方志办公室编 茆贵鸣主编 北京 方志出版社 2014年 309页
b50247505 D632.5 Y179 2014

盐城市郊区城乡建设志
盐城市郊区建设局编著 曹茂文主编 南京 江苏人民出版社 1995年 467页
b46669681 F299.275.33 Y179C 1995

盐城市土地志
盐城市土地志编纂委员会编 吴雨晴主编 南京 江苏人民出版社 2001年 382页
b19733525 F321.1 W498 2001

盐城市农机安全监理志 2009–2014
盐城市农业机械安全稽查支队编 陆立中主编 盐城 盐城市农业机械安全稽查支队 2014年 217页
b50861566 F324.2 Y179 2014

盐城电力工业志
盐城电力工业志编纂委员会编 王放林主编 上海 上海三联书店 1993年 173页
b49851421 F426.61 Y179 1993

盐城发电厂志
王学忠主编 上海 上海三联书店 1993年 122页
b50269409 F426.61 Y1792 1993

盐城发电有限公司志 1989–2005
费圣英 赵守学主编 北京 中国电力出版社 2009年 255页〔江苏省电力工业志丛书〕
b51011785 F426.61 Y1791 2009

盐城市电力工业志 1988–2002
江苏省电力公司盐城供电公司编 姚清仁主编 北京 中国电力出版社 2013年 529页〔江苏省电力工业志丛书 盐城市电力工业志丛书〕
b49850714 F426.61 Y179 2013

盐城市交通运输志 1988–2010
盐城市交通运输志编纂委员会编 姜海昆主编 北京 方志出版社 2015年 606页
b46670804 F512.753.3 Y179 2015

盐城市金融志
盐城市金融志编纂委员会编 王灿文主编 北京 中国金融出版社 1999年 413页
b22432851 F832.753.3 W213 1999

盐城县教育志 初稿 1912–1982
盐城市郊区教育局编志办公室编 盐城 盐城市郊区教育局编志办公室 1986年 油印本 2卷 555页
b23003984 G527.534 Y179 1986

盐城卫生职业技术学院校志 1941–2011
盐城卫生职业技术学院校志编委会编 王玮编辑 南京 江苏人民出版社 2011年 363页
b50269276 G718.5 W232 2011

盐城卫生学校校志 1958–1998
盐城卫生学校校志编纂委员会编 王学喜主编 盐城 盐城卫生学校校志编纂委员会 1998年 191页
b45453780 G719.285.33 Y179 1998

江苏戏曲志 盐城卷
江苏戏曲志编辑委员会编 江苏戏曲志盐城卷编辑委员会编 南京 江苏文艺出版社 1998年 637页
b36297562 J809.253.3 Y179 1998

盐城人物志
盐城市地方志办公室编 韩建勋主编 南京 江苏教育出版社 1991年 285页
b49533629 K820.853.3 Y179 1991

江苏省盐城县地名录
盐城县地名委员会编 盐城 盐城县地名委员会 1983年 312页
b20017698 K925.34 Y179 1983

盐城市水文志
江苏省水文水资源勘测局盐城分局编 李沛主编 南京 江苏人民出版社 2016年 503页
b50993926 P337.253.3 Y179 2016

盐城市建设志
盐城市建设志编纂委员会编 王克蔚主编 北京 中国城市出版社 1994年 305页〔中华人民共和国地方志丛书〕
b10735021 TU984.253 Y179

盐城市水利志
裴熙健主编 北京 方志出版社 1999年 345页
b18077201 TV-092 P285 1999

盐城市环境保护志
盐城市环境保护志编纂委员会编 吴雨晴主编 北京 方志出版社 2012年 535页
b36369792 X321.253.3 Y179 2012

江苏艺文志 盐城卷 淮阴卷
南京师范大学古文献整理研究所编著 赵国璋 陈穆主编 王玫撰稿 南京 江苏人民出版社 1995年 530页〔出版史志丛书〕
b19733562 Z812.3 Z433H 1995

亭湖区

盐城市亭湖区志 1983-2009
盐城市亭湖区地方志编纂委员会编 朱月潭主编 北京 方志出版社 2014年 1094页
b46668068 K295.33 T412 2014

便仓志
盐城市郊区便仓乡乡志编纂组编 盐城 盐城市郊区便仓乡乡志编纂组 1987年 油印本 549页
b22360050 K295.35 B458 1987

永宁寺志
盐城市政协学习文史委员会编 徐于斌主编 北京 中国文史出版社 2016年 497页
b49781893 B947.253.3 Y636C 2016

盐都区

盐城市盐都区志 1983-2005
盐城市盐都区地方志编纂委员会编 王长江 王顺友主编 北京 方志出版社 2013年 972页
b45625347 K295.33 Y179Y 2013

大纵湖镇志
盐都县大纵湖镇志编纂委员会编 张金明主编 南京 南京理工大学印刷厂 1999年 412页
b22360207 K295.35 D1368 1999

郭猛志
江苏省盐城县郭猛公社郭猛志编写组编 汪士尤 孙长安 陆兆云编写 盐城 江苏省盐城县郭猛公社郭猛志编写组 1983年 225页
b20101284 K295.35 G773 1983

龙冈镇志
中共盐城市盐都区龙冈镇委员会 盐城市盐都区龙冈镇人民政府编 唐红旗主编 北京 方志出版社 2010年 540页〔江苏省盐城市盐都区地方志丛书〕
b36370204 K295.35 L7419 2010

南龙港庄志
南龙港庄志编纂委员会编 盐城 南龙港庄志编纂委员会 2007年 298页
b44917156 K295.35 N1615 2007

潘黄街道志
时运鸿主编 南京 江苏人民出版社 2016年 683页
b50993914 K295.35 P1594 2016

盐都县土地志
盐都县土地志编纂委员会编 刘跃 成汉珠主编 南京 江苏人民出版社 1997年 309页
b1993273x F327.534 Y179 1997

大丰区

大丰县志
大丰县地方志编纂委员会编 童斌 朱万顺主编 南京 江苏人民出版社 1989年 824页〔江苏省地方志〕
b10655669 K295.34 D135

大丰市志
大丰市地方志编纂委员会编 陈如祥主编 北京 方志出版社 2006年 1283页
b1692647x K295.33 D135D 2006

白驹镇志
大丰县白驹镇编志委员会编 王骏编纂 大丰 大丰县印刷二厂 1989年 497页
b22359540 K295.35 B1514 1989

白驹镇志
白驹镇志编纂委员会编著 杨荣富主编 南京 江苏人民出版社 2017年 763页
b49864178 K295.35 Y245 2017

草堰乡志
草堰乡编史修志领导小组编 大丰 草堰乡编史修志领导小组 1985年 328页
b36128363 K295.35 C226 1985

大桥镇志
大桥镇志编纂委员会编 朱友山主编 南京 江苏人民出版社 2017年 738页
b51071630 K295.35 D13671 2017

大中镇志
大丰市大中镇志编纂委员会编 柏金淦 侍广富主编 北京 方志出版社 1998年 500页〔江苏省乡镇基层志丛书〕
b1354441x K295.35 D136

大中镇志
盐城市大丰区大中镇志编纂委员会编 陈荣根主编 北京 方志出版社 2016年 1002页
b49578248 K295.35 D136C 2016

万盈镇志
万盈镇志编纂委员会编 沈泽洲主编 南京 江苏人民出版社 2016年 525页
b5064306x K295.35 W1739 2016

西团乡志 1392–1983
西团乡志编写领导小组编 陈中涛总编 大丰 大丰人民印刷厂 1985年 172页
b36128375 K295.35 X1197 1985

小海镇志
小海镇志编纂委员会编 吕永华主编 南京 江苏人民出版社 2016年 582页
b47270937 K295.35 X3473 2016

新丰镇志
新丰镇志编纂委员会编 王庭仁主编 南京 江苏人民出版社 2016年 730页
b49479969 K295.35 X4432 2016

大丰县工会志
大丰县工运史志编纂委员会编 李训范主编 大丰 大丰县工运史志编纂委员会 1994年 525页
b41234741 D412.853.4 D135 1994

大丰市人民代表大会志
大丰市人民代表大会志编纂委员会编 吴家祥主编 北京 方志出版社 2016年 593页
b49477419 D624.534 D135 2016

大丰市民政志
大丰市民政志编纂委员会编 陈迪明主编 北京 方志出版社 2013年 542页
b4564889x D632 D1352 2013

大丰市经济综合管理志
大丰市经济综合管理志编纂委员会编 邹迎曦主编 北京 方志出版社 2014年 474页
b46018098 F127.534 D135 2014

江苏大丰经济开发区志
江苏大丰经济开发区志编纂委员会编 赵晓庆主编 南京 江苏人民出版社 2016年 494页
b4986418x F127.533 D135 2016

大丰盐政志
邹迎曦主编 北京 方志出版社 1999年 544页
b44748711 F426.89 D135 1999

大丰县邮电志
马明良主编 南京 江苏古籍出版社 1996年 301页〔江苏省邮电志系列 42〕
b47317176 F632.753.4 D135 1996

江苏大丰朱氏源流志
大丰县朱子学研究会朱氏源流志编 大丰 大丰县朱子学研究会 1995年
b13189724 K820.9 D135

江苏省大丰县地名录
大丰县地名委员会编 大丰 大丰县地名委员会 1983年 286页
b20369256 K925.34 D135 1983

大丰市人民医院志
大丰市人民医院志编纂委员会编 朱月清主编 北京 方志出版社 2010年 324页
b50246963 R199.2 D1353 2010

大丰市卫生志
大丰市卫生志编纂委员会编 陈迪明 徐飞主编 北京 方志出版社 2013年 648页
b40938451 R199.2 D1357 2013

大丰市水利志
大丰市水利志编纂委员会编 顾鸿主编 北京 方志出版社 2009年 528页
b20467138 TV-092 D1352 2009

大丰县水利志
大丰县水利志编纂委员会编 南京 河海大学出版社 1998年 363页
b17510545 TV-092 D1352 1998

东台市

东台市志
东台市地方志编纂委员会编 戴章主编 南京 江苏科学技术出版社 1994年 1075页〔江苏省地方志〕
b10727334 K295.33 D582

东台镇志
东台镇志编写组编 徐立和主编 东台 东台市东台镇人民政府 1994年 320页
b19731991 K295.35 D5828 1994

先烈乡志
先烈乡志编写组编 东台 先烈乡志办公室 1990年 191页
b17994342 K295.35 X191 1990

东台市政协志
中国人民政治协商会议东台市委员会 崔中景主编 东台 中国人民政治协商会议东台市委员会 1999年 328页
b49607571 D628.534 D582 1999

东台市土地志
东台市土地志编纂委员会编 沈霆主编 南京 江苏人民出版社 1998年 355页

b19930331 F327.533 S414 1998

新曹农场志 1960–2010
江苏省新曹农场场志编纂委员会编 东台 江苏省新曹农场场志编纂委员会 2010年 440页
b49608150 F327.534 X443 2010

东台市粮食志
东台市粮食局编 肖汉臣主编 东台 东台市粮食局 1992年 506页
b50991838 F724.721 D5828 1992

东台市供销合作社志
东台市供销合作总社编纂 吴强 冯祯才主编 东台 东台市供销合作总社 2010年 352页
b49788930 F727.534 D582 2010

江苏省东台县地名录
东台县地名委员会编 任华 侯祥玉主编 东台 东台县地名委员会 1985年 406页
b20014363 K925.34 D582 1985

东台市水利志
东台市水利志编纂委员会编 南京 河海大学出版社 1998年 273页
b1748263x TV–092 D5828 1998

东台市水利志 1988–2010
东台市水利志编纂委员会编 许其宽主编 北京 中国文史出版社 2017年 497页
b49923493 TV–092 D5828 2017

响水县

响水县志
响水县地方志编纂委员会编 南京 江苏古籍出版社 1996年 784页〔江苏省地方志〕
b13833571 K295.34 X287

响水县志 1988–2008
响水县地方志编纂委员会编办公室编 周序品 王志迁主编 北京 方志出版社 2017年 2册 1262页
b51131900 K295.34 X287C 2017

响水县土地志
响水县土地管理局编 高兆顶主编 南京 江苏人民出版社 1997年 282页
b19518390 F327.534 G256 1997

江苏省灌东盐场志
江苏省灌东盐场志编纂委员会编 姜启华主编 响水 江苏省灌东盐场志编纂委员会 1998年 435页
b5032018x F426.82 G666 1998

江苏省响水县地名录
响水县地名委员会编 响水 响水县地名委员会 1983年 192页
b20017364 K925.34 X287 1983

滨海县

滨海县志
滨海县地方志编纂委员会编 北京 方志出版社 1998年 1303页〔江苏省地方志〕
b13545218 K295.34 B495

滨海县志 1986–2008
滨海县地方志编纂委员会编 南京 江苏凤凰科学技术出版社 2014年 844页
b46551256 K295.34 B495C 2014

滨淮农场志 1956–2016
江苏省国营滨淮农场场志编纂委员会编 滨海 江苏省国营滨淮农场场志编纂委员

会 2016 年 370 页
b5034710x F327.534 B495 2016

正红乡土志
正红乡土志编纂委员会编 朱乃胜主编 北京 中国文史出版社 2017 年 703 页
b50062244 K295.35 Z515 2017

江苏省滨海县地名录
滨海县地名委员会编 滨海 滨海县地名委员会 1983 年 344 页
b20013899 K925.34 B495 1983

滨海县水利志
滨海县水利志编纂委员会编 李政主编 南京 江苏古籍出版社 1997 年 475 页
b21856047 TV-092 L423 1997

阜宁县

阜宁县志
阜宁县地方志编纂委员会编 南京 江苏科学技术出版社 1992 年 516 页〔江苏省地方志〕
b10633765 K295.34 F491

益林镇志
殷法权主编 阜宁 江苏阜宁书刊印刷有限公司 2002 年 356 页〔阜宁县地方志〕
b20104832 K295.35 Y469 2002

阜宁县土地志
阜宁县土地志编纂委员会编 姜兆玖 徐景尔 王传森主编 阜宁 阜宁县土地志编纂委员会 1999 年 366 页
b50066018 F321.1 F4916 1999

江苏省阜宁县地名录
阜宁县地名委员会编 阜宁 阜宁县地名委员会 1982 年 250 页
b20014557 K925.34 F491 1982

江苏省阜宁县土壤志
阜宁县土壤普查办公室编 阜宁 阜宁县土壤普查办公室 1984 年 190 页
b20102252 S159.253.4 F491 1984

阜宁县水利志
阜宁县水利志编纂委员会编 袁兆曦主编 南京 江苏古籍出版社 1996 年 390 页
b21856059 TV-092 F491 1996

射阳县

射阳县志
射阳县地方志编纂委员会编 周其高总纂 南京 江苏科学技术出版社 1997 年 1094 页〔江苏省地方志〕
b10600164 K295.34 S369

临海志
射阳县临海乡编史修志办公室编 射阳 射阳县临海乡编史修志办公室 1984 年 258 页
b10597888 K295.35 L581

射阳县人大志
射阳县人民代表大会常务委员会编 李权主编 射阳 射阳县人民代表大会常务委员会 2010 年 426 页
b50234286 D624.534 S369 2010

建湖县

建湖县志
建湖县地方志编纂委员会编 王立璜主编 南京 江苏人民出版社 1994 年 904 页〔江苏省地方志〕
b10628125 K295.34 J295

建湖县志 1986–2008
建湖县地方志编纂委员会编 唐张新总编 北京 方志出版社 2009年 722页
b20405522 K295.34 J295 2009

建湖县土地志
建湖县土地志编纂委员会编 沈长满 孙善夫主编 建湖 建湖县土地志编纂委员会 1998年 298页
b21276869 F327.534 J295 1998

江苏省建湖县地名录
建湖县地名委员会编 建湖 建湖县地名委员会 1983年 341页
b20015215 K925.34 J295 1983

建湖县中医院院志 1978–2008
耿曙光主编 建湖 建湖县中医院 2008年 306页
b49704977 R197.4 J295 2008

建湖县人民医院志
善夫主编 建湖 建湖县人民医院 1997年 315页
b49938617 R199.2 J295 1997

扬州市

扬州市志
江苏省扬州市地方志编纂委员会编 薛庆仁 夏泽民总纂 上海 中国大百科全书出版社上海分社 1997年 3卷 3451页
b10546674 K295.33 Y224C

扬州市志 1988–2005
扬州市地方志编纂委员会编 宗金林主编 北京 方志出版社 2014年 4卷 3202页
b46668275 K295.33 Y224CC 2014

扬州市人民代表大会志 1983–2004
扬州市人民代表大会志编纂委员会编 扬州 扬州市机关文印中心 2004年 531页
b19932753 D624.533 Y224 2004

扬州市政协志
朱加强主编 北京 中国文史出版社 2003年 656页
b1525186x D628.533 Z697 2003

扬州城乡建设志
扬州城乡建设志编审委员会编 李百先主编 合肥 黄山书社 1993年 270页
b22032587 F299.275.33 Y224 1993

扬州建设志 1988–2005
扬州建设志续修编审委员会编 王骏主编 扬州 广陵书社 2009年 527页
b20810519 F299.275.33 Y224 2009

扬州市土地志
扬州市土地志编纂委员会编 田进生主编 南京 江苏人民出版社 2001年 326页
b19930410 F327.533 T355 2001

扬州发电厂志
扬州发电厂志编纂委员会编 秦万民主编 淘坚主笔 南京 江苏文艺出版社 1994年 201页
b49983349 F426.61 Y2248 1994

扬州市电力工业志 1991–2002
费圣英 冯军主编 北京 中国电力出版社 2012年 447页〔江苏省电力工业志丛书〕
b49850726 F426.61 Y224 2012

扬州工业交通志
扬州市经济委员会 扬州工业交通志编纂委员会编 杜光有 刘新宇主编 上海 中国

大百科全书出版社上海分社 1995 年 909 页
b40863906 F427.553 Y224 1995

扬州交通志
扬州交通史志编纂委员会编 吴家兴主编 北京 人民交通出版社 1992 年 356 页
b20046558 F512.753.4 Y224 1992

扬州市物价志
扬州市物价局编 扬州 扬州市物价局 2009 年 538 页
b42291562 F726.753.3 Y224 2009

扬州市商业志
扬州市商业志编纂委员会编 邹庆三主编 扬州 扬州市商业志编纂委员会 1992 年 590 页
b20566116 F727.533 Y224 1992

扬州儒商志
扬州儒商志编委会编 杨杏芝主编 北京 中国文史出版社 2015 年 322 页
b47352905 F729 Y224 2015

扬州金融志
扬州金融志编纂委员会编 北京 中国金融出版社 1996 年 546 页
b45570632 F832.753.3 Y224 1996

扬州文化志
扬州文化志编纂委员会编 南京 江苏文艺出版社 1996 年 799 页
b10589478 G127.533 Y224

扬州市教育志
扬州市教育委员会编 北京 新华出版社 2000 年 254 页
b17530180 G527.533 Y224 2000

江苏农学院志
江苏农学院志编审委员会编 田峻岫主编 南京 江苏古籍出版社 1992 年 512 页
b10646498 G649.285.3 J327

扬州高等教育志
任文遐主编 天津 天津人民出版社 1992 年 332 页
b20405005 G649.29 R196 1992

扬州工艺美术志
扬州市工艺美术工业局编 南京 江苏科学技术出版社 1993 年 211 页
b17482069 J509.253.3 Y224 1993

江苏戏曲志 **扬州卷**
江苏戏曲志编辑委员会 江苏戏曲志扬州卷编辑委员会编 周卫国主编 南京 江苏文艺出版社 1997 年 438 页
b36379414 J809.253.3 Y224 1997

扬州曲艺志
扬州曲艺志编委会编 周卫国 王澄主编 南京 江苏文艺出版社 1993 年 367 页
b46667854 J826 Y224 1993

扬州电影志
扬州电影志编写组编 扬州 扬州电影志编写组 1999 年 420 页
b45918077 J909.2 Y224 1999

江苏省扬州市地名录
扬州市地名委员会编 扬州 扬州市地名委员会 1982 年 135 页
b12160349 K925.3 J326

大明寺志
政协扬州市委员会文史和学习委员会 扬州大明寺编 王虎华 许凤仪主编 北京 中

国文史出版社 2004年 657页
b16433294 K928.75 W218 2004

何园志
王虎华 王海燕主编 邱振华撰文 南京 南京师范大学出版社 2017年 537页〔扬州文史资料〕
b50832426 K928.73 W2183 2017

扬州风物志
朱福等编著 南京 江苏人民出版社 1980年 118页
b11196932 K928.753 Z694

江苏省苏北人民医院志
江苏省苏北人民医院志编纂委员会编 胡学友主编 北京 方志出版社 2004年 336页
b50247128 R197.3 J327 2004

扬州市第一人民医院志 1960–1990
莫良钧主编 扬州 扬州市第一人民医院 1995年 207页
b49939208 R197.3 Y224 1995

江苏省扬州市土壤志
扬州市土壤普查办公室 江苏省土壤普查办公室编 扬州 扬州市土壤普查办公室 1985年 197页
b50066882 S159.253.3 Y224 1985

扬州水利志
扬州市水利史志编纂委员会编 戴树义主编 北京 中华书局 1999年 496页
b17505793 TV–092 D1549 1999

江苏艺文志 扬州卷
赵国璋主编 封桂荣卷主编 南京 江苏人民出版社 1994年 2卷 1390页〔出版史志丛书〕
b10719052 Z812.3 Z433Y

邗江区

邗江县志
邗江县地方志编纂委员会编 王克主编 南京 江苏人民出版社 1995年 869页〔江苏省地方志〕
b10625318 K295.34 H184

邗江县志 1988–2000
扬州市邗江区地方志编纂委员会编 戴光明主编 北京 方志出版社 2009年 1020页
b21001406 K295.34 H184 2009

扬州市维扬区志 1989–2011
扬州市邗江区地方志编纂委员会编 赵宝庆主编 北京 方志出版社 2017年 899页
b50650579 K295.33 Y224WY 2017

公道镇志
公道镇志编纂委员会编 北京 方志出版社 2006年 228页
b16466780 K295.35 G422 2006

红桥乡志 初稿
红桥乡志编写组编 耿隆兴主笔 邗江 红桥乡志编写组 199–年 油印本 2卷
b23003315 K295.35 H419

槐泗镇志
邗江区槐泗镇地方志编纂委员会编 陈玉坤主编 扬州 广陵书社 2017年 429页〔邗江方志丛书〕
b50994104 K295.35 H557 2017

杨庙乡志
杨庙乡志编纂委员会编 赵瑞智主编 香港

天马图书有限公司 2003 年 521 页
b15905895 K295.35 Y239 2003

邗江县土地志
邗江县土地志编纂委员会编 南京 河海大学出版社 2000 年 235 页
b19930203 F327.534 H184 2000

邗江交通志
邗江交通志编纂委员会编 邗江 邗江县印刷厂 1995 年 254 页
b20042760 F512.7534 H184 1995

邗江县粮食志
江苏省邗江县粮食局编 刘正荣主编 邗江 江苏省邗江县粮食局 1991 年 油印本 281 页
b46377220 F724.721 H184 1991

邗江县教育志 1547–1987
邗江县教育志编纂委员会编 邗江 邗江县中学印刷厂 1997 年 210 页
b20014806 G527.534 H184 1997

扬州市郊区志
扬州市郊区人民政府编 杜道遥主编 北京 方志出版社 1996 年 645 页
b13274417 K295.33 Y224J

江苏省邗江县地名录
邗江县地名委员会编 邗江 邗江县地名委员会 1982 年 258 页
b18261486 K925.34 H184 1982

邗江县水利志
邗江县水利志编纂委员会编 周子如主编 南京 江苏人民出版社 1999 年 407 页
b20136225 TV–092 Z675 1999

广陵区

广陵区志
扬州市广陵区地方志编纂委员会编 杨杏芝主编 北京 中华书局 1993 年 882 页〔中华人民共和国地方志丛书〕
b10824613 K295.32 G681

扬州市广陵区志 1989–2011
扬州市广陵区地方志年鉴编纂委员会编 北京 方志出版社 2011 年 3 册 1734 页
b50729019 K295.33 Y224GL 2011

湾头镇志
江苏省扬州市广陵区湾头镇志编纂委员会编 吉祥主编 北京 方志出版社 2017 年 318 页〔中国名镇志文化工程〕
b50642583 K295.35 W134 2017

扬州沙口村志
扬州市郊区人民政府编 政协扬州市郊区委员会编 扬州市城东乡人民政府编 杜道遥主编 香港 天马图书公司 2002 年 155 页〔扬州市郊区政协文史〕
b23003285 K295.35 S231 2002

江都区

江都县志
江都市地方志编纂委员会编 朱华锦主编 南京 江苏人民出版社 1996 年 1043 页〔江苏省地方志〕
b10597864 K295.34 J323

昌松乡志
昌松乡志编纂领导小组编 朱宏林主编 江都 江都市昌松乡志编纂领导小组 1995 年 297 页〔江都市地方志丛书〕
b20100310 K295.35 C329 1995

大桥镇志
江都县大桥镇志编纂领导小组编 朱绍明主编 北京 中国商业出版社 1995年 254页
b3601493x K295.35 D1367 1995

郭村镇志
郭村镇志编纂委员会编 江都 江都市信诚印刷厂 2003年 295页
b17994354 K295.35 G765 2003

花荡乡志
江都县花荡乡乡志领导小组编 南京 江苏科学技术出版社 1990年 183页〔江都县地方志丛书〕
b20533160 K295.35 H5312 1990

江都镇志
江都镇志编纂委员会编 赵才基主编 江都 江都镇志编纂委员会 2002年 349页〔江苏省地方志〕
b4074341x K295.35 J323J 2002

七里乡志
江都县七里乡志编纂工作领导小组编 张正中主编 南京 江苏人民出版社 1993年 226页
b23003376 K295.35 Q1138 1993

邵伯镇志
徐从法主编 南京 江苏人民出版社 1996年 606页
b17991870 K295.35 S337 1996

双沟乡志 初稿
江都双沟乡编 江都 江都双沟乡 1990年 油印本 2卷 621页
b23003091 K295.35 S592C 1990

双沟镇志
双沟镇编史修志领导小组编 陈景镕主编 扬州 扬州华星印刷厂 2000年 255页
b20016700 K295.35 S5922 2000

杨庄镇志
杨庄镇志编纂委员会编 张锦荣主编 江都 杨庄镇志编纂委员会 2000年 214页
b19932777 K295.35 Z354 2000

宜陵镇志
宜陵镇志编纂领导小组编 姜锦文主编 南京 江苏古籍出版社 1998年 475页
b13946870 K295.35 Y4255

宜陵镇志
扬州市江都区宜陵镇人民政府编 武洲主编 扬州 广陵书社 2016年 328页
b52662809 K295.35 Y4255C 2016

真武镇志
中共江都市真武镇委员会 江都市真武镇人民政府编 戴尔华主编 北京 方志出版社 2005年 554页
b16637070 K295.35 Z468 2005

江都县财政志
江都县财政局编 张葆谦主编 南京 江苏科学技术出版社 1995年 258页
b40864273 F812.753.4 J323 1995

江苏省江都县地名录
江都县地名委员会编 江都 江都县地名委员会 1983年 265页
b20015227 K925.34 J323 1983

江都医药志
江都医药志编纂委员会编 戴定葆主编 北京 方志出版社 2011年 390页
b36133814 R199.2 J3232 2011

江都水利志
江都水利志编纂委员会编 张文奎主编 北京 方志出版社 2009年 634页
b21568510 TV-092 Z3664 2009

江都水利枢纽志
江都水利枢纽志编纂委员会编 南京 河海大学出版社 2004年 320页
b15599899 TV632.534 J323 2004

仪征市

仪征市志
仪征市市志编纂委员会编 李仰华主编 南京 江苏科学技术出版社 1994年 770页〔江苏省地方志〕
b10655438 K295.33 Y432

仪征市志 1988-2006
仪征市地方志编纂委员会编 顾建国 吴文山主编 北京 方志出版社 2013年 2卷 1382页
b45444961 K295.33 Y432 2013

新城镇志
仪征市新城镇地方志编纂委员会编 丁雪海 杨广才主编 北京 方志出版社 2017年 820页
b5015462x K295.35 X4433 2017

新集镇志
戴家鼎主编 北京 中国文物出版社 2005年 443页
b20019798 K295.35 X443 2005

仪征民政志
仪征市民政局编 张玉峰主编 北京 方志出版社 2016年 346页
b4966914x D632 Y432 2016

江苏省仪征县地名录
仪征县地名委员会编 仪征 仪征县地名委员会 1983年 232页
b20017777 K925.34 Y432 1983

仪征市中医院志
仪征市中医院志编纂委员会编著 陈兴安主编 北京 方志出版社 2009年 323页
b50247633 R197.4 Y432 2009

仪征市人民医院志
吴祝平主编 北京 方志出版社 2009年 270页
b50247621 R199.2 Y432 2009

江苏省仪征县土壤志
仪征县土壤普查办公室编 仪征 仪征印刷厂 1990年 220页
b20576985 S159.253.4 Y432 1990

仪征市水利志 1988-2006
宋建友主编 北京 方志出版社 2011年 342页
b36133760 TV-092 Y432 2011

仪征水利志
仪征水利局编 杭虎主编 南京 江苏科学技术出版社 1995年 213页
b20136213 TV-092 H226 1995

高邮市

高邮县志
高邮县编史修志领导小组编 王鹤 杨杰总纂 南京 江苏人民出版社 1990年 860页〔江苏省地方志〕
b10727401 K295.34 G255

湖滨乡志
中共高邮市湖滨乡委员会编 高邮市湖滨

乡人民政府主办 高邮市湖滨乡湖滨乡志编纂委员会编 王沛喜主编 扬州 华星印刷厂 1999年 294页
b22430088 K295.35 H4771 1999

送桥镇志
高邮市送桥镇编史修志领导小组编 钱白千主编 高邮 高邮印刷厂 1993年 215页
b4584012x K295.35 S683 1993

高邮市民政志 1986–2005
高邮市民政局编 赵金龙主纂 北京 方志出版社 2010年 516页
b22364638 D632 G255 2010

高邮市土地志
高邮市土地志编纂委员会编 郭徐飞主笔 长春 吉林人民出版社 2000年 289页
b21763367 F327.534 G255 2000

江苏省高邮县地名录
高邮县地名委员会编 高邮 高邮县地名委员会 1983年 388页
b20014600 K925.34 G255 1983

高邮市卫生志
高邮市卫生志编纂委员会编著 程广德主编 北京 中国工商出版社 2006年 544页〔扬州卫生志丛书 3〕
b49848902 R199.2 G255 2006

江苏省高邮县土壤志
高邮县土壤普查办公室编辑 高邮 高邮县土壤普查办公室 1986年 307页
b49938447 S159.253.4 G255 1986

宝应县

宝应县志
宝应县地方志编纂委员会编 仇春树主编 南京 江苏人民出版社 1994年 1023页〔江苏省地方志〕
b10645275 K295.34 B268

宝应县志 1990–2005
宝应县地方志编纂委员会编 张磊主编 北京 方志出版社 2014年 2卷 1212页
b46994828 K295.34 B268C 2014

宝应城镇志
宝应城镇志编纂委员会编 刘建鑫主编 扬州 宝应城镇志编纂委员会 2000年 357页
b18261449 K295.34 B268R 2000

崔堡村志
崔堡村民委员会编 樊惠安主编 北京 方志出版社 2017年 383页
b49951646 K295.35 C815 2017

氾水镇志
吴达楠主编 宝应 氾水镇志编写组 1997年 470页
b23060438 K295.35 F173

氾水镇志
吴达楠主编 宝应 氾水镇志编纂者 1997年 470页
b50066699 K295.35 S668 1997

宝应县交通志
宝应县交通局编史办公室编 南京 江苏人民出版社 1992年 225页
b20041573 F512.753.4 B268 1992

宝应文化体育志
宝应县文化体育局编 陈广林主编 宝应 宝应县文化体育局 2010年 300页
b50728970 G127.534 B268 2010

江苏省宝应县地名录
宝应县地名委员会编 宝应 宝应县地名委员会 1983年 245页
b2001384x K925.34 B268 1983

宝应县卫生志 1912–1985
江苏省宝应县卫生局 宝应县卫生志编纂领导小组审编 郭克昌主编 宝应 江苏省宝应县卫生局 1986年 186页〔宝应县地方志丛书〕
b4601150x R199.2 B268 1986

镇江市

镇江市志
镇江市地方志编纂委员会编 上海 上海社会科学院出版社 1993年 2卷 1792页
b10824686 K295.33 Z493

镇江市志 1983–2005
镇江市地方志编纂委员会 镇江市史志办公室编 胡振主编 北京 方志出版社 2014年 4卷 3040页
b46377050 K295.33 Z493 2014

镇江市工会志 1990–2009
镇江市工会志编纂委员会编 王愉夫主编 镇江 镇江市工会志编纂委员会 2009年 133页
b47416373 D412.853.3 Z493 2009

镇江市军事志 前538–2005
镇江市军事志编纂委员会编 王禹主编 南京 江苏人民出版社 2009年 744页
b20466808 E289.533 Z493 2009

镇江工商行政管理志 第1卷 句容
镇江市工商行政管理局编 赵小俊主编 苏州 苏州大学出版社 2010年 355页
b40648734 F203.9 Z493 2010

镇江工商行政管理志 第2卷 丹徒
镇江市工商行政管理局编 周以平 巫东海主编 苏州 苏州大学出版社 2010年 324页
b40648734 F203.9 Z493 2010

镇江工商行政管理志 第3卷 扬中
镇江市工商行政管理局编 吴金宝主编 苏州 苏州大学出版社 2010年 237页
b40648734 F203.9 Z493 2010

镇江工商行政管理志 第4卷 市直
镇江市工商行政管理局编 杨杏云 黄春年主编 苏州 苏州大学出版社 2010年 358页
b40648734 F203.9 Z493 2010

镇江工商行政管理志 第5卷 丹阳
镇江市工商行政管理局编 毛鉴浩 陈须海主编 苏州 苏州大学出版社 2010年 519页
b40648734 F203.9 Z493 2010

镇江建设志
镇江建设志编纂委员会编 北京 方志出版社 2011年 546页
b40432658 F299.275.33 Z493 2011

镇江市土地志
镇江市土地志编纂委员会编 许忙耕 冯鸣仪主编 上海 上海社会科学院出版社 1999年 392页
b16425364 F327.533 X595 1999

谏壁发电厂志 1991–2002
许琦主编 北京 中国电力出版社 2009年 328页〔江苏省电力工业志丛书〕
b49981377 F426.61 J297 2009

镇江电力工业志
镇江供电局编 杨正光主编 南京 江苏人民出版社 1993年 217页
b49851214 F426.61 Z493 1993

镇江市电力工业志 1988–2002
张龙主编 北京 中国电力出版社 2010年 440页〔江苏省电力工业志丛书〕
b49850751 F426.61 Z493C 2010

镇江四建志 1979–1990
镇江市第四建筑工程公司编 王科文主编 镇江 镇江市第四建筑工程公司 1991年 156页
b51012844 F426.9 Z493 1991

镇江邮电志
镇江邮电局编 季心田主编 上海 上海社会科学院出版社 1997年 369页
b36374908 F632.753.3 Z493 1997

镇江市供销合作社社志 1736–1989
张传甲主编 镇江 镇江市税务印刷制品厂 1991年 339页
b2243320x F721.2 Z347 1991

镇江市财政志 1912–1985
镇江市财政局编 镇江 镇江市财政局 1991年 399页
b21136828 F812.753.3 Z493 1991

镇江市金融志
镇江市金融志编纂委员会编 康正平主编 北京 中国金融出版社 1998年 385页
b45570644 F832.753.3 Z493 1998

镇江保险志
刘亮 康勇主编 北京 中国经济出版社 2013年 404页
b49850908 F842.753.3 Z493 2013

镇江保险志 1871–2003
刘亮主编 北京 方志出版社 2005年 2卷 620页
b20416581 F842.753.3 L681 2005

镇江市广播电视志
镇江市广播电视志编纂委员会编 赵明绰 田自文主编 北京 方志出版社 1999年 283页
b20952880 G229.275.33 Z493 1999

镇江市教育志 1912–1990
镇江市教育局编志办公室编纂 南京 江苏科学技术出版社 1994年 437页
b1796250x G529.533 Z493 1994

镇江市教育志 1991–2010
镇江市教育局编志办公室编 赵珏主编 镇江 江苏大学出版社 2013年 615页
b44828901 G529.533 Z493 2013

江苏大学志
江苏大学志编纂委员会编 姚冠新主编 施进华等撰稿 镇江 江苏大学出版社 2011年 3卷 1718页
b27554363 G649.285.3 J327C 2011

镇江医学院院志 1951–2000
镇江医学院院志编撰委员会编 镇江 镇江医学院院志编撰委员会 2001年 239页
b20952892 G649.285.33 Z493 2001

镇江百年图志
镇江市地方志办公室编 北京 方志出版社 2000年 158页〔镇江市地情丛书〕
b16324006 K295.33 Z493C 2000

镇江市烈士陵园志 1966–2006
镇江市烈士陵园志编纂委员会编 吴晓霞 陈建功主编 镇江 镇江新民洲印刷公司 2006年 347页
b2319067x K878.23 Z493 2006

江苏省镇江市地名录
镇江市地名委员会编 镇江 镇江市地名委员会 1983年 255页
b20018125 K925.33 Z493D 1983

焦山志
焦山志编纂委员会编 茗山主编 北京 方志出版社 1999年 384页
b13544299 K928.3 J369

镇江市卫生志
镇江市卫生志编审委员会编 刘希美主编 镇江 江苏大学出版社 2012年 668页
b40475463 R199.2 Z493 2012

江苏省镇江市土壤志
江苏省土壤普查办公室编 王学堃 钱在仁执笔 镇江 镇江市农业局 1987年 400页
b20102318 S159.253.3 Z493 1987

镇江市果树志
江苏省镇江市多种经营管理局编 刘朝芝 吴德海主编 镇江 江苏省镇江市多种经营管理局 1987年 166页
b40935589 S660.192.533 Z493 1987

镇江市水利志
镇江市水利志编辑委员会编 上海 上海社会科学院出版社 1997年 255页
b1751616x TV–092 Z493 1997

江苏艺文志 镇江卷
南京师范大学古文献整理研究所编著 赵国璋主编 杨积庆卷主编 南京 江苏人民出版社 1994年 762页〔出版史志丛书〕
b19733550 Z812.3 Z433Z 1995

京口区

京口区志
镇江市京口区地方志编纂委员会编 许进主编 上海 上海社会科学院出版社 1992年 640页
b15955953 K295.33 Z493JZ 1992

大港镇志
汤佩修主编 上海 上海社会科学院出版社 1994年 555页
b13276955 K295.35 D135

象山乡志
象山乡志编纂组编 熊兴邦主编 合肥 黄山书社 1998年 324页
b17992989 K295.35 X314 1998

镇江市京口区军事志 前538–2005
镇江市京口区人武部军事志编纂办公室编 许进主编 镇江 江苏大学出版社 2009年 476页
b20592942 E289.533 Z493J 2009

润州区

润州区志
镇江市润州区地方志编纂委员会编 朱善祥主编 上海 上海社会科学院出版社 1995年 379页
b15698026 K295.33 Z493R 1995

镇江市润州区志 1983–2007
润州区地方志编纂委员会编 范永放 戴非平 凌荣春主编 北京 方志出版社 2013

年 700 页
b45649030 K295.33 Z493RC 2013

镇江市润州区军事志 前 538 — 2005
镇江市润州区军事志编纂委员会编 徐文林 杨万兵 丰富主编 北京 军事科学出版社 2010 年 351 页
b40648667 E289.533 Z493R 2010

润州教育志 送审稿 1983–2007
润州区教育局编志办公室编 镇江 江苏镇江市润州区教育局 2008 年 203 页
b2018217x G527.534 Z493R 2008

丹徒区

丹徒县志
丹徒县地方志编纂委员会编 徐培鸿 邵年保主编 南京 江苏科学技术出版社 1993 年 992 页〔江苏省地方志〕
b10796721 K295.34 D165X

镇江市丹徒区志 1986–2005
镇江市丹徒区地方志编纂委员会编 付久成 殷明 严高生主编 北京 方志出版社 2013 年 1075 页
b45649029 K295.33 Z493E 2013

宝堰镇志
丹徒县宝堰镇志编纂办公室编 陈美瑾主编 合肥 黄山书社 1997 年 332 页
b15237928 K295.35 B268 1997

大路镇志
丹徒县大路镇志编纂领导小组编 陈起长主编 北京 中华书局 2000 年 456 页
b16862429 K295.33 D1359 2000

上党镇志
镇江市丹徒区上党镇地方志办公室编 王春喜主编 镇江 镇江市丹徒区上党镇地方志办公室 2009 年 374 页
b4074369x K295.35 S322 2009

辛丰镇志
辛丰镇志编纂委员会编 杭展主编 南京 河海大学出版社 2000 年 299 页
b17457452 K295.35 X446 2000

镇江市丹徒区军事志
镇江市丹徒区军事志编纂委员会编 严高生主编 北京 军事科学出版社 2009 年 490 页
b46011596 E289.533 Z493D 2009

丹徒县土地志
丹徒县土地志编纂委员会编 钱波哎 何培元主编 上海 上海社会科学院出版社 1998 年 278 页
b15238039 F327.534 Q219 1998

江苏省丹徒县地名录
丹徒县地名委员会编 丹徒 丹徒县地名委员会 1983 年 208 页
b20014302 K925.34 D1658 1983

丹徒县卫生志
丹徒县卫生志编纂委员会编 徐家训主编 南京 江苏古籍出版社 2001 年 307 页
b27574532 R–092 D165 2001

丹徒县水利志
丹徒县水利志编纂委员会编 祝步远主编 北京 方志出版社 2004 年 521 页
b20098492 TV–092 D165 2004

丹阳市

丹阳县志
丹阳市地方志编纂委员会编 张昌龄主编

南京 江苏人民出版社 1992 年 1020 页
〔江苏省地方志〕
b10727425 K295.34 D1659X

丹阳市志 1986–2005
丹阳市地方志编纂委员会编 李世华 张昌龄主编 北京 方志出版社 2012 年 2 卷 1716 页
b40837014 K295.34 D1659X 2012

丹阳市吕城镇志
丹阳市吕城镇志编纂委员会编著 韦竹青主编 北京 方志出版社 2010 年 716 页
b21610666 K295.35 L977 2010

访仙镇志
中共丹阳市访仙镇委员会 丹阳市访仙镇人民政府编 丹阳 丹阳市访仙镇人民政府 2004 年 282 页
b2040282x K295.35 F253 2004

皇塘镇志
皇塘镇志编纂委员会编 南京 江苏人民出版社 1993 年 311 页
b17646352 K295.35 H672 1993

云阳镇志 前 538–2006
丹阳市云阳镇志编纂委员会编 徐金良主编 北京 方志出版社 2012 年 1120 页
b4481074x K295.35 Y8799 2012

丹阳人民公安志 1949–2002
丁浩北主编 丹阳 丹阳公安局史志编纂委员会 2002 年 626 页
b51090776 D631–09 D165 2002

丹阳市军事志 前 538–2005
丹阳市军事志编纂委员会编 徐金良主编 南京 江苏人民出版社 2009 年 490 页
b20467333 E289.533 D165 2009

丹阳市自来水志
丹阳市自来水志编纂委员会编 林晓明 张昌龄 钟仕尔主编 上海 上海社会科学院出版社 2000 年 303 页
b51092104 F299.241 D165 2000

练湖志
江苏省国营练湖农场练湖志编写办公室编 石胜华 朱新民 储中振编写 丹阳 江苏省国营练湖农场练湖志编写办公室 1988 年 528 页
b16323798 F324.1 J327 1988

丹阳市土地志
丹阳市土地志编纂委员会编 管正定 张昌龄主编 南京 江苏人民出版社 1997 年 351 页
b16862582 F327.533 G653 1997

丹阳市农林志
丹阳市农林志编纂委员会编 陈智仁 张昌龄 张中才主编 北京 方志出版社 2006 年 839 页
b4700907x F329.534 D165 2006

丹阳交通志
丹阳交通志编纂委员会编 南京 东南大学出版社 1993 年 338 页
b20042073 F512.753.4 D165 1993

丹阳市教育志
丹阳市教育局编志办公室编纂 沈华方主编 南京 江苏古籍出版社 2002 年 485 页
b16325679 G527.533 D165 2002

丹阳县志资料选辑 第 2 卷
丹阳县地方志编纂委员会办公室 丹阳县

档案局编 丹阳 丹阳县地方编纂委员会办公室 1985 年
b18507268 K295.34 D1659Y

江苏省丹阳县地名录
丹阳县地名委员会编 丹阳 丹阳县地名委员会 1983 年 264 页
b20014314 K925.34 D165 1983

丹阳市卫生志
丹阳市卫生局编 肖腊锁 张昌龄主编 南京 南京出版社 2004 年 664 页
b45479458 R199.2 D165 2004

江苏省丹阳县土壤志
丹阳县土壤普查办公室 镇江市农业局 江苏省土壤普查办公室编 镇江 丹阳县土壤普查办公室 1986 年 633 页
b20043430 S159.253.4 D165 1986

丹阳市建设志
丹阳市建设志编纂委员会编 眭光华 张昌龄 钟仕尔主编 上海 上海社会科学院出版社 2001 年 806 页〔中华人民共和国地方志〕
b21763057 TU984.253.3 D165 2001

丹阳水利志
曹强国主编 北京 中国农业科技出版社 1994 年 318 页
b17999388 TV-092 C213 1994

扬中市

扬中县志
扬中县地方志编纂委员会编 李名方主编 北京 文物出版社 1991 年 652 页〔江苏省地方志〕
b10895528 K295.34 Y224

扬中县志
扬中市史志办公室编 冯鸿鸣 赵纪福主编 北京 方志出版社 2016 年 664 页
b49951221 K295.34 Y224D 2016

扬中市志 1986–2006
扬中市地方志编纂委员会编 孙金林主编 北京 方志出版社 2014 年 2 卷 1634 页
b46899418 K295.34 Y224C 2014

扬中法院志 1949–2013
扬中市人民法院法院志编纂委员会编 汤国生主编 北京 方志出版社 2016 年 887 页
b49655656 D926.22 Y224 2016

扬中市军事志 1127–2005
扬中市军事志编纂委员会编 薛政 黄宝红主编 南京 江苏人民出版社 2010 年 407 页
b20815712 E289.533 Y224 2010

扬中市土地志
扬中市土地志编纂委员会编 王孝椿 严荣国主编 上海 上海社会科学院出版社 1999 年 293 页
b1385415x F327.533 W233

扬中市电力工业志
范纪福执行主编 北京 中国电力出版社 2010 年 234 页〔镇江市电力工业志丛书〕
b49981468 F426.61 Y2249 2010

扬中市教育志
扬中市教育志编纂委员会编 张源泉主编 北京 方志出版社 2012 年 575 页
b36369767 G527.534 Y224 2012

江苏省扬中县地名录
扬中县地名委员会编 扬中 扬中县地名委员会 1984 年 222 页

b20229690　K925.34　Y224　1984

江苏省扬中县土壤志
扬中县土壤普查办公室　镇江市农业局　江苏省土壤普查办公室编　扬中　扬中县邮电印刷厂　1985 年　158 页
b19732326　S159.253.4　Y224　1985

扬中水利志
扬中水利志编纂委员会编　张耀东主编　北京　方志出版社　2006 年　288 页
b17993878　TV-092　Y224　2006

句容市

句容县志
句容县地方志编纂委员会编　黄鹤潮主编　南京　江苏人民出版社　1994 年　947 页〔江苏省地方志〕
b10628228　K295.34　J675

句容市志　1986–2008
句容市地方志编纂委员会编　欧红卫　王金涛主编　北京　方志出版社　2013 年　3 卷 2059 页
b46117945　K295.33　G472C　2013

华阳镇志
华阳镇志编纂委员会编　朱龙根主编　北京　方志出版社　2017 年　633 页
b51090247　K295.35　H5299　2017

茅山道教志
杨世华　潘一德编著　武汉　华中师范大学出版社　2007 年　423 页〔华大博雅学术文库,道家道教文化研究书系〕
b18148888　B959.2　Y246　2007

句容市军事志　前 128–2005
句容市军事志编纂委员会编　陈立明　严荣务主编　南京　江苏人民出版社　2009 年　544 页
b20467308　E289.533　G472　2009

句容市建设志
句容市建设志编纂委员会　朱延生主编　北京　方志出版社　2015 年　705 页
b4728741x　F299.275.34　J675　2015

句容市土地志
句容市土地志编纂委员会编　朱福喜　唐明云主编　南京　江苏人民出版社　1999 年　302 页
b19930367　F327.533　Z694　1999

句容市交通志
句容市交通志编纂委员会编　倪修莲主编　北京　方志出版社　2004 年　246 页
b20043739　F512.753.3　N287　2004

句容市教育志
句容市教育志编纂工作办公室编　刘志鹏主编　北京　方志出版社　2010 年　461 页
b21366111　G527.533　G472　2010

江苏省句容县地名录
句容县地名委员会编　句容　句容县地名委员会　1983 年　233 页
b20015446　K925.34　G472　1983

句容茅山志
句容市地方志办公室编　朱延生主编　合肥　黄山书社　1998 年　438 页
b16429904　K928.3　G472　1998

茅山志
茅山志编纂委员会编　朱延生主编　北京

方志出版社 2000 年 468 页
b13576197 K928.3 M246

句容市卫生志
句容市卫生志编纂委员会编 纪先荣主编 南京 江苏人民出版社 2009 年 374 页
b49938769 R199.2 J472 2009

句容县土壤志
句容县土壤普查办公室 镇江市农业局 江苏省土壤普查办公室编 镇江 句容县土壤普查办公室 1988 年 232 页
b20043442 S159.253.4 J472 1988

句容市水利志
句容市水利志编纂委员会编 长春 吉林文史出版社 2007 年 366 页
b20102513 TV-092 G472 2007

泰州市

泰州志
泰州市地方志编纂委员会编 泰州 泰州市地方志编纂委员会 1998 年 913 页〔江苏省地方志〕
b12698283 K295.33 T163

泰州市志
泰州市地方志编纂委员会编 申俊才 查桂山主编 南京 江苏人民出版社 2016 年 3 卷 2180 页
b4756068x K295.33 T163F 2016

泰州市政协志
政协泰州市委员会编 常州 常州市武进第三印刷公司 2006 年 378 页
b20577849 D628.533 T163 2006

泰州市土地志
泰州市土地志编纂委员会编 陈杰主编 南京 江苏古籍出版社 2001 年 403 页
b16449642 F327.533 C422 2001

泰州市金融志 1840–1987
泰州市金融志编写组编 顾宣主编 泰州 泰州市金融志编写组 1990 年 300 页
b4556968x F832.753.3 T163 1990

泰州艺苑志略
泰州市党史方志档案办公室 泰州市历史学会主编 刘华 纪增强编撰 北京 方志出版社 2015 年 384 页
b49661140 J12 T163 2015

泰州市地名录
泰州市地名委员会编 泰州 泰州市地名委员会 1982 年 114 页
b16081547 K925.33 T163 1982

高港区

泰州市高港区志
泰州市高港区地方志编纂委员会编 李秀年 阙进 包志明主编 北京 方志出版社 2017 年 2 册 1252 页
b51030470 K295.33 T163GG 2017

高港区政协志
政协泰州市高港区委员会编 刘时根主编 泰州 政协泰州市高港区委员会 2007 年 449 页
b46668391 D628.533 T163G 2007

姜堰区

泰县志
泰县县志编纂委员会编 胡曦雯主编 南

京 江苏古籍出版社 1993 年 891 页〔江苏省地方志〕
b10760398 K295.34 T163

姜堰市志 1988–2007
姜堰市志编纂委员会编 严文富主编 北京 方志出版社 2016 年 2 卷 1690 页
b50206825 K295.33 J332 2016

泰县财税志
泰县财税志编写组编 钱忠国 李鉴秋撰稿 泰县 泰县财税志编写组 1998 年 2 卷 741 页
b49964161 F812.753.4 T163 1998

泰县方言志
张建民主编 上海 华东师范大学出版社 1991 年 251 页
b11062046 H172.4 Z354

江苏省泰县地名录
泰县地名委员会编 泰县 泰县地名委员会 1983 年 268 页
b21275014 K925.34 T1631 1983

兴化市

兴化市志
兴化市地方志编纂委员会编 上海 上海社会科学院出版社 1995 年 910 页
b10636614 K295.33 X463

戴南镇志
戴南镇政府编 南京 凤凰出版社 2007 年 810 页
b20198267 K295.35 D153 2007

陶庄乡志
陶庄乡志编纂委员会编 许茂贤主编 兴化 兴化市陶庄乡志编纂委员会 1999 年 323 页
b47073196 K295.35 T2649 1999

兴化市交通志
兴化市交通志编委会编纂 陈家驹主编 兴化 兴化市交通志编委会 1990 年 198 页
b46240330 F512.753.4 X463 1990

兴化市交通志 第 2 部 1988–2007
兴化市交通局修志办公室编 魏邦主编 兴化 兴化市交通局修志办公室 2009 年 274 页
b47317383 F512.753.4 X463 2009

兴化税务志
兴化税务志编纂委员会编 北京 中国税务出版社 1996 年 306 页
b41235836 F812.753.4 X463 1996

兴化史志资料选辑 第 4 卷
中共兴化县委编史修志办公室编 兴化 中共兴化县委编史修志办公室 1986 年 185 页
b16475422 K295.34 X463C 1985

江苏省兴化县地名录
兴化县地名委员会编 兴化 兴化县地名委员会 1983 年 300 页
b18261371 K925.34 X463 1983

兴化卫生志
兴化卫生志编审委员会编 刘歆总纂 北京 方志出版社 2006 年 378 页
b5024758x R199.2 X463 2006

兴化水利志
兴化水利志编纂委员会编 王树生主编 南京 江苏古籍出版社 2001 年 303 页
b17151855 TV-092 X463 2001

靖江市

靖江县志
靖江县志编纂办公室编 郭寿明主编 南京 江苏人民出版社 1992年 911页〔江苏省地方志〕
b10616834 K295.34 J562

靖江市志 1988–2007
晋江市地方志编纂委员会编 王宇清 王亚平主编 南京 江苏人民出版社 2017年 978页
b50013294 K295.34 J562C 2017

靖江市政协志 1956–2007
苏增耀主编 北京 中国文史出版社 2007年 369页
b21568790 D628.534 J562 2007

靖江公安志
靖江市公安局编纂 王裕朴主编 南京 江苏人民出版社 1995年 456页
b4644273x D631 J562 1995

靖江检察志
靖江市人民检察院编 王维三主编 南京 江苏人民出版社 2003年 423页
b21568789 D926.32 J562 2003

靖江司法志
靖江市司法局编 徐建军主编 南京 江苏人民出版社 2008年 380页
b21764037 D927.534 J562 2008

靖江市国土资源志
靖江市国土资源志编纂委员会编 张仁德主编 北京 方志出版社 2015年 730页
b46700560 F129.953 J562 2015

靖江县交通志
靖江县交通志编审领导小组编 黄福良主编 靖江 靖江印刷厂 1988年 195页
b46011560 F512.753.4 J562 1988

靖江税务志
靖江市国家税务局编 冯春迪 宋锡滁主笔 靖江 靖江市国家税务局 1999年 424页
b45840295 F812.753.442 J562 1999

江苏省靖江县地名录
靖江县地名委员会编 靖江 靖江县地名委员会 1982年 209页
b20015434 K925.34 J562 1982

靖江水利志
靖江市水利局编 张浩生主编 南京 江苏人民出版社 1997年 247页
b21856060 TV–092 J5624 1997

泰兴市

泰兴县志
泰兴县志编纂委员会编 陆光明 殷怀章 叶秀中主编 南京 江苏人民出版社 1993年 1063页〔江苏省地方志〕
b10726640 K295.34 T1638

泰兴市工商联志
泰兴市工商联志编纂委员会编 薛晨光主编 扬州 广陵书社 2015年 331页
b49963831 D665.9 T163 2015

泰兴县地名录
泰兴县地名委员会编 泰兴 泰兴县地名委员会 1983年 369页
b18621661 K925.34 T163 1983

泰兴卫生志
泰兴卫生志编纂委员会编 赵华杰主编 北京 方志出版社 2005 年 399 页
b3609335x R199.2 T163 2005

泰兴县土壤志
泰兴县土壤普查办公室编 泰兴 国营泰兴印刷厂 1986 年 206 页
b20102288 S159.253.4 T163 1986

泰兴水利志
泰兴水利史志编纂委员会编 刘国柱主编 南京 江苏古籍出版社 2001 年 316 页
b17510351 TV-092 L676 2001

宿迁市

宿迁市志
宿迁市地方志编纂委员会编 刘云鹤总纂 南京 江苏人民出版社 1996 年 1060 页〔江苏省地方志〕
b13274764 K295.33 S718

宿迁市城乡建设志
宿迁市城乡建设志编纂委员会编 沃恒光主编 南京 江苏人民出版社 2013 年 876 页
b4636531x F299.275.33 S718 2013

宿迁市电力工业志 1996–2004
宿迁市电力工业志编纂委员会编 北京 中国电力出版社 2016 年 371 页〔江苏省电力工业志丛书〕
b49518574 F426.61 S718 2016

江苏省宿迁中学校志 1927–2007
江苏省宿迁中学 80 周年校庆校志组编 宿迁 江苏省宿迁中学 80 周年校庆校志组 2007 年 第 2 版 396 页
b20102264 G639.28 S718 2007

宿迁风物志
宿迁市宿豫区地方志办公室编 陈世海 蔡兆银主编 北京 方志出版社 2011 年 220 页
b23217285 K295.33 S718C 2011

江苏省宿迁县地名录
宿迁县地名委员会编 宿迁 宿迁县地名委员会 1982 年 242 页
b20016815 K925.34 S718 1982

宿迁市水利志
宿迁市水务局编 葛书龙主编 北京 中国水利水电出版社 2014 年 498 页
b46274376 TV-092 S718 2014

宿城区

宿城区政协志 1996.09–2011.01
宿迁市宿城区政协志编纂委员会编 王克浪主编 宿迁 宿迁市宿城区政协志编纂委员会 2012 年 342 页
b46018311 D628.533 S718S 2012

宿豫区

宿迁市宿豫志
宿迁市宿豫区地方志编纂委员会编 蔡兆银主编 北京 中华书局 2014 年 2874 页
b51090429 K295.33 S718S 2014

宿迁市宿豫区水利志
宿迁市宿豫区水利志编纂委员会编 宣士忠主编 北京 中国文史出版社 2014 年 419 页
b46012734 TV-092 S718S 2014

沭阳县

沭阳县志
沭阳县地方志编纂委员会编 马军主编 南京 江苏科学技术出版社 1997 年 1028 页〔江苏省地方志〕
b10564573 K295.34 S558

沭阳县志 1987–2005
沭阳县地方志编纂委员会编 韦泽洋主编 南京 江苏人民出版社 2013 年 823 页
b4479518x K295.34 S558 2013

沭阳县民政志
刘子平主编 济南 山东大学出版社 1990 年 305 页
b20951498 D675.34 S558 1990

沭阳县文化志
葛攀农主编 沭阳 沭阳县文化志编写者 1999 年 323 页
b20537980 G127.534 S558 1999

江苏省沭阳县地名录
沭阳县地名委员会编 沭阳 沭阳县地名委员会 1982 年 363 页
b20016694 K925.34 S558 1982

沭阳水利志
沭阳县水务局编纂 北京 中国水利水电出版社 2012 年 461 页
b36071997 TV–092 S558 2012

泗阳县

泗阳县志
泗阳县地方志编纂委员会编 郝耀总纂 南京 江苏人民出版社 1995 年 907 页〔江苏省地方志〕
b1063633x K295.34 S6659

泗阳县志 1988–2005
泗阳县地方志编纂委员会编 胡东凯主编 / 总纂 南京 江苏人民出版社 2012 年 1232 页
b40938815 K295.34 S6659 2012

泗阳县林业志
泗阳县林业志编纂委员会编 朱耀亭主编 南京 南京出版社 2015 年 258 页
b49938770 F326.275.34 S665 2015

场志 江苏省泗阳棉花原种场
江苏省泗阳棉花原种场场志编写办公室编 泗阳 江苏省泗阳棉花原种场场志编写办公室 1989 年 485 页
b23228714 F327.534 S665C 1989

泗阳县粮食志
泗阳县粮食局编 朱增奎主编 南京 江苏科学技术出版社 1992 年 325 页
b21570322 F327.534 S665 1992

江苏泗阳农村商业银行志 1953–2012
江苏泗阳农村商业银行志编纂委员会编 葛以云主编 南京 江苏人民出版社 2015 年 573 页
b49803268 F832.33 S665 2015

江苏省泗阳县地名录
泗阳县地名委员会编 泗阳 泗阳县地名委员会 1982 年 316 页
b20016773 K925.34 S665Y 1982

泗洪县

泗洪县志
泗洪县地方志编纂委员会编 李继业主编

南京 江苏人民出版社 1994 年 1062 页
〔江苏省地方志〕
b10647430 K295.34 S665

泗洪县志 1990–2006
泗洪县地方志编纂委员会编 施正凯主编 北京 方志出版社 2012 年 2 卷 1088 页
b4050315x K295.34 S665 2012

青阳镇志
施正凯主编 南京 江苏科学技术出版社 2011 年 402 页
b23216104 K295.35 Q4649 2011

朱湖镇志
施正凯主编 南京 江苏人民出版社 2017 年 459 页
b50308245 K295.35 Z696 2017

泗洪县国土资源志
泗洪县国土资源局编 李爽主编 北京 中国文史出版社 2017 年 656 页
b5107977x F129.953.4 S665 2017

泗洪县交通志 1990–2007
泗洪县交通志编纂委员会编 北京 方志出版社 2008 年 388 页
b19929675 F512.753.4 S665 2008

江苏省泗洪县地名录
泗洪县地名委员会编 泗洪 泗洪县地名委员会 1983 年 294 页
b20016761 K925.34 S665 1983

泗洪县中医院志
施正凯主编 北京 中国文史出版社 2014 年 228 页
b49748567 R197.4 S665 2014

泗洪县水利志
泗洪县水利志编写组编 南京 江苏人民出版社 1993 年 529 页
b1828047x TV–092 S665 1993

山顺明 主编

华东师范大学图书馆藏新方志目录

第三册

粤、桂、琼、渝、川、黔、滇、藏、陕、甘、青、宁、新、港、澳、台

国家图书馆出版社

第三册目录

广东省

广东省简志
广东省人民政府地方志办公室编 温捷香 陈华康 陈泽泓总纂 广州 广东人民出版社 2017 年 850 页
b50861219 K296.5 W362 2017

广东省志 第 1 卷 经济特区志
广东省地方史志编纂委员会编 广州 广东人民出版社 1996 年 281 页〔广东省地方志丛书〕
b12488525 K296.5 G682C

广东省志 第 1 卷 总述卷 大事记卷 1979–2000
广东省志编纂委员会编 钟启权 陈泽泓 侯月祥主编 北京 方志出版社 2014 年 383 页〔广东省地方志丛书〕
b46089111 K296.5 G682F

广东省志 第 2 卷 人口志
广东省地方史志编纂委员会编 孙沐寒主编 广州 广东人民出版社 1995 年 360 页〔广东省地方志丛书〕
b12488525 K296.5 G682C

广东省志 第 2 卷 资源 环境卷 1979–2000
广东省志编纂委员会编 钟启权主编 沈彭卷主编 北京 方志出版社 2014 年 757 页〔广东省地方志丛书〕
b46088994 K296.5 G682F

广东省志 第 3 卷 测绘志
广东省地方史志编纂委员会编 袁征主编 广州 广东人民出版社 1996 年 322 页〔广东省地方志丛书〕
b12488525 K296.5 G682C

广东省志 第 3 卷 人口卷 民族宗教卷 1979–2000
广东省志编纂委员会编 江效东 黄德才主编 北京 方志出版社 2014 年 766 页〔广东省地方志丛书〕
b46089044 K296.5 G682F

广东省志 第 4 卷 气象志
广东省地方史志编纂委员会编 肖凯书主编 广州 广东人民出版社 1996 年 391 页〔广东省地方志丛书〕
b12488525 K296.5 G682C

广东省志 第 4 卷 行政区划 地名卷 民政 残疾人事业卷 1979–2000
广东省志编纂委员会编 钟启权主编 骆招群 吴立卓 董森章卷主编 北京 方志出版社 2014 年 681 页〔广东省地方志丛书〕
b46089081 K296.5 G682F

广东省志 第 5 卷 教育志
广东省地方史志编纂委员会编 许任之 周鹤鸣主编 广州 广东人民出版社 1995 年 341 页〔广东省地方志丛书〕
b12488525 K296.5 G682C

广东省志 第 5 卷 水利卷 城乡建设卷 人民生活卷 1979–2000
广东省志编纂委员会编 钟启权主编 李树坚 陈承旗卷主编 北京 方志出版社 2014

年 691 页〔广东省地方志丛书〕
b46089093　K296.5　G682F

广东省志　第 6 卷 水利志
广东省地方史志编纂委员会编 李德成主编 广州 广东人民出版社 1995 年 669 页〔广东省地方志丛书〕
b12488525　K296.5　G682C

广东省志　第 6 卷 经济体制改革卷 经济特区与开发区卷 1979-2000
广东省志编纂委员会编 钟启权 谢强华 肖志恒 徐少华主编 北京 方志出版社 2014 年 597 页〔广东省地方志丛书〕
b46668044　K296.5　G682F

广东省志　第 7 卷 铁路志
广东省地方史志编纂委员会编 葛闻安主编 广州 广东人民出版社 1996 年 463 页〔广东省地方志丛书〕
b12488525　K296.5　G682C

广东省志　第 7 卷 经济管理卷 1979-2000
广东省志编纂委员会编 钟启权主编 李春洪卷主编 北京 方志出版社 2014 年 844 页〔广东省地方志丛书〕
b46089123　K296.5　G682F

广东省志　第 8 卷 税务志
广东省地方史志编纂委员会编 陈流明主编 广州 广东人民出版社 1995 年 383 页〔广东省地方志丛书〕
b12488525　K296.5　G682C

广东省志　第 8 卷 财政税务卷 1979-2000
广东省志编纂委员会编 钟启权主编 刘昆 曾志权卷主编 北京 方志出版社 2014 年 606 页〔广东省地方志丛书〕
b46089135　K296.5　G682F

广东省志　第 9 卷 粮食志
广东省地方史志编纂委员会编 林望轩主编 广州 广东人民出版社 1996 年 551 页〔广东省地方志丛书〕
b12488525　K296.5　G682C

广东省志　第 9 卷 农业志 1979-2000
广东省志编纂委员会编 吴智民主编 北京 方志出版社 2014 年 1339 页〔广东省地方志丛书〕
b4608910x　K296.5　G682F

广东省志　第 10 卷 华侨志
广东省地方史志编纂委员会编 广州 广东人民出版社 1996 年 416 页〔广东省地方志丛书〕
b12488525　K296.5　G682C

广东省志　第 10 卷 工业卷 1979-2000
广东省志编纂委员会编 刘次英主编 北京 方志出版社 2014 年 1232 页〔广东省地方志丛书〕
b4608891x　K296.5　G682F

广东省志　第 11 卷 对外经济贸易志
广东省地方史志编纂委员会编 徐德志主编 广州 广东人民出版社 1996 年 368 页〔广东省地方志丛书〕
b12488525　K296.5　G682C

广东省志　第 11 卷 交通卷 1979-2000
广东省志编纂委员会编 钟启权主编 胡朝懿卷主编 北京 方志出版社 2014 年 1159 页〔广东省地方志丛书〕
b46088921　K296.5　G682F

广东省志　第 12 卷 医药志
广东省地方史志编纂委员会编 张训诚主编 广州 广东人民出版社 1995 年 258

页〔广东省地方志丛书〕
b12488525 K296.5 G682C

广东省志 第 12 卷 信息产业卷 邮政 电信卷 1979-2000
广东省志编纂委员会编 钟启权主编 彭平 马承玉卷主编 北京 方志出版社 2014年 473页〔广东省地方志丛书〕
b46088933 K296.5 G682F

广东省志 第 13 卷 农垦志
广东省地方史志编纂委员会编 孟庆云主编 广州 广东人民出版社 1994年 435页〔广东省地方志丛书〕
b12488525 K296.5 G682C

广东省志 第 13 卷 银行 证券 保险卷 1979-2000
广东省志编纂委员会编 张铁强 侯外林 黄洪主编 北京 方志出版社 2014年 599页〔广东省地方志丛书〕
b46088842 K296.5 G682F

广东省志 第 14 卷 林业志
广东省地方史志编纂委员会编 杨永康 华运文主编 广州 广东人民出版社 1998年 814页〔广东省地方志丛书〕
b12488525 K296.5 G682C

广东省志 第 14 卷 对外经济贸易卷 1979-2000
广东省志编纂委员会编 钟启权主编 黄永智卷主编 北京 方志出版社 2014年 488页〔广东省地方志丛书〕
b46088854 K296.5 G682F

广东省志 第 15 卷 地理志
广东省地方史志编纂委员会编 刘南威主编 广州 广东人民出版社 1999年 564页〔广东省地方志丛书〕
b12488525 K296.5 G682C

广东省志 第 15 卷 海关 检验检疫卷 1979-2000
广东省志编纂委员会编 梁冬梅主编 北京 方志出版社 2014年 356页〔广东省地方志丛书〕
b46088945 K296.5 G682F

广东省志 第 16 卷 少数民族志
广东省地方史志编纂委员会编 刘耀荃 朱洪主编 广州 广东人民出版社 2000年 374页〔广东省地方志丛书〕
b12488525 K296.5 G682C

广东省志 第 16 卷 国内贸易卷 专卖卷 1979-2000
广东省志编纂委员会编 钟启权主编 潘叙迭 陈顺遂 林建华卷主编 北京 方志出版社 2014年 606页〔广东省地方志丛书〕
b46088957 K296.5 G682F

广东省志 第 17 卷 烟草志
广东省地方史志编纂委员会编 左克斌主编 广州 广东人民出版社 2000年 247页〔广东省地方志丛书〕
b12488525 K296.5 G682C

广东省志 第 17 卷 旅游卷 1979-2000
广东省志编纂委员会编 钟启权主编 杨荣森卷主编 北京 方志出版社 2014年 439页〔广东省地方志丛书〕
b46088969 K296.5 G682F

广东省志 第 18 卷 广播电视志
广东省地方史志编纂委员会编 张弦主编 广州 广东人民出版社 1999年 352页〔广东省地方志丛书〕
b12488525 K296.5 G682C

广东省志 第 18 卷 教育卷 1979-2000
广东省志编纂委员会编 罗伟其 文传道主

编 北京 方志出版社 2014 年 361 页〔广东省地方志丛书〕
b46088970　K296.5 G682F

广东省志 第 19 卷 二轻(手)工业志
广东省地方史志编纂委员会编 罗先迪 钟焯勋 万克武主编 广州 广东人民出版社 1995 年 754 页〔广东省地方志丛书〕
b12488525　K296.5 G682C

广东省志 第 19 卷 科学技术卷 1979–2000
广东省志编纂委员会编 钟启权主编 谢明权 李兴华卷主编 北京 方志出版社 2014 年 1005 页〔广东省地方志丛书〕
b46088982　K296.5 G682F

广东省志 第 20 卷 金融志
广东省地方史志编纂委员会编 陈亿有主编 广州 广东人民出版社 1999 年 613 页〔广东省地方志丛书〕
b12488525　K296.5 G682C

广东省志 第 20 卷 社会科学志 1979–2000
广东省志编纂委员会编 梁桂全 詹天庠主编 北京 方志出版社 2014 年 712 页〔广东省地方志丛书〕
b46089007　K296.5 G682F

广东省志 第 21 卷 机械工业志
广东省地方史志编纂委员会编 奚志伟主编 广州 广东人民出版社 1995 年 415 页〔广东省地方志丛书〕
b12488525　K296.5 G682C

广东省志 第 21 卷 文化卷 1979–2000
广东省志编纂委员会编 吕成忠主编 北京 方志出版社 2014 年 698 页〔广东省地方志丛书〕
b46089019　K296.5 G682F

广东省志 第 22 卷 海洋与海岛志
广东省地方史志编纂委员会编 广州 广东人民出版社 2000 年 350 页〔广东省地方志丛书〕
b12488525　K296.5 G682C

广东省志 第 22 卷 新闻 传播卷 1979–2000
广东省志编纂委员会编 钟启权主编 胡国华 刘陶卷主编 北京 方志出版社 2014 年 581 页〔广东省地方志丛书〕
b46089020　K296.5 G682F

广东省志 第 23 卷 水利续志
广东省地方史志编纂委员会编 李树坚主编 广州 广东人民出版社 2003 年 886 页〔广东省地方志丛书〕
b12488525　K296.5 G682C

广东省志 第 23 卷 卫生 医药卷 1979–2000
广东省志编纂委员会编 钟启权主编 姚志彬 陈元胜卷主编 北京 方志出版社 2014 年 629 页〔广东省地方志丛书〕
b46088866　K296.5 G682F

广东省志 第 24 卷 电子工业志
广东省地方史志编纂委员会编 卢瑞华 张高丽 游宁丰主编 张书兴 许志良 罗坚生卷主编 广州 广东人民出版社 2000 年 359 页〔广东省地方志丛书〕
b12488525　K296.5 G682C

广东省志 第 24 卷 体育卷 1979–2000
广东省志编纂委员会编 杨迺军主编 北京 方志出版社 2014 年 791 页〔广东省地方志丛书〕
b46089032　K296.5 G682F

广东省志 第 25 卷 新闻志
广东省地方史志编纂委员会编 万炜明主

编 广州 广东人民出版社 2000 年 466 页〔广东省地方志丛书〕
b12488525 K296.5 G682C

广东省志 第 25 卷 党派 群众团体卷 1979–2000
广东省志编纂委员会编 钟启权主编 黄卓卷主编 北京 方志出版社 2014 年 746 页〔广东省地方志丛书〕
b46088878 K296.5 G682F

广东省志 第 26 卷 旅游志
广东省地方史志编纂委员会编 吕伟雄主编 广州 广东人民出版社 1999 年 186 页〔广东省地方志丛书〕
b12488525 K296.5 G682C

广东省志 第 26 卷 政权卷 1979–2000
广东省志编纂委员会编 钟启权主编 赵淑琴 陈志英 姚恒尹卷主编 北京 方志出版社 2014 年 529 页〔广东省地方志丛书〕
b4608888x K296.5 G682F

广东省志 第 27 卷 商检志
广东省地方史志编纂委员会编 黄世驹 潘益光主编 广州 广东人民出版社 2001 年 418 页〔广东省地方志丛书〕
b12488525 K296.5 G682C

广东省志 第 27 卷 纪检 监察卷 1979–2000
广东省志编纂委员会编 钟启权主编 孙跃山卷主编 北京 方志出版社 2014 年 343 页〔广东省地方志丛书〕
b46088891 K296.5 G682F

广东省志 第 28 卷 石油化工志
广东省地方史志编纂委员会编 王宗绵主编 广州 广东人民出版社 2001 年 575 页〔广东省地方志丛书〕
b12488525 K296.5 G682C

广东省志 第 28 卷 政法卷 1979–2000
广东省志编纂委员会编 钟启权主编 李关水卷主编 北京 方志出版社 2014 年 901 页〔广东省地方志丛书〕
b46088908 K296.5 G682F

广东省志 第 29 卷 船舶工业志
广东省地方史志编纂委员会编 黄胜兰主编 广州 广东人民出版社 2000 年 258 页〔广东省地方志丛书〕
b12488525 K296.5 G682C

广东省志 第 29 卷 军事卷 1979–2000
广东省志编纂委员会编 肖汉健 阎学亭 唐金华主编 北京 方志出版社 2014 年 574 页〔广东省地方志丛书〕
b4637663x K296.5 G682F

广东省志 第 30 卷 丝绸志
广东省地方史志编纂委员会编 广州 广东人民出版社 2004 年 2 卷 1460 页〔广东省地方志丛书〕
b12488525 K296.5 G682C

广东省志 第 30 卷 侨务卷 外事与港澳事务卷 1979–2000
广东省志编纂委员会编 钟启权主编 北京 方志出版社 2014 年 495 页〔广东省地方志丛书〕
b46378637 K296.5 G682F

广东省志 第 31 卷 民主党派志
广东省地方史志编纂委员会编 彭禹贤主编 广州 广东人民出版社 2003 年 588 页〔广东省地方志丛书〕
b12488525 K296.5 G682C

广东省志 第 31 卷 劳动 社会保障卷 人事卷 1979–2000
广东省志编纂委员会编 钟启权主编 许荣

东 林活力卷主编 北京 方志出版社 2014年 511页〔广东省地方志丛书〕
b46089056 K296.5 G682F

广东省志 第32卷 工商行政管理志
广东省地方史志编纂委员会编 黄绪荣主编 广州 广东人民出版社 1997年 300页〔广东省地方志丛书〕
b12488525 K296.5 G682C

广东省志 第32卷 人物卷 1979-2000
广东省志编纂委员会编 侯月祥主编 北京 方志出版社 2014年 651页〔广东省地方志丛书〕
b46089068 K296.5 G682F

广东省志 第33卷 军事志
广东省地方史志编纂委员会编 杨刚主编 广州 广东人民出版社 1999年 1044页〔广东省地方志丛书〕
b12488525 K296.5 G682C

广东省志 第33卷 专记卷 1979-2000
广东省志编纂委员会编 钟启权主编 汪一洋卷主编 北京 方志出版社 2014年 721页〔广东省地方志丛书〕
b4608907x K296.5 G682F

广东省志 第34卷 政治纪要
广东省地方史志编纂委员会编 卢瑞华等主编 黄勋拔卷主编 广州 广东人民出版社 2004年 397页〔广东省地方志丛书〕
b12488525 K296.5 G682C

广东省志 第35卷 地震志
广东省地方史志编纂委员会编 卢瑞华等主编 广州 广东人民出版社 2003年 260页〔广东省地方志丛书〕
b12488525 K296.5 G682C

广东省志 第36卷 方言志
广东省地方史志编纂委员会编 卢瑞华等主编 高华年卷主编 广州 广东人民出版社 2004年 523页〔广东省地方志丛书〕
b12488525 K296.5 G682C

广东省志 第37卷 经济综述
广东省地方史志编纂委员会编 卢瑞华主编 黄勋拔卷主编 广州 广东人民出版社 2004年 519页〔广东省地方志丛书〕
b12488525 K296.5 G682C

广东省志 第38卷 社会科学志
广东省地方史志编纂委员会编 张磊 黄明同主编 广州 广东人民出版社 2004年 706页〔广东省地方志丛书〕
b12488525 K296.5 G682C

广东省志 第39卷 中共组织志
广东省地方史志编纂委员会编 劳文浩主编 广州 广东人民出版社 2001年 624页〔广东省地方志丛书〕
b12488525 K296.5 G682C

广东省志 第40卷 出版志
广东省地方史志编纂委员会编 吴至强主编 广州 广东人民出版社 1997年 402页〔广东省地方志丛书〕
b12488525 K296.5 G682C

广东省志 第41卷 卫生志
广东省地方史志编纂委员会编 黄庆道主编 广州 广东人民出版社 2003年 962页〔广东省地方志丛书〕
b12488525 K296.5 G682C

广东省志 第42卷 物价志
广东省地方史志编纂委员会编 黄立武主

编 广州 广东人民出版社 1998 年 304 页〔广东省地方志丛书〕
b12488525 K296.5 G682C

广东省志 第 43 卷 司法行政志
广东省地方史志编纂委员会编 王旭东主编 广州 广东人民出版社 2003 年 242 页〔广东省地方志丛书〕
b12488525 K296.5 G682C

广东省志 第 44 卷 自然灾害志
广东省地方史志编纂委员会编 卢瑞华 张高丽 游宁丰主编 陈强 余勇卷主编 广州 广东人民出版社 2001 年 891 页〔广东省地方志丛书〕
b12488525 K296.5 G682C

广东省志 第 45 卷 文化艺术志
广东省地方史志编纂委员会编 邹佩阳 陈中秋主编 广州 广东人民出版社 2001 年 835 页〔广东省地方志丛书〕
b12488525 K296.5 G682C

广东省志 第 46 卷 总述
广东省地方史志编纂委员会编 卢瑞华主编 黄勋拔卷主编 广州 广东人民出版社 2004 年 411 页〔广东省地方志丛书〕
b12488525 K296.5 G682C

广东省志 第 47 卷 粤港澳关系志
广东省地方史志编纂委员会编 雷强 孟庆顺主编 孙昭等撰稿 广州 广东人民出版社 2004 年 421 页〔广东省地方志丛书〕
b12488525 K296.5 G682C

广东省志 第 48 卷 建材工业志
广东省地方史志编纂委员会编 陈胜年主编 广州 广东人民出版社 2004 年 398 页〔广东省地方志丛书〕
b12488525 K296.5 G682C

广东省志 第 49 卷 邮电志
广东省地方史志编纂委员会编 李洪津主编 广州 广东人民出版社 1999 年 349 页〔广东省地方志丛书〕
b12488525 K296.5 G682C

广东省志 第 50 卷 孙中山志
广东省地方史志编纂委员会编 陈根楷 梁桂全主编 广州 广东人民出版社 2004 年 779 页〔广东省地方志丛书〕
b12488525 K296.5 G682C

广东省志 第 51 卷 人物志
广东省地方史志编纂委员会编 侯国隆 侯月祥主编 广州 广东人民出版社 2002 年 2 卷 1331 页〔广东省地方志丛书〕
b12488525 K296.5 G682C

广东省志 第 52 卷 海关志
广东省地方史志编纂委员会编 梁金成主编 广州 广东人民出版社 2002 年 443 页〔广东省地方志丛书〕
b12488525 K296.5 G682C

广东省志 第 53 卷 农业志
广东省地方史志编纂委员会编 欧阳坦主编 广州 广东人民出版社 2002 年 862 页〔广东省地方志丛书〕
b12488525 K296.5 G682C

广东省志 第 54 卷 国土志
广东省地方史志编纂委员会编 袁征主编 广州 广东人民出版社 2004 年 424 页〔广东省地方志丛书〕
b12488525 K296.5 G682C

广东省志 第 55 卷 档案志
广东省地方史志编纂委员会编 卢瑞华等主编 广州 广东人民出版社 2004 年 391

页〔广东省地方志丛书〕
b12488525 K296.5 G682C

广东省志 第 56 卷 环境保护志
广东省地方史志编纂委员会编 吴博任主编 广州 广东人民出版社 2001 年 483 页〔广东省地方志丛书〕
b12488525 K296.5 G682C

广东省志 第 57 卷 统计志
广东省地方史志编纂委员会编 卢瑞华等主编 卜新民卷主编 广州 广东人民出版社 2004 年 286 页〔广东省地方志丛书〕
b12488525 K296.5 G682C

广东省志 第 58 卷 冶金工业志
广东省地方史志编纂委员会编 杨芹溪 许其林主编 广州 广东人民出版社 1996 年 351 页〔广东省地方志丛书〕
b12488525 K296.5 G682C

广东省志 第 59 卷 审计志
广东省地方史志编纂委员会编 曾寿喜主编 广州 广东人民出版社 2002 年 418 页〔广东省地方志丛书〕
b12488525 K296.5 G682C

广东省志 第 60 卷 风俗志
广东省地方史志编纂委员会编 萧亭主编 广州 广东人民出版社 2002 年 338 页〔广东省地方志丛书〕
b12488525 K296.5 G682C

广东省志 第 61 卷 生物志
广东省地方史志编纂委员会编 吴德邻 平正明主编 广州 广东人民出版社 2001 年 575 页〔广东省地方志丛书〕
b12488525 K296.5 G682C

广东省志 第 62 卷 财政志
广东省地方史志编纂委员会编 广州 广东人民出版社 1999 年 492 页〔广东省地方志丛书〕
b12488525 K296.5 G682C

广东省志 第 63 卷 商业志
广东省地方史志编纂委员会编 杨柏山主编 广州 广东人民出版社 2002 年 942 页〔广东省地方志丛书〕
b12488525 K296.5 G682C

广东省志 第 64 卷 体育志
广东省地方史志编纂委员会编 董良田主编 广州 广东人民出版社 2001 年 1134 页〔广东省地方志丛书〕
b12488525 K296.5 G682C

广东省志 第 65 卷 水产志
广东省地方史志编纂委员会编 濑水涵主编 广州 广东人民出版社 2004 年 501 页〔广东省地方志丛书〕
b12488525 K296.5 G682C

广东省志 第 66 卷 科学技术志 上下卷
广东省地方史志编纂委员会编 广州 广东人民出版社 2002 年 2 卷 1897 页〔广东省地方志丛书〕
b12488525 K296.5 G682C

广东省志 第 67 卷 公安志
广东省地方史志编纂委员会编 梁国聚主编 广州 广东人民出版社 2002 年 634 页〔广东省地方志丛书〕
b12488525 K296.5 G682C

广东省志 第 68 卷 劳动志
广东省地方史志编纂委员会编 项光仁等主编 广州 广东人民出版社 2003 年 361

页〔广东省地方志丛书〕
b12488525　K296.5　G682C

广东省志　第 69 卷　地名志
广东省地方史志编纂委员会编　袁征主编　广州　广东人民出版社　1999 年　648 页〔广东省地方志丛书〕
b12488525　K296.5　G682C

广东省志　第 70 卷　宗教志
广东省地方史志编纂委员会编　黄德才主编　广州　广东人民出版社　2002 年　525 页〔广东省地方志丛书〕
b12488525　K296.5　G682C

广东省志　第 71 卷　政权志
广东省地方史志编纂委员会编　邸长云　吴群继主编　广州　广东人民出版社　2003 年　687 页〔广东省地方志丛书〕
b12488525　K296.5　G682C

广东省志　第 72 卷　技术监督志
广东省地方史志编纂委员会编　胡立义主编　广州　广东人民出版社　2002 年　229 页〔广东省地方志丛书〕
b12488525　K296.5　G682C

广东省志　第 73 卷　民航志
广东省地方史志编纂委员会编　卢瑞华等主编　李其　徐穗云卷主编　广州　广东人民出版社　2004 年　303 页〔广东省地方志丛书〕
b12488525　K296.5　G682C

广东省志　第 74 卷　煤炭工业志
广东省地方史志编纂委员会编　风葆丰主编　广州　广东人民出版社　2002 年　561 页〔广东省地方志丛书〕
b12488525　K296.5　G682C

广东省志　第 75 卷　地质矿产志
广东省地方史志编纂委员会编　敖大珍主编　广州　广东人民出版社　1994 年　315 页〔广东省地方志丛书〕
b12488525　K296.5　G682C

广东省志　第 76 卷　电力工业志
广东省地方史志编纂委员会编　詹新泉主编　广州　广东人民出版社　1998 年　634 页〔广东省地方志丛书〕
b12488525　K296.5　G682C

广东省志　第 77 卷　乡镇企业志
广东省地方史志编纂委员会编　潘嘉念卷主编　广州　广东人民出版社　2006 年　344 页〔广东省地方志丛书〕
b12488525　K296.5　G682C

广东省志　第 78 卷　一轻工业志
广东省地方史志编纂委员会编　王邦模等撰稿　广州　广东人民出版社　2006 年　862 页〔广东省地方志丛书〕
b12488525　K296.5　G682C

广东省志　第 79 卷　军事工业志
广东省地方史志编纂委员会编　奚志伟主编　广州　广东人民出版社　1995 年　192 页〔广东省地方志丛书〕
b12488525　K296.5　G682C

广东省志　第 80 卷　大事记
广东省地方史志编纂委员会编　黄振位主编　广州　广东人民出版社　2005 年　899 页〔广东省地方志丛书〕
b12488525　K296.5　G682C

广东省志　第 81 卷　检察志
广东省地方史志编纂委员会编　张学军主编　广州　广东人民出版社　2006 年　626

页〔广东省地方志丛书〕
b12488525　K296.5　G682C

广东省志　第 82 卷　水运志
广东省地方史志编纂委员会编　广州　广东人民出版社　2006 年　667 页〔广东省地方志丛书〕
b12488525　K296.5　G682C

广东省志　第 83 卷　青年工作志
广东省地方史志编纂委员会编　邓海光主编　广州　广东人民出版社　2007 年　298 页〔广东省地方志丛书〕
b12488525　K296.5　G682C

广东省志　第 84 卷　城乡建设志
广东省地方史志编纂委员会编　谢强华主编　伦永谦卷主编　广州　广东人民出版社　2006 年　333 页〔广东省地方志丛书〕
b12488525　K296.5　G682C

广东省志　第 85 卷　工会志
广东省地方史志编纂委员会编　孔祥鸿　陈宗文主编　广州　广东人民出版社　2007 年　368 页〔广东省地方志丛书〕
b12488525　K296.5　G682C

广东省志　第 86 卷　妇女工作志
广东省地方史志编纂委员会编　周丽琼主编　广州　广东人民出版社　2007 年　408 页〔广东省地方志丛书〕
b12488525　K296.5　G682C

广东省志　第 87 卷　文物志
广东省地方史志编纂委员会编　广州　广东人民出版社　2007 年　638 页〔广东省地方志丛书〕
b12488525　K296.5　G682C

广东省志　第 88 卷　民政志
广东省地方史志编纂委员会编　孙克杰主编　广州　广东人民出版社　1993 年　280 页〔广东省地方志丛书〕
b12488525　K296.5　G682C

广东省志　第 89 卷　盐业志
广东省地方史志编纂委员会编　谢强华主编　曾日淑卷主编　广州　广东人民出版社　2006 年　268 页〔广东省地方志丛书〕
b12488525　K296.5　G682C

粤闽南澳职官志
广东通志馆编纂　陈梅湖主纂修　陈端度协纂　太原　广东通志馆　2011 年　946 页
b50112314　D691.42　C4253　2011

东江纵队志
东江纵队志编辑委员会　何小林主编　北京　解放军出版社　2015 年　726 页
b46509008　E297.3　H279　2015

珠江三角洲农业志（初稿）　第 1 卷　珠江三角洲形成发育和开发史
佛山地区革命委员会　珠江三角洲农业志编写组编　佛山　佛山地区革命委员会珠江三角洲农业志编写组　1976 年　139 页
b18684890　F329　v2

珠江三角洲农业志（初稿）　第 2 卷　珠江三角洲堤围和围垦发展史
佛山地区革命委员会　珠江三角洲农业志编写组编　佛山　佛山地区革命委员会珠江三角洲农业志编写组　1976 年　141 页
b18684890　F329　v2

广东电网志　2002–2012
广东电网有限责任公司编　刘启宏主编　北京　中国电力出版社　2017 年　608 页〔中

国南方电网志丛书〕
b5109034x F426.61 G6828 2017

广东有色金属工业志 至2005年
金忠玉主编 广州 广东省有色金属行业协会 广东省有色金属学会 2008年 376页
b50016878 F426.32 G682 2008

广州电力工业志 1888–2000
广州电力工业志编纂委员会编著 王登昌主编 广州 广州电力工业志编纂委员会 2001年 951页〔广东省电力工业志丛书〕
b49851020 F426.61 G683 2001

中国煤炭志 广东卷
中国煤炭志编纂委员会编 凤葆丰主编 北京 煤炭工业出版社 1999年 583页
b40805979 F426.21 Z6485D 1999

广东省电力工业志
广东省电力工业志编纂委员会编 詹新泉 张绍贤主编 广州 广东人民出版社 1997年 611页〔中国电力工业志丛书〕
b36013614 F427.65 G682 1997

广东省电力工业志 1991–2002
张绍贤主编 北京 中国电力出版社 2008年 1012页〔中国电力工业志丛书〕
b36013870 F427.65 G682 2008

广东移动通信志 1987 – 2005
中国移动通信集团广东有限公司编 丘文辉主编 广州 中国移动通信集团广东有限公司 2007年 664页
b44915810 F632.4 Q526 2007

广东商业志
广东省商业厅广东商业志编纂委员会编 广州 广东省商业厅广东商业志编纂委员会 1992年 2卷 1021页
b20953537 F727.65 G6829 1992

广东海关志 1979–2008
广东海关志编纂委员会编 广州 广东人民出版社 2010年 306页
b22429682 F752.59 G682 2010

广东省农村金融志
广东省农村金融志编纂委员会编 李永奇 邓邦 文升主编 广州 广东省农村金融志编纂委员会 2004年 771页
b21763434 F832.765 L422 2004

广东学府志
郑德涛主编 广州 广东教育出版社 2001年 2卷 759页
b13723108 G527.65 Z532

广东摄影艺术志 1843–2006
广东省地方史志办公室 广东省摄影家协会 摄影之友杂志社编 公元编撰 广州 岭南美术出版社 2008年 956页
b22429694 J409.2 G423 2008

广东省民间艺术志
广东省人民政府文史研究馆编 秦长江主编 广州 中山大学出版社 2016年 497页〔广东省民间艺术〕
b49727606 J509.2 G682G 2016

中华舞蹈志 广东卷
中华舞蹈志编辑委员会编 蓝凡主编 朱松瑛卷主编 上海 学林出版社 2006年 362页
b16455800 J709.265 Z643 2006

中华舞蹈志 广东卷
中华舞蹈志编辑委员会编 蓝凡主编 朱

松瑛卷主编 上海 学林出版社 2014 年 362 页
b44694064 J709.265 Z717 2014

中国戏曲志 广东卷
中国戏曲志编辑委员会 中国戏曲志广东卷编辑委员会编 张庚主编 谢彬筹 莫汝城卷主编 北京 中国 ISBN 中心 1993 年 603 页
b17338128 J809.2 Z651GD

潮剧志
潮剧志编辑委员会编 连裕斌主编 汕头 汕头大学出版社 1995 年 418 页〔广东地方剧种志丛书〕
b1062899x J825.65 C376

广东满族志
汪宗猷主编 广州 广东人民出版社 1994 年 228 页
b16356366 K282.1 W187 1994

特区人物志 深圳卷
洪远卷主编 广州 广东人民出版社 2009 年 4 卷
b20575646 K820.865.3 H416 2009

广东军事人物志
杨刚主编 广州 广东人民出版社 2001 年 742 页
b20042565 K825.4 Y234 2001

广东省民间艺术传承人志
广东省人民政府文史研究馆编 秦长江主编 广州 中山大学出版社 2016 年 387 页〔广东省民间艺术〕
b4972759x K825.7 G682 2016

民国广东将领志
陈予欢编著 广州 广州出版社 1994 年 466 页〔广州史志丛书〕
b13767276 K825.2 C4363M

广东金石图志
伍庆禄 陈鸿钧著 北京 线装书局 2015 年 618 页
b49581259 K877.22 W535 2015

华南民俗志
（法）劳格文著 王振忠 谭伟伦译 北京 中国大百科全书出版社 2016 年 291 页〔“跨文化研究”丛书第一辑〕
b49463391 K892.45 L243 2016

广东地志
陈正祥著 香港 天地图书有限公司 1978 年 305 页
b12159153 K926.5 C437

广东地志
陈正祥著 香港 香港中文大学研究院 1972 年 113 页〔地理研究中心研究报告第四十二号〕
b11487860 K926.5 C437B

广东风物志
花城出版社编 广州 花城出版社 1985 年 571 页〔中国风物志丛书〕
b1692955x K926.5 G682F 1985

广东省海域地名志
广东省地名委员会办公室编 广州 广东省地图出版社 1989 年 546 页
b20368872 K926.5 G6827 1989

中国海岛志 广东卷 第 1 卷 广东东部沿岸
中国海岛志编纂委员会编 陈连增总编 邓松卷主编 北京 海洋出版社 2013 年 730 页

b40846210 K928.44 C424D 2013

广东省地震监测志
广东省地震局编 王正尚主编 北京 地震出版社 2005 年 377 页〔中国地震监测志系列〕
b49848847 P315.732.65 W235 2005

广东省水文志
广东省水文局编 潘剑中主编 北京 中国水利水电出版社 2012 年 362 页
b40648047 P337.265 P159 2012

广东省区域地质志
广东省地质矿产局著 北京 地质出版社 1988 年 941 页〔中华人民共和国地质矿产部地质专报〕
b11202804 P562.65 G682

中国海湾志 第 9 卷 广东省东部海湾
中国海湾志编纂委员会编 马应良主编 北京 海洋出版社 1991 年 403 页
b10905157 P722 Z647

中国海湾志 第 10 卷 广东省西部海湾
中国海湾志编纂委员会编 陈则实主编 北京 海洋出版社 1991 年 394 页
b10905157 P722 Z647

广东植物志
中国科学院华南植物研究所编 陈封怀等主编 广州 广东科技出版社 1987 年 9 卷 4543 页
b11327157 Q948.526.5 C418

广东大型真菌志
毕志树 郑国扬 李泰辉著 广州 广东科技出版社 1994 年 879 页
b15960018 Q949.32 B396G 1994

广东苔藓志
中国科学院华南植物园 深圳市中国科学院仙湖植物园编 吴德邻 张力主编 广州 广东科技出版社 2013 年 552 页
b46978938 Q949.35 W485 2013

粤北山区大型真菌志
毕志树等著 广州 广东科技出版社 1990 年 450 页
b11153192 Q949.32 B396

广东土种志
广东省土壤普查办公室编 刘安世主编 贺明慧 杨萍如等编写 北京 科学出版社 1996 年 432 页
b17183029 S159.265 G682 1996

广东省农作物品种志
广东省农业局编 广州 广东省农业局 1978 年 2 卷 966 页
b21571600 S329.265 G682 1978

华南小麦品种志 1949–1984
沙征贵主编 福州 福建科学技术出版社 1985 年 165 页
b12080512 S512.02 S231

广东柑橘志
广东省农业科学院果树研究所主持编著 甘廉生 唐小浪主编 广州 广东科技出版社 2013 年 662 页
b49963466 S666 G682 2013

东江流域鱼类图志
赵会宏等主编 北京 科学出版社 2017 年 243 页
b51071733 S922.6 Z434 2017

广东淡水鱼类志
中国水产科学研究院珠江水产研究所等编著 广州 广东科技出版社 1991 年 589 页
b11084315 S922.65 Z649

中国油气田开发志 第 14 卷 南方 中国石油油气区卷
中国油气田开发志总编纂委员会编 刘宝和主编 北京 石油工业出版社 2011 年 140 页
b47414431 TE3 L671 2011

珠江续志 1986-2000
水利部珠江水利委员会 珠江续志编纂委员会编 谢宝总编 北京 中国水利水电出版社 2009 年 5 卷
b20883407 TV882.4 W235 2009

广州市

广州市志 卷首 总目录 总述
广州市地方志编纂委员会编 广州 广州出版社 2000 年 433 页
b13947229 K296.51 G683

广州市志 第 1 卷 大事记
广州市地方志编纂委员会编 饶展雄主编 广州 广州出版社 1999 年 673 页
b13947229 K296.51 G683

广州市志 第 1 卷 总述 大事记 地理环境 行政区划 区县级市概况 1991-2000
广州市地方志编纂委员会编 广州 广州出版社 2010 年 649 页
b21571612 K296.51 G683 2009

广州市志 第 2 卷 自然地理志 建置志 人口志 区县概况
广州市地方志编纂委员会编 李俊敬主编 广州 广州出版社 1998 年 811 页
b13947229 K296.51 G683

广州市志 第 2 卷 城市建设与管理交通运输 1991-2000
广州市地方志编纂委员会编 广州 广州出版社 2009 年 1014 页
b21571612 K296.51 G683 2009

广州市志 第 3 卷 城建综述 城市规划志 城建勘测志 市政建设志 建筑志 房地产志 公用事业志 园林绿化志 环境保护志 环境卫生志
广州市地方志编纂委员会编 杨资元总纂 汤巨明等卷主编 广州 广州出版社 1995 年 709 页
b13947229 K296.51 G683

广州市志 第 3 卷 信息业 商业与社会服务业 外经贸 1991-2000
广州市地方志编纂委员会编 广州 广州出版社 2010 年 858 页
b21571612 K296.51 G683 2009

广州市志 第 4 卷 交通邮电综述 港口志 海洋运输志 内河航运志 航政志 救助打捞志 铁道志 公路志 民用航空志 邮政志 电信志
广州市地方志编纂委员会编 杨资元总纂 广州 广州出版社 2000 年 898 页
b13947229 K296.51 G683

广州市志 第 4 卷 工业农业 1991-2000
广州市地方志编纂委员会编 广州 广州出版社 2010 年 240 页
b21571612 K296.51 G683 2009

广州市志 第 5 卷 工业综述 轻工业志 纺织工业志 医药志 食品工业志 电子工业志 工艺美术工业志 区街工业志 机电工业志 船舶工业志 冶金工业志 建材工业志 化学工业志 石油化工志 橡胶工业志 电力志 燃料志
广州市地方志编纂委员会编 广州 广州出

版社 2000 年 2 卷 1639 页
b13947229 K296.51 G683

广州市志 第 5 卷 金融经济管理 1991–2000
广州市地方志编纂委员会编 广州 广州出版社 2009 年 788 页
b21571612 K296.51 G683 2009

广州市志 第 6 卷 商业综述 日用工业品商业志 副食品商业志 供销合作社商业志 粮油商业志 服务志 饮食志 旅游志
广州市地方志编纂委员会编 罗纪权总纂 广州 广州出版社 1996 年 819 页
b13947229 K296.51 G683

广州市志 第 6 卷 政党群团政法军事 1991–2000
广州市地方志编纂委员会编 广州 广州出版社 2010 年 803 页
b21571612 K296.51 G683 2009

广州市志 第 7 卷 外经贸综述 外经志 外贸志 中国出口商品交易会志 广州经济技术开发区志
广州市地方志编纂委员会编 杨资元总纂 汤巨明等卷主编 广州 广州出版社 2000 年 561 页
b13947229 K296.51 G683

广州市志 第 7 卷 1991–2000
广州市地方志编纂委员会编 广州 广州出版社 2010 年 965 页
b21571612 K296.51 G683 2009

广州市志 第 8 卷 农业综述 农业志 蔬菜志 水产志 农垦（农工商联合企业）志 镇企业志
广州市地方志编纂委员会编 杨资元总纂 阮汉江等卷主编 广州 广州出版社 1996 年 649 页
b13947229 K296.51 G683

广州市志 第 8 卷 教育 科技 社科体育 卫生文化事业 1991–2000
广州市地方志编纂委员会编 广州 广州出版社 2009 年 977 页
b21571612 K296.51 G683 2009

广州市志 第 9 卷 经济管理综述 计划管理 统计志 劳动志 物资志 物价志 工商行政管理志 标准计量管理志 财政税务志 金融志 审计志
广州市地方志编纂委员会编 广州 广州出版社 1999 年 2 卷 1502 页
b13947229 K296.51 G683

广州市志 第 9 卷 人口志 人民生活志 精神文明建设志 地名志 宗教志人物志 1991–2000
广州市地方志编纂委员会编 广州 广州出版社 2010 年 1097 页
b21571612 K296.51 G683 2009

广州市志 第 10 卷 人民代表大会志 政府志 政协志 民政志 外事志 人事志 档案志 海关志
广州市地方志编纂委员会编 杨资元总纂 甄炳昌卷总纂 广州 广州出版社 2000 年 1314 页
b13947229 K296.51 G683

广州市志 第 10 卷 索引 1991–2000
广州市地方志编纂委员会编 广州 广州出版社 2012 年 527 页
b21571612 K296.51 G683 2009

广州市志 第 11 卷 中国共产党广州地方组织志 民主党派广州地方组织志 中国国民党广州地方组织志 群团志
广州市地方志编纂委员会编 广州 广州出版社 2000 年 916 页
b13947229 K296.51 G683

广州市志 第 12 卷 公安志 检察志 审判志 司法行政志
广州市地方志编纂委员会编 杨资元总纂

虞和先卷主编 广州 广州出版社 1998年 368页
b13947229 K296.51 G683

广州市志 第13卷 军事志
广州市地方志编纂委员会编 陶焕文主编 广州 广州出版社 1995年 390页
b13947229 K296.51 G683

广州市志 第14卷 教育志 科学技术志 社会科学志
广州市地方志编纂委员会编 杨资元总纂 邓宝华等卷主编 广州 广州出版社 1999年 972页
b13947229 K296.51 G683

广州市志 第15卷 体育志 卫生志
广州市地方志编纂委员会编 饶展雄责任总纂 广州 广州出版社 1997年 554页
b13947229 K296.51 G683

广州市志 第16卷 文化志 文物志 出版志 报业志 广播电视志
广州市地方志编纂委员会编 广州 广州出版社 1999年 1061页
b13947229 K296.51 G683

广州市志 第17卷 社会
广州市地方志编纂委员会编 广州 广州出版社 1998年 634页
b13947229 K296.51 G683

广州市志 第18卷 华侨志 穗港澳关系志
广州市地方志编纂委员会编 杨资元总纂 许全 雷强卷主编 广州 广州出版社 1996年 423页
b13947229 K296.51 G683

广州市志 第19卷 人物志
广州市地方志编纂委员会编 钟嫦英主编 广州 广州出版社 1996年 654页
b13947229 K296.51 G683

广州市志 第20卷 卷末
广州市地方志编纂委员会编 杨资元总纂 程慧卷总纂 广州 广州出版社 2000年 478页
b13947229 K296.51 G683

广州市志 共产党志 1921-1990
中共广州市委党志编纂领导小组编 广州 中共广州市委党志编纂领导小组 1997年 722页
b18805486 K296.51 G683F 1997

广州宗教志
广州市宗教志编纂委员会编撰 李伟云主编 广州 广东人民出版社 1996年 370页
b19733215 B929.2 L419 1996

广州人口志
广州市统计局等编 李慧贞主编 广州 广州市统计局 1995年 175页
b18805462 C924.256.51 G683 1995

中共广东省委党校志 1950-1990
梁钊主编 广州 中共广东省委党校 1990年 302页
b20105277 D261.41 L493 1990

广州市人民代表大会志
冼庆彬主编 广州 广州市人民代表大会常务委员会 1995年 325页
b20101211 D624.651 G683 1995

广州市人民代表大会志 1993-2003
闻晓明主编 广州 广州市人民代表大会常务委员会 2004年 400页
b19931566 D624.651 W374 2004

广东省人民政府办公厅志
广东省人民政府办公厅志编纂委员会编 广州 广东省人民政府办公厅志编纂委员会 2007年 368页
b46011134 D625.65 G682 2007

广州检察志
广州市人民检察院编志办公室编 谭义德主编 广州 广东人民出版社 1995年 260页
b49982023 D926.32 G683 1995

广州经济技术开发区志
广州经济技术开发区志编纂委员会办公室编 朱秉衡主编 广州 广东人民出版社 1993年 376页
b19733203 F127.651 G683 1993

广州经济技术开发区志 1991-2000
广州经济技术开发区志编纂委员会编 朱秉衡主编 广州 广东人民出版社 2004年 721页
b18805176 F127.651 G682 2004

调峰调频发电公司志 2006-2012
中国南方电网有限责任公司调峰调频发电公司编 张滇生 林涛主编 北京 中国电力出版社 2016年 141页〔中国南方电网志丛书〕
b49943753 F426.61 Z348 2016

广船国际公司志 1993.5－2003.5
广船国际公司志编纂委员会编 何朔霞主编 广州 广船国际公司志编纂委员会 2003年 354页
b49549741 F426.474 G681 2003

广东火电工程总公司志 1956-2000年
广东火电工程总公司志编纂委员会编 黄泽明主编 广州 广东火电工程总公司志编纂委员会 2004年 509页〔广东省电力工业志丛书〕
b4998200x F426.61 G6823 2004

广州市建筑材料工业志
广州市建筑材料工业总公司编 方子侠主编 广州 广州市建筑材料工业总公司 1995年 368页
b50777579 F426.9 G6831 1995

广州市建筑总公司志
广州市建筑总公司志编委会编 广州 广东人民出版社 1993年 175页
b49982035 F426.9 G683 1993

广州市冶金工业志
广州市冶金工业总公司编 李本初主编 广州 广州市冶金工业总公司 1993年 355页
b45840179 F426.3 L389 1993

广州有色金属研究院志 第1卷 1971-1990
广州有色金属研究院志编委会编 俞觉维 张荣国 周国铭主编 广州 广州有色金属研究院 1991年 247页
b36092952 F426.32 G683

研究院志 2003-2008
中国电信股份有限公司广州研究院编 徐向阳主编 广州 中国电信股份有限公司广州研究院 2009年 233页
b49550330 F632.765.1 G683 2009

广州海关志
广州海关编志办公室编 广州 广东人民出版社 1997年 382页
b13992697 F752.865.1 G683

广州地方志事业志 1984-2014
广州市人民政府地方志办公室编 胡巧利

主编 广州 广东人民出版社 2014 年 627 页〔广州史志丛书〕
b46494972 G239.27 G683 2014

广州市文史研究馆志 1953.9–2003.6
郭岳主编 广州 广州市文史研究馆 2003 年 329 页
b15914367 G249.276.51 G778 2003

广州科学技术志
广州科学技术志编纂委员会编 湛树钦主编 广州 广州市科学技术委员会 199- 年 430 页
b2176346x G322.765.1 Z331

广州岭南教育集团志 1993–2011
刘丹青 马东佑主编 广州 广东人民出版社 2013 年 500 页
b44795051 G527.651 L673 2013

广东外语外贸大学校志 1995 – 2004
广东外语外贸大学校志编纂组编 广州 广东外语外贸大学 2005 年 332 页
b2010117x G649.286.5 G6828 2005

广东省电力学校志 1958–2000
曹凯旋主编 广州 广东中发彩印公司 2001 年 338 页〔广东电力工业志丛书〕
b20576559 G719.286.5 G6822 2001

校志 第 1 卷 1973–1986
广州有色金属工业学校编 广州 广州有色金属工业学校 1988 年
b20101235 G719.286.5 G683

广州业余大学志 1962–2005
王国全主编 广州 广州业余大学 2005 年 106 页
b20101223 G729.286.5 G683 2005

广州亚运会志
广州亚运会志编纂委员会编 王林生主编 广州 广州出版社 2014 年 1084 页
b47316962 G811.23 G683 2014

广州体育志
广州市体育运动委员会主编 陈和坤主编 广州 广州市体育运动委员会 1995 年 272 页
b20949108 G812.765.1 C421 1995

广州非物质文化遗产志
广州市人民政府地方志办公室 广州市文化广电新闻出版局编 贡儿珍主编 北京 方志出版社 2015 年 2 卷 1544 页〔广州史志丛书〕
b47206056 K296.51 G456 2015

广州市地名志
广州市地名委员会 广州市地名志编纂委员会编 冯民牧主编 广州 广东科技出版社 1989 年 934 页
b13275215 K296.51-62 G683

百年暨南人物志
张玉春主编 广州 暨南大学出版社 2006 年 514 页〔百年暨南丛书〕
b20575816 K820.7 J185 2006

广州市文物志
广州市文物志编委会编著 麦英豪主编 广州 岭南美术出版社 1990 年 441 页
b17623418 K872.651 M165 1990

广州文物志
广州市文化局 广州市地方志办公室 广州市文物考古研究所编 广州 广州出版社 2000 年 501 页
b20478495 K872.651 G6838 2000

广州六榕寺志
余庆绵主编 广州 广州市六榕寺 1999 年 496 页
b16862648 K928.75 G683 1999

镇海楼史文图志
广州博物馆编 广州 花城出版社 2004 年 386 页
b16802330 K928.74 G683 2004

广州植物志
侯宽昭编著 北京 科学出版社 1956 年 953 页
b17646625 Q948.526.51 H429 1956

广州市红十字会医院 暨南大学医学院第四附属医院院志 1904–2004
广州市红十字会医院编 广州 广州市红十字会医院 2004 年 297 页
b49640045 R199.2 G683 2004

广州蔬菜品种志
广州蔬菜品种志编写组编 上海 上海人民出版社 1974 年 454 页
b12076661 S630.2 G681

广州蔬菜品种志
刘自珠 张华主编 广州 广东科技出版社 2016 年 292 页
b4968257x S630.292 G683 2016

华南杜鹃花志
谭沛祥著 广州 广东科技出版社 1996 年 120 页
b16018795 949.4 v4

广东省林业调查规划院院志 1952.10–2012.10
广东省林业调查规划院院志编委会编 肖智慧 邓鉴锋主编 北京 中国林业出版社 2012 年 248 页
b36647688 S7–242.65 X364 2012

珠江鱼类志
郑慈英主编 北京 科学出版社 1989 年 438 页
b11233291 S922.6 Z532

广州市水利志
广州市水利志编纂委员会编 叶昌文主笔 广州 广东科技出版社 1991 年 219 页
b1686220x TV–092 G683 1991

珠江志
水利部珠江水利委员会 珠江志编纂委员编 王治远总编 广州 广东科技出版社 1991–1994 年 5 卷 1274 页
b17991961 TV882.4 W235 1991

华南沿海港口海湾要志
广州军区交通战备领导小组办公室 广州军区后勤部军事交通运输部编 广州 广州军区交通战备领导小组办公室 1995 年 655 页
b17736171 U658.91 Z649 1995

越秀区

广州市东山区志
广州市东山区地方志编纂委员会编 周元峥主编 广州 广东人民出版社 1999 年 824 页
b15642033 K296.51 D582 1999

广州市东山区志 1991–2005
东山区地方志编纂委员会编 广州 广东人民出版社 2007 年 692 页〔广东省地方志丛书〕
b20018368 K296.51 D582 2007

广州市越秀区志
广州市越秀区地方志编纂委员会编 李廷贤主编 广州 广东人民出版社 2000年 841页
b16438115 K296.51 Y867 2000

广州市越秀区志 1991–2005
越秀区地方志编纂委员会编 杨松裕主编 广州 广东人民出版社 2009年 750页〔广东省地方志丛书〕
b2046700x K296.51 Y867 2009

白云街志 1840–1995
广州市东山区白云街道办事处编 周元峥主编 广州 广州市东山区白云街办事处 1995年 174页〔广州市东山区史志丛书〕
b16464667 K296.51 D582B 1995

白云街志 1996–2006
广州市白云街道办事处编辑 高维荣 陈小媛主编 广州 广州市白云街道办事处 2007年 180页〔越秀史志丛书〕
b23190784 K296.51 G253 2007

北京街志
广东省广州市越秀区北京街志编纂委员会编 杨海涛 麦碧环 李晋南主编 广州 广东省广州市越秀区北京街志编纂委员会 2017年 396页
b50233725 K296.55 B318 2017

大塘街志 1840–2000
陆志强主编 周元峥主笔 广州 大塘街志编纂者 2002年 228页〔广州市东山区史志丛书〕
b16428559 K296.51 D582D 2002

东湖街志 1840–1990
谭焕章主编 广州 东湖街道办事处 1994年 225页
b23003261 K296.55 D5823 1994

东华东街志 1840–1990
广州市东山区东华东街道办事处编 钟锦荣 许志华主编 广州 广州市东山区东华东街道办事处 1996年 115页〔广州市东山区史志丛书〕
b36245239 K296.55 D5822 1996

东华西街志 1840–1995
杨曾洸主编 广州 广州市东山区东华西街街道 1995年 90页
b36245240 K296.51 D5823 1995

芳草街志 1840–1990
杨曾洸主编 广州 广州市东山区芳草街办事处 1995年 159页〔广州市东山区史志丛书〕
b17736146 K296.51 Y252 1995

广州市东山区梅花村街志
梅花村街道办事处编 广州 梅花村街道办事处 2003年 135页〔广州市东山区史志丛书〕
b36245872 K296.55 M287 2003

广州市越秀区诗书街志
广州市越秀区史志丛书编辑委员会编 蔡穗声主编 广州 广东人民出版社 1993年 215页
b46011122 K296.51 S459 1993

农林街志
农林街办事处编 广州 农林街办事处 2002年 151页
b1751583x K296.51 D582N

广州市东山区人民代表大会志
广州市东山区人民代表大会常务委员会

编 黄建昭 郭文礼编写 广州 广州市东山区人民代表大会常务委员会 1993 年 125 页〔东山区史志丛书〕
b17516225 D624.651 H659 1993

广州市越秀区人民代表大会志 1949–1993
广州市越秀区人大常委会编 王洽泗主编 广州 广州市越秀区人大常委会 1995 年 200 页
b20534462 D624.651 Y867 1995

广州市越秀区人民代表大会志 1990–2000
广州市越秀区人大常委会编 广州 广州市越秀区人大常委会 2001 年 216 页〔广州市越秀区地方史志丛书〕
b46239625 D624.651 Y867 2001

广州市东山区政协志
政协广州市东山区委员会编纂 吴江天编纂 广州 政协广州市东山区委员会 1993 年 223 页
b20014727 D628.651 W491 1993

越秀区政协志 1956–1990
冯国梁主编 广州 广州市越秀区政协 1993 年 202 页
b18120830 D628.651 F373 1993

广州市东山区侨务志
广州市东山区人民政府侨务办公室编 马德彬主编 广州 广州市东山区人民政府侨务办公室 1999 年 234 页〔广州市东山区地方志丛书〕
b17152008 D634 G683D 1999

广州市东山区文化志
陈健秀主编 广州 广州市东山区文化局 2004 年 142 页〔广州市东山区史志丛书〕
b19931554 G127.651 C422 2004

广州市东山区教育志 1840–1990
东山区教育局编 曹思彬主编 广州 东山区教育局 1994 年 363 页
b16862569 G527.651 D582 1994

东山区体育志 1889–1995
东山区体育局 孙申江主编 广州 东山区体育局 1997 年 118 页〔广州市东山区史志丛书〕
b36245264 G812.765.1 D582 1997

越秀区满族志
广州市越秀区满族志编写组编 汪宗猷主编 广州 广州市越秀区满族志编写组 1994 年 168 页〔广州市越秀区史志丛书〕
b18804147 K282.1 W187Y 1994

广州市东山区地名录
广州市东山区地名委员会编 广州 东山区地名委员会 1990 年 203 页
b18805474 K926.51 G683 1990

广州市越秀区地名录
广州市越秀区地名委员会办公室编 广州 越秀区地名委员会办公室 1990 年 208 页
b16862417 K926.51 Y867 1990

荔湾区

广州市荔湾区志
广州市荔湾区地方志编纂委员会编 陶子基主编 广州 广东人民出版社 1998 年 743 页
b13833844 K296.51 L445

广州市荔湾区志 1991–2005
荔湾区地方志编纂委员会编 胡文中 钟紫云主编 广州 广东人民出版社 2011 年 596 页〔广东省地方志丛书〕
b36188669 K296.51 L445D 2011

广州市芳村区志
广州市芳村区地方志编纂委员会编 詹新孟主编 广州 广东人民出版社 1997年 511页
b1773616x K296.51 F227 1997

广州市芳村区志 1991–2005
荔湾区地方志编纂委员会编 詹新孟 顾渊明主编 广州 广东人民出版社 2010年 516页〔广东省地方志丛书〕
b21579957 K296.51 F227 2010

中国共产党广州市荔湾区委员会组织志 1919–1993.12
中共广州市荔湾区委员会办公室编 广州 中共广州市荔湾区委员会办公室 1995年 187页
b20018149 D235.651 Z643 1995

荔湾检察志 1955–1990
荔湾区人民检察院编 广州 广州市荔湾区人民检察院 2003年 270页
b47414832 D926.32 L445 2003

荔湾区卫生志 1991–2005
荔湾区卫生志编纂办公室编 梁健嫦主编 广州 广州市荔湾区卫生局 2009年 227页
b47414844 R199.2 L445 2009

海珠区

广州市海珠区志
广州市海珠区地方志编纂委员会编 广州 广东人民出版社 2000年 773页
b13947539 K296.51 H145

广州市海珠区志 1991–2000
海珠区地方志编纂委员会编 陈冠浩 王名其主编 广州 广东人民出版社 2012年 647页〔广东省地方志丛书〕
b40420930 K296.51 H145 2012

广州市海珠区教育志 1840–1990
海珠区教育局编志办公室编 广州 海珠区教育局编志办公室 1995年 281页
b19732120 G527.651 H1453 1995

天河区

广州市天河区志
广州市天河区地方志编纂委员会编 龙志成总纂 广州 广东人民出版社 1998年 770页
b15641661 K296.51 T343 1998

广州市天河区志 1991–2000
天河区地方志编纂委员会编 林道良主编 北京 中华书局 2008年 1035页〔广东省地方志丛书〕
b2046681x K296.51 G683T 2008

长湴村志
广州市天河区长湴村民委员会编 姚瑞英主编 北京 中华书局 2004年 219页〔广州市天河区村志系列丛书〕
b19931086 K296.55 C346 2004

车陂村志
广州市天河区车陂村民委员会编 林道良主编 北京 中华书局 2003年 252页〔广州市天河区村志系列丛书〕
b17151703 K296.55 C393 2003

吉山村志
广州市天河区吉山村民委员会编 林道良主编 北京 中华书局 2004年 238页〔广州市天河区村志系列丛书〕
b17482653 K296.55 J139 2004

猎德村志
广州市天河区猎德村民委员会编 李方荣主编 广州 广州市天河区猎德村民委员会 2005年 410页〔广州市天河区村志系列丛书〕
b16398452 K296.55 L577 2005

龙眼洞村志
广州市天河区龙眼洞村民委员会编 樊善基主编 北京 中华书局 2005年 366页〔广州市天河区村志系列丛书〕
b17482665 K296.55 L742 2005

沐陂村志
广州市沐陂置业有限公司 沐陂村委会编 潘金洛 潘世棉主编 广州 沐陂村委会 2010年 432页〔广州市天河区村志系列丛书〕
b50151915 K296.55 M683 2010

前进村志
广州市前进置业发展有限公司 前进村村委会编 苏肇坤主编 广州 前进村村委会 2008年 492页〔广州市天河区村志系列丛书 16〕
b47045206 K296.55 Q228 2008

沙东村志
广州市天河区沙东村民委员会编 沈沧源主编 北京 中华书局 2003年 233页〔广州市天河区村志系列丛书〕
b16926456 K296.55 S2312 2003

石牌村志
广州市天河区石牌村民委员会编 池金汉主编 广州 广东人民出版社 2003年 249页〔广州市天河区村志系列丛书〕
b1532977x K296.55 T343S 2003

棠东村志
广州市天河区棠东村民委员会编 苏显威主编 广州 广州市天河区棠东村民委员会 2006年 359页〔广州市天河区村志系列丛书〕
b20016918 K296.55 S715 2006

棠下村志
广州市天河区棠下村民委员会编 钟文卓主编 北京 中华书局 2003年 328页〔广州市天河区村志系列丛书〕
b16427221 K296.55 T245 2003

新塘村志
广州市天河区新塘种植场等编 广州 中共揭阳县委党史办公室 2006年 380页〔广州市天河区村志系列丛书〕
b23003273 K296.51 X444 2006

渔沙坦村志
广州市天河区渔沙坦村民委员会编 广州 广州市天河区渔沙坦村民委员会 2005年 288页〔广州市天河区村志系列丛书〕
b16893165 K296.55 Y729 2005

玉树村志
广州市天河区玉树村民委员会编 广州市天河区地方志编委会办公室审定 陈迥民主编 北京 中华书局 2004年 194页〔广州市天河区村志系列丛书〕
b17127932 K296.55 Y774 2004

珠村村志
广州市珠村实业有限公司 珠村村委会编 潘炳富主编 广州 珠村村委会 2007年 488页〔广州市天河区村志系列丛书〕
b23003170 K296.55 Z724 2007

广州市天河区检察志 1985-2005
广州市天河区人民检察院编 张志强主编 北京 中华书局 2008年 320页
b21765352 D926.32 T343 2008

天河人物志
广州市天河区地方志编纂委员会办公室编 龙志成主编 广州 广东省地图出版社 1999年 207页〔广州市天河区史志丛书〕
b16426010 K820.865.1 G683 1999

广州市天河区文物志
广州市天河区文化局编 蔡维朗主笔 广州 广东人民出版社 1994年 107页〔广州市天河区史志丛书〕
b36379037 K872.651 T343 1994

广州市天河区地名录
天河区地名委员会编 天河区国土房管局编 广州 广东省地图出版社 2000年 161页
b15667959 K926.51 T343 2000

白云区

广州市白云区志
广州市白云区地方志编纂委员会编 苏展炽 伍岳良主编 广州 广东人民出版社 2001年 1068页
b15329604 K296.51 B152 2001

广州市白云区志 1996-2000
白云区地方志编纂委员会编 陈燕霞主编 广州 广东人民出版社 2012年 573页〔广东省地方志丛书〕
b40739739 K296.51 B152 2012

广州市白云区前志 1840-1949 资料汇编
广州市白云区地方志编纂委员会编 苏展炽主编 广州 白云区地方志编纂委员会 1994年 475页
b2004267x K296.51 B152 1994

广州市白云区萝岗镇志
广州市白云区萝岗镇人民政府修编 梁中成主编 广州 广州市白云区萝岗镇人民政府 2001年 222页
b16636041 K296.55 L926 2001

广州市白云区人和镇志
广州市白云区人和镇政府编 黎宇主编 广州 广州市白云区人和镇政府 1997年 320页
b16432927 K296.55 R185 1997

广州市白云区太和镇志
广州市白云太和镇政府修编 谢汉清主编 广州 广州市白云太和镇政府 1999年 307页
b19732119 K296.55 T162 1999

广州市白云区竹料镇志
广州市白云区竹料镇地方志办公室编 广州 广州新闻出版社 1994年 330页
b16449009 K296.55 Z729 1994

龙归镇志
广州市白云区龙归镇人民政府修编 周楫航主编 广州 广州市白云区龙归镇人民政府 2002年 179页
b36378859 K296.55 L7413 2002

新市镇志
广州市白云新市镇人民政府修编 黎迪昌主编 广州 广州市白云新市镇人民政府 2001年 304页
b17735749 K296.55 X444 2001

广州市白云区人民代表大会志
广州市白云区人民代表大会志编纂小组编 周永益主编 广州 广州市白云区人民代表大会常务委员会 1996年 188页
b19931530 D624.651 Z675 1996

广州市白云区政协志
广州市白云区政协志编纂小组编 广州 广州市白云区政协志编纂小组 1998年 251页
b20014715 D628.651 G683 1998

白云区华侨港澳志
广州市白云区侨务办公室 广州市白云区归国华侨联合会编辑 王坚辉总编 广州 广州市白云区侨务办公室 2000年 197页
b18805346 D634 W219 2000

广州市白云区司法行政志
谢京 余瑞禧主笔 广州 广州市白云区司法行政志编纂者 1994年 165页
b46239613 D927.651.61 B152 1994

广州市白云区文化志
广州市白云区文化志编纂委员会编 陈绍伟主编 广州 广州市白云区文化局 1993年 303页
b19931542 G127.651 C432 1993

广州市白云区蚌湖志
蚌湖志编纂委员会编 杨本强主编 广州 广州市白云区蚌湖镇地方志编写组 1995年 350页
b20947811 K296.51 G683E 1995

广州市白云区水利志
广州市白云区水利志编辑组编 仇佳主编 广州 广州市白云区水利志编辑组 1998年 216页
b20534450 TV-092 Q542 1998

黄埔区

广州市黄埔区志
广州市黄埔区地方志编纂委员会编 崔大经主编 广州 广东人民出版社 1999年 745页
b13946985 K296.51 H665

广州市黄埔区志 1991–2000
黄埔区地方志编纂委员会编 陈华祥主编 北京 方志出版社 2012年 850页〔广东省地方志丛书〕
b4707128x K296.51 H665C 2012

大沙镇志
广州市黄埔区大沙镇地方志编纂委员会编 陈华祥主编 北京 中华书局 2008年 580页
b20019828 K296.55 D136 2008

广州市黄埔区长洲镇志
长洲镇地方志办公室编 曾永定主编 广州 广东省地图出版社 1998年 209页
b36379049 K296.55 C3469 1998

广州市黄埔区南岗镇志
广州市黄埔区南岗镇地方志编纂委员会编 陈华祥主编 北京 中华书局 2006年 445页
b20403872 K296.55 N1613 2006

九龙镇志
广州市萝岗区九龙镇志编纂委员会编 北京 中华书局 2015年 435页
b47414194 K296.55 J585 2015

茅岗村志
茅岗村志编纂者 广州 茅岗村志编纂者 2008年 119页

b50727540　K296.55　M246　2008

南岗村志

广州市黄埔区南岗街南岗社区南岗村志编纂委员会编　秦策南主编　广州　广州市黄埔区南岗街南岗社区南岗村志编纂委员会　2015 年　358 页〔广州市黄埔区村志丛书〕

b50234092　K296.55　N1612　2015

文冲村志

广州市黄埔区文冲街文冲社区居民委员会编　陈华祥主编　北京　方志出版社　2017 年　381 页〔广州市黄浦区村志丛书〕

b50862728　K296.55　W386　2017

夏园村志

广州市黄埔区夏园村委会编纂　徐永才主编　广州　广州市黄埔区夏园村委会　2002 年　148 页

b20104376　K296.55　X188　2002

广州市黄埔区民政志　1949–2013

广州市黄埔区民政局编　曾纪云主笔　广州　广州市黄埔区民政局　2013 年　245 页

b47316974　D632　H665　2013

黄埔侨志

广州市黄埔区归国华侨联合会编　蔡爱丹主编　广州　广州出版社　2011 年　234 页

b36662471　D634　C137　2011

黄埔区检察志　1979–2000

广州市黄埔区人民检察院编　广州　广州市黄埔区人民检察院　2003 年　328 页

b49789156　D926.32　H665　2003

黄埔军校图志

广东革命历史博物馆编著　广州　广东人民出版社　2010 年　419 页

b2131049x　E296.3　G682　2010

黄埔海关志

黄埔海关志编纂委员会编　刘奇彬总编　广州　黄埔海关志编纂委员会　1996 年　287 页

b21763793　F752.865.1　L686　1996

广州市黄埔区教育志

广州市黄埔区教育局编　杨勇　赖广基主编　广州　广东教育出版社　1998 年　298 页

b20181759　G527.651　H665　1998

番禺区

番禺县志

番禺市地方志编纂委员会编　罗敬祥主编　广州　广东人民出版社　1995 年　1118 页〔广东省地方志丛书〕

b10628320　K296.54　P641

广州市番禺市志　1992–2000

番禺区地方志编纂委员会编　何海宏主编　北京　方志出版社　2010 年　963 页〔广东省地方志丛书〕

b21268642　K296.54　P641G　2010

番禺县镇村志

番禺市地方志编纂委员会办公室编　罗敬祥主编　广州　广东人民出版社　1996 年　592 页

b17992941　K296.55　P641　1996

沙湾镇志

中共广州市番禺区沙湾镇委员会　广州市番禺区沙湾镇人民政府编　何品端　何兆鸿主编　广州　广东人民出版社　2013 年　731 页

b45445072　K296.55　S2318　2013

番禺人大志
番禺区人大志编纂办公室编 越良钊主编 番禺 番禺区人大志编纂办公室 2002 年 302 页
b46273773 D624.651 P641 2002

番禺政协志
政协广州市番禺区委员会编 莫灿章主编 广州 番禺区政协办公室 2006 年 253 页
b22429323 D628.651 P641 2006

番禺检察志
广州市番禺区检察院编 暨中党主编 北京 方志出版社 2012 年 431 页
b40424340 D926.32 P641 2012

番禺县粮食志
番禺县粮食志编委会编 陈毓文主编 番禺 番禺县粮食志编委会 1992 年 274 页〔番禺丛书〕
b20806279 F327.654 P641 1992

番禺县农业志
广东省番禺县农业志修志小组编 番禺 广东省番禺县农业志修志小组 1995 年 219 页〔番禺县专志丛书〕
b49802987 F327.654 P641C 1995

番禺县文化志
番禺县文化志编辑委员会编 何穗鸿 杜振权主编 番禺 番禺县文化志编辑委员会 1996 年 150 页〔番禺丛书〕
b19931384 G127.654 H277 1996

番禺县人物志
司徒彤主编 番禺 番禺县人物志编纂者 1991 年 203 页〔番禺丛书〕
b18805449 K820.865.4 S649 1991

番禺县文物志
司徒彤主编 番禺 番禺县文物志编纂者 1988 年 180 页〔番禺丛书〕
b46668366 K872.654 P641 1988

番禺县标准地名录
番禺县人民政府编 番禺 番禺县人民政府 1982 年 186 页
b11469845 K926.54 P641

番禺百年卫生志
番禺百年卫生志编纂委员会编 阮永泰主编 北京 方志出版社 2007 年 253 页
b47009093 R199.2 R342 2007

花都区

花县志
花县地方志编纂委员会编 谢汉主编 广州 广东人民出版社 1995 年 1026 页〔广东省地方志丛书〕
b1065561x K296.54 H531

广州市花都市志 1993–2000
花都区地方志编纂委员会编 谭广清 张文兰主编 广州 广东人民出版社 2010 年 753 页〔广东省地方志丛书〕
b36134077 K296.51 T187 2010

北兴镇志
北兴镇政府北兴镇志编纂组编 广州 北兴镇政府北兴镇志编纂组 1993 年 280 页〔花县地方志丛书〕
b19731929 K296.55 B323 1993

新华镇志
花县新华镇志编纂办公室编 黄琰鸿主编 花县 花县新华人民政府 1989 年 340 页〔花县地方志丛书〕
b20121167 K296.55 X443 1989

花县华侨志
花县华侨志编辑组编 梁瀚 邓创操 王波华撰写 花都 花都市地方志办公室 1996年 448页〔花县地方志丛书〕
b1817632x D634 L491 1996

广东省广州花都市标准地名录
花都市地名委员会 花都市国土房产管理局编 广州 花都市地名委员会 1997年 180页
b20101156 K926.54 H531G 1997

花都市地名志
花都市地名志编纂委员会编 冯民牧主编 广州 广东省地图出版社 1996年 310页
b2001837x K926.54 H531 1996

花县水利志
花县水电局编 徐庆嘉主编 广州 广东人民出版社 1991年 141页〔花县地方志丛书 2001〕
b21855511 TV-092 H531 1991

增城区

增城县志
增城市地方志编纂委员会编 徐亮主编 广州 广东人民出版社 1995年 1004页〔广东省地方志丛书〕
b10616913 K296.54 Z243

荔城镇志
增城市荔城镇志编纂领导小组编 广州 广东人民出版社 1999年 597页
b14106826 K296.55 L445

增城方言志 第2分卷
广东增城市地方志办公室 广东增城市广播电视大学 广东增城市增城宾馆组织编写 王李英编著 广州 广东人民出版社 1998年 432页
b2070642x H178 v4

增城地名大全
增城县委统战部 增城海外联谊会编 赖邓家主编 广州 广东省地图出版社 1993年 533页
b20017984 K926.54 Z243 1993

增城县地名志
增城县地名委员会编 赖邓家主编 增城 增城县地名委员会 1989年 212页
b20369074 K926.54 Z243D 1989

增城县水利志
广东省广州市增城县水电局编 卢楫初主编 增城 广东省广州市增城县水电局 1990年 224页
b20536343 TV-092 Z243 1990

从化区

从化县志
从化县地方志编纂委员会编 广州 广东人民出版社 1994年 1076页〔广东省地方志丛书〕
b10628101 K296.54 C755

广州市从化市志 1979-2004
从化市地方志编纂委员会编 徐惠贞主编 广州 广东人民出版社 2010年 1190页〔广东省地方志丛书〕
b22441098 K296.54 C755G 2010

从化县政协志
从化县政协志编写组编 林冠洲主编 从化 中国人民政治协商会议广东省从化县委员会 1990年 127页

b2001417x　D628.654　C755　1990

从化县广播电视志
从化县广播电视局编　杨积全　戴桂昌主编　广州　广州穗兴印刷工艺厂　1992 年　90 页
b45840064　G229.276.54　C755　1992

从化文物志
陈中主编　广州　岭南美术出版社　2002 年　95 页
b14084855　K872.653　C437

从化县水利志
从化市水利电力局编　黎金源　叶昌文主编　从化　从化市水利电力局　1994 年　166 页
b21857052　TV-092　C755　1994

韶关市

韶关市志
韶关市地方志编纂委员会编　胡灵光　游益森主编　北京　中华书局　2001 年　3 卷　2550 页
b14106875　K296.53　S334

韶关市志　1988–2000
韶关市地方志编纂委员会编　吴土清主编　北京　方志出版社　2011 年　2 卷　1373 页〔广东省地方志丛书〕
b36133371　K296.53　S334C　2011

韶关市林业志
韶关市林业志编纂领导小组编　范潭水　程全章主编　韶关　韶关市林业志编纂领导小组　1993 年　401 页〔韶关方志丛书〕
b4074372x　F326.276.53　S334　1993

韶关钢铁厂志　1966–1985
广东省韶关钢铁厂志编辑委员会编　徐灿辉主编　韶关　广东省韶关钢铁厂志编辑委员会　1989 年　402 页
b50777865　F426.31　S334　1989

韶关市教育志
韶关市教育志编写组编　杨发麟　肖昌铁主编　广州　广东人民出版社　1993 年　458 页
b36013626　G527.653　S334　1993

韶关市地名志
韶关市地名委员会　韶关市国土局编　丘运生主编　广州　广东省地图出版社　1993 年　681 页
b16141982　K926.53　S334　1993

浈江区

韶关市浈江区志
韶关市浈江区地方志编纂委员会编　黄哲锋主编　广州　广东人民出版社　2012 年　1091 页〔广东省地方志丛书〕
b4074002x　K296.53　S334Z　2012

武江区

韶关市武江区志
韶关市武江区地方志编纂委员会编　刘光浩　周润仕　何笔生主编　北京　方志出版社　2009 年　876 页〔广东省地方志丛书〕
b20202386　K296.53　S334Y　2009

曲江区

曲江县志
曲江县地方志编纂委员会编　吕良棣　董坪申主编　北京　中华书局　1999 年　1257 页〔中华人民共和国地方志丛书〕
b13399986　K296.54　Q562

曲江县志 1979–2000
韶关市曲江区地方志编纂委员会编 林其新主编 北京 方志出版社 2011年 1046页〔广东省地方志丛书〕
b23216979 K296.54 Q562 2011

新编曹溪通志
传正 佛源主修 何明栋主编 北京 宗教文化出版社 2000年 1046页
b16448273 B949.2 C631 2000

曲江财政志 1988–2008
韶关市曲江区财政局编 欧新远主编 韶关 韶关市曲江区财政局 2010年 330页〔韶关市曲江区地方志丛书〕
b50861220 F812.765.3 S334Q 2010

曲江县文物志
曲江县文物志编纂委员会编 黄平主编 广州 广东人民出版社 1988年 122页
b19418334 K872.654 Q562 1988

乐昌市

乐昌县志
乐昌县地方志编纂委员会编 林劲主编 广州 广东人民出版社 1994年 627页〔广东省地方志丛书〕
b10617152 K296.54 L267

乐昌市志 1988–2000
乐昌市地方志编纂委员会编 沈扬主编 广州 广东人民出版社 2010年 945页〔广东省地方志丛书〕
b22082426 K296.54 L267 2010

乐昌文物志 1989–2012
乐昌文物志编纂办公室编 刘钦迟主编 广州 广东人民出版社 2013年 201页
b49963478 K872.654 L672 2013

乐昌植物志
中国科学院华南植物园 乐昌市林业局编 叶华谷 陈邦余主编 广州 广东世界图书出版公司 2005年 2卷 1355页
b20136511 Q948.526.53 Y379 2005

南雄市

南雄县志
南雄县地方志编纂委员会编 罗凯燊主编 广州 广东人民出版社 1991年 932页〔广东省地方志丛书〕
b10633844 K296.54 N1618

南雄市志
南雄市人民政府地方志编纂委员会编 罗凯燊主编 北京 方志出版社 2011年 818页〔广东省地方志丛书〕
b40420905 K296.54 N1618 2011

南雄县教育志
南雄县教育局编 陈吉安主编 南雄 南雄县教育局 1992年 312页〔新编南雄县志丛书〕
b49640689 G527.654 N1618 1992

南雄文物志
南雄文物志编委会 南雄市博物馆编 戴群芳主编 南雄 南雄市博物馆 1998年 217页
b36379712 K872.654 N1618 1998

始兴县

始兴县志
始兴县地方志编纂委员会编 陈方畴主编 广州 广东人民出版社 1997年 1053页

〔广东省地方志丛书〕
b10503572 K296.54 S484

始兴县志 1990–2000
始兴县地方志编纂委员会编 曾韶柱主编 北京 方志出版社 2011 年 833 页〔广东省地方志丛书〕
b23216189 K296.54 S484 2011

车八岭大型真菌图志
李泰辉主编 广州 广东科技出版社 2017 年 220 页〔国家级自然保护区生物多样性保护丛书〕
b50245958 Q949.320.8-64 L418 2017

仁化县

仁化县志
仁化县地方志编纂委员会编 赖耀棠主编 仁化 仁化县地方志编纂委员会 1992 年 757 页
b10796605 K296.54 R193

仁化县志
仁化县地方志编纂委员会编 徐诚林主编 北京 方志出版社 2014 年 632 页〔广东省地方志丛书〕
b45648967 K296.54 R193 2014

仁化县志 1979–2000
仁化县地方志编纂委员会编 刘志福主编 广州 广东人民出版社 2009 年 1065 页〔广东省地方志丛书〕
b20809608 K296.54 R193C 2009

仁化县人事志
邓诗勤主编 仁化 仁化县人事志编写者 2007 年 182 页
b49849748 D630.3 D348 2007

长江镇志
中共仁化县长江镇委员会 仁化县长江镇人民政府编 刘森华主编 仁化 仁化县长江镇人民政府 1995 年 530 页
b51091951 K296.55 C3464 1995

翁源县

翁源县志
翁源县地方志编纂委员会编 广州 广东人民出版社 1997年 1051页〔广东省地方志丛书〕
b10546558 K296.54 W413

翁源县志 1988–2000
翁源县地方志编纂委员会编 陈耀全主编 广州 广东人民出版社 2012 年 752 页〔广东省地方志丛书〕
b40425666 K296.54 W413 2012

翁源文物志
翁源县博物馆编 罗胜奇主编 沈学文主编 翁源 翁源县博物馆 2012 年 241 页
b51092426 K872.654 W413 2012

新丰县

新丰县志
新丰县地方志编纂委员会编 广州 广东人民出版社 1998 年 723 页〔广东省地方志丛书〕
b13991255 K296.54 X4432

韶关市新丰县志 1979–2005
新丰县地方志编纂委员会编 李伟才 曾军主编 广州 广东人民出版社 2011 年 762 页〔广东省地方志丛书〕
b40421132 K296.54 X4432S 2011

乳源瑶族自治县

乳源瑶族自治县志
乳源瑶族自治县地方志编纂委员会编 谭佐贤主编 广州 广东人民出版社 1997年 862页〔广东省地方志丛书〕
b10532705 K296.54 R328

乳源瑶族自治县志 1990–2003
浮源瑶族自治县地方志编纂委员会编 北京 中华书局 2011年 809页〔广东省地方志丛书〕
b30002229 K296.54 R328 2011

云门山志
岑学吕编 仇江整理 上海 上海古籍出版社 2014年 230页〔云门宗丛书〕
b4607692x B947.265.3 C244 2014

乳源县军事志 秦汉–2005
乳源县军事志编纂委员会编 李荣贵 杨松华 周金满主编 乳源 乳源县军事志编纂委员会 2010年 251页
b50861232 E289.654 R328 2010

乳源瑶族志
乳源瑶族志编纂小组编 邓卓凡主编 广州 广东人民出版社 2000年 207页
b1569351x K296.54 R328D 2000

深圳市

深圳市志 第3卷 第一二产业卷
深圳市地方志编纂委员会编 北京 方志出版社 2008年 811页
b15956192 K296.53 S387 2004

深圳市志 第4卷 第三产业卷
深圳市地方志编纂委员会编 王毅总纂 傅曾阳卷主编 北京 方志出版社 2011年 941页
b15956192 K296.53 S387 2004

深圳市志 第5卷 经济管理卷
深圳市地方志编纂委员会编 北京 方志出版社 2007年 578页
b15956192 K296.53 S387 2004

深圳市志 第6卷 政党政权卷
深圳市地方志编纂委员会编 北京 方志出版社 2009年 552页
b15956192 K296.53 S387 2004

深圳市志 第7卷 法制政务卷
深圳市地方志编纂委员会编 北京 方志出版社 2006年 540页
b15956192 K296.53 S387 2004

深圳市志 第8卷 教科文卫卷
深圳市地方志编纂委员会编 北京 方志出版社 2004年 678页
b15956192 K296.53 S387 2004

深圳市志 信息志 1984–2000
深圳市志信息志编纂委员会编 周理主编 深圳 深圳市志信息志编纂委员会 2001年 499页
b45453445 K296.53 S387X 2001

深圳市十九镇简志
深圳市史志办公室编纂 周其若 马志明主编 深圳 海天出版社 1996年 235页
b15621662 K296.55 S387 1996

深圳市审计志
赖火云主编 北京 中国时代经济出版社 2007年 448页〔深圳市专志系列丛书〕
b49532741 F239.227.653 S387 2007

深圳市劳动和社会保障志
深圳市劳动和社会保障志编纂委员会编 邓镇荣撰稿 深圳 海天出版社 2005 年 478 页〔深圳市专志系列丛书〕
b47352450 F249.276.53 S387 2005

深圳电力工业志 1935–2000
深圳电力工业志编纂委员会编 黄传权主编 深圳 深圳电力工业志编纂委员会 2003 年 489 页〔广东省电力工业志丛书〕
b49851433 F426.61 S387 2003

深圳海外装饰工程公司志 1981–1995
深圳海外装饰工程公司编 梁得贵主编 北京 中国建材工业出版社 1999 年 170 页〔中国建筑工程总公司企业志系列丛书之十四〕
b51011840 F426.9 S387 1999

深圳市交通运输志
深圳市交通运输志编纂委员会编 阎志祯主编 北京 方志出版社 2001 年 424 页〔深圳市专志系列丛书〕
b47009433 F512.765.3 S387 2001

深圳中铁二局工程有限公司志 1981–2000
深圳中铁二局工程有限公司史志编纂委员会编 韩红星主编 深圳 深圳中铁二局工程有限公司史志编纂委员会 2001 年 286 页〔中铁二局集团史志丛书〕
b51012509 F532.6–09 S387 2001

深圳市工商物价管理志
深圳市工商物价管理志编纂委员会编 黄志忠主编 北京 方志出版社 2001 年 367 页〔深圳市专志系列丛书〕
b47009421 F726.765.3 S387 2001

九龙海关志
九龙海关编志办公室编 广州 广东人民出版社 1993–1997 年 2 卷 635 页
b10690207 F752.5 J585

深圳保税区管理志
深圳保税区管理志编纂委员会编 何朋先主编 北京 方志出版社 2005 年 376 页〔深圳市专志系列丛书〕
b27574957 F752.865.3 S387 2005

深圳市社会保险志
深圳市社会保险志编辑委员会编 齐灵主编 深圳 海天出版社 2004 年 415 页〔深圳市专志系列丛书〕
b46011171 F842.765.3 S387 2004

深圳图书馆志 纪念深圳图书馆开馆三十年 1986–2016
张岩主编 深圳 海天出版社 2016 年 334 页
b49958100 G259.276.53 S387 2016

深圳风物志 第 1 辑 风土人情卷
廖虹雷著 / 主编 张一兵主编 苏东韩 林嘉敏 廖志聪 李树深绘图 深圳 海天出版社 2016 年 353 页
b49731609 K296.53 S387R 2016

深圳文物志
深圳市文物管理委员会编 董小明主编 北京 文物出版社 2005 年 336 页
b15702935 K872.653 D596 2005

深圳市地名志
蔡培茂主编 广州 科学普及出版社广州分社 1987 年 290 页
b17994457 K926.53 C137 1987

深圳市气象志
深圳市气象志编纂委员会编 北京 气象出版社 2009年 238页〔深圳市专志系列丛书〕
b21229405 P468.265.3 S387 2009

深圳植物志 第1卷
深圳市中国科学院仙湖植物园编著 北京 中国林业出版社 2017年 703页
b50085104 Q948.526.53 S3871 2017

深圳植物志 第2-4卷
深圳市仙湖植物园编 李沛琼主编 北京 中国林业出版社 2010年 3卷
b22458360 Q948.526.53 L414

深圳市水利志
深圳市水利志编辑室编 王若兵主编 广州 广东科技出版社 1990年 173页
b20045396 TV-092 W228 1990

福田区

深圳市福田区志 1979-2003
深圳市福田区地方志编纂委员会编 王永苗 北京 方志出版社 2012年 2卷 1304页〔广东省地方志丛书〕
b44810702 K296.53 S387F 2012

上梅林村志
上梅林村志编纂委员会编 黄瑞芳主编 海口 南方出版社 2007年 275页〔深圳市专志系列丛书〕
b49472070 K296.55 S3225 2007

深圳市城市建设志
深圳市城市建设志编纂委员会编 郑家光主编 深圳 深圳市城市建设志编纂委员会 1989年 243页
b27574969 F299.276.53 S387 1989

罗湖区

深圳市罗湖区志
深圳市罗湖区地方志编纂委员会编 贾保安 黄瑞儒总纂 北京 方志出版社 2013年 2卷 1304页
b4485108x K296.53 S387K 2013

南山区

深圳市南山区志
深圳市南山区区志编纂委员会编 林超金总纂 北京 方志出版社 2012年 2卷 1335页〔广东省地方志丛书〕
b40837051 K296.53 S387M 2012

南山村志
王德恩主编 北京 中国文史出版社 2017年 323页
b50189207 K296.55 N1618 2017

南山教育志
深圳市南山区教育局编 曾令格主编 深圳 深圳市南山区教育局 2008年〔广东省地方志丛书〕
b40743597 G527.653 S387N 2008

宝安区

宝安县志
宝安县地方志编纂委员会编 黄伟祥 马松林主编 广州 广东人民出版社 1997年 881页〔广东省地方志丛书〕
b1049490x K296.54 B268

深圳市宝安区志 1987-2003
深圳市宝安区志编纂委员会编 北京 方志出版社 2012年 2卷 1336页〔广东省地方志丛书〕

b40863761　K296.53　S387B　2012

福永镇志
郭培源主编　合肥　合肥工业大学出版社　2006年　650页〔广东省地方志〕
b16646903　K296.55　F451　2006

沙井镇志
沙井镇志编纂委员会编　赖为杰主编　长春　吉林摄影出版社　2002年　929页
b16467267　K296.53　L157　2002

深圳市西乡街道志
西乡街道志编辑部编　产耀东主编　北京　中国文史出版社　2009年　678页〔深圳市专志系列丛书〕
b21570188　K296.53　S387BX　2009

万丰村志
欧阳发主编　深圳　海天出版社　2002年　492页
b17482677　K296.55　W171　2002

新安街道志
深圳市宝安区新安街道志编纂委员会编　梁志虹主编　北京　中国文史出版社　2015年　649页〔深圳市地方志丛书　深圳市宝安区地方志丛书〕
b46996151　K296.55　X4431　2015

万丰文化志
朱来常编著　深圳　海天出版社　2005年　259页
b17482690　G127.655　Z699　2005

西乡文化志
西乡文化志编辑部编　马钧主编　深圳　深圳报业集团出版社　2011年　321页
b49550172　G127.653　X119　2011

深圳宝安文物图志
深圳市宝安区文化局编　吴少平主编　郑州　中州古籍出版社　2007年　167页
b21765170　K872.653.2　S387B　2007

大浪文物图志
深圳市宝安区大浪街道办事处编　深圳市文物考古鉴定所编　朱赤主编　北京　中国大百科全书出版社　2009年　199页
b36378690　K873.653　Z691　2009

龙岗区

深圳市龙岗区志　1993–2003
龙岗区地方志编纂委员会编　纪小明主编　北京　方志出版社　2012年　2卷　1202页〔广东省地方志丛书〕
b40432695　K296.53　S387L　2012

南岭村志
南岭村志编纂委员会编　深圳　海天出版社　2005年　617页〔深圳市专志系列丛书〕
b16635991　K296.55　N161　2005

东江纵队志
东江纵队志编辑委员会编　何小林主编　北京　中国人民解放军出版社　2003年　726页
b16929755　E297.3　H279　2003

盐田区

深圳市盐田区志　1998–2005
深圳市盐田区地方志编纂委员会编　梁景海主编　北京　方志出版社　2011年　854页〔广东省地方志丛书〕
b36133528　K296.53　Y179　2011

中英街志
深圳市盐田区档案局（馆）深圳市盐田区地方志办公室编 梁景海主编 北京 方志出版社 2011年 129页
b22364924 K296.53 S387Y 2011

龙华区

龙华史志
杨东辉主编 香港 中国新闻出版社 2001年 218页
b19734086 K296.55 L741 2001

珠海市

珠海市志
广东省珠海市地方志编纂委员会编 曹安善 陈锐明主编 珠海 珠海出版社 2001年 1096页
b1374012x K926.53 Z724B

珠海市志 1979–2000
珠海市地方志编纂委员会编 黄日照 陈洪辉 龙广艳主编 广州 广东人民出版社 2013年 1736页〔广东省地方志丛书〕
b45625487 K926.53 Z724B 2013

珠海工会志 1953–2014
珠海工会志编纂委员会编 广州 羊城晚报出版社 2016年 395页
b50246641 D412.865.3 Z724 2016

珠海市国土志
珠海市国土局 珠海市地方志办公室编 吕修谦 陈义主编 广州 广东人民出版社 1997年 499页〔珠海市地方志丛书〕
b16358880 F129.965.3 Z724 1997

珠海市工商行政管理志
珠海市工商行政管理局编 潘伙贵主编 广州 广东人民出版社 1990年 206页〔珠海市地方志丛书〕
b45839682 F203.9 Z724 1990

珠海市邮电志
珠海市邮电志编写办公室编 聂邦升主编 广州 广东人民出版社 1997年 248页〔珠海市地方志丛书〕
b40935243 F632.765.3 Z724 1997

拱北海关志
中华人民共和国拱北海关编 北京 海洋出版社 1993年 194页〔珠海市地方志丛书〕
b16326155 F752.5 G445 1993

拱北海关志
中华人民共和国拱北海关编 苏福海主编 珠海 拱北海关 1998年 332页
b49850246 F752.5 G445 1998

拱北海关志 1991–2010
拱北海关志（1991–2010）编纂委员会编著 叶柏梁主编 北京 中国海关出版社 2017年 484页〔中华人民共和国海关志丛书〕
b50729056 F752.5 G445 2017

珠海市对外经济贸易志
珠海市对外经济贸易委员会编纂小组 珠海市对外贸易总公司编著 广州 广东人民出版社 1995年 219页
b50318688 F752.865 Z724 1995

珠海市科学技术志
珠海市科学技术委员会编 何子建 黄烽赵宇编写 北京 海洋出版社 1993年 341页〔珠海市地方志丛书〕
b49532522 G322.765.3 Z724 1993

珠海市人物志
珠海市地方志办公室编 广州 广东人民出版社 1993年 444页〔珠海市地方志丛书〕
b12511262 K820.865.3 Z724

珠海市文物志
珠海市文物管理委员会编 珠海 珠海出版社 2007年 修订本 445页
b18511077 K872.653 Z724 2007

广东省珠海市地名志
广东省珠海市地名志编纂委员会编 陈锐明主编 广州 广东科技出版社 1989年 273页
b1358876x K926.53 Z724

珠海市环境保护志
珠海市环境保护局编 吴锦坤主编 广州 广东人民出版社 1998年 373页 [14]〔珠海市地方志丛书〕
b40740110 X321.265.3 Z724 1998

香洲区

珠海市香洲区志
珠海市香洲区地方志编纂委员会编 肖桂凤主编 北京 方志出版社 2012年 2卷 1568页〔广东省地方志丛书〕
b40934986 K296.53 Z724X 2012

唐家湾镇志
香洲区唐家湾镇人民政府 珠海市地方志办公室编合编 何志毅主编 广州 岭南美术出版社 2006年 448页
b1973363x K296.55 T241C 2006

唐家湾镇志 1524–2013
唐家湾镇志编纂委员会编 广州 广东人民出版社 2015年 458页
b47287536 K296.55 T241D 2015

珠海市香洲区军事志 757–2005
珠海市香洲区军事志编纂委员会编 陈诗荣 郭世平 朱朝卫主编 珠海 珠海市香洲区军事志编纂委员会 2008年 360页
b44852538 E289.653 Z724X 2008

斗门区

斗门县志
斗门县志编写委员会编 斗门 斗门县志编写委员会 1980年 365页
b11470501 K296.54 D634

斗门县志
广东省斗门县地方志编纂委员会编 北京 中华书局 2001年 904页
b13946110 K296.54 D634C

斗门县志 1991–2000
珠海市斗门区地方志编纂委员会编 梁少华主编 广州 广东人民出版社 2012年 716页〔广东省地方志丛书〕
b37530926 K296.54 D634D 2012

乾雾镇志
斗门县乾雾镇志编写组编 梁振鹏主编 广州 天河云山小学彩印厂 1993年 374页
b13947886 K296.55 Q227

斗门县水利志
斗门县水利电力局编 钟北文主编 斗门 斗门县水利电力局 1995年 155页
b20534164 TV–092 D634 1995

汕头市

汕头市志
广东省汕头市地方志编纂委员会编 王琳乾 邓特主编 北京 新华出版社 1999年 4卷 5185页〔中华人民共和国地方

志丛书〕
b13063522　K296.53　S279

汕头市志　1979–2000
汕头市地方志编纂委员会编　陈维烟　吴小坚　彭建伟主编　广州　广东人民出版社　2013年　2卷　1736页〔广东省地方志丛书〕
b46011110　K296.53　S279　2013

汕头市党校志　1952–2002
郑俊钦主编　汕头　汕头大学出版社　2002年　560页
b20099241　D261.41　Z536　2002

汕头城乡建设志
汕头市建设委员会编　叶启轮主编　汕头　汕头市建设委员会　1990年　550页
b46995729　F299.276.53　S279　1990

汕头城乡建设志续志　1988–2000
汕头市建设委员会编　黄名珪主编　汕头　汕头市建设委员会　2001年　486页
b49982795　F299.276.53　S279B　2001

汕头地方交通志
汕头地方交通志编写领导小组办公室编　郑可华主编　汕头　汕头地方交通志编写领导小组办公室　1991年　190页
b50991395　F512.765.3　S279　1991

汕头港口志　1860–2010
汕头市港口管理局编　陆集源主编　北京　人民交通出版社　2010年　311页〔汕头开港150周年纪念丛书〕
b22460147　F552.765.3　L836　2010

汕头商业志
汕头商业志编写办公室编　汕头　汕头商业志编写办公室　1991年　196页
b21765133　F727.653　S279　1991

汕头海关志
汕头海关编志办公室编　傅国亮主编　汕头　汕头海关编志办公室　1988年　391页
b46011961　F752.865.3　S279　1988

汕头市文化艺术志
汕头市文化局编　李福光主编　汕头　汕头市文化局　1999年　358页
b21570085　G127.653　L394　1999

汕头教育志
汕头教育志编审委员会编　袁奕强编辑　汕头　汕头教育志编审委员会　1989年　342页
b20103670　G527.653　Y794　1989

潮汕文物志
汕头市文物管理委员会办公室编　陈历明主编　汕头　汕头市文物管理委员会办公室　1985年　2卷　648页
b20137217　K872.652　C424　1985

汕头市地名志
汕头市地名委员会　汕头市国土房产局编　李时岳　罗仰鹏主编　北京　新华出版社　1996年　408页
b16141799　K926.53　S279　1996

汕头市水利志
广东省汕头市水利电力局编　广州　广东科技出版社　1994年　404页
b20045220　TV–092　S279　1994

金平区

汕头市金平区志
汕头市金平区地方志编纂委员会编　卢松群　邱文化主编　北京　方志出版社　2013年　1144页〔广东省地方志丛书〕
b45444936　K296.53　S279K　2013

龙湖区

汕头市龙湖区志 1979–2003
汕头市龙湖区志编纂委员会编 纪植群主编 广州 花城出版社 2013 年 992 页〔广东省地方志丛书〕
b47071850 K296.53 L741 2013

龙湖华侨志
龙湖华侨志编纂委员会编 吴素真主编 广州 广东海燕电子音像出版社 2017 年 345 页
b50204804 D634 S279L 2017

龙湖区法院院志 1949–2005
汕头市龙湖区人民法院编 汕头 汕头市龙湖区人民法院 2006 年 330 页
b49704655 D926.22 S279L 2006

濠江区

汕头市濠江区志
汕头市濠江区地方志编纂委员会编 郑佳宣主编 广州 广东人民出版社 2013 年 642 页〔广东省地方志丛书〕
b4562544x K296.53 S279J 2013

汕头市达濠区地名志
汕头市达濠区地名志编纂委员会编 李彧主编 汕头 汕头市达濠区地名志编纂委员会 1988 年 158 页
b2036877x K926.53 S279D 1988

潮阳区

潮阳县志
潮阳市地方志编纂委员会编 广州 广东人民出版社 1997 年 1250 页〔广东省地方志丛书〕
b10570391 K296.54 C376

潮阳市志 1979–2003
潮阳市志编纂委员会编 姚泽建 朱汉城 吴伟东主编 广州 广东人民出版社 2012 年 2 卷 1126 页〔广东省地方志丛书〕
b36708896 K296.54 C376C 2012

穀饶乡志
张海鸥编著 汕头 潮汕文化对外交流中心 泰国潮阳谷饶乡张氏新族会 2001 年 315 页
b20100978 K296.55 G543 2001

潮阳县教育志
潮阳县教育局编 潮阳 潮阳县教育局 1988 年 253 页
b20185352 G527.654 C376 1988

潮阳县文物志
潮阳县文化局 潮阳县博物馆编 潮阳 潮阳县文化局 1986 年 188 页
b20041883 K872.654 C376 1986

广东省潮阳市地名志
广东省潮阳市地名志编纂委员会编 李统生主编 广州 广东科技出版社 1996 年 326 页
b20368860 K926.54 C376 1996

潮阳县水利志
潮阳县水利志编纂组编 潮阳 潮阳县水利志编纂组 1991 年 427 页
b21857039 TV–092 C376 1991

潮南区

峡山街道志
郭庚相主编 深圳 海天出版社 2006 年

282 页
b23003297　K296.53　S279X　2006

澄海区

澄海县志
澄海县地方志编纂委员会编　张清秀主编　广州　广东人民出版社　1992 年　909 页〔广东省地方志丛书〕
b10630739　K296.54　C458

澄海市志　1979–2003
汕头市澄海区地方志编纂委员会编　王文吾主编　北京　方志出版社　2012 年　931 页〔广东省地方志丛书〕
b36368040　K296.53　C4583　2012

莲下镇志
莲下镇志编纂委员会编　林权主编　广州　广东人民出版社　2011 年　340 页〔汕头市澄海区地方志丛书〕
b46239844　K296.55　L468　2011

澄海市公安志　1979–2003
澄海市公安志编纂委员会编　朱镜湖主编　广州　广东人民出版社　2007 年　303 页〔澄海区地方志丛书〕
b50151903　D631　C458　2007

澄海县教育志　1564–1985
许崇正主编　澄海　澄海县教育志编辑组　1988 年　185 页
b20185339　G527.654　C458　1988

南澳县

南澳县志
南澳县地方志编纂委员会编　北京　中华书局　2000 年　820 页〔中华人民共和国地方志丛书〕
b13990640　K296.54　N1611

南澳县志　1979–2000
南澳县地方志编纂委员会编　李涛主编　广州　广东人民出版社　2011 年　937 页〔广东省地方志丛书〕
b36174695　K296.54　N1611C　2011

南澳县教育志
南澳县教育局　南澳县教育志编写组编　南澳　南澳县教育志编写组　1991 年　130 页
b20185327　G527.654　N161　1991

南澳县文物志
南澳县文物普查办公室编　吴占才主辑　南澳　南澳县文物普查办公室　1985 年　234 页
b20535338　K872.654　N161　1985

佛山市

佛山市志
佛山市地方志编纂委员会编　潘健主编　广州　广东人民出版社　1994 年　2 卷　2255 页〔广东省地方志丛书〕
b10628290　K296.53　F423

佛山市志　1979–2002
佛山市地方志编纂委员会编　苏明实主编　北京　方志出版社　2011 年　4 卷　2859 页〔广东省地方志丛书〕
b36133735　K296.53　F423C　2011

中国共产党佛山市组织志
中共佛山市委组织部编　王茂荣　蔡遥炘主编　张永钊撰稿　佛山　中共佛山市委组织部　1991 年　111 页
b21766472　D235.653　F423　1991

佛山市人民代表大会志 1950–1987
佛山市人民代表大会志常务委员会办公室编志组编 佛山 佛山市人民代表大会志常务委员会办公室编志组 1990 年 116 页
b20534279 D624.653 F423 1990

佛山市华侨志
佛山市人民政府侨务办公室编 张沃祺主笔 广州 广东科技出版社 1990 年 177 页
b16425169 D634 F423 1990

佛山市民主党派志
佛山市各民主党派市委会合编 佛山 佛山市各民主党派市委会 1991 年 127 页
b18805450 D665 F423 1991

佛山市政府志
佛山市人民政府办公室编志组编 佛山 佛山市人民政府办公室编志组 1988 年 162 页
b16425157 D676.53 F423 1988

佛山市法院志
佛山市中级人民法院编 周仕凌主编 佛山 佛山市中级人民法院 1989 年 101 页
b40658752 D926.22 F423 1989

佛山市工商行政管理志
佛山市工商行政管理局编 胡国光主编 佛山 佛山市工商行政管理局 1989 年 89 页
b40658740 F203.9 F423 1989

佛山市化纤工业志
佛山化纤联合总公司编 李学新主编 广州 广东科技出版社 1992 年 217 页
b49849359 F426.7 F4233 1992

佛山市药业志
佛山市医药总公司编 关振浩主编 佛山 佛山市医药总公司 1992 年 336 页
b49640574 F426.7 F423 1992

佛山市商业志
佛山市商业局编 广州 广东科技出版社 1990 年 409 页
b22429402 F727.653 F423 1990

佛山市对外贸易志
佛山市对外贸易局编 雷振泽主编 广州 广东科技出版社 1988 年 223 页
b20711086 F752.865.3 F423 1988

佛山农村金融志
佛山农村金融志编纂委员会编 徐景学主编 广州 广东科技出版社 1997 年 226 页
b49803001 F832.765.3 F423 1997

佛山市文化志
佛山市文化局编 余婉韶主笔 广州 广东科技出版社 1991 年 298 页
b16862405 G127.653 F423 1991

佛山市科学技术志
佛山市科学技术委员会编 张锦生主编 广州 广东人民出版社 1994 年 369 页
b49533137 G322.765.3 F423 1994

佛山市教育志
佛山市教育志编纂委员会编 曾光主编 广州 广东教育出版社 1994 年 222 页
b15913855 G527.653 Z238 1994

佛山市教育志 1979–2002
佛山市教育志编纂委员会编 刘满荣主编 佛山 佛山市教育志编纂委员会 2008 年 749 页
b27575548 G527.653 F423 2008

佛山市方言志
佛山市地方志编纂委员会办公室编 李北翔 何少美主编 南海 广东南海系列印刷公司 1992 年 84 页
b21567608 H178 F423 1992

佛山市城区志 1984–2002
佛山市禅城区地方志办公室编 吴觉生 邵西莹主编 广州 广东人民出版社 2012 年 1056 页〔广东省地方志丛书〕
b4042442x K296.53 F423E 2012

佛山市革命斗争志
中共佛山市委党史办公室佛山市革命斗争志编写组编 关湛元主笔 佛山 中共佛山市委党史办公室 1990 年 94 页
b20467606 K296.53 F423G 1990

佛山人物志
佛山市地方志编纂委员会编 苏明实主编 北京 方志出版社 2011 年 703 页〔广东省地方志丛书〕
b35985872 K820.865.3 S711 2011

佛山市文物志
佛山市博物馆编 陈智亮主编 广州 广东科技出版社 1991 年 185 页
b16447682 K872.653 F423 1991

佛山市风俗志
佛山市地方志编纂委员会办公室编 李北翔 刘树霞主编 佛山 佛山市地方志编纂委员会办公室 1992 年 78 页
b40658715 K892.465.3 F423 1992

广东省佛山市地名志
广东省佛山市地名志编纂委员会编 麦田甘凉生主编 广州 广东科技出版社 1991 年 404 页
b15621595 K926.53 F423 1991

佛山市水利志
广东省佛山市石湾区农机水电局编 佛山 广东省佛山市石湾区农机水电局 1990 年 117 页
b21855535 TV–092 S4757 1990

北江大堤志
广东省水利厅北江大堤管理局编 谭雷主编 广州 广东高等教育出版社 1998 年 140 页
b45479410 TV871–092 B316 1998

佛山市环境保护志
佛山市环境保护局编 招镜池主笔 佛山 佛山市环境保护局 1989 年 94 页
b40658727 X321.265.3 F423 1989

禅城区

佛山市石湾区志 1984–2002
佛山市禅城区地方志办公室编 吴觉生 邵西莹主编 广州 广东人民出版社 2012 年 1079 页〔广东省地方志丛书〕
b46011109 K296.53 F423S 2012

南海区

南海县志
南海市地方志编纂委员会编 黄志扬主编 北京 中华书局 2000 年 1367 页
b1410670x K296.54 N161N

南海市志 1979–2002
佛山市南海区地方志编纂委员会编 汪会洲 张明亮主编 广州 广东人民出版社 2009 年 1411 页〔广东省地方志丛书〕
b21001352 K296.53 N1613 2009

叠滘乡志
叠滘乡志再版编纂领导组编 叠滘乡 叠滘乡志再版编纂领导组 2012年 再版 594页
b50991371 K296.55 D518 2012

南海市大沥街道志
佛山市南海区大沥镇地方志编纂委员会编 钟浩佳主编 广州 广东人民出版社 2008年 939页〔南海市地方志丛书〕
b20478483 K296.53 F423ND 2008

南海市桂城街道志
佛山市南海区桂城街道地方志编纂委员会编 潘永桐主编 佛山 南海年鉴社 2008年 761页〔南海市地方志丛书〕
b51090843 K296.55 G7311 2008

南海市南庄镇志
广东省南海市南庄镇地方志编纂委员会编 陈少安 陈德礼主编 广州 广东人民出版社 2009年 796页〔南海市地方志丛书〕
b2300325x K296.55 N1619 2009

南海市小塘镇志
佛山市南海区狮山镇地方志编纂委员会编 黄达潮主编 佛山 佛山市南海区狮山镇地方志编纂委员会 2008年 601页〔南海市地方志丛书〕
b46011043 K296.55 X3478 2008

南海市盐步街道志
佛山市南海区大沥镇地方志编纂委员会编 刘锦粉 冯桂贞主编 佛山 南海年鉴社 2008年 1076页〔南海市地方志丛书〕
b23003224 K296.55 D1354 2008

南海市政协志 1979–2002
佛山市南海区政协办公室编 朱由国主编 广州 广东人民出版社 2007年 435页〔南海市地方志丛书〕
b41234364 D628.654 N161 2007

南海市工商联志
佛山市南海区工商业联合会编 黄玉卿主编 广州 广东人民出版社 2008年 359页〔南海市地方志丛书〕
b40935231 F727.654 N161 2008

南海市财政志
佛山市南海区财政局编 王世迅主编 佛山 佛山市南海区财政局 2008年 320页〔南海市地方志丛书〕
b50729184 F812.765.3 F423N 2008

南海县农村金融志 1840–1990
南海县农村金融志编纂委员会编 冯毅主编 广州 广东人民出版社 1995年 291页〔南海县地方志丛书 2001〕
b49803463 F832.765.4 N161 1995

南海市文化艺术志
佛山市南海区文化广电新闻出版局编 李巨龙主编 广州 广东经济出版社 2008年 512页〔南海市地方志丛书〕
b20098534 G127.653 N161 2008

南海县教育志
南海县教育局编 南海 南海县教育局 1989年 油印本 2卷
b20181565 G527.674 N1613 1989

南海市西樵山旅游度假区志
广东省佛山市南海区西樵镇地方志编纂委员会编 张国英主编 广州 广东人民出版社 2009年 896页〔南海市地方志丛书〕
b20882907 K296.55 X119 2009

西樵山志
南海县地方志编纂委员会办公室 南海县西樵山风景区管理处编 关祥主编 广州 广东人民出版社 1992年 278页〔南海县地方志丛书〕
b18077274 K928.3 G6418 1992

南海市水利志 1979–2002
佛山市南海区水利局编 佛山 佛山市南海区水利局 2008年 246页〔南海市地方志丛书〕
b20103025 TV–092 N1613 2008

南海县水利志
广东省南海县水电局编 南海 广东省南海县水电局 1990年 223页〔南海县地方志丛书〕
b21857593 TV–092 N1617 1990

顺德区

顺德县志
顺德市地方志编纂委员会编 招汝基主编 北京 中华书局 1996年 1277页
b10597931 K296.54 S628C

顺德县人大志 1950–1992
顺德市人大常委会办公室顺德县人大志编写组编 吴孔盛主编 顺德 顺德市人大常委会办公室顺德县人大志编写组 1992年 195页
b46669140 D624.654 S628 1992

顺德文物志
顺德县文物志编委会编 亦启昌主编 顺德 顺德县博物馆 1991年 238页
b36379992 K872.654 S628 1991

广东省顺德市地名录
顺德市地名补查和资料更新工作领导小组 顺德市规划国土局编 顺德 顺德市地名补查和资料更新工作领导小组 1998年 328页
b20369062 K926.53 S628 1998

顺德县地名志
顺德县地名办公室编 李有华主编 广州 广东省地图出版社 1987年 242页
b17653988 K926.54 S628 1987

三水区

三水县志
三水县地方志编纂委员会编 李庆邦主编 广州 广东人民出版社 1995年 1403页〔广东省地方志丛书〕
b10503584 K296.54 S145

三水政协志
中国人民政治协商会议三水市委员会编 谢锡彬主编 三水 中国人民政治协商会议三水市委员会 1995年 87页
b2095122x D628.654 S145 1995

三水县华侨志
三水市修志办公室 三水市侨务办公室合编 三水 三水市修志办公室 1995年 169页〔三水地方志丛书〕
b17736183 D634 S145 1995

三水县民政志
陆家养主编 三水 三水县民政志编纂者 1991年 94页〔山水地方志丛书〕
b20951206 D676.54 S252 1991

三水县文化志
三水市地方志编纂委员会办公室 三水市

文化局编 三水 三水市地方志编纂委员会办公室 1996年 103页〔三水地方志丛书〕
b18805784 G127.654 S145 1996

三水县教育志
三水县地方志编纂委员会办公室 三水县教育局教育志编写组编 黄梅友主编 三水 三水县地方志编纂委员会办公室 1988年 357页〔三水县地方志丛书〕
b20182909 G527.654 S145 1988

三水县地名志
广东省三水县地名委员会编 李庆邦主编 广州 广东高等教育出版社 1988年 316页〔三水地方志丛书〕
b16344376 K926.54 S145 1988

三水县水利志
三水县地方志编纂委员会办公室 三水县水利电力局编 邓玉翘主编 三水 三水县地方志编纂委员会办公室 1992年 180页〔三水地方志丛书〕
b20951218 TV-092 S1457 1992

高明区

高明县志
高明县地方志编纂委员会编 严善庆 陆治乾主编 广州 广东人民出版社 1995年 779页〔广东省地方志丛书〕
b10633807 K296.54 G244

高明市志 1981-2002
佛山市高明区地方志编纂委员会编 陈仕金 徐玉业主编 广州 广东人民出版社 2010年 1093页〔广东省地方志丛书〕
b36174701 K296.53 G244 2010

高明市人事志
佛山市高明区人事局 佛山市高明区史志办公室编 夏汝山 蔡传娟主编 佛山 佛山市高明区人事局 2009年 385页
b45417349 D630.3 F423G 2009

高明县民政志
高明县民政局 高明县志编纂委员会办公室编 严善庆主编 高明 高明县民政局 1993年 111页〔高明县专业志选辑〕
b36245318 D632 G244 1993

高明市林业志
高明区林业局 佛山市高明区史志办公室编 陈权胜主编 佛山 佛山市高明区林业局 2005年 225页〔高明专业志丛书〕
b2242958x F326.276.54 G232 2005

高明市农业志 1982-2002
佛山市高明区农业局编 谭建平主编 佛山 佛山市高明区农业局 2007年 465页
b49803050 F329.654 G244 2007

高明交通志
佛山市高明区交通局 佛山市高明区史志办公室编 张镜荣主编 佛山 佛山市高明区交通局 2006年 436页〔高明专业志丛书〕
b2176332x F512.765.3 F423G 2006

高明市国内贸易志
佛山市高明区经济贸易局 佛山市高明区史志办公室编 冯作祺主编 佛山 佛山市高明区经济贸易局 佛山市高明区史志办公室 2006年 243页〔高明专业志丛书〕
b50318664 F727.654 F423G 2006

高明科技志
佛山市高明区科学技术信息局 佛山市高明区史志办公室编 黄志勇主编 佛山 佛山市高明区科学技术信息局佛山市高明区史志办公室 2006年 297页〔高明专业志丛书〕

b21763331　G322.765.3　F423G　2006

高明县教育志
高明县教育局　高明县志编纂委员会办公室编　严善庆主编　佛山　广东省南海系列印刷公司　1994年　186页〔高明县专业志选辑〕
b20014594　G527.654　Y173　1994

高明市三洲区志
佛山市高明区荷城街道办事处编　佛山市高明区史志办公室编　佛山　佛山市高明区荷城街道办事处　2008年　192页〔高明专业志丛书〕
b36378951　K296.53　G244S　2008

广东省高明县地名志
高明县地名志编纂委员会编　罗晖主编　高明　高明县地名志编纂委员会　1992年　244页
b16325321　K925.54　G244　1992

高明市卫生志
佛山市高明区卫生局　佛山市高明区史志办公室编　朱子华主编　佛山　佛山市高明区卫生局　2005年　359页〔高明专业志丛书〕
b21763343　R199.2　G244　2005

高明建设志　1982–2004
佛山市高明区建设局　佛山市高明区史志办公室编　李卫文主编　佛山　佛山市高明区建设局　2006年　366页〔高明专业志丛书〕
b21763318　TU984.265.3　F423G　2006

高明县水利志
高明县水利电力局　高明县志总编辑室编　陆治乾主编　高明　高明县水利电力局　1989年　148页〔高明县专业志选辑〕
b21857143　TV–092　G244　1989

江门市

江门市志
江门市地方志编纂委员会编　朱坤生　袁社龙　陈照平主编　广州　广东人民出版社　1998年　2卷　1506页〔广东省地方志丛书〕
b13275100　K296.53　J324

江门市志　1979–2000
江门市地方志编纂委员会编　梁日东　李崴主编　北京　方志出版社　2011年　3卷　1649页〔广东省地方志丛书〕
b40420875　K296.53　J324　2011

江门市地名志
江门市地名委员会　江门市国土局编　林永年主编　广州　广东省地图出版社　1991年　493页
b17736237　K926.53　J324　1991

江门市水利志
江门市水利志编纂委员会编　北京　中国水利水电出版社　2008年　946页
b21855213　TV–092　J324　2008

蓬江区

蓬江区志　1984–2004
江门市蓬江区地方志编纂委员会编　刘方抗　李云龙　苏洪泽主编　北京　方志出版社　2012年　898页〔广东省地方志丛书〕
b44794952　K296.53　J324P　2012

江海区

江门市江海区志
江门市江海区地方志编纂委员会编　余立夫主编　北京　方志出版社　2012年　2卷　1016页〔广东省地方志丛书〕
b40420863　K296.53　J324J　2012

新会区

新会县志
新会编县地方志编纂委员会编 赵尧主编 广州 广东人民出版社 1995 年 1251 页〔广东省地方志丛书〕
b10625161 K296.54 X443

新会县志续编 1986–1992
新会编市地方史志编纂委员会编 广州 广东人民出版社 1998 年 636 页〔广东省地方志丛书〕
b16006367 K296.54 X443 1998

新会法院志 2012
新会法院志编纂委员会编 江门 新会法院志编纂委员会 2013 年 399 页
b50320130 D926.22 X443 2013

新会县教育志
新会县教育志编写组编 陈志元 赵嘉平主编 新会 新会县教育志编写组 1991 年 288 页〔新会县地方志丛书〕
b20104443 G527.654 X443 1991

台山市

台山县志
台山县方志编纂委员会编 广州 广东人民出版社 1998 年 596 页〔广东省地方志丛书〕
b13275252 K296.54 T151

台山市志 1979–2000
台山市地方志编纂委员会编 黄一森主编 北京 方志出版社 2011 年 1296 页〔广东省地方志丛书〕
b36370344 K296.53 T151 2011

赤溪镇志
谢伟毛主编 台山 赤溪镇志编纂者 2005 年 724 页
b5072731x K296.55 v4

附城镇志
附城镇志编纂委员会编 朱国羡主编 台山 附城镇志编纂委员会 2006 年 600 页
b36128867 K296.55 F515 2006

唐美村志
李国英主编 台山 广东省台山市华宁彩印公司 2006 年 246 页
b2300311x K296.55 T2415 2006

汶村镇志
台山市汶村镇志编纂委员会编 何景欢主编 台山 台山市汶村镇志编纂委员会 2007 年 319 页〔地方志丛书〕
b23003893 K296.55 W396 2007

下川镇志
台山市下川镇志编纂委员会编 方松年主编 台山 台山市下川镇志编纂委员会 2009 年 386 页
b4074386x K296.55 X185 2009

台山县华侨志
台山县侨务办公室编 伍荣锡总编 台山 台山县侨务办公室 1992 年 360 页
b20045694 D634 T151 1992

台山经贸志
台山经贸志编纂委员会编 曹明主编 台山 台山经贸志编纂委员会 2005 年 588 页
b50066717 F127.654 T151 2005

台山交通志
台山交通志编纂委员会编 梅逸民 何金

森总编辑 台山 台山交通志编纂委员会 2000年 363页
b46995882 F512.765.4 T151 2000

台山教育志 1979–2000
台山教育志编纂委员会编 钱东生总纂 台山 华宁彩印公司 2005年 387页
b2157036x G527.654 T151 2005

台山县水利志
广东省台山县水利电力局编 李璧光主编 台山 台山人民印刷厂 1993年 96页〔台山县地方志丛书〕
b2185788x TV–092 T1517 1993

开平市

开平县志
开平市地方志办公室编 司徒星 余玉晃主编 北京 中华书局 2002年 2卷 1778页
b14445797 K296.54 K122

开平县文物志
开平县华侨博物馆编 阚延鑫主编 广州 广东人民出版社 1989年 222页
b36379025 K872.654 K122 1989

鹤山市

鹤山县志
鹤山县县志编纂委员会编 广州 广东人民出版社 2001年 774页〔广东省地方志丛书〕
b13990573 K296.54 H312

雅瑶镇志
鹤山市雅瑶镇志编纂委员会编 邓文彭主编 鹤山 鹤山市佳柯式印刷公司 2006年 348页
b20578106 K296.55 Y139 2006

鹤山树木志
中国科学院华南植物园 鹤山市林业局编 易绮斐 林永标主编 武汉 华中科技大学出版社 2013年 280页
b40414371 S717.265.3 H312 2013

恩平市

恩平县志
恩平县地方志编纂委员会编 北京 方志出版社 2004年 780页
b15907624 K296.54 E137 2004

恩平市志 1977–2004
恩平市地方志编纂委员会编 甄伟新 刘松柏主编 北京 方志出版社 2012年 1027页〔广东省地方志丛书〕
b47009081 K296.54 E137C 2012

恩平宣传志 1949–2012
中国共产党恩平市委员会宣传部编 梁朝贺 郑沃波主编 广州 广东人民出版社 2013年 636页
b4479504x D261.5 E137 2013

恩平交通志
恩平交通志编纂委员会编 吴仲华总编辑 广州 广东人民出版社 2003年 369页
b36245276 F512.765.3 E137 2003

恩平县教育志 1986–1993
恩平县教育志编写组编 伍岱山主编 恩平 恩平县教育志编写组 1998年 196页〔恩平县地方志丛书〕
b20402806 G527.654 E137 1998

湛江市

湛江市志
湛江市地方志编纂委员会编 北京 中华书

局 2004年 2卷 2405页
b15905949 K296.53 Z331 2004

湛江市志 1979–2000
湛江市地方志编纂委员会编 王中丙主编 广州 广东人民出版社 2013年 2卷 1025页〔广东省地方志丛书〕
b44795087 K296.53 Z331 2013

中国湛江经济技术开发区志
湛江经济技术开发区志领导小组编 陈小平主编 广州 花城出版社 2010年 425页
b40647985 F127.653 Z331 2010

湛江电力工业志 1926–2000
湛江电力工业志编纂委员会编 张岗主编 湛江 湛江电力工业志编纂委员会 2001年 454页〔广东省电力工业志丛书〕
b49851536 F426.61 Z331 2001

湛江烟草志
湛江烟草分公司编志办公室编 张祥镇 李耀东主编 广州 广东人民出版社 1998年 203页
b51090958 F426.89 Z331 1998

湛江市省养公路志 1991–2012
湛江市公路管理局编 姚瀚南主编 北京 中国文史出版社 2017年 367页〔湛江市百部地方志丛书〕
b50016350 F542.9 Y295 2017

南三岛志
湛江市南三岛志编委会编 陈强主编 北京 中央文献出版社 2003年 405页〔湛江市地方志丛书〕
b14996212 K296.53 N161 2003

湛江市地名志
湛江市地名志编辑委员会编 陈钧主编 广州 广东省地图出版社 1989年 399页
b17183054 K926.53 Z331 1989

湛江地区气候志
广东省湛江地区气象局编 湛江 广东省湛江地区气象局 1974年 293页
b36379062 P468.265.2 Z331 1974

赤坎区

湛江市赤坎区志
湛江市赤坎区地方志编纂委员会编 陈云主编 广州 广东人民出版社 2013年 830页〔广东省地方志丛书〕
b45445102 K296.53 Z331C 2013

坡头区

湛江市坡头区志
湛江市坡头区地方志编纂委员会编 崔青主编 广州 广东人民出版社 2013年 698页〔广东省地方志丛书〕
b45445102 K296.53 Z331P 2013

麻章区

湛江市麻章区志
湛江市麻章区地方志编纂委员会编 李东琼主编 广州 广东人民出版社 2013年 807页〔广东省地方志丛书〕
b44795075 K296.53 Z331M 2013

廉江市

廉江县志
廉江县地方志编纂委员会编 李益超主编 广州 广东人民出版社 1995年 911页〔广东省地方志丛书〕
b10564214 K296.54 L467

廉江市志 1979–2005
廉江市地方志编纂委员会编 钟珠 邓木友主编 北京 方志出版社 2012年 1171页〔广东省地方志丛书〕
b36370332 K296.54 L467L 2012

安铺镇志
廉江县安铺镇志编纂小组编纂 王在福主编 廉江 廉江县安铺镇志编纂小组 1986年 360页
b10564196 K296.55 A164

廉江县工商行政管理志
廉江县工商行政管理志编写组编 广州 广东科技出版社 1990年 120页〔湛江市地方志丛书〕
b49849372 F203.9 L467 1990

廉江县水利志
廉江县水利志编辑组编 陈应坚主编 广州 广东科技出版社 1992年 153页〔湛江市地方志丛书〕
b2185547x TV-092 L467 1992

雷州市

海康县志
雷州市地方志编纂委员会编 符彪彪 蔡庭主编 北京 中华书局 2005年 1160页
b16081213 K296.54 H145 2005

吴川市

吴川县志
吴川市地方志办公室编 潘泰 许国雄 肖里华主编 北京 中华书局 2001年 1119页〔中华人民共和国地方志丛书〕
b13990883 K296.54 W484

吴川市志 1979–2000
吴川市地方志编纂委员会编 全可文主编 广州 广东人民出版社 2014年 920页〔广东省地方志丛书〕
b45625451 K296.54 W484 2014

吴川市政府志
吴川市政府志编辑部编 杨智主编 北京 新华出版社 2008年 264页〔中华人民共和国地方志丛书〕
b19418280 D625.654 W484 2008

遂溪县

遂溪县志
遂溪县地方志编纂委员会编 周兴 王世明 蔡铭主编 北京 中华书局 2003年 1076页〔中华人民共和国地方志丛书〕
b15588130 K296.54 S765 2003

遂溪县志 1989–2005
遂溪县地方志编纂委员会编 陈宜主编 北京 方志出版社 2013年 1098页〔广东省地方志丛书〕
b44794988 K296.54 S756 2013

徐闻县

徐闻县志
徐闻县志编纂委员会编 黄强主编 广州 广东人民出版社 2000年 984页
b13144807 K296.54 X581

徐闻县文物志
徐闻县文化广电新闻出版局编 张世越主编 北京 中国文史出版社 2006年 220页
b3637880x K872.654 X581 2006

徐闻县地名志
徐闻县地名委员会编 徐闻县国土局编 陈华昌主编 广州 广东省地图出版社 1995年 294页
b16436660 K926.54 X581 1995

茂名市

茂名市志
茂名市地方志编纂委员会编 北京 三联书店 1997年 2卷 2048页〔中国地方志丛书〕
b12698209 K296.53 M259

茂名市志 1979–2000
茂名市地方志编纂委员会编 李红军主编 广州 岭南美术出版社 2014年 2卷 1838页〔广东省地方志丛书〕
b47420029 K296.53 M259C 2014

中共茂名市委办公室简志 1958–2008
中共茂名市委办公室简志编纂委员会编 茂名 中共茂名市委办公室 2011年 309页
b46240494 D625.653 M259 2011

茂名电力工业志 1928–2000
茂名电力工业志编纂委员会编 梁异先主编 茂名 茂名电力工业志编纂委员会 2001年 427页〔广东省电力工业志丛书〕
b49982576 F426.61 M259 2001

茂名市金融志 1989–2000
茂名市金融志编纂委员会编 北京 中国金融出版社 2004年 497页
b45570607 F832.765.3 M259 2004

茂南区

茂南区水利志
李崇材主编 广州 中山大学出版社 1993年 109页
b21855596 TV–092 M259M 1993

电白区

电白县志
广东省电白县地方志编纂委员会编 肖春主编 北京 中华书局 2000年 1252页〔中华人民共和国地方志丛书〕
b13400174 K296.54 D457

电白县志 1979–2000
电白县地方志编纂委员会编 黎衍俊总纂 广州 广东人民出版社 2013年 1313页〔广东省地方志丛书〕
b45625414 K296.54 D457 2013

电白方言志
戴由武 戴汉辉主编 广州 中山大学出版社 1994年 375页
b15642471 H17 D154 1994

电白县水利志
电白县水利电力局编 许积贤主编 广州 华南理工大学出版社 1994年 206页〔电白县史志丛书〕
b21855584 TV–092 D457 1994

高州市

高州县志
高州市地方志编纂委员会编 黎庆文 张均绍 黄柱辉主编 北京 中华书局 2006年 2卷 1984页〔中华人民共和国地方志丛书〕
b17298490 K296.54 G256 2006

高州水库志
广东省茂名市鉴江流域水利工程管理局

编 张荣光主编 茂名 广东省茂名市鉴江流域水利工程管理局 1991 年 132 页
b21855572 TV632.654 Z363 1991

化州市

化州县志
化州市地方志编纂委员会编 卢定强主编 广州 广东人民出版社 1996 年 1086 页〔广东省地方志丛书〕
b10600176 K296.54 H545

化州市志 1979–2000
化州市地方志编纂委员会编 卢定强 赵果鲜 林振光主编 广州 广东人民出版社 2014 年 1107 页〔广东省地方志丛书〕
b45625438 K296.54 H545 2014

化州市教育志
化州市教育志编纂委员会编 李国金 曹华燕 陈准主编 广州 中山大学出版社 2000 年 641 页
b27575718 G527.654 H545 2000

信宜市

信宜县志
信宜县地方志编纂委员会编 陈启著主编 广州 广东人民出版社 1993 年 1173 页〔广东省地方志丛书〕
b10625094 K296.54 X461

信宜市志 1979–2000
信宜市地方志编纂委员会编 杨豪明主编 广州 广东人民出版社 2012 年 1077 页〔广东省地方志丛书〕
b40424443 K296.54 X461 2012

信宜统计志
信宜市统计局 信宜市志办公室编 杨豪明 叶正甫主编 北京 时代出版社 2001 年 429 页
b46012023 C832.654 X461 2001

信宜县文化志
信宜县文化志编纂委员会编 钟蔚 陈中材主编 信宜 信宜县文化志编纂委员会 1986 年 油印本 270 页
b21275713 G127.654 X461 1986

信宜市文物志
信宜市文物志编纂委员会编 陈中材主编 信宜 信宜市文物志编纂委员会 1992 年 149 页
b17736134 K872.653 C4371 1992

肇庆市

肇庆市志
肇庆市地方志编纂委员会编 广州 广东人民出版社 1999 年 2 卷 1492 页〔广东省地方志丛书〕
b12807163 K296.53 Z426

肇庆市志
肇庆市端州区地方志编纂委员会编 刘伟铿主编 广州 广东人民出版社 1996 年 988 页〔广东省地方志丛书〕
b16006598 K296.53 Z426 1996

肇庆公安志
肇庆公安局编 香港 中国文艺出版社 2011 年 373 页
b51090405 D631 Z426 2011

肇庆华侨志
肇庆市人民政府侨务办公室 肇庆市归国

华侨联合会编 肇庆 肇庆市人民政府侨务办公室 1987年 72页
b15914434 D634 Z426 1987

肇庆林业志
肇庆林业志编纂领导小组编 高要 高要县人民印刷厂 1993年 235页
b20416490 F326.276.53 Z426 1993

肇庆市邮电志
林育明主编 肇庆 广东省肇庆市邮电局 1995年 234页
b51092931 F632.765.3 Z426 1995

肇庆粮食志
肇庆粮食志编纂领导小组编 欧应章主编 肇庆 肇庆粮食志编纂领导小组 1995年 337页〔肇庆市地方志丛书〕
b27575135 F724.721 Z426 1995

肇庆市财政志
肇庆市财政志编纂委员会编 肇庆 肇庆市财政志编纂委员会 1989年 351页
b46102346 F812.765.3 Z426 1989

肇庆工商银行志
肇庆工商银行志编纂领导组编 黄进展主编 肇庆 肇庆工商银行志编纂领导组 1994年 297页
b49534452 F832.33 Z426 1994

肇庆农村金融志
中国农业银行肇庆分行编 肇庆 中国农业银行肇庆分行 1996年 474页
b49803955 F832.765.3 Z426 1996

肇庆教育志
肇庆市教育局编 钟兴操主编 肇庆 肇庆市教育局 1996年 313页〔肇庆市地方志丛书〕
b3601459x G527.653 Z426 1996

肇庆市文物志
肇庆市文物志编辑委员会编 李护暖 刘伟铿 范步遥编辑 肇庆 肇庆市文物志编辑委员会 1987年 279页
b16425406 K872.653 Z426 1987

肇庆市地名志
司徒尚纪主编 广州 广东省地图出版社 1999年 373页
b16424694 K926.53 Z426 1999

肇庆市水利志 初稿
肇庆市水利志编纂委员会编 郭丸 赵善发主编 肇庆 肇庆市水利志编纂委员会 1987年 182页
b21858093 TV-092 Z426 1987

肇庆水利志
广东省肇庆市水利电力局编 陆国康主编 肇庆 肇庆市新华印刷厂 1990年 160页
b21855560 TV-092 Z426 1990

肇庆环境保护志
肇庆市环境保护局编 肇庆 肇庆市环境保护局 1994年 212页
b36375172 X321.265.3 Z426 1994

端州区

肇庆市端州区志
肇庆市端州区地方志编纂委员会编 黄小红主编 北京 方志出版社 2012年 1118页〔广东省地方志丛书〕
b40424406 K296.53 Z426D 2012

肇庆市端州区教育志
肇庆市端州区教育局编 北京 中华书局 2009年 468页
b46274431 G527.653 Z426D 2009

肇庆市端州区水利志
肇庆市端州区水利电力局水利志编写组编 赵善发主编 肇庆 肇庆市端州区水利电力局水利志编写组 1990年 134页
b21858081 TV-092 Z426D 1990

鼎湖区

肇庆市鼎湖区志
肇庆市鼎湖区地方志编纂委员会编 叶峥嵘主编 北京 中华书局 2012年 963页 〔广东省地方志丛书〕
b40421247 K296.53 Z426E 2012

鼎湖山志
广东省肇庆星湖编志办公室编 刘明安 张云岭主编 广州 中山大学出版社 1993年 207页
b1530050x K928.3 L682 1993

高要区

高要县志
高要县地方志编纂委员会编 黄建诚主编 广州 广东人民出版社 1996年 883页 〔广东省地方志丛书〕
b10597918 K296.54 G255

七星岩志
刘明安主编 广州 广东省地图出版社 1990年 304页
b15299922 K296.53 Q113 1990

四会市

四会县志
四会县地方志编纂委员会编 曾培德主编 广州 广东人民出版社 1996年 1004页 〔广东省地方志丛书〕
b10604431 K296.54 S663

四会县水利志
曾广达主编 四会 四会县水利志编纂者 1990年 226页
b2053579x TV-092 S663 1990

广宁县

广宁县志
广宁县地方志编纂委员会编 沙业秋主编 广州 广东人民出版社 1994年 935页 〔广东省地方志丛书〕
b1072784x K296.54 G681

广宁县志 1979-2000
广宁县地方志编纂委员会编 王伟民主编 广州 广东人民出版社 2012年 922页 〔广东省地方志丛书〕
b40739442 K296.54 G681 2012

南街镇志
广东省广宁县南街镇人民政府南街镇志编纂领导小组编 广宁 广宁县印刷厂 1991年 338页
b23003455 K296.55 N1614 1991

广宁县教育志
广宁县教育局编 冯肇庆统编 广宁 广宁县教育局 1993年 228页
b16862612 G527.654 G682 1993

广宁县水利志
广东省广宁县水电局水利志编辑组编 彭桂森 许上伦主编 广宁 广东省广宁县水电局水利志编辑组 1989 年 送审稿 油印本 198 页
b21855547 TV-092 G681 1989

怀集县

怀集县志
情集县地方志编纂委员会编 莫乃炘主编 广州 广东人民出版社 1993 年 800 页〔广东省地方志丛书〕
b10631240 K296.54 H558

怀集县志 1979-2000
怀集县地方志编纂委员会编 林昉主编 广州 广东人民出版社 2012 年 1069 页〔广东省地方志丛书〕
b40739375 K296.54 H558 2012

怀集县志 自审稿 1979-2000
怀集县志办公室编 林昉纂稿 怀集 怀集县志办公室 2007 年 3 卷 908 页
b22082694 K296.54 H558 2007

怀集县人民代表大会志
怀集县人民代表大会志编纂委员会编 谭炳汉主编 怀集 怀集县人民代表大会志编纂委员会 2002 年 503 页
b20138751 D624.654 H558 2002

怀集县教育志 1049-2007
怀集县教育志编纂委员会编 怀集 怀集县教育志编纂委员会 2008 年 438 页
b21568352 G527.654 H558 2008

怀集县水利志
梁石云主编 广州 广东科技出版社 1992 年 244 页
b21855468 TV-092 H558 1992

封开县

封开县志
封开县地方志编纂委员会编 李非庸 陈英杰主编 广州 广东人民出版社 1998 年 987 页〔广东省地方志丛书〕
b13275549 K296.54 F352

封开教育志
封开县教育局编 潘泽钧主编 封开 封开县中学印刷厂 2000 年 209 页〔封开县地方志丛书〕
b22921667 G527.654 F352 2000

封开方言志
侯兴泉著 广州 世界图书出版广东有限公司 2017 年 365 页
b50656545 H178 H4297F 2017

封开县文物志
封开县文物管理委员会 封开县博物馆编 邓增魁主编 封开 封开县文物管理委员会 1995 年 125 页
b16081158 K872.654 D348 1995

德庆县

德庆县志
德庆县地方志编纂委员会编 谢富崇主编 广州 广东人民出版社 1996 年 834 页〔广东省地方志丛书〕
b10604340 K296.54 D291

德庆县志 1979-2000
德庆县地方志编纂委员会编 欧清煜主编 广州 广东人民出版社 2013 年 835 页

〔广东省地方志丛书〕
b44810799 K296.54 D291 2013

德庆县人民代表大会志
德庆县第十四届人民代表大会常务委员会 聂志雄主编 德庆 德庆县第十四届人民代表大会常务委员 2011年 622页
b49533071 D624.654 D291 2011

德庆旅游志 1983–2012
德庆县旅游发展局编 何振超主编 德庆 德庆县旅游发展局 2012年 163页
b50347184 F592.765.4 D291 2012

惠州市

惠州市志
惠州市地方志编纂委员会编 杨奕青总纂 北京 中华书局 2008年 4卷 4814页
b18659111 K296.53 H696J 2008

惠州华侨志
惠州华侨志编纂委员会编 李思贵主编 惠州 惠州市侨联 1998年 242页
b16438012 D634 L417 1998

惠州市体育志 2001–2013
惠州市体育局编 曾思忠 刘永刚主编 惠州 惠州市体育局 2016年 394页
b50729275 G812.765.3 H696 2016

惠州方言志
刘若云著 广州 广东科技出版社 1991年 261页〔惠州市惠城区地方志丛书〕
b17486610 H172.1 L681 1991

惠州志 第6卷 艺文卷
惠州市惠城区地方志编纂委员会编 邹永祥 吴定球编纂 北京 中华书局 2004年 906页
b17510375 K296.53 H696Z 2004

惠州文物志
邹永祥 吴定贤编著 惠州 广东省惠州市文化局 1987年 129页
b36379050 K872.653 H696 1987

大亚湾鱼类及生物学图志 汉英双语版
徐恭昭等编著 合肥 安徽科学技术出版社 1994年 311页
b17457245 S922.9 X569 1994

惠城区

惠阳县志
惠阳市地方志编纂委员会编 卢国秋 蓝青主编 广州 广东人民出版社 2003年 1629页〔广东省地方志丛书〕
b15329628 K296.54 H6969 2003

惠州市惠城区志 1988–2002
惠州市惠城区地方志编纂委员会编 傅荼生主编 广州 广东人民出版社 2012年 957页〔广东省地方志丛书〕
b36708884 K296.53 H696C 2012

惠阳邮电志
惠阳市邮电局编著 钟永安主编 惠阳 惠阳市邮电局 1998年 247页〔惠阳市地方志系列丛书 18〕
b47415071 F632.765.4 H696 1998

惠阳区

广东省惠阳地区地名志
广东省惠阳地区地名委员会编 广州 广东省地图出版社 1988年 634页
b20368884 K926.52 H696 1988

博罗县

博罗县志
博罗县地方志编纂委员会编 黎榕凯 钟兆南主编 北京 中华书局 2001 年 796 页〔广东省地方志丛书〕
b13991358 K296.54 B555

博罗县志 1979–2000
博罗县地方志编纂委员会编 吴小明主编 广州 广东人民出版社 2011 年 1042 页〔广东省地方志丛书〕
b36174658 K296.54 B555C 2011

博罗县人大志
博罗县人民代表大会常务委员会办公室编 博罗 华兴印刷厂 2006 年 369 页
b20137072 D624.654 B555 2006

广东省博罗县教育志
广东省博罗县教育志编纂委员会编 江泮文 李日森主笔 博罗 广东省博罗县教育志编纂委员会 1995 年 165 页
b46273736 G527.654 B555 1995

博罗县文物志
黄观礼主编 广州 中山大学出版社 1988 年 264 页
b20041688 K872.654 H657 1988

罗浮山风物志
谢华主编 广州 广东旅游出版社 1984 年 138 页
b12157892 K928.3 X426

惠东县

惠东县志
惠东县地方志编纂委员会编 崔国华主编 北京 中华书局 2003 年 1008 页
b17515841 K296.54 H696H 2003

龙门县

龙门县志
龙门县地方志编纂委员会编 巫国祥主编 北京 新华出版社 1995 年 817 页〔广东省地方志丛书〕
b1064734x K296.54 L7415

龙门县志 1979–2000
龙门县地方志编纂委员会编 唐广祥主编 广州 广东人民出版社 2011 年 943 页〔广东省地方志丛书〕
b36174646 K296.54 L7415C 2011

龙门县水利志
龙门县水利志编修委员会编 龙门 龙门县水利志编修委员会 1990 年 116 页
b21857866 TV–092 L7415 1990

梅州市

梅州市志
梅州市地方志编纂委员会编 杨增培主编 广州 广东人民出版社 1999 年 3 卷 2209 页〔广东省地方志丛书〕
b12650687 K296.53 M288

梅州市志 1979–2000
梅州市地方志编纂委员会编 黄永 郑少伟 陈丽霞主编 北京 方志出版社 2011 年 2 卷 1599 页〔广东省地方志丛书〕
b36370265 K296.53 M288C 2011

梅州妇女志
梅州市妇联编 余秀云主编 梅州 梅州市妇联 1990 年 160 页〔梅州市地方志丛书〕
b49789417 D442.865.3 M288 1990

梅州市华侨志
广东省梅州市华侨志编委会 广东省梅州市华侨历史学会编 邓富彝主编 梅州 广东省梅州市华侨志编委会 广东省梅州市华侨历史学会 2001年 261页
b20044446 D634 D345 2001

梅州城乡建设志
梅州市建设委员会梅州城乡建设志编纂组编 周甘怀主编 梅州 梅州市建设委员会 1991年 281页〔梅州市地方志丛书〕
b45417465 F299.276.53 M288 1991

梅州教育志
梅州市教育局教育志编写办公室编 刘森水主编 梅州 梅州市教育局教育志编写办公室 1989年 265页〔梅州市地方志丛书〕
b20139706 G527.653 M288 1989

广东省梅州市地名志
梅州市地名委员会编 蓝凤祥主编 广州 广东省地图出版社 1989年 401页
b16436672 K926.53 M288M 1989

梅州水利志
梅州市水利电力局编 王樾主编 梅州 梅州市水利电力局 1995年 349页〔梅州市地方志丛书〕
b21857878 TV-092 M288 1995

梅江区

梅州市梅江区志 1988–2000
梅江区地方志编纂委员会编 张浩源主编 北京 方志出版社 2011年 772页〔广东省地方志丛书〕
b40503288 K296.53 M288M 2011

梅县区

梅县志
梅县地方志编纂委员会编 廖戈主编 广州 广东人民出版社 1994年 1231页〔广东省地方志丛书〕
b10630545 K296.54 M288

梅县志 1979–2000
梅县地方志编纂委员会编 广州 广东人民出版社 2010年 928页〔广东省地方志丛书〕
b21001388 K296.54 M288 2010

梅县丙村镇志
梅县丙村镇志编辑部编 温带权主编 梅县 梅县丙村镇志编辑部 1993年 227页
b20807247 K296.55 B512 1993

松口镇志
广东省梅州市梅县区松口镇志编纂委员会编 叶永生主编 北京 方志出版社 2017年 319页〔中国名镇志文化工程〕
b5064256x K296.55 S673 2017

梅县客家方言志
谢永昌著 广州 暨南大学出版社 1994年 320页〔客家研究丛书〕
b16324973 H176 X428 1994

梅县灵光寺志
梅县灵光寺志编写小组编 张秉健主编 梅州 梅县灵光寺志编写小组 1996年 135页
b19732521 K928.75 L628 1996

梅县环境保护志
梅县环境保护志编纂委员会编 谢伟康主编 梅州 梅县环境保护志编纂委员会

2003 年 234 页
b40740419　X321.265.4 M288 2003

兴宁市

兴宁县志
兴宁县地方志编修委员会编 广州 广东人民出版社 1992 年 979 页〔广东省地方志丛书〕
b10727887　K296.54 X444

兴宁市志　1979–2000
兴宁市志编纂委员会编 潘伟春 陈远方主编 北京 方志出版社 2011 年 1085 页〔广东省地方志丛书〕
b22434367　K296.54 X463E 2011

兴宁县邮电志
刘淦桓主编 兴宁 广东省兴宁县邮电局 1986 年 148 页
b21765868　F632.765.4 X463 1986

兴宁县教育志
兴宁县教育局编 李青冈主编 兴宁 兴宁县教育局 1988 年 310 页
b20182569　G527.654 X463 1988

兴宁县教育志大事记　第 1 次稿 1903–1985
兴宁县教育局教育志办公室编 兴宁 兴宁县教育局教育志办公室 1986 年 油印本 46 页
b20181620　G527.654 X463X 1986

百年树人　广东省兴宁市第一中学志
广东省兴宁市第一中学志编修委员会编 兴宁 广东省兴宁市第一中学志编修委员会 2006 年 376 页
b49640033　G639.286.54 X463 2006

兴宁县文物志　20 世纪 80 年代
兴宁县文物志编辑委员会编 陈子贤主编 兴宁 兴宁县文物志编辑委员会 1985 年 226 页
b36380222　K872.654 X463 1985

大埔县

大埔县志
大埔县地方志编纂委员会编 广州 广东人民出版社 1992 年 738 页〔广东省地方志丛书〕
b10546571　K296.54 D135

大埔县志　1979–2000
大埔县地方志编纂委员会编 黄建辉主编 广州 广东人民出版社 2011 年 1141 页〔广东省地方志丛书〕
b36174488　K296.54 D135 2011

茶阳镇志
大埔县茶阳镇志编纂委员会编 黄建辉主编 大埔 大埔县茶阳镇志编纂委员会 2017 年 286 页〔中国名镇志丛书 中国名镇志文化工程〕
b50233749　K296.55 v5

大埔县教育志
大埔县教育志编写办公室编 大埔 大埔县印刷厂 1991 年 316 页
b18176598　G527.654 D136 1991

丰顺县

丰顺县志
丰顺县地方志编纂委员会编 高国抗 林甦主编 广州 广东人民出版社 1995 年 1192 页〔广东省地方志丛书〕
b10625173　K296.54 F359

丰顺县志 1979–2005
丰顺县志编纂委员会编 邱金水总编辑 北京 方志出版社 2011年 1008页〔广东省地方志丛书〕
b36133504 K296.54 F359C 2011

丰顺县教育志
丰顺县教育志办公室编 丰顺 丰顺县教育志办公室 1997年 193页
b20402843 G527.654 F359 1997

五华县

五华县志
五华县地方志编纂委员会编 张来友编审 广州 广东人民出版社 1991年 725页〔广东省地方志丛书〕
b10655396 K296.54 W538

五华县志 1979–2000
五华县地方志编纂委员会编 严华君主编 北京 方志出版社 2010年 923页〔广东省地方志丛书〕
b36708653 K296.54 W538W 2010

平远县

平远县志
平远县地方志编纂委员会编 陈赞煌主编 广州 广东人民出版社 1993年 788页〔广东省地方志丛书〕
b10628137 K296.54 P613

平远县志 1979–2000
平远县地方志编纂委员会编 肖新民主编 广州 广东人民出版社 2011年 1065页〔广东省地方志丛书〕
b40420954 K296.54 P613 2011

蕉岭县

蕉岭县志
蕉岭县地方志编纂委员会编 赖雨桐主编 广州 广东人民出版社 1992年 792页〔广东省地方志丛书〕
b10760878 K296.54 J371

蕉岭县志 1979–2000
蕉岭县地方志编纂委员会编 夏新民 李生 马志元主编 广州 广东人民出版社 2011年 800页〔广东省地方志丛书〕
b3030135x K296.54 J371 2011

蕉岭县教育志
蕉岭县教育志编纂领导小组编 蕉岭 蕉岭县教育文用厂 1995年 180页
b16358107 G527.654 J371 1995

汕尾市

汕尾市志
汕尾市地方志编纂委员会编 林志华 陈汉群 徐永高 杨双标主编 北京 方志出版社 2013年 2卷 1290页〔广东省地方志丛书〕
b50206886 K296.53 S2797D 2013

汕尾市城区人大志
汕尾市城区人大志编委会编 庄能主编 汕尾 汕尾市城区人大志编委会 2008年 553页
b50234250 D624.653 S279 2008

汕尾政协志 1989–2004
政协广东省汕尾市委员会编 北京 中国文史出版社 2006年 244页
b17799338 D628.653 S279 2006

汕尾文物志
汕尾文物志编辑委员会编 黄智雄主编 汕尾 汕尾文物志编辑委员会 2006年 333页
b47415629 K872.653 S279 2006

广东汕尾凤山祖庙志
凤山祖庙旅游区管理处 祖庙理事会编 黄章槐主编 香港 中国国际图书出版社 2008年 175页
b20576547 K928.75 H671 2008

城 区

汕尾市城区志 1988–2007
汕尾市城区地方志编纂委员会办公室编 曾昭谋主编 北京 方志出版社 2012年 988页〔广东省地方志丛书〕
b44851005 K296.53 S2797 2012

陆丰市

陆丰县志
陆丰县地方志编纂委员会编 林锦佳 连凯跃主编 广州 广东人民出版社 2007年 1240页〔广东省地方志丛书〕
b40425903 K296.54 L836C 2007

碣石文化志
陈守峻主编 陆丰 碣石文化志编写者 1996年 167页
b20534929 G127.654 J444 1996

玄武山志
郑燕辉主编 陆丰 玄武山志编写者 2006年 246页
b20578088 K928.3 X642

陆丰县水利志
广东省陆丰县水利电力局编 陈正气编写 广州 广东科技出版社 1991年 261页
b16862533 TV-092 G682 1991

螺河水利志
广东省陆丰县螺河水利志编纂领导小组编 陈正气主编 广州 广东科技出版社 1995年 181页
b21855493 TV882.865.4 C437 1995

海丰县

海丰县志
海丰县地方志编纂委员会编 广州 广东人民出版社 2005年 2卷 1494页〔广东省地方志丛书〕
b16737726 K296.54 H1452 2005

海丰县志 1988–2004
海丰县地方志编纂委员会编 蔡忠主编 北京 方志出版社 2012年 2卷 1317页〔广东省地方志丛书〕
b40938608 K296.54 H1452 2012

公平镇志
海丰县公平镇人民政府编 廖伟强编撰 北京 中国大地出版社 1999年 199页
b15251718 K296.55 G423 1999

海丰人大志 1993–2013
海丰人大志编纂委员会编 余景新主编 海丰 海丰人大志编纂委员会 2014年 370页
b50727400 D624.654 H145 2014

海丰县民政志 1990–2007
海丰县民政局编 王小明主编 海丰 海丰县民政局 2009年 172页〔海丰县地方志丛书〕
b50727412 D676.54 H145 2009

海丰县商业志 1988–2008
海丰县商业企业集团公司编 林小明主编 海丰 海丰县商业企业集团公司 2008年 313页〔海丰县地方志丛书〕
b50727424 F727.654 H145 2008

海丰县文物志
郑正魁主编 广州 中山大学出版社 1988年 226页
b16142512 K872.65 Z545 1988

公平水库志 1959–2009
海丰县公平水库管理局编 李志荣主编 海丰 海丰县公平水库管理局 2009年 289页〔海丰县地方志丛书〕
b50727369 TV632.653 G423 2009

河源市

河源市志
河源市地方志编纂委员会编 北京 方志出版社 2012年 2卷 1504页〔广东省地方志丛书〕
b40694215 K296.53 H285 2012

河源市工会志 1988–2014
河源市工会志编纂委员会编 何安琼主编 广州 羊城晚报出版社 2016年 389页
b5024663x D412.865.3 H285 2016

河源市工商行政管理志 1999–2015
河源市工商行政管理志编纂委员会编 河源 河源市工商行政管理局 2015年 308页
b5006616x F203.9 H285 2015

河源市地方税务志
河源市地方税务志编纂委员会编 邹汇川主编 河源 河源市地方税务志编纂委员会 2015年 435页
b49982217 F812.765.342 H285 2015

河源广播电视台志
叶振廷主编 广州 暨南大学出版社 2015年 240页
b47017727 G229.276.53 Y384 2015

源城区

河源市源城区志 1988–2003
河源市源城区地方志编纂委员会编 戴育辉主编 广州 广东人民出版社 2012年 1029页〔广东省地方志丛书〕
b40420942 K296.53 H285Y 2012

紫金县

紫金县志
紫金县地方志编纂委员会编 黎业球主编 广州 广东人民出版社 1994年 956页〔广东省地方志丛书〕
b10634095 K296.54 Z845

紫金县志 1979–2004
紫金县地方志编纂委员会编 龚火生 李少锋 黄海波主编 广州 广东人民出版社 2013年 1240页〔广东省地方志丛书〕
b45625499 K296.54 Z845 2013

龙川县

龙川县志
龙川县地方志编纂委员会编 魏平主编 广州 广东人民出版社 1994年 716页〔广东省地方志丛书〕
b10727346 K296.54 L741

龙川县志 1979–2004
龙川县地方志编纂委员会编 邹道平主编

广州 广东人民出版社 2012年 990页〔广东省地方志丛书〕
b44810805 K296.54 L741 2012

车田镇志
车田镇志修编委员会编 邓文强主编 龙川 车田镇志修编委员会 2010年 434页
b40648023 K296.55 C3938 2010

枫深村志
枫深村志编撰委员会编 龙川 枫深村志编撰委员会 2003年 210页
b22359667 K296.55 F356 2003

鹤市镇志
鹤市镇志编纂委员会编 黄伯如主编 龙川 龙川县鹤市镇志编纂委员会 2010年 411页
b2300339x K296.55 H312 2010

黄岭村志
叶桂发主编 广州 广东人民出版社 2014年 246页
b47126188 K296.55 H662 2014

下塔村志
广东省龙川县下塔村志编撰委员会编 巫资发主编 龙川 广东省龙川县下塔村志编撰委员会 2012年 254页
b50066043 K296.55 X1858 2012

龙川县文物志
龙川县文化局编 龙川 龙川县文化局 2004年 197页
b20577266 K872.654 L741 2004

连平县

连平县志
连平县地方志编纂委员会编 叶新 简树堂 余兆明主编 北京 中华书局 2001年 683页〔广东省地方志丛书〕
b13991280 K296.54 L4695

连平县志 1979–2004
连平县地方志编纂委员会编 张永集主编 广州 岭南美术出版社 2013年 726页〔广东省地方志丛书〕
b4583989x K296.54 L4695 2013

连平县教育志
连平县教育志编纂委员会编 北京 中华书局 2004年 273页
b15905913 G527.654 L469 2004

和平县

和平县志
和平县地方志编纂委员会编 罗秋云 黄再兴 朱文明主编 广州 广东人民出版社 1999年 765页〔广东省地方志丛书〕
b13991590 K296.54 H313

增公村志
陈振耀 黄金章 卢国祥编著 广州 中山大学出版社 2018年 117页〔岭南地志·村史〕
b50817218 K296.55 Z243 2018

东源县

东源县志 1988–2004
东源县地方志编纂委员会编 欧阳建朋 刘志平主编 广州 广东人民出版社 2012年 1186页〔广东省地方志丛书〕
b40938803 K296.54 D5828 2012

东源县政协志 1980–2010
东源县政协志编纂委员会编 许德通主编 东源 东源县政协志编纂委员会 2010年

450 页
b50991383　D628.654　D582　2010

阳江市

阳江市志　1988–2000
阳江市地方志编纂委员会编　韦丽坤　陈芝岳主编　广州　广东人民出版社　2010 年　2 卷　1346 页〔广东省地方志丛书〕
b3670863x　K296.53　Y225　2010

江城区

阳江市江城区志　1988–2000
阳江市江城区地方志编纂委员会编　关新主编　广州　广东经济出版社　2013 年　760 页〔广东省地方志丛书〕
b47414856　K296.53　Y225J　2013

司堋村志
司堋村志编纂委员会编　司徒达潘主编　北京　中国社会科学出版社　2007 年　244 页〔社科文库〕
b18162162　K296.55　S648　2007

阳江古村落简志
阳江市地方志办公室编　郑州　中州古籍出版社　2015 年　216 页〔阳江历史地情文库〕
b46934522　K296.54　Y2254C　2015

阳东区

阳东县志　1988–2000
阳东县地方志编纂委员会编　许彩霞　关璇主编　北京　中华书局　2008 年　764 页〔广东省地方志丛书〕
b40421235　K296.54　Y2252　2008

阳春市

阳春县志
阳春市地方史志办公室编　钟万全等主编　广州　广东人民出版社　1996 年　1138 页〔广东省地方志丛书〕
b10564226　K296.54　Y225

阳春市志　1979–2000
阳春市地方志编纂委员会编　肖冠业　黄辉祥　郑集主编　广州　广东人民出版社　2013 年　1012 页〔广东省地方志丛书〕
b45445084　K296.54　Y225　2013

阳春市教育志
阳春市教育志编纂委员会编　戴才辉编写　潘玉干编辑　阳春　阳春市教育志编纂委员会　2000 年　493 页
b40743937　G527.654　Y225　2000

阳春文物志
阳春文物志编纂委员会编　钟万全主编　阳春　阳春文物志编纂委员会　2004 年　157 页
b17515944　K872.653　Z626　2004

阳西县

阳江县志
阳江市地方志编纂委员会编　广州　广东人民出版社　2000 年　2 卷　1396 页〔广东省地方志丛书〕
b13992879　K296.54　Y2254

阳西县志　1988–2000
阳西县地方志编纂委员会编　陶计敖　谭开俭　林国兰主编　广州　广东人民出版社　2013 年　796 页〔广东省地方志丛书〕
b45445096　K296.54　Y2258　2013

清远市

清远县志
清远市地方志编纂办公室编 赵伯杰主修 清远 清远市地方志编纂办公室 1995 年 1036 页
b10564615 K296.54 Q467

清远市志 1988–2003
清远市志编纂委员会编 罗琼标 邓翠萍主编 广州 广东人民出版社 2012 年 2 卷 1305 页〔广东省地方志丛书〕
b40420978 K296.53 Q467C 2012

清远县水利志
清远县水利志编辑室编 清远 清远县水利志编辑室 1992 年 185 页
b21856564 TV–092 Q4678 1992

清城区

清远市清城区志
清远市清城区地方志编纂委员会编 黄雄章主编 广州 广东人民出版社 2012 年 1103 页〔广东省地方志丛书〕
b40420966 K296.53 Q467Q 2012

清新区

清新县志 1988–2005
清新县地方志编纂委员会编 李向武主编 广州 广东人民出版社 2012 年 950 页〔广东省地方志丛书〕
b36708872 K296.54 Q4671 2012

英德市

英德县志
英德县地方志编纂委员会编 丘海沧主编 广州 广东人民出版社 2006 年 1007 页〔广东省地方志丛书〕
b17178630 K296.54 Y545 2006

英德市城乡建设志
英德市城乡建设委员会编 北京 中国建筑工业出版社 1994 年 177 页〔中华人民共和国地方志〕
b21763446 F299.2765.3 Y545 1994

英德市文物志
区坚刚主编 英德 英德市博物馆 2004 年 262 页
b36380295 K872.654 Y545 2004

连州市

连县志
广东省连县县志编写委员会编 唐键等编写 连县 广东省连县县志编写委员会 1985 年 469 页
b12747671 K296.54 L4698

连州市志
连州市地方志编纂委员会编 兰瑞彪主编 广州 广东人民出版社 2011 年 1208 页〔广东省地方志丛书〕
b40424522 K296.54 L4699C 2011

连州文物志
连州文物志编撰委员会编 刘泽和主编 北京 中国文史出版社 2014 年 506 页
b46239832 K872.654 L469 2014

连县地理志
连县县志办公室编著 谢健朝执笔 连县 连县县志办公室 1992 年 31 页
b12987529 K926.54 L469

佛冈县

佛冈县志
佛冈县地方志编纂委员会编 北京 中华书局 2003年 994页〔中华人民共和国丛书〕
b14882899 K296.54 F423 2003

上岳村志
广东省佛冈县龙山镇上岳村志编纂委员会编 李协湖主编 北京 方志出版社 2017年 214页〔中国名村志丛书 中国名村志文化工程〕
b50642789 K296.55 v5

佛冈县财政志
佛冈县财政志编委会编 冯庆洲主编 广州 广东人民出版社 2016年 639页
b50065415 F812.765.4 F423 2016

佛冈县教育志
佛冈县教育志编写组编 朱千秋主编 佛冈 佛冈县教育志编写组 2000年 350页
b17736201 G527.654 F423 2000

阳山县

阳山县志
阳山县地方志编纂委员会编 邹北林 梁九胜主编 北京 中华书局 2003年 1310页〔中国地方志丛书〕
b16006380 K296.54 Y2251 2003

连山壮族瑶族自治县

连山壮族瑶族自治县志
连山壮族瑶族自治县志编纂委员会编 韦留钿主编 北京 三联书店 1997年 837页〔中华人民共和国地方志丛书〕
b12698441 K296.54 L469

连山壮族瑶族自治县志 1979–2005
连山壮族瑶族自治县志编纂委员会编 莫祖扬主编 北京 方志出版社 2010年 870页
b22364717 K296.54 L469 2010

连山壮族瑶族自治县文化艺术志
连山壮族瑶族自治县文化艺术志编写组编 连山 连山印刷厂 1992年 260页〔连山壮族瑶族自治县地方志丛书〕
b36378835 G127.654 L469 1992

连山壮族瑶族自治县壮族瑶族志
连山壮族瑶族志编写组编 覃鸿基主编 北京 中国文联出版公司 2002年 277页〔牡丹文丛〕
b16649072 K281.8 T1869 2002

连南瑶族自治县

连南瑶族自治县县志
连南瑶族自治县地方志编纂委员会编 杨金隆主编 广州 广东人民出版社 1996年 769页〔广东省地方志丛书〕
b13209309 K296.54 L4696

连南瑶族自治县志 1979–2004
连南瑶族自治县地方史志编纂委员会编 许文清 李国兴主编 广州 广东人民出版社 2012年 1034页〔广东省地方志丛书〕
b40739508 K296.54 L4696 2012

东莞市

东莞市志
东莞市地方志编纂委员会编 李灿林主编 广州 广东人民出版社 1995年 1609页
b10625239 K296.53 D582

东莞市志 1979–2000
东莞市地方志编纂委员会编 黎桂康主编 广州 广东人民出版社 2013 年 3 卷 1880 页〔广东省地方志丛书〕
b44795026 K296.53 D582 2013

东莞市茶山镇志
东莞市茶山镇志编纂委员会编 黄少峰主编 广州 岭南美术出版社 2010 年 797 页
b40647997 K296.55 C267 2010

东莞市长安镇上沙志
东莞市长安镇上沙志编纂委员会编 长春 吉林大学出版社 2011 年 448 页
b49505890 K296.55 S322 2011

东莞市长安镇志
东莞市长安镇志编纂委员会编 梁荣业 陈福坤主编 广州 广东人民出版社 2009 年 486 页
b2236495x K296.55 C3461 2009

东莞市常平镇桥梓村志
东莞市常平镇桥梓村志编纂委员会编 周世勤主编 广州 广东人民出版社 2010 年 316 页
b22359618 K296.55 Q3849 2010

东莞市常平镇志
东莞市常平镇志编纂委员会编 周世勤 黄景鹏主编 广州 广东人民出版社 2009 年 546 页
b20466614 K296.53 D582E 2009

东莞市大朗镇志
东莞市大朗镇志编纂委员会编 莫厚良 谢锦波主编 广州 广东人民出版社 2010 年 830 页
b20810362 K296.55 D135 2010

东莞市大岭山镇志
中共东莞市大岭山镇委员会 东莞市岭山镇人民政府镇志办公室编 东莞 东莞市岭山镇人民政府镇志办公室 1991 年 462 页
b22359576 K296.55 D1355 1991

东莞市凤岗镇官井头村志
官井头村志编纂委员会编 卓金华主编 广州 岭南美术出版社 2008 年 380 页
b36028988 K296.55 G639 2008

东莞市凤岗镇黄洞村志
黄洞村志编纂委员会编 曾运添主编 广州 岭南美术出版社 2011 年 302 页
b49963442 K296.55 H655 2011

东莞市横沥镇村尾村志
东莞市横沥镇村尾村志编纂委员会编 叶深全主编 北京 中国文史出版社 2015 年 233 页
b47073548 K296.55 C849 2015

东莞市横沥镇志
东莞市横沥镇志编纂委员会编 叶杨吉主编 广州 岭南美术出版社 2010 年 555 页
b4064800x K296.55 H391 2010

东莞市虎门镇南栅村志
东莞市虎门镇南栅村志编纂委员会编 王锐成主编 广州 广东人民出版社 2015 年 632 页
b4950549x K296.55 N1617 2015

东莞市黄江镇志
东莞市黄江镇志编纂委员会编 北京 中华书局 2016 年 915 页
b49580784 K296.55 H659 2016

东莞市南城区志
东莞市南城区志编纂委员会编 陈桂明 钱超 黎慧勤 黄少文主编 广州 广东人民出版社 2015年 1022页
b46551232 K296.53 N1617 2015

东莞市企石镇志
东莞市企石镇志编纂委员会编 熊仕权主编 广州 广东人民出版社 2016年 741页
b49961044 K296.55 Q153 2016

东莞市桥头镇志
中共桥头镇委员会 桥头镇人民政府编 刘庆华主编 广州 岭南美术出版社 2006年 303页
b18659056 K296.55 Q384 2006

东莞市石龙镇新维村志
东莞市石龙镇新维村志编委会编 叶惠新主编 广州 羊城晚报出版社 2014年 280页
b49963454 K296.55 X4447 2014

东莞市石龙镇志
东莞市石龙镇志编纂委员会编 广州 岭南美术出版社 2004年 603页
b16426071 K296.55 S473 2004

东莞市樟木头镇志
东莞市樟木头镇志编纂委员会编 赖远强主编 北京 文物出版社 2008年 686页
b22359953 K296.55 Z377 2008

东莞市中堂镇志
东莞市中堂镇志编纂委员会编 广州 广东人民出版社 2012年 870页
b40739673 K296.55 Z645 2012

厚街镇志
中共东莞市厚街镇委会 东莞市厚街镇人民政府镇志编写组编 广东 广东写作学会 1994年 459页
b18176148 K296.53 Z643 1994

虎门镇志
广东省东莞市虎门镇志编纂委员会编 北京 方志出版社 2016年 354页〔中国名镇志丛书〕
b47206068 K296.55 H495 2016

油甘埔村志
油甘埔村志编纂委员会编 张庆新主编 广州 岭南美术出版社 2006年 414页
b18659032 K296.55 Y671 2006

竹尾田村志
竹尾田村志编纂委员会编 海口 南方出版社 2008年 232页
b22359801 K296.55 Z7298 2008

东莞市统计志
东莞市统计局 国家统计局东莞调查队编 北京 中华书局 2010年 536页
b49639997 C832.653 D582 2010

东莞政协志 1956–1998
政协广东省东莞市委员会编 马汉民主编 东莞 政协广东省东莞市委员会 1998年 366页
b18120568 D628.653 Z546 1998

东莞市检察志
东莞市检察志编纂委员会编 黄文艾主编 广州 广东人民出版社 2008年 397页
b4093522x D926.32 D582 2008

东莞市司法行政志
东莞市司法行政志编纂委员会编 彭启尧主编 广州 广东人民出版社 2011年 300页

b42291288 D927.653.61 D582 2011

东莞市工商行政管理志
东莞市工商行政管理志编纂委员会编 张志云主编 广州 广东人民出版社 2011 年 679 页
b40647948 F203.9 D5823 2011

东莞市劳动志
东莞市劳动志编纂委员会编 宁康 张德舜总纂 广州 岭南美术出版社 2010 年 436 页
b40648011 F249.276.53 D582 2010

东莞质量技术监督志
东莞质量技术监督志编纂委员会编 欧南燕主编 广州 广东人民出版社 2013 年 498 页
b44795038 F279.233.2 D582 2013

东莞市海洋与渔业志
东莞市海洋与渔业志编纂委员会编 叶普仁主编 广州 广东人民出版社 2014 年 689 页
b46995110 F326.476.53 D582 2014

东莞市公路志
东莞市公路志编纂委员会编 黄观祥主编 北京 方志出版社 2007 年 337 页
b21226830 F542.865.3 D582 2007

东莞粮食志
广东省东莞市粮食局编 广州 广东科技出版社 1992 年 389 页
b46011092 F724.721 D582 1992

东莞市供销合作联社志 1988–2004
东莞市供销合作联社志编纂委员会编 房玉强 冯学忠主编 北京 方志出版社 2006 年 337 页
b50247013 F727.653 D582 2006

东莞市口岸志
东莞市口岸志编纂工作领导小组编 北京 中华书局 2006 年 271 页
b19023303 F752.865.3 D582 2006

东莞教育志 1979–2000
东莞市教育局编志办编 袁建鎏主编 广州 广东教育出版社 2004 年 543 页
b17509579 G527.653 Y792 2004

东莞市体育志
东莞市体育志编纂委员会编 叶伟才 周锡鸿 张建强编辑 广州 广东人民出版社 2006 年 348 页
b3624689x G812.765.3 D582 2006

龙眼志 中国新型社会的岭南标本
李秀国著 上海 上海古籍出版社 2015 年 483 页
b50269410 K296.55 L7429 2015

桥头风物志
东莞市桥头镇文化站编 莫树材著 东莞 东莞市桥头镇文化站 1990 年 157 页
b20535491 K926.55 Q384 1990

东莞植物志
邢福武等主编 武汉 华中科技大学出版社 2010 年 520 页
b20922693 Q948.526.53 D582 2010

东莞市人民医院志
东莞市人民医院志编纂委员会编 张亚林 蔡立民主编 郑州 中州古籍出版社 2018 年 557 页
b50994141 R199.2 D5823 2018

中山市

中山市志
中山市地方志编纂委员会编 赵德均主编 广州 广东人民出版社 1997年 2卷 1558页〔广东省地方志丛书〕
b1059338x K296.53 Z645

中山市志 1979-2005
中山市地方志编纂委员会编 吴冉彬 冯荣球主编 广州 广东人民出版社 2012年 2卷 1813页〔广东省地方志丛书〕
b40739661 K296.53 Z645 2012

长命水村志
中山市五桂山长命水村志编纂委员会编 高志良主编 广州 广东人民出版社 2013年 339页〔中山市五桂山村志系列〕
b44795099 K296.55 C3462 2013

长洲村志
黄汉强 黄咏勋主编 中山 中山市长洲社区居民委员会 2006年 207页
b4627375x K296.55 C3469 2006

桂南村志
中山市五桂山桂南村志编纂委员会编 潘开明主编 广州 广东人民出版社 2014年 310页〔中山市五桂山村志系列〕
b45445114 K296.55 G731 2014

黄圃志
中山市黄圃镇人民政府编 王小曼主编 中山 中山市黄圃镇人民政府 1997年 173页
b50233981 K296.55 H665C 1997

沙溪镇志
中山市沙溪镇人民政府编 高灿雄主编 广州 花城出版社 1999年 496页
b1394745x K296.55 S231

石鼓村志
中山市五桂山石鼓村志编纂委员会编 刘月球主编 广州 广东人民出版社 2014年 363页〔中山市五桂山村志系列〕
b45969723 K296.55 S472 2014

小榄镇东区社区志 1152-2009
小榄镇东区社区志编纂组编 赵明辉主编 广州 广东人民出版社 2012年 402页〔广东省中山市村志系列〕
b40647961 K296.55 X3475C 2012

小榄镇志
广东省中山市小榄镇志编纂委员会编 毕春梅责任编辑 北京 方志出版社 2016年 352页〔中国名镇志文化工程〕
b49629554 K296.55 X3475D 2016

中山市板芙镇志
中山市板芙镇志编纂委员会编 罗淑怡总纂 广州 广东人民出版社 2017年 790页〔广东省中山市镇区志系列〕
b50817206 K296.55 B191 2017

中山市大涌镇志
中山市大涌镇志编纂委员会编 李国明主编 广州 广东人民出版社 2017年 1028页〔广东省中山市镇区志系列〕
b50150509 K296.55 D1369 2017

中山市东凤镇志
中山市东凤镇志编纂委员会编 陈汝坤 李华军 李翔宇主编 广州 广东人民出版社 2016年 522页〔广东省中山市镇区志系列〕
b49625925 K296.55 D5821 2016

中山市东升镇志
中山市东升镇志编纂委员会编 贺晖 梁汉熙 冯海垣主编 广州 广东人民出版社 2017年 622页〔广东省中山市镇区志系列〕
b51131511 K296.55 D5827 2017

中山市古镇镇志
中山市古镇镇志编纂委员会编 广州 广东人民出版社 2016年 603页〔广东省中山市镇区志系列〕
b50013348 K296.55 G542 2016

中山市南朗镇志
中山市南朗镇志编纂委员会编 程康交 简君毅 林定华主编 广州 广东人民出版社 2015年 1098页〔广东省中山市镇区志系列〕
b47051371 K296.55 N1615 2015

中山市南区志
中山市南区地方志编纂委员会编 郭渊主编 广州 广东人民出版社 2017年 546页〔广东省中山市镇区志系列〕
b50215504 K296.53 Z645M 2017

中山市南头镇志
中山市南头镇地方志编纂委员会编 钟信 李孟开主编 广州 广东人民出版社 2017年 902页〔广东省中山市镇区志系列〕
b50993744 K296.55 N16181 2017

中山市坦洲镇志
中山市坦洲镇志编纂委员会编 陈三戈主编 广州 广东人民出版社 2014年 1098页〔广东省中山市镇区志系列〕
b46377098 K296.55 T215 2014

中山市五桂山南桥村志
中山市五桂山南桥村志编纂委员会编 巫金雄主编 广州 广东人民出版社 2015年 290页〔中山市五桂山村志系列〕
b51079471 K296.55 N1616 2015

中山市五桂山镇志
五桂山镇地方志编纂委员会编 廖开强主编 广州 广东人民出版社 2008年 709页〔广东省中山市镇区志系列〕
b19329416 K296.55 W538 2008

中山市西区志
中山市西区志编纂委员会编 关瑞鳞主编 广州 广东人民出版社 2017年 1053页〔广东省中山市镇区志系列〕
b50748129 K296.55 X1197 2017

中山市小榄镇志
中山市小榄镇地方志编纂委员会编 高华载 梁华海 李冠文主编 广州 广东人民出版社 2012年 2卷 2356页〔广东省中山市镇区志系列〕
b36708860 K296.55 X3475 2012

中共中山市委党校志 1959–2008
中共中山市委党校志编纂委员会编 张镇鎏主编 广州 广东人民出版社 2012年 187页
b50665091 D261.41-09 Z369 2012

中山市华侨志
中山市外事侨务局 中山市港澳事务局编 陈迪秋主编 广州 广东人民出版社 2013年 926页
b45625475 D634 Z645 2013

中山市检察志
中山市检察志编纂委员会编 关英彦主编

广州 广东人民出版社 2010年 506页〔广东省中山市专业志系列〕
b21001261 D927.653 G641 2010

中山市金融志
中山市金融志编纂委员会编 古志强主编 广州 广东科技出版社 1993年 155页
b49982011 F832.765.3 Z645 1993

中山市文化志
中山市文化志编写委员会编 刘居上主编 广州 广东人民出版社 1994年 257页
b19932959 G127.653 L678 1994

中山市教育志
中山市教育委员会编 容晖主编 广州 广东科技出版社 1995年 460页
b15913442 G527.653 Z645 1995

中山市东区志
广东省中山市人民政府东区办事处编 谭振东主编 广州 广东人民出版社 2014年 515页〔广东省中山市镇区志系列〕
b45625463 K296.53 Z645E 2014

中山市人物志
中山市人民政府地方志办公室编 冯荣球主编 广州 广东人民出版社 2012年 575页
b40739727 K820.865.3 Z645 2012

广东省中山市地名志
广东省中山市地名志编纂委员会编 吴炯常主编 广州 广东科技出版社 1989年 479页
b17736274 K926.53 Z645 1989

中山市地名录
中山市国土房管局 中山市地名委员会办公室编 广州 广东省地图出版社 2000年 643页
b3624692x K926.53 Z645C 2000

中山市水利志 1988–2005
中山市水利志编纂委员会编 吴锦堂主编 广州 岭南美术出版社 2007年 356页〔广东省中山市专业志系列〕
b44915834 TV-092 Z645 2007

中山市环境保护志
中山市环境保护局编 广州 花城出版社 1998年 273页
b15642288 X321.265.3 Z645 1998

潮州市

潮州市志
潮州市地方志编纂委员会编 廖来保主编 广州 广东人民出版社 1995年 2卷 2392页〔广东省地方志丛书〕
b10617103 K296.53 C376

潮州市志 1992–2005
潮州市地方志编纂委员会编 黄继澍 陈子新主编 广州 岭南美术出版社 2014年 2卷 1392页〔广东省地方志丛书〕
b49963430 K296.53 C376J 2014

潮州市佛教志 潮州开元寺志
慧原编纂 潮州 潮州开元寺 1992年 1087页
b18201726 B947.265.3 H711 1992

潮州市金融志 1987–2005
潮州市金融志领导小组编 翁德熙主编 潮州 潮州市金融志领导小组 2009年 194页
b45569137 F832.765.3 C376 2009

潮州市戏剧志
潮州市戏剧志编写组编 陈俊粦主编 潮州 潮州市戏剧志编写组 1988年 255页
b17301919 J809.2 C422 1988

凤凰山畲族志
潮州市民族宗教局编 马建钊 徐和主编 广州 广东人民出版社 2012年 138页
b51072439 K288.3 M138 2012

潮州市文物志
潮州市文物志编写组编 谢逸主编 潮州 潮州市文物志编纂组 1985年 365页
b21567190 K872.653 X428 1985

潮州市地名志
潮州市地名委员会 潮州市国土局编 吴静波主编 广州 广东省地图出版社 2000年 368页
b16436039 K926.53 C376 2000

潮州艺文志
饶锷 饶宗颐著 上海 上海古籍出版社 1994年 693页〔潮汕文库.潮汕历史文献丛编〕
b10516177 Z812.265.2 C376

潮安区

潮州市枫溪区志 1996–2010
潮州市枫溪区地方志编纂委员会编 董仲贤 蔡益雄主编 广州 岭南美术出版社 2013年 644页〔广东省地方志丛书〕
b44915822 K296.53 C376F 2013

彩塘镇志
彩塘镇志办公室编 黄猷主编 潮州 彩塘镇志办公室 1992年 559页
b36014035 K296.55 C126 1992

大山乡志
潮州市大山乡志编委会编 潮州 潮州市大山乡志编委会 1988年 油印本 96页
b20576316 K296.55 D1368 1988

井里乡志
潮州市井里乡志暨柯氏族谱修编委员会编 柯木祥主编 潮州 潮州市井里乡志暨柯氏族谱修编委员会 2007年 115页
b2300275x K296.55 J555 2007

庵埠志
庵埠志编纂办公室编 杨启献主编 北京 新华出版社 1990年 469页
b36013857 K296.55 A168 1990

饶平县

饶平县志
饶平县地方志编纂委员会编 陈和韬主编 广州 广东人民出版社 1994年 1133页〔广东省地方志丛书〕
b10630715 K296.54 R158

饶平县志 1979–2005
饶平县地方志编纂委员会编 陈肯堂主编 广州 广东人民出版社 2011年 1210页〔广东省地方志丛书〕
b4042098x K296.54 R158 2011

霞绕张氏族谱乡志
霞绕张氏族谱乡志编委会编 饶平 霞绕张氏族谱乡志编委会 2009年 701页
b2040489x K820.9 Z3458 2009

揭阳市

揭阳县志
揭阳县地方志编纂委员会编 吴克主编 广

州 广东人民出版社 1993 年 923 页〔广东省地方志丛书〕
b16002276 K296.54 J4219 1993

揭阳县志 续编 1986－1991
贺益明主编 广州 广东经济出版社 2005 年 704 页
b16737581 K296.54 J4219 2005

揭阳县志 续编 征求意见稿
揭阳县地方志编纂者编 揭阳 揭阳县地方志编纂者 2004 年 722 页
b16859352 K296.54 J421 2004

揭阳市志 1992–2004
揭阳市志编纂委员会编 蔡榜藩 林少纯 张素忠主编 北京 方志出版社 2013 年 1396 页〔广东省地方志丛书〕
b45444821 K296.53 J421 2013

揭阳县法院志 1920–1992
揭阳县法院志编写组编 揭阳 揭阳县法院志编写组 2003 年 204 页
b50318950 D926.22 J421 2003

靖海发电公司志 2003–2013
靖海发电公司志编纂委员会编 许昂主编 揭阳 靖海发电公司志编纂委员会 2014 年 525 页
b50778973 F426.61 J562 2014

揭阳县财政志
揭阳县财政志编写组编 孙名旭主编 揭阳 揭阳县财政志编写小组 1989 年 319 页
b45417441 F812.765.4 J421 1989

揭阳县教育志
揭阳县教育志编写领导小组编 江经瑶主编 揭阳 揭阳县教育志编写小组 1988 年 181 页
b20185340 G527.654 J421 1988

地都区志
揭阳县地都区志编纂办公室编 彭妙艳主编 揭阳 揭阳县地都区志编纂办公室 1989 年 2 卷 662 页
b22433454 K296.55 J421D 1989

揭阳市地名志
揭阳市地名委员会编 林奠明主编 北京 人民日报出版社 2002 年 543 页
b16432253 K926.53 J421 2002

揭阳县水利志
广东省揭阳县水利电力局编 张弥生主编 广州 广东科技出版社 1992 年 177 页
b21855481 TV–092 J421 1992

榕城区

榕城区志
榕城区志编纂委员会编 贺益明主编 北京 经济日报出版社 1999 年 563 页
b13055744 K296.54 R264

棣松乡志
棣松乡志编修委员会编 揭阳 棣松乡乡史研究会 1998 年 412 页
b17992801 K296.55 D657 1998

广东省揭阳县榕城镇志
榕城镇地方志编纂办公室编 孙寒冰主编 揭阳 榕城镇地方志编纂办公室 1990 年 659 页
b2001465x K296.55 R264 1990

广东省揭阳县渔湖镇志
陈弘平主编 揭阳 渔湖镇地方志编纂办公

室 1991年 352页
b20402971 K296.55 Y7293 1991

厚洋乡志
厚洋乡志编委会编 林盛宗主编 揭阳 厚洋乡志编委会 2004年 582页
b20101715 K296.55 H444 2004

揭阳市榕城区梅云镇志
梅云镇镇志编纂委员会编 黄义荣主编 长沙 湖南地图出版社 1998年 495页
b49505579 K296.55 M288 1998

仙桥志
陈悦波主编 汕头 汕头大学出版社 2013年 655页
b49964008 K296.55 X192 2013

揭东区

揭东县志 1992-2010
揭东县地方志编纂委员会编 陈楚鹏主编 北京 方志出版社 2012年 928页〔广东省地方志丛书〕
b36708847 K296.54 J4212 2012

新寨乡志 铺前吴
广东省揭东县炮台镇新寨乡志编纂委员会编 揭东 广东省揭东县炮台镇新寨乡志编纂委员会 2000年 545页
b20404955 K296.55 X4449 2000

桂岭志
桂岭志编纂委员会编 卢大轻主编 揭阳 桂岭志编纂委员会 2015年 539页
b51091343 K296.55 G7315 2015

揭阳县霖磐区志
霖磐区志编写小组编 揭阳 霖磐区志编写小组 1987年 210页
b20577011 K296.54 J421L 1987

普宁市

普宁县志
普宁市地方志编纂委员会编 陈克寒总纂 广州 广东人民出版社 1995年 798页〔广东省地方志丛书〕
b1063664x K296.54 P693

普宁市志 1989-2004
普宁市地方志办公室编 黄增权 沉木泳主编 陈克寒执行主编 广州 广东人民出版社 2011年 840页〔广东省地方志丛书〕
b30002308 K296.53 P693 2011

弥高乡志
弥高乡志编纂委员会 中共普宁泥沟总支委员会 普宁泥沟村村委会编 普宁 泥沟村委会 2008年 377页
b36127668 K296.55 M384 2008

普宁市果陇村志 1279-2014
果陇村党总支 果陇村村委会 果陇村志编纂委员会编 庄荣平主编 广州 广东人民出版社 2015年 501页
b47194856 K296.55 G814 2015

新坛志
新坛志编纂委员会编 香港 博士苑出版社 2014年 254页
b47296884 K296.55 X4448 2014

普宁县教育志
普宁县教育局编 林培基主编 普宁 普宁县教育局 1989年 183页
b20262528 G527.654 P693 1989

普宁县风俗志
王史风编撰 普宁 广东省普宁县地方志编纂委员会办公室 1989年 86页
b20140058 K296.54 P693N 1989

揭西县

揭西县志
揭西县地方志编纂委员会编 吴育林 张国栋主编 广州 广东人民出版社 1994年 808页〔广东省地方志丛书〕
b10616536 K296.54 J421

揭西县志 1979–2003
揭西县地方志编纂委员会编 李文纂主编 广州 广东人民出版社 2005年 880页〔广东省地方志丛书〕
b16378465 K296.54 J421 2005

惠来县

惠来县志
惠来县地方志编纂委员会编 黄水利总编 北京 新华出版社 2002年 846页〔中华人民共和国地方志丛书〕
b14996273 K296.54 H696 2002

惠来县志 1979–2004
惠来县地方志编纂委员会编 林振标主编 北京 方志出版社 2011年 986页〔广东省地方志丛书〕
b23216499 K296.54 H695 2011

惠来县政协志
中国人民政治协商会议惠来县委员会编 惠来 中国人民政治协商会议惠来县委员会 2000年 248页
b20534711 D628.654 H696 2000

惠来县教育志
万钟灵主编 惠来 惠来县教育志编纂者 1988年 油印本 152页
b27575779 G527.654 H696 1988

云浮市

云浮县志
云浮县地方志编纂委员会编 苏永才主编 广州 广东人民出版社 1995年 812页〔广东省地方志丛书〕
b10617164 K296.54 Y879

云浮市志
云浮市地方志编纂委员会编 梁清林主编 广州 广东人民出版社 2012年 1095页〔广东省地方志丛书〕
b44748814 K296.53 Y879 2012

云浮市中共组织志
云浮市中共组织志编纂委员会编 云浮 云浮市地方志编纂委员会 2008年 327页〔云浮市地方志丛书〕
b5032035x D235.653 Y879 2008

云浮市工会志
云浮市工会志编纂委员会编 邓滨主编 云浮 云浮市地方志编纂委员会 2006年 223页〔云浮市地方志丛书〕
b50320294 D412.865.3 Y879 2006

云浮市人大志
云浮市人大志编纂委员会编 云浮 云浮市人大志编纂委员会 2006年 225页〔云浮市地方志丛书〕
b36014138 D624.653 Y879

云浮市政府志
云浮市政府志编纂委员会编 欧真志主编

云浮 云浮市地方志编纂委员会 2007 年 259 页〔云浮市地方志丛书〕
b50320348 D625.653 Y879 2007

云浮市政协志
云浮市政协志编纂委员会编 梁运尤主编 云浮 云浮市地方志编纂委员会 2005 年 174 页〔云浮市地方志丛书〕
b44852393 D628.653 Y879 2005

云浮市国土资源志
云浮市国土资源志编纂委员会编 左成雄主编 云浮 云浮市地方志编纂委员会 2006 年 256 页〔云浮市地方志丛书 11〕
b47416348 F129.965.3 Y879 2006

云浮市审计志
云浮市审计志编纂委员会编 梁敏坚主编 云浮 云浮市审计志编纂委员会 2011 年 107 页〔云浮市地方志丛书之三十八〕
b49964483 F239.227.653 Y879 2011

云浮电力工业志 1915–2000
云浮电力工业志编纂委员会编 孙何洪主编 云浮 云浮电力工业志编纂委员会 2007 年 249 页〔广东省电力工业志丛书〕
b49851500 F426.61 Y879 2007

云浮发电厂志 1984–2000
云浮发电厂志编纂委员会编 梁宇为主编 云浮 云浮发电厂志编纂委员会 2001 年 338 页〔广东电力工业志丛书〕
b49849360 F426.61 L493 2001

云浮硫铁矿企业集团公司志
云浮硫铁矿企业集团公司编 广州 广东人民出版社 1992 年 447 页
b51012108 F426.1 Y8792 1992

云浮市工业志
云浮市经济贸易局编 郭福主编 云浮 云浮市地方志编纂委员会 2005 年 259 页〔云浮市地方志丛书 7〕
b47585158 F429.653 Y879 2005

云浮市交通志 1994–2015
云浮市交通运输局编 江汝生主编 广州 广东人民出版社 2016 年 595 页
b47404516 F512.765.3 Y879 2016

云浮县交通志
云浮县交通局 云浮县县志编纂委员会办公室编 冯世廷 陈章宝编写 云浮 云浮县县志编纂委员会办公室 1990 年 134 页〔云浮县地方志丛书〕
b36093506 F512.765.4 Y879 1990

云浮市旅游志
云浮市旅游志编纂委员会编 叶金波主编 云浮 云浮市旅游志编纂委员会 2010 年 332 页〔云浮市地方志丛书〕
b40648035 F592.765.3 Y879 2010

云浮市物价志
云浮市物价志编纂委员会编 麦有辉 何树生 袁灿均主编 云浮 云浮市物价志编纂委员会 2011 年 224 页〔云浮市地方志丛书 39〕
b47352747 F726.765.3 Y879 2011

云浮市对外经济贸易志
云浮市对外经济贸易志编纂委员会编 曾钦窝主编 云浮 云浮市地方志编纂委员会 2005年 214页〔云浮市地方志丛书 6〕
b49472586 F752.865.3 Y879 2005

云浮市财政志 1994–2010
云浮市财政局编 梁锦波主编 云浮 云浮

市财政局 2011 年 439 页
b50320270 F812.765.3 Y879 2011

云浮市税务志
云浮市税务志编纂委员会编 潘少华 曾锦新主编 云浮 云浮市税务志编纂委员会 2008 年 234 页〔云浮市地方志丛书 28〕
b4741635x F812.765.342 Y879 2008

云浮金融志
梁森泉主编 云浮 云浮市金融志领导组 1993 年 110 页〔云浮市地方志丛书〕
b50320300 F832.755.3 Y879 1993

云浮市科学技术志
云浮市科学技术志编纂委员会编 崔逢池 江志英主编 云浮 云浮市地方志编纂委员会 2005 年 302 页〔云浮市地方志丛书〕
b50320312 G322.765.3 C816 2005

云浮市教育志
云浮市教育志编纂委员会编 陈维岳主编 云浮 云浮市地方志编纂委员会 2007 年 369 页〔云浮市地方志丛书〕
b41235307 G527.653 Y879 2007

云浮中学志 1914–2004
云浮市云浮中学 云城区教育局 云城区史志办合编 朱东海主编 云浮 云浮中学志编委会 2004 年 321 页
b20104984 G639.286.53 Y879 2004

云浮市体育志
云浮市体育志编纂委员会编 谢天明 谢子超主编 云浮 云浮市地方志编纂委员会 2006 年 141 页〔云浮市地方志丛书〕
b50320324 G812.765.3 Y879 2006

云浮方言志
宋长栋 余伟文 庄益群编著 广州 广东高等教育出版社 1995 年 362 页
b16435151 H178 S677 1995

云浮文物志
云浮县文物志编纂委员会编 陈耀升主编 云浮 云浮县文物志编纂委员会 1990 年 142 页〔云浮地方志专志丛书〕
b36380325 K872.654 Y879 1990

云浮市地名志
云浮市地名志编纂委员会编 黎汉飞主编 云浮 罗定市美术装潢印刷厂 2006 年 631 页〔云浮市地方志丛书〕
b50320282 K926.53 Y879 2006

云浮市卫生志
云浮市卫生志编纂委员会编 苏启棠 赵淑华 李万程主编 云浮 云浮市地方志编纂委员会 2008 年 328 页〔云浮市地方志丛书〕
b50320336 R199.2 Y879 2008

云浮市城乡建设志
云浮市城乡建设志编纂委员会编 陈显良 徐树桂主编 云浮 云浮市地方志编纂委员会 2007 年 360 页〔云浮市地方志丛书 17〕
b4735236x TU984.265.3 Y879 2007

云浮市水务志
云浮市水务志编纂委员会编 王跃武主编 云浮 云浮市地方志编纂委员会 2005 年 333 页〔云浮市地方志丛书 3〕
b49472598 TV–092 Y8792C 2005

云浮县水利志
云浮县水利电力局编 李集祥主编 云浮 云浮县水利电力局 1990 年 124 页
b21858056 TV–092 Y8792 1990

云城区

云浮市云城区志 1979–2000
云浮市云城区地方志编纂委员会编 曹松旺主编 广州 广东人民出版社 2012 年 584 页〔广东省地方志丛书〕
b40420991 K296.53 Y879Y 2012

云浮市云城区人大志 1950–2007
云浮市云城区人大志编纂委员会编 云浮 云浮市云城区人大志编纂委员会 2010 年 589 页
b49964495 D624.653 Y879Y 2010

云城区政协志
云浮市云城区政协志编纂委员会编 云浮 云浮市云城区政协志编纂委员会 2015 年 340 页
b50248613 D628.653 Y879Y 2015

云城区财政志 1950–2006
云城区财政志编纂领导小组 郭华主编 云浮 云城区财政志编纂领导小组 2008 年 297 页
b44852381 F812.765.3 Y879Y 2008

云安区

云安县志
云安县地方志编纂委员会编 陈汉强 肖向荣 黄汉寰主编 广州 广东人民出版社 2011 年 846 页〔广东省地方志丛书〕
b40424388 K296.54 Y8791 2011

罗定市

罗定县志
罗定县地方志编纂委员会编 欧平主编 广州 广东人民出版社 1994 年 725 页〔广东省地方志丛书〕
b1054656x K296.54 L921

罗定市志 1979–2003
罗定市地方志编纂委员会编 廖美琼主编 广州 广东人民出版社 2012 年 921 页〔广东省地方志丛书〕
b44795063 K296.53 L921 2012

罗定市政协志 1980–2010
政协广东省罗定市委员会编 张家强主编 罗定 政协广东省罗定市委员会 2011 年 636 页
b47243478 D628.654 L921 2011

罗定市教育志
罗定市教育局编 广州 广东人民出版社 1997 年 259 页
b1399184x G527.653 L921

罗定县水利志
罗定县水利电力局编 陈汝甲主编 罗定 广东省罗定县人民印刷厂 1990 年 281 页
b21857416 TV–092 C431 1990

新兴县

新兴县志
新兴县地方志编纂委员会编 黄尔崇主编 广州 广东人民出版社 1993 年 770 页〔广东省地方志丛书〕
b10630065 K296.54 X4448

新兴县志 1979–2000
新兴县地方志编纂委员会编 黄伙有 叶木荣 江壮宏主编 广州 广东人民出版社 2012 年 1136 页〔广东省地方志丛书〕
b4073965x K296.54 X4448 2012

龙山国恩寺志
新兴县龙山国恩寺志编纂委员会编 苏增慰主编 新兴 新兴县龙山国恩寺志编纂委员会 1997 年 273 页
b20015811 B947.265.4 S715 1997

新兴县政协志
中国人民政治协商会议新兴县委员会编 梁锦波 梁世枢主编 新兴 中国人民政治协商会议新兴县委员会 2008 年 250 页〔新兴县地方志丛书〕
b5107946x D628.654 X444 2008

新兴县华侨志
新兴县人民政府侨务办公室 新兴县归国华侨联合会编 新兴 新兴县人民政府侨务办公室 1988 年 153 页
b20046418 D634 X444 1988

国土资源志
新兴县国土资源局 新兴县地方志编纂委员会编 谢礼忠主笔 新兴 新兴县地方志编纂委员会 2005 年 433 页〔新兴县地方志丛书〕
b21570954 F129.965.4 X444 2005

新兴县公路志 1979–2004
新兴县公路局编 罗伟主笔 新兴 新兴县地方志编纂委员会 2007 年 191 页〔新兴县地方志丛书〕
b50778043 F542.865.4 X444 2007

新兴县金融志
新兴县金融志编纂领导组编 黄进展主编 新兴 新兴县金融志编纂领导组 1993 年 400 页
b50665777 F832.765.4 X444 1993

新兴县卫生志
新兴县卫生局新兴县卫生志编写组编 潘荣忠 苏启棠总编辑 新兴 新兴县卫生局 1988 年 133 页
b49964410 R199.2 X444 1988

新兴县水利志
广东省新兴县水利电力局编 新兴 新兴县水利电力局 1989 年 170 页
b17482707 TV–092 G682X 1989

郁南县

郁南县志
郁南县地方志编纂委员会编 林锦涛主编 广州 广东人民出版社 1995 年 959 页〔广东省地方志丛书〕
b10630697 K296.54 Y764

郁南县志 1979–2000
郁南县地方志编纂委员会编 广州 广东人民出版社 2011 年 1103 页〔广东省地方志丛书〕
b36708859 K296.54 Y764Y 2011

都城镇志
郁南县都城镇志编纂小组编 李立主编 郁南 郁南县都城镇志编纂小组 1991 年 506 页
b50269641 K296.55 D658 1991

郁南县水利志
广东省郁南县水利电力局编 魏华荣主编 郁南 郁南县水利电力局 1989 年 188 页
b21855559 TV–092 Y764 1989

广西壮族自治区

广西简志
广西壮族自治区地方志编纂委员会办公室编 南宁 广西人民出版社 2008 年 290 页
b21633691 K296.7 G684J 2008

广西通志 附录
广西壮族自治区地方志编纂委员会编 蓝日基卷主编 南宁 广西人民出版社 2006 年 1043 页
b12488550 K296.7 G684C

广西通志 第 1 卷 自然地理志
广西壮族自治区地方志编纂委员会编 莫大同主编 南宁 广西人民出版社 1994 年 473 页
b12488550 K296.7 G684C

广西通志 第 2 卷 地震志
广西壮族自治区地方志编纂委员会编 莫敬业主编 南宁 广西人民出版社 1990 年 166 页
b12488550 K296.7 G684C

广西通志 第 3 卷 气象志
广西壮族自治区地方志编纂委员会编 张玉坤主编 南宁 广西人民出版社 1996 年 345 页
b12488550 K296.7 G684C

广西通志 第 4 卷 人口志
广西壮族自治区地方志编纂委员会编 黄贤林主编 南宁 广西人民出版社 1993 年 371 页
b12488550 K296.7 G684C

广西通志 第 5 卷 统计志
广西壮族自治区地方志编纂委员会编 梁祥胜主编 南宁 广西人民出版社 1996 年 344 页
b12488550 K296.7 G684C

广西通志 第 6 卷 宗教志
广西壮族自治区地方志编纂委员会编 朱名遂主编 南宁 广西人民出版社 1995 年 349 页
b12488550 K296.7 G684C

广西通志 第 7 卷 人民代表大会志
广西壮族自治区地方志编纂委员会编 刘木林主编 南宁 广西人民出版社 1997 年 438 页
b12488550 K296.7 G684C

广西通志 第 8 卷 中共广西地方组织志
广西壮族自治区地方志编纂委员会编 何绍榜主编 南宁 广西人民出版社 1994 年 428 页
b12488550 K296.7 G684C

广西通志 第 9 卷 侨务志
广西壮族自治区地方志编纂委员会编 向大有主编 南宁 广西人民出版社 1994 年 371 页
b12488550 K296.7 G684C

广西通志 第 10 卷 民政志
广西壮族自治区地方志编纂委员会编 蓝志流主编 南宁 广西人民出版社 1996

年 319 页
b12488550 K296.7 G684C

广西通志 第 11 卷 军事志
广西壮族自治区地方志编纂委员会编 谭开先主编 南宁 广西人民出版社 1994 年 590 页
b12488550 K296.7 G684C

广西通志 第 12 卷 检察志
广西壮族自治区地方志编纂委员会编 韦乃煌主编 南宁 广西人民出版社 1996 年 336 页
b12488550 K296.7 G684C

广西通志 第 12 卷 检察志 1994-2008
广西壮族自治区地方志编纂委员会编 张少康主编 南宁 广西人民出版社 2012 年 420 页
b41213713 K296.7 G684D

广西通志 第 13 卷 财政志
广西壮族自治区地方志编纂委员会编 黎灼仁主编 南宁 广西人民出版社 1995 年 590 页
b12488550 K296.7 G684C

广西通志 第 13 卷 财政志 1992－2004
广西壮族自治区地方志编纂委员会编 刘家凯 刘进 黎基钦主编 南宁 广西人民出版社 2014 年 639 页
b46488558 K296.7 G684D

广西通志 第 14 卷 物价志
广西壮族自治区地方志编纂委员会编 经晓道 乔仁卿 李朔东主编 南宁 广西人民出版社 1996 年 395 页
b12488550 K296.7 G684C

广西通志 第 15 卷 商检志
广西壮族自治区地方志编纂委员会编 王荣生主编 南宁 广西人民出版社 1996 年 278 页
b12488550 K296.7 G684C

广西通志 第 16 卷 供销合作社志
广西壮族自治区地方志编纂委员会编 廖凤一主编 南宁 广西人民出版社 1996 年 416 页
b12488550 K296.7 G684C

广西通志 第 17 卷 金融志
广西壮族自治区地方志编纂委员会编 冼光位总纂 陈伯发卷主编 南宁 广西人民出版社 1994 年 459 页
b12488550 K296.7 G684C

广西通志 第 18 卷 海关志
广西壮族自治区地方志编纂委员会编 周荣国主编 南宁 广西人民出版社 1997 年 491 页
b12488550 K296.7 G684C

广西通志 第 19 卷 教育志
广西壮族自治区地方志编纂委员会编 李德韩 蒙荫昭主编 南宁 广西人民出版社 1995 年 826 页
b12488550 K296.7 G684C

广西通志 第 20 卷 邮电志
广西壮族自治区地方志编纂委员会编 张宏涛主编 南宁 广西人民出版社 1994 年 421 页
b12488550 K296.7 G684C

广西通志 第 21 卷 体育志
广西壮族自治区地方志编纂委员会编 张树武主编 南宁 广西人民出版社 1989 年 447 页
b12488550 K296.7 G684C

广西通志 第22卷 民俗志
广西壮族自治区地方志编纂委员会编 张有隽主编 南宁 广西人民出版社 1992年 445页
b12488550 K296.7 G684C

广西通志 第23卷 科学技术志
广西壮族自治区地方志编纂委员会编 苏仁芳主编 南宁 广西人民出版社 1997年 1217页
b12488550 K296.7 G684C

广西通志 第24卷 民航志
广西壮族自治区地方志编纂委员会编 秦森源 梁吉田主编 南宁 广西人民出版社 1995年 254页
b12488550 K296.7 G684C

广西通志 第25卷 地质矿产志
广西壮族自治区地方志编纂委员会编 翟佑华主编 南宁 广西人民出版社 1992年 508页
b12488550 K296.7 G684C

广西通志 第26卷 冶金工业志
广西壮族自治区地方志编纂委员会编 冼光位总纂 程高岭卷主编 南宁 广西人民出版社 1996年 524页
b12488550 K296.7 G684C

广西通志 第27卷 煤炭工业志
广西壮族自治区地方志编纂委员会编 鲁令杰主编 南宁 广西人民出版社 1997年 475页
b12488550 K296.7 G684C

广西通志 第28卷 电力工业志
广西壮族自治区地方志编纂委员会编 王醒 韩瑞荧 张大廷主编 南宁 广西人民出版社 1990年 316页
b12488550 K296.7 G684C

广西通志 第28卷 电力工业志 1986-2002
广西壮族自治区地方志编纂委员会编 黄进平主编 南宁 广西人民出版社 2012年 532页
b40938761 K296.7 G684D

广西通志 第29卷 农业志
广西壮族自治区地方志编纂委员会编 胡方明 张志民主编 南宁 广西人民出版社 1995年 914页
b12488550 K296.7 G684C

广西通志 第30卷 糖业志
广西壮族自治区地方志编纂委员会编 蓝日基 冼光位总纂 黄福添卷主编 南宁 广西人民出版社 1998年 403页
b12488550 K296.7 G684C

广西通志 第31卷 农垦志
广西壮族自治区地方志编纂委员会编 南宁 广西人民出版社 1998年 360页
b12488550 K296.7 G684C

广西通志 第32卷 测绘志
广西壮族自治区地方志编纂委员会编 宣复基主编 南宁 广西人民出版社 1998年 301页
b12488550 K296.7 G684C

广西通志 第33卷 水利志
广西壮族自治区地方志编纂委员会编 苏为典主编 南宁 广西人民出版社 1998年 608页
b12488550 K296.7 G684C

广西通志 第33卷 水利志 1991-2005
广西壮族自治区地方志编纂委员会编 刘仲桂主编 南宁 广西人民出版社 2011年 738页
b4093875x K296.7 G684D

广西通志 第34卷 人事志
广西壮族自治区地方志编纂委员会编 莫军主编 南宁 广西人民出版社 1998年 420页
b12488550 K296.7 G684C

广西通志 第35卷 政府志
广西壮族自治区地方志编纂委员会编 李荫主编 南宁 广西人民出版社 1998年 558页
b12488550 K296.7 G684C

广西通志 第36卷 大事记
广西壮族自治区地方志编纂委员会编 罗解三主编 南宁 广西人民出版社 1998年 628页
b12488550 K296.7 G684C

广西通志 第37卷 科学技术协会志
广西壮族自治区地方志编纂委员会编 陆军主编 南宁 广西人民出版社 1996年 309页
b12488550 K296.7 G684C

广西通志 第38卷 政协志
广西壮族自治区地方志编纂委员会编 钟家佐主编 南宁 广西人民出版社 1998年 406页
b12488550 K296.7 G684C

广西通志 第39卷 经济总志
广西壮族自治区地方志编纂委员会编 易昭荣主编 南宁 广西人民出版社 1998年 430页
b12488550 K296.7 G684C

广西通志 第40卷 有色金属工业志
广西壮族自治区地方志编纂委员会编 胡世仁主编 南宁 广西人民出版社 1994年 482页
b12488550 K296.7 G684C

广西通志 第41卷 铁路志
广西壮族自治区地方志编纂委员会编 罗叙德主编 南宁 广西人民出版社 1992年 380页
b12488550 K296.7 G684C

广西通志 第41卷 铁路志 1991-2005
广西壮族自治区地方志编纂委员会编 黄玮主编 南宁 广西人民出版社 2016年 518页
b49860756 K296.7 G684D

广西通志 第42卷 工会志
广西壮族自治区地方志编纂委员会编 王俊卿主编 南宁 广西人民出版社 1996年 375页
b12488550 K296.7 G684C

广西通志 第42卷 工会志 1991-2005
广西壮族自治区地方志编纂委员会编 杨建新主编 南宁 广西人民出版社 2012年 545页
b40938748 K296.7 G684D

广西通志 第43卷 外事志
广西壮族自治区地方志编纂委员会编 李家发主编 南宁 广西人民出版社 1998年 304页
b12488550 K296.7 G684C

广西通志 第 44 卷 粮食志
广西壮族自治区地方志编纂委员会编 刘兴周主编 南宁 广西人民出版社 1994 年 369 页
b12488550 K296.7 G684C

广西通志 第 45 卷 劳动志
广西壮族自治区地方志编纂委员会编 祝遵璠主编 南宁 广西人民出版社 1996 年 428 页
b12488550 K296.7 G684C

广西通志 第 46 卷 少数民族语言志
广西壮族自治区地方志编纂委员会编 梁进杰主编 南宁 广西人民出版社 2000 年 837 页
b12488550 K296.7 G684C

广西通志 第 48 卷 外经贸志
广西壮族自治区地方志编纂委员会编 南宁 广西人民出版社 1997 年 706 页
b12488550 K296.7 G684C

广西通志 第 49 卷 医疗卫生志
广西壮族自治区地方志编纂委员会编 龙如森主编 南宁 广西人民出版社 1999 年 540 页
b12488550 K296.7 G684C

广西通志 第 50 卷 岩溶志
广西壮族自治区地方志编纂委员会编 朱德浩主编 南宁 广西人民出版社 2000 年 216 页
b12488550 K296.7 G684C

广西通志 第 51 卷 社会科学志
广西壮族自治区地方志编纂委员会编 朱荣主编 南宁 广西人民出版社 1999 年 554 页
b12488550 K296.7 G684C

广西通志 第 52 卷 民俗志
广西壮族自治区地方志编纂委员会编 张有隽主编 南宁 广西人民出版社 1992 年 438 页
b12488550 K296.7 G684C

广西通志 第 53 卷 生物志
广西壮族自治区地方志编纂委员会编 尤国珍主编 南宁 广西人民出版社 2000 年 532 页
b12488550 K296.7 G684C

广西通志 第 54 卷 广播电视志
广西壮族自治区地方志编纂委员会编 郑久燊主编 南宁 广西人民出版社 2000 年 505 页
b12488550 K296.7 G684C

广西通志 第 55 卷 文化志
广西壮族自治区地方志编纂委员会编 周民震 韦壮凡主编 南宁 广西人民出版社 1999 年 440 页
b12488550 K296.7 G684C

广西通志 第 56 卷 共青团志
广西壮族自治区地方志编纂委员会编 蓝日基 冼光位总纂 甘霖卷总纂 南宁 广西人民出版社 2002 年 457 页
b12488550 K296.7 G684C

广西通志 第 57 卷 行政区划志
广西壮族自治区地方志编纂委员会编 蓝日基 冼光位总纂 韦宣仁卷主编 南宁 广西人民出版社 2001 年 735 页
b12488550 K296.7 G684C

广西通志 第 58 卷 石油化学工业志
广西壮族自治区地方志编纂委员会编 谭土生主编 南宁 广西人民出版社 1999

年 433 页
b12488550　K296.7 G684C

广西通志　第 59 卷 汉语方言志
广西壮族自治区地方志编纂委员会编 南宁 广西人民出版社 1998 年 897 页
b12488550　K296.7 G684C

广西通志　第 60 卷 纺织工业志
广西壮族自治区地方志编纂委员会编 郑敬为主编 南宁 广西人民出版社 2000 年 416 页
b12488550　K296.7 G684C

广西通志　第 61 卷 出版志
广西壮族自治区地方志编纂委员会编 蓝怀廷主编 南宁 广西人民出版社 1999 年 631 页
b12488550　K296.7 G684C

广西通志　第 62 卷 公安志
广西壮族自治区地方志编纂委员会编 马禾主编 南宁 广西人民出版社 2002 年 1093 页
b12488550　K296.7 G684C

广西通志　第 63 卷 交通志
广西壮族自治区地方志编纂委员会编 冼光位总纂 曹洪兴 刘中光卷主编 南宁 广西人民出版社 1996 年 489 页
b12488550　K296.7 G684C

广西通志　第 64 卷 文学艺术志
广西壮族自治区地方志编纂委员会编 彭洋 罗传洲主编 南宁 广西人民出版社 2002 年 454 页
b12488550　K296.7 G684C

广西通志　第 65 卷 妇联志
广西壮族自治区地方志编纂委员会编 董婉春主编 南宁 广西人民出版社 2001 年 356 页
b12488550　K296.7 G684C

广西通志　第 66 卷 林业志
广西壮族自治区地方志编纂委员会编 庞子齐 阳雄飞主编 南宁 广西人民出版社 2001 年 726 页
b12488550　K296.7 G684C

广西通志　第 67 卷 建筑材料工业志
广西壮族自治区地方志编纂委员会编 施家宁主编 南宁 广西人民出版社 2000 年 344 页
b12488550　K296.7 G684C

广西通志　第 68 卷 审计志
广西壮族自治区地方志编纂委员会编 覃立勋主编 南宁 广西人民出版社 1997 年 222 页
b12488550　K296.7 G684C

广西通志　第 69 卷 二轻工业志
广西壮族自治区地方志编纂委员会编 农朝俊主编 南宁 广西人民出版社 2003 年 297 页
b12488550　K296.7 G684C

广西通志　第 70 卷 商业志
广西壮族自治区地方志编纂委员会编 孙德明主编 南宁 广西人民出版社 2000 年 420 页
b12488550　K296.7 G684C

广西通志　第 71 卷 一轻工业志
广西壮族自治区地方志编纂委员会编 苏惠权主编 南宁 广西人民出版社 2005 年 465 页
b12488550　K296.7 G684C

广西通志 第 72 卷 民主党派工商联志
广西壮族自治区地方志编纂委员会编 南宁 广西人民出版社 2004 年 331 页
b12488550 K296.7 G684C

广西通志 第 73 卷 乡镇企业志
广西壮族自治区地方志编纂委员会编 赵魏主编 南宁 广西人民出版社 2002 年 434 页
b12488550 K296.7 G684C

广西通志 第 74 卷 电子工业志
广西壮族自治区地方志编纂委员会编 欧阳芳滴主编 南宁 广西人民出版社 2004 年 225 页
b12488550 K296.7 G684C

广西通志 第 75 卷 邮电志
广西壮族自治区地方志编纂委员会编 张宏涛主编 南宁 广西人民出版社 1994 年 394 页
b12488550 K296.7 G684C

广西通志 第 75 卷 邮电志 1991–2002
广西壮族自治区地方志编纂委员会编 张宏涛主编 南宁 广西人民出版社 2005 年 721 页
b45422059 K296.7 G684D

广西通志 第 76 卷 环境保护志
广西壮族自治区地方志编纂委员会编 秦文凯卷主编 南宁 广西人民出版社 2005 年 528 页
b12488550 K296.7 G684C

广西通志 第 77 卷 审判志
广西壮族自治区地方志编纂委员会编 黄建明主编 南宁 广西人民出版社 2000 年 483 页
b12488550 K296.7 G684C

广西通志 第 78 卷 土地志
广西壮族自治区地方志编纂委员会编 秦智杰主编 南宁 广西人民出版社 2002 年 740 页
b12488550 K296.7 G684C

广西通志 第 79 卷 司法行政志
广西壮族自治区地方志编纂委员会编 张宁缘 赖日东主编 南宁 广西人民出版社 2002 年 363 页
b12488550 K296.7 G684C

广西通志 第 80 卷 旅游志
广西壮族自治区地方志编纂委员会编 陈听正 肖建刚主编 南宁 广西人民出版社 2003 年 866 页
b12488550 K296.7 G684C

广西通志 第 81 卷 报业志
广西壮族自治区地方志编纂委员会编 南宁 广西人民出版社 2007 年 617 页
b12488550 K296.7 G684C

广西通志 第 82 卷 烟草志 1522–2003
广西壮族自治区地方志编纂委员会编 艾世平主编 南宁 广西人民出版社 2009 年 781 页
b45423702 K296.7 G684D

广西通志 第 83 卷 医药志
广西壮族自治区地方志编纂委员会编 吴国兴主编 南宁 广西人民出版社 2000 年 606 页
b12488550 K296.7 G684C

广西通志 第 83 卷 质量技术监督志 前 217–2003
广西壮族自治区地方志编纂委员会编 邓

于仁主编 南宁 广西人民出版社 2009年 712页
b45423738 K296.7 G684D

广西通志 第84卷 机械工业志
广西壮族自治区地方志编纂委员会编 余先正主编 南宁 广西人民出版社 2009年 951页
b12488550 K296.7 G684C

广西通志 第85卷 民族志
广西壮族自治区地方志编纂委员会编 覃乃昌主编 南宁 广西人民出版社 2009年 2卷 1407页
b12488550 K296.7 G684C

广西通志 第86卷 人物志
广西壮族自治区地方志编纂委员会编 李秋洪 蓝日基主编 南宁 广西人民出版社 2009年 984页
b12488550 K296.7 G684C

广西通志 第87卷 工商行政管理志
广西壮族自治区地方志编纂委员会编 黄绍熙主编 南宁 广西人民出版社 1995年 323页
b12488550 K296.7 G684C

广西通志 第88卷 城乡建设志
广西壮族自治区地方志编纂委员会编 宋继东主编 南宁 广西人民出版社 2009年 746页
b12488550 K296.7 G684C

广西通志 第89卷 出入境检验检疫志 1917-2003
广西壮族自治区地方志编纂委员会编 南宁 广西人民出版社 2007年 850页
b12488550 K296.7 G684C

广西通志 第90卷 计划生育志 1956-2003
广西壮族自治区地方志编纂委员会编 何劳等主编 南宁 广西人民出版社 2010年 463页
b12488550 K296.7 G684C

广西通志 第91卷 总述
广西壮族自治区地方志编纂委员会编 李秋洪 蓝日基主编 南宁 广西人民出版社 2010年 601页
b12488550 K296.7 G684C

广西通志 第92卷 人民生活志
广西壮族自治区地方志编纂委员会编 黄卫东主编 南宁 广西人民出版社 2011年 566页
b12488550 K296.7 G684C

广西通志 第93卷 扶贫志 1978-2000
广西壮族自治区地方志编纂委员会编 吴宇雄主编 南宁 广西人民出版社 2013年 447页
b45625529 K296.7 G684D

广西通志 第94卷 照片志
广西壮族自治区地方志编纂委员会编 蓝日基 李秋洪主编 南宁 广西人民出版社 2013年 891页
b46442261 K296.7 G684D

广西通志 第95卷 农业志 1978-2008
广西壮族自治区地方志编纂委员会编 张明沛主编 南宁 广西人民出版社 2011年 1058页
b47071667 K296.7 G684D

广西通志 第96卷 国家税务志 1994-2005
广西壮族自治区地方志编纂委员会编 王柳德主编 南宁 广西人民出版社 2013

年 323 页
b46899066 K296.7 G684D

广西通志 第 97 卷 林业志 1991–2005
广西壮族自治区地方志编纂委员会编 曾广云 陈秋华主编 南宁 广西人民出版社 2014 年 813 页
b4720638x K296.7 G684D

广西通志 第 98 卷 地质矿产志 1988–2000
广西壮族自治区地方志编纂委员会编 肖建刚主编 南宁 广西人民出版社 2012 年 687 页
b47415514 K296.7 G684D

广西通志 第 99 卷 人物 大事记 附录卷 1979–2005
广西壮族自治区地方志编纂委员会编 秦邕江卷主编 北京 方志出版社 2016 年 864 页
b47365626 K296.7 G684D

广西通志 第 100 卷 社会卷 1979–2005
广西壮族自治区地方志编纂委员会编 邓敏杰卷主编 北京 方志出版社 2016 年 698 页
b47365638 K296.7 G684D

广西通志 第 101 卷 文化卷 1979–2005
广西壮族自治区地方志编纂委员会编 文崇礼卷主编 北京 方志出版社 2016 年 862 页
b4736564x K296.7 G684D

广西通志 第 102 卷 经济卷 1979–2005
广西壮族自治区地方志编纂委员会编 唐中克 徐远征卷主编 北京 方志出版社 2016 年 986 页
b47365614 K296.7 G684D

广西通志 第 103 卷 政治卷 1979–2005
广西壮族自治区地方志编纂委员会编 蓝日基卷主编 北京 方志出版社 2016 年 750 页
b47365651 K296.7 G684D

广西通志 第 104 卷 综合卷 1979–2005
广西壮族自治区地方志编纂委员会编 雷坚卷主编 北京 方志出版社 2016 年 464 页
b47365663 K296.7 G684D

广西通志 行政区划志 1990–2005
广西壮族自治区地方志编纂委员会编 韩元利 陈利丹主编 南宁 广西人民出版社 2016 年 858 页
b50729615 K296.7 G6843X 2016

广西通志 地方税务志 1994–2005
广西壮族自治区地方志编纂委员会编 南宁 广西人民出版社 2016 年 256 页
b50233907 K296.7 G6843 2016

广西北部湾经济区简志
广西地方志编纂委员会办公室编 南宁 广西人民出版社 2008 年 289 页
b20949042 D676.7 G684 2008

广西审判志
广西壮族自治区高级人民法院广西审判志编辑室 潘立英总纂 南宁 广西壮族自治区高级人民法院广西审判志编辑室 1991 年 讨论稿 838 页
b5077914x D927.675.02 P159 1991

广西北部湾经济区志
广西壮族自治区地方志编纂委员会办公室 广西成卓文化发展有限公司 广西地情影像资料中心编著 南宁 广西美术出版社 2011 年 255 页
b46995225 F127.67 G6841 2011

广西名优品牌志
广西地方志编纂委员会办公室编 蓝日基主编 南宁 广西人民出版社 2005年 375页
b22429712 F127.67 L171 2005

广西农垦志 1991-2011
广西壮族自治区农垦局 广西农垦集团有限责任公司编纂 罗永魁主编 南宁 广西人民出版社 2016年 827页
b49950642 F329.637 L924 2016

广西农业志 水产资料长编
广西壮族自治区水产局编 匡维远编 南宁 广西壮族自治区水产局 1990年 558页
b50221528 F329.67 K463 1990

广西农业志 1986-1995
广西壮族自治区农业厅编 南宁 广西人民出版社 1998年 380页
b50221516 F329.67 G684 1998

中国煤炭志 广西卷
中国煤炭志编纂委员会编 崔云龙 鲁令杰主编 北京 煤炭工业出版社 1997年 485页
b40805980 F426.21 Z6485U 1997

广西壮族自治区电力工业志
广西壮族自治区电力工业志编委会编 北京 水利电力出版社 1992年 418页〔中国电力工业志丛书〕
b27574660 F427.67 G684 1992

广西壮族自治区电力工业志 1991-2002
吴善富主编 北京 中国电力出版社 2010年 708页〔中国电力工业志丛书〕
b27574672 F427.67 G684 2010

广西税务志
广西税务志编纂委员会编 李广森 秦尚元 李史廉编纂 南宁 广西人民出版社 1997年 486页
b27574659 F812.767 G684 1997

广西工商银行志
冯奇主编 南宁 广西人民出版社 1992年 223页
b49533654 F832.767 F376 1992

广西金融志
广西金融志编纂委员会编 喻瑞祥 陈伯发主编 南宁 广西金融志编纂委员会 1992年 896页
b40740341 F832.767 Y767 1992

广西保险志
柳云主编 南宁 广西民族出版社 1993年 335页
b45839700 F842.767 L712 1993

广西教育改革志
广西壮族自治区教育厅编 梁全进 陈先乐主编 桂林 广西师范大学出版社 2003年 636页
b27575627 G527.67 L492 2003

广西高中志
广西壮族自治区地方志编纂委员会办公室编 李秋洪主编 南宁 广西人民出版社 2014年 761页
b50017172 G639.286.7 L415 2014

中华舞蹈志 广西卷
中华舞蹈志编辑委员会编 蓝凡主编 胡勖卷主编 上海 学林出版社 2014年 458页
b44694489 J709.267 L171 2014

中华舞蹈志 广西卷
中华舞蹈志编辑委员会编 蓝凡主编 胡勖

卷主编 上海 学林出版社 2004年 458页
b15936880 J709.267 Z643

中国戏曲志 广西卷
中国戏曲志编辑委员会 中国戏曲志广西卷编辑委员会编 北京 中国ISBN中心 1995年 723页
b10669152 J809.2 Z651G

广西话剧志
广西话剧志编委会编 彭梅玉主编 南宁 广西人民出版社 2008年 320页
b20042607 J824 P335 2008

广西风物图志 第1辑 戏剧
广西壮族自治区地方志编纂委员会编办公室编 蒋新平 刘洋洋著 北京 社会科学文献出版社 2018年 266页
b50891297 J825.67-64 J356 2018

毛南族志
毛南族志编纂委员会编著 谭鹏星 卢伟益主编 南宁 广西人民出版社 2015年 700页
b47331276 K287.6 M243C 2015

广西地方志大事记
广西壮族自治区地方志编纂委员会办公室编 李秋洪主编 南宁 广西人民出版社 2012年 155页
b45625517 K296.7 L415 2012

广西新编地方志文献汇编
广西壮族自治区通志馆 地方志协会编 南宁 广西壮族自治区通志馆 2000年 671页
b18264451 K296.7 G6849 2000

广西重点镇志 第1卷
广西壮族自治区通志馆编 南宁 广西人民出版社 2004年 452页
b15905585 K296.75 G684 2004

左右江革命根据地人物志
中共广西区委党史研究室编 南宁 广西人民出版社 1998年 365页〔中共广西地方历史研究丛书〕
b1751051x K820.867 Z643 1998

广西风物图志 第1辑 铜鼓
广西壮族自治区地方志编纂委员会编办公室编 蒋廷瑜著 北京 社会科学文献出版社 2018年 242页
b50891364 K875.52 J356 2018

广西风物图志 第1辑 服饰
广西壮族自治区地方志编纂委员会编办公室编 玉时阶著 北京 社会科学文献出版社 2018年 296页
b50891352 K892.23-64 Y774 2018

广西风物图志 第1辑 圩集
广西壮族自治区地方志编纂委员会编办公室编 王光荣 张孝飞著 北京 社会科学文献出版社 2018年 120页
b50891376 K892.467-64 W217 2018

广西风物图志 第1辑 古村镇
广西壮族自治区地方志编纂委员会编办公室编 吕瑞荣著 北京 社会科学文献出版社 2018年 247页
b50891388 K926.75-64 L981 2018

广西风物志
莫杰主编 南京 广西人民出版社 1984年 665页〔中国风物志丛书〕
b12158872 K926.7 M629

广西海域地名志
广西壮族自治区地名委员会办公室编 张

声震主编 南宁 广西民族出版社 1992 年 226 页
b16432289 K926.7 G684 1992

中国海岛志 广西卷
中国海岛志编纂委员会编 陈连增总编 黄秀清卷主编 北京 海洋出版社 2014 年 900 页
b45649078 K928.44 C424F 2014

广西地震志
广西地震局历史地震小组编 南宁 广西人民出版社 1982 年 288 页
b20949054 P316.267 G684 1982

广西壮族自治区区域地质志
广西壮族自治地质矿产局编 北京 地质出版社 1985 年 853 页〔中华人民共和国地质矿产部地质专报〕
b18792091 P562

中国海湾志 第 12 卷 广西海湾
中国海湾志编纂委员会编 李树华主编 北京 海洋出版社 1991 年 335 页
b10905157 P722 Z647

广西植被志要
王献溥 郭柯 温远光著 北京 高等教育出版社 2014 年 2 卷 2084 页
b46429086 Q948.526.7 W233 2014

广西植物志 第 1–2 卷 种子植物
广西科学院广西植物研究所编 南宁 广西科学技术出版社 1991 年 1923 页
b15250118 Q948.526.7 G684 1991

广西国境卫生检疫志
董国富主编 南宁 广西科学技术出版社 1998 年 431 页
b45479525 R199.2 D593 1998

广西土种志
广西土壤肥料工作站编著 傅其五 李少泉编著 南宁 广西科学技术出版社 1993 年 421 页
b19930112 S155.926.7 G684 1993

广西淡水鱼类志
广西壮族自治区水产研究所 中国科学院动物研究所编著 郑葆珊主编 南宁 广西人民出版社 1981 年 257 页
b18281023 S922.67 Z531 1981

南宁市

南宁市志 第 1 卷 综合
南宁市地方志编纂委员会编 陈谟志总纂 南宁 广西人民出版社 1998 年 876 页
b12611219 K296.71 C425

南宁市志 第 2 卷 政治
南宁市地方志编纂委员会编 陈谟志总纂 南宁 广西人民出版社 1998 年 886 页
b12611219 K296.71 C425

南宁市志 第 3 卷 经济 上
南宁市地方志编纂委员会编 陈谟志总纂 南宁 广西人民出版社 1998 年 713 页
b12611219 K296.71 C425

南宁市志 第 3 卷 经济 下
南宁市地方志编纂委员会编 陈谟志总纂 南宁 广西人民出版社 1998 年 1111 页
b12611219 K296.71 C425

南宁市志 第 4 卷 文化
南宁市地方志编纂委员会编 陈谟志总纂 南宁 广西人民出版社 1998 年 800 页

b12611219 K296.71 C425

南宁市志 第 13 卷 军事志
南宁市地方志编纂委员会编 谢汝煊 刘树国主编 南宁 广西人民出版社 1993 年 453 页
b45839712 K296.71 N161C

广西壮族自治区党委政策研究室志 1949–2014（南宁）
广西壮族自治区党委政策研究室编 刘有明主编 南宁 广西人民出版社 2015 年 382 页
b51079483 D267 G684 2015

南宁市人民代表大会志
南宁市人民代表大会常务委员会编 冯岐勋主编 南宁 南宁市人民代表大会常务委员会 1995 年 276 页
b16746132 D624.671 N161 1995

南宁市公安志
南宁市公安局史志办公室编 邓俊元主编 南宁 广西人民出版社 1997 年 564 页
b20710653 D676.71 D346 1997

广西壮族自治区国有七坡林场志 1952–2011
广西壮族自治区国有七坡林场志编纂领导小组编 唐小兰总纂 南宁 广西人民出版社 2012 年 694 页
b41213725 F326.276.7 Q113 2012

南宁市土地志
南宁市土地管理局编 罗聪畅主编 南宁 广西人民出版社 1999 年 408 页
b15638121 F327.671 N161 1999

广西电力工业勘察设计研究院志
广西电力工业勘察设计研究院编 罗铭三主编 南宁 广西人民出版社 1997 年 297 页
b21856084 F426.61 L922 1997

南宁供电志 1915–1988
南宁供电志编纂委员会编 杜木生主编 南宁 广西人民出版社 1990 年 317 页
b50007841 F426.61 N1617 1990

南宁海关志
南宁海关修志办公室编 南宁 南宁海关修志办公室 1997 年 479 页
b16746272 F752.59 N161 1997

南宁市财政志
南宁市财政局编 林士富主编 南宁 广西人民出版社 2000 年 310 页
b50269288 F812.767.1 L588 2000

南宁市税务志
广西壮族自治区南宁市国家税务局 广西壮族自治区南宁市地方税务局编 周彩云 曾国钧主编 南宁 南宁市税务电脑票证彩印厂 1996 年 321 页
b49982746 F812.767.1 Z662 1996

南宁工商银行志
南宁市工商银行志编纂委员会编 南宁市地方志编委会办公室审稿 赵玉山主编 南宁 南宁市工商银行志编纂委员会 1994 年 233 页
b49533666 F832.767.1 Z441 1994

南宁市志 金融志资料汇编 1991–2005
南宁市志金融志编纂委员会编 南宁 南宁市志金融志编纂委员会 2009 年 353 页
b47420170 F832.767.2 N161C 2009

广西大学外语系系志 1958–1993
外语系系庆筹备委员会编 南宁 广西大学外语系系庆筹备委员会 1993年 140页
b21136452 G649.286.7 G684W 1993

广西大学校志
韦俊雄主编 南宁 广西科学技术出版社 1998年 847页
b14445967 G649.286.7 G684G 1998

广西医科大学基础医学院院志 1934–2003
广西医科大学基础医学院编 南宁 南宁市友谊印务公司 2004年 278页
b20402983 G649.286.7 G6849J 2004

广西医科大学校志
广西医科大学校志办公室编 梁寿武主编 南宁 广西人民出版社 1994年 399页
b15699237 G649.286.7 G6849 1994

广西医科大学志
广西医科大学校志办公室编 梁寿武总纂 南宁 广西人民出版社 2004年 767页
b15716004 G649.286.71 G6849 2004

广西医科大学志 1934–2014
广西医科大学校志办公室编 梁寿武总纂 南宁 广西人民出版社 2014年 2卷 1623页
b46564792 G649.286.71 G6849C 2014

广西机电职业技术学院志 1958–2010
广西机电职业技术学院志编纂委员会编 邹宁 张群生主编 南宁 广西人民出版社 2015年 239页
b46667970 G719.286.71 G684 2015

广西水利电力职业技术学院志
韦振林等主修 南宁 广西林业设计院印刷厂 2006年 451页
b20042620 G719.286.7 G684 2006

南宁戏曲志
南宁市文化局戏曲志编辑委员会编 李玉昆主编 南宁 南宁市文化局戏曲志编辑委员会 1987年 146页
b16177356 J825.671 N161 1987

南宁市民族简志
南宁市民族事务委员会 南宁市人民政府地方志编纂办公室编 南宁 广西人民出版社 1991年 157页
b13993884 K280.671 N161

南宁风物志
中国人民政治协商会议南宁市委员会编 唐济武主编 南宁 广西人民出版社 2009年 439页
b20535375 K296.71 T241 2009

南宁市郊区志
南宁市郊区地方志编纂委员会编 罗世敏 杨德辉 林小静主编 北京 方志出版社 2004年 892页
b20044616 K296.71 L924J 2004

广西壮族自治区南宁市地名录
南宁市地名委员会编 南宁 南宁市地名委员会 1983年 129页
b1374303x K926.71 N161

广西兽医研究所志
广西兽医研究所志编纂领导小组编 覃健飞主编 南宁 广西兽医研究所志编纂领导小组 2006年 235页
b45479537 S85–242.67 G684 2006

南宁市城市规划志
南宁市规划管理局编 南宁 广西人民出版

社 1996 年 228 页
b20950792 TU984.267.1 N161 1996

南宁市建筑志
南宁市建筑志编纂委员会编 韦冠勋 苏祖羡主编 南宁 广西人民出版社 1998 年 472 页
b4123439x TU984.267.1 W313 1998

青秀区

新城区志
南宁市新城区人民政府编 南宁 广西人民出版社 1998 年 325 页
b12611426 K296.74 X443

南宁市新城区志 1991-2005
南宁市青秀区地方志编纂委员会编 肖志钢 赵禹鹏主编 南宁 广西人民出版社 2008 年 493 页
b20006718 K296.71 X364 2008

兴宁区

友爱村志
广西南宁友爱村志编纂委员会编 覃芝馨主编 南宁 广西人民出版社 1996 年 291 页
b17182888 K296.75 Y682 1996

江南区

南宁市江南区志
南宁市江南区地方志编纂委员会编 南宁 广西人民出版社 2008 年 626 页
b18658878 K296.71 J325 2008

扬美村志
广西壮族自治区南宁市江南区江西镇扬美村志编纂委员会编 王德宾主编 北京 方志出版社 2017 年 248 页〔中国名村志丛书〕
b5064273x K296.75 Y224 2017

西乡塘区

南宁市永新区志
南宁市西乡塘区地方志编纂委员会编 肖志钢 黄宁 黄丽娟 廖俊云 廖伟福主编 南宁 广西人民出版社 2014 年 606 页
b47206548 K296.71 Y636 2014

南宁市城北区志
南宁市西乡塘区地方志编纂委员会编 唐本开 朱朝霞 黄丽娟主编 南宁 广西人民出版社 2017 年 724 页
b50991176 K296.71 C466 2017

万秀村志
广西南宁万秀村志编纂委员会编 苏树远主编 南宁 广西人民出版社 2009 年 262 页
b20466705 K296.75 W173 2009

邕宁区

邕宁县志
广西壮族自治区邕宁县地方志编纂委员会编 刘缘璋主编 北京 中国城市出版社 1995 年 896 页〔中华人民共和国地方志丛书〕
b10532900 K296.74 Y627

孟莲村志
张明品主编 南宁 广西民族出版社 2008 年 363 页〔广西乡村史志丛书〕
b22359631 K296.75 M368 2008

邕宁县土地志
邕宁县国土资源局编 何可访 玉臻 李瑞荣主编 南宁 广西人民出版社 2006 年 465 页

b21277783　F327.674　Y627　2006

武鸣区

武鸣县志
武鸣县志编纂委员会编　黄庆勋主编　南宁　广西人民出版社　1998 年　995 页
b13767215　K296.74　W533

武鸣县志　1991–2005
武鸣县志编纂委员会编　曾成碧主编　南宁　广西人民出版社　2013 年　860 页
b41213750　K296.74　W533　2013

曾甘村志
危流渊编　北京　煤炭工业出版社　1999 年　239 页
b18280547　K296.75　Z238　1999

武鸣县政协志　1980–2015
中国人民政治协商会议武鸣县委员会编　黄隆鸣主编　南宁　广西人民出版社　2015 年　603 页
b4731719x　D628.674　W533　2015

武鸣县土地志
武鸣县土地规划管理局编　蒙亚琼主编　南宁　广西人民出版社　2002 年　262 页
b18659354　F327.674　M343　2002

武鸣县教育志
武鸣县教育志编纂小组编　刘会源主编　武鸣　武鸣印业公司　1999 年　468 页
b20404797　G527.674　W533　1999

隆安县

隆安县志
隆安县志编纂委员会编　陆顺天主编　南宁　广西人民出版社　1993 年　723 页
b10530745　K296.74　L739

隆安县志　1986–2006
隆安县志编纂委员会编　欧波　黄忠主编　南宁　广西人民出版社　2011 年　901 页
b40421004　K296.74　L739　2011

隆安县土地志
隆安县国土资源局编　南宁　广西人民出版社　2006 年　383 页
b18217680　F327.674　L739　2006

广西壮族自治区隆安县地名集
隆安县地名委员会编　隆安　隆安县地名委员会　1982 年　232 页
b20014703　K926.74　L739　1982

马山县

马山县志
马山县志编纂委员会编　覃东楼主编　北京　民族出版社　1997 年　785 页
b1053085x　K296.74　M142

马山县政协志　1980.12–2009.12
中国人民政治协商会议马山县委员会编　林永立主编　马山　中国人民政治协商会议马山县委员会　2010 年　674 页
b49506171　D628.674　M142　2010

马山县土地志
马山县土地史志编纂委员会编　黄耀斌主编　南宁　广西人民出版社　2001 年　414 页
b21277539　F327.674　M142　2001

上林县

上林县志
上林县志编纂委员会编　文森主编　南宁

广西人民出版社 1989 年 577 页
b11278390 K296.74 S322

宾阳县

宾阳县志
宾阳县志编纂委员会编 韦汉生主编 南宁 广西人民出版社 1987 年 654 页
b10655633 K296.74 B494

宾阳县志 1986–2005
宾阳县地方志编纂委员会编 施林杰主编 南宁 广西人民出版社 2016 年 1075 页
b5109180x K296.74 B494C 2016

宾阳县土地志
宾阳县土地管理局编 莫天恩主编 南宁 广西人民出版社 2001 年 356 页
b19518341 F321.1 M629 2001

宾阳县教育志
宾阳县教育志编纂小组编 南宁 广西人民出版社 1997 年 347 页
b20013887 G527.674 B494 1997

横 县

横县县志
横县县志编纂委员会编 何元璧主编 南宁 广西人民出版社 1989 年 700 页
b10624971 K296.74 H391

横县政协志 1980–2015
中国人民政治协商会议横县委员会编 邓洁主编 南宁 广西人民出版社 2016 年 752 页
b49480157 D628.674 H391 2016

横县土地志
横县国土资源局编 马县江主编 南宁 广西人民出版社 2008 年 459 页
b21277898 F327.674 H391 2008

横县水利电力志
横县水利电力局编 横县 横县水利电力局 2005 年 406 页
b21857246 TV–092 H391 2005

柳州市

柳州地区志
柳州地区志编纂委员会编 黄嘉猷 韦绪主编 南宁 广西人民出版社 2000 年 796 页
b19733264 K296.72 L712L 2000

柳州市志 第 1 卷 建置区划志 自然环境志 人口志 土地管理志 城市规划志 市政公用事业志 房产管理志 建筑业志 园林绿化志 旅游志 环境保护志
柳州市地方志编纂委员会编 宋继东主修 南宁 广西人民出版社 1998 年 728 页
〔中国地方志丛书〕
b13518598 K296.73 L712C

柳州市志 第 2 卷 机电工业志 冶金工业志 一轻工业志 二轻工业志 纺织工业志 化工制药工业志 建筑材料工业志 电力工业志 城区工业志 乡镇企业志
柳州市地方志编纂委员会编 宋继东主修 南宁 广西人民出版社 2003 年 857 页
〔中国地方志丛书〕
b13518598 K296.73 L712C

柳州市志 第 3 卷 农业志 商业志 供销志 粮油志 物资流通志 外经济贸易志 进出口口岸管理志
柳州市地方志编纂委员会编 宋继东主修 南宁 广西人民出版社 2000 年 582 页
〔中国地方志丛书〕
b13518598 K296.73 L712C

柳州市志 第4卷 陆路交通志、水路交通志、铁路交通志、民航志、邮电志、财政志、税务志、金融志、审计志、计划志
柳州市地方志编纂委员会编 宋继东主修
南宁 广西人民出版社 2001年 942页
〔中国地方志丛书〕
b13518598 K296.73 L712C

柳州市志 第5卷 中国国民党柳州地方组织志、中国共产党柳州地方组织志、民主党派柳州地方组织志、群众团体志
柳州市地方志编纂委员会编 宋继东主修
南宁 广西人民出版社 2001年 952页
〔中国地方志丛书〕
b13518598 K296.73 L712C

柳州市志 第6卷 教育志 科学技术志 文化志 文物古迹志 报刊志 广播电视志 卫生志 体育志
柳州市地方志编纂委员会编 宋继东主修
南宁 广西人民出版社 1999年 794页
〔中国地方志丛书〕
b13518598 K296.73 L712C

柳州市志 第7卷 民族 民俗志 宗教志 方言志 居民生活志 人物志 大事记 诗文选辑
柳州市地方志编纂委员会编 宋继东主修
南宁 广西人民出版社 2003年 713页
〔中国地方志丛书〕
b13518598 K296.73 L712C

柳州市志 第8卷 索引
柳州市地方志编纂委员会编 宋继东主修
柳州 柳州市地方志编纂委员会 2004年
617页〔中国地方志丛书〕
b13518598 K296.73 L712C

柳州市志索引
李厚全主编 柳州 柳州市地方志编纂委员会 2004年 617页
b16164805 K296.73-7 L712 2004

柳州市城市建设志
柳州市城市建设志编纂委员会编 高锐 黄家仁 姜开地主编 北京 中国建筑工业出版社 1996年 559页〔中华人民共和国地方志 广西壮族自治区〕
b49789089 F299.276.73 L712 1996

柳州市土地志
柳州市土地管理局编 张延龄 罗林宗主编 南宁 广西人民出版社 1999年 336页
b16378763 F327.673 L712 1999

柳州电厂志
柳州电厂志编纂领导小组编 覃仙毓主编
南宁 广西人民出版社 1992年 242页
b49704679 F426.61 L712 1992

柳州市交通志
柳州市交通志编纂委员会编 沈培光主编
南宁 广西人民出版社 1998年 438页
b2009856x F512.767.3 S413 1998

柳州铁路局志
柳州铁路局志编纂委员会编 潘汝身 张柳胜 崔文兴主编 北京 中国铁道出版社 1997年 915页
b40864005 F532.867.3 L712 1997

柳州市粮食志
柳州市粮食局编 浦国斌主编 柳州 柳州市粮食局 1998年 440页
b44916309 F724.721 L712 1998

柳州市财政志
张春良 皮可慰主修 苏少坡总纂 北京 中国财政经济出版社 2005年 575页
b46012527 F812.767.3 L712 2005

柳州金融志 1989-2008
柳州金融志编纂委员会编 唐贵旺总纂 南

宁 广西人民出版社 2013 年 614 页
b46995456 F832.767.3 L712 2013

柳州市文化志
柳州市文化志编纂委员会编 于辉云 王超常主编 南宁 广西人民出版社 1993 年 430 页
b18077304 G127.673 Y725 1993

柳州地区教育志
柳州地区教育志编纂委员会编 黄汝迪撰稿 融水 融水县印刷厂 2000 年 462 页
b36014163 G527.672 L712 2000

柳州市教育志
柳州市教育志编纂委员会编 秦滋松主编 南宁 广西人民出版社 1993 年 380 页
b15699043 G527.673 L712 1993

柳州铁路局教育志 1937–1990
柳州铁路局教育志编纂委员会编 柳州 柳州铁路局教育志编纂委员会 1991 年 139 页
b13742401 G527.67 L712

柳州市戏曲志
韦壮凡主编 柳州 柳州市文化局艺术研究所 1988 年 168 页
b20044252 J809.267.3 W313 1988

柳州图志 2006
柳州市人民政府主办 柳州市地方志编纂委员会办公室编 李厚全主编 南宁 广西美术出版社 2002 年 424 页
b20592176 K296.73-64 L712C

广西壮族自治区柳州地区乡镇地名志
柳州地区地名办公室编 南宁 广西民族出版社 1991 年 341 页
b16428651 K926.72 L712 1991

广西壮族自治区柳州市地名志
柳州市人民政府编 孙立臣主编 柳州 柳州市人民政府 1984 年 247 页
b16432265 K926.73 L712 1984

柳北区

柳州市柳北区志 1991–2005
柳州市柳北区地方志编纂委员会办公室编 陈虹等主编 南宁 广西人民出版社 2009 年 440 页
b20467369 K296.73 L712M 2009

沙塘镇志
柳州市沙塘镇地方志编纂委员会编 南宁 广西人民出版社 2008 年 397 页
b20018393 K296.75 S231 2008

城中区

柳州市城中区志 1991–2005
柳州市城中区地方志编纂委员会编 任定国主编 南宁 广西人民出版社 2014 年 472 页
b47072805 K296.73 L712CZ 2014

鱼峰区

柳州市郊区志
柳州市地方志编纂委员会办公室编 李厚全主编 北京 方志出版社 2004 年 641 页
b16164544 K296.73 L712J 2004

柳州市鱼峰区志 1991–2005
柳州市鱼峰区地方志编纂委员会编 卫东 李志诚 梁江主编 南宁 广西人民出版社 2013 年 692 页
b44766932 K296.73 L712X 2013

柳南区

柳州市柳南区志
柳州市柳南区地方志编纂委员会编 黄民凤主编 南宁 广西人民出版社 1997 年 281 页
b15699079　K296.73 L712L 1997

柳州市柳南区志 1990-2005
柳州市柳南区地方志编纂委员会办公室编 张云主编 肖杰明执行主编 南宁 广西人民出版社 2009 年 372 页
b20466833　K296.73 L712L 2009

柳江区

柳江县志
柳江县志编纂委员会编 梁鲁主编 南宁 广西人民出版社 1991 年 677 页
b10624995　K296.74 L711

柳江县土地志
柳江县土地管理局编 邬启廷 覃桂禄主编 南宁 广西人民出版社 1999 年 303 页
b17127956　F327.674 L711 1999

柳江县邮电志
柳江县邮电局编 韦凤忠 叶生刚主编 柳江 柳江县邮电局 1999 年 246 页
b49938708　F632.767.4 L711 1999

柳江中学校志
韦兆德主编 柳江 柳江中学 1996 年 215 页
b20102768　G639.286.74 L711 1996

柳城县

柳城县志
柳城县志编辑委员会编 都惠忠主编 广州 广州出版社 1992 年 466 页
b13275896　K296.74 L699

古砦乡志
古砦仫佬族乡人民政府编 龙瑞生主编 柳城 古砦仫佬族乡人民政府 1999 年 295 页
b20100966　K296.75 G542 1999

柳城县土地志
柳城县土地房产管理局编 南宁 广西人民出版社 2002 年 350 页
b16859674　F327.674 L699 2004

鹿寨县

鹿寨县志
鹿寨地方志编纂委员会编 王航主编 南宁 广西人民出版社 1996 年 812 页
b10600395　K296.74 L825

鹿寨县土地志
鹿寨县国土资源局编 南宁 广西人民出版社 2006 年 402 页
b18225986　F327.674 L825 2006

鹿寨当代人物志
李宁静主编 鹿寨 中共鹿寨县委党史办公室 2001 年 174 页
b22430830　K820.867.4 L412 2001

广西壮族自治区鹿寨县地名志
鹿寨县地名委员会办公室编 邓全武主编 鹿寨 鹿寨县地名委员会办公室 1983 年 284 页
b16432277　K926.74 L825 1983

融安县

融安县志
陈家谅主编 南宁 广西人民出版社 1996

年 586 页
b10530861 K296.74 R266

融安县教育志 1895–1990
夏征琪主编 融安 融安县教育志编纂者 1991 年 224 页
b20016438 G527.674 X188 1991

融水苗族自治县

融水苗族自治县志
融水苗族自治县地方志编纂委员会编 贾星文主编 北京 三联书店 1998 年 800 页〔中华人民共和国地方志丛书〕
b1269843x K296.74 R2667

三防镇志
三防镇志编纂委员会编 韦庆昌主编 融水 融水苗族自治县三防镇志编纂委员会 1990 年 322 页
b23060451 K296.75 S145 1990

融水苗族自治县土地志
融水苗族自治县国土资源局编 南宁 广西人民出版社 2006 年 499 页
b19930136 F327.674 R266 2006

融水县电业志
融水苗族自治县电业总公司编 卢显辉 覃东生主编 融水 融水苗族自治县电业总公司 2002 年 296 页
b49678243 F426.61 R265 2002

三江侗族自治县

三江侗族自治县志
广西三江侗族自治县志编纂委员会编 罗家阔主编 北京 中央民族学院出版社 1992 年 918 页〔中华人民共和国地方志丛书〕
b10532869 K296.74 S145

同乐苗族乡志
同乐苗族乡志编纂委员会编 覃垣 吴善诚主编 北京 中央民族学院出版社 1993 年 203 页〔中华人民共和国地方志丛书〕
b10565474 K296.75 T437

三江侗族自治县教育志 初稿
三江侗族自治县教育志编纂组编 陈吉森 龙道云主编 三江 三江侗族自治县教育志编纂组 1989 年 油印本 271 页
b36014515 G527.674 S145 1989

桂林市

桂林市志
桂林市地方志编纂委员会编 颜邦英总纂 北京 中华书局 1997 年 3 卷 3597 页
b1260852x K296.73 Y167

桂林市志 1991–2005
桂林市地方志编纂委员会编 唐群森总纂 北京 方志出版社 2010 年 2 卷 1658 页
b23216190 K296.73 Y167 2010

桂林市志 文化志 分册总纂稿
桂林市志文化志编写者编 桂林 桂林市志文化志编写者 1996 年 油印本 255 页
b36379979 K296.73 G731W 1996

桂林市志 劳动和社会保障志 1949–2005
桂林市劳动和社会保障局编 朱名华主编 桂林 桂林市劳动和社会保障局 2009 年 212 页
b46562345 K296.73 G731LD 2009

桂林市计划生育志
桂林市计划生育委员会编 桂林 桂林市计划生育委员会 2000 年 230 页
b5001688x C924.256.73 G731 2000

中共桂林地委党校简志 1949–1995
粟尚正主编 桂林 中共桂林地委党校 1995 年 135 页
b20405261 D261.41 S719 1995

桂林市人民代表大会志稿 1990.11–2006.11
桂林市人大常委会桂林市志人民代表大会篇编纂组编 桂林 桂林市人大常委会桂林市志人民代表大会篇编纂组 2008 年 239 页
b20576596 D624.673 G731 2008

桂林市公安志
桂林市公安局编 李希容 祝纪武主编 桂林 漓江出版社 1995 年 352 页
b45839888 D631 G731 1995

桂林市检察志 1910–1995
桂林市人民检察院 杜昂恒主编 桂林 桂林市人民检察院 1999 年 262 页
b49472082 D926.32 G731 1999

桂林市检察志 1996–1998
桂林市人民检察院编 赵长宇主编 桂林 桂林工学院印刷厂 1999 年 113 页
b22429785 D926.32 Z432 1999

桂林市工商行政管理志
桂林市工商行政管理局编 桂林 漓江出版社 1993 年 564 页
b20806772 F203.9 G731 1993

广西壮族自治区桂林市市政建设有限公司志 1943–2015
桂林市市政建设有限公司编 莫良龙主编 桂林 桂林市市政建设有限公司 2015 年 173 页
b50861244 F299.276.73 G731 2015

桂林洋农场志
桂林洋农场志编纂委员会编 林书兴主编 桂林 桂林洋农场志编纂委员会 1991 年 392 页
b50318706 F324.1 G731 1991

桂林林业志
桂林市林业局编 李世繁总纂 桂林 广西师范大学出版社 2017 年 664 页
b50871183 F326.276.73 G731 2017

桂林市土地志
桂林市土地管理局编 陈树主编 辜云飞总撰 南宁 广西人民出版社 2002 年 697 页
b21277801 F327.673 G7315 2002

桂林轮胎厂志
桂林轮胎厂编 文建洲主编 桂林 漓江出版社 1996 年 314 页
b50318718 F426.7 G731 1996

漓泉志 1987.9–1997.9
桂林漓泉股份有限公司编 桂林 桂林漓泉股份有限公司 1997 年 220 页
b49505555 F426.82 G731 1997

中国有色桂林矿产地质研究院有限公司史志 2006–2015
中国有色桂林矿产地质研究院有限公司编著 桂林 中国有色桂林矿产地质研究院有限公司 2015 年 439 页
b47414881 F426.1 Z6519 2015

桂林市交通志
桂林市交通志编纂委员会编 黄家城主编

南宁 广西人民出版社 2004 年 885 页
b20014764 F512.767.3 H659 2004

桂林旅游志
桂林市旅游局编 北京 中央文献出版社 1999 年 370 页
b17486671 F592.767.3 G731 1999

桂林市金融志
桂林市金融志编纂委员会编 陈功印主编 桂林 桂林市金融志编纂委员会 1994 年 383 页
b2156792x F832.767.3 C419 1994

桂林市教育志
桂林市教育志编纂小组编 何福宗主编 南宁 广西人民出版社 1993 年 464 页
b14351328 G527.673 H268

桂林市教育志 1991–2008
桂林市教育志编纂委员会编 钟平主编 桂林 广西师范大学出版社 2012 年 1385 页
b44899270 G527.673 Z626 2012

桂林市教育志 2009–2014
桂林市教育志编纂委员会编 钟平主编 桂林 广西师范大学出版社 2016 年 1000 页
b49814369 G527.673 G731C 2016

广西师范大学附属外国语学校校志 1984–2014
桂林 广西师范大学附属外国语学校 2014 年 155 页
b51072440 G639.286.73 G684 2014

奋励图志 广西师范大学体育学院志 1973–2013
谢翔 蒋邦元主编 桂林 广西师范大学体育学院 2013 年 300 页
b47206329 G659.286.7 G684T 2013

桂林中学校志 1905–1995
桂林中学校志编辑委员会编 桂林 桂林中学校志编辑委员会 1995 年 306 页
b20101272 G639.286.73 G731 1995

桂林漓江志
桂林漓江志编纂委员会编 黄家城主编 南宁 广西人民出版社 2004 年 878 页
b15642197 K296.73 G731 2004

桂林交通文物图志 上–中卷 古桥
桂林市交通局 桂林市文化局编 黄家城 冼培芳主编 桂林 广西师范大学出版社 2014年 1308 页〔桂林交通古建筑物普查〕
b45393771 K878.4 H659 2014

桂林交通文物图志 下卷 古驿站 古渡口 古关隘 古道
桂林市交通局 桂林市文化局编 黄家城 冼培芳主编 桂林 广西师范大学出版社 2014 年 1308 页〔桂林交通古建筑物普查〕
b45393771 K878.4 H659 2014

桂林市地名录 第 1 卷
桂林市地名委员会编 桂林 桂林市地名委员会 1986 年 182 页
b21275658 K926.73 G731 1986

院志 1958–2008
广西壮族自治区区域地质调查研究院 桂林 广西壮族自治区区域地质调查研究院 2008 年 254 页
b4491314x P562.67–24 G684 2008

桂林市第二人民医院院志 1916–2016
桂林市第二人民医院编纂委员会编制 桂林 桂林市第二人民医院 2016 年 370 页
b5081719x R199.2 G731 2016

桂林市城市建设管理志
桂林市城市建设管理局编 北京 中国建筑工业出版社 1995年 269页〔中华人民共和国地方志 广西壮族自治区〕
b46670403 TU984.267 G731 1995

桂林市环境保护志
桂林市环境保护局编 谭荣秋主编 桂林 漓江出版社 1994年 450页
b4074016x X321.673 G731 1994

临桂区

临桂县志
临桂县志编纂委员会编 李荣典主编 北京 方志出版社 1996年 872页
b10589363 K296.74 L581

临桂县土地志
临桂县国土资源局编 李春保 王小平主编 临桂 临桂县国土资源局 2002年 506页
b22032575 F327.674 L581 2002

临桂县供电志
临桂县供电志编纂领导小组编 梁学成主编 临桂 临桂县供电志编纂领导小组 2004年 422页
b49982503 F426.61 L5814 2004

临桂县地名志
临桂县地名委员会编 马本旺主编 临桂 临桂县地名委员会 1986年 288页
b16595737 K926.74 L581 1986

叠彩区

桂林市叠彩区志
桂林市叠彩区地方志编纂委员会编 易宣强总纂 南宁 广西人民出版社 2012年 730页
b41213749 K296.73 G731D 2012

象山区

桂林市象山区志
桂林市象山区地方志编纂委员会编 熊良斌 黄福喜 唐小忠主编 北京 方志出版社 2013年 504页
b45625177 K296.73 G731X 2013

雁山区

桂林市雁山区志
桂林市雁山区地方志编纂委员会编 陈丽华主编 桂林 广西师范大学出版社 2013年 688页
b50065610 K296.73 G731Y 2013

桂林市雁山区志
桂林市雁山区地方志编纂委员会编 陈丽华主编 桂林 桂林市雁山区地方志编纂委员会 2012年 2卷 1002页
b44851637 K296.73 Y198 2012

桂林市郊区教育志
桂林市郊区教育局编 桂林 桂林市郊区教育局 1991年 223页
b19732156 G527.673 G731 1991

阳朔县

阳朔县志
阳朔县志编纂委员会编 谢求聚主编 南宁 广西人民出版社 1988年 472页
b11470495 K296.74 Y225

阳朔县志 1986–2003
阳朔县志编纂委员会编 北京 方志出版

社 2007 年 910 页
b18285685 K296.74 Y225 2007

阳朔县政协志 1984–2014
中国人民政治协商会议阳朔县委员会编 李自军 吴土得主编 阳朔 中国人民政治协商会议阳朔县委员会 2016 年 430 页
b47416233 D628.674 Y225 2016

阳朔政协志
中国人民政治协商会议阳朔县委员会编 李自军 吴土得主编 桂林 中国人民政治协商会议阳朔县委员会 2015 年 565 页
b49472549 D628.674 Y225 2015

阳朔中学志
谢求聚主编 桂林 桂林日报印刷厂 1998 年 110 页
b20104753 G639.286.74 Y225 1998

广西壮族自治区阳朔县地名志
阳朔县人民政府编 阳朔 阳朔县人民政府 1983 年 211 页
b13588096 K926.74 Y225

阳朔县水利志 初稿
阳朔县水利电力局编 阳朔 阳朔县水利电力局 1989 年 1 卷
b21857969 TV–092 Y2257 1989

灵川县

灵川县志
灵川县地方志编纂委员会编 廖江主编 南宁 广西人民出版社 1997 年 960 页
b13655875 K296.74 L6281

灵川县农业志
灵川县农业局编 灵川 广西灵川县印刷厂 1995 年 239 页
b36014655 F327.674 L6281N 1995

灵川县土地志
灵川县土地管理局编 廖宏德 毛用庆主编 南宁 广西人民出版社 1999 年 366 页
b21277266 F327.674 L6281 1999

灵川县教育志
灵川县教育局教育志编写组编 庚光辉主编 灵川 灵川县教育局教育志编写组 1988 年 248 页
b20102732 G527.674 L628 1988

全州县

全州县志
全州县志编纂委员会编 唐楚英主编 南宁 广西人民出版社 1998 年 1037 页
b12608580 K296.74 Q624

安和乡志 送审稿
安和乡志办公室编 张业青 夏炯 龙孝鱼编撰 全州 全州县印刷厂 1987 年 油印本 305 页
b36015970 K296.75 A163 1987

全州镇志
全州镇志编纂委员会编 桂林 漓江印刷厂 2005 年 355 页
b20535557 K296.75 Q624 2005

全州县教育志
全州县教育局教育志编写组编 李国务主编 胡纯谊编辑 灵川 灵川县印刷厂 1993 年 267 页
b36014503 G527.674 Q624C 1993

全州县教育志 1991–2008
全州县教育局 全州县教育志编写组编 俞平誉主编 全州 全州县教育志编写组 2010年 381页
b36015027 G527.674 Q624 2010

兴安县

兴安县志
兴安县地方志编纂委员会编 张永年主编 南宁 广西人民出版社 2002年 725页
b14016916 K296.74 X463

兴安县土地志
兴安县国土资源局编 张永年 刘建新主编 兴安 兴安县国土资源局 2005年 333页
b47297086 F327.674 X463 2005

灵渠志
兴安县地方志编纂委员会编 王永贵 李铎玉主编 南宁 广西人民出版社 2010年 332页
b40648059 K928.42 X463 2010

兴安县水利志
唐全仁主编 兴安 兴安县水利电力局 1992年 146页
b20104558 TV–092 X4631 1992

永福县

永福县志
福州市永泰县地方志编纂委员会编 檀怡晏主编 福州 海风出版社 2011年 278页
b36008709 K295.74 Y6368D 2011

永福县志
永福县志编纂委员会编 潘健康主编 北京 新华出版社 1996年 924页〔中国地方志丛书〕
b10588802 K296.74 Y636

堡里乡志
堡里乡人民政府编 白崇杰主笔 永福 堡里街冬冬图书室 1987年 161页
b20402430 K296.75 B265 1987

永福福寿文化志
张廷兴 梁熙成主编 北京 中国档案出版社 2007年 486页〔永福福寿文化丛书〕
b18270074 K296.74 Y636C 2007

永福县地名志
永福县人民政府编 何为彦编纂 桂林 广西师范大学出版社 1994年 984页
b21766137 K926.74 Y636 1994

永福县水利电力志
永福县水利电力局编 永福 永福县水利电力局 1995年 198页
b21858019 TV–092 Y6361 1995

灌阳县

灌阳县志
灌阳县志编委办公室编 熊光嵩主编 北京 新华出版社 1995年 811页
b10627972 K296.74 G666

灌阳县畜禽疫病志 1949–1990
灌阳县畜牧水产局编 桂林 灌阳县畜牧水产局 1991年 63页
b45569265 S851.926.74 G666 1991

灌阳县水利电力志
灌阳县水利电力局编 灌阳 灌阳县水利电力局 1992年 176页

b21857167　TV-092　G6669　1992

资源县

资源县志
资源县志编纂委员会编　于兰阶　莫孝维　喻忠科主编　南宁　广西人民出版社　1998年　742页〔中华人民共和国地方志丛书〕
b13761626　K296.74　Z841

资源县农村信用合作联社志
资源县农村信用合作联社志编纂委员会编　李俊主编　资源　资源县农村信用合作联社志编纂委员会　2008年　406页
b50269719　F832.35　Z841　2008

资源县教育志　初稿
资源县教育志编写组编　阳声悦主编　资源　资源县教育志编写组　1989年　油印本　2卷　366页
b3601428x　G527.674　Z841　1989

平乐县

平乐县志
平乐县地方志编纂委员会编　张炳强主编　北京　方志出版社　1995年　848页
b10600401　K296.74　P612

平乐县土地志
平乐县国土资源局编　桂林　桂林漓江印刷厂　2004年　357页
b20535442　F327.674　P612　2004

平乐农业志
平乐县农业志编纂领导小组编　平乐　平乐县农业志编纂领导小组　1991年　419页
b49803499　F329.674　P612　1991

平乐县国家税务志
平乐县国家税务局编　张杰主编　桂林　漓江出版社　2011年　335页
b37531189　F812.423　P612　2011

平乐县教育志　1902-1989
平乐县教育志编写组编　黎泽强主编　平乐　平乐县教育志编写组　1992年　233页
b20103268　G527.674　P612　1992

平乐县水利电力志
平乐县水利电力局编　施月光主编　平乐　平乐县水利电力局　1993年　176页
b21857635　TV-092　P6125　1993

荔浦县

荔蒲县志
荔蒲县地方志编纂委员会编　莫如粱主编　北京　三联书店　1996年　943页〔中国地方志丛书〕
b12697886　K296.74　L445

荔浦县志　1991-2005
荔浦县地方志编纂委员会编　黄本和主编　北京　中国时代经济出版社　2014年　706页
b46668032　K296.74　L445D　2014

广西壮族自治区荔浦县地名志
荔浦县地名委员会编　梁启仁主编　荔浦　荔浦县地名委员会　1989年　211页
b16438140　K926.74　L445　1989

荔浦县水利电力志
荔浦县水利电力局编　韦孔金主编　南宁　广西地质印刷厂　1990年　163页
b21857350　TV-092　L445　1990

龙胜各族自治县

龙胜县志
龙胜县志编纂委员会编 陆德高主编 上海 汉语大词典出版社 1992 年 540 页
b10758665 K296.74 L742

龙胜各族自治县志 1988–2005
龙胜各族自治县地方志编纂委员会编 潘鸿祥 杨进朝主编 北京 中国时代经济出版社 2013 年 736 页
b46012588 K296.74 L742C 2013

龙胜各族自治县教育志
龙胜各族自治县教育志编写组编 郭绍基主编 龙胜 龙胜各族自治县教育志编写组 1991 年 油印本 2 卷
b36014394 G527.674 L742

龙胜中学志 1942–2010
龙胜中学志编纂委员会编 荣政山执笔 桂林 龙胜中学志编纂委员会 2010 年 185 页
b49472227 G639.286.74 L742C 2010

广西壮族自治区龙胜各族自治县地名录
龙胜各族自治县地名领导小组办公室编 龙胜 龙胜各族自治县地名领导小组办公室 1986 年 150 页
b20014697 K926.74 L742 1986

龙胜各族自治县水利电力志
龙胜各族自治县水利电力局编 龙胜 龙胜各族自治县水利电力局 1991 年 94 页
b21856072 TV–092 L7429 1991

恭城瑶族自治县

恭城县志
恭城瑶族自治县地方志编纂委员会编 南宁 广西人民出版社 1992 年 512 页
b10530708 K296.74 G429

恭城瑶族自治县志 1989–2005
恭城瑶族自治县地方志编纂委员会编 林贤培 田绍勇 黎宝壮主编 北京 方志出版社 2017 年 845 页
b50862686 K296.74 G429C 2017

恭城中学志 1938–1993
袁琔主编 恭城 恭城中学 1993 年 213 页
b20100942 G639.286.74 G429 1993

广西壮族自治区恭城县地名录
恭城县地名委员会编 黄开琮 张绍云 林世军主编 恭城 恭城县地名委员会 1983 年 152 页
b20137886 K926.74 G429 1983

恭城瑶族自治县水利电力志
恭城瑶族自治县水利电力局编 恭城 恭城瑶族自治县水利电力局 1990 年 184 页
b21856783 TV–092 G429 1990

梧州市

梧州地区志
梧州地区志编纂委员会编 蒙福存主编 南宁 广西人民出版社 2011 年 2 卷 2147 页
b36246931 K296.73 W522M 2011

梧州市志 第 1 卷 综合
梧州市地方志编纂委员会编 杨振宇 陈金源主编 南宁 广西人民出版社 2000 年 696 页
b13655851 K296.73 W5222

梧州市志 第 2 卷 经济 上
梧州市地方志编纂委员会编 田日隆 钟锦芬主编 南宁 广西人民出版社 2000 年

1640 页
b13655851 K296.73 W5222

梧州市志 第 3 卷 经济 下
梧州市地方志编纂委员会编 田日隆 钟锦芬主编 南宁 广西人民出版社 2000 年 2385 页
b13655851 K296.73 W5222

梧州市志 第 4 卷 政治
梧州市地方志编纂委员会编 钟锦芬 田日隆主编 南宁 广西人民出版社 2000 年 3201 页
b13655851 K296.73 W5222

梧州市志 第 5 卷 文化
梧州市地方志编纂委员会编 杨振宇 陈金源主编 南宁 广西人民出版社 2000 年 3930 页
b13655851 K296.73 W5222

梧州市简志
梧州市地方志编纂委员会办公室编 黄方方主编 梧州 梧州市地方志编纂委员会办公室 2000 年 158 页
b20951887 K296.73 W522W 2000

梧州市政府志
梧州市人民政府办公室编 陈康华主笔 梧州 广西壮族自治区民族印刷厂 2002 年 312 页
b20046054 D625.673 W522 2002

梧州市政协志
中国人民政治协商会议梧州市委员会办公室编 南宁 广西壮族自治区民族印刷厂 2002 年 303 页
b15908604 D628.673 Z546 2002

梧州市土地志
梧州市国土资源局编 王奕森主编 南宁 广西人民出版社 2009 年 516 页
b20396478 F327.673 W522 2009

梧州市邮电志
梧州市邮电局编 陈建良主编 北京 人民邮电出版社 1996 年 248 页
b22432450 F632.767.3 W522 1996

梧州海关志 1897–1992
梧州海关编志组编 梧州 梧州海关编志组 1997 年 275 页
b16449666 F752.59 W522 1997

广西梧州市老科协志 1984–2013
梧州市老科技工作者协会编 田日隆主编 北京 方志出版社 2013 年 305 页
b4544478x G322.767.3 W522 2013

梧州市教育志 修改稿
梧州市教育志编纂委员会编 梧州 梧州市教育志编纂委员会 1987 年 296 页
b2014121x G527.673 W522 1987

梧州市郊区志
梧州市长洲区地方志编纂委员会编 南宁 广西人民出版社 2008 年 731 页
b19733252 K296.73 W5221 2008

岑溪市

岑溪市志
岑溪市志编纂委员会编 陈旭相主编 南宁 广西人民出版社 1996 年 1057 页
b10589399 K296.73 C244

岑溪市土地志
覃照荣主编 南宁 广西人民出版社 1999

年 299 页
b17120500　F327.674 C244 1999

苍梧县

苍梧县志
苍梧县志编纂委员会编 陈云枢主编 南宁 广西人民出版社 1997 年 915 页
b10530770　K296.74 C177

苍梧县土地志
苍梧县国土资源局编 周炎坤主编 南宁 广西人民出版社 2008 年 466 页
b21277874　F327.674 C177 2008

广西壮族自治区苍梧县地名集
苍梧县地名委员会编 苍梧 苍梧县地名委员会 1983 年 417 页
b17151636　K926.74 C177 1983

藤　县

藤县志
藤县志编纂委员会编 何明 廖盛春 卢克主编 南宁 广西人民出版社 1996 年 741 页
b13518604　K296.74 T293

藤县土地志
藤县土地管理局编 江平主编 南宁 广西人民出版社 1998 年 303 页
b16378325　F327.674 J325 1998

广西壮族自治区藤县地名志
藤县地名委员会编 藤县 藤县地名委员会 1987 年 353 页
b1643075x　K926.74 T293 1987

蒙山县

蒙山县志
蒙山县志编纂委员会编 刘海寿主编 南宁 广西人民出版社 1993 年 664 页
b10604376　K296.74 M343

蒙山县土地志
蒙山县国土资源局编 南宁 广西人民出版社 2008 年 423 页
b21277904　F327.674 M3431 2008

北海市

北海市志
北海市地方志编纂委员会编 黄福祺总纂 南宁 广西人民出版社 2002 年 2 卷 1721 页
b13845305　K296.73 B316

北海市志 1991–2005
北海市地方志编纂委员会编 连友农 刘君 唐成良主编 南宁 广西人民出版社 2009 年 1050 页
b20882609　K296.73 B316 2009

北海市建设志
北海市住房和城乡建设局编 南宁 广西人民出版社 2016 年 296 页
b50729603　F299.276.73 B316 2016

北海市土地志
北海市土地志编纂委员会编 罗星烈 邓强主编 南宁 广西人民出版社 1998 年 382 页
b15602758　F327.673 L924 1998

北海交通志
陈锦光主编 南宁 广西人民出版社 1991

年 278 页
b20041627 F512.767.3 C422 1991

北海海关志
中华人民共和国北海海关编 周德权主编 南宁 广西人民出版社 1997 年 370 页
b15914264 F752.867.3 B316 1997

北海口岸外贸志
广西壮族自治区对外经济贸易委员会驻北海口岸办事处编 禤宁主编 北海 广西壮族自治区对外经济贸易委员会驻北海口岸办事处 1993 年 187 页
b36013365 F752.867.3 B316C 1993

北海金融志
北海金融志编纂委员会编 蒙有伍主编 北海 北海金融志编纂委员会 1993 年 362 页
b22428690 F832.767.3 B316 1993

北海文化志
北海市文艺创作研究所编 北海 北海华宇公司 1997 年 209 页
b20136961 G127.673 B316 1997

涠洲岛志
祝小东 李海文 史璠主编 南宁 广西人民出版社 2012 年 359 页
b41012288 K296.73 B316W 2012

广西壮族自治区北海市地名志
北海市人民政府编 黄万吉主编 南京 北海市人民政府 1986 年 151 页
b12158859 K926.73 B316

北海市海洋志
罗星烈 庄宗球主编 南宁 广西人民出版社 2013 年 354 页
b49704667 P722.7 B316 2013

海城区

北海市海城区志
北海市海城区地方志编纂委员会编 陈延国 许华本主编 南宁 广西人民出版社 2004 年 581 页
b15715450 K296.73 B316H 2004

银海区

北海市银海区志
北海市银海区地方志编纂委员会编 麦斌主编 南宁 广西民族出版社 2008 年 559 页
b21567062 K296.73 B316Y 2008

铁山港区

北海市铁山港区志
北海市铁山港区志编纂委员会编 刘志明 余兴国主编 南宁 广西人民出版社 2012 年 400 页
b41213695 K296.73 B316T 2012

合浦县

合浦县志
合浦县志编纂委员会编 潘乐远主编 南宁 广西人民出版社 1994 年 915 页
b10726494 K296.74 H283

合浦县土地志
吴炜 潘乐远主编 北京 北京燕山出版社 1996 年 193 页
b18217746 F327.674 W513 1996

合浦县农业志
合浦县农业局编 肖子盈主编 合浦 合浦县农业局 2006年 237页
b49803098 F329.674 H283 2006

广西壮族自治区合浦县地名志
合浦县人民政府编 周家干编纂 合浦 合浦县印刷厂 1983年 377页
b16424852 K926.74 H283 1983

防城港市

防城县志
防城县志编纂委员会编 禤德焕等主编 南宁 广西民族出版社 1993年 748页
b13209383 K296.74 F2391

防城港市土地志
防城港市土地管理局编 刘镜法 侯家秀主编 南宁 广西人民出版社 2001年 310页
b16859509 F327.673 F239 2001

防城港简志
防城港之窗系列丛书编委会编 南宁 广西人民出版社 2010年 100页〔"防城港之窗"系列丛书〕
b2307775x K296.73 F239J 2010

防城港风物志
卢岩主编 桂林 漓江出版社 2015年 348页
b46558561 K926.73 L792 2015

东兴市

东兴市志
东兴市地方志编纂委员会编 李权春主编 南宁 广西人民出版社 2016年 974页
b49950654 K296.74 D5828 2016

上思县

上思县志
上思县地方志编纂委员会编 南宁 广西人民出版社 2000年 763页
b13155258 K296.74 S3227

上思县土地志
上思县国土资源局编 南宁 广西人民出版社 2008年 512页
b40743718 F327.674 S322 2008

钦州市

钦州市志
钦州市地方志编纂委员会编 周开日 李智主编 南宁 广西人民出版社 2000年 1616页
b13440950 K296.73 Q4367

钦州市土地志
钦州市土地管理局编 农兆仁 梁涌主编 南宁 广西人民出版社 2003年 486页
b16746235 F327.673 Q436 2003

钦州市交通志
钦州市交通志编纂委员会编 南宁 广西人民出版社 2013年 499页
b49938800 F512.767.3 Q436 2013

钦州市金融志
钦州市金融志编纂委员会编 邱世金 孙贻有主编 南宁 广西美术出版社 2005年 354页
b45479872 F832.767.3 Q436 2005

钦州市教育志
钦州市教育志编纂委员会编 容国伸等编辑 南宁 广西人民出版社 2000年 390

页〔广西地方志丛书〕
b1377976x　G527.673　Q436

灵山县

灵山县志
灵山县志编纂委员会编　薛勇主编　南宁　广西人民出版社　2000 年　1403 页
b13655863　K296.74　L628

灵山县土地志
灵山县国土资源局编　滕广希主编　南宁　广西人民出版社　2006 年　475 页
b20098558　F327.674　L628　2006

浦北县

浦北县志
浦北县志编纂委员会编　龙兴智主编　南宁　广西人民出版社　1994 年　868 页
b10646991　K296.74　P694

浦北县土地志
浦北县国土资源局编　刘世河　龙文学主编　南宁　广西人民出版社　2008 年　526 页
b21001364　F327.674　P694　2008

浦北县教育志
浦北县教育志编纂领导小组编　米卓运主编　南宁　广西人民出版社　1998 年　376 页
b20044781　G527.674　P694　1998

贵港市

贵港市志
罗甫琼主编　南宁　广西人民出版社　1993 年　1266 页
b10623024　K296.73　G728

贵港市人民代表大会志
贵港市人民代表大会志编纂委员会编　韩广宗总编　南宁　广西人民出版社　2014 年　826 页
b49963879　D624.673　G728　2014

贵港政协志
贵港政协志编纂委员会编　宾能松总编　南宁　广西人民出版社　2016 年　719 页
b50017184　D628.673　G728　2016

贵港市土地志
黄金水主编　南宁　广西人民出版社　1999 年　292 页
b16424955　F327.673　G728　1999

贵港市教育志
贵港市教育委员会编纂　甘路主编　南宁　广西人民出版社　1994 年　295 页
b13742371　G527.673　G728

贵港文物图志
贵港市地方志编纂委员会办公室　贵港市文化局编　甘德富主编　南宁　广西人民出版社　2011 年　338 页
b41213737　K872.673.2　G728　2011

达开水库志
贵港市达开水库志编纂领导小组编　贵港　贵港市达开水库管理局　1998 年　208 页
b16447888　TV632.672　G728　1998

桂平市

桂平县志
桂平县志编纂委员会编　凌崇征主编　南宁　广西人民出版社　1991 年　954 页
b10631331　K296.74　G731

桂平市土地志
桂平市国土资源局编 南宁 广西人民出版社 2004年 405页
b16431029 F327.673 G731 2004

桂平县教育志
桂平市教育局编 南宁 广西人民出版社 1995年 210页
b20098546 G527.674 G731 1995

广西壮族自治区桂平县地名志
桂平县地名办公室编 桂平 广西壮族自治区桂平县人民政府 1990年 730页
b16437986 K926.74 G731 1990

平南县

平南县志
平南县志编纂委员会编 苏子明主编 南宁 广西人民出版社 1993年 993页
b10634046 K296.74 P613

平南县志 1988-2005
平南县地方志编纂委员会编 蒙勇成 欧权广主编 南宁 广西人民出版社 2013年 776页
b45569277 K296.74 P613 2013

大新镇志
王战初主编 南宁 广西人民出版社 1996年 220页
b13743004 K296.75 D136

寺面镇志
寺面镇人民政府编 王战初主编 香港 香港天马图书有限公司 2002年 350页
b23003108 K296.75 S6665 2002

平南县教育志
平南县教育志编委会编 徐鹏威主编 平南 平南县教育志编纂者 1994年 482页
b20016220 G527.674 X577 1994

平南县中学志 平南县中学百校庆 续编本 1909-2009
平南 平南县中学百年校庆组委会 2009年 219页
b51079495 G639.286.7 P613 2009

玉林市

玉林市志
玉林市志编纂委员会编 陈国河主编 南宁 广西人民出版社 1993年 1279页
b10759785 K296.73 Y774

玉林市土地志
玉林市土地管理局编 封章树主编 南宁 广西人民出版社 2000年 325页
b16862065 F327.673 Y774 2000

玉林市农业志
玉林市农业志编纂委员会编 罗昭融主编 南宁 广西人民出版社 2008年 998页
b21007871 F329.673 Y774 2008

玉林市教育志
玉林市教育委员会编 周祖雄主编 南宁 广西人民出版社 1996年 338页
b13780025 G527.673 Y774

广西壮族自治区玉林市地名志
玉林市地名办公室编 玉林 玉林市地名办公室 1989年 575页
b16433178 K926.73 Y774 1989

玉林市水利电力志
玉林市水利电力局编 陈业洋主编 南宁 广西地质印刷厂 1993年 295页

b21856989　TV-092　Y7745　1993

北流市

北流县志
北流县志编纂委员会编　南宁　广西人民出版社　1993 年　1166 页
b10633972　K296.74　B316

北流市土地志
北流市土地管理局编　顾振铣　黎其强主编　南宁　广西人民出版社　1999 年　299 页
b16425285　F327.674　B315　1999

北流县教育志
北流县教育志编写组编　李巨云主编　北流　北流县教育志编写组　1990 年　284 页
b27575330　G527.674　B316　1990

北流人物志
北流市地方志编纂委员会编　麦军主编　郑州　中州古籍出版社　2007 年　706 页
b36133954　K820.867.3　B316　2007

容　县

容县志
容县志编纂委员会编　韦荫炎主编　南宁　广西人民出版社　1993 年　1125 页
b10647429　K296.74　R262

容县土地志
容县国土资源局编　曾宪业主编　南宁　广西人民出版社　2007 年　482 页
b18217643　F327.674　R262　2007

容县人物志
容县县志办公室编　徐声凯主编　北京　时代出版社　2002 年　651 页
b20577552　K820.867.4　R262　2002

陆川县

陆川县志
陆川县志编纂委员会编　黄志荣主编　南宁　广西人民出版社　1993 年　934 页
b10628496　K296.74　L835

陆川县土地志
陆川县土地志编纂小组编　南宁　广西人民出版社　1996 年　290 页
b1712797x　F327.674　L835　1996

陆川县教育志
陆川县教育委员会　陆川县地方志办公室编纂　南宁　广西人民出版社　1998 年　409 页
b1525172x　G527.674　L835　1998

陆川人物志
陆川县地方志编纂委员会编　南宁　广西人民出版社　2008 年　608 页
b20098571　K820.867.4　L835　2008

博白县

博白县志
博白县志编纂委员会编　李建源主编　南宁　广西人民出版社　1994 年　1114 页
b10627959　K296.74　B555

博白县邮电志
博白县邮电志编纂委员会编　北京　人民邮电出版社　2001 年　338 页
b40743044　F632.767.4　B555　2001

博白当代人物志
博白当代人物志编纂委员会编　黄永才主编　博白　博白当代人物志编纂委员会

2000 年 711 页
b13947497 K820.867.4 H669

兴业县

兴业县志
玉林市政协文史资料工作委员会 兴业县志编辑委员会编 唐珊山主编 兴业 兴业县志编辑委员会 1996 年 618 页〔玉林市文史资料专辑〕
b20952272 K296.74 X4639 1996

兴业县土地志
兴业县土地管理局编 李振荣主编 南宁 广西人民出版社 2000 年 270 页
b17486701 F327.674 L423 2000

百色市

百色市志
百色市志编纂委员会编 梁名就主编 南宁 广西人民出版社 1993 年 896 页
b10758641 K296.73 B163

百色市土地志
百色市土地管理局编 何传忠主编 南宁 广西人民出版社 1999 年 341 页
b17127968 F327.673 B163 1999

百色起义人物志
中共广西区委党史研究室 中共百色地委党史办公室编 南宁 广西人民出版社 1999 年 558 页〔中国共产党广西地方历史丛书〕
b14351110 K820.6 Z6433

广西壮族自治区百色市地名志
百色市人民政府编 梁祖平主编 百色 百色地区右江日报印刷厂 1986 年 292 页
b16424785 K926.73 B163 1986

百色市水利电力志
百色市水电局编 百色 百色市水利电力局 1998 年 192 页
b21856588 TV-092 B163 1998

右江区

右江民族医学院校志
右江民族医学院校志编写组编 朱文海总纂 百色 右江民族医学院校志编写组 2008 年 380 页
b20104911 G649.286.73 Y696 2008

靖西市

靖西县志
靖西县县志编纂委员会编 南宁 广西人民出版社 2000 年 901 页
b13518628 K296.74 J562

靖西县土地志
靖西县国土资源局编 赵定琪 黄克邵 张森光主编 南宁 广西人民出版社 2006 年 490 页
b21277746 F327.674 J562 2006

靖西县当代人物简志 第 1 卷
靖西县当代人物简志编纂委员会编 许朝秉主编 南宁 广西老年报印刷厂 2002 年 300 页
b15329616 K820.867.4 X593 2002

田阳县

田阳县志
田阳县志编纂委员会编 覃绍宽主编 南宁 广西人民出版社 1999 年 1063 页

b13518616　K296.74 T356

田东县

田东县志
田东县志编纂委员会编 卢伟主编 南宁 广西人民出版社 1998 年 913 页
b10468468　K296.74 T354

田东县土地志
田东县国土资源局编 凌天清主编 南宁 广西人民出版社 2005 年 443 页
b16746193　F327.674 T354 2005

田东县地名志
田东县地名志编纂委员会编 黄辉主编 南宁 广西民族出版社 2005 年 282 页
b18680318　K926.74 H658 2005

平果县

平果县志
平果县志编纂委员会编 黄永光 黄俊诚主编 南宁 广西人民出版社 1996 年 758 页
b12608646　K296.74 P6123

德保县

德保县志
德保县志编纂委员会编 南宁 广西人民出版社 1998 年 761 页
b10487104　K296.74 D291

那坡县

那坡县志
那坡县志编纂委员会编 韦有新等主编 南宁 广西人民出版社 2002 年 692 页
b14034074　K296.74 N1236

那坡县水利电力志
那坡县水利电力局编 那坡 那坡县水利电力局 1998 年 117 页
b2185757x　TV-092 N123 1998

凌云县

凌云县志
凌云县志编纂委员会编 南宁 广西人民出版社 2007 年 977 页
b19733239　K296.74 L627 2007

凌云县土地志
凌云县国土资源局编 刘德峰 林光宗主编 南宁 南宁市美鸿印刷公司 2006 年 324 页
b45479756　F327.674 L627 2006

乐业县

乐业县志
乐业县志编纂委员会编 朱伦欢主编 南宁 广西人民出版社 2002 年 705 页
b14351419　K296.74 L267

乐业县土地志
乐业县土地管理局编 南宁 广西人民出版社 2002 年 165 页
b19930124　F321.1 L267 2002

乐业县水利电力志
乐业县水利电力局编 岑祖斌主编 南宁 广西地质印刷厂 1995 年 142 页
b21857337　TV-092 L2678 1995

田林县

田林县志
田林县地方志编纂委员会编 李懋春主编

南宁 广西人民出版社 1996年 953页
〔中国地方志丛书〕
b10547496 K296.74 T355

田林县土地志
田林县国土资源局编 林振波 岑峥衡主编 南宁 广西人民出版社 2012年 480页
b40956659 F321.1 T355 2012

广西壮族自治区田林县地名志
田林县人民政府编 吴家胜主编 田林 田林县人民政府 1987年 252页
b16594605 K926.74 T355 1987

西林县

西林县志
西林县地方志编纂委员会编 陆辉主编 南宁 广西人民出版社 2006年 1254页
b1678490x K296.74 X119 2006

西林县土地志
西林县国土资源局编 黄少能 覃世忠 李世华主编 南宁 广西人民出版社 2012年 456页
b49963892 F321.1 X119 2012

广西壮族自治区西林县地名志
西林县地名委员会办公室编 西林 西林县地名委员会办公室 1982年 238页
b21274927 K926.74 X119 1982

隆林各族自治县

隆林各族自治县志
隆林各族自治县地方志编纂委员会编 南宁 广西人民出版社 2002年 989页
b1525169x K296.74 L7393 2002

隆林各族自治县民族志
隆林各族自治县县志编纂委员会编 南宁 广西人民出版社 1989年 380页
b16179274 K280.674 L739 1989

隆林各族自治县水利电力志
隆林各族自治县水利电力局编 陆生理主编 隆林 隆林各族自治县水利电力局 1991年 224页
b21857398 TV-092 L739 1991

贺州市

贺州市志
贺州市地方志编纂委员会编 唐择扶主编 南宁 广西人民出版社 2001年 2卷 1027页
b1370381x K296.74 H315

贺州市土地志
贺州市国土资源局编 南宁 广西人民出版社 2005年 411页
b1663584x F327.673 H315 2005

中国有色集团（广西）平桂飞碟股份有限公司志
中国有色集团（广西）平桂飞碟股份有限公司编 覃荆文主编 南宁 广西人民出版社 2014年 286页
b49963909 F426.32 Z6517 2014

贺州市中学校志
罗声威主编 贺州 贺州市中学 2001年 335页
b20101594 G639.286.7 H315 2001

广西壮族自治区贺县地名志
贺县人民政府编 贺县 贺县人民政府 1985年 227页

b16424827　K926.74　H314　1985

八步区

八步镇志
八步镇人民政府镇志编纂办公室编　卢鼎鹏主编　南宁　广西人民出版社　1990 年　342 页
b14990611　K296.75　B111　1990

铺门镇志
铺门镇人民政府镇志编纂办公室编　罗炳桓　陈华志主修　罗扬罴主编　南宁　广西人民出版社　1992 年　400 页
b14445785　K296.75　P684　1992

昭平县

昭平县志
昭平县志编纂委员会编　申远华主编　南宁　广西人民出版社　1992 年　602 页
b1060408x　K296.74　Z413

昭平土地志
昭平县土地管理局编　李德贵主编　昭平　昭平县土地管理局　1998 年　280 页
b49550287　F327.674　Z413　1998

昭平县教育志
昭平县教育志编纂委员会编　昭平　昭平县教育志编纂委员会　1992 年　2 卷　350 页
b20018034　G527.674　Z413

左氏家族志
广西昭平县左氏家族志编委会编　左炅新主编　昭平　广西昭平县左氏家族志编委会　2009 年　443 页
b20883250　K820.9　Z968　2009

昭平风物志
罗世江　李达球主编　南宁　广西民族出版社　1992 年　207 页
b2053310x　K926.74　Z413　1992

昭平风物志
政协广西昭平县委员会编　罗世江　李达球　罗业祯主编　梧州　梧州日报社印刷厂　2006 年　252 页
b20536379　K926.74　Z413　2006

昭平县水利电力志
广西壮族自治区昭平县水利电力局编　黎永梅主编　昭平　广西壮族自治区昭平县水利电力局　2009 年　299 页
b2185807x　TV–092　G684　2009

钟山县

钟山县志
钟山县志编纂委员会编　韦洪宇主编　南宁　广西人民出版社　1995 年　791 页
b1063051x　K296.74　Z626

钟山县教育志
钟山县教育志编纂组编　钟山　钟山县印刷厂　1993 年　440 页
b20018174　G527.674　Z626　1993

富川瑶族自治县

富川瑶族自治县志
富川瑶族自治县志编纂委员会编　盘承和主编　南宁　广西人民出版社　1992 年　683 页
b1083638x　K296.74　F496

富川瑶族自治县土地志
富川瑶族自治县国土资源局编　何志强主

编 南宁 广西人民出版社 2007 年 413 页
b21277795 F327.674 F496 2007

河池市

河池市志
河池市志编纂委员会编 莫善宝主编 南宁 广西人民出版社 1996 年 1087 页
b10530769 K296.73 H285

河池市志 1991-2002
河池市金城江区地方志编纂委员会编 莫保应 廖鹏志 林栋主编 南宁 广西人民出版社 2008 年 816 页
b20533111 K296.73 H285 2008

广西壮族自治区河池市土地志
韦新接主编 南宁 广西人民出版社 1999 年 287 页
b16447906 F327.673 H285 1999

河池交通志
河池交通志编纂委员会编 韦忠新主编 河池 河池日报社印刷厂 2006 年 409 页
b20042863 F512.767.3 H285 2006

河池市金融志
河池市金融志编纂委员会编 黄盛文主编 南宁 广西人民出版社 2014 年 723 页
b49963880 F832.767.3 H285 2014

河池市教育志
莫保应主编 河池 河池市教育志编纂者 2000 年 295 页
b20138088 G527.674 H285 2000

广西壮族自治区河池市地名志
河池市地名委员会编 莫景强主编 河池 河池市地名委员会 1985 年 276 页
b16465088 K926.73 H285 1985

河池市水利志
河池市水利电力局编 夏秉珪主编 河池 河池市水利电力局 1988 年 88 页
b21857234 TV-092 H2851 1988

宜州区

宜州市志
宜州市地方志编纂委员会编 韦甘睦主编 南宁 广西人民出版社 1998 年 894 页
b10488297 K296.73 Y425

宜州政协志
宜州政协志编纂委员会编 韦丽忠主编 南宁 广西人民出版社 2011 年 534 页
b5026929x D628.673 Y425 2011

宜州市土地志
宜州市土地管理局编 莫瑞扬主编 南宁 广西人民出版社 2003 年 454 页
b16859443 F327.673 Y425 2003

广西壮族自治区宜山县地名集
宜山县地名委员会编 莫瑞扬主编 宜山 宜山县地名委员会 1985 年 264 页
b20042656 K926.74 Y425 1985

南丹县

南丹县志
南丹县地方志编纂委员会编 龙怡凡 罗绍成主编 南宁 广西人民出版社 1994 年 945 页〔中国地方志丛书〕
b10630776 K296.74 N161

南丹县土地志
南丹县土地管理局编 石永球 卢永文主

编 南宁 广西人民出版社 1999 年 296 页
b16378295 F327.674 N161 1999

南丹县教育志
黄云友编撰 南丹 南丹县教育志编写者 1989 年 油印本 128 页
b20182119 G527.674 N161 1989

天峨县

天峨县志
天峨县志编纂委员会编 吴承俊主编 南宁 广西人民出版社 1994 年 551 页
b10628150 K296.74 T343

天峨县人大志 1950–2014
天峨县人大志编纂委员会编 天峨 天峨县人大志编纂委员会 2015 年 344 页
b50729743 D624.674 T343 2015

天峨县政协志 1984–2016
政协天峨县委员会编 李祖斌主编 天峨 政协天峨县委员会 2016 年 691 页
b5001738x D628.674 T343 2016

林朵林场志
林朵林场志编纂领导小组编 李新田主编 南宁 广西人民出版社 1999 年 396 页
b49982734 F326.29 L585 1999

天峨县教育志
天峨县教育志编纂小组编 罗道超主编 南宁 广西人民出版社 1996 年 247 页
b14351341 G527.674 L921

天峨县水利电力志
天峨县水利电力局编 天峨 天峨县水利电力局 1993 年 133 页
b21857763 TV–092 T343 1993

凤山县

凤山县志
凤山县志编纂委员会编 韦廷章主编 南宁 广西人民出版社 2008 年 835 页
b3753192x K296.74 F413 2008

广西壮族自治区凤山县地名集
凤山县地名委员会办公室编 韦纪科主编 凤山 凤山县地名委员会办公室 1984 年 238 页
b20576560 K926.74 F413 1984

东兰县

东兰县志
东兰县志编纂委员会编 黄相主编 南宁 广西人民出版社 1994 年 771 页
b10623061 K296.74 D582

广西壮族自治区东兰县地名志
东兰县地名办公室编 何伟典主编 东兰 东兰县人民政府 1987 年 415 页
b1642475x K926.74 D582 1987

东兰县水利志
东兰县水利电力局编 东兰 东兰县水利电力局 1985 年 油印本 56 页
b21857106 TV–092 D5825 1985

罗城仫佬族自治县

罗城仫佬族自治县志
罗城仫佬族自治县志编纂委员会编 潘克蕃主编 南宁 广西人民出版社 1993 年 592 页
b10726457 K296.74 L921

罗城仫佬族自治县土地志
罗城仫佬族自治县国土资源局编 南宁 广西人民出版社 2011 年 399 页
b45445138 F327.674 L921 2011

罗城少数民族风情志
广西罗城仫佬族自治县县志办 罗城少数民族风情志编委会编 吴邦国 覃筱克主编 罗城 罗城少数民族风情志编委会 2004 年 284 页
b36245847 K892.3 W483 2004

广西壮族自治区罗城仫佬族自治县地名集
罗城仫佬族自治县人民政府编 罗城 罗城仫佬族自治县人民政府 1985 年 159 页
b36245379 K926.74 L921C 1985

环江毛南族自治县

环江毛南族自治县志
环江毛南族自治县志编纂委员会编 谭鹏星 崔国琮主编 南宁 广西人民出版社 2002 年 1105 页
b15329835 K296.74 H593 2002

环江毛南族自治县土地志
环江毛南族自治县国土资源局编 谭灼主编 环江 环江毛南族自治县国土资源局 2002 年 291 页
b21277618 F327.674 H593 2002

巴马瑶族自治县

巴马瑶族自治县志
巴马瑶族自治县志编撰委员会编 黄大权主编 南宁 广西人民出版社 2003 年 840 页
b15314984 K276.94 B113 2003

巴马瑶族自治县土地志
巴马瑶族自治县土地管理局编 唐照凡主编 南宁 广西人民出版社 1999 年 294 页
b17120457 F327.674 B113 1999

巴马瑶族自治县水利电力志
巴马瑶族自治县水利电力局编 黄大权主编 南宁 广西地质印刷厂 1991 年 154 页
b21856576 TV-092 B113 1991

都安瑶族自治县

都安瑶族自治县志
都安瑶族自治县志编纂委员会编 邵启俊主编 南宁 广西人民出版社 1993 年 895 页
b10726561 K296.74 D658

都安瑶族自治县志 1988–2005
都安瑶族自治县地方志编纂委员会编 蓝英思主编 南宁 广西人民出版社 2017 年 1180 页
b50215516 K296.74 D658C 2017

都安瑶族自治县土地志
都安瑶族自治县土地管理局编 黄若汉主编 南宁 广西人民出版社 2001 年 334 页
b16635863 F327.674 D658 2001

都安瑶族自治县教育志
都安瑶族自治县教育志编纂小组编 韦泰昌主编 南宁 自治区新闻出版局 2001 年 614 页
b16432903 G527.674 D658 2001

都安高级中学校志 1923–2003
莫振高主编 都安 都安高级中学 2003 年 399 页
b20137503 G639.286.74 D658 2003

大化瑶族自治县

大化瑶族自治县土地志
大化瑶族自治县国土资源局编 覃克良主编 南宁 广西人民出版社 2012年 520页
b46667969 F327.674 D135 2012

大化高中校志
大化高中校志编委会编 韦景伦主编 大化 大化高中校志编委会 2009年 471页
b49639936 G639.286.74 D135 2009

来宾市

来宾市乡镇简志
来宾市人民政府编 卢运福主编 北京 中国文化出版社 2009年 432页〔来宾市地方志丛书〕
b20043831 K296.75 L144 2009

兴宾区

来宾县志
来宾县志编纂委员会编 廖仲琪 邓雄光主编 北京 知识出版社 1994年 694页〔中华人民共和国地方志丛书〕
b12301401 K296.74 L144

来宾县志 下篇
来宾县地方志编纂委员会编 来宾 来宾县地方志编纂委员会编
b47224381 K296.74 L144M

来宾县土地志
来宾县土地管理局编 覃正高 韦勇主编 南宁 广西人民出版社 2002年 474页
b18659378 F327.674 T186 2002

来宾县文化志
来宾县文化志编纂小组编 黄刚毅主编 南宁 广西民族出版社 1991年 201页
b20043843 G127.674 L144 1991

来宾县教育志 969-1990
来宾县教育志编写组编 覃德衡主编 来宾 来宾县教育志编写组 1992年 158页
b20403665 G527.674 L144 1992

广西壮族自治区来宾县地名志
来宾县地名委员会编 卢上勋 黄兆芳编撰 来宾 来宾县地名委员会 1988年 273页
b16438139 K926.74 L144 1988

合山市

合山市志
合山市志编纂委员会编 张志豪等主编 南宁 广西人民出版社 1998年 472页
b13767239 K296.73 H283

合山市土地志
合山市国土资源局编 罗鹰飞主编 南宁 广西人民出版社 2011年 504页
b45445126 F327.673 H283 2011

合山市水利电力志
合山市水利电力局编 合山 合山市水利电力局 1996年 84页
b21857222 TV-092 H2837 1996

忻城县

忻城县志
忻城县志编纂委员会编 陈嘉宗 蓝日亮 罗福清主编 南宁 广西人民出版社 1997年 886页
b10530733 K296.74 X453

忻城县土地志
忻城县土地志编纂委员会编 蓝芳 覃绍能主编 南宁 广西人民出版社 1999 年 272 页
b19930148 F327.674 X453 1999

忻城县教育志
忻城县教育志编写组编 莫益忱 莫仲金主编 忻城 忻城县教育志编写组 1996 年 301 页
b20017418 G527.674 M629 1996

广西壮族自治区忻城县地名志
忻城县人民政府编 蓝承恩编纂 忻城 忻城县人民政府 1987 年 231 页
b12158823 K926.74 G681

忻城县水利电力志
忻城县水利局编 南宁 广西人民出版社 2009 年 280 页
b22432589 TV-092 X453 2009

象州县

象州县志
象州县志编纂委员会编 韦文机主编 北京 知识出版社 1994 年 752 页
b10727759 K296.74 X314

寺村镇志
寺村镇人民政府编 韦敏主编 南宁 广西人民出版社 1999 年 356 页
b12872775 K296.75 S666

象州县土地志
象州县国土资源局编 南宁 广西人民出版社 2007 年 366 页
b21277850 F327.674 X314 2007

象州人物志
韦敏主编 南宁 广西民族出版社 2006 年 528 页
b16646940 K820.867.4 W313 2006

武宣县

武宣县志
左少荣主编 南宁 广西人民出版社 1995 年 777 页
b10532699 K296.74 W534

武宣县土地志
李桂柏主编 南宁 广西人民出版社 1998 年 256 页
b17125972 F327.674 L395 1998

武宣县水利志
武宣县水利电力局编 南宁 广西壮族自治区水利电力厅 1997 年 115 页
b23229299 TV-092 W5348 1997

金秀瑶族自治县

金秀瑶族自治县志
金秀瑶族自治县志编委会编 刘明原主编 北京 中央民族学院出版社 1992 年 578 页〔中华人民共和国地方志丛书〕
b10761214 K296.74 J479

崇左市

南宁地区志
崇左市地方志编纂委员会编 陆德宁主编 南宁 广西人民出版社 2009 年 1036 页
b21569666 K296.71 L835 2009

南宁地区金融志
南宁地区金融志编纂委员会编 彭强华主

编 南宁 广西人民出版社 2000 年 177 页
b41234388 F832.767.2 N161 2000

江州区

崇左县志
崇左县志编纂委员会编 农必强主编 南宁 广西人民出版社 1994 年 951 页
b1064698x K296.74 C541

崇左市简志 2003–2013
崇左市地方志编纂委员会办公室编 陆德宁主编 南宁 广西人民出版社 2014 年 162 页
b50208342 K296.73 C541 2014

崇左县水利电力志
崇左县水利电力局编 崇左 崇左县水利电力局 1992 年 107 页
b21856722 TV-092 C5419 1992

凭祥市

凭祥市志
凭祥市志编纂委员会编 李若檀主编 广州 中山大学出版社 1993 年 629 页
b10530757 K296.73 P616

凭祥市土地志
凭祥市国土资源局编 许多欢主编 南宁 广西人民出版社 2008 年 508 页
b20397549 F327.673 P616 2008

扶绥县

扶绥县志
扶绥县志编纂委员会编 潘洪恩主编 南宁 广西人民出版社 1989 年 554 页
b10630399 K296.74 F456

昌平志
扶绥县昌平志编写小组编 扶绥 扶绥县昌平志编写小组 1983 年 279 页
b20100309 K296.75 C329 1983

木民村志
广西扶绥县昌平乡木民村村民委员会 广西扶绥县昌平乡木民村志编辑编部编 扶绥 广西扶绥县昌平乡木民村村民委员会 2005 年 319 页
b19517099 K296.75 M689 2005

扶绥县人民代表大会志 1950–2005
扶绥县人民代表大会志编纂委员会编 扶绥 扶绥县人民代表大会志编纂委员会 2006 年 368 页
b18572674 D624.674 F456 2006

扶绥县政协志 1981–2002
扶绥县政协志编纂委员会编 扶绥 扶绥县政协志编纂委员会 2004 年 304 页
b17516213 D628.674 F456 2004

扶绥县土地志
扶绥县土地管理局编 郭益权主编 南宁 广西人民出版社 2002 年 332 页
b17486713 F327.674 F456 2002

宁明县

宁明县志
宁明县志编纂委员会编 刘继辉主编 北京 中央民族学院出版社 1988 年 722 页
b12472645 K296.74 N413

宁明县政协志 1980–2000
宁明县政协志编纂委员会编 南宁 南宁市源六印刷长 2001 年 374 页
b18120672 D628.674 N413 2001

宁明税务志
宁明税务志编纂委员会编 覃楮燠主编 宁明 宁明税务志编纂委员会 1996 年 220 页
b49789466 F812.767.4 N413 1996

龙州县

龙州县志
龙州县地方志编纂委员会编 余晋良主编 南宁 广西人民出版社 1993 年 847 页
b10570603 K296.74 L7429

龙州县政协志 1980.12–2005.12
中国人民政治协商会议龙州县委员会编 南宁 南宁市源流印刷厂 2006 年 497 页
b18266150 D628.674 L742 2006

龙州县土地志
龙州县国土资源局编 南宁 广西人民出版社 2008 年 409 页
b20198401 F327.674 L742 2008

大新县

广西壮族自治区大新县志
大新县志编纂委员会编 童健飞主编 上海 上海古籍出版社 1989 年 502 页
b10824844 K296.74 D136

大新县土地志
大新县国土资源局编 钟声远主编 南宁 广西人民出版社 2010 年 464 页
b41213701 F327.674 D136 2010

大新金融志
大新县金融志编纂领导小组编 黄忠源主编 南宁 广西人民出版社 1993 年 262 页
b22429189 F832.767.4 D136 1993

天等县

天等县志
天等县志编纂委员会编 张万富主编 南宁 广西人民出版社 1991 年 519 页
b10600541 K296.74 T3432

海南省

海南省志 中国共产党志 1991-2010
海南省地方志办公室编 刘琦 楼阳生 李秀领主编 北京 方志出版社 2015年 472页
b49607674 D235.66 L686 2015

海南省志 第1卷 建置志
海南省地方志办公室编 王琼文总纂 王君伟主编 海口 南海出版公司 2006年 580页〔海南史志丛书〕
b17182803 K296.6 H145H

海南省志 第1卷 总述 大事记
海南省地方志办公室编 梁振球总纂 海口 海南出版社 2012年 510页〔海南史志丛书〕
b36370149 K296.6 H145H

海南省志 第2卷 气象志 地震志
海南省史志工作办公室编 梁振球总纂 甘宇 郑有平卷主纂 海口 海南出版社 2004年 350页〔海南史志丛书〕
b15699900 K296.6 H145H

海南省志 第2卷 地质矿产志
海南省地方志办公室编 黄香定主编 海口 南海出版公司 2004年 379页〔海南史志丛书〕
b16240108 K296.6 H145H

海南省志 第2卷 海洋志
海南省地方志办公室编 王琼文总纂 海口 南海出版公司 2006年 321页〔海南史志丛书〕
b18153549 K296.6 H145H

海南省志 第2卷 土地志
海南省地方志办公室编 王琼文总纂 海口 南海出版公司 2007年 386页〔海南史志丛书〕
b36247625 K296.6 H145H

海南省志 第2卷 西南中沙群岛志
海南省地方志办公室编 李养国 温进辉主编 海口 南海出版公司 2008年 391页〔海南史志丛书〕
b2030206x K296.6 H145H

海南省志 第2卷 测绘志
海南省地方志办公室编 林杰锋主编 海口 南海出版公司 2010年 295页〔海南史志丛书〕
b22429852 K296.6 H145H

海南省志 第2卷 自然地理志
海南省地方志办公室编 李养国 符曦主编 海口 海南出版社 2011年 458页〔海南史志丛书〕
b3753094x K296.6 H145H

海南省志 第2卷 动植物志
海南省地方志办公室编 梁振球总纂 朱麟卷主编 海口 海南出版社 2012年 763页〔海南史志丛书〕
b36370162 K296.6 H145H

海南省志 第3卷 人口志 方言志 宗教志
海南省地方史志办公室编 胡昌培主编 海口 海南出版公司 1994年 541页〔海南史志丛书〕
b16240091 K296.6 H145H

海南省志 第3卷 民族志
海南省地方史志办公室编 陈国轩 王亚保 刘明哲主编 海口 海南出版公司 2006年 873页〔海南史志丛书〕
b18806119 K296.6 H145H

海南省志 第3卷 民俗志
海南省地方志办公室编 梁振球总纂 詹贤武卷主编 海口 南海出版公司 2012年 579页〔海南史志丛书〕
b45840994 K296.6 H145H

海南省志 第4卷 民政志 外事志
海南省地方史志办公室编 黄相基 陈东威 王方策主编 海口 南海出版公司 1994年 269页〔海南史志丛书〕
b16240078 K296.6 H145H

海南省志 第4卷 公安志
海南省地方史志办公室编 阮崇武主修 李养国总纂 杜昌圣主编 海口 海南出版公司 1997年 351页〔海南史志丛书〕
b16428560 K296.6 H145H

海南省志 第4卷 检察志
海南省地方史志办公室编 舒慧明主编 海口 南海出版公司 1997年 377页〔海南史志丛书〕
b16578119 K296.6 H145H

海南省志 第4卷 政府志
海南省史志工作办公室编 主郭绍明编 海口 南海出版公司 2003年 470页〔海南史志丛书〕
b15314893 K296.6 H145H

海南省志 第4卷 共产党志
海南省地方志办公室编 王厚宏主编 海口 南海出版公司 2005年 451页〔海南史志丛书〕
b1624008x K296.6 H145H

海南省志 第4卷 司法行政志
海南省地方志办公室编 王琼文总纂 海口 南海出版公司 2006年 241页〔海南史志丛书〕
b17182815 K296.6 H145H

海南省志 第4卷 审判志
海南省地方志办公志编 王琼文总纂 田忠木等卷主编 海口 南海出版公司 2006年 486页〔海南史志丛书〕
b17182827 K296.6 H145H

海南省志 第4卷 民主党派志
海南省地方志办公室编 梁振球总纂 潘建卷主编 海口 南海出版公司 2011年 767页〔海南史志丛书〕
b37531402 K296.6 H145H

海南省志 第4卷 工青妇志
海南省地方志办公室编 梁振球总纂 揭晓强主编 海口 南海出版公司 2012年 786页〔海南史志丛书〕
b44915846 K296.6 H145H

海南省志 第4卷 审判志 1991-2010
海南省地方志办公室编 董治良主编 海口 海南出版社 2013年 387页
b44851662 K296.6 H145H

海南省志 第4卷 人代政协志
海南省地方志办公室编 翟培基 邱国虎主编 海口 南海出版公司 2010年 508页〔海南史志丛书〕
b40648138 K296.6 Z283 2010

海南省志 第5卷 军事志
海南省地方史志办公室编 符树森主编 符树森主编 海口 海南出版公司 1998年 732页〔海南史志丛书〕
b16240066 K296.6 H145H

海南省志 第5卷 革命根据地志
海南省地方志办公室编 王琼文总纂 海口 南海出版公司 2006年 321页〔海南史志丛书〕
b18153549 K296.6 H145H

海南省志 第6卷 工商行政管理志 统计管理志
海南省地方志办公室编 王琼文总纂 海口 南海出版公司 2004年 246页〔海南史志丛书〕
b16240054 K296.6 H145H

海南省志 第6卷 计划管理志
海南省地方志办公室编 王琼文总纂 海口 南海出版公司 2006年 241页〔海南史志丛书〕
b17182815 K296.6 H145H

海南省志 第6卷 物价管理志
海南省地方志办公室编 陈海波主编 海口 南海出版公司 2009年 1013页〔海南史志丛书〕
b20815955 K296.6 H145H

海南省志 第6卷 审计志
海南省地方志办公室编 海口 南海出版公司 2009年 339页〔海南史志丛书〕
b20815967 K296.6 H145H

海南省志 第6卷 质量技术监督志
海南省地方志办公室编 陈永忠主编 海口 南海出版公司 2012年 760页〔海南史志丛书〕
b46011766 K296.6 H145H

海南省志 第7卷 农垦志
海南省地方史志办公室编 阮崇武主修 王法仁主编 海口 海南摄影美术出版社 1996年 693页〔海南史志丛书〕
b47316998 K296.6 H145H

海南省志 第7卷 农业志
海南省地方史志办公室编 翟守政 林俊香主编 海口 南海出版公司 1997年 485页〔海南史志丛书〕
b16430190 K296.6 H145H

海南省志 第7卷 水利志
海南省地方志办公室编 黄世福主编 海口 南海出版公司 2005年 809页〔海南史志丛书〕
b16240042 K296.6 H145H

海南省志 第7卷 烟草志
海南省地方志办公室编 杨明主编 海口 南海出版公司 2009年 570页〔海南史志丛书〕
b20883304 K296.6 H145H

海南省志 第7卷 乡镇企业志
海南省地方志办公室编 梁振球总纂 王晓桥主编 海口 海南出版社 2011年 214页〔海南史志丛书〕
b46239637 K296.6 H145H

海南省志 第7卷 林业志
海南省地方志办公室编 梁振球总纂 王霞立 朱选成 关进平主编 海口 南海出版公司 2012年 452页〔海南史志丛书〕
b46423114 K296.6 H145H

海南省志 第7卷 工业志
海南省地方志办公室编 梁振球总纂 赵莉莎 丁尚清卷主编 海口 海南出版社 2012年 730页〔海南史志丛书〕
b36370150 K296.6 H145H

海南省志 第9卷 口岸志 海关志 商检志
海南省地方史志办公室编 海口 南海出版公司 1996年 375页〔海南史志丛书〕
b16240029 K296.6 H145H

海南省志 第9卷 民用航空志
海南省史志工作办公室编 尹再生等撰稿 海口 南海出版公司 2003年 343页〔海南史志丛书〕
b16240030 K296.6 H145H

海南省志 第9卷 出入境检验检疫志
海南省地方志办公室编 朱炳石主编 海口 南海出版公司 2005年 485页〔海南史志丛书〕
b16410956 K296.6 H145H

海南省志 第9卷 交通志
海南省地方志办公室编 韩静波主编 海口 海南出版社 2010年 890页〔海南史志丛书〕
b20883298 K296.6 H145H

海南省志 第9卷 城乡建设志
海南省地方志办公室编 梁振球总纂 史贵友主编 海口 南海出版公司 2012年 729页〔海南史志丛书〕
b44851984 K296.6 H145H

海南省志 第10卷 金融志
海南省地方志编纂委员会编 韩海京 郭照康主编 海口 南海出版公司 1993年 549页〔海南史志丛书〕
b15693545 K296.6 H145H

海南省志 第10卷 粮食志
海南省史志工作办公室编 汪啸风主修 梁振球总纂 陈萍卷主编 海口 海南出版社 2003年 465页〔海南史志丛书〕
b16240017 K296.6 H145H

海南省志 第10卷 渔业志
海南省地方志办公室编 赵中社主编 海口 海南出版社 2009年 485页〔海南史志丛书〕
b20883316 K296.6 H145H

海南省志 第10卷 对外经济贸易志
海南省地方志办公室编 林道文主编 海口 海南出版社 2009年 640页〔海南史志丛书〕
b20953550 K296.6 H145H

海南省志 第10卷 财政税务志
海南省地方志办公室编 陈海波主编 海口 南海出版社 2009年 787页〔海南史志丛书〕
b21137110 K296.6 H145H

海南省志 第10卷 财政志 1991-2010
海南省地方志办公室编 刘平治主编 北京 方志出版社 2014年 439页
b45969796 K296.6 H145J

海南省志 第11卷 报业志
海南省地方史志办公室编 李养国总纂 陈

鹰卷主编 海口 南海出版公司 1997 年 374 页〔海南史志丛书〕
b16239994 K296.6 H145H

海南省志 第 11 卷 卫生志
海南省史志工作办公室编 梁振球总纂 林诗泉主编 北京 方志出版社 2001 年 423 页〔海南史志丛书〕
b16240005 K296.6 H145H

海南省志 第 11 卷 教育志
海南省地方志办公室编 谢越华主编 海口 南海出版公司 2010 年 934 页〔海南史志丛书〕
b22429864 K296.6 H145H

海南省志 第 11 卷 文化志
海南省地方志办公室编 徐庄 范晓军主编 海口 海南出版社 2011 年 2 卷〔海南史志丛书〕
b2243348x K296.6 H145H

海南省志 第 11 卷 科学技术志
海南省地方志办公室编 梁振球总纂 海口 海南出版社 2012 年 722 页〔海南史志丛书〕
b40935310 K296.6 H145H

海南省志 第 12 卷 人物志
海南省地方志办公室编 海口 南海出版公司 2008 年 421 页〔海南史志丛书〕
b20302137 K296.6 H145H

海南省志 第 13 卷 水务志 2001–2010
海南省地方志办公室编 黄世福主编 北京 方志出版社 2013 年 344 页
b45648906 K296.6 H145J

海南省志 第 14 卷 农垦志 1991–2010
海南省地方志办公室编 毛志华总纂 北京 方志出版社 2013 年 418 页
b45625189 K296.6 H145J

海南省志 环境保护志 1950–2010
海南省地方志办公室编 北京 方志出版社 2015 年 398 页
b49607662 K296.6 H1453 2015

洋浦经济开发区志 1992–2010
洋浦经济开发区志编纂委员会编 滕利贵主编 北京 方志出版社 2015 年 486 页
b47178061 F127.663 Y223 2015

海南电力志 1991–2010
海南电网公司编 海口 海南电网公司 2010 年 241 页
b51091033 F426.61 H1456C 2010

海南电网志 2002–2012
海南电网有限责任公司编 刘映尚 金戈鸣主编 北京 中国电力出版社 2015 年 499 页〔中国南方电网志丛书〕
b50778419 F426.61 H1456 2015

中国南海经贸文化志
潘义勇著 广州 广东经济出版社 2013 年 289 页〔中国南海文化研究丛书〕
b41248752 F729 P1629 2013

海南省档案志
海南省档案局（馆）编 张德华主编 海口 海南省档案局 2014 年 431 页
b47414923 G279.276.6 Z348 2014

海南教育史志
王俞春著 海口 南方出版社 2013 年 416 页〔海南档案丛书〕
b47414911 G527.66 W234 2013

哥隆语 那斗语简志
符昌忠著 桂林 广西师范大学出版社 2015年 230页〔东方市语言文化系列丛书 第12辑〕
b46574724 H281 F461 2015

中国戏曲志 海南卷
中国戏曲志编辑委员会 中国戏曲志海南卷编辑委员会编 杨志杰 张庚主编 北京 中国ISBN中心 1998年 808页
b1733813x J809.2 Z651HN

海南移民史志
王俞春著 北京 中国文联出版公司 2003年 554页〔新视野丛书〕
b1524684x K296.6 H145 2003

海南省地震监测志
海南省地震局编 李战勇主编 北京 地震出版社 2005年 168页〔中国地震监测志系列〕
b1663598x P315.732.66 H145 2005

中国海湾志 第11卷 海南省海湾
中国海湾志编纂委员会编 北京 海洋出版社 1991年 426页
b10905157 P722 Z647

海南植物图志
杨小波等编著 北京 科学出版社 2015年 14卷
b46377955 Q948.526.6 Y249H 2015

海南植物志
广东省植物研究所编辑 北京 科学出版社 1974年 4卷
b11370427 Q948.526.5 C421

南沙群岛及其邻近岛屿植物志
中国科学院南沙综合科学考察队编 邢福武 吴德邻主编 北京 海洋出版社 1996年 375页
b2004463x Q948.526.67 X479 1996

海南莎草科饲用植物志
杨虎彪主编 北京 科学出版社 2016年 189页
b49638506 Q949.92 Y235 2016

海南莎草志
刘国道 白昌军主编 北京 科学出版社 2012年 426页
b36110358 Q949.710.8 L676 2012

海南饲用植物志
刘国道编著 北京 中国农业大学出版社 2000年 760页
b50318147 Q949.92 H145 2000

海南两栖爬行动物志
史海涛 赵尔宓 王力军等编著 北京 科学出版社 2011年 285页
b22333095 Q958.526.6 S487 2011

海南省畜禽遗传资源志
肖杰主编 海口 海南出版社 2011年 154页
b37530938 S813.9 X364 2011

海南岛淡水及河口鱼类志
中国水产科学研究院等编著 广州 广东科技出版社 1986年 372页
b17510661 S922.66 Z649 1986

南海诸岛海域鱼类志
国家水产总局南海水产研究所等编 北京 科学出版社 1979年 613页
b12070555 S922.95 G792

中国油气田开发志 第28卷 南海西部油气区卷
中国油气田开发志总编纂委员会编 刘宝和主编 北京 石油工业出版社 2011年 325页
b40935000 TE3 L671 2011

海口市

海口市志
海口市地方史志编纂委员会编 林明 王海云 王经华主编 北京 方志出版社 2004年 2卷 2114页
b16105163 K296.61 H145 2004

海口市统战志
中共海口市委统战部编 海口 中共海口市委统战部 2003年 420页
b21136464 D613 H145 2003

海口市人大志
李金云主编 海口 海口市人大常委会 1998年 226页
b41234868 D624.661 L397 1998

海口市人民代表大会志
海口市人民代表大会常务委员会 高锦全主编 海口 海口市人民代表大会常务委员会 2012年 415页
b46995274 D624.661 H145 2012

海口市政协志
中国人民政治协商会议海南省海口市委员会编 海口 海口市委员会 1993年 143页
b4123487x D628.661 Z649 1993

海口市民政志
海口市民政局海口市地方志办公室编 张安东主编 海口 南海出版公司 1993年 130页
b49789107 D632 H145 1993

东昌农场志 1952–2012
东昌农场志编纂委员会编制 海南 东昌农场志编纂委员会 2012年 333页
b50151976 F324.1 D582 2012

海口市土地志
海口市土地局 海口市地方志办公室编 李举财主编 海口 南海出版公司 1997年 227页
b19930501 F329.661 L397 1997

海口财政志
海口市财政局编 庞革新主编 海口 南海出版公司 2012年 458页
b47584890 F812.766.1 H145 2012

海口市税务志
海口市税务局 海口市地方史志办公室编 韦大振主编 海口 南海出版公司 1998年 320页
b49789119 F812.766.1 W313 1998

龙华区

海口市龙华区人民法院志 1991.6.8–2011.6.7
海口市龙华区人民法院 袁卫衡主编 海口 南海出版公司 2012年 459页
b40964772 D926.22 L741 2012

琼山区

琼山县志
海南省琼山县地方志编纂委员会编 何铭文主编 北京 中华书局 1999年 996页
〔中华人民共和国地方志丛书〕
b13400113 K296.64 Q5137

红明农场志
海南省国营红明农场编 海口 南海出版公司 1992年 316页〔海南史志丛书〕
b50318767 F327.66 H419 1992

琼山县文物志
郭克辉主编 广州 中山大学出版社 1990年 240页
b36380441 K872.664 Q5137 1990

琼山县水利志
海南省琼山县水利电力局编 张家业主编 海口 三环出版社 1990年 294页〔天涯丛书〕
b2156999x TV-092 Q513 1990

三亚市

三亚市志
三亚市地方志编纂委员会编 黄亚贵主编 北京 中华书局 2001年 968页
b13808813 K296.63 S145

儋州市

儋县志
海南省儋州市地方志编纂委员会编 钟平主编 北京 新华出版社 1996年 823页
b12698234 K296.64 D167

儋州一中史志
儋州市第一中学校史研究室编 儋州 儋州市第一中学校史研究室 2011年 206页
b49788899 G638.286.64 D167 2011

松涛水利工程志
海南省松涛水利工程管理局编纂 梁前卫主编 广州 广东科技出版社 1996年 298页
b18280353 TV632.66 H145 1996

省直辖县级行政单位

五指山市

通什市志
海南省五指山市地方志编纂委员会编 陈佳彦主编 北京 方志出版社 2009年 1019页〔中华人民共和国地方志〕
b21001340 K296.63 T426 2009

琼海市

琼海县志
琼海市地方志编纂委员会编 甘先琼主编 广州 广东科技出版社 1995年 975页
b13276050 K296.54 Q513

琼海县文物志
琼海县文化局编 何君安主编 广州 中山大学出版社 1988年 104页
b3638043x K872.664 Q513 1988

文昌市

文昌县志
文昌市地方志编纂委员会编 韩培光主编 北京 方志出版社 2000年 1124页
b13545012 K296.64 W386

文昌市文物志
文昌市博物馆编 黄志健 阎根齐编著 海口 海南出版社 2013年 358页
b49963004 K872.664 W386 2013

文昌县文物志
文昌县政协文史资料研究委员会 文昌县文物普查办公室编 朱运彩主编 文昌 文昌县文物普查办公室 1988年 255页
b17183108 K872.664 Z546 1988

万宁市

万宁县志
海南省万宁县地方志编纂委员会编 陈开岩主编 海口 南海出版公司 1994年 801页
b10634149 K296.64 W172

保定村志
保定村志编纂委员会编 朱保和主编 通什 通什宏业彩印厂 1999年 296页
b20947823 K296.65 B267 1999

广东省万宁县标准地名录
万宁县革命委员会编 万宁 万宁县革命委员会 1981年 264页
b11469833 K926.54 W172

万宁县水利志
万宁县水利局编 吴乃贵主编 海口 南海出版公司 1993年 221页〔万宁县方志丛书〕
b21855687 TV-092 W495 1993

东方市

东方县志
海南省东方市史志编纂委员会编 苏永桢 黄文主编 北京 新华出版社 2011年 1119页
b22921643 K296.64 D582D 2011

东方市政协志
政协海南省东方市委员会编 符海荣主编 东方 政协海南省东方市委员会 2015年 2册 1138页〔东方文史〕
b50991504 D628.664 D582 2015

定安县

定安县志
海南省定安县地方志编纂委员会编 崔开勇主编 海口 海南出版社 2007年 1110页
b20948633 K296.64 D547C 2007

定安县文物志
许荣颂编写 广州 中山大学出版社 1987年 170页
b20175012 K872.664 X596 1987

屯昌县

屯昌县志
海南省屯昌县地方志编纂委员会编 蔡兴导主编 北京 方志出版社 2007年 713页
b17962481 K296.64 T571 2007

澄迈县

澄迈县志
海南省澄迈县史志编纂委员会编 孙中积 王邦照主编 海口 海南出版社 2008年 1396页
b20954268 K296.64 S779 2008

海南省澄迈县马村志
马村志编委会编 海口 海南出版社 2002年 340页
b18471407 K296.65 M137 2002

文大村志
曾维主编 海口 海南出版社 2009年 377页
b36379098 K296.65 W386 2009

澄迈县海洋与渔业志
澄迈县海洋与渔业局编 王天经 曾祥炎主编 澄迈 澄迈县海洋与渔业局 2012年 313页
b50233774 F326.476.64 C458 2012

临高县

临高县志
临高县志编委会编 蔡亲良 秦声扬总纂 广州 广东人民出版社 1990 年 553 页
b10633777 K296.64 L581

白沙黎族自治县

白沙县志
海南省白沙黎族自治县地方志编纂委员会编 邝立新主编 海口 南海出版公司 1992 年 400 页
b10655475 K296.64 B152

昌江黎族自治县

昌江县志
海南省昌江黎族自治县地方志编纂委员会编 周文奇主编 北京 新华出版社 1998 年 908 页
b12698362 K296.64 C329

昌江军事志 前 110–2005
昌江黎族自治县军事志编纂委员会编 杨国平主编 昌江 昌江黎族自治县军事志编纂委员会 2008 年 269 页
b20198061 E289.664 Y234 2008

乐东黎族自治县

乐东县志
乐东黎族自治县地方志编纂委员会编 林山主编 北京 新华出版社 2002 年 925 页
b15588099 K296.64 Y871 2002

丹村志
丹村志编委会编 王建光主编 乐东 丹村志编委会 2013 年 344 页
b47415307 K296.65 D165 2013

陵水黎族自治县

陵水县志
陵水黎族自治县地方志编纂委员会编 北京 方志出版社 2007 年 992 页
b1862098x K296.64 L626C 2007

保亭黎族苗族自治县

保亭县志
保亭黎族苗族自治县地方志编纂委员会编 陈运明主编 海口 南海出版社 1997 年 554 页
b10530794 K296.64 B267

琼中黎族苗族自治县

琼中县志
琼中黎族苗族自治县地方志办公室编 梁定鼎主编 海口 海南摄影美术出版社 1995 年 871 页
b13276013 K296.64 Q513

南方农场志
海南省国营南方农场史志办公室编 海口 南海出版公司 1998 年 394 页
b20044598 F324.1 H145 1998

重庆市

重庆市志 第1卷 总述 大事记 地理志 人口志
重庆市地方志编纂委员会总编辑室编 罗传勗主编 成都 四川大学出版社 1992年 866页
b14446066 K297.19 C538 1992

重庆市志 第2卷 民族志 宗教志 民俗志 附录
重庆市地方志编纂委员会编 王鸿举主修 周焕强总编 重庆 西南师范大学出版社 2004年 480页
b1604728x K297.19 C538 1992

重庆市志 第3卷 综合经济志 计划管理志 统计志 物价志 计量志 标准志
重庆市地方志编纂委员会编 王鸿举主修 周焕强总编 重庆 西南师范大学出版社 2004年 580页
b16047291 K297.19 C538 1992

重庆市志 第4卷 上 工业综述志 煤炭工业志 电力工业志 天然气工业志 机械工业志 仪表工业志 电子工业志 化学工业志
重庆市地方志编纂委员会编 余楚修主编 包叙定主修 重庆 重庆出版社 1999年 669页
b1522272x K297.19 C538 1992

重庆市志 第4卷 下 一轻工业志 二轻工业志 纺织工业志 食品工业志 建材工业志 冶金工业志 医药工业志
重庆市地方志编纂委员会编 王鸿举主修 周焕强总编 重庆 西南师范大学出版社 2004年 628页
b1604731x K297.19 C538 1992

重庆市志 第5卷 水上运输志 港口志 公路运输志 铁路运输志 民用航空志 管道运输志 邮政志 电信志
重庆市地方志编纂委员会总编辑室编 罗传勖总纂 成都 成都科技大学出版社 1994年 667页
b14673393 K297.19 C538 1992

重庆市志 第6卷 农业综述 蔬菜志 林业志 水利志 乡镇企业志 种植志 农垦志 养殖志 农机志
重庆市地方志编纂委员会编 余楚修主编 重庆 重庆出版社 1999年 647页
b15638133 K297.19 C538 1992

重庆市志 第7卷 城市建设综述 市政工程建设志 公用事业志 园林绿化志 环境卫生志 城市规划志 建筑业志 土地房产管理志 环境保护志 城市建设管理机构
重庆市地方志编纂委员会编 余楚修主编 重庆 重庆出版社 1999年 795页
b1467340x K297.19 C538 1992

重庆市志 第8卷 财政志 税务志 工商行政管理志 商品检验志 海关志 审计志
重庆市地方志编纂委员会编 王鸿举主修 周焕强总编 重庆 西南师范大学出版社 2004年 636页
b16047308 K297.19 C538 1992

重庆市志 第9卷 商贸志
重庆市地方志编纂委员会编 周焕强总编 重庆 西南师范大学出版社 2005年 525页
b16609980 K297.19 C538 1992

重庆市志 第10卷 教育志 文化志 文艺志 广播电视志 档案志 文物志 报业志
重庆市地方志编纂委员会编 周焕强总编 重庆 西南师范大学出版社 2005年 980页
b16609979 K297.19 C538 1992

重庆市志 第11卷 科学技术志 社会科学志 卫生志 体育志
重庆市地方志编纂委员会编 余楚修主编 重庆 重庆出版社 1999年 716页
b14673411 K297.19 C538 1992

重庆市志 第12卷 中国共产党志 群众团体志 民主党派志
重庆市地方志编纂委员会总编辑室编 周焕强总编 成都 四川大学出版社 2005年 463页
b14446066 K297.19 C538 1992

重庆市志 第13卷 人大志 政府志 政协志 人事志 劳动志 民政志
重庆市地方志编纂委员会编 周焕强总编 重庆 西南师范大学出版社 2005年 895页
b16609967 K297.19 C538 1992

重庆市志 第14卷 公安志 检察志 审判志 司法行政志 军事志 外事志
重庆市地方志编纂委员会编 周焕强总编 重庆 西南师范大学出版社 2005年 739页
b16609955 K297.19 C538 1992

重庆市志 第15卷 报业志
重庆报业志编纂委员会编 文履平主编 重庆 重庆出版社 2000年 303页
b17486841 K297.19 C538 1992

重庆市志 第15卷 财政志 1986-2005
重庆市财政局编纂 马千真主编 重庆 西南师范大学出版社 2011年 913页
b46562680 K297.19 C538 1992

重庆市志 第16卷 工会志 1986-2005
重庆市总工会编著 李军主编 重庆 西南师范大学出版社 2007年 998页
b20953112 K297.19 C538 1992

重庆市志 第16卷 纪检监察志 1949-2005
中共重庆市纪律检查委员会 重庆市监察局编纂 李昌伦 吕天庆主编 重庆 重庆市监察局 2014年 2卷 1199页
b47420431 K297.19 C538 1992

重庆市志 第17卷 烟草志 1621-2003
重庆市地方志编纂委员会编 王鸿举主修 周焕强总编 重庆 西南师范大学出版社 2005年 1144页
b20953124 K297.19 C538 1992

重庆市志 第18卷 供销合作社志 1989-2008
重庆市供销合作总社编纂 刘玲玲 梁从友主编 重庆 西南师范大学出版社 2013年 497页
b44852290 K297.19 C538 1992

重庆市志 第19卷 工商行政管理志 1986-2005
重庆市工商行政管理局编著 王元楷主编 重庆 西南师范大学出版 2008年 1073页
b44852289 K297.19 C538 1992

重庆市志 第20卷 共青团志 1986-2005
共青团重庆市委员会编纂 王志杰主编 重庆 西南师范大学出版 2010年 2卷 1287页
b44917016 K297.19 C538 1992

重庆市志 第 21 卷 交通志 1986–2005
重庆市交通委员会编纂 滕宏伟主编 重庆 西南师范大学出版社 2014 年 2 卷 1804 页
b45915969 K297.19 C538 1992

重庆市志 第 22 卷 出版志 1840–1987
重庆市新闻出版局编纂 陈夷茁 汪俊主编 重庆 重庆出版社 2007 年 662 页
b46012989 K297.19 C538 1992

重庆市志 第 23 卷 农业银行志 1979–2008
重庆农业银行重庆市分行编纂 饶洪主编 重庆 重庆市川渝彩色印务公司 2011 年 731 页
b46240524 K297.19 C538 1992

重庆市志 第 24 卷 人物志 当代人物
重庆市地方志编纂委员会编 周焕强总编 王存忠主编 重庆 重庆市地方志编纂委员会 2006 年 567 页
b46668238 K297.19 C538 1992

重庆市志 第 25 卷 经济地理志 1891–2005
重庆市地方志编纂委员会编 周焕强总编 裴家常卷主编 重庆 西南师范大学出版社 2008 年 493 页
b46668172 K297.19 C538 1992

重庆市志 第 26 卷 中国致公党重庆地方组织志 1983–2007
中国致公党重庆市委员会编纂 谭净主编 重庆 中国致公党重庆市委员会 2011 年 447 页
b46899649 K297.19 C538 1992

重庆市志 第 27 卷 人民银行志 1984–2007
中国人民银行重庆营业管理部编纂 陈徐主编 重庆 重庆大学出版社 2013 年 346 页
b47297347 K297.19 C538 1992

重庆市志 第 28 卷 电力志 1986–2005
重庆市电力志编纂委员会编 邓颖主编 重庆 西南师范大学出版社 2012 年 628 页
b47206846 K297.19 C538 1992

重庆市志 第 29 卷 电信志 1986–2005
重庆市通信管理局编纂 邢海英主编 重庆 西南师范大学出版社 2009 年 594 页
b4742039x K297.19 C538 1992

重庆市志 第 30 卷 出入境检验检疫志 1891–2005
重庆出入境检验检疫局编著 刘式尧主编 重庆 西南师范大学出版社 2007 年 582 页
b47420388 K297.19 C538 1992

重庆市志 第 31 卷 对外经济贸易志 1986–2005
重庆市对外贸易经济委员会编纂 李建春主编 重庆 西南师范大学出版社 2010 年 724 页
b47420406 K297.19 C538 1992

重庆市志 第 32 卷 统计志 1986–2005
重庆市统计局 国家统计局重庆调查总队编纂 项铁林主编 重庆 西南师范大学出版社 2015 年 435 页
b4955041x K297.19 C538 1992

重庆市志 第 33 卷 教育志 1986–2005
重庆市教育委员会编纂 彭智勇 周旭主编 重庆 重庆出版社 2012 年 2 卷 1509 页
b49640483 K297.19 C538 1992

重庆市志 第 34 卷 文学志
重庆市作家协会编纂 王明凯主编 重庆

西南师范大学出版社 2013 年 540 页
b49904206 K297.19 C538 1992

重庆市志 第 35 卷 人口和计划生育志 1986-2005
重庆市人口和计划生育委员会编纂 潘晓阳主编 重庆 西南师范大学出版社 2015 年 701 页
b49939324 K297.19 C538 1992

重庆市志 第 36 卷 卫生志 1986-2005
重庆市卫生和计划生育委员会编纂 屈谦主编 重庆 西南师范大学出版社 2016 年 752 页
b49863204 K297.19 C538 1992

重庆市志 第 37 卷 民政志 1986-2005
重庆市民政局编纂 蒋志强 何亚雄 许建华主编 重庆 西南师范大学出版社 2017 年 564 页
b50351126 K297.19 C538 1992

重庆市志 第 38 卷 工业经济志 1986-2005
重庆市经济和信息化委员会编纂 郭坚主编 重庆 西南师范大学出版社 2017 年 2 册 1096 页
b51046817 K297.19 C538 1992

重庆市志 第 39 卷 煤炭工业志 1991-2012
重庆煤矿安全监察局 重庆市煤炭工业管理局编纂 重庆 西南师范大学出版社 2017 年 554 页
b51051291 K297.19 C538 1992

重庆市志 第 40 卷 体育志 1986-2005
重庆市体育局编纂 丁洪 辛世杰主编 重庆 西南师范大学出版社 2017 年 976 页
b50748130 K297.19 C538 1992

重庆市志 司法行政志 1840-2005
重庆市司法局编纂 重庆 重庆市司法局 2015 年 505 页
b50067114 K297.19 C538D 2015

重庆市志 扶贫开发志 1978-2005
重庆市扶贫开发领导小组办公室编 重庆 中华出版社 2014 年 564 页〔重庆地方志丛书〕
b4742042x K297.19 C538C 2014

重庆市志 审计志 1983-2005
重庆市审计局编纂 王耘农 卢建辉 袁天长主编 重庆 重庆市审计局 2015 年 832 页
b47420455 K297.19 W234 2015

重庆市志 社会科学志 1986-2005
重庆市社会科学联合会编纂 颜克亮主编 重庆 西南师范大学出版社 2011 年 659 页
b47420443 K297.19 Y168 2011

重庆市志 发展改革志 1986-2005
重庆市发展和改革委员会编纂 杨庆育主编 重庆 西南师范大学出版社 2010 年 819 页
b47420418 K297.19 Y244 2010

重庆市志 水利志 1986-2006
重庆市水利局编纂 程顺钦主编 重庆 西南师范大学出版社 2015 年 780 页
b47420467 TV-092 C456 2015

重庆市计划生育志
重庆市计划生育委员会编 李九清主编 重庆 重庆市计划生育委员会 1991 年 293 页
b21766617 C923 C538 1991

中共重庆市委办公厅志 1949–2006
中共重庆市委办公厅志编纂委员会编 李昌伦主编 重庆 中共重庆市委办公厅志编纂委员会 2017 年 506 页
b50992430 D235.719 L391 2017

中共重庆市委党校函授志 1985–2010
中共重庆市委党校函授志编写组编 曾礼主编 重庆 中共重庆市委党校函授志编写组 2010 年 283 页
b46012515 D261.41 Z239 2010

重庆市公用局组织志
重庆市公用事业局编 陈高延主编 重庆 重庆市公用事业局 1995 年 361 页
b50152956 D267.1 C538 1995

重庆市总工会志
重庆市总工会编 白渝平主编 重庆 重庆出版社 1996 年 411 页
b21571466 D412.871.9 B152 1996

重庆市人民代表大会志
重庆市人民代表大会志编纂委员会编 尹万邦主编 重庆 重庆市人民代表大会志编纂委员会 1994 年 403 页
b1712055x D624.719 C538 1994

重庆市万盛区人大志 1990–2011
重庆市万盛区人大志编纂委员会编 吴德才主编 重庆 重庆市万盛区人大志编纂委员会 2016 年 251 页
b49939312 D624.719.3 W173 2016

重庆政协志 1950.1–1997.5
重庆政协志编纂委员会编 曾国光主编 重庆 重庆政协志编纂委员会 1998 年 706 页
b15588208 D628.719 C538 1998

重庆人事志
重庆市人事局编 崔兴华主修 郑定国主笔 郑定国编纂 重庆 重庆大学出版社 1992 年 425 页
b1558737x D630.3 C538 1992

重庆三峡移民志 第 1 卷 库区原貌
重庆三峡移民志编纂委员会编 王显刚主编 北京 中国三峡出版社 2007 年 778 页
b21288021 D632.4 W2333 2007

重庆三峡移民志 第 2 卷 论证与规划
重庆三峡移民志编纂委员会编 王显刚主编 北京 中国三峡出版社 2008 年 658 页
b21288021 D632.4 W2333 2007

重庆三峡移民志 第 3 卷 移民实施 上
重庆三峡移民志编纂委员会编 王显刚主编 北京 中国三峡出版社 2007 年 662 页
b21288021 D632.4 W2333 2007

重庆三峡移民志 第 5 卷 移民大事记
重庆三峡移民志编纂委员会编 王显刚主编 北京 中国三峡出版社 2007 年 516 页
b21288021 D632.4 W2333 2007

重庆民政志
重庆民政志编纂委员会编 邵桂宝主修 周养才 范成华主编 重庆 重庆民政志编纂委员会 1996 年 280 页
b20807338 D677.19 S337 1996

重庆法院志 1844–1989
四川省重庆市中级人民法院编 曾维林主编 重庆 重庆市沙坪坝区文化实业开发公司文化印刷厂 1995 年 435 页
b21766563 D926.22 C538 1995

重庆市人民检察院第四分院志 1988–2010
重庆市人民检察院第四分院编纂 杨宗福主编 重庆 重庆市人民检察院第四分院 2011年 740页
b49608265 D926.32 C538 2011

重庆市志 军事志 后勤工程学院志 1960–2008
后勤工程学院志编纂委员会编 夏兵 方振东主编 重庆 后勤工程学院志编纂委员会 2011年 678页
b47125998 E251.3 H443 2011

重庆市防空志
范伟业 蒋韶 李有国主修 李知勇主笔 重庆 西南师范大学出版社 1994年 443页
b3609383x E289.719 F199 1994

重庆市军事志
中国人民解放军重庆警备区编 曾祥才主编 重庆 中国人民解放军重庆警备区 1996年 287页
b21766630 E289.719 C538 1996

重庆市志 军事志 第三军医大学志 1954–2008
第三军医大学志编纂委员会编 张朝宁主编 重庆 第三军医大学志编纂委员会 2010年 786页
b47416452 E289.719 D413 2010

重庆市房地产志
重庆市房地产志编纂委员会编 郑福昌主修 成都 成都科技大学出版社 1992年 387页
b21766599 F299.277.19 C538 1992

重庆市市中区城市建设志 1840–1990
重庆市市中区城市建设管理委员会编 余邦才 张一平总纂 重庆 重庆市市中区城市建设管理委员会 1994年 208页
b51080229 F299.277.193 S518 1994

重庆市土地管理志
高群主编 重庆 西南师范大学出版社 1991年 390页
b16377096 F321.1 G248 1991

川维厂志 1970–1986
中国石油化工总公司四川维尼纶厂厂志编纂领导小组编 李肇勋主编 重庆 中国石油化工总公司四川维尼纶厂厂志编纂领导小组 1988年 455页
b50318226 F426.31 Z649 1988

南桐矿业公司志
南桐矿业公司志编纂委员会编 张敬中主修 重庆 南桐矿业公司志编纂委员会 2014年 621页
b50729627 F426.21 N1618 2014

天府矿业公司志 1998–2012
天府矿业公司志编纂委员会编 石廷荣 卢华增主纂 重庆 天府矿业公司志编纂委员会 2015年 426页
b49789788 F426.21 T343 2015

中国煤炭志 附卷 重庆卷
中国煤炭志编纂委员会编 崔云龙 倪蜀葵主编 北京 煤炭工业出版社 1999年 492页
b4080592x F426.21 Z6485Q 1999

重钢动力厂志 1938–2002
重钢动力厂志编纂委员会编 唐清总编 重庆 重钢动力厂志编纂委员会 2003年 270页
b50320506 F426.31 C5381 2003

重钢志
谭其翔 相兴主编 重庆 重庆新华印刷厂 1987年 646页

b21766551 F426.31 C538 1987

重庆化工志
重庆化学工业志编辑委员会编 蔚立信主编 重庆 重庆化学工业志编辑委员会 1992年 397页
b40806911 F426.7 W338 1992

重庆农药厂厂志 1952–1990
黄万里主编 重庆 重庆农药厂 1992年 174页
b50320518 F426.76 C538 1992

重庆市食品工业志 1840–1985
重庆市食品工业志编纂委员会编 徐平编写 重庆 重庆大学出版社 1998年 298页
b21766678 F426.82 X577 1998

重庆建筑志
重庆市城乡建设管理委员会 重庆市建筑管理局编 杨荣良 陈泉根主编 重庆 重庆大学出版社 1997年 340页
b4667052x F427.719 Y245 1997

重庆市机械工业志 1902–1992
刘名忠主编 成都 成都科技大学出版社 1993年 343页
b21766605 F427.719 L682 1993

重庆市两路工业园区志 1992–2007
重庆市两路工业园区编 王明福主编 重庆 重庆市两路工业园区志编纂领导小组 2009年 315页
b5077816x F427.719 L514 2009

重庆市轻工业志
重庆市轻工业志编纂委员会编 曹和才 谭荣书主编 成都 四川科学技术出版社 1995年 2卷 640页
b21766666 F427.719 C212 1995

重庆铁路分局志 1903–1990
重庆铁路分局志编纂委员会编 俞兵主编 重庆 重庆铁路分局志编纂委员会 1992年 532页
b2176671x F532.871.9 Y712 1992

成渝高速公路重庆段建设志
重庆市交通局 重庆高等级公路建设指挥部编 邓誉九主编 重庆 重庆大学出版社 1998年 571页
b49549698 F542.871.9 D348C 1998

重庆公路运输志
重庆市交通局交通史志编纂委员会编 邓誉久主编 北京 科学技术文献出版社 1991年 146页
b21766575 F542.871.9 D348 1991

长江重庆航道志 1986–2008
长江重庆航道局编纂 重庆 长江重庆航道局 2009年 516页
b22428902 F552.9 J368 2009

重庆内河航运志
重庆市交通局交通史志编纂委员会编 邓誉久主编 北京 科学技术文献出版社 1992年 355页
b15588014 F552.771.9 D348 1992

重庆市水上运输公司志
重庆市水上运输公司志办公室编 周宗永主编 重庆 重庆市水上运输公司志办公室 1989年 488页
b2322938x F552.771.9 Z675 1989

重庆市粮油志 1840–1985
重庆市粮食局编 何良知编纂 重庆 重庆

市粮食局 1995 年 267 页
b50152993 F724.721 C538 1995

重庆市财政志
重庆市财政志编纂委员会编 顾昌涛主编 成都 成都科技大学出版社 1995 年 264 页
b36093828 F812.771.9 G556 1995

重庆市南桐矿区金融志
中国工商银行南桐矿区办事处 中国农业银行南桐矿区办事处 中国人民建设银行南桐支行 中国人民保险公司南桐矿区支公司编写 重庆 重庆市南桐矿区金融志领导小组 1991 年 240 页
b50665923 F832.771.93 N161 1991

重庆文化艺术志
重庆市文化局编 王洪华 郭汝魁主编 重庆 西南师范大学出版社 2001 年 630 页
b13739360 G127.719 C538

重庆出版社志 1950–2005
重庆出版社志编纂委员会编 罗小卫主编 重庆 重庆出版社 2010 年 502 页
b49983441 G239.22 C538 2010

重庆大学出版社志 1985–2005
张鸽盛 沈永思编纂 重庆 重庆大学出版社 2011 年 320 页
b36090190 G239.22 Z352 2011

重庆市科学技术志
重庆市科学技术委员会编纂 吴元厘主编 重庆 重庆出版社 1995 年 640 页
b21766642 G322.771.9 C538 1995

重庆教育志
重庆市教育委员会编 重庆 重庆出版社 2002 年 1059 页
b14445840 G527.719 C538 2002

南坪中学 60 年 重庆市南坪中学校志
范国强主编 重庆 重庆出版社 2016 年 658 页
b49625937 G639.287.19 C5385 2016

四川省重庆第六中学校(原求精中学)校志
四川省重庆第六中学校编 陆志轩执笔 重庆 四川省重庆第六中学校 1991 年 342 页
b20103918 G639.287.13 C538 1991

重庆石中校志 (原重庆第五十八中学) 1957–1987
四川省重庆市石桥铺中学编 重庆 四川省重庆市石桥铺中学 1989 年 296 页
b49640409 G639.287.19 C53871 1989

重庆市辅仁中学校志
重庆市辅仁中学校编纂 刘政总编辑 重庆 重庆市辅仁中学校 2012 年 539 页
b47317498 G639.287.19 C5381 2012

重庆市求精中学校志 含重庆市第六中学 1891–1998
陆志轩主编 重庆 重庆市求精中学 1998 年 469 页
b47416439 G639.287.19 Q543 1998

重庆三峡学院二级学院志 2006–2016
重庆三峡学院校史(第二卷)编纂组编 重庆 重庆三峡学院校史(第二卷)编纂组 2016 年 437 页
b49827443 G649.287.19 C5387 2016

重庆文理学院志 1976–2016
刘灿国主编 成都 西南交通大学出版社 2017 年 401 页

b50212461　G649.287.19　C5388L　2017

重庆水利电力职业技术学院志　1964–2014
重庆水利电力职业技术学院编纂　黄小华　汪强主编　重庆　西南师范大学出版社　2016年　318页
b47365882　G718.5　C538　2016

重庆戏曲志
重庆戏曲志编辑委员会编　何冶主编　北京　文化艺术出版社　1991年　551页
b15588191　J809.2　C538　1991

四川省重庆市地名录
重庆市地名领导小组编　成都　重庆市地名领导小组　1984年　569页〔四川省地名录丛书〕
b12158719　K927.13　C538

重庆市地质矿产勘查开发局205地质队队志　2004–2014
205地质队队志编纂委员会编　董自然主编　重庆　205地质队队志编纂委员会　2014年　254页
b47073342　P562.719　D596　2014

重庆缙云山植物志
重庆缙云山国家级自然保护区管理局　重庆市植物园编　重庆　西南师范大学出版社　2005年　874页
b1632397x　Q948.527.19　C538　2005

重庆动物园志　1954–2013
重庆动物园编　肖金川主编　重庆　重庆动物园　2015年　411页
b50862017　Q95-339　C538　2015

第三军医大学西南医院志　1929–2010
第三军医大学编纂委员会编　郭继卫主编　重庆　第三军医大学　2010年　587页
b50233816　R197.3　D413　2010

重庆市卫生志　1840–1985
司明勋　李祥龙主修　李君仁主编　重庆　重庆市卫生志编委会　1994年　477页
b27575238　R199.2　S648　1994

重庆市勘测院志　重庆市勘测院六十周年纪念　1950–2010
重庆市勘测院志编纂委员会编　袁大为总编　重庆　重庆市勘测院志编纂委员会　2010年　344页
b49550378　T-242.719　C538　2010

重庆建筑段志　1953–1991
重庆建筑段史志办公室编　重庆　重庆建筑段史志办公室　1991年　116页
b50067096　TU-098.9　C538　1991

重庆建筑高等专科学校志　1974–1999
重庆建筑高等专科学校编　重庆　重庆大学出版社　2000年　193页〔中国建筑工程总公司企业志系列丛书〕
b44852526　TU-40　C538　2000

中国建筑西南设计院四十年志　1950–1990
中国建筑西南设计院四十年志编委会编　重庆　中国建筑西南设计院四十年志编委会　1990年　153页
b22433284　TU2-24　Z651　1990

重庆市市政环卫建设志
重庆市城市建设局市政环卫建设志编纂委员会编　林君宴主编　成都　四川大学出版社　1993年　285页
b2176668x　TU984.271.9　C538　1993

重庆市园林绿化志
重庆市园林管理局修志领导小组编纂 胡兴贵主编 成都 四川大学出版社 1993年 422页
b21766708 TU986.627.19 C538 1993

重庆市水利志
重庆市农机水电局编 张朝贵主修 蓝世杰主编 重庆 重庆出版社 1996年 386页
b18280961 TV-092 Z347 1996

重庆桥梁志
孙家驷编著 重庆 重庆大学出版社 2011年 595页
b22344846 U44-092 S771 2011

重庆环境保护志
重庆市环境保护局编纂 林定恕主修 重庆 重庆市环境保护局 1997年 348页
b21766587 X321.271.9 L585 1997

渝中区

重庆市市中区志
重庆市渝中区人民政府地方志编纂委员会编 黄天缘 丁贤矩总编 重庆 重庆出版社 1997年 815页
b15641855 K297.193 C538Y 1997

重庆市市中区志 1986-1994
重庆市渝中区人民政府地方志编纂委员会编 黎明德 王景怀总编 重庆 重庆出版社 2007年 887页
b21766691 K297.193 S518 2007

重庆市渝中区人大志
重庆市渝中区人大志编纂委员会编 胡孝峰主编 重庆 重庆市渝中区人大志编纂委员会 2008年 477页
b47297153 D624.719.4 Y717 2008

重庆市渝中区人民法院志 1951-2001
重庆市渝中区人民法院编印 渝中区人民法院编 重庆 重庆市渝中区人民法院 2002年 416页
b50778195 D926.22 Y717 2002

重庆市市中区文化艺术志
刘开元主修 冉庄总纂 北京 文化艺术出版社 1990年 583页
b20019312 G127.71 L679 1990

重庆市市中区教育志
钟永玲主编 成都 四川文艺出版社 1993年 426页
b15587770 G527.719 Z626 1993

四川省重庆市市中区地名录
重庆市市中区地名领导小组编印 重庆 重庆市市中区地名领导小组 1986年 202页〔四川省地名录丛书〕
b15605267 K927.19 S518 1986

重庆市市中区园林绿化志
重庆市市中区市政绿化局重庆市市中区园林绿化志编纂委员会编 陈志道主编 重庆 重庆市市中区市政绿化局 1994年 202页
b46562217 TU986.627.193 S518 1994

万州区

重庆市万州区志
重庆市万州区地方志编纂委员会编纂 陈浪总编辑 重庆 西南师范大学出版社 2013年 2卷 2435页
b50201736 K297.193 W173C 2013

万县志
万县志编纂委员会编 成都 四川辞书出版社 1995 年 803 页
b10655499 K297.14 W173

万县市志
重庆市万州区龙宝移民开发区地方志编纂委员会编 魏光和 于官六总编 重庆 重庆出版社 2001 年 1318 页
b1643674x K297.193 W173 2001

重庆市万州区民政志
孙养统主编 北京 中国社会出版社 2011 年 284 页〔万州地方志丛书〕
b40863979 D632 W173 2011

重庆万州国土资源志
冉崇富 袁世喜编 武汉 长江出版社 2010 年 768 页〔万州地方志丛书〕
b45416758 F129.971.93 W173 2010

万县市城市建设志 1911–1992
万县市（县级）城乡建设委员会 万县市（地级）建设委员会编纂 黄月峰主编 万县 万县市（县级）城乡建设委员会 1994 年 612 页
b4998309x F299.277.193 W173 1994

万县市城乡建设志 1993–1997
万县市建设委员会 万县市城乡建设志编辑组编 何爱好主编 重庆 万县市建设委员会 2001 年 416 页
b50066754 F299.277.193 W173C 2001

万县港口志
四川省万县中心航管站编 万县 四川省万县中心航管站 1986 年 102 页
b20577898 F552.9 S664 1986

重庆市万州区供销合作社志
重庆市万州区供销合作社志编纂委员会编 万良斌主编 重庆 重庆联谊印务公司 2012 年 483 页〔万州地方志丛书〕
b4074405x F727.719 W173 2012

万县税务志 1911–1993
四川省万县税务局编 万县 万县市印刷厂 1995 年 656 页〔四川省万县地方志丛书〕
b40743834 F812.771.4 W173 1995

万县地区文化艺术志
四川省万县市文化局编纂 施荣良主编 成都 四川人民出版社 1996 年 548 页
b20099332 G127.712 S466 1996

万县地区教育志
万县市教育委员会编 重庆 重庆出版社 1997 年 531 页
b20019932 G527.712 W173 1997

万州教育志 1993–2005
万州教育志编纂委员会编 万启蒙主编 重庆 重庆出版社 2008 年 602 页
b50347706 G527.719.3 W173 2008

四川省万县地区戏曲志 征求意见稿
万县地区文化局编 万县 万县地区文化局 1986 年 油印本 265 页
b2014085x J809.271.2 W173 1986

四川省万县地名录
万县地名领导小组编 万县 万县地名领导小组 1988年 602页〔四川省地名录丛书〕
b15605942 K927.14 W173 1988

涪陵区

涪陵市志
四川省涪陵市志编纂委员会编 成都 四川

人民出版社 1995 年 1669 页
b13274399 K297.13 F459

李渡镇志
李渡镇人民政府李渡镇志编纂委员会编著 王多雄主编 南昌 江西山水印务公司 2008 年 540 页
b2235959x K297.15 L392 2008

重庆市涪陵区残疾人事业志 1988–2015
涪陵区残疾人事业志编纂委员会编 庹立声主编 重庆 涪陵区残疾人事业志编纂委员会 2016 年 245 页
b49790092 D669.69 C538F 2016

涪陵市国土志
涪陵市枳城区国土局编纂 秦云霞主编 成都 四川人民出版社 1998 年 502 页
b1812091x F129.971.3 Z586 1998

涪陵地区盐业志
涪陵地区盐业志编纂委员会编 蔡澄如 冯家玉编写 成都 四川人民出版社 1991 年 311 页
b4699516x F426.82 F459 1991

涪陵地区供销社志
涪陵地区供销社编 重庆 涪陵地区供销社 1987 年 280 页
b21765236 F727.712 F459 1987

重庆市涪陵区教育志 1986–2010
重庆市涪陵区教育志编纂委员会编 许顶根主编 重庆 重庆市涪陵区教育志编纂委员会 2011 年 754 页
b50778158 G527.719.3 F459 2011

涪陵卫生学校志 1958–1984
涪陵卫生学校校志编写组编 涪陵 涪陵卫生学校校志编写组 1986 年 129 页
b20402892 G719.287.1 F459 1986

涪陵地区文物志
涪陵地区文化局编印 涪陵 涪陵地区文化局 1985 年 181 页
b20042255 K872.71 F459 1985

四川省涪陵县地名录
涪陵县地名领导小组编印 涪陵 涪陵县地名领导小组 1986 年 477 页〔四川省地名录丛书〕
b13741688 K927.14 F459

大渡口区

重庆市大渡口区志
重庆市大渡口区地方志编纂委员会编 钟明亮主编 成都 四川科学技术出版社 1995 年 652 页
b16746715 K297.193 D135 1995

重庆市大渡口区八桥镇志
重庆市大渡口区八桥镇志编纂委员会编 重庆 重庆市大渡口区八桥镇志编纂委员会 2003 年 244 页
b36378847 K297.195 B111 2003

重庆市大渡口区教育志 第 2 卷 1989–2005
重庆市大渡口区教育委员会编 聂传赞主编 重庆 重庆市大渡口区教育委员会 2005 年 326 页
b50065671 G529 D135 2005

四川省重庆市大渡口区地名录
重庆市大渡口区地名领导小组编印 重庆 重庆市大渡口区地名领导小组 1986 年 30 页〔四川省地名录丛书〕
b15603362 K927.19 D135 1986

江北区

重庆市江北区志
重庆市江北区地方志编纂委员会编 赵满民，邱兴富主编 成都 巴蜀书社 1993 年 1045 页
b10599940 K297.14 J323

重庆市江北区志 1986–2005
重庆市江北区地方志编纂委员会编 北京 方志出版社 2011 年 878 页
b40420929 K297.193 J323 2011

华新街街道志 1986–2005
江北区人民政府华新街街道办事处编 冉崇万主编 重庆 重庆市金雅迪彩色印刷有限公司 2009 年 478 页〔重庆市江北区地方志丛书〕
b46273827 K297.19 H529 2009

江北城街道志 1986–2005
江北城街道办事处编纂 龚继荣主编 重庆 江北城街道办事处 2009 年 618 页〔重庆市江北区地方志丛书〕
b50778122 K297.195 J323 2009

五里店街道志 1993–2005
五里店街道志编纂委员会编 彭林绪主编 重庆 五里店街道志编纂委员会 2008 年 591 页〔重庆市江北区地方志丛书〕
b49678486 K297.195 W538 2008

鱼嘴镇志 溯源 –2008
江北区鱼嘴镇志编纂委员会编 刘星 徐功天主编 重庆 江北区鱼嘴镇志编纂委员会 2010 年 352 页〔重庆市江北区地方志丛书〕
b50017573 K297.195 Y715 2010

重庆市江北区华新街街道志
重庆市江北区华新街街道志编纂小组编 全泉主笔 重庆 中共重庆市委机关印刷厂 1989 年 252 页
b36131829 K297.19 H529 1989

江北区统计志 1986–2011
重庆市江北区统计局编纂 刘兰 唐勇 李明明主编 重庆 重庆市江北区统计局 2013 年 78 页〔重庆市江北区地方志丛书〕
b50347330 C832.719.3 J323 2013

江北区人口和计划生育志 1986–2008
重庆市江北区人口和计划生育委员会编纂 刘建忠主编 重庆 重庆市江北区人口和计划生育委员会 2009 年 240 页〔重庆市江北区地方志丛书〕
b4954987x C924.257.193 J323 2009

重庆市江北区政协志 1980–2011
中国人民政治协商会议重庆市江北区委员会编纂 廖庆平主编 重庆 中国人民政治协商会议重庆市江北区委员会 2015 年 235 页〔重庆市江北区地方志丛书〕
b49789193 D628.719.3 J323 2015

江北民建志
江北民建志编委会编 龙平主编 重庆 江北民建志编委会 2016 年 308 页
b50861992 D665.4 J323 2016

农工党江北区志 1948–2010
农工党江北区志编纂委员会编纂 重庆 农工党江北区志编纂委员会 2012 年 227 页〔重庆市江北区地方志丛书〕
b50642935 D665.5 N458 2012

重庆市江北区残疾人联合会志 1980–2009
重庆市江北区残疾人联合会编 重庆 重庆市江北区残疾人联合会 2010 年 207 页〔重庆市江北区地方志丛书〕
b50862029 D669.69–232 C538J 2010

江北区司法行政志 1980–2014
重庆市江北区司法局编纂 马杰 马思健主编 重庆 重庆市江北区司法局 2017 年 242 页〔重庆市江北区地方志丛书〕
b50347329 D927.719.361.3 J323 2017

重庆市江北区军事志 1911–2005
重庆市江北区军事志领导小组编 张兴德主编 重庆 重庆市江北区军事志领导小组 2007 年 564 页
b50862030 E289.719.3 J323 2007

江北区计划志 1986–2005
江北区计划志编纂组编纂 重庆 江北区计划志编纂组 2011 年 147 页〔重庆市江北区地方志丛书〕
b5072745x F127.719.3 J323 2011

重庆市江北区国土志
重庆市江北区国土局编纂 杨进主编 重庆 重庆市江北区国土局 2001 年 311 页
b50730010 F129.971.93 J323 2001

江北县劳动志
江北县劳动局编 陈光文主编 江北 江北县劳动局 1992 年 335 页
b50861876 F249.277.194 J323 1992

重庆市江北区房地产志
重庆市江北区房管分局房地产志编辑室编 卢伟主编 重庆 重庆市江北区房管分局房地产志编辑室 1993 年 222 页
b36093841 F299.277.19 L792 1993

重庆市江北区房地产志 1986–2005
重庆市江北区房屋管理局房地产志编辑室编印 卢伟主编 重庆 重庆出版社 2009 年 300 页〔重庆市江北区地方志丛书〕
b4990436x F299.277.193 J323 2009

江北区交通志 1986–2005
重庆市江北区交通局编纂 李永林主编 重庆 重庆市江北区交通局 2012 年 370 页〔重庆市江北区地方志丛书〕
b50248650 F512.771.93 J323 2012

江北区粮食志 1986–2005
重庆市江北区粮食局编 张高然主编 重庆 重庆市江北区粮食局 2007 年 232 页〔重庆市江北区志系列丛书〕
b47297359 F724.721 J323 2007

重庆市江北区粮油志
刘丰应主编 重庆 重庆市江北区粮油志编纂者 1990 年 302 页
b21766629 F727.721 J323 1990

江北区商业志 1986–2011
江北区商业志编纂委员会编 陈光笏 杨裕克主编 重庆 江北区商业志编纂委员会 2015 年 246 页〔重庆市江北区地方志丛书〕
b47416427 F729.7 C419 2015

江北区财政志 1949–2008
重庆市江北区财政局编纂 徐德中 何勇主编 重庆 重庆市江北区财政局 2012 年 370 页〔重庆市江北区地方志丛书〕
b49472665 F812.771.93 J323 2012

江北县财政志 1912–1990
江北县财政局编 杨秀明主编 江北 江北县财政局 1993 年 335 页

b50248042 F812.771.93 J323C 1993

重庆江北中学校志 1909–2009
重庆市江北中学校校史组编著 杨文俊 高峰 张利群总撰 重庆 重庆市江北中学校校史组 2009年 308页
b50067102 G639.287.193 J323 2009

江北区体育志 溯源–2008
重庆市江北区体育志编纂组编纂 李珂 杨三洲主编 重庆 重庆市江北区体育志编纂组 2011年 133页〔重庆市江北区地方志丛书〕
b50152968 G812.771.93 J323 2011

四川省重庆市江北区地名录
重庆市江北区地名领导小组编印 重庆 重庆市江北区地名领导小组 1986年 106页〔四川省地名录丛书〕
b15605279 K927.19 J323 1986

江北区环境保护志 1980–2010
重庆市江北区环境保护局编纂 李明林主修 重庆 重庆市江北区环境保护局 2011年 160页〔重庆市江北区志系列丛书〕
b49706378 X321.271.93 J323 2011

沙坪坝区

重庆市沙坪坝区志
重庆市沙坪坝区志编纂委员会编 刘国庆主编 成都 四川人民出版社 1995年 990页
b16323932 K297.193 S231 1995

重庆市沙坪坝区覃家岗乡志
覃家岗乡志编纂领导小组编 黎宝琛主编 重庆 覃家岗乡志编纂领导小组 1992年 321页
b50665935 K297.195 T186 1992

重庆市沙坪坝区覃家岗镇上桥村志
上桥村党支部 上桥村村委会编纂 曾传宜主编 重庆 重庆万科印刷技术研究所 1996年 250页
b20105356 K297.195 S322 1996

沙坪坝区政协志 1950.11–1993.2
中国人民政治协商会议重庆市沙坪坝区委员会编 徐应培主编 重庆 重庆大学出版社 1993年 202页
b49472653 D628.719.3 S231 1993

沙坪坝区政协志 1993–2007
中国人民政治协商会议重庆市沙坪坝区委员会编 何泽政主编 重庆 中国人民政治协商会议重庆市沙坪坝区委员会 2007年 508页
b50152920 D628.719.3 S231 2007

重庆市沙坪坝区人民法院志
重庆市沙坪坝区人民法院编 邱清文主编 重庆 重庆市沙坪坝区人民法院 1998年 365页
b4955038x D926.22 S231 1998

重庆市沙坪坝区交通志
重庆市沙坪坝区交通志编纂委员会编 张志凡主编 重庆 重庆大学出版社 1993年 357页
b20045104 F512.771.9 Z369 1993

重庆市沙坪坝区地方税务志 1994–2011
重庆市沙坪坝区地方税务局 重庆市沙坪坝区地方志办公室编纂 王正学主编 重庆 重庆市沙坪坝区地方税务局 2011年 194页
b49678498 F812.771.93 S231 2011

重庆市沙坪坝区档案志 1939–2010
重庆市沙坪坝区档案局 重庆市沙坪坝区

地方志办公室编纂 吴红建 张建中主编 重庆 重庆市沙坪坝区档案局 2011年 219页
b47416440 G279.277.193 S231 2011

四川省重庆市沙坪坝区地名录
重庆市沙坪坝区地名领导小组编印 重庆 重庆市沙坪坝区地名领导小组 1984年 148页〔四川省地名录丛书〕
b15603441 K927.19 S231 1984

重庆市沙坪坝区城市改造建设志
李华松主编 重庆 沙坪坝区城市改造建设指挥部办公室 1994年 360页
b50153018 TU984.271.93 S231 1994

九龙坡区

重庆市九龙坡区志
卢健强 陈是善总编 重庆 重庆出版社 1997年 770页〔中华人民共和国地方志〕
b20462128 K297.193 J585 1997

重庆市九龙坡区志 1989–2005
重庆市九龙坡区人民政府编纂 龙兴淮总编 重庆 重庆出版社 2011年 2卷 1059页
b40421272 K297.193 J585 2011

重庆市九龙坡区志 旅游志 1997–2012
重庆市九龙坡区旅游局编纂 姜廷宪主编 重庆 重庆市九龙坡区志·旅游志编纂委员会 2017年 153页
b5109311x K297.193 J585C 2017

重庆市九龙坡区石桥铺街道简志
石桥铺街道简志编辑委员会编 汪永国主编 重庆 石桥铺街道简志编辑委员会 2005年 294页
b49827431 K297.195 S4746 2005

重庆市九龙坡区石桥镇志
石桥镇志编辑委员会编 向有富主编 重庆 石桥镇志编辑委员会 2002年 修定版 562页
b20404463 K297.195 S474 2002

华岩寺志
道坚主编 北京 宗教文化出版社 2017年 454页〔华岩文丛〕
b50041411 B947.271.9 D277H 2017

重庆市九龙坡区军事志 1911–2005
重庆市九龙坡区军事志领导小组编 蒋良清主编 重庆 重庆市九龙坡区军事志领导小组 2005年 397页
b49472677 E289.719.3 J585 2005

重庆市九龙坡区国土志
重庆市九龙城区国土局编 黄荣全主编 重庆 重庆市九龙城区国土局 1998年 455页
b50152981 F129.9 J585 1998

重庆市渝高中学校志 1957–2017
重庆市渝高中学校编印 重庆 重庆市渝高中学校 2017年 430页
b50347962 G639.287.19 C53891 2017

四川省重庆市九龙坡区地名录
九龙坡区地名领导小组编 重庆 九龙坡区地名领导小组 1986年 119页〔四川省地名录丛书〕
b15603453 K927.19 J585 1986

重庆市九龙坡区卫生志 1933–1988
重庆市九龙坡区卫生志编纂委员会编 沈砚 李君仁主编 重庆 重庆市九龙坡区卫生志编纂委员会 1995年 234页
b49939300 R199.2 C538J 1995

南岸区

重庆市南岸区志
重庆市南岸区地方志编纂委员会编 王能进等总纂 重庆 重庆出版社 1993 年 828 页〔中华人民共和国地方志〕
b10599939 K297.14 N1612

重庆市南岸区志 1990-2005
重庆市南岸区人民政府编纂 胡维友总编辑 重庆 重庆出版社 2009 年 1083 页
b21015235 K297.19 C533N 2009

重庆市南岸区检察志 1950-2005
重庆市南岸区地方志编纂系委员会 重庆市南岸区检察志编纂领导小组编 刘昕主编 重庆 重庆市南岸区地方志编纂系委员会 2011 年 359 页
b50234560 D926.32 N1611 2011

重庆市南岸区房产志 1949-2009
重庆市南岸区房产志编纂领导小组编 重庆 重庆市南岸区房产志编纂领导小组 2011 年 362 页
b45840921 F299.277.193 N161 2011

四川省重庆市南岸区地名录
重庆市南岸区地名领导小组编印 重庆 重庆市南岸区地名领导小组 1982 年 105 页〔四川省地名录丛书〕
b15603428 K927.13 N161 1982

北碚区

重庆市北碚区志
重庆市北碚区地方志编纂委员会编 周顺之 唐文光总编辑 重庆 科学技术文献出版社重庆分社 1989 年 610 页
b10599952 K297.14 B316

重庆市北碚区志 城乡建设志 1927-2012
北碚区城乡建设委员会编纂 蒲培富主纂 重庆 北碚区城乡建设委员会 2015 年 696 页
b49506511 F299.277.193 B316 2015

重庆市北碚区志 重庆市北碚实验幼儿园志 1943-2012
重庆市北碚实验幼儿园编纂 王琳主编 重庆 西南师范大学出版社 2014 年 390 页
b49790080 G619.287.19 C538 2014

柳荫镇志
北碚区柳荫镇人民政府编 詹佑贵主编 重庆 北碚区柳荫镇人民政府 2005 年 498 页〔重庆市北碚区地方志丛书〕
b51079379 K297.195 L712 2005

文星乡志
王永康主编 重庆 文星乡志编纂者 1983 年 218 页
b19732752 K297.195 W388 1983

重庆市北碚区人民代表大会志 1990-2002
李立总编辑 重庆 重庆市北碚区人民代表大会常务委员会 2003 年 324 页
b50347949 D624.719.3 B316C 2003

重庆市北碚区人民代表大会志 2003-2011
重庆市北碚区人民代表大会常务委员会编 戴富金总编辑 重庆 重庆市北碚区人民代表大会常务委员会 2013 年 267 页
b44917028 D624.719.3 B316 2013

天府矿务局志 1933-1985
天府矿务局志编审委员会编纂 郭文戈主编 重庆 重庆印制第七厂 1991 年 518 页
b4491572x F426.21 T343 1991

重庆市北碚区教师进修学院院志 1956–2016
朱福荣 黄吉元主编 重庆 西南师范大学出版社 2016 年 437 页
b49575995 G659.287.193 B316 2016

北碚文化艺术志
重庆市北碚区文化广播电视局文化史志办公室编 江鸿主编 重庆 重庆市北碚区文化广播电视局文化史志办公室 1991 年 400 页
b20576183 K297.19 B316 1991

四川省重庆市北碚区地名录
重庆市北碚区地名领导小组编印 重庆 重庆市北碚区地名领导小组 1986 年 145 页〔四川省地名录丛书〕
b15603325 K927.19 B316 1986

綦江区

綦江县志
綦江县志编纂委员会主编 梁仲恒总编 成都 西南交通大学出版社 1991 年 750 页
b10633960 K297.14 Q128

綦江县志 1986–2011
綦江县志编纂委员会编纂 李德祥 刘恩后主编 北京 方志出版社 2017 年 887 页
b50051519 K297.14 Q128C 2017

重庆市景星乡志 1984–2005
重庆市万盛区景星乡志编纂委员会编 北京 中央民族大学出版社 2012 年 286 页
b4072444x K297.195 J553 2012

重庆市万盛区万东镇志 1955–2014
重庆市万盛区万东镇人民政府编 张习灿 余洪江 犹春其主编 重庆 重庆市万盛区万东镇人民政府 2015 年 669 页
b50665911 K297.195 W171 2015

綦江县人大志 1949–2011
重庆市綦江区人大常委会编 吴德才主编 重庆 重庆市綦江区人大常委会 2016 年 637 页
b50729998 D624.719.3 Q128 2016

綦江县劳动和社会保障局志
綦江县劳动和社会保障局志编委会编 李仁全总编 綦江 綦江县劳动和社会保障局志编委会 2008 年 355 页
b50665479 D669.2 Q128 2008

重庆市綦江县国土志
綦江县国土局编 赵和平主编 綦江 綦江县国土局 2000 年 172 页
b16378386 F327.719.4 Q128 2000

南桐矿务局志
南桐矿务局志编纂委员会编辑室编 杨修煜主编 成都 成都科技大学出版社 1994 年 628 页
b50234122 F426.21 N161 1994

綦江县财经贸易志 1986–2005
綦江县商业贸易委员会编 韩宗愈主编 綦江 綦江县商业贸易委员会 2005 年 565 页
b50665467 F812.771.94 H183 2005

綦江中学校志
綦江中学校志编纂委员会编 刘玉才主编 綦江 綦江中学校志编纂委员会 2010 年 419 页
b40650078 G639.287.19 Q128 2010

綦师（实验中学）志 1999–2011
重庆市綦江师范学校 重庆市綦江实验中

学校编 张在福主编 重庆 重庆市綦江师范学校 2012 年 135 页
b4970638x G639.287.194 C5387 2012

重庆市南桐矿区志
重庆市万盛区人民政府编 王昌林 董泽海 谭锡平主编 重庆 重庆出版社 2002 年 780 页
b21766654 K297.193 N1614 2002

四川省綦江县地名录
四川省綦江县地名领导小组编印 綦江 四川省綦江县地名领导小组 1986 年 393 页〔四川省地名录丛书〕
b15603313 K927.14 Q128 1986

四川省重庆市南桐矿区地名录
重庆市南桐矿区地名领导小组编印 重庆 重庆市南桐矿区地名领导小组 1984 年 103 页〔四川省地名录丛书〕
b15603350 K927.19 N161 1984

大足区

大足县志
大足县县志编纂委员会编 李传授总编辑 北京 方志出版社 1996 年 1040 页
b10564652 K297.14 D1368

大足县志
李传授主编 北京 方志出版社 1999 年 405 页〔新编中国优秀地方志简本丛书〕
b16447505 K297.14 D1368C 1999

大足县志 1986–2011
大足县志编修委员会编纂 聂坤健主编 北京 方志出版社 2017 年 855 页
b53029057 K297.193 D136 2017

石马镇志 1910–2011
重庆市大足区石马镇人民政府编纂 陈其林 谢让森主编 重庆 重庆市大足区石马镇人民政府 2017 年 591 页〔重庆市大足区镇街丛书〕
b50730009 K297.195 S4735 2017

铁山镇志
铁山镇志编修委员会编纂 沈治和 唐雪梅主编 重庆 铁山镇志编修委员会 2015 年 388 页〔重庆市大足区镇街志丛书〕
b47317486 K297.195 T389 2015

大足县宣传志 1928–2011
大足县宣传志编纂委员会编 蒋朝彬主编 大足 大足县宣传志编纂委员会 2012 年 271 页
b5015168x D261.5 D136 2012

大足县政协志 续修
大足县政协志（续修）编纂委员会编 丁先发主编 大足 大足县金星印刷厂 2003 年 292 页
b15642136 D628.719.4 D533 2003

龙水商会志 1909–2015
重庆市大足区龙水商会编 李朝刚主编 重庆 重庆市大足区龙水商会 2016 年 321 页
b49964641 D665.9 L7427 2016

大足县检察志 1986–2000
大足县人民检察院编 温忠耀主编 大足 大足县人民检察院 2004 年 287 页
b46442844 D926.32 D136 2004

重庆市双桥区军事志 1911–2003
重庆市双桥区军事志领导小组编 任思友 陈国军主编 重庆 重庆市双桥区军事志领

导小组 2004年 433页
b47297141 E289.719.3 S592 2004

大足县工商志 1986–2000
重庆市大足县工商行政管理局编 罗正谦主编 重庆 重庆市大足县工商行政管理局 2004年 258页
b47296987 F123.82 D136 2004

大足县农业发展志 1949–2006
大足县人民政府农业办公室编纂 梁宗平主编 大足 大足县人民政府农业办公室 2007年 500页
b47414650 F327.719.4 D136 2007

大足县农村合作金融志 1938–2003.6
大足县农村信用合作联社编 荣增富主编 大足 大足新华印刷厂 2004年 393页
b44915779 F832.771.93 D136 2004

大足一中志 1956–2006
大足县第一中学编 吴圣合主编 大足 大足县第一中学 2006年 371页
b44749120 G639.287.193 D136 2006

中敖中学志 1958–2005
大足县中敖中学编 伍天泽主编 重庆 大足县中敖中学 2005年 245页
b50151691 G639.287.194 Z643 2005

重庆市双桥区志
周少政主修 黄兴富总编 重庆 西南师范大学出版社 2005年 1436页
b16028375 K297.193 S592 2005

四川省大足县地名录
四川省大足县地名领导小组编印 大足 四川省大足县地名领导小组 1987年 256页〔四川省地名录丛书〕
b13741524 K927.14 D136

四川省重庆市双桥区地名录
重庆市双桥区地名领导小组编印 重庆 重庆市双桥区地名领导小组 1987年 24页〔四川省地名录丛书〕
b15605929 K927.19 S592 1987

大足县卫生志 1986–2005
大足县卫生局编 黄莉主编 大足 大足县卫生局 2007年 321页
b50151678 R199.2 D1369 2007

渝北区

重庆市渝北区志 统计志 1754–2008
重庆市渝北区统计局编纂 贺秀山主编 重庆 重庆市渝北区统计局 2016年 391页
b50347950 C832.719.3 Y717 2016

重庆市渝北区志 人口计生志 1995–2014
重庆市渝北区卫生和计划生育委员会编纂 代祥芳主编 重庆 重庆市渝北区卫生和计划生育委员会 2016年 414页
b50665947 C924.257.193 Y717 2016

重庆市渝北区志 城乡建设志 1998–2016
渝北区城乡建设委员会编纂 重庆 渝北区城乡建设委员会 2017年 459页
b50778183 F299.277.193 Y717 2017

重庆市渝北区志 龙溪街道志 1895–2006
龙溪街道办事处编纂 唐荣国主编 重庆 龙溪街道办事处 2015年 364页
b50066407 K297.195 L7428 2015

江北县志
重庆市渝北区地方志编纂委员会编 吴提

方 吴锡南 曹世元总编 重庆 重庆出版社 1996年 933页〔中华人民共和国地方志丛书〕
b10599964 K297.14 J3231

江北县志 1986–1994
重庆市渝北区地方志编纂委员会编 周旬 黄玉林主修 傅恒模 刘世勇总编 重庆 西南师范大学出版社 2009年 662页
b30301361 K297.14 J3231 2009

礼嘉镇志 1760–2005
重庆市渝北区礼嘉镇人民政府编 胡忠云主编 重庆 重庆市蜀之星包装彩印有限责任公司 2008年 522页
b40864777 K297.195 L383 2008

龙兴镇志 1502–2012
中共重庆市渝北区龙兴镇委员会 重庆市渝北区龙兴镇人民政府编 敖军主编 重庆 中共重庆市渝北区龙兴镇委员会 2014年 517页
b49964653 K297.195 L742 2014

统景镇志
重庆市渝北区统景镇人民政府编 徐灵万主编 重庆 重庆市渝北区统景镇人民政府 2003年 201页
b50862005 K297.195 T454 2003

玉峰山镇志 1644–2010
重庆市渝北区玉峰山镇人民政府编 廖顶文主编 重庆 重庆市渝北区玉峰山镇人民政府 2012年 420页
b45840787 K297.195 Y774 2012

重庆市渝北区回兴街道志 502–2009
重庆市渝北区回兴街道办事处编 穆林主编 重庆 重庆市渝北区回兴街道办事处 2013年 675页
b50778171 K297.195 H691 2013

中共重庆市渝北区委党校（行政学校）志 1991–2009
中共重庆市渝北区委党校 重庆市渝北区行政学校编 王春林主编 重庆 重庆三联商和包装义务有限公司 2010年 358页
b46274182 D261.41 C538Y 2010

重庆市渝北区政协志 1995–2007
中国人民政治协商会议重庆市渝北区委员会编印 童述明主笔 重庆 中国人民政治协商会议重庆市渝北区委员会 2010年 233页
b50862066 D628.719.3 Y717 2010

重庆市渝北区审计志 1913–2007
重庆市渝北区审计局编 重庆 重庆市渝北区审计局 2008年 209页
b49640422 F239.227.719.3 Y717 2008

重庆市渝北区商业联合会志 2002–2012
渝北区商业联合会志编纂领导小组编 王明福主编 重庆 渝北区商业联合会志编纂领导小组 2012年 343页
b49706391 F727.719.3 Y717 2012

重庆市渝北区科技志 1951–2008
重庆市渝北区科学技术委员会编 李祥芬主编 重庆 重庆市渝北区科学技术委员会 2011年 233页
b50862054 G322.771.93 Y717 2011

渝北区教育志 1986–1998
渝北区教育委员会编 刘宗武主编 重庆 重庆市渝北区教育委员会 2000年 457页
b50862042 G527.719.3 Y717 2000

四川省江北县地名录
四川省江北县地名领导小组编印 江北 四川省江北县地名领导小组 1982 年 469 页〔四川省地名录丛书〕
b15605280 K927.14 J323 1982

巴南区

重庆市巴南区志 财政志 1995-2011
陈刚主修 重庆 重庆市巴南区财政局 2015 年 211 页
b49804303 F812.771.93 B113 2015

重庆市巴南区志 组织工作志 1949-2011
中共重庆市巴南区委组织部编 余炳友主编 重庆 中共重庆市巴南区委组织部 2017 年 423 页
b50992454 K297.193 B113Z 2017

重庆市巴南区志 体育志 1995-2011
重庆市巴南区体育局编 袁宏主编 重庆 重庆市巴南区体育局 2016 年 136 页
b49505816 K297.193 B113 2016

重庆市巴南区志 麻柳嘴镇志 1949-2011
重庆市巴南区麻柳嘴镇人民政府编 孟世胜主编 重庆 重庆市巴南区麻柳嘴镇人民政府 2016 年 438 页
b50152932 K297.195 M123 2016

重庆市巴南区志 石龙镇志 1949-2011
重庆市巴南区石龙镇人民政府编 邱咏主编 重庆 重庆市巴南区石龙镇人民政府 2015 年 281 页
b50152944 K297.195 S473 2015

巴县志
四川省巴县志编纂委员会编 赵朝忠总编辑 重庆 重庆出版社 1994 年 792 页
b10647077 K297.14 B112

巴县志 1986-1994
重庆市巴南区地方志编纂委员会编 赵朝忠总编 重庆 重庆出版社 2002 年 622 页
b16141970 K297.14 B1148 2002

重庆市巴南区东温泉镇志 1949-2011
李海明主编 重庆 东温泉镇 2014 年 314 页
b46377694 K297.195 D582 2014

重庆市巴南区人民代表大会志 1987-2011
重庆市巴南区人大常委会编 梁挺主编 重庆 重庆市巴南区人大常委会 2015 年 596 页
b46443708 D624.719.3 B113 2015

重庆市巴南区人民法院志 1986-2011
重庆市巴南区人民法院编 张立平 江渝 刘秀荣主编 重庆 重庆市巴南区人民法院 2014 年 372 页
b50727837 D926.22 C538B 2014

重庆市巴南区地方税务志 1994-2004
重庆市巴南区地方税务局编 董杉主编 重庆 重庆市巴南区地方税务局 2009 年 222 页
b49640410 F812.771.934.2 B113 2009

四川省巴县地名录
巴县地名领导小组编印 巴县 四川省巴县地名领导小组 1983 年 491 页〔四川省地名录丛书〕
b15603477 K927.14 B114 1983

黔江区

黔江县志
四川省黔江土家族苗族自治县志编纂委员会编 蒲祖政总编 北京 中国社会出版社

1994 年 724 页
b10628356 K297.14 Q229

黔江政协志 1984–2015
中国人民政治协商会议重庆市黔江区委员会编 杨正义主编 重庆 中国人民政治协商会议重庆市黔江区委员会 2016 年 465 页
b50992417 D628.719.3 Q229 2016

四川省黔江县地名录
四川省黔江县地名领导小组编印 黔江 四川省黔江县地名领导小组 1985 年 317 页〔四川省地名录丛书〕
b15604974 K927.14 Q229 1985

长寿区

长寿县志
四川省长寿县地方志编纂委员会编 成都 四川人民出版社 1997 年 1275 页〔中华人民共和国地方志丛书〕
b20948104 K297.14 C3467 1997

长寿县志 送审稿
长寿县地方志编纂委员会总编辑室编 杨远华总纂 长寿 长寿县地方志编纂委员会总编辑室 1993 年 949 页
b14373671 K297.14 C3467 1993

长寿县志 1986–2001
重庆市长寿区地方志编纂委员会编 凌月明 燕平主修 唐远志 郭念节主编 重庆 西南师范大学出版社 2007 年 1049 页
b17760562 K297.194 C346 2007

长寿三峡移民志
重庆市长寿区三峡移民志编纂委员会编 张小明主编 重庆 重庆市长寿区三峡移民志编纂委员会 2012 年 454 页
b46442820 D632.4 C3467 2012

长寿侨联志 1984–2014
重庆市长寿区归侨侨眷联合会志编纂委员会编 涂奇微主编 重庆 重庆市长寿区归侨侨眷联合会志编纂委员会 2015 年 289 页〔长寿区地方志丛书〕
b49788772 D634 T514 2015

长寿区政法志 1951–2015
重庆市长寿区政法志编纂委员会编纂 刘学明主编 北京 方志出版社 2017 年 522 页
b50051404 D927.719.3 C346 2017

重庆市长寿区教师进修学校校志 1958–2011
余信华主编 重庆 重庆市长寿区教师进修学校校志编纂委员会 2012 年 111 页
b50992466 G659.287.193 C346 2012

四川省长寿县地名录
长寿县地名领导小组编印 长寿 长寿县地名领导小组 1986 年 291 页〔四川省地名录丛书〕
b13741548 K927.14 C3467

江津区

江津县志
江津县志编辑委员会编著 成都 四川科学技术出版社 1995 年 934 页
b13273954 K297.14 J324

白沙镇志
四川省江津县白沙镇人民政府编著 刘子华主编 江津 四川省江津县白沙镇人民政府 1996 年 438 页
b50665248 K297.15 B152 1996

和爱乡志 1911–1983
张增儒 谢淮舟主编 江津 江津县和爱乡人民政府 1984年 油印本 207页
b36128983 K297.15 H313 1984

龙华镇志 1983–2009
重庆市江津区龙华镇镇志编纂办公室编 刘荣刚主编 重庆 重庆市江津区龙华镇镇志编纂办公室 2011年 276页
b46443095 K297.195 L741 2011

夏坝镇志 1982–2007
重庆市江津区地方志编纂委员会编 朱鸿莲 贺锡良主编 重庆 重庆市江津区地方志办公室 2009年 217页
b5015297x K297.195 X186 2009

朱杨镇志 1984–2009
重庆市江津区地方志编纂委员会 江津区朱杨镇志编纂委员会编 黄智勇主编 重庆 江津区朱杨镇志编纂委员会 2012年 227页
b47416464 K297.195 Z722 2012

江津政协志 1950.2–2005.2
江津政协志编纂委员会编 王达政主编 重庆 重庆华林印务公司 2005年 389页
b40743421 D628.714 J324 2005

江津民建志 1956.6–2005.12
江津民建志编纂委员会编 夏忠国主编 江津 江津丰荣印业公司 2006年 307页
b21568522 D665.4 X188 2006

江津残联志 1980–2015
重庆市江津区地方志编纂委员会编 重庆 重庆市江津区地方志编纂委员会 2017年 350页
b50352106 D669.69 C538J 2017

重庆市江津县交通志
江津县交通局交通志办公室编 廖宗扬主编 江津 江津县交通局交通志办公室 1985年 561页
b20043405 F512.771.94 J324 1985

重庆市江津第二中学校90周年校志
1925–2015
重庆市江津第二中校志编委会编 杨刚 黄宏勋主编 重庆 重庆市江津第二中校志编委会 2015年 215页
b47206834 G639.287.193 C538 2015

四川省江津县地名录
四川省江津县地名领导小组编 江津 四川省江津县地名工作领导小组 1987年 487页〔四川省地名录丛书〕
b15604524 K927.14 J324 1987

合川区

合川县志
四川省合川县地方志编纂委员会编 王爵英总编 成都 四川人民出版社 1995年 844页
b13275653 K297.14 H2831

合川市合阳镇志
合川市合阳镇志编写领导小组编 张定凡 刘基灿主编 合川 合川市合阳镇志编写领导小组 1993年 343页
b20101338 K297.15 H283 1993

合川县三汇镇志
合川县三汇镇人民政府镇志编纂小组编 合川 合川县三汇镇人民政府镇志编纂小组 1986年 184页
b14990647 K297.15 S145 1986

重庆市合川区政法(综治)志
梁亚荣主编 重庆 中共重庆市合川区政法委员会 2015年 414页
b49964665 D927.719 H283 2015

合川县文化艺术志
合川县文化局编 合川 合川县文化局 1990年 470页
b36379128 G127.719.4 H283 1990

合川中学校志 1904–2004
合川中学校编 重庆 重庆市合川中学 2004年 212页
b18176136 G639.287.19 H283 2004

钓鱼城志
唐唯目编 重庆 重庆出版社 1983年 170页
b12312836 K297.1 T242

永川区

永川县志
四川省永川县志编修委员会编纂 张义富总编 成都 四川人民出版社 1997年 979页
b1399055x K297.14 Y636

陈食镇志
重庆永川市陈食镇志编纂组编纂 张义富主编 成都 四川人民出版社 1999年 568页
b14990696 K297.15 C432 1999

大安镇志
大安镇志编纂委员会编 杨荣强主编 成都 四川人民出版社 2010年 349页
b21001443 K297.195 D135 2010

永川党校志 1959.12–2009.12
永川党校志编纂委员会编 包玉海主编 重庆 永川党校志编纂委员会 2009年 207页〔永川地方志系列丛书〕
b46443617 D261.41 Y6361 2009

永川共青团志 1989–2006
陈定川主编 重庆 共青团永川区委 2007年 123页
b46377621 D292.713 C538 2007

永川人大志 1954–1989
永川市人大常委会编 重庆 永川市人大常委会 1992年 256页
b46377633 D624.719.3 Y636Y 1992

永川人大志 1990–2007
重庆市永川区人大常委会编 重庆 重庆市永川区人大常委会 2007年 352页
b22432966 D624.719.3 Y636 2007

永川交通志 1986–2007
永川交通志编纂委员会编撰 管邦君 刘晓莉编撰 重庆 永川交通志编纂委员会 2008年 175页
b46669206 F512.771.93 Y636 2008

四川省永川市财贸志 1840–1992
中共永川市委财贸政治部 永川市人民政府财贸办公室编 黄道高 李国祥主编 永川 中共永川市委财贸政治部 1993年 491页
b47073147 F812.771.4 Y636 1993

永川县金融志 1911–1988
永川金融志编写组编 黄道高主编 永川 永川金融志编写组 1990年 581页
b4978996x F832.771.94 Y636 1990

板桥小学校志 1875–2011
板桥小学校志编纂委员会编 蒋克炎主编

重庆 板桥小学校志编纂委员会 2012 年 155 页〔重庆市永川区教育志〕
b47296872 G629.287.195 B191 2012

萱花小学校志 1990–2012
重庆市永川区教育志萱花小学校志编纂委员会编 赵昌良主编 重庆 重庆市永川区教育志萱花小学校志编纂委员会 2013 年 171 页〔重庆市永川区教育志〕
b49608277 G629.287.193 X636 2013

吉安初中校志 1919–2016
吉安初中校志编纂委员会编 张步兵 周志坚主编 吉安 吉安初中校志编纂委员会 2016 年 301 页
b4978917x G639.287.19 J138 2016

永川九中校志 1972–2010
重庆市永川区第九中学校校志编纂委员会编 钟青红主编 重庆 重庆市永川区第九中学 2012 年 208 页〔重庆市永川区教育志〕
b46377700 G639.287.19 C5386 2012

四川省永川县地名录
永川县地名领导小组编印 永川 永川县地名领导小组 1984 年 307 页〔四川省地名录丛书〕
b15604305 K927.14 Y636 1984

永川县水利志
永川县农机水电局编 蒋禄升主编 永川 永川县印刷厂 1990 年 245 页
b21858007 TV–092 Y6363 1990

南川区

南川县志
四川省南川县志编纂委员会编 成都 四川人民出版社 1991 年 806 页
b10993794 K297.1 S6646

重庆市南川区志 1986–2006
重庆市南川区地方志编纂委员会编 张明周平主编 北京 方志出版社 2014 年 994 页
b4612455x K297.193 N1611 2014

南川市人大志 1987–2005
南川市人大志编纂组编 李桂林 李明主编 南川 南川市人大志编纂组 2006 年 251 页
b47415435 D624.719.4 N161 2006

南川市民政志
南川市民政局编 吴卓昌主编 南川 南川市民政局 2003 年 418 页
b49938757 D632 N1612 2003

重庆市南川区司法局志 1981–2007
重庆市南川区司法局编 向前主编 重庆 重庆市南川区司法局 2007 年 294 页
b50153006 D927.719.361.2 N161 2007

南川市军事志 1911–2003
南川市军事志领导小组编 潘明主编 南川 南川市军事志领导小组 2004 年 465 页
b50269690 E289.719.3 N161 2004

南川县粮食局志 1912–1984
南川县粮食局志编纂领导小组编 赵四维主编 南川 南川县粮油机械厂 1985 年 171 页
b21764608 F724.721 N161 1985

南川县教育志
南川县教育局编 重庆 南川县教育局 1987 年 464 页

b21764591 G527.714 N161 1987

四川省南川县地名录
四川省南川县地名领导小组编印 南川 四川省南川县地名领导小组 1983 年 346 页〔四川省地名录丛书〕
b15604652 K927.14 N161 1983

璧山区

璧山县志
四川省璧山县志编纂委员会编 罗俊主编 成都 四川人民出版社 1996 年 854 页〔中国地方志〕
b13755754 K297.14 B416

璧山县志 1986–2005
璧山县县志编修委员会编纂 蒋道军 傅应明主编 重庆 西南师范大学出版社 2011 年 976 页
b35967985 K297.14 B416 2011

璧山县正兴镇志
璧山县正兴镇志编纂委员会编印 蒋道军 曾万明主编 璧山 璧山县正兴镇志编纂委员会 2005 年 273 页〔璧山县地方志丛书〕
b50247918 K297.195 v5

璧山县农牧林业志 1912–1985
璧山县农业局编 王祚义主编 璧山 璧山县农业局 2006 年 311 页
b50777476 F329.719.4 B416 2006

璧山县农业志 1986–2002
璧山县农业志编纂委员会编 陈开礼主编 璧山 璧山县农业志编纂委员会 2006 年 303 页
b50777488 F329.719.4 B416C 2006

璧山县交通志
璧山县交通志编纂委员会编印 璧山 璧山县交通志编纂委员会 2001 年 302 页
b50065865 F512.771.94 B416 2001

璧山县财政志 1911–2005
璧山县财政志编纂委员会编 徐安绪主编 璧山 璧山县财政志编纂委员会 2012 年 242 页〔璧山县地方志〕
b49788747 F812.771.9 B416 2012

璧山中学校志 1907–2017
重庆市璧山中学校编 朱朝阳主编 重庆 重庆市璧山中学校 2017 年 335 页
b50992405 G639.287.193 B416 2017

来凤中学校志 1947–2007
徐光德主编 重庆 来凤中学校志编纂委员会 2011 年 289 页
b51072488 G639.287.194 L144 2011

重庆市璧山职业教育中心校志 2008–2013
重庆市璧山职业教育中心校志编纂委员会编纂 欧亚非主笔 重庆 重庆市璧山职业教育中心志编纂委员会 2014 年 305 页〔璧山县地方志〕
b50778146 G719.287.194 C538 2014

四川省璧山县地名录
四川省璧山县地名领导小组编印 璧山 璧山县地名领导小组 1986 年 275 页〔四川省地名录丛书〕
b15604093 K927.14 B416 1986

铜梁区

铜梁县志 1911–1985
铜梁县志编修委员会编 银化愚主编 重庆 重庆大学出版社 1991 年 853 页

b10759529 K297.14 T439

铜梁县志 1986–2005
敖良云 郑世才 柏兴国主编 重庆 西南师范大学出版社 2015 年 2 卷 1660 页
b49515706 K297.194 T439 2015

铜梁县国土志
重庆市铜梁县国土局编纂 赵时荣主编 重庆 重庆市铜梁县国土局 1999 年 258 页
b44916747 F321.1 T439 1999

铜梁二中校志 1942–2012
铜梁二中校志编写委员会编 陈鸿斌主编 重庆 铜梁二中校志编写委员会 2012 年 495 页
b40864789 G639.287.19 C5388 2012

铜梁中学校志 2007–2017
铜梁中学校志编修委员会编 周祖友主编 铜梁 铜梁中学校志编修委员会 2017 年 185 页
b50665637 G639.287.193 T439 2017

四川省铜梁县地名录
铜梁县地名领导小组编印 铜梁 铜梁县地名领导小组 1986 年 288 页〔四川省地名录丛书〕
b13741597 K927.14 T439

潼南区

潼南县志
潼南县地方志编纂委员会编 刘富成主编 成都 四川人民出版社 1993 年 1002 页
b10726664 K297.14 T444

古溪镇志 1980–2012
古溪镇人民政府编 王超尤总编 重庆 古溪镇人民政府 2014 年 486 页
b47416415 K297.195 G542 2014

寿桥乡志 1952–2011
潼南县寿桥镇人民政府编 胡广建主编 重庆 潼南县寿桥镇人民政府 2011 年 219 页〔重庆市潼南县地方志丛书〕
b5072762x K297.195 S528 2011

梓潼街道志 1981–2010
中共潼南县梓潼街道工委 潼南县梓潼街道办事处编 夏正鹏主编 潼南 中共潼南县梓潼街道工委 潼南县梓潼街道办事处 2012 年 432 页〔重庆市潼南县地方志丛书〕
b50779825 K297.195 T444 2012

中共潼南县委党校志 1959–2009
潼南县党校编 陈联文主编 潼南 潼南县梓潼中学印刷厂 2009 年 313 页〔重庆市潼南县地方志丛书〕
b45840891 D261.41 Z6455 2009

潼南县检察志 1986–2005
潼南县人民检察院编 王代清主编 潼南 潼南县人民检察院 2006 年 371 页
b49506365 D926.32 T444 2006

潼南县国土志
重庆市潼南县国土局编纂 潘延堂主编 潼南 潼南县印刷厂 2001 年 195 页
b45840635 F129.971.94 T444 2001

潼南县建设志 1986–2005
潼南县建设委员会编 蒋进联主编 潼南 潼南县建设委员会 2007 年 309 页〔重庆市潼南县地方志丛书 18〕
b46443496 F299.277.194 T444 2007

潼南县农业志
潼南县农业局编 潼南 潼南县农业局 1993年 217页〔四川省潼南县地方志丛书〕
b45453627 F329.714 T444 1993

潼南县电力公司志
四川省潼南县电力公司编 郑良荣主编 潼南 四川省潼南县电力公司 1995年 206页〔四川省潼南县地方志丛书〕
b50152579 F426.61 T444 1995

潼南县交通志
重庆市潼南县交通局编 刘丽伟主编 潼南 重庆市潼南县交通局 2006年 300页〔重庆市潼南县地方志丛书〕
b45840647 F512.771.94 T444 2006

潼南县国家税务志 1994-2005
潼南县国家税务局编 刘祖良主编 重庆 潼南县国家税务局 2011年 277页〔重庆市潼南县地方志丛书 33〕
b47317310 F812.771.9 T444 2011

潼南县文化体育志 1986-2010
潼南县文化广电新闻出版局编 陈春贵主编 重庆 潼南县文化广电新闻出版局 2011年 277页〔重庆市潼南县地方志丛书 29〕
b4710630x G127.719.4 T444 2011

潼南县教育志 1912-1985
潼南县文教局编 潼南 潼南县文教局 1988年 206页
b20141117 G527.714 T444 1988

潼南中学校志 1833-2014
米强荣主编 北京 中国文史出版社 2015年 2卷 894页〔重庆市潼南县地方志丛书〕
b50070484 G639.287.194 T444 2015

四川省潼南县地名录
四川省潼南县地名领导小组编印 潼南 四川省潼南县地名工作领导小组 1983年 306页〔四川省地名录丛书〕
b15604950 K927.14 T444 1983

潼南县水利志
潼南县水利志编辑组编 沈仁杰 米绍仕主编 潼南 潼南县水利志编辑组 1988年 241页
b21856631 TV-092 S413 1988

潼南县环保志
潼南县环境保护局编 唐洪坤主编 潼南 潼南县环境保护局 2007年 230页〔重庆市潼南县地方志丛书 12〕
b49827339 X321.271.94 T444 2007

荣昌区

荣昌县志
重庆市荣昌县志编修委员会编 阙洪涛主编 成都 四川人民出版社 2000年 1088页
b13833558 K297.194 R265

荣昌中学校志
重庆市荣昌中学编 胡世春主编 重庆 重庆市荣昌中学 2002年 653页
b47126371 G639.287.194 R265 2002

四川省荣昌县地名录
四川省荣昌县地名领导小组编印 荣昌 四川省荣昌县地名领导小组 1986年 210页〔四川省地名录丛书〕
b13741585 K927.14 R265

开州区

开县志
四川省开县志编纂委员会编 敬远聪，蔡之杰总编辑 成都 四川大学出版社 1990年 590页
b10647302 K297.14 K1224

开县志 1986–2005
开县地方志编纂委员会编 谭小节 李从高主编 重庆 西南师范大学出版社 2010年 982页
b40650108 K297.194 K122 2010

开县人大志 1987–2006
唐从健主编 开县 开县人大常委会 2006年 374页〔开县地方志丛书〕
b21568832 D624.719.4 K122 2006

开县民政志 1949–2005
开县民政志编纂委员会编 杜连鉴主编 开县 开县民政志编纂委员会 2008年 489页〔开县地方志丛书〕
b50665285 D632 D698 2008

开县国税志
开县国家税务局编 开县 开县国家税务局 2005年 369页
b50269082 F812.423 K122 2005

四川省开县地名录
四川省开县地名领导小组编 开县 四川省开县地名领导小组编 1987年 515页〔四川省地名录丛书〕
b1560374x K927.14 K122 1987

梁平区

梁平县志
梁平县志编纂委员会编 龙建平主编 北京 方志出版社 1995年 758页
b10600759 K297.14 L492

梁平县志 1986–2005
梁平县地方志编纂委员会编 徐运征 郑云山主编 重庆 西南师范大学出版社 2011年 780页
b36170227 K297.14 L492 2011

梁平县教育志
四川省梁平县教育委员会编 重庆 三峡印刷厂 1996年 422页
b20403719 G527.714 L492 1996

四川省梁平县地名录
四川省梁平县地名领导小组编印 梁平 四川省梁平县地名领导小组 1988年 392页〔四川省地名录丛书〕
b13741731 K927.14 L492

武隆区

武隆县志
四川省武隆县志编纂委员会编 成都 四川人民出版社 1994年 781页
b10759475 K297.14 W533

武隆县志 1986–1995
四川省武隆县志编纂委员会编 成都 四川人民出版社 1998年 650页
b1399301x K297.14 W533B

土坎镇志 1949–2015
重庆市武隆区土坎镇人民政府 重庆市武隆区地方志编纂委员会编纂 刘绍权主编 北京 北京燕山出版社 2017年 160页〔武隆地方志系列丛书〕
b50747976 K297.195 T492 2017

武隆县教育志 1986–2005
武隆县教育志（1986–2005）编纂委员会编 袁江主编 成都 四川人民出版社 2010年 506页
b21015399 G527.719.4 W533 2010

武隆县文物志
武隆县文物管理所编纂 田城主编 成都 巴蜀书社 2012年 202页〔重庆文化遗产书系〕
b46668962 K872.719.4 W533 2012

四川省武隆县地名录
武隆县地名领导小组编印 武隆 武隆县地名领导小组 1985年 335页〔四川省地名录丛书〕
b15605048 K927.14 W533 1985

城口县

城口县志
四川省城口县志编纂委员会编 傅华明 胥少俊 艾方伯主编 成都 四川人民出版社 1995年 925页
b13991528 K297.14 C466

城口县志 1991–2005
城口县志编纂委员会编 龚农 周文清主编 重庆 重庆出版社 2014年 627页
b47206275 K297.194 C466 2014

四川省城口县地名录
城口县地名领导小组编印 城口 城口县地名领导小组 1986年 354页〔四川省地名录丛书〕
b13742334 K927.14 C466

丰都县

丰都县志
四川省丰都县地方志编纂委员会编 成都 四川科学技术出版社 1991年 724页
b10600383 K297.14 F359

丰都县志 1986–2005
丰都县地方志编纂委员会编 张昌红总编 成都 电子科技大学出版社 2014年 821页
b46564810 K297.194 F359 2014

丰都县人民代表大会志 1985–2012
丰都县人民代表大会志编纂委员会编 唐远龙主编 丰都 丰都县人民代表大会志编纂委员会 2015年 549页
b50151812 D624.719.4 F359 2015

丰都县民政志
四川省丰都县民政局编 丰都 四川省丰都县民政局 1984年 347页
b20566451 D677.14 F359 1984

丰都县建设志
丰都县建设委员会编 杜春胜 万政策主笔 丰都 丰都县建设委员会 2005年 352页
b50151800 F299.277.194 F359 2005

丰都县物价志 1983–2005
丰都县物价志编纂领导小组编 黄蝴蝶主编 丰都 丰都县物价志编纂领导小组 2009年 168页
b50151824 F726.771.94 F359 2009

丰都县财政志 1983–2005
丰都县财政志编纂委员会编 余洪波主编 丰都 丰都县财政志编纂委员会 2008年 333页
b50347214 F812.771.94 F359 2008

四川省丰都县地名录
丰都县地名领导小组编印 丰都 丰都县地

名领导小组 1984 年 470 页〔四川省地名录丛书〕
b15604834 K927.14 F359 1984

丰都县水利电力志
丰都县水利电力志编辑组编 丰都 丰都县水利电力志编辑组 1986 年 351 页
b2185659x TV-092 F3592 1986

垫江县

垫江县志
四川省垫江县志编纂委员会编 张明森总编 成都 四川人民出版社 1993 年 784 页
b10836342 K297.14 D458

垫江县志 1986–2005
四川省垫江县志编纂委员会编 王彦 郭云权总纂 重庆 西南师范大学出版社 2014 年 679 页
b47206305 K297.14 D454 2014

四川省垫江县地名录
四川省垫江县地名领导小组编印 垫江 四川省垫江县地名领导小组 1983 年 242 页〔四川省地名录丛书〕
b15604640 K927.14 D454 1983

忠 县

忠县志
忠县志编纂委员会编 刘正朴总纂 成都 四川辞书出版社 1994 年 761 页
b1060005x K297.14 Z628

忠县志 1988–2008
忠县地方志编纂委员会编 彭家梅主编 重庆 西南师范大学出版社 2010 年 1032 页
b3000231x K297.14 Z628 2010

忠县忠州镇志
忠县忠州镇志编纂委员会编 李兴樑主编 重庆 重庆出版社 2004 年 484 页
b15905809 K297.195 Z628 2004

忠县人大志 1986–1999
忠县人民代表大会常务委员会编 重庆 忠县人民代表大会常务委员会 2000 年 368 页
b46012977 D624.719.4 Z628 2000

忠县人大志 2000–2016
忠县人民代表大会常务委员会编 忠县 忠县人民代表大会常务委员会 2017 年 797 页
b50992442 D624.719.4 Z628 2017

忠县三峡移民志
重庆市忠县三峡移民志编纂委员会编 吴盾主编 重庆 重庆市忠县三峡移民志编纂委员会 2011 年 3 卷 1949 页〔重庆三峡移民志〕
b41258125 D632.4 W485 2011

忠县教育志 1990–2010
重庆市忠县教育委员会编 颜明熙主编 重庆 重庆出版社 2012 年 644 页
b4707369x G527.719.4 Z628 2012

重庆市忠县中学校校志 1939–2009
曾庆森编撰 重庆 重庆市忠县中学校 2009 年 480 页
b49790109 G639.287.194 Z628 2009

重庆市忠县中学校志 1939–1999
重庆市忠县中学校编 曾庆森编撰 重庆 重庆市忠县中学 1999 年 323 页
b49640434 G639.287.194 C538 1999

四川省忠县地名录
四川省忠县地名领导小组编 忠县 四川省

忠县地名领导小组 1982年 331页〔四川省地名录丛书〕
b1560486x K927.14 Z628 1982

云阳县

云阳县志
云阳县志编纂委员会编 贾聚星主编 成都 四川人民出版社 1999年 1350页〔中华人民共和国地方志丛书〕
b13119205 K297.14 Y879

云阳县志 1993–2005
云阳县志编纂委员会编 向贵平主编 重庆 重庆出版社 2008年 787页
b20952673 K297.14 Y879C 2008

云阳县志 人口和计划生育图志
云阳县人口和计划生育委员会编 李燃主编 云阳 云阳县人口和计划生育委员会 2013年 218页
b47540837 K297.194 Y879 2013

云阳县志 人口和计划生育志 1979.10–2013.12
云阳县人口和计划生育委员会编 李燃主编 云阳 云阳县人口和计划生育委员会 2013年 550页
b47416361 K297.194 Y879C 2013

云阳县人民代表大会志
云阳县人大常委会编纂 佘长兴主编 云阳 云阳县人大常委会 2009年 645页
b50992429 D624.719.4 Y879 2009

四川省云阳县地名录
云阳县地名领导小组编 云阳 云阳县地名领导小组 1982年 562页〔四川省地名录丛书〕
b20378671 K927.14 Y879 1982

重庆市云阳县中医院院志 1958–2007
云阳县中医院院志编委会编 聂世礼主编 云阳 云阳县中医院院志编委会 2008年 408页
b50269653 R197.4 Y879 2008

奉节县

奉节县志
四川省奉节县志编纂委员会编 刘方陶 李向东总编 北京 方志出版社 1995年 923页
b10630478 K297.14 F412

奉节县志 统一战线志 1949–2016
中共奉节县委统一战线工作部编纂 吴云江主编 北京 团结出版社 2017年 421页
b50992296 D613 W515 2017

奉节三峡移民志
重庆市奉节县三峡移民志编纂委员会编纂 孙开武 王斯桥主编 重庆 重庆出版社 2014年 972页
b5101287x D632.4 S772 2014

重庆市奉节中学校志 1903–2003
奉节中学校志编纂小组编 周有峰主编 香港 香港明捷印务公司 2003年 671页
b40744048 G639.287.19 C5382 2003

四川省奉节县地名录
四川省奉节县地名领导小组编 奉节 四川省奉节县地名领导小组 1988年 566页〔四川省地名录丛书〕
b15667388 K927.14 F412 1988

重庆市奉节县人民医院院志 1940–2010
奉节县人民医院院志编纂委员会编 陈国刚主编 奉节 奉节县人民医院院志编纂委员会 2010年 460页〔奉节地方志丛书〕

b50727850 R199.2 F4124 2010

巫山县

巫山县志
四川省巫山县志编纂委员会编 成都 四川人民出版社 1991 年 703 页
b10953632 K297.14 S6648

巫山县人民法院志 1950–2005
重庆市巫山县人民法院编 易朝阳 金绍国主编 重庆 重庆市巫山县人民法院 2009 年 260 页
b50318822 D926.22 W468 2009

四川省巫山县地名录
巫山县地名领导小组编印 巫山 巫山县地名领导小组 1983 年 334 页〔四川省地名录丛书〕
b13779734 K927.14 W468

巫溪县

巫溪县志
巫溪县志编纂委员会编 成都 四川辞书出版社 1993 年 777 页
b10760805 K297.14 W468

兰英村志
重庆市巫溪县兰英乡兰英村志编纂委员会编 王常林主编 北京 方志出版社 2017 年 224 页〔中国名村志丛书〕
b50871055 K297.195 L172 2017

巫盐史志
巫溪县盐厂编 成都 四川美术出版社 2010 年 339 页〔巫溪县旅游文化丛书〕
b4065008x F426.82 W468 2010

四川省巫溪县地名录
巫溪县地名领导小组编印 巫溪 四川省巫溪县地名领导小组 1982 年 522 页〔四川省地名录丛书〕
b15604858 K927.14 W4688 1982

石柱土家族自治县

石柱县志
石柱县志编纂委员会编 秦应斌总编 成都 四川辞书出版社 1994 年 627 页
b10625197 K297.14 S475

石柱土家族自治县志 1986–2002
石柱土家族自治县志编纂委员会编著 重庆 西南师范大学出版社 2008 年 899 页
b20214923 K297.194 S475 2008

石柱烟草志 2001–2010
石柱土家族自治县烟草专买局（分公司）编 谭明祥主笔 重庆 石柱土家族自治县烟草专买局（分公司）2011 年 147 页
b5066590x F426.89 T187 2011

石柱土家族自治县民俗图志
石柱土家族自治县民俗图志编纂委员会编 北京 方志出版社 2016 年 409 页
b47291199 K892.471.94–64 S475 2016

四川省石柱县地名录
石柱土家族自治县地名领导小组编 石柱 石柱土家族自治县地名领导小组 1986 年 387 页〔四川省地名录丛书〕
b13780013 K927.14 S475

秀山土家族苗族自治县

秀山县志
秀山土家族苗族自治县县志编纂委员会

编 王光四总编 北京 中华书局 2001 年 673 页〔中华人民共和国地方志丛书〕
b13762096 K297.14 X548

秀山县志 1986–2005
秀山土家族苗族自治县县志编纂委员会编 白胜文总编 北京 方志出版社 2011 年 842 页〔中华人民共和国地方志丛书〕
b46273529 K297.14 X548 2011

大溪乡志 1736–2012
中共秀山县土家族苗族自治县大溪乡委员会 秀山土家族苗族自治县大溪乡人民政府编 伍学斌主编 秀山 中共秀山县土家族苗族自治县大溪乡委员会 2013 年 256 页
b50269525 K297.15 D136 2013

秀山人大志 1942.9–2003.3
秀山土家族苗族自治县人大常委会编 戴泽亮主编 秀山 秀山土家族苗族自治县人大常委会 2003 年 203 页
b46562941 D624.719.4 X548 2003

秀山政协志 1950.03–2005.12
中国人民政治协商会议重庆市秀山土家族苗族自治县委员会编 重庆 政协秀山土家族苗族自治县委员会 2007 年 408 页
b50269707 D628.719.4 X548 2007

秀山县财政志 1736–2000
重庆市秀山土家族苗族自治县财政局编 秀山 重庆市秀山土家族苗族自治县财政局 2004 年 728 页
b50778134 F812.771.94 X548 2004

重庆市秀山县地方税务志 1736–2004
重庆市秀山县地方税务局编纂 周莉主编 重庆 重庆市秀山县地方税务局 2015 年 356 页
b50727849 F812.771.4 X548 2015

秀山土家族苗族自治县教育志 送审稿
秀山土家族苗族自治县教育委员会编写 秀山 秀山土家族苗族自治县教育委员会 1992 年 油印本 2 卷
b36014710 G527.714 X548 1992

四川省秀山县地名录
秀山县地名领导小组编印 秀山 秀山县地名领导小组 1986 年 304 页〔四川省地名录丛书〕
b13741718 K927.14 X548

酉阳土家族苗族自治县

酉阳县志
酉阳县志编纂委员会编 曾汉轩主编 重庆 重庆出版社 2002 年 666 页
b14882450 K297.194 Y684 2002

可大乡志
刘军主编 北京 中国书籍出版社 2013 年 90 页
b49962930 K297.195 K271 2013

毛坝乡志
毛坝乡志编纂委员会编 邱桦主编 重庆 西南师范大学出版社 2015 年 93 页
b46621167 K297.195 Q528 2015

酉阳自治县人民法院志
石维岳主编 重庆 重庆出版社 2011 年 334 页
b49472641 D926.22 Y684 2011

酉阳土家族苗族自治县图书馆志 1979–2011
酉阳土家族苗族自治县图书馆编 胡华主编 酉阳 酉阳土家族苗族自治县图书馆

2013年 176页
b50861888 G259.277.194 Y684 2013

酉阳县麻旺初级中学校校志 1976–2015
酉阳县麻旺初级中学校校志编写委员会编 冉义友总编 吴应吉主编 重庆 酉阳县麻旺初级中学校校志编写委员会 2015年 657页
b47416312 G639.287.195 M123 2015

四川省酉阳土家族苗族自治县地名录
酉阳土家族苗族自治县地名领导小组编 酉阳 酉阳土家族苗族自治县地名领导小组 1985年 449页〔四川省地名录丛书〕
b15604895 K927.14 Y684 1985

彭水苗族土家族自治县

彭水县志
彭水县志编纂委员会编 蔡盛炽主编 成都 四川人民出版社 1998年 1015页
b13274296 K297.14 P3367

彭水交通志 续志
简文相主编 成都 巴蜀书社 2001年 182页
b20018241 F512.771.4 P336 2001

彭水苗族土家族自治县交通志
彭水苗族土家族自治县交通局编 成厚本编写 彭水 彭水苗族土家族自治县印刷厂 1991年 199页
b22431238 F512.771.4 P336 1991

彭水苗族土家族自治县国家税务志
彭水苗族土家族自治县国家税务志编纂委员会编 蔡盛炽主编 成都 四川人民出版社 1999年 327页
b40743639 F812.771.9 P336 1999

彭水中学志 1925–2015
彭水中学志编纂委员会编 淳世华主编 重庆 彭水中学志编纂委员会 2016年 814页
b4996396x G639.287.194 P336 2016

四川省彭水县地名录
彭水县地名领导小组编印 彭水 彭水县地名领导小组 1984年 454页〔四川省地名录丛书〕
b13741470 K927.14 P336

四川省

四川省志 卷首
四川省地方志编纂委员会编 张学君主编 北京 方志出版社 2003 年 582 页
b12488549 K297.1 S664C

四川省志 第 1 卷 地理志
四川省地方志编纂委员会编 秦安禄 聂运华 金成林总编 杨宗千卷主编 成都 成都地图出版社 1996 年 2 卷 903 页
b12488549 K297.1 S664C

四川省志 第 1 卷 中国国民党革命委员会四川省委员会志 民革成立 -1988
民革四川省委员会编 王与立主编 成都 民革四川省委员会 2008 年 60 页
b45840593 K297.1 S664E

四川省志 第 2 卷 气象志
四川省地方志编纂委员会编 秦宜雅总编 曾熙竹卷主编 成都 四川辞书出版社 1995 年 286 页
b12488549 K297.1 S664C

四川省志 第 3 卷 峨眉山志
四川省地方志编纂委员会编 王静如主编 成都 四川科学技术出版社 1996 年 557 页
b12488549 K297.1 S664C

四川省志 第 4 卷 民政志
四川省地方志编纂委员会编 林世鲲主编 成都 四川人民出版社 1996 年 355 页
b12488549 K297.1 S664C

四川省志 第 5 卷 检察 审判志
四川省地方志编纂委员会编 成都 四川人民出版社 1996 年 330 页
b12488549 K297.1 S664C

四川省志 第 6 卷 公安 司法志
四川省地方志编纂委员会编 成都 四川人民出版社 1997 年 412 页
b12488549 K297.1 S664C

四川省志 第 6 卷 政协志 1986–2005
四川省地方志编纂委员会编 张邦凯主编 北京 方志出版社 2017 年 385 页
b49991097 K297.1 S664D

四川省志 第 7 卷 财政志
四川省地方志编纂委员会编 李达昌主编 成都 四川人民出版社 1996 年 489 页
b12488549 K297.1 S664C

四川省志 第 7 卷 公安志 1986–2005
四川省地方志编纂委员会编 刘述哲主编 北京 方志出版社 2014 年 289 页
b46668251 K297.1 S664D

四川省志 第 8 卷 商检志
四川省地方志编纂委员会编 赵文明主编 成都 四川科学技术出版社 1996 年 407 页
b12488549 K297.1 S664C

四川省志 第 8 卷 检察志 1986–2005
四川省地方志编纂委员会编 马小彬 秦安

禄总编 北京 方志出版社 2015年 425页
b49625652 K297.1 S664D

四川省志 第9卷 交通志
四川省地方志编纂委员会编 陈铃 樊克敬主编 成都 四川科学技术出版社 1995年 2卷 864页
b12488549 K297.1 S664C

四川省志 第9卷 审判志 1986-2005
四川省地方志编纂委员会编 马小彬总编 陈明国 李世成主编 北京 方志出版社 2017年 474页
b50309286 K297.1 S664D

四川省志 第10卷 报业志
四川省地方志编纂委员会编 颜义先主编 成都 四川人民出版社 1996年 478页
b12488549 K297.1 S664C

四川省志 第11卷 邮政电信志
四川省地方志编纂委员会编 王国彬主编 成都 四川辞书出版社 1995年 296页
b12488549 K297.1 S664C

四川省志 第12卷 商业志
四川省地方志编纂委员会编 成都 四川科学技术出版社 1996年 431页
b12488549 K297.1 S664C

四川省志 第13卷 广播电视志
四川省地方志编纂委员会编 陈杰主编 成都 四川科学技术出版社 1996年 432页
b12488549 K297.1 S664C

四川省志 第13卷 人事志 1986-2005
四川省地方志编纂委员会编 叶壮主编 北京 方志出版社 2016年 554页
b49639821 K297.1 S664D

四川省志 第14卷 盐业志
四川省地方志编纂委员会编 李福德主编 成都 四川科学技术出版社 1995年 398页
b12488549 K297.1 S664C

四川省志 第15卷 石油天然气工业志
四川省地方志编纂委员会编 马兴峙主编 成都 四川人民出版社 1997年 332页
b12488549 K297.1 S664C

四川省志 第15卷 残疾人工作志 1986-2005
四川省地方志编纂委员会编 毛大付主编 北京 方志出版社 2017年 382页
b50153298 K297.1 S664D

四川省志 第16卷 冶金工业志
四川省地方志编纂委员会编 洪坚主编 成都 四川科学技术出版社 1992年 341页
b12488549 K297.1 S664C

四川省志 第17卷 电力工业志
四川省地方志编纂委员会编 秦宜雅总编 潘先质卷主编 成都 四川科学技术出版社 1995年 432页
b12488549 K297.1 S664C

四川省志 第18卷 机械工业志
四川省地方志编纂委员会编 唐树章主编 成都 四川辞书出版社 1994年 568页
b12488549 K297.1 S664C

四川省志 第19卷 电子工业志
四川省地方志编纂委员会编 关成茂主编 成都 四川科学技术出版社 1993年 495页
b12488549 K297.1 S664C

四川省志 第19卷 工会志 1986–2005
四川省地方志编纂委员会编 陈惠林主编 北京 方志出版社 2012年 402页
b45969887 K297.1 S664D

四川省志 第20卷 化学工业志
四川省地方志编纂委员会编 秦宜雅总编 刘资甫卷主编 成都 四川科学技术出版社 1996年 514页
b12488549 K297.1 S664C

四川省志 第21卷 轻工业志
四川省地方志编纂委员会编 秦宜雅 黄友良总编 蒋昌镒 蒲致远卷主编 成都 四川辞书出版社 1993年 2卷 736页
b12488549 K297.1 S664C

四川省志 第21卷 妇女工作志 1986–2005
四川省地方志编纂委员会编 陈芳 吴旭主编 北京 方志出版社 2015年 317页
b46551268 K297.1 S664D

四川省志 第22卷 纺织工业志
四川省地方志编纂委员会编 马国栋总编 周治勃卷主编 成都 四川辞书出版社 1995年 489页
b12488549 K297.1 S664C

四川省志 第22卷 发展改革志 1986–2005
四川省地方志编纂委员会编 唐利民 刘捷 解洪 翁蔚祥主编 北京 方志出版社 2015年 515页
b47051310 K297.1 S664D

四川省志 第23卷 建筑志
四川省地方志编纂委员会编 谢绍祥主编 成都 四川科学技术出版社 1996年 452页
b12488549 K297.1 S664C

四川省志 第23卷 统计志 1986–2005
四川省地方志编纂委员会编 黄国芹 熊祖辕 陈智 马可冰主编 北京 方志出版社 2014年 305页
b47051346 K297.1 S664D

四川省志 第24卷 农业志
四川省地方志编纂委员会编 黄培根主编 成都 四川辞书出版社 1996年 2卷 917页
b12488549 K297.1 S664C

四川省志 第25卷 粮食志
四川省地方志编纂委员会编 秦宜雅总编 罗实能 李树棠卷主编 成都 四川科学技术出版社 1995年 332页
b12488549 K297.1 S664C

四川省志 第25卷 物价志 1986–2005
四川省地方志编纂委员会编 经荣生主编 北京 方志出版社 2012年 430页
b46376872 K297.1 S664D

四川省志 第26卷 水利志
四川省地方志编纂委员会编 徐慕菊主编 成都 四川科学技术出版社 1996年 405页
b12488549 K297.1 S664C

四川省志 第26卷 质量技术监督志 1986–2005
四川省地方志编纂委员会编 陈璞主编 北京 方志出版社 2016年 415页
b49639845 K297.1 S664D

四川省志 第27卷 金融志
四川省地方志编纂委员会编 黄毅主编 成都 四川辞书出版社 1996年 546页
b12488549 K297.1 S664C

四川省志 第 28 卷 旅游志
四川省地方志编纂委员会编 陆埙主编 成都 四川人民出版社 1996 年 285 页
b12488549 K297.1 S664C

四川省志 第 29 卷 丝绸志
四川省地方志编纂委员会编 黄友良总编 李道盛卷主编 成都 四川科学技术出版社 1998 年 486 页
b12488549 K297.1 S664C

四川省志 第 30 卷 林业志
四川省地方志编纂委员会编 秦安禄 聂运华 金成林总编 王继贵卷主编 成都 四川科学技术出版社 1999 年 493 页
b12488549 K297.1 S664C

四川省志 第 31 卷 对外经济贸易志
四川省地方志编纂委员会编 张学君总编 陈宜倜卷主编 成都 四川科学技术出版社 1998 年 484 页
b12488549 K297.1 S664C

四川省志 第 31 卷 劳动和社会保障志 1986–2005
四川省地方志编纂委员会编 李晋蓉主编 北京 方志出版社 2015 年 352 页
b49675412 K297.1 S664D 2015

四川省志 第 32 卷 哲学社会科学志
四川省地方志编纂委员会编 成都 四川科学技术出版社 1998 年 389 页
b12488549 K297.1 S664C

四川省志 第 33 卷 宗教志
四川省地方志编纂委员会编 黄友良总编 李月春 郭桂求卷主编 成都 四川辞书出版社 1998 年 603 页
b12488549 K297.1 S664C

四川省志 第 34 卷 文物志
四川省地方志编纂委员会编 姜明华主编 成都 四川人民出版社 1999 年 2 卷 872 页
b12488549 K297.1 S664C

四川省志 第 34 卷 税务志 1986–2005
四川省地方志编纂委员会编 马小彬 秦安禄总编 王明普 张培生主编 北京 方志出版社 2012 年 330 页
b4491538x K297.1 S664D

四川省志 第 35 卷 海关志
四川省地方志编纂委员会编 张学君总编 裘希卷主编 成都 四川科学技术出版社 1997 年 249 页
b12488549 K297.1 S664C

四川省志 第 35 卷 金融志 1986–2005
四川省地方志编纂委员会编 周晓强 李永和主编 北京 方志出版社 2013 年 508 页
b46240111 K297.1 S664D

四川省志 第 36 卷 人事志
四川省地方志编纂委员会编 张中瀛主编 成都 四川科学技术出版社 1999 年 507 页
b12488549 K297.1 S664C

四川省志 第 36 卷 粮食志 1986–2005
四川省地方志编纂委员会编 王海林主编 北京 方志出版社 2014 年 350 页
b47051322 K297.1 S664D

四川省志 第 37 卷 体育志
四川省地方志编纂委员会编 成都 四川科学技术出版社 1998 年 437 页
b12488549 K297.1 S664C

四川省志 第 37 卷 商务志 1986–2005
四川省地方志编纂委员会编 谢开华主编

成都 四川省地方志编纂委员会 2013 年 429 页
b50016763 K297.1 S664D

四川省志 第 38 卷 供销合作社志
四川省地方志编纂委员会编 王同富主编 北京 方志出版社 1997 年 496 页
b12488549 K297.1 S664C

四川省志 第 39 卷 煤炭工业志
四川省地方志编纂委员会编 杨强主编 成都 四川科学技术出版社 1998 年 389 页
b12488549 K297.1 S664C

四川省志 第 40 卷 地震志
四川省地方志编纂委员会编 聂运华总编 江在雄卷主编 成都 四川人民出版社 1998 年 413 页
b12488549 K297.1 S664C

四川省志 第 40 卷 旅游志 1986–2005
四川省地方志编纂委员会编 张巨雄主编 北京 方志出版社 2014 年 390 页
b47051334 K297.1 S664D

四川省志 第 41 卷 科学技术志
四川省地方志编纂委员会编 秦宜雅 黄友良总编 袁景葵卷主编 成都 四川科学技术出版社 1998 年 2 卷 1087 页
b12488549 K297.1 S664C

四川省志 第 42 卷 地质志
四川省地方志编纂委员会编 成都 四川科学技术出版社 1998 年 631 页
b12488549 K297.1 S664C

四川省志 第 43 卷 医药卫生志
四川省地方志编纂委员会编 欧阳彬主编 成都 四川辞书出版社 1995 年 594 页
b12488549 K297.1 S664C

四川省志 第 44 卷 测绘志
四川省地方志编纂委员会编 秦安禄 聂运华 金成林总编 孙宁中卷主编 成都 成都地图出版社 1997 年 549 页
b12488549 K297.1 S664C

四川省志 第 44 卷 地矿勘查开发志 1986–2005
四川省地方志编纂委员会编 杨茂华主编 北京 方志出版社 2014 年 355 页
b46376859 K297.1 S664D

四川省志 第 45 卷 建材工业志
四川省地方志编纂委员会编 官振维总编 夏茂林卷主编 成都 四川科学技术出版社 1999 年 317 页
b12488549 K297.1 S664C

四川省志 第 46 卷 政务志
四川省地方志编纂委员会编 聂运华总编 雷喻义 陈历伟 沈元瀚卷主编 北京 方志出版社 2000 年 3 卷 1145 页
b12488549 K297.1 S664C

四川省志 第 46 卷 气象志 1986–2005
四川省地方志编纂委员会编 曾熙竹主编 北京 方志出版社 2014 年 249 页
b46376860 K297.1 S664D

四川省志 第 47 卷 综合管理志
四川省地方志编纂委员会编 秦安禄 聂运华 金成林总编 张学君等卷主编 北京 方志出版社 2000 年 3 卷
b12488549 K297.1 S664C

四川省志 第 48 卷 教育志
四川省地方志编纂委员会编 聂运华 金成林 官振维总编 王可植卷主编 北京 方志

出版社 2000 年 2 卷 1171 页
b12488549 K297.1 S664C

四川省志 第 49 卷 大事记述
四川省地方志编纂委员会编 曹希之 秦宜雅 岳忠主编 成都 四川科学技术出版社 1999 年 3 卷 883 页
b12488549 K297.1 S664C

四川省志 第 49 卷 水利志 1986–2005
四川省地方志编纂委员会编 马小彬总编 胡云 陈荣仲卷主编 北京 方志出版社 2016 年 296 页
b49738768 K297.1 S664D

四川省志 第 50 卷 派团体志
四川省地方志编纂委员会编 罗宗荣主编 成都 四川人民出版社 2001 年 2 卷 1157 页
b12488549 K297.1 S664C

四川省志 第 51 卷 档案志 侨务志
四川省地方志编纂委员会编 李荣忠 刘志贵主编 成都 四川科学技术出版社 2000 年 380 页
b12488549 K297.1 S664C

四川省志 第 51 卷 乡镇企业志 1986–2005
四川省地方志编纂委员会编 梁治辉主编 北京 方志出版社 2016 年 229 页
b49864695 K297.1 S664D

四川省志 第 52 卷 城建环保志
四川省地方志编纂委员会编 樊丙庚主编 成都 四川科学技术出版社 1999 年 649 页
b12488549 K297.1 S664C

四川省志 第 53 卷 文化艺术志
四川省地方志编纂委员会编 蔡文金主编 成都 四川人民出版社 2000 年 711 页
b12488549 K297.1 S664C

四川省志 第 54 卷 民俗志
四川省地方志编纂委员会编 秦安禄等总编 黄友良卷主编 成都 四川人民出版社 2000 年 846 页
b12488549 K297.1 S664C

四川省志 第 54 卷 电力工业志 1986–2005
四川省地方志编纂委员会编 刘洋 金富怀主编 北京 方志出版社 2013 年 433 页
b46377487 K297.1 S664D

四川省志 第 55 卷 人物志
四川省地方志编纂委员会编 秦安禄总编 官振维卷主编 成都 四川人民出版社 2001 年 2 卷 985 页
b12488549 K297.1 S664C

四川省志 第 55 卷 石油天然气志 1986–2005
四川省地方志编纂委员会编 伍志明主编 北京 方志出版社 2014 年 370 页
b46668263 K297.1 S664D

四川省志 第 56 卷 附录
四川省地方志编纂委员会编 黄友良主编 成都 四川科学技术出版社 2003 年 467 页
b12488549 K297.1 S664C

四川省志 第 58 卷 军事志
四川省地方志编纂委员会编 黄友良总编 朱洪德卷主编 成都 四川人民出版社 1999 年 704 页
b12488549 K297.1 S664C

四川省志 第59卷 出版志
四川省地方志编纂委员会编 李正培主编 成都 四川人民出版社 2001年 2卷 1334页
b12488549 K297.1 S664C

四川省志 第60卷 外事志
四川省地方志编纂委员会编 秦安禄 聂运华 金成林总编 杨家声卷主编 成都 巴蜀书社 2001年 585页
b12488549 K297.1 S664C

四川省志 第61卷 民族志
四川省地方志编纂委员会编 秦安禄 聂运华 金成林总编 周锡银卷主编 成都 四川民族出版社 2000年 587页
b12488549 K297.1 S664C

四川省志 第62卷 统计 工商行政管理 劳动志
四川省地方志编纂委员会编 程利仁 朱峰 徐明德卷主编 北京 方志出版社 2000年 512页
b12488549 K297.1 S664C

四川省志 第62卷 邮政志 1986–2005
四川省地方志编纂委员会编 袁建 王彦超 戴晓明 何鹏主编 北京 方志出版社 2016年 283页
b49639833 K297.1 S664D

四川省志 第64卷 科学技术志 1986–2005
四川省地方志编纂委员会编 彭宇行主编 北京 方志出版社 2014年 784页
b46670713 K297.1 S664D

四川省志 第66卷 教育志 1986–2005
四川省地方志编纂委员会编 北京 方志出版社 2016年 635页
b49823243 K297.1 S664D

四川省志 第72卷 档案志 1986–2005
四川省地方志编纂委员会编 刘海锦执行主编 北京 方志出版社 2013年 315页
b45625281 K297.1 S664D

四川省志 第76卷 扶贫开发志 1986–2005
四川省地方志编纂委员会编 何大清主编 北京 方志出版社 2012年 327页
b40938591 K297.1 S664D

四川省志 第79卷 方言志 1986–2005
四川省地方志编纂委员会编 张一舟 邓英树主编 北京 方志出版社 2013年 579页
b45625293 K297.1 S664D

四川省志 第82卷 川菜志
四川省地方志编纂委员会编 李新主编 北京 方志出版社 2016年 490页
b4963981x K297.1 S664D

四川省统计志
四川省统计局编 程利仁主编 成都 西南财经大学出版社 1993年 475页
b21570279 C832.71 C454 1993

中共四川省委党校函授教育志 第1卷 总院卷
郭伟主编 北京 中共中央党校出版社 2013年 866页
b46442388 D261.41 S664 2013

中共四川省委党校函授教育志 第2卷 省直机关 中专 重庆 涪陵 万县 黔江 成都
郭伟主编 北京 中共中央党校出版社 2013年 588页
b46874136 D261.41 S664 2013

中共四川省委党校函授教育志 第3卷 南充 广安 成铁 攀钢 检察 工商 石油 巴中 达州
郭伟主编 北京 中共中央党校出版社 2013

年 540 页
b46874148 D261.41 S664 2013

中共四川省委党校函授教育志 第4卷 绵阳 遂宁 广元 德阳 雅安
郭伟主编 北京 中共中央党校出版社 2013年 440页
b4687415x D261.41 S664 2013

中共四川省委党校函授教育志 第5卷 宜宾 内江 资阳 泸州 自贡
郭伟主编 北京 中共中央党校出版社 2013年 481页
b46874161 D261.41 S664 2013

中共四川省委党校函授教育志 第6卷 乐山 眉山 攀枝花 甘孜 阿坝 凉山
郭伟主编 北京 中共中央党校出版社 2013年 551页
b46874173 D261.41 S664 2013

四川省总工会志 1949–1990
四川省总工会志编委会编 北京 当代中国出版社 1993年 410页
b15300341 D412.871 S664 1993

四川省纪检监察志 1949–2007
中共四川省纪律检查委员会 四川省监察厅编 骆俊超主编 成都 成都蜀通印务公司 2012年 2卷 1815页
b40649829 D630.9 L952 2012

四川省人事志
张中瀛主编 粟时勇副主编 成都 四川人民出版社 1994年 611页
b22431913 D630.3 S664 1994

"5·12"汶川特大地震四川工会抗震救灾志
四川省总工会编纂 刘洁总编 成都 四川师范大学电子出版社 2011年 512页
b49625718 D632.5 L678 2011

四川省侨务志
四川省政府侨务办公室编 刘志贵主编 成都 四川教育出版社 1999年 375页
b17676551 D634 S664 1999

四川国民党史志
四川省文史研究馆 四川省人民政府参事室编撰 高朴实主编 成都 四川人民出版社 1994年 323页
b15587101 D693.74 S664 1994

四川审判志 1986–2005
四川省高级人民法院编 陈明国主编 成都 四川省高级人民法院 2012年 552页
b46012084 D926.22 C425 2012

川西监狱志 1953–2010
四川省川西监狱编 张洪新主编 成都 四川省川西监狱 2011年 699页
b49505853 D927.710.67 C627 2011

四川审判志
四川审判志编纂者 成都 电子科技大学出版社 2003年 606页
b50347640 D927.726.2 S664 2003

四川工商行政管理志 1986–2005
四川省工商行政管理局编 刘东伯主编 成都 四川省工商行政管理局 2011年 416页
b40935164 F123.82 L673 2011

近现代四川场镇经济志
杜受祜 张学君主编 成都 四川省社科院出版社 1986年 315页〔四川地方资料丛书〕

b11742653　F127.71　D698

四川省物资志

四川省物资志编纂委员会编　雷次荪撰写　成都　四川省物资志编纂委员会　1994 年　246 页

b45569149　F259.277.1　L291　1994

四川省乡镇企业志

曾庆良主编　成都　四川乡镇企业管理局　1997 年　591 页

b22431925　F279.277.1　Z241　1997

四川省国土志

四川省国土资源厅编　傅应铨主编　成都　成都地图出版社　2003 年　378 页

b19929973　F321.1　F495　2003

四川林业志

王继贵主编　成都　四川科学技术出版社　1994 年　2 卷　1837 页

b27575019　F326.277.1　W219　1994

四川省畜牧志

四川省畜牧食品局编　罗毅主编　成都　四川科学技术出版社　1998 年　382 页

b49625706　F326.377.1　S664　1998

四川省农村扶贫志

四川省农村扶贫志编纂委员会编　成都　四川人民出版社　2006 年　501 页

b49803669　F327.71　S664　2006

四川省电力工业志　1991–2002

刘洋　金富怀主编　北京　中国电力出版社　2011 年　650 页〔中国电力工业志丛书〕

b37530392　F426.61　L693　2011

中国煤炭志　四川卷

中国煤炭志编纂委员会编　崔云龙　杨强主编　北京　煤炭工业出版社　1997 年　757 页

b4080608x　F426.21　Z6485E　1997

四川森林工业志

四川省林产公司编　周君壳主编　成都　四川省林产公司　1988 年　701 页

b27575020　F427.71　Z666　1988

四川省电力工业志　1905–1990

四川省电力工业志编纂委员会编　潘先质主编　成都　四川科学技术出版社　1994 年　496 页〔中国电力工业志丛书〕

b47352656　F427.71　P162　1994

四川省沼气志

四川省农村能源办公室编纂　成都　四川科学技术出版社　1993 年　345 页

b36129240　F427.71　S6646　1993

四川交通志　公路运输志 1986–2005

四川省交通运输厅编　黄丽主编　成都　四川科学技术出版社　2015 年　296 页〔全国第二轮修志试点志书〕

b47352644　F512.771　H662　2015

四川航运史志文稿

四川省交通厅史志编委会编　成都　四川省交通厅史志编委会　1992 年　406 页

b19732661　F552.771　S664　1992

四川粮油市场志

李树棠主编　成都　四川人民出版社　1990 年　344 页

b49981808　F727.71　S664　1990

四川省地方税务志　1994–2003

四川省地方税务志编纂委员会编　陈少中

主编 成都 四川省地方税务志编纂委员会 2006年 494页
b4998181x F812.771.42 C432 2006

四川建设银行志
四川建设银行志编写组编纂 徐永主编 成都 四川建设银行志编写组 1996年 449页
b44915676 F832.771 X581 1996

四川农村金融志
中国农业银行四川省分行农村金融志编委会编纂 成都 四川大学出版社 1992年 314页
b4584107x F832.771 Z648 1992

四川省农村信用合作志 1951-2011
四川省农村信用社联合社编 杨家卷主编 成都 西南财经大学出版社 2011年 684页
b4479972x F832.771 Y236 2011

四川省群众文化志
四川省群众艺术馆四川省群众文化志编委会编 毕汝钦主编 成都 四川省群众艺术馆四川省群众文化志编委会 1998年 644页
b1993239x G127.71 B396 1998

四川省图书馆事业志
四川省图书馆事业编纂委员会编 郝春阳主编 成都 四川大学出版社 1993年 300页
b17514460 G259.277.1 S664 1993

中华学府志 四川卷
中华学府志编辑委员会编 杨海波总编 纪稿缘 虞桃秀主编 北京 中共中央党校出版社 1998年 686页
b27575226 G528 Z643

中华舞蹈志 四川卷
中华舞蹈志编辑委员会编 蓝凡主编 林堃卷主编 上海 学林出版社 2014年 409页
b44694362 J709.2 Z6437 2014

中华舞蹈志 四川卷
中华舞蹈志编辑委员会编 蓝凡主编 林堃卷主编 上海 学林出版社 2007年 409页
b18839873 J709.271 Z643 2007

川剧志
中国戏曲志四川卷编辑部编 席明真主编 北京 文化艺术出版社 1992年 414页
b20948311 J809.2 X141 1992

中国曲艺志 四川卷
中国曲艺志全国编辑委员会编 中国曲艺志四川卷编辑委员会编 罗扬主编 周正举卷主编 北京 中国ISBN中心 2003年 455页
b10643059 J809.2 Z648

中国戏曲志 四川卷
中国戏曲志编辑委员会 中国戏曲志四川卷编辑委员会编 张庚主编 北京 中国ISBN中心 1995年 743页
b10587111 J809.2 Z651SC

四川傩戏志
严福昌主编 成都 四川文艺出版社 2004年 483页
b1538343x J825.71 Y171 2004

红军长征在四川图志
中共四川省委党史研究室编 周锐京主编 成都 四川人民出版社 2016年 2卷 658页
b49494363 K264.406 Z672 2016

四川苗族志
四川苗族志编委会编 李国祥 古玉林总编 成都 巴蜀书社 2009年 305页
b20681926 K281.6 S664 2009

巴蜀文化志
袁庭栋著 成都 巴蜀书社 2009年 修订本 296页
b20114916 K297.1 Y794 2009

四川文物志
四川省文物管理局编 成都 巴蜀书社 2005年 3卷 2148页
b16335363 K872.71 S6643 2005

四川风物志
文闻子主编 成都 四川人民出版社 1990年 569页〔中国风物志丛书〕
b16648304 K927.1 W388 1989

涪江志
阮基康主编 成都 四川省水利电力厅 1990–2000年 291页
b15913545 K928.42 R341F

岷江志
冯广宏主编 成都 四川省水利电力厅 1990年 318页
b15913508 K928.42 F373 1991

渠江志
段泽民主编 成都 四川省水利电力厅 1990–2000年 289页
b15932795 K928.42 D745

沱江志
冯广宏主编 成都 四川省水利电力厅 1991年 293页
b15932771 K928.42 F373T 1991

四川省区域地质志
四川省地质矿产局编 北京 地质出版社 1991年 1函〔中华人民共和国地质矿产部地质专报〕
b36245057 P548.271 S664 1991

四川植物志 第1卷 种子植物
四川植物志编辑委员会编 成都 四川人民出版社 1981年 509页
b1132708x Q948.527.1 S663

四川植物志 第2卷 裸子植物
四川植物志编辑委员会编 成都 四川人民出版社 1983年 250页
b1132708x Q948.527.1 S663

四川植物志 第3卷 种子植物
四川植物志编辑委员会编 成都 四川科学技术出版社 1985年 309页
b1132708x Q948.527.1 S663

四川植物志 第4卷 种子植物
四川植物志编辑委员会编 成都 四川人民出版社 1981年 493页
b1132708x Q948.527.1 S663

四川植物志 种子植物
四川植物志编辑委员会编 成都 四川人民出版社 1988年 457页
b1132708x Q948.527.1 S663

四川植物志 第5卷 种子植物
四川植物志编辑委员会编 高宝莼 周永红 唐亚主编 成都 四川科学技术出版社 2017年 427页
b50635773 Q948.527.1 S664

四川植物志 第6卷 蕨类植物门
四川植物志编辑委员会编 成都 四川科学

技术出版社 1988 年 410 页
b1132708x Q948.527.1 S663

四川植物志 第 7 卷 种子植物
四川植物志编辑委员会编 许介眉等编著 成都 四川民族出版社 1991 年 416 页
b1132708x Q948.527.1 S663

四川植物志 第 8 卷 种子植物
四川植物志编辑委员会编 潘体常等卷编著 成都 四川民族出版社 1990 年 571 页
b1132708x Q948.527.1 S663

四川植物志 第 9 卷 种子植物
四川植物志编辑委员会编 高宝莼 谭仲明等卷编著 成都 四川民族出版社 1989 年 544 页
b1132708x Q948.527.1 S663

四川植物志 第 10 卷 种子植物
四川植物志编辑委员会编 李锡文 祝正银卷编辑 成都 四川民族出版社 1992 年 601 页
b1132708x Q948.527.1 S663

四川植物志 第 12 卷 被子植物门 单子叶植物纲 禾本科 竹亚科
四川植物志编辑委员会编 成都 四川民族出版社 1998 年 338 页
b1132708x Q948.527.1 S663

四川植物志 第 13 卷 被子植物门 双子叶植物纲 报春花科
四川植物志编辑委员会编 李伯刚主编 成都 四川民族出版社 1999 年 308 页
b1132708x Q948.527.1 S663

四川植物志 第 16 卷 被子植物门
四川植物志编辑委员会编 李伯刚主编 宋滋圃 秦自生卷编辑 成都 四川人民出版社 2005 年 415 页
b1132708x Q948.527.1 S663

四川植物志 第 21 卷 桦木科 壳斗科 铁青树科 木兰科 木犀科 藤黄科等
四川植物志编辑委员会编 高宝莼主编 成都 四川科学技术出版社 2012 年 549 页
b1132708x Q948.527.1 S663

四川盆地食药用菌图志
贺新生主编 北京 科学出版社 2013 年 300 页
b40691354 Q949.308-64 H315S 2013

四川盆地蕈菌图志
贺新生主编 北京 科学出版社 2011 年 288 页
b22394618 Q949.308-64 H315 2011

四川竹类植物志
易同培编著 北京 中国林业出版社 1997 年 358 页
b20136675 Q949.71 Y464 1997

四川资源动物志 第 1 卷 总论
四川资源动物志编辑委员会主编 成都 四川人民出版社 1982 年 第 2 版 153 页
b11914385 Q958.527.1 S663

四川资源动物志 第 2 卷 兽类
四川资源动物志编辑委员会主编 成都 四川科学技术出版社 1984 年 365 页
b11914385 Q958.527.1 S663

四川资源动物志 第 3 卷 鸟类
四川资源动物志编辑委员会主编 成都 四川科学技术出版社 1985 年 365 页
b11914385 Q958.527.1 S663

四川鱼类志
丁瑞华主编 成都 四川科学技术出版社 1994 年 641 页
b10818017 Q959.4 D532

四川省医药卫生志
四川省医药卫生志编纂委员会编 欧阳彬主编 成都 四川科学技术出版社 1991 年 912 页
b27575044 R199.271 O113 1991

四川中药志
四川中药志协作编写组编 成都 四川人民出版社 1979 年 2 卷 940 页
b11895147 R932.471 S663

四川土种志
四川省农牧厅四川省土壤普查办公室编 陈协蓉主编 成都 四川科学技术出版社 1994 年 758 页
b49608010 S155.927.1 C435 1994

四川蔬菜品种志
四川省农牧厅编著 成都 四川科学技术出版社 1990 年 541 页
b27575068 S630.29 S664 1990

四川省重点保护珍贵树木图志
高宝莼主编 成都 四川民族出版社 1992 年 206 页
b17676691 S717.271 G233 1992

四川家畜禽品种志
四川家畜禽品种志编辑委员会编 成都 四川科学技术出版社 1987 年 141 页
b12072874 S813.9 S663

中国油气田开发志 第 13 卷 西南 中国石油 油气区卷
中国油汽田开发志总编纂委员会编 刘宝和主编 北京 石油工业出版社 2011 年 576 页
b47414480 TE3 L671 2011

四川桥梁图志
蔡华主编 成都 四川人民出版社 2002 年 319 页
b16446628 TU44-092 C137 2002

四川省水利志 第 1 卷 大事记
四川省水利电力厅 徐慕菊主编 成都 四川省水利电力厅 1988 年 303 页
b20140848 TV-092 X575 1989

四川省水利志 第 2 卷 综述篇
四川省水利电力厅 徐慕菊主编 成都 四川省水利电力厅 1988 年 231 页
b20140848 TV-092 X575 1989

四川省水利志 第 3 卷 建设篇
四川省水利电力厅 徐慕菊主编 成都 四川省水利电力厅 1989 年 425 页
b20140848 TV-092 X575 1989

四川省水利志 第 4 卷 水政篇
四川省水利电力厅 徐慕菊主编 成都 四川省水利电力厅 1989 年 216 页
b20140848 TV-092 X575 1989

四川省水利志 第 5 卷 科教篇
四川省水利电力厅 徐慕菊主编 成都 四川省水利电力厅 1989 年 303 页
b20140848 TV-092 X575 1989

四川省水利志 第 6 卷 副册
四川省水利电力厅 徐慕菊主编 成都 四川省水利电力厅 1989 年 436 页
b20140848 TV-092 X575 1989

成都市

成都市志 大事记
成都市地方志编纂委员会编 林成西 许蓉生主编 北京 方志出版社 2010年 813页
b23216165 K297.11 C459D 2010

成都市志 侨务志
成都市地方志编纂委员会编 张宛生总编 成都 四川辞书出版社 2000年 182页
b23190735 K297.11 Z366 2000

成都市志 第1卷 冶金工业志
成都市地方志编纂委员会编 向庆苏主编 北京 方志出版社 2012年 268页
b40503215 K297.11 C459D 2012

成都市志 第2卷 人民代表大会志
成都市地方志编纂委员会编 戴华璋主编 成都 四川辞书出版社 2001年 467页
b15693442 K297.11 C459 1993

成都市志 第2卷 丝绸志
成都市地方志编纂委员会编 郭杨总编 鄢述尧 吴德翔卷主编 北京 方志出版社 2012年 323页
b4083699x K297.11 C459D 2012

成都市志 第3卷 公用事业志
成都市地方志编纂委员会编 成都 四川大学出版社 1996年 230页
b15693399 K297.11 C459 1993

成都市志 第4卷 建筑材料工业志
成都市地方志编纂委员会编 程有伦主编 成都 四川辞书出版社 2000年 243页
b15693429 K297.11 C459 1993

成都市志 第5卷 群众团体志
成都市地方志编纂委员会编 张光诚主编 成都 四川辞书出版社 2000年 320页
b15693430 K297.11 C459 1993

成都市志 第6卷 劳动志
成都市地方志编纂委员会编 邬荣达主编 成都 成都出版社 1995年 339页
b15693405 K297.11 C459 1993

成都市志 第7卷 环境卫生志
成都市地方志编纂委员会编 成都 四川人民出版社 1994年 152页
b15693478 K297.11 C459 1993

成都市志 第8卷 计划志
成都市地方志编纂委员会编 刘德一总编 喻正芳卷主编 北京 中国计划出版社 1995年 182页
b15693387 K297.11 C459 1993

成都市志 第9卷 农业志
成都市地方志编纂委员会编 金嘉祥主编 成都 四川辞书出版社 2002年 789页
b15693454 K297.11 C459 1993

成都市志 第10卷 邮政志
成都市地方志编纂委员会编 成都 成都出版社 1993年 248页
b15641764 K297.11 C459 1993

成都市志 第11卷 电信志
成都市地方志编纂委员会编 成都 四川辞书出版社 1998年 210页
b15693417 K297.11 C459 1993

成都市志 第12卷 电子仪表工业志
成都市地方志编纂委员会编 杨绍柳 黄世海主编 成都 四川辞书出版社 2000年 386页
b1569348x K297.11 C459 1993

成都市志 第 13 卷 教育志
成都市地方志编纂委员会编 叶长坚主编 成都 四川人民出版社 2000 年 2 卷 1579 页
b15942090 K297.11 C459 1993

成都市志 第 14 卷 文学志
成都市地方志编纂委员会编 张世成主编 成都 四川辞书出版社 2001 年 186 页
b15962301 K297.11 C459 1993

成都市志 第 15 卷 城市规划志
成都市地方志编纂委员会编 孙卫瑄主编 成都 四川辞书出版社 1998 年 232 页
b16268167 K297.11 C459 1993

成都市志 第 16 卷 川剧志
成都市地方志编纂委员会编 戴德源主编 北京 方志出版社 1997 年 336 页
b1627720x K297.11 C459 1993

成都市志 第 17 卷 林业志
成都市地方志编纂委员会编 潘禄高主编 北京 方志出版社 1997 年 314 页
b16277211 K297.11 C459 1993

成都市志 第 18 卷 税务志
成都市地方志编纂委员会编 刘德一总主编 吴永孝卷主编 北京 方志出版社 1997 年 316 页
b16277223 K297.11 C459 1993

成都市志 第 19 卷 民政志
成都市地方志编纂委员会编 王冰主编 北京 方志出版社 1997 年 193 页
b16277235 K297.11 C459 1993

成都市志 第 20 卷 乡镇企业志
成都市地方志编纂委员会编 姜路辉主编 北京 方志出版社 1997 年 326 页
b16277247 K297.11 C459 1993

成都市志 第 21 卷 卫生志
成都市地方志编纂委员会编 钱为政主编 北京 方志出版社 1997 年 346 页
b16277259 K297.11 C459 1993

成都市志 第 22 卷 轻工业志
成都市地方志编纂委员会编 李宁主编 成都 四川辞书出版社 2000 年 449 页
b16430736 K297.11 C459 1993

成都市志 第 23 卷 园林志
成都市园林志编纂委员会编 龚大昕主编 成都 四川人民出版社 1998 年 484 页
〔中华人民共和国地方志〕
b1657512x K297.11 C459 1993

成都市志 第 24 卷 人事志
成都市人事局编纂 黄明举主编 成都 四川人民出版社 1995 年 293 页
b16575118 K297.11 C459 1993

成都市志 第 25 卷 纺织工业志
成都市地方志编纂委员会编 邓光忠主编 成都 四川辞书出版社 2000 年 380 页
b16428493 K297.11 C459 1993

成都市志 第 26 卷 文物志
成都市地方志编纂委员会编 胡文敬主编 成都 四川辞书出版社 2000 年 409 页
b16428432 K297.11 C459 1993

成都市志 第 27 卷 对外经济贸易志
成都市地方志编纂委员会编 刘维德主编 成都 四川辞书出版社 2001 年 247 页
b16428523 K297.11 C459 1993

成都市志 第 28 卷 水利志
成都市地方志编纂委员会编 陈渭忠主编 成都 四川辞书出版社 2001 年 708 页

b16435680　K297.11　C459　1993

成都市志　第 29 卷　广播电视志
成都市地方志编纂委员会编　刘德一总编　黄泗元卷主编　成都　四川大学出版社　1997 年　179 页
b16585641　K297.11　C459　1993

成都市志　第 30 卷　外事志
成都市人民政府外事办公室编纂　郭隆辉主编　北京　世界知识出版社　1996 年　328 页
b16437627　K297.11　C459　1993

成都市志　第 31 卷　体育志
成都市地方志编纂委员会编　李建主编　成都　四川辞书出版社　2000 年　281 页
b16432496　K297.11　C459　1993

成都市志　第 32 卷　物资志
成都地方志编纂委员会编　侯力强主编　成都　成都出版社　1995 年　247 页
b16432290　K297.11　C459　1993

成都市志　第 33 卷　审判志
成都市地方志编纂委员会编　黄志林主编　成都　四川大学出版社　1996 年　307 页
b16595713　K297.11　C459　1993

成都市志　第 34 卷　房地产志
成都市地方志编纂委员会编　成都　成都出版社　1993 年　314 页
b16595725　K297.11　C459　1993

成都市志　第 35 卷　哲学社会科学志
成都市社会科学院编纂　成都　巴蜀书社　2006 年　364 页
b16718860　K297.11　C459　1993

成都市志　第 36 卷　商业志
成都市地方志编纂委员会编　廖世中主编　成都　四川大学出版社　1996 年　305 页
b17343240　K297.11　C459　1993

成都市志　第 37 卷　民俗方言志
成都市地方志编纂委员会编　吴德翔　黄尚军主编　北京　方志出版社　2006 年　615 页
b17658676　K297.11　C459　1993

成都市志　第 38 卷　化学工业志
成都市地方志编纂委员会编　王德周主编　成都　四川辞书出版社　2000 年　307 页
b1774880x　K297.11　C459　1993

成都市志　第 39 卷　金融志
成都市地方志编纂委员会编　邝德生　文定锟主编　成都　四川辞书出版社　2000 年　434 页
b17748811　K297.11　C459　1993

成都市志　第 40 卷　图书出版志
成都市地方志编纂委员会编　朱文质总纂　成都　四川辞书出版社　1998 年　276 页
b17748823　K297.11　C459　1993

成都市志　第 41 卷　工商行政管理志
成都市地方志编纂委员会编　杨文生主编　成都　四川辞书出版社　2000 年　354 页
b17748835　K297.11　C459　1993

成都市志　第 42 卷　司法行政志
成都市地方志编纂委员会编　蔡景泽主编　成都　四川辞书出版社　1999 年　226 页
b17748847　K297.11　C459　1993

成都市志　第 43 卷　公安志
成都市地方志编纂委员会编　陈稻心主编　成都　四川人民出版社　1999 年　567 页

b17748859 K297.11 C459 1993

成都市志 第44卷 科学技术志
成都市地方志编纂委员会编 张金全主编 成都 四川科学技术出版社 1999年 2卷 1696页
b17748860 K297.11 C459 1993

成都市志 第45卷 粮食志
成都市地方志编纂委员会编 刘德一总编 唐明宣卷主编 成都 成都出版社 1995年 310页
b17748872 K297.11 C459 1993

成都市志 第46卷 文化艺术志
成都市地方志编纂委员会编 徐忠辉主编 成都 四川辞书出版社 1999年 524页
b1994519x K297.11 C459 1993

成都市志 第47卷 国土志
成都市地方志编纂委员会编 张建民主编 成都 四川辞书出版社 2000年 470页
b19945218 K297.11 C459 1993

成都市志 第48卷 民族志
成都市地方志编纂委员会编 金文林主编 成都 四川辞书出版社 2001年 225页
b20534012 K297.11 C459 1993

成都市志 第49卷 军事志
成都市地方志编纂委员会编 高宗珏主编 成都 四川大学出版社 1997年 423页
b20774230 K297.11 C459 1993

成都市志 第50卷 勘测志
成都市地方志编纂委员会编 张克勤主编 北京 中国建筑工业出版社 1997年 377页
b20774229 K297.11 C459 1993

成都市志 第51卷 地理志
成都市地方志编纂委员会编 成都 成都出版社 1993年 300页
b16447748 K297.11 C459 1993

成都市志 第52卷 物价志
成都市地方志编纂委员会编 苏光明主编 成都 四川辞书出版社 1998年 343页
b20774217 K297.11 C459 1993

成都市志 第53卷 政党志
成都市地方志编纂委员会编 张光诚主编 成都 四川辞书出版社 2000年 456页
b20948268 K297.11 C459 1993

成都市志 第54卷 机械工业志
成都地方志编纂委员会编 傅芝兰主编 成都 成都出版社 1995年 261页
b20948232 K297.11 C459 1993

成都市志 第55卷 检察志
成都市地方志编纂委员会编 刘全寰主编 成都 四川辞书出版社 2000年 435页
b20948256 K297.11 C459 1993

成都市志 第56卷 监察志
成都市地方志编纂委员会编 刘述成主编 成都 四川辞书出版社 2000年 162页
b20948244 K297.11 C459 1993

成都市志 第57卷 环境保护志
成都市地方志编纂委员会编 谢惠恩主编 成都 四川辞书出版社 2000年 471页
b20948220 K297.11 C459 1993

成都市志 第58卷 农机志
成都市地方志编纂委员会编 鞠石主编 成都 四川辞书出版社 2000年 192页
b21137018 K297.11 C459 1993

成都市志 第59卷 财政志
成都市地方志编纂委员会编 喻培鉴主编 成都 四川辞书出版社 2000年 522页
b21567232 K297.11 C459 1993

成都市志 第60卷 档案志
成都市地方志编纂委员会编 刘正荣主编 成都 四川辞书出版社 2000年 303页
b21567244 K297.11 C459 1993

成都市志 第61卷 报业志
成都市地方志编纂委员会编 成都 四川辞书出版社 2000年 283页
b21567220 K297.11 C459 1993

成都市志 第62卷 市政建设志
成都市地方志编纂委员会编 刘德一总编 张德言主编 成都 四川大学出版社 1996年 436页
b22921552 K297.11 C459 1993

成都市志 第63卷 医药志
成都市地方志编纂委员会编 卿成让主编 成都 四川辞书出版社 2000年 254页
b40743226 K297.11 C459 1993

成都市志 第81卷 总志
成都市地方志编纂委员会编 马开钦总编 成都 成都时代出版社 2009年 736页
b21567268 K297.11 C459 1993

中共成都市委党校志
中共成都市委党校编纂 成都 四川辞书出版社 1997年 215页
b2040525x D261.41 C459 1997

成都市人事机构编制志 资料长编 1990–2005
成都市人事局第二届地方志编纂委员会编 蒋志敏 宋大中主编 成都 成都市人事局第二届地方志编纂委员会 2006年 504页
b44915640 D630.3 C459 2006

成都市商务局抗震救灾·重建志 2008–2011
成都市商务局编 成都 成都市商务局 2011年 246页
b45840040 D632.5 C459 2011

汶川特大地震成都抗震救灾志
成都市地方志编纂委员会编 高志刚主编 北京 方志出版社 2013年 998页
b45625323 D632.5 G256 2013

成都人事机构编制志 1990–2005
成都市人事局 成都市机构编制委员会办公室编纂 罗建民 王永会 宋大中主编 成都 巴蜀书社 2011年 276页
b49532972 D677.11 L922 2011

成都法院志
成都市中级人民法院编纂 涂庆云主编 成都 四川人民出版社 1997年 409页
b5031838x D926.22 C459 1997

中国人民武装警察部队成都指挥学校志
成都指挥学校志编纂办公室编纂 韦清风主编 成都 四川人民出版社 1999年 250页
b20536471 E251.3 C459 1999

成都高新技术产业开发区志 1990–2005
成都高新技术产业开发区地方志编纂委员会编 熊平主编 成都 电子科技大学出版社 2016年 538页
b49864294 F127.711 X522 2016

成都市审计志
成都市审计局编 刘时和 王胜国主编 成都 成都市审计局 2012年 555页

b49532984　F239.227.711　L688　2012

成都市房产管理志　1990–2005
成都市城乡房产管理局编　胡建华主编　北京　中国文史出版社　2015 年　262 页
b47584701　F299.277.11　H472　2015

成都市农业志　1990–2005
成都市农业委员会编纂　黄挺主编　成都　四川大学出版社　2009 年　330 页
b2048821x　F327.711　H667　2009

成都盐业志
武超一主编　成都　四川科学技术出版社　1994 年　398 页
b20806899　F416.8　W532　1994

成都市冶金工业志　复审稿 1840–2005
成都市地方志编纂委员会办公室编　向庆苏主编　成都　成都市地方志编纂委员会办公室　2012 年　408 页
b44915652　F426.3　C459　2012

成都无缝钢管厂志　1958–1983
郑祖端总编辑　成都　成都无缝钢管厂厂史编委会　1986 年　460 页
b45840052　F426.31　C459　1986

成都冶金实验厂厂志　1958–1985
郑家驹主编　成都　成都冶金实验厂　1988 年　328 页
b50318354　F426.3　C4599　1988

华西集团志　第 1 卷 1950–1954
四川华西集团志编纂委员会编　杨斌总编辑　成都　四川华西集团有限公司　2013 年　187 页
b49640082　F426.9　H529　2013

华西集团志　第 2 卷 1955–1959
四川华西集团志编纂委员会编　杨斌总编辑　成都　四川华西集团有限公司　2013 年　317 页
b49879297　F426.9　H529　2013

华西集团志　第 3 卷 1960–1964
四川华西集团志编纂委员会编　杨斌总编辑　成都　四川华西集团有限公司　2013 年　336 页
b49879303　F426.9　H529　2013

华西集团志　第 4 卷 1965–1969
四川华西集团志编纂委员会编　杨斌总编辑　成都　四川华西集团有限公司　2013 年　184 页
b49879315　F426.9　H529　2013

华西集团志　第 9 卷 1990–1994
四川华西集团志编纂委员会编　杨斌总编辑　成都　四川华西集团有限公司　2017 年　535 页
b51080035　F426.9　H529　2013

农业部成都药械厂志　1936–1988
陶耘总编　成都　农业部成都药械厂志编纂委员会　1989 年　185 页
b51080096　F426.77　C459　1989

四川电力科学研究院志　1952–2012
四川电力科学研究院志编纂委员会编　杨静萍主编　成都　四川电力科学研究院志编纂委员会　2012 年　297 页
b40742878　F426.61–24　S664　2012

四川华西集团有限公司第十二建筑工程公司公司志　1987–2010
成都　华西集团有限公司　2013 年　407 页
b51012017　F426.9　S6643　2013

四川省第十一建筑工程公司志
曾道进主编 成都 四川省第十一建筑工程公司志编纂委员会 1989年 270页
b49640276 F426.9 S664 1989

四川省石油公司志
四川省石油总公司编 尧宗知 王全江编写 成都 四川省石油总公司 1992年 289页
b50778675 F426.22 S6646 1992

四川石油管理局地质调查处志
四川石油管理局地质调查处志编辑室编纂 成都 四川人民出版社 1999年 443页
b20418176 F426.22 S664 1999

四川石油管理局地质勘探开发研究院志
四川石油管理局地质勘探开发研究院志编纂委员会编 马兴峙主编 成都 四川人民出版社 1995年 250页
b45453482 F426.22 S6649 1995

四川石油管理局勘察设计研究院志 1958–1990
四川石油管理局勘察设计研究院志编辑室编 高文光主编 成都 四川人民出版社 1995年 415页
b27575056 F426.22 S6647 1995

四川专用汽车制造厂厂志 1951–1988
肖化戎主编 成都 四川专用汽车制造厂 1991年 295页
b5031841x F426.471 S664 1991

五冶志 1948–1985
第五冶金建设公司五冶志编辑办公室 任师古总编 成都 第五冶金建设公司五冶志编辑办公室 1989年 398页
b49608113 F426.3 D413 1989

西南石油局志
西南石油局志编纂委员会编 罗代富总编 王德宽主编 成都 四川科学技术出版社 2002年 2卷 1205页
b4584110x F426.22 X119 2002

中国第五冶金建设有限公司中冶成工建设有限公司志
王文秀总编 成都 中国第五冶金建设有限公司 2008年 462页
b51012030 F426.3 Z646 2008

成都交通(公路)史志(续) 1986–2000
蒋永昌 李德辉 杨德武主笔 成都 成都市交通局 2004年 280页
b22429050 F512.771.1 L924 2004

成都市交通志
成都市交通局等编 罗延荔主编 成都 四川人民出版社 1994年 355页〔成都市地方志〕
b16425352 F512.771.1 L924 1994

成都铁路局志 1903–1988
成都铁路局志编纂委员会编 樊克敬主编 北京 中国铁道出版社 1997年 2卷 1238页
b22433430 F532.6 C459 1997

中铁二局路桥工程公司志 1951–2000
中铁二局集团路桥工程公司史志编纂委员会编 成都 西南交通大学出版社 2001年 397页〔中铁二局集团史志丛书 9〕
b49790079 F532.6 Z645 2001

成都市粮食志 1990–2005
成都市粮食局编 张欣 魏建国主编 成都 西南交通大学出版社 2013年 264页
b4990422x F724.721 Z367 2013

成都市银行业志 1990–2005
成都市银行业志编纂委员会编 刁志红主编 成都 四川大学出版社 2009 年 322 页
b21762909 F832.771.1 C459 2009

成都市广播电视志 1990–2005
成都市广播电视局 成都广播电视台编 罗禄伦主编 成都 成都市广播电视局 2005 年 144 页
b40649799 G229.277.11 L922 2005

四川人民广播电台台志
四川人民广播电台编 王先高 吴高全主编 成都 四川人民广播电台 2002 年 2 卷 561 页
b45840556 G229.277.1 S664 2002

成都群众文化志
成都市文化局 成都市群众艺术馆编 徐宗秀主编 成都 成都市文化局 1997 年 359 页
b21276754 G249.277.11 X581 1997

成都市教育志 1990–2005 年
成都市教育局编 朱泽荪总纂 成都 四川人民出版社 2014 年 413 页
b49963260 G527.711 C4591 2014

成都铁路局教育志 1901–1990
成都铁路局教育志编纂委员会编 成都 成都铁路局教育志编纂委员会 1990 年 186 页
b13742413 G527.7 C459

成都七中校志 1905–2005
林文询主编 成都 成都市第七中学 2005 年 904 页
b21567219 G639.287.11 C459 2005

成都铁中校志
朱今来主编 成都 成都铁中校志编辑委员会 1992 年 154 页
b20100437 G639.287.1 C459 1992

川大附中校志 川大附中 1908–2008
四川大学附属中学编 黄黎扬 李治安主编 成都 四川大学附属中学 2008 年 992 页
b2040265x G639.287.1 S664 2008

川化中学志 1960–2010
四川省成都市川化中学校编制 何庆云主编 成都 川化中学志编写组 2010 年 415 页
b22429104 G639.287.11 S664 2010

大弯中学志 1957–2006
赵泽高主编 成都 四川省成都市大弯中学校 2007 年 405 页
b18622100 G639.287.1 D136 2007

石室校志
四川省成都石室中学编 成都 四川成都石室中学 1989 年 839 页
b18078485 G639.287.1 S475 1989

树德中学校志
何文斗主编 成都 树德中学校志编写组 1998 年 524 页
b20103803 G639.287.11 S554 1998

电子科技大学志 1956–2015
电子科技大学志编纂委员会编 成都 电子科技大学出版社 2016 年 2 卷 2082 页
b50252495 G649.287.11 D457 2016

西南财经大学志 西南财经大学建校五十周年纪念 1952–2002
西南财经大学志编写组编 刘方健主编 成

都 西南财经大学出版社 2002 年 800 页
b18078655 G649.287.1 X119 2002

四川省旅游学校校志 1979–1999
四川省旅游学校校志编委会编 成都 四川省旅游学校校志编委会 1999 年 424 页
b21765248 G719.287.1 S66451 1999

成都曲艺志
成都市文化局编 夏本玉主编 成都 成都市金牛区白马印刷厂 2007 年 299 页〔成都市非物质文化遗产丛书〕
b20137229 J809.271.1 X186 2007

成都电影志
成都市文化局 成都市电影发行放映公司编 张亚戎主编 成都 成都市文化局 2001 年 303 页
b20014041 J909.2 Z3687 2001

峨影厂志 1958–1988
峨嵋电影制片厂厂史办公室编组织编写 成都 峨眉电影制片厂 1990 年 339 页
b15587204 J909.2 E114 1990

成都满蒙族志
成都市满族蒙古族志编纂组编 成都 成都市满族蒙古族志编纂组 1993 年 143 页
b20041901 K280.711 C459 1993

成都市政协志 第 1 卷
政协成都市委员会编纂 邹翰铭主编 成都 四川人民出版社 1997 年 280 页
b15693466 K297.11 C459 1993

成都东山客家氏族志
李全中整理 成都 四川人民出版社 2001 年 356 页〔四川客家文化研究丛书〕
b13994426 K820.9 L415

西南少数民族人物志 第 3 卷
巴胡母木主编 成都 四川民族出版社 1993 年 313 页
b13152336 K820.87 B112

成都街巷志
袁庭栋著 成都 四川教育出版社 2010 年 2 卷 1106 页
b20826795 K927.11 Y794 2010

成都街巷志
袁庭栋著 成都 四川文艺出版社 2018 年 第 2 版 修订版 4 册 1243 页
b51061132 K927.11 Y794 2018

四川省成都市地名录 第 1 卷 东城区 西城区 黄田坝办事处分册
成都市地名领导小组编印 成都 成都市地名领导小组 1989 年 172 页〔四川省地名录丛书〕
b15603295 K927.11 C4597 1983

四川省成都市地名录 第 2 卷 金牛区部分
成都市地名领导小组编印 成都 成都市金牛区地名领导小组 1984 年 124 页〔四川省地名录丛书〕
b15603295 K927.11 C4597 1983

四川省成都市地名录 第 3 卷 龙泉驿区部分
成都市地名领导小组编印 成都 成都市龙泉驿区地名领导小组 1985 年 129 页〔四川省地名录丛书〕
b15603295 K927.11 C4597 1983

四川省成都市地名录 第 4 卷 青白江区部分
成都市地名领导小组编印 成都 成都市青白江区地名领导小组 1989 年〔四川省地名录丛书〕
b15603295 K927.11 C4597 1983

嘉陵江志
四川省水利电力厅编 汪荣春主编 成都 四川省水利电力厅 1991 年 324 页
b15913570 K928.42 J198 1991

望江楼志
彭芸荪著 成都 四川人民出版社 1980 年 91 页
b12631802 K928.711 P336

成都水旱灾害志
成都水旱灾害志编写组编 陈渭忠主编 成都 成都科技大学出版社 1995 年 260 页
b20534024 P426.616 C459 1995

四川省地质矿产勘查开发局区域地质调查队志 1959–2009
四川省地质矿产勘查开发局区域地质调查队编 范晓主编 成都 四川科学技术出版社 2009 年 389 页
b49607996 P562.71 S664 2009

四川省革命伤残军人休养院四川省革命伤残军人医院院志
院志编纂委员会编 段耀 郑克元主笔 成都 院志编纂委员会 2006 年 437 页
b45453470 R197.3 D745 2006

四川省农业科学院志 1950–1985
李仁霖主编 成都 四川省农科院情报所印刷厂 198- 年 471 页
b36013687 S–242.71 S664C

四川省农业科学院志 1986–2005
四川省农业科学院志编委会编 成都 四川科学技术出版社 2008 年 321 页
b20099319 S–242.71 S664 2008

四川省农业机械研究所所志（成都）
四川省农业机械研究所编 杨淑明主编 成都 四川省农业机械研究所 1992 年 176 页
b49803670 S22–242.71 S6641 1992

四川省农业机械研究设计院院志 1960–2010
连富全主编 成都 四川省农业机械研究设计院院志编写组 2010 年 255 页
b40649830 S22–242.71 S664 2010

中国油气田开发志 第 21 卷 西南 中国石化 油气区油气田卷
中国油气田开发志总编纂委员会编 刘宝和主编 北京 石油工业出版社 2011 年 391 页
b45453913 TE3 L671 2011

四川省机械研究设计院院志 续 1986–1996
四川省机械研究设计院院志编纂组编 王承陵主编 成都 四川省机械研究设计院院志编纂组 1997 年 290 页
b22431895 TH–242.71 S664 1997

四川省电力设计院志 1958–2008
四川省电力设计院编 刘复星主编 成都 四川省电力设计院 2009 年 471 页
b22431883 TM–242.71 S664 2009

国家电力公司成都勘测设计研究院志 1953–1995
成都勘测设计研究院院志编纂委员会编纂 成都 成都勘测设计研究院 2002 年 984 页
b49705337 TM7–242.71 G792 2002

中国建筑西南勘察研究院志 1956–1995
冯锡荣主编 北京 中国建筑工业出版社 2002 年 262 页〔中国建筑工程总公司企

业志系列丛书〕
b22433272　TU19-24　F377　2002

四川省建筑设计院院志　1953-1989
四川省建筑设计院院志编辑委员会编　赵化宇　李逸愚主编　成都　成都东方彩印厂　1993 年　343 页
b27575032　TU2-242.71　S664　1993

成都市灾后城乡住房重建志
成都市灾后城乡住房重建领导小组编办公室编　袁辉主编　成都　四川美术出版社　2013 年　355 页
b49938307　TU982.271.1　Y792　2013

成都市建筑志
成都市建筑志编纂委员会编　北京　中国建筑工业出版社　1994 年　367 页〔中华人民共和国地方志〕
b16433191　TU984.271　C459　1994

院志　六十年历程　1956-2016
中国市政工程西南设计研究总院有限公司编　林学海主编　成都　中国市政工程西南设计研究总院有限公司　2016 年　275 页
b49981821　TU99-242.711　Z649　2016

武侯区

成都市武侯区志　1990-2005
成都市武侯区地方志编纂委员会编　杨青林主编　北京　方志出版社　2011 年　1080 页
b36133401　K297.11　W532　2011

成都高新技术产业开发区石羊街道志　1911-2010
石羊街道志编纂委员会编　谢炳成主编　北京　方志出版社　2012 年　693 页
b40836976　K297.11　S475　2012

成都市高新技术产业开发区肖家河街道志　1990-2010
肖家河街道志编纂委员会编　高德文主编　北京　新华出版社　2014 年　350 页
b46239492　K297.11　C459X　2014

成都市武侯区红牌楼街道志　1990-2010
红牌楼街道志编纂委员会编　冉炳光主编　北京　中国文史出版社　2015 年　187 页
b4735284x　K297.11　W532H　2015

簇桥乡志
成都市武侯区簇桥乡人民政府编　杨正浦编撰　成都　成都市武侯区簇桥乡人民政府　1993 年　219 页
b17992874　K297.15　C784　1993

晋阳街道简志
肖海泉编撰　成都　晋阳街道　2000 年　39 页
b2156873x　K297.11　W532J　2000

永丰乡志
成都市武侯区永丰乡人民政府编著　成都　成都市武侯区永丰乡人民政府　1996 年　200 页
b17581709　K297.15　Y636　1996

玉林街道志　1988-2005
成都市武侯区玉林街道志编纂委员会编　夏承南主编　成都　成都市武侯区玉林街道志编纂委员会　2006 年　182 页
b21766198　K297.11　W532Y　2006

成都市武侯区交通局志
成都市武侯区交通局编　田冬平总编辑　北京　中央文献出版社　2007 年　222 页
b4990419x　F542.871.1　W532　2007

锦江区

成都市东城区志
锦江区地方志编纂委员会编 王士瑛主编 成都 成都出版社 1995年 536页
b16433221 K297.11 D582 1995

成都市锦江区志 1991-2005
成都市锦江区地方志编纂委员会编 张敏 彭厚齐总纂 北京 方志出版社 2011年 998页
b36370423 K297.11 J492 2011

成都市锦江区法院志
成都市锦江区法院志编纂委员会编 张科全主编 成都 四川辞书出版社 1999年 377页
b50318366 D926.22 C459J 1999

成都市锦江区商业贸易志
成都市锦江区商业委员会 成都市锦江区供销联社编 毛成基主编 成都 成都市锦江区商业委员会 2000年 316页
b50065907 F727.711 J492 2000

青羊区

成都市西城区志
青羊区地方志编纂委员会编 吴世先主编 成都 成都出版社 1995年 515页
b14351365 K297.11 X119

成都市青羊区志 1991-2005
成都市青羊区地方志编纂委员会编 吴世先主编 天津 天津人民出版社 2010年 1116页
b23216736 K29 C459Y 2010

青羊宫二仙庵志
李合春 丁常春编著 成都 成都东江印务公司 2006年 291页〔成都民族宗教文化丛书之十〕
b18120842 B957.271.1 L396 2006

成都市青羊区国土志 三审稿
成都市青羊区国土局编 田林 许伟 吴世先主编 成都 成都市青羊区国土局 1998年 油印本 194页
b20534000 F129.971.1 Q464 1998

成都市西城区体育志
成都市青羊区体育运动委员会编 张仁盛主编 成都 成都市青羊区体育运动委员会 1997年 100页
b22429086 G812.771.1 Q464 1997

成都市西城区卫生志 1950-1985
成都市西城区卫生局编 胡运光主编 成都 成都市西城区卫生局 1990年 320页
b44749107 R199.2 X1191 1990

金牛区

成都市金牛区志
金牛区地方志编纂委员会编 吴冰总编 成都 四川大学出版社 1996年 613页
b16746661 K297.11 J478 1996

成都市金牛区志 1991-2005
成都市金牛区地方志编纂委员会编 北京 方志出版社 2012年 753页
b36369779 K297.11 J478C 2012

成都市金牛区洞子口乡志
金牛区洞子口乡政府编著 王体明 孙厚义编辑 成都 金牛区洞子口乡政府 1993年 199页
b20100401 K297.15 D624 1993

成都市金牛区龙潭乡志
成都市金牛区龙潭乡政府编著 成都 成都市金牛区龙潭乡政府 1991 年 146 页
b20100413 K297.15 L742 1991

成都市金牛区永丰乡志
成都市金牛区永丰乡政府编著 郑世国主编 成都 成都市金牛区永丰乡政府 1989 年 105 页
b23232304 K297.15 Y636D 1989

成都市金牛区人民代表大会志 1942.6–1991.3
金牛区人民代表大会志编纂委员会编 成都 四川人民出版社 1995 年 322 页
b20041913 D624.711 C459 1995

金牛区民政志
金牛区民政局编 王相铭主编 成都 四川人民出版社 1993 年 288 页
b49849232 D632 J4786 1993

金牛区军事志
金牛区人武部编著 成都 成都时代出版社 2010 年 262 页
b40649763 E289.711 J478 2010

成都市金牛区国土志
成都市金牛区国土局编 马建国主编 成都 西南交通大学出版社 2000 年 306 页
b22430453 F129.971.1 J478 2000

金牛区文化志
成都市金牛区文化志编纂委员会编 成都 金牛区文化志编委员 1990 年 279 页
b19931785 G127.711 C4591 1990

成华区

成都市成华区志 1990–2005
成都市成华区地方志编纂委员会编 周孝明主编 北京 新华出版社 2014 年 658 页
b46239509 K297.11 C4593 2014

人民塘村志 1934–2014
成都市成华区圣灯街道办事处人民塘社区编 严松发主编 北京 新华出版社 2014 年 163 页
b49471892 K297.15 R189 2014

龙泉驿区

成都市龙泉驿区志
龙泉驿区地方志编纂委员会编 黄峰总编 成都 成都出版社 1996 年 763 页
b16432885 K297.11 C459L 1996

成都市龙泉驿区志 1989–2005
成都市龙泉驿区地方志编纂委员会编 江泽祥总编 北京 方志出版社 2013 年 804 页
b40836988 K297.11 L742 2013

成都市龙泉驿区龙泉街道志
成都市龙泉驿区龙泉街道志编纂委员会编 陈昌炽主编 北京 方志出版社 2010 年 703 页
b2126790x K297.11 L742L 2010

东洪社区志
胡开全主编 成都 巴蜀书社 2017 年 406 页
b50993690 K297.15 D5823 2017

成都市龙泉驿区人口志
成都市龙泉驿区计划生育委员会编纂领导小组编 成都 成都市龙泉驿区计划生育委员会 1997 年 267 页〔成都市龙泉驿区地方志丛书〕
b21136403 C924.257.1 L742 1997

成都市龙泉驿区民政志
成都市龙泉驿区民政局编纂 成都 成都市龙泉教育印刷厂 1998年 225页〔成都市龙泉驿区地方志丛书〕
b36092873 D677.11 L742 1998

四川省成都市龙泉驿区军事志 1991–2005
成都市龙泉驿区人民武装部编 康尽能主编 成都 成都市龙泉驿区人民武装部 2007年 218页
b4624010x E289.711 L742 2007

成都市龙泉驿区城乡建设志
成都市龙泉驿区建设局编 李光钰主编 北京 方志出版社 2004年 332页
b47009044 F299.277.11 C459L 2004

成都市龙泉驿区国土志
成都市龙泉驿区国土局编 黄传贵 马渝主编 成都 四川大学出版社 1998年 308页〔成都市龙泉驿区地方志丛书〕
b16378416 F327.711 C459 1998

成都市龙泉驿区交通志
成都市龙泉驿区交通志编纂委员会编 张朝雄主编 成都 成都市地图出版社印刷厂 1997年 269页〔成都市龙泉驿区地方志丛书〕
b36092861 F512.771.1 L742 1997

成都市龙泉驿区商业·供销志
商业供销志编纂领导小组编 陈怀德主笔 郫县 郫县犀浦印刷厂 1996年 336页〔成都市龙泉驿区地方志丛书〕
b36092885 F727.711 L742 1996

成都市龙泉驿区广播电视志
广播电视志编纂领导小组编 周礼长主编 成都 广播电视志编纂领导小组 1997年 197页〔成都市龙泉驿区地方志丛书〕
b23228830 G229.277.11 L742 1997

成都市龙泉驿区实验小学校志
成都市龙泉驿区实验小学校编 王小丁主编 成都 巴蜀书社 2001年 435页
b22429062 G629.287.11 L742 2001

成都市龙泉驿区水利志
成都市龙泉驿区水利水电局编 成都 成都地图出版社印刷厂 1993年 264页〔龙泉驿区地方志丛书〕
b21857556 TV–092 L7427 1993

青白江区

成都市青白江区志
青白江区地方志编纂委员会编 王化中总编辑 成都 成都出版社 1995年 875页
b16448005 K297.11 Q464 1995

成都市青白江区志 1991–2005
成都市青白江区地方志编纂委员会编 北京 方志出版社 2017年 696页
b50051428 K297.11 Q464C 2017

青白江区军事志 1991–2005
青白江区人武部编著 成都 青白江区人武部 2012年 101页
b50727606 E289.711 Q464 2012

成都市青白江区国土志
成都市青白江区国土局编 张仁军主编 成都 成都市青白江区国土局 1999年 388页
b22429074 F129.971.1 Q4641 1999

成都市青白江区城乡建设志
成都市青白江区城乡建设管理委员会编

余伯奎 方以纯主编 成都 成都市青白江区城乡建设管理委员会 1994 年 361 页〔青白江区志丛书〕
b49963272 F299.277.11 Q464 1994

青白江教育志
成都市青白江区教育委员会编 成都 青白江区大弯小学印刷厂 199- 年 410 页
b20016347 G527.714 Q464

成都市青白江区水利志
青白江水利志编 刘其云主编 成都 青白江区水利电力局 1993 年 226 页〔新编青白江地方丛书〕
b46669000 TV-092 C459Q 1993

新都区

新都县志
四川省新都县志编纂委员会编 罗远述主编 成都 四川人民出版社 1994 年 1047 页
b10645196 K297.14 X4432

新都区木兰镇志 1983-2005
李勇 刘跃江 徐海主编 成都 成都市新都区木兰镇人民政府 2010 年 571 页
b50151629 K297.15 M689 2010

新都区新繁镇兴堰村志 1949-2011
成都市新都区新繁镇兴堰村村民委员会编 成都 成都市新都区新繁镇兴堰村村民委员会 2015 年 224 页〔成都市村志丛书〕
b47414637 K294.15 X463 2015

中国共产党成都市新都历史图志 第 1 卷 1921-1978
中共成都市新都区委党史研究室编 余勇主编 成都 中共成都市新都区委党史研究室 2013 年 272 页
b5086189x D235.711 X443 2013

新都区教育志 续编
四川省成都市新都区教育局编 王修模主编 成都 四川省成都市新都区教育局 2003 年 322 页
b46996175 G527.711 X443 2003

新都县教育志
新都县教育志编写组编 李义让主编 新都 新都县教育志编写组 1990 年 330 页
b20181619 G527.714 X443 1990

四川省新都县地名录
新都县地名领导小组编印 新都 四川省新都县地名领导小组 1982 年 126 页〔四川省地名录丛书〕
b15605292 K927.14 X443 1982

新都县水利志
新都县水利电力局编 新都 新都县水利电力局 1990 年 268 页
b17609926 TV-092 X443 1990

温江区

温江县志
四川省温江县志编纂委员会编 成都 四川人民出版社 1990 年 1040 页
b10760829 K297.14 W362

成都市温江区志 1986-2005
成都市温江区地方志编纂委员会编 肖永奎主编 北京 方志出版社 2011 年 911 页
b36133462 K297.11 W362 2011

温江金马志 1982-2005
温江金马志编纂委员会编 魏德芹总编 成

都 中共成都市温江区金马镇委员会 2010 年 215 页
b50151630 K297.15 J4775 2010

温江区和盛镇石坝村志
成都市温江区地方志办公室编 肖永奎主编 成都 四川科学技术出版社 2013 年 351 页〔成都市村志丛书〕
b46995973 K297.15 S472 2013

温江政协志 1956.12–2006.6
郑华钰总纂 成都 成都市温江区政协温江政协志编纂委员会 2006 年 441 页
b20104170 D628.711 W362 2006

温江区军事志 1949–2009
温江区军事志编纂委员会编 鲜海峰 黄学甫主编 成都 成都蓉军广告印务公司 2013 年 494 页
b46240196 E289.711 W362 2013

温江县国土志
温江县国土志编纂委员会编 俞越宁主编 温江 温江县国土志编纂委员会 2000 年 358 页
b19932492 F327.714 Y714 2000

二轻工业志
温江地区二轻局史志编纂办公室编 周安让编著 温江 四川省温江地区二轻工业局 1983 年 126 页
b2176525x F426.8 Z661 1983

温江国税志 1986–2005
成都市温江区国家税务局编纂领导小组编 成都 成都市温江区国家税务局 2007 年 234 页
b44916760 F812.771.1 W362 2007

温江地区教育志
温江地区教育局编 左承荣主编 成都 温江地区教育局 1983 年 476 页
b18201672 G527.712 Z968 1983

四川省温江地区温江县地名录
四川省温江地区地名领导小组 四川省温江县地名领导小组编印 温江 四川省温江地区温江县地名领导小组 1983 年 115 页〔四川省地名录丛书〕
b15603386 K927.12 W362 1983

双流区

双流县志
四川省双流县志编纂委员会编 苏绍华总编辑 成都 四川人民出版社 1992 年 968 页
b10727553 K297.14 S592

双流县志 1911–1985
成都市双流区地方志编纂委员会编 成都 四川科学技术出版社 2016 年 修订版 804 页
b51077425 K297.14 S592C 2016

双流县志 1986–2005
双流县地方志编纂委员会编 石小林 朱成荣 刘泽夫总编 成都 四川科学技术出版社 2011 年 854 页
b37531633 K297.14 S592 2011

华阳镇志
双流县华阳镇志编写组 双流 双流印刷二厂 1989 年 344 页〔双流县志丛书〕
b16415334 K297.15 H529 1989

机投镇志
机投镇志编纂委员会编 成都 四川人民出

版社 1999 年 533 页
b14990660 K297.15 J112 1999

双流县东升镇志 2005
双流县东升街道办事处编纂 双流 双流县东升街道办事处 2005 年 501 页〔双流县地方志丛书 1〕
b49640823 K297.15 D5827 2005

双流县籍田镇志
成都市双流县籍田镇志编写组编 高世杰主笔 双流 籍田镇志办公室 1989 年 140 页〔双流县地方志丛书〕
b20100425 K297.15 J146 1989

双流县煎茶镇志 2005
双流县煎茶镇人民政府编纂 双流 双流县煎茶镇人民政府 2005 年 370 页〔双流县地方志丛书 25〕
b47297037 K297.15 J267 2005

双流县彭镇志 2005 年本
双流县彭镇人民政府编纂 高宗义主笔 双流 双流县彭镇人民政府 2008 年 396 页〔双流县地方志丛书〕
b5015252x K297.15 P336 2008

双流县三星镇志
双流县三星镇人民政府编纂 双流 双流县三星镇人民政府 2005 年 256 页〔双流县地方志丛书〕
b20577746 K297.15 S1458 2005

双流县万安镇志 2005
双流县万安镇人民政府编纂 王春梅主编 双流 双流县万安镇人民政府 2007 年 348 页〔双流县地方志丛书 12〕
b46668585 K297.15 W171 2007

双流县兴隆镇瓦窑村志 1911–2012
四川省双流县兴隆镇瓦窑村志编纂委员会编 刘泽夫主编 双流 四川省双流县兴隆镇瓦窑村志编纂委员会 2013 年 139 页〔成都市村志丛书〕
b50992326 K297.15 W122 2013

双流县中和镇志
双流县中和镇志编纂者 双流 双流县中和镇志编纂者 1991 年 501 页〔双流县地方志丛书〕
b36379980 K297.15 Z6433 1991

文星镇志
成都市双流县文星镇志编写组编 罗开宏主编 双流 成都市双流县文星镇志编写组 1988 年 172 页〔双流县地方志丛书〕
b22359485 K297.15 W388 1988

双流县共青团志
中国共产主义青年团双流县委员会编纂 钟捷主编 双流 中国共产主义青年团双流县委员会 2009 年 212 页〔双流县地方志丛书〕
b20883043 D292.714 S592 2009

双流县人事志 2005
四川省双流县人事局编纂 汪广永主编 双流 四川省双流县人事局 2008 年 235 页〔双流县地方志丛书 43〕
b49533010 D630.3 S592 2008

安康家园志
安康家园志编纂委员会编 胡源忠总编辑 成都 四川大学出版社 2018 年 302 页〔成都市双流区地方志丛书 汶川特大地震十周年纪念及灾后重建系列丛书〕
b51037865 D632.1 H4769 2018

九三学社双流县志 1993–2013
九三学社双流县委员会编 蒲光树总编 成都 西南交通大学出版社 2016年 166页〔双流县地方志丛书 106〕
b47179004 D665.7 J5857 2016

双流县劳动和社会保障志 2005年本
双流县劳动和社会保障局编纂 邱万高主编 双流 双流县劳动和社会保障局 2009年 327页〔双流县地方志丛书〕
b50017329 D669.2 S592 2009

双流县人民法院志 2005本
双流县人民法院编纂 张保川总编 简阳 简阳市人民法院 2009年 478页〔双流县地方志丛书〕
b50319796 D926.22 S592 2009

双流县建设志 2005年本
双流县建设局编纂 朱成荣总编 双流 双流县建设局 2008年 372页〔双流县地方志丛书〕
b49982965 F299.277.14 S592 2008

双流县农机志 2005年本
双流县农村发展局编纂 张华宇主编 双流 双流县农村发展局 2008年 143页〔双流县地方志丛书〕
b50152518 F324.2 S592 2008

双流县国土志
赵树全主编 双流 双流县国土志编纂者 2000年 280页
b19932388 F327.714 Z438 2000

双流县文化体育新闻出版(版权)志 1986–2005
双流县文化体育和新闻出版局编纂 蒋云溪主编 成都 成都市三江源彩色印务公司 2005年 312页〔双流县地方志丛书〕
b45453469 G127.714 S592 2005

双流县广播电视志 2005
双流县广播电视局编纂 张宏伟主编 双流 双流县广播电视局 2009年 203页〔双流县地方志丛书 84〕
b47045346 G229.277.14 S592 2009

双流县科技志 2005
双流县科学技术局编纂 秦康明主编 双流 双流县科学技术局 2008年 438页〔双流县地方志丛书 42〕
b49533940 G322.771.4 S592 2008

双流县教育志 征求意见稿
双流县文化教育局主编 双流 双流县文化教育局 1989年 油印本 2卷 589页
b20182922 G527.714 S592 1989

双流中学志
双流中学校志编纂委员会主编 宾贤荣总编 成都 成都金沙印刷厂 1995年 326页〔双流县地方志丛书〕
b20103827 G639.287.14 S592 1985

双流中学志 1995–2009
双流中学志编纂领导小组编纂 双流 双流中学志编纂领导小组 2010年 442页〔双流县地方志丛书〕
b22431871 G639.287.14 S592 2010

四川省双流县太平中学校志 1941–2011
邱斌主编 双流 四川省双流县太平中学 2011年 233页
b46012096 G639.287.14 S6647 2011

松潘中学校志
谢登云编写 双流 双流印刷厂 1999年

456 页
b20577801 G639.287.14 S673 1999

四川石油财经学校志
四川石油财经学校志编辑室编纂 戴崇超主编 成都 巴蜀书社 1998 年 171 页
b20098339 G719.287.1 S664 1998

双流县特殊教育学校志 1993–2013
四川省双流县特殊教育学校编纂 双流 四川省双流县特殊教育学校 2013 年 407 页〔双流县地方志丛书 106〕
b46995778 G769.287.11 S592 2013

四川省双流县地名录
双流县地名领导小组编印 双流 四川省双流县地名领导小组 1988 年 279 页〔四川省地名录丛书〕
b15604329 K927.14 S592 1988

双流县水利电力志
双流县水利电力志编辑组编 冯家楷 何成萃主编 成都 四川新华印刷厂 1986 年 276 页〔双流县地方志丛书〕
b20807284 TV–092 S5926 1986

郫都区

郫县志
四川省郫县志编纂委员会编 曾祥麟总纂 成都 四川人民出版社 1989 年 869 页
b10645081 K297.14 P376

郫县志 1986–2005
郫县地方志编纂委员会编 曾祥麟总纂 北京 方志出版社 2011 年 921 页
b45453299 K297.14 P376 2011

郫县志 1986–2005
郫县地方志编纂委员会编 曾祥麟总纂 北京 方志出版社 2014 年 912 页
b46092055 K297.14 P376 2014

郫县唐昌镇志
唐昌镇编辑委员会编 郫县 唐昌镇编辑委员会 1983 年 184 页
b12312848 K297.1 T241

郫县计划生育志
王宗禧主编 成都 四川大学出版社 1986 年 181 页
b14075258 C924.21 W235

郫县人口和计划生育志 1986–2013
卫志中主编 北京 中国文史出版社 2014 年 230 页
b47052259 C924.257.14 P376 2014

郫县文化志
四川省郫县文化教育局编 郫县 郫县印刷厂 1982 年 251 页
b20103220 G127.714 P376 1982

郫县教育志
四川省郫县教育局编 郫县 四川省郫县教育局 1984 年 242 页
b13139617 G527.714 S664 1984

四川省郫县地名录
郫县地名办公室编印 郫县 郫县地名办公室 1986 年 131 页〔四川省地名录丛书〕
b13742450 K927.14 P376

郫县水利电力志
郫县水电局编 郫县 郫县水电局 1983 年 321 页
b21856606 TV–092 P376 1983

都江堰市

灌县志
四川省灌县志编纂委员会编 成都 四川人民出版社 1991年 965页
b13275963 K297.14 G666

都江堰市志 1986–2005
都江堰市地方志办公室编 童永飞 邹文主编 北京 方志出版社 2013年 669页
b45444778 K297.13 D658C 2013

翠月湖镇志 2008–2014
翠月湖镇人民政府编 杨云飞总编辑 都江堰 翠月湖镇人民政府 2014年 103页
b47414662 K297.15 C837 2014

灌口镇志
灌口镇志编纂组编 徐昌言主编 灌县 灌县印刷厂 1983年 232页
b2080720x K297.15 G666 1983

灌县安龙乡志
灌县安龙乡编志小组编 灌县 灌县县志编辑部 1984年 153页
b20101028 K297.15 A163 1984

灌县崇义乡志
兰明芝主笔 灌县 四川省灌县崇义乡志编纂者 1983年 279页
b20101041 K297.15 C541 1983

灌县驾虹乡志
刘楚才主笔 灌县 四川省灌县驾虹乡志编写组 1982年 156页
b20101065 K297.15 J252 1982

灌县柳街乡志
灌县柳街乡志编写组编 灌县 灌县县志编辑部 1982年 144页
b20101089 K297.15 L711 1982

灌县龙溪乡志
四川省灌县龙溪乡志编写组编 灌县 四川省灌县龙溪乡志编写组 1983年 150页
b20101090 K297.15 L7428 1983

灌县青龙乡志
青龙编志组编 杨含光主笔 灌县 青龙编志组 1983年 油印本 223页
b20101107 K297.15 Q4648 1983

灌县泰安乡志
灌县泰安乡志编写组编 杨慕文主笔 灌县 灌县县志编辑部 1985年 207页
b20101120 K297.15 T163 1985

灌县幸福乡志
幸福乡志编写组编 都江堰 幸福乡志编写组 1984年 油印本 339页
b19732107 K297.15 X493 1984

金陵村志
成都市地方志编纂委员会编 高志刚总编 成都 四川辞书出版社 2014年 203页
〔成都市村志系列丛书〕
b46899339 K297.15 J477 2014

聚源乡志
四川省灌县聚源乡志编写领导小组编 灌县 灌县县志编辑部 1982年 145页
b20101077 K297.15 J682 1982

灌县宗教志
灌县宗教志编辑组编 王纯五主编 灌县 灌县宗教志编辑组 1987年 73页
b20245324 B929.2 W213 1987

都江堰市政协志 1950–2009
都江堰市政协志编纂委员会编 闵云万主编 都江堰 都江堰市政协志编纂委员会 2009年 510页
b44851480 D628.713 D658 2009

都江堰市国土志
都江堰市国土局编 都江堰 都江堰市装潢印刷公司 1999年 299页
b20014430 F129.971.3 D658 1999

都江堰市质量技术监督志 1913–2002
成都市质量技术监督局都江堰市分局编撰 傅子全主编 成都 成都市质量技术监督局都江堰市分局 2002年 203页
b49788942 F203 D658 2002

灌县城市建设志
灌县城市建设志编辑组编 罗君述主编 灌县 灌县县志编委会 1985年 287页
b49981985 F299.277.14 G666 1985

中国石油四川岷江销售分公司志 2006–2010
中国石油四川岷江销售分公司志编纂委员会编 孙宝总编 都江堰 中国石油四川岷江销售分公司志编纂委员会 2011年 2卷 1047页
b50151642 F426.22 Z64971 2011

灌县文化志
刘昌荣 周正编写 灌县 灌县文化志编纂者 1986年 油印本 269页
b20537992 G127.714 G666 1986

灌县教育志
灌县教育局教育志编辑组编 灌县 灌县教育局教育志编辑组 1984年 170页
b20014624 G527.714 G666 1984

四川省林业学校校志 1953–1982
四川省林业学校编 灌县 四川省林业学校 1982年 163页
b20103840 G719.287.1 S6645 1982

四川省水利电力学校志 1956–1982
四川省水利电力学校编 都江堰 四川省水利电力学校 1982年 150页
b20404529 G719.287.1 S6644 1982

都江堰文物志
四川省文化厅文物处 都江堰市志编纂委员会 都江堰市文物局编 钟天康主笔 罗树凡 杨瑞文编写 都江堰 都江堰市志编纂委员会 1996年 修订版 226页
b13121017 K872.713 D658（R）

四川省灌县地名录
灌县地名领导小组编 灌县 灌县地名领导小组 1982年 183页〔四川省地名录丛书〕
b15667418 K927.14 G666 1982

都江堰风景名胜区志
都江堰风景名胜区管理局编 刘仕洪总编 成都 成都时代出版社 2003年 262页
b18263823 K928.707.13 L688 2003

青城山志
王文才纂 成都 四川人民出版社 1982年 141页〔四川名胜志丛书〕
b12312678 K297.14 W232

青城山志
王纯五主编 成都 四川人民出版社 1989年 155页
b13120979 K928.3 W213

青城山志
王纯五主编 成都 四川人民出版社 1998

年 修订版 437 页
b16345368 K928.3 W213 1998

青城山志
王纯五主编 成都 巴蜀书社 2004 年 299 页〔世界文化遗产〕
b16172267 K928.3 W213 2004

灌县都江堰水利志
灌县都江堰水利志编辑组编 灌县 灌县县志编委会 1983 年 279 页
b20949017 TV-092 G666 1983

都江堰志
四川省地方志编纂委员会编 王布雷主编 成都 四川辞书出版社 1993 年 545 页
b10625045 TV632.71 S664

彭州市

彭县志
彭州市地方志编纂委员会编 李方仪总编 成都 四川人民出版社 2014 年 981 页
b4707114x K297.14 P3368 2014

彭县志
四川省彭县志编纂委员会编 成都 四川人民出版社 1989 年 971 页
b11212871 K297.14 S664

彭州市政协志
政协彭州市委员会编纂 郑兴泰主编 彭州 政协彭州市委员会 2005 年 488 页
b20016177 D628.714 Z545 2005

汶川特大地震彭州抗震救灾志
汶川特大地震彭州抗震救灾志编纂委员会编纂 易晓峰主编 北京 方志出版社 2014 年 358 页
b50206928 D632.5 Y464 2014

彭州国土志
彭州市国土局编 彭州 彭州市国土局 2000 年 301 页〔彭州市地方志丛书〕
b18120799 F129.971.4 P336 2000

彭县铜矿矿志
四川省彭县铜矿矿志编写小组编 彭县 四川省彭县铜矿矿志编写小组 1984 年 213 页
b49938812 F426.1 P336 1984

彭县教育志
四川省彭县教育局教育志编写组编 彭县 四川省彭县教育局教育志编写组 1983 年 213 页
b20044719 G527.714 S6641 1983

蒙阳中学校志
四川省彭州市蒙阳中学编 赵明跃主编 彭州 四川省彭州市蒙阳中学 2004 年 186 页
b40743536 G639.287.14 M343 2004

彭县中学志 1901–1982
陈尧坚主编 彭县 彭县中学 1983 年 232 页
b20103189 G639.287.14 P336 1983

四川省彭州中学志 1901–2001
刘光祺主编 彭州 延秀印刷厂 2001 年 294 页
b20403987 G639.287.14 P336 2001

彭县文化志
四川省彭县文化局编志办公室编 彭昭新主编 彭县 四川省彭县文化局编志办公室 1982 年 120 页

b19932194　K297.14　P336W　1982

四川省彭县地名录

四川省彭县地名领导小组编印　彭县　四川省彭县地名领导小组　1984 年　289 页〔四川省地名录丛书〕
b1560357x　K927.14　P3368　1984

彭县地震志

彭县地震志编写组编　陈绍能主编　彭县　彭县地震志编写组　1983 年　71 页
b4584043x　P316.271.4　P336　1983

彭县水利电力志

彭县水利局编辑组编　陈志方主编　彭县　彭县水电局编辑组　1983 年　190 页
b20806802　TV-092　P336　1983

邛崃市

邛崃县志

四川省邛崃县志编纂委员会编　成都　四川人民出版社　1993 年　969 页
b10836214　K297.14　Q514

邛崃市志　1986–2005

邛崃市地方志编纂委员会编　许龙总编　北京　方志出版社　2011 年　902 页
b23216451　K297.13　Q514　2011

高何乡志

高何乡人民政府编　邛崃　高何乡人民政府　1988 年　243 页
b20100917　K297.15　G239　1988

临邛镇志

杨宏声总编　邛崃　临邛镇志编纂者　2004 年　678 页
b20403732　K297.15　L581　2004

平乐镇志　1911–2007

四川省邛崃市平乐镇志编纂委员会编　杨宏声总编　成都　四川省印刷制版中心　2010 年　1060 页
b22032861　K297.15　P612　2010

邛崃市羊安镇仁和社区志

邛崃市羊安镇仁和社区志编纂委员会编　伍有兴主编　邛崃　邛崃市羊安镇仁和社区志编纂委员会　2013 年　192 页〔成都市村志系列丛书〕
b5099251x　K297.15　R193　2013

桑园乡志

邛崃县桑园乡志编写组编　傅尚志主编　邛崃　邛崃县桑园乡志编写组　1982 年　153 页
b17994421　K297.15　S157　1982

邛崃市工商业联合会(总商会)志　1910–2016

邛崃市工商业联合会编　邛崃市总商会编纂　杨炳文总编　邛崃　邛崃市工商业联合会　2016 年　239 页
b50992314　D665.4　Y228　2016

邛崃军事志

邛崃市人民武装部编著　成都　成都旌弘广告公司　2010 年　326 页
b46240007　E289.713　Q514　2010

邛崃县文物志

邛崃县文物志编著者编　邛崃　邛崃县文物志编著者　1983 年　94 页
b36380039　K872.714　Q514　1983

四川省邛崃县地名录

邛崃县地名领导小组编印　邛崃　邛崃县地名领导小组　1981 年　244 页〔四川省地名录丛书〕

b15603581 K927.14 Q514 1981

邛崃县水利电力志
邛崃县水利电力局编 成都 成都前进印刷厂 1992 年 282 页〔新编邛崃县地方志丛书〕
b21856618 TV-092 Q514 1992

崇州市

崇庆县志
四川省崇庆县志编纂委员会编 成都 四川人民出版社 1991 年 924 页
b10623164 K297.14 C541

崇州市志 1986–2000
四川省崇州市地方志编纂委员会编 何伯泸总纂 何伯泸 涂智总编 成都 四川人民出版社 2004 年 874 页
b15907521 K297.13 C541 2004

崇阳镇志
四川省崇州市崇阳镇人民政府编纂 程蕴晖主编 崇州 四川省崇州市崇阳镇人民政府 2002 年 476 页〔崇州市地方志丛书〕
b47072891 K297.15 C5419 2002

崇州市桤泉镇群安村志 1913–2013
崇州市地方志编纂委员会编 雷庆龄主编 崇州 崇州市地方志编纂委员会 2015 年 200 页〔成都市村志系列丛书〕
b49607546 K297.15 Q698 2015

道明镇志
崇州市道明镇人民政府编纂 杨明德总编 崇州 崇州市道明镇人民政府 2001 年 382 页〔崇州市地方志丛书〕
b40864480 K297.15 D277 2001

三江乡志
崇庆县三江乡志编写小组编 任基墉主编 大邑 大邑县印刷厂 1983 年 201 页
b19932297 K297.15 S1454 1983

崇州法院志
崇州市人民法院编纂 杨德军主编 崇州 崇州市人民法院 2001 年 385 页〔崇州市地方志丛书〕
b47100643 D926.22 C541 2001

崇州监狱志 1951–2013
四川省崇州监狱编 李十庆主编 崇州 四川省崇州监狱 2014 年 867 页
b4978884x D927.714.067 C541 2014

崇州市国土志
崇州市国土局编 钟启祥主编 成都 四川人民出版社 1999 年 254 页
b1993080x F129.971.3 Z626 1999

崇庆县综合林场场志
崇庆县综合林场场志编纂委员会编 崇庆 崇庆县综合林场场志编纂委员会 1990 年 63 页
b40743251 F326.277.14 C541 1990

崇庆县教育志
崇庆县教育局编 崇庆 崇庆县教育局 1983 年 291 页
b20041949 G527.714 C541 1983

崇庆西河志
张伯龄主编 成都 四川人民出版社 1993 年 314 页
b17576805 K297.14 C541X 1993

崇州民俗志
中共崇州市委宣传部 崇州市地方志办公

室编纂 陈柏青主编 北京 方志出版社 2011 年 506 页
b45839566 K892.471.4 C541 2011

四川省崇庆县地名录
崇庆县地名领导小组编印 崇庆 崇庆县地名领导小组 1987 年 253 页〔四川省地名录丛书〕
b13741469 K927.14 C541

崇庆县水利志
崇庆县水利电力局编 崇庆 崇庆县水利电力局 1988 年 150 页
b2053405x TV-092 C541 1988

简阳市

简阳县志
四川省简阳县志编纂委员会编 成都 巴蜀书社 1996 年 869 页
b13058186 K297.14 J278

简阳市志 1986-2005
简阳市地方志编纂委员会编 甘立德主编 成都 四川人民出版社 2011 年 769 页
b4970543x K297.14 J278C 2011

三星区志
简阳县三星区志编写组编 周崇昆主笔 简阳 简阳县三星区志编写组 1984 年 209 页
b47072994 K297.15 S1459 1984

简阳市政协志 1987.3-2005.12
中国人民政治协商会议简阳市委员会编 简阳 中国人民政治协商会议简阳市委员会 2006 年 345 页
b41234972 D628.713 J278 2006

简阳县政协志 1955-1987
中国人民政治协商会议简阳县委员会编 张存智主编 简阳 中国人民政治协商会议简阳县委员会 1989 年 152 页
b50347317 D628.714 J278 1989

简阳法院志 1986-2005
简阳市人民法院编 李守正主编 简阳 简阳市人民法院 2007 年 585 页
b50318925 D926.22 J278 2007

简阳市国土志
四川省简阳市国土局编纂 杨代福主编 北京 中国大地出版社 1997 年 235 页
b17305706 F129.971.3 J278 1997

简阳县文化志
简阳县文教局编 简阳 简阳县文教局 1988 年 182 页
b20534814 G127.714 J278 1988

简阳县教育志
简阳县文教局教育志领导小组编 简阳 简阳县文教局教育志领导小组 1988 年 300 页
b4637730x G527.714 J278 1988

简阳师范学校志 1905-1985
简阳师范学校志领导小组编 李质文主笔 简阳 简阳师范学校 1988 年 280 页
b20102173 G659.287.14 J278 1988

四川省简阳县地名录
四川省简阳县地名领导小组编 简阳 四川省简阳县地名领导小组 1985 年 370 页〔四川省地名录丛书〕
b15604500 K927.14 J278 1985

金堂县

金堂县志
四川省金堂县志编纂委员会编 白昭培总编辑 成都 四川人民出版社 1994 年 955 页
b10728107 K297.14 J479

金堂县志 1991–2005
金堂县地方志编纂委员会编 孙成君 周丽君总编辑 北京 方志出版社 2015 年 907 页
b47051267 K297.14 J479C 2015

四川省金堂县地名录
金堂县地名领导小组编 成都 金堂县地名领导小组 1990 年 250 页〔四川省地名录丛书〕
b15605206 K927.14 J4798 1990

炮台山志
薛玉树主编 金堂 炮台山志编纂者 1997 年 145 页
b20016153 K928.3 X6787 1997

金堂县水利志
成都市金堂县水利电力局编 汪永杰主编 成都 成都市金堂县水利电力局 1993 年 277 页〔四川省金堂县地方志丛书〕
b51080047 TV–092 J4797 1993

大邑县

大邑县志
四川省大邑县志编纂委员会编 成都 四川人民出版社 1992 年 842 页
b10942579 K297.14 S6644

大邑县志续编
四川省大邑县地方志编纂委员会编 金嘉祥主编 成都 四川大学出版社 1996 年 807 页
b10564639 K297.14 D1367B

安顺乡志 送审稿
姜永康主编 大邑 四川省大邑县安顺乡 1983 年 121 页
b22359473 K297.15 A164 1983

大邑县政协志
政协大邑县委员会编纂 大邑 政协大邑县委员会 2001 年 183 页
b20014284 D628.714 D1369 2001

大邑县国土志
大邑县国土局编 大邑 大邑县国土局 2000 年 203 页
b44851467 F129.971.4 D136 2000

大邑县教育志
大邑县教育志编纂委员会编 陈本义主编 大邑 大邑县教育志编纂委员会 2008 年 865 页〔大邑县地方志丛书〕
b40864492 G527.714 D1369 2008

大邑县安仁镇学校校志 1912–2012
大邑县安仁镇学校校志编纂委员会编 成都 成都市迪克印务公司 2012 年 237 页
b44915755 G639.287.14 D1369 2012

四川省大邑县地名录
四川省大邑县地名领导小组编 大邑 四川省大邑县地名领导小组 1988 年 205 页〔四川省地名录丛书〕
b15603544 K927.14 D1369 1988

高堂寺志
大邑县高堂寺 大邑县图书馆编 卫复华主编 大邑 大邑县高堂寺 1999 年 118 页

〔韦行丛刊〕
b44915767　K928.75　G252　1999

鹤鸣山志
杨明江主编　成都　四川人民出版社　2014年　317页
b46442273　K928.3　H312　2014

增补鹤鸣山志
大邑县道教协会　大邑县图书馆编　卫复华编纂　大邑　大邑县道教协会　1999年　197页〔韦行丛刊〕
b20017972　K928.3　W354　1999

大邑县水利志
大邑县水利电力局编　巫子云主编　成都　成都市城北彩印厂　1991年　255页
b21857064　TV-092　D1369　1991

蒲江县

蒲江县志
四川省蒲江县志编纂委员会编　杨晓杰主编　成都　四川人民出版社　1992年　856页
b10727504　K297.14　P677

蒲江县志　1986-2005
蒲江县地方志编纂委员会编　唐放　王银华主编　北京　方志出版社　2011年　736页
b23216220　K297.14　P677　2011

寿安镇志　1911-2016
寿安镇人民政府编　罗远祥主编　北京　方志出版社　2017年　316页
b50650695　K297.15　v5

蒲江县政协志　1950-2001
政协蒲江县委员会编纂　成都　成都市新都华兴印务公司　2002年　223页
b20016268　D628.714　Z649　2002

蒲江县建设志　1949-2007
蒲江县建设志编纂委员会编　张承发编纂　蒲江　蒲江县建设志编纂委员会　2008年　237页
b50347494　F299.277.14　P677　2008

蒲江民俗志
中共蒲江县委宣传部　蒲江县史志办公室编　王银华主编　北京　方志出版社　2014年　308页
b46119395　K892.471.4　P694　2014

四川省蒲江县地名录
四川省蒲江县地名领导小组编印　蒲江　四川省蒲江县地名领导小组　1985年　119页〔四川省地名录丛书〕
b15603271　K927.14　P677　1985

四川省蒲江县水利电力志
四川省蒲江县水利电力志编纂委员会编　成都　成都市朝阳印刷厂　1986年　120页
b2185662x　TV-092　P677　1986

新津县

新津县志
四川省新津县志编纂委员会编　成都　四川人民出版社　1989年　1104页
b10645056　K297.14　X4434

新津县志　1986-2005
四川省新津县地方志编纂委员会编　潘夕潮　周小毛总编　北京　方志出版社　2012年　990页
b36708823　K297.14　X4434X　2012

四川省新津县武阳镇志
武阳镇志编写组编 新津 武阳镇志编写组 1983年 295页
b36129264 K297.15 W534 1983

五津镇志 1983–2008
新津县五津镇人民政府编 宋定安主编 新津 新津县五津镇人民政府 2011年 648页〔新津县第二届地方志丛书 28〕
b47416166 K297.15 W538 2011

兴义镇志 1982–2012
兴义镇人民政府编 刘健明主编 新津 兴义镇人民政府 2015年 794页〔新津县第二届地方志丛书 41〕
b49472501 K297.15 X463 2015

新津县国土志
新津县国土局编 刘永华 杨有伦主编 成都 四川地质测绘服务中心印刷厂 1997年 176页
b22432644 F129.971.4 X443 1997

新津县交通志 1984–2008
新津县交通局编纂 刘健明主编 新津 新津县交通局 2010年 332页〔新津县第二届地方志丛书 17〕
b4707324x F512.771.4 X443 2010

新津县文化体育志 1984–2008
新津县文化体育广播电视和新闻出版局编 李兴玉主笔 新津 新津县文化体育广播电视和新闻出版局 2014年 244页〔新津县第二届地方志丛书 36〕
b47073251 G127.714 X443L 2014

新津县文化志
新津县文化志编纂组编 李兴玉主编 新津 新津县文化志编纂组 1984年 油印本 2卷 355页
b2127809x G127.714 X443 1984

四川省新津中学志 1933–2010
四川省新津中学编 高海清主编 新津 四川省新津中学 2013年 445页〔新津县第二届地方志丛书 38〕
b47414625 G639.287.14 X443 2013

新津民俗志
新津县社会科学界联合会编 郑建刚主编 新津 新津县社会科学界联合会 2012年 319页〔新津社科科普丛书〕
b41235265 K892.471.4 X443 2012

四川省新津县地名录
四川省新津县地名领导小组编印 新津 四川省新津县地名领导小组 1986年 124页〔四川省地名录丛书〕
b15603647 K927.14 X443 1986

四川省新津县水利电力志
四川省新津县水利电力志编写组编 新津 四川省新津县水利电力志编写组 1983年 148页
b21855407 TV–092 X4434 1983

自贡市

自贡市志
自贡市地方志编纂委员会编 北京 方志出版社 1997年 2卷 1159页
b10546741 K297.13 Z859

自贡市志 1991–2005
自贡市地方志编纂委员会编 陈星生主编 北京 方志出版社 2012年 1062页
b4093858x K297.13 Z859 2012

自贡市人大志 1950–2012
自贡市人大志编纂委员会编 刘贵君主编 北京 方志出版社 2014 年 476 页
b46124810 D624.713 Z859 2014

自贡市政协志
政协自贡市委员会编纂 刘静松主笔 成都 四川科学技术出版社 1993 年 247 页〔自贡市地方志丛书〕
b17358486 D628.713 Z859 1993

自贡市政协志 1991–2010
自贡市政协志编纂委员会编 成都 四川人民出版社 2013 年 279 页
b41235526 D628.713 Z859 2013

自贡市公安志
自贡市公安局编 李仲权总编 成都 四川人民出版社 1992 年 270 页〔自贡市地方志丛书〕
b44915706 D631 Z859 1992

自贡市民政志 1990–2005
自贡市民政局编 王宗琪主编 自贡 自贡市民政局 2013 年 178 页
b49608307 D632 Z859 2013

自贡监狱志 1958–2011
四川省自贡监狱编 廖昌明主编 自贡 四川省自贡监狱编 2012 年 588 页
b49939348 D927.713.67 Z859 2012

自贡市军事志
自贡市军事志编纂委员会编 方锡九总编 成都 四川人民出版社 1993 年 341 页〔自贡市地方志丛书〕
b36247856 E289.713 Z859 1993

自贡高新区志 1990–2005
自贡高新区志编纂委员会编 易勇总编 北京 方志出版社 2011 年 375 页
b23216785 F127.713 Z859 2011

工商行政管理志
自贡市工商行政管理局编 陈义锠 张志强主编 成都 成都科技大学出版社 1993 年 185 页〔自贡市地方志丛书〕
b21766769 F203.9 C436 1993

自贡市城市建设志
自贡市建设委员会编 秦有考主编 成都 四川辞书出版社 1991 年 410 页〔自贡市地方志丛书 10〕
b49640835 F299.277.13 Z859 1991

自贡市农业志
自贡市农业志领导小组办公室编 余腾光主编 成都 成都科技大学出版社 1994 年 232 页〔自贡市地方志丛书〕
b36013663 F327.713 Z859 1994

东锅志 1995–2005
东方锅炉厂东方锅炉（集团）股份有限公司编 成都 四川人民出版社 2006 年 657 页
b46668779 F426.2 D582 2006

鸿化厂志
鸿化厂志编修委员会编 谈泽贤主编 成都 四川科学技术出版社 1988 年 433 页
b44917132 F426.7 Z859 1988

四川石油管理局川西南矿区志
川西南矿区志编纂委员会编 刘茂林主编 自贡 川西南矿区志编纂委员会 2002 年 413 页
b4601830x F426.22 L6825 2002

自贡市盐业志
自贡市盐务管理局编 苏家庆主编 成都 四川人民出版社 1995年 517页〔自贡市地方志丛书 38〕
b46996400 F426.82 Z859 1995

自贡市公交集团有限责任公司志 1954-2010
刘岸华主编 自贡 自贡市公交集团有限责任公司 2014年 456页
b50067138 F512.771.3 Z859C 2014

自贡市交通志 第1卷
自贡市交通管理委员会编 蓝映天主编 成都 四川辞书出版社 1991年 411页〔自贡市地方志丛书〕
b20047290 F512.771.3 L171

自贡市粮食志
自贡市粮食局编 张远震主编 成都 四川辞书出版社 1992年 359页〔自贡市地方志丛书 7〕
b47583137 F724.721 Z859 1992

自贡市粮食志 1986-2008
自贡市粮食局编 李成炳总编 自贡 自贡市粮食局 2011年 263页
b50017585 F724.721 Z859C 2011

四川省自贡市地方税务志 1994-2005
四川省自贡市地方税务志编纂小组编纂 郑君总纂 自贡 四川省自贡市地方税务志编纂小组 2008年 303页
b49678504 F812.771.342 Z859 2008

自贡日报社志 1991-2005
自贡日报社志编纂领导小组编 况显远主编 自贡 自贡日报社志编纂领导小组 2009年 278页
b49640811 G219.247.13 Z859 2009

自贡市报业志
自贡日报社 自贡市新闻出版局编 邹武成主编 成都 四川人民出版社 1993年 245页〔自贡市地方志丛书 29〕
b49550433 G219.277.13 Z859 1993

自贡市教育志
自贡市教育委员会编 费少康主编 成都 四川人民出版社 1993年 369页〔自贡市地方志丛书〕
b16378362 G527.713 Z859 1993

自贡市戏曲志
自贡市文化局戏曲志编写组编 肖士雄执笔 自贡 自贡市文化局戏曲志编写组 1986年 114页
b20142225 J809.271.3 Z859 1986

自贡文物志 送审稿
自贡市文物事业保护管理处编 自贡 自贡市文物事业保护管理处 1992年 145页
b36380465 K872.713 Z859 1992

自贡灯会志
自贡市灯贸管理委员会编 胡德思主编 成都 四川人民出版社 1994年 230页〔自贡市地方志丛书〕
b17457567 K892.471.3 Z859 1994

四川省自贡市地名录
自贡市地名领导小组编印 自贡 自贡市地名领导小组 1982年 220页〔四川省地名录丛书〕
b15604287 K927.13 Z859 1982

自流井区

自贡市自流井区志
自贡市自流井区志编纂委员会编 成都 巴蜀书社 1993 年 574 页
b17358644 K297.14 Z859 1993

自贡市自流井区志 1986–2005
自贡市自流井区地方志编纂委员会编 杨元姜 余仲全 杨红英总编 北京 方志出版社 2013 年 761 页
b44810787 K297.13 Z859Z 2013

自贡市自流井区仲权镇竹元村志
自贡市自流井区地方志办公室编著 杨元姜主编 北京 群言出版社 2015 年 235 页
b50246549 K297.15 Z729 2015

自流井区人民政府志 1949–2005
自流井区人民政府编 自贡 自流井区人民政府 2015 年 651 页
b49678516 D625.713 Z859 2015

自贡市自流井区政协志 1984–2007
自贡市自流井区政协志编纂委员会编 陈有刚主编 自贡 自贡市自流井区政协志编纂委员会 2009 年 195 页
b50349843 D628.713 Z859Z 2009

贡井区

自贡市贡井区志 1986–2005
自贡市贡井区地方志编纂委员会编 雷进总编 北京 方志出版社 2013 年 890 页
b41213658 K297.13 Z859G 2013

大安区

大安区志
自贡市大安区地方志编纂委员会编 缪声全总编 成都 四川辞书出版社 1991 年 548 页
b10628460 K297.14 D135

大安区志 1989–2006
自贡市大安区志编纂委员会编 吴长金总编 北京 方志出版社 2016 年 644 页
b50233798 K297.13 Z859D 2016

自贡市大安区国土志
自贡市大安区国土局编 自贡 自贡市大安区国土局 1995 年 171 页
b22433417 F129.971.3 Z859D 1995

自贡市大安区交通志
自贡市大安区交通局编 黄科信主编 自贡 自贡市大安区交通局 2010 年 138 页
b4979016x F512.771.3 Z859 2010

沿滩区

自贡市沿滩区志
自贡市沿滩区志编纂委员会编 吕志新主编 成都 四川人民出版社 1997 年 454 页
b16081171 K297.13 Z859Y 1997

自贡市沿滩区志 1986–2005
自贡市沿滩区志编纂委员会编 阳丁 但积忠总编 北京 方志出版社 2013 年 478 页
b45445023 K297.13 Z859Y 2013

沿滩区国土志
自贡市沿滩区国土局编 自贡 自贡市沿滩区国土局 1997 年 231 页
b2243284x F129.971.3 L787Y 1997

荣　县

荣县志
四川省荣县志编纂委员会编 林灿光总编

成都 四川大学出版社 1993年 645页
b10597967 K297.14 R265

荣县志 1986-2003
荣县志编纂委员会编 北京 方志出版社 2010年 715页
b20806231 K297.14 R265 2010

荣县城乡建设志
荣县建设局 荣县史志编纂研究室编纂 郑信忠主编 成都 荣县建设局 2001年 271页
b46443393 F299.277.14 R265 2001

四川省荣县地名录
荣县地名领导小组编 荣县 四川省荣县地名领导小组 1982年 446页〔四川省地名录丛书〕
b15603416 K927.14 R2658 1982

富顺县

富顺县志
四川省富顺县志编纂委员会编 苏铁生总编辑 成都 四川大学出版社 1993年 878页
b15699092 K297.14 F497 1993

富顺县志 1988-2005
富顺县地方志编纂委员会编 北京 方志出版社 2011年 896页
b36133929 K297.14 F497C 2011

富顺县政协志 1985-2006
中国人民政治协商会议四川省富顺县委员会编 李文举主编 富顺 中国人民政治协商会议四川省富顺委员会 2010年 311页〔县志丛书〕
b47072945 D628.714 F497 2010

经济商务志 1985-2006
富顺县经济商务局编纂 黄新育主笔 成都 四川新丰彩印厂 2009年 194页〔县志丛书〕
b21763276 F727.714 F497 2009

富顺二中校志
四川省富顺第二中学校编 潘泽彬主编 富顺 四川省富顺第二中学校 1993年 211页〔县志丛书〕
b22082451 G639.287.14 F4972 1993

四川省富顺县地名录
富顺县地名领导小组编印 富顺 富顺县地名领导小组 1982年 342页〔四川省地名录丛书〕
b15603726 K927.14 F497 1982

富顺县人民医院志 1986-2005
富顺县人民医院志编纂办公室编印 金宗明主笔 富顺 富顺县人民医院志编纂办公室 2009年 485页
b51080011 R199.2 F4977 2009

富顺县水利电力志
富顺县水利电力局编 富顺 富顺县水利电力局 1989年 259页〔县志丛书〕
b21857131 TV-092 F496 1989

攀枝花市

攀枝花市志
四川省攀枝花市志编纂委员会编 杜维宣主编 成都 四川科学技术出版社 1994年 985页
b10628034 K297.13 P158

攀枝花市志 1986-2005
攀枝花市地方志编纂委员会编 周世开总

编 北京 方志出版社 2010 年 1132 页
b21589264 K297.13 P158 2010

攀枝花市志 军事志
攀枝花军分区军事志编纂委员会编 成都 四川人民出版社 2007 年 538 页
b20950937 K297.13 P158J 2007

攀枝花市工会志 1989–2013
攀枝花市工会志编纂委员会编 汤帮梅主编 北京 方志出版社 2016 年 576 页
b47606575 D412.871.3 P157 2016

攀西开发志 第 1 卷 综合卷
攀西开发志编纂委员会编 解洪主编 成都 四川人民出版社 2007 年 551 页
b21764682 F127.71 P157 2007

攀西开发志 第 2 卷 攀枝花卷
攀西开发志编纂委员会编 解洪主编 成都 四川人民出版社 2007 年 504 页
b21764682 F127.71 P157 2007

攀枝花市国土志
攀枝花市国土局编 邓浙林主编 攀枝花 攀枝花市国土局 2001 年 431 页〔攀枝花市丛书〕
b16430657 F129.971.3 P157 2001

攀枝花市审计志 1983–2002
攀枝花市审计志编纂委员会编 李隆盛 谢安德主编 攀枝花 攀枝花市审计志编纂委员会 2003 年 264 页〔攀枝花市地方志丛书〕
b23229184 F239.227.713 P157 2003

攀枝花市劳动和社会保障志 1965–2007
攀枝花市劳动和社会保障志编纂委员会编 刘忠杰主编 北京 方志出版社 2009 年 345 页
b47009366 F249.277.13 P157 2009

兰尖铁矿志
钟蓉主编 成都 四川人民出版社 2002 年 312 页
b20416519 F426.1 Z626 2002

攀钢集团钢城企业总公司志
攀钢集团钢城企业总公司志编纂委员会编纂 谢方万主编 成都 四川民族出版社 1999 年 730 页
b50778651 F426.31 P1573 1999

攀钢志 1986–2005
攀钢集团有限公司编纂 陈勇主编 成都 四川科学技术出版社 2010 年 719 页
b40649854 F426.31 P157 2010

朱家包包铁矿志
张应富 李利民主编 成都 四川科学技术出版社 2005 年 420 页
b22433351 F426.1 Z697 2005

攀枝花市交通志 1986–2005
攀枝花市交通运输局编 杨晓帆主编 成都 四川科学技术出版社 2012 年 212 页
b49789478 F512.771.4 P157 2012

攀枝花市地方税务局志 1994.9–2009
攀枝花市地方税务局志编纂委员会办公室编 潘元昌主编 成都 四川科学技术出版社 2011 年 516 页
b45841093 F812.771.342 P157 2011

攀枝花市金融志
攀枝花市金融学会编 杨道法 陈渝主编 北京 方志出版社 2004 年 168 页
b47009354 F832.771.3 P157 2004

攀枝花市文化志 1965–2005
攀枝花市文化志编纂委员会 攀枝花市文化和新闻出版局编 于映时主编 攀枝花 攀枝花市文化和新闻出版局 2010年 431页
b36379736 G127.713 P157 2010

攀枝花市科技志 1986–2005
攀枝花市科技志编纂委员会编 李宏波主编 成都 四川科学技术出版社 2011年 636页
b37531621 G322.771.3 P157 2011

攀枝花市教育志
攀枝花市教育志编纂委员会编 邹吉祥主编 成都 四川辞书出版社 1994年 240页〔攀枝花市志丛书〕
b17623443 G527.713 P157 1994

攀枝花市教育志 1986–2005
攀枝花市教育志编纂委员会编 孔炜主编 成都 四川科学技术出版社 2010年 556页
b40649866 G527.713 P157 2010

攀枝花学院志 1983–2005
攀枝花学院志编纂委员会编 李尚志主编 北京 方志出版社 2012年 549页
b36369780 G649.287.13 P157 2012

攀枝花市少数民族志
攀枝花市民族宗教事务局编 李朝申主编 北京 方志出版社 2004年 264页
b20535417 K280.713 L391 2004

攀枝花市少数民族志 1991–2005
攀枝花市民族宗教委员会编纂 吴文发主编 成都 巴蜀书社 2013年 475页
b45586822 K280.713 L391 2013

攀枝花市防震减灾志 1965–2015
攀枝花市防震减灾局编 刘凤义 李鲁让主编 攀枝花 攀枝花市防震减灾局 2016年 244页
b49506237 P315.9 P157 2016

东 区

攀枝花市东区志 1973–2000
攀枝花市东区地方志编纂委员会编 刘忠杰 周智勇主编 北京 方志出版社 2005年 831页
b18176215 K297.13 L694 2005

银江镇志
攀枝花市东区银江镇志编纂委员会编 李洪生主编 北京 中央文献出版社 2010年 461页
b21571077 K297.15 Y496 2010

攀枝花市东区军事志 1973–2005
攀枝花市东区人民武装部编纂 庄仕龙 陈能虎主编 北京 解放军出版社 2007年 301页
b21569757 E289.713 P157D 2007

西 区

攀枝花市西区志 1973–2005
攀枝花市西区地方志编纂委员会编 陈绍泉主编 北京 方志出版社 2010年 1002页
b21269804 K297.13 P157X 2010

攀枝花市西区军事志 1973–2005
攀枝花市西区军事志编簒委员会编 吴秀新 田常明 秦胜永主编 成都 天地出版社 2009年 232页
b46274273 E289.713 P157X 2009

攀枝花市西区卫生志
攀枝花市西区卫生志编纂委员会编 周兴杜治勇 张惠芳总编 攀枝花 攀枝花市西区卫生志编纂委员会 2011 年 532 页
b51072506 R199.2 P157 2011

仁和区

仁和区志
四川省攀枝花市仁和区志编纂委员会编 侯先缘 万小全主编 成都 四川人民出版社 2001 年 648 页
b50207106 K297.13 P157S 2001

仁和区志 1991–2005
仁和区志编纂委员会编 周兴明主编 哈尔滨 哈尔滨工程大学出版社 2010 年 853 页
b22032678 K297.13 P157R 2010

仁和区文化教育志
仁和区文化教育志编纂委员会编 黄治本主编 钟云雁编辑 成都 四川科学技术出版社 1997 年 388 页〔攀枝花市志丛书〕
b36013675 G527.713 P157R 1997

仁和区少数民族志
中共四川省攀枝花市仁和区委民族工作委员会 四川省攀枝花市仁和区民族事务委员会 仁和区少数民族志编委会编 攀枝花 仁和区少数民族志编委会 1998 年 275 页
b15907533 K280.713 Z645 1998

米易县

米易县志
四川省米易县志编纂委员会编 洪仕德主编 成都 四川辞书出版社 1999 年 773 页
b13740167 K297.14 M397

米易县志 1991–2006
米易县志编纂委员会编 谢朝武主编 北京 方志出版社 2010 年 710 页
b21569447 K297.14 M397A 2010

撒莲镇志
谢朝武主编 米易 米易县撒莲镇人民政府 2004 年 423 页
b16427208 K297.15 S111 2004

米易县第一小学校志
米易县第一小学校志编纂小组编纂 张家康 罗万彬主编 成都 成都新星印务公司 2013 年 185 页
b45453238 G629.287.14 M397 2013

四川省米易县地名录
米易县地名领导小组编 米易 米易县地名领导小组 1982 年 124 页〔四川省地名录丛书〕
b20369323 K927.14 M397 1982

盐边县

盐边县志
盐边县志编纂委员会编 周世开主编 成都 四川科学技术出版社 1999 年 762 页
b13638798 K297.14 Y1791

盐边县志 1993–2005
盐边县志编纂委员会编 刘贵云主编 北京 方志出版社 2010 年 892 页
b21580005 K297.14 Y1791 2010

盐边县公安志
四川省盐边县公安局编 胡世明主编 盐边 四川省盐边县公安局 2005 年 305 页
b50152798 D631 Y179 2005

盐边县人民法院志 1951–2010
盐边县人民法院志编纂委员会编 陈立仁主编 北京 中央民族大学出版社 2013年 308页
b45439060 D926.22 Y179 2013

盐边民族志
叶大槐 毛尔哈纂 渡口 渡口市民族事务委员会 1985年 229页
b50066870 K280.714 Y179C 1985

盐边县少数民族志
四川省盐边县民族事务委员会编 成都 四川民族 1994年 336页
b46377578 K280.714 Y179 1994

四川省盐边县地名录
盐边县地名办公室编印 盐边 盐边县地名办公室 1986年 132页〔四川省地名录丛书〕
b1560360x K927.14 Y1791 1986

泸州市

泸州市志
泸州市地方志编纂委员会编 游瑞林总主编 北京 方志出版社 1998年 1427页
b13544627 K297.13 L787

泸州市志 1991–2005
泸州市地方志编纂委员会编 梁伟华总编 北京 方志出版社 2011年 2卷 1252页
b23216293 K297.13 L787 2011

泸州市人民政府志 1991–2010
泸州市人民政府办公室编 高长万主编 北京 方志出版社 2014年 445页
b45648955 D625.713 L787 2014

泸州市政协志
张婉萍主编 成都 四川大学出版社 1993年 483页
b17581692 D628.713 Z366 1993

泸州市政协志 1991–2011
政协泸州市委员会办公室编 喻双主编 北京 方志出版社 2016年 209页
b47404358 D628.713 Z366Y 2016

泸州市政协志 送审稿 1991–2011
政协泸州市委员会办公室编纂 喻双主编 泸州 政协泸州市委员会办公室 2013年 342页
b44916310 D628.713 Z366Y 2013

泸州市军事志
四川省泸州市军事志编纂委员会编 孙虎贤主编 成都 四川大学出版社 2003年 369页
b22921540 E289.713 L787 2003

泸州市国土志
泸州市国土局编 程志强主编 泸州 泸州市国土局 1996年 278页
b23032091 F129.971.3 L787 1996

泸州市城乡建设志
泸州市建设委员会编 重庆 重庆出版社 1994年 570页
b46562175 F299.29 L787 1994

泸州煤炭工业志 1991–2015
泸州市安全生产监督管理局 泸州市煤炭管理局编 牟远华主编 北京 中国文史出版社 2017年 445页
b49955834 F426.21 L787 2017

泸州市工业经济志 1991–2010
泸州市经济和信息化委员会编 易泽莲主编 泸州 泸州市经济和信息化委员会 2014年 530页
b50248157 F427.713 L787 2014

泸州市商业志
泸州市商业局编 蔚钟武主编 重庆 西南师范大学出版社 1993年 251页
b46012163 F727.713 L787 1993

泸州市财政志
泸州市财政局编 康超金主编 成都 四川科学技术出版社 1994年 275页〔泸州市地方志丛书 10〕
b46562655 F812.9 L787 1994

中国工商银行泸州市分行志
中国工商银行泸州市分行志编纂委员会编 龙银光主编 成都 西南财经大学出版社 2003年 375页
b49534488 F832.33 Z6473L 2003

泸州文艺家志
泸州文艺家志编委会编 李白燕主编 成都 四川美术出版社 2009年 149页
b46377396 G127.713 L787 2009

泸州教育志 1996–2008
泸州市教育局编 袁华滨主编 泸州 泸州市教育局 2010年 372页
b4623987x G527.713 L787 2010

泸州戏曲志
泸州戏曲志编纂委员会编 成都 四川人民出版社 1992年 396页〔四川地方文化丛书〕
b20044343 J809.271.3 L787 1992

四川省泸州市地名录
泸州市地名领导小组编印 泸州 泸州市地名领导小组 1987年 100页〔四川省地名录丛书〕
b13741652 K927.13 L787

泸州市卫生志 1911–2003
泸州市卫生志编纂委员会编 董善浦主编 北京 方志出版社 2005年 466页
b47009287 R199.2 L787 2005

泸州市建筑志
泸州市建设委员会编 余安中主编 重庆 重庆出版社 1994年 198页〔泸州市地方志丛书 8〕
b4712636x TU–092 L787 1994

江阳区

泸州市市中区志
泸州市市中区地方志编纂委员会编 李小端总编辑 成都 四川辞书出版社 1998年 840页
b36245835 K297.13 L787S 1998

泸州市江阳区志 1996–2005
泸州市江阳区志编纂委员会编 刘超总编 北京 中国文史出版社 2012年 656页
b4064988x K297.13 L787J 2012

泸州市市中区国土志
泸州市市中区国土局编 泸州 华光印刷公司 1996年 126页
b22430829 F129.971.3 L787S 1996

泸州市江阳区农村信用合作志 1951–2010
江阳区农村信用合作志编纂委员会编 邹四芳总编 泸州 江阳区农村信用合作志编纂委员会 2011年 363页
b4950616x F832.771.3 L787J 2011

纳溪区

纳溪县志
纳溪县志编纂委员会编 孙东行总编 成都 四川科学技术出版社 1992 年 610 页
b10598042 K297.14 N122

纳溪区志 1986–2005
纳溪区志编纂委员会编 张平元主编 北京 方志出版社 2006 年 563 页
b1738526x K297.13 L787N 2006

四川省纳溪县地名录
纳溪县地名领导小组编 纳溪 纳溪县地名领导小组 1985 年 192 页〔四川省地名录丛书〕
b13741676 K927.14 N122

龙马潭区

泸州市龙马潭区志 1996–2005
泸州市龙马潭区地方志编纂委员会编 李应华 王波 曾平总编 北京 中国文史出版社 2014 年 840 页
b47071163 K297.13 L741 2014

泸 县

泸县志
四川省泸县县志办公室编 郭来虎总编 成都 四川科学技术出版社 1993 年 666 页
b10600358 K297.14 L787

泸县志 1986–2003
四川省泸县地方志编纂委员会编 北京 方志出版社 2006 年 824 页〔泸州市地方志丛书〕
b18148153 K297.14 L787 2006

泸县抗洪救灾志 2007
泸县地方志办公室编 熊起贵主编 泸县 泸县地方志办公室 2008 年 250 页
b50665406 D632.5 L787 2007

四川省泸县地名录
泸县地名领导小组编 泸县 泸县地名领导小组 1985 年 392 页〔四川省地名录丛书〕
b15604123 K927.14 L787 1985

合江县

合江县志
合江县志编纂委员会编 陈一民等编辑 成都 四川科学技术出版社 1993 年 837 页
b13274338 K297.14 H283

合江县志 1986–2005
合江县志编纂委员会编 秦文彦 宋家惠主编 北京 方志出版社 2012 年 856 页
b45444791 K297.14 H283 2012

合川市工商联总商会志
合川市工商联总商会编 合川 合川市工商联总商会 2006 年 171 页
b4960773x D665.9 H283 2006

四川省合江县中学校校志 1910–2009
四川省合江县中学校校志编写组编 何鹏主编 合江 四川省合江县中学校校志编写组 2010 年 385 页
b23190851 G639.287.14 S664

四川省合江县地名录
四川省合江县地名领导小组编印 合江 四川省合江县地名领导小组 1987 年 356 页〔四川省地名录丛书〕
b1374169x K927.14 H283

叙永县

叙永县志
四川省叙永县志编纂委员会编 北京 方志出版社 1998 年 761 页
b13638658 K297.14 X621

叙永县马岭镇志 1950–2012
叙永县马岭镇人民政府编纂 曾德恩主编 北京 中国文史出版社 2014 年 447 页
b46240342 K297.15 M139 2014

叙永县工商行政管理志
叙永县工商行政管理局编纂 李耀华主编 重庆 西南师范大学出版社 1993 年 244 页
b50992338 F203.9 X621 1993

四川省叙永县地名录
叙永县地名领导小组编印 叙永 四川省叙永县地名领导小组 1986 年 402 页〔四川省地名录丛书〕
b15603763 K927.14 X621 1986

古蔺县

古蔺县志
古蔺县志编纂委员会编 薛运怀总编 成都 四川科学技术出版社 1993 年 746 页
b1062823x K297.14 G542

古蔺县志 1986–2002
四川省古蔺县县志编篆委员会编纂 何广斌总编 成都 四川科学技术出版社 2008 年 578 页
b20949005 K297.14 G542C 2008

古蔺县政协志 1950–2016
胡良伟主编 古蔺 中国人民政治协商会议古蔺县委员会 2017 年 646 页
b50861864 D628.714 G542 2017

古蔺县国土志
古蔺县国土局编纂 古蔺 古蔺县国土局 1998 年 送审稿 276 页
b22429621 F129.971.4 G542 1998

四川省古蔺县地名录
古蔺县地名领导小组编 古蔺 古蔺县地名领导小组 1983 年 490 页〔四川省地名录丛书〕
b12158768 K927.1 S663

德阳市

德阳县志
四川省德阳县志编纂委员会编 徐海洋主编 成都 四川人民出版社 1994 年 981 页
b10633923 K297.14 D2919

德阳市志
德阳市地方志编纂委员会编 陈行祝总编 成都 四川人民出版社 2003 年 2 卷 2013 页
b14884197 K297.13 D291 2003

德阳市志 1995–2006
德阳市地方志编纂委员会编 钱书模总编 北京 方志出版社 2012 年 3 卷 1730 页
b45444766 K297.13 D291 2012

汶川特大地震德阳抗震救灾志
德阳市地方志办公室编纂 邓国建主编 北京 中国文史出版社 2011 年 545 页
b23216852 D632.5 D291 2011

中国共产党德阳市委员会政法委员会志 1983–2013
中共德阳市委政法委员会编 陈行祝主编 德阳 中共德阳市委政法委员会 2014 年

336 页
b50016817 D927.713 D291 2014

德阳市军事志
四川省德阳军分区编 张诗乾主编 成都 四川辞书出版社 1999 年 300 页
b1993077x E289.713 Z354 1999

德阳国土志
德阳国土志编纂委员会编 吴智勇主编 哈尔滨 哈尔滨工程大学出版社 2009 年 179 页
b20466663 F129.971.3 D291 2009

德阳工业志
德阳市经济和信息化委员会编纂 蒲正主编 北京 中央民族大学出版社 2012 年 538 页
b36201133 F429.713 D291 2012

德阳财贸志 1983–2007
德阳市人民政府财贸（金融）办公室编 陈定才主编 德阳 德阳市人民政府财贸（金融）办公室 2011 年 361 页〔德阳市行业志丛书〕
b40864509 F812.771.3 D291 2011

德阳县教育志 1905–1985
姚建元主笔 曾新农等编写 德阳 德阳县教育志编纂者 1987 年 油印本 338 页
b27575469 G527.714 D291

四川建筑职业技术学院校志 1956–2016
四川建筑职业技术学院编 德阳 四川建筑职业技术学院 2016 年 3 卷 1250 页
b49518690 G649.287.1 S5643 2016

四川建筑职业技术学院校志 2001–2006
四川建筑职业技术学院 50 周年校庆组委会校志编纂组编 吴泽主编 德阳 四川建筑职业技术学院 50 周年校庆组委会校志编纂组 2006 年 230 页
b47073135 G649.287.1 S6643 2006

四川省德阳县地名录
四川省德阳县地名领导小组编 德阳 四川省德阳县地名领导小组 1985 年 199 页〔四川省地名录丛书〕
b15603398 K927.14 D2918 1985

德阳卫生志 1983–2008
德阳卫生志编纂委员会编 杨兆华主编 成都 天地出版社 2012 年 447 页〔德阳市行业志丛书〕
b4123554x R199.2 D291 2012

旌阳区

德阳市市中区志 1985–1996
德阳市市中区志编纂委员会编 罗友模主编 北京 方志出版社 2009 年 1021 页
b20466572 K297.13 D291S 2009

孝泉跃鲤乡志
德阳市市中区孝泉跃鲤乡志编写组编 李兴顺主编 德阳 德阳市市中区孝泉跃鲤乡志编写组 1985 年 油印本
b36129367 K297.15 L421 1985

德阳市旌阳区军事志 1911–2000
四川省德阳市旌阳区人民武装部编纂 彭阳主编 成都 四川人民出版社 2004 年 242 页
b19930811 E289.713 P336 2004

德阳市市中区交通志 1985–1996
德阳市市中区交通志编纂领导小组编 张树新主编 德阳 德阳市市中区交通志编纂

领导小组 2006 年 327 页
b47072921 F512.771.3 S518 2006

罗江区

罗江县志 1912–2007
罗江县地方志编纂委员会编 白光裕 林永成 陈天航 张胜虎总编 北京 方志出版社 2015 年 991 页
b4693408x K297.14 L922 2015

罗江县人大志 1949–2016
罗江县人大志编纂委员会编 刘华龙主编 北京 方志出版社 2016 年 438 页
b49814904 D624.714 L922 2016

罗江县政协志 1996–2016
罗江县政协志编纂委员会编 白光裕 张胜虎总编 北京 方志出版社 2017 年 465 页
b51080060 D628.714 L922 2017

汶川特大地震罗江抗震救灾志
罗江县地方志编纂委员会编 林永成 陈天航主编 北京 方志出版社 2012 年 503 页
b41234340 D632.5 L588 2012

广汉市

广汉县志
四川省广汉市广汉县志编纂委员会编 叶文志总编 成都 四川人民出版社 1992 年 683 页
b10916118 K297.14 G681

广汉市军事志
四川省广汉市人民武装部编 张仁君 万青主编 成都 西南财经大学出版社 2005 年 265 页
b19930847 E289.714 G681 2005

中国民航飞行学院志 1956–2000
饶盛椿主编 广汉 中国民航飞行学院文印中心 2003 年 645 页
b22921588 G649.287.13 Z648 2003

三星堆图志
四川省地方志编纂委员会编 秦安禄主编 成都 四川人民出版社 2005 年 311 页
b50207118 K878.02 Q447 2005

四川省广汉县地名录
广汉县地名办公室编 广汉 广汉县地名办公室 1986 年 215 页〔四川省地名录丛书〕
b13742383 K927.14 G681

什邡市

什邡县志
什邡县县志编辑委员会编 成都 四川大学出版社 1988 年
b11260841 K297.14 S478

什邡市志 1984–2000
什邡市地方志编纂委员会编 江云武主编 北京 方志出版社 2009 年 746 页
b20815669 K297.13 S478 2009

马井镇志
中国共产党马井镇委员会 马井镇人民政府编 卿立强主编 什邡 中共马井镇委员会 2004 年 310 页
b40864534 K297.15 M138 2004

双盛镇志
双盛镇志编修委员会编 易佑赋主编 什邡 什邡报印务公司 2003 年 466 页
b20577758 K297.15 S5927 2003

蓥华镇志
中共蓥华镇委员会 蓥华镇人民政府编 廖永泉主编 什邡 中共蓥华镇委员会 2003年 370页
b47317231 K297.15 Y565 2003

什邡政协志 七届卷
中国人民政治协商会议四川省什邡市委员会编 什邡 中国人民政治协商会议四川省什邡市委员会 2006年 594页
b50067047 D628.714 S478 2006

汶川特大地震什邡抗震救灾志
什邡市地方志编纂委员会编 李卓主编 北京 方志出版社 2014年 633页
b49677779 D632.5 S478 2014

什邡城乡建设志
四川省什邡县建设委员会编 杨守源主编 什邡 四川省什邡县建设委员会 1992年 203页
b44916607 F299.277.14 S478 1992

四川省什邡县地名录
什邡县地名领导小组编 什邡 什邡县地名领导小组 1981年 139页
b13592622 K927.14 S478

绵竹市

绵竹县志
四川绵竹县志编纂委员会编 张芳凯 李邦宁主编 成都 四川科学技术出版社 1992年 829页
b13274041 K297.14 M434

绵竹县志 1985–1996
绵竹市地方志编纂委员会编 许飞地总编 北京 中国文史出版社 2007年 603页
b20019774 K297.14 M434Z 2007

绵竹县城关镇志
杨方伯主编 绵竹 绵竹县城关镇人民政府 1987年 145页
b22360220 K297.15 C4661 1987

绵竹市政协志 1950–2002
中国人民政治协商会议四川省绵竹市委员会编 王培生主编 绵竹 中国人民政治协商会议四川省绵竹市委员会 2003年 391页
b27574763 D628.713 Z649M 2003

绵竹县城乡建设志
绵竹县城乡建设环境保护局编 绵竹 绵竹县城乡建设环境保护局 1985年 91页
b21569514 F299.277.14 M434 1985

四川省绵竹县地名录
四川省绵竹县地名领导小组编 绵竹 四川省绵竹县地名领导小组 1984年 207页 〔四川省地名录丛书〕
b1560536x K927.14 M434 1984

绵竹县水利电力志
绵竹县水利电力局编 绵竹 绵竹县水利电力局 1987年 173页
b21858123 TV-092 M434 1987

中江县

中江县志
四川省中江县志编纂委员会编 管锡庆总编 成都 四川人民出版社 1994年 789页
b10628186 K297.14 Z644

中江县志 1986–2006
中江县地方志编纂委员会编 李昌文总纂

北京 方志出版社 2012 年 957 页
b40739429 K297.14 Z644 2012

石泉乡志
石泉乡志编纂组编纂 刘玉孚编纂 中江 中共中江县石泉乡党委 2002 年 211 页
b22360116 K297.15 S474 2002

汶川特大地震中江抗震救灾志
中江县地方志编纂委员会编 彭勇主编 成都 四川科学技术出版社 2016 年 328 页
b49625998 D632.5 Z644 2016

中江县军事志 1986–2000
四川省中江县人民武装部编 肖吉元 吴飘主编 成都 四川辞书出版社 2003 年 188 页
b46240512 E289.714 Z644 2003

中江县国土志
中江县国土局编 张由兴主编 中江 中江县国土局 1997 年 261 页
b3848688x F327.714 Z644 1997

中江县文化遗产志
中江县人民政府地方志办公室编 成都 四川师范大学电子出版社 2011 年 807 页
b36245021 G127.714 Z644 2011

中江县文化志
中江县文化志纂修小组 中江县文化局编 中江 中江县文化局 1986 年 油印本 335 页
b36380040 G127.714 Z644Z 1986

四川省中江县地名录
四川省中江县地名领导小组编 中江 四川省中江县地名领导小组 1986 年 365 页〔四川省地名录丛书〕
b15605310 K927.14 Z643 1986

绵阳市

绵阳（县级）市志
绵阳市地方志编纂办公室编 成都 四川辞书出版社 1999 年 748 页
b13849256 K297.14 M434M

绵阳市志 1840–2000
绵阳市志编纂委员会编 成都 四川人民出版社 2007 年 3 卷 2163 页
b19023510 K297.13 M434D 2007

绵阳市共产党志 征求意见稿
绵阳市共产党志编纂委员会编 陈大桂 陈友学主编 平武 平武县彩印厂 2000 年 820 页〔绵阳市志丛书 1〕
b46377402 D235.713 M434D 2000

中共绵阳市志
中共绵阳市志编纂委员会编 陈大桂 陈友学主编 成都 四川人民出版社 2002 年 546 页
b17586719 D235.713 C416 2002

绵阳市妇联志
绵阳市妇女联合会编 阳朝凤主编 绵阳 绵阳市魏城彩印厂 1999 年 354 页〔绵阳市志丛书〕
b21569459 D442.871.3 M434 1999

绵阳市人大志
绵阳市人大常委会编 梁承金主编 成都 四川人民出版社 1998 年 333 页〔绵阳市志丛书〕
b21569484 D624.713 M434C 1998

绵阳市政府志 1940–1995
绵阳市政府志编辑部编 成都 成都毕生实业公司 2000 年 送审稿 602 页〔绵阳市

志丛书〕
b20577321　D624.713　M4349　2000

绵阳市政协志
政协绵阳市委员会编　姚衡主编　成都　四川人民出版社　1998 年　405 页〔绵阳市志丛书〕
b17514551　D628.713　Y295　1998

绵阳市人事志
绵阳市人事志编纂委员会编　胡乐炳主编　绵阳　绵阳市人事志编纂委员会　1997 年　690 页〔绵阳市志丛书〕
b44851935　D630.3　M434　1997

绵阳市公安志
绵阳市公安局编　薛金厚主编　成都　四川辞书出版社　1995 年　401 页〔绵阳市志丛书〕
b22430933　D631　M434　1995

绵阳市检察志
绵阳市人民检察院纂　陈思贤主编　重庆　重庆出版社　1998 年　298 页〔绵阳市志丛书〕
b40935826　D926.32　M434　1998

绵阳高新区志　1992–2011
绵阳高新区志编委会编　龙湘主编　北京　方志出版社　2012 年　385 页
b44850992　F127.713　M434　2012

绵阳市国土志
绵阳市国土局编纂　刘期益主编　成都　四川科学技术出版社　1998 年　538 页〔绵阳市志丛书〕
b20535302　F129.971.3　M434M　1998

绵阳市审计志
绵阳市审计局编　尹崇贵主编　绵阳　绵阳市审计局　1996 年　274 页〔绵阳市志丛书〕
b45569538　F239.227.713　M434　1996

绵阳市乡镇企业志
绵阳市乡镇企业管理局编　李丕延主编　绵阳　绵阳市魏城彩印厂　1996 年　653 页〔绵阳市志丛书〕
b22430957　F279.277.13　L414　1996

绵阳市城乡建设志
绵阳市建委城乡建设志编纂委员会　曾心颙主编　成都　四川科学技术出版社　2001 年　662 页〔中华人民共和国地方志　四川省〕
b46669887　F299.277.13　M434　2001

绵阳市机械农机志
绵阳市机械农机局编　黄建平主编　绵阳　绵阳市机械农机局　1990 年　374 页〔绵阳市志丛书〕
b4545324x　F324.2　M434　1990

绵阳市林业志
四川省绵阳市中区林业局编　黄森木主编　成都　四川省林业厅印刷所　1985 年　175 页〔绵阳市志丛书〕
b45840374　F326.277.13　M434　1985

绵阳市第一纺织厂志　1966.10–1985.12
绵阳市第一纺织厂厂志编写组编　苏培福主编　绵阳　绵阳市第一纺织厂厂志编写组　1986 年　212 页〔三台县地方志丛书〕
b46273918　F426.81　M434　1986

绵阳市电力工业志
绵阳市电业局编　江油发电厂编　绵阳市水电局编　成都　四川科学技术出版社　2002 年　665 页〔绵阳市志丛书　18〕
b49851445　F426.61　M434　2002

绵阳市冶金工业志
绵阳市重工业局编 任佐才主编 绵阳 绵阳市魏城彩印厂 2001 年 492 页〔绵阳市志丛书〕
b21569502 F426.3 R196 2001

绵阳交通稽征志
四川省绵阳市交通稽查征费处编 绵阳 绵阳市游仙区吉兴彩印厂 2004 年 219 页
b45479835 F512.771.3 M434C 2004

绵阳市交通志
绵阳市交通局编 龚道刚主编 成都 四川辞书出版社 1997 年 486 页〔绵阳市志丛书〕
b22430945 F512.771.3 M434 1997

绵阳航务志
绵阳市交通局航务管理处 四川省绵阳市地方海事局编 贾宗强主编 绵阳 绵阳市交通局航务管理处 2008 年 308 页
b49506183 F552.771.3 M434 2008

绵阳市旅游志
绵阳市旅游局编 绵阳 绵阳市旅游局 2001 年 402 页〔绵阳市志丛书〕
b21569472 F592.771.3 M434 2001

绵阳市物价志
何全安主编 绵阳 绵阳市物价局 1997 年 764 页〔绵阳市志丛书〕
b36129045 F726 M434 1997

绵阳市对外经济贸易志
绵阳市对外经济贸易委员会编 袁宏主编 绵阳 绵阳市对外经济贸易委员会 1991 年 415 页〔绵阳市志丛书 31〕
b49706524 F752.871.3 M434 1991

绵阳市财政志 1911–1985
绵阳市市中区财政局编 杨明毅主编 绵阳 绵阳市东方彩印厂 1986 年 397 页〔绵阳(县级)市志丛书〕
b44916334 F812.771.3 M434M 1986

绵阳市税务志
绵阳市税务局编 何多兴主编 绵阳 绵阳市税务局 1995 年 382 页〔绵阳市志丛书〕
b22082669 F812.771.3 M434 1995

绵阳市文化艺术志
绵阳市文化局编纂 陈永乐主编 成都 四川科学技术出版社 2000 年 495 页〔绵阳市志丛书〕
b18080273 G127.713 C436 2000

绵阳市档案志
绵阳市档案局编 曾德安 龙方谷主编 绵阳 绵阳市档案局 1994 年 289 页〔绵阳市志丛书〕
b5015221x G279.277.13 M434 1994

绵阳市科学技术志
绵阳市科学技术志编纂委员会编 成都 四川人民出版社 1997 年 350 页
b40740213 G322.771.3 M434 1997

绵阳市教育志
绵阳市教育委员会编 绵阳 四川绵阳新华印刷厂 1992 年 486 页〔绵阳市志丛书〕
b20015963 G527.713 M434 1992

四川省绵阳师范学校简志 1940–2000
刘良慧主编 绵阳 四川省绵阳师范学校 2000 年 388 页
b22431901 G659.287.13 M434 2000

绵阳市商业学校志 1979–1993
绵阳市商业学校志编委会编 欧斯科主编 绵阳 绵阳市商业学校志编委会 1994年 231页
b20102884 G719.287.13 M434 1994

绵阳卫生学校志 1958–1990
绵阳卫生学校校志编纂委员会编 绵阳 绵阳卫生学校校志编纂委员会 1992年 193页
b20102896 G719.287.13 M4348 1992

四川省绵阳财贸学校校志 1956–1996
四川省绵阳财贸学校校志编写委员会编 绵阳 四川省绵阳财贸学校校志编写委员会 1996年 101页
b20103852 G719.287.1 S6646 1996

绵阳市戏曲志
绵阳市文化局绵阳市戏曲志编辑部编写 陈明星主编 平武 四川平武县印刷厂 1987年 173页
b20139755 J809.271.3 M434 1987

绵阳市曲艺志
绵阳市曲艺志编辑委员会编 黄道德主编 绵阳 绵阳市文化局 1991年 208页
b4627392x J826 M434 1991

绵阳市民族宗教志
四川省绵阳市民族宗教事务委员会编纂 达鹏轩主编 成都 四川人民出版社 1998年 591页〔绵阳市志丛书〕
b16375506 K280.713 M434 1998

绵阳文物志
绵阳市文管所编 绵阳 绵阳市文管所 1985年 油印本 150页
b36379645 K872.713 M434 1985

绵阳市建置沿革志
绵阳市地方志编纂委员会办公室编 绵阳 绵阳市地方志编纂委员会办公室 1989年 73页〔绵阳市志丛书〕
b21569460 K927.13 M434J 1989

四川省绵阳市地名录
四川省绵阳市地名领导小组编印 绵阳 四川省绵阳县地名领导小组 1986年 268页〔四川省地名录丛书〕
b15603611 K927.14 M434 1986

绵阳市自然地理志
绵阳市自然地理志编辑部编 李再纯主编 成都 四川辞书出版社 1997年 655页〔绵阳市志丛书〕
b1591334x P942.713 M434 1997

绵阳市卫生志
绵阳市市中区卫生局编 马安智主编 绵阳 绵阳市市中区卫生局 1987年 318页〔绵阳(县级)市志丛书〕
b21569496 R–092 M434 1987

绵阳市水利电力志
绵阳市水利电力局编 袁义生主编 绵阳 绵阳市水利电力局 2001年 480页〔绵阳市志丛书〕
b44916346 TV–092 M4349M 2001

四川省绵阳市水利电力志 632–1985
绵阳市农机水电局编 绵阳 绵阳市农机水电局 1988年 299页〔绵阳市(县)志丛书〕
b21857441 TV–092 M4349 1988

涪城区

涪城区志 1986–2002
绵阳市涪城区人民政府编 成都 四川科学

技术出版社 2007年 526页
b19023509 K297.13 M434F 2007

绵阳市涪城区人民代表大会志 1993–2003
绵阳市涪城区人民代表大会志编纂委员会编 朱定国主编 绵阳 绵阳市涪城区人民代表大会志编纂委员会 2005年 468页
b20139743 D624.713 M434F 2005

绵阳市市中区人民代表大会志
绵阳市市中区人民代表大会志编纂领导小组编 绵阳 绵阳市市中区人民代表大会志编纂领导小组 1999年 678页
b19932054 D624.713 M434 1999

绵阳市涪城区人民政协志
政协绵阳市涪城区委员会编 刁承璋主编 绵阳 政协绵阳市涪城区委员会 2001年 432页
b45840957 D628.713 M434F 2001

汶川特大地震涪城抗震救灾志
汶川特大地震涪城抗震救灾志编纂委员会编 王synonym主编 北京 方志出版社 2013年 516页
b44851029 D632.5 W234 2013

涪城区农村合作金融志 1936–2005
绵阳市涪城区农村合作信用社编 绵阳 绵阳市涪城区农村合作信用社 2006年 385页
b49803013 F832.35 M434P 2006

游仙区

玉河镇志
魏洪奇 王之明编辑 绵阳 绵阳市魏城彩印厂 2005年 210页
b36128508 K297.15 Y7743 2005

游仙民政志 1993–2002
王荣忠主编 绵阳 绵阳市游仙区民政局 2002年 303页
b49608204 D632 M434Y 2002

游仙交通志
绵阳市游仙区交通局编 贾宗强主编 绵阳 绵阳市游仙区交通局 2001年 454页
b47297128 F512.771.3 M434Y 2001

安州区

安县志
四川省安县志编纂委员会编 向大力总编 成都 巴蜀书社 1991年 793页
b10726378 K297.14 A164

安县志 1986–2002
安县志续修编纂委员会编 陈兴荣主编 成都 四川科学技术出版社 2009年 445页
b44852216 K297.14 A164 2009

花荄镇志
四川省安县花荄镇志编纂办公室编 谢英光主编 安县 四川省安县花荄镇志编纂办公室 1987年 油印本 216页
b36128958 K297.15 H532 1987

桑枣镇志
杨富才主编 安县 安县印刷厂 1986年 油印本 282页
b2235945x K297.15 S1579 1986

汶川特大地震安县抗震救灾志
汶川特大地震安县抗震救灾志编纂委员会编 张清儒 张加军 何超主编 北京 方志出版社 2015年 654页
b50247487 D632.5 A164 2015

绵阳市安县国土志
安县国土局编纂 张勋清 刘明玉 向大力主编 成都 四川省印刷制版中心 1998年 256页
b20535296 F129.971.4 A163 1998

安县农业志
安县农业局编 何廷云主编 安县 安县农业局 1988年 309页
b49705404 F327.714 A164 1988

四川省安县地名录
安县地名领导小组编印 安县 四川省安县地名领导小组 1982年 202页〔四川省地名录丛书〕
b15605334 K927.14 A164 1982

安县水利电力志
四川省安县水电农机局编印 黎元琳主编 安县 四川省安县水电农机局 1987年 229页〔中华人民共和国四川省安县地方志丛书〕
b21855377 TV-092 A1642 1987

江油市

江油县志
江油市地方志编纂委员会编 仇义富总编辑 成都 四川人民出版社 2000年 1354页
b13015321 K297.14 J326

江油市志 1988–2005
江油市志编纂委员会编 晏可情 张正银主编 北京 方志出版社 2015年 933页
b47358427 K297.14 J326C 2015

重华镇志
江油市重华镇人民政府编 成都 四川师范大学电子出版社 2015年 231页
b50247943 K297.15 C537 2015

汶川特大地震江油抗震救灾志
汶川特大地震江油抗震救灾志编纂委员会编 张正银主编 北京 方志出版社 2015年 562页
b50206916 D632.5 J326 2015

中国武警志 交通第三支队志
武警交通第三支队志编审委员会编纂 李跃珍主编 江油 中国人民武装警察部队交通第三支队志编审委员会 2004年 193页
b49471910 E277.09 Z649E 2004

江油市国土志 1840–1995
江油市国土局编 刘德才主编 江油 江油市文印厂 1996年 281页
b22430404 F129.971.4 J326 1996

长城钢厂四分厂厂志 1965–1985
冶金工业部长城钢厂四分厂厂志办公室编 杨青年主编 江油 冶金工业部长城钢厂四分厂厂志办公室 1988年 643页
b44917077 F426.31 Y356 1988

江油市文化志
江油市文化志编辑委员会编 江油 江油市文化体育局 1995年 316页〔四川省江油地方志丛书〕
b18120908 G127.714 J326 1995

江油市教育志 征求意见稿 1903–1988
江油市教育委员会编 江油 江油市教育委员会 1989年 油印本
b27575846 G527.713 J326

四川石油管理局川西北矿区志
四川石油管理局川西北矿区志编辑室编 迟庆华主编 成都 巴蜀书社 1998年 497页

b44851455 K297.1 C489 1998

四川省江油县地名录
江油县地名领导小组编印 江油 四川省江油县地名领导小组 1988年 384页〔四川省地名录丛书〕
b15605358 K927.14 J326 1988

窦圌山志
肖定沛编著 成都 四川人民出版社 1991年 185页
b46012047 K928.3 X364 1991

三台县

三台县志
四川省三台县志编纂委员会编 成都 四川人民出版社 1992年 939页
b1072753x K297.14 S145

三台县志 1988–2005
三台县志编纂委员会编 古良禄 梁宗甫 陈晓华总编 北京 方志出版社 2012年 775页
b40658673 K297.14 S145 2012

立新乡志
三台县立新乡志编写组编 三台 三台县立新乡志编写组 1984年 82页〔三台县地方志丛书〕
b22359837 K297.15 L449 1984

中太乡志
中太乡志编写组汇编 贾策主笔 三台 中太乡志编写组 1986年 241页〔三台县地方志丛书〕
b22360128 K297.15 Z645 1986

三台县总工会志
三台县总工会志编写小组编 叶明新主编 三台 国营三台县印刷厂 1988年 151页〔三台县地方志丛书〕
b20807260 D412.871.4 S145 1988

三台县政协志 1950–1990
中国人民政治协商会议四川省三台县委员会编 谢一礼主编 三台 三台县印刷二厂 1992年 213页〔三台县地方志丛书〕
b20807181 D628.714 S145 1992

汶川特大地震三台抗震救灾志
三台县人民政府编纂 北京 中国文史出版社 2016年 372页
b49991085 D632.5 S145 2016

三台县法院志
三台县法院志编纂领导小组编 胡昌永 尹焕文主编 绵阳 绵阳市教科印业公司 1999年 355页
b20806334 D926.22 S145 1999

三台县审计志 1984–1996
三台县审计志编纂委员会编 范仕松主编 三台 三台县审计志编纂委员会 1998年 327页
b49533782 F239.227.714 S145 1998

三台县电力公司志 1986–1993
三台县电力公司志编写组编 蒋成柱主编 成都 四川人民出版社 1995年 223页
b50778663 F426.61 S145 1995

四川永安水利电力股份有限公司志 1994–2000
四川永安水利电力股份有限公司志编写组编 袁玲主编 三台 四川永安水利电力股份有限公司志编写组 2002年 339页
b51012029 F426.9 S6649 2002

三台县教育志
三台县教育局编志小组编 三台 四川省三台县教学服务公司印刷厂 1991 年 400 页
b20016463 G527.714 S145 1991

三台师范校志 1945–1988
四川省三台师范学校编 三台 三台县印刷厂 1990 年 153 页
b2080684x G659.287.14 S145 1990

四川省三台县地名录
四川省三台县地名领导小组编 三台 四川省三台县地名领导小组 1986 年 436 页〔四川省地名录丛书〕
b15603635 K927.14 S145 1986

三台县中医院志 1952–2002
三台县中医院志编纂组编 钟德虹主编 三台 三台县中医院志编纂组 2002 年 172 页
b5077783x R197.4 S145 2002

三台县水利电力志
三台县水利电力志编纂领导小组编纂 邹学源主编 成都 四川人民出版社 1997 年 386 页
b36247832 TV–092 S1458 1997

盐亭县

盐亭县志
四川省盐亭县志编纂委员会编 何增鸾主编 成都 四川文艺出版社 1991 年 796 页
b10760830 K297.14 Y179

四川省盐亭县富驿地方志
四川省盐亭县富驿地方志编辑委员会编纂 刘泰焰编写 盐亭 四川省盐亭县富驿地方志编辑委员会 2010 年 869 页
b49678425 K297.15 F497 2010

盐亭县农业志
赵志善主笔 盐亭 盐亭县农业志编写者 1985 年 310 页〔盐亭县地方志丛书 1〕
b49803852 F329.714 Y179 1985

四川省盐亭县交通志
盐亭县交通志编纂领导小组编 盐亭 盐亭县交通志编纂领导小组 1985 年 210 页〔盐亭县地方志丛书（甲）〕
b11691992 F512.771 Y179

盐亭县财政志 1950–1985
盐亭县财政局编 何敦五主编 盐亭 盐亭县财政局 1989 年 381 页
b4741621x F812.771.4 Y179 1989

四川省盐亭县地名录
四川省盐亭县地名领导小组编 盐亭 四川省盐亭县地名领导小组 1986 年 335 页〔四川省地名录丛书〕
b15603866 K927.14 Y1798 1986

四川省盐亭县水利电力志 1935–1985
盐亭县水利电力局编 盐亭 盐亭县水利电力局 1987 年 268 页
b21857957 TV–092 Y179 1987

梓潼县

梓潼县志
梓潼县志编纂委员会编 北京 方志出版社 1999 年 1288 页
b1354519x K297.14 Z844

梓潼县志 1994–2005
梓潼县县志编纂委员会编 胥树发主编 北京 中国文史出版社 2011 年 712 页

b40864029　K297.14　Z844　2011

汶川特大地震梓潼抗震救灾志
汶川特大地震梓潼抗震救灾志编纂委员会编　胥树发主编　北京　方志出版社 2013年 427页
b4479499x　D632.5　X553　2013

梓潼县农业志　1949–2005
梓潼县农业局编　蒋武主编　梓潼　梓潼县农业局 2008年 386页〔四川省梓潼县地方志丛书〕
b49804339　F329.714　Z844　2008

梓潼县财政志　1994–2005
绵阳市梓潼县财政局编　李永海主编　绵阳　绵阳市梓潼县财政局 2008年 188页〔四川省梓潼县地方志丛书〕
b5066542x　F812.771.4　Z844　2008

四川省梓潼县地名录
梓潼县地名领导小组编印　梓潼　梓潼县地名领导小组 1986年 238页〔四川省地名录丛书〕
b13741457　K927.14　Z844

梓潼县水利电力志
梓潼县水利电力局编　梓潼　梓潼县水利电力局 1994年 230页〔四川省梓潼县地方志丛书〕
b21857568　TV-092　Z844　1994

平武县

平武县志
平武县县志编纂委员会编　薛凡主编　成都　四川科学技术出版社 1997年 1028页
b13058198　K297.14　P613

汶川特大地震平武抗震救灾志　2008.5–2011.9
汶川特大地震平武抗震救灾志编纂委员会编　何代华主编　成都　电子科技大学出版社 2016年 781页
b49626012　D632.5　P613　2016

绵阳市平武伐木厂志
绵阳市平武伐木厂编　范茂林主编　绵阳　四川省绵阳市新华印刷厂 1992年 363页
b44916322　F426.88　M434　1992

平武县教育志　586–1990
平武县文教局编　绵阳　绵阳教育印刷厂 1992年 369页〔平武县志丛书之四〕
b20016244　G527.714　P613　1992

四川省平武县地名录
四川省平武县地名领导小组编　平武　四川省平武县地名领导小组 1982年 295页〔四川省地名录丛书〕
b15603830　K927.14　P613　1982

北川羌族自治县

北川县志
北川县志编纂委员会编　北京　方志出版社 1996年 808页
b12744402　K297.14　B3161

北川羌族自治县志　1988–2007
北川羌族自治县志编纂委员会编　景莲彩主编　北京　方志出版社 2017年 637页
b50777324　K297.14　v5

汶川特大地震北川抗震救灾志
北川羌族自治县人民政府编纂　黄宪礼主编　北京　方志出版社 2016年 1023页
b49578388　D632.5　B316　2016

北川县国土志
北川县国土局编 彭胜宽主编 北川 北川县国土局 1998年 268页
b16427270 F327.714 B316 1998

北川县教育志 清末-1988
四川省北川县教育志编写领导小组编 成都 成都地图出版社印刷厂 1991年 466页
b16355258 G527.714 B316 1991

陈家坝中学校志 1958-1994
陈家坝中学校志编委会编 王培芳主编 北川 北川剧团印刷厂 1995年 173页
b40743214 G639.287.14 C422 1995

四川省北川县地名录
北川县地名领导小组编印 北川 四川省北川县地名领导小组 1986年 236页〔四川省地名录丛书〕
b15605863 K927.14 B316 1986

广元市

广元县志
广元市地方志编纂委员会编 梁永元总编 成都 四川辞书出版社 1994年 982页
b13150480 K297.14 G6819

广元市志 1985-2004
广元市地方志编纂委员会编 王少卿主编 北京 方志出版社 2016年 2卷 1344页
b49578212 K297.13 G681 2016

广元市机关党建志
广元市机关党建志编纂领导小组编纂 张廷爵编纂 广元 广元市机关党建志编纂领导小组 2008年 317页
b51080023 D267.5 G681 2008

广元市人大代表志 1984-2000
广元市人民代表大会常务委员会办公厅编纂 西安 陕西地质印刷厂 2001年 782页
b46273785 D624.713 G6819 2001

广元市军事志
广元市军事志编纂委员会编 饶文建主编 广元 广元市邮电印刷厂 2002年 277页
b36092940 E289.713 G681 2002

广元市国土志
四川省广元市国土局编 马洪碧主编 广元 四川省广元市国土局 1998年 358页
b18120878 F129.971.3 G681 1998

广元市城市建设志 1985-2010
广元市城乡规划建设和住房保障局编 宋明强总编 广元 广元市城市规划建设和住房保障局 2012年 667页
b50151873 F299.277.13 G681 2012

广元市林业志
广元市林业局编 彭树民 任锡平执笔编委 北京 中央民族大学出版社 2012年 392页
b40724414 F326.277.13 G681 2012

广元市农业志 1985-2009
广元市农业局编 石建国主编 北京 中央民族大学出版社 2013年 436页
b45394702 F327.713 G681 2013

广元市地税志
广元市地税志编纂委员会编 贾志勇主编 广元 四川省广元市地方税务局 2005年 395页〔广元地方志丛书〕
b49981997 F812.771.342 G681C 2005

广元市国税志 1995–2005
广元市国家税务局编 安光友主编 广元 广元市国家税务局 2008 年 267 页〔广元市地方志丛书〕
b49625664 F812.771.342 G681 2008

广元市文化志
广元市文化局 广元市新闻出版版权局编 张显学主编 广元 广元市文化局 2005 年 2 卷 633 页
b21277680 G127.713 G681 2005

广元市教育志
广元市教育志编纂委员会编 西安 西安地图出版社 2005 年 934 页
b17151831 G527.713 G681 2005

朝天中学校志 1956–2016
刘正发主编 广元 四川省广元市朝天中学 2016 年 211 页
b50992284 G639.287.13 C373 2016

广元市防震减灾志 1976–2009
广元市防震减灾局编 夏思模 卢元国 赵永主编 广元 广元市防震减灾局 2009 年 329 页
b50777555 P315.9 G681 2009

广元市卫生志
广元市卫生志编纂委员会编 戚开和主编 广元 广元市卫生志编纂委员会 2006 年 362 页
b50727382 R199.2 G6819 2006

昭化区

广元市元坝区志 1949–2007
广元市元坝区志编纂委员会编 赵思彦 赵俊贤执行主编 北京 方志出版社 2015 年 950 页
b47125986 K297.13 G681Y 2015

广元市元坝区政协志 1993–2003
中国人民政治协商会议广元市元坝区委员会编 刘兴泉主编 广元 中国人民政治协商会议广元市元坝区委员会 2004 年 208 页
b50151897 D628.713 G6819 2004

广元市元坝区纪检监察志 1987.1–2007.12
中共广元市元坝区纪律检查委员会 广元市元坝区监察局编 广元 中共广元市元坝区纪律检查委员会 2009 年 244 页〔广元市元坝区地方志丛书〕
b41234844 D630.9 G681Y 2009

柏林沟文化志
舒天元编撰 广元 柏林沟文化资料编纂委员会 2013 年 364 页
b49607431 G127.715 B165 2013

朝天区

朝天区志 1986–2005
广元市朝天区地方志编纂委员会编 龚治名主编 北京 方志出版社 2007 年 749 页
b17994032 K297.13 G681C 2007

朝天区政协志
中国人民政治协商会议广元市朝天区委员会编 赵联明主编 广元 中国人民政治协商会议广元市朝天区委员会 2013 年 556 页
b50151885 D628.714 G681 2013

汶川特大地震·朝天抗震救灾志 2008.05–2011.12
朝天区地方志编纂委员会编 张必莉主编

北京 现代出版社 2017年 359页
b51343034 D632.5 G6819C 2017

旺苍县

旺苍县志
四川省旺苍县志编纂委员会编 邱有常总编 成都 四川人民出版社 1996年 746页〔中华人民共和国地方志丛书〕
b13086443 K297.14 W262

旺苍县志 1986–2005
旺苍县地方志编纂委员会编 李林泉总编 北京 中国民族摄影艺术出版社 2008年 813页
b22432322 K297.14 W262 2008

旺苍县英萃镇志 1911–2008
旺苍县英萃镇志编纂委员会编 史怀万主编 旺苍 旺苍县英萃镇志编纂委员会 2012年 441页
b49608083 K297.15 Y545 2012

汶川特大地震旺苍抗震救灾志
旺苍县人民政府主办 旺苍县地方志编纂委员会编 成都 四川科学技术出版社 2009年 465页
b49677834 D632.5 W262 2009

四川省川北监狱志 1952–1998
四川省川北监狱志编委会编 何元闽主编 旺苍 四川省川北监狱志编委会 2001年 348页
b46012072 D927.714.67 S664 2001

旺苍县农业志 1911–1990
旺苍县农业局农业志编写组编 莫克明编写 旺苍 旺苍县农业局农业志编写组 1993年 447页〔四川省旺苍县地方志丛书〕
b49608071 F327.714 W262 1993

旺苍县金融志 1911–1985
旺苍县金融志编纂领导小组编 李秀玖主编 旺苍 旺苍县金融志编纂领导小组 1990年 363页
b46443502 F832.771.4 W262 1990

旺苍教育志 1876–1985
四川省旺苍县教育局旺苍教育志编写组编 薛羽伯主编 旺苍 四川省旺苍县文教局 1992年 335页
b50152592 G527.714 W262 1992

旺苍教育志 1986–2005
旺苍县教育局编纂 张国昌主编 旺苍 四川省旺苍县教育局 2008年 365页
b50152580 G527.714 W262 2008

四川省旺苍县地名录
四川省旺苍县地名领导小组编 旺苍 四川省旺苍县地名领导小组 1988年 301页〔四川省地名录丛书〕
b15603854 K927.14 W262 1988

青川县

青川县志
青川县志编纂委员会编 文治章总编辑 成都 成都科技大学出版社 1992年 1049页
b10622214 K297.14 Q464

青川县志 1986–2006
青川县地方志编纂委员会办公室编 何文照主编 北京 光明日报出版社 2016年 874页
b50065506 K297.14 Q464C 2016

青川县志 人口与计划生育志 1983–2002
青川县计划生育局主编 王德君主编 青

川 青川县计划生育局 2004年 215页〔青川县地方志丛书 1〕
b46668561 K297.14 Q464R 2004

青川县志 青川县人民政府办公室志 1986-2002
青川县人民政府办公室 青川县地方志编纂委员会办公室编审 王生跃主编 成都 成都无双印务公司 2005年 272页〔青川县地方志丛书〕
b44916450 K297.14 Q464Q 2005

青川县志 县关心下一代工作委员会志 1992-2005
青川县关心下一代工作委员会办公室编 文治章主编 青川 青川县关心下一代工作委员会 2006年 183页〔青川县地方志丛书 46〕
b49705386 K297.14 Q464X 2006

青川县人口民族志
四川省青川县县志编纂委员会编 青川 青川县印刷厂 1989年 54页
b16426095 C924.257.14 Q464 1989

青川县人大志
四川省青川县志编纂委员会编 李实总编 青川 青川县志编纂委员会 1987年 94页
b20140125 D624.714 Q464 1987

青川县法院志 1942-1985
青川县人民法院法院志编写组编 文治章总编 青川 青川县人民法院法院志编写组 1988年 135页
b20806322 D926.22 Q4641 1988

青川县交通志
青川县交通局主编 青川 青川县印刷厂 1989年 158页
b20806826 F512.771.4 Q464 1989

青川县教育志 230-1985
青川县教育志编写组编 文治章总编 青川 青川县教育志编写组 1992年 257页
b20016359 G527.714 W388 1992

四川省青川中学校校志 1943-2003
四川省青川中学校编 杨文富主编 成都 成都无双印务有限公司 2005年 228页〔青川县地方志丛书〕
b20103839 G639.287.14 Q464 2005

青川县人物志
四川省青川县县志编纂委员会编 李实总编 青川 青川县印刷厂 1987年 126页
b20535521 K820.871.4 Q464 1987

青川县建置沿革志
李实总编 青川 青川县建置沿革志编纂者 1987年 58页
b16426101 K927.14 Q464C 1987

四川省青川县地名录
四川省青川县地名领导小组编印 青川 四川省青川县地名领导小组 1989年 312页〔四川省地名录丛书〕
b15605322 K927.14 Q464 1989

四川唐家河国家级自然保护区志 前201-2010
四川省唐家河国家级自然保护区管理处 四川省广元唐家河风景区管理局编 彭仕扬主编 成都 四川科学技术出版社 2012年 462页
b44915688 S759.992.714 S6648 2012

青川县水利志 初稿 自然灾害篇 水利化区划篇
青川县水电农机局编 青川 青川县水电农机局 1986年 油印本 53页
b21857647 TV-092 Q4641 1986

剑阁县

剑阁县志
四川省剑阁县志编纂委员会编 崔键主编 成都 巴蜀书社 1991 年 1022 页
b1064488x K297.14 J296

剑阁县人口和计划生育志
剑阁县人口和计划生育局编 李必用主编 剑阁 剑阁县人口和计划生育局 2007 年 318 页
b50066262 C924.257.14 J296 2007

剑阁县人大志
剑阁县人民代表大会常务委员会编 梁义兮主编 剑阁 剑阁县人民代表大会常务委员会 1990 年 218 页
b46442947 D624.714 J296 1990

剑阁县商业志
剑阁县商业局编 赵树奎主编 剑阁 剑阁县商业志编纂领导小组 1988 年 430 页
b47073007 F727.714 J296 1988

剑阁县教育志
剑阁县教育委员会编纂 杨清新主编 剑阁 剑阁县印制公司 1997 年 709 页
b20403458 G527.714 J296 1997

剑阁县教育志 2000–2007
剑阁县教育志编纂委员会编 杜中贵主编 成都 四川人民出版社 2010 年 682 页
b21568509 G527.714 J296 2010

剑阁县文物志
剑阁县文物保护管理所编 剑阁 剑阁县文物保护管理所 1985 年 183 页
b20043387 K872.714 J296 1985

四川省剑阁县地名录
剑阁县地名领导小组编印 剑阁 四川省剑阁县地名领导小组 1986 年 490 页〔四川省地名录丛书〕
b15605887 K927.14 J296 1986

苍溪县

苍溪县志
四川省苍溪县志编纂委员会编 阎书恺总编 成都 四川人民出版社 1993 年 1022 页
b10760428 K297.14 C177

苍溪县志 纪检监察志
中共苍溪县纪律检查委员会 苍溪县监察局编 宋全德主编 苍溪 中共苍溪县纪律检查委员会 2002 年 370 页〔苍溪县地方志丛书〕
b50347111 K297.14 C1774 2002

中共苍溪县委党校校志 1951–2008
中共苍溪县委党校编 仲举主编 苍溪 中共苍溪县委党校 2014 年 253 页
b47073330 D261.41 Z64318 2014

苍溪县民政志
四川省苍溪县民政局编 李元泽主编 苍溪 四川省苍溪县民政局 1989 年 164 页〔苍溪县地方志丛书〕
b45840003 D632 C177 1989

苍溪县军事志 1875–2005
苍溪县军事志编纂委员会编纂 王俊韬 赵永华主编 苍溪 苍溪县军事志编纂委员会 2007 年 347 页
b5066492x E289.714 C177 2007

苍溪县审计志
苍溪县审计局编 葛建平主编 苍溪 苍溪

县审计局 2011 年 256 页
b46564767 F239.227.714 C177 2011

苍溪县农业志
苍溪县农业局编 聂成主编 苍溪 苍溪县农业局 1989 年 307 页
b49640458 F327.714 C177 1989

四川省苍溪县地名录
苍溪县地名领导小组编印 苍溪 苍溪县地名领导小组 1982 年 391 页〔四川省地名录丛书〕
b15604366 K927.14 C177 1982

遂宁市

遂宁市志
遂宁市地方志编纂委员会编 北京 方志出版社 2006 年 2 卷 2200 页
b17178551 K297.13 S756 2006

遂宁县志
四川省遂宁市地方志编纂委员会编 李剑华总编 成都 巴蜀书社 1993 年 989 页
b10616895 K297.14 S756

城关镇志
遂宁县城关镇志编纂办公室编 遂宁 国营遂宁市印刷厂 1985 年 329 页〔遂宁县地方志丛书〕
b22359874 K297.15 C466 1985

遂宁纪检监察志 1950–2013
遂宁纪检监察志编纂组编 郑志华 熊东阳主编 成都 四川人民出版社 2015 年 2 卷 898 页
b50065737 D262.6 S756 2015

遂宁市工会志 1985–2005
四川省遂宁市总工会编 何春林主编 遂宁 四川省遂宁市总工会 2014 年 272 页
b50066675 D412.871.3 S756 2014

遂宁县总工会志 1922–1985
遂宁县总工会志编纂领导小组编 遂宁 遂宁县总工会志编纂领导小组 1988 年 228 页〔遂宁县地方志丛书〕
b22432012 D412.871.4 S756 1988

遂宁公安志 1900–2000
四川省遂宁市公安局遂宁公安志编纂委员会编 张光凤主编 遂宁 遂宁市船山彩印厂 2002 年 570 页
b45840611 D677.13 S756 2002

遂宁市中级人民法院院志 1985–2005
遂宁市中级人民法院编 兰新华总编 遂宁 遂宁市中级人民法院 2015 年 1163 页
b50319838 D926.22 S756 2015

遂宁市军事志 1840–2005
遂宁市军事志编纂委员会编 杨兴树主编 成都 成都蓉军广告印务公司 2010 年 615 页
b22032666 E289.713 S756 2010

遂宁市建设志
遂宁市规划和建设局编 唐天志主编 遂宁 遂宁市规划和建设局 2006 年 565 页
b4741585x F299.277.13 S756 2006

遂宁市国土志
吴绍安主编 遂宁 遂宁国土局 1997 年 374 页
b22431974 F327.713 S756 1997

四川飞虹轴瓦股份有限公司志 1966–1996
四川飞虹轴瓦股份有限公司志编辑委员会编 蒋德明主编 遂宁 四川飞虹轴瓦股份有

限公司 1998 年 282 页〔遂宁地方志丛书〕
b51012005 F426.4 S664 1998

四川石油工业川中矿区志 1956–1985
四川石油工业川中矿区志编辑室编 曾国臣 杨煦主编 成都 四川石油工业川中矿区志编辑室 1989 年 480 页
b47073159 F426.22 Z238 1989

四川石油管理局川中矿区志
四川石油管理局川中矿区志编辑室编 向世才主编 成都 巴蜀书社 2000 年 697 页
b4955010x F426.22 S6641 2000

遂宁纺织工业志 1840–2005
遂宁市纺织协会编纂 侯新民主编 遂宁 遂宁市金戈印刷厂 2006 年 462 页
b4584060x F426.81 S756 2006

遂宁市交通志
遂宁市交通局编 冉凯主编 遂宁 遂宁市交通局 1997 年 343 页
b22431986 F512.771.3 S756 1997

遂宁县交通志
遂宁县交通局志编辑组编 杨泉章主编 遂宁 遂宁县交通局 1985 年 250 页〔遂宁县地方志丛书〕
b20016839 F512.771.4 Y244 1985

遂宁市邮电志
遂宁市邮电志编辑室编 李兴长主编 射洪 射洪县印刷厂 1996 年 384 页
b22431998 F632.771.3 S756 1996

遂宁市粮油志 1996–2005
遂宁市粮食局编 蒋兴国主编 遂宁 遂宁市粮食局 2011 年 275 页〔遂宁市地方志丛书 38〕
b47415861 F724.721 S756 2011

遂宁县粮油志
四川省遂宁市粮食局编 遂宁 四川省遂宁市粮食局 1987 年 280 页〔遂宁县地方志丛书〕
b22432000 F727.713 S756 1987

遂宁地方税务志 1908–2002
四川省遂宁市地税局遂宁地方税务志编纂委员会编 遂宁 遂宁市培江印务公司 2004 年 393 页
b44916620 F812.771.3 S756 2004

遂宁市金融志
遂宁市金融志编纂办公室编纂 李茂君主编 成都 四川人民出版社 2003 年 342 页
b4491569x F832.771.3 S756 2003

遂宁档案志 1935–2003
遂宁市档案局遂宁档案志编纂委员会编 刘辉主编 遂宁 遂宁市档案局遂宁档案志编纂委员会 2005 年 208 页
b49705416 G279.277.13 S756 2005

遂宁市教育志
遂宁市教育志编纂委员会编 吴尚贵总编 遂宁 遂宁市教育志编纂委员会 2006 年 673 页
b47045176 G527.714 S756 2006

四川省遂宁中学校志 785–2005
遂宁中学校志编纂委员会编 宋国祥主笔 遂宁 遂宁中学 2005 年 495 页
b20103888 G639.287.13 S756 2005

遂宁一中校志
四川省遂宁市一中校志编纂委员会编 任华明主编 遂宁 四川省遂宁市一中校志编

纂委员会 2005 年 253 页
b50269483 G639.287.13 S7569 2005

四川省遂宁师范学校志 1914–2004
四川省遂宁师范学校志编纂委员会编 谢茂光主编 遂宁 遂宁涪江印务有限公司 2004 年 287 页
b20103876 G659.287.1 S756 2004

遂宁市职业技术学校 四川省遂宁师范学校志 1914–2014
遂宁市职业技术学校 四川省遂宁师范学校志编纂委员会编 谢茂光主编 遂宁 遂宁市职业技术学校 四川省遂宁师范学校志编纂委员会 2014 年 570 页
b47415848 G718.5 S756 2014

四川省遂宁县地名录
四川省遂宁县地名领导小组编印 遂宁 四川省遂宁县地名领导小组 1985 年 325 页〔四川省地名录丛书〕
b13742073 K927.14 S756

广德寺志 618–1988
四川省遂宁市广德寺志编纂委员会编 遂宁 四川省遂宁市广德寺志编纂委员会 1988 年 382 页〔四川省遂宁市地方志丛书〕
b16434341 K928.75 S664 1988

灵泉寺志 581–1992
灵泉寺志编纂委员会编 刘安治主编 遂宁 灵泉寺志编纂委员会 1994 年 314 页〔四川省遂宁市地方志丛书〕
b20535181 K928.75 L6287 1994

遂宁市人民医院志 1993–2007
遂宁市人民医院志编纂委员会编 北京 方志出版社 2014 年 586 页〔遂宁市地方志丛书之〕
b50206898 R199.2 S756S 2014

遂宁市卫生志
遂宁市卫生局编 刘刚主编 遂宁 遂宁市卫生局 2013 年 518 页〔遂宁市地方志丛书 50〕
b47073160 R199.2 S756 2013

船山区

遂宁市市中区志 1985–2003
遂宁市市中区志编纂委员会编 刘兆喜主编 北京 中央民族大学出版社 2012 年 1028 页
b46012837 K297.13 S756S 2012

蓬溪县

蓬溪县志
蓬溪县志编纂委员会编 冯光荣总编 成都 四川辞书出版社 1995 年 870 页〔中华人民共和国史志系列丛书〕
b1327594x K297.14 P3378

蓬溪县志 1986–2005
蓬溪县地方志编纂委员会编 李文国总编 北京 方志出版社 2012 年 1095 页
b40424364 K297.14 P3378 2012

火井乡志
蓬溪县火井乡人民政府编 贺金竹主笔 蓬溪 蓬溪县火井乡人民政府 1987 年 油印本 220 页
b22430246 K297.15 H771 1987

蓬溪县东新乡志
四川省蓬溪县东新乡人民政府编 蓬溪 四川省蓬溪县东新乡人民政府 1986 年 112 页
b20103190 K297.15 D582 1986

中和乡志
蓬溪县中和乡人民政府编纂小组编 胡正辉主笔 蓬溪 蓬溪县中和乡人民政府编纂小组 1986 年 163 页
b36128533 K297.15 Z643 1986

蓬溪调查志(蓬溪县) 1984–2013
国家统计局蓬溪调查队编 刘安武主编 蓬溪 国家统计局蓬溪调查队 2014 年 204 页
b49472331 C832.714 P337 2014

蓬溪县人大志
蓬溪县人大志编纂领导小组编 刘昌和主编 蓬溪 蓬溪县人大志编纂领导小组 1999 年 380 页
b49472343 D624.714 P337 1999

蓬溪县国土志
蓬溪县国土局编 王隆菊主编 蓬溪 蓬溪县国土局 1996 年 325 页
b2243124x F129.971.4 P337 1996

蓬溪县粮食志 1912–1985
四川省蓬溪县粮食局编印 蓬溪 四川省蓬溪县粮食局 1986 年 329 页
b47073093 F724.721 P337 1986

四川省蓬溪县地名录
四川省蓬溪县地名领导小组编印 蓬溪 四川省蓬溪县地名领导小组 1986 年 330 页〔四川省地名录丛书〕
b15605905 K927.14 P337 1986

射洪县

射洪县志
射洪县县志编纂委员会编 陈隆准总编辑 成都 四川大学出版社 1990 年 1051 页
b10597876 K297.14 S369

射洪县志 1986–2005
射洪县地方志编纂委员会编 任建军主编 北京 方志出版社 2017 年 1133 页
b51131766 K297.14 S369C 2017

射洪县人民代表大会志 1950–2007
射洪县人民代表大会志编纂委员会编 郭定铭主编 射洪 射洪县大文豪彩印厂 2007 年 279 页
b21570176 D624.714 S369 2007

射洪县政协志 第 2 编 1986–2006
射洪县政协志编纂委员会编 黄绍礼主编 射洪 射洪县政协志编纂委员会 2008 年 284 页
b49678267 D628.714 S369 2008

农工民主党射洪总支志 1986–2011
中国农工民主党射洪县总支部委员会编 冯昭雄主编 射洪 中国农工民主党射洪县总支部委员会 2012 年 247 页
b46995584 D665.5 F377 2012

射洪县国土志
射洪县国土局编 射洪 射洪县国土局 1996 年 224 页
b22431810 F129.971.4 S369 1996

四川美丰志 1974–2009
四川美丰化工股份有限公司志编纂委员会编 陈润总编 赫代聪 宋代法主编 北京 中国文史出版社 2011 年 1155 页
b5101192x F426.7 S664 2011

射洪工业志
射洪县经济和信息化局编 何周德主编 射洪 射洪县经济和信息化局 2014 年

379 页
b49789612　F427.714　S369　2014

射洪县交通志
射洪县交通局编志组编　射洪　射洪县教学印刷厂　1986 年　155 页
b2001661x　F512.771.4　S369　1986

射洪信合志　1951–2009
射洪县农村信用合作联社编　孟祖全主编　射洪　射洪县农村信用合作联社　2010 年　207 页
b44916541　F832.771.4　S369　2010

射洪县文化体育志　1950–2007
射洪县文化体育局编　黄少烽主编　射洪　射洪县文化体育局　2010 年　324 页
b47045322　G127.714　S369　2010

射洪县图书馆志
射洪县图书馆编　文纯白主编　射洪　射洪县图书馆　2008 年　120 页
b47073123　G259.277.14　S369　2008

四川省射洪县地名录
四川省射洪县地名领导小组编印　射洪　四川省射洪县地名领导小组　1986 年　273 页〔四川省地名录丛书〕
b15603842　K927.14　S369　1986

沱牌曲酒厂志
四川射洪牌曲酒厂编　射洪　四川射洪牌曲酒厂　1992 年　163 页
b10882522　TS261.8　S664

射洪县水利电力志
射洪县水利电力局编　李华咸主编　射洪　国营射洪印刷厂　1987 年　198 页
b21857696　TV–092　S369　1987

大英县

大英县志
大英县志编纂委员会编　周时甫总编　北京　方志出版社　2011 年　1124 页
b36133826　K297.14　D1366　2011

蓬莱镇志　1986–2000
大英县蓬莱镇编辑组编纂　蒋纯良主编　大英　大英县蓬莱镇编辑组　2002 年　502 页〔大英县地方志丛书〕
b16426381　K297.15　P337　2002

通仙乡志　1986–2003
中共通仙乡委员会　通仙乡人民政府编　熊寿舟主编　大英　通仙乡人民政府　2004 年　228 页〔大英县地方志系列丛书〕
b18209087　K297.15　T426　2004

象山镇志　1986–2000
中共象山镇委员会　象山镇人民政府编　代进主编　大英　象山镇人民政府　2005 年　248 页〔大英县地方志丛书〕
b17125820　K297.15　X314　2005

大英县人民代表大会志
大英县人大常委会办公室编　大英　大英县人大常委会办公室　2007 年　238 页〔大英县地方志丛书〕
b18620930　D624.714　D136　2007

大英政协志
中国人民政治协商会议四川省大英县委员会编　大英　大英县新世纪印刷厂　2006 年　122 页
b1715179x　D628.714　D136　2006

大英民政志
四川省大英县民政局编　大英　大英县新世

纪印刷厂 2006 年 173 页
b17151909 D677.14 D136 2006

大英劳动和社会保障志
大英劳动和社会保障志编纂组编 曾石主编 大英 大英劳动和社会保障志编纂组 2005 年 250 页
b45840076 F249.277.14 D136 2005

大英农业志
四川省大英县农业局编 蒋纯良主编 大英 四川省大英县农业局 2005 年 313 页〔大英县地方志丛书〕
b49802914 F327.714 D136 2005

大英交通志
四川省大英县交通局编 蒋纯良主编 成都 成都市火炬印务公司 2005 年 216 页〔大英县地方志丛书〕
b45479380 F512.771.4 D136 2005

大英教育志
大英县教育局编 射洪 四川省射洪县文化印刷厂 2005 年 220 页
b16861103 G527.714 D136 2005

大英风物志
刘安遇 胡传淮编著 成都 巴蜀书社 1999 年 150 页
b16432770 K927.14 D1367 1999

大英旅游志
四川省大英县旅游局编 大英 大英县新世纪印刷厂 2006 年 255 页
b21867574 K928.971.4 D136 2006

大英水利志
四川省大英县水利局编 大英 四川省大英县水利局 2006 年 196 页〔大英县地方志丛书〕
b18620917 TV-092 S664 2006

内江市

内江市志
内江市市中区编史修志办公室编 余子美主编 成都 巴蜀书社 1987 年 811 页〔四川地方志丛书〕
b12312691 K297.13 N262

内江地区人口志
内江市计划生育委员会编 北京 中国人口出版社 1993 年 161 页〔内江地区地方志丛书〕
b10829416 C924.257.1 N262

内江地区人事志
四川省内江市人事局编 李建明主编 成都 四川大学出版社 1993 年 390 页〔内江地区地方志丛书〕
b45417623 D630.3 N262 1993

内江地区党派群团志
内江地区党派群团志编纂委员会编 江公才主编 成都 四川大学出版社 1998 年 541 页〔内江地区地方志丛书 57〕
b4644208x D677.1 N262 1998

内江地区审判志
内江市中级人民法院编 许正波主编 成都 四川科学技术出版社 1996 年 296 页
b47414613 D909.2 N262 1996

内江市国土志 1840–1997
内江市国土局编 内江 内江市东兴区川剧团印刷厂 2000 年 347 页
b19932091 F129.971.3 N262 2000

内江地区城乡建设志
内江市城乡建设环境保护委员会编 成都 四川辞书出版社 1996年 305页〔内江地区地方志丛书〕
b46669875 F299.277.12 N262 1996

内江地区交通志
四川省内江市交通局编 康维礼主编 成都 四川人民出版社 1994年 307页〔内江地区地方志丛书〕
b20044513 F512.771.2 K185 1994

内江市公共交通有限责任公司志 1958–2008
内江市公共交通有限责任公司编 蒋光宁主编 内江 内江市公共交通有限责任公司 2010年 420页
b5101239x F572.887.13 N262 2010

内江地区粮食志
四川省内江市粮食局编 皮孝思主编 成都 巴蜀书社 1993年 264页〔内江地区地方志丛书〕
b40743573 F724.721 N2624 1993

内江地区供销合作志
周品全主编 成都 巴蜀书社 1998年 282页〔内江地区地方志丛书〕
b40935140 F727.712 N262 1998

内江市地方税务志 1994–2006
内江市地方税务志编纂委员会编 卢勇主编 内江 内江市地方税务志编纂委员会 2008年 394页
b45840386 F812.771.3 N262 2008

内江地区文化志
内江市文化局编 内江 内江东兴区川剧团印刷厂 1997年 263页〔内江地区地方志丛书〕
b44916358 G127.713 N262 1997

内江地区教育志
四川省内江市教育委员会编 成都 四川辞书出版社 1991年 458页〔内江地区地方志丛书〕
b13991462 G527.713 N262

内江市教育志
四川省内江市教育局编 内江 四川省内江市教育局 1985年 556页
b20403835 G527.713 N262C 1985

隆昌一中校志 1903–2003
隆昌一中编 内江 隆昌一中 2003年 232页
b46669073 G639.287.1 L739 2003

四川省内江市第二中学(沱江中学)校志 1925–1995
杨稚泉主编 内江 内江二中 1995年 269页
b20103864 G639.287.13 N262 1995

内江地区戏曲志
内江市文化局内江地区戏曲志编写组编 魏昌灼主编 成都 巴蜀书社 1991年 435页〔中国戏曲志〕
b19733045 J809.2 N262 1991

四川省内江地区内江市地名录
内江地区内江市地名领导小组编印 内江 四川省内江地区内江市地名领导小组 1983年 126页〔四川省地名录丛书〕
b15604718 K927.12 N262 1983

内江市洪灾志
内江市编史修志委员会编 袁策群主编 内江 内江新华印刷厂 1982年 189页
b45840398 P426.616 N262 1982

内江地区卫生志
内江市卫生局编 罗正德主编 成都 四川辞书出版社 1995 年 247 页〔内江地区地方志丛书〕
b44915664 R199.2 N262 1995

内江市规划建设志 1986–2005
内江市规划和建设局编 内江 内江市规划和建设局 2009 年 485 页
b2156954x TU984.271.4 N262 2009

市中区

内江市市中区卫生志 续修 1985–2006
内江市市中区卫生志编委会编 周华刚主编 内江 内江市市中区卫生志编委会 2010 年 303 页
b50777750 R199.2 N262S 2010

东兴区

内江县志
内江市东兴区县志编纂委员会编 蓝炯总编 成都 巴蜀书社 1994 年 988 页
b10728089 K297.14 N262

内江市东兴区志 1990–2003
内江市东兴区地方志编纂委员会编 陈巨硬主编 北京 中国文史出版社 2009 年 824 页
b2081575x K297.13 N262D 2009

内江市东兴区国土志 1840–1997
内江市东兴区国土志编纂小组编纂 黄鲁亮主编 内江 内江市东兴区国土志编纂小组 1999 年 229 页
b22431019 F129.971.3 N262D 1999

四川省内江县地名录
四川省内江县地名领导小组编印 内江 内江县地名领导小组 1983 年 260 页〔四川省地名录丛书〕
b15603817 K927.14 N262 1983

隆昌市

隆昌县志
四川省隆昌县志编纂委员会编 李开渠主编 成都 巴蜀书社 1995 年 842 页
b13119321 K297.14 L739

隆昌县国土志
四川省隆昌县国土局编 王应高主编 成都 巴蜀书社 1998 年 207 页
b17646777 F129.971.4 W234 1998

隆昌县文化馆志
隆昌县文化馆编 林映忠主编 隆昌 隆昌县文化馆 2015 年 228 页
b50348644 G249.29 L739 2015

隆昌县界市小学校志 1904–2004
隆昌县界市小学编 范旭主编 隆昌 隆昌县界市小学 2004 年 190 页
b40842113 G629.287.14 L739 2004

隆昌师范校志 1932–1992
隆昌师范校志编写组编 隆昌 隆昌县彩色印刷厂 1992 年 189 页〔隆昌县志系列丛书〕
b21569290 G659.287.14 L739 1992

四川省隆昌县地名录
隆昌县地名领导小组编印 隆昌 四川省隆昌县地名领导小组 1982 年 213 页〔四川省地名录丛书〕
b15604561 K927.14 L739 1982

威远县

威远县志
四川省威远县志编纂委员会编 李文俊主编 成都 巴蜀书社 1993 年 869 页
b10796563 K297.14 W273

威远县志 1986–2002
威远县志编纂委员会编 刘斌杰主编 北京 中国文史出版社 2010 年 718 页
b21136294 K297.14 W273 2010

威远县文化志
威远县文化志编纂领导小组 编辑小组编 赵佐良主编 威远 威远县文教局 1989 年 172 页〔四川省威远县地方志（部门志）丛书〕
b21276201 G127.714 W273 1989

四川省威远县地名录
威远县地名领导小组编印 威远 四川省威远县地名领导小组 1986 年 283 页〔四川省地名录丛书〕
b15604494 K927.14 W273 1986

威远县水利志
四川省威远县水利电力局编 威远 四川省威远县水利电力局 1987 年 165 页
b21855390 TV–092 W273 1987

长葫水库志
刘子成 杨星权主编 威远 四川省长葫水库志编委会 1987 年 198 页
b20576237 TV632.71 L694 1987

资中县

资中县志
四川省资中县志编纂委会编纂 胡小竹主编 成都 巴蜀书社 1997 年 855 页
b1308656x K297.14 Z8419

资中县志 1986–2005
资中县地方志编纂委员会编 钟华大主编 北京 中国文史出版社 2012 年 887 页
b46012783 K297.14 Z8419 2012

资中县国土志
资中县国土志编辑部编 刘俊德主编 资中 资中县国土志编辑部 1998 年 180 页
b22433405 F327.714 Z841 1998

资中县教育志 1986–2005
资中县教育局编 资中 资中县教育局 2008 年 341 页
b46669243 G527.714 Z841 2008

四川省资中县地名录
四川省资中县地名领导小组编印 资中 四川省资中县地名领导小组 1991 年 367 页〔四川省地名录丛书〕
b15604512 K927.14 Z8418 1991

乐山市

乐山市志
乐山市地方志编纂委员会编 成都 巴蜀书社 2001 年 2 卷 2074 页
b13755857 K297.13 L267

乐山市志 1995–2006
乐山市地方志编纂委员会编 罗佳明主编 成都 电子科技大学出版社 2011 年 2 卷 1495 页
b36174518 K297.13 L267 2011

乐山市党校志
乐山市党校志编纂委员会编 林忠耿总纂

乐山 乐山市党校志党校志编纂委员会 2007年 250页
b47073020 D261.41 Y871 2007

乐山工会志
乐山市总工会编 罗清泉主编 乐山 乐山市总工会 2006年 374页
b49625676 D412.871.3 Y871 2006

乐山市人大志 1985–2011
乐山市人大常委会办公室编 乐山 乐山市人大常委会办公室 2011年 700页
b49640185 D624.713 Y871 2011

乐山市人民政府志 1949–2009
乐山市人民政府志编纂委员会编 戴国际 袁加乐 邓力群主编 乐山 乐山市人民政府志编纂委员会 2016年 660页
b49506110 D625.713 L267 2016

乐山市人事志 1734–2003
乐山市人事局编 刘义萍主编 乐山 乐山市人事局 2008年 456页
b49533496 D630.3 L267 2008

乐山市劳动和社会保障志 1851–2004
熊维钢主编 乐山 乐山市劳动和社会保障局 2007年 540页
b22430659 D669.2 L267 2007

乐山市军事志
乐山市军事志编纂领导小组编 阴文金主编/总纂 乐山 中国人民解放军四川省乐山军分区 1998年 304页
b4656231x E289.713 L257 1998

乐山市国土志
乐山市国土局编 周树清主编 乐山 乐山市国土局 1999年 油印本
b22430647 F129.971.3 L267L 1999

乐山市二轻工业志 1950–1988
乐山市二轻局二轻工业志编辑办公室编 许志国主编 乐山 乐山市二轻局二轻工业志编辑办公室 1990年 323页
b21764116 F426.8 L267 1990

乐山市交通志
乐山市交通志编纂委员会编 刘忠福主编 乐山 乐山市交通志编纂委员会 2005年 470页
b49706512 F512.771.3 L267 2005

乐山市供销合作社志 1951–2006
乐山市供销社编 乐山 乐山市供销社 2010年 324页
b49938642 F721.2 Y871 2010

乐山市物价志
四川省乐山市物价局编 杨旭英主编 成都 成都科技大学出版社 1995年 514页〔四川科技史丛书〕
b49789284 F726.771.3 L267 1995

乐山市物价志 1995–2009
乐山市物价局编 李泽全主编 成都 成都科技大学出版社 2010年 288页
b50066365 F726.771.3 Y871 2010

乐山市地方税务志
乐山市地方税务局编 乐山 乐山市地方税务局 2006年 475页
b49982461 F812.771.342 Y871 2006

乐山金融志
乐山金融志编纂委员会编 成都 巴蜀书社 1999年 386页
b49625640 F832.771.3 Y871 1999

乐山市金融志 上篇 1911-1949
中国工商银行乐山市支行营业部编 乐山 中国工商银行乐山市支行营业部 1985 年 138 页
b4962572x F832.771.3 Y871C 1985

乐山报业志
乐山日报社编 姚章雨主编 成都 天地出版社 1997 年 350 页
b20806929 G219.277.13 Y297 1997

乐山市广播电视志 1933-2006
乐山市广播电视局编纂 古永林主编 乐山 乐山市广播电视局 2008 年 438 页
b50727497 G229.277.13 Y871 2008

乐山教育志
乐山市教育局编 乐山 乐山市教育局 2004 年 472 页
b5034741x G527.713 Y871 2004

四川省中药学校校志 1958-1988
任心镜主编 乐山 四川省中药学校 1988 年 124 页
b20103906 G719.287.1 S6649 1988

乐山市歌舞剧团志 1933-2007
乐山市歌舞剧团编 乐山 乐山市歌舞剧团 2009 年 195 页
b22430635 J892.4 L267 2009

乐山地区乐山市地名录
乐山地区乐山市地名领导小组编 成都 乐山地区乐山市地名领导小组 1985 年 645 页〔四川省地名录丛书〕
b12158707 K927.13 L277

乐山市自然地理志
罗成德 孙汉民 陈向红主编 成都 成都科技大学出版社 1995 年 222 页
b19930008 K927.13 L277Z 1995

四川省乐山地区乐山市地名录
乐山地区乐山市地名领导小组编 乐山 乐山地区乐山市地名领导小组 1986 年 645 页〔四川省地名录丛书〕
b15605978 K927.12 L277 1986

青衣江志
阮基康主编 成都 四川省水利电力厅 1989 年 320 页
b15932783 K928.42 R341 1989

乐山市地震志 1984-2003
乐山市防震减灾局 彭云金主编 乐山 乐山市防震减灾局 2008 年 247 页
b46442984 P316.271.3 L267 2008

乐山市水利志
乐山市水利志编辑委员会编 廖仲平主编 乐山 乐山市中区印刷厂 2000 年 488 页
b21857325 TV-092 L267 2000

市中区

乐山市市中区志
四川省乐山市市中区地方志编纂委员会编 张碧秀主编 成都 巴蜀书社 2003 年 1050 页
b21137055 K297.13 L2677 2003

乐山市市中区志 1996-2008
乐山市市中区地方志编纂委员会编 陈建东总编 北京 方志出版社 2012 年 815 页
b40424571 K297.13 L2677 2012

罗汉镇志
罗汉镇志编纂委员会编 刘威主编 乐山

罗汉镇志编纂委员会 2013 年 483 页
b49789387 K297.15 L691 2013

乐山市市中区教育志 清至民国时期
苏代燕主编 乐山 乐山市市中区教育局 1989 年 243 页
b46443009 G527.714 L277 1989

乐山市市中区教育志 1949.12–1989.12
苏代燕主编 乐山 乐山市市中区教育局 1992 年 403 页
b46442996 G527.714 L277 1992

乐山市市中区教育志 1990.1–1996.10
乐山市市中区教育局编 乐山 乐山市教育局 1996 年 394 页
b17358498 G527.714 L277 1996

沙湾区

沙湾区志
沙湾区志编纂委员会编 成都 四川人民出版社 2001 年 649 页
b1374785x K297.13 L267S

乐山市沙湾区志 1996–2006
乐山市沙湾区地方志编纂委员会编 袁仕伦总编辑 北京 中央民族大学出版社 2011 年 409 页
b36238946 K297.13 L267Y 2011

沙湾区范店乡志
沙湾区范店乡人民政府编 刘灵泉总编 乐山 沙湾区范店乡人民政府 2005 年 315 页
b46995687 K297.15 F195 2005

沙湾区沙湾镇志
乐山市沙湾区沙湾镇编 乐山 沙湾镇人民政府 2002 年 220 页
b4644340x K297.15 S231 2002

乐山市沙湾区人大志
乐山市沙湾区人大志编纂领导小组编 张兴华总编 乐山 乐山市沙湾区人大志编纂领导小组 2008 年 279 页
b50727503 D624.713 Y871S 2008

沙湾区交通局志
乐山市沙湾区交通局编 周海滨 谌浩宇主编 乐山 乐山市沙湾区交通局 2003 年 263 页
b50665339 F512.771.3 Z665 2003

五通桥区

五通桥区志
四川省五通桥区志编纂委员会编 陈友贵总编 成都 巴蜀书社 1992 年 1024 页
b20533007 K297.13 L267W 1992

乐山市五通桥区志 1991–2005
乐山市五通桥区地方志编纂委员会编 王和平总编 成都 巴蜀书社 2011 年 815 页
b40739910 K297.13 L267W 2011

金口河区

金口河区志
乐山市金口河区地方志编纂委员会编 成都 巴蜀书社 1999 年 317 页
b21803857 K297.13 L687J 1999

乐山市金口河区志 1998–2007
乐山市金口河区地方志编纂委员会编 黄志斌 杨秀英总编辑 成都 巴蜀书社 2013 年 582 页
b47414212 K297.13 L267J 2013

四川省金口河工农区地名录
金口河工农区地名领导小组编 乐山 金口河工农区地名领导小组 1982年 52页〔四川省地名录丛书〕
b1560388x K927.14 J477 1982

峨眉山市

峨眉县志
四川省峨眉县志编纂委员会编 骆坤琪主编 成都 四川人民出版社 1991年 760页
b10958319 K297.14 S6643

峨眉山市志 1986–2005
峨眉山市地方志编纂委员会编 王毕泉 袁仕伦总编辑 北京 中央民族大学出版社 2014年 972页
b47350568 K297.14 E1147 2014

峨眉人大志
峨眉人大志编纂委员会编 徐伯琏主编 峨眉山 峨眉人大志编纂委员会 1998年 608页
b50665029 D624.714 X566 1998

峨眉二中校志 1928–1985
四川省峨眉第二中学校志编写组编 朱仁高主编 峨眉 四川省峨眉第二中学校志编写组 1987年 282页
b20137515 G639.287.1 E114 1987

四川省峨眉县地名录
峨眉县地名领导小组编 峨眉 峨眉县地名领导小组 1982年 427页〔四川省地名录丛书〕
b13742425 K927.14 E114

犍为县

犍为县志
四川省犍为县志编纂委员会编 成都 四川人民出版社 1991年 803页
b10727541 K297.14 Q226

犍为县志 1986–2000
四川省犍为县地方志编纂委员会编 王宗正 陈立金总编 成都 四川科学技术出版社 2004年 733页
b15907600 K297.14 Q226 2004

龙孔镇志 1911–2000
四川省犍为县龙孔镇人民政府编 纪开阳主编 犍为 四川省犍为县龙孔镇人民政府 2004年 388页
b46443101 K297.15 L741 2004

石溪镇志 1949–2000
四川省犍为县石溪镇人民政府编 曾冰主编 犍为 四川省犍为县石溪镇人民政府 2002年 322页
b16141684 K297.15 S475 2002

下渡乡志
四川省犍为县下渡乡人民政府编 犍为 犍为县康平实业公司康平彩印厂 2001年 162页
b22082591 K297.15 X1852 2001

玉津镇志 1911–1999
犍为县玉津镇人民政府编纂 黄坚主编 犍为 犍为县玉津镇人民政府编纂 2000年 577页
b16415322 K297.15 Y774 2000

犍为县人口和计划生育志 1986–2005
犍为县人口和计划生育编纂领导小组编 邓世文总编 犍为 犍为县人口和计划生育局 2007年 433页
b46442935 C924.257.14 Q226 2007

犍为县国土志
犍为县国土局编 周子平主编 犍为 犍为县金兴印刷有限公司 2001年 280页
b22430349 F129.971.4 Q226 2001

犍为县人力资源和社会保障志 1950–2014
犍为县人力资源和社会保障局编 卓健主编 犍为 犍为县人力资源和社会保障局 2016年 743页
b50066249 F249.23 Q225 2016

犍为县交通志 1986–2000
四川省犍为县交通局编纂 李治平主编 犍为 四川省犍为县交通局 2001年 299页
b46442923 F512.714 L423 2001

犍为县财政志 1986–2000
四川省犍为县财政局编 陈应泰主编 犍为 四川省犍为县财政局 2002年 276页
b46442911 F812.771.4 C436 2002

罗城镇中心小学志 1906–2000
四川省犍为县罗城镇中心小学编纂 余让明主编 犍为 四川省犍为县罗城镇中心小学 2001年 335页
b46443149 G629.287.14 S664 2001

清溪镇中心小学志 1904–2000
四川省犍为县清溪镇中心小学编纂 焦万奎主编 犍为 四川省犍为县清溪镇中心小学 2001年 519页
b50066535 G629.287.14 Q226 2001

舞雩中心小学校志
四川省犍为县舞雩中心小学编 王焯先主编 犍为 四川省犍为县舞雩中心小学 2003年 287页
b46443551 G629.287.14 S6648 2003

罗城中学校志 1944–2000
四川省犍为县罗城中学编 犍为 康平彩印厂 2001年 302页
b17963692 G639.287.14 L921 2001

舞雩中学校志 1969–2000
四川省犍为县舞雩初级中学编 王厚伦主编 犍为 四川省犍为县舞雩初级中学 2001年 209页
b44852228 G639.287.14 Q226 2001

四川省犍为县地名录
四川省犍为县地名领导小组编印 犍为 四川省犍为县地名领导小组 1986年 276页〔四川省地名录丛书〕
b13741500 K927.14 Q226

井研县

井研县志
四川省井研县志编纂委员会编 廖嘉祥主编 成都 四川人民出版社 1990年 767页
b11133417 K297.14 J556C

井研县志 1986–2000
四川省井研县地方志编纂委员会编 戴国际主修 成都 四川人民出版社 2004年 654页
b16746545 K297.14 J556C 2004

四合村志
井研县四合乡四合村志编纂委员会编 井研 井研县地方志办公室 2008年 173页
b5034965x K297.15 S663 2008

井研县政协志 1949–2008
井研县政协志编纂委员会编 涂波主编 井研 井研县政协志编纂委员会 2009年 281页
b46899303 D628.714 J556 2009

井研县国土志
井研县国土局编 刘荣主编 井研 井研县彩色印刷厂 1997年 264页
b22430490 F327.714 J556 1997

井研县物价志
四川省井研县物价局编 陈邦清主编 井研 四川省井研县物价局 1991年 407页
b50066663 F726.771.4 J556 1991

井研县农村信用合作社志 1954–2008
四川省井研县农村信用合作社志编委会编纂 袁海峰主编 井研 四川省井研县农村信用合作社志编委会 2011年 318页
b50222107 F832.771.4 J556 2011

四川省井研县地名录
四川省井研县地名领导小组编印 井研 四川省井研县地名领导小组 1986年 179页〔四川省地名录丛书〕
b15603969 K927.14 J556 1986

夹江县

夹江县志
四川省夹江县志编纂委员会编 王树功总编 成都 四川人民出版社 1989年 732页
b10727528 K297.14 J226

夹江县志
四川省夹江县地方志编纂委员会编 罗渝总编 成都 电子科技大学出版社 2009年 重修本 722页
b20918434 K297.14 J226 2009

黄土村志
中共夹江县黄土村委员会 夹江县黄土村村民委员会编 陈学仲主编 峨眉山 峨眉山市彩印厂 1996年 279页
b22359710 K297.15 H667 1996

夹江县政协志
夹江县政协志编辑小组编 夹江 夹江县政协志编辑小组编 1986年 油印本 41页
b40743408 D628.714 J226 1986

夹江县国土志
夹江县国土志编纂委员会编 马思德主编 夹江 夹江县国土局 2000年 283页
b22430301 F129.971.4 J226 2000

四川省夹江县地名录
四川省夹江县地名领导小组编印 夹江 四川省夹江县地名领导小组 1983年 151页〔四川省地名录丛书〕
b15604007 K927.14 J226 1983

沐川县

沐川县志
四川省沐川县地方志编纂委员会编 曹贵昌总编辑 成都 巴蜀书社 1993年 623页
b10824935 K297.14 M683

沐川县志 1986–2000
四川省沐川县地方志编纂委员会编 成都 巴蜀书社 2002年 689页
b14882851 K297.14 M683 2002

沐川县人口与计划生育志 1942–2005
四川省沐川县人口和计划生育局编 沐川 四川省沐川县人口和计划生育局 2006年 268页
b46443290 C924.257.14 M683 2006

沐川县人大志
四川省沐川县人民代表大会常务委员会编 唐文波总编 沐川 四川省沐川县人大

常委会 2009 年 263 页
b46443289　D624.714 M683 2009

沐川县政协志 1942–2012
中国人民政治协商会议四川省沐川县委员会编 沐川 中国人民政治协商会议四川省沐川县委员会 2013 年 275 页
b46443344　D628.714 M683 2013

沐川县民政志 1941–2006
四川省沐川县民政局编 沐川 四川省沐川县民政局 2008 年 173 页
b46443265　D632 M683 2008

沐川县法院志 1942–2009
四川省沐川县人民法院编 唐文波总编 沐川 四川省沐川县人民法院 2010 年 206 页
b46443216　D926.22 M683 2010

沐川县检察志 1942–2009
四川省沐川县人民检察院编 唐文波总编 沐川 四川省沐川县人民检察院 2010 年 251 页
b46443241　D926.32 M683 2010

沐川县司法行政志
四川省沐川县司法局编 唐文波总编 沐川 四川省沐川县司法局 2009 年 265 页
b46443307　D927.714.61 M683 2009

沐川县工商志 1942–2006
四川省沐川县工商行政管理局编 沐川 四川省沐川县工商行政管理局 2007 年 235 页
b46443228　F123.82 M683 2007

沐川县国土志
沐川县国土局编 沐川 沐川县国土局 1997 年 190 页
b22430994　F327.714 M683 1997

沐川县交通志 1928–2005
四川省沐川县交通局编 邹登军总编 沐川 四川省沐川县交通局 2007 年 240 页
b46443253　F512.771.4 M683 2007

沐川县地税志 1994–2008
四川省沐川县地方税务局编 唐文波总编 沐川 四川省沐川县地方税务局 2009 年 231 页
b46443204　F812.771.442 M683 2009

沐川县国税志 1935–2006
四川省沐川县国税局编 沐川 四川省沐川县国税局 2008 年 221 页
b4644323x　F812.771.4 M683 2008

沐川县文体志 1930–2006
四川省沐川县文体局编 沐川 四川省沐川县文体局 2009 年 203 页
b46443320　G127.714 M683 2009

沐川县沐溪学校志 1971–2012
沐川县沐溪学校编 沐川 四川省沐川县沐溪学校 2014 年 192 页
b46443277　G639.287.14 M6835 2014

沐川县幸福学校志 1952–2011
沐川县幸福学校编 沐川 四川省沐川县幸福学校 2014 年 204 页
b46443332　G639.287.14 M683 2014

四川省沐川县地名录
四川省沐川县地名领导小组编印 沐川 四川省沐川县地名领导小组 1982 年 224 页〔四川省地名录丛书〕
b15603908　K927.14 M683 1982

沐川县卫生志 1942-2006
四川省沐川县卫生局编 雷在阳总编 沐川 四川省沐川县卫生局 2008年 199页
b46443319 R199.2 M683 2008

峨边彝族自治县

峨边彝族自治县志
峨边彝族自治县志编纂委员会编 苟德义主编 成都 四川辞书出版社 1994年 681页
b1059775x K297.14 E123

峨边彝族自治县志 1988-2003
峨边彝族自治县地方志编纂委员会编 饶德宣主编 北京 方志出版社 2007年 716页
b19329490 K297.14 E114 2007

四川省峨边彝族自治县大堡镇志
李先俊主编 乐山 乐山市好利获得彩印公司峨眉山印刷厂 1997年 223页
b22359461 K297.15 D135 1997

四川省峨边彝族自治县地名录
四川省峨边彝族自治县地名领导小组编 峨边 四川省峨边彝族自治县地名领导小组 1988年 135页
b2036930x K927.12 E114 1988

马边彝族自治县

马边彝族自治县志
马边彝族自治县地方志编纂委员会编 严志华总编 成都 成都科技大学出版社 1994年 643页
b13655462 K297.14 M136

马边彝族自治县志 1994-2006
边彝族自治县地方志编纂委员会编 阿刘时布 李夫铁总编辑 北京 中央民族大学出版社 2013年 564页
b45439059 K297.14 M136 2013

马边政协志 1956-2009
马边政协志编纂委员会编 张三才主编 马边 马边政协志编纂委员会 2011年 563页
b40649817 D628.714 M136 2011

马边彝族自治县二轻工业志
马边彝族自治县二轻工业局编 李华轩主编 马边 马边彝族自治县二轻工业局 1988年 油印本 233页
b45840350 F426.8 M136 1988

马边商业志
马边彝族自治县商业局编 李华轩主编 马边 马边彝族自治县商业局 1991年 油印本 191页
b45840349 F727.714 M136 1991

马边彝族自治县荣丁小学校志 初稿
黄宗辉编纂 马边 马边彝族自治县荣丁小学 1986年 油印本 167页
b45840362 G629.287.14 M136 1986

四川省马边彝族自治县地名录
四川省马边彝族自治县地名领导小组编 马边 马边彝族自治县地名领导小组 1987年 184页〔四川省地名录丛书〕
b15605103 K927.14 M136 1987

南充市

南充市志
四川省南充市志编纂委员会编 冯成忠主编 成都 四川科学技术出版社 1994年 722页

b10630569　K297.13　N161

南充市志　续编
四川省南充市顺庆区地方志编纂委员会编　潘大德主编　成都　四川人民出版社 1997 年　562 页
b10564664　K297.13　N161B

南充市志　1707–2003
南充市志编纂委员会编　伏文超　蒋辅义　向东主编　北京　方志出版社　2010 年　3 卷 2686 页
b23216463　K297.13　N161　2010

南充县志
四川省南充县志编纂委员会编　王时浩主编　成都　四川人民出版社　1993 年 1012 页
b10630612　K297.14　N1611

南充县志　1986–1993
四川省南充县志编纂委员会编　北京　中国文史出版社　2010 年　577 页
b47414224　K297.14　N1611C　2010

南充市政协志
中国人民政治协商会议南充市委员会编　李盛文主编　成都　成都力扬文化传播公司　2009 年　339 页
b2243107x　D628.713　N161　2009

南充市民政志
南充市民政志编纂委员会编　唐平主编　成都　四川科学技术出版社　2004 年　472 页
b46563027　D632　N1611　2004

南充民盟志　1945–2014
中国民主同盟南充市委员会编　朱家媛总编　北京　方志出版社　2015 年　425 页
b47051164　D665.2　Z697　2015

南充地区军事志
中国人民解放军四川省南充军分区编　杜长绵主编　重庆　重庆大学出版社　1992 年 306 页
b36386443　E289.712　N161　1992

南充地区国土志
南充市土地管理局编纂　覃一民主编　南充　南充市土地管理局　1998 年　348 页
b22431056　F129.971.2　N161　1998

南充蚕丝志
南充蚕丝志编纂委员会编　刘泽许主编　北京　中国经济出版社　1991 年　511 页
b49625731　F326.377.12　N161　1991

四川石油管理局南充机械厂志
四川石油管理局南充机械厂志编辑室编　何兴邦主编　成都　巴蜀书社　1998 年　254 页
b45453494　F426.47　S664　1998

南充地区交通志
南充地区交通局编　陈锡礼主编　成都　四川人民出版社　1992 年　406 页
b20044574　F512.771.2　C435　1992

南充县交通志
南充县交通局编　贾福义主编　南充　南充县交通志编纂领导小组　1988 年　324 页
〔南充县地方志　部门志丛书〕
b4491636x　F512.771.4　N161　1988

南充地方税务志
南充地方税务志编纂委员会编　吕俊主编　南充　南充地方税务志编纂委员会　2005 年　515 页
b49982680　F812.771.342　N161　2005

南充地区文化艺术志
南充地区文化局编 吴应学 谌洪润主编 成都 四川人民出版社 1992 年 1259 页
b20044586 G127.712 W515 1992

南充日报社志
费德明主编 成都 天地出版社 2002 年 458 页
b44852253 G219.247.13 N161 2002

川北区志 1950.1–1952.9
川北区志编纂委员会编 朱家媛总编 夏建平执行主编 北京 方志出版社 2015 年 470 页
b46934042 K297.13 C627 2015

南充市地方志志
南充市地方志志编纂委员会编 夏建平总编 北京 方志出版社 2016 年 402 页
b50728039 K297.13 N161C 2016

四川省南充地区南充市地名录
四川省南充地区南充市地名领导小组编印 南充 四川省南充地区南充市地名领导小组 1987 年 101 页〔四川省地名录丛书〕
b13741494 K927.12 N161

四川省南充县地名录
南充县四川省地名领导小组编 南充 四川省南充县地名领导小组 1989 年 456 页〔四川省地名录丛书〕
b13741561 K927.14 N1611

四川省农业科学院蚕业研究所所志
雷龙炳主编 成都 四川人民出版社 2001 年 215 页
b50347652 S88-242.71 S664 2001

南充地区水利志
四川省南充地区水利电力局编 张维高 陈笃烈主编 南充 南充教育学院印刷厂 1991 年 363 页〔南充地区地方志丛书〕
b22431068 TV-092 N1615 1991

顺庆区

南充市顺庆区志 1993–2005
南充市顺庆区志编纂委员会编 卿远明主编 北京 方志出版社 2009 年 682 页
b20198462 K297.13 N161S 2009

南充市顺庆区国家税务局志 1986–2010
南充市顺庆区国家税务局志编纂委员会编 赵健明主编 南充 南充市顺庆区国家税务局志编纂委员会 2013 年 391 页
b49705374 F812.771.342 N161S 2013

高坪区

南充市高坪区志 1993–2007
南充市高坪区志编纂委员会编 曾冬清主编 北京 方志出版社 2013 年 678 页
b40739405 K297.13 N161G 2013

嘉陵区

南充市嘉陵区志 1993–2003
南充市嘉陵区志编纂委员会编 张学军总编 北京 方志出版社 2012 年 601 页
b36369731 K297.13 J1985 2012

阆中市

阆中县志
四川省阆中市地方志编纂委员会编 戴哲民主编 成都 四川人民出版社 1993 年 1089 页
b10633832 K297.14 L233

阆中县志
四川省阆中市地方志编纂委员会编 戴哲民主编 成都 四川人民出版社 2014年 第2版 940页
b46669899 K297.14 L233 2014

阆中市志 1986–2005
阆中市地方志编纂委员会编 杨朝志总编 北京 中国文史出版社 2014年 640页
b46670476 K297.13 L2339 2014

阆中建设志
阆中县建设委员会 阆中县县志办公室编 阆中 阆中装潢印刷厂 1988年 272页
b40864522 F299.277.14 L233 1988

阆中地理志 沿革地理 自然地理
阆中县志编修委员会办公室 阆中县城乡建设环境保护局编 南充 南充日报社印刷厂 1987年 138页
b17183078 K927.14 L233L 1987

四川省阆中县地名录
四川省阆中县地名领导小组编印 阆中 四川省阆中县地名领导小组 1984年 349页〔四川省地名录丛书〕
b15604032 K927.14 L233 1984

南部县

南部县志
四川省南部县志编纂委员会编 成都 四川人民出版社 1994年 817页
b16142329 K297.14 N1617 1994

南部县志 1991–2004
南部县志编纂委员会编 罗君主编 北京 方志出版社 2010年 813页
b22032629 K297.14 N1617 2010

"5·12"汶川特大地震南部县抗震救灾志 2008.5–2011.5
汶川特大地震南部县抗震救灾志编纂委员会编 陈正泽总编 北京 中国文史出版社 2016年 228页
b49950538 D632.5 C437 2016

南部县国土志
南部县国土局编 南部 南部县国土局 2000年 350页
b18120611 F129.971.4 N161 2000

南部县审计志
四川省南部县审计局编 李树凡主编 南部 四川省南部县审计局 2006年 563页
b45569654 F239.227.714 N161 2006

四川省南部县地名录
四川省南部县地名领导小组编印 南部 四川省南部县地名领导小组 1984年 384页〔四川省地名录丛书〕
b1374155x K927.14 N161

营山县

营山县志
营山县县志编纂委员会编 李定国主编 成都 四川辞书出版社 1989年 871页
b1064684x K297.14 Y565

营山县志 1986–2003
营山县志编纂委员会编 胡绍雄主编 成都 成都时代出版社 2007年 866页
b1865941x K297.14 Y565Y 2007

回龙镇志
回龙镇人民政府编 黄开寿主编 营山 回龙镇人民政府 1999年 297页〔营山县地方志资料丛书〕

b40864510　K297.15　H691　1999

锁口村志
民盟营山县总支部委员会　营山县地方志办公室编　郑家治主编　长春　吉林文史出版社　2017 年　522 页
b51090557　K297.15　S795　2017

营山县农村信用合作社志　1937–2015
营山农商银行编著　黄海涛主编　北京　光明日报出版社　2016 年　597 页
b5015140x　F832.771.4　Y565　2016

教育志
营山县文教志办公室编　张季泉主编　谢孟康编辑　营山　四川省营山县文教局　1985 年　214 页
b27576164　G527.714　Y565　1985

四川省营山县地名录
营山县地名领导小组编印　营山　营山县地名领导小组　1985 年　279 页〔四川省地名录丛书〕
b13741482　K927.14　Y565

太蓬山志
营山县地方志办公室编　北京　旅游教育出版社　2007 年　214 页
b36247595　K928.3　T162　2007

蓬安县

蓬安县志
蓬安县志编纂委员会编　邓郁章主编　成都　四川辞书出版社　1994 年　790 页
b10727310　K297.14　P337

蓬安县志　1911–1985
蓬安县志编纂委员会编　邓郁章主编　北京　中国文史出版社　2016 年　759 页
b49463524　K297.14　P337D　2016

蓬安县志　1986–2006
蓬安县志编纂委员会编　北京　方志出版社　2014 年　863 页
b47287433　K297.14　P337C　2014

蓬安县政协志　1981–2005
中国人民政治协商会议四川省蓬安县委员会编　罗洪国主编　蓬安　中国人民政治协商会议四川省蓬安县委员会　2006 年　517 页
b50729640　D628.714　P337　2006

四川省蓬安县地名录
蓬安县地名领导小组编印　蓬安　蓬安县地名领导小组　1982 年　231 页〔四川省地名录丛书〕
b15604019　K927.14　P337　1982

仪陇县

仪陇县志
四川省仪陇县志编纂委员会编　任俊杰主编　成都　四川科学技术出版社　1994 年　895 页
b10633947　K297.14　Y432

仪陇县志
四川省仪陇县县志编纂委员会编著　吴道军　陈科　伍正荣主编　成都　四川科学技术出版社　2007 年　913 页
b19733872　K297.14　Y432　2007

马鞍乡志
马鞍乡人民政府编　仪陇　马鞍乡人民政府　1986 年　油印本　364 页
b17992849　K297.15　M136　1986

文星镇志 1912–2012
仪陇县文星镇志编纂组编 李崇政主编 仪陇 仪陇县文星镇志编纂组 2014 年 294 页
b47416257 K297.15 W388C 2014

仪陇县复兴镇志
四川省仪陇县复兴镇人民政府编印 邓顺贤主编 仪陇 四川省仪陇县复兴镇人民政府 2004 年 308 页
b50347846 K297.15 F5148 2004

仪陇县人民政府志 1985–2002
仪陇县人民政府办公室编 仪陇 仪陇县人民政府办公室 2004 年 603 页
b20952417 D625.714 Y432 2004

中共仪陇县委志 1985–2002
中共仪陇县委办 中共仪陇县委党史研究室编 仪陇 中共仪陇县委办公室 2006 年 249 页
b20952910 D625.714 Y432Z 2006

闪光的摇篮 仪陇师范学校校志 第 1 卷
仪陇师范学校编 仪陇 仪陇师范学校 2013 年
b47126358 G659.287.14 Y432 2013

四川省仪陇县地名录
四川省仪陇县地名领导小组编印 仪陇 四川省仪陇县地名领导小组 1982 年 367 页〔四川省地名录丛书〕
b15604020 K927.14 Y432 1982

西充县

西充县志
四川省西充县志编纂委员会编 李仲华主编 重庆 重庆出版社 1993 年 959 页
b10624843 K297.14 X119

西充县志
四川省西充县志编纂委员会编 李仲华主编 西充 西充县人民政府地方志办公室 1993 年 866 页
b50727990 K297.14 X119 1993

西充县志 1986–2005 审读本
西充县志编纂委员会编 何宇元主编 西充 西充县志编纂委员会 2010 年 817 页
b22032605 K297.14 X119C 2010

西充县统战志 1950–2005
刘向东主编 西充 中共西充县委统一战线工作部 2006 年 266 页
b46443575 D613 X119 2006

西充县政协志
西充县政协志编纂领导小组编 李宏毅执笔 西充 西充县政协志编纂领导小组 1985 年 227 页〔四川省西充县地方志丛书〕
b20536057 D628.714 X119 1985

西充县粮食志 1986–2005
西充县粮食志编纂领导小组编纂 蒲伯进主编 西充 西充县粮食志编纂领导小组 2009 年 368 页
b47585109 F724.721 X119 2009

西充县教育志
何德裕主编 西充 西充县教育志编纂者 1999 年 373 页〔西充县地方志丛书〕
b13742565 G527.714 H266

四川省西充中学志 1923–2013
李德先主撰 西充 四川省西充中学 2013 年 632 页
b4947246x G639.287.14 X119 2013

四川省西充县地名录
四川省西充县地名领导小组编印 西充 西充县地名领导小组 1982 年 223 页〔四川省地名录丛书〕
b15604378 K927.14 X119 1982

西充县卫生志 1986–2005
西充县卫生志编纂委员会编 高宏义主编 西充 西充县卫生志编纂委员会 2015 年 519 页
b49964355 R199.271.4 X119 2015

眉山市

眉山市纪检监察志
中共眉山市纪委 眉山市监察局编 眉山 中共眉山市纪委 2015 年 437 页
b4741540x D262.6 M291 2015

眉山人大志 1997–2011
眉山市人大常委会办公室编 眉山 眉山市人大常委会办公室 2016 年 434 页
b50066432 D624.713 M291 2016

眉山政协志 1997–2011
政协第二届眉山市委员会编 苏灿主编 眉山 政协第二届眉山市委员会 2011 年 344 页
b44749211 D628.713 M291 2011

眉山市政法委志
中共眉山市委政法委员会编 王加宾主编 眉山 中共眉山市委政法委员会 2016 年 376 页
b49705362 D927.713 M291 2016

眉山市国土资源志 1997–2010
眉山市国土资源局编 陈大权 李永高主编 眉山 眉山市国土资源局 2012 年 335 页
b42291380 F129.971.3 M291 2012

眉山市住房和城乡建设志 1997–2010
眉山市住房和城乡建设局编 唐毅主编 眉山 眉山市住房和城乡建设局 2011 年 480 页
b47352590 F299.277.13 M291 2011

甘眉(铝硅)工业园区志
邓仁龙总纂 眉山 甘眉(铝硅)工业园区 2014 年 262 页
b50729561 F427.713 D347 2014

眉山地方税务志 1997.8–2007.6
眉山市地方税务局编 吴春发主编 眉山 眉山市地方税务局 2007 年 361 页
b49982588 F812.771.342 M291 2007

眉山市教育志
眉山市教育局编 眉山 眉山市教育局 2014 年 388 页
b49549960 G527.713 M291 2014

眉山市人物志
眉山市地方志办公室编纂 杨文主编 北京 方志出版社 2013 年 463 页
b41236002 K820.871.3 M291 2013

东坡区

眉山县志
四川省眉山县志编纂委员会编 王致修总编辑 成都 四川人民出版社 1992 年 1109 页
b10726603 K297.14 M291

眉山县志 1988–2000
四川省眉山市东坡区人民政府主修 陈云山总编 北京 方志出版社 2003 年 902 页
b15246978 K297.14 M291 2003

永寿镇志
杜定精主编 眉山 永寿镇志编纂者 2016年 287页
b50152208 K297.15 Y6367 2016

眉山县计划生育志
眉山县计划生育委员会编 张忠全执笔 眉山 眉山县印刷厂 1989年 127页
b22430908 C924.257.14 M291 1989

眉山县教育志
四川省眉山县教育局编印 夏铭心主编 眉山 四川省眉山县教育局 1988年 213页
b4699550x G529.714 M291 1988

四川省眉山县地名录
四川省眉山县地名领导小组编印 眉山 四川省眉山县地名领导小组 1987年 272页〔四川省地名录丛书〕
b15605966 K927.14 M291 1987

三苏祠志
三苏祠志编纂委员会编 杨常沙主编 北京 中国文史出版社 2011年 188页
b40740663 K928.75 Y2297 2011

彭山区

彭山县志
四川省彭山县志编纂委员会编 伍朝光总编 成都 巴蜀书社 1991年 694页
b10645238 K297.14 P336

彭山县志 1986–2000
四川省彭山县地方志编纂委员会编 马永前主编 呼和浩特 远方出版社 2002年 675页
b16594630 K297.14 P335 2002

彭山县青龙镇志
四川省彭山县青龙镇人民政府编纂 周景柏主编 彭山 彭山县仁德彩印厂 1996年 200页
b16436738 K297.15 Q464 1996

彭山县国土志
彭山县国土局编纂 彭山 彭山县国土局 1998年 送审稿 281页
b22431226 F129.971.3 P336 1998

彭山县税务志 1912.1.–1985.12
四川省彭山县税务局编 毛杰皋主编 彭山 四川省彭山县税务局 1986年 294页
b50991243 F812.771.442 P336 1986

彭山县教育志 1986–1999
彭山县教育局编纂 彭山 彭山县教育局 2002年 291页
b49706548 G527.714 P336 2002

彭山县青龙镇第一小学志
彭山县青龙镇第一小学编纂 李金堂主编 彭山 彭山县彩印厂 1998年 144页
b46273955 G629.287.15 P336 1998

四川省彭山县第二中学校志
四川省彭山县第二中学编纂 袁俊良主编 彭山 四川省彭山县第二中学 2003年 308页
b51080102 G639.287.14 P3367 2003

四川省彭山县地名录
四川省彭山县地名领导小组编印 彭山 四川省彭山县地名领导小组 1982年 115页〔四川省地名录丛书〕
b15603994 K927.14 P3368 1982

仁寿县

仁寿县志
四川省仁寿县志编纂委员会编 苟安庆主编 成都 四川人民出版社 1990年 647页
b10655402 K297.14 R193

仁寿县志 1986–2002
仁寿县地方志编纂委员会编 段正权主编 北京 方志出版社 2007年 691页
b18621028 K297.14 D745 2007

中共仁寿县委组织志
中共仁寿县委组编织志编纂领导小组编 仁寿 中共仁寿县委组织部 1987年 363页
b50777798 D235.714 R193C 1987

仁寿县国土志 送审稿
仁寿县国土局编 叶建英主编 仁寿 仁寿县国土局 1999年 复印本 119页
b2243155x F129.971.4 R193 1999

仁寿县教育志 清末–1985
四川省仁寿县教育志编写组编 刘东主编 仁寿 四川省仁寿县教育志编写组 1986年 298页
b20181462 G527.714 R193 1986

四川省仁寿县地名录
仁寿县地名领导小组编印 仁寿 四川省仁寿县地名领导小组 1982年 531页〔四川省地名录丛书〕
b15604743 K927.14 R193 1982

黑龙滩水库志
黑龙滩水库志编辑室编 成都 电子科技大学出版社 1989年 195页
b16425625 TV632.714 H331 1989

洪雅县

洪雅县志
四川省洪雅县志编纂委员会编 何大瑞总编 成都 电子科技大学出版社 1992年 959页
b13086558 K297.14 H416

洪雅县志 1993–2004
洪雅县地方志编纂委员会编 马朝洪 夏炬光 曾国春主编 北京 方志出版社 2007年 989页
b18652839 K297.14 H416M 2007

洪雅林场志
赵崇儒主编 成都 四川人民出版社 1991年 204页
b46995316 F326.277.14 H416 1991

洪雅县国土志 送审稿
洪雅县国土志编辑部编 杨淑华主编 洪雅 洪雅县国土志编辑部 2000年 159页
b22430052 F327.714 H416 2000

洪雅县税务志
洪雅县税务志编纂领导小组编 陈开福主笔 张光勇编辑 洪雅 洪雅县税务志编纂领导小组 1985年 2卷 346页
b49607765 F812.771.4 H416 1985

四川省洪雅县地名录
洪雅县地名领导小组编印 洪雅 洪雅县地名领导小组 1986年 212页〔四川省地名录丛书〕
b13742103 K927.14 H416

瓦屋山水电站建设志
朱建文 黄国清主编 北京 中国文史出版社 2010年 316页

b49981651　TV752.71　W122　2010

丹棱县

丹棱县志
四川省丹棱县志编纂委员会编　丹棱　丹棱县志编纂委员会　2000 年　939 页
b1374009x　K297.14　D1655

丹棱县志　1993–2006
丹棱县志编纂委员会编　邱国荣主编　北京　方志出版社　2011 年　751 页
b22458839　K297.14　D1655　2011

四川省丹棱县地名录
四川省丹棱县地名领导小组编印　丹棱　四川省丹棱县地名领导小组　1986 年　107 页〔四川省地名录丛书〕
b15603957　K927.14　D1658　1986

青神县

青神县志
青神县县志编纂委员会编　袁泽儒主编　成都　成都科技大学出版社　1994 年　660 页
b13119473　K297.14　Q4647

青神县志　1991–2005
青神县志编纂委员会编　余世银　王俊伦主编　北京　方志出版社　2011 年　656 页
b36133723　K297.14　Q4647C　2011

青神县文化志
青神县文化旅游局编　艾泽飞主编　青神　青神县商业印刷厂　1998 年　152 页
b21276912　G127.714　Q464　1998

四川省青神县地名录
四川省青神县地名领导小组编印　青神　四川省青神县地名领导小组　1982 年　84 页〔四川省地名录丛书〕
b15603982　K927.14　Q464　1982

宜宾市

宜宾市志
宜宾市地方志办公室编　徐玉良主编　北京　新华出版社　1992 年　793 页
b10600309　K297.13　Y425

宜宾市志　1911–2000
宜宾市志编纂委员会编　徐进总编　北京　中华书局　2011 年　3 卷　2410 页
b36174798　K297.13　Y425D　2011

宜宾城街区图志
宜宾城街区图志编纂委员会编　李绿江主编　成都　四川科学技术出版社　2009 年　313 页
b40743950　K297.13　Y425Y　2009

宜宾市人大志　1951–1990
宜宾市人大常委会编　宜宾　宜宾市印刷厂　1991 年　231 页
b4624038x　D624.713　Y425　1991

宜宾市政府志　1895–2000
宜宾市政府志编纂委员会编　吴光镭主编　北京　方志出版社　2010 年　462 页
b21042512　D625.713　W488　2010

宜宾市政协志　1955–1989
政协宜宾市委员会第九届常务委员会编　宜宾　宜宾市政协第九届常委会　1990 年　272 页
b20017807　D628.713　Z649　1990

宜宾县军事志
宜宾县人民武装部编纂 彭宗地主编 宜宾 宜宾县人民武装部 1986 年 131 页〔四川省宜宾县部门志专志资料丛书〕
b50066900 E289.713 Y425 1986

宜宾地区国土志 1840–1996
宜宾市国土局编 宜宾 宜宾广播电视报社电脑印刷中心 2000 年 376 页
b20017789 F129.971.3 Y425 2000

宜宾市国土志 1840–1996
宜宾市翠屏区国土局编 童世明主编 宜宾 宜宾市翠屏区国土局 1999 年 305 页
b49827418 F129.971.3 Y425C 1999

宜宾市农业志
宜宾市农业局编 雷智灵主编 长春 吉林出版集团公司 2010 年 507 页
b46240378 F327.713 Y425 2010

五粮液志
宜宾五粮液集团有限公司五粮液志编委会编 王国春主编 成都 四川科学技术出版社 2011 年 425 页
b40649878 F426.82 Y425 2011

宜宾市工业志 1911–2005
宜宾市工业志编纂委员会编 郭朝辉总编辑 北京 中华书局 2014 年 756 页
b46353926 F429.713 Y425 2014

宜宾邮电志
宜宾邮电志编写组编 成都 电子科技大学出版社 1993 年 241 页
b46562278 F632.771.3 Y425 1993

宜宾市税务志
宜宾市税务志编辑组编 唐锡尧主编 宜宾 宜宾市税务志编辑组 1986 年 270 页
b46377591 F812.771.342 Y425 1986

宜宾市商业银行志 1984–2010
宜宾市商业银行志编纂委员会编 周树林主编 北京 方志出版社 2013 年 498 页
b44810738 F832.771.3 Y425 2013

宜宾教育志
宜宾市教育局编纂 李世庄主编 重庆 西南师范大学出版社 2005 年 380 页
b16635838 G527.713 Y425 2005

四川省宜宾市第四中学校校志
黄修敏主编 陈永光撰稿 筠连 四川省筠连县印刷厂 1996 年 375 页
b20405029 G639.287.13 Y4254 1996

宜宾市第三中学校校志 1926–2006
宜三中校志编写组编 宜宾 宜三中彩印包装厂 2006 年 489 页
b21571053 G639.287.13 Y425 2006

宜宾市二中校志 1911–2011
谢明亮主编 宜宾 宜宾市二中 2011 年 715 页
b46240366 G639.287.13 Y4253 2011

宜宾市一中校志 1481–2011
黄滨主编 自贡 自贡文教印务有限责任公司 2011 年 2 卷 1198 页
b46274121 G639.287.13 Y425 2011

宜宾市一中校志 1901–2001
宜宾市一中校志编辑室编 张仲奎主编 宜宾 宜宾市一中校志编辑室 2001 年 889 页
b20141579 G639.287.13 Y425 2001

宜宾地区文物简志
四川省宜宾地区文化局编 宜宾 宜宾地区印刷厂 1982 年 107 页
b20017790 K872.712 Y425 1982

宜宾地区文物志
四川省宜宾地区文化局编 宜宾 宜宾县印刷厂 1992 年 296 页
b20046625 K872.712 Y425C 1992

四川省宜宾地区宜宾市地名录
四川省宜宾地区宜宾市地名领导小组编印 宜宾 四川省宜宾地区宜宾市地名领导小组 1983 年 119 页〔四川省地名录丛书〕
b13741664 K927.12 Y425

翠屏区

翠屏区志 1986–2000
宜宾市翠屏区人民政府编 徐玉良主编 北京 方志出版社 2004 年 685 页
b16178531 K297.13 Y425C 2004

李庄镇志
宜宾市翠屏区李庄镇人民政府编 北京 方志出版社 2006 年 395 页
b16746168 K297.15 L423 2006

李庄镇志
四川省宜宾市翠屏区李庄镇志编纂委员会编 北京 方志出版社 2016 年 274 页〔中国名镇志丛书〕
b47206081 K297.15 L423C 2016

翠屏区新农村建设志 2005–2010
翠屏区地方志办公室编纂 李川主编 成都 成都现代印务公司 2011 年 414 页
b40424613 F327.713 Y425C 2011

南溪区

南溪县志
四川省南溪县志编纂委员会编 石仲科等总纂 成都 四川人民出版社 1992 年 784 页
b10727516 K297.14 N1618

南溪县志 1986–2000
南溪县志编纂委员会编 张明明主编 北京 方志出版社 2013 年 631 页
b45444870 K297.14 N1618 2013

南溪县国土志 1840–1997
南溪县国土局编 张开永主编 南溪 南溪县国土局 1999 年 234 页
b18120623 F129.971.4 Z355 1999

四川省南溪县地名录
四川省南溪县地名领导小组编印 南溪 四川省南溪县地名领导小组 1982 年 212 页〔四川省地名录丛书〕
b15604147 K927.14 N1619 1982

瀛洲阁志
四川省社会编科学院历史研究所 宜宾市南溪区巴蜀家风研究中心编 苏东来 黄川模著 苏东来 黄川模著 成都 西南财经大学出版社 2018 年 170 页
b51211221 K928.42 S694 2018

宜宾县

宜宾县志
四川省宜宾县志编纂委员会编 李伯章总编 成都 巴蜀书社 1991 年 758 页
b10759001 K297.14 Y425

宜宾县志 1986–2005
宜宾县志编纂委员会编 丁应虎主编 北

京 方志出版社 2013 年 604 页
b50206953 K297.14 Y425C 2013

宜宾县人民代表大会志 1950–2010
宜宾县人民代表大会志编纂委员会编 陈达春主编 宜宾 宜宾县人民代表大会志编纂委员会 2010 年 453 页
b49640860 D624.714 Y425 2010

四川省宜宾县地名录
宜宾县地名领导小组编 宜宾 宜宾县地名领导小组 1987 年 436 页〔四川省地名录丛书〕
b1374172x K927.14 Y425

江安县

江安县志
江安县志编纂委员会编 丁既明主编 北京 方志出版社 1998 年 916 页
b12698313 K297.14 J3232

江安县志 1986–2000
江安县志编纂委员会编 左江主编 北京 方志出版社 2009 年 712 页
b20467734 K297.14 J3232 2009

四川省江安县城乡建设志
江安县城乡建设环境保护局 江安县城乡建设志编纂委员会编 冯邵贵 易佑康主编 江安 江安县城乡建设环境保护局 1991年 118页〔中华人民共和国地方志〕
b49533009 F299.277.14 J323 1991

四川省江安中学校校志 四川江安中学建校八十周年纪念
代光元主笔 江安 江安中学 1994 年 150 页
b20807016 G639.287.14 J323 1994

四川省江安中学校校志
江安中学编 江安 江安中学 2014 年 506 页
b47352358 G639.287.14 J323 2014

四川省江安县地名录
江安县地名领导小组编 江安 江安县地名领导小组 1987 年 174 页〔四川省地名录丛书〕
b15604135 K927.14 J323 1987

长宁县

长宁县志
四川省长宁县志编纂委员会编 唐学超主编 成都 巴蜀书社 1994 年 893 页
b10617346 K297.14 C346

长宁县志 1986–2000
长宁县志编纂委员会编 曾从钦总编 北京 中国文史出版社 2008 年 1029 页
b20099915 K297.14 C346 2008

四川省长宁县地名录
长宁县地名领导小组编 长宁 长宁县地名领导小组 1987 年 230 页〔四川省地名录丛书〕
b13741603 K927.14 C346

高　县

高县志
高县志编纂委员会编 胡富松主编 北京 方志出版社 1998 年 799 页
b13545255 K297.14 G232

高县志 1991–2008
四川省高县志编纂委员会编 欧阳世斌主编 北京 方志出版社 2010 年 656 页

b22032435　K297.14　G232　2010

高县国土志
高县国土局编　刁洪林主编　高县　高县国土局　1998年　261页
b22429591　F129.971.4　G254　1998

四川省高县地名录
高县地名领导小组编　高县　高县地名领导小组　1987年　250页〔四川省地名录丛书〕
b13741627　K927.14　G254

珙　县

珙县志
四川省珙县志编纂委员会编　成都　四川人民出版社　1995年　911页
b10525099　K297.14　G446

珙县志　1986–2000
珙县志编纂委员会编　郑静总编　北京　方志出版社　2008年　749页
b20198371　K297.14　G446Z　2008

珙县政协志
中国人民政治协商会议四川省珙县委员会编　杨介元主编　珙县　中国人民政治协商会议四川省珙县委员会　1987年　162页
b47414819　D628.714　G446　1987

珙县苗族志
珙县民族事务委员会编　珙县　珙县民族事务委员会　1996年　106页
b20042498　K280.714　G446　1996

珙县僰人风物志
珙县僰人风物志编纂委员会编　郑静著　北京　中国戏剧出版社　2010年　246页
b50207039　K297.14　G446F　2010

四川省珙县地名录
珙县地名领导小组编印　珙县　珙县地名领导小组　1982年　168页〔四川省地名录丛书〕
b13741639　K927.14　G446

筠连县

筠连县志
筠连县县志编纂委员会编　高泽彬总编　成都　四川科学技术出版社　1998年　842页〔中华人民共和国地方志丛书〕
b13276670　K297.14　J757

筠连县志　1986–2005
筠连县县志编纂委员会编　胡波总编　北京　方志出版社　2010年　819页
b22032381　K297.14　J757　2010

高坪苗族乡志
王朝辉总编　北京　方志出版社　2012年　322页
b4065865x　K297.15　G247　2012

腾达镇志　1371–2012
腾达镇志编纂委员会编　陈刚总编　北京　方志出版社　2015年　344页
b49827364　K297.15　T292　2015

筠连县人大志
筠连县人大志编纂委员会编　任永生总纂　北京　方志出版社　2013年　448页
b45444845　D624.714　J757　2013

四川省筠连县地名录
筠边县地名领导小组编　筠连　筠连县地名领导小组　1987年　235页〔四川省地名录丛书〕
b13741615　K927.14　J757

兴文县

兴文县志
兴文县志编纂委员会编 戴奇章总编 成都 四川辞书出版社 1994年 771页
b10726354 K297.14 X463

兴文县志 续编 1986–1995
四川省兴文县志编纂委员会编 董作霖总编辑 成都 四川人民出版社 1998年 699页
b16325333 K297.14 X463 1998

兴文县志 1996–2005
兴文县志编纂委员会编 北京 方志出版社 2010年 826页
b2157098x K297.14 X463 2010

新坝乡志
宜宾市兴文县新坝乡人民政府编纂 宜宾 宜宾市兴文县新坝乡人民政府 2000年 306页
b16415310 K297.15 X443 2000

兴文县政法志
中共兴文县委政法委员会编 朱远鹏主编 北京 中央民族大学出版社 2014年 637页
b47336596 D927.714 X463 2014

四川省兴文县地名录
兴文县地名领导小组编 兴文 兴文县地名领导小组 1982年 106页〔四川省地名录丛书〕
b15603787 K927.14 X463 1982

屏山县

屏山县志
屏山县志编纂委员会编 刘时行总编 成都 四川人民出版社 1998年 871页〔中华人民共和国地方志丛书〕
b13357815 K297.14 P621

屏山县志 1986–2000
屏山县志编纂委员会编 邱东林总编 北京 方志出版社 2009年 965页
b20396053 K297.14 P621 2009

四川省屏山县地名录
四川省屏山县地名领导小组编印 屏山 四川省屏山县地名领导小组 1982年 206页〔四川省地名录丛书〕
b15603696 K927.14 P621 1982

广安市

广安市志 1993–2005
广安市志编纂委员会编 夏代荣 庭继岗主编 北京 中央文献出版社 2012年 2卷 1759页
b4073979x K297.13 G6811 2012

广安市人民代表大会志 1993–2008
广安市人民代表大会志编纂委员会编 唐明光 刘习飞主编 南充 南充市高坪飞腾印制公司 2010年 480页
b44851583 D624.713 G681 2010

广安市政协志
中国人民政治协商会议四川省广安市委员会编 杜朝俊 高仕祥 李玉润主编 广安 中国人民政治协商会议四川省广安市委员会 2003年 428页
b27574647 D628.713 G681

“5·12”特大地震广安抗震救灾志
广安市地方志办公室编 何斌主编 广安 广安市地方志办公室 2014年 311页
b50066031 D632.5 G681 2014

广安市劳动和社会保障志 1993–2005
广安市劳动和社会保障志编纂委员会编纂 汤文辉 张建华主编 广安 广安市劳动和社会保障志编纂委员会 2013 年 235 页
b50665078 D669.2 T239 2013

广安市法院志 1993–2007
广安市法院志编纂委员会编 滕明祥 何玉平主编 广安 广安市法院志编纂委员会 2010 年 340 页
b46560725 D926.22 G681 2010

广安市交通志 1993–2005
广安市交通志编纂委员会编 张拥军主编 成都 成都雅轩印务有限公司 2011 年 360 页
b45840143 F512.771.3 G681 2011

广安市旅游志 1993–2005
广安市旅游志编纂委员会编 周承林主编 成都 成都现代印务公司 2010 年 219 页
b45840155 F592.771.3 G681 2010

广安市国家税务志 1993–2005
广安市国家税务志编纂委员会编 陈宗贵主编 成都 成都现代印务公司 2010 年 232 页
b45840131 F812.423 G681 2010

广安区

广安县志
四川省广安县志编纂委员会编 李纯仁主编 成都 四川人民出版社 1994 年 881 页
b10728466 K297.14 G6811

广安市广安区志 1986–2005
广安市广安区志编纂委员会编 蒋雷主编 北京 中央文献出版社 2014 年 1046 页
b5072910x K297.13 G6811G 2014

前锋镇志 1986–2008
广安市广安区前锋镇志编纂委员会编 陈代国 李斌主编 南充 南充市精艺印刷公司 2010 年 232 页
b46239960 K297.15 Q228 2010

广安区城乡建设志 1986–2005
广安市广安区规划和建设局编 张久龙主编 广安 广安市广安区规划和建设局 2007 年 347 页
b50268879 F299.277.13 G6811G 2007

广安中学志 1912–2012
广安中学志编纂委员会编 伍孝龙 孙文正 姜宝森主编 广安 广安中学志编纂委员会 2012 年 3 卷 979 页
b41234819 G639.287.13 G681 2012

四川省广安县地名录
广安县地名领导小组编 广安 广安县地名领导小组 1988 年 256 页〔四川省地名录丛书〕
b1560455x K927.14 G6811 1988

广安县水利电力志
广安县水利电力局编 钟昌福主编 广安 广安县印刷厂 1990 年 240 页
b21856680 TV-092 G6811 1990

华蓥市

华蓥市志
四川省华蓥市志编纂委员会编 康永恒总编 成都 四川人民出版社 1995 年 783 页
b10604042 K297.13 H529

华蓥市志 1992–2005
华蓥市地方志编纂委员会编 陈克艰主编 北京 方志出版社 2012 年 942 页
b46133070 K297.13 H529 2012

华蓥市禄市镇志 1978–2012
华蓥市禄市镇志编纂委员会编 罗春华主编 华蓥 华蓥市禄市镇志编纂委员会 2014 年 345 页〔华蓥市地方志丛书〕
b50729263 K297.13 L831 2014

华蓥市国土志
华蓥市国土局编 蒋世成总编 华蓥 华蓥市国土局 1997 年 282 页
b46995328 F129.971.4 H529 1997

华蓥市煤炭志 1978–2009
华蓥市煤炭志编纂委员会编 廖中元主编 华蓥 华蓥市煤炭志编纂委员会 2013 年 203 页〔华蓥市地方志丛书〕
b50065798 F426.21 H5299 2013

华蓥市地方税务志 1994–2008
华蓥市地方税务志编纂委员会编 何竞雄 蒋柏林主编 华蓥 华蓥市地方税务志编纂委员会 2010年 169页〔华蓥市地方志丛书〕
b49982242 F812.771.442 H529 2010

华蓥市科学技术志 1978–2010
华蓥市科学技术志编纂委员会编 韩瑞明主编 华蓥 华蓥市科学技术志编纂委员会 2011 年 203 页〔华蓥市地方志丛书 52〕
b49549832 G322.771.4 H529 2011

四川省华云工农区地名录
华云工农区地名领导小组编印 华蓥 华云工农区地名领导小组 1987 年 88 页〔四川省地名录丛书〕
b15604470 K927.14 H529 1987

岳池县

岳池县志 1911–1985
四川省岳池县志编纂委员会编 金青禾主编 成都 电子科技大学出版社 1993 年 649 页
b1079623x K297.14 Y862

岳池县志 1986–2002
四川省岳池县志编纂委员会编 蔡勤忠主编 成都 天地出版社 2009 年 718 页
b2081558x K297.14 Y862C 2009

岳池县组织志 1986–2002
中共岳池县委组织部编 杨明主编 岳池 中共岳池县委组织部 2010 年 132 页
b4950647x D235.714 Y862 2010

岳池县财政志
四川省岳池县财政局编 尹应章主编 岳池 四川省岳池县财政局 1989 年 274 页
b44749429 F812.771.4 Y862 1989

岳池农家文化志
岳池县党史县志办公室编 刘明富主编 北京 方志出版社 2015 年 645 页
b50206977 G127.714 Y862 2015

岳池一中志 1942–1990
岳池县第一中学编 岳池 岳池县第一中学 1991 年 380 页
b21136786 G639.287.14 Y862 1991

四川省岳池县地名录
岳池县地名领导小组办公室编印 岳池 岳池县地名领导小组办公室 1987 年 342 页〔四川省地名录丛书〕
b15604597 K927.14 Y862 1987

武胜县

武胜县志
四川省武胜县志编纂委员会编 段学新主编 重庆 重庆出版社 1994年 944页
b1308978x K297.14 W534

武胜县志 1986–2005
武胜县志编纂委员会编 龙瑞泽主编 北京 方志出版社 2011年 1291页
b40424583 K297.14 W534 2011

武胜民盟志 1946–2010
武胜民盟志编修领导小组编 张伯钊主编 武胜 武胜龙海印务公司 2011年 169页〔武胜县地方志丛书〕
b4086456x D665.2 W534 2011

武胜县畜牧志 1986–2005
武胜县畜牧食品局编 滕明光主编 武胜 武胜县畜牧食品局 2010年 172页〔武胜县地方志丛书 16〕
b49608125 F326.377.14 W534 2010

武胜县交通志 1986–2005
武胜县交通局编 李贤臣主编 武胜 武胜县交通局 2008年 247页〔武胜县地方志丛书 6〕
b4690315x F512.771.4 W533 2008

武胜县科学技术志 1986–2005
武胜县科学技术局编 孙亮主编 广安 武胜龙海印务公司 2010年 194页〔武胜县地方志丛书〕
b45840696 G322.771.4 W534 2010

四川省武胜县地名录
武胜县地名领导小组编印 武胜 武胜县地名领导小组 1986年 245页〔四川省地名录丛书〕
b13741573 K927.14 W534

武胜县水利电力志
陈巨波主编 武胜 武胜县龙海印刷厂 2003年 495页〔地方志丛书之五〕
b2185693x TV-092 W5347 2003

邻水县

邻水县志
四川省邻水县地方志编纂委员会编 罗权国总编辑 成都 四川科学技术出版社 1991年 769页
b1061722x K297.14 L582

邻水县志 1986–2005
邻水县地方志编纂委员会编 唐时兵 李瑜主编 北京 中国文史出版社 2010年 975页
b22430696 K297.14 L582 2010

石滓乡志
邻水县石滓乡乡志编纂组编 包吉祥主笔 邻水 邻水县石滓乡乡志编纂组 1983年 100页
b20103797 K297.15 S4758 1983

邻水县人民政府志
四川省邻水县人民政府志编纂组编 罗权国主编 邻水 四川省邻水县人民政府志编纂组 1992年 527页
b49705349 D625.714 L582 1992

邻水县政协志 2001–2010
政协邻水县委员会编 鄢承均主编 邻水 政协邻水县委员会 2010年 278页
b49705350 D628.714 L582 2010

邻水县审计志 1983-2012
邻水县审计志编纂委员会编 何伟主编 北京 中国文史出版社 2015年 194页〔邻水县地情资料丛书〕
b50065439 F239.227.714 L582 2015

邻水县财政志
邻水县财政志编辑委员会编 李伟主编 邻水 邻水县财政志编辑委员会 2011年 386页
b44916280 F812.771.4 L582 2011

邻中实验学校志 第1卷 2004-2009
四川省邻水中学实验学校编 刘强佳主编 邻水 四川省邻水中学实验学校 2009年 218页
b47073032 G639.287.14 L582

四川省邻水实验学校志 2004-2014
刘强佳主编 邻水 四川省邻水实验学校 2014年 283页
b46668603 G639.287.14 S6645 2014

四川省邻水县地名录
邻水县地名领导小组编 邻水 邻水县地名领导小组 1985年 253页〔四川省地名录丛书〕
b15604615 K927.14 L582 1985

达州市

达州市志 1911-2003
达州市志编纂委员会编 北京 方志出版社 2009年 3卷 2220页
b20815645 K297.13 D1239 2009

达县地区人口与计划生育志
达州市计划生育委员会办公室编纂 杨北辰主编 成都 四川人民出版社 2002年 392页
b40743287 C924.257.12 D123 2002

达州人大志
达州人大志编纂委员会编 陈绪科主编 北京 中国文史出版社 2016年 311页
b47560502 D624.713 D123 2016

达州法院志
四川省达州市中级人民法院编 游宗模主编 达州 达州市中级人民法院 2004年 467页
b49788863 D926.22 D123 2004

达州市军事志
达州军分区编纂 王太平主编 北京 中国人民解放军出版社 2007年 503页
b20948396 E289.713 W231 2007

达川地区财政志 1993-1999
达州市财政局编 黄锦华主编 达州 达州市财政局 2010年 290页
b50065919 F812.771.2 D123C 2010

达县地区财政志
达县地区财政志编纂委员会编 黄锦华总编辑 达川 四川省达川地区财政局 1998年 398页
b46010944 F812.771.2 D123 1998

达县地区工商银行志
达县地区工商银行志编纂委员会编 罗正佑主编 成都 四川辞书出版社 1997年 491页
b49532996 F832.771.4 D123G 1997

达县地区建设银行志
达县地区建设银行志编纂领导小组编 成都 四川辞书出版社 1998年 445页
b49981778 F832.33 D123 1998

达县地区金融志
达县地区金融志编纂委员会编 王阳星主编 成都 西南财经大学出版社 2004年 470页
b20566438 F832.771.2 D123 2004

达县地区农村金融志
达县地区农村金融志编纂领导小组编 沈昌亮主编 重庆 重庆出版社 1994年 446页
b41235940 F832.771.4 D123 1994

达州市农村信用合作志 1952–2009
达州市农村信用合作志编纂委员会编 刘兴明主编 成都 西南财经大学出版社 2012年 502页
b36011265 F832.771.3 D123 2012

达县地区文化艺术志
四川省达州文化局编 潘广炎主编 达州 四川省达州文化局 2001年 532页
b36380027 G127.713 D123 2001

达州市教育志
达州市教育志编纂委员会编 杨大荣主编 达州 达州市教育志编纂委员会 2008年 847页
b46669024 G527.713 D123 2008

达州市高级中学校志
四川省达州市高级中学校编 何光表主编 达州 四川省达州市高级中学校 2003年 478页
b20100486 G639.287.13 D123 2003

达州市一中校志 1906–2006
曹向东 冷德胜主编 达州 达州市一中校 2006年 661页
b20576298 G639.287.13 D1231 2006

四川省达州财贸学校校志 1956–2006
杜勇主编 达州 四川省达州财贸学校 2006年 291页
b20140800 G719.287.1 D123 2006

达县地区体育志
达州市体育局编 黄耀主编 达州 达州市体育局 2012年 288页
b44915743 G812.771.3 D123 2012

达州市体育志 1911–2013
达州市体育志编纂委员会编 余隆海主编 北京 中国文史出版社 2015年 366页
b49661541 G812.771.3 D1239 2015

四川省达县地区达县市地名录
四川省达县地区达县市地名工作领导小组编印 达县 四川省达县地区达县市地名领导小组 1985年 199页〔四川省地名录丛书〕
b13742449 K927.12 D123

达县地区卫生防疫站志
达县地区卫生防疫站志编辑组编 达县 编者出版 1992年 254页
b51079331 R197.2 D123 1992

达州水利志 1949–2006
达州水利志编纂委员会编 杜河兵主编 达州 四川省达州市水务局 2011年 610页
b47414649 TV–092.713 D123 2011

通川区

达州市通川区志 1986–2005
达州市通州区志编纂委员会编 洪小平 李世春总编 北京 中国文史出版社 2013年 708页
b46239534 K297.13 D1239T 2013

达州市通川区军事志 1976-2005
达州市通川区人民武装部编纂 易定旗主编 北京 解放军出版社 2007年 226页
b21567359 E289.713 D123T 2007

达州市通川区流通志 1986-2005
达州市通川区流通行业管理办公室编纂 马其华主编 达州 达州市通川区流通行业管理办公室 2009年 161页
b50151654 F259.277.13 D123 2009

达川区

达县市志
达县市地方志工作委员会编 李培德总编 成都 四川人民出版社 1994年 774页
b10824960 K297.13 D123

达县志
四川省达县志编纂委员会编 成都 四川辞书出版社 1994年 1004页〔中华人民共和国地方志丛书〕
b10597839 K297.14 D123

达县志 1986-2005
达县地方志编纂委员会编 潘远金总编 北京 中国文史出版社 2013年 752页
b44915524 K297.14 D123 2013

复兴乡志
复兴乡志编写组编 达县 复兴乡志编写组 1988年 油印本 387页
b44851522 K297.15 F514 1988

达县军事志 1911-2005
达县人民武装部编纂 李方明主编 北京 解放军出版社 2007年 409页
b21567347 E289.714 D123 2007

达县国土志
达县国土志编纂委员会编 邓胜成主编 达县 达县国土志编纂委员会 1998年 229页
b22429141 F129.971.4 D123 1998

达县建设志
达县建设志编纂委员会编 李方明主编 达县 达县建设志编纂委员会 1999年 718页〔达县地方志丛书〕
b46442832 F299.277.14 D123 1999

达钢志
蒋立富主编 达县 四川省达县地区钢铁厂 1986年 329页
b49639924 F426.31 D123 1986

达县中学志 1988-2014
达县中学志编委会编 孙耕主编 达县 达县中学志编委会 2015年 418页
b49489860 G639.287.14 D123 2015

万源市

万源县志
四川省万源县志编纂委员会编 廖扬恺总编 成都 四川人民出版社 1996年 1033页〔中华人民共和国地方志丛书〕
b13161556 K297.14 W1739

万源市志 1986-2005
四川省万源市地方志编纂委员会编 唐艺总编 北京 中国文史出版社 2009年 2卷 1437页
b20198127 K297.14 W1739T 2009

石塘乡志 1911-2013
石塘乡人民政府编纂 张次忠主编 成都 四川师范大学电子出版社 2016年 424页
b50747927 K297.15 S4757 2016

万源市政协志 1981–1997
中国人政治协商会议万源市委员会编 李德辉编 万源 中国人政治办商会议万源市委员会 1998 年 256 页〔万源市地方志丛书〕
b44916759 D628.714 W173 1998

万源市政协志 1998–2006
中国人民政治协商会议万源市委员会编 张文平编 万源 中国人民政治协商会议万源市委员会 2006 年 195 页〔万源市地方志丛书〕
b50729767 D628.714 W173 2006

万源市军事志 1911–2005
万源市人民武装部编纂 张文伦 吴让荣 唐艺主编 北京 解放军出版社 2007 年 328 页
b36247510 E289.714 W173 2007

万源市工商行政管理志 1987–2007
四川省万源市工商行政管理局编纂 张建平 唐艺主编 万源 四川省万源市工商行政管理局 2009 年 267 页
b46553198 F123.82 W173 2009

万源市国土志
万源市国土局编 牟成通主编 万源 万源市国土局 2000 年 送审稿 324 页
b22432310 F129.971.4 W173 2000

万源县财政志
万源县财政局财政志编纂组编纂 赵洪贤总纂 成都 四川人民出版社 1996 年 469 页〔万源县地方志丛书〕
b50318408 F812.771.4 W1739 1996

万源保卫战战史陈列馆志 1986–2009
四川省万源市地方志编纂委员会编 唐艺主编 成都 四川师范大学电子出版社 2010 年 195 页
b49789806 G268.1 W173 2010

四川省白沙工农区地名录
四川省白沙工农区地名领导小组编印 万源 四川省白沙工农区地名领导小组 1985 年 64 页〔四川省地名录丛书〕
b15603805 K927.14 B152 1985

四川省万源县地名录
万源县地名领导小组编 万源 万源县地名领导小组 1984 年 339 页〔四川省地名录丛书〕
b1560441x K927.14 W173 1984

宣汉县

宣汉县志
四川省宣汉县志编纂委员会编 冉崇育总编 成都 西南财经大学出版社 1994 年 1022 页
b10824625 K297.14 X637

宣汉县志 1986–2005
四川省宣汉县地方志编纂委员会编 李锐总编 北京 中国文史出版社 2011 年 918 页
b23217303 K297.14 X637 2011

宣汉双河镇志
双河镇志编纂组编 宣汉 双河镇志编纂组 1992 年 333 页
b20104698 K297.15 S592 1992

宣汉县人大志
宣汉县人大志编纂委员会编 何大彬主编 达州 达州市华宇印刷厂 2003 年 395 页
b20046492 D624.714 H266 2003

宣汉县人大志 续修 2003.1–2016.9
宣汉县人大常委会办公室编纂 北京 中国文史出版社 2017 年 638 页
b50777440 D624.714 X637 2017

宣汉县大成镇老协志 1987–2009
宣汉县大成镇老协志编辑组编 陈坤孝主编 宣汉 宣汉县大成镇老协志编辑组 2009 年 367 页
b47297104 D669.6 D135 2009

宣汉县军事志 1911–2005
宣汉县人民武装部编纂 北京 解放军出版社 2007 年 435 页
b22432784 E289.714 X637 2007

宣汉县城乡建设志
宣汉县城乡建设志编纂委员会编 丁峰主编 宣汉 宣汉县城乡建设志编纂委员会 1991 年 202 页〔宣汉县地方志丛书〕
b50152786 F299.277.14 X637 1991

宣汉县畜牧志
四川省宣汉县畜牧志编纂组编 张传俊主编 宣汉 四川省宣汉县畜牧志编纂组 1988 年 308 页〔宣汉县地方志丛书 43〕
b49789892 F326.377.14 X637 1988

宣汉县财政志 1986–2005
宣汉县财政局编 宣汉 宣汉县财政局 2007 年 283 页
b44749351 F812.771.4 X637 2007

宣汉中学志 1916–2016
四川省宣汉中学校志编纂委员会编 顾林主编 宣汉 四川省宣汉中学校志编纂委员会 2016 年 721 页
b49678401 G629.287.14 X637 2016

四川省宣汉县地名录
宣汉县地名领导小组编印 宣汉 宣汉县地名领导小组 1988 年 433 页〔四川省地名录丛书〕
b15604391 K927.14 X637 1988

开江县

开江县志
四川省开江县志编纂委员会编 孙仁藩主编 成都 四川人民出版社 1989 年 766 页
b10634150 K297.14 K1224 MYBK

开江县志
四川省开江县志编纂委员会编纂 孙仁藩主编 北京 中国文史出版社 2016 年 第 2 版 782 页
b50777427 K297.14 K122E 2016

开江县志 1986–2005
四川省开江县地方志编纂委员会编 北京 方志出版社 2006 年 894 页
b1828033x K297.14 K122 2006

开江县宝塔坝乡志
宝塔坝乡志编写小组编 开江 宝塔坝乡志编写小组 1985 年 147 页
b20102549 K297.15 B268 1985

开江县军事志 1911–2005
开江县人民武装部编纂 刘欣 张明宏主编 北京 解放军出版社 2007 年 262 页
b21568820 E289.714 K122 2007

开江县教育文化志 1986–2003
四川省开江县文教局编 杨贵成 刘中高总编 开江 四川省开江县文教局 2006 年 625 页
b49607832 G527.714 K122 2006

开江中学志 1920–1990
开江中学编 开江 开江县印制二厂 1991 年 567 页
b20102550 G639.287.1 K122 1991

开江中学志 2001–2010
四川省开江中学志编委会编 廖灿英主编 开江 开江县城北印刷厂 2010 年 417 页
b40742830 G639.287.1 K122 2010

四川省开江县地名录
四川省开江县地名领导小组编印 开江 四川省开江县地名领导小组 1982 年 155 页〔四川省地名录丛书〕
b15604408 K927.14 K122 1982

大竹县

大竹县志
四川省大竹县志编纂委员会编 谢长春总编辑 重庆 重庆出版社 1992 年 868 页
b10758999 K297.14 D1369

大竹县志 1986–2002
四川省大竹县地方志编纂委员会编 邓耀军总编 北京 方志出版社 2006 年 934 页
b17182864 K297.14 D1369 2006

大竹县军事志 1911–2005
大竹县人民武装部编纂 王锡明总编 北京 解放军出版社 2007 年 316 页
b21567426 E289.714 D136 2007

大竹县供销合作志
包克智主编 大竹 四川省大竹县供销合作社联合社 1986 年 221 页
b50151666 F727.714 D136 1986

大竹中学志 1918–1998
大竹中学校志编写组编 王光俊主编 大竹 大竹中学校志编写组 1998 年 592 页
b20100541 G639.287.14 D136 1998

大竹中学志 1998–2008
四川省大竹中学编 大竹 四川省大竹中学 2008 年 648 页
b21589501 G639.287.14 D136 2008

四川省大竹县地名录
四川省大竹县地名领导小组编印 大竹 四川省大竹县地名领导小组 1988 年 310 页〔四川省地名录丛书〕
b13741536 K927.14 D1368

渠 县

渠县志
四川省渠县地方志编纂委员会编 文世安总编辑 成都 四川科学技术出版社 1991 年 977 页
b10759177 K297.14 Q575

渠县志 1986–2005
四川省渠县地方志编纂委员会编 北京 中国文史出版社 2009 年 934 页
b20918550 K297.14 Q575 2009

渠县统战志
中共渠县县委统战部编 李茂林主编 渠县 四川省国营渠县印刷厂 1987 年 164 页
b44916486 D613 Q575 1987

渠县法院志 1911–1999
渠县法院志编纂委员会编 渠县 渠县印刷厂 2001 年 185 页
b44916462 D926.22 Q575 2001

渠县军事志 1911–2005
渠县人民武装部编纂 胡良林主编 北京

解放军出版社 2007 年 273 页
b21570000 E289.714 Q575 2007

渠县国土志 1911–1997
渠县国土局编 王龙富主编 渠县 渠县印刷厂 2001 年 187 页
b22431536 F129.971.4 Q575 2001

渠县农村信用合作社志 1986–2005
渠县农村信用合作社志编纂领导小组编 贾安主编 渠县 渠县农村信用合作社志编纂领导小组 2007 年 519 页
b49705398 F832.771.4 Q575 2007

渠县文化志 第 1 卷 征求意见稿
渠县文化志编纂领导小组编 渠县 渠县文化志编纂领导小组 1988 年 油印本
b21276080 G127.714 Q575 1988

渠县中学志 1917–1996
四川省渠县中学志编辑部编 吴忠主编 渠县 四川省渠县中学志编辑部 1997 年 197 页
b44916474 G639.287.14 S6644 1997

渠县苏维埃志
渠县地方志办公室编 文世安总编 北京 中国文史出版社 2014 年 215 页
b47052295 K269.406 Q575 2014

四川省渠县地名录
渠县地名领导小组编印 渠县 渠县地名领导小组 1982 年 359 页〔四川省地名录丛书〕
b15604433 K927.14 Q575 1982

雅安市

雅安市志
四川省雅安市志编纂委员会编 罗逊总纂 成都 四川人民出版社 1996 年 857 页
b13946833 K297.13 Y139

雅安市志 续编 1986–2000
雅安市志编辑委员会编 李毅 吴胜平总编 成都 四川科学技术出版社 2002 年 651 页
b14882917 K297.13 Y139B 2002

汶川特大地震雅安抗震救灾志
雅安市地方志编纂委员会办公室编 郑汝成主编 北京 中央民族大学出版社 2015 年 458 页
b47336602 D632.5 Z542 2015

雅安地区国土志
黄玉岚主编 雅安 雅安地区国土局 1998 年 309 页
b22432802 F129.971.2 Y139C 1998

雅安市国土志
雅安市国土志编辑委员会编 江纪明主编 雅安 雅安市国土局 1998 年 224 页
b20536161 F129.971.3 Y139 1998

雅安地区盐业志
四川省盐业公司雅安分公司编纂 卢炳贵主编 成都 四川科学技术出版社 1995 年 376 页〔雅安地区地方志丛书〕
b36247819 F426.82 Y139 1995

雅安地区交通志
四川省雅安地区交通局编著 成都 四川科学技术出版社 1993 年 384 页〔雅安地区地方志丛书〕
b20046509 F512.771.2 Y139 1993

雅安地区财政志
雅安地区财政局编 何代富主编 雅安 雅

安地区财政局 1999 年 285 页
b49472525　F812.771.3 Y139 1999

雅安地区戏曲志
雅安地区文化局编 郑胜国主编 雅安 雅安地区文化局 1987 年 141 页
b17301993　J809.271 Y139 1987

雅安地区文物志
陈蜀奎主编 成都 巴蜀书社 1992 年 222 页
b36378574　K872.712 Y139 1992

四川省雅安地区雅安县地名录
四川省雅安地区雅安县地名领导小组编印 雅安 四川省雅安地区雅安县地名领导小组 1983 年 208 页〔四川省地名录丛书〕
b15604755　K927.12 Y139 1983

雅安地区自然地理志
雅安地区地方志办公室编 曹宏主编 成都 雅安地区地方志办公室 2000 年 291 页
b15329495　P942.71 C212 2000

雅安市水利志　1991–2010
雅安市水务局编 胡祖一主编 雅安 雅安市水务局 2012 年 370 页
b47416191　TV–092.713 Y139 2012

名山区

名山县志
名山县志编纂委员会编 王加富主编 成都 四川科学技术出版社 1992 年 653 页
b10727814　K297.14 M565

名山县志　1986–2000
名山县地方志编纂委员会编 施南 张启均 李德益主编 北京 方志出版社 2006 年 602 页
b17021170　K297.14 M565M 2006

蒙阳镇志
四川省名山县蒙阳镇志编纂委员会编 名山 四川省名山县蒙阳镇志编纂委员会 2003 年 290 页
b17457816　K297.15 M343 2003

前进乡志　1950–2012
前进乡志编纂委员会编 胡启先主编 北京 中央民族大学出版社 2014 年 249 页
b46248419　K297.15 M565 2014

中共名山县委志　1950–2005
中共名山县委志编纂委员会编 江志敏主编 成都 成都力扬文化传播有限公司 2009 年 659 页
b20466596　D235.714 M565 2009

名山县政府志
名山县政府志编纂领导小组编 张启钧主编 名山 名山县人民政府办公室 2009 年 388 页
b20815566　D625.744 M565 2009

“5·12” 汶川特大地震名山抗震救灾志
雅安市名山区地方志办公室编 杨忠 罗永建 严永康主编 北京 中国文史出版社 2014 年 342 页
b49748415　D632.5 Y2529 2014

名山县国土志
名山县国土局编 名山 名山县国土局 1997 年 436 页
b22430969　F129.971.4 M565 1997

名山茶业志
名山茶业志编纂委员会主编 高殿懋主编

北京 方志出版社 2017 年 516 页
b50756473 F326.12 M565 2017

名山县农业志
卢本德主编 名山 名山县农业局 2003 年 251 页
b49625688 F327.714 M565 2003

四川省名山县地名录
名山县地名领导小组编印 名山 四川省名山县地名领导小组 1985 年 146 页〔四川省地名录丛书〕
b15605309 K927.14 M565 1985

四川省名山县水利电力志
名山县水利电力局编印 名山 名山县水利电力局 1986 年 186 页
b21855389 TV-092 M565 1986

荥经县

荥经县志
四川省荥经县地方志编纂委员会编 重庆 西南师范大学出版社 1998 年 710 页
b13833893 K297.14 Y556

荥经县志 1986-2000
荥经县志编纂委员会编 宋金汉主编 北京 方志出版社 2011 年 544 页
b36133772 K297.14 Y556C 2011

荥经县国土志
荥经县国土局编 荥经 荥经县国土局 1999 年 1 卷
b22432954 F129.971.4 X475 1999

荥经县财政志 1912-2000
荥经县财政志编纂委员会编 石汉章主编 荥经 荥经县财政志编纂委员会 2012 年 303 页
b44916899 F812.771.4 X475 2012

四川省荥经县地名录
荥经县地名领导小组编印 荥经 四川省荥经县地名领导小组 1983 年 111 页〔四川省地名录丛书〕
b15605164 K927.14 Y556 1983

汉源县

汉源县志
汉源县志编纂委会编著 朱广和主编 成都 四川科学技术出版社 1994 年 975 页
b13993124 K297.14 H215

汉源简志
汉源县地方志编纂委员会编著 董必忠主编 北京 中央民族大学出版社 2015 年 387 页
b47133569 K297.14 D593 2015

汉源抗震救灾志
汶川特大地震汉源抗震救灾志编纂委员会编 董必忠主编 成都 电子科技大学出版社 2013 年 358 页
b4474870x D632.5 H215 2013

汉源县农业志 1949-2005
汉源县农业局编 周志全主编 汉源 汉源县农业局 2009 年 492 页
b49677949 F327.714 H215 2009

四川省汉源县地名录
四川省汉源县地名领导小组编印 汉源 汉源县地名领导小组 1982 年 222 页〔四川省地名录丛书〕
b15605176 K927.14 H215 1982

汉源县水利电力志
四川省汉源县水利电力局编 汉源 四川省汉源县水利电力局 1992 年 油印本 2 卷 427 页
b21857210 TV-092 H2159 1992

石棉县

石棉县志
石棉县地方志编纂委员会编 成都 四川辞书出版社 1999 年 807 页〔中华人民共和国地方志丛书〕
b13868561 K297.14 S473

石棉县志 1986-2000
石棉县地方志编纂委员会编 龚启宏总编 北京 中国文史出版社 2010 年 750 页
b23190838 K297.14 S473C 2010

石棉简志 1952-2012
石棉县人民政府编 龚启宏主编 石棉 石棉县人民政府 2012 年 279 页
b49678292 K297.14 S473D 2012

擦罗彝族乡志
擦罗彝族乡人民政府 石棉县地方志编纂委员会编 黄光华主编 石棉 石棉县地方志编纂委员会 2005 年 215 页
b22360165 K297.15 C111 2005

栗子坪彝族乡志
栗子坪彝族乡人民政府主编 王志平主编 成都 四川民族出版社 2007 年 306 页
b23003820 K297.15 L446 2007

石棉县草科藏族乡志 1952-2000
石棉县草科藏族乡人民政府编 石棉 石棉县锡康印刷厂 2008 年 262 页
b22360177 K297.15 C226 2008

石棉县田湾彝族乡志 1953-2000
石棉县田湾彝族乡人民政府编 石棉 石棉县锡康印刷厂 2008 年 224 页
b22360189 K297.15 T356 2008

石棉县挖角彝族藏族乡志 1952-2005
石棉县挖角彝族藏族乡人民政府编 王治平主编 石棉 石棉县挖角彝族藏族乡 2007 年 274 页
b22360190 K297.15 W112 2007

中共石棉县委宣传部续修部志 1986-2006
中共石棉县委宣传部编 双志云总编 石棉 中共石棉县委宣传部 2006 年 192 页
b50777877 D261.5 S473 2006

石棉县人民代表大会志 1986-2002
石棉县人大常委会办公室编 余建忠主编 石棉 石棉县人大常委会办公室 2007 年 302 页
b50727862 D624.714 S473 2007

汶川特大地震石棉县抗震救灾志
石棉县地方志编纂委员会编 龚启宏主编 北京 方志出版社 2012 年 293 页
b45956030 D632.5 S473 2012

汶川特大地震石棉县乡镇抗震救灾志
石棉县地方志编纂委员会编纂 龚启宏主编 北京 方志出版社 2012 年 649 页
b5020693x D632.5 S473C 2012

石棉县人民政府志 1952-2000
石棉县人民政府办公室编 杨承斌 程树立主编 石棉 石棉县人民政府办公室 2006 年 349 页
b50066638 D677.14 S473 2006

石棉县林业志
石棉县林业志编纂委员会编 邓学平主编 成都 四川辞书出版社 2004 年 204 页
b50664955 F326.277.14 D348 2004

四川省石棉矿志
叶宏存主编 雅安 四川省石棉矿志编纂领导小组 1990 年 368 页
b49849244 F426.1 S664 1990

四川省石棉县地名录
石棉县地名领导小组编印 石棉 四川省石棉县地名领导小组 1985 年 86 页〔四川省地名录丛书〕
b1560519x K927.14 S473 1985

天全县

天全县志
四川省天全县志编纂委员会编 裴大元总编辑 成都 四川科学技术出版社 1997 年 793 页
b1381882x K297.14 T343

天全县志 1986–2005
天全县志编纂委员会编 江汉平总编 成都 四川科学技术出版社 2010 年 1022 页
b23217297 K297.14 T343 2010

四川省天全县地名录
四川省天全县地名领导小组编印 天全 四川省天全县地名领导小组 1985 年 133 页〔四川省地名录丛书〕
b15605152 K927.14 T343 1985

芦山县

芦山县志
芦山县志编纂委员会编 王锡禄主编 北京 方志出版社 2000 年 907 页
b13545139 K297.14 L789

四川省芦山县地名录
芦山县地名领导小组编印 芦山 四川省芦山县地名领导小组 1984 年 120 页〔四川省地名录丛书〕
b15604068 K927.14 L789 1984

宝兴县

宝兴县志
四川省宝兴县地方志编纂委员会编 北京 方志出版社 2000 年 503 页
b13833819 K297.14 B268

宝兴县志 1986–2005
宝兴县地方志编纂委员会编 张顺昌 田孟良主编 北京 方志出版社 2012 年 648 页
b36708811 K297.14 B268B 2012

汶川特大地震宝兴抗震救灾志
汶川特大地震宝兴抗震救灾志编纂委员会 宝兴县地方志办公室 宝兴县档案局（馆）编 罗国强 郑胡勇主编 北京 中央民族大学出版社 2013 年 418 页
b50207064 D632.5 B268 2013

宝兴县国土志
代华强主编 宝兴 宝兴县国土局 1999 年 198 页
b22428677 F129.971.4 B268 1999

四川省宝兴县地名录
四川宝兴县地名领导小组编印 宝兴 四川省宝兴县地名领导小组 1985 年 79 页〔四川省地名录丛书〕
b15605140 K927.14 B268 1985

巴中市

巴中市志
巴中市地方志编纂委员会编 聂步兴主编 北京 方志出版社 2014年 2卷 1766页
b46086924 K297.13 B114 2014

巴中县志
四川省巴中县志编纂委员会编 王超总编 成都 巴蜀书社 1994年 1137页
b12626788 K297.14 B1149

巴中县志 1986-1993
四川省巴中市地方志编纂委员会编 王超总编 成都 四川人民出版社 2000年 585页
b16075286 K297.14 B1149 2000

巴中市抗震救灾志
巴中市地方志办公室编 北京 中国文史出版社 2017年 339页
b50642406 D632.5 B114 2017

巴中地区审判志 1912-2000
巴中市中级人民法院编 杨浩明主编 巴中 巴中市中级人民法院 2006年 265页〔巴中市地方志丛书〕
b50727242 D927.713.622 B114 2006

巴中市国土志
巴中市国土志编纂领导小组编纂 崔腾钢主编 巴中 巴中市国土局 1999年 251页
b22428616 F129.971.4 B114 1999

巴中市工商行政管理志 1910-2010
四川省巴中市工商行政管理局编纂 聂步兴主编 巴中 四川省巴中市工商行政管理局 2013年 364页〔巴中市地方志丛书〕
b50247797 F203.9 B114 2013

巴中市审计志
巴中市审计局编 熊朝山主编 巴中 巴中市审计局 2006年 155页〔巴中市地方志丛书〕
b45839955 F239.227.713 B114 2006

巴中市畜牧食品志 1912-2003
巴中市畜牧食品局编 程仕俊主编 北京 中央民族大学出版社 2012年 152页
b40724372 F326.377.13 B114 2012

巴中市旅游志 1979-2006
巴中市旅游局编 巴中 巴中市永红包装彩印公司 2011年 195页〔巴中市地方志丛书〕
b40649787 F592.771.3 B114 2011

巴中地区电信志 1913-2000
四川省电信有限公司巴中市分公司编 王洪星 李永杭主编 巴中 四川省电信公司巴中市分公司 2006年 454页
b50727230 F632.771.3 B114 2006

巴中市地方税务志 1912-2004.8
四川省巴中市地方税务局编 宋胜国主编 巴中 四川省巴中市地方税务局 2004年 336页〔巴中市地方志丛书〕
b4623939x F812.771.342 B114 2004

巴中县金融志
张辅斌主编 巴中 巴中县包装装潢印制公司 1987年 534页
b45569058 F832.771.4 B114 1987

巴中县文化志
巴中县文教局编 巴中 四川巴中县包装装潢印刷公司 1992年 644页
b17358474 G127.714 B114 1992

四川省巴中中学志 1868-1998
四川省巴中中学志编纂小组编 萧佐远

主编 巴中 巴中市新华印刷厂 1998年 744页
b20140782 G639.287.13 B114 1998

巴中地区文化志 1912–2000
巴中市文化体育新闻出版局编 李茂群主编 巴中 巴中市文化体育新闻出版局 2008年 336页〔巴中市地方志丛书〕
b50727254 K297.13 B114L 2008

四川省巴中县地名录
巴中县地名领导小组编印 巴中 巴中县地名领导小组 1984年 397页〔四川省地名录丛书〕
b15604603 K927.14 B114 1984

巴中市环境保护志 1979–2006
巴中市环境保护局编 柏伦章主编 巴中 巴中市环境保护局 2009年 237页
b49532443 X321.271.3 B114 2009

巴州区

巴中市巴州区志 1994–2005
四川省巴中市巴州区地方志编纂委员会编 邓尚贵主编 北京 中国文史出版社 2013年 823页
b4601262x K297.13 B114B 2013

鼎山志
中共巴中市巴州区鼎山工作委员会 巴中市巴州区人民政府鼎山办事处编纂 罗天爵编纂 成都 巴蜀书社 2003年 396页
b2001434x K297.14 B1149D 2003

巴中市巴州区纪检监察志 1988–2005
中共巴中市巴州区纪律检查委员会 巴中市巴州区监察局编 王茂生主编 巴中 中共巴中市巴州区纪律检查委员会 巴中市巴州区监察局 2010年 335页
b49962851 D262.6 B114C 2010

巴中市巴州区教育志 1912–2003
巴中市巴州区教育志编纂委员会编 何志金主编 巴中 巴中市巴州区教育志编纂委员会 2004年 630页
b50727266 G527.713 B114B 2004

恩阳区

凤凰庙村志
巴中市恩阳区凤凰庙村村民委员会编 巴中 巴中市恩阳区凤凰庙村村民委员会 2015年 74页
b50727345 K297.15 F413 2015

恩阳中学校志 1825–2015
恩阳中学校志编纂委员会编 北京 中国文史出版社 2015年 422页
b46995134 G639.287.14 E137 2015

通江县

通江县志
四川省通江县志编纂委员会编 任祥祯主编 成都 四川人民出版社 1998年 1028页〔中华人民共和国地方志丛书〕
b16075304 K297.14 T4262 1998

通江县志 1986–2005
四川省通江县地方志编纂委员会编 郭安林总编 北京 方志出版社 2011年 1039页
b23216426 K297.14 T4262 2011

通江县人大志
通江县人大常委会办公室编 杨述凯主编 通江 通江县人大常委会办公室 2006年 202页

b44749302　D624.714　T426　2006

通江县政协志　1993–2015
通江县政协志编纂委员会编　赵洪斌主编　北京　中国文史出版社　2016 年　289 页
b50347007　D628.714　T426　2016

通江县国土资源志　1996–2005
通江县国土资源志编纂委员会编　陈强主编　北京　中国文史出版社　2007 年　413 页
b49608046　F129.971.4　T426　2007

通江县国土志
通江县国土局编修　何力主修　通江　通江县国土局　1997 年　358 页〔通江县地方志丛书〕
b16439685　F327.714　T426　1997

通江县供销合作社志　1986–2010
通江县供销社编　贾芝斌主编　通江　通江县供销社　2012 年　345 页
b49964185　F721.2　T426　2012

通江县粮油志　1986–2005
通江县粮食局编　向伸鼎主编　达州　达州市宏源印务公司　2008 年　401 页〔通江县地方志丛书〕
b46012138　F724.721　T426　2008

通江县商业志
通江县商业局编　昆明　云南大学出版社　1990 年　355 页〔通江县地方志丛书　15〕
b47584956　F727.714　T426　1990

通江县农村信用合作志
通江县农村信用合作社联合社编　史国余主编　成都　西南财经大学出版社　2006 年　373 页
b49803694　F832.35　T426　2006

通江县广播电视志
通江县广播电视局编纂　夏明和　萧界主编　通江　通江县广播电视局　2001 年　173 页〔通江县地方志丛书　42〕
b49472392　G229.277.14　T426　2001

通江县教育志
通江县教育文化体育局编　成都　四川师范大学电子出版社　2010 年　517 页
b22432164　G527.714　T426　2010

通江县永安中学校志　1955–2014
通江县永安中学校志编纂领导小组编　苟红心主编　通江　通江县永安中学校志编纂领导小组　2015 年　346 页
b50727667　G639.287.14　T426　2015

通江县职业技术教育中心　四川省通江县实验中学志　1997–2009
通江县职业技术教育中心　四川省通江县实验中学志编纂委员会编辑　王友强主编　成都　四川师范大学电子出版社　2009 年　417 页
b44915718　G719.287.14　S664　2009

通江苏维埃志
中共通江县委党史研究室编　成都　四川人民出版社　2006 年　512 页
b18050347　K297.14　T426　2006

川陕革命根据地红军烈士陵园志
川陕革命根据地红军烈士陵园志编纂委员会编　岳映兵主编　北京　中国文史出版社　2012 年　354 页
b40864017　K878.23　C627　2012

四川省通江县地名录
通江县地名领导小组编　通江　通江县地名领导小组　1984 年　412 页〔四川省地名

录丛书〕
b15604354　K927.14　T426　1984

通江卫生志
四川省通江卫生局编　通江　通江卫生局　1987年　214页〔通江县地方志丛书　10〕
b49506341　R199.2　T426　1987

通江银耳志
郭际富　曾星翔纂辑　成都　四川省社会科学院　1986年　81页〔四川省地方志资料丛书〕
b12076181　S646.6　G769

南江县

南江县志
南江县志编委会编　卢素芬总编　成都　成都出版社　1992年　855页
b10758677　K297.14　N161

南江县统战志　1932–2002
余柱石主编　南江　中共南江县委统战部　2002年　375页〔南江县地方志丛书〕
b4960790x　D613　N161　2002

南江县人大常委会志
南江县人民代表大会常务委员会编志组编　谈明华执笔　南江　南江县人民代表大会常务委员会编志组　1984年　148页
b44749235　D624.714　N161　1984

南江县人大常委会志　续
南江县人民代表大会常务委员会编印　蔡德生主编　南江　南江县胶印彩印厂　2003年　446页〔南江县地方志丛书〕
b45840404　D624.714　N161B　2003

南江县人民政府志
四川省南江县人民政府编　南江　南江县印刷厂　1985年　457页
b20806905　D625.714　N161　1985

汶川特大地震南江县抗震救灾志
南江县地方志办公室编　李玉君主编　北京　中国文史出版社　2015年　541页
b49748555　D632.5　N161　2015

南江县国土资源志　1912–2003
南江县国土资源局编　李新泉主编　南江　南江县国土资源局　2005年　386页
b40935206　F129.971.4　N1618　2005

四川省南江县地名录
南江县地名领导小组编印　南江　南江县地名领导小组　1983年　449页〔四川省地名录丛书〕
b15604457　K927.14　N1614　1983

南江县卫生志
陈传信主笔　南江　南江县卫生志编写者　1984年　154页
b4962569x　R199.2　N1614　1984

南江县卫生志　1983–2013
南江县卫生局编　张继伟主编　南江　南江县卫生局　2013年　498页
b50729597　R199.2　N1614　2013

平昌县

平昌县志
四川省平昌县地方志编纂委员会编　成都　四川科学技术出版社　1990年　756页
b10600413　K297.14　P612

平昌县志　1986–2005
四川省平昌县地方志编纂委员会编　周立邦总编　北京　方志出版社　2013年　758页

b41213609 K297.14 P612 2013

元山镇志 1986–2005
平昌县元山镇人民政府编纂 平昌 平昌县元山镇人民政府 2006年 305页〔平昌县地方志丛书〕
b20017923 K297.15 Y811 2006

平昌县人口和计划生育志 1728–2005
平昌县人口和计划生育委员会编 赵克荣主编 平昌 平昌县印刷厂 2008年 689页〔平昌县地方志丛书〕
b44916401 C924.257.14 P612 2008

平昌县工会志 1933–2008
平昌县总工会编 任佳平主编 平昌 平昌县总工会 2009年 401页〔平昌县地方志丛书三〕
b45840477 D412.871.4 P612 2009

平昌县人大志 1950–2005
平昌县人大常务委员会编 平昌 平昌县印刷厂 2006年 1032页
b20139986 D624.714 P612 2006

平昌县公安志
平昌县公安志编纂领导小组编 谢先汉主编 平昌 平昌县公安志编纂领导小组 1993年 388页〔平昌县地方志系列丛书 22〕
b49640707 D631 P613 1993

平昌县老干部志 1982–2008
中共平昌县委老干部局编 陈定举主编 香港 香港金陵书社出版公司 2010年 428页〔平昌县地方志丛书〕
b50727874 D632.2 P6121 2010

平昌县国土志
平昌县国土志编写组编 王恩义主编 平昌 平昌县印刷厂 1997年 369页〔平昌县地方志系列丛书〕
b16424682 F327.714 P612 1997

平昌县交通志
平昌县交通局编 周立邦主编 成都 四川科学技术出版社 2003年 480页〔平昌县地方志丛书〕
b19733884 F512.771.4 P612 2003

平昌县财政志
四川省平昌县财政局编 陈恕生主编 平昌 四川省平昌县财政局 1988年 175页〔平昌县地方志系列丛书〕
b44852010 F812.771.4 P612 1988

平昌县信用合作志
平昌县农村信用合作社联合社编 刘泽主编 成都 西南财经大学出版社 2007年 312页
b41235587 F832.771.4 P612 2007

平昌中学志
周尚盛主编 平昌 四川省平昌县印刷厂 1992年 460页〔平昌县地方志系列丛书〕
b44916425 G639.287.14 P612 1992

平昌县得胜区志
中共平昌县得胜区委平昌县得胜区公所区志编写组编 李自龙主编 平昌 中共平昌县得胜区委平昌县得胜区公所区志编写组 1993年 382页〔平昌县地方志系列丛书〕
b45840465 K297.14 P612D 1993

四川省平昌县地名录
四川省平昌县地名领导小组编印 平昌 四川省平昌县地名领导小组 1987年 330页〔四川省地名录丛书〕
b13741512 K927.14 P612

平昌县蚕桑丝绸志
平昌县蚕桑局编写领导小组编 平昌 平昌县蚕桑局编写领导小组 1992 年 259 页〔平昌县地方志系列丛书〕
b45840453 S88 P612 1992

平昌县水利志 1986–2005
平昌县水利局编 王文宪主编 平昌 平昌县印刷厂 2007 年 427 页〔平昌县地方志丛书〕
b44916413 TV–092 P6128 2007

资阳市

资阳县志
四川省资阳县志编纂委员会编 王永人总编 成都 巴蜀书社 1993 年 980 页
b10597761 K297.14 Z841

四川石油管理局资阳钢管厂志
四川石油管理局资阳钢管厂志编辑室编 唐祖荣主编 资阳 四川石油管理局资阳钢管厂志编辑室 2001 年 182 页
b49550111 F279.26 Z841 2001

资阳市交通志
资阳市交通志编纂委员会编 王洪林主编 资阳 资阳市文献学会 2000 年 377 页
b49827467 F512.771.3 Z841 2000

四川省资阳县财政志 1912–1985
资阳市财政局编纂 资阳 资阳市财政局 1996 年 226 页
b46012102 F812.771.4 Z841 1996

四川省资阳县地名录
四川省资阳县地名领导小组编印 资阳 资阳县地名领导小组 1986 年 302 页〔四川省地名录丛书〕
b15604482 K927.14 Z841 1986

雁江区

资阳市雁江区志 1986–2005
资阳市雁江区志编纂委员会编 詹刚总编 北京 方志出版社 2016 年 765 页
b4735852x K297.13 Z841Y 2016

乐至县

乐至县志
四川省乐至县志编纂委员会编 丁季达总编辑 成都 四川人民出版社 1995 年 823 页
b16140497 K297.14 Y871 1995

乐至县志 1986–2005
乐至县志编纂委员会编 肖全寿总编 北京 方志出版社 2011 年 867 页
b36245768 K297.14 Y871Y 2011

乐至县高寺镇志 1950–2005
乐至县高寺镇人民政府编 全再根主编 乐至 乐至县高寺镇人民政府 2006 年 351 页
b46273888 K297.15 G251 2006

乐至县回澜镇志 1986–2005
乐至县回澜镇人民政府编 贺集辉主编 乐至 乐至县回澜镇人民政府 2007 年 443 页
b50777737 K297.15 H6915 2007

乐至县通旅镇志 1986–2005
乐至县通旅镇人民政府编 蒋文斌主编 乐至 乐至县通旅镇人民政府 2008 年 340 页
b22360074 K297.15 T4265 2008

乐至县中天镇志 1949.10–2005.12
中天镇人民政府编 乐至 中天镇人民政

府 2007年 263页
b36247959 K297.15 Z6459 2007

乐至县人民代表大会志 1990-2006.11
乐至县人民代表大会志编纂委员会编 王三贵主编 乐至 乐至县人民代表大会志编纂委员会 2008年 682页
b50017093 D624.714 Y871 2008

乐至县国土志
乐至县国土局编 乐至 乐至县国土局 1997年 322页
b23190796 F129.971.4 Y871 1997

乐至县劳动和社会保障志 1986-2005
乐至县劳动和社会保障局编 龚国主编 乐至 乐至县劳动和社会保障局 2010年 140页
b50066377 F249.277.14 Y871 2010

乐至县农村信用合作志
乐至县农村信用合作联社编 倪华安主编 乐至 乐至县农村信用合作联社 2010年 430页
b47045267 F832.771.4 L267 2010

乐至县教育志 1986-2005
乐至县教育局编 乐至 乐至县教育局 2007年 280页
b36247947 G527.714 L267 2007

四川省乐至县地名录
四川省乐至县地名领导小组编印 乐至 四川省乐至县地名领导小组 1986年 320页〔四川省地名录丛书〕
b13742097 K927.14 Y871

乐至县水利电力志
乐至县水利电力志编辑组编 蒋泽主编 乐至 乐至县水利电力志编辑组 1992年 180页
b21857349 TV-092 L2679C 1992

乐至县水利志
乐至县水利局编 宋俊主编 乐至 乐至县顺历印刷厂 2006年 264页
b21857477 TV-092 L2679 2006

安岳县

安岳县志
四川省安岳县志编纂委员会编 田荣贵总编辑 成都 四川人民出版社 1993年 932页
b10617413 K297.14 A1649

安岳县志 1986-2005
安岳县地方志编纂委员会编 姚永明总编 成都 电子科技大学出版社 2011年 993页
b23216438 K297.14 A1649 2011

安岳县总工会志 1986-2005
安岳县总工会编 张光银主编 安岳 安岳县总工会 2008年 335页
b46377128 D412.871.4 A164 2008

安岳县政协志 1957-2006
中国人民政治协商会议四川省安岳县委员会编 安岳 安岳兴华印刷厂 2007年 288页
b44749089 D628.714 A164 2007

安岳县教育志 1897-1985
安岳县教育志编写组编 王全化主编 安岳 安岳县教育志编写组 1987年 404页
b18120702 G527.714 A164 1987

安岳中学志
安岳中学校志编写组编 王振庸主笔 隆

昌 隆昌一中印刷厂 1985 年 240 页
b20806991 G639.287.14 A164 1985

四川省安岳中学校志 1913–2013

四川省安岳中学校志编纂委员会编 姚永明编 安岳 四川省安岳中学校志编纂委员会 2013 年 539 页
b4584057x G639.287.14 S6641 2013

四川省安岳县地名录

安岳县地名领导小组编印 安岳 四川省安岳县地名领导小组 1982 年 533 页〔四川省地名录丛书〕
b15604676 K927.14 A1649 1982

阿坝藏族羌族自治州

阿坝藏族羌族自治州志

四川省阿坝藏族羌族自治州地方志编纂委员会编 李茂总编 北京 民族出版社 1994 年 3 卷 2895 页〔中华人民共和国地方志丛书〕
b10633881 K297.12 A112

阿坝州志 1991–2005

阿坝藏族羌族自治州地方志编纂委员会编 尕让他总编 成都 四川民族出版社 2010 年 2 卷 1612 页
b40739752 K297.12 A112 2010

阿坝州志·简志

四川省阿坝藏族羌族自治州地方志编纂委员会编 成都 巴蜀书社 2012 年 601 页
b36091224 K297.12 A112C 2012

中共阿坝州委党校志

中共阿坝州委党校编 阿坝 中共阿坝州委党校 2009 年 752 页
b20578337 D261.41 A112 2009

阿坝州人大志

阿坝州人大志编纂委员会编 成都 四川民族出版社 2006 年 364 页
b21566999 D624.714 A112 2006

汶川特大地震阿坝州抗震救灾志

阿坝州地方志办公室编 李学全总编 北京 方志出版社 2013 年 3 卷 1376 页
b45444948 D632.5 A112 2013

武警阿坝州支队志

武警阿坝藏族羌族自治州支队编史办公室编纂 郑长烈主编 成都 巴蜀书社 2001 年 490 页〔中国人民武装警察部队四川省总队史志系列丛书〕
b50777518 E277 A112 2001

阿坝州民兵志

阿坝藏族羌族自治州地方志编纂委员会编 刘正香总编 成都 巴蜀书社 2017 年 247 页
b50265180 E287.712 A112 2017

阿坝林业志 1911–2005

阿坝林业志编纂委员会编 杨宏寿主编 北京 中国文史出版社 2012 年 626 页
b38893800 F326.277.12 A112 2012

阿坝森工志

阿坝藏族羌族自治州林业企业管理局 阿坝森工志编纂委员会编 周耀伍主编 成都 四川美术出版社 1999 年 668 页
b4998178x F326.277.12 A1122 1999

阿坝藏族羌族自治州财政志

王清才主编 马尔康 阿坝州财政局 1994 年 318 页〔阿坝州部门志丛书〕
b46010774 F812.771.2 A112 1994

阿坝藏族羌族自治州财政志 1991–2005
阿坝藏族羌族自治州财政局编 李继英主笔 马尔康 阿坝藏族羌族自治州财政局 2008年 205页
b50151356 F812.771.2 A112 2008

阿坝藏族羌族自治州金融志 1991–2010
阿坝藏族羌族自治州金融志编纂委员会编 郑琨主编 马尔康 阿坝藏族羌族自治州金融志编纂委员会 2013年 416页
b47413888 F832.771.2 A112C 2013

阿坝州金融志
阿坝藏族羌族自治州金融志编纂领导小组主编 陈指针 曹长庚总编纂 马尔康 阿坝藏族羌族自治州金融志编纂领导小组 1993年 407页
b47045188 F832.771.2 A112 1993

阿坝藏族羌族自治州文化艺术志
阿坝州文化局编 刘明德主编 成都 巴蜀书社 1992年 401页
b1059405x G127.712 A112

四川省威州师范学校校志（阿坝州）
威师校志编委会编 张德昌主编 威州 威师校志编委会 1990年 391页
b2010389x G659.287.1 W273 1990

阿坝州电影志
阿坝州电影志编纂委员会编 李健总编 成都 成都宁强印务公司 2009年 351页
b44851352 J909.2 A112 2009

嘉绒藏族史志
雀丹著 北京 民族出版社 1995年 806页
b12744384 K281.4 Q397

阿坝州羌族志
阿坝藏族羌族自治州地方志编纂委员会编 李学全总编 成都 巴蜀书社 2015年 550页
b50246616 K287.4 A112 2015

阿坝藏族羌族自治州 文物志
徐学书主笔 范永刚等编写 阿坝 阿坝藏族羌族自治州志编委会 1994年 379页
b36380003 K297.12 A112W

嘉绒藏族民俗志
李茂 李忠俊著 北京 中央民族大学出版社 2011年 490页
b22970411 K892.314 L411 2011

阿坝藏族羌族自治州防震减灾志
阿坝藏族羌族自治州防震减灾局编 徐吉廷主编 成都 成都地图出版社 2009年 280页
b40935152 P315.9 A112 2009

阿坝州水文志
四川省阿坝州水文水资源勘测局编 成都 四川科学技术出版社 2007年 291页
b19023777 P337.271.2 S664 2007

四川省阿坝卫生学校校志 1958–2013
四川省阿坝卫生学校校志编写组编 成都 四川大学出版社 2015年 394页
b49789739 R–40 A112 2015

马尔康市

马尔康县志
四川省马尔康县地方志编纂委员会编 胡贵寿总编 成都 四川人民出版社 1995年 686页
b10604145 K297.14 M137

马尔康县志 1991–2005
马尔康县地方志编纂委员会编 李川虎总编 北京 方志出版社 2014年 664页
b4611872x K297.14 M137 2014

马尔康县工商志
马尔康县工商志编纂领导小组编纂 胡贵寿执笔 马尔康 马尔康县工商志编纂领导小组 2002年 314页
b4707307x F123.82 H471 2002

马尔康县文化馆志
马尔康县文化馆编纂 李红蕊主编 成都 成都经纬测绘印刷新技术公司 1995年 151页
b36379621 G249.277.14 M137 1995

四川省马尔康民族师范学校校志
四川省马尔康民族师范学校校志编委会编 科书泽郎主编 阿坝 四川省马尔康民族师范学校校志编委会 2002年 426页
b47106190 G659.287.14 M137 2002

汶川县

汶川县志
四川省阿坝藏族羌族自治州汶川县地方志编纂委员会编 孙松寿总编 北京 民族出版社 1992年 893页
b1063129x K297.14 W396

汶川县志 1986–2000
汶川县史志编纂委员会编 罗晓林总编 成都 巴蜀书社 2007年 714页
b1862201x K297.14 W396X 2007

汶川县威州镇志
何星俊主编 汶川 汶川县威州镇 1997年 288页
b12744396 K297.15 W273

汶川县漩口镇镇志
汶川县漩口镇镇志编纂组编 肖洪匀主笔 汶川 汶川县漩口镇镇志编纂组 1989年 油印本 290页
b21570632 K297.15 X644 1989

中国人民政治协商会议汶川县委员会会志
中国人民政治协商会议汶川县委员会编 成都 成都地图出版社印刷厂 1992年 100页
b20807193 D628.714 W396 1992

汶川特大地震国务院扶贫办抗震救灾志
国务院扶贫开发领导小组办公室编 北京 中国工人出版社 2013年 252页
b50816998 D632.5 G7922 2013

汶川特大地震红十字系统四川灾后重建志
四川省红十字会编灾后重建志编委会编纂 文先荣 王华光主编 成都 四川人民出版社 2011年 361页
b37531657 D632.1 W396 2011

汶川特大地震抗震救灾志 灾后重建志 分纂汇总稿
灾后重建志编委会办公室编 汶川 灾后重建志编委会办公室 2012年 4卷 3001页
b44754139 D632.5 W396C 2012

汶川特大地震抗震救灾志 武警部队志
中国人民武装警察部队政治部编史办公室编 吕建成主编 北京 人民武警出版社 2010年 496页
b49505695 D632.5 W396D 2010

汶川特大地震抗震救灾志 第1卷 总述
汶川特大地震抗震救灾志编纂委员会编

田嘉主编 北京 方志出版社 2015年 232页
b47351196 D632.5 W396F 2015

汶川特大地震抗震救灾志 第2卷 大事记
汶川特大地震抗震救灾志编纂委员会编 田嘉主编 北京 方志出版社 2015年 430页
b50686021 D632.5 W396F 2015

汶川特大地震抗震救灾志 第3卷 图志
汶川特大地震抗震救灾志图志编纂委员会办公室编 北京 方志出版社 2012年 895页
b40863797 D632.5 W396 2012

汶川特大地震抗震救灾志 第3卷 图志
汶川特大地震抗震救灾志编纂委员会编 王晨主编 北京 方志出版社 2015年 2卷 899页
b50686033 D632.5 W396F 2015

汶川特大地震抗震救灾志 第4卷 地震灾害志
汶川特大地震抗震救灾志编纂委员会编 陈建民主编 北京 方志出版社 2015年 937页
b50686045 D632.5 W396F 2015

汶川特大地震抗震救灾志 第5卷 抢险救灾志
汶川特大地震抗震救灾志编纂委员会编 于海涛主编 北京 方志出版社 2015年 894页
b50686057 D632.5 W396F 2015

汶川特大地震抗震救灾志 第6卷 灾区生活志
汶川特大地震抗震救灾志灾区生活志编纂委员会办公室编 北京 方志出版社 2012年 713页
b40934974 D632.5 W396 2012

汶川特大地震抗震救灾志 第6卷 灾区生活志
汶川特大地震抗震救灾志编纂委员会编 李学举 李立国主编 北京 方志出版社 2015年 712页
b50686069 D632.5 W396F 2015

汶川特大地震抗震救灾志 第7卷 灾区医疗防疫志
汶川特大地震抗震救灾志编纂委员会编 陈竺 张茅 高强主编 北京 方志出版社 2015年 779页
b50686070 D632.5 W396F 2015

汶川特大地震抗震救灾志 第8卷 社会赈灾志
汶川特大地震抗震救灾志编纂委员会编 李学举 李立国主编 北京 方志出版社 2015年 905页
b50687050 D632.5 W396F 2015

汶川特大地震抗震救灾志 第9卷 灾后重建志
汶川特大地震抗震救灾志灾后重建志编纂委员会办公室编 汶川 汶川特大地震抗震救灾志灾后重建志编纂委员会办公室 2012年 2卷 1231页
b40864546 D632.5 W396 2012

汶川特大地震抗震救灾志 第9卷 灾后重建志
汶川特大地震抗震救灾志编纂委员会编 北京 方志出版社 2015年 2卷 1199页
b50686082 D632.5 W396F 2015

汶川特大地震抗震救灾志 第10卷 英雄模范志
汶川特大地震抗震救灾志编纂委员会编 尹蔚民主编 北京 方志出版社 2015年 875页
b50686094 D632.5 W396F 2015

汶川特大地震抗震救灾志 第11卷 附录 索引
汶川特大地震抗震救灾志编纂委员会编

田嘉主编 北京 方志出版社 2015年 755页
b50686100 D632.5 W396F 2015

汶川特大地震农业抗震救灾志 灾害志 生活志
农业部汶川特大地震农业抗震救灾志编委会编 陈伟忠总编纂 北京 中国农业出版社 2014年 443页
b45851840 D632.5 C434 2014

汶川特大地震水利抗震救灾志
汶川特大地震水利抗震救灾志编纂委员会编著 矫勇主编 北京 中国水利水电出版社 2015年 417页
b47082707 D632.5 J382 2015

汶川特大地震四川抗震救灾志 医疗防疫
汶川特大地震四川抗震救灾志编纂委员会编 沈骥主编 成都 四川人民出版社 2018年 613页
b51030391 D632.5 S412 2018

汶川特大地震中国工会抗震救灾志
中华全国总工会编 邹震总编 北京 中国工人出版社 2012年 684页
b36656719 D632.5 Z879 2012

汶川县教育抗震救灾重建志
汶川县教育局编 陈晓华 周辉枝 李永强主编 汶川 汶川县教育局 2013年 291页
b49939002 D632.5 W396E 2013

汶川县国土志
汶川县国土局 汶川县史志办编 罗晓林主编 汶川 汶川县国土局 1995年 206页
b22432395 F129.971.4 W396 1995

汶川县城乡建设环境保护志
汶川县建设和环保局 汶川县史志办公室编 王锡纯主编 汶川 汶川县建设和环保局 2004年 198页
b49608095 F299.277.14 W396 2004

汶川县教育志
汶川县文教局 汶川县史志办公室编 张承立主编 汶川 汶川县文教局 1997年 253页
b50152622 G527.714 W396 1997

汶川大地震抗震救灾十日志 2008.5.12–5.21
汶川大地震抗震救灾十日志编委会编 北京 团结出版社 2008年 211页
b18837220 I253 W396 2008

四川省阿坝藏族自治州汶川县地名录
汶川县地名领导小组编印 汶川 汶川县地名领导小组 1982年 159页〔四川省地名录丛书〕
b1374205x K927.14 W396

理 县

理县志
理县志编纂委员会编 毕成裕总编 成都 四川民族出版社 1997年 847页
b10564640 K297.14 L385

理县政协志 1950–2015
中国人民政治协商会议理县委员会编 葛永兰主编 理县 中国人民政治协商会议理县委员会 2016年 547页
b49678127 D628.714 L385 2016

阿坝州川西林业局志
阿坝州川西林业局志编纂委员会编 毕成裕总编辑 郫县 郫县唐昌印刷厂 2000年 640页
b45452556 F326.277.12 A1121 2000

四川省阿坝藏族自治州理县地名录
理县地名领导小组编印 理县 理县地名领导小组 1985年 92页〔四川省地名录丛书〕
b1560522x K927.14 L3858 1985

茂 县

茂汶羌族自治县志
四川省阿坝藏族羌族自治州茂汶羌族自治县地方志编纂委员会编 吴天明总编 成都 四川辞书出版社 1997年 781页
b12744426 K297.14 M259

茂县志 1988–2005
四川省茂县地方志编纂委员会编 余瑞昭主编 北京 方志出版社 2010年 782页
b22364742 K297.14 M259 2010

茂县乡镇简志
茂县乡镇简志编纂委员会编 余瑞昭 潘茂壁主编 北京 中央民族大学出版社 2012年 2卷 1084页
b36427159 K297.15 M259 2012

政协茂县委员会志 1956–2015
中国人民政治协商会议茂县第十四届委员会编 陈炯主编 北京 开明出版社 2016年 364页
b49803980 D628.714 M259 2016

茂县教育志
茂县文化教育局主编 茂县 茂县文化教育局 1994年 290页
b2040380x G527.714 M259 1994

茂县羌族歌舞团志 1980–2012
茂县羌族歌舞团志编纂委员会编 北京 中央民族大学出版社 2012年 205页
b40834360 J792.4 M259 2012

四川省阿坝藏族自治州茂汶羌族自治县地名录
茂汶羌族自治县地名领导小组编印 茂汶 茂汶羌族自治县地名领导小组 1983年 179页〔四川省地名录丛书〕
b13742061 K927.14 M259D

茂汶羌族自治县水利电力志
许炳生 吴耀成主编 茂县 茂县农机水电局 1991年 191页
b50665418 TV–092 M2598 1991

松潘县

松潘县志
四川省阿坝藏族羌族自治州松潘县志编纂委员会编 马德隆主编 北京 民族出版社 1999年 1034页
b12974675 K297.14 S673

松潘县志 1991–2005
松潘县地方志编纂委员会编 陈来述主编 北京 方志出版社 2013年 559页
b4719490x K297.14 S673D 2013

松潘县政协志 1950–2014
政协第十三届松潘县委员会编 段汝斌主编 程安寿等校对 成都 政协第十三届松潘县委员会 2014年 344页
b50234316 D628.714 S673 2014

松潘县教育志
松潘县教育志编纂委员会编 谢登云主笔 松潘 松潘县教育志编纂委员会 2002年 289页
b20016797 G527.714 X425 2002

松潘城关一小校志
谢登云主编 松潘 松潘县城关第一小学

2007 年 283 页
b46443459 G629.287.14 S673 2007

四川省阿坝藏族自治州松潘县地名录
松潘县地名领导小组编印 松潘 松潘县地名领导小组 1983 年 244 页〔四川省地名录丛书〕
b13741949 K927.14 S673

黄龙风景名胜区志
松潘县黄龙风景名胜区管理局 松潘县县志办公室编 马德隆主编 松潘 松潘县黄龙风景名胜区管理局 1999 年 119 页〔地方志丛书〕
b20468805 K928.971.4 H662 1999

九寨沟县

南坪县志
南坪县地方志编纂委员会编 雷学锋主编 北京 民族出版社 1994 年 981 页
b10597992 K297.14 N1616

九寨沟县志 1986–2005
九寨沟县地方志编纂委员会编 彭波总编 北京 方志出版社 2011 年 784 页
b23216402 K297.14 J5854 2011

九寨沟民俗文化村志
九寨沟民俗文化村志领导小组编 泽旺秀 向延龄主编 成都 电子科技大学出版社 2004 年 348 页
b15948134 K892.314 J585 2004

九寨沟县政协志 1949–2010
政协九寨沟县委员会编 泽里亚主编 九寨沟 政协九寨沟县委员会 2011 年 385 页
b47415186 D628.714 J585 2011

“5·12”汶川特大地震九寨沟县抗震救灾志
九寨沟县史志办公室编纂 米慧主编 北京 方志出版社 2017 年 303 页
b51030494 D632.5 J585 2017

四川省阿坝藏族自治州南坪县地名录
南坪县地名领导小组编印 南坪 南坪县地名领导小组 1983 年 143 页〔四川省地名录丛书〕
b15605930 K297.14 N1618 1983

九寨沟志
张善云 黄天鹗修纂 成都 四川民族出版社 1990 年 281 页
b17581515 K928.971 Z364 1990

金川县

金川县志
金川县地方志编纂委员会编 宋友成总编 北京 民族出版社 1994 年 1021 页
b1062532x K297.14 J476

金川县志 1989–2005
金川县地方志编纂委员会编 蔡银禄总编 北京 方志出版社 2013 年 723 页
b44850979 K297.14 J476 2013

苟尔光村史志 640–2013
任德寿主编 北京 中央民族大学出版社 2013 年 288 页
b44803266 K297.15 G481 2013

金川县教育志
金川县文教局编纂 李洪友主编 阿坝 阿坝藏族羌族自治州印刷厂 1991 年 251 页〔金川县地方志丛书,阿坝藏族羌族自治州教育志丛书〕
b20139147 G527.714 J476 1991

四川省阿坝藏族自治州金川县地名录
金川县地名领导小组编印 金川 金川县地名领导小组 1985 年 205 页〔四川省地名录丛书〕
b13741445 K927.14 J476

金川美食志
李仲友著 北京 中央民族大学出版社 2013 年 256 页
b45832584 TS971.2 L423 2013

小金县

小金县志
四川省阿坝藏族羌族自治州小金县地方志编纂委员会编 杨诗福总编 成都 四川辞书出版社 1995 年 641 页
b10604017 K297.14 X347

小金县志 1986–2005
小金县地方志编纂委员会编 巫国庆 何晓兰总编 北京 方志出版社 2013 年 629 页
b44810714 K297.14 X347 2013

“5·12”汶川特大地震小金县抗震救灾志
小金县党史与地方志办公室编纂 北京 中国文史出版社 2016 年 393 页
b49923468 D632.5 X347 2016

四川省阿坝藏族自治州小金县地名录
小金县地名领导小组编印 小金 小金县地名领导小组 1985 年 177 页〔四川省地名录丛书〕
b13741925 K927.14 X347

黑水县

黑水县志
四川省阿坝藏族羌族自治州黑水县地方志编纂委员会编 张浩义总编 北京 民族出版社 1993 年 690 页
b10623176 K297.14 H331

黑水县志 1989–2005
黑水县志编纂委员会编 周志康总编 北京 方志出版社 2010 年 816 页
b40424637 K297.14 H331 2010

黑水县林业志
聂德南编写 阿坝 四川省阿坝藏族羌族自治州黑水县林业局 1997 年 136 页
b47414601 F326.277.14 H331 1997

四川省阿坝藏族自治州黑水县地名录
黑水县地名领导小组编印 黑水 黑水县地名领导小组 1986 年 126 页〔四川省地名录丛书〕
b13741998 K927.14 H331

壤塘县

壤塘县志
四川省阿坝藏族羌族自治州壤塘县地方志编纂委员会主编 华拥军主编 北京 民族出版社 1997 年 704 页
b12974699 K297.14 R135

壤塘县志 1991–2005
壤塘县地方志编纂委员会编 魏忠总编 北京 方志出版社 2013 年 746 页
b46119875 K297.14 R135 2013

桑古·杰瓦永贡寺志
若须珠旺 土噶编著 达多 向红笳译 北京 中央民族大学出版社 2015 年 201 页
b46519427 B947.271.4 S157 2015

四川省阿坝藏族自治州壤塘县地名志
壤塘县地名领导小组编印 壤塘 壤塘县地名领导小组 1985 年 101 页〔四川省地名录丛书〕
b13741950　K927.14 R135

阿坝县

阿坝县志
阿坝县地方志编纂委员会编 昂堂总编 北京 民族出版社 1993 年 739 页
b12744414　K297.14 A112

阿坝县志 1990–2005
阿坝县地方志编纂委员会编 容中仁青总编 北京 方志出版社 2013 年 705 页
b4485092x　K297.14 A112 2013

阿坝县政协志 1954–2014
中国人民政治协商会议四川省阿坝县委员会编 杨华秀执行总编 阿坝 中国人民政治协商会议四川省阿坝县委员会 2014 年 317 页
b4982689x　D628.714 A112 2014

四川省阿坝藏族自治州阿坝县地名录
阿坝县地名领导小组编印 阿坝 阿坝县地名领导小组 1985 年 157 页〔四川省地名录丛书〕
b13742024　K927.14 A112

若尔盖县

若尔盖县志
若尔盖县地方志编纂委员会编 白玛塔总编辑 北京 民族出版社 1996 年 856 页
b1054673x　K297.14 R389

若尔盖县志 1989–2005
若尔盖县地方志编纂委员会编 左继军总编 北京 九州出版社 2011 年 720 页
b36071262　K297.14 R389C 2011

四川省阿坝藏族自治州若尔盖县地名志
若尔盖县地名领导小组编印 若尔盖 若尔盖县地名领导小组 1986 年 153 页〔四川省地名录丛书〕
b13742036　K927.14 R389

红原县

红原县志
四川省红原县志编纂委员会编 董良总纂 成都 四川人民出版社 1996 年 701 页〔中华人民共和国地方志丛书〕
b12744438　K297.14 H419

红原县志 1992–2005
红原县地方志编纂委员会编 郑伯梁 马骞总编 北京 方志出版社 2011 年 592 页
b36133553　K297.14 H419C 2011

红原县人大志 1960–2015
红原县人民代表大会常务委员会编 马芸主编 红原 红原县人民代表大会常务委员会 2016 年 443 页
b50992302　D624.714 H419 2016

红原县教育志
红原县教育志编纂委员会编 克加主编 红原 红原县教育志编纂委员会 2002 年 330 页
b20101697　G527.714 K282 2002

四川省阿坝藏族自治州红原县地名录
红原县地名领导小组编印 红原 红原县地名领导小组 1986 年 114 页〔四川省地名录丛书〕
b13741986　K927.14 H419

甘孜藏族自治州

甘孜州志
甘孜州志编纂委员会编 谢椿人主编 成都 四川人民出版社 1997年 3卷 2367页〔中华人民共和国地方志丛书〕
b1399282x K297.12 G157

甘孜州志 1991–2005
甘孜藏族自治州地方志编纂委员会编 泽波 金学文总编 成都 四川人民出版社 2010年 1040页
b21589604 K297.12 G157 2010

甘孜州佛教协会志
甘孜藏族自治州佛教协会编 晋美多杰主编 成都 巴蜀书社 2011年 311页
b3599048x B947.271.2 G157 2011

甘孜州人大志 1950–2010
甘孜州人大志编纂委员会编 成都 四川民族出版社 2011年 373页
b46012035 D624.712 G157 2011

甘孜藏族自治州政协志
邓俊康主编 成都 四川民族出版社 2002年 244页
b17482094 D628.712 D346 2002

甘孜藏族自治州劳动保障志 1949–2010
甘孜藏族自治州劳动保障志编纂委员会编 吴有荣主编 成都 四川人民出版社 2011年 320页
b37531645 D669.2 G157 2011

甘孜藏族自治州法院志 1911–2005
甘孜州中级人民法院纂 杨凯主编 北京 经济日报出版社 2010年 411页
b40649775 D926.22 G157 2010

甘孜藏族自治州检察志 1939–2005
甘孜藏族自治州人民检察院编 贺毅总纂 甘孜 甘孜藏族自治州人民检察院 2010年 212页
b40649805 D926.32 G157 2010

甘孜州检察志 1939–1990
甘孜州检察院编 王清 吴大义 陆雪峰执笔 甘孜 甘孜报社印刷厂 1995年 102页
b22429566 D926.32 G157 1995

甘孜藏族自治州政府法制志 1984–2011
甘孜藏族自治州政府法制志编纂领导小组编 刘俊明主编 甘孜 甘孜藏族自治州政府法制志编纂领导小组 2012年 186页
b5006602x D927.712 G157 2012

武警甘孜州支队志
武警甘孜州藏族自治州支队编史办公室编纂 向守明主编 成都 巴蜀书社 2000年 291页〔中国人民武装警察部队四川省总队史志系列丛书〕
b46442121 E277.009 G157 2000

甘孜藏族自治州军事志
四川省甘孜军分区军事志编纂委员会编 程宽德 高宗钰 谢绍泉主编 甘孜 四川省甘孜军分区 1999年 412页
b20042413 E289.712 C454 1999

甘孜藏族自治州工商行政管理志 1950–1993
甘孜藏族自治州工商行政管理志编纂领导小组编 田丰茂主编 甘孜 甘孜藏族自治州工商行政管理志编纂领导小组 1995年 239页
b49677913 F123.82 G157 1995

甘孜藏族自治州工商行政管理志 1994–2005
方远贵主编 甘孜 甘孜藏族自治州工商行

政管理志编纂领导小组 2007 年 390 页
b49706469 F123.82 G157 2007

甘孜藏族自治州林业志 1991–2005
甘孜藏族自治州林业志编写组编 贺家仁主编 成都 四川科学技术出版社 2010 年 308 页
b22429554 F326.277.12 G157 2010

甘孜州康定电力公司志
甘孜州康定电力公司志编纂委员会编 唐厚清主编 甘孜 甘孜州康定电力公司志编纂委员 1999 年 507 页
b49705453 F426.61 G157 1999

甘孜藏族自治州工业志 1991–2005
甘孜藏族自治州工业志编纂领导小组编 辛勤主编 甘孜 甘孜藏族自治州工业志编纂领导小组 2009 年 207 页
b5015185x F427.712 G157 2009

甘孜藏族自治州旅游志 1985–2005
甘孜藏族自治州旅游志编纂领导小组编 格绒追美 肖锋主编 成都 四川励中助友广告公司 2009 年 194 页
b46011067 F592.771.2 G157 2009

甘孜州邮电志
甘孜藏族自治州邮电局编 李德俊主编 甘孜 甘孜藏族自治州邮电局 1998 年 174 页
b47414790 F632.771.2 G157 1998

甘孜藏族自治州粮食志 1253–2005
甘孜藏族自治州粮食局编 甄晋生编写 甘孜 甘孜藏族自治州粮食局 2006 年 386 页
b49472045 F724.721 G157 2006

甘孜藏族自治州地方税务志 1994–2005
甘孜藏族自治州地方税务志修志工作领导小组编纂 叶凤康总编 北京 方志出版社 2010 年 347 页
b21567694 F812.771.2 G157 2010

甘孜藏族自治州金融志
甘孜藏族自治州金融志编写组编 高仕杰总纂 康定 甘孜藏族自治州金融志编写组 1997 年 431 页
b46442868 F832.771.2 G157 1997

甘孜藏族自治州金融志 1991–2005
甘孜藏族自治州金融志编纂领导小组编 甘孜 甘孜藏族自治州金融志编纂领导小组 2011 年 246 页
b49607583 F832.771.2 G157 2011

甘孜藏族自治州档案志
甘孜藏族自治州档案局馆编 甘孜 甘孜藏族自治州档案局 2003 年 179 页
b47414789 G279.277.12 G157 2003

甘孜藏族自治州教育志
甘孜藏族自治州教育志编纂委员会编 成都 四川民族出版社 1996 年 300 页〔甘孜藏族自治州地方志丛书〕
b13742589 G527.712 G157

甘孜藏族自治州教育志 1991–2005
甘孜藏族自治州教育志编委会编 唐永生 嘎绒拥忠主编 成都 四川民族出版社 2009 年 267 页
b22429542 G527.712 G157 2009

甘孜藏族自治州民族歌舞团志 1958.5–2008.5
甘孜藏族自治州民族歌舞团志编纂委员会编 卞巴单孜主编 甘孜 甘孜藏族自治州

民族歌舞团志编纂委员会 2008 年 186 页
b44917120　J792.4 G157 2008

甘孜藏族自治州民族志
康定民族师专编写组编纂 杨嘉铭等著 北京 当代中国出版社 1994 年 374 页
b16141775　K280.712 K184 1994

甘孜藏族自治州医药卫生志
甘孜藏族自治州卫生局主编 熊东良主编 甘孜 甘孜藏族自治州医药卫生志编纂委员会 1996 年 400 页
b44749144　R199.2 G1571 1996

甘孜藏族自治州水利志 首志
甘孜藏族自治州水务局编 王正基主编 甘孜 甘孜藏族自治州水务局 2010 年 301 页
b49827108　TV-092.712 G157 2010

甘孜藏族自治州水利志 1991-2005
甘孜藏族自治州水务局编 吴疆主编 甘孜 甘孜藏族自治州水务局 2010 年 291 页
b50151861　TV-092.712 G157G 2010

康定市

康定县志
四川省康定县志编纂委员会编 成都 四川辞书出版社 1995 年 619 页
b10628411　K297.14 K184

康定县志 续编
康定县地方志编纂委员会编 黄启勋主编 成都 巴蜀书社 2000 年 521 页
b16142081　K297.14 K184B 2000

康定县炉城镇志 初稿
康定县志炉城镇志编写组编 李儒铨主编 康定 康定县志炉城镇志编写组 1990 年 油印本 610 页
b20403628　K297.15 L794 1990

康定县政协志 1950-2015
政协康定县委员会编 张定贵主编 康定 政协康定县委员会 2015 年 300 页
b50017019　D628.714 K184 2015

四川省甘孜藏族自治州康定县军事志
四川省甘孜藏族自治州康定县军事志编纂委员会编 王兴勇 叶华君主编 甘孜 四川省甘孜藏族自治州康定县军事志编纂委员会 2011 年 198 页
b49608009　E289.714 K184 2011

康定民族师专志
康定民族师专志编写组编 李能武主编 北京 方志出版社 2011 年 464 页
b37530859　G659.287.14 K184 2011

康定县建置沿革志 初稿
康定县志编纂领导小组编 康定 康定县志编纂领导小组 1989 年 43 页
b50066328　K927.14 K184C 1989

四川省甘孜藏族自治州康定县地名录
甘孜藏族自治州康定县地名领导小组编印 康定 甘孜藏族自治州康定县地名领导小组 1986 年 298 页〔四川省地名录丛书〕
b15605127　K927.14 K184 1986

泸定县

泸定县志
泸定县县志编纂委员会编 倪德元 何道权 唐文运总纂 成都 四川科学技术出版社 1999 年 639 页
b45841081　K297.14 L7872L 1999

泸定县志 1991–2005
泸定县县志编纂委员会编 周建萍主编 北京 中国文史出版社 2010年 684页
b21764311 K297.14 L7872L 2010

四川省甘孜藏族自治州泸定县地名录
泸定县地名领导小组编印 泸定 泸定县地名领导小组 1986年 122页〔四川省地名录丛书〕
b15605061 K927.14 L787 1986

丹巴县

丹巴县志
四川省甘孜藏族自治州丹巴县志编纂委员会编 北京 民族出版社 1996年 730页〔中华人民共和国地方志丛书〕
b10604467 K297.14 D165

丹巴县志 1989–2005
四川省丹巴县志编纂委员会编 杨兴兰主编 成都 四川科学技术出版社 2009年 780页
b21579891 K297.14 D165 2009

四川省甘孜藏族自治州丹巴县地名录
四川省丹巴县地名领导小组编印 丹巴 四川省丹巴县地名领导小组 1987年 152页〔四川省地名录丛书〕
b13741767 K927.14 D165

九龙县

九龙县志
四川省九龙县志编纂委员会编 成都 四川人民出版社 1997年 535页〔中华人民共和国地方志丛书〕
b13155209 K297.14 J585

九龙县志 续篇 1986–2000
四川省九龙县人民政府编 九龙县志续篇编纂委员会编 九龙县地方志办公室编著 成都 四川科学技术出版社 2007年 414页
b18621077 K297.14 J585 2007

四川省甘孜藏族自治州九龙县地名录
四川省九龙县地名领导小组编印 九龙 四川省九龙县地名领导小组 1987年 122页〔四川省地名录丛书〕
b15604913 K927.14 L787 1987

雅江县

雅江县志
四川省甘孜藏族自治州雅江县志编纂委员会编 张良成 钟正良主编 成都 巴蜀出版社 2000年 775页
b14373452 K297.14 Y139 2000

雅江县志 1991–2005
四川省甘孜藏族自治州雅江县志编纂委员会编 蒋元春主编 成都 四川美术出版社 2009年 695页
b20198000 K297.14 Y139J 2009

四川省甘孜藏族自治州雅江县地名录
雅江县地名领导小组编印 雅江 雅江县地名领导小组 1987年 139页〔四川省地名录丛书〕
b13741792 K927.14 Y139

道孚县

道孚县志
四川省道孚县志编纂委员会编 田永胜主编 成都 四川人民出版社 1998年 592页〔中华人民共和国地方志丛书〕
b13275628 K297.14 D277

道孚县志 1991–2005
四川省道孚县地方志编纂委员会编 邓仁龙总编 成都 四川美术出版社 2009 年 713 页〔中华人民共和国地方志丛书〕
b3617452x K297.14 D277 2009

四川省甘孜藏族自治州道孚县地名录
道孚县地名领导小组编印 道孚 道孚县地名领导小组 1987年 158页〔四川省地名录丛书〕
b15604263 K927.14 D277 1987

炉霍县

炉霍县志
炉霍县志编纂委员会编 刘绪承总编 成都 四川人民出版社 2000 年 459 页
b13991310 K297.14 L794

炉霍县志 1991–2005
炉霍县地方志编纂委员会编 邱文莉主编 北京 方志出版社 2010 年 618 页
b22364730 K297.14 L794 2010

炉霍县林业志
炉霍县林业局编 炉霍 炉霍县林业局 2003 年 235 页
b21569319 F326.277.14 L794 2003

炉霍县教育体育文化志
炉霍县教育体育局编 炉霍 炉霍县教育体育局 2006 年 363 页
b19931712 G127.714 L794 2006

四川省甘孜藏族自治州炉霍县地名录
炉霍县地名领导小组编印 炉霍 炉霍县地名领导小组 1987 年 119 页〔四川省地名录丛书〕
b15604160 K927.14 L794 1987

甘孜县

甘孜县志
甘孜县志编纂委员会编 成都 四川科学技术出版社 1999 年 473 页
b13992995 K297.14 G157

甘孜县志续编
四川省甘孜县志编纂委员会编 成都 四川人民出版社 2002 年 494 页〔中华人民共和国地方志丛书〕
b21567700 K297.14 G157X 2002

四川省甘孜藏族自治州甘孜县地名录
甘孜县地名领导小组编印 甘孜 甘孜县地名领导小组 1986 年 145 页〔四川省地名录丛书〕
b15604184 K927.14 G1578 1986

新龙县

新龙县志
四川省甘孜藏族自治州新龙县志编纂委员会编 成都 四川人民出版社 1992 年 413 页
b10759578 K297.14 X443

新龙县志
四川省甘孜藏族自治州新龙县志编纂委员会编 刘怡总编 北京 方志出版社 2010 年 779 页
b3613336x K297.14 X443C 2010

新龙县政协志
中国人民政治协商会议新龙县委员会编 黄启伦主编 新龙 中国人民政治协商会议新龙县委员会 2006 年 197 页
b17298611 D628.714 H665 2006

四川省甘孜藏族自治州新龙县地名录
新龙县地名领导小组编印 新龙 新龙县地名领导小组 1987 年 149 页〔四川省地名录丛书〕
b15604275 K927.14 X443 1987

德格县

德格县志
四川省德格县志编纂委员会编 刘先毅主编 成都 四川人民出版社 1995 年 568 页
b10645044 K297.14 D291

德格县志 第 24 篇 土司分志 初稿
四川省甘孜州德格县志办公室编 德格 四川省甘孜州德格县志办公室 108 页
b50066651 K297.14 D291C

德格县寺院志
德格县寺院志编纂委员会 政协德格县委员会编 泽登达吉主编 北京 民族出版社 2011 年 490 页
b36084694 B947.271.4 D291 2011

四川省藏文学校志 1981–2011
四川省藏文学校志编纂委员会编 何康华主编 德格 四川省藏文学校 2011 年 451 页
b41235162 G758.1 S664 2011

四川省甘孜藏族自治州德格县地名录
德格县地名领导小组编印 德格 德格县地名领导小组 1987 年 233 页〔四川省地名录丛书〕
b13741779 K927.14 D2913

白玉县

白玉县志
四川省甘孜藏族自治州白玉县志编纂委员会编 成都 四川大学出版社 1996 年 571 页
b10598017 K297.14 B152

白玉县志 1991–2005
四川省白玉县地方志编纂委员会编 罗猛主编 北京 方志出版社 2010 年 723 页
b21366093 K297.14 B152 2010

四川省甘孜藏族自治州白玉县地名录
白玉县地名领导小组编印 白玉 四川省白玉县地名领导小组 1986 年 147 页〔四川省地名录丛书〕
b15706357 K927.14 B152 1986

石渠县

石渠县志
石渠县志编纂委员会编 陈盖主编 成都 四川人民出版社 2000 年 570 页
b13946031 K297.14 S474

石渠政协志 1950–1998
政协石渠县委员会编 石渠 政协石渠县委员会 1999 年 301 页
b16432083 D628.714 Z546 1999

四川省甘孜藏族自治州石渠县地名录
石渠县地名领导小组编印 石渠 石渠县地名领导小组 1985 年 255 页〔四川省地名录丛书〕
b15604342 K927.14 S474 1985

色达县

色达县志
四川省色达县志编纂委员会编纂 李耀辉主笔 成都 四川人民出版社 1997 年 551 页〔中华人民共和国地方志丛书〕

b10488364　K297.14　S186

色达县志　1991–2005
四川省色达县地方志编纂委员会编　成都　四川科学技术出版社　2009 年　692 页
b20815785　K297.14　S186C　2009

四川省甘孜藏族自治州色达县地名录
色达县地名领导小组编印　色达　色达县地名领导小组　1986 年　216 页〔四川省地名录丛书〕
b13741755　K927.14　S186

理塘县

理塘县志
四川省理塘县志编纂委员会编　成都　四川人民出版社　1996 年　563 页〔中华人民共和国地方志丛书〕
b13155210　K297.14　L3858

理塘县志　续编 1991–2005
四川省理塘县志编纂委员会编　阿充主编　成都　四川科学技术出版社　2009 年　575 页
b23216360　K297.14　L3858　2009

四川省甘孜藏族自治州理塘县地名录
四川省理塘县地名领导小组编印　理塘　四川省理塘县地名领导小组　1987 年　152 页〔四川省地名录丛书〕
b13741780　K927.14　L385

巴塘县

巴塘县志
四川省巴塘县志编纂委员会编　李明忠主编　成都　四川民族出版社　1993 年　555 页
b1072848x　K297.14　B114

巴塘县志　续编
四川省巴塘县地方志编纂委员会编　北京　方志出版社　2001 年　558 页〔中华人民共和国地方志丛书〕
b14447320　K297.14　B114B　2001

巴塘县志　宗教志　讨论稿
巴塘县志办公室编　钟国志主笔　巴塘　巴塘县志办公室　1989 年　31 页
b50065828　K297.14　B114C　1989

四川省甘孜藏族自治州巴塘县地名录
巴塘县地名领导小组编印　巴塘　四川省巴塘县地名领导小组　1986 年　148 页〔四川省地名录丛书〕
b15604159　K927.14　B114　1986

乡城县

乡城县志
乡城县志编纂委员会编　成都　四川大学出版社　1997 年　412 页
b10564603　K297.14　X267

乡城政协志　1956–2007
中国人民政治协商会议四川省乡城县委员会编　高翔主编　乡城　中国人民政治协商会议四川省乡城县委员会　2007 年　392 页
b49608137　D628.714　X267　2007

四川省甘孜藏族自治州乡城县地名录
乡城县地名领导小组编印　乡城　四川省乡城县地名领导小组　1987 年　93 页〔四川省地名录丛书〕
b15604214　K927.14　X267　1987

稻城县

稻城县志
四川省稻城县志编纂委员会编　成都　四川

人民出版社 1997 年 354 页〔中华人民共和国地方志丛书〕
b13947163 K297.14 D278

稻城县志 1991–2005
四川省稻城县志编纂委员会编 毛利民总编 成都 四川科学技术出版社 2009 年 564 页
b20948578 K297.14 D278 2009

稻城县政协志
中国人民政治协商会议四川省稻城县委员会主编 桑郎代杰 阿东主编 稻城 中国人民政治协商会议四川省稻城县委员会 2015 年 216 页
b50067035 D628.714 D278 2015

四川省甘孜藏族自治州稻城县地名录
稻城县地名领导小组编印 稻城 稻城县地名领导小组 1986 年 126 页〔四川省地名录丛书〕
b15604196 K927.14 D278 1986

得荣县

得荣县志
得荣县地方志编纂委员会编 朱鹏章主编 成都 四川大学出版社 2000 年 492 页〔中华人民共和国地方志丛书〕
b13946857 K297.14 D312

得荣县志 1991–2005
四川省得荣县地方志编纂委员会编 何瑞松主编 成都 四川科学技术出版社 2009 年 687 页
b20198140 K297.14 D312H 2009

四川省甘孜藏族自治州得荣县地名录
得荣县地名领导小组编印 得荣 得荣县地名领导小组 1986 年 77 页〔四川省地名录丛书〕
b15604238 K927.14 D312 1986

凉山彝族自治州

凉山彝族自治州志
凉山彝族自治州地方志编纂委员会编 王林吉总编 北京 方志出版社 2002 年 3 卷 3023 页
b14443880 K297.12 L488L 2002

凉山彝族自治州志 1991–2006
凉山彝族自治州地方志编纂委员会编 李志华总编 北京 方志出版社 2011 年 2 卷 1494 页
b23216281 K297.12 L488L 2011

凉山州政协志 1993–2006
凉山彝族自治州政协志编纂委员会编 杨洪清主编 凉山 凉山彝族自治州政协志编纂委员会 2009 年 398 页
b51080059 D628.714 L488 2009

凉山民盟志 1945–2015
中国民主同盟凉山州委员会编 刘建蓉总编 北京 中国文史出版社 2016 年 238 页
b4963947x D665.2 L488 2016

凉山彝族自治州工商联志 1993–2012
凉山彝族自治州工商联志编纂委员会编 田华主编 北京 中国文史出版社 2015 年 193 页
b47352875 D665.9 L488 2015

凉山州国土志
凉山州国土局编 凉山 凉山州国土局 1999 年 352 页〔地方志丛书〕
b20535120 F327.712 L488 1999

凉山彝族自治州交通志
凉山州交通志编纂委员会编 郎庆麒主编 凉山 凉山州交通志编纂委员会 1992年 351页
b20044021 F512.771.2 L218 1992

凉山彝族自治州税务志
凉山州税务局税务志编纂领导小组编 李先楷主编 成都 四川人民出版社 1994年 258页〔凉山彝族自治州地方志丛书〕
b49981791 F812.771.242 L488 1994

凉山州地方税务志 1950–2005
凉山州地方税务志编纂委员会编 伍春洪总纂 凉山 凉山州地方税务志编纂委员会 2009年 276页
b49982485 F812.771.242 L488D 2009

凉山彝族自治州文化艺术志
凉山州文化局编 凉山 凉山州文化局 1994年 372页
b36379529 G127.712 L488 1994

凉山彝族自治州教育志
凉山州教育志编纂委员会编 边绍明主编 成都 四川民族出版社 1997年 514页〔凉山州地方志丛书〕
b16445855 G527.712 B428 1997

四川省彝文学校 凉山州民族干部学校校志 1990–2006
杨朝清主编 凉山 凉山日报印刷厂 2008年 207页
b46995791 G719.287.12 S6649 2008

凉山州民族干部学校志 1950–1990
凉山州民族干部学校志编纂委员会编 安光友主编 凉山 凉山州民族干部学校志编纂委员会 1995年 209页
b49607856 G758.1 L488 1995

四川省彝文学校志 送审稿
四川省彝文学校志编纂委员会编 凉山 四川省彝文学校志编纂委员会 1994年 221页
b50066687 G758.1 L488C 1994

凉山彝族自治州民族志
凉山彝族自治州民族志编纂委员会编 成都 成都汇源文化发展公司 2004年 258页
b20535119 K280.712 L488 2004

西昌市

西昌市志
四川省西昌市志编纂委员会编 马光暄总编 成都 四川人民出版社 1996年 1099页〔中华人民共和国地方志丛书〕
b10597980 K297.13 X119

西昌市志 1991–2005
西昌市地方志编纂委员会编 杨献芳总编 北京 方志出版社 2011年 829页
b23217157 K297.13 X119 2011

西昌市军事志
中国人民解放军四川省西昌市人民武装部主编 西昌 中国人民解放军四川省西昌市人民武装部 2008年 350页
b50152725 E289.714 X119 2008

四川西昌电力股份有限公司志 1940–1997
四川西昌电力股份有限公司编纂 北京 方志出版社 1999年 244页
b49849256 F426.61 X1191 1999

四川省西昌市文化艺术志
西昌市文化局编 曾仲曲主编 西昌 西昌市文化局 1992 年 324 页〔西昌市地方志丛志〕
b36246141 G127.713 X119 1992

西昌一中校志
刘盛华主编 西昌 西昌一中 2002 年 253 页
b49472458 G639.287.13 X119 2002

凉山教育学院志 1978–1991
凉山教育学院志编委会编 王成章主编 西昌 凉山教育学院 1995 年 133 页〔凉山州地方志丛书〕
b36245781 G659.287.13 L488 1995

四川省彝文学校校志 汉彝合订本
四川省彝文学校校志编纂委员会编 杨智主编 凉山 凉山日报印刷厂 1995 年 142 页
b20404530 G719.287.1 S6643 1995

四川省凉山彝族自治州西昌市地名录
凉山彝族自治州地名领导小组 西昌市地名领导小组编印 西昌 凉山彝族自治州地名领导小组 1987 年 153 页〔四川省地名录丛书〕
b15604822 K927.13 X119 1987

四川省凉山彝族自治州西昌县地名录
西昌县地名领导小组编印 西昌 西昌县地名领导小组 1986 年 174 页〔四川省地名录丛书〕
b15604779 K927.14 X119 1986

西昌市医药卫生志
西昌市医药卫生志编纂领导小组编 李发贵主编 西昌 西昌市医药卫生志编纂领导小组 1992 年 230 页
b47416099 R199.2 X1192 1992

西昌市水利电力志 1911–1990
西昌市水利电力局编 陈京纲主编 西昌 攀西地质印刷厂 1993 年 274 页〔西昌市部门志丛书〕
b21856941 TV–092 X119 1994

盐源县

盐源县志
盐源县志编纂委员会编 邓荣安总编 成都 四川民族出版社 2000 年 1228 页〔中华人民共和国地方志丛书〕
b16142433 K297.14 Y1799 2000

盐源县志 1991–2005
盐源县地方志编纂委员会编 谭必刚主编 北京 方志出版社 2012 年 746 页
b44851066 K297.14 Y1799Y 2012

四川省凉山彝族自治州盐源县地名录
盐源县地名领导小组编 盐源 盐源县地名领导小组 1985 年 209 页〔四川省地名录丛书〕
b13741883 K927.14 Y179

德昌县

德昌县志
德昌县地方志编纂委员会编 汪天德总编辑 成都 四川人民出版社 1998 年 1127 页〔中华人民共和国县级地方志丛书〕
b13991887 K297.14 D2911

德昌县志 1991–2006
四川省德昌县地方志编纂委员会编 周雯主编 北京 方志出版社 2010 年 665 页

b22434318　K297.14　D2911　2010

四川省凉山彝族自治州德昌县地名录
德昌县地名领导小组编印　德昌　德昌县地名领导小组　1984 年　173 页〔四川省地名录丛书〕
b13742474　K927.14　D291

会理县

会理县志
四川省会理县志编纂委员会编　王宗华总编　成都　四川辞书出版社　1994 年　843 页
b10726652　K297.14　H697

会理县志　1986–2005
会理县志编纂委员会编　李存如主编　北京　方志出版社　2011 年　910 页
b2321658x　K297.14　H697　2011

四川省凉山彝族自治州会理县地名录
会理县地名领导小组编印　会理　会理县地名领导小组　1986 年　290 页〔四川省地名录丛书〕
b13742528　K927.14　H697

会东县

会东县志
四川省会东县志编纂委员会编　孙大荣总编　成都　四川人民出版社　1996 年　845 页〔中华人民共和国地方志丛书〕
b13991772　K297.14　H6972

会东县志　1991–2006
四川省会东县志编纂委员会编　刘芙蕖总编　北京　方志出版社　2011 年　542 页
b40938669　K297.14　H6972　2011

宁南县

宁南县志
宁南县志编纂委员会编　苟泽邦总编　成都　成都科技大学出版社　1994 年　612 页
b1306129x　K297.14　N413

宁南县志　1986–2005
宁南县志编纂委员会编　赵朝富总编　成都　四川大学出版社　2009 年　946 页
b20214996　K297.14　N413　2009

宁南县电力志　1957–2015
国网四川宁南县供电有限责任公司编　陈斌总编　马兴太主编　成都　四川科学技术出版社　2016 年　254 页
b51080084　F426.61　N4136　2016

四川省凉山彝族自治州宁南县地名录
宁南县地名领导小组编印　宁南　宁南县地名领导小组　1984 年　131 页〔四川省地名录丛书〕
b15604986　K927.14　N413　1984

普格县

普格县志
四川省普格县志编纂委员会编　曾科衡主编　成都　四川大学出版社　1992 年　565 页
b10617024　K297.14　P693

普格县志　1986–2006
四川省普格县志编纂委员会编　刘长猛主编　北京　方志出版社　2012 年　597 页
b4083704x　K297.14　P693　2012

四川省凉山彝族自治州普格县地名录
普格县地名领导小组编印　普格　普格县地名领导小组　1984 年　154 页〔四川省地

名录丛书〕
b13741822　K927.14　P693

布拖县

布拖县志
四川省布拖县志编纂委员会编　张亚军总编　北京　中国建材工业出版社　1993年　547页
b13119199　K297.14　B593

布拖县志　1986–2006
布拖县志编纂委员会编　张华君主编　成都　电子科技大学出版社　2009年　793页
b2321661x　K297.14　B593　2009

布拖县政协志　1955–2006
中国人民政治协商会议四川省布拖县委员会编　张华君主编　布拖　中国人民政治协商会议四川省布拖县委员会　2007年　218页
b46994968　D628.714　B593　2007

四川省凉山彝族自治州布拖县地名录
布拖县地名领导小组编印　布拖　布拖县地名领导小组　1984年　165页〔四川省地名录丛书〕
b13741810　K927.14　B593

金阳县

金阳县志
四川省金阳县地方志编纂委员会编　龙德才总编　北京　方志出版社　2000年　602页
b13544433　K297.14　J4799

四川省凉山彝族自治州金阳县地名录
金阳县地名领导小组编印　金阳　金阳县地名领导小组　1986年　160页〔四川省地名录丛书〕
b13741846　K927.14　J479

昭觉县

昭觉县志
四川省昭觉县志编纂委员会编　成都　四川辞书出版社　1999年　664页〔中华人民共和国地方志丛书〕
b13868652　K297.14　Z413

昭觉县志　1991–2005
四川省昭觉县地方志编纂委员会编　瓦蓉总编　北京　方志出版社　2012年　630页
b4042456x　K297.14　Z413　2012

昭觉县人民代表大会志
昭觉县人民代表大会常务委员会编纂　胡康　曲木古合主编　昭觉　昭觉县人民代表大会常务委员会　2008年　122页
b50727783　D624.714　Z413　2008

四川省凉山彝族自治州昭觉县地名志
昭觉县地名领导小组编印　昭觉　昭觉县地名领导小组　1985年　246页〔四川省地名录丛书〕
b13741895　K927.14　Z413

喜德县

喜德县志
四川省喜德县志编纂委员会编　张崇藩主编　成都　电子科技大学出版社　1992年　483页
b10760751　K297.14　X155

喜德县教育志
喜德县教育委员会编　喜德　喜德县教育委员会　1990年　油印本　234页
b36014631　G527.714　X155　1990

四川省凉山彝族自治州喜德县地名录
喜德县地名领导小组编印 喜德 喜德县地名领导小组 1986 年 175 页〔四川省地名录丛书〕
b13741809 K927.14 X155

冕宁县

冕宁县志
四川省冕宁县地方志编纂委员会编 马文中总编 成都 四川人民出版社 1994 年 833 页
b1064510x K297.14 M451

冕宁县志 1990–2005
冕宁县地方志编纂委员会编 马文中主编 成都 西南交通大学出版社 2009 年 588 页
b30301452 K297.14 M451 2009

泸沽镇志
冕宁县泸沽镇人民政府编 刘继相主编 冕宁 冕宁县泸沽镇人民政府 2008 年 363 页
b50152221 K297.15 L787 2008

四川冕宁石龙乡志
石龙乡志编纂委员会编 冕宁 石龙乡志编纂委员会 2005 年 158 页
b20577771 K297.15 S473 2005

冕宁中学校志
冕宁中学校编 卢世武主编 冕宁 冕宁中学 1996 年 300 页
b4074355x G639.287.14 M451 1996

四川省凉山彝族自治州冕宁县地名志
冕宁县地名领导小组编印 冕宁 冕宁县地名领导小组 1986 年 216 页〔四川省地名录丛书〕
b13742462 K927.14 M451

越西县

越西县志
越西县志编纂委员会编 胡坤总编 成都 四川辞书出版社 1994 年 697 页
b1327398x K297.14 Y867

越西县志 1991–2005
四川省越西县地方志编纂委员会编 张秀林总编 北京 中国文史出版社 2011 年 886 页
b40421211 K297.14 Y867 2011

四川省凉山彝族自治州越西县地名录
越西县地名领导小组编 越西 越西县地名领导小组 1984年 195页〔四川省地名录丛书〕
b15605243 K927.14 Y867 1984

甘洛县

甘洛县志
四川省甘洛县地方志编纂委员会编 王天才总编 成都 四川人民出版社 1996 年 639 页〔中华人民共和国地方志丛书〕
b13992144 K297.14 G1575

四川省凉山彝族自治州甘洛县地名录
甘洛县地名领导小组编印 甘洛 甘洛县地名领导小组 1986 年 147 页〔四川省地名录丛书〕
b13741834 K927.14 G157

美姑县

美姑县志
四川省美姑县志编纂委员会编 黄仲伦总编 成都 四川人民出版社 1997 年 856 页〔中华人民共和国地方志丛书〕
b13275835 K297.14 M299

美姑县教育志
卢万发主编 北京 中国文史出版社 2009年 466页〔美姑县地方志丛书〕
b21569411 G527.714 M299 2009

四川省凉山彝族自治州美姑县地名录
美姑县地名领导小组编印 美姑 美姑县地名领导小组 1987年 192页〔四川省地名录丛书〕
b13742498 K927.14 M299

雷波县

雷波县志
四川省雷波县志编纂委员会编 谭顺正总纂 成都 四川民族出版社 1997年 918页〔中华人民共和国地方志丛书〕
b10593408 K297.14 L291

雷波县志 1991–2006
雷波县地方志编纂委员会编 张延林总编 北京 方志出版社 2014年 735页
b45648931 K297.14 L291 2014

雷波县政协志 1956–2011
中国人民政治协商会议雷波县委员会编 张延林主编 雷波 中国人民政治协商会议雷波县委员会 2014年 340页
b50665340 D628.714 L291 2014

雷波县彝族志
雷波县彝族志编纂委员会编 蔡辉杰主编 北京 中国文史出版社 2015年 287页
b4705217x K281.7 C137 2015

四川省凉山彝族自治州雷波县地名录
雷波县地名领导小组编 雷波 雷波县地名领导小组 1986年 191页〔四川省地名录丛书〕
b13741858 K927.14 L291

木里藏族自治县

木里藏族自治县志
木里藏族自治县志编纂委员会编 买家友主编 成都 四川人民出版社 1995年 982页〔中华人民共和国地方志丛书〕
b13990950 K297.14 M689

木里藏族自治县志 1991–2006
木里藏族自治县地方志编纂委员会编 邓天友 李世升总编 北京 中国文史出版社 2010年 690页
b2321644x K297.14 M689 2010

木里藏族自治县政协志 1950–2015
政协木里藏族自治县委员会编 刘先进主编 木里 政协木里藏族自治县委员会 2016年 323页
b49678152 D628.714 M689 2016

木里藏族自治县军事志
中国人民解放军四川省木里县军事志编纂委员会编 成都 西南交通大学出版社 2009年 270页
b20506260 E289.714 Z649 2009

四川省凉山彝族自治州木里藏族自治县地名录
木里藏族自治县地名领导小组编印 木里 木里藏族自治县地名领导小组 1986年 164页〔四川省地名录丛书〕
b13742516 K927.14 M689

贵州省

贵州省志 人民代表大会志
贵州省地方志编纂委员会编 窦德银主编
北京 方志出版社 2011 年 702 页
b36133917 K297.3 D646 2011

贵州省志 卫生志
贵州省地方志编纂委员会编 贵阳 贵州人民出版社 2014 年 2 卷 1906 页
b4704522x K297.3 G7297 2014

贵州省志 工商行政管理志
贵州省地方志编纂委员会编 黄洪扬主编
贵阳 贵州人民出版社 2006 年 787 页
b44748838 K297.3 H658 2006

贵州省志 第 1 卷 军事志
贵州省地方志编纂委员会编 萧先治总纂 李铁基卷主编 贵阳 贵州人民出版社 1995 年 621 页
b12488483 K297.3 G729D

贵州省志 第 2 卷 审计志
贵州省地方志编纂委员会编 马三民主编
贵阳 贵州人民出版社 1993 年 316 页
b12488483 K297.3 G729D

贵州省志 第 3 卷 气象·地震 1978–2010
贵州省地方志编纂委员会编 田洪总编 李文彬卷主编 贵阳 贵州人民出版社 2016 年 635 页
b50129648 K297.3 G7299

贵州省志 第 3 卷 财政志
贵州省地方志编纂委员会编 向明序主编
贵阳 贵州人民出版社 1993 年 577 页
b12488483 K297.3 G729D

贵州省志 第 4 卷 人口和计划生育 1978–2010
贵州省地方志编纂委员会编 田洪总编 王忠卷主编 贵阳 贵州人民出版社 2017 年 491 页
b50697079 K297.3 G7299

贵州省志 第 4 卷 商业志
贵州省地方志编纂委员会编 唐载阳 张树良主编 贵阳 贵州人民出版社 1990 年 606 页
b12488483 K297.3 G729D

贵州省志 第 5 卷 交通志
贵州省地方志编纂委员会编 邓时恩主编
贵阳 贵州人民出版社 1991 年 604 页
b12488483 K297.3 G729D

贵州省志 第 6 卷 邮电志
贵州省地方志编纂委员会编 狄光前主编
贵阳 贵州人民出版社 1992 年 467 页
b12488483 K297.3 G729D

贵州省志 第 7 卷 检察 1978–2010
贵州省地方志编纂委员会编 田洪总编 何冀卷主编 贵阳 贵州人民出版社 2016 年 566 页
b50129636 K297.3 G7299

贵州省志 第 7 卷 教育志
贵州省地方志编纂委员会编 任吉麟主编
贵阳 贵州人民出版社 1990 年 866 页
b12488483 K297.3 G729D

贵州省志 第 8 卷 劳动志
贵州省地方志编纂委员会编 肖先治总纂 曹海中主编 贵阳 贵州人民出版社 1994 年 484 页
b12488483 K297.3 G729D

贵州省志 第 9 卷 人力资源和社会保障 1978–2010
贵州省地方志编纂委员会编 田洪总编 韩先平卷主编 贵阳 贵州人民出版社 2016 年 550 页
b50129661 K297.3 G7299

贵州省志 第 9 卷 地理志
贵州省地方志编纂委员会编 史继忠主编
贵阳 贵州人民出版社 1985–1988 年 2 卷 1276 页
b12488483 K297.3 G729D

贵州省志 第 10 卷 测绘志
贵州省地方志编纂委员会编 肖先治总纂 张载鸿卷主编 贵阳 贵州人民出版社 1993 年 310 页
b12488483 K297.3 G729D

贵州省志 第 11 卷 人防战备 1978–2010
贵州省地方志编纂委员会编 田洪总编 陈果卷主编 贵阳 贵州人民出版社 2017 年 423 页
b50642273 K297.3 G7299

贵州省志 第 11 卷 名胜志
贵州省地方志编纂委员会编 唐莫尧主编
贵阳 贵州人民出版社 1987 年 382 页
b12488483 K297.3 G729D

贵州省志 第 12 卷 质量技术监督 1978–2010
贵州省地方志编纂委员会编 田洪总编 兰端正卷主编 贵阳 贵州人民出版社 2016 年 700 页
b50129685 K297.3 G7299

贵州省志 第 12 卷 科学技术志
贵州省地方志编纂委员会编 徐用武主编
贵阳 贵州人民出版社 1992 年 803 页
b12488483 K297.3 G729D

贵州省志 第 13 卷 物资志
贵州省地方志编纂委员会编 张玉杰主编
贵阳 贵州人民出版社 1992 年 343 页
b12488483 K297.3 G729D

贵州省志 第 14 卷 税务 1978–2010
贵州省地方志编纂委员会编 田洪总编 谷声洋 赵书强卷主编 贵阳 贵州人民出版社 2016 年 511 页
b50151927 K297.3 G7299

贵州省志 第 14 卷 粮食志
贵州省地方志编纂委员会编 孙哲中主编
贵阳 贵州人民出版社 1992 年 477 页
b12488483 K297.3 G729D

贵州省志 第 15 卷 地质矿产志
贵州省地方志编纂委员会编 韩至钧主编
贵阳 贵州人民出版社 1992 年 532 页
b12488483 K297.3 G729D

贵州省志 第 16 卷 农业 1978–2010
贵州省地方志编纂委员会编 田洪总编 景亚翔 吴宗建卷主编 贵阳 贵州人民出版社 2017 年 555 页
b50697109 K297.3 G7299

贵州省志 第 16 卷 机械电子工业志
贵州省地方志编纂委员会编 柴松明主编
贵阳 贵州人民出版社 1988 年 595 页
b12488483 K297.3 G729D

贵州省志 第 17 卷 扶贫开发 1978–2010.
贵州省地方志编纂委员会编 田洪总编 叶韬 李建主编 贵阳 贵州人民出版社 2017 年 557 页
b5103041x K297.3 G7299

贵州省志 第 17 卷 黑色冶金工业志
贵州省地方志编纂委员会编 李焕文主编
贵阳 贵州人民出版社 1989 年 401 页
b12488483 K297.3 G729D

贵州省志 第 18 卷 能源 1978–2010.
贵州省地方志编纂委员会编 田洪总编 凌慧明卷总纂 贵阳 贵州人民出版社 2017 年 884 页
b51030421 K297.3 G7299

贵州省志 第 18 卷 轻纺工业志
贵州省地方志编纂委员会编 唐昌荣主编
贵阳 贵州人民出版社 1993 年 749 页
b12488483 K297.3 G729D

贵州省志 第 19 卷 海关 检验检疫 1978–2010
贵州省地方志编纂委员会编 田洪总编 李忠尧卷主编 贵阳 贵州人民出版社 2017 年 475 页
b50697080 K297.3 G7299

贵州省志 第 19 卷 电力工业志
贵州省地方志编纂委员会编 陈实主编 贵阳 贵州人民出版社 1995 年 559 页
b12488483 K297.3 G729D

贵州省志 第 20 卷 城乡建设 1978–2010
贵州省地方志编纂委员会编 田洪总编 袁晓虎卷主编 贵阳 贵州人民出版社 2015 年 541 页
b50861256 K297.3 G7299

贵州省志 第 20 卷 林业志
贵州省地方志编纂委员会编 肖先治总纂 贺廷显卷主编 贵阳 贵州人民出版社 1994 年 579 页
b12488483 K297.3 G729D

贵州省志 第 21 卷 铁路 1978–2010.
贵州省地方志编纂委员会编 田洪总编 吴胜光卷主编 贵阳 贵州人民出版社 2017 年 827 页
b51030433 K297.3 G7299

贵州省志 第 21 卷 民用航空志
贵州省地方志编纂委员会编 杨文胜主编
北京 方志出版社 1997 年 239 页
b12488483 K297.3 G729D

贵州省志 第 22 卷 民族志
贵州省地方志编纂委员会编 范同寿总编 翁家列卷主编 贵阳 贵州民族出版社 2002 年 2 卷 1075 页
b12488483 K297.3 G729D

贵州省志 第 23 卷 社会科学 1978–2010
贵州省地方志编纂委员会编 吴大华主编
贵阳 贵州省地方志编纂委员会 2015 年 701 页
b50665108 K297.3 G7299

贵州省志 第 23 卷 文物志
贵州省地方志编纂委员会编 李嘉琪主编
贵阳 贵州人民出版社 2003 年 1242 页
b12488483 K297.3 G729D

贵州省志 第24卷 教育 1978-2010
贵州省地方志编纂委员会编 田洪总编 贵阳 贵州人民出版社 2017年 702页
b50708375 K297.3 G7299

贵州省志 第24卷 文学艺术志
贵州省地方志编纂委员会编 龙起佳 范同寿总编 何光渝主编 贵阳 贵州人民出版社 2003年 698页
b12488483 K297.3 G729D

贵州省志 第25卷 政协志
贵州省地方志编纂委员会编 洪宗良主编 贵阳 贵州人民出版社 2003年 888页
b12488483 K297.3 G729D

贵州省志 第26卷 社会科学志
贵州省地方志编纂委员会编 范同寿总纂 石争等卷主编 贵阳 贵州人民出版社 2001年 892页
b12488483 K297.3 G729D

贵州省志 第27卷 卫生 1978-2010
贵州省地方志编纂委员会编 田洪总编 黄文谦 代崇光 肖泽国 许建平卷主编 贵阳 贵州人民出版社 2016年 728页
b5012965x K297.3 G7299

贵州省志 第27卷 文化志
贵州省地方志编纂委员会编 王恒富主编 贵阳 贵州人民出版社 1999年 639页
b12488483 K297.3 G729D

贵州省志 第28卷 文学艺术 1978-2010
贵州省地方志编纂委员会编 田洪总编 李雯卷主编 贵阳 贵州人民出版社 2017年 598页
b50697092 K297.3 G7299

贵州省志 第28卷 乡镇企业志
贵州省地方志编纂委员会编 龙起佳 范同寿总编 蒋先宏卷主编 贵阳 贵州人民出版社 2004年 427页
b12488483 K297.3 G729D

贵州省志 第29卷 质量技术监督志
贵州省地方志编纂委员会编 兰端正 王显荣主编 贵阳 贵州人民出版社 2004年 703页
b12488483 K297.3 G729D

贵州省志 第30卷 广播电视志
贵州省地方志编纂委员会编 范同寿总纂 黄世维卷主编 贵阳 贵州人民出版社 1999年 574页
b12488483 K297.3 G729D

贵州省志 第31卷 农业志
贵州省地方志编纂委员会编 范同寿总纂 伍运滋 钟隆华卷主编 贵阳 贵州人民出版社 2001年 951页
b12488483 K297.3 G729D

贵州省志 第32卷 烟草志
贵州省地方志编纂委员会编 范同寿总纂 李文祥主编 贵阳 贵州人民出版社 2001年 635页
b12488483 K297.3 G729D

贵州省志 第33卷 检察志
贵州省地方志编纂委员会编 肖先治总纂 杨绍铉卷主编 贵阳 贵州人民出版社 1996年 542页
b12488483 K297.3 G729D

贵州省志 第34卷 体育志
贵州省地方志编纂委员会编 邹之缙主编 贵阳 贵州人民出版社 2000年 537页

b12488483　K297.3　G729D

贵州省志　第 35 卷　民政志
贵州省地方志编纂委员会编　杨庆顺主编　北京　方志出版社　1997 年　1006 页
b12488483　K297.3　G729D

贵州省志　第 36 卷　报纸志
贵州省地方志编纂委员会编　龙起佳　范同寿总编　刘学洙　黄汉林　干正书卷主编　贵阳　贵州人民出版社　2003 年　605 页
b12488483　K297.3　G729D

贵州省志　第 37 卷　建筑志
贵州省地方志编纂委员会编　范同寿总纂　秦保苏卷主编　贵阳　贵州人民出版社　1999 年　760 页
b12488483　K297.3　G729D

贵州省志　第 38 卷　司法行政志
贵州省地方志编纂委员会编　范同寿总纂　肖体礼卷主编　贵阳　贵州人民出版社　1999 年　380 页
b12488483　K297.3　G729D

贵州省志　第 39 卷　铁道志
贵州省地方志编纂委员会编　陈兆强主编　北京　方志出版社　1997 年　511 页
b12488483　K297.3　G729D

贵州省志　第 40 卷　环境保护志
贵州省地方志编纂委员会编　肖先治总纂　李康民卷主编　贵阳　贵州人民出版社　2002 年　938 页
b12488483　K297.3　G729D

贵州省志　第 41 卷　物价志
贵州省地方志编纂委员会编　刘治平主编　北京　方志出版社　1998 年　936 页
b12488483　K297.3　G729D

贵州省志　第 42 卷　统计志
贵州省地方志编纂委员会编　北京　方志出版社　1997 年　616 页
b12488483　K297.3　G729D

贵州省志　第 43 卷　建筑材料工业志
贵州省地方志编纂委员会编　肖先治总纂　北京　方志出版社　1998 年　309 页
b12488483　K297.3　G729D

贵州省志　第 44 卷　城乡建设志
贵州省地方志编纂委员会编　肖先治总纂　刘号　秦保苏等卷主编　北京　方志出版社　1998 年　852 页
b12488483　K297.3　G729D

贵州省志　第 45 卷　档案志
贵州省地方志编纂委员会编　蒋国生主编　贵阳　贵州人民出版社　2002 年　420 页
b12488483　K297.3　G729D

贵州省志　第 46 卷　水利志
贵州省地方志编纂委员会编　汪凡主编　北京　方志出版社　1997 年　528 页
b12488483　K297.3　G729D

贵州省志　第 47 卷　汉语方言志
贵州省地方志编纂委员会编　肖先治总纂　北京　方志出版社　1998 年　354 页
b12488483　K297.3　G729D

贵州省志　第 48 卷　工业经济志
贵州省地方志编纂委员会编　龙起佳　范同寿总编　廖先宏主编　贵阳　贵州人民出版社　2003 年　980 页
b12488483　K297.3　G729D

贵州省志 第49卷 武警志
贵州省地方志编纂委员会编 范同寿总编 张洪运卷主编 贵阳 贵州人民出版社 2002年 589页
b12488483 K297.3 G729D

贵州省志 第50卷 金融志
贵州省地方志编纂委员会编 肖先治总纂 刘必权卷主编 北京 方志出版社 1998年 698页
b12488483 K297.3 G729D

贵州省志 第51卷 煤炭工业志
贵州省地方志编纂委员会编 顾乃绵主编 贵阳 贵州人民出版社 1989年 468页
b12488483 K297.3 G729D

贵州省志 第52卷 有色金属工业志
贵州省地方志编纂委员会编 范同寿总编 余烈海卷主编 贵阳 贵州人民出版社 2002年 435页
b12488483 K297.3 G729D

贵州省志 第53卷 供销合作志
贵州省地方志编纂委员会编 龙起佳 范同寿总编 夏福龄卷主编 贵阳 贵州人民出版社 2003年 826页
b12488483 K297.3 G729D

贵州省志 第54卷 党派社团志
贵州省地方志编纂委员会编 彭钢 龙起佳总编 向阳生卷主编 贵阳 贵州人民出版社 2007年 1012页
b12488483 K297.3 G729D

贵州省志 第55卷 大事记
贵州省地方志编纂委员会编 彭钢主编 贵阳 贵州人民出版社 2007年 892页
b12488483 K297.3 G729D

贵州省志 第56卷 宗教志
贵州省地方志编纂委员会编 彭钢 龙起佳总编 柏怀思卷主编 贵阳 贵州人民出版社 2007年 612页
b12488483 K297.3 G729D

贵州省志 第57卷 旅游志
贵州省地方志编纂委员会编 彭钢总编 杨胜明 安瑞琮卷主编 贵阳 贵州人民出版社 2009年 673页
b12488483 K297.3 G729D

贵州省志 第58卷 出版志
贵州省地方志编纂委员会编 贵阳 贵州人民出版社 1996年 428页
b12488483 K297.3 G729D

贵州省志 第59卷 审判志
贵州省地方志编纂委员会编 贵阳 贵州人民出版社 1999年 911页
b12488483 K297.3 G729D

贵州省志 第60卷 地理志
贵州省地方志编纂委员会编 史继忠主编 贵阳 贵州人民出版社 1991年 2卷 1262页
b12488483 K297.3 G729D

贵州省志 第61卷 国民经济计划志
贵州省地方志编纂委员会编 赵家兴主编 贵阳 贵州人民出版社 2000年 517页
b12488483 K297.3 G729D

贵州省志 第62卷 人事志
贵州省地方志编纂委员会编 贵阳 贵州人民出版社 1995年 556页
b12488483 K297.3 G729D

贵州省志 第63卷 对外贸易经济合作志
贵州省地方志编纂委员会编 贵阳 贵州人

民出版社 1999 年 489 页
b12488483 K297.3 G729D

贵州省志 第 64 卷 公安志
贵州省地方志编纂委员会编 龙起佳 范同寿总编 邓功卷主编 贵阳 贵州人民出版社 2003 年 1038 页
b12488483 K297.3 G729D

贵州省志 第 65 卷 化学工业志
贵州省地方志编纂委员会编 龙起佳 范同寿总编 刘安宁卷主编 贵阳 贵州人民出版社 2002 年 631 页
b12488483 K297.3 G729D

贵州省志 第 66 卷 防空战备志
贵州省地方志编纂委员会编 范同寿总纂 鲍玉成卷主编 贵阳 贵州人民出版社 2000 年 475 页
b12488483 K297.3 G729D

贵州省志 第 67 卷 气象志
贵州省地方志编纂委员会编 北京 方志出版社 1998 年 306 页
b12488483 K297.3 G729D

贵州省志 第 68 卷 人物志
贵州省地方志编纂委员会编 范同寿 彭刚总编 王传福卷主编 北京 方志出版社 2015 年 570 页
b12488483 K297.3 G729D

贵州省志 第 69 卷 政府志
贵州省地方志编纂委员会编 唐德智主编 北京 方志出版社 1998 年 1049 页
b12488483 K297.3 G729D

贵州省志 大事记 1949–1985
贵州省地方志编纂委员会编 冯祖贻主编 贵阳 贵州省地方志编纂委员会 19-- 年 征求意见稿 291 页
b12488471 K297.3 G729E

贵州省志 教育志
贵州省地方志编纂委员会编 任吉麟主编 古开伦 安永新撰稿 贵阳 贵州人民出版社 1990 年 821 页
b10825046 G527.73 G729

贵州消防志
贵州消防志编纂委员会编 江建民主编 贵阳 贵州人民出版社 1999 年 503 页
b44915858 D631.6 G729 1999

贵州省减贫志
贵州省地方志编纂委员会编 北京 方志出版社 2016 年 368 页
b49655632 F127.73 G7296 2016

贵铝志
贵铝志编纂委员会编 曾义明主编 香港 香港文汇出版社有限公司 2008 年 3 卷 1712 页
b49849384 F426.32 G729 2008

贵州电网志 2003–2012
贵州电网有限责任公司编 唐斯庆主编 北京 中国电力出版社 2016 年 554 页〔中国南方电网志丛书〕
b50664748 F426.61 T2428 2016

贵州煤炭工业志 1991–2010
贵州煤炭工业志编纂委员会编 北京 煤炭工业出版社 2017 年 711 页〔中国煤炭工业志 省级志系列〕
b50280533 F426.21 G7291 2017

茅台酒百年图志 1915–2015
中国贵州茅台酒厂（集团）有限责任公

司编 彭云 刘作会主编 北京 中央文献出版社 2016 年 568 页
b49518562 F426.82-64 M246 2016

茅台酒图志
杨振东 徐士青主编 北京 北京恩典名扬贸易有限公司 2015 年 292 页
b50152191 F426.82-64 Y252 2015

中国煤炭志 贵州卷
中国煤炭志编纂委员会编 顾乃绵主编 北京 煤炭工业出版社 1994 年 591 页
b40805992 F426.21 Z6485X 1994

贵州省电力工业志
贵州省电力工业志编纂委员会编 陈实主编 北京 当代中国出版社 1996 年 484 页〔中国电力工业志丛书〕
b21763471 F427.73 C432 1996

贵州省电力工业志 1991–2002
晁剑主编 北京 中国电力出版社 2009 年 661 页〔中国电力工业志丛书〕
b40806121 F427.73 C378 2009

贵州省地方税务志 1994–2010
贵州省地方税务局编 赵书强主编 贵阳 贵州人民出版社 2015 年 391 页
b49938459 F812.773.42 Z438 2015

贵州税务志 1949–1987
黄子开主编 贵阳 贵州税务志编纂者 1989 年 554 页
b46995250 F812.773 H671 1989

贵州文化馆图志
贵州省文化馆编 殷文霞主编 贵阳 贵州人民出版社 2017 年 429 页
b51049715 G249.277.3 Y484 2017

贵州省科协志
贵州省科学技术协会编 江光中主编 贵阳 贵州省科学技术协会 2007 年 299 页
b49533162 G322.773 J323 2007

中国曲艺志 贵州卷
中国曲艺志全国编辑委员会编 中国曲艺志贵州卷编辑委员会编 罗扬主编 肖自平卷主编 北京 中国 ISBN 中心 2006 年 409 页
b10643059 J809.2 Z648

中国戏曲志 贵州卷
中国戏曲志编辑委员会 中国戏曲志贵州卷编辑委员会编 张庚主编 王恒富卷主编 北京 中国 ISBN 中心 1999 年 688 页
b17338165 J809.2 Z651GZ

民族志资料汇编 第 8 卷 彝族
向零 余宏模 张济民主编 贵阳 贵州省民族志编委会 1989 年
b19932078 K287.3 X315 1989

民族志资料汇编 第 9 卷 土家族
向零 余宏模 张济民主编 贵阳 贵州省民族志编委会 1989 年
b19932078 K287.3 X315 1989

当代贵州水利人物志
当代贵州水利人物志编纂委员会编 刘诗亚 黄国瑄主编 北京 方志出版社 1996 年 374 页
b47414868 K826.1 L688 1996

贵州文物志稿 第 1–2 卷
贵州省文管会 贵州省文化局编 田兵主编 贵阳 贵州省文管会 1982 年 2 卷
b18176239 K872.73 T354 1982

贵州风俗图志
陶大敖编著 北京 中国民族摄影艺术出版社 2008年 398页
b20576006 K892.473-64 T261 2008

水族风俗志
罗春寒著 上海 上海锦绣文章出版社 2016年 147页
b47035559 K892.369 L921 2016

贵州风物志
贵州省社会科学院历史研究所编 贵阳 贵州人民出版社 1985年 340页〔中国风物志丛书〕
b15698518 K927.3 G7297 1985

贵州省地名志 第3卷 溶洞录
贵州省地名委员会办公室编 柴兴仪 韩庆雪编撰 贵阳 贵州省地名委员会办公室 1984年 324页
b12158689 K927.3 G729

贵州省区域地质志
贵州省地质矿产局编 北京 地质出版社 1987年 698页〔中国地质矿产部地质专报—区域地质〕
b11889962 P562.73 G729

中华人民共和国贵州省区域矿产志
贵州地质矿产局区域地质调查大队贵州省区域矿产志编写组编 贵阳 贵州地质彩印厂 1986年 772页
b23228957 P562.73 G7297 1986

贵州植物志
贵州植物志编委会编 贵阳 贵州人民出版社 1982年 6卷 3984页
b11327601 Q948.2 G729

贵州蕨类植物志
王培善 王筱英编著 贵阳 贵州科技出版社 2001年 727页
b16438061 Q949.36 W226 2001

贵州苔藓植物志
熊源新编著 贵阳 贵州科技出版社 2014年 2册 686页
b51173578 Q949.35 X522 2014

贵州两栖类志
伍律 董谦 须润华编著 贵阳 贵州人民出版社 1987年 192页〔贵州动物志〕
b17609744 Q959.5 W535 1987

贵州鸟类志
吴至康等编著 贵阳 贵州人民出版社 1986年 482页
b11425544 Q959.7 W516

贵州爬行类志
伍律 李德俊 刘积琛编著 贵阳 贵州人民出版社 1985年 436页
b16326441 Q959.6 W535 1985

贵州兽类志
罗蓉等编著 贵阳 贵州科技出版社 1993年 422页〔贵州动物志〕
b1951833x Q959.8 L923 1993

贵州虻类志
陈汉彬 许荣满编著 贵阳 贵州科技出版社 1992年 184页
b46995237 Q969.44 C421C 1992

贵州蚊类志 上卷 库蚊亚科和巨蚊亚科
陈汉彬编 贵阳 贵州人民出版社 1987年 347页
b11911591 Q969.44 C421

贵州吸虱类蚤类志
金大雄 李贵真编著 贵阳 贵州科技出版社 1992 年 388 页
b49849414 Q969.370.8 G729 1992

贵州农林昆虫志
郭振中 李子忠 汪廉敏编著 贵阳 贵州人民出版社 1989 年 4 卷 1926 页
b17519512 S186 G778 1989

贵阳市

贵阳市志 粮食 供销 外贸 蔬菜 医药志
贵阳市志编纂委员会编 王萼华 王亚平总纂 郑荣晴主编 贵阳 贵州人民出版社 2000 年 501 页
b21567803 K297.31 G728 1991

贵阳市志 工业志 中下
贵阳市志编纂委员会编 王燕玉 王萼华总纂 王伦旨主编 贵阳 贵州人民出版社 1992–2000 年 2 卷 525 页
b21136865 K297.31 G728 1991

贵阳市志 教育志 征求意见稿
刘培元主编 贵阳 贵阳市地方志办公室 1988 年 油印本
b45840180 K297.31 G728J

贵阳市志 人物志
贵阳市地方志编纂委员会办公室编 郑荣晴主编 北京 方志出版社 2011 年 570 页
b36368052 K297.31 Z542 2011

贵阳市志 第 1 卷 社会志
贵阳市地方志编纂委员会编 郑荣晴主编 贵阳 贵州人民出版社 2002 年 479 页
b15693570 K297.31 G728 1991

贵阳市志 第 2 卷 计划统计志
贵阳市地方志编纂委员会编 蓝永堂 单建星主编 贵阳 贵州人民出版社 2003 年 414 页
b15693594 K297.31 G728 1991

贵阳市志 第 3 卷 乡镇企业志
贵阳市志编纂委员会编 王保健主编 贵阳 贵州人民出版社 2000 年 282 页
b15693569 K297.31 G728 1991

贵阳市志 第 4 卷 党派群团志
贵阳市志编纂委员会编 辛维光主编 贵阳 贵州人民出版社 1998 年 395 页
b15693557 K297.31 G728 1991

贵阳市志 第 5 卷 烟草工业志
贵阳市地方志编纂委员会编 徐东泰主编 贵阳 贵州人民出版社 2003 年 370 页
b15693582 K297.31 G728 1991

贵阳市志 第 6 卷 劳动 审计 物价 技术监督志
贵阳市地方志编纂委员会编 郑荣晴主编 贵阳 贵州人民出版社 2003 年 608 页
b15699894 K297.31 G728 1991

贵阳市志 第 7 卷 民族志
贵阳市志编纂委员会编 李秀英主编 贵阳 贵州人民出版社 1999 年 291 页
b13742577 K297.31 G728 1991

贵阳市志 第 8 卷 教育志
贵阳市地方志编纂委员会编 王燕玉 王萼华总纂 刘培元卷主编 简锦堂 綦朝思等撰稿 贵阳 贵州人民出版社 1991 年 366 页
b15942612 K297.31 G728 1991

贵阳市志 第 9 卷 地理志
贵阳市志编纂委员会编 熊书益 屠玉麟编纂 贵阳 贵州人民出版社 1986 年 432 页

b16428390　K297.31　G728　1991

贵阳市志　第 10 卷　大事记　1911–1998
贵阳市志编纂委员会编　何静梧主编　贵阳　贵州人民出版社　2000 年　524 页
b16427403　K297.31　G728　1991

贵阳市志　第 11 卷　土地管理志
贵阳市志编纂委员会编　阚建平主编　贵阳　贵州人民出版社　1997 年　222 页
b16424906　K297.31　G728　1991

贵阳市志　第 12 卷　财政志
贵阳市志编纂委员会编　贵阳　贵州人民出版社　1998 年　354 页
b19197482　K297.31　G728　1991

贵阳市志　第 13 卷　文化新闻志
贵阳市志编纂委员会编　蒋冰杰主编　贵阳　贵州人民出版社　1992 年　317 页
b19733276　K297.31　G728　1991

贵阳市志　第 14 卷　宗教志
贵阳市志编纂委员会编　刘应安主编　贵阳　贵州人民出版社　1996 年　358 页
b16862144　K297.31　G728　1991

贵阳市志　第 15 卷　卫生志
贵阳市志编纂委员会编　贵阳　贵州人民出版社　1997 年　284 页
b20466882　K297.31　G728　1991

贵阳市志　第 16 卷　民政志
贵阳市志编纂委员会编　曹敏于主编　贵阳　贵州人民出版社　1991 年　197 页
b20774163　K297.31　G728　1991

贵阳市志　第 17 卷　人大　政府　政协志
贵阳市地方志编纂委员会编　李长兴　许朗　刘启星主编　贵阳　贵州人民出版社　2004 年　571 页
b20806425　K297.31　G728　1991

贵阳市志　第 18 卷　检察　法院　司法行政志
贵阳市地方志编纂委员会编　郑荣晴主编　贵阳　贵州人民出版社　2005 年　536 页
b20806401　K297.31　G728　1991

贵阳市志　第 19 卷　税务志
贵阳市志编纂委员会编　刘耀楣主编　贵阳　贵州人民出版社　1995 年　274 页
b20806450　K297.31　G728　1991

贵阳市志　第 20 卷　体育志
贵阳市志编纂委员会编　任秉奇主编　贵阳　贵州人民出版社　1990 年　280 页
b20806462　K297.31　G728　1991

贵阳市志　第 21 卷　人口与计划生育志
贵阳市志编纂委员会编　罗再琴主编　贵阳　贵州人民出版社　1992 年　207 页
b20806437　K297.31　G728　1991

贵阳市志　第 22 卷　交通志
贵阳市志编纂委员会编　张景盈主编　贵阳　贵州人民出版社　1994 年　331 页
b20806395　K297.31　G728　1991

贵阳市志　第 23 卷　农林水利蔬菜志
贵阳市志编纂委员会编　王燕玉　王萼华总纂　贵阳　贵州人民出版社　1995 年　335 页
b20806413　K297.31　G728　1991

贵阳市志　第 24 卷　商业志
贵阳市志编纂委员会编　黄政主编　贵阳　贵州人民出版社　1994 年　355 页
b20806449　K297.31　G728　1991

贵阳市志 第 25 卷 城市建设志
贵阳市志编纂委员会编 王燕玉 王萼华总纂 葛惠珍卷主编 贵阳 贵州人民出版社 1990 年 417 页
b20806371 K297.31 G728 1991

贵阳市志 第 26 卷 公安志
贵阳市志编纂委员会编 种洮北主编 贵阳 贵州人民出版社 1997 年 344 页
b20806383 K297.31 G728 1991

贵阳市志 第 27 卷 邮政电信志
贵阳市志编纂委员会编 姚继虞 夏金定主编 贵阳 贵州人民出版社 1991 年 266 页
b20949157 K297.31 G728 1991

贵阳市志 第 28 卷 金融志
贵阳市地方志编纂委员会编 刘必权主编 贵阳 贵州人民出版社 2004 年 586 页
b20949145 K297.31 G728 1991

贵阳市志 第 29 卷 房地产志
贵阳市志编纂委员会编 郭文忠 孙立忠主编 贵阳 贵州人民出版社 2000 年 369 页
b20949121 K297.31 G728 1991

贵阳市志 第 30 卷 工商行政管理志
贵阳市志编纂委员会编 徐学仁主编 贵阳 贵州人民出版社 1998 年 276 页
b20949133 K297.31 G728 1991

贵阳市志 第 31 卷 科学技术志
贵阳市地方志编纂委员会编 徐光炯主编 贵阳 贵州人民出版社 1990 年 300 页
b21567785 K297.31 G728 1991

贵阳市志 第 32 卷 矿业 煤炭 电力 机械电子工业志
贵阳市地方志编纂委员会编 刘龙材主编 贵阳 贵州人民出版社 2002 年 673 页
b21567797 K297.31 G728 1991

贵阳市志 第 33 卷 武警志
贵阳市志编纂委员会编 洪德边 冯景阳主编 贵阳 贵州人民出版社 2002 年 276 页
b21567827 K297.31 G728 1991

贵阳市志 第 34 卷 文物志
贵阳市志编纂委员会编 贵阳 贵州人民出版社 1993 年 251 页
b21567815 K297.31 G728 1991

贵阳市志 第 35 卷 军事志
贵阳市志编纂委员会编 罗平 吴梃秀 刘志成编纂 贵阳 贵州人民出版社 1989 年 208 页
b22082785 K297.31 G728 1991

贵阳志 建置志
贵阳志编纂委员会编 贵阳 贵阳志编纂委员会 1983 年 290 页
b12312617 K297.33 G729

贵阳市统计志
贵阳市统计局编 杨贵生主编 贵阳 贵阳市统计局 1992 年 213 页
b46011158 C832.731 Y234 1992

贵阳知青图志
贵阳市地方志编纂委员会办公室编著 北京 方志出版社 2004 年 255 页
b15905871 D432.9-64 G728 2004

贵阳市政协志 1950.1-2007.1
政协贵阳市委员会编 沈昭碧主编 贵阳 贵州人民出版社 2007 年 573 页
b20098583 D628.731 S414 2007

贵阳市创建全国文明城市工作志
中共贵阳市委宣传部 贵阳市地方志编纂委员会办公室 贵阳市精神文明建设指导

委员会办公室编 兰义彤 蒋星恒主编 贵阳 贵州人民出版社 2014 年 792 页
b50207386 D648.3 G728 2014

武警贵州省总队志 贵阳指挥学校志
武警贵州省总队志贵阳指挥学校志志编纂委员会编 陈恩华 王高峰总编 贵阳 贵州人民出版社 2001 年 304 页
b4984944x E277.009 G728 2001

中国武警志 贵州总队志
中国人民武装警察部队贵州省总队史编纂委员会编 张洪运主编 贵阳 中国人民武装警察部队贵州省总队史编纂委员会 2002 年 674 页
b46996345 E277.09 Z353 2002

武警贵州省总队志 第一支队志
武警贵州省总队志第一支队志编纂委员会编 田景洲主编 贵阳 贵州人民出版社 2001 年 331 页
b20806620 E277 T355 2001

武警贵州省总队志 第二支队志
武警贵州省总队志第二支队志编纂委员会编 韩道权主编 贵阳 贵州人民出版社 2002 年 393 页
b22432462 E277 H176 2002

中国贵阳经济技术开发区志 1993–2008
贵阳市小河区地方志编纂委员会编 王延刚 向洋主编 北京 方志出版社 2011 年 541 页
b23174894 F127.731 W234 2011

贵阳市国土资源志 1978–2008
贵阳市国土资源志编纂委员会编 沈可定主编 贵阳 贵州人民出版社 2010 年 806 页
b40648072 F129.973.1 S412 2010

贵阳市建设志 1949–2009
贵阳市建设局编 任筑江 苏安娜主编 贵阳 贵州人民出版社 2010 年 400 页
b40648084 F299.277.31 R196 2010

贵阳发电厂志 1927–1995
贵阳发电厂编 张平主编 贵阳 贵阳发电厂 1997 年 399 页
b49849396 F426.61 G728 1997

贵阳发电厂志 续集 1 1996–2000
贵阳发电厂编 张平 李光耀编辑 贵阳 贵阳发电厂 2002 年 225 页
b49982047 F426.61 G728C 2002

贵州建工集团有限公司志 1983–2013
梁宁主编 香港 中国文化出版社 2013 年 2 册 865 页
b51011906 F426.9 G7294 2013

贵州送变电公司志
贵州送变电工程公司编纂委员会编 孙洁泉主编 贵阳 贵州送变电工程公司编纂委员会 1998 年 358 页
b50778390 F426.61 G7297 1998

贵州东风发电厂志(贵阳)
贵州东风发电厂志编委会编 江海珠 胡明玉主编 贵阳 贵州东风发电厂志编委会 2004 年 340 页
b49982059 F426.61 G729 2004

贵州乌江水电开发有限责任公司志
1992.10–2012.10
贵州乌江水电开发有限责任公司编委会编 刘仕明主编 贵阳 贵州乌江水电开发有限责任公司编委会 2012 年 496 页

b50066080 F426.9 G729 2012

中国建筑第四工程局志 1962–1995
中国建筑第四工程局编 王炬主编 贵阳 贵州人民出版社 2002 年 561 页〔中国建筑工程总公司企业志系列丛书 5〕
b49849451 F426.9 Z64791 2002

贵阳市交通志 1978–2008
贵阳市交通局史志编纂委员会编 胡运林主编 贵阳 贵阳市交通局史志编纂委员会 2009 年 416 页
b46667775 F512.773.1 H476 2009

贵阳市财政志 1978–2008
贵阳市财政局编 胡海燕主编 贵阳 贵州人民出版社 2011 年 321 页
b50348619 F812.773.1 H472 2011

贵阳市地方税务志
贵阳市地方税务志编纂委员会编 杨军主编 贵阳 贵州人民出版社 2011 年 585 页
b40935267 F812.773.1 Y236 2011

贵州省文史研究馆志
贵州省文史研究馆编 贵阳 贵州人民出版社 2003 年 421 页
b15906218 G259.277.3 G729 2003

贵州科学院志 1935–2015
院志编纂领导小组办公室编 周少奇主编 北京 科学出版社 2015 年 404 页
b46524265 G322.773 Z673 2015

贵阳清华中学志
贵阳清华中学编辑 陈钢主编 贵阳 贵阳清华中学编辑 2002 年 282 页
b3638575x G639.287.3 G728G 2002

贵州师范大学七十年志 1941–2011
贵州师范大学校志编纂委员会编 贵阳 贵州教育出版社 2011 年 855 页
b40648060 G659.287.31 G729C 2011

贵州师范大学体育学院志 1942–2011
姚鑫等主编 香港 华夏文化出版社 2011 年 235 页
b4741599x G659.287.3 G729 2011

贵阳市协办中华人民共和国第九届少数民族传统体育运动会工作志
贵阳市协办第九届全国少数民族传统体育运动会工作指挥部 贵阳市地方志编纂委员会办公室编 李忠主编 贵阳 贵州人民出版社 2012 年 608 页
b44851625 G812.20 L4239 2012

贵阳文物志 第 1 卷
韦廉舟主编 贵阳 贵阳市文物管理委员会 1983 年 123 页
b19417202 K872.731 G728

贵州省博物馆藏品志 第 1 卷
贵州省博物馆藏品志编辑委员会编 贵阳 贵州人民出版社 1990 年 481 页
b21571624 K873.273 G729 1990

贵州省地质矿产勘查开发局测绘院院志 1958–2008
贵州省地质矿产勘查开发局测绘院编 路喜康主编 贵阳 贵州省地质矿产勘查开发局测绘院 2007 年 209 页
b50066079 P205 G729 2007

贵阳市创建国家卫生城市工作志
贵阳市创建国家卫生城市工作指挥部 贵阳市爱国卫生运动委员会办公室 贵阳市地方志编纂委员会办公室编 李忠主编 贵

阳 贵州人民出版社 2012 年 383 页
b50207374　R126 G728 2012

国家电力公司贵阳勘测设计研究院志 1958–2002
贵阳勘测设计研究院志编纂委员会编 欧阳孝忠主编 贵阳 贵州煤田彩印厂 2003 年 774 页
b22429803　TM-242.73 G728 2003

中国水电顾问集团贵阳勘测设计研究院志 2003–2007
贵阳勘测设计研究院志编纂委员会编 王凡主编 贵阳 贵阳勘测设计研究院志编纂委员会 2008 年 875 页
b49704680　TV-242.73 Z649 2008

乌当区

贵阳市乌当区志
贵阳市乌当区地方志编纂委员会编 顾亚勇主编 贵阳 贵州人民出版社 2007 年 2 卷 975 页
b2080636x　K297.31 G728WD 2007

贵阳市乌当区统战志
中共贵阳市乌当区委统一战线工作部编 孟祥翠主编 贵阳 中共贵阳市乌当区委统一战线工作部 2011 年 176 页〔乌当区志〕
b50151940　D613 G728W 2011

贵阳市乌当区人民代表大会志 1950.3–2013.12
乌当区人大常委会编 龙云主编 贵阳 贵州人民出版社 2015 年 518 页
b49505920　D624.731 W463 2015

乌当区政协志
中国人民政治协商会议贵阳市乌当区委员会编 翟先林主编 贵阳 中国人民政治协商会议贵阳市乌当区委员会 2012 年 368 页
b44852265　D628.731 W463 2012

贵阳市乌当区地名志
贵阳市乌当区地名办编印 贵阳 贵阳市乌当区地名办 1988 年 360 页
b19732144　K927.31 W463 1998

南明区

贵阳市南明区志
贵阳市南明区地方志编纂委员会编 苟光阳 曾玉琪主编 贵阳 贵州人民出版社 2008 年 2 卷 1283 页
b20575713　K297.31 N161 2008

贵阳市南明区街道志
贵阳市南明区地方志编纂委员会编 贵阳 贵州人民出版社 2003 年 529 页
b15641909　K297.31 N161 2003

云岩区

贵阳市云岩区志
贵阳市云岩区地方志编纂委员会编 赵震洋主编 贵阳 贵州人民出版社 2005 年 2 卷 1357 页
b16574023　K297.31 Y879C 2005

花溪区

贵阳市花溪区志
贵阳市花溪区地方志编纂委员会编 贵阳 贵州人民出版社 2007 年 803 页
b18838777　K297.31 H531 2007

贵阳市小河区志
贵州省贵阳市小河区地方志编纂委员会

编 杨婷主编 贵阳 贵州人民出版社 2004 年 546 页
b15907478 K297.31 X347 2004

青岩镇志
贵阳市地方志编纂委员会编 岑永枫主编 贵阳 贵州人民出版社 2004 年 545 页
b16006549 K297.35 Q464 2004

花溪区政协志
中国人民政治协商会议贵州省贵阳市花溪区委员会编 李秀明主编 贵阳 贵州人民出版社 2002 年 423 页
b20949662 D628.731 H531 2002

花溪区政协志 2003–2016
中国人民政治协商会议贵阳市花溪区委员会编 谌业华主编 北京 方志出版社 2016 年 358 页
b49655668 D628.731 H531C 2016

花溪农商银行志
花溪农商银行志编纂委员会办公室编 徐开新总纂 北京 方志出版社 2017 年 456 页〔贵州省农村信用合作社志系列丛书〕
b5065133x F832.33 H531 2017

花溪区教育志
陈祖义主编 贵阳 贵州大学出版社 2009 年 348 页
b20452810 G527.731 H531 2009

白云区

贵阳市白云区志
贵阳市白云区地方志编纂委员会编 贵阳 贵州人民出版社 2007 年 797 页
b20401978 K297.31 B152 2009

白云区人大志 2001–2010
贵阳市白云区人大常委会编 李天权主编 贵阳 白云区人大志编辑委员会 2011 年 677 页
b40648096 D624.731 B152 2011

清镇市

清镇县志
贵州省清镇县地方志编纂委员会编 贵阳 贵州人民出版社 1991 年 953 页
b10796216 K297.34 Q464

清镇市志 1978–2010
清镇市地方志编纂委员会办公室编 苟朝忠 张德枢主编 昆明 云南人民出版社 2016 年 2 卷 1323 页
b4981431x K297.34 Q467 2016

清镇市人大志 1950–2011
清镇市人大常委会编 蒋景华主编 清镇 清镇市人大常委会 2011 年 644 页
b4086408x D624.734 Q467 2011

清镇市政协志 1983.3–2008.3
政协清镇市委员会编 岳世刚主编 清镇 政协清镇市委员会 2008 年 318 页
b47045425 D628.734 Q467 2008

清镇县粮食志
清镇县地方志编纂委员会编 清镇 贵州省清镇县地方志编纂委员会 1989 年 145 页
b46443381 F327.734 Q467 1989

清镇发电厂志 1958–1997
清镇发电厂厂志编委会编 清镇 清镇发电厂厂志编委会 1999 年 449 页
b49982060 F426.61 Q4679 1999

清镇市交通志
清镇市交通局编 清镇 清镇市盘江印刷

厂 2007年 478页
b46273979 F512.773.4 Q467 2007

清镇市财政志
清镇市财政局编 王莲主编 贵阳 贵州人民出版社 1994年 267页
b40806996 F812.773.3 Q467 1994

清镇市教育志
清镇市人民政府编 张德枢主编 清镇 清镇市人民政府 1998年 646页
b36013602 G527.733 Q467 1998

清镇县民族志
清镇县民族事务委员会编 清镇 清镇县民族事务委员会 1992年 253页
b19932248 K280.734 Q467 1992

贵州省清镇县地名志
清镇县人民政府编 清镇 清镇县人民政府 1987年 346页〔贵州省地名丛书〕
b13742929 K927.34 Q467

开阳县

开阳县志
贵州省开阳县志编纂委员会编 贵阳 贵州人民出版社 1993年 855页〔中华人民共和国地方志丛书〕
b1065558x K297.34 K122

开阳县志 1978–2007
开阳县地方志编纂委员会办公室编 贵阳 贵州人民出版社 2016年 917页
b50151939 K297.34 K122C 2016

开阳县双流镇志
开阳县双流镇志编纂委员会编 张大贤主编 贵阳 贵州人民出版社 2004年 578页
b16142585 K297.35 S592 2004

马头村志
马头村志编纂委员会编 林柏海主编 北京 中国戏剧出版社 2013年 371页
b46995493 K297.35 M142 2013

开阳县人民代表大会志 1992–2011
冯裕富主编 开阳 开阳县人大常委会 2013年 371页
b49533423 D624.654 K122 2013

开阳县军事志 630–2005
贵州省开阳县军事志编纂委员会编 刘学勇主编 开阳 贵州省开阳县军事志编纂委员会 2009年 340页
b49938472 E289.734 K122 2009

开阳磷矿志 1988–2007
贵州开磷（集团）有限责任公司编 屈庆麟主编 贵阳 贵州人民出版社 2008年 380页
b22430532 F426.1 Q559 2008

开阳县农村信用社志
开阳县农村信用合作联社编 开阳 开阳县农村信用合作联社 2013年 249页
b4964015x F832.773.4 K122 2013

息烽县

息烽县志
贵州省息烽县地方志编纂委员会编 邱德林主编 贵阳 贵州人民出版社 1993年 809页
b10655657 K297.34 X118

息烽县小寨坝镇志
贵州省息烽县小寨坝镇志编纂委员会编 贵州省息烽县史志办公室编 李光祥主编

贵阳 贵州人民出版社 2001 年 389 页
b16434717 K297.35 X347 2001

息烽县政协志 1950–2014
中国人民政治协商会议息烽县委员会编 皮世凯主编 北京 中国文史出版社 2015 年 591 页
b49663525 D628.734 X118 2015

息烽县民政志
息烽县志编纂委员会 息烽县民政局编 息烽 息烽县志编纂委员会 息烽县民政局 1990 年 224 页
b50248509 D632 X118 1990

息烽县财政志
息烽县志编纂委员会办公室 息烽县财政局编 潘明主编 息烽 息烽县志编纂委员会办公室 1993 年 185 页
b50008353 F812.773.4 X118 1993

贵州省息烽县地名录
息烽县人民政府编 息烽 息烽县人民政府 1987 年 155 页〔贵州省地名丛书〕
b13780001 K927.34 X118

息烽县水利志
息烽县水利电力局编 黄本超编辑 息烽 息烽县水利电力局 1997 年 260 页
b46996102 TV-092 X118 1997

修文县

修文县志
修文县地方志编纂委员会编 李祖炎主编 北京 方志出版社 1998 年 1184 页
b12611268 K297.34 X535

久长镇志 前 280–2009
久长镇地方志编纂委员会编 王志利 徐明忠 赵继尧主编 修文 久长镇地方志编纂委员会 2012 年 760 页
b50320154 K297.35 J586 2012

六桶乡志
六桶镇人民政府编 任奇贵主编 修文 六桶镇人民政府 2016 年 531 页
b50729871 K297.35 L7238 2016

修文县六广镇志
六广镇志编纂委员会编 李祖炎主编 修文 六广镇志编纂委员会 2007 年 623 页
b49850118 K297.35 L723 2007

修文县小箐乡志
小箐乡志编纂委员会编 国远明主编 修文 小箐乡志编纂委员会 2007 年 615 页
b36380234 K297.35 X3477 2007

修文县民政志
修文县民政志编纂委员会编 陈新国主编 修文 修文县民政志编纂委员会 2009 年 295 页
b46996199 D632 X535 2009

修文县乡镇企业志
修文县乡镇企业志编辑室编纂 林明礼主编 修文 修文县乡镇企业志编辑室 2007 年 278 页
b50320178 F279.277.34 X535 2007

修文县交通志 1329–2005
修文县交通局编纂 朱屏主编 修文 修文县交通局 2006 年 313 页
b49850106 F512.773.4 X535 2006

修文县粮食志 1687–1990
修文县粮食局粮食志编辑室编 蔡文广主编 修文 修文县粮食局粮食志编辑室 1995

年 236 页
b4964032x F724.721 X535 1995

修文县物价志
修文县物价局编纂 唐育文主编 修文 修文县物价局 2010 年 184 页
b46996205 F726.773.4 X535 2010

修文县农村信用合作志
修文县农村信用合作联社编纂 刘毅主编 修文 修文县农村信用合作联社 2010 年 298 页
b49803827 F832.35 X535 2010

修文县民族宗教志
修文县民族宗教事务局编 李元明主编 修文 修文县民族宗教事务局 2018 年 304 页
b51113569 K280.734 X535 2018

修文县地名录
刘柏林编辑 修文 修文县人民政府 1989 年 238 页〔贵州省地名丛书〕
b13742942 K927.34 X535

六盘水市

六盘水市志 第 1 卷 民族志
六盘水市志民族志编纂组织机构编 车光贤 柳光华主编 贵阳 贵州人民出版社 2003 年 225 页
b16446513 K297.33 L723

六盘水市志 第 2 卷 地理志
六盘水市地方志编纂委员会编 斯信强总纂 欧阳大育卷主编 贵阳 贵州人民出版社 1997 年 335 页
b16438206 K297.33 L723

六盘水市志 第 3 卷 人民代表大会志
六盘水市地方志编纂委员会编 斯信强总纂 邹启尧主编 贵阳 贵州人民出版社 2000 年 324 页
b16860974 K297.33 L723

六盘水市志 第 4 卷 政府志
六盘水市地方志编纂委员会编 斯信强主编 贵阳 贵州人民出版社 2004 年 340 页
b17482719 K297.33 L723

六盘水市志 第 5 卷 邮电志
六盘水市地方志编纂委员会编 贵阳 贵州人民出版社 2001 年 282 页
b20585366 K297.33 L723

六盘水市志 第 6 卷 城乡规划志
六盘水市地方志编纂委员会编 李维忠主编 贵阳 贵州人民出版社 2009 年 650 页
b20401942 K297.33 L723

六盘水市志 第 7 卷 公安志
六盘水市地方志编纂委员会编 白平主编 贵阳 贵州人民出版社 2004 年 361 页
b20774175 K297.33 L723

六盘水市志 第 8 卷 蔬菜水产志
六盘水市地方志编纂委员会编 贵阳 贵州人民出版社 1992 年 98 页
b20774187 K297.33 L723

六盘水市志 第 9 卷 环境保护志
六盘水市地方志编纂委员会编 李庆德主编 贵阳 贵州人民出版社 1990 年 107 页
b20774266 K297.33 L723

六盘水市志 第 10 卷 科学技术志
六盘水市地方志编纂委员会编 罗伟才主编 贵阳 贵州人民出版社 1993 年 227 页
b20774308 K297.33 L723

六盘水市志 第 11 卷 粮油志
六盘水市地方志编纂委员会编 孙松 谷中伦主编 贵阳 贵州人民出版社 1993 年 265 页
b20774291 K297.33 L723

六盘水市志 第 12 卷 金融志
六盘水市地方志编纂委员会编 斯信强总纂 刘鸣宇主编 贵阳 贵州人民出版社 1995 年 209 页
b20774333 K297.33 L723

六盘水市志 第 13 卷 体育志
六盘水市地方志编纂委员会编 金之栋主编 贵阳 贵州人民出版社 2004 年 337 页
b20774321 K297.33 L723

六盘水市志 第 14 卷 审计志
六盘水市地方志编纂委员会编 毛新元主编 贵阳 贵州人民出版社 2004 年 147 页
b20806498 K297.33 L723

六盘水市志 第 15 卷 农业志 畜牧志
六盘水市地方志编纂委员会编 刘书义主编 贵阳 贵州人民出版社 1995 年 427 页
b20806486 K297.33 L723

六盘水市志 第 16 卷 报业志
六盘水市地方志编纂委员会编 斯信强总纂 高志新卷主编 贵阳 贵州人民出版社 2009 年 268 页
b20882828 K297.33 L723

六盘水市志 第 17 卷 国土资源志
六盘水市地方志编纂委员会编 陈寿林主编 贵阳 贵州人民出版社 2010 年 438 页
b2088283x K297.33 L723

六盘水市志 第 18 卷 发展计划志
六盘水市地方志编纂委员会编 张静主编 贵阳 贵州人民出版社 2008 年 378 页
b20950457 K297.33 L723

六盘水市志 第 19 卷 广播电视志
六盘水市地方志编纂委员会编 张奎建主编 贵阳 贵州人民出版社 2005 年 216 页
b20950433 K297.33 L723

六盘水市志 第 20 卷 人事志
六盘水市地方志编纂委员会编 金之栋主编 贵阳 贵州人民出版社 2008 年 140 页
b20950469 K297.33 L723

六盘水市志 第 21 卷 卫生医药志
六盘水市地方志编纂委员会编 董正爱主编 北京 方志出版社 1997 年 386 页
b21569216 K297.33 L723

六盘水市志 第 22 卷 民政志
六盘水市地方志编纂委员会编 尹大成主编 贵阳 贵州人民出版社 2006 年 588 页
b20950445 K297.33 L723

六盘水市志 第 23 卷 煤炭工业志
六盘水市地方志编纂委员会编 詹行鹏主编 贵阳 贵州人民出版社 2000 年 515 页
b21136853 K297.33 L723

六盘水市志 第 24 卷 文化志
六盘水市地方志编纂委员会编 汪龙舞主编 贵阳 贵州人民出版社 2007 年 553 页
b21277813 K297.33 L723

六盘水市志 第 25 卷 税务志
六盘水市地方志编纂委员会编 王守品主编 贵阳 贵州人民出版社 2004 年 473 页
b21569198 K297.33 L723

六盘水市志 第 26 卷 林业志
六盘水市地方志编纂委员会编 孙松总纂 黄应时主编 贵阳 贵州人民出版社 1992 年 134 页
b21569186 K297.33 L723

六盘水市志 第 27 卷 教育志
六盘水市地方志编纂委员会编 吴仕芹主编 贵阳 贵州人民出版社 2000 年 513 页
b21569162 K297.33 L723

六盘水市志 第 27 卷 军事志
六盘水市地方志编纂委员会编 孔说主编 贵阳 贵州人民出版社 2001 年 345 页
b21569174 K297.33 L723

六盘水市志 第 28 卷 烟草志
六盘水市地方志编纂委员会编 斯信强总纂 龙大新主编 贵阳 贵州人民出版社 2000 年 267 页
b2156923x K297.33 L723

六盘水市志 第 29 卷 交通志
六盘水市地方志编纂委员会编 邹邦林主编 贵阳 贵州人民出版社 2004 年 556 页
b21569150 K297.33 L723

六盘水市志 第 30 卷 统计志
六盘水市地方志编纂委员会编 斯信强总纂 马士凤主编 贵阳 贵州人民出版社 2001 年 255 页
b21569204 K297.33 L723

六盘水市志 第 31 卷 检察志
六盘水市地方志编纂委员会编 斯信强总纂 严国八主编 贵阳 贵州人民出版社 2001 年 320 页
b21569149 K297.33 L723

六盘水市志 第 32 卷 城乡建设志
六盘水市地方志编纂委员会编 伍祥华 斯信强主编 贵阳 贵州人民出版社 2002 年 432 页
b21569125 K297.33 L723

六盘水市志 第 33 卷 党派群团志
六盘水市地方志编纂委员会编 陈筑生 李彦芳主编 贵阳 贵州人民出版社 2006 年 421 页
b21569137 K297.33 L723

六盘水市志 第 34 卷 武警志
六盘水市地方志编纂委员会编 贵阳 贵州人民出版社 2001 年 358 页
b21569228 K297.33 L723

六盘水市志 第 35 卷 冶金工业志
六盘水市地方志编纂委员会编 蒋镇运主编 贵阳 贵州人民出版社 2003 年 331 页
b21569241 K297.33 L723

六盘水市志 第 36 卷 大事记 1276–1991
六盘水市地方志编纂委员会编 孙松总纂 邓荣忠主编 贵阳 贵州人民出版社 1992 年 274 页
b22430751 K297.33 L723

六盘水市志 第 37 卷 外贸志
六盘水市地方志编纂委员会编 李文凤主编 贵阳 贵州人民出版社 2003 年 167 页
b22082748 K297.33 L723

六盘水市志 第 38 卷 劳动和社会保障志
六盘水市地方志编纂委员会编 贵阳 贵州人民出版社 2002 年 576 页
b36093191 K297.33 L723

六盘水市志　第 39 卷 政协志
六盘水市地方志编纂委员会编 斯信强 杨士昭主编 北京 方志出版社 1998 年 408 页
b36245823　K297.33 L723

六盘水市志　第 40 卷 质量技术监督志
六盘水市地方志编纂委员会编 斯信强主编 北京 方志出版社 2014 年 381 页
b46378601　K297.33 L723

六盘水市志　第 41 卷 商业志
六盘水市地方志编纂委员会编 李世雄主编 贵阳 贵州人民出版社 2017 年 388 页
b50013300　K297.33 L723

六盘水市志　第 42 卷 司法行政志
六盘水市地方志编纂委员会编 方化主编 贵阳 贵州人民出版社 2010 年 159 页
b50065427　K297.33 L723

六盘水市志　第 43 卷 人物志
六盘水市地方志办公室编 熊姜义主编 贵阳 贵州人民出版社 2010 年 319 页
b50207416　K297.33 L723

六盘水市志　第 44 卷 供销合作志
六盘水市地方志编纂委员会编 余朝林主编 北京 方志出版社 2014 年 284 页
b50206849　K297.33 L723

六盘水市志　第 45 卷 审判志
六盘水市地方志编纂委员会编 金敬荣 王得名主编 贵阳 贵州人民出版社 2009 年 366 页
b50207428　K297.33 L723 2009

六盘水市志　第 46 卷 文学艺术志
六盘水市地方志编纂委员会编 余朝林总编 王文楷卷主编 贵阳 贵州人民出版社 2008 年 276 页
b20950470　K297.33 L723

六盘水市志　第 47 卷 乡镇企业志
六盘水市地方志编纂委员会编 贵阳 贵州人民出版社 2001 年 517 页
b36247017　K297.33 L723

六盘水市志　第 48 卷 财政志
六盘水市地方志编纂委员会编 熊姜义主编 贵阳 贵州人民出版社 2006 年 465 页
b50207404　K297.33 L723

六盘水市志　第 49 卷 工会志
六盘水市总工会编 余朝林总编 赵桂兰主编 贵阳 贵州人民出版社 2008 年 495 页
b2208275x　K297.33 L723

六盘水市简志
六盘水市地方志编纂委员会编 余朝林主编 北京 当代中国出版社 2015 年 578 页
b49471880　K297.33 L723D 2015

九三学社贵州省六盘水市志
九三学社六盘水市委员会编 谢应钦 刘玄主编 香港 华夏文化艺术出版社 2015 年 252 页
b50206989　D665.7 L723 2015

六盘水市军事志　1998–2005
贵州省六盘水市军事志编纂委员会编 六盘水 六盘水市军事志编纂委员会 2009 年 197 页
b49472215　E289.733 L723 2009

六盘水三线建设志
贵州省六盘水市地方志编纂委员会编 余朝林主编 北京 当代中国出版社 2014

年 254 页
b45513740 F127.733 Y721 2014

老鹰山选煤厂志 1969–1993
水城矿务局老鹰山选煤厂编 宿学礼主编 六盘水 水城矿务局老鹰山选煤厂 1994 年 361 页
b49849657 F426.21 L255 1994

六盘水市教育志
六盘水市教育志编纂委员会编 王时明主编 北京 中国文史出版社 2014 年 516 页
b46995468 G527.733 L723C 2014

六盘水市第一实验中学志（原水矿集团公司第一中学） 1970–2010
六盘水市第一实验中学志编委会编 母懋林编辑 六盘水 六盘水市第一实验中学志编委会 2010 年 533 页
b46899200 G639.287.33 L723 2010

六盘水师范高等专科学校志
六盘水师范高等专科学校志编纂委员会编 王文楷主编 贵阳 贵州大学出版社 2017 年 399 页
b50811381 G719.287.33 L723 2017

贵州省六盘水市地名录 上卷 六盘水市六枝特区
六盘水市人民政府编 李明歧主编 六盘水 六盘水市人民政府 1987 年 249 页〔贵州省地名丛书〕
b16028624 K927.33 L723 1982

贵州省六盘水市地名录 中卷 盘县特区
六盘水市人民政府编 李明歧主编 六盘水 六盘水市人民政府 1988 年 442 页〔贵州省地名丛书〕
b16028624 K927.33 L723 1982

贵州省六盘水市地名录 下卷 水城特区
六盘水市人民政府编 李明歧主编 六盘水 六盘水市人民政府 1988 年 449 页〔贵州省地名丛书〕
b16028624 K927.33 L723 1982

贵州省有色地质勘查局二总队志
贵州省有色地质勘查局二总队志编纂委员会编 陈永华主编 六盘水 贵州省有色地质勘查局二总队志编纂委员会 2008 年 275 页
b49849402 P562.73 G7298 2008

六盘山植物图志
程积民 朱仁斌等编著 北京 科学出版社 2014 年 778 页
b45454024 Q948.524.3-64 C454 2014

六盘水市安全生产志
六盘水市安全生产监督管理局 六盘水市安全生产执法监察局编 李恒超主编 北京 当代中国出版社 2016 年 527 页
b50065488 X931 L723 2016

钟山区

六盘水市钟山区志 1988–2008
六盘水市钟山区地方志编纂委员会编 马永超主编 北京 方志出版社 2016 年 771 页
b49865262 K297.33 L723Z 2016

大湾镇志
中共六盘水市钟山区大湾镇委员会 六盘水市钟山区大湾镇人民政府编 蒋朝明 王渊主编 芒市 德宏民族出版社 2016 年 552 页
b49626000 K297.35 D1369 2016

德坞街道志
中共六盘水市钟山区德坞街道工委 六盘水市钟山区德坞街道办事处编 王邵主编 昆明 云南人民出版社 2014年 387页
b46667714 K297.33 L723ZD 2014

六盘水市钟山区志 荷城街道志
中共六盘水市钟山区荷城街道工委 六盘水市钟山区荷城街道办事处编 赵庆强 陈林庆 马永超主编 昆明 云南人民出版社 2012年 448页
b5020807x K297.35 H284 2012

六盘水市钟山区志政协志 1988–2010
政协六盘水市钟山区委员会编 陈素芳主编 贵阳 贵州人民出版社 2011年 563页
b41234406 D628.733 L723Z 2011

钟山区煤炭工业志
六盘水市钟山区地方志编纂委员会编 王守品主编 德宏 德宏民族出版社 2014年 261页
b49677482 F426.21 L723Z 2014

贵州省六盘水市钟山区区志之教育志
钟山区教育局编 尹余庆总编纂 北京 方志出版社 2010年 146页
b35989609 G527.733 L723 2010

盘州市

盘县特区志
贵州省盘县特区地方志编纂委员会编 李本良主编 北京 方志出版社 1998年 1082页
b20950949 K297.33 L723P 1998

盘县志 1986–2008
盘县地方志编纂委员会编 陈文昌主编 北京 方志出版社 2014年 2卷 1034页
b46376811 K297.34 P163P 2014

盘江煤矿志
盘江煤矿志编纂委员会编 任碧初主编 贵阳 贵州人民出版社 2005年 1029页
b36247029 F426.21 R1941 2005

盘县煤炭工业志 2000–2015
盘县煤炭局编 包乔发主编 昆明 云南人民出版社 2017年 645页
b50309274 F426.21 P163 2017

土城煤矿志
土城煤矿志编纂委员会编 卫爱友主编 贵阳 贵州人民出版社 2006年 624页
b21007615 F426.21 W354 2006

盘县特区金融志
贵州省盘县特区金融志编纂委员会编 杨泽沛主编 贵阳 贵州人民出版社 1994年 350页
b36374222 F832.773.4 P163 1994

盘县文体广电旅游志
盘县文体广电新闻出版局编 邹兴林 唐震主编 北京 方志出版社 2016年 703页
b47358440 G127.734 P163 2016

火铺矿学校校志（盘县第五小学） 1970–2013
火铺矿学校校志编纂委员会编 陈礼主编 盘县 火铺矿学校校志编纂委员会 2013年 400页
b49505993 G639.287.34 H771 2013

盘县羊场中学校志 1980–2010
盘县羊场中学校志编纂委会编 孔德辉主编 盘县 盘县羊场中学校志编纂委会 2010

年 221 页
b4947232x　G639.287.34　Y222　2010

盘县一中校志　1940–2010
盘县一中七十周年校庆组委会编　刘经宇主编　盘县　盘县一中七十周年校庆组委会　2010 年　565 页
b40648102　G639.287.34　P163　2010

水城县

水城县（特区）志
水城县地方志编纂委员会编　侯贵玉主编　贵阳　贵州人民出版社　1994 年　984 页
b16028570　K297.34　S614　1994

水矿志
贵州水城矿业集团有限责任公司矿志编委会编　许济桓主编　贵阳　贵州人民出版社　2005 年　735 页
b49849438　F426.21　G729　2005

六枝特区

六枝特区志
六枝特区地方志编纂委员会编　杨安华总编　贵阳　贵州人民出版社　2002 年　902 页
b16436210　K297.33　L7239　2002

六枝特区志　1978–2011
六枝特区地方志编纂委员会编　杜应良　焦兴敏主编　北京　方志出版社　2018 年　823 页
b52966823　K297.33　L723M　2018

遵义市

遵义地区志　卷首
贵州省遵义市地方志编纂委员会编　刘作会主编　贵阳　贵州人民出版社　2006 年　148 页
b49489793　K297.32　Z954

遵义地区志　第 1 卷　概况　大事记
贵州省遵义市地方志编纂委员会编　贵阳　贵州人民出版社　1994 年　191 页
b13437550　K297.32　Z954

遵义地区志　第 2 卷　商业志　供销志　粮食志　物资志　工商行政管理志
贵州省遵义市地方志编纂委员会编　贵阳　贵州人民出版社　1992 年　643 页
b13273759　K297.32　Z954

遵义地区志　第 3 卷　名胜志
贵州省遵义市地方志编纂委员会编　北京　方志出版社　2002 年　104 页
b15638170　K297.32　Z954

遵义地区志　第 4 卷　政权政协志
贵州省遵义市地方志编纂委员会编　刘作会主编　贵阳　贵州人民出版社　2004 年　390 页
b16432356　K297.32　Z954

遵义地区志　第 5 卷　金融志
贵州省遵义市地方志编纂委员会编　杨远华主编　贵阳　贵州人民出版社　2000 年　315 页
b16436982　K297.32　Z954

遵义地区志　第 6 卷　民族志
贵州省遵义市地方志编纂委员会编　蹇泓波主编　贵阳　贵州人民出版社　1999 年　255 页
b16427130　K297.32　Z954

遵义地区志　第 7 卷　教育志
贵州省遵义市地方志编纂委员会编　刘作

会总编 王尔逊卷主编 贵阳 贵州人民出版社 2002年 372页
b16425650 K297.32 Z954

遵义地区志 第8卷 公安志
贵州省遵义市地区志编纂委员会编 何世芳总编 王群新 陈明松卷主编 贵阳 贵州人民出版社 2002年 269页
b17183182 K297.32 Z954

遵义地区志 第9卷 武警志
贵州省遵义市地方志编纂委员会编 王育贵主编 贵阳 贵州人民出版社 2002年 288页
b17183157 K297.32 Z954

遵义地区志 第10卷 科学技术志
贵州省遵义市地方志编纂委员会编 江纪伦主编 贵阳 贵州人民出版社 2002年 390页
b17183200 K297.32 Z954

遵义地区志 第11卷 财政志 税务志
贵州省遵义市地方志编纂委员会编 何世芳总编 唐镇国卷主编 贵阳 贵州人民出版社 2002年 234页
b17183194 K297.32 Z954

遵义地区志 第12卷 文化志 文学艺术志
贵州省遵义市地方志编纂委员会编 何世芳总编 张益芳 杨文铁卷主编 贵阳 贵州人民出版社 2004年 286页
b17505884 K297.32 Z954

遵义地区志 第13卷 党派群团志
贵州省遵义市地方志编纂委员会编 袁利民主编 贵阳 贵州人民出版社 2003年 427页
b20953239 K297.32 Z954

遵义地区志 第14卷 水利志
贵州省遵义市地方志编纂委员会编 周远德主编 贵阳 贵州人民出版社 2001年 519页
b20953264 K297.32 Z954

遵义地区志 第15卷 审判志
贵州省遵义市地方志编纂委员会编 李祖良主编 贵阳 贵州人民出版社 2003年 313页
b20953252 K297.32 Z954

遵义地区志 第16卷 乡镇企业志
贵州省遵义市地方志编纂委员会编 何世芳总编 朱永福主编 贵阳 贵州人民出版社 2003年 252页
b20953276 K297.32 Z954

遵义地区志 第17卷 广播电视志 报业志
贵州省遵义市地方志编纂委员会编 何世芳总编 李连昌编纂 王启宏主编 贵阳 贵州人民出版社 2004年 180页
b20953240 K297.32 Z954

遵义地区志 第18卷 交通志 邮电志 城乡建设环境保护志
贵州省遵义市地方志编纂委员会编 何柱承总编 王崇嵩主编 贵阳 贵州人民出版社 1997年 410页
b21571508 K297.32 Z954

遵义地区志 第19卷 经济管理志
贵州省遵义市地方志编纂委员会编 何世芳总编 罗立权卷主编 贵阳 贵州人民出版社 2003年 480页
b2157151x K297.32 Z954

遵义地区志 第20卷 民政志
贵州省遵义市地方志编纂委员会编 刘作

会总编 张有顺卷主编 贵阳 贵州人民出版社 2003年 423页
b21571545 K297.32 Z954

遵义地区志 第21卷 工业志
贵州省遵义市地方志编纂委员会编 刘作会总编 刘明卷主编 贵阳 贵州人民出版社 2002年 249页
b21571491 K297.32 Z954

遵义地区志 第22卷 军事志
贵州省遵义市地方志编纂委员会编 陈锦民主编 贵阳 贵州人民出版社 2003年 441页
b21571521 K297.32 Z954

遵义地区志 第23卷 林业志
贵州省遵义市地方志编纂委员会编 何世芳总编 贵阳 贵州人民出版社 2000年 324页
b21571533 K297.32 Z954

遵义地区志 第24卷 名产志
遵义地区地方志编纂委员会编 何柱承总编 贵阳 贵州人民出版社 1989年 159页
b17623480 K297.32 Z954

遵义地区志 第25卷 卫生志
贵州省遵义市地方志编纂委员会编 戴崇光主编 贵阳 贵州人民出版社 2002年 455页
b22921370 K297.32 Z954

遵义地区志 第26卷 司法行政志 对外贸易经济合作志
贵州省遵义市地方志编纂委员会编 何世芳总编 余明 焦军主编 贵阳 贵州人民出版社 2004年 142页
b36247157 K297.32 Z954

遵义地区志 第27卷 体育志 档案志
贵州省遵义市地方志编纂委员会编 何世芳总编 周刚 施祥康卷主编 贵阳 贵州人民出版社 2004年 166页
b36247169 K297.32 Z954

遵义地区志 第28卷 人物志
贵州省遵义市地方志编纂委员会编 何世芳总编 谢尊修分纂 香港 天马图书出版公司 2001年 347页
b36246840 K297.32 Z954

遵义地区志 第29卷 农业志 畜牧渔业志
贵州省遵义市地方志编纂委员会编 叶知秋 曾祥忠 何仁勇主编 贵阳 贵州人民出版社 2001年 343页
b40935255 K297.32 Z954

遵义地区志 第30卷 检察志
贵州省遵义市地方志编纂委员会编 肖世良 王利民主编 贵阳 贵州人民出版社 2003年 228页
b46562229 K297.32 Z954 2003

遵义地区志 第31卷 行政建置志 自然地理志
贵州省遵义市地方志编纂委员会编 谢尊修 王恩平编撰 贵阳 贵州人民出版社 1992年 255页
b4741487x K297.32 Z954

遵义地区志 第32卷 科学技术协会志
贵州省遵义市地方志编纂委员会编 徐尚亮主编 贵阳 贵州人民出版社 2005年 337页
b4948980x K297.32 Z954

遵义市志
遵义市志编纂委员会编 傅伦俊总编辑 北京 中华书局 1998年 3卷 2388页
b10503201 K297.33 Z954

遵义市志
遵义市地方志编纂委员会编 刘作会主编 北京 方志出版社 2017 年 3007 页〔中华人民共和国地方志〕
b51090284 K297.33 Z954E 2017

遵义市人口和计划生育志 1965–2007
遵义市人口和计划生育委员会编 胡洪主编 遵义 遵义市人口和计划生育委员会 2011 年 320 页
b50991474 C924.257.33 Z954 2011

遵义市人民代表大会志 1997–2012
遵义市人民代表大会志编委会编 刘明田习龙主编 北京 中国文史出版社 2015 年 429 页
b49550445 D624.733 Z954 2015

遵义市人民政府志 1997–2007
遵义市人民政府办公室编 刘跃明 王祖彬主编 北京 方志出版社 2011 年 410 页
b36370174 D625.733 Z954 2011

遵义市公安志
遵义市公安局编 刘小星主编 北京 中国文化出版社 2009 年 404 页
b50991462 D631 Z954 2009

遵义律师志
遵义市律师协会编 吴世禄主编 北京 中国文史出版社 2014 年 253 页
b46442315 D927.573.65 Z954 2014

遵义市国土资源志
遵义市国土资源局编 谢恰荣 夏永良总纂 北京 方志出版社 2013 年 395 页
b4121366x F129.973.3 Z954 2013

遵义市质量技术监督志
遵义市质量技术监督局编 张萌萌主编 北京 中国文化出版社 2011 年 330 页
b50991486 F203 Z954 2011

遵义市房产管理志
遵义市房产管理局编 陈守刚主编 北京 中国文化出版社 2009 年 346 页
b50861281 F299.277.33 Z954 2009

航天电器公司志 三四一二厂、三四一九厂
航天电器公司编 原维亮主编 遵义 航天电器公司 2001 年 547 页
b50729196 F426.61 G7293 2001

乌江渡发电厂志
乌江渡发电厂志编委会编 李荣耀主编 遵义 乌江渡发电厂 2007 年 425 页
b49983477 F426.61 W464 2007

遵义卷烟厂志
遵义卷烟厂志编纂委员会编 秦建甫主编 北京 中国文化出版社 2008 年 515 页
b51079525 F426.89 Z954 2008

遵义市三线建设志
遵义市地方志编纂委员会办公室编 刘作会主编 北京 中国文史出版社 2016 年 442 页
b47404346 F427.733 Z954 2016

遵义市工业志 1998–2007
遵义市工业志编纂委员会编 郭世刚主编 北京 方志出版社 2011 年 474 页
b50247761 F429.733 G776 2011

遵义市交通志
遵义市交通志编纂委员会编 陈庆复主编 贵阳 贵州人民出版社 1994 年 275 页〔遵义市志丛书〕
b22433429 F512.773.3 C429 1994

遵义市交通志 1990–2007
遵义市交通运输局编 傅忌模主编 北京 方志出版社 2012年 507页
b41213671 F512.773.3 Z954 2012

遵义市旅游志
遵义市旅游局编 黄天舜 杨斌主编 遵义 遵义市旅游局 2012年 245页
b4993935x F592.773.3 Z954 2012

遵义市供销合作志
遵义市供销合作社编 张国庆主编 北京 中国文化出版社 2016年 329页
b50664918 F721.2 Z352 2016

遵义市物价志
遵义市物价局编 程兴念主编 北京 中国文化出版社 2009年 354页
b49963090 F726.773.3 Z954 2009

遵义市商务志 1986–2007
遵义市地方志编纂委员会编 邹景伦主编 遵义 遵义市地方志编纂委员会 2016年 323页
b5086127x F727.733 Z954 2016

遵义市名特资源产品志
遵义市地方志编纂委员会办公室编 刘作会主编 北京 中国文史出版社 2014年 383页
b47594457 F762.7 Z954 2014

遵义地区税务志
遵义地区税务志编纂领导小组编 张如烈主编 遵义 遵义地区税务志编纂领导小组 1991年 270页
b47317528 F812.773.3 Z954 1991

遵义市财政志 1989–2007
遵义市财政局编 李学普主编 北京 中国文化出版社 2010年 287页
b50151472 F812.773.3 Z954C 2010

遵义市金融志 1996–2007
遵义市金融志编纂委员会编 杨长林主编 遵义 遵义市金融志编纂委员会 2009年 239页
b50665959 F832.773.3 Z954 2009

遵义市文化志 1997–2012
遵义市文化体育广播电影电视局编 杨文铁 张鹏健 周国栋主编 北京 中国文化出版社 2014年 492页
b51079550 G127.733 Z954 2014

遵义地区教育志
遵义地区教育志编纂领导小组编 王尔逊主编 贵阳 贵州人民出版社 1993年 608页
b3000228x G527.732 Z954 1993

遵义市朝阳小学校志 1910–2010
遵义市朝阳小学校志编纂小组编 遵义 遵义市朝阳小学校志编纂小组 2011年 245页
b49472690 G629.287.33 C373 2011

遵义四中百年志 1915–2015
罗跃全主编 遵义 遵义四中 2015年 383页
b49506523 G639.287.33 Z954 2015

遵义市体育志 1979–2013
遵义市文化体育广播电视局编 龙庆松 张鹏健 周国栋主编 北京 中国文化出版社 2014年 663页
b51079549 G812.9 Z954 2014

遵义方言志
遵义市地方志编纂委员会办公室编 胡光斌 陈蓝心著 北京 中国文史出版社 2012

年 284 页〔遵义市方言志丛书〕
b49489768 H172.3 Z954 2012

遵义市人物志
遵义市地方志编纂委员会办公室编 刘作会主编 北京 中国文史出版社 2015 年 768 页
b47594470 K820.873.3 Z954 2015

遵义地区文物志
贵州省遵义地区文物管理委员会 贵州省遵义地区文化局编 钱大勇主编 遵义 贵州省遵义地区文物管理委员会 1984 年 246 页
b15329665 K872.732 Z954 1984

娄山关志
遵义市地方志编纂委员会办公室编 刘作会主编 北京 中国文史出版社 2014 年 358 页
b4705220x K878.2 L764 2014

遵义市风俗志
遵义市地方志编纂委员会办公室 遵义师范学院黔北文化研究中心编 刘作会主编 刘丽编著 北京 中国文史出版社 2014 年 452 页
b47594482 K892.473.3 Z954 2014

遵义市地名志
遵义市人民政府编 遵义 遵义市人民政府 1982 年 432 页
b21275294 K927.33 Z954D 1982

遵义市政区地名志
遵义市地方志编纂委员会办公室编 刘作会 程开志 刘兆武主编 北京 中国文史出版社 2015 年 499 页
b46562291 K927.33 Z954C 2015

遵义市妇幼保健院(遵义市第二人民医院)志
遵义市妇幼保健院编 冯健主编 北京 中国文化出版社 2016 年 290 页
b51079537 R197.5 Z954 2016

遵义市茶文化志
遵义市地方志编纂委员会办公室编 刘作会主编 北京 中国文史出版社 2016 年 554 页
b47404334 TS971 Z954 2016

汇川区

遵义市汇川区(经济技术开发区)志
遵义市汇川区地方志编纂委员会编 朱克贵主编 北京 方志出版社 2012 年 849 页
b36370198 K297.34 H699 2012

遵义县毛石镇志 1600–2007
遵义县毛石镇志编纂委员会编 萧汝国主编 遵义 遵义县毛石镇志编纂委员会 2011 年 620 页
b40648126 K297.35 M244 2011

遵义市汇川区人民检察院志
遵义市汇川区人民检察院志编纂委员会编 吴唸主编 香港 中国文化出版社 2016 年 287 页
b50318287 D926.32 Z954 2016

红花岗区

南关镇志
红花岗区南关镇人民政府编 王泽东主编 遵义 红花岗区南关镇人民政府 2009 年 323 页
b4093584x K297.35 N161 2009

遵义市红花岗区中桥村志

遵义市红花岗区地方志编纂委员会办公室 中共红花岗区新蒲镇中桥村总支部委员会 遵义市红花岗区新蒲镇中桥村民委员会编纂 杨盛文主编 遵义 遵义市红花岗区地方志编纂委员会 2009年 331页

b21571557 K297.35 Z645 2009

播州区

遵义县志

贵州省遵义县县志编纂委员会编著 文德政总编 贵阳 贵州人民出版社 1992年 1223页

b10644957 K297.34 Z954

遵义县志 1978–2007

遵义县地方志编纂委员会编 杨生国 朱存福主编 北京 中国文史出版社 2014年 876页

b4601844x K297.34 Z954 2014

遵义县图志

葛镇亚主编 北京 中国文史出版社 2016年 2卷 1213页

b49598715 K297.34 Z954C 2016

遵义县志 人口和计划生育志

遵义县人口和计划生育志编纂委员会编 郎书国主编 遵义 遵义县人口和计划生育志编纂委员会 2013年 326页

b50991498 C924.257.34 Z954 2013

遵义县志 国土资源志 1978–2007

遵义县志国土资源志编纂委员会编 朱存福主编 葛镇亚卷主编 北京 中国文史出版社 2014年 496页

b46898979 F129.973.4 Z954 2014

遵义县志 经济贸易志 1979–2009

遵义县志经济贸易志编纂委员会编 汪大祥主编 遵义 遵义康达彩色印务有限公司 2012年 463页

b50208706 F752.873.4 Z954 2012

遵义县志 档案志

遵义县档案志编纂委员会编 尤庆华主编 遵义 遵义康达彩色印务有限公司 2011年 217页

b5020869x G279.29 Z954 2011

遵义县志 中国共产党遵义县志

中国共产党遵义县志编纂委员会编 唐守义 朱存福 任成茂主编 遵义 中国共产党遵义县志编纂委员会 2016年 第2版 351页

b50208688 K297.34 Z954D 2016

遵义县志 农业志

遵义县农牧局编 宋德左总编 北京 中国文化出版社 2015年 450页

b49677688 K297.34 Z954N 2015

遵义县工商行政管理志

遵义县工商行政管理志编纂委员会编 王曦主编 贵阳 贵州人民出版社 1994年 310页〔遵义县志丛书〕

b20806644 F203.9 W233 1994

遵义县商业志

遵义县商业志编纂委员会编 邹景伦 潘勇主编 遵义 遵义县商业志编纂委员会 1992年 288页〔遵义县志丛书〕

b20806887 F727.734 Z878 1992

沙滩文化志

黄万机著 遵义 沙滩文化志编纂者 1986年 172页〔贵州省地方志参考丛书〕

b36379074 G127.735 S231 1986

遵义县教育志
遵义县教育志编纂领导小组编 游以庄主编 贵阳 贵州人民出版社 1991 年 379 页
b20136031 G527.734 Z954 1991

遵义县戏曲志
贵州省艺术研究室 遵义县文艺集成志书领导小组编 遵义 遵义县文艺集成志书领导小组 1993 年 196 页〔贵州艺术研究文丛〕
b20047344 J825.73 G729 1993

遵义县文物志 第 1 卷
遵义县文物管理委员会编 中国人民政治协商会议遵义县委员会编 遵义县文化馆编 重庆 重庆印制第一厂 1983 年 254 页
b20047332 K872.734 Z954 1983

赤水市

赤水县志
贵州省赤水县志编纂委员会编 梁云星主编 贵阳 贵州人民出版社 1990 年 872 页
b10760799 K297.34 C515

赤水市志 1986–2006
贵州省赤水市地方志编纂委员会编 程永义主编 北京 方志出版社 2012 年 876 页
b44794915 K297.33 C515 2012

赤水方言志
遵义市地方志编纂委员会办公室编 陈遵平著 北京 中国文史出版社 2012 年 342 页〔遵义市方言志丛书〕
b4948977x H172.3 C515 2012

贵州省赤水县地名志
杨精辉主编 赤水 贵州省赤水县人民政府地名办公室 1986 年 389 页
b13779886 K927.34 C515

赤水丹霞世界自然遗产志
遵义市地方志编纂委员会办公室 赤水市人民政府编 刘作会主编 北京 中国文史出版社 2014 年 380 页
b46668834 S759.992.734 C515 2014

仁怀市

仁怀县志
贵州省仁怀县地方志编纂委员会编 蒲宗亮主编 贵阳 贵州人民出版社 1991 年 1267 页
b10600243 K297.34 R193

仁怀市志 1978–2005
贵州省仁怀市地方志编纂委员会编 龙庆松 黄国宏 罗欣主编 北京 方志出版社 2013 年 806 页
b41213610 K297.33 R193 2013

仁怀政协志 1949–2001
中国人民政治协商会议贵州省仁怀市委员会编 徐文仲纂 仁怀 中国人民政治协商会议贵州省仁怀市委员会 2003 年 712 页
b50208433 D628.734 R193 2003

中国贵州茅台酒厂有限责任公司志
中国贵州茅台酒厂有限责任公司编 刘和鸣主编 北京 方志出版社 2011 年 680 页
b36370459 F426.82 Z647 2011

仁怀供销合作社志
仁怀市供销社志编纂委员会编 林邦友 母光信主编 北京 中国文史出版社 2011 年 354 页
b49789557 F727.734 R193 2011

仁怀教育志 1730–1988
仁怀县教育局编 仁怀 仁怀县教育局 1991 年 303 页
b16325357 G527.734 R193 1991

仁怀市教育志 1978–2005
仁怀市教育和科学技术局编 胡德奎 蒋善成主编 北京 方志出版社 2011 年 726 页
b36370241 G527.734 R193H 2011

仁怀市大坝小学校志 1912–2012
贵州省仁怀市大坝小学编纂 陈颇 张映辉主编 仁怀 贵州省仁怀市大坝小学 2012 年 276 页
b47126279 G629.287.34 R193 2012

仁怀市第一中学校志 1938–2008
贵州省仁怀市第一中学编纂 胡朝政主编 仁怀 仁怀市第一中学 2008 年 332 页
b46995675 G639.287.33 R193 2008

贵州省仁怀县地名录
仁怀县地名办公室编辑 仁怀 仁怀县人民政府地名办公室 1988 年 374 页
b13779825 K927.34 R193

桐梓县

桐梓县志
桐梓县地方志编纂委员会编 胡大宇主编 北京 方志出版社 1997 年 2 卷 1407 页
b10546686 K297.34 T441

桐梓县志 1993–2006
贵州省桐梓县地方志编纂委员会编 胡大宇主编 北京 方志出版社 2015 年 840 页
b46668056 K297.34 T441D 2015

桐梓县人大志 1949–2011
桐梓县人大常委会编 兰远驰主编 北京 光明日报出版社 2013 年 510 页
b46442406 D624.734 T441 2013

桐梓县教育志
桐梓县教育志编纂委员会编 成都 四川大学出版社 1997 年 410 页
b20099320 G527.734 T441 1997

桐梓方言志
贵州省桐梓县地方志编纂委员会编 涂光禄主编 张瑞琪 尤连贵主修 桐梓 贵州省桐梓县地方志编纂委员会 1987 年 98 页
b23228969 H172.3 T441 1987

桐梓方言志
遵义市地方志编纂委员会办公室编 蓝卡家著 北京 中国文史出版社 2012 年 328 页〔遵义市方言志丛书〕
b49489756 H172.3 T441C 2012

桐梓县文物志 拓片专辑
桐梓县文物管理所编 陈平主编 桐梓 桐梓县文物管理所 2004 年 106 页
b49849967 K872.73 T441 2004

桐梓县文物志稿 第 1 卷
桐梓县文化局 桐梓县文化馆 桐梓县文物管理所编 桐梓 桐梓县文物管理所 1984 年 114 页
b20121313 K872.734 T441

绥阳县

绥阳县志
贵州省绥阳县地方志编纂委员会编 贵阳 贵州人民出版社 1993 年 1123 页
b13276281 K297.34 S747

绥阳县志 1978–2007
绥阳县地方志编纂委员会编 姜灵春 黄家蓉主编 北京 方志出版社 2012 年 766 页
b45839621 K297.34 S747 2012

绥阳县供销合作志
绥阳县供销合作志编纂委员会编 刘官荣主编 绥阳 绥阳县供销合作社联合社 1990 年 374 页〔绥阳县地方志丛书 1〕
b49472355 F721.2 S747 1990

绥阳方言志
遵义市地方志编纂委员会办公室编 姚丽娟 占升平著 北京 中国文史出版社 2012 年 315 页〔遵义市方言志丛书〕
b49489744 H172.3 S747 2012

贵州省绥阳县地名志
绥阳县人民政府编 绥阳 绥阳县人民政府 1987 年 411 页
b13779862 K927.34 S747

正安县

正安县志
正安县地方志编纂委员会编 郑世杰 邱仲书主编 贵阳 贵州人民出版社 1999 年 985 页
b13400265 K297.34 Z515

正安县志 1978–2007
正安县地方志编纂委员会编 谭龙光主编 北京 方志出版社 2011 年 980 页
b36133474 K297.34 Z515C 2011

正安县人大志
正安县人大志编纂委员会编 正安 正安县人大志编纂委员会 2007 年 737 页〔正安县地方志系列丛书 4〕
b47045413 D624.734 Z515 2007

正安县政协志
正安县政协志编纂委员会编 程治南主编 正安 正安县政协志编纂委员会 2007 年 505 页〔正安县地方志系列丛书 5〕
b47352760 D628.734 Z515 2007

正安县住房和城乡建设志
正安县住房和城乡建设志编纂委员会编 谭龙光 王有生主编 香港 中国文化出版社 2014 年 501 页
b5023450x F299.277.34 Z515 2014

正安县畜牧志
正安县畜牧志编纂委员会编 王有生主编 香港 中国文化出版社 2016 年 552 页
b50664906 F326.377.34 Z515 2016

正安县财政志
贵州省正安县财政志编纂委员会编 王有生主编 正安 正安县财政志编纂委员会 2007 年 328 页〔正安县地方志系列丛书 5〕
b49850179 F812.773.4 Z515 2007

正安县地名志
贵州省正安县人民政府编 正安 贵州省正安县人民政府 1987 年 622 页
b21275828 K927.34 Z515 1987

凤冈县

凤冈县志
贵州省凤冈县地方志编纂委员会编 贵阳 贵州人民出版社 1994 年 862 页
b1064491x K297.34 F413

凤冈县志 1978–2007
贵州省凤冈县地方志编纂委员会编 罗胜明主编 北京 方志出版社 2011 年 775 页

b50206813 K297.34 F413C 2011

湄潭县

湄潭县志
湄潭县志编纂委员会编 黄振霞主编 贵阳 贵州人民出版社 1993 年 952 页
b10796368 K297.34 M291

湄潭县志 1978–2007
贵州省湄潭县地方志编纂委员会编 周开迅 赵建亮主编 北京 方志出版社 2011 年 734 页
b3613370x K297.34 M291C 2011

湄潭县财政志 1371–2007
湄潭县财政局编 罗德勇主编 湄潭 湄潭县财政局 2010 年 570 页
b50248194 F812.773.4 M291 2010

湄潭县文物志 第 1 卷
湄潭县文化馆编 湄潭 湄潭县文化馆 1984 年 230 页
b20044458 K872.734 M283 1984

贵州省湄潭县地名录
湄潭县人民政府编 湄潭 湄潭县人民政府 1983 年 303 页
b12158653 K927.34 M283

湄潭县气象志
湄潭县气象局编 范美良主编 湄潭 湄潭县气象局 2010 年 186 页
b40421144 P468.273.4 M291 2010

余庆县

余庆县志
贵州省余庆县地方志编纂委员会编 徐治华总编辑 贵阳 贵州人民出版社 1992 年 888 页
b10759864 K297.34 Y723

余庆县志 1988–2005
贵州省余庆县地方志编纂委员会编 罗贤忠主编 北京 方志出版社 2009 年 884 页
b20397471 K297.34 Y723 2009

贵州省余庆县地名录
余庆县地名领导小组办公室编 余庆 余庆县人民政府 1984 年 244 页
b13779953 K927.34 Y723

习水县

习水县志
贵州省习水县地方志编纂委员会编 梁安民 王义惠总编 贵阳 贵州人民出版社 1995 年 988 页
b10624909 K297.34 X142

习水县志 1991–2010
贵州省习水县地方志编纂委员会编 冯世祥主编 北京 方志出版社 2012 年 714 页
b41213646 K297.34 X142 2012

习水县军事志 初稿
习水县人武部军事志编写组编 袁富坤主编 习水 习水县人武部军事志编写组 1991 年 302 页
b21765686 E289.734 X142 1991

习水县军事志 1109–2007
习水县军事志编纂委员会编 王字培主编 习水 习水县军事志编纂委员会 2008 年 367 页
b44916826 E289.734 X142 2008

道真仡佬族苗族自治县

道真仡佬族苗族自治县志
道真仡佬族苗族自治县志编纂委员会编 张武俊主编 贵阳 贵州人民出版社 1992年 707页
b1079637x K297.34 D277

道真仡佬族苗族自治县志 1988–2007
道真仡佬族苗族自治县志编纂委员会编 刘学刚主编 北京 方志出版社 2011年 721页
b40424753 K297.34 D277 2011

道真仡佬族苗族自治县审计志 1984–2016
道真仡佬族苗族自治县审计志编纂委员会编 董世兴 冉淑芬主编 北京 中国文化出版社 2017年 254页
b50991425 F239.227.734 D227 2017

道真仡佬族苗族自治县财政志
道真仡佬族苗族自治县财政志编纂委员会编 刘学军 王露升 蹇泓波主编 道真 道真仡佬族苗族自治县财政志编纂委员会 1997年 272页〔道真地方志丛书〕
b50991413 F812.773.4 D277C 1997

道真仡佬族苗族自治县国志
道真仡佬族苗族自治县国志编纂委员会编 罗立权主编 北京 中国文化出版社 2013年 349页
b46442649 F812.773.4 D277 2013

道真仡佬族苗族自治县玉溪镇文化志
玉溪镇文化志编纂委员会编 罗立权主编 北京 中国文化出版社 2012年 386页
b4623956x G127.735 Y774 2012

道真仡佬族苗族自治县教育志
道真仡佬苗族自治县教育志编纂委员会编 李海波主编 重庆 重庆宏图企划 2009年 543页
b20806735 G527.734 D277 2009

道真仡佬族苗族自治县玉溪小学校志
道真仡佬族苗族自治县玉溪小学校志编纂委员会编 罗立权主编 玉溪 道真仡佬族苗族自治县玉溪小学校志编纂委员会 2011年 325页
b49677846 G629.287.34 Y774 2011

道真仡佬族苗族自治县道真中学校志
道真仡佬族苗族自治县道真中学校志编纂委员会编 罗立权主编 道真 道真仡佬族苗族自治县道真中学校志编纂委员会 2010年 450页
b49625354 G639.287.34 D277 2010

道真仡佬族苗族自治县职业教育培训中心志
道真仡佬族苗族自治县职业教育培训中心志编纂委员会编 韩继敏主编 重庆 重庆宏图企划 2007年 267页
b22429190 G719.29 H178 2007

道真仡佬族苗族自治县民族志
道真仡佬族苗族自治县民族志编纂委员会编 蹇泓波主编 贵阳 贵州人民出版社 1994年 222页〔道真地方志丛书〕
b16648705 K280.734 D277 1994

道真仡佬族苗族自治县水利电力志
道真仡佬族苗族自治县水利电力志编纂委员会编 胡长斌主编 道真 道真仡佬族苗族自治县水利电力志编纂委员会 2003年 162页
b49849311 TV–092 D277 2003

务川仡佬族苗族自治县

务川仡佬族苗族自治县志
贵州省务川仡佬族苗族自治县志编纂委员会编 王登科 李国栋主编 贵阳 贵州人民出版社 2001年 1233页
b14106516 K297.34 W549

务川仡佬族苗族自治县志 1978–2007
务川仡佬族苗族自治县志编纂委员会编 付强 邹利华 简旭波总编 北京 方志出版社 2013年 760页
b41234352 K297.34 W549 2013

务川仡佬族苗族自治县政协志
务川仡佬族苗族自治县政协志编委会编 邹圣朝主编 务川 务川仡佬族苗族自治县政协志编委会 1997年 154页
b50861268 D628.734 W549 1997

务川方言志
遵义市地方志编纂委员会办公室编 魏金光著 北京 中国文史出版社 2012年 236页〔遵义市方言志丛书〕
b49489720 H172.3 W549 2012

安顺市

安顺地区志 第1卷
安顺市地方志编纂委员会编 王元国主编 贵阳 贵州人民出版社 2010年 482页
b47071588 K297.32 A164 2010

安顺市志
安顺市地方志编纂委员会编 杨志伟主编 贵阳 贵州人民出版社 1995年 2卷 1564页
b10600206 K297.33 A164C

安顺地区邮电志
安顺地区邮电局史志办公室编 汪再源主编 北京 人民邮电出版社 1998年 129页
b21762624 F632.773.2 A164 1998

安顺市农村信用社志
安顺市农村信用社编纂委员会编 胡良品主编 西宁 青海人民出版社 2010年 506页
b49802768 F832.35 A164 2010

安顺地区民族志
安顺地区民族事务委员会编 王兴贵 杨志义主编 贵阳 贵州民族出版社 1996年 318页
b49802756 K280.732 A164 1996

安顺县民族志 缩简本
安顺县民族事务委员会编 伍长胜主编 安顺 安顺县民族事务委员会 1989年 191页
b46442777 K280.734 A164 1989

安顺市地名录
安顺市地名普查办公室编 安顺 安顺市人民政府 1980年 61页
b13780037 K927.33 A164

安顺县地名录
安顺县地名办公室编 安顺 安顺县人民政府 1980年 144页
b13780049 K927.34 A164

贵州省安顺地区水利电力志
贵州省安顺地区水利志编辑委员会编 李堃主编 安顺 贵州省安顺地区印刷厂 1996年 324页
b22429761 TV-092 A1647 1996

西秀区

安顺市西秀区志
安顺市西秀区地方志编纂委员会编 贵阳 贵州人民出版社 2007年 2卷 1403页
b18621636 K297.33 X119 2007

安顺市宋旗镇志
贵州省安顺市宋旗镇志编纂委员会编 王恩福主编 贵阳 贵州人民出版社 2001年 320页
b16447761 K297.35 S681 2001

安顺市西秀区蔡官镇志
贵州省安顺市西秀区蔡官镇志编纂委员会编 汪波主编 贵阳 贵州人民出版社 2004年 624页
b15602114 K297.35 C137 2004

安顺市西秀区大西桥镇志
大西桥镇志编纂委员会编 胡维龙主编 贵阳 贵州人民出版社 2006年 466页
b16647026 K297.35 D136 2006

安顺市西秀区华西办事处管元村志
管元村志编纂小组编 贵阳 贵州人民出版社 2005年 204页
b16574138 K297.35 G653 2005

安顺市西秀区轿子山镇志
贵州省安顺市西秀区轿子山镇志编纂委员会编 贵阳 贵州人民出版社 2004年 482页
b15641843 K297.35 J385 2004

安顺市西秀区旧州镇志
贵州省安顺市西秀区旧州镇志编纂委员会编 熊杰主编 贵阳 贵州人民出版社 2003年 379页
b15329690 K297.33 X119J 2003

安顺市西秀区双堡镇志
安顺市西秀区双堡镇编纂委员会编 陈前洪主编 贵阳 贵州人民出版社 2005年 420页
b16636119 K297.35 S5921 2005

中共安顺市西秀区委组织志
中共安顺市西秀区委组织志编纂组编 李廷坤主编 贵阳 贵州人民出版社 2003年 318页
b20806632 D235.733 A164X 2003

安顺市西秀区人民代表大会志 1949.11–2008.06
安顺市西秀区人民代表大会志编纂委员会编 贵阳 贵州人民出版社 2009年 287页
b22428562 D624.733 A164X 2009

安顺市西秀区人民政府志
安顺市西秀区地方志编纂委员会编 张吉光主编 贵阳 贵州人民出版社 2004年 440页
b22428574 D625.733 A164 2004

安顺市西秀区政协志
西秀区政协志编纂小组编 杨朝忠主编 安顺 中国人民政治协商会议西秀区委员会 2003年 307页
b46442765 D628.733 A164X 2003

安顺市西秀区教育志
安顺市西秀区教育志编纂组编 王盛才总编 贵阳 贵州人民出版社 2006年 343页
b17298532 G527.733 W229 2006

安顺市西秀区苗族志
安顺市西秀区民族宗教事务局 安顺市西

秀区苗学研究会编 贵阳 贵州人民出版社 2012 年 455 页
b46994877 K281.6 X119 2012

平坝区

平坝县志
贵州省平坝县地方志编纂委员会编 贵阳 贵州人民出版社 2004 年 1089 页
b16028417 K297.34 P612 2004

平坝县人口和计划生育志 1974–2012
平坝县人口和计划生育志编撰委员会编 陈祖贵主编 平坝 平坝县人口和计划生育志编撰委员会 2013 年 398 页
b46443368 C924.257.34 P612 2013

贵州省平坝县地名录
平坝县地名普查办公室编 平坝 平坝县人民政府 1984 年 131 页
b13779837 K927.34 P612

平坝县水利志
平坝县水利志编纂委员会编 黄恒建主编 平坝 平坝县水利志编纂委员会 2011 年 378 页
b46667787 TV–092 P6121 2011

普定县

普定县志
贵州省普定县地方志编纂委员会编 黄万兴主编 贵阳 贵州人民出版社 1999 年 883 页
b14447083 K297.34 P693 1999

贵州省普定县地名录
普定县人民政府编 普定 普定县人民政府 1987 年 175 页〔贵州省地名丛书〕
b13742887 K927.34 P693

镇宁布依族苗族自治县

镇宁布依族苗族自治县志
镇宁布依族苗族自治县志编纂委员会编 王兰圃主编 贵阳 贵州人民出版社 2002 年 764 页
b13991966 K297.34 Z4936

镇宁布依族苗族自治县统计志
镇宁布依族苗族自治县统计局 国家统计局镇宁调查队编 吴芳主编 芒市 德宏民族出版社 2017 年 247 页
b5109163x C832.734 Z493 2017

中共镇宁布依族苗族自治县委员会党校志 1959–2010
中共镇宁布依族苗族自治县委员会党校志编纂委员会编 罗霞主编 成都 西南交通大学出版社 2016 年 127 页
b49546958 D261.41 Z493 2016

镇宁布依族苗族自治县统战志 1954–2014
中共镇宁布依族苗族自治县县委统战部编纂 杨芝斌 杨华总纂 北京 中国文史出版社 2015 年 113 页
b49663926 D613 Z493 2015

中国人民政治协商会议贵州省镇宁布依族苗族自治县委员会志 1950–1998
中国人民政治协商会议贵州省镇宁布依族苗族自治县委员会编 杨文金主编 安顺 安顺地区印刷厂 1998 年 445 页
b46012503 D628.734 Z493 1998

镇宁布依族苗族自治县地方税务志 1994.9–2012.12
镇宁自治县地方税务局编 北京 九州出版

社 2014年 296页
b46377062 F812.773.4 Z493 2014

镇宁布依族苗族自治县教育志
贵州省镇宁布依族苗族自治县教育志编纂委员会编 镇宁 贵州省镇宁布依族苗族自治县教育志编纂委员会 1990年 255页
b36014771 G527.734 Z493 1990

镇宁布依族苗族自治县民族志
镇宁布依族苗族自治县民族事务局编 鲁尚琼主编 北京 方志出版社 2013年 235页
b44810751 K280.734 Z493 2013

关岭布依族苗族自治县

关岭布依族苗族自治县志
关岭布依族苗族自治县地方志编纂委员会编 贵阳 贵州人民出版社 2002年 660页
b13947266 K297.34 G641

关岭布依族苗族自治县农村信用社志
关岭布依族苗族自治县农村信用社志编纂委员会编 李佰英主编 西宁 青海人民出版社 2010年 362页
b40648114 F832.773.4 G641 2010

贵州省关岭布依族苗族自治县民族高级中学志 1942–2017
贵州省关岭布依族苗族自治县民族高级中学编 勾忠光主编 关岭 关岭布衣族苗族自治县民族高级中学 2017年 1075页
b50727394 G639.287.34 G641 2017

贵州省关岭布依族苗族自治县地名录
关岭布依族苗族自治县地名办公室编辑 关岭 关岭布依族苗族自治县人民政府 1986年 195页
b19732090 K927.34 G641G 1986

紫云苗族布依族自治县

紫云苗族布依族自治县志
紫云苗族布依族自治县县志编纂委员会编 贵阳 贵州人民出版社 1991年 694页
b10647375 K297.34 Z845

紫云苗族布依族自治县志 1986–2010
紫云苗族布依族自治县志编纂委员会编 熊宗国主编 北京 方志出版社 2016年 1138页
b47224538 K297.34 Z845C 2016

贵州省紫云苗族布依族自治县人民法院院志 1951–2011
紫云自治县人民法院院志编纂委员会编 紫云 紫云自治县人民法院院志编纂委员会 2011年 191页〔紫云自治县地方志丛书〕
b50320531 D926.22 Z845 2011

贵州省紫云苗族布依族自治县地名录
紫云苗族布依族自治县政府办公室编 紫云 紫云苗族布依族自治县人民政府 1988年 175页〔贵州省地名丛书〕
b13779916 K927.34 Z845

毕节市

毕节地区志 地理志
贵州省毕节地区地方志编纂委员会编 丹玉有主编 贵阳 贵州人民出版社 2004年 339页
b1643299x K297.32 B395 2004

毕节地区志 对外贸易经济合作志
贵州省毕节地区地方志编纂委员会编

陈春芬主编 北京 方志出版社 2009 年 258 页
b20397525 K297.32 B395C 2009

毕节地区志 大事记
贵州省毕节地区地方志编纂委员会编 魏朝真主编 贵阳 贵州人民出版社 2004 年 287 页
b17707109 K297.32 B395D 2004

毕节地区志 档案志
贵州省毕节地区地方志编纂委员会编 胡裕昌 刘祖平主编 北京 方志出版社 2009 年 310 页
b20947902 K297.32 B395DA 2009

毕节地区志 党派群团志
贵州省毕节地区地方志编纂委员会编 龙廷华主编 贵阳 贵州人民出版社 2007 年 458 页
b20947896 K297.32 B395DP 2007

毕节地区志 财政志
贵州省毕节地区地方志编纂委员会编 糜崇习主编 贵阳 贵州人民出版社 1998 年 617 页
b20774151 K297.32 B395E 1998

毕节地区志 公安志
贵州省毕节地区地方志编纂委员会编 华文清主编 贵阳 贵州人民出版社 2005 年 352 页
b21617946 K297.32 B395GA 2005

毕节地区志 广播电视志
贵州省毕节地区地方志编纂委员会编 胡耳顺主编 贵阳 贵州人民出版社 2003 年 247 页
b20947914 K297.32 B395GB 2003

毕节地区志 工商行政管理志
贵州省毕节市地方志编纂委员会编 戴克军主编 北京 中国文化出版社 2014 年 859 页
b47352826 K297.32 B395GS 2014

毕节地区志 工业志
贵州省毕节地区地方志编纂委员会编 周遵富主编 北京 中国广播电视出版社 2010 年 311 页
b46994932 K297.32 B395GY 2010

毕节地区志 军事志
贵州省毕节地区地方志编纂委员会编 中国人民解放军贵州省毕节军分区军事志编纂委员会编 糜崇习 雷昌应主编 贵阳 贵州人民出版社 1994 年 295 页
b2077414x K297.32 B395J 1994

毕节地区志 检察志
贵州省毕节地区地方志编纂委员会编 申开祥主编 北京 方志出版社 2008 年 300 页
b21226477 K297.32 B395JC 2008

毕节地区志 价格志
毕节地区地方志编委会编 贵阳 贵州人民出版社 2000 年 351 页
b46994944 K297.32 B395JG 2000

毕节地区志 计划志
贵州省毕节地区地方志编纂委员会编 贵阳 贵州人民出版社 2005 年 288 页
b20947926 K297.32 B395JH 2005

毕节地区志 金融志
贵州省毕节地区地方志编纂委员会编 贵阳 贵州人民出版社 1992 年 288 页
b22428823 K297.32 B395JR 1992

毕节地区志 建设建筑志
贵州省毕节地区地方志编纂委员会编 陈明显 夏承祖主编 贵阳 贵州人民出版社 2000年 544页
b46994956 K297.32 B395JS 2000

毕节地区志 交通志
贵州省毕节地区地方志编纂委员会编 周宏范主编 贵阳 贵州人民出版社 1994年 398页
b20806358 K297.32 B395JT 1994

毕节地区志 劳动志
贵州省毕节地区地方志编纂委员会编 吴道贵主编 贵阳 贵州人民出版社 2004年 334页
b20947938 K297.32 B395LD 2004

毕节地区志 粮食志
贵州省毕节地区地方志编纂委员会编 贵阳 贵州人民出版社 2001年 244页
b36247005 K297.32 B395LS 2001

毕节地区志 农牧渔业志
贵州省毕节地区地方志编纂委员会编 谌志铭主编 贵阳 贵州人民出版社 2002年 608页
b21136877 K297.32 B395M 2002

毕节地区志 人物志
贵州省毕节地区地方志编纂委员会编 糜崇习主编 贵阳 贵州人民出版社 1991年 331页
b17121048 K297.32 B395R 1991

毕节地区志 人口与计划生育志
贵州省毕节地区地方志编纂委员会编 张基沛主编 北京 中国广播电视出版社 2008年 355页
b22428835 K297.32 B395RK 2008

毕节地区志 审计志
贵州省毕节地区地方志编纂委员会编 刘晓益主编 北京 方志出版社 2008年 193页
b2094794x K297.32 B395S 2008

毕节地区志 司法行政志
贵州省毕节地区地方志编纂委员会编 夏远超主编 贵阳 贵州人民出版社 2006年 231页
b20947951 K297.32 B395SF 2006

毕节地区志 审判志
贵州省毕节地区地方志编纂委员会编 康海明主编 北京 方志出版社 2011年 280页
b27566432 K297.32 B395SP 2011

毕节地区志 商业志
贵州省毕节地区地方志编纂委员会编 王玉屏 汤正仁主编 贵阳 贵州人民出版社 1995年 344页
b23190759 K297.32 B395SY 1995

毕节地区志 土地志
贵州省毕节地区地方志编纂委员会编 贵阳 贵州人民出版社 2005年 201页
b1657378x K297.32 B395T 2005

毕节地区志 统计志
贵州省毕节市地方志编纂委员会编 刘永新主编 北京 方志出版社 2018年 315页
b51069398 K297.32 B395TJ 2018

毕节地区志 武警志
贵州省毕节地区地方志编纂委员会编 杨秀贵主编 贵阳 贵州人民出版社 2002

年 263 页
b17127907 K297.32 B395W 2002

毕节地区志 文化艺术新闻出版志
贵州省毕节地区地方志编纂委员会编 贵阳 贵州人民出版社 2003 年 402 页
b20947963 K297.32 B395WH 2003

毕节地区志 卫生志
贵州省毕节市地方志编纂委员会编 安宁主编 北京 方志出版社 2015 年 725 页
b4728738x K297.32 B395WS 2015

毕节地区志 邮电志
贵州省毕节地区地方志编纂委员会编 贵阳 贵州人民出版社 1992 年 251 页
b20774138 K297.32 B395Y 1992

毕节地区志 盐业志
贵州省毕节地区地方志编纂委员会编 王秀亮主编 北京 方志出版社 2011 年 236 页
b36133905 K297.32 B395YY 2011

毕节地区志 政权志
贵州省毕节地区地方志编纂委员会编 张志侠主编 贵阳 贵州人民出版社 1999 年 347 页
b47415447 K297.32 B395Z 1999

毕节市志 1994–2010
毕节市志编纂委员会编 张涛主编 北京 中国文史出版社 2012 年 2 卷 1071 页
b36410329 K297.33 B395 2012

毕节县志
毕节县地方志编纂委员会编 李声亮主编 贵阳 贵州人民出版社 1996 年 1266 页
b10597785 K297.34 B395

毕节纪检监察志 1951–2015
中共毕节市纪律检查委员会 毕节市监察局编 蒋兴勇主编 贵阳 贵州人民出版社 2017 年 586 页
b50155878 D262.6 B395 2017

毕节县烟草志
毕节县烟草志编纂委员会编 王见文主编 贵阳 贵州人民出版社 1995 年 191 页
b50007531 F426.89 B395 1995

毕节县粮食志
毕节县粮食局编 叙永 叙永县印刷厂 1991 年 97 页
b20806292 F724.721 B395 1991

西南彝志
毕节地区彝文翻译组译 毕节地区民族事务委员会编 贵阳 贵州民族出版社 1991 年 24 卷
b10553137 K281.7 B397

西南彝志
毕节地区民族宗教事务局 毕节地区彝文翻译组编 王运权 王仕举编译修订 贵阳 贵州民族出版社 2004 年 2 卷
b40655611 K281.7 B397 2004

西南彝志 选本
王运权 王仕举译著 贵阳 贵州民族出版社 2016 年 416 页〔古彝经典〕
b50207362 K281.7 W234 2016

毕节试验区志
毕节试验区志编纂委员会编 秦如培主编 毕节 毕节试验区志编纂委员会 2011 年 656 页
b50991401 K297.32 B395SZ 2011

毕节地区水利志
贵州省毕节地区水利志编纂委员会编 王治平主编 贵阳 贵州人民出版社 1993年 397页
b21855614 TV-092 B395 1993

大方县

大方县志
贵州省大方县地方志编纂委员会编 赵江总编 北京 方志出版社 1996年 986页
b12691318 K297.34 D135

大方县人民代表大会志 1949.11–2015.7
大方县人民代表大会志编纂委员会编 陈开亮主编 大方 大方县人民代表大会志编纂委员会 2015年 768页
b49505452 D624.734 D135 2015

黔西县

黔西县志
黔西县志编写委员会编 张仁德主编 贵阳 贵州人民出版社 1990年 716页
b10796587 K297.34 Q229

黔西县志 1986–2007
黔西县地方志编纂委员会编 陈国友主编 北京 方志出版社 2009年 979页
b2046728x K297.34 Q229 2009

黔西县人民代表大会志
贵州省黔西县人民代表大会志编纂委员会编 马天喜主编 北京 中国民主法制出版社 2011年 1093页
b40863955 D624.734 Q229 2011

黔西县政协志
黔西县政协编 史宏拯主编 贵阳 贵州人民出版社 2007年 336页
b42291458 D628.734 Q229C 2007

黔西县政协志 1981–2007
黔西县政协志编纂委员会编 高信忠主编 贵阳 贵州人民出版社 2011年 555页
b4229146x D628.734 Q229 2011

黔西县民政志
黔西县民政志编纂委员会编 谢家华主编 贵阳 贵州民族出版社 2007年 594页
b19929729 D677.34 X426 2007

黔西县烟草志
贵州省黔西县烟草专卖局 贵州省烟草公司黔西县公司编 北京 方志出版社 1995年 195页
b50247347 F427.734 Q229 1995

大关区志
大关区乡志办编纂 张仁强主编 黔西 大关区乡志办 1988年 291页
b16427075 K297.34 Q229D 1988

贵州省黔西县地名录
张仁德著 黔西 黔西县人民政府 1984年 419页
b12158641 K927.34 Z363

金沙县

金沙县志
贵州省金沙县地方志编纂委员会编 北京 方志出版社 1997年 1152页
b12692384 K297.34 J479

金沙县志 1993–2013
金沙县地方志编纂委员会编 张金艳 宋渊主编 北京 方志出版社 2016年 2卷

1472 页
b49578224　K297.34　J479C　2016

金沙县农业志
金沙县农业志编纂委员会编　熊楚国主编　金沙　金沙县农业志编纂委员会　2010 年　417 页
b49803311　F329.734　J479　2010

金沙县信用合作志
金沙县信用合作志编纂委员会编　魏瑞华主编　金沙　金沙县信用合作志编纂委员会　2010 年　315 页
b49849542　F832.773.4　J479　2010

织金县

织金县志
贵州省织金县志地方志编纂委员会编　张成坤主编　北京　方志出版社　1997 年　958 页
b12692311　K297.34　Z564

织金县工会志
织金县总工会编　谢荣纶　杨胜礼主编　织金　织金县总工会　2013 年　345 页
b46996333　D412.873.4　Z564　2013

织金洞志
贵州织金洞风景名胜管理局　贵州织金洞国家地质公园管理局编　周百智　何正芳主编　贵阳　贵州人民出版社　2010 年　216 页
b46996321　F592.773.4　Z564　2010

织金县文化艺术志
织金县文化艺术志编纂委员会编　陈宏枢主编　织金　织金县文化艺术志编纂委员会　1994 年　272 页
b2010523x　G127.734　Z564　1994

贵州省织金县地名录
喻泽正主编　织金　织金县人民政府　1986 年　522 页
b13779783　K927.34　Z564

纳雍县

纳雍县志
贵州省纳雍县地方志编纂委员会编　喻少秋主编　贵阳　贵州人民出版社　1999 年　928 页
b1394728x　K297.34　N122

纳雍县烟草志
贵州省纳雍县烟草志编纂委员会编　蒯宗臣主编　北京　方志出版社　1996 年　248 页
b50206862　F426.89　N122　1996

赫章县

赫章县志
贵州省赫章县地方志编纂委员会编　王应忠主编　贵阳　贵州人民出版社　2001 年　798 页
b13818806　K297.34　H317

赫章县烟草志
贵州省赫章县烟草专卖局　贵州省烟草公司赫章县公司编　胡世亨主编　北京　方志出版社　1995 年　205 页
b50247050　F426.89　H317　1995

赫章县财政志
赫章县财政志编纂委员会编　袁芳圃主编　赫章　赫章县财政志编纂委员会　2007 年　470 页
b40740377　F812.773.4　H317　2007

威宁彝族回族苗族自治县

威宁彝族回族苗族自治县志
贵州省威宁彝族回族苗族自治县志编纂委员会编 吴鼎先总编 贵阳 贵州人民出版社 1994年 717页
b10617358 K297.34 W273

威宁彝族回族苗族自治县志 1990-2010
威宁彝族回族苗族自治县志编纂委员会编 冷智主编 北京 方志出版社 2012年 2卷 1319页
b3637037x K297.34 W273C 2012

威宁彝族回族苗族自治县志 人民代表大会志 1949.12-2011.12
威宁自治县人大志编撰委员会编 王兴光主编 贵阳 贵州民族出版社 2013年 677页
b49550123 D624.734 W273 2013

威宁彝族回族苗族自治县教育志 1989-2010
威宁县教育局教育志编纂办公室编纂 李寿祥主编 威宁 威宁县教育局教育志编纂办公室 2012年 262页
b46995961 G527.734 L417 2012

威宁彝族回族苗族自治县民族志
威宁彝族回族苗族自治县民族事务委员会编 贵阳 贵州民族出版社 1997年 458页
b1564246x K291.734 W273 1997

铜仁市

铜仁地区通志 第1卷 卷首 地理
铜仁地区通志编纂委员会编 瞿政平主编 北京 方志出版社 2015年 650页
b49477584 K297.32 T439E 2015

铜仁地区通志 第2-3卷 经济
铜仁地区通志编纂委员会编 瞿政平主编 北京 方志出版社 2015年 1648页
b49477584 K297.32 T439E 2015

铜仁地区通志 第4卷 政治
铜仁地区通志编纂委员会编 瞿政平主编 北京 方志出版社 2015年 723页
b49477584 K297.32 T439E 2015

铜仁地区通志 第5卷 文化
铜仁地区通志编纂委员会编 瞿政平主编 北京 方志出版社 2015年 710页
b49477584 K297.32 T439E 2015

铜仁地区通志 第6卷 社会 卷末
铜仁地区通志编纂委员会编 瞿政平主编 北京 方志出版社 2015年 810页
b49477584 K297.32 T439E 2015

铜仁地区志 大事记
铜仁市人民政府办公室编纂 唐锦和主编 北京 中国文史出版社 2015年 490页
b46668858 K297.32 T439C 2015

铜仁地区志 人口和计划生育志
贵州省铜仁地区地方志编纂委员会编 贵阳 贵州人民出版社 2007年 390页
b46667982 K297.32 T439D 2007

铜仁地区志 政协志
铜仁地区志政协志编纂委员会编 舒大乾主编 贵阳 贵州人民出版社 2007年 407页
b20575701 K297.32 T439X 2007

铜仁地区志 第1卷 教育志
铜仁地区志教育志编纂领导小组编 瞿政平主编 张著直卷主编 贵阳 贵州人民出

版社 2002 年 430 页
b16445235 K297.32 T439

铜仁地区志 第 2 卷 政党群团志
贵州省铜仁地区地方志编纂委员会编 张绍明 谢良主编 贵阳 贵州人民出版社 1999 年 334 页
b21570498 K297.32 T439

铜仁地区志 第 3 卷 政权志
铜仁地区地方志编纂委员会编 杜宏胜主编 贵阳 贵州人民出版社 2006 年 316 页
b18225962 K297.32 T439 2006

铜仁地区志 第 4 卷 民族志
铜仁地区地方志编纂委员会编 瞿政平主编 贵阳 贵州民族出版社 2008 年 567 页
b19929377 K297.32 T439 2008

铜仁地区志 第 5 卷 粮食志
贵州省铜仁地区粮食局编 吴子烈主编 铜仁 贵州省铜仁地区粮食局 1988 年 259 页
b20774060 K297.32 T439 1988

铜仁地区志 第 6 卷 风物志
铜仁地区地方志编纂委员会办公室编 杨国安主编 铜仁 铜仁地区地方志编纂委员会办公室 1986 年 262 页
b20900557 K297.32 T439 1986

铜仁地区志 第 7 卷 金融志
贵州省铜仁地区地方志编纂委员会编 周年国主编 贵阳 贵州人民出版社 1992 年 494 页
b20774072 K297.32 T439 1992

铜仁地区志 第 8 卷 交通志
铜仁地区地方志编纂委员会编 刘尚品主编 贵阳 贵州人民出版社 1991 年 356 页
b20806607 K297.32 T439

铜仁地区志 第 9 卷 体育志
铜仁地区地方志编纂委员会编 陈代梁主编 贵阳 贵州人民出版社 1993 年 254 页
b20806619 K297.32 T439

铜仁地区志 第 10 卷 水利电力志
铜仁地区地方志编纂委员会编 瞿政平 董超轩主编 贵阳 贵州科技出版社 1999 年 549 页
b21858147 K297.32 T439

铜仁地区志 第 11 卷 气象志
铜仁地区地方志编纂委员会编 刘泽宣主编 贵阳 贵州人民出版社 1994 年 247 页
b22432267 K297.32 T439

铜仁地区志 第 12 卷 科学技术志
铜仁地区地方志编纂委员会编 瞿政平 徐贵生卷主编 贵阳 贵州人民出版社 2003 年 615 页
b22432255 K297.32 T439

铜仁地区志 第 13 卷 国土资源志
铜仁地区地方志编纂委员会编 瞿政平主编 贵阳 贵州人民出版社 2006 年 533 页
b22432243 K297.32 T439

铜仁地区志 第 14 卷 文化新闻出版志
铜仁地区地方志编纂委员会编著 瞿政平主编 贵阳 贵州人民出版社 2010 年 418 页
b36174713 K297.32 T439 2010

铜仁地区志 第 15 卷 民政志
铜仁地区地方志编纂委员会编 瞿政平主编 贵阳 贵州人民出版社 2007 年 710 页

b40935279 K297.32 T439

铜仁地区志 第 16 卷 工业志
铜仁地区地方志编纂委员会编 刘建华主编 贵阳 贵州科技出版社 2009 年 531 页
b46273566 K297.32 T439

仁地区志 第 17 卷 广播电视志
铜仁地区地方志编纂委员会编 瞿政平主编 贵阳 贵州科技出版社 2009 年 348 页
b47045218 K297.32 T439

铜仁地区志 第 18 卷 质量技术监督志
铜仁地区地方志编纂委员会编 瞿正平主编 贵阳 贵州科技出版社 2009 年 210 页
b4699595x K297.32 T439

铜仁地区志 第 19 卷 人事志
铜仁地区地方志编纂委员会编 彭远斌主编 贵阳 贵州科技出版社 2009 年 489 页
b47206639 K297.32 T439

铜仁地区志 第 20 卷 国民经济和社会发展计划志
铜仁地区地方志编纂委员会编 瞿政平 李万锡卷主编 贵阳 贵州科技出版社 2010 年 484 页
b47296896 K297.32 T439

铜仁地区志 第 21 卷 地理志
铜仁地区地方志编纂委员会编 文思中主编 贵阳 贵州科技出版社 2011 年 518 页
b50991449 K297.32 T439

铜仁地区志 农业志
贵州省铜仁地区地方志编纂委员会编 安正直主编 贵阳 贵州人民出版社 2010 年 540 页
b46995948 F329.732 T439 2010

铜仁市志
贵州省铜仁市地方志编纂委员会编 田志军总纂 贵阳 贵州人民出版社 2003 年 2 卷 1859 页
b15246966 K297.33 T439 2003

铜仁市志 1997–2011
铜仁市碧江区地方志编纂委员会编 喻永金主编 北京 方志出版社 2015 年 2 卷 1148 页
b50206904 K297.33 Y767 2015

铜仁地区城乡建设志
铜仁市住房和城乡建设局编 夏国清主编 铜仁 铜仁市住房和城乡建设局 2015 年 624 页
b49506353 F299.277.32 T439 2015

铜仁市城乡建设志
铜仁市城乡建设志编纂委员会编 滕树臣主编 铜仁 铜仁市城乡建设志编纂委员会 1995 年 201 页〔铜仁市志丛书〕
b50234377 F299.277.33 T4391 1995

铜仁电网志
铜仁电网志编纂委员会编 滕树臣主编 北京 中国文联出版社 2013 年 537 页
b50778535 F426.61 T439 2013

铜仁地区税务志
铜仁地区税务局编 田永刚主编 铜仁 铜仁地区税务局 2006 年 216 页
b50347688 F812.773.242 T439 2006

铜仁市地方志 金融志
贵州省铜仁市金融志编纂委员会编 杨胜友 杨秀全主编 铜仁 贵州省铜仁市 103 印刷厂 2003 年 554 页
b40740468 F832.773.3 T439 2003

铜仁市老年人体育志 1984–2013
铜仁市老年人体育志编纂委员会编 何振坤主编 铜仁 铜仁市老年人体育志编纂委员会 2014年 220页
b49640288 G812.48 T439 2014

铜仁地区文物志 第1卷
铜仁地区文管会 铜仁地区文化局编 铜仁 铜仁地区印刷厂 1985年 308页
b20045876 K872.732 T439 1985

贵州省铜仁县地名录
贵州省铜仁县人民政府编 吉首 吉首团结报社印刷厂 1986年 208页
b21275610 K927.34 T439 1986

万山区

万山特区志
贵州省万山特区地方志编纂委员会编 尹大模主编 贵阳 贵州人民出版社 1993年 618页
b10636572 K297.34 W173

万山特区志 1991–2005
万山特区地方志编纂委员会编 徐昌登主编 贵阳 贵州人民出版社 2011年 598页
b29382087 K297.34 T439W 2011

万山特区志 1991–2011
万山区地方志编纂委员会编 田必刚 杨雪花主编 北京 方志出版社 2017年 修订本 872页
b5065066x K297.33 T439W 2017

万山特区政协志 1986–2005
中国人民政治协商会议万山特区委员会编 万山 中国人民政治协商会议万山特区委员会 2005年 279页
b50247980 D628.734 W173 2005

万山特区民族志
万山特区民族志编纂委员会编 徐昌登主编 重庆 万山特区民族志编纂委员会 2006年 208页
b50991450 K280.734 W173 2006

江口县

江口县志
贵州省江口县志编纂委员会编 熊承农主编 贵阳 贵州人民出版社 1994年 716页
b10647144 K297.34 J324

江口县志 1986–2005
江口县地方志编纂委员会编 龙光耀主编 北京 方志出版社 2014年 823页
b4564892x K297.34 J324 2014

贵州省江口县人民代表大会志
贵州省江口县人大常委会人大志编纂委员会编 铜仁 贵州铜仁市103印刷厂 2002年 381页
b16635966 D624.734 G729 2002

江口县粮食志 1372–1988
江口县粮食志编纂委员会编 吴子烈主编 江口 贵州省江口县粮食局 1990年 249页
b49849530 F724.721 J3244 1990

江口县水利电力志
江口县水利电力志编纂领导小组编 左守荣主编 江口 江口县水利电力志编纂领导小组 1998年 179页
b21857283 TV-092 Z9717 1998

石阡县

石阡县志
贵州省石阡县地方志编纂委员会编 杨沛

伦主编 贵阳 贵州人民出版社 1992 年 675 页
b1059808x K297.34 S474

石阡县志 1986–2010
石阡县地方志编纂委员会编 赵江 郑黔平 雷绍华主编 北京 方志出版社 2015 年 841 页
b47051309 K297.34 S474C 2015

石阡县城乡建设环境保护志
石阡县城乡建设环境保护局编 杨沛伦总编辑 石阡 石阡县城乡建设环境保护局 1999 年 238 页
b46102164 F299.277.34 S474 1999

石阡交通志 1990–2005
石阡县交通局编 贵阳 贵州捷美彩色印务公司 2006 年 254 页
b20045530 F512.773.4 S474 2006

石阡县文化志
石阡县文化局编 石阡 石阡县文化局 1995 年 392 页
b36379086 G127.734 S474 1995

石阡县教育志 清末–1985
石阡县教育局教育志编写组编 长沙 长江铁道学院印刷厂 1989 年 158 页
b16142421 G527.734 S474 1989

石阡中学校志
石阡中学六十周年校庆筹委会办公室编 彭大鼎主编 石阡 石阡中学六十周年校庆筹委会办公室 1994 年 227 页
b47415794 G639.287.34 S474 1994

石阡县文物志
石阡县文物志编辑组 石阡县文化馆编 石阡 石阡县文物志编辑组 1982 年 179 页
b15698567 K872.734 S474 1982

石阡水利志
石阡县水利志编纂委员会编 石阡 石阡县水利志编纂委员会 1990 年 187 页
b17505823 TV–092 S474 1990

思南县

思南县志
思南县志编纂委员会编 姚敦睦主编 贵阳 贵州人民出版社 1992 年 1034 页
b10645111 K297.34 S655

思南县志 1978–2010
思南县地方志编纂委员会办公室编纂 安国瑞主编 北京 方志出版社 2011 年 2 卷 1226 页
b3670880x K297.34 S655S 2011

思南县政协志
中国人民政治协商会议贵州省思南县委员会编 邓乃芳主编 思南 政协贵州省思南县委员会 2009 年 495 页
b50248364 D628.734 S655 2009

贵州省思南中学志 2004–2014
贵州省思南中学编 姚敦睦主编 思南 贵州省思南中学 2014 年 294 页
b46668408 G639.287.34 G7297 2014

思南县民族志
秦朝智主编 思南 思南县印刷厂 1988 年 313 页
b20045591 K280.734 Q447 1988

贵州省思南县地名录
贵州省思南县人民政府编 思南 贵州省思南县人民政府 1985 年 571 页

b20014752 K927.34 S655 1985

德江县

德江县志
贵州省德江县地方志编纂委员会编 贵阳 贵州人民出版社 1994 年 971 页
b10647053 K297.34 D291

德江县志 1978–2005
德江县地方志编纂委员会编 温泉主编 北京 方志出版社 2010 年 769 页
b21579994 K297.34 D291 2010

德江县政协志 1984–2016
中国人民政治协商会议德江县委员会编 冯国涛 吴乡中主编 德江 中国人民政治协商会议垫江县委员会 2016 年 430 页
b50729172 D628.734 D291 2016

德江县农业志
德江县农业志编纂委员会编 夏国清主编 德江 德江县农业志编纂委员会 2010 年 418 页
b46010725 F327.734 D291 2010

德江县民族志
德江县民族志编纂办公室编纂 李觉序主编 贵阳 贵州民族出版社 1991 年 209 页
b1314151x K280.734 D291

德江县水利电力志
德江县水利电力志编委会编 苏富友主编 德江 德江县水利电力局 1999 年 311 页
b21855638 TV–092 D2914 1999

玉屏侗族自治县

玉屏侗族自治县志
玉屏侗族自治县志编纂委员会编 姚本渊总纂 贵阳 贵州人民出版社 1993 年 693 页
b10647259 K297.34 Y774

玉屏侗族自治县志 1991–2005
玉屏侗族自治县地方志编纂委员会编 蔡文友主编 北京 方志出版社 2011 年 640 页
b23216803 K297.34 Y774 2011

玉屏侗族自治县交通志
玉屏侗族自治县交通局编 玉屏 玉屏侗族自治县交通局 1989 年 101 页
b20952594 F512.773.4 Y774 1989

印江土家族苗族自治县

印江自治县志
印江土家族苗族自治县志编纂委员会编 肖忠民主编 贵阳 贵州人民出版社 1992 年 959 页
b10604546 K297.34 Y533

印江政协志 1984–2006
政协印江土家族苗族自治县委员会编 任达志主编 印江 政协印江土家族苗族自治县委员会 2008 年 286 页
b50248601 D628.734 Y533 2008

印江粮食志 1381–1985
印江粮食志编纂委员会编 袁宗禄主编 印江 印江粮食志编纂委员会 1989 年 354 页
b27575111 F724.721 Y533 1989

沿河土家族自治县

沿河县志
沿河土家族自治县志编纂委员会编 杨通福主编 贵阳 贵州人民出版社 1993 年

891 页
b10628277 K297.34 Y177

沿河土家族自治县志 1991–2010
沿河土家族自治县地方志编纂委员会编 孙世锐主编 北京 方志出版社 2013 年 2 卷 854 页
b44810726 K297.34 Y177Z 2013

沿河土家族自治县志 政府志 试写稿
沿河土家族自治县志政府志编写组编 沿河 沿河土家族自治县志政府志编写组 1989 年 油印本 409 页
b36380258 K297.34 Y177Y 1989

沿河土家族自治县人口和计划生育志
沿河土家族自治县人口和计划生育志编委会编纂 李再华主编 沿河 沿河土家族自治县人口和计划生育志编委会 2010 年 472 页
b46443605 C924.257.34 Y177 2010

沿河土家族自治县人大志
沿河土家族自治县人大常委会编 陈朝禄主编 重庆 重庆联昌彩印有限公司 2011 年 404 页
b46274108 D624.734 Y177 2011

沿河土家族自治县民政志 第 1 卷
沿河土家族自治县民政局编 杨秀龙 田长安主笔 沿河 沿河土家族自治县民政局 2016 年 171 页
b51142521 D632 Y177 2016

沿河土家族自治县民政志 第 2 卷 1987–2014
沿河土家族自治县民政局编 黎洁主编 沿河 沿河土家族自治县民政局 2016 年 281 页
b50665790 D632 Y177 2016

沿河土家族自治县交通志
沿河土家族自治县交通局编 沿河 沿河土家族自治县交通局 1990 年 121 页
b20046534 F512.773.4 Y177

沿河土家族自治县档案志 1959–2009
沿河土家族自治县档案局（馆）修编 崔永忠主编 沿河 沿河土家族自治县档案局（馆）2009 年 191 页
b5020855x G279.277.34 Y177 2009

沿河教育志
沿河土家族自治县教育局编 沿河 沿河土家族自治县教育局 1994 年 225 页
b16425339 G527.734 Y177 1994

沿河民族小学校志 1913–2013
沿河民族小学校志编写组编 崔永鑫主编 沿河 沿河民族小学校志编写组 2013 年 358 页
b4710627x G629.287.3 Y177 2013

沿河土家族自治县民族志
沿河土家族自治县民族宗教事务局编 贵阳 贵州民族出版社 2007 年 341 页
b19929195 K287.34 Y177 2007

沿河土家族自治县地理志
沿河土家族自治县地方志编纂委员会办公室编 孙世锐主编 贵阳 贵州人民出版社 2003 年 360 页
b16425121 K927.34 Y177 2003

沿河土家族自治县城乡规划建设志
沿河土家族自治县规划建设局编 胡万勋主编 沿河 沿河土家族自治县规划建设局 2010 年 413 页
b50665789 TU984.273.4 Y177 2010

松桃苗族自治县

松桃苗族自治县志
松桃苗族自治县志编纂委员会编 杨秀伦主编 贵阳 贵州人民出版社 1996 年 946 页
b13946936 K297.34 S673

松桃苗族自治县志 1986–2006
松桃苗族自治县志编纂委员会编 喻保国主编 北京 方志出版社 2012 年 1018 页
b40934950 K297.34 S673 2012

松桃苗族自治县志 地理志
松桃苗族自治县志编纂委员会编 秀山 秀山土家族苗族自治县印刷厂 1987 年 194 页
b19932406 K297.34 S673S 1987

长兴志
松桃苗族自治县长兴堡镇人民政府编 松桃 松桃苗族自治县长兴堡镇人民政府 2008 年 217 页
b50208470 K297.35 C346 2008

贵州省松桃苗族自治县孟溪镇志
孟溪镇志编纂委员会编 何祥龙主编 松桃 孟溪镇志编纂委员会 2008 年 252 页
b49677512 K297.35 M369 2008

松桃苗族自治县人民代表大会志 1912–2006
松桃苗族自治县人大常委会编 黄昌华主编 松桃 松桃苗族自治县人大常委会 2007 年 544 页
b46443460 D624.734 S673 2007

松桃苗族自治县军事志 1429–2005
贵州省松桃苗族自治县军事志编纂委员会编 李相党 彭鹤鸣主编 松桃 贵州省松桃苗族自治县军事志编纂委员会 2008 年 454 页
b49827558 E29 S673 2008

松桃苗族自治县畜牧水产志 1937–2005
松桃苗族自治县畜牧水产志编纂委员会编 邹立亚主编 松桃 松桃苗族自治县畜牧水产志编纂委员会 2006 年 217 页
b4982756x F326.39 S673 2006

松桃交通志
贵州省松桃苗族自治县交通局编 衣龙文主编 松桃 松桃苗族自治县交通局 1990 年 200 页
b20806917 F512.773.4 S673 1990

松桃苗族自治县财政志 1897–1985
松桃苗族自治县财政志编纂委员会编 涂宗良主编 松桃 松桃苗族自治县财政志编纂委员会 1987 年 212 页
b49827534 F812.9 S673 1987

松桃苗族自治县财政志 1986–2005
松桃苗族自治县财政志编纂委员会编 宋真道主编 松桃 松桃苗族自治县财政志编纂委员会 2006 年 470 页
b49827546 F812.9 S673C 2006

贵州省松桃苗族自治县教育志
松桃苗族自治县教育局编 石堂果主编 贵阳 贵州人民出版社 2010 年 674 页
b21567852 G527.734 S673 2010

松桃苗族自治县水利电力志
松桃苗族自治县水利电力志编纂委员会编 魏正南主编 铜仁 贵州省地矿一〇三队电脑印刷厂 1995 年 374 页
b2185564x TV–092 S6738 1995

黔西南布依族苗族自治州

黔西南布依族苗族自治州志 第1卷 文物志
贵州省黔西南自治州史志征集编纂委员会编 贵阳 贵州民族出版社 1987年 276页
b17182918 K297.32 Q2298

黔西南布依族苗族自治州志 第2卷 交通志
贵州省黔西南自治州史志征集编纂委员会编 贵阳 贵州民族出版社 1988年 293页
b20763906 K297.32 Q2298

黔西南布依族苗族自治州志 第3卷 军事志
贵州省黔西南自治州史志征集编纂委员会编 钱秉孝主编 贵阳 贵州民族出版社 1988年 380页
b20748085 K297.32 Q2298

黔西南布依族苗族自治州志 第4卷 人物志
贵州省黔西南州史志编纂委员会编 张兴智主编 贵阳 贵州人民出版社 2004年 273页
b17646728 K297.32 Q2298

黔西南布依族苗族自治州志 第5卷 金融志
黔西南布依族苗族自治州史志编纂委员会编 张金林主编 贵阳 贵州人民出版社 2004年 575页
b20806504 K297.32 Q2298

黔西南布依族苗族自治州志 第6卷 气候志
贵州省黔西南自治州史志征集编纂委员会编 韦尚煜主编 贵阳 贵州人民出版社 1989年 230页
b20806516 K297.32 Q2298

黔西南布依族苗族自治州志 第7卷 广播电视志
贵州省黔西南州史志编纂委员会编 贵阳 贵州人民出版社 2004年 296页
b20951097 K297.32 Q2298

黔西南布依族苗族自治州志 第8卷 房产志
黔西南州史志编纂委员会编 吴泽辉主编 贵阳 贵州人民出版社 2005年 518页
b20951085 K297.32 Q2298

黔西南布依族苗族自治州志 第9卷 科学志
黔西南布依族苗族自治州史志编纂委员会编 张大章主编 贵阳 贵州人民出版社 2004年 598页
b20951103 K297.32 Q2298

黔西南布依族苗族自治州志 第10卷 党派群团志
黔西南布依族苗族自治州地方志编纂委员会编 胡丹录主编 贵阳 贵州人民出版社 2002年 657页
b20951073 K297.32 Q2298

黔西南布依族苗族自治州志 第11卷 质量技术监督志
黔西南布依族苗族自治州史志编纂委员会编 贵阳 贵州人民出版社 2004年 358页
b20951115 K297.32 Q2298

黔西南布依族苗族自治州志 第12卷 卫生志
黔西南布依族苗族自治州史志编纂委员会编 昆明 云南科技出版社 2009年 170页
b22082402 K297.32 Q2298

黔西南布依族苗族自治州志 第13卷 国民经济发展计划志
贵州省黔西南自治州史志编纂委员会编 华松林总纂 杜泽忠主编 贵阳 贵州人民出版社 2002年 463页
b36247133 K297.32 Q2298

黔西南布依族苗族自治州志 第 14 卷 民政志
贵州省黔西南自治州史志征集编纂委员会编 刘其林 胡维屏主编 贵阳 贵州人民出版社 1989 年 331 页
b36247145 K297.32 Q2298

黔西南布依族苗族自治州志 第 15 卷 城乡建设志
黔西南布依族苗族自治州史志编纂委员会编 黄榜泉主编 昆明 云南科技出版社 2010 年 562 页
b36661806 K297.32 Q2298

黔西南布依族苗族自治州志 第 16 卷 体育旅游名胜志
黔西南布依族苗族自治州史志编纂委员会编 昆明 云南科技出版社 2009 年 357 页
b36374726 K297.32 Q2298

黔西南布依族苗族自治州志 第 17 卷 水利水电志
贵州省黔西南自治州史志征集编纂委员会编 巫志励 李志兴主编 贵阳 贵州人民出版社 1992 年 303 页
b36374246 K297.32 Q2298

黔西南布依族苗族自治州志 第 18 卷 邮电志
黔西南布依族苗族自治州史志编纂委员会编 刘传刚主编 贵阳 贵州人民出版社 2009 年 369 页
b36374404 K297.32 Q2298

黔西南布依族苗族自治州志 第 19 卷 人事劳动和社会保障志
黔西南布依族苗族自治州志史志编纂委员会编 昆明 云南科技出版社 2010 年 496 页
b4656214x K297.32 Q2298

黔西南布依族苗族自治州志 第 20 卷 农业畜牧渔业志
黔西南布依族苗族自治州志史志编纂委员会编 贵阳 贵州人民出版社 2008 年 601 页
b49827480 K297.32 Q2298

黔西南布依族苗族自治州志 第 21 卷 供销合作 物价志
黔西南布依族苗族自治州史志编纂委员会编 昆明 云南科技出版社 2010 年 409 页
b49849621 K297.32 Q2298

黔西南布依族苗族自治州志 第 22 卷 司法行政志
黔西南布依族苗族自治州史志编纂委员会编 贵阳 贵州人民出版社 2008 年 265 页
b50207453 K297.32 Q2298

黔西南布依族苗族自治州志 第 23 卷 商务志
黔西南布依族苗族自治州史志编纂委员会编 肖礼华 陈禧武主编 贵阳 贵州人民出版社 2008 年 286 页
b50207441 K297.32 Q2298

黔西南布依族苗族自治州审计志
黔西南州审计局编 岑运钧 梁天庆主编 贵阳 贵州人民出版社 2011 年 438 页
b49533149 F239.227.732 Q229 2011

黔西南州教育志
黔西南州教育志编纂领导小组编纂 彭兴禄主编 贵阳 贵州教育出版社 1997 年 660 页
b20182892 G527.732 Q229 1997

兴义市

兴义县志
贵州省兴义县史志编纂委员会编 朱士奇主

编 贵阳 贵州人民出版社 1988 年 643 页
b10625021 K297.34 X4639

兴义市志 1978–2006
兴义市史志编纂委员会编 李正江主编 贵阳 贵州人民出版社 2008 年 2 卷 1431 页
b2095380x K297.33 X463 2008

贵州省兴义市档案志
兴义市档案局编 戴时飞主编 贵阳 贵州人民出版社 2009 年 387 页
b22429773 G279.277.3 X463 2009

兴义市教育志
兴义市教育志编纂委员会编 饶国龄主编 昆明 云南教育出版社 2013 年 1046 页
b5024808x G527.734 X4639 2013

兴义市桔山城市中心区志 1992–2007
兴义市桔山城市中心区志编纂委员会编 李忠会主编 贵阳 贵州人民出版社 2008 年 391 页
b50207465 K297.33 X463J 2008

兴义文物志
中国人民政治协商会议贵州省兴义市委员会编 兴义 中国人民政治协商会议贵州省兴义市委员会 2004 年 156 页〔贵州省兴义市旅游文史丛书〕
b36378732 K872.734 X463 2004

兴义市卫生志 1800–2015
兴义市卫生志编纂委员会编 昆明 云南大学出版社 2017 年 480 页
b50348991 R199.2 X4639 2017

兴仁县

兴仁县志
贵州省兴仁县编史修志委员会编 贵阳 贵州人民出版社 1991 年 650 页
b10759773 K297.34 X463

兴仁县人民代表大会志 1944–2011
兴仁县人民代表大会志编委会编纂 王作英主编 昆明 云南科技出版社 2011 年 433 页
b36661831 D624.734 X463 2011

兴仁县审判志 1390–2012
兴仁县审判志编纂委员会编 杨德莉主编 北京 方志出版社 2014 年 332 页
b45625335 D927.734.622 X463 2014

兴仁县审计志
兴仁县审计志编纂委员会编 杨文柏主编 贵阳 贵州人民出版社 2013 年 413 页
b49533150 F239.227.734 X463 2013

兴仁县教育志
贵州省兴仁县教育志编纂委员会编 杨秀金 张焕明主编 贵阳 贵州教育出版社 1999 年 333 页
b4644211x G527.734 X463 1999

贵州省兴仁县地名录
兴仁县人民政府编 兴仁 兴仁县人民政府 1987 年 253 页〔贵州省地名丛书〕
b13742917 K927.34 X463

兴仁县人民医院志 1937–2013
兴仁县人民医院志编纂委员会编 孔令荣主编 北京 中国文史出版社 2015 年 336 页
b49748622 R197.3 X463 2015

普安县

普安县志
贵州省普安县地方志编纂委员会编 付贵

林主编 贵阳 贵州人民出版社 1999 年 1099 页
b14444136 K297.34 P6931 1999

红星村志
贵州省普安县盘水街道红星村志编纂委员会编 倪德贵主编 昆明 云南人民出版社 2017 年 244 页
b50142513 K297.35 H419 2017

普安县人大志 1945–2013
贵州省普安县人民代表大会常务委员会编 杨廷奉主编 贵阳 贵州人民出版社 2015 年 502 页
b5020743x D624.734 P693 2015

晴隆县

晴隆县志
贵州省晴隆县县志编纂委员会编 华松林主编 贵阳 贵州人民出版社 1993 年 741 页
b16006343 K297.34 Q478 1993

晴隆县发展改革志
晴隆县发展改革志编纂委员会编 杨黎明 刘远斌主编 芒市 德宏民族出版社 2017 年 294 页
b50348267 K297.34 Q478D 2017

晴隆县文化体育广播电影电视旅游志
晴隆县文化体育广播电影电视旅游志编纂委员会编 范毓彬主编 芒市 德宏民族出版社 2017 年 234 页
b50348279 K297.34 Q478C 2017

贞丰县

贞丰县志
贞丰县史志征集编纂委员会编 王华镇主编 贵阳 贵州人民出版社 1994 年 930 页
b10647260 K297.34 Z477

贵州省贞丰县地名录
贞丰县人民政府编 贞丰 贞丰县人民政府 1987 年 153 页〔贵州省地名丛书〕
b13742905 K927.34 Z477

望谟县

望谟县志
贵州省望谟县地方志编纂委员会编 贵阳 贵州人民出版社 2001 年 1049 页
b13992636 K297.34 W258

册亨县

册亨县志
贵州省册亨县地方志编纂委员会编 韦忠道主编 贵阳 贵州人民出版社 2002 年 1129 页
b1488284x K297.34 C228 2002

册亨风物志
政协册亨县委员会编 王专主编 陈明耿 黄玉科摄影 贵阳 贵州民族出版社 2016 年 376 页
b51065514 K286.8 C228 2016

安龙县

安龙县志
贵州省安龙县志编纂委员会编 龙尚学主编 贵阳 贵州人民出版社 1992 年 842 页
b10759761 K297.34 A163

安龙县国土资源志
贵州省安龙县国土资源志编纂委员会编 李元祥主编 昆明 云南科技出版社 2015

年 358 页
b47287652 F129.973 A163 2015

安龙公路管理段志
安龙公路管理段志领导小组编纂 王佐荣主编 昆明 云南科技出版社 2012 年 231 页
b40884314 F542.873.4 A163 2012

安龙县教育志
安龙县教育志编纂领导小组编纂 秦兴哲主编 贵阳 贵州教育出版社 1993 年 270 页
b40864078 G527.734 A163 1993

安龙县教育志 1993–2013
安龙县教育局编 罗尔华主编 昆明 云南科技出版社 2015 年 316 页
b4959817x G527.734 A163C 2015

安龙县水利志
安龙县水电局编 王舟官主编 安龙 安龙县水电局 1988 年 222 页
b46442753 TV-092 A1635 1988

黔东南苗族侗族自治州

黔东南苗族侗族自治州志 第 1 卷 地理志
黔东南苗族侗族自治州地方志编纂委员会编 杨昌润主编 贵阳 贵州人民出版社 1990 年 292 页
b10796575 K297.32 Q229

黔东南苗族侗族自治州志 第 2 卷 名胜志 文物志
黔东南苗族侗族自治州地方志编纂委员会编 杨胜邦 杨通河主编 贵阳 贵州人民出版社 1992 年 397 页
b15693648 K297.32 Q229

黔东南苗族侗族自治州志 第 3 卷 教育志
黔东南苗族侗族自治州地方志编纂委员会编 杨朝富 任广林主编 贵阳 贵州人民出版社 1994 年 627 页
b1644842x K297.32 Q229

黔东南苗族侗族自治州志 第 4 卷 总述 大事记
黔东南苗族侗族自治州地方志编纂委员会编 况明勤主编 贵阳 贵州人民出版社 2000 年 456 页〔黔东南州地方志丛书〕
b16436854 K297.32 Q229

黔东南苗族侗族自治州志 第 5 卷 民族志
黔东南苗族侗族自治州地方志编纂委员会编 杨正国等总编辑 贵阳 贵州人民出版社 2000 年 510 页
b16859510 K297.32 Q229

黔东南苗族侗族自治州志 第 6 卷 军事志
黔东南苗族侗族自治州地方志编纂委员会编 吴德海总编 贵阳 贵州人民出版社 1992 年 345 页
b19733288 K297.32 Q229

黔东南苗族侗族自治州志 第 7 卷 交通志
黔东南苗族侗族自治州地方志编纂委员会编 贵阳 贵州人民出版社 1993 年 442 页
b1993015x K297.32 Q229

黔东南苗族侗族自治州志 第 8 卷 供销合作志
黔东南苗族侗族自治州地方志编纂委员会编 王泽铸主编 贵阳 贵州人民出版社 1991 年 244 页
b20774199 K297.32 Q229

黔东南苗族侗族自治州志 第 9 卷 经济综述
黔东南苗族侗族自治州地方志编纂委员会编 吴德海 杨正国总编辑 龙增琪卷主编 贵阳 贵州人民出版社 1997 年 210 页
b20774059 K297.32 Q229

黔东南苗族侗族自治州志 第10卷 林业志
黔东南苗族侗族自治州地方志编纂委员会编 刘启仁主编 北京 中国林业出版社 1990年 420页
b20774096 K297.32 Q229

黔东南苗族侗族自治州志 第11卷 政权志 人民代表大会分册
黔东南苗族侗族自治州地方志编纂委员会编 吴德海总编 贵阳 贵州人民出版社 2002年 337页
b17726153 K297.32 Q229

黔东南苗族侗族自治州志 第12卷 水利志
黔东南苗族侗族自治州地方志编纂委员会编 吴德海总编 李如松主编 贵阳 贵州人民出版社 1998年 433页
b20806589 K297.32 Q229

黔东南苗族侗族自治州志 第13卷 邮电志
黔东南苗族侗族自治州地方志编纂委员会编 傅宗仁主编 贵阳 贵州人民出版社 1990年 201页
b20806590 K297.32 Q229

黔东南苗族侗族自治州志 第14卷 对外经济贸易志 物资志
黔东南苗族侗族自治州地方志编纂委员会编 吴德海总编辑 李树铨 范学军卷主编 贵阳 贵州人民出版社 1994年 339页
b2080653x K297.32 Q229

黔东南苗族侗族自治州志 第15卷 劳动人事志
黔东南苗族侗族自治州地方志编纂委员会编 吴德海总编 陆景川主编 贵阳 贵州人民出版社 1993年 433页
b20806577 K297.32 Q229

黔东南苗族侗族自治州志 第16卷 金融志
黔东南苗族侗族自治州地方志编纂委员会编 吴德海总编辑 杨作栋卷主编 贵阳 贵州人民出版社 1990年 338页
b20806553 K297.32 Q229

黔东南苗族侗族自治州志 第17卷 工商行政管理志
黔东南苗族侗族自治州地方志编纂委员会编 吴德海总编辑 欧阳贤分纂 贵阳 贵州人民出版社 1994年 391页
b20806541 K297.32 Q229

黔东南苗族侗族自治州志 第18卷 科学技术志 科学普及志
黔东南苗族侗族自治州地方志编纂委员会编 杨于炎 江光中主编 贵阳 贵州人民出版社 1992年 205页
b20806565 K297.32 Q229

黔东南苗族侗族自治州志 第19卷 文化志
黔东南苗族侗族自治州地方志编纂委员会编 杨正国总编辑 杨胜邦 李永昌分纂 贵阳 贵州人民出版社 2004年 323页
b21277643 K297.32 Q229

黔东南苗族侗族自治州志 第20卷 人物志
黔东南苗族侗族自治州地方志编纂委员会编 欧阳贤主编 贵阳 贵州人民出版社 1990年 322页
b21764839 K297.32 Q229

黔东南苗族侗族自治州志 第21卷 财政志 审计志
黔东南苗族侗族自治州地方志编纂委员会编 吴德海总编 杨长福 焦国瑞主编 贵阳 贵州人民出版社 1989年 221页
b21764827 K297.32 Q229

黔东南苗族侗族自治州志 第 22 卷 档案志
黔东南苗族侗族自治州地方志编纂委员会编 花柱奎主编 贵阳 贵州人民出版社 1992 年 212 页
b2243138x K297.32 Q229

黔东南苗族侗族自治州志 第 23 卷 税务志
黔东南苗族侗族自治州地方志编纂委员会编 张权 潘光武主编 贵阳 贵州人民出版社 1993 年 499 页〔黔东南州地方志丛书〕
b2243141x K297.32 Q229

黔东南苗族侗族自治州志 第 24 卷 农业机具志
黔东南苗族侗族自治州地方志编纂委员会编 贵阳 贵州人民出版社 1992 年 321 页
b22431391 K297.32 Q229

黔东南苗族侗族自治州志 第 25 卷 轻纺工业志
黔东南苗族侗族自治州地方志编纂委员会编 贵阳 贵州人民出版社 2005 年 301 页
b22431408 K297.32 Q229

黔东南苗族侗族自治州志 第 26 卷 商业志
黔东南苗族侗族自治州地方志编纂委员会编 欧阳贤 杨清源纂 贵阳 贵州人民出版社 1999 年 355 页
b36247042 K297.32 Q229

黔东南苗族侗族自治州志 第 27 卷 民政志
黔东南苗族侗族自治州地方志编纂委员会编 李启发主编 贵阳 贵州人民出版社 2004 年 341 页
b36247030 K297.32 Q229

黔东南苗族侗族自治州志 第 28 卷 司法志
黔东南苗族侗族自治州地方志编纂委员会编 贵阳 贵州人民出版社 1998 年 254 页
b36247054 K297.32 Q229

黔东南苗族侗族自治州志 第 29 卷 政权志 政府分册
黔东南苗族侗族自治州地方志编纂委员会编 罗亮权主编 贵阳 贵州人民出版社 2002 年 473 页
b36246037 K297.32 Q229

黔东南苗族侗族自治州志 第 30 卷 政党群团志
黔东南苗族侗族自治州地方志编纂委员会编 吴克裕卷主编 贵阳 贵州人民出版社 1999 年 461 页
b40938323 K297.32 Q229

黔东南苗族侗族自治州志 1985-2010
黔东南苗族侗族自治州地方志编纂委员会编 况明勤 吴谋高主编 北京 方志出版社 2014 年 4 卷 3230 页
b46644702 K297.32 Q229D 2014

黔东南苗族侗族自治州志 粮食志
黔东南苗族侗族自治州志编纂委员会编 北京 方志出版社 1995 年 407 页
b38128184 K297.32 Q2298L 1995

黔东南苗族侗族自治州图志
黔东南州地方志编纂委员会办公室 黔东南州文学艺术界联合会编 单洪根主编 北京 中国文史出版社 2015 年 820 页
b47584798 K297.32-64 Q229Q 2015

黔东南苗族侗族自治州中级人民法院志
黔东南苗族侗族自治州中级人民法院编 龙秀渊主编 黔东南 黔东南苗族侗族自治州中级人民法院 2009 年 592 页
b50319280 D926.22 Q229 2009

黔东南苗族侗族自治州国土资源志
黔东南苗族侗族自治州国土资源局编纂 盘祖湘主编 北京 中国文史出版社 2017 年

561 页
b4995023x F129.973.2 Q229 2017

黔东南苗族侗族自治州林业志 1988–2010
黔东南苗族侗族自治州林业局编 刘永仁主编 北京 中国林业出版社 2012 年 714 页
b41132105 F326.277.32 Q229 2012

黔东南州特产志
黔东南州地方志办公室 黔东南州开发研究促进会编 吴谋高主编 昆明 云南科技出版社 2016 年 232 页
b49664840 F726.7 W494 2016

黔东南斗牛文化志
黔东南苗族侗族自治州地方志办公室编 吴寿昌主编 刘礼国撰稿 贵州 光明日报出版社 2017 年 191 页
b50064988 G899 Q229 2017

黔东南方言志 黔东南苗族侗族地区汉语方言调查研究
黔东南州地方志办公室编 王贵生主编 成都 巴蜀书社 2007 年 306 页
b17344608 H172.3 Q229 2007

黔东南文物志 第 1,2 卷
黔东南苗族侗族自治州文化局编 黔东南 黔东南州印刷厂 1985 年 409 页
b20044860 K872.732 Q229 1985

贵州省黔东南苗族侗族自治州地名志
黔东南苗族侗族自治州人民政府编 黔东南 黔东南苗族侗族自治州人民政府 1991 年 250 页
b13742759 K927.32 Q229

黔东南风物志
黔东南苗族侗族自治州地方志办公室编 吴谋高主编 昆明 云南美术出版社 2010 年 彩图版 2 卷 957 页
b40739648 K927.32 Q229Q 2010

凯里市

凯里市志
贵州省凯里市地方志编纂委员会编 能贵伦主编 北京 方志出版社 1998 年 2 卷 1217 页
b10468420 K297.33 K134

凯里市志 1991–2007
贵州省凯里市地方志编纂委员会编 李志兴 唐建辉 熊绍鹏主编 北京 方志出版社 2016 年 968 页
b49706615 K297.34 K134 2016

凯里市司法行政志 1990–2007
凯里市司法志编纂领导小组编 梁红主编 凯里 凯里市司法志编纂领导小组 2008 年 203 页
b50665297 D927.734.61 K134 2008

凯里市教育志
凯里市教育委员会教育志编纂领导小组编 凯里 凯里市教育委员会教育志编纂领导小组 1997 年 320 页
b20577072 G527.733 K134 1997

贵州省凯里市地名志
凯里市人民政府编 顾明先主编 凯里 凯里市人民政府 1989 年 397 页
b21276122 K927.33 K134 1989

黄平县

黄平县志
黄平县地方志编纂委员会编 时宏深主编

贵阳 贵州人民出版社 1993 年 795 页
b10836354 K297.34 H665

黄平县志 1978–2008
黄平县地方市志编纂委员会编 潘世仁主编 北京 方志出版社 2014 年 2 卷 1798 页〔中华人民共和国地方志丛书〕
b46376689 K297.34 H665 2014

黄平县一碗水乡志
贵州省黄平县一碗水乡志编纂委员会编 北京 中国文化出版社 2014 年 482 页
b49827492 K297.35 Y411 2014

施秉县

施秉县志
贵州省施秉县地方志编纂委员会编 龙应豪主编 北京 方志出版社 1997 年 1107 页
b10570573 K297.34 S465

施秉县志 1991–2010
施秉县地方志编纂委员会编 戴世光 蒋世银主编 北京 中国文史出版社 2017 年 865 页
b50747885 K297.34 S465C 2017

三穗县

三穗县志
三穗县志编纂委员会编 吴展明主编 北京 民族出版社 1994 年 701 页〔中国地方志丛书〕
b10727413 K297.34 S1457

三穗县民族志
万生华主编 贵阳 贵州人民出版社 1990 年 255 页〔黔东南民族志系列丛书〕
b10588735 K280.734 S145

贵州省三穗县地名志
三穗县地名办公室编 黄维善主编 三穗 三穗县人民政府 1986 年 196 页
b13779990 K927.34 S145

镇远县

镇远县志
贵州省镇远县志编纂委员会编 杨秀金主编 贵阳 贵州人民出版社 1992 年 618 页
b10636353 K297.34 Z493

镇远县志 1987–2010
镇远县地方志编纂委员会编 段文浩 黄贵武主编 北京 中国文史出版社 2016 年 2 卷 1211 页
b49781479 K297.34 Z493D 2016

鸡鸣村志
青溪镇鸡鸣村志编纂委员会编 吴再顺主编 北京 新华出版社 2015 年 443 页
b5006549x K297.35 J119 2015

镇远县人大志 1950.2–2008.6
贵州省镇远县人民代表大会常务委员会编 刘世凯 洪加禄主编 镇远 贵州省镇远县人民代表大会常务委员会 2008 年 601 页
b47352449 D624.734 Z493 2008

贵州省镇远县政府志
杨秀钧主编 镇远 贵州省镇远县政府 2008 年 763 页
b4758516x D625.734 Z493 2008

岑巩县

岑巩县志
贵州省岑巩县志编纂委员会编 黄透松主编 贵阳 贵州人民出版社 1993 年 932 页

b10636316 K297.34 C244

岑巩县志 1991-2010
岑巩县地方志编纂委员会编 景福令 洪德木 姚治彪主编 北京 方志出版社 2016年 1011页
b47560691 K297.34 C244C 2016

岑巩县文化志
晏晓明编纂 岑巩 岑巩县文化志编写组 1988年 168页
b20100292 G127.734 C244 1988

岑巩县中学校志 1942-2012
岑巩县中学校志编委会编 谢永福 晏远洪编纂 岑巩 岑巩县中学校志编委会 2012年 380页
b49963107 G639.287.34 C244 2012

天柱县

天柱县志
贵州省天柱县志编纂委员会编 黄再琳 萧德成主编 贵阳 贵州人民出版社 1993年 933页
b1063647x K297.34 T343

天柱县志 1991-2009
天柱县地方史志编纂委员会编 罗辉润 龙波主编 北京 方志出版社 2014年 1113页
b45969905 K297.34 T343 2014

贵州省天柱民族中学志 1915-2015
贵州省天柱民族中学志编纂委员会编 汪永成主编 天柱 贵州省天柱民族中学志编纂委员会 2015年 889页
b49607637 G639.287.34 T343 2015

锦屏县

锦屏县志
贵州省锦屏县志编纂委员会编 姚炽昌主编 贵阳 贵州人民出版社 1995年 1033页
b10624958 K297.34 J492

锦屏县志 1991-2009
锦屏县地方志编纂委员会编 王宗勋主编 北京 方志出版社 2011年 2卷 1632页
b36368015 K297.34 J492J 2011

大同乡志
锦屏县大同乡政府编 王金立 罗国槐 欧品金主编 锦屏 锦屏县大同乡政府 2010年 407页
b40935280 K297.35 D1368 2010

锦屏县偶里乡志
锦屏县偶里乡人民政府编 锦屏 锦屏县偶里乡人民政府 2002年 331页
b20102446 K297.35 O124 2002

魁胆村志
贵州省锦屏县平秋镇魁胆村志编纂委员会编 王宗勋主编 北京 方志出版社 2017年 298页〔中国名村志丛书〕
b50642704 K297.35 K523 2017

隆里乡志
隆里乡志编纂委员会编 江化远主编 锦屏 锦屏县隆里乡人民政府 2011年 420页
b46443125 K297.45 L739 2011

锦屏县林业志
锦屏县林业志编纂委员会编 刘毓荣主编 贵阳 贵州人民出版社 2002年 512页
b20806474 F326.277.34 J492 2002

锦屏县汉侗苗语方言志
涂光禄 杨军主编 贵阳 贵州大学出版社 2008 年 145 页
b19166758 H172.3 T5145 2008

贵州省锦屏县地名志
锦屏县人民政府编 锦屏 锦屏县人民政府 1987 年 356 页
b20101259 K927.34 J492G 1987

剑河县

剑河县志
贵州省剑河县地方志编纂委员会编 龚力新总纂 贵阳 贵州人民出版社 1994 年 1176 页
b1063048x K297.34 J296

剑河县志 1991–2011
贵州省剑河县史志编纂委员会编 潘成译 姜大福主编 昆明 云南人民出版社 2017 年 1174 页
b51100101 K297.34 J296C 2017

剑河县南哨乡志
贵州省剑河县南哨乡地方志编纂委员会编 杨再旺 鲍先锋 杨槐主编 北京 方志出版社 2011 年 564 页
b50991437 K297.35 N1617 2011

贵州省剑河县林业志
贵州省剑河县林业局编 龙达江 周礼森主编 贵阳 贵州人民出版社 1992 年 231 页
b21763483 F326.277.34 J296 1992

贵州省剑河县地名志
剑河县贵州省地名办公室编 剑河 剑河县人民政府 1986 年 516 页
b13779813 K927.34 J296

台江县

台江县志
贵州省台江县志编纂委员会编 欧德祥 张德麟主编 贵阳 贵州人民出版社 1994 年 739 页
b10625306 K297.34 T151

台江县志 1991–2010
台江县地方志编纂委员会编 张志发 熊克武主编 北京 方志出版社 2017 年 1034 页
b51079513 K297.34 T151C 2017

台江县政协志 1950–2010
中国人民政治协商会议台江县委员会编 张云生主编 台江 中国人民政治协商会议台江县委员会 2011 年 404 页
b49678309 D628.734 T151 2011

黎平县

黎平县志
贵州省黎平县志编纂委员会编 吴江主编 成都 巴蜀书社 1989 年 744 页
b10727875 K297.14 L372

黎平县志 1985–2005
黎平县地方志编纂委员会编 石干成主编 贵阳 贵州人民出版社 2009 年 2 卷 1433 页
b2088333x K297.34 L372L 2009

德凤镇志
贵州省黎平县德凤镇志编纂委员会编 石干成主编 北京 方志出版社 2017 年 272 页〔中国名镇志丛书 中国名镇志文化工程〕
b50642637 K297.35 v5

器寨村志
器寨村志编纂领导小组编 石昌锋主编 芒

市 德宏民族出版社 2017年 306页
b50889588 K297.35 S472 2017

黎平县民政志 1912–2005
黎平县民政志编纂领导小组编 石树帜主编 贵阳 贵州人民出版社 2008年 316页
b40806984 D677.34 L372 2008

黎平县洪州区志
黎平县洪州区志编纂领导小组编 靖州 湖南省靖州印刷厂 1989年 453页
b20535090 K297.34 L372 1989

贵州省黄平县地名志
黄平县人民政府编 黄平 黄平县人民政府 1987年 257页
b13779965 K927.34 H665

贵州省黎平县地名志
黎平县人民政府编 黎平 黎平县人民政府 1985年 423页
b1377993x K927.34 L372

黎平县林业志
黎平县林业局编 刘正益 邹高元 赵学才主编 贵阳 贵州人民出版社 1989年 288页
b49849426 S717.273 L372 1989

榕江县

榕江县志
贵州省榕江县地方志编纂委员会编 胡玉林 罗亮权主编 贵阳 贵州人民出版社 1999年 1046页
b13015394 K297.34 R264

榕江县人大志 1950–2012
榕江县人大志编纂委员会编写 吴汉平编写 榕江 榕江县人大志编纂委员会 2012年 506页
b50777816 D624.734 R264 2012

贵州省榕江县地名志
榕江县人民政府编 榕江 榕江县人民政府 1987年 297页
b13779898 K927.34 R264

从江县

从江县志
贵州省从江县志编纂委员会编 邓仕雄主编 贵阳 贵州人民出版社 1999年 754页
b16427312 K297.34 C755 1999

从江县志 1991–2008
贵州省从江县地方志编纂委员会编 项星主编 北京 方志出版社 2010年 1004页
b22364602 K297.34 C755 2010

贵州省从江县地名志
从江县人民政府编印 杨周涛主编 从江 从江县人民政府 1985年 463页
b13779989 K927.34 C755

雷山县

雷山县志
雷山县志编纂委员会编 龙向日主编 贵阳 贵州人民出版社 1992年 821页
b10636365 K297.34 L291

达地水族乡志
韦荣慧主编 侯天江等撰稿 杨承贵等摄影 北京 中央民族大学出版社 2011年 310页
b21861912 K297.35 D123 2011

雷公山苗族 西江千家苗寨图像民族志
王唯惟 王良范著 蓝亚当译 李小毛 王良

范摄影 贵阳 贵州人民出版社 2008 年 305 页〔贵州地方知识与文化记忆丛书〕
b20813715 K281.6 W232 2008

麻江县

麻江县志
贵州省麻江县志编纂委员会编 陆辉南主编 贵阳 贵州人民出版社 1992 年 909 页
b10796241 K297.34 M123

麻江县志 1991–2005
麻江县地方志编纂委员会编 罗焕江主编 郑州 中州古籍出版社 2009 年 726 页
b2156937x K297.34 M123 2009

丹寨县

丹寨县志
贵州省丹寨县地方志编纂委员会编 文兴林主编 北京 方志出版社 1999 年 1057 页
b13544640 K297.34 D165

丹寨县志 1991–2015
贵州省丹寨县地方志编纂委员会编 蒙荣安 潘广淑 龙腾义主编 北京 方志出版社 2016 年 2 卷 1070 页
b49547586 K297.34 D165C 2016

贵州省丹寨县地名志
丹寨县人民政府编 丹寨 丹寨县人民政府 1987 年 282 页
b20014740 K927.34 D165 1987

黔南布依族苗族自治州

黔南布依族苗族自治州志 第 1 卷 大事记
黔南布依族苗族自治州史志编纂委员会编 王素琴 张永淑主编 贵阳 贵州人民出版社 2005 年 235 页
b16583267 K297.32 Q2296

黔南布依族苗族自治州志 第 2 卷 地理志
黔南布依族苗族自治州史志编纂委员会编 李华主编 黔南 黔南布依族苗族自治州史志编纂委员会 1986 年 278 页
b20774205 K297.32 Q2296

黔南布依族苗族自治州志 第 3 卷 文物名胜志
黔南布依族苗族自治州史志编纂委员会编 周瑾瑜主编 贵阳 贵州民族出版社 1989 年 163 页
b16596213 K297.32 Q2296

黔南布依族苗族自治州志 第 4 卷 民族志
黔南布依族苗族自治州史志编纂委员会编 贵阳 贵州民族出版社 1993 年 315 页
b16594666 K297.32 Q2296

黔南布依族苗族自治州志 第 5 卷 商业志
黔南布依族苗族自治州史志编纂委员会编 韩天枢主编 贵阳 贵州人民出版社 1993 年 310 页
b20806528 K297.32 Q2296

黔南布依族苗族自治州志 第 6 卷 交通志
黔南布依族苗族自治州史志编纂委员会编 郭光基主编 贵阳 贵州人民出版社 1993 年 275 页
b2046664x K297.32 Q2296

黔南布依族苗族自治州志 第 7 卷 卫生志
黔南布依族苗族自治州史志编纂委员会编 刘天纲主编 贵阳 贵州人民出版社 1994 年 292 页
b21569903 K297.32 Q2296

黔南布依族苗族自治州志 第8卷 科学技术志
黔南布依族苗族自治州史志编纂委员会编 陈丹枫 廖世银卷主编 贵阳 贵州民族出版社 1994年 233页
b36092447 K297.32 Q2296

黔南布依族苗族自治州志 第9卷 气象志
黔南布依族苗族自治州史志编纂委员会编 陈丹枫 廖世银卷主编 贵阳 贵州民族出版社 1994年 233页
b36092447 K297.32 Q2296

黔南布依族苗族自治州志 第12卷 工商志
黔南布依族苗族自治州史志编纂委员会编 贵阳 贵州人民出版社 1996年 345页
b22431433 K297.32 Q2296

黔南布依族苗族自治州志 第14卷 邮电志
黔南布依族苗族自治州志编纂委员会编 邹立新主编 贵阳 贵州民族出版社 1996年 331页
b20774047 K297.32 Q2296

黔南布依族苗族自治州志 第15卷 教育志
黔南布依族苗族自治州史志编纂委员会编 贵阳 贵州人民出版社 1996年 566页
b16585689 K297.32 Q2296

黔南布依族苗族自治州志 第16卷 农业志
黔南布依族苗族自治州史志编纂委员会编 李继俊著 彭振奇主编 贵阳 贵州人民出版社 1998年 549页
b22431445 K297.32 Q2296

黔南布依族苗族自治州志 第17卷 文化艺术志
黔南布依族苗族自治州史志编纂委员会编 王思民主编 贵阳 贵州民族出版社 1999年 288页
b16721949 K297.32 Q2296

黔南布依族苗族自治州志 第22卷 司法行政志
黔南布依族苗族自治州史志编纂委员会编 杨松主编 贵阳 贵州人民出版社 1999年 289页
b21569897 K297.32 Q2296

黔南布依族苗族自治州志 第24卷 金融志
黔南布依族苗族自治州史志编纂委员会编 熊中藻主编 贵阳 贵州人民出版社 1999年 576页
b20774102 K297.32 Q2296

黔南布依族苗族自治州志 第25卷 烟草志
黔南布依族苗族自治州史志编纂委员会编 刘国虎主编 贵阳 贵州人民出版社 1999年 241页
b2071063x K297.32 Q2296

黔南布依族苗族自治州志 第26卷 劳动志
黔南布依族苗族自治州史志编纂委员会编 廖劲主编 贵阳 贵州人民出版社 1999年 197页
b3624711x K297.32 Q2296

黔南布依族苗族自治州志 第27卷 民政志
黔南布依族苗族自治州史志编纂委员会编 金国泰主编 贵阳 贵州人民出版社 2000年 197页
b3624711x K297.32 Q2296

黔南布依族苗族自治州志 第28卷 公安志
黔南布依族苗族自治州史志编纂委员会编 李芳琦主编 贵阳 贵州人民出版社 1999年 377页
b3624708x K297.32 Q2296

黔南布依族苗族自治州志 第31卷 轻纺工业志
黔南布依族苗族自治州史志编纂委员会编 喻安泉主编 贵阳 贵州人民出版社

2001 年 264 页
b22431457 K297.32 Q2296

黔南布依族苗族自治州志 第 32 卷 重工业志
黔南布依族苗族自治州史志编纂委员会编 王廷举 李亚平主编 贵阳 贵州人民出版社 2001 年 156 页
b22431457 K297.32 Q2296

黔南布依族苗族自治州志 第 34 卷 检察志
黔南布依族苗族自治州史志编纂委员会编 李碧芝主编 贵阳 贵州人民出版社 1999 年 255 页
b21569873 K297.32 Q2296

黔南布依族苗族自治州志 第 36 卷 军事志
黔南布依族苗族自治州史志编纂委员会编 罗国荣主编 贵阳 贵州人民出版社 2002 年 360 页
b36247108 K297.32 Q2296

黔南布依族苗族自治州志 第 37 卷 水利电力志
黔南布依族苗族自治州史志编纂委员会编 李芳琦主编 贵阳 贵州人民出版社 2002 年 399 页
b17509634 K297.32 Q2296

黔南布依族苗族自治州志 第 38 卷 政协志
黔南布依族苗族自治州史志编纂委员会编 陈国祥主编 贵阳 贵州人民出版社 2002 年 336 页
b17726141 K297.32 Q2296

黔南布依族苗族自治州志 第 39 卷 财政志
黔南布依族苗族自治州史志编纂委员会编 张永淑主编 贵阳 贵州人民出版社 2002 年 387 页
b22431421 K297.32 Q2296

黔南布依族苗族自治州志 第 40 卷 党群志
黔南布依族苗族自治州史志编纂委员会编 李芳琦主编 贵阳 贵州人民出版社 2003 年 426 页
b36092435 K297.32 Q2296

黔南布依族苗族自治州志 第 41 卷 政权志
黔南布依族苗族自治州史志编纂委员会编 黄立权 罗来铨主编 贵阳 贵州人民出版社 2003 年 363 页
b36247121 K297.32 Q2296

黔南布依族苗族自治州志 第 42 卷 广电志
黔南布依族苗族自治州史志编纂委员会编 杨建华 江敬东主编 贵阳 贵州人民出版社 2004 年 146 页
b36247091 K297.32 Q2296

黔南布依族苗族自治州志 第 43 卷 体育志
黔南布依族苗族自治州史志编纂委员会编 杨建华 江敬东主编 贵阳 贵州人民出版社 2004 年 150 页
b36247091 K297.32 Q2296

黔南布依族苗族自治州志 第 44 卷 城乡建设志
黔南布依族苗族自治州史志编纂委员会编 赵劲主编 贵阳 贵州人民出版社 2004 年 335 页
b36247066 K297.32 Q2296

黔南布依族苗族自治州志 第 45 卷 档案志
黔南布依族苗族自治州史志编纂委员会编 张建华主编 贵阳 贵州人民出版社 2005 年 359 页
b36247078 K297.32 Q2296

黔南布依族苗族自治州志 第 46 卷 审判志
黔南布依族苗族自治州史志编纂委员会编 吴履振主编 贵阳 贵州人民出版社

2004年 454页
b21569885 K297.32 Q2296

黔南布依族苗族自治州志 第49卷 人事志
黔南布依族苗族自治州史志编纂委员会编 贵阳 贵州人民出版社 2007年 141页
b20774114 K297.32 Q2296

黔南布依族苗族自治州志 简编本
黔南布依族苗族自治州史志编纂委员会编 陆兴和主编 贵阳 贵州人民出版社 2007年 3卷 3149页
b36374234 K297.32 Q2296Q 2007

黔南布衣族苗族自治州扶贫开发志 1986–2012
黔南布衣族苗族自治州扶贫开发志编纂委员会编 欧天彪主编 北京 中国文化出版社 2016年 396页
b50777415 F126 Q229 2016

黔南文物志稿 其他连续出版物
黔南自治州文化局 黔南州文物管理委员会编 黔南 黔南自治州文化局 1983年
b36379797 K872.732 Q2297

黔南布依族苗族自治州民族博物馆藏品志
韦云彪主编 北京 民族出版社 2012年 153页
b36314961 K892.23 W3131 2012

都匀市

都匀市志
贵州省都匀市史志编纂委员会编 程恩桂主编 贵阳 贵州人民出版社 1999年 2卷 1424页
b12607125 K297.34 D658

贵州省都匀市地名志
都匀市人民政府编 都匀 都匀县人民政府 1987年 373页
b21275889 K927.33 D658 1987

都匀市水利志
都匀市水利电力局编纂领导小组编 许安治主编 贵阳 贵州教育出版社 1995年 332页
b36029014 TV-092 D658 1995

福泉市

福泉县志
贵州省福泉县地方志编纂委员会编 杨光华总编辑 贵阳 贵州人民出版社 1992年 1026页
b10646863 K297.34 F451

福泉市志 1986–2008
福泉市史志编纂委员会编 杨胜才主编 陈仁堂总纂 北京 方志出版社 2014年 789页
b45969760 K297.34 F451 2014

福泉市政协志 1984–2013
福泉市政协志编纂委员会编 黄建菊主编 芒市 德宏民族出版社 2014年 432页
b50859821 D628.734 F451 2014

福泉市地方税务志 1994–2013
福泉市地方税务志编纂委员会编 胡明安主编 昆明 云南民族出版社 2014年 456页
b49549728 F812.773.342 F451 2014

福泉市信用合作志
福泉市农村信用合作联社编 封光荣 杨光华主编 福泉 福泉市信用合作联社 2009年 315页
b49625366 F832.773.44 F451 2009

福泉县地理志
福泉县志编纂委员会编 杨光华主编 福泉 福泉县志编纂委员会编 1989 年 130 页
b36092927 K297.34 F451C 1989

贵州省福泉县地名志
福泉县地名办公室编 福泉 福泉县人民政府 1984 年 236 页
b23228891 K927.34 F451 1984

福泉县水利电力志
福泉县水利电力志编写组编写 福泉 福泉县水利电力志编写组 1988 年 188 页
b21856771 TV-092 F451 1988

荔波县

荔波县志
贵州省荔波县地方志编纂委员会编 北京 方志出版社 1997 年 914 页
b12692323 K297.34 L445

荔波县志 1978-2008
荔波县地方志编纂委员会编 邓贤海主编 北京 方志出版社 2017 年 927 页
b49951610 K297.34 L445C 2017

荔波县播尧乡志
荔波县播尧乡志编纂委员会编纂 罗树坚主编 昆明 云南民族出版社 2015 年 348 页
b50860367 K297.45 B541 2015

荔波县佳荣镇志
佳荣镇志编纂委员会编 昆明 云南民族出版社 2015 年 274 页
b50860379 K297.35 J199 2015

荔波县玉屏镇志
荔波县玉屏镇志编纂委员会编纂 中国共产党荔波县玉屏镇志编纂委员会编 昆明 云南民族出版社 2015 年 526 页
b50860380 K297.35 Y774 2015

荔波县水利志
贵州省荔波县水利志编纂组编 吴孟春主编 荔波 贵州省荔波县水利志编纂组 2010 年 344 页
b46443034 TV-092 L4451 2010

贵定县

贵定县志
贵州省贵定县史志编纂委员会编 史美森主编 贵阳 贵州人民出版社 1995 年 1148 页
b10655554 K297.34 G728

贵定县志 1978-2008
贵州省贵定县史志编纂委员会编 韦琴史迪燕主编 北京 方志出版社 2016 年 978 页
b5013128x K297.34 G728C 2016

新场区志
贵定县史志办公室 贵定县新场区公所编 史美森编纂 贵定 贵定县史志办公室 1988 年 152 页
b46996163 K297.34 X443 1988

贵定县军事志 1201-2007
贵定县军事志编纂领导小组编纂 杨正君主编 成都 成都新千年印制有限公司 2008 年 214 页
b46442881 E289.524 G728 2008

贵定县粮食志 1447-1990
贵定县粮食局编 莫元忠主修 孙鸿才编撰 贵定 贵定县粮食局 1995 年 211 页
b40934858 F724.721 G728 1995

贵定县民族志
贵定县民族事务委员会 贵定县史志办公室编 都匀 贵州煤田地质局地测大队印刷厂 1992 年 158 页
b2094911x K280.734 G728 1992

贵州省贵定县地名录
贵州省贵定县地名普查办公室编 贵定 贵定县人民政府 1983 年 210 页
b13779977 K927.34 G728

瓮安县

瓮安县志
贵州省瓮安县地方志编纂委员会编 王翰声主编 贵阳 贵州人民出版社 1995 年 764 页
b10616792 K297.34 W419

瓮安县志 1978–2012
贵州省瓮安县地方志编纂委员会编 范祖贵主编 北京 方志出版社 2014 年 2 卷 1592 页
b47287470 K297.34 W419D 2014

瓮安县人民代表大会志
瓮安县人大常委会编 李君林主编 郑州 郑州大学出版社 2016 年 352 页
b5074799x D624.734 W419 2016

瓮安县审判志
贵州省瓮安县审判志编纂委员会编 牟涛主编 北京 方志出版社 2017 年 568 页
〔贵州省瓮安县地方志丛书〕
b50153304 D927.734.622 W419 2017

瓮安县国土资源志
瓮安县国土资源志编纂委员会编 李荣进主编 北京 方志出版社 2016 年 435 页
〔贵州省瓮安县地方志丛书〕
b49923262 F129.973.4 W419 2016

瓮安县农业志
贵州省瓮安县农业志编纂委员会编 陈文清主编 瓮安 贵州省瓮安县农业志编纂委员会 1999 年 418 页
b4699600x F329.734 W419 1999

瓮水犹氏文化志
瓮安县地方志编纂委员会 瓮水犹氏文化志编委会编 犹家仲主编 北京 方志出版社 2016 年 1232 页
b47178073 K820.9 Y672 2016

独山县

独山县志
独山县地方志编纂委员会编 莫云昇主编 贵阳 贵州人民出版社 1996 年 1103 页
b10603906 K297.34 D696

独山县民族志
独山县民族宗教事务局编 杨泽林 刘志红主编 独山 独山县民族宗教事务局 2012 年 426 页
b49505506 K280.734 D696 2012

平塘县

平塘县志
贵州省平塘县史志编纂委员会编 李定元主编 贵阳 贵州人民出版社 1992 年 742 页
b10758914 K297.34 P613

罗甸县

罗甸县志
罗甸县志编纂委员会编 陆国器主编 贵阳 贵州人民出版社 1994 年 584 页

b10630764　K297.34　L921

罗甸县志　民族志
罗甸县史志编纂委员会编　贵阳　贵州民族出版社　1989 年　155 页
b10589429　K280.734　L921

长顺县

长顺县志
贵州省长顺县地方志编纂委员会编　班天泽主编　贵阳　贵州人民出版社　1998 年　717 页
b10468419　K297.34　C346

长顺县科学技术志
长顺县科学技术志编纂委员会编　何永诚撰写　长顺　长顺县科学技术志编纂委员会　1993 年　460 页
b42291252　G322.773.4　C346　1993

龙里县

龙里县志
贵州省龙里县地方志编纂委员会编　罗其全　徐德威主编　贵阳　贵州人民出版社　1995 年　812 页
b10647107　K297.34　L741

贵州省龙里中学校志
贵州省龙里中学校志编纂委员会编　龙里　贵州省龙里中学　2000 年　163 页
b46273797　G639.287.34　G729　2000

贵州省龙里县地名录
龙里县地名领导小组办公室编　龙里　龙里县地名领导小组办公室　1983 年　208 页
b13742954　K927.34　L741

惠水县

惠水县志
惠水县史志编纂委员会编　胡庆麟主编　贵阳　贵州人民出版社　1989 年　481 页
b10796794　K297.34　H696

惠水县文化艺术志
唐世林主编　惠水　惠水县文化局　1991 年　194 页
b36382449　G127.734　H696　1991

三都水族自治县

三都水族自治县志
三都水族自治县志编纂委员会编　罗世斌主编　贵阳　贵州人民出版社　1992 年　793 页
b1079671x　K297.34　S145

三都水族自治县志　1978–2013
三都水族自治县史志编纂委员会编　龚正栋　韦锦诗主编　北京　方志出版社　2016 年　849 页
b49675382　K297.34　S145C　2016

云南省

云南省志 卷首
云南省地方志编纂委员会编 徐荣凯总纂 胡华生主编 昆明 云南人民出版社 2004年 490页〔中华人民共和国地方志丛书〕
b15544989 K297.4 Y881

云南省志 第1卷 地理志
云南省地方志编纂委员会编 和志强总纂 陈永森卷主编 昆明 云南人民出版社 1998年 515页〔中华人民共和国地方志丛书〕
b16275986 K297.4 Y881

云南省志 第2卷 天文气候志
云南省地方志编纂委员会 云南天文台 云南省气象局编撰 昆明 云南人民出版社 1995年 282页〔中华人民共和国地方志丛书〕
b10586684 K297.4 Y881

云南省志 第3卷 地震志
云南省地方志编纂委员会 云南省地震局编撰 李嘉廷总纂 罗荣联卷主编 昆明 云南人民出版社 1999年 581页〔中华人民共和国地方志丛书〕
b15222743 K297.4 Y881

云南省志 第4卷 地质矿产志
云南省地方志编纂委员会编 杨荆舟主编 昆明 云南人民出版社 1997年 422页〔中华人民共和国地方志丛书〕
b10546777 K297.4 Y881

云南省志 第5卷 植物志
云南省地方志编纂委员会编 昆明 云南人民出版社 1993年 699页〔中华人民共和国地方志丛书〕
b14031085 K297.4 Y881

云南省志 第6卷 动物志
云南省地方志编纂委员会编 褚新洛主编 昆明 云南人民出版社 1989年 401页〔中华人民共和国地方志丛书〕
b10586672 K297.4 Y881

云南省志 第7卷 科学技术志
云南省地方志编纂委员会编 刘智斌主编 昆明 云南人民出版社 1998年 1355页〔中华人民共和国地方志丛书〕
b20133157 K297.4 Y881

云南省志 第8卷 经济综合志
云南省地方志编纂委员会编 李以海主编 昆明 云南人民出版社 1995年 581页〔中华人民共和国地方志丛书〕
b10586660 K297.4 Y881

云南省志 第9卷 工商行政管理志
云南省地方志编纂委员会编 昆明 云南人民出版社 1998年 278页〔中华人民共和国地方志丛书〕
b13999850 K297.4 Y881

云南省志 第10卷 技术监督志
云南省地方志编纂委员会编 昆明 云南人民出版社 1993年 413页〔中华人民共和国地方志丛书〕
b10586659 K297.4 Y881

云南省志 第 11 卷 乡镇企业志
云南省地方志编纂委员会编 张维强主编 昆明 云南人民出版社 2001 年 360 页〔中华人民共和国地方志丛书〕
b16449435 K297.4 Y881

云南省志 第 12 卷 财政志
云南省地方志编纂委员会编总纂 昆明 云南人民出版社 1994 年 472 页〔中华人民共和国地方志丛书〕
b10586647 K297.4 Y881

云南省志 第 13 卷 金融志
云南省地方志编纂委员会编 和志强总纂 袁明祥卷主编 昆明 云南人民出版社 1994 年 670 页〔中华人民共和国地方志丛书〕
b10586635 K297.4 Y881

云南省志 第 14 卷 商业志
云南省地方志编纂委员会编 方子泉主编 昆明 云南人民出版社 1993 年 558 页〔中华人民共和国地方志丛书〕
b10586623 K297.4 Y881

云南省志 第 15 卷 粮油志
云南省地方志编纂委员会编 昆明 云南人民出版社 1993 年 417 页〔中华人民共和国地方志丛书〕
b10586611 K297.4 Y881

云南省志 第 16 卷 对外经济贸易志
云南省地方志编纂委员会编 和志强总纂 文传洋卷执行副总纂 昆明 云南人民出版社 1998 年 400 页〔中华人民共和国地方志丛书〕
b16425224 K297.4 Y881

云南省志 第 17 卷 供销合作社志
云南省地方志编纂委员会编 和志强总纂 温盛云卷主编 昆明 云南人民出版社 1992 年 458 页〔中华人民共和国地方志丛书〕
b1058660x K297.4 Y881

云南省志 第 18 卷 轻工业志
云南省地方志编纂委员会编 张之钝主编 昆明 云南人民出版社 1997 年 506 页〔中华人民共和国地方志丛书〕
b10546789 K297.4 Y881

云南省志 第 19 卷 盐业志
云南省地方志编纂委员会编 毕光宏主编 昆明 云南人民出版社 1993 年 288 页〔中华人民共和国地方志丛书〕
b10586593 K297.4 Y881

云南省志 第 20 卷 烟草志
云南省地方志编纂委员会编 万隆善主编 昆明 云南人民出版社 2000 年 452 页〔中华人共和国地方志丛书〕
b20133194 K297.4 Y881

云南省志 第 21 卷 纺织工业志
云南省地方志编纂委员会编 昆明 云南人民出版社 1996 年 350 页〔中华人民共和国地方志丛书〕
b10546790 K297.4 Y881

云南省志 第 22 卷 农业志
云南省地方志编纂委员会编 和志强总纂 邓士俊卷主编 昆明 云南人民出版社 1996 年 457 页〔中华人民共和国地方志丛书〕
b16425509 K297.4 Y881

云南省志 第 23 卷 畜牧业志
云南省地方志编纂委员会编 李嘉廷主编 昆明 云南人民出版社 1999 年 394 页〔中华人民共和国地方志丛书〕

b13999862　K297.4　Y881

云南省志　第 24 卷　煤炭工业志
云南省地方志编纂委员会编　昆明　云南人民出版社　1995 年　835 页〔中华人民共和国地方志丛书〕
b1058657x　K297.4　Y881

云南省志　第 25 卷　温泉志
云南省地方志编纂委员会编　吴光范　任湘主编　昆明　云南人民出版社　1999 年　304 页〔中华人民共和国地方志丛书〕
b16424256　K297.4　Y881

云南省志　第 26 卷　冶金工业志
云南省地方志编纂委员会编　昆明　云南人民出版社　1995 年　600 页〔中华人民共和国地方志丛书〕
b10586581　K297.4　Y881

云南省志　第 27 卷　机械工业志
云南省地方志编纂委员会编　殷世耕主编　昆明　云南人民出版社　1994 年　532 页〔中华人民共和国地方志丛书〕
b10586568　K297.4　Y881

云南省志　第 28 卷　化学工业志
云南省地方志编纂委员会编　昆明　云南人民出版社　1994 年　534 页〔中华人民共和国地方志丛书〕
b10586556　K297.4　Y881

云南省志　第 29 卷　电子工业志
云南省地方志编纂委员会编　和志强总纂　弭明友卷主编　昆明　云南人民出版社　1992 年　254 页〔中华人民共和国地方志丛书〕
b10586544　K297.4　Y881

云南省志　第 30 卷　物价志
云南省地方志编纂委员会编　陈培富主编　昆明　云南人民出版社　2000 年　505 页〔中华人民共和国地方志丛书〕
b13999874　K297.4　Y881

云南省志　第 31 卷　城乡建设志
云南省地方志编纂委员会编　郭方明主编　昆明　云南人民出版社　1996 年　554 页〔中华人民共和国地方志丛书〕
b10546807　K297.4　Y881

云南省志　第 32 卷　海关志
云南省地方志编纂委员会编　昆明　云南人民出版社　1996 年　287 页〔中华人民共和国地方志丛书〕
b10586532　K297.4　Y881

云南省志　第 33 卷　交通志
云南省地方志编纂委员会编　徐荣凯总纂　黄恒蛟卷主编　昆明　云南人民出版社　2001 年　785 页〔中华人民共和国地方志丛书〕
b13999965　K297.4　Y881

云南省志　第 34 卷　铁道志
云南省地方志编纂委员会编　梁智　吴树恭主编　昆明　云南人民出版社　1994 年　361 页〔中华人民共和国地方志丛书〕
b10586520　K297.4　Y881

云南省志　第 35 卷　邮电志
云南省地方志编纂委员会　云南省邮电管理局编撰　张宗霖主编　昆明　云南人民出版社　1996 年　498 页〔中华人民共和国地方志丛书〕
b10586519　K297.4　Y881

云南省志　第 36 卷　林业志
云南省地方志编纂委员会编　徐荣凯总纂

陈德照卷主编 昆明 云南人民出版社 2003年 904页〔中华人民共和国地方志丛书〕
b15638157 K297.4 Y881

云南省志 第37卷 电力工业志
云南省地方志编纂委员会编 昆明 云南人民出版社 1994年 499页〔中华人民共和国地方志丛书〕
b10586507 K297.4 Y881

云南省志 第38卷 水利志
云南省地方志编纂委员会编 陈良俊主编 昆明 云南人民出版社 1998年 691页〔中华人民共和国地方志丛书〕
b20133170 K297.4 Y881

云南省志 第39卷 农垦志
云南省地方志编纂委员会编 王祥冰主编 昆明 云南人民出版社 1998年 862页〔中华人民共和国地方志丛书〕
b13999886 K297.4 Y881

云南省志 第40卷 测绘志
云南省地方志编纂委员会编 昆明 云南人民出版社 1998年 503页〔中华人民共和国地方志丛书〕
b17343252 K297.4 Y881

云南省志 第41第 建筑材料工业志
云南省地方志编纂委员会编 和志强总纂 丁日耆 俞仁平卷主编 昆明 云南人民出版社 1997年 419页〔中华人民共和国地方志丛书〕
b1642427x K297.4 Y881

云南省志 第42卷 建筑志
云南省地方志编纂委员会编 和志强总纂 郭方明卷主编 昆明 云南人民出版社 1995年 263页〔中华人民共和国地方志丛书〕
b10586490 K297.4 Y881

云南省志 第43卷 中共云南省委志
云南省地方志编纂委员会编 昆明 云南人民出版社 2000年 1138页〔中华人民共和国地方志丛书〕
b13999941 K297.4 Y881

云南省志 第44卷 党派志
云南省地方志编纂委员会编 符晓主编 昆明 云南人民出版社 2001年 365页〔中华人民共和国地方志丛书〕
b16424293 K297.4 Y881

云南省志 第45卷 群众团体志
云南省地方志编纂委员会编 昆明 云南人民出版社 2002年 521页〔中华人民共和国地方志丛书〕
b14195227 K297.4 Y881

云南省志 第46卷 人民代表大会志
云南省地方志编纂委员会编 徐荣凯总纂 蒋喜栋卷主编 昆明 云南人民出版社 2003年 609页〔中华人民共和国地方志丛书〕
b14421379 K297.4 Y881

云南省志 第47卷 政府志
云南省地方志编纂委员会编 徐荣凯总纂 张一鸣卷主编 昆明 云南人民出版社 2001年 772页〔中华人民共和国地方志丛书〕
b13999898 K297.4 Y881

云南省志 第48卷 政协志
云南省地方志编纂委员会编 李嘉廷总纂 韩龙主编 昆明 云南人民出版社 1999年 621页〔中华人民共和国地方志丛书〕
b36374660 K297.4 Y881

云南省志 第 49 卷 军事志
云南省地方志编纂委员会 中国人民解放军云南省军区编撰 孙粹弄卷主编 昆明 云南人民出版社 1997 年 725 页〔中华人民共和国地方志丛书〕
b1054687x K297.4 Y881

云南省志 第 50 卷 劳动志
云南省地方志编纂委员会编 昆明 云南人民出版社 1993 年 326 页〔中华人民共和国地方志丛书〕
b10586489 K297.4 Y881

云南省志 第 51 卷 人事志
云南省地方志编纂委员会编 云南省人事厅编撰 昆明 云南人民出版社 1997 年 468 页〔中华人民共和国地方志丛书〕
b16424244 K297.4 Y881

云南省志 第 52 卷 民政志
云南省地方志编纂委员会编 和志强总纂 王志纯卷主编 昆明 云南人民出版社 1996 年 428 页〔中华人民共和国地方志丛书〕
b10586477 K297.4 Y881

云南省志 第 53 卷 外事志
云南省地方志编纂委员会编 和志强总纂 吕增龄卷主编 昆明 云南人民出版社 1996 年 436 页〔中华人民共和国地方志丛书〕
b10546819 K297.4 Y881

云南省志 第 54 卷 检察志
云南省地方志编纂委员会编 周致功主编 昆明 云南人民出版社 1995 年 392 页〔中华人民共和国地方志丛书〕
b10586465 K297.4 Y881

云南省志 第 55 卷 审判志
云南省地方志编纂委员会编 邱创教主编 昆明 云南人民出版社 1999 年 611 页〔中华人民共和国地方志丛书〕
b20133169 K297.4 Y881

云南省志 第 56 卷 公安志
云南省地方志编纂委员会编 和志强总纂 覃明兰卷主编 昆明 云南人民出版社 1996 年 823 页〔中华人民共和国地方志丛书〕
b10546820 K297.4 Y881

云南省志 第 57 卷 司法志
云南省地方志编纂委员会编 徐荣凯总纂 韩天庆卷主编 昆明 云南人民出版社 2001 年 496 页〔中华人民共和国地方志丛书〕
b13999904 K297.4 Y881

云南省志 第 58 卷 汉语方言志
云南省地方志编纂委员会编 吴积才主编 昆明 云南人民出版社 1989 年 555 页〔中华人民共和国地方志丛书〕
b10586453 K297.4 Y881

云南省志 第 59 卷 少数民族语言文字志
云南省地方志编纂委员会编． 和志强 杨应新主编 昆明 云南人民出版社 1998 年 1332 页〔中华人民共和国地方志丛书〕
b15222731 K297.4 Y881

云南省志 第 60 卷 教育志
云南省地方志编纂委员会编 江泉主编 昆明 云南人民出版社 1995 年 1058 页〔中华人民共和国地方志丛书〕
b10586441 K297.4 Y881

云南省志 第 61 卷 民族志
云南省地方志编纂委员会编 昆明 云南人民出版社 2002 年 860 页〔中华人民共

和国地方志丛书〕
b15638145　K297.4　Y881

云南省志　第62卷　文物志
云南省地方志编纂委员会编　徐荣凯总纂　胡振东　孙渭卷主编　昆明　云南人民出版社　2004年　986页〔中华人民共和国地方志丛书〕
b15539702　K297.4　Y881

云南省志　第63卷　地名志
云南省地方志编纂委员会编　吴光范主编　昆明　云南人民出版社　1997年　285页〔中华人民共和国地方志丛书〕
b10546832　K297.4　Y881

云南省志　第64卷　土地志
云南省地方志编纂委员会编　云南省土地管理局编撰　和志强总纂　石瑶卷主编　昆明　云南人民出版社　1997年　284页〔中华人民共和国地方志丛书〕
b15222123　K297.4　Y881

云南省志　第65卷　侨务志
云南省地方志编纂委员会编　和志强总纂　许百均卷主编　昆明　云南人民出版社　1992年　246页〔中华人民共和国地方志丛书〕
b1058643x　K297.4　Y881

云南省志　第66卷　宗教志
云南省地方志编纂委员会编　和志强总纂　颜思久卷主编　昆明　云南人民出版社　1995年　366页〔中华人民共和国地方志丛书〕
b10586428　K297.4　Y881

云南省志　第67卷　环境保护志
云南省地方志编纂委员会编　李广润主编　昆明　云南人民出版社　1994年　174页〔中华人民共和国地方志丛书〕
b10586416　K297.4　Y881

云南省志　第68卷　旅游志
云南省地方志编纂委员会编　于建明主编　昆明　云南人民出版社　1996年　423页〔中华人民共和国地方志丛书〕
b10546844　K297.4　Y881

云南省志　第69卷　卫生志
云南省地方志编纂委员会编　尧挥彬主编　昆明　云南人民出版社　2002年　644页〔中华人民共和国地方志丛书〕
b20133182　K297.4　Y881

云南省志　第70卷　医药志
云南省地方志编纂委员会编　和志强总纂　李文辉卷主编　昆明　云南人民出版社　1995年　1061页〔中华人民共和国地方志丛书〕
b10586404　K297.4　Y881

云南省志　第71卷　人口志
云南省地方志编纂委员会编　和志强总纂　王光明　吴云卷主编　昆明　云南人民出版社　1998年　466页〔中华人民共和国地方志丛书〕
b17398186　K297.4　Y881

云南省志　第72卷　体育志
云南省地方志编纂委员会编　和志强总纂　周百之　戴文忠　龙忠志卷主编　昆明　云南人民出版社　1994年　606页〔中华人民共和国地方志丛书〕
b10586398　K297.4　Y881

云南省志　第73卷　文化艺术志
云南省地方志编纂委员会编　徐荣凯总纂　高登智卷主编　昆明　云南人民出版社　2002年　1168页〔中华人民共和国地方

志丛书〕
b15539696　K297.4　Y881

云南省志　第74卷　文学志
云南省地方志编纂委员会　云南省文学艺术界联合会编　昆明　云南人民出版社　1998年　326页〔中华人民共和国地方志丛书〕
b16047278　K297.4　Y881

云南省志　第75卷　社会科学志
云南省地方志编纂委员会编　和志强总纂　谢本书卷主编　昆明　云南人民出版社　1997年　622页〔中华人民共和国地方志丛书〕
b10546868　K297.4　Y881

云南省志　第76卷　出版志
云南省地方志编纂委员会编　昆明　云南人民出版社　2000年　826页〔中华人民共和国地方志丛书〕
b13999953　K297.4　Y881

云南省志　第77卷　报业志
云南省地方志编纂委员会编　和志强总纂　祝崇实　和国治　贺世熙卷主编　昆明　云南人民出版社　1997年　222页〔中华人民共和国地方志丛书〕
b10546856　K297.4　Y881

云南省志　第78卷　广播电视志
云南省地方志编纂委员会编　和志强总纂　张国仁卷主编　昆明　云南人民出版社　1996年　522页〔中华人民共和国地方志丛书〕
b10586386　K297.4　Y881

云南省志　第79卷　档案志
云南省地方志编纂委员会编　孙钟秀　张应钦主编　昆明　云南人民出版社　2000年　302页〔中华人民共和国地方志丛书〕
b13999977　K297.4　Y881

云南省志　第80卷　人物志
云南省地方志编纂委员会编　李景煜主编　昆明　云南人民出版社　2002年　967页〔中华人民共和国地方志丛书〕
b15638169　K297.4　Y881

云南省志　第81卷　卷末
云南省地方志编纂委员会编　徐荣凯总纂　田文桢卷主编　昆明　云南人民出版社　2004年　432页〔中华人民共和国地方志丛书〕
b16424219　K297.4　Y881

云南省志　金融志　修改稿　1978–2008
云南省金融志办公室编　昆明　云南省金融志办公室　2010年　982页
b46274145　K297.4　Y881J　2010

云南省志　财税志　1978–2005
云南省财政厅　云南省国家税务局　云南省地方税务局编　昆明　云南省财政厅　2011年　598页
b45445333　K297.4　Y881S　2011

云南省综合简志
云南省地方志编纂委员会办公室编　李一是主编　昆明　云南美术出版社　2007年　455页
b36013456　K297.4　L422　2007

云南省人民代表大会志　1953–1988
云南省全国人民代表大会常务委员会编　金强敏编辑　昆明　云南省人大常委会办公厅　1989年　210页
b45840829　D624.74　J478　1989

云南政协通志
云南政协通志编纂委员会编　韩龙总编辑　昆明　云南人民出版社　1997年　1680页

b15656780　D628.74　Y811　1997

云南省森林公安志　1980–2009
云南省森林公安局编　昆明　云南民族出版社　2010 年　475 页
b40739521　D631.4　Y881　2010

云南民政志
云南省民政厅编纂　王志纯主编　昆明　云南省民政厅　1991 年　580 页
b22433041　D632　W235　1991

云南民革志
中国国民党革命委员会云南省委员会编　李兴华主编　昆明　中国国民党革命委员会云南省委员会　2016 年　528 页
b50017032　D665.1　L421　2016

云南民革志
中国国民党革命委员会云南省委员会编　李兴华主编　昆明　云南科技出版社　2018 年　558 页
b53339770　D665.1　L421C　2018

云南省老龄工作志　纪念云南省老龄委成立三十周 1984–2013
云南省老龄工作委员会　云南省老龄产业发展协会编纂　王建新　和向群　伊继东主编　昆明　云南人民出版社　2016 年　582 页
b50349806　D669.6　W2198　2016

云南省台湾事务志　1991–2010
中共云南省委台湾工作办公室　云南省人民政府台湾事务办公室编　昆明　云南省人民政府台湾事务办公室　2014 年　621 页
b47331380　D677.4　Z645　2014

云南审判志　1900–1994
云南省高级人民法院编　邱创教主编　昆明　云南人民出版社　1996 年　701 页
b20807156　D926.22　Y881　1996

云南省检察志　1910–1985
云南省检察志编纂小组编　周致功主编　北京　法律出版社　1991 年　889 页
b20806310　D926.32　Z675　1991

云南省监狱志　1951–1995
云南省监狱管理局编　和红军主编　昆明　云南省监狱管理局　2000 年　800 页
b49706226　D927.740.67　H313　2000

云南电网志　2002–2012
云南电网有限责任公司编　廖泽龙主编　北京　中国电力出版社　2017 年　552 页〔中国南方电网志丛书〕
b5015719x　F426.61　Y881D　2017

云南煤炭工业志　1991–2014
云南煤炭工业志编纂委员会编　马全林主编　北京　煤炭工业出版社　2016 年　844 页〔中国煤炭工业志〕
b50757167　F426.21　M141　2016

云南省电力工业志
云南省电力工业志编委会编　史豪华主编　北京　中国电力出版社　1996 年　566 页〔中国电力工业志丛书〕
b36373928　F426.61　S4873　1996

云南省电力工业志　1991–2002
江兴国主编　北京　中国电力出版社　2009 年　715 页〔中国电力工业志丛书〕
b49850738　F426.61　Y881C　2009

云南省烟草志
云南省烟草专卖局　云南省烟草公司编　万隆善主编　昆明　云南人民出版社　1993

年 402 页
b20807168　F426.89 Y881 1993

云南烟草志
云南省烟草志编纂委员会编 万隆善主编 昆明 云南人民出版社 2007–2008 年 2 卷 1203 页〔云南省烟草志丛书〕
b4970624x　F426.89 W172 2007 13–14

云南省道路交通管理图志
云南省道路交通管理图志编纂委员会编 马继延主编 昆明 云南人民出版社 2006 年 342 页
b22433065　F542.874–64 M138 2006

云南省道路交通管理志
云南省道路交通管理志编纂委员会编 马继延主编 昆明 云南人民出版社 2006 年 821 页
b2095265x　F542.874 M138 2006

云南省商务志 1985–2005
云南省商务志编纂委员会办公室编 刘杰主编 昆明 云南人民出版社 2017 年 291 页
b49814953　F727.74 L678 2017

云南省税务志 1949–1993
云南省税务志编纂委员会编 昆明 云南省税务志编纂委员会 1999 年 386 页
b36374684　F812.774 Y881Y 1999

云南省农村金融志
中国农业银行云南省分行编 程光锦主编 昆明 云南民族出版社 1997 年 243 页
b2176623x　F832.774 C453 1997

中华舞蹈志 云南卷
中华舞蹈志编辑委员会编 蓝凡主编 聂乾先卷主编 上海 学林出版社 2007 年 2 卷 1064 页
b18859641　J709.2 L171 2007

中华舞蹈志 云南卷
中华舞蹈志编辑委员会编 蓝凡主编 聂乾先卷主编 上海 学林出版社 2014 年 2 卷 1064 页
b44695196　J709.274 L171 2014

中国戏曲志 云南卷
中国戏曲志编辑委员会 中国戏曲志云南卷编辑委员会编 张庚主编 北京 中国 ISBN 中心 1994 年 801 页
b10745129　J809.2 Z651Y

瑶族志 香碗 云南瑶族文化与民族认同
黄贵权著 昆明 云南大学出版社 2009 年 311 页〔云南民族志丛书〕
b20289364　K285.1 H657 2009

滇商人物志
云南地方志专业志编纂中心编 姜定忠主编 潞西 德宏民族出版社 2012 年 242 页
b40836940　K825.38 J329 2012

西南少数民族风俗志
思想战线编辑部编 北京 中国民间文艺出版社 云南新华二厂 1981 年 382 页〔云南少数民族文学丛书〕
b50007208　K892.3 S655 1981

云南少数民族婚俗志
杨知勇等编选 昆明 云南民族出版社 1983 年 285 页
b12275281　K892.22 Y252

云南少数民族生产习俗志
杨知勇 李子贤 秦家华主编 昆明 云南民

族出版社 1990 年 414 页
b2048513x K892.474 Y252 1990

中国云南两个少数民族村落影像民俗志 民俗文化在传播中的意义
熊术新 苗民 孙燕著 昆明 云南大学出版社 2007 年 248 页
b17319924 K892.354 X522 2007

云南风物志
余嘉华等编著 昆明 云南人民出版社 1986 年 542 页〔中国风物志丛书〕
b12158616 K927.4 Y722

云南风物志
余嘉华主编 昆明 云南教育出版社 1997 年 553 页〔中国风物志丛书〕
b1317924x K927.4 Y722（4）

云南新旅游风物志
杨旭恒 罗宁 佟海敬主编 昆明 云南美术出版社 2009 年 274 页
b20965187 K928.974 Y249 2009

云南省测绘志
李世友主编 昆明 云南省编委员会 1995 年 574 页
b47045383 P25 L417 1995

云南省地震监测志
云南省地震局编 北京 地震出版社 2005 年 2 卷 902 页〔中国地震监测志系列〕
b36245045 P315.732.74 Y881 2005

云南植物志 中名 拉丁名和经济植物总索引
中国科学院昆明植物研究所编著 北京 科学出版社 2010 年 682 页
b20804325 Q948.2 Y879

云南植物志 第 1 卷 种子植物
中国科学院昆明植物研究所编著 北京 科学出版社 1977 年 870 页
b1385110x Q948.2 Y879

云南植物志 第 2 卷 种子植物
中国科学院昆明植物研究所编著 北京 科学出版社 1979 年 889 页
b1385110x Q948.2 Y879

云南植物志 第 3 卷 种子植物
中国科学院昆明植物研究所编著 北京 科学出版社 1983 年 795 页
b1385110x Q948.2 Y879

云南植物志 第 4 卷 种子植物
中国科学院昆明植物研究所编著 北京 科学出版社 1986 年 823 页
b1385110x Q948.2 Y879

云南植物志 第 5 卷 种子植物
中国科学院昆明植物研究所编著 北京 科学出版社 1991 年 809 页
b1385110x Q948.2 Y879

云南植物志 第 6 卷 种子植物
中国科学院昆明植物研究所编著 吴征镒主编 北京 科学出版社 1995 年 910 页
b1385110x Q948.2 Y879

云南植物志 第 7 卷 种子植物
中国科学院昆明植物研究所编著 北京 科学出版社 1997 年 888 页
b1385110x Q948.2 Y879

云南植物志 第 8 卷 种子植物
中国科学院昆明植物研究所编著 吴征镒 陈书坤主编 北京 科学出版社 1997 年 778 页

b1385110x　Q948.2　Y879

云南植物志 第9卷 种子植物
中国科学院昆明植物研究所编著　北京　科学出版社　2003年　807页
b1385110x　Q948.2　Y879

云南植物志 第10卷 种子植物
中国科学院昆明植物研究所编著　北京　科学出版社　2006年　929页
b1385110x　Q948.2　Y879

云南植物志 第11卷 种子植物
中国科学院昆明植物研究所编著　北京　科学出版社　2000年　754页
b1385110x　Q948.2　Y879

云南植物志 第12卷 种子植物
中国科学院昆明植物研究所编著　北京　科学出版社　2006年　884页
b1385110x　Q948.2　Y879

云南植物志 第13卷 种子植物
中国科学院昆明植物研究所编著　北京　科学出版社　2004年　918页
b1385110x　Q948.2　Y879

云南植物志 第14卷 种子植物
中国科学院昆明植物研究所编著　北京　科学出版社　2003年　885页
b1385110x　Q948.2　Y879

云南植物志 第15卷 种子植物
中国科学院昆明植物研究所编著　北京　科学出版社　2003年　874页
b1385110x　Q948.2　Y879

云南植物志 第16卷 种子植物
中国科学院昆明植物研究所编著　北京　科学出版社　2006年　876页
b1385110x　Q948.2　Y879

云南植物志 第17卷 苔藓植物 苔纲、角苔纲
中国科学院昆明植物研究所编著　北京　科学出版社　2006年　876页
b1385110x　Q948.2　Y879

云南植物志 第18卷 苔藓植物 藓纲
中国科学院昆明植物研究所编著　北京　科学出版社　2002年　525页
b1385110x　Q948.2　Y879

云南植物志 第19卷 苔藓植物 藓纲
中国科学院昆明植物研究所编著　北京　科学出版社　2005年　681页
b1385110x　Q948.2　Y879

云南植物志 第20卷 蕨类植物
中国科学院昆明植物研究所编著　北京　科学出版社　2006年　785页
b1385110x　Q948.2　Y879

云南植物志 第21卷 蕨类植物
中国科学院昆明植物研究所编著　北京　科学出版社　2005年　477页
b1385110x　Q948.2　Y879

云南两栖类志
杨大同主编　北京　中国林业出版社　1991年　259页
b10975901　Q959.5　Y231

云南鸟类志 第1卷 非雀形目
杨岚等编著　昆明　云南科技出版社　1994年　673页
b16446872　Q959.708　Y238　1994

云南鱼类志
褚新洛等编著　北京　科学出版社　1989年

2卷 650页
b11257386 Q959.46 C593

云南蚤类志
解宝琦 曾静凡编著 昆明 云南科技出版社 2000年 456页
b50207696 Q969.47 Y881 2000

云南卫生通志
云南省卫生厅编 昆明 云南科技出版社 1999年 788页
b36374416 R199.2 Y8816 1999

云南民族药志
云南省药物研究所 云南省民族药工程技术研究中心编著 朱兆云 韦群辉主编 昆明 云南民族出版社 2008年 4卷
b20397604 R281.474 Z723 2008

云南中药志 第1卷
黎光南主编 昆明 云南科技出版社 1990年 628页
b2113621x R281.474 Y881 1990

云南省血吸虫病防治史志 续集
张显清 王秀芬主编 昆明 云南科技出版社 2000年 426页
b41235630 R532.210.1 Z367 2000

21世纪初云南稻作地方品种图志
徐福荣 戴陆园 韩龙植主编 北京 科学出版社 2016年 556页
b51071757 S511.037-64 X569 2016

云南稻谷品种志 1981-1990
云南省种子管理站编 昆明 云南省种子管理站 1992年 220页
b36129446 S511.029.2 Y881 1992

云南经济木材志
罗良才著 昆明 云南人民出版社 1989年 452页
b21766216 S717.274 L922 1989

云南树木图志
西南林学院 云南省林业厅编著 徐永椿主编 昆明 云南科技出版社 1988-1991年 3卷 3518页
b20250551 S717.274 X581 1988

云南省家畜家禽品种志
云南省畜牧局云南省家畜家禽品种志编写委员会编 罗启龙 文际坤等撰稿 昆明 云南科技出版社 1987年 281页
b36013444 S813.9 Y881 1987

云南省畜禽遗传资源志
云南省畜禽遗传资源委员会编 袁跃云 孙利民主编 昆明 云南科技出版社 2015年 463页
b46665730 S813.9 Y794 2015

云南省水利志 1978-2005
陈明主编 昆明 云南省水利厅 2012年 554页
b40739831 TV-092 C425 2012

昆明市

昆明市志
昆明市志地方志编纂委员会编 王廷琛总编 张成寅 章振国主编 北京 人民出版社 1997年 10卷
b1642606x K297.41 K538 1997

昆明市志 1978-2005
昆明市地方志编纂委员会编 母正荣 严宏纲主编 昆明 云南人民出版社 2016年 3

册 2903页〔中华人民共和国地方志丛书〕
b50830934 K297.41 M663 2016

中国共产党昆明市组织志 1926.2–2008.12
中共昆明市委组织部编著 昆明 云南人民出版社 2009年 456页
b20918501 D235.741 Z647 2009

昆明市人民代表大会志
昆明市人民代表大会志编纂委员会编 陈克恭主编 昆明 云南人民出版社 1996年 304页
b19518328 D624.741 C423 1996

昆明市人民政府志 1978–2005
昆明市人民政府办公厅政府志编纂小组编 昆明 昆明市人民政府办公厅政府志编纂小组 2016年 311页
b50861955 D625.741 K538 2016

昆明市政府志
昆明市政府志编纂委员会编 王廷琛主编 北京 人民出版社 2001年 628页
b21764086 D625.741 W231 2001

昆明市政协志
昆明市政协志编纂委员会编 杨孝文总纂 昆明 云南人民出版社 2000年 836页
b15673005 D628.741 Y249 2000

昆明市森林公安志 1980–2015
昆明市森林公安局编 张绍辉主编 昆明 云南人民出版社 2017年 605页〔云南省地方志系列丛书〕
b50993847 D631 K538 2017

昆明消防志
昆明市公安消防支队史志编纂委员会编 周文森主编 昆明 昆明市公安消防支队史志编纂委员会 1996年 311页
b49705878 D631.6 K538 1996

中国农工民主党昆明市委员会志 1989–2003
农工民主党昆明市委员会编 杨品才主编 昆明 农工民主党昆明市委员会 2005年 174页
b40837415 D665.5 Y243 2005

昆明法院志 1950–1990
云南省昆明市中级人民法院编 昆明 云南省昆明市中级人民法院 1994年 266页
b20806760 D926.22 K538 1994

昆明检察志 1910–1988
冉万军主编 北京 中国检察出版社 1992年 325页
b36373941 D926.32 R123 1992

昆明检察志 1989–2005
昆明市人民检察院编 龚永强主编 昆明 昆明市人民检察院 2005年 329页
b50066341 D926.32 R123C 1992

国家级昆明经济技术开发区志
国家级昆明经济技术开发区志编纂委员会编著 张宁主编 昆明 云南人民出版社 2014年 419页
b46667702 F127.741 Z358 2014

昆明高新技术产业开发区志
昆明高新技术产业开发区志编纂委员会编 刘明主编 昆明 云南科技出版社 2002年 294页
b46012357 F127.741 K5383 2002

昆明高新技术产业开发区志 2001–2008
昆明高新技术产业开发区管理委员会编 昆明 云南美术出版社 2010年 342页

b40935498　F127.741　K5383　2010

昆明市乡镇企业志
昆明市乡镇企业局编　金虎主编　昆明　昆明市乡镇企业局　2003 年　388 页〔昆明市地方志丛书〕
b49705854　F279.277.41　J477　2003

昆明市房地产志
昆明市房产管理局编　昆明　昆明市房产管理局　2000 年　175 页
b36014370　F299.277.41　K538　2000

昆明市政建设志
昆明市政建设志编写组编　王德富主编　昆明　云南人民出版社　1991 年　258 页
b49982424　F299.277.41　W214　1991

昆明自来水志　1991–2015
昆明自来水集团有限公司编　施伟主编　昆明　昆明自来水集团有限公司　2015 年　482 页
b4970588x　F299.241　K538　2015

昆明市林业志
昆明市林业志编辑组编　戴汝昌主编　成都　成都科技大学出版社　1993 年　443 页
b46010932　F326.277.41　D153　1993

昆明市林业志　第 1 卷　初稿
昆明市林业局编　戴汝昌主编　昆明　昆明市林业局　1990 年　204 页
b36374751　F326.277.41　D153　1990

昆明市林业志　1989–2008
昆明市林业局编　杨方　王梓主编　潞西　德宏民族出版社　2011 年　430 页
b47052156　F326.277.41　Y233　2011

昆明市农业志
昆明市农业志编辑组编　张立主编　昆明　云南大学出版社　1995 年　251 页
b20807053　F329.741　Z356　1995

海口磷矿分公司志
云南磷化集团有限公司海口磷矿分公司编　张德云主编　海口　云南磷化集团有限公司海口磷矿分公司　2011 年　433 页
b50778808　F426.1　Y8815　2011

昆钢建设志
昆钢工程管理处编　李希林　张文复主编　昆明　云南民族出版社　2001 年　374 页
b49982382　F426.31　K538C　2001

昆钢志　1939–2007
昆钢志编纂委员会编　顾俊恒主编　昆明　云南人民出版社　2009 年　624 页
b45439023　F426.31　K538　2009

昆明发电厂厂志　1957–1997
昆明发电厂编　杨富友　洪汝椿　钱宏太主编　昆明　昆明发电厂　1997 年　327 页
b36374714　F426.61　Y233　1997

昆明机床厂志　1936–1989
昆明机床厂编　尹绍源主编　昆明　昆明机床厂　1989 年　513 页
b49849591　F426.42　K538　1989

昆明卷烟分厂志　1956–2005
昆明卷烟分厂志编纂委员会编　昆明　云南人民出版社　2008 年　325 页〔云南省烟草志丛书〕
b49705817　F426.89　K538　2008　7

云轮厂志　1966–1986
云南省轮胎厂编　昆明　云南省轮胎厂

1989 年 435 页
b5031905x F426.7 Y8813 1989

云南电力线路器材厂厂志 1999.1-2008.12
云南电力线路器材厂编纂 昆明 云南电力线路器材厂 2009 年 180 页
b49706184 F426.61 Y881 2009

云南华电金沙江中游水电开发有限公司志 2005-2015
云南华电金沙江中游水电开发有限公司编 昆明 云南华电金沙江中游水电开发有限公司 2015 年 320 页
b50066948 F426.9 Y881 2015

云南磷肥厂志 第 1 卷 1962-1986
丁松伯主编 昆明 云南磷肥厂厂志编辑办公室 1997 年 332 页
b49678048 F426.7 Y8815 1997

云南磷肥厂志 第 2 卷 1987-1996
赵瑜主编 昆明 云南磷肥厂厂志编辑办公室 1997 年 318 页
b49961378 F426.7 Y8815 1997

云南省化学工业建设公司志
云南省化学工业建设公司编 费嘉主编 昆明 云南省化学工业建设公司 1986 年 277 页
b49706214 F426.7 Y881 1986

云南省火电建设公司志
云南省火电建设公司编 昆明 云南省火电建设公司 1991 年 241 页
b50779011 F426.61 Y8813 1991

云南省送变电工程公司志
云南省送变电工程公司编 陈尚礼 邹大庆主编 昆明 云南省送变电工程公司 2002 年 444 页
b51012303 F426.61 Y8817 2002

云南省送变电工程公司志 1958-1988
关继宗主编 昆明 云南省送变电工程公司 1990 年 249 页
b51012297 F426.61 Y8817 1990

云南石油化工集团有限公司志 2000.8-2005.8
云南石油化工集团有限公司志编委会编 王先铭主编 昆明 云南石油化工集团有限公司志编委会 2006 年 291 页
b51012315 F426.22 Y881 2006

云南烟草科学研究院志 1998-2008
云南烟草科学研究院志编纂委员会编 程永照主编 昆明 云南人民出版社 2007 年 442 页〔云南省烟草志丛书〕
b49706238 F426.89-24 Y881 2007 0

昆明公安交通管理志
昆明市公安局史志办公室 昆明市公安局交通警察支队合编 昆明 昆明市公安局史志办公室 2004 年 421 页
b20806759 F512.774.1 K538 2004

昆明市交通志
昆明市交通志编纂委员会编 昆明 云南人民出版社 2009 年 322 页
b21568868 F512.774.1 K5384 2009

昆明东站志 1964-1999
昆明东站志编纂委员会编 胡荻主编 昆明 昆明东站志编纂委员会 2000 年 586 页
b36014084 F532.6 K538 2000

昆明机务段志（续） 1991-2004
昆明机务段志（续）编纂委员会编 吴炯主编 昆明 昆明机务段志（续）编纂委员会

2005 年 336 页
b50207623 F532.6 W4914 2005

昆明客运段志 1966–1996
昆明客运段志编纂委员会编 尹懋宁主编 昆明 昆明客运段志编纂委员会 1998 年 441 页
b36374738 F532.874.1 Y521 1998

昆明铁路局志 1903–2000
昆明铁路局志编委会编 北京 中国铁道出版社 2005 年 1179 页
b22430568 F532.874 K538 2005

昆明通信段志 1957–2000
昆明通信段志编纂委员会编 郭泽梅主编 昆明 昆明通信段志编纂委员会 2000 年 196 页
b49705866 F532.874.1 G778 2000

昆明滇池国家旅游度假区志
昆明滇池国家旅游度假区志编纂委员会编 昆明 云南美术出版社 2005 年 253 页
b17127944 F592.774.1 K538 2005

昆明市供销合作社志
昆明市供销合作社联合社编 杨自华主编 昆明 昆明市供销合作社联合社 1989 年 499 页
b22430556 F727.741 Y252 1989

昆明市粮油志
昆明市粮食局编 钟式舜主编 昆明 云南人民出版社 1995 年 279 页
b36374593 F727.741 Z626 1995

昆明市商业志
昆明市商业志编纂委员会编 环俊才主编 昆明 云南人民出版社 1994 年 438 页
b36013493 F727.741 H593 1994

昆明市对外经济贸易志
昆明市对外贸易经济合作局编 胡琨主编 昆明 云南民族出版社 2003 年 369 页
b36374489 F752.874.1 H472 2003

昆明市财政志
昆明市财政局财政志编审委员会编 宋存忠主编 昆明 云南人民出版社 1998 年 237 页
b36374581 F812.774.1 S677 1998

昆明市工商税务志
昆明市税务局编 昆明 昆明市税务局 1993 年 444 页
b49678012 F812.774.1 K538 1993

昆明市金融志
昆明市金融志编纂委员会编 曾广来 吕淑音 饶钧庆主编 昆明 昆明市金融志编纂委员会 1993 年 498 页
b36374386 F832.774.1 Z238 1993

昆明市农村信用社志 1952–2006
昆明市农村信用合作社联合社编纂 马金选主编 昆明 昆明市农村信用合作社联合社 2007 年 406 页
b36374763 F832.35 M138 2007

云南建行志
中国人民建设银行云南省分行金融志编写组编 程愚主编 昆明 云南人民出版社 1990 年 282 页
b4548031x F832.33 C456 1990

中国建设银行云南省分行志 1986–2004（昆明）
中国建设银行云南省分行志编纂委员会

编 蒋远平总纂 昆明 云南人民出版社 2004年 450页
b49982400 F832.33 Y881 2004

中国农业银行云南省分行志 1991-2008
中国农业银行云南省分行志编纂委员会编 字如钧主编 昆明 云南人民出版社 2013年 992页
b44916206 F832.33 Z648 2013

中国人寿保险股份有限公司云南省分公司志 1996-2009
阮建设主编 昆明 中国人寿云南省分公司 2010年 210页
b51012327 F842.31 Z6491 2010

昆明市科技志
昆明市科学技术委员会编 昆明 云南科技出版社 1998年 571页
b49533447 G322.774.1 K538K 1998

昆明市科技志 1991-2005
昆明市科技志编纂委员会编 刘燕琨主编 昆明 云南科技出版社 2011年 605页
b40864674 G322.774.1 L693 2011

昆明市科协志 1989-2008
昆明市科学技术协会编纂 昆明 昆明市科学技术协会 2012年 259页
b44749193 G322.774.1 K538 2012

昆钢教育志 1939-1993
昆钢教育志编纂委员会编 张文复主编 昆明 云南民族出版社 1996年 505页
b20019488 G527.741 Z366 1996

昆明市教育志 1978-2005
昆明市教育志编纂委员会编 蔡杰主编 昆明 云南教育出版社 2010年 208页
b27575913 G527.741 C137 2010

昆明第一中学校志 1905-1949
昆明第一中学校志办编撰 赵灿东主编 昆明 云南教育出版社 2014年 503页
b47052144 G639.287.41 K538 2014

昆明理工大学资源开发工程系志
昆明理工大学资源开发工程系志编写组编 庙延钢主编 昆明 昆明理工大学资源开发工程系志编写组 2000年 248页
b49705830 G649.287.41 K538Z 2000

云南大学志 英烈传
云南大学志编审委员会编 吴道源主编 许建初 马荣柱 刘明相等编撰 昆明 云南大学出版社 1993年 137页
b20099551 G649.287.41 W485D 1993

云南大学志 第2卷 大事记 1915-1993
云南大学志编审委员会编 吴道源主编 陶李编撰人 昆明 云南大学出版社 1996年 310页
b18193262 G649.287.41 W485 1993

云南大学志 第3卷 党群志 1925-1997
云南大学志编审委员会编 吴道源主编 昆明 云南大学出版社 2003年 454页
b18193262 G649.287.41 W485 1993

云南大学志 第4卷 教学志 1923-2003
云南大学志编审委员会编 吴道源主编 吴松卷主编 昆明 云南大学出版社 2006年 909页
b18193262 G649.287.41 W485 1993

云南大学志 第5卷 科研志 1923-1993
云南大学志编审委员会编 吴道源主编 昆明 云南大学出版社 1999年 376页

b18193262　G649.287.41　W485　1993

云南大学志　第 7 卷　成人教育志　1960–1998
云南大学志编审委员会编　吴道源主编　昆明　云南大学出版社　1993 年　310 页
b18193262　G649.287.41　W485　1993

云南大学志　第 8 卷　附属中学志　1927–1997
云南大学志编审委员会编　吴道源主编　昆明　云南大学出版社　1999 年　298 页
b18193262　G649.287.41　W485　1993

云南大学志　第 9 卷　后勤志　1922–2000
云南大学志编审委员会编　吴道源主编　昆明　云南大学出版社　2007 年　458 页
b18193262　G649.287.41　W485　1993

云南大学志　第 10 卷　人物志　人物传　1
云南大学志编审委员会编　吴道源主编　昆明　云南大学出版社　2000 年　279 页
b18193262　G649.287.41　W485　1993

云南大学志　第 10 卷　人物志　人物传　2
云南大学志编审委员会编　吴道源主编　昆明　云南大学出版社　2003 年　295 页
b18193262　G649.287.41　W485　1993

云南大学志　第 10 卷　人物志　人物传　3
云南大学志编审委员会编　吴道源主编　昆明　云南大学出版社　2013 年　278 页
b18193262　G649.287.41　W485　1993

云南大学志　总述　1922–1976.7
云南大学志编审委员会编　吴道源主编　丁宝珠　刘洪编撰　昆明　云南大学出版社　1993 年　270 页
b20099563　G649.287.41　W485C　1993

云南工学院志
云南工学院志编纂委员会编　于仪主编　上海　上海社会科学院出版社　1994 年　399 页〔中国高等学校志〕
b15693600　G649.287.4　Y8813　1994

云南农业大学志
云南农业大学志编纂委员会编　昆明　云南科技出版社　2001 年　320 页
b17457725　G649.287.4　Y8817　2001

昆明市交通技工学校志　1974–2014
昆明市交通技工学校志编纂委员会办公室编　昆明　昆明市交通技工学校志编纂委员会办公室　2015 年　283 页
b49668882　G719.287.41　K5384　2015

昆明市农校志　1958–2005
昆明市农业学校编纂　马金选主编　昆明　昆明市农业学校　2006 年　357 页
b20950275　G719.287.41　K538　2006

云南交通技师学院志　2008–2013
云南交通技师学院编　杨经元　李育全主编　昆明　云南交通技师学院　2013 年　202 页
b49706196　G719.287.4　Y8814　2013

云南省第三化工技工学校校志　1990–2005
云南省第三化工技工学校校志编纂委员会编　沈其恭主编　昆明　云南省第三化工技工学校校志编纂委员会　2007 年　284 页
b50727758　G719.287.41　Y881　2007

云南省文艺学校校志
云南省文艺学校校志编纂组编　熊林主编　昆明　云南省文艺学校校志编纂组　1991 年　195 页
b20104996　G719.287.4　Y8819　1991

云南中华职业教育社社志 1939–1997
杨以庄编著 昆明 云南中华职业教育社 1999年 110页
b20046960 G719.287.4 Y881 1999

昆明体育志
昆明体育志编纂委员会编 廖昌辉 张伟岱 陈琦主纂 昆明 云南民族出版社 2002年 637页
b36374490 G812.774.1 L563 2002

昆明市戏曲志
张晓秋主编 昆明 云南大学出版社 2001年 536页〔中国戏曲志云南卷丛书〕
b1614238x J809.2 Z367 2001

昆明曲剧志
昆明市盘龙区文化局编 张晓秋主编 北京 文化艺术出版社 1991年 159页〔云南地方艺术集成志丛书〕
b20043788 J825.74 Z367 1991

云南省林业勘察设计院志
云南省林业勘察设计院编 芒市 德宏民族出版社 1996年 477页〔云南省林业志丛书16〕
b46899509 K297.4 Y881Z 1996

昆明风物志
李孝友编著 昆明 云南民族出版社 1983年 166页
b1215863x K927.4 L421

新编昆明风物志
卓维华主编 昆明 云南人民出版社 2001年 425页〔云南风物志丛书〕
b13825756 K927.41 Z825

云南省昆明市地名志
昆明市人民政府编 昆明 昆明市人民政府 1987年 632页〔云南省市县地名志〕
b16449447 K927.41 K538 1987

昆明卫生志
昆明卫生志编纂委员会编 吴金章 陈若珊 万立人主编 昆明 云南人民出版社 1998年 489页
b3637460x R199.2 W491 1998

昆明卫生志 1978–2008
昆明市卫生局编 许勇刚主编 昆明 云南民族出版社 2011年 448页
b45445266 R199.2 W491 2011

云南省工人疗养院志
云南省工人疗养院志编纂委员会编 昆明 云南民族出版社 2010年 343页
b40649969 R199.2 Y881 2010

云南省中医医院志 1947–2006
秦国政主编 昆明 云南大学出版社 2010年 485页
b50207647 R199.2 Y8819 2010

云南省肿瘤医院昆明医科大学第三附属医院志 1984–2014
云南省肿瘤医院 昆明医科大学第三附属医院志编纂委员会编 吕任齐主编 昆明 云南人民出版社 2015年 330页
b50207982 R199.2 Y88191 2015

云南省农业科学院科技情报研究所志 1985–2004
云南省农业科学院科技情报研究所编 刘星昌主编 昆明 云南科技出版社 2003年 227页
b50207684 S-242.74 Y8814 2003

云南省农业科学院志 1950–2004
云南省农业科学院编 昆明 云南科技出版社 2006 年 772 页
b46667866 S–242.74 Y881 2006

云南省林业调查规划设计院志
云南省林业调查规划设计院编 鲍恩胜主编 德宏 德宏民族出版社 1996 年 644 页〔云南省林业志丛书〕
b20806309 S7–24 B251 1996

云南省林业科学院志
云南省林业科学院编 朱用亨主编 昆明 云南大学出版社 1998 年 569 页〔云南省林业志丛书〕
b40935486 S7–242.74 Z722 1998

国家林业局昆明勘察设计院院志 1965–2015
国家林业局昆明勘察设计院编纂 昆明 国家林业局昆明勘察设计院 2015 年 678 页
b49472161 S757.4–242 K538 2015

中华人民共和国昆明动植物检疫局志 1965–1998
昆明动植物检疫局志编纂委员会编 刘宝玉主编 昆明 云南省测绘局印刷厂 1999 年 270 页
b41235344 S851.34 K538 1999

昆明冶金高等专科学校志 1952–2012
昆明冶金高等专科学校志编纂工作委员会编 蓝文秀主编 昆明 昆明冶金高等专科学校志编纂工作委员会 2012 年 644 页
b47415198 TF–40 K538 2012

云南省设计院院志 1952–1993
云南省设计院院志编辑委员会编 李唐主编 昆明 云南省设计院 1994 年 247 页
b20807314 TU2–24 L418 1994

昆明园林志
昆明市园林绿化局编纂 赵榴主编 昆明 云南人民出版社 2002 年 617 页
b36374611 TU986.627.41 Z436 2002

滇池水利志
昆明市水利局水利志编写小组编 李人士主编 昆明 云南人民出版社 1996 年 228 页
b1735870x TV–092 L416 1996

昆明市水利志
昆明市水利志编纂委员会编 李人士主编 昆明 云南人民出版社 1997 年 593 页
b20136377 TV–092 L416K 1997

中国水电顾问集团昆明勘测设计研究院志 续编 1 1996–2005
中国水电顾问集团昆明勘测设计研究院编 昆明 中国水电顾问集团昆明勘测设计研究院 2007 年 563 页
b49705829 TV–242.741 Z649 2007

云南省水利水电勘测设计研究院院志 1964–2004
云南省水利水电勘测设计研究院编 昆明 昆明鹰达印刷公司 2006 年 248 页
b21855870 TV22–242.74 Y881 2006

昆明市松华坝水库志
昆明市水利局松华坝水库志编纂领导小组编 王品珩主编 昆明 云南科技出版社 1996 年 130 页
b20807065 TV632.741 W226 1996

呈贡区

呈贡县志
云南省呈贡县志编纂委员会编 胡凤从主编 太原 山西人民出版社 1992 年 540

页〔中华人民共和国地方志丛书〕
b10727267 K297.44 C463

呈贡县志 1978–2005
呈贡县地方志编纂委员会编 唐荣华主编 昆明 云南人民出版社 2012年 741页〔中华人民共和国地方志丛书〕
b41213919 K297.44 C463 2012

七甸乡志
七甸乡志编纂委员会编 杨绍忠主编 昆明 美嘉美印刷包装有限公司 2016年 582页〔昆明市呈贡区地方志丛书〕
b5020712x K297.45 Q1132 2016

吴家营街道志
吴家营街道志编纂委员会编 谢达云 曾华主编 昆明 吴家营街道志编纂委员会 2014年 415页〔中华人民共和国地方志丛书〕
b46996035 K297.45 W4919 2014

呈贡县人民代表大会志
呈贡县人民代表大会志编纂委员会编 昆明 云南省人大办公厅印刷厂 2004年 356页
b18905419 D624.744 C463 2004

呈贡县法院志 1950–1987
云南省呈贡县人民法院编 呈贡 云南省呈贡县人民法院 1996年 235页〔呈贡县地方志丛书〕
b50207131 D926.22 C463C 1996

呈贡县法院志 1988–2007
云南省呈贡县人民法院编 呈贡 云南省呈贡县人民法院 2008年 361页〔呈贡县地方志丛书〕
b50207726 D926.22 C463 2008

呈贡县建设志
呈贡县建设局编 呈贡 呈贡县建设局 2004年 384页
b36374064 F299.277.44 C463 2004

呈贡县农业志
呈贡县农业局编 王知礼主编 呈贡 呈贡县农业局 1991年 210页
b40864625 F327.744 C463 1991

呈贡县教育志
呈贡县教育志编纂委员会编 昆明 云南科技出版社 2015年 629页
b47287664 G527.744 C463 2015

云南省呈贡县地名志
呈贡县人民政府编 呈贡 呈贡县人民政府 1986年 149页〔云南省县市地名志〕
b16425893 K927.44 C463 1986

五华区

五华区志
昆明市五华区志编纂委员会编 何兴庚主编 成都 四川辞书出版社 1995年 944页〔中华人民共和国地方志丛书〕
b10546583 K297.44 W538

五华区人民代表大会志 1953–2011
昆明市五华区人民代表大会志编纂委员会编 金庆瑞主编 昆明 昆明市五华区人民代表大会志编纂委员会 2012年 866页
b47073238 D624.741 W538 2012

五华区政协志 1993.2–2004.2
中国人民政治协商会议昆明市五华区委员会编 昆明 昆明市政协机关印刷厂 2005年 481页
b18120970 D628.741 Z546 2005

五华区公安志 续一 1994-2000
昆明市公安局五华分局编 夏老华主编 昆明 昆明市公安局五华分局 2006年 343页
b4485187x D631 W538 2006

昆明市五华区民政志
昆明市五华区民政局编 张科仁 彭桂昆主编 昆明 昆明市五华区民政局 1998年 293页
b3612901x D677.41 W538 1998

五华区教育志
昆明市五华区教育局编 普明贵主编 昆明 云南大学出版社 2017年 526页〔昆明市五华区地方志丛书〕
b50889631 G527.741 W538 2017

五华区曲艺志
宋海昆主编 昆明 云南民族出版社 2005年 361页〔五华文化丛书〕
b20951899 J826 S679 2005

中国白族村落影像文化志 沙朗东村
郭建斌 冯济海著 北京 光明日报出版社 2012年 166页
b45828568 K285.2 G769 2012

五华区文物志
五华区文物管理委员会 昆明市五华区文化局编 芒市 德宏民族出版社 1998年 209页
b16356585 K872.741 W538 1998

云南省昆明市五华区地名志
昆明市五华区人民政府编 昆明 昆明市五华区人民政府 1983年 206页〔云南省县市地名志〕
b16449496 K927.41 W538 1983

盘龙区

盘龙区志
昆明市盘龙区志编纂委员会编 杨述宝 周家骅主编 昆明 云南人民出版社 1998年 911页〔中华人民共和国地方志丛书〕
b16404336 K297.41 P163 1998

昆明市盘龙区人民代表大会志 1951-2012
昆明市盘龙区人大常委会编 陈跃林主编 昆明 昆明市盘龙区人大常委会 2013年 262页〔盘龙区地方志序列丛书〕
b45445205 D624.741 P163 2013

盘龙区公安志 续二 1996-2000
昆明市公安局盘龙分局编 金永祥主编 昆明 昆明市公安局盘龙分局 2003年 388页
b4984961x D631 K538PC 2003

昆明市盘龙区人民法院志 1956-1988
昆明市盘龙区人民法院编 王锋编写 昆明 昆明市盘龙区人民法院 1999年 237页
b49705842 D926.22 P163 1999

盘龙区城市建设管理志
昆明市盘龙区城市建设管理委员会编 刘星主编 昆明 昆明市盘龙区城市建设管理委员会 1993年 302页
b36374775 F299.277.41 P163 1993

昆明市盘龙区地方税务志 1994-2012
昆明市盘龙区地方税务局编 胡宝禄主编 昆明 昆明市盘龙区地方税务局 2014年 324页〔盘龙区地方志系列丛书〕
b47331355 F812.774.1 P163 2014

盘龙区国税志 1994-2012
盘龙区国家税务局编 段冰主编 昆明 盘龙区国家税务局 2013年 152页

b50066481　F812.744.142　P163　2013

昆明市盘龙区文化艺术志
昆明市盘龙区文化局编　李如春主编　昆明　云南人民出版社　1994 年　257 页
b20043818　G127.741　L416　1994

盘龙区文物志
马长舟主编　昆明　云南人民出版社　1988 年　124 页
b1635655x　K873.741　P153　1988

云南省昆明市盘龙区地名志
昆明市盘龙区人民政府编　昆明　昆明市盘龙区人民政府　1986 年　178 页〔云南省县市地名志〕
b16430463　K927.41　P163　1986

官渡区

官渡区志
昆明市官渡区地方志编纂委员会编　李政章主编　昆明　云南人民出版社　1999 年　867 页〔中华人民共和国地方志丛书〕
b1595643x　K297.41　G639　1999

官渡社区志
中共官渡社区总支委员会　官渡社区居民委员会编　吉勇主编　昆明　云南人民出版社　2015 年　423 页〔昆明市官渡区地方志系列丛书〕
b50199924　K297.45　G639　2015

阿拉彝族乡志
昆明经济技术开发区阿拉街道办事处编　葛琼凤　王梓主编　昆明　昆明经济技术开发区阿拉街道办事处　2015 年　391 页
b47051395　K297.45　A114　2015

大板桥村志
中共大板桥社区总支委员会　大板桥社区居民委员会编　钱良驷主编　昆明　云南科技出版社　2011 年　329 页
b4123537x　K297.45　D1357　2011

福保村志
福保村委会编　段永林主编　昆明　云南人民出版社　2005 年　164 页
b16636107　K297.45　F451　2005

福德村志
福达福德福发社区党总支委员会　福达福德福发社区居民委员会编　欧阳晓旭主编　昆明　云南人民出版社　2012 年　211 页〔中华人民共和国地方志〕
b41213841　K297.45　F4512　2012

广卫社区志
中共广卫社区总支委员会编　李国芳　徐荣主编　昆明　云南科技出版社　2017 年　495 页
b50650762　K297.45　G681　2017

金马街道志　1978–2008
金马街道志编纂委员会编　李永明主编　昆明　云南民族出版社　2012 年　280 页
b45649121　K297.41　G641J　2012

联盟镇志
昆明市官渡区联盟镇人民政府编　徐培昆主编　昆明　云南省农垦印刷包装厂　2004 年　184 页〔昆明市官渡区地方志丛书〕
b2004401x　K297.45　L465　2004

龙马社区志
中共龙马社区总支委员会　龙马社区居民委员会编　昆明　云南科技出版社　2017 年　351 页〔昆明市官渡区地方志系列丛书〕

b50093149　K297.45　L741　2017

罗衙村志

中共罗衙社区党总支委员会　罗衙社区居民委员会主编　木林耀主编　昆明　中共罗衙社区党总支委员会　2015年　182页〔中华人民共和国地方志　云南省昆明市官渡区〕

b50208081　K297.45　L924　2015

十里·大桥村志

桂明云总纂　陆蔚主编　昆明　昆明市官渡区十里社区居民委员会　2012年　194页

b51012285　K297.45　D1367　2012

时家湾五村志

中共云溪社区总支委员会　云溪社区居民委员会编　杨永刚主编　昆明　云南科技出版社　2015年　272页〔昆明市官渡区地方志系列丛书　5〕

b46670750　K297.45　S467　2015

双凤社区志

中共双凤社区总支委员会　双凤社区居民委员会编　胡加源主编　昆明　中共双凤社区总支委员会　2015年　480页〔昆明市官渡区地方志系列丛书〕

b47331331　K297.41　S592　2015

吴井村志

张家驹编著　昆明　昆明市官渡区太和街道办事处吴井区居民委员会　2007年　209页

b40864662　K297.45　W491　2007

羊甫村志

中共羊甫社区总支委员会　羊甫社区居民委员会编　李瑛主编　北京　中国文化出版社　2013年　344页〔昆明市官渡区地方志系列丛书〕

b45969462　K297.45　Y222　2013

义路村志

中共羊甫社区总支委员会　羊甫社区居民委员会编　张荣主编　北京　中国文化出版社　2012年　308页〔昆明市官渡区地方志系列丛书〕

b45969474　K297.45　Y468　2012

云溪永丰村志

中共云溪社区总支委员会　云溪社区居民委员会编　杨永刚主编　北京　中国文化出版社　2014年　280页〔昆明市官渡区地方志系列丛书〕

b45969486　K297.45　Y879　2014

周家村志

陆蔚主编　昆明　昆明市西山区周家社区居民委员会　2006年　136页〔福海乡村志系列丛书〕

b49706305　K297.45　Z666　2006

官渡区人口志

官渡区人口志编纂室编　黎云富主编　昆明　云南省地质矿产局测绘队印刷厂　1992年　145页〔云南省昆明市官渡区地方志丛书〕

b19931505　C924.257.41　L372　1992

昆明市官渡区人民代表大会志

昆明市官渡区人民代表大会志编纂委员会编　朱绍兵主编　昆明　云南民族出版社　2004年　293页

b20019506　D624.741　K538　2004

官渡区政府志

昆明市官渡区人民政府编　马云刚　龙云明　吴长昆主编　昆明　云南民族出版社　1998年　347页

b19930914 D625.741 M143 1998

官渡区政协志
政协昆明市官渡区委员会编 梁衡主编 昆明 云南科技出版社 2013年 396页
b49678024 D628.741 G639 2013

官渡区公安志 续1 1994-2000
昆明市公安局官渡分局编 何忠明主编 昆明 昆明市公安局官渡分局 2004年 407页
b49677998 D631 G639 2004

官渡区党群志 1927-1999
中共昆明市官渡区委办公室 中共昆明市官渡区委党史研究室编 杨菘主编 昆明 中共昆明市官渡区委办公室 2001年 381页〔昆明市官渡区地方志丛书〕
b20806747 D677.41 G639 2001

官渡区城乡建设志
官渡区城乡建设环境保护局编 昆明 官渡区城乡建设环境保护局 1992年 317页〔昆明市官渡区地方志丛书〕
b46365278 F299.277.41 G639 1992

官渡区畜牧兽医志
昆明市官渡区农业局编 郭绍德主编 昆明 昆明市官渡区农业局 1999年 161页
b49678000 F326.377.41 G639 1999

官渡区土地管理志
昆明市官渡区土地管理局编 倪襄梅主编 昆明 昆明市官渡区土地管理局 1995年 277页〔昆明市官渡区史志丛书〕
b19931517 F327.711 N287 1995

官渡区农业志
昆明市官渡区农业局编 郭绍德主编 昆明 昆明市官渡区农业局 1999年 224页
b40864649 F329.741 G639 1999

官渡区交通志
官渡区交通志编纂室编 昆明 云南大学出版社 1994年 249页〔云南省昆明市官渡区地方志丛书〕
b20042516 F512.774.1 G639 1994

官渡区金融志
昆明市官渡区金融志编纂室编 赵培治主编 昆明 昆明市官渡区金融志编纂室 1990年 261页〔官渡区地方志丛书〕
b49789077 F832.774.1 G639 1990

昆明官渡农村合作银行志 1953-2010
昆明官渡农村合作银行编纂 马金选主编 昆明 昆明官渡农村合作银行 2011年 438页〔官渡区地方志系列丛书〕
b49803335 F832.35 G639 2011

官渡区文化体育旅游志 1978-2012
官渡区文化体育旅游局编 马春梅 海志强主编 官渡 官渡区文化体育旅游局 2013年 502页
b45445060 G127.741 G639G 2013

官渡区文化志
昆明市官渡区文化局编 普成义主编 昆明 云南地质矿产局印刷厂 1996年 242页〔昆明市官渡区地方志丛书〕
b21276638 G127.741 G639 1996

昆明市官渡区群众文化艺术志
昆明市官渡区文化馆编 胡思彩主编 昆明 昆明市官渡区文化馆 1992年 273页
b36379499 G127.741 G639K 1992

官渡区教育志 1457-1994
昆明市官渡区教育局编 昆明 云南地质矿

产局印刷厂 1997 年 441 页〔昆明市官渡区地方志丛书〕
b20042528 G527.741 G639 1997

昆明市官渡区文物志
昆明市官渡区文物志编纂委员会编印 濮云主编 昆明 昆明市官渡区文物志编纂委员会 1983 年 219 页
b20102562 K872.741 P675 1983

云南省昆明市官渡区地名志
昆明市官渡区人民政府编 昆明 昆明市官渡区人民政府 1988 年 262 页
b16430475 K927.41 G639 1988

官渡区水利志
昆明市官渡区水利局编 李玉泽主编 昆明 昆明市官渡区水利局 1997 年 266 页〔昆明市官渡区地方志丛书〕
b2004253x TV-092 L422 1997

西山区

西山区志
昆明市西山区地方志编纂委员会编 徐振明 唐华 罗桂莲主编 北京 中华书局 2000 年 847 页〔中华人民共和国地方志丛书〕
b16888133 K297.41 X119 2000

碧鸡镇志
碧鸡镇人民政府编 杨林主编 昆明 云南民族出版社 2009 年 363 页
b20396041 K297.45 B399 2009

大坝村志
陆蔚主编 昆明 昆明市西山区大坝社区居民委员会 2008 年 127 页〔福海乡村志系列丛书〕
b46377153 K297.45 D1351 2008

福海乡志
陆蔚主编 昆明 昆明市西山区人民政府福海街道办事处 2008 年 266 页〔福海乡村志系列丛书〕
b4666838x K297.45 F4513 2008

海口镇志
西山区海口镇志编纂办公室编纂 昆明 西山区海口镇志编纂办公室 2001 年 353 页〔中华人民共和国地方志丛书〕
b20014788 K297.45 H145 2001

黑林铺镇志
黑林铺镇志编纂委员会编 昆明 黑林铺镇志编纂委员会 1994 年 384 页〔昆明市西山区地方志丛书〕
b20015525 K297.45 H3316 1994

金碧街道志 1956–2008
敖文祥 戴元宏主编 昆明 昆明西山区金碧街道 2012 年 311 页
b40935425 K297.41 X119J 2012

金河社区志 1274–2009
昆明滇池国家旅游度假区海埂街道金河社区居民委员会编 段永林主编 昆明 云南美术出版社 2009 年 251 页
b21568698 K297.41 D745 2009

昆明市西山区西苑街道办事处志
西苑街道办事处编纂 高惠良主编 昆明 西苑街道办事处 2005 年 154 页
b45969589 K297.41 X119X 2005

梁家河村志
昆明市西山区梁源社区居民委员会 地方志编纂委员会办公室编纂 昆明 昆明市五华区教委印刷厂 2007 年 346 页〔西山区地方志丛书〕
b20015665 K297.45 L491 2007

土堆村志
昆明市西山区土堆社区居民委员会编纂 谭云东主编 昆明 昆明市西山区土堆社区居民委员会 2012年 176页
b46668627 K297.45 T492 2012

团结街道办事处志
中共西山区团结街道工作委员会 西山区团结街道办事处编撰 李万荣总编 昆明 中共西山区团结街道工作委员会 西山区团结街道办事处 2012年 348页〔昆明市西山区团结街道办事处志系列丛书〕
b50348735 K297.45 T539 2012

西山区棕树营街道办事处志
棕树营街道办事处编 昆明 云南民族印刷厂 2013年 145页
b45445527 K297.45 X119Z 2013

新河村志
杨彩总纂 陆蔚主编 昆明 昆明市西山区新河社区居民委员会 2006年 145页〔福海乡村志系列丛书〕
b46011614 K297.41 X443 2006

西山区工会志 1978–2009
昆明市西山区总工会编 郑茂森主编 昆明 昆明市西山区总工会 2012年 156页
b50269094 D412.874.1 X119 2012

昆明市西山区人民代表大会志
昆明市西山区人民代表大会志编纂委员会编 昆明 昆明市西山区人民代表大会志编纂委员会 2011年 306页
b49678097 D624.741 K538X 2011

中共西山区委政策研究室志
中共西山区委政策研究室志编纂委员会编 张永盛主编 昆明 中共西山区委政策研究室志编纂委员会 2012年 136页
b50207611 D625.741 X119 2012

西山区政协志
中国人民政治协商会议昆明市西山区委员会编 陈开建主编 昆明 昆明市政协机关印刷厂 2008年 389页
b20536069 D628.741 X119 2008

西山区公安志 续一 1994–2000
昆明市公安局西山分局编 李逵主编 昆明 昆明市公安局西山分局 2003年 500页
b3637474x D631 X119 2003

西山区农业志 1990–2003
西山区农业局编 胡奎主编 昆明 西山区农业局 2004年 133页〔西山区地方志丛书〕
b46996096 F327.744 X119 2004

西山区农村信用社志 1954–2007
西山区农村信用合作联社编纂 马金选主编 昆明 西山区农村信用合作联社 2008年 299页
b36374398 F832.774.1 X119 2008

西山区民族志
张树春主编 昆明 云南人民出版社 1990年 323页〔昆明市西山区史志丛书〕
b19930975 K280.741 Z364 1990

西山区文物志
昆明市西山区文化旅游体育局 昆明市西山区文物管理所编 马洪云 李利民主编 昆明 云南科技出版社 2016年 261页
b49629517 K872.741 X119 2016

昆明市西山区地名志
昆明市西山区人民政府编 昆明 昆明市西山区人民政府 1986年 133页〔云南省

县市地名志〕
b16430451 K927.41 X119 1986

西山区城乡建设土地管理志
昆明市西山区城乡建设环境保护局 昆明市西山区土地管理局合编 张继禹主编 昆明 昆明市西山区城乡建设环境保护局 1993 年 291 页〔昆明市西山区史志丛书〕
b20141324 TU984.274.1 Z354 1993

西山区水利志
西山区水利志编纂委员会编 储汝明 欧秀川 余祥主编 昆明 云南人民出版社 2011 年 317 页〔中华人民共和国地方志丛书〕
b41235721 TV-092 X1197 2011

东川区

东川市志
云南省东川市地方志编纂委员会编 朱茂王修齐主编 昆明 云南人民出版社 1995 年 875 页〔中华人民共和国地方志丛书〕
b10616822 K297.43 D582

东川人民代表大会志 1954–2017
东川区人大志编纂委员会编 邹康主编 东川区 东川区人大志编纂委员会 2017 年 463 页
b5086192x D624.741 D582 2017

东川公安志 1991–2000
昆明市公安局东川分局编 吕元明 党嘉绩撰写 昆明 昆明市公安局东川分局 2006 年 474 页
b46668354 D631 K538D 2006

东川市农村金融志
东川市农村金融志编纂委员会编 李开三主编 昆明 云南民族出版社 2000 年 248 页
b4980294x F832.774.3 D582 2000

东川市文物志
杨光昆主编 昆明 云南民族出版社 1992 年 135 页〔云南省文物志丛书〕
b16356329 K872.743 Y234 1992

云南省东川市地名志
东川市人民政府编 昆明 东川市人民政府 1989 年 295 页
b16425856 K927.43 D582 1989

晋宁区

晋宁县志
晋宁县地方志编纂委员会编 李凤积主编 昆明 云南人民出版社 2003 年 1033 页〔中华人民共和国地方志丛书〕
b1529996x K297.44 J518 2003

宝峰镇志 1900–2001
宝峰镇人民政府编 李飞鸿主编 晋宁 宝峰镇人民政府 2001 年 253 页〔晋宁县地方志丛书〕
b20100206 K297.45 B268 2001

昆阳镇志
汪诚智主编 晋宁 云南省晋宁县昆阳镇人民政府 1995 年 343 页
b36129434 K297.45 K538 1995

六街乡志 1257–2007
晋宁县六街乡人民政府编纂 施绍清主编 昆明 五华区教委印刷厂 2009 年 342 页
b40935437 K297.45 L7234 2009

上蒜乡志 1727–1990
晋宁县上蒜乡人民政府编 张忠主编 晋

宁 中共晋宁县委宣传部 1992 年 280 页
b36128466 K297.45 S3227 1992

双河乡志 1911–1992
云南省晋宁县双河彝族乡人民政府编 普德连主编 昆阳 昆阳磷矿印刷厂 1995 年 174 页〔晋宁县地方志丛书〕
b40743755 K297.45 S592 1995

晋宁县人民代表大会志 1993–2012
晋宁县人大常委会编纂 李自高主编 晋宁 晋宁县人大常委会 2013 年 406 页
b45445199 D624.744 J518 2013

晋宁县政协志 1990–2016
中国人民政治协商会议昆明市晋宁区委员会编 普鸿昌主编 昆明 云南人民出版社 2017 年 290 页
b5082840x D628.744 J518 2017

晋宁公安志 续一 1991–2000
云南省晋宁县公安局编 周普安主编 晋宁 晋宁县公安局 2005 年 438 页
b21763987 D677.44 J518 2005

晋宁县政法委志 1981–2013
中共晋宁县委政法委员会编纂 昆明 云南人民出版社 2015 年 191 页
b50200008 D927.744 J518 2015

昆阳磷矿矿务局志 1965–1985
昆阳磷矿矿务局编 张振民主编 昆阳 昆阳磷矿矿务局 1992 年 328 页
b2292176x F426.21 Z3699 1992

税务志 2002–2014
云南省晋宁县国家税务局编 陆勇主编 昆明 云南美嘉美印刷包装有限公司 2015 年 390 页〔晋宁县地方志丛书〕
b49677536 F812.774.4 J518 2015

教育志 1276–1990
云南省晋宁县教育局编 昆明 云南地质矿产局印刷厂 1996 年 356 页〔晋宁县地方志丛书〕
b27575871 G527.744 J518 1996

晋宁县地名志
晋宁县人民政府编 上海 上海市印刷四厂 1987 年 242 页〔云南省县市地名志〕
b16436519 K927.44 J518 1987

晋宁县卫生志 1953–1991
云南省晋宁县卫生局编 王鹏主编 晋宁 晋宁县卫生局 1992 年 194 页〔晋宁县地方志丛书〕
b50207532 R199.2 J518 1992

晋宁县水利志 21–1988
晋宁县水利局编 黄本初主编 昆明 云南地质矿产局印刷厂 1995 年 208 页〔晋宁县地方志丛书〕
b2208261x TV–092 J518 1995

安宁市

安宁县志
安宁县地方志编纂委员会编 黄世荣 谭永仁总纂 窦光华 李成章主编 昆明 云南人民出版社 1997 年 906 页〔中华人民共和国地方志丛书〕
b13655267 K297.44 A164

安宁县志 1989–1995
安宁县志编纂委员会编 张丽华 陶鑫洲 李成章主编 昆明 云南人民出版社 2012 年 833 页〔中华人民共和国地方志丛书〕
b40424327 K297.44 A164 2012

八街镇志 1990–2009
安宁市八街镇人民政府编纂 邓煦主编 安宁 安宁市八街镇人民政府 2012 年 392 页〔昆明市地方志丛书〕
b40743007 K297.45 B111 2012

连然镇志
连然镇人民政府编纂 杨玮民主编 昆明 云南人民出版社 1994 年 464 页〔安宁县地方志丛书〕
b13947709 K297.45 L469

县街街道志 1990–2014
中共安宁市县街街道工作委员会 安宁市人民政府县街街道办事处编纂 普志慧主编 昆明 云南人民出版社 2016 年 379 页
b49814941 K297.45 X244C 2016

县街乡志
县街乡人民政府编 窦光华主编 安宁 安宁县街乡人民政府 1993 年 216 页〔安宁县地方志丛书〕
b20536094 K297.45 X244 1993

安宁县党群志
中国共产党安宁县委员会编 朱文卫主编 南宁 云南民族学院印刷厂 1991 年 446 页
b40935516 D235.744 Z719 1991

安宁市公安志 1950–2000
安宁市公安局编 武安国主编 安宁 安宁市公安局 2005 年 434 页
b4970641x D631 A1646 2005

安宁县民政志
安宁县民政局编 郝宏光主编 安宁 安宁县民政局 1992 年 252 页〔安宁县史志丛书〕
b49705568 D632 A164 1992

安宁县农业志
安宁市农业局编 杨锡钧主编 安宁 安宁市农业局 1998 年 371 页〔安宁县史志丛书〕
b44749478 F327.744 Y249 1998

安宁市财政志 1996–2006
安宁市财政局编 胡建良主编 昆明 昆明鹰达印刷公司 2008 年 185 页
b40935395 F812.774.4 A164 2008

安宁市农村信用社志 1953–2009
安宁市农村信用合作联社编纂 马金选主编 安宁 安宁市农村信用合作联社 2010 年 379 页
b49705556 F832.774.4 A164C 2010

安宁县金融志
安宁县金融志编纂委员会编 庹茂才主编 安宁 安宁县金融志编纂委员会 1994 年 566 页〔安宁县史志丛书〕
b40742970 F832.774.4 A164 1994

安宁市教育志 1987–2006
安宁市教育局编 安宁 安宁市教育局 2009 年 442 页
b46899145 G527.744 A164C 2009

安宁县教育志
安宁县教育局编 游兴发 雷述文主编 安宁 安宁县教育局 1989 年 275 页〔安宁县志丛书〕
b2757524x G527.744 A164 1989

安宁方言志
吴积才主编 昆明 云南教育出版社 1993 年 231 页
b20041494 H172.3 W491 1993

安宁县民族宗教志
安宁县民族事务委员会 安宁县宗教局编 朱文光主编 昆明 云南民族出版社 1995年 478页
b40742982 K280.744 A164 1995

安宁市文物志
安宁市文物志编纂委员会编 昆明 云南民族出版社 2007年 182页
b36380349 K872.743 A164 2007

云南省安宁县地名志
安宁县人民政府编 安宁 安宁县人民政府 1985年 156页〔云南省县市地名志〕
b16423987 K927.44 A164 1985

安宁县水利志
云南省安宁县水利电力局编 昆明 云南电力印刷厂 1996年 203页
b17645517 TV-092 A1641 1996

富民县

富民县志
云南省富民县地方志编纂委员会编 昆明 云南人民出版社 1999年 738页〔中华人民共和国地方志丛书〕
b13794528 K297.44 F496

富民县志
云南省富民县地方志编纂委员会编 徐玫娟主编 昆明 云南人民出版社 2016年 833页〔中华人民共和国地方志丛书〕
b47270810 K297.44 X575 2016

富民县人民代表大会志
富民县人民代表大会志编纂委员会编 王荣德主编 富民 富民县人民代表大会志编纂委员会 2003年 454页
b20534334 D624.744 F496 2003

富民县人民代表大会志 2002.4–2012.12
富民县人民代表大会志编纂委员会编 丁克明主编 富民 富民县人大常委会 2013年 269页
b50348462 D624.744 F496C 2013

富民县公安志 1906–2005
富民县公安局编 杨世明 李银峰主编 富民 富民县公安局 2007年 500页
b47331239 D631 F496 2007

富民县农业志
富民县农业局编 王加寿主编 富民 富民县农业局 1992年 271页
b46562163 F327.744 F496 1992

富民县农村信用社志 1954–2007
富民县农村信用合作联社编纂 马金选主编 富民 富民县农村信用合作联社 2008年 363页
b44851534 F832.774.4 F496 2008

云南省富民县第一中学校志 1944–1994
叶邦强主编 富民 中共富民县第一中学支部 1994年 105页
b20405133 G639.287.44 F496 1994

富民县民族志
富民县民族宗教事务局编 高立士主编 富民 富民县民族宗教事务局 1993年 365页〔云南省地方志丛书〕
b49705714 K280.744 F496 1993

云南省富民地名志
富民县人民政府编 富民 富民县人民政府 1985年 252页
b12158562 K927.44 F496

宜良县

宜良县志
宜良县志编纂委员会编 北京 中华书局 1998 年 863 页〔中华人民共和国地方志丛书〕
b13274193 K297.44 Y425

宜良县志 1978–2008
宜良县志编纂委员会编 王兴荣主编 昆明 云南人民出版社 2015 年 847 页〔中华人民共和国地方志丛书〕
b46665468 K297.44 Y425D 2015

草甸镇志
草甸镇编纂委员会编 昆明 昆明市五华区教育委员会 2004 年 385 页
b40743081 K297.45 C226 2004

匡远镇志 1382–2011
匡远镇志编纂委员会编 段林苏主编 昆明 云南民族出版社 2013 年 704 页〔中华人民共和国地方志丛书〕
b46665675 K297.45 K463 2013

梨花村志
梨花村民小组编 马克勤主编 昆明 云南民族出版社 2015 年 198 页
b50728386 K297.45 L375 2015

宜良县人民代表大会志 1949–2016
宜良县人民代表大会常务委员会编 李泽全主编 昆明 云南人民出版社 2017 年 920 页
b50721148 D624.744 Y425 2017

宜良政协志
中国人民政治协商会议云南省宜良县委员会编纂 姚思贤主编 昆明 云南人民出版社 1996 年 386 页〔中华人民共和国地方志丛书〕
b20533627 D628.744 Y425 1996

宜良县政法委志 1983–2010
中共宜良县委政法委编 芒市 德宏民族出版社 2012 年 348 页
b50859894 D927.744 Y425 2012

宜良县交通志
宜良县交通局编 宜良 宜良县交通局 2000 年 319 页
b21136762 F512.774.4 Y425 2000

云南省宜良县地名志
宜良县人民政府编 宜良 宜良县人民政府 1986 年 280 页〔云南省县市地名志〕
b1643058x K927.44 Y425 1986

宜良县水利志
宜良县水利电力局水利志办公室编 宜良 宜良县水利电力局水利志办公室 1995 年 406 页
b20141580 TV–092 Y4255 1995

嵩明县

嵩明县志
云南省嵩明县县志编纂委员会编 韩成富主编 昆明 云南人民出版社 1995 年 844 页〔中华人民共和国地方志丛书〕
b10600000 K297.44 S674

嵩明县志 1986–2000
云南省嵩明县县志编纂委员会编 段自贵主编 昆明 云南人民出版社 2003 年 475 页〔中华人民共和国地方志丛书〕
b44852411 K297.44 S674 2003

回子营村志
嵩明县团结办事处编纂 马金选主编 嵩明 嵩明县团结办事处 1999 年 207 页〔云南省嵩明县地方志丛书〕
b49705799 K297.45 H691 1999

嵩明县政协志 1950–1999
中国人民政治协商会议云南省嵩明县委员会编纂 嵩明 中国人民政治协商会议云南省嵩明县委员会 2000 年 304 页〔云南省地方志丛书〕
b46995845 D628.74 S674 2000

嵩明县民政志
云南省嵩明县民政局编纂 周文主编 昆明 云南省嵩明县民政局 2008 年 428 页
b50234328 D632 S674 2008

嵩明县林业志
嵩明县林业局编 杨鼎善编修 昆明 云南民族出版社 1990 年 187 页〔云南地方志丛书〕
b20807107 F326.277.44 S674 1990

嵩明县教育志
嵩明县教育局编纂 嵩明 嵩明县教育局 2005 年 送审稿 564 页
b20404578 G527.744 S674 2005

嵩明风物志
嵩明县县志编纂委员会编 严萧主编 昆明 云南人民出版社 2013 年 238 页〔嵩明县社会主义新方志系列〕
b44750110 K297.44 Y173 2013

云南省嵩明县地名志
嵩明县人民政府编 嵩明 嵩明县人民政府 1982 年 216 页〔云南省县市地名志〕
b1643187x K927.44 S674 1982

嵩明县水利志
嵩明县水利志编辑室编 嵩明 嵩明县水利局 1987 年 202 页
b16861012 TV–092 S674 1987

石林彝族自治县

路南彝族自治县志
昆明市路南彝族自治县志编纂委员会编 李镇春 昂智灵主编 昆明 云南民族出版社 1996 年 950 页〔中华人民共和国地方志丛书〕
b13753125 K297.44 L829

石林彝族自治县志 1989–2000
石林彝族自治县志编纂委员会编 昂智灵 刘世生主编 昆明 云南民族出版社 2006 年 681 页〔中华人民共和国地方志丛书〕
b17562120 K297.44 S473S 2006

圭山乡志
圭山乡人民政府编 何永昌 昂智灵主编 昆明 云南大学出版社 1993 年 454 页
b1643481x K297.45 G697 1993

云南省昆明市石林彝族自治县北山村志
北山村志编纂委员会编 昆明 云南民族出版社 2016 年 306 页
b49669254 K297.45 B3167 2016

中共石林县委志
中共石林彝族自治县县委办公室 中共石林彝族自治县委党史研究室编 张鹏升主编 石林 中共石林彝族自治县县委办公室 2003 年 320 页〔昆明市石林县地方志丛书〕
b47585067 D235.744 S473 2003

石林彝族自治县人民代表大会志 1950.1–2011.3
石林彝族自治县人民代表大会志编纂委员会编 毕宏志主编 昆明 云南民族出版社 2011年 925页
b45445278 D624.744 S473 2011

路南彝族自治县林业志
路南彝族自治县云南省林业局编 路南 路南彝族自治县林业局编 1988年 362页〔云南省地方志丛书〕
b40864650 F326.277.44 L829 1988

石林彝族自治县交通志
石林彝族自治县交通局编 昆明 云南民族出版社 2001年 187页
b20045529 F512.774.4 S473 2001

石林农村信用社志 1954–2007
石林彝族自治县农村信用合作联社编纂 邢洪吉 李润屋主编 石林 石林彝族自治县农村信用合作联社 2008年 335页
b50222090 F832.35 S473 2008

路南彝族自治县教育志
路南彝族自治县教育局编 肖朝品主编 昆明 云南民族出版社 1991年 504页
b3601347x G527.744 L829 1991

石林风物志
石林彝族自治县民族宗教事务局编 王向方主编 昆明 云南民族出版社 2017年 330页
b50650713 K892.474.4 S473 2017

云南省路南彝族自治县地名志
路南彝族自治县人民政府编 路南 路南彝族自治县人民政府 1989年 239页〔云南省县市地名志〕
b16431923 K927.44 L829 1989

石林志
石林风景名胜区管理局 政协石林县文史委 石林县文体局编 昆明 云南民族出版社 2006年 290页
b1776063x K928.707.44 S473 2006

禄劝彝族苗族自治县

禄劝彝族苗族自治县志
禄劝彝族苗族自治县地方志编纂委员会编 李克纯主编 昆明 云南人民出版社 1995年 877页〔中华人民共和国地方志丛书〕
b10647065 K297.44 L831

禄劝彝族苗族自治县志 1991–2000
禄劝彝族苗族自治县志编纂委员会编 吴明泽主编 昆明 云南人民出版社 2002年 552页〔中华人民共和国地方志丛书〕
b20807120 K297.44 L831 2002

禄劝人大志
禄劝彝族苗族自治县人民代表大会常务委员会编 吴明泽主编 禄劝 禄劝彝族苗族自治县人民代表大会常务委员会 2010年 281页
b49705945 D624.744 L8317 2010

禄劝彝族苗族自治县农业志
禄劝彝族苗族自治县农业局编 关祥祖主编 昆明 云南大学出版社 1999年 323页〔禄劝地方志丛书 8〕
b4980344x F327.744 L831 1999

禄劝彝族苗族自治县财政志
禄劝彝族苗族自治县财政局编 李克纯主编 昆明 云南大学出版社 1995年 363页〔禄劝地方志丛书〕

b50248078　F812.774.4　L831　1995

禄劝彝族苗族自治县教育志
禄劝彝族苗族自治县教育局编纂　禄丰　云南禄丰彩印厂　1999 年　507 页
b36014412　G527.744　L831　1999

云南省禄劝彝族苗族自治县地名志
禄劝彝族苗族自治县人民政府编　杨学升主编　昆明　云南人民出版社　1995 年　359 页〔云南省县市地名志〕
b21766228　K927.44　L8317　1995

禄劝彝族苗族自治县卫生志
禄劝彝族苗族自治县卫生局编纂　冯树基主编　潞西　德宏民族出版社　2002 年　584 页〔禄劝地方志丛书 12〕
b49849694　R199.2　L831　2002

禄劝彝族苗族自治县水利电力志
禄劝彝族苗族自治县水利电力局编　昆明　云南民族出版社　1993 年　162 页
b21855894　TV-092　L831　1993

寻甸回族彝族自治县

寻甸回族彝族自治县志
云南省寻甸回族彝族自治县志编纂委员会编　昆明　云南人民出版社　1999 年　962 页〔中华人民共和国地方志丛书〕
b13274107　K297.44　X746

寻甸回族彝族自治县人民代表大会志
1950-2010
寻甸回族彝族自治县人大常委会编纂　马东和主编　寻甸　寻甸回族彝族自治县人大常委会　2010 年　581 页
b40649957　D624.744　X746　2010

寻甸回族彝族自治县政协志
中国人民政治协商会议云南省寻甸回族彝族自治县委员会编　胡光文主编　寻甸　中国人民政治协商会议云南省寻甸回族彝族自治县委员会　2006 年　323 页
b47045462　D628.744　X746　2006

寻甸回族彝族自治县民政志
寻甸回族彝族自治县民政局编　李福升主编　寻甸　寻甸回族彝族自治县民政局　1992 年　312 页〔云南地方志丛书〕
b36375068　D632　X746　1992

寻甸回族彝族自治县金融志
寻甸县金融志编写组编　寻甸　寻甸县金融志编写组　1992 年　241 页
b20807302　F832.774.4　X746　1992

寻甸回族彝族自治县教育志
寻甸回族彝族自治县教育委员会编　昆明　昆明市春城印刷厂　1992 年　195 页〔云南省地方志丛书〕
b36014734　G527.744　X746　1992

寻甸回族彝族自治县民族志
刘宝明著　北京　中央民族学院出版社　1995 年　248 页
b17581606　K280.744　L671　1995

寻甸回族志
马开尧编著　昆明　云南人民出版社　2012 年　262 页
b4596953x　K281.3　M1389　2012

云南省寻甸回族彝族自治县地名志
寻甸回族彝族自治县人民政府编　桂保仙主编　寻甸　云南省测绘局印刷厂　1999 年　367 页〔云南省市县志〕
b16859339　K927.44　X746　1999

曲靖市

曲靖地区志
云南省曲靖地区志编纂委员会 中共曲靖地委史志工作委员会编著 车光杰主编 昆明 云南人民出版社 1995–1999 年 5 卷 3011 页
b12488446 K297.42 Q562

曲靖市志
曲靖市地方志编纂委员会编 崔明 孙国才 吴乔贵主编 昆明 云南人民出版社 1997 年 926 页〔中华人民共和国地方志丛书〕
b13753022 K297.43 Q562

曲靖市志续编 1983–1997
曲靖市志续编编纂委员会编 吴乔贵主编 昆明 云南人民出版社 2004 年 642 页〔中华人民共和国地方志丛书〕
b15715474 K297.43 Q562B 2004

曲靖市志 1978–2005
曲靖市志编纂委员会编 许建平总编 昆明 云南人民出版社 2009 年 3 卷 2302 页〔中华人民共和国地方志丛书〕
b20883341 K297.43 Q562 2009

曲靖统计志 1950–2010
曲靖市统计局编 钟玉主编 曲靖 曲靖市统计局 2013 年 266 页
b46376823 C832.743 Q562 2013

中国共产党曲靖市直属机关工作委员会志 1954–2009
中国共产党曲靖市直属机关工作委员会编 宋德繁主编 曲靖 中国共产党曲靖市直属机关工作委员会 2010 年 179 页
b50777786 D235.743 Q562D 2010

曲靖市法院志
曲靖市中级人民法院编 杨照民主编 昆明 云南科技出版社 2008 年 650 页
b50200252 D926.22 Q562 2008

曲靖市检察志 1945–2005
张边卫主编 曲靖 曲靖市凤凰彩印包装有限公司 2009 年 2 册 793 页
b51080151 D926.32 Q562 2009

曲靖市军事志 前 279–2005
曲靖市军事志编纂委员会编 李云生 薛家芳主编 曲靖 曲靖市军事志编纂委员会 2007 年 644 页〔云南省军事志系列丛书〕
b49678231 E289.744 Q562 2007

曲靖市林业志 1831–2008
曲靖市林业局编纂 王朝欢主编 曲靖 曲靖市林业局 2010 年 376 页
b5020841x F326.277.43 Q562 2010

曲靖市农业志
曲靖市农业局编纂 王家鑫主编 曲靖 曲靖市农业局 2009 年 307 页
b50208421 F329.743 Q562 2009

曲靖卷烟厂志 1966–2008
曲靖卷烟厂志编纂委员会编 黄木忠主编 昆明 云南人民出版社 2010 年 826 页
b49706020 F426.89 Q5624 2010 12

曲靖烟草志
曲靖烟草志编纂委员会编 王静刚主编 昆明 云南人民出版社 2009 年 848 页〔云南省烟草志丛书〕
b49706044 F426.89 Q562 2009 11

曲靖市地方税务志
曲靖市地方税务局编 昆明 云南人民出版

社 2017 年 478 页
b51332413　F812.744 Q562 2017

曲靖地区建设银行志
中国人民建设银行曲靖地区中心支行编 孔繁恭主编 曲靖 中国人民建设银行曲靖地区中心支行 1993 年 219 页〔云南地方志丛书〕
b49533757　F832.33 Q562 1993

曲靖市农村信用社志 1952-2015
曲靖市农村信用社志编纂委员会编 王天荣执行主编 昆明 云南人民出版社 2017 年 522 页
b50142483　F832.774.3 Q562 2017

曲靖地区文化艺术志 浓缩稿
曲靖地区行政公署文化局编 曲靖 曲靖地区行政公署文化局 1990 年 油印本 305 页
b36379839　G127.742 Q562 1990

曲靖文化志
云南省曲靖市文化体育局编 纪爱华主编 昆明 云南人民出版社 2014 年 370 页
b46376835　G127.743 Q562 2014

曲靖市教育志
陈大猷主编 昆明 云南民族出版社 2000 年 837 页
b46240019　G527.743 Q562 2000

曲靖市教育志 1978-2005
曲靖市教育局编纂 陈大猷主编 昆明 云南人民出版社 2009 年 677 页
b22431524　G527.743 Q562 2009

云南省曲靖市教育志
云南省曲靖市教育委员会编 昆明 云南教育出版社 1993 年 379 页〔云南省地方志丛书〕
b20019464　G527.743 Q562 1993

云南工业技师学院志 1960-2010
云南工业技师学院编 赵兴学主编 昆明 云南科技出版社 2010 年 400 页
b36661818　G718.1 Y881 2010

曲靖市技工学校志 1973-2010 年
曲靖市技工学校编 王庆国主编 昆明 云南科技出版社 2011 年 462 页
b49963727　G719.287.43 Q562 2011

曲靖地区戏曲志
曲靖地区行署文化局编 高天一主编 北京 文化艺术出版社 1990 年 373 页〔中国戏曲志云南卷丛书〕
b20099393　J809.274.2 G252 1990

曲靖市文物志
范利军主编 昆明 云南民族出版社 1989 年 172 页
b20045013　K872.743 f197 1989

新编曲靖风物志
杨朝俊 龚金才主编 昆明 云南人民出版社 1999 年 350 页〔云南风物志丛书〕
b1338336x　K927.43 Q562

云南省曲靖市地名志
曲靖市人民政府编 曲靖 曲靖市人民政府 1985 年 337 页〔云南省县市地方志〕
b16431984　K927.43 Q562Y 1985

曲靖市第一人民医院志 1938-2012
曲靖市第一人民医院编 张小德主编 曲靖 曲靖市第一人民医院 2013 年 2 卷 680 页

b50208391 R199.2 Q5622 2013

曲靖市妇幼医院志 1893–2013
曲靖市妇幼医院编纂委员会编 刘忠厚主编 曲靖 曲靖市妇幼医院编纂委员会 2013年 365页
b50208408 R199.2 Q562 2013

云南省曲靖地区畜禽疫病志
云南省曲靖地区行政公署畜牧局编 徐有生 刘少华主编 曲靖 云南省曲靖地区行政公署畜牧局 1990年 432页
b36374672 S851.927.42 Q562 1990

曲靖地区水利志
曲靖地区水利志编纂委员会编 杨祖海 高长征主编 昆明 云南人民出版社 1996年 285页
b16860664 TV-092 Q562 1996

曲靖市水利志
周定忠主编 昆明 昆明市利民印刷厂 1989年 290页〔云南地方志丛书〕
b20140228 TV-092 Z662 1989

麒麟区

曲靖市麒麟区人民法院志 1912–2011
曲靖市麒麟区人民法院编 骆建才主编 昆明 云南人民出版社 2012年 531页
b4545338x D926.22 Q562Q 2012

曲靖市麒麟区东山镇教育志 1912–2009
曲靖市麒麟区东山镇教育志编纂委员会编 刘文茂主编 昆明 云南人民出版社 2010年 522页
b3601350x G527.745 D582 2010

曲靖市麒麟区教育志 古代至2005
曲靖市麒麟区教育志编纂委员会编 严胜辉主编 昆明 云南人民出版社 2008年 688页
b20045001 G527.743 Y173 2008

越州教育志
越州教育志编纂委员会编 范家声 袁寿康 杨家俊主编 昆明 云南人民出版社 2009年 266页
b20807144 G527.745 Y867 2009

曲靖市麒麟区第三中学志 1977–2007
曲靖市麒麟区第三中学编 盛德谦主编 曲靖 曲靖市麒麟区第三中学 2007年 274页
b49706032 G639.287.43 Q562Q 2007

翠峰志
郝正治主编 曲靖 西山乡人民政府 1997年 151页
b20402685 K928.3 H249 1997

麒麟区茨营乡卫生院志 1953–2011
曲靖市麒麟区茨营乡卫生院编 王国富主编 昆明 云南民族出版社 2012年 180页
b50207763 R197.62 Q562Q 2012

麒麟区水利志
曲靖市麒麟区水务局编 周绍芳主编 昆明 云南人民出版社 2017年 545页
b50728519 TV-092 Q562Q 2017

沾益区

沾益县志
沾益县地方志年鉴编纂委员会编 孙国才主编 昆明 云南人民出版社 2003年 961页〔中华人民共和国地方志丛书〕
b14351432 K297.44 Z293

沾益县教育志
沾益县教育局编 尹家明主编 潞西 德宏民族出版社 2008 年 374 页
b50208287 G527.744 Z293 2008

沾益县第一中学校志 1941–2001
沾益县第一中学六十周年校庆筹委会编 李舒华主编 沾益 沾益县第一中学六十周年校庆筹委会 2001 年 507 页
b46012436 G639.287.44 Z293 2001

沾益县水务志
沾益县水务局编 潘永飞主编 昆明 云南人民出版社 2013 年 318 页
b45453858 TV–092 Z2938 2013

宣威市

宣威市志
中共宣威市委史志办公室编纂 昆明 云南人民出版社 1999 年 903 页〔中华人民共和国地方志丛书〕
b13655152 K297.43 X637

宣威市志 1994–2005
宣威市志编纂委员会编 朱家甫 阳开府总编 潞西 德宏民族出版社 2008 年 763 页〔中华人民共和国地方志丛书〕
b20952326 K297.43 X637C 2008

宣威政协志 1984–2014
中国人民政治协商会议云南省宣威市委员会编 吴仕晗主编 昆明 云南人民出版社 2016 年 515 页
b50135582 D628.744 X637 2016

宣威市农业志
宣威市农业局编 张绍波主编 昆明 宣威市农业局 2011 年 608 页
b40649945 F329.743 X637 2011

宣威市文化艺术志
宣威市文化艺术志编纂委员会编 钱周祥主编 香港 天马出版有限公司 2008 年 400 页
b4582941x G127.743 X637 2008

热水镇教育志
热水镇教育志编纂委员会编 晏朝昌主编 杭州 浙江大学出版社 2009 年 442 页
b20815682 G527.745 R181 2009

云南宣威格宜镇教育志 1812–2006
孙兴广主编 昆明 云南人民出版社 2008 年 443 页〔教育志丛书〕
b20182600 G527.745 G322 2008

中国云南曲靖宣威田坝镇教育志
袁忠稳主编 昆明 云南人民出版社 2008 年 402 页〔教育志丛书〕
b20182594 G527.745 T354 2008

宣威市幼儿园园志
宣威市幼儿园园志编纂委员会编 束金娥主编 宣威 宣威市幼儿园园志编纂委员会 2009 年 354 页
b49678413 G619.287.44 X637 2009

古道学府 旧城小学志
徐发苍 苏元四编纂 昆明 云南民族出版社 2013 年 207 页
b46995213 G629.287.44 J599 2013

宣威市第四中学校志
宣威四中校志编纂委员会编 秦文学主编 芒市 德宏民族出版社 2012 年 876 页
b4970610x G639.287.44 X6372 2012

宣威市第五中学校志 1980–2007.8
宣威市第五中学校志编纂委员会编 丁凡国 孔令彩 叶凤植撰稿 昆明 云南人民出版社 2008 年 607 页
b22432796 G639.287.43 X637W 2008

宣威市第一中学校志
宣威市第一中校志编纂委员会编 昆明 云南民族出版社 2007 年 2 卷 1500 页
b1902342x G639.287.43 X637 2007

云南宣威市长征中学校志 1971–2008
宣威市长征中学校志编纂委员会编 崔茂刚主编 昆明 云南人民出版社 2009 年 617 页
b46376999 G639.287.44 X637 2009

宣威县文物志
浦恩宇主编 昆明 云南民族出版社 1990 年 188 页
b20807119 K872.744 X637 1990

云南省宣威县地名志
宣威县人民政府编 宣威 宣威县人民政府 1987 年 419 页〔云南省县市地名志〕
b16432058 K927.44 X637 1987

马龙县

马龙县志
马龙县志编纂委员会编 高加明主编 昆明 云南人民出版社 1997 年 804 页〔中华人民共和国地方志丛书〕
b13752972 K297.44 M139

马龙县志 1978–2005
马龙县志编纂委员会编 高吉贵总编 昆明 云南人民出版社 2010 年 674 页〔中华人民共和国地方志丛书〕
b45829378 K297.44 M139 2010

马龙县人大志
马龙县人大常委会编 王之法 鲁天龙主编 马龙 马龙县人大常委会 2007 年 255 页
b50208160 D624.744 M139 2007

马龙县政协志 1950–2006
中国人民政治协商会议云南省马龙县委员会编 邵惠仙主编 马龙 中国人民政治协商会议云南省马龙县委员会 2006 年 213 页
b46670762 D628.744 M139 2006

云南省马龙县地名志
马龙县人民政府编 马龙 马龙县人民政府 1983 年 111 页〔云南省县市地方志〕
b16432034 K927.44 M139 1983

马龙县水电志
马龙县水利电力局编 马龙 马龙县水利电力局 1990 年 172 页
b21858111 TV–092 M139 1990

陆良县

陆良县志
云南省陆良县志编纂委员会编 张吉斌主编 上海 上海科学普及出版社 1991 年 1015 页〔中华人民共和国地方志丛书〕
b10647272 K297.44 L837

陆良县志 1978–2005
陆良县志编纂委员会编 高兴洪 赵华芬主编 昆明 云南人民出版社 2010 年 798 页〔中华人民共和国地方志丛书〕
b22082621 K297.44 L837 2010

陆良县人大志 1950–2013
陆良县人大志编纂委员会编 苏轼剑主编

陆良 陆良县人大志编纂委员会 2014 年 383 页
b46665638　D624.744 L837 2014

陆良县林业志
陆良县林业局编 刘强主编 昆明 云南人民出版社 2015 年 326 页
b4740453x　F326.277.44 L837 2016

陆良县土地志
陆良县土地管理局编 昆明 云南美术出版社 1998 年 187 页
b16425108　F327.744 L837 1998

陆良县工业志 1978–2007
陆良县经济局编 李明富主编 陆良 陆良县经济局 2010 年 303 页
b46665614　F427.744 L837 2010

陆良县交通志
陆良县交通局编 李德安主编 昆明 云南民族出版社 2005 年 310 页
b20044355　F512.774.4 L392 2005

陆良县供销合作社志 1978–2008
周琳主编 陆良 陆良县供销合作社 2011 年 335 页
b46665481　F727.744 L837 2011

陆良县文化艺术志
陆良县文化局编 李昌华主编 昆明 昆明市政协机关印刷厂 1991 年 358 页
b3637958x　G127.744 L837 1991

云南曲靖陆良文化小学教育志 1542–2006
方祺来主编 昆明 云南人民出版社 2006 年 267 页
b17991043　G629.287.44 L837 2006

云南曲靖陆良县三岔河镇第一中学校志
陆良县三岔河镇第一中学校编 李坤主编 陆良 陆良县三岔河镇第一中学校 2010 年 437 页
b47297001　G639.287.45 L837 2010

云南省陆良县地名志
陆良县人民政府编 陆良 陆良县人民政府 1984 年 164 页〔云南省县市地名志〕
b16431959　K927.44 L837 1984

陆良县卫生志
陆良县卫生志编纂委员会编 徐柱启 马国生主编 昆明 云南人民出版社 2015 年 297 页
b46531087　R199.2 L837 2015

陆良县水利志
云南陆良县水利电力局水利志编写组编纂 昆明 昆明市政协印刷厂 1989 年 202 页〔中华人民共和国地方专志〕
b16862272　TV–092 L837 1989

师宗县

师宗县志
云南省师宗县志编纂委员会编 李云飞 李茂林主编 昆明 云南大学出版社 1997 年 795 页〔中华人民共和国地方志丛书〕
b16427051　K297.44 S461 1997

师宗县志 1978–2005
师宗县地方志编纂委员会办公室编 董定有主编 昆明 云南人民出版社 2010 年 820 页〔中华人民共和国地方志丛书〕
b22032319　K297.44 S461 2010

师宗县军事志 937-2005
师宗县军事志编纂委员会编 尹陆生 谌蓬主编 师宗 师宗县军事志编纂委员会 2007年 375页〔云南省军事志系列丛书〕
b49678279 E289.744 S461 2007

师宗县林业志
师宗县林业局编 钟楠主编 昆明 云南人民出版社 2014年 401页
b47594627 F326.277.44 S461 2014

师宗县教育志
师宗县教育志编委办公室编 王爱国主编 昆明 云南美术出版社 2009年 554页
b20815670 G527.744 S461 2009

云南曲靖师宗县丹凤完全小学校志 1573-2008
师宗县丹凤完全小学编 李文泽主编 昆明 云南人民出版社 2010年 修订版 469页
b22433053 G629.287.44 D165 2010

师宗县第二中学校志
师宗县第二中学编 杨凤德主编 昆明 云南美术出版社 2008年 198页
b47073469 G639.287.44 S461 2008

云南曲靖师宗县丹凤镇第一中学校志 1985-2008
师宗县丹凤镇第一中学编 高友才主编 昆明 云南人民出版社 2010年 321页
b36374659 G639.287.45 S461 2010

云南曲靖师宗县教师进修学校校志 1978-2006
柏石定主编 昆明 昆明溢彩印刷有限公司 2009年 332页
b3637491x G659.287.44 S461 2009

师宗县文物志
师宗县文物志编纂委员会编 钱永章主编 昆明 云南大学出版社 1994年 176页
b36380337 K872.744 S461 1994

云南省师宗县地名志
师宗县人民政府编 师宗 师宗县人民政府 1986年 222页〔云南省县市地名志〕
b16449484 K927.44 S461 1986

师宗县水利志 1986-2000
吕永明主编 师宗 师宗县水电局 2001年 213页
b20535727 TV-092 L983 2001

罗平县

罗平县志
罗平县地方志编纂委员会编 赵英祥主编 昆明 云南人民出版社 1995年 715页〔中华人民共和国地方志丛书〕
b10503547 K297.44 L923

罗平县志 1978-2005
罗平县志编纂委员会编 姚家宽主编 昆明 云南人民出版社 2010年 685页〔中华人民共和国地方志丛书〕
b22082670 K297.44 L923 2010

罗平县工商联志
云南省罗平县工商联志编纂委员会编 唐玉生主编 罗平 云南省罗平县工商联志编纂委员会 2011年 372页
b40842162 F727.774 L923 2011

罗平县罗雄镇教育志 1494-2009
曲靖市罗平县罗雄镇中心学校编 皇甫培生总编 昆明 云南人民出版社 2011年 486页〔罗平县教育志丛书〕

b46376744　G527.745　L924　2011

云南曲靖罗平阿岗镇教育志　建校 -2009
阿岗镇教育志编纂委员会编　刘家信主编　昆明　云南人民出版社 2011 年 460 页〔罗平县教育志丛书〕
b46376483　G527.745　A113　2011

云南曲靖罗平马街镇教育志　古代 -2009
马街镇教育志编纂委员会编　罗晓东　李国建主编　昆明　云南人民出版社 2013 年 668 页〔罗平县教育志系列丛书〕
b4653099x　G527.745　M138　2013

云南曲靖罗平县教育志　1978-2005
罗平县教育局编　曲靖　曲靖天圆彩印厂 2007 年 530 页
b20044380　G527.744　L923　2007

腊峰小学校志　1702-2009
罗雄镇腊峰小学校志编纂委员会编　李乔良主编　昆明　云南人民出版社 2012 年 346 页〔罗平县教育志系列丛书〕
b50207957　G629.287.44　L136　2012

云南曲靖罗平阿岗二中校志　1997-2009
阿岗二中校志编纂委员会编　王乔良主编　昆明　云南人民出版社 2012 年 426 页〔罗平县教育志系列丛书〕
b50207945　G639.287.44　L923C　2012

云南曲靖罗平九龙二中校志　1983-2009
九龙二中校志编纂委员会编　潘改芳主编　昆明　云南人民出版社 2012 年 261 页〔罗平县教育志系列丛书〕
b46531440　G639.287.44　L9231　2012

云南曲靖罗平九龙一中校志　建校 -2010
九龙一中校志编纂委员会编　王富建主编　昆明　云南人民出版社 2012 年 593 页〔罗平县教育志系列丛书〕
b46377001　G639.287.44　L923　2012

云南曲靖罗平老厂第一中学校志　建校 -2009
老厂第一中学校志编纂委员会编　陈学稳主编　昆明　云南人民出版社 2013 年 290 页〔罗平县教育志系列丛书〕
b50207969　G639.287.44　L923D　2013

云南曲靖罗平马街一中校志　1960-2010.12
马街一中校志编纂委员会编　王跃能主编　昆明　云南人民出版社 2012 年 342 页〔罗平县教育志系列丛书〕
b46531452　G639.287.45　L923　2012

云南曲靖罗平钟山一中校志　1969-2009
钟山一中校志编纂委员会编　黄仲法主编　昆明　云南人民出版社 2011 年 331 页〔罗平教育志系列丛书〕
b46377013　G639.287.44　Y8819　2011

云南省罗平县地名志
吴玉常主编　罗平　罗平县人民政府 1999 年 355 页〔云南省县市地名志〕
b16431911　K927.44　L923　1999

罗平县人民医院志
罗平县人民医院志编纂委员会编　舒占坤主编　北京　中国文史出版社 2012 年 481 页
b49748476　R199.2　L923　2012

富源县

富源县志
中共富源县委史志工作委员会编　上海　上海古籍出版社 1993 年 795 页〔中华人民共和国地方志丛书〕

b10824546 K297.44 F497

富源县志 1986–2000
富源县志编纂委员会编 昆明 云南人民出版社 2006年 626页〔中华人民共和国地方志丛书〕
b17993945 K297.44 F497 2006

乐乌村志 1650–2014
乐乌村志编纂委员会编纂 吕国柱主编 昆明 云南人民出版社 2017年 210页
b50642285 K297.45 Y871 2017

富源县人大志
富源县人大志编纂委员会编 何金圣主编 昆明 昆明富新春彩色印务公司 2010年 478页〔中华人民共和国地方志丛书〕
b22429499 D624.744 F497 2010

富源县教育志
云南省富源县教育志编写组编纂 丁荆芳主编 昆明 云南民族出版社 1994年 322页〔云南省地方志丛书〕
b15624699 G527.744 Y381 1994

富源县营上镇教育志 1880–2005
富源县营上镇教育志编纂委员会编 张尚学主编 昆明 云南人民出版社 2007年 246页
b20182624 G527.745 Y565 2007

云南富源中安镇教育志 1514–2007
中安镇教育志编纂委员会编 李启慧 李二坤主编 昆明 云南人民出版社 2008年 494页
b46377025 G527.745 Z643 2008

云南省富源县第一中学校志 1941.3–2007.3
云南省富源县第一中学校志编纂委员会编 李乔生主编 昆明 云南人民出版社 2008年 372页〔云南省教育志丛书〕
b22433077 G639.287.44 F497 2008

富源县文物志
中共富源县委 富源县人民政府编 敖秀鹃主编 昆明 云南人民出版社 2017年 340页
b50642303 K872.744 F497 2017

云南省富源县地名志
富源县人民政府编 富源 富源县人民政府 1985年 354页〔云南省县市地方志〕
b16425649 K927.44 F497 1985

富源县卫生志
富源县卫生局编 田波主编 富源 富源县卫生局 2015年 447页
b4705136x R199.2 F4979 2015

会泽县

会泽县志
云南省会泽县志编纂委员会编 张启坤主编 昆明 云南人民出版社 1993年 650页〔中华人民共和国地方志丛书〕
b10631379 K297.44 H697

会泽县志 1986–2000
会泽县志编纂委员会编 昆明 云南人民出版社 2008年 670页〔中华人民共和国地方志丛书〕
b19023820 K297.44 H697 2008

会泽新街回族乡志 1944–2007
会泽新街回族乡志编纂委员会编 保明航主编 昆明 云南民族出版社 2009年 423页〔中华人民共和国地方志丛书〕
b20396028 K297.45 X443 2009

会泽县人民代表大会志 1954–1993
会泽县人大常委会编 张启坤主编 会泽 会泽县人大常委会 1993 年 237 页
b20102124 D624.744 H697 1993

云南会泽铅锌矿志
会泽铅锌矿编 景维祥 曾祥恕主编 会泽 会泽铅锌矿 1992 年 485 页
b44749430 F426.1 H697 1992

会泽县粮食志
会泽县粮食局编 任飞主编 昆明 昆明美盈彩印包装有限公司 2007 年 258 页〔中华人民共和国地方志丛书〕
b49938587 F724.721 H697 2007

会泽县教育志
会泽县教育志编纂委员会编 李广峰主编 昆明 云南人民出版社 2008 年 503 页〔教育志丛书〕
b20138805 G527.744 H697 2008

会泽民族志
会泽县民族志编纂委员会编 桂俊翔主编 会泽 会泽县民族志编纂委员会 2010 年 678 页〔云南民族志丛书〕
b46995353 K280.744 H697 2010

会泽县文物志
陶正明 梅世彬主编 昆明 云南美术出版社 2001 年 229 页
b16635541 K872.744 T264 2001

娜姑镇文物志
陈兆彩编著 昆明 云南民族出版社 2000 年 99 页
b17514447 K872.745 C437 2000

云南省会泽县地名志
会泽县人民政府编 会泽 会泽县人民政府 1986 年 348 页〔云南省县市地名志〕
b16425765 K927.44 H697 1986

会泽卫生志
会泽卫生志编纂委员会编 杨华文主编 昆明 云南民族出版社 2006 年 260 页〔中华人民共和国地方志丛书〕
b50207738 R199.2 H697 2006

玉溪市

玉溪地区志
玉溪地区地方志编纂委员会编 北京 中华书局 1994 年 6 卷 2562 页
b10636420 K297.42 Y774

玉溪市志
玉溪市地方志编纂委员会编 李文彦主编 北京 中华书局 1993 年 1059 页〔中华人民共和国地方志丛书〕
b10655463 K297.43 Y774

玉溪市乡镇简志
玉溪市地方志编纂委员会办公室编纂 李亚平主编 昆明 云南人民出版社 2006 年 2 卷 729 页
b16646915 K297.45 Y774 2006

玉溪统战志
中共玉溪市委统战部编 范亚辉主编 玉溪 中共玉溪市委统战部 2009 年 357 页
b46443666 D613 Y774 2009

玉溪市人民代表大会志
玉溪市人民代表大会常务委员会编 昆明 云南民族出版社 1998 年 411 页
b20046856 D624.743 Y774 1998

政协玉溪地区志
中国人民政治协商会议云南省玉溪地区工作委员会编 昆明 云南科技出版社 1995年 417页〔玉溪地区方志丛书〕
b27575159 D628.742 Y774 1995

政协玉溪市志
中国人民政治协商会议玉溪市委员会编 昆明 云南民族出版社 1998年 439页
b20047174 D628.743 Y774 1998

红塔区民政志
玉溪市红塔区民政局编 蒋丕海编 玉溪 玉溪市红塔区民政局 2008年 326页〔红塔区地方志丛书 5〕
b47072957 D632 H419 2008

玉溪地区民政志
玉溪地区民政处编 喻绍康主编 昆明 云南民族出版社 1996年 662页〔玉溪地区地方志丛书〕
b36374544 D632 Y774 1996

云南省第三强制隔离戒毒所志 2004–2015
云南省第三强制隔离戒毒所编 赵林春主编 玉溪 云南省第三强制隔离戒毒所 2015年 424页〔易门县地方志丛书〕
b49677664 D926.8 Z436 2015

云南玉溪高新技术产业开发区志 1992–2007
云南玉溪高新技术产业开发区管理委员会编 李明荣主编 玉溪 云南玉溪高新技术产业开发区管理委员会 2008年 314页
b46665559 F127.74 Y774 2008

玉溪地区城乡集体企业志
朱从舜主编 昆明 云南新华印刷厂 1990年 321页〔玉溪地区方志丛书〕
b45480321 F279.243 Y774 1990

玉溪市城乡建设环境保护志
玉溪市城乡建设环境保护局编 夏继生主编 开远 开远市印刷厂 1988年 388页
b45840799 F299.277.43 Y774 1988

玉溪市土地储备志
玉溪市土地储备中心编纂 姜兴林 杨长飞主编 玉溪 玉溪市土地储备中心 2015年 330页
b46996254 F321.1 Y774 2015

玉溪地区林业志
玉溪行署林业局编 张汉光主编 昆明 云南人民出版社 1995年 261页〔玉溪地区地方志丛书〕
b20807132 F326.277.42 Y774 1995

玉溪市农业志
杨正藩主编 昆明 云南科技出版社 1989年 412页
b4980392x F329.743 Y774 1989

红塔集团志 1956–2005
红塔烟草集团有限责任公司编纂 柳万东主编 昆明 云南人民出版社 2006年 671页
b49705787 F426.89 H4198 2006 6

易门矿务局大红山矿志 1986–2003
玉溪矿业有限公司大红山铜矿编 张乔伍主编 玉溪 玉溪矿业有限公司大红山铜矿 2006年 840页
b51080175 F426.1 Y774 2006

玉溪地区烟草志
玉溪地区烟草专卖局 玉溪地区烟草公司 玉溪卷烟厂编 解铭有主编 昆明 云南人民出版社 1994年 273页〔玉溪地区方志丛书 2001〕

b10631392　F426.89　Y774

玉溪电力工业志
云南电网公司玉溪供电局编　马庆国主编　昆明　云南民族出版社　2006 年　649 页〔玉溪电力工业志丛书　1〕
b49851512　F426.61　Y774　2006

玉溪电力工业志　2004–2014
云南电网有限责任公司玉溪供电局编纂　赵雄焰主编　昆明　云南人民出版社　2016 年　422 页〔玉溪电力工业志系列丛书〕
b50109984　F426.61　Y774C　2016

玉溪烟草志　1978–2005
玉溪烟草志编纂委员会编　叶世兴　邓小刚主编　昆明　云南人民出版社　2007 年　724 页〔云南省烟草志丛书〕
b49706160　F426.89　Y774Y　2007　15

玉溪市工业志
玉溪市工业和信息化委员会编　金宏森主编　玉溪　玉溪市工业和信息化委员会　2013 年　526 页
b49706147　F427.743　Y774　2013

云南省玉溪地区交通志
玉溪地区行署交通局编　任永贵主编　玉溪　玉溪地区行署交通局　1989 年　521 页
b4729713x　F512.774.2　Y774　1989

玉溪地区旅游志
玉溪地区行署旅游办公室编　杨正华主编　玉溪　玉溪地区行署旅游办公室　1993 年　387 页〔玉溪地区方志丛书〕
b20536288　F592.774.2　Y774　1993

玉溪市粮食志　1989–2005
玉溪市粮食局　玉溪国家粮食储备库编　昆明　云南民族出版社　2008 年　406 页
b50993446　F724.721　Y774　2008

玉溪地区商业志
玉溪地区商业志办公室编　张宁主编　玉溪　玉溪地区商业志办公室　1991 年　618 页〔玉溪地区地方志丛书〕
b36375111　F727.742　Y774　1991

玉溪市金融志
玉溪市金融志编纂办公室编　毛映友主编　昆明　云南民族出版社　2012 年　611 页
b49706159　F832.774.3　Y774　2012

玉溪地区文化艺术志
玉溪地区行政公署文化局编　刘体操主编　西安　三秦出版社　1997 年　660 页〔玉溪地区方志丛书〕
b20046832　G127.742　L689　1997

玉溪市文化艺术志　1978–2005
玉溪市文化局编　桂江静主编　昆明　云南人民出版社　2012 年　391 页
b40723781　G127.743　Y774E　2012

玉溪市文化志
云南省玉溪市文化局编　个旧　个旧市印刷厂　1988 年　350 页
b19932844　G127.743　Y774　1988

玉溪市文工团志
玉溪市文工团编　马云龙主编　玉溪　玉溪市文工团　1995 年　375 页
b47420352　G249.277.43　M143　1995

玉溪市档案志
玉溪市档案局　玉溪市档案馆编　周凤琼主编　昆明　昆明锦润印刷有限公司　2007 年　297 页

b46377657 G279.277.43 Y774 2007

玉溪地区科技志
玉溪地区科学技术委员会编著 王洪林主编 昆明 云南科技出版社 1994年 415页〔玉溪地区地方志丛书〕
b20807077 G322.774.2 Y774 1994

玉溪地区教育志
玉溪地区教育局编 欧阳需仁主编 北京 中国人民大学出版社 1993年 444页
b20046819 G527.742 O113 1993

玉溪市教育志
玉溪市教育局编 玉溪 玉溪市教育局 1989年 421页
b36013511 G527.743 Y774 1989

玉溪市教育志 1991-2008
玉溪市教育局 李世华主编 昆明 云南科技出版社 2013年 695页
b46665493 G527.743 Y774 2013

玉溪地区体育志
玉溪地区体育运动委员会编 马万选主编 玉溪 玉溪地区体育运动委员会 1989年 309页〔玉溪地区方志丛书〕
b36375123 G812.774.2 Y774 1989

玉溪市老年人体育志 1984-2006
玉溪市老年人体育志编纂委员会编 李绍辉主编 玉溪 玉溪市老年人体育志编纂委员会 2008年 215页
b50208627 G812.774.3 Y774D 2008

玉溪市体育志
玉溪市体育局编 周延平主编 玉溪 玉溪市体育局 2008年 428页
b47052454 G812.774.3 Y774C 2008

玉溪方言志
玉溪市地方志办公室编 张茀编著 玉溪 玉溪市地方志办公室 1985年 336页〔玉溪市志资料选刊〕
b17477931 H172.3 Z351Y 1985

玉溪地区戏曲志
陈克勤主编 昆明 云南人民出版社 1989年 359页〔中国戏曲志云南卷丛书〕
b20046844 J809.274.2 C423 1989

玉溪市戏曲志
云南省玉溪市文化局编 马云龙 梁耀武主编 北京 文学艺术出版社 1991年 264页
b18644260 J809.2 M143 1991

玉溪滇剧院院志 1952-2017
玉溪市滇剧院编 崎松主编 昆明 云南人民出版社 2017年 635页
b50728726 J819.2 Y774 2017

关索戏志
玉溪地区行署文化局 澂江县文化局编 洪加智主编 北京 文化艺术出版社 1992年 189页〔中国戏曲志云南卷丛书〕
b49705738 J825.74 H415 1992

玉溪地区民族志
玉溪地区民族事务委员会编 昆明 云南民族出版社 1992年 508页〔玉溪地区方志丛书〕
b20046820 K280.742 Y774 1992

玉溪市民族志
玉溪市民族宗教事务委员会编 昆明 云南民族出版社 1990年 320页〔云南省地方志丛书〕
b17991869 K280.743 Y774 1990

玉溪市民族宗教志 1990–2005
玉溪市民族宗教事务局编 马良昌主编 昆明 云南民族出版社 2013 年 304 页
b46996242 K280.743 Y774C 2013

玉溪市文物志
云南省玉溪市文化局编 玉溪 云南省玉溪市文化局 1986 年 205 页
b36380313 K872.743 Y774 1986

新编玉溪风物志
梁耀武编著 昆明 云南人民出版社 2000 年 301 页〔云南风物志丛书〕
b13776666 K927.43 L493

云南省玉溪市地名志
玉溪市人民政府编 玉溪 玉溪市人民政府 1985 年 208 页〔云南省县市地名志〕
b1643237x K927.43 Y774 1985

玉溪市地震志
玉溪市防震减灾局编 金志林主编 昆明 云南科技出版社 2009 年 342 页
b21571132 P316.274.3 Y774 2009

云南省烟草科学研究所志
云南省烟草科学研究所编 雷永和主编 昆明 云南科技出版社 2001 年 217 页
b21766241 S572–24 L291 2001

云南省烟草科学研究所志 1999–2007
云南省烟草科学研究所志编纂委员会编 宋利民 卢秀萍主编 昆明 云南人民出版社 2011 年 447 页
b3753175x S572–24 L291 2011

玉溪地区水利志
玉溪地区水利志编辑室编 香港 黄河文化出版社 1992 年 339 页〔玉溪地区方志丛书〕
b16862399 TV–092 Y774 1992

玉溪市道路交通安全管理志
玉溪市公安局交通警察支队编 王心宽主编 昆明 滇黔桂石油勘探局昆明印刷厂 2007 年 331 页
b41235290 U491 Y774 2007

红塔区

红塔区志 1978–2005
玉溪市红塔区地方志编纂委员会编 解仕清 杨兴荣 张小良 李毅昆主编 芒市 云南人民出版社 德宏民族出版社 2014 年 893 页〔红塔区地方志丛书 1〕
b46665717 K297.43 H419 2014

北城志
玉溪市北城镇政府编 杨正藩主编 玉溪 玉溪印刷厂 1988 年 614 页
b20402454 K297.45 B316 1988

北城志 1978–2013
中共玉溪市红塔区北城街道工作委员会 玉溪市红塔区人民政府北城街道办事处编纂 施毅主编 芒市 德宏民族出版社 2016 年 651 页〔红塔区地方志丛书〕
b50728118 K297.45 B316C 2016

春和志
姜永祥 陈明礼主编 玉溪 玉溪市春和区公所 1988 年 470 页
b20405066 K297.43 Y774D 1988

大营街志
大营街区公所编 开远 开远市印刷厂 1988 年 409 页
b20948529 K297.43 Y774F 1988

高仓志
玉溪市高仓区公所编 奚天学主编 玉溪 玉溪市高仓区公所 1988 年 388 页
b20948931 K297.43 Y774G 1988

李棋镇志 1978–2010
中共玉溪市红塔区李棋街道工作委员会 玉溪市红塔区人民政府李棋街道办事处编纂 朱学祥主编 昆明 云南人民出版社 2012 年 602 页〔红塔区地方志丛书〕
b4544528x K297.45 L415 2012

李棋志
中共玉溪市李棋镇委员会 玉溪市李棋镇人民政府编 玉溪 玉溪印刷厂 1989 年 472 页
b20405078 K297.45 L415 1989

洛河彝族乡志
中共洛河彝族乡委员会 洛河彝族乡人民政府编 杨正藩主编 昆明 云南民族出版社 2003 年 372 页
b36129422 K297.45 L948 2003

洛河志
中共玉溪市洛河彝族乡委员会 玉溪市洛河彝族乡人民政府编 顾影渠主编 玉溪 玉溪市洛河彝族乡人民政府 1991 年 375 页
b19932030 K297.43 Y774L 1990

小石桥志
中共玉溪市小石桥乡委员会 玉溪市小石桥彝族乡人民政府编 张永明主编 玉溪 玉溪印刷厂 1992 年 543 页
b2040508x K297.45 X3477 1992

研和镇志 1978–2007
中共玉溪市红塔区研和镇委员会 玉溪市红塔区研和镇人民政府编 杨文武 陈崇明主编 芒市 德宏民族出版社 2009 年 545 页〔红塔区地方志丛书〕
b50208275 K297.45 Y178 2009

玉溪市城关志
玉溪市城关区公所编 宋光海主编 玉溪 玉溪地区印刷厂 1987 年 467 页
b20578180 K297.43 Y774E 1987

红塔区建设志 1978–2010
玉溪市红塔区住房和城乡建设局编 赖正东主编 玉溪 玉溪市红塔区住房和城乡建设局 2013 年 380 页〔红塔区地方志丛书 13〕
b46376677 F299.277.43 Y774H 2013

红塔区农业志 1978–2005
红塔区农业局编 杨正藩执行主编 昆明 云南民族出版社 2006 年 368 页〔红塔区地方志丛书〕
b36028940 F329.743 H419 2006

红塔区财政志 1978–2005
玉溪市红塔区财政局编 李有贵主编 玉溪 玉溪市红塔区财政局 2010 年 372 页
b4704536x F812.774 H419 2010

红塔区档案志
玉溪市红塔区档案局 玉溪市红塔区档案馆编 陈志坚主编 玉溪 玉溪市红塔区档案局 玉溪市红塔区档案馆 2011 年 214 页〔红塔区地方志丛书〕
b50817309 G279.277.744 Y774H 2011

玉溪市研和区志
玉溪市研和区公所编 玉溪 玉溪市地方志办公室 1987 年 479 页
b36375135 K297.43 Y774X 1987

玉溪市州城志
赵翠芬主编 玉溪 玉溪印刷厂 1986年 485页
b20578192 K297.43 Y774Y 1986

中卫社区志
中共中卫社区总支部委员会 中卫社区居民委员会编 昆明 云南民族出版社 2006年 466页〔红塔区地方志丛书〕
b22433338 K297.43 Y774Z 2006

江川区

江川县志
云南省江川县史志编纂委员会编 王金坤主编 昆明 云南人民出版社 1994年 756页〔中华人民共和国地方志丛书〕
b10617231 K297.44 J3231

江川县志 1978–2005
江川县地方志编纂委员会编 李东林等主编 昆明 云南人民出版社 2014年 807页
b46133379 K297.44 J3231 2014

大庄乡志
云南省江川县大庄区大庄乡志编纂领导小组编纂 张嘉恩主编 昆明 昆明商标印刷厂 1987年 273页〔江川县地方志丛书〕
b22360062 K297.45 D136 1987

江川县安化彝族乡志
安化彝族乡志办公室编 普留生主编 江川 中共安化彝族乡委员会 1996年 519页〔中华人民共和国地方志丛书〕
b27574465 K297.45 A163 1996

龙门毓秀 滇中回族名村玉溪大营社区志
大营社区党总支委员会 大营社区居民委员会编 马良华主编 昆明 云南民族出版社 2015年 230页
b49665005 K297.45 M139 2015

小后卫村志
小后卫村民小组编 张绍聪主编 玉溪 紫光印务纸业公司 2009年 227页
b2176573x K297.45 X3473 2009

江川县人民代表大会志
江川县人民代表大会常务委员会编 王恩霖主编 江川 江川县人民代表大会常务委员会 1998年 436页
b20534838 D624.744 J323 1998

政协江川县志
政协云南省江川县委员会编 江川 政协云南省江川县委员会 1995年 270页
b20141907 D628.744 J323 1995

江川县纪检监察志
中共江川县检查委员会 江川县监察局编 郭永生主编 昆明 昆明锦润印刷公司 2011年 340页
b40938876 D630.9 J3231 2011

江川电力工业志 2004–2014
江川供电有限公司编纂 杨忠友主编 昆明 云南人民出版社 2016年 226页〔玉溪电力工业志系列丛书〕
b50109923 F426.61 J323 2016

江川县农村信用社志 1954–2013
江川县农村信用合作联社编纂 杨彦明主编 江川 江川县农村信用合作联社 2014年 401页〔江川县地方志系列丛书〕
b50207520 F832.35 J323 2014

江川县文化志
江川县文化局编 张绍聪主编 昆明 云南

人民出版社 2000 年 288 页
b18265285 G127.744 Z364 2000

江川县教育志
江川县教育局编 昆明 昆明市春城印刷厂 1987 年 216 页
b2040346x G527.744 J323 1987

云南省江川县地名志
江川县人民政府编 江川 江川县人民政府 1989 年 125 页〔云南省县市地名志〕
b16425728 K927.44 J3231 1989

江川县水利志
江川县水利志编辑组编 江川 江川县水利电力局 1988 年 160 页
b16861097 TV-092 J323 1998

澄江县

澄江县志
澄江县史志编纂委员会编 王基宇主编 昆明 云南人民出版社 2002 年 795 页〔中华人民共和国地方志丛书〕
b14106565 K297.44 C458

澄江县凤麓镇志
凤麓镇人民政府修志办公室编纂 杨士珍主编 澄江 凤麓镇人民政府修志办公室 1990 年 209 页
b3601414x K297.45 F413

政协澂江县志
中国人民政治协商会议澂江县委员会编 昆明 云南民族出版社 1996 年 192 页
b19733999 D628.744 Z649 1996

澂江县人民检察院检察志 1955–2008
澂江县人民检察院编 褚绍明主编 澂江 澂江县人民检察院 2010 年 295 页
b36374374 D926.32 C462 2010

澄江电力工业志 2004–2014
澄江供电有限公司编纂 马玉坤主编 昆明 云南人民出版社 2016 年 214 页〔玉溪电力工业志系列丛书〕
b50109996 F426.61 C458 2016

澂江县文化志
澂江县文化局编 洪加智主编 澂江 澂江县文化局 1991 年 222 页
b19931323 G127.744 H415 1991

澂江方言志
张茀著 昆明 云南民族出版社 1996 年 245 页〔澂江县乡土教材丛书〕
b15642495 H172.3 Z3512 1996

云南省澂江县地名志
澂江县人民政府编 澂江 澂江县人民政府 1983 年 151 页〔云南省县市地名志〕
b16445958 K927.44 C462 1983

通海县

通海县志
云南省通海县史志工作委员会编纂 宋正敏主编 昆明 云南人民出版社 1992 年 762 页〔中华人民共和国地方志丛书〕
b10824571 K297.44 T426

旬心行政村志
杨应昌主编 昆明 云南民族出版社 2006 年 602 页〔云南省地方志丛书〕
b23004009 K297.45 D463 2006

七街乡志
七街乡志编纂小组编纂 杨文权主笔 昆

明　云南省地方志编纂委员会　1987 年　163 页〔云南方志丛书〕
b20535478　K297.45　Q113　1987

兴蒙蒙古族乡志
云南通海县兴蒙蒙古族乡志编纂组编　通海　通海汉光印务公司　2003 年　508 页
b17735464　K297.45　X463　2003

秀山镇志
中共通海县秀山镇委员会　通海县秀山镇人民政府编　昆明　云南人民出版社　1994 年　418 页〔云南地方志丛书〕
b15251871　K297.45　X548　1994

政协通海县志
中国人民政治协商会议云南省通海县委员会编　田应昌主编　通海　中国人民政治协商会议云南省通海县委员会　1995 年　246 页
b50208494　D628.744　T426　1995

通海县农业区划志
通海县农业区划委员会办公室编　戴祖厚主编　通海　通海县农业区划委员会办公室　1988 年　159 页〔云南省地方志丛书〕
b49706068　F329.974.4　T426　1988

通海电力工业志　2004–2014
通海供电有限公司编纂　刘海燕主编　昆明　云南人民出版社　2015 年　372 页〔玉溪电力工业志系列丛书〕
b50016325　F426.61　T426　2016

通海县烟草志　1662–2005
通海县烟草专卖局　通海县史志编纂办公室编　段志伟主编　潞西　德宏民族出版社　2007 年　411 页
b50208251　F426.89　T426　2007

通海县教育志
通海县人民政府教育局编　昆明　通海县彩印厂　1989 年　313 页〔云南地方志丛书〕
b16356688　G527.744　T426　1989

通海县戏曲志
通海县文化旅游局编　张家训主编　通海　通海县印刷厂　1997 年　242 页
b20404682　J809.274.4　Z354　1997

通海县少数民族志
通海县民族事务委员会编　昆明　云南人民出版社　1994 年　281 页〔云南地方志丛书〕
b17358061　K280.744　T426　1994

云南省通海县地名志
通海县人民政府编　通海　通海县人民政府　1985 年　172 页〔云南省县市地名志〕
b16425613　K927.44　T426　1985

秀山志
玉溪市地方志办公室　通海县史志办公室编　李亚平主编　潞西　德宏民族出版社　2012 年　350 页
b40837294　K928.3　L4226　2012

华宁县

华宁县志
华宁县地方志编纂委员会编　魏祖胜主编　北京　中华书局　1994 年　583 页〔中华人民共和国地方志丛书〕
b10604029　K297.44　H529

华宁县志　1978–2005
中共华宁县委史志编纂办公室编　向仕学主编　魏祖胜总纂　昆明　云南人民出版社　2012 年　894 页
b40837269　K297.44　H529　2012

宁州镇志
中共华宁县宁州街道工作委员会 华宁县人民政府宁州街道办事处编纂 昆明 云南人民出版社 2016 年 541 页
b50200215 K297.45 N413 2016

华宁县人民代表大会志
华宁县人民代表大会志编纂委员会编 魏祖信主编 潞西 德宏民族出版社 2002 年 470 页
b36244983 D624.744 H529 2002

政协华宁县志
政协华宁县志编纂委员会编 昆明 云南美术出版社 1997 年 289 页
b17510478 D628.744 Z5463 1997

华宁电力工业志
华宁供电有限公司编 杨绍华主编 昆明 云南民族出版社 2006 年 351 页〔玉溪电力工业志丛书 3〕
b4984958x F426.61 H529 2006

华宁电力工业志 2004–2014
华宁供电有限公司编纂 魏忠洪主编 昆明 云南人民出版社 2016 年 317 页〔玉溪电力工业志系列丛书〕
b50109972 F426.61 H529C 2016

华宁县农村信用社志 1954–2013
华宁县农村信用合作联社编纂 杨家辉主编 华宁 华宁县农村信用合作联社 2014 年 367 页〔华宁县地方志系列丛书〕
b50207490 F832.774.4 H529 2014

华宁水利志 1624–2010
华宁县水利局编 龚培生主编 芒市 德宏民族出版社 2014 年 398 页
b47051152 TV–092 H5296 2014

易门县

易门县志
易门县地方志编纂委员会编 沐德智主编 北京 中华书局 2006 年 995 页〔中华人民共和国地方志丛书〕
b18004842 K297.44 M683 2006

易门县人口志
易门县人口和计划生育局编 陈金凯主编 玉溪 玉报印务有限责任公司 2012 年 379 页〔易门县地方志丛书〕
b49677627 C924.257.44 Y464 2012

易门县民政志
易门县民政局编 易门 易门县民政局 2011 年 400 页〔易门县地方志丛书〕
b49677615 D632 Y464 2011

易门县检察志
易门县人民检察院编 杨宗尧主编 易门 易门县人民检察院 2003 年 260 页〔易门县地方志丛书〕
b49706123 D926.32 Y464 2003

易门电力工业志 2004–2014
易门供电有限公司编纂 杞云峰主编 昆明 云南人民出版社 2016 年 246 页〔玉溪电力工业志系列丛书〕
b50109959 F426.61 Y464 2016

易门县教育志 1989–2007
易门县教育局编纂 玉溪 云南玉溪紫光印务纸业公司 2007 年 290 页〔易门县地方志丛书〕
b20141610 G527.744 Y464 2007

易门县文化志
易门县文化局编 缪顺成 许和平主编 昆

明 云南教育出版社 2011 年 320 页〔易门县地方志丛书〕
b50207659 K297.44 Y464C 2011

易门县中医院志 1983–2010
云南省易门县中医院编 乐韵昌主编 易门 云南省易门县中医院 2011 年 188 页〔易门县地方志丛书〕
b50208585 R197.4 Y464 2011

易门县卫生志
云南省易门县人民政府工生局编 乐韵昌主编 易门 云南省易门县人民政府卫生局 2002 年 323 页〔易门县地方志丛书〕
b49677639 R199.2 Y464 2002

峨山彝族自治县

峨山彝族自治县志
云南省峨山彝族自治县志编纂委员会编 方起勇主编 北京 中华书局 2001 年 905 页〔中华人民共和国地方志丛书〕
b13638816 K297.44 E114

峨山彝族自治县检察志
孟有顺 赵康编纂 峨山 峨山县人民检察院 1995 年 266 页〔峨山地方志丛书〕
b49705702 D926.32 E114 1995

峨山电力工业志 2004–2014
峨山供电有限公司编纂 方起勇主编 昆明 云南人民出版社 2016 年 294 页〔玉溪电力工业志系列丛书〕
b50109960 F426.61 E114 2016

峨山彝族自治县金融志
峨山彝族自治县金融系统合编 胡振东主编 峨山 峨山彝族自治县金融系统 1991 年 416 页〔峨山地方志丛书〕
b3637412x F832.774.4 E114 1991

峨山彝族自治县档案志
峨山彝族自治县档案局编 杨开富主编 昆明 云南大学出版社 1992 年 256 页〔峨山地方志丛书〕
b45479483 G279.277.44 E114 1992

峨山彝族自治县教育志
峨山彝族自治县教育局编 孙发有主编 峨山 峨山彝族自治县教育局 1991 年 270 页〔峨山彝族自治县地方志丛书〕
b20042188 G527.744 S768 1991

峨山彝族自治县文化志
峨山彝族自治县文化局编 包学良主编 昆明 云南民族出版社 1997 年 323 页
b19930926 K280.74 B255 1997

峨山彝族志
峨山彝族自治县人民政府编 赵光汉主编 昆明 云南民族出版社 2001 年 300 页〔峨山县地方志丛书〕
b20100723 K281.7 Z433 2001

峨山彝族自治县回族志
峨山县民族事务委员会 峨山县志编纂委员会办公室编 合忠孝主编 昆明 云南民族出版社 1996 年 345 页
b13993501 K281.3 H283

云南省峨山彝族自治县地名志
峨山彝族自治县人民政府编 峨山 峨山彝族自治县人民政府 2000 年 344 页
b16425571 K927.44 E114 2000

峨山彝族自治县水利志
峨山彝族自治县水电局编 峨山 峨山彝族自治县水电局 1992 年 336 页〔峨山地

方志丛书〕
b16862600　TV-092　E114　1992

新平彝族傣族自治县

新平县志
新平彝族傣族自治县编纂委员会编　北京　三联书店　1993 年　700 页〔中国地方志丛书〕
b13255058　K297.44　X444

古城社区志
中共古城社区总支委员会　古城社区居民委员会编纂　张德生主编　昆明　云南人民出版社　2016 年　596 页〔红塔区地方志丛书〕
b50017020　K297.43　Y774GC　2016

新平彝族傣族自治县公安志
新平彝族傣族自治县公安局编　严家顺主编　新平　新平彝族傣族自治县公安局　2011 年　398 页
b49850076　D631　X444　2011

新平彝族傣族自治县土地志
新平彝族傣族自治县土地矿产资源管理局编　新平　新平彝族傣族自治县土地矿产资源管理局　1997 年　175 页〔云南地方志丛书〕
b20104492　F327.744　X444　1997

新平电力工业志　2004–2014
新平供电有限公司编纂　昆明　云南人民出版社　2016 年　356 页〔玉溪电力工业志系列丛书〕
b50109935　F426.61　X4446　2016

新平方言志
新平县地方志办公室编　昆明　云南民族出版社　1986 年　95 页
b11933458　H172.3　Z351

新平彝族傣族自治县民族志
新平彝族傣族自治县民族事务委员会编　陶贵学执笔　昆明　云南民族出版社　1992 年　359 页
b1399363x　K280.744　X444

云南省新平彝族傣族自治县市地名志
新平彝族傣族自治县人民政府编　新平　新平彝族傣族自治县人民政府　1986 年　359 页〔云南省县市地名志〕
b16427099　K927.44　X444　1986

元江哈尼族彝族傣族自治县

元江哈尼族彝族傣族自治县志
云南省元江哈尼族彝族傣族自治县编纂委员会编　北京　中华书局　1993 年　919 页〔中华人民共和国地方志丛书〕
b10840114　K297.44　Y881

元江哈尼族彝族傣族自治县人民代表大会志
元江哈尼族彝族傣族自治县人大常委会编　杨太平主编　元江　元江哈尼族彝族傣族自治县人大常委会　2008 年　358 页
b49472562　D624.744　Y811　2008

政协元江县志　1950–1994
中国人民政治协商会议元江哈尼族彝族傣族自治县委员会编　白玉龙主编　元江　政协元江哈尼族彝族傣族自治县委员会　1996 年　310 页〔中国地方志丛书〕
b50008456　D628.744　Y811　1996

元江哈尼族彝族傣族自治县检察志
元江哈尼族彝族傣族自治县人民检察院编　甘泽周主编　元江　元江哈尼族彝族傣族自治县人民检察院　2006 年　421 页
b49706172　D926.32　Y811　2006

元江电力工业志 2004–2014
元江供电有限公司编纂 钱保孙主编 昆明 云南人民出版社 2016年 347页〔玉溪电力工业志系列丛书〕
b50109947 F426.61 Y811 2016

元江县农村信用社志 1954–2013
元江县农村信用合作联社编纂 王绍华主编 元江 元江县农村信用合作联社 2014年 361页〔元江县地方志系列丛书〕
b49472574 F832.774.4 Y811 2014

元江哈尼族彝族傣族自治县教育志
元江哈尼族彝族傣族自治县教育局编 甘泽周主编 昆明 云南大学出版社 1990年 312页
b20099617 G527.744 Y811 1990

元江哈尼族彝族傣族自治区民族志
元江县民委、县志办编 昆明 云南大学出版社 1990年 295页〔云南省地方志丛书〕
b10882777 K280.74 Y811

云南省元江哈尼族彝族傣族自治县地名志
元江哈尼族彝族傣族自治县人民政府编 元江 元江哈尼族彝族傣族自治县人民政府 1983年 402页〔云南省县市地名志〕
b20419892 K927.44 Y8116 1983

保山市

保山地区志
保山地区地方志编纂委员会编 张金辉主编 北京 中华书局 1999–2003年 3卷 2254页
b16425418 K297.42 B267 1999

保山市志
云南省保山市志编纂委员会编 沙必璐主编 昆明 云南民族出版社 1993年 851页〔中华人民共和国地方志丛书〕
b10633868 K297.43 B267

保山纪检监察志
保山纪检监察志编纂办公室编 沈玉泉主编 昆明 云南民族出版社 2007年 527页
b36374441 D262.6 B267 2007

保山市城乡建设志
中共保山市建委委员会 保山市城乡建设委员会编 张麟主编 香港 香港天马图书公司 2002年 579页
b36013298 F299.277.43 B267 2002

保山烟草志
保山烟草志编纂委员会编 祝骐主编 昆明 云南人民出版社 2007年 628页〔云南省烟草志丛书〕
b4970557x F426.89 B267 2007 1

保山地区交通志
保山地区行政公署交通局编 茶兴主编 昆明 云南民族出版社 2001年 660页〔保山地区交通志系列丛书〕
b20041615 F512.774.2 B267 2001

保山市粮油志 1949–2015
李兴明 李金泽主编 昆明 云南大学出版社 2016年 667页
b50199687 F724.72 B267 2016

保山地区教育志
保山地区教育委员会编 杜少美 王新民主编 谯人亮编纂 昆明 云南教育出版社 1994年 378页〔云南省地方志丛书〕
b2013695x G527.742 B267 1994

保山市教育志
保山市教育局编 阳钟荣主编 保山 保山市教育局 1994 年 368 页
b40743032 G527.743 B267 1994

云南省保山市实验小学志
祝有光主编 昆明 云南民族出版社 2002 年 267 页
b19518201 G629.287.43 B267 2002

云南省保山市实验小学志 1912–2012
祝有光主编 昆明 云南民族出版社 2012 年 449 页
b46934376 G629.287.43 B267 2012

保山市少数民族志
保山市民族宗教事务局编 郭朝庭主编 昆明 云南民族出版社 2006 年 628 页
b45438997 K280.743 B267 2006

新编保山风物志
唐定国编著 昆明 云南人民出版社 1999 年 326 页〔云南风物志丛书〕
b1283127x K927.42 T241

云南省保山市地名志
保山市人民政府编 保山 保山市人民政府 1984 年 378 页〔云南省县市地方志〕
b16445363 K927.43 B267 1984

保山市卫生志 前 109–2010
保山市卫生局编 李子齐 万青 穆快昌主编 昆明 云南民族出版社 2015 年 744 页
b49677652 R199.274.3 B267 2015

保山市鼠疫志 1840–2010
李子齐 李园园 杨爱华编著 昆明 云南人民出版社 2017 年 339 页
b50153286 R516.8 B267 2017

保山地区水利志
保山地区水利电力局编 芒市 德宏民族出版社 1995 年 428 页
b16862302 TV–092 B267C 1995

保山市水利志
保山市水利志编辑组编 保山 保山市水利电力局 1993 年 190 页
b16862284 TV–092 B267 1993

保山市水利志 1978–2005
保山市水利局编 许丰泽主编 保山 保山市水利局 2008 年 374 页
b36373710 TV–092 B267 2008

隆阳区

板桥镇志
中共板桥镇委员会编 板桥镇人民政府编 香港 香港天马图书公司 2001 年 411 页〔保山市乡镇志丛书〕
b20019373 K297.435 B191 2001

保山市潞江傣族乡志
中共潞江傣族乡委员会 潞江傣族乡人民政府编 香港 天马图书出版公司 2000 年 428 页
b16424980 K297.45 L843 2000

道街乡志
中共保山市丙麻乡委员会 保山市丙麻乡人民政府编 苏清标主编 保山 保山师专印刷厂 2001 年 249 页〔保山市乡（镇）志丛书〕
b36247923 K297.45 D277 2001

汉庄镇志
中共汉庄镇委员会 汉庄镇人民政府编 顾德琳主编 香港 天马图书有限公司 2001

年 312 页〔保山市乡镇志丛书〕
b40935723 K297.45 H215 2001

芒宽彝族傣族乡志
中共芒宽彝族傣族乡委员会 芒宽彝族傣族乡人民政府编 董世寿主编 香港 香港天马图书有限公司 2001 年 614 页〔保山市乡镇志丛书〕
b44852320 K297.45 M215 2001

蒲缥镇志
中共保山市蒲缥镇委员会 保山市蒲缥镇人民政府编 张缙 侯建华主编 香港 香港天马图书有限公司 2001 年 380 页〔保山市乡镇志丛书〕
b36013304 K297.45 P677 2001

隆阳区政协志
中国人民政治协商会议隆阳区委员会编 沙必璐主编 昆明 云南美术出版社 2010 年 282 页
b3637443x D628.743 B267L 2010

隆阳区司法志 1980–2009
保山市隆阳区司法局编 保山 保山市隆阳区司法局 2011 年 399 页
b40837397 D927.743 B267L 2011

河图教育志
保山市河图镇教育办公室编 香港 天马图书公司 2000 年 253 页
b36014011 G527.745 H285 2000

腾冲市

腾冲县志
腾冲县志编纂委员会编 吕文超主编 北京 中华书局 1995 年 1079 页〔中华人民共和国地方志丛书〕
b10623139 K297.44 T292

滇滩镇志
滇滩镇志编纂委员会编 欧阳晓旭主编 昆明 云南人民出版社 2014 年 534 页〔云南省地方志丛书〕
b45969498 K297.45 D429 2014

洞山村志
腾冲市腾越镇洞山村村志编委会编 昆明 云南科技出版社 2017 年 495 页
b50811617 K297.45 D624 2017

猴桥镇志
中共猴桥镇委员会 猴桥镇人民政府编 马有樊总编 昆明 云南美术出版社 2011 年 495 页
b46274303 K297.45 H432 2011

明光镇志
明光镇志编纂委员会编 欧阳晓旭主编 昆明 云南人民出版社 2012 年 532 页〔中华人民共和国地方志丛书〕
b50207891 K297.45 M571 2012

腾越镇志
中共腾越镇委员会 腾越镇人民政府编 吉超贤 章明德 余朝蕊主编 昆明 云南民族出版社 2016 年 980 页〔云南省地方志丛书〕
b49598569 K297.45 T292C 2016

新岐志 1708–2012
中共新岐村总支委员会 中和镇新岐村民委员会编著 段家松主纂 韦成树主编 昆明 云南人民出版社 2013 年 302 页
b46996187 K297.45 X4447 2013

中和镇志
中和镇志编纂委员会编 谷绍权主编 昆明 云南人民出版社 2017 年 542 页

b50828393　K297.45　Z643　2017

腾冲县工会志

腾冲县总工会编　徐天元主编　昆明　云南人民出版社　2010 年　385 页

b49488910　D412.874.4　T292　2010

腾冲县政协志

中国人民政治协商会议云南省腾冲县委员会编　北京　中国文联出版社　2004 年　558 页

b16635589　D628.744　Z546　2004

腾冲县民政志

腾冲县民政局编　赵家永主编　北京　中国国际文化出版社　2007 年　385 页〔腾冲县地方志系列丛书〕

b40743809　D632　T292　2007

腾冲县建设志

腾冲县建委编　孟甦主编　昆明　云南民族出版社　2003 年　428 页

b49982394　F299.277.44　T292　2003

腾冲县林业志

腾冲县林业局编　昆明　云南民族出版社　2013 年　466 页

b49963739　F326.277.44　T292　2013

腾冲县交通志

腾冲县交通局编　赵家永主编　昆明　云南民族出版社　2001 年　410 页〔保山地区交通志系列丛书〕

b20045748　F512.774.4　Z434　2001

腾冲一中校志　1915–2015

腾冲一中校志编纂委员会编纂　赵家汉主编　昆明　云南人民出版社　2017 年　388 页

b51332498　G639.287.44　T292　2017

腾冲风物志

毕坚著　香港　中国和世界出版公司　1992 年　248 页〔历史文化名城〕

b20535867　K892.474.4　T292　1992

云南省腾冲县地名志

腾冲县人民政府编　腾冲　腾冲县人民政府　1982 年　297 页〔云南省县市地方志〕

b16436453　K927.44　T292　1982

腾冲县人民医院志　1940–2009

腾冲县人民医院志编纂委员会编纂　许有志主编　昆明　云南人民出版社　2013 年　411 页

b50207908　R199.2　T292　2013

腾冲县水利志

腾冲县水利志编辑室编　腾冲　腾冲县水利电力局　1988 年　221 页

b16860949　TV–092　T292　1988

施甸县

施甸县志

云南省施甸县志编纂委员会编　张树才主编　北京　新华出版社　1997 年　740 页〔中华人民共和国地方志丛书〕

b12698453　K297.44　S465

太平镇志

太平镇志编纂委员会编　胡义殿　杨烜主编　潞西　德宏民族出版社　2011 年　682 页

b5020824x　K297.45　T1626　2011

姚关镇志

姚关镇志编纂委员会编　程荣芳主编　姚关　姚关镇志编纂委员会　2007 年　530 页

b40743949　K297.45　Y294　2007

施甸县政协志 1984.3–2005.3
中国人民政治协商会议云南省施甸县委员会编 计盈主编 陈文留副主编 施甸 云南民族印刷厂 2006 年 417 页
b16858190 D628.744 S465 2006

施甸县人民法院志 1963–2015
施甸县人民法院志编纂委员会编 李承先主编 施甸 施甸县人民法院志编纂委员会 2016 年 734 页〔云南省施甸县地方志系列丛书〕
b50222089 D926.22 S465 2016

施甸县交通志
施甸县交通局编 段书训主编 昆明 云南民族出版社 2001 年 219 页〔保山地区交通志系列丛书〕
b20045475 F512.774.4 D745 2001

云南省施甸县地名志
施甸县人民政府编 施甸 施甸县人民政府 2001 年 328 页〔云南省县市地名志〕
b16436441 K927.44 S465 2001

施甸县水利志
施甸县水利志编辑室编 施甸 施甸县水利电力局 1990 年 134 页
b16862211 TV–092 S465 1989

龙陵县

龙陵县志
龙陵县委党史地方志工作办公室编 陈景东 张祖成主编 北京 中华书局 2000 年 781 页〔中国地方志丛书〕
b13400150 K297.44 L741

龙陵县志
龙陵县人民政府地方志办公室编 张鉴安修 寸晓亭等纂 杨波主编 龙陵 龙陵县人民政府地方志办公室 2011 年 326 页〔中国方志丛书〕
b50208093 K297.44 L741C 2011

腊勐乡志
中共腊勐乡委 腊勐乡人民政府编 叶芳主编 保山 中共腊勐乡委 2009 年 256 页〔保山市乡（镇）志丛书〕
b36374702 K297.45 L136 2009

龙陵政协志
中国人民政治协商会议云南省龙陵县委员会编 陈自达主编 昆明 云南民族印刷厂 2007 年 268 页
b18838285 D628.744 C437 2007

龙陵县交通志
龙陵县交通局编 杨仕贵主编 昆明 云南民族出版社 2001 年 310 页〔保山地区交通志系列丛书〕
b20044288 F512.774.4 L741 2001

龙陵文化志 1911–1990
龙陵县文化局主编 王启鹏编纂 龙陵 西山印刷厂 2002 年 176 页
b20535223 G127.744 L741 2002

龙陵县教育志
龙陵县教育局编 杨新育主编 昆明 云南人民出版社 2012 年 530 页
b40743500 G527.744 L741 2012

云南省龙陵县地名志
龙陵县人民政府编 龙陵 龙陵县人民政府 1983 年 320 页〔云南省县市地名志〕
b16445375 K927.44 L741 1983

龙陵县水利志
龙陵县水利电力局编 芒市 德宏民族出版社 1995年 235页
b16862442 TV-092 L741 1995

昌宁县

昌宁县志
云南省昌宁县志编纂委员会编 张金辉主编 芝市 德宏民族出版社 1990年 792页〔中华人民共和国地方志丛书〕
b10761196 K297.44 C329

龙泉村志
昌宁县田园镇龙泉村志编纂委员会编 普晋昌主编 昆明 云南民族出版社 2010年 330页〔中华人民共和国地方志丛书〕
b22430787 K297.45 L742 2010

中共昌宁县委党校志
兰梓龙主编 昆明 云南大学出版社 2008年 266页
b47206810 D261.41 C329 2008

昌宁县工会志 1956–2016
昌宁县总工会编 杨永艳 李绍琴主编 昆明 云南人民出版社 2017年 472页
b5083096x D412.874.4 C329 2017

昌宁县政协志 1984–2010
中国人民政治协商会议云南省昌宁县委员会编 谢国钧主编 昆明 昆明富新春彩色印务公司 2011年 430页
b41234662 D628.744 C329 2011

昌宁检察志 1955–2005
昌宁县人民检察院编 熊守春 田心田主编 昌宁 昌宁县人民检察院 2006年 480页
b45452660 D926.32 C329 2006

昌宁县扶贫开发志 1986–2010
昌宁县人民政府扶贫开发办公室 昌宁县扶贫开发志编纂委员会编 于俊荣 杨永军主编 昆明 云南人民出版社 2014年 200页
b47287688 F127.74 C329 2014

昌宁县林业志
昌宁县林业局编 郭子林 杨志军主编 昆明 云南人民出版社 2015年 408页〔中华人民共和国地方志丛书〕
b50207829 F326.277.44 C329 2015

昌宁茶叶志
昌宁县文化发展促进会编 刘文允主编 昆明 云南民族出版社 2013年 404页
b45829329 F426.82 C3296 2013

昌宁县交通志
昌宁县交通局编 张再新总纂 昆明 云南民族出版社 2001年 338页〔保山地区交通志系列丛书〕
b20533597 F512.774.4 C329 2001

昌宁县文化体育志 1933–2008
昌宁县文化体育局编纂 穆尚勇主编 昆明 云南民族出版社 2009年 369页
b20466675 G127.744 C329 2009

昌宁县教育志
昌宁县教育局编 昆明 云南教育出版社 1995年 265页〔云南地方志丛书〕
b18120714 G527.744 C329 1995

昌宁县示范小学志 1908–2008
郭云禄主编 昆明 云南科技出版社 2008年 195页
b40743093 G629.287.44 C329 2008

云南省昌宁县地名志
昌宁县人民政府编 昌宁 昌宁县人民政府 1998 年 271 页〔云南省县市地名志〕
b1644551x K927.44 C329 1998

昌宁县水利志
昌宁县水利志编辑室编 昌宁 昌宁县水利电力局 1991 年 192 页
b16860652 TV-092 C329 1991

昭通市

昭通地区志
昭通地区地方志编纂委员会编 张荣才总纂 昆明 云南人民出版社 1997 年 3 卷 2132 页〔中华人民国和共和国地方丛书〕
b13276001 K297.42 Z413

昭通市志
昭通市志编纂委员会编 王荣武主编 昆明 云南人民出版社 2000 年 860 页〔中华人民共和国地方志丛书〕
b1365505x K297.43 Z413

昭通市志 1978–2005
昭通市志编纂委员会编 杨光文 王文福 范孝懿主编 昆明 云南人民出版社 2010 年 2 卷 1496 页〔中华人民共和国地方志丛书〕
b20883390 K297.43 Z413 2010

昭通市人大志
昭通市人民代表大会常务委员会办公室编 范德清 李寿春主编 昭通 昭通市新侨彩印公司 2009 年 2 卷 254 页
b40938839 D624.743 Z413 2009

昭通检察志
昭通检察志编纂委员会编 虞晓江主编 昭通 昭通检察志编纂委员会 2009 年 373 页
b49706275 D926.32 Z413 2009

昭通审计志
昭通审计志编纂委员会编 李绍军主编 昭通 昭通审计志编纂委员会 2016 年 330 页
b50778092 F239.227.743 Z413 2016

昭通烟草志 1982–2006
昭通烟草志编纂委员会编 何兴普主编 昆明 云南人民出版社 2007 年 668 页〔云南省烟草志丛书〕
b49706287 F426.89 Z413 2007 16

昭通地区土特名产志
昭通地区行政公署地方志办公室编 成都 成都科技大学出版社 1993 年 191 页〔云南省昭通地区地方志丛书〕
b1063423x F762.7 Z413

昭通科学技术志
昭通市科技局编 吴学志主编 昆明 云南科技出版社 2016 年 714 页
b49629487 G322.774.3 Z413 2016

昭通教育志
昭通市教育局编 昆明 云南大学出版社 2001 年 567 页
b1635543x G527.743 S413 2002

昭通少数民族志
昭通市民族宗教事务局编纂 昆明 云南民族出版社 2006 年 438 页
b19932923 K280.743 Z413 2006

新编昭通风物志
邹长铭编著 昆明 云南人民出版社 1999 年 319 页〔云南风物志丛书〕
b13383346 K927.42 Z878

云南省昭通市地名志
昭通市人民政府编 昭通 昭通市人民政府 1985年 178页〔云南省县市地名志〕
b16432009 K927.43 Z413 1985

昭阳区

昭通市昭阳区公安道路交通管理志
昭通市昭阳区公安道路交通管理志编纂领导组编纂 曾廷智主编 昆明 云南人民出版社 2009年 304页
b20883201 F542.874.3 Z413Z 2009

鲁甸县

鲁甸县志
鲁甸县编纂委员会编 邬永飞主编 昆明 云南人民出版社 1995年 768页〔中华人民共和国地方志丛书〕
b10624922 K297.44 L813

鲁甸县志 1978–2008
鲁甸县地方志编纂委员会编纂 晏权主编 昆明 云南人民出版社 2017年 820页〔中华人民共和国地方志丛书〕
b50889710 K297.44 L813C 2017

鲁甸县农业志
鲁甸县农业局编纂 阮曙光主编 昆明 云南人民出版社 2008年 675页
b47045371 F329.744 L813 2008

鲁甸县交通运输图志 2004–2014
鲁甸县交通运输局编 杨大润主编 昆明 云南人民出版社 2015年 176页
b47052211 F512.774 L813 2015

鲁甸县交通志 1978–2007
鲁甸县交通局编纂 杨大润主编 昆明 云南人民出版社 2008年 301页
b36374623 F512.774.4 L813 2008

鲁甸县财政志
鲁甸县财政局编纂 马良主编 昆明 云南人民出版社 2007年 354页〔鲁甸县地方志系列丛书 15〕
b46984082 F812.774.4 M139 2007

鲁甸县教育志
鲁甸县教育局编 昆明 云南民族出版社 1996年 216页〔鲁甸县地方志丛书〕
b1591446x G527.744 L813 1996

龙头山镇中心小学校志
鲁甸县龙头山镇中心小学编 马胜凡主编 芒市 德宏民族出版社 2012年 312页
b44851479 G629.287.44 L813 2012

鲁甸县少数民族志
鲁甸县少数民族志编纂委员会编 马玉昆主编 昆明 云南民族出版社 2005年 369页
b1751597x K280.744 M143 2005

云南省鲁甸县地名志
鲁甸县人民政府编 鲁甸 鲁甸县人民政府 1983年 188页〔云南省县市地名志〕
b16445971 K927.44 L813 1983 llib

鲁甸县水利志
鲁甸县水利电力局编 昆明 云南联谊印刷厂 1993年 232页
b16865029 TV–092 L813 1993

巧家县

巧家县志
云南省巧家县志编纂委员会编 邹长铭

杨天明主编 昆明 云南人民出版社 1997年 682页〔中华人民共和国地方志丛书〕
b13119333 K297.44 Q398

巧家方言志
李永延著 北京 语文出版社 1989年 167页〔昭通方言丛书〕
b20099526 H172.3 L422 1989

云南省巧家县地名志
巧家县人民政府编 巧家 巧家县人民政府 1983年 245页〔云南省市地名志〕
b16436520 K927.44 Q398 1983

盐津县

盐津县志
云南省盐津县志编纂委员会编 马兴仁主编 昆明 云南人民出版社 1994年 610页〔中华人民共和国地方志丛书〕
b10488352 K297.44 Y179

盐津县志 1978–2005
盐津县地方志编纂委员会编 梁祖奇主编 昆明 云南人民出版社 2014年 701页〔中华人民共和国地方志丛书〕
b45969516 K297.44 Y179 2014

盐津方言志
耿德撰著 昆明 云南教育出版社 1991年 198页
b41212605 H172.3 G397 1991

云南省盐津县地名志
盐津县人民政府编 盐津 盐津县人民政府 1985年 306页〔云南省市地名志〕
b16447360 K927.44 Y179 1985

大关县

大关县志
云南省大关县地方志编纂委员会编 陶有乾主编 昆明 云南人民出版社 1998年 777页〔中华人民共和国地方志丛书〕
b13752960 K297.44 D135

大关县志 1978–2005
云南省大关县地方志编纂委员会编 刘仁健主编 昆明 云南人民出版社 2010年 625页〔中华人民共和国地方志丛书〕
b21762946 K297.44 D135 2010

大关县政协志 1950–2016
中国人民政治协商会议大关县委员会编 宋晓铭 何春波主编 昆明 云南人民出版社 2017年 325页
b50013282 D628.744 D135 2017

大关县教育志
大关县教育局编 曾苑玺主编 昆明 云南民族出版社 2009年 382页
b2039763x G527.744 D135 2009

大关方言志
张映庚著 北京 语文出版社 1990年 267页〔云南方言丛书〕
b4086389x H172.3 Z368D 1990

大关县文史资料 第4卷 政协志专辑
中国人民政治协商会议云南省大关县委员会编 宋晓铭主编 大关 中国人民政治协商会议云南省大关县委员会 1997年 200页
b50207210 K297.44 D135C 1997

云南省大关县地名志
大关县人民政府编 大关 大关县人民政

府 1985 年 263 页〔云南省市地名志〕
b16445569 K927.44 D135 1985

永善县

永善县志
云南省永善县人民政府编纂 刘万品主编 昆明 云南人民出版社 1995 年 763 页〔中华人民共和国地方志丛书〕
b10617267 K297.44 Y6367

永善县志 1978–2005
永善县地方志编纂委员会编 刘万品主编 昆明 云南人民出版社 2012 年 738 页〔中华人民共和国地方志丛书〕
b4042120x K297.44 Y6367 2012

永善方言志
张茀著 北京 语文出版社 1989 年 150 页
b20019427 H172.3 Z3512Y 1989

云南省永善县地名志
永善县人民政府编 永善 永善县人民政府 1983 年 315 页
b12158537 K927.44 Y8790

绥江县

绥江县志
绥江县志编纂委员会编 成都 四川辞书出版社 1994 年 593 页〔中华人民共和国地方志丛书〕
b10628435 K297.44 S747

绥江县志 1978–2005
云南省绥江县地方志编纂委员会编 杨坤主编 昆明 云南人民出版社 2011 年 547 页〔中华人民共和国地方志丛书〕
b40938724 K297.44 S747 2011

记忆 381 向家坝电站库区绥江县移民迁建工作图志
中共绥江县委党史研究室编 赵旭良主编 昆明 云南人民出版社 2014 年 2 卷 161 页
b50207866 D632.4–64 S747 2014

云南省绥江县地名志
绥江县人民政府编 绥江 绥江县人民政府 1983 年 81 页〔云南省县市地名志〕
b16447256 K927.44 S747 1983

镇雄县

镇雄县志
云南省镇雄县志编纂委员会编 昆明 云南人民出版社 1987 年 686 页〔中华人民共和国地方志丛书〕
b10604339 K297.44 Z4938

镇雄县人民代表大会志
镇雄县人民代表大会志编纂委员会编 陶其中主编 镇雄 镇雄县人民代表大会志编纂委员会 2007 年 382 页
b20807326 D624.744 Z493 2007

镇雄县政协志 1984.6–2007.12
镇雄县政协志编纂委员会编 向万军主编 镇雄 镇雄县政协志编纂委员会 2007 年 649 页
b20536446 D628.744 Z493 2007

镇雄法院志 第 2 辑
镇雄县人民法院志编纂委员会编 邓成友主编 镇雄 镇雄县人民法院志编纂委员会 2010 年 243 页
b50152907 D926.22 Z493 2010

镇雄检察志
镇雄检察志编纂委员会编 胡善祜主编

镇雄 镇雄检察志编纂委员会 2015 年 410 页
b50152890 D926.32 Z493 2015

镇雄县土地志
镇雄县土地志编纂委员会编 陈德文主编 镇雄 镇雄县土地志编纂委员会 2002 年 295 页
b17676617 F327.744 Z493 2002

镇雄教育志
镇雄县教育志编纂委员会编 何平教育主编 昆明 云南人民出版社 1997 年 356 页
b19518377 G527.744 H276 1997

镇雄一中校志
邱宗林主编 昆明 云南人民出版社 2010 年 398 页
b50207994 G639.287.44 Z493 2010

镇雄县国土资源志 2003–2015
镇雄县国土资源年鉴编纂委员会编 陈永杰主编 镇雄 镇雄县国土资源年鉴编纂委员会 2016 年 432 页
b49598612 K292.25 Z493 2016

云南省镇雄县地名志
镇雄县人民政府编 镇雄 镇雄县人民政府 1987 年 667 页〔云南省县市地名志〕
b16436970 K927.44 Z4938 1987

彝良县

彝良县志
云南省彝良县志编纂委员会编 孔繁山 陈家朝主编 昆明 云南人民出版社 1995 年 740 页〔中华人民共和国地方志丛书〕
b1056472x K297.44 Y435

彝良县志 1978–2005
彝良县地方志编纂委员会编 付状明主编 北京 方志出版社 2013 年 593 页〔中华人民共和国地方志丛书〕
b45444973 K297.44 Y435 2013

彝良县人民代表大会志 1950–2012
彝良县人大常委会编 王顺华主编 彝良 彝良县人大常委会 2013 年 545 页
b47317425 D624.744 Y435 2013

彝良县政协志 1950–2007
中国人民政治协商会议云南省彝良县委员会编 赵远禄主编 北京 中国文史出版社 2007 年 222 页〔新嘉文丛〕
b40938670 D628.744 Y435 2007

彝良县农业志
彝良县农业局编 罗启福 陈太金主编 彝良 彝良县农业局 2010 年 462 页
b50778055 F327.744 Y435 2010

云南省彝良县地名志
彝良县人民政府编 彝良 彝良县人民政府 1984 年 421 页〔云南省市地名志〕
b16436933 K927.44 Y435 1984

彝良县人民医院志
彝良县人民医院编 潘廷品 叶字法主编 彝良 彝良县人民医院 2012 年 344 页
b50208573 R199.2 Y435 2012

威信县

威信县志
云南省威信县志编纂委员会编 邱俊德主编 昆明 云南人民出版社 1999 年 811 页〔中华人民共和国地方志丛书〕
b13655127 K297.44 W273

威信县志 1978–2010
威信县地方志编纂委员会编 古仕林主编 昆明 云南民族出版社 2015 年 647 页〔中华人民共和国地方志丛书〕
b47415204 K297.44 W273C 2015

威信县教育志
威信县教育委员会编 昆明 云南民族出版社 2000 年 250 页
b1399315x G527.744 W273

威信镇雄方言志
邓天玲 黄吉昌 王琼著 昆明 云南民族出版社 2003 年 579 页
b16434985 H172.3 D348 2003

云南省威信县地名志
威信县人民政府编 威信 威信县人民政府 1984 年 186 页〔云南省县市地名志〕
b16142767 K927.44 W273 1984

水富县

水富县志
水富县志编纂委员会编 方治荣主编 昆明 云南人民出版社 1996 年 476 页〔中华人民共和国地方志丛书〕
b13638580 K297.44 S614

水富县志 1974–2013
水富县地方志编纂委员会编 谢树斌主编 北京 方志出版社 2016 年 657 页〔中华人民共和国地方志丛书〕
b49706640 K297.44 S614C 2016

水富县人大志 1981–2009
水富县人大常委会编 雷跃林主编 水富 水富县人大常委会 2009 年 213 页
b50777889 D624.744 S614 2009

云南天然气化工厂志 1973–1986
云南天然气化工厂厂志编纂者编 水富 云南天然气化工厂厂志编纂者 1988 年 494 页
b50319073 F426.7 Y8817 1988

云南天然气化工厂志 1987–1997.3
云天化厂志编委会编 杨家霖 邱崇党主编 水富 云天化厂志编委会 2000 年 578 页
b50319085 F426.7 Y8817C 2000

水富方言志
卢开礁 张茀著 北京 语文出版社 1988 年 192 页〔昭通方言丛书〕
b20019415 H172.3 L791 1988

水富县地名志
水富县人民政府编 水富 水富县人民政府 1983 年 63 页〔云南省县市地名志〕
b16430487 K927.44 S614 1983

丽江市

丽江地区志 第 1–2 卷
丽江地区地方志编纂委员会编 和慧军主编 昆明 云南民族出版社 2000 年 2 卷 1573 页〔中华人民共和国地方志丛书〕
b13794541 K297.42 L437

丽江纳西族自治县志
丽江纳西族自治县志编纂委员会编 李汝明总纂 昆明 云南人民出版社 2001 年 1049 页〔中华人民共和国地方志丛书〕
b13947102 K297.44 L437

丽江纳西族自治县志 1991–2000
丽江纳西族自治县志编纂委员会编 杨俊生主纂 昆明 云南民族出版社 2004 年 1009 页〔中华人民共和国地方志丛书〕
b4086182x K297.44 L437C 2004

丽江市人口与计划生育志
丽江市人口和计划生育委员会编 张菊兰主编 昆明 云南美术出版社 2011 年 514 页
b40739569 C924.257.43 L437 2011

中共丽江市委党校志
中共丽江市委党校编 昆明 云南美术出版社 2006 年 331 页
b17486749 D261.41 Z645 2006

丽江市政协志 1950–2010
中国人民政治协商会议云南省丽江市委员会编 彭明总编 昆明 云南美术出版社 2011 年 347 页
b40739636 D628.743 L437 2011

丽江市人事志
丽江市人事局编 昆明 云南美术出版社 2010 年 540 页
b2157988x D630.3 L437 2010

丽江地区民政志
丽江地区民政局 丽江地区行署地方志办公室编 和瑶主编 昆明 云南民族出版社 2001 年 274 页
b40864686 D632 L437 2001

丽江地区交通志
丽江地区交通局编撰 和康主编 昆明 云南民族出版社 1997 年 252 页
b2004396x F512.774.2 H313 1997

丽江地区电信志
云南省电信公司丽江地区分公司编 杨润海主编 昆明 云南民族出版社 2001 年 228 页
b49705908 F632.774.2 L437 2001

丽江地方税务志
丽江市地方税务局 丽江市地方志办公室编 杨培高主编 昆明 云南人民出版社 2011 年 336 页
b40837270 F812.774.3 L437 2011

丽江金融志
丽江金融志编纂委员会编 丽江市地方志办公室编 和秉智总纂 昆明 云南民族出版社 2005 年 474 页
b49849608 F832.774.3 L437 2005

丽江市文化广电新闻出版志
丽江市文化广电新闻出版局编 高世祥 和丽萍主编 昆明 云南美术出版社 2011 年 467 页
b40739570 G229.277.43 L437 2011

丽江地区教育志
云南省丽江地区教育委员会编 昆明 云南民族出版社 1999 年 698 页
b19518432 G527.742 Y881 1999

丽江纳西族自治县教育志
丽江纳西族自治县教育委员会编 丽江 云南丽江印刷有限责任公司 2001 年 685 页
b16343542 G527.744 L437 2001

丽江古城一中志 1969–2009
丽江古城一中志编委会编纂 阳宗德主编 昆明 云南人民出版社 2009 年 411 页
b47051693 G639.287.43 L4373 2009

丽江一中校志
丽江一中校志编纂委员会编 昆明 云南民族出版社 2005 年 464 页
b17960186 G639.287.43 L437 2005

丽江地区民族志
丽江地区行署民族宗教事务局 丽江地区行署地方志办公室编 和旭东主编 昆明 云南民族出版社 2001年 388页
b1993094x K280.742 L437 2001

丽江拉市风物志
和树森编著 昆明 云南民族出版社 2013年 332页
b47052181 K297.43 L437D 2013

新编丽江风物志
李群育主编 昆明 云南人民出版社 1999年 305页〔云南风物志丛书〕
b13383383 K927.42 L437

玉龙山风物志
玉龙山旅游开发区管委会编 木丽春编著 潞西 德宏民族出版社 2003年 181页〔东巴文化揭秘系列丛书〕
b46562333 K928.3 Y774 2003

玉龙山志
玉龙纳西族自治县史志办公室编 李汝明主编 昆明 云南民族出版社 2015年 510页〔中华人民共和国地方志丛书〕
b50207775 K928.3 Y774C 2015

丽江市卫生志
丽江市卫生局编 毛志良主编 昆明 云南美术出版社 2009年 644页
b41235708 R199.2 L437 2009

永胜县

永胜县志
云南省永胜县志编纂委员会编 唐兆坤主编 昆明 云南人民出版社 1989年 777页〔中华人民共和国地方志丛书〕
b10634174 K297.44 Y636

永胜县志 1978-2005
云南省永胜县地方志编纂委员会编 季正团主编 昆明 云南人民出版社 2014年 860页〔中华人民共和国地方志丛书〕
b50207933 K297.44 Y636C 2014

永胜县习甸志
永胜县习甸志编纂委员会编 吴万泽主编 昆明 云南人大办公厅印刷厂 2014年 279页〔云南省丽江市永胜县地方志丛书〕
b45445254 K297.45 X142 2014

永胜人口志
云南省永胜县人口志编纂委员会编 永胜 永胜县人口志编纂委员会 1996年 340页
b20046765 C924.257.44 Y636 1996

永胜县政协志 1949-2005
政协永胜县委员会编纂 赵文才主编 永胜 政协永胜县委员会 2009年 370页
b46667222 D628.744 Y6367 2009

永胜县司法志
永胜县司法局编 徐天永总编 永胜 永胜县司法局 2009年 194页〔云南省丽江市永胜县地方志丛书〕
b40935450 D927.744 Y636 2009

永胜县国土资源志
永胜县国土资源局编 徐天永总编 永胜 永胜县国土资源局 2010年 323页〔云南省丽江市永胜县地方志丛书〕
b42291616 F129.974.4 Y636 2010

永胜县教育志
永胜县教育局编 徐天永主编 永胜 永胜县教育局 2010年 472页〔云南省丽江

市永胜县地方志丛书〕
b50152853 G527.744 Y6367 2010

永胜方言志
何守伦著 北京 语文出版社 1989年 190页
b17183170 H172.3 H277 1989

云南省永胜县地名志
永胜县人民政府编 永胜 永胜县人民政府 1989年 267页〔云南省县市地名志〕
b16430517 K927.44 Y636 1989

永胜县水利志
永胜县水务局编 永胜 永胜县水务局 2012年 422页〔云南省丽江市永胜县地方志丛书〕
b40935449 TV-092 Y6367 2012

华坪县

华坪县志
云南省华坪县地方志编纂委员会编 胡文艺总纂 昆明 云南民族出版社 1997年 889页〔中华人民共和国地方志丛书〕
b13654433 K297.44 H5296

华坪县志 1978–2005
华坪县地方志编纂委员会编 杨志斌主编 昆明 云南人民出版社 2016年 774页〔中华人民共和国地方志丛书〕
b47270822 K297.44 H5296C 2016

华坪县政协志 1950–2010
中国人民政治协商会议华坪县委员会编 胡明春主编 昆明 云南人民出版社 2013年 266页〔云南省丽江市华坪县地方志丛书〕
b45829342 D628.744 H529 2013

华坪县商业志
华坪县商业局编 王荣煊 唐永震 胡乃光主编 华坪 华坪县前进印刷厂 1991年 158页
b46011304 F727.744 H529 1991

华坪县文化志
云南省华坪县人民政府文化局编 杨湘华主编 华坪 云南省华坪县人民政府文化局 1995年 106页
b45452970 G127.744 H529 1995

华坪县教育志
华坪县教育志编纂者编 华坪 华坪县教育志编纂者 2008年 318页
b46011559 G527.744 H529

华坪县中心人民小学校志 1909–2009
华坪县中心人民小学编 瞿忠宽主编 华坪 华坪县中心人民小学 2009年 143页
b46011316 G629.287.44 H529 2009

玉龙纳西族自治县

玉龙纳西族自治县史志资料选编 第4辑
玉龙纳西族自治县史志办公室编 和新贵主编 昆明 云南速盈印刷有限公司 2016年 136页
b50208615 K297.44 Y774

宁蒗彝族自治县

宁蒗彝族自治县志
云南省宁蒗彝族自治县志编纂委员会编 陶广总纂 昆明 云南民族出版社 1993年 676页〔中华人民共和国地方志丛书〕
b10634071 K297.44 N413

宁蒗彝族自治县志 1989–2005
宁蒗彝族自治县志编纂委员会编 阿克雾宁石根主编 潞西 德宏民族出版社 2006

年 676 页
b20950834　K297.44　N413　2006

宁蒗彝族自治县妇联志　1954–2010
宁蒗彝族自治县地方志办公室　宁蒗彝族自治县妇女联合会编　吉春主编　宁蒗　宁蒗彝族自治县地方志办公室　2012 年 213 页
b41234285　D442.874.4　N413　2012

宁蒗彝族自治县人民代表大会志　1950–2007
宁蒗彝族自治县人大常委会　宁蒗彝族自治县地方志办公室编　吉春主编　昆明　云南民族印刷厂　2008 年　425 页
b20577382　D624.744　N413　2008

宁蒗彝族自治县财政志
宁蒗彝族自治县地方志编纂委员会编　吉春主编　昆明　云南民族出版社　2017 年 385 页〔中华人民共和国地方志丛书〕
b50747794　F812.774.4　N413　2017

宁蒗彝族自治县教育志
宁蒗彝族自治县教育局编　江培元主编　昆明　云南民族出版社　1997 年　272 页
b17960241　G527.744　N413　1997

宁蒗彝族自治县第一中学志　1957–2003
吉春主编　北京　北京燕山出版社　2004 年　447 页〔中华人民共和国地方志丛书〕
b19417524　G639.287.4　N413　2004

云南省宁蒗民族中学志　1981–2011
云南省宁蒗民族中学志编委会编纂　佳斯阳春主编　昆明　云南美术出版社　2011 年　436 页
b40935504　G639.287.44　Y8817　2011

宁蒗彝族自治县水利志
宁蒗彝族自治县水电局　中共宁蒗县委史志办编　和建全主编　昆明　云南大学出版社　1995 年　174 页〔云南省地方志丛书〕
b21855882　TV–092　N4139　1995

普洱市

思茅地区志
思茅地区地方志编纂委员会编　昆明　云南民族出版社　1996 年　2 卷　1070 页〔中华人民共和国地方志丛书〕
b10600814　K297.42　S655

思茅地区志
普洱市地方志编纂委员会编　俞承商编著　昆明　云南人民出版社　2012 年　2 卷　2215 页〔中华人民共和国地方志丛书〕
b46376847　K297.42　S655　2012

思茅地区林业志
思茅地区行政公署林业局编　万洪清主编　思茅　思茅地区行政公署林业局　1996 年 316 页
b47415824　F326.277.42　S655　1996

思茅地区土地志
思茅地区土地管理局编　张正华主编　昆明　云南民族出版社　2001 年　265 页
b21277497　F327.742　S655　2001

普洱烟草志
普洱烟草志编纂委员会编　昆明　云南人民出版社　2007 年　539 页〔云南省烟草志丛书〕
b49706019　F426.89　P693　2007　10

思茅地区邮电志
思茅地区邮电志编纂委员会编　禹增平主

编 昆明 云南民族出版社 1999 年 212 页〔云南地方志丛书〕
b49706056　F632.774.2　S655　1999

普洱市地方税务志
普洱市地方税务志编纂委员会编 李延坤主编 昆明 云南人民出版社 2011 年 548 页
b4491619x　F812.774.342　P693　2011

思茅地区建设银行志
中国人民建设银行思茅地区中心支行编 阮明全主编 昆明 云南人民出版社 1994 年 211 页
b49533459　F832.771.3　S655　1994

思茅地区金融志
思茅地区金融志编纂委员会编 杨兴才主编 昆明 云南民族出版社 1998 年 236 页
b35921778　F832.774.2　S655　1998

思茅地区农村金融志
思茅地区农村金融志编纂委员会编 魏荣主编 乌鲁木齐 新疆科技卫生出版社 1999 年 359 页
b45569861　F832.774.2　S655C　1999

思茅地区文化志
云南省思茅地区行政公署文化局编 黄桂枢总纂 昆明 云南民族出版社 1992 年 439 页〔云南地方志丛书〕
b19930951　G127.742　H657　1992

普洱市广播电视志 1948–2008
普洱市广播电视局编 刘波主编 昆明 昆明市普琳特印刷有限责任公司 2009 年 337 页
b50208366　G229.277.43　P693　2009

思茅地区科学技术志
思茅地区科学技术志编纂委员会编 王郛生主编 昆明 云南人民出版社 1994 年 356 页
b27575007　G322.774.2　S655　1994

普洱市教育志 1978–2008
普洱市教育局编 李世柏主编 昆明 云南民族出版社 2010 年 394 页
b36013481　G527.743　P693　2010

思茅地区教育志
思茅地区行政公署教育局编 昆明 云南民族出版社 1993 年 293 页
b16355416　G527.742　S655　1993

普洱中学志
普洱中学编 毛宏主编 昆明 云南民族出版社 2012 年 636 页
b50207751　G639.287.43　P693　2012

普洱市民族志
云南省普洱市民族宗教事务局编 徐永安主编 昆明 云南民族出版社 2009 年 376 页
b50207817　K280.743　P693　2009

思茅地区文物志
黄桂枢主编 昆明 云南民族出版社 2002 年 326 页〔云南省文物志丛书〕
b1751468x　K872.742　H657　2002

新编思茅风物志
黄桂枢编著 昆明 云南人民出版社 2000 年 272 页〔云南风物志丛书〕
b13776721　K927.42　H657

普洱市人民医院院志 1995–2009
普洱市人民医院编 王文灿主编 普洱 普

洱市人民医院 2011 年 576 页
b50208378 R199.2 P6937 2011

普洱市卫生志 1949–2009
普洱市卫生局编 王文灿主编 普洱 普洱市卫生局 2012 年 618 页
b4967822x R199.2 P693 2012

云南省思茅地区医院院志 1949–1994
思茅地区医院编 李成龙主编 思茅 思茅地区医院 2002 年 384 页
b50208469 R199.2 S655 2002

云南省思茅地区土种志
思茅地区土壤肥料工作站 思茅地区农业科学研究所编著 昆明 云南科技出版社 1993 年 390 页
b49640872 S155.927.42 S655 1993

思茅区

思茅县志
云南省思茅县地方志编纂委员会编 雷峰主编 北京 三联书店 1993 年 588 页〔中国地方志丛书〕
b10633790 K297.44 S655

云南省思茅县地名志
思茅县人民政府编 思茅 思茅县人民政府 1986 年 148 页〔云南省县市地名志〕
b16436544 K927.44 S655 1986

宁洱哈尼族彝族自治县

普洱哈尼族彝族自治县志
云南省普洱哈尼族彝族自治县地方志编纂委员会编 北京 三联书店 1993 年 767 页〔中国地方志丛书〕
b10623206 K297.44 P693

宁洱哈尼族彝族自治县志 1978–2010
宁洱哈尼族彝族自治县地方志编纂委员会编 王尊主编 昆明 云南人民出版社 2013 年 828 页〔中华人民共和国地方志丛书〕
b45649133 K297.44 N4132C 2013

宁洱哈尼族彝族自治县政协志 1949–2009
中国人民政治协商会议宁洱哈尼族彝族自治县委员会编 杨发春主编 昆明 云南人民出版社 2011 年 375 页
b40837282 D628.744 N413 2011

普洱哈尼族彝族自治县工商行政管理志
普洱哈尼族彝族自治县工商行政管理局组编 郑巧云主编 普洱 普洱哈尼族彝族自治县工商行政管理局 2001 年 200 页〔普洱哈尼族彝族自治县地方史志丛书〕
b49505609 F127.744 P693 2001

普洱哈尼族彝族自治县林业志
普洱哈尼族彝族自治县林业局编 周培友主编 普洱 普洱哈尼族彝族自治县林业局 2002 年 375 页〔云南省林业志丛书 43〕
b49678218 F326.277.44 P693 2002

云南省普洱哈尼族彝族自治县地名志
普洱哈尼族彝族自治县人民政府编 普洱 普洱哈尼族彝族自治县人民政府 1987 年 294 页
b11160469 K927.44 P693

墨江哈尼族自治县

墨江哈尼族自治县志
墨江哈尼族自治县志编纂委员会编 昆明 云南人民出版社 2002 年 960 页〔中华人民共和国地方志丛书〕

b14996315　K297.44　M632　2002

墨江哈尼族自治县志　1978–2005
墨江哈尼族自治县地方志编纂委员会编　胡梦雄　李翔　邓起文主编　昆明　云南人民出版社　2011 年　782 页〔中华人民共和国地方志丛书〕
b46133410　K297.44　M632　2011

墨江哈尼族自治县民族志　1950–2005
墨江哈呢族自治县民族宗教事务局编　墨江　墨江哈尼族自治县民族宗教事务局　2007 年　280 页
b20535314　K280.744　M632　2007

云南省墨江哈尼族自治县地名志
墨江哈尼族自治县人民政府编　墨江　墨江哈尼族自治县人民政府　1985 年　503 页〔云南省县市地方志〕
b16436271　K927.44　M632　1985

景东彝族自治县

景东彝族自治县志
景东彝族自治县志编纂委员会编　邓贤刚主编　成都　四川辞书出版社　1994 年　616 页〔中华人民共和国地方志丛书〕
b10616743　K297.44　J5532

景东彝族自治县志
云南省景东彝族自治县志编纂委员会编　邓贤刚主编　昆明　云南人民出版社　2016 年　修订本　635 页〔中华人民共和国地方志丛书〕
b4756054x　K297.44　J55322C　2016

大朝山东镇志
中共大朝山东镇委员会　大朝山东镇人民政府编　周德翰主编　景东　中共大朝山东镇委员会　2013 年　277 页
b50207593　K297.45　D1357　2013

景东彝族自治县锦屏镇志
中共锦屏镇委员会　锦屏镇人民政府编　周德翰撰稿　思茅　思茅方华印刷有限公司　2005 年　327 页
b50207544　K297.44　J492　2005

景东彝族自治县景福乡志
中共景东彝族自治县景福乡委员会　景东彝族自治县景福乡人民政府编　思茅　地大印刷厂　2006 年　383 页
b50207568　K297.45　J553　2006

太忠乡志
中共景东彝族自治县太忠乡党委　景东彝族自治县太忠乡人民政府编　罗庆北主编　普洱　亚美印刷科技有限公司　2015 年　359 页
b4705170x　K297.45　T162　2015

景东彝族自治县城乡建设志
景东彝族自治县城乡建设局编　邓贤刚主编　景东　景东彝族自治县城乡建设局　2005 年　189 页
b50207556　F299.29　J553　2005

景东彝族自治县电力志
景东彝族自治县供电有限责任公司编　景东　景东彝族自治县供电有限责任公司　2004 年　148 页
b49506055　F426.61　J553　2004

景东彝族自治县财政志　1978–2015
景东彝族自治县财政志编纂委员会编　郎中科　王志主编　昆明　云南人民出版社　2017 年　564 页〔中华人民共和国地方志丛书〕

b5065052x　F812.774.4　J553　2017

景东县文化志
景东彝族自治县文化广播电视局　景东彝族自治县文化馆编　李开运主编　昆明　云南大学出版社　1991 年　255 页
b20136614　G127.744　J553　1991

景东彝族自治县教育志
景东彝族自治县教育委员会编　姜功佐　赵刚主编　昆明　云南民族出版社　2001 年　388 页
b2001949x　G527.744　J329　2001

景东彝族自治县民族志
景东彝族自治县民族宗教事务局编　颜仕勇主编　昆明　云南民族出版社　2012 年　343 页
b46012369　K280.744　J553　2012

云南省景东彝族自治县地名志
景东彝族自治县人民政府编　景东　景东彝族自治县人民政府　1985 年　434 页〔云南省县市地名志〕
b16436908　K927.44　J5535　1985

景东彝族自治县水利志
景东彝族自治县水务局编　思茅　方华印刷有限公司　2007 年　336 页
b5020757x　P33-09　J553　2007

景东彝族自治县卫生志
景东彝族自治县卫生局编　李建胭主编　芒市　德宏民族出版社　2015 年　739 页
b50221498　R-092　J553　2015

景东妇幼保健志
景东彝族自治县妇幼保健院编　昆明　云南人民出版社　2016 年　502 页〔中华人民共和国地方志丛书〕
b4995104x　R172.2　J553　2016

云南哀牢山无量山国家级自然保护区景东管理局志
云南哀牢山无量山国家级自然保护区景东管理局编　邓贤刚主编　景东　云南哀牢山无量山国家级自然保护区景东管理局　2006 年　182 页
b50207581　S759.992.744　J553　2006

景谷傣族彝族自治县

景谷傣族彝族自治县志
云南省景谷傣族彝族自治县志编纂委员会编　冷启鹤　毛德昌　罗承绪主编　成都　四川辞书出版社　1993 年　763 页〔中华人民共和国地方志丛书〕
b10655566　K297.44　J553

景谷傣族彝族自治县志　1978–2008
景谷傣族彝族自治县地方志编纂委员会编　苏光民主编　昆明　云南人民出版社　2012 年　662 页〔中华人民共和国地方志丛书〕
b46995390　K297.44　J553C　2012

景谷傣族彝族自治县经济和商务志　1949–2007
景谷傣族彝族自治县经济和商务局编　谢云龙主编　威远　景谷傣族彝族自治县经济和商务局　2008 年　511 页
b47287597　F127.744　J553　2008

景谷傣族彝族自治县土地志
景谷傣族彝族自治县土地管理局编　思茅　思茅地质印刷厂　2000 年　135 页
b16446422　F327.744　J553　2000

景谷傣族彝族自治县邮电志 1732–1994
景谷傣族彝族自治县邮电局编纂 周之达主编 昆明 云南民族出版社 1998年 245页〔云南省景谷地方志丛书〕
b50007713 F632.774.4 J553 1998

景谷傣族彝族自治县供销合作社志 1988–2002
景谷傣族彝族自治县供销合作社联合社编 普卫主编 景谷 景谷傣族彝族自治县供销合作社联合社 2006年 200页
b47287585 F721.2 J553 2006

景谷商业志
景谷傣族彝族自治县商业局编 许树清主编 景谷 景谷傣族彝族自治县商业局 1993年 267页
b5020760x F727.744 J553 1993

云南省景谷傣族彝族自治县地名志
景谷傣族彝族自治县人民政府编 景谷 景谷傣族彝族自治县人民政府 1985年 433页〔云南省县市地方志〕
b1643691x K927.44 J5533 1985

镇沅彝族哈尼族拉祜族自治县

镇沅彝族哈尼族拉祜族自治县志
云南省镇沅彝族哈尼族拉祜族自治县志编纂委员会编 王槐清主编 昆明 云南人民出版社 1995年 728页〔中华人民共和国地方志丛书〕
b10604352 K297.44 Z4939

镇沅彝族哈尼族拉祜族自治县志 1978–2008
云南省镇沅彝族哈尼族拉祜族自治县志编纂委员会编 昆明 云南人民出版社 2013年 1190页〔中华人民共和国地方志丛书〕
b46133422 K297.44 Z4939 2013

镇沅彝族哈尼族拉祜族自治县交通志
镇沅彝族哈尼族拉祜族自治县交通局编 兰德宏主编 镇沅 镇沅彝族哈尼族拉祜族自治县交通局 2004年 382页
b50208664 F512.9 Z4939 2004

镇沅彝族哈尼族拉祜族自治县税务志 1727–2005
镇沅彝族哈尼族拉祜族自治县国家税务局 镇沅彝族哈尼族拉祜族自治县地方税务局编纂 董开良 杨正学 明太兴主编 镇沅 镇沅彝族哈尼族拉祜族自治县国家税务局 2007年 318页
b45480382 F812.774.442 Z493 2007

镇沅彝族哈尼族拉祜族自治县第二中学校志
镇沅彝族哈尼族拉祜族自治县第二中学编 潞西 德宏民族出版社 2008年 702页
b20121040 G639.287.4 Z493 2008

云南省镇沅县地名志
镇沅县人民政府编 镇沅 镇沅县人民政府 1984年 335页〔云南省县市地名志〕
b16141817 K927.44 Z493 1984

镇沅彝族哈尼族拉祜族自治县卫生志
镇沅彝族哈尼族拉祜族自治县卫生局编 段廷昌主编 镇沅 镇沅彝族哈尼族拉祜族自治县卫生局 2005年 421页
b50208652 R199.2 Z4939 2005

江城哈尼族彝族自治县

江城哈尼族彝族自治县志
云南省江城哈尼族彝族自治县志编纂委员会编 俞承商编纂 昆明 云南人民出版社

1989 年 431 页〔中华人民共和国地方志丛书〕
b10655451 K297.44 J323

江城哈尼族彝族自治县志 1978–2005
江城哈尼族彝族自治县地方志编纂委员会编 杨永春主编 昆明 云南人民出版社 2012 年 790 页〔中华人民共和国地方志丛书〕
b44795385 K297.44 J323 2012

江城哈尼族彝族自治县民族志
江城哈尼族彝族自治县民族宗教事务局编 金文胜主编 普洱 亚美印刷科技有限公司 2012 年 276 页
b50207519 K280.744 J323 2012

云南省江城哈尼族彝族自治县地名志
江城哈尼族彝族自治县人民政府编 江城 江城哈尼族彝族自治县人民政府 1987 年 174 页〔云南省县市地名志〕
b16449526 K927.44 J323

江城县水利志 1949–2005
江城哈尼族彝族自治县水利局编 江城 江城哈尼族彝族自治县水利局 2007 年 132 页
b19732272 TV–092 J3233 2007

孟连傣族拉祜族佤族自治县

孟连傣族拉祜族佤族自治县志
孟连傣族拉祜族佤族自治县志编纂委员会编 昆明 云南民族出版社 1999 年 433 页〔中华人民共和国地方志丛书〕
b13752947 K297.44 M368

勐马镇志 1954–2013
勐马镇志编纂委员会编 罗文华主编 昆明 云南人民出版社 2015 年 413 页
b47287706 K297.45 M346 2015

孟连傣族拉祜族佤族自治县政协志 1953–2003
中国人民政治协商会议孟连傣族拉祜族佤族自治县委员会编 岩平主编 孟连 政协孟连傣族拉祜族佤族自治县委员会 2004 年 377 页
b4967755x D628.744 M368 2004

云南省孟连傣族拉祜族佤族自治县地名志
孟连傣族拉祜族佤族自治县人民政府编 孟连 孟连傣族拉祜族佤族自治县人民政府 1988 年 164 页〔云南省县市地名志〕
b16435758 K927.44 M368 1988

澜沧拉祜族自治县

澜沧拉祜族自治县志
云南省澜沧拉祜族自治县志编纂委员会编 张启龙主编 昆明 云南人民出版社 1996 年 740 页〔中华人民共和国地方志丛书〕
b13084975 K297.44 L174

澜沧拉祜族自治县志 1978–2005
澜沧拉祜族自治县志编纂委员会编 张晓改主编 昆明 云南人民出版社 2013 年 860 页〔中华人民共和国地方志丛书〕
b44749673 K297.44 L174 2013

澜沧拉祜族自治县教育志
云南省澜沧拉祜族自治县教育局编 昆明 云南民族出版社 1995 年 275 页
b16357346 G527.744 L174 1995

云南省澜沧拉祜族自治县地名志
澜沧拉祜族自治县人民政府编 澜沧 澜沧

拉祜族自治县人民政府 1986年 416页〔云南省县市地方志〕
b16436714 K927.44 L174 1986

西盟佤族自治县

西盟佤族自治县志
西盟佤族自治县志编纂委员会编 昆明 云南人民出版社 1997年 442页〔中华人民共和国地方志丛书〕
b13991450 K297.44 X1195

西盟佤族自治县志 1978–2008
西盟佤族自治县地方志编纂委员会编 李士昌 邵建波 苏然主编 北京 方志出版社 2017年 746页
b50871031 K297.44 X1195C 2017

西盟佤族自治县人民代表大会志 1993–2016
西盟佤族自治县人民代表大会常务委员会编 魏岩斋主编 昆明 云南人民出版社 2017年 298页
b50889722 D624.744 X1195 2017

西盟佤族自治县政协志 1950–2011
中国人民政治协商会议西盟佤族自治县委员会编 王福生主编 西盟 中国人民政治协商会议西盟佤族自治县委员会 2012年 267页
b50208536 D628.744 X119 2012

云南省西盟佤族自治县地名志
西盟佤族自治县人民政府编 西盟 西盟佤族自治县人民政府 1996年 141页〔云南省县市地名志〕
b1614191x K927.44 X1195 1996

临沧市

临沧地区志
临沧地区地方志编纂委员会编 李明三 刘世胤总纂 北京 北京燕山出版社 2004年 3卷 1996页〔中华人民共和国地方志丛书〕
b15906073 K297.42 L581 2004

中国共产党临沧地区委员会志
中国共产党临沧地区委员会志编纂委员会编 李景明主编 昆明 云南民族出版社 1998年 530页
b46012382 D235.742 L581 1998

临沧人大志 1981.11–2014.03
临沧人大志编纂委员会编 吴正昌主编 昆明 云南人民出版社 2016年 524页〔中华人民共和国地方志丛书〕
b49951087 D624.744 L581 2016

临沧地区公安志
云南省临沧地区行政公署公安处编纂 徐振华主编 芒市 德宏民族出版社 1995年 217页〔云南省临沧地区地方志丛书〕
b49849682 D631 X5812 1995

临沧地区法院志 1953–2004
云南省临沧地区中级人民法院编 段世琳主编 临沧 临沧兴宇彩印厂 2007年 394页
b41235058 D926.22 L581 2007

云南省临沧地区军事志
中国人民解放军云南省临沧军分区编 肖学仁主编 临沧 中国人民解放军云南省临沧军分区 1996年 457页
b22430702 E289.742 X364 1996

临沧地区土地志
临沧地区土地管理局编 周宪华主编 昆明 云南民族出版社 2000 年 184 页
b21277291 F327.742 L581 2000

云南省临沧地区农垦志 1955–1990
云南省临沧地区农垦分局农垦志编纂委员会编 梁敏主编 临沧 云南省临沧地区农垦分局 1999 年 470 页
b47073305 F329.743 L581 1999

临沧烟草志（临沧市）
临沧烟草志编纂委员会编 施荣主编 昆明 云南人民出版社 2007 年 317 页〔云南省烟草志丛书〕
b49705921 F426.89 L5811 2007 8

临沧地区交通志
临沧地区行政公署交通局编 张怀明 段凤春主编 昆明 云南民族出版社 2003 年 404 页〔云南省临沧地区地方交通志系列丛书〕
b36129410 F512.774.2 L581 2003

临沧公路管理志
临沧公路管理总段编 唐建明主编 临沧 临沧公路管理总段 2006 年 376 页〔云南省临沧地区地方公路管理志系列丛书〕
b50665352 F542.874.3 T241 2006

临沧市地方税务志
临沧市地方税务局编 胡绍军主编 临沧 临沧市地方税务局 2010 年 547 页〔云南省地方税务志系列丛书〕
b4970591x F812.9 L581 2010

临沧地区农村金融志
中国农业银行临沧地区中心支行编 张朝彦主编 昆明 云南民族出版社 1996 年 325 页〔地方志丛书〕
b21764190 F832.774.2 L581 1996

临沧市档案志
临沧市档案馆编 李建平主编 昆明 云南民族出版社 2012 年 300 页
b47052193 G279.277.43 L581 2012

临沧地区汉语方言志
陈丽萍著 昆明 云南人民出版社 2001 年 211 页
b16356652 H172.3 C424 2001

临沧地区民族志
临沧地区民族宗教事务局编 郭金富主编 昆明 云南民族出版社 2003 年 207 页
b17298568 K280.742 L581 2003

临沧市非公经济人物志
临沧市地方志编纂委员会办公室编 辉志仁主编 昆明 云南人民出版社 2017 年 368 页〔中华人民共和国地方志丛书〕
b50830983 K825.38 L581 2017

新编临沧风物志
武定云编著 昆明 云南人民出版社 2000 年 203 页〔云南风物志丛书〕
b13776769 K927.42 W532

临翔区

临沧县志
临沧县地方志编纂委员会编 武定云主编 昆明 云南人民出版社 1993 年 688 页〔中华人民共和国地方志丛书〕
b10726585 K297.44 L581

圈内乡昔木下寨风土志
临翔区地方志编纂委员会办公室编 李俊

蒙主编 昆明 云南人民出版社 2015 年 118 页
b50200264 K297.45 X137 2015

云南省临沧县地名志
临沧县人民政府编 临沧 临沧县人民政府 1984 年 246 页〔云南省地方志〕
b16447323 K927.44 L581 1984

凤庆县

凤庆县志
云南省凤庆县志编纂委员会编 杨滋荣主编 昆明 云南人民出版社 1993 年 791 页〔中华人民共和国地方志丛书〕
b10836275 K297.44 F413C

凤庆县志 1978–2005
凤庆县地方志编纂委员会编 李义山主编 昆明 云南人民出版社 2014 年 614 页〔中华人民共和国地方志丛书〕
b46133355 K297.44 F413C 2014

顺宁县志
凤庆县志编修委员会编 凤庆 凤庆县志编修委员会 1981 年 465 页
b11470483 K297.44 F413

岔河村志
云南省临沧市凤庆县大寺乡岔河村编纂委员会编 杨滋荣主编 香港 香港天马出版有限公司 2015 年 495 页
b49938666 K297.45 C 2015

诗礼乡志
凤庆县地方志办公室编 诗礼乡人民政府编 刘浩主编 凤庆 凤庆县地方志办公室 2000 年 334 页〔云南省凤庆县地方志丛书〕
b22431834 K297.45 S459 2000

凤庆县审计志
云南省临沧市凤庆县审计局 云南省临沧市凤庆县审计志编纂委员会编纂 杨滋荣主编 昆明 云南人民出版社 2017 年 548 页
b50642297 F239.227.744 F413 2017

凤庆县习谦水泥厂志
凤庆县习谦水泥厂志编纂委员会编 刘浩主编 凤庆 凤庆县习谦水泥厂志编纂委员会 2002 年 319 页〔云南省凤庆县地方志丛书〕
b50207283 F426.71 X142 2002

凤庆县农村信用合作社志 1954–2016
凤庆县农村信用合作联社编纂 昆明 云南美嘉美印刷包装有限公司 2017 年 408 页〔云南省凤庆县地方志丛书〕
b50727965 F832.774.4 F413 2017

凤庆县教育志
凤庆县教育局 凤庆县地方志办公室 凤庆县教育志编写组编 杨虎主编 凤庆 凤庆县教育志编写组 1991 年 492 页〔云南省凤庆县地方志丛书〕
b20181681 G527.744 F413 1991

凤庆县第一中学校志 2004–2016
凤庆县史志办公室 凤庆县第一中学编 卢树林主编 凤庆 凤庆县史志办公室 2017 年 533 页〔云南省凤庆县地方志丛书〕
b50992363 G639.287.44 F413 2017

凤庆县民族志
凤庆县民族事务委员会 凤庆县地方志办公室编 杨滋荣主编 昆明 滇黔桂石油地质科研所印刷厂 1991 年 196 页〔云南

省凤庆县地方志丛书之六〕
b20100784 K280.744 Y252 1991

云南省凤庆县地名志
杨卫东主修 杨滋荣主编 凤庆 凤庆县人民政府 1999年 534页〔云南省县市地名志〕
b16446860 K927.44 F413 1999

云 县

云县志
云南省云县地方志编纂委员会编 马跃华主编 昆明 云南人民出版社 1994年 897页〔中华人民共和国地方志丛书〕
b10655414 K297.44 Y8798

云县志 1991-2000
云南省云县地方志编纂委员会编 高进农主编 昆明 云南人民出版社 2006年 597页〔中华人民共和国地方志丛书〕
b17385611 K297.44 Y8798 2006

爱华镇志
云县爱华镇人民政府编 云县地方志编纂办公室编 云县 云县爱华镇人民政府 1989年 266页〔云县地方志丛书〕
b16464849 K297.45 A151 1989

中共云县县委党校志 1952-2012
中国共产党云县委员会党校 云县地方志编纂办公室编 陶有光主编 云县 云县地方志编纂办公室 2012年 297页
b40935462 D261.41 Z6459 2012

云县工商业联合会(商会)志 1909-2008
云县工商业联合会(商会)云县地方志编纂办公室编 黄凤桐主编 云县 云县工商业联合会(商会)2008年 272页
b49850155 F727.744 Y879 2008

云县教育志
云县教育局编纂 鲍启铭主编 昆明 云南科技出版社 2004年 512页
b1614272x G527.744 Y879 2004

云县民族志
云县民族事务委员会 云县地方志编纂办公室编 云县 云县地方志编纂办公室 1988年 176页〔云南省地方志丛书〕
b19932881 K280.744 Y879 1988

云南省云县地名志
云县人民政府编 云县 云县人民政府 1985年 244页〔云南省县市地名志〕
b16436957 K927.44 Y8799 1985

永德县

永德县志
云南省永德县志编纂委员会编 鲁成旺主编 昆明 云南人民出版社 1994年 710页〔中华人民共和国地方志丛书〕
b1062305x K297.44 Y6362

云南省永德县地名志
永德县人民政府编 永德 永德县人民政府 1986年 309页〔云南省永德县市地方志〕
b16436945 K927.44 Y6362 1986

镇康县

镇康县志
云南省镇康县志编纂委员会编 萧德虎主编 成都 四川民族出版社 1992年 961页〔中华人民共和国地方志丛书〕
b10622998 K297.44 Z493

镇康县教育志
镇康县教育委员会教育志编辑室编纂修 罗尚忠主编 芒市 德宏民族出版社 1994年 266页〔云南地方志丛书〕
b1591429x G527.744 L524 1994

双江拉祜族佤族布朗族傣族自治县

双江拉祜族佤族布朗族傣族自治县志
双江拉祜族佤族布朗族傣族自治县地方志编纂委员会编 赵成龙主编 昆明 云南民族出版社 1995年 945页〔中华人民共和国地方志丛书〕
b10597700 K297.44 S592

双江政协志 1963–2003
中国人民政治协商会议云南省双江拉祜族佤族布郎族傣族自治县委员会编 昆明 云南民族出版社 2003年 321页
b20045554 D628.744 S592 2003

双江拉祜族佤族布朗族傣族自治县土地志
双江拉祜族佤族布朗族傣族自治县土地管理局编 芒市 德宏民族出版社 1998年 244页
b49827224 F321.1 S5924 1998

双江拉祜族佤族布朗族傣族自治县民族志
双江拉祜族佤族布朗族傣族自治县民族事务委员会编 刘茁生主编 昆明 云南民族出版社 1995年 372页
b20045542 K280.744 L686 1995

云南省双江拉祜族佤族布朗族傣族自治县地名志
双江拉祜族佤族布朗族傣族自县人民政府编 双江 双江拉祜族佤族布朗族傣族自县人民政府 1985年 120页〔云南省县市地名志〕
b16447359 K927.44 S592 1985

双江拉祜族佤族布朗族傣族自治县水利志
双江自治县水利电力局编 双江 昆明清泉彩印厂 1993年 147页〔云南省地方志丛书〕
b16862545 TV–092 S592 1993

耿马傣族佤族自治县

耿马傣族佤族自治县志
耿马傣族佤族自治县地方志编纂委员会编 杨铸主编 昆明 云南民族出版社 1995年 934页〔中华人民共和国地方志丛书〕
b10647405 K297.44 G397

耿马傣族佤族自治县工会志 2001–2011
耿马傣族佤族自治县总工会编 罗恒高主编 耿马 耿马傣族佤族自治县总工会 2013年 300页
b50861931 D412.874.4 G397 2013

耿马傣族佤族自治县政协志 1952–2007
中国人民政治协商会议耿马傣族佤族自治县委员会编 李德荣主编 耿马 中国人民政治协商会议耿马傣族佤族自治县委员会 2011年 315页
b41234807 D628.744 G397 2011

云南省临沧地区勐撒农场志
云南省临沧地区勐撒农场志编纂委员会编 张绪忠主编 昆明 云南民族出版社 1998年 354页
b46667830 F324.1 M3467 1998

耿马傣族佤族自治县税务志
耿马傣族佤族自治县国家税务局编 张松宇主编 昆明 云南民族出版社 1998年 400页

b45479501 F812.774.4 G397 1998

云南省临沧地区孟定农场志 1978–2005
孟定农场志编纂委员会编 付太平主编 昆明 云南民族出版社 2013年 532页
b46996266 K297.435.27 M367 2013

云南省耿马傣族佤族自治县地名志
耿马傣族佤族自治县人民政府编 耿马 耿马傣族佤族自治县人民政府 1985年 220页〔云南省县市地名志〕
b16436568 K927.44 G397 1985

耿马傣族佤族自治县水利志
耿马傣族佤族自治县水利志编纂委员会编 周庆荣主编 耿马 耿马傣族佤族自治县水利志编纂委员会 2007年 222页
b49705726 TV-092.744 G397 2007

沧源佤族自治县

沧源佤族自治县志
沧源佤族自治县地方志编纂委员会编 李明富主编 昆明 云南民族出版社 1998年 1025页〔中华人民共和国地方志丛书〕
b13752819 K297.44 C178

沧源佤族自治县教育志
沧源佤族自治县教育局编 临沧 临沧地区印刷厂 1994年 386页
b27575354 G527.744 C178

沧源佤族自治县人民代表大会志
沧源佤族自治县人大常委会编 昆明 云南民族出版社 2010年 440页
b22428860 D624.744 C178 2010

沧源佤族自治县政协志
中国人民政治协商会议沧源佤族自治县委员会编 赵中山主编 昆明 滇黔桂石油勘探局昆明印刷厂 2007年 348页
b18620991 D628.744 Z441 2007

云南省沧源佤族自治县地名志
沧源佤族自治县人民政府编 沧源 沧源佤族自治县人民政府 1988年 130页〔云南省县市地名志〕
b16445351 K927.44 C178 1988

楚雄彝族自治州

楚雄彝族自治州志
楚雄彝族自治州地方志编纂委员会编 北京 人民出版社 1993年 6卷
b1082473x K297.42 C592

楚雄彝族自治州志 1978–2010
楚雄彝族自治州地方志编纂委员会编 杜晋宏 郭孟贤 李发登总编 昆明 云南人民出版社 2018年 5册〔中华人民共和国地方志丛书〕
b5099329x K297.42 C592F 2018

楚雄彝族自治州人口志
楚雄彝族自治州人口和计划生育委员会编 杨吉昌主编 楚雄 楚雄日报社 2007年 390页
b4123473x C924.257.42 C592 2007

中共楚雄州委党校志 1950–2010
中国共产党楚雄州委员会党校编 马爱芳主编 楚雄 中共楚雄州委党校 2010年 276页
b49677676 D261.41 M136 2010

中共楚雄州委州直机关工委志 1950–2010
中共楚雄州委州级直属机关工作委员会编 包有 王若舟主编 楚雄 中共楚雄州委

州级直属机关工作委员会 2012年 270页
b47331318 D267.5 B255 2012

楚雄彝族自治州妇女志 1991–2005
楚雄州妇女联合会编 张宗泽主编 楚雄 楚雄州妇女联合会 2010年 598页
b47331343 D442.874.2 C592 2010

楚雄彝族自治州人民代表大会志
楚雄州人民代表大会志编委会编 杨和森主编 昆明 云南民族出版社 2002年 550页
b16784716 D624.742 C592 2002

楚雄彝族自治州政协志
中国人民政治协商会议楚雄彝族自治州委员会编 杨春华主编 昆明 云南大学出版社 2001年 501页
b41235629 D628.742 C592 2001

楚雄州人事志 1988–2010
云南省楚雄彝族自治州人事局 云南省楚雄州机构编制委员会办公室编 商雁鸿主编 楚雄 云南省楚雄彝族自治州人事局 2010年 306页
b40649921 D677.42 C592 2010

楚雄州审判志
楚雄州审判志编纂领导小组编审 李加能主编 昆明 云南大学出版社 1997年 381页
b49705593 D926.22 C592 1997

楚雄州工商行政管理志 1994–2015
楚雄州工商行政管理局编 唐思虎 何晓荣主编 楚雄 楚雄州工商行政管理局 2016年 320页
b51072403 F123.82 C592 2016

楚雄彝族自治州工商行政管理志
楚雄彝族自治州工商行政管理局编 冯炽猷 赵尊诚主编 楚雄 楚雄彝族自治州工商行政管理局 1994年 305页
b49849281 F203.9 C592 1994

楚雄彝族自治州畜牧志
楚雄彝族自治州农牧业局编 周绍庠主编 楚雄 楚雄彝族自治州农牧业局 1990年 219页〔云南省楚雄州地方志丛书〕
b49849293 F326.377.42 C592 1990

楚雄州林业志 1988–2007
楚雄州林业局编 卢显亮主编 楚雄 楚雄日报传媒公司印刷中心 2011年 511页
b44749119 F326.277.42 C592 2011

楚雄烟草志
楚雄烟草志编纂委员会编纂 段应泽主编 昆明 云南人民出版社 2010年 738页
b50207830 F426.89 D745 2010

楚雄州盐业志
楚雄州盐业志编纂委员会编 保明虎主编 昆明 云南民族出版社 2001年 450页
b50207799 F426.82 C592 2001

吕合煤矿志 1960–1987
楚雄彝族自治州吕合煤矿编 沈阁主编 楚雄 楚雄彝族自治州吕合煤矿 1993年 243页〔云南地方志丛书〕
b50207209 F426.21 L978 1993

楚雄交通运输集团有限公司志
云南省楚雄交通运输集团有限公司编 王平主编 楚雄 云南省楚雄交通运输集团公司 2016年 710页
b50207143 F512.774.2 C5924 2016

楚雄州交通志
楚雄彝族自治州交通志编纂委员会编 王有奇主编 天津 天津人民出版社 1992年 520页
b20041974 F512.774.2 C592 1992

楚雄公路管理志
楚雄公路管理志编纂委员会编 王有奇主编 楚雄 云南省公路局楚雄公路管理总段 1989年 534页〔楚雄彝族自治州地方志丛书〕
b4984927x F542.874.2 C592C 1989

楚雄交通规费征收稽查志
楚雄交通规费征收稽查处编 姜建主编 楚雄 楚雄交通规费征收稽查处 2007年 409页
b50347160 F542.5 C592 2007

楚雄州道路交通管理志
倪绍康总纂 姚立富总编 昆明 云南民族出版社 2008年 430页
b20815694 F542.874.2 C592 2008

楚雄彝族自治州供销合作社志 1986-2010
楚雄彝族自治州供销合作社编 吴强主编 楚雄 楚雄彝族自治州供销合作社 2013年 234页
b49827510 F721.2 C592 2013

楚雄州粮食志
楚雄州粮食局编 唐刚主编 楚雄 楚雄州粮食局 1992年 583页
b50207192 F724.721 C592 1992

楚雄彝族自治州教育志
楚雄彝族自治州教育志编纂委员会编 杨成彪主编 昆明 云南民族出版社 1998年 511页
b1685942x G527.742 C592 1998

楚雄彝族自治州教育志 1994-2010
楚雄彝族自治州教育局编 李能 杨成彪主编 楚雄 楚雄彝族自治州教育局 2012年 463页〔中华人民共和国地方志丛书〕
b50207180 G527.742 C592C 2012

云南省楚雄农村金融学校校志
云南省楚雄农村金融学校编 张邦佑主编 楚雄 云南省楚雄农村金融学校 1996年 236页
b49803943 G719.287.42 C592 1996

楚雄州体育志
楚雄彝族自治州体育局编 莫言冰主编 楚雄 楚雄彝族自治州体育局 2005年 408页
b46554609 G812.774.2 C592 2005

楚雄州戏曲志
楚雄彝族自治州文化局编 冷用忠主编 北京 文化艺术出版社 1994年 454页〔云南地方艺术集成志丛书〕
b20041986 J825.742 L347 1994

彝剧志
楚雄彝族自治州文化局编 郭思九主编 北京 文化艺术出版社 1991年 155页〔中国戏曲志云南卷丛书〕
b49706111 J825.74 G776 1991

楚雄彝族自治州民族志
楚雄彝族自治州民族事务委员会编 李德胜主编 昆明 云南民族出版社 2014年 576页
b4613332x K280.742 C592 2014

楚雄彝族自治州文物志
楚雄彝族自治州博物馆编 钟仕民主编 昆明 云南民族出版社 2008年 430页

b20533603 K872.742 C592C 2008

新编楚雄风物志
陈九彬 周永源编著 昆明 云南人民出版社 1999年 283页〔云南风物志丛书〕
b12831311 K927.42 C422

楚雄彝族自治州妇幼保健院志 1972–2011
云南省楚雄彝族自治州妇幼保健院编 庞玲主编 楚雄 云南省楚雄彝族自治州妇幼保健院 2014年 337页
b50207179 R197.5 C592 2014

楚雄彝族自治州卫生志
楚雄彝族自治州卫生局编 钟继红主编 昆明 云南民族出版社 2012年 525页
b4705198x R199.2 C592 2012

云南省楚雄州人民医院志 1938–1990
楚雄州人民医院编 樊移山主编 昆明 云南民族出版社 1993年 252页
b50207787 R199.2 C592C 1993

楚雄彝族自治州水利志 1991–2005
楚雄彝族自治州水利局编 楚雄 楚雄日报社印刷厂 2008年 605页
b20952648 TV–092 C592 2008

楚雄州水利志
楚雄彝族自治州水利水电局编 余开明主编 楚雄 楚雄彝族自治州水利电力局 1996年 542页〔楚雄州地方志丛书〕
b46995043 TV–092 C592C 1996

楚雄市

楚雄市志
云南省楚雄市地方志编纂委员会编 天津 天津人民出版社 1993年 896页
b10616871 K297.43 C592

楚雄市志 1984–2005
云南省楚雄市地方志编纂委员会编 张明力主编 昆明 南人民出版社 2018年 623页
b53028788 K297.43 C592

龙江社区志
楚雄市鹿城镇龙江社区志编纂领导小组办公室编 楚雄 楚雄市鹿城镇龙江社区志编纂领导小组办公室 2010年 488页
b46531464 K295.35 L7414 2010

鹿城志
中共楚雄市鹿城镇委员会 楚雄市鹿城镇人民政府编 昆明 云南人民出版社 1995年 367页
b15250106 K297.45 L825 1995

水闸口村志
水闸口居民小组村志编纂办公室编 楚雄 水闸口居民小组村志编纂办公室 2008年 313页
b46531385 K297.45 S614 2008

楚雄市人民代表大会志
楚雄市人民代表大会常务委员会编 金振发主编 昆明 云南人民出版社 2007年 563页
b46667829 D624.743 C592 2007

楚雄市林业志
楚雄市林业局编 芒市 德宏民族出版社 1996年 331页〔云南省林业志丛书〕
b36244971 F326.277.44 C592 1996

楚雄卷烟厂志 1974–2007
楚雄卷烟厂志编纂委员会编 张国良主编 昆明 云南人民出版社 2008年 729页

〔云南省烟草志丛书〕
b49678085　F426.89　C592　2008　2

楚雄市供销合作社志　1952–2008
楚雄市供销合作社编　李显松主编　楚雄　楚雄市供销合作社　2009 年　412 页
b50207155　F721.2　C5928　2009

楚雄市农村信用合作联社志
楚雄市农村信用合作联社编　李建树主编　楚雄　楚雄市农村信用合作联社　2016 年　251 页
b50207167　F832.35　C592　2016

云南省楚雄市民族志
鲁发旺主编　昆明　云南民族出版社　2013 年　470 页
b47052466　K280.743　C592　2013

云南省楚雄市地名志
楚雄市人民政府编　楚雄　楚雄市人民政府　1983 年　441 页〔云南省县市地名志〕
b16445284　K927.43　C592　1984

紫溪山志
楚雄市建设局编　张方玉　张海平主编　昆明　云南民族出版社　2000 年　301 页
b46996394　K928.3　Z8458　2000

双柏县

双柏县志
云南省双柏县地方志编纂委员会编　杨壬林　姚自达总编　昆明　云南人民出版社　1996 年　636 页〔中华人民共和国地方志丛书〕
b13089821　K297.44　S5921

双柏县人民代表大会志　1950–2005
双柏县人民代表大会志编纂委员会编　李维龙主编　双柏　双柏县人民代表大会志编纂委员会　2007 年　398 页
b50208445　D624.744　S592　2007

双柏县政协志　1950–2009
中国人民政治协商会议双柏县委员会编　林发荣　魏琼瑛主编　双柏　中国人民政治协商会议双柏县委员会　2011 年　256 页
b46531038　D628.744　S5921　2011

双柏县林业志
双柏县林业志编委会编　邓继周　王学昌主编　成都　成都科技大学出版社　1993 年　466 页〔云南省林业志丛书〕
b36374052　F326.277.44　S592　1993

双柏县粮食志
双柏县粮食局编　马永国主编　双柏　双柏县粮食局　1991 年　428 页
b51080163　F724.721　S5921　1991

云南省双柏县地名志
双柏县人民政府编　双柏　双柏县人民政府　1986 年　300 页〔云南省县市地名志〕
b16430499　K927.44　S592　1986

双柏县水利志
双柏县水电局编　双柏　双柏县水电局　1992 年　128 页
b16862107　TV–092　S5921　1992

双柏县水利志　1991–2005
双柏县水利局编　刘兴维主编　双柏　双柏县水利局　2006 年　338 页
b50208457　TV–092　S5921C　2006

牟定县

牟定县志
云南省牟定县志编纂委员会编　谢有义主

编 昆明 云南人民出版社 1993 年 671 页〔中华人民共和国地方志丛书〕
b10631288 K297.44 M646

牟定县志 1978–2005
牟定县史志编纂委员会编 段绍东主编 昆明 云南人民出版社 2010 年 651 页〔中华人民共和国地方志丛书〕
b46442285 K297.44 M646C 2010

牟定县政协志 1984–2008
中国人民政治协商会议牟定县委员会编 李光彪主编 牟定 中国人民政治协商会议牟定县委员会 2009 年 392 页
b46531099 D628.744 M646 2009

云南省牟定县地名志
牟定县人民政府编 牟定 牟定县人民政府 1989 年 183 页〔云南省县市地名志〕
b1644730x K927.44 M646 1989

南华县

南华县志
云南省南华县志编纂委员会编 李文臻主编 昆明 云南人民出版社 1995 年 784 页〔中华人民共和国地方志丛书〕
b13274168 K297.44 N1613

南华县志 1986–2002
云南省南华县地方志编纂委员会编 杨育慧 罗成亮主编 昆明 云南人民出版社 2006 年 805 页〔中华人民共和国地方志丛书〕
b17736092 K297.44 N1613 2006

南华县人民代表大会志
南华县人民代表大会常务委员会编 陈向华主编 南华 南华县人民代表大会常务委员会 2003 年 385 页
b50208305 D624.744 N161 2003

南华县人民代表大会志 第 2 卷
南华县人民代表大会常务委员会编 黄淑珍主编 南华 南华县人民代表大会常务委员会 2015 年 430 页
b50208317 D624.744 N161B 2015

南华县政协志 1950.3–2006.3
中国人民政治协商会议云南省南华县委员会编 钱嘉铨主编 南华 楚雄日报社印刷厂 2006 年 448 页
b49677573 D628.744 N161 2006

南华县政协志 2006–2016
中国人民政治协商会议云南省南华县委员会编 夏鹏煋主编 南华 中国人民政治协商会议云南省南华县委员会 2016 年 551 页
b50208329 D628.744 N161C 2016

镇南州志
南华县年鉴编辑委员会编 芒市 德宏民族出版社 1996 年 551 页〔中国地方志丛书〕
b16142779 K297.44 Z4936 1996

云南省南华县地名志
南华县人民政府编 南华 南华县人民政府 1988 年 309 页〔云南省县市地名志〕
b16447293 K927.44 N1613 1988

姚安县

姚安县志
云南省姚安县志编纂委员会编 李嘉相主编 昆明 云南人民出版社 1996 年 1054 页〔中华人民共和国地方志丛书〕
b10546650 K297.44 Y294

姚安县政协志 1984–1998
中国人民政治协商会议姚安县委员会 姚安县政协志编纂委员会编 张宗耀主编 姚安 姚安县政协志编纂委员会 1999 年 359 页
b50208561 D628.744 Y294 1999

云南省姚安县地名志
姚安县人民政府编 姚安 姚安县人民政府 1983 年 138 页〔云南省县市地名志〕
b16445983 K927.44 Y294 1983

大姚县

大姚县志
云南省大姚县地方志编纂委员会编 刘凤春主编 昆明 云南大学出版社 1999 年 890 页〔中华人民共和国地方志丛书〕
b13752509 K297.44 D136

大姚县志 1978–2005
大姚县地方志编纂委员会办公室编纂 李祥主编 昆明 云南人民出版社 2010 年 741 页〔中华人民共和国地方志丛书〕
b22082712 K297.44 D136 2010

大姚县人大志
大姚县人大常委会编纂 钱正忠 曾德明主编 大姚 大姚县人大常委会 1997 年 424 页
b50207234 D624.744 D136 1997

大姚县政协志
中国人民政治协商会议大姚县委员会编 余国权主编 大姚 中国人民政治协商会议大姚县委员会 2002 年 202 页
b50207246 D628.264 D136 2002

大姚铜矿志 1986–2004
云南大姚铜矿编 王君一主编 楚雄 楚雄矿冶股份公司 2004 年 469 页
b4984930x F426.1 D136 2004

大姚县盐业志
大姚县地方志办公室编 李祥主编 大姚 大姚县地方志办公室 2002 年 205 页
b36374106 F426.82 D136 2002

大姚一中校志 1940–2010
云南省大姚第一中学编 杨必军主编 大姚 云南省大姚第一中学 2010 年 267 页
b40649933 G639.287.44 Y881 2010

云南省大姚县地名志
大姚县人民政府编 大姚 大姚县人民政府 1993 年 501 页
b16449459 K927.44 D136 1993

妙峰山志
印严主编 昆明 云南人民出版社 2008 年 363 页
b19239932 K928.3 Y533 2008

永仁县

永仁县志
云南省永仁县志编纂委员会编 李刚主编 昆明 云南人民出版社 1995 年 745 页〔中华人民共和国地方志丛书〕
b13752637 K297.44 Y6365

永仁县志 1988–2005
永仁县县志编纂委员会编 石永祥主编 昆明 云南人民出版社 2016 年 852 页
b50200422 K297.44 Y6365C 2016

永仁县人民代表大会志
永仁县人民代表大会常务委员会编 永仁 永仁县人民代表大会常务委员会 2005

年 191 页
b49789971 D624.744 Y6367 2005

永仁县畜牧兽医志
永仁县畜牧兽医局 永仁县畜牧兽医志编纂委员会编 李文山 辛锡荣主编 昆明 云南民族出版社 2017 年 224 页
b5072115x F326.377.44 Y636 2017

永仁县粮食志
永仁县粮食局编 李文发主编 昆明 昆明市新村印刷厂 1992 年 343 页
b50208603 F724.721 Y6367 1992

永仁县教育志 1616–1994
永仁县教育委员会编 张请宗主编 永仁 永仁县教育委员会编 1996 年 448 页〔云南省地方志丛书〕
b46562321 G527.744 Y636 1996

云南省永仁县地名志
永仁县人民政府编 永仁 永仁县人民政府 1992 年 164 页〔云南省县市地名志〕
b16430566 K927.44 Y6367 1992

元谋县

元谋县志
云南省元谋县志编纂委员会编 昆明 云南人民出版社 1993 年 436 页〔中华人民共和国地方志丛书〕
b10628149 K297.44 Y811

元谋县志 1978–2005
元谋县地方志编纂委员会编 昆明 云南人民出版社 2008 年 722 页
b19023431 K297.44 Y811 2008

姜驿乡志
元谋县地方志编纂委员会编 施宗明主编 芒市 德宏民族出版社 2017 年 262 页
b50993306 K297.45 J332 2017

元谋县人民代表大会志
元谋县人民代表大会常务委员会编 杨璋主编 元谋 元谋县人民代表大会常务委员会 2004 年 364 页
b5034786x D624.744 Y81152 2004

元谋县检察志
元谋县人民检察院编 韩家兴主编 元谋 元谋县人民检察院 1993 年 167 叶〔元谋县地方志丛书〕
b50208639 D926.32 Y8115 1993

云南省元谋县地名志
元谋县人民政府编 元谋 元谋县人民政府 1982 年 209 页〔云南省县市地方志〕
b1643190x K927.44 Y8115 1982

元谋县水利志
元谋县水电局编 元谋 元谋县水电局 1994 年 176 页
b16862387 TV–092 Y811 1994

武定县

武定县志
云南省武定县志编纂委员会编 天津 天津人民出版社 1990 年 516 页〔中华人民共和国地方志丛书〕
b10630521 K297.44 W532

武定县志 1978–2005
武定县地方志编纂委员会编 胡显文主编 昆明 云南人民出版社 2012 年 736 页〔中华人民共和国地方志丛书〕
b4544531x K297.44 W532 2012

武定县宣传志 1934–2013
中共武定县委宣传部编 贺明辉主编 昆明 云南人民出版社 2014年 438页
b46523467 D261.5 W532 2014

武定县政协志 1950–2007
中国人民政治协商会议云南省武定县委员会编 余艳梅主编 武定 中国人民政治协商会议云南省武定县委员会 2008年 671页
b46665572 D628.744 W532 2008

武定林业志
武定县林业局编 张治敏 祁赋编纂 武定 武定县林业局 2010年 207页
b50208500 F326.277.44 W532 2010

武定县畜牧兽医志
武定县畜牧兽医局 武定县畜牧兽医志编纂委员会编 王定义主编 昆明 云南人民出版社 2017年 416页
b50830946 F326.377.44 W214 2017

武定狮子山志
云南武定狮子山旅游服务有限公司编 昆明 云南美术出版社 2005年 220页
b17735671 K297.44 W532W 2005

云南省武定县地名志
武定县人民政府编 武定 武定县人民政府 1986年 228页
b12158549 K927.44 Y879

武定县人民医院院志
武定县人民医院编 黄国友主编 武定 武定县人民医院 2010年 270页
b50208512 R199.2 W5322 2010

武定县水利志
武定县水利电力局编 李文宗主编 昆明 云南美术出版社 1994年 196页
b50207714 TV-092 W5324 1994

禄丰县

禄丰县志
云南省禄丰县志地方志编纂委员会编 汪云祥 贺嘉明主编 昆明 云南人民出版社 1997年 881页〔中华人民共和国地方志丛书〕
b13119229 K297.44 L8312

禄丰县志 1988–2000
禄丰县地方志编纂委员会编 昆明 云南人民出版社 2001年 779页〔中华人民共和国地方志丛书〕
b14996236 K297.44 L8312L 2001

禄丰县人民代表大会志
禄丰县人民代表大会常务委员会编 鲁加仁主编 禄丰 禄丰县人民代表大会常务委员会 2003年 307页
b4953354x D624.744 L831 2003

禄丰县政协志 1950–2002
政协禄丰县委员会编 何汝宏 段发荣主编 禄丰 政协禄丰县委员会 2003年 225页
b50208123 D628.744 L831 2003

云南省第二劳动教养管理所志
云南省第二劳动教养管理所编 王如宏主编 禄丰 云南省第二劳动教养管理所 2011年 535页
b47073299 D927.740.68 W228 2011

云南一平浪盐矿志
云南一平浪盐矿志编纂委员会编 罗树洪主编 昆明 云南美术出版社 2000 年 410 页
b36374428 F426.1 Y411 2000

禄丰县工业志
禄丰县经济委员会编 李有忠 张洪钧主编 楚雄 禄丰县经济委员会 2009 年 989 页〔禄丰县地方志丛书〕
b5020810x F429.744 L831 2009

禄丰县交通志
禄丰县工业交通局编 刘纯斌主编 禄丰 禄丰县工业交通局 1991 年 379 页〔禄丰县地方志丛书〕
b21569320 F512.774.4 L672 1991

禄丰县文化体育志
禄丰县文化体育局编 王育敏主编 禄丰 禄丰县文化体育局 2005 年 672 页〔禄丰县地方志丛书〕
b49705933 G127.744 L831 2005

禄丰县民族志
禄丰县民族事务委员会编 马文岐主编 禄丰 禄丰县民族事务委员会 1995 年 387 页
b50208111 K280.744 L831 1995

云南省禄丰县地名志
禄丰县人民政府编 禄丰 禄丰县人民政府 1984 年 422 页〔云南省县市地名志〕
b16445399 K927.44 L831 1984

禄丰县卫生志 1394–2010
禄丰县卫生局编 普德才主编 禄丰 禄丰县卫生局 2012年 528页〔禄丰县地方志丛书〕
b47584968 R199.274.4 L831 2012

禄丰县水利志
禄丰县水利电力局编 杨应文 王崇义主编 禄丰 禄丰县水利电力局 1989 年 165 页
b17516055 TV-092 Y251 1989

红河哈尼族彝族自治州

红河哈尼族彝族自治州志 第 1 卷 序 凡例 总目录 英文目录 总概述 大事记 建置政区篇 自然环境篇 人口篇 民族篇 经济综合管理篇 科技篇
云南省红河哈尼族彝族自治州编纂委员会编 北京 三联书店 1997 年 534 页〔中国地方志丛书〕
b12488495 K297.42 H419

红河哈尼族彝族自治州志 第 2 卷 农业篇 农垦篇 林业篇 水利篇 烟草篇
云南省红河哈尼族彝族自治州编纂委员会编 北京 三联书店 1994 年 320 页〔中国地方志丛书〕
b12488495 K297.42 H419

红河哈尼族彝族自治州志 第 3 卷 锡业篇 重工业篇 轻工业篇 乡镇企业篇 电力篇 交通篇 邮电篇 城建 环保篇
云南省红河哈尼族彝族自治州编纂委员会编 北京 三联书店 1997 年 497 页〔中国地方志丛书〕
b12488495 K297.42 H419

红河哈尼族彝族自治州志 第 4 卷 商业篇 供销合作社篇 粮油篇 财税篇 金融篇 工商行政管理篇
云南省红河哈尼族彝族自治州编纂委员会编 北京 三联书店 1994 年 581 页〔中国地方志丛书〕
b12488495 K297.42 H419

红河哈尼族彝族自治州志 第 5 卷 教育篇 文化艺术篇 报纸广播电视篇 卫生篇 医药篇 体育篇
云南省红河哈尼族彝族自治州编纂委员会

编 北京 三联书店 1993年 464页〔中国地方志丛书〕
b12488495 K297.42 H419

红河哈尼族彝族自治州志 第6卷 中共红河州地方组织篇 党派群众团体篇 人大篇 政府篇 政协篇 公安篇 检察篇 审判篇 司法行政篇 军事篇 民政篇 人事篇 劳动篇
云南省红河哈尼族彝族自治州编纂委员会编 北京 三联书店 1995年 698页〔中国地方志丛书〕
b12488495 K297.42 H419

红河哈尼族彝族自治州志 第7卷 侨务篇 外事篇 宗教篇 人物 续篇 附录 编后记
云南省红河哈尼族彝族自治州编纂委员会编 北京 三联书店 1995年 477页〔中国地方志丛书〕
b12488495 K297.42 H419

红河州志 1978–2005
红河州地方志编纂委员会编 杨福生主编 昆明 云南人民出版社 2013年 3卷 1863页〔中华人民共和国地方志丛书〕
b45969528 K297.42 H419C 2013

红河州工会志 1927–2008
红河州总工会编 李绍金 汪振敏主编 昆明 云南人民出版社 2012年 567页
b47052089 D412.874.2 H419 2012

红河哈尼族彝族自治州人民代表大会志 1950–1993
红河哈尼族彝族自治州人大常委会办公室编 红河 红河哈尼族彝族自治州人大常委会办公室 1993年 342页
b19931700 D624.742 H419 1993

红河哈尼族彝族自治州政协志 1998.4–2008.2
中国人民政治协商会议云南省红河哈尼族彝族自治州委员会编 张家顺总编 个旧 云南省个旧印刷厂 2009年 300页
b40739612 D628.742 H419 2009

红河哈尼族彝族自治州法院志
红河州中级人民法院院志办公室编 张邦富主编 红河 红河州中级人民法院院志办公室 1997年 420页
b4970574x D926.22 H419 1997

红河州发展和改革志
红河州发展和改革志编纂委员会编纂 欧阳晓旭主编 昆明 云南人民出版社 2013年 596页〔中华人民共和国地方志丛书〕
b50199973 F127.742 H419 2013

红河集团志 1985–2008
红河集团志编纂委员会编 邱建康主编 昆明 云南人民出版社 2010年 698页
b49705751 F426.89 H419 2010

红河烟草志
红河烟草志编纂委员会编 李保文主编 昆明 云南人民出版社 2007年 320页〔云南省烟草志丛书〕
b49705763 F426.89 H4193 2007 5

红河州烟草志
红河州烟草志编纂委员会编纂 李保文主编 昆明 云南科技出版社 2007年 232页
b50207672 F426.89 H4193C 2007

红河哈尼族彝族自治州金融志
红河州金融志办公室编纂 毛福春主编 昆明 云南人民出版社 1996年 240页
b45452945 F832.774.2 H419 1996

红河哈尼族彝族自治州文化艺术志
云南省红河哈尼族彝族自治州文化局编

陈文心主编 北京 文化艺术出版社 1991年 619页
b36378689 G127.742 H419 1991

红河哈尼族彝族自治州文化艺术志 续修
红河哈尼族彝族自治州文化体育局编 陆忠民主编 昆明 云南人民出版社 2014年 566页
b46376665 G127.742 H419 2014

红河哈尼族彝族自治州教育志
红河哈尼族彝族自治州教育委员会教育志编纂委员会编 昆明 云南大学出版社 1995年 551页〔云南地方志丛书〕
b46903203 G527.742 H419 1995

红河州戏曲志
红河哈尼族彝族自治州文化局编 陈文心主编 北京 文化艺术出版社 1991年 371页〔中国戏曲志云南卷丛书〕
b49705775 J809.2 H419 1991

云南省红河州新型少数民族说唱曲种志略
李元庆编纂 呼和浩特 远方出版社 2002年 485页〔太阳文丛〕
b19518250 J826 L422 2002

云南省红河哈尼族彝族自治州民族志
红河哈尼族彝族自治州民族志编写办公室编 昆明 云南大学出版社 1989年 324页〔云南地方志丛书〕
b17581680 K280.742 H419 1989

红河州文物志
红河州文化局编 李正有主编 昆明 云南人民出版社 2007年 306页
b19734001 K872.742 H419 2007

新编红河风物志
于志伟主编 昆明 云南人民出版社 2000年 273页〔云南风物志丛书〕
b1377668x K927.42 Y726

云南红河竹类图志
李增耀 杨宇明主编 昆明 云南人民出版社 2004年 125页
b41235733 Q949.71-64 H419 2004

红河州畜禽遗传资源志
红河州畜禽遗传资源志编纂委员会编 孔凡勇主编 红河 红河州畜禽遗传资源志编纂委员会 2015年 162页
b47405922 Q953 H419 2015

红河州妇幼保健院志
红河州妇幼保健院编纂 李超主编 昆明 云南科技出版社 2015年 397页
b50207660 R197.5 H419 2015

红河哈尼族彝族自治州卫生志
红河州卫生志编纂委员会编 薛福生主编 昆明 云南民族出版社 1993年 275页
b3637457x R199.2 H419 1993

红河州卫生局卫生监督所志 2001-2009
红河州卫生局卫生监督局编纂 李发者主编 红河哈尼族彝族自治州 红河州卫生局卫生监督局 2011年 200页
b50207489 R199.2 H419C 2011

蚕蜂所志
蚕蜂所志编纂委员会编 朱树荣主编 红河 蚕蜂所志编纂委员会 2005年 518页〔云南省农业科学院科研志丛书〕
b49705581 S88-242.74 Y881 2005

红河哈尼族彝族自治州水利志
红河哈尼族彝族自治州水利电力局编 红河 红河哈尼族彝族自治州水利电力局

1993 年 438 页
b1686251x TV-092 H419 1993

蒙自市

蒙自县志
蒙自县志编纂委员会编 程民主编 北京 中华书局 1995 年 1029 页〔中华人民共和国地方志丛书〕
b10546625 K297.44 M343

蒙自县志 1978-2009
蒙自市地方志编纂委员会编 缪琨主编 昆明 云南人民出版社 2014 年 920 页〔中华人民共和国地方志丛书〕
b45969504 K297.44 M343 2014

蒙自市民盟志 1981-2012
许敏主编 昆明 云南大学出版社 2014 年 268 页
b46133409 D665.2 M343 2014

蒙自县交通志
蒙自县交通局编 孔凡玮主编 蒙自 蒙自县交通局 2011 年 227 页
b46934169 F512.774.4 M343 2011

蒙自县文化体育志
蒙自县文化体育局 蒙自县新闻出版局编 王必昆主编 蒙自 蒙自县文化体育局 蒙自县新闻出版局 2007 年 240 页
b46934170 G127.744 M343 2007

云南省蒙自县地名志
蒙自县人民政府编 蒙自 蒙自县人民政府 1987 年 139 页〔云南省县市地名志〕
b16447578 K927.44 M343 1987

蒙自县爱国卫生运动志
云南省蒙自县爱国卫生运动委员会办公室编 李桂芬主编 蒙自 云南省蒙自县爱国卫生运动委员会办公室 2007 年 221 页
b50208299 R199.2 M343 2007

个旧市

个旧市志
个旧市编纂委员会编 曾毅总编 昆明 云南人民出版社 1998 年 2 卷 1616 页
b1046847x K297.43 G336

个旧市志 1978-2005
个旧市地方志编纂委员会编 王忠 戴劲松 周踊主编 昆明 云南美术出版社 2012 年 1045 页〔中华人民共和国地方志丛书〕
b4564911x K297.43 G336 2012

大屯镇志
大屯镇志编纂委员会编纂 杨敏 徐春 张正斌总编 云南 云南人民出版社 2015 年 648 页
b50207854 K297.45 D1368 2015

鸡街镇志 春秋战国时期（文物佐证）-2012
中共个旧市鸡街镇委员会 个旧市鸡街镇人民政府编 段锡总纂 昆明 云南美术出版社 2013 年 536 页
b45969541 K297.45 J1199 2013

锡城镇志
中共锡城镇委员会 锡城镇人民政府编 昆明 云南玛达米文化发展有限公司 2012 年 364 页
b45969577 K297.45 X138 2012

个旧市统计志 1949-2008
个旧市统计局编 蒋光铨主编 个旧 个旧市统计局 2011 年 453 页
b45417362 C832.744 G336 2011

个旧市民盟志 1957–2007
中国民主同盟个旧市委员会编 高继棠主编 个旧 中国民主同盟个旧市委员会 2009年 262页
b40938864 D665.2 G336 2009

中国民主促进会个旧市地方组织志 1983–2014
中国民主促进会个旧市委员会编纂 杨龙遇主编 个旧 中国民主促进会九江市委员会 2015年 372页
b50207313 D665.3 G336 2015

个旧检察志
个旧检察志编委会编著 昆明 云南人民出版社 2008年 681页
b49982412 D926.32 G336 2008

个旧市城乡建设志
个旧市城乡建设志编纂委员会编 念培光主编 昆明 云南人民出版社 2012年 556页
b46365291 F299.277.43 G336 2012

云南金星化工有限公司志 1967 – 2007
云南金星化工有限公司志编纂委员会编 周熹主编 个旧 云南金星化工有限公司志编纂委员会 2008年 211页
b5023447x F426.7 Y8814 2008

云锡志
云锡志编委会编 朱先进主编 昆明 云南人民出版社 1992年 1254页
b49790006 F426.1 Y881 1992

个旧市教育志 1913–1985
个旧市教育志编纂组编 李大水主编 昆明 云南人民出版社 1989年 306页
b20099666 G527.743 L392 1989

鸡街镇中心小学校教育志 2006–2016
鸡街镇中心小学校教育志编纂组编 李建忠主编 个旧 鸡街镇中心小学校教育志编纂组 2017年 130页
b50208548 G629.287.45 J119 2017

云南省个旧市地名志
个旧市人民政府编 个旧 个旧市人民政府 1984年 154页〔云南省县市地名志〕
b16141921 K927.34 G336 1984

云南省有色地质三O八队志
云南省有色地质三八队编纂 李树昆主编 个旧 云南省有色地质三O八队 2007年 332页
b36374696 P56–242.74 L417 2007

开远市

开远市志
云南省开远市志编纂委员编纂 赛双恩 汤行超主编 昆明 云南人民出版社 1996年 679页〔中华人民共和国地方志丛书〕
b13119394 K297.43 K122

开远市志 1978–2008
开远市地方志编纂委员会编 李国顺 保春明主编 昆明 云南人民出版社 2015年 908页〔中华人民共和国地方志丛书〕
b46531154 K297.43 K122C 2015

开远市政协志 1983–2010
中国人民政治协商会议云南省开远市委员会编 马云燕主编 昆明 云南人民出版社 2011年 388页
b50207878 D628.744 K122 2011

开远市民盟志 1981–2011
中国民主同盟开远市委员会编 李俊主编

开远 宝捷彩印有限公司 2012 年 309 页
b46670774 D665.2 K122 2012

云南省开远市土地志
黄应能主编 开远 开远市土地管理局 1997 年 271 页
b21276705 F327.744 K122 1997

开远文化艺术志 1528–2005
开远市文化体育局开远文化艺术志编纂委员会编 柳青云主编 个旧 个旧市印刷厂 2007 年 568 页
b21764074 G127.744 K122 2007

开远彝族志
开远市彝族研究学会编开远市党史地方志办公室编 刘维琼主编 昆明 云南人民出版社 2017 年 394 页〔红河州彝族志丛书〕
b50349570 K281.7 K122 2017

开远文物志
开远市文物管理所编 昆明 云南美术出版社 2007 年 246 页〔开远文库〕
b18621867 K872.743 K122 2007

云南省开远市地名志
开远市人民政府编 开远 开远市人民政府 1984 年 98 页〔云南省县市地名志〕
b16436593 K927.43 K122 1984

弥勒市

弥勒县志
云南省弥勒县志编纂委员会编 肖鹏总编 昆明 云南人民出版社 1987 年 843 页〔中华人民共和国地方志丛书〕
b10796290 K297.44 M384

弥勒县志 1978–2005
弥勒县地方志编纂委员会编 王家林主编 潞西 德宏民族出版社 2008 年 699 页〔中华人民共和国地方志丛书〕
b45444699 K297.44 M384 2008

新哨镇志
中共新哨镇委员会 新哨镇人民政府编 张太云主编 昆明 云南美术出版社 2009 年 207 页
b36129392 K297.45 X444 2009

弥勒县粮油志 1382–1989
弥勒县粮食局局志编纂领导小组编 武肇瑞主编 弥勒 弥勒县粮食局局志编纂领导小组 1991 年 320 页
b49678140 F724.721 M384 1991

弥勒县农村信用社志 1953–2012
弥勒县农村信用合作联社编 李学文主编 昆明 云南人民出版社 2013 年 457 页
b49803451 F832.35 M384 2013

弥勒文物志
弥勒市文化体育和广播电视局 弥勒市文物管理所编 葛永才主编 昆明 云南人民出版社 2013 年 456 页
b46523479 K872.744 M3845 2013

云南省弥勒县地名志
弥勒县人民政府编 弥勒 弥勒县人民政府 1988 年 172 页〔云南省县市地名志〕
b16447335 K927.44 M384 1988

弥勒县水利志
弥勒县水利志编纂委员会编 弥勒 弥勒县水利志编纂委员会 1987 年 188 页
b16862454 TV–092 M384 1987

建水县

建水县志
建水县志编纂委员会编 北京 中华书局 1994年 855页〔中华人民共和国地方志丛书〕
b10603955 K297.44 J295

建水县志 1978–2005
建水县地方志编纂委员会编 张绍碧主编 昆明 云南人民出版社 2010年 854页〔中华人民共和国地方志丛书〕
b40649970 K297.44 J295 2010

建水县政协志 1998–2016
政协建水县委员会编 昆明 云南人民出版社 2017年 368页
b5065049x D628.744 J295 2017

建水法院志
建水法院志编纂委员会编纂 杨雁飞主编 昆明 云南人民出版社 2012年 518页
b50319061 D926.22 J295 2012

建水县林业志
建水县林业志编纂委员会编 北京 中国国际文化出版社 2008年 274页
b40739594 F326.277.44 J295 2008

建水县教育志
虎保华主编 昆明 云南民族出版社 2007年 874页
b20575968 G527.744 H495 2007

云南省建水第一中学校志
云南省建水第一中学校志编纂委员会编 昆明 云南人民出版社 2007年 409页
b20136638 G639.287.4 J2957 2007

建水方言志
张宁编著 昆明 云南民族出版社 1986年 211页
b17510442 H172.3 Z358 1986

云南省建水县地名志
建水县人民政府编 建水 建水县人民政府 1992年 249页〔云南省县市地名志〕
b1643626x K927.44 J295 1992

建水县水利志
建水县水利电力局编 建水 建水县水利电力局 1990年 175页〔云南省地方志丛书〕
b16862120 TV–092 J295 1990

石屏县

石屏县志
云南省石屏县志编纂委员会编 佘孟良主编 昆明 云南人民出版社 1990年 870页〔中华人民共和国地方志丛书〕
b10625124 K297.44 S474

石屏县志 1986–2000
云南省石屏县志编纂委员会编 冯子望主编 昆明 云南人民出版社 2005年 619页〔中华人民共和国地方志丛书〕
b16425042 K297.44 S474 2005

石屏县政协志 1950.4–2008.1
中国人民政治协商会议云南省石屏县委员会编 张朝平主编 北京 中国文史出版社 2009年 280页
b49748427 D628.744 S474 2009

石屏县人民法院志
石屏县人民法院志编纂委员会编 冯子望主编 昆明 云南人民出版社 2017年 564页

b50747903　D926.22　S474　2017

石屏县第一中学校志
石屏县第一中学校志编纂领导小组编 冯子望主编 北京 中国文史出版社 2013年 608页
b47052326　G639.287.44　S474　2013

石屏县文物志
石屏县文化体育局编 苏佛涛主编 石屏 石屏县文化体育局 1998年 258页〔云南省文物志丛书〕
b36379955　K872.744　S474　1998

云南省石屏县地名志
石屏县人民政府编 石屏 石屏县人民政府 1986年 235页〔云南省县市地名志〕
b16430608　K927.44　S474　1986

泸西县

泸西县志
云南省泸西县志编纂委员会编 王文军 裴世生总编 昆明 云南人民出版社 1992年 834页〔中华人民共和国地方志丛书〕
b10726500　K297.44　L787

泸西县志 1978–2005
泸西县地方志编纂委员会编 赵绍鹏主编 昆明 云南人民出版社 2011年 780页〔中华人民共和国地方志丛书〕
b36188645　K297.44　L787C　2011

泸西县政协志 1984–2013
中国人民政治协商会议云南省泸西县委员会编 段锦良主编 泸西 中国人民政治协商会议云南省泸西县委员会 2014年 539页
b49789375　D628.744　L787　2014

云南省泸西县城乡建设志
泸西县城乡建设志编纂委员会编 裴世生主编 泸西 泸西县城乡建设志编纂委员会 2005年 329页
b45417453　F299.277.44　L787　2005

泸西县农村信用合作志
泸西县农村信用合作社联合社 杨官甲主编 泸西 泸西县农村信用合作社联合社 2006年 375页
b49803438　F832.35　L787　2006

泸西县土地志
泸西县土地管理局编 刘国祥主编 泸西 泸西县土地管理局 2000年 418页〔云南省地方志丛书〕
b50862121　K297.44　L787D　2000

云南省泸西县地名志
泸西县人民政府编 泸西 泸西县人民政府 1986年 120页〔云南省县市地名志〕
b16430530　K927.44　L7878　1986

泸西县卫生志
泸西县卫生局编 张正雄主编 泸西 泸西县卫生局 2003年 455页
b49472252　R199.2　L7878　2003

元阳县

元阳县志
云南省元阳县志编纂委员会编 李永祥总编 贵阳 贵州民族出版社 1990年 704页〔中华人民共和国地方志丛书〕
b10628204　K297.44　Y8119

元阳县志 1978–2005
元阳县地方志编纂委员会编 李永祥主编 昆明 云南民族出版社 2009年 664页

〔中华人民共和国地方志丛书〕
b46012370　K297.44　Y8119　2009

元阳县教育志
元阳县教育局教育志编纂办公室编　元阳　元阳县教育局教育志编纂办公室　1989年　119页
b36014151　G527.744　Y8119　1989

元阳彝族风物志
元阳县民族宗教事务局　元阳县彝族研究学会编　李有成主编　昆明　云南民族出版社　2014年　136页
b50200434　K281.7　Y811　2014

云南省元阳县地名志
元阳县人民政府编　刘庆元主编　元阳　元阳县人民政府　1992年　176页〔云南省县市地名志〕
b16431960　K927.44　Y8119　1992

红河县

红河县志
云南省红河县志编纂委员会编　郭纯礼主编　昆明　云南人民出版社　1991年　768页〔中华人民共和国地方志丛书〕
b10759487　K297.44　H419

红河县志　1978–2005
红河县地方志编纂委员会编　邵泽祖总编　昆明　云南人民出版社　2015年　597页〔中华人民共和国地方志丛书〕
b46551141　K297.44　H419C　2015

红河县政协志
中国人民政治协商会议红河县委员会编　白永朝主编　个旧　云南省个旧市印刷厂　2001年　267页
b20101673　D628.744　H419　2001

云锡老厂锡矿志　1940–2009
云锡老厂分矿编纂　昆明　云锡老厂分矿　2010年　661页
b50152129　F426.1　Y879　2010

云南省红河县地名志
红河县人民政府编　昆明　云南民族出版社　1991年　176页
b16436477　K927.44　H419　1991

绿春县

绿春县志
云南省绿春县志编纂委员会编　何里甲主编　昆明　云南人民出版社　1992年　819页〔中华人民共和国地方志丛书〕
b10796319　K297.44　L828

绿春县志　1978–2005
绿春县地方志编纂委员会编　卢保和主编　昆明　云南人民出版社　2012年　757页〔中华人民共和国地方志丛书〕
b40649982　K297.44　L828　2012

绿春县政协志　1961–2001
中国人民政治协商会议云南省绿春县委员会编　白玉明主编　绿春　中国人民政治协商会议云南省绿春县委员会　2001年　253页〔云南省地方志丛书〕
b46669085　D628.744　L828　2001

绿春县民族志
云南省绿春县人民政府编　龙元昌主编　昆明　云南民族出版社　2013年　243页
b45829366　K280.744　L828　2013

绿春彝族志
绿春县彝族研究学会编　绿春县地方志办公室编　师有福主编　昆明　云南人民出版

社 2018 年 298 页〔红河州彝族志丛书〕
b50993318 K281.7 L828 2018

云南省绿春县地名志
绿春县人民政府编 绿春 绿春县人民政府 1990 年 177 页〔云南省县市地名志〕
b16445612 K927.44 L828 1990

屏边苗族自治县

屏边苗族自治县志
屏边苗族自治县县志编纂委员会编 和春元 朱维琛主编 北京 新华出版社 1999 年 755 页
b14884069 K297.44 B621 1999

屏边苗族自治县志 1978–2005
屏边苗族自治县地方志编纂委员会编 朱维琛 陆永奎主编 昆明 云南人民出版社 2011 年 703 页〔中华人民共和国地方志丛书〕
b30002291 K297.44 B621 2011

屏边苗族自治县纪检监察志
中共屏边苗族自治县纪律检查委员会 屏边苗族自治县监察局编 王鸿耀主编 屏边 屏边苗族自治县纪检监察志编纂委员会 2014 年 270 页〔屏边苗族自治县地方志丛书〕
b50208354 D262.6 P621 2014

屏边苗族自治县政协志 1984–2004
中国人民政治协商会议云南省屏边县苗族自治县委员会编 熊洪昌主编 屏边 中国人民政治协商会议云南省屏边县苗族自治县委员会 2006 年 295 页〔云南省地方志丛书〕
b46898967 D628.744 P621 2006

屏边苗族自治县民族志
云南省屏边苗族自治县民族事务委员会县志办公室编 昆明 云南大学出版社 1990 年 223 页〔云南省地方志丛书〕
b10589582 K280.744 P621

金平苗族瑶族傣族自治县

金平苗族瑶族傣族自治县志
云南省金平苗族瑶族傣族自治县志编纂委员会编 冯子望主编 北京 三联书店 1994 年 785 页〔中国地方志丛书〕
b10617383 K297.44 J478

金平苗族瑶族傣族自治县志 1978–2007
金平苗族瑶族傣族自治县地方志编纂委员会编 马宁主编 北京 方志出版社 2012 年 908 页〔中国地方志丛书〕
b45969814 K297.44 J478 2012

板板桥村志
金平县板板桥村志编纂小组编 罗文福主编 北京 中国国际文化出版社 2007 年 302 页〔金平苗族瑶族傣族自治县地方志系列丛书〕
b50246410 K297.45 B191 2007

金平县交通志
金平县交通志编纂小组编 李国民 舒春田主编 香港 中国国际文化出版社 2007 年 295 页〔金平苗族瑶族傣族自治县地方志系列丛书〕
b40739454 F512.774.4 J478 2007

金平苗族瑶族傣族自治县商业志
金平县商业志编纂组编 李绍荣主编 北京 中国国际文化出版社 2009 年 294 页〔云南省金平苗族瑶族傣族自治县地方志丛书〕

b40739399　F727.744　J478　2009

金平县财政志
金平县财政志编纂小组编　姜红主编　北京　中国国际文化出版社　2007 年　285 页〔金平苗族瑶族傣族自治县地方志系列丛书〕
b40739624　F812.774.4　J478　2007

金平苗族瑶族傣族自治县教育志
金平苗族瑶族傣族自治县教育局编　李启科主编　昆明　云南民族出版社　2013 年　730 页
b47072799　G527.744　J478　2013

金平县第一小学校志
冉红艳主编　芒市　德宏民族出版社　2018 年　352 页
b50889576　G629.287.44　J4785　2018

云南省金平苗族瑶族傣族自治县地名志
金平苗族瑶族傣族自治县人民政府编　金平　金平苗族瑶族傣族自治县人民政府　1991 年　145 页〔云南省县市地名志〕
b16436891　K927.44　J478　1991

河口瑶族自治县

河口瑶族自治县志
云南省河口瑶族自治县志编纂委员会编　陈鹤龄主编　北京　生活读书新知三联书店　1994 年　779 页〔中国地方志丛书〕
b13399950　K297.44　H285

河口瑶族自治县志　1978–2005
河口瑶族自治县地方志编纂委员会编　白志强　张有云主编　昆明　云南人民出版社　2015 年　584 页〔中华人民共和国地方志丛书〕
b46551086　K297.44　H285C　2015

河口瑶族自治县政协志　1950–2008
中国人民政治协商会议河口瑶族自治县委员会编　吴国强主编　河口　中国人民政治协商会议河口瑶族自治县委员会　2009 年　414 页
b49677524　D628.744　H285　2009

国营坝洒农场志　1956–2006
国营坝洒农场志编纂委员会编　河口　国营坝洒农场志编纂委员会　2008 年　665 页
b20101296　F324.1　G7921　2008

河口农场志
河口农场志编纂委员会编　河口　河口农场志编纂委员会　2010 年　723 页
b50233944　F324.1　H285　2010

国营蚂蝗堡农场志　1956–1996
国营蚂蝗堡农场志编纂委员会编　漆昌荣主编　河口　国营蚂蝗堡农场志编纂委员会　2000 年　340 页
b46995262　F327.744　G792　2000

云南省河口瑶族自治县地名志
河口瑶族自治县人民政府编　河口　河口瑶族自治县人民政府　1997 年　175 页〔云南省县市地名志〕
b16425273　K927.44　H285　1997

文山壮族苗族自治州

文山壮族苗族自治州志　第 1 卷　序言　凡例　概述　大事记　地理　人口　民族
文山壮族苗族自治州地方志编纂委员会编　马正元　陈树民主编　昆明　云南人民出版社　2000 年　478 页〔中华人民共和国地方志丛书〕

b14034062　K297.42　W388

文山壮族苗族自治州志　第 2 卷 经济综述 农业 畜牧业 林业 特产 三七 工业 水电

文山壮族苗族自治州地方志编纂委员会编　马正元　陈树民主编　昆明　云南人民出版社　2002 年　638 页〔中华人民共和国地方志丛书〕

b14034062　K297.42　W388

文山壮族苗族自治州志　第 3 卷 乡镇企业 建设环保 交通邮电 商业贸易 财税金融

文山壮族苗族自治州地方志编纂委员会编　马正元　陈树民主编　昆明　云南人民出版社　2002 年　506 页〔中华人民共和国地方志丛书〕

b14034062　K297.42　W388

文山壮族苗族自治州志　第 4 卷 政党群团 政务 公安司法 劳动人事 外事 军事 支前

文山壮族苗族自治州地方志编纂委员会编　马正元　陈树民主编　昆明　云南人民出版社　2001 年　405 页〔中华人民共和国地方志丛书〕

b14034062　K297.42　W388

文山壮族苗族自治州志　第 5 卷 教育 科学技术 文化艺术 广播电视 医药卫生 体育 汉语方言

文山壮族苗族自治州地方志编纂委员会编　马正元　陈树民主编　昆明　云南人民出版社　2001 年　483 页〔中华人民共和国地方志丛书〕

b14034062　K297.42　W388

文山壮族苗族自治州志　第 6 卷 民 扶贫开发 宗教 风尚 人物 附录

文山壮族苗族自治州地方志编纂委员会编　马正元　陈树民主编　昆明　云南人民出版社　2002 年　521 页〔中华人民共和国地方志丛书〕

b14034062　K297.42　W388

文山壮族苗族自治州志　1996–2010

文山壮族苗族自治州地方志编纂委员会编　陈树民　龚金科　冉向阳主编　芒市　德宏民族出版社　2014 年　2 卷　1163 页〔中华人民共和国地方志丛书〕

b4637694x　K297.42　W388　2014

文山壮族苗族自治州党群志　1927.3–1996.3

文山州党群志编纂领导小组编　杭忠心主编　昆明　云南人民出版社　2008 年　404 页

b36374635　D235.742　W388　2008

文山州统战志

中共文山州委统战部编　卢波主编　文山　中共文山州委统战部　1999 年　204 页

b2080734x　D613　W388　1999

文山壮族苗族自治州检察志

文山州人民检察院编　朱荣辉　戴华主编　昆明　云南科技出版社　2010 年　322 页

b49677640　D926.32　W388　2010

文山壮族苗族自治州建设志

文山州住房和城乡建设局编　黄宝煊　李荣豪　蒋茂军主编　文山　文山州住房和城乡建设局　2015 年　427 页

b4967836x　F299.277.42　W388　2015

文山壮族苗族自治州文化艺术志

文山壮族苗族自治州文化艺术志编纂委员会编　昆明　云南民族出版社　2005 年　466 页〔文山民族文化系列丛书〕

b17482033　G127.742　W388　2005

文山州广播电视志

文山州广播电视局编纂　李佑登主编　昆

明 云南人民出版社 2007 年 351 页
b46012394 G229.277.42 W388 2007

文山壮族苗族自治州教育志
文山壮族苗族自治州教育委员会编 文山 文山自治州教育委员会 1989 年 629 页
b50348759 G527.742 W388C 1989

文山壮族苗族自治州教育志 文山州教育志续编 1989–1993
文山壮族苗族自治州教育委员会编 文山 文山壮族苗族自治州教育委员会 1989 年 629 页
b16356615 G527.742 W388 1994

云南壮剧志
文山壮族苗族自治州文化局 文山壮族苗族自治州民族事务委员会编 何朴清主编 北京 文化艺术出版社 1995 年 352 页 〔中国戏曲志云南卷丛书〕
b49706251 J825.74 H276 1995

文山壮族苗族自治州民族志
文山壮族苗族自治州民族宗教事务委员会编 昆明 云南民族出版社 2005 年 357 页 〔文山州地方志丛书〕
b17505598 K280.742 W388 2005

文山壮族苗族自治州傣族志
王德祥 刘德荣主编 昆明 云南人民出版社 2013 年 294 页
b5020791x K285.3 W388 2013

金石铭志
中共文山州委组织部编 郑建奇主编 昆明 鹰达印刷有限公司 2015 年 370 页
b49678371 K297.42 W388K 2015

新编文山风物志
刘德荣 高先觉 王明富编著 昆明 云南人民出版社 2000 年 233 页 〔云南风物志丛书〕
b1382577x K927.42 L673

文山壮族苗族自治州人民医院志 1950–2008
文山壮族苗族自治州人民医院编 文山 文山壮族苗族自治州人民医院 2010 年 354 页
b50777956 R199.2 W388 2010

文山州安全生产监督管理志 第 1 卷
云南省文山壮族苗族自治州安全生产监督管理局编 饶培良主编 芒市 德宏民族出版社 2012 年 398 页
b50208263 X922.274.2 W388 2012

文山市

文山县志
云南省文山县志编纂委员会编 段鹏起主编 昆明 云南人民出版社 1999 年 912 页 〔中华人民共和国地方志丛书〕
b13655188 K297.44 W388

小街镇志
小街镇志编纂委员会编 文山 小街镇志编纂委员会 2003 年 230 页
b15329562 K297.45 X347 2003

文山县人民代表大会志 1950–2000
文山县人大常委会编 文山 文山县人大常委会 2002 年 402 页 〔文山县地方志丛书〕
b17477943 D624.744 W388 2002

文山县教育志
张振鹏主编 文山 云南省文山县教育局 199- 年 317 页

b36013523 G527.744 W388

云南省文山县地名志
文山县人民政府编 文山 文山县人民政府 1986年 378页〔云南省县市地名志〕
b16425820 K927.44 W388 1986

砚山县

砚山县志
砚山县志编纂委员会编 张敏主编 昆明 云南人民出版社 2000年 994页〔中华人民共和国地方志丛书〕
b13654652 K297.44 Y193

砚山县烟草志
云南省砚山县烟草专卖局 云南烟草砚山县公司编纂 王明华主编 昆明 云南科技出版社 1997年 257页
b50349004 F426.89 Y193 1997

砚山交通志
砚山县交通局编 北京 砚山县交通局 1999年 277页
b49678437 F512.774-09 Y193 1999

云南省砚山县地名志
砚山县人民政府编 砚山 砚山县人民政府 1991年 209页〔云南省县市地名志〕
b16594629 K927.44 Y193 1991

西畴县

西畴县志
云南省西畴县志编纂委员会编 谢晔总纂 昆明 云南人民出版社 1996年 707页〔中华人民共和国地方志丛书〕
b13794589 K297.44 X119

西畴县人民代表大会志 1949-2004
西畴县人民代表大会常务委员会编 邱廷清主编 西畴 西畴县人大常委会 2005年 364页
b50008341 D624.744 X119 2005

西畴县国营香坪山林场志 1915-2001
西畴县国营香坪山林场编 邱廷清主编 昆明 五华区教育委员会印刷厂 2003年 312页
b4123523x F326.277.44 X119 2003

西畴县国有坪寨林场志 1915-2000
孙德刚主编 西畴 西畴县国有坪寨林场 2002年 381页
b40806856 F326.277.44 P614 2002

西畴方言志
云南省语言学会 西畴县志编纂委员会主编 北京 语文出版社 1993年 332页
b41212289 H172 Y881 1993

云南省西畴县地名志
西畴县人民政府编 西畴 西畴县人民政府 1986年 286页〔云南省县市地名志〕
b16436246 K927.44 X119 1986

西畴县卫生志 1854-1995
西畴县卫生局编 杨达云主编 西畴 西畴县卫生局 1999年 390页〔中华人民共和国地方志丛书〕
b49789843 R-092 X1191 1999

麻栗坡县

麻栗坡县志
云南省麻栗坡县地方志编纂委员会编 杨献才主编 昆明 云南民族出版社 2000年 1146页〔中华人民共和国地方志丛

书〕
b13753472　K297.44　M123

大坪镇志　1769–2004
大坪镇志编纂委员会编　田耕主编　昆明　昆明鹰达印刷公司　2008年　299页〔中华人民共和国地方志丛书〕
b36379608　K297.45　D1366　2008

六河乡志
麻栗坡县六河乡人民政府编　麻栗坡　麻栗坡县六河乡人民政府　2004年　316页
b17478108　K297.45　L723　2004

麻栗坡县政协志
中国人民政治协商会议麻栗坡县委员会编　依先搭主编　麻栗坡　中国人民政治协商会议麻栗坡县委员会　2002年　312页〔地方志丛书〕
b50208147　D628.744　M123　2002

麻栗坡军事志
云南省麻栗坡县军事志编纂委员会编　昆明　云南科技出版社　1989年　402页
b21569381　E289.744　M123　1989

麻栗坡县林业志　1759–1993
云南省麻栗坡县林业局编　麻栗坡　云南省麻栗坡县林业局　1997年　215页
b21569393　F326.277.44　M123　1997

麻栗坡县文化艺术志　1644–1990
麻栗坡县文化局编　张国彦主编　麻栗坡　麻栗坡县文化局　1994年　376页
b50208135　G127.744　M123　1994

麻栗坡县民族志
麻栗坡县民族事务委员会编　昆明　云南民族出版社　2001年　514页
b15580568　K280.744　M123　2001

云南省麻栗坡县地名志
麻栗坡县人民政府编　麻栗坡　麻栗坡县人民政府　1990年　391页〔云南省县市地名志〕
b16445582　K927.44　M123　1990

马关县

马关县志
云南省马关县地方志编纂委员会编　刘锦龙主编　北京　三联书店　1996年　913页〔中国地方志丛书〕
b10604030　K297.44　M137

马关县志
马关县地方志编纂委员会编　刘锦龙主编　北京　中华书局　2002年　简本　227页〔中国地方志丛书〕
b15914045　K297.44　M137　2002

马关县人民代表大会志
马关县人大常委会编　龙继贤主编　马关　马关县人大常委会　2001年　404页〔云南省地方志丛书〕
b17482331　D624.744　L741　2001

马关县政协志
中国人民政治协商会议云南省马关县委员会编　栾兴阶主编　马关　中国人民政治协商会议云南省马关县委员会　2002年　504页〔云南省地方志丛书〕
b46668524　D628.414　M137　2002

马关县第一中学校志
云南省马关县第一中学编　栾兴阶编撰　昆明　云南人民出版社　1998年　322页
b36093208　G639.287.44　M137　1998

马关县彝族志
马关县彝族学会编 马关 马关县彝族学会 2004 年 137 页〔云南省地方志丛书〕
b17151958 K281.7 M1378 2004

马关县壮族志
马关县壮学学会编 田广谷主编 马关 马关县壮学学会 2008 年 278 页〔云南省地方志丛书〕
b50208159 K281.8 M137 2008

马关县布依族志
马关县布依族学会编 蓝志昌主编 马关 马关县布依族学会 2012 年 339 页
b49677548 K286.8 M137 2012

云南省马关县地名志
马关县人民政府编 马关 马关县人民政府 1988 年 289 页〔云南省县市地名志〕
b16862521 K927.44 M137 1988

丘北县

邱北县志
云南省邱北县地方志编纂委员会编 张正荣 陈兴年主编 北京 中华书局 1999 年 888 页〔中华人民共和国地方志丛书〕
b13400873 K297.44 Q528

丘北县志 1994–2010
丘北县地方志编纂委员会编 刘金恩主编 昆明 云南人民出版社 2015 年 819 页
b47224496 K297.44 Q525C 2015

丘北县国土资源志
丘北县国土资源志编纂委员会编 徐金顺主编 昆明 云南人民出版社 2018 年 404 页
b51133830 F129.974.4 Q525 2018

丘北县供销合作社志
丘北县供销合作社联合社编 唐天钦主编 丘北 丘北县供销合作社联合社 2011 年 274 页
b49677597 F727.744 Q525 2011

丘北县图书馆志
丘北县图书馆志编委会编纂 李毅泰主编 丘北 丘北县图书馆志编委会 2009 年 187 页
b5020838x G259.252.2 Q525 2009

云南省邱北县地名志
邱北县人民政府编 邱北 邱北县人民政府 1987 年 186 页〔云南省县市地名志〕
b16436507 K927.44 Q528 1987

云南省邱北县水利水电志
李什二主纂 邱北 邱北县水利电力局 1992 年 175 页
b47415575 TV–092.744 Q528 1992

广南县

广南县志
云南省广南县地方志编纂委员会编 文耀海主编 北京 中华书局 2001 年 1284 页〔中华人民共和国地方志丛书〕
b13753241 K297.44 G681

广南县政协志
中国人民政治协商会议广南县委员会编 陈文明主编 广南 中国人民政治协商会议广南县委员会 2006 年 251 页
b50207337 D628.744 G681 2006

广南县土地志 1937–2002
广南县国土资源局编 钟启幸主编 深圳 美嘉美印刷公司 2003 年 182 页

b21277631 F327.744 G681 2003

广南第一中学校志 1933–2003
黄保兵编纂 北京 华夏出版社 2003 年 340 页
b46011328 G639.287.44 G681 2003

广南县民族宗教志 前 7 世纪 –2012
广南县民族宗教局编 曾少富主编 广南 广南县民族宗教局 2014 年 525 页
b47052065 K280.744 G681 2014

云南省广南县地名志
广南县人民政府编 广南 广南县人民政府 1986 年 390 页〔云南省县市地名志〕
b16436581 K927.44 G681 1986

富宁县

富宁县志
云南省富宁县地方志编纂委员会编 农贤生主编 昆明 云南民族出版社 1997 年 881 页〔中华人民共和国地方志丛书〕
b13990597 K297.44 F4976

富宁县老干部志 1983–2015
中共富宁县委老干部局编 陈翰林主编 富宁 中共富宁县委老干部局 2016 年 440 页〔中华人民共和国地方志丛书〕
b50016842 D632.2 F497 2016

富宁县民政志 733–2010
富宁县民政局编 赵明启主编 昆明 鹰达印刷有限公司 2016 年 515 页
b50233877 D677.443.6 F497 2016

富宁县工商联（商会）志
富宁县工商业联合会 富宁县民间商会编 郭俊锋主编 昆明 点晴印刷有限公司 2017 年 247 页
b50207301 F127.744 F497 2017

富宁县供销合作志
富宁县供销合作社联合社编 陆正隆总纂 富宁 富宁县供销合作社联合社 2012 年 325 页〔云南省地方志丛书〕
b50207295 F721.2 F497 2012

云南省富宁县地名志
富宁县人民政府编 富宁 富宁县人民政府 1986 年 350 页〔云南省县市地名志〕
b16425716 K927.44 F4979 1986

富宁县水务志 1360–2015
富宁县水务局编 黄海 王四辉主编 富宁 富宁县水务局 2017 年 348 页
b50233889 TV–092.744 F497 2017

西双版纳傣族自治州

西双版纳傣族自治州志
西双版纳傣族自治州地方志编纂委员会编 北京 新华出版社 2002 年 3 卷 3383 页〔中华人民共和国地方志丛书〕
b14250585 K297.42 X119

西双版纳傣族自治州人民代表大会志
西双版纳傣族自治州人民代表大会常务委员会编 李晓坤主编 昆明 云南民族出版社 2005 年 421 页
b16635644 D624.742 X119 2005

西双版纳傣族自治州政协志
西双版纳傣族自治州政协志编纂委员会编 陈祖斌主编 昆明 云南美术出版社 2006 年 496 页
b1718308x D628.742 X119 2006

西双版纳傣族自治州城乡建设环境保护志
西双版纳傣族自治州城乡建设环境保护局编 昆明 云南科技出版社 1998 年 233 页
b47352759 F299.277.42 X119 1998

西双版纳傣族自治州林业志
西双版纳傣族自治州林业局编 唐承贵主编 昆明 云南民族出版社 1998 年 278 页〔云南省林业志丛书 27〕
b49706081 F326.277.42 X119C 1998

西双版纳傣族自治州林业志 1978-2005
西双版纳傣族自治州林业局编 唐承贵主编 昆明 云南民族出版社 2011 年 226 页
b41235678 F326.277.42 X119 2011

西双版纳傣族自治州农业志 1978-2005
西双版纳农业局编 邹开金主编 景洪 西双版纳州农业局 2008 年 301 页
b4093889x F327.742 X119 2008

西双版纳傣族自治州交通志 1950-2005
西双版纳傣族自治州交通运输局编 刘俊杰主编 昆明 云南美术出版社 2014 年 292 页
b47415216 F512.774.2 L678 2014

版纳文化志 征求意见稿 1932-1987
白玉升主编 西双版纳 云南省西双版纳傣族自治州文化局 1991 年 2 卷 535 页
b36380362 G127.742 X119 1991

西双版纳傣族自治州教育志
西双版纳傣族自治州教育委员会编 管开荣主编 昆明 云南民族出版社 1998 年 469 页
b17962493 G527.742 X119 1998

西双版纳傣族自治州教育志 1978-2005
西双版纳傣族自治州教育局编 王军健主编 昆明 云南科技出版社 2010 年 477 页
b45480175 G527.742 X119 2010

章哈剧志
西双版纳傣族自治州文化局编 冯晓飞主编 北京 文化艺术出版社 1993 年 154 页〔中国戏曲志云南卷丛书〕
b49706263 J825.74 F377 1993

西双版纳傣族自治州民族宗教志
西双版纳傣族自治州民族宗教事务局编 刀金安主编 昆明 云南民族出版社 2006 年 361 页
b1688811x K280.742 X119 2006

新编西双版纳风物志
征鹏 杨胜能编著 昆明 云南人民出版社 1999 年 398 页〔云南风物志丛书〕
b12831359 K927.42 Z516

西双版纳动物志
杨德华等编著 昆明 云南大学出版社 1993 年 299 页〔西双版纳傣族自治州史志丛书〕
b47206664 Q958.527.4 Y231 1993

西双版纳傣族自治州妇幼卫生志
西双版纳傣族自治州妇幼保健院编 浦兴隆主编 昆明 云南民族出版社 2015 年 380 页
b47073482 R172.2 P694 2015

西双版纳傣族自治州民族医药研究所·西双版纳傣族自治州傣医医院志
西双版纳傣族自治州民族医药研究所 西双版纳傣族自治州傣医医院编 浦兴隆主编 昆明 云南民族出版社 2012 年 273 页
b50200367 R197.3 X119 2012

西双版纳傣族自治州卫生志
西双版纳傣族自治州卫生局编 浦兴隆主编 西双版纳 西双版纳傣族自治州卫生局 2013 年 558 页
b49664803 R199.2 X1193 2013

西双版纳傣族自治州自然保护区志 1958–2008
西双版纳国家级自然保护区管理局编 王战强主编 昆明 云南科技出版社 2010 年 279 页
b40938414 S759.992.742 W235X 2010

景洪市

景洪县志
景洪县地方志编纂委员会编 何昆主编 昆明 云南人民出版社 2000 年 1217 页〔中华人民共和国地方志丛书〕
b13374655 K297.44 J5534

东风农场志稿 1958–1987
东风农场志稿编纂委员会编 卢明康主编 西双版纳 东风农场志稿编纂委员会 1988 年 489 页
b50318998 F324.1–09 D582 1988

东风农场志续编 1988–2007
国营东风农场编 唐保国主编 昆明 云南人民出版社 2008 年 851 页
b50767422 F324.1–09 D582C 2008

勐养农场志 1957–2006
勐养农场编 谢培华主编 昆明 云南民族出版社 2007 年 620 页
b36248290 F324.1 M3469 2007

云南省景洪县地名志
景洪县人民政府编 景洪 景洪县人民政府 1985 年 241 页〔云南省县市地名志〕
b16436490 K927.44 J553 1985

勐海县

勐海县志
云南省勐海县地方志编纂委员会编 蔡鹏顺主编 昆明 云南人民出版社 1997 年 1008 页〔中华人民共和国地方志丛书〕
b13275823 K297.44 M346

农垦黎明志
李长风主编 昆明 云南民族出版社 2005 年 707 页
b49705969 F329.74 Y881 2005

勐海县交通志
勐海县交通局编 段天庆主编 勐海 勐海县交通局 2001 年 477 页〔西双版纳州勐海县地方志丛书〕
b36374829 F512.774.4 M3463 2001

云南省勐海县地名志
勐海县人民政府编 勐海 勐海县人民政府 1984 年 199 页〔云南省县市地名志〕
b1643206x K927.44 M346 1984

勐腊县

勐腊县志
云南省勐腊县志编纂委员会编 李青主编 昆明 云南人民出版社 1994 年 787 页〔中华人民共和国地方志丛书〕
b10631355 K297.44 M355

勐腊县国土资源志
勐腊县国土资源局编 昆明 云南民族出版社 2005年 312页〔西双版纳地方志丛书〕
b16647117 F129.974.4 M346 2005

国营勐捧农场志 1974–1997
国营勐捧农场编 雷炳元主编 昆明 云南省农垦印刷包装厂 2000 年 566 页
b22429815 F324.1 M346 2000

勐腊农场志
勐腊农场编 张克华主编 勐腊 勐腊农场 1999 年 394 页
b46668536 F324.1 M3465 1999

勐腊县交通志
勐腊县交通局编 杨仁方主编 昆明 云南民族出版社 2003 年 303 页〔西双版纳地方志丛书〕
b36374519 F512.774.4 M346 2003

云南省勐腊县地名志
勐腊县人民政府编 勐腊 勐腊县人民政府 1988 年 347 页〔云南省县市地名志〕
b16432022 K927.44 M3465 1988

勐腊县水利志
勐腊县水利局编 段其文主编 昆明 云南科技出版社 2010 年 368 页〔西双版纳地方志丛书〕
b40739715 TV–092 M346 2010

大理白族自治州

大理白族自治州志
大理白族自治州地方志编纂委员会编 昆明 云南人民出版社 1998 年 9 卷 4977 页〔中华人民共和国地方志丛书〕
b14179374 K297.42 D135C

大理白族自治州志 1978–2005
大理白族自治州地方志编纂委员会编纂 昆明 云南人民出版社 2018 年 5 册〔中华人民共和国地方志丛书〕
b53077775 K297.42 D135F 2018

大理州纪检监察志 2003–2013
大理州纪委 大理州监察局编 大理 大理州纪委 2015 年 240 页
b49677470 D262.2 D135 2015

大理白族自治州人民代表大会志
大理白族自治州第十二届人民代表大会常务委员会编纂 张如旺主编 昆明 云南人民出版社 2009 年 438 页
b21567372 D624.742 D135 2009

大理白族自治州政协志 1957–1992
中国人民政治协商会议云南省大理白族自治州委员会编 苏松林主编 昆明 云南民族出版社 1994 年 390 页〔云南地方志丛书〕
b2176296x D628.742 D135 1994

大理白族自治州人事志
大理白族自治州人事局编纂 段家骧主编 昆明 云南省测绘局印刷厂 1996 年 401 页
b21762958 D630.3 D135 1996

大理白族自治州民政志
云南省大理白族自治州民政局编纂 宝洪峰主编 昆明 云南省大理白族自治州民政局 1995 年 352 页
b41234753 D632 D135 1995

大理州老干部工作志 1978–2012
中共大理州委老干部局编 李震主编 昆明 云南人民出版社 2014 年 721 页
b49788875 D632.2 D135 2014

大理白族自治州法院志
大理白族自治州中级人民法院院志编纂委

员会编 赵琴总编 大理白族自治州 大理白族自治州中级人民法院院志编纂委员会 1997年 297页
b50318445 D926.22 D135 1997

大理白族自治州法院志 续编 1996–2005
云南省大理白族自治州中级人民法院编 黄为华主编 大理 云南省大理白族自治州中级人民法院 2012年 299页
b50318457 D926.22 D135C 2012

大理白族自治州检察志
大理白族自治州人民检察院编 王长寿 周策主编 昆明 云南民族出版社 1997年 198页
b4967805x D926.32 D1351 1997

大理白族自治州发展计划志 1949–2005年
大理白族自治州发展和改革委员会编 张正贤主编 大理 大理白族自治州发展和改革委员会 2007年 370页
b49963284 F127.742 D135 2007

大理市供排水志
大理市供排水有限责任公司编 高应新主编 大理 大理市供排水有限责任公司 2005年 289页
b49705611 F299.277.44 D135 2005

大理烟草志
大理烟草志编纂委员会编 杨作琴 樊在斗主编 昆明 云南人民出版社 2008年 734页〔云南省烟草志丛书〕
b49705635 F426.89 D1355 2008 3

大理州烟草志
云南省大理州烟草专卖局 云南省烟草大理州公司编 赵全主编 昆明 云南民族出版社 2005年 2卷 584页〔云南省烟草志地方志丛书 大理白族自治州地方志丛书〕
b50207805 F426.89 D1355C 2005

云南省大理白族自治州建筑安装公司志
大理州建筑安装公司编 芒市 德宏民族出版社 1997年 281页
b49706202 F426.9 D135 1997

大理白族自治州电力工业志
大理州电力工业公司编 杨继昌主编 昆明 云南民族出版社 1990年 348页〔云南地方志丛书〕
b4970560x F427.742 D135 1990

大理白族自治州交通志
大理白族自治州交通局编 余朝平主编 昆明 云南人民出版社 1991年 537页〔云南地方志丛书〕
b21136889 F512.774.2 D135 1991

大理白族自治州交通志 1978–2005
大理白族自治州交通局编 周云主编 香港 中国国际文化出版社 2009年 613页〔云南省大理白族自治州地方志丛书〕
b40938360 F512.774.2 Z675 2009

大理白族自治州旅游志
大理白族自治州旅游局编 何义章 马金钟主编 昆明 云南大学出版社 2010年 298页
b20827659 F592.774.2 H281 2010

大理旅游集团志 2002–2017
大理旅游集团有限责任公司编 字晓东主编 海口 南方出版社 2017年 422页
b52983274 F592.9 D135 2017

大理州地方税务志 1994–2012
大理白族自治州地方税务局编纂 刘正伟主编 昆明 云南人民出版社 2014年

1178 页
b46376550　F812.774.242　D135　2014

大理州工商税务志
大理白族自治州税务局编　大理　大理白族自治州税务局　1990 年　289 页〔大理白族自治州地方志资料丛书〕
b2176301x　F812.774.2　D135　1990

大理白族自治州金融志
大理白族自治州金融志编纂领导组编　晏鸿主编　大理　大理白族自治州金融志编纂领导组　1990 年　346 页
b40864637　F832.774.2　D135　1990

中国农业银行大理白族自治州分行志 1979–2008
中国农业银行大理白族自治州分行志编纂委员会编　陶树军　洪仁邦主编　昆明　云南科技出版社　2016 年　399 页
b50207702　F832.33　D1355　2016

大理白族自治州档案志
大理白族自治州档案局（馆）编纂　和生弟主编　昆明　云南民族出版社　2010 年　425 页〔大理白族自治州地方志丛书〕
b40742775　G279.277.42　D135　2010

大理白族自治州教育志
大理白族自治州教育委员会编　赵泽生主编　昆明　云南民族出版社　1992 年　394 页〔云南省地方志丛书〕
b14085100　G527.742　D135

大理白族自治州教育志 1978–2013
大理白族自治州教育局编　刘洪主编　大理　大理白族自治州教育局　2014 年　455 页
b49706421　G527.742　D135C　2014

大理白族自治州体育志
大理白族自治州体育运动委员会编　张铣主编　昆明　云南民族出版社　1996 年　284 页
b36248289　G812.774.2　D135　1996

大理白族自治州电影志
大理白族自治州广播电视局编　昆明　云南大学出版社　2012 年　307 页
b40935474　J909.2　D135　2012

大理白族自治州民族宗教志
大理白族自治州民族事务委员会编　昆明　云南民族出版社　2009 年　495 页
b46668925　K280.742　D135　2009

新编大理风物志
薛琳主编　昆明　云南人民出版社　1999 年　447 页〔云南风物志丛书〕
b12831281　K927.42　X676

苍山志
大理白族自治州苍山保护管理局编　孙明主编　昆明　云南民族出版社　2008 年　609 页
b46133318　K928.3　C177　2008

大理白族自治州气象志
大理白族自治州气象局编纂　李文林主编　北京　气象出版社　2008 年　513 页〔大理白族自治州地方志丛书〕
b21567360　P468.274.2　L419　2008

大理苍山植物药物志
钱金栿　夏从龙主编　昆明　云南科技出版社　2016 年　471 页
b49664815　Q949.95　Q221　2016

大理白族自治州卫生志
大理州卫生志编纂委员会编　李文泰主编　昆明　云南民族出版社　1996 年　565 页

b36248277　R199.2　D135　1996

大理白族自治州兰花志
大理白族自治州兰花协会编　田宝钧　杨建宁主编　昆明　云南人民出版社　2017 年　348 页
b51332437　S682.31-64　D135　2017

大理白族自治州水利志
大理白族自治州水利电力局编　昆明　云南民族出版社　1995 年　348 页
b16862636　TV-092　D135　1995

大理市

大理市志
大理市史志编纂委员会编　赵进国　杨民主编　北京　中华书局　1998 年　1005 页〔中华人民共和国地方志丛书〕
b1308639x　K297.43　D135

大理市志
大理市志编纂委员会编　母锡鹏　陆明波主编　昆明　云南人民出版社　2015 年　2 卷　1436 页〔中华人民共和国地方志丛书〕
b46665444　K297.43　D135C　2015

中国白族村落影像文化志　白汉场村
龚霓　黄冬凌　毕然著　北京　光明日报出版社　2014 年　150 页
b45828696　K285.2　G432　2014

中国白族村落影像文化志　大建旁村
张敏　王海娜　池敏著　北京　光明日报出版社　2014 年　167 页
b45828726　K285.2　Z357　2014

中国白族村落影像文化志　凤仪
吴荣丽　杨春艳著　北京　光明日报出版社　2013 年　171 页
b45828684　K285.2　W499　2013

中国白族村落影像文化志　古生村
赵海娟　程超　全海燕著　北京　光明日报出版社　2012 年　142 页
b45828556　K285.2　Z434　2012

中国白族村落影像文化志　海印村
沈海梅　张月宝　马祯著　北京　光明日报出版社　2012 年　160 页
b45828544　K285.2　S412　2012

中国白族村落影像文化志　庆洞村
赵靓　杨丽娟著　北京　光明日报出版社　2013 年　167 页
b45828623　K285.2　Z4365　2013

中国白族村落影像文化志　双廊村
王永华　普丽　朴俊泳著　北京　光明日报出版社　2014 年　184 页
b45828787　K285.2　W234　2014

中国白族村落影像文化志　喜洲村
曾文蕊著　北京　光明日报出版社　2014 年　184 页
b45828738　K285.2　Z242　2014

中国白族村落影像文化志　周城村
李佳佶　李建芬　叶薇著　北京　光明日报出版社　2014 年　153 页
b45828702　K285.2　L397　2014

大理市银桥村村志
大理市银桥村村民委员会编纂　赵翰香主编　大理　大理地矿绘图印刷有限责任公司　2013 年　394 页
b44795373　K297.45　Y496　2013

凤仪志
凤仪志编纂委员会编 杨嘉靖主编 昆明 云南大学出版社 1996年 831页〔中华人民共和国地方志丛书〕
b46668809 K297.45 F4139 1996

海东镇志
李奇彬 李洋主编 昆明 云南民族出版社 2011年 644页〔中华人民共和国地方志丛书〕
b36092964 K297.45 H1452 2011

金星村志
华克祥著 香港 香港天马图书公司 2004年 153页〔大理村志丛书〕
b45479689 K297.45 J479 2004

珂里庄志
大理白族自治州回族学会 大理回族文化丛书编辑委员会编 昆明 云南民族出版社 2010年 345页〔大理回族文化丛书〕
b36093142 K297.45 K243 2010

上关村志
杨文映主编 大理 喜洲镇上关村民委员会 2006年 542页〔大理村志丛书〕
b21136609 K297.45 S322 2006

天井村志
赵云寿 赵继权主编 香港 香港天马图书公司 2004年 150页〔大理村志丛书〕
b22432127 K297.45 T343 2004

喜洲镇志
喜洲镇志编纂委员会编 何春雨主编 昆明 云南大学出版社 2005年 458页〔喜洲文化丛书〕
b16859418 K297.45 X155 2005

大理市统计志
大理市统计局 大理市统计学会编合编 马逸群主编 大理 大理市统计局 1990年 278页
b21762995 C832.743 D135 1990

大理市人大志
云南省大理市人大志编纂委员会编 杨树纲主编 大理 云南省大理市人大志编纂委员会 1992年 240页
b46668342 D624.743 D135 1992

大理市政协志 1950–1995
中国人民政治协商会议大理市委员会编 常泽鸿主编 大理 大理市印刷一厂 1997年 240页〔云南地方志丛书〕
b21763008 D628.743 D135 1997

大理市检察志
大理市人民检察院编 李品良主编 大理 大理市人民检察院 1997年 257页〔大理市地方志丛书〕
b41234765 D926.32 D135 1997

云南省大理监狱志 1951–2000
云南省大理监狱编 杨锡铭主编 大理 云南省大理监狱 2001年 424页
b45453822 D927.744.67 D135 2001

大理市国税志 1978–2007
大理市国家税务局编 朱云飞主编 昆明 云南民族出版社 2011年 366页〔大理白族自治州国税志丛书〕
b37531736 F812.774.3 D135 2011

大理市文化志
大理市文化丛书编辑委员会编 昆明 云南民族出版社 1996年 513页〔大理市文化丛书〕

b20533615　G127.743　D135　1996

大理市教育志
大理市教育局编　昆明　云南教育出版社　1994年　282页〔云南省地方志丛书〕
b27575433　G527.74　D135　1994

大理农校校志　1956.3–2006.3
云南省大理农业学校编　陈明　雷振龙主编　大理　云南省大理农业学校　2006年　356页
b40935413　G719.287.43　Y881　2006

大理州财贸学校校志　1979–1999
大理州财贸学校编　李飞龙主编　大理　大理州财贸学　1999年　272页
b4074033x　G719.287.42　D135　1999

大理海东风物志　第3卷
张奋兴编著　昆明　云南人民出版社　2016年　293页
b50207842　K297.45　H1452C　2016

大理市文物志　征求意见稿
大理市博物馆编　杨益清编写　大理　大理市博物馆　1990年　109页
b36378902　K872.743　D135　1990

云南省大理市地名志
瑞丽县人民政府编　大理　大理市人民政府　1990年　223页〔云南省县市地名志〕
b1643657x　K927.43　D135D　1990

大理市卫生志
大理市卫生志编纂委员会编　杨可大主编　昆明　云南民族出版社　1992年　261页
b49705623　R199.274.4　D135　1992

洱海管理志
大理市洱海保护管理局编　奎立新主编　大理　大理市洱海保护管理局　2006年　337页
b50207222　X524　E153　2006

祥云县

祥云县志
云南省祥云县志编纂委员会编　杨跃生主编　北京　中华书局　1996年　843页〔中华人民共和国地方志丛书〕
b10546613　K297.44　X276

祥云县志　1978–2005
云南省祥云县地方志编纂委员会办公室编纂　张景陆主编　昆明　云南人民出版社　2012年　1251页〔中华人民共和国地方志丛书〕
b44795397　K297.44　X276　2012

中国白族村落影像文化志　大溯村
张秀娟　蒋碧琼著　北京　光明日报出版社　2012年　163页
b4582860x　K285.2　Z367　2012

大波那村志
赵德坤主编　昆明　云南民族出版社　2008年　221页〔苍山文丛〕
b36013468　K297.45　D135　2008

米甸镇志
云南省祥云县米甸镇志编纂委员会编　汤中国主编　昆明　云南人民出版社　2015年　430页
b46376768　K297.45　M397　2015

祥云县人口志
祥云县计划生育局编　张丽英主编　昆明　云南中振多媒体策划有限责任公司　2002年　344页

b18572959　C924.257.44　X276　2002

祥云县人民代表大会志
祥云县人民代表大会常务委员会　祥云县人民代表大会志编纂委员会编　李世忠主编　昆明　云南人民出版社　2010 年　497 页
b44852423　D624.744　X276　2010

祥云县政协志　1984–2002
中国人民政治协商会议祥云县委员会编　任光培主编　大理　大理第矿绘图公司　2002 年　332 页
b45453718　D628.744　X276　2002

祥云县老干部工作志
中共祥云县委老干部局编纂　王琳主编　昆明　云南人民出版社　2015 年　343 页
b50207921　D632.2　W222　2015

祥云县检察志
祥云县人民检察院编　刘建辉主编　祥云　祥云县人民检察院　1993 年　236 页〔祥云县地方志丛书〕
b49706093　D926.32　X276C　1993

祥云县检察志　1955–2010
祥云县人民检察院编纂　蒙海燕主编　昆明　云南人民出版社　2011 年　307 页〔云南省地方志丛书〕
b46665778　D926.32　X276　2011

祥云县计划志
祥云县计划委员会编　王时昌主编　祥云　祥云县计划委员会　1996 年　163 页〔祥云县地方志丛书〕
b21765716　F127.744　X276　1996

祥云县商务志　1911–2008
祥云县商务局编　杨光照主编　昆明　云南人民出版社　2011 年　298 页
b45829408　F727.744　X276　2011

祥云县地方税务志
祥云县地方税务志编纂委员会编　王洪廷主编　祥云　祥云县地方税务局　2014 年　400 页
b49983283　F812.774.442　X276　2014

祥云县金融志
祥云县金融志编纂领导组办公室编纂　杜旭主编　昆明　云南人民出版社　2013 年　418 页〔祥云县地方志丛书〕
b47373416　F832.774.4　X276　2013

祥云县广播电视志
祥云县广播电视志编纂委员会编纂　赵德兴主编　昆明　云南大学出版社　2016 年　258 页〔祥云县地方志丛书〕
b50097350　G229.277.44　X276　2016

祥云县教育志　1904–1988
云南省祥云县教育局编　杨本清主编　祥云　云南省祥云县教育局　1992 年　279 页〔祥云县地方志丛书〕
b36014679　G527.744　X276　1992

祥云县民族宗教志　送审稿
祥云县民族宗教事务局编　昆明　云南民族出版社　2007 年　239 页〔祥云县地方志丛书〕
b19932625　K280.744　X276　2007

祥云县少数民族志
祥云县民族事务委员会编　王丽珠撰　昆明　云南人民出版社　1990 年　204 页〔云南地方志丛书〕
b18176586　K280.744　W222　1990

云南省祥云县地名志
祥云县人民政府编 祥云 祥云县人民政府 1987年 427页〔云南省县市地名志〕
b16431996 K927.44 X276 1987

水目山志
邱宣充主编 昆明 云南科技出版社 2003年 255页
b16434833 K928.3 Q5281 2003

祥云县人民医院志
祥云县人民医院编 昆明 云南人民出版社 2017年 543页〔祥云县地方志丛书〕
b50889734 R199.2 X276 2017

祥云县水利志
祥云县水利水电局编 高荣昌主编 昆明 云南民族出版社 1999年 324页〔云南省地方志丛书〕
b17457476 TV-092 G249 1999

祥云县水利志 1978-2005
祥云县水利志编纂委员会编 高荣昌主编 昆明 云南人民出版社 2009年 284页〔云南省地方志丛书〕
b21570838 TV-092 G249 2009

宾川县

宾川县志
云南省宾川县志编纂委员会编 罗朝良主编 昆明 云南人民出版社 1997年 954页〔中华人民共和国地方志丛书〕
b13274156 K297.44 B494

宾川县工会志 1911-2005
宾川县总工会编 宾川 宾川县总工会 2007年 241页
b36092836 D412.874.4 B494 2007

宾川县人民代表大会志
宾川县第十五届人民代表大会常务委员会编 李建业主编 昆明 云南大学出版社 2013年 382页
b50207635 D624.744 B494 2013

宾川县政协志 1984.4-2010.12
中国人民政治协商会议云南省宾川县委员会编 李树军主编 宾川 中国人民政治协商会议云南省宾川县委员会 2011年 501页
b40935401 D628.744 B494 2011

宾川县民政志 1322-2007
宾川县民政局编 袁继毕主编 宾川 宾川县民政局 2008年 181页
b47331306 D632 B494 2008

宾川县交通志 1978-2005
宾川县交通事业局编 吴朝训主编 宾川 宾川县交通事业局 2006年 151页
b50207076 F512.774.4 B494 2006

宾川县财政志 1910-2007
宾川县财政志编纂组编 李志超 李一主编 北京 中国国际文化出版社 2009年 372页〔云南省宾川县地方志丛书〕
b40739697 F812.774.4 B494 2009

宾川县国税志 1978-2007
宾川县国家税务局编 沈万炳主编 昆明 云南民族出版社 2011年 249页〔大理白族自治州国税志丛书〕
b47073470 F812.423 B494 2011

宾川县文化体育志 1913-2007
宾川县文化体育事业局编 何廷 施德兴主编 大理 大理地矿绘图印刷有限责任公司 2009年 315页
b50207088 G127.744 B494 2009

宾川县教育志 1494–1988
云南省宾川县教育局编 曹劲鹄主编 宾川 云南省宾川县教育局 1989年 264页
b49607479 G527.744 B494D 1989

宾川县教育志 1978–2007
云南省宾川县教育局编 李红志主编 昆明 鹰达印刷公司 2008年 305页〔中华人民共和国地方志丛书〕
b22428847 G527.744 B494C 2008

中国共产党宾川县教育史志 1929–2009
云南省宾川县教育局编 李红志主编 宾川 云南省宾川县教育局 2009年 238页〔中华人民共和国地方志丛书〕
b21766460 G527.744 B494 2009

宾川县金牛一小校志 1906–2010
宾川县金牛一小编 杨葆青 张红宣主编 宾川 宾川县金牛一小 2011年 284页〔宾川县地方志丛书〕
b49677792 G629.287.44 J478 2011

排营初级中学校志 1964–2014
宾川县排营初级中学编 李红志主编 宾川 宾川县排营初级中学 2014年 224页〔中华人民共和国地方志丛书〕
b46934182 G639.287.44 B494 2014

中国白族村落影像文化志 沙址村
张实 李陶红 胡敏著 北京 光明日报出版社 2013年 161页
b45828672 K285.2 Z3647 2013

云南省宾川县地名志
宾川县人民政府编 宾川 宾川县人民政府 1989年 193页〔云南省县市地名志〕
b16425066 K927.44 B494 1989

宾川县人民医院志
宾川县人民医院志编纂工作领导小组编撰 昆明 云南人民出版社 2011年 204页〔中华人民共和国地方志丛书〕
b50199729 R199.274.4 B494 2011

宾川县水利志
宾川县水利电力局编 杨光明主编 宾川 宾川县水利电力局 1992年 356页
b21856679 TV–092 B494 1992

宾川县水利志 1978–2011
宾川县水务局编 王克昌主编 宾川 宾川县水务局 2014年 508页
b49677469 TV–092 B494 2014

弥渡县

弥渡县志
弥渡县志编纂委员会编 熊国义主编 成都 四川辞书出版社 1993年 865页〔中华人民共和国地方志丛书〕
b10630557 K297.44 M3842

弥渡县志 1978–2005
弥渡县地方志编纂委员会编 沙伟风主编 昆明 云南人民出版社 2012年 746页〔中华人民共和国地方志丛书〕
b40739600 K297.44 M3842 2012

弥渡县政协志
中国人民政治协商会议云南省弥渡县委员会编 鲁达主编 昆明 昆明市政协机关印刷厂 1999年 335页〔云南地方志丛书〕
b21764414 D628.744 M384 1999

弥渡县民政志
弥渡县民政局编 史云莲主编 弥渡 弥渡县民政局 2013年 266页

b50729585　D632　M384　2013

弥渡县文化体育志
弥渡县文化体育事业局编　昆明　昆明市五华教委印刷厂　2008 年　476 页〔弥渡县地方志丛书〕
b36379633　G127.744　M384　2008

弥渡县教育志
弥渡县教育局编　昆明　云南科技出版社　1997 年　281 页〔云南省地方志丛书〕
b20019476　G527.744　M384　1997

弥渡文物志
张昭编纂　昆明　云南民族出版社　2005 年　267 页〔弥渡文苑丛书〕
b36380350　K872.744　M384　2005

云南省弥渡县地名志
弥渡县人民政府编　弥渡　弥渡县人民政府　1986 年　153 页〔云南省县市地名志〕
b16436532　K927.44　M3842　1986

太极顶志
太极顶志编纂委员会编　白成瑾主编　昆明　云南人民出版社　2011 年　206 页〔弥渡县地方志丛书〕
b45439047　K928.3　B1514　2011

弥渡县水利志
弥渡县水利志编纂委员会编　成都　成都科技大学出版社　1993 年　148 页
b16862119　TV-092　M384M　1993

永平县

永平县志
云南省永平县志编纂委员会编　张国兴　邵曰能主编　昆明　云南人民出版社　1994 年　739 页〔中华人民共和国地方志丛书〕
b10625112　K297.44　Y6366

永平县人民代表大会志　1954–2014
永平县人民代表大会常务委员会编纂　张焕明主编　昆明　云南出版集团　2016 年　454 页
b47404541　D624.744　Y636　2016

永平县政协志　1984–2012
中国人民政治协商会议云南省永平县委员会编　孙绍平主编　昆明　云南人民出版社　2013 年　456 页
b45453810　D628.744　Y636　2013

永平县林业志
永平县林业局编　杨德溥主编　昆明　云南民族出版社　1996 年　176 页〔云南省林业志丛书 10〕
b49706135　F326.29　Y636　1996

永平县农业志
云南省永平县农业局编　莽德辉　杨瑞宏主编　昆明　云南民族出版社　2003 年　287 页
b47051681　F327.44　Y636　2003

永平县文化志
永平县文化局编　周枝华撰稿　永平　永平县文化局　1989 年　油印本　116 页
b20536264　G127.744　Y636　1989

云南省永平县地名志
永平县人民政府编　永平　永平县人民政府　1986 年　261 页〔云南省县市地名志〕
b16445491　K927.44　Y6366　1986

永平县水利志
永平县水利水电局编　昆明　云南科技出版社　1997 年　202 页
b16862430　TV-092　Y636　1997

云龙县

云龙县志
云南省云龙县志编纂委员会编 杨宗汉主编 北京 农业出版社 1992年 617页〔中华人民共和国地方志丛书〕
b10625136 K297.44 Y879C

云龙县志 1978–2005
云龙县地方志编纂委员会编 昆明 云南人民出版社 2017年 711页〔中华人民共和国地方志丛书〕
b50084021 K297.44 Y879D 2017

检槽乡志
中共检槽乡委员会检槽乡人民政府编 徐云仙主编 昆明 云南人民出版社 2017年 439页〔中华人民共和国地方志丛书〕
b50309249 K297.45 J271 2017

云龙县政协志 1984–2009
中国人民政治协商会议云南省云龙县委员会编 普少兴主编 云龙 中国人民政治协商会议云南省云龙县委员会 2011年 401页
b50208640 D628.744 Y879 2011

中国白族村落影像文化志 大达村
李闯 杨曦泠 郑文婷著 北京 光明日报出版社 2013年 180页
b45828659 K285.2 L391 2013

中国白族村落影像文化志 大麦地村
罗菁 狄思思著 北京 光明日报出版社 2013年 164页
b45828611 K285.2 L922 2013

中国白族村落影像文化志 诺邓村
杨国才著 北京 光明日报出版社 2014年 167页
b45828763 K285.2 Y234N 2014

云南省云龙县地名志
云龙县人民政府编 云龙 云龙县人民政府 1984年 287页〔云南省县市地方志〕
b16432071 K927.44 Y8795 1984

洱源县

洱源县志
云南省洱源县志编纂委员会编 杨圭臬 李文源主编 昆明 云南人民出版社 1996年 769页〔中华人民共和国地方志丛书〕
b1311928x K297.44 E153

洱源县士庞村志
杨振编 昆明 云南科技出版社 2011年 141页
b3666182x K297.45 S493 2011

中国白族村落影像文化志 凤翔村
许沃伦著 北京 光明日报出版社 2013年 171页
b45828660 K285.2 X598 2013

中国白族村落影像文化志 牛街村
蒋泽苇 常娜 石红梅著 北京 光明日报出版社 2014年 144页
b45828805 K285.2 J356 2014

洱源县人民代表大会志
洱源县第十四届人民代表大会常务委员会编纂 宋传璧主编 昆明 云南民族出版社 2012年 277页
b46668081 D624.744 E153 2012

洱源县国税志 1978–2007
洱源县国家税务局编 王绍钧主编 昆明 云南民族出版社 2011年 254页〔大理

白族自治州国税志丛书〕
b49788978　F812.774.4　E153　2011

洱源县农村信用合作志
洱源县农村信用合作社联合社编　桓锦胜主编　洱源　洱源县农村信用合作社联合社　2002 年　184 页
b49802975　F832.35　E153　2002

洱源县教育志
洱源县教育局主编　昆明　云南教育印刷厂　1998 年　411 页
b27575512　G527.744　E153　1998

洱源县民族宗教志
洱源县民族宗教事务局编　杨敬怀　杨文高主编　昆明　云南民族出版社　2006 年　372 页
b17457208　K280.744　E153　2006

云南省洱源县地名志
洱源县人民政府编　洱源　洱源县人民政府　1988 年　155 页〔云南省县市地名志〕
b16446008　K927.44　E153　1988

洱源县水利志
洱源县水利电力局编　昆明　云南大学出版社　1995 年　340 页〔云南地方志丛书〕
b49827169　TV-092　E153　1995

剑川县

剑川县志
云南省剑川县志编纂委员会编　张文渤主编　昆明　云南民族出版社　1999 年　1019 页〔中华人民共和国地方志丛书〕
b1394616x　K297.44　J296

马登镇志
中共马登镇委员会　马登镇人民政府编　李钟奇主编　昆明　云南民族出版社　2014 年　504 页
b49789405　K297.45　M137　2014

双河村志
剑川县金花镇双河村委会编　张杨主编　昆明　云南民族出版社　2013 年　228 页
b46133331　K297.45　S5923　2013

中国白族村落影像文化志　梅园村
杜忠锋著　北京　光明日报出版社　2014 年　192 页
b45828520　K285.2　D698　2014

中国白族村落影像文化志　狮河村
黄静华　苟正霞著　北京　光明日报出版社　2013 年　140 页
b45828635　K285.2　H659　2013

中国白族村落影像文化志　石龙村
杨晓勤著　北京　光明日报出版社　2012 年　202 页
b45828593　K285.2　Y249　2012

中国白族村落影像文化志　寺登街
宋磊　李自更　王超杰著　北京　光明日报出版社　2014 年　184 页
b45828751　K285.2　S679　2014

中国白族村落影像文化志　天马村
胡凌著　北京　光明日报出版社　2014 年　176 页
b45828714　K285.2　H473　2014

中国白族村落影像文化志　西中村
吴晓琳著　北京　光明日报出版社　2014 年　161 页
b45828799　K285.2　W514　2014

剑川县国税志 1978–2007
剑川县国家税务局编 张社谟主编 昆明 云南民族出版社 2011年 360页〔大理白族自治州国税志丛书〕
b41235642 F812.774.4 J296 2011

剑川文化志
剑川县文化局编 张文主编 昆明 云南民族出版社 1995年 253页
b21276596 G127.744 J296 1995

剑川县教育志
剑川县教育局编 张永堂主编 昆明 云南民族出版社 1994年 333页〔云南省地方志丛书〕
b15587526 G527.744 J296 1994

剑川县民族宗教志
剑川县民族宗教事务局编 陆家瑞主编 昆明 云南民族出版社 2003年 529页
b15602072 K280.744 L836 2003

云南省剑川县地名志
剑川县人民政府编 剑川 剑川县人民政府 1988年 235页〔云南省县市地名志〕
b16436878 K927.44 J296 1988

剑川县血吸虫病防治志 1978–2010
剑川县血吸虫病防治站编 罗瑞娟 罗伍菊编辑 芒市 德宏民族出版社 2013年 235页
b49705805 R532.21 J296 2013

剑川县艺文志
剑川县史志办公室编 张笑主编 昆明 云南民族出版社 2010年 649页
b40424649 Z812.274.4 J296 2010

鹤庆县

鹤庆县志
云南省鹤庆县志编纂委员会编 孙浩总编 昆明 云南人民出版社 1991年 833页〔中华人民共和国地方志丛书〕
b10625148 K297.44 H312

鹤庆县志 1978–2005
鹤庆县地方志编纂委员会编 杨金山主编 昆明 云南人民出版社 2014年 829页
b46133367 K297.44 H312 2014

中国白族村落影像文化志 龙珠村
李学龙 赵树兴著 北京 光明日报出版社 2014年 172页
b4582874x K285.2 L421 2014

中国白族村落影像文化志 新华村
范霁雯 张睿莲著 北京 光明日报出版社 2014年 182页
b45828775 K285.2 F196 2014

中国白族村落影像文化志 秀邑村
赵启燕著 北京 光明日报出版社 2012年 163页
b45828532 K285.2 Z437X 2012

鹤庆县检察志
鹤庆县人民检察院编 刘海发主编 鹤庆 鹤庆县人民检察院 2004年 251页
b47206421 D926.32 H312 2004

云南省鹤庆县财政志 1949–2007
鹤庆县财政局编 杨礼红主编 鹤庆 鹤庆县财政局 2011年 257页
b49827133 F812.774 H312 2011

鹤庆县民族志
鹤庆县民族宗教事务局编 梁波主编 鹤庆 鹤庆县民族宗教事务局 2011年 204页
b4543895x K280.744 H312 2011

鹤庆人物志
赵椿编著 鹤庆 鹤庆人物志编纂者 2006年 270页
b22429992 K820.874.4 H312 2006

云南省鹤庆县地名志
鹤庆县人民政府编 鹤庆 鹤庆县人民政府 1987年 204页〔云南省县市地名志〕
b1643643x K927.44 H312 1987

龙华山志
鹤庆县龙华山志编纂委员会编印 施灿松主编 鹤庆 龙华山志编纂委员会 2010年 383页
b44795233 K928.3 L7413 2010

漾濞彝族自治县

漾濞彝族自治县志
云南省漾濞彝族自治县地方志编纂委员会编 文朝钧主编 昆明 云南人民出版社 2000年 824页〔中华人民共和国地方志丛书〕
b13655231 K297.44 Y228

中国共产党漾濞彝族自治县委员会志
中共漾濞彝族自治县委办公室 中共漾濞彝族自治县委党史研究室编 漾濞 中共漾濞彝族自治县委办公室 2011年 452页
b49706299 D235.744 Y271C 2011

漾濞彝族自治县政协志
政协漾濞彝族自治县委员会编 祁焕然主编 漾濞 政协漾濞彝族自治县委员会 2008年 414页
b45453792 D628.744 Y271 2008

漾濞彝族自治县财政志
漾濞彝族自治县财政局编纂 黄汝林主编 昆明 云南人民出版社 2003年 445页
b36374647 F812.774.4 Y271 2003

漾濞彝族自治县民族宗教志
漾濞彝族自治县民族宗教事务局编 苏丽萍主编 昆明 云南民族出版社 2005年 352页
b17152069 K280.744 Y271 2005

云南省漾濞彝族自治县地名志
漾濞彝族自治县人民政府编 崔绍全主编 漾濞 漾濞彝族自治县人民政府 1991年 256页〔云南省县市地名志〕
b16445995 K927.44 Y271 1991

南涧彝族自治县

南涧彝族自治县志
南涧县志编纂委员会编 杨文恭主编 成都 四川辞书出版社 1993年 571页〔中华人民共和国地方志丛书〕
b10630570 K297.44 N161

南涧彝族自治县志 1978–2005
南涧彝族自治县地方志编纂委员会编 潘建祥主编 昆明 云南人民出版社 2009年 571页〔中华人民共和国地方志丛书〕
b23216682 K297.44 N161 2009

南涧镇志
中共南涧镇委员会 南涧镇人民政府编 李春达主编 昆明 云南民族出版社 2010年 361页〔南涧彝族自治县地方志丛书〕

b40424315 K297.45 N161 2010

中国白族村落影像文化志 密食禄村
刘从水著 北京 光明日报出版社 2012年 152页
b4582857x K285.2 L672 2012

南涧县公安志
南涧县公安局编 张泽文撰稿 昆明 云南新华彩印厂 1995年 182页
b2176461x D677.44 N161 1995

南涧彝族自治县扶贫开发志 1990-2012
南涧彝族自治县扶贫开发办公室编 汪德芬主编 昆明 云南国浩印刷有限公司 2014年 282页〔云南省南涧彝族自治县地方志系列丛书 7〕
b4637680x F127.744 N161 2014

南涧彝族自治县财政志 1961-2005
南涧彝族自治县财政志编纂组编 胡增荣主编 香港 中国国际文化出版社 2008年 230页〔云南省南涧彝族自治县地方志丛书〕
b40739466 F812.774.4 N161 2008

南涧彝族自治县国税志 1978-2008
南涧彝族自治县国家税务局编 方朝荣主编 昆明 云南民族出版社 2011年 319页〔大理白族自治州国税志丛书〕
b41235654 F812.774.4 N161N 2011

南涧彝族自治县教育志
南涧彝族自治县教育局编 吴凤标主编 南涧 南涧彝族自治县教育局 2008年 296页〔云南省南涧彝族自治县地方志系列丛书〕
b50208330 G527.744 N161 2008

南涧彝族自治县民族志
南涧彝族自治县民族事务委员会编 黄宜主编 昆明 云南民族出版社 1995年 225页〔云南省地方志丛书〕
b18281096 K280.744 H669 1995

云南省南涧彝族自治县地名志
南涧彝族自治县人民政府编 南涧 南涧彝族自治县人民政府 1984年 225页〔云南省县市地名志〕
b1644727x K927.44 N161 1984

巍山彝族回族自治县

巍山彝族回族自治县志
云南省巍山彝族回族自治县志编纂委员会编 昆明 云南人民出版社 1993年 1035页〔中华人民共和国地方志丛书〕
b10655645 K297.44 W275

大围埂村志
大围埂村志编委会编 马少川主编 昆明 云南民族出版社 2010年 243页
b49705647 K297.45 D1363 2010

凝眸观远 鸡头村志
鸡头村村志编写组编著 大理 大理地矿绘图印刷公司 2006年 94页
b20015148 K297.45 J119 2006

中国白族村落影像文化志 洱海村
李世武著 北京 光明日报出版社 2013年 184页
b45828647 K285.2 L417 2013

巍山彝族回族自治县政协志 1995-2014
中国人民政治协商会议云南省巍山彝族回族自治县委员会编 马克伟主编 昆明 云南人民出版社 2016年 498页
b47373398 D628.744 W359 2016

巍山彝族回族自治县林业志
巍山彝族回族自治县林业局编 巍山 巍山彝族回族自治县林业局 1992 年 288 页
b20806966 F326.277.44 W359 1992

巍山彝族回族自治县国税志 1978–2007
巍山彝族回族自治县国家税务局编 陆映斌主编 昆明 云南民族出版社 2011 年 309 页〔大理白族自治州国税志丛书〕
b41235666 F812.774.4 W359 2011

巍山彝族回族自治县民族宗教志
薛琳编纂 昆明 云南人民出版社 1992 年 486 页〔云南地方志丛书〕
b19930963 K280.744 X576 1992

巍宝山志
巍山彝族回族自治县县志编委会办公室编 昆明 云南人民出版社 1989 年 232 页
b2001952x K297.44 W359 1989

云南省巍山彝族回族自治县地名志
巍山彝族回族自治县人民政府编 巍山 巍山彝族回族自治县人民政府 1984 年 238 页〔云南省县市地名志〕
b16437500 K927.44 W359 1984

巍山彝族回族自治县卫生志
巍山彝族回族自治县卫生局编 童绍洪主编 北京 中国国际文化出版社 2007 年 404 页〔巍山彝族回族自治县地方志系列丛书〕
b4966119x R199.2 W359 2007

巍山彝族回族自治县水利志
巍山彝族回族自治县水利电力局水利志编纂领导小组编 昆明 云南人民出版社 1991 年 179 页
b16862557 TV–092 W359 1991

德宏傣族景颇族自治州

德宏州志 综合卷
德宏傣族景颇族自治州志编纂委员会编 德宏 德宏民族出版社 1994 年 684 页〔中华人民共和国地方志丛书〕
b12488434 K297.42 D291

德宏州志 文化卷
德宏州人民政府主管 德宏州史志办编纂 陈德寿总编 马向东 邵建萍主编 芒市 德宏民族出版社 2011 年 558 页〔中华人民共和国地方志丛书〕
b46933992 K297.42 D291E 2011

德宏州志 政治卷
德宏州人民政府主管 德宏州史志办编纂 陈德寿总编 芒市 德宏民族出版社 2011 年 610 页〔中华人民共和国地方志丛书〕
b46934005 K297.42 D291F 2011

德宏州志 社会卷
德宏州史志办编纂 吴志湘 匡大一 陈茂云主编 芒市 德宏民族出版社 2015 年 661 页〔中华人民共和国地方志丛书〕
b4996351x K297.42 D291G 2015

德宏州志 经济卷
德宏傣族景颇族自治州志编纂委员会编 李茂琳主编 芒市 德宏民族出版社 1997 年 550 页〔中华人民共和国地方志丛书〕
b50208184 K297.42 D291H 1997

德宏傣族景颇族自治州人民代表大会志 1950.4–1998.3
德宏傣族景颇族自治州人民代表大会志编纂委员会编 丁恒永主编 昆明 云南民族出版社 2000 年 500 页
b19930902 D624.742 D531 2000

德宏傣族景颇族自治州政协志
中国人民政治协商会议云南省德宏州委员会编 胡蔷 蓝佩刚编辑 昆明 云南民族出版社 2005 年 404 页
b17457518 D628.742 D291 2005

德宏法院志
云南省德宏傣族景颇族自治州中级人民法院编 岩罕旺主编 昆明 德宏民族出版社 2006 年 313 页
b50319176 D926.22 D2913 2006

德宏州工商行政管理志 1973–2008
德宏州工商行政管理志编撰委员会编 罗德宏主编 德宏 德宏州工商行政管理志编撰委员会 2014 年 673 页
b50065956 F203.9 D291 2014

德宏农垦志 1951–2010
德宏农垦志编纂委员会编 李健 冯雪满主编 昆明 云南人民出版社 2011 年 778 页〔德宏农垦志丛书〕
b40424479 F324.1 D2913 2011

德宏州林业志
德宏州林业局编 张绍德主编 昆明 昆明市五华区教育委员会印刷厂 2006 年 297 页
b40938840 F326.277.42 D291 2006

德宏州农业志
德宏州农业局编 宋雨发主编 德宏 德宏团结报印刷厂 2011 年 362 页
b40938852 F327.742 D291 2011

德宏电力工业志 1932–2008
李繁琪主编 北京 中国电力出版社 2011 年 593 页
b46012540 F426.61 D291 2011

德宏州蔗糖志
德宏州蔗糖志编纂委员会编 赵兴倬主编 芒市 德宏民族出版社 2017 年 510 页
b50231923 F426.82 D291 2017

德宏傣族景颇族自治州公路管理志
芒市公路管理总段编 王申主编 昆明 云南民族出版社 2000 年 272 页
b36374477 F542.874.2 D291 2000

德宏州商务志
德宏州商务志编纂委员会编 何绍强总编纂 芒市 德宏民族出版社 2015 年 495 页
b50208172 F727.742 D291 2015

德宏州财政志
德宏州财政局编 庄汝熔主编 芒市 德宏民族出版社 1996 年 234 页
b49705659 F812.774.2 D291 1996

德宏州地方税务志 1994–2014
德宏傣族景颇族自治州地方税务局编 孔亮主编 芒市 德宏民族出版社 2016 年 732 页
b50348139 F812.774.242 D291 2016

德宏州金融志
黄维勋主编 芒市 德宏民族出版社 1995 年 323 页〔德宏州地方志丛书〕
b47317152 F832.9 D291 1995

德宏傣族景颇族自治州文化艺术志
德宏傣族景颇族自治州文化局 德宏州民族艺术研究所编 吴高仪主编 昆明 云南科技印刷厂 2001 年 393 页
b5020726x G127.743 D291 2001

德宏州教育志
德宏傣族景颇族自治州教育局编 昆明 云

南教育出版社 1995 年 387 页〔云南省地方志丛书〕
b17994329 G527.742 D291 1995

德宏州教育志 1978–2008
德宏州教育局编 彭定武主编 潞西 德宏民族出版社 2010 年 289 页
b4064991x G527.742 D291 2010

德宏傣族景颇族自治州曲艺志
德宏傣族景颇族自治州文化局 德宏州民族艺术研究所编 吴高仪主编 昆明 云南新闻图片社印刷厂 1998 年 347 页〔中国曲艺志云南卷丛书〕
b50207258 J809.2 D291 1998

德宏州少数民族语地名志
陈茂云主编 芒市 德宏民族出版社 1998 年 412 页
b49705660 K927.42 D291D 1998

新编德宏风物志
张方元主编 昆明 云南人民出版社 2000 年 211 页〔云南风物志丛书〕
b13776708 K927.42 Z351

德宏傣族景颇族自治州医疗集团志 1954–2003
德宏傣族景颇族自治州医疗集团编 德宏 德宏傣族景颇族自治州医疗集团 2004 年 376 页
b49472264 R199.2 D2913D 2004

德宏州卫生志
德宏州卫生志编纂委员会编 李维蓉主编 德宏 德宏州卫生志编纂委员会 2008 年 472 页
b47594512 R199.2 D2913 2008

德宏州安监志 2003–2013
德宏州安全生产监督管理局编 赵兴倬 郭山 黄国荣 段惠兰主编 德宏 德宏州安全生产监督管理局 2014 年 298 页
b50016805 X931 D291 2014

芒 市

潞西县志
云南省潞西县志编纂委员会编 昆明 云南教育出版社 1993 年 536 页〔中华人民共和国地方志丛书〕
b10630727 K297.44 L843

潞西市志 1978–2005
芒市地方志编纂委员会办公室编纂 孔志恩 杨政府 革安发主编 昆明 云南人民出版社 2017 年 1050 页〔中华人民共和国地方志丛书〕
b5075645x K297.43 M215 2017

潞西市人民代表大会志
芒市人民代表大会常务委员会编 陈茂云主编 芒市 德宏民族出版社 2012 年 526 页
b49705957 D624.744 L843 2012

潞西市政协志 1952.3–2009.7
潞西市政协志编纂委员会编 李茂文主编 潞西 德宏民族出版社 2009 年 280 页〔中华人民共和国地方志丛书〕
b20815773 D628.743 L843 2009

潞西市扶贫开发志 1990–2008
潞西市扶贫开发领导小组办公室编 陈茂云主编 潞西 德宏民族出版社 2011 年 331 页
b50208214 F126 L843 2011

遮放农场志 1956–2010
遮放农场志编纂委员会编 彭辉主编 昆

明 云南人民出版社 2012 年 390 页〔德宏农垦志丛书〕
b40864728 F324.1 Z442 2012

芒市文化体育志
芒市文体广电旅游局编 杨黎蓉主编 芒市 芒市文体广电旅游局 2012 年 388 页
b47594639 G127.744 M215 2012

潞西县教育志
潞西县教育局编 芒市 德宏民族出版社 1993 年 349 页
b16424645 G527.744 L843 1993

云南省农垦总局第二职工医院志 1972–2010
云南省农垦总局第二职工医院志编纂委员会编纂 尹克强主编 昆明 云南人民出版社 2012 年 359 页〔德宏农垦志丛书〕
b50207970 R197.63 Y881 2012

瑞丽市

瑞丽市志
云南省瑞丽市志编纂委员会编 陈江主编 成都 四川辞书出版社 1996 年 800 页〔中华人民共和国地方志丛书〕
b10624788 K297.43 R364

瑞丽市志 1978–2005
云南省瑞丽市地方志编纂委员会编著 何文忠 杨进才主编 昆明 云南人民出版社 2012 年 696 页〔中华人民共和国地方志丛书〕
b4123571x K297.43 R364 2012

畹町市志
云南省畹町市志编纂委员会编 熊家斌主编 昆明 云南民族出版社 1995 年 436 页〔中华人民共和国地方志丛书〕
b13752595 K297.43 W156

瑞丽市人口与计划生育志 1979–2012
瑞丽市人口和计划生育局编著 刘安杰主编 昆明 昆明鹰达印刷有限公司 2015 年 186 页
b46933918 C924.257.43 R364 2015

瑞丽市人民代表大会志 1950.5–1998.2
瑞丽市人民代表大会志编纂委员会编 庄和贵主编 瑞丽 瑞丽市人民代表大会志编纂委员会 2000 年 356 页
b49533770 D624.744 R364 2000

瑞丽市政协志 1950–2004
中国人民政治协商会议云南省瑞丽市委员会编纂 蒋开凤主编 瑞丽 瑞丽市创兴印务公司 2006 年 475 页
b40938888 D628.743 R364 2006

畹町经济开发区志 1999–2013
瑞丽市档案局编 甫如明主编 瑞丽 瑞丽市档案局 2014 年 387 页
b4693392x F127.743 W156 2014

瑞丽农场志 1959–2010
瑞丽农场志编纂委员会编 高波主编 昆明 云南人民出版社 2012 年 512 页〔德宏农垦志丛书〕
b40424467 F324.1 R364 2012

畹町农场志 1959–2010
畹町农场志 1959–2010 编纂委员会编 彪国新主编 昆明 云南人民出版社 2012 年 290 页〔德宏农垦志丛书〕
b40864716 F324.1 W156 2012

瑞丽市边贸志
瑞丽市边贸志编纂委员会编 何绍强主编

昆明 云南人民出版社 2013年 279页〔中华人民共和国地方志丛书〕
b4693439x F752.874.3 R364 2013

瑞丽教育志
瑞丽市教育局编 张从德主编 昆明 云南教育出版社 1993年 338页〔中华人民共和国地方志丛书〕
b18120921 G527.743 R364 1993

畹町市（区）教育志 1994–2007
畹町教育局编 黄桂兰主编 芒市 德宏民族出版社 2012年 242页
b40836952 G527.744 W156 2012

云南省瑞丽县地名志
瑞丽县人民政府编 瑞丽 瑞丽县人民政府 1987年 203页〔云南省县市地名志〕
b16447268 K927.44 R364 1987

云南省畹町市地名志
畹町市人民政府编 畹町 畹町市人民政府 1986年 71页〔云南省县市地名志〕
b16425790 K927.43 W156 1986

梁河县

梁河县志
云南省梁河县志编纂委员会编 杨达伟主编 昆明 云南人民出版社 1993年 951页〔中华人民共和国地方志丛书〕
b10628423 K297.44 L491

梁河县志 1978–2005
云南省梁河县地方志编纂委员会编著 孙稚泳主编 昆明 云南人民出版社 2011年 672页〔中华人民共和国地方志丛书〕
b40743482 K297.44 L491 2011

梁河县人民代表大会志
梁河县人大常委会编纂 昆明 云南美术出版社 2002年 328页
b17457774 D624.744 L491 2002

梁河县公安志
梁河县公安局编 陈正启主编 梁河 梁河县公安局 2013年 360页
b49472173 D631 L491 2013

梁河县林业志
梁河县林业局编著 张恩尚主编 昆明 勤为峰印刷有限责任公司 2012年 630页，〔云南省林业志丛书〕
b49472185 F326.277.44 L491 2012

梁河县交通志
梁河县交通运输局编 瞿忠田主编 昆明 云南民族出版社 2012年 300页
b46995432 F512.774.4 L491 2012

梁河县教育志
梁河县教育局编 昆明 云南美术出版社 1995年 296页
b20099629 G527.744 L491 1995

云南省梁河县地名志
梁河县人民政府编 梁河 梁河县人民政府 1994年 257页〔云南省县市地名志〕
b16436556 K927.44 L491 1994

盈江县

盈江县志 1978–2005
盈江县地方志编纂委员会编 徐永文 李林忠主编 芒市 德宏民族出版社 2016年 918页〔中华人民共和国地方志丛书〕
b5072955x K297.44 Y568 2016

盈江县人民代表大会志 1949.12–2000.3
盈江县人大常委会编 陈春刚 孟嘉麟主编 潞西 德宏民族出版社 2001 年 638 页
b49938745 D624.744 Y568 2001

盈江县政协志 1950–2014
中国人民政治协商会议云南省盈江县委员会编 杨荣凡主编 盈江 中国人民政治协商会议云南省盈江县委员会 2016 年 391 页
b49472550 D628.744 Y568 2016

盈江农场志 1952–2010
盈江农场志编纂委员会编 寇清梅主编 昆明 云南人民出版社 2012 年 548 页〔德宏农垦志丛书〕
b40426026 F324.1 Y568 2012

盈江县水利志
盈江县水利电力局编纂 盈江 盈江县水利电力局 1989 年 273 页
b19518365 F426.9 Y568 1989

云南省盈江县地名志
盈江县人民政府编 盈江 盈江县人民政府 2002 年 355 页
b16432344 K927.44 Y568 2002

陇川县

陇川县志
云南省陇川县志编纂委员会编 昆明 云南民族出版社 2005 年 954 页〔中华人民共和国地方志丛书〕
b16842510 K297.44 L751 2005

陇川县人大志 1998.1–2013.1
陇川县人民代表大会常务委员会编 杨海莲主编 陇川 陇川县人民代表大会常务委员会 2015 年 360 页
b49472240 D624.744 L751 2015

陇川县政协志 1950–2005
中国人民政治协商会议云南省陇川县委员会编 刀小阮主编 昆明 昆明鹰达印刷公司 2007 年 245 页
b40837403 D628.744 L751 2007

陇川县公安志
陇川县公安局编 喻成文主编 陇川 陇川县公安局 2011 年 405 页
b49472239 D631 L751 2001

陇川农场志 1955–2010
陇川农场志编纂委员会编 余杰主编 昆明 云南人民出版社 2012 年 476 页〔德宏农垦志丛书〕
b40864704 F324.1 L751 2012

陇川县教育志
陇川县教委编志委员会编 昆明 云南教育出版社 2000 年 302 页
b16861000 G527.744 L751 2000

怒江傈僳族自治州

怒江傈僳族自治州志
怒江傈僳族自治州地方志编纂委员会编 赵鉴新 朱发德 司忠诚主编 北京 民族出版社 2006 年 2 卷 1749 页〔中华人民共和国地方志丛书〕
b1692650x K297.42 N493 2006

怒江傈僳族自治州志 1996–2010
怒江傈僳族自治州地方志编纂委员会编 昆明 云南人民出版社 2018 年 2 卷 1707 页〔中华人民共和国地方志丛书〕
b53094645 K297.42 N493 2018

怒江傈僳族自治州政协志 1996–2016
政协怒江傈僳族自治州委员会编 李道生主编 昆明 云南民族出版社 2016年 441页
b50747800 D628.742 N493 2016

怒江公安志
怒江傈僳族自治州公安处编 怒江 怒江傈僳族自治州公安处 1991年 322页〔怒江地方志丛书〕
b41235083 D631 N493 1991

怒江傈僳族自治州人民法院志
怒江州中级人民法院编 滕鹏楚主编 昆明 云南人民出版社 2013年 524页〔云南省怒江傈僳族自治州地方志丛书〕
b49705982 D926.22 N493 2013

怒江州农牧志
怒江州农业局 怒江州畜牧局编 杨金华主编 昆明 云南民族出版社 1999年 562页〔怒江傈僳族自治州地方志丛书〕
b36374532 F329.742 N493 1999

怒江烟草志 1994–2007
怒江烟草志编纂委员会编 何杨赵主编 昆明 云南人民出版社 2008年 200页〔云南省烟草志丛书〕
b49705994 F426.89 N493 2008 9

怒江州交通志
怒江傈僳族自治州交通局编 王玉球主编 昆明 云南人民出版社 2000年 463页
b20044707 F512.774.2 W234 2000

六库公路管理志
六库公路管理总段编 李进朝主编 昆明 云南教育出版社 1996年 217页
b3609318x F542.9 L723 1996

怒江交通运输集团公司志
怒江交通运输集团公司编 杨汶民主编 怒江 怒江交通运输集团公司 2008年 399页〔云南省怒江傈僳族自治州地方志丛书〕
b45479860 F542.6 N493 2008

怒江傈僳族自治州旅游志
怒江傈僳族自治州旅游局编 赵文胜主编 昆明 云南人民出版社 2014年 271页〔怒江傈僳族自治州地方志丛书〕
b49705970 F592.774.2 N493 2014

怒江州金融志
怒江州金融志编纂委员会编 昆明 云南民族出版社 2001年 413页〔怒江傈僳族自治州地方志丛书〕
b36374520 F832.774.2 N493 2001

怒江州科技志
怒江州科学技术委员会 怒江州科学技术协会编 怒江 怒江州科学技术委员会 怒江州科学技术协会 1996年 394页〔怒江傈僳族自治州地方志资料丛书〕
b49533691 G322.774.2 N493 1996

怒江傈僳族自治州教育志
怒江傈僳族自治州教育委员会编 昆明 云南民族出版社 1998年 555页〔云南省地方志丛书〕
b16355398 G527.742 N493 1998

怒江傈僳族自治州教育志 1998–2012
怒江傈僳族自治州教育局编 奚春燕主编 昆明 云南教育出版社 2014年 429页
b46995596 G527.742 N493C 2014

怒江傈僳族自治州民族志
怒江州民族事务委员会 怒江州州志编纂委员会编 和国梁主编 昆明 云南民族出

版社 1993年 329页〔云南省地方志丛书〕
b17514678 K280.742 N493 1993

怒江傈僳族自治州文物志
怒江傈僳族自治州文物志编纂委员会编 赵美主编 昆明 云南大学出版社 2007年 557页
b18274584 K872.742 N493 2007

新编怒江风物志
赵伯乐主编 昆明 云南人民出版社 2000年 366页〔云南风物志丛书〕
b13776757 K927.42 Z431

怒江州中心血站志
朱发德主编 香港 天马出版有限公司 2011年 708页
b49850039 R199.2 N493 2011

怒江州水利电力志
怒江州水利电力局编 怒江 怒江州水利电力局 1994年 206页〔怒江地方志丛书〕
b49706007 TV-092.742 N493 1994

泸水市

碧江县志
云南省怒江傈僳族自治州地方志编纂委员会编 昆明 云南民族出版社 1994年 482页〔中华人民共和国地方志丛书〕
b1062515x K297.44 B399

泸水县志
云南省泸水县志编纂委员会编 昆明 云南人民出版社 1995年 519页〔中华人民共和国地方志丛书〕
b10604509 K297.44 L7877

泸水县政协志 1998.3–2016.12
政协泸水县委员会编 昆明 云南民族出版社 2016年 433页
b51069040 D628.744 L7877 2016

泸水县林业志
云南省泸水县林业局 云南省泸水县木材公司编 李生龙主编 昆明 云南民族出版社 2001年 474页〔云南省地方志丛书〕
b5020774x F326.277.44 L787 2001

云南省碧江县地名志
碧江县人民政府编 碧江 碧江县人民政府 1984年 198页〔云南省县市地名志〕
b16425236 K927.44 B399 1984

云南省泸水县地名志
泸水县人民政府编 泸水 泸水县人民政府 1989年 214页〔云南省县市地名志〕
b16430554 K927.44 L787 1989

福贡县

福贡县志
福贡县地方志编纂委员会编 木劲松 杨明满 赵剑华主编 昆明 云南民族出版社 1999年 547页〔中华人民共和国地方志丛书〕
b13654342 K297.44 F451

福贡县志 1987–2010
福贡县地方志年鉴编辑部编 和泽付主编 昆明 福贡县地方志年鉴编辑部 2015年 517页
b46376604 K297.44 F451 2015

福贡县教育志
福贡县教育局编 大理 大理新华印刷厂 1990年 244页
b20402910 G527.744 F451 1990

福贡县地名志
福贡县人民政府编 普利颜 顾建中主编 昆明 云南民族出版社 1995年 325页〔云南省县市地名志〕
b16355441 K927.44 F451 1995

贡山独龙族怒族自治县

贡山独龙族怒族自治县志
贡山独龙族怒族自治县编纂委员会编 褚发光主编 北京 民族出版社 2006年 557页〔中华人民共和国地方志丛书〕
b17178599 K297.44 G456 2006

贡山独龙族怒族自治县教育志
陶天麟主编 昆明 云南民族出版社 1995年 270页〔云南省地方志丛书〕
b20182612 G527.744 G456 1995

云南省贡山独龙族怒族自治县地名志
贡山独龙族怒族自治县人民政府编 贡山 贡山独龙族怒族自治县人民政府 1988年 196页〔云南省县市地名志〕
b16425923 K927.44 G456 1988

兰坪白族普米族自治县

兰坪白族普米族自治县志
云南省兰坪白族普米族自治县志编纂委员会编 李嘉郁总纂 昆明 云南民族出版社 2003年 997页〔中华人民共和国地方志丛书〕
b15905822 K297.44 L172 2003

兰坪白族普米族自治县志 1978–2005
兰坪白族普米族自治县地方志编纂委员会编 赵志勇主编 昆明 云南人民出版社 2010年 979页〔中华人民共和国地方志丛书〕
b36174610 K297.44 L172M 2010

黄柏志
朱发德主编 昆明 云南民族出版社 1997年 286页
b13209164 K297.45 H654

江头河村志
兰坪白族普米族自治县金顶镇江头河村志编纂小组编 张月林主编 泸水 怒江州民族印刷厂 2005年 142页〔兰坪白族普米族自治县地方志丛书〕
b4601164x K297.45 J326 2005

金凤村志
兰坪白族普米族自治县金顶镇金凤村民委员会编 杨增才主编 昆明 云南民族出版社 2012年 523页〔兰坪白族普米族自治县地方志丛书〕
b40837257 K297.45 J476 2012

通甸镇志
和育主编 兰坪 怒江报社民族印刷公司 2008年 408页〔兰坪白族普米族自治县地方志丛书〕
b36128478 K297.45 T426 2008

云南省兰坪白族普米族自治县营盘镇志
中共营盘镇委员会 营盘镇人民政府编纂 张秀鹏主编 昆明 云南民族出版社 2008年 785页〔中华人民共和国地方志丛书〕
b20396247 K297.45 Y565 2008

云南省兰坪白族普米族自治县营盘镇志 定稿本
中共营盘镇委员会 营盘镇人民政府编纂 张秀鹏主编 兰坪 中共营盘镇委员会 2007年 686页〔中华人民共和国地方志

丛书〕
b36380428　K297.45　Y565　2007

兰坪白族普米族自治县政协志
中国人民政治协商会议兰坪白族普米族自治县委员会编　段炳璋主编　昆明　云南省新华印刷一厂　1997年　185页〔兰坪白族普米族自治县地方志丛书〕
b41235010　D628.744　L172　1997

军事志　1912-1990
兰坪白族普米族自治县人民武装部编　兰坪　兰坪白族普米族自治县人民武装部　1994年　250页〔兰坪白族普米族自治县地方志丛书〕
b49938630　E289.744　L172　1994

兰坪白族普米族自治县林业志
兰坪白族普米族自治县林业局　兰坪白族普米族自治县木材总公司编　邓铭史主编　昆明　云南民族出版社　1997年　518页〔云南省林业志丛书〕
b20807090　F326.277.44　L172　1997

交通志
兰坪白族普米族自治县交通局编　段树涵主编　兰坪　兰坪白族普米族自治县交通局　1995年　216页〔兰坪白族普米族自治县县志丛书〕
b36245756　F512.774.4　L172　1995

兰坪交通志　1995-2008
兰坪白族普米族自治县交通局编　施中林　杨增才主编　泸水　怒江报社名族印刷公司　2010年　341页〔兰坪白族普米族自治县地方志丛书〕
b46133227　F512.774.4　L172　2010

兰坪白族普米族自治县教育志
兰坪白族普米族自治县教育委员会编　李曾林主编　昆明　云南民族出版社　2001年　438页
b16862466　G527.744　L172　2001

体育志
兰坪白族普米族自治县体育运动委员会编　尹治邦主编　兰坪　兰坪白族普米族自治县体育运动委员会　1995年　163页〔兰坪白族普米族自治县地方志丛书〕
b21764098　G812.774.4　L172　1995

普米族志
兰坪县民族事务委员会　兰坪县政协民族研究室编　昆明　云南民族出版社　2000年　263页〔兰坪白族普米族自治县地方志丛书〕
b13655504　K286.6　L172

兰坪风物志
朱发德　李松发编著　昆明　云南民族出版社　2014年　351页
b49705891　K297.44　L172Z　2014

云南省兰坪白族普米族自治县地名志
兰坪白族普米族自治县人民政府编　兰坪　兰坪白族普米族自治县人民政府　1991年　163页〔云南省县市地名志〕
b1643061x　K927.44　L172　1991

卫生志
兰坪白族普米族自治县卫生局编　赵越主编　兰坪　兰坪白族普米族自治县卫生局　1993年　215页〔兰坪白族普米族自治县地方志丛书〕
b41235009　R199.2　L172　1993

迪庆藏族自治州

迪庆藏族自治州志
云南省迪庆藏族自治州地方志编纂委员会编 勒安旺堆主编 昆明 云南民族出版社 2003 年 2 卷 1431 页〔中华人民共和国地方志丛书〕
b16447827 K297.42 D373 2003

迪庆藏族自治州志 1978–2007
迪庆藏族自治州地方志编纂委员会编 陈建国主编 昆明 云南民族出版社 2014 年 2 卷 1926 页〔中华人民共和国地方志丛书〕
b46471832 K297.42 D373 2014

迪庆州宗教志
迪庆藏族自治州民族宗教事务委员会编 北京 中国藏学出版社 1994 年 216 页
b10792624 B928.2 D373

迪庆藏族自治州人民代表大会志
迪庆藏族自治州人民代表大会常务委员会编 和根合主编 迪庆 迪庆藏族自治州人民代表大会常务委员会 2012 年 415 页
b47316925 D624.742 D373 2012

迪庆藏族自治州政协志 1978–2007
中国人民政治协商会议迪庆藏族自治州委员会编 和根合 杨树基主编 香格里拉 中国人民政治协商会议迪庆藏族自治州委员会 2008 年 255 页
b40740018 D628.742 D373 2008

迪庆藏族自治州宏观经济管理志 1978–2007
迪庆藏族自治州发展和改革委员会编 肖建明主编 迪庆 迪庆藏族自治州发展和改革委员会 2007 年 266 页
b49788917 F127.742 D373 2007

迪庆藏族自治州计划志
迪庆藏族自治州发展计划委员会编 和仕聪主编 迪庆 迪庆藏族自治州发展计划委员会 2002 年 150 页
b49788929 F127.742 D373C 2002

迪庆藏族自治州林业志 1996–2010
迪庆藏族自治州林业局编 吴正武主编 迪庆 迪庆藏族自治州林业局 2013 年 223 页
b45444705 F326.277.42 D373 2013

迪庆烟草志
迪庆烟草志编纂委员会编 夏巴主编 昆明 云南人民出版社 2009 年 242 页〔云南省烟草志丛书〕
b49705696 F426.89 D373 2009 4

迪庆藏族自治州交通运输志
迪庆藏族自治州交通局编 倪荣华著 昆明 云南民族出版社 2010 年 459 页
b22429220 F512.774.2 D373 2010

迪庆藏族自治州旅游志
迪庆藏族自治州旅游局编 孙红军 周国星主编 迪庆 迪庆藏族自治州旅游局 2012 年 224 页
b40739557 F592.774.2 D373 2012

迪庆藏族自治州税务志
迪庆藏族自治州国家税务局 迪庆藏族自治州地方税务局编 黄建明主编 迪庆 迪庆藏族自治州国家税务局 2009 年 679 页
b44917089 F812.774.242 D373 2009

迪庆藏族自治州金融志
迪庆藏族自治州金融志编纂委员会编 黄云海总编纂 昆明 云南人民出版社 2010年 新修 304页
b40864698 F832.774.2 D373 2010

迪庆藏族自治州图书馆志
李永明主编 昆明 云南人民出版社 2016年 175页
b50157668 G259.277.42 D373 2016

迪庆藏族自治州教育志
迪庆藏族自治州教育委员会编 昆明 昆明市教育印刷厂 1998年 283页〔迪庆州地方志丛书〕
b17991092 G527.742 D373 1998

迪庆藏族自治州文学艺术志
迪庆藏族自治州文学艺术界联合会编 李志宏主编 昆明 云南科技出版社 2015年 203页
b46376562 I209.974.2 D373 2015

大词戏志
迪庆藏族自治州文化局编 邓虹 李汝春主编 北京 文化艺术出版社 1993年 191页〔中国戏曲志云南卷丛书〕
b18642561 J809.274.2 D346 1993

迪庆藏族自治州民族志
迪庆藏族自治州民族宗教事务委员会编 闵江海主编 昆明 迪庆藏族自治州民族宗教事务委员会 2001年 256页
b49705684 K280.742 D373 2001

迪庆·香格里拉旅游风物志 沿着地名的线索
吴光范著 昆明 云南人民出版社 2009年 617页
b19987948 K927.42 D373W 2009

新编迪庆风物志
李茂春主编 昆明 云南人民出版社 1999年 226页〔云南风物志丛书〕
b13383395 K927.42 D373

迪庆藏族自治州水利志
迪庆藏族自治州水利水电局编 杨德元编纂 迪庆 迪庆藏族自治州水利水电局 1994年 236页
b4967786x TV–092.742 D373 1994

香格里拉市

中甸县志
云南省中甸县志编纂委员会编 段志诚总纂 昆明 云南民族出版社 1997年 988页〔中华人民共和国地方志丛书〕
b13752844 K297.44 Z643

香格里拉县志 1978–2005
和丽忠主编 昆明 云南人民出版社 2016年 940页〔中华人民共和国地方志丛书〕
b47404528 K297.44 X259 2016

香格里拉县尼西乡志
香格里拉县尼西乡乡志编纂委员会编 松永丽 尹志高主编 昆明 云南科技出版社 2015年 670页
b47287676 K297.45 N284 2015

香格里拉县上江乡志
周国星主编 北京 线装书局 2012年 303页〔史志书系〕
b50206990 K297.45 S3224 2012

香格里拉县五境乡志
香格里拉县五境乡人民政府编 张正光主编 香格里拉 香格里拉县五境乡人民政府 2010年 281页

b36375044　K297.45　W538　2010

香格里拉县小中甸镇志
周世全主编　香格里拉　香格里拉县小中甸镇人民政府　2010 年　308 页
b23003935　K297.45　X3472　2010

中共香格里拉县委志　1978–2005
中共香格里拉县委志编纂领导小组编纂　郭东生　李庆高主编　香格里拉　中共香格里拉县委志编纂领导小组　2010 年　358 页
b22433247　D625.744　X259　2010

中甸县政协志
中国人民政治协商会议云南省中甸县委员会编纂　和佳庚主编　大理　大理地矿绘图印刷公司　2003 年　305 页
b41235320　D628.744　Z643　2003

香格里拉县交通运输志
香格里拉县交通局编　倪荣华著　昆明　云南民族出版社　2010 年　362 页
b49678061　F512.774.4　X259　2010

香格里拉县一中校志
香格里拉县第一中学编　杨振兴主编　香格里拉　香格里拉县一中学　2006 年　217 页
b22432553　G639.287.44　X259　2006

中甸一中志　1956–1995
中甸县第一中学编　潘发生主编　中甸　中甸县第一中学　1996 年　222 页〔中甸县地方志系列丛书〕
b45480412　G639.287.44　Z643　1996

迪庆藏族自治州卫生学校志
迪庆藏族自治州民族中等专业学校编　张江平主编　昆明　云南经济信息报印刷厂　2005 年　178 页
b22429232　G719.287.42　D373　2005

中国白族村落影像文化志　安南村
旃立兴　史磊著　北京　光明日报出版社　2012 年　169 页
b45828581　K285.2　Z296　2012

云南省中甸县地名志
中甸县人民政府编　中甸　中甸县人民政府　1986 年　316 页〔云南省县市地名志〕
b13743016　K927.44　Z643

德钦县

德钦县志
德钦县志编纂委员会编　昆明　云南民族出版社　1997 年　388 页〔中华人民共和国地方志丛书〕
b1365438x　K297.44　D291

德钦县志　1978–2005
德钦县志编纂委员会编　江楚主编　昆明　云南人民出版社　2011 年　707 页〔中华人民共和国地方志丛书〕
b36168622　K297.44　D291C　2011

德钦县人民法院志　1957–2012
德钦县人民法院编　毛振斌主编　昆明　云南人民出版社　2013 年　489 页
b49705672　D926.22　D291　2013

德钦教育志
德钦县教育局编　鲁茸主编　昆明　云南民族印刷厂　2010 年　262 页
b27575457　G527.744　D291　2010

云南省德钦县地名志
德钦县人民政府编　德钦　德钦县人民政府　1987 年　258 页〔云南省县市地名志〕

b16446380　K927.44　D291　1987

德钦县水利志
德钦县水利水电局编　德钦　德钦县水利水电局　1992 年　200 页〔中华人民共和国地方专志〕
b16860998　TV-092　D291　1992

维西傈僳族自治县

维西傈僳族自治县志
云南省维西傈僳族自治县志编纂委员会编　昆明　云南民族出版社　1999 年　987 页〔中华人民共和国地方志丛书〕
b13752789　K297.44　W288

维西傈僳族自治县志　1978–2005
侯吉林主编　昆明　云南民族出版社　2009 年　542 页〔中华人民共和国地方志丛书〕
b21007883　K297.44　W288　2009

维西傈僳族自治县人民法院志
维西傈僳族自治县人民法院志编纂委员会编　余中生主编　昆明　云南民族出版社　2011 年　417 页
b37531748　D926.22　W288　2011

维西傈僳族自治县幼儿园志
维西傈僳族自治县幼儿园志编纂委员会编　和西惠主编　昆明　云南民族出版社　2010 年　341 页
b49678073　G619.287.44　W288　2010

保和镇完全小学志
保和镇完全小学志编纂委员会编　吴成虎主编　昆明　云南民族出版社　2007 年　236 页
b20807089　G629.287.44　B267　2007

维西傈僳族自治县汉语方言志
云南省语言学会　维西县志办公室编　吴成虎著　昆明　云南教育出版社　1996 年　239 页
b20045918　H172.3　W484　1996

云南省维西傈僳族自治县地名志
维西傈僳族自治县人民政府编　维西　维西傈僳族自治县人民政府　1987 年　235 页〔云南省县市地名志〕
b16449502　K927.44　W288　1987

西藏自治区

西藏自治区志 第 5 卷 动物志
西藏自治区地方志编纂委员会编 向巴平措总编纂 刘务林卷主编 北京 中国藏学出版社 2005 年 591 页〔中华人民共和国地方志丛书〕
b16268143 K297.5 X121D

西藏自治区志 第 9 卷 气象志
西藏自治区地方志编纂委员会编 庞天荷 索朗多吉主编 北京 中国藏学出版社 2005 年 304 页〔中华人民共和国地方志丛书〕
b16240133 K297.5 X121D

西藏自治区志 第 14 卷 公路交通志
西藏自治区地方志编纂委员会编 帕巴次诚主编 北京 中国藏学出版社 2007 年 378 页〔中华人民共和国地方志丛书〕
b18004866 K297.5 X121D

西藏自治区志 第 15 卷 民航志
西藏自治区地方志编纂委员会编 胡金法主编 北京 中国藏学出版社 2005 年 251 页〔中华人民共和国地方志丛书〕
b16240145 K297.5 X121D

西藏自治区志 第 16 卷 城乡建设志
西藏自治区地方志编纂委员会总编 西藏自治区志城乡建设志编纂委员会编撰 向巴平措总编纂 周昆山卷主编 北京 中国藏学出版社 2011 年 300 页〔中华人民共和国地方志丛书〕
b36174452 K297.5 X121D

西藏自治区志 第 23 卷 邮电志
西藏自治区地方志编纂委员会总编 西藏自治区志邮电志编纂委员会编撰 向巴平措总编纂 姜国英卷主编 北京 中国藏学出版社 2009 年 462 页〔中华人民共和国地方志丛书〕
b2046759x K297.5 X121D

西藏自治区志 第 24 卷 粮食志
西藏自治区地方志编纂委员会编 赵正修主编 北京 中国藏学出版社 2007 年 387 页〔中华人民共和国地方志丛书〕
b18209075 K297.5 X121D

西藏自治区志 第 29 卷 金融志
西藏自治区地方志编纂委员会编 向巴平措总编纂 旺堆卷主编 北京 中国藏学出版社 2008 年 597 页〔中华人民共和国地方志丛书〕
b19929146 K297.5 X121D

西藏自治区志 第 30 卷 税务志
西藏自治区地方志编纂委员会编 次诺主编 北京 中国藏学出版社 2005 年 357 页〔中华人民共和国地方志丛书〕
b16240121 K297.5 X121D

西藏自治区志 第 32 卷 价格志
西藏自治区地方志编纂委员会编 谭云高 次仁卓玛主编 北京 中国藏学出版社 2006 年 473 页〔中华人民共和国地方志丛书〕
b18004854 K297.5 X121D

西藏自治区志 第 34 卷 审计志
西藏自治区地方志编纂委员会总编 周忠祥 马国超主编 北京 中国藏学出版社 2008 年 338 页〔中华人民共和国地方志丛书〕
b20597174 K297.5 X121D

西藏自治区志 第 34 卷 测绘志
西藏自治区地方志编纂委员会总编 西藏自治区志测绘志编纂委员会编撰 向巴平措总编纂 王学清卷主编 北京 中国藏学出版社 2009 年 454 页〔中华人民共和国地方志丛书〕
b20597149 K297.5 X121D

西藏自治区志 第 36 卷 统计志
西藏自治区地方志编纂委员会编 晋美多吉主编 北京 中国藏学出版社 2005 年 290 页〔中华人民共和国地方志丛书〕
b16240157 K297.5 X121D

西藏自治区志 第 38 卷 海关志
西藏自治区地方志编纂委员会编 向巴平措总编纂 扎顿主编 北京 中国海关出版社 2007 年 383 页〔中华人民共和国地方志丛书〕
b18629295 K297.5 X121D

西藏自治区志 第 43 卷 广播电影电视志
西藏自治区地方志编纂委员会编 张小平 明玛才仁 唐水江主编 北京 中国藏学出版社 2005 年 323 页〔中华人民共和国地方志丛书〕
b16240169 K297.5 X121D

西藏自治区志 第 48 卷 教育志
西藏自治区地方志编纂委员会编 邹开华 吴英杰 宋和平主编 北京 中国藏学出版社 2005 年 589 页〔中华人民共和国地方志丛书〕
b1624011x K297.5 X121D

西藏自治区志 第 49 卷 体育志
西藏自治区地方志编纂委员会编 向巴平措总编纂 洛桑达瓦卷主编 北京 中国藏学出版社 2008 年 456 页〔中华人民共和国地方志丛书〕
b19929110 K297.5 X121D

西藏自治区志 第 50 卷 旅游志
西藏自治区地方志编纂委员会编 向巴平措总编纂 周竟成卷主编 北京 中国藏学出版社 2008 年 365 页〔中华人民共和国地方志丛书〕
b19929122 K297.5 X121D

西藏自治区志 第 55 卷 政务志
西藏自治区人民政府办公厅编 向巴平措总编纂 乔元忠卷主编 北京 中国藏学出版社 2007 年 2 卷 1663 页〔中华人民共和国地方志丛书〕
b21137122 K297.5 X121D

西藏自治区志 第 56 卷 政协志
西藏自治区地方志编纂委员会总编 西藏自治区志政协志编纂委员会编撰 向巴平措总编纂 陈汉昌卷主编 北京 中国藏学出版社 2009 年 513 页〔中华人民共和国地方志丛书〕
b20597162 K297.5 X121D

西藏自治区志 第 57 卷 军事志
西藏自治区地方志编纂委员会编 车明怀 马丽华主编 北京 中国藏学出版社 2007 年 801 页〔中华人民共和国地方志丛书〕
b17658652 K297.5 X121D

西藏自治区志 第 58 卷 武警志
西藏自治区地方志编纂委员会总编 西藏自治区武警志编纂委员会编撰 车明怀 马丽华总主编 何邦林主编 北京 中国藏学出版社 2008 年 461 页〔中华人民共和国地方志丛书〕
b20597186 K297.5 X121D

西藏自治区志 第 62 卷 审判志
西藏自治区地方志编纂委员会总编 西藏自治区志审判志编纂委员会编撰 向巴平措总编纂 白钊卷主编 北京 中国藏学出版社 2009 年 547 页〔中华人民共和国地方志丛书〕
b20597150 K297.5 X121D

西藏自治区志 第 63 卷 民政志
西藏自治区地方志编纂委员会总编 西藏自治区民政志编纂委员会编撰 向巴平措总编纂 敖新平 索良次仁 格来卷主编 北京 中国藏学出版社 2010 年 781 页〔中华人民共和国地方志丛书〕
b21765601 K297.5 X121D

西藏自治区志 第 66 卷 外事志
西藏自治区地方志编纂委员会编 边巴扎西主编 北京 中国藏学出版社 2005 年 381 页〔中华人民共和国地方志丛书〕
b16164556 K297.5 X121D

西藏自治区志 第 69 卷 工会志
西藏自治区地方志编纂委员会总编 西藏自治区志工会志编纂委员会编 白玛赤林总编纂 郭翠琴 郭连虎主编 北京 中国藏学出版社 2014 年 375 页〔中华人民共和国地方志丛书〕
b46240238 K297.5 X121D

西藏自治区志 第 70 卷 共青团志
西藏自治区地方志编纂委员会总编 西藏自治区志共青团志编纂委员会编撰 白玛赤林总编纂 北京 中国藏学出版社 2012 年 684 页〔中华人民共和国地方志丛书〕
b40649908 K297.5 X121D

西藏自治区志 第 71 卷 文物志
西藏自治区地方志编纂委员会总编 西藏自治区志文物志编纂委员会编撰 白玛赤林总编纂 王明星卷主编 北京 中国藏学出版社 2012 年 2 卷 1340 页〔中华人民共和国地方志丛书〕
b4613346x K297.5 X121D

西藏自治区志 第 72 卷 检验检疫志
西藏自治区地方志编纂委员会总编 西藏自治区志检验检疫志编纂委员会编撰 向巴平措总编纂 北京 中国藏学出版社 2012 年 188 页〔中华人民共和国地方志丛书〕
b46133458 K297.5 X121D

西藏自治区志 第 73 卷 水利志
西藏自治区地方志编纂委员会总编 西藏自治区志水利志编纂委员会编 洛桑江村总编纂 北京 中国藏学出版社 2015 年 410 页〔中华人民共和国地方志丛书〕
b46996072 K297.5 X121D

西藏自治区志 第 74 卷 畜牧志
西藏自治区地方志编纂委员会总编 西藏自治区志畜牧志编纂委员会编 王承杰 周春来 坚参 次旺多布杰主编 北京 方志出版社 2015 年 579 页〔中华人民共和国地方志丛书〕
b46996084 K297.5 X121D

西藏自治区志 第 75 卷 国民经济综合志
西藏自治区地方志编纂委员会总编 西藏自治区志国民经济综合志编纂委员会编 马菁林主编 北京 方志出版社 2015 年 674 页〔中华人民共和国地方志丛书〕
b47287482 K297.5 X121D

西藏自治区志 第 76 卷 民航志 2001–2010
西藏自治区地方志编纂委员会总编 西藏自治区志民航志编纂委员会编 贡秋次旺主编 北京 方志出版社 2016 年 274 页〔中华人民共和国地方志丛书〕
b4957825x K297.5 X121D

西藏自治区志 第 77 卷 工商联志
西藏自治区地方志编纂委员会总编 西藏自治区志工商联志编纂委员会编 北京 方志出版社 2016 年 441 页〔中华人民共和国地方志丛书〕
b49923286 K297.5 X121D

西藏自治区志 第 78 卷 检察志
西藏自治区地方志编纂委员会总编 西藏自治区志检察志编纂委员会编撰 洛桑江村总编纂 兰日丰 索达主编 北京 中国藏学出版社 2016 年 449 页〔中华人民共和国地方志丛书〕
b49486147 K297.5 X121D

西藏自治区志 第 79 卷 劳动和社会保障志
西藏自治区地方志编纂委员会总编 西藏自治区志·劳动和社会编保障志编纂委员会编纂 汪德军 毕华主编 北京 方志出版社 2018 年 615 页〔中华人民共和国地方志丛书〕
b51069386 K297.5 X121D

西藏自治区志 财政志
西藏自治区地方志编纂委员会总编 西藏自治区志财政志编纂委员会编撰 向巴平措总编纂 罗红英 范光才卷主编 北京 中国藏学出版社 2011 年 674 页〔中华人民共和国地方志丛书〕
b37530306 K297.5 X121CZ 2012

西藏自治区志 初稿 人大志
西藏自治区志人大志编纂者编 拉萨 西藏自治区志人大志编纂者 2002 年 638 页
b20536045 K297.5 X121G 2002

西藏自治区志 人大志
西藏自治区地方志编纂委员会总编 西藏自治区志人大志编纂委员会编撰 巴桑罗布 王志元 土登才旺主编 北京 中国藏学出版社 2011 年 723 页〔中华人民共和国地方志丛书〕
b37530343 K297.5 X121R 2012

西藏自治区志 卫生志
西藏自治区地方志编纂委员会总编 西藏自治区卫生志编纂委员会编撰 白玛赫林总编纂 普布卓玛卷主编 北京 中国藏学出版社 2011 年 690 页〔中华人民共和国地方志丛书〕
b37530318 K297.5 X121W 2012

中国共产党西藏历史图志
中共西藏自治区委员会编著 北京 中央文献出版社 2011 年 2 卷 1190 页
b46006321 D235.75–64 Z645 2011

西藏自治区电力工业志
西藏自治区电力工业志编纂委员会编 张彬主编 北京 民族出版社 1995 年 278 页〔中国电力工业志丛书〕
b49850404 F426.61 X121 1995

中国煤炭志 西藏卷
中国煤炭志编纂委员会编 崔云龙主编 北

京 煤炭工业出版社 1997 年 249 页
b40806091 F426.21 Z6485V 1997

西藏科技志
徐正余主编 拉萨 西藏人民出版社 1995 年 401 页
b16449368 G322.775 X581 1995

中国曲艺志 西藏卷
中国曲艺志全国编辑委员会编 中国曲艺志西藏卷编辑委员会编 罗扬主编 索朗次仁卷主编 北京 中国 ISBN 中心 2007 年 536 页
b10643059 J809.2 Z648

中国戏曲志 西藏卷
中国戏曲志编辑委员会 中国戏曲志西藏卷编辑委员会编 张庚主编 刘志群卷主编 北京 文化艺术出版社 1993 年 715 页
b10771724 J809.2 Z651X

藏戏图文志
刘志群 阿旺旦增 曹娅丽编著 武汉 湖北美术出版社 2016 年 488 页
b47312464 J825.75 L694Y 2016

西藏民族志
姚兆麟著 北京 中国藏学出版社 2006 年 286 页
b18466369 K280.75 Y297 2006

西藏地方志资料集成 第 3 卷
西藏社会科学院西藏学汉文文献编辑室编辑 北京 中国藏学出版社 2001 年 197 页
b16449113 K297.5 X121F

西藏自治区地名志
中国地名委员会 西藏自治区人民政府编 杨光浴主编 拉萨 西藏自治区人民政府 1993 年 2 卷 2144 页
b44915469 K297.5 Y2349 1993

西藏风土志
赤列曲扎著 拉萨 西藏人民出版社 1982 年 270 页
b13382573 K927.5 C515

西藏风物志
顾笃庆等编写 拉萨 西藏人民出版社 1985 年 193 页〔中国风物志丛书〕
b12158513 K927.5 G556

西藏风物志
西藏风物志编写者编 拉萨 西藏人民出版社 2005 年 第 3 版 182 页〔中国风物志丛书〕
b16335788 K927.5 G556 2005

西藏自治区地名录 甲种本
西藏自治区革命委员会测绘局 国家测绘总局科学研究所编 拉萨 西藏自治区革命委员会测绘局 197- 年 272 页
b16093252 K927.5 X1214

西藏温泉志
佟伟等著 北京 科学出版社 2000 年 300 页
b13755651 P314.1 T438

西藏自治区地震监测志
西藏自治区地震局编 张周术 索仁主编 北京 地震出版社 2005 年 55 页〔中国地震监测志系列〕
b17516092 P315.732.75 Z369 2005

西藏自治区区域地质志
西藏自治区地质矿产局编 北京 地质出版

社 1993 年 707 页〔中华人民共和国地质矿产部地质专报〕
b3601378x P548.275 X121 1993

西藏植物志
中国科学院青藏高原综合科学考察队编 吴征镒主编 北京 科学出版社 1987 年 5 卷 4770 页〔青藏高原科学考察丛书〕
b11337667 Q948.527.5 Z644

西藏苔藓植物志
中国科学院西藏高原综合科学考察队编 北京 科学出版社 1985 年 581 页〔青藏高原科学考察丛书〕
b11915663 Q949.35 Z644

西藏鸟类志
中国科学院青藏高原综合科学考察队编 北京 科学出版社 1983 年 353 页〔青藏高原科学考察丛书〕
b11912844 Q959.7 Z644X

西藏夜蛾志
陈一心 王保海 林大武编著 郑州 河南科学技术出版社 1991 年 409 页
b16449654 Q969.42 C436 1991

藏药志
中国科学院西北高原生物研究所编著 杨永昌主编 西宁 青海人民出版社 1991 年 修订版 670 页
b15642070 R291.4 Y251 1991

西藏自治区土种志
西藏自治区土地管理局编著 刘世全 李建平主编 王昌全 王宪章编写 北京 科学出版社 1994 年 317 页〔西藏土地资源调查丛书〕
b17457798 S155.92 L688 1994

拉萨市

拉萨市志
拉萨市地方志编纂委员会编 许成仓主编 北京 中国藏学出版社 2007 年 2 卷 1750 页〔中华人民共和国西藏自治区地方志丛书〕
b19023406 K297.51 X593 2007

拉萨市政协志 1959.12–2000.12
中国人民政治协商会议拉萨市委员会办公厅编 拉萨 拉萨市政协办公厅 2001 年 579 页
b49827170 D628.751 Z649 2001

中国人民武装警察部队西藏自治区总队志（拉萨）
中国人民武装警察部队西藏自治区总队史志编审委员会编 何邦林主编 拉萨 中国人民武装警察部队西藏自治区总队史志编审委员会 2005 年 825 页〔中国人民武装警察部队西藏自治区总队史志丛书〕
b49790055 E277 H265 2005

中国人民武装警察部队拉萨市支队志
中国人民武装警察部队拉萨市支队志史志编审委员会编 张曙光主编 拉萨 中国人民武装警察部队拉萨市支队志史志编审委员会 2007 年 452 页
b50017044 E277 Z364 2007

中国人民武装警察部队西藏总队第一支队志
中国人民武装警察部队西藏总队第一支队史志编审委员会编 高飞主编 拉萨 中国人民武装警察部队西藏总队第一支队史志丛书编审委员会 2013 年 280 页〔中国人民武装警察部队西藏自治区总队丛书〕
b49963740 E277 Y251C 2013

中国建设银行西藏自治区分行志 1954–2004

中国建设银行西藏自治区分行志编纂委员会编 侯民兴总纂 拉萨 中国建设银行西藏自治区分行志编纂委员会 2005 年 486 页

b5099234x F832.775.1 H429 2005

中国白族村落影像文化志 大北郊 拉萨夺底北路 66 号

齐骥著 北京 光明日报出版社 2012 年 174 页

b45828519 K285.2 Q138 2012

拉萨文物志

西藏自治区文物管理委员会编 索南旺堆 张仲立主编 拉萨 西藏自治区文物管理委员会 1985 年 168 页

b22430581 K872.751 S821 1985

布达拉胜迹志

布达拉管理处编 洛桑平措译注 洛桑土登编 拉萨 布达拉管理处 1992 年 111 页

b1730197x K928.75 L948 1992

中国人民武装警察部队西藏自治区总队医院志（拉萨） 1963.12–2006.12

中国人民武装警察部队西藏自治区总队医院志编审委员会编 唐荣科 黄全荣主编 拉萨 中国人民武装警察部队西藏自治区总队医院志编审委员会 2007 年 284 页〔中国人民武装警察部队西藏自治区总队史志丛书〕

b49705465 R821.7 Z649 2007

中国人民解放军西藏军区总医院院志 1949.11–2013.12

中国人民解放军西藏军区总医院编 杨永勤 牛占军主编 拉萨 西藏军区总医院 2004 年 703 页

b46198817 R82 Z6496 2004

城关区

拉萨市城关区志

西藏自治区地方志编纂委员会总编 西藏自治区拉萨市城关区地方志编纂委员会编撰 徐明主编 北京 中国藏学出版社 2010 年 808 页〔中华人民共和国西藏自治区地方志丛书〕

b2243057x K297.51 C466 2010

堆龙德庆区

堆龙德庆县志

西藏自治区地方志编纂委员会总编 西藏自治区堆龙德庆县地方志编纂委员会编撰 安央金主编 北京 中国藏学出版社 2010 年 1008 页〔中华人民共和国西藏自治区地方志丛书〕

b22429293 K297.54 D758 2010

堆龙德庆县志 2001–2010

堆龙德庆县地方志编纂委员会编 格桑平措主编 北京 方志出版社 2016 年 464 页

b49749110 K297.54 D758C 2016

堆龙德庆县志 总编稿

堆龙德庆县地方志编纂委员会编 安央金主编 堆龙德庆 堆龙德庆县地方志编纂委员会 2009 年 961 页〔中华人民共和国西藏自治区地方志丛书〕

b2088266x K297.54 D758 2009

达孜区

达孜县志

西藏自治区地方志编纂委员会总编 西藏

自治区达孜县地方志编纂委员会编撰 北京 中国藏学出版社 2013 年 686 页〔中华人民共和国西藏自治区地方志丛书〕
b44851145 K297.54 D123 2013

林周县

林周县志
西藏自治区地方志编纂委员会总编 西藏自治区林周县地方志编纂委员会编撰 米玛次仁 雷绍明主编 北京 中国藏学出版社 2012 年 857 页〔中华人民共和国西藏自治区地方志丛书〕
b3753032x K297.54 L588 2012

当雄县

当雄县志
西藏自治区地方志编纂委员会总编 西藏自治区当雄县编译局编撰 其美次仁主编 北京 方志出版社 2017 年 723 页〔中华人民共和国西藏自治区地方志丛书〕
b50166475 K297.54 D216 2017

曲水县

曲水县志
西藏自治区曲水县地方志编纂委员会编撰 孙宝祥主编 北京 方志出版社 2016 年 743 页〔中华人民共和国西藏自治区地方志丛书〕
b50993586 K297.54 Q562 2016

墨竹工卡县

墨竹工卡县志
西藏自治区地方志编纂委员会总编 西藏自治区墨竹工卡县地方志编纂委员会编撰 江华 林生主编 北京 中国藏学出版社 2010 年 551 页〔中华人民共和国西藏自治区地方志丛书〕
b22430982 K297.54 M632 2010

日喀则市

日喀则地区志
西藏自治区地方志编纂委员会总编 西藏自治区日喀则地区地方志编纂委员会编撰 北京 中国藏学出版社 2011 年 2 卷 1975 页〔中华人民共和国西藏自治区地方志丛书〕
b40649891 K297.52 R251 2011

日喀则市志
西藏自治区地方志编纂委员会总编 西藏自治区日喀则市地方志编纂委员会编撰 北京 方志出版社 2017 年 787 页〔中华人民共和国西藏自治区地方志丛书〕
b50166463 K297.53 R251 2017

日喀则地区电信志
西藏自治区电信公司日喀则分公司编 李荣华撰 日喀则 西藏自治区电信公司日喀则分公司 2006 年 299 页
b50861906 F632.775.2 R251 2006

南木林县

南木林县志
西藏自治区地方志编纂委员会总编 西藏自治区南木林县地方志编纂委员会编撰 次仁 拉巴平措 秦维强主编 北京 中国藏学出版社 2016 年 839 页〔中华人民共和国西藏自治区地方志丛书〕
b49580802 K297.54 N161 2016

江孜县

江孜县志
江孜县地方志编纂领导小组编 北京 中国藏学出版社 2004年 751页〔中华人民共和国西藏自治区地方志丛书〕
b15957639 K297.54 J326 2004

定日县

定日县志
西藏自治区地方志编纂委员会总编 西藏自治区定日县地方志编纂委员会编撰 陈元森 刘均平 王志忠主编 北京 中国藏学出版社 2013年 876页〔中华人民共和国西藏自治区地方志丛书〕
b40935036 K297.54 D547 2013

昂仁县

昂仁县志
西藏自治区地方志编纂委员会总编 西藏自治区昂仁县地方志编纂委员会编撰 北京 中国藏学出版社 2016年 612页〔中华人民共和国西藏自治区地方志丛书〕
b49669436 K297.54 A223 2016

昂仁县文物志
索朗旺堆主编 李永宪 霍巍 尼玛编写 拉萨 西藏人民出版社 1992年 195页〔西藏地方文物志丛书〕
b13382524 K872.754 S821

谢通门县

谢通门县志
西藏自治区地方志编纂委员会总编 西藏自治区谢通门县地方志编纂委员会编撰 李文广主编 北京 中国藏学出版社 2009年 682页〔中华人民共和国西藏自治区地方志丛书〕
b20467746 K297.54 X428 2009

白朗县

白朗县志
西藏自治区白朗县地方志编纂委员会编撰 索朗伦珠 赵居安 孙贵民主编 北京 中国藏学出版社 2017年 680页〔中华人民共和国西藏自治区地方志丛书〕
b51072336 K297.54 B151 2017

康马县

康马县志
西藏自治区地方志编纂委员会总编 西藏自治区康马县地方志编纂委员会编撰 旺拉 公桑 多顿主编 北京 中国藏学出版社 2017年 875页〔中华人民共和国西藏自治区地方志丛书〕
b50682787 K294.44 K184 2017

定结县

定结县志
西藏自治区地方志编纂委员会总编 西藏自治区定结县地方志编纂委员会编撰 巴桑次仁主编 北京 中国藏学出版社 2014年 1116页〔中华人民共和国西藏自治区地方志丛书〕
b45570437 K297.54 D5474 2014

亚东县

亚东县志
西藏自治区地方志编纂委员会总编 西藏自治区亚东县地方志编纂委员会编撰 王土华主编 北京 中国藏学出版社 2013年 956页〔中华人民共和国西藏自治区

地方志丛书〕
b44915445 K297.54 Y141 2013

吉隆县

吉隆县文物志
索朗旺堆主编 霍巍 李永宪 尼玛编写 拉萨 西藏人民出版社 1993年 196页〔西藏文物志丛书〕
b17514216 K872.754 S821J 1993

聂拉木县

聂拉木县志
西藏自治区地方志编纂委员会总编 西藏自治区聂拉木县地方志编纂委员会编撰 孙晓峰 罗贤富 刘浩主编 北京 中国藏学出版社 2016年 1125页〔中华人民共和国西藏自治区地方志丛书〕
b49669539 K297.54 N379 2016

昌都市

昌都地区志
西藏昌都地区地方志编纂委员会编 北京 方志出版社 2005年 2卷 1442页〔中华人民共和国西藏自治区地方志丛书〕
b16105217 K297.52 C329 2005

昌都县志
西藏自治区昌都县地方志编纂委员会编 扎西成培主编 成都 巴蜀书社 2010年 1029页
b22428872 K297.54 C329 2010

昌都地区邮电志
昌都电信分公司 昌都移动通信分公司 昌都地区邮政局编 昌都 昌都电信分公司 2002年 207页
b44917065 F632.775.2 C329 2002

江达县

江达县志
西藏自治区江达县地方志编纂委员会编 贺伦主编 成都 巴蜀书社 2010年 736页
b22430386 K297.54 J323 2010

贡觉县

贡觉县志
西藏自治区贡觉县地方志编纂委员会编 龙志刚 吕天明主编 成都 巴蜀书社 2010年 1067页
b22429608 K297.54 G456 2010

类乌齐县

类乌齐县志
西藏自治区类乌齐县地方志编纂委员会编 罗松益西总编 成都 巴蜀书社 2014年 940页
b46059180 K297.54 L324 2014

八宿县

八宿县志
西藏自治区地方志编纂委员会编 西藏自治区昌都地区地方志编纂委员会总编 西藏自治区八宿县地方志编纂委员会编撰 成都 巴蜀书社 2012年 993页〔中华人民共和国西藏自治区地方志丛书〕
b37530781 K297.54 B111 2012

芒康县

芒康县志
西藏自治区芒康县地方志编纂委员会编 成都 巴蜀书社 2008年 437页
b18660368 K297.54 M215 2008

洛隆县

洛隆县志
西藏自治区洛隆县地方志编纂委员会编撰 郑多主编 北京 中国藏学出版社 2017年 968页〔中华人民共和国西藏自治区地方志丛书〕
b5027269x K297.54 L948C 2017

洛隆县志 验收稿
西藏自治区洛隆县地方志办公室编 洛隆 洛隆县地方志办公室 2016年 1102页
b49982539 K297.54 L948 2016

林芝市

林芝地区志
林芝地区地方志编纂委员会编 白玛朗杰主编 北京 中国藏学出版社 2006年 1031页〔中华人民共和国西藏自治区地方志丛书〕
b17202401 K297.52 L588 2006

林芝县志
西藏自治区林芝县地方志编纂委员会编撰 索朗罗布主编 北京 中国藏学出版社 2014年 1217页〔中华人民共和国西藏自治区地方志丛书〕
b45570449 K297.54 L5889 2014

西藏林芝地区气象志
林芝地区气象局主编 刘汉武主编 成都 四川科学技术出版社 2014年 208页
b46668913 P468.275.2 L588 2014

工布江达县

工布江达县志
工布江达县地方志编纂委员会编 北京 中国藏学出版社 2008年 889页〔中华人民共和国西藏自治区地方志丛书〕
b20466997 K297.54 G419 2008

米林县

米林县志
西藏自治区地方志编纂委员会总编 西藏自治区米林县地方志编纂委员会编撰 张凤清 刘金柱主编 北京 中国藏学出版社 2009年 920页〔中华人民共和国西藏自治区地方志丛书〕
b20467631 K297.54 M397 2009

波密县

波密县志
西藏自治区地方志编纂委员会总编 西藏自治区波密县地方志编纂委员会编撰 左孟新主编 北京 中国藏学出版社 2014年 835页〔中华人民共和国西藏自治区地方志丛书〕
b46239467 K297.54 B539 2014

山南市

山南地区志
山南地区方志编纂委员会编 尚新 王英才主编 北京 中华书局 2009年 2卷 1803页〔中华人民共和国西藏自治区地方志丛书〕
b20953732 K297.52 S252 2009

乃东区

乃东县志
乃东县地方志编纂委员会编 周远孝 姚边疆主编 北京 中国藏学出版社 2006年 883页〔中华人民共和国西藏自治区地方

志丛书〕
b17202383　K297.54　N136　2006

乃东县文物志
西藏自治区文管会编　索朗旺堆　张仲立主编　拉萨　西藏自治区文管会　1986 年　186 页
b36380167　K872.754　N136　1986

扎囊县

扎囊县文物志
西藏自治区文物管理委员会编　索朗旺堆　何周德主编　拉萨　西藏自治区文物管理委员会　1986 年　298 页
b20047009　K872.75　S821　1986

贡嘎县

贡嘎县志
西藏自治区地方志编纂委员会总编　西藏自治区贡嘎县地方志编纂委员会编撰　北京　中国藏学出版社　2015 年　971 页〔中华人民共和国西藏自治区地方志丛书〕
b46668202　K297.54　G4563　2015

桑日县

桑日县志
桑日县地方志编纂委员会编　北京　中国藏学出版社　2008 年　808 页〔中华人民共和国西藏自治区地方志丛书〕
b21136324　K297.54　S157　2008

桑日县文物志
土登朗嘎　强巴次仁主编　成都　成都科技大学出版社　1992 年　150 页
b36378884　K872.754　S157　1992

琼结县

琼结县志
西藏自治区地方志编纂委员会总编　西藏自治区琼结县地方志编纂委员会编撰　张军主编　北京　中国藏学出版社　2010 年　813 页〔中华人民共和国西藏自治区地方志丛书〕
b20882981　K297.54　Q513　2010

琼结县文物志
西藏自治区文物管理委员会编　索朗旺堆　康乐主编　拉萨　西藏自治区文物管理委员会　1986 年　163 页
b20577503　K872.75　S821Q　1986

措美县

措美县志
西藏自治区地方志编纂委员会总编　西藏自治区措美县地方志编纂委员会编撰　拉巴珠琼主编　北京　中国藏学出版社　2014 年　752 页〔中华人民共和国西藏自治区地方志丛书〕
b46239510　K297.54　C897　2014

加查县

加查县志
西藏自治区地方志编纂委员会总编　西藏自治区加查县地方志编纂委员会编撰　旺堆主编　北京　中国藏学出版社　2010 年　848 页〔中华人民共和国西藏自治区地方志丛书〕
b20882774　K297.54　J213　2010

隆子县

隆子县志
西藏自治区地方志编纂委员会总编　西藏

自治区隆子县地方志编纂委员会编撰 史启福 杨春林 嘎玛 平措丹巴主编 北京 中国藏学出版社 2015年 812页〔中华人民共和国西藏自治区地方志丛书〕
b4699547x K297.54 L739 2015

错那县

错那县志
西藏自治区地方志编纂委员会总编 西藏自治区错那县地方志编纂委员会编撰 格桑饶旦主编 北京 中国藏学出版社 2013年 1153页〔中华人民共和国西藏自治区地方志丛书〕
b44851133 K297.54 C895 2013

浪卡子县

浪卡子县志
浪卡子县志编纂委员会编 次仁多加 陈海青 尼玛扎西主编 北京 方志出版社 2017年 596页
b51080126 K297.54 L232 2017

那曲市

那曲地区志
西藏自治区地方志编纂委员会总编 西藏自治区那曲地区地方志编纂委员会编撰 索朗多吉主编 北京 中国藏学出版社 2012年 2卷 1632页〔中华人民共和国西藏自治区地方志丛书〕
b44935389 K297.52 N123 2013

申扎县

申扎县志
西藏自治区地方志编纂委会员总编 西藏自治区申扎县地方志编纂委员会编撰 北京 中国藏学出版社 2012年 826页〔中华人民共和国西藏自治区地方志丛书〕
b37530331 K297.54 S385 2012

阿里地区

阿里地区志
西藏自治区地方志编纂委员会总编 西藏自治区阿里地区地方志编纂委员会编撰 凌旭峰主编 北京 中国藏学出版社 2009年 2卷 1609页〔中华人民共和国西藏自治区地方志丛书〕
b20466742 K297.52 A114C 2009

阿里金融志
阿里金融志编纂委员会编 陈崇凯 蔡海斌总纂 成都 四川人民出版社 2003年 301页
b41235514 F832.775.2 A114 2003

噶尔县

噶尔县志
西藏自治区地方志编纂委员会总编 西藏自治区阿里地区噶尔县志编纂委员会编 成都 巴蜀书社 2013年 819页〔中华人民共和国西藏自治区地方志丛书〕
b44810660 K297.54 G111 2013

普兰县

普兰县志
西藏自治区地方志编纂委员会总编 西藏自治区阿里地区普兰县地方志编纂委员会编 彭措 扎旺 土登次仁主编 成都 巴蜀书社 2011年 724页〔中华人民共和国西藏自治区地方志丛书〕
b37530793 K297.54 P693 2011

陕西省

陕西省志 第 1 卷 大事记
陕西省地方志编纂委员会编 西安 三秦出版社 1996 年 595 页〔中华人民共和国地方志丛书〕
b10469047 K294.1 S268

陕西省志 第 2 卷 行政建置志
陕西省地方志编纂委员会编 吴镇烽主编 西安 三秦出版社 1992 年 751 页〔中华人民共和国地方志丛书〕
b10469047 K294.1 S268

陕西省志 第 2 卷 自然 地质矿产志 1991–2000
陕西省地方志编纂委员会编 张西岳 赵金祥主编 西安 陕西科学技术出版社 2014 年 318 页〔陕西地方志丛书〕
b46995699 K294.1 S268C

陕西省志 第 2 卷 自然 国土资源志 2001–2010
陕西省地方志编纂委员会编 张西岳 赵金祥 张启凡主编 西安 陕西科学技术出版社 2015 年 434 页〔陕西地方志丛书〕
b46995705 K294.1 S268C

陕西省志 第 2 卷 自然 测绘志 1990–2010
陕西省地方志编纂委员会编 成燕辉主编 西安 西安地图出版社 2016 年 753 页〔陕西地方志丛书〕
b50255228 K294.1 S268C

陕西省志 第 3 卷 地理志
陕西省地方志编纂委员会编 宋德明主编 西安 陕西人民出版社 2000 年 882 页〔中华人民共和国地方志丛书〕
b10469047 K294.1 S268

陕西省志 第 4 卷 地质矿产志
陕西省地方志编纂委员会编 李耀成主编 西安 陕西人民出版社 1993 年 306 页〔中华人民共和国地方志丛书〕
b10469047 K294.1 S268

陕西省志 第 4 卷 经济 电力工业志 1991–2002
陕西省地方志编纂委员会编 李长安主编 西安 陕西人民出版社 2016 年 592 页〔陕西地方志丛书〕
b4735849x K294.1 S268C

陕西省志 第 5 卷 黄土高原志
陕西省地方志编纂委员会编 西安 陕西人民出版社 1995 年 473 页〔中华人民共和国地方志丛书〕
b10469047 K294.1 S268

陕西省志 第 5 卷 经济 4 电信志 1991–2010
陕西省地方志编纂委员会编 西安 三秦出版社 2017 年 342 页〔陕西地方志丛书〕
b50748658 K294.1 S268C

陕西省志 第 5 卷 经济 公路志 1991–2010
陕西省地方志编纂委员会编 白宗孝主编 北京 方志出版社 2014 年 995 页〔陕西地方志丛书〕
b47051280 K294.1 S268C

陕西省志 第 5 卷 经济 建设志 1996–2010
陕西省地方志编纂委员会编 张阳主编 西安 陕西人民出版社 2016 年 848 页〔陕西地方志丛书〕
b49709756 K294.1 S268C

陕西省志 第 5 卷 经济 水运志 1991–2010
陕西省地方志编纂委员会编 白宗孝主编 西安 陕西人民出版社 2016 年 555 页
b49598545 K294.1 S268C

陕西省志 第 5 卷 经济 铁路志 1990–2005
陕西省地方志编纂委员会编 赵廉义主编 西安 三秦出版社 2017 年 356 页〔陕西省地方志丛书〕
b5081753x K294.1 Z436 2017

陕西省志 第 6 卷 气象志
陕西省地方志编纂委员会编 杨武圣主编 北京 气象出版社 2001 年 459 页〔中华人民共和国地方志丛书〕
b10469047 K294.1 S268

陕西省志 第 6 卷 经济 粮食志 1991–2010
陕西省地方志编纂委员会编 秦克勤主编 西安 西安出版社 2017 年 577 页〔陕西地方志丛书〕
b5066945x K294.1 S268C

陕西省志 第 7 卷 人口志
陕西省地方志编纂委员会编 曹占泉编著 西安 三秦出版社 1986 年 350 页〔中华人民共和国地方志丛书〕
b10469047 K294.1 S268

陕西省志 第 7 卷 经济 审计志 1990–2010
陕西省地方志编纂委员会编 屈方方主编 西安 陕西人民出版社 2013 年 526 页〔陕西地方志丛书〕
b44795294 K294.1 S268C

陕西省志 第 7 卷 经济 税务志（国税）1995–2010
陕西省地方志编纂委员会编 王谦英卷主编 西安 陕西人民出版社 2014 年 501 页〔陕西省地方志丛书〕
b46133264 K294.1 S268C

陕西省志 第 7 卷 经济 税务志 地税 1994–2010
陕西省地方志编纂委员会编 董智明主编 西安 陕西人民出版社 2015 年 579 页〔陕西地方志丛书〕
b47358506 K294.1 S268C

陕西省志 第 7 卷 经济 国有资产管理志 2003–2012 年
陕西省地方志编纂委员会编 刘阳主编 西安 陕西人民出版社 2016 年 499 页〔陕西地方志丛书〕
b49951130 K294.1 S268C

陕西省志 第 7 卷 经济 统计志 1991–2011
陕西省地方志编纂委员会编 王琦卷主编 西安 陕西人民出版社 2016 年 389 页〔陕西地方志丛书〕
b49652126 K294.1 S268C

陕西省志 第 8 卷 土地志
陕西省地方志编纂委员会编 杨海娟 张启凡主编 西安 陕西人民出版社 2010 年 486 页〔中华人民共和国地方志丛书〕
b10469047 K294.1 S268

陕西省志 第 8 卷 人民代表大会志 1991–2008
陕西省地方志编纂委员会编 何少林 李小平主编 西安 陕西人民出版社 2011 年 554 页〔陕西地方志丛书〕
b44794861 K294.1 S268C

陕西省志 第 9 卷 环境保护志
陕西省地方志编纂委员会编 何发理主编 西安 陕西科学技术出版社 2007 年 568 页〔中华人民共和国地方志丛书〕
b10469047 K294.1 S268

陕西省志 第 9 卷 民政志 政治 1990–2010
陕西省地方志编纂委员会编 郭春华主编 西安 陕西人民出版社 2016 年 614 页
b49501203 K294.1 S268C

陕西省志 第 10 卷 政治 司法行政志 1995–2010
陕西省地方志编纂委员会编 乌永陶主编 西安 三秦出版社 2015 年 619 页〔陕西地方志丛书〕
b46513875 K294.1 S268C

陕西省志 第 11 卷 农牧志
陕西省地方志编纂委员会编 郑长庚主编 西安 陕西人民出版社 1993 年 792 页〔中华人民共和国地方志丛书〕
b10469047 K294.1 S268

陕西省志 第 11 卷 政治 1 共青团志 1990–2010
陕西省地方志编纂委员会编 段小龙 贾琳主编 西安 三秦出版社 2017 年 670 页〔陕西地方志丛书〕
b50669990 K294.1 S268C

陕西省志 第 11 卷 军事志 1991–2005
陕西省地方志编纂委员会编 王玉杰主编 西安 三秦出版社 2010 年 1077 页〔陕西地方志丛书〕
b23048062 K294.1 S268C

陕西省志 第 12 卷 林业志
陕西省地方志编纂委员会编 吕树润主编 北京 中国林业出版社 1996 年 709 页〔中华人民共和国地方志丛书〕
b10469047 K294.1 S268

陕西省志 第 12 卷 文化 1 科学技术志
陕西省地方志编纂委员会编 孙科主编 西安 陕西科学技术出版社 2017 年 1004 页〔陕西地方志丛书〕
b50351382 K294.1 S268C

陕西省志 第 12 卷 政治协商会议志 1991–2012
陕西省地方志编纂委员会编 姚增战主编 西安 陕西人民出版社 2014 年 464 页〔陕西地方志丛书〕
b46028225 K294.1 S268C

陕西省志 第 13 卷 水利志
陕西省地方志编纂委员会编 西安 陕西人民出版社 1999 年 774 页〔中华人民共和国地方志丛书〕
b10469047 K294.1 S268

陕西省志 第 13 卷 档案志 1988–2012
陕西省地方志编纂委员会编 王建领主编 西安 陕西师范大学出版社 2017 年 522 页〔陕西地方志丛书〕
b50351370 K294.1 S268C

陕西省志 第 13 卷 文物志
陕西省地方志编纂委员会编 赵荣主编 西安 陕西人民出版社 2016 年 3 卷 2493 页〔陕西地方志丛书〕
b49749213 K294.1 S268C

陕西省志 第 14 卷 水土保持志
陕西省地方志编纂委员会编 向立主编 西安 陕西人民出版社 2000 年 634 页〔中华人民共和国地方志丛书〕
b10469047 K294.1 S268

陕西省志 第 14 卷 知识产权志
陕西省地方志编纂委员会编 杨行云主编 西安 三秦出版社 2010 年 373 页〔陕西地方志丛书〕
b44816157 K294.1 S268C

陕西省志 第 15 卷 轻工业志
陕西省地方志编纂委员会编 桂钦培 魏向斌总纂 西安 三秦出版社 1999 年 708 页〔中华人民共和国地方志丛书〕
b10469047 K294.1 S268

陕西省志 第 16 卷 纺织工业志
陕西省地方志编纂委员会编 西安 三秦出版社 1993 年 677 页〔中华人民共和国地方志丛书〕
b10469047 K294.1 S268

陕西省志 第 17 卷 煤炭志
陕西省地方志编纂委员会编 郭甲寅主编 西安 陕西人民出版社 1993 年 883 页〔中华人民共和国地方志丛书〕
b10469047 K294.1 S268

陕西省志 第 18 卷 石油化学工业志
陕西省地方志编纂委员会编 白步义 侯沛等编著 西安 陕西人民出版社 1991 年 358 页〔中华人民共和国地方志丛书〕
b10469047 K294.1 S268

陕西省志 第 19 卷 电力工业志
陕西省地方志编纂委员会编 万海根主编 北京 中国电力出版社 1997 年 649 页〔中华人民共和国地方志丛书〕
b10469047 K294.1 S268

陕西省志 第 20 卷 有色金属工业志
陕西省地方志编纂委员会编 杜连山等编著 西安 三秦出版社 1994 年 504 页〔中华人民共和国地方志丛书〕
b10469047 K294.1 S268

陕西省志 第 20 卷 黄金工业志
陕西省地方志编纂委员会编 王蕴良主编 西安 陕西人民出版社 2000 年 470 页〔中华人民共和国地方志丛书〕
b10469047 K294.1 S268

陕西省志 第 21 卷 机械工业志
陕西省地方志编纂委员会编 刘文焕主编 西安 陕西省地方志编纂委员会 1996 年 414 页〔中华人民共和国地方志丛书〕
b10469047 K294.1 S268

陕西省志 第 22 卷 军事工业
陕西省地方志编纂委员会编 张涛主编 西安 陕西省地方志编纂委员会 2000 年 778 页〔中华人民共和国地方志丛书〕
b10469047 K294.1 S268

陕西省志 第 24 卷 建设志
陕西省地方志编纂委员会编 彭吉新主编 西安 三秦出版社 1999 年 796 页〔中华人民共和国地方志丛书〕
b10469047 K294.1 S268

陕西省志 第 25 卷 乡镇企业志
陕西省地方志编纂委员会编 马纪会主编 西安 陕西人民出版社 2003 年 371 页〔中华人民共和国地方志丛书〕
b10469047 K294.1 S268

陕西省志 第 26 卷 航运志
陕西省地方志编纂委员会编 西安 陕西人民出版社 1996 年 677 页〔中华人民共和国地方志丛书〕
b10469047 K294.1 S268

陕西省志 第 26 卷 公路志
陕西省地方志编纂委员会编 王践主编 西安 陕西人民出版社 2000 年 821 页〔中华人民共和国地方志丛书〕
b10469047 K294.1 S268

陕西省志 第 26 卷 民航志
陕西省地方志编纂委员会编 刘纯方主编 西安 西安地图出版社 2001 年 425 页〔中华人民共和国地方志丛书〕
b10469047 K294.1 S268

陕西省志 第 27 卷 铁路志
陕西省地方志编纂委员会编 李济洲主编 西安 陕西人民出版社 1993 年 409 页〔中华人民共和国地方志丛书〕
b10469047 K294.1 S268

陕西省志 第 28 卷 邮电志
陕西省地方志编纂委员会编 何修主编 西安 三秦出版社 1998 年 797 页〔中华人民共和国地方志丛书〕
b10469047 K294.1 S268

陕西省志 第 29 卷 商业志
陕西省地方志编纂委员会编 朱志仁主编 西安 陕西人民出版社 1999 年 658 页〔中华人民共和国地方志丛书〕
b10469047 K294.1 S268

陕西省志 第 30 卷 经贸志
陕西省地方志编纂委员会编 莫珊主编 西安 陕西科学技术出版社 2006 年 452 页〔中华人民共和国地方志丛书〕
b10469047 K294.1 S268

陕西省志 第 32 卷 粮食志
陕西省地方志编纂委员会编 崔振禄主编 西安 陕西旅游出版社 1995 年 466 页〔中华人民共和国地方志丛书〕
b10469047 K294.1 S268

陕西省志 第 33 卷 烟草志
陕西省地方志编纂委员会编 西安 陕西人民出版社 2006 年 699 页〔中华人民共和国地方志丛书〕
b10469047 K294.1 S268

陕西省志 第 34 卷 税务志
陕西省地方志编纂委员会编 王谦英主编 西安 三秦出版社 2011 年 792 页〔中华人民共和国地方志丛书〕
b10469047 K294.1 S268

陕西省志 第 35 卷 固定资产投资管理志
陕西省地方志编纂委员会编 李思白主编 西安 陕西人民出版社 1996 年 462 页〔中华人民共和国地方志丛书〕
b10469047 K294.1 S268

陕西省志 第 36 卷 金融志
陕西省地方志编纂委员会编 杨希天主编 西安 陕西人民出版社 1992 年 606 页〔中华人民共和国地方志丛书〕
b10469047 K294.1 S268

陕西省志 第 37 卷 财政志
陕西省地方志编纂委员会编 谢伯华等编著 西安 陕西人民出版社 1991 年 855 页〔中华人民共和国地方志丛书〕
b10469047 K294.1 S268

陕西省志 第 38 卷 计划志
陕西省地方志编纂委员会编 西安 陕西人民出版社 1995 年 671 页〔中华人民共和国地方志丛书〕
b10469047 K294.1 S268

陕西省志 第39卷 测绘志
陕西省地方志编纂委员会编 西安 西安地图出版社 1992年 709页〔中华人民共和国地方志丛书〕
b10469047 K294.1 S268

陕西省志 第40卷 审计志
陕西省地方志编纂委员会编 李大新主编 西安 陕西人民出版社 1997年 518页〔中华人民共和国地方志丛书〕
b10469047 K294.1 S268

陕西省志 第41卷 工商行政管理志
陕西省地方志编纂委员会编 宋永增主编 西安 陕西人民出版社 2000年 354页〔中华人民共和国地方志丛书〕
b10469047 K294.1 S268

陕西省志 第42卷 物价志
陕西省地方志编纂委员会编 赵景炎编著 北京 中国物价出版社 1992年 485页〔中华人民共和国地方志丛书〕
b10469047 K294.1 S268

陕西省志 第43卷 物资志
陕西省地方志编纂委员会编 杨修仁主编 西安 陕西人民出版社 1994年 398页〔中华人民共和国地方志丛书〕
b10469047 K294.1 S268

陕西省志 第44卷 技术监督志
陕西省地方志编纂委员会编 李斐然主编 西安 三秦出版社 2001年 700页〔中华人民共和国地方志丛书〕
b10469047 K294.1 S268

陕西省志 第45卷 进出口商品检验志
陕西省地方志编纂委员会编 西安 陕西人民出版社 1994年 385页〔中华人民共和国地方志丛书〕
b10469047 K294.1 S268

陕西省志 第46卷 统计志
陕西省地方志编纂委员会编 魏国昌主编 西安 三秦出版社 2001年 483页〔中华人民共和国地方志丛书〕
b10469047 K294.1 S268

陕西省志 第47卷 中国共产党志
陕西省地方志编纂委员会编 吴崇信 李鸿义主编 西安 陕西人民出版社 2002年 2卷 1637页〔中华人民共和国地方志丛书〕
b10469047 K294.1 S268

陕西省志 第48卷 民主党派志
陕西省地方志编纂委员会编 侯社教主编 西安 三秦出版社 2009年 884页〔中华人民共和国地方志丛书〕
b10469047 K294.1 S268

陕西省志 第49卷 人民代表大会志
陕西省地方志编纂委员会编 单修治主编 西安 陕西人民出版社 1994年 212页〔中华人民共和国地方志丛书〕
b10469047 K294.1 S268

陕西省志 第50卷 政务志
陕西省地方志编纂委员会编 陈嘉桢主编 西安 陕西人民出版社 1997年 928页〔中华人民共和国地方志丛书〕
b10469047 K294.1 S268

陕西省志 第51卷 公安志
陕西省地方志编纂委员会编 雷鸣放 郑卜学 赵英武主编 西安 陕西人民出版社 2011年 1411页〔中华人民共和国地方志丛书〕
b10469047 K294.1 S268

陕西省志 第 52 卷 司法行政志
陕西省地方志编纂委员会编 周铁焕主编 西安 三秦出版社 2009 年 923 页〔中华人民共和国地方志丛书〕
b10469047 K294.1 S268

陕西省志 第 53 卷 民政志
陕西省地方志编纂委员会编 秦克甲主编 西安 陕西人民出版社 2003 年 820 页〔中华人民共和国地方志丛书〕
b10469047 K294.1 S268

陕西省志 第 54 卷 劳动志
陕西省地方志编纂委员会编 西安 陕西人民出版社 1994 年 512 页〔中华人民共和国地方志丛书〕
b10469047 K294.1 S268

陕西省志 第 55 卷 人事志
陕西省地方志编纂委员会编 鬲向前主编 西安 陕西人民出版社 2012 年 722 页〔中华人民共和国地方志丛书〕
b10469047 K294.1 S268

陕西省志 第 56 卷 档案志
陕西省地方志编纂委员会编 苏盈等编著 西安 陕西人民出版社 1991 年 342 页〔中华人民共和国地方志丛书〕
b10469047 K294.1 S268

陕西省志 第 57 卷 检察志
陕西省地方志编纂委员会编 杨光主编 西安 陕西人民出版社 2008 年 447 页〔中华人民共和国地方志丛书〕
b10469047 K294.1 S268

陕西省志 第 58 卷 审判志
陕西省地方志编纂委员会编 焦朗亭主编 西安 陕西人民出版社 1994 年 736 页〔中华人民共和国地方志丛书〕
b10469047 K294.1 S268

陕西省志 第 59 卷 军事志
陕西省地方志编纂委员会编 王玉杰主编 西安 陕西人民出版社 2000 年 2 卷 1538 页〔中华人民共和国地方志丛书〕
b10469047 K294.1 S268

陕西省志 第 61 卷 政治协商会议志
陕西省地方志编纂委员会编 刘永端主编 西安 陕西人民出版社 1995 年 299 页〔中华人民共和国地方志丛书〕
b10469047 K294.1 S268

陕西省志 第 62 卷 共青团志
陕西省地方志编纂委员会编 尉俊东主编 西安 陕西人民出版社 2007 年 963 页〔中华人民共和国地方志丛书〕
b10469047 K294.1 S268

陕西省志 第 62 卷 社科联志
陕西省地方志编纂委员会编 李华主编 西安 西安地图出版社 2001 年 511 页〔中华人民共和国地方志丛书〕
b10469047 K294.1 S268

陕西省志 第 62 卷 妇女志
陕西省地方志编纂委员会编 张培华主编 西安 陕西人民出版社 2001 年 588 页〔中华人民共和国地方志丛书〕
b10469047 K294.1 S268

陕西省志 第 62 卷 工商联志
陕西省地方志编纂委员会编 蒋士山 孟宪斌等编著 西安 西安出版社 2002 年 671 页〔中华人民共和国地方志丛书〕
b10469047 K294.1 S268

陕西省志 第62卷 工会志
陕西省地方志编纂委员会编 刘枢机主编 西安 陕西人民出版社 2003年 704页〔中华人民共和国地方志丛书〕
b10469047 K294.1 S268

陕西省志 第63卷 教育志
陕西省地方志编纂委员会编 魏天纬主编 西安 三秦出版社 2009年 2卷 1682页〔中华人民共和国地方志丛书〕
b10469047 K294.1 S268

陕西省志 第64卷 科学技术志
陕西省地方志编纂委员会编 邢景文主编 北京 中国科学技术出版社 1995年 1011页〔中华人民共和国地方志丛书〕
b10469047 K294.1 S268

陕西省志 第65卷 文化艺术志
陕西省地方志编纂委员会编 白智民 秦天行卷主编 西安 陕西人民出版社 2005年 1288页〔中华人民共和国地方志丛书〕
b10469047 K294.1 S268

陕西省志 第66卷 文物志
陕西省地方志编纂委员会编 西安 三秦出版社 1995年 698页〔中华人民共和国地方志丛书〕
b10469047 K294.1 S268

陕西省志 第67卷 旅游志
陕西省地方志编纂委员会编 董宪民主编 西安 陕西旅游出版社 2008年 596页〔中华人民共和国地方志丛书〕
b10469047 K294.1 S268

陕西省志 第69卷 广播电视志
陕西省地方志编纂委员会编 卢仰英主编 北京 中国广播电视出版社 1993年 593页〔中华人民共和国地方志丛书〕
b10469047 K294.1 S268

陕西省志 第70卷 出版志
陕西省地方志编纂委员会编 马昌顺主编 西安 三秦出版社 1998年 839页〔中华人民共和国地方志丛书〕
b10469047 K294.1 S268

陕西省志 第70卷 报刊志
陕西省地方志编纂委员会编 张光主编 西安 陕西人民出版社 2000年 614页〔中华人民共和国地方志丛书〕
b10469047 K294.1 S268

陕西省志 第71卷 著述志（古代部分）
陕西省地方志编纂委员会编 袁卿武 杨文学 贾希鸣主编 李文遴等撰稿 西安 三秦出版社 2000年 504页〔中华人民共和国地方志丛书〕
b10469047 K294.1 S268

陕西省志 第72卷 卫生志
陕西省地方志编纂委员会编 卢希谦主编 西安 陕西人民出版社 1996年 1068页〔中华人民共和国地方志丛书〕
b10469047 K294.1 S268

陕西省志 第73卷 体育志
陕西省地方志编纂委员会编 田得霖主编 西安 陕西人民出版社 1995年 718页〔中华人民共和国地方志丛书〕
b10469047 K294.1 S268

陕西省志 第74卷 宗教志
陕西省地方志编纂委员会编 张宁岗主编 西安 陕西人民出版社 2012年 974页〔中华人民共和国地方志丛书〕
b10469047 K294.1 S268

陕西省志 第 74 卷 民族志
陕西省地方志编纂委员会编 张宁岗主编 西安 陕西人民出版社 2012 年 322 页〔中华人民共和国地方志丛书〕
b10469047 K294.1 S268

陕西省志 第 75 卷 黄帝陵志
陕西省地方志编纂委员会编 何炳武 刘宝才主编 西安 陕西人民出版社 2005 年 558 页〔中华人民共和国地方志丛书〕
b10469047 K294.1 S268

陕西省志 第 76 卷 方言志 陕北部分
陕西省地方志编纂委员会编 刘育林著 西安 陕西人民出版社 1990 年 224 页〔中华人民共和国地方志丛书〕
b10469047 K294.1 S268

陕西省志 第 77 卷 民俗志
陕西省地方志编纂委员会编 杨景震主编 西安 三秦出版社 2000 年 520 页〔中华人民共和国地方志丛书〕
b10469047 K294.1 S268

陕西省志 第 78 卷 外事志
陕西省地方志编纂委员会编 韩国劲 饶笃钧主编 西安 陕西人民出版社 2001 年 910 页〔中华人民共和国地方志丛书〕
b10469047 K294.1 S268

陕西省志 第 79 卷 人物志
陕西省地方志编纂委员会编 陈元方 牟玲生主编 西安 三秦出版社 1998 年 2 卷 1386 页〔中华人民共和国地方志丛书〕
b10469047 K294.1 S268

陕西省志 第 80 卷 炎帝志
陕西省地方志编纂委员会编 霍彦儒主编 西安 三秦出版社 2009 年 768 页〔中华人民共和国地方志丛书〕
b10469047 K294.1 S268

陕西省志 第 81 卷 太白山志
陕西省地方志编纂委员会编 冯书成主编 西安 三秦出版社 2012 年 798 页〔中华人民共和国地方志丛书〕
b10469047 K294.1 S268

陕西省志 第 102 卷 地震志
陕西省地方志编纂委员会编 宋立胜等编著 北京 地震出版社 1989 年 322 页〔中华人民共和国地方志丛书〕
b10469047 K294.1 S268

陕西省志 第 103 卷 冶金工业志
陕西省地方志编纂委员会编 曹向昱等编著 北京 冶金工业出版社 1991 年 394 页〔中华人民共和国地方志丛书〕
b10469047 K294.1 S268

陕西省志 工会志 1992-2010 初审稿
陕西省总工会研究室编 西安 陕西省总工会研究室 2017 年 882 页
b5072972x K294.1 S268CS 2017

陕西出入境管理志
陕西省公安厅出入境管理处编 王勇 牛青峰主编 西安 陕西省公安厅出入境管理处 2005 年 282 页〔陕西省公安史志丛书〕
b40654989 D631.46 W234 2005

汶川特大地震陕西抗震救灾志
陕西省地方志编纂委员会编 刘培仓主编 西安 三秦出版社 2012 年 1114 页〔陕西地方志丛书〕
b46011882 D632.5 L685 2012

陕西警卫志
陕西省公安厅警卫局编 余文兴主编 西安 陕西省公安厅警卫局 2002 年 477 页〔陕西省公安史志丛书〕
b49827352 D674.1 Y724 2002

陕西监狱志
陕西省监狱管理局编 贺文明主编 西安 陕西省监狱管理局 1998 年 501 页〔陕西地方志资料丛书〕
b13246203 D927.41 S268

陕西劳动教养志 1957–2007
陕西劳动教养志编纂委员会编 西安 陕西劳动教养志编纂委员会 2014 年 709 页
b47352620 D927.410.8 S268 2014

陕西省防空志 1934–1990
陕西省人民防空办公室编 肖银章主编 西安 陕西省人民防空办公室 2000 年 291 页〔陕西省地方志资料丛书〕
b47416051 E256 X364 2000

陕西纺织科学技术志 上古 –1990
陕西省纺织工业总公司编 西安 陕西科学技术出版社 1995 年 403 页〔陕西地方志丛书〕
b50993136 F426.81 S268 1995

陕西省电力工业志 1991–2002
李长安主编 北京 中国电力出版社 2013 年 632 页〔中国电力工业志丛书〕
b41235770 F426.61 L391 2013

陕西省印刷物资供销志
陕西省印刷物资总公司志编纂委员会编 吴效祖 崔维俊主编 西安 陕西省印刷物资总公司志编纂委员会 1999 年 征求意见稿 318 页〔陕西省出版史志丛书〕
b50766909 F426.84 W514 1999

西北电力工业志
西北电力工业志编委会编 北京 中国电力出版社 1997 年 815 页〔中国电力工业志丛书〕
b36378707 F426.61 X119 1997

西北电力建设志
西北电力建设志编委会编 陈志英主编 北京 中国电力出版社 1997 年 556 页〔中国电力工业志丛书〕
b49850672 F426.61 C4379 1997

陕西省电力工业志
陕西省电力工业志编纂委员会编 万海根主编 北京 中国电力出版社 1996 年 695 页〔中国电力工业志丛书〕
b49981420 F427.41 W171 1996

陕西省道路交通管理志
陕西省地方志编纂委员会编 西安 陕西人民出版社 1997 年 659 页〔陕西省地方志资料丛书〕
b10468560 F542.841 S268

中国民用航空志 西北地区卷
中国民用航空志西北地区卷编纂委员会编 李蕴明主编 北京 中国民航出版社 2011 年 581 页
b44953562 F562.9 Z648XB 2011

陕西省纺织品商业志 1949–1988
陕西省纺织品公司编 西安 陕西省纺织品公司 1992 年 216 页〔陕西地方志丛书〕
b49705313 F724.781 S268 1992

陕西证券期货志 1990–2010
陕西证券期货志编纂委员会编 王宏斌主

编 西安 陕西证券期货志编纂委员会 2014年 2卷 526页
b49964331 F832.5 S268 2014

陕西教育志资料续编
陕西省教育委员会编 杨汉名 魏天纬主编 西安 三秦出版社 2000年 1104页
b16082308 G527.41 Y235 2000

中华舞蹈志 陕西卷
中华舞蹈志编辑委员会编 蓝凡主编 丁科民 李开方卷主编 上海 学林出版社 2009年 459页
b20458927 J709.241 D531 2009

中华舞蹈志 陕西卷
中华舞蹈志编辑委员会编 蓝凡主编 丁科民 李开方卷主编 上海 学林出版社 2014年 459页
b44694490 J709.241 D531 2014

陕西省戏剧志 省直卷
陕西省戏剧志编纂委员会编 鱼讯主编 西安 三秦出版社 2000年 759页
b13549467 J809.2 Y715

中国戏曲志 陕西卷
中国戏曲志编辑委员会 中国戏曲志陕西卷编辑委员会编 鱼讯主编 北京 中国ISBN中心 1995年 953页
b10669255 J809.2 Z651SX

陕西电影志
陕西省文化厅编 西安 陕西省文化厅 1999年 502页〔陕西省志 文化艺术志〕
b15560363 J909.2 S268 1999

古代开发西北人物志
西北民族学院历史系 兰州大学古籍整理研究室编 兰州 兰州大学出版社 1990年 322页
b17358395 K820.84 X119 1990

中华陕北汪氏家谱史志 第1部
汪占贵总编 西安 中华陕北汪氏宗亲会 2017年 350页
b50818028 K820.9 W187 2017

陕西高级医药卫生专家人名志 第1辑
卢希谦 刘爱梅主编 西安 陕西科学技术出版社 1995年 432页
b49678383 K826.2 L7925 1995

陕槽志
孙永亮 崔国平著 济南 山东大学出版社 2017年 226页
b5083079x K875.64 S7795 2017

陕西帝王陵墓志
陕西省地方志办公室编 徐卫民主编 西安 三秦出版社 2017年 592页〔陕西地情丛书〕
b50669771 K878.84 X5815D 2017

中国地方志民俗资料汇编 西北卷
丁世良 赵放主编 北京 书目文献出版社 1989年 366页
b1121031x K892.44 D533

陕西风物志
陕西风物志编写组编 西安 陕西人民出版社 1985年 374页〔中国风物志丛书〕
b12160672 K924.1 S2688

陕西省水文志
陕西省水文水资源勘测局编 北京 中国水利水电出版社 2007年 379页〔陕西省地方志·水利志丛书〕

b20019737　P337.241　S268　2007

中国西北地区风沙志
祝小妮　李耀辉　冯建英主编　北京　气象出版社　2004 年　218 页
b16883470　P425.5　Z746　2004

大巴山西段早古生代地层志
李耀西等编　北京　地质出版社　1975 年　372 页
b11338325　Q911.72　L422

陕甘宁盆地植物志
乐天宇　徐纬英著　北京　中国林业出版社　1957 年　274 页
b20045219　Q948.524　Y871　1957

陕西省植被志
陕西省地方志编纂委员会编　雷明德主编　西安　西安地图出版社　2011 年　622 页〔陕西地方志资料丛书〕
b36168919　Q948.524.1　L291S　2011

中国西北地区珍稀濒危动物志
中华人民共和国濒危物种进出口管理办公室主编　郑生武等编著　北京　中国林业出版社　1994 年　447 页
b16095935　Q958.524　Z648　1994

陕西汉江水鸟图志
林俊礼编著　西安　陕西人民教育出版社　2017 年　205 页
b51148857　Q959.708-64　L586　2017

陕西珍贵经济兽类图志
陕西省动物研究所主编　西安　陕西科学技术出版社　1981 年　56 页
b11912777　Q959.8　S268

秦岭昆虫志　第 1 卷　低等昆虫及直翅目
杨星科总主编　廉振民　魏朝明卷主编　西安　世界图书出版西安有限公司　2018 年　547 页
b53296254　Q968.224.1　Q448　2018

秦岭昆虫志　第 2 卷　半翅目　异翅亚目
杨星科总主编　卜文俊　刘国卿卷主编　西安　世界图书出版西安有限公司　2018 年　679 页
b53293721　Q968.224.1　Q448　2018

秦岭昆虫志　第 3 卷　半翅目　同翅亚目
杨星科总主编　张雅林卷主编　西安　世界图书出版西安有限公司　2017 年　891 页
b53296266　Q968.224.1　Q448　2018

秦岭昆虫志　第 4 卷　蛄目　缨翅目　广翅目　蛇蛉目　脉翅目　长翅目　毛翅目
杨星科总主编　花保祯卷主编　西安　世界图书出版西安有限公司　2018 年　429 页
b5329631x　Q968.224.1　Q448　2018

秦岭昆虫志　第 5 卷　鞘翅目　1
杨星科总主编　西安　世界图书出版西安有限公司　2018 年　768 页
b53296308　Q968.224.1　Q448　2018

秦岭昆虫志　第 6 卷　鞘翅目　2　天牛类
杨星科总主编　林美英主编　西安　世界图书出版西安有限公司　2018 年　510 页
b53296291　Q968.224.1　Q448　2018

秦岭昆虫志　第 7 卷　鞘翅目　3
杨星科总主编　张润志主编　西安　世界图书出版西安有限公司　2018 年　485 页
b5329628x　Q968.224.1　Q448　2018

秦岭昆虫志 第 8 卷 鳞翅目 大蛾类
杨星科总主编 薛大勇 韩红香 姜楠主编 西安 世界图书出版西安有限公司 2018 年 485 页
b53296278 Q968.224.1 Q448 2018

秦岭昆虫志 第 9 卷 鳞翅目 蝶类
杨星科总主编 房丽君主编 西安 世界图书出版西安有限公司 2018 年 428 页
b53296357 Q968.224.1 Q448 2018

秦岭昆虫志 第 10 卷 双翅目
杨星科总主编 杨定 王孟卿 董慧卷主编 西安 世界图书出版西安有限公司 2018 年 1262 页
b53296345 Q968.224.1 Q448 2018

秦岭昆虫志 第 11 卷 膜翅目
杨星科总主编 陈学新卷主编 西安 世界图书出版西安有限公司 2018 年 976 页
b53296333 Q968.224.1 Q448 2018

秦岭昆虫志 第 12 卷 陕西昆虫名录
杨星科总主编 唐周怀 杨美霞卷主编 西安 世界图书出版西安有限公司 2018 年 1067 页
b53296321 Q968.224.1 Q448 2018

西北农林蚜虫志 昆虫纲 同翅目 蚜虫类
张广学主编 北京 中国环境科学出版社 1999 年 563 页
b16344479 Q969.36 Z352 1999

秦岭巴山天然药物志
李世全主编 西安 陕西科学技术出版社 1987 年 922 页
b51148572 R281.4 Q448 1987

陕西省经济昆虫志 贮粮昆虫
曹志丹编著 西宁 陕西科学技术出版社 1981 年 141 页
b12085364 S379.5 C214

陕西果树志
陕西省果树地研究所主编 西安 陕西人民出版社 1978 年 757 页
b49803621 S66 S268 1978

陕西树木志
牛春山主编 马多士编著 北京 中国林业出版社 1990 年 1261 页
b20019646 S717.241 N435 1990

陕西牛背梁国家级自然保护区建区三十周年志
陕西牛背梁国家级自然保护区管理局编 王惠英主编 西安 三秦出版社 2016 年 121 页
b47599030 S759.992.41 N435 2016

陕西林木病虫图志 第 1 卷
陕西省农林科学院林业研究所编著 西安 陕西人民出版社 1977 年
b12073234 S763 S268

陕西省地方家畜家禽品种志
陕西省地方家畜家禽品种志编辑委员会编著 杨黎旭主编 西安 三秦出版社 2011 年 138 页
b36168841 S813.9 Y238 2011

陕西省畜禽疫病志 1949–1991
陕西省农业厅编著 史志诚主编 西安 陕西科学技术出版社 1995 年 301 页
b44916814 S851.924.1 S488 1995

陕西鱼类志
陕西省水产研究所 陕西师范大学生物系编著 西安 陕西科学技术出版社 1992

年 140 页
b1609475x　S922.41 v4

陕西水利志资料 第 1 卷 陕西古代水利
杨立业编注 西安 陕西省水利志编纂委员会办公室 1988 年 117 页
b36092460　TV-092 S268 1988

陕西水利志资料 第 2 卷 汉中古渠堰述略
南泽华编著 西安 陕西省水利志编纂委员会办公室 1988 年 82 页
b36092460　TV-092 S268 1988

陕西黄河小北干流志
陕西黄河小北干流志编纂委员会编 郑州 黄河水利出版社 1999 年 313 页
b13130171　TV882.1 S268 1999

西安市

西安市志 第 1 卷 总类
西安市地方志编纂委员会编 孙亚伟总编 西安 西安出版社 2000 年 627 页〔陕西地方志丛书〕
b13328062　K294.11 X119Z

西安市志 第 2 卷 城市基础设施
西安市地方志编纂委员会编 孙亚伟总编 西安 陕西师范大学出版社 2000 年 816 页〔陕西地方志丛书〕
b13328062　K294.11 X119Z

西安市志 第 3 卷 经济 上
西安市地方志编纂委员会编 孙亚伟总编 西安 西安出版社 2003 年 915 页〔陕西地方志丛书〕
b13328062　K294.11 X119Z

西安市志 第 4 卷 经济 下
西安市地方志编纂委员会编 孙亚伟总编 西安 西安出版社 2004 年 952 页〔陕西地方志丛书〕
b13328062　K294.11 X119Z

西安市志 第 5 卷 政治 军事
西安市地方志编纂委员会编 孙亚伟总编 西安 西安出版社 2000 年 864 页〔陕西地方志丛书〕
b13328062　K294.11 X119Z

西安市志 第 6 卷 科教文卫
西安市地方志编纂委员会编 孙亚伟总编 西安 西安出版社 2002 年 938 页〔陕西地方志丛书〕
b13328062　K294.11 X119Z

西安市志 第 7 卷 社会 人物
西安市地方志编纂委员会编 孙亚伟总编 西安 西安出版社 2006 年 974 页〔陕西地方志丛书〕
b13328062　K294.11 X119Z

大慈恩寺志
陈景富主编 西安 三秦出版社 2000 年 588 页
b20099113　B947.241.1 C422 2000

西安统计志
西安市统计局编 王根元主编 西安 西安市统计局 1998 年 286 页
b51185635　C832.411 Z357 1998

西安统计志
西安市统计局 国家统计局西安调查队编 张民伟主编 西安 西安市统计局 2011 年 537 页
b45417659　C832.411 Z357 2011

中国共产党西安市委员会志 1925.10–2002.7
中共西安市委办公厅编 西安 中共西安市委印刷厂 2004 年 769 页
b15560570 D224.1 Z645 2004

西安市人民代表大会志 1949.7–1997.5
西安市人民代表大会志编纂委员会编 郝树茂主编 西安 西安出版社 1997 年 514 页〔西安市地方志专业志丛书〕
b15560430 D624.411 H249 1997

西安市人事志
西安市人事局编 袁恒茂主编 西安 西安出版社 1993 年 189 页〔西安市专业志丛书〕
b49534294 D630.3 X119 1993

西安政府法制志 1986–2009
西安政府法制志编纂组编 陈新安总编纂 西安 西安政府法制志编纂组 2009 年 177 页
b47297062 D927.411 C435 2009

陕西武警志 第 5 卷 第五支队志
中国人民武装警察部队陕西总队第五支队志编审委员会编 段家福 郝振华主编 西安 中国人民武装警察部队陕西总队第五支队志编审委员会 2004 年 346 页〔武警陕西省总队史志丛书〕
b50065695 E277 D744 2004

西安市军事志
西安市军事志编纂委员会编 西安 三秦出版社 2003 年 982 页〔西安市地方志丛书〕
b1488883x E289.411 X119 2003

西安经济技术开发区志 1993–2012
西安经济技术开发区志编纂委员会编 王安泉主编 西安 三秦出版社 2014 年 504 页〔西安地方志丛书〕
b46862584 F127.411 W211 2014

西安市城建系统志
西安市城建系统方志编纂委员会编 王文华主编 西安 西安市城建系统方志编纂委员会 2000 年 722 页
b44870115 F299.274.11 W232 2000

西安市建设志 1991–2010
西安市建设志编纂委员会编 贾强主编 西安 西安市建设志编纂委员会 2016 年 876 页
b51116364 F299.274.11 J243 2016

长庆油田志
长庆油田志编纂委员会 李云总编 长庆 长庆油田志编纂委员会 1989 年 923 页
b4996320x F426.22 C346C 1989

长庆油田志 1986–2013（西安）
中国石油长庆油田公司编 长庆 中国石油长庆油田公司 2016 年 923 页
b50993082 F426.22 C346C 2016

陕鼓厂志 1987–1997
陕西鼓风机（集团）有限公司厂志编辑委员会编印 西安 陕西鼓风机（集团）公司厂志编辑委员会 1998 年 429 页
b5032004x F426.4 S268 1998

陕汽厂志 1968–2003
陕汽厂志编委会编 王建国主编 西安 陕西汽车集团有限责任公司 2005 年 676 页
b50320051 F426.471 S268 2005

四棉志续
杨义卿总纂 西安 西安四棉纺织有限责任

公司 2011 年 224 页
b5006678x F426.81 X119 2011

西安车辆厂志 1938–1987
西安车辆厂志编纂委员会编 西安 陕西人民出版社 1995 年 351 页
b50767070 F426.472 X119 1995

西安电力电容器厂厂志 1953–1985
迟佐森主编 西安 西安电力电容器厂 1988 年 310 页
b50269562 F426.61 X1192 1988

西安高压电瓷厂志 1953–1988
王占和 何恩生主编 西安 西安高压电瓷厂 1991 年 512 页
b49550160 F426.61 W2353 1991

西安高压开关厂志 第 1 卷 1953–1985
李之宁主编 西安 西安高压开关厂厂志总编室 1988 年 368 页〔陕西地方志丛书〕
b50766910 F426.61 X1193 1988

西安印钞厂志
西安印钞厂志编辑委员会编 赵福山主编 北京 中国金融出版社 1993 年 406 页〔中国印钞造币志丛书〕
b50318123 F426.84 X119 1993

西北电力建设第四工程公司志 1952.10–1990.12
西北电力建设第四工程公司志编辑委员会编 王允诚主编 西安 西北电力建设第四工程公司志编辑委员会 1995 年 342 页
b51012728 F426.61 X1194 1995

西安古代交通志
西安市交通局史志编纂委员会编 王开主编 西安 陕西人民出版社 1997 年 766 页〔中华人民共和国地方志丛书〕
b16430311 F512.9 X119 1997

西安物资供应段志 1935–2007
西安铁路局西安物资供应段志编纂委员会编 薛世君 王明岐总编辑 西安 西安铁路局西安物资供应段志编纂委员会 2008 年 326 页
b50992788 F532.6 X119 2008

陕西省道路交通管理志 西安分志
陕西省道路交通管理志西安分志编纂委员会编 兰仕伟主编 西安 陕西人民出版社 2000 年 872 页〔陕西省地方志资料丛书〕
b13773537 F542.841 S268Z

西安邮政志 1990–2010
西安邮政志编委会编 刘莉 罗碧总纂 西安 西安邮政志编委会 2018 年 263 页
b51116388 F632.741 L681 2018

西安海关志
西安海关志编纂委员会编 陈鸿罡主编 西安 陕西人民出版社 2014 年 750 页
b46133276 F752.59 C421 2014

西安市教育志
西安市教委教育志编纂办公室编 徐震主编 西安 陕西人民出版社 1995 年 724 页〔西安市教育志丛书〕
b15641879 G527.411 X119 1995

西安市教育志大事记 审阅稿之三 1949–1989
西安市教委教育志编纂办公室编 西安 西安市教委教育志编纂办公室 1993 年 油印本 465 页
b20182533 G527.411 X119X 1990

交通大学附属小学图志 **积厚流光 1896–1949**
霍有光 雷玲主编 西安 西安交通大学出版社 2012年 192页
b47352681 G629.284.1-64 X119 2012

西安市第八十九中学百年校志 **1912–2012**
西安市第八十九中学校志编委会编 陈向东主编 西安 西安市第八十九中学校志编委会 2012年 494页
b49939105 G639.284.11 X119 2012

西安建筑科技大学志 **1956–2000**
西安建筑科技大学志编委会编 西安 陕西人民出版社 2001年 891页
b16096022 G649.284.1 X1191 2001

西安建筑科技大学志 **1999–2010**
西安建筑科技大学志编委会编 张建主编 西安 三秦出版社 2011年 1408页
b41235459 G649.284.1 X1191 2011

西安电力学校志 **1953–1993**
西安电力学校编 西安 西安电力学校 1993年 316页
b20404827 G719.284.11 X119 1993

西安旅游职业学校校志
西安旅游职业学校校志编辑委员会编 段岁寅主编 西安 西安旅游职业学校校志编辑委员会 1993年 68页
b46996060 G719.284.11 X1195 1993

陕西省戏剧志 **西安市卷**
陕西省戏剧志编纂委员会编 鱼讯主编 西安 三秦出版社 1998年 892页
b13459053 J809.2 Y715

西安电影志
西安市电影发行放映公司编 西安 西安市电影发行放映公司 1992年 423页
b17736080 J909.2 X119 1992

西安地方志编纂志
曹永辉 王莹主编 西安 陕西人民出版社 2016年 981页
b49709744 K294.11 C214 2016

西安六十年图志 **1949.5–2009.5**
西安市地方志办公室编 冯艳阳 孙亚伟主编 西安 西安出版社 2010年 2卷 750页
b4064960x K294.11-64 F377 2010

陕西省西安市地名志
西安市地名委员会 西安市民政局编 西安 西安市地名委员会 1986年 428页
b1499818x K924.11 X119 1986

西安市地理志
陕西师范大学地理系编 西安 陕西人民出版社 1988年 472页
b15957718 K924.11 S268 1988

丽山古迹名胜志
张自修编著 西安 丽山古迹名胜志编者 1985年 304页
b17445668 K928.704.11 Z369 1985

秦始皇帝陵志
陕西省地方志编纂委员会编 西安 三秦出版社 1997年 311页〔陕西省地方志资料丛书〕
b12698106 K928.76 S268Q

西安植物志
谢寅堂 王玛丽 赵桂仿主编 西安 陕西科学技术出版社 2007年 741页
b19733781 Q948.524.11 X428 2007

秦岭植物志 增补 种子植物
李思锋 黎斌主编 北京 科学出版社 2013 年 419 页
b36428036 Q949 Z644C 2013

秦岭植物志 第 1 卷 1–5 种子植物
中国科学院西北植物研究所编 北京 科学出版社 1974 年 5 卷
b11916126 Q949 Z644

秦岭植物志 第 2 卷 蕨类植物门
中国科学院西北植物研究所编 北京 科学出版社 1974 年 246 页
b11916126 Q949 Z644

秦岭植物志 第 2 卷 石松类和蕨类植物
郭晓思 徐养鹏编著 北京 科学出版社 2013 年 298 页
b41108668 Q949 Z644 2013

秦岭植物志 第 3 卷 苔藓植物门
中国科学院西北植物研究所编 北京 科学出版社 1974 年 329 页
b11916126 Q949 Z644

秦岭鸟类志
郑作新等著 北京 科学出版社 1973 年 241 页
b1828050x Q957.7 Z545 1973

秦岭兽类志
郑生武 宋世英主编 北京 中国林业出版社 2010 年 454 页
b22111062 Q959.808 Z648 2010

秦岭鱼类志
陕西省动物研究所等编 北京 科学出版社 1987 年 260 页
b11913423 Q959.4 S268

西安市卫生志
西安市卫生志编纂委员会编 解良才主编 西安 西安出版社 1994 年 247 页〔西安市专业志丛书〕
b47416087 R–092 X119 1994

西安市卫生志续编 1990–2000
西安市卫生志编纂委员会编 西安 西安出版社 2004 年 793 页〔西安市专业志丛书〕
b4735267x R–092 X119C 2004

陕西省药品检验所志 1974–1993
陕西省药品检验所编 高宏斌 黎邦俊主编 西安 陕西人民出版社 1994 年 206 页
b47416075 R199.2 S268 1994

陕西省森工医院志 2006–2015
院志编纂委员会编 杨满学主编 西安 陕西省森工医院志编纂委员会 2016 年 177 页
b51116327 R199.2 S197 2016

西安交通大学第二附属医院院志 1937–2010
韦俊荣 贺西京 巩守平主编 西安 西安交通大学出版社 2014 年 642 页
b50246847 R199.2 X1194 2014

西北电力设计院志 1956–1995
王公康主编 西安 西北电力设计院 1996 年 724 页
b40806959 TM–29 X119 1996

西北电力设计院志 1996–2005
田友春主编 西安 西北电力设计院 2007 年 720 页
b21765595 TM–29 X119 2007

中国建筑西北设计研究院志 续一 1997.1-2012.3
王振海主编 西安 陕西人民出版社 2012年 660页〔中国建筑西北设计研究院纪念建院六十周年系列丛书〕
b40864832 TU2-242 Z647 2012

西安市水利志
西安市水利志编纂委员会编 马钟彦主编 西安 陕西人民出版社 1999年 518页〔陕西地方志水利志丛书〕
b20099228 TV-092 M143 1999

西安市水务志 1991-2010
西安市水务志编纂委员会编 孙秦生主编 西安 三秦出版社 2017年 388页〔西安地方志丛书〕
b50817553 TV-092 X1191 2017

陕西省三门峡库区志
陕西省三门峡库区管理局编 翟新才主编 北京 中国水利水电出版社 2007年 564页〔陕西地方志·水利志丛书〕
b20019725 TV632.41 Z283 2007

未央区

未央区志
西安市未央区地方志编纂委员会编 陈桂爽主编 西安 陕西人民出版社 2004年 1278页〔陕西地方志丛书〕
b15627822 K294.11 W354 2004

大明宫街道志 1994-2012
未央区大明宫街道志编纂委员会编 杜永义 袁红线主编 西安 未央区大明宫街道志编纂委员会 2012年 367页
b50066766 K294.15 D1354 2012

大明宫乡志
大明宫乡志编纂委员会编 杜永义主编 西安 大明宫乡志编纂委员会 1997年 229页〔西安市未央区地方志丛书〕
b20100504 K294.15 D135 1997

汉城街道志
汉城街道志编纂委员会编 西安 汉城街道志编纂委员会 2012年 10427页〔西安市未央区地方志丛书〕
b50748324 K294.15 H2151 2012

讲武殿村志
未央区未央宫街道讲武殿村志编纂委员会编 赵祥生主编 西安 未央区未央宫街道讲武殿村志编纂委员会 2014年 266页〔西安市未央区地方志丛书〕
b4741604x K294.15 J339 2014

六村堡街道志
六村堡街道志编纂委员会编 西安 六村堡街道志编纂委员会 2010年 516页〔西安市未央区地方志丛书〕
b49789363 K294.15 L723J 2010

六村堡乡志
六村堡乡志编纂委员会编 焦增喜主编 西安 陕西秦光印刷厂 1996年 305页〔西安市未央区地方志丛书〕
b49803414 K294.15 L723 1996

三桥村志
三桥村志编纂委员会编 李振勋 段生林主编 西安 西安元永印刷厂 2009年 326页〔西安市未央区地方志丛书〕
b21764955 K294.15 S1457 2009

三桥街道志 1994-2005
三桥街道志编纂委员会编 张鹰 褚新中

编辑 西安 三桥街道志编纂委员会 2008 年 356 页〔西安市未央区地方志丛书〕
b50669795 K294.15 S1454 2008

三桥镇志
三桥镇志编纂委员会编 李振勋主编 西安 陕西人民出版社 2002 年 530 页〔西安市未央区地方志丛书〕
b13991188 K294.15 S145

谭家街道志
谭家街道志编纂委员会编 邹醒世主编 西安 谭家街道志编纂委员会 2006 年 215 页〔西安市未央区地方志丛书〕
b49506316 K294.15 T187J 2006

谭家乡志
谭家乡志编纂委员会编 姚再善主编 西安 西安市新闻出版局 2001 年 376 页〔西安市未央区地方志丛书〕
b21570395 K294.15 T187 2001

新房村志
李建安 李振气主编 西安 新房村志编者 2012 年 141 页
b49939117 K294.15 X443 2012

徐家湾街道志
徐家湾街道志编纂委员会编 王小红 司关民主编 西安 徐家湾街道志编纂委员会 2009 年 304 页〔西安市未央区地方志丛书〕
b49705441 K294.15 X572 2009

张家堡街道志
张家堡街道志编纂小组编 高启惠主编 西安 张家堡街道志编纂小组 1997 年 101 页〔西安市未央区地方志丛书〕
b36383910 K294.11 W354WZ 1997

张家堡街道志 1994–2003
张家堡街道志编纂委员会编 高启惠主编 西安 西安市未央区张家堡街道志编纂委员会 2007 年 154 页〔西安市未央区地方志丛书〕
b51185659 K294.11 W354WZ 2007

红旗村志
红旗村志编纂委员会编 张书俊主编 西安 红旗村志编纂委员会 2015 年 336 页〔西安市未央区地方志丛书〕
b50993100 K294.15 H419 2015

党校志 1958–2009
中共西安市未央区委党校志编纂委员会编 任恭良主编 西安 中共西安市未央区委党校志编纂委员会 2009 年 113 页〔西安市未央区地方志丛书〕
b5114864x D261.41 W354 2009

教育志 1994–2003
西安市未央区教育志编纂办公室编 蔡唯希 方席明主编 西安 西安市未央区教育志编纂办公室 2007 年 240 页〔西安市未央区地方志丛书〕
b49640732 G527.411 C137 2007

西安市未央区教育志 1912–1989
李跻群主编 西安 陕西人民出版社 1993 年 209 页〔西安市教育志丛书〕
b16430694 G527.411 W354 1993

新城区

新城区志
新城区区志编纂委员会编 西安 三秦出版社 2000 年 925 页〔陕西省地方志丛书〕
b13328025 K294.11 X443

太华路街志 1955–1998
西安市新城区太华路街志编纂委员会编 西安 西安市新城区太华路街志编纂委员会 1999 年 345 页〔西安市地方志丛书〕
b19732715 K294.11 T162 1999

西安市新城区教育志
新城区教育志编纂办公室编 赵宝莲主编 西安 陕西人民出版社 1992 年 230 页〔西安市教育志丛书〕
b20182259 G527.411 X443 1992

碑林区

碑林区志
西安市碑林区地方志编撰委员会编 西安 三秦出版社 2003 年 944 页〔陕西地方志丛书〕
b14134160 K294.11 B295

西安市碑林区志 1994–2008
西安市碑林区地方志编纂委员会编 吉勇主编 西安 三秦出版社 2012 年 800 页〔陕西地方志丛书〕
b4049701x K294.11 B295 2012

北沙坡村志
北沙坡村志编委会编 西安 陕西人民出版社 2011 年 191 页
b40649660 K294.15 B316 2011

西安市碑林区人民代表大会志 1952.12–2016.03
西安市碑林区人民代表大会志编纂委员会编 张立华主编 西安 西安市碑林区人民代表大会志编纂委员会 2016 年 682 页
b50669394 D624.411 B295 2016

西安市碑林区军事志
西安市碑林区军事志编纂委员会编 安发林 李文海主编 吴熙荣等撰稿 西安 西安市碑林区军事志编纂委员会 2008 年 304 页〔西安市碑林区地方志丛书〕
b20201114 E289.413 X119 2008

西安市碑林区教育志 第 1 卷 讨论稿 1954–1989
碑林区教育志编纂办公室编 王仁斌主编 西安 碑林区教育志编纂办公室 1990 年 油印本 270 页〔西安市教育志丛书〕
b20181450 G527.411 B295 1990

碑林政协志 1955–2013
政协西安市碑林区委员会编 周淑琴主编 西安 政协西安市碑林区委员会 2014 年 346 页〔碑林文史资料 第 14 辑〕
b46442789 K294.11 B295W

西安市碑林区地名录
西安市碑林区人民政府地名办公室编 西安 西安第二印刷厂 1982 年 242 页
b14996303 K924.11 B295 1982

莲湖区

莲湖区志
西安市莲湖区地方志编纂委员会编 宁保勋主编 西安 三秦出版社 2001 年 881 页〔陕西地方志丛书〕
b13725567 K294.11 L468

五一村志
五一村志编纂委员会编 杨宁主编 西安 五一村志编纂委员会 2011 年 348 页
b40649647 K294.15 W538 2011

莲湖区军事志
莲湖区军事志编纂委员会编 杨树萱主编 西安 莲湖区军事志编纂委员会 2005 年

308 页〔莲湖区地方志丛书〕
b2019898x　E289.411　X119L　2005

西安市莲湖区教育志
莲湖区教育志编纂办公室编　西安　陕西人民出版社　1993 年　258 页〔西安市教育志丛书〕
b16430438　G527.411　L468　1993

西安市莲湖区地名录
西安市莲湖区地名办公室编　西安　西安市莲湖区地名办公室　1983 年　143 页
b14998452　K924.11　L468　1983

灞桥区

灞桥区志
西安市灞桥区地方志编纂委员会编　张三民总编　西安　三秦出版社　2003 年　1019 页〔陕西地方志丛书〕
b15251664　K294.13　B145　2003

西安市灞桥区志　1994–2010
西安市灞桥区地方志编纂委员会编　史昌孙主编　西安　西安出版社　2017 年　969 页〔陕西地方志丛书〕
b50351333　K294.11　B145C　2017

西安市灞桥区教育志
钱中良　朱桂成主编　西安　陕西人民出版社　1997 年　342 页〔西安市教育志丛书〕
b17736031　G527.411　Q223　1997

西安市灞桥区地名志
灞桥区地名志编纂办公室编　西安　灞桥区地名志编纂办公室　1990 年　268 页
b14998245　K924.11　B145　1990

雁塔区

雁塔区志
西安市雁塔区地方志编纂委员会编　王军主编　西安　三秦出版社　2003 年　895 页〔陕西地方志丛书〕
b14702381　K294.11　Y198　2003

曹里村志
中共西安市雁塔区曹里村党支部　西安市雁塔区曹里村村民委员会编　宋登贵主编　西安　西安创维印务公司　2010 年　181 页
b3601462x　K294.15　C212　2010

曲江乡志
曲江乡志编纂委员会编　车宝仁主编 / 撰修　西安　西安地图出版社　2012 年　244 页〔西安市地方志丛书〕
b36380155　K294.15　Q562　2012

王家村志
中国共产党王家村总支部委员会　王家村村民委员编　贺博主编　西安　王家村村民委员会　2016 年　335 页
b49964343　K294.15　W219　2016

周宋村志
西安市雁塔区鱼化寨街道办事处周宋村村志编纂委员会编　周随和主编　西安　西安市雁塔区鱼化寨街道办事处周宋村村志编纂委员会　2015 年　652 页〔陕西地方志丛书〕
b50152713　K294.15　Z673　2015

西安市雁塔区人民代表大会志　1949.5–2002.12
西安市雁塔区人大志编辑领导小组编　常宝善主编　西安　西安市雁塔区人大志编辑领导小组　2003 年　284 页〔雁塔区地方

专业志丛书〕
b46440987 D624.411 Y198 2003

雁塔区教育志 1907–1989
惠文谦主编 西安 西北政法学院印刷厂 1991年 192页〔西安市教育志丛书〕
b36014217 G527.411 H696 1991

曲江人物志
曲江家园编辑部编 西安 曲江家园编辑部编 2014年 476页〔曲江乡土文化集 10〕
b47317346 K820.841.1 Q562 2014

西安市雁塔区地名录
雁塔区地名工作办公室编 西安 西安雁塔印刷厂 1985年 144页
b14996261 K924.11 Y198 1985

阎良区

阎良区志
阎良区地方志编纂委员会编 尤俊章主编 西安 三秦出版社 2002年 1039页〔陕西地方志丛书〕
b14134111 K294.11 Y165

西安市阎良区志 1996–2010
西安市阎良区地方志编纂委员会编 魏军喜主编 西安 陕西人民出版社 2017年 717页〔陕西地方志丛书〕
b50669722 K294.11 Y165C 2017

关山镇志
陕西省地方志编纂委员会主编 孙玉亭主持 郭仪撰稿 西安 陕西人民出版社 1991年 179页〔陕西地方志丛书〕
b10726317 K294.15 G641

阎良区军事志
西安市阎良区军事志编纂委员会编 甘树清 阴安琪主编 常保宏等撰稿 西安 西安建筑科学大学印刷厂 2006年 291页
b20199041 E289.414 Y165 2006

临潼区

临潼县志
陕西省临潼县地方志编纂委员会编 雎卯民主编 上海 上海人民出版社 1991年 1304页
b10824807 K294.14 L581

临潼政协志
政协西安市临潼区第十一届委员会编 西安 陕西前进文化传播公司 2009年 349页
b44869885 D628.411 L581 2009

西安市临潼区军事志 前4000–2005
西安市临潼区军事志编纂委员会编 王聚勤主编 西安 西安市建明工贸公司 2010年 408页
b21765583 E289.411 L581 2010

西安市临潼区教育志
临潼区教育志编纂办公室主编 张志诚主编 西安 陕西人民出版社 1999年 289页〔西安市教育志丛书〕
b13742395 G527.411 L581

西安市临潼县华清中学校志 1938–1988
华清中学校志编写组编 张兆庆主编 临潼 华清中学校志编写组 1989年 241页
b20104315 G639.284.1 H529 1989

陕西省临潼县地名志
临潼县人民政府编 临潼 临潼县文华印刷

厂 1987 年 392 页
b14998348 K924.14 L581 1987

长安区

长安县志

长安县地方志编纂委员会编 王凯杰主编 西安 陕西人民教育出版社 1999 年 939 页〔陕西省地方志丛书〕
b12991235 K294.14 C346

长安香积寺村志

崔皓编著 西安 三秦出版社 2015 年 189 页
b46513887 K294.15 X259 2015

长安区军事志

西安市长安区军事志编纂委员会编 西安 西安市建明印务有限责任公司 2004 年 412 页〔西安市地方志丛书〕
b15560533 E289.41 C346 2004

长安教育志

西安市长安区教育局教育志编纂委员会编 何强民主编 西安 西安出版社 2009 年 634 页〔西安市教育志丛书〕
b27575366 G527.414 C346 2009

长安县水利志

长安县水利志编纂组编 赵双桧主编 西安 陕西师范大学出版社 1996 年 336 页〔陕西地方志水利志丛书〕
b2009923x TV-092 C3462 1996

高陵区

高陵县志

高陵县地方志编纂委员会编 马力勇 程勇主编 西安 西安出版社 2000 年 848 页〔陕西地方志丛书〕
b13430105 K294.14 G243

高陵县建设志

高陵县建设局编 董国柱主编 高陵 高陵县建设局 2006 年 297 页
b49981961 F299.274.14 G243 2006

高陵交通志

高陵交通志编纂委员会编 马力勇主编 高陵 高陵交通志编纂委员会 2006 年 198 页
b47414807 F512.741.1 G243 2006

高陵县财政志

高陵县财政局编印 彭寿虎主编 高陵 高陵县财政局 2006 年 406 页
b49607613 F812.741.4 G243 2006

西安市高陵县教育志

西安市高陵县教育志编纂办公室编 马忠贤主编 西安 陕西人民出版社 1997 年 309 页〔西安市教育志丛书〕
b20182272 G527.414 G243 1997

高陵县文物志

董国柱编 高陵 高陵县文化馆 1985 年 126 页
b1227916x K873.241 D593

陕西省高陵县地名志

高陵县地名工作办公室编 高陵 高陵县地名工作办公室 1984 年 197 页
b14996224 K924.14 G243 1984

高陵县水利志

高陵县水利志编写组编 徐智远主编 高陵 高陵县水利志编写组 1995 年 123 页〔陕西地方志水利志丛书〕

b20100929　TV-092　G243　1995

鄠邑区

户县志
户县志编纂委员会编　西安　西安地图出版社　1987 年　676 页〔陕西地方志丛书〕
b15587745　K294.14　H518　1987

户县志
户县地方志编纂委员会编　段景礼主编　西安　三秦出版社　2013 年　1018 页〔陕西地方志丛书〕
b44681422　K294.14　H518　2013

旧泉坊村志
户县余下镇旧泉坊村志编纂委员会编　弋兴杰主编　北京　中国文化出版社　2016 年　309 页
b47316809　K294.15　J599　2016

陕西省户县涝店镇史东村志
刘智礼主编　香港　天马出版有限公司　2016 年　410 页〔陕西地方志丛书〕
b51122479　K294.15　S487　2016

重阳宫志
重阳宫志编委会编　陈法永主编　西安　三秦出版社　2012 年　796 页
b36667195　B957.241.4　C418　2012

户县人民代表大会志　1949–2010
户县人民代表大会常务委员会编　户县　户县人民代表大会常务委员会　2011 年　822 页〔户县地方志专业志丛书〕
b50669837　D624.414　H518　2011

户县军事志
户县军事志编纂委员会编　李永筹主编　西安　陕西天一考试印务有限责任公司印　2003 年　582 页〔户县地方志丛书〕
b36245665　E289.414　H518　2003

西安市户县教育志
户县教育志编纂办公室编　梁学仮主编　西安　陕西人民出版社　1991 年　154 页〔西安市教育志丛书〕
b17510302　G527.414　L493　1991

户县文物志
户县文物志编纂委员会编　谢志安主编　西安　陕西人民教育出版　1995 年　289 页
b18176513　K872.414　H518　1995

陕西省户县地名志
户县地名志编纂办公室编　岐山　陕西省岐山彩色印刷厂　1987 年　316 页
b14998531　K924.14　H518　1987

蓝田县

蓝田县志
蓝田县地方志编纂委员会编　贺民贤主编　西安　陕西人民出版社　1994 年　824 页〔陕西地方志丛书〕
b10634009　K294.14　L171

峒峪村志
峒峪村志编纂委员会编　孙兴盛主编　蓝田　峒峪村志编纂委员会　2009 年　300 页〔蓝田县地方志丛书〕
b36014059　K294.15　T447　2009

怀珍坊村志
怀珍坊村志编纂委员会编　辛江涛主编　蓝田　怀珍坊村志编纂委员会　2015 年　366 页〔蓝田县地方志丛书〕
b50993859　K294.15　H558　2015

蓝田县军事志 前704–2005
蓝田县军事志编纂委员会编 张晋江主编 张军社等撰稿 西安 西安市建明工贸责任公司 2009年 343页
b20199156 E289.414 L171 2009

陕西省蓝田县地名志
篮田县人民政府编 西安 西安地图出版社印刷厂 1986年 322页
b14998324 K924.14 L171 1986

蓝田县秦岭山水志
蓝田县秦岭山水志编写组编 李明 葛慧主编 蓝田 蓝田县秦岭山水志编写组 2014年 294页〔陕西地方志山水志丛书〕
b50234031 K928.3 L171 2014

蓝田县水利志 第2卷
蓝田县水利志编写组编 蓝田 蓝田县水利志编写组 1989年 油印本 274页〔陕西省地方志水利志丛书〕
b21857313 TV–092 L171 1989

周至县

周至县志
周至县志编纂委员会编 王安泉主编 西安 三秦出版社 1993年 662页〔陕西地方志丛书〕
b10727760 K294.14 Z675

沙河岸村志
武永乐主编 西安 陕西人民出版社 2014年 311页
b50234237 K294.15 S231 2014

周至县统计志
周至县统计志编纂委员会编 周建生主编 周至 周至县统计志编纂委员会 2016年 332页〔周至县地方志丛书〕
b50067126 C832.414 Z675 2016

陕西省周至中学校志 1943–2013
陕西省周至中学校志编纂委员会编 陈育康主编 周至 陕西省周至中学校志编纂委员会 2013年 574页
b46018293 G639.284.14 S2689 2013

周至县水利志 评审稿
周至县水利志编纂领导小组编 窦晓明主编 周至 周至县水利志编纂领导小组 1989年 油印本〔陕西省地方志丛书〕
b2185810x TV–092 Z675 1989

铜川市

同官县志
铜川市地方志办公室编 铜川 铜川市地方志办公室 1985年 120页
b17510296 K294.14 T437 1985

铜川市志
铜川市地方志编纂委员会编 西安 陕西师范大学出版社 1997年 1037页
b10488273 K294.13 T439

铜川市统计志
铜川市统计志编纂委员会编 赵建海主编 铜川 铜川市统计志编纂委员会 2015年 344页〔陕西省铜川市地方志丛书〕
b50992193 C832.413 T439 2015

铜川市公安志 1949–2010
铜川市公安志编纂委员会编 张普云主编 铜川 铜川市公安志编纂委员会 2016年 579页〔铜川市地方志丛书〕
b49827327 D631 T439 2016

铜川市信访志
铜川市信访志编纂委员会编 刘厚安主编 西安 三秦出版社 2016 年 363 页〔铜川市地方志丛书〕
b49682532 D632.8 T439 2016

铜川市军事志
铜川市军事志编纂委员会编 西安 陕西省史志印刷厂 2003 年 426 页
b15560296 E289.413 T439 2003

铜川市审计志
铜川市审计志编纂委员会编 高改良主编 西安 三秦出版社 2012 年 410 页〔陕西地方志资料丛书〕
b40496983 F239.227.413 T439 2012

铜川市农业志
铜川市农业志编纂委员会编 韩林麟主编 西安 三秦出版社 2013 年 472 页〔铜川市地方志丛书〕
b44870085 F327.413 T439 2013

铜川市土地志
铜川市土地志编纂委员会编 张政民主编 铜川 铜川市新闻出版管理局 2001 年 441 页〔陕西地方志丛书〕
b5099220x F327.413 T439T 2001

铜川矿务局志 1990–2015
陕西陕煤铜川矿业有限公司(局)志编纂委员会编 铜川 陕西陕煤铜川矿业有限公司(局)志编纂委员会 2015 年 1048 页〔铜川矿务局志系列丛书〕
b50992764 F426.21 T439 2015

下石节煤矿志 1980–2010
邢正科 杨岚山主编 铜川 陕西陕煤铜川矿业有限公司下石节煤矿 2010 年 261 页
b40806807 F426.21 X185 2010

陕西省道路交通管理志 铜川分志
陕西省道路交通管理志铜川分志编纂领导小组编 邢四喜主编 西安 陕西人民出版社 1997 年 336 页〔陕西省地方志资料丛书〕
b47352632 F542.841 S268T 1997

铜川市公路交通志
铜川市公路交通志编纂委员会编 西安 陕西人民出版社 2004 年 312 页〔陕西省铜川市地方志丛书〕
b20951656 F542.841.3 T439 2004

铜川市公路交通志 1990–2010
铜川市公路交通志编纂委员会编 寇北海主编 铜川 铜川市公路交通志编纂委员会 2014 年 511 页〔铜川市地方志丛书〕
b46368826 F542.841.3 T439 2014

铜川市财政志 1986–2008
铜川市财政志编纂委员会编 张耀民主编 铜川 铜川市财政志编纂委员会 2010 年 595 页〔陕西省铜川市地方志丛书〕
b49472409 F812.741.3 T439C 2010

铜川市国税志
铜川市国税志编纂委员会编 铜川 铜川市国税志编纂委员会 2014 年 537 页〔铜川市地方志丛书〕
b46368838 F812.741.3 T439 2014

铜川市档案志
铜川市档案志编纂委员会编 梁纪虎主编 铜川 铜川市档案志编纂委员会 2014 年 438 页〔铜川市地方志丛书〕
b4636884x G279.274.13 T439 2014

铜川市教育志
铜川市教育志编纂委员会编 党贵锁主编 西安 陕西人民教育出版社 2000 年 420 页〔陕西地方志丛书〕
b20141099 G527.413 T439 2000

铜川市景丰中学志
铜川市景丰中学志编纂委员会编 张立主编 铜川 铜川市耀州区方正印刷厂 2006 年 251 页
b44870073 G639.284.13 T439 2006

陕西省戏剧志 铜川市卷
陕西省戏剧志编纂委员会编 鱼讯主编 西安 三秦出版社 1996 年 414 页
b13549522 J809.2 Y715

铜川文物志
铜川市文物志编纂委员会编 董一俊主编 铜川 铜川市印刷厂 1996 年 241 页
b3638012x K872.413 T439 1996

陕西省铜川市地名志
铜川市地名办公室编 西安 陕西省测绘局四大队印刷厂 1984 年 215 页
b1499625x K924.13 T439 1984

铜川市疾病预防控制志 1958–2011
铜川市疾病预防控制志编纂委员会编 陈明道主编 铜川 铜川市疾病预防控制志编纂委员会 2016 年 412 页〔陕西省铜川市地方志丛书〕
b49518707 R197.2 T439 2016

铜川市水利志
铜川市水利志编纂委员会编 仇俊德主编 西安 三秦出版社 2012 年 450 页〔陕西地方志资料丛书〕
b41252573 TV–092 T4391 2012

桃曲坡水库志 1969–2011
陕西省桃曲坡水库灌溉管理局编 北京 中国水利水电出版社 2013 年 428 页〔陕西地方志·水利志丛书〕
b45453536 TV632.413 T439 2013

耀州区

耀县志
耀县志编纂委员会编 刘文韬主编 北京 中国社会出版社 1997 年 494 页〔陕西地方志丛书 2001〕
b10468596 K294.14 Y331

铜川市耀州区北街村志
铜川市耀州区北街村志编纂委员会编 铜川 铜川市耀州区北街村志编纂委员会 2018 年 328 页〔耀州地方志丛书〕
b51071320 K294.15 B3164 2018

铜川市耀州区人民代表大会志
铜川市耀州区人民代表大会志编纂委员会编 董卫民 刘向阳主编 铜川 铜川市耀州区人民代表大会 2016 年 473 页〔铜川地方志丛书〕
b50817796 D624.413 T439Y 2016

陕西省耀县地名志
耀县地名志编纂委员会 耀县民政局编 耀县 陕西省耀县印刷厂 1989 年 283 页
b14996339 K924.14 Y331 1987

印台区

印台区政协志 1984–2013
中国人民政治协商会议陕西省铜川市印台区委员会编 贾惠民主编 铜川 中国人民政治协商会议陕西省铜川市印台区委员会 2014 年 519 页

b46863588 D628.413 Y533 2014

铜川市印台区军事志 1980–2005
铜川市印台区军事志编纂委员会编 蒙憬主编 西安 西安市建明工贸公司 2008年 240页
b20478690 E289.413 T439Y 2008

宜君县

宜君县志
宜君县县志编纂委员会编 张醒民主编 西安 三秦出版社 1992年 784页〔陕西省地方志丛书〕
b1061705x K294.14 Y425

哭泉乡志
哭泉乡志编纂委员会编 张保国主编 西安 三秦出版社 2016年 308页〔铜川市地方志丛书〕
b50748385 K294.15 K383 2016

杨柳塬志
杨柳塬志编写小组编 张保国主编 宜君 杨柳塬志编写小组 2013年 150页
b50766934 K294.15 Y238 2013

宜君县军事志 前215–2005
宜君县军事志编纂委员会编 刘新海主编/撰稿 张忠民撰稿 宜君 宜君县军事志编纂委员会 2008年 309页
b20200304 E289.414 Y4254 2008

宜君县林业志 1949–2012
宜君县林业志编纂委员会编 田民生主编 西安 三秦出版社 2013年 426页
b44870176 F326.274.14 Y425 2013

神华陕西集华柴家沟矿业有限公司志 1992–2009
神华陕西集华柴家沟矿业有限公司志编纂委员会编 李富玉主编 宜君 神华陕西集华柴家沟矿业有限公司志编纂委员会 2009年 320页
b51012674 F426.21 S3984 2009

陕西省宜君县地名志
宜君县人民政府编 西安 陕西省第四测绘大队印刷厂 1989年 259页
b14998415 K924.14 Y425 1989

宝鸡市

宝鸡市志
宝鸡市地方志编纂委员会编 朱宗拄 王建章主编 西安 三秦出版社 1998年 3卷 2457页〔陕西地方志丛书〕
b13006976 K294.13 B268

宝鸡市社会科学志 1988–2010
宝鸡市社会科学界联合会 宝鸡市社会科学界联合会编 宝鸡 宝鸡市社会科学界联合会 2013年 300页〔宝鸡市第二轮市级部门志丛书 74〕
b4970526x C124.13 B268 2013

宝鸡市统计志 1990–2010
宝鸡市统计局志编委会编 张宁主编 宝鸡 宝鸡市统计局志编委会 2013年 227页〔宝鸡市第二轮市级部门志丛书 49〕
b49505403 C832.413 B268 2013

宝鸡市人口和计划生育志 1950–2010
宝鸡市人口和计划生育志编纂委员会编 孙中生编纂 宝鸡 宝鸡市人口和计划生育志编纂委员会 2012年 689页〔宝鸡市第二轮修志部门志丛书 45〕

b49607455　C924.254.13　B268　2012

宝鸡市工会志　1998–2010
宝鸡市工会志编纂委员会编　孙虎林　任宝来主编　宝鸡　宝鸡市工会志编纂委员会　2016 年　256 页〔宝鸡市第二轮修志市级部门志丛书　67〕
b49640513　D412.841.3　B268　2016

宝鸡市政策研究农村工作志　1995–2010
中共宝鸡市委政策研究室　宝鸡市农村工作领导小组编办公室编　吕守奎主编　宝鸡　中共宝鸡市委政策研究室　2012 年　238 页〔宝鸡市第二轮市级部门志丛书　12〕
b4980277x　D422.6　B268　2012

宝鸡市妇女组织志　1988–2010
宝鸡市妇女组织志编撰委员会编　焦宝华主编　宝鸡　宝鸡市妇女组织志编撰委员会　2012 年　327 页〔宝鸡市第二轮修志市级部门志丛书　70〕
b49549674　D442.841.3　J369　2012

汶川特大地震宝鸡抗震救灾志
宝鸡市地方志办公室编　刘改荣主编　西安　三秦出版社　2013 年　703 页
b50817929　D632.5　B2684　2013

宝鸡市法院志
成振兴主编　宝鸡　宝鸡市中级人民法院　2001 年　618 页〔陕西省地方志丛书〕
b50317787　D926.22　B268　2001

宝鸡市政法工作志　1982–2012
宝鸡市政法工作志编纂委员会编　黄广谋主编　宝鸡　宝鸡市政法工作志编纂委员会　2013 年　375 页
b47584683　D927.413　B268　2013

宝鸡市军事志
宝鸡市军事志编纂委员会编　宝鸡　宝鸡市军事志编纂委员会　2005 年　547 页
b16476384　E289.413　B268　2005

宝鸡市国土资源志　1987–2010
宝鸡市国土资源局编　贺德海主编　宝鸡　宝鸡市国土资源局　2013 年　396 页〔宝鸡市第二轮市级部门志丛书　30〕
b4741392x　F129.941.3　B268C　2013

宝鸡市质量技术监督志
宝鸡市质量技术监督局编　赵瑞云编著　宝鸡　宝鸡市质量技术监督局　2003 年　398 页〔宝鸡市部门志丛书〕
b50247815　F203　B268　2003

宝鸡供电志　1987–2015
宝鸡供电志编纂委员会编　吴涛主编　西安　三秦出版社　2018 年　578 页
b51148675　F426.61　B268　2018

宝鸡市烟草志　1996–2010
宝鸡市烟草专卖局（公司）编　刘高计主编　宝鸡　宝鸡市烟草专卖局（公司）　2015 年　552 页〔宝鸡市第二轮市级部门志丛书〕
b5112242x　F426.89　B268　2015

陕西中烟工业有限责任公司宝鸡卷烟厂志　1996–2008
宝鸡卷烟厂志编纂委员会编　王长生主编　西安　陕西人民出版社　2011 年　574 页
b50817814　F426.89　W213　2011

稀有辉煌　宝鸡有色金属加工厂志　1965–2004
宝鸡有色金属加工厂志编纂委员会编　唐贵豪总编　宝鸡　宝鸡有色金属加工厂志编

纂委员会 2005 年 660 页
b4984880x F426.41 B268 2005

宝鸡工业志 1991-2010
宝鸡工业志编纂委员会编 刘建利主编 宝鸡 宝鸡工业志编纂委员会 2015 年 487 页
b49549662 F427.413 B268 2015

中铁一局集团第三工程公司志 2005-2014
中铁一局集团第三工程公司志编委会编 田利锋 张林主编 宝鸡 中铁一局集团第三工程公司志编委会 2015 年 291 页
b5101273x F532.6 Z6453 2015

中铁一局集团第五工程有限公司志 1953-2012
中铁一局集团第五工程有限公司志编委会编 吴驰 胡新生主编 宝鸡 中铁一局集团第五工程公司志编委会 2013 年 634 页
b50347937 F532.6 Z6459 2013

宝鸡市公路交通志
宝鸡市交通史志编写办公室编 宝鸡 宝鸡市交通史志编写办公室 1988 年 452 页〔宝鸡市部门志丛书〕
b40743019 F542.841.3 B268 1988

宝鸡市公路交通志 1988-2010
宝鸡市公路交通志编纂委员会编 付文浩主编 宝鸡 宝鸡市文舫印务有限责任公司 2013 年 505 页〔宝鸡市第二轮市级部门志丛书〕
b45839967 F542.841.3 B268 2013

宝鸡市粮食志 1986-2010
宝鸡市粮食局编 李景安主编 宝鸡 宝鸡市粮食局 2014 年 346 页〔宝鸡市第二轮修志部门志丛书 65〕
b47413943 F724.721 B268 2014

宝鸡市物价志 1990-2010
宝鸡市物价志编纂委员会编 徐林科主编 宝鸡 宝鸡市物价志编纂委员会 2016 年 390 页〔宝鸡市第二轮市级部门志丛书之六十二〕
b50748166 F726.741.3 B268 2016

宝鸡市地方税务志 第 1 卷 1994-2010
宝鸡市地方税务局编 李力总编 宝鸡 宝鸡市地方税务局 2012 年 651 页
b47413918 F812.741.342 B268 2012

宝鸡市税务志 1745-1987
宝鸡市税务局编 宝鸡 宝鸡市税务局 1989 年 283 页〔宝鸡市部门志丛书〕
b50728969 F812.741.342 B268C 1989

宝鸡市金融志
宝鸡市金融志编纂办公室编 魏巨义总编 宝鸡 宝鸡市金融志编纂办公室 1990 年 435 页〔宝鸡市部门志丛书 37〕
b47316688 F832.741.3 B268 1990

中国农业银行宝鸡分行志 1955-2010
中国农业银行宝鸡分行志编纂委员会编 温建岐主编 宝鸡 中国农业银行宝鸡分行 2012 年 2 卷
b49550342 F832.741.3 B268N 2012

宝鸡市文化艺术志
宝鸡市文化艺术志办公室编 宝鸡 宝鸡市社会福利印刷厂 1994 年 628 页〔宝鸡市部门志丛书〕
b20041561 G127.413 B268 1994

宝鸡市科协志 1956-2010
宝鸡市科协志编纂委员会编 冯宗善主

编 宝鸡 宝鸡市科协志编纂委员会 2014 年 544 页〔宝鸡市第二轮市级部门志丛书 69〕
b47413931 G322.741.3 B268 2014

宝鸡市科学技术志
宝鸡市科学技术志编纂委员会编 张彦和主编 宝鸡 宝鸡市科学技术志编纂委员会 1998 年 456 页〔陕西省地方志丛书 宝鸡市地方志丛书〕
b49471879 G322.741.3 B268C 1998

宝鸡市教育志
宝鸡市教育委员会编 关鸿英主编 西安 三秦出版社 1998 年 611 页〔陕西地方志丛书〕
b16430827 G527.413 B268 1998

宝鸡市教育志 1996–2010
宝鸡市教育局编 苏永兴主编 西安 三秦出版社 2014 年 931 页〔宝鸡市第二轮市级部门志丛书 18〕
b46367366 G527.413 B268C 2014

宝鸡中学校志
惠树才编纂 宝鸡 宝鸡中学 2000 年 514 页
b18280304 G639.284.1 B268 2000

宝鸡市体育志
宝鸡市体育运动委员会编 吕树发主编 宝鸡 岐山彩色印刷厂 1990 年 367 页〔宝鸡市部门志丛书〕
b44869770 G812.741.3 B268 1990

宝鸡市文联志 1985–2015
宝鸡市文学艺术界联合会编 王春霞主编 宝鸡 宝鸡市文学艺术界联合会 2016 年 700 页〔宝鸡市第二轮市级部门志丛书〕
b50861815 I2–26 B268 2016

陕西省戏剧志 宝鸡市卷
陕西省戏剧志编纂委员会编 鱼讯主编 西安 三秦出版社 1996 年 503 页
b13549479 J809.2 Y715

陕西省宝鸡市地理志
陕西师大地理系宝鸡市地理志编写组编 西安 陕西人民出版社 1987 年 326 页
b19930707 K924.13 B268 1987

宝鸡市地震志 1988–2010
宝鸡市地震局编 张新科主编 宝鸡 宝鸡市地震局 2013 年 216 页〔宝鸡市第二轮市级部门志丛书 57〕
b49814448 P316.241.3 B268 2013

宝鸡市气象志 1986–2010
张丰龙主编 宝鸡 宝鸡市气象局 2015 年 313 页〔宝鸡市第二轮修志部门志丛书〕
b47413955 P468.241.3 B268 2015

宝鸡市第二人民医院院志 1986–2008
宝鸡市第二人民医院志编纂委员会编 黄新华主编 宝鸡 宝鸡市第二人民医院 2010 年 229 页
b50233701 R197.3 B268 2010

宝鸡市卫生志 1990–2010
宝鸡市卫生局编 杨小维主编 宝鸡 宝鸡市卫生局 2014 年 626 页〔宝鸡市第二轮市级部门志丛书 43〕
b47584671 R199.2 B2684 2014

宝鸡市水利志
宝鸡市水利水保局水利志编纂领导小组办公室编 宝鸡 宝鸡市水利水保局 1987 年 449 页〔陕西地方志水利志丛书〕

b17482148　TV-092　B2687　1987

宝鸡市水利志
宝鸡市水利志编纂委员会编　常崇信主编　西安　陕西人民出版社　2012 年　2 卷　1038 页
b36168774　TV-092　B2687　2012

冯家山水库志
宝鸡市冯家山水库管理局编　西安　陕西人民出版社　2004 年　488 页〔陕西省地方志水利志丛书〕
b16432952　TV632.413　B268　2004

金台区

宝鸡市金台区志
宝鸡市金台区地方志编纂委员会编　江新鲁主编　西安　陕西人民出版社　1993 年　751 页〔陕西地方志丛书〕
b10636407　K294.14　J479

宝鸡市金台区志　1990-2010
宝鸡市金台区地方志编纂委员会编　张宝良主编　西安　三秦出版社　2016 年　1008 页〔陕西地方志丛书〕
b49682027　K294.13　B268F　2016

东岭村志
陕西省宝鸡市金台区陈仓镇东岭村志编纂委员会编　林志贤主编　北京　方志出版社　2017 年　238 页〔中国名村志丛书　中国名村志文化工程〕
b50642844　K294.15　v5

宝鸡市金台区人民代表大会志　第 2 卷　1988-2012
宝鸡市金台区人民代表大会志编审委员会编　宝鸡　宝鸡市金台区人民代表大会志编审委员会　2013 年　429 页
b49826906　D624.413　B268J　2013

金台区政协志
金台区政协志编纂委员会编　张红霞主编　宝鸡　金台区政协志编纂委员会　2011 年　308 页〔宝鸡地方志丛书〕
b46442972　D628.413　B268J　2011

宝鸡市公安局金台公安志
宝鸡市公安局金台分局金台公安志编纂委员会编　王维勤主编　宝鸡　宝鸡市公安局金台分局金台公安志编纂委员会　2014 年　695 页〔宝鸡市公安志系列丛书　金台区地方志丛书〕
b5006583x　D631　B268J　2014

宝鸡市金台区军事志　前 7100-2005
宝鸡市金台区军事志编纂委员会编　梁发祥　刘建高主编　西安　宝鸡市金台区军事志编纂委员会　2009 年　547 页
b20100218　E289.413　L489　2009

渭滨区

宝鸡市渭滨区志
宝鸡市渭滨区地方志编纂委员会编　韩维良主编　西安　陕西人民出版社　1996 年　572 页〔陕西地方志丛书〕
b1046864x　K294.14　W3411

燃灯寺村志
燃灯寺村志编纂委员会编　冯东耀主编　宝鸡　燃灯寺村志编纂委员会　2003 年　646 页〔陕西省地方志丛书〕
b50748580　K294.15　R111　2003

燃灯寺村志　2001-2014
燃灯寺村志编纂委员会编　冯东耀主编　宝

鸡 燃灯寺村志编纂委员会 2017 年 588 页〔陕西省第二轮地方志丛书〕
b50777312 K294.15 R111 2017

永清村志
永清村志编纂委员会编 李渤主编 宝鸡 宝鸡市渭滨区马营镇永清村村民委员会 2009 年 571 页
b40934883 K294.15 Y636 2009

宝鸡市渭滨区人口和计划生育志 1971–2010
宝鸡市渭滨区人口和计划生育志编纂委员会编 姚安林主编 宝鸡 宝鸡市盛章教育印务公司 2013 年 269 页〔宝鸡市渭滨区地方志丛书〕
b45839979 C924.254.14 B268W 2013

宝鸡市公安局渭滨公安志
公安渭滨分局公安志编纂委员会编 祝毓锁主编 宝鸡 公安渭滨分局公安志编纂委员会 2008 年 425 页〔陕西地方志丛书〕
b51079987 D631 B268W 2008

渭滨区教育志 1972–1987
渭滨区文教局教育志编纂办公室编 郑贵元主编 宝鸡 渭滨区文教局教育志编纂办公室 1991 年 219 页〔陕西地方志丛书〕
b50247803 G527.413 B268W 1991

陈仓区

宝鸡县志
宝鸡县志编纂委员会编 宫世玺主编 西安 陕西人民出版社 1996 年 1080 页〔陕西地方志丛书〕
b10488376 K294.14 B268

宝鸡市陈仓区志 1990–2010
宝鸡市陈仓区地方志编纂委员会编 赵凤敏主编 西安 三秦出版社 2018 年 1069 页〔陕西地方志丛书〕
b51148687 K294.13 B268D 2018

中国国民党革命委员会陈仓区总支志 1957–2009
民革宝鸡市陈仓区总支编纂 王景祥主编 宝鸡 中国国民党革命委员会陈仓区总支部委员会 2010 年 203 页
b44917235 D665.1 B268C 2010

宝鸡市陈仓区军事志 前 1039–2005
宝鸡市陈仓区军事志编纂委员会编 蒋五宝主编 西安 陕西人民出版社 2009 年 380 页
b20201126 E289.413 B268C 2009

陈仓区人力资源和社会保障志 1990–2010
陈仓区人力资源和社会保障局编 王锋刚主编 西安 三秦出版社 2013 年 315 页〔宝鸡市陈仓区地方志丛书〕
b44953549 F249.274.13 B268 2013

宝鸡县交通志
宝鸡县交通志编纂委员会主编 西安 陕西师范大学出版社 1993 年 235 页〔宝鸡地方专业志丛书〕
b47416038 F512.741.4 B268 1993

陈仓区地方税务志 1995–2010
陈仓区地方税务志编纂领导小组编 宋新国主编 宝鸡 陈仓区地方税务局 2012 年 401 页〔宝鸡市陈仓区地方志丛书〕
b49980816 F812.741.342 B268C 2012

宝鸡县文化志 初稿
宝鸡县文化局编 宝鸡 宝鸡县文化局

1984 年 油印本
b36378860 G127.414 B268 1984

陈仓区教育志 1986–2010
宝鸡市陈仓区教育体育局编 宝鸡 宝鸡市陈仓区教育体育局 2014 年 623 页〔宝鸡市陈仓区地方志丛书〕
b47413979 G527.413 B268C 2014

陕西省宝鸡县地名志
宝鸡县地名志编纂办公室编 岐山 陕西省岐山彩色印刷厂 1989 年 460 页
b14998713 K924.14 B268 1989

凤翔县

凤翔县志
陕西省凤翔县地方志编纂委员会编 西安 陕西人民出版社 1991 年 1060 页〔陕西省地方志丛书〕
b10634198 K294.14 F4138

大原村志
大原村志编纂委员会主编 张宏钊编 西安 三秦出版社 2017 年 266 页
b50204580 K294.15 D136 2017

页渠村志
罗珠宝主编 凤翔 页西村党支部村委会等 2017 年 302 页
b51122492 K294.15 Y368 2017

页渠村志续编
罗珠宝主编 凤翔 页西村党支部村委会等 2018 年 184 页
b51122509 K294.15 Y368 2018

凤翔县军事志
凤翔县军事志编纂委员会编 马兴荣主编 北京 军事科学出版社 2008 年 270 页
b22443976 E289.414 F4138 2008

凤翔县教育志
凤翔县教育局编 马鸿烈主编 西安 三秦出版社 2004 年 557 页〔陕西地方志丛书〕
b16425327 G527.414 M138 2004

陕西省凤翔师范学校校志
陕西省凤翔师范学校校志编纂委员会编 安健主编 西安 三秦出版社 2002 年 468 页〔陕西地方志丛书〕
b20099125 G659.284.1 S268 2002

岐山县

岐山县志
岐山县志编纂委员会编 朱德钧主编 西安 陕西人民出版社 1992 年 794 页〔陕西地方志丛书〕
b10760441 K294.14 Q141

岐山县志 1990–2010
岐山县地方志编纂委员会编 黄宗科主编 西安 三秦出版社 2017 年 908 页〔陕西地方志丛书〕
b49976874 K294.14 Q141C 2017

岐星村志
岐星村志编纂委员会编 王占虎主编 岐山 陕西省岐山彩色印刷厂 2002 年 275 页〔宝鸡市地方志丛书〕
b23003078 K294.15 Q141 2002

旭光村志
旭光村志编纂委员会编 岐山 陕西省岐山彩色印刷厂 2006 年 385 页〔陕西地方志丛书〕
b17359958 K294.15 X625 2006

五二三厂志 1967–1995
五二三厂志编纂委员会编 王吉昌主编 西安 陕西人民出版社 1996年 414页〔陕西出版史志丛书〕
b4548014x F426.84 G7928 1996

陕西省岐山县地名志
岐山县地名办公室编 岐山 岐山县地名办公室 1989年 242页
b15699201 K924.14 Q141 1989

扶风县

扶风县志
扶风县地方志编纂委员会编 刘兆义主编 西安 陕西人民出版社 1993年 1092页〔陕西地方志丛书〕
b10836226 K294.14 F456

法门寺志
李发良著 西安 陕西人民出版社 1995年 278页
b20121283 B947.241.4 L394 1995

扶风县政协志
中国人民政治协商会议陕西省扶风县第七届委员会编 黎焕焕主编 扶风 中国人民政治协商会议陕西省扶风县第七届委员会 2009年 605页〔陕西地方志丛书〕
b49705271 D628.414 F456 2009

扶风县民盟志
中国民主同盟陕西省扶风县支部编 陈怀德主编 扶风 中国民主同盟陕西省扶风县支部 2010年 337页
b49938381 D665.2 F456 2010

扶风县军事志 前12世纪–2005
扶风县军事志编纂委员会编 叶涛 孟新斯晓光主编 王应祥 冯仲明 苏珠礼撰稿 西安 西安市建明工贸责任公司 2009年 519页
b20199119 E289.414 F456 2009

扶风县土地志
陕西省扶风县土地管理局编 刘忠良主编 岐山 岐山县印刷厂 2000年 332页〔陕西地方志丛书〕
b21277321 F327.414 F456 2000

扶风县教育志
扶风县教育志编纂办公室编 冯仲明主编 西安 陕西人民出版社 1999年 639页〔陕西地方志丛书〕
b16427117 G527.414 F456 1999

扶风高中校志
扶风高中校志编纂委员会编 王玉亭主编 扶风 扶风高中校志编纂委员会 2004年 442页
b47414686 G639.284.14 F456 2004

扶风县文物志
陕西省文物志编纂委员会 扶风县文物志编纂委员会 周原博物馆编 罗西章编著 西安 陕西人民教育出版社 1993年 289页
b36379918 K872.414 F456 1993

陕西省扶风县地名志
张绪成主编 扶风 扶风县地名办公室 1985年 231页
b1216060x K924.14 Z347

扶风县水利志
扶风县水利局编 郭长印主编 扶风 扶风县水利局 2008年 340页
b20137564 TV–092 G765 2008

眉　县

眉县志
眉县地方志编纂委员会编 杨志春主编 西安 陕西人民出版社 2000年 990页〔陕西地方志丛书〕
b13190192　K294.14 M291

陕西省宝鸡市眉县首善镇第五村志 前1000–2015
雷绪劳 雷永锋编著 西安 三秦出版社 2016年 554页〔眉县地方志丛书 6〕
b47599078　K294.15 D413 2016

陕西省太白酒厂志
杨志春主编 西安 西北大学出版社 2005年 365页
b50767343　F426.82 T162 2005

石头河水库志
石头河水库志编纂委员会编 王景武主编 北京 中国水利水电出版社 2005年 374页〔陕西地方志·水利志丛书〕
b16449460　TV632.414 W219 2005

陇　县

陇县志
陇县地方志编纂委员会编 王荣彬主编 西安 陕西人民出版社 1993年 1010页〔陕西地方丛书〕
b10836159　K294.14 L751

陇县志 1990–2010
陇县地方志编纂委员会编 赵强主编 西安 陕西人民出版社 2015年 980页〔陕西地方志丛书〕
b47404887　K294.14 L751C 2015

陇县军事志 前776–2005
陇县军事志编纂委员会编 唐明星主编 陇县 陇县军事志编纂委员会 2009年 254页
b20102793　E289.414 L751 2009

陇县审计志 1985–2010
陇县审计志编纂委员会编 陇县 陇县育才印刷厂 2011年 248页〔陇县地方志丛书〕
b42291379　F239.227.414 L751 2011

陇县文化志 先秦时期—二〇一六
陇县文化志编纂委员会编 李文梁总编 张奇主编 西安 西安出版社 2018年 810页〔陇县地方志丛书〕
b51071277　K294.14 L751W 2018

陕西省陇县地名志
陇县地名志编辑委员会编 岐山 陕西省岐山彩色印刷厂 1989年 228页
b14998518　K924.14 L751 1989

千阳县

千阳县志
千阳县志编纂委员会编 张廉玺 倪乐善主编 西安 陕西人民教育出版社 1991年 420页〔陕西地方志丛书〕
b10796745　K294.14 Q197

千阳县财政志 1986–2010
千阳县财政志编纂工作领导小组编 千阳 千阳县财政志编纂工作领导小组 2012年 309页〔千阳地方志资料丛书〕
b50347512　F812.741.4 Q197 2012

麟游县

麟游县志
麟游县地方志编纂委员会编 西安 陕西人

民出版社 1993 年 643 页〔陕西地方志丛书〕
b10633996 K294.14 L583

麟游县军事志 598–2005
麟游县军事志编纂委员会编 王恩新撰稿 西安 西安市建明工贸责任公司 2009 年 337 页
b20201151 E289.414 L583 2009

麟游县水利志
麟游县水利志编纂委员会编 张小平主编 麟游 麟游县水利志编纂委员会 2015 年 379 页〔麟游县第二轮修志县级部分志书〕
b49506146 TV–092.414 L583 2015

凤 县

凤县志
凤县志编纂委员会编 崔仰乾主编 西安 陕西人民出版社 1994 年 687 页〔陕西地方志丛书〕
b10634034 K294.14 F413

凤县军事志 前 1914–2005
凤县军事志编纂委员会编 王世辉主编 西安 西安市建明工贸责任公司 2009 年 200 页
b20222592 E289.414 F413 2009

凤县水利志
凤县水利志编纂委员会编 石方主编 西安 三秦出版社 2012 年 316 页〔凤县地方志丛书〕
b40496752 TV–092 F413 2012

太白县

太白县志
太白县地方志编纂委员会编 王炜主编 西安 三秦出版社 1995 年 605 页〔陕西地方志丛书〕
b10617048 K294.14 T162

太白县志 1990–2010
太白县地方志编纂委员会编 唐晖主编 西安 三秦出版社 2017 年 998 页〔陕西地方志丛书〕
b50351394 K294.14 T162C 2017

太白县军事志 1953–2005
太白县军事志编纂委员会编 王伟主编 西安 西安市建明工贸责任公司 2008 年 247 页
b20199132 E289.414 T162 2008

太白县林业志 1953–2010
太白县林业局编 冯祁君主编 太白 太白县林业局 2013 年 395 页〔陕西省太白县地方志丛书〕
b5107266x F326.274.14 T162 2013

太白县交通志
太白县交通志编纂委员会编 太白 太白县交通志编纂委员会 2011 年 238 页〔陕西省太白县地方志丛书 5〕
b46876868 F512.741.4 T162 2011

咸阳市

咸阳市志 第 1 卷 综合
咸阳市地方志编纂委员会编 尹学成主编 西安 陕西人民出版社 1996 年 661 页〔陕西地方志丛书〕
b13328104 K294.13 X214

咸阳市志 第 2 卷 经济
咸阳市地方志编纂委员会编 尹学成主编 西安 三秦出版社 2001 年 876 页〔陕西

地方志丛书〕
b13328104 K294.13 X214

咸阳市志 第3卷 政治
咸阳市地方志编纂委员会编 尹学成主编 西安 三秦出版社 2001年 770页〔陕西地方志丛书〕
b13328104 K294.13 X214

咸阳市志 第4卷 文化
咸阳市地方志编纂委员会编 尹学成主编 西安 三秦出版社 2000年 860页〔陕西地方志丛书〕
b13328104 K294.13 X214

咸阳市志 第5卷 人物 附录
咸阳市地方志编纂委员会编 尹学成主编 西安 三秦出版社 2000年 942页〔陕西地方志丛书〕
b13328104 K294.13 X214

中共咸阳市委中心工作志 1984–2008
中共咸阳市委中心工作志编纂委员会编 唐玉选 杨耀文 王立新主编 西安 陕西人民出版社 2012年 1294页〔咸阳市地方志丛书〕
b5081798x D235.413 X214D 2012

中国共产党咸阳市组织志 1925–1990
中共咸阳市委组织部编 李新民主编 西安 陕西人民出版社 2000年 434页
b2001899x D235.413 L421 2000

中国共产党咸阳市组织志 1991–2010
中国共产党咸阳市组织志（1991–2010）编纂委员会编 严维佳主编 西安 陕西人民出版社 2017年 647页〔咸阳市地方志丛书〕
b51116315 D235.413 X214 2017

咸阳市纪检监察志
咸阳市纪检监察志编纂委员会编 刘曙阳主编 西安 陕西人民出版社 2014年 351页〔咸阳市地方志丛书〕
b46358274 D262.6 X214 2014

咸阳市妇女志
咸阳市妇女联合会 咸阳市地方志办公室编 张一敏主编 西安 咸阳市妇女联合会 咸阳市地方志办公室 1996年 225页〔咸阳市地方志丛书〕
b47416117 D442.841.3 X214 1996

咸阳市妇女志 1990–2010
咸阳市妇女志编纂委员会编著 曹琳平主编 西安 陕西科学技术出版社 2016年 290页〔咸阳市地方志丛书〕
b49518586 D442.841.3 X214 2016

咸阳市民政志
咸阳市民政局 咸阳市地方志办公室编 上官习学主编 咸阳 咸阳市民政局 1993年 257页
b41223688 D632 X214 1993

咸阳市政务志
咸阳市政务志编纂委员会编 贺永耀 韩晓长主编 西安 陕西人民出版社 2002年 900页〔咸阳市地方志丛书〕
b17736079 D674.13 X214 2002

咸阳市司法行政志 1991–2010
咸阳市司法行政志编纂委员会编 戴建强主编 西安 三秦出版社 2017年 319页〔咸阳市地方志丛书〕
b50206746 D927.413 X214 2017

咸阳市军事志
咸阳市军事志编纂委员会编 王海波主编

西安 三秦出版社 2002年 730页
b36247686 E289.413 X214C 2002

咸阳市建设志
咸阳市建设志编纂委员会编 陈武 茹学强主编 西安 三秦出版社 2000年 532页〔咸阳市地方志丛书〕
b40935711 F299.274.13 X214 2000

咸阳市农机志
咸阳市农机志编纂委员会 咸阳市地方志编纂委员会办公室编 樊春辉主编 咸阳 咸阳市农机志编纂委员会 2005年 600页〔咸阳市地方志丛书〕
b49939142 F324.2 X214 2005

咸阳市林业志 1997–2010
咸阳市林业志编纂委员会编 惠存虎主编 西安 三秦出版社 2013年 298页〔咸阳市地方志丛书〕
b47297220 F326.274.13 X214 2013

彬长矿业集团志
彬长矿业集团志编纂委员会编 慕生海主编 咸阳 彬长矿业集团志编纂委员会 2013年 548页
b50992752 F426.21 S268 2013

国营咸阳纺织机械厂志 1958–1986
咸阳纺织机械厂志编纂委员会编 咸阳 咸阳纺织机械厂志编纂委员会 1988年 255页〔陕西地方志丛书〕
b49550184 F426.81 X214 1988

西北二棉志 第2卷 1986–2002
西北二棉集团有限公司编 王选启主编 西安 三秦出版社 2004年 405页〔陕西地方志丛书〕
b51185696 F426.81 X1192 2004

咸阳市煤炭工业志
咸阳市煤炭工业志编纂委员会编 白秋生主编 西安 三秦出版社 2017年 932页〔咸阳市地方志丛书〕
b50232022 F426.21 B152 2017

咸阳市烟草志
陕西省烟草志编纂委员会编 赵炽阳主编 西安 陕西人民出版社 2005年 600页〔陕西省烟草志丛书〕
b50665765 F427.413 X214 2005

陕西省道路交通管理志 咸阳分志
陕西省道路交通管理志咸阳分志编纂委员会编 王玉民主编 西安 陕西人民出版社 2000年 605页〔陕西省地方志资料丛书〕
b13773501 F542.841 S268X

咸阳市地方税务志
咸阳市地方税务志编纂委员会编 孙向坤 郭章献主编 西安 三秦出版社 2014年 402页〔咸阳市地方志丛书〕
b46367330 F812.741.342 X214 2014

杨凌文化艺术志
杨凌文化艺术志编纂委员会编 张明周主编 西安 陕西人民出版社 2015年 251页
b49669084 G127.413 X214Y 2015

咸阳市档案志 1996–2010
咸阳市档案志编纂委员会编 李西安主编 咸阳 咸阳市档案志编纂委员会 2014年 334页〔咸阳市地方志丛书〕
b47297074 G279.274.13 X214 2014

咸阳市科学技术志
贾钢涛主编 北京 中国社会科学出版社 2016年 704页

b49692653　G322.741.3　X214　2016

咸阳市教育志
咸阳市教育志编纂委员会编　张存主编　西安　三秦出版社　1997 年　442 页〔陕西地方志丛书〕
b14440404　G527.413　X214

咸阳职业技术学院志
咸阳职业技术学院志编纂委员会编　刘聪博　张存主编　西安　陕西人民出版社　2017 年　460 页
b50206758　G719.284.13　X214　2017

陕西省戏剧志　咸阳市卷
陕西省戏剧志编纂委员会编　鱼讯主编　西安　三秦出版社　1994 年　475 页
b13549480　J809.2　Y715

陕西省咸阳市戏剧志
咸阳市戏剧志编委会编　咸阳　咸阳市戏剧志编委会　1988 年　258 页
b2040492x　J809.2　X214　1988

咸阳市民族宗教志
咸阳市民政局　咸阳市民族宗教事务管理局编　马志信　王小林主编　西安　陕西人民出版社　1997 年　218 页
b16436751　K280.413　X214　1997

咸阳百年图志
咸阳百年图志编纂委员会编　张英民主编　西安　三秦出版社　2009 年　732 页
b2024695x　K294.13-64　X214　2009

咸阳市文物志
咸阳市文物事业管理局编　樊延平主编　西安　三秦出版社　2008 年　590 页
b20206689　K872.413　F168　2008

陕西省咸阳市地理志
陕西师范大学地理系咸阳市地理志编写组编　西安　陕西人民出版社　1991 年　389 页
b19930690　K924.13　X214　1991

陕西省咸阳市地名志
咸阳市地名工作办公室编　咸阳　咸阳市地名工作办公室　1984 年　200 页
b14999134　K924.14　X214　1984

陕西省咸阳市地名志
咸阳市地名办公室编　咸阳　咸阳市地名办公室　1987 年　292 页
b14998002　K924.14　X214　1987

黄土高原植物志　第 1,5 卷
西北植物研究所编著　傅坤俊编著　北京　科学出版社　2000 年　2 卷
b13826979　Q948.524　X119

咸阳职业技术学院校区建设志
咸阳职业技术学院校区建设志编纂委员会编　祝北京主编　西安　三秦出版社　2013 年　125 页
b50320038　TU244.3　X214　2013

咸阳市水利志
咸阳市水利局编　高凤翔主编　咸阳　咸阳市水利局　1995 年　250 页〔陕西地方志水利志丛书〕
b50269586　TV-092.413　X214　1995

咸阳市水利志　1987-2007
咸阳市水利志编纂委员会编　王浩主编　西安　三秦出版社　2013 年　417 页〔咸阳市地方志丛书〕
b40497045　TV-092　X214　2013

咸阳市艺文志
咸阳市地方志编纂委员会编 杜建儒主编 西安 三秦出版社 2016年 1012页
b50232034 Z812.241.3 X214 2016

秦都区

咸阳市秦都区志
咸阳市秦都区地方志编纂委员会编 西安 陕西人民出版社 1995年 865页〔陕西地方志丛书〕
b10468614 K294.14 Q447

咸阳市秦都区志 1991-2010
咸阳市秦都区地方志编纂委员会编 赵立群主编 西安 三秦出版社 2017年 777页〔陕西省地方志丛书〕
b51148754 K294.13 X214Q 2017

杨户寨村村志
吴宏利主编 咸阳 杨户寨村党支部村委会 2013年 296页
b51116418 K294.15 Y235 2013

咸阳市秦都区军事志 前16世纪-2005
咸阳市秦都区军事志编纂委员会编 西安 三秦出版社 2008年 277页
b20018812 E289.413 X214 2008

杨陵区

杨陵区志
杨陵区地方志编纂委员会编 王启儒主编 西安 西安地图出版社 2004年 821页〔陕西地方志丛书〕
b15627846 K294.14 Y238 2004

陕西省道路交通管理志 杨凌分志
陕西省道路交通管理志杨凌分志编纂委员会编 米育忠主编 西安 陕西人民出版社 2001年 329页〔陕西省地方志资料丛书〕
b13845470 F542.841 S268V

渭城区

咸阳市渭城区志
咸阳市渭城区地方志编纂委员会编 王鹏超主编 西安 陕西人民出版社 1996年 816页〔陕西地方志丛书〕
b10468626 K294.14 W3412

渭阳街道志 1987-2008
中共渭阳街道工作委员会 渭阳街道办事处编 高柳萍主编 咸阳 中共渭阳街道工作委员会 2012年 573页〔咸阳市渭城区地方志丛书〕
b46513905 K294.15 W341 2012

瓦刘村志 1380-2017（渭城区）
瓦刘村志编委会编 刘昊主编 西安 瓦刘村志编委会 2018年 392页
b50992776 K294.15 W122 2018

周陵镇志
周陵镇志编写组编 张歆主编 咸阳 周陵镇志编写组 2013年 350页〔咸阳市渭城区地方志丛书〕
b4644371x K294.15 Z668 2013

咸阳市渭城区军事志
咸阳市渭城区军事志编纂委员会编 王鹏超 张歆主编 咸阳 咸阳市渭城区军事志编纂委员会 2007年 378页
b50347767 E289.413 X214W 2007

渭城文物志
咸阳市渭城区文物管理委员会编 张德臣

编著 西安 三秦出版社 2007年 551页〔陕西地方志丛书〕
b19023571 K872.413 Z348 2007

兴平市

兴平县志
兴平县地方志编纂委员会编 西安 陕西人民出版社 1994年 973页〔陕西省地方志丛书〕
b10603992 K294.14 X463

南韩村志
张育杰纂 西安 三秦出版社 2017年 288页
b50817565 K294.15 N161 2017

兴平市军事志 前10世纪-2005
兴平市军事志编纂委员会编 王志德主编 兴平 兴平市军事志编纂委员会 2008年 332页
b50234444 E289.414 X463 2008

兴平县金融志
兴平县金融志编辑组编 朱启昌主编 兴平 兴平县金融志编辑组 1990年 344页〔陕西省地方志丛书〕
b47352711 F832.741.4 X463 1990

茂陵志
陕西省地方志编纂委员会编 西安 三秦出版社 1997年 301页〔陕西省地方志资料丛书〕
b1269809x K928.76 S268

三原县

三原县志
三原县志编纂委员会编 梁思法主编 西安 陕西人民出版社 2000年 1145页〔陕西地方志丛书〕
b13490126 K294.14 S145

三原县志 1991-2010
三原县志编纂委员会编 雷永利主编 西安 陕西人民出版社 2018年 898页
b51044407 K294.14 S145C 2018

马额镇志
马额镇志编纂委员会编 刘忠振主编 三原 马额镇志编纂委员会 2015年 425页〔陕西地方志丛书〕
b51148560 K294.15 M137 2015

三原县财政志
三原县财政局编 周新合主编 三原 三原县财政局 2011年 317页〔陕西地方志丛书〕
b47415617 F812.741.4 S145 2011

三原金融志
三原金融志编辑组编 韦继中主编 三原 三原金融志编辑组 1998年 381页
b50347573 F832.741.4 S145 1998

陕西省三原县地名志
三原县地名工作办公室编 山东 三原县地名工作办公室 1989年 262页
b14998932 K924.14 S145 1989

泾惠渠志
泾惠渠志编写组编 叶遇春主编 西安 三秦出版社 1991年 313页〔陕西地方志水利志丛书〕
b20099101 S279.241 Y384 1991

泾阳县

泾阳县志
泾阳县县志编纂委员会编 何平主编 西

安 陕西人民出版社 2001 年 924 页〔陕西地方志丛书〕
b13644580 K294.14 J534

泾阳县人民代表大会志
泾阳县人民代表大会志编纂委员会编 杨西安主编 西安 陕西人民出版社 2010 年 609 页
b21650226 D624.414 J534 2010

泾阳县军事志 前 823–2005
泾阳县军事志编纂委员会编 余绍雄 贾长安主编 赵厚波等撰稿 西安 西安市建明工贸责任公司 2009 年 218 页
b20199065 E289.414 J534 2009

泾阳县国土资源志
泾阳县国土资源局编 王建太主编 泾阳 泾阳县国土资源局 2011 年 271 页
b47317139 F129.941.4 J534 2011

陕西省泾阳县地名志
泾阳县地名志编辑办公室编 泾阳 泾阳县地名志编辑办公室 1984 年 185 页
b14999043 K924.14 J534 1985

乾 县

乾县志
乾县县志编纂委员会编 袁富民主编 西安 陕西人民出版社 2003 年 950 页〔陕西省地方志丛书〕
b14134135 K294.14 Q227

乾县军事志 前 21 世纪 –2005
乾县军事志编纂委员会编 王荣君主编 西安 西安市建明工贸责任公司 2008 年 285 页
b20199107 E289.414 Q227 2008

乾县文化馆志 1950–2014
乾县文化馆编 齐旭峰主编 乾县 乾县文化馆 2014 年 147 页
b49705301 G249.274.14 Q227 2014

陕西省乾县师范学校校志
陕西省乾县师范学校校志编纂委员会编 薛永恒主编 西安 三秦出版社 2001 年 206 页〔陕西地方志丛书〕
b47416063 G659.284.1 Q227 2001

乾县文物志
乾县文物志编辑委员会编 乾县 乾县文物志编辑委员会 1983 年 179 页
b36379785 K872.414 Q227 1983

陕西省乾县地名志
陕西省乾县地名工作办公室编 西安 陕西省乾县地名工作办公室 1984 年 253 页
b14998257 K924.14 Q227 1984

礼泉县

礼泉县志
礼泉县地方志编纂委员会编 西安 三秦出版社 1999 年 1120 页〔陕西地方志丛书〕
b13190313 K294.14 L383

礼泉县军事志 前 21 世纪 –2005
礼泉县军事志编纂委员会编 郭哲主编 礼泉 礼泉县军事志编纂委员会 2007 年 244 页
b50269148 E289.414 L383 2007

礼泉县文物志
张崇德编著 北京 作家出版社 2006 年 379 页
b36378823 K872.414 L383 2006

永寿县

永寿县志
永寿县志编纂委员会编 西安 三秦出版社 1991 年 686 页〔中华人民共和国地方志丛书〕
b1048713x K294.14 Y636

永寿县志 1990–2005
永寿县地方志编纂委员会编 穆生亚主编 西安 陕西人民出版社 2012 年 896 页〔陕西地方志丛书〕
b36667201 K294.14 Y636 2012

永寿县军事志 前 21 世纪 –2005
永寿县军事志编纂委员会编 王革 李航安主编 永寿 永寿县军事志编纂委员会 2008 年 178 页
b20479839 E289.414 Y636 2008

陕西省永寿县地名志
永寿县地名志编辑委员会编 永寿 永寿县地名志编辑委员会 1983 年 195 页
b14999018 K924.14 Y636 1983

彬　县

彬县志
彬县志编纂委员会编 李宏信 曹彬杰主编 西安 陕西人民出版社 2000 年 809 页〔陕西地方志丛书〕
b13327987 K294.14 B492

彬县政协志
彬县政协志编纂委员会编 张昕主编 西安 三秦出版社 2011 年 360 页
b36168889 D628.414 B492 2011

彬县军事志
彬县军事志编纂委员会编 曹剑主编 彬县 彬县军事志编纂委员会 2005 年 223 页
b50151575 E289.414 B492 2005

彬县煤炭工业志
彬县煤炭工业志编纂委员会编 韩元浩 陈旭主编 西安 陕西人民出版社 2016 年 437 页
b47560484 F426.21 B492 2016

彬县商业志
彬县商业志编纂委员会编 郭崇斌主编 西安 陕西人民出版社 2015 年 354 页
b46551281 F727.414 B492 2015

彬县教育志
彬县教育志编纂委员会编 李万凌主编 西安 三秦出版社 2013 年 452 页〔陕西地方志丛书〕
b44869782 G527.414 B492 2013

陕西省彬县地名志
彬县地名工作办公室编 西安 彬县地名工作办公室 1992 年 136 页
b14996182 K924.14 B492 1992

长武县

长武县志
长武县志编纂委员会编 常晓斌主编 西安 陕西人民出版社 2000 年 734 页〔陕西地方志丛书〕
b13644488 K294.14 C3468

长武县军事志
长武县军事志编纂委员会编 洪春发主编/撰稿 冯向东 鱼佩云撰稿 西安 三秦出版社 2009 年 237 页
b20199181 E289.414 C346 2009

长武县文化志
长武县文体旅游局编 宋相武主编 西安 三秦出版社 2016年 332页
b49959682 K294.14 C3468C 2016

长武县文物志
长武县文体旅游局编 刘双智主编 西安 三秦出版社 2015年 283页
b50817528 K872.414 C346 2015

旬邑县

旬邑县志
旬邑县地方志编纂委员会编 刘敏卓 刘汉文主编 西安 三秦出版社 2000年 836页〔陕西地方志丛书〕
b13430026 K294.14 X7639

旬邑县志
旬邑县地方志编纂委员会编 刘敏卓主编 西安 三秦出版社 2014年 1011页〔陕西地方志丛书〕
b45826924 K294.14 X7639 2014

湫坡头镇志
旬邑县湫坡头镇志编写组编 刘敏卓主编 北京 中国文化出版社 2010年 197页〔咸阳市地方志丛书〕
b45826961 K294.15 X763 2010

旬邑县民政志
旬邑县民政志编写组编 魏伯平主编 北京 中国文化出版社 2012年 254页〔咸阳地方志丛书〕
b50065300 D632 X763 2012

旬邑县财政志
旬邑县财政志编写组编 刘敏卓主编 北京 中国文化出版社 2006年 238页〔咸阳市地方志丛书〕
b45826973 F812.741.4 X763 2006

陕西省旬邑县地名志
旬邑县地名志编辑委员会编 西安 旬邑县地名志编辑委员会 1988年 234页
b14998191 K924.14 X763 1988

淳化县

淳化县志
淳化县志编纂委员会编 张荣炜主编 西安 三秦出版社 2000年 1146页〔陕西地方志丛书〕
b13644658 K294.14 C688

淳化县军事志 前400–2005
淳化县军事志编纂委员会编 安学民主编/撰稿 任平安撰稿 西安 西安市建明工贸责任公司 2009年 314页
b20201138 E289.414 C688 2009

淳化县文物志
姚生民编著 西安 陕西人民教育出版社 1991年 148页
b23229214 K872.414 C688 1991

甘泉宫志
姚生民编著 西安 三秦出版社 2003年 380页
b14259941 K878.3 Y295

陕西省淳化县地名志
淳化县地名工作办公室编 西安 淳化县地名工作办公室 1985年 130页
b14996200 K924.14 C688 1985

武功县

武功县志
武功县地方志编纂委员会编 申海林主编 西安 陕西人民出版社 2001 年 923 页〔陕西地方志丛书〕
b13490114 K294.14 W532

武功县军事志
武功县军事志编纂委员会编 李惠敏主编 武功 武功县军事志编纂委员会 2005 年 273 页
b5034772x E289.414 W532 2005

武功县教育志 1990–2012
武功县教育志编纂办公室编 武功 武功县教育志编纂办公室 2013 年 319 页
b46274078 G527.414 W532 2013

武功县水利志
武功县水利局编 张文远主编 武功 武功县水利局 1993 年 221 页〔陕西地方志丛书〕
b21857908 TV–092 W5323 1993

渭南市

渭南地区志
渭南地区地方志编纂委员会编 西安 三秦出版社 1996年 1027页〔陕西地方志丛书〕
b10616986 K294.12 W341

渭南县志
渭南县志编纂委员会编 杨树民主编 西安 三秦出版社 1987 年 821 页〔中华人民共和国地方志丛书〕
b10468675 K294.14 W341

渭南市志
渭南市地方志办公室编 刘百宽 吉敬斌等主编 西安 三秦出版社 2008 年 5 卷 3541 页〔陕西地方志丛书〕
b19021033 K294.13 W341

渭南市军事志
渭南市军事志编纂委员会编 渭南 渭南市邮电印刷厂 2003 年 579 页
b14996285 E289.413 W341 2003

陕西陕化煤化工集团有限公司志 1967–2017
陕西陕化煤化工集团有限公司志编纂委员会编 仝迎春主编 渭南 陕西陕化煤化工集团有限公司志编纂委员会 2017 年 444 页
b50739608 F426.7 S2687 2017

渭南煤炭志
渭南煤炭志编纂委员会编 张发印主编 西安 三秦出版社 2017 年 720 页
b50038497 F426.21 W341 2017

渭南市烟草志
陕西省烟草志编纂委员会编 吕崇权 燕宏恩主编 西安 陕西人民出版社 2002 年 468 页〔陕西省烟草志丛书〕
b50320075 F426.89 W341 2002

陕西省道路交通管理志 渭南分志
陕西省道路交通管理志渭南分志编纂委员会编 西安 陕西人民出版社 1999 年 538 页〔陕西省地方志资料丛书〕
b13773495 F542.841 S268W

渭南国税志 1994–2013
渭南市国家税务局编 郑韩生 周学超主编 渭南 渭南市国家税务局 2014 年 394 页
b47585080 F812.741.3 W341 2014

渭南地区金融志
渭南地区金融志编纂委员会编 丁志进主编 西安 渭南地区金融志编纂委员会 1994年 462页
b45569733 F832.741.2 W341 1994

下吉中学校志 1823-2013
王龄洲 李清慧主编 渭南 渭南市瑞梦印务公司 2013年 543页
b45840702 G639.284.13 W341 2013

渭南技术学院 渭南工业学校志
渭南技术学院渭南工业学校志编纂委员会编 史亮主编 西安 陕西人民出版社 2007年 161页
b36247765 G719.284.13 W341 2007

陕西省戏剧志 渭南地区卷
陕西省戏剧志编纂委员会编 鱼讯主编 西安 三秦出版社 1994年 397页
b13549492 J809.2 Y715

陕西省渭南地区地理志
陕西师大地理系渭南地区地理志编写组编 西安 陕西人民出版社 1990年 387页
b19930689 K924.12 S268D 1990

华山志
韩理洲主编 西安 三秦出版社 2005年 995页〔陕西地方志丛书〕
b16635917 K928.3 H179 2005

渭南市水利志
渭南市水利志编纂委员会编 吉敬斌主编 西安 三秦出版社 2002年 682页〔陕西地方志水利志丛书〕
b17298842 TV-092 J138 2002

东雷抽黄志
东雷抽黄志编写组编 姚仲哲主编 西安 三秦出版社 1990年 187页〔陕西地方志水利志丛书〕
b21856448 TV67 Y297 1990

临渭区

渭南市临渭区志
渭南市临渭区地方志编纂委员会编 马烈 梁玉珍主编 西安 陕西人民出版社 2014年 2卷 1844页〔陕西地方志丛书〕
b46373780 K294.13 L581 2014

渭南市临渭区军事志 前209-2005
渭南市临渭区军事志编纂委员会编 张勇主编 西安 三秦出版社 2009年 235页
b20201102 E289.413 W341C 2009

渭南市临渭区水利志
渭南市临渭区水利志编纂办公室编 西安 三秦出版社 1997年 427页〔陕西地方志水利志丛书〕
b44870097 TV-092 W341L 1997

韩城市

韩城市志
韩城市志编纂委员会编 贾珉主编 西安 三秦出版社 1991年 1092页〔陕西地方志丛书〕
b10796381 K294.13 H176

韩城市志 1990-2005
韩城市地方志编纂委员会办公室编 贾珉总编 西安 陕西人民出版社 2012年 1198页〔陕西省地方志丛书〕
b36666907 K294.13 H176 2012

党家村志
陕西省韩城市西庄镇党家村志编纂委员会编 冯增录主编 韩城 陕西省韩城市西庄镇党家村志编纂委员会 2017年 229页
b50729202 K294.15 D227 2017

晨钟村志
晨钟村村民委员会编 薛武辰主编 西安 三秦出版社 2015年 522页
b47297177 K294.15 C439 2015

韩城市统计志 1949–2016
韩城市统计志编委会编 王安东主编 韩城 韩城市统计志编委会 2018年 413页
b52952939 C832.413 H176 2018

韩城市军事志 前654–2005
韩城市军事志编纂委员会编 闫维平 王改成 韦红刚主编 西安 三秦出版社 2011年 274页
b23078121 E289.413 H176 2011

韩城市交通志
韩城市交通志编纂委员会编 薛景玉主编 西安 西安市建明工贸公司 2009年 244页
b36379104 F512.741.4 H176 2009

韩城市图书发行志
韩城市图书发行志编纂委员会编 杨笃学主编 韩城 韩城市图书发行志 1997年 140页〔渭南市图书发行志丛书〕
b21763525 G239.274.14 H176 1997

韩城市教育志
韩城市教育局编 李千勋主编 西安 陕西人民出版社 1993年 274页〔陕西省教育志丛书〕
b20182260 G527.413 H176 1993

韩城市文物志
韩城市文物旅游局编 强跃主编 西安 三秦出版社 2002年 515页
b16447438 K872.413 Q358 2002

陕西省韩城市地名志
韩城市民政局编 西安 西安地图出版社印刷分厂 1990年 274页
b14998373 K924.14 H176 1990

韩城市水利续志 1986–2000
韩城市水利续志编纂领导小组编 贾珉主编 西安 三秦出版社 2001年 268页〔陕西地方志丛书〕
b2185645x TV–092 S715 2001

韩城市水利志
韩城市农业经济委员会水利志编纂领导小组编 苏云芳主编 西安 三秦出版社 1991年 227页〔陕西地方志丛书〕
b20136390 TV–092 S715 1991

华阴市

华阴县志
华阴市地方志编纂委员会编 北京 作家出版社 1995年 867页〔陕西地方志丛书 2001〕
b10488261 K294.14 H529

华阴市志 1991–2005
华阴市地方志编纂委员会编 关宁主编 西安 三秦出版社 2013年 934页〔陕西地方志丛书〕
b45419735 K294.14 H529C 2013

华阴人大志 1949–2010
华阴人大志编纂委员会编 龚国宪主编 华阴 华阴人大志编纂委员会 2010年

800 页
b50016969　D624.414 H529 2010

华阴市军事志　前 1046–2005
华阴市军事志编纂委员会编 马斌 关宁主编 华阴 华阴市军事志编纂委员会 2009 年 336 页
b20102033　E289.413 H529 2009

陕西省道路交通管理志　华阴市分志
陕西省道路交通管理志华阴市分志编纂委员会编 西安 陕西人民出版社 2000 年 423 页〔陕西省地方志资料丛书〕
b13921198　F542.841 S268H

华阴市教育志
华阴市教育局编 冯宗义主编 华阴 华阴市教育局 1996 年 267 页〔陕西省教育志丛书〕
b44869836　G527.414 H5297 1996

华山药物志
华山药物志编辑委员会编 西安 陕西科学技术出版社 1985 年 597 页
b20018964　R281.441 H529 1985

华州区

华县志
华县地方志编纂委员会编 西安 陕西人民出版社 1992 年 715 页〔陕西地方志丛书〕
b10728442　K294.14 H528

华县志　1990–2005
华县地方志编纂委员会编 闫涛主编 西安 陕西人民出版社 2012 年 736 页〔陕西地方志丛书〕
b40496818　K294.14 H528 2012

华县军事志　前 806–2005
华县军事志编纂委员会编 吴文浩主编 西安 西安市建明工贸责任公司 2009 年 250 页
b20199223　E289.414 H529 2009

华县教育志
华县教育志编委会编 西安 陕西人民出版社 2005 年 596 页〔陕西省教育志丛书〕
b16447050　G527.414 H529 2005

潼关县

潼关县志
潼关县志编纂委员会编 西安 陕西人民出版社 1992 年 802 页〔陕西省地方志丛书〕
b10617012　K294.14 T444

潼关县志　1990–2005
潼关县地方志编纂委员会编 管和平 熊福亮主编 西安 三秦出版社 2012 年 838 页〔陕西地方志丛书〕
b36666920　K294.14 T444 2012

陕西省潼关县地名志
潼关县地名志编纂委员会编 西安 陕西省第四测绘大队印刷厂 1987 年 315 页
b14997836　K924.14 T444 1987

大荔县

大荔县志
大荔县志编纂委员会编 西安 陕西人民出版社 1994 年 1128 页〔陕西地方志丛书〕
b10726639　K294.14 D135

大荔县志　1990–2005
大荔县地方志编纂委员会编 王小民主编 西安 陕西人民出版社 2013 年 605 页

〔陕西地方志丛书〕
b41252615 K294.14 D135 2013

大荔县军事志 前 2020–2005
大荔县军事志编纂委员会编 高安民主编 西安 西安市建明工贸责任公司 2009 年 315 页
b20222488 E289.414 D135 2009

大荔县林业志
大荔县林业志编纂委员会编 王志健 赵建明 田健民编辑 大荔 大荔县林业志编纂委员会 2018 年 298 页
b52952988 F326.274.14 D135 2018

大荔教育志 2006–2015
大荔教育志编纂委员会编 大荔 大荔教育志编纂委员会 2016 年 365 页
b49827078 G527.414 D135 2016

陕西省大荔县地名志
大荔县民政局编 刘景祥 陈福兴主编 大荔 大荔县印刷厂 1997 年 393 页
b21278040 K924.14 D135 1997

合阳县

合阳县志
合阳县志编纂委员会编 白锡录主编 西安 陕西人民出版社 1996 年 930 页〔陕西地方志丛书〕
b10488315 K294.14 H283

合阳县志 1991–2005
合阳县地方志编纂委员会编 党鸣主编 西安 陕西人民出版社 2014 年 839 页〔陕西地方志丛书〕
b46133252 K294.14 H283 2014

东街村志
合阳县东街村东街村志编纂委员会编 西安 三秦出版社 2016 年 365 页
b49864270 K294.14 D582 2016

井溢村志
合阳县井溢村志编纂委员会编 张秦放主编 西安 陕西人民出版社 2017 年 328 页〔合阳县地方志丛书〕
b50204592 K294.15 J556 2017

合阳县军事志 1953–2005
合阳县军事志编纂委员会编 李振阳主编 西安 西安市建明工贸责任公司 2008 年 316 页
b20199077 E289.414 H283 2008

合阳县交通志
合阳县交通志编纂委员会编 西安 陕西人民出版社 2008 年 231 页
b20018976 F512.741.4 H283 2008

合阳县教育志
合阳县教育局教育志编纂办公室编 李阳明主编 西安 三秦出版社 1998 年 326 页〔陕西省教育志丛书〕
b20138052 G527.414 H283 1998

陕西省合阳县地名志
合阳县地名工作办公室编 西安 合阳县地名工作办公室 1983 年 197 页
b14998828 K924.14 H283 1983

澄城县

澄城县志
澄城县志编纂委员会主编 西安 陕西人民出版社 1991 年 716 页〔陕西省地方志丛书〕
b1063079x K294.14 C458

澄城县志 1987–2005
澄城县县志编纂委员会编 吴松茂主编 西安 陕西人民出版社 2013 年 798 页〔陕西地方志丛书〕
b44681410 K294.14 C458 2013

交道镇志
交道镇志编纂委员会编 姜有俊主编 西安 陕西人民出版社 2017 年 414 页
b50870993 K294.15 J368 2017

东富庄村志
东富庄村志编纂委员会编 张进忠主编 澄城 东富庄村志编纂委员会 2013 年 395 页
b49938319 K294.15 D582 2013

吉安城村志
吉安城村志编纂委员会编 成高海主编 西安 陕西人民出版社 2015 年 249 页〔澄城地方志丛书〕
b4985205x K294.15 J138 2015

澄城县军事志 前 771–2005
澄城县军事志编纂委员会编 李文祥主编 西安 西安市建明工贸责任公司 2009 年 283 页
b2022252x E289.414 C458 2009

澄合矿务局志 1996–2013
澄合矿务局志编纂委员会编 张耀武主编 西安 三秦出版社 2016 年 2 册 1248 页
b50269550 F426.61 C4581 2016

澄城县财政志
澄城县财政志编纂委员会编 高众森主编 西安 陕西人民出版社 2014 年 316 页
b46133240 F812.741.4 G256 2014

澄城县教育志
澄城县文教局编 澄城 陕西省澄合矿务局印刷厂 1994 年 403 页〔陕西省教育志丛书〕
b16344650 G527.414 C458 1994

澄城县教育志
澄城县教育志编委会编 吴松茂主编 西安 陕西师范大学出版总社 2016 年 552 页
b49518616 G527.414 C458C 2016

陕西省澄城县地名志
地名志编纂委员会编 赵超著 澄城 地名志编纂委员会 1984 年 261 页
b12160593 K924.14 Z432

蒲城县

蒲城县志
蒲城县志编纂委员会编 刘福谦主编 北京 中国人事出版社 1993 年 831 页〔中国地方志丛书〕
b10836378 K294.14 P677

蒲城县志 1991–2005
蒲城县地方志编纂委员会编 尚群定主编 西安 三秦出版社 2010 年 1078 页〔陕西地方志丛书〕
b21650263 K294.14 P677 2010

蒲城法院院志
蒲城县人民法院编 蒲城 蒲城县人民法院 2017 年 136 页
b51148638 D926.22 P677 2017

蒲城县军事志 前 617–2005
蒲城县军事志编纂委员会编 西安 三秦出版社 2008 年 421 页

b19930616　E289.414　P677　2008

蒲城县教育志
蒲城县教育志编纂委员会编　谢德运主编　北京　中国文史出版社　2015 年　926 页
b47056368　G527.414　P677　2015

蒲城县上王镇初级中学校志
蒲城县上王镇初级中学编　北京　光明日报出版社　2017 年　94 页
b49844477　G639.284.15　S322　2017

陕西省蒲城县地名志
蒲城县地名工作办公室编　西安　西安市通惠印刷厂　1987 年　300 页
b14998646　K924.14　P677　1987

蒲城县水利志
蒲城县水利志编纂委员会编　任积福主编　蒲城　蒲城县水利志编纂委员会　2008 年　422 页〔陕西地方志水利志丛书〕
b49803505　TV-092　R195　2008

白水县

白水县志
白水县县志编纂委员会主编　西安　西安地图出版社　1989 年　810 页〔陕西地方志丛书〕
b10488339　K294.14　B152

白水县志　1984–2003
白水县地方志办公室编　何连有主编　西安　三秦出版社　2010 年　944 页〔陕西地方志丛书〕
b21818290　K294.14　B152　2010

白水县军事志　前 823–2005
白水县军事志编纂委员会编　种白仓主编　许宏昌撰稿　西安　西安市建明工贸责任公司　2008 年　249 页
b20198966　E289.414　B152　2008

富平县

富平县志
富平县地方志编纂委员会编　西安　三秦出版社　1994 年　955 页〔陕西省地方志丛书〕
b10625008　K294.14　F4976

富平县志　1989–2005
富平县地方志编纂委员会编　范志强主编　西安　陕西人民出版社　2013 年　970 页〔陕西地方志丛书〕
b41265312　K294.14　F4976　2013

富平县军事志　前 456 年 –2005 年
富平县军事志编纂委员会编　王忠录主编　西安　三秦出版社　2009 年　234 页
b51092505　E289.414　F497　2009

富平县财政志　2006–2015
富平县财政局编　富平　富平县财政局　2016 年　245 页
b49518628　F812.741.4　F497　2016

富平方言志
富平方言志编纂委员会编　安峥地　张立河　安峥皙著　富平　富平方言志编纂委员会　2010 年　345 页
b41168914　H172.2　A1642　2010

陕西省富平县地名志
富平县人民政府编　富平　富平县印刷厂　1983 年　476 页
b14998804　K924.14　F497　1983

延安市

延安地区志
延安市地方志编纂委员会编 高希圣 周维新主编 西安 西安出版社 2000年 1234页〔陕西地方志丛书〕
b13246100 K294.13 Y1742

延安市志
延安市志编纂委员会编 刘成荣主编 西安 陕西人民出版社 1994年 841页〔陕西省地方志丛书〕
b10655384 K294.13 Y174

延安市工会志
延安市工会志编纂委员会编 米文毅主编 西安 三秦出版社 2011年 359页
b3616883x D412.841.3 Y174 2011

延安市妇女运动志
延安市妇女运动志编纂委员会编 寇雪楼主编 西安 陕西人民出版社 2001年 321页
b16095996 D442.841 K379 2001

延安市人民代表大会志
延安市人民代表大会志编纂委员会编 赵国珍主编 西安 陕西人民出版社 2002年 326页〔陕西地方志丛书〕
b1569804x D624.413 Z433 2002

延安地区政务志
延安地区政务志编委会编 西安 陕西人民出版社 2000年 282页〔延安地方志丛书〕
b13591241 D674.12 Y174

延安市检察志
延安市人民检察院检察志编纂委员会编 陈建平主编 西安 陕西人民出版社 2006年 311页〔延安地方志丛书〕
b16887955 D926.32 Y174 2006

延安军事志
延安军事志编纂委员会编 西安 陕西人民出版社 2000年 394页〔陕西地方志丛书〕
b15560405 E289.413 Y174 2000

延安市计划志
延安市计划志编委会编 曹春林主编 西安 陕西人民出版社 2003年 460页〔延安地方志丛书〕
b45417581 F127.413 Y174C 2003

延安地区审计志
延安地区审计志编纂委员会编 康竹青 李生伟主编 西安 陕西人民出版社 2002年 305页〔陕西地方志丛书〕
b45569629 F239.227.412 Y174 2002

延安市审计志 1997–2010
延安市审计志编纂委员会编 西安 三秦出版社 2011年 368页〔延安市地方志丛书〕
b36009945 F239.227.413 Y174 2011

黄龙山林业局志
黄龙山林业局志编纂委员会编 曹旭平主编 西安 三秦出版社 2014年 439页〔延安地方志丛书〕
b5066976x F326.274.13 H662 2014

延安市林业志 1997–2010
延安市林业志编纂委员会编 高鹏主编 西安 陕西人民出版社 2013年 763页〔延安市地方志丛书〕
b44870164 F326.274.13 Y174 2013

延安市桥北林业志 1979–2015
延安市桥北林业志编纂委员会编 周秦生主编 杨凌 西北农林科技大学出版社 2016年 324页〔延安地方志丛书〕
b4724141x F326.274.13 Y174Q 2016

黄陵矿业公司志 1989–2014
黄陵矿业公司志编纂委员会编 梅方义主编 西安 三秦出版社 2014年 668页
b50779631 F426.21 M287 2014

延安供电志
延安供电志编纂委员会编 白德才主编 西安 陕西人民出版社 1997年 152页〔陕西省地方志丛书〕
b49705325 F426.61 Y174 1997

陕西省道路交通管理志 延安市分志
陕西省道路交通管理志延安市分志编纂委员会编 西安 陕西人民出版社 1999年 341页〔陕西省地方志资料丛书〕
b13773513 F542.841 S268Y

延安邮电志
高军主编 西安 陕西人民出版社 2001年 548页〔陕西地方志丛书〕
b47297244 F632.741.3 Y174 2001

延安地区商业志
延安地区商业局编 郭云 杜金沅主编 延安 延安地区商业局 1995年 369页
b45453779 F727.412 Y174 1995

延安地区财政志
延安地区财政志编纂委员会编 阎书德主编 西安 陕西人民出版社 2000年 484页
b20414687 F812.741.2 Y174 2000

延安地区金融志
延安地区金融志编纂委员会编 孙宗仁 石英主编 延安 延安地区金融志编纂委员会 2000年 334页
b20414043 F832.741.2 Y174 2000

延安市文化艺术志 1997–2010
延安市文化广电新闻出版局编 曹振乾主编 西安 陕西人民出版社 2013年 280页〔延安市地方志丛书〕
b41252585 G127.413 Y174 2013

陕西延安中学校志
李翔瑞主编 深圳 深圳市新联美术印刷有限公司 2008年 520页
b20140551 G639.284.1 Y174 2008

陕西省戏剧志 延安地区卷
陕西省戏剧志编纂委员会编 鱼讯主编 西安 三秦出版社 1997年 333页
b13549509 J809.2 Y715

延州列土志
浏阳河著 西安 陕西旅游出版社 1993年 237页
b49472446 K294.13 Y174X 1993

延安市文物志
延安市文物志编纂委员会编 董智安主编 西安 陕西旅游出版社 2004年 497页〔延安地方志丛书〕
b15907582 K872.413 Y174 2004

陕西省延安地区地理志
陕西师大地理系延安地区地理志编写组编 西安 陕西人民出版社 1983年 248页
b12160684 K924.1 S268

延安地区土地管理志
延安地区土地管理志编纂委员会编 高维生主编 西安 陕西人民出版社 1994年

116 页〔延安地区专业志丛书〕
b21276535 K924.12 Y174 1994

延安市食品药品监督管理志
延安市食品药品监督管理志编委会编 陈延河主编 延安 延安市食品药品监督管理志编委会 2011 年 294 页
b50234456 R155.5 Y174 2011

延安地区水利水保志
延安市水利水土保持局编 安志强主编 北京 华夏文化出版社 1999 年 584 页〔陕西地方志丛书〕
b2185502x TV-092 Y1741 1999

宝塔区

宝塔区政协志 1955-2012
中国人民政治协商会议延安市宝塔区委员会编 高巨青主编 延安 中国人民政治协商会议延安市宝塔区委员会 2013 年 2 卷 1033 页
b47352814 D628.413 Y174C 2013

延安市宝塔区军事志
延安市宝塔区军事志编纂委员会编 范卫东 陈占波主编 北京 军事科学出版社 2009 年 320 页
b20222439 E289.413 Y174C 2009

安塞区

安塞县志
安塞县地方志编纂委员会编 谢文彬 殷超 高洪夫主编 西安 陕西人民出版社 1993 年 794 页〔陕西省地方志丛书〕
b10634022 K294.14 A164

茶坊村志
茶坊村志编纂委员会编 杨士杰主编 安塞 茶坊村志编纂委员会 2017 年 149 页
b50347123 K294.15 Y246 2017

碟子沟村志
苏文章主编 香港 中国文化出版社 2016 年 232 页〔安塞县地方志丛书〕
b49715744 K294.15 2016

安塞县军事志 前 221-2005
安塞县军事志编纂委员会编 白昀主编 安塞 西安建明工贸公司 2009 年 275 页
b20222452 E289.414 A1647 2009

安塞县高级中学校志
安塞县高级中学编 赵国强主编 安塞 安塞县高级中学 2013 年 456 页
b41234625 G639.284.14 A164 2013

延长县

延长县志
延长县地方志编纂委员会编 吴明斋主编 西安 陕西人民出版社 1991 年 662 页〔陕西地方志丛书〕
b10636250 K294.14 Y174

延长县军事志 前 221-2005
延长县军事志编纂委员会编 吴明斋 高军民主编 西安 三秦出版社 2009 年 241 页
b2019917x E289.414 Y174 2009

青化砭采油厂志
青化砭采油厂志编纂委员会 刘永成主编 西安 陕西人民出版社 2013 年 421 页
b49852048 F426.22 Q464 2013

延长县教育志 征求意见稿
延长县教育局教育志编写组编 周维新主编 延长 延长县教育局教育志编写组 1988年 油印本 334页
b20182296 G527.414 Y1741 1988

陕西省延长县地名志
延长县人民政府编印 延长 延长县人民政府 1984年 244页
b14997988 K924.14 Y174 1984

中国油气田开发志 第30卷 延长油气区油气田卷
中国油气田开发志总编纂委员会编 刘宝和主编 北京 石油工业出版社 2011年 2卷 1553页
b49826967 TE3 L671 2011

延川县

延川县志
延川县志编纂委员会编 冯瑞荣主编 西安 陕西人民出版社 1999年 830页〔陕西省地方志丛书〕
b13190167 K294.14 Y1741

延川县人民代表大会志 1992–2013
延川县人民代表大会志编纂委员会编 白焕毅主编 延川 延川县人民代表大会志编纂委员会 2014年 462页〔延川县地方志丛书〕
b49608174 D624.414 Y174 2014

延川县军事志 前1085–2005
延川县军事志编纂委员会编 梁福晢主编 西安 三秦出版社 2009年 283页
b20199090 E289.414 Y1741 2009

延川文化志
延川县文化文物局编 延川 延川县印刷厂 1987年 132页
b20141543 G127.414 Y174 1987

延川县教育志
延川县教育局编 曹春年 阎志亮主编 西安 陕西人民教育出版社 1992年 208页〔陕西省地方志丛书〕
b2018301x G527.414 Y174 1992

陕西延川中学校志 1956–2016
延川中学校志编纂委员会编 冯治军主编 长春 吉林人民出版社 2016年 503页
b47365900 G639.284.14 Y174 2016

延川县文物志
延川县文物志编写组编 延安 延安市印刷厂 1984年 116页〔延安地区文物志丛书〕
b36380246 K872.414 Y174 1984

陕西省延川县地名志
延川县地名志编辑委员会编 延安 延安报社印刷厂 1983年 274页
b14998919 K924.14 Y1749 1986

子长县

子长县志
子长县志编纂委员会编 白金生主编 西安 陕西人民出版社 1993年 865页〔陕西地方志丛书〕
b10628484 K294.14 Z8491

子长县军事志 前627–2005
子长县军事志编纂委员会编 强润莲主编 西安 三秦出版社 2009年 302页
b20199120 E289.414 Z849 2009

子北采油厂志
子北采油厂志编纂委员会编著 杨大庆总编 长春 吉林电子出版社 2010年 289页
b50320415 F426.22 Z849 2010

子长县地名志
子长县民政局编 闫晓斌主编 西安 三秦出版社 2015年 254页
b4731834x K924.14 Z849C 2015

志丹县

志丹县志
志丹县志编纂委员会编 曹林昌 白建义主编 西安 陕西人民出版社 1996年 839页〔陕西地方志丛书〕
b1410653x K294.14 Z595

志丹县军事志 前328–2005
志丹县军事志编纂委员编 白建义主编/撰稿 高军民撰稿 西安 三秦出版社 2009年 300页
b20222543 E289.414 Z595 2009

延安地方志丛书 志丹千年大事
白建义编著 西安 三秦出版社 2005年 287页
b46398971 K294.14 Z595C 2005

吴起县

吴旗县志
吴旗县地方志编纂委员会编 张世杰主编 西安 三秦出版社 1991年 959页〔陕西地方志丛书〕
b10636390 K294.14 W498

吴起县人民代表大会志 1934–2011
吴起县人民代表大会志编纂委员会编 蔺治中主编 西安 陕西人民出版社 2012年 762页
b40497008 D624.414 W498 2012

吴起县军事志 前445–2005
吴起县军事志编纂委员会编 吕军 黄永旺主编 西安 三秦出版社 2009年 374页
b20198978 E289.414 W498 2009

甘泉县

甘泉县志
甘泉县地方志编纂委员会编 曹玉廷主编 西安 陕西人民出版社 1993年 796页〔陕西地方志丛书〕
b10836263 K294.14 G157

甘泉县军事志 前358–2005
甘泉县军事志编纂委员会编 李文红主编 西安 三秦出版社 2009年 238页
b2020114x E289.414 G157 2009

富 县

富县志
富县地方志编纂委员会编 王彰影主编 西安 陕西人民出版社 1994年 564页〔陕西省地方志丛书〕
b10636560 K294.14 F497

富县人民代表大会志 1940–2009
富县人民代表大会志编纂委员会编 任阳平主编 西安 陕西人民出版社 2011年 412页
b23920282 D624.414 F497 2011

富县交警志 1987–2017
富县公安局交通警察大队 富县交警志编纂委员会编 缑发平主编 富县 富县交警

大队 2017 年 182 页
b50817759　D631.5 F497 2017

富县军事志 前 330– 2005
富县军事志编纂委员会编 任德功主编 西安 三秦出版社 2008 年 278 页
b19930604　E289.414 R194 2008

富县教育志
陕西省富县教育局编 西安 西安天马印务有限公司 2005 年 312 页〔陕西省教育志丛书〕
b21567669　G527.413 F497 2005

陕西省富县地名志
富县地名志编纂委员会编 王列荣主编 西安 陕西省出版总社 2002 年 414 页〔陕西省地名工具丛书〕
b21278052　K924.14 F4971 2002

洛川县

洛川县志
洛川县地方志编纂委员会编 刘欣尧主编 西安 陕西人民出版社 1994 年 647 页〔陕西地方志丛书〕
b10636328　K294.14 L948

洛川县人民代表大会志
洛川县人民代表大会常务委员会编 羽谦主编 洛川 洛川县人民代表大会常务委员会 2011 年 484 页〔陕西地方志丛书〕
b49533563　D624.414 L948 2011

洛川县军事志 前 406–2005
洛川县军事志编纂委员会编 高忠民 张俊民主编 西安 三秦出版社 2009 年 336 页
b20102823　E289.414 L948 2009

洛川县城乡建设志
洛川县城乡建设环境保护局编 雷震总编 洛川 洛川县城乡建设环境保护局 1986 年 196 页
b49533551　F299.274.14 L948 1986

洛川县文化艺术志
洛川县文体广电局 洛川县文化艺术志编纂委员会编 李小龙主编 洛川 洛川县文体广电局 2014 年 284 页〔洛川县地方志丛书〕
b46669760　G127.414 L948 2014

洛川县教育志
陕西省洛川县教育局编 西安 陕西人民出版社 1993 年 276 页〔陕西省教育志丛书〕
b13276463　G529 L948

宜川县

宜川县志
宜川县地方志编纂委员会编 西安 陕西人民出版社 2000 年 962 页〔陕西地方志丛书〕
b1319012x　K294.14 Y4251

宜川县人民代表大会志
宜川县人民代表大会志编纂委员会编 陈宜生主编 宜川 宜川县人民代表大会志编纂委员会 2008 年 346 页〔陕西省地方志丛书〕
b49640367　D624.414 C436 2008

宜川县政协志 1984–2009
中国人民政治协商会议宜川县第七届委员会 宜川县政协志编纂委员会编 孟凡仁主编 宜川 宜川县政协志编纂委员会 2009 年 481 页〔陕西省地方志丛书〕
b49506432　D628.414 Y425 2009

宜川县军事志 前 1912–2005
强安荣主编 / 撰稿 高军民撰稿 西安 三秦出版社 2009 年 245 页
b20222567 E289.414 Y425 2009

黄龙县

黄龙县志
黄龙县地方志编纂委员会编 王尚民主编 西安 陕西人民出版社 1995 年 685 页〔陕西省地方志丛书〕
b10628472 K294.14 H662

黄龙县军事志 前 359–2005
黄龙县军事志编纂委员会编 陈小平主编 西安 三秦出版社 2009 年 173 页
b20201096 E289.414 H6625 2009

黄龙县教育志
陕西省黄龙县教育局编 汤伯韦 张俊锋 王生君主编 西安 西安天马印务有限公司 2006 年 446 页〔陕西省地方志丛书〕
b20182284 G527.414 H662 2006

陕西省黄龙县地名志
黄龙县地名委员会编 西安 黄龙县地名委员会 1983 年 157 页
b1499866x K924.14 H662 1983

黄陵县

黄陵县志
黄陵县地方志编纂委员会编 西安 西安地图出版社 1995 年 767 页〔陕西地方志丛书〕
b10600310 K294.14 H6625

黄陵县志 1990–2009
黄陵县志编纂委员会编 刘惠民主编 北京 中国文史出版社 2016 年 967 页〔陕西地方志丛书〕
b50268661 K294.14 H6625 2016

黄陵县军事志 前 11 世纪 –2005
黄陵县军事志编纂委员会编 王军 高军民主编 西安 三秦出版社 2009 年 229 页
b20099095 E289.414 H662 2009

黄陵果业志
黄陵县果业管理局编 刘天鹏主编 西安 三秦出版社 2014 年 331 页〔陕西第二轮地方志丛书〕
b47297189 F326.13 H662 2014

黄陵果业志
黄陵县果业管理局编 刘天鹏主编 西安 三秦出版社 2016 年 第二版 修订本 331 页〔陕西第二轮地方志丛书〕
b49611562 F326.13 H662 2016

建庄矿业公司志 2005–2016
建庄矿业公司志编纂委员会编 华毅 王斌主编 西安 建庄矿业公司志编纂委员会 2018 年 624 页
b50993823 F426.1 J295 2018

黄帝祭祀大典图志 1980–2007
陕西省公祭黄帝陵工作委员会办公室编 北京 中国文史出版社 2008 年 238 页
b18667260 K892.24 S268 2008

陕西省黄陵县地名志
黄陵县地名委员会办公室编 西安 西安地图出版社印刷分厂 199- 年 158 页
b14996157 K924.14 H6625

汉中市

汉中地区志
汉中市人民政府主修 汉中市地方志办公室编纂 郭鹏主编 西安 三秦出版社 2005年 4卷 2321页〔陕西地方志丛书〕
b16476402 K294.13 H215D 2005

汉中市志
汉中市地方志编纂委员会编 王福兴主编 北京 中共中央党校出版社 1994年 968页〔陕西地方志丛书〕
b10655578 K294.13 H215

汉中市人大志 第1卷 1996.6–2001.4
陕西省汉中市人大常委会编 李玉昌主编 汉中 陕西省汉中市人大常委会 2001年 493页
b46668433 D624.413 H215 2001

汶川特大地震汉中抗震救灾志
汶川特大地震汉中抗震救灾志编纂委员会编 宁斌兴主编 西安 陕西人民出版社 2014年 815页
b45969620 D632.5 H2159 2014

汉中市军事志
汉中市军事志编纂委员会编 张立奇主编 西安 陕西人民出版社 2002年 649页
b14888828 E289.413 H215 2002

汉中市审计志 1983–2013
汉中市审计志编纂委员会编 赵明华主编 西安 陕西科学技术出版社 2013年 489页〔汉中地方志丛书〕
b46368772 F239.227.413 H215 2013

陕西省道路交通管理志 汉中分志
陕西省道路交通管理志汉中分志编纂委员会编 西安 陕西人民出版社 2002年 640页〔陕西省地方志资料丛书〕
b13845329 F542.841 S268J

汉中邮电志
陕西省汉中市邮电局编 南春源 何象主编 西安 陕西省汉中市邮电局 1997年 441页〔汉中地方志丛书〕
b47414947 F632.741.3 H215 1997

汉中农村信用合作志
罗安才主编 西安 陕西人民出版社 2011年 493页
b40649672 F832.741.3 H215 2011

陕西省戏剧志 汉中地区卷
陕西省戏剧志编纂委员会编 鱼讯主编 西安 三秦出版社 1997年 330页
b13549534 J809.2 Y715

陕西省汉中地区地理志
杨起超主编 西安 陕西人民出版社 1993年 431页
b18176501 K924.12 Y244 1993

陕西省汉中市地名志
汉中市地名办公室编 汉中 汉中市地名办公室 1986年 375页
b14998853 K924.14 H215 1985

汉中地区水利志
汉中地区水利志编纂委员会编 陈义隆主编 西安 陕西人民出版社 1994年 400页〔陕西地方志水利志丛书〕
b20136444 TV–092 C436 1994

汉中市水利志
陕西省汉中市水利局编 李佑铭主编 汉中 陕西省汉中市水利局 1992年 192页

〔陕西地方志水利志丛书〕
b23229226　TV-092　H2158　1992

汉台区

汉中市汉台区人大志　1950.01–2017.01
汉中市汉台区人大常委会编　陈汉明主编　汉中　汉中市汉台区人大常委会　2017 年　610 页〔陕西省地方志丛书〕
b50729214　D624.413　H215H　2017

汉中市汉台区军事志
汉中市汉台区军事志编纂委员会编　陈福寿主编　西安　陕西人民出版社　2006 年　448 页
b19930677　E289.414　C418　2006

汉台区教育志
伍水泉主编　北京　社会科学文献出版社　2010 年　374 页
b50993094　G527.413　H215H　2010

南郑区

南郑县志
南郑县地方志编纂委员会编　史林枫主编　北京　中国人民公安大学出版社　1990 年　735 页〔陕西地方志丛书〕
b10796551　K294.14　N161

梁山志
南郑县人民政府地方志办公室编　赵汉明主编　南郑　南郑县梁山炉具有限公司　2004 年　284 页
b16437846　K294.15　L493　2004

南郑县工会志
南郑县工会志编纂委员会编　冯贵华主编　南郑　南郑县工会志编纂委员会　2016 年　358 页〔南郑县地方志丛书〕
b49963922　D412.841.4　N161　2016

南郑县军事志
陕西省南郑县军事志编纂委员会编　张修正主编　南郑　陕西省南郑县军事志编纂委员会　2007 年　466 页〔陕西省地方志丛书〕
b47297013　E289.414　N161　2007

陕西省南郑县地名志
南郑县地名志编纂委员会编　南郑　南郑县地名志编纂委员会　1983 年　382 页
b14998610　K924.14　N161　1983

城固县

城固县志
城固县地方志编纂委员会编　穆育人主编　北京　中国大百科全书出版社　1994 年　828 页〔陕西省地方志丛书〕
b10727322　K294.14　C466

陕西省城固县地名志
城固县人民政府地名志办公室编　城固　城固县人民政府地名志办公室　1984 年　472 页
b12160611　K924.14　C466

洋　县

洋县志
洋县地方志编纂委员会编　李智主编　西安　三秦出版社　1996 年　888 页〔陕西地方志丛书〕
b1062482x　K294.14　Y223

陕西省洋县地名志
洋县地名志编纂办公室编　西安　陕西省文化厅印刷厂　1988 年　504 页

b14998956　K924.14　Y223　1988

西乡县

西乡县志
西乡县地方志编纂委员会编　刘粤基主编　西安　陕西人民出版社　1991 年　696 页〔陕西地方志丛书〕
b1072638x　K294.14　X119

陕西省西乡县地名志
西乡县地名办公室编　西乡　西乡县印刷厂　1986 年　488 页
b14998968　K924.14　X119　1986

勉　县

勉县志
勉县志编纂委员会主编　北京　地震出版社　1989 年　615 页〔陕西地方志丛书〕
b1075989x　K294.14　M446

勉县志　1987–2007
勉县地方志编纂委员会编　程爱华　庄林　陈斌主编　西安　陕西人民出版社　2018 年　911 页〔陕西地方志丛书〕
b51044444　K294.14　M446D　2018

勉县教育志　232–1998
勉县教育志编纂委员会编　王永青　郭启元主编　勉县　勉县教育志编纂委员会　2000 年　463 页〔陕西省教育志丛书〕
b49705295　G527.414　M446　2000

陕西省勉县地名志
陕西省勉县人民政府地名志办公室编　山东　陕西省勉县人民政府地名志办公室　1987 年　454 页
b14998877　K924.14　M446　1987

勉县水利志
陕西省勉县水电局编　勉县　陕西省勉县水电局　2001 年　365 页
b50993124　TV–092　M446　2001

宁强县

宁强县志
宁强县志编纂委员会编　宋文富主编　西安　陕西师范大学出版社　1995 年　706 页〔陕西地方志丛书〕
b10628083　K294.14　N4137

青木川镇志
陕西省宁强县青木川镇志编纂委员会编　顾洁责任编辑　北京　方志出版社　2016 年　192 页〔中国名镇志文化工程〕
b49629542　K294.15　Q464　2016

宁强县政协志　1981–2010
政协宁强县委员会编　陈志平主编　宁强　政协宁强县县委员会　2011 年　333 页
b50992181　D628.414　N413　2011

略阳县

略阳县志
略阳县志编纂委员会编　田孟礼主编　西安　陕西人民出版社　1992 年　614 页〔陕西地方志丛书〕
b1060439x　K294.14　L996

略阳县人大志　1954.7–2014.7
略阳县人大常委会编　张秦岭主编　略阳　略阳县人大常委会　2014 年　504 页〔略阳县地方志丛书〕
b51148626　D624.414　L996　2014

陕西省略阳县地名志
略阳县民政局编　西安　西安第二印刷厂

1987年 390页
b14998622 K924.14 L996 1987

镇巴县

镇巴县志
镇巴县地方志编纂委员会编 西安 陕西人民出版社 1996年 737页〔陕西省地方志丛书〕
b10564238 K294.14 Z493

永乐镇志
镇巴县永乐镇志编纂委员会编 杨继信主编 镇巴 镇巴县永乐镇镇编纂委员会 2015年 493页〔镇巴县地方志丛书〕
b49705428 K294.15 Y6365 2015

镇巴县审计志 1984–2013
镇巴县审计志编纂委员会编 丁德一主编 镇巴 镇巴县审计志编纂委员会 2013年 249页〔镇巴县地方志丛书〕
b50234493 F239.227.414 Z493 2013

陕西省镇巴县地名志
镇巴县人民政府地名志办公室编 西安 镇巴县人民政府地名志办公室 1989年 535页
b14998993 K924.14 Z4931 1989

留坝县

留坝县志
陕西省留坝县地方志编纂委员会编 苏建中主编 西安 陕西人民出版社 2002年 870页〔陕西省地方志丛书〕
b13845317 K294.14 L666

留坝县人大志 1954.7–2016.7
留坝县人大常委会编 林涛主编 留坝 留坝县人大常委会 2017年 490页〔陕西省地方志丛书〕
b50248133 D624.414 L666 2017

留坝县教育志 1736–2015
留坝县教育体育局编 赖平章 张金中 吴小平编纂 留坝 留坝县教育体育局 2016年 628页
b50234079 G527.414 L666 2016

陕西省留坝县地名志
留坝县地名志编纂办公室编 汉中 陕西省汉中地区印刷厂 1983年 240页
b1499611x K924.14 L666 1983

佛坪县

佛坪县志
佛坪县地方志编纂委员会编 郭鹏主编 西安 三秦出版社 1993年 564页〔陕西地方志丛书〕
b10604522 K294.14 F423

榆林市

榆林地区志
榆林地区地方志指导小组编 西安 西北大学出版社 1994年 886页〔陕西地方志丛书〕
b20952545 K294.12 Y736 1994

榆林市志
榆林市志编纂委员会编 西安 三秦出版社 1996年 883页〔陕西省地方志丛书〕
b1375502x K294.13 Y736

榆林宣传志 1949–2014
榆林宣传志（1949–2014）编纂委员会编 沈效功主编 西安 陕西人民出版社 2017

年 786 页
b49951269 D261.5 S414 2017

榆林公安志
榆林市公安局公安志编纂委员会编著 韩仕儒主编 榆林 榆林市公安局公安志编纂委员会 2012 年 722 页
b49939233 D631 Y736 2012

司法行政志
榆林市司法行政志编纂委员会编 杜平主编 榆林 榆林市司法行政志编纂委员会 2004 年 416 页〔榆林市地方志丛书〕
b5099279x D927.414.613 Y736 2004

榆林市军事志
榆林市军事志编纂委员会编 郝明如主编 西安 陕西人民出版社 2006 年 906 页
b17186997 E289.413 Y736 2006

榆林市工商行政管理志
榆林市工商行政管理局编 付清江主编 西安 陕西人民出版社 2015 年 359 页
b47051413 F203.9 Y736 2015

榆林盐业志
榆林市盐务管理局 榆林 榆林市盐务管理局 2014 年 457 页
b46443642 F426.82 Y736 2014

神朔铁路分公司志
神朔铁路分公司志编纂委员会编 安钢主编 北京 中华书局 2007 年 473 页
b49950605 F532.9 S398 2007

神朔铁路分公司志 2006–2015
神朔铁路分公司编 张剑主编 北京 中国文史出版社 2017 年 557 页
b50009953 F532.6 Y736 2017

榆林市档案志 1952–2012
榆林市档案局编 徐杰主编 西安 陕西人民出版社 2016 年 220 页
b49639560 G279.274.13 Y736 2016

榆林市教育志
榆林市教育局编 李春元主编 西安 陕西人民出版社 2017 年 950 页
b50204749 G527.413 Y736 2017

榆林工业学校校志
榆林工业学校校志编纂委员会编 曹永军主编 深圳 深圳市新联美术印刷公司 2011 年 548 页
b40649659 G719.284.13 Y736 2011

陕西省戏剧志 榆林地区卷
陕西省戏剧志编纂委员会编 鱼讯主编 西安 三秦出版社 1998 年 253 页
b13549510 J809.2 Y715

榆林人物志 第 1 卷
常银山 常龙主编 西安 陕西人民出版社 2007 年 1197 页〔榆林地方志丛书〕
b18203462 K820.841.2 C345 2007

陕西省榆林地区地理志
陕西师大地理系榆林地区地理志编写组编 西安 陕西人民出版社 1987 年 351 页
b12160623 K924.12 S268C

榆林东山关帝庙志
陕西榆林市关公文化研究会 陕西榆林东山关帝庙管委会编纂 任嘉士主编 榆林 陕西榆林市关公文化研究会 2012 年 260 页
b49550263 K928.75 R195 2012

榆林市鱼河堡府城隍庙志
鱼河堡府城隍庙志编委会编 鱼自泳主

编 西安 西安市建明工贸公司 2010 年 131 页
b21766186 K928.75 Y715 2010

榆林县水利志
榆林县水利志编纂委员会 榆林县地方志编纂委员会编 赵江主编 榆林 榆林县水利志编纂委员会 1988 年 176 页〔陕西地方志水利志丛书〕
b17515993 TV-092 Z434 1988

榆阳区

镇川志
榆林市镇川志编纂委员会编 刘述心主编 镇川 榆林市镇川志编纂委员会 2000 年 516 页〔陕西省地方志丛书〕
b50861839 K294.14 Z4932 2000

榆林市榆阳区人民代表大会志 1946-2014
榆林市榆阳区人民代表大会志编纂委员会编 常思义主编 西安 陕西人民出版社 2015 年 762 页
b4655127x D624.413 Y736Y 2015

榆阳公安志
榆林市公安局榆阳分局编 张治平主编 西安 陕西旅游出版社 2015 年 682 页
b5108000x D631 Y7369 2015

榆林市榆阳区军事志
榆林市榆阳区军事志编纂委员会编 郭世胜 宋春生主编 西安 陕西人民出版社 2009 年 469 页
b20872902 E289.413 Y736Y 2009

榆林市榆阳区财政志
榆林市榆阳区财政志编纂委员会编 高明华主编 西安 陕西人民出版社 2015 年 164 页
b49851974 F812.741.4 Y736Y 2015

榆林市榆阳区卫生志
榆林市榆阳区卫生志编纂委员会编 北京 中国文史出版社 2018 年 412 页〔陕西省榆林市榆阳区地方志丛书〕
b52663012 R199.2 Y736Y 2018

神木市

神木县志
神木县志编纂委员会编 杨和春主编 北京 经济日报出版社 1990 年 630 页〔陕西地方志丛书〕
b10645263 K294.14 S398

高家堡镇志
神木县高家堡镇志编纂委员会编 范林虎主编 西安 陕西人民出版社 2016 年 792 页〔陕西地方志丛书〕
b49652114 K294.15 G241 2016

马镇镇志
马镇镇志编纂委员会编 乔振民主编 西安 陕西人民出版社 2016 年 740 页
b47358439 K294.15 M1439 2016

陕西神木马镇村志
马镇村志编纂委员会编 焦拖义主编 西安 西安煤航信息产业公司 2009 年 453 页
b20478677 K294.15 M143 2009

石角塔村志
石角塔村志编委会编 李智慧主编 神木 石角塔村志编纂委员会 2002 年 139 页
b15621674 K294.14 S398S 2002

张家塔村志
张家塔村志编纂委员会编 张世韶主编 神木 张家塔村志编纂委员会 2014 年 451 页
b50248273 K294.15 Z354 2014

神木县政协志 1984.6–2006.12
中国人民政治协商会议陕西省神木县委员会编 西安 西安市建明工贸公司 2006 年 274 页〔神木文史〕
b20577692 D628.414 S398 2006

神木县军事志
神木县军事志编纂委员会编 杨玉林主编 西安 陕西人民出版社 2008 年 399 页
b20872914 E289.414 S398 2008

大砭窑煤矿志
闫兴盛主编 西安 陕西人民出版社 2013 年 181 页
b51072683 F426.21 D1351 2013

陕西北元化工集团有限公司志 2003–2013
陕西北元化工集团有限公司志编纂委员会编 西安 西安电子科技大学出版社 2013 年 399 页
b41250035 F426.7 S268 2013

神木发电公司志 1992–2018
神木发电公司志编纂委员会编 张旭主编 神木 神木发电公司志编纂委员会 2018 年 275 页
b5111592x F426.6 S398 2018

神南产业发展公司志
陕煤集团神南产业发展有限公司志编纂委员会编 乔少波 徐国强主编 神木 陕煤集团神南产业发展公司志编纂委员会 2018 年 650 页
b51236643 F426.21 S3982 2018

张家峁矿业公司志 2006.1–2016.1
张家峁矿业公司志编纂委员会编 西安 陕西人民出版社 2016 年 412 页
b47560654 F426.21 Z354 2016

陕西·神木广播电视志 1958–2014
神木县广播电视局（神木县广播电视管理中心）编 张志平主编 神木 神木县广播电视局 2015 年 197 页
b50729706 G229.274.14 S398 2015

神木中学校志 1939–1995
神木中学校志编纂组编 王恩宽 张德清 冯亚璋编撰 神木 神木中学校志编纂组 2000 年 469 页
b21765182 G639.284.14 S398 2000

神木市·万镇兰家会村志
兰家会编村志编纂委员会编 贺才旺主编 神木 兰家会村志编纂委员会 2017 年 828 页
b51071356 K294.15 L172 2017

府谷县

府谷县志
府谷县志编纂委员会编 杨占华主编 西安 陕西人民出版社 1994 年 821 页〔陕西地方志丛书〕
b10633789 K294.14 F477

府谷县军事志
府谷县军事志编纂委员会编 韩二林主编 西安 陕西人民出版社 2009 年 504 页
b20872926 E289.414 F477 2009

府谷县交通运输志
府谷县交通运输局编 杨伟平主编 西安 陕西科学技术出版社 2018 年 520 页

b51071319　F512.741.4　F477　2018

府谷农村信用合作志
府谷农村信用合作志编纂委员会编　王文礼主编　西安　三秦出版社　2006 年　766 页〔府谷县地方志丛书〕
b49803049　F832.741.4　F477　2006

府谷档案志
府谷档案志编纂委员会编　柴浩民主编　西安　三秦出版社　2017 年　264 页
b50669849　G279.274.14　F477　2017

陕西省府谷县地名志　初稿
府谷县地名志编纂工作办公室编　府谷　府谷县印刷厂　1987 年　255 页
b2012109x　K924.14　F477　1987

横山区

横山县志
横山县志编纂委员会编　韩生敏主编　西安　陕西人民出版社　1993 年　744 页〔陕西地方志丛书〕
b10644969　K294.14　H391

雷龙湾乡志
雷龙湾乡志编纂委员会编　邵培禄主编　西安　陕西人民出版社　2015 年　738 页
b46553186　K294.15　L291　2015

石湾镇志
石湾镇志编纂委员会编　横山　石湾镇志编纂委员会　1997 年　306 页〔陕西地方志丛书〕
b20404475　K294.15　S475　1997

王梁郇志　1949–2009
王梁村志编纂委员会编　孙俊明主编　横山　王梁村志编纂委员会　2011 年　297 页
b47297050　K294.15　W222　2011

横山县人口和计划生育志
横山县人口和计划生育志编纂委员会编　刘树元主编　横山　横山县人口和计划生育志　2014 年　248 页
b47415022　C924.254.14　H391　2014

横山县信访志
榆林市横山县信访局编　何志发主编　榆林　榆林市横山县信访局　2012 年　142 页
b50017536　D632.8　H391　2012

横山检察志
横山检察志编纂委员会编　曹瑜主编　横山　横山检察志编纂委员会　2015 年　298 页
b50643009　D926.32　H391　2015

横山县军事志
横山县军事志编纂委员会编　霍世春主编　西安　三秦出版社　2009 年　348 页
b20199144　E289.414　H391　2009

石马坬农场志
石马坬农场志编纂委员会编　韩正山主编　西安　陕西人民出版社　2014 年　321 页
b4601195x　F324.1　S4733　2014

横山县教育志　2004–2015
刘仲奎主编　横山　陕西省横山县教育局　2017 年　388 页
b50861827　G527.414　H391　2017

靖边县

靖边县志
靖边县地方志编纂委员会编　温怀德主编　西安　陕西人民出版社　1993 年　527 页

〔陕西地方志丛书〕
b10645214 K294.14 J562

靖边县人民代表大会志 1935–2011
靖边县人民代表大会志编纂委员会编 柳建国主编 西安 陕西人民出版社 2013年 474页
b4486985x D624.414 J562 2013

靖边县政协志
中国人民政治协商会议陕西省靖边县委员会编 靳忠主编 西安 陕西人民出版社 2017年 546页
b50129697 D628.414 J562 2017

靖边县军事志
靖边县军事志编纂委员会编 王智主编 西安 陕西人民出版社 2009年 240页
b20691646 E289.414 J562 2009

靖边县文工团志
靖边县文工团编 罗培林主编 西安 西安市建明工贸有限责任公司 2013年 222页
b45826900 G249.274.14 J562 2013

靖边县教育志
王世武主编 西安 西安地图出版社 2001年 198页
b20182521 G527.414 J562 2001

靖边县职教中心校志
靖边县职教中心校志编委会编 杨洲主编 靖边 靖边县职教中心校志编委会 2017年 459页
b50727473 G719.284.14 J562 2017

定边县

定边县志
定边县志编纂委员会编 陈兴旺主编 北京 方志出版社 2003年 1215页〔陕西省地方志丛书〕
b14888865 K294.14 D547 2003

白泥井镇志
白泥井镇志编纂委员会编 蒋峰荣 刘湃主编 西安 陕西人民出版社 2017年 853页〔陕西省地方志丛书〕
b50669515 K294.15 v5

学庄乡志
定边县学庄乡志编纂委员会编 马骥主编 成都 四川师范大学电子出版社 2012年 468页〔陕西省地方志丛书〕
b49625627 K294.15 X689 2012

定边县人民代表大会志
定边县人民代表大会志编纂委员会编 李彪主编 西安 陕西人民出版社 2009年 510页
b20810416 D624.414 D547 2009

定边县军事志
定边县军事志编纂委员会编 马骥主编 北京 军事科学出版社 2009年 603页
b20098959 E289.414 D547 2009

安边中学校志
陕西省定边县安边中学校志编纂委员会编 李俊林主编 定边 陕西省定边县安边中学校志编纂委员会 2008年 242页
b49505828 G639.284.14 A163 2008

定边中学校志
定边中学校志编纂委员会编 尚琦瑛主编 西安 陕西人民出版社 2009年 546页
b21007603 G639.284.14 D547 2009

绥德县

绥德县志
中共绥德县委史志编纂委员会编 李林 刘华荣 南国伦主编 西安 三秦出版社 2003年 821页〔陕西地方志丛书〕
b14888841 K294.14 S747 2003

崔家湾镇志
李林 雷鸿儒主编 西安 陕西人民出版社 2011年 560页
b23920191 K294.15 C817 2011

定仙墕镇志
绥德县定仙墕镇志编纂委员会编 李贵龙主编 绥德 绥德县定仙墕镇志编纂委员会 2005年 403页〔陕西地方志丛书〕
b51298132 K294.15 D547 2005

吉镇村志
吉镇村村民委员会编 马静章主编 绥德 吉镇村村民委员会 2006年 379页
b23003364 K294.15 J139 2006

陕西省绥德县中角镇延家川村志
延家川村志编辑委员会编 延克栋主编 绥德 延家川村志编辑委员会 2017年 314页
b51116005 K294.15 Y1744 2017

四十里铺镇志
四十里铺镇志编纂委员会编 西安 西安市建明工贸公司 2009年 476页〔陕西省地方志丛书〕
b23003832 K294.15 S663 2009

薛家河镇志
薛家河镇志编纂委员会编 绥德 薛家河镇志编纂委员会 2012年 648页
b50642893 K294.15 X676 2012

义合镇志
绥德县义合镇志编纂委员会编 孙士好主编 西安 西安出版社 2017年 872页
b5076732x K294.15 Y468 2017

朱麻硷村志
朱麻硷村志编辑委员会编 朱维业主编 绥德 陕西东联印刷有限公司 2018年 404页
b51116017 K294.15 Z711 2018

绥德县军事志 前635–2005
绥德县军事志编纂委员会编 慕健康主编 西安 三秦出版社 2009年 398页
b20574204 E289.414 S747 2009

绥德中学校志
陕西省绥德中学校志编写小组编 张俊谊主编 绥德 陕西省绥德中学校志编写小组 2005年 453页
b49803682 G639.284.14 S747 2005

米脂县

米脂县志
米脂县志编纂委员会编 贺国建主编 西安 陕西人民出版社 1993年 810页〔陕西省地方志丛书〕
b1063406x K294.14 M397

南关村志 1955–2016
南关村志编纂委员会编 田文亮主编 米脂 南关村志编纂委员会 2016年 224页
b51122443 K294.15 N1613 2016

米脂县人民代表大会志 1941–2016
米脂县人民代表大会志编纂委员会编 艾

绍元主编 西安 陕西人民出版社 2017 年 828 页
b50204671 D624.414 M397 2017

米脂县军事志
米脂县军事志编纂委员会编 贺国建主编 北京 军事科学出版社 2008 年 361 页
b20044471 E289.414 M397 2008

米脂中学校志
贺国建主编 深圳 深圳市新联美术印刷有限公司 2007 年 425 页
b20139731 G639.284.1 M397 2007

米脂中学校志
米脂中学校志编纂委员会编 常天民主编 西安 三秦出版社 2017 年 803 页
b49976862 G639.284.14 M397 2017

米脂常氏家志 第 1,3,4 卷
米脂常氏家志编写者 米脂 米脂常氏家志编写者 1990 年 铅印本 3 卷
b1799195x K810.2 M397 1990

佳 县

佳县志
佳县地方志编纂委员会编 苗发源主编 西安 陕西旅游出版社 2008 年 1166 页〔陕西地方志丛书〕
b19759186 K294.14 J199 2008

木头峪村志
曹永刚主编 佳县 木头峪村志编纂委员会 2018 年 399 页〔佳县地方志丛书〕
b52952897 K294.15 M689 2018

云家码头村志
云家码头村志编纂委员会编 云保山主编 神木 云家码头村志编纂委员会 2013 年 599 页〔佳县地方志丛书〕
b44953343 K294.15 Y879 2013

佳县军事志
佳县军事志编纂委员会编 苗发源主编 西安 三秦出版社 2008 年 350 页
b20199193 E289.414 J199 2008

枣缘社会 陕西佳县泥河沟村文化志
孙庆忠主编 宋艳祎著 侯玉峰摄影 上海 同济大学出版社 2018 年 289 页〔乡村文化与记忆〕
b50923535 K294.15 S776Z 2018

吴堡县

吴堡县志
吴堡县志编纂委员会编 慕生峻主编 西安 陕西人民出版社 1995 年 889 页〔陕西地方志丛书〕
b10468663 K294.14 W483

吴堡县军事志 前 431–2005
吴堡县军事志编纂委员会编 王兴华 杨伟才主编 西安 三秦出版社 2009 年 352 页
b20199211 E289.414 W483 2009

清涧县

清涧县志
清涧县志编纂委员会编 杨明芳主编 西安 陕西人民出版社 2001 年 980 页〔陕西省地方志丛书〕
b13644762 K294.14 Q467

清涧县军事志 前 639–2005
清涧县军事志编纂委员会编 邓世荣主编 马宋福等撰稿 西安 陕西人民出版社

2009 年 351 页
b20200286　E289.414　Q467　2009

清涧县卫生志　1632–2014
清涧县卫生志编纂委员会编　邓世荣主编　西安　陕西人民出版社　2016 年　288 页
b4959851x　R199.241.4　Q467　2016

子洲县

子洲县志
子洲县志编纂委员会编　西安　陕西人民教育出版社　1993年　566页〔陕西地方志丛书〕
b10727309　K294.14　Z849

李孝河乡志
中共李孝河乡委员会编　李孝河乡人民政府编　王国主编　子洲　中共李孝河乡委员会　2015 年　145 页
b50994189　K294.15　L421　2015

子洲政协志　1984–2004
中国人民政治协商会议陕西省子洲县委员会编　张俊谊主编　子洲　中国人民政治协商会议陕西省子洲县委员会　2004 年　117 页〔子洲文史资料　第 5 辑〕
b46668767　D628.414　Z849　2004

子洲县军事志　前 210–2005
子洲县军事志编纂委员会编　吴瑞高主编　西安　三秦出版社　2009 年　287 页
b20574198　E289.414　Z8499　2009

子洲人物志
子洲县史志办公室编　张俊谊主编　榆林　榆林健民印刷公司　2008 年　295 页
b20578428　K820.841.4　Z354　2008

安康市

安康地区志
安康市地方志编纂委员会编　赖祯武主编　西安　陕西人民出版社　2004 年　2 卷　1698 页〔陕西地方志丛书〕
b15697952　K294.12　A163　2004

安康县志
安康市地方志编纂委员会编　西安　陕西人民教育出版社　1989 年　961 页〔陕西地方志丛书〕
b10634204　K294.14　A1644

安康市志·公安志　1995–2015
徐生良　颜学强主编　西安　陕西人民出版社　2018 年　998 页
b51148833　D631　A163　2018

安康水库移民志
陕西省安康地区移民开发局编　熊邦杰主编　西安　陕西旅游出版社　1994 年　296 页
b20041482　D632.4　X521　1994

安康市国土资源志
安康市国土资源局编　赖祯武主编　西安　三秦出版社　2014 年　587 页〔安康地方志丛书〕
b46367342　F129.941.3　A163　2014

安康城乡建设志　1991–2012
安康市住房和城乡建设局编　唐志宏主编　西安　三秦出版社　2013 年　532 页〔安康市地方志丛书〕
b44874339　F299.274.13　A163　2013

安康市蚕业志　1991–2012
安康市林业局编　陈正余主编　西安　三秦出版社　2015 年　337 页〔安康市地方志

丛书〕
b47317723　F326.374.13　A163　2015

安康供电志　1931–2009
安康供电志编纂委员会编　王晓阳主编　西安　陕西人民出版社　2010 年　718 页〔陕西省电力工业志丛书〕
b44869769　F426.61　A1634　2010

陕西省道路交通管理志　安康分志
陕西省道路交通管理志安康分志编纂委员会编　西安　陕西人民出版社　2003 年　844 页〔陕西省地方志资料丛书〕
b15560338　F542.841　S268K

安康供销志　1991–2005
涂作洲主编　西安　三秦出版社　2017 年　444 页〔安康地方志丛书〕
b50351321　F721.2　A163　2017

安康地区教育志
李胜金主编　西安　三秦出版社　1996 年　380 页〔陕西地方志丛书〕
b1408532x　G527.412　L417

安康市教育志　1991–2013
安康市教育志编纂委员会编　马恒昌主编　西安　三秦出版社　2017 年　532 页〔安康市地方志丛书〕
b51116194　G527.413　A163　2017

安康市技工学校志　1979–2011
周育论主编　香港　中国国际文化艺术出版社有限公司　2012 年　251 页〔安康市地方志丛书〕
b49706408　G719.284.1　A163　2012

陕西省戏剧志　安康地区卷
陕西省戏剧志编纂委员会编　鱼讯主编　西安　三秦出版社　1994 年　358 页
b13549546　J809.2　Y715

陕西省安康地区地理志
陕西师大地理系安康地区地理志编写组编　西安　陕西人民出版社　1986 年　376 页
b12160635　K924.12　S268

安康地区水利志
安康地区水电水土保持局编　安康　安康东风印刷厂　1999 年　395 页〔陕西省地方志水利志丛书〕
b17735981　TV–092　A163　1999

汉滨区

汉滨区乡镇志
安康市汉滨区地方志编纂委员会　方琛主编　西安　三秦出版社　2015 年　883 页〔陕西地方志丛书〕
b46862699　K294.15　H215　2015

汉阴县

汉阴县志
汉阴县志编纂委员会编　西安　陕西人民出版社　1991 年　813 页〔陕西地方志丛书〕
b10569418　K294.14　H215

汉阴县政协志　1984.6–2007.1
政协汉阴县委员会编　朱前平主编　汉阴　政协汉阴县委员会　2007 年　232 页
b49705283　D628.414　H215　2007

汉阴县军事志　前 1046–2005
汉阴县军事志编纂委员会编　聂永前主编　安康　安康市汉宾区文化印务公司　2009 年　407 页
b22443903　E289.414　H215　2009

陕西省汉阴县地名志
汉阴县人民政府编 西安 陕西省测绘局四大队印刷厂 1989年 324页
b14998403 K924.14 H2159 1989

石泉县

石泉县志
石泉县地方志编纂委员会编 西安 陕西人民出版社 1991年 760页〔陕西地方志丛书〕
b10647193 K294.14 S474

石泉县军事志 前1046–2005
石泉县军事志编纂委员会编 胡万全主编 安康 安康市汉宾区文化印务公司 2009年 297页
b22443927 E289.414 S474 2009

石泉县林业志 前611–2013
石泉县林业志编纂委员会编 刘宇星主编 石泉 石泉县林业志编纂委员会 2014年 311页
b5025523x F326.274.14 S474 2014

陕西省石泉县地名志
石泉县人民政府编 西安 西安地图出版社印刷厂 1985年 338页
b1499835x K924.14 S474 1985

云雾山志
陕西省地方志办公室编 西安 陕西人民出版社 2017年 398页〔陕西地情丛书〕
b51071307 K928.3 Y879 2017

宁陕县

宁陕县志
宁陕县地方志编纂委员会编 张光明主编 西安 陕西人民出版社 1992年 760页〔陕西地方志丛书〕
b10634101 K294.14 N413

宁陕县军事志 前21世纪–2005
宁陕县军事志编纂委员会编 徐增武主编/撰稿 何世明撰稿 西安 西安市建明工贸责任公司 2008年 284页
b20199004 E289.414 N413 2008

陕西省宁陕县地名志
宁陕县地名志编纂委员会编 西安 陕西省第四测绘大队印刷厂 1986年 261页
b14998166 K924.14 N413 1986

紫阳县

紫阳县志
紫阳县志编纂委员会编 主编樊光春 西安 三秦出版社 1989年 885页〔中华人民共和国地方志丛书〕
b10647211 K294.14 Z845

紫阳县志
紫阳县志编纂委员会编 樊光春主编 西安 三秦出版社 2017年 第2版 889页〔中华人民共和国地方志丛书〕
b50748920 K294.14 Z845C 2017

紫阳县志 1986–2010
紫阳县地方志编纂委员会编 焦家燕主编 北京 方志出版社 2017年 704页〔陕西地方志丛书〕
b50749092 K294.14 Z845D 2017

紫阳县政协志
紫阳县政协志编纂委员会编 周学福主编 紫阳 紫阳县政协志编纂委员会 2016年 663页〔紫阳县地方志丛书〕
b50248662 D628.414 Z845 2016

紫阳县教育志
紫阳县教育志编纂委员会编 蒲以安主编 西安 陕西人民出版社 1995 年 424 页〔陕西地方志丛书〕
b17735968 G527.414 Z845 1995

陕西省紫阳县地名志
紫阳县地名志编纂委员会编 西安 西安市第二印刷厂 1987 年 456 页
b14996327 K924.14 Z845 1987

岚皋县

岚皋县志
岚皋县志编纂委员会编 西安 陕西人民出版社 1993 年 630 页〔陕西地方志丛书〕
b10634113 K294.14 L173

岚皋县志 1990–2010
岚皋县地方志编纂委员会编 黄开林主编 西安 陕西人民出版社 2017 年 1123 页〔陕西地方志丛书〕
b51071290 K294.14 L173C 2017

岚皋县军事志
岚皋县军事志编纂委员会编 西安 三秦出版社 2007 年 234 页
b20200298 E289.414 L173 2007

平利县

平利县志
平利县志编纂委员会编著 西安 三秦出版社 1995 年 730 页〔陕西地方志丛书〕
b10634058 K294.14 P612

陕西省平利县地名志
平利县地名志编纂办公室编 西安 西安市水利建筑勘测设计院印刷厂 1990 年 371 页
b14998385 K924.14 P612 1990

镇坪县

镇坪县志
镇坪县地方志编纂委员会编 彭兴礼主编 西安 陕西人民出版社 2004 年 745 页〔陕西地方志丛书〕
b15708366 K294.14 Z4936 2004

镇坪县军事志 1476–2005
镇坪县军事志编纂委员会编 段皓主编 西安 西安市建明工贸责任公司 2008 年 260 页
b20201084 E289.414 Z493 2008

陕西省镇坪县地名志
镇坪县人民政府地名办公室编 镇坪 镇坪县人民政府地名办公室 1984 年 163 页
b14996248 K924.14 Z493 1984

旬阳县

旬阳县志
旬阳县地方志编纂委员会编 张沛主编 北京 中国和平出版社 1996 年 747 页〔陕西地方志丛书 2001〕
b10468535 K294.14 X763

旬阳县志 1989–2009
旬阳县地方志编纂委员会编 张沛主编 西安 三秦出版社 2015 年 983 页〔陕西地方志丛书〕
b47088084 K294.14 X763C 2015

旬阳县人口和计划生育志
旬阳县人口和计划生育局编纂委员会编 吴家顶主编 旬阳 旬阳县劳动印刷厂

2014 年 315 页
b47352723　C924.254.14 X763 2014

旬阳县军事志　前 1046–2005
旬阳县军事志编纂委员会编 杨绍林 王孝武主编 安康 安康市汉宾区文化印务公司 2008 年 293 页
b22443915　E289.414 X763 2008

旬阳县文物志
陕西省旬阳县地方志编纂委员会编 张沛主编 西安 三秦出版社 1990 年 230 页
b36379864　K872.414 X763 1990

陕西省旬阳县地名志
旬阳县地名办公室编 西安 陕西省第四测绘大队印刷厂 1988 年 674 页
b1499902x　K924.14 X7639 1988

白河县

白河县志
白河县地方志编纂委员会编 艾文仲主编 西安 陕西人民出版社 1996 年 674 页〔陕西地方志丛书〕
b13190155　K294.14 B151

白河县军事志　前 616–2005
白河县军事志编纂委员会编 刘锡斌主编 白河 白河县军事志编纂委员会 2008 年 284 页
b5099217x　E289.414 B151 2008

商洛市

商洛地区志
商洛市地方志编纂委员会编 杨建国 徐新荣主编 陈道久执行主编 北京 方志出版社 2006 年 852 页〔陕西地方志丛书〕
b16802482　K294.12 S297 2006

商洛市慈善协会志　2001.7–2016.12
商洛市慈善协会志编纂委员会编 王有德主编 商洛 商洛市慈善协会志编纂委员会 2017 年 206 页〔商洛市地方志丛书〕
b50748695　D632.1 W2342 2017

商洛市残疾人事业志
商洛市残疾人事业志编纂委员会编 郭玉强主编 商洛 商洛市残疾人事业志编纂委员会 2017 年 400 页〔商洛市地方志丛书〕
b50817784　D669.69 G778 2017

陕西省商洛地区法院志
商洛地区中级人民法院编 印存柱主编 商洛 商洛地区中级人民法院 2005 年 347 页〔陕西省地方志丛书〕
b50319334　D926.22 S297 2005

商洛市军事志
商洛市军事志编纂委员会编 商洛 商洛市军事志编纂委员会 2005 年 701 页
b16476396　E289.413 S297 2005

商洛市审计志　1983–2010
商洛市审计志编纂委员会 杨朝英主编 商洛 商洛市审计志编纂委员会 2014 年 281 页〔商洛市地方志丛书〕
b46862602　F239.227.413 S297 2014

商洛供电志　2003–2012
商洛供电局编著 封镇总纂 天津 天津大学出版社 2015 年 566 页
b46960211　F426.61 S297 2015

陕西省道路交通管理志　商洛分志
陕西省道路交通管理志商洛分志编纂委员会编 西安 陕西人民出版社 1999 年 501

页〔陕西省地方志资料丛书〕
b13773525　F542.841　S268S

商洛市物价志
商洛市物价志编纂委员会编　肖荣林主编　高陵　高陵县财政局　2016 年　273 页〔商洛市地方志丛书〕
b49607972　F726.741.3　S297　2016

商洛地区教育志
商洛地区教育局编　西安　三秦出版社　2006 年　643 页〔陕西地方志丛书〕
b16802366　G527.412　S297　2006

陕西省戏剧志　商洛地区卷
陕西省戏剧志编纂委员会编　鱼讯主编　西安　三秦出版社　1997 年　338 页
b13549558　J809.2　Y715

陕西省商洛地区地理志
陕西师范大学地理系商洛地区地理志编写组编　西安　陕西人民出版社　1981 年　298 页
b11892651　P942.41　S268

商洛地区卫生志
商洛地区卫生志编纂委员会编　程达富主编　西安　陕西人民出版社　1999 年　421 页〔陕西地方志丛书〕
b49789594　R-092　S297　1999

商洛市水利志
商洛市水利局编　盛卫主编　商洛　商洛市水利局　2018 年　372 页〔商洛市地方志丛书〕
b5111589x　TV-092　S297　2018

商洛市环境保护志
商洛市环境保护志编纂委员会编　刘福明主编　商洛　商洛市环境保护局　2016 年　373 页〔商洛市地方志丛书〕
b5001724x　X321.241.3　S297　2016

商州区

商州市志
商州市地方志编纂委员会编　廉高林主编　北京　中华书局　1998 年　878 页〔陕西省地方志丛书 12001〕
b12698428　K294.13　S298

商洛市商州区军事志
商洛市商州区军事志编纂委员会编　杨英卓主编　西安　长安精美印刷公司　2007 年　314 页
b22443897　E289.413　S297S　2007

商州城关小学校志
商州城关小学编　姚玉平主编　商洛　商州城关小学　2007 年　430 页
b50066596　G629.284.13　S297S　2007

陕西省商州市地名志
商州市民政局　商州市地名办公室编　西安　商州市民政局　1991 年　528 页
b14998476　K924.13　S298　1991

洛南县

洛南县志
洛南县地方志编纂委员会编　吴承英主编　北京　作家出版社　1999 年　758 页〔陕西地方志丛书〕
b13429978　K294.14　L9486

洛南县人口和计划生育志
洛南县人口和计划生育局编　杨占武主编　商洛　商洛日报社印刷厂　2011 年　333 页〔洛南地方志丛书〕
b36666919　C924.254.14　L948　2011

洛南县社会保障志 1999–2013
洛南县社会保障事业管理局编 卢瑜明主编 洛南 洛南县社会保障事业管理局 2015 年 375 页〔洛南县地方志丛书〕
b46862420 D632.1 L948 2015

洛南县军事志
洛南县军事志编纂委员会编 洛南 洛南县晨光印务公司 2007 年 480 页〔洛南县地方志丛书〕
b22443964 E289.414 L9486 2007

洛南县财政志
洛南县财政志编纂委员会编 张岳峰主编 洛南 洛南县财政志编纂委员会 2012 年 415 页〔洛南县地方志丛书〕
b50269239 F812.741.4 L948 2012

陕西省洛南中学校志 续志 1995–2012.6
陕西省洛南中学校志编纂委员会编 郝云峰主编 商洛 商洛华民印务公司 2012 年 393 页〔洛南地方志丛书〕
b45840519 G639.284.14 S268 2012

陕西省洛南县地名志
洛南县民政局 洛南县地名办公室编 洛南 洛南县民政局 1994 年 529 页
b14998567 K924.14 L948 1994

洛南县卫生志
洛南县卫生志编纂委员会编 杨恩儒 张惠民主编 商洛 商洛日报社印刷厂 2012 年 509 页〔洛南地方志丛书〕
b36666932 R199.2 L948 2012

洛惠渠志
洛惠渠志编纂委员会编 贺明仪主编 西安 陕西人民出版社 1995 年 378 页〔陕西地方志水利志丛书〕
b21136208 TV–092 L948 1995

丹凤县

丹凤县志
丹凤县志编纂委员会编 童正家主编 西安 陕西人民出版社 1994 年 866 页〔陕西地方志丛书〕
b10726627 K294.14 D165

丹凤县志 1991–2010
丹凤县志编纂委员会编 刘建军主编 西安 三秦出版社 2017 年 995 页〔陕西地方志丛书〕
b50320993 K294.14 v5

丹凤县教育志
丹凤县教育志编纂委员会编 周永堂主编 西安 陕西人民出版社 1996 年 448 页
b13856509 G527.414 D165

陕西省丹凤中学校志
陕西省丹凤中学校志编纂委员会编 西安 陕西师范大学出版社 2002 年 430 页
b19418061 G639.284.1 S268 2002

陕西省丹凤县地名志
丹凤县民政局 丹凤县地名办公室编 西安 西北有色金属测绘院印刷厂 1988 年 469 页
b14998695 K924.14 D165 1988

丹凤县建设志
丹凤县建设局编 西安 陕西人民出版社 2003 年 358 页
b20948530 TU984.241.4 D165 2003

商南县

商南县志
商南县志编纂委员会编 北京 作家出版社 1993年 962页〔陕西地方志丛书〕
b14106590 K294.14 S298

山阳县

山阳县志
山阳县地方志编纂委员会编 西安 陕西人民出版社 1991年 416页〔陕西地方志丛书〕
b10634125 K294.14 S252C

山阳县人大志
山阳县人大志编纂委员会编 山阳 山阳县人大志编纂委员会 2017年 373页
b50152439 D624.414 S252 2017

山阳县军事志
山阳县军事志编纂委员会编 陈学友 刘永东主编 西安 长安精美印刷公司 2007年 396页
b22443939 E289.414 S252 2007

山阳县教育志 1990–2008
山阳县教育局编 陈学友主编 山阳 山阳县教育局 2009年 400页
b49506286 G527.514 S252 2009

镇安县

镇安县志
镇安县志编纂委员会编 主编寇忠信 西安 陕西人民教育出版社 1995年 644页〔陕西地方志丛书〕
b10488327 K294.14 Z4931

镇安县军事志
镇安县军事志编纂委员会编 邢显博 刘永东主编 西安 长安精美印刷公司 2007年 394页
b22443940 E289.414 Z4931 2007

陕西省镇安县中学校志
陕西省镇安县中学编 唐汉承主编 镇安 陕西省镇安县中学 2002年 536页
b50152889 G639.284.14 Z493 2002

柞水县

柞水县志
柞水县志编纂委员会编 龙赓贤主编 西安 陕西人民出版社 1998年 890页〔陕西地方志丛书〕
b13374667 K294.14 Z984

柞水县军事志
柞水县军事志编纂委员会编 龙赓贤主编 西安 长安精美印刷公司 2007年 295页
b22443952 E289.414 Z984 2007

柞水税志
柞水县税务局编 齐德周主编 柞水 柞水县税务局 1992年 105页〔陕西省柞水县地方志丛书〕
b49506535 F812.741.4 Z984 1992

柞水县职业中等专业学校志 1983–2013
柞水县职业中等专业学校校志编委会编 李延学主编 柞水 柞水县职业中等专业学校校志编委会 2013年 452页
b50665960 G719.284.14 Z984 2013

甘肃省

甘肃省志 第 1 卷 概述
甘肃省地方史志编纂委员会编 孙民主编 兰州 甘肃人民出版社 1989 年 181 页
b10570482 K294.2 G158

甘肃省志 第 2 卷 大事记
甘肃省地方史志编纂委员会编纂 韩志德主编 邵文龙卷主编 兰州 甘肃人民出版社 2017 年 591 页
b50756448 K294.2 G158

甘肃省志 第 2 卷 大事记
甘肃省地方史志编纂委员会编 韩志德主编 兰州 甘肃人民出版社 1989 年 591 页
b10570470 K294.2 G158

甘肃省志 第 3 卷 共产党志
甘肃省地方史志编纂委员会编 甘肃省志共产党志编纂委员会编 金庆礼 张生桢主编 北京 中共党史出版社 2008 年 2 卷 1234 页
b46239583 K294.2 G158

甘肃省志 第 4 卷 政权志 人大
甘肃省地方史志编纂委员会 甘肃省志政权志人大编纂委员会编 王在鹏主编 石怀川卷主编 兰州 甘肃人民出版社 2005 年 980 页
b16425431 K294.2 G158

甘肃省志 第 5 卷 公安志
甘肃省地方史志编纂委员会 甘肃省志公安志编纂领导小组编纂 兰州 甘肃文化出版社 1995 年 656 页
b10572247 K294.2 G158

甘肃省志 第 6 卷 检察志
甘肃省地方史志编纂委员会 甘肃省志检察志编纂领导小组编纂 夏荣生主编 杜仲德等卷主编 兰州 甘肃文化出版社 1995 年 276 页
b17959718 K294.2 G158

甘肃省志 第 7 卷 审判志
甘肃省地方史志编纂委员会 甘肃省审判志编纂委员会编 夏荣生主编 把志先卷主编 兰州 甘肃文化出版社 1995 年 773 页
b10572235 K294.2 G158

甘肃省志 第 8 卷 司法行政志
甘肃省地方史志编纂委员会 甘肃省司法行政志编纂委员会编 蔡善芳 郑信主编 兰州 甘肃人民出版社 2009 年 554 页
b20953501 K294.2 G158

甘肃省志 第 9 卷 民政志
甘肃省地方史志编纂委员会 甘肃省民政志编委会编纂 夏荣生主编 李春发卷主编 兰州 甘肃人民出版社 1994 年 880 页
b10572223 K294.2 G158

甘肃省志 第 10 卷 军事志 人民防空
甘肃省地方史志编纂委员会 甘肃省人民防空办公室编纂 夏荣生主编 李德贵卷主编 兰州 甘肃人民出版社 2000 年 285 页
b16596134 K294.2 G158

甘肃省志 第10卷 军事志
甘肃省地方史志编纂委员会 甘肃省军区军事志领导小组编纂 郝成铭主编 兰州 甘肃人民出版社 2001年 2卷 1818页
b16583255 K294.2 G158

甘肃省志 第12卷 地震志
甘肃省地方史志编纂委员会 甘肃省地震志编纂委员会编 韩志德主编 郭增建卷主编 兰州 甘肃人民出版社 1991年 348页
b10572211 K294.2 G158

甘肃省志 第13卷 气象志
甘肃省地方史志编纂委员会 甘肃省志气象志编辑室编纂 韩志德主编 兰州 甘肃人民出版社 1992年 270页
b14084156 K294.2 G158

甘肃省志 第14卷 测绘志
甘肃省地方史志编纂委员会 甘肃省测绘志编纂委员会编 王继光主编 兰州 甘肃人民出版社 1998年 386页
b13655917 K294.2 G158

甘肃省志 第15卷 经济计划志 计划
甘肃省地方史志编纂委员会 甘肃省发展计划委员会编纂 夏荣生主编 冯维忠卷主编 兰州 甘肃人民出版社 2000年 1085页
b19393337 K294.2 G158

甘肃省志 第16卷 统计志
甘肃省地方史志编纂委员会 甘肃省志统计志编纂委员会编 夏荣生主编 潘琛卷主编 兰州 甘肃文化出版社 1995年 405页
b1057220x K294.2 G158

甘肃省志 第17卷 审计志
甘肃省地方史志编纂委员会 甘肃省志审计志编纂委员会编 宋书麟 苟三云主编 兰州 甘肃文化出版社 2004年 638页
b16594654 K294.2 G158

甘肃省志 第18卷 农业志
甘肃省地方史志编纂委员会 甘肃省农业志编纂委员会编 崔荣芳主编 兰州 甘肃文化出版社 1995年 2卷 1203页
b10572193 K294.2 G158

甘肃省志 第19卷 农垦志
甘肃省地方史志编纂委员会 甘肃省农垦志编纂领导小组编纂 贺涤新主编 兰州 甘肃人民出版社 1993年 433页
b10572181 K294.2 G158

甘肃省志 第20卷 林业志
甘肃省地方史志编纂委员会 甘肃省林业志编辑委员会编纂 夏荣生主编 于慎言卷主编 兰州 甘肃人民出版社 1999年 934页
b2176329x K294.2 G158

甘肃省志 第21卷 畜牧志
甘肃省地方史志编纂委员会 甘肃省畜牧志编辑委员会编纂 韩志德主编 兰州 甘肃人民出版社 1991年 609页
b1057217x K294.2 G158

甘肃省志 第22卷 渔业志
甘肃省地方史志编纂委员会 甘肃省渔业志编委会编纂 韩志德主编 刘远春卷主编 兰州 甘肃人民出版社 1991年 120页
b15693636 K294.2 G158

甘肃省志 第23卷 水利志 附录 大事记
甘肃省水利志编辑部编纂 马秉礼主编 兰州 甘肃文化出版社 1997年 362页
b20265335 K294.2 G158

甘肃省志 第 23 卷 水利志
甘肃省地方史志编纂委员会 甘肃省水利志编纂领导小组编纂 马秉礼总编辑 兰州 甘肃文化出版社 1998 年 863 页
b16575167 K294.2 G158

甘肃省志 第 23 卷 水利志 1991-2007
甘肃省地方史志编纂委员会 甘肃省志水利志编纂委员会编 兰州 甘肃文化出版社 2014 年 1110 页
b46377190 K294.2 G158E

甘肃省志 第 24 卷 农业机械化志
甘肃省地方史志编纂委员会 甘肃省农业机械化志编委会编纂 韩志德主编 兰州 甘肃人民出版社 1991 年 222 页
b10572168 K294.2 G158

甘肃省志 第 25 卷 机械工业志
甘肃省地方史志编纂委员会编 甘肃省机械工业志编辑室编纂 韩志德主编 兰州 甘肃人民出版社 1989 年 377 页
b10572156 K294.2 G158

甘肃省志 第 26 卷 电力工业志
甘肃省地方史志编纂委员会 甘肃省志电力工业志编纂委员会编 党长生主编 兰州 甘肃文化出版社 1999 年 564 页
b16583243 K294.2 G158

甘肃省志 第 27 卷 石油化工志
甘肃省地方史志编纂委员会 甘肃省石油化学工业厅编纂 兰州 甘肃人民出版社 1994 年 453 页
b10572144 K294.2 G158

甘肃省志 第 28 卷 妇女志
甘肃省地方史志编纂委员会编 甘肃省妇联妇女志编纂委员会编 崔玉琴 韩克茵主编 兰州 甘肃文化出版社 2009 年 514 页
b21015260 K294.2 G158

甘肃省志 第 29 卷 政协志
甘肃省地方史志编纂委员会 中国人民政治协商会议甘肃省委员会编纂 金庆礼主编 刘振华卷主编 兰州 甘肃人民出版社 2008 年 1080 页
b19509613 K294.2 G158

甘肃省志 第 30 卷 旅游志
甘肃省地方史志编纂委员会 甘肃省旅游局编纂 徐宗望等主编 阎赤卷主编 兰州 甘肃文化出版社 2007 年 360 页
b19757414 K294.2 X581 2007

甘肃省志 第 31 卷 煤炭工业志
甘肃省地方史志编纂委员会 甘肃省煤炭工业志编纂委员会编 王建亮主编 兰州 甘肃文化出版社 1995 年 921 页
b10572132 K294.2 G158

甘肃省志 第 32 卷 建设志
甘肃省地方史志编纂委员会 甘肃省志建设志编纂委员会编 王志宏 党仁贵主编 兰州 甘肃人民出版社 2000 年 893 页
b16585665 K294.2 G158

甘肃省志 第 33 卷 环境保护志
甘肃省地方史志编纂委员会 甘肃省环境保护局编纂 王国柄 骆嘉陵 乔彩玉主编 兰州 甘肃人民出版社 2007 年 535 页
b18776632 K294.2 G158

甘肃省志 第 34 卷 建材工业志
甘肃省地方史志编纂委员会 甘肃省建材工业志编委会编纂 兰州 甘肃人民出版社 1993 年 504 页
b10572120 K294.2 G158

甘肃省志 第 35 卷 轻纺工业志 二轻
甘肃省地方史志编纂委员会 甘肃省二轻工业志编纂委员会编 赵海琨卷主编 兰州 甘肃文化出版社 1995 年 526 页
b10572119 K294.2 G158

甘肃省志 第 36 卷 林业志 1986-2005
甘肃省地方史志编纂委员会 甘肃省志林业志编纂委员会编 金庆礼主编 魏至公火统元卷主编 兰州 甘肃文化出版社 2010 年 2 卷 1573 页〔甘肃地方志〕
b21865619 K294.2 G158

甘肃省志 第 36 卷 乡镇企业志
甘肃省地方史志编纂委员会 甘肃省志乡镇企业志编纂委员会编 兰州 甘肃人民出版社 2008 年 508 页
b40908252 K294.2 G158E

甘肃省志 第 37 卷 财税志
甘肃省地方史志编纂委员会 甘肃省财税志编纂委员会编 韩志德主编 兰州 甘肃人民出版社 1990 年 434 页
b10572107 K294.2 G158

甘肃省志 第 37 卷 税务志（地方税务）1994-2010
甘肃省地方史志编纂委员会 甘肃省志税务志编纂委员会编 李虎主编 崔伟栋卷主编 兰州 甘肃文化出版社 2014 年 599 页
b45649054 K294.2 G158E

甘肃省志 第 38 卷 公路交通志
甘肃省地方史志编纂委员会 甘肃省交通史志年鉴编写委员会编纂 陈琦主编 兰州 甘肃人民出版社 1993 年 1241 页
b10572090 K294.2 G158

甘肃省志 第 39 卷 航运志
甘肃省地方史志编纂委员会 甘肃省交通史志年鉴编写委员会编纂 杨若愚主编 李兴民卷主编 兰州 甘肃人民出版社 1992 年 207 页
b10572089 K294.2 G158

甘肃省志 第 40 卷 铁路志
甘肃省地方史志编纂委员会 甘肃省志铁路志编纂委员会编 许东海主编 兰州 甘肃文化出版社 2000 年 712 页
b16585677 K294.2 G158

甘肃省志 第 41 卷 民航志
甘肃省地方史志编纂委员会 甘肃省志民航志编辑委员会编纂 昆明 甘肃人民出版社 2003 年 242 页
b16594642 K294.2 G158

甘肃省志 第 42 卷 邮电志
甘肃省地方史志编纂委员会 甘肃省邮电志编纂委员会编 姚学礼主编 兰州 甘肃人民出版社 1993 年 1020 页
b10572077 K294.2 G158

甘肃省志 第 43 卷 军事工业志
甘肃省地方史志编纂委员会 甘肃省军事工业志编审委员会编纂 胡国仕主编 兰州 甘肃人民出版社 1992 年 377 页
b10572065 K294.2 G158

甘肃省志 第 44 卷 金融志
甘肃省地方史志编纂委员会 甘肃省金融志编纂委员会编 夏荣生主编 丁文翔卷主编 兰州 甘肃文化出版社 1996 年 1428 页
b17726232 K294.2 G158

甘肃省志 第 45 卷 标准化与质量志
甘肃省地方史志编纂委员会 甘肃省标准化与质量志编纂委员会编 夏荣生主编 竹炳文卷主编 兰州 甘肃文化出版社 1999

年 561 页
b17761037 K294.2 G158

甘肃省志 第 46 卷 计量志
甘肃省地方史志编纂委员会编 甘肃省计量志编纂委员会编 杨新彪主编 兰州 甘肃人民出版社 1990 年 341 页
b10572053 K294.2 G158

甘肃省志 第 47 卷 物资志
甘肃省地方史志编纂委员会 甘肃省物资局物资志编纂领导小组编纂 韩志德主编 张书义卷主编 兰州 甘肃人民出版社 1991 年 435 页
b10572041 K294.2 G158

甘肃省志 第 48 卷 储备物资志
甘肃省地方史志编纂委员会 甘肃省志储备物资志编纂领导小组编纂 夏荣生主编 何献卷主编 兰州 甘肃文化出版社 1996 年 303 页
b20806115 K294.2 G158

甘肃省志 第 49 卷 商业志
甘肃省地方史志编纂委员会 甘肃省商业志编委会编纂 杨若愚主编 党诚恩卷主编 兰州 甘肃人民出版社 1993 年 598 页
b1057203x K294.2 G158

甘肃省志 第 50 卷 供销合作社志
甘肃省地方史志编纂委员会 甘肃省供销合作社志编纂委员会编 夏荣生主编 陈宏与卷主编 兰州 甘肃人民出版社 1995 年 737 页
b10572028 K294.2 G158

甘肃省志 第 51 卷 工商行政管理志
甘肃省地方史志编纂委员会 甘肃省工商行政管理志编委会编纂 韩志德主编 杨柏林卷主编 兰州 甘肃人民出版社 1991 年 627 页
b10572016 K294.2 G158

甘肃省志 第 52 卷 粮食志
甘肃省地方史志编纂委员会 甘肃省粮食局编纂 夏荣生主编 欧阳信 邓烈文卷主编 兰州 甘肃文化出版社 1995 年 528 页
b10572004 K294.2 G158

甘肃省志 第 53 卷 外经贸志
甘肃省地方史志编纂委员会 甘肃省志外经贸志编纂委员会编 夏荣生主编 李希尚卷主编 兰州 甘肃文化出版社 2005 年 656 页
b16425443 K294.2 G158

甘肃省志 第 54 卷 民主党派工商联志
甘肃省地方史志编纂委员会 甘肃省志民主党派工商联志编辑委员会编纂 夏荣生主编 刘学福 郭荣华卷主编 兰州 甘肃文化出版社 2001 年 816 页
b17688358 K294.2 G158

甘肃省志 第 55 卷 群众团体志 工会
甘肃省地方史志编纂委员会 甘肃省总工会工会志编纂委员会编 夏荣生主编 薛东卷主编 兰州 甘肃文化出版社 2001 年 326 页
b17761025 K294.2 G158

甘肃省志 第 56 卷 外事志
甘肃省地方史志编纂委员会 甘肃省人民政府外事办公室编纂 金庆主编 赵生兰卷主编 兰州 甘肃文化出版社 2006 年 516 页
b17959706 K294.2 G158

甘肃省志 第 57 卷 人事志
甘肃省地方史志编纂委员会 甘肃省人事志编纂领导小组编纂 王田青卷主编 兰

州 甘肃人民出版社 1992 年 491 页
b10571991 K294.2 G158

甘肃省志 第 58 卷 劳动志
甘肃省地方史志编纂委员会 甘肃省志劳动志编纂委员会编 金庆礼 张庆信主编 兰州 甘肃文化出版社 2008 年 554 页
b19757402 K294.2 J478 2008

甘肃省志 第 59 卷 教育志
甘肃省地方史志编纂委员会 甘肃省志教育志编辑委员会编纂 韩志德主编 邓品珊卷主编 兰州 甘肃人民出版社 1991 年 742 页
b19180214 K294.2 G158

甘肃省志 第 60 卷 科学技术志
甘肃省地方史志编纂委员会 甘肃省科技史志编纂委员会编 魏庆同主编 兰州 甘肃文化出版社 1995 年 1335 页
b1057198x K294.2 G158

甘肃省志 第 61 卷 社会科学志 古代至一九九〇
甘肃省地方史志编纂委员会 甘肃省社会科学志编纂委员会编 支克坚等主编 兰州 甘肃人民出版社 2007 年 639 页
b18776644 K294.2 G158

甘肃省志 第 62 卷 档案志
甘肃省地方史志编纂委员会 甘肃省志档案志编纂委员会编 刘玉生 张蕊兰 拓志平主编 兰州 甘肃文化出版社 2013 年 433 页
b45445047 K294.2 G158

甘肃省志 第 63 卷 新闻出版志 出版
甘肃省地方史志编纂委员会 甘肃省新闻出版志出版卷编纂委员会编 兰州 甘肃人民出版社 1994 年 626 页
b16594617 K294.2 G158

甘肃省志 第 64 卷 广播电影电视志
甘肃省地方史志编纂委员会 甘肃省广播电影电视志编纂委员会编 李宗涵总纂 兰州 甘肃人民出版社 2007 年 902 页
b19246894 K294.2 G158

甘肃省志 第 65 卷 文化志 上古 -1985
甘肃省地方史志编纂委员会 甘肃省志文化志编纂委员会编 马少青 邵明 孙伟主编 兰州 甘肃人民出版社 2017 年 951 页
b50042087 K294.2 G158

甘肃省志 第 66 卷 烟草志
甘肃省地方史志编纂委员会 甘肃省志烟草志编纂委员会编 金庆礼主编 董天源卷主编 兰州 甘肃文化出版社 2011 年 732 页
b35967389 K294.2 G158

甘肃省志 第 67 卷 医药卫生志 卫生
甘肃省地方史志编纂委员会 甘肃省志医药卫生志卫生编纂委员会编 夏荣生主编 乔公先卷主编 兰州 甘肃文化出版社 1999 年 654 页
b3624529x K294.2 G158

甘肃省志 第 68 卷 体育志
甘肃省地方史志编纂委员会 甘肃省体育志编纂委员会编 张嗣让主编 兰州 甘肃人民出版社 1997 年 730 页
b20806103 K294.2 G158

甘肃省志 第 69 卷 人口志
甘肃省地方史志编纂委员会 甘肃省志人口志编纂委员会编 夏荣生主编 张绪胜卷主编 兰州 甘肃文化出版社 2001 年 567 页
b17761013 K294.2 G158

甘肃省志 第 70 卷 民族志
甘肃省地方史志编纂委员会 甘肃省志民

族志编纂委员会编 王梓杞 马通主编 兰州 甘肃人民出版社 2003年 954页
b16325928 K294.2 G158

甘肃省志 第71卷 宗教志
甘肃省地方史志编纂委员会 甘肃省志宗教志编纂委员会编 夏荣生主编 兰州 甘肃人民出版社 2005年 533页
b16425455 K294.2 G158

甘肃省志 第72卷 附录
甘肃省地方史志编纂委员会编 金庆礼主编 兰州 甘肃文化出版社 2014年 1062页
b47224551 K294.2 G158

甘肃省志 第72卷 公安志 1991-2010
甘肃省地方史志编纂委员会编 李虎主编 兰州 甘肃文化出版社 2016年 715页
b49484746 K294.2 G158

甘肃省志 税务志 甘肃税务 1986-1993 甘肃国税 1994-2010
甘肃省地方史志编纂委员会 甘肃省志税务志编纂委员会编 李虎主编 兰州 甘肃人民出版社 2014年 550页
b47206342 F812.742.042 L396 2014

甘肃省志 建制志 春秋时期-2008
甘肃省地方史志编纂委员会 甘肃省志建制志编纂委员会编纂 张军利主编 李虎卷主编 兰州 甘肃人民出版社 2017年 904页
b50651316 K294.2 G158JZ 2017

甘肃省志 文化志 电影篇 1918-1995
王耀 石生彩编写 兰州 本志编纂者 1994年 103页
b19929948 K294.2 G158G

甘肃省志 监察志 1950-2007
甘肃省地方史志编纂委员会 甘肃省监察志编纂委员会编 金庆礼主编 兰州 甘肃文化出版社 2012年 936页〔甘肃地方志〕
b36271974 K294.2 G158E 2012

甘肃省志 大事记 1986-2010
甘肃省地方史志编纂委员会 甘肃省志大事记编纂委员会编 金庆礼 李虎主编 兰州 甘肃文化出版社 2013年 728页
b46743376 K294.2 G158DS 2013

甘肃省志 工商行政管理志 1986-2008
甘肃省地方史志编纂委员会 甘肃省志工商行政管理志编纂委员会编纂 白春鸣主编 兰州 甘肃文化出版社 2017年 962页
b50290897 K294.2 G158GS 2017

甘肃省志 教育志 1987-2005
甘肃省地方史志编纂委员会 甘肃省志教育志编纂委员会编纂 李虎主编 旦智塔卷主编 兰州 甘肃教育出版社 2017年 2册 1386页
b50777701 K294.2 G158JY 2017

甘肃省志 科学技术志 1987-2007
甘肃省地方史志编纂委员会 甘肃省志科学技术志编纂委员会编纂 李虎主编 李文卿卷主编 兰州 甘肃科学技术出版社 2016年 2册 1334页
b50727163 K294.2 G158K 2016

甘肃省志 人事志 1989-2007
甘肃省地方史志编纂委员会 甘肃省人事志编纂委员会编 王联群主编 兰州 甘肃文化出版社 2010年 665页〔甘肃地方志〕
b2337374x K294.2 G158E

甘肃省志 检察志 1990-2010
甘肃省地方史志编纂委员会 甘肃省志检察志编纂委员会编 乔汉荣 路志强主编 兰州 甘肃人民出版社 2015年 712页
b46934145 K294.2 G158J 2015

甘肃省志 社会科学志 1991-2000
甘肃省地方史志编纂委员会 甘肃省社会科学志编纂委员会编 兰州 甘肃人民出版社 2007年 855页
b19926595 K294.2 G158E

甘肃省志 水利志 大事记 1991-2007
甘肃省地方史志编纂委员会 甘肃省志水利志编纂委员会编 兰州 甘肃文化出版社 2014年 286页
b4647173x K294.2 G158E

甘肃省志 体育志 1991-2007
甘肃省地方史志编纂委员会 甘肃省志体育志编纂委员会编 李虎主编 兰州 甘肃文化出版社 2013年 536页
b44748796 K294.2 G158F 2013

甘肃省志 广播电影电视志 1999-2008
甘肃省地方史志编纂委员会 甘肃省志广播电影电视志编纂委员会编 刘炘主编 兰州 甘肃文化出版社 2015年 1071页〔甘肃地方志〕
b46551244 K294.2 G158H 2015

甘肃省人民代表大会志 初审稿
甘肃省人民代表大会常务委员会编 兰州 甘肃省人民代表大会常务委员会 2002年 785页
b20534395 D624.42 G158 2002

甘肃电力抗震救灾志
甘肃电力抗震救灾志编委会编 康安东主编 兰州 甘肃文化出版社 2010年 311页
b22429529 D632.5 K184 2010

汶川特大地震甘肃抗震救灾医疗防疫志
甘肃省卫生和计划生育委员会编 刘维忠 李存文主编 兰州 甘肃省卫生和计划生育委员会 2014年 293页
b50861207 D632.5 G158 2014

甘肃省精神文明建设图志 第2卷 第1-4批精神文明建设先进荣誉册
甘肃省精神文明建设指导委员会编纂 周文武主编 兰州 甘肃文化出版社 2003年 134页
b50233890 D648-64 Z675 2003

甘肃省精神文明建设图志 第4卷 第六批精神文明建设先进荣誉册
甘肃省精神文明建设指导委员会编纂 周文武主编 兰州 甘肃文化出版社 2003年 180页
b50925763 D648-64 Z675 2003

甘肃省精神文明建设图志 第5卷 第七批精神文明建设先进荣誉册
甘肃省精神文明建设指导委员会编纂 周文武主编 兰州 甘肃文化出版社 2003年 292页
b50925775 D648-64 Z675 2003

甘肃法院志 1949-2015
甘肃省高级人民法院编 兰州 甘肃人民出版社 2017年 4卷 2074页
b49901825 D926.2 G158 2017

甘肃国土资源通志
甘肃国土资源通志编委会编 张力学主编 北京 中华书局 2013年 2卷 1030页
b47414091 F129.942 Z356 2013

甘肃农垦志 1989–2010
甘肃农垦志编纂委员会编 兰州 甘肃农垦志编纂委员会 2013 年 530 页
b4970459x F327.42 G158G 2013

甘肃省电力工业志
甘肃省电力工业志编纂委员会编 党长生主编 北京 当代中国出版社 1996 年 451 页〔中国电力工业志丛书〕
b44850906 F426.61 D227 1996

甘肃省电力工业志 1991–2002
张建伟主编 北京 中国电力出版社 2012 年 637 页〔中国电力工业志丛书〕
b37530367 F426.61 Z354 2012

甘肃省烟草行业志 卷首 甘肃省烟草志
甘肃省烟草行业志编纂委员会 甘肃省烟草志编纂委员会编纂 冯欣主编 甘肃 甘肃文化出版社 2004 年 1042 页
b50729408 F426.89 G158C 2004

中国煤炭志 甘肃卷
中国煤炭志编纂委员会编 王建亮主编 北京 煤炭工业出版社 1997 年 603 页
b40805967 F426.21 Z6485P 1997

甘肃省地方税务志 1994–2010
甘肃省地方税务局编 崔伟栋主编 兰州 甘肃省地方税务局 2011 年 511 页
b40647924 F812.742 C822 2011

甘肃农村金融志 1949–1988
甘肃农村金融志编审委员会编纂 兰州 甘肃人民出版社 1994 年 594 页
b2757457x F832.742 G158 1994

甘肃科技志 大事记
甘肃省科技史志编辑部编 魏庆同主编 兰州 甘肃省科学技术出版社 1989 年 245 页
b27574556 G322.742 W358 1989

甘肃教育史志资料 特辑
甘肃教育志编辑室编 兰州 甘肃教育志编辑室 1987 年 121 页
b20181723 G527.42 G158G 1987

甘肃教育志
甘肃省图书馆编 兰州 甘肃省图书馆 1964 年 2 卷 120 页
b20181735 G527.42 G158H 1964

中国曲艺志 甘肃卷
中国曲艺志全国编辑委员会编 中国曲艺志甘肃卷编辑委员会编 罗扬主编 徐枫卷主编 北京 中国 ISBN 中心 2008 年 855 页
b10643059 J809.2 Z648

中国戏曲志 甘肃卷
中国戏曲志编辑委员会 中国戏曲志甘肃卷编辑委员会编 张庚主编 北京 中国 ISBN 中心 1995 年 805 页
b1065592x J809.2 Z651GS

甘肃人物志
张维主编 兰州 西北师范大学学报编辑部 1988 年 559 页〔陇石文献丛书〕
b20042383 K820.842 Z366 1988

陇人志
姚志忠编著 西安 陕西旅游出版社 1999 年 398 页〔西北风情〕
b40740201 K820.842 Y297 1999

甘肃石窟志
苏国庆 杨惠福 樊锦诗主编 兰州 甘肃教育出版社 2011 年 435 页〔敦煌研究院

学术文库〕
b36427160 K879.204 S695 2011

河洮岷民俗志
宁文忠 郝荣编著 北京 中国文史出版社 2014年 445页
b45887445 K892.442 N413 2014

甘肃风物志
吴月等编写 兰州 甘肃人民出版社 1985年 291页〔中国风物志丛书〕
b12948093 K924.2 W515

甘肃河西走廊风物志
魏明孔编著 昆明 云南人民出版社 2001年 259页〔中国西部风物志丛书〕
b13776861 K924.2 W357

甘肃省地震监测志
甘肃省地震局编 张新基主编 兰州 兰州大学出版社 2005年 311页〔中国地震监测志系列〕
b27574581 P315.732.42 G158 2005

甘肃植物志 第2卷 被子植物门 双子叶植物纲 胡桃科－连香树科
甘肃植物志编辑委员会编 兰州 甘肃科学技术出版社 2005年 607页
b1663603x Q948.524.2 G158

甘肃脊椎动物志
王香亭主编 兰州 甘肃科学技术出版社 1991年 1362页
b16019118 Q959.3 v4

甘肃蝗虫图志
甘肃省蝗虫调查协作组编 兰州 甘肃人民出版社 1985年 209页
b27574593 Q969.26 G158 1985

甘肃省叶甲科昆虫志
王洪建 杨星科主编 张丽杰等编著 兰州 甘肃科学技术出版社 2006年 296页
b18144536 Q969.512.4 W218 2006

甘肃蚜蝇科图志
李兆华 李亚哲编著 北京 中国展望出版社 1990年 127页
b11175485 Q969.44 L423

甘肃中草药资源志
赵汝能主编 兰州 甘肃省科学技术出版社 2004–2007年 2卷 3053页
b18144512 R281.442 Z437 2004

甘肃土种志
甘肃省土壤普查办公室编著 兰州 甘肃科学技术出版社 1993年 438页
b19930082 S155.924.2 G158 1993

甘肃省经济植物病害志
孟有儒主编 兰州 甘肃科学技术出版社 2003年 458页
b17482835 S432 M369 2003

甘肃小麦品种志 1950–1987
甘肃省农业科学院粮食作物研究所编 胡裕国 王英才主编 兰州 甘肃省农业科学院粮食作物研究所 1989年 143页
b51079458 S512.102.92 H476 1989

甘肃果树志
甘肃省农业科学院果树研究所编 北京 中国农业出版社 1995年 487页
b36013912 S66 G158 1995

甘肃连城国家级自然保护区志
甘肃连城国家级自然保护区志编委会编 郑有仁主编 兰州 甘肃文化出版社 2017

年 740 页
b50129703 S759.992.42 G1585 2017

甘肃省畜禽品种志
甘肃省畜牧厅主编 兰州 甘肃人民出版社 1986 年 130 页
b10729288 S82 G158

甘肃省畜禽疫病志
甘肃省畜禽疫病志编辑委员会编纂 兰州 甘肃民族出版社 1992 年 955 页
b10631410 S851.924.2 G158

甘肃蜜源植物志
甘肃省养蜂研究所编著 章定生主编 兰州 甘肃科学技术出版社 1987 年 659 页〔甘肃丛书〕
b20018344 S897 Z372 1987

甘肃省冶金科学技术志
甘肃省冶金工业厅 甘肃省金属学会编纂 王景辉主编 兰州 甘肃人民出版社 1997 年 330 页
b49533472 TF-124.2 W219 1997

兰州市

兰州市志 第 1 卷 建置区划志
兰州市地方志编纂委员会 兰州市建置区划志编纂委员会编 马琦明主编 刘光华卷主编 兰州 兰州大学出版社 1999 年 435 页
b16578090 K294.21 L172 1996

兰州市志 第 2 卷 自然地理志
兰州市地方志编纂委员会 兰州市自然地理志编纂委员会编 王宗元主编 兰州 兰州大学出版社 1998 年 481 页
b16575155 K294.21 L172 1996

兰州市志 第 5 卷 土地志
兰州市地方志编纂委员会 兰州市土地志编纂委员会编 马琦明主编 石生仁 陈怀录卷主编 兰州 兰州大学出版社 1998 年 323 页
b21276997 K294.21 L172 1996

兰州市志 第 6 卷 城市规划志
兰州市地方志编纂委员会 兰州市城市规划志编纂委员会编 马琦明主编 沈寿贤卷主编 兰州 兰州大学出版社 2001 年 539 页
b19320449 K294.21 L172 1996

兰州市志 第 7 卷 市政建设志
兰州市地方志编纂委员会 兰州市市政建设志编纂委员会编 马琦明主编 关振兴卷主编 兰州 兰州大学出版社 1997 年 375 页
b17726244 K294.21 L172 1996

兰州市志 第 8 卷 公用事业志
兰州市地方志编纂委员会 兰州市公用事业志编纂委员会编 马琦明 郗振邦主编 兰州 兰州大学出版社 2001 年 461 页
b41234595 K294.21 L172 1996

兰州市志 第 9 卷 房地产志
兰州市地方志编纂委员会 兰州市房地产志编纂委员会编 马琦明主编 肖俊卷主编 兰州 兰州大学出版社 1998 年 511 页
b17458511 K294.21 L172 1996

兰州市志 第 10 卷 园林绿化志
兰州市地方志编纂委员会 兰州市园林绿化志编纂委员会编 马琦明主编 武守志卷主编 兰州 兰州大学出版社 2001 年 451 页
b21571740 K294.21 L172 1996

兰州市志 第 11 卷 环境保护志
兰州市地方志编纂委员会 兰州市环境保护

志编纂委员会编 马琦明主编 宋兴中卷主编 兰州 兰州大学出版社 1999 年 343 页
b17458547 K294.21 L172 1996

兰州市志 第 12 卷 城建综合志
兰州市地方志编纂委员会 兰州市城建综合志编纂委员会编 马琦明 高烽主编 兰州 兰州大学出版社 2002 年 1091 页
b17726311 K294.21 L172 1996

兰州市志 第 13 卷 重工业志
兰州市地方志编纂委员会 兰州市重工业志编纂委员会编 米琳主编 张家麒卷主编 兰州 兰州大学出版社 2012 年 774 页
b46239820 K294.21 L172 1996

兰州市志 第 17 卷 建材工业志
兰州市地方志编纂委员会 兰州市建材工业志编纂委员会编 余喜枝主编 兰州 兰州大学出版社 2001 年 331 页
b4491622x K294.21 L172 1996

兰州市志 第 18 卷 建筑业志
兰州市地方志编纂委员会 兰州市建筑业志编纂委员会编 马琦明主编 熊自泉卷主编 兰州 兰州大学出版社 1998 年 441 页
b21571715 K294.21 L172 1996

兰州市志 第 21 卷 交通志
兰州市地方志编纂委员会 兰州市交通志编纂委员会编 马琦明主编 桂海兴 张兴国卷主编 兰州 兰州大学出版社 2001–2005 年 2 卷 978 页
b1772630x K294.21 L172 1996

兰州市志 第 22 卷 邮政志
兰州市地方志编纂委员会 兰州市邮政志编纂委员会编 马琦明主编 梅建生卷主编 兰州 兰州大学出版社 1996 年 353 页
b19329519 K294.201 M141 1996

兰州市志 第 22 卷 电信志
兰州市地方志编纂委员会 兰州市电信志编纂委员会编 马琦明主编 赵友林卷主编 兰州 兰州大学出版社 1998 年 247 页
b49471545 K294.21 L172 1996

兰州市志 第 23 卷 农业志
兰州市地方志编纂委员会 兰州市农业志编纂委员会编 马琦明主编 火高炎卷主编 兰州 兰州大学出版社 2000 年 387 页
b21571727 K294.21 L172 1996

兰州市志 第 25 卷 水利志
兰州市地方志编纂委员会 兰州市水利志编纂委员会编 陈宝志主编 兰州 兰州大学出版社 2008 年 385 页
b40935528 K294.21 L172 1996

兰州市志 第 26 卷 林业志
兰州市地方志编纂委员会 兰州市林业志编纂委员会编 马琦明主编 李德宜卷主编 兰州 兰州大学出版社 1998 年 329 页
b19946673 K294.21 L172 1996

兰州市志 第 27 卷 蔬菜志
兰州市地方志编纂委员会 兰州市蔬菜志编纂委员会编 马琦明主编 吴述之卷主编 兰州 兰州大学出版社 1997 年 269 页
b20953628 K294.21 L172 1996

兰州市志 第 29 卷 乡镇企业志
兰州市地方志编纂委员会 兰州市乡镇企业志编纂委员会编 马琦明主编 李天亮卷主编 兰州 兰州大学出版社 1997 年 257 页
b17726293 K294.21 L172 1996

兰州市志 第 30 卷 计划管理志
兰州市地方志编纂委员会 兰州市计划管理志编纂委员会编 陈茂林主编 李斌龙卷主编 兰州 兰州大学出版社 2007 年 547 页
b49469964 K294.21 L172 1996

兰州市志 第 31 卷 工商行政管理志
兰州市地方志编纂委员会 兰州市工商行政管理志编纂委员会编 陈茂林主编 兰州 兰州大学出版社 2009 年 633 页
b36247546 K294.21 L172 1996

兰州市志 第 32 卷 统计志
兰州市地方志编纂委员会 兰州市统计志编纂委员会编 陈茂林主编 兰州 兰州大学出版社 2008 年 419 页
b20595141 K294.21 L172 1996

兰州市志 第 33 卷 对外经济贸易志
兰州市地方志编纂委员会 兰州市对外经济贸易志编纂委员会编 兰州 兰州大学出版社 2002 年 427 页
b19946661 K294.21 L172 1996

兰州市志 第 34 卷 技术监督志
兰州市地方志编纂委员会 兰州市技术监督志编纂委员会编纂 王树仓主编 兰州 兰州大学出版社 2004 年 391 页
b17726281 K294.21 L172 1996

兰州市志 第 35 卷 计划生育志
兰州市地方志编纂委员会 兰州市计划生育志编纂委员会编 马琦明 桑仲琪卷主编 兰州 兰州大学出版社 2003 年 417 页
b17726256 K294.21 L172 1996

兰州市志 第 36 卷 财政税务志
兰州市地方志编纂委员会 兰州市财政税务志编纂委员会编 马琦明主编 陈希九卷主编 兰州 兰州大学出版社 1998 年 707 页
b1994665x K294.21 L172 1996

兰州市志 第 39 卷 物价志
兰州市地方志编纂委员会 兰州市物价志编纂委员会编 马琦明主编 曹希旺卷主编 兰州 兰州大学出版社 1998 年 325 页
b20595086 K294.21 L172 1996

兰州市志 第 40 卷 工会志
兰州市地方志编纂委员会 兰州市工会志编纂委员会编 陈茂林 陶俊科主编 兰州 兰州大学出版社 2010 年 786 页
b44851881 K294.21 L172 1996

兰州市志 第 41 卷 审计志
兰州市地方志编纂委员会 兰州市审计志编纂委员会编 马琦明主编 马志生卷主编 兰州 兰州大学出版社 1998 年 317 页
b20774278 K294.21 L172 1996

兰州市志 第 43 卷 外事侨务志
兰州市地方志编纂委员会 兰州市外事侨务志编纂委员会编 马琦明主编 吴申陆卷主编 兰州 兰州大学出版社 2004 年 329 页
b17677750 K294.21 L172 1996

兰州市志 第 44 卷 公安志
兰州市地方志编纂委员会 兰州市公安志编纂委员会编 高子贵 姚远主编 兰州 兰州大学出版社 2006 年 595 页
b46011663 K294.21 L172 1996

兰州市志 第 45 卷 司法志
兰州市地方志编纂委员会 兰州市司法志编纂委员会编 马琦明主编 杨晋骁卷主编 兰州 兰州大学出版社 2004 年 429 页
b1772627x K294.21 L172 1996

兰州市志 第 48 卷 劳动志
兰州市地方志编纂委员会 兰州市劳动志编纂委员会编 马琦明主编 石宝士卷主编 兰州 兰州大学出版社 1997 年 357 页
b20593739 K294.21 L172 1996

兰州市志 第 49 卷 人事志
兰州市地方志编纂委员会 兰州市人事志编纂委员会编 王有伟主编 兰州 兰州大学出版社 1996 年 509 页
b17726220 K294.21 L172 1996

兰州市志 第 50 卷 文化事业志
兰州市地方志编纂委员会 兰州市文化事业志编纂委员会编 马琦明主编 王有伟卷主编 兰州 兰州大学出版社 2004 年 541 页
b36247558 K294.21 L172 1996

兰州市志 第 51 卷 文物志
兰州市地方志编纂委员会 兰州市文物志编纂委员会编 王国礼主编 兰州 兰州大学出版社 2006 年 456 页
b17044662 K294.21 L172 1996

兰州市志 第 52 卷 档案志
兰州市地方志编纂委员会 兰州市档案志编纂委员会编 马琦明主编 向全福卷主编 兰州 兰州大学出版社 2000 年 273 页
b4093553x K294.21 L172 1996

兰州市志 第 54 卷 人民防空志
兰州市地方志编纂委员会 兰州市人民防空志编纂委员会编 马琦明主编 刘传明卷主编 兰州 兰州大学出版社 1998 年 267 页
b17726268 K294.21 L172 1996

兰州市志 第 55 卷 教育志
兰州市地方志编纂委员会 兰州市教育志编纂委员会编 马琦明主编 岳明远卷主编 兰州 兰州大学出版社 1997 年 519 页
b17458535 K294.21 L172 1996

兰州市志 第 56 卷 科学技术志
兰州市地方志编纂委员会 兰州市科学技术志编纂委员会编 马琦明主编 张文华卷主编 兰州 兰州大学出版社 1999 年 463 页
b21136907 K294.21 L172

兰州市志 第 58 卷 民俗志
兰州市地方志编纂委员会 兰州市民俗志编纂委员会编 米琳主编 苏裕民卷主编 兰州 兰州大学出版社 2014 年 510 页
b46011675 K294.21 L172 1996

兰州市志 第 59 卷 方言志
兰州市地方志编纂委员会 兰州市方言志编纂委员会编 赵浚 张文轩主编 兰州 兰州大学出版社 2002 年 621 页
b15948389 K294.21 L172 1996

兰州市志 第 60 卷 体育志
兰州市地方志编纂委员会 兰州市体育志编纂委员会编 马琦明主编 刘建西卷主编 兰州 兰州大学出版社 1998 年 383 页
b17458523 K294.21 L172 1996

兰州市志 第 61 卷 卫生志
兰州市地方志编纂委员会 兰州市卫生志编纂委员会编 马琦明主编 王树本卷主编 兰州 兰州大学出版社 1999 年 435 页
b21571739 K294.21 L172 1996

兰州市志 第 63 卷 广播电视志
兰州市地方志编纂委员会 兰州市广播电视志编纂委员会编 马琦明主编 程兆生卷主编 兰州 兰州大学出版社 1999 年 379 页

b19942473　K294.21　L172　1996

甘肃省人民政府文史研究馆志
甘肃省人民政府文史研究馆志编纂委员会编　兰州　甘肃人民出版社　2013年　762页
b40825218　C242.42　G158　2013

兰州市公安交通管理志　1998–2009
兰州市公安局交通警察支队编　黄立军　朱克业主编　兰州　兰州市公安局交通警察支队　2009年　238页
b50269124　D631.5　L172　2009

甘肃省建筑总公司志　1949–1989
甘肃省建筑总公司志编委会编　兰州　甘肃省建筑总公司　1993年　752页
b10578717　F279.26　G158

兰化志　1952–1988
兰化志编纂委员会编　兰州　兰化志编纂委员会　1991年　2卷　1630页
b10617139　F279.26　L1723

兰石厂志　1953–1987
兰州石油化工机器厂厂志编辑室编　兰州　兰州石油化工机器厂厂志编辑室　1990年　421页
b10729276　F279.26　L172

兰州市林业志　1991–2010
兰州市林业局编　兰州　兰州市林业局　2012年　398页
b47415253　F326.274.21　L172　2012

北车兰州机车有限公司志　1954–2013
北车兰州机车有限公司编　兰州　北车兰州机车有限公司　2014年　645页
b51012340　F426.472　B316　2014

甘肃第一建设集团有限责任公司志　1952–1985
李修璇主编　兰州　甘肃第一建设集团有限责任公司　2008年　336页
b49678103　F426.9　G158　2008

甘肃省木材总公司志　1954–2008
宗美年主编　兰州　甘肃省木材总公司　2008年　779页
b51012352　F426.88　G158　2008

甘肃省烟草行业志　第1卷　兰州卷烟厂志
甘肃省烟草行业志编纂委员会　兰州卷烟厂志编纂委员会编纂　唐占奎主编　兰州　甘肃文化出版社　2002年　617页
b50729445　F426.89　L172　2002

甘肃省烟草行业志　第7卷　兰州烟草志
甘肃省烟草行业志编纂委员会　兰州烟草志编纂委员会编纂　牛汝元主编　兰州　甘肃文化出版社　2003年　472页
b50729433　F426.89　L1721　2003

甘肃送变电工程公司志　1958–2010
甘肃送变电工程公司志编纂委员会编　孙德生　成玉明主编　兰州　甘肃送变电工程公司志编纂委员会　2013年　481页〔甘肃省电力工业志丛书〕
b51012364　F426.61　G158　2013

兰铝志　1958–2008
中国铝业兰州分公司编　兰州　中国铝业股份有限公司兰州分公司　2008年　2卷　1739页
b49678115　F426.32　Z648　2008

兰炭厂志　第1卷　1965–1985
兰州炭素厂编　兰州　兰州炭素厂　1995年　383页

b44916255　F426.3　L172　1995

兰州供电局志　1914–1985
兰州供电局编　兰州　兰州新华印刷厂　1989 年　225 页
b2243060x　F426.61　L172　1989

兰州炼油化工总厂志
周国勋总编辑　兰州　甘肃人民出版社　1996 年　788 页
b49849347　F426.22　L172　1996

兰州生物药厂厂志
兰州生物药厂厂志编辑委员会编　程俊琨主编　兰州　兰州生物药厂厂志编辑委员会　1999 年　235 页
b44916243　F426.77　L172　1999

中国石油西北销售公司志　2001–2015
中国石油西北销售公司编　田永强主编　兰州　甘肃人民出版社　2016 年　563 页
b50044849　F426.22　Z64983　2016

甘肃省交通科学研究院有限公司志
马德科主编　兰州　甘肃省交通科学研究院公司　2013 年　248 页
b50347263　F512.742　G158　2013

兰州车站志　1952–2005
兰州车站志编纂委员会编　周志刚主编　兰州　兰州车站志编纂委员会　200– 年　544 页
b36014862　F532.842.1　Z675

兰州铁路局志　1956–1995
谢永杰　于文平主编　北京　中国铁道出版社　2001 年　1164 页
b2156890x　F532.6　X428　2001

兰州西站志　1952–2002
兰州西站志编纂委员会编　巩增明主编　兰州　兰州西站志编纂委员会　2003 年　332 页
b47415265　F532.842.1　G444　2003

兰州职工生活管理段志　1974–2003
兰州生活段史志办编　白永亮主编　北京　中国铁道出版社　2004 年　318 页
b50727898　F532.6　L172　2004

铁道部科学研究院西北研究所志　1961–1987
西北研究所志编辑委员会编　李嘉主编　兰州　铁道部科学研究院西北研究所志编辑委员会　1989 年　170 页
b22432152　F532.6–24　L397　1989

颍川堡车辆段志　1959–2000
呼合声主编　兰州　颍川堡车辆段　2000 年　194 页
b50777725　F532.842　Y577　2000

兰州海关志　1989–2004
兰州海关志编纂委员会编著　兰州　甘肃人民美术出版社　2009 年　253 页
b20971953　F752.59　L172　2009

兰州市财政志
兰州市地方志编纂委员会　兰州市财政志编纂委员会编　陈希九主编　兰州　兰州大学出版社　2013 年　942 页
b46011651　F812.742.1　C435　2013

中国人民建设银行甘肃省分行行志
中国人民建设银行甘肃省分行编　丁松旺主编　兰州　中国人民建设银行甘肃省分行　1994 年　500 页
b49533484　F832.742　D533　1994

甘肃人民广播电台志
甘肃人民广播电台志编辑委员会编 李宗涵主编 兰州 甘肃人民广播电台志编辑委员会 1993年 342页
b46995195 G229.274.2 G158 1993

甘肃人民出版社志
王维新主编 兰州 甘肃人民出版社 1990年 238页
b22429530 G239.22 W232 1990

兰州市科技群团志
兰州市科学技术协会 兰州市科技群团志编委会编纂 马梅茎主编 兰州 兰州七二二七工厂 1991年 262页
b22430611 G322.25 M139 1991

甘肃省经济管理干部学院志 1983–1994
甘肃省经济管理干部学院编 兰州 甘肃省经济管理干部学院 1995年 215页
b20100887 G649.284.2 G158 1995

兰州电力学校志 1984–2011
兰州电力学校志编纂委员会编 曲福根 陈颖文主编 兰州 兰州电力学校志编纂委员会 2013年 329页〔甘肃省电力工业志丛书〕
b50861141 G719.284.21 L1722 2013

兰州戏曲志
单澄平主编 兰州 中国戏曲志甘肃卷兰州分卷编委会 1993年 347页〔中国戏曲志〕
b20043880 J809.242.1 S281 1993

兰州百年图志 1909–2009
中共兰州市委党史办公室编 袁志学主编 兰州 甘肃文化出版社 2011年 392页
b23373829 K294.21–64 Y794 2011

甘肃省兰州市地名录
兰州市人民政府编 兰州 兰州市人民政府 1984年 454页
b13743028 K924.21 L172

兰州市地震志
兰州市地震局编 张克尧主编 兰州 兰州大学出版社 2011年 438页
b42291331 P316.242.1 Z355 2011

西北勘测设计研究院志 1950–1996
西北勘测设计研究院志编纂委员会编 王宝基主编 北京 中国电力出版社 2000年 841页
b36013882 P5–242.4 X119 2000

甘肃省地质环境监测院志 1974–2013（兰州）
甘肃省地质环境监测院志编纂委员会编 黎志恒主编 兰州 甘肃新华印刷厂 2014年 293页
b46377189 P564.2 G158 2014

中华人民共和国甘肃出入境检验检疫局志
甘肃出入境检验检疫局编纂委员会编 高达礼主编 兰州 甘肃出入境检验检疫局编纂委员会 2002年 663页
b50152130 R185.3 G158 2002

兰州医学院第二附属医院院志 1959–1999
康笃伦主编 兰州 兰州医学院第二附属医院印刷厂 1999年 393页
b44916267 R197.3 L172 1999

中国农业科学院兰州兽医研究所志 1954.10–1996.12
韩福祥主编 兰州 中国农业科学院兰州兽医所 1997年 348页
b44916279 S85–242.421 Z649 1997

兰州石化公司石油化工研究院志 1958–2003
兰州石化公司石油化工研究院志编纂委员会编 兰州 甘肃人民出版社 2005 年 643 页
b36246852 TE65-242.421 L172 2005

中国市政工程西北设计研究院院志 1959–1994
中国市政工程西北设计研究院编 余永龄主编 兰州 中国市政工程西北设计研究院文印工厂 1994 年 177 页
b4584091x TU99-242.421 Z649 1994

兰州市水利志
兰州市水利志编辑办公室编 黄云飞主编 兰州 兰州市水电局 1995 年 送审稿 311 页
b20139378 TV-092 H669 1995

甘肃省水力发电工程学会会志
胡金荣主编 兰州 甘肃省水力发电工程学会 2009 年 200 页
b44916218 TV752.42-26 G158 2009

中铁西北科学研究院有限公司院志 1988–2005
中铁西北科学研究院有限公司院志编辑委员会编 兰州 中铁西北科学研究院有限公司院志编辑委员会 2006 年 224 页
b49608241 U2-24 Z645 2006

城关区

兰州市城关区志
兰州市城关区地方志编纂委员会编 刘锡官主编 兰州 甘肃人民出版社 2000 年 1102 页〔中华人民共和国地方志丛书〕
b16449587 K294.21 C466 2000

兰州市城关区志 1991–2005
兰州市城关区地方志编纂委员会编 韩春梅主编 兰州 兰州大学出版社 2013 年 861 页
b47415241 K294.21 C466C 2013

兰州市城关区雁滩乡志
雁滩乡志编纂领导小组编 兰州 甘肃海通印务公司 2005 年 434 页
b20015550 K294.25 Y198 2005

兰州市城关区军事志
兰州市城关区军事志编纂委员会编 郑国利主编 兰州 兰州市城关区军事志编纂委员会 2005 年 308 页
b49625317 E289.421 Z534 2005

兰州市城关区工商行政管理志
兰州市城关区工商行政管理志编纂委员会编 李丰文主编 兰州 兰州大学出版社 1993 年 493 页
b20566463 F203.9 L394 1993

兰州市城关区工会志
兰州市城关区工会志编纂委员会编 牟琳主编 兰州 兰州大学出版社 2008 年 506 页
b20950287 K294.29 L172 2008

七里河区

兰州市七里河区志
兰州市七里河区地方志编纂委员会编 苏发俊主编 兰州 甘肃人民出版社 2001 年 1406 页
b16430803 K294.21 Q113 2001

兰州市七里河区志 1991–2010
兰州市七里河区地方志编纂委员会编 邓明主编 兰州 兰州大学出版社 2016 年 942 页

b47194844　K294.21　Q113C　2016

七里河区志　终审稿
七里河区志编纂委员会编　邓明主编　兰州　七里河区志编纂委员会　2014 年　931 页
b50017081　K294.21　Q113D　2014

彭家坪乡志
方创琳　杨玉梅编著　兰州　甘肃教育出版社　1995 年　268 页
b1712072x　K294.25　P335　1995

七里河区军事志
七里河区军事志编纂委员会编　布玉卿　李伯奎主编　兰州　七里河区军事志编纂委员会　2009 年　501 页
b50665327　E289.421　B593　2009

西固区

兰州市西固区志
兰州市西固区地方志编纂委员会编　倪培贤主编　兰州　甘肃人民出版社　2000 年　1230 页
b16430670　K294.21　X119　2000

西固区志　1991–2005
西固区地方志编纂委员会编　丁祥麟主编　兰州　甘肃文化出版社　2010 年　771 页
b22032538　K294.21　X119　2010

兰州市西固区新安路街道志　1957–1990
新安路街道志编辑室编　兰州　五 0 四厂印刷厂　1991 年　140 页
b20043879　K294.25　X119X　1991

安宁区

兰州市安宁区志
兰州市安宁区地方志编纂委员会编　兰州　兰州大学出版社　1999 年　769 页
b16430347　K294.21　A164　1999

兰州市安宁区吊场乡志
兰州市安宁区吊场乡志编纂委员会编　兰州　兰州新华印刷厂　2003 年　246 页
b20043867　K294.25　D484　2003

红古区

兰州市红古区志
兰州市红古区地方志编纂委员会编　兰州　兰州大学出版社　2001 年　948 页〔中华人民共和国地方志丛书〕
b16446744　K294.21　H419　2001

兰州市红古区工会志
红古区地方志编纂委员会办公室编　郭悟琴主编　兰州　红古区地方志编纂委员会办公室　2002 年　351 页〔红古专业志〕
b50665315　D412.842.1　G778　2002

兰州市红古区国土资源志
红古区地方志编纂委员会办公室　红古区国土资源志编纂领导小组编　赵虎主编　兰州　红古区地方志编纂委员会办公室　红古区国土资源志编纂领导小组　2005 年　205 页〔红古专业志〕
b2053503x　F129.942.1　L172H　2005

永登县

永登县志
永登县地方史志编纂委员会编　兰州　甘肃民族出版社　1997 年　907 页〔中华人民共和国地方志丛书〕
b10593421　K294.24　Y6362

永登县志 1991–2006
永登县地方史志编纂委员会编 火泽东 苏裕民主编 兰州 甘肃文化出版社 2011年 807页
b23374068 K294.24 Y6362H 2011

红城志
薛文章 陈世栋主编 兰州 甘肃文化出版社 2009年 583页〔永登县地方志丛书〕
b2060127x K294.25 H4199 2009

永登教育志
永登教育志编纂委员会编 王永盛 魏星斗主编 兰州 甘肃文化出版社 2002年 479页
b1812057x G527.424 Y636 2002

永登教育志 2000–2015
永登县教育局编 周承武 李生孝主编 兰州 甘肃文化出版社 2017年 607页
b50083971 G527.424 Y636 2017

永登县水利电力志
永登县水利电力志编纂领导小组编 王进龙主编 兰州 甘肃民族出版社 1996年 333页〔永登县地方志丛书〕
b20141671 TV–092 Y6362 1996

皋兰县

皋兰县志
皋兰县志编纂委员会编 王道元主编 兰州 甘肃人民出版社 1999年 1158页
b13274648 K294.24 G261

皋兰县志 1991–2005
皋兰县县志编纂委员会编 魏荣邦主编 银川 宁夏人民出版社 2009年 698页
b21007482 K294.24 G261 2009

榆中县

榆中县志
榆中县志编纂委员会编 兰州 甘肃人民出版社 2001年 974页〔中华人民共和国地方志丛书〕
b13992600 K294.24 Y736

和平镇志
榆中县地方志编纂委员会 榆中县和平镇志编纂委员会编 北京 中国文史出版社 2014年 465页
b46667994 K294.25 H313 2014

清水驿乡志
榆中县地方志编纂委员会 榆中县清水驿乡志编纂委员会编 金兴军主编 兰州 甘肃文化出版社 2010年 427页
b22962967 K294.25 Q467 2010

榆中县人事志 1949.8–2005.12
榆中县人事局编 杜永红主编 榆中 榆中县人事局 2007年 255页
b45417738 D630.3 Y736 2007

榆中法院志 1950.4–2011.4
榆中县人民法院编 榆中 榆中县人民法院 2011年 497页
b46443654 D926.22 Y736 2011

榆中县军事志
榆中县军事志编纂委员会编 王景华主编 榆中 榆中县军事志编纂委员会 2006年 317页
b44916905 E289.424 Y736 2006

榆中县粮食志
甘肃省榆中县粮食局编 孙彦华主编 榆中 甘肃省榆中县粮食局 1991年 202页

b44916917　F724.721　Y736　1991

榆中县财政志
榆中县地方志编纂委员会　榆中县财政志编纂委员会编　兰州　甘肃文化出版社 2011年　443页
b3596649x　F812.742.4　Y736　2011

榆中县税务志
榆中县税务志编纂小组编　榆中　榆中县税务志编纂小组　1990年　185页
b47416324　F812.742.424　Y736　1990

榆中县教育志
榆中县地方志编纂委员会　榆中县教育志编纂委员会编　兰州　甘肃文化出版社 2011年　418页
b22972420　G527.424　Y736　2011

榆中县武术志
榆中县地方志办公室、榆中县武术协会整理　金兴旺主编　兰州　甘肃文化出版社 2012年　187页
b40673364　G852.092　J479　2012

甘肃省榆中县土壤志　初稿
中共榆中县委会编　榆中　中共榆中县委会　1959年　36页
b44916929　S159.242.4　Y736　1959

榆中县水利志
榆中县水利志编辑室编　金培华主编　榆中　榆中县水电局　1991年　315页
b20141737　TV-092　J478　1991

嘉峪关市

嘉峪关市志
嘉峪关市志编纂委员会编　龚雪泉主编　兰州　甘肃人民出版社　1990年　455页
b10630429　K294.23　J198

嘉峪关志
嘉峪关志编纂委员会编　杨生宝主编　兰州　甘肃人民出版社　2011年　359页
b4601813x　K294.23　J198E　2011

文殊镇志
嘉峪关市文殊镇志编纂委员会编　杨生宝主编　兰州　甘肃人民出版社　2014年 303页
b46376951　K294.25　W388　2014

新城镇志
嘉峪关市新城镇志编纂委员会编　杨生宝主编　兰州　甘肃人民出版社　2016年 313页
b47404383　K294.25　X443　2016

峪泉镇志
嘉峪关市峪泉镇志编纂委员会编　杨生宝主编　兰州　甘肃文化出版社　2017年　272页
b50290903　K294.25　Y769　2017

嘉峪关市政协志　1983–2003
嘉峪关市政协志编辑委员会编　嘉峪关　嘉峪关市腾达印刷厂　2004年　296页
b20015185　D628.423　J198　2004

嘉峪关法院志　1965–2015
甘肃省嘉峪关市中级人民法院编　茹作勋主编　兰州　甘肃人民出版社　2017年　569页
b50265982　D926.22　J1983　2017

嘉酒电力工业志　1939–2012
嘉酒电力工业志编纂委员会编　毛光辉主编　嘉酒　嘉酒电力工业志编纂委员会 2016年　450页〔甘肃省电力工业丛书〕

b50665236　F426.61　M242　2016

嘉峪关市文物志
嘉峪关市志办公室编　兰州　甘肃人民出版社　1990 年　154 页
b18010064　K872.423　J198　1990

嘉峪关市文物志
嘉峪关市志办公室编　高凤山　张军武撰稿　嘉峪关　嘉峪关市市志办公室　1985 年　162 页
b12279249　K873.142　J198

金昌市

金昌市志
甘肃省金昌市地方志编纂委员会编　唐立贵主编　北京　中国城市出版社　1995 年　891 页〔中华人民共和国地方志丛书〕
b10735045　K294.23　J476

金昌市志　1992-2010
金昌市地方志编纂委员会编　郑天水主编　郑州　中州古籍出版社　2016 年　1070 页
b50778110　K294.23　J476D　2016

金川有色金属公司供销志　1961-1990
金川有色金属公司供销公司编　宋志华主编　金昌　金川有色金属公司供销公司　1992 年　408 页
b51012248　F426.32　J476G　1992

金川有色金属公司井巷工程公司志
井巷工程公司志编纂委员会编　袁顺成主编　金川　井巷工程公司志编纂委员会　1996 年　308 页
b5101225x　F426.32　J476J　1996

金川有色金属公司志
金川有色金属公司志编辑委员会编　莫恭谨主编　兰州　甘肃人民出版社　1995 年　800 页
b51012339　F426.32　J476　1995

金川区

金川区志
金川区地方志编纂委员会编　柴永亮主编　兰州　甘肃文化出版社　2013 年　940 页
b45625396　K294.23　J476J　2013

永昌县

永昌县志
永昌县志编纂委员会编　祝巍山主编　兰州　甘肃人民出版社　1993 年　1112 页
b10630375　K294.24　Y636

永昌县志　1991-2005
永昌县志编纂委员会编　吴有贤主编　北京　方志出版社　2009 年　845 页
b20397501　K294.24　Y636　2009

永昌县城关镇志　1986-2006
刘克文主编　永昌　中共城关镇委员会　2009 年　254 页
b2014166x　K294.25　C466　2009

永昌发电公司志
永昌发电公司志编纂委员会编　黄毅主编　兰州　甘肃人民出版社　2005 年　522 页
b50779023　F426.61　Y6361　2005

永昌县粮食志
永昌县粮食局编　王兴周主编　永昌　永昌县粮食局　2006 年　437 页
b50066936　F724.721　Y636　2006

白银市

白银市志
白银市地方志编纂委员会编 白天星 吴泽春主编 北京 中华书局 1999 年 1062 页〔中华人民共和国地方志丛书〕
b1340006x K294.23 B152

白银市志 1991–2005
白银市地方志编纂委员会编 李金财主编 北京 中华书局 2010 年 1246 页
b21567037 K294.23 B152 2010

白银市人大志
梁一中主编 白银 白银市人大常委会 2002 年 334 页
b36014527 D624.423 B152 2002

白银供电公司志 1958–2008
白银供电公司志编纂委员会编 杨玉林 牛晓兵主编 白银 白银供电公司志编纂委员会 2011年 576页〔甘肃省电力工业志丛书〕
b49625305 F426.61 B152 2011

白银有色志 1954–1990
白银有色金属公司编 白银 白银公司编志办公室 1991 年 油印本 519 页
b21762673 F426.32 B152 1991

甘肃省烟草行业志 第 6 卷 白银烟草志
甘肃省烟草行业志编纂委员会 白银烟草志编纂委员会编纂 负树华主编 兰州 甘肃文化出版社 2003 年 374 页
b50729391 F426.89 G158C 2003

白银市金融志
白银市金融志编纂委员会编 许鸿林 张培襄主编 兰州 兰州八一印刷厂 1998 年 260 页
b2242863x F832.742.3 B152 1998

白银公司基础教育志
白银公司教育培训中心编 雷兆民主编 白银 白银公司教培中心 2004 年 284 页
b20533779 G522.74 B152 2004

白银市教育志
白银市教育局编 白银 白银市教育局 2005 年 823 页
b49962863 G527.423 B152 2005

靖会电力提灌工程志
白银市靖会电力提灌工程志编纂委员会编 范昌德主编 兰州 甘肃人民出版社 1994 年 272 页
b50727187 TV–092 B152 1994

白银区

白银区志
白银市白银区地方志编纂委员会编 李作华主编 北京 中华书局 2002 年 693 页〔中华人民共和国地方志丛书〕
b16432964 K294.23 B152Q 2002

白银区志 1996–2008
白银市白银区地方志编纂委员会编 李作华 王树吉主编 北京 中华书局 2012 年 784 页
b40425654 K294.23 B152Q 2012

平川区

白银市平川区志
白银市平川区地方志编纂委员会编 北京 中华书局 2000 年 443 页〔中华人民共和国地方志丛书〕
b18280900 K294.23 B152P 2000

白银市平川区志 1996–2005
白银市平川区地方志编纂委员会办公室编 关勇主编 北京 方志出版社 2014年 540页〔中华人民共和国地方志丛书〕
b46531063 K294.23 P6121 2014

平川区人大志
平川区人大志编纂委员会编 贺廷志主编 北京 方志出版社 2012年 461页
b40739806 D624.423 B152P 2012

平川区教育志 2003–2012
平川县教育局编 李志信主编 平川 平川县教育局 2013年 890页
b50268600 G527.423 B152P 2013

靖远县

靖远县志
靖远县志编委会编 陈国华主编 兰州 甘肃文化出版社 1995年 877页〔中华人民共和国地方志丛书〕
b18874186 K294.24 C419 1995

平堡乡志 第1卷
杨国材主编 靖远 平堡乡志编纂委员会 2004年 332页
b50727564 K294.25 P612 2004

靖远县教育志
靖远县教育局编 魏其江主编 靖远 靖远县教育局 2006年 824页
b50729366 G527.424 J562 2006

靖远县文物志
靖远县文化局 靖远县博物馆编 靖远 靖远县文化局 靖远县博物馆 1994年 129页
b20485219 K872.424 J562 1994

靖乐渠水利志
靖远县靖乐渠水利管理所编 吴应玺 展之禄 张思明编写 靖远 靖远县靖乐渠水利管理所 1991年 油印本 93页
b21857295 TV–092 J5625 1991

靖远县水利志 讨论稿
甘肃省靖远县水利局编 靖远 甘肃省靖远县水利局 1999年 547页
b21855948 TV–092 J5628 1999

会宁县

会宁县志
会宁县志编委会编 兰州 甘肃人民出版社 1994年 1239页〔中华人民共和国地方志丛书〕
b1062496x K294.24 H697

会宁县志 1990–2005
会宁县志编委会编 李志中主编 兰州 甘肃人民出版社 2007年 869页
b18621624 K294.24 H697 2007

会宁县财政志
会宁县财政志编纂委员会编 王勤国主编 兰州 甘肃人民出版社 2013年 371页
b41130285 F812.742.4 H697 2013

会宁县教育志 河畔镇
会宁县教育志河畔镇编委会编 会宁 会宁县教育志河畔镇编委会 2003年 108页
b27575767 G527.424 H697

景泰县

景泰县志
景泰县志编纂委员会编 王治国主编 兰州 兰州大学出版社 1996年 969页〔中

华人民共和国地方志丛书〕
b10468584　K294.24　J553

景泰县志　1991–2000
景泰县志编纂委员会编　王文彰　刘兴才主编　兰州　甘肃人民出版社　2006 年　742 页
b20198449　K294.24　J553W　2006

坪上村志
寇宗惠主编　景泰　坪上村志编纂者　2006 年　243 页
b20577412　K294.25　P614　2006

甘肃省景泰县地名志
景泰县人民政府编　谈嘉言主编　景泰　景泰县人民政府　1986 年　258 页
b20042395　K924.24　J553　1986

甘肃省景泰川电力提灌工程志　1968–2015
甘肃省景泰川电力提灌工程志编纂委员会编　兰州　甘肃人民出版社　2017 年　441 页
b50351096　S275.1　J553　2017

天水市

天水市志
天水市地方志编纂委员会编　北京　方志出版社　2004 年　3 卷　2908 页
b16105084　K294.23　T343　2004

中国共产党天水市委员会志　1985–2011
中共天水市委志编纂委员会编　蒋晓强主编　兰州　甘肃人民出版社　2012 年　938 页
b45837582　D235.423　T343　2012

天水市妇女联合会志　1985–2010
天水市妇女联合会编　王晓琴主编　天水　天水市妇女联合会　2014 年　135 页
b5001741x　D442.842.3　T343　2014

天水市政府志
陈琳主编　兰州　甘肃人民出版社　1997 年　274 页
b19930100　D625.423　C424　1997

天水市工商行政管理志
天水市工商行政管理局编　汪文进主编　天水　天水市工商行政管理局　1993 年　395 页
b50248443　F203.9　T343　1993

小陇山林业志
甘肃省小陇山林业实验局编　刘振亚主编　宝鸡　宝鸡精美印务公司　2002 年　734 页
b45453731　F326.274.2　X347　2002

天水市农业志　1985–2008
天水市农业志编纂委员会编　吴毅中主编　兰州　甘肃文化出版社　2014 年　725 页
b45625402　F327.423　T343　2014

甘肃省天水市农作物业志
天水市农业局编　韩礼源主编　天水　天水市农业局　2004 年　464 页
b49789065　F329.423　T343　2004

甘肃省烟草行业志　第 2 卷　天水卷烟厂志
甘肃省烟草行业志编纂委员会　天水卷烟厂志编纂委员会编纂　蒲蔚仲　姚文海主编　兰州　甘肃文化出版社　2003 年　427 页
b50729470　F426.89　T343　2003

甘肃省烟草行业志　第 13 卷　天水烟草志
甘肃省烟草行业志编纂委员会　天水烟草志编纂委员会编纂　陈增宽总编　兰州　甘肃文化出版社　2003 年　314 页
b50729482　F426.89　T3431　2003

天水车辆段志 1952–2002
天水车辆段志编写者编 兰州 兰州文兴印业责任公司 2002 年 395 页
b44916711 F532.842.3 T343 2002

天水铁路电缆工厂厂志 1969–1999
天水铁路电缆工厂编 陆义明主编 天水 天水铁路电缆工厂 1999 年 323 页
b49678334 F532.6 T343 1999

天水粮食志 第 1 卷 1917–1989
天水市粮食局编纂 吴诚学主编 天水 天水市粮食局 1992 年 448 页
b47415952 F724.721 T343 1992

天水市财政志
天水市财政局编纂 郭建中主编 兰州 甘肃人民出版社 1996 年 429 页〔中国地方志丛书〕
b45480126 F812.742.3 T343 1996

天水市地方税务志
天水市地方税务志编纂委员会编 赵超主编 天水 天水市地方税务志编纂委员会 2015 年 519 页
b50861190 F812.742.342 T343 2015

天水市科学技术志
天水市科学技术志编写领导小组 天水市科学技术志编辑部编纂 蔡培川主编 兰州 甘肃文化出版社 2004 年 1132 页
b21015314 G322.742.3 C137 2004

天水县文物志
天水县文物志编写委员会编 天水 天水县文物志编写委员会 1984 年 227 页
b20141063 K872.424 T343 1984

甘肃省小陇山高等植物志
安定国编著 兰州 甘肃省民族出版社 2002 年 1249 页
b18873662 Q948.524.2 A163 2002

天水市园林植物志
独军 李平英主编 兰州 甘肃人民出版社 2014 年 211 页
b47052351 Q948.524.23 T343 2014

天水城市建设志
天水市城市建设委员会编 兰州 甘肃人民出版社 1994 年 500 页
b44851558 TU984.242.3 T343 1994

天水市水利志 远古 –2010
天水市水利志编纂委员会编 刘庆平 张雅菲主编 兰州 甘肃文化出版社 2015 年 735 页
b47287780 TV–092 T3437 2015

天水车站志 1944–1990
金易编 天水 新华印刷厂 1991 年 303 页
b22432140 U291 J479 1991

天水车站志 1991–2001
天水车站志编委会编 王玉海主编 天水 天水车站志编委会 2003 年 437 页
b50665613 U291 J479 2003

秦州区

天水市秦城区志
天水市秦城区地方志编纂委员会编 柴金祥主编 兰州 甘肃文化出版社 2001 年 1174 页
b16424979 K294.23 T343Q 2001

秦州区人大志
秦州区人大志编纂委员会编 文月平主编 天水 秦州区人大志编纂委员会编 2016

年 206 页
b50861165 D624.423 T343Q 2016

秦州公安志
天水市公安局秦州分局编 柳润泰主编 天水 天水市公安局秦州分局 2016 年 723 页
b50066729 D631 T343Q 2016

秦城区交通志
天水市秦城区交通局编 天水 天水市秦城区交通局 1994 年 165 页
b22431469 F542.842.3 T343Q 1994

秦城区商业志
秦城区商业经济委员会主编 天水 秦城区商业经济委员会 1993 年 328 页
b22431470 F727.423 T343Q 1993

伏羲庙志
天水市地方志办公室编 刘雁翔著 兰州 甘肃文化出版社 2003 年 335 页〔天水地方志丛书〕
b15245299 K928.75 L693 2003

玉泉观志
赵昌荣著 兰州 甘肃文化出版社 2002 年 158 页〔天水地方志丛书〕
b16432691 K928.75 Z432 2002

麦积区

北道区志
天水市北道区地方志编纂委员会编 王世华主编 兰州 甘肃文化出版社 1997 年 1036 页
b1887275x K294.205.03 W229 1997

麦积区志
天水市麦积区人民政府 天水市麦积区地方志办公室编 王曙辉 杨铁森主编 天水 天水市麦积区人民政府 2012 年 301 页
b44916723 K294.23 T343MC 2011

麦积山石窟志
麦积山石窟志编撰委员会编 张锦秀编撰 兰州 甘肃人民出版社 2002 年 296 页
b19418243 K879.24 Z354 2002

清水县

清水县志
清水县地方志编纂委员会编 马健虎主编 西安 陕西人民出版社 2001 年 1173 页〔甘肃地方志丛书〕
b20711098 K294.24 Q467Q 2001

清水县人民代表大会志 1981–2011
清水县人民代表大会志编辑委员会编 王满仓主编 清水 清水县人民代表大会志编辑委员会 2013 年 243 页
b50991358 D624.424 Q467 2013

清水县地震志 1985–2012
清水县地震志编纂领导小组编 谈天福主编 清水 清水县地震局 2014 年 110 页
b50861177 P316.242.4 Q467 2014

秦安县

秦安县志
秦安县志编纂委员会编 张忠尚主编 兰州 甘肃人民出版社 2001 年 2 卷 1366 页
b13617175 K294.24 Q447

陇城镇志
秦安县陇城镇人民政府编 李向东主编 秦安 秦安县陇城镇人民政府 2013 年

347 页
b50347524　K294.25　L751　2013

秦安县王尹乡志
秦安县王尹乡人民政府编　天水　天水新华印刷厂　1994 年　297 页
b1799200x　K294.25　W234　1994

秦安县政协志　1990–2011
秦安县政协志编纂委员会编　蔡永祥主编　秦安　秦安县政协志编纂委员会　2013 年　448 页
b50269367　D628.424　Q447　2013

秦安县城乡建设志
秦安县城乡建设志编纂委员会编　胡政平主编　兰州　兰州大学出版社　1999 年　285 页
b4610219x　F299.274.24　Q447　1999

甘谷县

甘谷县志
甘肃省甘谷县志编纂委员会编　杜松奇主编　北京　中国社会出版社　1999 年　718 页〔中华人民共和国地方志丛书〕
b15251767　K294.24　G1573　1999

大庄乡志
大庄乡志编纂委员会　张海平主编　北京　中国文史出版社　2016 年　403 页
b49541948　K294.25　D136　2016

善华寺志
牛勃编著　兰州　甘肃人民美术出版社　2012 年　158 页
b3636292x　B947.242.4　N435　2012

大像山志
李亚太著　天水　甘肃省天水新华印刷厂　1998 年　203 页
b20014272　K928.3　L4222　1998

武山县

武山县志
武山县志编纂委员会编　李恰主编　西安　陕西人民出版社　2002 年　802 页
b13946080　K294.24　W534

滩歌镇志
漆子扬主编　兰州　敦煌文艺出版社　2014 年　458 页
b46995912　K294.25　T175　2014

武山县人民代表大会志
武山县人民代表大会志编辑委员会编　周幸生主编　兰州　甘肃文化出版社　2011 年　466 页
b22972407　D624.424　W534　2011

武山县财政志
武山县财政局编纂　张禄胜主编　武山　武山县财政局　2006 年　350 页
b49939099　F812.742.4　W534　2006

张家川回族自治县

张家川回族自治县志
张家川回族自治县地方志编纂委员会编　安耀民主编　兰州　甘肃人民出版社　1999 年　1556 页
b18876122　K294.24　Z354　1999

宣化冈志
马国瑸主编　兰州　甘肃人民出版社　2005 年　406 页
b1686248x　B969.2　M137　2005

张家川回族自治县政协志
政协张家川县委员会编 马殿邦主编 张家川 政协张家川县委员会 2011 年 453 页
b44916942 D628.424 Z354 2011

武威市

武威地区志
武威市地方史志编纂委员会编纂 袁森年主编 北京 方志出版社 2016 年 2 卷 2364 页
b50065762 K294.23 W534D 2016

武威市志
武威市市志编纂委员会编 杨常青主编 兰州 兰州大学出版社 1998 年 981 页〔中华人民共和国地方志丛书〕
b13990731 K294.23 W534

武威通志 第 1 卷 综合卷
武威通志编委会编纂 兰州 甘肃人民出版社 2007 年 262 页
b18198806 K294.23 W534Z 2007

武威通志 第 2 卷 大事卷
武威通志编委会编纂 兰州 甘肃人民出版社 2007 年 217 页
b18198806 K294.23 W534Z 2007

武威通志 第 3 卷 凉州卷
武威通志编委会编纂 兰州 甘肃人民出版社 2007 年 330 页
b18198806 K294.23 W534Z 2007

武威通志 第 4 卷 民勤卷
武威通志编委会编纂 兰州 甘肃人民出版社 2007 年 282 页
b18198806 K294.23 W534Z 2007

武威通志 第 5 卷 古浪卷
武威通志编委会编纂 兰州 甘肃人民出版社 2007 年 268 页
b18198806 K294.23 W534Z 2007

武威通志 第 6 卷 天祝卷
武威通志编委会编纂 兰州 甘肃人民出版社 2007 年 296 页
b18198806 K294.23 W534Z 2007

武威通志 第 7 卷 人物卷
武威通志编委会编纂 兰州 甘肃人民出版社 2007 年 324 页
b18198806 K294.23 W534Z 2007

武威通志 第 8 卷 艺文卷
武威通志编委会编纂 兰州 甘肃人民出版社 2007 年 330 页
b18198806 K294.23 W534Z 2007

武威人事志
武威市人事局编 孙延寿主编 武威 武威市人事局 2005 年 299 页〔武威地方志丛书〕
b44916802 D630.3 W5348 2005

黄羊河农场志 1953–2012
甘肃黄羊河农场志编纂委员会编 李松山主编 北京 光明日报出版社 2013 年 628 页
b49962929 F324.1 L4177 2013

甘肃省烟草行业志 第 12 卷 武威烟草志
甘肃省烟草行业志编纂委员会 武威烟草志编纂委员会编纂 兰州 甘肃文化出版社 2003 年 319 页
b50777713 F426.89 G158W 2003

武威电力工业志
武威电力工业志编纂委员会编 文博主编

武威 武威电力工业志编纂委员会 2009 年 627 页〔甘肃省电力工业志丛书〕
b50665698 F426.61 W534 2009

武威铁路分局志 1952–2000
武威铁路分局志编委会编 范镇铎主编 北京 中国铁道出版社 2004 年 988 页
b22432474 F532.842 W534 2004

武威市广播电视志
武威市广播电视局编纂 徐永盛主编 兰州 兰州大学出版社 2001 年 308 页〔武威市地方志丛书〕
b46240214 G229.274.23 W534 2001

武威教育志
武威市教育局编 吴治淮主编 武威 武威市教育局 2003 年 788 页〔武威地方志丛书〕
b49625342 G527.423 W534C 2003

武威市教育志
武威市教育委员会编纂 兰州 甘肃人民出版社 1999 年 414 页〔武威市地方志丛书〕
b1887552x G527.423 W534 1999

武威铁路分局教育志 1954–2002
武威铁路分局教育管理中心编 孙增华 刘敏主编 武威 武威铁路分局教育管理中心 2003 年 352 页
b4961132x G527.423 S779 2003

武威市民族宗教志
武威市民族宗教事务局编 张尚德主编 兰州 甘肃民族出版社 2002 年 338 页〔武威市地方志丛书〕
b16436696 K280.423 W534 2002

武威市文物志
凉州区文化体育局编纂 赵继洲主编 凉州 凉州区文化体育局编 2004 年 368 页〔武威市地方志丛书〕
b36379530 K872.423 W534 2004

武威市地震志
武威市地震局编 俞存喜主编 兰州 兰州大学出版社 2003 年 281 页〔武威市地方志丛书〕
b50269136 P316.423 W534 2003

武威市水利志
武威市水利局水利志编纂委员会编 王兴柱主编 兰州 兰州大学出版社 1998 年 406 页〔武威市地方志丛书〕
b20136262 TV–092 W534 1998

凉州区

凉州区公安志
凉州区公安局编 李元林主编 凉州 凉州区公安局 2014 年 632 页〔凉州区地方志丛书〕
b49549911 D674.23 W534 2014

武威市凉州区检察志
武威市凉州区人民检察院编 张会文主编 兰州 甘肃文化出版社 2011 年 242 页〔武威市凉州区地方志丛书〕
b35966518 D926.32 W534 2011

凉州区土地志
凉州区土地志编纂委员会编 武威 凉州区土地志编纂委员会 2009 年 707 页〔凉州区地方志丛书〕
b50861153 F327.423 W534L 2009

凉州区财政志
凉州区财政局编 兰州 甘肃文化出版社 2011 年 641 页〔凉州区地方志丛书〕

b22421609　F812.742.3　W534L　2011

凉州区地税志
凉州区地方税务局编　张福文主编　武威　武威市华凯印刷责任公司 2010 年　652 页〔凉州区地方志丛书〕
b44917144　F812.742.3　W534LC　2010

凉州区国税志
凉州区国家税务局编　张光彪主编　兰州　甘肃文化出版社 2008 年　631 页〔凉州区地方志丛书〕
b21015259　F812.742.3　Z352　2008

民勤县

民勤县志
民勤县志编纂委员会编　兰州　兰州大学出版社 1994 年　985 页〔中华人民共和国地方志丛书〕
b10636547　K294.24　M528

民勤县志　1986–2005
民勤县地方志编纂委员会编　北京　方志出版社 2015 年　864 页〔甘肃省地方志丛书〕
b47270858　K294.24　M528C　2015

红沙梁乡志
民勤县地方志办公室　红沙梁乡人民政府编　张有铨主编　民勤　甘肃省史志学会民勤分会　民勤县苏武文化研究会 2014 年　442 页〔民勤县地方志丛书〕
b49625329　K294.25　H4195　2014

民勤县教育志
民勤县教育局编　兰州　兰州大学出版社 2010 年　1110 页
b40649064　G527.424　M528　2010

甘肃省民勤县地名录
民勤县人民政府编　民勤　民勤县人民政府 1985 年　230 页
b21275579　K924.24　M528　1985

民勤县水利志
常厚春主编　兰州　兰州大学出版社 1994 年　220 页
b17992850　TV–092　C345　1994

古浪县

古浪县志
古浪县志编纂委员会编　朱应昌主编　兰州　甘肃文化出版社 1996 年　1275 页〔中华人民共和国地方志丛书〕
b16737623　K294.24　G542　1996

古浪县志　1991–2007
古浪县志编纂委员会编　李发玉主编　北京　方志出版社 2011 年　687 页
b23216943　K294.24　G542　2011

甘肃省景泰川电力提灌第二期工程古浪灌区志
银守钰主编　兰州　甘肃人民出版社 2001 年　463 页
b46442030　F426.9　G542　2001

古浪县水利电力志
古浪县水利电力志编辑室编　田国治主编　武威　武威市印刷厂 1990 年　371 页
b2013776x　TV–092　T354　1990

天祝藏族自治县

天祝县志
天祝藏族自治县志编纂委员会编　乔高才让主编　兰州　甘肃民族出版社 1994 年

918 页〔中华人民共和国地方志丛书〕
b10604455 K294.24 T343C

天祝藏族自治县志 1989–2005
天祝藏族自治县志编纂委员会编 李占忠主编 北京 方志出版社 2007 年 681 页
b20951632 K294.24 T343E 2007

天祝藏族自治县人民代表大会志 1949–2008
天祝藏族自治县人民代表大会志编纂委员会编 吴联正主编 天祝 天祝藏族自治县人民代表大会志编纂委员会 2009 年 660 页
b49534233 D624.424 T343 2009

天祝藏族自治县教育志
天祝藏族自治县教育局编 兰州 甘肃新华印刷厂 2010 年 597 页
b36013432 G527.424 T343 2010

张掖市

张掖地区志 远古 –1995
张掖地区志编纂委员会编 张志纯主编 兰州 甘肃人民出版社 2010 年 3 卷 2976 页
b36174671 K294.22 Z368Y 2010

张掖市志
甘肃省张掖市志编修委员会编纂 刘文浩主编 兰州 甘肃人民出版社 1995 年 1062 页〔中华人民共和国地方志丛书〕
b10636304 K294.23 Z368

政协张掖市志 1986–2013
中国人民政治协商会议张掖市委员会编 徐永成主编 兰州 甘肃文化出版社 2014 年 698 页
b46442558 D628.423 Z368 2014

山丹农场志 1958–2005
甘肃省国营山丹农场场志编纂委员会编 徐守钊主编 张掖 甘肃省国营山丹农场志编纂委员会 2007 年 280 页
b50665509 F324.1 S252 2007

张掖市林业志 远古 –2010
张掖市林业志编纂委员会编 聂斌 张志纯主编 兰州 甘肃文化出版社 2017 年 1102 页
b50817310 F326.274.23 Z368 2017

甘肃省烟草行业志 第 9 卷 张掖烟草志
甘肃省烟草行业志编纂委员会 张掖烟草志编纂委员会编纂 兰州 甘肃文化出版社 2003 年 455 页
b50729494 F426.89 Z368 2003

张掖地区电力工业志
张掖地区电力工业局编纂 张心镜主编 兰州 甘肃人民出版社 1998 年 302 页〔中国电力工业志丛书〕
b49850994 F426.61 Z3689 1998

张掖电力工业志 1998–2009
张掖电力工业志编纂委员会编 李二睢编 张掖 张掖电力工业志编纂委员会 2012 年 534 页〔甘肃省电力工业志丛书〕
b44916954 F426.61 Z3689 2012

张掖工业志
甘肃省张掖市经济委员会编纂 杨杰主编 北京 中国城市出版社 1993 年 464 页〔中华人民共和国地方志丛书〕
b36248411 F427.424 Z368 1993

张掖交通志
甘肃省张掖市经济委员会编纂 北京 中国城市出版社 1993 年 229 页〔中华人民

共和国地方志丛书〕
b36248423　F512.742.3　Z368　1993

张掖公路总段志
甘肃省张掖公路总段编　李建元主编　张掖　张掖地区河西印刷厂　2001 年　329 页〔甘肃省地方志丛书〕
b27575123　F542.842.2　Z368　2001

张掖地区粮食志
张掖地区粮食志编纂领导小组编　赵玺主编　兰州　甘肃人民出版社　1999 年　295 页〔中华人民共和国专业志丛书〕
b4545386x　F724.721　Z368　1999

张掖地区教育志
甘肃省张掖地区教育志编纂委员会编　杨作忠主编　兰州　甘肃文化出版社　1998 年　521 页〔中华人民共和国专业志丛书〕
b18876158　G527.422　Y252　1998

张掖市第二中学志　1956–2008
张掖市第二中学志编纂委员会编　王斌主编　张掖　张掖市第二中学志编纂委员会　2008 年　546 页
b50665893　G639.284.23　W212　2008

张掖师范学校志
张掖师范学校志编辑室编　屠德主编　张掖　张掖地区河西印刷厂　2001 年　205 页
b36129458　G659.284.22　Z368　2001

甘肃省地矿局水文地质工程地质勘察院院志　1956–2007
甘肃省地矿局水文地质工程地质勘察院院志编委会编　袁西宁主编　张掖　甘肃省地矿局水文地质工程地质勘察院院志编委会　2011 年　498 页
b5001707x　P624　G158　2011

祁连山药用植物志
刘贤德等编著　兰州　兰州大学出版社　2001 年　346 页
b20044835　Q949.95　L692　2001

张掖地区人民医院志　1956–1996
张掖地区人民医院院志编辑部编　杨有全主编　张掖　张掖地区人民医院院志编辑部　1996 年　241 页〔甘肃省地方志丛书〕
b49964513　R197.3　Z368　1996

甘肃祁连山国家级自然保护区志
甘肃祁连山国家级自然保护区志编纂委员会编　杨全生主编　兰州　甘肃科学技术出版社　2009 年　782 页
b20401991　S759.992.42　Y244　2009

张掖地区水利志
王嘉俊主编　张掖　甘肃省张掖地区行政公署水利电力处　1993 年　471 页〔甘肃省地方史志丛书〕
b17735944　TV–092　W219　1993

张掖市水利电力志
甘肃省张掖市水利电力志编辑委员会编　张掖　张掖地区河西印刷厂　1993 年　411 页
b20141798　TV–092　Z368　1993

甘州区

甘州区沙井镇西二村志
马天德主编　张掖　西二村志编纂委员会　2016 年　399 页
b50248625　K294.25　X1192　2016

沙井镇志
沙井镇志编纂委员会编　王希文主编　北京　中国文史出版社　2017 年　706 页〔甘肃省张掖市地方志丛书〕
b50189177　K294.25　S231　2017

寺儿沟村志
寺儿沟村志编纂委员会编 吴瑛主编 张掖 张掖市奥林印务 2010 年 310 页
b36380064 K294.25 S666 2010

乌江镇志 远古 –2013
乌江镇志编纂委员会编 宋进林主编 北京 中国文史出版社 2014 年 665 页
b47052399 K294.25 W464 2014

中共甘州区委党校志
中共甘州区委党校志编纂委员会编 王洪德主编 兰州 甘肃文化出版社 2011 年 546 页
b22972444 D261.41 G157 2011

甘州区文化志
甘州区文化志编纂委员会编 童国瑞 韦强主编 兰州 甘肃文化出版社 2014 年 562 页
b45969747 G127.423 Z368G 2014

寺儿沟学校志
寺儿沟学校志编纂委员会编 王希文主编 张掖 寺儿沟学校志编纂委员会 2013 年 304 页
b50861189 G629.284.23 S666 2013

民乐县

民乐县志
民乐县志编纂委员会编 李中峰主编 兰州 甘肃人民出版社 1996 年 1009 页〔中华人民共和国地方志丛书〕
b10571930 K294.24 M5285

八卦营村志
八卦营村志编纂委员会编 马得国 夏泽主编 兰州 甘肃文化出版社 2007 年 476 页〔甘肃省民乐县地方志丛书〕
b18621892 K294.25 B111 2007

民乐史志文稿
刘汶著 兰州 甘肃文化出版社 2010 年 477 页
b20926571 K294.24 L691 2010

临泽县

临泽县志
临泽县县志编纂委员会编 兰州 甘肃人民出版社 2001 年 702 页〔中华人民共和国地方志丛书〕
b13993100 K294.24 L5819

临泽县志 1991–2010
临泽县志编纂委员会编 沈文主编 兰州 甘肃人民出版社 2016 年 1007 页
b47335762 K294.24 L5819 2016

临泽县人大志 2001–2015
临泽县人大志编纂委员会编 李长喜主编 兰州 甘肃人民出版社 2016 年 632 页
b49803402 D624.424 L581 2016

临泽县政协志 1984–2013
临泽县政协志编纂委员会编 韩起祥主编 兰州 甘肃文化出版社 2014 年 652 页
b45969735 D628.424 L581 2014

高台县

高台县志
高台县志编纂委员会编 寇克瑞总编 兰州 兰州大学出版社 1993 年 674 页〔中华人民共和国地方志丛书〕
b10631343 K294.24 G252

高台县志 1989–2010
高台县地方史志编纂委员会编 赵春总编 常登成主编 高台 高台县地方史志编纂委员会 2015 年 1060 页
b50016854 K294.24 Z432 2015

红沙河村志
红沙河村志编纂委员会编 陈大林主编 张掖 张掖市河西印刷公司 2007 年 293 页
b20576778 K294.25 H419 2007

天城志
罗喜主编 张掖 甘肃省张掖市第二印刷厂 2000 年 382 页
b36128429 K294.25 T343 2000

山丹县

山丹县志
山丹县地方志编纂委员会编 郭兴圣主编 兰州 甘肃人民出版社 1993 年 843 页〔中华人民共和国地方志丛书〕
b10628447 K294.24 S252

山丹军马场志
山丹军马场志编纂委员会编 郑秀 贺光星 何茂活编写 兰州 中国人民解放军兰洲军区后勤部马场管理局 1995 年 483 页
b40740456 E234 Z545 1995

山丹县林业志
山丹县林业志编纂委员会编 杨青主编 北京 中国文史出版社 2014 年 660 页
b47052302 F326.274.24 S252 2014

山丹县教育志
山丹县教育志编纂委员会编 陈希圣主编 兰州 甘肃文化出版社 2006 年 830 页
b1737246x G527.424 S252 2006

山丹方言志
何茂活著 兰州 甘肃人民出版社 2007 年 434 页〔“河西历史与文化”研究丛书〕
b1877667x H172.2 H274 2008

肃南裕固族自治县

肃南裕固族自治县志
甘肃省肃南裕固族自治县地方志编纂委员会编 钱卫东总编纂 郝永基主编 兰州 甘肃民族出版社 1994 年 456 页〔中华人民共和国地方志丛书〕
b10630788 K294.24 S722

肃南裕固族自治县政协志 1953.07–2014.03
中国人民政治协商会议甘肃省肃南裕固族自治县委员会编 安玉冰主编 肃南 政协甘肃省肃南裕固族自治县委员会 2014 年 756 页
b50729718 D628.424 S722 2014

肃南裕固族自治县第一中学校志
肃南县第一中学校志编纂委员会编 安维武主编 兰州 甘肃教育出版社 2012 年 464 页
b44851546 G639.284.24 S722 2012

肃南裕固族自治县明花区志
肃南裕固族自治县明花区志编委会编 钟进文 妥进武主编 兰州 甘肃人民出版社 2006 年 376 页
b17760641 K294.24 X722M 2006

平凉市

平凉地区志
平凉市地方志编纂委员会 平凉地区志编纂委员会编 马维民主编 北京 中华书局 2012 年 3 卷 2524 页

b40421223 K294.23 P6125 2012

平凉市志
平凉市志编纂委员会编 北京 中华书局 1996年 906页
b13992661 K294.23 P612

平凉西寺志
李树生撰修 兰州 甘肃民族出版社 2007年 394页
b18874794 B967.242.3 L417 2007

甘肃省烟草行业志 第5卷 平凉烟草志
甘肃省烟草行业志编纂委员会 平凉烟草志编纂委员会编纂 郑向明主编 兰州 甘肃文化出版社 2003年 364页
b50729457 F426.89 G158P 2003

红峰志 1986–2006
甘肃红峰机械有限责任公司编 哈卫总编辑 平凉 甘肃红峰机械有限责任公司 2015年 376页
b50665303 F426.48 H112 2015

平凉市公路交通志
骞纯文主编 兰州 兰州大学出版社 1993年 357页〔甘肃公路交通史志丛书〕
b20044720 F542.842.3 Q211 1993

平凉地区水利志
平凉地区水利志编纂领导小组编 平凉 平凉行署印刷厂 1997年 572页
b20139998 TV-092 P612 1997

平凉市水利志
平凉市水利志编纂办公室编 张志延主编 平凉 平凉市水利志编纂办公室 1995年 270页
b46273967 TV-092 P612 1995

崆峒区

崆峒佛教志
仇非主编 兰州 甘肃文化出版社 2007年 162页
b18004829 B949.2 Q542 2007

崆峒政协志 1949.11–2016.6
政协甘肃省平凉市崆峒区委员会编 梁汉生主编 北京 中国文史出版社 2016年 604页
b49715665 D628.423 K328 2016

平凉市崆峒区军事志
平凉市崆峒区军事志编辑委员会编 刘清瑞主编 兰州 甘肃人民出版社 2010年 371页
b22431275 E289.423 L686 2010

平凉崆峒区人物志
平凉市崆峒区地方志年鉴办公室编 朱凤英主编 兰州 甘肃省人民美术出版社 2010年 376页
b21863623 K820.842.3 Z694 2010

崆峒山新志
国家重点风景名胜区崆峒山管理局编 黄毅 张连举 张怀宁主编 兰州 甘肃文化出版社 2008年 585页
b19757451 K928.3 H669 2008

新修崆峒山志
崆峒山风景名胜区管理局 崆峒学研究会 平凉市地方志办公室编 仇非主编 兰州 甘肃人民出版社 1996年 376页
b47415289 K928.3 K328C 1996

崆峒山植物志
高维衡编著 兰州 甘肃文化出版社 1998

年 634 页
b16436647 Q948.524.23 G253 1998

泾川县

泾川县志
泾川县县志编纂委员会编 吕立君主编 兰州 甘肃人民出版社 1996 年 739 页
b10598029 K294.24 J534

泾川教育志
泾川教育志编纂委员会编 侯永杰主编 泾川 泾川教育志编纂委员会 2005 年 533 页
b47317127 G527.424 H429 2005

泾川县水利志
泾川县水利志编纂领导小组编 平凉 平凉报社印刷厂 1991 年 180 页
b2010246x TV-092 J534 1991

灵台县

灵台县志
灵台县志编纂委员会编 灵台 灵台县志编纂委员会 1987 年 476 页
b10628241 K294.24 L628

灵台县人民代表大会志
灵台县人大常委会 王宏仕主编 灵台 灵台县人大常委会 2009 年 508 页
b49533538 D624.424 L628 2009

灵台县政协志
政协灵台县委员会编 任荣主编 灵台 政协灵台县委员会 2011 年 460 页
b50665364 D628.424 L628 2011

灵台县水利志
灵台县水利志编纂领导小组编 平凉 平凉报社印刷厂 1991 年 164 页
b20015768 TV-092 L628 1991

崇信县

崇信县志
崇信县地方志编纂委员会编 赵管仲 王锦发主编 兰州 甘肃人民出版社 1997 年 689 页
b14106723 K294.24 C541

崇信县志 1991–2010
崇信县地方志编纂委员会编 朱鸿鹏主编 北京 中华书局 2015 年 780 页
b47051711 K294.24 C541C 2015

崇信县政协志 1983–2012
政协崇信县委员会编 李双怀主编 崇信 政协崇信县委员会 2014 年 466 页
b50347159 D628.424 C541 2014

崇信县水利志
崇信县水利志编纂领导小组编 张树杰 梁尊贤主编 崇信 崇信县水利志编纂领导小组 1992 年 179 页
b20014156 TV-092 Z364 1992

华亭县

华亭县志
华亭县志编纂委员会编 姚维孝 冯天言总编辑 兰州 甘肃人民出版社 1996 年 770 页
b10597827 K294.24 H529

东峡社区志 1950–2012
东峡社区居民委员会编 刘英 邓金科主编 北京 中国文化出版社 2013 年 240 页
b47414042 K294.24 H529D 2013

甘肃省华亭县砚峡乡砚峡社区志
华亭县砚峡乡砚峡社区居民委员会 华亭县砚峡乡砚峡社区（村）志编纂委员会编 西安 陕西人民出版社 2016年 385页
b47560630 K294.25 Y193 2016

华亭县土地志
甘肃省华亭县土地管理局编 平凉 平凉地区印刷厂 2000年 290页〔平凉地区土地志丛书〕
b19931724 F327.423 H529 2000

华亭煤业集团有限责任公司志 1991-2014
华亭煤业集团有限责任公司志编纂委员会编 王晓明主编 兰州 甘肃人民出版社 2016年 407页
b49687979 F426.21 H529 2016

西华镇煤矿志
西华镇煤矿志编纂委员会编 刘天义主编 兰州 甘肃文化出版社 2013年 132页
b45445059 F426.21 X1193 2013

华亭县财政志
华亭县财政局编 杨红喜主编 兰州 甘肃人民出版社 2010年 284页
b23216542 F812.742.4 H529 2010

甘肃省华亭县土壤志
华亭县农牧局 华亭县农技站编 华亭 华亭县农牧局 1987年 134页
b44916024 S159.242.4 H529 1987

华亭县水利志
华亭县水利志编纂领导小组编 乔峰 董有福 秦玉亮编纂 华亭 华亭县水利局 1996年 114页
b36129513 TV-092 H5298 1996

庄浪县

庄浪县教育志
庄浪县教育局编 杨恒荣主编 兰州 甘肃教育出版社 2015年 1236页
b49790134 G527.424 Z787 2015

庄浪县卫生志
庄浪县卫生志编纂委员会编 马广忠主编 北京 中国文史出版社 2014年 511页
b46012771 R199.2 Z787 2014

静宁县

静宁县志
静宁县县志编纂委员会编 魏柏树主编 兰州 甘肃人民出版社 1993年 738页
b10630600 K294.24 J563

静宁县志 1996-2002
静宁县县志编纂委员会编 张占社主编 北京 中华书局 2005年 531页
b16229666 K294.24 J563 2005

静宁军事志
静宁县地方志编纂委员会编 兰州 甘肃文化出版社 2008年 485页
b21015302 E289.424 J563 2008

甘肃省静宁县农牧志
甘肃省静宁县农牧局编 王统华主编 兰州 甘肃科学技术出版社 1990年 380页
b4741523x F327.424 J563 1990

甘肃静宁建筑集团公司志
甘肃静宁建筑集团公司编 张志文主编 兰州 甘肃人民出版社 2015年 358页
b49827194 F426.9 G1585 2015

静宁建筑集团第四分公司志
静宁建筑集团第四分公司志编纂委员会编 鲍太祥主编 北京 中华书局 2007年 337页
b49704618 F426.9 G1584 2007

静宁税务志
马玉清 荀彦忠主编 兰州 兰州大学出版社 1996年 311页
b49789272 F812.742.4 J563 1996

静宁县教育志
静宁县教育局编 兰州 甘肃教育出版社 2006年 804页
b17610059 G527.424 J563 2006

甘沟中学校志
殷永明主编 兰州 兰州时代彩印 2007年 355页
b36128879 G639.284.25 G157 2007

静宁一中校志
刘浚主编 静宁 静宁教育印刷厂 1991年 377页
b20403604 G639.284.24 J563J 1991

静宁县水利志
静宁县水利志编纂领导小组编 李清德主编 静宁 静宁县水利志编纂领导小组 1991年 276页
b2013924x TV-092 L415 1991

酒泉市

酒泉市志
酒泉市史志办公室编 兰州 兰州大学出版社 1998年 1125页〔中华人民共和国地方志丛书〕
b13868597 K294.23 J587

酒泉市志
孙占鳌主编 北京 方志出版社 2008年 3卷 2363页
b19826357 K294.23 J587 2008

酒泉市林业志
酒泉市林业志编纂委员会编 焦线明主编 兰州 甘肃民族出版社 2016年 528页
b50727175 F326.274.23 J587 2016

甘肃省酒泉地区农业资源志
梁秀芬 李鸿元编写 酒泉 酒泉地区农业区划办公室 1986年 油印本 2卷
b2757460x F329.942.2 J587 1986

甘肃省烟草行业志 第11卷 酒泉、嘉峪关烟草志
甘肃省烟草行业志编纂委员会 酒泉、嘉峪关烟草志编纂委员会编纂 兰州 甘肃文化出版社 2003年 334页
b50729421 F426.89 G158J 2003

酒泉市财政志 1949-2008
酒泉市财政志编委会办公室编 酒泉 酒泉市财政志编委会办公室 2009年 741页
b49963715 F812.742.3 J587 2009

酒泉市水利志
酒泉市水利志编纂委员会编 李耀主编 兰州 甘肃文化出版社 2016年 467页
b49749201 TV-092.423 J587 2016

肃州区

酒泉市肃州区志
肃州区地方志编纂委员会编 刘吉平主编 兰州 甘肃文化出版社 2009年 666页
b20344740 K294.23 S722 2009

玉门市

玉门市志
玉门市地方志编纂委员会编 杜振涛主编 北京 新华出版社 1991 年 753 页〔中华人民共和国地方志丛书〕
b10647314 K294.23 Y774

玉门市志
赵玉海主编 北京 现代出版社 2011 年 575 页
b36174786 K294.23 Y774X 2011

玉门油田志 1939–1986
玉门油田志编纂委员会编 黄亦纯总编 西安 西北大学出版社 1993 年 572 页
b20416775 F426.22 H6691 1993

中国石油地质志 玉门油田卷
玉门油田石油地质志编写组编 北京 石油工业出版社 1989 年 441 页
b17305792 P618.13 Z649

中国油气田开发志 第 11 卷 玉门油气区卷
中国油气田开发志总编纂委员会编 刘宝和主编 北京 石油工业出版社 2011 年 464 页
b47414509 TE3 L671 2011

敦煌市

敦煌市志
敦煌市志编纂委员会编 闫国权主编 北京 新华出版社 1994 年 860 页〔中华人民共和国地方志丛书〕
b13275689 K294.23 D773

敦煌志
敦煌市地方志编纂委员会编 北京 中华书局 2007 年 2 卷 1328 页
b19103712 K294.23 D773E 2007

敦煌教育志
敦煌教育志编纂委员会编 呼和浩特 内蒙古人民出版社 2007 年 569 页
b18873212 G527.423 D773 2007

敦煌方言志
刘伶著 兰州 兰州大学出版社 1988 年 250 页〔丝绸之路语言丛书〕
b20571653 H172.2 L6815 1988

敦煌人物志
李富华 姜德治编著 兰州 甘肃人民出版社 2009 年 322 页〔敦煌记忆书系〕
b20451830 K820.842.3 L394 2009

金塔县

金塔县志
金塔县地方志编纂委员会编 李玉海总编辑 兰州 甘肃人民出版社 1992 年 676 页
b10655426 K294.24 J479

金塔县志 1990–2008
金塔县地方史志编纂委员会编 兰州 甘肃文化出版社 2010 年 2 卷 1316 页〔甘肃地方志〕
b22969731 K294.24 J479 2010

金塔县志 第 24 卷 卫生志 –2014
金塔县地方史志编纂审定委员会 金塔县志卫生志编委会编 关正武主编 金塔 金塔县地方史志编纂审定委员会 2017 年 500 页〔甘肃省金塔县地方史志丛书〕
b5066525x K294.24 J479W 2017

瓜州县

安西县志
安西县志编纂委员会编 鲁希圣主编 北京 知识出版社 1992 年 637 页〔中华人民共和国地方志丛书〕
b10631252 K294.24 A164

瓜州县志 1986–2005
瓜州县志编纂工作委员会编 李春斌主编 兰州 甘肃文化出版社 2010 年 780 页〔甘肃地方志〕
b22421075 K294.24 G572G 2010

安西县政权志 人民代表大会卷 1949.10–1998.12
甘肃省安西县人民代表大会常务委员会 马福俊主编 安西 甘肃省安西县人民代表大会常务委员会 2001 年 190 页
b47415228 D625.424 A164 2001

肃北蒙古族自治县

肃北蒙古族自治县志
肃北蒙古族自治县人民政府编 酒泉 酒泉市印刷制箱厂 1989 年 647 页
b16434705 K294.24 M343 1989

肃北蒙古族自治县志
肃北蒙古族自治县志编纂委员会编 祝永年主编 兰州 甘肃人民出版社 2014 年 2 卷 1185 页
b46376884 K294.24 M343 2014

肃北蒙古族自治县蒙医药志
肃北蒙古族自治县卫生和计划生育局编 热格德勒主编 兰州 甘肃文化出版社 2016 年 114 页
b49669205 R291.2 R181 2016

阿克塞哈萨克族自治县

阿克塞哈萨克族自治县志
阿克塞哈萨克族自治县地方志编委员会编 何奇主编 兰州 甘肃人民出版社 1993 年 543 页〔中华人民共和国地方志丛书〕
b13273772 K294.24 A114

阿克塞哈萨克族自治县志 1988–2002
阿克塞县志编纂委员会编 兰州 敦煌文艺出版社 2004 年 481 页〔中华人民共和国地方志丛书〕
b1643612x K294.24 A114 2004

阿克塞哈萨克族自治县人民代表大会志 1954–2010
阿克塞哈萨克族自治县人大常委会编 阿克塞 阿克塞哈萨克族自治县人大常委会 2011 年 331 页
b4947215x D624.424 A114 2011

庆阳市

庆阳地区志
甘肃省庆阳地区志编纂委员会编 兰州 兰州大学出版社 1998 年 5 卷 6718 页〔中华人民共和国地方志丛书〕
b12872787 K294.22 Q491

庆阳县志
庆阳县志编纂委员会编 兰州 甘肃人民出版社 1993 年 670 页
b16464060 K294.24 Q491 1993

庆阳县志
庆阳县志编纂委员会编 兰州 甘肃文化出版社 2012 年 668 页，
b47052284 K294.24 Q491E 2012

庆阳市志
庆阳市地方志编纂委员会编 张玺主编 北京 中华书局 2014 年 2 卷 1831 页
b46531117 K294.23 Q491D 2014

庆阳地区乡镇企业志
庆阳地区乡镇企业志编辑委员会编 穆瑞卿 杜正岐主编 庆阳 庆阳地区乡镇企业志编辑委员会 1988 年 296 页
b49506250 F279.274.22 Q491 1988

庆阳建设志
庆阳建设志编纂委员会编 兰州 甘肃人民出版社 2003 年 565 页
b47352437 F299.274.23 Q491 2003

庆阳地区畜牧志
庆阳地区畜牧志编纂组编 米国柱主编 庆阳 庆阳地区畜牧志编纂组 1997 年 535 页
b4970462x F326.374.22 Q491 1997

庆阳市林业志 远古 -2010
庆阳市林业志编纂委员会编 杨冰 付廷汉主编 兰州 甘肃人民出版社 2015 年 700 页
b5099136x F326.274.23 Q491 2015

庆阳县土地管理志
庆阳县土地管理志编纂委员会编 卢化文主编 庆阳 庆阳县土地管理志编纂委员会 2004 年 257 页
b50248236 F327.424 Q491 2004

甘肃省烟草行业志 第 4 卷 庆阳烟草志
甘肃省烟草行业志编纂委员会 庆阳烟草志编纂委员会编纂 任世凯主编 兰州 甘肃文化出版社 2002 年 469 页
b50729469 F426.89 G158Q 2002

庆阳地区粮食志
甘肃省庆阳地区行政公署粮食处编辑 李国柱主编 北京 中国商业出版社 1993 年 514 页
b36093294 F724.721 Q491 1993

庆阳市税务志 1986-2010
庆阳市国家税务局 庆阳市地方税务局编 乔孝堂主编 兰州 甘肃文化出版社 2016 年 412 页
b49669199 F812.742.3 Q491 2016

庆阳地区金融志
庆阳地区金融志编纂委员会编 李从新主编 北京 中国金融出版社 1992 年 645 页
b45570620 F832.742.2 Q491 1992

庆阳市金融志 1989-2008
庆阳市金融志编纂委员会编 陈永明主编 西安 三秦出版社 2015 年 520 页
b50152695 F832.742.3 Q491 2015

庆阳市档案志
庆阳市档案局编纂 刘治华主编 兰州 甘肃文化出版社 2013 年 346 页
b41213683 G279.274.23 Q491 2013

西峰区

甘肃省庆阳市西峰人大志 1985-2015
西峰人大志编纂委员会编 王效平主编 北京 中央文献出版社 2016 年 662 页
b51072312 D624.423 Q491X 2016

西峰城乡建设志
西峰区建设委员会编纂 曹孝民主编 北京 方志出版社 2011 年 401 页
b36133668 F299.274.23 X119 2011

庆城县

庆城县公安志
庆城县公安志编纂委员会编 夏辉邦主编 兰州 甘肃文化出版社 2014年 754页
b46243082 D631 Q491 2014

庆城县教育志
庆城县教育志编委会编 宋治平主编 王汉杰摄影 兰州 甘肃文化出版社 2011年 680页
b23373891 G527.424 Q491 2011

庆城县卫生志
庆城县卫生志编委会编 王广泛主编 兰州 甘肃文化出版社 2015年 685页
b49669187 R199.2 Q491 2015

庆城县环境保护志
庆城县环境保护志编委会编 陈文宝主编 兰州 甘肃文化出版社 2012年 613页
b40416781 X321.242.4 Q491 2012

环　县

环县志
康秀林总编 兰州 甘肃人民出版社 1993年 529页
b1674651x K294.24 H593 1993

环县人口志
环县人口志编纂委员会编 王克亭主编 兰州 甘肃人民出版社 2011年 328页
b22430192 C924.254.24 W221 2011

环县金融志
李志杰主编 香港 香港明星国际出版公司 2001年 244页
b49704606 F832.742.4 H593 2001

环城小学校志 2005–2016
环县环城小学编 苏红芳主编 银川 宁夏人民出版社 2016年 283页
b49642686 G629.284.24 S696 2016

环县道情皮影志
环县道情皮影志编纂委员会编 康秀林主编 兰州 甘肃文化出版社 2006年 364页
b17178642 J827 K185 2006

环县兴隆山志
环县兴隆山志编纂委员会编 刘芸主编 北京 中国文史出版社 2016年 522页
b47297323 K928.3 X463 2016

华池县

华池县志
华池县志编纂委员会编 王来才主编 兰州 甘肃人民出版社 2004年 1372页〔中华人民共和国地方志丛书〕
b15681786 K294.24 H528 2004

华池县志
华池县志编写领导小组编 兰州 甘肃人民出版社 1984年 278页
b12315278 K294.2 H528

华池县人大志
华池县人大志编纂委员会编 郭含殿主编 兰州 甘肃文化出版社 2012年 611页
b36271950 D624.424 H528 2012

华池金石志
中国人民政治协商会议甘肃省华池县委员会编 王来才主编 兰州 甘肃人民出版社 2014年 428页
b47118465 K877.22 W222 2014

合水县

合水县志
合水县志编纂委员会编 赵鸿藻主编 兰州 甘肃文化出版社 2007年 2卷 1880页
b20198255 K294.24 H283Z 2007

甘肃省烟草行业志 第3卷 合水雪茄烟厂志
甘肃省烟草行业志编纂委员会 合水雪茄烟厂志编纂委员会编纂 贺科安主编 兰州 甘肃文化出版社 2002年 447页
b5072941x F426.89 H283 2002

正宁县

正宁县志
正宁县志编纂委员会编 邵青主编 兰州 甘肃文化出版社 2010年 2卷 1594页〔甘肃地方志〕
b22423485 K294.24 Z515Z 2010

正宁县国土资源志
正宁县国土资源志编纂委员会编 王立明主编 兰州 甘肃人民出版社 2009年 549页
b20575634 F129.942.4 Z515 2009

宁　县

宁县志
宁县志编委会编 兰州 甘肃人民出版社 1988年 839页
b13849311 K294.24 N413

甘肃省宁县土壤志
宁县土壤普查办公室编 宁县 宁县土壤普查办公室 1985年 239页
b44916395 S159.242.4 N413 1985

镇原县

镇原县志 约前11世纪–1985
镇原县志编辑委员会编 镇原 镇原县志编辑委员会 1987年 2卷 1232页
b10796770 K294.24 Z493

镇原县志 –2010
镇原县地方志编纂委员会编 北京 方志出版社 2015年 2卷 1529页〔甘肃地方志〕
b49661176 K294.24 Z493F 2015

镇原县政协志 1984–2013
中国人民政治协商会议甘肃省镇原县委员会编 白生金主编 镇原 中国人民政治协商会议甘肃省镇原县委员会 2014年 765页
b49678462 D628.424 Z493 2014

镇原县教育志
镇原县教育局编 王正学主编 镇原 镇原县教育局 2010年 502页
b46274169 G527.424 Z493 2010

镇原县现代人物志
中共镇原县委党史办编 陇东 陇东报社印刷厂 2002年 619页
b20047137 K820.842.4 Z493 2002

定西市

定西地区志
定西地区志编纂委员会编 牛兴民主编 北京 中华书局 2013年 3卷 2383页
b46273761 K294.22 D547E 2013

定西建设志
定西建设志编纂委员会编 张敬良主编 牛继清编写 兰州 甘肃人民出版社 2006

年 648 页
b4998326x F299.274.23 D547 2006

定西分行农村金融志 1950–2003
中国农业银行定西分行编 周占斌主编 定西 中国农业银行定西分行 2008 年 620 页
b49802938 F832.33 D547 2008

甘肃省定西地区教育志
定西地区行署教育处编 王侠主编 定西 定西地区行署教育处 2002 年 1132 页
b5077752x G527.423 D547C 2002

安定区

定西县志
定西县志编纂委员会编 刘汉杰主编 兰州 甘肃人民出版社 1990 年 941 页
b22429244 K294.24 D547 1990

杏坛百年神韵 定西市安定区松川学校教育志
李鸿鸣主编 定西 定西市安定区松川学校 2008 年 280 页
b50665005 G639.284.23 S673 2008

通渭县

通渭县志
通渭县志编纂委员会编 张尚质主编 兰州 兰州大学出版社 1990 年 776 页〔中华人民共和国地方志丛书〕
b10761160 K294.24 T426

通渭县志 1986–2005
通渭县志编纂委员会编 令续鹏主编 兰州 兰州大学出版社 2010 年 901 页
b21570474 K294.24 T426 2010

通渭县工商联(民间商会)志
通渭县工商业联合会民间商会志编纂委员会编 刘增昌主编 通渭 通渭县工商联(民间商会)志编纂委员会 2014 年 310 页
b49678346 D665.9 T426 2014

通渭人物志
通渭人物志编纂委员会编 兰州 兰州市城关区煜丰印刷厂 2005 年 450 页
b16746223 K820.842.4 T426 2005

陇西县

陇西县志
陇西县志编纂委员会编 曹宗周主编 兰州 甘肃人民出版社 1990 年 778 页
b10628344 K294.24 L751

陇西县志
陇西县志编纂委员会编 曹宗周主编 曹锐摄影 牛岸英绘图 兰州 甘肃文化出版社 2017 年 第 2 版 修订本 774 页
b51038936 K294.24 L751D 2017

陇西县志 1986–2005
陇西县志编纂委员会编 兰州 甘肃人民出版社 2015 年 1067 页
b47194893 K294.24 L751C 2015

陇西县教育志
陇西县教育局编 兰州 兰州大学出版社 2009 年 1056 页
b21569307 G527.424 L751 2009

渭源县

渭源县志
渭源县志编纂委员会编 雒玉麟主编 兰州 兰州大学出版社 1998 年 943 页
b12698271 K294.24 W341

渭源县志 1986–2007
渭源县志编纂委员会编 徐化民主编 兰州 兰州大学出版社 2013年 820页
b45569472 K294.24 W341 2013

渭源县政协志
政协渭源县第八届委员会编 杨谦主编 渭源 政协渭源县第八届委员会 2014年 584页
b50665650 D628.424 W341 2014

渭源教育志
雒玉麟编著 陇西 陇西印刷厂 2004年 385页
b36014205 G527.424 W341 2004

临洮县

临洮县志
临洮县志编纂委员会编 兰州 甘肃人民出版社 1990年 3卷 693页
b21774742 K294.24 L581 1990

临洮县志
临洮县志编纂委员会编 巩发俊总编 兰州 甘肃人民出版社 2001年 836页
b13841701 K294.24 L5817

临洮县志 1986–2005
临洮县志编纂委员会编 临洮 临洮县志编纂委员会 2005年 795页
b21136531 K294.24 L5817 2005

漳　县

漳县志
漳县志编纂委员会编 张守礼主编 兰州 甘肃文化出版社 2005年 1302页
b16478563 K294.24 Z376 2005

岷　县

岷县志
岷县志编纂委员会编 王兆祥主编 兰州 甘肃人民出版社 1995年 893页
b13275914 K294.24 M527

陇南市

甘肃省烟草行业志 陇南烟草志 2001–2010
甘肃省烟草行业志编纂委员会 陇南烟草志编纂委员会编 兰州 甘肃文化出版社 2013年 239页
b45445035 F429.423 L751 2013

陇南市财政志
陇南市财政局编印 毕志敏主编 陇南 陇南市财政局 2016年 319页
b49640653 F812.742.3 L751 2016

陇南风物志
韩博文 陈启生著 兰州 兰州大学出版社 1996年 287页
b16437937 K924.22 L751 1996

陇南市第一人民医院志
陇南市第一人民医院志编委会编 李成学主编 陇南 陇南市第一人民医院志编委 2009年 211页
b50248145 R199.2 L751 2009

陇南土种志
甘肃省陇南地区土壤普查办公室编 天水 清水县印刷厂 1988年 206页
b19932017 S159.242.2 G158 1988

武都区

武都县志
武都县地方志编纂委员会编 曾礼主编 北

京 三联书店 1998 年 1233 页〔中国地方志丛书〕
b12697837 K294.24 W532

成 县

甘肃省成县志
成县地方志编纂委员会编 胡祥庆编辑 西安 西北大学出版社 1994 年 986 页〔中国地方志 2001〕
b10600863 K294.24 C459

成县人民代表大会志
成县人民代表大会志编辑委员会编 胡祥庆主编 天水 天水新华印刷厂 2000 年 185 页
b1993130x D624.424 H476 2000

成县政协志 1981–2006
成县政协志编纂委员会编 白云升主编 天水 天水新华印刷厂 2007 年 451 页
b20121428 D628.424 C459 2007

成县标准地名录
成县地名办公室编 成县 成县地名办公室 1990 年 240 页
b20100449 K924.24 C4618 1990

文 县

文县志
文县志编纂委员会编 李虎春主编 兰州 甘肃人民出版社 1997 年 1077 页
b18875427 K294.24 W386 1997

宕昌县

宕昌县志
宕昌县志编纂委员会编 王庭桂主编 兰州 甘肃文化出版社 1995 年 657 页
b13277728 K294.24 D241

宕昌县志 续编 1985–2005
宕昌县志编纂委员会编 杨海帆主编 兰州 甘肃文化出版社 2006 年 755 页
b18838315 K294.24 D241 2006

宕昌县人大志 1950–2012
宕昌县人大志编纂委员会编 赵一炯主编 兰州 甘肃人民出版社 2013 年 537 页
b40870054 D624.424 D241 2013

宕昌县政协志
宕昌县政协志编修委员会编 何芳琴主编 宕昌 宕昌县政协委员会 2006 年 633 页
b20100565 D628.424 D241 2006

宕昌人物志
宕昌县政协编 宕昌 宕昌县政协 2000 年 386 页
b20042097 K820.842.4 Z649 2000

康 县

康县志
康县志编纂委员会编 黄俊武主编 兰州 甘肃人民出版社 1989 年 925 页〔中华人民共和国地方志丛书〕
b10597712 K294.24 K1848

康县志 1986–2010
康县地方志编纂委员会编 石正杰主编 兰州 甘肃人民出版社 2016 年 1433 页
b49901801 K294.24 K185C 2016

康县教育志
李广仁主编 兰州 兰州大学出版社 1993 年 445 页〔甘肃省地方志丛书〕
b17646285 G527.424 L395 1993

西和县

西和县志
西和县志编纂委员会编 杜万鼎主编 西安 陕西人民出版社 1997年 870页〔甘肃省地方志丛书〕
b13275872 K294.24 X119

西和县志 1996–2013
西和县志编纂委员会 袁智慧主编 兰州 甘肃文化出版社 2014年 939页〔甘肃省地方志丛书〕
b46452680 K294.24 X119C 2014

西和县人民代表大会志 1996–2010
西和县人民代表大会志续编领导小组编 谢福元主编 张志南主编 兰州 兰州大学出版社 2011年 770页
b47415277 D624.424 X119 2011

政协西和县志
中国人民政治协商会议西和县委员会编 兰州 兰州大学出版社 2009年 960页
b2157134x D628.424 X119 2009

西和县民政志
西和县民政局编 陈国强主编 兰州 兰州大学出版社 2011年 473页
b44916231 D632 X1198 2011

西和县财政志
西和县财政局编 西和 西和县财政局 2003年 262页
b23190826 F812.742.4 X119 2003

西和乞巧风俗志
雷海峰主编 兰州 兰州文博彩色印刷公司 2007年 387页
b1973279x K892.442.4 L291 2007

礼 县

礼县志
礼县志编纂委员会编 西安 陕西人民出版社 1999年 884页〔甘肃省地方志丛书〕
b13588850 K294.2 L383

礼县政协志
政协礼县委员会编 何德未主编 兰州 甘肃新华印刷厂 2012年 510页
b44851893 D628.424 L383 2012

徽 县

徽县志
甘肃省徽县志编纂委员会编 梁晓明主编 西安 陕西人民出版社 2003年 1142页〔甘肃省地方志丛书〕
b15329902 K294.24 H686 2003

甘肃省徽县教育志
徽县教育志编辑委员会编 唐自德主编 徽县 徽县教育志编辑委员会 2001年 450页
b16325163 G527.424 T242 2001

两当县

两当县志
甘肃省两当县志编纂委员会编 刘瑞 杨永红主编 兰州 甘肃文化出版社 2005年 877页
b16888169 K294.24 L514 2005

临夏回族自治州

临夏回族自治州志
临夏回族自治州编纂委员会编 方钰主编 兰州 甘肃人民出版社 1993年 2卷 1538页〔中华人民共和国地方志丛书〕

b10645068 K294.22 L581

临夏州人事劳动志
马远志总编 陈龙主编 兰州 甘肃文化出版社 2014年 362页
b4547865x D630.3 L581 2014

临夏回族自治州土地管理志
临夏回族自治州土地管理志编纂办公室编 临夏 临夏回族自治州土地管理志编纂办公室 2001年 306页
b19931979 F321.1 L581 2001

甘肃省烟草行业志 临夏烟草志 2001–2010
甘肃省烟草行业志编纂委员会编 临夏烟草志编纂委员会编 安浩杰主编 兰州 甘肃文化出版社 2014年 198页
b4552449x F426.89 L581 2014

甘肃公路交通史志丛书 临夏回族自治州公路交通史
甘肃省交通史志及年鉴编写委员会编 兰州 甘肃民族出版社 1992年 430页
b10688109 F542–09 G1574

临夏回族自治州教育志
临夏回族自治州教育志编纂委员会编 朱光明主编 兰州 甘肃文化出版社 1997年 827页
b16325242 G527.422 Z695 1997

临夏人物志
陈龙编著 兰州 甘肃人民出版社 2002年 301页
b18874447 K820.842.2 C424 2002

临夏市

临夏市志
临夏市地方志编纂委员会编 兰州 甘肃人民出版社 1995年 930页〔中华人民共和国地方志丛书〕
b18874459 K294.23 L581 1995

临夏市志 1986–2005
临夏市地方志编纂委员会编 张宏俊主编 兰州 甘肃文化出版社 2011年 882页
b35966506 K294.23 L581 2011

临夏县

临夏县志
临夏县志编纂委员会编 江双德总编辑 兰州 兰州大学出版社 1995年 677页〔中华人民共和国地方志丛书〕
b10597797 K294.24 L581

康乐县

康乐县志
甘肃省康乐县志编纂委员会编 魏宗孝等编辑 北京 三联书店 1995年 490页〔中国地方志丛书〕
b10604315 K294.24 K184

永靖县

黄河三峡移民志
黄河三峡移民志编纂委员会编 常全光主编 兰州 兰州大学出版社 2005年 608页
b16859650 D632.4 H658 2005

刘化厂志 1966–1990
刘化厂志编纂委员会编 周铁男总编 兰州 兰州大学出版社 1996年 357页
b50319103 F426.76 L678 1996

刘家峡水电厂志 1997–2009
刘家峡水电厂志编纂委员会编 孙柏林主

编 兰州 甘肃人民出版社 2012年 743页〔甘肃省电力工业志丛书〕
b36210560 F426.61 L678 2012

永靖县志
永靖县志编纂委员会编 陈世文主编 兰州 兰州大学出版社 1995年 660页
b10625070 K294.24 Y6364

永靖县志 1986–2005
永靖县县志编纂委员会编 常全光主编 兰州 甘肃文化出版社 2011年 736页
b36100730 K294.24 Y6364 2011

吧咪山志
吧咪山志编纂委员会编 郭山吉主编 兰州 兰州大学出版社 2007年 261页
b2001871x K928.3 G776 2007

广河县

广河县志
广河县志编纂委员会编 马明达主编 兰州 兰州大学出版社 1995年 698页〔中华人民共和国地方志丛书〕
b10604091 K294.24 G681

和政县

和政县志
和政县志编纂委员会编 方登科总编辑 兰州 兰州大学出版社 1993年 515页
b13990548 K294.24 H313

和政县志 1986–2005
和政县地方史志编纂委员会编 梁明主编 兰州 甘肃文化出版社 2011年 912页
b23373751 K294.24 H313 2011

东乡族自治县

东乡族自治县志
东乡族自治县地方史志编纂委员会编 马凌祖总纂 兰州 甘肃文化出版社 1996年 646页〔中华人民共和国地方志丛书〕
b20464551 K294.24 D582 1996

东乡族自治县志 1986–2005
东乡族自治县地方史志编纂委员会编 江佐华主编 兰州 甘肃文化出版社 2016年 808页
b49578339 K294.24 D582D 2016

东乡族自治县军事志
东乡族自治县军事志编纂委员会编 汪佐华主编 东乡 东乡族自治县军事志编纂委员会 2012年 229页
b49677871 E289.424 D582 2012

积石山保安族东乡族撒拉族自治县

积石山保安族东乡族撒拉族自治县志
积石山保安族东乡族撒拉族自治县志编纂委员会编 董克义总编 兰州 甘肃文化出版社 1998年 565页〔中华人民共和国地方志丛书〕
b12698222 K294.24 J124C

甘南藏族自治州

甘南藏族自治州志
甘南藏族自治州地方史志编纂委员会编 王俊英 杨志红主编 北京 民族出版社 1999年 2卷 2042页〔中华人民共和国地方志丛书〕
b13756898 K294.22 G157

甘南人大志
甘南藏族自治州人大常委会编纂委员会编 刘培春主编 兰州 甘肃民族出版社 2004年 551页
b17482513 D624.422 G157 2004

甘南政协志
马建新主编 兰州 兰州大学出版社 2003年 584页
b19518171 D628.422 M138 2003

甘南藏族自治州土地志
甘南藏族自治州土地管理局编 祁殿臣主编 兰州 甘肃省新新印刷公司 1999年 366页
b2094892x F327.422 Q126 1999

甘南藏族自治州金融志
甘南藏族自治州金融志编委会编 兰州 兰州大学出版社 1993年 212页
b49963752 F832.742.2 G157 1993

甘南藏族自治州金融志 1991–2014
甘南藏族自治州金融学会编 郭常民主编 兰州 甘肃人民出版社 2017年 566页
b50991346 F832.742.2 G157C 2017

甘肃·甘南风物志
尕藏才旦著 昆明 云南人民出版社 2002年 136页〔中国西部风物志丛书〕
b13776824 K924.22 G115

甘南藏族自治州藏医志
甘南藏族自治州卫生局藏医志编纂委员会编 王钟元主编 兰州 甘肃民族出版社 1993年 238页
b40864054 R199.2 G157 1993

甘南树木图志
冯自诚 徐梦龙主编 兰州 甘肃省科学技术出版社 1994年 559页
b17907457 S717.242.2 F377 1994

甘南藏族自治州水利志 1953–2013
甘南藏族自治州地方史志编纂委员会 甘南藏族自治州水利志编纂委员会编 兰州 甘肃文化出版社 2015年 322页
b46934133 TV–092 G157 2015

合作市

合作市志
合作市地方史志编纂委员会编 何建平主编 兰州 甘肃民族出版社 2010年 619页〔中华人民共和国地方志丛书〕
b22972389 K294.23 H283 2010

合作政协志 1997–2015
中国人民政治协商会议合作市委员会编 周恒亮主编 兰州 甘肃文化出版社 2016年 532页
b49484771 D628.424 H283 2016

临潭县

临潭县志
临潭县志编纂委员会编 海洪涛主编 兰州 甘肃民族出版社 1997年 935页〔中华人民共和国地方志丛书〕
b10564676 K294.24 L5818

临潭县志 1991–2006
临潭县志编纂委员会编 马廷义主编 兰州 甘肃人民出版社 2008年 873页
b20073264 K294.24 L5818 2008

临潭县政协志 1955–2015
中国人民政治协商会议临潭县委员会编

牛汝霖主编 兰州 甘肃文化出版社 2015年 696页
b47053616 D628.424 L581 2015

卓尼县

卓尼县志
卓尼县志编纂委员会编 祁殿臣主编 兰州 甘肃民族出版社 1994年 786页〔中华人民共和国地方志丛书〕
b16425091 K294.24 Z825 1994

卓尼县人民代表大会志 1949–2016
卓尼县人民代表大会志编纂委员会编 马永寿主编 兰州 甘肃人民出版社 2017年 670页
b50228377 D624.424 Z825 2017

甘肃电投九甸峡水电开发有限责任公司志 1958–2014
甘肃电投九甸峡公司志编委会编 哈德军 苟建国 王金云主编 兰州 甘肃人民出版社 2017年 2卷 1105页
b50265970 F426.9 J585 2017

舟曲县

舟曲县志
甘肃省舟曲县地方史志编纂委员会编 仇克珍主编 北京 三联书店 1996年 748页〔中华人民共和国地方志丛书〕
b10597943 K294.24 Z659

舟曲县志 1991–2006
甘肃省舟曲县地方史志编纂委员会编 裴卷举主编 北京 方志出版社 2010年 902页〔甘肃地方志〕
b22921758 K294.24 Z659 2010

舟曲县人民代表大会志 1949.10–2011.9
舟曲县人民代表大会编纂委员会编 裴卷举主编 北京 方志出版社 2012年 555页
b40739867 D624.424 Z659 2012

舟曲特大山洪泥石流灾害抢险救灾和恢复重建志
舟曲特大山洪泥石流灾害抢险救灾和恢复重建志编纂委员会编 李虎 张军利主编 兰州 甘肃文化出版社 2016年 637页
b49781911 D632.5 Z659 2016

舟曲林业局志 1952–2014
高建忠主编 北京 新华出版社 2017年 875页
b50993653 F326.274.24 Z659 2017

迭部县

迭部县志
迭部县志编纂委员会编 宁学义主编 兰州 兰州大学出版社 1998年 913页〔中华人民共和国地方志丛书〕
b13990706 K294.24 D497

甘肃省迭部县地名志
迭部县地名普查领导小组编 迭部 迭部县地名普查领导小组 1987年 103页
b36245288 K924.24 D497 1987

迭部蝴蝶图志
毛王选主编 兰州 甘肃科学技术出版社 2015年 230页
b49533460 Q969.432.2–64 D497 2015

玛曲县

玛曲县志
玛曲县志编纂委员会编 兰州 甘肃人民出

版社 2001年 1107页〔中华人民共和国地方志丛书〕
b1375578x K294.24 M135

玛曲县志 1991-2004
玛曲县志编纂委员会编 宁文芳主编 兰州 甘肃民族出版社 2005年 613页
b19733197 K294.24 M135C 2005

碌曲县

碌曲县志
碌曲县地方志编纂委员会编 梁旺俊主编 兰州 甘肃文化出版社 2006年 557页
b16647038 K294.24 L846 2006

夏河县

夏河县志
甘肃省夏河县志编纂委员会编 索代主编 兰州 甘肃文化出版社 1999年 1098页
b16436842 K294.24 X186 1999

夏河县人大志
夏河县人大常委会编纂 合作 甘南州羚城印刷厂 2005年 345页
b16635656 D624.424 X186 2005

夏河县文物志
夏河县文物志编纂委员会编 郭晓明主编 夏河 夏河县文物志编纂委员会 2010年 232页
b5066573x K872.424 X186 2010

青海省

青海省志 第1卷 总述
青海省地方志编纂委员会编 谢佐总编 合肥 黄山书社 2001年 325页
b13921253 K294.4 Q465

青海省志 第2卷 大事记
青海省地方志编纂委员会编 胡守忠主编 西宁 青海人民出版社 2001年 427页
b13921162 K294.4 Q465

青海省志 第3卷 建置沿革志
青海省地方志编纂委员会编 西宁 青海人民出版社 2001年 553页
b13921150 K294.4 Q465

青海省志 第4卷 自然地理志
青海省地方志编纂委员会编 合肥 黄山书社 1995年 338页
b13439327 K294.4 Q465

青海省志 第5卷 气象志
青海省地方志编纂委员会编 景生明 马彦海总编 徐建伟卷主编 合肥 黄山书社 1996年 389页
b13439236 K294.4 Q465

青海省志 第6卷 测绘志
青海省地方志编纂委员会编 景生明总编 郭祥发卷主编 西宁 青海人民出版社 1993年 188页
b13439315 K294.4 Q465

青海省志 第7卷 长江黄河澜沧江源志
青海省地方志编纂委员会编 谢佐总编 韩荣卷主编 郑州 黄河水利出版社 2000年 414页
b1355198x K294.4 Q465

青海省志 第8卷 青海湖志
青海省地方志编纂委员会编 西宁 青海人民出版社 1998年 329页
b13439406 K294.4 Q465

青海省志 第9卷 水利志
青海省地方志编纂委员会编 谭奇总编 韩荣卷主编 郑州 黄河水利出版社 2001年 485页
b13921216 K294.4 Q465

青海省志 第10卷 高原生物志
青海省地方志编纂委员会编 夏武平 周立华主编 西宁 青海人民出版社 2002年 525页
b15272709 K294.4 Q465

青海省志 第11卷 地质矿产志
青海省地方志编纂委员会编 章午生主编 西宁 青海人民出版社 1993年 455页
b13439261 K294.4 Q465

青海省志 第12卷 农业志 渔业志
青海省地方志编纂委员会编 景生明总编 杨炯茂 应百才卷主编 西宁 青海人民出版社 1993年 456页
b1343939x K294.4 Q465

青海省志 第 13 卷 林业志
青海省地方志编纂委员会编 景生明总编 魏振铎卷主编 西宁 青海人民出版社 1993 年 260 页
b13439388 K294.4 Q465

青海省志 第 14 卷 畜牧志
青海省地方志编纂委员会编 合肥 黄山书社 1998 年 309 页
b13439984 K294.4 Q465

青海省志 第 15 卷 轻纺工业志
青海省地方志编纂委员会编 西安 西安出版社 2000 年 242 页
b1392123x K294.4 Q465

青海省志 第 16 卷 盐业志
青海省地方志编纂委员会编 合肥 黄山书社 1995 年 227 页
b13439376 K294.4 Q465

青海省志 第 17 卷 手工业志
青海省地方志编纂委员会编 合肥 黄山书社 1995 年 150 页
b13439364 K294.4 Q465

青海省志 第 17 卷 审计志 1995–2010
青海省地方志编纂委员会编 王继卿主编 西安 三秦出版社 2014 年 537 页
b45419711 K294.4 Q465E

青海省志 第 17 卷 金融志 1986–2005
青海省地方志编纂委员会编 王小平 郑锋主编 西宁 青海民族出版社 2014 年 696 页
b46239972 K294.4 Q465F

青海省志 第 18 卷 乡镇企业志
青海省地方志编纂委员会编 刘敦台主编 西宁 青海人民出版社 1993 年 161 页
b13439492 K294.4 Q465

青海省志 第 19 卷 机械工业志
青海省地方志编纂委员会编 谢佐总编 合肥 黄山书社 1999 年 550 页
b13921265 K294.4 Q465

青海省志 第 20 卷 经济贸易志
青海省地方志编纂委员会编 北京 中华书局 2000 年 603 页
b13921228 K294.4 Q465

青海省志 第 21 卷 农牧机械志
青海省地方志编纂委员会编 景生明总编 黄万海卷主编 西宁 青海人民出版社 1993 年 193 页
b13439297 K294.4 Q465

青海省志 第 22 卷 石油工业志
青海省地方志编纂委员会编 徐志宏主编 西宁 青海人民出版社 1995 年 381 页
b13439352 K294.4 Q465

青海省志 第 23 卷 煤炭工业志
青海省地方志编纂委员会编 谢佐总编 宋玉光卷主编 北京 煤炭工业出版社 2001 年 392 页
b13921125 K294.4 Q465

青海省志 第 24 卷 电力工业志
青海省地方志编纂委员会编 肖耀玉主编 合肥 黄山书社 1996 年 625 页
b13439248 K294.4 Q465

青海省志 第 25 卷 冶金工业志
青海省地方志编纂委员会编 西安 西安出版社 2000 年 397 页
b13921277 K294.4 Q465

青海省志 第 26 卷 化学工业志
青海省地方志编纂委员会编 谢佐总编 何少民卷主编 西宁 青海人民出版社 2000 年 204 页
b13921113 K294.4 Q465

青海省志 第 27 卷 公路交通志
青海省地方志编纂委员会编 景生明 马彦海总编 杨柯卷主编 合肥 黄山书社 1996 年 538 页
b13439455 K294.4 Q465

青海省志 第 28 卷 铁路交通志
青海省地方志编纂委员会编 谢佐总编 郭进轩卷主编 北京 中华书局 2000 年 553 页
b13921101 K294.4 Q465

青海省志 第 29 卷 邮电志
青海省地方志编纂委员会编 景生明 马石纪总编 沈焕章卷主编 西宁 青海人民出版社 1993 年 318 页
b13439510 K294.4 Q465

青海省志 第 30 卷 民用航空志
青海省地方志编纂委员会编 景生明 马石纪 马彦海总编 雷金钟卷主编 合肥 黄山书社 1995 年 107 页
b13439443 K294.4 Q465

青海省志 第 31 卷 对外经济贸易志
青海省地方志编纂委员会编 先巴主编 合肥 黄山书社 2005 年 280 页
b17044650 K294.4 Q465

青海省志 第 32 卷 计划志
青海省地方志编纂委员会编 西宁 青海人民出版社 2001 年 558 页
b13921149 K294.4 Q465

青海省志 第 33 卷 商业志
青海省地方志编纂委员会编 景生明总编 张致义卷主编 西宁 青海人民出版社 1993 年 295 页
b13439303 K294.4 Q465

青海省志 第 34 卷 粮食志
青海省地方志编纂委员会编 景生明总编 朱金泉卷主编 西宁 青海人民出版社 1993 年 269 页
b13439509 K294.4 Q465

青海省志 第 35 卷 城乡建设志
青海省地方志编纂委员会编 谭奇总编 王西明卷主编 西宁 青海人民出版社 2001 年 556 页
b13921137 K294.4 Q465

青海省志 第 36 卷 环境保护志
青海省地方志编纂委员会编 合肥 黄山书社 2000 年 351 页
b13921009 K294.4 Q465

青海省志 第 37 卷 统计志
青海省地方志编纂委员会编 西宁 青海人民出版社 1995 年 271 页
b12611384 K294.4 Q465

青海省志 第 38 卷 财政志
青海省地方志编纂委员会编 合肥 黄山书社 1995 年 526 页
b13439431 K294.4 Q465

青海省志 第 39 卷 金融志
青海省地方志编纂委员会编 傅敢 曹秉治主编 合肥 黄山书社 1997 年 474 页
b13439224 K294.4 Q465

青海省志 第 40 卷 工商行政管理志
青海省地方志编纂委员会编 景生明 马石纪总编 李文学卷主编 西宁 青海人民出版社 1993 年 132 页
b13438074 K294.4 Q465

青海省志 第 41 卷 物价志
青海省地方志编纂委员会编 景生明总编 慕建成卷主编 西宁 青海人民出版社 1993 年 192 页
b13439285 K294.4 Q465

青海省志 第 42 卷 土地管理志
青海省地方志编纂委员会编 谭奇总编 李长华卷主编 西宁 青海人民出版社 2002 年 266 页
b15693491 K294.4 Q465

青海省志 第 43 卷 审计志
青海省地方志编纂委员会编 薛彦亭主编 合肥 黄山书社 1997 年 282 页
b13439522 K294.4 Q465

青海省志 第 44 卷 进出口商品检验志
青海省地方志编纂委员会编 谢佐总编 王彦魁卷主编 西宁 青海人民出版社 2000 年 278 页
b13920996 K294.4 Q465

青海省志 第 45 卷 标准计量志
青海省地方志编纂委员会编 北京 中华书局 2001 年 323 页
b13920984 K294.4 Q465

青海省志 第 46 卷 政事志 青海省人民代表大会
青海省地方志编纂委员会编 景生明 马彦海总编 严正德卷主编 合肥 黄山书社 1996 年 507 页
b13439479 K294.4 Q465

青海省志 第 47 卷 政事志 中国人民政治协商会议青海省委员会
青海省地方志编纂委员会编 刘枫 陈云峰 韩应选主编 合肥 黄山书社 1996 年 297 页
b13439546 K294.4 Q465

青海省志 第 48 卷 政事志 省政府
青海省地方志编纂委员会编 谢佐总编 寻兴才卷主编 西宁 青海人民出版社 2001 年 367 页
b13920972 K294.4 Q465

青海省志 第 49 卷 税务志 国税 1986–2005
青海省地方志编纂委员会编 刘卫民主编 西安 三秦出版社 2015 年 304 页
b46513899 K294.4 Q465

青海省志 第 50 卷 民主党派志
青海省地方志编纂委员会编 马忠孝主编 西宁 青海人民出版社 2003 年 322 页
b16047266 K294.4 Q465

青海省志 第 51 卷 群众团体志
青海省地方志编纂委员会编 谢佐总编 邱富贵卷主编 西安 陕西人民出版社 2001 年 679 页
b13921204 K294.4 Q465

青海省志 第 52 卷 民政志
青海省地方志编纂委员会编 谢佐总编 金贵生卷主编 合肥 黄山书社 1998 年 463 页
b13439212 K294.4 Q465

青海省志 第 53 卷 劳动人事志
青海省地方志编纂委员会编 西安 西安出版社 2001 年 682 页
b13921332 K294.4 Q465

青海省志 第 54 卷 检察志
青海省地方志编纂委员会编 谢佐总编 云保华 陈国富 李喜兰卷主编 兰州 甘肃人民出版社 2000 年 185 页
b13921095 K294.4 Q465

青海省志 第 55 卷 审判志
青海省地方志编纂委员会编 合肥 黄山书社 1999 年 368 页
b13921083 K294.4 Q465

青海省志 第 56 卷 军事志
青海省地方志编纂委员会编 青海省志军事志编纂委员会编 陆林周主编 西宁 青海人民出版社 2001 年 1154 页
b13921174 K294.4 Q465

青海省志 第 57 卷 公安志
青海省地方志编纂委员会编 张光汉主编 合肥 黄山书社 1995 年 274 页
b13439418 K294.4 Q465

青海省志 第 58 卷 武警志
青海省地方志编纂委员会编 任广洲主编 合肥 黄山书社 1995 年 103 页
b13439534 K294.4 Q465

青海省志 第 59 卷 司法行政志
青海省地方志编纂委员会编 谢佐总编 谢伟卷主编 西宁 青海人民出版社 2000 年 260 页
b1392106x K294.4 Q465

青海省志 第 60 卷 劳动改造志
青海省地方志编纂委员会编 谢佐总编 虞湘流 陈政卷主编 西宁 青海人民出版社 2000 年 199 页
b13921058 K294.4 Q465

青海省志 第 61 卷 教育志
青海省地方志编纂委员会编 高荣主编 合肥 黄山书社 1996 年 345 页
b13439480 K294.4 Q465

青海省志 第 62 卷 体育志
青海省地方志编纂委员会编 景生明 谢佐总编 张景振卷主编 合肥 黄山书社 1996 年 634 页
b1343942x K294.4 Q465

青海省志 第 63 卷 广播电视志
青海省地方志编纂委员会编 景生明 马彦海总编 旦正才让卷主编 合肥 黄山书社 1996 年 295 页
b13439340 K294.4 Q465

青海省志 第 64 卷 报业志
青海省地方志编纂委员会编 谢佐总编 赵多年卷主编 西宁 青海民族出版社 1999 年 459 页
b13921046 K294.4 Q465

青海省志 第 65 卷 出版志
青海省地方志编纂委员会编 张敏克 王之枫主编 合肥 黄山书社 1995 年 251 页
b13439467 K294.4 Q465

青海省志 第 66 卷 档案志
青海省地方志编纂委员会编 景生明 马彦海总编 苟守正卷主编 合肥 黄山书社 1996 年 174 页
b13439273 K294.4 Q465

青海省志 第 67 卷 医药卫生志
青海省地方志编纂委员会编 谢佐总编 吴焕才 畅福林卷主编 北京 中华书局 1999 年 581 页
b13921034 K294.4 Q465

青海省志 第68卷 文化艺术志
青海省地方志编纂委员会编 谢佐总编 王承喜 王思恩卷主编 西宁 青海人民出版社 2001年 444页
b13921022 K294.4 Q465

青海省志 第69卷 文物志
青海省地方志编纂委员会编 谢佐总编 苏生秀卷主编 西宁 青海人民出版社 2001年 304页
b13921010 K294.4 Q465

青海省志 第70卷 彩陶志
青海省地方志编纂委员会编 合肥 黄山书社 1995年 118页
b1343925x K294.4 Q465

青海省志 第71卷 唐蕃古道志
青海省地方志编纂委员会编 景生明 马彦海总编 张永溪卷主编 合肥 黄山书社 1996年 127页
b13439339 K294.4 Q465

青海省志 第73卷 社会科学志
青海省地方志编纂委员会编 谢佐总编 朱世奎 王昱卷主编 西宁 青海人民出版社 1999年 351页
b13921289 K294.4 Q465

青海省志 第74卷 科学技术志
青海省地方志编纂委员会编 西安 西安出版社 2000年 351页
b13921290 K294.4 Q465

青海省志 第75卷 人口志
青海省地方志编纂委员会编 西安 西安出版社 2000年 204页
b13921307 K294.4 Q465

青海省志 第76卷 民族志
青海省地方志编纂委员会编 多麻加布主编 北京 民族出版社 2008年 555页
b21569964 K294.4 Q465

青海省志 第77卷 宗教志
青海省地方志编纂委员会编 西安 西安出版社 2000年 440页
b13921319 K294.4 Q465

青海省志 第78卷 方言志
青海省地方志编纂委员会编 合肥 黄山书社 2001年 378页
b13921320 K294.4 Q465

青海省志 第79卷 特产志
青海省地方志编纂委员会编 合肥 黄山书社 2000年 217页
b13921071 K294.4 Q465

青海省志 第80卷 人物志
青海省地方志编纂委员会编 谢佐总编 合肥 黄山书社 2001年 479页
b13921241 K294.4 Q465

青海省志 第81卷 附录
青海省地方志编纂委员会编 徐锦华主编 西宁 青海人民出版社 2003年 1024页
b15693508 K294.4 Q465

青海省志 第82卷 电力工业志 1991-2002
青海省地方志编纂委员会编 韩刚 尹兰英主编 西宁 青海民族出版社 2015年 418页
b46553150 K294.4 Q465

青海省志 第83卷 财政志 1986-2005
青海省地方志编纂委员会编 程丽华主编 西安 三秦出版社 2014年 342页
b4686250x K294.4 Q465

青海省志 第84卷卷 交通志 1991–2005
青海省地方志编纂委员会编 陶永利主编
北京 人民交通出版社股份有限公司 2016年 528页
b4737956x K294.4 Q465

青海省志 第85卷 科学技术志 1989–2005
青海省地方志编纂委员会编 解源 唐联坤主编 西安 三秦出版社 2015年 664页
b47088138 K294.4 Q465

青海省志 第86卷 水利志 1986–2005
青海省地方志编纂委员会编 云涌主编 武汉 长江出版社 2016年 390页
b49731397 K294.4 Q465

青海省志 第87卷 农业志 1985–2005
青海省地方志编纂委员会编 曹宏 张黄元主编 西宁 青海民族出版社 2016年 548页
b50234213 K294.4 Q465

青海省志 第88卷 人民代表大会志 1995–2012
青海省地方志编纂委员会编 曹多珠主编
西宁 青海人民出版社 2017年 318页
b5009001x K294.4 Q465

青海省志 第89卷 民政志 1990–2010
青海省地方志编纂委员会编 更阳 罗松达哇 诺卫星主编 西安 三秦出版社 2017年 364页
b50817577 K294.4 Q465

青海省志 畜牧业志 1985–2005
青海省地方志编纂委员会编 曹宏 张黄元主编 西宁 青海民族出版社 2016年 465页
b50665716 K294.4 v5 F326.374.4 v5

青海省志 邮政电信志·邮政 1986–2010
青海省地方志编纂委员会编 胡自江主编
西宁 青海人民出版社 2018年 360页
b51148651 K294.4 Q465Y 2018

青海省志 林业志 1986–2005
青海省地方志编纂委员会编 党晓勇主编
西安 三秦出版社 2017年 470页
b50817541 K294.4 v5 F326.274.4 v5

青海省志 粮食流通志 1988–2010
青海省地方志编纂委员会编 李恒力主编
西宁 青海人民出版社 2017年 304页
b50861712 K294.4 v5 F724.721 v5

青海省志 司法行政志 1991–2005
青海省地方志编纂委员会编 王建荣 王小民 左旭明主编 西安 三秦出版社 2017年 292页
b51116157 K294.4 Q465K 2017

青海省志 海关志 1998–2012
青海省地方志编纂委员会编 扎顿主编 西安 三秦出版社 2016年 217页
b49959669 K294.4 Q465G 2016

青海省志索引
王昱主编 西宁 青海人民出版社 2008年 3卷 1481页
b36013973 K294.4 W234S 2008

青海方志资料类编
王昱主编 西宁 青海人民出版社 1987–1988年 2卷 1693页
b20018782 K294.4 W234Q 1987

中国共产党青海地方组织志
中共青海地方组织志编纂委员会编 姚湘成主编 西宁 青海人民出版社 1999年 755页
b20018770 D235.44 Y297 1999

青海审判志
青海省高级人民法院 钱应学主编 西宁 青海省高级人民法院 1995 年 462 页
b2056644x D927.44 Q223 1995

青海物产志 1995 年 3 月 -2005 年 2 月
丁炳生主编 西宁 青海省物产集团总公司 2005 年 126 页
b49964379 F279.274.4 D529 2005

青海粮食志
青海粮食志编辑委员会编纂 朱金泉主编 西宁 青海人民出版社 1993 年 320 页
b20566426 F327.44 Z697 1993

青海藏毯志
青海省地方志编纂委员会编 汪京萍主编 西宁 青海民族出版社 2017 年 400 页
b50272664 F426.899 W185 2017

青海省电力工业志
青海省电力工业志编纂委员会编 黄佐肖耀玉主编 北京 当代中国出版社 1996 年 510 页〔中国电力工业志丛书〕
b49850301 F426.61 Q465C 1996

青海省电力工业志 1991–2002
韩刚 尹兰英主编 北京 中国电力出版社 2010 年 651 页〔中国电力工业志丛书〕
b49850647 F426.61 Q465 2010

青海邮运志
青海省邮政运输局编 王怀成主编 西宁 青海省邮政运输局 1991 年 281 页
b49550032 F632.744 W218 1991

青海商业志
杨景福主编 西宁 青海人民出版社 1989 年 658 页
b20566098 F727.44 Y236 1989

青海省建设银行志
青海省建设银行志编辑委员会编 王守仁主编 西宁 青海人民出版社 1994 年 339 页
b49534300 F832.744 W229 1994

青海出版志
青海省出版志编纂委员会编 张敏克主编 西宁 青海人民出版社 1993 年 571 页
b20566153 G239.274.4 Z357 1993

青海科学技术志
青海省科技史志办公室编 西宁 青海人民出版社 1993 年 702 页
b1383471x G322.744 Q465

青海花儿艺术志
青海省地方志编纂委员会编 滕晓天主编 西宁 青海民族出版社 2014 年 250 页
b49964367 J616.2 T291 2014

中国戏曲志 青海卷
中国戏曲志编辑委员会 中国戏曲志青海卷编辑委员会编 张庚主编 陈秉智卷主编 北京 中国 ISBN 中心 1998 年 687 页
b17338141 J809.2 Z651QH

青海电影续志
青海省文化厅编 西宁 青海省文化厅 2008 年 294 页
b50269574 J909.2 Q465 2008

青海电影志
青海省文化厅 中国电影发行放映学会青海分会编 冯国寅主编 西宁 青海省文化厅 1989 年 379 页
b15698610 J909.2 F373 1989

青海风俗简志
朱世奎主编 西宁 青海人民出版社 1994年 486页
b10622706 K892.44 Z717

青海蒙古族风俗志
纳才仁巴力 红峰著 西宁 青海民族出版社 2015年 320页
b49636893 K892.312 N122 2015

青海风物志
青海风物志编写者编 西宁 青海人民出版社 1985年 455页〔中国风物志丛书〕
b15698506 K924.4 Q465 1985

青海省地名录
国家测绘总局测绘科学研究所 青海省革命委员会测绘局编 南宁 国家测绘总局测绘科学研究所 1979年 114页
b15698725 K924.4 G792 1979

青海省地震监测志
青海省地震局编 哈辉主编 北京 地震出版社 2005年 222页〔中国地震监测志系列〕
b17736018 P315.732.44 Q465 2005

青海省区域地质志
青海省地质矿产局编 北京 地质出版社 1990年 661页〔中华人民共和国地质矿产部地质专报〕
b36029038 P548.244 Q465 1990

青海地质矿产志
青海地质矿产志编辑部编 西宁 青海人民出版社 1991年 667页
b10958526 P617.244 Q465

中国石油地质志 第14卷 青藏油气区
青藏油气区石油地质志编写组编 北京 石油工业出版社 1990年 483页
b17302201 P618.13 Z649

昆仑植物志
吴玉虎主编 重庆 重庆出版社 2012年 4卷 2912页
b40415429 Q948.52 W515 2012

青海经济植物志
中国科学院西北高原生物研究所编著 西宁 青海人民出版社 1987年 859页
b13767240 Q948.544 Z648

青海植物志
中国科学院西北高原生物研究所青海植物志编辑委员会编 刘尚武主编 西宁 青海人民出版社 1996–1999年 4卷 1907页
b13755742 Q948.524.4 L688

横断山区苔藓志
中国科学院青藏高原综合科学考察队编 吴鹏程主编 北京 科学出版社 2000年 742页〔青藏高原横断山区科学考察丛书〕
b13826980 Q949.35 Z644H

青海经济动物志
中国科学院西北高原生物研究所编著 西宁 青海人民出版社 1989年 735页
b11158116 Q958.524.4 Z648

青藏高原蚤目志
蔡理芸 詹心如 吴文贞编著 西安 陕西科学技术出版社 1997年 364页
b18572662 Q969.47 C137 1997

青海经济昆虫志
蔡振声 史先鹏 徐培河编著 西宁 青海人民出版社 1994年 622页

b13834733　Q969.9　C137

青海医药卫生志　初稿
青海医药卫生志编委会编　孙家骥总编　张彦博　庞世同　杨向武主编　西宁　青海医药卫生志编委会　1990 年　2 卷　2023 页
b36028915　R199.2　Z354　1990

青海土种志
青海省农业资源区划办公室编著　北京　中国农业出版社　1995 年　327 页
b2001966x　S159.244　Q465　1995

青海省农作物品种志
青海省农林科学院主编　西宁　青海人民出版社　1983 年　178 页
b12086629　S329.2　Q464

青海省农作物品种志　1983–2005
刘青元主编　西宁　青海人民出版社　2008 年　227 页
b41235423　S329.244　L686　2008

青海果树志
杨津梅主编　西宁　青海人民出版社　2005 年　371 页
b17735920　S660.192.44　Y236　2005

青海木本植物志
李耀阶主编　西宁　青海人民出版社　1987 年　669 页
b17516146　S717.244　L422　1987

青海省畜禽疫病志
青海省畜禽疫病志编辑委员会编纂　王积禄主编　兰州　甘肃民族出版社　1993 年　528 页
b20566062　S851.924.4　W219　1993

中国油气田开发志　第 8 卷　青海油气区卷
中国油气田开发志总编纂委员会编　刘宝和主编　北京　石油工业出版社　2011 年　329 页
b47414443　TE3　L671　2011

西宁市

西宁市志　第 1 卷　地理志
西宁市志编纂委员会编　汪彦明总编　王宏亮卷主编　西安　青海人民出版社　2014 年　261 页
b12488458　K294.41　X119

西宁市志　第 3 卷　地名志
西宁市志编纂委员会编　相建国主编　西安　三秦出版社　1993 年　357 页
b12488458　K294.41　X119

西宁市志　第 4 卷　城市建设志
西宁市志编纂委员会编　唐庆扬　相建国主编　西安　陕西人民出版社　2001 年　423 页
b12488458　K294.41　X119

西宁市志　第 5 卷　工业志
西宁市志编纂委员会编　冯义总编　谢宝华　吕品卷主编　银川　青海人民出版社　2010 年　436 页
b12488458　K294.41　X119

西宁市志　第 6 卷　农业志
西宁市志编纂委员会编　于存科　郑枢玉主编　西安　陕西人民出版社　1997 年　385 页
b12488458　K294.41　X119

西宁市志　第 7 卷　交通志
西宁市志编纂委员会编　西安　陕西人民出版社　1997 年　478 页
b12488458　K294.41　X119

西宁市志 第 8 卷 邮电志
西宁市志编纂委员会编 王国藩主编 西安 陕西人民出版社 1995 年 322 页
b12488458 K294.41 X119

西宁市志 第 9 卷 电信志
西宁市志编纂委员会编 李振江主编 西安 陕西人民出版社 1996 年 217 页
b12488458 K294.41 X119

西宁市志 第 10 卷 商业志
西宁市志编纂委员会编 李慧主编 兰州 兰州大学出版社 1990 年 191 页
b12488458 K294.41 X119

西宁市志 第 11 卷 粮油志
西宁市志编纂委员会编 刘轩德主编 银川 青海人民出版社 1996 年 159 页
b12488458 K294.41 X119

西宁市志 第 13 卷 税务志
西宁市志编纂委员会编 西安 陕西人民出版社 1995 年 210 页
b12488458 K294.41 X119

西宁市志 第 14 卷 金融志
西宁市志编纂委员会编 张恩健 李迎春主编 西安 陕西人民出版社 1994 年 239 页
b12488458 K294.41 X119

西宁市志 第 16 卷 统计志
西宁市志编纂委员会编 冯义总编 刘照宽卷主编 银川 青海人民出版社 2005 年 198 页
b12488458 K294.41 X119

西宁市志 第 19 卷 工商行政管理志
西宁市志编纂委员会编 于洪斌总编 刘尤真 沈士浩卷主编 银川 青海人民出版社 2015 年 204 页
b12488458 K294.41 v5

西宁市志 第 21 卷 中国共产党志
西宁市志编纂委员会编 于洪斌总编 张文林 张学天卷主编 银川 青海人民出版社 2015 年 697 页
b12488458 K294.41 v5

西宁市志 第 24 卷 人民代表大会志
西宁市志编纂委员会编 汪彦明总编 林兆元卷主编 西安 青海人民出版社 2014 年 757 页
b12488458 K294.41 X119

西宁市志 第 28 卷 公安志
西宁市志编纂委员会编 翁全夫总编 雷霆卷主编 西安 陕西人民出版社 1999 年 506 页
b12488458 K294.41 X119

西宁市志 第 29 卷 检察志
西宁市志编纂委员会编 汪彦明总编 余国龙卷主编 银川 青海人民出版社 2014 年 167 页
b12488458 K294.41 X119

西宁市志 第 30 卷 审判志
西宁市志编纂委员会编 李耀智卷主编 西安 陕西人民出版社 1999 年 236 页
b12488458 K294.41 X119

西宁市志 第 31 卷 司法行政志
西宁市志编纂委员会编 于洪斌总编 戴彦朝卷主编 西安 青海人民出版社 d2016 1999 年 385 页
b12488458 K294.41 X119

西宁市志 第 32 卷 军事志
西宁市志编纂委员会编 银川 青海人民出

版社 2003 年 444 页
b12488458 K294.41 X119

西宁市志 第 35 卷 教育志
西宁市志编纂委员会编 任峻主编 银川 青海人民出版社 2000 年 662 页
b12488458 K294.41 X119

西宁市志 第 36 卷 科学技术志
西宁市志编纂委员会编 任峻主编 银川 青海民族出版社 2000 年 2017 485 页
b12488458 K294.41 X119

西宁市志 第 39 卷 档案志
西宁市志编纂委员会编 李涤非总编 刘崇亮 殷殿鹏卷主编 西安 陕西人民出版社 2003 年 255 页
b12488458 K294.41 X119

西宁市志 第 41 卷 体育志
西宁市志编纂委员会编 杨元春主编 姚晃 马福忠撰稿 西宁 西宁市志编纂委员会 2013 年 307 页
b12488458 K294.41 v5

西宁市志 第 42 卷 民政志
西宁市志编纂委员会编 汪彦明总编 范国庆 朱战坡卷主编 西安 青海人民出版社 2012 年 345 页
b12488458 K294.41 X119

西宁市志 第 55 卷 大事记
西宁市志编纂委员会编 西安 陕西人民出版社 1998 年 239 页
b12488458 K294.41 X119

西宁东关清真大寺志
西宁东关清真大寺志编纂委员会编 兰州 甘肃文化出版社 2004 年 402 页
b16429916 B967.244.1 X119 2004

青海省老干部局志 1983–2012（西宁）
青海省老干部局局志编纂委员会 高玉兰主编 西宁 青海省老干部局局志编纂委员会 2013 年 333 页
b49506249 D632.2 G255 2013

西宁审计志 1984–2014
西宁市审计局编 苟让德主编 西宁 西宁市审计局 2015 年 663 页
b49534312 F239.227.441 G481 2015

青海省科协学会志（西宁）
顾茂臣主编 西宁 青海省科学技术协会 1992 年 403 页
b50066523 G322.744 G557 1992

城中区

城中区志
西宁市城中区志编纂委员会编 西宁 青海人民出版社 2000 年 403 页〔青海省地方志丛书〕
b20419909 K294.41 C4669 2000

逯家寨村志
刘兴业主编 西宁 青海人民出版社 2000 年 247 页〔青海省地方志丛书〕
b36129100 K294.45 L832 2000

城东区

城东区志
西宁市城东区志编纂委员会编 西宁 青海人民出版社 2000 年 557 页〔青海省地方志丛书〕
b16447165 K294.41 C466 2000

城东教育志 续编 1987–2006
西宁市城东区教育局编 西宁 西宁市城东区教育局 2008年 221页
b27575408 G527.441 C466 2008

城西区

城西区志 前61–1986
西宁市城西区志编纂委员会编 西安 陕西人民出版社 1993年 373页〔青海地方志丛书〕
b10630752 K294.44 C466

城北区

城北区志
西宁市城北区志编纂委员会编 李平主编 西安 陕西人民出版社 1996年 549页〔青海省地方志丛书〕
b1714176x K294.41 C466B 1996

鲍家寨村志
朱乃迁主编 西宁 西市城北区大堡子镇鲍家寨村 2007年 257页
b3602904x K294.45 B251 2007

湟中县

湟中县志
湟中县地方志编纂委员会编 张鑫清主编 西宁 青海人民出版社 1989年 467页〔青海地方志丛书〕
b10645251 K294.44 H6729

湟中县湟源县文物志
青海省文物志编辑委员会编 高东陆编写 西宁 西宁市城西区民族印刷厂 1991年 279页
b1569849x K872.444 G235 1991

塔尔寺维修志
杨贵明 景朝德编著 广州 广东人民出版社 1996年 211页
b15698695 TU252 Y234 1996

湟中水利志
湟中水利志编纂委员会编 西安 西安地图出版社 2005年 499页
b16646897 TV-092 H672 2005

湟源县

湟源县志
湟源县志编纂委员会编 何平顺主编 西安 陕西人民出版社 1993年 752页〔青海省地方志丛书〕
b10727899 K294.44 H672

大通回族土族自治县

大通县志
大通回族土族自治县志编纂委员会编 季学银主编 西安 陕西人民出版社 1993年 752页〔青海地方志丛书〕
b10624806 K294.44 D136

大通回族土族自治县志 1986–2000
大通回族土族自治县地方志编纂委员会编 孔庆斌主编 西宁 青海人民出版社 2010年 627页〔青海省地方志丛书〕
b29382105 K294.44 D136 2010

大通回族土族自治县人大志
大通回族土族自治县人民代表大会常务委员会编 大通 大通回族土族自治县人民代表大会常务委员会 2008年 396页
b36014485 D624.444 D136

大通林业志
大通回族土族自治县林业志编纂委员会编 王玉亭主编 西安 陕西人民出版社 1998 年 260 页
b46274248 F326.274.44 D136 1998

大通种牛场志
大通种牛场志编纂委会编 马有学主编 大通 大通种牛场志编纂委会 2007 年 210 页
b49981869 F326.374.44 D136 2007

大通教育志
大通教育志编纂委员会编 任国安 阿钦贤主编 大通 大通教育志编纂委员会 2003 年 424 页
b50268843 G527.744 D136 2003

西宁市大通县文物志
青海省文物志编辑委员会编 西宁 西宁市城北区新宁印刷厂 1991 年 164 页〔青海文物志丛书〕
b36379815 K872.441 Q465 1991

大通回族土族自治县地名志
大通回族土族自治县地名办公室编 大通 大通回族土族自治县地名办公室 1986 年 262 页
b15698634 K924.44 D136 1986

大通卫生志
大通回族土族自治县卫生志编纂委员会编 尹海杰主编 西安 陕西人民出版社 1993 年 238 页〔青海省地方志丛书〕
b4996432x R199.2 D1368 1993

海东市

海东农业志
海东地区农牧局编 韩光忠主编 海东 海东地区农牧局 2012 年 402 页
b49607650 F327.442 H145 2012

乐都区

乐都县志
乐都县志编纂委员会编 李田夫主编 西安 陕西人民出版社 1992 年 650 页〔青海地方志丛书〕
b10617036 K294.44 L267

乐都县志 1986–2005
乐都县地方志编纂委员会编 李田夫主编 西安 三秦出版社 2012 年 932 页〔青海省地方志丛书〕
b40496612 K294.44 L267 2012

高庙村志
高庙村志编纂委员会编 李田夫主编 海东 青海宏兴彩印合作公司 2004 年 406 页〔青海省地方志丛书〕
b20137722 K294.45 G244 2004

乐都人大志
乐都区人民代表大会常务委员会编 党浩邦主编 乐都 乐都区人民代表大会常务委员会 2017 年 374 页
b50748403 D624.444 L267 2017

乐都县政协志
乐都县政协志编纂委员会编 拉有清主编 乐都 中国人民政治协商会议乐都县委员会 2014 年 476 页
b49827200 D628.444 L267 2014

乐都县粮食志
乐都县粮食志编委会编 乔瑞祥主编 乐都 乐都县粮食志编委会 1993 年 264 页
b36014096 F327.444 Y871 1993

乐都县文物志
青海省文物志编辑委员会编 西宁 青海省文物志编辑委员会 1992 年 171 页〔青海文物志丛书〕
b36379827 K872.444 L267 1992

平安区

平安县志
平安县志编纂委员会编 铁进元主编 西安 陕西人民出版社 1996 年 759 页〔青海地方志丛书〕
b10521082 K294.44 P613

互助·平安县文物志
格桑本主编 西宁 青海省文物志编辑委员会 1999 年 199 页〔青海文物志丛书〕
b1748201x K872.444 G322 1999

民和回族土族自治县

民和县志
民和回族土族自治县志编纂委员会编 狄呈麟主编 西安 陕西人民出版社 1993 年 747 页〔青海省地方志丛书〕
b10825022 K294.44 M528

民和回族土族自治县志 1986–2005
民和回族土族自治县志编纂委员会编 曹良泰主编 西宁 青海民族出版社 2014 年 708 页〔青海省地方志丛书〕
b46668937 K294.44 M528C 2014

川口镇志
民和回族土族自治县川口镇川口镇志编写组编 兰州 甘肃省兰州新华印刷厂 1991 年 292 页
b15698683 K294.45 C627 1991

互助土族自治县

互助土族自治县县志
互助土族自治县县志编纂委员会编 互助 互助土族自治县县志编纂委员会 1984 年 406 页
b50007658 K294.44 H519C 1984

互助土族自治县志
互助土族自治县志编纂委员会编 刘占山主编 西宁 青海人民出版社 1993 年 631 页〔青海省地方志丛书〕
b10727565 K294.44 H519

互助土族自治县志 1986–2005
互助土族自治县地方志编纂委员会编 甘沛成主编 西安 三秦出版社 2014 年 614 页〔青海省地方志丛书〕
b45920904 K294.44 H519 2014

化隆回族自治县

化隆县志
化隆回族自治县地方志编纂委员会编 王生奎主编 西安 陕西人民出版社 1994 年 813 页〔青海省地方志丛书〕
b10761135 K294.44 H545

化隆回族自治县志 1986–2005
化隆回族自治县志编纂委员会办公室编 张胜源主编 西宁 青海民族出版社 2014 年 2 卷 719 页〔青海省地方志丛书〕
b46239662 K294.44 H545 2014

化隆县文物志
青海省文物志编辑委员会编 王国道执笔 西宁 青海省文物志编辑委员会 1991 年 182 页
b15698439 K872.444 W217 1991

循化撒拉族自治县

循化撒拉族自治县志
循化撒拉族自治县志编纂委员会编 韦琮主编 北京 中华书局 2001 年 948 页〔青海省地方志丛书〕
b13992120 K294.44 X747

循化撒拉族自治县志 1991–2010
循化撒拉族自治县地方志编纂委员会编 马海龙主编 西安 三秦出版社 2017 年 736 页〔青海省地方志丛书〕
b50739591 K294.44 X747E 2017

海北藏族自治州

海北藏族自治州志
海北藏族自治州地方志编纂委员会编 张有德 曹琦主编 兰州 甘肃人民出版社 1999年 2卷 1102页〔青海省地方志丛书〕
b12987505 K294.42 H145C

海北藏族自治州人民代表大会志
海北藏族自治州人大常委会编 海北 海北藏族自治州人大常委会 2006 年 315 页
b20534498 D624.442 H145 2006

青海省海北藏族自治州地名志
海北藏族自治州地名委员会办公室编 张掖 甘肃省张掖地区河西印刷厂 2001 年 700 页
b15698658 K924.42 H1451 2001

海晏县

海晏县志
海晏县志编纂委员会编 李启明 王玉琢主编 兰州 甘肃文化出版社 1994 年 616 页〔青海省地方志丛书〕
b10630648 K294.44 H145

海晏蒙古族旗志
海晏蒙古族旗志编纂委员会编 安永成主编 海晏 海晏蒙古族旗志编纂委员会 2009 年 359 页
b4982711x K294.44 H145C 2009

祁连县

祁连县志
祁连县志编纂委员会编 海显仑主编 兰州 甘肃人民出版社 1993 年 593 页〔青海省地方志丛书〕
b1076057x K294.44 Q126

祁连蒙古志
铁穆尔主编 西宁 青海人民出版社 2010 年 354 页
b50994074 K281.2 T389 2010

祁连资源志
祁连县地方志编纂委员会编 马生林主编 兰州 兰州大学出版社 1999 年 469 页
b17516080 K924.24 M139 1999

祁连山地质志 第 1–2 卷
中国科学院地质研究所等著 北京 科学出版社 1960 年 2 卷
b17302444 P562.4 Z648 1960

祁连水利志
祁连县水利志编纂委员会编 刘文彬主编 兰州 兰州大学出版社 2000 年 327 页
b21855961 TV–092 L6911 2000

刚察县

刚察县志
刚察县志编纂委员会编 刘新和主编 西安 陕西人民出版社 1997 年 826 页〔青

海地方志丛书〕
b10546534　K294.44　G193

门源回族自治县

门源县志
门源回族自治县志编纂委员会编　祁郁春主编　兰州　甘肃人民出版社　1993年　755页〔青海省地方志丛书〕
b10617449　K294.44　M332

门源回族自治县人民代表大会志
门源回族自治县人大常委会编　马玉柱主编　门源　门源回族自治县人大常委会　2010年　348页
b49533575　D624.444　M332　2010

门源县政协志
门源县政协志编纂委员会编　马生福主编　门源　中国人民政治协商会议门源回族自治县委员会　2011年　433页
b50729573　D628.444　M332　2011

黄南藏族自治州

黄南藏族自治州志
黄南藏族自治州地方志编纂委员会编　兰州　甘肃人民出版社　1999年　2卷　1623页〔青海省地方志丛书〕
b13990615　K294.42　H664

隆务寺志　藏文
吉迈特却著　西宁　青海民族出版社　1988年　806页
b13276979　B947.2　J139

同仁县

同仁县志
同仁县志编纂委员会编　西安　三秦出版社　2001年　2卷　1209页〔青海省地方志丛书〕
b14351675　K294.44　T4378

尖扎县

尖扎县志
尖扎县地方志编纂委员会编　兰州　甘肃人民出版社　2003年　751页〔青海省地方志丛书〕
b14882887　K294.44　J261　2003

李家峡志
李家峡编纂委员会编　白文固主编　西安　三秦出版社　2001年　328页〔青海省地方志丛书〕
b5081784x　K294.44　L397　2001

泽库县

泽库县志
泽库县志编纂委员会编　李长辉主编　北京　中国县镇年鉴出版社　2005年　632页〔青海省地方志丛书〕
b18004830　K294.44　Z214　2005

麦秀林区植物简志
姜登伟编著　西宁　青海人民出版社　1999年　270页
b2757474x　Q948.524.44　J329　1999

河南蒙古族自治县

河南蒙古族自治县志
河南蒙古族自治县方志编纂委员会编　假真主编　兰州　甘肃人民出版社　1996年　2卷　1053页〔青海省地方志丛书〕
b10503419　K294.44　H285

黄河南蒙古志
卓仓才让编著 兰州 甘肃民族出版社 2010年 570页
b22033968 K281.2 Z825 2010

海南藏族自治州

海南藏族自治州志
海南藏族自治州地方志编纂委员会编 北京 民族出版社 1997年 1022页〔青海省地方志丛书〕
b10569406 K294.42 H145

共和县

共和县志
共和县地方志编纂委员会编 张谨主编 西宁 青海人民出版社 1991年 584页〔青海省地方志丛书〕
b10647466 K294.44 G455

龙羊峡志
龙羊峡志编纂委员会编 北京 方志出版社 1999年 324页〔青海省地方志丛书〕
b13545115 TV632.44 L742

龙羊峡水电厂志
龙羊峡水电厂志编纂委员会编 西宁 青海人民出版社 2009年 418页
b50320233 F426.61 L7428 2009

同德县

同德县志
同德县地方志编委会编 李基泮主编 北京 民族出版社 1999年 543页〔青海省地方志丛书〕
b13740143 K294.44 T437

贵德县

贵德县志
贵德县地方志编纂委员会编 解成林主编 西安 陕西人民出版社 1995年 654页〔青海地方志丛书〕
b10569364 K294.44 G728

贵德县志 1986–2005
贵德县地方志编纂委员会编 张德显 杜汉伟主编 西宁 青海民族出版社 2016年 630页〔青海省地方志丛书〕
b49625482 K294.44 G728 2016

兴海县

兴海县志
兴海县志编纂委员会编 沈国元 刘万顺主编 西安 三秦出版社 2000年 514页〔青海地方志丛书〕
b13740131 K294.44 X463

贵南县

贵南县志
贵南县志编纂委员会编 张豪主编 西安 三秦出版社 1996年 492页〔青海省地方志丛书〕
b13740155 K294.44 G7286

果洛藏族自治州

果洛藏族自治州志
果洛藏族自治州地方志编纂委员会编 华贡杰主编 北京 民族出版社 2001年 2卷 1349页〔青海省地方志丛书〕
b1369411x K294.42 G814

果洛藏族自治州政协志
果洛州政协志编撰委员会编 西宁 青海民族出版社 2013 年 683 页
b50246859 D628.442 G814 2013

果洛州交通志
果洛藏族自治州交通局编 付洛主编 果洛 果洛藏族自治州交通局 2006 年 484 页〔青海省地方史志丛书〕
b47414893 F512.744.2 G814 2006

果洛藏族自治州科学技术志
果洛藏族自治州科学技术志编纂委员会编 西热主编 果洛 果洛藏族自治州科学技术志编纂委员会 2008 年 279 页〔果洛藏族自治州地方志丛书〕
b4601116x G322.744.2 G814 2008

玛沁县

玛沁县志
玛沁县志编纂委员会编 西宁 青海人民出版社 2005 年 525 页〔青海省地方志丛书〕
b16355428 K294.44 M1355 2005

班玛县

班玛县志
班玛县地方志编纂委员会编 李金有 才让扎西总编 格·满周主编 西宁 青海人民出版社 2004 年 460 页〔青海省地方志丛书〕
b15642173 K294.44 B189 2004

甘德县

甘德县志
甘德县志编纂委员会编 马忠海主编 西安 三秦出版社 2003 年 416 页〔青海省地方志丛书〕
b16140473 K294.44 G157 2003

达日县

达日县志
达日县地方志编纂委员会编 西安 陕西人民出版社 1993 年 287 页〔青海省地方志丛书〕
b15698701 K294.44 D123 1993

达日县志 1986–2010
达日县地方志编纂委员会编 华贡杰主编 西宁 青海民族出版社 2013 年 655 页〔青海省地方志丛书〕
b46239522 K294.44 D123 2013

久治县

久治县志
久治县志编纂委员会编 刘星 托巴总编 西安 三秦出版社 2005 年 500 页〔青海省地方志丛书〕
b16398270 K294.44 J586 2005

玛多县

玛多县志
玛多县志编纂委员会编 王甲申主编 北京 中国县镇年鉴出版社 2001 年 275 页〔青海省地方志丛书〕
b15698749 K294.44 M135 2001

玛多县志 1996–2010
玛多县地方志编纂委员会编 华贡杰主编 西宁 青海民族出版社 2011 年 554 页〔青海省地方志丛书〕
b46239881 K294.44 M135 2011

玉树藏族自治州

玉树藏族自治州志
玉树藏族自治州地方志编纂委员会编 王升总编 西安 三秦出版社 2005年 2卷 1211页〔青海省地方志丛书〕
b16164908 K294.42 Y774 2005

玉树藏族自治州金融志
玉树藏族自治州金融志编纂委员会编 宗央主编 西安 三秦出版社 1999年 417页
b21571119 F832.744.2 Z863 1999

玉树市

玉树县志
玉树县地方志编纂委员会编 杨全顺主编 西宁 青海民族出版社 2012年 594页〔青海省地方志丛书〕
b40649076 K294.44 Y774 2012

称多县

称多县人大志
杨国锋 巴桑才仁 祁玉忠主编 称多 称多县人大志编纂委员会 2009年 152页
b47126127 D624.444 C447 2009

曲麻莱县

曲麻莱县畜牧志
青海省曲麻莱县畜牧林业局编著 兰州 甘肃文化出版社 2002年 358页
b49851007 F326.39 Q562 2002

海西蒙古族藏族自治州

海西蒙古族藏族自治州志
海西蒙古族藏族自治州地方志编纂委员会编 西安 陕西人民出版社 1995年 5卷 2365页〔青海地方志丛书〕
b1248846x K294.42 H1458

海西蒙古族藏族自治州志
海西蒙古族藏族自治州地方志编纂委员会编 三木才 沈俊杰主编 西宁 青海人民出版社 2006年 793页〔青海省地方志丛书〕
b17385453 K294.42 H1458 2006

冷湖镇志
冷湖镇志编纂委员会编 陈德智主编 西安 三秦出版社 2003年 418页〔青海省地方志丛书〕
b16356779 K294.45 L347 2003

大柴旦行政区志 1991–2010
大柴旦行政区志1991–2010编纂委员会编 樊生智主编 西宁 青海人民出版社 2016年 487页
b50152737 K294.42 H1458D 2016

茫崖行政区志
茫崖地方志编纂委员会编 陈凤儒主编 西宁 青海民族出版社 2003年 260页
b19930598 K294.42 H1458M 2003

青海省海西蒙古族藏族自治州地名志
海西州地名办公室编 海西 海西州地名办公室 1990年 309页
b1569866x K924.42 H145 1990

德令哈市

德令哈市志
德令哈市地方志编纂委员会编 殷和主编 北京 方志出版社 2004年 397页〔青海省地方志丛书〕

b16177460 K294.43 D291 2004

德令哈市志 1996–2012
德令哈市地方志编纂委员会编 蒋苍祯主编 西宁 青海人民出版社 2016年 514页
b49655565 K294.44 D291 2016

大柴旦镇志
大柴旦镇志编纂委员会编 赵双勤 冯致权 彭辉主编 北京 中国县镇年鉴社 2002年 460页〔青海省地方志丛书〕
b20948402 K294.45 D135 2002

格尔木市

格尔木市志
格尔木市志编纂委员会编 孙书文总编 北京 方志出版社 2005年 717页〔中华人民共和国地方志丛书〕
b16357802 K294.42 G322 2005

青海省柴达木综合地质矿产勘查院院志 1955–2012
青海省柴达木综合地质矿产勘查院院志编撰委员会编 周忠权主编 柴达木 青海省柴达木综合地质矿产勘查院院志编撰委员会 2012年 324页
b46560713 P62–2 Q465 2012

乌兰县

乌兰县志
乌兰县志编纂委员会编 西安 三秦出版社 2003年 643页〔青海省地方志丛书〕
b14351651 K294.44 W464

乌兰县志 1996–2010
乌兰县地方志编纂委员会编 马生义主编 西宁 青海民族出版社 2016年 553页
b49669564 K294.44 W464C 2016

都兰县

都兰县志
都兰县志编纂委员会编 王武魁主编 西安 陕西人民出版社 2001年 715页〔青海省地方志丛书〕
b14351663 K294.44 D658

班禅（香日德）香加旗志
班禅（香日德）香加旗志编译委员会编译 额尔敦格尔勒主编 呼伦贝尔 内蒙古文化出版社 2015年 459页〔青海省海西蒙古族藏族自治州地方志〕
b47365754 K294.45 X259 2015

青海巴隆旗志
青海巴隆旗志编译委员会编译 才仁东德布主编 呼伦贝尔 内蒙古文化出版社 2015年 476页〔青海省海西蒙古族藏族自治州地方志〕
b47365766 K294.45 B113 2015

宗加旗志
宗加旗志编译委员会编 纳泽来 巴音主编 呼伦贝尔 内蒙古文化出版社 2016年 503页〔青海省海西蒙古族藏族自治州地方志〕
b47365778 K294.44 Z862 2016

天峻县

天峻县志
天峻县县志编纂委员会编 刘素珍 陈佐邦主编 兰州 甘肃文化出版社 1995年 543页〔青海省地方志丛书〕
b10524381 K294.44 T343

宁夏回族自治区

宁夏通志 卷首
宁夏通志编纂委员会编 邱新荣 员有强主编 银川 宁夏人民出版社 2017年 586页
b49991012 K294.3 Q528 2017

宁夏通志 第1卷 农业卷
宁夏通志农业卷编辑部编 高万里主编 银川 宁夏通志农业卷编辑部 4卷 1025页
b36245963 K294.3 N414JC

宁夏通志 第2卷 地理环境卷
宁夏通志编纂委员会编 冯炯华 姚爱兴主编 刘国民卷主编 北京 方志出版社 2008年 2卷 1067页
b20595190 K294.3 N414J 2007

宁夏通志 第3卷 行政建置卷
宁夏通志编纂委员会编 张锋主编 北京 方志出版社 2010年 426页
b2243835x K294.3 N414J 2007

宁夏通志 第4卷 经济管理卷
宁夏通志编纂委员会编 冯炯华主编 李锦平卷主编 北京 方志出版社 2007年 2卷 1102页
b18622185 K294.3 N414J 2007

宁夏通志 第5卷 农业卷
宁夏通志编纂委员会编 赵永彪主编 北京 方志出版社 2009年 2卷 1292页
b47365717 K294.3 N414J 2007

宁夏通志 第6卷 工业卷
宁夏通志编纂委员会编 姚爱兴主编 温怀礼卷主编 北京 方志出版社 2007年 2卷 1390页
b19828500 K294.3 N414J 2007

宁夏通志 第7卷 建设环保卷
宁夏通志编纂委员会编 刘慧芳 冯志强主编 北京 方志出版社 2010年 413页
b47071321 K294.3 N414J 2010

宁夏通志 第8卷 交通邮电卷
宁夏通志编纂委员会编 鲁人勇主编 北京 方志出版社 2008年 2卷 1217页
b20595165 K294.3 N414J 2007

宁夏通志 第10卷 财税金融卷
宁夏通志编纂委员会编 李堂堂主编 北京 方志出版社 2009年 869页
b47365705 K294.3 N414J 2007

宁夏通志 第11卷 党派社团卷
宁夏通志编纂委员会编 李堂堂主编 杨占武 纪峥 李刚军卷主编 北京 方志出版社 2008年 869页
b20595177 K294.3 N414J 2007

宁夏通志 第12卷 政权政协卷
宁夏通志编纂委员会编 屈冬玉 景文学主编 北京 方志出版社 2012年 805页
b49625469 K294.3 N414J 2012

宁夏通志 地13卷 综合政务卷
宁夏通志编纂委员会编 北京 方志出版社 2008年 821页
b18805073 K294.3 N414J 2007

宁夏通志 第14卷 司法公安卷
宁夏通志编纂委员会编 冀晓军主编 北京 方志出版社 2008年 580页
b21007901 K294.3 N414J 2007

宁夏通志 第15卷 军事卷
宁夏通志编纂委员会编 冯炯华 孙生玉主编 北京 方志出版社 2004年 513页
b21569745 K294.3 N414J 2007

宁夏通志 第16卷 教育卷
宁夏通志编纂委员会编 蔡国英主编 北京 方志出版社 2009年 752页
b46934091 K294.3 N414J 2007

宁夏通志 第17卷 科学技术卷
宁夏通志编纂委员会编 冯炯华 姚爱兴主编 刘桓 马清贵卷主编 北京 方志出版社 2008年 2卷 1049页
b20595153 K294.3 N414J 2007

宁夏通志 第18卷 社会科学卷
宁夏通志编纂委员会编 张万寿 吴海鹰主编 北京 方志出版社 2008年 701页
b20595189 K294.3 N414J 2007

宁夏通志 第19卷 文化卷
宁夏通志编纂委员会编 李堂堂主编 北京 方志出版社 2009年 2卷 1499页
b22921321 K294.3 N414J 2007

宁夏通志 第20卷 卫生体育卷
宁夏通志编纂委员会编 姚爱兴 刘天锡主编 北京 方志出版社 2007年 887页
b19516721 K294.3 N414J 2007

宁夏通志 第21卷 民族宗教卷
宁夏通志编纂委员会编 王俭主编 北京 方志出版社 2010年 552页
b22438336 K294.3 N414J 2007

宁夏通志 第22卷 艺文卷
宁夏通志编纂委员会编 姚爱兴主编 吴忠礼卷主编 银川 宁夏人民出版社 2013年 729页
b46995560 K294.3 N414J 2013

宁夏通志 第23卷 社会卷
宁夏通志编纂委员会编 张万寿主编 北京 方志出版社 2010年 616页
b22438348 K294.3 N414J 2007

宁夏通志 人物卷
宁夏地方志编审委员会编 宁夏通志编纂委员会编 银川 宁夏通志编纂委员会 2004年 打印稿 3卷 616页
b15948043 K820.843 N414 2004

宁夏通志 卷末
宁夏通志编纂委员会编 邱新荣主编 银川 宁夏人民出版社 2014年 729页
b49964458 K294.3 N414M 2014

宁夏统计志
宁夏统计志编纂委员会编 马学恕 白振文主编 银川 宁夏统计志编纂委员会 2005年 471页
b46995572 C832.43 M143 2005

宁夏统计志 续修 2001–2015
宁夏统计志编纂委员会编 贾红邦 梅廷彦主编 北京 中国统计出版社 2017年 984页
b50664797 C832.43 J241 2017

宁夏工会志
宁夏工会志编纂委员会编 赵晓云主编 银川 宁夏人民出版社 2009 年 936 页
b20513689 D412.843 Z441 2009

宁夏人事劳动志
宁夏人事劳动志编纂委员会编 张小素主编 北京 方志出版社 2002 年 596 页
b5024730x D630.3 Z367 2002

宁夏老干部工作志
宁夏老干部工作志编纂委员会主编 艾矛王铎 吴建国主编 银川 宁夏人民出版社 2013 年 359 页
b44852009 D632.2 A148 2013

宁夏民革志
民革宁夏区委会编 银川 宁夏人民出版社 2007 年 215 页
b21136270 D665.1 N414 2007

宁夏监狱志
宁夏监狱志编纂委员会编 曹艺主编 银川 宁夏人民出版社 2012 年 658 页
b40938712 D927.430.67 C214 2012

宁夏审判志
宁夏审判志编纂委员会编 邹献朝主编 银川 宁夏人民出版社 1998 年 472 页
b13092650 D927.43 N414

宁夏司法行政志
宁夏回族自治区司法厅编 王道周主编 北京 中央文献出版社 2006 年 519 页
b42291434 D927.430.61 W214 2006

宁夏武警志
武警宁夏总队史志丛书编审委员会编 王振鑫主编 银川 武警宁夏总队史志丛书编审委员会 2001 年 517 页
b50347482 E277 W235 2001

宁夏军事志
宁夏军事志编纂委员会编 孙生玉主编 银川 宁夏人民出版社 2001 年 2 卷 1401 页
b21764669 E289.43 N414 2001

宁夏军事志 1996–2009
宁夏军事志编纂委员会编 孙生玉主编 银川 宁夏军事志编纂委员会 2010 年 799 页
b50248595 E289.43 S777C 2010

宁夏工商行政管理志 1949–2011
宁夏工商行政管理志编纂委员会编 银川 宁夏人民出版社 2012 年 944 页
b40938682 F203.9 N413 2012

宁夏审计志
章建忠主编 银川 宁夏人民出版社 2006 年 396 页
b49534440 F239.227.43 Z373C 2006

宁夏审计志 2005–2007
章建忠主编 银川 宁夏人民出版社 2008 年 403 页
b20950883 F239.227.43 Z373 2008

宁夏储备物资志 1964–2003
宁夏储备物资志编纂领导小组编 徐一行总编 银川 宁夏物资储备志编纂委员会 2003 年 280 页
b5023416x F259.274.3 X581 2003

宁夏粮食志
宁夏粮食志编辑委员会编辑 李世亮主编 银川 宁夏人民出版社 1994 年 467 页
b20950871 F326.11 L417 1994

宁夏林业志
宁夏林业志编纂委员会编 银川 宁夏人民出版社 2001 年 528 页
b36247649 F326.274.3 N414 2001

宁夏兽医志
宁夏兽医志编纂编委会编 孙国斌主编 北京 中国农业出版社 2016 年 1025 页
b49518537 F326.374.3 S768 2016

宁夏农垦志
宁夏农垦志编辑委员会编 林子明主编 银川 宁夏人民出版社 1995 年 632 页
b13092741 F327.43 N414

宁夏农垦志 1989–2004
宁夏农垦志编辑委员会编 王树林主编 银川 宁夏人民出版社 2006 年 904 页
b17151922 F327.43 N414 2006

宁夏农业志
宁夏农业志编纂委员会编 崔永庆主编 银川 宁夏人民出版社 1999 年 653 页
b16343414 F327.43 N4146 1999

宁夏电建志 1958–2011
杨广发主编 银川 宁夏电力建设工程公司 2012 年 824 页
b49625470 F426.61 Y234 2012

宁夏电力工业志
宁夏电力工业志编纂委员会编 胡文虎主编 银川 宁夏人民出版社 1988 年 183 页
b49851263 F426.61 N414C 1988

宁夏回族自治区电力工业志 1991–2002
马志伟主编 北京 中国电力出版社 2014 年 476 页〔中国电力工业志丛书〕
b4610205x F426.61 N414 2014

宁夏民用航空志
宁夏民用航空志编纂委员会 张银山主编 北京 方志出版社 2003 年 212 页
b50247293 F562.843 Z368 2003

宁夏长途电信传输志
宁夏长途电信传输志编委会编 王治国主编 银川 宁夏人民出版社 1999 年 209 页〔宁夏邮电史志丛书〕
b36375093 F632.743 W235 1999

宁夏邮电志
宁夏邮电志编纂委员会编 张怀德 何镜波主编 银川 宁夏人民出版社 1995 年 656 页
b13092595 F632.743 N414

宁夏物价志
宁夏物价志编纂委员会编 马正亚 朱正凡主编 银川 宁夏人民出版社 1996 年 558 页
b13092698 F726 N414

宁夏物价志 1991–2010
宁夏物价志编纂领导小组编 马志歧 郭永生主编 银川 宁夏人民出版社 2016 年 752 页
b49961111 F726.743 M143 2016

宁夏供销合作社志
宁夏供销合作社志编纂委员会编 张渊主编 银川 宁夏人民出版社 1994 年 761 页
b13092716 F727.43 N414

宁夏商业志
杨树德主编 银川 宁夏人民出版社 1993 年 535 页
b13092613 F727.43 Y246

宁夏财政志
刘元茂 杨振威主编 北京 中国城市出版社 1993年 532页
b42291422 F812.743 L693 1993

宁夏回族自治区科学技术志 大事记
宁夏科技志编审委员会编 王国美主编 北京 中国科学技术出版社 1991年 171页
b49534439 G322.743 W217 1991

宁夏科技志
宁夏科技志编审委员会编 北京 中国科学技术出版社 1994年 734页
b36378720 G322.743 N413 1994

宁夏科技志 1986–2000
宁夏科技志编委会编 贾义主编 银川 宁夏人民出版社 2004年 934页
b2095086x G322.743 J243 2004

宁夏教育史志资料集
宁夏教育史志编纂委员会办公室编 银川 宁夏银川市三八新兴印刷厂 1996年 2卷 653页
b20044689 G527.43 N414N 1996

宁夏体育志
宁夏体育志编审委员会编 丁万华主编 银川 宁夏人民出版社 2000年 654页
b13092522 G812.743 N414

中华舞蹈志 宁夏卷
中华舞蹈志编辑委员会编 蓝凡主编 庞玉瑛卷主编 上海 学林出版社 2014年 286页
b44693412 J709.243 P189 2014

中华舞蹈志 宁夏卷
中华舞蹈志编辑委员会编 蓝凡主编 庞玉瑛卷主编 上海 学林出版社 2002年 286页
b14170139 J709.243 Z643

中国曲艺志 宁夏卷
中国曲艺志全国编辑委员会编 中国曲艺志宁夏卷编辑委员会编 罗扬主编 杨继显卷主编 北京 中国ISBN中心 2008年 569页
b10643059 J809.2 Z648

中国戏曲志 宁夏卷
中国戏曲志编辑委员会 中国戏曲志宁夏卷编辑委员会编 张庚主编 荆乃立卷主编 北京 中国ISBN中心 1996年 471页
b10563222 J809.2 Z651NX

宁夏测绘志
宁夏测绘志编纂委员会编 倪孟金主编 银川 宁夏人民出版社 1999年 524页
b1309273x P2–092 N414

宁夏水文志
宁夏水文总站编 张云图主编 银川 宁夏水文总站 1993年 226页
b16861140 P337.243 N414 1993

宁夏气象志
宁夏回族自治区气象局编撰 刘秀桐主编 北京 气象出版社 1995年 541页
b49848987 P468.243 L692 1995

宁夏回族自治区区域地质志
宁夏回族自治区地质矿产局编 北京 地质出版社 1990年 522页〔中华人民共和国地质矿产部地质专报〕
b2013597x P562.43 N414 1990

宁夏植物志
马德滋 刘惠兰编著 银川 宁夏人民出版

社 1986 年 2 卷 1060 页
b16860640 Q948.524.3 M137 1986

宁夏植物志
马德滋 刘惠兰 胡福秀主编 银川 宁夏人民出版社 2007 年 2 卷 1277 页
b18481292 Q948.524.3 M137 2007

贺兰山苔藓植物彩图志
白学良主编 银川 阳光出版社 2014 年 458 页〔内蒙古贺兰山国家级自然保护区第一次综合科学考察系列丛书〕
b47416282 Q949.35 B152G 2014

宁夏荒漠菌物志
王宽仓 查仙芳 沈瑞清编著 银川 宁夏人民出版社 2009 年 278 页
b20813867 Q949.308 W221 2009

宁夏脊椎动物志
王香亭主编 银川 宁夏人民出版社 1990 年 730 页
b15913454 Q959.3 W233 1990

宁夏卫生志
宁夏卫生志编纂委员会编 马成义主编 银川 宁夏人民出版社 1998 年 864 页
b13092601 R199.2 N414

宁夏中药志
邢世瑞主编 银川 宁夏人民出版社 2006 年 2 卷 1939 页
b47071436 R281.443 X479 2006

宁夏药事志 1032–2000
宁夏药监局 宁夏药学会 宁夏药事志编纂委员会编 张熙主编 银川 宁夏人民出版社 2009 年 978 页
b20950895 R95 Z367 2009

宁夏土种志
吴以德主编 银川 宁夏农业勘查设计院 1991 年 2 卷 909 页
b2010313x S159.243 N414 1991

宁夏农业昆虫图志
吴福桢 高兆宁编 北京 农业出版社 1978 年 修订 2 版 2 卷 332 页
b12090013 S186 W487

宁夏常见园林植物种子图志
王锡琳 徐彦平 李文奇编著 银川 宁夏人民出版社 2004 年 400 页
b16449344 S688.04-64 W233 2004

宁夏哈巴湖国家级自然保护区志
宁夏哈巴湖国家级自然保护区管理局编 王学增主编 北京 中国文史出版社 2016 年 581 页
b4978187x S759.992.43 N4143 2016

宁夏回族自治区畜禽疫病志 1949–1989
宁夏回族自治区畜禽疫病志编写组编著 李昌才 胡璧琼 黄效兴主编 银川 宁夏人民出版社 1993 年 701 页
b49850143 S851.924.3 L391 1993

宁夏中兽医志
周生俊 周海宁 高建龙编纂 银川 宁夏人民出版社 2012 年 312 页
b36408050 S853 Z673 2012

宁夏动物寄生虫病志
宁夏动物寄生虫病志编纂委员会编 银川 宁夏人民出版社 2003 年 307 页
b27574866 S855.9 N414 2003

宁夏水利新志
宁夏水利新志编纂委员会编 卢德明主编

银川 宁夏人民出版社 2004 年 362 页
b21856515　TV-092 N414 2004

宁夏水利志
宁夏水利志编纂委员会编 银川 宁夏人民出版社 1992 年 551 页
b17861196　TV-092 N414 1992

银川市

银川市志
银川市志编纂委员会编 李春阳主编 银川 宁夏人民出版社 1998 年 2 卷 1427 页
b10503213　K294.31 Y496

银川城区志
银川城区志编纂委员会编 银川 宁夏人民出版社 2002 年 1022 页
b14446327　K294.31 Y496C 2002

银川市妇联志 1979–2009
银川市妇联志编委会编 李咏梅主编 银川 银川市妇女联合会 2010 年 332 页
b40649039　D442.843.1 L422 2010

银川市政协志 1950–2016
中国人民政治协商会议银川市委员会编 于晓兵主编 银川 中国人民政治协商会议银川市委员会 2016 年 557 页
b4996446x　D628.431 Y496 2016

银川市纪检监察志 1949–2011
中共银川市纪律检查委员会 银川市监察局编 左新军主编 银川 中共银川市纪律检查委员会 2012 年 654 页
b44916887　D630.9 Y496 2012

前进农场志 1952.8–1992.8
前进农场志编纂委员会编 林国进主编 银川 宁夏人民出版社 1992 年 357 页
b13946298　E24 Q228

中国人民武装警察部队宁夏总队第二支队志 1986.8–2000.12
武警宁夏总队第二支队史志编审委员会编 王少愚主编 银川 宁夏总队第二支队史志编审委员会 2001 年 175 页
b50665844　E277 W229 2001

中国人民武装警察部队宁夏总队第一支队志 1990.1–2000.12（银川）
宁夏总队第一支队史志编审委员会编 宋晋达主编 银川 宁夏总队第一支队史志编审委员会 2001 年 212 页
b50665856　E277 S679 2001

银川军事志
银川军事志编审委员会编 姜自力主编 银川 宁夏人民出版社 2002 年 637 页
b44916875　E289.431 J332 2002

银川市城区军事志
银川市城区军事志编纂委员会编 黄杰主编 银川 宁夏人民出版社 2005 年 392 页
b20952466　E289.431 Y496 2005

宁夏黄埔军校同学会志 续
宁夏回族自治区黄埔军校同学会编 银川 宁夏润丰源印业公司 2008 年 232 页
b20121234　E296.3 N414 2008

银川市工商行政管理志 1988–2005
银川市工商行政管理局修志工作领导小组编 徐秀香主编 银川 银川市工商行政管理局修志工作领导小组 2008 年 355 页
〔银川市地方志丛书〕
b49608186　F203.9 X5818 2008

天华正业通公司志 1989–2012
天华正业通公司志编纂委员会编 王海智主编 北京 方志出版社 2017年 365页
b5065150x F233.2 T343 2017

银川审计志
李自辉主编 银川 宁夏人民出版社 2009年 446页〔银川市地方志丛书〕
b42291598 F239.227.431 L423 2009

银川市建设志 1949–2005
银川市建设志编纂委员会编 蒋光临主编 银川 银川市建设志编纂委员会 2008年 869页
b47352735 F299.274.31 Y496 2008

南梁农场志
南梁农场志编纂委员会编 向志良主编 银川 南梁农场志编纂委员会 1996年 414页
b5032021x F324.1 N1615 1996

银川市土地管理志
银川市土地管理志编纂委员会编 杨玉仁 叶建设主编 银川 银川市土地管理志编纂委员会 1999年 152页
b17516006 F327.431 Y251 1999

银川市农业志
银川市农业志编纂委员会编 刘福主编 银川 宁夏人民出版社 2015年 442页
b46357877 F329.431 L675 2015

宁夏地矿局志 1958–2011
宁夏回族自治区地质矿产勘查开发局编 徐占海主编 银川 宁夏人民出版社 2012年 870页
b40938694 F426.1 X581 2012

宁夏回族自治区送变电工程公司志 1958–1994
宁夏回族自治区送变电工程公司志编委会编 黄原璞主编 银川 宁夏回族自治区送变电工程公司志编委会 1997年 312页
b51012807 F426.61 N4147 1997

神华宁夏煤业集团公司志 基建公司分卷
神华宁夏煤业集团公司志编纂委员会编 王俭 李玉刚主编 银川 宁夏人民出版社 2009年 661页
b50779680 F426.21 S3983J 2009

神华宁夏煤业集团公司志 灵武矿区分卷
神华宁夏煤业集团公司志编纂委员会编 王俭 何国璞主编 银川 宁夏人民出版社 2009年 627页
b50779692 F426.21 S3983L 2009

神华宁夏煤业集团公司志 石炭井矿区分卷
神华宁夏煤业集团公司志编纂委员会编 王俭 刘启坤主编 银川 宁夏人民出版社 2009年 913页
b50779709 F426.21 S3983S 2009

神华宁夏煤业集团公司志 总卷
神华宁夏煤业集团公司志编纂委员会编 王俭 周克孝主编 银川 宁夏人民出版社 2009年 878页
b50779722 F426.21 S3983Z 2009

中国联通宁夏分公司志 1997–2007
马冀平总编 银川 宁夏人民出版社 2007年 274页
b50779734 F632.743 Z648 2007

银川市财政志
银川市财政局编 周光禄主编 北京 方志出版社 2002年 601页

b42291604　F812.743.1　Z664　2002

银川市税务志
宁夏银川市税务志编委会编　戚宁森主编　银川　宁夏银川市税务志编委会　1989 年　542 页
b45480291　F812.743.1　Q117　1989

宁夏文史馆志
宁夏回族自治区文史研究馆编　银川　宁夏弘扬印业公司　2003 年　413 页
b16324833　G242　N414　2003

银川市群众艺术馆馆志
张复兴主编　银川　宁夏人民出版社　1993 年　208 页
b36247650　G249.274.31　Z351　1993

宁夏图书馆志
张欣毅主编　北京　国家图书馆出版社　2009 年　301 页
b20449197　G259.274.3　Z367　2009

银川市教育志
银川市教育志编纂委员会编　银川　宁夏人民出版社　2010 年　881 页
b2186469x　G527.431　Y496　2010

激情岁月　宁夏银川市第二十四中学 50 校志 1958–2008
银川二十四中校志编撰委员会编　吴建春主编　银川　银川二十四中校志编撰委员会　2008 年　336 页
b20103141　G639.284.31　Y496　2008

宁夏银川第二中学校志
刘喜林主编　银川　银川市金凤区新美光印刷厂　2014 年　342 页
b46012321　G639.284.31　Y4962　2014

宁夏医学院校志　1958–1988
马成义主编　张瑄等编写　银川　宁夏医学院　1988 年　170 页
b20139949　G649.284.3　N4149　1988

宁夏交通学校志　1960–2010
薛景泉主编　银川　宁夏交通学校　2010 年　407 页
b22921722　G719.284.3　N413　2010

宁夏农垦干部学校　宁夏农垦中专学校校志
宁夏农垦干部（中专）学校编　石志刚主编　银川　宁夏农垦干部（中专）学校　2014 年　410 页
b49549996　G719.284.3　N4146　2014

银川方言志
银川市志编纂委员会编　高葆泰　林涛著　北京　语文出版社　1993 年　240 页
b16437494　H172.2　G233　1993

银川市文物志
银川市文物管理所编　刘敬村主编　银川　银川市文物管理所　1987 年　61 页
b20536239　K872.431　L678　1987

宁夏银川风物志
李萌　徐庄编著　昆明　云南人民出版社　2002 年　203 页〔中国西部风物志丛书〕
b13777014　K924.33　L411

银川市地名志
银川市地名委员会办公室编　江泳总编　张勇元主编　北京　中央民族学院出版社　1988 年　176 页
b15698889　K924.31　J326　1988

银川中山公园志
黄多荣编著　西安　陕西摄影出版社　1994

年 272 页
b36374982 K928.73 H655 1994

银川市妇幼保健院志 2006–2016
银川市妇幼保健院志编纂委员会编 银川 银川市妇幼保健院志编纂委员会 2016 年 376 页
b50152841 R197.5 Y496 2016

宁夏平吉堡奶牛场志 1986–2005
宁夏平吉堡奶牛场志编纂委员会编 王林主编 银川 平吉堡奶牛场 2006 年 305 页
b21764670 S823 P612 2006

银川园林志
银川市园林管理局编 孙建峰 徐庆林 袁科主编 银川 银川市园林管理局 2013 年 432 页
b47297116 TU986.624.31 S771 2013

银川艺文志
银川市地方志编纂委员会办公室编 戴亮主编 北京 方志出版社 2016 年 585 页
b49738793 Z812.243.1 D152 2016

金凤区

银川市郊区志
银川市郊区志编纂委员会编 刘国强 于晓兵主编 北京 方志出版社 2002 年 1016 页
b16746740 K294.31 Y496J 2002

银川市新城区军事志
银川市新城区军事志编纂委员会编 刘德会主编 银川 宁夏人民出版社 2006 年 632 页
b19930550 E289.431 L673 2006

兴庆区

兴庆法院志 1973–2011
银川市兴庆区人民法院编 窦玉萍 高桂秋主编 银川 银川市兴庆区人民法院 2011 年 302 页
b50748038 D926.22 X463 2011

兴庆检察志
银川市兴庆区人民检察院编 李玉梅主编 银川 银川市兴庆区人民检察院 2013 年 236 页
b47297098 D926.32 Y496X 2013

西夏区

银川市西夏区志
银川市西夏区志编纂委员会编 畅西峰编 银川 宁夏人民出版社 2010 年 806 页
〔银川市地方志丛书〕
b21766113 K294.31 Y496X 2010

灵武市

灵武市志
灵武市志编纂委员会编 苏闻主编 银川 宁夏人民出版社 1999 年 927 页
b13092509 K294.33 L628

灵武市志 1991–2005
灵武市志编纂委员会编 陈淑惠主编 银川 宁夏人民出版社 2010 年 905 页
b36174555 K294.33 L628 2010

灵武军事志
灵武军事志编纂委员会编 高书敦 缑转会主编 银川 宁夏人民出版社 2006 年 555 页
b19733689 E289.433 L628 2006

灵武农场志 1950–1986
灵武农场志办公室编 蒋生俊主编 灵武 灵武农场志办公室 1990年 465页
b50319152 F324.1 J356 1990

灵武县水利志
宁夏灵武县水电局编 灵武 宁夏灵武县水电局 1992年 194页
b21856503 TV–092 L6288 1992

永宁县

永宁县志
永宁县志编审委员会编 银川 宁夏人民出版社 1995年 607页
b10647089 K294.34 Y636

纳家户村志
永宁县党史县志办公室编 吴建彬主编 银川 宁夏人民出版社 2011年 411页
b23059084 K294.35 N122 2011

永宁县政协志
中国人民政治协商会议永宁县委员会 郭宏主编 永宁 中国人民政治协商会议永宁县委员会 2014年 357页
b49706597 D628.434 Y636 2014

永宁县纪检监察志 1950–2010
中共永宁县纪律检察委员会 永宁县监察局编 郭雪平主编 永宁 中共永宁县纪律检察委员会 2011年 393页
b49640768 D630.9 Y636 2011

永宁县军事志
永宁县军事志编纂委员会编 姜自力主编 银川 宁夏人民出版社 2002年 460页
b19930562 E289.434 J332 2002

宁夏回族自治区永宁县地名志
永宁县人民政府编印 永宁 永宁县人民政府 1982年 111页
b13743053 K924.34 Y636

贺兰县

贺兰县志
贺兰县志史编纂委员会编 银川 宁夏人民出版社 1994年 575页
b10630582 K294.34 H314

贺兰县志 1980–2005
贺兰县史志编纂委员会编 方仁主编 银川 阳光出版社 2012年 2卷 1252页
b40938396 K294.34 H314 2012

贺兰县政协志 1949–2007
中国人民政治协商会议贺兰县委员会编 张学义主编 贺兰 中国人民政治协商会议贺兰县委员会 2008年 370页
b4093486x D628.434 H314 2008

宁夏回族自治区暖泉农场志 1955–1995
宁夏回族自治区暖泉农场志编纂委员会编 崔光福主编 贺兰 宁夏回族自治区暖泉农场志编纂委员会 1995年 240页
b5015283x F324.1 N514 1995

宁夏贺兰山林业志
宁夏贺兰山国家级自然保护区管理局编 银川 宁夏贺兰山国家级自然保护区管理局 1999年 233页
b20950846 F326.274.3 N413 1999

宁夏贺兰县京星农牧场志
宁夏贺兰县京星农牧场志编纂小组编 王庚年主编 银川 宁夏贺兰县京星农牧场志编纂小组 2005年 280页
b45840428 F326.764.34 J535 2005

宁夏贺兰县第一中学校志
宁夏贺兰县第一中学编 贺兰 宁夏贺兰县第一中学 2006 年 293 页
b20950858 G639.284.34 H314 2006

贺兰山志
孙生玉主编 银川 宁夏人民出版社 2007 年 438 页〔宁夏军事史志丛书〕
b20018757 K928.3 S7779 2007

贺兰山植物志
朱宗元 梁存柱 李志刚主编 银川 阳光出版社 2011 年 848 页〔宁夏贺兰山国家级自然保护区第二次综合科学考察系列丛书〕
b36427147 Q948.522.6 Z723 2011

宁夏贺兰山国家级自然保护区志
宁夏贺兰山国家级自然保护区志编纂委员会编 侯建海主编 银川 宁夏贺兰山国家级自然保护区志编纂委员会 2006 年 533 页
b47416294 S759.992.43 H314 2006

贺兰县水利志
贺兰县水电科编 贺兰 贺兰县水电科 1989 年 148 页
b20101570 TV-092 H314 1989

石嘴山市

石嘴山市志
石嘴山市志编纂委员会编 马瑞文主编 银川 宁夏人民出版社 2001 年 2 卷 1761 页
b13819070 K294.33 S475

石嘴山市志 续修
石嘴山市志编纂委员会编 曾养民总纂 常春主编 银川 宁夏人民出版社 2017 年 2 册 980 页
b51156854 K294.33 S475E 2017

石嘴山市公安志
陈栋桥主编 银川 宁夏人民出版社 2011 年 791 页
b37531414 D631 S475 2011

石嘴山军事志
石嘴山军事志编纂委员会编 银川 宁夏人民出版社 2004 年 521 页
b19930537 E289.433 S475 2004

石嘴山市审计志 2005-2012
石嘴山市审计局编 梁涛主编 石嘴山 石嘴山市审计局 2013 年 623 页
b47317267 F239.227.433 S475 2013

国网石嘴山供电公司志 2003-2016
国网石嘴山供电公司志编纂委员会编 叶逢春主编 石嘴山 国网石嘴山供电公司志编纂委员会 2017 年 334 页
b5015249x F426.61 S475 2017

宁夏回族自治区石嘴山供电志 1991-2002
王洪贵主编 石嘴山 国家电网宁夏石嘴山供电局 2009 年 359 页
b50248352 F426.61 S4757 2009

神华宁夏煤业集团公司志 石嘴山矿区分卷
神华宁夏煤业集团公司志编纂委员会编 王俭主编 张家林执行主编 银川 宁夏人民出版社 2009 年 639 页
b50779710 F426.21 S3983 2009

石嘴山煤矿志
石嘴山煤矿志编纂委员会编 银川 宁夏人民出版社 1994 年 359 页
b22431858 F426.21 S475 1994

石嘴山煤矿志 续
石嘴山煤矿志（续）编纂委员会编 魏里阳主编 银川 宁夏人民出版社 2002年 428页
b3637510x F426.21 S475 2002

石嘴山市地方税务志 1994–2013
石嘴山市地方税务局编 胡建勋主编 石嘴山 石嘴山市地方税务局 2014年 508页
b49982953 F812.743.342 S475 2014

石嘴山市教育志
石嘴山市教育志编纂委员会编 马绍华主编 银川 宁夏人民教育出版社 2012年 663页
b36363352 G527.433 S475 2012

石嘴山文物志
李玉林主编 石嘴山 石嘴山文物志编纂者 1985年 114页
b36379967 K872.433 S475 1985

石嘴山市环境保护志
童建明主编 石嘴山 石嘴山市环境保护局 2007年 462页
b21801940 X321.243.3 S475 2007

大武口区

石炭井区志
大武口区地方志编纂委员会编 银川 宁夏人民出版社 2008年 597页
b19820367 K294.33 S475D 2008

大武口区政协志 1990–2010
大武口区政协编 祁光明主编 石嘴山 大武口区政协 2010年 485页
b47415800 D628.433 S475D 2010

大武口区军事志
大武口区军事志编纂委员会编 叶光杰主编/总纂 银川 宁夏人民出版社 2005年 405页
b19930513 E289.433 Y378 2005

白芨沟煤矿志 1965–1990（石嘴山）
石炭井矿务局编 石嘴山 白芨沟煤矿志编委会 1993年 553页
b47296951 F426.21 B151 1993

惠农区

惠农县志
惠农县志编纂委员会编 朱国忠主编 银川 宁夏人民出版社 1999年 744页
b13092637 K294.34 H696

惠农区志
惠农区志编纂委员会编 杨有贤主编 银川 宁夏人民出版社 2008年 904页
b19101612 K294.33 H696 2008

惠农区志 2004–2013
惠农区政府地方志编纂委员会办公室编 石嘴山 惠农区政府地方志编纂委员会办公室 2013年 2卷 1401页
b50017317 K294.33 S475HC 2013

石嘴山区志
惠农区地方志编纂委员会编 代荣民主编 银川 宁夏人民出版社 2005年 999页
b17486816 K294.33 S475H 2005

平罗县

平罗县志
平罗县志编纂委员会编 银川 宁夏人民出版社 1996年 731页
b13275586 K294.34 P612

平罗县志 重修
平罗县县志编审委员会编 邢宏亮主编 银川 宁夏人民出版社 2016年 2卷 1658页
b47404322 K294.34 P612C 2016

陶乐县志
陶乐县志编纂委员会编 银川 宁夏人民出版社 2006年 547页
b16784637 K294.34 T262 2006

平罗县军事志
平罗县军事志编纂委员会编 北京 方志出版社 2002年 302页
b36246025 E298.434 P612 2002

平罗县粮食志 2006
平罗县粮食志编纂委员会编 陈烈 江明 王希善撰稿 平罗 平罗县粮食局 2007年 214页
b22431299 F724.721 P612 2007

平罗县文化志
平罗县文化广播电视科编纂领导小组编 王焕章主编 银川 宁夏日报社振新印刷厂 1988年 311页
b3637975x G127.434 P612 1988

平罗县教育志
平罗县教育志编纂组编 黄震中 马明亮主编 平罗 平罗县印刷厂 1990年 179页
b36014461 G527.434 P612 1990

平罗县教育志
平罗县教育志办公室编 王玉林主编 银川 宁夏人民出版社 2007年 721页
b18117405 G527.744 P612 2007

宁夏回族自治区平罗县地名志
平罗县人民政府编印 平罗 平罗县人民政府编印 1987年 392页
b20139901 K924.34 P612 1987

陶乐县地名志
陶乐县人民政府编 银川 宁夏人民出版社 1989年 114页
b20139913 K924.34 T262 1989

陶乐县医药志
陶乐县医药局编 刘希林主编 陶乐 陶乐县医药局 1993年 120页〔陶乐县地方志丛书〕
b46012126 R199.2 T262 1993

平罗县水利志
宁夏平罗县水利志编辑组编 田瑞兴主编 平罗 平罗县印刷厂 1986年 252页
b18261619 TV-092 T356 1986

平罗县水利志
平罗县水利志编纂委员会编 杨柳主编 银川 宁夏人民出版社 2009年 441页
b20927137 TV-092 T356C 2009

陶乐县水利志
陶乐县水利志编写组编 韩占山主编 陶乐 陶乐县水利志编写组 1988年 129页
b21857751 TV-092 T262 1988

吴忠市

吴忠市志
利通区地方志编纂委员会编 马英杰主编 北京 中华书局 2000年 1063页
b13819045 K294.33 W516

吴忠市古城乡志
王长生主编 吴忠 吴忠市古城乡志编纂者 1991年 217页

b20100954 K294.35 G542 1991

吴忠监狱志 1955-2004
吴忠监狱志编纂委员会编 刘传良总纂 银川 宁夏人民出版社 2006年 526页
b45480138 D927.433.67 W516 2006

吴忠军事志
吴忠军事志编纂委员会编 刘绍平主编 银川 宁夏人民出版社 2004年 391页
b19930549 E289.433 L688 2004

银南军事志
银南军事志编纂委员会编 何全福主编 银南 银南军事志编纂委员会 200-年 572页
b20046728 E289.432 H276

银南军事志
银南军事志编纂委员会编 于守忠主编 银川 宁夏人民教育出版社 2003年 606页
b3609349x E289.432 Y496 2003

吴忠市工商行政管理志 1999-2009
吴忠市工商行政管理志编纂委员会编 王明政主编 银川 宁夏润丰源印业公司 2010年 450页
b40649027 F203.9 W516 2010

银南供电局志 1951-1985
银南供电局志编纂委员会编 李鸣岗主编 吴忠 银南供电局志编纂委员会 1987年 263页
b50066924 F426.61 W516 1987

吴忠市交通志
吴忠市交通志编委会编 银川 宁夏人民出版社 1994年 259页
b20046017 F512.743.3 W516 1994

吴忠市邮电志
吴忠市邮电志编纂委员会编 时俊锋主编 吴忠 吴忠市邮电局 2002年 354页
b49939014 F632.743.3 W516 2002

吴忠市教育志
吴忠市教育志编纂委员会编 朱克辛主编 吴忠 吴忠市教育志编纂委员会 1993年 征求意见稿 610页
b20182430 G527.433 W516 1993

宁夏回族自治区吴忠市地名志
吴忠市人民政府编印 吴忠 吴忠市人民政府 1987年 173页
b16325436 K924.33 W516 1987

红寺堡区

红寺堡开发区志
红寺堡开发区志编纂委员会编 何国攀 丰贡献 田治国主编 银川 宁夏人民出版社 2006年 853页
b17178538 K294.3 H419 2006

青铜峡市

青铜峡市志
青铜峡市志编纂委员会编 张吉胜主编 北京 方志出版社 2004年 2卷 2000页
b15588142 K294.33 Q464 2004

大坝乡志
大坝乡志编纂领导小组编 高树林主编 青铜峡 大坝乡志编纂领导小组 1991年 268页
b20100498 K294.35 D135 1991

瞿靖镇志
青铜峡市瞿靖镇编 赵文学主编 青铜峡

青铜峡市瞿靖镇 2015 年 305 页〔地方志系列丛书〕
b47415551 K294.35 Q464 2015

青铜峡军事志
青铜峡军事志编纂委员会编 吴怀章主编 银川 宁夏人民出版社 2003 年 589 页
b36093270 E289.433 Q464 2003

盐池县

盐池县志
盐池县县志编纂委员会编 武树伟主编 银川 宁夏人民出版社 1986 年 529 页
b10631318 K294.34 Y179

盐池县志 1981–2000
盐池县志编纂委员会编 何国攀 刘继远主编 银川 宁夏人民出版社 2002 年 890 页
b13864555 K294.34 Y179B

冯记沟乡志
冯记沟乡志编委会编 张旭斌 许倡翊总纂 银川 宁夏人民出版社 2016 年 656 页
b49783580 K294.35 F374 2016

惠安堡镇志
惠安堡镇志编纂委员会编 石学晶主编 银川 宁夏人民出版社 2014 年 482 页
b46997635 K294.35 H696 2014

麻黄山乡志
麻黄山乡志编纂委员会编 陈志良 范钧主编 北京 中国文史出版社 2014 年 557 页
b46995481 K294.35 M123 2014

青山乡志
青山乡志编委会编 郑参主编 银川 宁夏人民出版社 2015 年 495 页
b51092785 K294.34 Z532 2015

王乐井乡志
王乐井乡志编委会编 郑参 胡建军主编 银川 宁夏人民出版社 2015 年 634 页
b47118532 K294.35 W222 2015

盐池县人口和计划生育志
盐池县人口和计划生育志编撰委员会编 毛占领主编 银川 宁夏人民出版社 2016 年 449 页
b4954214x C924.254.34 Y179 2016

盐池县人大志
盐池县人民代表大会常务委员会编 杨吉东主编 北京 北京国彩印刷公司 2001 年 459 页
b21766034 D624.434 Y179 2001

盐池县人大志 2001–2010
盐池县人民代表大会常务委员会编 刘继远主编 盐池 盐池县人民代表大会常务委员会 2011 年 269 页
b44749375 D624.434 Y179 2011

盐池县政协志
盐池县政协志编纂委员会编 赵继泽主编 银川 宁夏人民出版社 2000 年 300 页
b17457646 D628.434 Y179 2000

盐池县政协志 1998–2015
盐池县政协志编纂委员会编 贺满文主编 银川 宁夏人民出版社 2016 年 479 页
b49806865 D628.434 Y179C 2016

盐池县检察志 1936–2016
盐池县检察志编纂委员会编 张晶 韩震 叶建平主编 银川 宁夏人民出版社 2017 年 355 页

b50308233　D926.32　Y179　2017

盐池县人民法院志
盐池县人民法院编　黄振宁主编　银川　宁夏人民出版社　2014 年　482 页
b50320221　D926.22　Y1791　2014

盐池县建设志
盐池县建设志编纂委员会编　何国攀　张柏森　马吉主编　北京　中国科学技术出版社　2003 年　523 页
b46440902　F299.274.34　Y179　2003

盐池县生态建设志
盐池县生态建设志编纂委员会编　何国攀　张柏森　杨志有主编　银川　宁夏人民出版社　2004 年　629 页
b17735890　X321.243.4　Y179　2004

宁夏回族自治区盐池县地名志
盐池县人民政府编印　盐池　宁夏回族自治区盐池县人民政府　1982 年　203 页
b13743119　K924.34　Y179

同心县

同心县志
同心县志编委员编　王克林主编　银川　宁夏人民出版社　1995 年　862 页〔中国地方志丛书〕
b13277431　K294.34　T437

汪家塬村志
汪家塬村志编纂领导小组编　王克林主编　银川　宁夏人民出版社　2016 年　436 页
b49542114　K294.35　W185　2016

同心县政协志
同心县政协志编纂委员会编　李宗道总编　银川　宁夏人民出版社　2003 年　354 页〔中国地方志丛书〕
b16436805　D628.434　T437　2003

同心县人民法院志　1950–1990
同心县人民法院志编纂委员会编　何莉主编　同心　同心县人民法院志编纂委员会　2013 年　252 页
b41235216　D926.22　T437　2013

同心县军事志
同心县军事志编纂委员会编　李宗道　张兵　茹引田主编　同心　同心县人民武装部　2006 年　480 页
b49827315　E289.434　T437　2006

同心中学校志
同心中学校志编纂委员会编　同心　同心中学校志编纂委员会　2006 年　205 页
b2010408x　G639.284.34　T437　2006

宁夏回族自治区同心县地名志
同心县人民政府编印　同心　同心县人民政府　1983 年　109 页
b20139925　K924.34　T437　1983

固原市

固原地区志
固原地区地方志编纂委员会编　王恽　马玉平　慕效儒总纂　银川　宁夏人民出版社　1994 年　862 页
b10630491　K294.32　G561

固原市志
固原市地方志编审委员会编　马平恩主编　银川　宁夏人民出版社　2009 年　4 卷　3057 页
b2039746x　K294.33　G561　2009

固原市非公有制经济志
固原市地方办公室编 马平恩主编 兰州 甘肃文化出版社 2011年 647页
b4485156x F127.433 G561 2011

须弥山石窟志
须弥山石窟文物管理所编 王玺 代学明主编 银川 阳光出版社 2016年 499页
b51092797 K879.294 X551 2016

宁夏固原风物志
薛正昌编著 昆明 云南人民出版社 2002年 183页〔中国西部风物志丛书〕
b13776770 K924.32 X678

原州区

固原市原州区志
固原市原州区党史区志编纂委员会编 柳永良主编 北京 方志出版社 2010年 1248页
b2158865x K294.33 G561Y 2010

固原县志
固原县志编纂委员会编 银川 宁夏人民出版社 1993年 1095页
b13755675 K294.34 G561

固原县工会志 1949–1989
固原县总工会工会志编写组编 魏振华主编 固原 宁夏固原县印刷厂 1990年 338页
b40743317 D412.843.4 G561 1990

固原县军事志
固原县军事志编纂委员会编 孙久富 马金峡主编 银川 宁夏人民出版社 2007年 482页
b19930525 E289.434 S771 2007

固原县方言志
杨子仪 马学恭著 银川 宁夏人民出版社 1990年 349页
b16449058 H172.2 Y2529 1990

原州影视志
原州区农村广播影视公共服务中心编 郝彦晖主编 固原 原州区农村广播影视公共服务中心 2012年 194页〔原州区2012宣传文化十大工程系列丛书〕
b49789995 J909.2 Y797 2012

宁夏回族自治区固原县地名志
固原县人民政府编印 固原 固原县人民政府 1983年 336页
b13743107 K924.34 G561D 1983

西吉县

西吉县志
西吉县志编纂委员会编 余凤洲主编 银川 宁夏人民出版社 1995年 667页
b13274843 K294.34 X119

续修西吉县志
西吉县志编纂委员会编 韩彦童主编 北京 方志出版社 2006年 1043页
b1717854x K294.34 X119C 2006

硝河城清真大寺志
马强等著 银川 宁夏人民出版社 2017年 273页〔陕西师范大学西部边疆研究丛书〕
b50121613 B967.243 M141 2017

西吉中学志 1945–1995
西吉中学志编委会编 李强主编 西吉 西吉中学志编委会 1995年 204页
b50992028 G639.284.34 X119 1995

西吉县文物志
李怀仁 摆小龙 马一宝主编 银川 宁夏人民出版社 2016 年 288 页
b49508635 K872.434 X119 2016

宁夏回族自治区西吉县地名志
西吉县人民政府编 西吉 西吉县人民政府 1982 年 193 页
b13743089 K924.34 J139

隆德县

隆德县志
隆德县志编纂委员会编 齐英才主编 银川 宁夏人民出版社 1998 年 813 页
b13092546 K294.34 L739

隆德县志 1991-2000
隆德县地方史志编纂委员会编 张家铎总纂 北京 方志出版社 2005 年 641 页
b16434377 K294.34 L739 2005

梁堡村志
宁夏回族自治区隆德县奠安乡梁堡村志编纂委员会编 梁喜太主编 北京 方志出版社 2017 年 194 页〔中国名村志丛书〕
b50642832 K294.35 L489 2017

隆德县邮电志
隆德县邮电志编纂组编 王海玉主编 银川 宁夏人民出版社 2001 年 405 页
b50221917 F632.743.4 L739 2001

宁夏回族自治区隆德县地名志
隆德县人民政府编 隆德 隆德县人民政府 1986 年 180 页
b20139895 K924.34 L739 1986

泾源县

泾源县志
泾源县志编纂委员会编 李子杰主编 银川 宁夏人民出版社 1995 年 462 页
b13092765 K294.34 J534

泾源县志 1991-2000
泾源县地方志编纂委员会编 杨友桐主编 银川 宁夏人民出版社 2003 年 574 页
b16746582 K294.34 J534 2003

泾源县检察志
泾源县人民检察院编 穆存祥 李宏涛主编 银川 宁夏人民出版社 2017 年 364 页
b50807948 D926.32 J534 2017

泾源县军事志
泾源县军事志编纂委员会编 雷战勇 曹效贤主编 银川 宁夏人民出版社 2009 年 475 页
b21763999 E289.434 J534 2009

宁夏回族自治区泾源县地名志
泾源县人民政府编印 泾源 泾源县人民政府 1984 年 86 页
b20139883 K924.34 J534 1984

泾源县畜禽疫病志 1949-1989
泾源县畜牧局 泾源县畜牧兽医站编 泾源 泾源县畜牧局 1990 年 116 页
b49789259 S851.3 J534 1990

彭阳县

彭阳县志
彭阳县志编纂委员会编 李文斌主编 银川 宁夏人民出版社 1996 年 637 页
b10597657 K294.34 P336

彭阳县志
彭阳县地方志编纂委员会编 叶长青主编 兰州 甘肃文化出版社 2011年 2卷 1351页
b23370324 K294.34 P336P 2011

崖堡村志
崖堡村志编纂领导小组编 高荣峰主编 银川 宁夏人民出版社 2014年 229页
b4601178x K294.35 Y129 2014

彭阳县人大志
彭阳县人大志编纂委员会编 邓万儒主编 银川 宁夏人民出版社 2013年 798页
b44749508 D624.434 P336 2013

彭阳县政协志
政协彭阳县第七届委员会编 邓万儒主编 彭阳 政协彭阳县第七届委员会 2012年 653页
b47352772 D628.434 P336 2012

彭阳县移民志
彭阳县党史地方志编纂委员会办公室编 祁悦章主编 北京 方志出版社 2016年 464页
b49655644 D632.4 P3361 2016

彭阳县法院志
彭阳县人民法院编 马尚军主编 银川 宁夏人民出版社 2012年 592页
b40938700 D926.22 P336 2012

彭阳县军事志
彭阳县军事志编纂委员会编 银川 宁夏人民出版社 2005年 274页
b19733665 E289.434 P336 2005

彭阳县林业生态志
彭阳县林业和生态经济局编 袁君主编 北京 中国文化出版社 2013年 452页
b47414236 F326.274.34 P336 2013

彭阳县文物志
杨宁国主编 银川 宁夏人民出版社 2003年 313页
b21569770 K872.434 Y241 2003

中卫市

沙坡头区

中卫县志
中卫县志编纂委员会编 郭生岐主编 银川 宁夏人民出版社 1995年 1039页
b10628265 K294.34 Z645

中卫县土地管理志
中卫县土地管理局编写组编 中卫 中卫县印刷厂 1989年 209页〔宁夏回族自治区中卫县方志丛书〕
b16449472 F327.434 Z645 1989

中卫县教育志
中卫县教育局编纂 魏若华主编 银川 宁夏人民出版社 1992年 376页
b15329677 G527.434 W358 1992

中卫方言志
中卫县志编纂委员会办公室编 林涛主编 银川 宁夏人民出版社 1995年 252页
b16437512 H172.2 L5888 1995

宁夏回族自治区中卫县地名志
中卫县人民政府编 中卫 中卫县人民政府 1986年 166页
b20139937 K924.34 Z645 1986

中宁县

中宁县志
中宁县志编纂委员会编 银川 宁夏人民出版社 1994 年 593 页
b10726421 K294.34 Z644

中宁县志 1986–2006
中宁县志编纂委员会编 赵建新主编 银川 宁夏人民出版社 2013 年 938 页
b45811180 K294.34 Z644 2013

中宁县人民代表大会志
中宁县人大志编写组编 胡学祥主编 中宁 中宁县人大志编写组 1998 年 316 页
b47416403 D624.434 Z644 1998

中宁县政协志
中宁县政协志编纂委员会编 庞立忠主编 中宁 中宁县政协志编纂委员会 2010 年 369 页
b40649040 D628.434 Z644 2010

渠口农场志 1960–2010
宁夏农垦国营渠口农场编 王保安主编 中宁 宁夏农垦国营渠口农场 2010 年 674 页
b40649015 F324.1 Q575 2010

中宁县方言志
李树俨著 银川 宁夏人民出版社 1989 年 196 页
b1886918x H172.2 v4

茨乡歌志
苏忠深编著 银川 宁夏人民出版社 1994 年 124 页
b16180525 J642.2 S715 1994

宁夏回族自治区中宁县地名志
中宁县人民政府编印 中宁 中宁县人民政府 1982 年 190 页
b13743077 K924.34 Z644

宁夏七星渠志
宁夏七星渠志编纂委员会编 和志国 陈旭东主编 银川 宁夏人民出版社 2009 年 306 页
b22431196 S279.243.4 H313 2009

中宁县水利志
中宁县人民政府水电科编 张儒铭主编 银川 宁夏新华印刷厂 1990 年 274 页
b20536495 TV–092 Z644 1990

海原县

海原县志
海原县志编纂委员会编 马存玉主编 银川 宁夏人民出版社 1999 年 1116 页
b1309256x K294.34 H145

海原县志 1991–2008
海原县地方志编纂委员会编 马鹏云主编 银川 宁夏人民教育出版社 2012 年 899 页
b36159414 K294.34 H145 2012

海原政协志
政协海原县委员会编著 银川 宁夏人民出版社 2011 年 446 页
b22973576 D628.434 H145 2011

海原教育志
海原教育志编纂委员会编 兰州 兰州大学出版社 2003 年 612 页
b16142457 G527.434 H145 2003

海原县教育志
陈君健 伏正曦 冯雄编写 海原 海原县教育局教育志编写组 1991 年 186 页
b20182776 G527.434 H145H 1991

海原县第一小学校志
张青 解光穆主编 银川 宁夏人民出版社 2006 年 479 页
b20806796 G629.284.34 H145 2006

海原县兴仁中学校志
海原县兴仁中学校志编审委员会编 固原博奥彩色印刷公司 2008 年 327 页
b20576602 G639.284.34 X463 2008

宁夏回族自治区海原县地名志
海原县人民政府编印 海原 海原县人民政府 1983 年 179 页
b13743120 K924.34 H145

海原县水利志
海原县水利志编纂委员会编 张汉红主编 银川 宁夏人民出版社 2006 年 330 页
b17868385 TV-092 H145 2006

新疆维吾尔自治区

新疆通志 第 9 卷 地质矿产志
新疆维吾尔自治区地方志编纂委员会 新疆通志地质矿产志编者委员会编 高俊杰主编 乌鲁木齐 新疆人民出版社 1997年 2卷 1239页〔新疆维吾尔自治区地方志丛书〕
b12698180　K294.5　X4452

新疆通志 第 10 卷 气象志
新疆维吾尔自治区地方志编纂委员会 新疆通志气象志编者委员会编 徐德源主编 乌鲁木齐 新疆人民出版社 1995年 450页〔新疆维吾尔自治区地方志丛书〕
b12698180　K294.5　X4452

新疆通志 第 11 卷 地震志
新疆维吾尔自治区地方志编纂委员会 新疆通志地震志编纂委员会编 朱令人主编 乌鲁木齐 新疆人民出版社 2002年 827页〔新疆维吾尔自治区地方志丛书〕
b12698180　K294.5　X4452

新疆通志 第 12 卷 地名志
新疆维吾尔自治区地方志编纂委员会 新疆通志地名志编纂委员会编 陆维立主编 乌鲁木齐 新疆人民出版社 2011年 370页〔新疆维吾尔自治区地方志丛书〕
b12698180　K294.5　X4452

新疆通志 第 13 卷 人口志
新疆维吾尔自治区地方志编纂委员会 新疆通志人口志编纂委员会编 杨茂林主编 乌鲁木齐 新疆人民出版社 2008年 1137页〔新疆维吾尔自治区地方志丛书〕
b12698180　K294.5　X4452

新疆通志 第 14 卷 共产党志
新疆维吾尔自治区地方志编纂委员会 新疆通志共产党志编纂委员会编 白玉玺总纂 陈统渭主编 乌鲁木齐 新疆人民出版社 2001年 520页〔新疆维吾尔自治区地方志丛书〕
b12698180　K294.5　X4452

新疆通志 第 15 卷 政务志 人大
新疆维吾尔自治区地方志编纂委员会 新疆通志政务志人大编纂委员会编 崔书杰总纂 程鹏主编 张记显等撰稿 乌鲁木齐 新疆人民出版社 2004年 797页〔新疆维吾尔自治区地方志丛书〕
b12698180　K294.5　X4452

新疆通志 第 16 卷 人事志
新疆维吾尔自治区地方志编纂委员会 新疆通志人事志编纂委员会编 唐世德主编 乌鲁木齐 新疆人民出版社 2002年 639页〔新疆维吾尔自治区地方志丛书〕
b12698180　K294.5　X4452

新疆通志 第 17 卷 劳动志
新疆维吾尔自治区地方志编纂委员会 新疆通志劳动志编纂委员会编 王玉兰主编 乌鲁木齐 新疆人民出版社 1996年 514页〔新疆维吾尔自治区地方志丛书〕
b12698180　K294.5　X4452

新疆通志 第18卷 民主党派志
新疆维吾尔自治区地方志编纂委员会 新疆通志民主党派志编纂委员会编 王伟主编 乌鲁木齐 新疆人民出版社 2009年 635页〔新疆维吾尔自治区地方志丛书〕
b12698180 K294.5 X4452

新疆通志 第19卷 群众团体志 工会
新疆维吾尔自治区地方志编纂委员会 新疆通志群团志工会编纂委员会编 崔书杰总纂 王敬华卷主编 乌鲁木齐 新疆人民出版社 2004年 614页〔新疆维吾尔自治区地方志丛书〕
b12698180 K294.5 X4452

新疆通志 第19卷 群众团体志 共青团
新疆维吾尔自治区地方志编纂委员会 新疆通志群团志共青团编纂委员会编 崔书杰总纂 张文全 吐逊江·艾力卷主编 乌鲁木齐 新疆人民出版社 2006年 1023页〔新疆维吾尔自治区地方志丛书〕
b12698180 K294.5 X4452

新疆通志 第19卷 群众团体志 妇联志
新疆维吾尔自治区地方志编纂委员会 新疆通志群团志妇联编纂委员会编 崔书杰总纂 刘万俊卷主编 乌鲁木齐 新疆人民出版社 2007年 663页〔新疆维吾尔自治区地方志丛书〕
b12698180 K294.5 X4452

新疆通志 第20卷 公安志
新疆维吾尔自治区地方志编纂委员会 新疆通志公安志编纂委员会编 崔书杰总纂 田迎五卷主编 乌鲁木齐 新疆人民出版社 2004年 943页〔新疆维吾尔自治区地方志丛书〕
b12698180 K294.5 X4452

新疆通志 第21卷 检察志
新疆维吾尔自治区地方志编纂委员会 新疆通志检察志编纂委员会编 刘扬主编 乌鲁木齐 新疆人民出版社 1992年 316页〔新疆维吾尔自治区地方志丛书〕
b12698180 K294.5 X4452

新疆通志 第23卷 司法行政志
新疆维吾尔自治区地方志编纂委员会 新疆通志司法行政志编纂委员会编 张良主编 乌鲁木齐 新疆人民出版社 2000年 550页〔新疆维吾尔自治区地方志丛书〕
b12698180 K294.5 X4452

新疆通志 第24卷 民政志
新疆维吾尔自治区地方志编纂委员会 新疆通志民政志编纂委员会编 富文总纂 于维诚卷主编 乌鲁木齐 新疆人民出版社 1992年 397页〔新疆维吾尔自治区地方志丛书〕
b12698180 K294.5 X4452

新疆通志 第25卷 外事志
新疆维吾尔自治区地方志编纂委员会 新疆通志外事志编纂委员会编 沈炳年主编 乌鲁木齐 新疆人民出版社 1995年 405页〔新疆维吾尔自治区地方志丛书〕
b12698180 K294.5 X4452

新疆通志 第26卷 侨务志
新疆维吾尔自治区地方志编纂委员会 新疆通志侨务志编纂委员会编 徐震同主编 乌鲁木齐 新疆人民出版社 1994年 255页〔新疆维吾尔自治区地方志丛书〕
b12698180 K294.5 X4452

新疆通志 第27卷 民族志
新疆维吾尔自治区地方志编纂委员会 新疆通志民族志编纂委员会编 贺忠德

王平卷主编 乌鲁木齐 新疆人民出版社 2005 年 1374 页〔新疆维吾尔自治区地方志丛书〕
b12698180 K294.5 X4452

新疆通志 第 28 卷 军事志
新疆维吾尔自治区地方志编纂委员会 新疆通志军事志编纂委员会编 孟昭璧主编 乌鲁木齐 新疆人民出版社 1997 年 910 页〔新疆维吾尔自治区地方志丛书〕
b12698180 K294.5 X4452

新疆通志 第 29 卷 综合经济志
新疆维吾尔自治区地方志编纂委员会 新疆通志综合经济志妇联编纂委员会编 崔书杰总纂 刘晏良卷主编 乌鲁木齐 新疆人民出版社 2006 年 772 页〔新疆维吾尔自治区地方志丛书〕
b12698180 K294.5 X4452

新疆通志 第 30 卷 农业志
新疆维吾尔自治区地方志编纂委员会 新疆通志农业志编纂委员会编 秦畅生主编 乌鲁木齐 新疆人民出版社 1994 年 693 页〔新疆维吾尔自治区地方志丛书〕
b12698180 K294.5 X4452

新疆通志 第 31 卷 农牧机械化志
新疆维吾尔自治区地方志编纂委员会 新疆通志农牧机械化志编纂委员会编 高子中主编 乌鲁木齐 新疆人民出版社 1995 年 428 页〔新疆维吾尔自治区地方志丛书〕
b12698180 K294.5 X4452

新疆通志 第 32 卷 乡镇企业志
新疆维吾尔自治区地方志编纂委员会 新疆通志乡镇企业志编纂委员会编 崔书杰总纂 李来顺卷主编 乌鲁木齐 新疆人民出版社 2008 年〔新疆维吾尔自治区地方志丛书〕
b12698180 K294.5 X4452

新疆通志 第 33 卷 瓜果志
新疆维吾尔自治区地方志编纂委员会 新疆通志瓜果志编纂委员会编 潘晓芳主编 乌鲁木齐 新疆人民出版社 2000 年 474 页〔新疆维吾尔自治区地方志丛书〕
b12698180 K294.5 X4452

新疆通志 第 34 卷 畜牧志
新疆维吾尔自治区地方志编纂委员会 新疆通志畜牧志编纂委员会编 彭诚主编 乌鲁木齐 新疆人民出版社 1996 年 738 页〔新疆维吾尔自治区地方志丛书〕
b12698180 K294.5 X4452

新疆通志 第 35 卷 林业志
新疆维吾尔自治区地方志编纂委员会 新疆通志林业志编纂委员会编 雷华主编 乌鲁木齐 新疆人民出版社 2002 年 628 页〔新疆维吾尔自治区地方志丛书〕
b12698180 K294.5 X4452

新疆通志 第 36 卷 水利志
新疆维吾尔自治区地方志编纂委员会 新疆通志水利志编纂委员会编 刘文芬 马积虎主编 乌鲁木齐 新疆人民出版社 1998 年 593 页〔新疆维吾尔自治区地方志丛书〕
b12698180 K294.5 X4452

新疆通志 第 37 卷 生产建设兵团志
新疆维吾尔自治区地方志编纂委员会 新疆通志生产建设兵团志编纂委员会编 庄超群主编 乌鲁木齐 新疆人民出版社 1998 年 1279 页〔新疆维吾尔自治区地方志丛书〕
b12698180 K294.5 X4452

新疆通志 第38卷 电力工业志
新疆维吾尔自治区地方志编纂委员会 新疆通志电力工业志编纂委员会编 房志远主编 乌鲁木齐 新疆人民出版社 1999年 755页〔新疆维吾尔自治区地方志丛书〕
b12698180 K294.5 X4452

新疆通志 第39卷 煤炭工业志
新疆维吾尔自治区地方志编纂委员会 新疆通志煤炭工业志编纂委员会编 党世毅主编 乌鲁木齐 新疆人民出版社 1996年 1062页〔新疆维吾尔自治区地方志丛书〕
b12698180 K294.5 X4452

新疆通志 第40卷 石油工业志
新疆维吾尔自治区地方志编纂委员会 新疆通志石油工业志编纂委员会编 王连芳主编 乌鲁木齐 新疆人民出版社 1999年 699页〔新疆维吾尔自治区地方志丛书〕
b12698180 K294.5 X4452

新疆通志 第41卷 钢铁工业志
新疆维吾尔自治区地方志编纂委员会 新疆通志钢铁工业志编纂委员会编 李汉中主编 乌鲁木齐 新疆人民出版社 1999年 487页〔新疆维吾尔自治区地方志丛书〕
b12698180 K294.5 X4452

新疆通志 第42卷 有色金属工业志
新疆维吾尔自治区地方志编纂委员会 新疆通志有色金属工业志编纂委员会编 梁志主编 乌鲁木齐 新疆人民出版社 2005年 980页〔新疆维吾尔自治区地方志丛书〕
b12698180 K294.5 X4452

新疆通志 第43卷 机械电子工业志
新疆维吾尔自治区地方志编纂委员会 新疆通志机械电子工业志编纂委员会编 黄效忠主编 乌鲁木齐 新疆人民出版社 2000年 487页〔新疆维吾尔自治区地方志丛书〕
b12698180 K294.5 X4452

新疆通志 第44卷 建材工业志
新疆维吾尔自治区地方志编纂委员会 新疆通志建材工业志编纂委员会编 崔书杰总纂 李大鹏主编 乌鲁木齐 新疆人民出版社 2004年 652页〔新疆维吾尔自治区地方志丛书〕
b12698180 K294.5 X4452

新疆通志 第45卷 轻工业志
新疆维吾尔自治区地方志编纂委员会 新疆通志轻工业志编纂委员会编 许镇坤主编 乌鲁木齐 新疆人民出版社 1997年 463页〔新疆维吾尔自治区地方志丛书〕
b12698180 K294.5 X4452

新疆通志 第46卷 纺织工业志
新疆维吾尔自治区地方志编纂委员会 新疆通志纺织工业志编纂委员会编 陈修身主编 乌鲁木齐 新疆人民出版社 1995年 429页〔新疆维吾尔自治区地方志丛书〕
b12698180 K294.5 X4452

新疆通志 第47卷 化学工业志
新疆维吾尔自治区地方志编纂委员会 新疆通志化学工业志编纂委员会编 王振华主编 乌鲁木齐 新疆人民出版社 1999年 342页〔新疆维吾尔自治区地方志丛书〕
b12698180 K294.5 X4452

新疆通志 第48卷 公路交通志
新疆维吾尔自治区地方志编纂委员会 新疆通志公路交通志编纂委员会编 白玉玺总纂 樊金林主编 乌鲁木齐 新疆人民出

版社 1998 年 845 页〔新疆维吾尔自治区地方志丛书〕
b12698180　K294.5　X4452

新疆通志 第 49 卷 铁道志
新疆维吾尔自治区地方志编纂委员会 新疆通志铁道志编纂委员会编 俞其中 康克勤主编 乌鲁木齐 新疆人民出版社 1999 年 461 页〔新疆维吾尔自治区地方志丛书〕
b12698180　K294.5　X4452

新疆通志 第 50 卷 民用航空志
新疆维吾尔自治区地方志编纂委员会 新疆通志民用航空志编纂委员会编 罗汉武 朱金田主编 乌鲁木齐 新疆人民出版社 2001 年 697 页〔新疆维吾尔自治区地方志丛书〕
b12698180　K294.5　X4452

新疆通志 第 51 卷 邮电志
新疆维吾尔自治区地方志编纂委员会 新疆通志邮电志编纂委员会编 高鸿庆主编 乌鲁木齐 新疆人民出版社 1998 年 880 页〔新疆维吾尔自治区地方志丛书〕
b12698180　K294.5　X4452

新疆通志 第 52 卷 城乡建设志
新疆维吾尔自治区地方志编纂委员会 新疆通志城乡建设志编纂委员会编 解文翔主编 乌鲁木齐 新疆人民出版社 1995 年 680 页〔新疆维吾尔自治区地方志丛书〕
b12698180　K294.5　X4452

新疆通志 第 53 卷 建筑工程志
新疆维吾尔自治区地方志编纂委员会 新疆通志建筑工程志编纂委员会编 李建新主编 乌鲁木齐 新疆人民出版社 2005 年 632 页〔新疆维吾尔自治区地方志丛书〕
b12698180　K294.5　X4452

新疆通志 第 54 卷 测绘志
新疆维吾尔自治区地方志编纂委员会 新疆通志测绘志编纂委员会编 杨恩光主编 乌鲁木齐 新疆人民出版社 1996 年 482 页〔新疆维吾尔自治区地方志丛书〕
b12698180　K294.5　X4452

新疆通志 第 55 卷 环境保护志
新疆维吾尔自治区地方志编纂委员会 新疆通志环境保护志编纂委员会编 李一汀主编 乌鲁木齐 新疆人民出版社 2006 年 680 页〔新疆维吾尔自治区地方志丛书〕
b12698180　K294.5　X4452

新疆通志 第 56 卷 旅游志
新疆维吾尔自治区地方志编纂委员会 新疆通志旅游志编纂委员会编 李伟 赵燕秋主编 乌鲁木齐 新疆人民出版社 2008 年 878 页〔新疆维吾尔自治区地方志丛书〕
b12698180　K294.5　X4452

新疆通志 第 57 卷 财政志
新疆维吾尔自治区地方志编纂委员会 新疆通志财政志编纂委员会编 龚金牛主编 乌鲁木齐 新疆人民出版社 1999 年 601 页〔新疆维吾尔自治区地方志丛书〕
b12698180　K294.5　X4452

新疆通志 第 58 卷 审计志
新疆维吾尔自治区地方志编纂委员会 新疆通志审计志编纂委员会编 车恒祥主编 乌鲁木齐 新疆人民出版社 1997 年 493 页〔新疆维吾尔自治区地方志丛书〕
b12698180　K294.5　X4452

新疆通志 第 59 卷 金融志
新疆维吾尔自治区地方志编纂委员会 新疆通志金融志编纂委员会编 宋兰芳主编 乌鲁木齐 新疆人民出版社 1994 年 761

页〔新疆维吾尔自治区地方志丛书〕
b12698180　K294.5　X4452

新疆通志　第 61 卷　商业志
新疆维吾尔自治区地方志编纂委员会 新疆通志商业志编纂委员会编 李新春主编 乌鲁木齐 新疆人民出版社 1998 年 716 页〔新疆维吾尔自治区地方志丛书〕
b12698180　K294.5　X4452

新疆通志　第 62 卷　物质管理志
新疆维吾尔自治区地方志编纂委员会 新疆通志物资管理志编纂委员会编 白玉玺总纂 李云翔卷主编 乌鲁木齐 新疆人民出版社 1995 年 569 页〔新疆维吾尔自治区地方志丛书〕
b12698180　K294.5　X4452

新疆通志　第 63 卷　外贸志
新疆维吾尔自治区地方志编纂委员会 新疆通志外贸志编纂委员会编 崔书杰总纂 马顺俊主编 乌鲁木齐 新疆人民出版社 2000 年 737 页〔新疆维吾尔自治区地方志丛书〕
b12698180　K294.5　X4452

新疆通志　第 64 卷　海关志
新疆维吾尔自治区地方志编纂委员会 新疆通志海关志编纂委员会编 张中民主编 乌鲁木齐 新疆人民出版社 2000 年 549 页〔新疆维吾尔自治区地方志丛书〕
b12698180　K294.5　X4452

新疆通志　第 65 卷　商检志
新疆维吾尔自治区地方志编纂委员会 新疆通志商检志编纂委员会编 路亮主编 乌鲁木齐 新疆人民出版社 1998 年 560 页〔新疆维吾尔自治区地方志丛书〕
b12698180　K294.5　X4452

新疆通志　第 66 卷　粮食志
新疆维吾尔自治区地方志编纂委员会 新疆通志粮食志编纂委员会编 崔文学 王逸民主编 乌鲁木齐 新疆人民出版社 2000 年 831 页〔新疆维吾尔自治区地方志丛书〕
b12698180　K294.5　X4452

新疆通志　第 67 卷　供销合作社志
新疆维吾尔自治区地方志编纂委员会 新疆通志供销合作社志编纂委员会编 杨松涛主编 乌鲁木齐 新疆人民出版社 1996 年 698 页〔新疆维吾尔自治区地方志丛书〕
b12698180　K294.5　X4452

新疆通志　第 68 卷　统计志
新疆维吾尔自治区地方志编纂委员会 新疆通志统计志编纂委员会编 崔书杰总纂 王忠山主编 乌鲁木齐 新疆人民出版社 2004 年 530 页〔新疆维吾尔自治区地方志丛书〕
b12698180　K294.5　X4452

新疆通志　第 70 卷　标准计量志
新疆维吾尔自治区地方志编纂委员会 新疆通志标准计量志编纂委员会编 苗世旺主编 乌鲁木齐 新疆人民出版社 2003 年 753 页〔新疆维吾尔自治区地方志丛书〕
b12698180　K294.5　X4452

新疆通志　第 71 卷　土地志
新疆维吾尔自治区地方志编纂委员会 新疆通志土地志编纂委员会编 张福山主编 乌鲁木齐 新疆人民出版社 2005 年 861 页〔新疆维吾尔自治区地方志丛书〕
b12698180　K294.5　X4452

新疆通志　第 72 卷　上　科学技术志
新疆维吾尔自治区地方志编纂委员会 新疆通志科学技术志编纂委员会编 白玉玺

总纂 杨逸民主编 乌鲁木齐 新疆人民出版社 2000年 974页〔新疆维吾尔自治区地方志丛书〕
b12698180 K294.5 X4452

新疆通志 第72卷 下 科技名人录
新疆维吾尔自治区地方志编纂委员会 新疆通志科学技术志编纂委员会编 白玉玺总纂 朱忠琪主编 乌鲁木齐 新疆人民出版社 1994年 512页〔新疆维吾尔自治区地方志丛书〕
b12698180 K294.5 X4452

新疆通志 第73卷 社会科学志
新疆维吾尔自治区地方志编纂委员会 新疆通志社会科学志编纂委员会编 王庭恺主编 乌鲁木齐 新疆人民出版社 2001年 436页〔新疆维吾尔自治区地方志丛书〕
b12698180 K294.5 X4452

新疆通志 第74卷 教育志
新疆维吾尔自治区地方志编纂委员会 新疆通志教育志编纂委员会编 王建德主编 乌鲁木齐 新疆人民出版社 2007年 1169页〔新疆维吾尔自治区地方志丛书〕
b12698180 K294.5 X4452

新疆通志 第75卷 文化事业志
新疆维吾尔自治区地方志编纂委员会 新疆通志文化事业志编纂委员会编 崔书杰总纂 任山卷主编 乌鲁木齐 新疆人民出版社 2006年 662页〔新疆维吾尔自治区地方志丛书〕
b12698180 K294.5 X4452

新疆通志 第76卷 语言文字志
新疆维吾尔自治区地方志编纂委员会 新疆通志语言文字志编纂委员会编 陈毓贵主编 乌鲁木齐 新疆人民出版社 2000年 756页〔新疆维吾尔自治区地方志丛书〕
b12698180 K294.5 X4452

新疆通志 第78卷 报业志
新疆维吾尔自治区地方志编纂委员会 新疆通志报业志编纂委员会编 祝谦主编 乌鲁木齐 新疆人民出版社 2009年 438页〔新疆维吾尔自治区地方志丛书〕
b12698180 K294.5 X4452

新疆通志 第79卷 广播电视志
新疆维吾尔自治区地方志编纂委员会 新疆通志广播电视志编纂委员会编 赫尚贤主编 乌鲁木齐 新疆人民出版社 1995年 468页〔新疆维吾尔自治区地方志丛书〕
b12698180 K294.5 X4452

新疆通志 第80卷 著述出版志
新疆维吾尔自治区地方志编纂委员会 新疆通志著述出版志编纂委员会编 崔书杰总纂 乌鲁木齐 新疆人民出版社 2006年 676页〔新疆维吾尔自治区地方志丛书〕
b12698180 K294.5 X4452

新疆通志 第81卷 文物志
新疆维吾尔自治区地方志编纂委员会 新疆通志文物志编纂委员会编 穆舜英主编 乌鲁木齐 新疆人民出版社 2007年 900页〔新疆维吾尔自治区地方志丛书〕
b12698180 K294.5 X4452

新疆通志 第82卷 卫生志
新疆维吾尔自治区地方志编纂委员会 新疆通志卫生志编纂委员会编 白玉玺总纂 李惠民 亚森·吐尔逊主编 乌鲁木齐 新疆人民出版社 1996年 631页〔新疆维吾尔自治区地方志丛书〕
b12698180 K294.5 X4452

新疆通志 第 83 卷 体育志
新疆维吾尔自治区地方志编纂委员会 新疆通志体育志编纂委员会编 柴汉甫 翟兰朝主编 乌鲁木齐 新疆人民出版社 2002 年 664 页〔新疆维吾尔自治区地方志丛书〕
b12698180 K294.5 X4452

新疆通志 第 85 卷 人物志
新疆维吾尔自治区地方志编纂委员会 新疆通志编委会编 魏长洪 钱伯泉主编 乌鲁木齐 新疆人民出版社 2006 年 630 页〔新疆维吾尔自治区地方志丛书〕
b12698180 K294.5 X4452

新疆通志 扶贫开发志
新疆维吾尔自治区地方志编纂委员会 新疆通志扶贫开发志编纂委会编员 崔书杰总纂 赵国明卷主编 乌鲁木齐 新疆人民出版社 2009 年 1476 页〔新疆维吾尔自治区地方志丛书〕
b21570917 K294.5 X4452G 2009

新疆通志 烟草志 1607–2000
新疆维吾尔自治区地方志编纂委员会 新疆通志烟草志编纂委员会编 石道明主编 乌鲁木齐 新疆人民出版社 2004 年 795 页〔新疆维吾尔自治区地方志丛书〕
b16575131 K294.5 X4452B 2004

新疆通志 财政志 1986–2005
新疆维吾尔自治区地方志编纂委员会 新疆通志财政志 1986–2005 年编纂委员会编 谢煊主编 乌鲁木齐 新疆人民出版社 2016 年 1016 页〔新疆维吾尔自治区地方志丛书〕
b4966959x K294.5 X4452CZ 2016

新疆通志 地质矿产志 1986–2000
新疆维吾尔自治区地方志编纂委员会 新疆通志地质矿产志编纂委员会编 王福同主编 乌鲁木齐 新疆人民出版社 2002 年 1158 页〔新疆维吾尔自治区地方志丛书〕
b17398198 K294.5 X4452D 2002

新疆通志 公路交通志 1986–2005
新疆维吾尔自治区地方志编纂委员会 新疆通志公路交通志 1986–2005 编纂委员会编 张萍主编 乌鲁木齐 新疆人民出版社 2016 年 967 页〔新疆维吾尔自治区地方志丛书〕
b49669606 K294.5 X4452GL 2016

新疆通志 民政志 1986–2008
新疆维吾尔自治区地方志编纂委员会 新疆通志民政志（1986–2008 年）编纂委员会编 谢敏主编 乌鲁木齐 新疆人民出版社 2013 年 990 页〔新疆维吾尔自治区地方志丛书〕
b44795336 K294.5 X4452M 2013

新疆通志 外事侨务志 1986–2005
新疆维吾尔自治区地方志编纂委员会 新疆通志外事侨务志 1986–2005 编纂委员会编 张晓迪主编 乌鲁木齐 新疆人民出版社 2016 年 484 页〔新疆维吾尔自治区地方志丛书〕
b49923432 K294.5 X4452WS 2016

新疆通志 畜牧志 1986–2005
新疆维吾尔自治区地方志编纂委员会 新疆通志畜牧志 1986–2005 年编纂委员会编 田建玉主编 乌鲁木齐 新疆人民出版社 2016 年 898 页〔新疆维吾尔自治区地方志丛书〕
b49823255 K294.5 X4452X 2016

新疆通志 出版志 1990–2007
新疆维吾尔自治区地方志编纂委员会 新

疆通志出版志编纂委员会编 乌鲁木齐 新疆人民出版社 2008 年 719 页〔新疆维吾尔自治区地方志丛书〕
b2095217x K294.5 X4452E 2008

新疆通志 司法行政志 1990-2005
新疆维吾尔自治区地方志编纂委员会 新疆通志司法行政志编纂委员会编 李宗民主编 乌鲁木齐 新疆人民出版社 2013 年 472 页〔新疆维吾尔自治区地方志丛书〕
b41213890 K294.5 X4452S 2013

新疆通志 电力工业志 1991-2002
新疆维吾尔自治区地方志编纂委员会 新疆通志电力工业志（1991-2002）编纂委员会编 洪连忠主编 乌鲁木齐 新疆人民出版社 2009 年 517 页〔新疆维吾尔自治区地方志丛书〕
b21196229 K294.5 X4452F 2009

新疆通志 体育志 1991-2005
新疆维吾尔自治区地方志编纂委员会 新疆通志体育志编纂委员会编 余金华主编 乌鲁木齐 新疆人民出版社 2013 年 1004 页〔新疆维吾尔自治区地方志丛书〕
b44795348 K294.5 X4452T 2013

新疆通志 外贸志 1991-2005
新疆维吾尔自治区地方志编纂委员会 新疆通志外贸志 1991-2005 编纂委员会编 张广主编 乌鲁木齐 新疆人民出版社 2014 年 904 页〔新疆维吾尔自治区地方志丛书〕
b46376987 K294.5 X4452W 2014

新疆通志 政协志 1995-2007
新疆维吾尔自治区地方志编纂委员会 新疆通志政协志 1995-2007 编纂委员会编 王中智主编 乌鲁木齐 新疆人民出版社 2011 年 663 页〔新疆维吾尔自治区地方志丛书〕
b4074288x K294.5 X4452H 2011

新疆通志 商检志 1996-1999
新疆维吾尔自治区地方志编纂委员会 新疆通志商检志编纂委员会编 李瑞新主编 乌鲁木齐 新疆人民出版社 2006 年 751 页〔新疆维吾尔自治区地方志丛书〕
b1732693x K294.5 X4452C 2006

新疆通志 民主党派志 1997-2012
新疆维吾尔自治区地方志编纂委员会 新疆通志民主党派志 1997-2012 编纂委员会编 魏兴昌主编 乌鲁木齐 新疆人民出版社 2016 年 888 页〔新疆维吾尔自治区地方志丛书〕
b49789867 K294.5 X4452N 2016

新疆生产建设兵团统计志
新疆生产建设兵团史志编纂委员会 新疆生产建设兵团统计志编纂委员会编 乌鲁木齐 新疆人民出版社 2007 年 684 页〔新疆生产建设兵团史志丛书〕
b20952132 C829.29 X445 2007

新疆政协志
政协新疆维吾尔自治区委员会新疆政协志编纂委员会编 乌鲁木齐 新疆人民出版社 1996 年 423 页
b13275574 D628.45 X445

新疆侨联志
新疆侨联志编纂委员会编 梁日明主编 乌鲁木齐 新疆人民出版社 2010 年 401 页〔新疆维吾尔自治区地方志丛书〕
b21570899 D634 L492 2010

新疆检察志 1910–1985
新疆维吾尔自治区人民检察院编 刘扬主编 乌鲁木齐 新疆维吾尔自治区人民检察院 1990年 425页
b49983106 D926.32 L693 1990

新收犯监狱志 1958–2010
新收犯监狱志(1958–2010)编纂委员会编 周升辉主编 乌鲁木齐 新疆人民出版社 2014年 351页
b46133306 D927.451.67 X444 2014

新疆生产建设兵团工业志 交通志
新疆生产建设兵团工业志交通志编纂委员会编 朱天一主编 乌鲁木齐 新疆人民出版社 1995年 506页〔新疆生产建设兵团史志丛书〕
b12806328 E24 Z718

新疆生产建设兵团共青团志
新疆生产建设兵团史志编纂委员会 新疆生产建设兵团共青团志编纂委员会编 乌鲁木齐 新疆人民出版社 2005年 535页〔新疆生产建设兵团史志丛书〕
b16784789 E24 X445Z 2005

新疆生产建设兵团粮食志
新疆生产建设兵团粮食志编纂领导小组编 周文烈主编 乌鲁木齐 新疆科技卫生出版社 1996年 286页〔新疆生产建设兵团史志丛书〕
b12805427 E24 Z6755

新疆生产建设兵团史志丛书 新疆生产建设兵团大事记 1949–1992
新疆生产建设兵团史志编纂委员会编 乌鲁木齐 新疆人民出版社 1995年 435页
b18753826 E24 X445DS 1995

新疆生产建设兵团水利志
新疆生产建设兵团水利志编纂领导小组编 王诚道 庄超群主编 乌鲁木齐 新疆人民出版社 1997年 444页〔新疆生产建设兵团史志丛书〕
b1729874x E24 W2132 1997

新疆生产建设兵团司法行政志
新疆生产建设兵团司法行政志编纂委员会编 王士珍主编 乌鲁木齐 新疆人民出版社 1999年 671页〔新疆生产建设兵团史志丛书〕
b12805397 E24 W229

新疆生产建设兵团土地志
新疆生产建设兵团土地志编纂委员会编 张立才主编 乌鲁木齐 新疆人民出版社 2000年 615页〔新疆生产建设兵团史志丛书〕
b16425881 E24 Z356 2000

新疆生产建设兵团外事志
杨化东 邬家厚主编 乌鲁木齐 新疆人民出版社 1999年 448页〔新疆生产建设兵团史志丛书〕
b12805385 E24 Y235

新疆生产建设兵团组织人事志
新疆生产建设兵团史志编纂委员会编 新疆生产建设兵团党委组织部史志编纂委员会编 周考斌主编 乌鲁木齐 新疆生产建设兵团史志编纂委员会 2006年 535页〔新疆生产建设兵团史志丛书〕
b51080138 E249 Z667 2006

新疆生产建设兵团林业志
新疆生产建设兵团史志编纂委员会 新疆生产建设兵团林业志编纂委员会编 乌鲁木齐 新疆人民出版社 2007年 381页

〔新疆生产建设兵团史志丛书〕
b20952120 F326.274.5 X445 2007

新疆生产建设兵团农业志
新疆生产建设兵团史志编纂委员会 新疆生产建设兵团农业志编纂委员会编 刘和鸣主编 五家渠 新疆生产建设兵团出版社 2009年 718页〔新疆生产建设兵团史志丛书〕
b36029026 F327.45 L677 2009

新疆维吾尔自治区电力工业志
新疆维吾尔自治区电力工业志编委会编著 北京 中国电力出版社 1998年 579页〔中国电力工业志丛书〕
b49850702 F426.61 X445C 1998

新疆维吾尔自治区电力工业志 1991-2002
张绍贤主编 北京 中国电力出版社 2008年 430页〔中国电力工业志丛书〕
b20952193 F426.61 Z364 2008

中国煤炭志 新疆卷
崔云龙 党世毅主编 北京 煤炭工业出版社 1997年 739页
b40806108 F426.21 Z6485N 1997

中国民用航空志 新疆卷
中国民用航空志新疆卷编纂委员会编 朱金田主编 北京 中国民航出版社 2011年 635页
b37530422 F562.9 Z648X 2011

新疆无线通信志
新疆无线通信志编纂委员会编 丁勇主编 乌鲁木齐 新疆人民出版社 1999年 242页〔新疆维吾尔自治区地方志丛书〕
b50017469 F632.745 D533 1999

巴扎志
王敏著 北京 国家图书馆出版社 2015年 375页〔新疆的生活与文化〕
b4701409x F729 W223 2015

新疆生产建设兵团商业志
新疆生产建设兵团史志编纂委员会 新疆生产建设兵团商业志编纂委员会编 刘和鸣主编 五家渠 新疆生产建设兵团出版社 2009年 807页〔新疆建设兵团史志丛书〕
b46934285 F729 L677 2009

新疆工商税收志 1950-1989
新疆维吾尔自治区税务局 新疆维吾尔自治区税务学会编 荆鸿儒主编 乌鲁木齐 新疆地矿局测绘大队制印厂 1992年 365页
b21570887 F812.745 X445 1992

新疆国税志 1990-2005
新疆维吾尔自治区国家税务局 新疆国税志（1990-2005）编纂委员会编 乌鲁木齐 新疆人民出版社 2012年 652页〔新疆维吾尔自治区地方志丛书〕
b40425897 F812.745 X4454 2012

新疆生产建设兵团文化志
新疆生产建设兵团史志编纂委员会 新疆生产建设兵团文化志编纂委员会编 刘和鸣主编 五家渠 新疆生产建设兵团出版社 2009年 651页〔新疆生产建设兵团史志丛书〕
b22432632 G127.45 L677 2009

新疆日报社志 1991-2005
新疆日报社史志办 韩兴华主编 乌鲁木齐 新疆人民出版社 2009年 888页
b2081589x G219.244.5 H183 2009

新疆生产建设兵团新闻志
新疆生产建设兵团新闻志编辑组编 傅必铎主编 乌鲁木齐 新疆人民出版社 2000年 633页〔新疆生产建设兵团史志丛书〕
b40935668 G219.274.5 F492 2000

新疆生产建设兵团科学技术志
新疆生产建设兵团史志编纂委员会 新疆生产建设兵团科学技术志编纂委员会编 乌鲁木齐 新疆人民出版社 2007年 764页〔新疆生产建设兵团史志丛书〕
b20952119 G322.745 X445 2007

新疆生产建设兵团教育志
新疆生产建设兵团教育志编纂委员会编 王诚道 庄超群主编 曹声鹤卷主编 乌鲁木齐 新疆人民出版社 1999年 603页〔新疆生产建设兵团史志丛书〕
b36014230 G527.45 W213 1999

回鹘文文献语言简志
李增祥 买提热依木 张铁山编著 乌鲁木齐 新疆大学出版社 1999年 255页〔维吾尔学研究丛书〕
b13675102 H211.4 L423

新疆生产建设兵团文学艺术志 1954–2006
新疆生产建设兵团史志编纂委员会 新疆生产建设兵团文学艺术志编纂领导小组编 李光武主编 五家渠 新疆生产建设兵团出版社 2013年 763页〔新疆生产建设兵团史志丛书〕
b50347792 I209.945 L3958 2013

中华舞蹈志 新疆卷
中华舞蹈志编辑委员会编 蓝凡主编 李季莲卷主编 上海 学林出版社 2007年 373页
b18839861 J709.245 L397 2007

中华舞蹈志 新疆卷
中华舞蹈志编辑委员会编 蓝凡主编 李季莲卷主编 上海 学林出版社 2014年 373页
b4469412x J709.2 Z643 2014

中国戏曲志 新疆卷
中国戏曲志编辑委员会 中国戏曲志新疆卷编辑委员会编 张庚主编 周建国卷主编 北京 中国ISBN中心 1995年 868页
b17338153 J809.2 Z651XJ

新疆风物志
新疆人民出版社编 乌鲁木齐 新疆人民出版社 1985年 415页〔中国风物志丛书〕
b13515330 K294.5 X445X

新疆风物志
李春华主编 乌鲁木齐 新疆人民出版社 2000年 修订版 399页〔中国风物志丛书〕
b16344765 K294.5 X445X 2000

西域文化名人志
周绍祖主编 刘维钧等著 乌鲁木齐 新疆人民出版社 2006年 298页
b17757551 K825.4 Z6739 2006

周恩来总理纪念碑志
石河子总场北泉镇史志编纂委员会编 闫学柱 程乐人主编 五家渠 新疆生产建设兵团出版社 2010年 333页
b4967769x K878.2 Y165 2010

新疆维吾尔自治区地名录 甲种本
新疆维吾尔自治区地名委员会 国家测绘总局测绘科学研究所编 乌鲁木齐 新疆新华印刷厂 1981年 457页
b16093392 K924.5 X4453 1981

新疆维吾尔自治区地震监测志
新疆维吾尔自治区地震局编 北京 地震出版社 2005 年 438 页〔中国地震监测志系列〕
b2095220x P315.732.45 X445 2005

新疆荒漠区主要植物原色图志
黄培佑编著 乌鲁木齐 新疆科学技术出版社 2006 年 99 页
b16896051 Q948.44-64 H665 2006

新疆植物志 第 2 卷 1 藜科－星叶草科
新疆植物志编辑委员会编 乌鲁木齐 新疆科技卫生出版社 1994 年 394 页
b16887633 Q948.524.5 X4453 1994

新疆植物志 第 4 卷 鹿蹄草科－桔梗科
新疆植物志编辑委员会编 米吉提·胡达拜尔地编著 乌鲁木齐 新疆科技卫生出版社 1994 年 511 页
b16887633 Q948.524.5 X4453 1994

新疆植物志 第 5 卷 菊科
新疆植物志编辑委员会编 安争夕编著 乌鲁木齐 新疆科技卫生出版社 1994 年 534 页
b16887633 Q948.524.5 X4453 1994

新疆植物志 第 6 卷 被子植物门单子植物纲
新疆植物志编辑委员会编 催乃然编著 乌鲁木齐 新疆科技卫生出版社 1994 年 669 页
b16887633 Q948.524.5 X4453 1994

新疆主要饲用植物志
新疆维吾尔自治区畜牧厅编 崔乃然主编 乌鲁木齐 新疆人民出版社 1990–1994 年 2 卷 546 页
b20046340 Q949.92 C819 1990

新疆蚤目志
于心 叶瑞玉 谢杏初编著 乌鲁木齐 新疆人民出版社 1990 年 542 页
b46562369 Q958.524.5 Y726 1990

新疆脊椎动物简志
袁国映主编 乌鲁木齐 新疆人民出版社 1991 年 538 页
b18004581 Q959.3 Y791 1991

新疆啮齿动物志
王思博 杨赣源著 乌鲁木齐 新疆人民出版社 1983 年 223 页
b10641142 Q959.8 W229

新疆生产建设兵团卫生志
新疆生产建设兵团史志编纂委员会 新疆生产建设兵团卫生志编纂委员会编 乌鲁木齐 新疆人民出版社 2007 年 615 页〔新疆生产建设兵团史志丛书〕
b21765790 R199.2 X445 2007

维吾尔药志
刘勇民主编 乌鲁木齐 新疆科技卫生出版社 1999 年 2 卷 1611 页
b16886665 R291.5 L693 1999

新疆药用植物志
新疆生物土壤沙漠研究所编 乌鲁木齐 新疆人民出版社 1977 年 3 卷 620 页
b16094098 R9 X445

新疆农业昆虫图志
王登元 于江南编著 乌鲁木齐 新疆科学技术出版社 2010 年 248 页
b49803803 S186-64 X445 2010

新疆生产建设兵团农业机械志
新疆生产建设兵团史志编纂委员会 新疆

生产建设兵团农业机械志编纂委员会编 陈平东 李仁录主编 乌鲁木齐 新疆人民出版社 2004 年 435 页〔新疆生产建设兵团史志丛书〕
b40864595 S22 C428 2004

新疆生产建设兵团园艺志
新疆生产建设兵团史志编纂委员会 新疆生产建设兵团园艺志编纂委员会 刘和鸣主编 五家渠 新疆生产建设兵团出版社 2009 年 569 页〔新疆生产建设兵团史志丛书〕
b46934297 S6 X445 2009

新疆食用菌志
赵震宇著 乌鲁木齐 新疆科技卫生出版社 2001 年 208 页
b1688758x S646.019.245 Z441 2001

新疆甜瓜西瓜志
新疆甜瓜资源调查组编著 乌鲁木齐 新疆人民出版社 1985 年 120 页
b49850064 S65 X445 1985

新疆兵团果树品种志
新疆生产建设兵团农业局编 乌鲁木齐 新疆人民出版社 1991 年 253 页
b36028939 S660.192.45 X445 1991

新疆树木志
杨昌友主编 北京 中国林业出版社 2012 年 566 页
b36652313 S717.245 Y229 2012

中国油气田开发志 第 7 卷 新疆油气区卷
中国油气田开发志总编纂委员会编 刘宝和主编 北京 石油工业出版社 2011 年 552 页
b47414492 TE3 L671 2011

中国油气田开发志 第 7 卷 新疆油气区油气田卷
中国油气田开发志总编纂委员会编 刘宝和主编 北京 石油工业出版社 2011 年 2 卷 1607 页
b50247864 TE3 L671 2011

中国油气田开发志 第 9 卷 塔里木油气区卷
中国油气田开发志总编纂委员会编 刘宝和主编 北京 石油工业出版社 2011 年 457 页
b47414467 TE3 L671 2011

叶尔羌河流域水利志
叶尔羌河流域水利志编纂委员会编 李进淮主编 乌鲁木齐 新疆人民出版社 2008 年 871 页〔新疆维吾尔自治区地方志丛书〕
b19329441 TV-092 L397 2008

新疆生产建设兵团建设环保志
新疆生产建设兵团史志编纂委员会 新疆生产建设兵团建设环保志编纂领导小组编 方英楷主编 乌鲁木齐 新疆生产建设兵团出版社 2007 年 640 页〔新疆生产建设兵团史志丛书〕
b49827509 X321.245 X445 2007

乌鲁木齐市

乌鲁木齐市志 第 1 卷 总类
乌鲁木齐市党史地方志编纂委员会编 乌鲁木齐 新疆人民出版社 1994 年 346 页
b13654913 K294.51 W464

乌鲁木齐市志 第 2 卷 城市建设
乌鲁木齐市党史地方志编纂委员会编 乌鲁木齐 新疆人民出版社 1995 年 454 页
b13654913 K294.51 W464

乌鲁木齐市志 第3卷 经济 上
乌鲁木齐市党史地方志编纂委员会编 乌鲁木齐 新疆人民出版社 1997年 537页
b13654913 K294.51 W464

乌鲁木齐市志 第4卷 经济 下
乌鲁木齐市党史地方志编纂委员会编 乌鲁木齐 新疆人民出版社 1997年 720页
b13654913 K294.51 W464

乌鲁木齐市志 第5卷 政治
乌鲁木齐市党史地方志编纂委员会编 乌鲁木齐 新疆人民出版社 1999年 560页
b13654913 K294.51 W464

乌鲁木齐市志 第6卷 文化
乌鲁木齐市党史地方志编纂委员会编 乌鲁木齐 新疆人民出版社 1999年 537页
b13654913 K294.51 W464

乌鲁木齐统战志
中共乌鲁木齐市委统一战线工作部编 阿不都热依木·阿不力孜主编 乌鲁木齐 新疆人民出版社 2011年 444页
b36168567 D613 W464 2011

乌鲁木齐市人民代表大会志 1981.9–2007.12
乌鲁木齐市人民代表大会志编纂委员会编 韩廷允主编 乌鲁木齐 新疆人民出版社 2009年 494页
b45841159 D624.451 H182 2009

新疆生产建设兵团公安志
新疆生产建设兵团公安志编纂委员编 东依民主编 乌鲁木齐 新疆生产建设兵团公安志编纂委员 1999年 677页〔新疆生产建设兵团史志丛书〕
b50008262 D631 X445 1999

乌鲁木齐市法院志 1935–1991
乌鲁木齐市中级人民法院编 鄢玉星主编 乌鲁木齐 乌鲁木齐市中级人民法院编志室 1993年 237页
b47073226 D926.22 W4645 1993

乌鲁木齐市检察志
乌鲁木齐市人民检察院 乌鲁木齐市检察官协会编 尼牙孜和加 杨志杰主编 乌鲁木齐 新疆超亚印刷公司 2005年 2卷 324页
b44749326 D926.32 W464 2005

农十二师志
新疆生产建设兵团农业建设第十二师史志编纂委员会编 徐尔主编 乌鲁木齐 新疆人民出版社 2005年 1013页〔新疆生产建设兵团地方志丛书〕
b16105102 E24 X568 2005

国家级·乌鲁木齐经济技术开发区志 2002–2008
乌鲁木齐经济技术开发区志编纂委员会编 武永胜主编 乌鲁木齐 新疆人民出版社 2009年 378页
b21570656 F127.451 W534 2009

乌鲁木齐市国土资源志 2010
乌鲁木齐市国土资源志编纂委员会编 韩成玉主编 乌鲁木齐 新疆人民出版社 2016年 969页
b49923420 F129.945.1 H176 2016

乌石化志 1994–2013
中国石油乌鲁木齐石化公司乌石化志编纂委员会编 李小江主编 乌鲁木齐 新疆人民出版社 2015年 777页
b47073457 F426.22 L421 2015

中国石油新疆销售公司志 1954–2013
中国石油新疆销售公司编著 赵承东主编 乌鲁木齐 新疆人民出版社 2015 年 843 页
b49669096 F426.22 Z64982 2015

西北石油局图志
西北石油局图志编纂委员会编 徐向荣主编 乌鲁木齐 新疆人民出版社 2001 年 307 页
b44909469 F426.22 X581 2001

西北石油局志
西北石油局志编纂委员会编 左兴凯总编 乌鲁木齐 新疆人民出版社 1999 年 971 页〔新疆维吾尔自治区地方志丛书〕
b20417275 F426.22 Z971 1999

新疆北新路桥建设股份有限公司志 1995–2010
新疆北新路桥集团股份有限公司史志编纂委员会编 王文树主编 乌鲁木齐 新疆人民出版社 2015 年 525 页〔新疆生产建设兵团史志丛书〕
b49506419 F426.9 X445 2015

新疆电力建设公司志 1991–2010
新疆电力建设公司志编纂委员会编 徐曙主编 乌鲁木齐 新疆人民出版社 2016 年 428 页〔新疆电力公司系统电力工业志丛书〕
b49705532 F426.61 X445 2016

新疆电力科学研究院志 1996–2008
新疆电力公司系统电力工业志丛书编纂委员会 新疆电力科学研究院志编纂委员会编 李明主编 乌鲁木齐 新疆人民出版社 2009 年 320 页〔新疆电力公司系统电力工业志丛书〕
b20405509 F426.61–24 X445 2009

新疆生产建设兵团煤炭工业志 1954–2014
新疆生产建设兵团煤炭工业志编纂委员会编 北京 煤炭工业出版社 2017 年 239 页〔中国煤炭工业志〕
b50805198 F426.21 X445 2017

新疆维吾尔自治区红雁池发电厂志 1958–1996
王克明主编 北京 中国电力出版社 2001 年 429 页〔新疆维吾尔自治区电力工业志丛书〕
b49981444 F426.61 H419 2001

新疆维吾尔自治区送变电工程公司志 1997–2006
新疆电力公司系统电力工业志丛书编纂委员会编 新疆维吾尔自治区送变电工程公司志编纂委员会编 王修江主编 乌鲁木齐 新疆人民出版社 2009 年 296 页〔新疆电力公司系统电力工业志丛书〕
b51012686 F426.61 X4451 2009

中国石化（新星石油公司）西北石油局钻井志 1955–2000
中国石化（新星石油公司）西北石油局钻井志编委会编 乌鲁木齐 新疆人民出版社 2004 年 527 页
b45453901 F426.22 Z6493 2004

乌鲁木齐交通志
乌鲁木齐交通志编纂委员会编 乌鲁木齐 人民交通出版社 1988 年 531 页
b20045980 F512.745.1 W464 1988

乌鲁木齐铁路分局志 1960–1990
乌鲁木齐铁路分局史志编纂委员会编 张九声主编 北京 中国铁道出版社 1994 年 412 页
b45841251 F532.845.1 Z354 1994

乌鲁木齐邮区中心局志 1947–2000
乌鲁木齐邮区中心局志编纂委员会编 五家渠 新疆生产建设兵团出版社 2012 年 528 页
b46934261 F632.745.1 W464 2012

乌鲁木齐税务志 1911–1987
乌鲁木齐税务局税务志编纂委员会编 杨志高主编 乌鲁木齐 新疆人民出版社 1993 年 255 页
b21570668 F812.745.1 W464 1993

工商银行新疆区分行行志 1985–1995
中国工商银行新疆区分行行志编纂委员会编 乌鲁木齐 中国工商银行新疆维吾尔自治区分行 2001 年 648 页
b50861918 F832.33 X445 2001

乌鲁木齐金融志
乌鲁木齐金融志编纂委员会编 宗新甫主编 乌鲁木齐 乌鲁木齐金融志编纂委员会 1992 年 157 页
b45569745 F832.745.1 Z863 1992

乌鲁木齐市农村信用合作社志
乌鲁木齐市农村信用合作社志编纂委员会编 李文祖主编 北京 中国文史出版社 2016 年 417 页〔新疆维吾尔自治区农村信用合作社志丛书〕
b47404590 F832.745.1 W464 2016

回民乌鲁木齐语言志
刘俐李著 乌鲁木齐 新疆大学出版社 1989 年 265 页
b10626797 H172.2 L681

乌鲁木齐国家高新区志
乌鲁木齐国家高新区志编纂委员会编 李泽光主编 乌鲁木齐 乌鲁木齐国家高新区志编纂委员会 2007 年 563 页
b22432401 K294.51 L423 2007

新疆维吾尔自治区乌鲁木齐市地名图志
乌鲁木齐市地名委员会编 西安 西安秦岭彩色印刷公司 1987 年 363 页
b20017169 K924.51 W464 1987

新疆医科大学第二附属医院院志 1954–2004
新疆医科大学第二附属医院院志编纂委员会编 乌鲁木齐 新疆医科大学第二附属医院院志编纂委员会 2004 年 395 页
b49608162 R199.2 X4459 2004

新疆畜牧科学院志 1955–1990
龚成润主编 乌鲁木齐 新疆畜牧科学院 1992 年 133 页
b49705544 S8–242.45 X445 1992

新疆生产建设兵团动物疫病志
新疆生产建设兵团畜牧局编 濮方德主编 乌鲁木齐 新疆人民出版社 1998 年 445 页
b49472410 S851.924.5 X445 1998

天山区

天山区志
天山区志编纂委员会编 上海 上海社会科学院出版社 1994 年 459 页
b10633911 K294.54 T343

沙依巴克区

乌鲁木齐市沙依巴克区志
乌鲁木齐市沙依巴克区志党史地方志编纂委员会编 刘怡晨主编 乌鲁木齐 新疆人民出版社 2004 年 741 页〔新疆维吾尔

自治区地方志丛书〕
b17505707　K294.51　S231　2004

西山农牧场志
西山农牧场史志编纂委员会编　顾瑞坤主编　乌鲁木齐　新疆人民出版社　2004 年　379 页〔新疆生产建设兵团地方志丛书〕
b19926479　E24　G558　2004

一〇四团志
新疆生产建设兵团农业建设第十二师一〇四团史志编纂委员会编　左文生主编　乌鲁木齐　新疆人民出版社　2003 年　594 页〔新疆生产建设兵团地方志丛书〕
b16446896　E24　Z971　2003

新市区

乌鲁木齐市新市区志
新市区党史地方志编纂委员会编　刘国顺主编　乌鲁木齐　新疆人民出版社　2002 年　576 页
b20774084　K294.51　X444　2002

水磨沟区

乌鲁木齐市水磨沟区志
水磨沟区党史地方志编纂委员会编　何鸿飞主编　乌鲁木齐　新疆人民出版社　2004 年　733 页〔新疆维吾尔自治区地方志丛书〕
b17482173　K294.51　S614　2004

头屯河区

乌鲁木齐市头屯河区志
乌鲁木齐市头屯河区史志编纂委员会编　焦重炳主编　乌鲁木齐　新疆人民出版社　2002 年　640 页〔新疆维吾尔自治区地方志丛书〕
b20462086　K294.51　T466　2002

三坪农场志
三坪农场史志编纂委员会编　田有顺主编　乌鲁木齐　新疆人民出版社　2003 年　679 页〔新疆生产建设兵团地方志丛书〕
b37532029　E24　S145　2003

头屯河农场志
头屯河农场史志编纂委员会编　魏国华主编　乌鲁木齐　新疆人民出版社　2003 年　464 页〔新疆生产建设兵团地方丛书〕
b19926467　E24　W355　2003

达坂城区

达坂城区政协志　20023–20131
中国人民政治协商会议新疆维吾尔自治区乌鲁木齐市达坂城区委员会编　尚灵平主编　乌鲁木齐　政协乌鲁木齐市达坂城区委员会　2014 年　252 页
b50992351　D628.451　D123　2014

乌鲁木齐市南山矿区志
乌鲁木齐市达坂城区地方志编纂委员会编　何莲英主编　乌鲁木齐　新疆人民出版社　2009 年　378 页〔新疆维吾尔自治区地方志丛书〕
b20467175　K294.51　W464N　2009

米东区

米泉县志
米泉县地方志编纂委员会编　张登华　朱辅明　李学华主编　乌鲁木齐　新疆人民出版社　1998 年　689 页〔新疆维吾尔自治区地方志丛书〕
b1365455x　K294.54　M397

新疆生产建设兵团农六师一〇二团志
新疆生产建设兵团农业建设第六师一〇二团史志编纂委员会主编 裘传仁主编 乌鲁木齐 新疆大学出版社 2000年 491页〔新疆生产建设兵团史志丛书〕
b13946924 E24 Q545

米东区高新技术工业园志
米东区高新技术工业园志编纂委员会编 于继文主编 五家渠 新疆生产建设兵团出版社 2012年 436页〔米东区地方志编纂委员会系列丛书〕
b36161603 F127.451 M397 2012

米泉县土地志
米泉县土地志编纂委员会编 王安国主编 乌鲁木齐 新疆人民出版社 1997年 229页〔新疆维吾尔自治区地方志丛书〕
b20099502 F329.454 M397 1997

米东区农村信用合作社志
米东区农村信用合作社志编纂委员会 李文祖主编 北京 中国文史出版社 2016年 564页〔新疆维吾尔自治区农村信用合作社志丛书〕
b47404309 F832.745.1 W464M 2016

新疆维吾尔自治区米泉县地名图志
米泉县地名委员会编 米泉 米泉县地名委员会 1986年 170页
b20017546 K924.54 M397 1986

乌鲁木齐县

乌鲁木齐县志
乌鲁木齐地方志编纂委员会编 杨再华主编 乌鲁木齐 新疆人民出版社 2000年 936页〔新疆维吾尔族自治区地方志丛书〕
b13482002 K294.54 W464

乌鲁木齐县志 1994–2013
乌鲁木齐县地方志编纂委员会编 张辉殿主编 北京 方志出版社 2015年 1000页〔新疆维吾尔自治区地方志丛书〕
b47224502 K294.54 W464C 2015

乌鲁木齐县农村信用合作社志
乌鲁木齐县农村信用合作社志编纂委员会编 周军主编 北京 中国金融出版社 2015年 582页〔新疆维吾尔自治区农村信用合作社志丛书〕
b47126085 F832.745.4 W464 2015

乌鲁木齐县地名图志
乌鲁木齐县地名委员会编 乌鲁木齐 乌鲁木齐县地名委员会 1986年 265页
b1118856x K924.54 W464

克拉玛依市

克拉玛依市志
克拉玛依市地方志编纂委员会编 蔺相友主编 克拉玛依 新疆人民出版社 1998年 788页〔新疆维吾尔自治区地方志丛书〕
b13753496 K294.53 K282

克拉玛依市人民代表大会志
克拉玛依市人民代表大会志编纂委员会编 邵常坦主编 乌鲁木齐 新疆人民出版社 2005年 688页
b16635693 D624.453 K282 2005

一三六团场志
一三六团场史志编纂委员会编 周克昌 陈学绵主编 乌鲁木齐 新疆人民出版社 2002年 617页〔新疆生产建设兵团农八师石河子市史志丛书〕
b16435813 E24 Z667 2002

克拉玛依市工商行政管理志
新疆维吾尔自治区工商行政管理志丛书编纂委员会编 赵燕秋总纂 乌鲁木齐 新疆人民出版社 2016 年 298 页〔新疆维吾尔自治区工商行政管理志丛书〕
b50729792 F203.9 K282 2016

克拉玛依市土地志
克拉玛依市土地志编纂委员会编 乌鲁木齐 新疆人民出版社 1999 年 465 页〔新疆维尔自治区地方志丛书〕
b16426551 F327.453 K282 1999

克拉玛依现代农业开发志
克拉玛依市农业综合开发区管理委员会编 邱长林主编 乌鲁木齐 新疆人民出版社 2007 年 370 页〔新疆维吾尔自治区地方志丛书〕
b36248162 F327.453 K282Q 2007

新疆维吾尔自治区克拉玛依市地名图志
克拉玛依市地名委员会编 乌鲁木齐 克拉玛依市地名委员会 1984 年 133 页
b12160489 K924.5 X445

新疆维吾尔自治区克拉玛依市地名志
克拉玛依市地名委员会编 程宏道主编 乌鲁木齐 新疆人民出版社 1993 年 210 页
b21276481 K924.53 K282 1993

新疆油田公司勘探开发研究院志 2009–2015
新疆油田公司勘探开发研究院志编委会编 李学义主编 北京 石油工业出版社 2017 年 424 页
b50140462 TE–242.45 X445 2017

克拉玛依油田消防志 1957–2015
新疆油田公司消防支队编 孙成江主编 北京 中国文史出版社 2017 年 379 页
b50083855 TU998.192 S766 2017

克拉玛依区

克拉玛依市克拉玛依区志
克拉玛依区志编纂委员会编 张国栋主编 乌鲁木齐 新疆人民出版社 2011 年 667 页〔新疆维吾尔自治区地方志丛书〕
b37531700 K294.53 K282K 2011

一二九团志
一二九团史志编纂委员会编 马战胜主编 北京 中华书局 2000 年 699 页〔中国地方志〕
b13947114 E24 M1437

一三〇团志
一三〇团史志编纂委员会编 朱玉涵主编 北京 中华书局 2000 年 488 页〔中国地方志〕
b13947096 E24 Z722

新疆油田采油一厂志 1960–2011
新疆油田采油一厂志编纂委员会编 韩江军主编 乌鲁木齐 新疆人民出版社 2013 年 671 页〔新疆维吾尔自治区地方志丛书〕
b4479535x F426.22 X445 2013

独山子区

独山子区志
独山子区地方志编纂委员会编 傅玉坤主编 乌鲁木齐 新疆人民出版社 2003 年 763 页〔新疆维吾尔自治区地方志丛书〕
b16427336 K294.53 K282D 2003

白碱滩区

克拉玛依市白碱滩区志
克拉玛依市白碱滩区志编委会编 孙振江主编 乌鲁木齐 新疆人民出版社 1999年 336页
b36248150 K294.53 K282B 1999

乌尔禾区

克拉玛依市乌尔禾区志
克拉玛依市乌尔禾区志编委会编 张德孝主编 乌鲁木齐 新疆人民出版社 1999年 548页〔新疆维吾尔自治区地方志丛书〕
b16426150 K294.53 K282W 1999

一三七团志
一三七团史志编纂委员会编 刘赐安主编 乌鲁木齐 新疆科技卫生出版社 1998年 389页〔中国地方志〕
b17505586 E24 L692 1998

吐鲁番市

吐鲁番地区志
吐鲁番地区地方志编纂委员会编 柏晓主编 乌鲁木齐 新疆人民出版社 2004年 1202页〔新疆维吾尔自治区地方志丛书〕
b1600632x K294.32 B165 2004

吐鲁番地区地方税务志 1994–2014
吐鲁番地区地方税务志编纂委员会编 李博主编 乌鲁木齐 新疆人民出版社 2016年 476页〔吐鲁番地区地方志丛书〕
b47594494 F812.745.2 T528 2016

新疆·吐鲁番风物志
王嵘编著 昆明 云南人民出版社 2001年 261页〔中国西部风物志丛书〕
b13565485 K924.5 W228

吐鲁番葡萄志
吐鲁番地区地方志编纂委员会编辑室编 杨智主编 五家渠 新疆生产建设兵团出版社 2015年 378页〔新疆维吾尔自治区地方志丛书〕
b50642972 Q949.72 Y252 2015

高昌区

吐鲁番市志
吐鲁番市志编纂委员会编 钟兴麒等主编 乌鲁木齐 新疆人民出版社 2002年 1123页〔新疆维吾尔自治区地方志丛书〕
b13794620 K294.53 T528

鄯善县

鄯善县志
鄯善县志编纂委员会编 石尚忠主编 乌鲁木齐 新疆人民出版社 2001年 1049页〔新疆维吾尔自治区地方志丛书〕
b13654512 K294.54 S286

鄯善县农村信用合作社志
鄯善县农村信用合作社志编纂委员会编 陈志峰主编 北京 中国金融出版社 2016年 673页〔新疆维吾尔自治区农村信用合作社志丛书〕
b50664815 F832.745.4 S286 2016

鄯善风物志
周玮 李保民主编 乌鲁木齐 新疆人民出版社 2008年 171页〔吐鲁番·鄯善文库系列丛书〕
b23383677 K294.54 S286F 2008

鄯善人物志
周玮 马龙主编 乌鲁木齐 新疆人民出版社 2008年 130页
b20951346 K820.845.4 S286 2008

托克逊县

托克逊县志
托克逊县地方志编纂委员会编 陈慧琴主编 乌鲁木齐 新疆人民出版社 2005年 1038页〔新疆维吾尔自治区地方志丛书〕
b16842509 K294.54 T5868 2005

托克逊县农村信用合作社志
托克逊县农村信用合作社志编纂委员会编 祝胜旺主编 北京 中国金融出版社 2016年 371页〔新疆维吾尔自治区农村信用合作社志丛书〕
b49463615 F832.745.4 T586 2016

哈密市

哈密地区志
哈密地区地方志编纂委员会编 郑成加主编 乌鲁木齐 新疆大学出版社 1997年 1527页〔新疆维吾尔自治区地方志丛书〕
b10501162 K294.52 H111

哈密地区志 1990-2010
哈密地区地方志编纂委员会编 张新胜主编 郑州 中州古籍出版社 2015年 3卷 2542页〔新疆维吾尔自治区地方志丛书〕
b46934480 K294.52 H111 2015

哈密市志 1977-2000
哈密市地方志编纂委员会编 张仁干主编 乌鲁木齐 新疆人民出版社 2007年 1349页〔新疆维吾尔自治区地方志丛书〕
b1932943x K294.53 H111 2007

哈密县志
哈密市地方志编纂委员会编 乌鲁木齐 新疆人民出版社 1989年 511页〔新疆维吾尔自治区地方志丛书〕
b10617243 K294.54 H111

红星一场志
李宗伟主编 乌鲁木齐 新疆人民出版社 2001年 622页〔新疆生产建设兵团史志丛书〕
b19926418 E24 L423 2001

红星二场志
柳发祥主编 北京 社会科学文献出版社 2003年 744页〔新疆生产建设兵团史志丛书〕
b17505732 E24 L699 2003

哈密地区工商行政管理志
新疆维吾尔自治区工商行政管理志丛书编纂委员会编 安瓦尔·伊明主编 乌鲁木齐 新疆人民出版社 2016年 343页〔新疆维吾尔自治区工商行政管理志丛书〕
b49682209 F203.9 H111 2016

黄田农场志
黄田农场志编纂委员会编 范崇德主编 北京 方志出版社 2005年 336页〔新疆建设兵团史志丛书〕
b47009172 F324.1 H667 2005

火箭农场志
哈管局火箭农场史志编纂委员会编 江秉仁主编 乌鲁木齐 新疆人民出版社 2000年 443页〔新疆生产建设兵团史志丛书〕
b50319930 F324.1 H771 2000

柳树泉农场志
农十三师柳树泉农场史志编纂委员会编

杨主龙主编 北京 方志出版社 2003 年 413 页〔新疆生产建设兵团史志丛书〕
b4700924x F324.1 L712 2003

哈密地区电力工业志
哈密地区电力工业志编纂委员会编 张海营主编 成都 巴蜀书社 2001 年 414 页〔新疆维吾尔自治区电力工业志丛书〕
b49850969 F426.61 H111 2001

哈密地区金融志 1991–2010
哈密地区金融志编纂委员会 哈密地区地方志编纂委员会办公室编 王月玲主编 乌鲁木齐 新疆人民出版社 2012 年 741 页〔新疆维吾尔自治区地方志丛书〕
b40864601 F832.745.2 H111 2012

哈密地区教育志
哈密地区教育局编 乌鲁木齐 新疆科学技术出版社 2003 年 295 页
b15247004 G527.452 H111 2003

哈密文物志
哈密文物志编纂组编写 王毅民主编 乌鲁木齐 新疆人民出版社 1993 年 420 页
b20042759 K872.452 W234 1993

新疆·哈密风物志
王嵘编著 昆明 云南人民出版社 2001 年 227 页〔中国西部风物志丛书〕
b13565497 K924.52 W228

哈密瓜志
哈密地区地方志编纂委员会编 张新胜 王生荣主编 乌鲁木齐 新疆人民出版社 2011 年 327 页〔新疆维吾尔自治区地方志丛书〕
b36238557 S652.1 Z367 2011

伊吾县

伊吾县志
伊吾县地方志编纂委员会编 刘天雄主编 乌鲁木齐 新疆大学出版社 1994 年 368 页〔新疆维吾尔自治区地方志丛书〕
b10501101 K294.54 Y399

伊吾政协志 1956–2010
中国人民政治协商会议伊吾县委员会伊吾政协志编纂委员会编 张德明主编 乌鲁木齐 新疆人民出版社 2011 年 237 页
b23217212 D628.454 Y399 2011

巴里坤哈萨克自治县

巴里坤哈萨克自治县志
巴里坤哈萨克自治县志编纂委员会编 张建国主编 乌鲁木齐 新疆大学出版社 1993 年 646 页〔新疆维吾尔自治区地方志丛书〕
b10600784 K294.54 B112

巴里坤哈萨克自治县志
巴里坤哈萨克自治县志编纂委员会编 倪泽仑主编 五家渠 新疆生产建设兵团出版社 2014 年 898 页〔新疆维吾尔自治区地方志丛书〕
b46012230 K294.54 B112 2014

巴里坤哈萨克自治县农村信用合作社志
巴里坤哈萨克自治县农村信用合作社志编纂委员会编 王维季主编 北京 中国金融出版社 2016 年 331 页〔新疆维吾尔自治区农村信用合作社志丛书〕
b50664682 F832.745.4 B113 2016

新疆维吾尔自治区巴里坤哈萨克自治县地名图志
巴里坤哈萨克自治县地名委员会编 乌鲁木齐 新疆地矿测绘大队制印厂 1989 年 370 页
b20100152 K924.54 B113 1989

阿克苏地区

阿克苏地区志
阿克苏地区地方志编纂委员会编 王建赟 马新军主编 乌鲁木齐 新疆人民出版社 2008 年 3 卷 2579 页〔新疆维吾尔自治区地方志丛书〕
b19929560 K294.52 A1147C 2008

阿克苏地区志 第 1 卷 地理卷
阿克苏地区史志编纂委员会编 赵燕秋主编 乌鲁木齐 新疆人民出版社 1996 年 284 页〔新疆维吾尔自治区地方志丛书〕
b17151673 K294.52 A1147

阿克苏地区人口和计划生育志
阿克苏地区人口和计划生育编纂委员会编 刘平榆主编 北京 方志出版社 2004 年 709 页〔新疆维吾尔自治区阿克苏地区地方志丛书〕
b1637843x C924.254.52 A114 2004

阿克苏地区人大志
李黔南 阿不拉·阿巴克主修 库尔班·尼牙孜 王用主编 北京 方志出版社 2006 年 1142 页〔新疆维吾尔自治区阿克苏地区地方志丛书〕
b17385337 D624.45 L415 2006

阿克苏地区政协志
政协阿克苏地区工作委员会编 何永贵主编 阿克苏 政协阿克苏地区工作委员会 2002 年 548 页〔新疆维吾尔自治区阿克苏地区地方志丛书〕
b46018219 D628.452 A114 2002

阿克苏地区武警志 1950.3–1997.12
武警阿克苏地区支队史志编纂委员会编 俞天佳主编 乌鲁木齐 新疆人民出版社 1998 年 424 页〔新疆维吾尔自治区地方志丛书〕
b23212834 E277 A114 1998

新疆维吾尔自治区阿克苏地区发展改革志 1949–2010
阿克苏地区发展和改革委员会编 周春阳主编 北京 中国文史出版社 2014 年 559 页
b49748609 F127.452 A114 2014

阿克苏地区建设志
阿克苏地区建设志编纂委员会编 王庆山主编 乌鲁木齐 新疆人民出版社 1996 年 318 页〔新疆维吾尔自治区地方志丛书〕
b49983143 F299.274.52 A114 1996

阿克苏地区畜牧志
阿克苏地区畜牧志编纂委员会编 常诚主编 乌鲁木齐 新疆人民出版社 2013 年 351 页
b44795324 F326.374.52 A114 2013

阿克苏地区土地志
阿克苏地区土地志编纂委员会编 艾合买提·买买提 臧昕年主编买买提 臧昕年主编 乌鲁木齐 新疆人民出版社 2006 年 526 页〔新疆维吾尔自治区阿克苏地区地方志丛书〕
b21277771 F327.452 A114 2006

阿克苏地区电力工业志 1938–2004
阿克苏地区电力工业志编纂委员会编 夏

新茂 马建涛 朱学荣主编 乌鲁木齐 新疆人民出版社 2007年 625页〔新疆维吾尔自治区电力工业志丛书〕
b46668822 F426.61 A114 2007

阿克苏地区交通志
阿克苏地区交通志编纂委员会编 李良明主编 北京 人民交通出版社 1991年 310页
b20041421 F512.745.2 A114 1991

阿克苏地区交通志 1986–1995
阿克苏地区交通志编纂委员会编 华发号主编 北京 方志出版社 1996年 329页
b20041433 F512.745.2 H528 1996

阿克苏地区粮食志
阿克苏地区粮食志编纂委员会编 刘世清主编 阿克苏 阿克苏地区粮食志编纂委员会 2006年 808页〔新疆维吾尔自治区阿克苏地区地方志丛书〕
b49607418 F724.721 A114 2006

阿克苏地区经济贸易志
王用主编 北京 方志出版社 2003年 517页〔新疆维吾尔自治区阿克苏地区地方志丛书〕
b27574453 F727.452 A114 2003

阿克苏地区财政志
杨东禄主编 北京 方志出版社 2009年 702页
b21767142 F812.745.2 A114 2009

阿克苏地区工商税志
杨俊杰主编 北京 方志出版社 2003年 322页〔新疆维吾尔自治区阿克苏地区地方志丛书〕
b47008982 F812.745.2 A114C 2003

阿克苏地区金融志
阿克苏地区金融志编纂委员会 阿克苏地委党史地方志办公室编 樊式方主编 乌鲁木齐 新疆人民出版社 2007年 774页〔新疆维吾尔自治区地方志丛书〕
b41235952 F832.745.2 A114 2007

阿克苏地区教育志
阿克苏地区教育志编纂委员会编 乌鲁木齐 新疆人民出版社 2005年 530页〔新疆维吾尔自治区阿克苏地方志丛书〕
b16355301 G527.452 A1147 2005

阿克苏河流域志
王用主编 北京 方志出版社 2006年 719页〔新疆维吾尔自治区阿克苏地区地方志丛书〕
b17298659 K294.52 A1145 2006

阿克苏市

阿克苏市志
阿克苏市史志编纂委员会编 赵恒书主编 北京 新华出版社 1991年 820页〔新疆维吾尔自治区地方志丛书〕
b10760994 K294.53 A114

农一师志
农一师史志编纂委员会编 乌鲁木齐 新疆人民出版社 1994年 614页〔新疆生产建设兵团史志丛书〕
b10628307 K294.52 N458

农一师工会志
农一师工会史志编纂委员会编 林毓梅 倪守申主编 乌鲁木齐 新疆人民出版社 2000年 355页〔新疆生产建设兵团农一师史志丛书〕
b49506225 D412.845 L588 2000

新疆生产建设兵团农一师二团志
新疆生产建设兵团农业建设第一师二团史志编纂委员会编 阿克苏 二团史志编纂委员会 1993年 425页〔新疆生产建设兵团史志丛书〕
b45839906 E24 X445T 1993

农一师七团志
新疆生产建设兵团农业建设第一师七团史志编纂委员会编 王社会编主编 乌鲁木齐 新疆人民出版社 1997年 417页〔新疆生产建设兵团农一师史志丛书〕
b1738512x E24 W2293 1997

农一师十三团志
新疆生产建设兵团农业建设第一师十三团史志编纂委员会编 李家安主编 乌鲁木齐 新疆人民出版社 1997年 381页〔新疆生产建设兵团农一师史志丛书〕
b17505604 E24 L3971 1997

农一师医院志
农一师医院史志编纂委员会编 詹辉全主编 乌鲁木齐 新疆人民出版社 1997年 304页〔新疆生产建设兵团农一师史志丛书〕
b1280504x E24 Z295

一团志 1953–1995
新疆生产建设兵团农业建设第一师一团史志编纂委员会编 张家福主编 乌鲁木齐 新疆人民出版社 1996年 422页〔新疆生产建设兵团史志丛书〕
b21570905 E24 X445Q 1996

一团志 1996–2010
第一师一团史志编纂委员会编 魏新元 闫志顺主编 五家渠 新疆生产建设兵团出版社 2015年 559页〔新疆生产建设兵团第一师阿拉尔史志丛书〕
b47206755 F324.1 W3599 2015

九团志
新疆生产建设兵团农业建设第一师九团志史志编纂委员会编 袁玉玲主编 乌鲁木齐 新疆人民出版社 2000年 424页〔新疆生产建设兵团农一师史志丛书〕
b1394664x E24 X445

新疆生产建设兵团农一师史志丛书 十一团大事记 1959–2003
新疆生产建设兵团农业建设第一师十一团史志编纂委员会编 乌鲁木齐 新疆人民出版社 2004年 200页
b17120743 E24 X445R 2004

十二团志
农一师十二团史志编纂委员会编 乌鲁木齐 新疆人民出版社 1997年 373页〔新疆生产建设兵团农一师史志丛书〕
b16784832 E24 X445S 1997

十六团志 1996–2010
第一师十六团史志编纂委员会编 张建华 孙玉良主编 五家渠 新疆生产建设兵团出版社 2013年 554页〔新疆生产建设兵团第一师阿拉尔市史志丛书〕
b46934248 F324.1 S468 2013

阿克苏市土地志
阿克苏市土地志编纂委员会编 刘卫江 臧昕主编 乌鲁木齐 新疆人民出版社 1999年 266页〔新疆维吾尔自治区地方志丛书〕
b16427269 F327.453 A114 1999

阿克苏市良种繁育场志
新疆阿克苏市良种繁育场志编纂领导小组编 臧昕主编 阿克苏 新疆阿克苏市良种繁育场志编纂领导小组 1997年 225页〔新疆维吾尔自治区地方志丛书〕
b49625755 S339.124.53 A114 1997

温宿县

温宿县志
温宿县志编纂委员会编 王用主编 乌鲁木齐 新疆大学出版社 1993年 854页〔新疆维吾尔自治区地方志丛书〕
b10616846 K294.54 W363

温宿县志 1991–2010
温宿县地方志编纂委员会编 白芳萍主编 北京 方志出版社 2016年 1013页
b49675424 K294.54 W363C 2016

农一师六团志
新疆生产建设兵团农业建设第一师六团史志编纂委员会编 廖金明主编 乌鲁木齐 新疆人民出版社 1997年 359页〔新疆生产建设兵团农一师史志丛书〕
b13946845 E24 X445E

五团志
新疆生产建设兵团农业建设第一师五团史志编纂委员会编 孙举国主编 乌鲁木齐 新疆人民出版社 1998年 320页〔新疆生产建设兵团农一师史志丛书〕
b17385222 E24 S771 1998

温宿县农村信用合作社志
温宿县农村信用合作社志编纂委员会编 牟光辉主编 北京 中国文史出版社 2016年 411页〔新疆维吾尔自治区农村信用合作社志丛书〕
b47404577 F832.745.4 W363 2016

库车县

库车县志
库车县志编纂委员会编 裴孝曾主编 乌鲁木齐 新疆大学出版社 1993年 740页〔新疆维吾尔自治区地方志丛书〕
b10796022 K294.54 K416

库车县政协志
政协库车县委员会编 乌鲁木齐 新疆人民出版社 2008年 188页
b19929493 D628.545 Z649 2008

库车县水利志
库车县水利志编纂委员会编 乌鲁木齐 新疆科技卫生出版社 1993年 247页
b20099496 TV–092 K416 1993

沙雅县

沙雅县志
沙雅县史志编纂委员会编 李鹏海主编 乌鲁木齐 新疆人民出版社 1995年 714页〔新疆维吾尔自治区地方志丛书〕
b10503432 K294.54 S231

沙雅县人大志
沙雅县人大志编纂委员会编 华烈主编 沙雅 沙雅县人大志编纂委员会 2001年 368页〔新疆维吾尔自治区地方志丛书〕
b49625743 D624.454 S231 2001

沙雅县农村信用合作社志
沙雅县农村信用合作社志编纂委员会编 刘志勇主编 北京 中国金融出版社 2015年 665页〔新疆维吾尔自治区农村信用合作社志丛书〕
b4712605x F832.745.4 S231 2015

新和县

新和县志
新和县志编纂委员会编 彭启光 陈云华主编 乌鲁木齐 新疆人民出版社 1997年

778 页〔新疆维吾尔自治区地方志丛书〕
b13273784 K294.54 X443

新和县农村信用合作社志
新和县农村信用合作社志编纂委员会编 麦麦提·萨伍提主编 北京 中国文史出版社 2016 年 487 页〔新疆维吾尔自治区农村信用合作社志丛书〕
b47404607 F832.745.4 X443 2016

拜城县

拜城县志
拜城县史志编纂委员会编 车报安主编 乌鲁木齐 新疆人民出版社 2004 年 678 页〔新疆维吾尔自治区地方志丛书〕
b15329926 K294.54 B176 2004

拜城县农村信用合作社志
拜城县农村信用合作社志编纂委员会编 李志明 吐尔孙江·阿不都瓦依提·主编 北京 中国金融出版社 2016 年 509 页〔新疆维吾尔自治区农村信用合作社志丛书〕
b50664694 F832.745.4 B176 2016

克孜尔石窟志
华发号主编 上海 上海人民美术出版社 1993 年 325 页
b12900072 K879.25 H528

乌什县

乌什县志
乌什县地方志编纂委员会编 刘培信主编 乌鲁木齐 新疆人民出版社 2003 年 751 页〔新疆维吾尔自治区地方志丛书〕
b15300018 K294.54 W4656 2003

工一师四团志
新疆生产建设兵团工业建设第一师四团史志编纂委员编 曾尚清主编 乌鲁木齐 四团史志编纂委员会 1999 年 272 页〔新疆生产建设兵团史志丛书〕
b13947230 E24 X445G

乌什县农村信用合作社志
乌什县农村信用合作社志编纂委员会编 席晓刚主编 北京 中国金融出版社 2016 年 385 页〔新疆维吾尔自治区农村信用合作社志丛书〕
b50817024 F832.745.4 W4651 2016

阿瓦提县

阿瓦提县志
阿瓦提县志地方志编纂委员会编 张诠主编 乌鲁木齐 新疆人民出版社 1999 年 562 页〔新疆维吾尔自治区地方志丛书〕
b13991012 K294.54 A115

阿瓦提县志 1991–2010
阿瓦提县地方志编纂委员会编 张诠主编 乌鲁木齐 新疆人民出版社 2016 年 860 页〔新疆维吾尔自治区地方志丛书〕
b49923444 K294.54 A115C 2016

三团志
新疆生产建设兵团农业建设第一师三团史志编纂委员会编 郑连真主编 乌鲁木齐 新疆人民出版社 1996 年 446 页〔新疆生产建设兵团农一师史志丛书〕
b13947011 E24 X445J

柯坪县

柯坪县志
柯坪县志编纂委员会编 阿布都沙塔尔·阿

木冬主编 乌鲁木齐 新疆大学出版社 1992年 451页〔新疆维吾尔族自治区地方志丛书〕
b10604005 K294.54 K244

喀什地区

喀什地区志
喀什地区地方志编纂委员会编 李宏 姜宗禹主编 乌鲁木齐 新疆人民出版社 2004年 2卷 1766页〔新疆维吾尔自治区地方志丛书〕
b16081201 K294.52 K111 2004

喀什地区邮电志
喀什地区邮电志编纂委员会编 樊永德 周俊荣 米吉提·米吉提·依玛木主编依玛木主编 乌鲁木齐 新疆人民出版社 2012年 820页〔新疆维吾尔自治区地方志丛书〕
b40503197 F632.745.2 K111 2012

喀什地区税务志
喀什地区国家税务局 喀什地区地方税务局编 秦大可主编 乌鲁木齐 新疆人民出版社 1998年 455页〔新疆维吾尔自治区地方志丛书〕
b49983131 F812.745.242 K111 1998

新疆·喀什地区财政志
梁楚真编纂 乌鲁木齐 新疆人民出版社 2001年 546页
b36248174 F812.745.2 K111 2001

新疆·喀什风物志
管守新 梁俊燕 张文亚编著 昆明 云南人民出版社 2001年 255页〔中国西部风物志丛书〕
b1377671x K924.52 G653

新疆维吾自治区喀什地区地名图志
喀什地区地名委员会编 喀什 喀什地区地名委员会 1987年 469页
b10636663 K924.52 K111

喀什市

喀什市志
喀什市地方志编纂委员会编 阿不都热西提阿吉 王时祥主编 乌鲁木齐 新疆人民出版社 2002年 761页〔新疆维吾尔自治区地方志丛书〕
b14443879 K294.53 K111 2002

喀什市人民代表大会志
喀什市人民代表大会志编纂工作领导小组编 赵克宁主编 乌鲁木齐 新疆人民出版社 2010年 740页
b49534257 D624.453 K111 2010

农三师志
农三师史志编纂委员会编 陈仁祖主编 乌鲁木齐 新疆人民出版社 2000年 776页〔新疆生产建设兵团史志丛书〕
b20462384 E24 C4319 2000

新疆生产建设兵团第三师五十三团志 1995–2011
新疆生产建设兵团第三师五十三团史志编纂委员会编 杜风雪主编 五家渠 新疆生产建设兵团出版社 2015年 482页〔新疆生产建设兵团第三师图木舒克市史志丛书〕
b47287640 E249 X4453 2015

中国武警志 交通第四支队志
武警交通第四支队志编审委员会编纂 翟清江主编 喀什 中国人民武装警察部队交通第四支队志编审委员会 2004年 169页
b49471922 E277.09 Z649F 2004

疏附县

疏附县志
疏附县地方志编纂委员会编 邱季玉 李毅主编 乌鲁木齐 新疆人民出版社 1999年 608页〔新疆维吾尔自治区地方志丛书〕
b13753149 K294.54 S5342

疏附县志 1991–2010
疏附县地方志编委会编 汤有元 司明星主编 乌鲁木齐 新疆人民出版社 2014年 788页〔新疆维吾尔自治区地方志丛书〕
b46552212 K294.54 S5342C 2014

疏勒县

疏勒县志
疏勒县地方志编纂委员会编 张毅主编 乌鲁木齐 新疆人民出版社 2001年 987页〔新疆维吾尔自治区地方志丛书〕
b13755729 K294.54 S534

英吉沙县

英吉沙县志
英吉沙县地方志编纂委员会编 赵士明主编 乌鲁木齐 新疆人民出版社 2003年 1187页〔新疆维吾尔自治区地方志丛书〕
b15947932 K294.54 Y545 2003

英吉沙县农村信用合作社志
英吉沙县农村信用合作社志编纂委员会 吐尔洪·赛买提主编 北京 中国文史出版社 2017年 415页〔新疆维吾尔自治区农村信用合作社志丛书〕
b5008396x F832.745.4 Y545 2017

泽普县

泽普县志
泽普县志编纂委员会编 刘克义主编 乌鲁木齐 新疆大学出版社 1992年 486页〔新疆维吾尔自治区地方志丛书〕
b10600796 K294.54 Z214

泽普县人大志
泽普县人大志编纂委员会编 吴昌明主编 乌鲁木齐 新疆人民出版社 2006年 582页
b44916784 D624.454 Z214 2006

泽普县农村信用合作社志
泽普县农村信用合作社志编纂委员会编 艾买尔·衣明主编 北京 中国文史出版社 2017年 474页〔新疆维吾尔自治区农村信用合作社志丛书〕
b49923523 F832.745.4 Z214 2017

莎车县

莎车县志
莎车县地方志编纂委员会编 李进淮主编 乌鲁木齐 新疆人民出版社 1996年 791页〔新疆维吾尔自治区地方志丛书〕
b16437330 K294.54 S797 1996

莎车县农村信用合作社志
莎车县农村信用合作社志编纂委员会编 阿布都艾尼·库尔班主编 北京 中国文史出版社 2016年 561页〔新疆维吾尔自治区农村信用合作社志丛书〕
b47404589 F832.745.4 S797 2016

叶城县

叶城县志
叶城县地方志编纂委员会编 高晓梅主编

乌鲁木齐 新疆人民出版社 1999年 716页〔新疆维吾尔自治区地方志丛书〕
b13753162 K294.54 Y378

叶城县农村信用合作社志
叶城县农村信用合作社志编纂委员会编 温且木·图尔荪主编 北京 中国文史出版社 2017年 603页〔新疆维吾尔自治区农村信用合作社志丛书〕
b49923535 F832.745.4 Y378 2017

麦盖提县

麦盖提县志
麦盖提县志编纂委员会编 张上一主编 乌鲁木齐 新疆大学出版社 1994年 584页〔新疆维吾尔自治区地方志丛书〕
b10758987 K294.54 M165

四十三团场志
四十三团史志编纂委员会编 谢家贵主编 麦盖提 四十三团史志编纂委员会 1996年 429页〔新疆生产建设兵团史志丛书〕
b16437068 E24 S663 1996

麦盖提县农村信用合作社志
麦盖提县农村信用合作社志编纂委员会编 寇江林主编 北京 中国文史出版社 2016年 465页〔新疆维吾尔自治区农村信用合作社志丛书〕
b47404292 F832.745.4 M165 2016

岳普湖县

岳普湖县志
岳普湖县志编纂委员会编 谢富旺主编 乌鲁木齐 新疆人民出版社 1996年 531页〔新疆维吾尔自治区地方志丛书〕
b13274284 K294.54 Y863

岳普湖县志 1994–2010
岳普湖县志编纂委员会编 喻志斌主编 北京 方志出版社 2015年 686页〔新疆维吾尔自治区地方志丛书〕
b47224526 K294.54 Y863C 2015

岳普湖县政法志
岳普湖县政法编纂委员会编 喻志斌主编 乌鲁木齐 新疆人民出版社 2004年 313页
b46240433 D927.454 Y863 2004

岳普湖县农村信用合作社志
岳普湖县农村信用合作社志编纂委员会编 唐努尔·艾买提主编 北京 中国文史出版社 2017年 479页〔新疆维吾尔自治区农村信用合作社志丛书〕
b5008401x F832.745.4 Y863 2017

岳普湖县教育志
岳普湖县教育志编纂委员会编 乌鲁木齐 新疆人民出版社 2002年 229页
b14882735 G527.454 Y863 2002

伽师县

伽师县志
伽师县地方志编纂委员会编 韩晓德主编 乌鲁木齐 新疆人民出版社 2006年 824页〔新疆维吾尔自治区地方志丛书〕
b17761001 K294.54 J212 2006

巴楚县

巴楚县志
巴楚县地方志编纂委员会编 杨曦东主编 乌鲁木齐 新疆大学出版社 1998年 920页〔新疆维吾尔自治区地方志丛书〕
b16427373 K294.54 B1121 1998

四十四团志
农三师四十团师志编纂委员会编 付世彬主编 乌鲁木齐 农三师四十团师志编纂委员会 1998年 285页〔新疆生产建设兵团史志丛书〕
b13947217 E24 F5121

四十九团志
四十九团史志编纂委员会编 雷新仕主编 乌鲁木齐 四十九团史志编纂委员会 1997年 356页〔新疆生产建设兵团史志丛书〕
b13947175 E24 L291

巴楚县农村信用合作社志
巴楚县农村信用合作社志编纂委员会编 周强主编 北京 中国文史出版社 2016年 410页〔新疆维吾尔自治区农村信用合作社志丛书〕
b4740422x F832.745.4 B112 2016

塔什库尔干塔吉克自治县

塔什库尔干塔吉克自治县农村信用合作社志
塔什库尔干塔吉克自治县农村信用合作社志编纂委员会编 胡达拜提·买买提主编 北京 中国文史出版社 2017年 451页〔新疆维吾尔自治区农村信用合作社志丛书〕
b50083922 F832.745.4 T123 2017

和田地区

和田地区志
和田地区地方志编纂委员会编 赵文定主编 乌鲁木齐 新疆人民出版社 2011年 2卷 1692页〔新疆维吾尔自治区地方志丛书〕
b36370095 K294.52 H313H 2011

和田地区人大志
和田地区人大志编纂委员会编 张鹤云主编 北京 民族出版社 2010年 957页
b46273712 D624.452 H313 2010

和田地区政协志
政协和田地区工作委员会编 刘兵主编 乌鲁木齐 新疆人民出版社 2010年 529页
b21007500 D628.452 H313 2010

和田地区土地志
和田地区土地志编纂委员会编 赵文定主编 乌鲁木齐 新疆人民出版社 2009年 499页
b20815591 F321.1 Z4412 2009

和田地区地名图志
和田地区地名图志编纂委员会编 陈勇主编 乌鲁木齐 新疆人民出版社 2009年 814页
b21001418 K924.52 H313 2009

和田市

和田市志
和田市地方志编纂委员会编 苗云泊主编 乌鲁木齐 新疆人民出版社 2006年 557页〔新疆维吾尔自治区地方志丛书〕
b16842522 K294.53 H313 2006

和田市政协志 1984–2013
和田市政协志编委会编 刘成智主编 和田 和田市政协志编委会 2013年 520页
b49827121 D628.453 H313 2013

和田县

和田县志
和田县地方志编纂委员会编 鲍迺文主编

乌鲁木齐 新疆人民出版社 2006年 763页〔新疆维吾尔自治区地方志丛书〕
b17183133 K294.54 H3138 2006

和田县农村信用合作社志
和田县农村信用合作社志编纂委员会编 周喜平主编 北京 中国金融出版社 2016年 482页〔新疆维吾尔自治区农村信用合作社志丛书〕
b5074754x F832.745.4 H3138 2016

墨玉县

墨玉县志
墨玉县地方志编纂委员会编 刘敬明主编 乌鲁木齐 新疆人民出版社 2008年 849页〔新疆维吾尔自治区地方志丛书〕
b19023364 K294.54 M632 2008

新疆生产建设兵团和田农场管理局四十七团志
陈宏平总纂 刘和鸣 王诚道主编 乌鲁木齐 新疆人民出版社 2003年 616页〔新疆生产建设兵团史志丛书〕
b16445934 E24 C421 2003

墨玉县农村信用合作社志
墨玉县农村信用合作社志编纂委员会编 马玲琪 张宁主编 北京 中国金融出版社 2016年 447页〔新疆维吾尔自治区农村信用合作社志丛书〕
b50729068 F832.745.4 M632 2016

皮山县

皮山县志
皮山县地方志编纂委员会编 马玉玲主编 乌鲁木齐 新疆人民出版社 2015年 968页〔新疆维吾尔自治区地方志丛书〕
b47420303 K294.54 P373 2015

皮山县农村信用合作社志
皮山县农村信用合作社志编纂委员会编 买买提明·吐鲁甫 阿布力米提·托合提主编 北京 中国文史出版社 2017年 509页〔新疆维吾尔自治区农村信用合作社志丛书〕
b49923481 F832.745.4 P373 2017

洛浦县

洛浦县志
洛浦县志编纂委员会编 孙斌主编 乌鲁木齐 新疆美术摄影出版社 2001年 757页〔新疆维吾尔自治区地方志丛书〕
b14447149 K294.54 L948 2001

策勒县

策勒县志
策勒县地方志编纂委员会编 孙新茂主编 乌鲁木齐 新疆人民出版社 2005年 796页〔新疆维吾尔自治区地方志丛书〕
b1658045x K294.54 C232 2005

策勒县农村信用合作社志
策勒县农村信用合作社志编纂委员会编 严智 买热木尼沙·赛迪主编 北京 中国金融出版社 2016年 393页〔新疆维吾尔自治区农村信用合作社志丛书〕
b50664724 F832.745.4 C232 2016

于田县

于田县志
于田县地方志编纂委员会编 魏永龙主编 乌鲁木齐 新疆人民出版社 2006年 794页〔新疆维吾尔自治区地方志丛书〕

b16737696　K294.54　Y726　2006

民丰县

民丰县志
民丰县地方志编纂委员会编　阮伟杰　阎瑄主编　乌鲁木齐　新疆人民出版社　2007年　691页〔新疆维吾尔自治区地方志丛书〕
b18660320　K294.54　M528　2007

昌吉回族自治州

昌吉回族自治州志
昌吉回族自治州地方志编纂委员会编　马登杰　聂智生主编　乌鲁木齐　新疆人民出版社　2002年　2卷　2073页〔新疆维吾尔自治区地方志丛书〕
b14445438　K294.52　C329　2002

昌吉回族自治州工商行政管理志
新疆维吾尔自治区工商行政管理志丛书编纂委员会编　赵燕秋总纂　乌鲁木齐　新疆人民出版社　2017年　360页〔新疆维吾尔自治区工商行政管理志丛书〕
b50777993　F203.9　C329　2017

昌吉回族自治州土地志
昌吉回族自治州土地志编纂委员会编　刘家有主编　北京　方志出版社　2004年　318页〔新疆维吾尔自治区地方志丛书〕
b16378349　F327.452　C329　2004

新疆昌吉回族自治州电力工业志　1937–1995
陈生华主编　北京　中国电力出版社　2000年　417页〔新疆维吾尔自治区电力工业志丛书　新疆维吾尔自治区昌吉回族自治州地方志丛书〕
b49850696　F426.61　C3294　2000

昌吉回族自治州文化艺术志
昌吉回族自治州文化艺术志编纂委员会编　孙宗礼主编　乌鲁木齐　新疆美术摄影出版社　1997年　620页〔新疆维吾尔自治区昌吉回族自治州地方志丛书〕
b36380192　G127.452　C329　1997

昌吉市

昌吉市志
昌吉市地方志编纂委员会编　王智诚主编　乌鲁木齐　新疆人民出版社　2003年　812页〔新疆维吾尔自治区地方志丛书〕
b15905652　K294.53　C329　2003

军户农场志
农六师军户农场史志编纂委员会编　徐金石主编　乌鲁木齐　新疆电子出版社　2004年　627页〔庭州屯垦地情丛书〕
b36245732　E24　J754　2004

一〇三团志　1949–2001
新疆生产建设兵团农业建设第六师一〇三团史志编纂委员会编　楼广印主编　乌鲁木齐　新疆人民出版社　2004年　840页〔新疆生产建设兵团史志丛书〕
b17182906　E24　L765　2004

共青团农场志
农六师共青团农场史志编纂委员会编　龚昌盛　张全国主编　乌鲁木齐　新疆电子出版社　2005年　355页〔庭州屯垦地情丛书〕
b3624532x　F324.1　G431　2005

新疆农业职业技术学院志　1958–2008
李玉鸿　王毅　潘风元主编　昌吉　新疆农业

职业技术学院 2009 年 640 页
b47206706 G719.284.54 X445 2009

阜康市

阜康县志
阜康县党史地方志编纂委员会编 周建南主编 乌鲁木齐 新疆人民出版社 2001 年 792 页〔新疆维吾尔自治区地方志丛书〕
b13794607 K294.54 F491

六运湖农场志 1965–2002
武振海主编 乌鲁木齐 新疆电子出版社 2004 年 332 页〔庭州屯垦地情丛书〕
b17736043 E24 W534 2004

土墩子农场志
土墩子农场志编纂委员会编 吴华宗主编 乌鲁木齐 新疆电子出版社 2004 年 312 页〔庭州屯垦地情丛书〕
b36246232 E24 W489 2004

阜康市农村信用合作社志
阜康市农村信用合作社志编纂委员会编 赵新 程强主编 北京 中国文史出版社 2016 年 486 页〔新疆维吾尔自治区农村信用合作社志丛书〕
b47404243 F832.745.4 F491 2016

天山天池志
新疆天山天池管理委员会编 迟文杰主编 乌鲁木齐 新疆人民出版社 2012 年 673 页
b37531712 K928.3 T3437 2012

呼图壁县

呼图壁县志
呼图壁县志编纂委员会编 周万兴主编 乌鲁木齐 新疆人民出版社 1992 年 716 页〔新疆维吾尔自治区地方志丛书〕
b10796277 K294.54 H455

芳草湖农场志 1959–2000
芳草湖农场志编纂委员会编 刘宗济主编 乌鲁木齐 新疆人民出版社 2003 年 658 页〔新疆生产建设兵团史志丛书〕
b17981074 E24 L694 2003

一〇六团志
新疆生产建设兵团农业建设第六师一〇六团史志编撰委员会编 何舜卿主编 乌鲁木齐 新疆电子出版社 2004 年 328 页〔庭州屯垦地情丛书〕
b15329860 E24 H277 2004

一一一团志 1962–2001
新疆生产建设兵团农业建设第六师一一一团史志编纂委员会编 郭琪主编 乌鲁木齐 新疆人民出版社 2004 年 393 页〔新疆生产建设兵团史志丛书〕
b15602199 E24 X445N 2004

呼图壁县土地志
呼图壁县国土资源局编 周万兴主编 呼图壁 呼图壁县国土资源局 2005 年 348 页〔新疆维吾尔自治区地方志丛书〕
b49705490 F327.454 H455 2005

呼图壁县农村信用合作社志
呼图壁县农村信用合作社志编纂委员会编 刘怀强 季明主编 北京 方志出版社 2015 年 505 页〔新疆维吾尔自治区农村信用合作社志丛书〕
b47167919 F832.745.4 H455 2015

新疆维吾尔自治区呼图壁县地名图志
李世昌等主编 呼图壁 呼图壁县地名委员

会 1985 年 253 页
b46273815 K924.54-61 H455 1985

呼图壁河水利志
呼图壁河水利志编纂委员会编 张希九主编 乌鲁木齐 新疆人民出版社 2012 年 570 页〔新疆维吾尔自治区地方志丛书〕
b40424510 TV-092 H455 2012

玛纳斯县

玛纳斯县志
玛纳斯县地方志编纂委员会编 王广荣主编 乌鲁木齐 新疆大学出版社 1993 年 525 页〔新疆维吾尔自治区地方志丛书〕
b10600632 K294.54 M135

新湖总场志 1963-2000
新湖总场史志编纂委员会编 王水生 李正尚主编 乌鲁木齐 新疆人民出版社 2003 年 745 页〔新疆生产建设兵团史志丛书〕
b36248198 E24 W2297 2003

一四七团志
一四七团史志编纂委员会编 吴晓愧主编 乌鲁木齐 新疆人民出版社 1999 年 519 页〔新疆生产建设兵团史志丛书〕
b12805324 E24 W514

一四九团场志 1958-1997
一四九团场史志编纂委员会编 马军民主编 乌鲁木齐 新疆人民出版社 2002 年 401 页〔新疆生产建设兵团农八师石河子市史志丛书〕
b16426460 E24 M138 2002

玛纳斯县土地志
玛纳斯县土地志编纂委员会编 北京 中华书局 2001 年 451 页〔新疆维吾尔自治区地方志丛书〕
b16424657 F327.454 M135 2001

玛纳斯发电厂志
玛纳斯发电厂志编纂委员会编 房志远主编 玛纳斯 新疆玛纳斯发电厂 1999 年 277 页〔新疆维吾尔自治区电力工业志丛书〕
b49982564 F426.61 M135 1999

玛纳斯县农村信用合作社志
玛纳斯县农村信用合作社志编纂委员会编 北京 中国金融出版社 2015 年 715 页〔新疆维吾尔自治区农村信用合作社志丛书〕
b47126012 F832.745.4 M135 2015

玛纳斯河流域水利志
石河子水电局 自治区玛管处编 王义忠主编 乌鲁木齐 新疆第二测绘大队 1992 年 317 页
b21858160 TV-092 M135 1992

奇台县

奇台县志
奇山县史志编纂委员会编 周海山主编 乌鲁木齐 新疆大学出版社 1994 年 657 页〔新疆维吾尔自治区地方志丛书〕
b10627984 K294.54 Q146

奇台县志
奇台县史志编纂委员会编 周海山主编 五家渠 新疆生产建设兵团出版社 2009 年 657 页〔新疆维吾尔自治区地方志丛书〕
b20882968 K294.54 Q146 2009

北塔山牧场志
农六师北塔山牧场史志编纂委员会编 夏

国富 吕维安主编 乌鲁木齐 新疆电子出版社 2004年 350页〔庭州屯垦地情丛书〕
b36245161 E24 B316 2004

奇台总场志
农六师奇台总场史志编纂委员会编 王书良主编 乌鲁木齐 新疆电子出版社 2004年 416页〔庭州屯垦地情丛书〕
b17182979 E24 W2295 2004

一〇九团志
农六师一〇九团史志编纂委员会编 万越兴 刘兴贵主编 乌鲁木齐 新疆电子出版社 2005年 287页〔庭州屯垦地情丛书〕
b36246384 E24 W173 2005

一一〇团志
新疆生产建设兵团农业建设第六师一一〇团史志编撰委员会编 朱永清主编 乌鲁木齐 新疆电子出版社 2004年 270页〔庭州屯垦地情丛书〕
b15329446 E24 Z7227 2004

新疆第一窖古城酒业志
新疆第一窖古城酒业厂志编纂委员会编 周文贵主编 奇台 新疆第一窖古城酒业厂志编纂委员会 2013年 620页〔新疆维吾尔自治区地方志史志丛书〕
b50066821 F426.82 X445 2013

吉木萨尔县

吉木萨尔县志
吉木萨尔县史志编纂委员会编 杨沐恩主编 乌鲁木齐 新疆人民出版社 2002年 670页〔新疆维吾尔自治区地方志丛书〕
b15329525 K294.54 J138 2002

北庭镇志
新疆维吾尔自治区吉木萨尔县北庭镇志编纂委员会编 北京 方志出版社 2016年 262页〔中国名镇志文化工程〕
b49629530 K294.55 B316 2016

红旗农场志
农六师红旗农场史志编纂委员会编 李石主编 乌鲁木齐 新疆电子出版社 2004年 442页〔庭州屯垦地情丛书〕
b36248125 E24 H419 2004

一〇七团志
新疆生产建设兵团农业建设第六师一〇七团史志编撰委员会编 马新中主编 乌鲁木齐 新疆电子出版社 2004年 352页〔庭州屯垦地情丛书〕
b17183005 E24 M1439 2004

吉木萨尔县农村信用合作社志
吉木萨尔县农村信用合作社志编纂委员会编 李红泉 张建明编辑 北京 中国金融出版社 2016年 587页〔新疆维吾尔自治区农村信用合作社志丛书〕
b5066475x F832.745.4 J1387 2016

吉木萨尔方言志
周磊 王燕著 乌鲁木齐 新疆人民出版社 1991年 162页〔吉木萨尔县地方志丛书〕
b20043326 H172.2 Z668 1991

木垒哈萨克自治县

木垒哈萨克自治县志
木垒哈萨克自治县地方志编纂委员会编 王胜兵 沙砚勤主编 乌鲁木齐 新疆人民出版社 2003年 597页〔新疆维吾尔自治区地方志丛书〕
b16448236 K294.54 M689C 2003

博尔塔拉蒙古自治州

博尔塔拉蒙古自治州志
博尔塔拉蒙古自治州志编纂委员会编 刘震 王维梁 李书权主编 乌鲁木齐 新疆大学出版社 1999 年 1042 页〔新疆维乌尔自治区地方志丛书〕
b12698295 K294.52 B555

博州人大志
博州人大志编纂委员会编 武立德主编 博州 博州人大志编纂委员会 2007 年 688 页
b44749090 D624.452 B555 2007

博州政协志
博州政协志编纂委员会编 姜德玲主编 博乐 新疆博乐市印刷业公司 2005 年 567 页
b40864790 D628.452 B555 2005

博尔塔拉蒙古自治州工商行政管理志
新疆维吾尔自治区工商行政管理志丛书编纂委员会编 赵燕秋总纂 乌鲁木齐 新疆人民出版社 2016 年 323 页〔新疆维吾尔自治区工商行政管理志丛书〕
b50777981 F203.9 B555 2016

博尔塔拉蒙古自治州税务志
博尔塔拉蒙古自治州国家税务局 博尔塔拉蒙古自治州地方税务局编 白鹤云 陈少峰 孙家祥主编 博尔塔拉蒙古 博尔塔拉蒙古自治州国家税务局 2002 年 428 页〔新疆维吾尔自治区地方志丛书〕
b49640525 F812.745.242 B555 2002

博乐市

博乐市志
博乐市志编纂委员会编 曾元成主编 乌鲁木齐 新疆人民出版社 1992 年 751 页〔新疆维吾尔自治区地方志丛书〕
b10600218 K294.53 B555

农五师志 1949–2003
新疆生产建设兵团农业建设第五师史志编纂委员会编 薛福来 骆汉宁主编 乌鲁木齐 新疆人民出版社 2005 年 930 页〔新疆生产建设兵团史志丛书〕
b16580497 E24 X675 2005

八十一团志
八十一团史志编纂委员会编 孙天德主编 北京 中华书局 2000 年 484 页〔中国地方志〕
b13946353 E24 S778

八十四团志
新疆生产建设兵团农业建设第十五师八十四团史志编纂委员会编 乌鲁木齐 新疆人民出版社 2000 年 373 页〔新疆生产建设兵团史志丛书〕
b13946316 E24 X445C

八十五团志
八十五团史志编纂委员会编 程定录主编 乌鲁木齐 新疆大学出版社 1999 年 308 页〔新疆生产建设兵团史志丛书〕
b12809226 E24 C453

八十六团志
新疆生产建设兵团农业建设第五师八十六团史志编纂委员会编 马德群主编 乌鲁木齐 新疆人民出版社 2000 年 276 页〔新疆生产建设兵团史志丛书〕
b13946948 E24 X445F

八十九团志 1963–1997
八十九团史志编纂委员会编 付茂良主编 乌鲁木齐 新疆人民出版社 1998 年 359

页〔新疆生产建设兵团史志丛书〕
b12809512　E24 F512

九十团志　1960–1998
新疆生产建设兵团农业建设第五师九十团史志编纂委员会编 吴仲连主编 乌鲁木齐 新疆人民出版社 2000年 391页〔新疆生产建设兵团史志丛书〕
b13946407　E24 W516

博乐市农村信用合作社志
博乐市农村信用合作社志编纂委员会编 刘军主编 北京 中国金融出版社 2016年 410页〔新疆维吾尔自治区农村信用合作社志丛书〕
b50664712　F832.745.3 B555 2016

精河县

精河县志
周洪主编 乌鲁木齐 新疆人民出版社 1998年 811页〔新疆维吾尔自治区地方志丛书〕
b13654664　K294.54 J542

八十二团志　1959–1999
新疆生产建设兵团农业建设第五师八十二团志史志编纂委员编 主编徐伟 乌鲁木齐 新疆人民出版社 2000年 381页〔新疆生产建设兵团史志丛书〕
b13946420　E24 X445D

八十三团志
新疆生产建设兵团农业建设第五师八十三团史志编纂委员会编 杨时君主编 乌鲁木齐 新疆人民出版社 2000年 394页〔新疆生产建设兵团史志丛书〕
b13947060　E24 X445K

九十一团志　1959–1997
九十一团志编纂委员会编 安旭慧 李村勇主编 乌鲁木齐 新疆人民出版社 2001年 349页〔新疆生产建设兵团史志丛书〕
b13946377　E24 J585

精河金融志　1986–1995
精河金融志编纂委员会编 杨平主编 乌鲁木齐 新疆人民出版社 1997年 352页〔新疆精河县地方志丛书〕
b4998312x　F832.745.4 J542 1997

温泉县

温泉县志
温泉县地方志编纂委员会编 宋克强 王萍主编 乌鲁木齐 新疆人民出版社 2003年 890页〔新疆维吾尔自治区地方志丛书〕
b14680725　K294.54 W3637 2003

八十七团志
新疆生产建设兵团农业建设第五师八十七团史志编纂委员会编 王翠兰主编 乌鲁木齐 新疆人民出版社 2001年 276页〔新疆生产建设兵团史志丛书〕
b13946717　E24 W213

八十八团志
新疆生产建设兵团农业建设第五师八十八团史志编纂委员会编 乌鲁木齐 新疆人民出版社 2000年 369页〔新疆生产建设兵团史志丛书〕
b14884094　E24 X445DJ 2000

温泉县农村信用合作社志
温泉县农村信用合作社志编纂委员会编 方树海主编 北京 中国金融出版社 2016年 377页〔新疆维吾尔自治区农村信用合作社志丛书〕
b50664839　F832.745.4 W3637 2016

巴音郭楞蒙古自治州

巴音郭楞蒙古自治州志
巴音郭楞蒙古自治州地方志编纂委员会编 金向宏主编 北京 当代中国出版社 1994年 3卷 2203页〔新疆维吾尔自治区地方志丛书〕
b10646954 K294.52 B114

巴音郭楞蒙古自治州人民代表大会志
巴音郭楞蒙古自治州人民代表大会志编纂委员会编 金焉生主编 乌鲁木齐 新疆人民出版社 2016年 826页
b50017445 D624.452 B114 2016

巴州政协志
中国人民政治协商会议巴音郭楞蒙古自治州委员会编 巴音郭楞 巴音郭楞日报社印刷厂 2005年 530页
b40981927 D628.452 B114 2005

新疆维吾尔自治区巴音郭楞蒙古自治州县（市）军事志
巴音郭楞军分区军事志编委会编 刘虎龙 樊保林 赵猛主编 乌鲁木齐 新华印刷厂 2006年 1149页
b2094777x E289.452 B114 2006

巴音郭楞蒙古自治州电力工业志 1937–1996
新疆维吾尔自治区电力工业史志鉴编纂委员会 巴音郭楞蒙古自治州电力工业志编纂委员会编 荣耀主编 乌鲁木齐 新疆人民出版社 2016年 524页〔新疆电力工业志丛书〕
b47560472 F426.61 B114 2016

巴音郭楞蒙古自治州金融志
巴音郭楞蒙古自治州金融志编纂委员会编 段小丽主编 乌鲁木齐 新疆人民出版社 2011年 2卷 10989页
b36168555 F812.745.2 B114 2011

巴音郭楞职业技术学院志 2002–2011
张子龙 梁细兰 黄芳编著 乌鲁木齐 新疆人民出版社 2012年 444页
b36427135 G719.284.52 B114 2012

新疆·巴音郭楞风物志
张体先著 昆明 云南人民出版社 2001年 205页〔中国西部风物志丛书〕
b13776976 K924.52 Z365

库尔勒市

库尔勒市志
库尔勒市史志编纂委员会编 江庆芳主编 乌鲁木齐 新疆人民出版社 1995年 762页〔新疆维吾尔自治区地方志丛书〕
b13273966 K294.53 K416

二十八团志
新疆生产建设兵团农二师二十八团史志编纂委员会编 郭建清 王志军主编 乌鲁木齐 新疆大学出版社 2000年 509页〔新疆生产建设兵团史志丛书〕
b13946882 E24 G7697

三十团志
新疆生产建设兵团农二师三十团史志编纂委员会编 杜奎林主编 乌鲁木齐 新疆人民出版社 1999年 517页〔新疆生产建设兵团史志丛书〕
b13990767 E24 D698

农二师志
新疆生产建设兵团农业建设第二师史志编纂委员会编 王野苹总编 乌鲁木齐 新疆人民出版社 1995年 773页〔新疆生产

建设兵团史志丛书〕
b1394678x E24 W234

新疆湖光纺织针织厂志
新疆湖光纺织针织厂编纂委员会编 连士倜主编 库尔勒 新疆湖光纺织针织厂编纂委员会 1997年 551页〔新疆生产建设兵团史志丛书〕
b12809329 E24 L469

库尔勒市农村信用合作社志
库尔勒市农村信用合作社志编纂委员会编 夏华东主编 北京 中国文史出版社 2016年 547页〔新疆维吾尔自治区农村信用合作社志丛书〕
b47404279 F832.745.3 K416 2016

新疆维吾尔自治区库尔勒市地名图志
库尔勒市地名委员会编 库尔勒 库尔勒市地名委员会 1987年 269页
b20104467 K924.53 K416 1987

轮台县

轮台县志
轮台县党史县志编纂委员会编 苏浩发主编 北京 新华出版社 1991年 527页〔新疆维吾尔自治区地方志丛书〕
b1060067x K294.54 L887

轮台县农村信用合作社志
轮台县农村信用合作社志编纂委员会编 东长军主编 北京 中国金融出版社 2016年 547页〔新疆维吾尔自治区农村信用合作社志丛书〕
b50664785 F832.745.4 L887 2016

尉犁县

尉犁县志
尉犁县地方志编纂委员会编 尚广陵主编 乌鲁木齐 新疆大学出版社 1993年 458页〔新疆维吾尔自治区地方志丛书〕
b13275926 K294.54 W337

三十一团志
新疆生产建设兵团农二师三十一团史志编纂委员会编 陈瑞彬主编 乌鲁木齐 新疆人民出版社 1998年 591页〔新疆生产建设兵团史志丛书〕
b12805312 E24 C431

三十二团志
新疆生产建设兵团农二师三十二团史志编纂委员会编 刘伯璋主编 乌鲁木齐 新疆人民出版社 1998年 450页〔新疆生产建设兵团史志丛书〕
b12809408 E24 L671

三十三团志
新疆生产建设兵团农业建设第二师三十三团史志编纂委员会编 杨德胜主编 乌鲁木齐 新疆人民出版社 1997年 450页〔新疆生产建设兵团史志丛书〕
b13946511 E24 Y231

三十四团志
新疆生产建设兵团农业建设第二师三十四团史志编纂委员会编 胡学良主编 乌鲁木齐 新疆人民出版社 2001年 793页〔新疆生产建设兵团史志丛书〕
b13946535 E24 H476

尉犁县农村信用合作社志
尉犁县农村信用合作社志编纂委员会编 胡震主编 北京 方志出版社 2015年 580

页〔新疆维吾尔自治区农村信用合作社志丛书〕
b47287469　F832.745.4　W337　2015

若羌县

若羌县志
若羌县志编纂委员会编　李双成主编　乌鲁木齐　新疆大学出版社　1992年　455页〔新疆维吾尔自治区地方志丛书〕
b10600772　K294.54　R389

若羌县志　1986–2015
若羌县地方志编纂委员会编　胡孟华主编　北京　中国文史出版社　2017年　761页〔新疆维吾尔自治区地方志丛书〕
b5018913x　K294.54　R389C　2017

三十六团志
三十六团史志编纂委员会编　周金龙主编　若羌　三十六团史志编纂委员会　1996年　271页〔新疆生产建设兵团史志丛书〕
b12805099　E24　Z666

且末县

且末县志
且末县地方志编纂委员会编　孙红卫主编　乌鲁木齐　新疆人民出版社　1996年　494页〔新疆维吾尔自治区地方志丛书〕
b1375354x　K294.54　Q421

且末县农村信用合作社志
且末县农村信用合作社志编纂委员会编　拜克日·吾斯曼主编　北京　中国金融出版社　2016年　372页〔新疆维吾尔自治区农村信用合作社志丛书〕
b50664803　F832.745.4　Q421　2016

新疆维吾尔自治区且末县地名图志
且末县地名委员会编　吴忠义主编　且末　且末县地名委员会　1987年　249页
b21569927　K924.54　Q421　1987

和静县

和静县志
和静县史志编纂委员会编　洪永祥主编　乌鲁木齐　新疆人民出版社　1995年　834页〔新疆维吾尔自治区地方志丛书〕
b10501253　K294.54　H313

二十三团志
兵团农二师二十三史志编纂委员会编　于世全主编　和静　兵团农二师二十三史志编纂委员会　1998年　603页〔新疆生产建设兵团史志丛书〕
b12805336　E24　Y726

和静县农村信用合作社志
和静县农村信用合作社志编纂委员会编　薛为民主编　北京　中国金融出版社　2016年　556页〔新疆维吾尔自治区农村信用合作社志丛书〕
b49655607　F832.745.4　H3134　2016　12

和硕县

和硕县志
和硕县地方志编纂委员会编　潘永林主编　乌鲁木齐　新疆人民出版社　1999年　859页〔新疆维吾尔自治区地方志丛书〕
b13654585　K294.54　H3137

二十四团志
新疆生产建设兵团农二师二十四团史志编纂委员会编　黄中贤主编　和硕　兵团农二师二十四团史志编纂委员会　1999年　605

页〔新疆生产建设兵团史志丛书〕
b13947199　E24　H671

和硕县农村信用合作社志
和硕县农村信用合作社志编纂委员会编　卡德尔·艾木都拉主编　北京　中国文史出版社　2016 年　461 页〔新疆维吾尔自治区农村信用合作社志丛书〕
b49655577　F832.745.4　H313　2016　11

博湖县

博湖县志
博湖县志编纂委员会编　田文成编　乌鲁木齐　新疆大学出版社　1993 年　456 页〔新疆维吾尔自治区地方志丛书〕
b10796198　K294.54　B555

二十五团志
兵团农二师二十五团师史志编纂委员会编　尚念公总编　陈通湖主编　乌鲁木齐　兵团农二师二十五团师史志编纂委员会　2000 年　453 页〔新疆生产建设兵团史志丛书〕
b13947151　E24　S321

博湖县土地志
博湖县土地志编纂委员会编　马登明主编　乌鲁木齐　新疆人民出版社　2001 年　303 页〔新疆维吾尔自治区地方志丛书〕
b19926406　F327.645.4　B555　2001

博湖县农村信用合作社志
博湖县农村信用合作社志编纂委员会编　北京　中国金融出版社　2016 年　539 页〔新疆维吾尔自治区农村信用合作社志丛书〕
b49749262　F832.35　B555　2016

焉耆回族自治县

焉耆回族自治县志
齐尚明主编　乌鲁木齐　新疆人民出版社　1998 年　1066 页〔新疆维吾尔自治区地方志丛书〕
b13275598　K294.54　Y155

二十七团志
兵团农二师二十七团史志编纂委员会编　李慧主编　焉耆　兵团农二师二十七团史志编纂委员会　1999 年　495 页〔新疆生产建设兵团史志丛书〕
b12806547　E24　L396

焉耆回族自治县农村信用合作社志
焉耆回族自治县农村信用合作社志编纂委员会编　吴海主编　北京　中国金融出版社　2016 年　611 页〔新疆维吾尔自治区农村信用合作社志丛书〕
b50664888　F832.745.4　Y155　2016

克孜勒苏柯尔克孜自治州

克孜勒苏柯尔克孜自治州志
克孜勒苏柯尔克孜自治州史志编纂委员会编　贺继宏主编　乌鲁木齐　新疆人民出版社　2004 年　2 卷〔新疆维吾尔自治区地方志丛书〕
b15907740　K294.52　K282　2004

克孜勒苏柯尔克孜自治州人大志
克孜勒苏柯尔克孜自治州人大志编纂委员会编　张荣焱主编　克孜勒苏　克孜勒苏柯尔克孜自治州人大志编纂委员会　2004 年　421 页
b17151648　D624.452　Z363　2004

克州政协志
政协克孜勒苏柯尔克孜自治州委员会克州政协志编纂委员会编 焦铁华主编 郑州 河南省郑州信息工程所 2002年 433页
b20015501 D628.452 J369 2002

克孜勒苏柯尔克孜自治州地方税务志 1994-2014
克孜勒苏柯尔克孜自治州地方税务局编 柯灵 杨建主编 乌鲁木齐 新疆人民出版社 2016年 567页
b50017457 F812.745.242 K282 2016

克孜勒苏柯尔克孜自治州农村信用合作社志
克孜勒苏柯尔克孜自治州农村信用合作社志联合编纂委员会编 沈学军 索红 李伟主编 北京 中国金融出版社 2016年 2册 1072页〔新疆维吾尔自治区农村信用合作社志丛书〕
b50664761 F832.745.2 K282 2016

克孜勒苏柯尔克孜自治州民族志
新疆克孜勒苏柯尔克孜自治州民委 克孜勒苏柯尔孜自治州史志办编辑 贺继宏 张光汉主编 乌鲁木齐 新疆克孜勒苏柯尔克孜文出版社 1992年 384页
b19930240 K294.52 K282M 1992

克孜勒苏柯尔克孜自治州地理志
克孜勒苏柯尔克孜自治州党委史志办编 贺继宏主编 北京 当代中国出版社 1994年 323页
b19930033 K924.52 K282D 1994

阿图什市

阿图什市志
阿图什市地方志编纂委员会编 段军元主编 乌鲁木齐 新疆大学出版社 1996年 904页〔新疆维吾尔自治区地方志丛书〕
b13753289 K294.53 A115

新疆维吾尔自治区阿图什县地名图志
阿图什县地名委员会编 金海明主编 阿图什 阿图什县地名委员会编 1985年 230页
b20017492 K924.54 A115 1985

阿克陶县

阿克陶县志
阿克陶县地方志编纂委员会编 牛祥林主编 乌鲁木齐 新疆人民出版社 1996年 644页〔新疆维吾尔自治区地方志丛书〕
b10600620 K294.54 A114

阿合奇县

阿合奇县志
阿合奇县志编纂委员会编 常理主编 乌鲁木齐 新疆大学出版社 1993年 546页〔新疆维吾尔自治区地方志丛书〕
b10494935 K294.54 A113

乌恰县

乌恰县志
乌恰县地方志编纂委员会编 张福任主编 乌鲁木齐 新疆人民出版社 1995年 713页〔新疆维吾尔自治区地方志丛书〕
b10501149 K294.54 W465

乌恰县志 1990-2010
乌恰县地方志编纂委员会编 江济深主编 乌鲁木齐 新疆人民出版社 2014年 771页〔新疆维吾尔自治区地方志丛书〕
b46376963 K294.54 W465 2014

伊犁哈萨克自治州

伊犁哈萨克自治州志
伊犁哈萨克自治州地方志编纂委员会编 宋家仁主编 乌鲁木齐 新疆人民出版社 2004年 1103页〔新疆维吾尔自治区地方志丛书〕
b16377199 K294.52 Y398Y 2004

伊犁哈萨克自治州人大志
伊犁哈萨克自治州人大志编纂委员会编 张雨声主编 伊犁 伊犁哈萨克自治州人大志编纂委员会 2007年 593页〔伊犁哈萨克自治州地方志丛书〕
b47416245 D624.452 Y398 2007

伊犁哈萨克自治州政协志
政协伊犁哈萨克自治州委员会办公厅编 佟林清主编 伊犁 政协伊犁哈萨克自治州委员会办公厅 2000年 598页
b4724365x D628.452 Y398 2000

新疆伊犁哈萨克自治州电力工业志 1909–1994
周宗林主编 北京 中国电力出版社 2000年 356页〔新疆维吾尔自治区电力工业志丛书〕
b36093440 F426.61 Y398 2000

伊犁哈萨克自治州地方税务志 1994–2005
伊犁哈萨克自治州地方税务局编 李国利主编 伊犁 伊犁哈萨克自治州地方税务局 2008年 285页〔伊犁哈萨克自治州地方志丛书〕
b47206767 F812.745.242 Y398 2008

伊犁哈萨克自治州州直金融志 1986–2000
伊犁哈萨克自治州州直金融志编委会编 曹刚主编 乌鲁木齐 新疆新华印刷厂 2003年 444页
b45569812 F832.745.2 Y398 2003

新疆·伊犁风物志
李耕耘编著 昆明 云南人民出版社 2001年 214页〔中国西部风物志丛书〕
b13776897 K924.52 L395

伊宁市

伊宁市志
伊宁市地方志编纂委员会编 黄大强主编 乌鲁木齐 新疆人民出版社 2002年 969页〔新疆维吾尔自治区地方志丛书〕
b14882863 K294.53 Y399 2002

伊宁市志 1991–2010
伊宁市地方志编纂委员会编 徐晓春主编 乌鲁木齐 新疆人民出版社 2017年 1032页〔新疆维吾尔自治区地方志丛书〕
b50215528 K294.53 Y399C 2017

农四师志
伊震主编 北京 中华书局 2000年 798页〔新疆生产建设兵团史志丛书〕
b13362501 E24 Y399

伊宁市城市建设志
伊宁市城乡建设环境保护局编 姜祯 黄大强主编 伊宁 伊宁市城乡建设环境保护局 1993年 296页
b49983374 F299.274.54 Y399 1993

新疆生产建设兵团农四师良繁场志
良繁场史志编纂委员会编 黄有贵主编 伊宁 良繁场史志编纂委员会 2002年 223页〔新疆生产建设兵团史志丛书〕
b49983118 F324.1 X4455 2002

农四师第一中学志
农四师第一中学史志编纂委员会编 卢文雄主编 奎屯 伊犁人民出版社 2002年 430页〔新疆生产建设兵团史志丛书〕
b20950913 G639.284.53 N458 2002

农四师医院志
农四师医院志编纂委员会编 赵伯新主编 北京 方志出版社 2003年 508页〔新疆生产建设兵团史志丛书〕
b36246013 R199.2 N4587 2003

奎屯市

奎屯市志
奎屯市地方志编纂委员会编 温子明主编 北京 中华书局 1999年 602页〔新疆维吾尔自治区地方志丛书〕
b1383356x K294.53 K521

农七师志
新疆生产建设兵团农业建设第七师史志编纂委员会编 梁德元主编 北京 人民出版社 1995年 953页〔中国地方志〕
b13946444 E24 L489

农七师交通志
农七师史志编纂委员会 农七师交通志编纂领导小组编 北京 方志出版社 2012年 708页〔中国地方志新疆建设兵团〕
b47009342 F512.745 N458 2012

一三一团志
一三一团史志编纂委员会编 赵新亮主编 北京 中华书局 2002年 625页〔中国地方志〕
b16325965 E24 Z441 2002

奎屯邮电志
奎屯邮电志编纂委员会编 范建生主编 乌鲁木齐 新疆人民出版社 1998年 229页
b49705519 F632.745.4 K521 1998

新疆维吾尔自治区奎屯市地名图志
奎屯市地名委员会编 奎屯 奎屯市地名委员会 1991年 150页
b13588977 K924.53 K521

水利二处志
新疆生产建设兵团农七师水利二处史志编纂委员会编 马莉主编 北京 方志出版社 2001年 342页〔中国地方志 新疆生产建设兵团农七师〕
b50247438 TV–092.45 M139 2001

伊宁县

伊宁县志
伊宁县地方志编纂委员会编 张振杰主编 乌鲁木齐 新疆人民出版社 2003年 848页〔新疆维吾尔自治区地方志丛书〕
b16075353 K294.54 Y3999 2003

新疆生产建设兵团农四师七十团志
七十团志编纂委员会编 武怀威主编 乌鲁木齐 新疆人民出版社 2002年 578页〔新疆生产建设兵团史志丛书〕
b16177393 E24 W532 2002

伊宁县农村信用合作社志
伊宁县农村信用合作社志编纂委员会编 黄培新主编 北京 中国金融出版社 2016年 568页〔新疆维吾尔自治区农村信用合作社志丛书〕
b49655619 F832.745.4 Y399 2016 29

新疆维吾尔自治区伊宁县地名图志
伊宁县地名委员会编 富学礼主编 乌鲁木齐 新疆新华印刷厂 1988年 171页
b46012291 K924.54 Y399 1988

伊宁县水利志
伊宁县水电局 伊宁县地方志编纂委员会编 麦瑞桢主编 伊宁 伊宁县印刷厂 1993年 258页〔伊犁地区地方志丛书〕
b21857982 TV-092 Y399 1993

霍城县

霍城县志
霍城县志编纂委员会编 贺斌主编 乌鲁木齐 新疆人民出版社 1998年 759页〔新疆维吾尔自治区地方志丛书〕
b10503560 K294.54 H793

新疆生产建设兵团农四师六十一团志
六十一团史志编纂委员会编 林鸿志主编 霍城 六十一团史志编纂委员会 2000年 563页〔新疆生产建设兵团史志丛书〕
b15329689 E24 L723 2000

新疆生产建设兵团农四师六十二团志
新疆生产建设兵团农业建设第四师六十二团志编纂委员会编 王文学主编 乌鲁木齐 新疆人民出版社 2000年 478页〔新疆生产建设兵团史志丛书〕
b13947035 E24 W232

新疆生产建设兵团农四师六十三团志
新疆生产建设兵团农业建设第四师六十三团志编纂委员会编 郭建民主编 乌鲁木齐 新疆人民出版社 2000年 347页〔新疆生产建设兵团史志丛书〕
b13946821 E24 G769

六十四团志
新疆生产建设兵团农业建设第四师六十四团史志编纂委员会编 罗进屏主编 乌鲁木齐 新疆人民出版社 2002年 371页〔新疆生产建设兵团史志丛书〕
b14884124 E24 L922 2002

新疆生产建设兵团农四师六十五团志
新疆生产建设兵团农业建设第四师六十五团志编纂委员会编 方玉虎主编 乌鲁木齐 新疆人民出版社 2002年 387页〔新疆生产建设兵团史志丛书〕
b16427166 E24 X445L 2002

六十六团志
新疆生产建设兵团农业建设第四师六十六团史志编纂委员会编 温明海主编 乌鲁木齐 新疆人民出版社 1999年 329页〔新疆生产建设兵团史志丛书〕
b12809093 E24 W362

西迪粮油总厂志
于吉宗主编 霍城 西迪粮油总厂史志编纂委员会 2003年 226页〔新疆生产建设兵团史志丛书〕
b49850052 F326.11 X119 2003

霍城县人大志
加拉力丁·卡马力主编 霍城 霍城县人大志编写者 2012年 400页
b49827145 D624.454 H793 2012

霍城县农村信用合作社志
霍城县农村信用合作社志编纂委员会编 陈学虎主编 北京 中国金融出版社 2015年 442页〔新疆维吾尔自治区农村信用合作社志丛书〕
b49705507 F832.745.4 H793 2015 14

巩留县

巩留县志
巩留县地方志编纂委员会编 程德波 李云哲 张佑迟主编 乌鲁木齐 新疆人民出版社 2005年 843页〔新疆维吾尔自治区

地方志丛书〕
b16737635 K294.54 G444 2005

新疆生产建设兵团农四师七十三团志
七十三团志编纂委员会编 曹建龙主编 乌鲁木齐 新疆人民出版社 2002年 510页〔新疆生产建设兵团史志丛书〕
b14882802 E24 X445M 2002

巩留县农村信用合作社志
巩留县农村信用合作社志编纂委员会编 孙宗荣主编 北京 中国金融出版社 2016年 568页〔新疆维吾尔自治区农村信用合作社志丛书〕
b49655590 F832.745.4 G444 2016 9

新源县

新源县志
新源县地方志编纂委员会编 戈畅主编 乌鲁木齐 新疆人民出版社 2007年 1265页〔新疆维吾尔自治区地方志丛书〕
b18620905 K294.54 X444 2007

新疆生产建设兵团农四师七十一团志
七十一团史志编纂委员会编 阎志博主编 乌鲁木齐 新疆人民出版社 1999年 494页〔新疆生产建设兵团史志丛书〕
b13362434 E24 Y165

新疆生产建设兵团农四师七十二团志
七十二团史志编纂委员会编 李文华主编 乌鲁木齐 新疆人民出版社 1999年 707页〔新疆生产建设兵团史志丛书〕
b13362574 E24 Q113

新源县农村信用合作社志
新源县农村信用合作社志编纂委员会编 万江涛主编 北京 中国金融出版社 2016年 722页〔新疆维吾尔自治区农村信用合作社志丛书〕
b50664876 F832.745.4 X444 2016

昭苏县

昭苏县志
昭苏县地方志编纂委员会编 亓冬初 古昱方主编 乌鲁木齐 新疆人民出版社 2004年 623页〔新疆维吾尔自治区地方志丛书〕
b15715486 K294.54 Z413 2004

七十四团志
七十四团史志编纂委员会编 李兴旺主编 乌鲁木齐 新疆人民出版社 2003年 406页〔新疆生产建设兵团史志丛书〕
b14351389 E24 L421

七十六团志
七十六团志编纂委员会编 李希哲主编 乌鲁木齐 新疆人民出版社 2003年 426页〔新疆生产建设兵团史志丛书〕
b14351390 E24 L4219

新疆生产建设兵团农四师七十五团志
新疆生产建设兵团农业建设第四师七十五团志编纂委员会编 蒲德荣主编 乌鲁木齐 新疆人民出版社 2002年 440页〔新疆生产建设兵团史志丛书〕
b15956118 E24 P677 2002

新疆生产建设兵团农四师七十七团志
刘德友主编 奎屯 伊犁人民出版社 2002年 394页〔新疆生产建设兵团史志丛书〕
b14172112 E24 L673

特克斯县

特克斯县志
特克斯县地方志编纂委员会编 杜殿卿主

编 乌鲁木齐 新疆人民出版社 2004年 577页〔新疆维吾尔自治区地方志丛书〕
b19733951 K294.54 T289 2004

新疆生产建设兵团农四师七十八团志
新疆生产建设兵团农业建设第四师七十八团史志编纂委员会编 严学贵主编 乌鲁木齐 新疆人民出版社 2002年 439页〔新疆生产建设兵团史志丛书〕
b15956143 E24 Y173 2002

尼勒克县

尼勒克县志
尼勒克县地方志编纂委员会编 蔡钧枢 黄启军主编 乌鲁木齐 新疆人民出版社 2000年 670页〔新疆维吾尔自治区地方志丛书〕
b13654950 K294.54 N284

新疆生产建设兵团农四师七十九团志
七十九团史志编纂委员会编 杨友恒主编 尼勒克 七十九团史志编纂委员会 2000年 375页〔新疆生产建设兵团史志丛书〕
b15329793 E24 Y251 2000

尼勒克县农村信用合作社志
尼勒克县农村信用合作社志编纂委员会编 曹刚主编 北京 中国金融出版社 2015年 466页〔新疆维吾尔自治区农村信用合作社志丛书〕
b47126024 F832.745.4 N284 2015

察布查尔锡伯自治县

察布查尔锡伯自治县志
察布查尔锡伯自治县地方志编纂委员会编 乌鲁木齐 新疆人民出版社 2007年 683页
b19023844 K294.54 C269 2007

察布查尔锡伯自治县人大志
察布查尔锡伯自治县人大志编纂委员会编 关桂珍主编 察布查尔锡伯 察布查尔锡伯自治县人大志编纂委员会 2016年 497页
b49963119 D624.454 C269 2016

新疆生产建设兵团农四师六十七团志
新疆生产建设兵团农业建设第四师六十七团史志编纂委员会编 宋培林主编 察布查尔锡伯 六十七团史志编纂委员会 2000年 390页〔新疆生产建设兵团史志丛书〕
b13947254 E24 S681

新疆生产建设兵团农四师六十八团志
新疆生产建设兵团农业建设第四师六十八团史志编纂委员会编 王清铫主编 察布查尔锡伯 新疆生产建设兵团农业建设第四师六十八团史志编纂委员会 2000年 406页〔新疆生产建设兵团史志丛书〕
b15329823 E24 W227 2000

新疆生产建设兵团农四师六十九团志
新疆生产建设兵团农四师六十九团史志编纂委员会编 孙新民 梁宏如主编 察布查尔锡伯 六十九团史志编纂委员会 2000年 285页〔新疆生产建设兵团史志丛书〕
b15329811 E24 S779 2000

察布查尔锡伯自治县农村信用合作社志
察布查尔锡伯自治县农村信用合作社志编纂委员会编 王红钢主编 北京 中国金融出版社 2015年 589页〔新疆维吾尔自治区农村信用合作社志丛书〕
b47125974 F832.745.4 C269 2015

新疆维吾尔自治区察布查尔锡伯自治县地名图志
察布查尔锡伯自治县地名委员会编 英林编纂 乌鲁木齐 新疆新华印刷厂 1987

年 354 页
b20104455 K924.54 C269 1987

塔城地区

塔城地区志
塔城地区地方志编纂委员会编 党东颉主编 乌鲁木齐 新疆人民出版社 1997 年 1062 页〔新疆维吾尔自治区地方志丛书〕
b10532754 K294.52 T123

塔城地区教育志
塔城地区教育志编纂委员会编 蔺茂奎主编 乌鲁木齐 新疆新华印刷厂 2010 年 421 页〔新疆维吾尔自治区地方志丛书〕
b36014539 G527.452 T123 2010

塔城市

塔城市志
塔城市地方志编纂委员会编 姚克文主编 乌鲁木齐 新疆人民出版社 1995 年 750 页〔新疆维吾尔自治区地方志丛书〕
b13753551 K294.53 T123

一六二团志
一六二团史志编纂委员会编 马宗邦主编 北京 方志出版社 1999 年 334 页〔新疆生产建设兵团史志丛书〕
b13638683 E24 M143

一六三团志
一六三团史志编纂委员会编 肖功高主编 北京 方志出版社 1999 年 476 页〔新疆生产建设兵团史志丛书〕
b13544573 E24 X364

一六四团志
新疆生产建设兵团农业建设第九师一六四团史志编纂委员会编 陈友能主编 乌鲁木齐 新疆人民出版社 2000 年 508 页〔新疆生产建设兵团史志丛书〕
b14884173 E24 C436 2000

乌苏市

乌苏县志
乌苏县党史地方志编委员会编 廖基衢主编 乌鲁木齐 新疆人民出版社 1999 年 902 页〔新疆维吾尔自治区地方志丛书〕
b12697850 K294.54 W4657

乌苏市人口与计划生育志
廖基衡主编 五家渠 新疆生产建设兵团出版社 2007 年 549 页
b47287639 C924.254.54 W465 2007

一二三团志
新疆生产建设兵团农业建设第七师一二三团史志编纂委员会编 张柏源主编 北京 中华书局 1999 年 768 页〔中国地方志〕
b13947138 E24 Z346

一二四团志
新疆生产建设兵团农业建设第七师一二四团史志编纂委员会编 张树理主编 北京 中华书局 2002 年 600 页〔中国地方志〕
b17482811 E24 Z364 2003

一二五团志
一二五团史志编纂委员会编 王新春主编 北京 方志出版社 1999 年 1134 页
b13545243 E24 W233

一二六团志
新疆生产建设兵团农业建设第七师一二六团志编纂委员会编 王春桥主编 北京 中华书局 2002 年 442 页〔中国地方志〕

b15602424　E24 X445W 2002

一二七团志
一二七团史志编纂委员会编 戴瑞章主编 北京 中华书局 2000 年 713 页〔中国地方志〕
b17457592　E24 D153 2000

一二八团志
一二八团史志编纂委员会编 赵登礼主编 北京 方志出版社 1998 年 538 页
b13545085　E24 Z432

乌苏市农村信用合作社志
乌苏市农村信用合作社志编纂委员会编 李文军主编 北京 中国金融出版社 2015 年 503 页〔新疆维吾尔自治区农村信用合作社志丛书〕
b50664852　F832.745.4 W465 2015

额敏县

额敏县志
额敏县地方志编纂委员会编 李荣敏主编 乌鲁木齐 新疆人民出版社 2000 年 647 页〔新疆维吾尔自治区地方志丛书〕
b13752881　K294.54 E116

党校·教育中心志
党校教育中心史志编纂委员会编 黄厚民主编 乌鲁木齐 新疆人民出版社 2000 年 262 页〔新疆生产建设兵团史志丛书〕
b36245987　D261.41 H658 2000

农九师志
农九师史志编纂委员会编 陈明章主编 北京 中华书局 2000 年 799 页〔新疆生产建设兵团史志丛书〕
b13868512　E24 C425

团结农场志
团结农场史志编纂委员会编 刘惠敏主编 乌鲁木齐 新疆人民出版社 1999 年 330 页〔新疆生产建设兵团史志丛书〕
b12806493　E24 L677

一六五团志
一六五团史志编纂委员会编 张江红主编 北京 方志出版社 1999 年 485 页〔新疆生产建设兵团史志丛书〕
b13544378　E24 Z354

一六六团志
一六六团史志编纂委员会编 刘峰兰主编 北京 中华书局 1999 年 430 页〔新疆生产建设兵团史志丛书〕
b12805063　E24 L675

一六七团志
新疆生产建设兵团农业建设第九师一六七团史志编纂委员会编 丛衍水主编 乌鲁木齐 新疆人民出版社 2000 年 399 页〔新疆生产建设兵团史志丛书〕
b13946432　E24 C756

一六八团志
一六八团史志编纂委员会编 贾德政主编 乌鲁木齐 新疆人民出版社 1999 年 503 页〔新疆生产建设兵团史志丛书〕
b12806456　E24 J241

一六九团志
一六九团史志编纂委员会编 曹荣主编 乌鲁木齐 新疆人民出版社 2000 年 322 页〔新疆生产建设兵团史志丛书〕
b36093488　E24 C213 2000

额敏县农村信用合作社志
额敏县农村信用合作社志编纂委员会编 刘明辉主编 北京 中国金融出版社 2015年 577页〔新疆维吾尔自治区农村信用合作社志丛书〕
b49705477 F832.745.4 E116 2015 6

农九师中学志
农九师中学史志编纂领导小组编 宋斌主编 乌鲁木齐 新疆人民出版社 2000年 425页〔新疆生产建设兵团史志丛书〕
b36093245 G639.284.5 N458 2000

农九师医院志
农九师医院史志编纂委员会编 翟瑞余主编 乌鲁木齐 新疆人民出版社 1999年 295页〔新疆生产建设兵团史志丛书〕
b36093233 R199.2 N458 1999

沙湾县

沙湾县志
沙湾县志编纂委员会编 李德濂主编 乌鲁木齐 新疆人民出版社 1999年 908页〔新疆维吾尔自治区地方志丛书〕
b13654561 K294.54 S2318

一二一团场志
新疆生产建设兵团农业建设第八师一二一团史志编纂委员会编 张学民主编 乌鲁木齐 新疆人民出版社 1999年 592页〔新疆生产建设兵团农八师石河子市史志丛书〕
b16435801 E24 Z367 1999

一二二团场志
一二二团场志编纂委员会编 任天栋总纂 乌鲁木齐 新疆人民出版社 1997年 380页〔新疆生产建设兵团史志丛书〕
b1280941x E24 R196

一三二团场志
一三二团场史志编纂委员会编 邹品第主编 乌鲁木齐 新疆科学技术出版社 2003年 614页〔新疆生产建设兵团农八师石河子市史志丛书〕
b15329914 E24 Z879 2003

一三三团场志
新疆生产建设兵团农业建设第八师一三三团史志编纂委员会编 王永庆主编 乌鲁木齐 新疆人民出版社 2001年 674页〔新疆生产建设兵团农八师石河子市史志丛书〕
b13946754 E24 W2347

一三四团场志
新疆生产建设兵团农业建设第八师一三四团场史志编纂委员会编 李涛主编 乌鲁木齐 新疆人民出版社 2002年 472页〔新疆生产建设兵团农八师石河子市史志丛书〕
b14883776 E24 L418 2002

一四一团场志
一四一团场史志编纂委员会编 高泽民主编 乌鲁木齐 新疆人民出版社 2000年 410页〔新疆生产建设兵团农八师石河子市史志丛书〕
b17505574 E24 G256 2000

一四二团场志
一四二团史志编纂委员会编 乌鲁木齐 新疆人民出版社 1994年 276页
b12806572 E24 Y411

一四四团场志
新疆生产建设兵团农业建设第八师一四四

团场史志编纂委员会编 丁志主编 乌鲁木齐 新疆科学技术出版社 2003年 470页〔新疆生产建设兵团农八师石河子市史志丛书〕
b16377321 E24 X445X 2003

沙湾县农村信用合作社志
沙湾县农村信用合作社志编纂委员会编 杨江华主编 北京 中国金融出版社 2015年 586页〔新疆维吾尔自治区农村信用合作社志丛书〕
b4970655x F832.745.4 S2318 2015 21

新疆沙湾县教育志
新疆沙湾县教育志编写委员会编 郑生禄主编 乌鲁木齐 新疆科学技术出版社 2012年 434页
b46668135 G527.454 S231 2012

托里县

托里县志
托里县地方志编纂委员会编 陈钦言 梁小燕主编 乌鲁木齐 新疆人民出版社 2002年 485页〔新疆维吾尔自治区地方志丛书〕
b15329859 K294.54 T586 2002

一七〇团志
一七〇团志编纂委员会编 谷新主编 乌鲁木齐 新疆人民出版社 2000年 418页〔新疆生产建设兵团史志丛书〕
b13357931 E24 G543

托里县农村信用合作社志
托里县农村信用合作社志编纂委员会编 李志勇主编 北京 中国金融出版社 2015年 465页〔新疆维吾尔自治区农村信用合作社志丛书〕
b47126073 F832.745.4 T586 2015

裕民县

裕民县志
裕民县地方志编纂委员会编 郑志运 李敏主编 乌鲁木齐 新疆人民出版社 2003年 649页〔新疆维吾尔自治区地方志丛书〕
b1560214x K294.54 Y769 2003

一六一团志
一六一团史志编纂委员会编 唐刘风主编 北京 中华书局 1999年 385页〔新疆生产建设兵团史志丛书〕
b12805208 E24 T241

和布克赛尔蒙古自治县

和布克赛尔蒙古自治县志
和布克赛尔蒙古自治县地方志编纂委员会编 高魁武 崔锐锋主编 乌鲁木齐 新疆人民出版社 1999年 667页〔新疆维吾尔自治区地方志丛书〕
b13833820 K294.54 H3131

和布克赛尔蒙古自治县人民代表大会志
高金华主编 乌鲁木齐 新疆人民出版社 2008年 404页
b36248149 D624.454 H313 2008

一八四团志
一八四团志编纂委员会编 吴奕文主编 乌鲁木齐 新疆人民出版社 1999年 385页〔新疆生产建设兵团史志丛书〕
b12805038 E24 W515

阿勒泰地区

阿勒泰地区志
阿勒泰地区地方志编纂委员会编 苏勇文 邱信廷 夏中春主编 乌鲁木齐 新疆人民

出版社 2004年 1331页〔新疆维吾尔自治区地方志丛书〕
b16081316 K294.52 A114 2004

阿勒泰地区人大志
阿勒泰地区人大志编纂委员会编 倪绍继主编 乌鲁木齐 新疆地矿彩印厂 2012年 318页
b40864583 D624.452 A114 2012

阿勒泰地区工商行政管理志
新疆维吾尔自治区工商行政管理局 工商行政管理志丛书编纂委员会编 安瓦尔·伊明主编 乌鲁木齐 新疆人民出版社 2015年 340页〔新疆维吾尔自治区工商行政管理志丛书〕
b46934364 F203.9 A164 2015

阿勒泰地区电力工业志 1938–1998
阿勒泰地区电力工业志编纂委员会编 刘永新主编 乌鲁木齐 新疆人民出版社 2001年 387页〔新疆维吾尔自治区电力工业志丛书〕
b49851482 F426.61 A1148 2001

阿勒泰地区教育志
阿勒泰地区教育局编 乌鲁木齐 新疆人民出版社 2003年 479页
b15601031 G527.452 A114 2003

阿勒泰市

阿勒泰市志
阿勒泰市党史地方志编纂委员会编 马祥琛 恽芝艾主编 乌鲁木齐 新疆人民出版社 2001年 604页〔新疆维吾尔自治区地方志丛书〕
b13655619 K294.53 A1148

新疆生产建设兵团农十师一八一团志
新疆生产建设兵团农业建设第十师一八一团史志编纂委员会编 汪开勋主编 乌鲁木齐 新疆人民出版社 2000年 407页〔新疆生产建设兵团史志丛书〕
b13946973 E24 W185

布尔津县

布尔津县志
布尔津县地方志编纂委员会编 赵文立主编 乌鲁木齐 新疆人民出版社 2002年 721页〔新疆维吾尔自治区地方志丛书〕
b14084971 K294.54 B593

布尔津县农村信用合作社志
布尔津县农村信用合作社志编纂委员会编 吴俊辉主编 北京 中国文史出版社 2016年 629页〔新疆维吾尔自治区农村信用合作社志丛书〕
b47404231 F832.745.4 B593 2016

喀纳斯志
阿勒泰地区地方志编纂委员会 阿勒泰地区喀纳斯景区管委会编 崔先立主编 乌鲁木齐 新疆人民出版社 2006年 281页〔新疆维吾尔自治区地方志丛书〕
b1824080x K928.704.5 K111 2006

富蕴县

富蕴县志
富蕴县党史地方志编纂委员会编 葛为本 王军主编 乌鲁木齐 新疆人民出版社 2003年 600页〔新疆维吾尔自治区地方志丛书〕
b15247028 K294.54 F497 2003

富蕴县政协志 1950.10–2002.12
新疆富蕴县政协 富蕴县政协志编写组编

孔祥福 李义民执笔 富蕴 新疆富蕴县政协 2005 年 308 页
b47414777 D628.454 F497 2005

富蕴县农村信用合作社志
富蕴县农村信用合作社志编纂委员会编 陶卫军主编 北京 中国金融出版社 2016 年 581 页〔新疆维吾尔自治区农村信用合作社志丛书〕
b49744045 F832.35 F497 2016

福海县

福海县志
福海县史志编纂委员会编 崔先立主编 乌鲁木齐 新疆人民出版社 2003 年 914 页〔新疆维吾尔自治区地方志丛书〕
b14883302 K294.54 F451

新疆生产建设兵团农十师一八二团志
新疆生产建设兵团农业建设第十师一八二团志编纂委员会编 竺兆立主编 乌鲁木齐 新疆人民出版社 1999 年 271 页〔新疆生产建设兵团史志丛书〕
b15314972 E24 Z7325 1999

新疆生产建设兵团农十师一八二团志 1996-2003
一八二团志编纂委员会编 竺兆立主编 福海 新疆福海一二八团 2004 年 334 页〔新疆生产建设兵团史志丛书〕
b16425510 E24 Z7325 2004

新疆生产建设兵团农十师一八三团志
一八三团史志编纂委员会编 陶谦逊主编 福海 一八三团史志编纂委员会 1999 年 293 页〔新疆生产建设兵团史志丛书〕
b16426241 E24 T263 1999

新疆生产建设兵团农十师一八七团志
新疆生产建设兵团农业建设第十师一八七团志编纂委员会编 王德龙主编 乌鲁木齐 新疆人民出版社 1999 年 371 页〔新疆生产建设兵团史志丛书〕
b15314959 E24 W214 1999

新疆生产建设兵团农业建设第十师一八八团志
一八八团史志编纂委员会编 李介先主编 福海 一八八团史志编纂委员会 1996 年 297 页〔新疆生产建设兵团史志丛书〕
b12809172 E24 L397

一九〇团志
一九〇团志编纂委员会编 林齐过主编 乌鲁木齐 新疆人民出版社 2000 年 378 页〔新疆生产建设兵团史志丛书〕
b13946663 E24 L587

福海县农村信用合作社志
福海县农村信用合作社志编纂委员会编 刘登同主编 北京 中国金融出版社 2015 年 666 页〔新疆维吾尔自治区农村信用合作社志丛书〕
b49705489 F832.745.4 F451 2015 7

哈巴河县

哈巴河县志
哈巴河县地方志编纂委员会编 戴大德主编 乌鲁木齐 新疆人民出版社 2004 年 888 页〔新疆维吾尔自治区地方志丛书〕
b15641922 K294.54 H1111 2004

新疆生产建设兵团农业建设第十师一八五团志
农十师一八五团史志编纂委员会编 刘普

党国笃主编 哈巴河 一八五团史志编纂委员会 1997年 292页〔新疆生产建设兵团史志丛书〕
b12809378 E24 L685

哈巴河县农村信用合作社志
哈巴河县农村信用合作社志编纂委员会 董朝辉主编 北京 中国文史出版社 2016年 362页〔新疆维吾尔自治区农村信用合作社志丛书〕
b47404255 F832.745.4 H111 2016

新疆维吾尔自治区哈巴河县地名图志
哈巴河县地名委员会编 刘昕主编 哈巴河 哈巴河县地名办公室 1987年 185页
b21570930 K924.54 H111 1987

青河县

青河县志
青河县史志编纂委员会编 张文学主编 乌鲁木齐 新疆人民出版社 2003年 619页〔新疆维吾尔自治区地方志丛书〕
b17490935 K294.54 Q464 2003

新疆生产建设兵团农十师青河农场志
王德龙主编 乌鲁木齐 新疆人民出版社 2004年 369页〔新疆生产建设兵团史志丛书〕
b36093439 F324.1 Q4643 2004

青河县农村信用合作社志
青河县农村信用合作社志编纂委员会编 司云峰主编 北京 中国金融出版社 2015年 604页〔新疆维吾尔自治区农村信用合作社志丛书〕
b47126048 F832.745.4 Q464 2015

吉木乃县

吉木乃县志
吉木乃县地方志编纂委员会编 李梓 王福禄主编 乌鲁木齐 新疆人民出版社 2005年 646页〔新疆维吾尔自治区地方志丛书〕
b16737568 K294.54 J1386 2005

新疆生产建设兵团农十师一八六团志
一八六团史志编纂委员会编 潘厚生主编 吉木乃 一八六团史志编纂委员会 1998年 233页〔新疆生产建设兵团史志丛书〕
b12805257 E24 P159

吉木乃县农村信用合作社志
吉木乃县农村信用合作社志编纂委员会编 杜金昌主编 北京 中国文史出版社 2016年 356页〔新疆维吾尔自治区农村信用合作社志丛书〕
b47404267 F832.745.4 J138 2016

自治区直辖县级行政单位

石河子市

农八师垦区石河子市志
农八师石河子市地方志编纂委员会编 黄梧生 曹烈 黄登来主编 乌鲁木齐 新疆人民出版社 1994年 856页〔新疆维吾尔自治区地方志丛书〕
b10727954 K294.53 S473C

一五〇团场志
一五零团场史志编纂委员会编 袁永松主编 乌鲁木齐 新疆人民出版社 2000年 485页〔新疆生产建设兵团农八师石河子市史志丛书〕
b1718311x E24 Y794 2000

一五二团志
新疆生产建设兵团农业建设第八师一五二团史志编纂委员会编 黄锦孝主编 乌鲁木齐 新疆人民出版社 2002年 541页〔新疆生产建设兵团农八师石河子市史志丛书〕
b14884070 E24 H659 2002

石河子经济技术开发区志 1992–2010
石河子经济开发区志编辑委员会编 桑进荣主编 乌鲁木齐 新疆人民出版社 2011年 344页
b40864613 F127.454 S473 2011

石河子工商行政管理志
新疆维吾尔自治区工商行政管理志丛书编纂委员会编 赵燕秋总纂 乌鲁木齐 新疆人民出版社 2016年 319页〔新疆维吾尔自治区工商行政管理志丛书〕
b50778006 F203.9 S4739 2016

石河子市城市建设志 1950–2000
石河子市城市建设志编纂委员会编 李洪凡主编 乌鲁木齐 新疆人民出版社 2003年 587页〔新疆维吾尔自治区地方志丛书〕
b36248186 F299.274.54 S473 2003

八一制糖厂志
八一制糖厂志编纂委员会编 邵家骏主编 乌鲁木齐 新疆人民出版社 1994年 465页〔新疆生产建设兵团史志丛书〕
b38893472 F426.82 B111 1994

新疆生产建设兵团航空企业管理局新疆通用航空有限责任公司志 1983–2010
新疆生产建设兵团航空企业管理局（公司）志编纂委员会编 林海涛主编 五家渠 新疆生产建设兵团出版社 2013年 495页
b46934273 F562.6 X445 2013

石河子邮电志 1991–1998
石河子邮电志编纂委员会编 王守民主编 乌鲁木齐 新疆人民出版社 2004年 469页〔新疆维吾尔自治区地方志丛书〕
b40935644 F632.745.3 S473 2004

石河子地方税务局志 1994–2012
新疆维吾尔自治区石河子地方税务局编 宁香兰 闫勇主编 乌鲁木齐 新疆人民出版社 2014年 370页
b45969553 F812.745.342 S473 2014

农八师垦区石河子市教育志 1910–1993
农八师垦区石河子市教育志编纂组编 乌鲁木齐 新疆人民出版社 1994年 457页
b46273931 G527.454 S473 1994

新疆维吾尔自治区石河子市地名图志
石河子市地名委员会编 石河子 石河子市地名委员会 1988年 127页
b12627045 K294.53 S473

石河子总场人物志
闫学柱 程乐人主编 乌鲁木齐 新疆人民出版社 2012年 362页
b40935656 K820.845.4 S473 2012

新疆农垦科学院志 1959–2010
新疆农垦科学院志编纂委员会编 尹君亮主编 五家渠 新疆生产建设兵团出版社 2014年 879页〔新疆生产建设兵团史志丛书〕
b46668214 S–242.45 X445 2014

阿拉尔市

工一师二团志
新疆生产建设兵团建筑工程第一师二团史

志编纂委员会编 王世豪主编 乌鲁木齐 工一师二团史志编纂委员会 2000年 384页〔新疆生产建设兵团史志丛书〕
b13947242 E24 X445H

二团志 1993–2010
第一师阿拉尔市二团史志编纂委员会编 闫志顺 柳旭明主编 五家渠 新疆生产建设兵团出版社 2016年 614页〔新疆生产建设兵团第一师阿拉尔市史志丛书〕
b50747514 E249 Y1657 2016

三团志 1996–2012
第一师阿拉尔市三团史志编纂委员会编 应辉 宋全伟主编 五家渠 新疆生产建设兵团出版社 2016年 610页〔新疆生产建设兵团第一师阿拉尔市史志丛书〕
b50232071 E24 X445J 2016

六团志 1996–2013
第一师阿拉尔市六团史志编纂委员会编 康小平 刘文国主编 五家渠 新疆生产建设兵团出版社 2017年 646页〔新疆生产建设兵团第一师阿拉尔市史志丛书〕
b50747733 F324.1 K185 2017

工一师七团志
工一师七团史志编纂委员会编 姜勇主编 乌鲁木齐 新疆人民出版社 1999年 255页〔新疆生产建设兵团史志丛书〕
b12805300 E24 J332

十团志 1992.1–2010.12
十团史志编纂委员会编 朱维 赵卫东主编 五家渠 新疆生产建设兵团出版社 2012年 572页〔新疆生产建设兵团农一师阿拉尔市史志丛书〕
b46934224 F324.1 X4454 2012

阿拉尔农场志 1999–2015
第一师阿拉尔农场史志编纂委员会编 吕益新主编 五家渠 新疆生产建设兵团出版社 2016年 456页〔新疆生产建设兵团第一师阿拉尔市史志丛书〕
b50643046 F324.1 L983 2016

第一师棉麻公司志 1991–2012
第一师棉麻公司编 陈玉武 李成主编 北京 中国文史出版社 2013年 249页〔新疆生产建设兵团第一师阿拉尔市史志丛书〕
b46667726 F426.81 D413 2013

塔里木石油志
殷俊杰主编 乌鲁木齐 新疆人民出版社 1994年 2卷 1432页〔新疆维吾尔自治区地方志丛书〕
b20416532 F426.22 Y483 1994

塔指油气开发志
塔指油气开发志编纂委员会编 邸超主编 乌鲁木齐 新疆人民出版社 1997年 876页〔新疆维吾尔自治区地方志丛书〕
b20415874 TE3–092 D391 1997

图木舒克市

图木舒克市志 1969–2010
图木舒克市志编纂委员会编 侯林山主编 五家渠 新疆生产建设兵团出版社 2013年 696页〔新疆生产建设兵团史志丛书〕
b4693425x K294.53 T513 2013

五十二团志
新疆生产建设兵团农业建设第三师五十二团史志编纂委员会编 主编 黄世添 乌鲁木齐 新疆人民出版社 1997年 367页〔新疆生产建设兵团农三师史志丛书〕
b14883818 E24 X445B 1997

五家渠市

农六师垦区五家渠市志 1949–2001
农六师史志编纂委员会编 文定讴总纂 乌鲁木齐 新疆人民出版社 2001 年 979 页〔新疆维吾尔自治区新疆生产建设兵团地方志丛书〕
b13834745 K294.54 W538

农六师党委党校志
农六师党委党校志编纂委员会编 熊东华 姜红琳主编 乌鲁木齐 新疆电子出版社 2006 年 245 页〔庭州屯垦地情丛书〕
b36245999 D261.41 N458 2006

一〇一团志
新疆生产建设兵团农业建设第六师一〇一团史志编纂委员会编 王世祥主编 乌鲁木齐 新疆人民出版社 2002 年 633 页〔新疆生产建设兵团史志丛书〕
b17760628 F324.1 W229 2002

一〇一团志 1999–2010
第六师一〇一团史志编纂委员会编 徐金石主编 五家渠 新疆生产建设兵团出版社 2017 年 418 页〔新疆生产建设兵团第六师五家渠市史志丛书〕
b50748051 F324.1 X572 2017

一〇三团志 2001–2010
第六师五家渠市一〇三团史志编纂委员会编 胥执高主编 五家渠 新疆生产建设兵团出版社 2016 年 448 页〔新疆生产建设兵团第六师五家渠市史志丛书〕
b5074804x E24 X553 2016

一〇五团志
农六师一〇五团史志编纂委员会编 任松山主编 乌鲁木齐 新疆电子出版社 2004 年 340 页〔庭州屯垦地情丛书〕
b36246396 E24 R1967 2004

中共新疆生产建设兵团委员会党校 新疆生产建设兵团行政学院简志 1983–2010
中共新疆生产建设兵团委员会党校 新疆生产建设兵团行政学院校（院）志编纂委员会编 范俊峰主编 五家渠 新疆生产建设兵团出版社 2013 年 262 页〔新疆生产建设兵团史志丛书〕
b47051656 D261.41 F196 2013

农六师科技志
农六师科技志编纂委员会编 于达中主编 乌鲁木齐 新疆电子出版社 2005 年 398 页〔庭州屯垦地情丛书〕
b36246001 G322.745 N458 2005

农六师种子志
农六师农业局 农六师农业技术推广站 农六师种子管理站编 于达中主编 五家渠 新疆生产建设兵团出版社 2012 年 388 页〔庭州屯垦地情丛书〕
b47287627 S329.245 Y725 2012

农六师水利志
新疆生产建设兵团农六师水利局编 于达中主编 五家渠 新疆生产建设兵团出版社 2010 年 422 页〔庭州屯垦地情丛书〕
b22431214 TV–092 Y7258 2010

北屯市

农十师志
农十师史志编纂委员会编 李江波主编 乌鲁木齐 新疆人民出版社 1998 年 792 页〔新疆生产建设兵团史志丛书〕
b1383387x E24 L3974

新疆生产建设兵团农十师煤矿志
农十师煤矿史志编纂委员会编辑 周质彬主编 北屯 农十师煤矿史志编纂委员会 1997年 235页〔新疆生产建设兵团史志丛书〕
b12809573 E24 Z675

新疆生产建设兵团农十师北屯中学志
北屯中学志编纂委员会编 李先华主编 乌鲁木齐 新疆人民出版社 2000年 480页〔新疆生产建设兵团史志丛书〕
b20419910 G639.284.5 B316 2000

可克达拉市

第四师司法行政志 1984–2013
第四师司法局司法行政志编纂委员会编 赵建疆主编 五家渠 新疆生产建设兵团出版社 2015年 420页〔新疆生产建设兵团史志系列〕
b49677494 D927.450.61 Z434 2015

香港特别行政区

香港电影图志 1913–1997
中国电影资料馆编 杭州 浙江摄影出版社 1998年 487页
b16446227 J909.2 Z6469 1998

莲麻坑村志
刘蜀永 苏万兴主编 香港 中华书局(香港)有限公司 2015年 368页
b47006705 K296.585 L468 2015

屯门风物志
刘智鹏编著 香港 屯门区议会 2003年 192页
b22169957 K296.58 T571 2003

香港回归十年志 1997–2006
陶存主编 济南 山东人民出版社 2007年 10卷
b17675753 K296.58 T261

香港回归十年志 1997年卷
陶存总主编 王海军 许华卿编著 香港 大公报出版有限公司 2007年 365页
b18171965 K296.58 T261 2007a

香港回归十年志 1998年卷
陶存总主编 王海军 王辉编著 香港 大公报出版有限公司 2007年 365页
b18171965 K296.58 T261 2007a

香港回归十年志 1999年卷
陶存总主编 王丹鹰主编 香港 大公报出版有限公司 2007年 365页
b18171965 K296.58 T261 2007a

香港回归十年志 2000年卷
陶存总主编 王丹鹰主编 香港 大公报出版有限公司 2007年 366页
b18171965 K296.58 T261 2007a

香港回归十年志 2001年卷
陶存总主编 张勉励主编 香港 大公报出版有限公司 2007年 365页
b18171965 K296.58 T261 2007a

香港回归十年志 2002年卷
陶存总主编 范希春主编 香港 大公报出版有限公司 2007年 365页
b18171965 K296.58 T261 2007a

香港回归十年志 2003年卷
陶存总主编 思雄主编 香港 大公报出版有限公司 2007年 365页
b18171965 K296.58 T261 2007a

香港回归十年志 2004年卷
陶存总主编 宋建明 宋轩主编 香港 大公报出版有限公司 2007年 366页
b18171965 K296.58 T261 2007a

香港回归十年志 2005年卷
陶存总主编 宋建明 梁悦主编 香港 大公报出版有限公司 2007年 365页
b18171965 K296.58 T261 2007a

香港回归十年志 2006年卷
陶存总主编 宋彦尊 傅欣主编 香港 大公报出版有限公司 2007年 365页
b18171965 K296.58 T261 2007a

香港中西区风物志
梁炳华著 香港 中西区临时区议会 1998年 320页
b19944524 K296.58 v4

香港文物志
白德著 招绍瓒译 香港 香港市政局 1991年 115页
b36380180 K872.658 B151 1991

香港地名录
庄晋南编 北京 中国地图出版社 1997年 524页
b13231030 K926.58 Z787

香港玩具志
彭顺口述 张施源撰文 香港 香港中和出版有限公司 2013年 171页
b44792955 TS958-092 P336 2013

澳门特别行政区

中国建筑工程（澳门）有限公司志 1980–1995
中国建筑工程（澳门）有限公司编 北京 中国建筑工业出版社 2002年 238页〔中国建筑工程总公司企业志系列丛书之十九〕
b4998147x F426.9 Z6475 2002

世纪留痕 二十世纪澳门教育大事志
刘羡冰编著 澳门 编著者 2002年 245页
b20280531 G527.659 L692S 2002

澳门戏院志
黄夏柏著 香港 麦穗出版有限公司 2012年 221页〔麦穗文化系列〕
b36036651 J819.2 H668 2012

澳门风物志
唐思编著 北京 中国友谊出版公司 1998年 258页〔九九澳门回家书系〕
b10498345 K296.59 T242

清史·典史·澳门志 初稿
国家清史编纂委员会编典志组编 北京 国家清史编纂委员会典志组 2010年 453页
b44909020 K296.59 G792 2010

澳门植被志 第1卷 陆生自然植被
澳门特别行政区民政总署园林绿化部 中山大学生命科学学院编 澳门 澳门特别行政区民政总署园林绿化部 2014年 333页
b45610897 Q948.526.59 A257 2014

澳门植物志
邢福武主编 澳门 澳门特别行政区民政总署园林绿化部 2005年 3卷 1047页
b2209507x Q948.565.9 X479 2006

澳门苔藓植物志
澳门特别行政区民政总署园林绿化部 深圳市仙湖植物园编 张力主编 澳门 澳门特别行政区民政总署园林绿化部 2010年 361页
b22093394 Q949.35 Z356 2010

台湾省

台湾全志 第3卷 住民志 语言篇
罗肇锦 陈秀琪著 南投 "国史馆"台湾文献馆 2011年 444页
b36036420 K295.8 T1524 2011

台湾全志 第3卷 住民志 族群篇
萧新煌等著 南投 "国史馆"台湾文献馆 2011年 544页
b36036432 K295.8 T1524 2011

台湾全志 第3卷 住民志 考古篇
刘益昌著 南投 "国史馆"台湾文献馆 2011年 324页
b36036390 K295.8 T1524 2011

台湾全志 第4卷 政治志 行政篇
刘淑惠、张人杰著 南投 "国史馆"台湾文献馆 2007年 294页
b47321258 K295.8 T1524 2009

台湾全志 第4卷 政治志 党团篇
戴宝村著 南投 "国史馆"台湾文献馆 2007年 205页
b47320783 K295.8 T1524 2009

台湾全志 第4卷 政治志 考铨篇
朱柏松著 南投 "国史馆"台湾文献馆 2007年 267页
b47320795 K295.8 T1524 2009

台湾全志 第5卷 经济志 林业篇
张静宜著 南投 "国史馆"台湾文献馆 2016年 233页
b4991652x K295.8 T1524 2009

台湾全志 第5卷 经济志 渔业篇
张静宜著 南投 "国史馆"台湾文献馆 2016年 220页
b49916555 K295.8 T1524 2009

台湾全志 第5卷 经济志 矿业篇
张伯宇著 南投 "国史馆"台湾文献馆 2016年 282页
b49916518 K295.8 T1524 2009

台湾全志 第5卷 经济志 科技篇
吴政宪著 南投 "国史馆"台湾文献馆 2016年 302页
b49916506 K295.8 T1524 2009

台湾全志 第5卷 经济志 商业篇
陈家豪 庄豪宾著 南投 "国史馆"台湾文献馆 2016年 318页
b49916543 K295.8 T1524 2009

台湾全志 第5卷 经济志 工业篇
庄天赐著 南投 "国史馆"台湾文献馆 2016年 322页
b49916476 K295.8 T1524 2009

台湾全志 第5卷 经济志 国际贸易及对外投资篇
郑梅淑著 南投 "国史馆"台湾文献馆 2016年 322页
b49916488 K295.8 T1524 2009

台湾全志 第 5 卷 经济志 交通篇
庄建华著 南投 “国史馆”台湾文献馆 2016 年 458 页
b4991649x K295.8 T1524 2009

台湾全志 第 5 卷 经济志 农业水利篇
谢美娥著 南投 “国史馆”台湾文献馆 2016 年 254 页
b49916531 K295.8 T1524 2009

台湾全志 第 5 卷 经济志 总论 经济成长篇
张胜彦 洪绍洋著 南投 “国史馆”台湾文献馆 2016 年 250 页
b49916567 K295.8 T1524 2009

台湾全志 第 6 卷 国防志 迁台后篇
“国史馆”台湾文献馆编 孙弘鑫 孙建中著 南投 “国史馆”台湾文献馆 2013 年 280 页
b50218049 K295.8 T1524 2009

台湾全志 第 6 卷 国防志 军事组织与制度篇
“国史馆”台湾文献馆编 孙弘鑫著 南投 “国史馆”台湾文献馆 2013 年 203 页
b50218037 K295.8 T1524 2009

台湾全志 第 8 卷 教育志 学校教育篇
李奉儒著 南投 “国史馆”台湾文献馆 2009 年 444 页
b4732126x K295.8 T1524 2006

台湾全志 第 9 卷 社会志 宗教与社会篇
郑志明著 南投 “国史馆”台湾文献馆 2006 年 306 页
b18919698 K295.8 T1524 2006

台湾全志 第 9 卷 社会志 社会阶层篇
王宏仁 蔡明璋著 南投 “国史馆”台湾文献馆 2006 年 206 页
b19024204 K295.8 T1524 2006

台湾全志 第 9 卷 社会志 都市发展篇
陈东升 周素卿著 南投 “国史馆”台湾文献馆 2006 年 258 页
b19024198 K295.8 T1524 2006

台湾全志 第 9 卷 社会志 社会运动篇
何明修 萧新煌著 南投 “国史馆”台湾文献馆 2006 年 246 页
b19024150 K295.8 T1524 2006

台湾全志 第 9 卷 社会志 文化与社会篇
黄世明 刘维公著 南投 “国史馆”台湾文献馆 2006 年 312 页
b19024186 K295.8 T1524 2006

台湾全志 第 9 卷 社会志 社会多元化与社会团体篇
黄世明著 南投 “国史馆”台湾文献馆 2006 年 550 页
b17843820 K295.8 T1524 2006

台湾全志 第 9 卷 社会志 环境与社会篇
纪骏杰 萧新煌著 南投 “国史馆”台湾文献馆 2006 年 206 页
b19024137 K295.8 T1524 2006

台湾全志 第 9 卷 社会志 卫生与健康篇
詹长权著 南投 “国史馆”台湾文献馆 2006 年 236 页
b19024162 K295.8 T1524 2006

台湾全志 第 9 卷 社会志 经济与社会篇
张翰璧著 南投 “国史馆”台湾文献馆 2006 年 232 页
b19024174 K295.8 T1524 2006

台湾全志 第 9 卷 社会志 社会福利篇
林万亿著 南投 “国史馆”台湾文献馆

2006 年 442 页
b18919649　K295.8　T1524　2006

台湾全志　第 12 卷 文化志 文化行政篇
孟祥瀚著 南投 “国史馆”台湾文献馆 2009 年 305 页
b20358337　K295.8　T1524　2009

台湾全志　第 12 卷 文化志 文化事业篇
陈登武著 南投 “国史馆”台湾文献馆 2009 年 326 页
b20350272　K295.8　T1524　2009

台湾全志　第 12 卷 文化志 文学篇
江宝钗著 南投 “国史馆”台湾文献馆 2009 年 604 页
b50218025　K295.8　T1524　2009

台湾省通志　第 5 卷 教育志 制度沿革篇
李汝和主修 张炳楠监修 张易 王诗琅原修 庄金德增修及整修 台北 台湾省文献委员会 1969–1972 年 2 卷
b2039519x　K295.8　L416　1969

台湾省通志　第 5 卷 教育志 文化事业篇
李汝和主修 张炳楠监修 张易 黎泽霖原修 毛一波增修 庄金德整修 台北 台湾省文献委员会 1969–1972 年 2 卷
b2039519x　K295.8　L416　1969

台湾省通志　第 5 卷 教育志 考选篇
李汝和主修 张炳楠监修 庄金德纂修 台北 台湾省文献委员会 1969–1972 年 4 卷
b2039519x　K295.8　L416　1969

台湾省通志　第 5 卷 教育志 教育设施篇
李汝和主修 张炳楠监修 张易 黎泽霖原修 庄金德增修及整修 台北 台湾省文献委员会 1969–1972 年 3 卷
b2039519x　K295.8　L416　1969

台湾省通志　第 5 卷 教育志 教育行政篇
李汝和主修 张炳楠监修 曹先琨原修 庄金德增修及整修 台北 台湾省文献委员会 1969–1972 年 3 卷
b2039519x　K295.8　L416　1969

台湾省通志稿
黄纯青 林熊祥主修 台北 成文出版社有限公司 1983 年 影印本 40 卷 17525 页〔中国方志丛书〕
b20158154　K29　C461

台湾省通志稿　革命志 抗日篇
台湾省文献委员会编 林熊祥主修 黄旺成纂修 台北 海峡学术出版社 2002 年 259 页〔台湾史料新刊〕
b16355325　K295.8　L5888　2002

重修台湾省通志　第 2 卷 土地志 气候篇
刘宁颜 高育仁总纂 南投 台湾省文献委员会 1995 年 784 页
b47321246　K295.8　L683　1993

重修台湾省通志　第 2 卷 土地志 自然灾害篇
高育仁 陈国彦主修 南投 台湾省文献委员会 1996 年 342 页
b4733129x　K295.8　L683　1993

重修台湾省通志　第 2 卷 土地志 博物篇 综说动物章
高育仁主修 杨仕俊编纂 南投 台湾省文献委员会 1998 年 1822 页
b47321350　K295.8　L683　1993

重修台湾省通志　第 2 卷 土地志 地质篇
刘宁颜总纂 南投 台湾省文献委员会

1992年 880页
b18235505 K295.8 v3

重修台湾省通志 第3卷 住民志 生活篇 礼俗篇
刘宁颜总纂 南投 台湾省文献委员会
1992年 880页
b18235505 K295.8 v3

重修台湾省通志 第4卷 经济志 电力篇
刘宁颜总纂 柴祖彦 龚嘉英 廖东林编纂
南投 台湾省文献委员会 1992年 1162页
b47320801 K295.8 L683 1993

重修台湾省通志 第4卷 经济志 渔业篇
刘宁颜总纂 陈清春等编 台北 台湾省文献委员会 1993年 756页
b41151331 K295.8 L683 1993

重修台湾省通志 第4卷 经济志 工业篇
高育仁等主修 袁金和等编纂 南投 台湾省文献委员会 1998年 2414页
b47320813 K295.8 L683 1993

重修台湾省通志 第4卷 经济志 渔业篇
刘宁颜总纂 南投 台湾省文献委员会
1992年 880页
b18235505 K295.8 v3

重修台湾省通志 第6卷 文教志 学校教育篇
刘宁颜总纂 南投 台湾省文献委员会
1992年 880页
b18235505 K295.8 v3

重修台湾省通志 第7卷 政治志 议会篇 选举罢免篇
刘宁颜总纂 南投 台湾省文献委员会
1992年 880页
b18235505 K295.8 v3

重修台湾省通志 第8卷 职官志 文职表篇 武职表篇
刘宁颜总纂 南投 台湾省文献委员会 1992年 880页
b18235505 K295.8 v3

重修台湾省通志 第10卷 艺文志 著述篇
刘宁颜总纂 南投 台湾省文献委员会
1992年 880页
b18235505 K295.8 v3

重修台湾省通志 台湾省通志 第3卷 住民志 聚落篇
高育仁等主修 蔡文彩编纂 南投 台湾省文献委员会 1997年 604页
b50652540 K295.8 L683 1993

重修台湾省通志 台湾省通志 第4卷 经济志 交通篇
刘宁颜总纂 唐富藏编纂 台北 台湾省文献委员会 2卷 1542页
b50652539 K295.8 L683 1993

续修台北市志 第3卷 政事志 卫生与环保篇
李明仁撰稿 台北 台北市文献委员会
2015年 264页
b49918953 K295.81 X626 2014

续修台北市志 第3卷 政事志 自治与选举篇
陈鸿图撰稿 台北 台北市文献委员会
2015年 370页
b49918965 K295.81 X626 2014

续修台北市志 第4卷 经济志 财税与主计篇
赵黄任 郑玄恭撰稿 台北 台北市文献委员会 2015年 409页
b49918977 K295.81 X626 2014

台湾大代志
劲草著 台北 台湾书房出版有限公司 2012 年 231 页〔台湾志记〕
b36734986 D675.8 J558 2012

“中华民国”内政志
高应笃等著 台北 中华文化出版事业委员会 1957 年 3 卷〔现代国民基本知识丛书〕
b11375772 D693.6 G255

南瀛渔乡志
谢玲玉著 台南 台南县文化局 2000 年 184 页〔南瀛民俗风情丛书〕
b1891830x F326.475.84 X426 2000

台湾矿业会志
矿业协进会 台北 “中华民国”矿业协进会 1991 年 818 页
b18080005 F426.1-26 K487 1991

台湾铁道文化志 解读铁道王国的文化密码
洪致文著 新北 远足文化事业有限公司 2011 年 319 页〔远足台湾〕
b22271740 F532.9 H416 2011

台湾主要木材图志
中华林学会编 台北 中华林学会 1967 年 106 页
b11686832 F762.4 Z644

当代原住民艺术工艺文化创意志
瓦历斯·拉拜著 台北 桑格文化有限公司 2013 年 327 页
b44786918 G127.58 W122 2013

增修台湾省通志稿 第 5 卷 教育志 教育制度沿革篇
庄金德纂修 台北 台湾省文献委员会 1964 年 油印本 93 页
b20395218 G527.58 Z7872 1964

明志书院沿革志
詹雅能编撰 新竹 新竹市“政府” 2002 年 275 页〔竹堑文化资产丛书〕
b1677825x G649.299 Z295 2002

台湾豫剧五十年图志
陈芳 严立模编 台北 “国立”国光剧团 2003 年 247 页
b20485396 J825.58 C418T 2003

台湾后山风土志
张振岳著 台北 台原出版社 1994 年 268 页〔协和台湾丛刊〕
b1050686x K280.58 Z369

泰雅传统文物志 一位泰雅族头目私藏文物馆纪实
卡义卜勇（汉名 简云生）著 黑带巴彦（汉名曾作振）译 台中 晨星出版有限公司 2007 年 163 页〔台湾原住民〕
b18920068 K288.4 Q185 2007

台湾光复图志
曹必宏 戚如高主编 北京 九州出版社 2015 年 444 页
b47331379 K295.8-64 T152T 2015

台湾史志
蔡子民著 北京 台海出版社 1997 年 296 页
b17359363 K295.8-53 C137 1997

台湾史志
蔡子民著 台北 海峡学术出版社 2004 年 348 页〔台湾史料新刊〕
b16355489 K295.8-53 C137 2004

台湾琐志
伍稼青遗著 台北 台湾商务印书馆 1988年 223页
b11034968 K295.8 W535

台湾全志 卷首 战后台湾变迁史略
"国史馆"台湾文献馆编 李筱峰著 南投 "国史馆"台湾文献馆 2004年 190页
b51011165 K295.8 T1524 2009

台湾全志 第1卷 大事志
张胜彦编 南投 "国史馆"台湾文献馆 2004年 497页
b51010835 K295.8 T1524 2009

台湾全志 第2卷 土地志 3 地名篇
"国史馆"台湾文献馆编 许淑娟著 南投 "国史馆"台湾文献馆 2010年 390页
b51010884 K295.8 T1524 2009

台湾全志 第2卷 土地志 4 地质篇
"国史馆"台湾文献馆编 周瑞墩著 南投 "国史馆"台湾文献馆 2010年 370页
b51010896 K295.8 T1524 2009

台湾全志 第2卷 土地志 2 聚落篇
"国史馆"台湾文献馆编 吴育臻著 南投 "国史馆"台湾文献馆 2010年 390页
b51010914 K295.8 T1524 2009

台湾全志 第2卷 土地志 5 气候篇
"国史馆"台湾文献馆编 林圣钦著 南投 "国史馆"台湾文献馆 2010年 476页
b51010926 K295.8 T1524 2009

台湾全志 第2卷 土地志 1 生物与自然保育篇
"国史馆"台湾文献馆编 许嘉恩 陈子英著 南投 "国史馆"台湾文献馆 2010年 441页
b51010938 K295.8 T1524 2009

台湾全志 第2卷 土地志 6 境域篇
"国史馆"台湾文献馆编 张峻嘉著 南投 "国史馆"台湾文献馆 2010年 551页
b51010902 K295.8 T1524 2009

台湾全志 第2卷 土地志 7 土壤篇
"国史馆"台湾文献馆编 韦烟灶 郭鸿裕著 南投 "国史馆"台湾文献馆 2010年 336页
b5101094x K295.8 T1524 2009

台湾全志 第3卷 住民志 姓氏篇
"国史馆"台湾文献馆编 黄世明 萧新煌著 南投 "国史馆"台湾文献馆 2011年 450页
b51010951 K295.8 T1524 2011

台湾全志 第4卷 政治志 9 法制篇
"国史馆"台湾文献馆编 王泰升著 南投 "国史馆"台湾文献馆 2007年 248页
b51010963 K295.8 T1524 2009

台湾全志 第4卷 政治志 10 审计篇
"国史馆"台湾文献馆编 张素玢著 南投 "国史馆"台湾文献馆 2007年 251页
b51011001 K295.8 T1524 2009

台湾全志 第4卷 政治志 8 选举罢免篇
"国史馆"台湾文献馆编 江大树 陈仁海著 南投 "国史馆"台湾文献馆 2007年 240页
b51011013 K295.8 T1524 2009

台湾全志 第4卷 政治志 4 建置沿革篇
"国史馆"台湾文献馆编 郑梅淑著 南投 "国史馆"台湾文献馆 2007年 338页
b51010975 K295.8 T1524 2009

台湾全志 第4卷 政治志5 民主宪政篇
"国史馆"台湾文献馆编 薛化元著 南投 "国史馆"台湾文献馆 2007年 174页
b51010999 K295.8 T1524 2009

台湾全志 第4卷 政治志6 民意机关篇
"国史馆"台湾文献馆编 陈翠莲著 南投 "国史馆"台湾文献馆 2007年 435页
b51010987 K295.8 T1524 2009

台湾全志 第4卷 政治志7 治安篇
"国史馆"台湾文献馆编 陈纯莹著 南投 "国史馆"台湾文献馆 2007年 386页
b51011025 K295.8 T1524 2009

台湾全志 第6卷 国防志3 军事后勤与装备篇
"国史馆"台湾文献馆编 孙弘鑫著 南投 "国史馆"台湾文献馆 230页
b51011037 K295.8 T1524 2009

台湾全志 第6卷 国防志4 军事教育与训练篇
"国史馆"台湾文献馆编 孙建中著 南投 "国史馆"台湾文献馆 350页
b51011049 K295.8 T1524 2009

台湾全志 第7卷 外交志1 总论暨外交行政篇
"国史馆"台湾文献馆编 张胜彦 郑梅淑 张静宜著 南投 "国史馆"台湾文献馆 2015年 306页
b51011116 K295.8 T1524 2009

台湾全志 第7卷 外交志2 条约及协定篇
"国史馆"台湾文献馆编 薛化元著 南投 "国史馆"台湾文献馆 2015年 416页
b51011098 K295.8 T1524 2009

台湾全志 第7卷 外交志3 国民外交篇
"国史馆"台湾文献馆编 林呈蓉 张静宜著 南投 "国史馆"台湾文献馆 2015年 193页
b51011086 K295.8 T1524 2009

台湾全志 第7卷 外交志4 对外关系篇
"国史馆"台湾文献馆编 戴宝村著 南投 "国史馆"台湾文献馆 2015年 356页
b51011062 K295.8 T1524 2009

台湾全志 第7卷 外交志5 国际组织篇
"国史馆"台湾文献馆编 李福钟著 南投 "国史馆"台湾文献馆 2015年 254页
b51011074 K295.8 T1524 2009

台湾全志 第7卷 外交志6 外交政策篇
"国史馆"台湾文献馆编 陈文贤 李明峻 吴志中 王思为著 南投 "国史馆"台湾文献馆 2015年 232页
b51011104 K295.8 T1524 2009

台湾全志 第8卷 教育志 社会教育篇
"国史馆"台湾文献馆编 黄淑苓著 南投 "国史馆"台湾文献馆 2009年 332页
b5101113x K295.8 T1524 2006

台湾全志 第8卷 教育志 教育行政篇
"国史馆"台湾文献馆编 梁福镇著 南投 "国史馆"台湾文献馆 2009年 300页
b51011128 K295.8 T1524 2006

台湾全志 第8卷 教育志体育篇
"国史馆"台湾文献馆编 张妙瑛著 南投 "国史馆"台湾文献馆 2009年 356页
b51011141 K295.8 T1524 2006

台湾全志 第9卷 社会志·劳动力与劳动市场篇
"国史馆"台湾文献馆编 张晋芬 蔡瑞明著 南投 "国史馆"台湾文献馆 2006年 258页
b51011153 K295.8 T1524 2006

台湾全志 第 10 卷 职官志 2 武职表
“国史馆”台湾文献馆编 戴宝村编 南投 “国史馆”台湾文献馆 2004 年 193 页
b51010859 K295.8 T1524 2009

台湾全志 第 10 卷 职官志 1 文职表
“国史馆”台湾文献馆编 戴宝村编 南投 “国史馆”台湾文献馆 2004 年 422 页
b51010847 K295.8 T1524 2009

台湾全志 第 12 卷 文化志 4 艺术篇
“国史馆”台湾文献馆编 李淑卿 萧琼瑞著 南投 “国史馆”台湾文献馆 2009 年 552 页
b51010872 K295.8 T1524 2009

台湾人物志
王诗琅著 张良泽编 台北 海峡学术出版社 2003 年 362 页〔王诗琅选集〕
b16355283 K820.858 W229 2003

台湾百年国乐人物志
吴赣伯编著 台北 博扬文化事业有限公司 2012 年 2 卷 948 页〔台湾经典〕
b36037928 K825.76 W488T 2012

台湾出土人物志 被埋没的台湾文艺作家
谢里法著 台北 台湾文艺杂志社 1984 年 368 页〔台湾文艺丛书〕
b11138142 K825.7 X426

闽台历代中医医家志
肖林榕 林端宜主编 北京 中国医药科技出版社 2007 年 363 页〔闽台中医药文化丛书〕
b22170510 K826.2 X364 2007

台湾早期渔业人物志
台湾省“政府”农林厅渔业局编 台北 台湾省渔业局 1996 年 151 页
b22169829 K826.3 T152 1996

台湾领袖志 现代篇 历史时光隧道 1945-2004
蔡浚宇著 台北 蔡浚宇 2004 年 196 页
b20079060 K827.7 C1379 2004

台湾近代名人志
张炎宪等编 台北 自立晚报 1987 年 4 卷 1263 页〔台湾本土系列〕
b11187621 K829.158 Z368

台湾近代名人志 续篇
风云出版社编辑委员会编 张炎宪著 台北 风云出版社 1986 年 257 页〔风云论坛〕
b14128093 K829.158 Z368B

南瀛古碑志
何培夫著 台南 台南县文化局 2001 年 519 页〔南瀛大地风土专辑〕
b18918153 K877.42 H276N 2001

南瀛生命礼俗志
涂顺从著 台南 台南县文化局 2001 年 379 页〔南瀛文化研究丛书 南瀛大地风土专辑〕
b18918232 K892.458 T521 2001

南瀛艺阵志
陈丁林著 台南 台南县立文化中心 1997 年 357 页〔南瀛庶民生态丛书〕
b18918293 K892.458 C416 1997

台湾布农族风俗图志
达西乌拉弯·毕马（田哲益）著 台北 常民文化事业公司 1995 年 187 页〔原住民民族志〕
b13006447 K892.384 D123

台湾风土志
何联奎 卫惠林著 台北 中华书局 1962年 158页
b12275025 K892.458 H273

台湾地志
陈正祥著 台北 南天书局 1993年 第2版 3卷 1360页〔中国研究丛书〕
b10703445 K925.8 C437

台湾风物志
蔡敦祺著 福州 福建人民出版社 1985年 356页〔中国风物志丛书〕
b12159785 K925.8 C137

台湾省地名录
庄晋南编 北京 中国地图出版社 1992年 428页
b10922982 K925.8 Z787

台湾省区域地质志
福建省地质矿产局编 北京 地质出版社 1992年 244页〔中华人民共和国地质矿产部地质专报〕
b16377254 P548.258 F452 1992

台湾植被志 第1卷 总论及植被带概论
陈玉峰著 台北 玉山社 1996年 276页〔台湾自然史系列〕
b20078377 Q948.525.8 C436 1998

台湾植被志 第2卷 高山植被带与高山植物
陈玉峰著 台中 晨星出版社 1997年 395页〔台湾自然史系列〕
b20078377 Q948.525.8 C436 1998

台湾植被志 第4卷 桧木雾林带
陈玉峰著 台北 前卫出版社 2001年 511页〔台湾自然史系列〕
b20078377 Q948.525.8 C436 1998

台湾植被志 第6卷 阔叶林
陈玉峰著 台北 前卫出版社 2003年 599页〔台湾自然史系列〕
b20078377 Q948.525.8 C436 1998

台湾植被志 第8卷 地区植被专论
陈玉峰著 台北 前卫出版社 1998年 406页〔台湾自然史系列〕
b20078377 Q948.525.8 C436 1998

台湾脊椎动物志
陈兼善著 台北 商务印书馆 1979年 增订再版本 2卷 910页
b11913666 Q959.3 C422

台湾鸟类志
刘小如等著 台北 “行政院”农业委员会林务局 2012年 3卷 1989页
b21645966 Q959.708 L692 2012

台湾果菜志
王礼阳著 台北 时报文化 1994年 189页〔生活台湾〕
b23143162 S602.925.8-7 W222 1994

中国油气田开发志 台湾油气区卷
中国油气田开发志总编纂委员会编 刘宝和主编 北京 石油工业出版社 2011年 196页
b47414479 TE3 L671 2011

三重市志
台北县三重市公所编 台北 台北县三重市公所 1996年 399页
b21127244 K295.83 S145S 1996

三重市志续编
郑懿瀛撰稿 三重 三重市公所 2005年 2卷 600页
b21135241 K295.83 S145S 2005

芦洲乡志
台北县芦洲乡公所编 台北 台北县芦洲乡公所 1993年 358页
b21125405 K295.85 L7899 1993

台湾地区现存碑碣图志 台北县篇
“国立”“中央”图书馆台湾分馆编 何培夫主编 台北 “国立”“中央”图书馆台湾分馆 1999年 446页
b16780462 K877.42 H276T 1999

芦竹乡志
芦竹乡志编辑委员会编 张正昌主修 曾文敬编纂 桃园 芦竹乡志编辑委员会 1995年 890页
b21125417 K295.85 L789 1995

新屋乡志 第1卷
尹章义总编纂 叶佐禹主修 桃园 新屋乡公所 2008年 391页
b21135617 K295.85 X444 2008

台湾省桃园区农业改良场场志
张学琨主修 黄益田总纂 桃园 桃园区农业改良场 1998年 495页
b45480059 F324.1 T152 1998

大溪埔顶仁和宫辛卯年庆成祈安三朝福醮志
台湾宗教历史编修委员会主编 桃园 财团法人台湾省桃园县大溪镇仁和宫 2011年 240页
b44907977 K928.75 R193 2011

重修苗栗县志 第26卷 教育志
黄新发编纂 苗栗 苗栗市“政府” 2006年 432页
b20405935 K295.84 M471 2006

通宵镇志
中华综合发展研究院应用史学研究所总编纂 邱绍俊主修 苗栗 通宵镇公所 2001年 711页
b21129721 K295.85 T426 2001

台湾地区现存碑碣图志 苗栗县篇
何培夫主编 台北 “中央”图书馆台湾分馆 1998年 273页
b12640128 K877.42 H276

南庄植物志 上卷
戴德泉编著 桃园 华夏书坊 2006年 265页
b29994317 Q948.525.8 D151 2006

大雅乡志
陈炎正主编 台中 大雅乡公所 1995年 398页
b21121497 K295.85 D136 1995

龙井乡志
陈炎正主编 台中 龙井乡志编者 1996年 416页
b21125351 K295.85 L741 1996

沙鹿镇志
王仲孚总编纂 童培根主修 台中 沙鹿镇公所 1993年 876页
b21127268 K295.85 S231 1993

彰化市志
周国屏撰 彰化 彰化市公所 1997年 2卷 897页
b21135769 K295.8 Z371 1997

南投县志 第1卷 卷首 卷尾 史略篇 大事记
南投县“政府”编 黄耀能 陈哲三总纂 林日新主修 刘先进撰稿 南投 南投县“政府”文化局 2010年 242页
b46101706　K295.84 N161 2010

南投县志 第2卷 住民志 人口篇 氏族篇
南投县“政府”编 黄耀能 陈哲三总纂 林日新主修 罗启宏撰稿 南投 南投县“政府”文化局 2010年 281页
b4230815x　K295.84 N161 2010

南投县志 第2卷 住民志 原住民篇
南投县“政府”编 黄耀能 陈哲三总纂 林日新主修 黄炫星撰稿 南投 南投县“政府”文化局 2010年 175页
b42308148　K295.84 N161 2010

南投县志 第2卷 住民志 宗教篇 风俗篇
南投县“政府”编 黄耀能 陈哲三总纂 林日新主修 李青融 张永桢撰稿 南投 南投县“政府”文化局 2010年 370页
b2999438x　K295.84 N161 2010

南投县志 第2卷 住民志 语言篇
南投县“政府”编 黄耀能 陈哲三总纂 林日新主修 简史朗撰稿 南投 南投县“政府”文化局 2010年 302页
b46101718　K295.84 N161 2010

南投县志 第3卷 政事志 选举篇
南投县“政府”编 黄耀能 陈哲三总纂 林日新主修 吴金标撰稿 南投 南投县“政府”文化局 2010年 337页
b42308185　K295.84 N161 2010

南投县志 第3卷 政事志 人民团体篇 社会福利篇 卫生篇
南投县“政府”编 黄耀能 陈哲三总纂 林日新主修 吴显钦撰稿 南投 南投县“政府”文化局 2010年 432页
b42308173　K295.84 N161 2010

南投县志 第3卷 政事志 行政篇 自治篇
南投县“政府”编 黄耀能 陈哲三总纂 林日新主修 洪英圣 曾鼎甲撰稿 南投 南投县“政府”文化局 2010年 344页
b40989872　K295.84 N161 2010

南投县志 第3卷 政事志 户政篇 役政篇
南投县“政府”编 黄耀能 陈哲三总纂 林日新主修 陈鸿柏 储荣昌 施东宪撰稿 南投 南投县“政府”文化局 2010年 301页
b42308161　K295.84 N161 2010

南投县志 第3卷 政事志 司法篇 警政篇
南投县“政府”编 黄耀能 陈哲三总纂 林日新主修 王志宇 张福镇 许哲豪撰稿 南投 南投县“政府”文化局 2010年 310页
b42308197　K295.84 N161 2010

南投县志 第3卷 政事志 建设篇
南投县“政府”编 黄耀能 陈哲三总纂 林日新主修 洪英圣撰稿 南投 南投县“政府”文化局 2010年 245页
b46101731　K295.84 N161 2010

南投县志 第3卷 政事志 财政篇 地政篇
南投县“政府”编 黄耀能 陈哲三总纂 林日新主修 甘俊聪撰稿 南投 南投县“政府”文化局 2010年 288页
b4610172x　K295.84 N161 2010

南投县志 第4卷 经济志 商业篇 金融篇
南投县“政府”编 黄耀能 陈哲三总纂 林日新主修 郑喜夫 李凤娇撰稿 南投 南投县“政府”文化局 2010年 359页
b42308124　K295.84 N161 2010

南投县志 第4卷 经济志 工业篇 公用事业篇
南投县“政府”编 黄耀能 陈哲三总纂 林日新主修 林廷瑶 江永荣 张秋吟撰稿 南投 南投县“政府”文化局 2010年 336页
b46101743 K295.84 N161 2010

南投县志 第4卷 经济志 农业篇 水利篇
南投县“政府”编 黄耀能 陈哲三总纂 林日新主修 叶惟镇撰稿 南投 南投县“政府”文化局 2010年 229页
b46101755 K295.84 N161 2010

南投县志 第4卷 经济志 交通篇
南投县“政府”编 黄耀能 陈哲三总纂 林日新主修 陈清金撰稿 南投 南投县“政府”文化局 2010年 355页
b46101767 K295.84 N161 2010

南投县志 第4卷 经济志 林业篇 水产篇 畜产篇
南投县“政府”编 黄耀能 陈哲三总纂 林日新主修 林振亨 白隆慧 陈国村撰稿 南投 南投县“政府”文化局 2010年 307页
b42308136 K295.84 N161 2010

南投县志 第5卷 教育志 学校教育篇 社会教育篇
南投县“政府”编 黄耀能 陈哲三总纂 林日新主修 张庆龙 谢百亮撰稿 南投 南投县“政府”文化局 2010年 321页
b40989975 K295.84 N161 2010

南投县志 第5卷 教育志 学校篇
南投县“政府”编 黄耀能 陈哲三总纂 林日新主修 黄宗辉撰稿 南投 南投县“政府”文化局 2010年 216页
b40989987 K295.84 N161 2010

南投县志 第6卷 文化志 文献篇 胜绩篇
南投县“政府”编 黄耀能 陈哲三总纂 林日新主修 吴福助 林金田撰稿 南投 南投县“政府”文化局 2010年 413页
b46101779 K295.84 N161 2010

南投县志 第6卷 文化志 文化事业篇 艺文篇
南投县“政府”编 黄耀能 陈哲三总纂 林日新主修 李西勋撰稿 南投 南投县“政府”文化局 2010年 265页
b46101792 K295.84 N161 2010

南投县志 第7卷 人物志 人物传篇 职官表篇
南投县“政府”编 黄耀能 陈哲三总纂 林日新主修 林文龙撰稿 南投 南投县“政府”文化局 2010年 207页
b40989963 K295.84 N161 2010

埔里巴宰七社志
卫惠林著 台北 “中央”研究院民族学研究所 1981年 171页〔“中央”研究院民族学研究所专刊〕
b36415844 K288.4 W354 1981

云林庙神志
曾万本著 云林 云林县“政府”文化处 2012年 251页〔云林文化研究丛书〕
b36038714 B933 Z242 2012

云林布袋戏志
谢中宪著 云林 云林县“政府”文化处 2011年 251页〔云林文化研究丛书〕
b36038726 J827 X428C 2011

嘉义县方言志 上卷 语音语法篇
张屏生 萧藤村 吕茗芬合著 高雄 中山大学出版社 2010年 270页
b21645887 H177.2 Z361 2010

七股乡志
台南县七股乡公所编 许献平总编辑 吴建昇主撰 台南 台南县七股乡公所 2010

年 615 页
b36417324 K295.85 Q113 2010

南瀛遗址志
许清保著 南投 “行政院”文化建设委员会 2003 年 255 页
b16780905 K878.05 X596 2003

南瀛聚落志
黄明雅 黄明惠著 台南 台南县文化局 2002 年 409 页〔南瀛文化研究丛书 南瀛乡土乡情专辑〕
b20857901 K925.8 H663 2002

台南县平埔地名志
杨森富著 台南 台南县“政府” 2003 年 310 页〔南瀛文化丛书〕
b17834259 K925.84 T151 2003

重修屏东县志 人群分类与聚落村庄的发展
利天龙著 屏东 屏东县“政府” 2014 年 239 页
b47008362 K295.84 P621 2014

重修屏东县志 原住民族
台邦·撒沙勒著 屏东 屏东县“政府” 2014 年 223 页
b47008350 K295.84 P621C 2014

恒春镇志
张永堂总编纂 陈茂松主修 屏东 恒春镇公所 1998-1999 年 3 卷 1941 页
b21134881 K295.85 H389 1998

屏东县高树乡新丰村志
曾昭荣主修 黄森松纂修 屏东 屏东县高树乡新丰社区发展协会 2014 年 366 页
b50248224 K295.85 X443 2014

东港东隆宫醮志 丁丑九朝庆成谢恩水火祈安清醮
李丰楙总编纂 台北 台湾学生书局 1998 年 216 页
b41160137 B933 L394 1998

成功镇志 第 2 卷 地理篇
王良行总撰 李玉芬本篇作者 台东 台东县成功镇公所 2003 年
b21136415 K295.85 C459 2003

台湾地区现存碑碣图志 澎湖县篇
“国立中央”图书馆台湾分馆编 何培夫主编 台北 “国立中央”图书馆台湾分馆 1993 年 256 页
b16780498 K877.42 H276P 1993

台湾省台中市志
王建竹 林猷穆等纂修 台北 成文出版社有限公司 1983 年 影印本 9 卷 4084 页〔中国方志丛书〕
b20158221 K29 C461

台中市志 第 1 卷 经济志
“国立”中兴大学编纂 黄秀政总主持 萧景楷卷主持 台中 台中市“政府” 2008 年 472 页
b20357187 K295.83 T1519 2008

台中市志 第 2 卷 人物志
“国立”中兴大学编纂 黄秀政总主持 王振勋 赵国光卷主持 台中 台中市“政府” 2008 年 384 页
b20357217 K295.83 T1519 2008

台中市志 第 3 卷 社会志
“国立”中兴大学编纂 黄秀政总主持 陈静瑜卷主持 台中 台中市“政府” 2008 年 670 页
b20357199 K295.83 T1519 2008

台中市志 第4卷 政事志
“国立”中兴大学编纂 黄秀政总主持 王志宇卷主持 台中 台中市“政府”2008年 744页
b20357205 K295.83 T1519 2008

台中市志 第5卷 教育志
“国立”中兴大学编纂 黄秀政总主持 林时民卷主持 台中 台中市“政府”2008年 810页
b20357175 K295.83 T1519 2008

台中市志 第6卷 艺文志
“国立”中兴大学编纂 黄秀政总主持 陈器卷主持 台中 台中市“政府”2008年 644页
b20863755 K295.83 T1519 2008

台中市志 第7卷 沿革志
“国立”中兴大学编纂 黄秀政总主持 孟祥瀚卷主持 台中 台中市“政府”2008年 459页
b20863779 K295.83 T1519 2008

台中市志 第8卷 地理志
“国立”中兴大学编纂 黄秀政总主持 陈国川卷主持 台中 台中市“政府”2008年 607页
b20863767 K295.83 T1519 2008

南瀛绘画志
谢玲玉著 台南 台南县“政府”2010年 541页
b23140628 J209.2 X426 2010

南瀛戏剧志
林永昌著 台南 台南县“政府”2010年 335页
b23140811 J809.258.4 T151 2010

南瀛客家族群志
杨昇展著 台南 台南县“政府”2010年 367页
b2314063x K281.1 Y246 2010

南瀛老街志
张溪南著 台南 台南县“政府”2007年 315页
b23140653 K295.84 Z367 2007

台南地方乡土志
陈春木著 台北 常民文化事业股份有限公司 1998年 332页
b12520652 K295.83 C415

南瀛人物志
陈益裕著 台北 台湾省文献委员会 1994年 231页
b1784258x K820.858 C436 1994

南瀛盐分地带艺文人物志
谢玲玉著 台南 台南县“政府”2006年 511页
b17628659 K820.858 X426 2006

南瀛古匾志
曾晓馨 曾絮敏著 台南 台南县“政府”2009年 575页
b23140574 K875.49 Z242 2009

南瀛化石志
王良杰 陈志鹏著 台南 台南县“政府”2007年 347页
b23140616 Q911.725.84 W222 2007

南瀛植物志
李庆章著 台南 台南县文化局 2000年 292页
b23140872 Q948.525.84 L415 2000

南瀛昆虫志
王奕棠著 台南 台南县“政府” 2010 年 439 页
b23140641 Q968.225.8 W234 2010

南瀛医疗志
许献平著 台南 台南县“政府” 2010 年 383 页
b23140859 R199.2 X598 2010

南瀛历史建筑志
涂顺从 涂叔君 黄明雅著 台南 台南县“政府” 2009 年 303 页
b23140677 TU-092 T514 2009

南瀛公园志
张志全 吴丽雪著 台南 台南县“政府” 2010 年 287 页
b23140562 TU986.625.84 Z369 2010

南瀛埤塘志
李庆章著 台南 台南县“政府” 2007 年 271 页
b23140719 TV-092 L4159 2007

台北市志 卷首
台北市文献委员会编 台北 台北市文献委员会 1991 年 2 卷 632 页
b10827559 K295.83 T151C

台北市志 第 1 卷 沿革志 史前文化篇
台北市文献委员会编 台北 台北市文献委员会 1988 年 124 页
b10827547 K295.83 T151CB

台北市志 第 1 卷 沿革志 封域篇
台北市文献委员会编 台北 台北市文献委员会 1988 年 193 页
b10827547 K295.83 T151CB

台北市志 第 1 卷 沿革志 城市篇
台北市文献委员会编 台北 台北市文献委员会 1988 年 224 页
b10827547 K295.83 T151CB

台北市志 第 2 卷 自然志 博物篇
台北市文化委员会编 台北 台北市文献委员会 1987 年 295 页
b10827535 K295.83 T151CD

台北市志 第 2 卷 自然志 地理篇
台北市文化委员会编 台北 台北市文献委员会 1987 年 124 页
b10827535 K295.83 T151CD

台北市志 第 2 卷 自然志 气候篇
台北市文化委员会编 台北 台北市文献委员会 1987 年 238 页
b10827535 K295.83 T151CD

台北市志 第 3 卷 政制志 人口篇
台北市文献委员会编 台北 台北市文献委员会 1978 年 126 页
b10828990 K295.83 T151

台北市志 第 3 卷 政制志 自治篇
台北市文献委员会 台北 台北市文献委员会 1987 年 126 页
b10827523 K295.83 T151CE

台北市志 第 3 卷 政制志 司法篇
台北市文献委员会 台北 台北市文献委员会 1987 年 200 页
b10827523 K295.83 T151CE

台北市志 第 3 卷 政制志 行政篇
台北市文献委员会 台北 台北市文献委员会 1987 年 324 页
b10827523 K295.83 T151CE

台北市志 第3卷 政制志 选举篇
台北市文献委员会 台北 台北市文献委员会 1987年 300页
b10827523 K295.83 T151CE

台北市志 第3卷 政制志 卫生篇
台北市文献委员会 台北 台北市文献委员会 1987年 285页
b10827523 K295.83 T151CE

台北市志 第3卷 政制志 户政篇
台北市文献委员会 台北 台北市文献委员会 1987年 281页
b10827523 K295.83 T151CE

台北市志 第3卷 政制志 警政篇
台北市文献委员会 台北 台北市文献委员会 1987年 253页
b10827523 K295.83 T151CE

台北市志 第3卷 政制志 地政篇
台北市文献委员会 台北 台北市文献委员会 1987年 236页
b10827523 K295.83 T151CE

台北市志 第3卷 政制志 役政篇
台北市文献委员会 台北 台北市文献委员会 1987年 350页
b10827523 K295.83 T151CE

台北市志 第3卷 政制志 公共建设篇
台北市文献委员会 台北 台北市文献委员会 1987年 429页
b10827523 K295.83 T151CE

台北市志 第4卷 社会志 宗教篇
台北市文献委员会 台北 台北市“政府”1991年 151页
b10827511 K295.83 T151CF

台北市志 第4卷 社会志 风俗篇
台北市文献委员会 台北 台北市“政府”1991年 184页
b10827511 K295.83 T151CF

台北市志 第4卷 社会志 社会组织篇
台北市文献委员会 台北 台北市“政府”1991年 305页
b10827511 K295.83 T151CF

台北市志 第4卷 社会志 氏族篇
台北市文献委员会 台北 台北市“政府”1991年 324页
b10827511 K295.83 T151CF

台北市志 第4卷 社会志 语言篇
台北市文献委员会 台北 台北市“政府”1991年 406页
b10827511 K295.83 T151CF

台北市志 第4卷 社会志 人口篇
台北市文献委员会 台北 台北市“政府”1991年 460页
b10827511 K295.83 T151CF

台北市志 第4卷 社会志 社会福利篇
台北市文献委员会 台北 台北市“政府”1991年 381页
b10827511 K295.83 T151CF

台北市志 第5卷 财政志 市政岁计篇
台北市文献委员会 台北 台北市“政府”1991年 435页
b1082750x K295.83 T151CG

台北市志 第5卷 财政志 金融篇
台北市文献委员会 台北 台北市“政府”1991年 370页
b1082750x K295.83 T151CG

台北市志 第5卷 财政志 税捐篇
台北市文献委员会 台北 台北市“政府”
1991年 345页
b1082750x K295.83 T151CG

台北市志 第5卷 财政志 市有财产篇
台北市文献委员会 台北 台北市“政府”
1991年 162页
b1082750x K295.83 T151CG

台北市志 第6卷 经济志 物价篇
台北市文献委员会 台北 台北市“政府”
1988年 801页
b10827493 K295.83 T151CH

台北市志 第6卷 经济志 合作事业篇
台北市文献委员会 台北 台北市“政府”
1988年 188页
b10827493 K295.83 T151CH

台北市志 第6卷 经济志 工业篇
台北市文献委员会 台北 台北市“政府”
1988年 196页
b10827493 K295.83 T151CH

台北市志 第6卷 经济志 邮电篇
台北市文献委员会 台北 台北市“政府”
1988年 372页
b10827493 K295.83 T151CH

台北市志 第6卷 经济志 交通篇
台北市文献委员会 台北 台北市“政府”
1988年 356页
b10827493 K295.83 T151CH

台北市志 第6卷 经济志 商业篇
台北市文献委员会 台北 台北市“政府”
1988年 323页
b10827493 K295.83 T151CH

台北市志 第6卷 经济志 农林渔矿篇
台北市文献委员会 台北 台北市“政府”
1988年 296页
b10827493 K295.83 T151CH

台北市志 第6卷 经济志 公用事业篇
台北市文献委员会 台北 台北市“政府”
1988年 541页
b10827493 K295.83 T151CH

台北市志 第7卷 教育志 社会教育篇
台北市文献委员会 台北 台北市“政府”
1988年 87页
b10827481 K295.83 T151CK

台北市志 第7卷 教育志 学校篇
台北市文献委员会 台北 台北市“政府”
1988年 354页
b10827481 K295.83 T151CK

台北市志 第7卷 教育志 体育篇
台北市文献委员会 台北 台北市“政府”
1988年 171页
b10827481 K295.83 T151CK

台北市志 第7卷 教育志 教育行政与学校教育篇
台北市文献委员会 台北 台北市“政府”
1988年 231页
b10827481 K295.83 T151CK

台北市志 第8卷 文化志 文化事业篇
台北市文献委员会 台北 台北市“政府”
1988年 106页
b1082747x K295.83 T151CL

台北市志 第8卷 文化志 文献篇
台北市文献委员会 台北 台北市“政府”
1988年 110页
b1082747x K295.83 T151CL

台北市志 第8卷 文化志 胜迹篇
台北市文献委员会 台北 台北市“政府” 1988年 131页
b1082747x K295.83 T151CL

台北市志 第8卷 文化志 艺术篇
台北市文献委员会 台北 台北市“政府” 1988年 184页
b1082747x K295.83 T151CL

台北市志 第8卷 文化志 文学篇
台北市文献委员会 台北 台北市“政府” 1988年 368页
b1082747x K295.83 T151CL

台北市志 第9卷 人物志
台北市文献委员会编 台北 台北市“政府” 1988年 2卷 405页
b10827468 K295.83 T151CM

台北市志 卷尾
台北市文献委员会编 台北 台北市“政府” 1991年 341页
b10827456 K295.83 T151CN

续修台北市志 第3卷 政事志 户政警消与役政篇
倪重华 詹素贞主修 台北 台北市文献委员会 2015年 513页
b5018717x K295.81 X626 2014

续修台北市志 第4卷 经济志 商业与金融篇
倪重华 詹素贞主修 黄秀政总纂 郑政诚撰稿 台北 台北市文献委员会 2015年 360页
b49919003 K295.81 X626 2014

续修台北市志 第4卷 经济志 科技园区篇
倪重华 詹素贞主修 黄秀政总纂 吴学明 陈志豪撰稿 台北 台北市文献委员会 2015年 295页
b49918989 K295.81 X626 2014

续修台北市志 第4卷 经济志 农业与工业篇
李力庸撰稿 台北 台北市文献委员会 2015年 404页
b49918990 K295.81 X626 2014

续修台北市志 第6卷 社会志 人口篇
陈信木撰稿 台北 台北市文献委员会 2015年 413页
b49918941 K295.81 X626 2014

续修台北市志 第7卷 教育志 教育行政篇
郝龙斌监修 刘维公 詹素贞主修 台北 台北市文献委员会 2014年 443页
b47321271 K295.81 X626 2014

续修台北市志 第9卷 人物志 政治与经济篇
郝龙斌监修 刘维公 詹素贞主修 台北 台北市文献委员会 2014年 409页
b49598119 K295.81 X626 2014

续修台北市志 第9卷 人物志 社会与文化篇
郝龙斌监修 刘维公 詹素贞主修 台北 台北市文献委员会 2014年 408页
b49660421 K295.81 X626 2014

古松山方志 锡口十三街庄的人与事
王受宁著 台北 唐山出版社 2013年 128页〔地方志〕
b50186243 K295.81 W229 2013

台北市大安区志
台北市大安区公所编 卞凤奎等著 台北 台北市大安区公所 2011年 523页
b29998578 K295.8 B453T 2011

台北市建筑师公会会志 **74年版**
卢景儒编 台北 台北市建筑师公会 1985 年 420 页
b21765315 TU–26 T151 1985

高雄现代美术志
倪再沁著 高雄 高雄市“政府”文化局 2004 年 255 页
b20349907 J120.9 N287 2004

大高雄风土志
黄福镇著 高雄 高雄复文图书出版社 2001 年 288 页
b20860493 K295.83 G254 2001

高雄市区里沿革图志
王贤德编 高雄 高雄市“政府”民政局 2001 年 562 页
b16777724 K928.53 G254 2001

金门安全农业生活志 **自然 生态 安全 健康**
陈庆祐 林彧丞采访撰文 金门 金门县“政府” 2010 年 191 页
b23138646 F327.584 C429 2010

金门植物志
吕福原等撰文 / 摄影 李丽芳等绘图 金门 金门“国家”公园管理处 2011 年 2 卷 1189 页
b36036341 Q948.525.8 L977 2011

金门淡水及河口鱼类志
陈义雄 吴瑞贤 方力行著 金门 内政部营建署金门“国家”公园管理处 2002 年 163 页
b23138658 Q959.408 C436 2002

山顺明 主编

华东师范大学图书馆藏新方志目录

第二册

浙、皖、闽、赣、鲁、豫、鄂、湘

国家图书馆出版社

第二册目录

浙江省

浙江通志 第 47 卷 盐业志
浙江通志编纂委员会编 俞文华总编 俞滨局卷主编 杭州 浙江人民出版社 2017 年 521 页
b50232113 K295.5 Z4588 2017

浙江通志 第 48 卷 烟草业志
浙江通志编纂委员会编 俞文华总编 于政雄 孟伟刚卷主编 杭州 浙江人民出版社 2017 年 515 页
b50232101 K295.5 Z4588 2017

浙江通志 第 97 卷 方言志
浙江通志编纂委员会编 俞文华总编 徐越编纂 杭州 浙江人民出版社 2017 年 468 页
b50232095 K295.5 Z4588 2017

浙江通志 第 101 卷 天目山专志
浙江通志编纂委员会编 俞文华总编 苏卿武卷主编 杭州 浙江人民出版社 2017 年 530 页
b50643058 K295.5 Z4588 2017

浙江省志 交通篇
浙江省交通厅编写组编 杭州 浙江省交通厅编写组 2005 年 324 页
b21571302 F512.755 Z458 2005

浙江省哲学社会科学志
浙江省哲学社会科学志编辑部编 李荫森主编 杭州 浙江人民出版社 1999 年 840 页〔浙江省志丛书〕
b13990834 C125.5 Z458

浙江省计划生育志
浙江省计划生育志编纂委员会编 徐爱光主编 北京 中华书局 2004 年 1037 页〔浙江省志丛书〕
b20710756 C924.255.5 X566 2004

浙江省人口志
浙江省人口志编纂委员会编 北京 中华书局 2007 年 957 页〔浙江省志丛书〕
b20952806 C924.255.5 Z4587 2007

浙江省中国共产党志 评审稿
浙江省中国共产党志编委会办公室编 杭州 浙江省中国共产党志编委会办公室 2004 年 791 页
b17482124 D235.55 Z458 2004

浙江省中国共产党志
浙江省中国共产党志编纂委员会编 李华忠主编 杭州 浙江人民出版社 2007 年 1082 页〔浙江省志丛书〕
b20952855 D235.55 Z458 2007

浙江省工会志
浙江省工会志编纂委员会编 傅永珍主编 北京 中华书局 1997年 798页〔浙江省志丛书〕
b21571284 D412.855 F495 1997

浙江省青年运动志 试行本
浙江省青年运动志编纂委员会编 李云林主编 杭州 浙江人民出版社 2011 年 1236

页〔浙江省志丛书〕
b37531785 D432.855 L422 2011

浙江人民代表大会志 初稿
浙江人民代表大会志编纂委员会编 浙江 浙江人民代表大会志编纂委员会 2004年 1001页〔浙江省志丛书〕
b51012157 D624.55 Z458 2004

浙江省人民代表大会志
浙江省人民代表大会志编纂委员会编 张友余主编 北京 中华书局 2005年 1066页〔浙江省志丛书〕
b16888157 D624.55 Z458 2005

浙江省政府志
浙江省政府志编纂委员会编 张鸿铭 李卫宁主编 杭州 浙江人民出版社 2014年 2卷 1575页〔浙江省志丛书〕
b46018414 D625.55 Z353 2014

浙江省政协志
浙江省政协志编纂委员会编 俞文华主编 杭州 浙江人民出版社 2007年 1087页〔浙江省志丛书〕
b20952843 D628.55 Z458 2007

浙江省人事志
浙江省人事志编纂委员会编 北京 中华书局 2007年 967页〔浙江省志丛书〕
b20952818 D630.3 Z458 2007

浙江省电站水库移民志
浙江省电站水库移民志编纂委员会编 北京 华艺出版社 1998年 421页
b20047083 D632.4 Z458 1998

浙江省红十字会志
浙江省红十字会志编纂委员会编 王冬梅主编 杭州 浙江古籍出版社 2016年 460页〔浙江省志丛书〕
b49546740 D632.1 W214 2016

浙江省华侨志
浙江省华侨志编纂委员会编 周望森主编 杭州 浙江古籍出版社 2010年 424页〔浙江省志丛书〕
b22433144 D634 Z675 2010

浙江省劳动保障志
浙江省劳动保障志编纂委员会编 王国益主编 北京 中华书局 2004年 864页〔浙江省志丛书〕
b16164283 D669.2 W217 2004

浙江人民公安志
浙江省公安志编纂委员会编 北京 中华书局 2000年 769页〔浙江省志丛书〕
b13946584 D675.5 Z458

浙江省民政志 续编 第一稿
浙江省民政志编纂委员会编 钱小平主编 北京 中国社会出版社 1999年 361页
b21028278 D675.5 Q223 1999

浙江省民主党派志
浙江省民主党派志编纂委员会编 崔云溪主编 北京 中华书局 2002年 851页〔浙江省志丛书〕
b16425467 D675.5 Z4585 2002

浙江省外事志
浙江省外事志编纂委员会编 陈文林主编 北京 中华书局 1996年 778页〔浙江省志丛书〕
b13849268 D827.55 Z458

浙江省防空志
浙江省人民防空办公室编 尹安弟主编 杭州 浙江余杭人民印刷有限公司 1999 年 451 页
b20952739 E256 Z458 1999

中国人民武装警察部队浙江省武警志
1949.5–1999.8
武警浙江省总队编史办公室编 孙卫平 张云举主编 杭州 武警浙江省总队编史办公室 2000 年 754 页
b23229287 E277 Z458 2000

浙江省军事志
浙江省军事志编纂委员会编 北京 方志出版社 1999 年 858 页〔浙江省志丛书〕
b13946602 E289.55 Z458

浙江省工商行政管理志
浙江省工商行政管理局 浙江省工商行政管理学会编 石奎国 黄笑苹主编 杭州 浙江人民出版社 2004 年 705 页
b20952740 F203.9 S473 2004

浙江省乡镇企业志
浙江省乡镇企业志编纂委员会编 钱信浩 吴添祖主编 北京 中华书局 2011 年 1457 页〔浙江省志丛书〕
b37530720 F279.243 Q223 2011

浙江省粮食志
浙江省粮食志编纂委员会编 沈惠子主编 北京 当代中国出版社 1999 年 639 页〔浙江省志丛书〕
b2292131x F326.11 S412 1999

浙江省林业志
浙江省林业志编纂委员会编 毛志忠主编 北京 中华书局 2001 年 1408 页〔浙江省志丛书〕
b13946766 F326.275.5 Z458

浙江省水产志
浙江省水产志编纂委员会编 北京 中华书局 1999 年 1184 页〔浙江省志丛书〕
b1394681x F326.475.5 Z458

浙江渔业科技志
吴家骓主编 杭州 浙江省水产局 1995 年 215 页
b20952879 F326.475.5 W491 1995

浙江省农发志
浙江省农发志编辑委员会编 杭州 浙江省农发志编辑委员会 2016 年 505 页
b49640781 F327.55 Z4586 2016

浙江省农业志
浙江省农业志编纂委员会编 赵小道主编 北京 中华书局 2004 年 2 卷 2253 页〔浙江省志丛书〕
b1616426x F327.55 Z458 2004

浙江省土地志
浙江省土地志编纂委员会编 梁敬明主编 北京 方志出版社 2001 年 762 页〔浙江省志丛书〕
b21277552 F327.55 Z458T 2001

鳌江志
鳌江志编纂委员会编 王光铭主编 北京 中华书局 1999年 204页〔浙江省江河志丛书〕
b13123464 F426.9 A247

浙江建铜四十周年志
浙江建铜四十周年志编纂委员会编 周兆发主编 杭州 浙江建铜四十周年志编纂委员会 2000 年 326 页

b49938526　F426.1 Z458 2000

浙江省电力工业志
浙江省电力工业志编纂委员会编 张彬主编 北京 水利电力出版社 1995 年 469 页〔中国电力工业志丛书〕
b21592986　F426.61 Z346Z 1995

浙江省电力工业志 1991-2002
张旭升主编 北京 中国水利水电出版社 2010 年 406 页〔中国电力工业志丛书〕
b21766320　F426.61 Z346Z 2010

浙江省电力系统调度志 1897-1990
浙江省电力系统调度志编纂委员会编 赵介良主编 北京 中国电力出版社 1996 年 198 页〔浙江省电力工业志丛书〕
b3889371x　F426.61 Z434 1996

浙江省纺织工业志
浙江省轻纺工业志编辑委员会编 北京 方志出版社 1999 年 748 页〔浙江省志丛书〕
b13946560　F426.81 Z458

浙江省水利志
浙江省水利志编纂委员会编 北京 中华书局 1998 年 1215 页〔浙江省志丛书〕
b13946572　F426.9 Z458

浙江省丝绸志
浙江省丝绸志编纂委员会编 北京 方志出版社 1999 年 652 页〔浙江省志丛书〕
b13993227　F426.81 Z4587

浙江省烟草志
浙江省烟草志编纂委员会编 张仁琪主编 杭州 浙江人民出版社 1995 年 733 页〔浙江省志丛书〕
b13946705　F426.89 Z458

浙江省烟草志 1991-2010
浙江省烟草志编纂委员会编 杭州 浙江古籍出版社 2015 年 812 页
b47073494　F426.89 Z458C 2015

浙江省盐业志
浙江省盐业志编纂委员会编 北京 中华书局 1996 年 566 页〔浙江省志丛书〕
b13946730　F426.82 Z458

浙江省二轻工业志
浙江省二轻工业志编纂委员会编 沈仲卿主编 杭州 浙江人民出版社 1998 年 803 页〔浙江省志丛书〕
b15959648　F427.55 Z458 1998

浙江省建筑业志
浙江省建筑业志编纂委员会编 童炽昌总编 北京 方志出版社 2004 年 2 卷 1189 页〔浙江省志丛书〕
b1600579x　F427.55 Z4583 2004

浙江省交通志 远古-2010
浙江省交通志编纂委员会编 郑惠明主编 北京 人民交通出版社公司 2016 年 2 卷 1334 页
b49823516　F512.755 Z535 2016

浙江航空史志
渠长根著 北京 光明日报出版社 2010 年 300 页
b20932091　F562.9 Q575 2010

浙江乡村旅游志
魏桥主编 合肥 黄山书社 1998 年 564 页
b13946547　F592.755 W358

浙江石油商业志
浙江省石油公司编 叶洋春 林中康主编 杭州 浙江科学技术出版社 1990 年 429 页
b21766356 F724.741 Z458 1990

浙江百货商业志
章锦文主编 杭州 浙江人民出版社 1990 年 511 页〔浙江商业丛书〕
b36248332 F727.55 Z373 1990

浙江肉禽蛋商业志
王伟国主编 杭州 浙江科学技术出版社 1989 年 489 页
b49849463 F727.55 W232 1989

浙江商业管理志
浙江省商业厅编 杭州 浙江人民出版社 1990 年 369 页〔浙江商业丛书〕
b21571247 F727.55 Z4584 1990

浙江省供销合作社志
浙江省志编纂委员会编 孙正主编 杭州 浙江人民出版社 1989 年 657 页
b20952752 F727.55 Z4581 1989

浙江省市场志
浙江省市场志编辑部编 杨金荣主编 北京 方志出版社 2000 年 781 页〔浙江省志丛书〕
b13638932 F727.55 Z458

浙江糖烟酒菜商业志
浙江省商业厅副食品管理处编 戚锡根主编 杭州 浙江科学技术出版社 1990 年 479 页
b20952867 F727.55 Q117 1990

浙江省外经贸志
浙江省外经贸志编纂委员会编 王萱寿等主编 北京 中华书局 2001 年 953 页〔浙江省志丛书〕
b13946651 F752.855 Z458

浙江省财政税务志
浙江省财政税务志编纂委员会编 翁礼华主编 北京 中华书局 2002 年 930 页〔浙江省志丛书〕
b20952715 F812.755 W411 2002

浙江省金融志
浙江省金融志编纂委员会编 袁隆生主编 杭州 浙江人民出版社 2000 年 840 页〔浙江省志丛书〕
b16164088 F832.755 Z458 2000

浙江省农村金融志 1912–1990
中国农业银行浙江省分行编 秦尧 池茂传 朱吉礼主编 杭州 中国农村银行浙江省分行 1994 年 260 页
b47243259 F832.35 Q449 1994

浙江省保险志
浙江省保险志编纂委员会编 北京 中华书局 1999 年 579 页〔浙江省志丛书〕
b13946638 F842.755 Z458

浙江省新闻志
浙江省新闻志编纂委员会编 杜加星主编 杭州 浙江人民出版社 2007 年 1111 页〔浙江省志丛书〕
b20952831 G219.275.5 D698 2007

浙江省出版志
浙江省出版志编纂委员会编 周祖赓主编 杭州 浙江人民出版社 2007 年 1118 页〔浙江省志丛书〕
b18418697 G239.275.5 Z675 2007

中国博物馆志 浙江卷 未定稿
中国国家文物局 中国博物馆学会编 张文彬 张柏 鲍贤伦主编 北京 文物出版社 2010年 362页
b22433259 G269.2 Z646 2010

浙江省科学技术志
浙江省科学技术志编纂委员会编 郑永庚 李福民主编 北京 中华书局 1996年 1075页〔浙江省志丛书〕
b20952764 G322.755 Z545 1996

浙江教育简志
浙江教育简志编纂组编 杭州 浙江人民出版社 1988年 525页〔浙江简志〕
b17298416 G527.55 Z4584 1988

浙江商业教育志 1973–1995
浙江商业教育志编审委员会编写 曹金荣主编 杭州 杭州大学出版社 1997年 238页
b36013572 G527.55 C212 1997

浙江省教育志
浙江省教育志编纂委员会编 余起声主编 杭州 浙江大学出版社 2004年 1130页〔浙江省志丛书〕
b15939431 G527.55 Z458 2004

中华学府志 浙江卷
余起声主编 北京 中共中央党校出版社 2000年 1660页
b1688369x G528 Z643

浙江省体育志
浙江省体育志编纂委员会编 北京 方志出版社 2003年 947页〔浙江省志丛书〕
b1425069x G812.755 Z458

浙江省语言志
傅国通 郑张尚芳总编 杭州 浙江人民出版社 2015年 2卷 1294页〔浙江省志丛书〕
b47317012 H173-09 F492 2015

浙江省文学志
浙江省文学志编纂委员会编 盛钟健主编 北京 中华书局 2001年 829页〔浙江省志丛书〕
b16436921 I209.955 Z458 2001

浙江省书画志
浙江省书画志编纂委员会编 鲍江华主编 北京 方志出版社 2004年 499页〔浙江省志丛书〕
b1488897x J209.2 Z458Z 2004

中华舞蹈志 浙江卷
中华舞蹈志编辑委员会编 蓝凡主编 吴露生卷主编 上海 学林出版社 2014年 238页
b44692717 J709.255 L171 2014

中华舞蹈志 浙江卷
中华舞蹈志编辑委员会编 蓝凡主编 吴露生卷主编 上海 学林出版社 1999年 238页
b12998692 J709.255 Z643

中国戏曲志 浙江卷
中国戏曲志编辑委员会 中国戏曲志浙江卷编辑委员会编 张庚主编 史行卷主编 北京 中国ISBN中心 1997年 938页
b1047299x J809.2 Z651Z

中国戏曲志 浙江卷 编纂提纲 二稿
浙江戏曲志浙江卷编辑部编 杭州 浙江戏曲志浙江卷编辑部 1987年 72页
b19087871 J825.55 Z651 1987

浙江省电影志
费静波主编 北京 中国书籍出版社 1996年 630页〔浙江省志丛书〕

b13946675　J909.2 F313

浙江省少数民族志

浙江省少数民族志编纂委员会编 金永汉主编 北京 方志出版社 1999 年 700 页〔浙江省志丛书〕

b1642539x　K280.55 Z458 1999

钱塘江志

钱塘江志编纂委员会编 戴泽蘅主编 北京 方志出版社 1998 年 651 页〔浙江省志丛书〕

b12691264　K295.5 Q223

浙江地名简志

浙江省地名委员会编 杭州 浙江人民出版社 1988 年 611 页〔浙江简志之九〕

b11309611　K295.5 Z458

浙江分县简志

浙江分县简志编纂者 杭州 浙江人民出版社 1983 年 2 卷〔浙江简志之一〕

b12314195　K295.5 Z457

浙江省名村志

魏桥主编 杭州 浙江人民出版社 1994 年 2 卷 1410 页

b13991425　K295.55 W358

浙江省名镇志

浙江省名镇志编纂委员会编 魏桥主编 上海 上海书店 1991 年 813 页

b10633820　K295.55 Z458

浙江省轻工业志

浙江省轻纺工业志编辑委员会编 曹鹤鸣主编 北京 中华书局 2000 年 930 页〔浙江省志丛书〕

b2095279x　K295.5 Z458Z 2000

浙江省统计志

浙江省统计志编纂委员会编 北京 中华书局 2007 年 672 页〔浙江省志丛书〕

b21136300　K295.5 Z458T 2007

浙江人物简志

浙江省社会科学研究所编纂 杭州 浙江人民出版社 1984–1985 年 3 卷〔浙江简志之二 2001〕

b12306083　K820 Z457

浙江省人物志

浙江省人物志编纂委员会编 杭州 浙江人民出版社 2005 年 1135 页〔浙江省志丛书〕

b16142330　K820.855 Z458 2005

浙江革命女烈志

浙江省妇女联合会编 杭州 浙江人民出版社 1981 年 134 页

b12301826　K822 Z457

浙江当代中医名人志

于诗俊主编 杭州 浙江省中医管理局 1989 年 271 页

b20018046　K826.2 Y726 1989

浙江风俗简志

浙江民俗学会编 杭州 浙江人民出版社 1986 年 656 页〔浙江简志之五〕

b12275050　K892.455 Z457

浙江地理简志

陈桥驿著 杭州 浙江人民出版社 1985 年 547 页〔浙江简志〕

b17515865　K925.5 Z458 1985

浙江风物志

浙江人民出版社 杭州 浙江人民出版社 1985 年 419 页〔中国风物志丛书〕

b12160106 K925.5 Z457

浙江海岛志
周航主编 北京 高等教育出版社 1998 年 643 页
b17646790 K925.5 Z665 1998

浙江省海域地名录
浙江省地名委员会编 陆英 宋红编写 杭州 杭州西泠印刷厂 1988 年 331 页
b21276043 K925.5 L841 1988

浙江文物简志
浙江省文物考古所编 杭州 浙江人民出版社 1986 年 207 页
b11255961 K928.705.5 Z457C

中国海岛志 浙江卷 第 1 卷 舟山群岛北部
中国海岛志编纂委员会编 陈连增总编 郑连福卷主编 北京 海洋出版社 2014 年 977 页
b4564908x K928.44 C424G 2014

中国海岛志 浙江卷 第 2 卷 舟山群岛南部
中国海岛志编纂委员会编 陈连增总编 夏小明卷主编 北京 海洋出版社 2014 年 947 页
b4564908x K928.44 C424G 2014

浙江省测绘志
浙江省测绘志编纂委员会编 虞乐南主编 北京 中国书籍出版社 1996 年 700 页〔浙江省志丛书〕
b17183017 P2-092 Z458 1996

浙江省地震监测志
浙江省地震局编 陈学庭主编 北京 地震出版社 2004 年 113 页〔中国地震监测志系列〕
b50347871 P315.732.55 C435 2004

浙江省水文地质志
郭春刚主编 宁波 浙江省水文地质工程地质大队 1995 年 461 页
b17482045 P337.255 G765 1995

浙江省水文志
浙江省水文志编纂委员会编 林显钰主编 北京 中华书局 2000 年 647 页〔浙江省志丛书〕
b13226836 P344.255 Z458

浙江省气象志
浙江省气象志编纂委员会编 北京 中华书局 1999 年 666 页〔浙江省志丛书〕
b13946791 P468.255 Z458

浙江省地质矿产志
浙江省地质矿产志编纂委员会编 潘圣明主编 北京 方志出版社 2003 年 838 页〔浙江省志丛书〕
b14086116 P562.55 Z458D 2003

浙江省区域地质志
浙江省地质矿产局编著 北京 地质出版社 1989 年 688 页〔中华人民共和国地质矿产部地质专报〕
b11189010 P562.55 Z458

中国海湾志 第 6 卷 浙江省南部海湾
中国海湾志编纂委员会编 北京 海洋出版社 1993 年 302 页
b10905157 P722 Z647

浙江植物志 第 1 卷 蕨类植物 – 裸子植物
张朝芳 章绍尧主编 杭州 浙江科学技术出版社 1993 年 411 页
b10886035 Q948.525.5 W219

浙江植物志 第 2 卷 木麻黄科－樟科
王景祥等主编 杭州 浙江科学技术出版社 1992 年 408 页
b10886035 Q948.525.5 W219

浙江植物志 第 3 卷 罂粟科－漆树科
裘宝林等主编 杭州 浙江科学技术出版社 1993 年 541 页
b10886035 Q948.525.5 W219

浙江植物志 第 4 卷 冬青科－山茱萸科
裘宝林等主编 杭州 浙江科学技术出版社 1993 年 423 页
b10886035 Q948.525.5 W219

浙江植物志 第 5 卷 山柳科－茄科
王景祥等主编 杭州 浙江科学技术出版社 1989 年 355 页
b10886035 Q948.525.5 W219

浙江植物志 第 8 卷 总论
章绍尧 丁炳扬主编 杭州 浙江科学技术出版社 1993 年 343 页
b10886035 Q948.525.5 W219

浙江动物志 第 1 卷 兽类
浙江动物志编辑委员会编 董聿茂主编 毛节荣等编 杭州 浙江科学技术出版社 1989 年 172 页
b11072532 Q958.525.5 Z458

浙江动物志 第 4 卷 淡水鱼类
浙江动物志编辑委员会编 毛节荣主编 杭州 浙江科学技术出版社 1991 年 250 页
b11072532 Q958.525.5 Z458

浙江动物志 第 5 卷 蜘蛛类
浙江动物志编辑委员会编 陈樟福 张贞华编著 杭州 浙江科学技术出版社 1991 年 364 页
b11072532 Q958.525.5 Z458

浙江动物志 第 6 卷 甲壳类
浙江动物志编辑委员会编 董聿茂主编 杭州 浙江科学技术出版社 1991 年 486 页
b11072532 Q958.525.5 Z458

浙江动物志 第 7 卷 软体动物
浙江动物志编辑委员会编 蔡如星主编 杭州 浙江科学技术出版社 1991 年 374 页
b11072532 Q958.525.5 Z458

浙江动物志 第 8 卷 吸虫类
浙江动物志编辑委员会编 吴宝华主编 杭州 浙江科学技术出版社 1991 年 420 页
b11072532 Q958.525.5 Z458

浙江蜂类志
何俊华等编著 北京 科学出版社 2004 年 1373 页〔华夏英才基金学术文库〕
b14666200 Q969.54 H271Z 2004

浙江检验检疫志
浙江检验检疫志编纂委员会编 金旭主编 杭州 浙江人民出版社 2005 年 1205 页〔浙江省志丛书〕
b20952703 R185.3 J479 2005

浙江省医药志
浙江省医药志编纂委员会编 刘书春主编 北京 方志出版社 2003 年 725 页〔浙江省志丛书〕
b14446820 R199.2 Z458 2003

浙江土种志
浙江省土壤普查办公室编 魏孝孚主编 杭州 浙江科学技术出版社 1993 年 273 页
b19930987 S155.92 W359 1993

浙江土壤志
浙江省土壤普查土地规划工作委员会编
杭州 浙江人民出版社 1964 年 288 页
b22433181 S159.255 Z458 1964

浙江稻种资源图志
张丽华 应存山主编 杭州 浙江科学技术出版社 1993 年 329 页
b10875852 S511.029.2 Z356

浙江省蔬菜品种志
浙江省农科院园艺研究所等编 李桂云等编 杭州 浙江大学出版社 1994 年 588 页
b27575147 S630.29 Z458 1994

清凉峰木本植物志 第 1 卷 裸子植物门 被子植物门 胡椒科 – 豆科
金孝锋主编 张宏伟 周莹莹卷主编 杭州 浙江大学出版社 2014 年 338 页
b46475229 S717.255 J479 2014

清凉峰木本植物志 第 2 卷 被子植物门 芸香科 – 百合科
金孝锋主编 胡江琴 陈建民卷主编 杭州 浙江大学出版社 2014 年 356 页
b46523133 S717.255 J479 2014

浙江省畜禽遗传资源志
浙江省畜牧兽医局组编 杭州 浙江科学技术出版社 2016 年 223 页
b51012145 S813.9 Z458 2016

浙江省畜禽疫病志
浙江省农业厅畜牧管理局编 赵国源编写 杭州 浙江大学出版社 1993 年 321 页
b22433168 S851.925.5 Z458 1993

浙江省蚕桑志
浙江省蚕桑志编纂委员会编 蒋猷龙主编 杭州 浙江大学出版社 2004 年 435 页
b20952727 S88 J356 2004

飞云江志
浙江省飞云江志编纂委员会编 何健主编 北京 中华书局 2000 年 424 页〔浙江省江河志丛书〕
b19931116 TV882.855 H271 2000

瓯江志
瓯江志编纂委员会编 吴松涛主编 北京 水利电力出版社 1995 年 248 页〔浙江省江河志丛书〕
b16436702 TV882.855 O111 1995

姚江志
干凤苗主编 北京 中国水利水电出版社 2003 年 336 页
b17516134 TV882.855 G182 2003

甬江志
甬江志编纂委员会编 胡允和主编 北京 中华书局 2000 年 349 页〔浙江省江河志丛书〕
b16325205 TV882.855 Y641 2000

浙江省环境保护志
浙江省环境保护志编纂委员会编 北京 中国环境科学出版社 2003 年 556 页〔浙江省志丛书〕
b20566281 X321.255 Z458 2003

杭州市

杭州市志
杭州市地方志编纂委员会编辑 北京 中华书局 1995–2001 年 12 卷
b13947515 K295.51 H226

杭州市志 1986–2005
杭州市人民政府地方志办公室编 北京 方志出版社 2011 年 7 卷
b46994804 K295.51 H2265 2011

中共杭州市委党校校志 1992–2002
中共杭州市委党校校志编纂委员会编 杭州 校志编委会 2002 年 174 页
b20141956 D261.41 H226 2002

共青团浙江省团校 浙江青年专修学院志 1950–2000
共青团浙江省团校 浙江青年专修学院志编纂委员会编 傅忠道 李庆平主编 北京 中央文献出版社 2000 年 261 页
b17516201 D296.19 F495 2000

杭州青年运动志
杭州青年运动志编纂委员会编 钟立品 周士铭编撰 杭州 杭州大学出版社 1998 年 642 页
b21567992 D432.855.1 Z625 1998

杭州市人大志
杭州市人大志编纂委员会编 李秋清主编 杭州 浙江摄影出版社 2002 年 703 页
b17457348 D624.551 L415 2002

杭州市政协志
杭州市政协志编纂委员会编 徐泉海主编 北京 方志出版社 2005 年 735 页
b16398075 D628.551 H226 2005

杭州市公安志 报批稿
杭州市公安志编纂委员会编 陈伟主编 杭州 杭州市公安志编纂委员会 2001 年 846 页
b45840209 D631 C434H 2001

杭州政党志
孙跃主编 李金美等撰稿 杭州 杭州市志政党篇编纂小组 198- 年 308 页
b22429931 D665 L3975

杭州市民政志
杭州市民政局编 萧巨生主编 余杭 余杭华兴印刷厂 1993 年 375 页
b21568091 D675.51 X332 1993

杭州市民政志 1986–2005
杭州市民政局编 萧巨生主编 杭州 杭州市市级机关文印中心 2008 年 746 页
b22429906 D675.51 X332 2008

杭州市人民公安志
杭州市人民公安志编纂委员会编 陈伟主编 北京 中华书局 2001 年 808 页〔浙江省公安史志丛书〕
b21568108 D675.51 C434 2001

杭州法院志 第 2 卷
浙江省杭州市中级人民法院编 邵永吉主编 杭州 浙江省杭州市中级人民法院 1996 年 251 页
b50318779 D926.22 H226B 1996

杭州司法志
杭州市司法局编 傅章祥 张吉清 黄杭泉编纂 杭州 杭州市司法局 1993 年 350 页
b36374283 D927.551 F495 1993

杭州经济技术开发区志 1990–2007
杭州经济技术开发区志编纂委员会编 张保灿主编 北京 方志出版社 2010 年 878 页
b22364663 F127.551 Z346 2010

浙江省工商业联合会志
浙江省工商业联合会志编纂委员会编 马

兆成主编 北京 方志出版社 2003 年 263 页〔浙江省志丛书〕
b20467679 F127.55 M143 2003

杭州市工商行政管理志
杭州市工商行政管理局编 孟向松主编 天津 天津人民出版社 1996 年 323 页
b21568030 F203.9 M369 1996

杭州市质量技术监督志
杭州市质量技术监督志编纂委员会编 陈德昌主编 杭州 杭州余杭人民印刷有限公司 2005 年 534 页〔浙江省质量技术监督之〕
b46273803 F203 H226 2005

杭州审计志
杭州审计志编纂委员会编 王高麟主编 北京 方志出版社 2009 年 1032 页
b21568017 F239.227.551 W217 2009

杭州市劳动志
杭州市劳动局编 汤志荣主编 杭州 杭州市劳动局 1993 年 313 页
b2156808x F249.275.51 T239 1993

杭州物资志
杭州物资志编辑委员会编 朱天相主编 北京 中国物资出版社 1995 年 454 页
b21136956 F259.275.51 H226 1995

杭州市城市供水志 1928.4–2010.6
杭州市水业集团有限公司编 杭州 杭州市水业集团有限公司 2010 年 312 页
b40935346 F299.241 H226 2010

杭州市城乡建设志
杭州市城乡建设志编纂委员会编 方立军主编 北京 中华书局 2002 年 2 卷 1416 页
b36374003 F299.275.51 F224 2002

杭州市市政志
徐焕照主编 杭州 杭州市市政志编纂委员会 1994 年 309 页
b17677828 F299.275.51 X571 1994

红山农场志
红山农场志编纂领导小组编 闻家盈主编 杭州 浙江人民出版社 1999 年 363 页
b20042966 F324.1-09 H419 1999

钱江农场志
钱江农场志编纂领导小组编 倪荣甫主编 北京 方志出版社 2012 年 512 页
b40425976 F324.1 Q221 2012

杭州市林业志
杭州市林业志编纂委员会编 杨企平主编 北京 中华书局 2015 年 637 页
b47023089 F326.275.51 Y244 2015

杭州农业志
中共杭州市委 杭州市人民政府农业工作办公室编 来坚巨总编 北京 方志出版社 2003 年 1231 页
b21567980 F327.551 L144 2003

杭州市土地志
杭州土地志编纂委员会编 朱寅传主编 北京 中华书局 2002 年 532 页
b17457403 F327.551 Z722 2002

半山发电厂志 1958–2006
半山发电厂志编纂委员会编 王根富主编 杭州 浙江人民出版社 2010 年 348 页〔浙江省电力工业志丛书〕
b49982114 F426.61 B224 2010

杭钢志
杭州钢铁厂杭钢志编辑部编 章健主编 杭州 浙江人民出版社 1985年 790页
b21763537 F426.31 H226 1985

杭州食品厂厂志
余咏喜主编 杭州 杭州食品厂 1988年 268页
b21763549 F426.82 H226 1988

杭州市电力工业志 1896–1990
杭州市电力工业志编纂委员会编 徐名奎主编 北京 水利电力出版社 1994年 360页〔浙江省电力工业志丛书〕
b20949339 F426.61 X575 1994

杭州市电力工业志 1991–2005
潘金华主编 北京 中国电力出版社 2010年 468页〔浙江省电力工业志丛书〕
b40742799 F426.61 X575 2010

新安集团志 1965–2014（杭州）
新安集团志编纂委员会编 洪淳生主编 北京 方志出版社 2015年 550页
b4703144x F426.7 X443 2015

杭州市二轻工业志
杭州市二轻工业志编纂委员会编 林培森主编 杭州 浙江人民出版社 1991年 615页
b20949340 F426.8 L587 1991

杭州市化学工业志
李淑钧主编 杭州 杭州市化学工业公司 1996年 291页
b47352462 F426.7 L417 1996

杭州丝绸志
杭州丝绸控股（集团）公司编纂 杭州 浙江科学技术出版社 1999年 673页
b17646686 F426.81 H226 1999

杭州新华造纸厂志
丁本荣主编 杭州 杭州新华造纸厂 1988年 429页
b22429918 F426.83 D529 1988

杭州牙膏厂志
顾维德主编 杭州 杭州牙膏厂志编写组 1990年 打印本
b2242992x F426.89 G559 1990

华东药厂志
杭州华东制药厂志编纂委员会编 李邦良主编 杭州 杭州华东制药厂志编纂委员会 1992年 258页
b41235988 F426.7 H528 1992

甲子华东 华东勘测设计研究院志 1954–2014
华东勘测设计研究院编 杭州 华东勘测设计研究院 2014年 2卷 646页
b4644290x F426.61–24 H528 2014

钱江电气集团志
杭州钱江电气集团股份有限公司钱江电气集团志编纂委员会编 金阿根 沈璧 来载璋编纂 北京 方志出版社 2005年 588页
b50247335 F426.6 J476 2005

武林丝绸志
王仁主编 劳志鹏编著 杭州 浙江人民出版社 2014年 221页〔浙江省百项档案编研精品〕
b46667957 F426.81 H226 2014

闲铁矿志 1957–1987
杭州闲林埠钼铁矿编 沈干 刘钦祥主编 杭州 杭州闲林埠钼铁矿 1990年 303页
b44917193 F426.1 H226 1990

宇航公司志
杭州宇航交通工程有限公司志编纂委员会编 王庆主编 北京 中华书局 2006年 301页
b50778602 F426.9 H226 2006

浙江省电力试验研究所志 1960–1988
浙江省电力试验研究院志编委会编 杭州 浙江科学技术出版社 2009年 193页〔浙江省电力工业志丛书〕
b21571260 F426.61–24 Z458 2009

浙江省电力试验研究院志 1989–2005
浙江省电力试验研究院志编委员编 杭州 浙江科学技术出版社 2010年 341页〔浙江省电力工业志丛书〕
b44915901 F426.61–24 Z458 2010

浙江省电力修造厂志
浙江省电力修造厂志编纂委员会编 北京 中国旅游出版社 1997年 158页
b39833641 F426.61 Z458 1997

浙江省火电建设公司志 1991–2005
浙江省火电建设公司志（1991–2005）编纂委员会编 于进云 徐春明主编 杭州 浙江人民出版社 2008年 286页〔浙江省电力工业志丛书〕
b51011797 F426.61 Z4582 2008

浙江石油勘探处志 1970–1997
浙江石油勘探处志编纂委员会编 陈志维 蒋维三主编 杭州 杭州地质印刷厂 1999年 342页
b21766344 F426.22 Z458 1999

浙江西泠啤酒简志
丁云海主编 杭州 西泠印社出版社 2017年 489页
b49961068 F426.82 X119 2017

杭州市工业志
杭州市经委编志办公室编 林培森主编 杭州 杭州市经委编志办公室 1998年 804页
b21568042 F427.551 L587 1998

杭州市轻工业志
杭州市轻工业志编纂委员会编 吴一华主编 杭州 杭州市轻工业志编纂委员会 1996年 729页
b20949376 F427.551 W515 1996

杭州市交通志
杭州市交通志编审委员会编 韩勇主编 北京 中华书局 2003年 856页
b20042796 F512.755.1 H183 2003

杭州铁路分局志 1906–1995
杭州铁路分局志编纂委员会编 北京 中国铁道出版社 2005年 924页
b21136166 F532.855 H226 2005

杭州市公共交通志
杭州市公共交通志编纂委员会编 蒋天荣 王平 周琪总编辑 杭州 杭州市公共交通志编纂委员会 2003年 279页
b21568054 F572.885.51 J356 2003

杭州市电信志
浙江省电信公司杭州市分公司 浙江省电信公司杭州市分公司档案馆编 许烈弟主编 北京 人民邮电出版社 2002年 553页
b21568029 F632.755.1 H226 2002

杭州市邮政志
杭州市邮政局史志编辑委员会编 潘尚总主编 北京 人民邮电出版社 1996年 327页

b21568133 F632.755.1 P162 1996

杭州市粮食志
杭州市粮食志编纂领导小组编 邵镇平主编 杭州 杭州大学出版社 1994 年 265 页
b20949364 F724.721 S339 1994

杭州物价志
杭州物价志编纂委员会编 北京 中国物价出版社 2002 年 830 页
b20949406 F726.755.1 H226 2002

杭州第二商业志
杭州市第二商业局编 杭州 杭州出版社 1996 年 566 页
b20949315 F727.551 H226 1996

杭州商业志
杭州商业志编纂委员会编 汪力忠主编 杭州 浙江大学出版社 1996 年 672 页
b21568005 F727.551 W185 1996

杭州市工商业联合会（商会）志
杭州市工商业联合会（商会）志编纂委员会编 吴春达编辑 杭州 浙江方志出版咨询服务中心 2003 年 303 页
b16862260 F727.55 H226 2003

杭州市供销合作社志
杭州市供销合作社联合社编 黄星明主编 杭州 杭州市供销合作社联合社 1991 年 404 页
b49938502 F727.551 H668 1991

杭州对外经贸志
杭州市对外经济贸易委员会编 章明伟主编 北京 北京师范大学出版社 1993 年 421 页
b21567955 F752.855.1 Z373 1993

杭州海关志
杭州海关志编纂委员会编 徐蔚葳主编 杭州 浙江人民出版社 2003 年 526 页
b15698130 F752.59 H2269 2003

杭州医药商业志
杭州医药商业志编纂委员会编 卢连芳主编 北京 中国青年出版社 1990 年 422 页
b21568145 F763 L791 1990

杭州财税志 1991–2005
杭州财税志编纂委员会编 丁晨编撰 杭州 杭州出版社 2009 年 426 页
b20882695 F812.755.1 D529 2009

杭州农村金融志
郑家祥 俞吾泉主编 杭州 杭州农村金融志编委会 1995 年 354 页
b21567979 F832.755 Z536 1995

杭州市金融志
杭州市金融志编纂委员会编 陈达明主编 杭州 杭州市金融志编纂委员会 1990 年 296 页
b20807211 F832.755.1 C416 1990

建设银行浙江省分行志 1951–1995
建设银行浙江省分行志编委会编著 北京 中华书局 1999 年 403 页
b22430374 F832.33 Z458 1999

浙江图书馆志
浙江图书馆志编纂委员会编 王效良主编 北京 中华书局 2000 年 337 页
b13218219 G259.29 Z458

浙江省图书馆志
浙江省图书馆志编纂委员会编 毛昭晰主编 北京 中国书籍出版社 1994 年 511 页

〔浙江省志丛书〕
b16109934　G259.2755　Z457

杭州市科技志
杭州市科学技术委员会科技志编纂委员会编　杭州　杭州大学出版社　1996 年　388 页
b49982096　G322.755.1　H2261　1996

杭州市科技志　1986–2005
杭州市科学技术局杭州市科学志编纂委员会编　北京　中华书局　2007 年　529 页
b20949352　G322.755.1　H226　2007

杭州市科协志　1958–1989
杭州市科协志编纂委员会编　徐景政主编　杭州　杭州市科协志编纂委员会　1990 年　173 页
b21568078　G322.755.1　X572　1990

浙江省科学技术协会志(杭州)
浙江省科学技术协会志编纂委员会编　北京　方志出版社　1999 年　597 页〔浙江省志丛书〕
b13946559　G322.755　Z458

杭州教育志　1028–1949
杭州市教育委员会编纂　杭州　浙江教育出版社　1994 年　726 页
b13079402　G527.551　H226

杭州教育志　1949–1985
杭州市教育局编纂　徐一超　王蛟主编　杭州　杭州市市级机关文印中心　2012 年　781 页
b45840192　G527.551　X581H　2012

杭州教育志　1986–2005
杭州市教育局编纂　徐一超主编　杭州　杭州市市级机关文印中心　2011 年　692 页
b46011183　G527.551　X581H　2011

文海教育志　2004–2014
文海教育志编纂委员会编　金加喜主编　杭州　文海教育志编纂委员会　2014 年　352 页
b47415964　G527.551　W386　2014

杭州市十三中教育集团校志　2000–2010
杭州市十三中教育集团校志编纂委员会编　杭州　杭州市十三中教育集团校志编纂委员会　2010 年　349 页
b27575652　G528　H226

杭州二中校志　杭州二中校庆九十周年　1899–1989
杭州二中校志编写组编　杭州　杭州二中　1989 年　164 页
b20101326　G639.285.51　H2262　1989

钱塘校志　2004–2014
杭州市钱塘外语学校编　周华松　黄黎明主编　杭州　杭州市钱塘外语学校　2014 年　239 页
b49789508　G639.285.53　H226　2014

浙江省杭州第二中学校志　建校一百一十一周年纪念专集
沈熔和主编　杭州　杭州第二中学校志编委会　2010 年　570 页
b40650066　G639.285.51　Z458　2010

浙江大学保卫工作志
冯时林主编　杭州　浙江大学保卫工作志编委会　2003 年　334 页
b49472094　G647.4　F377　2003

杭州电子科技大学志　1956–2005
杭州电子科技大学志编委会编著　北京　中华书局　2006 年　880 页
b19734116　G649.285.5　H226　2006

杭州电子科技大学志 2006–2015
杭州电子科技大学志编纂委员会编 王兴杰 薛安克主编 杭州 浙江人民出版社 2016 年 1084 页
b49923407 G649.285.51 H2262 2016

浙江财经学院院志
浙江财经学院院志编纂委员会编 王先强主编 杭州 浙江财经学院院志编纂委员会 1994 年 178 页
b44852459 G649.285.5 Z4581C 1994

浙江传媒学院志
奚建华 彭少健主编 陈为良主纂 香港 中国文化艺术出版社 2004 年 265 页
b17457336 G649.285.5 X126 2004

浙江传媒学院志 1978–2008
奚建华 彭少健主修 柴志明 沈兵虎主编 北京 中国广播电视出版社 2008 年 454 页
b20141828 G649.285.5 X126 2008

浙江大学建筑工程学院院志 1927–2017
浙江大学建筑工程学院编 杭州 浙江大学出版社 2017 年 614 页
b4992929x G649.285.51 Z4581J 2017

浙江财经大学志 1994–2014
浙江财经大学志编纂委员会编 北京 光明日报出版社 2014 年 809 页
b4710062x G649.285.51 Z4584 2014

浙江科技学院志 1980–2009
浙江科技学院志编委会编 杭州 浙江工商大学出版社 2010 年 524 页
b47206809 G649.285.51 Z4586 2010

浙江大学土木工程学系系志
浙江大学建筑工程学院编 杭州 浙江大学建筑工程学院 2007 年 274 页
b22433132 G649.285.5 Z4582T 2007

浙江工商大学志 1911–2011
浙江工商大学志编纂委员会编 王志邦主编 杭州 浙江工商大学出版社 2011 年 675 页
b44915895 G649.285.51 Z4583 2011

浙江工业大学志
姒承家主编 杭州 浙江教育出版社 1993 年 409 页
b16435825 G649.285.51 Z458 1993

浙江工业大学志 1993–2002
韩翼祥主编 杭州 浙江古籍出版社 2003 年 409 页
b17482227 G649.285.5 H183 2003

浙江水利水电专科学校志
黄世钧主修 叶洪明主纂 北京 中国水利水电出版社 2003 年 224 页
b1817663x G649.28 H666 2003

浙江育英职业技术学院志
浙江育英职业技术学院志编纂委员会编 杭州 浙江人民出版社 2008 年 502 页
b20099708 G649.285.5 Z4589 2008

中国计量学院志
中国计量学院志编纂委员会编 谢庭藩主编 杭州 中国计量学院志编纂委员会 1999 年 297 页
b20105307 G649.285.5 Z647 1999

浙江农业大学校志
浙江农业大学校志编写组编 何泳生主编 杭州 浙江教育出版社 1992 年 238 页
b1735867x G659.285.5 Z458 1992

浙江警官职业学院志
浙江警官职业学院志编纂委员会编 陈洪勋主编 杭州 浙江警官职业学院志编纂委员会 2014 年 389 页
b50066973 G718.5 Z4584 2014

杭州万向职业技术学院院志 1991–2010
胡民强 赵永林主编 杭州 浙江大学出版社 2010 年 425 页
b40742805 G719.285.51 H226 2010

浙江省杭州农业学校校志 1950–1990
浙江省杭州农业学校校志编写委员会编 杭州 浙江省地质测绘印刷厂 1993 年 211 页
b20105137 G719.285.51 Z458 1993

浙江金融职业学院志
浙江金融职业学院志编纂委员会编 陈利荣 盖晓芬主编 北京 中国金融出版社 2015 年 462 页
b4729727x G719.285.51 Z4584 2015

浙江商业职业技术学院志 1911–2011
浙江商业职业技术学院志编纂委员会编 贾新民 骆光林主编 杭州 浙江教育出版社 2011 年 488 页
b46668901 G719.285.51 Z4587 2011

浙江长征财经进修学院杭州长征业余学校校志
唐锦春主编 杭州 浙江长征财经进修学院 2000 年 197 页
b20105101 G729.2 T241 2000

杭州市戏曲志
胡效琦主编 杭州 浙江文艺出版社 1991 年 416 页
b20042802 J809.255.1 H476 1991

杭州市电影志
杭州市电影发行放映公司 杭州市电影志编纂委员会编 李建国主编 杭州 杭州出版社 1997 年 365 页
b17457889 J909.255.1 L397 1997

杭州辛亥革命百年图志
杭州市地方志编纂委员会办公室编著 许小富主编 杭州 杭州出版社 2011 年 598 页
b4064814x K257.06-64 X598 2011

杭州民族宗教志
杭州民族宗教志编纂委员会编著 吴树铭撰稿 杭州 杭州出版社 2010 年 479 页
b46018153 K280.551 W511 2010

杭州四季青志
杭州四季青志编纂委员会编 周永祥主编 北京 方志出版社 2011 年 614 页
b22458840 K295.51 Z6758 2011

杭州大学教授志
郑小明 郑造桓主编 杭州 杭州大学出版社 1997 年 314 页
b13072262 K825.46 Z545

浙江大学教授志
林之平等编 杭州 浙江大学出版社 1990 年 332 页
b20121398 K825.46 L588 1990

杭州市地名志
杭州市地名委员会办公室编 杭州 浙江人民出版社 1990 年 537 页
b17457439 K925.51 H226 1990

杭州市地名志
杭州市民政局 杭州市地名委员会编 邵胜主编 杭州 杭州出版社 2013 年 2 卷

1609 页
b4474884x K925.51 S339 2013

武林街巷志
项永丹主编 劳志鹏编著 杭州 杭州出版社 2008 年 2 卷 426 页
b19431387 K925.51 X316 2008

西湖志
杭州市园林文物管理局编 施奠东主编 上海 上海古籍出版社 1995 年 1113 页
b1060070x K928.705.5 S465

杭州气象志
杭州气象志编纂委员会编 胡漪涟主编 北京 中华书局 1999 年 432 页
b20949327 P468.255.1 H476 1999

杭州植物志
杭州植物志编纂委员会编著 余金良 卢毅军 金孝锋总主编 王挺 高亚红卷主编 杭州 浙江大学出版社 2017 年 3 卷
b50278526 Q948.525.51 Y722 2017

杭州药用植物志
上海第一医学院药学系生药学教研组编 上海 上海科学技术出版社 1961 年 401 页
b20042814 Q949.95 S324 1961

浙江省医学科学院志
浙江省医学科学院编 杭州 浙江省医学科学院 2010 年 194 页
b40742945 R-242.55 Z458 2010

杭州市卫生防疫站志
杭州市卫生防疫站编 陈楚渔主编 杭州 杭州市卫生防疫站 1988 年 155 页
b21568121 R197.2 C415 1988

浙江省卫生防疫站站志 1953–1993
魏天泽主编 杭州 杭州市余杭人民印刷厂 1993 年 185 页
b21766332 R197.2 Z458 1993

浙江省新华医院浙江中医学大学附属第二医院院志 1960–2010
浙江省新华医院编 蔡宛如 吕伯东主编 杭州 浙江省新华医院 2010 年 92 页
b44915913 R197.3 Z458 2010

浙江省肿瘤医院志 1963–2013
浙江省肿瘤医院志编纂委员会编 毛伟敏 袁瑞玉主编 杭州 浙江省肿瘤医院志编纂委员会 2013 年 243 页
b46377682 R197.3 Z4589 2013

浙江大学附属第一医院浙江省第一医院院史志 1947–2012
郑树森 薛金增主编 杭州 浙江大学附属第一医院浙江省第一医院 2012 年 570 页
b40743998 R199.2 Z4582 2012

杭州市农业科教志
杭州市农业局编 童钟灵主编 杭州 杭州市农业局 1994 年 236 页
b49803086 S-125.51 T443 1994

浙江省农业科学院志
浙江省农业科学院编 杭州 浙江科学技术出版社 2001 年 471 页
b20952788 S-242.55 Z458 2001

中国水稻研究所志 1981–1999
蔡洪法主编 杭州 中国水稻研究所 2000 年 263 页
b21571429 S511-24 C137 2000

杭州市城市绿化志
杭州市园林文物局编 北京 中国科学技术出版社 1997 年 423 页
b17646261 S732.551 H226 1997

杭州水产志
杭州水产志编纂委员会编 钟志祥主编 北京 中华书局 1996 年 325 页
b2094939x S922.551 Z624 1996

杭州制笔总厂志
陈跃主编 杭州 杭州新华外文科技印刷厂 1988 年 468 页
b21763562 TS951.1 H226 1988

浙江大学建筑设计研究院院志
浙江大学建筑设计研究院院志编写委员会编 杭州 浙江大学建筑设计研究院 2011 年 266 页
b5001691x TU2-40 Z458 2011

杭州市水利志
杭州市水利志编纂委员会编 汪国盛主编 北京 中华书局 2009 年 765 页
b20882701 TV-092 W184 2009

苕溪运河志
苕溪运河志编纂委员会编 林有祯 颜成第主编 北京 中国水利水电出版社 2010 年 2 卷 1462 页〔浙江省江河志丛书〕
b27537973 TV882.855 L588 2010

浙江省环境保护科学设计研究院院志 1977-1997
谢先德主编 杭州 浙江省环境保护科学设计研究院 1997 年 233 页
b46365242 X-24 Z458 1997

拱墅区

拱宸志
傅宝海主编 北京 中国文史出版社 2016 年 211 页
b49625950 K295.55 G445 2016

康桥村村志
康桥村村志编纂委员会编 沈天伟主编 杭州 杭州出版社 2017 年 285 页
b50729032 K295.55 K185 2017

上塘志
陈希萍主编 北京 国际文化出版公司 2002 年 268 页〔国风文丛〕
b17120755 K295.55 S322 2002

杭州市拱墅区教育志
杭州拱墅区教育委员会编 杭州 杭州拱墅区教育委员会 1993 年 267 页
b2001482x G527.551 G445 1993

杭州市拱墅区半山区简志
杭州市拱墅区地方志编纂委员会编 杭州 杭州市拱墅区地方志编纂委员会 1998 年 149 页
b21568066 K295.51 G445 1998

杭州市拱墅区米市巷街道图志
杭州市拱墅区米市巷街道图志编纂委员会编 程雷生主编 北京 中华书局 2016 年 364 页
b50861980 K295.55 M397 2016

杭州市拱墅区地名简志
杭州市拱墅区地名办公室编 杭州 杭州市拱墅区地名办公室 1995 年 368 页
b21137158 K925.51 G445 1995

杭州市拱墅区地名志
杭州市拱墅区民政局 徐红岗主编 杭州 杭州市拱墅区民政局 2010 年 442 页
b49549753 K925.51 H226G 2010

上城区

杭州市上城区志
杭州市上城区志编纂委员会编 杭州 杭州市上城区志编纂委员会 2005 年 540 页
b2046678x K295.51 H226S 2005

杭州市上城区志
杭州市上城区地方志编纂委员会编 北京 方志出版社 2015 年 540 页
b47584750 K295.51 H226SC 2015

杭州市上城区小营巷街道志
杭州市上城区小营巷街道办事处编 陈明华主编 杭州 杭州市上城区小营巷街道办事处 1996 年 106 页
b20952053 K295.51 S322X 1996

杭州市上城区民政志 第 1 卷 –1985
杭州市上城区民政局编 姚嘉尔编 杭州 杭州市上城区民政局 1988 年 211 页
b2156811x D675.51 S322 1988

杭州市上城区民政志 第 2 卷 1986–1992
杭州市上城区民政局编 张福全编 杭州 杭州市上城区民政局 1988 年 134 页
b2156811x D675.51 S322 1988

杭州市上城区教育志
浙江省杭州市上城区教育局编 金平一主编 杭州 浙江人民出版社 1993 年 400 页
b16081134 G527.551 S322 1993

杭州市上城区教育志 1991–2010
浙江省杭州市上城区教育局编 蒋莉主编 杭州 浙江省杭州市上城区教育局 2012 年 406 页
b37531311 G527.551 S322 2012

万松书院名人志略
金志敏编著 杭州 西泠印社出版社 2015 年 165 页
b47396581 K820 J479 2015

杭州市上城区地名志
杭州市上城区地名委员会编 北京 新星出版社 2007 年 492 页
b20018228 K925.51 S322 2007

下城区

杭州市下城区教育志
杭州市下城区教育局编 杭州 杭州市下城区教育局 2003 年 303 页
b20181851 G527.551 X185 2003

杭州市下城区地名续志
杭州市下城区地名续志编写组编 刘炼石编著 香港 香港金陵书社出版公司 2003 年 538 页
b20099459 K925.51 X185 2003

江干区

江干区志
杭州市江干区志编纂委员会编 叶小宝主编 北京 中华书局 2003 年 930 页
b16433142 K295.51 J323 2003

采荷街道志
杭州市江干区采荷街道志编纂委员会编 北京 研究出版社 2007 年 296 页

b2004169x K295.51 C125 2007

杭州近江村志
应志良主编 杭州 浙江近江集团 2001年重修本 646页
b16429850 K295.51 J515 2001

杭州凯旋街道志
杭州凯旋街道志编纂委员会编 余娟英主编 北京 方志出版社 2017年 472页
b50651328 K295.55 K134 2017

杭州市江干区彭埠镇普福村志
杨月根主编 杭州 西泠印社出版社 2013年 363页
b45823340 K295.51 P693 2013

笕桥镇志
笕桥镇志编纂委员会编 孙平主编 北京 中华书局 2016年 2卷 1182页
b49814898 K295.55 J274 2016

杭州市江干区民政志
杭州市江干区民政局编 许安儒主编 萧山 萧山县财税局印刷厂 1986年 142页
b2242989x D632 J323 1986

杭州市江干区教育志
杭州市江干区教育局编纂 陈光汉主编 杭州 杭州出版社 1999年 400页
b1796023x G527.551 J323 1999

杭州市江干区地名志
杭州市江干区地名委员会办公室编 叶先高主编 北京 中国戏剧出版社 2007年 385页
b47316834 K925.51 J323C 2007

西湖区

西湖区民政志
杭州市西湖区民政局编 毛国钧主编 杭州 杭州市西湖区民政局 1997年 218页
b22433582 D632 X119 1997

西湖法院志
杭州市西湖区法院院志编纂委员会编 杭州 杭州市西湖区法院院志编纂委员会 2005年 353页
b2095198x D926.22 X119 2005

杭州市西湖区教育志
杭州市西湖区教育委员会编 汪景纲主编 杭州 杭州大学出版社 1995年 384页
b16428407 G527.551 W185 1995

杭州市西湖区教育志 1991–2005
杭州市西湖区教育局编 张延权主编 杭州 杭州出版社 2009年 372页
b20098637 G527.551 W185 2009

杭州市西湖区地名简志
杭州市西湖区地名办公室编 杭州 杭州市西湖区地名办公室 1993年 340页
b17576830 K295.51 X119 1993

杭州市西湖区地名志
杭州市西湖区民政局 杭州市西湖区地名委员会办公室编 杭州 浙江人民出版社 2012年 491页
b47414959 K925.51 X119 2012

杭州西湖岳王庙志
李慧敏 沈立新主编 杭州 杭州出版社 2012年 233页
b40396009 K928.75 L3965 2012

滨江区

长河镇志
王炜常主编 北京 光明日报出版社 1989 年 374 页
b36028848 K295.55 C3463 1989

东冠村志
王志邦 徐方祥编著 北京 中华书局 2000 年 985 页〔浙江省名村志集成〕
b16435734 K295.5 P694 2000

江二村志
杭州市长河街道江二社区编 来小钦主编 杭州 杭州出版社 2012 年 685 页
b4086473x K295.55 J323 2012

浦联村志
王志邦编著 北京 中国书籍出版社 1996 年 711 页〔浙江乡村社会研究丛书〕
b10597591 K295.55 P694

西兴村志
杭州市滨江区西兴镇西兴村村民委员会编 杭州 萧山日报印刷厂 2003 年 475 页
b21136701 K295.55 X1198 2003

萧山区

萧山县志
萧山县志编纂委员会编 费黑主编 杭州 浙江人民出版社 1987 年 1129 页
b10760611 K295.54 X334

萧山市志
杭州市萧山区人民政府地方志办公室编 沈迪云主编 北京 方志出版社 2001 年 477 页〔新编中国优秀地方志简本丛书〕
b46240299 K295.53 X334C 2001

萧山市志
杭州市萧山区人民政府地方志办公室编 谭勤奋主编 杭州 浙江人民出版社 2010 年 试印本 858 页
b45841184 K295.53 X334C 2010

萧山市志
杭州市萧山区人民政府地方志办公室编著 谭勤奋主编 杭州 浙江人民出版社 2013 年 5 卷
b49640306 K295.53 X334D 2013

戴村镇志
戴村镇志编纂委员会编 陈志根 李维松主编 北京 方志出版社 2014 年 1023 页
b47584713 K295.55 D151 2014

党山镇志
党山镇志编审（纂）委员会编 熊张林编纂 杭州 杭州艺文报刊印务公司 2008 年 1043 页
b2156744x K295.55 D227 2008

工农村志
工农村志编写组编 陈志根主编 杭州 浙江人民出版社 2008 年 482 页
b20019543 K295.55 K1627 2008

瓜沥镇志
瓜沥镇镇志编纂领导小组编 冯宁乐编写 萧山 瓜沥镇镇志编纂领导小组 1985 年 345 页
b20100991 K295.55 G572 1985

后坛村志
后坛村志编纂委员会编 周嘉庆主编 杭州 后坛村志编纂委员会 2002 年 224 页〔浙江省名村志集成〕

b23003418　K295.55　H443　2002

尖山下村志
洪雅英编撰　北京　团结出版社　1993 年　145 页〔浙江乡村社会研究丛书〕
b36128247　K295.55　J261　1993

坎山镇志
坎山镇志编纂委员会编　周扬标主编　萧山　杭州萧山日报印刷厂　2003 年　615 页
b21567025　K295.55　K1627K　2003

临浦镇志
临浦镇志编纂委员会编　鲍慧强主编　北京　方志出版社　2008 年　1075 页
b20198085　K295.55　L581B　2008

南阳镇志
褚云皎编纂　杭州　萧山日报印刷厂　2001 年　639 页
b18176604　K295.55　N161　2001

宁新村志
浙江省萧山市宁新村志编纂组编　高妙荣主编　北京　方志出版社　2005 年　433 页〔浙江省名村志集成〕
b16142603　K295.55　N4138　2005

潘山村志
义桥镇潘山村民委员会编　萧山　义桥镇潘山村民委员会　2003 年　380 页
b37532017　K295.55　P162　2003

浦沿镇志
浦沿镇志编纂领导小组编　王炜常主编　北京　中国商业出版社　1994 年　231 页
b16425960　K295.55　P6949　1994

三盈村志
三盈村志编纂委员会编　王志邦主编　萧山　三盈村志编纂委员会　2000 年　396 页〔浙江省名村志集成〕
b36128430　K295.55　S1459　2000

山后村志
山后村志编纂委员会编　王志邦　韩浩祖　鲍江华著　北京　中华书局　2013 年　866 页
b51090417　K295.55　S252　2013

所前镇志
所前镇志编纂委员会编　徐雪荣主编　杭州　萧山日报印务公司　2007 年　676 页〔浙江省名镇志集成〕
b37532042　K295.55　S819　2007

闻堰镇志
杭州市萧山区闻堰镇人民政府闻堰镇志编纂委员会编　杭州　西泠印社出版社　2011 年　752 页
b40424601　K295.55　W374　2011

萧山城厢镇志
萧山城厢镇志编纂委员会编　沈璧　徐树林主编　杭州　浙江大学出版社　1989 年　534 页
b20099678　K295.55　C4668　1989

萧山临浦镇志
临浦镇志编纂小组编　杭州　浙江人民出版社　1988 年　263 页
b10756899　K295.55　L581

许贤乡志
义桥镇许贤乡志编纂委员会编　王志邦主编　北京　中华书局　2009 年　753 页
b4627442x　K295.51　X5988　2009

衙前镇志
徐木兴总编 北京 方志出版社 2003 年 1063 页〔浙江省名镇志集成〕
b15314911 K295.55 Y125 2003

义桥镇志
义桥镇志编纂委员会编 王志邦主编 北京 方志出版社 2005 年 657 页〔浙江省名镇志集成〕
b16746259 K295.55 Y468 2005

萧山人大志
萧山人大志编纂委员会编 汪柏遂主编 北京 方志出版社 2008 年 691 页
b2004625x D624.551 W184 2008

萧山政协志
萧山政协志编纂委员会编 北京 方志出版社 2006 年 473 页
b16862314 D628.551 X334 2006

萧山人事志
萧山市人事局编 卜曹元主笔 张维良 张锦富编纂 萧山 萧山市人民政府印刷厂 1999 年 552 页
b20566335 D630.3 B581 1999

萧山经济技术开发区志
萧山经济技术开发区编志工作领导小组办公室编 王伟民主编 北京 方志出版社 2008 年 619 页
b1883839x F127.553 W232 2008

萧山工商行政管理志 1985–2000
杭州市工商行政管理局萧山分局编 杭州 杭州市工商行政管理局萧山分局 2002 年 312 页
b22921448 F203.9 X334 2002

萧山乡镇企业志 1958–1985
萧山乡镇企业志编纂组编 王炳辉主编 萧山 萧山乡镇企业志编纂组 1989 年 200 页
b46443587 F279.275.51 X334 1989

萧山建设志
杭州市萧山区建设局编 王凯尔主编 北京 中华书局 2008 年 2 卷 585 页
b2157084x F299.275.51 X334 2008

红垦农场志
红垦农场志编纂委员会编 华芬娟主编 北京 中国文史出版社 2014 年 455 页
b46553204 F324.1 H4194 2014

萧山农垦志
杨贤兴主编 北京 方志出版社 2002 年 544 页
b36246335 F324.1 X334 2002

萧山土地志
萧山市土地管理局编 萧山 浙江广育报业印务公司 2000 年 413 页
b16635760 F327.553 X334 2000

萧山县农业志
萧山市农业局编 楼天育主编 杭州 浙江大学出版社 1989 年 300 页
b20566372 F327.554 X334 1989

萧山围垦志
费黑主编 上海 上海人民出版社 1999 年 499 页
b12611293 F329.55 F313

萧山发电厂志 1986–2012
萧山发电厂志编纂委员会编 董卫主编 杭州 浙江人民出版社 2016 年 293 页

b49489951 F426.61 X334 2016

萧山县二轻工业志 1840–1984
萧山县二轻工业志编纂组编 管思耿主编 萧山 萧山县二轻工业志编纂组 1985 年 260 页
b45840714 F426.8 X334 1985

萧山县国营工业志 1895–1984
萧山县国营工业总公司编 朱润甫 郭维英编 萧山 萧山县国营工业总公司 1985 年 178 页
b49706354 F427.554 X334 1985

新塘羽绒志
新塘羽绒志编纂委员会编 朱如江主编 北京 方志出版社 2003 年 409 页
b50247542 F427.551 X444 2003

萧山交通志
萧山市交通局编 孙作佳主编 杭州 杭州出版社 1998 年 306 页
b20046248 F512.755.4 S779 1998

萧山道路交通管理志
陈根华主编 上海 上海人民出版社 2004 年 345 页
b20566165 F542.855.3 X334 2004

萧山县粮食志 1912–1984
浙江省萧山县粮食局编 萧山 浙江省萧山县粮食局 1985 年 332 页
b49640318 F724.721 X334 1985

萧山县物价志
萧山县物价委员会编 钟信木主编 萧山 萧山县物价委员会 1987 年 322 页
b49608149 F726.755.4 X334 1987

萧山工商业联合会（总商会）志
杭州市萧山区工商业联合会（总商会）志编纂委员会编 北京 方志出版社 2007 年 535 页
b20566347 F727.551 X334 2007

萧山县商业志
萧山县商业局编 俞志佳主编 萧山 萧山县商业局 1987 年 193 页
b45840726 F727.554 X334 1987

萧山县财政志
浙江省萧山县财政税务局编 杨觉凡主编 萧山 萧山县财政税务局印刷厂 1984–1985 年 2 卷 446 页
b20566475 F812.755.4 X334 1984

萧山金融志 1985–2010
萧山金融志编纂委员会编 周吾良主编 杭州 浙江人民出版社 2014 年 727 页
b46012473 F832.755.1 X334 2014

萧山农村信用合作社志
萧山农村信用合作社志编纂委员会编 丁云莲主编 杭州 浙江人民出版社 2009 年 632 页
b20918525 F832.755.3 X334 2009

萧山日报志
萧山日报志编纂委员会编 孙焕林主编 北京 方志出版社 2004 年 461 页
b20566323 G219.245.53 X334 2004

萧山市广播电视志
萧山市广播电视志编纂委员会编 孙焕林主编 北京 方志出版社 2002 年 350 页
b20566049 G229.275.53 X334 2002

萧山新华书店志
萧山新华书店志编纂委员会编 汪福仙主编 杭州 西泠印社出版社 2017年 320页
b50051532 G239.275.5 W184 2017

萧山市科协志
萧山市科学技术协会编 何筱雷主编 萧山 萧山市科学技术协会 2000年 479页
b49534361 G322.755.1 X334 2000

萧山教育志
萧山教育志编纂委员会编 蔡仁林主编 杭州 浙江人民出版社 2009年 1113页
b4699614x G527.551 X334 2009

萧山县教育志 1893–1984
萧山县教育志编委会编 萧山 萧山县教育印刷厂 1987年 218页
b2010442x G527.554 X334 1987

临浦镇第一小学校志 1904–2004
临浦镇第一小学校志编纂委员会编 杭州 杭州萧山教具印刷厂 2004年 268页
b41234893 G629.285.55 L581 2004

萧山区新塘小学校志 1928–2008
萧山区新塘小学校志编纂委员会编 杭州 萧山区新塘小学校志编纂委员会 2009年 299页
b40743871 G629.285.51 X334 2009

杭州市萧山区义桥实验学校校志 1906–2006
义桥实验学校校志编纂委员会编 杭州 义桥实验学校校志编纂委员会 2006年 241页
b2057664x G639.285.51 Y468 2006

萧山文化志
沈枝根主编 北京 中国卓越出版公司 1990年 266页
b17861913 K295.54 X334X 1990

萧山姓氏志
萧山市地方志编纂委员会办公室编 洪雅英策划/编撰 萧山 萧山市地方志编纂委员会办公室 1995年 813页
b21137201 K820.855.3 X334 1995

杭州市萧山区地名志
杭州市萧山区民政局 杭州市萧山区区划地名管理办公室编 胡妙夫主编 北京 方志出版社 2014年 707页
b46646073 K925.51 X334 2014

萧山县地名志
浙江省萧山县地名办公室编 萧山 浙江省萧山县地名办公室 1984年 671页
b20378683 K925.54 X334 1984

萧山市卫生防疫志
萧山市卫生防疫站编 金以森 董建康 孙虎传编辑 萧山 萧山市卫生防疫站 1996年 249页
b50066808 R18 X334 1996

萧山卫生志
萧山卫生局编 丁仁甫编撰 杭州 浙江大学出版社 1989年 321页
b44915883 R199.2 X334 1989

萧山市水利志
萧山市农机水利局编 萧山 萧山市农机水利局 1999年 219页
b17482641 TV–092 X334 1999

余杭区

余杭县志
余杭县志编纂委员会编 周如汉主编 杭

州 浙江人民出版社 1990 年 951 页
b10759876 K295.54 Y722

余杭通志
杭州市余杭区地方志编纂委员会编 杨法宝 陈耿忠 吴莹岗主编 杭州 浙江人民出版社 2013 年 4 卷 3138 页
b47045401 K295.51 Y722C 2013

杭州市余杭区镇乡街道简志
杭州市余杭区地方志编纂委员会办公室编 杨法宝主编 北京 方志出版社 2003 年 732 页
b14882437 K295.51 Y722 2003

良渚镇志
良渚镇志编纂委员会编 康烈华主编 北京 中华书局 2014 年 1212 页
b45649170 K295.55 L487 2014

鸬鸟镇志
杭州市余杭区鸬鸟镇志编纂委员会编 王庆主编 北京 方志出版社 2018 年 651 页
b51030524 K295.55 L795 2018

绿景村志
绿景村志编纂委员会编 曹云主编 杭州 杭州出版社 2012 年 577 页
b40650005 K295.55 L828 2012

瓶窑镇志
杭州市余杭区瓶窑镇志编纂委员会编 王庆主编 北京 方志出版社 2017 年 862 页
b51131742 K295.55 P618 2017

塘栖镇志
塘栖镇志编纂委员会编 上海 上海书店 1991 年 251 页
b13277522 K295.55 T246

姚家埭村志
周如汉主纂 合肥 黄山书社 1996 年 290 页〔浙江乡村社会研究丛书〕
b1973346x K295.55 Y295 1996

余杭临平镇志
余杭临平镇志编纂委员会编 杭州 浙江人民出版社 1991 年 327 页
b10756905 K295.55 L5816

余杭镇志
周霖根主编 杭州 浙江人民出版社 1992 年 376 页
b1764642x K295.55 Y722 1992

余杭镇志 1990–2005
余杭镇志编纂委员会编 杭州 杭州出版社 2009 年 528 页
b36379116 K295.55 Y722R 2009

余杭工会志
余杭工会志编纂委员会编 北京 方志出版社 2006 年 564 页
b20566359 D412.855.1 Y722 2006

余杭青年运动志 1919–2001
中国共产主义青年团杭州市余杭区委员会编 王姝主编 北京 中华书局 2003 年 400 页
b36248605 D432.855.1 W229 2003

杭州市余杭区人大志
杭州市余杭区人大志编纂委员会编 北京 中华书局 2006 年 765 页
b20949388 D624.551 Y722 2006

杭州市余杭区政协志
杭州市余杭区政协志编纂委员会编 北京 中华书局 2004年 430页
b16862338 D628.551 H226Y 2004

余杭民政志 1990–2006
杭州市余杭区民政局编 周虎勇主编 杭州 杭州市余杭区民政局 2009年 386页
b46011195 D632 Y722 2009

余杭县民政志
余杭县民政局编 陶水法主编 余杭 余杭县民政局 1994年 275页
b22433028 D632 Y722 1994

余杭劳动和社会保障志
余杭劳动和社会保障志编纂委员会编 俞国庆主编 北京 方志出版社 2013年 746页
b45811313 D669.2 Y722 2013

余杭老龄志
余杭区老龄志编纂委员会编 施加浩主编 杭州 余杭区老龄志编纂委员会 2009年 369页
b4955024x D669.6 S465 2009

余杭公安志
余杭市公安局编 徐耀新主编 杭州 浙江大学出版社 1997年 535页〔浙江省公安史志丛书〕
b20566220 D675.54 Y722 1997

余杭法院志
余杭法院志编纂委员会编 钟其炳 韩顺官编辑 杭州 余杭法院志编纂委员会 2008年 516页
b50320257 D926.22 Y722 2008

余杭军事志
余杭军事志编纂委员会编 王庆主编 北京 中华书局 2005年 478页
b36248599 E289.551 Y722 2005

余杭劳动保障志
杭州市余杭区人力资源和社会保障局编 杭州 杭州市余杭区人力资源和社会保障局 2013年 送审稿 762页
b44749417 F249.275.51 Y722 2013

余杭建设志
余杭建设志编纂委员会编 王庆主编 北京 方志出版社 2015年 2卷 927页
b46551396 F299.275.51 Y722 2015

余杭林业志
余杭林业志编纂委员会编 邹小平主编 北京 中华书局 2014年 753页
b46133562 F326.275.51 Y722 2014

余杭县林业志 1910–1987
余杭县林水局余杭县林业志编纂组编 石纪茂主编 余杭 余杭县林水局余杭县林业志编纂组 1988年 254页
b21858044 F326.275.53 Y722 1988

余杭县水产志
余杭县水产局编 王志镛主编 余杭 余杭县水产局 1994年 196页
b46443630 F326.475.54 Y722 1994

余杭市土地志
余杭市土地志编纂委员会编 娄森培主编 北京 中国大地出版社 1999年 284页〔浙江省土地志集成〕
b17604679 F327.553 Y722 1999

余杭县农业志
余杭县农业局农业志编纂组编 程世华主编 余杭 余杭县农业局农业志编纂组 1988年 298页
b20566414 F327.554 Y722 1988

余杭电力工业志
余杭电力工业志编纂委员会编 曹荣兴主编 北京 中国电力出版社 2006年 424页〔浙江省电力工业志丛书〕
b22433004 F426.61 Y722 2006

余杭交通志
余杭交通志编纂委员会编 王洪元主编 北京 方志出版社 2014年 605页
b45814053 F512.755.1 Y722 2014

余杭市交通志
余杭市交通局编 杭州 杭州出版社 1997年 486页
b20046790 F512.755.3 Y722 1997

余杭市道路交通管理志
杭州市余杭区公安局交巡(特)警大队编印 杨金水主编 杭州 杭州市余杭区公安局交巡(特)警大队 2001年 291页
b20566104 F542.855.3 Y722 2001

浙江省余杭县粮食志
余杭县粮食志编纂组编 江风 王月明主编 余杭 余杭县供销印刷厂 1990年 329页
b22433016 F724.721 Y722 1990

余杭工商业联合会(总商会)志
余杭工商业联合会(总商会)志编纂委员会编 北京 中国社会科学出版社 2010年 428页
b41236051 F727.551 Y722 2010

余杭县金融志 1912–1985
余杭县金融志编纂组编 曹孟浩主编 余杭 余杭县金融志编纂组 1988年 204页
b21766162 F832.755.4 Y722 1988

余杭教育志 1986–2005
余杭教育志(1986–2005)编纂委员会编 王业楠主编 杭州 杭州出版社 2010年 655页
b44915871 G527.551 Y722 2010

余杭县教育志
浙江省余杭县教育委员会编 余杭 余杭县文教印刷厂 1988年 289页
b17646819 G527.553 Y722 1988

百年校志 杭州市余杭区良渚镇第一小学 1910–2010
杭州市余杭区良渚镇第一小学校志编纂委员会编 杭州 杭州市余杭区良渚镇第一小学校志编纂委员会 2010年 336页
b49607716 G629.285.55 L487 2010

百年校志 杭州市余杭区瓶窑镇第一小学 1906–2006
杭州市余杭区瓶窑镇第一小学校志编纂委员会编 杭州 杭州市余杭区瓶窑镇第一小学校志编纂委员会 2006年 286页
b49607728 G629.285.55 P618 2006

良渚文化简志
杭州市余杭区地方志编纂委员会编 杨法宝主编 北京 方志出版社 2008年 720页
b18869956 K871.13 Y233 2008

余杭文物志
余杭文物志编纂委员会编 北京 中华书局 2000年 291页
b16635796 K872.554 Y722 2000

余杭文物志
杭州市余杭区文化广电新闻出版局编著 北京 文物出版社 2017年 修订版 494页
b49861104 K872.554 Y722C 2017

余杭县地名志
余杭县地名委员会编 余杭 余杭县地名委员会 1987年 567页
b20378695 K925.54 Y722 1987

余杭县卫生志 323-1985
浙江省余杭县卫生局卫生志编纂组编 胡樾主编 杭州 余杭人民印刷厂 1988年 412页
b21766174 R199.2 Y722 1988

余杭水利志
余杭水利志编纂委员会编 孙连法主编 北京 中华书局 2014年 677页
b46133574 TV-092 Y722 2014

余杭水务志
余杭水务志编纂委员会编 李民宏主编 北京 方志出版社 2015年 1037页
b46934108 TV-092 H2269Y 2015

余杭环境保护志
杭州市余杭区环境保护局编 姚云良主编 北京 方志出版社 2014年 536页
b45649005 X321.255.1 Y722 2014

富阳区

富阳县志
富阳县志编纂委员会编 王文治主编 杭州 浙江人民出版社 1993年 1033页
b10616585 K295.54 F496

富阳市志 1991-2005
富阳市地方志编纂委员会编 蒋寿南主编 杭州 浙江人民出版社 2011年 1275页
b30301488 K295.53 F497 2011

富阳新登镇志
富阳新登镇志编纂办公室编 杭州 浙江人民出版社 1994年 509页
b16435242 K295.55 X4432 1994

富阳镇志
富阳镇志编纂室编 陆佐华主编 上海 汉语大词典出版社 1994年 479页
b1437349x K295.55 F497 1994

新建村志
新建村志编纂委员会编 陆佐华主编 北京 方志出版社 2002年 380页〔浙江省名村志集成〕
b14351304 K295.55 X4434

新建村志 2000-2007
新建村志(2000-2007)编纂委员会编 陆佐华主编 北京 方志出版社 2009年 325页〔浙江省名村志集成〕
b20397446 K295.55 X4434 2009

富阳市政协志
富阳市政协志编纂委员会编 张志根主编 北京 方志出版社 2009年 565页
b20402028 D628.553 F497 2009

富阳市民政志
富阳市民政局编 朱建富主编 富阳 富阳市民政局 2010年 786页
b46018244 D632 F497 2010

富阳市工商业联合会(总商会)志
富阳市工商业联合会(总商会)编 富阳

富阳市工商业联合会（总商会）2005 年 257 页
b22429487 D665.4 F497 2005

富阳县工商行政管理局志
浙江省富阳县工商行政管理局编 徐贤棋主编 富阳 浙江省富阳县工商行政管理局 1993 年 285 页
b50151848 F203.9 F497 1993

富阳审计志 1984–2003
富阳审计局编 吕玉生主编 富阳 富阳审计局 2005 年 358 页
b45569241 F239.227.554 F497 2005

浙江省富阳县城乡建设志
富阳县城乡建设志编纂委员会编 北京 中国建筑工业出版社 1992 年 162 页〔中华人民共和国地方志〕
b21591313 F299.275.54 F497 1992

富阳市农业志 1991–2005
富阳市农业局编 富阳 富阳市农业局 2007 年 303 页
b50665042 F329.554 F497 2007

富阳市电力工业志 1917–1995
富阳市电力工业志编纂委员会编 庄尚兰主编 杭州 浙江大学出版社 1999 年 265 页
b4985155x F426.61 F497 1999

富阳市邮电志
富阳市邮电局邮电志编写办公室编 张根全主编 富阳 富阳市邮电局邮电志编写办公室 1996 年 204 页
b20566074 F632.755.3 F497 1996

富阳县商业志
富阳县商业局编 马庆堂主编 富阳 富阳县商业局 1992 年 402 页
b21567670 F727.554 F497 1992

富阳市金融志
富阳市金融志编纂领导小组编 北京 方志出版社 1997 年 243 页
b4700910x F832.755.3 F497 1997

富阳县教育志
富阳县教育局编 富阳 富阳县教育局 1991 年 327 页
b18261711 G527.554 F497 1991

富阳市新登镇中心小学校志 1903–2003
新登镇中心小学校志编纂委员会编 王龙胜主编 富阳 新登镇中心小学校志编纂委员会 2003 年 231 页
b49677901 G629.285.55 X443 2003

浙江省富阳市实验小学校志 1905–2005
浙江省富阳市实验小学校志编纂委员会编 富阳 浙江省富阳市实验小学校志编纂委员会 2005 年 424 页
b21571272 G629.285.54 Z458 2005

杭州市富阳区场口中学校志 1956–2016
杭州市富阳区场口中学校志编修委员会编 杭州 杭州市富阳区场口中学校志编修委员会 2016 年 583 页
b50066109 G639.285.53 F497 2016

浙江省富阳市新登中学校志 1941–2001
新登中学校志编纂委员会编 凌国柱主编 新登 新登中学校志编纂委员会 2001 年 265 页
b20105125 G639.285.54 X443 2001

浙江省富阳市郁达夫中学校志 1957–2007
蒋伯明撰写 富阳 浙江省富阳市郁达夫中

学校志编审委员会 2007 年 429 页
b20105113 G639.285.53 Y764 2007

浙江省富阳县地名志
浙江省富阳县地名委员会编 富阳 浙江省富阳县地名委员会 1982 年 698 页
b2001806x K925.54 F497 1982

富阳县卫生志
富阳县卫生局编 徐元根主编 北京 中国医药科技出版社 1991 年 338 页
b21567682 R199.2 F497 1991

富阳市水利志
富阳市水利志编纂委员会编 南京 河海大学出版社 2007 年 317 页
b2057650x TV-092 F497 2007

临安区

临安县志
临安县志编纂委员会编 蔡涉主编 上海 汉语大词典出版社 1992 年 902 页
b10880926 K295.54 L581

临安市志 1989-2005
临安市地方志编纂委员会编 王建华主编 北京 方志出版社 2010 年 2 卷 1529 页
b2243351x K295.53 L581 2010

昌化镇志
昌化镇志编纂委员会编 余志伟主编 北京 方志出版社 2010 年 507 页
b22032332 K295.55 C329 2010

临安市三口镇志
临安市三口镇志编纂委员会编 临安 临安市三口镇志编纂委员会 2004 年 210 页
b17960034 K295.55 S145 2004

岭下村志
陈再新主编 临安 岭下村志编写者 2008 年 295 页
b35979094 K295.55 L642 2008

湍口镇志
中共临安市湍口镇委员会 临安市湍口镇人民政府编 潘庆平主编 北京 中国文史出版社 2015 年 652 页
b47052375 K295.55 T538 2015

临安工会志
临安市总工会编 黄再荣主编 北京 方志出版社 1998 年 286 页
b36245811 D412.855.3 L581 1998

临安市工会志
临安市工会志编纂委员会编 吴佳涛主编 北京 方志出版社 2013 年 450 页
b40938487 D412.855.3 L581 2013

临安市人民代表大会志
临安市人民代表大会志编纂委员会编 北京 方志出版社 2012 年 600 页
b36161019 D624.554 L581 2012

临安市民政志
临安市民政志编纂委员会编 黄再荣主编 北京 中国文史出版社 2009 年 550 页
b20950391 D675.53 L581 2009

临安市农业志
临安市农业志编纂委员会编 孙雪卿主编 临安 临安市农业志编纂委员会 2000 年 395 页
b49803384 F327.554 L581 2000

临安市土地志
临安市土地志编纂委员会编 魏尔松主编

北京 中国大地出版社 1999 年 306 页
〔浙江省土地志集成〕
b21866776 F327.553 L581 1999

临安县交通志
临安县交通局编 北京 华艺出版社 1993 年 261 页
b20044148 F512.755.4 L581 1993

临安市财政税务志
临安市财政税务志编纂领导小组编 薛菊凤主编 北京 方志出版社 2009 年 345 页
b3624580x F812.755.4 L581 2009

临安市文化志
临安市文化志编纂委员会编 北京 方志出版社 2008 年 442 页
b19929456 G127.553 L581 2008

临安市科协志
临安市科协志编纂委员会编 临安 临安康达印刷公司 2010 年 361 页
b41235046 G322.455.4 L581 2010

临安县教育志
临安县教育委员会编 杭州 浙江大学出版社 1992 年 322 页
b16859455 G527.554 L581 1992

浙江林学院志 1958–2007
浙江林学院志编委会编 周国模主编 杭州 浙江科学技术出版社 2008 年 779 页
b2009968x G649.285.5 Z4585 2008

临安市地名志
临安市地名志编纂委员会编 钱仲书 吴君华主编 北京 方志出版社 2012 年 1010 页
b40658685 K925.54 L581 2012

临安县地名志
临安县地名委员会编 杭州 浙江新华印刷厂 1983 年 472 页
b20378622 K925.54 L581 1983

玲珑山志
玲珑山志编纂委员会编 蔡涉主编 上海 汉语大词典出版社 1995 年 301 页
b20018447 K928.3 C137 1995

西天目山志
西天目山志编纂委员会编 程炳卿主编 杭州 浙江人民出版社 1991 年 561 页
b16649035 K928.3 X119 1991

天目山植物志 第 1 卷 概论 蕨类植物门 裸子植物门 被子植物门（三白草科 – 樟科）
丁炳扬总主编 金水虎主编 杭州 浙江大学出版社 2010 年 474 页
b20593223 Q948.525.53 D529T 2010

天目山植物志 第 2 卷 罂粟科 – 山茱萸科
丁炳扬总主编 陈征海主编 杭州 浙江大学出版社 2010 年 508 页
b20593223 Q948.525.53 D529T 2010

天目山植物志 第 3 卷 鹿蹄草科 – 菊科
丁炳扬总主编 张方钢主编 杭州 浙江大学出版社 2010 年 368 页
b20593223 Q948.525.53 D529T 2010

天目山植物志 第 4 卷 香蒲科 – 兰科
丁炳扬总主编 金孝锋主编 杭州 浙江大学出版社 2010 年 300 页
b20593223 Q948.525.53 D529T 2010

天目山动物志 第 1 卷 淡水贝类 陆生贝类 陆栖寡毛类 蛭类 淡水蟹类
吴鸿总主编 王义平 杨星科 杨淑贞主编

杭州 浙江大学出版社 2014 年 164 页
b45661753 Q958.525.53 W489 2014

天目山动物志 第 2 卷 蛛形纲 蜘蛛目 瘿螨总科
吴鸿总主编 王义平 杨星科 杨淑贞主编
杭州 浙江大学出版社 2014 年 200 页
b45661753 Q958.525.53 W489 2014

天目山动物志 第 3 卷 原尾纲、弹尾纲、双尾纲、昆虫纲
吴鸿总主编 王义平 杨星科 杨淑贞主编
杭州 浙江大学出版社 2014 年 435 页
b45661753 Q958.525.53 W489 2014

天目山动物志 第 4 卷 昆虫纲 半翅目 同翅亚目
吴鸿总主编 王义平 杨星科 杨淑贞主编
张雅林卷主编 杭州 浙江大学出版社
2014 年 350 页
b45661753 Q958.525.53 W489 2014

天目山动物志 第 5 卷
吴鸿总主编 王义平 杨星科 杨淑贞主编
孙长海卷主编 杭州 浙江大学出版社
2016 年 325 页
b45661753 Q958.525.53 W489 2014

天目山动物志 第 9 卷 昆虫纲 双翅目 II
吴鸿总主编 王义平 杨星科 杨淑贞主编
杨定等卷主编 杭州 浙江大学出版社
2016 年 517 页
b45661753 Q958.525.53 W489 2014

昌化石志
姚宾谟编著 北京 中华书局 1998 年 118
页〔天目文库〕
b21567153 TS933.21 Y294 1998

临安市茶文化志
临安市茶文化志编纂委员会编 许立新主
编 北京 方志出版社 2016 年 400 页
b49580814 TS971.21 L581 2016

临安市水利志
临安市水利志编纂委员会编 南京 河海大
学出版社 2001 年 369 页
b49789351 TV-092 L5811 2001

建德市

建德县志
建德县志编纂办公室编 周金奎主编 杭
州 浙江人民出版社 1986 年 946 页
b12314134 K295.54 J295

建德市志 1978-2005
建德市志编纂委员会编 章舜年 周金奎主
编 杭州 浙江人民出版社 2010 年 3 卷
1994 页
b21568480 K295.53 J295 2010

安仁村志
安仁村志编纂委员会编 林成刚执行主编
北京 方志出版社 2018 年 382 页
b53029021 K295.55 A164 2018

梅城镇志
浙江省建德县梅城镇人民政府编 梅城 浙江
省建德县梅城镇人民政府 1985 年 339 页
b2001594x K295.55 M287 1985

乾潭镇志
乾潭镇志编纂委员会编 范树标主编 杭
州 浙江人民出版社 2017 年 754 页
b50817255 K295.55 Q2278 2017

寿昌镇志
寿昌镇志编纂委员会编 方根发 黄琦峰主
编 杭州 西泠印社出版社 2016 年 2 卷
888 页

b49598557　K295.55　S528　2016

谢田村志
谢田村志编纂委员会编　陈惠荣主修　杭州　浙江人民出版社　2010 年　420 页
b23004022　K295.55　X428　2010

建德市人大志
建德市人大志编纂委员会编　陈庆华主编　杭州　杭州富春印务公司　2001 年　430 页
b20139019　D624.553　J295　2001

建德市政协志
建德市政协志编纂委员会编　北京　中华书局　2002 年　362 页
b18120659　D628.553　J295　2002

建德市公安志
建德市公安局编　汪春茂主编　北京　当代中国出版社　1995 年　458 页
b4993823x　D631　J295　1995

建德县民政志
建德县民政局编　耿生甫主编　建德　建德市新华印刷厂　1993 年　593 页
b41223639　D632　J295　1993

建德林业志
建德林业志编纂委员会编　姜银森　林小保　施玉书主编　杭州　浙江人民出版社　2011 年　710 页
b41235757　F326.275.53　J295　2011

建德农业志
建德农业志编纂委员会编　邢有胜主编　建德　建德农业志编纂委员会　1985 年　408 页
b36028976　F327.554　J295　1985

建德市土地志
建德市土地管理局编　徐玲云主编　北京　中国大地出版社　1999 年　282 页
b17486804　F327.553　J295　1999

建德市农业区划志
建德市农业区划办公室编　建德　建德市农业区划办公室　1996 年　119 页
b50066250　F329.955.4　J295　1996

建德烟草志
建德烟草志编纂委员会编　北京　方志出版社　2008 年　140 页
b50247104　F426.89　J295　2008

新安江水电站志
新安江水电站志编辑委员会编　项传发主编　杭州　浙江人民出版社　1993 年　387 页
b36248320　F426.61　X443　1993

新安江水电站志　1989–2005
新安江水电站志编辑委员会编　钱建明主编　杭州　浙江人民出版社　2010 年　556 页
b22032873　F426.61　X443　2010

浙江新化志
浙江新化志编纂委员会编　邵德成主编　杭州　浙江人民出版社　2017 年　414 页
b50777622　F426.7　Z458　2017

建德市广播电视志　1950–2015
建德广播电视台编　方永章主编　北京　中国文史出版社　2017 年　461 页
b50016283　G229.275.54　J295　2017

建德市科学技术志
建德市科学技术志编纂委员会编　柴廷芳主编　北京　中华书局　2001 年　478 页
b40740298　G322.755.4　J295　2001

建德县教育志
建德县教育志编写组编 唐瑞升主编 建德 建德县教育志编写组 1986 年 205 页
b12245057 G527.55 J295

建德市地名志
建德市民政局 建德市地名志编纂委员会编 胡建斌主编 北京 方志出版社 2015 年 633 页
b47287408 K925.53 J295 2015

建德县地名志
建德县地名委员会编 建德 建德县地名委员会 1985 年 471 页
b20378725 K925.54 J295 1985

建德县畜禽疫病志
建德县农业局编 蒋涛主编 建德 建德县新华印刷厂 1990 年 254 页
b22430362 S851.925.54 J295 1990

桐庐县

桐庐县志
桐庐县志编纂委员会编 范樟友主编 杭州 浙江人民出版社 1991 年 823 页
b10760374 K295.54 T441

桐庐县志 1986–2005
桐庐县地方志编纂委员会编 程春明主编 杭州 浙江人民出版社 2012 年 2 卷 1573 页
b40864765 K295.54 T441T 2012

桐庐微村志
桐庐县地方志编纂委员会办公室编 余志明主编 北京 方志出版社 2016 年 295 页〔桐庐县微村志系列丛书 第一辑〕
b49629566 K295.55 W272 2016

桐庐镇志
桐庐镇志编纂委员会编 鲍骥主编 桐庐 桐庐镇志编纂委员会 1994 年 518 页
b16081225 K295.55 T441 1994

桐庐县人大志
桐庐县人大志编纂委员会编 陆安玉主编 桐庐 桐庐县人大志编纂委员会 2007 年 434 页
b20532878 D624.554 T441 2007

桐庐县政协志
桐庐县政协志编纂委员会编 翁久安主编 桐庐 桐庐县政协志编纂委员会 2004 年 495 页
b16446616 D628.554 T441 2004

桐庐林业志
桐庐县林业局林业志编写组编 沈克勤主编 桐庐 桐庐县林业局林业志编写组 1990 年 425 页
b22432218 F326.275.54 T441 1990

桐庐县土地志
桐庐县土地志编纂委员会编 洪谢罗主编 浙江 桐庐县土地志编纂委员会 1999 年 332 页
b51092360 F329.554 T441 1999

桐庐县电力工业志 1918–2006
桐庐县电力工业志编纂委员会编 曹荣兴主编 北京 中国水利水电出版社 2008 年 399 页〔浙江省电力工业志丛书〕
b2243222x F426.61 T441 2008

桐庐县交通志
袁桂林主编 桐庐 桐庐县交通志编纂者 1990 年 235 页
b36246220 F512.755.4 T441 1990

桐庐邮电志
桐庐邮电志编委会编 柴本耀主编 桐庐 桐庐邮电志编委会 1997 年 404 页
b46377517 F632.755.4 T441 1997

桐庐县供销合作社志
桐庐县供销合作总社编 朱锐东主编 桐庐 桐庐县供销合作总社 1994 年 372 页
b20566293 F727.554 T441 1994

桐庐教育志
浙江省桐庐县教育委员会编 如东 江苏省如东县印刷厂 1991 年 437 页
b20104091 G527.554 T441 1991

桐庐方言志
浙江省桐庐县县志编纂委员会 北京师范学院中文系方言调查组著 北京 语文出版社 1992 年 149 页
b17514253 H173 Z458 1992

浙江省桐庐县地名志
桐庐县地名委员会编著 桐庐 桐庐县地名委员会 1984 年 446 页
b17482082 K925.54 T441 1984

桐庐县水利志
桐庐县水利水产局编 毛锡范主编 桐庐 桐庐县水利水产局 1992 年 269 页
b21857799 TV-092 T441 1992

富春江水电站志
富春江水力发电厂编 上海 三联书店上海分店 1993 年 255 页
b36028952 TV7 F496 1993

淳安县

浙江省淳安县志
浙江省淳安县志编纂委员会编 孙平主编 上海 汉语大词典出版社 1990 年 848 页
b1076074x K295.54 C688

淳安县志 1986–2005
淳安县志（1986–2005）编纂委员会编 张建华 姚宏韬 朱华民主编 杭州 浙江人民出版社 2014 年 2 卷 2319 页
b46668986 K295.54 C688C 2014

鸠坑乡志
淳安县鸠坑乡志编纂委员会编 洪春生主编 杭州 浙江大学出版社 2003 年 357 页
b16436623 K295.55 J574 2003

蜀阜志
徐日茂主编 北京 方志出版社 2005 年 369 页
b16177228 K295.55 S549 2005

淳安县人大志
淳安县人大志编纂委员会编 江涌贵主编 杭州 浙江摄影出版社 2004 年 736 页
b17125819 D624.554 J326 2004

淳安县政协志
浙江省淳安县政协志编纂委员会编 吴智才主编 淳安 浙江省淳安县政协志编纂委员会 2004 年 432 页
b18120660 D628.554 Z458 2004

淳安县民政志
淳安县民政局编 淳安 淳安印刷厂 1988 年 177 页
b2242913x D632 C688 1988

新安江开发志
新安江开发志编纂委员会 淳安县新安江开发总公司编 方建平主编 杭州 浙江人民出版社 2009 年 409 页

b46667921　F127.554 C688 2009

淳安县工商行政管理志
杭州市工商行政管理局淳安分局编 庄世恒主编 杭州 浙江大学出版社 2006 年 548 页
b21762922　F203.9 C688 2006

淳安县林业志
浙江省淳安县林业志编纂委员会编 王学电主编 上海 汉语大词典出版社 1991 年 393 页
b22429128　F326.275.54 C688 1991

淳安县土地志
淳安县土地志编纂领导小组编 鲁有升主编 北京 中华书局 2000 年 312 页〔浙江省土地志集成〕
b19931098　F327.554 C688 2000

淳安县电力工业志
淳安县电力工业志编纂委员会编 江鹰主编 杭州 浙江人民出版社 2013 年 414 页〔浙江省电力工业志丛书〕
b49982126　F426.61 C688 2013

淳安交通志
淳安交通志编委会编 朱坤成主编 杭州 杭州出版社 1998 年 315 页
b20041998　F512.755.4 Z698 1998

淳安交通志 1994–2008
淳安交通志编纂委员会编 方育元主编 北京 方志出版社 2011 年 365 页
b36133358　F512.755.4 C688 2011

淳安县交通志 送审稿
淳安县交通管理局编 淳安 淳安县交通管理局 1993 年 392 页
b40935747　F512.755.4 C688 1993

淳安县粮食志
淳安县粮食志编纂委员会编 卢良义主编 上海 汉语大词典出版社 1993 年 300 页
b44916516　F724.721 C688 1993

淳安县财政税务志 1986–2007
淳安县财政税务志编纂领导小组编 北京 方志出版社 2011 年 321 页
b2321689x　F812.97 C688 2011

淳安农村金融志
蒋光琴主编 上海 汉语大词典出版社 1998 年 273 页
b21762910　F832.35 J353 1998

淳安县教育志
淳安县教育志编纂委员会编 宋荣发主编 上海 汉语大词典出版社 1991 年 333 页
b2018184x　G527.554 C688 1991

淳安县教育志
淳安县教育志编纂委员会编 江文华主编 北京 方志出版社 2014 年 590 页
b46133069　G527.554 C688 2014

淳安县第二中学志 1983–2003
淳安县第二中学志编纂委员会编 王南章主编 淳安 淳安县第二中学志编纂委员会 2003 年 334 页
b49640549　G639.285.54 C688 2003

浙江省淳安县地名志
淳安县地名委员会编 淳安 淳安县地名委员会 1984 年 706 页
b20018058　K925.54 C688 1984

宁波市

宁波市志
宁波市地方志编纂委员会编 俞福海主编 北京 中华书局 1995 年 3 卷 3162 页
b10646966 K295.53 N413

宁波市志外编
宁波市地方志编纂委员会编 俞福海主编 北京 中华书局 1998 年 1118 页
b19931128 K295.53 N413 1998

保国寺新志
保国寺古建筑博物馆编著 余如龙主编 北京 文物出版社 2013 年 274 页
b44699438 B947.255.3 B267 2013

宁波佛教志
宁波市佛教协会编 张伟执行主编 北京 中央编译出版社 2007 年 549 页
b17694863 B949.2 N413 2007

七塔寺人物志
贾汝臻主编 北京 宗教文化出版社 2008 年 679 页〔七塔报恩丛书〕
b19276928 B949.92 J243 2008

宁波市人民代表大会志 1949–2003
孙光锵主编 北京 中华书局 2003 年 955 页
b16477091 D624.553 S768 2003

宁波市政协志
王永杰主编 杭州 浙江人民出版社 1998 年 679 页
b16446756 D628.553 W234 1998

宁波公安志
宁波公安志编纂委员会编 尹绍洪主编 北京 中华书局 1999 年 733 页
b51080205 D631 N413 1999

宁波法院志
宁波市中级人民法院宁波法院志编纂委员会 童国梁主编 宁波 宁波市中级人民法院宁波法院志编纂委员会 1990 年 401 页
b50319243 D926.22 N4131 1990

宁波工商行政管理志
宁波市工商行政管理局编 林晓廉主编 宁波 宁波市工商行政管理局 2006 年 470 页
b45417507 F123.82 N413 2006

宁波大榭开发区志
宁波大榭开发区地方志编纂委员会编 冯伟业主编 杭州 浙江人民出版社 2017 年 844 页
b50232083 F127.553 N4131D 2017

宁波市质量技术监督志
宁波市质量技术监督局编纂 裘文康 庄鸿鑫主编 北京 中华书局 2004 年 532 页〔浙江省质量技术监督志〕
b36248587 F203 N413 2004

宁波林业志
宁波林业志编纂委员会编 胡剑辉 黄辉主编 宁波 宁波出版社 2016 年 476 页
b49885728 F326.275.53 N413 2016

宁波水产志
周科勤 杨和福主编 北京 海洋出版社 2006 年 648 页
b36247170 F326.475.53 N413 2006

宁波市土地志
宁波市土地志编纂委员会编 沈谋达主编 上海 上海辞书出版社 1999 年 410 页
b14365947 F327.553 S412

北仑发电厂志 1980–2003
李文辉主编 北京 中国电力出版社 2005 年 374 页〔浙江省电力工业志丛书〕
b49849724 F426.61 B316 2005

宁波市电力工业志 1897–1990
宁波市电力工业志编纂委员会编 穆福梁主编 北京 水利电力出版社 1995 年 302 页〔浙江省电力工业志丛书〕
b10630363 F426.61 N413

宁波市电力工业志 1991–2009
穆福梁主编 北京 中国电力出版社 2011 年 489 页〔浙江省电力工业志丛书〕
b49850611 F426.61 N413C 2011

宁波盐志
宁波盐志编纂委员会编 朱柏铭主编 宁波 宁波出版社 2009 年 626 页
b46442625 F426.82 N413 2009

宁波市乡镇工业志
宁波市乡镇工业志编纂委员会编 杨再侯主编 杭州 浙江人民出版社 1996 年 426 页
b36248319 F427.553 N413 1996

宁波市交通志
宁波市交通志编审委员会编 钱起远主编 北京 海洋出版社 1996 年 673 页
b10656303 F512.9 N413

宁波市交通志 1991–2010
宁波市交通志 1991–2010 编委会编 钱起远 封莲英主编 宁波 宁波出版社 2017 年 768 页
b50266627 F512.9 N413 2017

宁波出入境检验检疫志
宁波出入境检验检疫志编纂委员会编 北京 中华书局 2005 年 1155 页
b45453275 F752.855.3 N413 2005

宁波海关志
宁波海关志编纂委员会编 任与孝主编 杭州 浙江科学技术出版社 2000 年 373 页
b2156968x F752.59 R196 2000

宁波金融志
宁波金融志编纂委员会编 贺师三主编 北京 中华书局 1996–2006 年 2 卷 916 页
b36248575 F832.755.3 N413 1996

宁波农村金融志
中国农业银行宁波市分行编 张增年主编 宁波 中国农业银行宁波市分行 1989 年 189 页
b21569691 F832.755.3 Z369 1989

中国银行宁波分行志
中国银行宁波分行编 李永年主编 宁波 中国银行宁波分行 1991 年 230 页
b4953368x F832.33 Z6515N 1991

宁波图书馆志 1991–2000
宁波图书馆志编纂委员会编 陈宁雄主编 宁波 宁波出版社 2002 年 353 页
b36247637 G259.275.53 C426 2002

天一阁藏书史志
骆兆平编纂 上海 上海古籍出版社 2005 年 421 页
b15933799 G259.258.3 L951 2005

宁波市教育志
宁波市教育委员会编 夏明华主编 杭州 浙江教育出版社 1996 年 546 页

b13079487 G527.553 N413

宁波工程学院志 宁波高等专科学校卷 1983-2004
高浩其主修 徐挺主纂 上海 华东理工大学出版社 2006 年 239 页
b36093221 G649.285.53 N4133 2006

宁波工程学院志 2004－2012
高浩其主修 陈家桢主纂 上海 华东理工大学出版社 2013 年 435 页
b45453287 G649.285.53 N4134 2013

浙江大学宁波理工学院志 2001-2011
浙江大学宁波理工学院志编撰委员会编 孙桂铨主编 杭州 浙江大学出版社 2011 年 306 页
b37531761 G649.285.53 N4135 2011

宁波师范学院校志 1956-1992
朱彰年主编 上海 华东师范大学出版社 1994 年 263 页
b10622834 G659.285.5 N413

宁波卫生职业技术学院志 1925-2015
宁波卫生职业技术学院编 周国明 任光圆主编 宁波 宁波出版社 2015 年 369 页
b47206561 G719.285.53 N413 2015

宁波市体育志
宁波市体育志编纂委员会编 杨兆宏主编 宁波 宁波出版社 2010 年 600 页〔宁波市志丛书〕
b36664212 G812.755.3 N413 2010

宁波曲艺志
李蔚波主编 宁波 宁波出版社 1999 年 264 页
b1745783x J809.255 L419 1999

宁波帮志 教育卷
任茹文 陈春玲著 北京 中国社会科学出版社 2009 年 271 页
b21228802 K295.53 N413KC 2009

宁波帮志 文化卷
周兴华著 北京 中国社会科学出版社 2009 年 343 页
b21228838 K295.53 N413KD 2009

宁波帮志 历史卷
张守广著 北京 中国社会科学出版社 2009 年 329 页
b21228826 K295.53 N413KE 2009

宁波帮志 科技卷
赵江滨著 北京 中国社会科学出版社 2009 年 295 页
b21228814 K295.53 N413KF 2009

宁波风物志
王万盈 何维娜 魏亭编著 宁波 宁波出版社 2012 年 358 页〔宁波文化研究工程〕
b40445847 K295.53 N413EC 2012

钟公庙街道志
钟公庙街道志编撰委员会编 徐朝柱 何建云编撰 宁波 宁波出版社 2011 年 532 页
b36664224 K295.53 N413YZ 2011

甬城现存历代碑碣志
章国庆 裘燕萍编著 宁波 宁波出版社 2009 年 382 页
b20476619 K877.42 Z372Y 2009

宁波古桥名桥图志
宁波市地方志（年鉴）编纂委员会办公室 宁波市人民政府地方志办公室编 姚晓东 杨明祥主编 北京 中华书局 2015 年 810 页

b50642960　K928.78　Y297　2015

新编东钱湖志
仇国华编著　宁波　宁波出版社　2014 年　757 页
b4600239x　K928.43　Q542　2014

宁波市水利志
宁波市水利志编纂委员会编　孔凡生主编　北京　中华书局　2006 年　613 页
b21569708　TV-092　N413　2006

皎口水库志
皎口水库志编纂委员会编　缪复元主编　北京　中华书局　2004 年　308 页
b16425376　TV632.554　Z458　2004

宁波港监志
张仕钱主编　北京　人民交通出版社　1997 年　339 页
b1637714x　U691　Z364　1997

宁波栎社机场航空气候志
中国民用航空宁波站编　葛炯辉主笔　宁波　中国民用航空宁波站　1999 年　75 页
b50152269　V321.2　G347　1999

海曙区

洞桥镇志
洞桥镇志编纂委员会编　李苏苗主编　杭州　浙江人民出版社　2016 年　449 页
b49726882　K295.55　D624　2016

宁波市海曙区人民代表大会志
宁波市海曙区人民代表大会志编纂委员会编　上海　上海社会科学院出版社　2004 年　351 页
b19930756　D624.553　N413　2004

宁波市海曙区体育志
宁波市海曙区体育志编纂委员会编　陶玄福主编　宁波　宁波出版社　2014 年　359 页
b45403533　G812.755.4　T264　2014

江北区

宁波市江北区志
宁波市江北区地方志编纂委员会编　杭州　浙江人民出版社　2015 年　2 卷　2056 页
b49625913　K295.53　N413LC　2015

鞍山村志
宁波市江北区洪塘街道鞍山村志编纂委员会编　黄朝贵主编　北京　中国文史出版社　2017 年　317 页
b50233026　K295.55　A162　2017

北仑区

宁波市北仑区志
宁波市北仑区地方志编纂委员会编　高训贤主编　宁波　浙江人民出版社　2013 年　2 卷　2154 页
b46554610　K295.53　B316　2013

小港镇志
小港镇志编纂委员会编　葛子和主编　上海　上海科学技术文献出版社　2000 年　624 页〔浙江省宁波市地方志丛书〕
b14365492　K295.55　X347

新碶镇志
新碶镇志编纂委员会编　上海　上海辞书出版社　2005 年　518 页
b20046388　K295.55　X444　2005

北仑区人民代表大会志
北仑区人民代表大会志编纂委员会编　顾

惠良主编 上海 上海辞书出版社 2011 年 689 页
b44916528 D624.553 N413B 2011

北仑政协志
北仑政协志编纂委员会编 王志明主编 上海 上海辞书出版社 2011 年 568 页
b44749636 D628.553 B316 2011

北仑区交通志 至 2010
北仑区交通志编撰委员会编 李世祥 胡修君主编 北京 人民交通出版社公司 2017 年 351 页
b50179305 F512.755.3 N413B 2017

宁波市北仑区卫生志
宁波市北仑区卫生志编纂委员会编 王伟珍主编 上海 上海辞书出版社 2007 年 252 页
b26329207 R199.2 W232 2007

镇海区

镇海县志 增设镇海区北仑区新志备稿
镇海县志编纂委员会编 北京 中国大百科全书出版社 1994 年 1041 页
b10645032 K295.54 Z493

镇海人民代表大会志
镇海人民代表大会志编纂委员会编 胡炳甫主编 北京 中华书局 2004 年 703 页
b21571314 D624.554 Z493 2004

镇海县土地志
镇海县土地志编纂委员会编 陈兵主编 上海 上海辞书出版社 1999 年 252 页
b17586707 F327.554 C414 1999

镇海县农业志 暨镇海区 北仑区农业志
镇海县农业志编纂委员会编 严水孚主编 北京 中华书局 2001 年 737 页
b36248629 F329.554 Z493 2001

镇海发电厂志 1991–2005
王仁义主编 北京 中国电力出版社 2007 年 417 页〔浙江省电力工业志丛书〕
b49981225 F426.61 Z4933 2007

宁波市镇海区交通志 1986–2010
宁波市镇海区交通志编纂委员会编 冯国定主编 北京 方志出版社 2017 年 353 页
b50651456 F512.755.3 N413Z 2017

宁波市镇海区地名志
宁波市镇海地区地名志编纂委员会编 严水孚主编 西安 西安地图出版社 2010 年 622 页
b40742854 K925.53 N413Z 2010

镇海县水利志
镇海县水利志编纂委员会编 杭州 杭州大学出版社 1994 年 393 页
b19417548 TV–092 Z4933 1994

鄞州区

鄞县志
浙江省鄞县地方志编委会编 周时奋主编 北京 中华书局 1996 年 2 卷 2249 页
b10570433 K295.54 Y498

宁波市鄞州区志 1978–2008
宁波市鄞州区地方志编纂委员会编 杭州 浙江古籍出版社 2016 年 4 册 2223 页
b50665145 K295.53 N413YZQ 2016

河西村志
河西村志编纂委员会编 鲍贤昌 胡金富编纂 宁波 宁波出版社 2016 年 160 页

b50246744 K295.55 H2858 2016

潘火街道志
潘火街道志编纂委员会编 王志新主编 杭州 浙江人民出版社 2018 年 373 页
b5099377x K295.53 P159 2018

邱隘镇志
中国共产党邱隘镇委员会编 鄞州区邱隘镇人民政府编 沈小宝主编 北京 中国文史出版社 2015 年 2 卷 1132 页
b47414285 K295.55 Q528 2015

石碶志
宁波市鄞州区石碶街道地方志编纂委员会编 俞国平主编 宁波 宁波出版社 2016 年 2 册 919 页
b50747915 K295.55 S474 2016

鄞县宗教志
陈定萼编纂 北京 团结出版社 1993 年 357 页〔鄞县专业志丛书〕
b19932819 B928.2 C416 1993

鄞县人民代表大会志
鄞县人民代表大会志编纂委员会编 江顺仁主编 北京 中华书局 2001 年 600 页
b17457555 D624.554 J3267 2001

鄞州政协志
鄞州政协志编纂委员会编 北京 中华书局 2005 年 791 页
b16635942 D628.553 Y498 2005

宁波市鄞州工商行政管理志
宁波市工商行政管理局鄞州分局编 王志新主编 宁波 宁波市工商行政管理局鄞州分局 2012 年 438 页〔宁波市鄞州区地方志丛书〕
b50269306 F203.9 N4131Y 2012

鄞县交通志
公路交通编史研究编辑室编 钱起远主编 武汉 公路交通编史研究编辑室 1986 年 342 页
b49789934 F512.755.4 Y498 1986

鄞县教育志
董绍德主编 北京 海洋出版社 1993 年 587 页〔鄞县志专业志丛书〕
b20181838 G527.554 Y498 1993

鄞州教育志 1978-2008
叶夏主编 北京 中国文史出版社 2016 年 520 页
b49598491 G527.553 N413Y 2016

正始志 1931-2014
正始志编委会编 张益明主编 宁波 宁波市鄞州正始中学 2014 年 627 页
b49640380 G639.285.53 N4137 2014

宁波市鄞州区地名志
宁波市鄞州区地名志编纂委员会编 陈孝华主编 西安 西安地图出版社 2006 年 674 页
b46274285 K925.53 N413Y 2006

鄞县水利志
缪复元编 南京 河海大学出版社 1992 年 603 页〔鄞县志专业志丛书〕
b17151685 TV-092 M494 1992

鄞州水利志
宁波市鄞州区水利志编纂委员会编 缪复元主编 北京 中华书局 2009 年 942 页
b44852356 TV-092 N413Y 2009

奉化区

奉化市志
奉化市志编纂委员会编 胡元福主编 北京 中华书局 1994 年 1014 页〔中华人民共和国地方志〕
b10646930 K295.53 F412

奉化市志 1989–2008
奉化市地方志编纂委员会编 杭州 浙江人民出版社 2016 年 2 卷 1680 页
b49669461 K295.54 F412C 2016

溪口镇志
溪口镇志编纂委员会编 王开甲 周金康主编 宁波 宁波出版社 2017 年 735 页
b50679880 K295.55 X128C 2017

雪窦寺志
雪窦寺志编纂委员会编 王增高主编 宁波 宁波出版社 2011 年 588 页
b36064798 B947.255.4 X711 2011

奉化人民代表大会志
奉化市人民代表大会志编纂委员会编 胡元福主编 北京 中华书局 2003 年 556 页
b16425479 D624.554 H476 2003

奉化市土地志
奉化市土地志编纂委员会编 胡元福主编 上海 上海科学技术文献出版社 1999 年 354 页
b14365923 F327.553 H476

奉化市交通志
奉化市交通志编纂领导小组编 钱智卿主编 北京 中国展望出版社 1989 年 263 页
b50151514 F512.755.4 F412 1989

奉化市交通志 1986–2010
奉化市交通志编纂委员会编 龚芳主编 宁波 宁波出版社 2012 年 433 页
b36664285 F512.755.4 F412 2012

奉化市邮电志
奉化市邮电局史志编纂委员会编 潘前鸿主编 奉化 奉化市邮电局史志编纂委员会 1998 年 340 页
b50151836 F632.755.4 P161 1998

奉化市财政税务志 1990–2007
奉化市财政税务志编纂委员会编 韩圣光主编 宁波 宁波出版社 2009 年 534 页
b21763203 F812.755.4 F412 2009

奉化教育志
奉化市教育局奉化教育志编纂委员会编 杭州 浙江人民出版社 2003 年 412 页
b17530271 G527.554 F412 2003

奉化县地名志
浙江省奉化县地名委员会编 奉化 浙江省奉化县地名委员会 1985 年 446 页
b17125832 K925.54 F412 1985

奉化市水利志
奉化市水利志编纂办公室编 屠成义主笔 奉化 奉化市水利志编纂办公室 1994 年 238 页
b47414674 TV–092.553 F412 1994

余姚市

余姚市志
余姚市地方志编纂委员会编 杭州 浙江人民出版社 1993 年 1130 页
b10571954 K295.53 Y724

余姚市志 1988-2010
余姚市地方志编纂委员会编 陈建泰主编 杭州 浙江人民出版社 2015 年 1177 页
b49550251 K295.53 Y724C 2015

永丰村志
永丰村志编纂领导小组编 郑仁林 陈德照 俞荣山编写 余姚 余姚日报社印刷厂 2002 年 416 页
b44917211 K295.55 Y636 2002

余姚镇志
余姚市余姚镇志编纂领导小组编印 韩克刚主编 余姚 余姚印刷厂 1989 年 526 页
b23003996 K295.55 Y724 1989

余姚市人民代表大会志 1949-2003
余姚市人民代表大会志编纂委员会编 蒋寿明主编 余姚 余姚市人民代表大会志编纂委员会 2003 年 546 页
b20104923 D624.553 Y724 2003

余姚市土地志
余姚市土地管理局 余姚市土地志编纂委员会编 童志龙主编 西安 西安地图出版社 1998 年 220 页
b21276766 F327.553 Y724 1998

余姚交通志 1991-2010
余姚市交通运输局会编 余福良主编 北京 中华书局 2013 年 519 页
b45625712 F512.755.4 Y724 2013

余姚财税志
余姚财税志编纂委员会编 俞剑清主编 北京 中华书局 2010 年 430 页
b20815888 F812.755.3 Y724 2010

余姚广播电视志
余姚市广播电视台编 万科达主编 北京 中央文献出版社 2016 年 362 页
b50817036 G229.275.54 Y724 2016

余姚市教育志
余姚市教育委员会 余姚市教育志编纂领导小组编 杨增庭主编 余姚 余姚市教育委员会 1993 年 325 页
b20181644 G527.554 Y724 1993

余姚市教育志
余姚市教育局编 杨增庭 叶柏青主编 杭州 浙江教育出版社 2018 年 2 册 420 页
b52937872 G527.554 Y724C 2018

余姚市水利志
余姚市水利志编纂委员会编 戴怀长主编 北京 水利电力出版社 1993 年 235 页
b20136523 TV-092 D152 1993

余姚市水利志 1988-2009
余姚市水利志编纂委员会编 张志中编 北京 中国水利水电出版社 2011 年 364 页
b23385352 TV-092 Y724 2011

四明湖水库志
四明湖水库志编纂委员会编 周锡南主编 北京 中国档案出版社 2008 年 307 页
b21570309 TV632.553 Z675 2008

慈溪市

慈溪县志
慈溪市地方志编纂委员会编 杭州 浙江人民出版社 1992 年 1106 页
b10761159 K295.54 C727

慈溪市志 1988-2011
慈溪市地方志编纂委员会编 龚建长主编 杭州 浙江人民出版社 2015 年 2 卷

2419 页
b47414029　K295.53　C727D　2015

横河镇志
横河镇志编纂委会编　北京　方志出版社　2007 年　2 卷　1195 页
b18621429　K295.55　H3913　2007

周巷镇志
周巷镇志编纂小组编　慈溪　慈溪新元印业公司　1999 年　528 页
b18859136　K295.35　Z6758　1999

周巷镇志
周巷镇志编纂委员会编　黄常森主编　杭州　浙江古籍出版社　2013 年　1052 页〔慈溪市地方志丛书〕
b4710613x　K295.55　Z675　2013

慈溪市人民代表大会志
慈溪市人民代表大会志编纂委员会编　沈祥家主编　北京　方志出版社　2003 年　746 页
b36013791　D624.553　C727　2003

慈溪政协志
慈溪政协志编纂委员会编　北京　方志出版社　2005 年　629 页
b27574520　D628.553　C727　2005

慈溪市民政志
慈溪市民政志编纂委员会编　林峰主编　上海　上海辞书出版社　2013 年　621 页〔慈溪市地方志丛书〕
b40837191　D632　C727　2013

慈溪市国土资源志　1996–2008
慈溪市国土资源局编　徐品章主编　杭州　浙江人民出版社　2013 年　449 页〔慈溪市地方志丛书〕
b46667933　F129.955.4　C727　2013

慈溪市劳动保障志
慈溪市劳动保障志编纂委员会编　邹定岳主笔　杭州　浙江人民出版社　2016 年　797 页〔慈溪市地方志丛书〕
b49814291　F249.275.53　C727　2016

慈溪市农业志　1988–2008
慈溪市农业志编纂委员会编　胡仲煜主编　上海　上海辞书出版社　2014 年　678 页〔慈溪市地方志丛书〕
b45969619　F327.554　C727　2014

慈溪农业志
浙江省慈溪市农林局编　上海　上海科学技术出版社　1991 年　495 页〔慈溪史志选刊 320010〕
b49802884　F329.554　C727　1991

慈溪市电力工业志
慈溪市电力工业志编纂委员会编　周荣绪主编　北京　中国电力出版社　1998 年　288 页
b49850489　F426.61　C727　1998

慈溪盐政通志
慈溪盐政通志编纂委员会编　韩新钿总编　朱子仙主编　杭州　浙江人民出版社　2004 年　384 页〔慈溪史志选刊〕
b21567311　F426.89　Z723　2004

慈溪交通志
慈溪交通志编纂委员会编　杭州　浙江人民出版社　1992 年　340 页〔慈溪史志选刊〕
b20042000　F512.755.3　C727　1992

慈溪市交通志 1990–2010
慈溪市交通志编纂委员会编 严乃国主编 杭州 浙江人民出版社 2014年 417页〔慈溪市地方志丛书〕
b47106177 F512.755.4 C727 2014

慈溪教育志
慈溪市教育委员会编 张成康主编 慈溪 慈溪市教育委员会 1993年 307页
b20181498 G527.553 C727 1993

新编慈溪市图志 1988–2008
慈溪市地方志编纂委员会编 周乃复主编 西安 西安地图出版社 2013年 232页
b41235575 K295.53 C727X 2013

慈溪英烈志
慈溪市革命烈士纪念馆管理处编 林峰主编 慈溪 慈溪市革命烈士纪念馆管理处 2007年 297页
b50247955 K820.855.4 C727 2007

溪东古井志
方东著 北京 新华出版社 2010年 195页
b22432498 K878.4 F223 2010

慈溪县地名志
浙江省慈溪县地名委员会编 慈溪 浙江省慈溪县地名委员会 1986年 569页
b21277928 K925.54 C727 1986

慈溪市图志
慈溪市地方志编纂委员会编 西安 西安地图出版社 1993年 173页〔浙江省县(市)图志丛书〕
b10756954 K992.255.3 C727

慈溪卫生志
慈溪卫生志编纂小组编 王卫东主编 宁波 宁波出版社 1994年 461页〔慈溪史志选刊〕
b10688183 R19 C727

慈溪水利志
慈溪水利志编纂委员会编 徐惠钊主编 杭州 浙江人民出版社 1991年 400页〔慈溪史志选刊〕
b17645967 TV–092 X571 1991

象山县

象山县志
象山县志编纂委员会编 王庆祥主编 杭州 浙江人民出版社 1988年 683页
b13273723 K295.54 X314

爵溪镇志
爵溪镇志编纂委员会编 林志龙主编 北京 中国书籍出版社 1997年 945页
b17991924 K295.55 J741 1997

伊家村志
伊极才主编 象山 象山县第一印刷厂 1993年 105页
b4601228x K295.55 Y398 1993

象山县政协志
象山县政协志编纂委员会编 陈世灿主编 北京 中华书局 2003年 665页
b16859406 D628.554 X314 2003

象山县建设志
象山县建设志编纂委员会编 俞伟栋主编 北京 方志出版社 2004年 1120页
b36246311 F299.275.54 X314 2004

象山自来水公司志
象山自来水公司志编纂委员会编 张涛主

编 北京 方志出版社 2004年 339页
b50247530 F299.241 X314 2004

象山县渔业志
象山县海洋与渔业局渔业志编纂办公室编 余维新主编 北京 方志出版社 2008年 853页
b21230249 F326.475.54 X314 2008

象山县土地志
象山县土地志编纂委员会编 北京 中华书局 2000年 311页
b16426496 F327.554 X314 2000

象山县交通志
象山县交通志编审委员会编纂小组编 吴开楠主编 北京 人民交通出版社股份有限公司 2014年 536页
b4588545x F512.755.4 X314 2014

象山县邮电志
象山县邮电志编纂委员会编 丁荣元主编 杭州 浙江省地质测绘印刷厂 1999年 346页
b21765728 F632.755.4 X314 1999

象山县财政税务志
象山县财政税务志编纂委员会编 陈柳松主编 北京 中华书局 2008年 595页
b49963028 F812.755.4 X314 2008

象山县教育志 清末-1988
象山县教育志编纂委员会编 周义华主编 象山 象山县第一印刷厂 1990年 419页
b3601400x G527.554 X314 1990

象山县电影志
郭声祐编纂 象山 象山县电影志编纂者 2005年 312页
b49827388 J909.2 G776 2005

象山县地名志
象山县地名志编纂委员会编 杭州 浙江人民出版社 1995年 753页
b16081250 K925.54 X314 1995

宁海县

宁海县志
宁海县地方志编纂委员会编 苏其德主编 杭州 浙江人民出版社 1993年 988页
b10759852 K295.54 N413

长街镇志
长街镇志编纂委员会编 林欧福主编 北京 方志出版社 2010年 1210页
b20972015 K295.55 C3464 2010

大里村志
大里村志编委会编 王任伟主编 武汉 中国地质大学出版社有限责任公司 2013年 210页
b40888423 K295.55 D1355 2013

宁海城关镇志
宁海城关镇志编纂办公室编 储功彭 陈去生主编 杭州 浙江人民出版社 1989年 474页
b10756917 K295.55 N413

宁海县工会志
宁海县工会志编纂委员会编 宁波 宁波出版社 2011年 234页
b36090943 D412.855.4 N413 2011

宁海县人民代表大会志
宁海县人民代表大会志编纂委员会编 储功彭主编 北京 中华书局 2003年 742页

b17486774　D624.554　N413　2003

宁海县政协志
宁海县政协志编纂委员会编　任校章主编　宁海　宁海县政协志编纂委员会　2008 年　586 页
b46377414　D628.554　N413　2008

宁海县公安志
宁海县公安志编纂委员会编　张哲彬主编　北京　中华书局　2001 年　658 页〔浙江省公安史志丛书〕
b21569721　D675.54　N4135　2001

宁海县民政志　1986–2008
宁海县民政志编纂委员会编　应可军主编　宁波　宁波出版社　2009 年　278 页
b21569733　D675.54　N413　2009

宁海县工商行政管理志　2009–2013
宁海县工商行政管理志编纂委员会编　伍荣庆主编　杭州　浙江人民出版社　2016 年　242 页
b49489926　F123.82　N4133

宁海县国土资源志
宁海县国土资源志编纂委员会编　郑学武主编　杭州　浙江人民出版社　2014 年　303 页
b46667696　F129.955.4　N413　2014

宁海县工商行政管理志
宁波市工商行政管理局宁海分局编　伍荣庆主编　杭州　浙江人民出版社　2013 年　498 页
b49964525　F203.9　N4133　2013

宁海县建设志
宁海县建设志编纂委员会编　应文天主编　杭州　浙江人民出版社　2015 年　421 页
b49982163　F299.275.54　N413　2015

宁海县茶山林场志
宁海县茶山林场志编委会编　丁秉懋主编　杭州　浙江人民出版社　2012 年　350 页
b49982151　F326.275.54　N413　2012

宁海县财政税务志　1987–2010
宁海县财政税务志编纂委员会编　赵殿兴主编　杭州　浙江人民出版社　2017 年　591 页
b50089973　F812.755.4　N413　2017

宁海县群众文化志
宁海县文化馆群文志编写组编　宁海　宁海县印刷厂　1990 年　145 页
b19932182　G127.554　N413　1990

宁海县文化志
宁海县文化志编纂委员会编　顾鸿安主编　北京　中华书局　2014 年　447 页
b45649182　G127.554　N413C　2014

宁海县教育志
宁海县教育志（增订本）编纂委员会编　苏其德主编　杭州　浙江人民出版社　1997 年　增订本　443 页
b16115843　G527.554　S712　1997

浙江省宁海中学校志稿
浙江省宁海中学编　宁海　浙江省宁海中学　2006 年　284 页
b20577370　G639.285.5　N413　2006

宁海技校志
宁海技工学校编　宁海　宁海技工学校　2009 年　265 页
b20882919　G719.285.54　N413　2009

宁海县地名志
宁海县地名委员会编 李子主编 宁海 宁海县地名委员会 1988 年 505 页
b20016104 K925.54 N413 1988

白溪水库志
白溪水库志编纂委员会编 王红 葛坚腾主编 北京 中华书局 2010 年 461 页
b22032526 TV632.554 W218 2010

温州市

温州市志
温州市志编纂委员会编 章志诚主编 北京 中华书局 1998 年 3 卷 3073 页
b10501319 K295.53 W363

温州市人民代表大会志
温州市人民代表大会志编纂委员会编 章志诚主编 北京 中华书局 2004 年 900 页
b16436398 D624.553 Z375 2004

温州市政协志
温州市政协志编纂委员会编 上海 上海社会科学院出版社 2006 年 430 页
b17326114 D628.553 W363 2006

温州市民政志
温州市民政局编 北京 中国社会出版社 2011 年 271 页〔中华人民共和国民政志书系〕
b37530446 D632 W363 2011

温州九三志 1957–2007
九三学社温州市委员会编 温州 九三学社温州市委员会 2007 年 303 页
b21570589 D665.7 J5858 2007

温州民革志
中国国民党革命委员会温州市委员会温州民革志编辑委员会编 温州 中国国民党革命委员会温州市委员会温州民革志编辑委员会 2007 年 250 页
b21765479 D665.1 W363 2007

温州农工党志
中国农工民主党温州市委员会编 温州 中国农工民主党温州市委员会 2008 年 392 页
b21570590 D665.5 Z6488 2008

温州市军事志
温州市军事志编纂委员会编 叶大兵主编 北京 解放军出版社 2003 年 562 页
b21765492 E289.553 W363 2003

温州市物资志
温州市物资志编纂领导小组编 王晋主编 北京 海洋出版社 1990 年 201 页〔温州市地方志丛书〕
b21570619 F259.275.53 W363 1990

温州市城市建设志
温州市城市建设志编纂委员会编 胡葆富主编 北京 中国建筑工业出版社 1993 年 252 页〔中华人民共和国地方志〕
b40935073 F299.275.53 W363 1993

温州市林业志
温州市林业志编纂委员会编 潘孝政主编 北京 中华书局 2004 年 591 页
b50151563 F326.275.53 W363 2004

温州市土地志
温州市土地管理局编 北京 中华书局 2001 年 315 页
b1993113x F327.553 W363 2001

温州发电厂志 1979–2005
滕寿祚主编 北京 中国电力出版社 2008

年 393 页〔浙江省电力工业志丛书〕
b49981432 F426.61 W363C 2008

温州市电力工业志 1991–2006
温州市电力工业志编纂委员会编 杭州 浙江人民出版社 2010 年 361 页〔浙江省电力工业志丛书〕
b49851676 F426.61 W363 2010

温州市盐业志
温州市盐业志编纂领导小组编 吴岐主编 北京 中华书局 2007 年 325 页
b22432371 F426.82 W363 2007

温州市工业志
温州市工业志编纂委员会编 钟普明主编 天津 南开大学出版社 1997 年 570 页〔温州市地方志丛书〕
b21767294 F427.553 W363 1997

温州市交通志
吴炎主编 北京 海洋出版社 1994 年 393 页〔温州市交通邮电志丛书〕
b10787732 F512.9 W515

温州市交通志 1991–2012
温州市交通志编纂委员会编 黄吕萍主编 北京 方志出版社 2017 年 611 页
b50016337 F512.9 W363 2017

温州市公路志
温州市公路志编纂委员会编 刘晓华主编 北京 方志出版社 2017 年 594 页〔温州市地方志丛书〕
b50581648 F542.9 W363 2017

温州市公共交通志
温州市公共交通志编纂领导小组编著 汤一钧主编 合肥 黄山书社 2000 年 146 页
b22432346 F572.885.53 W363 2000

龙湾区风景旅游志
龙湾区风景旅游管理局编 沈跃主编 北京 方志出版社 2015 年 194 页
b46667234 F592.755.3 L742 2015

温州市邮电志
温州市邮电局编 北京 人民邮电出版社 1996 年 341 页
b10569327 F632.755.3 W363

温州市粮食志
温州市粮食志编纂委员会编 臧孙善 蒋南笙 胡永丹主编 北京 中华书局 2000 年 475 页〔温州市地方志丛书〕
b2243236x F724.721 W363 2000

温州海关志
温州海关志编纂委员会编著 周厚才主写 上海 上海社会科学院出版社 1996 年 228 页
b22432358 F752.59 Z665 1996

温州市对外经济贸易志
温州市对外经济贸易志编纂委员会编 吴持珩主编 上海 上海科学技术文献出版社 1994 年 205 页〔温州市地方志丛书〕
b46442078 F752.855.3 W363 1994

温州市财税志
温州市财税志编纂领导小组编 何开镕 任鉴清主编 上海 复旦大学出版社 1993 年 249 页〔温州市地方志丛书〕
b21765480 F812.755.3 W363 1993

温州市金融志
温州市金融志编辑委员会编 上海 上海科学技术文献出版社 1995 年 357 页〔温州市地方志丛书〕

b46995997 F832.755.3 W363 1995

温州市农村金融志 1929–1990
陈国兴主编 温州 中国农业银行温州市分行 1994年 421页
b49625779 F832.35 C419 1994

温州市教育志
温州市教育志编纂委员会编 李方华主编 北京 中华书局 1997年 676页
b16445946 G527.553 L394 1997

温州技工学校志 1979–2009
温州技工学校志编委会编 孙爱萍主编 温州 温州技工学校志编委会 2009年 270页
b50152610 G718.1 W363 2009

温州商业学校校志 1978.6–1993.8
叶正中主编 温州 温州商业学校 1994年 137页
b20104194 G719.285.53 W363 1994

温州南拳简志
温州市温州南拳协会编 温州市温州南拳研究会编 金文平主编 北京 方志出版社 2017年 337页
b51131778 G852.13 W363 2017

温州方言志
郑张尚芳著 北京 中华书局 2008年 347页
b18880034 H173 Z545 2008

浙江省温州市市区标准地名录
温州市地名委员会办公室编印 温州 温州市地名委员会办公室 1982年 144页
b20018113 K925.53 W363 1982

大罗山志
温州生态园管委会编 林长春主编 北京 中华书局 2014年 365页
b45649157 K928.3 D135 2014

温州市风景名胜区志
戚永根主编 北京 线装书局 2014年 2卷 979页
b45821641 K928.705.53 W363 2014

温州市海岛简志
李红著 杭州 浙江大学出版社 2015年 263页
b4652275x K928.44 L396 2015

温州植物志 第1卷 石杉科–蛇菰科
丁炳扬 金川主编 朱圣潮卷主编 北京 中国林业出版社 2017年 411页
b50037122 Q948.525.53 W363 2017

温州植物志 第2卷 蓼科–豆科
丁炳扬 金川主编 陶正明卷主编 北京 中国林业出版社 2017年 401页
b50149878 Q948.525.53 W363 2017

温州植物志 第4卷 安息香科–菊科
丁炳扬 金川主编 陈贤兴卷主编 北京 中国林业出版社 2017年 470页
b50149866 Q948.525.53 W363 2017

温州植物志 第5卷 香蒲科–兰科
丁炳扬 金川主编 胡仁勇卷主编 北京 中国林业出版社 2017年 449页
b50189219 Q948.525.53 W363 2017

温州市卫生志
温州市卫生志编纂委员会编 傅松波主编 上海 华东师范大学出版社 1998年 287页
b1052521x R–092 W363

瑞平灌区志
浙江省温州市瑞平水系水利管理处编 何健总纂 温州 温州市瑞平蓝天打印社 1998年 233页〔温州市江河水利志丛书〕
b21855705 S279.255.3 W363 1998

温瑞灌区志
浙江省温州市温瑞塘河水系管理委员会编 杨春信主编 金小麟撰稿 北京 中华书局 1999年 307页〔温州市江河水利志丛书〕
b21855298 S279.255.3 W3637 1999

温州市江河水利志丛书 温州水利史料汇编
温州市江河水利志编纂委员会编 何健编写 温州 温州市江河水利志编纂委员会 1999年 234页
b21857830 TV-092 H271C 1999

温州市水利志
温州市水利志编纂委员会编 何健主编 北京 中华书局 1998年 410页
b17604758 TV-092 H271 1998

温州市环境保护志
温州市环境保护局编 北京 中国环境科学出版社 1993年 145页
b10786909 X321 W363

鹿城区

温州市鹿城区志
鹿城区地方志编纂委员会编 金文平主编 北京 中华书局 2010年 2卷 1394页
b22365072 K295.53 W363N 2010

城郊乡志
城郊乡志编纂委员会编著 汤一钧主编 合肥 黄山书社 2000年 217页〔温州镇志系列丛书〕
b36128971 K295.55 C4664 2000

仰义乡志
仰义乡志编纂委员会编 郭荣志 郑颉峰撰稿 温州 仰义乡志编纂委员会 2004年 194页
b20104777 K295.55 Y263 2004

温州市鹿城区人民代表大会志 1984–2016
温州市鹿城区人民代表大会志编纂委员会编 叶必庆主编 北京 方志出版社 2016年 791页
b49749171 D624.553 W363C 2016

鹿城政协志
温州市鹿城区鹿城政协志编纂委员会编 温州 温州市鹿城区鹿城政协志编纂委员会 2005年 531页
b20015872 D628.553 L825 2005

鹿城地名志
温州市鹿城区人民政府编 温州 温州市鹿城区人民政府 1987年 298页
b17120664 K925.53 W363L 1987

鹿城革命遗址图志
李岳松著 北京 中国民族摄影艺术出版社 2013年 225页
b40878132 K928.725.53 L422 2013

温州市鹿城区水利志
温州市鹿城区水利志编纂委员会编 李天猷主编 温州 温州市鹿城区水利志编纂委员会 1991年 228页
b21857842 TV-092 W363L 1991

温州市鹿城区水利志
温州市鹿城区水利志编纂委员会编 李定荣主编 北京 中国水利水电出版社 2007

年 287 页
b21855262 TV-092 W363L 2007

龙湾区

温州市龙湾区志
龙湾区史志编纂委员会 龙湾区志编辑部编 陈建敏主编 北京 中华书局 2013 年 3 卷 2034 页
b46377529 K295.53 W363LX 2013

沙城镇志
沙城镇志编纂委员会编 项有仁主编 北京 中华书局 2014 年 892 页
b46138535 K295.55 S231 2014

温州市龙湾区永中街道志 1949-2007
龙湾区永中街道志编纂委员会编 王会飞主编 北京 方志出版社 2010 年 270 页
b22364857 K295.53 W363L 2010

温州市龙湾区人民代表大会志
温州市龙湾区人民代表大会志编纂委员会编 章方松主编 北京 中华书局 2011 年 750 页
b22032393 D624.553 W363L 2011

龙湾农业志
温州市龙湾区农林局编 陈国胜主编 北京 方志出版社 2011 年 546 页
b22364729 F327.553 W363L 2011

瓯海区

瓯海人大志 1984.3-2014.6
温州瓯海区人大常委会 瓯海区人大志编委会编 王素贞主编 温州 温州瓯海区人大常委会 2015 年 557 页
b50248467 D624.553 W363O 2015

瓯海政协志
温州市瓯海区瓯海政协志编辑委员会编 温州 温州市瓯海区瓯海政协志编辑委员会 2002 年 431 页
b2001613x D628.554 O111 2002

温州市瓯海区民政志
温州市瓯海区民政志编纂委员会编 林南山主编 温州 温州市瓯海区民政志编纂委员会 1997 年 239 页
b21570607 D675.53 W363 1997

瓯海区土地志
瓯海区土地志编纂委员会编 李长飙主编 北京 中华书局 2000 年 181 页〔浙江省土地志集成〕
b21277345 F327.553 W363H 2000

瓯海教育志
瓯海教育志编纂委员会编 卢秀球主编 温州 瓯海教育志编纂委员会 2011 年 690 页
b4623990x G527.553 W363P 2011

浙江省瓯海县地名志
瓯海县地名委员会编 瓯海 瓯海县地名委员会 1989 年 531 页
b13743144 K925.54 O111

洞头区

洞头县志
洞头县志编纂委员会编 杨志林主编 杭州 浙江人民出版社 1993 年 517 页
b10616573 K295.54 D624

洞头县志 1991-2005
洞头县地方志编纂委员会编 杨志林主编 杭州 浙江人民出版社 2010 年 727 页
b40650029 K295.54 D624 2010

洞头县教育志
洞头县教育局编 温州 温州市北大方印务公司 1996 年 185 页
b27575482 G527.554 D624 1996

浙江省洞头县地名志
洞头县地名委员会编 叶元成主编 洞头 洞头县地名委员会 1987 年 404 页
b20378701 K925.54 D624 1987

浙江洞头海产贝类图志
张永普 周化斌 尤仲杰编著 北京 海洋出版社 2012 年 242 页
b36166492 Q959.215-64 Z368 2012

瑞安市

瑞安市志
瑞安市地方志编纂委员会编 宋维远主编 北京 中华书局 2003 年 2 卷 1914 页
b15599905 K295.53 R364 2003

湖岭片区志 1949–2006
湖岭片区地方志编纂委员会编 郑育友主编 北京 方志出版社 2011 年 542 页
b23217133 K295.53 R364H 2011

陶山镇志
陶山镇志编纂委员会编 林成植 林伟光主编 北京 中国文史出版社 2016 年 607 页
b47300826 K295.55 T264 2016

莘塍镇志
温州镇志编纂委员会编 汤一钧主编 合肥 黄山书社 1998 年 320 页〔温州镇志系列丛书〕
b13208020 K295.55 S389

瑞安市人民代表大会志
瑞安市人民代表大会志编纂委员会编 黄岳龄编辑 北京 中华书局 2005 年 660 页
b20576055 D624.553 R364 2005

瑞安市政协志 1956–2011
瑞安市政协志编纂委员会编 张升潮 廖洪林主编 北京 方志出版社 2011 年 342 页
b36133498 D628.553 R364 2011

瑞安市华侨志
瑞安市人民政府侨务办公室编 王国伟主编 北京 中华书局 2011 年 440 页
b23217273 D634 R364 2011

瑞安市土地志
宋维远主编 瑞安 瑞安市土地志编纂者 1999 年 242 页
b21277114 F327.553 R364 1999

瑞安市土地志
瑞安市土地志编纂委员会编 宋维远主编 北京 中华书局 2000 年 265 页〔浙江省土地志集成〕
b19518353 F327.553 S682 2000

瑞安市财政税务志
瑞安市财政税务志编纂领导小组编纂 殷作耕主编 北京 方志出版社 2004 年 337 页
b49848859 F812.755.3 R364 2004

瑞安市广播电视志
瑞安市广播电视台编 林国华主修 彭政主纂 瑞安 瑞安市广播电视台 2005 年 355 页
b2176492x G229.275.54 R364 2005

瑞安市教育志
瑞安市教育委员会教育志编纂组编 南昌 江西人民出版社 1992 年 379 页〔瑞安

市地方志丛书〕
b18176343 G527.563 R364 1992

浙江省瑞安中学校志 1896–1995
林云江 裴胜度主编 瑞安 浙江省瑞安中学 1996年 168页
b20105150 G639.285.53 Z4587 1996

瑞安黄氏志
黄则村主编 北京 中国文联出版社 2015年 498页
b49578297 K295.54 H671 2015

瑞安市文化志
李淳主编 杭州 西泠印社 2015年 547页
b47017041 K295.53 R364D 2015

瑞安市地名志
瑞安市地名委员会编 杨作雨主编 瑞安 瑞安市地名委员会 1988年 509页〔瑞安市地方志丛书〕
b20378646 K925.54 R364 1988

瑞安市卫生志
瞿汉云主编 上海 华东师范大学出版社 1999年 320页
b13132428 R199.2 R364

瑞安市水利志
浙江省瑞安市水利志编纂委员会编 陈邦焕主编 北京 中华书局 2000年 432页
b17510314 TV-092 C4143 2000

乐清市

乐清县志
乐清市地方志编纂委员会编 马升永主编 北京 人民出版社 2000年 1239页
b13740088 K295.54 Y871

白石镇志
白石镇人民政府编 香港 天马图书公司 1997年 353页〔浙江省乐清市地方志丛书〕
b17581631 K295.55 B1527 1997

北白象镇志
北白象镇志编纂委员会编 高益登主编 北京 中华书局 2011年 470页
b36668291 K295.55 B316 2011

赤水垟志
赤水垟志编纂委员会编 艺堂书屋主编 吴济川 尚洪浦主编 香港 中国文化出版社 2017年 268页
b50993525 K295.55 C515 2017

淡溪镇志
淡溪镇人民政府编 薛文甫主编 北京 方志出版社 2010年 424页
b20815840 K295.55 D193 2010

凤凰村志
邱星伟主编 北京 中国文史出版社 2011年 316页
b36378768 K295.55 F413 2011

芙蓉镇志
芙蓉镇人民政府编 香港 天马图书公司 1998年 324页〔浙江省乐清市地方志丛书〕
b36378963 K295.55 F468 1998

虹桥镇志
虹桥镇编纂领导小组编 北京 中国国际广播出版社 1993年 434页〔浙江省乐清县地方志丛书〕
b13209073 K295.55 H417

黄华镇志
黄华镇人民政府编 陈安铎主编 福州 海风出版社 2005 年 291 页
b16887864 K295.55 H658 2005

乐成镇志
乐成镇人民政府编 北京 当代中国出版社 1994 年 337 页〔浙江省乐清县地方志丛书〕
b21568935 K295.55 L267 1994

柳市镇志
汤一钧主编 合肥 黄山书社 1998 年 237 页〔温州镇志系列丛书〕
b13209632 K295.55 L712

磐石镇志 2005
乐清市磐石镇志编纂委员会办公室编 乐清 磐石镇志编纂委员会办公室 2005 年 202 页
b20403951 K295.75 P164 2005

蒲岐镇志
乐清县蒲岐镇志编委会编 乐清 乐清县蒲岐镇志编委会 1993 年 572 页〔浙江省乐清县地方志丛书〕
b1083557x K295.55 P677

上园村志
胡省三主编 杭州 浙江人民出版社 1999 年 434 页
b15588166 K295.55 L712S 1999

乐清工会志
乐清工会志编纂委员会编 北京 线装书局 2009 年 263 页
b49904188 D412.855.4 Y871 2009

乐清市人大志
乐清市人民代表大会志编纂委员会编 北京 中华书局 2006 年 649 页
b49532868 D624.554 Y871 2006

乐清市政协志
乐清市政协志编纂委员会编 北京 中华书局 2003 年 462 页
b17864380 D628.553 Y871 2003

乐清华侨志
乐清华侨志编纂委员会编 倪德西 叶品波主编 北京 中国文史出版社 2007 年 281 页
b20043910 D634 N286 2007

乐清民革志
乐清民革志编审委员会编 叶云主编 北京 中共党史出版社 2012 年 405 页
b40650054 D665.1 Y871 2012

中国农工民主党乐清市志
中国农工民主党乐清市志编纂委员会编 王志成主编 北京 中国文联出版社 2015 年 382 页
b47419982 D665.5 Y871 2015

乐清市审计志 1913–2013
乐清市审计志编著委员会编 金中桓主编 金中桓主编 北京 线装书局 2016 年 263 页
b50643034 F239.227.554 L267 2016

乐清市土地志
乐清市土地志编纂委员会编 李振镛主编 北京 中华书局 2002 年 336 页
b21277588 F327.554 Y871 2002

乐清县邮电志
乐清县邮电局编 温州 温州市鹿城工艺美

术厂 1989 年 246 页〔温州市交通邮电志丛书〕
b21764104 F632.755.4 Y871 1989

乐清县教育志
乐清县教育委员会教育志编纂组编 林生白主编 北京 中国人事出版社 1993 年 252 页
b20182648 G527.554 Y871 1993

乐清市卫生志 1991–2011
乐清市卫生志编纂委员会编 周友程主编 北京 中国文史出版社 2014 年 531 页
b47052168 R199.2 ZL267 2014

乐清市水利志
乐清市水利水电局编 南京 河海大学出版社 1998 年 276 页
b21855997 TV–092 Y871 1998

永嘉县

永嘉县志
永嘉县地方志编纂委员会编 徐顺旗主编 北京 方志出版社 2003 年 2 卷 1866 页
b36246426 K295.54 Y6364C 2003

永嘉县志 水利编 初稿
永嘉县地方志编纂委员会办公室编 永嘉 永嘉县地方志编纂委员会办公室 1995 年 50 页
b21858020 K295.54 Y6364 1995

瓯北镇志
温州镇志编纂委员会编 合肥 黄山书社 1997 年 322 页〔温州镇志系列丛书〕
b13208019 K295.55 O111

桥头镇志
永嘉县桥头镇志编纂领导小组编 金德群主编 北京 海洋出版社 1989 年 332 页
b11235780 K295.54 J476

永嘉县人民代表大会志
永嘉县人民代表大会志编纂委员会编 汪大清主编 北京 中华书局 2011 年 812 页
b37530719 D624.554 Y636 2011

永嘉县政协志
永嘉县政协志编纂委员会编 潘教勤主编 永嘉 永嘉县政协志编纂委员会 2004 年 208 页
b49964471 D628.554 Y6364 2004

永嘉县民政志
永嘉县民政局编 潘泰永主编 北京 中国社会出版社 2006 年 279 页
b18280821 D632 P162 2006

永嘉农工党志 1983–2009
中国农工民主党永嘉县委员会编 陈康飞主编 永嘉 中国农工民主党永嘉县委员会 2010 年 306 页
b49506456 D665.5 Y636 2010

永嘉县农业志
永嘉县农业局编 王正榜 刘逢龙主编 北京 海洋出版社 1997 年 568 页
b36028812 F329.554 Y636 1997

永嘉县交通志
永嘉县交通局 永嘉县邮电局编 北京 海洋出版社 1990 年 257 页
b20121131 F512.755.4 Y6364 1990

永嘉县金融志
永嘉县金融志编纂委员会编 蔡金炳主编

永嘉 永嘉县金融志编纂委员会 1994 年 242 页
b45569848 F832.755.4 Y636 1994

永嘉县教育志
永嘉县教育局教育志编纂组编 北京 海洋出版社 1997 年 281 页
b17992965 G527.554 Y636 1997

永嘉革命文化志
永嘉县革命文化史料征集办公室编 永嘉 永嘉县革命文化史料征集办公室 1992 年 392 页
b19932820 K295.54 Y636G 1992

芙蓉村民俗田野志
邱国珍主编 北京 知识产权出版社 2011 年 191 页〔中国民俗文化〕
b22192827 K892.455.5 Q528 2011

永嘉传统风俗志
姚周辉 潘一钢等编著 北京 知识产权出版社 2012 年 183 页〔中国民俗文化〕
b36143455 K892.455.4 Y297 2012

枫林古镇景物志
楠溪江文化丛书整理出版委员会 浙江省永嘉县政协文史委员会编 徐逸龙著 北京 中华书局 2011 年 299 页〔楠溪江文化丛书〕
b46274443 K925.55 F356 2011

永嘉山水图志
永嘉县地方志编纂委员会编 徐顺旗主编 杭州 浙江摄影出版社 2004 年 133 页
b16425212 K925.54 Y636 2004

永嘉县革命根据地乡（镇）村地名录
永嘉县民政局编 永嘉 永嘉县民政局 1988 年 53 页
b21276031 K925.55 Y636Y 1988

永嘉县卫生志 1991–2010
永嘉县卫生局编 陈旭东主编 北京 方志出版社 2015 年 627 页
b47051176 R199.2 Y6364 2015

永嘉县水利志
永嘉县水利志编纂委员会编 戴桂生主编 北京 中华书局 2006 年 427 页
b49506468 TV–092.554 Y636 2006

平阳县

平阳县志
平阳县志编纂委员会编 郑立于主编 上海 汉语大词典出版社 1993 年 1085 页
b10569388 K295.54 P613C

腾蛟镇志
腾蛟镇志编纂委员会编 林步宽主编 杭州 浙江摄影出版社 2016 年 777 页
b50817267 K295.55 T292 2016

平阳农工党志
中国农工民主党平阳县委员会编 陈菲菲主编 温州 温州大草原印业公司 2009 年 320 页
b41235101 D665.5 P613 2009

平阳县对外经济贸易志
平阳县商务局编著 项显华 萧淑霞编辑 北京 中国文史出版社 2015 年 172 页
b46995602 F752.855.4 P613 2015

平阳县教育志
平阳县教育志编纂组编 林昌罗主编 上海 上海社会科学院出版社 1997 年 300

页
b20019038　G527.554　L585　1997

平阳林氏志
林振法主编　北京　中国社会出版社　2006年　637页
b18280833　K820.9　L5858　2006

平阳县郑氏志
平阳县郑氏志编纂委员会编　郑登海主编　平阳　平阳县郑氏志编纂委员会　2007年　284页
b46011791　K820.9　Z5456　2007

平阳叶氏志
平阳叶氏志编纂委员会编　叶启友主编　北京　方志出版社　2011年　816页
b36133334　K820.9　Y3776　2011

浙江省平阳县地名志
平阳县地名委员会编　平阳　平阳县地名委员会　1985年　525页
b20378749　K925.54　P613　1985

平阳县水利志
平阳县水利志编纂委员会编　王书康主编　北京　中华书局　2001年　328页
b20136791　TV-092　W2298　2001

平阳县水利志　1989–2012
平阳县水利志编纂委员会编　林克聪主编　北京　方志出版社　2016年　368页
b47287445　TV-092　W2298C　2016

苍南县

苍南县志
苍南县地方志编纂委员会编　萧耘春主编　杭州　浙江人民出版社　1997年　877页
b10564184　K295.54　C177

苍南灵溪镇志
苍南灵溪镇志编写组编　王汝亮主编　杭州　浙江人民出版社　1993年　319页
b16435278　K295.55　L628　1993

灵溪镇志
叶宗武主编　北京　中华书局　2007年　528页
b3612834x　K295.55　L628C　2007

龙港镇志
龙港镇志编纂委员会编　北京　中华书局　2003年　488页〔浙江省名镇志集成〕
b1558771x　K295.55　L741　2003

苍南县人大志
苍南县人大志编纂委员会编　梁祥至主编　北京　方志出版社　2003年　664页
b20098480　D624.554　L493　2003

苍南县人民代表大会志　2002–2012
苍南县人民代表大会志编纂委员会编　徐启豆主编　北京　中华书局　2013年　581页
b45445382　D624.554　C177　2013

苍南县公安志
陈志多主编　温州　温州市南方印务公司　2000年　304页
b2176279x　D675.54　C177　2000

苍南县公安志　1981–2014
苍南县公安志编纂委员会编　张起乐　陈良美　陈志多主编　杭州　浙江人民出版社　2017年　485页
b50777610　D675.54　C177　2017

苍南县人民法院志
苍南县人民法院志编纂委员会编 郑海燕主编 北京 线装书局 2017 年 369 页
b50083776 D926.22 C177 2017

苍南县海洋与渔业志
苍南县海洋与渔业局 苍南县渔民协会 苍南县水产学会编 梅永炼主编 北京 海洋出版社 2007 年 314 页
b36092848 F326.475.54 C177 2007

苍南农业志
杨茂生主编 北京 中华书局 2006 年 838 页
b36029051 F327.554 C177Y 2006

苍南县土地志
苍南县土地志编纂委员会编 丁仕田主编 北京 中华书局 2000 年 239 页〔浙江省土地志集成〕
b16424517 F327.554 C177 2000

苍南县教育志
苍南县教育志编纂委员会编 上海 百家出版社 2001 年 324 页
b16043376 G527.554 C177 2001

金乡中学校志 1956–1990
李逸安主笔 苍南 苍南县博宣线装印刷公司 1994 年 150 页
b36128351 G639.285.54 J479 1994

苍南方言志
温端政著 北京 语文出版社 1991 年 370 页〔苍南地方志丛书〕
b20019397 H173 W362 1991

苍南黄姓通志
黄嘉晓主编 香港 国际炎黄文化出版社 2006 年 645 页〔苍南县档案局(馆)系列丛书〕
b49639900 K820.9 H666C 2006

苍南县郑氏文化志
苍南县郑氏文化志编纂领导小组编 郑维国主编 温州 温州新雅印刷公司 1997 年 295 页
b21567141 K820.9 Z5458 1997

苍南张氏史志
张祖辉主编 北京 中国文史出版社 2007 年 692 页〔浙江姓氏志〕
b49639912 K820.9 Z3693 2007

苍南县地名志
苍南县地名志编纂委员会编 陈孟瑛主编 北京 中华书局 2016 年 750 页
b47365845 K925.54 C177 2016

苍南县水利工程志
苍南县水利工程志编纂委员会编 北京 中华书局 2000 年 369 页
b21855316 TV–092 C1776 2000

苍南县水利志
苍南县水利志编纂委员会编 林振法主编 北京 中华书局 1999 年 352 页
b2013678x TV–092 L588 1999

文成县

文成县志
浙江省文成县地方志编纂委员会编 朱礼主编 北京 中华书局 1996 年 1092 页
b10494868 K295.54 W386

文成人民代表大会志
陈思成主编 北京 方志出版社 2003 年 454 页

b21570620 D624.554 W386 2003

百丈漈水力发电厂志
百丈漈水力发电厂编纂委员会编 北京 当代中国出版社 1997 年 223 页〔浙江省电力工业志丛书 20010〕
b49980889 F426.61 B163 1997

文成县教育续志 1991-2002
潘亦建主编 上海 上海古籍出版社 2003 年 355 页
b15314935 G527.554 W386 2003

文成县教育志
文成县教育志编纂委员会编 徐世槐主编 上海 华东师范大学出版社 1998 年 252 页
b10525269 G527.554 W386

文成县地名志
浙江省文成县地名委员会编 文成 文成县地名委员会 1985 年 499 页
b20369359 K925.54 W386 1985

文成县卫生志
王贵淼主编 济南 黄河出版社 2001 年 301 页
b22432383 R199.2 W386 2001

泰顺县

泰顺县志
泰顺县志编纂委员会编 施明达主编 杭州 浙江人民出版社 1998 年 889 页
b10468523 K295.54 T163

黄桥乡志
黄桥乡志编辑委员会编 吴元华主编 北京 线装书局 2016 年 365 页
b50747587 K295.55 H6657 2016

西地村志
泰顺县泗溪镇西地村志编委员会编 王尚钱主编 北京 方志出版社 2017 年 452 页〔泰顺县地方志丛书〕
b50777361 K295.55 X1197 2017

浙江省泰顺县莒江乡志
莒江乡志编纂委员会编 北京 中华书局 2001 年 239 页
b13995625 K295.55 J664

泰顺县人民代表大会志
泰顺县人民代表大会志编纂委员会编 北京 方志出版社 2009 年 645 页
b20887371 D624.554 T163 2009

泰顺县公路管理段志
泰顺县公路管理段志编纂委员会编 陈圣格主编 北京 方志出版社 2010 年 348 页
b36370228 F542.855.4 T163 2010

泰顺县教育志
泰顺县教育志编纂委员会编 林伟 蔡景祥主编 北京 方志出版社 2017 年 364 页〔泰顺县地方志丛书〕
b50083934 G527.554 T163 2017

泰顺县卫生志
泰顺县卫生志编纂委员会编 陈圣格主编 北京 方志出版社 2014 年 345 页
b4562530x R199.2 T1637 2014

乌岩岭自然保护区志
乌岩岭自然保护区志编纂委员会编 翁少平主编 北京 中国时代经济出版社 2014 年 301 页〔泰顺县地方志丛书〕
b46530976 S759.992.554 W465 2014

泰顺县茶志
翁少平主编 北京 中国农业科学技术出版社 2012 年 319 页
b39240496 TS971.21 T163 2012

泰顺县水利电力志
泰顺县水利电力志编纂委员会编 项金龙主编 北京 中华书局 1999 年 242 页
b21765339 TV-092 T1637 1999

嘉兴市

嘉兴市志
嘉兴市志编纂委员会编 史念主编 北京 中国书籍出版社 1997 年 3 卷 2439 页
b10524502 K295.53 J198

嘉兴市工会志 1991-2010
邵建华主编 北京 方志出版社 2014 年 413 页
b49980944 D412.855.3 J198 2014

嘉兴市人民代表大会志 1949-2003
嘉兴市人民代表大会志编纂委员会编 上海 上海社会科学院出版社 2006 年 699 页
b16588903 D624.553 J198 2006

嘉兴市政协志
嘉兴市政协志编纂委员会编 吴凯明主编 北京 方志出版社 2012 年 2 卷 1381 页
b36109654 D628.553 J198 2012

嘉兴市军事志
嘉兴市军事志编纂委员会编 郭庆钊主编 嘉兴 嘉兴军分区 2008 年 567 页
b21763872 E289.553 J198 2008

嘉绢志 1921-1988
吴有志主编 嘉兴 嘉绢志编纂委员会 1990 年 392 页
b22430325 F426.81 J198 1990

嘉丝联志
陈仕森主编 嘉兴 嘉兴印刷厂 1990 年 377 页
b22430337 F426.81 J1987 1990

嘉兴发电厂志 1986-2006
嘉兴发电厂志编纂委员会编 周玉宝主编 杭州 浙江人民出版社 2010 年 347 页〔浙江省电力工业志丛书〕
b49982138 F426.61 J1982 2010

嘉兴市电力工业志 1910-1990
嘉兴市电力工业志编纂委员会编 张祥伟主编 北京 中国电力出版社 1996 年 218 页〔浙江省电力工业志丛书〕
b21568467 F426.61 Z367 1996

嘉兴市电力工业志 1991-2005
嘉兴市电力工业志编纂委员会编 杭州 浙江人民出版社 2010 年 374 页〔浙江省电力工业志丛书〕
b2255645x F426.61 J198 2010

嘉兴市烟草志
嘉兴市烟草志编辑室编 卢真祥主编 上海 三联书店上海分店 1993 年 407 页
b21568479 F426.89 L792 1993

嘉兴市烟草志 1991-2010
嘉兴市烟草志编纂委员会编 丁文华主编 嘉兴 吴越电子音像出版有限公司 2014 年 611 页
b50992375 F426.89 J198 2014

民丰志 1923–1996
民丰集团公司编 北京 中华书局 1999年 542页
b21764426 F426.83 M528 1999

民丰志 续修本 1997–2000
民丰志编纂委员会编 张福钧主编 杭州 浙江时代出版服务公司 2002年 257页
b21764438 F426.83 M528 2002

浙江制丝一厂志 1921–1988
胡增成 沈达源主编 嘉兴 嘉兴印刷厂 1990年 287页
b22433193 F426.81 Z4589 1990

嘉兴市交通志
嘉兴市交通志编纂委员会编 寿楚林主编 北京 方志出版社 2016年 890页
b49814886 F512.755.3 J198 2016

嘉兴金融志 1991–2010
嘉兴金融志（1991–2010）编委会编 北京 中国金融出版社 2013年 576页
b45573001 F832.755.3 J198 2013

嘉兴市文化志
周成龙主编 杭州 杭州出版社 2000年 380页
b15577715 G127.553 J198 2000

嘉兴市教育志
嘉兴市教育志编纂委员会编 邹叶根主编 杭州 浙江大学出版社 2001年 746页
b20182636 G527.553 J198 2001

嘉兴市教育志 1991–2010
嘉兴市教育志编纂委员会编 陆福根主编 杭州 浙江人民出版社 2015年 512页
b49706329 G527.553 J198 2015

嘉兴学院志 1914–2004
嘉兴学院编 嘉兴 浙江方正设计印刷公司 2004年 486页
b15968637 G649.285.53 J198 2004

嘉兴电影志 1984–2013
嘉兴电影志编纂委员会编 张宪义主编 杭州 浙江大学出版社 2015年 464页
b4635928x J992 J198 2015

嘉兴市志资料 第2卷
嘉兴市志编纂室编 嘉兴 新嘉印刷厂 1989年
b18071491 K295.53 J198Z

嘉兴市水利志
嘉兴市水利志编纂委员会编 唐寿良主编 北京 中华书局 2008年 703页
b20949947 TV–092 J198 2008

南湖区

七星镇志
丁家林主编 北京 方志出版社 2009年 412页
b21228929 K295.55 Q113 2009

新丰镇志
何志荣主编 合肥 安徽美术出版社 2008年 637页
b20888168 K295.55 X4431 2008

秀洲区

王店镇志
王店镇志编纂委员会编 沈一超主编 北京 中国书籍出版社 1996年 520页
b20019671 K295.55 W214 1996

新塍镇志
新塍镇志编纂委员会编 胡锦权 程斯惠主编 上海 上海社会科学院出版社 1998年 286页
b12949048 K295.55 X443

海宁市

海宁市志
海宁市志编纂委员会编 上海 汉语大辞典出版社 1995年 1287页
b10617474 K295.53 H145

海宁市志 1991–2010
海宁市史志编纂委员会编 徐霞芳总编 杭州 浙江人民出版社 2018年 2卷 2077页
B53294579 K295.53 H145 2018

长安镇志
长安镇志编纂领导小组编 北京 当代中国出版社 1994年 454页
b20402569 K295.55 C3461 1994

长安镇志
长安镇志编纂者 海宁 长安镇志编纂者 2013年 794页
b50151988 K295.55 C3461 2013

长安镇志
长安镇志编纂委员会编 金新良主编 北京 方志出版社 2014年 604页
b46376525 K295.55 C3461 2014

海宁硖石镇志
海宁硖石镇志编纂委员会编 杭州 浙江人民出版社 1992年 490页
b16324742 K295.55 X177 1992

黄湾镇(尖山新区)志
黄湾镇人民政府编 陈益峰主编 北京 中国文史出版社 2017年 810页
b51332395 K295.55 H668 2017

许村镇志
许村镇志编纂委员会编 杨正静主编 北京 中国文史出版社 2016年 522页
b49471533 K295.55 X593 2016

盐官镇志
盐官镇志编写组编 南京 南京出版社 1993年 348页
b1538293x K295.55 Y179 1993

盐官镇志
盐官镇志编纂委员会编 徐敏主编 北京 方志出版社 2017年 518页
b50244383 K295.55 Y179C 2017

海宁市人民代表大会志 1949.10–2007.2
海宁市人民代表大会志编纂委员会编 戴雪根主编 上海 上海社会科学院出版社 2008年 904页
b19929274 D624.553 H145 2008

海宁市民政志
海宁市民政志编纂委员会 蔡爱玉主编 海宁 海宁市民政志编纂委员会 2011年 401页
b50016908 D632 H1456 2011

海宁市工商行政管理志 1991–2005
海宁市工商行政管理局编 叶松主编 北京 人民日报出版社 2008年 574页
b49706317 F123.82 H145 2008

海宁市城乡建设志
海宁市城乡建设志编纂委员会编 北京 中

国文史出版社 2012年 635页
b40743329 F299.275.54 H145 2012

海宁土地志
海宁土地志编纂委员会编 沈炜主编 北京 地质出版社 2015年 514页
b47414133 F327.554 S414 2015

海宁皮革志
海宁皮革志编纂委员会编 任有法主编 杭州 浙江人民出版社 2011年 666页
b40935334 F426.85 H145 2011

海宁市场志
海宁市场志编纂委员会编 朱掌兴主编 北京 方志出版社 2008年 446页
b20949248 F727.553 H145 2008

海宁市文化志
海宁市文化志编纂委员会编 杭州 浙江人民出版社 2015年 493页
b49607686 G127.554 H145 2015

海宁市教育志
海宁市教育志编纂委员会编 杭州 浙江教育出版社 1995年 418页
b13079475 G527.553 H145

海宁市教育志 续一
海宁市教育志续一编纂委员会编 杭州 浙江教育出版社 2006年 537页
b17962511 G527.553 H145 2006

浙江省海宁县地名志
海宁县地名办公室编 海宁 海宁县地名办公室 1985年 643页
b17120627 K925.54 H145 1985

海宁潮志
海宁市政协文教卫体与文史委员会 海宁市史志办公室编 田耘总编 北京 中国文史出版社 2014年 633页
b45831762 P731.23 H145 2014

云龙蚕桑志
中国丝绸博物馆 海宁市档案局 海宁市史志办公室编 张镇西主编 杭州 浙江大学出版社 2017年 184页
b51066269 S88 Y879 2017

海宁市水利志
海宁市水利志编纂委员会编 王志良 强本南 韩延庆主编 北京 方志出版社 1998年 345页
b20135993 TV-092 H1456 1998

平湖市

浙江省平湖县志
浙江省平湖县县志编纂委员会编 庄文生主编 上海 上海人民出版社 1993年 1011页
b10864210 K295.5 Z4586

平湖市志 1990-2005
平湖市地方志编纂委员会编 陈仕栋主编 北京 中华书局 2012年 1298页
b40837312 K295.53 P612 2012

乍浦镇志
平湖市乍浦镇志编纂委员会编 殷水根主编 北京 中国文史出版社 2011年 880页
b23368044 K295.55 Z269 2011

钟埭镇志
钟埭镇志编纂委员会编 彭其根主编 北京 中华书局 2016年 1140页
b50167054 K295.55 Z6242 2016

平湖市人口和计划生育志
平湖市人口和计划生育志编纂委员会编 方良根主编 北京 中国文史出版社 2014年 507页〔平湖市第二轮修志丛书〕
b49781443 C924.255.54 P612 2014

平湖市工会志
平湖市工会业志编纂委员会编 朱洪宝主编 北京 中国文史出版社 2013年 302页〔平湖市第二轮修志丛书 第三辑〕
b47414248 D412.855.4 P612 2013

平湖市统战志
平湖市统战志编纂委员会编 钟菲主编 北京 中国文史出版社 2014年 248页〔平湖市第二轮修志丛书〕
b4982823x D613 P612 2014

平湖人大志
浙江省平湖市人大志编纂委员会编 周庆义主编 平湖 浙江省平湖市人大志编纂委员会 1996年 390页
b4666855x D624.554 P612 1996

平湖市人大志 1993.4–2007.2
平湖市人大志编纂委员会编 何大利主编 北京 中国文史出版社 2011年 720页〔平湖市第二轮修志丛书 第二辑〕
b47100710 D624.554 P612C 2011

平湖市人事志
平湖市人事志编纂委员会编 郑贵元主编 北京 中国文史出版社 2014年 775页〔平湖市第二轮修志丛书〕
b49828253 D630.3 P612 2014

平湖市民政志
平湖市民政志编纂委员会编 张秀良 徐泉根主编 北京 中国文史出版社 2011年 497页〔平湖市第二轮修志丛书〕
b3753063x D632 P612 2011

平湖市劳动和社会保障志
平湖市劳动和社会保障志编纂委员会编 李宝琮 凌平军 朱文洲主编 北京 中国文史出版社 2014年 526页〔平湖市第二轮修志丛书〕
b49828265 D669.2 P612 2014

平湖市检察志
平湖市检察志编纂委员会编 任钧成主编 北京 中国文史出版社 2011年 515页〔平湖市第二轮修志丛书〕
b37530616 D926.32 P612 2011

平湖市城乡建设志 2005–2010
平湖市城乡建设志编纂委员会编 顾耀强主编 北京 中国文史出版社 2014年 389页〔平湖市第二轮修志丛书〕
b49828241 F299.275.54 P612 2014

平湖市农业志
平湖市农业志编纂委员会编 杨明主编 北京 中国文史出版社 2012年 704页〔平湖市第二轮修志丛书 第二辑〕
b47414261 F329.554 P612 2012

平湖市工业志
何守用主编 北京 中国文史出版社 2013年 440页〔平湖市第二轮修志丛书〕
b49747149 F427.554 P612 2013

平湖市外经贸志
平湖市外经贸志编纂委员会编 彭荣主编 北京 中国文史出版社 2011年 290页〔平湖市第二轮修志丛书〕
b37530641 F752.855.4 P612 2011

平湖市金融志 1990–2005
何鑫华主编 北京 中国文史出版社 2011年 618页〔平湖市地方志丛书〕
b37530628 F832.755.4 P612 2011

平湖市文化志
平湖市文化志编纂委员会编 沈力行主编 北京 中华书局 2013年 886页
b45445424 G127.554 P612 2013

平湖市广播电视志
平湖市广播电视志编纂委员会编 吴生华主编 杭州 浙江人民出版社 2007年 326页
b21569794 G229.275.54 P612 2007

平湖市教育志 1996–2005
平湖市教育志编纂委员会编 沈建中主编 北京 中国文史出版社 2013年 572页〔平湖市第二轮修志丛书 第三辑〕
b4741425x G527.553 P612 2013

平湖史志 纪念施奇烈士牺牲65周活动专辑
平湖市史志办公室编 顾利鹤主编 平湖 平湖市史志办公室 2007年 56页
b41257273 K295.54 P612P 2007

浙江省平湖县地名志
平湖县地名委员会编 平湖 平湖县地名委员会 1985年 327页
b12160040 K925.54 P612

平湖市卫生志 1990–2007
平湖市卫生志编纂委员会编 沈羽主编 北京 中国文史出版社 2011年 460页
b47414273 R199.2 S414 2011

平湖县卫生志
浙江省平湖县卫生局平湖县卫生志编纂组编 周富明主编 平湖 浙江省平湖县卫生局平湖县卫生志编纂组 1990年 277页
b50665455 R199.2 P612 1990

桐乡市

桐乡县志
桐乡市桐乡县志编纂委员会编 马新正主编 上海 上海书店出版社 1996年 1468页
b10501332 K295.54 T4418

崇福镇志
张冰华主编 上海 上海书店 1994年 466页
b17992011 K295.55 C541 1994

崇福镇志
崇福镇志编纂委员会编 俞尚曦主编 北京 中华书局 2013年 2卷 1855页
b44795415 K295.55 C541 2013

凤鸣街道志
凤鸣街道志编纂委员会编 俞尚曦主编 北京 方志出版社 2017年 724页
b50346106 K295.55 F4135 2017

石门镇志
徐才勋主编 北京 方志出版社 2002年 471页
b14250949 K295.55 S473

乌镇志
浙江省桐乡市乌镇志编纂委员会编 俞尚曦主编 北京 方志出版社 2017年 342页〔中国名镇志文化工程〕
b5030933x K295.55 W465C 2017

洲泉镇志
桐乡市洲泉镇志编纂委员会编著 俞尚

曦主编 杭州 浙江大学出版社 2009年 723页
b21007846 K295.55 Z656 2009

桐乡市人民代表大会志
桐乡市人民代表大会志编纂委员会编 俞少杰主编 上海 上海书店出版社 2014年 1079页
b47126280 D624.554 T4418 2014

桐乡市政协志
桐乡市政协志编纂委员会编 陈英主编 北京 中国文史出版社 2014年 939页
b47052363 D628.554 C436 2014

桐乡市农业志
桐乡市农业志编纂委员会编 王妙荣主编 北京 中华书局 2013年 1241页
b41213932 F329.553 T441 2013

桐乡县电力工业志 1920–1990
桐乡县电力工业志编纂委员会编 陈炳甫主编 北京 中国电力出版社 1996年 255页〔浙江省电力工业志丛书〕
b21570486 F426.61 C414 1996

桐乡市旅游志
桐乡市旅游志编纂委员会编 俞尚曦 蔡维明 寿利宏编撰 北京 方志出版社 2013年 583页
b45811295 F592.755.4 T441 2013

桐乡市财政税务志
方联翩主编 北京 中国人事出版社 1998年 476页
b22432231 F812.755.4 T441 1998

桐乡市财政税务志 1996–2010
桐乡市财政税务志编纂委员会编 北京 方志出版社 2017年 665页
b49991103 F812.755.4 T441C 2017

桐乡县教育志
桐乡县教育志编纂委员会编 杭州 浙江教育出版社 1997年 299页
b13079438 G527.554 T441

桐乡方言志
桐乡市地方志办公室编 姚建明主编 北京 方志出版社 2014年 479页
b46133148 H173 T441 2014

浙江省桐乡县地名志
浙江省桐乡县地名办公室编 桐乡 浙江省桐乡县地名办公室 1989年 652页
b17120548 K925.54 T4418 1989

桐乡市中医医院志
桐乡市中医医院志编纂委员会编 王敬民主编 北京 方志出版社 2015年 398页
b46670786 R197.4 T441 2015

桐乡市卫生志 1991–2010
桐乡市卫生局编 北京 方志出版社 2014年 553页
b46018116 R199.2 T441 2014

嘉善县

嘉善县志
嘉善县志编纂委员会编 闵三等总纂 上海 三联书店上海分店 1995年 1174页〔中华人民共和国地方志〕
b10630405 K295.54 J198

嘉善县志 1989–2008
浙江省嘉善县地方志编纂委员会编 沈庆中主编 北京 中华书局 2015年 2卷 1324页

b46934418 K295.54 J198C 2015

大云镇志
大云镇志编纂委员会编 胡顺法主编 北京 中国文史出版社 2016 年 416 页
b50062165 K295.55 D1369 2016

洪溪镇志
天凝镇镇志编纂委员会编 李志杰 陈善雨 沈雪林主编 北京 中国文史出版社 2017 年 417 页
b51071642 K295.55 H416 2017

惠民镇志
惠民镇志编纂委员会编 计建新主编 北京 中华书局 2015 年 623 页
b47194832 K295.55 H696 2015

曙光村志
陆川根主编 北京 中国文史出版社 2015 年 266 页
b4705234x K295.55 L835 2015

陶庄镇志
陶庄镇志编纂委员会编 戴艳丽主编 北京 中华书局 2017 年 626 页
b51090430 K295.55 T2649 2017

魏塘镇志
魏塘镇人民政府编 童毓秀 赵嘉明主编 上海 上海社会科学院出版社 1996 年 344 页
b10616858 K295.55 W359

魏塘镇志
魏塘镇志编纂委员会编 金敏耿 钱慧主编 北京 中华书局 2016 年 849 页
b47404371 K295.55 W359C 2016

姚庄镇志
姚庄镇志编纂委员会编 胡玉龙 蒋晓平主编 北京 中华书局 2017 年 647 页
b50682726 K295.55 H476 2017

嘉善县人民代表大会志 1949–2012
嘉善县人民代表大会志编纂委员会编 张玉林 冯斌华主编 北京 中华书局 2014 年 670 页
b45649169 D624.554 J198 2014

嘉善县民政志
嘉善县民政志编纂委员会编 张引华主编 北京 中华书局 2014 年 516 页
b46133501 D632 J1987 2014

嘉善县建设志
嘉善县建设志编纂委员会编 陈昉主编 北京 中华书局 2016 年 483 页
b49712792 F299.275.54 J198 2016

嘉善县农业志
嘉善县农业志编纂委员会编 沈掌荣主编 北京 中华书局 2014 年 777 页
b46133513 F327.554 J198 2014

嘉善县二轻工业志
嘉善县国有城镇企业管理办公室编 肖荣主编 北京 中国文史出版社 2017 年 305 页
b50828460 F426.8 J198 2017

嘉善县交通志
嘉善县交通志编委会编 杭州 浙江大学出版社 1994 年 250 页
b10824601 F512.755 J198

嘉善县文化志
嘉善县文化广电新闻出版局编 倪学庆主

编 杭州 浙江文艺出版社 2017 年 542 页
b50861979 K295.54 J198E 2017

浙江省嘉善县地名志
嘉善县地名办公室编 朱兴观 陈展主编 嘉善 嘉善县地名委员会 2003 年 601 页
b20378713 K925.54 J198 2003

海盐县

海盐县志
海盐县志编纂委员会编 王德坚主编 杭州 浙江人民出版社 1992 年 1048 页
b10759918 K295.54 H1459

海盐县志 1986–2005
海盐县党史地方志编纂委员会编 王健飞主编 杭州 浙江人民出版社 2013 年 2 卷 1643 页
b45625669 K295.54 H1459 2013

澉浦镇志
王健飞主编 北京 中华书局 2001 年 643 页〔浙江省名镇志集成〕
b1642542x K295.55 G172 2001

沈荡镇志
沈荡镇志编纂组编 王志明主编 上海 上海人民出版社 1991 年 362 页
b10910876 K295.55 S411

浙江省海盐县通元镇志
海盐县通元镇志编纂组编 上海 上海人民出版社 1993 年 499 页
b1082487x K295.55 T426

浙江省海盐县武原镇志
武原镇志编纂领导小组编 上海 上海人民出版社 1991 年 472 页〔中国名镇志〕
b10911340 K295.55 W534

海盐县检察志
海盐县检察志编纂委员会编 陈树玉编纂 北京 方志出版社 2017 年 201 页〔海盐县志丛书〕
b50272603 D926.32 H145 2017

海盐县土地志
海盐县土地管理局 海盐县土地志编纂委员会编 王云祥主编 北京 方志出版社 1999 年 307 页
b14351298 F327.554 W234

海盐县土地志 1996–2005
海盐县国土资源局 海盐县土地志编纂委员会编 阮立雄主编 北京 方志出版社 2011 年 337 页〔海盐县志丛书〕
b23216153 F327.554 H145 2011

秦山核电有限公司志
秦山核电有限公司编 徐维康主编 北京 中国原子能出版社 2011 年 1241 页
b40666025 F426.23 Q449 2011

海盐县教育志
海盐县教育志编纂委员会编 邱云龙主编 杭州 浙江人民出版社 2013 年 1059 页〔海盐县志丛书〕
b46012461 G527.554 H145 2013

海盐县地名志
海盐县地名委员会编 海盐 海盐县地名委员会 1984 年 397 页
b40744000 K925.54 H1459 1984

南北湖志
南北湖志编纂委员会编 王健飞主编 北京 中华书局 2005 年 465 页

b16446537 K928.43 W219 2005

海盐县气象志
海盐县气象志编纂委员会编 林逸鸣主编 北京 方志出版社 2017年 301页〔海盐县志丛书〕
b50309237 P468.255.4 H145 2017

海盐县水利志
海盐县水利志编纂委员会编 蔡来根主编 杭州 浙江人民出版社 2008年 528页〔海盐县志丛书〕
b2009971x TV-092 H1459 2008

湖州市

湖州市志
湖州市地方志编纂委员会编 王克文主编 北京 昆仑出版社 1999年 2卷 2166页
b13946262 K295.53 H476

湖州市志 1991–2005
湖州市地方志编纂委员会编 嵇发根主编 北京 方志出版社 2012年 3卷 2989页
b36367989 K295.53 H476C 2012

湖州市名村志
余方德主编 北京 解放军文艺出版社 1990年 320页
b10568761 K295.55 Y721

晟舍利济禅寺志
常进 徐世尧 沈方编 北京 方志出版社 2014年 320页
b46120452 B947.255.3 S444 2014

湖州市工会志 续 1990–2010
湖州市工会志（续）编纂委员会编 张其生 李红华 陆佩佩主编 杭州 浙江人民出版社 2010年 399页
b40650030 D412.855.3 H4779 2010

湖州公安志
湖州公安志编纂委员会编 徐承纶主编 北京 新华出版社 1993年 345页〔浙江省公安史志丛书〕
b47414169 D631 H477 1993

湖州市工商企业志
嵇发根主编 合肥 黄山书社 1998年 440页
b36247340 F279.275.53 H477 1998

湖州市城乡建设志 1994–2010
湖州市住房和城乡建设局编 潘郁泉主编 北京 方志出版社 2013年 979页
b41213476 F299.275.53 H477 2013

浙江省淡水水产研究所志 1952–2001
徐寿山 曹康富编写 湖州 湖州印刷厂 2002年 355页
b21571259 F326.475.5-24 X578 2002

浙江省淡水水产研究所志（续） 2002–2011
陈德富执笔 湖州 浙江省淡水水产研究所 2012年 146页
b46996308 F326.475.5 Z4582 2012

湖州发电厂志 1921–1990
湖州发电厂编委会编 北京 中国电力出版社 1995年 180页〔浙江省电力工业志丛书〕
b36248447 F426.61 H477 1995

湖州市电力工业志
湖州市电力工业志编纂委员会编 柳燕主编 北京 中国电力出版社 2004年 293页〔浙江省电力工业志丛书〕

b45452969　F426.61　H4772　2004

湖州交通志
湖州交通志编纂委员会编　合肥　黄山书社　1995 年　457 页
b20043065　F512.755.3　H477　1995

湖州交通志　1991–2010
湖州市交通运输局编　沈莉莉主编　北京　方志出版社　2016 年　668 页
b47365675　F512.755.3　H477C　2016

湖州市财政税务志
湖州市财政税务志编纂委员会编　陈秀昌主编　北京　方志出版社　2004 年　705 页
b3624563x　F812.755.3　H477　2004

湖州市建设银行志
赵德沛主编　合肥　黄山书社　1994 年　259 页〔浙江省建设银行史志丛书〕
b49533216　F832.755.3　H4774　1994

湖州市金融志　1991–2000
湖州市金融志（1991–2000）编委会办公室编　北京　方志出版社　2004 年　252 页
b36245641　F832.755.3　H477　2004

湖州市文化艺术志
湖州市文化艺术志编委会编　杭州　浙江古籍出版社　1994 年　615 页
b17457762　G127.553　H477　1994

嘉业堂志
应长兴　李性忠主编　北京　国家图书馆出版社　2008 年　335 页
b19272959　G259.258.3　Y548　2008

湖州市教育志
湖州市教育委员会编纂　黄逸主编　杭州　浙江教育出版社　1995 年　522 页
b13079517　G527.553　H477

湖州师范学院志　1958–2008 1916–2008
湖州师范学院志编纂委员会编　王增清主编　湖州　湖州忠诚印刷有限公司　2008 年　590 页
b20138684　G659.285.5　H477　2008

湖州市体育志
韩锡曾主编　北京　方志出版社　2002 年　506 页〔湖州市志丛书〕
b36245653　G812.755.3　H477　2002

湖州市电影志
湖州市电影志编纂委员会编　马家骏　姚顺发主编　合肥　黄山书社　1997 年　554 页
b20043077　J909.255.3　M138　1997

浙江省湖州市地名志
湖州市地名领导小组编　湖州　湖州市地名领导小组　1983 年　544 页
b17120482　K925.53　H477　1982

湖州道场山志
明学主编　罗伯仟编纂　湖州　湖州道场山志编纂者　2003 年　520 页
b16605573　K928.75　M572　2003

湖州市水利志
湖州市江河水利志编纂委员会编　北京　中国大百科全书出版社　1995 年　698 页
b19518109　TV–092　H4779　1995

吴兴区

埭溪镇志
埭溪镇志编纂委员会编　吴以群主编　北京　方志出版社　2004 年　474 页〔湖州市

志丛书〕
b16050563　K295.55　D144　2004

南浔区

练市镇志
练市镇志编纂委员会编　徐建新　尹金荣主编　北京　方志出版社　2012 年　2 卷　1584 页
b36708732　K295.55　L485　2012

菱湖镇志
菱湖镇志编纂委员会编　李惠民　姚志卫主编　北京　昆仑出版社　2009 年　2 卷　2207 页〔湖州市志丛书〕
b23150592　K295.55　L624　2009

南浔镇志
南浔镇志编纂委员会编　蒋琦亚主编　上海　上海科学技术文献出版社　1995 年　435 页
b13588734　K295.55　N161

双林镇志
双林镇志编纂委员会编　宋银虎主编　北京　方志出版社　2015 年　2 卷　1423 页
b46551402　K295.55　S592　2015

德清县

德清县志
德清县志编纂委员会编　来光和主编　杭州　浙江人民出版社　1992 年　740 页
b10759530　K295.54　D291

德清县志　1986–2005
德清县地方志编纂委员会编　姚达人主编　杭州　浙江人民出版社　2015 年　1326 页
b49607558　K295.54　D291E　2015

乾元镇志
乾元镇人民政府编纂　陈景超编　香港　天马图书公司　2008 年　1022 页
b23003480　K295.55　Q227　2008

士林镇志
士林镇人民政府编　车建坤主编　德清　士林镇人民政府　1988 年　油印本　455 页
b2300308x　K295.55　S493

禹越镇志
禹越镇志编纂委员会编　陈景超主编　北京　方志出版社　2017 年　809 页
b50309316　K295.55　Y749　2017

钟管镇志
钟管镇志编纂委员会编　德清　钟管镇志编纂委员会　2000 年　393 页
b1632402x　K295.55　Z624　2000

德清县土地志
德清县土地志编纂委员会编　杭州　浙江人民出版社　2002 年　324 页
b14882784　F327.554　D291　2002

德清县交通志
德清县交通志编审委员会编　杭州　浙江大学出版社　1991 年　299 页
b19734013　F512.755.4　D291　1991

德清县教育志
沈红宇　钱雪林主编　杭州　浙江古籍出版社　2009 年　498 页
b41235745　G527.554　D291　2009

莫干山志
莫干山志编纂委员会编　来光和主编　上海　上海书店出版社　1994 年　228 页
b17385052　K928.3　L144　1994

德清县水利志

德清县水利志编纂委员会编 杭州 杭州大学出版社 1995 年 422 页

b19733306 TV-092 D2917 1995

长兴县

长兴县志

长兴县志编纂委员会编 谢文柏主编 上海 上海人民出版社 1992 年 898 页

b10910335 K295.54 C346

长兴县土地志

长兴县土地志编纂委员会编 北京 中华书局 2002 年 453 页

b17516079 F327.554 C346 2002

长兴县档案志

长兴县档案志编纂委员会编 张满山主编 北京 中国文史出版社 2015 年 246 页〔长兴县志丛书〕

b47073536 G279.275.54 C346 2015

长兴县地名志

浙江省长兴县地名委员会编 长兴 浙江省长兴县地名委员会 1983 年 599 页

b16430360 K925.54 C346 1983

顾渚山志

谢文柏编著 杭州 浙江古籍出版社 2007 年 153 页

b17859049 K928.3 X4281 2007

浙江省长兴县卫生志

长兴县卫生局长兴县卫生志编纂小组编 李鹏林主编 长兴 长兴县卫生局长兴县卫生志编纂组 1995 年 255 页

b50151617 R199.2 C3468 1995

长兴县水利志

长兴县水利志编纂委员会编 裘维邦主编 北京 中国大百科全书出版社 1996 年 326 页

b1730233x TV-092 Q546 1996

安吉县

安吉县志

安吉县地方志编纂委员会编 徐文斌主编 杭州 浙江人民出版社 1994 年 724 页

b10824893 K295.54 A163

大溪村志

大溪村志编纂委员会编 许克强主编 北京 群言出版社 2009 年 329 页〔安吉地方志丛书〕

b21567414 K295.55 D1368 2009

红庙村志

红庙村志编纂小组编 沈永甜主编 北京 中国文史出版社 2016 年 244 页

b50268636 K295.55 H419 2016

路西村志

路西村志编纂委员会编 江铭新主编 北京 中国文史出版社 2016 年 208 页

b49502244 K295.55 L829 2016

石龙村志

陈祥和主编 北京 群言出版社 2010 年 199 页〔安吉地方志丛书〕

b21570255 K295.55 S4737 2010

安吉县电力工业志

安吉县电力工业志编纂委员会编 赖其芳主编 北京 中国电力出版社 2002 年 327 页〔浙江省电力工业志丛书〕

b21762612 F426.61 A163 2002

安吉县地名志
安吉县地名委员会编 安吉 安吉县地名委员会 1984 年 528 页
b17120597 K925.54 A163 1984

安吉县水利志
安吉县水利志编纂委员会编 孙国梁主编 北京 方志出版社 2005 年 436 页
b21854968 TV-092 S768 2005

赋石水库志
赋石水库志编纂委员会编 汪永旺 祁新荣主编 北京 方志出版社 2008 年 330 页
b20258380 TV632.554 W187 2008

绍兴市

绍兴市志
绍兴市地方志编纂委员会编 任桂全总纂 杭州 浙江人民出版社 1996 年 6 卷 3398 页
b10589375 K295.53 S341

绍兴市志 简本
中共绍兴市委党史研究室 绍兴市地方志编纂委员会办公室编 任桂全主编 杭州 浙江人民出版社 2014 年 281 页〔绍兴史志文化丛书 第四辑〕
b47420054 K295.53 S341E 2014

绍兴市志
任桂全主编 北京 方志出版社 1999 年 412 页〔新编中国优秀地方志简本丛书〕
b18013879 K295.53 S341R 1999

绍兴市镜湖新区东浦镇南村志
南村志编委会编 北京 研究出版社 2007 年 380 页
b20403860 K295.55 N1611 2007

绍兴职官志 1949.5–2000.12
余一苗编著 北京 中共党史出版社 2002 年 1157 页〔中国共产党浙江省绍兴市组织史资料〕
b49550093 D235.553 S341C 2002

绍兴九三志 1983–2013
九三学社绍兴市委员会编 翁培雄主编 绍兴 九三学社绍兴市委员会 2013 年 488 页
b46443435 D665.7 S341 2013

绍兴市公安志
绍兴市公安局编 北京 当代中国出版社 1993 年 487 页〔浙江省公安史志丛书〕
b2757491x D675.53 S341 1993

绍兴市法院志
绍兴市法院志编纂委员会编 戴辉主编 绍兴 绍兴市法院志编纂委员会 1997 年 386 页
b20807272 D926.22 S341 1997

绍兴市国土资源志 1979–2013
绍兴市国土资源局编 孟志军主编 北京 中国文史出版社 2017 年 563 页
b50642418 F129.955.3 S341 2017

绍兴市质量技术监督志
绍兴市质量技术监督局编纂 金庭钧主编 杭州 浙江大学出版社 2006 年 416 页〔浙江省质量技术监督志〕
b27574945 F203 S341 2006

绍兴市土地志
绍兴市土地管理局编 绍兴 绍兴市土地管理局 1993 年 246 页
b1643741x F327.553 S341 1993

绍钢志
绍兴钢铁厂绍钢志编纂委员会编 王涤瑕总编辑 绍兴 绍兴新华印刷厂 1987 年 624 页
b21765145 F426.31 S341 1987

绍兴市电力工业志
绍兴市电力工业志编纂委员会编 天津 天津人民出版社 1995 年 182 页〔浙江省电力工业志丛书〕
b27574908 F426.61 S341 1995

绍兴市电力工业志 1991–2005
绍兴市电力工业志编纂委员会编 陆伯生主编 杭州 浙江人民出版社 2011 年 346 页〔浙江省电力工业志丛书〕
b40650042 F426.61 S341 2011

绍兴市交通志
绍兴市交通局编 罗关洲主编 杭州 浙江人民出版社 2007 年 457 页
b20045360 F512.755.3 L921 2007

绍兴市邮电续志
绍兴市电信分公司 绍兴市邮政局合编 赵卫东 徐建华 郑如忠主编 杭州 浙江人民出版社 2002 年 441 页
b22431780 F632.755.3 S341 2002

绍兴市邮电志
绍兴市邮电局编 胡宁一 郑如忠主编 北京 人民邮电出版社 1997 年 432 页
b21765169 F632.755.3 S341 1997

绍兴海关简志
绍兴海关简志编纂委员会编 绍兴 绍兴海关简志编纂委员会 2011 年 352 页
b49706342 F752.855.3 S341C 2011

浙江省绍兴市对外经济贸易志
绍兴市对外经济贸易委员会编 汤正根主编 上海 中国大百科全书出版社上海分社 1993 年 467 页
b22433156 F752.855.3 S341 1993

绍兴市财税志
绍兴市财税志编纂委员会编 邵常均总纂 绍兴 绍兴市财税志编纂委员会 1995 年 575 页
b21765157 F812.755.3 S341 1995

绍兴市财税志 1994–2000
绍兴市财税志编纂者编 绍兴 绍兴市财税志编纂者 2003 年 591 页
b49550081 F812.755.3 S341 2003

绍兴市农村金融志
中国农业银行绍兴市分行编 绍兴 绍兴市邮电印刷厂 1994 年 515 页
b27574921 F832.755.3 S341 1994

绍兴市科学技术协会志
绍兴市科学技术协会志编审委员会编 陈坤木主编 杭州 浙江科学技术出版社 2006 年 352 页
b20566050 G322.755.3 S341 2006

绍兴市教育志
绍兴市教育志编纂委员会编 上海 上海教育出版社 1994 年 518 页
b10690232 G527.55 S341

稽中校志
绍兴市稽山中学校志编写组编 香港 中华文化出版公司 2002 年 438 页
b18280912 G639.285.5 S341 2002

绍兴市稽山中学校志 1932–2012
稽中校志编委会编 绍兴 稽中校志编委会 2012 年 309 页
b46273992 G639.285.53 J127 2012

绍兴市建功中学校志 百年回眸 1915–2015
汤晓幸主编 绍兴 建功校志编委会 2015 年 295 页
b4741571x G639.285.53 J295 2015

绍兴市中等专业学校校志 1985–2005
娄华水主编 绍兴 绍兴市中等专业学校 2005 年 184 页
b20103712 G719.285.53 S341 2005

绍兴市中等专业学校校志 2005–2015
绍兴市中等专业学校编 绍兴 绍兴市中等专业学校 2015 年 355 页
b47206585 G719.285.53 S341 2015

绍兴越秀外国语学校校志 1981–2016
娄华水主编 绍兴 绍兴越秀外国语学校 2016 年 208 页
b50234274 G719.285.53 S3419 2016

绍兴市志娄校
娄如松著 北京 群言出版社 2007 年 404 页
b18273798 K295.53 S341L 2007

绍兴文物志
绍兴市文物管理局编 宣传中主编 北京 中华书局 2006 年 401 页
b22431792 K872.553 S341 2006

绍兴风俗简志
绍兴市县文联编 阮庆祥等编纂 绍兴 绍兴市县文联 1985 年 208 页
b12987840 K892.455 R342

绍兴市卫生志
绍兴市卫生志编纂委员会编 王宗标主编 上海 上海科学技术出版社 1994 年 294 页
b27574933 R199.2 S341 1994

越城区

东浦镇志
陈云德等主编 绍兴 绍兴新华印刷厂 1998 年 678 页
b16435291 K295.55 D582 1998

荷湖村志
俞日霞 俞婉君著 北京 人民出版社 2011 年 413 页
b22435992 K295.55 H284 2011

皇甫庄村志
皇甫庄村委会编 陈成松主编 北京 中国文史出版社 2017 年 246 页〔绍兴市乡土文化研究会·村志丛书〕
b50642340 K295.55 H672 2017

宋家溇村志
宋家溇村志编纂委员会编 卢祥耀主编 北京 中国文史出版社 2017 年 187 页
b49958069 K295.55 S679 2017

则水牌志
王纪春 高积恭主编 杭州 西冷印社出版社 2013 年 193 页
b41361635 K295.55 Z212 2013

绍兴市越城区教育简志
绍兴市越城区文化教育局编 绍兴 绍兴市越城区文化教育局 1994 年 136 页
b20404426 G527.553 Y867 1994

浙江省绍兴市蕺山中心小学百年校志
方明江 李春阳编著 上海 少年儿童出版社 2003 年 244 页
b50247852 G629.285.53 J132 2003

大禹陵志
沈建中编著 北京 研究出版社 2005 年 267 页
b17514502 K928.76 S412 2005

柯桥区

绍兴县志 第 1 卷 地域 社会
绍兴县地方志编纂委员会编 傅振照主编 北京 中华书局 1999 年 689 页
b12698519 K295.54 S341

绍兴县志 第 2 卷 经济 政治
绍兴县地方志编纂委员会编 傅振照主编 北京 中华书局 1999 年 1524 页
b12698519 K295.54 S341

绍兴县志 第 3 卷 文化 人物
绍兴县地方志编纂委员会编 傅振照主编 北京 中华书局 1999 年 2334 页
b12698519 K295.54 S341

绍兴县志 第 4 卷 丛录 索引
绍兴县地方志编纂委员会编 傅振照主编 北京 中华书局 1999 年 3079 页
b12698519 K295.54 S341

安昌镇志
安昌镇镇志编纂委员会编 北京 中华书局 2000 年 465 页〔浙江省名镇志集成〕
b14106589 K295.55 A163

白洋村志
白洋村志编纂委员会编 包昌荣主编 北京 中华书局 2014 年 531 页〔绍兴县志丛书〕
b46133495 K295.55 B1529 2014

大山西村志
大山西村民委员会编 包昌荣主编 杭州 浙江人民出版社 2016 年 426 页〔柯桥区村志丛书〕
b49489872 K295.55 D1367 2016

福全镇志
杨乃浚主编 北京 中华书局 2012 年 511 页〔绍兴县志丛书〕
b40503331 K295.55 F451 2012

富强村志
俞日霞 俞婉君著 杭州 浙江人民出版社 2011 年 279 页
b37531773 K295.55 F4977 2011

富盛镇志
富盛镇志编纂委员会编 何瑞灿主编 北京 中华书局 2013 年 1102 页〔绍兴县志丛书〕
b45445394 K295.55 F4978 2013

国际村志
柯桥区安昌镇国际村民委员会编 包昌荣主编 北京 方志出版社 2016 年 443 页〔柯桥区村志丛书〕
b49738719 K295.55 G792 2016

和门程村志
和门程村志编委会编 洪炳千主编 宁波 宁波出版社 2015 年 261 页〔乡土绍兴·村志丛书〕
b5099394x K295.55 H313 2015

稽东镇志
稽东镇志编纂委员会编 张韩松主编 北京 中华书局 2015年 429页〔绍兴县志丛书〕
b4625013x K295.55 J127 2015

江桃村志
洪继明主编 杭州 西泠印社出版社 2012年 260页
b45822852 K295.55 J3268 2012

兰亭镇志
王宜男主编 北京 中华书局 2015年 684页〔绍兴县志丛书〕
b46378662 K295.55 L172 2015

漓渚镇志
柴水炎主编 北京 中华书局 2012年 953页〔绍兴县志丛书〕
b40935115 K295.55 L374 2012

六峰村志
六峰村民委员会编 何兆坤主编 杭州 浙江人民出版社 2016年 272页〔柯桥区村志丛书〕
b49489902 K295.55 L723 2016

马鞍镇志
马鞍镇志编委会编 陈生央主编 北京 中华书局 2014年 465页〔绍兴县志丛书〕
b45969450 K295.55 M1369 2014

茅洋村志
茅洋村民委员会编 王金范主编 杭州 浙江人民出版社 2014年 190页〔绍兴县村志丛书〕
b50817243 K295.55 M246 2014

南岸村志
俞日霞主编 杭州 浙江人民出版社 2008年 329页
b2163368x K295.55 N1612 2008

平水镇志
平水镇地方志编纂委员会编 徐德宝主编 北京 中华书局 2014年 726页〔绍兴县志丛书〕
b46133525 K295.55 P613 2014

齐贤镇志
齐贤镇志编纂委员会编 陈元泰主编 北京 中华书局 2005年 870页〔绍兴县地方志丛书〕
b16377175 K295.15 Q139 2005

钱清镇志
浙江省绍兴市柯桥区钱清镇志编纂委员会编 何鸣雷主编 北京 方志出版社 2016年 360页〔中国名镇志丛书〕
b47206147 K295.55 Q222 2016

上王村志
绍兴市柯桥区王坛镇上王村村民委员会编 王晋候主编 北京 中国文史出版社 2017年 238页〔绍兴市乡土文化研究会·村志丛书〕
b50642388 K295.55 S3228 2017

沈村村志
沈村村志编纂委员会编 何鸣雷主编 北京 方志出版社 2018年 354页〔柯桥区村志丛书〕
b50861967 K295.55 S4111 2018

盛陵村志
盛陵村志编纂委员会编 北京 中华书局 2009年 244页〔绍兴县地方志丛书〕
b2016712x K295.55 S446 2009

孙端镇志
郦文锦主编 北京 中华书局 2014 年 737 页〔绍兴县志丛书〕
b46133549 K295.55 S766 2014

孙家桥村志
孙家桥村民委员会编 孙长耕主编 杭州 浙江人民出版社 2014 年 237 页〔柯桥区村志丛书〕
b49625834 K295.55 S7667 2014

王化村志
王化村民委员会编 宋兴隆主编 杭州 浙江人民出版社 2015 年 172 页〔柯桥区村志丛书〕
b50993781 K295.55 W218 2015

乌石村志
乌石村民委员会编 何瑞灿主编 杭州 浙江人民出版社 2014 年 307 页〔绍兴县村志丛书〕
b49938538 K295.55 W4657 2014

杨汛桥镇志
徐木兴主编 北京 中华书局 2012 年 841 页〔绍兴县志丛书〕
b40837348 K295.55 Y249 2012

绍兴县人口和计划生育志
绍兴县人口和计划生育志编纂委员会编 孟万龙主编 北京 方志出版社 2017 年 383 页
b50721124 C924.255.53 S341 2017

绍兴县人大志
绍兴县人大志编纂委员会编 戴弋明主编 北京 方志出版社 1998 年 598 页
b17128043 D624.554 S341 1998

绍兴县人大志 1996–2007
绍兴县人大志编纂委员会编 章生建 张建林主编 北京 中华书局 2008 年 605 页〔绍兴县志丛书〕
b21570164 D624.554 S341 2008

绍兴县政协志
绍兴县政协志编纂委员会编 胡方荣主编 北京 中国书籍出版社 1996 年 224 页
b44915494 D628.554 S341 1996

绍兴县政协志 1994.1–2007.2
绍兴县政协志续志编纂委员会编 绍兴 绍兴市印刷厂 2007 年 310 页
b19932339 D628.554 S341 2007

绍兴县人事志
绍兴县人事志编纂委员会编 北京 中华书局 2007 年 731 页
b45417222 D630.3 S341 2007

绍兴县民政志
绍兴县民政志编纂委员会编 杨伯成主编 北京 方志出版社 1998 年 299 页
b17648464 D632 S341 1998

绍兴县军事志
绍兴县军事志编纂委员会编 许硕龄主编 北京 中华书局 2011 年 606 页〔绍兴县志丛书〕
b40424534 E289.554 S341 2011

绍兴县水产志
绍兴县水产志编纂编委会编 朱泽铨主编 北京 中华书局 2008 年 268 页〔绍兴县志丛书〕
b44915585 F326.475.54 S341 2008

绍兴县农业志
绍兴县农业局编 卓贵德主编 上海 上海科学技术出版社 1995 年 468 页
b49803633 F329.554 S341 1995

绍兴县交通志
绍兴县交通局编 上海 中国大百科全书出版社上海分社 1993 年 472 页
b20045372 F512.755.3 S341 1993

绍兴县供销社志
绍兴县供销社志编纂编委会编 章培庆主编 北京 中华书局 2008 年 567 页
b49962978 F727.554 Z374 2008

绍兴县市场志
绍兴县市场志编纂委员会编 许可可主编 北京 中华书局 2014 年 267 页
b46133537 F727.554 S341 2014

绍兴县财政税务志
绍兴县财政税务志编纂委员会编 王炳豪主编 北京 中华书局 2010 年 946 页〔绍兴县志丛书〕
b2321725x F812.755.4 S341 2010

绍兴县档案志
绍兴县档案志编纂委员会编 祝安钧主编 北京 中华书局 2011 年 268 页〔绍兴县志丛书〕
b23216955 G279.275.54 S341 2011

绍兴县教育志
绍兴县教育志编纂委员会编 北京 方志出版社 2002 年 611 页
b15251779 G527.554 S341 2002

绍兴县体育志
绍兴县体育志编纂委员会编 蔡文明主编 北京 中华书局 2010 年 450 页〔绍兴县志丛书〕
b23217248 G812.755.4 S341 2010

绍兴县文物志
绍兴县文物保护管理所著 梁志明等撰文 杭州 浙江古籍出版社 2002 年 241 页
b16426514 K872.554 S341 2002

绍兴县地名志
浙江省绍兴县革命委员会编 绍兴 绍兴县革命委员会 1980 年 387 页
b2095282x K925.54 S341 1980

绍兴县卫生志
绍兴县卫生志编纂委员会编 赵宗喜主编 杭州 浙江古籍出版社 1997 年 287 页
b50248005 R199.2 S3418 1997

绍兴县环境保护志
绍兴县环境保护志编纂委员会编 北京 方志出版社 2016 年 416 页
b50018358 X321.255.4 S3341 2016

上虞区

上虞县志
上虞县志编纂委员会编 杭州 浙江人民出版社 1990 年 875 页
b13990676 K295.54 S322

上虞市人大志
上虞市人大志编纂委员会编 蒋国良主编 北京 中国文史出版社 2013 年 698 页
b46012722 D624.554 S322 2013

上虞市政协志 1982.10–2012.2
上虞市政协志编纂委员会编 赵畅主编 北京 中国文史出版社 2012 年 672 页

b37530677　D628.553　S322　2012

上虞市城乡建设志
绍兴市上虞区住房和城乡建设局编　王正礼主编　北京　中国文史出版社　2015 年　595 页
b47052314　F299.275.54　S322C　2015

上虞县城乡建设志
浙江省上虞县城乡建设环境保护局编　胡家萼主编　上虞　浙江省上虞县城乡建设环境保护局　1989 年　302 页
b46102152　F299.275.54　S322　1989

上虞市土地志
上虞市土地管理局编　袁一鹏主编　杭州　浙江人民出版社　1999 年　326 页
b1644582x　F327.553　S322　1999

上虞市供销社志　1986–2010
上虞市供销社志编纂委员会编　姚一松主编　北京　中国文史出版社　2015 年　485 页
b47073615　F727.554　S322　2015

上虞档案志
上虞档案志编纂委员会编　朱金根主编　杭州　西泠印社出版社　2017 年　552 页
b50282694　G279.275.54　S322　2017

上虞教育志
浙江省上虞市教育志编纂委员会编　周鹤龄主编　上虞　上虞市教育志编纂委员会　1993 年　524 页
b20181590　G527.553　S322　1993

上虞卫生志
绍兴市上虞区卫生和计划生育局编　陈华忠主编　北京　方志出版社　2018 年　388 页
b50871134　R199.2　S341S　2018

上虞市规划志
上虞市规划志编纂委员会编　邵灿林主编　北京　中国文史出版社　2016 年　402 页
b49781881　TU984.255.4　S322　2016

上虞市水利志
上虞市水利局编　北京　中国水利水电出版社　1997 年　258 页
b20019713　TV–092　S322　1997

诸暨市

诸暨县志
诸暨县地方志编纂委员会编　刘效柏主编　杭州　浙江人民出版社　1993 年　1091 页
b10570366　K295.54　Z726

诸暨市乡镇志
诸暨市史志办公室编　周田法主编　北京　中国文史出版社　2017 年　493 页
b50009965　K295.55　Z7264　2017

诸暨民政志
汪木伦主编　北京　中华书局　2002 年　989 页
b16229733　D632　W185　2002

诸暨行政管理志
诸暨行政管理志编纂委员会编　王文浩主编　诸暨　诸暨行政管理志编纂委员会　1992 年　275 页
b21766721　F203.9　Z726　1992

诸暨市土地志
诸暨市土地志编纂委员会编　汪木伦主编　北京　中国大地出版社　1999 年　355 页
〔浙江省土地志集成〕
b17735191　F327.553　W185　1999

诸暨农业志
应银桥主编 北京 中华书局 2001 年 605 页
b49804327 F329.553 Z726 2001

诸暨市电力工业志 2001–2010
诸暨市电力工业志编纂委员会编 陈勇主编 杭州 浙江人民出版社 2013 年 313 页〔浙江省电力工业志丛书〕
b47414984 F426.61 Z726 2013

诸暨教育志 1986–2005
诸暨教育志编纂委员会编 赵均伟主编 杭州 西泠印社出版社 2009 年 708 页
b21001327 G527.553 Z726 2009

诸暨县教育志
诸暨县教育志编纂组编 周儒超总主编 诸暨 诸暨县教育志编纂组 1987 年 379 页
b20181668 G527.554 Z726 1987

天马学校志
浙江省诸暨市天马实验学校编 刘效柏主编 杭州 浙江人民出版社 2008 年 508 页
b19023455 G639.285.53 L692 2008

枫桥史志
陈炳荣编著 北京 方志出版社 1998 年 524 页
b13544342 K295.53 Z726F

暨阳黄氏志
黄震主编 杭州 西冷印社出版社 2013 年 461 页
b41211054 K820.9 H666J 2013

诸暨徐氏志
诸暨徐氏志编纂委员会编 徐孔飞主编 北京 团结出版社 2018 年 455 页
b51208891 K820.9 X573 2018

诸暨村官志 2014
屠永生主编 北京 中国文史出版社 2015 年 429 页
b47126206 K828.1 T516 2015

诸暨县地名志
诸暨县地名委员会编 诸暨 诸暨县地名委员会 1982 年 506 页
b16862375 K925.54 Z726 1982

五泄山志
杨长岳主编 北京 中国文化出版社 2003 年 292 页
b44749764 K928.3 W5387 2003

诸暨市水利志 1988–2003
诸暨市水利志编纂委员会编 张仲透主编 北京 方志出版社 2007 年 445 页
b18620863 TV–092 Z369 2007

诸暨县水利志
诸暨县水利电力局编 西安 西安地图出版社 1994 年 376 页
b21856485 TV–092 Z726 1994

陈蔡水库志
诸暨市陈蔡水库管理局编 余平 丁祖铭主编 诸暨 诸暨市陈蔡水库管理局 2000 年 100 页
b20100383 TV632.553 C415 2000

征天水库志
浙江省诸暨市征天水库管理处编 诸暨 浙江省诸暨市征天水库管理处 1991 年 130 页
b21571326 TV632.554 Z4584 1991

枫桥江水利志
诸暨市水利水电局 诸暨市水电勘测设计所编 周长海 周长荣主编 北京 中国文史出版社 2017 年 282 页
b5001626x TV882.855 F356 2017

嵊州市

嵊县志
嵊县志编纂委员会编 邬福民主编 杭州 浙江人民出版社 1989 年 684 页
b10796459 K295.54 S449

嵊县志
嵊县志编纂委员会编 北京 方志出版社 2007 年 修订本 768 页
b18621818 K295.54 S449 2007

嵊州市志 1986–2002
嵊州市志编纂委员会编 金午江主编 北京 方志出版社 2007 年 1162 页
b18622161 K295.53 S449 2007

坂田村志 附各姓家谱
俞慧君 俞香法编著 北京 中国文史出版社 2015 年 381 页
b46442364 K295.55 B213 2015

长乐镇志
邢出非主编 杭州 浙江人民出版社 1999 年 749 页
b16425753 K295.55 C346 1999

嵊州市政协志 1956–2016
政协嵊州市委员会编 钱树军主编 北京 中国文史出版社 2017 年 614 页
b50189165 D628.553 S449 2017

嵊县城乡建设志
浙江嵊县城乡建设环境保护局编 嵊县 嵊县印刷厂 1987 年 369 页
b44852198 F299.275.54 S449 1987

嵊州市电力工业志 1919–2005
姚茂正主编 北京 中国电力出版社 2010 年 359 页〔浙江省电力工业志丛书〕
b47414297 F426.61 S449 2010

嵊州市交通志
嵊州市交通局编 竺柏岳主编 杭州 浙江大学出版社 2003 年 306 页
b19734025 F512.755.3 Z732 2003

嵊县教育志
嵊县教育局编纂 嵊县 嵊县教育局 1991 年 376 页
b20045451 G527.554 S449

嵊州市鹿山小学百年校志 1904–2004
鹿山小学百年校庆筹备小组编 胡百全 求达人主编 嵊州 鹿山小学百年校庆筹备小组 2004 年 206 页
b21136816 G629.285.54 S449 2004

嵊州市逸夫小学校志 1998–2008
逸夫小学校志编纂委员会编 嵊州 逸夫小学校志编纂委员会 2008 年 215 页
b21570206 G629.285.54 S449Y 2008

嵊县中学校志 1915–1995
浙江省嵊县中学编 叶文祥主编 嵊县 嵊县印刷厂 1995 年 267 页
b20577710 G639.285.54 S449 1995

嵊州市中等职业技术学校校志 1979–2009
丁伯江主编 嵊州 嵊州市中等职业技术学校 2009 年 216 页
b21570218 G719.285.53 S449 2009

嵊县地名志
浙江县嵊县基本建设委员会编 周梓美主编 嵊县 浙江县嵊县基本建设委员会 1983年 540页
b2036894x K925.54 S4498 1983

嵊县水利志 征求意见稿
嵊县水利电力局嵊县水利志编纂组编 嵊县 嵊县水利电力局嵊县水利志编纂组 198-年 油印本 393页
b21858135 TV-092 S449

嵊州市水利志
嵊州市水利志编纂委员会编 谢雨明主编 杭州 浙江大学出版社 2005年 410页
b1745752x TV-092 X428 2005

新昌县

新昌县志
新昌县志编纂委员会编 上海 上海书店 1994年 770页
b10824698 K295.54 X443

大佛寺志
陈百刚主编 新昌 大佛寺志编纂者 2001年 385页
b20121532 B947.255.4 C414 2001

新昌县统战志
新昌县统战志编纂委员会编 吴锡培主编 上海 文汇出版社 2011年 368页
b49706366 D613 X443 2011

新昌县人民代表大会志
新昌县人民代表大会志编纂委员会编 丁文权主编 北京 方志出版社 2010年 497页
b20467114 D624.554 X443 2010

新昌县土地志
浙江省新昌县土地管理局编 嵊州 嵊州市机关印刷厂 1999年 260页
b19932637 F327.554 X443 1999

新昌县工业志
新昌县工业志编委会编著 裘庭华主笔 北京 改革出版社 1997年 336页〔中国企业史丛书〕
b47352425 F427.554 X443 1997

新昌县交通志
陈寿云主编 胡达夫等编辑 杭州 浙江大学出版社 1991年 320页
b50065270 F512.755.4 X443 1991

新昌县财政税务志
新昌县财政税务志编写组编 王洋海主编 北京 方志出版社 2011年 962页
b36133395 F812.755.4 X443 2011

新昌文化志
浙江省新昌县文化局 新昌文化志编写组编 新昌 新昌县文化局 1991年 256页
b20141853 G127.554 X443 1991

新昌县教育志
金奕政主编 新昌 新昌县教育志编纂者 199-年 356页
b20046303 G527.554 J479

浙江新昌实验中学校志
浙江新昌实验中学编 新昌 浙江新昌实验中学 2008年 386页
b49964549 G639.285.54 X4431 2008

新昌文物志
新昌文物志编纂委员会编 潘表惠主编 北京 当代中国出版社 2001年 195页

b3637863x K872.554 X443 2001

新昌县卫生和计划生育志
新昌县卫生和计划生育局编 陈建民 鲍宗兴主编 北京 方志出版社 2017年 386页
b50244371 R199.2 C422 2017

浙江省新昌县土壤志
新昌县土壤普查办公室编 新昌 新昌县土壤普查办公室 1984年 168页
b20578295 S159.255.4 X443 1984

新昌县水利志
新昌县水利志编纂委员会编 唐佳文主编 北京 方志出版社 2014年 541页
b4613315x TV-092 X4432 2014

新昌县水利志
浙江省新昌县水利电力局编 新昌 浙江省新昌县水利电力局 1989年 326页
b20046315 TV-092 Z458 1989

金华市

金华市志
金华市地方志编纂委员会编 章关键总纂 杭州 浙江人民出版社 1992年 1212页
b10796113 K295.53 J477

金华市志
金华市地方志编纂委员会编 王林主编 北京 方志出版社 2017年 6册 4435页
b50651341 K295.53 J477C 2017

金华市工会志
金华市工会志编纂委员会编 潘怀地主编 金华 金华市工会志编纂委员会 2007年 538页
b46442960 D412.855.3 J477 2007

金华市人民代表大会志
金华市人民代表大会志编纂委员会编 谢晓主编 杭州 浙江摄影出版社 2005年 733页
b17125790 D624.553 J477 2005

金华市政协志
金华市政协志编纂委员会编 李友联主编 杭州 浙江人民出版社 2011年 778页
b40650017 D628.553 J477 2011

金华法院志
金华法院志编纂委员会编 高洪宾主编 北京 方志出版社 1999年 545页
b22430441 D926.22 J477 1999

金华市城乡建设志
金华市城乡建设志编纂委员会编 贾亦俭主编 北京 方志出版社 2005年 739页
b21568716 F299.275.53 J477 2005

金华市市区供水志 1994–2009
金华市市区供水志编纂委员会编 金春景主编 金华 金华市市区供水志编纂委员会 2009年 177页
b50152075 F299.241 J476 2009

金华市农业志
金华市农业志编纂委员会编 俞荣梁主编 北京 方志出版社 2008年 991页
b36245720 F327.553 J477 2008

金华市土地志
金华市国土管理规划局编 马福昌主编 北京 中国大地出版社 1998年 407页
b19931013 F327.553 M137 1998

金华电力工业志 1918–1990
金华电力工业志编纂委员会编 北京 中国

电力出版社 1996 年 324 页〔浙江省电力工业志丛书〕
b21568704 F426.61 J477 1996

金华电力工业志 1918–2005
金华电力工业志编纂委员会编 杭州 浙江人民出版社 2011 年 892 页〔浙江省电力工业志丛书〕
b49607807 F426.61 J477 2011

金华市二轻工业志
金华市二轻工业志编审领导小组编 蓝樟生主编 金华 金华市二轻工业志编审领导小组 1996 年 275 页
b49789211 F426.8 J477 1996

金华市交通志
金华市交通志编审委员会编 江涛主编 北京 海洋出版社 1997 年 521 页
b20043600 F512.755.3 J326 1997

金华市公路水运交通志 1991–2005
金华市公路水运交通志编纂委员会编 北京 方志出版社 2007 年 530 页
b21227986 F542.855.3 J477 2007

金华市农村金融志
中国农业银行金华市支行编 金华 中国农业银行金华市支行 1993 年 246 页
b47243211 F832.33 Z6484 1993

金华市文化志
金华市文化志编纂委员会编 葛凤兰主编 杭州 浙江人民出版社 1991 年 448 页
b18281060 G249.275.53 G347 1991

金华市教育志
金华市教育志编纂委员会编 杭州 浙江人民出版社 1993 年 519 页
b16447566 G527.553 J477 1993

金华市教育志
金华市教育志编纂委员会编 赵宏主编 杭州 浙江人民出版社 2009 年 940 页
b20918513 G527.553 J477 2009

金华职业技术学院师范教育志 1997–2007
金华职业技术学院师范学院编 金华 金华职业技术学院师范学院 2007 年 350 页
b2757586x G527.553 J4779 2007

浙江金华第一中学校志 1902–2002
浙江金华第一中学校志编纂委员会编 高亚军主编 金华 浙江金华第一中学校志编纂委员会 2002 年 565 页
b46377670 G639.285.53 J477 2002

金华教育学院院志 1962–2012
金华教育学院院志编写组编 何宝钢 申屠江平编 金华 金华教育学院院志编写组 2012 年 276 页
b40864753 G659.285.53 J477 2012

金华师范学校校志 1907–1997
金华师范学校校志编纂委员会编 金华 金华师范学校校志编纂委员会 1997 年 201 页
b21137195 G659.285.5 J477 1997

金华职业技术学院志 1907–2013
金华职业技术学院志编纂委员会编写 冯拾松主编 杭州 浙江教育出版社 2014 年 935 页
b46442583 G719.285.53 J477 2014

金华市地名志
金华市地名委员会办公室编 张昌贤主编 金华 金华市地名委员会办公室 1985 年 503 页

b21275415　K925.53　J477　1985

双龙风景名胜区志
金华市双龙风景旅游区管委会　浙江省金华市旅游局编　上海　上海人民出版社　2003 年　377 页
b16144259　K928.705.53　J477　2003

金华水旱灾害志
朱建宏主编　北京　中国水利水电出版社　2009 年　169 页
b40863992　P426.616　J477　2009

浙江省第三地质大队志
浙江省第三地质大队编纂委员会编　朱宏鑫主编　北京　方志出版社　2013 年　439 页
b45625384　P562.55　Z458　2013

金华园林志
金华市园林管理处编著　施德法主编　北京　中国青年出版社　2004 年　283 页
b17457701　TU986.625.53　S465　2004

金华市水利续志　1991–2004
浙江省金华市水利局编　北京　方志出版社　2008 年　239 页
b21855006　TV–092　J4773　2008

金华市水利续志　2005–2014
浙江省金华市水利渔业局编　包晓华主编　北京　方志出版社　2017 年　266 页
b50309250　TV–092　J4773C　2017

婺城区

金华市婺城区志
金华市婺城区志编纂委员会编　盛尚纪主编　北京　方志出版社　2011 年　1574 页
b36133541　K295.53　W558　2011

金华市婺城区人民代表大会志
金华市婺城区人民代表大会志编纂委员会编　金助民主编　杭州　西冷印社出版社　2012 年　871 页
b3640908x　D624.553　J477W　2012

金东区

金华县志
金华县志编纂委员会编　石夫主编　杭州　浙江人民出版社　1992 年　799 页
b10796101　K295.54　J477

金华县续志
金华市金东区金华县续志编纂委员会编　王远主编　北京　方志出版社　2005 年　1173 页
b16050265　K295.54　J477　2005

金华县土地志
金华县土地管理局编　蒋品德主编　杭州　浙江人民出版社　1998 年　256 页
b1642850x　F327.554　J355　1998

金华县交通志
金华县交通局史志办公室编　周树清主编　金华　金华县交通局史志办公室　1990 年　344 页
b50066298　F512.755.4　J477　1990

金华县教育志
金华县教育志编纂委员会编　陆世梓主编　杭州　浙江人民出版社　1992 年　439 页
b17514538　G527.554　L839　1992

金华县水利志
金华县水利志编纂委员会编　杭州　浙江人民出版社　1994 年　310 页
b17610023　TV–092　J477　1994

兰溪市

兰溪市志
兰溪市志编纂委员会编 胡汝明总纂 杭州 浙江人民出版社 1988 年 821 页
b11470549 K295.53 L172

兰溪市志
兰溪市地方志编纂委员会编 杭州 浙江人民出版社 2013 年 2 卷 1652 页
b46274327 K295.53 L172 2013

洞源村志
洞源村志编纂委员会编 北京 中国书籍出版社 1997 年 251 页
b16433014 K295.53 D624 1997

黄溢村志
黄溢村志编纂小组编 北京 中国书籍出版社 1997 年 309 页
b18280845 K295.55 H665 1997

兰江街道志
兰江街道志编纂委员会编 余正辉主编 杭州 浙江人民出版社 2017 年 485 页
b5074771x K295.55 L1724 2017

兰溪城关镇志
兰溪城关镇志编纂领导小组编 朱永林主编 杭州 浙江人民出版社 1987 年 465 页
b17646443 K295.55 C466 1987

兰溪游埠镇志
施廷杨主编 杭州 浙江人民出版社 1989 年 346 页
b36129471 K295.55 Y668 1989

女埠镇志
女埠镇志编委员会编纂 方培松总纂 北京 方志出版社 1998 年 513 页
b13545036 K295.55 R324

姚村村志
兰溪市姚村村志编纂领导小组编 姚宝鸿主编 兰溪 兰溪市雅特广告装潢公司 1997 年 262 页
b36380283 K295.55 Y294 1997

诸葛村志
诸葛村志编纂委员会编 诸葛议 诸葛坤亨主编 杭州 西泠印社出版社 2013 年 593 页
b40906711 K295.55 Z726 2013

兰溪市人民代表大会志
兰溪市人民代表大会志编纂委员会编 蒋用军主编 杭州 浙江人民出版社 2011 年 475 页
b40742842 D624.554 L172 2011

兰溪市人事劳动社会保障志
兰溪市人事劳动社会保障志编纂委员会编 姜驰主编 杭州 浙江科学技术出版社 2010 年 528 页
b37531967 D630.3 L172 2010

兰溪市土地志
兰溪市建设与土地管理局编 王勇主编 北京 中国大地出版社 1997 年 314 页
b51090338 F329.554 L172 1997

兰溪市电力工业志 1915-2005
兰溪市电力工业志编纂委员会编 杭州 浙江人民出版社 2010 年 437 页〔浙江省电力工业志丛书〕
b49851652 F426.61 L1728 2010

兰溪工业志
兰溪工业志编写组编 赵观海主编 杭州

浙江人民出版社 1989 年 276 页
b20566086 F429.553 L172 1989

兰溪市旅游志
兰溪市旅游志编纂委员会编 北京 中国旅游出版社 2007 年 打印本 306 页
b19518195 F592.755.4 L172 2007

兰溪市粮食志
浙江省兰溪市粮食志编纂委员会编 郑鸣晨主编 兰溪 浙江省兰溪市粮食志编纂委员会 2006 年 371 页〔专业志丛书〕
b47206500 F724.721 L172 2006

兰溪市水亭乡文化志
兰溪市水亭乡文化志编纂委员会编 吴寿富主编 兰溪 兰溪市武警中队 1987 年 油印本 94 页
b21275695 G127.555 S614 1987

兰溪教育体育志
兰溪教育体育志编纂委员会编 王柏中主编 杭州 浙江教育出版社 2008 年 689 页
b22430593 G527.553 L172C 2008

兰溪教育志
兰溪市教育委员会编 杭州 浙江人民出版社 1993 年 397 页
b20139342 G527.553 L172 1993

十年岁月 兰溪五中校志（续）1998.4–2008.9
徐锦棠编撰 兰溪 兰溪第五中学 2008 年 450 页
b50017068 G639.285.54 L172 2008

浙江省兰溪市第一中学校志 建校八十周纪念专辑
李益民主编 兰溪 浙江省兰溪市第一中学校志编委会 2016 年 581 页
b5072938x G639.285.54 L1721 2016

兰溪市文化志
兰溪市文化局编 李建明主编 杭州 浙江人民出版社 2002 年 552 页
b18120763 K295.53 L172C 2002

义乌市

义乌市志
义乌市志编纂委员会编 吴潮海主编 上海 上海人民出版社 2011 年 5 卷 3046 页
b35861162 K295.53 Y468C 2011

何麻车村志
何麻车村志编纂委员会编 何斌主编 义乌 何麻车村志编纂委员会 1998 年 340 页
b50729901 K295.55 H274 1998

义乌雅治街村志
朱先新主编 杭州 浙江工商大学出版社 2018 年 172 页
b50746819 K295.55 Y139 2018

义乌市政协志
骆立胜主编 吴小锋编纂 北京 中国文史出版社 2006 年 608 页
b17649857 D628.553 L951 2006

义乌市政协志
宋荣潮主编 杭州 浙江人民出版社 1997 年 304 页
b16432095 D628.553 S681 1997

义乌法院志
范锡祥主编 北京 中国文史出版社 2012 年 383 页
b37530689 D926.22 Y468 2012

义乌工商行政管理志 1992–2002
义乌市工商行政管理局编 义乌 义乌市工商行政管理局 2004 年 266 页
b21766095 F203.9 Y468 2004

义乌市城乡建设志
义乌市建设局编 黄轼主编 上海 上海人民出版社 2010 年 2 卷 850 页
b22433612 F299.275.53 Y468 2010

义乌市土地志
浙江省义乌市土地志编委会编 朱海主编 义乌 浙江省义乌市土地志编委会 1997 年 412 页
b51080217 F327.553 Y468 1997

义乌市农业志
义乌市农业局编 义乌 义乌市农业局 2011 年 321 页
b49803888 F329.554 Y468 2011

义乌市交通志
义乌市交通志编纂委员会编 朱群英主编 北京 方志出版社 2008 年 685 页
b20046662 F512.755.3 Z715 2008

义乌教育志
义乌教育志编纂组编 吴樟松 黄兴团主编 义乌 义乌印刷厂 1986 年 182 页
b20405030 G527.553 Y468 1986

义乌教育志
义乌教育志编纂委员会编 杭州 浙江教育出版社 2007 年 533 页
b18004817 G527.553 Y468 2007

义乌市保联小学校志
义乌市保联小学校志编委会编 鲍滨益主编 义乌 义乌市保联小学校志编委会 2008 年 342 页
b47416270 G629.285.53 Y4681 2008

义乌市实验小学校志 1912–2012
义乌市实验小学校志编委会编 全孜红主编 义乌 义乌市实验小学校志编委会 2012 年 372 页
b50248583 G629.285.54 Y468 2012

义乌市绣湖小学校志 1912–2012
方敏主编 义乌 义乌市绣湖小学 2012 年 284 页
b44916863 G629.285.53 Y468 2012

义亭中学校志 1937–2017
王洪明主编 义乌 义乌市义亭中学 2017 年 577 页
b50992399 G639.285.53 Y468 2017

浙江省义乌中学校志 1927–2007
浙江省义乌中学编 义乌 浙江省义乌中学 2007 年 450 页
b2243317x G639.285.53 Z4589 2007

浙江省义乌师范学校校志 1956–1998
浙江省义乌师范学校校志编纂委员会编 李邦荣主编 义乌 浙江省义乌师范学校校志编纂委员会 2007 年 319 页
b49608216 G659.285.54 Z458 2007

义乌著作志
义乌丛书编纂委员会编 吴潮海主编 孟祖平整理 上海 上海人民出版社 2016 年 393 页〔义乌丛书 义乌部类史志丛编〕
b47078960 K295.53 Y468D 2016

乌伤遗珍 义乌市文化遗产图志
义乌市博物馆编 吴高彬主编 北京 文物出版社 2008 年 139 页

b18268973　K872.554.2　W488　2008

浙江省义乌县地名志
义乌县地名委员会编　义乌　义乌县地名委员会　1984 年　374 页
b17120640　K925.54　Y468　1984

东阳市

东阳市志
东阳市地方志编委会编　王庸华主编　上海　汉语大词典出版社　1993 年　874 页
b10796824　K295.53　D582

寀卢村志
寀卢村志编纂委员会编　卢梦凯主编　东阳　寀卢村志编纂委员会　1999 年　1005 页〔浙江省名村志集成〕
b16438000　K295.55　L423C　1999

蔡宅村志
东阳市蔡宅村志编委会编　蔡锦涛主编　北京　方志出版社　2004 年　1062 页〔浙江省名村志集成〕
b16277260　K295.55　H495　2004

东阳名村志
刘浪主编　东阳　东阳市作家协会　2004 年　664 页
b1643285x　K295.53　D5829　2004

歌山村志
东阳歌山村志编纂委员会编　郭承豪主编　北京　方志出版社　2016 年　641 页
b49502219　K295.55　G289　2016

花园村志
浙江东阳市花园村村志编委会编　东阳　浙江东阳市花园村村志编委会　2014 年　395 页
b50065981　K295.55　H531　2014

东阳市工会志
厉世荣主编　东阳　东阳市总工会　1999 年　222 页
b46995122　D412.855.4　D582　1999

东阳市政协志
东阳市政协志编纂委员会编　胡心主编　北京　方志出版社　2016 年　616 页
b50247025　D628.554　D582　2016

东阳市工商行政管理志
东阳市工商行政管理局编　马松笙主编　东阳　东阳市国花电排印刷厂　1996 年　214 页
b2242927x　F203.9　D582　1996

东阳市乡镇企业志
东阳市乡镇企业管理局编　王廷华主编　东阳　东阳市乡镇企业管理局　1990 年　347 页
b50151794　F279.275.54　D582　1990

东阳市农业志
东阳市农业志编委会编　陈天高主编　上海　上海科学技术出版社　1995 年　343 页
b47415630　F327.553　D582　1995

东阳市电力工业志　1935–2005
东阳市电力工业志编纂委员会编　王长贵主编　杭州　浙江人民出版社　2009 年　367 页〔浙江省电力工业志丛书〕
b49851639　F426.61　D5829　2009

东阳市工业志
东阳市经济委员会编　东阳　东阳市经济委员会　1992 年　195 页
b50151769　F427.554　D582　1992

东阳市供销合作社志 1989–2011
东阳市供销合作社志编纂委员会编 许基法主编 杭州 西泠印社出版社 2016年 290页
b4739660x F721.2 D582 2016

东阳市供销合作志
东阳市供销合作社联合社编 蔡守棣主编 东阳 东阳市供销合作社联合社 1989年 402页
b50665017 F721.2 D582C 1989

东阳市粮食志
王梅生主编 东阳 东阳市粮食局 1990年 338页
b50151770 F724.721 D5829 1990

东阳市商业志
东阳市商业局编 韦俊禄主编 东阳 东阳市商业局 1990年 338页
b50151782 F727.554 D582 1990

东阳市财税志
浙江省东阳市财政局 浙江省东阳市税务局编 吕烈主编 东阳 浙江省东阳市税务局 1992年 300页
b50151745 F812.755.4 D582 1992

东阳市金融志
东阳市金融志编委会编 吴维忠主编 东阳 东阳市金融志编委会 1994年 336页
b50151757 F832.755.4 D582 1994

东阳市文化志
东阳市文化局编 王九成主编 金华 浙江鼎立集团印刷公司 1998年 449页
b20534140 G127.554 D582 1998

东阳市教育志
东阳市教育志编纂委员会编 徐宏泰主编 杭州 浙江大学出版社 1994年 542页
b27575470 G527.553 D582 1994

浙江广厦建设职业技术学院志 2001–2013
浙江广厦建设职业技术学院编 许华春主编 北京 中国文史出版社 2015年 250页
b4705248x G718.5 Z458 2015

东阳厉氏文化志
东阳厉氏文化志编委会编 厉天德主编 杭州 浙江工商大学出版社 2015年 1151页
b46872024 K820.9 L4512 2015

东阳县地名录
东阳县地名委员会编 东阳 东阳县地名委员会 1982年 273页
b11469882 K925.54 D582

东阳市规划志
东阳市规划志编纂委员会编 陈粮主编 东阳 东阳市规划志编纂委员会 2014年 224页
b49938332 TU984.255.4 D582 2014

永康市

永康县志
永康县志编纂委员会编 应宝容主编 杭州 浙江人民出版社 1991年 819页
b10758902 K295.54 Y636

永康市志
永康市地方志编纂委员会编 童文贤主编 上海 上海人民出版社 2017年 6册 2915页
b50649152 K295.54 Y636C 2017

高镇村志
高镇村志编纂委员会编 杭州 浙江人民出版社 2016年 355页

b50065403　K295.55　G256　2016

河头村志
河头村志编委会编　合肥　黄山书社　1994年　258页〔浙江乡村社会研究丛书〕
b17505677　K295.55　H285　1994

唐先二村志
唐先二村志编纂委员会编　永康　永康市祥达印务公司　2000年　163页
b23003121　K295.55　T242　2000

俞溪头志　世系篇
永康市俞溪头村志编纂委员会编　永康　永康市俞溪头村志编纂委员会　1997年　986页
b46668718　K295.55　Y714S　1997

永康市政协志
永康市政协志编纂委员会编　郦乾唐主编　北京　团结出版社　1993年　219页
b20533548　D628.554　Y636　1993

永康市土地志
永康市土地志编纂委员会编　应宝容主编　北京　方志出版社　1997年　299页
b14351225　F327.553　Y636

永康市电力工业志　1921–2005
永康市电力工业志编纂委员会编　杭州　浙江人民出版社　2009年　344页〔浙江省电力工业志丛书〕
b49851688　F426.61　Y6364　2009

永康县交通志
永康县交通志编审委员会编　永康　浙江省永康县红旗彩印厂　1990年　230页
b20046753　F512.755.4　Y636　1990

永康姓氏志
应宝容编著　北京　方志出版社　1997年　305页
b14351316　K820.9　Y548

永康县卫生志
浙江省永康县卫生局编　永康　浙江省永康县卫生局　1987年　281页
b22432978　R199.2　Y636　1987

武义县

武义县志
武义县志编纂委员会编　朱和沈编　杭州　浙江人民出版社　1990年　838页
b16436611　K295.54　W534　1990

武义县志　1986–2005
武义县地方志编纂委员会编　包宏斌主编　丁樟兴　万中一等撰稿　王瑛　王建华等摄影　北京　方志出版社　2010年　1299页
b36198523　K295.54　W534C　2010

武义柳城镇志
王志邦主编　杭州　浙江人民出版社　1989年　371页
b2176556x　K295.55　L699　1989

武义县人大志
武义县人大志编纂委员会编　潘金谊主笔　北京　方志出版社　2005年　561页
b17486750　D624.554　W534　2005

武义县政协志　1984–2013
武义县政协志编纂委员会编　骆东林主编　杭州　浙江人民出版社　2014年　672页
b46667945　D628.554　W534　2014

武义县人事劳动社会保障志
武义县人事劳动社会保障志编纂委员会

编 骆东林主编 杭州 浙江大学出版社 2012年 732页
b40372741 D630.3 W5349 2012

武义县土地志
武义县土地志编纂委员会编 雷玉林主编 北京 方志出版社 1997年 314页
b16377102 F327.554 W534 1997

武义萤石志
朱和沈主编 杭州 浙江人民出版社 1994年 474页
b21765571 F426.1 Z696 1994

武义县交通志 1986–2015
武义县交通志编纂委员会编 杨明有主编 武义 武义县交通志编纂委员会 2017年 434页
b50347743 F512.755.4 W534 2017

武义县财政税务志
武义县财政税务志编纂委员会编 程云庆 徐国强主编 北京 中国时代经济出版社 2015年 727页
b47073512 F812.755.4 W534 2015

武义县文化志
武义县文化志编纂委员会编 武义 武义县印刷厂 1993年 632页
b1993256x G127.554 W534 1993

武义县科学技术志
武义县科学技术志编纂委员会编 陶锡忠主编 杭州 浙江大学出版社 2011年 596页
b41223676 G322.755.4 W534 2011

武义县教育志
李顺宏主编 杭州 浙江教育出版社 2009年 724页
b20404803 G527.554 W534 2009

浙江省武义第一中学校志 1938–1998
浙江省武义第一中学校志编纂委员会编 叶春兴主编 武义 浙江省武义第一中学校志编纂委员会 1998年 210页
b20105162 G639.285.54 W534 1998

武义县地名志
武义县地名委员会编 武义 武义县地名委员会 1986年 368页
b36246499 K925.54 W534 1986

浦江县

浦江县志
浦江县志编纂委员会编 何保华主编 杭州 浙江人民出版社 1990年 696页
b10758975 K295.54 P694

浦江县志 1986–2000
浦江县地方志编纂委员会编 何保华主编 北京 中华书局 2005年 1474页
b16636028 K295.54 P694 2005

长山村志
徐万秋主编 金华 长山村志编纂者 199- 年 86页
b3602885x K295.55 C3467

前吴村志
浙江省浦江县前吴村志编委会编 吴宏定执笔 杭州 浙江古籍出版社 1996年 292页
b16426083 K295.55 Q228Q 1996

前于村志
前于村志编纂委员会编 于继耕主编 北京 方志出版社 2004年 460页
b15681762 K295.55 Q228 2004

浦江县政协志
浦江县政协志编纂委员会编 周道杰主编 香港 香港文汇出版社 2006 年 717 页
b40743652 D628.554 P694 2006

浦江县公安志
浦江县公安志编纂委员会编 倪宏大主编 杭州 浙江古籍出版社 1997 年 309 页
b49550007 D675.54 P694 1997

浦江县土地志
黄林生主编 北京 中国大地出版社 1999 年 490 页〔浙江省土地志集成〕
b16095418 F327.554 H662 1999

浦江县财政税务志
浦江县财政税务志编纂委员会编 徐红阳主编 北京 方志出版社 2003 年 361 页〔浦江方志丛书〕
b47009391 F812.755.4 P694 2003

浦江县教育志
浦江县教育志编纂组编 洪澄主编 浦江 浦江县教育志编纂组 1988 年 166 页
b20181589 G527.554 P694 1988

浦江县教育志 1986–2005
郑凌燕主编 杭州 浙江教育出版社 2012 年 512 页
b40743640 G527.554 P694 2012

浙江省浦江中学校志 1939–1999
浙江省浦江中学校志编委会编 吴兴法主编 浦江 浙江省浦江中学校志编委会 1999 年 287 页
b49640793 G639.285.54 P694 1999

浦江风俗志
浦江县县志编纂委员会 浦江县文化馆编 浦江 浦江县县志编纂委员会 1984 年 215 页〔金华风俗丛书〕
b11469912 K892.455 P694

浦江县地名录
浦江县地名办公室编 浦江 浦江县地名办公室 1983 年 94 页
b11469870 K925.54 P694

浦江县地名志
浦江县县志编纂委员会办公室 浦江县城乡建设环境保护局编 何保华主编 浦江 浦江县县志编纂委员会办公室 1986 年 391 页
b20378634 K925.54 P694L 1986

浦江县水利志
浦江县水务局编 张咸荣主编 北京 方志出版社 2013 年 402 页
b4043266x TV–092 P694 2013

磐安县

磐安县志
磐安县志编纂委员会编 杭州 浙江人民出版社 1993 年 616 页
b10571966 K295.54 P164

磐安县志 1991–2005
陈新希主编 北京 方志出版社 2009 年 2 卷 1198 页
b22032551 K295.54 P164 2009

斐湖村志
斐湖村志编委会编 周秉初主编 磐安 斐湖村志编委会 2000 年 522 页
b44851492 K295.55 F292 2000

磐安县人口和计划生育志
磐安县人口和计划生育志编纂委员会编

陈笑兴主编 磐安 磐安县人口和计划生育志编纂委员会 2015 年 443 页
b49625846 C924.255.54 P164 2015

磐安县纪检监察志 1953–2013
中共磐安县纪委 磐安县监察局编 傅治主编 磐安 中共磐安县纪委 2014 年 307 页
b50017196 D262.2 P164 2014

磐安县统战志
中共磐安县委统战部编 马和中主编 北京 中国文史出版社 2014 年 279 页
b46012680 D613 P164 2014

磐安县人民代表大会志
磐安县人民代表大会志编纂委员会编 杭州 浙江摄影出版社 2005 年 667 页
b16859522 D624.554 P164 2005

磐安县人力资源和社会保障志
磐安县人力资源和社会保障志编纂委员会编 陈建军主编 杭州 浙江摄影出版社 2013 年 638 页
b46317302 F249.275.54 C422 2013

磐安县土地志
磐安县土地志编纂委员会编 曹才主编 北京 中国大地出版社 1999 年 234 页〔浙江省土地志集成〕
b17735166 F327.554 C211 1999

磐安电力工业志
曹才主编 北京 中国电力出版社 2000 年 289 页〔浙江省电力工业志丛书〕
b49850623 F426.61 P164 2000

磐安县电力工业志 1953–2005
磐安县电力工业志编纂委员会编 吕波主编 杭州 浙江人民出版社 2013 年 276 页〔浙江省电力工业志丛书〕
b49964537 F426.61 P164C 2013

磐安县教育志
沈志新主编 磐安 磐安县教育局 1992 年 232 页
b20181577 G527.554 P164 1992

磐安县教育志 1990–2015
磐安县教育局编 马良兴主编 北京 方志出版社 2017 年 702 页
b50346179 G527.554 P164C 2017

磐安县地名志
浙江省磐安县地名委员会编 磐安 浙江省磐安县地名委员会 1986 年 215 页
b17120512 K925.54 P164 1986

大盘山志
陈亚琳主编 杭州 浙江科学技术出版社 2016 年 272 页
b49528890 S759.992.554 D136 2016

衢州市

衢州市志
衢州市志编纂委员会编 朱子善主编 杭州 浙江人民出版社 1994 年 1417 页
b10647156 K295.53 Q557

衢州市志 简本
衢州市地方志编纂委员会编 韩章训主编 杭州 浙江大学出版社 2003 年 407 页
b1751602x K295.53 Q557C 2003

衢州市志 简本 1985–2005
衢州市地方志编纂委员会编 北京 方志出版社 2016 年 498 页
b50728040 K295.53 Q557E 2016

衢州市计划生育协会志
衢州市计划生育协会编 郑时宏主编 北京 中国人口出版社 2006 年 422 页
b22431548 C924.23-26 Q577 2006

衢州市政协志
衢州市政协志编纂委员会编 童效武主编 北京 方志出版社 2005 年 575 页
b16089194 D628.553 Q577 2005

衢州公安志
衢州公安志编纂委员会编 王和主编 北京 中华书局 2002 年 595 页〔浙江省公安史志丛书〕
b46012813 D631 Q577 2002

衢州法院志
浙江省衢州市中级人民法院编 王和主编 衢州 浙江省衢州市中级人民法院 1999 年 495 页
b50319322 D926.22 Q577 1999

衢州检察志
衢州检察志编纂委员会编 黄礼元主编 北京 方志出版社 2008 年 591 页
b21229090 D926.32 Q577 2008

衢州市建设志
衢州市建设志编纂委员会编 诸葛静主编 杭州 浙江人民出版社 1996 年 235 页
b46240020 F299.275.53 Q577 1996

衢州市土地志
衢州市土地志编纂委员会编 沈元龙主编 北京 中华书局 1999 年 507 页
b17676587 F327.553 Q577 1999

衢州市建筑业志
衢州市建筑业志编纂委员会编 韩明臣主编 北京 方志出版社 2011 年 988 页
b36194141 F426.9 Q577 2011

浙江华电乌溪江水力发电厂志 2008–2017
浙江华电乌溪江水力发电厂志编纂委员会编 陈列主编 杭州 浙江人民出版社 2018 年 266 页
b50993793 F426.61 Z4583 2018

衢州市交通志 1985–2007
浙江省衢州市交通局编 潘玉光主编 北京 方志出版社 2010 年 313 页
b22364821 F512.755.3 Q577 2010

衢州市农村金融志
衢州市农村金融志编写组编 冯照华主编 北京 方志出版社 1998 年 303 页
b21764888 F832.755.3 Q577 1998

衢州市群众文化志
衢州市群众文化志编纂委员会编 林国镇主编 杭州 浙江人民出版社 1994 年 234 页
b19930999 G249.29 L585 1994

衢州市教育志
衢州市教育志编纂委员会编 杭州 杭州出版社 2005 年 449 页
b16636090 G527.553 Q577 2005

衢州市教育志 2005–2014
衢州市教育志编纂委员会编 梅雪中主编 杭州 浙江人民出版社 2015 年 417 页
b49506262 G527.553 Q577 2015

浙江省衢州第二中学校志 1953–2003
浙江省衢州第二中学校志编纂委员会编 徐建平主编 衢州 衢州新华印务公司 2003 年 577 页
b20105149 G639.285.53 Z458 2003

衢州市曲艺志
衢州市曲艺志编纂委员会编 杭州 浙江人民出版社 1999 年 240 页
b17457877 J809.255 Q577 1999

烂柯山志
烂柯山志编纂领导小组编 徐文荣 诸葛静 范显镗主编 杭州 浙江人民出版社 1998 年 340 页
b1399704x K928.3 L195

衢州孔氏南宗家庙志
衢州孔氏南宗家庙志编委会编 谢昌智主编 杭州 浙江人民出版社 2001 年 240 页
b14351079 K928.75 Q577

衢州明果禅寺志
刘国庆 定照编纂 衢州 新华印务公司 2008 年 183 页
b20577527 K928.75 L676 2008

衢州市人民医院 衢州中心医院院志 1948–2007
衢州市人民医院 衢州中心医院院志编纂委员会编 衢州 院志编纂办公室 2008 年 219 页
b5034755x R199.2 Q577 2008

衢州市水利志
浙江省衢州市水利志编纂委员会编 童冠寿主编 北京 中国文史出版社 2016 年 918 页〔衢州市志丛书〕
b49598521 TV–092 Q577 2016

柯城区

柯城区志
衢州市柯城区志编纂委员会编 韩志宏主编 北京 方志出版社 2005 年 1026 页
b16144648 K295.53 Q557K 2005

衢州市柯城区土地志
柯城区土地志编纂委员会编 徐发华主编 北京 方志出版社 1999 年 181 页
b16378519 F327.553 Q557K 1999

衢江区

衢县志
衢县志编纂委员会编 杭州 浙江人民出版社 1992 年 671 页
b10760647 K295.54 Q577

衢县志 1985–2001
衢县志编纂委员会编 北京 方志出版社 2002 年 637 页
b14084247 K295.54 Q577B

衢县民政志
衢县民政志编纂委员会编 童海良主编 杭州 浙江人民出版社 1991 年 315 页
b40740262 D632 Q577 1991

衢县林业志
衢县林业志编写组编 毛开富主编 北京 中国林业出版社 1994 年 301 页
b49706330 F326.275.54 Q577 1994

衢县土地志
衢县土地志编纂委员会编 毛开富主编 北京 方志出版社 1999 年 375 页
b14351213 F327.554 Q577

衢县地名志
衢县地名办编辑委员会编 王家寿主编 杭州 浙江大学出版社 2002 年 582 页
b14084235 K925.54 Q577 2002

江山市

江山市志
江山市志编纂委员会编 郑立墉主编 杭州 浙江人民出版社 1990年 670页
b10761081 K295.53 J326

江山市志 1988–2007
江山市地方志编纂委员会编 祝龙光主编 北京 方志出版社 2013年 1182页
b44850967 K295.53 J326 2013

江山县志简编
浙江省江山县县志编纂办公室编 郑立墉等主编 江山 浙江省江山县县志编纂办公室 1984年 204页
b12314286 K295.5 J326

白沙村志
浙江江山定村乡白沙村志编纂组编 上海 学林出版社 1991年 178页
b1104682x K295.5 Z458B

坂头村志
江山市贺村镇坂头自然村志编纂工作领导小组编 毛东武主编 北京 方志出版社 2018年 468页
b51030512 K295.55 B2138 2018

江山城关镇志
江山城关镇志办公室编 朱云亨主编 杭州 浙江人民出版社 1991年 328页
b10756930 K295.55 J326

淤头村志
祝龙光主编 北京 中国文史出版社 2015年 321页
b47045474 K295.55 Y699 2015

廿八都镇志
蔡恭 祝龙光主编 北京 中国文史出版社 2007年 677页〔浙江文化研究工程成果文库〕
b20019786 K925.55 N332C 2007

江山市人大志
江山市人大志编纂委员会编 王日根主编 北京 方志出版社 2006年 795页
b17298623 D624.553 W228 2006

江山政协志
江山政协志编纂委员会编 毛奎顺主编 北京 中央文献出版社 2003年 330页
b15960705 D628.553 J326 2003

江山公安志
江山公安志编纂委员会编 姜庆福主编 北京 中国文史出版社 2009年 443页
b20882786 D675.53 J326 2009

江山市土地志
朱云亨主编 北京 当代中国出版社 1998年 232页
b21568558 F327.553 J326 1998

浙安公司志 1958–1987
浙安公司志编辑部编 北京 中国新闻出版社 1988年 373页
b5077833x F426.9 Z458 1988

浙江省江山市教育志
江山市教育委员会编纂 李端贞 徐宇宁主编 北京 团结出版社 1992年 344页
b20182429 G527.553 J326 1992

江山中等专业学校 江山市第八中学校志 征求意见稿 1958–2008
江山中专 江山八中50年校庆校志办公室

编 蔡之青主编 江山 江山中专 江山八中50年校庆校志办公室 2008年 395页
b20102239 G719.285.53 J326 2008

江山市水利志
江山市水利志编纂委员会编 毛东武总纂 合肥 黄山书社 1998年 350页
b17514526 TV-092 M242 1998

常山县

常山县志
常山县志编纂委员会编 周鸿富主编 杭州 浙江人民出版社 1990年 695页
b1079606x K295.54 C345

常山县志 1988-2005
常山县地方志编纂委员会编 杭州 西泠印社出版社 2008年 1128页
b20948165 K295.54 C345 2008

天马镇志
天马镇志编纂委员会编 饶贤福主编 杭州 浙江人民出版社 2012年 470页
b49608022 K295.55 T343 2012

常山县林业志
丁启才主编 北京 中国林业出版社 1998年 330页
b44851236 F326.275.54 C345 1998

常山县交通志 2000
常山县交通志编纂办公室编 周作浩主编 杭州 常山县交通志编纂办公室 2002年 394页
b20041858 F512.755.4 Z675 2000

浙江省常山县教育志
姜光明主编 杭州 浙江文艺出版社 2005年 355页
b47414972 G527.554 C345 2005

浙江省常山县地名志
常山县地名办公室编 常山 常山县地名办公室 1987年 445页
b17120573 K925.54 C345 1987

常山县水利志
常山县水电局编 应鹏程主编 杭州 杭州大学出版社 1991年 263页
b21855699 TV-092 C3457 1991

开化县

开化县志
开化县志编纂委员会编 王建华主编 杭州 浙江人民出版社 1988年 597页
b10625264 K295.54 K122

开化县志 1986-2005
开化县地方志编纂委员会编 北京 方志出版社 2010年 1124页
b21568819 K295.54 K122 2010

华埠镇志
华埠镇志编纂小组编 杭州 浙江人民出版社 2003年 465页
b14996431 K295.55 H528 2003

中共开化县委党校校志 1952-2012
中共开化县委党校编 毛家华主编 北京 方志出版社 2012年 311页
b40432683 D261.41 K122 2012

开化县公安志
开化县公安志编纂委员会编 程佳良主编 北京 方志出版社 2012年 417页〔浙江省公安史志丛书〕

b40503318　D631 K122 2012

开化建设志
开化建设志编纂委员会编 刘高汉主编 杭州 浙江人民出版社 2016年 642页
b49489896　F299.275.54 L676 2016

开化林业志
开化林业志编写组编 杭州 浙江人民出版社 1988年 456页
b21764062　F326.275.54 K122 1988

开化县土地志
开化县土地志编纂委员会编 北京 方志出版社 1999年 303页
b14351353　F327.554 K122

开化交通志
开化交通志编纂委员会编 杭州 浙江人民出版社 1990年 282页
b20043764　F512.755.4 K122 1990

开化县交通志 1986–2006
开化县交通志编纂委员会编 孙金林主编 北京 方志出版社 2011年 477页
b36133656　F512.755.4 K122C 2011

开化县供销合作社志
开化县供销合作社志编纂委员会编 华寿忠主编 北京 方志出版社 2014年 365页
b46117994　F721.2 K122 2014

开化县教育志
开化县教育委员会编 汪午主编 开化 开化县印刷厂 1989年 385页
b20403616　G527.554 K122 1989

开化县教育志 1987–2012
开化县教育志编纂委员会编 姚鸿源主编 北京 方志出版社 2013年 538页
b41213518　G527.554 K122 2013

开化县文化志 1986–2009
开化县文化志编纂委员会编 吴德良主编 北京 方志出版社 2011年 492页
b36133747　K295.54 K122W 2011

龙游县

龙游县志
浙江省龙游县志编纂委员会编 胡礼舟主编 北京 中华书局 1991年 741页〔中华人民共和国地方志〕
b10983739　K295.54 Z458

龙游县志
龙游县地方志编纂委员会编 北京 方志出版社 2017年 3册(1791页
b51080199　K295.54 L7429C 2017

龙游县志
龙游县地方志编纂委员会编 北京 方志出版社 2018年 简本 496页
b50871122　K295.54 L742E 2018

湖镇镇志
湖镇镇志编纂委员会编 吴土根主编 北京 方志出版社 2015年 550页
b47051255　K295.55 H477 2015

沐尘畲族乡志
沐尘畲族乡志编纂委员会编 劳乃强主编 北京 方志出版社 2014年 492页
b4637677x　K295.55 M683 2014

龙游政协志
龙游政协志编纂委员会编 谢晓荣主编 北京 当代中国出版社 2007年 581页

b47242863　D628.554　L7429　2007

龙游县建设志
龙游县建设志编纂委员会编　王文平主编　龙游　龙游县建设志编纂委员会　1997 年　283 页〔龙游县专业志〕
b49982527　F299.275.54　L742　1997

龙游县教育志
龙游县教育志编纂办公室编　严聚生主编　龙游　龙游印刷厂　1992 年　373 页
b20015835　G527.554　L742　1992

龙游县教育志　1983–2005
龙游县教育志编纂委员会编　江永亮主编　杭州　西泠印社出版社　2008 年　586 页
b20099435　G527.554　L742　2008

龙游县地名志
龙游县地名志编纂委员会编　黄国平主编　北京　方志出版社　2017 年　607 页
b51080187　K925.54　L742　2017

龙游县卫生志
浙江省龙游县卫生局编　吕建民主编　上海　上海社会科学院出版社　1992 年　332 页
b2176430x　R199.2　L742　1992

龙游县水利志
龙游县水电局水利志编写小组编　叶仲魁主编　北京　团结出版社　1990 年　225 页〔龙游专志〕
b21856874　TV–092　L742　1990

龙游县水利志
龙游县水利局编　吴土根主编　龙游　龙游县水利局　2009 年　326 页
b49938721　TV–092　L742C　2009

舟山市

舟山市志
舟山市地方志编纂委员会编　章凤池　周永孚主编　杭州　浙江人民出版社　1992 年　848 页
b1072722x　K295.53　Z659

舟山市志　1989–2005
舟山市地方志编纂委员会编　徐燕峰主编　北京　商务印书馆　2016 年　3 卷　2410 页
b50065701　K295.53　Z659C　2016

舟山市工会志　1988–2012
何悌元主编　北京　中国工人出版社　2014 年　434 页
b46996369　D412.855.3　Z659　2014

舟山市人民代表大会志
舟山市人民代表大会志编纂委员会编　潘惠康主编　舟山　舟山市人民代表大会志编纂委员会　2011 年　575 页
b47317504　D624.553　Z659　2011

舟山市政协志
舟山市政协志编纂委员会编　金宁主编　北京　中国文史出版社　2012 年　548 页
b37530690　D628.553　Z659　2012

舟山市土地志
舟山市土地管理局　舟山市土地志编纂委员会编　金志友主编　舟山　舟山日报印刷厂　1999 年　331 页
b21277187　F327.553　Z659　1999

舟山市盐业志
朱去非主编　北京　中国旅游出版社　1993 年　388 页
b21802099　F426.82　Z659　1993

舟山市电力工业志
舟山市电力工业志编纂委员会编 吕立鹤主编 北京 中国文史出版社 2008 年 334 页
b20953136 F427.553 Z659 2008

舟山市交通志
舟山市交通志编审委员会编 彭宪初主编 北京 海洋出版社 1998 年 396 页
b20047216 F512.755.3 P336 1998

舟山市农村金融志
舟山市农村金融志编纂委员会编 舟山 舟山市农村金融志编纂委员会 1998 年 490 页
b49804315 F832.755.3 Z659 1998

舟山市教育志
舟山市教育志编纂办公室编 戴志康主编 北京 红旗出版社 1996 年 432 页
b20181875 G527.553 Z659 1996

舟山检验检疫志
中华人民共和国舟山出入境检验检疫局编 舟山 舟山出入境检验检疫局 2003 年 551 页
b41235356 R185.3 Z659 2003

舟山市卫生防疫志
浙江省舟山市卫生防疫站编 王建跃主编 舟山 浙江省舟山市卫生防疫站 2000 年 384 页
b46668755 R199.2 Z659 2000

舟山渔志
舟山渔志编写组编著 赵以忠编写 北京 海洋出版社 1989 年 428 页
b17298404 S9-09 Z441 1989

舟山市水利志
舟山市水利志编纂委员会编 北京 中华书局 2006 年 718 页
b41235885 TV-092 Z659 2006

定海区

定海县志
定海县志编纂委员会编 杭州 浙江人民出版社 1994 年 873 页
b10727802 K295.54 D547

舟山市定海区志 1988–2007
舟山市定海区志（1988–2007）编纂委员会编 唐小明主编 杭州 浙江人民出版社 2016 年 2 卷 1796 页
b50065725 K295.53 Z659DC 2016

白泉镇志
白泉镇志编纂委员会编 方长生主编 北京 中国书籍出版社 1996 年 517 页
b16432757 K295.55 B152 1996

金塘志
金塘志编纂委员会编 包江雁主编 北京 中华书局 1999 年 676 页
b17482288 K295.55 J479 1999

马岙镇志
马岙镇志编纂委员会编 北京 中国文史出版社 2010 年 317 页
b38893836 K295.55 M136 2010

定海工会志
定海工会志编纂委员会编 应丰年主编 北京 中国文史出版社 2013 年 493 页
b47352851 D412.855.3 Z659D 2013

定海政协志
定海政协志编纂委员会编 北京 中国文

史出版社 2009 年 530 页〔定海地方志丛书〕
b49827029 D628.553 Z659D 2009

定海交通志
定海交通志编纂领导小组编 倪吾芳主编 杭州 浙江大学出版社 1996 年 368 页
b20042139 F512.755.3 N287 1996

定海交通志 1989–2010
舟山市定海区交通运输局定海交通志（1989–2010）编纂委员会编 徐瑞兴主编 北京 中国文史出版社 2016 年 661 页
b4992347x F512.755.3 Z659D 2016

舟山市定海区地名志
定海区地名委员会办公室编 舟山 定海区地名委员会办公室 1999 年 534 页
b17120494 K925.53 Z659D 1999

普陀区

普陀县志
普陀县志编纂委员会编 蒋文波主编 杭州 浙江人民出版社 1991 年 1098 页
b10796356 K295.54 P693

普陀区志 1987–1995
普陀区志编纂委员会编 蒋文波主编 杭州 浙江人民出版社 1999 年 1065 页
b10468390 K295.54 P693C

六横志
蒋文波主编 上海 上海书店出版社 1996 年 523 页
b17992072 K295.54 P693L 1996

沈家门镇志
沈家门镇志编纂领导小组编 谢永根主编 杭州 浙江人民出版社 1996 年 572 页
b20016633 K295.55 S412 1996

展茅镇志
蒋文波 秦永禄主编 北京 中国书籍出版社 1997 年 462 页
b16142718 K295.55 Z317 1997

普陀政协志
普陀政协志编纂委员会编 陈桂珍主编 北京 中国文史出版社 2016 年 810 页
b4959848x D628.553 Z659P 2016

普陀渔业志
普陀渔业志编纂委员会编 葛银水主编 北京 方志出版社 2015 年 1121 页
b46665584 F326.475.53 P693 2015

普陀交通志
普陀交通志编审委员会编 丁康贤主编 杭州 浙江大学出版社 2005 年 480 页
b16859315 F512.755 D531 2005

普陀教育志
舟山市普陀区教育局编 沃信科主编 北京 方志出版社 2017 年 722 页
b50756503 G527.553 Z659P 2017

普陀县地名志
普陀县地名办公室编著 杭州 浙江新华印刷厂 1986 年 422 页
b1643609x K925.54 P693 1986

普陀山志
普陀山志编纂委员会编 方长生主编 上海 上海书店出版社 1995 年 376 页
b10698863 K928.3 F223

普陀卫生志
舟山市普陀区卫生志编纂委员会编 杨孝忠主编 北京 方志出版社 2012 年 616 页
b40426130 R199.2 Z659P 2012

岱山县

岱山县志
岱山县志编纂委员会编 朱家通主编 杭州 浙江人民出版社 1994 年 681 页
b10503250 K295.54 D147

岱山县志 1989–2000
岱山县志编纂委员会编 李淑霞主编 杭州 浙江人民出版社 2006 年 1371 页
b45569897 K295.54 D147 2006

衢山镇志
衢山镇志编纂委员会编 李伟芳主编 杭州 浙江人民出版社 2013 年 619 页
b46442248 K295.55 Q577 2013

岱山县政协志
岱山县政协志编纂委员会编 潘海涌主编 北京 中国文史出版社 2015 年 582 页
b47051991 D628.554 D147 2015

岱山县教育志
岱山县教育委员会编 徐显明主编 岱山 岱山县教委教育志办公室 1994 年 278 页
b20181504 G527.554 D147 1994

岱山县地名志
岱山县地名办公室编 樊永乐 戴通义主编 岱山 岱山县地名办公室 1990 年 348 页
b17120615 K925.54 D147 1990

鼠浪湖志
解永绥主编 北京 中国文史出版社 2016 年 389 页
b47364555 K928.43 J448 2016

嵊泗县

嵊泗县志
嵊泗县志编纂委员会编 陈惕吾 许示主编 杭州 浙江人民出版社 1989 年 667 页
b10796447 K295.54 S4497

嵊泗县志 1986–2000
嵊泗县地方志编纂委员会编 北京 方志出版社 2007 年 771 页
b19733173 K295.54 S4497 2007

嵊泗海洋与渔业志
嵊泗海洋与渔业志编纂委员会编 王祖恩主编 北京 方志出版社 2011 年 728 页
b35985884 F326.475.54 W235 2011

嵊泗县交通志
嵊泗县交通志编纂领导小组编 许示主编 杭州 浙江大学出版社 1995 年 300 页
b46995754 F512.755.4 S449 1995

浙江省嵊泗县地名志
嵊泗县地名办公室编 嵊泗 嵊泗县地名办公室 1990 年 487 页
b17120524 K925.54 S449 1990

台州市

台州地区志
台州地区地方志编纂委员会编 方山 池招福主编 杭州 浙江人民出版社 1995 年 1346 页
b10503225 K295.52 T151C

台州市志
台州市地方志编纂委员会编 王永献主编 北京 中华书局 2010 年 2 卷 2096 页
b21570371 K295.53 T1519 2010

台州图志
台州市地方志编纂委员办公室编 北京 中华书局 2006 年 197 页〔台州市志系列〕
b17648257 K295.54 T151T 2006

台州法院志
台州法院志编纂委员会编 丁铧主编 北京 中国文史出版社 2013 年 606 页
b49850945 D926.22 T151 2013

台州水产志
台州水产志编纂委员会编 陈根林主编 北京 中华书局 1998 年 471 页
b44915597 F326.475.53 T151 1998

台州地区电力工业志
台州地区电力工业志编纂委员会编 郑继宝主编 北京 当代中国出版社 1994 年 385 页
b49850313 F426.61 T151 1994

台州发电厂志
台州发电厂志编纂委员会编 张诗传主编 杭州 浙江大学出版社 1993 年 260 页
b49982102 F426.61 T1512 1993

台州发电厂志 2006–2016
台州发电厂志编纂委员会编 管诗渊主编 上海 上海三联书店 2017 年 370 页〔浙江省电力工业志丛书〕
b50714302 F426.61 T1512C 2017

台州市财政志
台州市财政志编纂委员会编 叶维军主编 北京 中华书局 2010 年 1058 页
b22361376 F812.9 Y3844 2010

台州市椒江地方税务志
台州市椒江地方税务志编纂委员会编 王菊生总纂 北京 中华书局 2013 年 784 页
b47414315 F812.755.342 T151 2013

台州学校志
徐达会 丁式贤主编 北京 团结出版社 1993 年 609 页
b4666788x G527.553 T151 1993

台州学院医学院院志
台州学院医学院编 台州 台州学院医学院 2013 年 291 页
b47073172 G649.285.53 T1519 2013

台州学院志
胡正武主编 鲍婷婷等编写 杭州 浙江工商大学出版社 2009 年 678 页
b21646053 G649.285.53 T151 2009

台州师范专科学校校志
台州师专校志编写委员会编 台州 浙江省台州师专印刷厂 1993 年 173 页
b46274017 G659.285.53 T151 1993

台州卫生学校校志
浙江省台州卫生学校校志编纂委员会编 朱汝略主编 台州 台州日报印刷厂 1990 年 166 页
b20103967 G719.285.53 T151 1990

台州职业技术学院简志
校史资料编辑委员会编 台州 校史资料编辑委员会 2006 年 277 页
b20404608 G719.285.53 T1519 2006

台州职业技术学院简志
章伟 林增明主编 台州 校史资料编撰委员会 2011年 修订版 427页
b49964136 G719.285.53 T1519 2011

黄岩金石志
金渭迪编著 北京 中国文史出版社 2013年 增订本 388页〔黄岩区文化研究工程丛书〕
b46981834 K877.24 J479 2013

台州党史胜迹图志
中共台州市委党史研究室编 许宏志主编 杭州 浙江人民出版社 2011年 228页
b49804881 K928.72-64 T151 2011

新台州气象志
台州市气象志编纂委员会编 北京 中华书局 2008年 257页
b21303113 P468.255.3 T151 2008

台州市路桥区卫生志
台州市路桥区卫生志编纂委员会编 蔡明贵主编 北京 中国文史出版社 2015年 393页
b47073627 R199.2 T151 2015

椒江区

椒江市志
椒江市志编纂委员会编 陈志超主编 杭州 浙江人民出版社 1998年 972页
b10501290 K295.53 J373

椒江续志
台州市椒江区志编纂委员会编 陈志超主编 北京 中华书局 2001年 273页
b13868779 K295.53 J373B

海门镇志稿
椒江市地方志办公室编 项士元 金商 金星洲纂 椒江 椒江市地方志办公室 1993年 200页
b22359862 K295.54 H145C 1993

椒江工会志
台州市椒江区总工会编 郑忠法主编 椒江 椒江教育印刷厂 2002年 309页
b2243043x D412.855.3 T151J 2002

台州市椒江区人民代表大会志
台州市椒江区人民代表大会志编纂委员会编 北京 中华书局 2016年 1015页
b49781923 D624.553 T151J 2016

椒江市政协志
椒江市政协志编审委员会编 台州 椒江市政协志编审委员会 1996年 211页
b47243132 D628.553 T151J 1996

椒江区土地志
椒江区土地志编纂委员会编 北京 中华书局 2000年 212页〔浙江省土地志集成〕
b1686217x F327.554 T151J 2000

椒江农业志
椒江农业志编纂委员会编 陈国储主编 台州 椒江农业志编纂委员会 2001年 730页
b4980330x F329.554 J313C 2001

椒江农业志
台州市椒江区农业林业局编 陈国储主编 北京 中国文史出版社 2015年 1007页
b49625871 F329.554 J373 2015

椒江电力工业志 1917–2005
椒江电力工业志编纂委员会编 马信大主

编 杭州 浙江人民出版社 2010 年 343 页〔浙江省电力工业志丛书〕
b49851640 F426.61 J373 2010

椒江财政志
台州市椒江区椒江财政志编纂委员会编 北京 中华书局 2007 年 718 页〔椒江地方志丛书〕
b21568662 F812.755.3 T151J 2007

椒江教育志
台州市椒江教育志编纂委员会编 马信大主编 上海 上海三联书店 2004 年 485 页
b27575858 G527.553 T151J 2004

椒江市教育志
椒江市教育志编纂委员会编 马信大主编 上海 上海三联书店 1994 年 358 页
b16324687 G527.553 M143 1994

椒江市地名志
浙江省椒江市地名委员会办公室编 椒江 浙江省椒江市地名委员会办公室 1987 年 347 页
b20378737 K925.53 J373 1987

椒江气象志
椒江市气象局气象志编委会编 牟重行主编 椒江 椒江市气象局气象志编委会 1992 年 油印本 155 页
b21568674 P468.255.3 M646 1992

黄岩区

黄岩志
黄岩志编纂委员会编 北京 中华书局 2002 年 835 页
b16636144 K295.54 H669H 2002

浙江省黄岩县志
黄岩县志办公室编 严振非总纂 上海 三联书店上海分店 1992 年 736 页
b13400824 K295.54 H669Y

黄岩头陀白湖塘村志
黄岩头陀白湖塘村志编纂小组编 杨广座主编 台州 黄岩头陀白湖塘村志编纂小组 2015 年 200 页
b49505981 K295.55 B151 2015

黄岩区土地志
黄岩区土地志编纂委员会编 柯逊喜主编 台州 台州市黄岩区土地管理局 1999 年 215 页〔浙江省土地志集成〕
b2156842x F327.553 T151H 1999

黄岩区电力工业志 1989–2005
黄岩区电力工业志编辑委员会编 王子明主编 北京 中国电力出版社 2008 年 360 页
b46562588 F426.61 H669 2008

黄岩交通志
黄岩市交通局编 洪晓法主编 上海 上海三联书店 1992 年 488 页
b49964033 F512.755.4 H669 1992

黄岩工商联（总商会）志
黄岩工商联（总商会）志编纂委员会编 沈江主编 北京 中国文史出版社 2011 年 360 页
b3623865x F727.554 T151 2011

黄岩广播电视志
黄岩广播电视志编纂委员会编 刘友堂主编 杭州 浙江人民出版社 2005 年 456 页
b2176380x G229.275.53 T151H 2005

黄岩县教育志 1000–1987
浙江省黄岩市教育委员会编 赵康龄主编
北京 团结出版社 1990 年 225 页
b13741901 G527.554 Z458

黄岩澄江中学校志
章建国主编 黄岩 黄岩澄江中学 2010 年 345 页
b20949716 G639.285.53 H669

浙江省黄岩师范学校校志
杨明初主编 黄岩 浙江省黄岩师范学校 2002 年 141 页
b36129483 G659.285.5 Z4583 2002

黄岩风物志
台州市黄岩地区地方志编纂委员会办公室编 北京 中华书局 2010 年 185 页
b21568418 K295.53 T1519H 2010

黄岩县地名志
黄岩县地名委员会办公室编辑 梁沫清 章可端主编 黄岩 黄岩县地名委员会办公室 1984 年 762 页
b20018071 K925.54 H669 1984

浙江省黄岩县卫生志
黄岩县卫生志编纂办公室编 林希欧主编
上海 上海人民出版社 1990 年 217 页
b10487037 R–092 L588

黄岩县土壤志
黄岩县土壤普查办公室 黄岩县农业局编
应维南执笔 黄岩 黄岩县土壤普查办公室 1986 年 124 页
b20102100 S159.255.4 H669 1986

温岭市

温岭县志
温岭县志编纂委员会编 杭州 浙江人民出版社 1992 年 961 页
b10759736 K295.54 W362

大溪镇志
大溪镇志编纂委员会编 北京 中国文史出版社 2007 年 876 页
b19518110 K295.55 D136 2007

新河镇志
新河镇志编纂委员会编 林崇增主编 北京 中华书局 2016 年 1219 页
b4957839x K295.55 X4433 2016

泽国镇志
阮法根主编 北京 中华书局 1999 年 563 页〔浙江省名镇志集成〕
b22360104 K295.55 Z214 1999

泽国镇志
泽国镇志编纂委员会编 阮法根主编 北京 中华书局 2012 年 1027 页
b40424704 K295.55 Z214 2012

泽国镇志
浙江省温岭市泽国镇志编纂委员会编 阮法根主编 北京 方志出版社 2017 年 340 页〔中国名镇志文化工程〕
b50642480 K295.55 Z214C 2017

浙江台州温岭人民代表大会志
孙纯棣主编 北京 中华书局 2000 年 562 页
b21570577 D624.554 W362 2000

温岭市政协志
温岭市政协志编审委员会编 毛根友主编

北京 中国书籍出版社 1996 年 278 页
b10616676 D664.553 W362

温岭市政协志第二部 1995.10.1–2007.1.22
温岭市政协志编纂委员会编 毛根友主编 北京 中国文史出版社 2008 年 433 页
b20788393 D664.553 W362 2008

温岭市渔业志
王玉松主编 北京 中华书局 2007 年 671 页
b46422973 F326.475.54 W362 2007

温岭市土地志
温岭市土地志编纂委员会编 李光云主编 温岭 温岭市土地管理局 1998 年 234 页 〔浙江省土地志集成〕
b21276882 F327.554 W362 1998

江厦潮汐试验电站志 1969–2005
柯友根主编 北京 中国电力出版社 2008 年 244 页 〔浙江省电力工业志丛书〕
b47414182 F426.61 J326 2008

温岭邮电志
温岭市邮电志编纂委员会编 牛山主编 温岭 温岭市邮电志编纂委员会 2001 年 475 页
b50017433 F632.755.4 W362 2001

温岭工商业联合会（商会）志
温岭工商业联合会（商会）志编纂委员会编 叶海林主编 北京 中国文史出版社 2012 年 366 页
b46995985 F727.553 W362 2012

温岭市广播电视志
温岭市广播电视志编纂委员会编 李步西主编 杭州 浙江人民出版社 2006 年 355 页
b21765467 G229.275.53 W362 2006

浙江省温岭中学 160 周年校志 1848–2008
陈才锜主编 温岭 浙江省温岭中学 2008 年 640 页 〔温岭中学系列丛书〕
b20578283 G639.285.53 W362 2008

温岭师范学校校志 1935–2009
温岭师范学校校志编纂委员会编 陈子元主编 温岭 温岭师范学校校志编纂委员会 2009 年 214 页
b49964197 G659.285.54 W362 2009

温岭县地名志
浙江省温岭县地名委员会办公室编 温岭 浙江省温岭县地名委员会办公室 1988 年 796 页
b20368793 K925.54 W362 1988

雁荡山风景志
阮伯林著 北京 中国文联出版社 2011 年 218 页 〔箬台文丛〕
b51072385 K928.3 Y198C 2011

温岭市水利志
吴小谦主编 北京 方志出版社 2002 年 520 页
b21856928 TV–092 W362 2002

临海市

临海县志
临海市志编纂委员会编 梁光军主编 杭州 浙江人民出版社 1989 年 760 页
b1062501x K295.54 L5813

杜桥志
杜桥志编纂委员会编 郑达根主编 杭州 浙江人民出版社 2009 年 800 页
b21617739 K295.55 D698 2009

临海宗教志
徐三见 马曙明主编 北京 宗教文化出版社 2001 年 317 页
b1376018x B929.2 S578

新民主主义革命时期临海党史图志
中共临海市委党史研究室编著 王荣福主编 杭州 浙江大学出版社 2011 年 230 页
b49803815 D235.554 L581W 2011

临海市人民代表大会志
金庆瑞主编 临海 临海市人民代表大会常务委员会 1996 年 352 页
b47073056 D624.554 L5813 1996

临海政协志
临海政协志编辑委员会编 苏小锐主编 台州 浙江台州印刷厂 1999 年 387 页
b46273906 D628.553 L581 1999

临海政协志 2007–2016
临海政协志编辑委员会编 马亦良主编 临海 临海政协志编辑委员会 2017 年 544 页
b50992387 D628.554 L581 2017

临海政协志(续) 1998–2006
临海政协志(续)编辑委员会编 陈新主编 临海 临海政协志(续)编辑委员会 2007 年 390 页
b36129033 D628.553 L581 2007

临海林业特产志
临海林业特产志编写组编 杨若柳主编 杭州 浙江人民出版社 1991 年 612 页
b20566219 F326.275.53 L581 1991

临海市电力工业志 1992–2005
临海市电力工业志编辑委员会编 谢连宝主编 杭州 浙江人民出版社 2011 年 312 页〔浙江省电力工业志丛书〕
b49851664 F426.61 L5813 2011

临海市交通志 1986–2003
临海市交通局编 何达兴主编 台州 浙江台州印刷厂 2007 年 315 页
b4627389x F512.755.3 L581 2007

临海县交通志
临海县交通史志编写领导小组交通史志办公室编 临海 临海县交通史志编写领导小组交通史志办公室 1989 年 336 页
b50727515 F512.9 L581 1989

临海市公路管理志
临海市公路管理志编纂委员会编 王怡德主编 杭州 西泠印社出版社 2016 年 388 页
b47396593 F542.855.4 L581 2016

临海市退休教师协会简志
临海市退休教师协会简志编委会编 方世龙主编 临海 临海市退休教师协会简志编委会 2003 年 269 页
b47073068 G523.1 L581 2003

临海市教育志
临海市教育志编纂委员会编 范孝武主编 杭州 浙江人民出版社 1997 年 482 页
b16323774 G527.553 L581 1997

立本小学校志 1906–2006
立本小学校志编辑委员会编 何达兴主编 临海 立本小学校志编辑委员会 2008 年 205 页
b5107249x G629.285.54 L449 2008

城西中学校志 1926–2016
临海市城西中学校志编纂委员会编 丁凤星主编 杭州 西泠印社出版社 2016年 404页
b47170074 G639.285.54 C466 2016

东塍中学校志
临海市东塍中学校庆筹备委员会编 吴章君 尤明享主编 临海 临海市东塍中学校庆筹备委员会 1999年 188页
b47072933 G639.285.54 D582 1999

回浦中学校志
浙江回浦中学校志编纂委员会编 郑郁主编 北京 研究出版社 2002年 561页
b20138799 G639.285.53 H691 2002

回浦中学校志 1912–2012
浙江省回浦中学校志编纂委员会编 李小冬主编 杭州 浙江科学技术出版社 2012年 1089页
b4601245x G639.285.53 H691 2012

临海市白云高级中学建校二十周年简志 1987–2007
临海市白云高级中学编 临海 临海市白云高级中学 2007年 120页
b20576158 G639.285.5 L5811 2007

临海市第六中学十年校志 1988.8–2008.8
王善都主编 临海 临海市第六中学 2008年 187页
b47073044 G639.285.5 L5815 2008

临海市第五中学校志 1992–2012
临海市第五中学校志编委会编 陶菊彩主编 临海 临海市第五中学校志编委会 2012年 206页
b49963776 G639.285.54 L581 2012

临海中学校志 1978–1998
浙江临海中学校志编写组编 台州 浙江省台州师专印刷厂 1998年 142页
b20102690 G639.285.5 L581 1998

浙江省大田中学校志 1941–2011
浙江省大田中学校志编委会编 孙如明主编 杭州 杭州人民印刷公司 2011年 338页
b40742933 G639.285.54 Z4582 2011

临海文物志
任林豪 马曙明编著 北京 文物出版社 2005年 640页
b16482037 K872.553 R195 2005

临海水利志
临海市水利电力局编 北京 团结出版社 1993年 397页
b21855109 TV–092 L5813 1993

玉环市

玉环县志
浙江省玉环县编史修志委员会编纂 胡万樑主编 上海 汉语大词典出版社 1994年 759页
b10503274 K295.54 Y774

芦浦镇志
芦浦镇志编纂委员会编 娄昌福 潘明贤主编 北京 中国文史出版社 2013年 351页
b44915548 K295.55 L789 2013

玉环楚门镇志
玉环楚门镇志编纂委员会编 杭州 浙江人民出版社 1990年 380页
b13277376 K295.55 C592

玉环坎门镇志
玉环坎门镇志编纂办公室编 杭州 浙江人民出版社 1991 年 431 页
b13835762 K295.55 K162

玉环县教育志
玉环县教育委员会编 杭州 浙江大学出版社 1993 年 289 页
b17960277 G527.554 Y774 1993

玉环人物志
玉环县地方志办公室编 潘明贤主编 北京 方志出版社 2016 年 304 页
b49655620 K820.855.4 Y774 2016

玉环胜迹图志
玉环县地方志办公室编 潘明贤主编 北京 方志出版社 2015 年 273 页
b49661164 K928.705.54-64 P159 2015

三门县

三门县志
三门县志编纂委员会编 邵凡户主编 杭州 浙江人民出版社 1992 年 1027 页
b10759463 K295.54 S145C

三门湾志
邵凡户主编 合肥 黄山书社 1994 年 298 页
b16430049 K295.52 S145 1994

三门县人民代表大会志
三门县人民代表大会志编纂委员会编 李其明主编 北京 中华书局 2016 年 983 页
b49712809 D624.554 S145 2016

三门县政协志
三门县政协志编纂委员会编 蔡照红主编 香港 天马出版公司 2006 年 271 页
b44916838 D628.554 S145 2006

天台县

天台县志
浙江省天台县志编纂委员会编 朱封鳌 张立道总纂 上海 汉语大词典出版社 1995 年 821 页〔中华人民共和国地方志丛书〕
b10570469 K295.54 T343F

天台县志 1989-2000
天台县地方志编纂委员会编 庞国凭总纂 北京 方志出版社 2007 年 927 页
b18462765 K295.54 T343C 2007

天台县简志
天台县地方志编纂委员会编 庞国凭总纂 北京 方志出版社 2008 年 345 页
b18462637 K295.54 T343T 2008

水南村志
许亦江编著 北京 方志出版社 2003 年 382 页〔浙江省名村志集成〕
b14250676 K295.55 S614

西张村志 第 2 修订本
西张村志编纂委员会编 哈尔滨 哈尔滨地图出版社 2007 年 320 页
b20018411 K295.55 X1199 2007

国清寺志
丁天魁主编 上海 华东师范大学出版社 1995 年 495 页
b10613511 B947.2 D533

桐柏仙域志
赵子廉著 北京 中央编译出版社 2012 年 257 页

b36305157　B959.2　Z4415　2012

天台县政协志
天台县政协志编纂委员会编　天台　天台县政协志编纂委员会　2011 年　535 页
b46377505　D628.554　T343　2011

天台县土地志
天台县土地志编纂委员会编　杨日永主编　北京　中国大地出版社　1999 年　255 页〔浙江省土地志集成〕
b1773518x　F327.554　T343　1999

天台县电力工业志　1993–2005
天台县电力工业志编纂委员会编　陈邦维主编　杭州　浙江人民出版社　2009 年　283 页〔浙江省电力工业志丛书〕
b49982175　F426.61　T3438　2009

天台县教育志
天台县教育委员会编　上海　华东师范大学出版社　1998 年　427 页
b10472101　G527.554　T343

天台县实验小学 100 年校志　1912–2012
浙江省天台县实验小学编　张吕本主编　天台　浙江省天台县实验小学　2012 年　512 页
b45453585　G629.285.54　T343　2012

浙江省天台中学 100 年志　1906–2006
浙江省天台中学编　周祖秋主编　长春　吉林文史出版社　2006 年　751 页
b17803068　G639.285.5　T343　2006

浙江省天台县地名志
天台县地名委员会办公室编　天台　天台县地名委员会办公室　1987 年　552 页
b20378750　K925.54　T343　1987

天台山风物志
朱封鳌编著　杭州　浙江大学出版社　1991 年　229 页
b20404670　K928.3　Z694T　1991

天台县水利电力志
天台县水利电力志编纂委员会编　北京　当代中国出版社　1997 年　315 页
b21854920　TV–092　T3438　1997

里石门水库志
里石门水库志编纂委员会编　王以杰主编　杭州　浙江人民出版社　2008 年　350 页
b21568947　TV632.554　W234　2008

仙居县

仙居县志
仙居县志编纂委员会编　沈在秀　章宏溪总纂　杭州　浙江人民出版社　1987 年　548 页
b10761111　K295.54　X192

仙居县志　1986–2010
仙居县地方志编纂委员会编　陈子干　项军美主编　北京　中华书局　2013 年　1396 页
b40837336　K295.54　X192　2013

仙居县民政志
浙江省仙居县民政局编　张言亲主编　仙居　浙江省仙居县民政局　1987 年　287 页
b22432541　D632　X192　1987

仙居县电力工业志
仙居县电力工业志编纂委员会编　张新民主编　北京　当代中国出版社　1995 年　358 页
b49850337　F426.61　X192　1995

仙居县教育志
王晓南主编　杭州　浙江教育出版社　1998

年 281 页
b20019531 G527.554 X192 1998

仙居中学八十年志 1925–2005
仙居中学八十年志编委会编 张洪湘主编 仙居 浙江省仙居中学校志编纂委员会 2005 年 355 页
b50665753 G639.285.54 X192 2005

仙居文化志
仙居县文化广电新闻出版局编 朱文锋主编 杭州 西泠印社出版社 2016 年 520 页
b47186197 K295.54 X192C 2016

丽水市

丽水地区志
丽水地区地方志编纂委员会编 虞文喜主编 杭州 浙江人民出版社 1993 年 663 页
b10836196 K295.52 L437

丽水市志
丽水市志编纂委员会编 叶兆雄主编 杭州 浙江人民出版社 1994 年 710 页
b10824959 K295.53 L437

丽水市人民代表大会志
丽水市人民代表大会志编纂委员会编 刘国安主编 北京 方志出版社 2012 年 584 页
b36115812 D624.553 L437 2012

丽水市土地志
丽水市土地志编纂委员会编 北京 中华书局 2000 年 299 页〔浙江省土地志集成〕
b16862181 F327.553 L437 2000

丽水市电力工业志 1991–2005
丽水市电力工业志编纂委员会编 杭州 浙江人民出版社 2012 年 290 页〔浙江省电力工业志丛书〕
b4998214x F426.61 L437 2012

丽水地区交通志
丽水地区交通志编审委员会编 杨一民主编 北京 海洋出版社 1995 年 365 页
b21136920 F512.755.2 L437 1995

丽水市交通志
丽水市交通局编 李宗希主编 北京 海洋出版社 1993 年 304 页
b49506122 F512.755.4 L437 1993

丽水地区财税志
浙江省丽水地区财税志编纂委员会编 陈仕明主编 北京 新华出版社 1995 年 413 页
b44915433 F812.755.2 L437 1995

丽水地区教育志 第 1 卷 评审稿
丽水地区教育委员会编 丽水 丽水地区教育委员会 1995 年
b2018153x G527.552 L437 1995

丽水市教育志
庄祖定主编 西安 西安地图出版社 1994 年 463 页
b20182508 G527.553 L437 1994

丽水学院志 2004–2014
丽水学院校史编纂办公室编 周湘浙主编 杭州 浙江大学出版社 2014 年 517 页
b50016921 G649.285.53 L437 2014

丽水地区人物志
虞文喜主编 杭州 浙江人民出版社 1995 年 448 页
b13276591 K820.855.2 L437

莲都区

莲都区交通志 1991–2010
丽水市莲都区交通运输局编 邱连玉 刘樟树主编 杭州 西泠印社出版社 2016 年 389 页
b47404620 F512.755.4 L468 2016

莲都区水利志
莲都区水利志编纂委员会编 封宗华主编 北京 方志出版社 2009 年 364 页
b20466869 TV–092 L437 2009

通济堰志
通济堰志编辑委员会编 廖仲平主编 丽水 通济堰志编辑委员会 1994 年 329 页
b46010750 TV632.553 T426 1994

通济堰志
通济堰志编修委员会编 倪修武主编 北京 中国水利水电出版社 2010 年 239 页
b21687298 TV632.553 T426 2010

龙泉市

龙泉县志
浙江省龙泉县志编纂委员会编 林世荣主编 上海 汉语大词典出版社 1994 年 780 页
b10796411 K295.54 L742

龙泉市政协志
龙泉市政协志编纂委员会编 陶中亮主编 遂昌 浙江遂昌印业公司 2005 年 291 页
b46011729 D628.554 L742 2005

龙泉市林业志
龙泉市林业局编 北京 中国林业出版社 2009 年 658 页
b22430799 F326.275.53 L742 2009

龙泉邮电志
龙泉市邮电局编 香港 香港天马图书公司 1998 年 248 页
b21764281 F632.755.3 L742 1998

龙泉县粮食志 1387–1988
龙泉县粮食局编 沈建伟主编 杭州 杭州云轩印刷厂 1991 年 375 页
b21569277 F724.721 L742 1991

龙泉市水利志
龙泉市水利志编纂委员会编 金安宝主编 北京 方志出版社 2010 年 413 页
b21569265 TV–092 J4761 2010

青田县

青田县志
青田县志编纂委员会编 杭州 浙江人民出版社 1990 年 787 页
b10796083 K295.54 Q464

青田县志 1988–2007
青田县志编纂委员会编 陈慕榕主编 杭州 浙江人民出版社 2013 年 1103 页
b45569903 K295.54 Q464 2013

方山乡志
陈正波主编 北京 方志出版社 2004 年 242 页
b15368208 K295.55 F226 2004

阜山乡志
阜山乡志编纂委员会编 严奏平主编 杭州 西泠印社出版社 2013 年 555 页
b40424625 K295.55 F491 2013

章旦乡志
章旦乡志编纂委员会编 孙贯江主编 杭州 浙江人民出版社 2013年 394页
b47414960 K295.55 Z372 2013

青田人大志
青田人大志编纂委员会编 吴忠民主编 杭州 浙江人民出版社 2009年 626页
b36013584 D624.554 Q464 2009

青田人大志 初稿 1949-2007
青田人大志编纂委员会编 吴忠民主编 青田 青田人大志编纂委员会 2008年 640页
b36013596 D624.554 Q464 2008

青田县公安志
青田县公安志编纂委员会编 詹汝健主编 杭州 浙江人民出版社 2006年 647页
b49505622 D631 Q464 2006

青田县林业志
青田县林业志编纂委员会编 柳松树主编 北京 中国文史出版社 2016年 962页
b4982322x F326.275.54 Q464 2016

青田县金坑水电站志
青田县金坑水电站志编纂委员会编 章东星主编 杭州 浙江人民出版社 2016年 295页
b47404504 F426.9 J477 2016

青田县交通志
青田县交通局编 北京 海洋出版社 1992年 255页
b20044951 F512.755.4 Q464 1992

青田县教育志
陈慕榕主编 杭州 浙江人民出版社 1994年 289页
b16081195 G527.554 C425 1994

青田县地名志
青田地名委员会编纂 叶则东主编 北京 中国文史出版社 2016年 1093页
b49542096 K925.54 Q464 2016

缙云县

缙云县志
缙云县志编纂委员会编 金兆法总纂 杭州 浙江人民出版社 1996年 716页
b10622974 K295.54 J522

新碧街道志
浙江省丽水市缙云县新碧街道志编纂委员会编 王达钦主编 北京 方志出版社 2017年 598页
b50651572 K295.55 X44311 2017

缙云县教育工会志
缙云县教育工会编 缙云 缙云县教育工会 1996年 204页
b27575883 D412.6 J522

缙云县人大志
缙云县人大志编纂委员会编 陈明枝主编 杭州 浙江人民出版社 1996年 396页
b17457506 D624.554 C425 1996

缙云县供销社志 1949-2009
缙云县供销社志编纂委员会编 王国代主编 北京 方志出版社 2009年 422页
b20547705 F727.554 W217 2009

缙云县教育志 713-1985
浙江省缙云县教育志编纂组编 金兆法主编 缙云 浙江省缙云县教育志编纂组

1988 年 321 页
b20181528 G527.554 J522 1988

缙云县方言志
吴越 楼兴娟编著 上海 中西书局 2012 年 823 页〔比较语言学丛书〕
b40415089 H173 J522 2012

缙云姓氏志
缙云县地方志办公室编 金兆法主编 北京 方志出版社 1999 年 669 页
b13544354 K820.9 J479

缙云县地名志
缙云县地名委员会办公室编 李晓军主编 杭州 西泠印社出版社 2014 年 1116 页
b49961056 K925.54 J522 2014

遂昌县

遂昌县志
遂昌县志编纂委员会编 刘宗鹤总纂 杭州 浙江人民出版社 1996 年 910 页
b10597682 K295.54 S756

遂昌县人大志
遂昌县人大志编纂委员会编 蓝贤寿主编 北京 方志出版社 2009 年 588 页
b20809633 D624.554 S756 2009

遂昌县城乡建设志
遂昌县建设局 遂昌县环境保护局编 叶松青主编 杭州 浙江古籍出版社 2001 年 260 页
b49938514 F299.275.5 S756 2001

遂昌县林业志
遂昌县林业局编 张岳娇 黄士洪主编 北京 方志出版社 2007 年 316 页
b47009445 F326.275.54 S756 2007

遂昌县林业志 1995–2005
遂昌县林业局编 张岳娇 黄士洪主编 北京 方志出版社 2007 年 408 页
b50247451 F326.275.54 S756B 2007

遂昌县土地志
遂昌县土地志编纂委员会编 袁新治主编 合肥 黄山书社 1998 年 217 页
b19930288 F327.554 Y794 1998

浙江省遂昌金矿志
浙江省遂昌金矿志编纂委员会编 刘宗鹤主编 杭州 浙江古籍出版社 1995 年 300 页
b21571296 F426.1 L6943 1995

遂昌县交通志 1989–2010
鲁之平主编 杭州 浙江大学出版社 2014 年 386 页
b44862829 F512.755.4 L813 2014

遂昌县教育志 985–1990
浙江省遂昌县教育委员会编 西安 西安地图出版社 1994 年 342 页
b2018251x G527.554 S756 1994

遂昌县地名志
遂昌县地名办公室编 遂昌 遂昌县地名办公室 1988 年 343 页
b17120536 K925.54 S756 1988

九龙山国家级自然保护区志
九龙山国家级自然保护区志编纂委员会编 张少啸主编 北京 方志出版社 2013 年 398 页
b41213506 S759.992.554 Z364 2013

松阳县

松阳县志
松阳县志编纂委员会编 杭州 浙江人民出版社 1996年 649页
b10617486 K295.54 S673

界首村志
浙江省松阳县界首村村两委编 松阳 浙江省松阳县界首村村两委 2006年 238页
b20015380 K295.55 J459 2000

吴弄村志
吴弄村志编纂委员会编 叶坚红主编 北京 光明日报出版社 2015年 298页
b47206652 K295.55 W495 2015

松阳县计划生育志
松阳县人口和计划生育局编 北京 中国文史出版社 2016年 301页
b4950227x C924.255.54 S673 2016

松阳县人大志
松阳县人民代表大会志编纂委员会编 北京 方志出版社 2007年 395页
b1799942x D624.554 S673 2007

松阳县机构编制志
松阳县机构编制志编纂委员会编 董金福主编 杭州 西泠印社出版社 2018年 542页
b50877975 D625.554 S673 2018

松阳县人民防空志
松阳县人民防空志编辑部编 北京 中国文史出版社 2016年 197页
b49502281 E256 S673 2016

松阳县城乡建设志
松阳县建设局编 毛培林主编 杭州 浙江摄影出版社 2011年 330页
b44852460 F299.275.54 S673 2011

松阳烟草志
松阳烟草志编纂委员会编 丁群亮主编 杭州 浙江人民出版社 1993年 205页
b21765261 F426.89 S673 1993

松阳县交通志
松阳县交通运输局编 叶永萱主编 杭州 西泠印社出版社 2014年 420页
b45597315 F512.755.4 S673 2014

松阳县教育志 1992–2012
松阳县教育志编纂委员会编 阙良庆主编 北京 光明日报出版社 2014年 337页
b47584816 G527.554 S673 2014

松阳县老年体育志 1990–2010
松阳县老年人体育协会编 李德贵主编 松阳 松阳县老年人体育协会 2010年 312页
b50017342 G812.755.4 S673 2010

松阳县水利志
松阳县水利志编纂委员会编 毛培林主编 杭州 浙江人民出版社 2006年 486页
b20019555 TV–092 M244 2006

云和县

云和县志
云和县志编纂委员会编 方金雨主编 杭州 浙江人民出版社 1996年 656页
b10623097 K295.54 Y879

云和县人大志 1949–2000
云和县人大志编纂委员会编 方金雨主编 北京 海洋出版社 2002年 406页
b18281138 D624.554 F224 2002

紧水滩水力发电厂志 1956–2005
紧水滩水力发电厂志编纂委员会编 龙京平主编 北京 中国电力出版社 2008年 407页〔浙江省电力工业志从书〕
b49981390 F426.61 J491 2008

浙江省云和县地名志
云和县地名委员会编 方金雨主编 云和 云和县地名委员会 1986年 301页
b20378762 K925.54 Y879 1986

云和县水利志
云和县水利志编纂委员会编 张乃民主编 杭州 浙江人民出版社 1996年 257页
b17457543 TV–092 Y879 1996

庆元县

庆元县志
庆元县志编纂委员会编 余绪主编 杭州 浙江人民出版社 1996年 642页
b1399170x K295.54 Q491

庆元县交通志 1990–2010
庆元县交通运输局编 彭荣根主编 杭州 西泠印社出版社 2015年 440页
b46346466 F512.755.4 Q491 2015

景宁畲族自治县

景宁畲族自治县志
景宁畲族自治县志编纂委员会编 柳意城主编 杭州 浙江人民出版社 1995年 598页
b10646802 K295.54 J553

景宁畲族自治县人大志
景宁畲族自治县人大志编纂委员会编 毛彬土主编 北京 中国文史出版社 2014年 495页
b47052120 D624.554 J553 2014

景宁畲族自治县教育志 1109–1991
浙江省景宁畲族自治县教育局编 陈既生主编 西安 西安地图出版社 1995年 247页
b20182491 G527.554 J553 1995

畲族志
景宁畲族自治县民族事务委员会编 景宁 景宁畲族自治县民族事务委员会 1991年 217页
b19517026 K288.3 J553 1991

景宁畲族自治县地名志
浙江省景宁畲族自治县地名志编纂委员会编 景宁 浙江省景宁畲族自治县地名志编纂委员会 1990年 467页
b16435837 K925.54 J553 1990

景宁水利志
景宁畲族自治县水利志编纂委员会编 潘作仁主编 北京 方志出版社 2016年 483页
b49864737 TV–092 J553 2016

安徽省

安徽省志 机械工业志 1861–1985 初稿
安徽省机械工业厅编 宋文礼主编 合肥 安徽省机械工业厅 1987 年 497 页
b44918951 K295.4 A165J 1987

安徽省志 林业志 1986–2005 征求意见稿
安徽省林业厅编 张玉良主编 合肥 安徽省林业厅 2011 年 670 页
b37531220 K295.4 A165L 2011

安徽省志 第 1 卷 总述
安徽省地方志编纂委员会编 邓国宝主编 北京 方志出版社 1999 年 452 页
b12607538 K295.4 A165

安徽省志 第 2 卷 大事记
安徽省地方志编纂委员会编 刘景龙等主编 北京 方志出版社 1998 年 581 页
b12607538 K295.4 A165

安徽省志 第 2 卷 名山志
安徽省地方志编纂委员会办公室编 刘成典主编 北京 方志出版社 2014 年 2 卷 1450 页
b46361601 K295.4 A165C

安徽省志 第 3 卷 建置沿革志
安徽省地方志编纂委员会编 徐学林主编 北京 方志出版社 1999 年 1216 页
b12607538 K295.4 A165

安徽省志 第 4 卷 自然环境志
安徽省地方志编纂委员会编 孙毓飞主编 北京 方志出版社 1999 年 518 页
b12607538 K295.4 A165

安徽省志 第 4 卷 淮河志 1986–2005
安徽省地方志编纂委员会办公室编 邱增文主编 北京 方志出版社 2016 年 461 页
b49781340 K295.4 A165C

安徽省志 第 5 卷 地质矿产志
安徽省地方志编纂委员会编 姚仲伯主编 合肥 安徽人民出版社 1993 年 392 页
b12607538 K295.4 A165

安徽省志 第 6 卷 气象志
安徽省地方志编纂委员会编 合肥 安徽人民出版社 1990 年 245 页
b12607538 K295.4 A165

安徽省志 第 6 卷 环境志 1986–2005
安徽省地方志编纂委员会办公室编 方晨主编 北京 方志出版社 2016 年 649 页
b47194881 K295.4 A165C

安徽省志 第 7 卷 地震志
安徽省地方志编纂委员会编 朱煌武主编 合肥 安徽人民出版社 1989 年 184 页
b12607538 K295.4 A165

安徽省志 第 7 卷 地质矿产志 1986–2005
安徽省地方志编纂委员会办公室编 姚仲伯主编 北京 方志出版社 2015 年 432 页
b46361546 K295.4 A165C

安徽省志 第 8 卷 人口志
安徽省地方志编纂委员会编 章臣权 曹天生总纂 合肥 安徽人民出版社 1995 年 345 页
b12607538 K295.4 A165

安徽省志 第 8 卷 中共安徽省委志 1984–2008
安徽省地方志编纂委员会办公室编 赵自远主编 北京 方志出版社 2016 年 946 页
b49781364 K295.4 A165C

安徽省志 第 9 卷 政党志
安徽省地方志编纂委员会编 傅博等撰稿 北京 方志出版社 1998 年 984 页
b12607538 K295.4 A165

安徽省志 第 10 卷 群众团体志
安徽省地方志编纂委员会编 杨文友 姚玉舟 高福明主编 北京 方志出版社 1999 年 601 页
b12607538 K295.4 A165

安徽省志 第 11 卷 人大政府政协志
安徽省地方志编纂委员会编 蒋文渠等主编 北京 方志出版社 1999 年 539 页
b12607538 K295.4 A165

安徽省志 第 11 卷 人民政协志 1988–2008
安徽省地方志编纂委员会办公室编 魏志光主编 北京 方志出版社 2014 年 263 页
b4636156x K295.4 A165C

安徽省志 第 12 卷 公安志
安徽省地方志编纂委员会编 尹曙生主编 合肥 安徽人民出版社 1993 年 805 页
b12607538 K295.4 A165

安徽省志 第 12 卷 审判志 1986–2005
安徽省地方志编纂委员会办公室编 姚大胜主编 北京 方志出版社 2014 年 380 页
b49788619 K295.4 A165C

安徽省志 第 13 卷 司法志
安徽省地方志编纂委员会编 张汝东主编 北京 安徽人民出版社 1997 年 705 页
b12607538 K295.4 A165

安徽省志 第 13 卷 军事志 1986–2005
安徽省地方志编纂委员会办公室编 张清杰主编 北京 方志出版社 2015 年 710 页
b46934029 K295.4 A165C

安徽省志 第 14 卷 民政志
安徽省地方志编纂委员会编 哈庸凡卷主编 合肥 安徽人民出版社 1993 年 371 页
b12607538 K295.4 A165

安徽省志 第 14 卷 检察志 1986–2005
安徽省地方志编纂委员会办公室编 陈怀安主编 北京 方志出版社 2014 年 332 页
b46361522 K295.4 A165C

安徽省志 第 15 卷 劳动志
安徽省地方志编纂委员会编 北京 方志出版社 1998 年 381 页
b12607538 K295.4 A165

安徽省志 第 15 卷 公安志 1986–2005
安徽省地方志编纂委员会办公室编 许刚主编 北京 方志出版社 2017 年 629 页
b51090211 K295.4 A165C

安徽省志 第 16 卷 人事志
安徽省地方志编纂委员会编 苏泽泉主编 北京 方志出版社 1999 年 512 页
b12607538 K295.4 A165

安徽省志 第 17 卷 外事侨务志
安徽省地方志编纂委员会编 郭万清主编

北京 方志出版社 1998 年 558 页
b12607538 K295.4 A165

安徽省志 第 18 卷 军事志
安徽省地方志编纂委员会编 戴文林等主编 合肥 安徽人民出版社 1995 年 866 页
b12607538 K295.4 A165

安徽省志 第 19 卷 农业志
安徽省地方志编纂委员会编 程琪主编 北京 方志出版社 1998 年 866 页
b12607538 K295.4 A165

安徽省志 第 20 卷 水产志
安徽省地方志编纂委员会编 章吉祥主编 合肥 安徽人民出版社 1990 年 242 页
b12607538 K295.4 A165

安徽省志 第 20 卷 工会志 1994–2010
安徽省地方志编纂委员会办公室编 北京 方志出版社 2015 年 556 页
b4705119x K295.4 A165C

安徽省志 第 21 卷 林业志
安徽省地方志编纂委员会编 钱正伐主编 合肥 安徽人民出版社 1995 年 495 页
b12607538 K295.4 A165

安徽省志 第 22 卷 水利志
安徽省地方志编纂委员会编 郝朝德主编 北京 方志出版社 1999 年 668 页
b12607538 K295.4 A165

安徽省志 第 22 卷 发展改革志开发区志 1986–2005
安徽省地方志编纂委员会办公室编 余群主编 北京 方志出版社 2015 年 528 页
b46361534 K295.4 A165C

安徽省志 第 23 卷 农垦志
安徽省地方志编纂委员会编 刘心恕主编 北京 方志出版社 1997 年 472 页
b12607538 K295.4 A165

安徽省志 第 23 卷 财政志 1979–2010
安徽省地方志编纂委员会办公室编 朱长才 左俊主编 北京 方志出版社 2015 年 464 页
b46934017 K295.4 A165C

安徽省志 第 24 卷 乡镇企业志
安徽省地方志编纂委员会编 时思玉主编 北京 方志出版社 1999 年 357 页
b12607538 K295.4 A165

安徽省志 第 24 卷 地方税务志 1994–2008
安徽省地方志编纂委员会办公室编 汪建国总纂 北京 方志出版社 2014 年 496 页
b46899017 K295.4 A165C

安徽省志 第 25 卷 煤炭工业志
安徽省地方志编纂委员会编 李先贺主编 合肥 安徽人民出版社 1993 年 322 页
b12607538 K295.4 A165

安徽省志 第 25 卷 国家税务志 1994–2005
安徽省地方志编纂委员会办公室编 洪治社 刘伯羽 谢一湖主编 北京 方志出版社 2016 年 393 页
b49781339 K295.4 A165C

安徽省志 第 26 卷 电力工业志
安徽省地方志编纂委员会编 仇汉生主编 合肥 安徽人民出版社 1993 年 310 页
b12607538 K295.4 A165

安徽省志 第 26 卷 银行志 1986–2005
安徽省地方志编纂委员会办公室编 胡健

卷主编 北京 方志出版社 2016年 394页
b50346878 K295.4 A165C

安徽省志 第27卷 石油化学工业志
安徽省地方志编纂委员会编 高前清 王伯仁主编 合肥 安徽人民出版社 1992年 449页
b12607538 K295.4 A165

安徽省志 第28卷 冶金工业志
安徽省地方志编纂委员会编 万静主编 北京 方志出版社 1998年 550页
b12607538 K295.4 A165

安徽省志 第28卷 审计志 1983-2007
安徽省地方志编纂委员会办公室编 王羚主编 北京 方志出版社 2016年 522页
b49460420 K295.4 A165C

安徽省志 第29卷 机械工业志
安徽省地方志编纂委员会编 合肥 安徽人民出版社 1996年 481页
b12607538 K295.4 A165

安徽省志 第29卷 统计志 1986-2005
安徽省地方志编纂委员会办公室编 方志华主编 北京 方志出版社 2015年 377页
b46551049 K295.4 A165C

安徽省志 第29卷 工商行政管理志 1986-2005 食品药品监督管理志 1986-2005
安徽省地方志编纂委员会办公室编 徐礼国 赵建祥分卷主编 北京 方志出版社 2015年 491页
b4719487x K295.4 A165C

安徽省志 第30卷 电子工业志
安徽省地方志编纂委员会编 汪炳兴主编 北京 方志出版社 1999年 362页
b12607538 K295.4 A165

安徽省志 第30卷 价格管理志 1986-2005
安徽省地方志编纂委员会办公室编 徐仁彪主编 北京 方志出版社 2015年 620页
b46551128 K295.4 A165C

安徽省志 第31卷 上 轻工业志
安徽省地方志编纂委员会编 刘道浓主编 北京 方志出版社 1998年 665页
b12607538 K295.4 A165

安徽省志 第31卷 下 烟草志
安徽省地方志编纂委员会编 北京 方志出版社 1998年 502页
b12607538 K295.4 A165

安徽省志 第31卷 国有资产管理志 1999-2008
安徽省地方志编纂委员会办公室编 张瑞廷主编 北京 方志出版社 2014年 437页
b46114403 K295.4 A165C

安徽省志 第32卷 纺织工业志
安徽省地方志编纂委员会编 徐承端主编 合肥 安徽人民出版社 1993年 380页
b12607538 K295.4 A165

安徽省志 第32卷 国土资源管理志 1986-2010
安徽省地方志编纂委员会办公室 李云主编 北京 方志出版社 2016年 449页
b51090223 K295.4 A165C

安徽省志 第33卷 建材工业志
安徽省地方志编纂委员会编 赵书中主编 合肥 安徽人民出版社 1996年 441页
b12607538 K295.4 A165

安徽省志 第33卷 质量技术监督志 1986-2008
安徽省地方志编纂委员会办公室编 傅盛

智主编 北京 方志出版社 2015 年 895 页
b47051206 K295.4 A165C

安徽省志 第 34 卷 军事工业志
安徽省地方志编纂委员会编 刘大成卷主编 合肥 安徽人民出版社 1996 年 302 页
b12607538 K295.4 A165

安徽省志 第 35 卷 交通志
安徽省地方志编纂委员会编 王云主编 北京 方志出版社 1998 年 905 页
b12607538 K295.4 A165

安徽省志 第 35 卷 海关志
安徽省地方志编纂委员会办公室编 许宗茂主编 北京 方志出版社 2016 年 411 页
b49460407 K295.4 A165C

安徽省志 第 36 卷 邮电志
安徽省地方志编纂委员会编 朱隆余卷主编 合肥 安徽人民出版社 1993 年 456 页
b12607538 K295.4 A165

安徽省志 第 36 卷 城乡建设志 1986–2007
安徽省地方志编纂委员会办公室编 吴桂和主编 北京 方志出版社 2015 年 571 页
b46361637 K295.4 A165C

安徽省志 第 37 卷 测绘志
安徽省地方志编纂委员会编 阮魁 罗义源主编 北京 方志出版社 1998 年 368 页
b12607538 K295.4 A165

安徽省志 第 37 卷 交通志 1986–25005
安徽省地方志编纂委员会办公室编 胡冰主编 江家存编辑 北京 方志出版社 2014 年 728 页
b46114361 K295.4 A165C

安徽省志 第 38 卷 城乡建设志
安徽省地方志编纂委员会编 张英才主编 北京 方志出版社 1998 年 713 页
b12607538 K295.4 A165

安徽省志 第 38 卷 民航志 1929–2012
安徽省地方志编纂委员会办公室编 王玉春主编 北京 方志出版社 2015 年 678 页
b46361728 K295.4 A165C

安徽省志 第 39 卷 商业志
安徽省地方志编纂委员会编 张曙主编 合肥 安徽人民出版社 1995 年 501 页
b12607538 K295.4 A165

安徽省志 第 40 卷 粮食志
安徽省地方志编纂委员会编 赵家俊卷主编 合肥 安徽人民出版社 1991 年 192 页
b12607538 K295.4 A165

安徽省志 第 41 卷 供销合作社志
安徽省地方志编纂委员会编 李高禄总编 北京 方志出版社 1997 年 600 页
b12607538 K295.4 A165

安徽省志 第 42 卷 对外经济贸易志
安徽省地方志编纂委员会编 马相泉主编 北京 方志出版社 1998 年 564 页
b12607538 K295.4 A165

安徽省志 第 42 卷 农垦志 1986–2005
安徽省地方志编纂委员会办公室编 田文俊主编 北京 方志出版社 2014 年 438 页
b46114373 K295.4 A165C

安徽省志 第 43 卷 旅游志
安徽省地方志编纂委员会编 何宗奎主编 北京 方志出版社 1999 年 534 页
b12607538 K295.4 A165

安徽省志 第 43 卷 林业志 1986–2005
安徽省地方志编纂委员会办公室编 张玉良主编 北京 方志出版社 2018 年 716 页
b51030445 K295.4 A165C

安徽省志 第 44 卷 金融志
安徽省地方志编纂委员会编 吴长久主编 北京 方志出版社 1999 年 779 页
b12607538 K295.4 A165

安徽省志 第 44 卷 水利志 1986–2005
安徽省地方志编纂委员会办公室编 纪冰主编 北京 方志出版社 2014 年 443 页
b49788620 K295.4 A165C

安徽省志 第 45 卷 财政志
安徽省地方志编纂委员会编 方力主编 北京 方志出版社 1998 年 654 页
b12607538 K295.4 A165

安徽省志 第 46 卷 计划统计志 下 统计
安徽省地方志编纂委员会编 朱先发 吴完富主编 北京 方志出版社 1996 年 465 页
b12607538 K295.4 A165

安徽省志 第 46 卷 计划统计志 上 计划
安徽省地方志编纂委员会编 朱先发 吴完富主编 北京 方志出版社 1998 年 845 页
b12607538 K295.4 A165

安徽省志 第 47 卷 工商行政管理志
安徽省地方志编纂委员会编 元炯主编 北京 方志出版社 1998 年 246 页
b12607538 K295.4 A165

安徽省志 第 47 卷 煤炭工业志 1986–2010
安徽省地方志编纂委员会办公室编 夏云天主编 北京 方志出版社 2014 年 336 页
b46361595 K295.4 A165C

安徽省志 第 48 卷 物质志
安徽省地方志编纂委员会编 张纪勇主编 北京 方志出版社 1998 年 446 页
b12607538 K295.4 A165

安徽省志 第 48 卷 电力工业志 1986–2005
安徽省地方志编纂委员会办公室编 秦红三主编 北京 方志出版社 2018 年 806 页
b51030457 K295.4 A165C

安徽省志 第 49 卷 价格志
安徽省地方志编纂委员会编 夏家福主编 北京 方志出版社 1998 年 1214 页
b12607538 K295.4 A165

安徽省志 第 49 卷 商务志 1986–2005
安徽省地方志编纂委员会办公室编 祈伟主编 北京 方志出版社 2016 年 804 页
b49781352 K295.4 A165C

安徽省志 第 50 卷 技术监督志
安徽省地方志编纂委员会编 张文元主编 北京 方志出版社 1998 年 530 页
b12607538 K295.4 A165

安徽省志 第 51 卷 科学技术志
安徽省地方志编纂委员会编 夏勤农主编 北京 方志出版社 1997 年 771 页
b12607538 K295.4 A165

安徽省志 第 52 卷 社会科学志
安徽省地方志编纂委员会编 马昌华主编 北京 方志出版社 1999 年 479 页
b12607538 K295.4 A165

安徽省志 第 52 卷 旅游志 1986–2005
安徽省地方志编纂委员会办公室编 高蔚青主编 北京 方志出版社 2014 年 978 页
b46114385 K295.4 A165C

安徽省志 第 53 卷 体育志
安徽省地方志编纂委员会编 张维中主编
合肥 安徽人民出版社 1990 年 289 页
b12607538 K295.4 A165

安徽省志 第 54 卷 教育志
安徽省地方志编纂委员会编 王世杰 金汉杰主编 北京 方志出版社 1996 年 921 页
b12607538 K295.4 A165

安徽省志 第 55 卷 文化艺术志
安徽省地方志编纂委员会编 刘景龙主编
北京 方志出版社 1999 年 1041 页
b12607538 K295.4 A165

安徽省志 第 55 卷 气象志 1986–2005
安徽省地方志编纂委员会办公室编 北京
方志出版社 2016 年 323 页
b49460419 K295.4 A165C

安徽省志 第 55 卷 粮食志 1986–2008
安徽省地方志编纂委员会编办公室编 北京 方志出版社 2017 年 324 页
b50862650 K295.4 v5 F724.721 v5

安徽省志 第 56 卷 档案志
安徽省地方志编纂委员会编 王志铨 黄秀成主编 北京 方志出版社 1998 年 301 页
b12607538 K295.4 A165

安徽省志 第 56 卷 地震志 1986–2005
安徽省地方志编纂委员会办公室编 张鹏主编 北京 方志出版社 2015 年 388 页
b47051188 K295.4 A165C

安徽省志 第 57 卷 文物志
安徽省地方志编纂委员会编 周心田主编
北京 方志出版社 1998 年 874 页
b12607538 K295.4 A165

安徽省志 第 58 卷 新闻志
安徽省地方志编纂委员会编 王成礼主编
北京 方志出版社 1999 年 473 页
b12607538 K295.4 A165

安徽省志 第 59 卷 广播电视志
安徽省地方志编纂委员会编 杨波 朱兆瑾主编 北京 方志出版社 1997 年 348 页
b12607538 K295.4 A165

安徽省志 第 60 卷 出版志
安徽省地方志编纂委员会编 邵之申主编
北京 方志出版社 1998 年 377 页
b12607538 K295.4 A165

安徽省志 第 61 卷 卫生志
安徽省地方志编纂委员会编 周维海主编
合肥 安徽人民出版社 1996 年 732 页
b12607538 K295.4 A165

安徽省志 第 62 卷 医药志
安徽省地方志编纂委员会编 李映焕主编
北京 方志出版社 1997 年 349 页
b12607538 K295.4 A165

安徽省志 第 63 卷 民族宗教志
安徽省地方志编纂委员会编 王俊贵 吴德良撰稿 北京 方志出版社 1997 年 426 页
b12607538 K295.4 A165

安徽省志 第 63 卷 出版志 1986–2008
安徽省地方志编纂委员会办公室编 莫欣主编 北京 方志出版社 2018 年 436 页
b51030469 K295.4 A165C

安徽省志 第 64 卷 民俗志
安徽省地方志编纂委员会编 何鹏 肖荼主编 北京 方志出版社 1998 年 215 页
b12607538 K295.4 A165

安徽省志 第 65 卷 方言志
安徽省地方志编纂委员会编 孟庆惠 北京 方志出版社 1997 年 588 页
b12607538 K295.4 A165

安徽省志 第 65 卷 卫生志 1986–2005
安徽省地方志编纂委员会办公室编 高开焰 于德志主编 北京 方志出版社 2015 年 558 页
b46551050 K295.4 A165C

安徽省志 第 66 卷 人物志
安徽省地方志编纂委员会编 邓国宝主编 北京 方志出版社 1999 年 1106 页
b12607538 K295.4 A165

安徽省志 第 66 卷 体育志 1986–2005
安徽省地方志编纂委员会办公室编 顾玉飞 文斌 王新胜主编 周庆芝 董恒丽 汤炎章编辑 北京 方志出版社 2014 年 659 页
b46114397 K295.4 A165C

安徽省志 第 67 卷 附录
安徽省地方志编纂委员会编 邓国宝主编 北京 方志出版社 1998 年 598 页
b12607538 K295.4 A165

安徽省志 第 70 卷 民政志 1986–2008
安徽省地方志编纂委员会办公室编 北京 方志出版社 2018 年 850 页
b5302901x K295.4 A165C

安徽省志 第 72 卷 残疾人联合会志 1988–2011
安徽省地方志编纂委员会办公室编 余向东 黎业智 钱玉贵主编 北京 方志出版社 2015 年 286 页
b46361613 K295.4 A165C

安徽省志 第 75 卷 古井贡酒志 1959–2012
安徽省地方志编纂委员会办公室编 北京 方志出版社 2016 年 638 页
b49781327 K295.4 A165C

安徽省人口志
安徽省人口志编辑室编著 章臣权 曹天生总纂 合肥 安徽省人口志编辑室 1990 年 459 页
b19931141 C924.255.4 Z372 1990

安徽侨务志稿
许国沧主编 合肥 安徽省人民政府侨务办公室 1995 年 423 页
b20100048 D634 X593 1995

安徽民盟志 1946–2000
中国民主同盟安徽省委员会编 合肥 中国民主同盟安徽省委员会 2000 年 177 页
b20947665 D665.2 A165 2000

安徽外事志稿
安徽省人民政府外事办公室编 潘邦富主编 合肥 安徽文化厅机关印刷厂 1988 年 621 页
b20100085 D827.54 A165 1988

安徽法院志 1667–1985
安徽省高级人民法院编 王乐成主编 合肥 安徽省高级人民法院 2011 年 542 页
b44749065 D926.22 W222 2011

安徽法院志 1986–2011
安徽省高级人民法院编 姚大胜 吴礼维 杨荣生主编 合肥 安徽省高级人民法院 2012 年 2 卷 845 页
b41234613 D926.22 Y294 2012

安徽司法行政志 1986–2006
安徽省司法厅编 王翠凤主编 合肥 安徽省司法厅 2010 年 760 页
b40647717 D927.540.61 W213 2010

安徽省审计志 1983–2007
安徽省审计志编纂委员会编 王羚主编 合肥 安徽人民出版社 2012 年 596 页
b41213452 F239.227.54 W222 2012

白茅岭农场志
程维圣主编 上海 上海市白云印刷厂 1996 年 493 页
b23397470 F324.1 B151 1996

安徽省电力工业志
安徽省电力工业志编纂委员会编 仇汉生主编 北京 当代中国出版社 1995 年 425 页〔中国电力工业志丛书〕
b4985026x F426.61 A165C 1995

安徽省电力工业志 1991–2002
韩君主编 北京 中国电力出版社 2008 年 980 页〔中国电力工业志丛书〕
b49850453 F426.61 A165 2008

中国煤炭志 安徽卷
中国煤炭志编纂委员会编 刘鸿生主编 北京 煤炭工业出版社 1999 年 666 页
b40805931 F426.21 Z6485M 1999

安徽省公路志
邱丽梅主编 合肥 黄山书社 2004 年 911 页〔安徽省公路志系列书〕
b16635565 F542.9 Q528 2004

安徽工商税收志
安徽省人民政府税务局编 王斌主编 合肥 黄山书社 1991 年 499 页
b21762594 F812.754 A165 1991

安徽省财政志 1979–2010
安徽省财政志编纂委员会编 左俊主编 合肥 安徽人民出版社 2012 年 605 页
b40863669 F812.754 Z969 2012

安徽省地方税务志 1994–2012
安徽省地方税务志编纂委员会编 汪建国总纂 北京 中国税务出版社 2013 年 936 页
b45452568 F812.754.42 W185 2013

安徽农村金融志
程凤谷主编 合肥 安徽人民出版社 1997 年 494 页
b47243272 F832.754 C453 1997

安徽省保险志
安徽省保险志编纂委员会编 北京 方志出版社 1998 年 314 页
b47008994 F842.754 A165 1998

中华舞蹈志 安徽卷
中华舞蹈志编辑委员会编 蓝凡 董振亚主编 上海 学林出版社 2014 年 312 页
b44693679 J709.2 Z6439 2014

中华舞蹈志 安徽卷
中华舞蹈志编辑委员会编 董振亚主编 上海 学林出版社 2000 年 312 页
b14191702 J709.254 Z643

中国曲艺志 安徽卷
中国曲艺志全国编辑委员会编 中国曲艺志安徽卷编辑委员会编 罗扬主编 完艺舟卷主编 北京 中国 ISBN 中心 2001 年 621 页
b10643059 J809.2 Z648

中国戏曲志 安徽卷
中国戏曲志编辑委员会 中国戏曲志安徽卷编辑委员会编 北京 中国 ISBN 中心 1993 年 819 页
b10840126 J809.2 Z651A

安徽省杂技志
安徽省文化厅 安徽省杂技家协会编 蓝天主编 合肥 安徽省文化厅 2004 年 208 页
b20947719 J828 L171 2004

安徽省电影志
安徽省文化厅电影志办公室编纂 刘孝龄主编 合肥 安徽省文化厅 2001 年 491 页
b17516018 J909.2 L692 2001

安徽好人志 2008–2014
安徽省精神文明建设指导委员会 安徽省地方志编纂委员会办公室 安徽大愿和谐文化研究院编 王运慧主编 合肥 安徽人民出版社 2015 年 504 页
b47317024 K820.854 W234 2015

安徽省文物志稿
安徽省文物志编辑室编 合肥 安徽省文物志编辑室 1987–1993 年 3 卷 866 页
b20013759 K872.54 A165 1987

安徽省文物志稿 补编
周心编田主编 合肥 安徽省文物志编辑室 1996 年 405 页
b20244423 K872.54 Z675 1996

安徽风物志
黄山分社编 合肥 黄山分社 1985 年 417 页〔中国风物志丛书〕
b12160179 K925.4 H666

安徽名胜小志
欧阳发编著 合肥 安徽名胜小志编纂者 1999 年 262 页
b50991279 K928.705.4 O113 1999

九华山志
九华山志编纂委员会编 谢澍田总编 合肥 黄山书社 1990 年 修订本 557 页〔安徽山水志丛书〕
b18226292 K928.3 J5858 1990

安徽省地震监测志
安徽省地震局编 合肥 安徽大学出版社 2004 年 399 页〔中国地震监测志系列〕
b40740079 P315.732.54 A165 2004

安徽省水文志 1989–2008
安徽省水文局编著 徐建平主编 合肥 合肥工业大学出版社 2012 年 286 页
b46669486 P337.254 X572 2012

安徽省气象志 1986–2005
安徽省气象局 安徽省气象学会编 北京 气象出版社 2012 年 375 页
b44749521 P468.254 A165 2012

安徽省区域地质志
安徽省地质矿产局著 北京 地质出版社 1987 年 721 页
b12597983 P562.54 A163

安徽植物志 第 1 卷 安徽植物分布概况 蕨类植物门 裸子植物门
安徽植物志协作组编 合肥 安徽科学技术出版社 1986 年 281 页
b19733008 Q948.525.4 A165 1986

安徽植物志 第 2 卷 被子植物门 双子叶植物纲原始花被亚纲（离瓣花亚纲）杨梅科－海桐花科
安徽植物志协作组编 北京 中国展望出版社 1987 年 583 页
b20290809 Q948.525.4 A165 1987

安徽植物志 第4卷 被子植物门 双子叶植物纲后生花被亚纲（合瓣花亚纲）山柳科－菊科
安徽植物志协作组编 合肥 安徽科学技术出版社 1991年 697页
b19972921 Q948.525.4 A165 1991

安徽植物志 第5卷 被子植物门 单子叶植物纲 泽泻科－兰科
安徽植物志协作组编 合肥 安徽科学技术出版社 1992年 615页
b19972933 Q948.525.4 A165 1992

大别山植物志
訾兴中 张定成主编 北京 中国林业出版社 2006年 1250页
b17298593 Q948.525.4 Z836D 2006

皖北资源植物志
何家庆著 北京 中国农业出版社 2001年 530页
b19734050 Q948.525.4 H271 2001

安徽经济植物志
米泰岩编 合肥 安徽科学技术出版社 1990年 817页
b16018801 Q949.954 v4

安徽两栖爬行动物志
陈壁辉主编 合肥 安徽科学技术出版社 1991年 408页
b44851364 Q959.5 C414 1991

安徽兽类志
王岐山主编 合肥 安徽科学技术出版社 1990年 315页
b18240653 Q959.8 W227 1990

安徽蝶类志
吴世君 马秀英著 合肥 安徽科学技术出版社 2016年 233页
b47308849 Q969.432.2 W511 2016

安徽蝴蝶志
诸立新 刘子豪 虞磊著 合肥 中国科学技术大学出版社 2017年 429页
b50015588 Q969.420.8 Z726 2017

安徽中药志 第2卷
安徽省科学技术委员会编著 合肥 安徽科学技术出版社 1992–2005年 764页
b20953318 R281.454 A165 1992

安徽省农作物品种志
安徽省种子公司编 李志广主编 合肥 安徽省种子公司 1983年 574页
b46669292 S329.254 L423 1983

安徽树木志
訾兴中 李书春主编 北京 中国林业出版社 2015年 870页
b50268612 S717.254 Z836 2015

安徽省水利志 水文志
安徽省水利志编纂委员会编 刘芳岑主编 合肥 黄山书社 1994年 257页
b21762600 TV–092 A165 1994

安徽省环境保护志
安徽省环境保护局编 合肥 安徽省环境保护局 1994年 185页〔安徽省地方志丛书〕
b20947689 X321.254 A165 1994

合肥市

合肥市志
合肥市地方志编纂委员会编 合肥 安徽人民出版社 1999年 4卷 3523页〔安徽省

地方志丛书〕
b13202728 K295.41 H283

合肥市志 1986–2005
合肥市地方志编纂委员会编 胡玉兰主编 北京 方志出版社 2012 年 3 卷 2103 页〔安徽省地方志丛书〕
b40739363 K295.41 H283 2012

中共安徽省委党校校志 1951–2001
中共安徽省委党校编 合肥 中共安徽省委党校 2001 年 301 页
b20105241 D261.41 Z6432 2001

合肥市政府志 1949.1–1985.12
合肥市政府志编纂委员会编 李多银主编 合肥 合肥迅达印务有限责任公司 1999 年 198 页
b20138039 D625.541 H283 1999

合肥市政协志 1949–1987
中国人民政治协商会议安徽省合肥市委员会编 王椿堂主笔 合肥 安徽大学印刷装订厂 1992 年 178 页
b20949443 D628.541 W213 1992

合肥市公安志 1949–1989
合肥市公安志编纂委员会编 程彰德主编 合肥 安徽文艺出版社 2018 年 353 页
b50894523 D631 H283 2018

合肥市公安志 1990–2016
合肥市公安志编纂委员会编 程彰德主编 合肥 安徽文艺出版社 2018 年 2 册 726 页
b50894535 D631 H283C 2018

中国民主建国会合肥市地方组织志
中国民主建国会合肥市地方组织志编委会编 欧阳志主编 合肥 中国民主建国会合肥市地方组织志编委会 2002 年 337 页
b36093786 D665.4 O113 2002

合肥高新技术产业开发区志 1991–2005
合肥高新技术产业开发区地方志编纂委员会编 管同兰 沈玉龙主编 合肥 黄山书社 2011 年 320 页〔安徽省地方志丛书〕
b40647663 F127.541 G653 2011

合肥经济技术开发区志 1993–2007
合肥经济技术开发区地方志编纂委员会编 刘干主编 合肥 黄山书社 2012 年 369 页〔安徽省地方志丛书〕
b40863682 F127.541 L676 2012

合肥房地产志
合肥市房地产管理局编 合肥 合肥市房地产管理局 1996 年 188 页
b49607741 F299.275.41 H283 1996

合肥市城市建设志
合肥市城市建设志编委会编 厉德才 李碧传主编 合肥 合肥市城市建设志编委会 1995 年 453 页
b49982187 F299.275.41 L451 1995

安徽省第二建筑工程公司公司志 1952–1987
安徽省第二建筑工程公司编 马毅主编 合肥 安徽省第二建筑工程公司 1989 年 224 页
b51012170 F426.9 A1652 1989

合肥钢铁公司志 第 2 卷 1986–1990
合肥钢铁公司志编辑委员会编 北京 冶金工业出版社 1994 年 352 页
b50778821 F426.31 H283 1994

合肥钢铁公司志 第 3 卷 1991–1995
合肥钢铁公司志编辑委员会编 牛和龙主

编 合肥 黄山书社 1998 年 497 页
b50665169 F426.31 H283C 1998

安徽电建一公司志(合肥)
包鹏主编 合肥 安徽人民出版社 1988 年 271 页
b5077881x F426.61 A1651 1988

合肥供电志
李鸿余 李能余主编 合肥 合肥供电志编纂者 1989 年 248 页〔安徽省电力志丛书〕
b49963569 F426.61 W497 1989

合肥供电志 1986–2005
吴平主编 北京 中国电力出版社 2010 年 564 页〔安徽省电力工业志丛书〕
b45841202 F426.61 W497 2010

合肥建筑材料一厂志
合肥建筑材料一厂志编委会编 何大胤 贺家全主编 合肥 安徽金日印刷公司 2003 年 306 页
b44851674 F426.9 H283 2003

合肥铝厂志 第 1 卷 1958–1986
合肥铝厂志编纂委员会编 汪永绥主编 合肥 合肥铝厂志编纂委员会 1987 年 268 页〔合肥市地方志丛书〕
b49704503 F426.32 H283 1987

马钢(合肥)公司志 2006–2010
邓飞主编 合肥 马钢(合肥)公司志编纂委员会 2011 年 337 页
b50778845 F426.31 M137 2011

合肥市交通志
合肥市交通志编纂委员会编 高坤堂主编 合肥 安徽人民出版社 1992 年 406 页
b19733033 F512.754.1 G242 1992

安徽省合肥汽车客运有限公司志
安徽省合肥汽车客运有限公司志编纂委员会编 马力主编 北京 中国时代经济出版社 2015 年 544 页
b49826992 F542.6 M139 2015

合肥市公路志
合肥市公路史志编纂委员会编 王稌主编 合肥 安徽人民出版社 2002 年 270 页〔安徽省公路志系列丛书.〕
b20949431 F542.854–09 W224 2002

合肥邮政志
合肥邮政志编纂委员会编 甘宝贵主编 北京 方志出版社 2001 年 405 页
b50247049 F632.754.1 G157 2001

合肥金融志 1949–1990
合肥金融志编纂委员会编 范骏 高国友主编 合肥 合肥金融志编纂委员会 1996 年 345 页
b45569332 F832.754.1 F196 1996

中国人民银行安徽省分行志 1949–1990 (合肥)
中国人民银行安徽省分行志编纂委员会编 杨长增主编 合肥 中国人民银行安徽省分行 1992 年 551 页
b4953323x F832.754 Y229 1992

中国工商银行合肥市支行志
中国工商银行合肥市支行志编纂委员会编 卢玲主编 合肥 中国工商银行合肥市支行志编纂委员会 1996 年 273 页
b49533228 F832.754.1 L791 1996

合肥文化志资料汇编
合肥市文化局史志办公室编 合肥 合肥市文化局史志办公室 1984 年 383 页

b19931608　G127.541　H283　1984

合肥科学技术志
马卫东　王明忠主编　合肥　合肥市科学技术委员会　2001 年　318 页
b49533204　G322.754.1　M143　2001

合肥市教育志　初稿 1902–1985
合肥市教育局教育志办公室编　合肥　合肥市教育局教育志办公室　1987 年　329 页
b20182077　G527.541　H283　1987

辉煌五十年　安徽省合肥市第六中学五十周年校志
范广伟总编　合肥　安徽省合肥市第六中学　2004 年　243 页
b50066110　G639.285.41　H283　2004

安徽中医学院校志　续 1999–2009
安徽中医学院校志编纂委员会编　王大鹏　王健主编　合肥　安徽中医学院校志编纂委员会　2009 年　222 页
b20882592　G649.285.4　A165　2009

安徽中医学院院志　1959–1999
龚维义主编　合肥　安徽学林印刷厂　1999 年　282 页
b20402338　G649.285.4　A165　1999

安徽警官职业学院志　1981–2006
安徽警官职业学院修志办公室编　合肥　安徽警官职业学院修志办公室　2008 年　210 页
b20279085　G719.285.4　A165　2008

安徽省旅游培训中心　安徽旅游学校校志　1986–2011
安徽省旅游培训中心　安徽旅游学校校志编纂组编　合肥　安徽省旅游培训中心　2011 年　52 页
b46377116　G719.285.41　A165　2011

安徽省物资学校志
安徽省物资学校志编委会编　王亮鸿主编　合肥　安徽省物资学校志编委会　1997 年　270 页
b20947707　G719.285.4　A1659　1997

安徽电力职工大学志　1981–2003
安徽电力职工大学志编纂委员会编　陈祥明主编　合肥　安徽人民出版社　2011 年　358 页〔安徽省电力工业志丛书〕
b40863657　G726.84　A165　2011

合肥体育志
合肥市体育运动委员会编　戴纯正主编　合肥　黄山书社　1997 年　235 页
b36092988　G812.754.1　D151　1997

合肥市电影志
合肥市文化局文化志编纂委员会主编　合肥市电影发行放映公司电影志编写组编辑　合肥　合肥市文化局文化志编纂委员会　1987 年　试写稿　246 页
b45918065　J909.2　H283　1987

合肥新站综合开发试验区志　1992–2005
合肥新站综合开发试验区地方志编纂委员会编　杨治茂主编　合肥　黄山书社　2010 年　344 页〔安徽省地方志丛书〕
b23216529　K295.41　X444　2010

安徽省合肥市地名录
合肥市地名委员会编　合肥　合肥市地名委员会　1989 年　517 页
b2001370x　K925.41　H283　1989

安徽省农业科学院志　1960–2009（合肥）
安徽省农业科学院编　杨剑波主编　合肥

安徽科学技术出版社 2013 年 640 页
b49533198 S-242.54 A165 2013

合肥蔬菜品种志
合肥市科学技术委员会 合肥市农林科学研究所编 合肥 安徽科学技术出版社 1982 年 344 页
b21763574 S630.292 H283 1982

合肥市水利志
合肥市水利志编纂委员会编 合肥 黄山书社 1999 年 316 页
b21855730 TV-092 H283 1999

董铺水库志
安徽省水利志编纂委员会编 王斌主编 合肥 黄山书社 1996 年 106 页〔安徽省大型水利工程志丛书〕
b21855717 TV632.54 W212 1996

蜀山区

合肥市蜀山区志 1949–2005
合肥市蜀山区地方志编纂委员会编 王广力主编 合肥 安徽人民出版社 2012 年 863 页〔安徽省地方志丛书〕
b40420826 K295.41 S549 2012

合肥市蜀山区人民代表大会志
汤生根主编 合肥 合肥市玉源印刷厂 2007 年 194 页
b19931591 D624.543 T239 2007

包河区

合肥市包河区志 征求意见稿 1986–2005
合肥市包河区地方志编纂委员会编 合肥 合肥市包河区地方志编纂委员会 2009 年 2 卷 643 页
b40863712 K295.41 B255 2009

合肥市包河区志 1986–2005
合肥市包河区地方志编纂委员会编 朱敏洪学前 李香贤主编 合肥 黄山书社 2014 年 591 页〔安徽省地方志丛书〕
b45839839 K295.41 B255 2014

巢湖市

巢湖市志
巢湖市地方志编纂委员会编 罗永能主编 合肥 黄山书社 1992 年 998 页〔安徽省地方志丛书〕
b1060022x K295.43 C374

巢湖市志 1991–2005
巢湖市地方志编纂委员会编 张克锁 韩东主编 合肥 黄山书社 2014 年 2 卷 1144 页〔安徽省地方志丛书〕
b46669541 K295.43 C374C 2014

巢湖地区简志
巢湖地区地方志编纂委员会编 胡继铎主编 合肥 黄山书社 1995 年 548 页〔安徽省地方志丛书〕
b17482859 K295.42 C374 1995

巢湖市居巢区志 1986–2005
巢湖市居巢区地方志编纂委员会编 邹建主编 合肥 黄山书社 2008 年 862 页〔安徽省地方志丛书〕
b20466845 K295.43 C374J 2008

烔炀镇志
安徽省合肥市巢湖市烔炀镇志编纂委员会编 杨临生主编 北京 方志出版社 2017 年 2 册 377 页
b50308178 K295.45 T448 2017

柘皋志
巢湖市柘皋志编纂委员会编 昌修云总编
合肥 安徽人民出版社 1993 年 729 页
b2001823x K295.45 Z456 1993

巢湖金融志 1991–2005
巢湖市金融学会编纂 李邦宏总纂 巢湖
巢湖市金融学会 2006 年 242 页
b47316901 F832.754.4 C374 2006

居巢简志 2000–2011
巢湖市地方志办公室编 邹建主编 合肥
黄山书社 2012 年 372 页
b40863694 K295.43 C374K 2012

巢湖志
巢湖志编纂委员会编 许忠本主编 合肥
黄山书社 1989 年 163 页〔安徽山水志丛书 2001〕
b1058951x K928.43 C374

长丰县

长丰县志
长丰县地方志编纂委员会编 王士泉主编
北京 中国文史出版社 1991 年 808 页
〔安徽省地方志丛书〕
b10727243 K295.44 C346

长丰县志 1986–2005
长丰县地方志编纂委员会编 水庆中 陈祥山 崔卓贤主编 北京 方志出版社 2009 年 1025 页〔安徽省地方志丛书〕
b22364584 K295.44 C346 2009

长丰县水利志 送审稿
长丰县水利志编写组编 长丰 长丰县水利志编写组 1986 年 油印本 152 页
b20533949 TV–092 C3463 1986

肥东县

肥东县志
肥东县地方志编纂委员会办公室编 李道龙主编 合肥 安徽人民出版社 1990 年 723 页
b1063387x K295.44 F279

肥东县志 1986–2005
肥东县地方志编纂委员会编 王培根主编
北京 方志出版社 2014 年 3 卷 1877 页
〔安徽省地方志丛书〕
b46088362 K295.44 F279 2014

肥西县

肥西县志
肥西县地方志编纂委员会编 合肥 黄山书社 1994 年 789 页〔安徽省地方志丛书〕
b10633819 K295.44 F2798

肥西县志 1986–2005
肥西县地方志编纂委员会编 孟令荣 马骐主编 合肥 黄山书社 2011 年 2 卷 1001 页〔安徽省地方志丛书〕
b30002254 K295.44 F2798 2011

肥西教育志稿
肥西县教育局编 肥西 肥西县教育局 2007 年 190 页
b20137540 G527.544 F279 2007

安徽省肥西县地名录
肥西县地名委员会编 天津 天津市人民印刷厂 1986 年 522 页
b20534206 K925.44 F279 1986

肥西县水利志
高韵柏主编 合肥 安徽人民出版社 1993

年 200 页
b18240628　TV-092 G255 1993

庐江县

庐江县志
庐江县地方志编纂委员会编 北京 社会科学文献出版社 1993 年 925 页〔安徽省地方志丛书〕
b13275604　K295.44 L788

庐江县志 1986-2005
庐江县地方志编纂委员会编 高天信总编 合肥 黄山书社 2010 年 833 页〔安徽省地方志丛书〕
b22921394　K295.44 L788 2010

庐江县庐城镇志
庐江县庐城镇地方志编纂委员会 安徽省地方志编纂委员会办公室编纂 傅朝阳主编 合肥 黄山书社 2016 年 768 页〔安徽省地方志丛书〕
b47594536　K295.45 L788 2016

汤池镇志
安徽省庐江县汤池镇志编纂委员会编 严德胜主编 北京 方志出版社 2017 年 292 页〔中国名镇志文化工程〕
b50642492　K295.45 T238 2017

白湖监狱管理分局志 1985-2002
安徽省白湖监狱管理分局监狱志编写领导组办公室编 李北华主编 合肥 安徽省白湖监狱管理分局 2003 年 424 页
b4491703x　D927.540.67 A165 2003

白湖农场志
安徽省白湖农场修志办公室编 庐江 安徽省白湖农场修志办公室 1987 年 439 页
b20006706　F324.1 A165 1986

庐江县交通志
庐江县交通志编纂委员会编 汪德生主编 北京 方志出版社 2010 年 294 页〔安徽省地方志丛书〕
b22032514　F512.754.4 L788 2010

芜湖市

芜湖市志
芜湖市地方志编纂委员会编 北京 社会科学文献出版社 1993 年 2 卷 1891 页〔安徽省地方志丛书〕
b10617115　K295.43 W518

芜湖市志 1986-2002
芜湖市地方志编纂委员会编 杨维发主编 芜湖 芜湖市地方志编纂委员会 2008 年送审稿 3 卷 1853 页
b21571806　K295.43 W518 2008

芜湖市志 1986-2002
芜湖市地方志编纂委员会编 杨维发主编 北京 方志出版社 2009 年 2 卷 1791 页〔安徽省地方志丛书〕
b44851042　K295.43 W518 2009

芜湖市统计志
芜湖市志统计志编写领导小组编 朱仲廉主编 芜湖 芜湖市志统计志编写领导小组 1988 年 115 页
b46443538　C832.543 W518 1988

芜湖市人民代表大会志
芜湖市人民代表大会志编纂委员会编 张光世主编 北京 中国民主法制出版社 2002 年 656 页
b1751034x　D624.543 Z352 2002

芜湖政协志 1993–1997
芜湖政协志编纂委员会编 胡荣金总编辑 芜湖 芜湖政协志编纂委员会 1997 年 248 页
b20046042 D628.543 H474 1997

芜湖政协志 1998–2002
芜湖政协志编纂委员会编 蔡德盛总编辑 芜湖 芜湖政协志编纂委员会 200- 年 398 页
b20017194 D628.543 C137

芜湖市民政志 1906–2010
芜湖市民政志编纂委员会编 杨少华主编 合肥 黄山书社 2011 年 671 页
b40647699 D632 W518 2011

芜湖市城市建设志 1986–2002
芜湖市建设委员会编 钱发荣总编辑 芜湖 芜湖市建设委员会 2004 年 242 页
b46996047 F299.275.43 W518Q 2004

芜湖发电厂志
徐应举主编 芜湖 芜湖发电厂 1989 年 250 页
b49983155 F426.61 W518 1989

芜湖发电厂志 1986–2005
陈定中主编 芜湖 芜湖发电厂 2006 年 221 页
b49983167 F426.61 W518B 2006

芜湖市金融志
芜湖市金融志编纂委员会编 蒋维旺主编 合肥 黄山书社 1999 年 635 页
b45606432 F832.754.3 W518 1999

芜湖教育志
芜湖市教育史志编纂委员会编 合肥 安徽教育出版社 1996 年 861 页
b17482574 G527.543 W518 1996

芜湖市第十一中学校志 1899–1999
杨先宇主编 芜湖 芜湖市第十一中学 1999 年 69 页
b46018335 G639.285.43 W5189 1999

安徽商贸职业技术学院校志
安徽商贸职业技术学院校志编写组编 芜湖 安徽商贸职业技术学院校志编写组 2006 年 增补修订版 325 页
b20576092 G719.285.4 A1657 2006

芜湖农校志 1903–1988
安徽省芜湖农业学校编 芜湖 安徽省芜湖农业学校 1990 年 177 页
b49983179 G719.285.43 W518 1990

芜湖人物志略
方平主编 芜湖 芜湖市地方志办公室 1988 年 221 页
b20046029 K820.854.3 F225 1988

安徽省芜湖市地名录
芜湖市地名委员会编 沈义和 王瑞麟 张正满主编 芜湖 芜湖市地名委员会 1985 年 282 页
b20100073 K925.43 W518 1985

芜湖市环境保护志
芜湖市环境保护局编 徐英馥主编 北京 中国环境科学出版社 2001 年 419 页
b16377357 X321.254.3 W518 2001

鸠江区

芜湖市鸠江区志 –2003
芜湖市鸠江区地方志编纂委员会编 杨燚主编 合肥 黄山书社 2008 年 436 页〔安

徽省地方志丛书〕
b20394780 K295.43 W518J 2008

镜湖区

镜湖区志 –2002
芜湖市镜湖区地方志编纂委员会编 沈怀宝主编 合肥 安徽人民出版社 2011 年 581 页〔安徽省地方志丛书〕
b37530768 K295.43 W518J 2011

新芜区志
芜湖市新芜区志编纂委员会编 倪正荣主编 芜湖 芜湖市新芜区志编纂委员会 2006 年 448 页
b21765819 K295.43 W518X 2006

镜湖区政协志 1984–2014
镜湖区政协志编纂委员会编 茆振文主编 芜湖 安徽师范大学出版社 2014 年 480 页
b50729809 D628.543 W518J 2014

弋江区

芜湖市马塘区志 –2005
芜湖市马塘区地方志编纂委员会编 张志宏主编 合肥 黄山书社 2009 年 392 页〔安徽省地方志丛书〕
b20918495 K295.43 W518M 2009

芜湖县

芜湖县志
芜湖县地方志编纂委员会编 芮昌南主编 北京 社会科学文献出版社 1993 年 797 页〔安徽省地方志丛书〕
b13275616 K295.44 W518

芜湖县志 1990–2003
芜湖县地方志编纂委员会编 王万明主编 北京 方志出版社 2009 年 865 页〔安徽省地方志丛书〕
b20810404 K295.44 W518C 2009

芜湖县政协志 1980.06–2011.06
芜湖县政协志编纂委员会编 谢小成主编 合肥 黄山书社 2011 年 453 页
b40647705 D628.544 W518 2011

芜湖县交通志
芜湖县交通志编纂委员会编 马鞍山 马鞍山市飞达印刷厂 1997 年 303 页〔安徽省芜湖县地方志丛书〕
b20046030 F512.754.4 W518 1997

大桥乡教育志
芜湖市郊区大桥乡教育志编写组编 褚先礼主编 芜湖 芜湖市郊区大桥乡教育志编写组 1986 年 85 页
b20182442 G527.545 D136 1986

安徽省芜湖县地名录
芜湖县地名委员会办公室编 芜湖 芜湖县地名委员会办公室 1985 年 327 页
b20013760 K925.44 W518 1985

芜湖县水利志
芜湖县水利局编 芜湖 芜湖县水利局 1986 年 236 页
b21857891 TV–092 W518 1986

繁昌县

繁昌县志
繁昌县地方志编纂委员会编 张世杰，徐沛主编 南京 南京大学出版社 1993 年 496 页〔安徽省地方志丛书〕

b10836184 K295.44 P642

繁昌县志 1987-2006
繁昌县地方志编纂委员会编 叶健松主编 合肥 黄山书社 2010年 876页〔安徽省地方志丛书〕
b22429335 K295.44 P642 2010

荻港镇志
安徽省繁昌县荻港镇志编写组编 郭珍仁主编 南京 南京大学出版社 1986年 239页
b19731978 K295.45 D372 1986

安徽省繁昌县地名录
安徽省繁昌县地名办公室编著 繁昌 安徽省繁昌县地名办公室 1984年 212页
b20013693 K925.44 P642 1984

南陵县

南陵县志
南陵县地方志编纂委员会编 合肥 黄山书社 1994年 803页〔安徽省地方志丛书〕
b10532791 K295.44 N161

南陵县志 1991-2000
南陵县地方志编纂委员会编 张茂增主编 合肥 黄山书社 2007年 639页〔安徽省地方志丛书〕
b18659305 K295.44 N161 2007

峨岭乡志
李玉水主修 南陵 安徽省南陵县印刷厂 1986年 268页
b23002773 K295.45 E114 1986

仙坊乡志
南陵县黄墓镇人民政府编 张青秀主修 南陵 南陵县城关印刷厂 2002年 351页
b23003467 K295.45 X1922 2002

丫山镇志
安徽省南陵县丫山镇志编纂委员会编 南陵 安徽省南陵县丫山镇志编纂委员会 1997年 108页
b16323750 K295.45 Y115

南陵县粮食志
刘祝君主编 合肥 黄山书社 1993年 337页
b20950780 F327.354 L694 1993

博文校志 十年风雨十年情 1998-2008
万惕园主编 合肥 安徽人民出版社 2008年 364页
b20402557 G639.285.4 B555 2008

无为县

无为县志
无为县地方志编纂委员会编 北京 社会科学文献出版社 1993年 637页〔安徽省地方志丛书〕
b10836317 K295.44 W479

无为县志 1985-2005
无为县地方志编纂委员会编 刘尧明主编 合肥 黄山书社 2014年 818页〔安徽省地方志丛书〕
b46011389 K295.44 W479 2014

无为大堤志
巢湖市水务局 无为大堤长江河道管理局编 李卫华主编 北京 九州出版社 2005年 641页
b16282334 TV871-092 L419 2005

蚌埠市

蚌埠市志
蚌埠市地方志编纂委员会编 赵同蕴总纂 北京 方志出版社 1995 年 1330 页〔安徽省地方志丛书〕
b10647132　K295.43 B361

蚌埠市志 1986–2005
蚌埠市地方志编纂委员会编 和宝友 赵同蕴主编 合肥 黄山书社 2008 年 1190 页〔安徽省地方志丛书〕
b21762697　K295.43 B361 2008

蚌埠市工会志
蚌埠市工会志编纂委员会编 苏金学主编 合肥 黄山书社 1999 年 336 页
b45479409　D412.854.3 B361 1999

蚌埠市人民代表大会志
蚌埠市人民代表大会志编纂委员会编 司盛余主编 合肥 黄山书社 2002 年 643 页
b16398166　D624.543 B361 2002

蚌埠市劳动和社会保障志 1949–2009
蚌埠市劳动和社会保障局编 陈菊阳主编 蚌埠 蚌埠市劳动和社会保障局 2010 年 514 页
b46239418　D669.2 B361 2010

蚌埠电力工业志 1986–2003
安徽电力蚌埠供电公司编 蚌埠 安徽电力蚌埠供电公司 2005 年 523 页
b49980804　F426.61 B3613 2005

蚌埠供电志 1986–2003
毛建中主编 北京 中国电力出版社 2012 年 392 页〔安徽省电力工业志丛书〕
b49850465　F426.61 B361 2012

蚌埠市公路志
刘济民主编 合肥 安徽人民出版社 1992 年 158 页〔安徽省公路志系列书〕
b2094780x　F542.854–09 L678 1992

蚌埠市教育志
蚌埠市教育史志编纂委员会编 蚌埠 蚌埠市教育史志编纂委员会 1986 年 油印本 2 卷 310 页
b21571570　G527.543 B361 1986

蚌埠医学院院志 1958–1998
蚌埠医学院院志编委会编 叶洪秀主编 蚌埠 蚌埠医学院院志编委会 1998 年 257 页
b47296963　G649.285.43 B361 1998

蚌埠方言志
王晓淮著 北京 方志出版社 2010 年 233 页
b22364572　H172.4 W233 2010

蚌埠人物志
蚌埠市地方志编纂委员会编 合肥 黄山书社 1998 年 894 页
b16432769　K820.854.3 B361 1998

淮河水道志 1952 初稿
胡焕庸编著 北京 水利电力部治淮委员会淮河志编篡办公室 1986 年 101 页
b1204037x　P344.261 H472

蚌埠市城市建设志
蚌埠市城乡建设环境保护委员会编 吴炳华主编 蚌埠 蚌埠市交通印刷厂 1992 年 932 页
b36128727　TU984.254.3 B361 1992

蚌山区

蚌埠市蚌山区志 1946–2007
蚌埠市蚌山区地方志编纂委员会编 王长双 高尚主编 合肥 黄山书社 2012年 799页〔安徽省地方志丛书〕
b40421065 K295.43 B361B 2012

蚌埠市中市区人民代表大会志 1952–2002
蚌埠市中市区人民代表大会志编委会编 仝世勇主编 蚌埠 蚌埠市中市区人民代表大会志编委会 2002年 317页
b49532467 D624.543 B361Z 2002

龙子湖区

蚌埠市龙子湖区志 1949–2007
龙子湖区地方志编纂委员会编 合肥 黄山书社 2012年 520页〔安徽省地方志丛书〕
b40647651 K295.43 B361L 2012

蚌埠市东市区人民代表大会志
蚌埠市东市区人民代表大会志编委会编 王从恒主编 蚌埠 蚌埠市光大彩色制印公司 2003年 341页
b40740316 D624.543 B361C 2003

淮上区

蚌埠市淮上区志 –2007
淮上区地方志编纂委员会编 王芸主编 合肥 黄山书社 2012年 598页〔安徽省地方志丛书〕
b37531098 K295.44 B361H 2012

蚌埠市郊区人民代表大会志 1949–2002
郊区人民代表大会志编纂委员会编 张海水主编 蚌埠 郊区人民代表大会志编委会 2002年 439页
b49532455 D624.543 B361J 2002

怀远县

怀远县志
怀远县地方志编纂委员会编 上海 上海社会科学院出版社 1990年 642页〔安徽省地方志丛书〕
b10726597 K295.44 H558

怀远县志 1986–2005
怀远县地方志编纂委员会编 范宗林主编 合肥 黄山书社 2012年 892页〔安徽省地方志丛书〕
b4123599x K295.44 H558 2012

龙亢志
汤怀坤主笔 北京 方志出版社 2002年 475页
b19930057 K295.45 L7414 2002

五河县

五河县志
五河县地方志编纂委员会编 杭州 浙江人民出版社 1992年 724页〔安徽省地方志丛书〕
b10759517 K295.44 W538

固镇县

固镇县志
安徽省固镇县地方志编纂委员会编 北京 中国城市出版社 1992年 485页〔中华人民共和国地方志丛书〕
b10636213 K295.44 G561

固镇县志 1986–2005
固镇县地方志编纂委员会编 肖兆前主编

合肥 黄山书社 2014 年 747 页〔安徽省地方志丛书〕
b47071291 K295.44 G561C 2014

淮南市

淮南市志
淮南市地方志编纂委员会编 姚尚书总纂 合肥 黄山书社 1998 年 1491 页〔安徽省地方志丛书〕
b13229928 K295.43 H5596

淮南市志
淮南市地方志编纂委员会编 合肥 黄山书社 2012 年 1613 页〔安徽省地方志丛书〕
b50152002 K295.43 H5596C 2012

淮南市民政志 1949.10–2006.12
安徽省淮南市民政局编 陈永多主编 淮南 淮南市民政局 2007 年 172 页
b18262508 D675.43 C436 2007

淮南市工商行政管理志 1978–2008
淮南市工商行政管理志编纂委员会编 田富华主编 合肥 黄山书社 2012 年 493 页
b45417416 F123.82 H559 2012

淮南审计志 1983–2006
淮南市审计局编 刘炎主编 淮南 淮南市审计局 2008 年 270 页
b49533290 F239.227.543 H559 2008

淮南发电总厂志
张仲明主编 淮南 淮南发电总厂修志办公室 1990 年 461 页
b50318858 F426.61 H5593 1990

平电公司志
平电公司志编纂委员会编 曹学华主编 合肥 黄山书社 2014 年 540 页
b50778833 F426.61 P6123 2014

淮南市公路志
淮南市公路史志编纂委员会编 石传人主编 合肥 安徽人民出版社 2000 年 199 页〔安徽省公路志系列丛书.〕
b20949686 F542.854–09 S472 2000

淮南市财政志 1978–2011
淮南市财政志编委会编 陈永多主编 合肥 黄山书社 2013 年 605 页
b40934901 F812.754.3 H559 2013

淮南豆腐志
中国共产党八公山区委员会编 程小平 赵春阳 李长凤主编 合肥 黄山书社 2011 年 159 页
b47414996 TS214.2 C456 2011

淮南市水利志
淮南市水利局水利编写办公室编 淮南 淮南市水利局水利编写办公室 1997 年 309 页
b46239674 TV–092 H5596 1997

田家庵区

田家庵区志 1953–1990
淮南市田家庵区地方志编纂委员会 合肥 黄山书社 1997 年 425 页
b47071151 K295.43 T355 1997

廖家湾村志
淮南市田家庵区地方志编纂委员会编 合肥 黄山书社 2000 年 185 页〔淮南市地方志丛书〕
b19733446 K295.45 L563 2000

谢家集区

谢家集区志 1949-1990
淮南市谢家集区地方志编纂委员会编 合肥 黄山书社 2000年 524页〔淮南市地方志丛书〕
b20098790 K295.43 H5596X 2000

八公山区

八公山区志 1949-1998
淮南市八公山区地方志编纂委员会编 合肥 黄山书社 2000年 578页〔淮南市地方志丛书〕
b36247327 K295.43 H559B 2000

八公山志
八公山志编纂委员会编 李长凤主编 合肥 黄山书社 2007年 228页,
b20947768 K928.3 B111 2007

潘集区

朱岗村志
朱岗村志编纂委员会编 朱平主编 淮南 朱岗村志编纂委员会 2010年 494页
b21571478 K295.45 Z695 2010

凤台县

凤台县志
凤台县地方志编纂委员会编 韩永道主编 合肥 黄山书社 1998年 736页〔安徽省地方志丛书〕
b16424670 K295.44 F4138 1998

凤台县志
凤台县地方志编纂委员会编 合肥 黄山书社 2012年 911页〔安徽省地方志丛书〕
b46668111 K295.44 F4138C 2012

寿 县

寿县志
寿县地方志编纂委员会编 孙子连总编 合肥 黄山书社 1996年 886页〔安徽省地方志丛书〕
b16424992 K295.44 S528 1996

寿县志 1987-2006
寿县地方志编纂委员会编 朱多良 夏萍 夏承开主编 合肥 黄山书社 2016年 2卷 810页〔安徽省地方志丛书〕
b49675400 K295.44 S528D 2016

安丰塘志
安徽省水利志编纂委员会编 顾应昌主编 合肥 黄山书社 1995年 131页〔安徽省大型水利工程志丛书〕
b17516158 TV-092 G559 1995

循理书院志
黄树先著 武汉 华中科技大学出版社 2017年 203页〔华中国学研究文库〕
b50237147 G649.299.5 X747 2017

马鞍山市

马鞍山市志
马鞍山市地方志编纂委员会编 李昌志主编 合肥 黄山书社 1992年 1039页〔安徽省地方志丛书〕
b10758860 K295.43 M136

马鞍山市志
马鞍山市地方志编纂委员会编 赵宏主编 合肥 黄山书社 2009年 2卷 2005页〔安徽省地方志丛书〕

b20815633　K295.43 M136C 2009

马鞍山政协志
马鞍山政协志编审委员会编 余永怡主编 马鞍山 马鞍山政协志编审委员会 1999年 307页
b49625299　D628.543 M136 1999

马鞍山民革志　1957–2011
马鞍山民革志编纂委员会编 张锦龙总撰 马鞍山 马鞍山民革志编纂委员会 2012年 244页
b47415393　D665.1 M136 2012

马鞍山市检察志　1954–2002
马鞍山市人民检察院编 刘恩主编 香港 中华大视角艺术出版有限公司 2002年 464页
b46012795　D926.32 M136 2002

马鞍山钢铁公司志　1911–1985
马鞍山钢铁公司编 马鞍山 马鞍山钢铁公司 1990年 671页
b50991280　F426.31 M1361 1990

马鞍山烟草志
马鞍山烟草志编纂委员会编 胡家木主编 合肥 黄山书社 2011年 586页
b37531116　F426.89 M136 2011

马钢钢研所志　1958–2000
庄文伊编辑 马鞍山 马钢钢研所 2001年 251页〔马钢志丛书〕
b50991292　F426.31–24 M136 2001

马钢江东志　1989–1998
周德兴主编 马鞍山 马钢江东志编纂者 1999年 280页
b50017135　F426.31 Z662 1999

马钢南山铁矿志　1916–1985
燕世荣主编 马鞍山 马钢南山铁矿志编纂办公室 1987年 496页
b50991309　F426.1 Y199 1987

马钢一轧钢厂志　1961–1983
周嘉忽 田启哲主编 马鞍山 马钢第一轧钢厂 1985年 343页〔马鞍山钢铁公司史志丛书〕
b49827212　F426.31 Z666 1985

南山的辉煌　南山铁矿志续集 1986–1994
南山铁矿志续集编委会编 翟景云主编 马鞍山 南山铁矿志续集编委会 1994年 305页
b50862078　F426.1 N1617 1994

冶金工业部第十七冶金建设公司志　1963–1985
张新杰 汪佑夏主编 马鞍山 冶金工业部第十七冶金建设公司 1987年 241页
b50992491　F426.3 Z3678 1987

一铁志　1942–1985
马鞍山钢铁公司第一炼铁厂 顾章根主编 马鞍山 马鞍山钢铁公司第一炼铁厂 1988年 520页
b50269240　F426.31 M136 1988

一铁志　1986–1995
马鞍山钢铁公司第一炼铁厂编 马鞍山 马鞍山钢铁公司第一炼铁厂 1998年 403页〔马鞍山钢铁公司志丛书〕
b50861074　F426.31 M136 1998

一铁志　1996.1–2004.1
马鞍山钢铁公司第一炼铁厂编 费雨萍 袁修和主编 马鞍山 马铁第一炼铁厂 2010年 172页

b50861086　F426.31　M136　2010

马鞍山市交通志
马鞍山市交通局史志编纂委员会编　南京　南京市第三印刷厂　1988 年　332 页
b20044422　F512.754.3　M136　1988

马鞍山市公路志
陶立群主编　合肥　安徽人民出版社　1994 年　145 页〔安徽省公路志系列书〕
b20950548　F542.854-09　T262　1994

马鞍山市文化志
马鞍山市文化局编　马鞍山　国税局印刷厂　2002 年　423 页
b19932042　G127.543　M136　2002

马鞍山市集邮志
马鞍山市集邮志编委会编　董伟佳主编　马鞍山　马鞍山市集邮志编委会　1996 年　274 页
b50017123　G262.2　M136　1996

马鞍山教育志　初稿 1906–1985
马鞍山市教育局编志办公室编　马鞍山　马鞍山市教育局编志办公室　1985 年　油印本　2 卷　614 页
b20044410　G527.543　M136　1985

马鞍山市志资料
马鞍山市志地方志办公室编　马鞍山　马鞍山市志地方志办公室　1984 年　2 卷　1052 页
b50221887　K295.43　M136D　1984

马鞍山名胜古迹志
马鞍山市地方志办公室编　合肥　黄山书社　1992 年　148 页
b19417196　K928.705.43　M136　1992

雨山区

马鞍山市雨山区志
雨山区地方志编纂委员会编　郎平总编　方成主编　北京　方志出版社　2010 年　637 页〔安徽省地方志丛书〕
b21571090　K295.43　M136Y　2010

花山区

马鞍山市金家庄区志
金家庄区地方志编纂委员会编　林军主编　合肥　黄山书社　2010 年　729 页〔安徽省地方志丛书〕
b22430878　K295.43　M136J　2010

当涂县

当涂县志
当涂县志编纂委员会编　鲁道生主编　北京　中华书局　1996 年　695 页
b10597979　K295.44　D216

当涂县志　1978–2010
当涂县地方志编纂委员会编　晋松主编　合肥　黄山书社　2012 年　1185 页〔安徽省地方志丛书〕
b41234522　K295.44　D216　2012

姑山铁矿志　1989–2012
马钢集团姑山矿业公司编著　陈吉胜主编　合肥　黄山书社　2014 年　416 页〔马钢史志丛书〕
b45839815　F426.1　G514　2014

安徽省当涂县地名录
当涂县地名领导小组办公室编　当涂　当涂县地名领导小组　1982 年　292 页
b20100061　K925.44　D216　1982

含山县

含山县志
含山县地方志编纂委员会编 合肥 黄山书社 1995 年 659 页〔安徽省地方志丛书〕
b1061719x K295.44 H173

含山县志 1988–2005
含山县地方志编纂委员会编 黄荣贵主编 合肥 黄山书社 2014 年 2 卷 1049 页〔安徽省地方志丛书〕
b47594500 K295.44 H173 2014

含山县政协志 1981–2011
政协含山县委员会编 丁洪涛主编 合肥 黄山书社 2011 年 362 页
b40863670 D628.544 H173 2011

和 县

和县志
和县地方志编纂委员会编 合肥 黄山书社 1995 年 774 页〔安徽省地方志丛书〕
b1053278x K295.44 H313

和县志 1989–2005
和县地方志编纂委员会编 马维国主编 合肥 黄山书社 2012 年 909 页〔安徽省地方志丛书〕
b44851741 K295.44 H313 2012

香泉镇志
香泉镇志编纂委员会编 金绪道主编 合肥 安徽人民出版社 2017 年 339 页〔安徽省地方志丛书〕
b51091057 K295.45 J479 2017

和县教育志
安徽省和县教育志编写组编 夏明典 李峰主编 和县 和县印刷厂 1989 年 260 页
b27575664 G527.544 H313 1989

和县水利志
和县水利志编纂委员会编 荆诚孝主编 北京 方志出版社 2011 年 424 页
b23216396 TV–092 H313H 2011

淮北市

淮北市志
淮北市地方志编纂委员会编 刘长远主编 北京 方志出版社 1999 年 1161 页〔安徽省地方志丛书〕
b13192504 K295.43 H559

淮北市志 1991–2012
淮北市地方志编纂委员会编 北京 方志出版社 2014 年 3 卷 1978 页〔安徽省地方志丛书〕
b46117167 K295.43 H559 2014

淮北市农业志
淮北市农业局编 丁在刚 张文主编 合肥 黄山书社 1997 年 177 页
b46018189 F327.543 H559 1997

淮北发电厂志
淮北发电厂编志领导小组编 黄志举主笔 淮北 淮北发电厂编志领导小组 1988 年 312 页〔安徽省电力志丛书〕
b49982254 F426.61 H5592 1988

淮北矿务局志 1958–1986
淮北矿务局史志办公室编写 周翰藻主编 北京 中国工人出版社 1988–1991 年 2 卷 637 页
b49704515 F426.21 H559 1988

淮北矿业勘探工程公司志（淮北市）
淮北矿业勘探工程公司编 周保民主编 北京 当代中国出版社 2008年 256页
b51011682 F426.1 H559 2008

淮北矿业志 1987–2007
淮北矿业志编纂委员会编 周翰藻主编 合肥 黄山书社 2010年 1466页
b21579921 F426.21 Z665 2010

临涣煤矿续志二 2005–2015
淮北矿业（集团）公司临涣煤矿编 北京 中国文史出版社 2016年 483页
b49502220 F426.21 L5813C 2016

临涣选煤厂志
淮北矿业集团公司临涣选煤厂编 合肥 黄山书社 2010年 479页
b50318780 F426.21 L5818 2010

石台煤矿志
淮北矿业集团公司石台煤矿编 赵平安主编 北京 煤炭工业出版社 2005年 370页
b49849074 F426.21 S4758 2005

朔里煤矿志
朔里煤矿志编纂委员会编 葛侃主编 北京 中国致公出版社 2001年 367页
b50318299 F426.21 S6425 2001

杨庄煤矿志
淮北矿业（集团）公司杨庄煤矿编 张广平主编 北京 煤炭工业出版社 2002年 401页
b49505762 F426.21 Y252 2002

朱庄煤矿志
淮北朱庄煤矿矿志编辑办公室编 北京 新华出版社 1991年 428页
b22433363 F426.1 Z723 1991

淮北市金融志 1958–1992
安徽省淮北市金融志编纂委员会编 陆士军主编 淮北 淮北市人民银行 1995年 192页
b46011341 F832.754.3 H559 1995

安徽省淮北大堤志
安徽省水利志编纂委员会编 吕尊鋐主编 合肥 黄山书社 1997年 412页〔安徽省大型水利工程志丛书〕
b21855729 TV871.3 L983 1997

相山区

淮北市相山区志
淮北市相山区地方志编纂委员会编 北京 方志出版社 2015年 615页
b47126000 K295.43 H559X 2015

黄里村志
安徽省淮北市相山区曲阳街道黄里村志编纂委员会编 丁仰振主编 北京 方志出版社 2017年 240页〔中国名村志丛书〕
b50642686 K295.45 H6625 2017

杜集区

杜集区志
淮北市杜集区地方志编纂委员会编 窦建华主编 北京 方志出版社 2012年 677页〔安徽省地方志丛书〕
b40739387 K295.43 H559D 2012

烈山区

淮北市烈山区志
淮北市烈山区地方志编纂委员会编 王东

海主编 北京 方志出版社 2015年 625页〔安徽省地方志丛书〕
b47560538 K295.43 H559L 2015

濉溪县

濉溪县志
濉溪县地方志编纂委员会编 杨学贤总编 上海 上海社会科学院出版社 1989年 910页
b11278419 K295.44 S742

濉溪县志续编 1986–1996
濉溪县地方志编纂委员会编 任启峰主编 上海 上海社会科学院出版社 1999年 747页
b12698350 k295.44 S742B

双堆区志
双堆区志编著者编 宿县 宿县地区印刷厂 1987年 382页
b19732648 K295.44 S742S 1987

濉溪县政协志 1980.6–2010.1
政协安徽省濉溪县委员会编 丁忠诚主编 徐州 徐州新华印刷厂 2010年 694页
b4485223x D628.544 S742 2010

濉溪县工商联志
安徽省濉溪县工商联志编纂委员会编 李家龙主编 濉溪 安徽省濉溪县工商联志编纂委员会 2014年 448页
b50347664 D665.9 S742 2014

濉溪县水利志
安徽省濉溪县水利局编 无锡 江苏省无锡市春远印刷厂 1988年 138页
b21857726 TV-092 S742 1988

铜陵市

铜陵市志
安徽省铜陵市地方志编纂委员会编 周大钧主编 合肥 黄山书社 1994年 1112页〔安徽省地方志丛书〕
b10630387 K295.43 T439

铜陵市郊区志 2000
铜陵市郊区地方志编纂委员会编 合肥 黄山书社 2008年 411页〔安徽省地方志丛书〕
b21765406 K295.43 T439J 2008

铜陵市物资志 1960–1986
卢华主编 铜陵 铜陵市物资志编纂者 1987年 230页
b4556971x F259.275.43 T439 1987

铜陵有色金属公司设计研究院志 1956–1985
设计研究院志编辑领导小组编 严文豪主编 铜陵 设计研究院志编辑领导小组 1987年 270页
b49608058 F426.32 T439 1987

铜陵有色金属公司志 1950–1990
铜陵有色金属公司编 合肥 黄山书社 1995年 528页
b51012169 F426.32 T4391 1995

铜陵市交通志 2010
铜陵市交通运输局编著 沈庭和主编 北京 北京时代华文出版社 2016年 668页〔安徽省地方志丛书〕
b50234365 F512.754.3 T439 2016

铜陵市公路志
吴永恒 沈庭和主编 合肥 黄山书社 2001年 215页〔安徽省公路志系列书〕

b2080667x　F542.854.3　T439　2001

铜陵市第一中学志
铜陵市第一中学志编纂委员会编　谷金琳主编　芜湖　芜湖金桥印刷公司　1998 年　485 页
b20104108　G639.285.43　T439　1998

铜官区

铜陵市狮子山区志　–2000
狮子山区地方志编纂委员会编　徐玫主编　合肥　黄山书社　2008 年　300 页〔安徽地方志丛书〕
b20045864　K295.44　S461　2008

铜陵市铜官山区志
铜陵市铜官山区地方志编纂委员会编　黄建平主编　合肥　黄山书社　2008 年　398 页〔安徽省地方志丛书〕
b20098789　K295.43　T439G　2008

义安区

铜陵县志
安徽省铜陵县地方志编纂委员会编　姚重年　章小平主编　合肥　黄山书社　1993 年　663 页〔安徽省地方志丛书〕
b10630533　K295.44　T439

铜陵县志　1991–2000
铜陵县地方志编纂委员会编　高耀焕主编　北京　方志出版社　2006 年　807 页〔安徽省地方志丛书〕
b17576696　K295.44　T439　2006

老观村志
程保平主编　杨明摄影　合肥　合肥工业大学出版社　2018 年　230 页
b53023651　K295.45　L255　2018

铜陵县实验小学志
铜陵县实验小学志编纂委员会编　谷金琳主编　铜陵　铜陵县实验小学志编纂委员会　2008 年　535 页
b47206627　G629.285.44　T439　2008

安徽省铜陵县地名录
铜陵县地名委员会编　铜陵　铜陵县地名委员会　1986 年　211 页
b20013747　K925.44　T439　1986

枞阳县

枞阳县志
枞阳县地方志编纂委员会编　疏获主编　合肥　黄山书社　1998 年　765 页〔安徽省地方志丛书〕
b10503456　K295.44　Z867

枞阳县志　1978–2002
胡中付主编　合肥　黄山书社　2007 年　885 页〔安徽省地方志丛书〕
b19733410　K295.44　C743　2007

枞阳县信合志
枞阳县农村信用合作联社编　李必强主编　北京　方志出版社　2004 年　334 页
b49788851　F832.35　C743　2004

枞阳县教育志
枞阳县教育志编纂委员会编　北京　方志出版社　2010 年　623 页
b21567335　G527.544　C743　2010

浮山中学志　1924–2012
疏获主编　合肥　黄山书社　2014 年　383 页
b49625597　G639.285.44　F448　2014

枞阳文物志
王乐群主编 / 总撰稿 北京 中国文史出版社 2003 年 273 页
b15602011 K872.544 W222 2003

浮山志
枞阳县地方志编纂委员会编 合肥 黄山书社 1994 年 362 页〔安徽省山水志丛书〕
b1050347x K928.3 C743

枞阳县水利志
安徽省枞阳县水利局 王泰炳主编 查世满主修 合肥 黄山书社 1998 年 320 页
b40743275 TV-092 C743 1998

安庆市

安庆地区志
安庆市地方志编纂委员会编 合肥 黄山书社 1995 年 1405 页〔安徽省地方志丛书〕
b10600851 K295.42 A164

安庆市志
安庆市地方志编纂委员会编 张越 叶庆总纂 北京 方志出版社 1997 年 2 卷 1965 页〔安徽省地方志丛书〕
b10487128 K295.43 A164

安庆市志 1978–2000
安庆市地方志办公室编 汪富贵主编 合肥 黄山书社 2008 年 2 卷 1775 页〔安徽省地方志丛书〕
b18652840 K295.43 A164H 2008

安庆市政协志 1949–1999
安庆市政协文史资料委员会编 北京 中国文史出版社 1998 年 398 页
b20013784 D628.543 A164 1998

安庆市人事志
胡庆安编 安庆 安庆市人事志编纂者 1989 年 332 页
b45416643 D630.3 A1647 1989

安庆电力志 1897–2003
吴平主编 北京 中国电力出版社 2011 年 562 页〔安徽省电力工业志丛书〕
b44749715 F426.61 A164 2011

安庆市印染色织总厂厂志 1952–1985
杨世德主编 安庆 安徽省安庆印染色织总厂 1988 年 216 页
b50151368 F426.8 A164 1988

安庆市公路志
王友若主编 合肥 安徽人民出版社 1996 年 353 页〔安徽省公路志系列书〕
b20947732 F542.854–09 W234 1996

安庆地区 安庆市粮食志
安庆市粮食局 汪荣谱主编 安庆 安庆市粮食局 2001 年 689 页
b49471867 F724.721 A164 2001

安庆市金融志 1897–1988
安庆市金融志编纂领导小组 江家太主编 安庆 安庆市双莲寺印刷厂 1990 年 652 页
b45569034 F832.754.3 A164 1990

安庆市金融志 1978–2005
安庆市金融志编纂委员会编 章新亮主编 北京 中国金融出版社 2010 年 2 卷 1348 页
b45570590 F832.754.3 A164 2010

安庆市文化志
张必贵主编 合肥 黄山书社 1999 年 429 页
b19930252 G127.543 Z346 1999

安庆地区教育志
安庆市教育委员会编 龚政主编 安庆 安庆市教育委员会 1996 年 533 页
b40742994 G527.542 A164 1996

安庆第一中学志
安庆第一中学编 周诗长主编 安庆 安庆第一中学 2006 年 447 页
b20947720 G639.285.43 A164C 2006

安徽省安庆卫生学校志 1943–2003
安徽省安庆卫生学校志编纂委员会编 丁伯琴编写 安庆 安徽省安庆卫生学校志编纂委员会 2003 年 186 页
b20947677 G719.285.4 A164 2003

安庆地区文物志稿
安徽地区文物志编者委员会编 安庆 安庆新华印刷厂 1983 年 162 页
b20041500 K872.542 A164 1983

安徽省安庆市地名录
安庆市地名委员会编 余光烈 董秀伯主编 安庆 安庆市地名委员会 1987 年 313 页
b23228532 K925.43 A164 1987

大观区

安庆市大观区志
安庆市大观区地方志编纂领导小组编 音良乔总编 合肥 黄山书社 1998 年 308 页〔安徽省地方志丛书〕
b20098765 K295.43 A164D 1998

安庆市大观区志 1996–2006
安庆市大观区地方志编纂委员会编 章春总编 合肥 黄山书社 2013 年 428 页〔安徽省地方志丛书〕
b47594469 K295.43 A164DC 2013

迎江区

安庆市迎江区志
安庆市迎江区编史修志领导小组编 龙严主编兼主笔 合肥 黄山书社 1993 年 608 页
b16737738 K295.43 A164Y 1993

迎江区志 1988–2007
安庆市迎江区地方志编纂委员会编 江学文主编 合肥 黄山书社 2013 年 602 页〔安徽省地方志丛书〕
b41234546 K295.43 A164Y 2013

安庆市郊区志
安庆市郊区地方志编纂领导小组编 陈世福总编 北京 社会科学文献出版社 1994 年 418 页〔安徽省地方志丛书〕
b19733847 K295.43 A164J 1994

宜秀区

安庆市宜秀区政协志 1987.5–2007.1
政协安庆市宜秀区委员会编 陈先年主编 安庆 安庆市多棱彩印公司 2007 年 297 页
b46012485 D628.543 A164Y 2007

桐城市

桐城县志
桐城县地方志编纂委员会编 潘忠荣主编 合肥 黄山书社 1995 年 933 页〔安徽省地方志丛书〕
b10647454 K295.44 T441

桐城市志 1978–2000
桐城市地方志编纂委员会编 吴筱霞 方宁胜主编 合肥 黄山书社 2012 年 1019 页〔安徽省地方志丛书〕

b3617466x　K295.43　T441　2012

桐城市人大志　1949–2012
桐城市人大常委会编　潘忠荣主编　合肥　黄山书社　2015 年　674 页〔安徽省地方志丛书〕
b50727205　D624.544　T441　2015

桐城文化志
汪福来主编　合肥　安徽人民出版社　1992 年　386 页
b18120891　G127.544　W184　1992

桐城教育志　1978–2002
桐城市教育局编纂　吴鸣震总编撰　合肥　安徽少年儿童出版社　2006 年　383 页
b2018296x　G527.543　T441　2006

桐城县教育志
安徽省桐城县教育委员会编纂　安庆　安庆市华中印刷厂　1992 年　429 页
b20045852　G527.544　T441　1992

安徽省天城中学志
安徽省天城中学编　潘承建　严永胜主编　合肥　黄山书社　2006 年　320 页〔桐城市地方志丛书〕
b22428550　G639.285.4　A1658　2006

安徽省桐城市第二中学志　1912–2012
安徽省桐城市第二中学编纂　潘承建主编　合肥　黄山书社　2013 年　359 页〔桐城市地方志丛书〕
b46273645　G639.285.44　T441　2013

桐城县文物志
童树桐主编　桐城　安徽省桐城县文化局　1988 年　238 页
b1758162x　K872.544　T443　1988

怀宁县

怀宁县志
怀宁县地方志编纂委员会编　王竹岩总编辑　合肥　黄山书社　1996 年　964 页〔安徽省地方志丛书〕
b10603943　K295.44　H5586

怀宁县志　1978–2002
怀宁县地方志编纂委员会编　合肥　黄山书社　2005 年　975 页〔安徽省地方志丛书〕
b17482847　K295.44　H5586　2004

怀宁县粮食志
安徽省怀宁县粮油食品局编　谢申主编　怀宁　安徽省怀宁县粮油食品局　1987 年　315 页〔安徽省怀宁县地方志丛书〕
b21568364　F327.544　X428　1987

怀宁县电力志　1978–2003
安徽电力怀宁供电有限责任公司编著　倪百勤主编　合肥　黄山书社　2013 年　300 页〔安庆电力志丛书〕
b44851753　F426.61　H558　2013

怀宁教育志　征求意见稿
怀宁县教育委员会教育志编纂组编　王新主编　怀宁　怀宁县教育委员会教育志编纂组　1988 年　571 页
b2757572x　G527.544　H558　1988

安徽省怀宁中学校志　校友录 1952–1991
怀宁中学校志编委会编　储经笥主编　怀宁　怀宁县印刷厂　1992 年　256 页
b4601133x　G639.285.44　A165　1992

安徽省怀宁县地名录
怀宁县地名委员会办公室编　怀宁　怀宁县地名委员会办公室　1989 年　407 页

b36245070 K925.44 H558 1989

潜山县

潜山县志
潜山县地方志编纂委员会编 华日精总编 北京 社会科学文献出版社 1993 年 1025 页〔安徽省地方志丛书〕
b10796435 K295.44 Q225

潜山县志 1987–2002
潜山县地方志编纂委员会编 合肥 黄山书社 2007 年 661 页〔安徽省地方志丛书〕
b18805292 K295.44 Q225C 2007

潜山县教育志 1900–1987
潜山县教育委员会编 高明球主编 潜山 潜山县教育委员会 1992 年 243 页
b20404025 G527.544 Q225 1992

安徽省潜山县地名录
潜山县地名委员会办公室编 潜山 潜山县地名委员会办公室 1984 年 212 页
b12160143 K925.44 Q225

天柱山志
天柱山志编纂委员会编 郑博文主编 北京 社会科学文献出版社 1992 年 433 页〔安徽山水志丛书〕
b19416465 K928.3 T343 1992

天柱山志
乌以风编著 合肥 安徽教育出版社 1984 年 473 页
b12157922 K928.3 W465

中国禅宗三祖寺志
潜山县三祖寺志编委会编 黄德邻主编 合肥 黄山书社 1997 年 254 页
b22169118 K928.75 Q225 1997

太湖县

太湖县志
太湖县地方志编纂委员会编 杨太恩总编辑 合肥 黄山书社 1995 年 861 页〔安徽省地方志丛书〕
b10628198 K295.44 T162

太湖县志 1978–2001
太湖县地方志编纂委员会编 陈文传主编 合肥 黄山书社 2007 年 1047 页〔安徽省地方志丛书〕
b19518134 K295.44 T162 2007

白云山海会寺志
余世磊主编 北京 宗教文化出版社 2017 年 335 页
b50252392 B947.254.4 Y724 2017

太湖县国土志
太湖县国土资源局 石庆元主编 太湖 太湖县印刷公司 2004 年 522 页
b44852241 F129.954.4 T162 2004

太湖县教育志 1905–1987
操中海主编 太湖 太湖县教育委员会 1991 年 290 页
b19932431 G527.544 C199 1991

安徽省太湖中学志
安徽省太湖中学志编纂委员会编 合肥 黄山书社 1996 年 347 页
b17962560 G639.285.43 T162 1996

安徽省太湖中学志续
安徽省太湖中学志编纂委员会编 合肥 安徽科学技术出版社 2006 年 390 页

b2010005x　G639.285.43　T162　2006

太湖鱼类志
倪勇　朱成德主编　上海　上海科学技术出版社　2005 年　292 页
b16247449　Q959.4　N287　2005

宿松县

宿松县志　1978–2002
宿松县地方志编纂委员会编　廖道安主编　合肥　黄山书社　2011 年　2 卷　1277 页〔安徽省地方志丛书〕
b30002242　K295.44　S7181　2011

宿松县外贸志
张国之编纂　宿松　宿松县外贸志编纂者　1986 年　139 页〔宿松县地方志丛书〕
b40743779　F752.854.4　S718　1986

宿松县文化志
孟晋编纂　宿松　安徽省宿松县文化局　1987 年　185 页
b20140903　G127.544　S718　1987

宿松县教育志　清末 –1985
宿松县教育志编写者编　黄冈　湖北省黄梅县印刷厂　1986 年　302 页
b20045669　G527.544　S718　1986

宿松县教育志　1978–2004
高嗣照主编　合肥　黄山书社　2010 年　561 页
b21570334　G527.544　S718　2010

宿松创业人物志　第 1 卷
安徽省宿松县工商业联合会总商会编　北京　中国文史出版社　2017 年　138 页
b49781455　K825.38　S718　2017

小孤山志
孟晋编　宿松　安庆地区文物管理所　1982 年　104 页
b2001739x　K928.79　M368　1982

望江县

望江县志
望江县地方志编纂委员会编　檀钟总编　合肥　黄山书社　1995 年　755 页〔安徽省地方志丛书〕
b10521094　K295.44　W258

望江县志　1988–2005
望江县地方志编纂委员会编　徐余庆　张竹总编　合肥　安徽人民出版社　2013 年　1004 页〔安徽省地方志丛书〕
b45444651　K295.44　W258　2013

望江人大志
望江县人民代表大会常务委员会编　徐余庆主编　望江　望江县印务公司　2004 年　615 页
b41235228　D624.544　W258　2004

安徽省望江县地名录
望江县地名委员会办公室编纂　合肥　望江县地名委员会办公室　1986 年　325 页
b12160131　K925.44　W258

岳西县

岳西县志
岳西县地方志编纂委员会编　王晖主编　合肥　黄山书社　1996 年　524 页〔中华人民共和国地方志丛书〕
b10603931　K295.44　Y863

岳西县志 1978–2002
岳西县地方志编纂委员会编 江荣璋主编 合肥 黄山书社 2009年 857页〔安徽省地方志丛书〕
b20405108 K295.44 Y863 2009

岳西县乡镇简志
岳西县乡镇简志编纂领导小组办公室编 王晖总编 合肥 黄山书社 2001年 384页
b1642394x K295.44 Y863X 2001

岳西政协志 1980.7–2007.1
政协岳西县委员会编 汪功灿主编 岳西 政协岳西县委员会 2009年 562页
b46012497 D628.544 Y863 2009

岳西方言志
岳西县地方志编纂委员会编 储泽祥主编 武汉 华中师范大学出版社 2009年 258页
b1995346x H172.4 C594 2009

司空山志
司空山志编纂委员会编 王晖主编 北京 方志出版社 2013年 322页
b46074867 K928.3 W2184 2013

黄山市

黄山市志
黄山市地方志编纂委员会编 合肥 黄山书社 1992年 853页〔安徽省地方志丛书〕
b1062806x K295.43 H666

黄山市志 –2006
黄山市地方志编纂委员会编 翟屯建主编 合肥 黄山书社 2010年 3卷 2510页〔安徽省地方志丛书〕
b22082761 K295.43 H666 2010

徽州地区简志
何警吾主编 合肥 黄山书社 1989年 573页〔中华人民共和国地方志丛书〕
b13946092 K295.42 H686H

黄山市检察志 1951–2006
黄山市人民检察院编 朱俊主编 黄山 黄山市人民检察院 2009年 583页
b4950597x D926.32 H666 2009

徽州地区交通志
徽州地区交通志编纂委员会编 张正清主编 合肥 黄山书社 1996年 334页〔黄山市地方志丛书〕
b46995341 F512.754.2 H686 1996

黄山市公路志
项良林主编 北京 方志出版社 1999年 414页〔安徽省公路志系列〕
b12981084 F542.854 X316

黄山市公路志 1990–2010
黄山市公路史志编审委员会编 张林春主编 合肥 黄山书社 2013年 578页〔安徽省地方志丛书〕
b46442522 F542.854.3 H666 2013

黄山市财政志 2010
黄山市财政局编 许秋善主编 北京 中国文史出版社 2011年 535页
b47352863 F812.754.3 H666 2011

黄山市国税志
黄山市国税局编 殷桂山主编 黄山 黄山市国税志编委会 2006年 252页
b47352528 F812.754.3 H666C 2006

黄山旅游地学志
胡济源著 合肥 黄山书社 1996年 258页

b21136269　K298.3　H666　1996

徽州人物志
万正中编撰　合肥　黄山书社　2008 年　932 页
b19975247　K820.854　W173　2008

安徽省屯溪市地名录
屯溪市地名委员会办公室编　屯溪　屯溪市地名委员会办公室　1985 年　183 页
b21275464　K925.44　T571　1985

黄山志
黄山志编纂委员会编　刘秉升主编　合肥　黄山书社　1988 年　478 页〔安徽山水志丛书〕
b1643268x　K928.3　L671　1988

黄山志　-2008
黄山志编纂委员会编　蒋万榜　丁明华主编　合肥　黄山书社　2010 年　564 页〔安徽省地方志丛书〕
b20918471　K928.3　J356　2009

屯溪水利志
屯溪水利局编　屯溪　屯溪水利局　1999 年　96 页
b21857805　TV-092　T571　1999

屯溪区

屯溪市志
屯溪市地方志编纂委员会编　余世光主编　合肥　安徽教育出版社　1990 年　457 页〔安徽省地方志丛书〕
b10727942　K295.43　Z819

黄山市屯溪区志
黄山市屯溪区地方志编纂委员会编　鲍屯生主编　北京　方志出版社　2012 年　2 卷　1486 页〔安徽省地方志丛书〕
b40938657　K295.43　H666S　2012

黄山区

黄山区志
黄山区地方志编纂委员会编　吴江平主编　合肥　黄山书社　2008 年　1273 页〔安徽省地方志丛书〕
b20467539　K295.43　H666H　2008

黄山市黄山区甘棠镇志
项克锐主编　黄山　甘棠镇志编纂者　2007 年　392 页〔黄山区乡镇志丛书〕
b22359692　K295.45　G157　2007

黄山市黄山区耿城镇志
吴兴龙主编　黄山　黄山市黄山区耿城镇志编纂者　2007 年　245 页〔黄山区乡镇志丛书〕
b22359709　K295.45　G397　2007

黄山市黄山区龙门乡志
戴新彪主编　黄山　黄山市黄山区龙门乡志编纂者　2007 年　259 页〔黄山区乡镇志丛书〕
b22359722　K295.45　L7415　2007

黄山市黄山区太平湖镇志　2006
太平湖镇志编纂委员会编　冯中东主编　黄山　太平湖镇志编纂委员会　2007 年　427 页〔黄山区乡镇志丛书〕
b36247972　K295.45　T162　2007

黄山市黄山区谭家桥镇志　2006
谭家桥镇志编纂委员会编　王仁佳主编　黄山　谭家桥镇志编纂委员会　2008 年　259 页〔黄山区乡镇志丛书〕
b36247984　K295.45　T187　2008

黄山市黄山区乌石乡志
乌石乡志编纂委员会编 袁良才主编 黄山 乌石乡志编纂委员会 2007 年 276 页〔黄山区乡镇志丛书〕
b22359758 K295.45 W465 2007

黄山市黄山区仙源镇志
洪建春主编 黄山 黄山市黄山区仙源镇志编纂者 2007 年 324 页〔黄山区乡镇志丛书〕
b2235976x K295.45 X192 2007

黄山市黄山区新丰乡志
杜日生主编 黄山 黄山市黄山区新丰乡志编纂者 2007 年 334 页〔黄山区乡镇志丛书〕
b22359771 K295.45 X443 2007

黄山市黄山区新华乡志
王辅成主编 黄山 黄山市黄山区新华乡志编纂者 2007 年 353 页〔黄山区乡镇志丛书〕
b22359783 K295.45 X4433 2007

黄山市黄山区新明乡志
周恩赐主编 黄山 黄山市黄山区新明乡志编纂者 2007 年 330 页〔黄山区乡镇志丛书〕
b22359795 K295.45 X4435 2007

黄山市黄山区永丰乡志
永丰乡志编纂委员会编 姚国辉主编 黄山 永丰乡志编纂委员会 2007 年 359 页〔黄山区乡镇志丛书〕
b36248010 K295.45 Y636 2007

焦村镇志 2006
焦村镇志编纂委员会编 徐光中主编 黄山 焦村镇志编纂委员会 2007 年 317 页〔黄山区乡镇志丛书〕
b36247935 K295.45 J369 2007

三口镇志
朱世全主编 黄山 三口镇志编纂者 2007 年 179 页〔黄山区乡镇志丛书〕
b22359746 K295.45 S145 2007

徽州区

黄山市徽州区志
黄山市徽州区地方志编纂委员会编 吴晓春主编 合肥 黄山书社 2012 年 2 卷 1195 页〔安徽省地方志丛书〕
b40421077 K295.43 H666G 2012

岩寺小学志 1906-2006
黄山市徽州区岩寺小学 冯乐辰主编 黄山 黄山市科教印刷总厂 2006 年 348 页
b22432838 G629.285.43 Y176 2006

歙 县

歙县志
歙县地方志编纂委员会编 朱益新主编 北京 中华书局 1995 年 801 页〔安徽省地方志丛书〕
b1063132x K295.44 S374

歙县志 -2005
歙县地方志编纂委员会编 胡武林主编 合肥 黄山书社 2010 年 2 卷 1618 页〔安徽省地方志丛书〕
b22082475 K295.44 S374 2010

三阳志
王经一编著 歙县 三阳志编纂者 2016 年
b50017500 K295.45 S1459 2016

溪头志
溪头志编纂委员会编 合肥 合肥工业大学出版社 2003 年 1023 页

b15247016　K295.45　X128　2003

许村志
许村志编纂委员会编　许骥主编　合肥　黄山书社　2015 年　2 卷
b47287573　K295.45　X5931　2015

歙县财政续志　1988–2005
歙县财政局编　方正有主编　歙县　歙县财政局　2006 年　202 页
b21803833　F812.754.4　S374　2006

歙县教育志
王正华主编　合肥　黄山书社　2009 年　632 页
b20951991　G527.544　X374　2009

安徽歙县城关小学志
王有春主编　歙县　歙县城关小学　2005 年　256 页
b40449488　G629.285.44　S374　2005

歙县文物志
歙县文化局编　歙县　歙县印刷厂　1989 年　132 页
b20017261　K872.54　S374　1989

歙县水利志
歙县水利电力局编　柯友渌主编　黄山　黄山市电脑排版印刷厂　1989 年　261 页
b2185791x　TV–092　S374　1989

休宁县

休宁县志
休宁县地方志编纂委员会编　唐永宽主编　合肥　安徽教育出版社　1990 年　634 页〔安徽省地方志丛书〕
b10759797　K295.44　X534

休宁县志　208–2010
休宁县地方志编纂委员会编　汪顺生主编　合肥　黄山书社　2012 年　2 卷　1691 页〔安徽省地方志丛书〕
b40421089　K295.44　X534　2012

齐云山志
齐云山志编纂办公室编　合肥　黄山书社　1990 年　357 页〔安徽山水志丛书〕
b18280432　K928.3　Q139　1990

黟　县

黟县志
黟县地方志编纂委员会编　胡纪棣主编　上海　光明日报出版社　1989 年　649 页〔安徽省地方志丛书〕
b10760593　K295.44　Y396

黟县志
黟县地方志编纂委员会编　舒育玲主编　合肥　黄山书社　2012 年　3 卷　2035 页〔安徽省地方志丛书〕
b37531128　K295.44　Y396Y　2012

祁门县

祁门县志
祁门县地方志编纂委员会办公室编　马光全主编　合肥　安徽人民出版社　1990 年　849 页〔安徽省地方志丛书〕
b10628046　K295.44　Q126

祁门县志
祁门县地方志编纂委员会编　程成贵主编　合肥　黄山书社　2008 年　2 卷　1247 页〔安徽省地方志丛书〕
b20198176　K295.44　Q126C　2008

祁门乡镇简志
马里千主编 程成贵执行主编 祁门 祁门县地方志办公室 1999 年 320 页
b20951036 K295.45 Q126 1999

滁州市

滁县地区志
滁州市地方志编纂委员会编 陈天庚 何成国主编 北京 方志出版社 1998 年 1478 页〔安徽省地方志丛书〕
b10532778 K295.42 C582

滁州市志
滁州市地方志编纂委员会编 张祥林主编 北京 方志出版社 2013 年 6 卷〔安徽省地方志丛书〕
b45648888 K295.42 C582 2013

滁州市志
滁州市地方志编纂委员会编 北京 方志出版社 1998 年 1002 页〔安徽省地方志丛书〕
b10503481 K295.43 C582

滁州市志 评议稿
滁州市地方志办公室编 滁州 滁州市地方志办公室 2011 年 5 卷 1983 页
b3753127x K295.43 C582C 2011

滁县乡土志
滁州市地方志编纂办公室编著 滁州 滁州市地方志编纂办公室 1984 年 38 页
b20534061 K295.44 C582 1984

滁县地区林业志
徐文铮主编 滁县 滁县地区林业局 1987 年 169 页
b49802860 F326.275.44 C582 1987

滁县地区农业志
吕崇学主编 滁州 安徽省滁县地区行政公署农业局 1987 年 征求意见稿 422 页
b42291264 F327.543 C582 1987

滁县农业志 1949–1985
滁州市农业局编 袁传明主编 滁州 滁州市农业局 1986 年 217 页
b49802872 F329.544 C582 1986

滁县地区机械电子工业志
滁州市机械电子工业志编纂委员会编 万里仁主编 北京 方志出版社 1996 年 517 页
b50246951 F426.4 C582 1996

滁县地区交通志
滁县地区交通志编纂委员会编 北京 方志出版社 1997 年 616 页
b20041950 F512.754.3 C582 1997

滁县地区公路志
陈思齐主编 合肥 安徽人民出版社 1996 年 259 页〔安徽省公路志系列书〕
b22429098 F542.854.2 C432 1996

滁县地区税务志 1949–1992
滁州市国家税务局 滁州市地方税务局编 滁州 滁州市国家税务局 1995 年 245 页
b49704497 F812.754.342 C582C 1995

滁县地区金融志 1912–1987
吴常熊主编 来安 安徽省来安县印刷厂 1991 年 221 页
b45569150 F832.754.3 C582 1991

滁县地区教育志
滁县地区教育志编纂委员会编 北京 方志出版社 1997 年 347 页

b16862624　G527.542　C582　1997

中共滁州市委党校志　1949-2012
傅厚华主编　合肥　安徽人民出版社　2012年　688页
b46562126　D261.41　C582　2012

滁州市民政志
滁州市民政局编　朱庆龙主编　滁州　滁州市民政局　2014年　281页
b50727321　D632　C582　2014

滁州林业志
滁州市林业局编　王发建主编　滁州　滁州市林业局　2011年　378页
b47072908　F326.275.43　C582　2011

中国农村改革源头志
安徽省滁州市人民政府发展研究中心编著　合肥　黄山书社　1996年　407页
b49803992　F327.543　C5829　1996

滁州交通志
管笛编　合肥　黄山书社　1993年　284页
b20041962　F512.754.3　G653　1993

滁州市国税志
滁州市国税局编　滁州　滁州市国税局　2010年　198页
b44915731　F812.754.342　C582　2010

滁州市教育志
滁州市教育委员会编　滁州　滁州市教育委员会　198-年　油印本　392页
b2757541x　G527.543　C582

滁州市教育志
滁州市教育局编　合肥　安徽百业文化传媒公司　2013年　397页
b46668330　G527.543　C582　2013

滁州市民族宗教志
吴文荣主编　张海东编撰　合肥　黄山书社　1992年　212页
b17486622　K280.543　W513　1992

滁州市文物志
刘以林撰文　滁洲　安徽省滁州市文化局　1987年　200页〔滁州市文化丛书〕
b17581618　K872.543　L693　1987

安徽省滁州市地名录
滁州市地名领导小组办公室编　滁州　滁州市地名领导小组办公室　1984年　264页
b36245069　K925.43　C582　1984

滁州市水利志　评议稿
滁州市水利局编　滁州　滁州市水利局　2005年　230页
b21857040　TV-092　W2289　2005

滁州水利志
滁州市水利局编　王瑞芳主编　滁州　滁州市水利局　1991年　168页
b20534073　TV-092　W2289　1991

琅琊区

滁州市琅琊区志　1993-2010
滁州市琅琊区地方志编纂委员会编　吕师贵主编　合肥　黄山书社　2013年　816页〔安徽省地方志丛书〕
b46668123　K295.43　L219　2013

琅琊山志
琅琊山志编撰委员会编　合肥　黄山书社　1989年　366页〔安徽山水志丛书〕
b13849451　K928.3　L219

琅琊山植物志
訾兴中主编 北京 中国林业出版社 1999年 788页
b15380269 Q948.525.4 Z836 1999

南谯区

滁州市南谯区志 2005
滁州市南谯区地方志编纂委员会编 汪宗文主编 合肥 黄山书社 2011年 670页〔安徽省地方志丛书〕
b3636986x K295.43 N161 2011

天长市

天长县志
天长县地方志编纂委员会编 夏文蔚 张云年 李伍伦总纂 北京 社会科学文献出版社 1992年 654页〔安徽省地方志丛书〕
b10760787 K295.44 T343

天长市志
天长市地方志编纂委员会编 夏文蔚 陆晓华主编 北京 方志出版社 2012年 1046页〔安徽省地方志丛书〕
b45969899 K295.44 T343 2012

天长教育志
天长教育志编纂组编写 戴之明主编 合肥 安徽教育出版社 1993年 481页
b15955916 G527.544 T343 1993

明光市

明光市志 1991–2010
明光市地方志编纂委员会编 张卫宏 赵林祥主编 合肥 黄山书社 2014年 2卷 1033页〔安徽省地方志丛书〕
b45445187 K295.43 M571 2014

明光市文化志
明光市文化局编 明光 明光市彩印厂 1997年 237页
b2095072x G127.544 M571 1997

嘉山县教育志 1932–1985
嘉山县教育志编写组编 滁州 滁州报社印刷厂 1988年 280页
b18120817 G527.544 J198 1988

嘉山县文物志
安徽省嘉山县文化局编 滁州 安徽省滁州报社印刷厂 1989年 102页〔嘉山县文化局丛书〕
b36379372 K872.544 J198 1989

来安县

来安县志
安徽省来安县地方志编纂委员会编 严希总纂 北京 中国城市经济社会出版社 1990年 556页〔中华人民共和国地方志丛书〕
b10641117 K295.44 L144

来安县志 1986–2005
来安县地方志编纂委员会编 王德聪主编 合肥 黄山书社 2011年 928页〔安徽省地方志丛书〕
b40424509 K295.44 L144 2011

来安县政协志 1981–2007
来安县政协志编委会编 杨迎春主编 来安 来安县政协志编委会 2008年 240页
b49640173 D628.544 L144 2008

来安县金融志 1991–2005
来安县金融志编委会编 刘汉章主编 来安 来安县金融志编委会 2006年 237页

b50017056　F832.754.4　L144　2006

来安县教育志
来安县教育局编　周元顺主编　来安　来安县教育局　1985 年　192 页
b2156887x　G527.544　L144　1985

来安县教育志
来安县教育局主编　来安　来安县教育局　2006 年　315 页
b47296999　G527.544　L144　2006

安徽省来安县地名录
来安县地名委员会编　张正发　王永兴主编　来安　来安县地名委员会　1986 年　248 页
b1826251x　K925.44　L144　1986

全椒县

全椒县志
安徽省全椒县地方志编纂委员会主编　合肥　黄山书社　1988 年　716 页〔安徽省地方志丛书〕
b1072736x　K295.44　Q624

全椒县志　1985–2005
全椒县地方志编纂委员会编　陈仁善主编　合肥　黄山书社　2011 年　848 页
b49640252　K295.44　Q624C　2011

全椒教育志　清末 –1985
全椒教育志编纂组编　全椒　全椒县印刷厂　1987 年　248 页
b20016402　G527.544　Q624　1987

全椒教育志　1986–2005
全椒教育志编纂组编　何玉海主编　全椒　全椒教育志编纂组　2006 年　264 页
b50066559　G527.544　Q624C　2006

全椒县文物志
安徽省全椒县文化局编　全椒　安徽省全椒县印刷厂　1985 年　150 页〔全椒文化丛书〕
b17992059　K872.544　Q624　1985

定远县

定远县志
定远县地方志编纂委员会编　朱邦福等总纂　合肥　黄山书社　1995 年　982 页〔安徽省地方志丛书〕
b1063065x　K295.44　D547

定远县志　1991–2010
定远县地方志编纂委员会编　兰传秦　雷敬秀主纂　合肥　黄山书社　2015 年　1017 页〔安徽省地方志丛书〕
b47317036　K295.44　D547D　2015

定远县粮食志
定远县粮食志编写组编　合肥　黄山书社　1991 年　209 页
b49639985　F724.721　D547　1991

凤阳县

凤阳县志
凤阳县地方志编纂委员会编　龚庞　丁家干主编　北京　方志出版社　1999 年　819 页〔安徽省地方志丛书〕
b12654152　K295.44　F413

凤阳县志　1986–2005
凤阳县地方志编纂委员会编　赵金保主编　合肥　黄山书社　2014 年　2 卷　1220 页〔安徽省地方志丛书〕
b46531439　K295.44　F413C　2014

凤阳县文化志
凤阳县文化局编纂　杨士忠主编　凤阳　凤

阳县文化局 1986 年 125 页
b36378938 G127.544 F413 1986

凤阳县教育志
白云鹤 刘长江主编 凤阳 凤阳县教育委员会 1987 年 油印本 2 卷 631 页
b27575536 G527.544 F413 1987

凤阳山志
凤阳山志编委会编 陈豪庭主编 北京 中国林业出版社 2012 年 313 页
b40413743 S759.992.54 F413 2012

阜阳市

阜阳地区志
阜阳市地方志办公室编 吴敬人总编 北京 方志出版社 1996 年 1220 页〔安徽省地方志丛书〕
b12698404 K295.42 F491

阜阳市志
阜阳市地方志编纂委员会编 合肥 黄山书社 1993 年 534 页〔安徽省地方志丛书〕
b10630594 K295.43 F491

阜阳市志 1986–2010
阜阳市志编纂委员会编 蔡建国主编 合肥 黄山书社 2014 年 1540 页〔安徽省地方志丛书〕
b46668998 K295.43 F491D 2014

阜阳县志
阜阳县地方志编纂委员会编 张斌主编 合肥 黄山书社 1992 年 549 页〔安徽省地方志丛书〕
b19733422 K295.44 F4919 1992

阜阳市林业志
阜阳市林业志编纂委员会编 李文化主编 合肥 黄山书社 2012 年 188 页
b36317998 F326.275.43 F491 2012

阜阳地区文化志
阜阳地区文化志编纂委员会 阜阳市文化局编 徐建华主编 阜阳 阜阳市文化局 1997 年 316 页
b20534322 G127.542 F491 1997

阜阳地区群众文化志
阜阳市文化局编 刘敬堂主编 阜阳 阜阳市文化局 2000 年 293 页
b36378987 G249.275.42 F491 2000

阜阳地区交通志
阜阳地区交通志编纂委员会编 王稹主编 阜阳 阜阳地区交通志编纂委员会 1999 年 373 页
b2004236x G512.754.2 W235 1999

阜阳地区教育志
阜阳地区教育志编委会办公室编 阜阳 阜阳地区教育志编委会办公室 1993 年 412 页
b49963405 G527.54 F491 1993

阜阳市教育志 1975.12–1992.12，上溯至 1037
阜阳市教育志编纂委员会编 李亚南主编 阜阳 阜阳市教育志编纂委员会 1993 年 343 页
b17994305 G527.543 L422 1993

阜阳县教育志 晚清 –1992
阜阳县教育志编写组编 阜阳 阜阳教育印刷厂 1996 年 284 页〔阜阳县地方志丛书〕
b19931451 G527.544 F491 1996

安徽省阜阳初级中学校志
阜阳初中师生联谊会编 阜阳 阜阳初中师

生联谊会 2012年 373页
b46668317 G639.285.43 A1652 2012

安徽省阜阳市地名录
阜阳市地名委员会编 张永国主编 阜阳 阜阳市地名委员会 1985年 85页
b20368653 K925.43 F491 1985

阜阳古树名木志
李文化主编 合肥 安徽科学技术出版社 2016年 290页
b49963545 S717.254.3 F491 2016

颍州区

阜阳市颍州区志 1996–2010
阜阳市颍州区地方志编纂委员会编 尚光超主编 合肥 黄山书社 2014年 749页〔安徽省地方志丛书〕
b46669553 K295.43 Y581 2014

颍东区

阜阳市颍东区志 1996–2010
阜阳市颍东区地方志办公室编 李广华主编 合肥 黄山书社 2014年 745页〔安徽省地方志丛书〕
b46239571 K295.43 F491Y 2014

阜阳地区党的纪律检查志 1950–1991
中共阜阳地区纪律检查委员会编 张雪亚主编 阜阳 中共阜阳地区纪律检查委员会 1992年 474页
b49938411 D262.6 Z3679 1992

界首市

界首县志
界首市地方志编纂委员会编 张亚熙等总编 合肥 黄山书社 1995年 559页〔安徽省地方志丛书〕
b10524939 K295.44 J459

界首市志 1986–2010
界首市地方志编纂委员会编 杨晓红主编 合肥 黄山书社 2015年 834页〔安徽省地方志丛书〕
b46531142 K295.44 J459C 2015

界首县文物志
安徽省界首县文化局编 界首 安徽界首县文化局 1985年 120页
b36379451 K872.544 J459 1985

临泉县

临泉县志
临泉县地方志编纂委员会编 李家祥总纂 合肥 黄山书社 1994年 542页〔安徽省地方志丛书〕
b10570597 K295.44 L581

韦小庄村志
阜阳市地方志办公室编 张华玲主编 合肥 黄山书社 2016年 458页〔安徽省地方志丛书〕
b50065579 K295.45 W313 2016

临泉文物志
临泉县地方志办公室承编 张少山主编 合肥 安徽美术出版社 2015年 315页
b47415009 K872.544 L581 2015

太和县

太和县志
太和县地方志编纂委员会编 陶克贵总编 合肥 黄山书社 1993年 461页〔安徽省

地方志丛书〕
b13275859 K295.44 T1623

太和县志 1986–2010
太和县地方志编纂委员会编 陈晓东主编 合肥 黄山书社 2015年 2卷 1131页〔安徽省地方志丛书〕
b47206603 K295.44 T1623D 2015

太和政协志 1984–2014
张建孝主编 太和 政协太和县委员会 2015年 314页
b47073184 D628.544 T162 2015

安徽省太和县地名录
太和县地名委员会办公室编 程西华主编 太和 太和县地名委员会办公室 1987年 443页
b20402326 K925.44 T162 1987

阜南县

阜南县志
阜南县地方志编纂委员会编 司学龙总编 合肥 黄山书社 1997年 593页〔安徽省地方志丛书〕
b12698325 K295.44 F491

阜南县志 1986–2010
阜南县地方志编纂委员会编 程烨秋主编 合肥 黄山书社 2015年 751页〔安徽省地方志丛书〕
b47045255 K295.44 F491C 2015

阜南县政协志 1980–2009
政协安徽省阜南县委员会编 朱明山主编 阜南 政协安徽省阜南县委员会 2009年 576页
b46670063 D628.544 F491 2009

阜南县教育志
阜南县教育志编纂委员会编 刘德林编 阜南 阜南县教育志编纂委员会 1986年 230页
b20042310 G527.544 L673 1986

颍上县

颍上县志
颍上县地方志编纂委员会编 合肥 黄山书社 1995年 547页〔安徽省地方志丛书〕
b10524940 K295.44 Y581

颍上县志 1949–2009
颍上县地方志编纂委员会编 张勇主编 合肥 黄山书社 2010年 2卷 1248页
b22433624 K295.44 Y581 2010

颍上县志 1989–2003
颍上县地方志编纂委员会编 李兴东主编 合肥 黄山书社 2007年 415页
b18005718 K295.44 Y581 2007

八里河镇志
颍上县八里河镇人民政府编 苏家颍主编 颍上 颍上县八里河镇人民政府 2007年 175页
b22921424 K295.45 B111 2007

颍上县政协志 1980–2009
颍上县政协文史和学习委员会编 龚武主编 合肥 黄山书社 2010年 391页
b36168695 D628.544 Y581 2010

宿州市

宿县地区志
安徽省宿县地区地方志编纂委员会编 周道斌主编 北京 中国人民大学出版社

1995 年 684 页〔中华人民共和国地方志丛书〕
b12697849 K295.42 S718

宿州市志
宿州市地方志编纂委员会编 杨承志总编 上海 上海古籍出版社 1991 年 638 页〔安徽省地方志丛书〕
b10824674 K295.43 S718

宿州市志 1988–2007
宿州市地方志编纂委员会编 居永立主编 北京 方志出版社 2015 年 2 卷 1365 页〔安徽省地方志丛书〕
b47051358 K295.43 S718F 2015

宿州宣传志 1949–2009
刘照兴主编 宿州 中共宿州市委宣传部 2011 年 374 页
b46995869 D261.5 L694 2011

宿州市政协志 1986–2011
宿州市政协志编纂委员会编 孟凡敬主编 北京 中国文史出版社 2013 年 552 页
b45453512 D628.543 S718 2013

宿州市人力资源和社会保障志 1951–2015
宿州市人力资源和社会保障局编 张建华主编 北京 中国文史出版社 2017 年 2 册 983 页
b50777439 F249.275.43 S718 2017

宿州电力工业志 1916–2005
宋春涛主编 北京 中国电力出版社 2010 年 517 页〔安徽省电力工业志丛书〕
b49850659 F426.61 S7189 2010

中煤第七十一工程处有限责任公司志 1954–2014
中煤第七十一工程处有限责任公司志编委会编 刁永才主编 宿州 中煤第七十一工程处有限责任公司 2014 年 240 页
b50862108 F426.21 Z6443 2014

中煤七十二公司志 1957–2013
刘志亮 刘广东主编 北京 煤炭工业出版社 2013 年 321 页〔中煤建安集团志丛书〕
b49963077 F426.21 Z6444C 2013

宿县地区公路志
武德科主编 合肥 安徽人民出版社 1996 年 282 页〔安徽省公路志系列书 6〕
b49625287 F542.854.2 S718 1996

宿州财政志
朱柏茂主编 北京 中国财政经济出版社 2008 年 493 页
b42291525 F812.754.3 S718S 2008

宿州税务志 1949–2009
宿州税务志编纂委员会编 李奇主编 合肥 黄山书社 2010 年 776 页
b40647687 F812.754.3 S718 2010

宿州市文化志
宿州市文化志编纂者编 宿州 宿州市文化志编纂者 19-- 年 2 卷 287 页
b36380076 G127.543 S718

宿州气象志
宿州气象志编纂委员会编 戚尚恩主编 北京 方志出版社 2017 年 312 页
b50350110 P468.254.3 S718 2017

埇桥区

宿县县志
安徽省宿县地方志编纂委员会编 合肥 黄山书社 1988 年 460 页〔安徽省地方志

丛书〕
b16446823 K295.43 S7188 1988

宿州市埇桥区志 1978–2008
宿州市埇桥区地方志编纂委员会编纂 赵建国 范力群主编 合肥 黄山书社 2015年 2卷1072页〔安徽省地方志丛书〕
b50109686 K295.43 S718Y 2015

符离镇志
李胜田主编 合肥 黄山书社 1997年 307页
b2046874x K295.45 F461 1997

蕲县镇志
蕲县镇志编纂委员会编 王守本主编 合肥 黄山书社 2009年 334页
b21774729 K295.45 Q142 2009

宿县林业志
张道引主编 合肥 安徽人民出版社 1985年 179页
b49704527 F326.275.44 S718 1985

宿县文化志
娄天劲编著 合肥 安徽文艺出版社 1985年 164页
b1993242x G127.542 L764 1985

宿县教育志
李淑怀主编/编写 于志民 李更生编写 宿县 宿县地区印刷厂 1986年 378页
b36014199 G527.544 S7188 1986

杨庄乡志
宿州市杨庄乡乡志编纂委员会编 段道鹏主编 宿州 宿州市杨庄乡乡志编纂委员会 2012年 437页〔安徽省宿州市地方丛书
b51079392 K295.45 Y252 2012

宿县地区文物志
宿县地区行政公署文化局编 宿县 宿县地区行政公署文化局 1984年 152页
b20045670 K872.542 S718 1984

砀山县

砀山县志
砀山县地方志编纂委员会编 张明富总编 北京 方志出版社 1996年 571页〔安徽省地方志丛书〕
b10521069 K295.44 D238

砀山县志 1986–2012
砀山县地方志编纂委员会编 赵立亮主编 北京 中国时代经济出版社 2014年 2卷1192页〔安徽省地方志丛书〕
b4699483x K295.44 D238D 2014

砀山县国土资源志
砀山县国土资源志编纂委员会编 方敬彬主编 北京 方志出版社 2012年 479页
b3613367x F129.954.4 D238 2012

砀山县财政志 1985–2005
砀山县财政局财政志编纂领导小组编 卢伯勤主编 砀山 砀山县财政局财政志编纂领导小组 2007年 588页
b4947201x F812.754.4 D238 2007

萧 县

萧县志
萧县地方志编纂委员会主编 北京 中国人民大学出版社 1989年 646页〔安徽省地方志丛书〕
b10796204 K295.44 X334

萧县志 1986–2005
萧县地方志编纂委员会编 毋保良主编 合肥 黄山书社 2011年 713页〔安徽省地方志丛书〕
b41234534 K295.44 X334 2011

萧县政协志 1981–2008
中国人民政治协商会议安徽省萧县委员会编 刘怀德主编 萧县 中国人民政治协商会议安徽省萧县委员会 2009年 341页
b45840738 D628.544 X334 2009

萧县民政志 1985–2005
萧县民政局编印 香港 天马出版有限公司 2006年 402页
b21592913 D632 X334 2006

萧县检察志
萧县检察志编写组编 谷振国主编 萧县 萧县检察志编写组 2008年 310页
b49472483 D926.32 X334 2008

萧县人民法院志
萧县人民法院志编审组编 李祥龄主编 萧县 萧县人民法院志编审组 2006年 214页
b50222144 D926.22 X334 2006

毛郢孜煤矿志
毛郢孜煤矿志编纂委员会编 周世杰主编 淮北 毛郢孜煤矿志编纂委员会 2006年 573页
b22430891 F426.21 M244 2006

萧县教育志
萧县教育志编辑室编 北京 中国人民大学出版社 1991年 436页
b19931050 G527.544 X334 1991

梁氏史志族谱 萧县梁庄梁氏（五福堂）
梁氏史志族谱编撰组编 梁兴福主编 萧县 梁氏史志族谱编撰组 2009年 154页
b20806784 K820.9 L493 2009

安徽省萧县地名录
萧县地名委员会办公室编 萧县 萧县地名委员会 1985年 374页
b20013772 K925.44 X331 1985

灵璧县

灵璧县志
灵璧县地方志编纂委员会编 方启道主编 杭州 浙江人民出版社 1991年 949页〔安徽省地方志丛书〕
b10759748 K295.44 L628

灵璧县志 1986–2011
灵璧县地方志编纂委员会编 王伟主编 合肥 黄山书社 2015年 884页〔安徽省地方志丛书〕
b47287561 K295.44 L628D 2015

灵璧县人口志
灵璧县人口志编纂委员会编 张勇主编 合肥 黄山书社 2005年 483页〔灵璧县志丛书〕
b16859327 C924.255.44 L628 2005

泗　县

泗县志
泗县地方志编纂委员会编 黄韬主编 杭州 浙江人民出版社 1990年 737页〔安徽省地方志丛书〕
b13277753 K295.44 S665

泗县交通志 1985–2000
泗县交通局编 朱乐成主编 合肥 黄山书

社 2000 年 239 页
b19732685　F512.764.4 S665 2000

泗县教育志
安徽省泗县教育志办公室编 泗县 安徽省泗县教育志办公室 1985 年 492 页
b16081638　G527.544 S665 1985

六安市

六安地区志
六安地区地方志编纂委员会编 高尚总编 合肥 黄山书社 1997 年 769 页〔安徽省地方志丛书〕
b16327044　K295.42 L723 1997

六安市志
六安市地方志编纂委员会编 叶家寿主编 南昌 江西人民出版社 1991 年 526 页〔安徽省地方志丛书〕
b10617401　K295.43 L723

六安市志
六安市地方志编纂委员会编 张启华总编 合肥 黄山书社 2009 年 3 卷 2768 页〔安徽省地方志丛书〕
b36369858　K295.43 L723C 2009

六安县志
六安县地方志编纂委员会编 王兴林总编 合肥 黄山书社 1993 年 728 页〔安徽省地方志丛书〕
b10617292　K295.44 L723

六安县民政志
安徽省六安县民政局编 叶森主编 六安 安徽省新闻出版局图书管理处 1990 年 350 页
b50065804　D632 L723 1990

六安地区林业志
安徽省六安行署林业局编 罗文华主编 六安 安徽省六安行署林业局 1990 年 357 页
b46443083　F326.275.43 L723 1990

六安地区金融志
六安地区金融志编纂委员会编 袁民济 莫元法主编 鲍远大总纂 六安 六安地区金融志编纂委员会 1998 年 494 页〔地方专业志〕
b45840337　F832.754.2 L723 1998

六安地区文化志
六安地区文化志编纂委员会编 许正英主笔 合肥 黄山书社 1993 年 315 页
b20136195　G127.542 L723 1993

六安县文化志
许正英主编 六安 安徽省六安县文化局 1988 年 342 页
b36378550　G127.544 L723 1988

安徽省六安市戏曲志
六安市文化局编 许正英主编 六安 六安市文化局 1999 年 328 页
b46011717　J809.254.3 L723 1999

安徽省六安地区曲艺志
沈晓富主编 合肥 黄山书社 1999 年 234 页
b15681841　J826.2 S414 1999

六安经济技术开发区志
六安经济技术开发区志编纂委员会编 傅朝阳主编 六安 六安经济技术开发区志编纂委员会 2002 年 226 页
b4712622x　K295.43 L723D 2002

六安市卫生志
六安市卫生志编纂委员会编 张乐主编 合肥 黄山书社 2012 年 622 页〔安徽省地方志丛书〕
b37531104 R199.2 L723 2012

六安地区水利志
安徽省六安地区水利电力局编 吴江主编 六安 新华印刷厂 1993 年 430 页
b20535211 TV-092 L723 1993

六安县水利志
李秉龙主编 六安 安徽省六安水利电力局 1990 年 296 页
b20139640 TV-092 L389 1990

金安区

六安市金安区志 –2008
金安区地方志编纂委员会编 杨洪伟 郑文山 董德来主编 合肥 黄山书社 2015 年 849 页〔安徽省地方志丛书〕
b46670853 K295.43 J476 2015

裕安区

六安市裕安区志 1999–2008
六安市裕安区地方志编纂委员会编 合肥 黄山书社 2013 年 518 页
b45625578 K295.43 L723Y 2013

霍邱县

霍邱县志
霍邱县地方志编纂委员会编 臧及三总编 北京 中国广播电视出版社 1992 年 899 页〔安徽省地方志丛书〕
b10759189 K295.44 H794

霍邱县志 1984–2004
霍邱县地方志编纂委员会编 方志成 贾仁山主编 合肥 黄山书社 2013 年 895 页〔安徽省地方志丛书〕
b44810830 K295.44 H794 2013

霍邱县水利志
霍邱县水利电力局编 霍邱 霍邱县水利电力局 1990 年 162 页〔安徽省水利志丛书〕
b20534747 TV-092 H794 1990

舒城县

舒城县志
舒城县地方志编纂委员会编 合肥 黄山书社 1995 年 677 页〔安徽省地方志丛书〕
b10634162 K295.44 S543

舒城县志 1986–2004
舒城县地方志编纂委员会编著 张曙主编 合肥 黄山书社 2012 年 837 页〔安徽省地方志丛书〕
b40863839 K295.44 S543D 2012

舒城县政协志
中国人民政治协商会议安徽省舒城县委员会编 盛松寿主编 舒城 中国人民政治协商会议安徽省舒城县委员会 2009 年 275 页
b50152506 D628.544 S543 2009

舒城县文物志
安徽省舒城县文化局编 舒城 安徽省舒城县文化局 1984 年 94 页〔舒城文化丛书〕
b36378562 K872.544 S543 1984

金寨县

金寨县志
安徽省金寨县地方志编纂委员会编 顾旭

郑鸿章 朱庆有总编 上海 上海人民出版社 1992 年 841 页〔安徽省地方志丛书〕
b10910323 K295.44 J479

金寨县志 1988–2007
金寨县地方志编委会编纂 顾旭 郑鸿章 朱庆有总编 董厚祥 胡遵远主编 合肥 黄山书社 2013 年 841 页〔安徽省地方志丛书〕
b45625566 K295.44 J479 2013

瓦屋基村志
瓦屋基村志编纂委员会编 周世坤主编 合肥 黄山书社 2017 年 267 页〔金寨县乡镇志名村志丛书〕
b50817279 K295.45 W122 2017

金寨县教育志
安徽省金寨县教育委员会编 金寨 金寨县印刷厂 1995 年 375 页
b20043636 G527.544 J479 1995

霍山县

霍山县志
霍山县地方志编纂委员会编 莫非总纂 合肥 黄山书社 1993 年 940 页〔安徽省地方志丛书〕
b1062837x K295.44 H7947

霍山县志 1986–2005
霍山县地方志编纂委员会编 王良祺 苏昌清主编 合肥 黄山书社 2012 年 1006 页
b40934913 K295.44 H7947 2012

霍山县交通志 1986–2007
霍山县交通志编纂领导组编 杨国庆主笔 霍山 霍山县交通志编纂领导组 2008 年 185 页
b5015204x F512.754.4 H794 2008

霍山县广播电视志
吴南江主编 北京 方志出版社 2011 年 386 页
b36133693 G229.275.44 H794 2011

霍山县水利志
霍山县水电局编 余恒雨主编 霍山 霍山县水电局 1991 年 213 页〔安徽省水利志丛书〕
b44851765 TV–092 H7947 1991

亳州市

亳州市志
亳州市地方志编纂委员会编 杨志华总编 合肥 黄山书社 1996 年 713 页〔安徽省地方志丛书〕
b10604194 K295.43 B558

亳州市志 1987–2000
亳州市谯城区地方志编纂委员会编 张炳先主编 合肥 黄山书社 2013 年 594 页〔安徽省地方志丛书〕
b41234510 K295.43 B558 2013

亳州市志 2000–2009
亳州市地方志编纂委员会编 卢刚主编 北京 方志出版社 2010 年 803 页〔安徽省地方志丛书〕
b21035040 K295.43 B558 2010

亳州烟草志
亳州烟草志编纂委员会编 郭卢主编 合肥 安徽人民出版社 2011 年 513 页
b41213464 F426.89 H238 2011

亳州教育志 2000–2009
李云淼执行主编 亳州 亳州教育志编纂委员会 2010 年 501 页

b47414534　G527.543　B558　2010

亳州市教育志
亳州市教育志编纂委员会编　亳州　亳州市教育志编纂委员会　1997 年　606 页
b17994299　G527.544　B558　1997

安徽省亳县地名录
亳县地名办公室编　合肥　亳县地名办公室　1983 年　424 页
b12160180　K925.4　H238

涡阳县

涡阳县志
安徽省涡阳县志编纂委员会编　栗兰忠总编辑　合肥　黄山书社　1989 年　515 页〔安徽省地方志丛书〕
b16424700　K295.44　G782　1989

涡阳县志　1984–2005
涡阳县地方志编纂委员会　李成彬主编　合肥　黄山书社　2014 年　833 页〔安徽省地方志丛书〕
b46996023　K295.44　G782C　2014

义门区志
涡阳县义门区编史修史办公室编　阜阳　阜阳印刷厂　1983 年　225 页
b16377278　K295.44　G782Y　1983

城关镇志
涡阳县城关镇编史修志领导组编　涡阳　涡阳县城关镇编史修志领导组　1983 年　287 页
b20014089　K295.45　C466　1983

涡阳县水利志　1949–1981
涡阳县水利局编　涡阳　涡阳县水利局　1984 年　197 页
b2185712x　TV–092　G782　1984

蒙城县

蒙城县志
蒙城县地方志编纂委员会编　杨继仁总编　合肥　黄山书社　1994 年　542 页〔安徽省地方志丛书〕
b10630417　K295.44　M343

蒙城县志　1986–2003
蒙城县地方志编纂委员会编　张秀丽主编　合肥　黄山书社　2013 年　884 页〔安徽省地方志丛书〕
b40739909　K295.44　M343　2013

利辛县

利辛县志
利辛县地方志编纂委员会编　合肥　黄山书社　1995 年　516 页〔安徽省地方志丛书〕
b12698416　K295.44　L454

利辛县志　1986–2005
利辛县地方志编纂委员会编　亓建国主编　合肥　黄山书社　2014 年　516 页〔安徽省地方志丛书〕
b46376720　K295.44　L454　2014

池州市

池州地区志
池州地区志编纂委员会编　汤良尚主编　北京　方志出版社　1996 年　890 页〔安徽省地方志丛书〕
b12698398　K295.42　C493

池州市志
池州市地方史志编纂委员会编 李剑军主编 北京 方志出版社 2016 年 6 卷 3688 页〔安徽省地方志丛书〕
b49715756 K295.43 C493 2016

池州地区审计志
宁代苏主编 合肥 黄山书社 1994 年 95 页
b49607534 F239.227.543 C493 1994

池州地区公路志
朱帮前主编 北京 方志出版社 1998 年 268 页〔安徽省公路志系列书〕
b20948281 F542.854-09 Z689 1998

池州文物志
池州文物志编委会编 池州 池州文物志编委会 1995 年 57 页
b36378896 K872.543 C493 1995

贵池区

贵池县志
贵池市地方志编纂委员会编 合肥 黄山书社 1994 年 1027 页〔安徽省地方志丛书〕
b13275975 K295.44 G728

贵池市志 1988–2000
池州市贵池区地方志编纂委员会编 胡胜利主编 合肥 黄山书社 2009 年 655 页〔安徽省地方志丛书〕
b2091846x K295.43 G728 2009

贵池市人民代表大会志
贵池市人大常委会编 常州 常州太平洋印刷有限公司 1999 年 527 页
b19931578 D624.544 G728 1999

贵池政协志
中国人民政治协商会议安徽省贵池县委员会政协志编纂委员会编著 余铁仁主编 贵池 中国人民政治协商会议安徽省贵池县委员会政协志编纂委员会 1990 年 297 页
b20534474 D628.544 G728 1990

东至县

东至县志
东至县地方志编纂委员会办公室编 张作著主编 合肥 安徽人民出版社 1991 年 750 页〔安徽省地方志丛书〕
b10655487 K295.44 D582

东至县志 1988–2005
东至县地方志编纂委员会编 合肥 黄山书社 2008 年 634 页〔安徽省地方志丛书〕
b18838364 K295.44 D582 2008

东至县工商行政管理志
舒静萍 汪建功 宋尚志主编 北京 方志出版社 1997 年 241 页〔安徽省工商行政管理志系列丛书〕
b44748723 F123.82 D5828 1997

东至县土地志
东至县土地志编纂委员会编 沈时翔主编 北京 地质出版社 2000 年 380 页
b17237373 F327.544 S414 2000

安徽省东至县地名录
东至县地名委员会办公室编 张作著主编 东至 东至县地名委员会办公室 1986 年 364 页
b20013681 K925.44 D582 1986

东至县水利志
东至县水利志编纂组编 周景胜主编 南

京 河海大学出版社 2007 年 226 页
b2185600x TV-092 Z666 2007

石台县

石台县志
石台县地方志办公室编 储满贵主编 合肥 黄山书社 1991 年 651 页〔中华人民共和国地方志丛书〕
b10627935 K295.44 S475

石台县志 1986-2008
石台县地方志编纂委员会编 胡景春主编 合肥 黄山书社 2014 年 959 页
b46240093 K295.44 S475 2014

青阳县

青阳县志
安徽省青阳县地方志编纂委员会编 合肥 黄山书社 1992 年 626 页
b10524496 K295.44 Q464

青阳县志 1978-2005
青阳县地方志编纂委员会编 钱华贵主编 合肥 黄山书社 2013 年 930 页〔安徽省地方志丛书〕
b45839840 K295.44 Q464 2013

青阳县人民代表大会志 续编
青阳县人大常委会编 青阳 青阳县人大常委会 2009 年 312 页
b47415563 D624.544 Q464 2009

青阳县人民法院志
青阳县人民法院志编纂委员会编 青阳 青阳县人民法院志编纂委员会 2006 年 240 页
b50152403 D926.22 Q4649 2006

安徽省青阳县地名录
青阳县地名委员会办公室编 邹日升主编 青阳 青阳县地名委员会办公室 1986 年 222 页
b20013723 K925.44 Q464 1986

宣城市

宣城地区志
宣城地区地方志编纂委员会编 夏雪琦 林静主编 北京 黄山书社 1998 年 890 页〔安徽省地方志丛书〕
b12698386 K295.42 X637

宣城地区志 1988-2000
宣城市地方志编纂委员会编 夏雪琦 林静主编 合肥 黄山书社 2008 年 723 页〔安徽省地方志丛书〕
b21765960 K295.42 X637 2008

宣城市人民代表大会志
宣城市人民代表大会志编纂委员会编 王范荣主编 宣城 宣城市人民代表大会志编纂委员 2015 年 送审稿 666 页
b50269598 D624.543 X537 2015

宣城市政协志 2006-2011
宣城市政协志编委会编 汤坚毅主编 宣城 宣城市政协志编委会 2011 年 554 页
b50991310 D628.543 X637 2011

安徽省南湖所志 1951-2011
安徽省南湖劳动教养管理所 安徽省南湖强制隔离戒毒所编 柳家林 方煜文主编 宣城 安徽省南湖劳动教养管理所 2011 年 513 页
b44749077 D927.540.68 A165 2011

宣城烟草志
安徽省宣城市烟草专卖局 安徽省烟草公司宣城市公司编 陈硕栋主编 北京 中国文史出版社 2015 年 515 页
b49550226 F426.89 X637 2015

宣城地区公路志
章征学主编 北京 中国对外翻译出版公司 1999 年 509 页〔安徽省公路志系列书 12〕
b46996217 F542.9 X637 1999

宣城地区教育志
宣城地区教育志编纂委员会编 宣城 宣城市彩色印刷公司 2005 年 905 页
b36014722 G527.542 X637 2005

宣城职业技术学校校志 1914–2004
邓一丁主编 北京 方志出版社 2004 年 212 页
b36246359 G719.285.43 X637 2004

敬亭山志
王景福主编 合肥 黄山书社 2016 年 544 页
b50777634 K928.3 J557 2016

宣州区

宣城县志
安徽省宣州市地方志编纂委员会编 吴效朋总编辑 北京 方志出版社 1996 年 829 页〔安徽省地方志丛书〕
b10532766 K295.44 X637

宣州市志 1987–2000
宣城市宣州区地方志编纂委员会编 徐小芹 田小青总编 合肥 黄山书社 2014 年 772 页〔安徽省地方志丛书〕
b46240354 K295.43 X6377 2014

宁国市

宁国县志
宁国县地方志编纂委员会编 贾金福主编 北京 三联书店 1997 年 875 页〔安徽省地方志丛书〕
b10524964 K295.44 N413C

宁国市志 1978–2003
宁国市地方志编纂委员会编 赵祖军主编 合肥 黄山书社 2013 年 2 卷 1375 页〔安徽省地方志丛书〕
b46442510 K295.43 N413 2013

宁国市人民法院志
宁国市人民法院志编纂委员会编 合肥 黄山书社 2009 年 462 页〔安徽省地方志丛书〕
b5022184x D926.22 N413 2009

安徽省宁国县地名录
宁国县地名委员会办公室编 宁国 宁国县地名委员会办公室 1985 年 284 页
b20013711 K925.43 N413 1985

郎溪县

郎溪县志
郎溪县地方志编纂委员会编 胡耀华总编 北京 方志出版社 1998 年 1134 页〔安徽省地方志丛书〕
b10532808 K295.44 L218

郎溪县志 1988–2002
郎溪县地方志编纂委员会编 王发根主编 合肥 黄山书社 2014 年 806 页〔安徽省地方志丛书〕
b46553162 K295.44 L218C 2014

郎溪县教育志 1905–1985
安徽省郎溪县教育委员会编 李开枝主编 郎溪 安徽省郎溪县教育委员会 1988 年 314 页
b20182855 G527.544 L218 1988

安徽省郎溪县地名录
郎溪县地名委员会办公室编 郎溪 郎溪县地名委员会办公室 1984 年 195 页
b12160155 K925.44 L218

广德县

广德县志
广德县地方志编纂委员会编 北京 方志出版社 1996 年 739 页〔安徽省地方志丛书〕
b10571942 K295.44 G681

广德县志 1978–2005
广德县地方志编纂委员会编 陈骅主编 合肥 黄山书社 2013 年 2 卷 1377 页〔安徽省地方志丛书〕
b44748978 K295.44 G681 2013

广德县政协志 1981–2011
政协安徽省广德县委员会编 刘殿贵主编 合肥 安徽人民出版社 2011 年 815 页
b46899042 D628.544 G681 2011

广德县财政志 1912–2007
广德县财政志编委会编 合肥 黄山书社 2012 年 896 页〔安徽省地方志丛书〕
b47584920 F812.754.4 G681 2012

安徽省广德县地名录
广德县地名委员会编 周首贤 金正琪 金家骐编 广德 广德县地名委员会 1985 年 247 页
b20368859 K925.44 G681 1985

广德县水利志
广德县水利电力局编 合肥 安徽省测绘局印刷厂 1987 年 96 页
b21857179 TV–092 G6812 1987

泾 县

泾县志
泾县地方志编纂委员会编 汪渭总编 北京 方志出版社 1996 年 1030 页〔安徽省地方志丛书〕
b10617188 K295.44 J5348

泾县志 1988–2005
泾县地方志编纂委员会编 吴放驹主编 北京 方志出版社 2012 年 961 页〔安徽省地方志丛书〕
b36708835 K295.44 J5348J 2012

泾县文化志
安徽省泾县文化局编 朱普乐主编 泾县 安徽省泾县文化局 1987 年 276 页
b36379463 G127.544 J534 1987

新四军人物志
马洪才编著 南京 江苏人民出版社 2004 年 436 页
b15676481 K822 M138 2004

新四军人物志 第 1 卷
马洪才编著 南京 江苏人民出版社 1985 年 436 页〔新四军丛书〕
b12302557 K822 M138

泾县文物志
安徽省泾县文化局编 泾县 安徽省泾县文化局 1986 年 114 页
b2004365x K872.544 A165 1986

陈村水电站志
徐静轩主编 泾县 陈村水电站 1988年 334页〔安徽省电力志丛书 8〕
b49549686 TV752.54 C415 1988

绩溪县

绩溪县志
绩溪县地方志编纂委员会编 合肥 黄山书社 1998年 1084页〔安徽省地方志丛书〕
b1048825x K295.44 J118

绩溪县志
绩溪县地方志编纂委员会编 汪建斌主编 北京 方志出版社 2011年 2卷 1635页〔安徽省地方志丛书〕
b4042084x K295.44 J118 2011

安徽绩溪余川村志
中共上庄镇余川村支部委员会 上庄镇余川村村民委员会编 黄山 黄山市委机关印刷厂 2004年 368页
b23003819 K295.45 Y721 2004

仁里村志
安徽省绩溪县瀛洲镇仁里村志编纂委员会编 耿培炳主编 北京 方志出版社 2017年 210页〔中国名村志丛书〕
b50871067 K295.45 R193C 2017

石尵村志
中共石尵村支部委员会编 石尵村民委员会编 绩溪 皖南海峰印刷包装公司 2000年 139页〔绩溪徽学研究丛书〕
b18280328 K295.45 S473 2000

绩溪审计志
绩溪县审计局编 邵期静主编 北京 团结出版社 2012年 284页
b49533319 F239.227.544 J118 2012

绩溪县城建志
绩溪县建设委员会编 章亚光主编 绩溪 绩溪县建设委员会 2006年 248页
b50152051 F299.275.44 J118 2006

绩溪县教育志
绩溪县教育志编委会编 黄义新 张正则主编 北京 方志出版社 2005年 424页〔绩溪县地方志丛书〕
b16378489 G527.544 J118 2005

旌德县

旌德县志
旌德县地方志编纂委员会办公室编 田帖葆 欧阳明德总编 合肥 黄山书社 1992年 639页〔安徽省地方志丛书〕
b10633753 K295.44 J534

旌德县志 1978–2003
旌德县地方志编纂委员会编 汪忠来主编 合肥 黄山书社 2008年 877页〔安徽省地方志丛书〕
b20189989 K295.44 J534W 2008

旌德县志 1978–2003
旌德县地方志编纂委员会编 汪忠来主编 合肥 合肥工业大学出版社 2015年 900页〔安徽省地方志丛书〕
b47206470 K295.44 J534W 2015

福建省

福建省志 民航志
福建省地方志编纂委员会编 李志峰主编 北京 方志出版社 2011年 268页〔中华人民共和国地方志〕
b23216700 K295.7 F452P 2011

福建省志 青运动志
福建省地方志编纂委员会编 吴立官主编 厦门 鹭江出版社 2016年 415页〔中华人民共和国地方志〕
b50231996 K295.7 F452QN 2016

福建省志 第1卷 气象志
福建省地方志编纂委员会编 诸仁海主编 北京 方志出版社 1996年 327页〔中华人民共和国地方志〕
b12488562 K295.7 F452

福建省志 第2卷 测绘志
福建省地方志编纂委员会编 林贻忠主编 福州 福建人民出版社 1993年 179页〔中华人民共和国地方志〕
b12488562 K295.7 F452

福建省志 第3卷 华侨志
福建省地方志编纂委员会编 吴同永主编 福州 福建人民出版社 1992年 337页〔中华人民共和国地方志〕
b12488562 K295.7 F452

福建省志 第4卷 军事志
福建省地方志编纂委员会编 王子文主编 北京 新华出版社 1995年 675页〔中华人民共和国地方志〕
b12488562 K295.7 F452

福建省志 第5卷 海关志
福建省地方志编纂委员会编 陈家环 北京 方志出版社 1995年 237页〔中华人民共和国地方志〕
b12488562 K295.7 F452

福建省志 第6卷 电子工业志
福建省地方志编纂委员会编 福州 福建人民出版社 1992年 319页〔中华人民共和国地方志〕
b12488562 K295.7 F452

福建省志 第7卷 化学工业志
福建省地方志编纂委员会编 刘声主编 北京 方志出版社 1995年 278页〔中华人民共和国地方志〕
b12488562 K295.7 F452

福建省志 第8卷 轻工业志
福建省地方志编纂委员会编 王学鼎主编 北京 方志出版社 1996年 405页〔中华人民共和国地方志〕
b12488562 K295.7 F452

福建省志 第9卷 邮电志
福建省地方志编纂委员会编 北京 方志出版社 1996年 381页〔中华人民共和国地方志〕
b12488562 K295.7 F452

福建省志 第 10 卷 财税志
福建省地方志编纂委员会编 潘心城主编 北京 新华出版社 1994 年 485 页〔中华人民共和国地方志〕
b12488562 K295.7 F452

福建省志 第 10 卷 财政志 1989-2005
福建省地方志编纂委员会编 李小平主编 北京 社会科学文献出版社 2012 年 501 页〔中华人民共和国地方志〕
b40413809 K295.7 F452C

福建省志 第 11 卷 供销合作社志
福建省地方志编纂委员会编 北京 中华书局 1995 年 372 页〔中华人民共和国地方志〕
b12488562 K295.7 F452

福建省志 第 12 卷 粮食志
福建省地方志编纂委员会编 福州 福建人民出版社 1993 年 410 页〔中华人民共和国地方志〕
b12488562 K295.7 F452

福建省志 第 13 卷 林业志
福建省地方志编纂委员会编 张琅主编 北京 方志出版社 1996 年 474 页〔中华人民共和国地方志〕
b12488562 K295.7 F452

福建省志 第 14 卷 烟草志
福建省地方志编纂委员会编 郑训权主编 北京 方志出版社 1995 年 405 页〔中华人民共和国地方志〕
b12488562 K295.7 F452

福建省志 第 15 卷 水产志
福建省地方志编纂委员会编 王芳灿主编 北京 方志出版社 1995 年 373 页〔中华人民共和国地方志〕
b12488562 K295.7 F452

福建省志 第 16 卷 体育志
福建省地方志编纂委员会编 林建章 李清主编 福州 福建人民出版社 1993 年 455 页〔中华人民共和国地方志〕
b12488562 K295.7 F452

福建省志 第 17 卷 卫生志
福建省地方志编纂委员会编 刘景业主编 北京 中华书局 1995 年 447 页〔中华人民共和国地方志〕
b12488562 K295.7 F452

福建省志 第 18 卷 金融志
福建省地方志编纂委员会编 曹大斑主编 北京 新华出版社 1996 年 611 页〔中华人民共和国地方志〕
b12488562 K295.7 F452

福建省志 第 18 卷 金融志 1989-1998
福建省地方志编纂委员会编 王守理主编 北京 方志出版社 2003 年 356 页〔中华人民共和国地方志〕
b20948852 K295.7 F452 2003

福建省志 第 18 卷 金融志 1999-2005
福建省地方志编纂委员会编 晏露蓉主编 北京 社会科学文献出版社 2012 年 637 页〔中华人民共和国地方志〕
b40421685 K295.7 F452C

福建省志 第 19 卷 公安志
福建省地方志编纂委员会编 何锋涛主编 北京 方志出版社 1997 年 257 页〔中华人民共和国地方志〕
b12488562 K295.7 F452

福建省志 第19卷 公安志 1990-2005
福建省地方志编纂委员会编 高文根主编 北京 社会科学文献出版社 2011年 383页〔中华人民共和国地方志〕
b22388977 K295.7 F452C

福建省志 第20卷 医药志
福建省地方志编纂委员会编 孙大铨主编 余万里总纂 北京 方志出版社 1997年 283页〔中华人民共和国地方志〕
b12488562 K295.7 F452

福建省志 第20卷 通信志 1991-2005
福建省地方志编纂委员会编 杨锦炎主编 北京 社会科学文献出版社 2012年 308页〔中华人民共和国地方志〕
b36343833 K295.7 F452C

福建省志 第21卷 煤炭工业志
福建省地方志编纂委员会编 阮文清主编 北京 方志出版社 1997年 319页〔中华人民共和国地方志〕
b12488562 K295.7 F452

福建省志 第22卷 地质矿产志
福建省地方志编纂委员会编 李金成主编 北京 方志出版社 1996年 240页〔中华人民共和国地方志〕
b12488562 K295.7 F452

福建省志 第22卷 国土资源志 1991-2005
福建省地方志编纂委员会编 北京 社会科学文献出版社 2011年 299页〔中华人民共和国地方志〕
b23220405 K295.7 F452C

福建省志 第23卷 检察志
福建省地方志编纂委员会编 戴春年主编 北京 方志出版社 1997年 149页〔中华人民共和国地方志〕
b12488562 K295.7 F452

福建省志 第23卷 检察志 1993-2005
福建省地方志编纂委员会编 李明蓉主编 北京 社会科学文献出版社 2014年 227页〔中华人民共和国地方志〕
b46133288 K295.7 F452C

福建省志 第24卷 方言志
福建省地方志编纂委员会编 黄典诚主编 北京 方志出版社 1998年 662页〔中华人民共和国地方志〕
b12488562 K295.7 F452

福建省志 第25卷 旅游志
福建省地方志编纂委员会编 陈维平主编 北京 方志出版社 1997年 324页〔中华人民共和国地方志〕
b12488562 K295.7 F452

福建省志 第26卷 科学技术志
福建省地方志编纂委员会编 陈俱主编 北京 方志出版社 1997年 859页〔中华人民共和国地方志〕
b12488562 K295.7 F452

福建省志 第27卷 劳动志
福建省地方志编纂委员会编 丁榕芳 王煌煌主编 北京 方志出版社 1998年 266页〔中华人民共和国地方志〕
b12488562 K295.7 F452

福建省志 第28卷 人口志
福建省地方志编纂委员会编 李裕德主编 北京 方志出版社 1998年 326页〔中华人民共和国地方志〕
b12488562 K295.7 F452

福建省志 第28卷 人口和计划生育志 1991-2005
福建省地方志编纂委员会编 吴大新主编 北京 社会科学文献出版社 2012年 399页〔中华人民共和国地方志〕
b36205758 K295.7 F454C

福建省志 第29卷 畜牧志
福建省地方志编纂委员会编 郭林主编 北京 方志出版社 1998年 252页〔中华人民共和国地方志〕
b12488562 K295.7 F452

福建省志 第29卷 畜牧志 1991-2005
福建省地方志编纂委员会编 邱章泉主编 北京 社会科学文献出版社 2014年 270页〔中华人民共和国地方志〕
b45519146 K295.7 F452C

福建省志 第30卷 民俗志
福建省地方志编纂委员会编 林国平主编 北京 方志出版社 1997年 383页〔中华人民共和国地方志〕
b12488562 K295.7 F452

福建省志 第31卷 民政志
福建省地方志编纂委员会编 彭景舜 陈坚主编 北京 方志出版社 1997年 283页〔中华人民共和国地方志〕
b12488562 K295.7 F452

福建省志 第32卷 档案志
福建省地方志编纂委员会编 金莹谛主编 北京 方志出版社 1997年 193页〔中华人民共和国地方志〕
b12488562 K295.7 F452

福建省志 第33卷 交通志
福建省地方志编纂委员会编 李功瑞主编 北京 方志出版社 1998年 615页〔中华人民共和国地方志〕
b12488562 K295.7 F452

福建省志 第33卷 交通志 1990-2005
福建省地方志编纂委员会编 张明主编 北京 社会科学文献出版社 2012年 508页〔中华人民共和国地方志〕
b36205746 K295.7 F453C

福建省志 第34卷 教育志
福建省地方志编纂委员会编 石益主编 北京 方志出版社 1998年 874页〔中华人民共和国地方志〕
b12488562 K295.7 F452

福建省志 第35卷 民主党派志
福建省地方志编纂委员会编 叶绍书主编 北京 方志出版社 2001年 344页〔中华人民共和国地方志〕
b12488562 K295.7 F452

福建省志 第36卷 审计志
福建省地方志编纂委员会编 陈丽群主编 北京 方志出版社 2000年 231页〔中华人民共和国地方志〕
b12488562 K295.7 F452

福建省志 第37卷 工人运动志
福建省地方志编纂委员会编 林清良 林炎 陈惠发主编 北京 方志出版社 2001年 568页〔中华人民共和国地方志〕
b12488562 K295.7 F452

福建省志 第38卷 统计志
福建省地方志编纂委员会编 冯声康主编 北京 方志出版社 2000年 449页〔中华人民共和国地方志〕
b12488562 K295.7 F452

福建省志 第38卷 统计志 1996-2005
福建省地方志编纂委员会编 厦门 厦门大学出版社 2012年 409页〔中华人民共和国地方志〕
b40676705 K295.7 F452C

福建省志 第39卷 地理志
福建省地方志编纂委员会编 赵昭昞主编 北京 方志出版社 2001年 474页〔中华人民共和国地方志〕
b12488562 K295.7 F452

福建省志 第40卷 人事志
福建省地方志编纂委员会编 林荣鑫主编 北京 方志出版社 2000年 387页〔中华人民共和国地方志〕
b12488562 K295.7 F452

福建省志 第41卷 土地管理志
福建省地方志编纂委员会编 林方磊主编 北京 方志出版社 2000年 297页〔中华人民共和国地方志〕
b12488562 K295.7 F452

福建省志 第42卷 城乡建设志
福建省地方志编纂委员会编 封建安 黄振军主编 北京 方志出版社 1999年 411页〔中华人民共和国地方志〕
b12488562 K295.7 F452

福建省志 第43卷 二轻工业志
福建省地方志编纂委员会编 李来顺主编 北京 方志出版社 2000年 276页〔中华人民共和国地方志〕
b12488562 K295.7 F452

福建省志 第44卷 大事记
福建省地方志编纂委员会编 唐天尧主编 北京 方志出版社 2000年 678页〔中华人民共和国地方志〕
b12488562 K295.7 F452

福建省志 第45卷 总概述
福建省地方志编纂委员会编 刘学沛主编 北京 方志出版社 2002年 176页〔中华人民共和国地方志〕
b12488562 K295.7 F452

福建省志 第46卷 审判志
福建省地方志编纂委员会编 包志荣主编 北京 中国社会科学出版社 1999年 308页〔中华人民共和国地方志〕
b12488562 K295.7 F452

福建省志 第47卷 工商行政管理志
福建省地方志编纂委员会编 赵觉荣主编 北京 方志出版社 2000年 408页〔中华人民共和国地方志〕
b12488562 K295.7 F452

福建省志 第47卷 工商行政管理志 1996-2005
福建省地方志编纂委员会编 北京 社会科学文献出版社 2012年 414页〔中华人民共和国地方志〕
b36205734 K295.7 F452C

福建省志 第48卷 农业志
福建省地方志编纂委员会编 陈启锋主编 北京 中国社会科学出版社 1999年 518页〔中华人民共和国地方志〕
b12488562 K295.7 F452

福建省志 第49卷 戏曲志
福建省地方志编纂委员会编 刘湘如主编 北京 方志出版社 2000年 290页〔中华人民共和国地方志〕
b12488562 K295.7 F452

福建省志 第 50 卷 建筑志
福建省地方志编纂委员会编 黄振军主编 北京 中国社会科学出版社 1999 年 359 页〔中华人民共和国地方志〕
b12488562 K295.7 F452

福建省志 第 51 卷 司法行政志
福建省地方志编纂委员会编 北京 高等教育出版社 2000 年 254 页〔中华人民共和国地方志〕
b12488562 K295.7 F452

福建省志 第 52 卷 船舶工业志
福建省地方志编纂委员会编 林礼桑 黄祥顺主编 北京 方志出版社 2002 年 382 页〔中华人民共和国地方志〕
b12488562 K295.7 F452

福建省志 第 53 卷 海洋志
福建省地方志编纂委员会编 胡明辉主编 北京 方志出版社 2002 年 564 页〔中华人民共和国地方志〕
b12488562 K295.7 F452

福建省志 第 54 卷 政府志
福建省地方志编纂委员会编 李子 卢美松主编 北京 方志出版社 2002 年 369 页〔中华人民共和国地方志〕
b12488562 K295.7 F452

福建省志 第 55 卷 土地管理志
福建省地方志编纂委员会编 林方磊主编 北京 方志出版社 2000 年 297 页〔中华人民共和国地方志〕
b12488562 K295.7 F452

福建省志 第 56 卷 二轻工业志
福建省地方志编纂委员会编 李来顺主编 北京 方志出版社 2000 年 276 页〔中华人民共和国地方志〕
b12488562 K295.7 F452

福建省志 第 57 卷 人事志
福建省地方志编纂委员会编 林荣鑫主编 北京 方志出版社 2000 年 387 页〔中华人民共和国地方志〕
b12488562 K295.7 F452

福建省志 第 57 卷 人事志 1998–2005
福建省地方志编纂委员会编 郑亨钰主编 北京 社会科学文献出版社 2014 年 239 页〔中华人民共和国地方志〕
b4551916x K295.7 F452C

福建省志 第 58 卷 广播电视志
福建省地方志编纂委员会编 陈方主编 北京 方志出版社 2002 年 366 页〔中华人民共和国地方志〕
b12488562 K295.7 F452

福建省志 第 59 卷 政协志
福建省地方志编纂委员会编 游冠洲主编 北京 方志出版社 2002 年 578 页〔中华人民共和国地方志〕
b12488562 K295.7 F452

福建省志 第 60 卷 技术监督志
福建省地方志编纂委员会编 孙海山主编 北京 方志出版社 2002 年 312 页〔中华人民共和国地方志〕
b12488562 K295.7 F452

福建省志 第 61 卷 铁路志
福建省地方志编纂委员会编 陈林芳主编 北京 方志出版社 2003 年 350 页〔中华人民共和国地方志〕
b12488562 K295.7 F452

福建省志 第 62 卷 人民代表大会志
福建省地方志编纂委员会编 周一风主编 北京 方志出版社 2003 年 479 页〔中华人民共和国地方志〕
b12488562 K295.7 F452

福建省志 第 62 卷 人民代表大会志 1998–2008
福建省地方志编纂委员会编 赖祖胜主编 北京 社会科学文献出版社 2013 年 335 页〔中华人民共和国地方志〕
b40776049 K295.7 F452C

福建省志 第 63 卷 电力工业志
福建省地方志编纂委员会编 王应时主编 北京 方志出版社 1998 年 332 页〔中华人民共和国地方志〕
b12488562 K295.7 F452

福建省志 第 64 卷 计划志
福建省地方志编纂委员会编 卢增荣主编 北京 方志出版社 2001 年 375 页〔中华人民共和国地方志〕
b12488562 K295.7 F452

福建省志 第 65 卷 生物志
福建省地方志编纂委员会编 林鹏 郑辑主编 北京 方志出版社 2003 年 815 页〔中华人民共和国地方志〕
b12488562 K295.7 F452

福建省志 第 66 卷 新闻志
福建省地方志编纂委员会编 徐明新主编 北京 方志出版社 2002 年 506 页〔中华人民共和国地方志〕
b12488562 K295.7 F452

福建省志 第 67 卷 外事志
福建省地方志编纂委员会编 杨德魁主编 北京 方志出版社 2004 年 394 页〔中华人民共和国地方志〕
b12488562 K295.7 F452

福建省志 第 67 卷 外事志 1999–2005
福建省地方志编纂委员会编 李达主编 北京 社会科学文献出版社 2014 年 260 页〔中华人民共和国地方志〕
b45825373 K295.7 F452C

福建省志 第 68 卷 共产党志
福建省地方志编纂委员会编 北京 中国社会科学出版社 1999 年 506 页〔中华人民共和国地方志〕
b12488562 K295.7 F452

福建省志 第 69 卷 商业志
福建省地方志编纂委员会编 北京 中国社会科学出版社 1999 年 653 页〔中华人民共和国地方志〕
b12488562 K295.7 F452

福建省志 第 70 卷 地震志
福建省地方志编纂委员会编 林思诚主编 北京 中国社会科学出版社 2001 年 272 页〔中华人民共和国地方志〕
b12488562 K295.7 F452

福建省志 第 71 卷 人物志 上卷
福建省地方志编纂委员会编 卢美松主编 北京 中国社会科学出版社 2003 年 678 页〔中华人民共和国地方志〕
b12488562 K295.7 F452

福建省志 第 72 卷 冶金工业志
福建省地方志编纂委员会编 陈大明主编 北京 方志出版社 2001 年 579 页〔中华人民共和国地方志〕
b12488562 K295.7 F452

福建省志 第73卷 纺织工业志
福建省地方志编纂委员会编 李钻永主编 北京 中国社会科学出版社 1999年 336页〔中华人民共和国地方志〕
b12488562 K295.7 F452

福建省志 第74卷 水利志
福建省地方志编纂委员会编 黄柏荣主编 北京 中国社会科学出版社 1999年 374页〔中华人民共和国地方志〕
b12488562 K295.7 F452

福建省志 第75卷 物价志
福建省地方志编纂委员会编 张学清 陈德金主编 北京 中国社会科学出版社 1999年 2卷 1392页〔中华人民共和国地方志〕
b12488562 K295.7 F452

福建省志 第75卷 物价志 1999-2005
福建省地方志编纂委员会编 庄稼汉主编 北京 社会科学文献出版社 2013年 454页〔中华人民共和国地方志〕
b40667595 K295.7 F452C

福建省志 第76卷 文化艺术志
福建省地方志编纂委员会编 柯子铭 谭华孚主编 福州 福建人民出版社 2008年 813页〔中华人民共和国地方志〕
b12488562 K295.7 F452

福建省志 第77卷 对外贸易志
福建省地方志编纂委员会编 张梁主编 北京 中国社会科学出版社 1999年 357页〔中华人民共和国地方志〕
b12488562 K295.7 F452

福建省志 第78卷 环境保护志
福建省地方志编纂委员会编 郑更新主编 福州 福建人民出版社 2008年 690页〔中华人民共和国地方志〕
b12488562 K295.7 F452

福建省志 第78卷 环境保护志 2001-2005
福建省地方志编纂委员会编 北京 社会科学文献出版社 2011年 246页〔中华人民共和国地方志〕
b23059709 K295.7 F452C

福建省志 第79卷 社会科学志
福建省地方志编纂委员会编 福州 福建人民出版社 2009年 474页〔中华人民共和国地方志〕
b12488562 K295.7 F452

福建省志 第79卷 妇联志 1998-2005
福建省地方志编纂委员会编 包方主编 北京 社会科学文献出版社 2015年 301页〔中华人民共和国地方志〕
b49482014 K295.7 F452C

福建省志 第80卷 出版志
福建省地方志编纂委员会编 李瑞良主编 福州 福建人民出版社 2008年 544页〔中华人民共和国地方志〕
b12488562 K295.7 F452

福建省志 第80卷 建设志 1991-1997
福建省地方志编纂委员会编 林坚飞主编 北京 方志出版社 2002年 538页〔中华人民共和国地方志〕
b4964046x K295.7 F452C

福建省志 第81卷 物资志
福建省地方志编纂委员会编 张国桢主编 福州 福建人民出版社 2008年 375页〔中华人民共和国地方志〕
b12488562 K295.7 F452

福建省志 第 82 卷 文物志
福建省地方志编纂委员会编 庄晏成等主编 北京 方志出版社 2002 年 404 页〔中华人民共和国地方志〕
b12488562 K295.7 F452

福建省志 第 82 卷 体育志 1988-2008
福建省地方志编纂委员会编 甘式光主编 北京 社会科学文献出版社 2016 年 807 页〔中华人民共和国地方志〕
b50322059 K295.7 F452C

福建省志 第 83 卷 地震志 1996-2005
福建省地方志编纂委员会编 林思诚 郑小菁总编纂 金星主编 厦门 鹭江出版社 2014 年 347 页〔中华人民共和国地方志〕
b51012741 K295.7 F452C

福建省志 粮食志 1988-2005
福建省地方志编纂委员会编 王修风主编 北京 社会科学文献出版社 2015 年 596 页〔中华人民共和国地方志〕
b47029134 K295.7 F452LS 2015

福建省志 税务志 1989-2005
福建省地方志编纂委员会编 包逸生 赖勤学主编 北京 社会科学文献出版社 2013 年 254 页〔中华人民共和国地方志〕
b40667625 K295.7 F452T 2013

福建省志 测绘志 1990-2005
福建省地方志编纂委员会编 陈智仁主编 福州 福建人民出版社 2014 年 195 页〔中华人民共和国地方志〕
b49963351 K295.7 F452CH 2014

福建省志 气象志 1991-2005
福建省地方志编纂委员会编 北京 社会科学文献出版社 2012 年 353 页〔中华人民共和国地方志〕
b35961417 K295.7 F452Q 2012

福建省志 农业志 1991-2005
福建省地方志编纂委员会编 黄华康 朱淑芳主编 北京 社会科学文献出版社 2012 年 564 页〔中华人民共和国地方志〕
b39247727 K295.7 F452R 2012

福建省志 烟草志 1991-2008
福建省地方志编纂委员会编 黄星光主编 北京 社会科学文献出版社 2015 年 768 页〔中华人民共和国地方志〕
b47029158 K295.7 F452Y 2015

福建省志 政府志 1991-2005
福建省地方志编纂委员会编 黄伟生 王剑华 詹志洁主编 福州 福建人民出版社 2014 年 717 页〔中华人民共和国地方志〕
b47206330 K295.7 F452ZF 2014

福建省志 社会科学志 1992-2005
福建省地方志编纂委员会编 冯潮华主编 北京 社会科学文献出版社 2014 年 2 卷 1040 页〔中华人民共和国地方志〕
b46324793 K295.7 F452U 2014

福建省志 工会志 1995-2010
福建省地方志编纂委员会编 吴作右主编 北京 社会科学文献出版社 2014 年 545 页〔中华人民共和国地方志〕
b45637544 K295.7 F452S 2014

福建省志 司法行政志 1995-2005
福建省地方志编纂委员会编 薛育卿主编 厦门 厦门大学出版社 2013 年 270 页〔中华人民共和国地方志〕
b44826953 K295.7 X678 2013

福建省志 审计志 1996-2005
福建省地方志编纂委员会编 姜榕兴主编 北京 社会科学文献出版社 2015年 269页〔中华人民共和国地方志〕
b47029146 K295.7 F452SJ 2015

福建省志 武夷山志
福建省地方志编纂委员会编 卢美松 阮雪清主编 北京 方志出版社 2004年 731页〔中华人民共和国地方志〕
b16050307 K928.3 W534 2004

福建民革志
中国国民党革命委员会福建省委员会编 福州 中国国民党革命委员会福建省委员会 1994年 139页
b20948839 D665.1 F452 1994

中国民主建国会福建省地方组织志
中国民主建国会福建省委员会编 蔡载经主编 福州 中国民主建国会福建省委员会 1997年 508页
b36234618 D665.4 C137 1997

福建省土地志
福建省土地管理局编 林方磊主编 北京 中国社会科学出版社 2000年 424页
b36378744 F327.57 L585 2000

福建煤炭工业志 1991-2010
福建煤炭工业志编纂委员会编 北京 煤炭工业出版社 2017年 549页〔中国煤炭工业志〕
b50712548 F426.21 F452 2017

福建省电力工业志
福建省电力工业志编纂委员会编 王应时主编 北京 当代中国出版社 1997年 428页〔中国电力工业志丛书〕
b49850271 F426.61 F452C 1997

福建省电力工业志 1991-2002
郭鹏宁主编 北京 中国电力出版社 2013年 477页〔中国电力工业志丛书〕
b49850490 F426.61 F452 2013

中国煤炭志 福建卷
中国煤炭志编纂委员会编 阮文清主编 北京 煤炭工业出版社 1994年 394页
b40805955 F426.21 Z6485K 1994

福建省交通志
福建省地方交通史志编纂委员会编著 厦门 鹭江出版社 1998年 700页
b36014424 F512.757 F452 1998

福建省公路志
福建省公路局公路史志编辑组编 北京 华艺出版社 1992年 422页
b47584725 F542.857-09 F452 1992

福建税务志 1949-1994
福建税务志编委会编 包逸生主编 福州 福建人民出版社 2010年 198页
b40647821 F812.757 B255 2010

福建图书馆事业志
福建省文史研究馆编 刘德城 刘煦赞纂 北京 方志出版社 2006年 266页〔福建文史丛书〕
b17021327 G259.275.7 L673 2006

福建县市方言志12种
李如龙著 福州 福建教育出版社 2001年 539页
b14177833 H177 L416F

寿山石志
方宗著 福州 福建人民出版社 1982年 156页

b12623647　J314.3　F226

寿山石人物志

福建省收藏家协会编　周野主编　福州　福建美术出版社　2011 年　325 页

b49938393　J323　S528　2011

中华舞蹈志　**福建卷**

中华舞蹈志编辑委员会编　蓝凡主编　范碧云卷主编　上海　学林出版社　2014 年　325 页

b44693746　J709.2　F195　2014

中华舞蹈志　**福建卷**

中华舞蹈志编辑委员会编　蓝凡主编　范碧云卷主编　上海　学林出版社　2006 年　325 页

b16455812　J709.257　Z643　2006

中国曲艺志　**福建卷**

中国曲艺志全国编辑委员会编　中国曲艺志福建卷编辑委员会编　罗扬主编　黄启章卷主编　北京　中国 ISBN 中心　2006 年　601 页

b10643059　J809.2　Z648

中国戏曲志　**福建卷**

中国戏曲志编辑委员会编　张庚主编　柯子铭卷主编　北京　文化艺术出版社　1993 年　724 页

b16431467　J809.2　Z651FJ　1993

闽西客家志

龙岩地区地方志编纂委员会编　张东民　熊寒江著　福州　海潮摄影艺术出版社　1998 年　390 页

b13947631　K295.7　Z348

福建陈氏人物志

福建省姓氏源流研究会陈氏委员会　福建陈氏人物志编纂委员会编　陈及霖主编　厦门　厦门大学出版社　2013 年　746 页

b40679500　K820.857　C422　2013

福建连氏志

福建省姓氏源流研究会连氏委员会编　连心豪主编　福州　海风出版社　2010 年　359 页

b40647845　K820.9　L4693　2010

福建苏氏闽东定居志

苏振团编著　北京　作家出版社　2008 年　440 页

b20791690　K820.9　S715F　2008

福建武术人物志

林建华主编　厦门　厦门大学出版社　2015 年　513 页

b46492781　K825.47　L586　2015

辛亥革命福建英杰图志

福建省地方志编纂委员会　福建省档案局　中国国民党革命委员会福建省委员会编　罗健主编　福州　海峡书局　2011 年　367 页

b40647857　K827　L9224　2011

福建风物志

福建风物志编写组编　福州　福建人民出版社　1985 年　331 页〔中国风物志丛书〕

b12159803　K925.7　F451

福建省海域地名志

福建省地名委员会办公室　福建省地名学研究会编　福州　福建省地名委员会办公室　1992 年　424 页

b21276328　K925.7　F452　1992

中国海岛志　**第 3 卷　福建卷**

中国海岛志编纂委员会编　陈连增总编　陈坚卷主编　北京　海洋出版社　2014 年

b45649066　K928.44　C424H

福建省地震监测志
福建省地震局编 史粦华主编 北京 地震出版社 2005年 409页〔中国地震监测志系列〕
b20948840 P315.732.57 S487 2005

福建省区域地质志
福建省地质矿产局编 北京 地质出版社 1985年 670页〔中华人民共和国地质矿产部地质专报〕
b1626132x P548.257 F452 1985

中国海湾志 第7卷 福建省北部海湾
中国海湾志编纂委员会编 陈峰主编 北京 海洋出版社 1991年 293页
b10905157 P722 Z647

中国海湾志 第8卷 福建省南部海湾
中国海湾志编纂委员会编 陈峰主编 北京 海洋出版社 1991年 510页
b10905157 P722 Z647

福建植物志
福建省科学技术委员会 福建植物志编写组编 福州 福建科学技术出版社 1982年 5卷 2736页
b11327200 Q948.525.7 F451

福建昆虫志 第1,3–9卷
黄邦侃主编 福州 福建科学技术出版社 1999年 8卷
b13990603 Q968.225.7 H654

福建鱼类志
福建鱼类志编写组编著 福州 福建科学技术出版社 1984年 2卷 1228页
b16019313 Q969.4 v4

武夷山保护区叶甲科昆虫志
汪家社 杨星科等编著 北京 中国林业出版社 1999年 213页〔武夷山研究〕
b49849116 Q969.512.408 W534 1999

福建出入境检验检疫志
福建出入境检验检疫志编纂委员会编 黄永木主编 北京 方志出版社 2005年 658页
b49980907 R185.3 F452 2005

福建省计划生育服务机构志
福建省计划生育服务机构志编纂委员会编著 吴大新 苏富达主编 福州 福建省地图出版社 2013年 1385页
b51012054 R197.6 F452 2013

福建药物志
福建省中医药研究院编著 福州 福建科学技术出版社 1994年 修订本 2卷 1127页
b49849323 R281.457 F452 1994

福建药物志 第1卷
福建省医药研究所编 福州 福建人民出版社 1979年 558页
b11895160 R932.457 F451

福建土种志
林景亮主编 陈修卿等编 福州 福建省土壤普查办公室 1989年 352页
b20576444 S159.257 L586 1989

福建省茶树品种图志
陈常颂 余文权等编著 北京 中国农业科学技术出版社 2016年 175页
b51011876 S571.102.92–64 C415 2016

水仙花志
漳州市文学艺术工作者联合会编 福州 福建人民出版社 1980年 77页
b12074627 S683 Z371

福州市

福州市志
福州市地方志编纂委员会编 北京 方志出版社 1998–2000 年 8 卷〔中华人民共和国地方志〕
b13833741 K295.71 F451

福州市历史文化名城名镇名村志
福州市地方志编纂委员会编 张天禄主编 福州 海潮摄影艺术出版社 2004 年 274 页〔中华人民共和国地方志〕
b15906188 K295.71 F451C 2004

福州市宗教志
姚午生主编 福州 福建人民出版社 2000 年 335 页
b21567657 B929.2 Y297 2000

福州市人口志
福州市人口志编纂委员会编 北京 方志出版社 1999 年 281 页
b12980997 C924.255.71 F451

中国共产党福州地方组织志
石建国主编 北京 中国大百科全书出版社 1998 年 503 页
b20019579 D235.571 S473 1998

福州工会志
福州市总工会编 福州 福州市总工会 2000 年 258 页〔中华人民共和国地方志〕
b36374143 D412.857.1 F451 2000

福州市政府志
福州市政府志编纂委员会编 徐启源主编 福州 海潮摄影艺术出版社 2003 年 351 页〔中华人民共和国地方志〕
b16431042 D625.571 F451 2003

福州市政协志
政协福州市委员会编 林兴才主编 福州 政协福州市委员会 1995 年 197 页
b18120684 D628.571 L588 1995

福州民政志
福州民政志编纂委员会编 邵思新主编 福州 福建人民出版社 1997 年 327 页
b2048530x D632 S339 1997

福州市党派志
福州市党派志编纂委员会编 石建国主编 北京 方志出版社 1999 年 200 页
b12980973 D665 S473

福州市外事志
福州市外事志编辑委员会 福州市人民政府外事办公室编 林孔章主编 福州 福州泰岳印刷广告公司 1996 年 211 页
b21567645 D827.571 F451 1996

福州市物资志
福州市物资志编纂办公室编 黄炳章主编 厦门 鹭江出版社 1995 年 301 页
b45569514 F259.275.71 H654 1995

福州市城乡建设志
福州市城乡建设志编纂委员会编 刘润生主编 北京 中国建筑工业出版社 1994 年 2 卷 1074 页〔中华人民共和国地方志〕
b20416738 F299.275.71 L687 1994

福州市土地志
福州市土地志编纂委员会编 福州 福州市土地志编纂委员会 2000 年 196 页〔中华人民共和国地方志〕
b19931438 F327.571 F451 2000

福州市农业志
福州市农业志编纂委员会编 陈文彦主编 福州 福州市农业志编纂委员会 2000 年 169 页
b49803037 F329.571 C434 2000

船政志
福州市地方志编纂委员会编 沈岩主编 北京 商务印书馆 2016 年 688 页
b4952222x F426.474 F451 2016

福建省冶金(控股)公司志
福建省冶金(控股)公司编 欧阳元和主编 福州 海潮摄影艺术出版社 2009 年 681 页
b50778754 F426.3 F452 2009

福建省电力试验研究所志
福建省电力试验研究所编 曹正章主编 福州 福建省电力试验研究所 1998 年 320 页〔福建省电力志丛书〕
b45840106 F426.61-24 F452 1998

福建省电力建设公司志
福建省电力建设公司志编纂委员会编 李文明主编 福州 福建省电力建设公司志编纂委员会 1997 年 447 页〔福建省电力志丛书〕
b5101208x F426.61 F4522 1997

福建省第六建筑工程公司志
福建省第六建筑工程公司志编纂委员会编 陈荫霖主编 福州 福建省第六建筑工程公司志编纂委员会 1996 年 301 页
b51012078 F426.9 F4521 1996

福建六建集团有限公司志 1950–2010(福州)
福建六建集团有限公司志编纂委员会编 陈荫霖编撰 陈建贸编辑 林科兴摄影 福州 福建六建集团有限公司志编纂委员会 2010 年 338 页
b51012066 F426.9 F4525 2010

福建省工程咨询总公司志
福建省工程咨询总公司志编委会编 陈琳主编 福州 福建教育出版社 2004 年 363 页
b44915780 F426.9 F451 2004

福建建工集团总公司志 1950–2000
福建建工集团总公司志编纂委员会编 陈章瀚编撰 北京 中国建筑工业出版社 2002 年 599 页〔中华人民共和国地方专业志〕
b50778456 F426.9 F452 2002

福州电力工业志
束志勤主编 北京 当代中国出版社 1999 年 465 页〔福建省电力志丛书〕
b21763240 F426.61 F451 1999

福州电力工业志 1991–2002
翁晓航主编 北京 中国电力出版社 2007 年 505 页〔福建省电力工业志丛书〕
b21763252 F426.61 F451 2007

公司六十年志
中建海峡建设发展有限公司编 福州 中建海峡建设发展公司 2013 年 415 页
b44917259 F426.9 Z644 2013

福州铁路分局志 1905–1995
福州铁路分局史志编纂委员会编 北京 中国铁道出版社 2002 年 453 页
b47414078 F532.6 F451 2002

福建海事局志 1999–2010(福州)
福建海事局编著 刘明桂 许增智主编 方其超编辑 北京 人民交通出版社 2012 年 344 页

b40647882　F522.9　L682　2012

福州港志
福州港务局史志编辑委员会编　北京　华艺出版社　1993年　318页
b1327756x　F552.9　F451

福州电信志
福州电信局编　陈建国主编　福州　福州电信局　2000年　337页
b47414716　F632.757.1　F451　2000

福州粮食志
福州市粮食局编　王贺若主编　福州　福建省地质印刷厂　1992年　512页
b20948888　F724.721　W218　1992

福州海关志　1990–2012
福州海关志（1990–2012）编纂委员会编著　陈明强主编　北京　中国海关出版社　2017年　709页〔中华人民共和国海关志丛书〕
b51071915　F752.59　F451　2017

福州市名产志
福州市地方志编纂委员会编　张天禄主编　福州　海风出版社　2004年　252页〔中华人民共和国地方志　福建省〕
b49849335　F762.7　F4517　2004

福州金融志
福州金融志编纂委员会编　张文标主编　福州　福州金融志编纂委员会　1995年　639页
b22429438　F832.757.1　Z366　1995

福州文化志
福州市文化局编　徐鹤苹主编　福州　海潮摄影艺术出版社　2003年　442页
b16447694　G127.571　X571　2003

福州市科技志
福州市科技志编纂委员会编　黄焰声主编　福州　海风出版社　1999年　625页
b21763264　G322.757　H669　1999

福州交通志
福州市交通局编　黄自长主编　福州　福建人民出版社　1988年　464页
b20042280　G512.757.1　H671　1988

福州教育史志资料
福州市教育委员会教育志办公室编辑　福州　福州市教育委员会教育志办公室　1991年　4卷
b20402946　G527.571　F4513

福州市教育志
福州市教育志编纂委员会编　林伯方主编　福州　福州市教育志编纂委员会　1995年　470页
b2242944x　G527.571　L585　1995

福州市教育志
福州市教育局编　林伯方主编　福州　福州市教育局　2006年　289页
b17298647　G527.571　L585　2006

福州市教育志
福州市教育局编　林伯方主编　福州　福州市教育局　2010年　449页
b22429451　G527.571　L585C　2010

八闽之光　福建师范大学附属中学校志　含原英华中学　华南女中　陶淑女中　1881–2001
福建师大附中校志编委会编　薛来弼主编　福州　福建师大附中校志编委会　2001年　647页
b2010084x　G639.285.7　F452　2001

福州格致中学(第五中学 含扬光 法海中学)校志 暂定本 1848-1995
福州格致中学校志编纂委员会编 林文主编 福州 福州格致中学 1992年 213页
b41234790 G639.285.71 F4513 1992

福州十四中学 福州外贸职专校志 建校一百周年 1904-2004
林再栋 杨曾梁主编 福州 福州第十四中学 2004年 542页
b20576481 G639.285.71 F4527 2004

巍巍福中 福建省福州第一中学校志
朱鼎丰主编 福州 福建省福州第一中学 1997年 640页
b20104133 G639.285.71 F452 1997

福建船政学校校志 1866-1996
李宗庆主编 厦门 鹭江出版社 1996年 277页
b20099010 G649.285.7 F4521 1996

福州大学学院志
陈少平主编 厦门 厦门大学出版社 2017年 448页
b49903780 G649.285.71 F451C 2017

福州电力高级技工学校志 1990-2001
陈大凤主编 北京 中国电力出版社 2010年 211页〔福建省电力工业志丛书〕
b49981365 G719.285.71 F451 2010

福建省电力干部学校志 1982-2001
陈榕芳主编 北京 中国电力出版社 2010年 122页〔福建省电力工业志丛书〕
b46562357 G729.285.71 F452 2010

福州市体育志
福州市体育运动委员会编 北京 方志出版社 1995年 233页
b12981011 G812.757.1 F451

福州市畲族志
福州市地方志编纂委员会编 雷恒春主编 福州 海潮摄影艺术出版社 2004年 477页〔中华人民共和国地方志〕
b16449125 K288.3 L291 2004

藤山志
蔡人奇原著 福州 海潮摄影艺术出版社 2002年 181页
b14444884 K295.71 T294 2002

福州姓氏志
福州市地方志编纂委员会编 张天禄主编 福州 海潮摄影艺术出版社 2005年 819页〔中华人民共和国地方志〕
b16640536 K810.2 F451 2005

福州市林则徐纪念馆志
福州市林则徐纪念馆编 林峰 陈继勇主编 福州 海峡文艺出版社 2014年 211页
b45915696 K878.22 L585 2014

福州市地名录
福建省福州市地名办公室编印 福州 福建省福州市地名办公室 1982年 326页
b20014533 K925.71 F451M 1982

福州市地名志
福州市地方志编纂委员会编 张天禄主编 福州 海潮摄影艺术出版社 2004年 295页〔中华人民共和国地方志〕
b15641831 K925.71 F451 2004

于山志
谢其铨 郭斌编纂 北京 大众文艺出版社 2009年 421页

b2088316x K928.3 X4277 2009

于山志

谢其铨 郭斌主编 福州 福建人民出版社 2018年 增订本 464页

b51209561 K928.3 Y726 2018

福州温泉志

福州温泉志编委会编 郑美英主编 福州 福建科学技术出版社 2001年 234页〔中华人民共和国地方志 福建省〕

b47414728 P314.1 F451 2001

福州市卫生志

福州市卫生志编纂委员会编 林钟淦主编 王芬珍编辑 丁露茜撰稿 福州 福州市卫生志编纂委员会 1999年 355页

b45840118 R199.2 L5883 1999

福州医药志

福州市医药志编纂委员会编 李梅英主编 福州 福州市医药志编纂委员会 1998年 138页

b49827091 R199.2 L411 1998

福建省机械科学研究院志

福建省机械科学研究院志编纂委员会编 张震主编 蓝文锋撰稿 福州 福建省机械科学研究院 2003年 258页

b46011055 TH-242.57 Z369 2003

福建省电力勘测设计院志

福建省电力勘测设计院编 陈有心主编 福州 福建省电力勘测设计院 1998年 210页〔福建省电力志丛书〕

b49981924 TM7-242.57 F452C 1998

福建省电力勘测设计院志 1990-2002

曹有为主编 北京 中国电力出版社 2010年 368页〔福建省电力工业志丛书〕

b49981936 TM7-242.57 F452 2010

福州寿山石志

福州市地方志编纂委员会编 张天禄主编 福州 海潮摄影艺术出版社 2005年 217页〔中华人民共和国地方志〕

b16433099 TS933.21 F451 2005

福州市建筑志

福州市建筑志编纂委员会编 北京 中国建筑工业出版社 1993年 447页〔中华人民共和国地方志〕

b20971850 TU984.257.1 F451 1993

福州市园林绿化志

福州市园林绿化志编纂委员会编 张赉光主编 福州 海潮摄影艺术出版社 2000年 305页〔中华人民共和国地方志〕

b21567633 TU986.625.71 Z356 2000

福建省交通规划设计院院志 续集 1991.1-2003.12（福州）

福建省交通规划设计院编 杨尚海主编 福州 福建省交通规划设计院 2004年 181页

b49704552 U491-292.57 F452 2004

鼓楼区

鼓楼区志

鼓楼区地方志编纂委员会编 张天禄主编 北京 方志出版社 2001年 2卷 1504页〔中华人民共和国地方志〕

b15642100 K295.71 G539 2001

洪山镇志

洪山镇志编纂委员会编 林友明主编 福州 福建教育出版社 1998年 391页

b20949546 K295.75 H416 1998

福州开元寺志略
福州开元寺志略编纂委员会编 徐心希主编 北京 宗教文化出版社 2010 年 322 页
b40647912 B947.257.1 X581 2010

鼓楼区人大志
鼓楼区人大志编纂委员会编 韦奕 王启春主编 福州 海潮摄影艺术出版社 2002 年 207 页〔中华人民共和国地方志〕
b3601364x D624.571 G539 2002

鼓楼区人民法院院志 1956–2006
福州市鼓楼区人民法院编 崔金魁主编 姜伟 由可为 张琦编辑 福州 福州市鼓楼区人民法院 2009 年 178 页
b4741473x D926.22 G539 2009

福建省福州市鼓楼区建设志
福州市鼓楼区建设局编 林敏主编 福州 鼓楼印刷纸品厂 1991 年 162 页〔中华人民共和国地方志〕
b2094889x F299.275.71 F451 1991

福建省福州市鼓楼区教育志
福州市鼓楼区教育志编纂委员会编 福州 海潮摄影艺术出版社 1998 年 434 页〔中华人民共和国地方志〕
b15602151 G527.571 F451 1998

福州市鼓楼区建设志
福州市鼓楼区建设志编纂委员会编 林敏主编 北京 中国建筑工业出版社 1993 年 159 页
b36374131 TU984.257.1 G539 1993

台江区

台江区志
台江区地方志编纂委员会编 王怡挺主编 北京 方志出版社 1997 年 939 页〔中华人民共和国地方志〕
b19518420 K295.71 W2348 1997

福州市台江区志 1991–2005
福州市台江区地方志编纂委员会编 王怡挺 李升宝主编 北京 方志出版社 2010 年 720 页〔中华人民共和国地方志〕
b40420838 K295.71 T151 2010

福州市郊区台江镇志
台江镇志编纂委员会编 吴庆灼主编 台江 台江镇志编纂委员会 1996 年 181 页
b36246165 K295.75 T1519 1996

福建省福州市台江区人民代表大会志
福州市台江区人民代表大会志编纂小组编 翁珠俤主编 福州 福州市台江区人民代表大会志编纂小组 2004 年 335 页〔中华人民共和国地方志〕
b2013759x D624.571 T151 2004

福州市台江建设志
福州市台江建设志编纂委员会编 陈文忠主编 福州 福建科学技术出版社 1993 年 122 页〔中华人民共和国地方志丛书〕
b22429463 TU984.257.1 T151 1993

仓山区

仓山区志 1990–2005
福州市仓山区地方志编纂委员会编 陈振声主编 北京 方志出版社 2017 年 694 页〔中华人民共和国地方志〕
b51079410 K295.71 C176 2017

福州市盖山镇志
中共盖山镇党委 盖山镇人民政府 福建师范大学地理系福州市盖山镇志编写组编

黄公勉主编 福州 福建科学技术出版社 1997年 318页
b3612882x K295.75 G349 1997

建新镇志
建新镇志编纂委员会编 陈泽宽主编 福州 神州晚报印刷厂 2007年 445页
b36128417 K295.75 J2958 2007

仓山区人民代表大会志 1951–2005
仓山区人民代表大会志编纂委员会编 沈惠秋主编 福州 仓山区人民代表大会志编纂委员会 2006年 305页
b19931426 D624.573 S412 2006

仓山区政协志
政协福州市仓山区委员会编 陈朝明主编 福州 政协福州市仓山区委员会 2005年 238页
b47072878 D628.57 C176 2005

福州市仓山区建设志
福州市仓山区建设志编纂委员会编 北京 中国建筑工业出版社 1993年 89页〔中华人民共和国地方志丛书〕
b22429414 F299.275.71 F451C 1993

台屿志
台屿管理区编 赵素文主编 福州 福州晚报印刷厂 2005年 444页
b2180347x K295.75 T151 2005

马尾区

马尾区志
福州市马尾区地方志编纂委员会编 北京 方志出版社 2002年 2卷 1465页〔中华人民共和国地方志〕
b17482823 K295.71 M143 2002

东岐村志
中共东岐村支部 东岐村民委员会编 黄启权主编 福州 福建省地图出版社 1998年 218页
b47106104 K295.75 D5827 1998

闽安镇志
闽安镇志编纂委员会编著 蔡勇庆主编 福州 福建人民出版社 2010年 396页〔福建省历史文化名村〕
b20882877 K295.75 M544 2010

马尾物价志
马尾物价志编纂委员会编 叶纯撰稿 北京 中国物价出版社 2001年 276页〔中华人民共和国地方志〕
b1758663x F727.571 M143 2001

马尾风物志
林建主编 林兆荣 陈清编著 香港 香港国际飞翔出版社 2007年 371页〔福建地方文化研究丛书 福州风物志〕
b36378975 K925.71 M143 2007

晋安区

福州市郊区志
陈吉主编 福州 福建教育出版社 1999年 882页
b20467680 K295.71 F451J 1999

西园村志
福州市晋安区新店镇西园村党委会 福州市晋安区新店镇西园村村委会编 福州 福州市晋安区新店镇西园村村委会 2009年 343页〔西园村社会主义新农村建设丛书〕
b36128855 K295.75 X119C 2009

西园乡土志
西园村委员会编 吴泰炤主编 福州 西园

村委员会 1992 年 128 页
b36129331 K295.75 X119 1992

园中村志
中共园中村支部 园中村民委员会编 福州 福建省地图出版社 2002 年 239 页
b20018332 K295.75 Y817 2002

福州市郊区建设志
福州市郊区建设局编 北京 中国建筑工业出版社 1994 年 198 页〔中华人民共和国地方志〕
b36248496 F299.275.71 F451D 1994

福州郊区教育志
福州郊区教育志编委会编 林东主编 福州 福建教育学院印刷厂 1996 年 394 页
b2057647x G527.571 L585F 1996

福州市郊区文物志
黄荣春编著 福州 福建人民出版社 2009 年 790 页
b20451568 K872.571 H665 2009

长乐区

长乐市志
长乐市地方志编纂委员会编 高宇彤主编 福州 福建人民出版社 2001 年 1257 页〔中华人民共和国地方志〕
b13947278 K295.73 C346

长乐市志 1995–2005
长乐市志编纂委员会编 石金秋主编 厦门 厦门大学出版社 2014 年 896 页〔中华人民共和国地方志〕
b46145370 K295.73 C346 2014

玉田郑氏村志 征求意见稿
玉田村编写组编 长乐 玉田村编写组 1993 年 油印本 112 页
b20405054 K296.75 Y774 1987

寒岩天王寺志
释本法主编 长乐 郑和文印社 2011 年 127 页
b47106153 B947.257.4 H169 2011

长乐市工会志
长乐市总工会编 江谨樟主编 福州 海峡文艺出版社 2013 年 323 页
b40887455 D412.857.3 C346 2013

长乐政协志
中国人民政治协商会议长乐市委员会编 长乐 长乐市吴航郑和文印社 2009 年 291 页
b20576250 D628.573 C346 2009

长乐市建设志
长乐市建设委员会编 福州 海潮摄影艺术出版社 2001 年 294 页〔中华人民共和国地方志〕
b40743135 F299.275.73 C346 2001

长乐市档案志
长乐市档案局编 林国胜主编 福州 海峡书局 2014 年 424 页
b4996334x G279.275.74 C346 2014

长乐第一中学校志 1890–2008
福建省长乐第一中学编 董孔铭 陈惠群主编 长乐 福建省长乐第一中学 2010 年 517 页
b47414698 G639.285.73 C346 2010

图说琴江新志
张熙 林茂玉著 香港 香港天马出版有限

公司 2007 年 128 页
b20121325　K295.75-64 Q451 2007

福建省长乐市漳港镇漳港李氏谱志
漳港李氏修谱理事会编 长乐 漳港李氏修谱理事会 2000 年 348 页
b14015857　K820.9 Z376

长乐风物志
成木兰 王灵燕编著 香港 香港飞翔国际出版社 2006 年 536 页〔东南地方文化研究丛书〕
b20576249　K925.74 C346C

长乐风物志
林建主编 王灵燕 林锦樟编著 香港 作家出版社 2008 年 231 页〔福建地方文化研究丛书〕
b40743123　K925.74 C346C 2008

长乐县地名录
福建省长乐县地名办公室编 长乐 福建省长乐县地名办公室 1982 年 151 页
b20041755　K925.74 C346 1982

晦翁岩志
晦翁岩志编纂领导小组编 刘润生主编 太原 山西人民出版社 2003 年 310 页
b20567236　K928.75 L687 2003

福清市

福清市志
福清市志编纂委员会编 曹于恩总纂 厦门 厦门大学出版社 1994 年 1202 页〔中华人民共和国地方志〕
b10760866　K295.73 F451

福清市志 1989–2005
福清市地方志编纂委员会编 翁箭峰主编 北京 中国文史出版社 2017 年 964 页〔中华人民共和国地方志〕
b49923456　K295.73 F4517 2017

福清村志简史记
林建编著 福清 福清村志编纂者 2003 年 160 页〔东南名镇名村系列丛书〕
b20014521　K295.74 F4517F 2003

福清音西村志
福清音西村志编纂委员会编 杨能发主编 福州 福建人民出版社 2011 年 246 页
b47414704　K295.75 Y485 2011

牛宅村志
福清市牛宅村志编纂委员会编 林金主编 福清 福清市牛宅村志编纂委员会 2008 年 327 页
b40743627　K295.75 N435 2008

福建省福清市西涧寺志
何爱先主编 北京 宗教文化出版社 2010 年 219 页
b2126837x　B947.257.4 X119 2010

福建省福清县城乡建设志
福清县城乡建设环境保护局 福清县城乡建设志编纂委员会编 何爱先主编 福清 福清县城乡建设环境保护局 1989 年 201 页
b45417350　F299.275.74 F451 1989

福清市城乡建设志
福清市城乡建设志编纂委员会编 何爱先主编 北京 中国建筑工业出版社 1991 年 129 页〔中华人民共和国地方志〕
b20948876　F299.275.73 H265 1991

福清市建设志
福清市建设志编纂委员会编 何爱先主编 北京 中国城市出版社 1997年 318页〔中华人民共和国地方志丛书〕
b20413993 F299.275.73 F451 1997

福清市土地志
福清市土地志编纂委员会编 何爱先主编 厦门 厦门大学出版社 1996年 199页〔中华人民共和国地方志〕
b21276584 F327.573 F451 1996

福清市财政志 2006-2015
福清市财政局编 福清市地方志学会整理 何德信主编 福州 海峡书局 2017年 179页
b50747526 F812.757.3 F451 2017

福清科技志
王琼培主编 福州 福建人民出版社 2000年 471页
b49981912 G322.757.3 F451 2000

福清教育志
福清教育志编委会编 林长贤总纂 福州 海峡文艺出版社 1996年 278页
b2757555x G527.574 F4517 1996

福建龙翔中英文学校校志
福建龙翔中英文学校校志编纂委员会编 刘玉明主编 福清 福建龙翔中英文学校校志编纂委员会 2008年 434页
b21567621 G639.285.73 F4525 2008

福建省福清第一中学校志
福清第一中学校志编辑委员会编 魏公庆总纂 福州 福州鼓楼印刷彩印厂 1995年 253页
b36128843 G639.285.74 F4511 1995

福建省福清第一中学校志 1993-2004
黄献荣主编 福清 福建省福清第一中学 2005年 416页
b50016830 G639.285.74 F4511C 2005

福建省福清华侨中学校志 福清华侨中学建校五十周 1955-2005
福清华侨中学编 方家章主编 福清 福清华侨中学 2005年 631页
b40743305 G639.285.74 F4513 2005

福清第三中学校志 1892-1992
福建省福清第三中学编 王钦法主编 北京 中国国际广播出版社 1992年 346页
b20136651 G639.285.74 F451 1992

福清市教师进修学校志
福清市教师进修学校编 林起源主编 福州 福州鼓楼印刷精装厂 1998年 402页〔中华人民共和国地方志〕
b17676381 G659.285.73 F451 1998

福清史志资料汇编
福清市地方志编纂委员会编 俞达珠主编 北京 中国文史出版社 2017年 2卷 1185页〔福清市方志丛书〕
b50016271 K295.73 F4517F 2017

福清市宏路志
福清市宏路志编纂委员会编 何爱先主编 北京 中国文史出版社 2015年 306页〔中华人民共和国地方志 福建省〕
b46995171 K295.75 H413 2015

福清市方志丛书 福清风物纪略
福清市地方志编纂委员会编 魏名庆主编 福州 福建人民出版社 2015年 188页
b47024835 K925.74 F451F 2015

福清县地名录
福建省福清县地名办公室编 福清 福清县印刷厂 1979 年 93 页
b20368665 K925.74 F451 1979

石竹山志
福清市宗教局 福清市佛教协会编 福清市石竹寺编 俞达珠主编 厦门 厦门大学出版社 1993 年 201 页
b17514241 K928.3 F452 1993

福清市规划建设志
福清市规划建设志编纂委员会编 何爱先主编 福州 海风出版社 2007 年 280 页〔中华人民共和国地方志丛书〕
b49981948 TU984.257.4 F451 2007

闽侯县

闽侯县志
闽侯县地方志编纂委员会编 刘必寿主编 北京 方志出版社 2001 年 1190 页〔中华人民共和国地方志〕
b14250901 K295.74 M5448

闽侯县人民代表大会志
闽侯县人民代表大会常务委员会编著 曾小榕主编 福州 海峡书局 2015 年 2 册 475 页
b50817176 D624.574 M544 2015

闽侯县城乡建设志
闽侯县建设局编 温宝釜主编 闽侯 闽侯县建设局 1993 年 125 页〔中华人民共和国地方志 福建省〕
b46443186 F299.275.74 M5443 1993

闽侯县闽剧艺术传承发展中心志
闽侯县闽剧艺术传承发展中心编 潘振棋主编 黄宗沂执行主编 福州 福建美术出版社 2015 年 232 页
b51090855 J825.74 M544 2015

闽侯风物志
林兆荣编著 香港 香港飞翔国际出版社 2007 年 381 页〔福建地方文化研究丛书〕
b20950718 K925.74 M544L 2007

闽侯县地名录
福建省闽侯县地名委员会办公室编 福州 福建省地图出版社 1986 年 215 页
b20139767 K925.74 M544 1986

昙石山文化志
福州市地方志编纂委员会编 张天禄主编 福州 海潮摄影艺术出版社 2007 年 128 页〔中华人民共和国地方志〕
b17735385 K928.3 F451 2007

连江县

连江县志
连江县地方志编纂委员会编 张平官主编 北京 方志出版社 2001 年 2 卷 1458 页〔中华人民共和国地方志〕
b1425055x K295.74 L4698

定海志
定海村定海志编纂委员会编 赵从如 黄家殿主撰 连江 定海村定海志编纂委员会 2007 年 639 页〔中华人民共和国地方志〕
b20100656 K295.75 D547 2007

青塘志
福建省连江县青塘志编纂委员会编 陈期主编 连江 福建省连江县青塘志编纂委员会 2011 年 469 页〔中华人民共和国地方志 福建省〕
b46669127 K295.75 Q464 2011

晓澳志
连江县晓澳地方志编纂委员会编 陈可恩主编 连江 连江县晓澳地方志编纂委员会 2011 年 638 页〔中华人民共和国地方志〕
b40935188 K295.75 X349 2011

连江县人大志
福建省连江县人大志编委会编 陈高书主编.连江 福建省连江县人大志编委会 1999 年 263 页〔中华人民共和国地方志〕
b17358619 D624.574 L469 1999

连江县政府志
连江县人民政府办公室编 连江 连江县第二印刷厂 1997 年 422 页〔中华人民共和国地方志〕
b17358589 D625.574 L469 1997

连江县城乡建设志
连江县建设局编 陈志中主编 福州 福州第五中学印刷厂 1992 年 178 页〔中华人民共和国地方志 福建省〕
b47415332 F299.275.74 L469 1992

连江县文物志
连江县博物馆编 秦淮梦主编 连江 连江县博物馆 2006 年 178 页〔中华人民共和国地方志〕
b20043971 K872.574 L469 2006

连江风物志
王灵燕 秦淮梦编著 香港 香港飞翔国际出版社 2005 年 509 页〔东南地方文化研究丛书〕
b20575944 K925.74 L469L 2005

山仔水利枢纽工程志
福建省连江山仔水利枢纽工程建设指挥部编 连江 福建省连江山仔水利枢纽工程建设指挥部 1998 年 165 页
b21857192 TV632.574 F452 1998

罗源县

罗源县志
罗源县地方志编纂委员会编 游文良 黄宏纲主编 北京 方志出版社 1998 年 1160 页〔中华人民共和国地方志〕
b13058678 K295.74 L924

共青团罗源县组织志
共青团罗源县委编 黄士乾 黄宏纲主编 罗源 共青团罗源县委 2004 年 203 页〔中华人民共和国地方志 福建省〕
b4741537x D292.574 L924 2004

罗源县人民代表大会志
福建省罗源县人大常委会编 黄乃通主编 福州 福州人力彩印公司 2006 年 356 页〔中华人民共和国地方志〕
b45453202 D624.574 L924 2006

罗源县政协志
中国人民政治协商会议福建省罗源县委员会编 罗源 福建省罗源印刷厂 1991 年 290 页
b20015902 D628.574 L924 1991

罗源军事志
中国人民解放军福建省罗源县人民武装部编 余鹏主编 福州 福建省地图出版社 1989 年 401 页
b46669097 E289.574 L924 1989

罗源县城乡建设志
罗源县建设局编 黄家燊主编 罗源 罗源县建设局 1995 年 353 页〔中华人民共和国地方志 福建省〕

b46443150　F299.275.74 L924 1995

罗源县土地志
罗源县土地管理局编 陈传贤主编 罗源 罗源县土地管理局 1998年 279页〔中华人民共和国地方志 福建省〕
b46443162　F327.574 L924 1998

罗源县金融志
罗源县金融志编纂委员会编 黄宏纲主编 罗源 罗源县金融志编纂委员会 2000年 236页〔中华人民共和国地方志 福建省〕
b47415381　F832.757.4 L924 2000

罗源县畲族志
罗源县民族与宗教事务局编 吴顺良主编 罗源 罗源县民族与宗教事务局 2010年 423页〔中华人民共和国地方志〕
b45453214　K288.3 L924 2010

罗源县地名录
福建省罗源县地名委员会办公室编 罗源 福建省罗源县地名委员会办公室 1983年 189页
b20102811　K925.74 L924 1983

闽清县

闽清县志
闽清县地方志编纂委员会编 张天主编 北京 群众出版社 1993年 966页〔中华人民共和国地方志〕
b10487049　K295.74 M544

闽清村志
林建 赵青编著 福州 闽清村志编纂者 199-年 160页〔东南名镇名村系列丛书〕
b3612879x　K295.75 M5447

闽清县城乡建设志
闽清县建设局编 龚宣贤主编 闽清 闽清县建设局 1992年 210页〔中华人民共和国地方志 福建省〕
b46443198　F299.275.74 M544 1992

闽清县土地志
闽清县土地管理局编 池宜寿主编 闽清 闽清县印刷厂 1993年 205页〔中华人民共和国地方志〕
b2127647x　F327.574 M544 1993

福建水口发电有限公司志
吴琴澄主编 北京 中国电力出版社 2007年 506页〔福建省电力工业志丛书〕
b49981353　F426.61 S614 2007

永泰县

永泰县志
永泰县地方志编纂委员会编 郑炳通总编 北京 新华出版社 1992年 895页〔中华人民共和国地方志〕
b1052504x　K295.74 Y6368

永泰县政协志 1984-1999
政协永泰县委员会编 永泰 永泰县贞祥印刷有限公司 2000年 147页
b2001790x　D628.574 Z649 2000

永泰县建设志
永泰县建设局编 檀积潮主编 永泰 永泰县建设局 2002年 136页〔中华人民共和国地方志 福建省〕
b46443629　F299.275.74 Y636 2002

难忘是乡愁 永泰县同安镇风物志
连惠忠主编 福州 海峡文艺出版社 2015年 352页

b46206905　K295.75　L469　2015

福建省永泰县地名录
福建省永泰县地名委员会办公室编　永泰　福建省永泰县地名委员会办公室　1983 年　255 页
b20046777　K925.74　Y6368　1983

平潭县

平潭县志
平潭县地方志编纂委员会编　吴金泰主编　北京　方志出版社　2000 年　760 页〔中华人民共和国地方志〕
b13544792　K295.74　P613

平潭右营村志
平潭右营村志编纂委员会编　张伟翔主编　厦门　鹭江出版社　2015 年　285 页
b49939130　K295.75　Y696　2015

平潭县土地志
平潭县土地管理局编　张述森主编　福州　海风出版社　1995 年　202 页〔中华人民共和国地方志　福建省〕
b46442108　F327.574　P613　1995

平潭县教育志
平潭县教育志编纂委员会编　林修龙主编　平潭　平潭县教育志编委会　2002 年　274 页〔中华人民共和国地方志　福建省〕
b46442856　G527.574　P613　2002

平潭任薛通志
平潭综合实验区禹阳文化促进会　平潭任薛通志编纂委员会编　薛贤根　薛来清　任德尧主编　福州　福建人民出版社　2016 年　423 页
b50246628　K820.9　X6783　2016

平潭县地名录
福建省平潭县地名办公室编　张伟翔主编　平潭　福建省平潭县地名办公室　1983 年　183 页
b20044732　K925.74　P613　1983

厦门市

厦门市志
厦门市地方志编纂委员会编　北京　方志出版社　2004 年　5 卷　4115 页〔中华人民共和国地方志〕
b15906206　K295.73　X189D　2004

厦门佛教志
厦门市佛教协会编　厦门　厦门大学出版社　2006 年　574 页
b16657573　B949.2　X189　2006

厦门市政协志　1950–2006
政协厦门市委员会编　厦门　厦门金凯龙印刷公司　2008 年　337 页
b20104388　D628.573　X189　2008

厦门华侨志
厦门华侨志编委员会编　厦门　鹭江出版社　1991 年　458 页
b13277480　D634　X189

厦门司法行政志
厦门市司法局厦门司法行政志编纂委员会编　江鸿寿主编　厦门　厦门市司法局　2001 年　234 页
b47317358　D927.573.061　X189　2001

厦门司法行政志
厦门市司法局编　江鸿寿主编　厦门　厦门市司法局　2004 年　325 页
b2243253x　D927.573.061　X189　2004

厦门市工商行政管理志
厦门市工商行政管理局编 周调团主编 厦门 厦门市工商行政管理局 2008年 712页
b44852319 F123.82 X189 2008

厦门市计划志
厦门市计划志编纂委员会编 徐模主编 福州 厦门大学出版社 1997年 406页
b21570796 F127.57 X575 1997

厦门市国土资源与房产志
厦门市国土资源与房产志编纂委员会编 郑振生主编 厦门 厦门市国土资源与房产志编纂委员会 2011年 230页〔中华人民共和国地方志〕
b40647870 F129.957.3 X189 2011

厦门城市建设志
厦门市城市建设志编纂委员会编 吴乌皮主编 北京 中国统计出版社 2000年 605页〔中华人民共和国地方志〕
b21570784 F299.275.73 X189 2000

厦门市土地志
厦门市土地志编纂委员会编 厦门 鹭江出版社 1996年 220页
b17021273 F299.232 X189 1996

厦门市林业志
厦门市林业志编纂组编 刘维裕总纂 厦门 厦门大学出版社 2005年 250页
b36248083 F326.275.73 X189 2005

厦门市农业志
厦门市农业志编委会编 王复基编著 厦门 厦门市农业志编委会 1998年 156页
b49803785 F329.573 X189 1998

厦门电力工程集团有限公司志 1981–2005
厦门电力工程集团有限公司志编纂委员会编 翁德恩主编 颜士钊 林炳祥编辑 厦门 厦门大典印刷公司 2006年 168页
b51012765 F426.61 X1892 2006

厦门电力工业志
王兴献主编 北京 当代中国出版社 1998年 491页〔福建省电力志丛书〕
b49850325 F426.61 X189 1998

厦门电力工业志 1991–2004
郑志忠主编 北京 中国电力出版社 2009年 549页〔福建省电力工业志丛书〕
b49850684 F426.61 X189C 2009

厦门交通志
厦门交通志编纂委员会编 北京 人民交通出版社 1989年 359页
b1127525x F512.757 X189

厦门市邮电志
厦门市邮电志编纂委员会编 李振群主编 北京 方志出版社 2003年 403页〔中华人民共和国地方志 福建省〕
b50247529 F632.757.3 X189 2003

厦门商检志
厦门商检志编纂委员会编 郑家萍主编 北京 方志出版社 1998年 342页〔中华人民共和国地方志〕
b47009469 F727.573 X189 1998

厦门对外经济贸易志
厦门对外经济贸易志编委会编 苏水利主编 北京 中国统计出版社 1998年 414页
b5031824x F752.857.3 X189 1998

厦门海关志 1684–1989
中华人民共和国厦门海关编著 北京 科学出版社 1994 年 488 页
b10757065 F752.865 X189

厦门财政志
厦门市财政局编 洪进益主编 厦门 厦门大学出版社 2000 年 357 页
b21570772 F812.757.3 X189 2000

厦门市财政志 1996–2010
厦门市财政局编 黄强主编 厦门 厦门大学出版社 2013 年 499 页
b44826916 F812.757.3 X189 2013

厦门税务志
陈聪辉主编 北京 中国审计出版社 1998 年 509 页
b47316779 F812.757.3 X189C 1998

厦门金融志
厦门金融志编委会编 厦门 鹭江出版社 1989 年 298 页
b13277467 F832.9 X189

厦门文化艺术志
厦门文化艺术志编纂委员会编 陈克华 吴静吟主编 厦门 厦门大学出版社 1999 年 519 页
b17301890 G127.573 C423 1999

厦门市科学技术志
厦门市科学技术志编纂委员会编 厦门 厦门大学出版社 1999 年 213 页
b21570802 G322.757.3 X189 1999

厦门大学中文系系志 1921–1993
厦门大学中文系编 郭启宗主编 厦门 厦门大学中文系 1993 年 201 页
b50665741 G649.285.7 X1899 1993

厦门方言志
谭邦君主编 李熙泰等撰稿 北京 北京语言学院出版社 1996 年 196 页
b10691662 H177.2 T187

福建省志 第 81 卷 出入境检验检疫志 厦门局辖区篇
福建省地方志编纂委员会编 王平主编 厦门 鹭江出版社 2016 年 479 页〔中华人民共和国地方志〕
b49814357 K295.7 F452C

厦门文物志
厦门市文物管理委员会 厦门市文化局编 北京 文物出版社 2003 年 223 页
b1526340x K872.573 X189 2003

厦门市地名录
福建省厦门市地名办公室编 厦门 福建省厦门市地名办公室 1980 年 271 页
b20369104 K925.73 X189M 1980

厦门市地名志
厦门市民政局编 方文图主编 福州 福建省地图出版社 2001 年 328 页〔中华人民共和国地方志〕
b16438231 K925.73 X189 2001

厦门动植物检疫局志
厦门动植物检疫局编著 颜金村主编 厦门 鹭江出版社 1999 年 183 页
b22432528 S412 Y168 1999

厦门水利志
厦门市水利局编 北京 方志出版社 2007 年 258 页
b20018320 TV–092 X189 2007

思明区

厦门市思明区志
厦门市思明区地方志编纂委员会编办公室编 夏长文主编 北京 方志出版社 2017年 1246页〔中华人民共和国地方志 福建省〕
b50861098 K295.73 v5

南普陀寺志
厦门南普陀寺编 上海 上海辞书出版社 2011年 2卷 489页
b23022668 B947.257.3 N1618 2011

海沧区

厦门市海沧区志
厦门市海沧区地方志编纂委员会编 吴伟平主编 北京 中华书局 2014年 714页
b4653135x K295.73 H145C 2014

海沧旅游志
海沧旅游志编纂委员会编 何广生主编 北京 中华书局 2016年 384页〔中华人民共和国地方志 福建省〕
b49669497 F592.757.3 X189H 2016

湖里区

厦门市湖里区志
湖里区地方志编纂委员会办公室编 张毅恭主编 北京 方志出版社 2014年 1018页〔中华人民共和国地方志 福建省〕
b46377530 K295.73 X189HC 2014

禾山镇志
禾山镇志编委会编 陈高润主编 厦门 禾山镇志编委会 2004年 296页
b20014843 K295.75 H282 2004

厦门市湖里区高殿寨上志
高殿社区寨上志编委会编 陈厚德撰稿 北京 中国文献出版社 2011年 152页
b46011080 K295.73 X189G 2011

集美区

厦门市集美区志
厦门市集美区地方志编纂委员会编 孙加庆主编 北京 中华书局 2013年 867页〔中华人民共和国地方志〕
b44810945 K295.73 X189Z 2013

杏滨街道志
杏滨街道地方志编委会编 杨亚明主编 厦门 杏滨街道地方志编委会 2010年 383页
b4627408x K295.75 J145X 2010

同安区

福建省同安县志
同安县地方志编纂委员会编 黄奕铁主编 北京 中华书局 2000年 2卷 1590页〔中华人民共和国地方〕
b13400769 K295.74 T437

洪塘头村志
西柯镇洪塘头社区党总支 西柯镇洪塘头社区居委会编 蔡清潘主编 厦门 厦门鸿鹏达印刷公司 2008年 150页
b36128685 K295.75 H4168 2008

同安县政务志
同安县政务志编纂委员会编 福州 海潮摄影艺术出版社 2002年 253页〔中华人民共和国地方志〕
b19930185 D675.74 T437 2002

同安县城乡建设志
同安县城乡建设委员会编 同安 同安县城

乡建设委员会 1995 年 312 页
b4610222x F299.275.74 T437 1995

同安交通志
同安交通志编纂委员会编 李逸主编兼主笔 厦门 厦门大学出版社 1993 年 348 页
b20045840 F512.757.4 T437 1993

同安金融志
同安金融志编委会编 许笃仁主编 蔡源典撰稿 厦门 同安金融志编委会 1999 年 205 页
b45569708 F832.757.3 X189T 1999

同安文化艺术志
洪文章 陈树硕编著 厦门 厦门大学出版社 1996 年 294 页
b21275981 G127.574 T437 1996

厦门前垵孙氏志
前垵孙氏志编委会编 孙海龙主编 吴桥 吴桥金鼎古籍印刷厂 2013 年 264 页〔闽南孙氏志系列丛书〕
b46012175 K820.9 S765 2013

同安县地名志
同安县地名志编纂委员会编 同安 同安县地名志编纂委员会 1998 年 611 页
b16437706 K925.74 T437 1998

同安县水利电力志
方一新主编 同安 同安县水利电力志编纂者 1993 年 360 页
b21857787 TV-092 T437 1993

翔安区

厦门市翔安区志
厦门市翔安区志编纂委员会编 杨长明主编 北京 方志出版社 2011 年 2 卷 982 页〔中华人民共和国地方志〕
b3637023x K295.73 X275 2011

新店镇志
厦门市翔安区新店镇人民政府编 夏长文主编 厦门 厦门鸿鹏达印刷公司 2008 年 266 页
b20578040 K295.75 X443 2008

莆田市

莆田市志
莆田市地方志编纂委员会编 黄金恳主编 北京 方志出版社 2001 年 3 卷 3103 页〔中华人民共和国地方志〕
b16006306 K295.73 P674 2001

莆田县志
莆田县地方志编纂委员会编 翁忠言主编 北京 中华书局 1994 年 1210 页〔中华人民共和国地方志〕
b10641014 K295.74 P674

莆田县简志
莆田市荔城区地方志编纂委员会整理 朱维干著 北京 方志出版社 2005 年 297 页
b16177320 K295.74 P674C 2005

洞湖境志
洞湖文化教育理事会编 林春铭 杨炳麟主编 莆田 洞湖文化教育理事会 2005 年 290 页
b21763148 K295.75 D624 2005

福建省莆田县江口镇志
江口镇志编纂委员会编 北京 华艺出版社 1991 年 150 页
b20018617 K295.75 J324 1991

湄洲妈祖志
莆田湄洲妈祖祖庙董事会编 蒋维锬 朱合浦主编 北京 方志出版社 2011 年 592 页〔中华人民共和国地方志〕
b36133863 B933 J356 2011

莆田市检察志
莆田市检察志编纂委员会编 于南生主编 北京 方志出版社 2013 年 481 页〔中华人民共和国地方志〕
b40934937 D926.32 P674 2013

莆田市海洋与渔业志
林金祥 吴国富主编 福州 海风出版社 2010 年 458 页〔中华人民共和国地方志 福建省〕
b46442601 F326.475.73 P674 2010

莆田电力工业志 1990-2002
黄志党主编 北京 中国电力出版社 2010 年 365 页〔福建省电力工业志丛书〕
b40647894 F426.61 P674 2010

莆田市名产志
莆田市地方志编纂委员会编 傅定庆主编 北京 方志出版社 2012 年 324 页〔中华人民共和国地方志〕
b36708719 F762.7 P674 2012

莆田市财政志
莆田市财政志编纂委员会编 李振华主编 陈婷 张淑娥 黄飞鹏编辑 北京 方志出版社 2010 年 442 页〔中华人民共和国地方志〕
b22364808 F812.757.3 P674 2010

莆田市金融志
莆田市金融志编纂委员会编 林洪霖主编 北京 方志出版社 2003 年 565 页〔中华人民共和国地方志 福建省〕
b47009378 F832.757.3 P674C 2003

莆田市农村金融志
中国农业银行莆田市分行编 林洪霖主编 蔡文春编辑 北京 方志出版社 1998 年 270 页
b45569228 F832.757.3 P674 1998

莆田市档案志
莆田市档案志编纂委员会编 余文堂主编 福州 福建省地图出版社 2012 年 146 页〔中华人民共和国地方志〕
b4093519x G279.275.73 P674 2012

莆田市教育志
莆田市教育委员会编 刘荣玉 姚志平主编 北京 方志出版社 2000 年 382 页
b13833777 G527.573 P674

莆田市体育志
莆田市体育志编纂委员会编 林文通主编 北京 方志出版社 2010 年 286 页〔中华人民共和国地方志〕
b21366123 G812.757.3 P674 2010

莆田市姓氏志
莆田市地方志编纂委员会编 傅庆定主编 北京 方志出版社 2010 年 655 页〔中华人民共和国地方志〕
b23216372 K810.2 P674 2010

莆田市名人志
莆田市莆仙文化研究院编 陈春阳主编 福州 福建人民出版社 2014 年 2 卷 994 页
b46266720 K820.857.3 P674P 2014

鲤江庙志
鲤江庙管委会编 程德鲁 林玉宗编著 莆

田 莆田市涵江区福利印刷厂 2006 年 194 页
b22430660 K928.75 L425 2006

莆田市第一医院志
莆田市第一医院志编委会编 林祖泉主编 郑州 中州古籍出版社 2009 年 409 页
b50739761 R199.2 P674 2009

木兰陂水利志
莆田县木兰溪水利管理处 莆田县南北洋海堤管理处编 林国举主编 北京 方志出版社 1997 年 171 页
b20003572 TV-092 L585 1997

城厢区

城厢区志
城厢区地方志编纂委员会编 阮军主编 北京 中国社会科学出版社 1999 年 758 页〔中华人民共和国地方志〕
b14445001 K295.73 P674C 1999

城厢区志 1995-2005
莆田市城厢区地方志编委会编 林建如主编 北京 方志出版社 2014 年 734 页〔中华人民共和国地方志 福建省〕
b47051218 K295.74 C466 2014

莆田市城厢区常太镇东青村志
莆田市档案局（馆）城厢区档案局（馆）编 林金模主编 北京 中国文史出版社 2018 年 276 页〔福建省首批乡村记忆档案示范项目丛书〕
b51044523 K295.75 D5826 2018

涵江区

涵江区志
涵江区地方志编纂委员会编 陈金山主编 北京 方志出版社 1997 年 920 页〔中华人民共和国地方志〕
b10547484 K295.74 H174

莆田市涵江区三江口镇后郭村志
莆田市档案局（馆）涵江区档案局（馆）编 林金模主编 北京 中国文史出版社 2018 年 550 页〔福建省首批乡村记忆档案示范项目丛书〕
b51044547 K295.75 H4434 2018

梧塘镇志
梧塘镇志编纂委员会编 蔡金耀主编 北京 方志出版社 1997 年 433 页
b12692360 K295.75 W522

涵江区财政志
朱永恒主编 北京 方志出版社 2010 年 341 页
b22364651 F812.757.3 P674H 2010

荔城区

莆田市荔城区西天尾镇后黄村志
莆田市档案局（馆）荔城区档案局（馆）编 林金模主编 北京 中国文史出版社 2018 年 286 页〔福建省首批乡村记忆档案示范项目丛书〕
b51044511 K295.75 H4433 2018

秀屿区

秀屿区志
莆田市秀屿区地方志编纂委员会编 林煌柏 郑金高 方俊飞主编 北京 中国文史出版社 2015 年 743 页〔中华人民共和国地方志 福建省〕
b47073652 K295.73 P674X 2015

忠门镇志
莆田市忠门镇志人民政府编 俞建忠 卓金贤主编 北京 方志出版社 1997 年 389 页
b12691331 K295.75 Z628

仙游县

仙游县志
仙游县地方志编纂委员会编 周益民主编 北京 方志出版社 1995 年 1241 页〔中华人民共和国地方志〕
b10501186 K295.74 X192

榜头镇志
榜头镇志编纂委员会编 仙游 福州建联印刷厂 1990 年 333 页
b36028885 K295.75 B244 1990

榜头镇志
仙游县榜头镇人民政府编 吴栋平 蒋庆和主编 厦门 鹭江出版社 2017 年 525 页〔中华人民共和国地方志〕
b50231984 K295.75 v5

大济镇志
大济镇志编纂委员会编 马玉耀 蒋庆和主编 福州 海峡文艺出版社 2013 年 403 页
b45839748 K295.75 D136 2013

枫亭志
枫亭镇人民政府编 蔡建华 何文光主编 北京 方志出版社 1999 年 468 页
b1354438x K295.75 F356

后溪村志
后溪村志编委会编 阮元发主编 仙游 后溪村志编委会 2012 年 406 页
b50991334 K295.75 H443 2012

鲤城镇志
陈国华 陈明泉主编 北京 方志出版社 2002 年 486 页
b13931301 K295.75 L425

莆田市仙游县榜头镇溪尾村志
莆田市档案局（馆）仙游县档案局（馆）编 林金模主编 北京 中国文史出版社 2018 年 155 页〔福建省首批乡村记忆档案示范项目丛书〕
b51044535 K295.75 X128 2018

石苍乡志
石苍乡人民政府编 郑洪庆 林清明主编 北京 方志出版社 2014 年 455 页〔中华人民共和国地方志〕
b45969875 K295.75 S472 2014

中华人民共和国福建省仙游县郊尾镇志
郊尾镇人民政府编 温训新主编 北京 中国社会科学出版社 2000 年 481 页
b16424505 K295.75 J372 2000

仙游县人民代表大会志
仙游县人民代表大会志编纂委员会编 福州 海峡文艺出版社 2013 年 459 页〔中华人民共和国地方志 福建省〕
b49803797 D624.574 X192 2013

仙游粮食志
仙游粮食志编辑室编 阮玉成主编 北京 方志出版社 1998 年 304 页
b47009470 F326.11–092 X192 1998

仙游县教育志
仙游县教育志编纂委员会编 林庆尧主编 北京 方志出版社 1997 年 276 页
b13834721 G527.574 X192

福莆仙乡贤人物志
福莆仙乡贤人物志编写者编 新加坡 福莆仙文化出版社 1990 年 566 页
b20576456 K820.857 F451 1990

仙游县地名录
仙游县地名办公室编 仙游 仙游县地名办公室 1983 年 258 页
b20017303 K925.74 X192 1983

三明市

三明市志
三明市地方志编纂委员会编 丁瑜主编 北京 方志出版社 2002 年 3 卷 3192 页〔中华人民共和国地方志〕
b14447344 K295.74 S145 2002

三明市志 1993–2005
三明市地方志编纂委员会编 陈凤珠 张丽娟主编 北京 方志出版社 2015 年 2 卷 1588 页〔中华人民共和国地方志 福建省〕
b46670816 K295.74 S145C 2015

福建省三明市工会志 1931–1998
三明市总工会编 黄金资主编 三明 三明市总工会 1999 年 317 页
b50861104 D412.857.3 S145 1999

三明市政府志
三明市政府志编纂委员会编 厦门 厦门大学出版社 1998 年 303 页
b20045098 D625.573 S145 1998

三明市交通志
三明市交通局编 梁津主编 三明 三明日报社印刷厂 1991 年 300 页
b47415605 F512.757.3 S145 1991

三明财政志
三明市财政局编 李保清 陈良椿 俞兆光主编 三明 三明市财政局 1992 年 235 页
b49704588 F812.757.3 S145 1992

三明金融志
三明金融志编纂委员会编 三明 三明金融志编纂委员会 1995 年 410 页
b45569605 F832.757.3 S145 1995

三明市地名录
福建省三明市地名办公室编 三明 三明地区印刷厂 1982 年 178 页
b1767654x K925.73 F452 1982

梅列区

梅列区政协志
中国人民政治协商会议三明市梅列区委员会编 林熹主编 三明 三明市梅列区包装装璜印刷厂 2003 年 242 页
b46443174 D628.573 M287 2003

三元区

三元政协志 1986–2005
中国人民政治协商会议福建省三明市三元区委员会编 武爱民主编 三明 中国人民政治协商会议福建省三明市三元区委员会 2005 年 301 页
b22431603 D628.573 S145S 2005

永安市

永安市志
永安市地方志编纂委员会编 虞韶年主编 北京 中华书局 1994 年 1216 页〔中华人民共和国地方志〕
b10616731 K295.73 Y636

永安市志 1990–2005
永安市地方志编纂委员会编 刘启龙 吴家福 樊跃旭主编 北京 方志出版社 2015年 970页〔中华人民共和国地方志 福建省〕
b50206965 K295.73 Y636C 2015

曹远镇志
永安市曹远镇志编纂委员会编 陈胜智主编 永安 永安市曹远镇志编纂委员会 2005年 305页
b16636132 K295.75 C214 2005

桂口村志
永安市桂口村民委员会编 永安 永安市新华教育印刷公司 2002年 68页
b36380301 K295.75 G731 2002

燕江街道志
永安市地方志编纂委员会办公室编 刘启龙主编 永安 永安市地方志编纂委员会办公室 2007年 384页
b20462074 K295.73 Y636Z 2007

永安市土地志
永安市土地管理局 官克德主编 永安 永安市新华印刷公司 2000年 249页
b20104881 F327.573 Y636 2000

永安名产志
永安市地方志编纂委员会办公室编 永安 永安市新华教育印刷公司 2007年 124页
b36246414 F762.7 Y636 2007

福建水利电力学校志
福建水利电力学校志编纂委员会编 永安 永安市彩盛装潢印刷厂 2009年 322页
b21856655 G719.285.7 F452 2009

永安姓氏志
永安市地方志编纂委员会办公室编 永安 永安市地方志编纂委员会办公室 2004年 369页
b16428754 K820.9 Y636 2004

明溪县

明溪县志
明溪县地方志编纂委员会编 陈秉怡主编 北京 方志出版社 1997年 1033页〔中华人民共和国地方志〕
b1050123x K295.74 M572

明溪县地名录
福建省明溪县地名办公室编 明溪 福建省明溪县地名办公室 1981年 120页
b20016001 K925.74 M572 1981

福建省明溪县药用植物资源志要
福建省明溪县人民政府 江苏省中国科学院植物研究所编 明溪 福建省明溪县人民政府 2006年 292页
b20576432 Q949.95 M572

清流县

清流县志
清流县地方志编纂委员会编 李升宝主编 北京 中华书局 1994年 830页〔中华人民共和国地方志〕
b10640915 K295.74 Q464

清流县人民代表大会志
清流县人民代表大会常务委员会编 厦门 厦门大学出版社 1994年 252页
b46239996 D624.574 Q467 1994

清流县地名录
福建省清流县地名办公室编 清流 福建省清流县地名办公室 1981年 156页

b20016372 K925.74 Q467 1981

宁化县

宁化县志
宁化县志编纂委员会编 刘善群主编 福州 福建人民出版社 1992 年 939 页〔中华人民共和国地方志〕
b10758896 K295.74 N413

湖村乡志
福建省宁化县湖村乡志编纂组编 邱振庸主编 宁化 福建省宁化县湖村乡志编纂组 1987 年 580 页
b20534644 K295.65 H477 1987

宁化林业志
宁化林业志编纂委员会编 郑世佑主编 厦门 鹭江出版社 1992 年 661 页
b22431184 F326.275.74 N413 1992

宁化县地名录
福建省宁化县地名办公室编 宁化 福建省宁化县地名办公室 1981 年 188 页
b17302043 K925.74 N413 1981

大田县

大田县志
大田县地方志编纂委员会编 林岁华主编 北京 中华书局 1996 年 1071 页〔中华人民共和国地方志〕
b10524873 K295.74 D136

均溪镇志
中共大田县均溪镇委员会 大田县均溪镇人民政府编 肖宏强主编 三明 福建省三明市中亚印务公司 2013 年 506 页
b41234996 K295.75 J755 2013

大田县电力志
福建省大田县电力公司编 郑成上 余友智主编 北京 方志出版社 2002 年 421 页
b50246987 F426.61 D1369 2002

大田县地名录
福建省大田县地名办公室编 大田 福建省大田县地名办公室 1982 年 190 页
b20014247 K925.74 D136 1982

尤溪县

尤溪县志
尤溪县志编纂委员会编 黄启注主编 福州 福建省地图出版社 1989 年 788 页〔中华人民共和国地方志〕
b10759815 K295.74 Y669

尤溪县志 1986–2000
尤溪县地方志办公室编 严道明主编 北京 方志出版社 2009 年 992 页〔中华人民共和国地方志〕
b21571089 K295.74 Y669 2009

尤溪姓氏志
政协尤溪县委员会 尤溪县地方志编纂委员会办公室编 苏新坦主编 苏树标等编辑 福州 海潮摄影艺术出版社 2010 年 353 页
b40647833 K810.2 Y669 2010

尤溪县地名录
福建省尤溪县地名办公室编 尤溪 福建省尤溪县地名办公室 1982 年 205 页
b20368811 K925.74 Y669 1982

尤溪县地名志
尤溪县志编纂委员会办公室编 苏新坦主编 福州 海峡书局 2012 年 218 页
b46442613 K925.74 Y669C 2012

沙　县

沙县志
沙县地方志编纂委员会编 李启宇主编 北京 中国科学技术出版社 1992年 799页〔中华人民共和国地方志丛书〕
b10796046 K295.74 S231

沙县茶志
沙县农业局主编 张卿雄 官发松编著 福州 海峡文艺出版社 2017年 268页
b51090867 F326.12 S231 2017

将乐县

将乐县志
将乐县地方志编纂委员会编 郑大余主编 北京 方志出版社 1999年 1044页〔中华人民共和国地方志〕
b12692359 K295.74 J338

将乐县志 1991-2005
将乐县地方志编纂委员会办公室编 廖荣禄 伍俊三 周佛胜主编 北京 中国时代经济出版社 2015年 818页〔中华人民共和国地方志 福建省〕
b47071138 K295.74 J338E 2015

将乐县地名录
福建省将乐县地名办公室编 将乐 福建省将乐县地名办公室 1982年 186页
b20015343 K925.74 J338 1982

泰宁县

福建省泰宁县志
泰宁县地方志编纂委员会编 欧阳英主编 北京 群众出版社 1993年 731页〔中华人民共和国地方志〕
b10646917 K295.74 T163

泰宁县志 1988-2005
泰宁县地方志编纂委员会编 张辉怡主编 北京 方志出版社 2015年 451页〔中华人民共和国地方志 福建省〕
b49578315 K295.74 T163C 2015

泰宁人大志 1933-2011
福建省泰宁县人大常委会编 李舒主编 泰宁 福建省泰宁县人大常委会 2012年 377页
b49789764 D624.574 T163 2012

建宁县

建宁县志
建宁县地方志编纂委员会编 北京 新华出版社 1995年 751页〔中华人民共和国地方志〕
b10647168 K295.74 J2956

建宁县志 1988-2005
建宁县地方志编纂委员会编 张美顺主编 北京 方志出版社 2014年 712页〔中华人民共和国地方志 福建省〕
b46377323 K295.74 J2956 2014

建宁县文化志
建宁县文化志编纂委员会编 钊琼奎主编 建宁 建宁县文化志编纂委员会 1986年 油印本 192页
b21275841 G127.574 J295 1986

建宁县地名录
福建省建宁人民政府编 建宁 福建省建宁人民政府 1981年 156页
b18646542 K925.74

泉州市

泉州市志
泉州市地方志编纂委员会编 北京 中国社会科学出版社 2000年 5卷 4175页〔中华人民共和国地方志〕
b13155167 K295.73 Q625

泉州市人口志
许锦鹏主编 泉州 福建省泉州市计划生育委员会 1996年 171页〔泉州市地方志丛书〕
b19932273 C924.255.73 X594Q 1996

泉州党校工作志
中共泉州市委党校党校工作志编纂委员会编 胡华兴主编 厦门 厦门大学出版社 2010年 189页〔泉州地方志丛书〕
b20987481 D261.41 H472 2010

泉州市鲤城区人民代表大会志
泉州市鲤城区人大志编纂委员会编 北京 中国民主法制出版社 1994年 265页〔泉州市鲤城区地方志丛书 20010〕
b49533769 D624.573 Q625L 1994

泉州市人民代表大会志
泉州市人大志编纂委员会编 卢希德 王伊景主编 北京 中国民主法制出版社 2000年 192页
b20577539 D624.573 Q625 2000

泉州市政协志
泉州市政协志编纂委员会编 陈永新编 泉州 泉州市政协志编纂委员会 1990年 164页〔泉州市地方志丛书〕
b17996661 D628.573 Q625 1990

泉州市政协志 1986–2012
政协泉州市委员会编 洪川夫主编 北京 方志出版社 2017年 522页〔中华人民共和国地方志〕
b50756515 D628.573 Q625 2017

泉州市民政志
泉州市民政局 泉州市民政志编纂委员会编印 泉州 泉州市民政局 2002年 417页
b49704576 D632 Q625 2002

泉州市华侨志
泉州市华侨志编纂委员会编 卓正明主编 北京 中国社会出版社 1996年 504页〔泉州市地方志丛书〕
b16434729 D634 Z825 1996

泉州市侨联志
泉州市归国华侨联合会编 黄贞森主编 泉州 泉州市归国华侨联合会 2012年 343页
b49963995 D634.1 Q625 2012

泉州宗教志
泉州市民族与宗教事务局编 柯建瑞主编 泉州 泉州晚报印刷厂 2005年 243页
b19932285 D635.1 Q625 2005

民革泉州市地方组织志 1952–2007
中国国民党革命委员会泉州市委员会编 郑云梅主编 泉州 中国国民党革命委员会泉州市委员会 2010年 253页
b50017226 D665.1 Q625 2010

泉州民建五十年 中国民主建国会泉州市地方组织志 1956–2006
中国民主建国会泉州市委员会编 林咸源主编 泉州 中国民主建国会泉州市委员会 2006年 487页
b49704564 D665.4 Q625 2006

泉州市商会志 1908–2006
泉州市工商业联合会编 泉州 泉州市工商业联合会 2006年 204页
b47415587 D665.9 Q625 2006

台湾民主自治同盟泉州市地方组织志 1980–2007
台盟泉州市地方组织志编纂委员会编 泉州 泉州市丽色龙印业发展有限公司 2011年 126页〔中华人民共和国 福建省 泉州地方志系列〕
b47585031 D665.8 Q625 2011

泉州工商行政管理志
泉州市工商行政管理局编 许瑞察主编 陆奕敏编辑 福州 海风出版社 2010年 808页〔中华人民共和国地方志〕
b45417386 F123.82 Q625 2010

泉州市乡镇企业志
泉州市乡镇企业志编纂委员会编 郭奉宜主编 泉州 泉州市乡镇企业志编纂委员会 1993年 281页〔泉州市地方志丛书〕
b49505634 F279.275.73 Q625 1993

泉州市城乡建设志
泉州市建委修志办公室编 张千秋主编 北京 中国城市出版社 1998年 636页〔福建省泉州市地方志丛书〕
b45453391 F299.275.73 Q625 1998

泉州市农业志
泉州市农业志编纂委员会编 何长龙主编 厦门 厦门大学出版社 2015年 521页〔中华人民共和国地方志〕
b47133284 F327.573 Q625 2015

泉州电力工业志 1991–2002
陈献枝主编 北京 中国电力出版社 2010年 780页〔福建省电力工业志丛书〕
b40647900 F426.61 Q625 2010

福建省第一公路工程公司志 1949–2017
福建省第一公路工程公司志编写组编 黄敬 沈惠民主编 香港 今日出版社 2018年 299页
b5082837x F426.9 F4522 2018

泉州交通运输志 1991–2010
泉州市交通运输委员会编 厦门 鹭江出版社 2012年 502页
b47206573 F512.757.3 Q625 2012

泉州市交通志
泉州市交通局编 上海 学林出版社 1998年 398页
b16875916 F512.9 Q625 1998

泉州港口志
泉州市港口管理局主编 齐永洁主编 北京 九州出版社 2014年 382页
b46133215 F552.9 Q6257 2014

泉州市供销合作社志 1991–2001
福建省泉州市供销合作社志编纂委员会编 黄福绵主编 泉州 福建省泉州市供销合作社志编纂委员会 2004年 231页〔泉州市地方志丛书〕
b4993885x F721.2 Q625 2004

泉州市物价志
黄奕恩主编 泉州 福建省泉州物价委员会 1993年 688页〔泉州市地方志丛书〕
b20593740 F727.57 H669 1993

泉州海关志
泉州海关编 戴一峰总纂 厦门 厦门大学出版社 2005年 440页

b1612103x　F752.59　Q625　2005

泉州市对外经济贸易志
泉州市对外经济贸易志编纂委员会编　朱明主编　北京　中国国际广播出版社　1993年　391页〔泉州市地方志丛书〕
b50318068　F752.857.3　Q625　1993

泉州市科学技术志
泉州市科学技术志编纂委员会编　苏仁拱主编　王美玲编纂　北京　中国科学技术出版社　1994年　576页〔中国地方科技史志丛书〕
b46018426　G322.757.3　Q625　1994

泉州市教育志
泉州市教育志编纂委员会编　福州　福建教育出版社　1996年　445页〔泉州市地方志丛书〕
b20181693　G527.573　Q625Q　1996

泉州市区教育志稿
王挥编撰　泉州　泉州市区教育志编纂者　2001年　164页
b20140265　G527.573　Q625　2001

华侨大学志　1960–2010
华侨大学志编纂委员会编　贾益民主编　北京　中国文史出版社　2015年　645页
b47027101　G649.285.7　H529C　2015

黎明职业大学志　1984–2014
黎明职业大学志编纂委员会编　林其天主编　泉州　黎明职业大学志编纂委员会　2014年　393页
b47206512　G719.285.73　L372　2014

泉州电力学校志　1984–2003
洪延艺主编　北京　中国电力出版社　2011年　175页〔福建省电力工业志丛书〕
b45841214　G719.285.73　Q625　2011

泉州市方言志
林连通主编　北京　社会科学文献出版社　1993年　280页〔泉州市地方丛书〕
b10908043　H177.2　L586

泉州市电影志
福建省泉州市电影志编纂领导小组编　连良聪　曾国彬主编　廖灿国主笔　泉州　福建省泉州市电影志编纂领导小组　1993年　151页〔泉州市地方志丛书〕
b49789545　J909.2　Q625　1993

泉州市建置志
林龙海编纂　福州　海峡文艺出版社　1993年　196页〔泉州市地方志丛书〕
b13276232　K295.73　Q625J

泉州新四军人物志
泉州市新四军研究会编　庄晏成主编　泉州　泉州市新四军研究会　2011年　229页
b4731722x　K825.2　Z7881　2011

泉州民间信俗文化志
泉州市地方志编纂委员会编　张惠评主编　北京　中国文史出版社　2014年　2卷　1050页
b46442340　K892.457.3　Q625　2014

福建省泉州市地名录
福建省泉州市地名办公室编印　泉州　福建省泉州市地名办公室　1982年　278页
b20016426　K925.73　Q625F　1982

大泉州风物志
李建生主编　林建伟编著　福州　福建省通俗文艺研究会　2006年　784页〔福建地

方文化研究丛书〕
b20576304 K928.705.73 L397 2006

清源山志
清源山风景名胜区管理委员会编 许添源主编 北京 中华书局 2004年 580页
b16325886 K928.3 X597 2004

双髻仙山志
泉州市双髻山旅游区 泉州市鲤城建设志编委会编 李佳福主编 泉州 泉州市双髻山旅游区 1997年 115页
b20016712 K928.3 L397 1997

泉州市建筑志
泉州市建委修志办公室编 张千秋主编 北京 中国城市出版社 1995年 489页〔福建省泉州市地方志丛书〕
b45841196 TU-092 Q625 1995

泉州市水利志
泉州市水利水电局编 白壁主编 北京 中国水利水电出版社 1998年 480页
b18280869 TV-092 B1511 1998

泉州市水利志 1991-2008
泉州市水利局编 郑亚鸿主编 福州 海风出版社 2011年 358页〔泉州市志书系列〕
b46995663 TV-092 B1511 2011

山美水库志
泉州市山美水库管理处编 陈锦天主编 福州 海风出版社 2012年 240页〔中华人民共和国地方志〕
b49963399 TV632.573 S252 2012

丰泽区

丰泽区姓氏志
泉州市丰泽区地方志编纂委员会办公室编 许怡菲主编 北京 方志出版社 2009年 190页
b20396508 K810.2 X5982 2009

鲤城区

鲤城区志
泉州市鲤城区地方志编纂委员会编 蔡材厚主编 北京 中国社会科学出版社 1999年 2卷 1519页〔中华人民共和国地方志〕
b13638531 K295.73 Q625L

泉州市鲤城区人口志
泉州市鲤城区计划生育委员会 泉州市鲤城区人民政府统计局编印 许锦鹏主编 泉州 泉州市鲤城区计划生育委员会 1994年 192页〔泉州市鲤城区地方志丛书〕
b19932261 C924.255.73 X594 1994

鲤城区政协志
泉州市鲤城区政协志编纂委员会编 泉州 泉州市鲤城区政协志编纂委员会 1992年 96页〔泉州市鲤城区地方志丛书〕
b20043946 D628.573 L425 1992

泉州市鲤城区政协志 1951-2011
政协泉州市鲤城区委员会编 黄绍芒主编 泉州 政协泉州市鲤城区委员会 2013年 452页
b4758502x D628.573 Q625L 2013

泉州市鲤城区侨联志 1991-2010
泉州市鲤城区归国华侨联合会编 泉州 泉州市鲤城区归国华侨联合会 2011年 218页
b51079434 D634.1 Q625L 2011

泉州市鲤城区军事志 669-2005
泉州市鲤城区军事志编委会编 刘西水主

编 北京 中央文献出版社 2008 年 296 页
b20951176 E289.573 Q625 2008

鲤城交通志
福建省泉州市鲤城区交通局编 北京 人民交通出版社 1997 年 210 页
b20043934 F512.757.3 L425 1997

泉州市鲤城区群众文化志
泉州市鲤城区文化局 泉州市鲤城区文化馆编 泉州 泉州市鲤城区文化局 1995 年 171 页〔泉州市鲤城区地方志丛书〕
b1993225x G127.573 L425 1995

洛江区

洛阳万安桥志
刘浩然编著 香港 香港华星出版社 1993 年 244 页〔泉州学丛书〕
b20045074 K295.73 Q625Y 1993

泉港区

泉港区政协志
政协泉州市泉港区委员会编 连启明主编 泉州 政协泉州市泉港区委员会 2016 年 531 页
b50729676 D628.573 Q625Q 2016

石狮市

石狮市志
石狮市地方志编纂委员会编 何锦龙主编 北京 方志出版社 1998 年 1098 页〔中华人民共和国地方志〕
b12692335 K295.73 S475

石狮市志 评议稿 1998–2010
石狮市地方志编纂委员会编 石狮 石狮市地方志编纂委员会 2015 年 2 册 1646 页〔中国志书精品工程〕
b5066556x K295.73 S475 2015

永宁镇志
永宁镇志编纂委员会编 北京 方志出版社 2016 年 470 页〔中华人民共和国地方志 福建省〕
b49477791 K295.75 Y636 2016

石狮市人民代表大会志
石狮市人民代表大会志编纂委员会编 卢维祥编 北京 方志出版社 2012 年 282 页
b40503227 D624.574 S475 2012

福建省石狮市政协志
中国人民政治协商会议石狮市委员会编 石狮 中国人民政治协商会议石狮市委员会 1998 年 123 页
b20016670 D628.573 S475 1998

石狮市华侨志
石狮市华侨志编纂委员会编 蔡世佳主编 北京 九州出版社 2013 年 345 页
b44795191 D634.3 S475 2013

石狮市检察志 1994–2007
石狮市人民检察院编纂 吴美满主编 石狮 石狮市人民检察院 2009 年 230 页
b47317255 D926.32 S475 2009

石狮市财政志 1988–2007
石狮市财政局编纂 张永安主编 石狮 石狮市财政局 2010 年 202 页
b50727618 F812.757.4 S475 2010

福建省石狮市教育志
石狮市教育志编纂领导小组编 吴章轩主编 石狮 石狮市教育志编纂领导小组 1998

年 327 页
b49706573 G527.574 S475 1998

石狮市姓氏志
石狮市地方志编纂委员会办公室编 李秉源主编 武汉 武汉大学出版社 2016 年 552 页
b47383707 K810.2 L389 2016

晋江市

福建省晋江市志
晋江市地方志编纂委员会编 上海 三联书店 1994 年 2 卷 1853 页〔中华人民共和国地方志〕
b10824832 K295.73 J518

深沪镇志
深沪镇志编纂委员会编 张世雄 张朝阳主编 上海 上海辞书出版社 2007 年 330 页〔中华人民共和国地方志〕
b36247790 K295.75 S387 2007

围头村志
晋江市金井镇围头村志编纂委员会编辑 吴秋滨主编 晋江 晋江市金井镇围头村志编纂委员会 2005 年 139 页
b20404724 K295.75 W287 2005

晋江共青团志
共青团晋江市委员会编 柯枫伟主编 北京 九州出版社 2014 年 344 页
b4644239x D292.574 J518 2014

晋江妇女运动志
晋江市妇女联合会编 蔡惠琼主编 北京 方志出版社 2013 年 336 页
b45444833 D442.857.3 J518 2013

晋江市人大志
晋江市人大常委会 晋江市人大志编辑委员会编 蔡天赞主编 北京 方志出版社 2002 年 240 页
b18265522 D624.574 J518 2002

晋江市政协志
政协晋江市委员会编 叶荣宗主编 泉州 泉州市鲤七彩印刷有限公司 2011 年 543 页
b50729354 D628.573 J518 2011

晋江华侨志
晋江县侨务办公室 晋江县归国华侨联合会 晋江县华侨志编纂委员会编 吴泰主编 上海 上海人民出版社 1994 年 236 页
b13276712 D634 W512

安海商会志 1913–2013
晋江市安海商会编 高俊仁主编 晋江 晋江市安海商会 2013 年 495 页
b47584944 D665.9 A163 2013

晋江市司法行政志
晋江市司法局编 林峰主编 北京 方志出版社 2010 年 181 页
b22434343 D927.573.061 J518 2010

晋江市人物志
晋江市地方志编纂委员会编 陈苗主编 上海 三联书店上海分店 1994 年 488 页
b18176525 K820.857.3 C425 1994

晋江市地名志
晋江市地方志编纂委员会编 北京 方志出版社 2007 年 363 页
b18240811 K925.73 J518 2007

晋江县地名录
福建省晋江县人民政府编 晋江 福建省晋

江县人民政府 1983 年 302 页
b20015422 K925.74 J518 1983

安平桥志
泉州市文化广电新闻出版局编 黄真真 高俊仁主编 厦门 厦门大学出版社 2014 年 428 页
b46159800 K928.78 H671 2014

南安市

南安县志
福建省南安县地方志编纂委员会编 潘用庭 张毓昆主编 南昌 江西人民出版社 1993 年 1066 页〔福建省地方志丛书〕
b10503511 K295.74 N1611

丰州志
南安市丰州镇丰州志编写组编 黄威廉主编 南安 南安市丰州镇丰州志编写组 1996 年 346 页
b49472276 K295.75 F359 1996

九都镇志
南安市九都镇志编纂委员会编 黄荣周主编 南安 南安市九都镇志编纂委员会 2015 年 743 页〔福建省南安市地方志〕
b50861128 K295.75 J585 2015

南安华侨志
南安市华侨志编纂委员会编 北京 中国华侨出版社 1998 年 261 页
b16447487 D634 N161 1998

南安华侨志
叶谋锋 刘安居编 北京 九州出版社 2014 年 378 页
b46376793 D634 N161C 2014

南安县教育志
南安县教育志编纂委员会编 黄国栋主编 厦门 厦门大学出版社 1993 年 443 页
b36014643 G527.574 N161 1993

九日山历代名人志
杨水明编著 北京 中国文化出版社 2007 年 134 页〔九日山文化丛书〕
b20408316 K928.3

九日山志
黄柏龄编著 上海 上海辞书出版社 2006 年 修订本 267 页
b16887773 K928.3 Q625 2006

惠安县

惠安县志
惠安县地方志编纂委员会编 陈万里 王春来主编 北京 方志出版社 1998 年 1288 页〔中华人民共和国地方志〕
b1050106x K295.74 H696

崇武镇志 第三稿
崇武镇地方志编纂委员编 惠安 惠安同怀印刷厂 1996 年 408 页
b20014144 K295.75 C541 1996

惠安县政协志 1956–2011
政协惠安县委员会编 张炳明主编 惠安 政协惠安县委员会 2011 年 456 页〔惠安县地方志丛书 2〕
b47206469 D628.574 H696 2011

惠安县科协志 1956–2013
惠安县科协志（1956–2013）编纂委员会编 谢福杉主编 福州 福建科学技术出版社 2014 年 306 页
b49963375 G322.757.4 H696 2014

惠安县教育志 981–2010
惠安县教育局编 汪碧辉 曾金伙主编 北京 方志出版社 2011 年 375 页〔惠安县地方志丛书〕
b2321613x G527.574 H696 2011

惠安县文物志
惠安县文化体育局编 惠安 惠安县文化体育局 2003 年 121 页
b20043247 K872.574 H696 2003

惠安县地名录
福建省惠安县地名办公室编 惠安 福建省惠安县地名办公室 1982 年 304 页
b20369086 K925.74 H696 1982

崧山志
惠安螺阳崧山志编委会编 康荣法主编 惠安 惠安螺阳崧山志编委会 1993 年 363 页
b20016803 K928.3 K185 1993

安溪县

安溪县志
安溪县志编纂委员会编 林园主编 北京 新华出版社 1994 年 2 卷 1422 页〔中华人民共和国地方志〕
b10760763 K295.74 A164

安溪县志 1991–2007
安溪县地方志编纂委员编 林辉标主编 北京 中华书局 2015 年 2 卷 1132 页〔中华人民共和国地方志 福建省〕
b46934406 K295.74 A164D 2015

感德镇志 事物发端 –2007
安溪县感德镇志编纂委员会编 陈志明主编 厦门 厦门大学出版社 2014 年 518 页〔福建省地方志〕
b45581678 K295.75 G169 2014

石狮村志 简史记
林建 林文代编著 福州 东南名镇名村系列丛书编辑部 2003 年 96 页〔东南名镇名村系列丛书〕
b36128806 K295.75 S475 2003

祥华乡志 事物发端 –2013
安溪县祥华乡志编纂委员会编 李清泉主编 北京 中国文史出版社 2016 年 302 页〔福建省地方志〕
b49598193 K295.75 X276 2016

清水岩志
清水岩志编纂委员会编著 泉州 泉州文物管理委员会 1989 年 259 页〔泉州文物志〕
b20045062 B957.257.4 Q467 1989

安溪县人口和计划生育志 事物发端 –2010
黄国良主编 北京 中国文史出版社 2015 年 568 页〔福建省地方志〕
b49661322 C924.255.74 A164 2015

安溪华侨志
陈克振主编 厦门 厦门大学出版社 1994 年 320 页〔福建省安溪县地方志丛书〕
b1327627x D634 C423

安溪县农业志 事物发端 –2010
蔡建明主编 北京 中国文史出版社 2013 年 486 页〔福建省地方志〕
b45841275 F327.574 A164 2013

安溪县电力志
福建省安溪县电力志编委会编 钟清海主编 福州 海潮摄影艺术出版社 2009 年 307 页
b50221541 F426.61 A1648 2009

安溪县金融志 1991–2007
安溪县金融志编纂委员会编 陈文化主编 福州 海峡书局 2017年 280页〔福建省地方志〕
b50747423 F832.757.4 A164 2017

安溪县科学技术协会志 1956–2013
安溪县科学技术协会志编纂委员会编 涂东风主编 厦门 鹭江出版社 2015年 212页〔福建省地方志〕
b49534336 G322.757.4 A164 2015

安溪姓氏志
安溪县地方志编纂委员会编 凌文斌主编 北京 方志出版社 2006年 580页〔福建省安溪县地方志丛书〕
b16404075 K820.857.4 L627 2006

安溪地名志
凌文斌主编 北京 方志出版社 2008年 343页〔福建省安溪县地方志丛书〕
b18865938 K925.74 L627 2008

安溪县城隍庙志
林园主编 安溪 安溪县城隍庙志编纂委员会 2007年 108页〔中华人民共和国福建省地方志〕
b20576122 K928.75 L588 2007

永春县

永春县志
永春县志编纂委员会编 梁天成总编辑 北京 语文出版社 1990年 962页〔中华人民共和国地方志丛书〕
b10758872 K295.74 Y636

永春芦柑志
永春县农业局 永春县地方志编纂委员会编办公室编纂 陈跃飞主编 北京 中国农业出版社 2018年 209页
b51126515 F326.13 Y636 2018

福能天湖山能源公司志 1996–2015
福建省天湖山能源实业有限公司矿志编纂委员会编 郑明灿总纂 泉州 福建省天湖山能源实业有限公司矿志编纂委员会 2016年 527页
b50861116 F426.2 F451 2016

永春县姓氏志
永春县地方志编纂委员会办公室编著 林士农主编 北京 方志出版社 2010年 776页
b2321711x K810.2 Y636 2010

福建省永春县地名录
永春县人民政府编 永春 永春县人民政府 1981年 290页
b20100826 K925.74 Y636 1981

德化县

德化县志
德化县志编纂委员会编 北京 新华出版社 1992年 861页〔中华人民共和国地方志〕
b10623188 K295.74 D291C

福建省德化县龙浔镇志
龙浔镇志编纂委员会编 德化 龙浔镇志编纂委员会 2004年 353页
b20015823 K295.75 L742 2004

德化县人民代表大会志
德化县人民代表大会志编纂委员会编 苏荣蹯主编 北京 方志出版社 2007年 387页
b1799388x D624.574 D291 2007

德化县人物志
福建省德化县地方志办公室编 德化 德化县税务咨询服务公司印刷厂 1998 年 266 页
b17996648 K820.857.4 F452 1998

德化县姓氏志
德化县地方志编纂委员会办公室编著 北京 方志出版社 2008 年 598 页
b20197548 K820.857 D291 2008

戴云山志
德化县地方志编纂委员会办公室编 许耀辉主编 北京 方志出版社 2011 年 456 页
b22364614 K928.3 D154 2011

漳州市

漳州市志
漳州市地方志编纂委员会编 张启琛总编 北京 中国社会科学出版社 1999 年 6 卷 3676 页〔中华人民共和国地方志〕
b13441474 K295.73 Z376

漳州统计志
漳州市统计局 国家统计局漳州调查队 漳州市统计学会 李经帮主编 丁燕等编辑 漳州 福建省漳州市统计局 2010 年 272 页
b47420364 C832.573 Z376 2010

漳州华侨志
漳州市人民政府侨务办公室编 厦门 厦门大学出版社 1994 年 325 页
b20047034 D634 Z376 1994

漳州人事编制志
漳州市人事编制志编委会编 厦门 厦门大学出版社 1993 年 459 页
b13947758 D675.73 Z376

漳州市渔业志
漳州市渔业志编纂委员会编 黄有根主编 北京 中国农业出版社 2009 年 627 页
b20883195 F326.475.73 Z376 2009

漳州电力工业志 1991–2002
郑孙潮主编 北京 中国电力出版社 2011 年 700 页〔福建省电力工业志丛书〕
b4985074x F426.61 Z3769 2011

漳州市烟草志
漳州市烟草志编纂委员会编 蔡一民总纂 曾武彬主编 北京 方志出版社 2006 年 318 页
b50247669 F426.89 Z376 2006

漳州交通志
漳州市交通局编 北京 东方出版社 1993 年 392 页
b13276803 F512.9 Z376

漳州市交通志 1991–2007
漳州市交通志编纂委员会 黄卫民主编 李新民 杨西企 赵石定编写 沈学溪等摄影 漳州 漳州前沿印刷有限公司 2010 年 672 页
b50152877 F512.757.3 Z376 2010

漳州文化志
漳州市文化局编 漳州 漳州市文化局 1999 年 550 页
b21571211 G127.573 Z376 1999

漳州土楼志
漳州市地方志编纂委员会编 北京 中央文献出版社 2011 年 154 页
b47316858 TU241.5 Z376 2011

漳州水利志
福建省漳州市水利水电局编 林继华主编 厦门 厦门大学出版社 1998 年 410 页
b20578246 TV-092 L5863 1998

芗城区

芗城区志
福建省漳州市芗城区地方志编纂委员会编 汪照元主编 北京 方志出版社 1999 年 2卷 1921 页〔中华人民共和国地方志〕
b16446604 K295.73 Z376X 1999

龙海市

龙海县志
福建省龙海县地方志编纂委员会编 黄剑岚主编 北京 东方出版社 1993 年 1190 页
b10836238 K295.74 L741

龙海市政协志
政协福建省龙海市委员会编 林本谅主编 龙海 龙海市中山印刷厂 1999 年 297 页
b20015793 D628.573 L741 1999

云霄县

云霄县志
云霄县地方志编纂委员会编 北京 方志出版社 1999 年 2 卷 1377 页〔中华人民共和国地方志〕
b13544767 K295.74 Y879

云霄县志 1997-2006
云霄县地方志编纂委员会编 王金狮主编 北京 方志出版社 2015 年 571 页〔中华人民共和国地方志 福建省〕
b47082410 K295.74 Y879C 2015

云霄县地名录
云霄县地名办公室编 云霄 福建省云霄县地名办公室 1981 年 147 页
b20046972 K925.74 Y879 1981

漳浦县

漳浦县志
漳浦县地方志编纂委员会编 方荣和主编 北京 方志出版社 1998 年 1231 页〔中华人民共和国地方志〕
b12691380 K295.74 Z3766

漳浦县志 1990-2007
漳浦县地方志编纂委员会编 陈一森 戴晓清主编 北京 方志出版社 2016 年 912 页〔中华人民共和国地方志 福建省〕
b49502347 K295.74 Z3766C 2016

佛昙镇志
福建省漳浦县佛昙镇志编写组编 漳浦 福建省漳浦县佛昙镇志编写组 1993 年 254 页
b20576420 K295.75 F423 1993

漳浦寺庙志
福建省漳浦县地方志编纂委员会编 赵惠娇主编 林雪芬编辑 北京 中国文史出版社 2015 年 408 页
b49663884 K928.75 Z376 2015

诏安县

诏安县志
诏安县地方志编纂委员会编 周跃红 陈宝钧主编 北京 方志出版社 1999 年 1194 页〔中华人民共和国地方志〕
b13544408 K295.74 Z429

诏安县志 1997-2007
诏安县地方志编纂委员会编 吴文团 陈云水 何德发主编 北京 方志出版社 2017年 727页〔中国人民共和国地方志〕
b50651675 K295.74 Z429C 2017

长泰县

长泰县志
长泰县地方志编纂委员会编 王海侨主编 北京 方志出版社 2005年 1130页〔中华人民共和国地方志〕
b1701735x K295.74 C3461C 2005

长泰县志 1991-2007
长泰县地方志编纂委员会编 黄井南 梁跃辉 付周主编 北京 中华书局 2014年 765页〔中华人民共和国地方志 福建省〕
b46531130 K295.74 C3468 2014

长泰县地名录
福建省长泰县地名办公室编 长泰 福建省长泰县地名办公室 1981年 102页
b21274770 K925.74 C3467 1981

东山县

东山县志
东山县地方志编纂委员会编 方耀铿 黄启注总编 北京 中华书局 1994年 814页〔中华人民共和国地方志〕
b10604212 K295.74 D582

东山县地名录
东山县人民政府编 东山 东山县人民政府 1981年 80页
b20369189 K925.74 D582 2009

南靖县

南靖县志
南靖县地方志编纂委员会编 吴荣宗主编 北京 方志出版社 1997年 1342页〔中华人民共和国地方志〕
b10501113 K295.74 N161C

南靖县粮食志
南靖县粮食局编 吴荣宗主编 北京 方志出版社 1996年 271页
b47009305 F327.574 N161 1996

南靖县商业志
南靖县商业局 南靖县财政贸易委员会编 北京 方志出版社 1998年 233页
b47009317 F727.574 N161 1998

南靖县地名录
福建省南靖县地名办公室编 南靖 南靖县印刷厂 1981年 197页
b20368732 K925.74 N161 1981

平和县

平和县志
平和县地方志编纂委员会编 北京 群众出版社 1994年 1004页
b10634010 K295.74 P612

三平寺志
福建省平和县三平风景区管委会编 卢振海主编 平和 福建省平和县三平风景区管委会 2008年 304页
b46398521 B947.257.4 S145 2008

平和县地名录
福建省平和县地名办公室编 平和 福建省平和县地名办公室 1981年 283页
b15621728 K925.74 P612 1981

华安县

华安县志
华安县地方志编纂委员会编 邹清水主编 厦门 厦门大学出版社 1996年 793页
b10600838 K295.74 H528C

华安县教育志 1409–1990
福建省华安县教育局编 华安 福建省华安县教育局 1995年 333页
b20015070 G527.574 H528 1995

华安县地名录
华安县地名办公室编 华安 福建省华安县地名办公室 1982年 121页
b20043090 K925.74 H528 1982

南平市

南平地区志
南平市地方志编纂委员会编 卓建武主编 北京 方志出版社 2004年 3卷 2944页〔中华人民共和国地方志〕
b15947920 K295.72 N161 2004

南平市志
南平市志编纂委员会编 廖云泉主编 北京 中华书局 1994年 2卷 1582页〔中华人民共和国地方志〕
b10726573 K295.73 N161

南平地区建设志
南平地区建设委员会编 何思岳主编 南平 南平市第一印刷厂 1996年 264页
b20950809 F299.275.72 H277 1996

南平电力工业志
福建省南平电业局 刘浩志主编 南平 福建省南平电业局 1996年 391页〔福建省电力志丛书〕
b49850982 F426.61 N1616 1996

南平市烟草志
南平市烟草专卖局 南平市烟草公司编 白万明主编 福州 福建省地图出版社 2014年 363页
b49963387 F426.89 N1616 2014

沙溪口水力发电厂志
叶持茂主编 北京 中国电力出版社 2006年 234页〔福建省电力工业志丛书〕
b49981419 F426.61 S2318 2006

南平市交通志
福建省南平市交通局编 上海 上海社会科学院出版社 1991年 191页
b20044628 F512.757.3 N161 1991

武夷交通志
福建省南平地区交通史志编纂委员会编 上海 上海社会科学院出版社 1990年 355页
b2004611x F512.757.2 F452 1990

南平名产志
萧志善主编 北京 方志出版社 1995年 158页
b47009329 F727.573 N161 1995

南平市地名录
福建省南平市地名办公室编 南平 福建省南平市地名办公室 1980年 146页
b17128031 K925.73 N161D 1980

南平市水利志
福建省南平市水利志编纂委员会编 黄大兴主编 北京 方志出版社 2011年 394页
b36370290 TV–092 N16161 2011

建阳区

建阳县志
建阳县地方志编纂委员会编 陈明考主编 北京 群众出版社 1994年 949页〔中华人民共和国地方志丛书〕
b10628009 K295.74 J2959

福建省建阳市麻沙镇志
麻沙镇志编纂委员会编 郑立新 李永华主编 建阳 麻沙镇志编纂委员会 2013年 390页
b51079422 K295.75 M123 2013

黄坑镇志
黄坑镇志编纂委员会编 王晓 吴政禹主编 建阳 黄坑镇志编纂委员会 2010年 366页〔中华人民共和国地方志〕
b21803821 K295.75 H661 2010

莒口镇志
莒口镇编志办编 王飞进主编 建阳 建阳兴达印塑企业公司 2004年 816页〔中华人民共和国地方志〕
b20577035 K295.75 J664 2004

书坊乡志
书坊乡志编纂委员会编 郑顺莲主编 书坊 书坊乡志编纂委员会 2008年 381页
b51091823 K295.75 S542 2008

建阳政协志 1955–2008
政协简阳市委员会编 甘建华主编 建阳 政协简阳市委员会 2009年 438页〔建阳市文史资料〕
b50991747 D628.573 N161J 2009

建阳市林业志
建阳市林业委员会编 唐文寿主编 北京 方志出版社 1996年 208页
b47009184 F326.275.73 J295 1996

建阳市文物志
谢道华著 厦门 厦门大学出版社 1997年 198页
b36380179 K872.573 J295 1997

延平区

南平市延平区志 1991–2005
延平区地方志编纂委员会编 北京 方志出版社 2014年 807页〔中华人民共和国地方志 福建省〕
b46995559 K295.73 Y174 2014

凤池村志
福建省南平市游酢文化研究会 延平区南山镇凤池村志编委会编 游恒派主编 南平 南平市武夷美彩印中心 2007年 264页
b20121039 K295.75 F413 2007

邵武市

邵武市志
邵武市地方志编纂委员会编 卓朗然主编 北京 群众出版社 1993年 1313页〔中华人民共和国地方志〕
b10646759 K295.73 S339

邵武市志 1990–2005
邵武市地方志编纂委员会编 余元华主编 福州 福建省地图出版社 2014年 686页〔中华人民共和国地方志 福建省〕
b47420017 K295.74 S339C 2014

邵武市林业志
邵武市林业委员会编 黄新民主编 厦门

鹭江出版社 1990 年 521 页
b50008377 F326.275.73 S339 1990

武夷山市

武夷山市志
武夷山市市志编纂委员会编 方留章 黄胜科主编 北京 中国统计出版社 1994 年 1182 页〔中华人民共和国地方志〕
b10728065 K295.73 W534

武夷山水利志
武夷山市水利局水利志编纂委员会编 肖力主编 福州 海峡书局 2012 年 155 页
b3666831x TV-092 W5349 2012

建瓯市

福建省建瓯县志
建瓯县地方志编纂委员会编 北京 中华书局 1994 年 1020 页〔中华人民共和国地方志〕
b10824947 K295.74 J295

建瓯县地名录
福建省建瓯县地名办公室编 建瓯 建瓯县东门印刷厂 1981 年 162 页
b15621741 K925.74 J295 1981

建瓯市水利志
建瓯市水利局水利志编纂委员会编 丁永汉主编 北京 方志出版社 2011 年 331 页〔福建省建瓯市地方志〕
b36370320 TV-092 J2956 2011

顺昌县

顺昌县志
顺昌县地方志编纂委员会编 李金镇主编 北京 中国统计出版社 1994 年 888 页〔中华人民共和国地方志〕
b10597608 K295.74 S628

埔上镇志
顺昌县埔上镇人民政府 埔上镇镇志编纂委员会编 林芝强主编 顺昌 顺昌县埔上镇人民政府 2016 年 358 页〔中华人民共和国地方志〕
b50017330 K295.75 P695 2016

浦城县

浦城县志
浦城县地方志编纂委员会编 蒋仁主编 北京 中华书局 1994 年 1393 页〔中华人民共和国地方志〕
b10641002 K295.74 P694

浦城县志 1989–2005
浦城县地方志编纂委员会编 邱文彬主编 北京 方志出版社 2016 年 910 页〔中华人民共和国地方志 福建省〕
b49661103 K295.74 Q528 2016

浦城县文物志
林忠干等撰写 浦城 浦城县印刷厂 1984 年 96 页
b20140046 K872.574 P677 1984

浦城县地名录
福建省浦城县地名办公室编 浦城 浦城县地名办公室 1981 年 194 页
b15621753 K925.74 P694 1981

光泽县

光泽县志
光泽县地方志编纂委员会编 朱用亚主编

北京 群众出版社 1994 年 799 页〔中华人民共和国地方志〕
b16006392 K295.74 G679 1994

光泽县交通志
福建省光泽县交通局编 光泽 福建省光泽县交通局 1993 年 185 页
b20042541 F512.757.4 G679 1993

松溪县

松溪县志
松溪县地方志编纂委员会编 北京 中国统计出版社 1994 年 791 页〔中华人民共和国地方志〕
b10521124 K295.74 S673

松溪县地名录
福建省松溪县地名领导小组办公室编 松溪 福建省松溪县地名领导小组办公室 1980 年 72 页
b15621777 K925.74 S673 1980

政和县

政和县志 1989–2005
周元火主编 北京 方志出版社 2016 年 790 页〔中华人民共和国地方志 福建省〕
b49770007 K295.74 Z546E 2016

福建省政和县志
政和县地方志编纂委员会编 北京 中华书局 1994 年 819 页〔中华人民共和国地方志〕
b10824637 K295.74 Z546

政和县水利志
政和县水利局编 何德政主编 北京 方志出版社 2009 年 262 页
b20396181 TV–092 H266 2009

龙岩市

福建省龙岩地区志
龙岩地区地方志编纂委员会编 林金禄总编 上海 上海人民出版社 1992 年 2 卷 1650 页
b10934807 K295.7 L742

龙岩市志
龙岩市地方志编纂委员会编 李中坚 杨彪总编 北京 中国科学技术出版社 1993 年 1046 页〔中华人民共和国地方志〕
b10616974 K295.73 L742

龙岩市志 1988–2002
龙岩市地方志编纂委员会编 北京 方志出版社 2006 年 3 卷 2078 页〔中华人民共和国地方志〕
b17960083 K295.73 L742 2006

中国福建省龙岩市东肖镇志
龙岩市东肖镇志编纂委员会编 厦门 鹭江出版社 1995 年 294 页
b23003406 K295.75 D582 1995

闽西共青团志 1926–2003
共青团福建省龙岩市委员会编 严志铭主编 北京 中国广播电视出版社 2005 年 301 页
b36732631 D292.573 L742 2005

龙岩市人民代表大会志
龙岩市人民代表大会常务委员会编 黎梓元主编 龙岩 龙岩市人民代表大会常务委员会 2007 年 414 页
b46443113 D624.573 L742 2007

龙岩法院志
林卫里主编 龙岩 龙岩市中级人民法院 2010年 572页
b21764293 D926.22 L742 2010

龙岩电力工业志 1990–2002
龙岩电力工业志编委会编 翁德芳主编 北京 中国电力出版社 2007年 345页〔福建省电力工业志丛书〕
b40743512 F426.61 L742 2007

龙岩市烟草志 1993–2009
福建省龙岩市烟草专卖局 福建省烟草公司龙岩市公司编 赖碧添主编 北京 方志出版社 2011年 418页
b23172745 F426.89 L742 2011

龙岩市交通志 1988–2006
龙岩市交通志编纂委员会编 林跃进总编 北京 方志出版社 2010年 277页
b21569289 F512.757.3 L742 2010

闽西交通志
福建省龙岩地区交通史志编纂委员会编 郭友隆主编 北京 中国计划出版社 1991年 298页
b13277583 F512.9 F452

闽西风物志
卢建岩主编 福州 福建人民出版社 1988年 266页
b20534346 K925.72 L742 1988

新罗区

龙岩新罗区志 1988–2002
龙岩市新罗区地方志编纂委员会编 北京 方志出版社 2008年 2卷 1212页〔中国人民共和国地方志〕
b19329155 K295.73 L742X 2008

适中镇志
福建省龙岩市新罗区适中镇志编纂委员会编 林建初总编纂 北京 华夏出版社 2008年 713页
b20098753 K295.75 S512 2008

雁石镇志
龙岩市雁石镇人民政府编印 陈荣坤主编 龙岩 龙岩市雁石镇人民政府 1992年 202页
b18846890 K295.75 Y198 1992

雁石镇志 续编 1991–1999
龙岩市新罗区雁石镇人民政府编 龙岩 龙岩市新罗区雁石镇人民政府 2000年 343页
b20017704 K295.75 Y198C 2000

龙岩市新罗区政协志 1956–2006
中国人民政治协商会议福建省龙岩市新罗区委员会编 张金国主编 龙岩 中国人民政治协商会议福建省龙岩市新罗区委员会 2006年 184页
b40864042 D628.573 L742X 2006

永定区

永定县志
永定县地方志编纂委员会编 张定雄总编 北京 中国科学技术出版社 1994年 1165页〔中华人民共和国地方志〕
b10525038 K295.74 Y6362

永定县志 1988–2000
永定县地方志编纂委员会编 严志铭总编 福州 福建人民出版社 2005年 746页〔中华人民共和国地方志〕

b17486737　K295.74　Y6362Y　2005

坎市镇志
中国共产党福建省永定县坎市镇委员会　福建省永定县坎市镇人民政府编　龙岩　福建省龙岩印刷厂　2003 年　427 页〔中华人民共和国地方志〕
b20015471　K295.745　K162　2003

永定县地名录
福建省永定县地名办公室编　永定　福建省永定县地名办公室　1982 年　264 页
b20046741　K925.74　Y6362　1982

漳平市

漳平县志
福建省漳平市地方志编纂委员会编　李祖富主编　北京　三联书店　1995 年　879 页〔中国地方志丛书〕
b10616615　K295.74　Z376

漳平市志　1991–2005
漳平市地方志编纂委员会编办公室编　陈龙林主编　北京　方志出版社　2017 年　731 页〔中华人民共和国地方志〕
b51079446　K295.74　Z376C　2017

漳平市志　评议稿　1991–2005
漳平市地方史志编纂委员会办公室编　漳平　漳平市地方史志编纂委员会办公室　2008 年　1023 页
b36246475　K295.74　Z376Z　2008

长汀县

长汀县志
福建省长汀县地方志编纂委员会编　丘永源主编　北京　三联书店　1993 年　1108 页〔中国地方志丛书〕
b1083641x　K295.74　C346

长汀县志　1988–2003
长汀县地方志编纂委员会编　卢德明主编　北京　中华书局　2006 年　1007 页〔中华人民共和国地方志〕
b18209063　K295.74　C346　2006

支乡志
福建省长汀县智力支乡协会编　丘千盛主编　长汀　福建省长汀县智力支乡协会　2010 年　297 页
b40843518　K925.74　Q526　2010

长汀文化史志
福建省长汀县地方志编纂委员会编　童庆荣　张鸿祥著　长汀　长汀地方志编纂委员会　1997 年　302 页
b40743159　G127.574　C346　1997

福建长汀一中校志　1904–1994
福建长汀一中校志编写组编　长汀　福建长汀一中校志编写组　1994 年　152 页
b20100814　G639.285.7　F4521　1994

长汀县地名录
福建省长汀县地名办公室编　长汀　福建省长汀县地名办公室　1981 年　275 页
b20369190　K925.74　C3468　1981

上杭县

上杭县志
上杭县地方志编纂委员会编　范书声主编　福州　福建人民出版社　1993 年　1015 页〔中华人民共和国地方志〕
b10501174　K295.74　S322

上杭县志 1988–2003
上杭县地方志编纂委员会编 谢海波 邓菊芳主编 北京 方志出版社 2015年 941页〔中华人民共和国地方志 福建省〕
b47051292 K295.74 S322C 2015

才溪镇志
才溪镇志编纂委员会编 张伟林 温文达主编 北京 中国文史出版社 2015年 534页〔中华人民共和国·地方志〕
b47073524 K295.75 C121 2015

官庄畲族乡志
官庄畲族乡志编纂委员会编 钟育发 钟乐云主修 北京 方志出版社 2013年 510页〔中华人民共和国地方志〕
b44850931 K295.75 G639 2013

蛟洋镇志
蛟洋镇志编纂委员会编 林汉扬总纂 北京 方志出版社 2016年 570页〔中华人民共和国地方志 福建省〕
b47167920 K295.75 J373 2016

临江镇志
临江镇人民政府编 刘荣生 钟立新 赖育忠主编 厦门 鹭江出版社 2016年 540页〔中华人民共和国地方志 福建省〕
b50246860 K295.75 L581 2016

珊瑚乡志
珊瑚乡志编纂委员会编 林汉扬总纂 北京 方志出版社 2017年 483页〔中华人民共和国地方志〕
b51071629 K295.75 S257 2017

上杭县地名录
福建省上杭县地名办公室编 上杭 福建省上杭县地名办公室 1982年 216页
b15621765 K925.74 S322 1982

上杭县水利电力志
上杭县水利电力局编 福州 福建科学技术出版社 1993年 167页
b21855456 TV-092 S3223 1993

武平县

武平县志
福建省武平县县志编纂委员会编 北京 中国大百科全书出版社 1993年 894页〔中华人民共和国地方志〕
b10761093 K295.74 W534

武平县志 1988–2000
武平县地方志编纂委员会编 谢细忠主编 北京 方志出版社 2007年 788页〔中华人民共和国地方志〕
b18658908 K295.74 W534 2007

武平姓氏志 第1卷
武平县地方志编纂委员会编 谢细忠主编 武平 武平县地方志编纂委员会 2009年 254页
b20918574 K820.857.4 X428 2009

连城县

连城县志
连城县地方志编纂委员会编 邹日升主编 北京 群众出版社 1993年 1014页〔中华人民共和国地方志〕
b10597621 K295.74 L469C

连城县志 1988–2000
连城县地方志编纂委员会编 陈金芳主编 北京 方志出版社 2005年 666页〔中华人民共和国地方志〕
b16647154 K295.74 L469C 2005

连城县政协志
连城县政协志编纂委员会编 朱喜钦主编 三明 三明市康福彩印厂 1999年 160页〔中华人民共和国地方志〕
b20139421 D628.574 L469 1999

冠豸山志
龙岩市地方志编纂委员会 连城县地方志编纂委员会编 福州 福建人民出版社 1999年 185页〔中华人民共和国地方志〕
b16399286 K928.3 L742 1999

宁德市

宁德地区志
宁德地区地方志编纂委员会编 汤金华主编 北京 方志出版社 1998年 2卷 2194页〔中华人民共和国地方志〕
b13207982 K295.72 N413

宁德市志
宁德市地方志编纂委员会编 林希顺主编 北京 中华书局 1995年 1118页〔中华人民共和国地方志〕
b10616706 K295.73 N413

支提山华严寺志
袁冰凌编著 福州 福建人民出版社 2013年 284页
b40663838 B947.257.3 Y791 2013

宁德地区工商行政管理志
宁德地区工商行政管理志编纂委员会 陈玉荣主编 厦门 厦门大学出版社 1993年 199页〔中华人民共和国地方志〕
b47585110 F123.82 N4132 1993

宁德地区计划志
宁德地区计划志编纂委员会编 周敦彬主编 福州 福建人民出版社 1999年 205页
b47414753 F127.572 N413 1999

宁德地区烟草志
宁德地区烟草专卖局编 张述义主编 宁德 宁德地区烟草专卖局 1995年 183页〔福建省宁德地区地方志丛书〕
b47415526 F426.89 N413 1995

闽东工业志
福建省宁德市经济贸易委员会编 陈泽霖主编 福州 福建人民出版社 2002年 311页
b47414741 F427.573 N413 2002

宁德市文化志 1993–2008
宁德市文化与出版局编 黄德辉主编 宁德 宁德市文化与出版局 2009年 283页
b47415538 G127.573 N413 2009

福建省宁德地区教育志
宁德地区教育局编 宁德 宁德地区教育局 1995年 330页
b22431172 G527.572 N413 1995

福建省宁德第一中学志 1940–2010
福建省宁德第一中学编 李建民编撰 宁德 福建省宁德第一中学 2010年 267页
b40647869 G639.285.73 F452 2010

福建省宁德市民族中学志 1958–2008
宁德市民族中学编 李健民撰稿 北京 民族出版社 2008年 293页
b2001451x G639.285.73 N413 2008

闽东畲族志
蓝运全 缪品枚主编 北京 民族出版社 2000年 502页〔中华人民共和国地方志〕
b12891782 K288.3 L171

大宁德风物志
吴赵青 吴昌灵主编 北京 中国文联出版社 2009 年 489 页
b47414030 K925.73 N413 2009

闽东风物志
梁奕章主编 福州 福建人民出版社 1993 年 200 页
b10611654 K925.7 L493

福建省农业科学院茶叶研究所所志(宁德)
陈荣冰主编 宁德 福建省农业科学院茶叶研究所 2005 年 236 页
b49803025 S571.1-242.57 F452 2005

宁德市水利志
福建省宁德市水利局编 郑华峰主编 北京 中国水利水电出版社 2011 年 432 页
b23162181 TV-092 Z535 2011

福安市

福安市志
福安市地方志编纂委员会编 蓝如春主编 北京 方志出版社 1999 年 1241 页〔中华人民共和国地方志〕
b13544366 K295.73 F451

甘棠镇志
福建省福安市甘棠镇地方志编纂委员会编 张水顺 缪品枚主编 厦门 厦门大学出版社 1992 年 455 页
b10646735 K295.75 G157

穆云畲族乡志
穆云畲族乡志编委会编 蓝炯熹主编 福州 海峡书局 2014 年 392 页
b47316949 K295.75 M684 2014

福安市人民代表大会志
福安市人民代表大会志编纂委员会编 王泽恭 雷瑞华主编 福安 福安市人民代表大会志编纂委员 1992 年 282 页
b49533101 D624.574 F4511 1992

福安市财政志
刘宗廷主编 乌鲁木齐 新疆人民出版社 1999 年 221 页〔中华人民共和国地方志 福建省〕
b47415976 F812.9 F451 1999

福安市教育志
福安市教育志编写者编 福安 福安市教育志编写者 1995 年 427 页
b20402909 G527.573 F451 1995

福安畲族志
福安畲族志编纂委员会编 蓝炯熹总纂 福州 福建教育出版社 1995 年 795 页
b20042267 K288.3 L1718F 1995

福安市老区志
刘炎生 缪品枚主编 福州 海潮摄影艺术出版社 1994 年 320 页
b22921382 K295.73 F451F 1994

福安县地名录
福建省福安县地名办公室编 福安 福建省福安县地名办公室 1982 年 226 页
b16081663 K291.74 F451 1982

外塘苏氏定居九百年志
苏振团编著 福州 海潮摄影艺术出版社 2002 年 285 页
b16432587 K820.9 S715 2002

福鼎市

福鼎县志
福鼎县地方志编纂委员会编 卢宜忠主编 北京 中国统计出版社 1995 年 1088 页〔中华人民共和国地方志〕
b10646747 K295.74 F451

福鼎县志
福鼎市地方志编纂委员会编 林守无主编 福州 海风出版社 2003 年 1074 页〔中华人民共和国地方志〕
b15329756 K295.74 F4512 2003

福鼎市人民代表大会志
福鼎市人民代表大会志编纂委员会编 叶荣云主编 福鼎 福鼎市人民代表大会志编纂委员会 2008 年 305 页
b20534292 D624.574 F451 2008

福鼎风物志
林建主编 香港 中国作家出版社 2008 年 320 页〔福建地方文化研究丛书〕
b47414066 K295.74 F451E 2008

霞浦县

霞浦县志
霞浦县地方志编纂委员会编 陈永庚主编 北京 方志出版社 1999 年 1174 页〔中华人民共和国地方志〕
b13182365 K295.74 X174

大京村志
福建省霞浦县长春镇大京村志编纂委员会编 林丽科 林春仁主编 北京 方志出版社 2017 年 278 页〔中国名村志丛书 中国名村志文化工程〕
b50642807 K295.75 v5

霞浦县人民代表大会志
霞浦县人民代表大会志编纂委员会编 霞浦 霞浦县人民代表大会志编纂委员会 2011 年 482 页
b36014126 D624.574 X174 2011

霞浦县畲族志
霞浦县民族事务委员会霞浦县畲族志编写组编 俞郁田编纂 福州 福建人民出版社 1993 年 503 页
b13277546 K288.3 X174

霞浦风物志
吴赵青 吴昌灵 林仙灿编著 香港 中国作家出版社 2008 年 318 页〔福建地方文化研究丛书〕
b21570759 K925.74 X174 2008

霞浦县地名录
福建省霞浦县地名办公室编 霞浦 福建省霞浦县地名办公室 1981 年 210 页
b21765698 K925.74 X174D 1981

古田县

古田县志
古田县地方志编纂委员会编 李扬强主编 北京 中华书局 1997 年 1039 页〔中华人民共和国地方志〕
b13202911 K295.74 G542

古田县土地志
古田县土地局编 古田 古田县土地局 2000 年 153 页
b21277369 F327.574 G542 2000

古田溪水力发电厂志
胡家民主编 古田 福建省古田溪水力发电厂 1995 年 314 页〔福建省电力志丛书〕

b49981973 F426.61 G5428 1995

古田县教育志
古田县教育局编 福州 福建新华印刷厂 1992 年 257 页
b27575597 G527.574 G542 1992

福建省古田第一中学校志 1943–2003
古田第一中学校志编纂委员会编 李扬强主编 宁德 古田第一中学校志编纂委员会 2003 年 252 页
b47414820 G639.285.74 G542 2003

古田县地名录
福建省古田县地名办公室编 古田 福建省古田县地名办公室 1983 年 135 页
b20042504 K925.74 G542 1983

古田临水宫志
叶明生 郑安思主编 香港 香港天马出版有限公司 2010 年 452 页
b47416129 K928.75 Y381 2010

屏南县

屏南县志
屏南县地方志编纂委员会编 李升荣主编 北京 方志出版社 1999 年 883 页〔中华人民共和国地方志〕
b13089730 K295.74 P621

屏南县志 1991–2005
屏南县地方志编纂委员会编 甘代寿 陆久锐主编 北京 中华书局 2016年 662页〔中华人民共和国地方志〕
b50016313 K295.74 P621D 2016

屏南县地名录
福建省屏南县地名办公室编 屏南 福建省屏南县地名办公室 1982 年 136 页
b20044756 K925.74 P621 1982

寿宁县

寿宁县志
寿宁县地方志编纂委员会编 厦门 鹭江出版社 1992 年 905 页〔中华人民共和国地方志〕
b10759165 K295.74 S528

寿宁寺庙志
黄立云总纂 北京 线装书局 2013 年 424 页〔福建省寿宁县地方志丛书〕
b40379565 B947.2 H662 2013

周宁县

周宁县志
周宁县地方志编纂委员会编 郑步钦主编 北京 中国科学技术出版社 1993 年 752 页〔中华人民共和国地方志〕
b1052499x K295.74 Z671

福建省周宁县浦源镇志
周宁县浦源镇志编纂委员会编 萧传彬主编 福州 福建美术出版社 2015 年 499 页
b49963363 K295.75 P677 2015

狮城镇志
狮城镇志编纂委员会编 郑步钦主编 福州 福建美术出版社 1995 年 326 页
b45839669 K295.75 S461 1995

周宁县政协志 续编一 1994.1–2007.12
周宁县政协志编纂委员会编 叶天仁主编 周宁 周宁县政协志编纂委员会 2008 年 153 页
b5086113x D628.574 Z671 2008

周宁县地名录

福建省周宁县地名办公室编 周宁 福建省周宁县地名办公室 1981 年 135 页

b20100838　K925.74 Z671 1981

柘荣县

柘荣县志

柘荣县地方志编纂委员会编 金振淑主编 北京 中华书局 1995 年 906 页〔中华人民共和国地方志〕

b10616688　K295.74 Z456

柘荣县志

柘荣县地方志编纂委员会编 林立光总编 吴昌铸主编 北京 中华书局 2015 年 737 页〔中华人民共和国地方志 福建省〕

b4693442x　K295.74 Z456C 2015

江西省

江西省志 第1卷 江西省大事记
江西省志编纂委员会编 谢军总纂 刘斌卷主编 北京 方志出版社 2002年 437页〔江西省志丛书〕
b15642343 K295.6 J328

江西省志 第2卷 江西省行政区划志
江西省行政区划志编纂委员会编 刘斌总纂 许怀林编纂 北京 方志出版社 2005年 212页〔江西省志丛书〕
b16093653 K295.6 J328

江西省志 第3卷 江西省自然地理志
杨巧言主编 北京 方志出版社 2003年 297页〔江西省志丛书〕
b14250536 K295.6 J328

江西省志 第4卷 江西省地质矿产志
江西省地质矿产志编纂委员会编 北京 方志出版社 1998年 669页〔江西省志丛书〕
b13931283 K295.6 J328

江西省志 第5卷 江西省气象志
谢军总纂 熊第恕主编 北京 方志出版社 1997年 354页〔江西省志丛书〕
b13155799 K295.6 J328

江西省志 第6卷 江西省地震志
江西省地方志编纂委员会编 谢军总纂 黄智权主修 王步才 赵平顺主编 北京 方志出版社 2003年 231页〔江西省志丛书〕
b20949996 K295.6 J328

江西省志 第7卷 江西省测绘志
江西省地方志编纂委员会编 张伊总纂 章华龙主编 北京 方志出版社 1995年 162页〔江西省志丛书〕
b13155787 K295.6 J328

江西省志 第8卷 江西省动植物志
江西省地方志编纂委员会编 张伊总纂 朱志民主编 北京 中共中央党校出版社 1994年 184页〔江西省志丛书〕
b14106814 K295.6 J328

江西省志 第9卷 江西省人口志
江西省人口志编纂委员会编 刘斌总纂 徐辉卷主编 北京 方志出版社 2005年 343页〔江西省志丛书〕
b16926547 K295.6 J328

江西省志 第10卷 江西省土地志
江西省土地志编纂委员会编 谢军总纂 北京 方志出版社 2002年 326页〔江西省志丛书〕
b15587587 K295.6 J328

江西省志 第12卷 江西省农牧渔业志
江西省农牧渔业志编纂委员会编 谢军总纂 罗盛槐卷主编 合肥 黄山书社 1999年 995页〔江西省志丛书〕
b13999837 K295.6 J328

江西省志 第13卷 江西省农垦志
江西省农垦志编纂委员会编 谢军总纂 贺璋主编 北京 方志出版社 1998年 460

页〔江西省志丛书〕
b13155775 K295.6 J328

江西省志 第 14 卷 江西省林业志
江西省林业志编辑委员会编 谢军总纂 合肥 黄山书社 1999 年 562 页
b20950032 K295.6 J328

江西省志 第 15 卷 江西省水利志
江西省地方志编纂委员会编 江西省水利厅编 张伊总纂 汤维增总编 南昌 江西科学技术出版社 1995 年 641 页〔江西省志丛书〕
b20250514 K295.6 J328

江西省志 第 17 卷 江西省冶金工业志
江西省冶金工业志编纂委员会编 谢军总纂 胡瑞林卷主编 北京 方志出版社 1999 年 580 页〔江西省志丛书〕
b13999825 K295.6 J328

江西省志 第 18 卷 江西省铜业志
江西省铜业志编纂委员会编 谢军总纂 舒圣佑主修 王振坤卷主编 北京 方志出版社 2000 年 531 页〔江西省志丛书〕
b15587599 K295.6 J328

江西省志 第 19 卷 江西省钨钽铌工业志
江西省钨钽铌工业志编纂委员会编 李有林主编 北京 中共中央党校出版社 1994 年 356 页〔江西省志丛书〕
b13999916 K295.6 J328

江西省志 第 20–21 卷 江西省轻工业志
江西省轻工业志编纂委员会编 谢军总纂 沈炳坤主编 马志民等编写 北京 方志出版社 1999 年 366 页〔江西省志丛书〕
b1403427x K295.6 J328

江西省志 第 22 卷 江西省纺织工业志
张伊总纂 丘善道主编 北京 中共中央党校出版社 1993 年 449 页
b22032599 K295.6 J328

江西省志 第 23 卷 江西省烟草志
江西省烟草志编纂委员会编 谢军总纂 凌成兴 揭国雄主编 北京 方志出版社 1998 年 319 页〔江西省志丛书〕
b13155763 K295.6 J328

江西省志 第 24 卷 江西省石油化学工业志
江西省地方志编纂委员会编 张伊总纂 吴官正主修 何明友 杜喜学卷主编 北京 中共中央党校出版社 1994 年 324 页
b20950056 K295.6 J328

江西省志 第 25 卷 江西省建筑材料工业志
江西省建筑材料工业志编纂委员会编 谢军总纂 余忠祥卷主编 北京 方志出版社 2000 年 404 页〔江西省志丛书〕
b13888390 K295.6 J328

江西省志 第 26 卷 江西省陶瓷工业志
刘斌总纂 徐希祉 李庆红 郜景苏主编 北京 方志出版社 2005 年 333 页〔江西省志丛书〕
b16089248 K295.8 J328

江西省志 第 27 卷 江西省机械工业志
江西省地方志编纂委员会编 谢军总纂 合肥 黄山书社 1999 年 459 页〔江西省志丛书〕
b20950020 K295.6 J328

江西省志 第 28 卷 江西省电子工业志
江西省地方志编纂委员会编 谢军总纂 舒圣佑主修 程德保卷主编 北京 中华书局 1999 年 314 页

b20950019　K295.6　J328

江西省志　第30卷 江西省电力工业志
江西省电力工业志编委会编 胡兆方主编 北京 水利电力出版社 1994年 334页
b20950007　K295.6　J328

江西省志　第31卷 江西省建筑业志
江西省地方志编纂委员会 江西省建筑业志编纂委员会编 张伊总纂 席驰主编 北京 中共中央党校出版社 1994年 585页〔江西省志丛书〕
b19298328　K295.6　J328

江西省志　第32卷 江西省乡镇企业志
江西省乡镇企业志编纂委员会编 谢军总纂 金细安主编 北京 中华书局 2001年 334页〔江西省志丛书〕
b15693612　K295.6　J328

江西省志　第33卷 江西省交通志
江西省交通志编纂委员会编 张伊总纂 傅凤翔卷主编 北京 人民交通出版社 1994年 560页〔江西省志丛书〕
b15699882　K295.6　J328

江西省志　第34卷 江西省铁路志
张伊总纂 傅金土卷主编 北京 中共中央党校出版社 1994年 566页〔江西省志丛书〕
b16424888　K295.6　J328

江西省志　第35卷 江西省民用航空志
江西省民用航空志编纂委员会编 张伊总纂 蔡进志 章晖主编 北京 方志出版社 1997年 224页〔江西省志丛书〕
b13155751　K295.6　J328

江西省志　第36卷 江西省邮电志
江西省地方志编纂委员会编 谢军总纂 王孝槐 张庆亮主编 北京 商务印书馆 2003年 1045页〔江西省志丛书〕
b21136154　K295.6　J328

江西省志　第37卷 江西省商业志
江西省商业志编纂委员会编 谢军总纂 韩国栋主编 北京 方志出版社 1998年 623页〔江西省志丛书〕
b1315574x　K295.6　J328

江西省志　第38卷 江西省供销合作业志
江西省供销合作业志编纂委员会编 谢军总纂 舒圣佑主修 朱秉发卷主编 北京 方志出版社 2000年 458页〔江西省志丛书〕
b15587617　K295.6　J328

江西省志　第39卷 江西省粮食志
江西省地方志编纂委员会编 张伊总纂 吴官正主修 刘志忠卷主编 北京 中共中央党校出版社 1993年 265页〔江西省志丛书〕
b20419880　K295.6　J328

江西省志　第40卷 江西省对外经济贸易志
江西省地方志编纂委员会编 谢军总纂 陈八荣主编 合肥 黄山书社 1997年 506页〔江西省志丛书〕
b13999849　K295.6　J328

江西省志　第42卷 江西省旅游志
谢军总纂 熊柏华主编 北京 方志出版社 2002年 358页〔江西省志丛书〕
b16430621　K295.6　J328

江西省志　第43卷 江西省财政志
江西省财政志编纂委员会编 谢军总纂 华桐主编 南昌 江西人民出版社 1999年 1214页〔江西省志丛书〕
b17726207　K295.6　J328

江西省志 第 44 卷 江西省金融志
谢军总纂 舒圣佑主修 钱保生主编 合肥 黄山书社 1999年 558页〔江西省志丛书〕
b17707092 K295.6 J328

江西省志 第 45 卷 江西省城乡建设志
江西省城乡建设志编纂委员会编 谢军总纂 舒圣佑主修 钱锦镛卷主编 北京 方志出版社 2000 年 587 页〔江西省志丛书〕
b15587629 K295.6 J328

江西省志 第 47 卷 江西省国民经济计划志
江西省地方志编纂委员会编 谢军总纂 北京 方志出版社 1999 年 311 页〔江西省志丛书〕
b17726323 K295.6 J328

江西省志 第 48 卷 江西省统计志
江西省地方志编纂委员会编 谢军总纂 黄启曦卷主编 北京 方志出版社 2002 年 407 页〔江西省志丛书〕
b16437652 K295.6 J328

江西省志 第 50 卷 江西省物价志
李林茂主编 北京 方志出版社 2003 年 432 页〔江西省志丛书〕
b14250548 K295.6 J328

江西省志 第 51 卷 江西省工商行政管理志
江西省地方志编纂委员会 刘斌总纂 黄智权主修 朱张才卷主编 北京 中国工商出版社 2005 年 431 页
b49607789 K295.6 J328

江西省志 第 52 卷 江西省审计志
江西省地方志编纂委员会编 谢军总纂 舒圣佑主修 李海泉主编 北京 中国审计出版社 1999 年 434 页〔江西省志丛书〕
b17726219 K295.6 J328

江西省志 第 53–54 卷 江西省标准计量志
江西省标准计量志编纂委员会编 刘斌总纂 杨毓模卷主编 南昌 江西千叶彩印公司 2005 年 321 页〔江西省志丛书〕
b20043545 K295.6 J328

江西省志 第 58 卷 江西省工会志
江西省工会志编纂委员会编 谢军总纂 黄智权主修 潘宗周卷主编 北京 方志出版社 2003 年 849 页〔江西省志丛书〕
b15587630 K295.6 J328

江西省志 第 59 卷 江西省青少年组织志
江西省地方志编纂委员会编 刘斌总纂 敖秋生 潘东军 钟志生主编 北京 方志出版社 2004 年 482 页〔江西省志丛书〕
b17726165 K295.6 J328

江西省志 第 60 卷 江西省妇女组织志
江西省妇女组织志编纂委员会编 北京 方志出版社 2002 年 299 页〔江西省志丛书〕
b14017994 K295.6 J328

江西省志 第 61 卷 江西省工商组织志
江西省工商组织志编纂委员会编 谢军总纂 舒圣佑主修 梅俊文主编 北京 方志出版社 2000 年 297 页〔江西省志丛书〕
b15587976 K295.6 J328

江西省志 第 62 卷 江西省侨联志
江西省侨联志编纂办公室编 谢军总纂 周群珠卷主编 北京 方志出版社 2001 年 104 页〔江西省志丛书〕
b13639043 K295.6 J328

江西省志 第 64 卷 江西省政协志
江西省政协志编纂委员会编 谢军总纂 刘少屏卷主编 合肥 黄山书社 1999 年 322 页〔江西省志丛书〕

b13999813　K295.6 J328

江西省志　第66卷 江西省苏区志
江西省苏区志编纂委员会编 刘斌总纂 夏道汉卷主编 北京 方志出版社 2004年 340页〔江西省志丛书〕
b16926535　K295.6 J328

江西省志　第67卷 江西省人民代表大会志
江西省人民代表大会志编纂委员会编 谢军总纂 崔林堂卷主编 北京 方志出版社 2002年 463页〔江西省志丛书〕
b16449095　K295.6 J328

江西省志　第68卷 江西省人民政府志
江西省人民政府志编纂委员会编 谢军总纂 王飏卷主编 南昌 江西人民出版社 2002年 2卷 1870页〔江西省志丛书〕
b13959505　K295.6 J328

江西省志　第69卷 江西省民政志
江西省地方志编纂委员会编 谢军总纂 合肥 黄山书社 1999年 506页
b21568650　K295.6 J328

江西省志　第70卷 江西省外事志
江西省地方志编纂委员会编 谢军总纂 南昌 江西省新闻出版局 2001年 180页
b23190814　K295.6 J328

江西省志　第72卷 江西省侨务志
江西省地方志编纂委员会编纂 谢军总纂 黄智权主修 李佑民主编 北京 方志出版社 2002年 212页〔江西省志丛书〕
b14250524　K295.6 J328

江西省志　第75卷 江西省人事志
江西省地方志编纂委员会编 张伊总纂 吴承太主编 南昌 江西省地方志编纂委员会 1992年 408页〔江西省志丛书〕
b22921400　K295.6 J328

江西省志　第76卷 江西省公安志
江西省公安志》编纂委员会 张伊总纂 丁鑫发卷主编 北京 方志出版社 1996年 421页〔江西省志丛书〕
b13155738　K295.6 J328

江西省志　第78卷 江西省检察志
张伊总纂 杜宝国主编 北京 中共中央党校出版社 1995年 356页〔江西省志丛书〕
b15693624　K295.6 J328

江西省志　第79卷 江西省法院志
张伊总纂 郑臣镇主编 北京 方志出版社 1996年 374页〔江西省志丛书〕
b13155726　K295.6 J328

江西省志　第80卷 江西省司法行政志
江西省地方志编纂委员会编 张伊总纂 范佑先主编 南昌 江西人民出版社 1995年 269页〔江西省志丛书〕
b17726189　K295.6 J328

江西省志　第81卷 江西省劳改劳教志
江西省劳改劳教志编纂委员会编 张伊总纂 陈虎良主编 南昌 江西省新闻出版局 1994年 535页〔江西省志丛书〕
b21568649　K295.6 J328

江西省志　第82卷 江西省军事志
江西省军事志编纂委员会编 谢军总纂 南昌 江西省军事志编纂委员会 1997年 882页〔江西省志丛书〕
b1399993x　K295.6 J328

江西省志　第83卷 江西省教育志
张伊总纂 黄定元 张希仁主编 北京 方志

出版社 1996 年 699 页〔江西省志丛书〕
b12981096 K295.6 J328

江西省志 第 84 卷 江西省科学技术志
张伊总纂 常世英主编 北京 中国科学技术出版社 1994 年 1052 页〔江西省志丛书〕
b16425297 K295.6 J328

江西省志 第 85 卷 江西省社会科学志
江西省地方志编纂委员会编 总纂谢军 合肥 黄山书社 1998 年 443 页〔江西省志丛书〕
b17302249 K295.6 J328

江西省志 第 86 卷 江西省文化艺术志
江西省地方志编纂委员会编 王秀凡主编 北京 新华出版社 1999 年 841 页〔江西省志丛书〕
b20043557 K295.6 J328

江西省志 第 89 卷 江西省出版志
江西省地方志编纂委员会编 谢军总纂 熊向东主编 南昌 江西人民出版社 1998 年 585 页
b21568625 K295.6 J328

江西省志 第 90 卷 江西省广播电视志
谢军总纂 舒圣佑主修 北京 方志出版社 1999 年 366 页〔江西省志丛书〕
b16426046 K295.6 J328

江西省志 第 91 卷 江西省卫生志
江西省卫生志编纂委员会编 合肥 黄山书社 1997 年 485 页〔江西省志丛书〕
b13999928 K295.6 J328

江西省志 第 92 卷 江西省医药志
江西省医药志编纂委员会编 谢军总纂 舒圣佑主修 孙美桓卷主编 北京 方志出版社 1999 年 252 页〔江西省志丛书〕
b15587642 K295.6 J328

江西省志 第 93 卷 江西省体育志
江西省地方志编纂委员会编 谢军总纂 任魁庆主编 北京 方志出版社 2003 年 417 页〔江西省志丛书〕
b17726177 K295.6 J328

江西省志 第 95 卷 江西省宗教志
谢军总纂 张国培 何明栋主编 北京 方志出版社 2003 年 518 页〔江西省志丛书〕
b14197406 K295.6 J328

江西省志 第 96 卷 江西省方言志
江西省方言志编纂委员会编 刘斌总纂 陈昌仪主编 北京 方志出版社 2005 年 919 页〔江西省志丛书〕
b16164167 K295.6 J328

江西省志 第 97 卷 江西省方志编纂志
江西省方志编纂委员会编 谢军总纂 黄智权主修 刘柏修主编 北京 方志出版社 2001 年 292 页〔江西省志丛书〕
b1383390x K292.6 J328

江西省志 第 98 卷 江西省人物志
江西省地方志编纂委员会编 刘斌总纂 尹世洪主编 北京 方志出版社 2007 年 832 页〔江西省志丛书〕
b20950044 K295.6 J328

中国共产党江西历史图志 1921–2001
中共江西省委党史研究室编 南昌 江西人民出版社 2001 年 430 页
b16432848 D235.56 Z643 2001

江西党校志
江西党校志编纂委员会编 温俊彬总纂 北

京 新华出版社 1999 年 570 页
b20099484 D261.41 W362 1999

江西省第一监狱志 1949–1990
江西省第一监狱史志办公室编 李绍瑞主编 南昌 江西省第一监狱史志办公室 2017 年 183 页
b50861578 D927.560.67 L417 2017

江西省洪都监狱志 1990–2010
江西省洪都监狱志编纂委员会编 邹林根主编 南昌 江西省洪都监狱志编纂委员会 2015 年 566 页
b49607790 D927.560.67 Z878 2015

江西省监狱志 1991–2010
江西省监狱志（1991–2010）编纂委员会编 沙闻麟主编 南昌 江西省监狱志（1991–2010）编纂委员会 2017 年 912 页
b50269252 D927.560.67 S231 2017

江西省女子监狱志 1991–2010
江西省女子监狱编纂委员会编 黄桃芳主编 南昌 江西省女子监狱编纂委员会 2016 年 411 页
b5086158x D927.560.67 H667 2016

江西厂矿志
江西省省志编辑室编 朱祥清主编 南昌 江西人民出版社 1991 年 545 页
b50319188 F279.275.6 Z721 1991

江西竹资源与产品图志
余江帆主编 北京 中国林业出版社 2012 年 248 页
b40375237 F326.275.6 Y722 2012

江西省电力工业志 1991–2002
李彬主编 北京 中国电力出版社 2012 年 594 页〔中国电力工业志丛书〕
b4985057x F426.61 J328 2012

江西省煤炭科学技术志
江西省煤炭工业协会 江西省煤炭集团公司编 付兴维主编 南昌 江西省煤炭工业协会 2009 年 580 页
b47584981 F426.21 J328 2009

中国煤炭志 江西卷
中国煤炭志编纂委员会编 北京 煤炭工业出版社 1997 年 625 页
b40806042 F426.21 Z6485W 1997

江西工业产品志
江西省省志编辑室编 朱祥清主编 海口 南海出版社 1989 年 236 页
b21763938 F429.56 Z721 1989

江西省交通志续志资料汇编 1991–1995
邓振胜主编 南昌 江西省新闻出版局 2000 年 1019 页
b27574726 F512.756 D348 2000

江西铁路百年图志 1899–2003
江西铁路百年图志编委会编 李海京主编 北京 中国铁道出版社 2004 年 332 页
b17302560 F532.856 L396 2004

江西省公路专用通信史志
周骏主编 南昌 江西省公路局交通通信总站 2003 年 397 页
b49505531 F632.756 Z666 2003

江西省粮食志资料长篇
江西省粮食局编 江文华总纂 南昌 江西省粮食局 1991 年 708 页
b36128995 F724.721 J328 1991

江西省百货纺织品商业志
江西省百货纺织品公司编 曾秋生主编 南昌 江西省百货纺织品公司 1995年 362页
b41234984 F727.56 Z241 1995

江西商会(会馆)志
江西省工商业联合会 江西师范大学中国社会转型省级协同创新中心 江西师范大学传统社会与江西省现代研究中心编 南昌 江西人民出版社 2017年 389页〔江西省民营经济研究会文库〕
b50650476 F729 J328 2017

江西省建设银行志
江西省银行志编纂委员会编 熊毅 廖令谋主编 南昌 江西省银行志编纂委员会 1997年 273页
b49533605 F832.756 X522 1997

江西省教育考试志 1977–2010
江西省教育考试志编委会编 王火生 黄继晏主编 南昌 江西高校出版社 2015年 436页
b49706500 G527.56 W218 2015

江西学府志
江西学府志编辑委员会编 张伊主编 北京 中共中央党校出版社 1993年 741页
b13931623 G527.56 Z368

江西省第十届运动会志
江西省第十届运动会志编委会编 卢明生主编 南昌 江西人民出版社 2001年 751页
b44851844 G812.256 L791 2001

中华舞蹈志 江西卷
中华舞蹈志编辑委员会编 蓝凡主编 李克卷主编 上海 学林出版社 2014年 403页
b44694222 J709.256 L398 2014

中华舞蹈志 江西卷
中华舞蹈志编辑委员会编 蓝凡主编 李克卷主编 上海 学林出版社 2001年 403页
b14191726 J709.256 Z643

中国曲艺志 江西卷
中国曲艺志全国编辑委员会编 中国曲艺志江西卷编辑委员会编 罗扬主编 刘瑜瑗卷主编 北京 中国ISBN中心 2008年 755页
b10643059 J809.2 Z648

中国戏曲志 江西卷
中国戏曲志编辑委员会 中国戏曲志江西卷编辑委员会编 张庚主编 流沙卷主编 北京 中国ISBN中心 1998年 984页
b10472988 J809.2 Z651J

赣文化通志
李国强 傅伯言主编 南昌 江西教育出版社 2004年 910页
b15602655 K295.6 L395 2004

江西省志 政协志 1993–2012
江西省志·政协志编纂办公室 徐良平主编 南昌 江西省志·政协志编纂办公室 2017年 初审稿 465页
b50861591 K295.6 J3281Z 2017

江西乡镇志
江西省地方志编委会办公室编 俞红飞主编 北京 中国城市出版社 1996年 779页
b13655140 K295.65 Y712

中国共产党江西省地方组织志
中国共产党江西省地方组织志编纂委员会编 黎明中主编 南昌 中国共产党江西省地方组织志编纂委员会 2005年 967页

〔江西省志丛书〕
b1632514x K295.6 J328

中国民主党派江西省地方组织志
江西省地方志编纂委员会编 雷迅主编 南昌 江西省新闻出版局 2001 年 530 页〔江西省志丛书〕
b17726190 K295.6 J328

赣南党史人物志 1949–2005
中共赣州市委党史工作办公室编 李云凌步机主编 北京 中国文史出版社 2006 年 514 页
b49607595 K820.856 L422 2006

江西邓氏简志 第 1 卷
邓炳银总编 南昌 南昌正彩印刷公司 2009 年 354 页
b20485608 K820.9 D345J 2009

中央苏区人物志
中共赣州市委党史工作办公室编 李云凌步机主编 北京 中共党史出版社 2004 年 614 页〔赣南党史人物系列丛书〕
b15949618 K820.5 L422 2004

赣商志
江西省工商业联合会 江西师范大学中国社会转型省级协同创新中心 江西师范大学传统社会与江西省现代研究中心编 南昌 江西人民出版社 2017 年 511 页〔江西省民营经济研究会文库〕
b50650464 K825.3 J328 2017

江西风物志
陈柏泉等编写 南昌 江西教育出版社 1985 年 222 页〔中国风物志丛书〕
b12160039 K925.6 C414

江西山水志
李天白编 南昌 江西人民出版社 2014 年 288 页〔魅力江西书系〕
b45534378 K928.3 L418 2014

江西省水文志
程永建主编 南昌 江西省水文志编写者 1994 年 357 页
b1973234x P337.2 C456 1994

江西省区域地质志 中华人民共和国地质矿产部地质专报一 区域地质第 2 号
江西省地质矿产局编 北京 地质出版社 1984 年 921 页
b10986571 P562.56 J326

赣南野生植物志
赣南行政区科学工作委员会编 赣南 赣南行政区科学工作委员会 1960 年 249 页
b20042425 Q948.525.6 G184 1960

江西木本及珍稀植物图志
刘仁林 朱恒主编 丁进义 于宏 申瑞雪 刘国平 李建芳等编写 北京 中国林业出版社 2015 年 783 页
b46980933 Q948.525.6–64 L687 2015

江西植物志 第 2 卷 被子植物亚门 双子叶植物纲
江西植物志编辑委员会编著 北京 中国科学技术出版社 1993 年 1112 页
b16142755 Q948.525.6 J328 1993

江西动物志 人与动物吸虫志
王溪云 周静仪编著 南昌 江西科学技术出版社 1993 年 658 页
b17516237 Q958.525.6 W233 1993

江西姬蜂志
盛茂领编著 北京 科学出版社 2013 年

569 页
b40469918 Q969.540.8 S446 2013

江西知名医院志
江西知名医院志编委会编 张伊主编 北京 中共中央党校出版社 1993 年 439 页
b2176394x R199.2 Z368 1993

江西省省属国营垦殖场土壤志
江西省国营垦殖场管理局编 南昌 江西省林科所印刷厂 1983 年 270 页
b36245719 S159.256 J328 1983

江西植保志
江西植保志编纂委员会编 南昌 江西科学技术出版社 2001 年 723 页
b36093117 S4-092 J328 2001

江西省棉花研究所志
江西省棉花研究所所志编纂委员会编 田绍仁主编 南昌 江西省棉花研究所所志编纂委员会 2012 年 420 页
b4947229x S562-242.56 J328 2012

江西蔬菜品种志
江西省农牧渔业厅编 南昌 江西科学技术出版社 1986 年 524 页
b49678164 S630.23 J328 1986

江西畜禽品种志
赖以斌 黄峰岩主编 南昌 江西科学技术出版社 2001 年 385 页
b44851832 S813.9 L157 2001

江西省畜禽疫病志 1949-1989
江西省畜牧兽医局 江西省家畜防疫检疫站编 李承开主编 南昌 江西省畜牧兽医局 1990 年 511 页
b49640124 S851.3 L391 1990

江西省水利志 1991-2000
江西省水利厅编 北京 中国水利水电出版社 2005 年 425 页
b16483182 TV-092 J328 2005

赣抚大堤志
江西省赣抚大堤志编纂委员会编 谢银良主编 南昌 江西省测绘局制印大队印刷厂 1992 年 172 页
b20462359 TV632.56 X428 1992

南昌市

南昌简志
南昌市地方志编纂委员会编 北京 方志出版社 2004 年 688 页
b15907491 K295.61 N161C 2004

南昌市志
南昌市地方志编纂委员会编 陈中漳 罗长江主编 北京 方志出版社 1997 年 7 卷
b10503407 K295.61 N161

南昌市志 1986-2004
南昌市地方志编纂委员会编 朱敏华主编 北京 方志出版社 2009 年 3 卷 2102 页
b20467667 K295.61 N161 2009

南昌市政府志
南昌市人民政府办公厅编 陈志海主编 南昌 南昌市人民政府办公厅 1990 年 284 页
b19932121 D625.561 C437 1990

南昌铁路公安局志 第 2 卷 2004-2013
南昌铁路公安局志编纂委员会编 南昌 南昌铁路公安局志编纂委员会 2016 年 344 页
b51079768 D631 N1611 2016

南昌民政志
南昌市民政局编志办公室编 朱亮主编 南昌 南昌市民政局编志办公室 1990 年 194 页
b20950755 D675.61 N161 1990

南昌法院志
南昌法院志编纂委员会编 魏有田主编 北京 方志出版社 2007 年 1102 页
b5031788x D926.22 N161 2007

江西省南昌监狱志 1991–2010
江西省南昌监狱志编纂委员会编 汪擘主编 南昌 江西省南昌监狱志编纂委员会 2017 年 514 页
b50152233 D927.561.67 N161 2017

南昌市工商行政管理志
南昌市工商行政管理志编纂委员会编 刘东庚主编 南昌 江西人民出版社 2008 年 516 页
b20950767 F203.9 N161 2008

南昌市审计志
南昌市审计志编纂委员会编 李广辉主编 北京 中国时代经济出版社 2005 年 445 页
b42291409 F239.227.561 L395 2005

南昌市劳动人事志
南昌市人事局 南昌市劳动局著 吴才仁 王绍志 张年胜主编 海口 南海出版公司 1991 年 357 页
b45417489 F249.275.61 W484 1991

南昌市城市建设志
南昌市城乡建设局编 殷庭佳主编 南昌 南昌市城乡建设局 1992 年 349 页
b49982679 F299.275.61 Y484 1992

五星垦殖场志
五星垦殖场编史修志领导小组编 吴湘寿主编 北京 方志出版社 1996 年 221 页
b36246293 F324.1 W538 1996

南昌市农业志
南昌市农业志编纂委员会编 刘荣根总纂 南昌 江西科学技术出版社 2008 年 708 页
b20815700 F329.561 L687 2008

南昌发电厂志 1953–1981
江西南昌发电厂志编纂委员会编 漆益安主编 南昌 江西南昌发电厂志编纂委员会 1989 年 183 页
b4998262x F426.61 N1611 1989

江西南昌发电厂志 第 2 卷 1988–2000
江西南昌发电厂志编纂委员会编 卢平安主编 南昌 江西南昌发电厂志编纂委员会 2001 年 215 页〔江西省电力工业史志丛书〕
b50232885 F426.61 N1611C 2001

江西省电力设备总厂志 1958–2002
江西省电力设备总厂志编纂委员会编 吴炎山主编 南昌 江西省电力设备总厂志编纂委员会 2003 年 248 页〔江西省电力工业史志丛书〕
b50347354 F426.61 J3282 2003

江西省南昌电信器材厂志
江西省南昌电信器材厂志编辑部编 黄业生主编 南昌 江西省电印刷厂 1999 年 208 页〔江西省邮电供应工业志丛书〕
b45453263 F426.6 N161 1999

江西省水电工程局志
江西省水电工程局志编纂委员会编 汪祥鑫主编 严春生主笔 南昌 江西省水电工

程局志编纂委员会 1991年 299页〔江西电力企业志丛书〕
b27574738 F426.61-29 J328 1991

江西涤纶厂志（南昌）
周立文主编 北京 纺织工业出版社 1991年 266页
b50317891 F426.7 J3282 1991

江西省建工集团公司志 1993-2012
江西省建工集团公司志编辑委员会编 周才柬主编 南昌 江西省建工集团公司志编辑委员会 2012年 434页
b51012406 F426.9 J328 2012

南昌烟草志
江西省南昌市烟草专卖局 江西省烟草公司南昌分公司编 卓正富主编 合肥 黄山书社 1992年 224页
b2176458x F426.89 N1611 1992

南昌市轻工业志
南昌市轻工业志编纂委员会编 雷武江 朱翔宾主编 南昌 南昌市轻工业志编纂委员会 1989年 430页
b21569617 F429.561 L291 1989

南昌市交通志
罗静华主编 王进禄编辑 北京 人民交通出版社 1996年 412页
b20044550 F512.756.1 L922 1996

江西省交通设计院志 1996-2005（南昌）
江西省交通设计院编 傅藻清 罗贤虎主编 南昌 江西省交通设计院 2007年 420页
b47415411 F512.756-24 J328 2007

江西赣粤高速公路股份有限公司志 1998-2010
江西赣粤高速公路股份有限公司史志编纂委员会编 漆志平主编 段青良主笔 南昌 江西赣粤高速公路股份有限公司史志编纂委员会 2012年 514页
b49506031 F542.856.3 J328 2012

江西省邮电建设工程局志
江西省邮电建设工程局编 袁家义主编 南昌 江西省邮电建设工程局 1999年 229页
b49640136 F632.756 J328 1999

南昌公路史志资料汇编 1949-1990
江西省南昌公路分局史志办公室编 南昌 江西省南昌公路分局史志办公室 1992年 905页
b19732557 F542.9 J328 1992

南昌市供销合作社志
南昌市供销合作社志编纂委员会编 李小保主编 南昌 江西高校出版社 2014年 586页
b50065348 F721.2 N161 2014

南昌商会志 1901-2002
南昌市工商联 南昌市总商会编制 南昌 南昌市工商联 2003年 219页
b21764530 F727.561 N161 2003

南昌市财政志
南昌市财政志编纂委员会编 张根水主编 南昌 江西人民出版社 2009年 654页
b20882890 F812.756.1 Z352 2009

南昌市农村金融志
中国农业银行南昌市分行编 颜斌辉主编 南昌 江西人民出版社 1995年 451页
b21764542 F832.756.1 N161 1995

南昌市社会文化志
南昌市文化局编 余根水主编 钟伟主笔 南

昌 江西南昌书画印刷厂 1990年 88页
b1993211x G127.561 Y722 1990

江西日报社志 1949–2000
江西日报社志编辑部编 黄庆来 严力主编 南昌 江西日报社 2002年 433页
b20806693 G219.245.6 J328 2002

南昌科学技术团体志 1925–1986
南昌科学技术团体志编纂委员会编 林伯辉主编 南昌 南昌科学技术团体志编纂委员会 1989年 213页
b36245914 G322.756.1 L585 1989

南昌市地方志 教育 征求意见稿
南昌市教委教育志编纂委员会编 南昌 南昌市教委教育志编纂委员会 1990年 油印本
b20182107 G527.561 N161 1990

江西南昌十九中校志 1942–2012
南昌十九中校志编纂委员会编 许建成主修 邵明灿总纂 南昌 南昌十九中校志编纂委员会 2012年 296页
b40908276 G639.285.61 N161 2012

江西省南昌市地名志
南昌市地名办公室编 陶端正主编 南昌 南昌市地名办公室 1992年 433页〔江西省地名丛书〕
b16447712 K925.61 N161 1983

滕王阁志
南昌市地方志编纂委员会办公室编 张仲禄 宗九奇 吴金编纂 南昌 江西人民出版社 1993年 271页
b18280493 K928.74 Z369 1993

风雨水文路 江西省地矿局水文地质工程地质大队队志 1958–2008
江西省地矿局水文地质工程地质大队 江西省地质环境监测总站编 詹龙和主编 南昌 江西省地矿局水文地质工程地质大队 2008年 338页
b50066286 P641.625.6 J328 2008

南昌市水利志
南昌市水利志编纂委员会编 黄俊主编 南昌 南昌市百花印刷厂 2006年 449页
b20535351 TV-092 H659 2006

东湖区

东湖区志
南昌市东湖区地方志编纂委员会编 徐家铭主编 北京 方志出版社 2004年 590页
b16430396 K295.61 D582 2004

西湖区

西湖区志
凌学仁 吴志明主修 孟灵源 谢琦玲主编 北京 方志出版社 2002年 911页
b14084259 K295.61 X119

青云谱区

南昌市青云谱区志
南昌市青云谱区地方志编纂委员会编 张录光主修 北京 方志出版社 2004年 917页
b16430645 K295.61 Q464 2004

湾里区

湾里区志
江西省南昌市湾里区地方志编纂委员会编 王耀主编 北京 方志出版社 2001年 348页
b16446811 K295.61 W134 2001

城乡建设志 第1卷
江西省南昌市湾里区城乡建设环境保护局编 南昌 南昌市湾里区城乡建设环境保护局 1994年 油印本 336页
b21764554 F299.275.61 W134 1994

青山湖区

南昌市郊区志
南昌市郊区地方志编纂委员会编 北京 方志出版社 2002年 486页
b19733148 K295.61 N161J 2002

新建区

新建县志
江西省新建县志编纂委员会编 谢日新主编 南昌 江西人民出版社 1991年 664页〔江西省地方志丛书〕
b13273917 K295.64 X4434

新建县工会志
新建县工会志编纂委员会编 蔡顺庭主编 南昌 江西人民出版社 2015年 258页
b46899807 D412.856.4 X443 2015

新建人大志 2003–2013
新建人大志编委会编 徐才保主编 新建 新建人大志编委会 2016年 933页
b50991929 D624.564 X443C 2016

新建县人民代表大会志 第1卷 1949–2002
江西省新建县人大常委会编 张信江主编 新建 江西省新建县人大常委会 2002年 551页
b40743883 D624.564 X443

新建区政协志 2014–2016
南昌市新建区政协志编纂委员会编 曾志毅主编 南昌 南昌市新建区政协志编纂委员会 2016年 268页
b50861608 D628.561 X443 2016

新建县政协志 1962–1992
中国人民政治协商会议江西省新建县委员会政协志编纂委员会编 张信江主编 新建 中国人民政治协商会议江西省新建县委员会政协志编纂委员会 1992年 391页
b20017467 D628.564 Z367 1992

江西省新建县地名志
新建县地名办公室编印 程应录主编 新建 新建县地名办公室 1983年 349页〔江西省地名丛书〕
b16425698 K925.64 X443 1983

南昌县

南昌县志
南昌县志编纂委员会编 吴伟华主编 海口 南海出版公司 1990年 658页
b10727930 K295.64 N1611

南昌县志 1986–2004
南昌县志编纂委员会编 吴伟华主编 北京 方志出版社 2006年 516页
b16737556 K295.64 N1611 2006

冈上镇志
冈上镇志编纂委员会编 熊才水主编 北京 方志出版社 2011年 764页
b2243432x K295.65 G229 2011

蒋巷乡志
蒋巷乡志编写者编 南昌 江西省红十字会印刷厂 1989年 360页
b17478091 K295.65 J356 1989

麻丘镇志
麻丘镇志编纂委员会编 熊才水主编 北京 方志出版社 2009 年 515 页
b2059513x K295.65 M123 2009

向塘镇志
向塘镇志编纂委员会编 熊才水主编 北京 方志出版社 2014 年 548 页
b46996138 K295.65 X521 2014

南昌月池熊氏教授村志
南昌月池熊氏教授村志编纂小组编 熊大阅 熊光建主编 南昌 南昌月池熊氏教授村志编纂小组 2003 年 172 页
b20016037 K820.9 X521 2003

南昌县人民代表大会志 1949–1997
江西省南昌县人大常委会编 南昌 江西省南昌县人大常委会 1999 年 317 页
b20044562 D624.564 N161 1999

南昌县政协志
中国人民政治协商会议江西省南昌县委员会政协志编纂委员会编 杨先涛主编 南昌 中国人民政治协商会议江西省南昌县委员会政协志编纂委员会 1996 年 325 页
b17482306 D628.564 Y249 1996

南昌县民政志
江西省南昌县民政局编 南昌 江西省南昌县民政局 1988 年 215 页
b21764566 D632 N161 1988

南昌县交通志
江西省南昌县交通局编志办公室编 南昌 江西省南昌县交通局编志办公室 1994 年 191 页
b19732570 F512.756.4 J328 1994

南昌县文化志
南昌县文化局编辑室编 吴尔泰主撰 南昌 南昌县文化局编辑室 1985 年 99 页
b21866685 G127.564 N161 1985

南昌县学府志
南昌县教育体育局编 北京 方志出版社 2005 年 732 页
b16132786 G527.564 N161 2005

南昌县卫生志
南昌县卫生局卫生志编写组编 朱钟彦主编 南昌 南昌县卫生局卫生志编写组 1988 年 104 页
b21764578 R199.2 N161 1988

南昌县水利志
南昌县水利志编纂委员会编 肖万件主编 南昌 南昌县水利志编纂委员会 2004 年 402 页
b21855985 TV–092 X364 2004

安义县

安义县志
江西省安义县志编纂领导小组编纂 刘希林主编 海口 南海出版公司 1990 年 516 页〔江西省地方志丛书〕
b10727231 K295.64 A163

安义人大志 1949.5–2009.5
江西省安义县人民代表大会常务委员会编 涂赞贵主编 安义 江西省安义县人民代表大会常务委员会 2009 年 621 页
b49705003 D624.564 A164 2009

安义县政协志 19814–20111
中国人民政治协商会议江西省安义县委员会编 刘伟平主编 安义 中国人民政治

协商会议江西省安义县委员会 2011 年 250 页
b50991875 D628.564 A164 2011

进贤县

进贤县志
江西省进贤县县志编纂委员会编 朱啸秋总纂 南昌 江西人民出版社 1989 年 659 页〔江西省地方志丛书〕
b10597670 K295.64 J521

进贤县志 1986–2000
进贤县地方志编纂委员会编 曹吉清主修 熊志清主编 北京 方志出版社 2006 年 728 页
b16648225 K295.64 J521 2006

进贤县政协志 1990–2013
中国人民政治协商会议进贤县委员会编 钱和平主编 进贤 中国人民政治协商会议进贤县委员会 2014 年 360 页
b47045450 D628.564 J521 2014

进贤县水利志
进贤水电局水利志办公室编 进贤 进贤水电局水志办公室 1986 年
b21856850 TV-092 J521 1986

景德镇市

景德镇市志
景德镇市地方志编纂委员会编 殷国光主修 北京 中国文史出版社 1991 年 5 卷
b1075863x K295.63 J553

景德镇市志略
景德镇市志编纂委员会编 林景梧主编 上海 汉语大词典出版社 1989 年 342 页
b10760854 K295.63 J553c

中国共产党景德镇历史图志
中共景德镇市委党史办编 施坤顺主编 北京 中共党史出版社 2004 年 108 页
b22921576 D235.563 J553 2004

景德镇市人民代表大会志
景德镇市人民代表大会志编纂小组编 景德镇 景德镇市人民代表大会志编纂小组 1987 年 96 页
b19931815 D624.563 J553 1987

景德镇市政协志
中国人民政治协商会议景德镇市委员会文史资料研究委员会编 石奎济主编 北京 中国文史出版社 1992 年 361 页
b18201817 D628.563 S473 1992

景德镇市城乡建设志
张陆明主编 南昌 江西科学技术出版社 2000 年 260 页
b44749016 F299.275.63 J553 2000

景德镇市交通志
胡作恒主编 上海 上海社会科学院出版社 1991 年 248 页〔景德镇市地方志丛书〕
b20043685 F512.756.3 H476 1991

景德镇市邮电志
景德镇市邮电局编 江汉川主编 景德镇 景德镇市邮电局 1998 年 271 页
b49640628 F632.756.3 J553 1998

景德镇市商业志
景德镇市商业志编纂委员会编 汪锡侯主编 景德镇 景德镇市商业志编纂委员会 1994 年 416 页
b21764013 F727.563 J553 1994

景德镇市报业志
景德镇日报社编 景德镇 景德镇日报社出版部 1999 年 267 页
b21764025 G219.275.63 J553 1999

景德镇市教育志
景德镇市教育志编辑室编 景德镇 景德镇市教育志编辑室 1988 年 201 页
b11066660 G527.56 J553

江西省景德镇一中校志
江西省景德镇一中校志编写组编 景德镇 江西省景德镇一中校志编写组 2000 年 116 页
b20102343 G639.285.63 J553 2000

景德镇市戏曲志
江西省景德镇市文化局编 景德镇 江西省景德镇市文化局 2003 年 473 页
b20043697 J809.256.3 J553 2003

景德镇市文化志 1990
景德镇市文化志编纂委员会编 程铭 林伟林主编 景德镇 景德镇市文化志编纂委员会 1998 年 195 页
b19931803 K295.63 J553S 1998

景德镇市文物志 征求意见稿
景德镇市文化文物局编 景德镇 景德镇市文化文物局 2007 年 272 页
b36379475 K872.563 J553 2007

江西省景德镇市地名志
景德镇市地名委员会办公室编 景德镇 景德镇市地名委员会 1988 年 728 页〔地名丛书〕
b20015276 K925.63 J553 1988

景德镇市土壤志
万立渊执笔 景德镇 江西省景德镇市土壤普查办公室 1988 年 124 页
b21568765 S159.256.3 J553 1988

昌江区

昌江区志
景德镇市昌江区地方志编纂委员会编 西安 三秦出版社 2008 年 499 页〔中华人民共和国地方志丛书〕
b19023327 K295.63 J553D 2008

珠山区

景德镇市珠山区志 1970-2003
景德镇市珠山区地方志编纂委员会编 李洪涛主编 南昌 江西人民出版社 2010 年 524 页
b21568777 K295.63 J553Z 2010

景德镇市珠山区人民法院院志 1973-2009
刘群编纂 景德镇 景德镇市珠山区人民法院院年鉴编纂委员会 2010 年 192 页
b50234018 D926.22 J553 2010

乐平市

乐平县志
乐平县志编纂委员会编 上海 上海古籍出版社 1987 年 515 页
b10824856 K295.64 Y871

乐平市志 1985-2000
乐平市地方志编纂委员会编 北京 方志出版社 2002 年 517 页〔江西省市县续志丛书〕
b14444173 K295.63 L267 2002

乐平政协志
中国人民政治协商会议乐平市委员会政协

志编纂委员会编 乐平 中国人民政治协商会议乐平市委员会政协志编纂委员会 1998年 372页
b50248108 D628.564 Y871 1998

江西省乐平县地名志
乐平县人民政府地名办公室编 乐平 乐平县人民政府地名办公室 1984年 366页〔江西省地名丛书〕
b12159992 K925.6 L277

浮梁县

浮梁县志
浮梁县地方志编纂委员会编 冯云龙主编 北京 方志出版社 1999年 893页〔江西省地方志丛书〕
b13273930 K295.64 F448

浮梁县志 1994-2005
浮梁县地方志编纂委员会编 冯云龙主编 北京 方志出版社 2009年 647页〔江西省地方志丛书〕
b20198346 K295.64 F448F 2009

萍乡市

萍乡市志
萍乡市志编纂委员会编 黄式国主编 北京 方志出版社 1996年 1337页
b10600747 K295.63 P617

萍乡市志 1986-2002
萍乡市地方志编纂委员会编 杨富荣主编 北京 方志出版社 2007年 2卷 1202页
b19930069 K295.63 P617C 2007

萍乡市工会志
萍乡市工会志编纂委员会编 彭济时主编 萍乡 萍乡市工会志编纂委员会 1999年 410页
b49640240 D412.856.3 P617 1999

萍乡市涉台事务志
中共萍乡市委台湾工作办公室 萍乡市人民政府台湾事务办公室编 黄启夫主编 萍乡 中共萍乡市委台湾工作办公室 2006年 202页
b49678206 D618 H665 2006

萍乡市人民代表大会志
萍乡市人大常委会编 肖伊模主编 萍乡 萍乡市人大常委会 1991年 321页〔萍乡市地方志丛书〕
b4741554x D624.563 P617 1991

萍乡市人民代表大会志 续编
萍乡市人大常委会编 罗庆成主编 萍乡 萍乡市人大常委会 2001年 404页〔萍乡市地方志丛书〕
b49533708 D624.563 P617B 2001

萍乡市政府志
江西省萍乡市政府办公室编 肖德胜 肖贤富主编 北京 新华出版社 1993年 323页〔萍乡市地方志丛书〕
b19733938 D625.563 X364 1993

萍乡市工商行政管理志
萍乡市工商行政管理局 李国梁主编 萍乡 萍乡市工商行政管理局 2011年 480页
b40864327 F123.82 P617 2011

萍乡市国民经济计划志 1949-2002
萍乡市发展计划委员会编 张乐主编 萍乡 萍乡市发展计划委员会 2003年 206页
b49938836 F127.563 P617 2003

萍乡发电厂志 1958–1986
金德华主编 萍乡 萍乡发电厂 1990 年 356 页
b4998276x F426.61 P617 1990

萍乡矿务局志
萍乡矿务局志编纂委员会编 卢铨生主编 萍乡 萍乡彩丰包装装潢公司印刷厂 1998 年 720 页
b36093257 F426.21 P617 1998

萍乡烟草志
江西省萍乡市烟草专卖局 江西省烟草公司萍乡分公司编 王金源主编 北京 新华出版社 1993 年 211 页
b50777403 F426.89 P617 1993

萍乡邮电志
段家良主编 北京 中华书局 1999 年 312 页
b21764785 F632.756.3 P617 1999

萍乡市金融志
萍乡市金融志编纂委员会编 余志坤编 萍乡 萍乡市金融志编纂委员会 1999 年 317 页
b45569563 F832.756.3 P617 1999

萍乡市文化艺术志
江西省萍乡市文化艺术志编纂委员会编 黄连和主编 萍乡 萍乡市育新印刷厂 1999 年 445 页〔萍乡市地方志丛书〕
b36379761 G127.563 P617 1999

萍乡市科学技术志
萍乡市科学技术委员会编 海口 南海出版公司 1990 年 236 页
b49533186 G322.756.3 P617 1990

萍乡市教育志
萍乡市教育志编纂委员会编 龙启连 刘亚风主编 南昌 江西高校出版社 2009 年 577 页
b36013419 G527.533 P617 2009

萍乡中学校志
江西省萍乡中学校志编辑室编 萍乡 萍乡中学校志编辑室 1996 年 142 页
b2010330x G639.285.63 P617 1996

萍乡市地名志
萍乡市地名办公室编 萍乡 萍乡市地名办公室 1986 年 638 页〔江西省地名丛书〕
b12159955 K925.63 J326

爱的守望 萍乡市妇幼保健院志 1953–2015
萍乡市妇幼保健院编 萍乡 萍乡市妇幼保健院 2016 年 98 页
b50234195 R197.5 P617 2016

萍乡市卫生志
萍乡市卫生志编纂委员会编 刘永葆主编 萍乡 萍乡市卫生志编纂委员会 2004 年 568 页
b49963971 R199.256.3 P617 2004

安源区

安源区志
安源区志编纂委员会编 曹光亮主编 北京 方志出版社 2006 年 815 页
b17359351 K295.63 P617A 2006

湘东区

湘东区志 1971–2002
萍乡市湘东区地方志编纂委员会编 北京 方志出版社 2007 年 2 卷 1203 页

b19329295　K295.63　P617X　2007

莲花县

莲花县志
江西省莲花县志编纂委员会编　南昌　江西人民出版社　1989 年　916 页
b16164611　K295.64　L468　1989

莲花县志　1988–2002
陈天志主编　北京　方志出版社　2004 年　603 页〔中华人民共和国地方志丛书〕
b16164830　K295.64　L468　2004

三板桥乡志
莲花县三板桥乡志编纂委员会编　贺海南主编　莲花　莲花县三板桥乡志编纂委员会　2009 年　448 页
b23003388　K295.65　S145　2009

莲花县交通志
莲花县交通志编纂办公室编　朱昔岳主编　莲花　莲花县交通志编纂办公室　2001 年　251 页
b21568972　F512.756.4　L468　2001

莲花县教育志
莲花县教育志编纂领导小组编纂　刘丹主编　合肥　黄山书社　1997 年　317 页〔江西省地方志丛书〕
b20182879　G527.564　L468　1997

江西莲花中学志　1941–2011
李炳恩　陈移新主编　北京　人民日报出版社　2011 年　637 页
b40648849　G639.285.64　J328　2011

江西省莲花县地名志
莲花县地名志办公室编　刘丹主编　莲花　莲花县地名志办公室　1984 年　318 页〔江西省地名丛书〕
b12159918　K925.64　L673

莲花县祠堂志
陈移新主编　昆明　云南美术出版社　2016 年　407 页
b49947497　K928.75　L468　2016

上栗县

上栗县志
上栗县志编纂委员会编　兰叶子主编　北京　方志出版社　2005 年　623 页〔中华人民共和国地方志丛书〕
b16050320　K295.64　S3225　2005

芦溪县

芦溪县志
芦溪县志编纂委员会编　陈明训主编　北京　方志出版社　2006 年　625 页〔中华人民共和国地方志丛书〕
b17359971　K295.64　L789　2006

芦溪旅游志
芦溪县旅游局主编　罗谷兰主编　南昌　江西人民出版社　2013 年　236 页
b44766531　F592.756.4　L921　2013

九江市

九江市志
九江市地方志编纂委员会编　刘积福主修　凌凤章主编　南京　凤凰出版社　2004 年　4 卷　4004 页
b13794644　K295.63　J585　2004

九江市志 1991-2010
九江市地方志编纂委员会编 胡治敏 罗环 戴和君主编 北京 方志出版社 2016年 4卷 2902页
b49749122 K295.63 J585D 2016

九江濂溪志
李宁宁 黄林燕编纂 南昌 江西人民出版社 2016年 239页〔庐山文化研究丛书〕
b4985477x B244.25 L412 2016

九江市工会志
九江市工会志编纂委员会编 朱忠玲主编 北京 方志出版社 2014年 591页
b46117908 D412.856.3 J585 2014

九江市人大志 1994-2011
九江市人大志编纂委员会编 北京 方志出版社 2011年 822页
b27566419 D624.563 J585 2011

九江市人民代表大会志 1925.7-1994.5
九江市人民代表大会志编纂委员会编 九江 江西新华九江印刷总厂社会印件厂 1995年 475页
b19931839 D624.563 J585 1995

九江市人民政府志
九江市人民政府志编纂领导小组编 北京 新华出版社 2001年 446页
b19930860 D625.563 J585 2001

九江市政协志
九江市政协志编纂办公室编纂 黄选林主编 九江 九江市政协志编纂办公室 1993年 262页
b49472148 D628.563 J585C 1993

九江市政协志 1994-2006
中国人民政治协商会议九江市委员会编 胡元斌总编 九江 中国人民政治协商会议九江市委员会 2007年 427页
b46012564 D628.563 J585 2007

九江民政志
九江市民政志编纂委员会编 王健主编 九江 九江县印刷厂 1995年 196页〔江西九江地方志丛书〕
b40740407 D632 J585 1995

九江市老龄志
九江市老龄志编纂委员会编 胡绍生主编 北京 方志出版社 2007年 576页
b50317842 D669.6 J585 2007

九江市军事志
九江市军事志编纂委员会编 阮仁良主编 南昌 南昌市奔驰印刷公司 2002年 262页
b20102501 E289.563 R342 2002

九江市计划志
九江市计划委员会编 万吉光主编 九江 九江市计划委员会 2002年 157页
b50319012 F127.563 J585 2002

九江市审计志
九江市审计局编 余卫平主编 九江 九江市审计局 1997年 313页〔九江市地方志丛书〕
b45569447 F239.227.563 J585 1997

九江市物资志
九江市物资局编 九江 九江市物资局 1996年 277页〔九江市地方志丛书〕
b45569459 F259.275.63 J585 1996

九江市乡镇企业志
九江市乡镇企业管理局编 胡协安主编 九江 九江市乡镇企业管理局 1998年

281 页
b50016994 F279.275.6 J585 1998

九江市林业志
九江市林业志编辑委员会编纂 张林生主编 北京 方志出版社 2012 年 704 页
b47009214 F326.275.63 J585 2012

九江冶金煤炭志
九江市冶金煤炭集团公司编 周锋主编 北京 方志出版社 2017 年 528 页
b50051465 F426.3 J585 2017

九江市交通志
九江市交通志编纂委员会编 张和友主编 北京 人民交通出版社 1993 年 355 页〔九江市地方志丛书〕
b20043715 F512.756.3 Z353 1993

九江市供销合作社志
九江市供销合作社志编纂办公室编 杨佑怀主编 九江 九江市供销合作社志编纂办公室 1998 年 364 页
b50319000 F727.563 J585 1998

九江市财政志 1840-2000
艾宏盛主编 北京 经济日报出版社 2003 年 611 页〔九江市地方志丛书〕
b50317921 F812.756.3 J585 2003

九江市财政志 2001-2010
梅华国主编 南昌 江西人民出版社 2013 年 276 页〔九江市地方志丛书〕
b5031919x F812.756.3 J585C 2013

九江金融志 1840-1990
九江市金融志编纂委员会编 刘庐生 杨华履主编 南昌 江西人民出版社 1995 年 332 页〔江西省地方志丛书〕
b20485232 F832.756.3 J585 1995

九江市文化志
九江市文化志编纂委员会编 田祥鸿主编 九江 九江市文化局 1995 年 284 页〔九江市地方志丛书〕
b20139251 G127.563 J585 1995

九江市科学技术志
罗中人主编 南昌 江西科学技术出版社 1997 年 284 页
b21764049 G322.756.3 J585 1997

九江市教育志 1991-2010
九江市教育志编纂委员会编 李瑞东主编 欧阳礼彬主修 北京 方志出版社 2014 年 1059 页
b46934121 G527.563 J585 2014

九江市教育志
九江市教育志编纂委员会编 北京 中华书局 1996 年 605 页
b1327577x G529 J585

崇儒励学 天下同文 九江同文儒励中学校志
刘新发主编 南昌 江西高校出版社 2007 年 578 页
b49827236 G639.285.63 L692 2007

九江市二中校志 1867-1992
刘新发著 南昌 江西高校出版社 1996 年 295 页
b2009887x G639.285.6 J585 1996

校志
江西省九江市第一中学编 万金陵主编 南昌 江西高校出版社 2012 年 226 页〔九江一中 110 周年丛书〕
b46011511 G639.285.63 J585 2012

共大庐山分校 海会师范学校志
校志编纂委员会编 肖湘元主编 九江 校志编纂委员会 2006年 506页
b46274455 G659.285.63 J585 2006

九江师范高等专科学校志
罗龙炎 王春生主编 南昌 江西人民出版社 2004年 464页
b16434973 G659.285.6 J585 2004

江西九江科技中等专业学校校志
江西九江科技中等专业学校校志编纂委员会编 袁银初主编 北京 方志出版社 2014年 411页
b46133082 G719.285.63 J3284 2014

九江职业大学志
九江职业大学志编纂委员会编 肖厚建主编 北京 方志出版社 2015年 909页
b49578406 G719.285.63 J5859 2015

九江职业技术学院校志 1960-2010
九江职业技术学院院志编纂委员会编 曾凡龙主编 上海 上海交通大学出版社 2014年 562页
b45593632 G719.285.63 J585 2014

六朝九江志
吴圣林 汪建策编著 北京 中国书店 2013年 229页
b40879951 K295.63 J585W 2013

江西省九江第一中学百年人物志 1902-2002
江西省九江第一中学编 九江 江西省九江第一中学 2002年 335页
b17515877 K820.563 J328 2002

九江市风俗志 征求意见稿
九江市文化局编 张轩主编 九江 九江市文化局 1998年 油印本 320页〔九江市地方志丛书〕
b20534978 K892.456.3 J585 1998

庐山西海风景名胜区志
庐山西海风景名胜区志编纂委员会编 刘兆安编纂 北京 方志出版社 2017年 332页
b50651390 K928.705.63 L788 2017

九江市水利志
熊光宙主编 北京 北京燕山出版社 2001年 392页〔文化书系〕
b21854919 TV-092 J5854 2001

修河志
九江市人民代表大会城市建设环境保护委员会编 余修炎主编 南昌 江西人民出版社 2011年 2卷 1158页
b22969780 TV882.956 Y724 2011

浔阳区

九江市志浔阳区志
九江市浔阳地方志编纂委员会编 张连庆主编 李志瑜责任编辑 北京 方志出版社 2013年 818页
b4611791x K295.63 J585X 2013

浔阳区政协志
中国人民政治协商会议九江市浔阳区委员会编 韩万金主编 北京 方志出版社 2016年 518页
b47270949 D628.563 J585X 2016

濂溪区

庐山区志
江西省九江市庐山区编纂委员会编 王涛

主编 北京 方志出版社 2004年 635页
b16005740 K295.63 J585L 2004

庐山邮电志
庐山邮电志编纂委员会编 齐美贤主编 九江 九江邮电印刷厂 1999年 178页
b40864315 F632.756.4 L788 1999

白鹿洞书院艺文新志
李宁宁 高峰主编 南昌 江西人民出版社 2008年 307页〔庐山文化研究丛书〕
b18544204 G649.299.56 L412 2008

新纂白鹿洞书院志（庐山）
吴国富编纂 南昌 江西人民出版社 2015年 753页
b47317164 G649.299.56 W488X 2015

庐山蝶蛾志
方育卿主编 南昌 江西高校出版社 2003年 673页
b17457749 Q969.42 F226 2003

柴桑区

九江县志
江西省九江县县志编纂委员会编 张人鑫主编 北京 新华出版社 1996年 849页〔江西省地方志丛书〕
b1435164x K295.64 J585

九江县志 1986–2005
江西九江县县志编纂委员会编 徐常彬主编 北京 方志出版社 2010年 710页
b22458864 K295.64 J585 2010

九江县邮电志
徐苍松主编 陈文夫主笔 北京 北京邮电大学出版社 1997年 326页
b49506067 F632.756.4 J585 1997

江西省九江县地名志
九江县人民政府地名办公室编 九江 九江县人民政府地名办公室 1988年 311页〔江西省地名丛书〕
b20378592 K925.64 J585 1988

瑞昌市

瑞昌县志
瑞昌县志编纂委员会编 朱汉回 张旭明主编 北京 新华出版社 1990年 577页〔江西省地方志丛书〕
b10726470 K295.64 R364

瑞昌县续志
瑞昌市地方志编纂委员会编 朱汉回 张旭明主编 合肥 黄山书社 1993年 296页〔江西省地方志丛书〕
b10726469 K295.64 R364B

瑞昌市志 1990–2005
瑞昌市地方志编纂委员会编 朱汉回 张旭明主编 北京 方志出版社 2009年 914页
b20810520 K295.63 R3641 2009

瑞昌市人大志 1990–2011
瑞昌市人大志编纂委员会编 李庆生主编 北京 方志出版社 2014年 468页
b46361625 D624.564 R364C 2014

瑞昌县人民代表大会志
瑞昌县人民代表大会志编纂委员会编 刘朝键主编 北京 方志出版社 1997年 162页
b16404282 D624.564 R364 1997

瑞昌政协志
瑞昌政协志编纂委员会编 柯愈谱主编 南昌 江西地勘局测绘大队印刷厂 1999年 242页
b19734153 D628.564 K244 1999

江西省瑞昌县地名志
瑞昌地名办公室编印 瑞昌 瑞昌地名办公室 1986年 363页〔江西省地名丛书〕
b1562173x K925.64 R3641 1986

共青城市

共青城志
共青城地方志编纂委员会编 汪官金主编 南昌 江西人民出版社 2016年 594页
b50728003 K295.63 G455 2016

庐山市

星子县志
江西省星子县县志编纂委员会编 姜南星主编 南昌 江西人民出版社 1990年 605页〔江西省地方志丛书〕
b1064104x K295.64 X464

星子县志 1986–2005
星子县志编纂委员会编 北京 方志出版社 2010年 724页〔中国地方志丛书〕
b40420917 K295.64 X464 2010

万杉寺志
万杉寺志编委会编 景玉川主编 北京 方志出版社 2014年 290页
b46899741 B947.256.4 W173 2014

武宁县

武宁县志
武宁县志编纂委员会编 熊未喜主编 南昌 江西人民出版社 2009年 1052页
b20397562 K295.64 W533C 2009

横路乡志
横路乡志编纂委员会编 夏源笙主编 武宁 横路乡志编纂委员会 2008年 714页〔江西省地方志丛书〕
b50347305 K295.65 H3918 2008

武宁县人大志 1930–2003
江西省武宁县人大志编纂委员会编 九江 九江市印刷厂 2003年 474页
b17646765 D624.564 W533 2003

武宁县政协志 1990–2011
政协武宁县委员会政协志编纂委员会编 余立主编 武宁 政协武宁县委员会政协志编纂委员会 2011年 635页
b40934895 D628.564 W533 2011

武宁政协志
江西省武宁县政协志编纂委员会编 吴卫民 孙功森编辑 武宁 江西省武宁县印刷厂 1991年 656页
b20017212 D628.254 W533 1991

武宁县交通志
董安贞主编 武宁 武宁县交通志编辑室 1994年 233页〔武宁县地方志丛书〕
b50729810 F512.756.4 W533 1994

武宁县公路志
武宁县公路志编纂委员会编 柯美柏主编 武宁 武宁县公路志编纂委员会 2006年 346页〔武宁县地方志丛书〕
b20807296 F542.856.4 W533 2006

武宁县教育志
邱立平主编 北京 方志出版社 2017年

585 页
b4997788x G527.564 W533 2017

修水县

修水县志
修水县志编委会编 梅中生主编 深圳 海天出版社 1991 年 738 页〔中华人民共和国地方志丛书〕
b13752558 K295.64 X535

修水县志 1986–2008
修水县志编纂委员会编 冷自生主编 南昌 江西人民出版社 2014 年 964 页
b46133197 K295.64 X535 2014

白岭志
白岭志编纂委员会编 胡健予主编 北京 中国文史出版社 2013 年 578 页
b46239406 K295.65 B151 2013

渣津镇志
渣津镇志编审委员会编 熊耐久主编 香港 国际炎黄文化出版社 2004 年 432 页
b19023352 K295.65 X535 2004

修水县人民代表大会志 1930–1987
修水县人大志编纂领导小组编 修水 修水县印刷厂 1991 年 234 页
b1745735x D624.564 X535 1991

修水县教育志
修水县教育局编 修水 江西省修水县印刷厂 1989 年 295 页
b20104601 G527.564 X535 1989

修水一中校志
修水县第一中学校志编纂委员会编 樊仁轩编写 修水 修水县第一中学校志编纂委员会 1997 年 116 页
b49705040 G639.285.64 X535 1997

修水县文物志
江西省修水县文化广播影视新闻出版局编 戴嵩青主编 北京 中国文史出版社 2015 年 423 页
b47052442 K872.564 X535 2015

江西省修水县地名志
修水县地名办公室编 修水 修水县地名办公室 1988 年 959 页〔江西省地名丛书〕
b1118839x K925.64 X535

永修县

永修县志
江西省永修县志编纂委员会编 刘极灿主编 南昌 江西人民出版社 1987 年 602 页〔江西省地方志丛书〕
b15642306 K295.64 Y6368 1987

永修县志 1985–2000
永修县志编纂委员会编 余明义主编 北京 方志出版社 2004 年 620 页
b15935905 K295.64 Y6368C 2004

永修县人大志 1949–2015
永修县人大志编纂委员会编 张礼铨主编 南昌 江西高校出版社 2016 年 419 页
b49611550 D624.564 Y636 2016

永修县政协志 1955–2016
中国人民政治协商会议永修县委员会编 陈光来主编 永修 中国人民政治协商会议永修县委员会 2017 年 743 页
b50727746 D628.564 Y636 2017

江西省永修县交通志
江西省永修县交通局编 永修 江西省永修县交通局 1993 年 313 页
b19732351 F512.756.4 Y636 1993

永修县邮电志
永修县邮电局编 王礼主编 南昌 江西省邮电印刷厂 1997 年 186 页
b21766150 F632.756.4 Y636 1997

永修财政志
永修财政志编纂委员会编写 张义武主编 南昌 江西科学技术出版社 2013 年 641 页
b49640379 F812.756.4 Y636 2013

永修县教育志
永修县教育志编纂委员会编 南昌 江西人民出版社 1995 年 341 页
b20136249 G527.564 Y636 1995

永修县教育志 1993–2012
淦墨政主编 北京 线装书局 2014 年 536 页
b50268727 G527.564 Y636C 2014

江西省永修县地名志
永修县地名办公室编 永修 永修县地名办公室 1984 年 427 页
b12159815 K925.64 Y636

云居山新志
一诚主修 北京 中国文史出版社 1992 年 468 页
b20952636 K928.3 Y411 1992

德安县

江西省德安县志
孙自诚主编 上海 上海古籍出版社 1991 年 922 页
b10913464 K295.64 D291

德安县人大志 1928–2008
邓木林主编 南昌 江西人民出版社 2010 年 629 页
b20810441 D624.564 D291 2010

德安县政协志 1984–2006
江西省德安县政协志编纂委员会编 九江 九江印刷厂 2006 年 334 页
b20014326 D628.564 D291 2006

共青垦殖场志
共青垦殖场志编纂委员会编 宋希淮主编 北京 人民出版社 1993 年 356 页
b19733707 F324.1 S682 1993

江西省德安县地名志
江西省德安县地名委员会办公室编印 夏鼎卿主编 德安 江西省德安县地名委员会办公室 1984 年 300 页〔江西省地名丛书〕
b20015252 K925.64 D2911 1984

都昌县

都昌县志
都昌县志编修委员会编纂 邵天柱总纂 北京 新华出版社 1992 年 639 页〔江西省地方志丛书〕
b10645020 K295.64 D658

都昌县志 1990–2005
都昌县地方志编纂委员会编 刘炳荣 邵天柱主编 南昌 江西人民出版社 2009 年 690 页
b20397513 K295.64 D658 2009

都昌县人大志 1949.05–2013.06
都昌县人大志编纂委员会编 江新尚主编 南昌 江西人民出版社 2014 年 915 页
b46011523 D624.564 D658 2014

都昌政协志略
中国人民政治协商会议江西省都昌县委员会编 黄世南主编 都昌 都昌县印刷厂 1992 年 117 页
b20534152 D628.564 D658 1992

都昌县教育志
都昌县教育志编纂委员会编 南昌 江西经济管理干部学院印刷厂 2000 年 410 页
b20014417 G527.564 D658 2000

湖口县

湖口县志
江西省湖口县志编纂委员会编 南昌 江西人民出版社 1992 年 804 页〔江西省地方志丛书〕
b10628393 K295.64 H477

湖口县志 1989–2011
湖口县志编纂委员会编 王显道 周荣美 谭晓生主编 北京 方志出版社 2016 年 930 页
b49675345 K295.64 H477C 2016

湖口县金融志
湖口县金融志编纂委员会编 吴兴梅主编 湖口 湖口县金融志编纂委员会 1993 年 250 页〔江西省地方志丛书〕
b21568273 F832.756.4 H477 1993

江西省湖口县第二中学校志
余春明主编 北京 中国环境科学出版社 2008 年 432 页
b38893757 G639.285.64 H477 2008

江西省湖口县地名志
湖口县地名办公室编 湖口 湖口县地名办公室 1984 年 326 页〔江西省地名丛书〕
b12159852 K925.64 W233

彭泽县

彭泽县志
彭泽县志编纂委员会编 徐鹤龄主编 北京 新华出版社 1992 年 612 页〔江西省地方志丛书〕
b10547526 K295.64 P336

彭泽县志 1986–2000
彭泽县县志编纂委员会编 周骥主编 南昌 江西人民出版社 2009 年 594 页
b20950962 K295.64 P336C 2009

马当镇志
马当镇人民政府编纂 戴燕生主编 南昌 江西人民出版社 2016 年 280 页
b47224575 K295.65 M137 2016

新余市

新余市志
江西省新余市地方志编纂委员会编 万南生主编 凌浩 严学主修 上海 汉语大词典出版社 1993 年 1248 页
b10864209 K295.63 X444

新余市志 1983 – 2007
新余市地方志编纂委员会编 彭卫东 胡四芽 黄福生主编 北京 方志出版社 2015 年 2 卷 1515 页
b47287500 K295.63 X444C 2015

新余市政协志
政协新余市委员会学习文史委员会编 曾纪彬主编 新余 政协新余市委员会学习文史委员会 1997年 369页〔新余文史资料〕
b20017637 D628.563 Z239 1997

新余民盟志
新余民盟志编纂委员会编 刘智勇主编 新余 新余民盟志编纂委员会 2009年 167页
b4065025x D665.2 X444 2009

新余市中级人民法院志
新余市中级人民法院志编纂委员会编 赵九重主编 新余 新余市中级人民法院志编纂委员会 2013年 460页
b49705039 D926.22 X444 2013

新余市交通志
新余市交通局史志编辑办公室编 黄守斯主编 新余 新余市印刷厂 1989年 184页
b20952259 F512.756.3 H666 1989

新余市邮电志
江西省新余市邮电局编 黄建新主编 南昌 江西人民出版社 1999年 280页
b21765844 F632.756.3 X444 1999

渝水区

渝水区志 1983–2003
渝水区史志编纂委员会编 田永斌主编 北京 方志出版社 2003年 698页
b15374890 K295.63 Y717 2003

分宜县

分宜县志
分宜县志编纂委员会编 王建成主编 北京 档案出版社 1993年 601页〔江西省地方志丛书〕
b13217239 K295.64 F327

分宜县志
江西省分宜县志编纂委员会编 林禾耿主编 合肥 黄山书社 2007年 2卷 1476页〔中华人民共和国地方志丛书〕
b18620978 K295.64 F327C 2007

分宜县人大志 1954–2005
分宜县人大志编纂委员会编 夏侯秋主编 分宜 分宜县人大志编纂委员会编 2006年 419页
b4978898x D624.564 F327 2006

分宜县政协志
分宜县政协志编纂委员会编 袁晖主编 分宜 分宜县政协志编纂委员会 2004年 345页
b17505653 D628.564 Y792 2004

鹰潭市

鹰潭市志
胡宪主修 李振雨主编 北京 方志出版社 2003年 3卷 2235页
b13794668 K295.63 Y551 2003

鹰潭市乡镇志
鹰潭市农业局 鹰潭市乡镇企业局 鹰潭市志编纂委员会办公室编 香港 香港银河出版社 2001年 436页〔鹰潭市志系列丛书〕
b17991985 K295.63 Y551C 2001

鹰潭市工会志
鹰潭市工会编志编纂委员会编 李建平 张赣北主编 鹰潭 鹰潭市工会志编纂委员会 2013年 445页

b49608198　D412.856.3　Y551　2013

鹰潭市人民代表大会志
鹰潭市人民代表大会志编纂委员会编　吴光南主编　北京　方志出版社　2004 年　431 页
b16403198　D624.563　Y551　2004

鹰潭市人民政府志
鹰潭市人民政府办公室编　杨晓群等主编　北京　方志出版社　2003 年　302 页〔鹰潭市志系列丛书〕
b16403277　D625.563　Y551　2003

鹰潭市计划志
鹰潭市计划委员会编　南昌　中共江西省委党校印刷厂　1999 年　168 页
b21766125　F127.563　Y551　1999

江西省鹰潭市地名志
鹰潭市地名办公室编　鹰潭　鹰潭市地名办公室　1987 年　114 页
b16425583　K925.63　Y551　1987

龙虎山志
龙虎山志编纂委员会等编　傅乃吉主编　南昌　江西科学技术出版社　2007 年　436 页
b18217709　K928.3　L741　2007

鹰潭移动志
中国移动通信集团江西有限公司鹰潭分公司编　黄圣明主编　鹰潭　中国移动通信集团江西有限公司鹰潭分公司　2007 年　255 页
b49789946　TN929.5　Y551　2007

鹰潭市著作志
鹰潭市科学技术委员会等合编　北京　方志出版社　2002 年　274 页〔鹰潭市志系列丛书〕
b14250834　Z812.256.3　Y551

月湖区

月湖区志
月湖区志编纂委员会编　北京　方志出版社　2007 年　813 页
b18652827　K295.63　Y864　2007

贵溪市

贵溪县志
贵溪县志编纂委员会编　李寅生主编　北京　中国科学技术出版社　1996 年　1293 页
b10600589　K295.64　G728

贵溪县政协志
中国人民政治协商会议江西省贵溪县委员会政协志编纂委员会编　贵溪　中国人民政治协商会议江西省贵溪县委员会政协志编纂委员会　1989 年　282 页
b18120945　D628.564　G728　1989

贵溪县交通志
贵溪县交通志编写委员会编　赵运玖主编　贵溪　贵溪县交通志编写委员会　1992 年　308 页
b50066067　F512.756.4　G728　1992

象山书院志
王立斌　吴国富　金来恩编纂　南昌　江西人民出版社　2017 年　218 页
b50744951　G649.299.564　W222X　2017

象山书院志
吴国富　王立斌　金来恩著　南昌　江西人民出版社　2017 年　216 页
b50812178　G649.299.564　X314　2017

江西省贵溪县地名志
贵溪县地名办公室编　贵溪　贵溪县地名办

公室 1987 年 400 页〔江西省地名丛书〕
b16447700 K925.64 G728 1987

余江县

余江县志
江西省余江县县志编纂委员会编 毛惠人 李贵发主编 南昌 江西人民出版社 1993 年 823 页〔江西省地方志丛书〕
b10501071 K295.64 Y722

余江县志 1986–2005
江西省余江县县志编纂委员会办公室编 南昌 江西人民出版社 2008 年 810 页
b19937842 K295.64 Y722 2008

余江县粮食志
何加林主编 余江 余江县粮食局 1988 年 262 页
b46012333 F724.721 Y7224 1988

江西省余江县地名志
余江县人民政府地名办公室编 余江 余江县人民政府地名办公室 1987 年 221 页〔江西省地名丛书〕
b16425601 K925.64 Y721 1987

赣州市

赣州地区志
江西省赣州地区志编纂委员会编 北京 新华出版社 1994 年 4 卷 3540 页
b10636432 K295.62 G184

赣州市志
江西省赣州市地方志编纂委员会编 宋鸣总纂 北京 中国文史出版社 1999 年 2 卷 1209 页〔中华人民共和国地方志丛书〕
b13007026 K295.63 G184

赣州市志 1986–2000
曾文明主修 赣州 赣州市地方志编纂委员会 赣州市地方志办公室 2017 年 3 册 2377 页
b50665054 K295.63 G184 2017

赣州工会志
赣州市总工会编 赣州 赣州市总工会 2011 年 2 卷 1165 页.
b49938435 D412.856.3 G184 2011

赣南侨务志
江西省赣州地区侨务办公室编 叶若青编撰 赣州 江西省赣州地区侨务办公室 1997 年 313 页
b47352541 D634 G184 1997

赣州地区法院志 1841–1996
江西省赣州地区中级人民法院编 陈阜东主编 赣州 江西省赣州地区中级人民法院 1997 年 526 页
b49472057 D926.22 G184 1997

江西省赣州监狱志 1954–2010
江西省赣州监狱编 赖德毅主编 赣州 江西省赣州监狱 2015 年 900 页
b50777543 D927.563.67 J328 2015

江西赣江造纸厂厂志 1958–1987
江西赣江造纸厂厂志编辑室编 易昆仑主编 赣州 江西赣江造纸厂厂志编辑室 1988 年 298 页
b49705015 F426.83 J328 1988

赣南交通志
赣州地区交通志编纂委员会编 苏上倬主编 赣州 赣州地区交通志编纂委员会 1992

年 367 页
b47206354 F512.756 G184 1992

赣州市交通志
赣州市交通志编纂委员会编 薛远祯主编 赣州 赣州印刷厂 1991 年 301 页〔赣南交通志丛书 赣州市地方志丛书〕
b20042449 F512.756.3 G184 1991

赣州地区粮食志
赣州地区粮食局编 熊大湘主编 赣州 赣州印刷厂 1988 年 432 页
b46011079 F724.721 G1849 1988

赣南名优特新产品志
陈本玮主编 北京 方志出版社 1996 年 294 页
b36245306 F762.7 C414 1996

赣州地区金融志
赣州地区金融志编纂组编 赣州 赣州地区金融志编纂组 1989 年 230 页
b49607601 F832.756.3 G184C 1989

赣州市金融志 1986–2000
赣州市金融志编纂委员会编 钟敏主编 西安 三秦出版社 2010 年 423 页
b21567748 F832.756.3 G184 2010

赣南日报社志
赣南日报社志编纂委员会编 张秀峰 幸跃凌主编 北京 新华出版社 2006 年 486 页〔江西省专业志丛书〕
b22429578 G219.245.62 G184 2006

赣州专家志 第 1 卷
舒龙主编 北京 中国人事出版社 2007 年 405 页
b18241037 K820.856.2 S543 2007

江西省赣州市地名志
赣州市地名委员会办公室编印 赣州 赣州市地名委员会办公室 1988 年 601 页
b10617085 K925.63 G184

章贡区

章贡区政协志 1990.5–2013.12
章贡区政协志编纂委员会编 曾伟林主编 赣州 政协赣州市章贡区委员会 2014 年 353 页
b49506481 D628.564 Z372 2014

江西第二糖厂志 1956–1985
何建洲主编 赣州 江西第二糖厂 1989 年 154 页
b50347342 F426.82 J328 1989

南康区

南康县志
南康县志编纂委员会编 齐开金 朱由国主编 北京 新华出版社 1993 年 680 页〔江西省地方志丛书〕
b10824819 K295.64 N161

南康市志 1986–2000
南康市地方志编纂委员会编 倪贵清主编 武汉 武汉出版社 2005 年 980 页〔江西省地方志丛书〕
b16229721 K295.63 N1614 2005

横市镇志
横市镇志编纂委员会编 刘贞校主编 南昌 江西人民出版社 2016 年 444 页
b49629451 K295.65 H391 2016

南康人物志
赣州市南康区地方志办公室编 倪贵清主

编 西安 陕西人民出版社 2015 年 406 页
b47331240 K820.856.3 G184N 2015

江西省南康县地名志
南康县地名办公室编 南康 南康县地名办公室 1984 年 488 页
b12160003 K925.6 J326C

鲤山塔志
南康市鲤山塔志编纂委员会编 蒋怀玉主编 南康 南康市鲤山塔志编纂委员会 2009 年 264 页
b21568959 K928.75 J354 2009

赣县区

赣县志
江西省赣县志编纂委员会编 石大金主编 北京 新华出版社 1991 年 736 页〔江西省地方志丛书〕
b10616548 K295.64 G184

赣县志 1986–2000
赣县地方志编纂委员会编 何礼重 钟佩芳 汤久泉主编 西安 三秦出版社 2010 年 696 页
b36168592 K295.64 G184C 2010

南塘镇志
南塘镇人民政府 赣县地方志办公室编 钟志红主编 赣县 南塘镇人民政府 2009 年 395 页
b23216347 K295.65 N161 2009

赣县人大志
赣县人大常委会赣县人大志编纂委员会编 罗文林主编 赣县 赣县人大常委会赣县人大志编纂委员会 2001 年 395 页
b4954973x D624.564 G184 2001

赣县政协志 1949–2000
赣县政协志编纂委员会编 曹良海主编 北京 方志出版社 2002 年 387 页
b21567724 D628.564 G184 2002

赣县军事志
赣县军事志编纂委员会编 朱祥福总纂 赣县 赣县军事志编纂委员会 2010 年 330 页
b50991905 E289.564 G184 2010

赣县房地产志
赣县房地产志编纂委员会编 游德祥 阳作玉主编 赣州 赣县房地产志编纂委员会 2002 年 283 页
b49938423 F299.275.64 Y668 2002

赣县交通志
赣县交通志编纂委员会编 蔡炬主编 赣县 赣县交通志编纂委员会 1990 年 253 页〔赣南交通志丛书 赣州市地方志丛书〕
b47206366 F512.756.4 G184 1990

赣县财政志
赣县地方志办公室编 黄新华 阳作玉主编 赣州 赣县财政局 2000 年 268 页〔赣县地方志丛书〕
b4644287x F812.756.4 G184 2000

瑞金市

瑞金县志
瑞金县志编纂委员会编 刘庆芳主编 北京 中央文献出版社 1993 年 1018 页〔中华人民共和国地方志丛书〕
b10616779 K295.64 R3644

瑞金市志
瑞金市志编纂委员会编 朱庆亮主编 西

安 三秦出版社 2007 年 598 页
b1826184x K295.63 R364 2007

泽覃乡志
瑞金市泽覃乡志编纂领导小组编 瑞金 瑞金市泽覃乡志编纂领导小组 2012 年 339 页
b36168579 K295.65 Z214 2012

瑞金市电力志 1955–2002
瑞金市供电局 瑞金市供电责任有限公司编 曹春荣总纂 北京 方志出版社 2006 年 315 页
b50247360 F426.61 R364 2006

瑞金县戏曲志资料汇编
瑞金县戏曲志编纂组编 瑞金 瑞金县戏曲志编纂组 1985 年 油印本 224 页
b36093300 J809.256.4 R364 1985

瑞金县地名志
瑞金县人民政府地名办公室编 瑞金 瑞金县人民政府地名办公室 1985 年 436 页〔江西省地名丛书〕
b12159876 K925.64 R364

瑞金市人民医院志
瑞金市人民医院志编纂委员会编 李光主编 瑞金 瑞金市人民医院志编纂委员会 2011 年 266 页
b50992521 R199.2 R3645 2011

信丰县

信丰县志
江西省信丰县县志编纂委员会编 朱近云主编 南昌 江西人民出版社 1990 年 810 页〔江西省地方志丛书〕
b10600590 K295.64 X461

信丰县志 1986–2006
信丰县地方志编纂委员会编 赖辽政主编 西安 三秦出版社 2010 年 878 页
b23216839 K295.64 X461 2010

信丰脐橙志
信丰脐橙志编辑部编 张俊山主编 南昌 江西人民出版社 2013 年 445 页
b44851856 F326.13 Z3547 2013

大余县

大余县志
大余县志编纂委员会编 胡润选总纂 海口 三环出版社 1990 年 713 页〔江西省地方志丛书〕
b10796757 K295.64 D136

大余县志 1986–2000
江西省大余县地方志编纂委员会编 曹爱珍主编 合肥 黄山书社 2014 年 884 页
b46018177 K295.64 D136 2014

江西省大余县地名志
大余县地名办公室编 大余 大余县地名办公室 1985 年 238 页
b12159943 K925.64 D135

上犹县

上犹县志
江西省上犹县志编纂委员会编 谢一栋主编 上犹 江西省上犹县志编纂委员会 1992 年 971 页〔中华人民共和国地方志丛书〕
b10622950 K295.64 S3229

上犹县志 1986–2000
上犹县人民政府主修 上犹县地方志编纂委员会编 何福洲主编 北京 方志出版社

2004 年 593 页〔江西省地方志〕
b15907545 K295.64 S3229 2004

上犹县政协志 1958.8–2011.1
上犹县政协志编纂委员会编 陈卫国主编 上犹 上犹县政协志编纂委员会 2011 年 437 页
b49506298 D628.564 S322 2011

江西省上犹县地名志
上犹县地名办公室编印 上犹 上犹县地名办公室 1985 年 345 页〔江西省地名丛书〕
b16447839 K925.64 S322 1985

崇义县

崇义县志
江西省崇义县编史修志委员会编 黄诗结主编 海口 海南人民出版社 1989 年 683 页〔中华人民共和国地方志丛书〕
b10796307 K295.64 C541

崇义县志 1986–2000
崇义县地方志编纂委员会编 曾凡主修 北京 方志出版社 2004 年 516 页
b1600582x K295.64 C541C 2004

崇义县检察志 1986.1–2011.3
崇义县人民检察院编 崇义 崇义县人民检察院 2011 年 338 页
b36168646 D926.32 C541 2011

崇义县军事志
崇义县军事志编纂委员会编 陈茂峰 程瑶主编 崇义 崇义县军事志编纂委员会 2010 年 344 页
b50991887 E289.564 C541 2010

崇义县林业志
江西省崇义县林业志编纂领导小组编 董来俊 卢和瑄主编 崇义 江西省崇义县林业志编纂领导小组 1998 年 243 页
b27574519 F326.275.64 C541 1998

安远县

安远县志
江西安远县志编纂委员会编 刘修堂主编 北京 新华出版社 1993 年 717 页〔中国地方志丛书〕
b10760581 K295.64 A164

安远县志 1986–2005
安远县志编纂委员会编 杜伟雄主编 西安 三秦出版社 2012 年 766 页
b40837178 K295.64 A164 2012

安远县林业志
安远县林业志编纂办公室编 唐宗礼主笔 赣南 江西省赣南印刷厂 1989 年 260 页
b2176265x F326.275.64 A164 1989

安远县第一中学志 1940–2010
江西省安远县第一中学编 罗招荣 刘凤朝主编 肖兴光 欧阳为泉编纂 南昌 百花洲文艺出版社 2010 年 562 页
b21762648 G639.285.64 A164 2010

江西省安远县地名志
安远县人民政府地名办公室编印 安远 安远县人民政府地名办公室 1985 年 333 页〔江西省地名丛书〕
b20378579 K925.64 A164 1985

龙南县

龙南县志
龙南县志编修工作委员会编 廖彩烈总纂

北京 中共中央党校出版社 1994 年 936 页〔江西省地方志丛书〕
b10569315 K295.64 L742

龙南县志 1986–2009
龙南县地方志编纂委员会编 徐百胜主编 北京 方志出版社 2011 年 933 页
b2321630x K295.64 L742 2011

龙南县政协志
中国人民政治协商会议江西省龙南县委员会编 曾明健主编 龙南 中国人民政治协商会议江西省龙南县委员会 2015 年 291 页
b50269173 D628.564 L742 2015

江西省龙南县地名志
龙南县地名办公室编印 龙南 龙南县地名办公室 1986年 300页〔江西省地名丛书〕
b10569340 K925.64 L742

定南县

定南县志
定南县志编纂委员会编 赣州 定南县志编纂委员会 1990 年 832 页〔江西省地方志丛书〕
b13275744 K295.64 D547D

定南县志 1986–2000
定南县志编纂委员会编 胡东汉主编 北京 方志出版社 2014 年 637 页
b46377177 K295.64 D547D 2014

定南县军事志
定南县军事志编纂委员会编 李兴荣 崔伟主编 定南 定南县军事志编纂委员会 2011 年 238 页
b50991899 E289.564 D547 2011

定南县志资料选编 第 1,2,4 辑
定南县志编纂委员会编 定南 定南县志编纂委员会 1987 年
b12314079 K295.64 D547

全南县

全南县志
江西省全南县县志编纂委员会编 胡春旺 温运汉主编 南昌 江西人民出版社 1995 年 778 页〔江西省地方志丛书〕
b10547538 K295.64 Q624

全南县志 1989–2000
全南县地方志编纂委员会编 赵多仙主编 北京 方志出版社 2011 年 589 页
b23216256 K295.64 Q624 2011

宁都县

宁都县志
宁都县志编辑委员会编纂 宁都 宁都县志编辑委员会 1986 年 700 页
b10759840 K295.64 N413

黄陂镇志
黄陂镇人民政府 宁都县史志办公室编 邱新民主编 香港 华夏文化艺术出版社 2006 年 278 页
b17385829 K295.65 H665 2006

洛口镇志
洛口镇人民政府 宁都县史志办公室编 邱新民主编 宁都 洛口镇人民政府 2006 年 233 页
b17385696 K295.65 L948 2006

石上镇志
石上镇人民政府 宁都县史志办公室编

李学文主编 宁都 石上镇人民政府 2014 年 303 页
b50269318 K295.65 S4757 2014

琳池垦殖场志
彭秋英主编 宁都 江西省宁都县国营琳池综合垦殖场 1995 年 321 页
b50319140 F324.1 L584 1995

宁都林业志
江西省宁都县林业局编 廖庆祥主编 赣州 赣州佳意企划印务公司 1997 年 329 页
b21764657 F326.756.4 N413 1997

宁都县林业志 1997-2013
宁都县林业志编纂委员会编 赵贵生主编 宁都 宁都县林业志编纂委员会 2014 年 259 页
b50234158 F326.275.64 N413 2014

宁都交通志
宁都县交通志编纂委员会编 南昌 江西人民出版社 1991 年 235 页〔赣南地区交通志丛书〕
b20044665 F512.756.4 N413 1991

宁都粮食志
江西省宁都县粮食局编 宁都 宁都县印刷厂 1991 年 332 页
b2156971x F724.21 N413 1991

宁都教育志
江西省宁都县教育委员会编 宁桂生主编 宁都 江西省宁都县教育委员会 1999 年 386 页
b4967819x G527.564 N413 1999

宁都县教育志
宁都县教育志编纂委员会编 彭玉贵主编 宁都 宁都县教育志编纂委员会 2012 年 273 页
b50729639 G527.564 N413C 2012

江西省宁都县地名志
宁都县人民政府地名办公室编 宁都 宁都县人民政府地名办公室 1984 年 515 页
b12159906 K925.64 N413

翠微峰志
宁都县地方志编纂委员会办公室编 唐小峰 彭秋英主编 南昌 江西人民出版社 1994 年 190 页〔江西省地方志丛书〕
b10627923 K928.3 T242

于都县

于都县志
于都县志编纂委员会编 李忠东主编 北京 新华出版社 1991 年 735 页〔江西省地方志丛书〕
b10646978 K295.64 Y725

于都县志
于都县地方志办公室编 于都县人民政府主修 钟荣涵主编 北京 方志出版社 2005 年 622 页
b16288877 K295.64 Y725C 2005

车溪乡志
车溪乡人民政府 于都县地方志办公室编 钟晓鸣主编 于都 车溪乡人民政府 2002 年 290 页〔于都县地方志丛书 乡镇志〕
b16141787 K295.65 C393 2002

黄麟乡志
黄麟乡人民政府 于都县地方志办公室编

钟旺生 谢秀珍主编 于都 于都县地方志办公室 2007 年 309 页
b1826234x K295.6 H662 2007

宽田乡志
李忠东编纂 宽田 宽田乡人民政府 2002 年 271 页
b16142482 K295.65 K452 2002

岭背镇志
钟荣涵 钟健瑞编纂 于都 岭背镇人民政府 1997 年 342 页
b16141751 K295.65 L642 1997

马安乡志
于都县马安乡人民政府 于都县地方志办公室编 钟荣涵编纂 于都 于都县马安乡人民政府 1995 年 299 页〔于都县地方志丛书〕
b36245860 K295.65 M136 1995

桥头乡志
桥头乡人民政府 于都县地方志办公室编 钟荣涵编纂 于都 桥头乡人民政府 1999 年 190 页〔于都县地方志丛书〕
b16141891 K295.65 Q3847 1999

新陂乡志
于都县新陂乡人民政府 于都县地方志办公室编 刘明湖 谢宏建主编 于都 于都县新陂乡人民政府 2008 年 408 页
b18620723 K295.65 X4436 2008

梓山镇志
梓山镇政府 于都县地方志办公室编 王慧君 钟荣涵主编 于都 梓山镇人民政府 2002 年 316 页
b16142342 K295.65 Z844 2002

于都县人大志
于都县地方志办公室编 朱人旭 钟荣涵主编 于都 于都县人大常委会办公室 1997 年 277 页
b36246451 D624.564 Y725 1997

于都县政协志 2007.3–2011.6
于都县政协志编纂委员会编 王赖长总纂 管宝禄编纂 于都 于都县政协志编纂委员会 2011 年 211 页
b36168634 D628.564 Y725 2011

于都县民政志
于都县民政局 于都县地方志办公室编 刘起炳 钟荣涵主编 于都 于都县民政局 2000 年 344 页
b3624644x D632 Y725 2000

于都县医疗保险管理局志 2002–2016
于都县医疗保险管理局 于都县地方志办公室编 钟子金主编 于都 于都县医疗保险管理局 于都县地方志办公室 2017 年 444 页
b50778067 F842.613 Y725 2017

于都县教育志 1986–2003
于都县教育局 于都县地方志办公室编 管林长 熊晓秋主编 北京 清华同方光盘电子出版社 2005 年 514 页
b16435746 G527.564 G653 2005

于都县人物志
江西省于都县志办公室编 钟荣涵主编 南昌 江西人民出版社 1991 年 347 页
b15957603 K820.856 Z626 1991

于都县钟氏志
于都县钟氏志编纂委员会 于都县地方志办公室编 北京 清华同方光盘电子图书出

版社 2006年 367页
b17510612 K820.9 Z626 2006

罗田岩志
钟荣涵主编 王学伟编辑 于都 于都县地方志办公室 1992年 83页
b16142706 K925.64 L924 1992

兴国县

兴国县志
兴国县志编纂委员会编 兴国 兴国县志编纂委员会 1986年 520页
b12314067 K295.64 X463

兴国县志
兴国县地方志编纂委员会编 谢兆祥主编 西安 三秦出版社 2009年 814页
b21579088 K295.64 X463 2009

兴国县人大志 1929–2001
兴国县人大常委会办公室 兴国 兴国县人大常委会办公室 2003年 618页
b50152774 D624.564 X463 2003

兴国县民政志
兴国县民政志编纂委员会编 谢光久主编 兴国 兴国县民政志编纂委员会 1989年 382页
b4993918x D628.564 X463 1989

兴国县交通志
兴国县交通志编纂委员会编 赵尚桂主编 兴国 兴国县交通志编纂委员会 1991年 250页〔赣南交通志丛书 4〕
b4720672x F512.756.4 X463 1991

兴国县粮油志
江西省兴国县粮食局编 陈勇主编 兴国 江西省兴国县粮食局 1990年 324页
b50152762 F724.721 X463 1990

兴国县文化志
兴国县文化局编 兴国 兴国县文化局 2004年 137页
b19932716 G127.564 X463 2004

兴国县教育志 982–1985
兴国县教育志编纂组编 李贻芗主编 兴国 兴国县教育志编纂组 1989年 209页
b20182557 G527.564 X463 1989

兴国平川中学校志 1923–2013
兴国平川中学校志编纂委员会编 王炳华主编 兴国 兴国平川中学校志编纂委员会 2013年 401页
b50727710 G639.285.64 X463 2013

兴国人物志
兴国县地方志编纂委员会办公室编 谢兆祥主编 香港 五洲文明出版社 2005年 583页
b16635668 K820.856.4 X428 2005

江西省兴国县地名志
兴国县地名办公室编 南昌 兴国县地名办公室 1984年 537页
b12159840 K925.64 X463

会昌县

会昌县志
会昌县志编纂委员会编 曾田春主编 北京 新华出版社 1993年 644页〔江西省地方志丛书〕
b10568839 K295.64 H697

会昌县志 1986–2009
会昌县地方志编纂委员会编 王常青主编

西安 三秦出版社 2010 年 856 页
b22430234 K295.64 H697 2010

会昌交通志
会昌交通志编纂委员会编 会昌 江西省地矿局调研队印刷厂 1994 年 175 页〔赣南交通志丛书〕
b20043235 F512.756.4 H697 1994

会昌县财政志
会昌县财政志编纂委员会编 郭贤富主编 会昌 会昌县财政志编纂委员会 2001 年 404 页
b50066201 F812.756.4 H697 2001

会昌县人物志
陶敏芳主编 北京 方志出版社 2004 年 413 页
b16425030 K820.856.4 T262 2004

江西省会昌县地名志
会昌县政府地名办公室编 彭娘开主编 会昌 会昌县政府地名办公室 1985 年 399 页〔江西省地名丛书〕
b1215989x K925.64 P335

会昌县水利志
江西省会昌县水利电力局 会昌县水利志编辑组编 李斓斓主编 会昌 江西省会昌县水利电力局 1990 年 344 页
b50233993 TV-092.564 H697 1990

寻乌县

寻乌县志
江西省寻乌县志编纂委员会编 王达观主编 北京 新华出版社 1996 年 560 页〔江西省地方志丛书〕
b10532729 K295.64 X746

寻乌县志 1986–2000
寻乌县地方志编纂委员会编 北京 黄山书社 2008 年 594 页
b2019755x K295.64 X746J 2008

江西省寻乌县地名志
寻乌县地名办公室编 寻乌 寻乌县地名办公室 1985 年 287 页〔江西省地名丛书〕
b12159839 K925.64 X746

石城县

石城县志
江西省石城县县志编辑委员会编纂 赖盛庭总编辑 北京 书目文献出版社 1990 年 727 页〔中华人民共和国地方志丛书〕
b10758884 K295.64 S472

石城县志 1986–2000
石城县地方志编纂委员会编 陈水连主编 西安 三秦出版社 2009 年 666 页
b29382051 K295.64 S472 2009

高田镇志
朱祖振主编 石城 高田镇人民政府 2004 年 266 页〔江西省石城县地方志丛书〕
b1738574x K295.65 G252 2004

龙岗乡志
朱祖振主编 石城 龙岗乡人民政府 2005 年 292 页〔江西省石城县地方志丛书〕
b1738560x K295.65 L741 2005

屏山镇志
江西省石城县屏山镇镇志编辑委员会编纂 廖业平总编辑 石城 江西省石城县屏山镇志编辑委员会 2005 年 338 页〔中华人民共和国地方志丛书〕
b17385787 K295.65 P621 2005

珠坑乡志
朱祖振主编 石城 珠坑乡人民政府 2003年 328页〔江西省石城县地方志丛书〕
b17360055 K295.65 Z724 2003

小松中学校志
小松中学校志编纂者 石城 小松中学 2008年 201页
b20104431 G639.285.64 X347 2008

江西省石城县地名志
邱锋编辑 石城 石城县地名办公室 1985年 272页〔江西省地名丛书〕
b12159888 K925.64 Q528

吉安市

吉安地区志
王萍主修 陈阜东主编 上海 复旦大学出版社 2010年 6卷 5006页
b22190569 K295.62 J138 2010

吉安市志
吉安市地方志编纂委员会编 欧阳轩主编 珠海 珠海出版社 1997年 1047页〔中华人民共和国地方志丛书〕
b13184933 K295.63 J138

吉安市志 1990–2000
江西省吉安市吉州区地方志编纂委员会编 刘春生主编 南昌 江西人民出版社 2001年 716页〔中华人民共和国地方志丛书〕
b16357553 K295.63 J138 2001

吉安法院志 1840–2000
吉安法院志编纂委员会编 郭兵主编 北京 人民法院出版社 2002年 482页
b50317969 D926.22 J138 2002

吉安地区审计志
江西省吉安地区审计志编纂委员会编 李祖江主编 吉安 江西省吉安地区审计志编纂委员会 2003年 319页
b49472112 F239.227.562 J138 2003

吉安地区林业志
吉安地区林业志编纂委员会编 熊翰煋主编 吉安 江西省吉安地区印刷厂 1994年 462页
b46273840 F326.275.62 J138 1994

吉安地区交通志
吉安地区交通史志编审委员会编 胡加铃主编 北京 人民交通出版社 1992年 384页
b20043272 F512.756.2 H472 1992

吉安市邮政志
吉安市邮政局编 艾石生主编 南昌 江西人民出版社 2013年 400页
b49963818 F632.756.3 J138 2013

吉安市教育志
江西省吉安市教育志编纂委员会编 吉安 江西省吉安地区印刷厂 1995年 224页〔吉安市地方志丛书〕
b19732247 G527.563 J328 1995

吉安市教育志 1990–2000
江西省吉安市教育志编纂委员会编 吉安 江西省吉安市教育志编纂委员会 2000年 158页〔吉安市地方志丛书〕
b19732259 G527.563 J328 2000

白鹭洲书院志
高立人主编 南昌 江西人民出版社 2008年 290页〔庐陵文化丛书〕
b18930086 G649.299.563 G243 2008

江西省吉安地名志
吉安市地名委员会办公室编 南昌 吉安市地名委员会办公室 1985 年 293 页
b12159967 K925.63 J138

吉州区

吉安市吉州区志 2000–2012
吉安市吉州区地方志编纂委员会编 朱谋俊主修 彭春梅主编 北京 方志出版社 2014 年 1058 页
b45648918 K295.63 J138K 2014

青原区

吉安市青原区志
吉安市青原区地方志编纂委员会编著 刘庆华主编 北京 方志出版社 2011 年 1059 页
b36133784 K295.63 Q464 2011

富田镇志
吉安市青原区富田镇志编纂委员会编 北京 方志出版社 2016 年 661 页
b49460444 K295.65 F497 2016

青原山志
青原山志编纂委员会编 萧兵主编 北京 方志出版社 2011 年 368 页
b36194165 K928.3 Q4649 2011

井冈山市

宁冈县志
宁冈县地方志编纂委员会编 钟应瑞主编 北京 中共中央党校出版社 1995 年 1023 页
b1061672x K295.64 N4133

井冈山市志 1991–2010
井冈山市地方志编纂委员会编 梅黎明 龙波舟主编 北京 方志出版社 2012 年 2 卷 1423 页
b44794964 K295.63 J555 2012

茅坪乡志
茅坪乡志编纂委员会编 兰胜华 张杰主编 北京 中共党史出版社 2015 年 439 页
b50016635 K295.65 M246 2015

宁冈苏区志
中共宁冈县委党史工作办公室编 许春华执笔 宁冈 宁冈县委党史工作办公室 1993 年 374 页
b20016098 D235.564 X593 1993

井冈山工会志
井冈山工会志编纂委员会编 齐学锦主编 南昌 江西人民出版社 2015 年 379 页
b46665407 D412.856.3 J555 2015

井冈山地区军事志
江西省吉安军分区井冈山地区军事志编纂委员会编 余芝康主编 北京 军事科学出版社 1992 年 402 页
b10594061 E289.56 J328

井冈山军事志
井冈山市人民武装部编 许先平主编 北京 国防大学出版社 1992 年 426 页
b41234418 E289.563 J555 1992

井冈山垦殖场志
井冈山垦殖场志编纂委员会编 北京 方志出版社 1997 年 628 页
b19733161 F324.1 J555 1997

井冈山革命博物馆志
曾宪文主编 南京 江苏人民出版社 2007年 388页
b18240823 G269.275.6 Z242 2007

井冈山教育志
江西省井冈山市教育志编纂委员会编 张阿南主编 井冈山 江西省井冈山市教育志编纂委员会 1997年 215页〔井冈山地方志丛书〕
b20403586 G527.563 J555 1997

井冈山志
江西省井冈山市地方志编纂委员会编 邹馥光主编 北京 新华出版社 1997年 884页〔中国地方志丛书〕
b10521070 K295.63 J555

井冈山红军人物志
饶道良著 南昌 江西人民出版社 2010年 259页
b20885829 K825.2 R1582 2010

江西省宁冈县地名志
宁冈县人民政府地名办公室编 宁冈 宁冈县人民政府地名办公室 1985年 246页
b12159931 K925.64 J326N

吉安县

吉安县志
江西省吉安县县志编纂委员会编 北京 新华出版社 1994年 1003页〔江西省地方志丛书〕
b10546522 K295.64 J138

吉安县志 1986–2005
吉安县地方志编纂委员会编 肖方远主编 南昌 江西人民出版社 2008年 712页
b20949741 K295.64 J138C 2008

东固镇志
涂思明主编 吉安 东固镇志编纂者 1995年 366页〔江西省吉安县乡镇志书〕
b16447724 K295.65 D582 1995

民建吉安市委会志 1956–2006
民建吉安市委会志编纂委员会编 曾效悟主编 吉安 民建吉安市委会志编纂委员会 2008年 242页
b40743561 D665.4 J138 2008

武功山林场志
吉安市武功山林场志编纂委员会编 李武生主编 吉安 吉安市武功山林场志编纂委员会 2004年 286页〔江西省地方志丛书〕
b22430271 F326.275.63 W532 2004

吉安县农村信用社志 1951–2011
鄢新平主编 南昌 江西人民出版社 2011年 428页
b36370496 F832.756.4 J138 2011

江西省吉安县地名志
吉安县人民政府地名办公室编 吉安 吉安县人民政府地名办公室 1987年 359页〔江西省地名丛书〕
b16449204 K925.64 J138 1987

吉水县

吉水县志
吉水县地方志编纂委员会编 肖源隆主编 北京 新华出版社 1989年 694页〔江西省地方志丛书〕
b10647399 K295.64 J139

吉水县志 1986–2004
吉水县志编纂委员会编著 郭细龙主编 南昌 江西人民出版社 2008年 611页〔中华人民共和国地方志丛书〕
b20098881 K295.64 J139C 2008

吉水县政协志
吉水县政协志编纂委员会 唐富水主编 吉水 吉水县政协志编纂委员会 2009年 513页
b49506006 D628.564 J139 2009

芦溪岭林场志
吉水县芦溪岭林场志编委会编 周庆元主编 吉水 吉水县芦溪岭林场志编委会 1993年 141页
b49705027 F326.275.64 L789 1993

吉水县人物志
吉水县人物志编纂委员会编 唐富水主编 吉水 吉水县人物志编纂委员会 2006年 643页
b27574714 K820.856.4 J139 2006

峡江县

峡江县志
峡江县地方志编纂委员会编 赵国祥主编 北京 中共中央党校出版社 1995年 931页〔江西省地方志丛书〕
b10646899 K295.64 X176

峡江县志 1991–2005
峡江县地方志编纂委员会编 武汉 武汉出版社 2015年 533页
b46668093 K295.64 X176C 2015

新干县

新干县志
江西新干县志编纂委员会编 谢峰主编 北京 中国世界语出版社 1990年 1067页〔中华人民共和国地方志丛书〕
b10760817 K295.64 X443

新干县志 1986–2000
刘洪主编 北京 中央民族大学出版社 2005年 522页
b19929134 K295.64 X443 2005

金川镇志
新干县金川镇志编纂委员会编 新干 新干县金川镇志编纂委员会 1989年 250页〔江西省地方志丛书〕
b23077608 K295.65 J476 1989

新干县人民代表大会志 1954–2014
新干县人民代表大会常务委员会 新干县人民代表大会志编纂委员会编 侯建国主编 新干 新干县人民代表大会常务委员会 2014年 541页
b4720669x D624.564 X4433 2014

新干县政协志
新干县政协编 张梅生主编 新干 新干县政协 2016年 398页
b50729846 D628.564 X443 2016

江西省新干县地名志
新干县人民政府地名办公室编 新干 新干县人民政府地名办公室 1985年 274页〔江西省地名丛书〕
b20952089 K925.64 X443 1985

永丰县

永丰县志
江西省永丰县志编纂委员会编 温剑主编 北京 新华出版社 1993年 864页〔江西省地方志丛书〕

b10645093 K295.64 Y6362

永丰县志 1986–2005
江西省永丰县县志编纂委员会编 袁宗裕主编 南昌 江西人民出版社 2010年 624页
b30301373 K295.64 Y6362 2010

永丰县教育志 1054–1990
江西省永丰县教育志编纂委员会编 永丰 江西省永丰县教育志编纂委员会 1993年 242页
b1799293x G527.564 J328 1993

江西省永丰中学校志 1939–1999
永丰中学校庆办公室编 永丰 永丰中学校庆办公室 1999年 272页
b20102367 G639.285.64 Y636 1999

江西省永丰县地名志
永丰县人民政府地名办公室编印 温剑主编 永丰 永丰县人民政府地名办公室 1986年 428页〔江西省地名丛书〕
b20102355 K925.64 Y6362 1986

泰和县

泰和县志
康臣纬主编 北京 中共中央党校出版社 1993年 935页
b10836330 K295.64 T163

泰和县志 1989–2008
泰和县地方志编纂委员会编 廖晓军 李军主编 北京 方志出版社 2012年 770页
b40426105 K295.64 T163 2012

马市镇志 开皇十(590)–2007
马市镇志编写者编 南昌 中共南昌市委机关印刷厂 2008年 421页
b20015306 K295.65 M142 2008

江西省泰和县地名志
泰和县人民政府地名办公室编 泰和 泰和县人民政府地名办公室 1987年 436页〔江西省地名丛书〕
b16447852 K925.64 T163 1987

遂川县

遂川县志
遂川县地方志编纂委员会编 曾琼英主编 南昌 江西人民出版社 1996年 1020页〔江西省地方志丛书〕
b10616627 K295.64 S756

遂川县志 1991–2003
江西省遂川县地方志编纂委员会编 南昌 江西人民出版社 2006年 657页〔中华人民共和国地方志丛书〕
b46240160 K295.64 S756 2006

遂川县政协志
中国人民政治协商会议遂川县委员会编 南昌 江西人民出版社 2016年 495页
b47365833 D628.564 S756 2016

遂川县林业志
遂川县林业志编纂委员会编 刘四保主编 遂川 遂川县林业志编纂委员会 1997年 217页
b23228829 F326.275.64 S756 1997

万安县

万安县志
万安县地方志编纂委员会编 罗毅中 蓝宗英主编 合肥 黄山书社 1996年 940页〔中华人民共和国地方志丛书〕

b10604054 K295.64 W171

万安县志 1991–2000
江西省万安县地方志编纂委员会编 廖晓晖主编 南昌 江西人民出版社 2006年 602页〔中华人民共和国地方志丛书〕
b16784686 K295.64 W171J 2006

安福县

安福县志
江西省安福县志编纂委员会编 王先顺主编 北京 中共中央党校出版社 1995年 917页〔中华人民共和国地方志丛书〕
b10641105 K295.64 A1632

安福县志 1988–2008
安福县志编纂委员会编著 张平亮主编 南昌 江西人民出版社 2010年 863页
b22032411 K295.64 A1632 2010

安福县工会志
安福县总工会 尹三生主编 安福 安福县总工会 2009年 557页
b4741389x D412.856.4 A163 2009

安福县人民代表大会志
安福县人民代表大会志编纂委员会编 王先顺主编 吉安 吉安地区印刷厂 1997年 168页
b20100024 D624.564 W233 1997

安福县政协志
中国人民政治协商会议江西省安福县委员会政协志编纂委员会编 刘新民主编 吉安 江西省吉安县印刷厂 1992年 194页
b20100036 D628.564 A163 1992

安福县邮电志
安福县邮电局编 吴祖讲 颜仕林主编 南昌 江西人民出版社 1999年 307页
b40742957 F632.756.4 A163 1999

安福县金融志
彭文俊主编 安福 安福县金融志编纂者 1996年 276页
b49471843 F832.756.4 A163 1996

安福县教育志
周荣华主编 安福 江西省安福县教育志编纂委员会 1999年 390页〔江西省地方志丛书〕
b47413906 G527.564 A163 1999

安福县社上水库志
社上水库志编辑室编纂 刘荣昌 赵从春 孜辛主编 安福 社上水库志编辑室 1991年 164页
b49471855 TV632.564 S368 1991

永新县

永新县志
永新县志编纂委员会编 刘永光主编 北京 新华出版社 1992年 1011页〔江西省地方志丛书〕
b10760738 K295.64 Y636

永新县志 1986–2006
永新县志编纂委员会编 钱德九主编 北京 方志出版社 2011年 1025页
b23217108 K295.64 Y636 2011

永新县森林工业志
永新县森林工业志编纂委员会编 彭忠云主编 南昌 江西人民出版社 2014年 329页

b46133203　F427.564　Y636　2014

永新县邮电志
永新县邮电局编　郭志明　李秋先主编　南昌　江西人民出版社　1998 年　246 页
b49472288　F632.756.4　Y6368　1998

永新苏区志
江西省永新县志办公室编　刘永光主编　海口　南海出版公司　1990 年　463 页
b13276499　K295.64　Y636S

江西省永新县地名志
永新县地名委员会办公室编印　龙飞主编　永新　永新县地名委员会办公室　1983 年　372 页〔江西省地名丛书〕
b20121362　K925.64　Y6368　1983

永新县水利志
永新县水利电力局水利志编辑室编　颜自斌主编　永新　永新县水利电力局水利志编辑室　1989 年　165 页
b21858032　TV-092　Y6368　1989

宜春市

江西省宜春市志
宜春市地方志编纂委员会编　王德全主编　海口　南海出版社　1990 年　1005 页
b10646796　K295.63　Y425

宜春市志　上卷　地理　政治
宜春市人民政府　宜春市志编纂委员会编　北京　方志出版社　2010 年　988 页
b22032472　K295.63　Y425C　2010

宜春市志　中卷　经济
宜春市人民政府　宜春市志编纂委员会编　北京　方志出版社　2010 年　1885 页
b22032472　K295.63　Y425C　2010

宜春市志　下卷　文化　人物
宜春市人民政府　宜春市志编纂委员会编　北京　方志出版社　2010 年　2739 页
b22032472　K295.63　Y425C　2010

宜春地区乡镇志
宜春地区地方志编纂委员会编　宜春　宜春市资料印刷厂　1994 年　401 页〔宜春地区志系列丛书〕
b19732910　K295.63　Y425X　1994

宜春地区党校志　送审稿
宜春地区党校志编纂委员会编　刘启生主编　陈宏德主笔　宜春　宜春地区党校志编纂委员会　1991 年　319 页
b50152828　D261.41-09　L686　1991

宜春政府志
舒建勋主编　北京　中华书局　2003 年　293 页
b16425674　D625.563　S543　2003

江西省宜春地区城乡建设志建筑志环境保护志
宜春地区城乡建设环境保护志编纂委员会编　熊瑞荣主编　宜春　宜春地区城乡建设环境保护志编纂委员　1992 年　508 页
b46670038　F299.275.62　Y425　1992

江西省宜春地区交通志
宜春地区交通史志编审委员会编　北京　档案出版社　1993 年　256 页
b19733112　F512.756.2　Y425　1993

宜春市粮食志
宜春市粮食志编纂委员会编　戴佳臻主编　南昌　江西人民出版社　2017 年　830 页

b50777762　F727.633　Y425　2017

宜春地区税务志
周炳义主编　天津　天津人民出版社　1993年　475页
b20806930　F812.756.2　Z661　1993

宜春地区金融志
宜春地区金融志编纂委员会编　辛才云　丁国良主编　北京　人民出版社　1999年　425页
b44851091　F832.756.2　Y425　1999

宜春一中五十周年校志　1938–1988
宜春第一中学编　宜春　宜春第一中学　1988年　370页
b19732922　G639.285.63　Y425　1988

宜春地方戏曲史志
宗建军编著　南昌　江西人民出版社　2015年　252页〔宜春地方文化研究丛书〕
b47221859　J809.2　Z862　2015

江西省宜春市地名志
宜春市地名委员会办公室编　宜春　宜春市地名委员会办公室　1985年　163页〔江西省地名丛书〕
b20015331　K925.63　Y425　1985

江西省宜春县地名志
宜春县地名委员会办公室编　宜春　宜春县地名委员会办公室　1985年　457页〔江西省地名丛书〕
b20017844　K925.64　Y4251　1985

袁州区

宜春市袁州区志　1985–2008
袁州区志编纂委员会编　敖幼平　孙智红主编　北京　方志出版社　2013年　1080页
b45625372　K295.63　Y425Y　2013

袁州区民政志
江西省宜春市袁州区民政局编　陈宜斌主编　宜春　江西省宜春市袁州区民政局　2009年　327页
b47585146　D632　Y7941　2009

丰城市

江西省丰城县志
丰城县县志编纂委员会编　金达迈主编　上海　上海人民出版社　1989年　898页〔中国地方志〕
b10910840　K295.64　F359

丰城市志　1989–2006
丰城市志编修委员会编　南昌　江西人民出版社　2008年　813页〔江西省市县续志丛书〕
b20214959　K295.63　F359　2008

段潭乡志
段潭乡志编写组编　章树华主笔　丰城　段潭乡志编写组　1986年　164页
b23003431　K295.65　D745　1986

隍城镇志　1950–2012
中共丰城市隍城镇委员会编　丰城市隍城镇人民政府编　游四清主编　丰城　丰城市隍城镇志编纂委员会　2013年　481页
b50993732　K295.65　H672　2013

桥东志
熊炳祥主笔　丰城　桥东志编纂者　1986年　262页
b36246049　K295.65　Q3842　1986

上塘镇志
上塘镇志编纂委员会编 张重礼主编 丰城 盛凯印务公司 2008年 412页〔中国地方志〕
b20404396 K295.65 S322 2008

小港镇志
江西省丰城县小港镇小港镇志编写组编 丰城 江西省丰城县小港镇小港镇志编写组 1988年 209页
b20017388 K295.65 X347 1988

丰城县金融志
江西省丰城县金融志编写组编 杨寿眉主编 长沙 湖南长沙印刷一厂 1987年 202页
b36013420 F812.756.4 F359 1987

江西省丰城县水利志
丰城县水利电力局编 皮恒垣主编 上海 上海人民出版社 1990年 243页
b17514204 TV-092 P373 1990

樟树市

江西省清江县志
清江县志编纂委员会编 柳培元主编 上海 上海古籍出版社 1989年 633页
b10824534 K295.64 Q467

樟树市志 1989-2008
樟树市志编纂委员会编 王剑平主编 沈阳 万卷出版公司 2013年 562页
b46240457 K295.63 Z377 2013

清江县政协志
清江县政协志编纂领导小组编 樟树 江西省樟树市印刷厂 1989年 463页〔江西省地方志丛书〕
b20140174 D628.564 Q467 1989

清江县地名志
清江县地名领导小组办公室编 清江 清江县地名领导小组办公室 1984年 336页〔江西省地名丛书〕
b12159980 K925.6 Q467

高安市

高安县志
戴佳臻主编 南昌 江西人民出版社 1988年 681页〔江西省地方志丛书〕
b12314080 K295.64 D152

高安市志 1986-2006
高安市志编纂委员会编 戴佳臻主编 北京 方志出版社 2009年 1252页
b21007652 K295.63 G232 2009

八景镇志
八景镇志编纂委员会编著 熊冬根主编 南昌 江西人民出版社 2009年 634页
b20815487 K295.65 B111 2009

江西省高安市相城镇志
相城镇志编纂委员会编 习杰斌主编 南昌 江西科学技术出版社 2017年 962页
b50204786 K295.65 X264 2017

高安市纪检监察志 1952-2015
高安市纪检监察志编纂委员会编 戴佳臻主编 南昌 江西人民出版社 2017年 560页
b50346118 D262.6 D152 2017

高安市政协志 1959-2005
政协高安市委员会编 高安 江西省高安市印刷公司 2005年 714页

b16635954　D628.564　G232　2005

高安民政志

高安民政志编纂委员会编　王军主编　南昌　江西龙莹印务公司　2011 年　715 页

b40648837　D632　G232　2011

江西省高安县建设志

高安县城乡建设局编　单炳南主编　高安　高安县城乡建设局　1992 年　230 页

b49677925　F299.275.64　G232　1992

高安市二轻工业志　1905.1–2006.12

高安市二轻工业协会办公室编　梁福如主编　高安　江西省高安市印刷公司　2007 年　427 页

b21763306　F426.8　G232　2007

高安市财政志

高安市财政志编纂委员会编　胡赣生主编　北京　中国时代经济出版社　2013 年　796 页

b45625682　F812.756.4　G232　2013

高安史志资料　第 1 卷

高安县史志编委会办公室编　高安县政协文史资料委员会编　高安　高安县史志编委会办公室　1986 年

b18200278　K295.64　G232

高安县文物志

刘裕黑主编　南昌　百花洲文艺出版社　1991 年　375 页

b16447608　K872.564　L693　1991

奉新县

江西省奉新县志

奉新县地方志编纂委员会编　徐冰云　魏在宽主编　海口　南海出版公司　1991 年　780 页〔中国地方志〕

b10646905　K295.64　F412

奉新县志　1986–2004

奉新县地方志编纂委员会编　徐冰云　刘功林主编　北京　方志出版社　2011 年　944 页

b36133346　K295.64　F412C　2011

奉新县组织志　1991–2014

奉新县组织志编纂委员会编　肖晓主编　奉新　奉新县组织志编纂委员会　2016 年　531 页

b50347251　D235.564　F412　2016

奉新县人民代表大会志

奉新县人大志编纂委员会编　温世昌主编　海口　南海出版公司　1990 年　213 页

b20136353　D624.564　F412　1990

奉新县财政志

奉新县财政志编纂委员会编　蔡勋主编　北京　方志出版社　2007 年　1188 页

b50247037　F812.756.4　F412　2007

奉新县文化艺术志

奉新县文化局编　卢拙斋主编　奉新　奉新县文化局　1992 年　262 页

b3637894x　G127.564　F412　1992

奉新县教育志

奉新县教育志编纂小组编　徐冰云主编　奉新　奉新县印刷厂　1984 年　340 页

b19931414　G527.564　F412　1984

上富教育志　1848–2015

上富教育志编委会编　余达富主编　奉新　上富教育志编委会　2016 年　473 页

b4993837x　G527.565　S322　2016

奉新县政协志 新文史资料 第三辑
中国人民政治协商会议江西省奉新县委员会文史资料研究委员会编 宋名成主编 奉新 中国人民政治协商会议江西省奉新县委员会文史资料研究委员会 1988年 511页
b19732065 K295.64 F412X 1988

江西省奉新县地名志
奉新县地名办公室编印 夏令信主编 奉新 奉新县地名办公室 1983年 293页〔江西省地名丛书〕
b20368707 K925.64 F412 1983

奉新县血防志 1956–2015
奉新县血防站编 易永利主编 奉新 奉新县血防站 2016年 373页
b5034724x R532.21 F412 2016

奉新县水利志
奉新县水利电力局水利志编纂委员会编 王经渭主编 奉新 奉新县水利电力局水利志编纂委员会 1990年 148页
b20137552 TV–092 W2198 1990

万载县

万载县志
江西省万载县志编纂委员会编 鲍洪深主编 南昌 江西人民出版社 1988年 907页〔江西省地方志丛书〕
b1327417x K295.64 W173

万载县志 1986–2005
江西省万载县史志编纂委员会编 袁和庚主编 南昌 江西人民出版社 2011年 779页〔江西省地方志丛书〕
b2938204x K295.64 W173 2011

万载县民政志 1949–2012
龙元勇主编 北京 中国文史出版社 2013年 490页
b50729093 D632 W1739 2013

万载县教育志
万载县教育志编纂委员会编 周庆富主编 南昌 江西人民出版社 2010年 570页
b23217145 G527.564 W173 2010

万载县文物志
万载县文物普查领导小组万载县文物志编委会编 张桃林主编 万载 万载县文物普查领导小组万载县文物志编委会 1989年 298页
b2004589x K872.564 Z365 1989

江西省万载县地名志
万载县地名办公室编 万载 万载县地名办公室 1984年 403页
b12160015 K925.6 J326

上高县

上高县志
上高县史志编纂委员会编 王化成主编 海口 南海出版公司 1990年 552页
b1072655x K295.64 S3223

上高县志 1986–2005
上高县志编纂委员会编 张鲛 李永祥 熊勤香 杨景平 晏慧珍主编 北京 方志出版社 2016年 840页
b47270895 K295.64 S3223C 2016

上高县人民代表大会志 1949.7–2009.9
上高县人民代表大会志编纂委员会编 卢茂林主编 上高 上高县人民代表大会志编纂委员会 2009年 532页

b4996401x　D624.564　S322　2009

上高县文物志
高县文物志编委会编　方向主编　上高　上高县文物志编委会　1986 年　183 页
b36379438　K872.564　S322　1986

江西省上高县地名志
上高县地名办公室编　上高　上高县地名办公室　1984 年　302 页
b12159979　K925.6　S323

宜丰县

宜丰县志
江西省宜丰县地方史志编纂委员会编　姚行先主编　上海　中国大百科全书出版社　1989 年　843 页〔中华人民共和国地方志丛书〕
b10758501　K295.64　Y425

宜丰县志　1986-2005
江西省宜丰县地方史志编纂委员会编　李忠主编　北京　方志出版社　2010 年　598 页
b22434379　K295.64　Y425　2010

澄塘镇志　渊明故里
江西省宜丰县澄塘镇镇志编委会编　丁继平主编　宜丰　江西省宜丰县澄塘镇镇志编委会　2002 年　395 页
b2300342x　K295.65　C458　2002

芳溪镇志
江西省宜丰县芳溪镇镇志编纂委员会编　王苟生主编　宜丰　江西省宜丰县芳溪镇镇志编纂委员会　2002 年　400 页〔江西省宜丰县地方志系列丛书〕
b15602321　K295.645　F228　2002

花桥乡志
花桥乡志编纂委员会编　熊仕跃主编　宜丰　花桥乡志编纂委员会　1995 年　505 页〔宜丰县地方志系列丛书〕
b13245521　K295.65　H531

桥西乡志
江西省宜丰县桥西乡志编纂委员会编　任共华主编　宜丰　桥西乡志编纂委员会　1995 年　399 页〔宜丰县地方志系列丛书〕
b13245326　K295.65　Q384

石市乡志
石市乡志编纂委员会编　邹岳明主编　宜丰　石市乡志编纂委员　1994 年　382 页
b13245478　K295.65　S475

双峰乡志
宜丰县双峰乡志编纂委员会编　宜丰　宜丰县双峰乡志编纂委员会　1993 年　615 页〔宜丰县地方志丛书〕
b1973265x　K295.65　S592　1993

潭山镇志
宜丰县潭山镇志编纂委员会编　唐忠良主编　宜丰　宜丰县潭山镇志编纂委员会　1995 年　430 页〔宜丰县地方志系列丛书〕
b13245417　K295.65　T193

棠浦镇志
棠浦镇志编纂委员会编　胡志勇主编　宜丰　棠浦镇志编纂委员会　1995 年　855 页〔江西省宜丰县地方志系列丛书〕
b13245375　K295.65　T245

天宝乡志
江西省宜丰县天宝乡乡志编纂委员会编　韩仁芳主编　宜丰　江西省宜丰县天宝乡乡志编纂委员会　2001 年　389 页〔江西省

宜丰县地方志系列丛书〕
b16434845 K295.65 T343 2001

同安乡志
江西省宜丰县同安乡志编纂委员会编 舒彬主编 宜丰 同安乡志编纂委员会 2000年 407页〔江西省宜丰县地方志系列丛书〕
b1324520x K295.65 T437

新昌镇志
新昌镇志编纂委员会编 胡志勇主编 宜丰 新昌镇志编纂委员会 1996年 412页〔宜丰县地方志系列丛书〕
b13245399 K295.65 X443

宜丰县政协志 1959–2005
中国人民政治协商会议宜丰县委员会编 宜丰 江西省宜春资料印务公司 2006年 460页
b16784856 D628.564 Z546 2006

江西省宜丰县石花尖垦殖场志
宜丰县石花尖垦殖场编 漆新元主编 宜丰 宜丰县石花尖垦殖场 1993年 373页
b36093105 F324.1 S473 1993

宜丰粮食志
江西省宜丰县粮食志编纂委员会编 黄胜华主编 宜丰 宜丰粮食志编纂委员会 1995年 286页〔宜丰县地方志系列丛书〕
b13245636 F724.21 H666

宜丰县文化艺术志
江西省宜丰县文化局编 张耀寰主编 宜丰 江西省宜丰县文化局 1992年 453页
b13245752 G127.564 J328

宜丰教育志 试写稿
教育局史志编辑室编 张明光 邬厚刚 胡部书编写 宜丰 宜丰教育局史志编辑室 1987年 油印本 230页
b36014242 G527.564 Y425 1987

宜丰中学史志 1923–1999
宜丰中学史志编委会编 邓敏主编 宜丰 宜丰中学史志编委会 1999年 470页
b20104820 G639.285.64 Y425 1999

江西省宜丰县地名志
宜丰县地名委员会办公室编 宜丰 江西省宜丰县地名委员会办公室 1984年 341页
b13245806 K925.64 Y425

宜丰县水利志
姚鹏程主编 宜丰 宜丰县水利志编纂者 1987年 147页
b20536203 TV–092 Y4252 1987

靖安县

靖安县志
江西省靖安县志编纂委员会编 钟健华主编 南昌 江西人民出版社 1989年 836页〔江西省地方志丛书〕
b10628022 K295.64 J562

靖安县志 1988–2007
靖安县志编纂委员会编 张龙飞主编 南昌 江西高校出版社 2011年 673页
b30002217 K295.64 J562 2011

靖安志略
靖安县志办公室编 靖安 靖安县志办公室 1984年 180页
b17301981 K295.64 J5621 1984

宝峰乡志
靖安县宝峰乡志编纂办公室编 项金长主编 靖安 靖安县宝峰乡志编纂办公室 1990 年 402 页
b49677974 K295.65 B268 1990

靖安县政协志 1981–1990
中国人民政治协商会议江西省靖安县委员会编 陈爱平主编 靖安 江西省靖安县印刷厂 1992 年 355 页
b19732405 D628.564 C413 1992

靖安县教育志
靖安县教育志编纂委员会编 靖安 靖安县教育志编纂委员会 2017 年 582 页
b50991917 G527.564 J562 2017

靖安县姓氏志
靖安县姓氏志编纂委员会编 彭峰主编 南昌 江西人民出版社 2015 年 975 页
b47584993 K820.9 J562 2015

宝峰山志
一诚主修 何明栋 如云主编 香港 中华佛教出版社 2004 年 466 页
b16281937 K947.256 Y411 2004

靖安县水利志 初稿
靖安县水利水电局水利志编纂领导小组编 靖安 靖安县水利水电局水利志编纂领导小组 1997 年 油印本
b20534966 TV–092 J562 1997

铜鼓县

铜鼓县志
铜鼓县志编纂委员会编 陈苹主编 海口 南海出版公司 1989 年 770 页
b10726548 K295.64 T439

铜鼓县志
铜鼓县志编纂委员会编 王现国主编 北京 方志出版社 2013 年 2 卷 1628 页
b45625311 K295.64 T439 2013

铜鼓县志续编
铜鼓县地方志编纂委员会编 陈章生主编 合肥 黄山书社 1994 年 314 页
b10726536 K295.64 T439B

铜鼓县人大志 1929–2003
江西省铜鼓县人大志编纂委员会编纂 王同彦主编 铜鼓 江西省铜鼓县人大志编纂委员会 2004 年 288 页
b50152567 D624.564 T439 2004

江西省铜鼓县民政志
铜鼓县民政局编 卢复光总编 铜鼓 铜鼓县民政局 1987 年 192 页
b36093087 D675.64 T439 1987

铜鼓县水利志
铜鼓县水利电力局编 黄传先主编 南昌 江西省农牧渔业厅印刷厂 1992 年 188 页
b20141105 TV–092 T439 1992

抚州市

抚州市志
抚州市志编纂委员会编 北京 中共中央党校出版社 1993 年 579 页
b10824972 K295.63 F472

抚州市志
抚州市地方志编纂委员会编 张和平主修 黄亚玲主编 北京 方志出版社 2013 年 5 卷
b47419684 K295.63 F472C 2013

江西抚州地区企事业单位组织志 1949–1994
中共抚州地委党史工作办公室 抚州地区地方志办公室编 范茂芝主编 合肥 黄山书社 1996年 462页
b50065336 D235.562 F472 1996

抚州纪检监察志 1950–2015
抚州纪检监察志编纂委员会编 赵荣贵主编 北京 方志出版社 2016年 512页
b49675333 D262.6 F472 2016

抚州统战志
中共抚州市委统战部编 朱章明主编 抚州 抚州华丽印刷公司 2011年 553页
b44749132 D613 F472 2011

抚州地区交通志
黄理源主编 南昌 江西科学技术出版社 1993年 265页
b19733574 F512.756.3 H662 1993

抚州地区教育志
抚州地区教育志编纂委员会编 北京 中华书局 2001年 755页
b20019841 G527.562 F472 2001

江西省抚州市地名志
抚州市地名办公室编 抚州 抚州市地名办公室 1987年 202页〔江西省地名丛书〕
b20378580 K925.63 F472 1987

临川区

临川县志
临川县志编纂委员会编 杨佐经主编 北京 新华出版社 1993年 823页〔江西省地方志丛书〕
b10824649 K295.64 L581

临川区志 1987–2005
江西省抚州市临川区地方志编纂委员会编 吴平主编 刁东森主修 西安 三秦出版社 2009年 822页
b30301464 K295.63 F472L 2009

湖南乡志
万安飞主编 抚州 中共湖南乡委员会 湖南乡人民政府 2007年 605页〔临川区乡镇地方志丛书〕
b21136506 K295.65 H479 2007

连城乡志
万安飞 何钟芳主编 抚州 中共连城乡委员会 连城乡人民政府 2007年 343页〔临川区乡镇地方志丛书〕
b21136518 K295.65 L469 2007

临川政协志 1955–2004
政协抚州市临川区委员会编 郭放主编 抚州 政协抚州市临川区委员会 2004年 324页
b1686265x D628.563 L581 2004

腾桥地方志
盛吉林主编 抚州 腾桥镇人民政府 临川地方特色文化协会 2007年 324页〔临川区乡镇地方志丛书〕
b21136671 K295.65 T292 2007

东乡区

东乡县志
江西省东乡县编纂委员会编 饶雪贵主编 南昌 江西人民出版社 1989年 631页〔江西省地方志丛书〕
b1064099x K295.64 D582

东乡县志 1986–2005
东乡县地方志编纂委员会编 方莉华主编

西安 三秦出版社 2010 年 891 页
b23216244 K295.64 D582 2010

珀玕乡志
东乡县珀玕乡政府 陈小华主编 东乡 东乡县珀玕乡政府 2013 年 226 页
b50779187 K295.65 P653 2013

南城县

南城县志
南城县志编纂委员会编 章添元 邓遐龄主编 北京 新华出版社 1991 年 499 页〔江西省地方志丛书〕
b10633583 K295.64 N1612

南城县志 1985–2013
南城县志编纂委员会办公室编 熊春玲主编 南昌 江西人民出版社 2016 年 2 卷 1599 页
b4996110x K295.64 N1612C 2016

南城县教育志 1999–2013
南城县教育局编著 李任华主编 南昌 二十一世纪出版社 2016 年 295 页
b49844271 G527.564 N1611 2016

江西省南城县地名志
南城县地名委员会办公室编 南城 南城县地名委员会办公室 1984 年 311 页〔江西省地名丛书〕
b20378609 K925.64 N1618 1984

黎川县

黎川县志
黎川县志编纂委员会编 江舢主编 合肥 黄山书社 1993 年 741 页〔江西省地方志丛书〕
b10836147 K295.64 L372

黎川县志 1991–2004
聂仕雄主修 朱建明主编 西安 三秦出版社 2011 年 684 页
b36168658 K295.64 L372C 2011

黎川县政协志
黎川县政协志编纂委员会编 抚州 抚州市贵昌彩印公司 2003 年 270 页
b19732454 D628.564 L372 2003

德胜关垦殖场志
德胜关垦殖场志编纂委员会编 北京 方志出版社 1997 年 250 页
b19930045 F324.1 D291 1997

黎川县教育志
黎川县教育委员会编 南昌 南昌市李巷印刷厂 2002 年 333 页
b15913727 G527.564 L372 2002

江西省黎川县地名志
黎川县地名办公室编 黎川 黎川县地名办公室 1987 年 184 页〔江西省地名丛书〕
b2057700x K925.64 L372 1987

南丰县

南丰县志
南丰县地方志编纂委员会编 夏老长主编 北京 中共中央党校出版社 1994 年 737 页
b10568785 K295.64 N1613

南丰县志 1987–2003
南丰县志编纂委员会编 曾海龙主编 北京 清华同方光盘电子出版社 2006 年 492 页
b1820174x K295.64 N1613 2006

江西省南丰县地名志
南丰县地名办公室编印 饶志泉主编 南丰 南丰县地名办公室 1987年 246页〔江西省地名丛书〕
b16425637 K925.64 N161 1987

军峰山志
政协江西省南丰县委员会编 彭君仁主编 南丰 桔城印刷公司 2008年 195页
b20534991 K928.3 J754 2008

南丰蜜橘志
中国人民政治协商会议南丰县委员会文史委员会 南丰县地方文化研究中心办公室 南方县地方志办公室 南丰县蜜橘产业局编 南丰 政协南丰县委员会文史委员会 2013年 353页〔南丰地方文化研究丛书 名优特产系列〕
b49678176 S666.2 N1611 2013

崇仁县

崇仁县志
江西省崇仁县县志编纂委员会编 陈勋民主编 南昌 江西人民出版社 1990年 831页〔江西省地方志丛书〕
b12626776 K295.64 C5417

崇仁县志 1985–2000
崇仁县志编纂委员会编 赵万青主编 北京 清华同方光盘电子出版社 2009年 508页
b21579830 K295.64 C5417 2009

崇仁县统战政协志
江西省崇仁县统战政协志编纂领导小组编 崇仁 江西省崇仁县印刷厂 1986年 188页
b20014132 D613 C541 1986

江西省崇仁县地名志
崇仁县地名办公室编 杨贵明主编 崇仁 崇仁县地名办公室 1985年 238页〔江西省地名丛书〕
b12159827 K925.64 Y234

乐安县

乐安县志
江西省乐安县志编纂委员会编 熊寿松主编 南昌 江西人民出版社 1989年 650页〔江西省地方志丛书〕
b1054754x K295.64 L267

乐安县组织志
梁茂华主编 武汉 武汉出版社 2016年 460页
b47425519 D235.564 L267 2016

乐安县人民代表大会志
乐安县人民代表大会志编纂委员会编 陈绍平主编 南昌 江西人民出版社 2015年 824页
b47331367 D624.564 L267 2015

乐安县财政志
乐安县财政志编纂委员会编 袁国平主编 北京 方志出版社 2015年 930页
b46934078 F812.756.4 L267 2015

宜黄县

宜黄县志
宜黄县县志编纂委员会编 徐禹谟总编 北京 新华出版社 1993年 754页〔江西省地方志丛书〕
b10646887 K295.64 Y4253

宜黄县志 1986–2005
宜黄县志编纂委员会编 魏建平 蓝师龙主

编 邹国荣总纂 西安 三秦出版社 2008 年 765 页
b19023443 K295.64 Y4253 2008

金溪县

金溪县志
金溪县志编纂领导小组编 徐克茂 赵水泉总纂 北京 新华出版社 1992 年 532 页〔江西省地方志丛书〕
b10633571 K295.64 J479

金溪县志
金溪县人民政府主修 谭小平主修 西安 三秦出版社 2007 年 2 卷 1494 页
b18209002 K295.64 J479 2007

金溪县人大志
金溪县人大常委会编 肖奇主编 西安 三秦出版社 2014 年 501 页
b46995389 D624.564 J479 2014

金溪县政协志
金溪县政协志编纂委员会编 黄祖光主编 金溪 金溪县政协志编纂委员会 2012 年 425 页
b49472136 D628.564 H671 2012

金溪县移民志
金溪县地方志办公室编 赣州 赣州品新艺术印装中心 2002 年 488 页
b16425029 D632.4 J479 2002

江西省金溪县地名志
金溪县人民政府地名办公室编 金溪 金溪县人民政府地名办公室 1986 年 272 页〔江西省地名丛书〕
b16425741 K925.64 J479 1986

资溪县

资溪县志
资溪县地方志编纂委员会编 游锦生主编 北京 方志出版社 1997 年 568 页〔江西省地方志丛书〕
b1327773x K295.64 Z841

资溪县志 1986–2005
资溪县地方志编纂委员会编 帅建忠主编 西安 三秦出版社 2014 年 954 页
b4686247x K295.64 Z841C 2014

资溪林业志
资溪县林业局编 方建华主编 南昌 江西人民出版社 1991 年 402 页
b40744061 F326.275.64 Z841 1991

广昌县

广昌县志
江西省广昌县县志编纂委员会编 姚瑞琪主编 上海 上海社会科学院出版社 1994 年 1097 页
b10647004 K295.64 G6811

广昌县志 1991–2000
广昌县志编纂委员会编 钟立新主编 北京 方志出版社 2010 年 534 页
b20806139 K295.64 G6811C 2010

广昌物流志
段绍镒 张崇光主编 北京 中央文献出版社 2010 年 344 页
b47414108 F259.275.64 G681 2010

广昌公路段志
广昌公路段志编纂委员会编 王金宝主编 抚州 江西省新闻出版局抚州分局 2003

年 274 页
b21763422　F542.856.4　G681　2003

江西省广昌县地名志
广昌县地名办公室编印　胡颜喜主编　广昌　广昌县地名办公室　1985 年　299 页
〔江西省地名丛书〕
b16447967　K925.64　G681　1985

上饶市

上饶市志
上饶市志编纂委员会编　萧洪泰主编　北京　中共中央党校出版社　1995 年　690 页
b10641099　K295.63　S322

上饶市志　1986–2000
江西省上饶市信州区地方志编纂委员会编　段建能　翟安军主编　北京　方志出版社　2005 年　763 页
b16050368　K295.63　S322　2005

上饶地区志　1991–2000
上饶市地方志编纂委员会编　北京　方志出版社　2014 年　2 卷　1762 页
b47287457　K295.63　S322C　2014

上饶市政协志
政协江西省上饶市委员会上饶市政协志编纂委员会编　贾本富主编　上饶　政协江西省上饶市委员会上饶市政协志编纂委员会　1991 年　200 页
b20016578　D628.563　J241　1991

上饶地区法院志
江西省上饶地区中级人民法院院志编纂委员会编　张御诰主编　上饶　江西省上饶地区中级人民法院院志编纂委员会　1996 年　419 页
b49678255　D926.22　S322　1996

上饶地区工商行政管理志
江西省上饶地区工商行政管理局编　刘书田主编　上饶　江西省上饶地区工商行政管理局　1993 年　265 页
b4950566x　F127.562　S322　1993

上饶市农业志
上饶市农业志编纂委员会编　汪自安主编　北京　方志出版社　2005 年　765 页
b36013808　F329.563　S322　2005

上饶地区交通志
上饶地区交通志编审委员会编　胡增敏主编　上饶　上饶地区交通志编审委员会　1992 年　695 页
b2004530x　F512.756.2　H476　1992

上饶地区金融志
上饶地区金融志编纂领导小组编　安新民主编　上饶　上饶地区金融志编纂领导小组　1991 年　312 页
b45840520　F832.756.2　S322　1991

上饶地区教育志
上饶地区教育志编纂组编　黄日耀主编　上饶　赣东北印刷厂　1991 年　522 页
b20182089　G527.562　S322　1991

上饶市教育志
上饶市教育志编纂领导小组编　陈新炎主编　上饶　上饶市教育志编纂领导小组　1990 年　162 页
b10910736　G527.56　S327

上饶地区志
上饶地区地方志编纂委员会编　何细贵主编　北京　方志出版社　1997 年　2 卷　1978 页

b10521045　K295.62　S327

江西省上饶市地名志
江西省上饶市地名办公室编　徐阳生主编　上饶　江西省上饶市地名办公室　1986 年　244 页〔江西省地名丛书〕
b36093075　K925.63　S322　1986

灵山志
邱敬登主编　北京　方志出版社　2002 年　290 页
b15329847　K928.3　Q528　2002

上饶市水利志　第 1 卷　概述　大事记
上饶市水利志编辑室编　上饶　上饶市水利志编辑室　2002 年　油印本
b21857684　TV-092　S3227　2002

上饶市水利志　第 2 卷　自然条件　水旱灾害
上饶市水利志编辑室　上饶　上饶市水利志编辑室　2002 年　油印本
b21857684　TV-092　S3227　2002

上饶市水利志　第 3 卷　防洪排涝
上饶市水利志编辑室　上饶　上饶市水利志编辑室　2002 年　油印本
b21857684　TV-092　S3227　2002

上饶市水利志　第 4 卷　农田灌溉
上饶市水利志编辑室　上饶　上饶市水利志编辑室　2002 年　油印本
b21857684　TV-092　S3227　2002

上饶市水利志　第 5 卷　水力发电
上饶市水利志编辑室　上饶　上饶市水利志编辑室　2002 年　油印本
b21857684　TV-092　S3227　2002

上饶市水利志　第 6 卷　供水工程　水土保持　工程管理　防汛抗旱工作　水利行政管理　治水方针政策
上饶市水利志编辑室　上饶　上饶市水利志编辑室　2002 年　油印本
b21857684　TV-092　S3227　2002

上饶市水利志　第 7 卷　水利行政执法　水利科技教育　水文勘测规划设计　水利建设管理
上饶市水利志编辑室　上饶　上饶市水利志编辑室　2002 年　油印本
b21857684　TV-092　S3227　2002

上饶市水利志　第 8 卷　人物与文艺　附篇
上饶市水利志编辑室　上饶　上饶市水利志编辑室　2002 年　油印本
b21857684　TV-092　S3227　2002

信州区

信州区财政志　1986-2010
信州区财政志编纂委员会编　吕晓萍主编　上饶　信州区财政志编纂委员会　2016 年　502 页
b49938897　F812.756.3　S322X　2016

广丰区

广丰县志
广丰县县志编纂委员会编　广丰　广丰县县志编纂委员会　1988 年　508 页
b12271937　K295.64　G681

广丰县志
广丰县地方志编纂委员会编　北京　方志出版社　2005 年　1052 页
b16089261　K295.64　G681C　2005

广丰县政协志
中国人民政治协商会议江西广丰县委员会

编 蔡继中 陈令荣主编 广丰 中国人民政治协商会议江西广丰县委员会 1992年 268页
b23228337 D628.564 G681 1992

德兴市

德兴县志
德兴市地方志编纂委员会编 何逵东主编 北京 光明日报出版社 1993年 1051页〔江西省地方志丛书〕
b10824923 K295.64 D2918

德兴市志 1991-2006
江西省德兴市地方志编纂委员会编 詹赤钢主编 南昌 江西人民出版社 2010年 839页
b22032459 K295.63 D291 2010

江西大茅山垦殖场志
胡荣凡编辑 漳州 福建省漳州印刷厂 1987年 203页
b20043491 F324.1 D135

德兴铜矿志
德兴铜矿志编委会编 王振坤 吴一麟 魏子昌主编 德兴 德兴铜矿志编委会 1993年 440页
b46995067 F426.1 D291 1993

江西铜业公司德兴铜矿科学技术志
德兴铜矿科学技术志编纂委员会编 吴启聙主编 德兴 江西铜业公司德兴铜矿 1992年 412页
b49533083 F426.1 D291J 1992

银山铅锌矿志
银山铅锌矿志编委会编 罗忠民 陈德林 孙宗山主编 南昌 江西人民出版社 1998年 391页
b46011535 F426.32 Y496 1998

德兴县交通志
江西省德兴县交通志编纂委员会编 吴正平主编 德兴 江西省德兴县交通志编纂委员会 1988年 294页
b49677858 F512.756.4 D291 1988

江西省德兴县地名志
德兴县地名办公室编 德兴 德兴县地名办公室 1985年 352页〔江西省地名丛书〕
b16447980 K925.64 D291 1985

上饶县

上饶县志
上饶县县志编纂委员会编 张德金主编 北京 中共中央党校出版社 1993年 594页〔中华人民共和国地方志丛书〕
b10796708 K295.64 S322

上饶县志 1987-2000
上饶县县志编纂委员会编 邱敬登 张应全主编 北京 方志出版社 2005年 532页
b16164131 K295.64 S322 2005

上饶县邮电志
上饶县邮电志编纂委员会编 何继明主编 上饶 上饶县邮电志编纂委员会 1998年 200页
b49789600 F632.756.4 S322 1998

江西省上饶县地名志
上饶县地名办公室编 上饶 上饶县地名办公室 1984年 345页〔江西省地名丛书〕
b12159864 K925.64 S332

玉山县

玉山县志
江西省玉山县志编纂委员会编 汪凤刚主编 南昌 江西人民出版社 1985年 648页〔中华人民共和国地方志丛书〕
b15956088 K295.64 Y774 1995

玉山县志 1979–2000
玉山县志编纂委员会编 俞健主编 北京 方志出版社 2005年 716页
b16006628 K295.64 Y774Y 2005

玉山县政协志
中国人民政治协商会议江西省玉山县委员会政协志编纂委员会编 杨乐福主编 玉山 中国人民政治协商会议江西省玉山县委员会政协志编纂委员会 1987年 313页〔江西省地方志丛书〕
b49789983 D628.564 Y774 1987

玉山县教育志
江西省玉山县教育志编纂组编 南昌 江西人民出版社 1997年 387页
b10569339 G527.564 Y774

江西省玉山县地名志
玉山县地名办公室编 玉山 玉山县地名办公室 1984年 456页〔江西省地名丛书〕
b15621716 K925.64 Y774 1984

七一水库志
汪凤刚主编 南昌 江西人民出版社 1990年 250页〔江西省地方志丛书〕
b18280481 TV632.564 W184 1990

铅山县

铅山县志
铅山县县志编纂委员会编 郑维雄主编 海口 南海出版公司 1990年 788页
b10726330 K295.64 Y177

铅山县人大志
熊火根主编 杭州 西泠印社出版社 2011年 351页
b22421889 D624.564 Y177 2011

铅山县政协志 续编
政协铅山县委员会 政协志编纂委员会编 俞惕生主编 南昌 江西人民出版社 2015年 278页
b46667246 D628.564 Y177 2015

鹅湖书院志
江西省铅山县县志编纂委员会办公室编 陈连生主编 合肥 黄山书社 1994年 333页
b1075703x G649.299.56 E123

铅山畲族志
汪华光主编 北京 方志出版社 1999年 441页〔中华人民共和国地方志丛书〕
b13544470 K288.3 W185

葛仙山志
铅山县委统一战线工作部 铅山县民族宗教事务局 葛仙山寺观管理委员会编 汪华光主编 北京 宗教文化出版社 2001年 264页
b16357139 K928.3 Z6453 2001

横峰县

横峰县志
横峰县志编纂委员会编 叶元富主编 杭州 浙江人民出版社 1992年 771页
b10631367 K295.64 H391

横峰县志 1986–2005
横峰县县志编纂委员会编 池中 戴劭峰 王普河主编 北京 方志出版社 2012 年 662 页
b41235976 K295.64 H391 2012

横峰县人民代表大会志
横峰县人民代表大会志编纂委员会编 横峰 横峰县人民代表大会志编纂委员会 1996 年 打印本 389 页
b19931670 D624.564 H391 1996

弋阳县

江西省弋阳县志
弋阳县县志编纂委员会编 花象太主编 海口 南海出版公司 1991 年 763 页
b10627947 K295.64 Y463

弋阳县志 1986–2000
弋阳县志编纂委员会编 张国庆主编 北京 方志出版社 2005 年 477 页
b16178506 K295.64 Y463 2005

弋阳苏区志
江西省弋阳县县志编纂委员会编 花象太主编 上海 三联书店上海分店 1989 年 208 页
b11278407 K295.64 J328

弋阳县教育志
弋阳县教育志编纂领导小组编 弋阳 弋阳县教育志编纂领导小组 1994 年 346 页
b17994494 G527.534 Y463 1994

弋阳县教育志 1992–2000
弋阳县教育志编纂委员会编 王长仁主编 上饶 江西省新闻出版局上饶分局 2001 年 346 页
b19732934 G527.534 Y463 2001

江西省弋阳县地名志
江西省弋阳县地名志编辑部编印 陈立新主编 弋阳 江西省弋阳县地名志编辑部 1984 年 289 页〔江西省地名丛书〕
b18571797 K925.64 C424 1984

圭峰志
江西省弋阳县地方志办公室 上饶地区圭峰风景名胜区管理处编 涂新华主编 安徽 黄山书社 1995 年 247 页
b36247339 K928.3 G697 1995

余干县

余干县志
余干县志编纂委员会编 北京 新华出版社 1991 年 684 页〔江西省地方志丛书〕
b10655608 K295.64 Y721

余干县志 1986–2000
余干县县志编纂委员会编 江占彬 张锡令主编 北京 方志出版社 2005 年 562 页〔江西省地方志丛书〕
b16404257 K295.64 Y721 2005

余干县政协志
余干县政协志编纂委员会编 张自生主编 余干 余干县政协志编纂委员会 2010 年 345 页
b49678449 D628.564 Y721 2010

余干县邮电志
余干县邮电局编 李兴寿主编 余干 余干县邮电局 1998 年 231 页
b45480308 F632.756.4 Y721 1998

江西省余干县地名志
余干县地名办公室编印 王和阳主编 余

干 余干县地名办公室 1985年 432页〔江西省地名丛书〕
b20378610 K925.64 Y721 1985

鄱阳县

波阳县志
江西省波阳志编纂委员会编 刘汉艳主编 南昌 江西人民出版社 1989年 922页〔江西省地方志丛书〕
b20419879 K295.64 B539 1989

鄱阳县志
鄱阳县地方志编纂委员会编 潘志坚主编 北京 方志出版社 2010年 2卷 1144页
b20972003 K295.64 P643P 2010

鄱阳镇志 第三稿
江西省波阳县鄱阳镇鄱阳镇志编写办公室编 波阳 江西省波阳县鄱阳镇鄱阳镇志编写办公室 1988年 2卷 457页
b20016256 K295.65 P643 1988

波阳县人民代表大会志
江西省波阳县人民代表大会志编纂委员会编 波阳 波阳县人民代表大会志编纂委员会 2000年 470页
b19931207 D624.564 B539 2000

波阳县政协志
中国人民政治协商会议江西省波阳县委员会政协志编纂委员会编 波阳 中国人民政治协商会议江西省波阳县委员会政协志编纂委员会 2003年 343页
b20013917 D628.564 B539 2003

鄱阳县检察志
鄱阳县检察志编纂委员会编 肖连华主编 北京 中国检察出版社 2015年 470页
b46644763 D926.32 P643 2015

波阳县工商局志
波阳县工商局编 曾福明主编 波阳 波阳县工商局 1993年 354页
b49788759 F203.9 B539 1993

波阳县教育志
江会功主编 北京 中华书局 2001年 424页
b2018265x G527.564 B539 2001

饶埠镇教育志
饶埠镇教育志编纂委员会编 徐浩 韩泽光 郑功铭编写 鄱阳 饶埠镇教育志编纂委员会 2008年 578页
b50152300 G527.565 R158 2008

波阳一中志
波阳一中编纂委员会编 南昌 江西人民出版社 2002年 397页
b19733586 G639.285.64 B539 2002

鄱阳湖文化志
江西省政协文史和学习委员会编 李华栋主编 南昌 江西人民出版社 2014年 510页
b46133185 K295.6 L396 2014

江西省波阳县地名志
波阳县地名办公室编 刘汉艳主编 波阳 波阳县地名办公室 1985年 673页〔江西省地名丛书〕
b2010232x K925.64 B539 1985

波阳县水利志
郑朝京主编 上海 同济大学出版社 1992年 248页
b3612929x TV-092 B539 1992

万年县

万年县志
万年县地方志编纂委员会编 郑卫平主编 北京 方志出版社 2000年 954页〔中华人民共和国地方志丛书〕
b13544846 K295.64 W172

齐埠乡志
叶福春编纂 万年 万年县齐埠乡党政办公室 2004年 306页
b20577461 K295.65 Q137 2004

万年县政协志
中国人民政治协商会议江西省万年县委员会政协志编纂委员会编 万年 中国人民政治协商会议江西省万年县委员会政协志编纂委员会 2009年 326页
b49678358 D628.564 W172 2009

万年县法院志
万年县法院志编纂委员会编 程文主编 北京 方志出版社 2003年 326页
b2176542x D927.566.2 W172 2003

江西省万年县地名志
万年县人民政府地名办公室编印 万年 万年县人民政府地名办公室 1984年 240页〔江西省地名丛书〕
b16081523 K925.64 W172 1984

婺源县

婺源县志
婺源县志编纂委员会编 叶义银主编 北京 档案出版社 1993年 662页〔江西省地方志丛书〕
b10836111 K295.64 W558

婺源县志 1987–2001
婺源县地方志编纂委员会编 张新华主编 合肥 黄山书社 2006年 513页
b19733471 K295.64 W558 2006

婺源县人民代表大会志 1933.2–2007.1
婺源县人民代表大会志编纂委员会编 婺源 婺源县教育印刷厂 2007年 502页
b19932583 D624.564 W558 2007

婺源县财政志
婺源县财政志编纂委员会编 詹兆腾主编 婺源 婺源县财政志编纂委员会 2009年 573页
b46443563 F812.756.4 W558 2009

山东省

山东省志 工业综合管理志 1991-2005 评议稿
山东省经济和信息化委员会史志办公室编 济南 山东省经济和信息化委员会史志办 2015年 712页
b50665212 K295.2 S253GY 2015

山东省志 武警志
山东省地方史志编纂委员会编 张忠武 霍修民主编 济南 齐鲁书社 2003年 554页〔武警山东省总队史志丛书〕
b20012858 K295.2 Z369 2003

山东省志 第1卷 序例目录
山东省地方史志编纂委员会编 刘秋增主编 济南 山东人民出版社 2004年 464页
b15693533 K295.2 S253

山东省志 第2卷 大事记
山东省地方史志编纂委员会编 刘秋增等总纂 济南 山东人民出版社 2000年 3卷 1712页
b15545039 K295.2 S253

山东省志 第3卷 建置志
山东省地方史志编纂委员会编 赵延庆主编 济南 山东人民出版社 2003年 582页
b15539787 K295.2 S253

山东省志 第4卷 自然地理志
山东省地方史志编纂委员会编 郭永盛主编 济南 山东人民出版社 1996年 490页
b10572521 K295.2 S253

山东省志 第5卷 生物志
山东省地方史志编纂委员会编 周才武主编 济南 山东人民出版社 1998年 648页
b13415244 K295.2 S253

山东省志 第6卷 地质矿产志
山东省地方史志编纂委员会编 艾宪森主编 济南 山东人民出版社 1993年 444页
b1057251x K295.2 S253

山东省志 第7卷 气象志
山东省地方史志编纂委员会编 曹钢锋主编 济南 山东人民出版社 1994年 372页
b10572508 K295.2 S253

山东省志 第8卷 地震志
山东省地方史志编纂委员会编 张孟昂主编 济南 山东人民出版社 1995年 366页
b10570846 K295.2 S253

山东省志 第9卷 海洋志
山东省地方史志编纂委员会编 北京 海洋出版社 1993年 572页
b10570834 K295.2 S253

山东省志 第10卷 民主党派工商联志
山东省地方史志编纂委员会编 董香菊主编 济南 山东人民出版社 1999年 647页
b13415256 K295.2 S253

山东省志 第10卷 民主党派工商联志 1998-2005
山东省地方史志编纂委员会编 黄天俊主编 济南 山东人民出版社 2014年 491页

b46340610 K295.2 S253C

山东省志 第 11 卷 农民团体志
山东省地方史志编纂委员会编 李金明主编 济南 山东人民出版社 1996 年 324 页
b13415268 K295.2 S253

山东省志 第 11 卷 共青团志
山东省地方史志编纂委员会编 刘秋增总纂 岳绍红等卷主编 济南 山东人民出版社 2002 年 539 页
b16583218 K295.2 S253

山东省志 第 11 卷 工人团体志
山东省地方史志编纂委员会编 郑统和主编 济南 山东人民出版社 2003 年 753 页
b14999201 K295.2 S253

山东省志 第 11 卷 妇女团体志
山东省地方史志编纂委员会编 任月英主编 济南 山东人民出版社 2004 年 727 页
b16430013 K295.2 S253

山东省志 第 12 卷 政权志
山东省地方史志编纂委员会编 高占坤主编 济南 山东人民出版社 1995 年 2 卷 1417 页
b10570822 K295.2 S253

山东省志 第 13 卷 外事志
山东省地方史志编纂委员会编 张国梁主编 济南 山东人民出版社 1998 年 650 页
b15370884 K295.2 S253

山东省志 第 13 卷 外事志 1986-2005
山东省地方史志编纂委员会编 张国梁主编 济南 山东人民出版社 2014 年 473 页
b46274236 K295.2 S253C

山东省志 第 14 卷 民政志
山东省地方史志编纂委员会编 济南 山东人民出版社 1992 年 393 页
b10570810 K295.2 S253

山东省志 第 15 卷 公安志
山东省地方史志编纂委员会编 任铭龄主编 济南 山东人民出版社 1995 年 383 页
b10570809 K295.2 S253

山东省志 第 15 卷 公安志 1986-2005
山东省地方史志编纂委员会编 吴德生主编 济南 山东人民出版社 2013 年 470 页
b46188071 K295.2 S253C

山东省志 第 16 卷 司法志
山东省地方史志编纂委员会编 济南 山东人民出版社 1998 年 937 页
b1341527x K295.2 S253

山东省志 第 17 卷 军事志
山东省地方史志编纂委员会编 尤锡纪主编 济南 山东人民出版社 1996 年 2 卷 1281 页
b10570792 K295.2 S253

山东省志 第 18 卷 农业志
山东省地方史志编纂委员会编 俞宽钟主编 济南 山东人民出版社 2000 年 2 卷 1542 页
b13749341 K295.2 S253

山东省志 第 19 卷 林业志
山东省地方史志编纂委员会编 张守富 黄子良总纂 济南 山东人民出版社 1996 年 605 页
b10570780 K295.2 S253

山东省志 第 20 卷 水利志
山东省地方史志编纂委员会编 马麟 孙贻

让主编 济南 山东人民出版社 1993年 680页
b10570779 K295.2 S253

山东省志 第21卷 黄河志
山东省地方史志编纂委员会编 包锡成主编 济南 山东人民出版社 1992年 477页
b16583231 K295.2 S253

山东省志 第22卷 水产志
山东省地方史志编纂委员会编 王铁民 张锡纯主编 济南 山东人民出版社 1991年 442页
b10570767 K295.2 S253

山东省志 第23卷 一轻工业志
山东省地方史志编纂委员会编 李昭泰主编 济南 山东人民出版社 1993年 533页
b10570755 K295.2 S253

山东省志 第24卷 二轻工业志
山东省地方史志编纂委员会编 王顺滋主编 济南 山东人民出版社 1999年 898页
b13155908 K295.2 S253

山东省志 第25卷 纺织工业志
山东省地方史志编纂委员会编 赵致芳主编 济南 山东人民出版社 1995年 470页
b10570743 K295.2 S253

山东省志 第26卷 丝绸志
山东省地方史志编纂委员会编 石金昌主编 济南 山东人民出版社 1991年 312页
b10570731 K295.2 S253

山东省志 第27卷 烟草志
山东省地方史志编纂委员会编 王琨主编 济南 山东人民出版社 1993年 564页
b1057072x K295.2 S253

山东省志 第28卷 陶瓷工业志
山东省地方史志编纂委员会编 张道洪主编 济南 山东人民出版社 1995年 411页
b10570718 K295.2 S253

山东省志 第29卷 乡镇企业志
山东省地方史志编纂委员会编 洪林主编 济南 山东人民出版社 1997年 618页
b10570706 K295.2 S253

山东省志 第30卷 机械工业志
山东省地方史志编纂委员会编 张守富 黄子良总纂 张若镌卷主编 济南 山东人民出版社 1994年 817页
b1057069x K295.2 S253

山东省志 第31卷 电子工业志
山东省地方史志编纂委员会编 刘长宝 李玉珍主编 济南 山东人民出版社 1995年 646页
b10570688 K295.2 S253

山东省志 第32卷 冶金工业志
山东省地方史志编纂委员会编 王成安 刘福基主编 济南 山东人民出版社 1998年 733页
b13155805 K295.2 S253

山东省志 第33卷 黄金工业志
山东省地方史志编纂委员会编 张守富 黄子良总纂 李富治卷主编 济南 山东人民出版社 1993年 389页
b10570676 K295.2 S253

山东省志 第33卷 黄金工业志 1986–2005
山东省地方史志编纂委员会编 王宏伟主编 济南 山东人民出版社 2013年 360页
b46188083 K295.2 S253C

山东省志 第34卷 化学工业志
山东省地方史志编纂委员会编 曹子超 杨雨泽主编 济南 山东人民出版社 1993年 685页
b10570664 K295.2 S253

山东省志 第35卷 医药志
山东省地方史志编纂委员会编 张守富 黄子良总纂 济南 山东人民出版社 1995年 590页
b10570652 K295.2 S253

山东省志 第36卷 石油工业志
山东省地方史志编纂委员会编 罗恂建主编 济南 山东人民出版社 1996年 738页
b10564445 K295.2 S253

山东省志 第37卷 电力工业志
山东省地方史志编纂委员会编 韩占江主编 济南 山东人民出版社 1991年 458页
b10570640 K295.2 S253

山东省志 第38卷 煤炭工业志
山东省地方史志编纂委员会编 张守富总纂 济南 山东人民出版社 1997年 2卷 1415页
b13155891 K295.2 S253

山东省志 第39卷 农机志
山东省地方史志编纂委员会编 张谧主编 济南 山东人民出版社 1993年 455页
b10570639 K295.2 S253

山东省志 第40卷 交通志
山东省地方史志编纂委员会编 许钦修 顾松年 王晓军主编 济南 山东人民出版社 1996年 799页
b10570627 K295.2 S253

山东省志 第41卷 铁路志
山东省地方史志编纂委员会编 张守富 史学通总纂 济南 山东人民出版社 1993年 590页
b10570615 K295.2 S253

山东省志 第42卷 邮电志
山东省地方史志编纂委员会编 刘秋增总纂 济南 山东人民出版社 2000年 2卷 1391页
b15222160 K295.2 S253

山东省志 第43卷 城乡建设志
山东省地方史志编纂委员会编 王同春 孙树旺主编 济南 山东人民出版社 2000年 943页
b15222172 K295.2 S253

山东省志 第44卷 建筑志
山东省地方史志编纂委员会编 张守富总纂 徐崇斌 舒奉先卷主编 济南 山东人民出版社 1998年 1006页
b13155817 K295.2 S253

山东省志 第45卷 环境保护志
山东省地方史志编纂委员会编 张守富总纂 张晓东卷主编 济南 山东人民出版社 1999年 845页
b1315588x K295.2 S253

山东省志 第46卷 建材工业志
山东省地方史志编纂委员会编 济南 齐鲁书社 1994年 319页
b10572491 K295.2 S253

山东省志 第47卷 测绘志
山东省地方史志编纂委员会编 济南 山东省地图出版社 1993年 535页
b1057248x K295.2 S253

山东省志 第 48 卷 商业志
山东省地方史志编纂委员会编 张守富 孙其海总纂 济南 山东人民出版社 1997 年 669 页
b10572478 K295.2 S253

山东省志 第 49 卷 供销合作社志
山东省地方史志编纂委员会编 朱本伟主编 济南 山东人民出版社 1995 年 364 页
b10572466 K295.2 S253

山东省志 第 50 卷 粮食志
山东省地方史志编纂委员会编 济南 山东人民出版社 1994 年 411 页
b10572454 K295.2 S253

山东省志 第 51 卷 对外经济贸易志
山东省地方史志编纂委员会编 阎兆万主编 济南 山东人民出版社 2003 年 2 卷 2080 页
b1524135x K295.2 S253

山东省志 第 52 卷 海关志
山东省地方史志编纂委员会编 张守富总纂 江景渭卷主编 济南 山东人民出版社 1997 年 918 页
b13155878 K295.2 S253

山东省志 第 53 卷 财政志
山东省地方史志编纂委员会编 济南 山东人民出版社 1993 年 712 页
b10572442 K295.2 S253

山东省志 第 53 卷. 财政志 1986–2005
山东省地方史志编纂委员会编 刘秋增 刘娟总纂 尹慧敏卷主编 济南 山东人民出版社 2010 年 562 页
b21736236 K295.2 S253 2010

山东省志 第 54 卷 金融志
山东省地方史志编纂委员会编 杨润甲主编 济南 山东人民出版社 1996 年 2 卷 1314 页
b10572430 K295.2 S253

山东省志 第 55 卷 计划志
山东省地方史志编纂委员会编 吉扬文 吴德让主编 济南 山东人民出版社 1996 年 977 页
b10572429 K295.2 S253

山东省志 第 56 卷 工业综合管理志
山东省地方史志编纂委员会编 于永旭主编 济南 山东人民出版社 1999 年 963 页
b13415281 K295.2 S253

山东省志 第 57 卷 统计志
山东省地方史志编纂委员会编 周文昌主编 济南 山东人民出版社 1996 年 476 页
b10572417 K295.2 S253

山东省志 第 58 卷 审计志
山东省地方史志编纂委员会编 张守富总纂 济南 山东人民出版社 1998 年 764 页
b13155829 K295.2 S253

山东省志 第 58 卷 审计志 1993–2005
山东省地方史志编纂委员会编 陈朝豹主编 济南 山东人民出版社 2013 年 328 页
b45625621 K295.2 S253C

山东省志 第 59 卷 物资志
山东省地方史志编纂委员会编 张庆昶主编 济南 山东人民出版社 1994 年 657 页
b10572405 K295.2 S253

山东省志 第 60 卷 物价志
山东省地方史志编纂委员会编 潘明桓主

编 济南 山东人民出版社 2001 年 656 页
b15370896 K295.2 S253

山东省志 第 61 卷 标准计量志
山东省地方史志编纂委员会编 裴殿恒主编 北京 中国计量出版社 1993 年 742 页
b10572399 K295.2 S253

山东省志 第 61 卷 质量技术监督志 1990-2005
山东省地方史志编纂委员会编 张闽生主编 济南 山东人民出版社 2009 年 500 页
b20882993 K295.2 S253

山东省志 第 62 卷 工商行政管理志
山东省地方史志编纂委员会编 张守富总纂 王绪美 张文金卷主编 济南 山东人民出版社 1997 年 784 页
b13155866 K295.2 S253

山东省志 第 63 卷 进出口商品检验志
山东省地方史志编纂委员会编 刘秋增总纂 济南 山东人民出版社 2001 年 922 页
b14054589 K295.2 S253

山东省志 第 64 卷 科学技术志
山东省地方史志编纂委员会编 丁学超主编 济南 山东人民出版社 1996 年 1030 页
b10572387 K295.2 S253

山东省志 第 65 卷 社会科学志
山东省地方史志编纂委员会编 刘秋增总纂 济南 山东人民出版社 2001 年 1020 页
b16578156 K295.2 S253

山东省志 第 66 卷 体育志
山东省地方史志编纂委员会编 杨季泉主编 济南 山东人民出版社 1993 年 592 页
b10572375 K295.2 S253

山东省志 第 67 卷 卫生志
山东省地方史志编纂委员会编 张守富等总纂 张青林卷主编 济南 山东人民出版社 1995 年 614 页
b10572363 K295.2 S253

山东省志 第 68 卷 教育志
山东省地方史志编纂委员会编 马钊主编 济南 山东人民出版社 2003 年 1174 页
b15545040 K295.2 S253

山东省志 第 69 卷 文化志
山东省地方史志编纂委员会编 济南 山东人民出版社 1995 年 632 页
b10572351 K295.2 S253

山东省志 第 70 卷 文物志
山东省地方史志编纂委员会编 吕常凌主编 济南 山东人民出版社 1996 年 938 页
b1057234x K295.2 S253

山东省志 第 71 卷 孔子故里志
山东省地方史志编纂委员会编 苏庆恭主编 北京 中华书局 1994 年 767 页
b10572338 K295.2 S253

山东省志 第 72 卷 泰山志
山东省地方史志编纂委员会编 杨庆蔚 于连荣主编 北京 中华书局 1993 年 726 页
b10572326 K295.2 S253

山东省志 第 73 卷 广播电视志
山东省地方史志编纂委员会编 钱海骅主编 济南 山东人民出版社 1993 年 410 页
b10572314 K295.2 S253

山东省志 第 74 卷 报业志
山东省地方史志编纂委员会编 杨源恺主编 济南 山东人民出版社 1993 年 480 页

b10572302　K295.2　S253

山东省志　第 75 卷 出版志
山东省地方史志编纂委员会编 洪友生主编 济南 山东人民出版社 1993 年 606 页
b10572296　K295.2　S253

山东省志　第 76 卷 人口志
山东省地方史志编纂委员会编 路遇主编 济南 齐鲁书社 1994 年 370 页
b10572284　K295.2　S253

山东省志　第 77 卷 劳动志
山东省地方史志编纂委员会编 王宗洲主编 济南 山东人民出版社 1993 年 437 页
b10572272　K295.2　S253

山东省志　第 77 卷 劳动和社会保障志 1986–2005
山东省地方史志编纂委员会编 李广林主编 济南 山东人民出版社 2014 年 337 页
b46274224　K295.2　S253C

山东省志　第 78 卷 少数民族志 宗教志
山东省地方史志编纂委员会编 张守富总纂 李超奇卷主编 济南 山东人民出版社 1998 年 827 页
b13155830　K295.2　S253

山东省志　第 79 卷 侨务志
山东省地方史志编纂委员会编 张守富总纂 于江 宋彦卷主编 济南 山东人民出版社 1998 年 500 页
b13155854　K295.2　S253

山东省志　第 80 卷 民俗志
山东省地方史志编纂委员会编 陈光林主编 济南 山东人民出版社 1996 年 523 页
b10572260　K295.2　S253

山东省志　第 81 卷 方言志
山东省地方史志编纂委员会编 张守富 黄子良总纂 济南 山东人民出版社 1993 年 641 页
b10572259　K295.2　S253

山东省志　第 82 卷 旅游志
山东省地方志编纂委员会编 刘秋增总纂 济南 山东人民出版社 2001 年 1025 页
b14083942　K295.2　S253

山东省志　第 83 卷 档案志
山东省地方史志编纂委员会编 张守富总纂 时连泉卷主编 济南 山东人民出版社 1997 年 575 页
b13155842　K295.2　S253

山东省志　第 84 卷 人物志
山东省地方史志编纂委员会编 刘秋增 孙其海主编 济南 山东人民出版社 2004 年 3 卷 2274 页
b1658322x　K295.2　S253

山东省志　第 85 卷 盐业志 前 26 世纪 –2005
山东省地方史志编纂委员会编 孟庆平主编 济南 山东人民出版社 2015 年 450 页
b47299575　K295.2　S253

山东省志　第 86 卷 诸子名家志 颜真卿
山东省地方史志编纂委员会编 张守富 王汝涛主编 济南 山东人民出版社 1999 年 330 页
b13415293　K295.2　S253

山东省志　第 86 卷 诸子名家志 诸葛亮
山东省地方史志编纂委员会编 济南 山东人民出版社 2001 年 562 页
b14054619　K295.2　S253

山东省志 第 86 卷 诸子名家志 辛弃疾 李清照
山东省地方史志编纂委员会编 刘乃昌主编 济南 山东人民出版社 2001 年 422 页
b17707080 K295.2 S253

山东省志 第 87 卷 铁路志 1986–2005
山东省地方史志编纂委员会编 王育全主编 济南 山东人民出版社 2008 年 476 页
b20214984 K295.2 S253

山东省志 第 87 卷 民政志 1988–2005
山东省地方史志编纂委员会编 王建东 李森主编 济南 山东人民出版社 2011 年 446 页
b36133991 K295.2 S253

山东省志 第 87 卷 大事记 1999–2008
山东省地方史志编纂委员会编 张爱军主编 济南 山东人民出版社 2015 年 564 页
b47299587 K295.2 S253

山东省志 第 88 卷 山东文物事业大事记 1840–1999
山东省文物事业管理局编 焦德森 张广存主编 济南 山东人民出版社 2000 年 386 页
b14882383 K295.2 S253

山东省志 第 88 卷 统计志 1992–2005
山东省地方史志编纂委员会编 杜昌祚主编 济南 山东人民出版社 2015 年 310 页
b47299678 K295.2 S253

山东省志 第 89 卷 税务志 1986–2005
山东省地方史志编纂委员会编 刘秋增 刘娟总纂 李功主编 济南 山东人民出版社 2008 年 2 卷 769 页
b20953720 K295.2 S253

山东省志 第 89 卷 交通志 1986–2005
山东省地方史志编纂委员会编 王其峰 郭长路主编 济南 山东人民出版社 2015 年 514 页
b47299605 K295.2 S253

山东省志 第 90 卷 海事志 1861–2005
山东省地方史志编纂委员会编 袁宗祥 张宝晨主编 济南 山东人民出版社 2011 年 476 页
b36000966 K295.2 S253

山东省志 第 90 卷 邮政志 1996–2005
山东省地方史志编纂委员会编 唐志炜主编 济南 山东人民出版社 2016 年 400 页
b50160679 K295.2 S253

山东省志 第 91 卷 环境保护志 1996–2005
山东省地方史志编纂委员会编 王安德主编 济南 山东人民出版社 2016 年 368 页
b49953199 K295.2 S253

山东省志 第 91 卷 发展计划志 1993–2005
山东省地方史志编纂委员会编 姜东杰主编 济南 山东人民出版社 2012 年 468 页
b44749570 K295.2 S253 2012

山东省志 第 92 卷 政权志 1983–2005
山东省地方史志编纂委员会编 马越男主编 济南 山东人民出版社 2013 年 2 卷 1027 页
b44795270 K295.2 S253

山东省志 第 93 卷 石油工业志 1996–2005
山东省地方史志编纂委员会编 贾文昌 苏立岭主编 济南 山东人民出版社 2012 年 549 页
b44795269 K295.2 S253

山东省志 第 94 卷 保险志 1991–2005
山东省地方史志编纂委员会编 任建国主

编 济南 山东人民出版社 2013 年 572 页
b46240068　K295.2　S253C

山东省志 第 95 卷 测绘志 1991–2005
山东省地方史志编纂委员会编 济南 山东人民出版社 2015 年 271 页
b47317097　K295.2　S253C

山东省志 第 96 卷 工会志 1994–2005
山东省地方史志编纂委员会编 济南 山东人民出版社 2015 年 400 页
b47317103　K295.2　S253C

山东省志 第 97 卷 物价志 1997–2005
山东省地方史志编纂委员会编 刘爱军总纂 济南 山东人民出版社 2015 年 372 页
b47079137　K295.2　S253C

山东省志 第 98 卷 广播电视志 1991–2005
山东省地方史志编纂委员会编 济南 山东人民出版社 2015 年 400 页
b47415113　K295.2　S253C

山东省志 第 99 卷 海洋与渔业志 1986–2005
山东省地方史志编纂委员会编 王诗成主编 济南 山东人民出版社 2016 年 420 页
b4948994x　K295.2　S253C

山东省志 第 100 卷 对外经济贸易志 1991–2005
山东省地方史志编纂委员会编 石光亮 阎兆万主编 济南 山东人民出版社 2016 年 466 页
b49806592　K295.2　S253C

山东省志 第 101 卷 民俗志 1840–2005
山东省地方史志编纂委员会编 刘德龙主编 济南 山东人民出版社 2016 年 2 卷 992 页
b49864154　K295.2　S253C

山东省志 第 102 卷 工业志 1986–2005
山东省地方史志编纂委员会编 刘爱军总纂 济南 山东人民出版社 2016 年 511 页
b50065713　K295.2　S253C

山东省志 第 104 卷 证券志 1880–2005
山东省地方史志编纂委员会编 赵洪军主编 济南 山东人民出版社 2017 年 392 页
b51100095　K295.2　S253C

山东省志 第 105 卷 冶金工业志 1986–2005
山东省地方史志编纂委员会编 刘爱军总纂 耿庆山 宫鸿仑主编 济南 山东人民出版社 2017 年 435 页
b51131808　K295.2　S253C

山东省志 第 106 卷 供销合作社志 1991–2005
山东省地方史志编纂委员会编 白志刚主编 济南 山东人民出版社 2017 年 422 页
b51091203　K295.2　S253C

山东省志 黄河志 986–2005
山东省地方史志编纂委员会编 刘秋增 翟世林总纂 杜玉海卷主编 济南 山东人民出版社 2012 年 496 页
b36370563　K295.2　L686　2012

山东省志 黄河志 1855–1985
包锡成主编 济南 黄河水利委员会山东河务局黄河志编纂办公室 1987 年
b18838789　K295.2　S253H　1987

山东省志 共产党志 1921–2005
山东省地方史志编纂委员会编 常连霆主编 济南 山东人民出版社 2012 年 2 卷 1069 页
b22962906　K295.2　S253F　2012

山东省志 国土资源志 1949-2005
山东省地方史志编纂委员会编 王文升主编 济南 山东人民出版社 2014 年 2 卷 875 页
b46431810 K295.2 S253E 2014

山东省志 军事志 1986-2005
山东省地方史志编纂委员会编 迟新军 王汉毅 祁冰主编 济南 山东人民出版社 2013 年 558 页
b45398100 K295.2 C489 2013

山东省志 林业志 1988-2005
山东省地方志编纂委员会编 刘秋增 刘娟总纂 张敦论主编 济南 山东人民出版社 2010 年 391 页
b23216815 K295.2 S253L 2010

山东省志 国土资源志 地质矿产卷 1989-2005 评议稿
山东省国土资源厅 李明启主编 济南 山东省国土资源厅 2013 年 556 页
b44916140 K295.2 S253D 2013

山东省志 人口和计划生育志 1989-2005
山东省地方史志编纂委员会编 班开庆 盖国强 李敏主编 济南 山东人民出版社 2015 年 436 页
b46389453 K295.2 S253R 2015

山东省志 档案志 1991-2005
山东省地方史志编纂委员会编 苏东亮主编 济南 山东人民出版社 2014 年 291 页
b46438658 K295.2 S253DC 2014

山东省志 工商行政管理志 1991-2005
山东省地方史志编纂委员会编 刘秋增总纂 李华理主编 济南 山东人民出版社 2007 年 563 页
b18806326 K295.2 S253G 2007

山东省志 金融志 1991-2005
山东省地方史志编纂委员会编 杨子强 金鹏辉主编 济南 山东人民出版社 2016 年 494 页
b49682635 K295.2 S253J 2016

山东省志 农业志 初稿汇编 1991-2005
农业志办公室编 济南 农业志办公室 2010 年 2 卷 1215 页
b40935371 K295.2 S253N 2010

山东省志 农业志 1991-2005
山东省地方史志编纂委员会编 齐可友主编 济南 山东人民出版社 2014 年 628 页
b46389441 K295.2 S253N 2014

山东省志 司法志 1991-2005
山东省地方史志编纂委员会编 李建军 孟富强主编 济南 山东人民出版社 2012 年 535 页
b45398070 K295.2 S253S 2012

山东省志 烟草志 1991-2005
山东省地方史志编纂委员会编 孙公准主编 济南 山东人民出版社 2009 年 527 页
b20971990 K295.2 S253Y 2009

山东省志 海关志 1993-2005
山东省地方史志编纂委员会编 牟家骏主编 济南 山东人民出版社 2017 年 322 页
b50272573 K295.2 v5 F752.59 v5

山东省外经贸工会志 1973-2016
山东省对外经济贸易工会委员会编 赵维报主编 青岛 中国海洋大学出版社 2017 年 364 页
b49942414 D412.852 Z441 2017

山东省劳改 劳教志 1840–1985
山东省劳改局劳改劳教志编纂委员 律希林主编 济南 山东省劳改局 1992 年 578 页
b21764992 D927.520.68 L995 1992

山东司法行政志 第 2 卷 1986–1990
江仁宝 梁德超主编 济南 山东省司法厅 1994 年 451 页
b20806851 D927.520.61 J325 1989

山东司法行政志 第 3 卷 1991–1995
江仁宝 梁德超主编 济南 山东省司法厅 1997 年 611 页
b20806851 D927.520.61 J325 1989

山东司法行政志 第 4 卷 1996–2000
江仁宝 梁德超主编 济南 山东省司法厅 2000 年 532 页
b20806851 D927.520.61 J325 1989

山东司法行政志 第 6 卷 2006–2010
江仁宝 梁德超主编 济南 山东省司法厅
b20806851 D927.520.61 J325 1989

山东司法行政志 纪念山东司法行政重建二十二周 1840–1995
山东省司法厅编 江仁宝主编 济南 山东省司法厅 2001 年 修订再版本 530 页
b44916152 D927.520.61 J325 2001

山东司法行政志 纪念山东司法行政重建二十二周 1996–2000
山东省司法厅编 梁德超主编 济南 山东省司法厅 2001 年 532 页
b45417544 D927.520.61 J325C 2001

山东省军事志 1986–2005
山东省军事志编纂委员会编 迟新军 王汉毅 祁冰主编 济南 山东省军事志编纂委员会 2011 年 1126 页
b45453421 E289.52 C489 2011

中国人民解放军济南军区空军通信志 1956–2005
济南军区空军通信志编辑委员会编 赵桂林主编 济南 黄河出版社 2015 年 601 页
b47206822 E967.4 J181 2015

山东人力资源和社会保障志 1949–2008
山东省人力资源和社会保障厅编 李广林主编 济南 山东省地图出版社 2014 年 2 卷 1229 页
b49533368 F249.275.2 L395 2014

山东省农机志
山东省农机志编纂委员会编 马洪喜主编 济南 山东省农机志编纂委员会 1990 年 301 页
b50221991 F329.52 M138 1990

山东煤炭工业志
山东煤炭工业志编纂委员会编 北京 煤炭工业出版社 2016 年 852 页〔中国煤炭工业志 省级志系列〕
b49793743 F426.21 S253 2016

山东省电力工业志
山东省电力工业局史志编辑委员会编 刘振亚主编 济南 山东友谊出版社 1996 年 613 页〔中国电力工业志丛书〕
b49851329 F426.61 S253 1996

山东省黄金工业志
山东省黄金工业志编纂委员会编 李富治主编 济南 济南出版社 1990 年 487 页
b21764980 F426.32 L394 1990

山东省机电设备公司史志 1962–1990
周来铨主编 济南 山东省机电设备公司史志编纂委员会 1990 年 404 页
b49938605 F426.61 S2534 1990

山东省塑料工业志 1930–1985
山东省塑料工业公司编志办公室编 济南 济南印刷三厂 1990 年 287 页
b46018281 F426.73 S253 1990

山东省盐业志
山东省盐务局编著 李秀文主编 济南 齐鲁书社 1992 年 597 页
b50221929 F426.82 L421 1992

山东冶金志 1904–1987
山东冶金志编纂委员会编 刘福基主编 北京 冶金工业出版社 1990 年 405 页
b21765029 F426.3 S253 1990

中国煤炭志 山东卷
中国煤炭志编纂委员会编 北京 煤炭工业出版社 1997 年 835 页
b40806066 F426.21 Z6485L 1997

山东木材流通志
山东木材流通志编纂委员会编 董洪志编著 济南 山东木材流通志编纂委员会 1992 年 432 页
b50007683 F724.752 D594 1992

山东省科学技术志
山东省科学技术委员会编 丁学超主编 济南 山东大学出版社 1990 年 994 页
b44916097 G322.752 D533 1990

蒲松龄志
袁世硕主编 济南 山东人民出版社 2003 年 396 页〔山东省志 诸子名家志〕
b14883752 I207.419 Y794 2003

蒲松龄志
袁世硕主编 济南 山东人民出版社 2009 年 388 页〔齐鲁诸子名家志〕
b20379845 I207.419 Y794 2009

山东民间艺术志
李新华主编 济南 山东大学出版社 2010 年 631 页
b22262672 J528 L4213 2010

中国曲艺志 山东卷
中国曲艺志全国编辑委员会编 中国曲艺志山东卷编辑委员会编 罗扬主编 张军卷主编 北京 中国 ISBN 中心 2002 年 757 页
b10643059 J809.2 Z648

中国戏曲志 山东卷
中国戏曲志编辑委员会 中国戏曲志山东卷编辑委员会编 张庚主编 北京 中国 ISBN 中心 1994 年 819 页
b10809788 J809.2 Z651SD

山东抗日根据地图志
山东省地方史志办公室编 刘爱军主编 济南 山东人民出版社 2015 年 522 页〔山东纪念抗战胜利 70 周年丛书〕
b49705192 K269.506 S253 2015

沂蒙革命根据地志
临沂市地方史志办公室编 朱海涛 李兴河主编 北京 中华书局 2014 年 2 卷 1184 页
b46012825 K269.406 Y427 2014

山东名镇名村志 第 2 卷
山东省民政厅地名研究所编 王复进主编

济南 山东省地图出版社 2002 年
b36379888 K295.25 W216 2002

山东千年古县志
宋军继 王复进主编 济南 山东省地图出版社 2006 年 707 页
b18621831 K295.24 S679 2006

山东强镇名村志 2002 卷
山东省地方史志办公室编 刘秋增 孙其海主编 济南 山东省地图出版社 2002 年 1045 页
b14446698 K295.25 S253

文化艺术志资料汇编
山东省文化厅史志办公室编 济南 山东省文化厅史志办公室 1985 年 24 卷
b20140447 K295.2 W386 1985

齐国人物志
战化军 姜颖著 济南 齐鲁书社 2004 年 486 页〔山东省社会科学规划研究项目文丛〕
b15633780 K820.31 Z333 2004

扁鹊仓公 王叔和志
山东省志诸子名家系列丛书编纂委员会编 济南 山东人民出版社 2005 年 312 页〔山东省志·诸子名家系列丛书〕
b16432666 K826.2 S253 2005

徐福志
中国国际徐福文化交流协会编 朱亚非主编 青岛 中国海洋大学出版社 2007 年 350 页
b18108180 K828.9 X569 2007

孔孟乡俗志
王世会著 济南 泰山出版社 2015 年 427 页
b46487001 K892.452 W229 2015

山东风物志
山东风物志编写者编 济南 山东美术出版社 1984 年 412 页〔中国风物志丛书〕
b15698543 K925.2 S2532 1984

山东省地名志 第 1 卷 1–2
山东省地名研究所编 李金山 董珂 姚子照主编 济南 山东省地图出版社 1999 年 2 卷 1896 页
b13245910 K925.2 S253

山东省政区地名录
山东省地名委员会编 济南 山东人民出版社 1988 年 286 页
b20369037 K925.2 S2539 1988

山东黄河志
黄河水利委员会山东河务局编 济南 黄河水利委员会山东河务局 1988 年 686 页
b10589442 K928.42 H658S

中国古城名胜图志 山东卷
彭兴林编 济南 山东美术出版社 2011 年 760 页
b23379832 K928.7-64 P336 2011

中国海岛志 山东卷 第 1 卷 山东北部沿岸
中国海岛志编纂委员会编 陈连增总编 吴桑云卷主编 北京 海洋出版社 2013 年 616 页
b40846209 K928.44 C424C 2013

山东地震台志
张孟昂等编著 北京 学术期刊出版社 1989 年 156 页
b11206615 P315.782 Z357

山东省地震监测志
山东省地震局 晁洪太主编 北京 地震出版社 2008 年 409 页〔中国地震监测志系列〕
b20951267 P315.732.52 C378 2008

山东黄河水文志
黄河水利委员会山东水文水资源局编 董占元主编 东营 黄河水利委员会山东水文水资源局 1993 年 231 页
b18077766 P337.252 H658 1993

山东省地质矿产科学技术志
山东省地质矿产局编 徐明善主编 济南 山东省地图出版社 1991 年 418 页
b44916103 P5–125.2 X575 1991

山东省区域地质志
山东省地质矿产局编 北京 地质出版社 1991 年 594 页〔中华人民共和国地质矿产部地质专报〕
b36013766 P548.252 S253 1991

山东省地质矿产志
山东省地质矿产志编纂委员会编 刘振主编 济南 山东省地质矿产志编纂委员会 1992 年 332 页
b22431652 P562.52 L694 1992

中国海湾志 第 3 卷 山东半岛北部和东部海湾
中国海湾志编纂委员会编 北京 海洋出版社 1991 年 487 页
b10905157 P722 Z647

中国海湾志 第 4 卷 山东半岛南部和江苏省海湾
中国海湾志编纂委员会编 北京 海洋出版社 1991 年 448 页
b10905157 P722 Z647

山东省海岛志
山东省科学技术委员会主编 济南 山东科学技术出版社 1995 年 205 页
b17358218 P931.2 S253 1995

山东植物志
陈汉斌主编 青岛 青岛出版社 1990–1997 年 2 卷 2728 页
b15314923 Q948.525.2 C421 1997

山东苔藓植物志
赵遵田 曹同主编 济南 山东科学技术出版社 1998 年 339 页
b22431676 Q949.350.8 Z441 1998

山东苔藓志
任昭杰 赵遵田主编 青岛 青岛出版社 2016 年 450 页
b49550706 Q949.35 R196 2016

山东药用植物志
李建秀 周凤琴 张照荣主编 西安 西安交通大学出版社 2013 年 934 页
b41375993 Q949.95 L397 2013

黄渤海软体动物图志
张素萍 张均龙 陈志云 徐凤山编著 北京 科学出版社 2016 年 421 页
b47104600 Q959.21–64 Z364 2016

山东鸟类志
赛道建著 北京 科学出版社 2017 年 686 页
b50686173 Q959.708 S134 2017

山东林木昆虫志
山东林木昆虫志编委会编著 范迪主编 北京 中国林业出版社 1993 年 682 页
b22431640 Q968.225.2 F195 1993

山东省卫生志
山东省卫生史志编纂委员会编著 王天海 包文辉主编 济南 山东人民出版社 2010年 1086页
b50221978 R199.2 S253C 2010

山东省骨科志
李建民 周东生主编 济南 山东大学出版社 2014年 407页
b50221954 R68-092 L397 2014

山东土种志
山东省土壤肥料工作站 北京 农业出版社 1993年 684页
b19930574 S155.925.2 S253 1993

山东果树志
山东省果树研究所主编 济南 山东科学技术出版社 1996年 499页
b20951255 S660.192.52 S253 1996

山东花卉志
樊守金 范国强 赵遵田 王锡华主编 济南 山东科学技术出版社 2000年 2卷 687页
b36247704 S68 F168 2000

山东古树名木志 第1卷 总论篇 裸子植物篇
贾祥云 戚海峰 乔敏主编 上海 上海科学技术出版社 2014年 609页〔海岱园林系列专著〕
b50017251 S717.252 S253C 2014

山东古树名木志 第2卷 裸子植物篇
贾祥云 戚海峰 乔敏主编 上海 上海科学技术出版社 2014年 630页〔海岱园林系列专著〕
b49964045 S717.252 J243 2014

山东树木志
山东树木志编写组编 济南 山东科学技术出版社 1984年 956页
b20951280 S717.252 S253 1984

山东昆嵛山自然保护区志
山东昆嵛山自然保护区志编纂办公室编 司继跃主编 烟台 黄海数字出版社 2016年 704页
b50817590 S759.992.52 S253 2016

山东兽医志 1949-1989
艾矗 王选方编辑 济南 山东省畜牧兽医总站 1990年 198页
b50268995 S851.622 A148 1990

中国油气田开发志 第20卷 华东油气区油气田卷
中国油气田开发志总编纂委员会编 刘宝和主编 北京 石油工业出版社 2011年 468页
b47414418 TE3 L671 2011

中国油气田开发志 第29卷 东海油气区卷
中国油气田开发志总编纂委员会编 刘宝和主编 北京 石油工业出版社 2011年 133页
b47414406 TE3 L671 2011

山东省水文事业志
山东省水文事业志编纂委员会编 济南 山东省水文事业志编纂委员会 1991年 294页
b21570061 TV-092 S2537 1991

山东水利志稿
山东省水利史志编辑室编 戴同霞主编 南京 河海大学出版社 1993年 934页
b20136146 TV-092 D1548 1993

济南市

济南市志 第 1 卷 市情综述 大事记 政区自然环境人口 泉水风景名胜旅游
济南市史志编纂委员会编 张福山主编 北京 中华书局 1997 年 714 页
b16075237 K295.21 J181C 1997

济南市志 第 2 卷 城乡建设 交通邮电 社会经济管理 财税审计金融
济南市史志编纂委员会编 张福山主编 北京 中华书局 1997 年 670 页
b16075237 K295.21 J181C 1997

济南市志 第 3 卷 工业
济南市史志编纂委员会编 张福山主编 北京 中华书局 1997 年 539 页
b16075237 K295.21 J181C 1997

济南市志 第 4 卷 商业 农业
济南市史志编纂委员会编 张福山主编 北京 中华书局 1997 年 576 页
b16075237 K295.21 J181C 1997

济南市志 第 5 卷 政权政务 政党社会团体 政法军事
济南市史志编纂委员会编 张福山主编 北京 中华书局 1997 年 615 页
b16075237 K295.21 J181C 1997

济南市志 第 6 卷 教育 科学技术 文化 卫生体育
济南市史志编纂委员会编 张福山主编 北京 中华书局 1997 年 627 页
b16075237 K295.21 J181C 1997

济南市志 第 7 卷 社会 人物 附录
济南市史志编纂委员会编 张福山主编 北京 中华书局 1997 年 769 页
b16075237 K295.21 J181C 1997

济南市志 第 8 卷 索引
济南市史志编纂委员会编 张福山主编 北京 中华书局 1997 年 532 页
b16075237 K295.21 J181C 1997

济南市志 1986–2010
济南市史志编纂委员会编 李吉祥主编 北京 方志出版社 2013 年 8 卷
b44748735 K295.21 J181C 2013

济南公安志 1948–1985
济南公安志编纂委员会编 何志惠主编 济南 济南公安志编纂委员会 2009 年 448 页
b44916048 D631 J181 2009

济南民政志 1948–2007
济南市民政局编 杜红波 杨建军主编 济南 济南出版社 2008 年 315 页
b20806681 D632 J181 2008

济南外事志 1978–2010
济南市人民政府外事办公室编 李敏主编 济南 中闻集团济南印务公司 2012 年 375 页
b40649155 D827.521 L411 2012

济南法院志
济南法院志编纂委员会编 侯绍彬 樊长征主编 济南 山东人民出版社 2001 年 1130 页〔中华人民共和国地方志丛书〕
b45841032 D926.22 H429 2001

济南政法委志 2002–2009
中共济南市委政法委员会编 赵力军主编 济南 山东星海彩印公司 2010 年 1005 页
b21763860 D927.521 J181J 2010

济南市军事志 前 770–2005
济南省军事志编纂委员会编 张宗超主编

济南 济南省军事志编纂委员会 2010 年 1049 页
b45453032 E289.521 Z369 2010

山东冶金地质公司志
卜云华主编 济南 山东冶金地质公司 1985 年 448 页
b21765017 F279.26 S253 1985

厂志 1918–1981
济南衡器厂编 济南 济南衡器厂 1983 年 128 页
b50318895 F426.46 J181 1983

华电国际电力股份有限公司志
陈建华主编 北京 人民日报出版社 2004 年 347 页
b51011736 F426.61 H5283 2004

济南第一机床厂志 1944–1985
孙宝君主编 济南 济南第一机床厂 1988 年 427 页
b49849505 F426.42 J181 1988

济南钢铁总厂志 第 1 卷 1958–1985
济南钢铁总厂志编纂委员会编 马俊才主编 北京 冶金工业出版社 1991–1992 年 2 卷 612 页
b49848951 F426.31 J1813 1991

济南卷烟厂志 1928–2001
济南卷烟厂志编纂委员会编 北京 中华书局 2003 年 457 页
b44915573 F426.89 J181 2003

济南炼油厂志
济南炼油厂志编纂委员会编 北京 中国石化出版社 2010 年 649 页
b50318238 F426.22 J181 2010

山东电力建设第二工程公司志 1952.7–2002.6
山东电力建设第二工程公司志编辑委员会 陶永奎主编 济南 山东电力建设第二工程公司 2002 年 611 页
b5000508x F426.61 S2532 2002

济南印刷厂志 1940–1985
济南印刷厂志编写小组编 济南 济南印刷厂志编写小组 1987 年 294 页
b4970512x F426.84 J181 1987

山东诚信工程建设监理有限公司志 1996–2016
山东诚信工程建设监理有限公司志编纂委员会编 叶健主编 济南 山东友谊出版社 2016 年 656 页
b4998231x F426.9 Y3794 2016

山东化工厂志 第 2 卷 1990–2015
李绪山主编 济南 山东北方现代化学工业有限公司志编辑委员会 2016 年 292 页
〔中国兵器工业丛书〕
b5006566x F426.7 S253 2016

山东黄台火力发电厂志 1958–2000
山东黄台火力发电厂志编辑委员会编 阎桂森主编 济南 山东黄台火力发电厂志编辑委员会 2001 年 560 页
b49982291 F426.61 H667 2001

山东省计算中心志 2006–2016
山东省计算中心编 济南 山东省计算中心 2016 年 115 页
b50066572 F492.6 S253 2016

济南铁路局劳动和卫生处处志 1899–2012
刘威强主编 济南 济南铁路局劳动和卫生处 2012 年 206 页

b50268971 F532.6 J181 2012

济南铁路局原第二工程处志 1950–1981
济南铁路局工程总公司史志编纂委员会编 马常禧 骆树元主编 济南 济南铁路局工程总公司史志编纂委员会 1994年 289页
b44916061 F532.852.1 M137 1994

山东省拍卖行业协会志
山东省拍卖行业协会志编纂委员会编 北京 人民出版社 2006年 578页
b4491541x F724.59–262 S253 2006

济南财政志 1986–2005
济南财政志编纂委员会编 徐长林主编 济南 济南财政志编纂委员会 2009年 494页
b21763835 F812.752.1 J181 2009

济南金融志
济南金融志编纂委员会编 邢建亚主编 济南 济南出版社 2015年 2卷 906页
b50246677 F832.752.1 X479 2015

济南金融志 1840–1985
济南金融志编纂委员会编 马鸣九主编 济南 济南金融志编纂委员会 1989年 292页
b4556940x F832.752.1 M139 1989

济南出版志
曹国沛主编 济南 济南出版社 1989年 394页
b47072970 G239.275.21 J181 1998

山东省艺术馆馆志 1957–2007
山东省艺术馆馆志编纂委员会编 济南 山东省艺术馆馆志编纂委员会 2007年 185页
b22431664 G249.275.2 S253 2007

济南图书馆志
济南图书馆志编纂委员会编 王金生 郭秀海主编 济南 济南出版社 2003年 343页
b17861007 G259.275.21 W219 2003

山东省图书馆志
山东省图书馆志编委会编 王运堂主编 北京 中华书局 2004年 386页
b16635784 G259.275.2 W234 2004

山东省科学技术协会志 第1卷 1959–1985（济南）
山东省科学技术协会编 侯坤玺主编 济南 山东省科学技术协会 1992年 299页
b49533381 G322.752 S253 1992

济南科技志 1840–1985
黄维勤主编 济南 山东科学技术出版社 1991年 292页
b45479574 G322.752.1 Z545 1991

济南科技志 1986–2005
济南市科学技术局编 郑应德主编 济南 济南出版社 2011年 799页
b37531141 G322.752.1 Z545 2011

山东省科学院志 1978–1993
丁晓光执笔 济南 山东科学技术出版社 1994年 210页
b21570036 G322.235.2 D533 1994

济南市教育志资料目录索引
济南市教育局教育志编写组编 济南 济南市教育局教育志编写组 1983年 105页
b20138921 G527.521 J1814 1983

济南铁路局教育志 1899–1985
济南铁路局教育志编纂组编 济南 济南铁路局教育志编纂组 1991年 250页
b20138957 G527.52 J181 1991

山东大学材料科学与工程学院志 1952–2012
山东大学材料科学与工程学院志编委会编 济南 山东大学出版社 2012年 338页
b44852083 G649.285.21 S2539T 2012

山东大学药学院院志 1920–2011
山东大学药学院院志编委会编 济南 山东大学出版社 2011年 308页
b44916085 G649.285.21 S25391 2011

山东工业大学志 1949–1998
山东工业大学志编委会编 王兆寅主编 济南 山东工业大学志编委会 1999年 546页
b16425844 G649.285.2 S253 1999

山东工艺美术学院志 1973–2003
山东工艺美术学院志(1973–2003)编委会编 济南 山东人民出版社 2003年 343页
b16427038 G649.285.23 S253 2003

山东建筑大学校志 1956–2006
山东建筑大学校志编委会编 卜令元 傅鲁闽主编 济南 山东建筑大学校志编委会 2006年 450页
b17645499 G649.285.2 S2531 2006

山东建筑工程学院院志 1956–1996
郭厚基主编 济南 山东建筑工程学院 1996年 274页
b21570012 G649.285.2 S25341 1996

山东医科大学史志
周申主编 桂林 广西师范大学出版社 1991年 316页
b1632478x G649.285.21 S2539 1991

山东劳动职业技术学院建校50周年史志 1956–2006
山东劳动职业技术学院建校50周年史志编纂委员会编 方成健主编 济南 山东劳动职业技术学院建校50周年史志编纂委员会 2006年 202页
b20140356 G719.285.2 S2535 2006

山东商业职业技术学院校志
山东商业职业技术学院校志编写委员会编 马广水 王宗江主编 济南 山东商业职业技术学院校志编写委员会 2006年 193页
b18805826 G719.285.2 S2537 2006

山东广播电视大学教育志
山东广播电视大学教育志编委会编 济南 山东广播电视大学教育志编委会 1999年 454页
b16635826 G728.8 S253 1999

济南市地名录
孙竹兮主编 北京 海潮出版社 2006年 297页
b20098625 K925.21 J181N 2006

济南千佛山风景名胜区志
孔宪雷编著 北京 中国文化出版社 2005年 382页
b19734062 K928.705.2 K344 2005

济南泉水志
济南市史志办公室编 济南 济南出版社 2013年 2卷 968页
b40938402 K928.4 J181 2013

济南市卫生志
济南市卫生局编 济南 济南出版社 2009年 2卷 735页
b20883328 R-092 J181 2009

山东省医学科学院志
山东省医学科学院志编纂委员会编 济南 山东省医学科学院 1998-2003年 2卷 546页
b2010361x R-24 S253 1998

山东省卫生防疫站 山东省环境卫生监测站站志 1992-2002
山东省卫生防疫站 山东省环境卫生监测站站志编纂委员会编 毕振强主编 济南 山东人民出版社 2015年 490页
b50248029 R197.2 S253 2015

山东省卫生防疫站 山东省环境卫生监测站站志（济南）
赵世立主编 济南 山东科学技术出版社 1995年 666页
b49849517 R199.2 S253 1995

山东大学齐鲁医院志 山东医科大学附属医院志 1890-2000
山东大学齐鲁医院志编纂委员会编 李金邦主编 济南 山东新华印刷厂 2000年 830页
b2041819x R197.3 L397 2000

胜利油田中心医院志 1963-1988
胜利油田中心医院志编审委员会编 崔鸿滨主编 济南 胜利油田中心医院志编审委员会 1989年 222页
b49789703 R197.3 S445 1989

济南中医药志
济南市卫生局 济南中医学会编 济南 济南市卫生局 1989年 328页
b20949923 R2 J181 1989

山东中医药大学志 1958-2010（济南）
于富华 欧阳兵 武继彪主编 济南 济南出版社 2016年 2卷 1345页
b47306798 R2-40 S253 2016

山东省中医药研究院院志 1958-2013
山东省中医药研究院院志编审委员会编 济南 山东省中医药研究院院志编审委员会 2013年 122页
b46443423 R2-24 S253 2013

山东省农业机械科学研究所志 1959-2008（济南）
骆琳主编 济南 山东省农业机械科学研究所 2009年 269页
b4980358x S22-242.52 S253 2009

济南树木志
韩子奎等编著 济南 山东科学技术出版社 2009年 574页
b22082657 S717.252.1 H183 2009

山东省科学院能源研究所志 1978-1998（济南）
山东省科学院能源研究所编 王耀骏主编 济南 山东省科学院能源研究所 1998年 110页
b46443411 TK01-24 S253 1998

山东电力工程咨询院志 1958-1998
山东电力工程咨询院志编纂委员会编 李国庆主编 济南 山东电力工程咨询院志编纂委员会 1998年 431页
b21764979 TM-29 S253 1998

山东电力工程咨询院志 1958-2008
李国庆主编 济南 山东宣艺文化传播公

司 2008 年 637 页
b21764967 TM-29 S253 2008

山东省建筑科学研究院史志 1958–1993
山东省建筑科学研究院编 朱克昌主编 济南 山东省建筑科学研究院 1994 年 239 页
b46011912 TU-242.52 Z698 1994

济南园林志
济南市城市园林绿化局编 韩永军主编 北京 方志出版社 2014 年 840 页
b46377281 TU986.625.21 H183 2014

济南市水利志
济南市水利志编纂委员会编 秦若轼主编 济南 济南鲁水计算机开发公司 1994 年 425 页
b20138933 TV-092 Q449 1994

济南市水利志 1986–2005
济南市水利志编纂委员会编 秦若轼主编 济南 济南出版社 2011 年 339 页
b37531153 TV-092 Q449 2011

济南市水利志 2006–2010
济南市水利志编纂委员会编 秦若轼主编 香港 中国国际文化出版社 2016 年 297 页
b47404644 TV-092 Q449 2016

济南市黄河志
济南市黄河河务局编 李咸隆主编 济南 济南新华印刷厂 1993 年 295 页
b1880553x TV882.1 L4215 1993

市中区

市中区志
济南市市中区区志编纂委员会编 刘书笙主编 济南 齐鲁书社 1997 年 599 页〔中华人民共和国地方志丛书〕
b16446732 K295.21 S518 1997

济南市市中区志 1991–2006
济南市市中区志编纂委员会编 侯江主编 北京 方志出版社 2017 年 612 页
b50642571 K295.21 S518D 2017

七贤镇志
七贤镇志编纂委员会办公室编 李兆才主编 济南 七贤镇志编纂委员会办公室 1993 年 305 页
b18805735 K295.25 Q113 1993

济南市市中区军事志 1840–2005
济南市市中区军事志编纂委员会编 祁由恒 王福军主编 济南 济南市市中区军事志编纂委员会 2009 年 392 页
b21568443 E289.521 S518 2009

历下区

历下区志
济南市历下区编纂委员会编 北京 中国广播电视出版社 1992 年 580 页
b15667947 K295.21 L441 1992

济南市历下区志 1986–2005
济南市历下区史志办公室编 谢兆村主编 北京 中国文史出版社 2017 年 704 页
b50642339 K295.21 L441C 2017

牛旺庄志
济南高新区牛旺庄志编纂委员会编 香港 中国国际文化出版社 2014 年 372 页
b45445357 K295.25 N435 2014

人民法庭志
济南市历下区人民法院人民法庭志编纂领导小组编 济南 济南市历下区人民法院 2007年 224页
b21763859 D926.22 J181 2007

济南市历下区军事志 1840-2005
济南市历下区军事志编纂委员会编 郝卫国 高卫主编 济南 济南市历下区军事志编纂委员会 2010年 306页
b4491605x E289.521 L441 2010

历下区教育志 1986-2005
济南市历下区教育局教育志办公室编 张德中主编 济南 济南市历下区教育局教育志办公室 2007年 289页
b41235022 G527.521 L4418 2007

济南市历下区地名志
济南市历下区地名委员会编 济南 济南市历下区地名委员会 1994年 269页
b2001515x K925.21 L441 1994

槐荫区

槐荫区志
济南市槐荫区志编纂委员会编 济南 济南出版社 1994年 520页
b15587459 K295.21 H557 1994

济南市槐荫区志 1989-2006
济南市槐荫区史志编纂委员会编 杨军主编 北京 方志出版社 2017年 704页
b51090260 K295.21 H557C 2017

济南市槐荫区军事志 1840-2005
济南市槐荫区军事志编纂委员会编 石军 王传良 何彬主编 济南 济南市槐荫区军事志编纂委员会 2011年 496页
b45453020 E289.521 H557 2011

济南槐荫工商行政管理志
济南市工商行政管理局 槐荫分局编 费圣义主编 济南 济南市工商行政管理局槐荫分局 2008年 364页
b50777683 F123.82 F314 2008

西张家庄村志
左文明主编 济南 西张家庄村编纂者 2011年 318页
b50861736 K295.25 X11991 2011

天桥区

天桥区志
济南市天桥区志编纂委员会编 樊长征主编 济南 山东人民出版社 1993年 995页〔中华人民共和国地方志丛书〕
b13275483 K295.21 T343

济南市天桥区志 1991-2012
济南市天桥区史志编纂委员会编 王封军主编 北京 方志出版社 2015年 2卷 1208页
b4996298x K295.21 T343 2015

白鹤社区志
天桥区白河社区志编纂委员会编 张廷禄主编 济南 天桥区白河社区志编纂委员会 2014年 956页〔地方志丛书〕
b47420078 K295.21 Z365 2014

北园镇志
北园镇志编纂委员会办公室编 济南 山东科学技术出版社 1991年 494页
b16325369 K295.25 B3169 1991

大桥镇志
天桥区大桥镇志编纂委员会编 李光华主

编 济南 山东人民出版社 2015 年 507 页
b4655144x K295.25 D1369 2015

堤口庄志
济南市天桥区堤口居民委员会编 济南 济南市天桥区堤口居民委员会 2000 年 67 页
b20100619 K295.25 D359 2000

黄岗村志
济南市天桥区黄岗村志编纂委员会编 樊长征主编 济南 山东人民出版社 1999 年 688 页〔中华人民共和国地方志丛书〕
b15300596 K295.25 T343H 1999

黄台村志
济南市天桥区黄台村志编纂委员会编 主编樊长征 济南 山东人民出版社 1995 年 490 页〔中华人民共和国地方志丛书〕
b16075262 K295.25 H667 1995

清河村志
济南市天桥区清河村志编纂委员会编 济南 山东人民出版社 1997 年 981 页〔中华人民共和国地方志丛书〕
b13946067 K295.25 B316

桑梓店镇志
济南市天桥区桑梓店镇镇志编纂委员会编 张崇元主编 北京 方志出版社 2016 年 904 页〔中华人民共和国地方志丛书〕
b49864749 K295.25 S1579 2016

香磨李居志
济南市天桥区香磨李居志编纂委员会编 樊长征主编 济南 山东人民出版社 2003 年 1344 页〔中华人民共和国地方志丛书〕
b15602734 K295.25 X259 2003

杨庄社区志
济南市天桥区杨庄社区志编纂委员会编 樊长征主编 济南 济南出版社 2006 年 1141 页〔中华人民共和国地方志丛书〕
b20952399 K295.21 T343Y 2006

济南市天桥区政协志
济南市天桥区政协志编纂委员会编 陈世荣主编 济南 济南文建印刷厂 2002 年 440 页
b20015161 D628.524 C432 2002

济南市天桥区教育志
济南市天桥区教育志编纂委员会编 济南 山东人民出版社 1999 年 695 页
b15300560 G527.521 T343 1999

历城区

历城县志
山东省历城县志编纂委员会编 赵延君主编 济南 济南出版社 1990 年 538 页
b13178866 K295.24 L441

济南市历城区志 1986–2007
济南市历城区地方史志编纂委员会编 韩士春主编 北京 方志出版社 2014 年 862 页〔中华人民共和国地方志丛书〕
b46376707 K295.21 H182 2014

大官庄村志
大官庄村志编纂委员会编 夏继东主编 济南 大官庄村志编纂委员会 2016 年 211 页
b49938599 K295.25 D1354 2016

大辛庄村志 1773–2016
大辛庄村志编纂委员会编 许建胜主编 济南 大辛庄村志编纂委员会 2017 年 357

页〔中华人民共和国地方志丛书〕
b50727333 K295.25 D13691 2017

盖家沟村志
济南市历城区盖家沟村志编纂委员会编 盖守岭主编 香港 科学艺术文化出版社 2009年 270页
b20533202 K295.25 G349 2009

合二庄村志
济南市历城区合二庄村志编纂委员会编 刘西德主编 北京 中国文史出版社 2017年 361页〔中华人民共和国地方志丛书〕
b50747538 K295.25 H283 2017

华山镇志
济南市历城区华山镇镇志编纂委员会编 刘存新主编 济南 济南市历城区华山镇志编纂委员会 2010年 250页
b49472124 K295.25 H529 2010

孙村村志 新石器时期-2008
孙村村志编纂委员会编 王寅祥主编 济南 孙村村志编纂委员会 2009年 373页
b36129288 K295.25 S7661 2009

孙村镇志 420-2008
孙村镇人民政府编 王寅祥 周和平主编 济南 孙村镇人民政府 2009年 574页
b36128442 K295.25 S7669 2009

西顿邱志
西顿邱志编纂委员会编 王淑亮 周和平主编 济南 黄河出版社 2012年 451页
b4666810x K295.25 X1197 2012

祝甸村志
祝甸村志编纂委员会编 济南 祝甸村志编纂委员会 1995年 138页
b20018204 K295.25 Z745C 1995

祝甸史志
济南市历城区祝甸史志编纂委员会编 王起鹏主编 香港 中国文化出版社 2007年 261页
b18806569 K295.25 Z745 2007

历城政协志 1984-2002
政协济南市历城区第五届委员会编 陈茂棠主编 济南 济南彩印厂 2002年 138页
b18805589 D628.524 C425 2002

济南市历城区军事志 1840-2005
济南市历城区军事志编纂委员会编 罗矗 赵超 高振宏主编 济南 济南市历城区军事志编纂委员会 2011年 394页
b46011432 E289.521 L4411 2011

济南市历城区建设志 1976-2006
卢秀峰 李浩主编 济南 济南市历城区建设委员会 2008年 165页
b2094990x F299.275.21 L792 2008

济南市历城区教育志 1986-2007
庞振福主编 济南 山东大学出版社 2010年 399页
b21763847 G527.521 L441 2010

历城区教育志
济南市历城区教育委员会编 济南 历城区教育志办公室 1988年 246页
b17736286 G527.521 J181 1988

历城文化志 1949-2010
济南市历城区文化志编纂委员会编 王德福主编 济南 济南市历城区文化志编纂委员会 2012年 243页
b47415319 K295.21 L4411D 2012

济南市历城区水利志
济南市历城区水利志编纂委员会编 陈长中 张忠炎主编 济南 济南鲁水计算机开发公司 1994 年 280 页
b20534796 TV-092 C415 1994

长清区

长清县志
长清县志编纂委员会编 曹维新主编 济南 济南出版社 1992 年 600 页
b45839864 K295.24 C3467 1992

济南市长清区志 1986–2008
济南市长清区志编纂委员会编 陶明东主编 北京 方志出版社 2014 年 2 卷 1294 页〔中华人民共和国地方志丛书〕
b46551359 K295.21 C346 2014

济南市长清区军事志 1840–2005
济南市长清区军事志编纂委员会编 付少柱 王伟主编 济南 济南继东彩艺印刷公司 2009 年 517 页
b20882762 E289.521 C346 2009

长清一中百年校志 1904–2004
王正岳主编 济南 长清一中 2004 年 352 页
b18176173 G639.285.21 W235 2004

章丘区

章丘县志
杨积清主编 济南 济南出版社 1992 年 687 页
b10564202 K295.24 Z374

章丘市志 1986–2005
章丘市地方史志编纂委员会编 穆向阳 高长海主编 北京 中华书局 2009 年 840 页〔中华人民共和国地方志丛书〕
b20883183 K295.23 Z374 2009

大寨村志
山东省章丘市文祖镇大寨村志编纂委员会编 孙继昌主编 香港 中国国际文化出版社 2011 年 541 页〔中华人民共和国地方志丛书〕
b47352796 K295.25 D1368 2011

刁镇志
章丘市刁镇刁镇志编纂委员会编 李庆山主编 济南 山东省地图出版社 2001 年 531 页
b17505690 K295.25 D471 2001

官庄村志
山东省章丘市官庄街道官庄村志编纂委员会编 王化平主编 北京 中国文联出版社 2016 年 445 页
b47306750 K295.25 G6391 2016

旧军庄志
旧军庄志编纂委员会编 孟宪杰主编 北京 中国文史出版社 2014 年 522 页
b47052132 K295.25 J599 2014

龙山村志
山东省章丘市龙山街道办事处 龙山村志编纂委员会编 赵克村主编 香港 中国国际文化出版社 2010 年 594 页〔中华人民共和国地方志丛书〕
b40935061 K295.25 L742 2010

三德范庄志 1368–2002
山东省章丘市文祖镇三德范庄志编纂委员会编 张福经主编 北京 中国文化出版社 2006 年 505 页〔中华人民共和国地方志丛书〕

b20019750　K295.25　S145　2006

相公庄志

山东省章丘市相公庄志编纂委员会编　郑新道主编　济南　济南出版社　1998 年　567 页〔中华人民共和国地方志丛书〕
b20098856　K295.25　X264　1998

向高村志　1465–2009

山东省章丘市宁家埠镇向高村村志编纂委员会编　耿广荣主编　北京　团结出版社　2010 年　597 页
b49963016　K295.25　X315　2010

绣惠镇志

绣惠镇志编纂委员会编　张志铭主编　济南　山东省地图出版社　2002 年　502 页〔中华人民共和国地方志丛书〕
b16426149　K295.25　X547　2002

朱家峪村志　1369–2012

朱家峪村志编纂委员会编　赵中家主编　北京　中国文史出版社　2015 年　590 页
b47206858　K295.25　Z697　2015

章丘公安志　1941–2008

章丘公安志编委会编　高照华主编　济南　山东省地图出版社　2010 年　763 页
b21766307　D675.23　Z374　2010

章丘市军事志　1840–2005

章丘市军事志编纂委员会编　张焕利　车积成主编　济南　山东新华印刷厂　2011 年　353 页
b45453871　E289.524　Z374　2011

山东明水经济开发区志

山东明水经济开发区志编纂委员会编　明水　山东明水经济开发区志编纂委员会　2012 年　401 页
b41235125　F127.524　Z374　2012

山东明水铝土矿志　957–1985

袁廷章主编　莱芜　莱芜市印刷厂　1986 年　288 页〔山东省冶金企事业志丛书〕
b45479926　F426.1　S253　1986

章丘电业志　1958–2008

章丘电业志编纂委员会编　王化龙编　香港　中国出版社　2008 年　372 页
b44915457　F426.61　Z374　2008

章丘工业志　1949–2015

章丘工业志编纂委员会编　王其坤主编　北京　中国文史出版社　2016 年　661 页〔中华人民共和国地方志丛书〕
b49682647　F427.521　Z374　2016

章丘广播电视志

章丘广播电视志编纂委员会编　张其太主编　济南　山东省地图出版社　2003 年　440 页
b45480369　G229.275.24　Z374　2003

章丘教育志　1840–1995

章丘市教育志编纂委员会编　柴本棠主编　章丘　章丘市教育印刷厂　1997 年　365 页
b2010506x　G527.523　Z374　1997

章丘教育志　1998–2003

章丘市教育局编　牛余和主编　章丘　章丘市教育局　2003 年　253 页
b5006695x　G527.523　Z374C　2003

章丘方言志

高晓虹著　济南　齐鲁书社　2011 年　348 页〔山东方言志丛书〕
b21864986　H172.1　G254Z　2011

章丘市地名志
章丘市地名志编纂委员会编 济南 黄河出版社 1999年 406页
b16325199 K925.23 Z374 1999

章丘市妇幼保健院志
章丘市妇幼保健院志编纂委员会编 张治国主编 北京 中国文史出版社 2016年 352页
b50070472 R197.5 Z374 2016

章丘市水利志 1986–2008
章丘市水利志编纂委员会编 张戬利主编 北京 中国国际文化出版社 2009年 362页
b20883171 TV–092 Z354 2009

平阴县

平阴县志
平阴县地方史志编纂委员会编 夏宗江主编 济南 济南出版社 1991年 451页〔中华人民共和国地方志丛书〕
b10760568 K295.24 P613

平阴县志 1988–2003
平阴县地方史志编纂委员会编 熊泽功主编 北京 方志出版社 2006年 857页
b16646964 K295.24 P613 2006

东关村志
东关村志编纂委员会编 邱斗俊主编 北京 中国文史出版社 2016年 435页
b47560526 K295.25 D58231 2016

孝直村志
孝直村志编纂委员会编 殷景玉主编 北京 中华书局 2010年 622页
b40426051 K295.25 X359 2010

平阴政协志 1981–2005
政协山东省平阴县委员会编 杨庆法 陈学民主编 济南 政协山东省平阴县委员会 2006年 269页
b20140034 D628.524 P6139 2006

平阴法院志 1942–2014
平阴县人民法院编 李忠林主编 北京 中国文史出版社 2015年 722页
b49471958 D926.22 P613 2015

平阴县军事志 1840–2005
平阴县军事志编纂委员会编 杜卫东 刘忠和主编 济南 山东新华印刷厂 2012年 314页
b45453305 E289.524 P613 2012

孝直村文化志
孝直村文化志编纂委员会编 殷景玉主编 北京 中国文史出版社 2013年 2卷 1148页
b44851327 G127.525 X359 2013

孝直村文化志 第2卷
平阴县孝直镇孝直村村民委员会编 殷景玉主编 北京 中国文史出版社 2017年 510页
b4995054x G127.525 X359C 2017

平阴一中校志 1954–2004
平阴一中校志编写组编 胡怀孟主编 平阴 平阴一中校志编写组 2004年 83页
b20140022 G639.285.24 P613 2004

山东平阴风物志
杨庆法主编 北京 中国戏剧出版社 2004年 443页
b18571748 K295.24 P613S 2004

平阴玫瑰志
平阴县人民政府主办 平阴县史志办公室编 李秀芝主编 北京 中国楹联出版社 2009年 220页
b20882944 S685.120.292 L421 2009

济阳县

济阳县志
济阳县志编纂委员会编 李惠广 平志海主编 济南 济南出版社 1994年 683页〔中华人民共和国地方志丛书〕
b10532882 K295.24 J181

济阳县志 1991–2011
济阳县志编纂委员会编 刘斌 赵明法主编 北京 方志出版社 2015年 2卷 1099页〔中华人民共和国地方志丛书〕
b49625512 K295.24 J181C 2015

崔寨镇志
崔寨镇志编纂委员会编 济阳 崔寨镇志编纂委员会 2016年 492页
b49489859 K295.25 C822 2016

回河镇志
回河镇志编纂委员会编 平志海主编 济阳 回河镇志编纂委员会 2012年 447页
b40742817 K295.25 H691 2012

前街村志
前街村志编纂委员会编 赵中峰主编 济阳 前街村志编纂委员会 2006年 439页
b36129094 K295.25 Q2284 2006

曲堤镇志
曲堤镇志编纂委员会编 平志海主编 济阳 曲堤镇志编纂委员会 2013年 600页
b45479914 K295.25 Q562 2013

仁风镇志
仁风镇志编纂委员会编 赵明法主编 北京 中国文史出版社 2015年 740页〔中华人民共和国地方志丛书〕
b47352899 K295.25 R193 2015

孙耿镇志
孙耿镇志编纂委员会编 赵明法主编 济南 济南出版社 2010年 431页
b21765297 K295.25 S768 2010

中共济阳县委党校志
中共济阳县委党校编 济阳 中共济阳县委党校 2005年 175页
b20105289 D261.41 Z6444 2005

济阳县军事志
济阳县军事志编纂委员会编 马智凯主编 济南 山东新华印刷厂 2009年 364页
b46011456 E289.524 J181 2009

济阳油区志
济阳油区志编纂委员会编 济阳 济阳油区志编纂委员会 2014年 282页
b50729299 F426.22 J1819 2014

济阳公路志 1961–2016
济阳公路志编纂委员会编 济南 济南出版社 2017年 480页
b50064964 F542.852.4 J181 2017

济阳市政园林志
济阳市政园林志编纂委员会编 济阳 济阳市政园林志编纂委员会 2015年 379页
b46995365 TU984.252.4 J181 2015

济阳县水利志
济阳县水利志编纂委员会编 李春荣主编 济阳 济阳县水利志编纂委员会 1991年

292 页
b18805565 TV-092 L3917 1991

商河县

商河县志
商河县志编纂委员会编 姜国新 王新华主编 济南 济南出版社 1994 年 612 页
b13202704 K295.24 S297

商河县志 1991–2010
商河县史志编纂委员会编 陈丽梅主编 北京 方志出版社 2017 年 941 页〔中华人民共和国地方志丛书〕
b49991073 K295.24 S297C 2017

怀仁镇志
怀仁镇志编纂委员会编 庞佃军主编 北京 中国文史出版社 2016 年 569 页
b49598363 K295.25 H558 2016

商河乡村志
商河县史志办编 陈丽梅主编 济南 济南出版社 2015 年 913 页
b46668147 K295.25 S297 2015

商河政协志 1981.8–2008.6
商河政协志编纂委员会编 李兆吉主编 商河 商河政协志编纂委员会 2010 年 201 页
b46562205 D628.524 S297 2010

商河县建设志 1975–2011
商河县住房和城乡建设管理委员会编 张英俊主编 济南 济南出版社 2011 年 306 页
b37531165 F299.275.24 S297 2011

商河县林业志
商河县林业志编纂委员会编 穆同贵主编 香港 大中华文化出版社 2011 年 202 页
b50234262 F326.275.24 S297 2011

商河县农业局志 1985–2015
商河县农业局志编纂委员会编 李东武主编 济南 山东人民出版社 2017 年 357 页
b50255368 F327.524 L392 2017

商河油区志
商河油区志编纂委员会编 李仁毅主编 北京 方志出版社 2004 年 316 页
b21570097 F426.22 L416 2004

商河县水利志
商河县水利志编纂委员会编 王笃聪主编 商河 商河县水利志编纂委员会 1991 年 312 页
b20016542 TV-092 W214 1991

商河县水利志 1991–2005
商河县水务局编 刘家俊主编 香港 中国出版社 2007 年 189 页
b46377438 TV-092 W214 2007

青岛市

青岛市志 第 1 卷 海港志
青岛市史志办公室编 寿杨宾主编 北京 新华出版社 1994 年 291 页
b13763817 K295.23 Q4642

青岛市志 第 1 卷 大事记卷 1978–2005
青岛市史志办公室编 高克力总编 北京 方志出版社 2011 年 566 页〔中华人民共和国地方志丛书〕
b22458888 K295.23 Q4642D 2011

青岛市志 第 1 卷 精编
青岛市史志办公室编 高克力总编 王现军 段祥泰卷主编 青岛 中国海洋大学出版社 2013 年 456 页〔中华人民共和国地方志丛书〕
b46442595 K295.23 Q4642E 2013

青岛市志 第 2 卷 邮电志
青岛市史志办公室编 杜淑华主编 北京 新华出版社 1994 年 225 页
b13808953 K295.23 Q4642

青岛市志 第 2 卷 城市卷 1978–2005
青岛市史志办公室编 高克力总编 王现军 段祥泰卷执行主编 北京 方志出版社 2012 年 522 页〔中华人民共和国地方志丛书〕
b40503343 K295.23 Q4642D 2012

青岛市志 第 3 卷 教育志
青岛市史志办公室编 管惠远等主编 北京 新华出版社 1994 年 379 页
b13808941 K295.23 Q4642

青岛市志 第 3 卷 1–2 经济卷 1978–2005
青岛市史志办公室编 高克力总编 王现军 段祥泰卷执行主编 北京 方志出版社 2012 年 486 页〔中华人民共和国地方志丛书〕
b40647626 K295.23 Q4642D 2012

青岛市志 第 4 卷 卫生志
青岛市史志办公室编 杨秉钧主编 北京 新华出版社 1994 年 355 页
b1380893x K295.23 Q4642

青岛市志 第 4 卷 政治卷 1978–2005
青岛市史志办公室编 高克力总编 王现军 段祥泰卷执行主编 北京 方志出版社 2013 年 559 页〔中华人民共和国地方志丛书〕
b45444912 K295.23 Q4642D 2012

青岛市志 第 5 卷 体育志
青岛市史志办公室编 刘向东主编 北京 新华出版社 1994 年 305 页
b13808928 K295.23 Q4642

青岛市志 第 5 卷 文化卷 1978–2005
青岛市史志办公室编 高克力总编 王现军 段祥泰卷执行主编 北京 方志出版社 2013 年 633 页〔中华人民共和国地方志丛书〕
b45444900 K295.23 Q4642D 2012

青岛市志 第 6 卷 交通志
青岛市史志办公室编 郑世侗等总编 秦玉生卷主编 北京 新华出版社 1995 年 526 页
b13808916 K295.23 Q4642

青岛市志 第 6 卷 社会卷 1978–2005
青岛市史志办公室编 高克力总编 王现军 王书高执行主编 北京 方志出版社 2017 年 491 页〔中华人民共和国地方志丛书〕
b50862704 K295.23 Q4642D 2012

青岛市志 第 7 卷 外事志 侨务志
青岛市史志办公室编 郑世侗等总编 林治柏 张仁光卷主编 北京 新华出版社 1995 年 306 页
b13808904 K295.23 Q4642

青岛市志 第 8 卷 军事志
青岛市史志办公室编 郑世侗等总编 夏德利卷主编 北京 新华出版社 1995 年 376 页
b13808898 K295.23 Q4642

青岛市志 第 9 卷 水利志
青岛市史志办公室编 郑世侗等总编 吕志仁卷主编 北京 新华出版社 1995 年 407 页
b13808886 K295.23 Q4642

青岛市志 第 10 卷 水产志
青岛市史志办公室编 郑世侗等总编 李泽祚卷主编 北京 新华出版社 1995 年 316 页
b13808874 K295.23 Q4642

青岛市志 第 11 卷 环保志 环卫志
青岛市史志办公室编 王焕兴 毕建军主编 北京 中国大百科全书出版社 1996 年 351 页
b13808540 K295.23 Q4642

青岛市志 第 12 卷 计量标准志 物价志
青岛市史志办公室编 于吉喜主编 北京 中国大百科全书出版社 1996 年 295 页
b13808539 K295.23 Q4642

青岛市志 第 13 卷 医药志
青岛市史志办公室编 韩冠裕主编 北京 中国大百科全书出版社 1996 年 266 页
b13808527 K295.23 Q4642

青岛市志 第 14 卷 工商行政管理志
青岛市史志办公室编 张承珠主编 北京 中国大百科全书出版社 1996 年 280 页
b13808552 K295.23 Q4642

青岛市志 第 15 卷 盐业志
青岛市史志办公室编 北京 中国大百科全书出版社 1996 年 243 页
b13808473 K295.23 Q4642

青岛市志 第 16 卷 民政志
青岛市史志办公室编 王永章主编 北京 中国大百科全书出版社 1996 年 316 页
b13808564 K295.23 Q4642

青岛市志 第 17 卷 财政税务审计志
青岛市史志办公室编 刘守惠 许金銮主编 北京 中国大百科全书出版社 1996 年 306 页
b1380845x K295.23 Q4642

青岛市志 第 18 卷 农业志
青岛市史志办公室编 徐良玉主编 北京 中国大百科全书出版社 1996 年 384 页
b13808576 K295.23 Q4642

青岛市志 第 19 卷 社团志
青岛市史志办公室编 孙炳岳主编 北京 新华出版社 1997 年 365 页
b13808588 K295.23 Q4642

青岛市志 第 20 卷 公用事业志
青岛市史志办公室编 郑斌 张文彦主编 北京 新华出版社 1997 年 261 页
b13808436 K295.23 Q4642

青岛市志 第 21 卷 自然地理志 气象志
青岛市史志办公室编 万廷森 王福志主编 北京 新华出版社 1997 年 480 页
b13808497 K295.23 Q4642

青岛市志 第 22 卷 方言志
青岛市史志办公室编 李行杰主编 北京 新华出版社 1997 年 257 页
b1380859x K295.23 Q4642

青岛市志 第 23 卷 园林绿化志
青岛市史志办公室编 李金广主编 北京 新华出版社 1997 年 253 页
b13808448 K295.23 Q4642

青岛市志 第 24 卷 海洋志
青岛市史志办公室编 李文渭主编 北京 新华出版社 1997 年 297 页
b13808606 K295.23 Q4642

青岛市志 第 25 卷 民族宗教志
青岛市史志办公室编 陈廷耀主编 北京 新华出版社 1997 年 219 页
b13808618 K295.23 Q4642

青岛市志 第 26 卷 新闻出版志 档案志
青岛市史志办公室编 高纪明 藤长福主编 北京 新华出版社 1997 年 381 页
b1380862x K295.23 Q4642

青岛市志 第 27 卷 市政工程志
青岛市史志办公室编 吕为成主编 北京 新华出版社 1998 年 316 页
b13808412 K295.23 Q4642

青岛市志 第 28 卷 海关志
青岛市史志办公室编 江景渭主编 北京 新华出版社 1998 年 317 页
b13808394 K295.23 Q4642

青岛市志 第 29 卷 机械冶金工业志
青岛市史志办公室编 董植斋主编 北京 新华出版社 1998 年 431 页
b13808631 K295.23 Q4642

青岛市志 第 30 卷 文化志 风俗志
青岛市史志办公室编 时桂山 阎立津主编 北京 新华出版社 1998 年 397 页
b13808485 K295.23 Q4642

青岛市志 第 31 卷 公安司法志
青岛市史志办公室编 李家乐 张志杰主编 北京 新华出版社 1998 年 328 页
b13808643 K295.23 Q4642

青岛市志 第 32 卷 供销合作社志
青岛市史志办公室编 李凤忠主编 北京 新华出版社 1998 年 273 页
b13808655 K295.23 Q4642

青岛市志 第 33 卷 纺织工业志
青岛市史志办公室编 曾繁铭主编 北京 新华出版社 1999 年 282 页
b13808667 K295.23 Q4642

青岛市志 第 34 卷 科学技术志
青岛市史志办公室编 姜华山主编 北京 新华出版社 1999 年 327 页
b13808679 K295.23 Q4642

青岛市志 第 35 卷 电力工业志
青岛市史志办公室编 于金涛 陆贵池主编 北京 新华出版社 1999 年 244 页
b13808680 K295.23 Q4642

青岛市志 第 36 卷 劳动志
青岛市史志办公室编 卫道光主编 北京 新华出版社 1999 年 381 页
b13808692 K295.23 Q4642

青岛市志 第 37 卷 金融志
青岛市史志办公室编 李昭丰 李廷清主编 北京 新华出版社 1999 年 306 页
b13808709 K295.23 Q4642

青岛市志 第 38 卷 人物志
青岛市史志办公室编 北京 五洲传播出版社 2002 年 603 页
b14084831 K295.23 Q4642

青岛市志 第 39 卷 二轻工业志
青岛市史志办公室编 北京 新华出版社 1999 年 289 页
b13808503 K295.23 Q4642

青岛市志 第 40 卷 政协志
青岛市史志办公室编 吕温泉主编 北京 新华出版社 1999 年 433 页
b13808424 K295.23 Q4642

青岛市志 第 41 卷 土地志 地震志
青岛市史志办公室编 许国新主编 北京 新华出版社 1999 年 422 页
b13808710 K295.23 Q4642

青岛市志 第 42 卷 房产志
青岛市史志办公室编 柳耀南主编 北京 新华出版社 1999 年 305 页
b13808515 K295.23 Q4642

青岛市志 第 43 卷 城市规划建筑志
青岛市史志办公室编 贾国芬主编 北京 新华出版社 1999 年 391 页
b13808400 K295.23 Q4642

青岛市志 第 44 卷 旅游志
青岛市史志办公室编 吴佩钦主编 北京 新华出版社 1999 年 436 页
b13808722 K295.23 Q4642

青岛市志 第 45 卷 粮食志
青岛市史志办公室编 王垲孔主编 北京 新华出版社 2000 年 309 页
b13808734 K295.23 Q4642

青岛市志 第 46 卷 电子仪表工业志
青岛市史志办公室编 刘宝庆主编 北京 新华出版社 2000 年 332 页
b13808746 K295.23 Q4642

青岛市志 第 47 卷 一轻工业志 建材工业志
青岛市史志办公室编 高爱琴 王莉主编 北京 新华出版社 2000 年 375 页
b1380876x K295.23 Q4642

青岛市志 第 48 卷 沿革区划志
青岛市史志办公室编 段祥泰主编 北京 新华出版社 2000 年 311 页
b13808965 K295.23 Q4642

青岛市志 第 49 卷 物资志
青岛市史志办公室编 孙建嵩主编 北京 五洲传播出版社 2000 年 357 页
b13808771 K295.23 Q4642

青岛市志 第 50 卷 大事记
青岛市史志办公室编 高国耀 王柴 郑真何总编 吕日让卷主编 北京 五洲传播出版社 2000 年 628 页
b13808783 K295.23 Q4642

青岛市志 第 51 卷 化学工业志
青岛市史志办公室编 刘毓源主编 北京 五洲传播出版社 2000 年 341 页
b13808862 K295.23 Q4642

青岛市志 第 52 卷 商业志
青岛市史志办公室编 高国耀 王柴 郑真何总编 纪家伟等卷主编 北京 五洲传播出版社 2000 年 352 页
b13808795 K295.23 Q4642

青岛市志 第 53 卷 民主党派青岛地方组织志
青岛市史志办公室编 高国耀总编 北京 五洲传播出版社 2001 年 262 页
b13808850 K295.23 Q4642

青岛市志 第 54 卷 人口志
青岛市史志办公室编 高国耀等总编 北京 五洲传播出版社 2001 年 311 页
b13808849 K295.23 Q4642

青岛市志 第 55 卷 对外经济贸易志
青岛市史志办公室编 申同顺主编 北京

五洲传播出版社 2001 年 364 页
b13808837　K295.23 Q4642

青岛市志　第 56 卷 中国共产党青岛地方组织志
青岛市史志办公室编 高国耀等总编 张绍麟卷主编 北京 五洲传播出版社 2001 年 335 页
b13808825　K295.23 Q4642

青岛市志　第 56 卷 总目录
青岛市史志办公室编 北京 五洲传播出版社 2002 年 726 页
b15300559　K295.23 Q4642

青岛市志　第 57 卷 方志志
青岛市史志办公室编 高国耀主编 北京 五洲传播出版社 2002 年 504 页
b16447530　K295.23 Q4642

青岛市志　第 58 卷 政权志
青岛市史志办公室编 吴本新主编 北京 五洲传播出版社 2002 年 555 页
b16447517　K295.23 Q4642

青岛社团志
青岛市志社团志编委会编 孙炳岳主编 青岛 青岛市志社团志编委会 1993 年 385 页
b49533733　C232.523 Q464 1993

青岛市人民代表大会志　1949.9–2000.6
青岛市人大常委会办公厅编 青岛 青岛市人大常委会办公厅 2000 年 225 页
b46669103　D624.523 Q464 2000

青岛市军事志　1891–2005
青岛市军事志编纂委员会编 洪迪主编 青岛 青岛市军事志编纂委员会 2011 年 671 页
b45453330　E289.523 Q464 2011

青岛市四方区军事志　1388–2005
青岛市四方区军事志编纂委员会编 徐玉彬主编 青岛 青岛市四方区军事志编纂委员会 2012 年 212 页
b45453342　E289.523 Q464S 2012

青岛经济技术开发区图志　1984–2013
青岛市黄岛区史志办公室编 薛维来主编 北京 方志出版社 2015 年 349 页
b49658190　F127.523-64 Q464 2015

青岛市工商行政管理志　1891–1990
青岛市工商行政管理志编纂委员会编 张承珠主编 北京 新华出版社 1996 年 477 页
b45841147　F203.9 Q464 1996

青岛市工商行政管理志　1991–2005
青岛市工商行政管理局编 北京 中国工商出版社 2008 年 558 页〔山东省工商行政管理志丛书〕
b21569940　F203.9 Q464 2008

青岛市水产志
青岛市水产局编 青岛 青岛出版社 1994 年 429 页
b45841007　F326.475.23 Q464 1994

青岛化工厂志
青岛化工厂志编审委员会编 青岛 青岛化工厂志编审委员会 1997 年 306 页
b50347536　F426.7 Q464 1997

青岛啤酒厂志
青岛啤酒厂编 刘嵘主编 青岛 青岛出版社 1993 年 225 页
b45479896　F426.82 Q464 1993

青岛铁路分局志 1991–1999
青岛铁路分局史志编纂委员会编 刘允缔 李云祥执行主编 北京 中国铁道出版社 2000 年 604 页
b49789521 F532.852–09 Q464 2000

青岛港志 1978–2005
青岛港集团有限公司编 青岛 青岛港（集团）有限公司 2006 年 2 卷 444 页
b18078126 F552.752.3 Q464 2006

青岛邮电志
青岛市邮电局史志编纂委员会编 青岛 青岛市邮电局史志编纂委员会 1988 年 262 页
b21569952 F632.752.3 Q464 1988

青岛市农村金融志 1897–1988
中国农业银行青岛市分行编 孙宝山主编 青岛 中国农业银行青岛市分行 1990 年 380 页
b47243338 F832.35 S7657 1990

青岛广播电视志 1979–2005
青岛广播电视志编纂委员会编 楼树军主编 北京 中国广播电视出版社 2009 年 602 页
b2088297x G229.275.23 Q464 2009

青岛市广播电视志 1933–1990
青岛市广播电视志编纂委员会编 董建钧主编 北京 知识出版社 1995 年 338 页
b44749685 G229.275.21 D594 1995

青岛教育图志 1891–2011
青岛市教育局编著 周民书主编 青岛 青岛出版社 2012 年 181 页
b44749533 G527.523–64 Q464 2012

青岛市教育志 第 1 卷 征求意见稿
王锡衔主编 青岛 青岛市教育史志办公室 1991 年 油印本 284 页
b20182168 G527.523 Q464 1991

山东省青岛第十七中学志 1954–2014
山东省青岛第十七中学志编纂委员会编 张应奎主编 青岛 青岛出版社 2014 年 298 页
b46562242 G639.285.23 S2536 2014

青岛世纪图志
青岛市史志办公室编 高国耀主编 北京 方志出版社 2001 年 334 页
b13834617 K295.23 Q4642Q

山东大学（青岛）人物志
山东大学青岛校友会编 北京 海洋出版社 1991 年 312 页
b20045116 K820.852 S2533 1991

青岛文物志
青岛市史志办公室编 青岛市文物局编 王现军 魏书训主编 北京 中国出版社 2004 年 202 页
b17457750 K872.523 Q464 2004

山东科技大学校园植物志
毛春英著 / 摄影 汤建渝著 北京 中国农业出版社 2016 年 462 页
b50246483 Q948.525.23 M242 2016

青岛医学院院志 1946–1995
田广渠 王乃魁 王兰佳主编 青岛 青岛医学院 1996 年 358 页
b50017202 R–40 Q464 1996

青岛市市立医院院志 1916–2016
青岛市市立医院院志编委会编 青岛 青岛

出版社 2016 年 533 页
b49655747 R197.3 Q464 2016

青岛优秀建筑志
青岛市史志办公室编 青岛市建设委员会编 青岛 青岛出版社 2006 年 352 页
b20469172 TU-881.2 Q464 2006

青岛市水利志
青岛市水利志编委会编 青岛 青岛出版社 1996 年 440 页
b17676605 TV-092 Q4642 1996

市南区

青岛市市南区志
青岛市市南区史志编纂委员会编 刘宇主编 北京 方志出版社 2017 年 2 册 976 页
b5058165x K295.23 Q464S 2017

亢家庄志
亢家庄志编纂委员会编 亢正鼎主编 北京 方志出版社 2016 年 654 页〔中华人民共和国地方志丛书〕
b50016568 K295.25 K197 2016

黄岛区

黄岛简志
黄岛区史志编纂委员会编 丁明俊主编 北京 五洲传播出版社 2002 年 459 页〔新编青岛地方志简本〕
b16430098 K295.24 H655 2002

黄岛区志
青岛市黄岛区地方史志编纂委员会办公室编 李伟主编 济南 齐鲁书社 1995 年 591 页
b10636523 K295.24 H655

胶南县志
山东省胶南县史志编纂委员会编 黄绪义主编 北京 新华出版社 1991 年 633 页〔中华人民共和国地方志丛书〕
b10624831 K295.24 J367

西南庄村志
西南庄村志编纂委员会编 丁绍华主编 北京 线装书局 2017 年 420 页〔青岛西海岸新区史志丛书〕
b50748014 K295.25 X1196 2017

胶南市军事志 前 476–2005
胶南市军事志编纂委员会编 张新礼主编 胶南 胶南市军事志编纂委员会 2011 年 346 页
b45840271 E289.523 J367 2011

青岛市黄岛区军事志 1840–2005
青岛市黄岛区军事志编纂委员会编 赵学佐主编 青岛 青岛市黄岛区军事志编纂委员会 2009 年 180 页
b45453329 E289.523 Q464H 2009

岁月之歌 胶南一中 60 史志 1952–2012
胶南市第一中学年校庆筹备办公室编 胶南 胶南市第一中学 60 年校庆筹备办公室 2012 年 294 页
b50727217 G639.285.23 Q464H 2012

青岛经济技术开发区青岛市黄岛区志 1984–2005
青岛经济技术开发区史志办公室编 薛维来主编 北京 方志出版社 2013 年 843 页
b45625268 K295.23 Q4642H 2013

胶南人物志
胶南市史志编纂委员会编 彭煜文主编 香港 香江出版有限公司 2005 年 238 页

〔胶南地方志丛书〕
b49533411　K820.852.4　J367　2005

山东省胶南县地名志
胶南县地名委员会编　青岛　青岛胶南印刷厂　1990年　641页
b19732624　K925.24　J367　1990

崂山区

崂山县志
山东省崂山县志编纂委员会编　青岛　青岛出版社　1990年　959页〔中华人民共和国地方志丛书〕
b10630740　K295.24　L243

崂山区志
青岛市崂山区志编纂委员会编　北京　方志出版社　2008年　782页
b19329209　K295.23　Q464M　2008

崂山简志
崂山区史志编纂委员会编　北京　五洲传播出版社　2002年　473页〔新编青岛地方志简本〕
b16430062　K295.24　L243　2002

崂山区图志　风物卷
青岛市崂山区地方志编纂委员会编　王明谊主编　济南　黄河出版社　2011年　280页〔崂山志鉴丛书　青岛市崂山区志鉴丛书〕
b47071175　K295.23-64　Q464L　2011

崂山区图志　村落卷
青岛市崂山区地方志编纂委员会编　王明谊主编　济南　黄河出版社　2013年　339页〔崂山志鉴丛书　青岛市崂山区志鉴丛书〕
b47071278　K295.23-64　Q464LS　2013

北崂村志
北崂村志编纂委员会编　胡孝达主编　北京　方志出版社　2013年　314页〔青岛市崂山区新编地方志丛书〕
b40658636　K295.25　B3164　2013

北龙口村志
青岛市崂山区北龙口村志编纂委员会编　胡维荣主编　北京　方志出版社　2008年　327页〔青岛市崂山区新编地方志丛书〕
b22359588　K295.25　B3165　2008

北宅街道志
北宅街道志编纂委员会编　青岛　北宅街道志编纂委员会　2007年　403页〔青岛市崂山区新编地方志丛书〕
b21567116　K295.23　Q464LB　2007

大埠东村志
大埠东村志编纂委员会编　辛克恩主编　北京　中国国际文化出版社　2011年　364页
b36317986　K295.25　D1351　2011

大麦岛村志
青岛市崂山区大麦岛村志编纂委员会编　王珍芬主编　北京　五洲传播出版社　2003年　382页
b23003029　K295.25　D135　2003

沟崖村志
沟崖村志编纂委员会编　兰州　兰州大学出版社　2006年　238页〔青岛市崂山区新编地方志丛书〕
b18198417　K295.25　G469　2006

南龙口村志
南龙口村志编纂委员会编　许京岷主编　济南　黄河出版社　2010年　255页
b22431135　K295.255　N161　2010

秦家土寨村志
秦家土寨村志编纂委员会编 秦世皋主编 香港 天马出版有限公司 2008 年 169 页〔青岛市崂山区新编地方志丛书〕
b46102073 K295.25 Q448 2008

沙子口街道志
沙子口街道志编纂委员会编 魏福强 朱鹏主编 青岛 沙子口街道志编纂委员会 2007 年 466 页〔青岛市崂山区新编地方志丛书〕
b36128545 K295.21 S231 2007

石老人村志
臧忠卓主编 香港 中国国际文化出版社 2008 年 2 卷〔青岛市崂山区新编地方志丛书〕
b21007627 K295.25 S4737 2008

石湾村志
石湾村志编纂委员会编 曲智瑜主编 济南 黄河出版社 2013 年 385 页〔青岛志览丛书 青岛市崂山区新编地方志丛书〕
b49963326 K295.25 S475 2013

书院村志
书院村志编纂委员会编 蓝忠云主编 香港 天马出版公司 2010 年 217 页〔青岛市崂山区新编地方志丛书〕
b20951474 K295.25 S542 2010

王哥庄村志 1404–2008
王哥庄村志编委会编 香港 中国国际文化出版社 2010 年 340 页〔青岛市崂山区新编地方志丛书〕
b20951735 K295.25 W2179 2010

王哥庄街道志
王哥庄街道志编纂委员会编 辛志海主编 青岛 王哥庄街道志编纂委员会 2007 年 330 页〔青岛市崂山区新编地方志丛书〕
b36247996 K295.25 W2179W 2007

王家村社区志
王家村社区志编纂委员会编 王崇省主编 济南 黄河出版社 2012 年 287 页〔青岛志鉴丛书〕
b47415125 K295.25 W2191 2012

文张村志
王玉柱主编 香港 天马出版有限公司 2009 年 202 页〔青岛市崂山区新编地方志丛书〕
b20883109 K295.25 W388 2009

午山村志
午山村志编委会编 王中武主编 北京 中国国际文化出版社 2010 年 275 页〔青岛市崂山区新编地方志丛书〕
b20951929 K295.25 W537 2010

张家村村志
张家村村志编纂委员会编 蓝秀云主编 青岛 张家村村志编纂委员会 2015 年 290 页〔青岛市崂山区新编地方志丛书〕
b46996291 K292.25 Z354 2015

张家下庄志
张家下庄志编辑委员会编 张卫东 张云生主编 济南 山东友谊出版社 2013 年 362 页
b44749594 K295.25 Z354 2013

中韩街道志
中韩街道志编纂委员会编 刘金华主编 青岛 中韩街道志编纂委员会 2007 年 429 页〔青岛市崂山区新编地方志丛书〕
b36248034 K295.25 Z643 2007

崂山志

青岛市史志办公室编 王现军 张子忠 段祥泰主编 北京 五洲传播出版社 2003年 462页

b15315009 K928.3 Q464 2003

崂山绿石志

李凤海著 青岛 青岛出版社 2004年 190页

b16475239 TS933.21 L394 2004

李沧区

青岛市沧口区志

青岛市沧口区志编纂委员会编 董军主编 北京 中国出版社 2004年 481页

b16859571 K295.23 Q4642C 2004

李沧区志 1994–2004

青岛市李沧区地方史志编纂委员会编 陈兴泉主编 北京 方志出版社 2009年 682页〔中华人民共和国地方志丛书〕

b20466778 K295.23 Q4642C 2009

毕家上流村志 1465–2010

毕琛名 毕元爱 毕兆斌主编 济南 黄河出版社 2010年 235页〔青岛市李沧区新编地方志丛书〕

b22428811 K295.25 B395 2010

大枣园村志

青岛市李沧区大枣园村志编纂委员会编 王建海主编 北京 方志出版社 2011年 384页

b36133413 K295.25 D136 2011

李家上流村志

李家上流村志编纂委员会编 李存业主编 济南 黄河出版社 2016年 280页〔青岛市李沧区新编地方志丛书〕

b50246689 K295.25 L3977 2016

毛公地村志

毛公地村志编纂委员会编 刘君山 刘延传 刘宝传主编 济南 黄河出版社 2010年 219页〔青岛市李沧区新编地方志丛书〕

b2243088x K295.25 M242 2010

青岛郑庄村志

郑庄村志编纂委员会编 徐修太主编 北京 中国出版社 2006年 260页

b18209026 K295.25 Z545 2006

青岛市李沧区军事志 1949–2005

青岛市李沧区军事志编纂委员会编 孙开刚主编 青岛 青岛市李沧区军事志编纂委员会 2012年 305页

b46011845 E289.523 Q464L 2012

青岛市李沧区教育志 1898–2002

甄孝刚主编 北京 中国出版社 2005年 272页

b47106141 G527.523 L391 2005

城阳区

城阳区志 1994–2005

青岛市城阳区地方志编纂委员会编 北京 中华书局 2006年 820页〔山东省地方志丛书〕

b18621958 K295.23 Q4642Y 2006

东流亭社区志

东流亭社区志编纂委员会编 刘世洁主编 北京 方志出版社 2014年 422页〔青岛市城阳区地方志丛书〕

b45969759 K295.25 X188D 2014

东宅子头社区志 1403–2011
东宅子头社区志编纂委员会编 王裕卷主编 济南 黄河出版社 2014 年 288 页〔青岛市城阳区地方志丛书〕
b47317085 K295.25 D5829 2014

河套街道志
河套街道志编纂委员会编 刘哲传主编 济南 黄河出版社 2010 年 783 页〔青岛市城阳区地方志丛书〕
b40649118 K295.23 Q464CH 2010

红埠村志 1368–2008
红埠村志编纂委员会编 于兴江主编 青岛 红埠村志编纂委员会 2009 年 323 页〔青岛市城阳区新编地方志丛书〕
b20882725 K295.25 H419 2009

棘洪滩镇志 1370.1–2001.6
刘好军主编 济南 黄河出版社 2009 年 669 页〔青岛市城阳区地方志丛书〕
b40743391 K295.25 J136 2009

流亭街道志
流亭街道志编纂委员会编 袁春久主编 济南 黄河出版社 2011 年 482 页〔青岛市城阳区地方志丛书〕
b45839803 K295.25 L698 2011

上马街道志
上马街道志编纂委员会编 吴元珍主编 济南 黄河出版社 2011 年 713 页〔青岛市城阳区地方志丛书〕
b37531050 K295.25 S322 2011

洼里村志
洼里村志编纂委员会编 胡孝泽主编 济南 山东省地图出版社 2008 年 287 页〔青岛城阳区地方志丛书〕
b20404712 K295.25 W111 2008

惜福镇街道志
惜福镇街道志编纂委员会编 苏世津主编 济南 黄河出版社 2014 年 608 页〔青岛市城阳区地方志丛书〕
b51072464 K295.25 X114 2014

夏庄街道志
夏庄街道志编纂委员会编 栾复林主编 济南 黄河出版社 2011 年 524 页〔青岛市城阳区地方志丛书〕
b37531086 K295.25 X188 2011

小庄社区志
小庄社区志编纂委员会编 王迎东主编 北京 中国书籍出版社 2014 年 290 页〔青岛市城阳区地方志丛书〕
b47206688 K295.25 X3477 2014

杨家村社区志
杨家村社区志编纂委员会编 矫庭本主编 济南 黄河出版社 2014 年 327 页〔青岛市城阳区地方志丛书〕
b46442492 K295.25 Y236 2014

城阳公路志 1994.8–2011.12
胡孝潭主编 济南 山东省地图出版社 2012 年 521 页〔青岛市城阳区地方志丛书〕
b40649301 F542.852.3 Q464C 2012

即墨区

即墨县志
即墨县县志编纂委员会编 韩乃桂主编 北京 新华出版社 1991 年 1017 页〔中华人民共和国地方志丛书〕
b10633959 K295.24 J142

即墨市志
即墨市史志编纂委员会编 张可先主编 北京 方志出版社 2007年 3卷 803页〔中华人民共和国地方志丛书〕
b18261826 K295.23 J142J 2007

即墨简志
即墨市史志编纂委员会编 北京 五洲传播出版社 2002年 539页〔新编青岛地方志简本〕
b16430086 K295.24 J142 2002

北阁村志
青岛即墨市潮海街道北阁村志编纂委员会编 李知生主编 即墨 青岛即墨市潮海街道北阁村志编纂委员会 2017年 314页〔即墨市新编地方志丛书〕
b50993811 K295.25 B3163 2017

即墨市村庄志
即墨市史志办公室编 北京 中国文史出版社 2002年 486页
b15329872 K295.23 J142 2002

即墨市环秀街道胡家村村志
即墨市环秀街道胡家村村志编纂委员会编 范永双主编 北京 中国文史出版社 2017年 161页
b50993549 K295.25 H472 2017

即墨市金口镇志
即墨市金口镇志编纂委员会编 隋宗波主编 北京 中国和平出版社 2005年 258页〔即墨市新编地方志丛书〕
b20019610 K295.25 J4774 2005

即墨市通济街道办事处志
即墨市通济街道办事处志编纂委员会编 杨国强主编 北京 中国和平出版社 2005年 265页〔即墨市新编地方志丛书〕
b46667878 K295.25 J142 2005

南泉村志 1840–1988
南泉村民委员会编 王兵诚主编 即墨 南泉村民委员会 1990年 233页
b16140540 K295.25 N161N 1990

田横镇志
田横镇志编纂委员会编 刁艳艳主编 济南 山东省地图出版社 2008年 285页〔即墨市新编地方志丛书〕
b20018861 K295.25 T354 2008

庄头村志
庄头村志编纂委员会编 即墨 即墨市中山印刷厂 1999年 287页
b16142391 K295.25 J142Z 1999

即墨市人民代表大会志
即墨市人大志编纂委员会编 刘诰训 黄秉德编辑 北京 方志出版社 2012年 993页
b40426087 D624.524 J142 2012

即墨政协志
即墨市政协教科文卫体与文史工作委员会编 梁友全主编 北京 中国和平出版社 2006年 449页
b47243302 D628.523 J142 2006

即墨市残疾人联合会志
即墨市残疾人联合会编 方绍平主编 深圳 深圳华新彩印制版公司 2009年 219页
b21763823 D669.69-232 J142 2009

即墨市工商行政管理志 2003–2010
即墨市工商行政管理志编纂委员会编 刘诰训 黄秉德编辑 青岛 青岛出版社 2011

年 350 页
b37531451 F123.82 J142 2011

即墨经济开发区志 1992–2003
即墨经济开发区志编纂委员会编 北京 中国和平出版社 2006 年 460 页〔即墨市新编地方志〕
b36248472 F127.524 J142 2006

即墨县劳动志
即墨县劳动志编纂委员会编 陈德瑞著 即墨 即墨县劳动志编纂委员会 1990 年 235 页
b49963661 F249.275.24 J142 1990

即墨市农业志
即墨市农业志编纂委员会编 于学德主编 北京 中国和平出版社 2005 年 356 页〔即墨市新编地方志丛书〕
b49803232 F327.524 J142 2005

即墨市市场志
即墨市市场志编纂委员会编 江顺世主编 兰州 兰州大学出版社 2003 年 189 页〔即墨市新编地方志丛书〕
b49982448 F727.524 J142 2003

即墨市农村金融志
中国农业银行即墨市支行编 即墨 中国农业银行即墨市支行 1992 年 391 页
b49803220 F832.752.4 J142 1992

即墨市文化志
即墨市文化志编纂委员会编 江志礼主编 北京 中国和平出版社 2010 年 381 页
b22430283 G127.523 J142 2010

即墨日报社志
即墨日报社志编纂委员会编 姜可起主编 兰州 兰州大学出版社 2003 年 137 页〔即墨市新编地方志丛书〕
b49982436 G219.245.24 J142 2003

即墨市教育志 1988–2002
即墨市教育志编纂委员会编 兰州 兰州大学出版社 2003 年 342 页〔即墨市新编地方志丛书〕
b16428535 G527.523 J142 2003

即墨二中志 1952–2012
即墨二中志编纂组编 即墨 即墨二中志编纂组 2012 年 201 页
b47415083 G639.285.24 J1425 2012

山东省即墨一中志 1904–2004
山东省即墨一中志编纂委员会编 李瑞玲主编 兰州 兰州大学出版社 2004 年 252 页〔即墨市新编地方志丛书〕
b36247534 G639.285.24 J142 2004

即墨师范学校志
即墨师范学校志编纂委员会编著 王梓贤主编 济南 山东画报出版社 2015 年 339 页
b46668950 G659.285.24 J142 2015

马山志
即墨市政协文史资料委员会编 于保业 华仲琪主编 即墨 即墨市政协文史资料委员会 1999 年 263 页
b18176331 K295.23 M142 1999

即墨人物志
即墨市史志办公室编 傅瑞珉主编 北京 中国和平出版社 2005 年 281 页〔即墨市新编地方志丛书〕
b36248484 K820.852.3 F494 2005

即墨市海洋与海岛志
即墨市史志办公室编 张可先主编 济南 黄河出版社 2014 年 265 页
b4637727x P7-12 J142 2014

即墨市中医医院志
即墨市中医医院志编纂委员会编 刘国祥主编 北京 方志出版社 2013 年 230 页
b50247086 R199.2 J142 2013

即墨市水利志
即墨市水利志编纂委员会编 华泽峤 解本法主编 兰州 兰州大学出版社 2003 年 274 页〔即墨市新编地方志丛书〕
b20136274 TV-092 H529 2003

胶州市

胶州市志
胶州市志编纂委员会编 北京 新华出版社 1992 年 1038 页〔中华人民共和国地方志丛书〕
b10624764 K295.23 J367

胶州市志 1987–2013
胶州市史志编纂委员会编 李兆进主编 北京 方志出版社 2017 年 915 页〔中华人民共和国地方志丛书〕
b51332449 K295.23 J367C 2017

胶州简志
胶州市史志编纂委员会编 张启勋主编 北京 五洲传播出版社 2002 年 512 页〔新编青岛地方志简本〕
b36248046 K295.23 J367J 2002

李哥庄村志
胶州市李哥庄村志编纂委员会编 北京 中国出版社 2006 年 430 页
b2013664x K295.25 L395 2006

南坦村志
南坦村志编纂委员会编 高令义主编 胶州 南坦村志编纂委员会 2011 年 473 页
b47317115 K295.25 N1619 2011

胜利村志
胶州市胜利村志编撰委员会编 北京 方志出版社 2004 年 526 页
b15300614 K295.23 J367S 2004

胶州市文化志 1840–1987
胶州市文化志办公室编 蔡铁原主编 胶州 胶州市文化志办公室 1992 年 372 页
b3637944x G127.523 J367 1992

胶州市教育体育志 下卷 胶州市体育志 1985–2007
胶州市教育体育志编纂委员会编 徐州 中国矿业大学出版社 2011 年 318 页
b36090396 G527.523 J367 2011

胶州市教育体育志 上卷 胶州市教育志 1985–2007
胶州市教育体育志编纂委员会编 徐州 中国矿业大学出版社 2011 年 422 页
b36090396 G527.523 J367 2011

胶州市教育志
赵培禄主编 胶州 胶州市教育志编纂者 1987 年 油印本 483 页
b20102380 G527.524 J367 1987

胶县土壤志
胶县土壤普查办公室编 胶县 胶县土壤普查办公室 1983 年 71 页
b20102379 S159.252.4 J367 1983

胶州市水利志
胶州市水利志编纂委员会编 王德枢主编 胶州 胶州市第二装潢印刷厂 1995年 418页
b20534905 TV-092 J367 1995

平度市

平度县志
山东省平度县地方史志编纂委员会编 魏景瑞主编 青岛 山东省平度县地方史志编纂委员会 1987年 820页〔中华人民共和国地方志丛书〕
b12314535 K295.24 W356

平度市志 1986-2005
平度市史志编纂委员会编 徐明堂主编 北京 方志出版社 2015年 2卷 824页〔中华人民共和国地方志丛书〕
b47051279 K295.24 P612E 2015

平度简志
平度市史志编纂委员会编 北京 五洲传播出版社 2002年 502页〔新编青岛地方志简本〕
b16429977 K295.24 P612 2002

黄哥庄村志
黄哥庄村志编写委员会编 王显乐主编 平度 黄哥庄村志编写委员会 1996年 124页
b23003340 K295.25 H657 1996

李园街道村志
平度市李园街道村志编纂委员会编 王洪业主编 北京 方志出版社 2006年 970页〔青岛·平度地方志〕
b17490972 K295.25 P612L 2006

蓼兰镇志
平度市蓼兰镇人民政府编 平度市蓼兰镇志编纂委员会编 倪平主编 平度 平度市蓼兰镇志编纂委员会 2010年 199页〔山东省平度市新编地方志丛书〕
b21569034 K295.25 L549 2010

南村镇志
平度市南村镇编 北京 中国出版社 2006年 378页〔平度市新编地方志丛书〕
b17564815 K295.25 N1611 2006

平度市李园街道志
王洪业主编 北京 方志出版社 2004年 357页〔山东省平度市地方志〕
b20951000 K295.23 P612L 2004

平度市蟠桃镇志
山东省平度市蟠桃镇志编纂委员会编 张志忠 王洪业主编 平度 山东省平度市蟠桃镇志编纂委员会 2001年 288页〔山东省青岛市地方志丛书〕
b16449319 K295.25 P165 2001

同和街道志
平度市同和街道史志编纂委员会编 窦文成主编 北京 中国出版社 2006年 307页〔山东省平度市地方志丛书〕
b17457269 K295.23 P612T 2006

平度市人民代表大会志
平度市人大志编委会编 吴清晓主编 北京 中央文献出版社 2009年 1115页
b20533688 D624.523 P612 2009

平度市军事志
平度市军事志编纂委员会编 平度 平度市军事志编纂委员会 2009年 425页
b21592974 E289.523 P612 2009

山东省平度经济开发区志 1992–2012
山东省平度经济开发区志编纂委员会编 董玉玲编 北京 中国文史出版社 2012年 317页
b41235848 F127.524 P612 2012

平度市公路志
山东省平度市公路管理局编 傅鸿云主编 北京 中国出版社 2005年 266页〔平度市新编地方志丛书〕
b21001376 F542.852.4 P612 2005

平度粮食志
平度粮食志编纂委员会编 葛智太主编 北京 中国国际文化出版社 2009年 434页
b20918549 F724.721 G348 2009

平度县教育志 清末–1984
平度县教育局教育志编写组编 平度 山东省平度县教育局 1985年 285页
b20404001 G527.524 P612 1985

平度方言志
于克仁著 北京 语文出版社 1992年 268页〔山东方言志丛书〕
b19733963 H172.1 Y725 1992

平度民俗志
徐明堂主编 长春 吉林科学技术出版社 2012年 316页
b49963168 K892.452.4 P612 2012

山东省平度市地名志
平度市民政局编 王文涛主编 平度 平度市民政局 2017年 586页〔平度市地名志丛书〕
b50817371 K925.24 P612 2017

平度市人民医院志 1944–2002
平度市人民医院志编纂委员会编 刘翠寿主编 平度 平度市人民医院志编纂委员会 2004年 411页
b49938824 R199.2 P162 2004

平度市水利志
平度水利志编纂委员会编 赵云楠主编 青岛 工贸联营青岛包装印刷厂 1990年 288页
b21857611 TV–092 P6122 1990

莱西市

莱西县志
山东省莱西县志编纂委员会编 济南 山东人民出版社 1989年 977页〔中华人民共和国地方志丛书〕
b10647351 K295.24 L145

莱西市志 1988–2005
莱西市志编纂委员会编 李冰主编 北京 方志出版社 2011年 748页〔中华人民共和国地方志丛书〕
b36133759 K295.24 L1459 2011

后庄扶村志
后庄扶村志编纂委员会编 赵秀连主编 北京 方志出版社 2015年 408页
b47082446 K295.25 H4439 2015

解家泽口村志
解家泽口村志编纂委员会编 香港 美迪出版社 2004年 420页〔莱西地方志丛书〕
b16449101 K295.25 J448 2004

刘建村村志
莱西市南墅镇史志办公室刘建村村志编纂委员会编 丁世忠主编 莱西 莱西市南

墅镇史志办公室刘建村村志编纂委员会 2003 年 232 页
b23002748 K295.25 L678 2003

南龙湾庄村志
莱西经济开发区史志办公室 南龙湾庄村志编纂委员会编 李言军主编 莱西 莱西经济开发区史志办公室 2003 年 421 页
b36245951 K295.25 N1618 2003

南墅村村志
南墅村村志编纂委员会编 莱西 南墅村村志编纂委员会 200- 年 211 页
b23003066 K295.25 N1617

水集二村志
莱西市水集二村志编纂委员会编 姜殿平主编 青岛 青岛出版社 2010 年 243 页
b20883055 K295.25 S614 2010

孙受乡志
孙受乡志编纂领导小组编 吴松青主编 莱西 孙受乡志编纂领导小组 1986 年 351 页
b23003844 K295.25 S777 1986

望城镇志 1840–1985
望城镇志编纂委员会编 莱西 望城镇志编纂委员会 1985 年 221 页
b20577904 K295.25 W2581 1985

咸家屯村志
咸家屯村志编纂委员会编 莱西 咸家屯村志编纂委员会 2004 年 338 页
b16635528 K295.25 X214 2004

朱沟村志
朱沟村志编写组编 香港 美迪出版社 2003 年 465 页
b36247893 K295.25 Z695 2003

莱西市军事志 1840–2005
莱西市军事志编纂委员会编 迟敬道主编 济南 山东新华印刷厂 2012 年 289 页
b46011638 E289.523 L1458 2012

莱西市城乡建设志
莱西市城乡建设局编 张爱凌主编 济南 山东省地图出版社 2008 年 341 页〔莱西市地方志丛书〕
b45417532 F299.275.24 L145 2008

莱西教育志 1840–1987
莱西县教育史志办公室编 王继力主编 莱西 莱西五中印刷厂 1990 年 320 页
b20102574 G527.524 L145 1990

莱西市第三中学志 1957–2003
莱西市第三中学志编委会编 赵德奎主编 莱西 莱西市第三中学志编委会 2004 年 245 页
b20102586 G639.285.2 L1458 2004

莱西市卫生志
莱西市卫生局编 周宝云主编 莱西 莱西市卫生局 2005 年 323 页
b4474920x R199.2 L145 2005

莱西市水利志
莱西市水利志编纂委员会编 孙永胜主编 莱西 莱西市水利志编纂委员会 1996 年 329 页
b21857301 TV–092 S7797 1996

淄博市

淄博市志
淄博市志编纂委员会编 赵加洋 荣炳华主编 北京 中华书局 1995 年 2 卷 2481 页
b10617127 K295.23 Z842

淄博市志 1986–2002
淄博市市志编纂委员会编 毕建国主编 北京 方志出版社 2013年 3卷 2299页
b44810775 K295.23 Z842 2013

淄博市简志
淄博市志办公室编 淄博 淄博市志办公室 1985年 390页
b19415138 K295.23 Z842J 1985

林家村志
林家村志编委会编著 王行山 李钢发主编 北京 九州出版社 2014年 731页
b46011584 K295.25 L586 2014

淄博市人口志
淄博市计划生育委员会编 淄博 淄博市新闻出版局 2002年 696页
b19932972 C924.255.23 Z842 2002

淄博市工运志
淄博市总工会编 吴茂杰主编 北京 华龄出版社 1989年 648页
b49790146 D412.852.3 Z842 1989

淄博高新技术产业开发区公安志
淄博高新技术产业开发区公安志编纂委员会编 董俊生主编 济南 黄河出版社 2010年 322页
b46011353 D631 Z842 2010

淄博市民政志
范世训 张振华主编 淄博 淄博市民政局 1993年 494页
b20953215 D675.23 F199 1993

淄博市军事志 前1101–2005
淄博市军事志编纂委员会编 罗衍义主编 淄博 淄博市军事志编纂委员会 2010年 1100页
b45453937 E289.523 Z842 2010

淄博高新技术产业开发区志
淄博高新技术产业开发区志编纂委员会编 侯希智主编 北京 方志出版社 2003年 441页
b47009500 F127.523 Z842 2003

齐鲁石化工商行政管理志
淄博市工商行政管理局齐鲁石化分局编 展奎华主编 北京 中国工商出版社 2015年 450页〔淄博市工商志丛书〕
b49938198 F203.9 Z842 2015

淄博市审计志 1983–2007
淄博市审计志编纂委员会编 成锡钶主编 淄博 淄博市审计志编纂委员会 2008年 390页〔淄博市直部门(行业、单位)志〕
b45570711 F239.227.523 Z841 2008

淄博市物资志
司海江主编 北京 中国物资出版社 1993年 499页
b49963089 F259.275.23 Z842 1993

原山林场志
孙建博主编 香港 中国出版社 2006年 470页〔中华人民共和国地方志丛书〕
b21571156 F326.275.2 S771 2006

齐鲁石化公司胜利炼油厂志
胜利炼油厂厂志编纂委员会编 王永良主编 北京 企业管理出版社 1995年 891页
b49962966 F426.22 S445 1995

齐鲁石化供应公司志
齐鲁石化供应公司史志编纂委员会编 高灼宣主编 深圳 海天出版社 1997年

601 页
b49705155　F426.72 Q138 1997

山东方大工程有限责任公司志　1990–2015
袁霖辉主编 淄博 山东方大工程有限责任公司 2016 年 402 页
b49625901　F426.1 S2532 2016

山东先河悦新机电股份有限公司志　1986–2011
山东先河悦新机电股份有限公司志编纂委员会编 刘华主编 济南 山东友谊出版社 2013 年 403 页
b49963673　F426.4 S253 2013

新华志　第 3 卷 2003–2009
山东新华医药集团有限责任公司编 于公福主编 淄博 山东新华医药集团责任公司 2010 年 450 页
b50347780　F426.77 S253 2010

中国第四砂轮厂厂志　1950–1985
王永鸣主编 淄博 第四砂轮厂 1987 年 662 页
b50318421　F426.4 Z6462 1987

中国石油化工股份有限公司齐鲁分公司塑料厂志　2002–2011
塑料厂史志编纂委员会编 王飞主编 济南 山东科学技术出版社 2012 年 646 页
b50269008　F426.73 Z842 2012

淄博矿业集团公司志　1990–2011
淄博矿业集团公司志编纂委员会编 张道纶主编 北京 煤炭工业出版社 2013 年 997 页
b41234601　F426.1 Z842 2013

淄博市电业志
淄博市电业志编纂领导小组编 于德泰主编 淄博 山东电子工业印刷厂 1986 年 360 页
b21766733　F426.61 Z842 1986

淄博冶金志　1948–1987
淄博冶金志编纂委员会编 葛启明主编 淄博 淄博冶金工业总公司淄博冶金志编纂委员会 1997 年 321 页
b49705209　F426.3 Z842 1997

淄博公路志
淄博市公路管理局编 淄博 淄博市公路管理局 1992 年 175 页
b2157148x　F542.852.3 Z842 1992

淄博市物价志
淄博市物价志编纂委员会编 宋建设主编 北京 中华书局 2007 年 579 页
b42293431　F726.752.3 Z842 2007

淄博外贸志
淄博市对外贸易局编 于学勤主编 淄博 山东出版总社淄博分社 1988 年 375 页
b49550421　F752.852.3 Z842 1988

淄博市财政志
翟纯生主编 北京 华龄出版社 1991 年 199 页
b44748930　F812.752.3 Z842C 1991

淄博市地方税务志　1994–2011
淄博市地方税务志编纂委员会编 于波主编 济南 齐鲁书社 2012 年 471 页
b4474951x　F812.752.3 Z842 2012

齐商银行志
齐商银行志编纂委员会编 侯全明主编 济南 山东画报出版社 2017 年 658 页
b50255381　F832.752.3 H429 2017

山东省淄博市文化志资料汇编
淄博市文化志编纂组编 淄博 淄博日报社印刷厂 1982-1984 年 3 卷 618 页
b19932303 G127.523 Z842 1982

山东省淄博市文化志资料汇编 续集
山东省淄博市文化局文化志办公室编 莱芜 莱芜市印刷厂 1986 年 555 页
b19932315 G127.523 Z842C 1986

淄博文化志 1949-2002
淄博文化志编纂委员会编 刘心德主编 北京 中华书局 2005 年 780 页
b17457671 G127.523 L692 2005

淄博市青少年宫志
淄博市青少年宫志编纂委员会编 韩其东 车玲主编 淄博 淄博市青少年宫 2012 年 173 页
b40649246 G244-092 Z842 2012

淄博市图书馆志
刘玉湘主编 北京 中国文史出版社 2013 年 414 页
b44851339 G259.275.23 Z842 2013

淄博市博物馆馆志
张永政主编 北京 文物出版社 2008 年 256 页
b20953197 G269.275.23 Z842 2008

淄博市科学技术志
淄博市科学技术委员会编 王明德主编 济南 山东科学技术出版社 1992 年 332 页
b4953337x G322.752.3 Z842 1992

淄博市科学技术志 1986-2003
淄博市科学技术志编纂委员会编 周元军主编 北京 中华书局 2007 年 799 页
b4953287x G322.752.3 Z842 2007

淄博市教育志
淄博市教育志办公室编 淄博 淄博市教育志办公室 1987 年 418 页
b20953203 G527.523 Z842 1987

淄博市教育志 1986-2000
淄博市教育志编纂委员会编 青岛 青岛海洋大学出版社 2001 年 744 页
b17183042 G527.523 Z842 2001

淄博市教育志资料汇编 第 1 集 1840-1937
淄博市教育志编写办公室编 淄博 淄博市教育志编写办公室 1984 年 200 页
b20047265 G527.523 Z842Z 1984

淄博市教育志资料汇编 第 2 集 1937-1949
淄博市教育志编写办公室编 淄博 淄博市教育志编写办公室 1984 年 132 页
b20047265 G527.523 Z842Z 1984

齐鲁石化公司技工学校志
技工学校史志编纂委员会编 岳振生主编 北京 方志出版社 1997 年 372 页
b47009408 G719.285.2 Q138 1997

淄博市工业学校校志 1971-2011
淄博市工业学校校庆办公室编 朱建华主编 淄博 淄博市工业学校校庆办公室 2011 年 150 页
b40649234 G719.285.23 Z842 2011

淄博市体育志 1950-2002
张安禄 王敦浦主编 北京 方志出版社 2003 年 312 页
b47009512 G812.752.3 Z345 2003

淄博风物志
山东省出版总社淄博办事处编 济南 山东人民出版社 1985 年 172 页
b18280596 K295.23 S253 1985

淄博市文物志 初稿
淄博市文物志编纂组 淄博 淄博市文物志编纂组 1984 年 243 页
b21766745 K872.523 Z842 1984

山东省地名录 淄博市
淄博市地名委员会办公室编 于尧读主编 济南 山东省地图出版社 1990 年 491 页
b20018848 K925.23 Z842C 1990

淄博市地名志
山东省淄博市地名委员会办公室编 于尧读主编 济南 山东省地图出版社 1989 年 428 页
b20018885 K925.23 Y726 1989

淄博疾控志 1953–2012
淄博疾控志编辑委员会编 翟慎永主编 北京 方志出版社 2015 年 996 页
b47358531 R183 Z842 2015

淄博市中心医院志
李忠泰 潘秉章主编 北京 方志出版社 2010 年 394 页
b22364936 R197.3 Z842 2010

齐都药业志
齐都药业志编纂委员会编 崔平安主编 淄博 齐都药业志编纂委员会 2011 年 486 页
b49625548 R199.2 Z842C 2011

淄博市医药志
山东省淄博市医药公司编 淄博 山东省淄博市医药公司 1989 年 235 页
b21766757 R199.2 Z842 1989

淄博市水利志
淄博市水利志编纂领导小组编 吴振华主编 淄博 淄博市水利志编纂领导小组 1994 年 242 页
b20142213 TV–092 Z842 1994

张店区

张店区志
山东省淄博市张店区志编纂委员会编 牛余星主编 北京 中国友谊出版公司 1991 年 709 页
b16424736 K295.23 Z842X 1991

张店区志 1988–2002
张店区地方史志编纂委员会编 李颖 常绍孔主编 北京 中华书局 2008 年 681 页
b19023376 K295.23 Z842X 2008

城东村志
城东村志编纂委员会编 孙守年主编 淄博 大中华出版社 2011 年 459 页
b46995031 K295.25 C4666 2011

沣水镇志
淄博市张店区沣水镇志编纂小组编 淄博 张店区沣水镇人民政府 1986 年 335 页
b20534255 K295.25 F363 1986

傅山村志
淄博张店区傅山村志编纂委员会编 肖丕堂主编 济南 山东人民出版社 2001 年 578 页〔中华人民共和国地方志丛书〕
b15300584 K295.25 Z348F 2001

傅山村志 2000–2010
淄博高新技术产业开发区傅山村志编纂委员会编 彭荣均主编 济南 山东人民出版社 2012 年 529 页〔中华人民共和国地方志丛书〕
b37531505 K295.25 Z348F 2012

卫固村志
卫固村志编纂委员会编 祝宗林主编 北京 中国文史出版社 2015 年 405 页
b49950241 K295.25 W354 2015

张赵村志
张赵村志编纂委员会编 乔乃杰主编 深圳 深圳金豪毅彩色印刷公司 2008 年 493 页
b20018009 K292.25 Z369 2008

张店区政协志 1961–2011
政协淄博市张店区委员会编 刘守坤主编 香港 泰山文艺出版社 2011 年 626 页
b41235538 D628.523 Z842Z 2011

淄博市张店区军事志 1925–2005
淄博市张店区军事志编纂委员会编 李培亮 孙君明主编 淄博 淄博市张店区军事志编纂委员会 2011 年 476 页
b45840945 E289.523 Z842Y 2011

张店区商业志 1115–1986
山东省淄博市张店区商业局编志办公室编 叶鉴平主编 淄博 淄博市张店区商业局 1988 年 505 页
b44917223 F727.523 Z842Z 1988

张店区教育志
张店区教育志编写办公室编 田家荣 张慎平 崔殿厚编纂 淄博 张店区教育志编写办公室 1986 年 269 页
b20181656 G527.523 Z348 1986

张店区水利志
淄博市张店区水利志编纂委员会编 孙兆坤主编 淄博 淄博市张店区水利志编纂委员会 1991 年 198 页
b20141774 TV–092 S779 1991

淄川区

淄川区志
山东省淄博市淄川区区志编纂委员会编 李文主编 济南 齐鲁书社 1990 年 1008 页
b16449617 K295.23 Z842Y 1990

淄川区志 1986–2002
淄川区志编纂委员会编 王世增 褚国城主编 北京 中华书局 2008 年 946 页
b36248642 K295.23 Z842Y 2008

查王村志 1949–2009
查王村志编纂委员会编 车献梁主编 北京 中华书局 2011 年 681 页
b40424546 K295.25 Z256 2011

城二村志
白富远主编 淄博 淄博前进印刷厂 1992 年 325 页
b20014077 K295.25 C4662 1992

城一村志
淄博市淄川区城一村志编纂委员会编 高明升 戚志鸿 韩京城主编 北京 中华书局 1999 年 401 页〔中华人民共和国地方志丛书〕
b17151612 K295.25 C466 1999

城张村志 1565–2005
淄博市淄川区城张村志编纂委员会编 司

艳声主编 济南 山东省地图出版社 2007 年 432 页〔中华人民共和国地方丛书〕
b18008069 K295.25 C4661 2007

金马村志
金马村志编纂委员会编 李世忠主编 北京 线装书局 2017 年 446 页
b50016386 K295.25 J4775 2017

渭二村志
渭二村志编纂委员会编 张高华 王嘉祥 王谋鑫主编 北京 中华书局 2001 年 382 页〔中华人民共和国地方志丛书〕
b15587800 K295.25 L742 2001

西关一村志
淄博市淄川区西关一村志编纂委员会编 孙即全 王志 李毓宽主编 北京 中华书局 1998 年 514 页〔中华人民共和国地方志丛书〕
b16426794 K295.25 X119X 1998

淄城镇志
淄城镇志编纂委员会编 李作贵主编 济南 山东省地图出版社 2001 年 558 页〔中华人民共和国地方志丛书〕
b14083966 K295.25 Z842

淄川区人口与计划生育志 1949–2013
淄川区人口和计划生育局编 王丽君主编 北京 方志出版社 2013 年 617 页
b45445011 C924.255.23 Z842Z 2013

淄川区人大志
淄川区人大常委会编 陈涟远主编 北京 中华书局 2011 年 734 页
b47540758 D624.523 Z8421 2011

淄川区政协志
淄川区政协委员会编 王秉忠主编 北京 中华书局 2014 年 589 页
b46103648 D628.523 Z842ZC 2014

淄博市淄川区军事志 999–2005
淄博市淄川区军事志编纂委员会编 李树强 杨国明主编 淄博 淄博市淄川区军事志编纂委员会 2011 年 329 页
b46996382 E289.523 Z842C

淄川区工商行政管理志
淄博市淄川区工商行政管理局编 董洪彬主编 北京 中国工商出版社 2015 年 833 页〔淄博市工商志丛书〕
b49640446 F203.9 Z842ZC 2015

淄川区财政志
邱维玉主编 北京 中华书局 2000 年 393 页
b46442005 F812.752.3 Z8421 2000

淄川区教育志 1840–1985
淄川区教育志办公室编 张勤承主编 淄博 淄博市淄川区教育志办公室 1985 年 435 页
b36014825 G527.523 Z8421 1985

博山区

博山区志
山东省淄博市博山区区志编纂委员会编 焦仁方主编 济南 山东人民出版社 1990 年 682 页〔中华人民共和国地方志丛书〕
b13275537 K295.23 Z842B

博山区志 1986–2002
淄博市博山区区志编纂委员会编 张新清主编 北京 中华书局 2010 年 568 页〔中华人民共和国地方志丛书〕
b40649404 K295.23 Z842B 2010

朱家庄志
朱家庄志编辑委员会编 朱乃农主编 北京 光明日报出版社 2016 年 400 页
b50065518 K295.25 Z6979 2016

博山区人大志
宋元爱主编 香港 中国文化出版社 2008 年 640 页
b20136729 D624.523 B555 2008

淄博市博山区军事志 1457–2005
淄博市博山区军事志编纂委员会编 张复秋主编 淄博 淄博市博山区军事志编纂委员会 2012 年 546 页
b45453925 E289.523 Z842B 2012

博山区工商行政管理志
淄博市博山区工商行政管理局编 邹鹏主编 北京 中国工商出版社 2015 年 923 页〔淄博市工商志丛书〕
b50065646 F203.9 Z842ZS 2015

博山区卫生志
博山区卫生志编纂委员会编 张云春主编 北京 中国出版社 2005 年 487 页〔中华人民共和国地方志丛书〕
b46012539 R199.2 Z842B 2005

博山区饮食志
博山区地方史志办公室编 张新清主编 北京 中国文史出版社 2016 年 311 页
b49541912 TS971.2 Z842B 2016

临淄区

临淄区志
山东省淄博市临淄区志编纂委员会编 朱乐平主编 北京 国际文化出版公司 1989 年 693 页〔中华人民共和国地方志丛书〕
b11252595 K295.22 S253

临淄区志
临淄区史志编纂委员会编 王克林主编 北京 中华书局 2007 年 1178 页
b18201787 K295.23 Z842L 2007

范家村志
范家村志编纂委员会编 张文灼主编 淄博 范家村志编纂委员会 2013 年 590 页
b45452829 K295.25 F196 2013

凤凰镇志
凤凰镇志编纂委员会编 济南 齐鲁书社 2007 年 588 页
b18262314 K295.25 F413 2007

皇城镇志
皇城镇志编纂委员会编 张建平主编 济南 山东省地图出版社 2002 年 525 页〔中华人民共和国地方志丛书〕
b14883235 K295.25 H672 2002

南金村志
南金村志编纂委员会编 于启津主编 济南 山东省地图出版社 2004 年 367 页〔中华人民共和国地方志丛书〕
b16229691 K295.25 J479N 2004

辛店街道志
辛店街道地方志编纂委员会编 贾国庆主编 北京 中国出版社 2007 年 630 页
b36134090 K295.23 X446 2007

朱台镇志
朱台镇志编纂委员会编 李家刚 张永建 王晓滨主编 深圳 海天出版社 2006 年 459 页
b18620759 K295.25 L397 2006

临淄区人大志
临淄区人大常委会编 刘同信主编 北京 中国出版社 2005年 598页
b46442133 D624.523 Z842L 2005

临淄政协志
临淄政协志编纂委员会编 于守身 崔景璋主编 香港 香港新时代出版社 2004年 502页
b20139597 D628.523 Z842L 2004

淄博市临淄区军事志 前1045–2005
淄博市临淄区军事志编纂委员会编 张文博主编 淄博 淄博市临淄区军事志编纂委员会 2012年 782页
b45453949 E289.523 Z842L 2012

临淄区工商行政管理志
淄博市临淄区工商行政管理局编 原金亭 郑海波主编 北京 中国工商出版社 2015年 1005页〔淄博市工商志丛书〕
b4962555x F203.9 Z842L 2015

齐峰公司志
齐峰公司志编纂委员会编 李安东主编 淄博 齐峰公司志编纂委员会 2014年 444页
b50066511 F426.79 Z842 2014

山东辛店发电厂厂志 1972–1986
山东辛店发电厂厂志编纂委员会编 王立志 赵世平执笔 淄博 山东辛店发电厂厂志编纂委员会 1987年 2卷 371页
b49983453 F426.61 S2538 1987

临淄教育志 1840–1996
临淄区教育志编纂办公室编 临淄 临淄区教育志编纂办公室 2002年 275页
b49705131 G527.523 Z842L 2002

临淄区雪宫中学志 1983–2011
李春森 刘文昌主编 香港 泰山文艺出版社 2012年 407页
b37531669 G639.285.23 Z842L 2012

临淄文物志
临淄文物志编辑组编 张庆恩 张龙海 李剑主编 北京 中国友谊出版公司 1990年 241页
b18201660 K872.52 Z362 1990

临淄区卫生志
山东省淄博市临淄区卫生志编纂委员会编 济南 山东人民出版社 1997年 313页
b46995444 R199.2 L5818 1997

临淄区水利志
淄博市临淄区水利志编纂委员会编 淄博 山东省淄博市临淄印刷厂 1991年 251页
b20139585 TV–092 L5817 1991

周村区

周村区志
山东省淄博市周村区志编纂委员会编 翟明本主编 北京 中国社会科学出版社 1992年 736页
b13273875 K295.23 Z842Z

周村区志 1986–2002
淄博市周村区史志编纂委员会编 刘远忠主编 北京 中华书局 2005年 652页
b16574199 K295.23 Z842Z 2005

东陈村志
东陈村志编纂委员会编 李国经主编 北京 中国文化出版社 2014年 508页
b46012618 K295.25 D5822 2014

东衣村志 1368–2010
东衣村村志编纂委员会编 李厚基主编 北京 中国国际文化出版社 2011年 246页
b47414054 K295.25 D58291 2011

建国村志
淄博市周村区建国村志编纂委员会编 李国经主编 北京 中国国际文化出版社 2008年 538页
b21568492 K295.25 J295 2008

李家村志
李家村志编纂委员会编 李国经 孙方之主编 北京 中国文史出版社 2017年 406页
b50016374 K295.25 L3971 2017

李家疃村志
山东省淄博市周村区王村镇李家疃村志编纂委员会编 王焕尧主编 北京 方志出版社 2017年 192页〔中国名村志丛书〕
b50642790 K295.25 L3978 2017

胜利村志
胜利村志编纂委员会编 吴学迅主编 香港 中国国际文化出版社 2011年 552页
b37530410 K295.25 S4455 2011

淄博市周村区军事志 1840–2005
淄博市周村区军事志编纂委员会编 梅立才主编 济南 山东新华印刷厂 2010年 463页
b45453950 E289.523 Z842Z 2010

周村区工商行政管理志
淄博市周村区工商行政管理局编 展奎华 张国平主编 北京 中国工商出版社 2015年 639页〔淄博市工商志丛书〕
b49625561 F203.9 Z842Z 2015

周村区教育志 1840–1985
淄博市周村区教育志办公室编 于清源主编 淄博 淄博市周村区教育志办公室 1987年 334页
b36014813 G527.523 Z662 1987

周村区武术志
淄博市周村区武术协会编 李柱训主编 北京 中国文史出版社 2015年 439页
b49664219 G852.092 Z842Z 2015

桓台县

桓台县志
山东省桓台县史志编纂委员会编 刘宗泽主编 济南 齐鲁书社 1992年 800页〔中华人民共和国地方志丛书〕
b10604480 K295.24 H596

桓台县志 1988–2002
桓台县地方史志编纂委员会编 王松亭主编 北京 中华书局 2008年 860页
b20468672 K295.24 H596 2008

桓台县公安志
桓台县公安志编纂委员会编 张玉新主编 北京 方志出版社 2017年 774页
b50729007 D631 H596 2017

桓台县军事志 1860–2005
桓台县军事志编纂委员会编 桓台 桓台县军事志编纂委员会 2010年 436页
b45452994 E289.524 H596 2010

桓台县工商行政管理志
山东省桓台县工商行政管理局编 杨峰 孙启连 王峰主编 北京 中国工商出版社 2015年 596页〔淄博市工商志丛书〕
b50992053 F203.9 H596 2015

桓台公路志
淄博市公路管理局桓台分局编 桓台 天一印刷公司 2008 年 237 页
b20949704 F542.852.4 H596

桓台县农村信用合作联社社志
桓台县农村信用合作联社社志编纂办公室编 唐光发主编 桓台 桓台县农村信用合作联社社志编纂办公室 2014 年 378 页
b49803190 F832.35 H596 2014

桓台县水利志
桓台县水利水产局水利史志办公室编 薛廷仁主编 南京 河海大学出版社 1994 年 406 页
b20018563 TV-092 H596 1994

高青县

高青县志
高青县地方志编纂委员会编 殷在俭 刘洪海主编 北京 中国社会出版社 1991 年 568 页
b10728454 K295.24 G248

高青县志 1978–2004
高青县地方史志编纂委员会编 北京 中华书局 2005 年 731 页
b16402406 K295.24 G248 2005

三合店村志
李耕田主编 南宁 广西民族出版社 2004 年 164 页
b17359417 K295.75 G248S 2004

山东高青经济开发区 常家镇志
山东高青经济开发区管委会 常家镇党委镇政府编 邵珠泉主编 北京 中国文史出版社 2013 年 443 页
b46012710 K295.25 C345 2013

吴家村志
吴家村委编 郑述瑜主编 北京 团结出版社 2014 年 271 页
b50246501 K295.25 W491 2014

高青人大志
高青人大志编纂委员会编 刘云燕 白明河主编 济南 齐鲁书社 2011 年 670 页
b37531426 D624.524 G248 2011

高青县军事志 1840–2005
高青县军事志编纂委员会编 张道峰主编 高青 高青县军事志编纂委员会 2011 年 371 页
b45452891 E289.524 G248 2011

高青县城管志
高青县城市管理和行政执法局编 孙旭光主编 北京 方志出版社 2016 年 381 页
b47365808 F299.275.24 G248 2016

高青县林业志
高青县林业局编纂 刘云勇主编 北京 中国文史出版社 2014 年 364 页
b46903148 F326.275.24 G248 2014

高青农业综合开发志
高青县农业综合开发办公室编 孙旭光主编 北京 方志出版社 2014 年 218 页
b45969772 F327.524 G248 2014

高青县地名志
高青县地名委员会编 曹建民主编 济南 山东省地图出版社 1999 年 340 页
b15913922 K925.24 G248 1999

沂源县

沂源县志
山东省沂源县史志编纂委员会编 王学彦主编 济南 齐鲁书社 1996年 700页〔中华人民共和国地方志丛书〕
b10600036　K295.24 Y427

沂源县志 1991–2006
山东省沂源县史志编纂委员会编 尹雪原主编 北京 方志出版社 2013年 715页〔中华人民共和国地方志丛书〕
b44748759　K295.24 Y427 2013

沂源县政协志 1981.06–2008.12
政协沂源县委员会编 张和慈主编 临沂 政协沂源县委员会 2009年 418页
b50992107　D628.524 Y4279 2009

沂源县军事志 1840–2005
沂源县军事志编纂委员会编 尹雪原主编 济南 山东新华印刷厂 2011年 371页
b4666919x　E289.524 Y427 2011

院峪村文化志
逯艳等编著 济南 山东大学出版社 2017年 134页〔地域文化传播研究丛书〕
b5080635x　K295.25 Y839 2017

枣庄市

枣庄市志
枣庄市地方史志编纂委员会编 北京 中华书局 1993年 1806页
b10617462　K295.23 Z177

枣庄市志 1986–2005
枣庄市地方史志编纂委员会编 王巍波 胡爱华 王其勇主编 北京 中华书局 2016年 2卷 1871页〔中华人民共和国地方志丛书〕
b47404498　K295.23 Z177C 2016

甘泉寺志
甘泉寺志编纂委员会编 惟正主编 北京 中国艺术出版社 2012年 367页
b40649398　B947.252.3 W311 2012

枣庄市人民代表大会志
枣庄市人民代表大会志编纂委员会编 邓建基主编 北京 中国民主法制出版社 2008年 714页
b40743986　D624.523 Z177 2008

枣庄市政协志
枣庄市政协志编委会编 泰安 泰安电分彩印厂 1998年 693页
b18120933　D628.523 Z177 1998

枣庄市九三学社志
孙企 张谦勇主编 枣庄 九三学社枣庄市委员会 2007年 191页
b21803547　D665.7 Z177 2007

枣庄检察志
枣庄市人民检察院编志办公室编 邹本林主编 枣庄 枣庄市人民检察院编志办公室 1990年 243页
b47317449　D926.32 Z177 1990

枣庄市军事志 1840–2005
枣庄市军事志编纂委员会编 曹兴波主编 枣庄 枣庄市军事志编纂委员会 2011年 682页
b45453834　E289.523 Z177 2011

枣庄市工商行政管理志
枣庄市工商行政管理局编 庄允谦编纂 枣

庄 枣庄市工商行政管理局 2005年 288页.
b40864819 F203.9 Z177 2005

枣庄市物资志
周长修主编 枣庄 枣庄市物资志编纂者 1986年 174页
b49625494 F259.275.23 Z177 1986

枣庄市林业志 1840–1985
枣庄市林业局编 杨传选主编 北京 中国林业出版社 2014年 274页
b45583110 F326.275.23 Z177 2014

山家林煤矿志
枣庄矿务局山家林煤矿志编纂委员会编 杨敬喜主编 枣庄 山东省枣庄市出版管理办公室 1989年 376页
b22431688 F426.21 S252 1989

枣庄电力工业志 1911–2000
枣庄电业局编 缪建东主编 枣庄 枣庄电业局 2001年 447页
b49851524 F426.61 Z177 2001

枣庄矿务局第二机械厂志
闫广仁主笔 枣庄 山东省枣庄市出版办公室 1991年 430页
b44916930 F426.21 Z1779 1991

枣庄矿务局劳动志 1880–1986
枣庄矿务局劳动工资处编 朱昭直主笔 枣庄 枣庄矿务局劳动工资处 1989年 285页
b49964501 F426.21 Z1778 1989

枣庄煤矿志
枣庄煤矿志编纂委员会编 北京 中华书局 2001年 581页
b21766277 F426.21 Z177 2001

枣庄市对外贸易志
枣庄市对外贸易志编辑办公室编 丛金峰主编 枣庄 枣庄市对外贸易志编辑办公室 1987年 129页
b36375147 F752.852.3 Z177 1987

枣庄保险志 1950–2015
枣庄市保险行业协会编 杜林主编 枣庄 枣庄市保险行业协会 2016年 344页
b5072776x F842.752.3 Z177 2016

枣庄市教育志 1840–1985
枣庄市教育志办公室编 吴庆华主编 枣庄 枣庄市教育志办公室 1988年 159页
b19185984 G527.523 Z177 1988

枣庄市教育志 1992–2001
枣庄市教育志编纂委员会编 王胜黎主编 北京 社会科学文献出版社 2004年 332页
b19733859 G527.523 Z177 2004

枣庄市教育志续编 1986–1991
枣庄市教育志办公室编 枣庄 枣庄市教育志办公室 1994年 213页
b2157117x G527.523 Z177 1994

枣庄工业学校志
枣庄工业学校志编写组编 北京 中国矿业大学出版社 1993年 141页
b20105034 G719.285.23 Z177 1993

枣庄方言志
张凯著 济南 山东人民出版社 2011年 281页〔枣庄方言研究〕
b23105987 H172.1 Z355Z 2011

枣庄历史人物志
孙桂俭主编 上海 上海三联书店 2006年

2卷 800页
b17178605 K820.852.3 S768 2006

枣庄市文物志 初稿
枣庄市博物馆编 枣庄 枣庄市博物馆 1986年 50页
b36380374 K872.523 Z177 1986

青檀寺志
青檀寺志编委会编 孙允刚主编 枣庄 青檀寺志编委会 2011年 411页〔中国地方佛教文化史书〕
b4644337x K928.75 Q4648 2011

枣庄市地震志
枣庄市地震局编 马志峰主编 北京 新华出版社 2006年 269页
b36248113 P316.252.3 Z177 2006

枣庄市水利志
枣庄市水利志编纂委员会编 王圣轩主编 枣庄 枣庄市水利志编纂委员会 1989年 312页
b21855869 TV-092 W2297 1989

枣庄泉志
枣庄市水利和渔业局编 韩鹏主编 济南 齐鲁电子音像出版社 2005年 170页
b21855821 TV213.4 Z177 2005

薛城区

薛城区志
山东省枣庄市薛城区地方志编纂委员会编 北京 中华书局 1996年 708页〔中华人民共和国地方志丛书〕
b14351201 K295.23 X675

奚村志
枣庄市薛城区陶庄镇奚村志编纂委员会编 张联东主编 北京 方志出版社 2017年 488页〔齐鲁名村志丛书〕
b50871079 K295.25 X126 2017

市中区

市中区志
山东省枣庄市市中区地方史志编纂委员会编 徐和谦主编 北京 中华书局 1998年 1014页〔中华人民共和国地方志丛书〕
b20462116 K295.23 Z177T 1998

枣庄市市中区志 1986–2005
枣庄市市中区地方史志编纂委员会编 王光辉主编 北京 中华书局 2012年 822页〔中华人民共和国地方志丛书〕
b36168609 K295.23 Z177TC 2012

枣庄市市中区军事志 1840–2005
枣庄市市中区军事志编纂委员会编 郑沙主编 枣庄 枣庄市市中区军事志编纂委员会 2011年 247页
b46669218 E289.523 Z177S 2011

峄城区

峄城区志
山东省枣庄市峄城区史志编纂委员会编 济南 齐鲁书社 1995年 576页
b1762342x K295.23 Z177Y 1995

徐楼社区志
枣庄市峄城区坛山街道徐楼社区编 王慎春 孙法科主编 枣庄 枣庄市峄城区坛山街道徐楼社区 2015年 212页
b50779758 K295.25 X574 2015

峄城区政协志
政协枣庄市峄城区委员会编 枣庄 峄城区

文印中心 2002 年 454 页
b20046674　D628.524 Z6499 2002

枣庄市峄城区军事志 1840–2005
枣庄市峄城区军事志编纂委员会编 徐明杰主编 枣庄 枣庄市峄城区军事志编纂委员会 2011 年 467 页
b46240445　E289.523 Z177Y 2011

枣庄市峄城区地名录
峄城区地名委员会办公室编印 峄城 峄城区地名委员会办公室 1989 年 129 页
b20017960　K925.24 Y481 1989

峄城区水利志
峄城区水利志编纂领导小组编 张华峰主编 枣庄 峄城区水利志编纂领导小组 1991 年 176 页
b20141609　TV–092 Z3532 1991

台儿庄区

台儿庄区志
山东省枣庄市台儿庄区地方史志编纂委员会编 范世宜主编 济南 山东人民出版社 1993 年 611 页〔中华人民共和国地方志丛书〕
b10634186　K295.24 T151

台儿庄区水利志
台儿庄区水利志编纂小组编 徐州 徐州新华印刷厂 1986 年 95 页
b2185774x　TV–092 T1519 1986

山亭区

山亭区志
枣庄市山亭区地方史志编纂委员会编 柏效仁主编 济南 齐鲁书社 1997 年 690 页〔中华人民共和国地方志丛书〕
b20951292　K295.23 Z177S 1997

山亭区志 1983–2002
枣庄市山亭区地方史志编纂委员会编 侯成祥主编 济南 山东省地图出版社 2005 年 650 页〔中华人民共和国地方志丛书〕
b16737520　K295.23 Z177S 2005

辛召乡志
枣庄市山亭区辛召乡志编纂领导小组编 徐慎选主编 临沂 临沂市第二印刷厂 1990 年 356 页
b22432590　K295.25 X447 1990

红山峪村民俗志
田传江主编 沈阳 辽宁文化艺术音像出版社 1999 年 563 页
b46995304　K892.452 H419 1999

山亭区村名志
政协枣庄市山亭区委员会编 沙朝佩主编 济南 山东大学出版社 2017 年 2 册 592 页
b50817280　K925.23 Z177S 2017

山亭区文化志
山亭区地方史志办公室编 孙成凤主编 中国东方艺术出版社 2009 年 329 页
b20883006　G127.523 Z177S 2009

滕州市

滕县志
山东省滕州市地方史志编纂委员会编 李广星主编 北京 中华书局 1990 年 700 页〔中华人民共和国地方志丛书〕
b13209504　K295.24 T291

柴胡店镇志
董广泉编辑 滕州 滕州市八一矿区印刷厂 1988年 421页
b23190747 K295.25 C294 1988

柴胡店镇志
滕州市柴胡店镇志编纂委员会编 孔庆海主编 济南 山东省地图出版社 2012年 504页
b46011894 K295.25 C294 2012

董村社区志
董村社区志编纂委员会编 刘怀河主编 济南 山东省新闻出版局 2008年 464页
b22921527 K295.25 D593 2008

洪绪镇志
洪绪镇志编纂委员会编 颜志礼编辑 滕州 洪绪镇志编纂委员会 2006年 471页
b17992898 K295.25 H416 2006

后王晁村志 1369–2008
孔令存主编 济南 济南浩彩印刷科技公司 2009年 168页
b20576791 K295.25 H443 2009

级索镇志
级索镇志编纂者编 滕州 滕州市前进印刷厂 1990年 292页
b20045761 K295.25 J135 1990

界河镇志 1988–2005
邵长栋主编 北京 中国戏剧出版社 2007年 335页〔滕州市镇街志丛书〕
b20019804 K295.25 J459 2007

龙阳镇志
邢孟航主编 香港 中国书画出版社 2010年 387页〔滕州市地方志丛书系列〕
b46442716 K295.25 L7429 2010

南沙河镇志 1840–2006
山东省滕州市南沙河镇志编纂委员会编 李广耀主编 济南 齐鲁书社 2006年 307页〔滕州市镇街志丛书〕
b17457324 K295.25 N1613 2006

滕县官桥镇志
滕县官桥镇编 滕州 滕县八一矿区印刷厂 1987年 446页
b2004575x K295.25 G639 1987

滕州市城郊乡志
滕州市城郊乡志编纂委员会编 滕州 山东省滕州市印刷总厂 1993年 498页
b20104054 K295.25 C466 1993

滕州市龙泉街道志 2001–2011
滕州市龙泉街道志编纂委员会编 孙剑主编 北京 方志出版社 2012年 560页
b40863773 K295.23 T291CL 2012

望庄镇志
望庄镇志办公室编 刘书良主编 枣庄 山东省枣庄市出版办公室 1992年 372页
b20045906 K295.25 W258 1992

魏庄志
滕州市魏庄志编纂组编 李新武主编 海口 南海出版公司 1996年 188页
b20099046 K295.25 W359 1996

西岗镇志
西岗镇志编纂委员会编 马峰主编 济南 黄河出版社 2016年 740页〔齐鲁地方志鉴丛书 中华人民共和国地方志丛书〕
b47365870 K295.25 X1192 2016

邢寨村志
邢寨村志编纂委员会编 邢昌鲁主编 枣庄 山东省枣庄市新闻出版局 1997 年 186 页
b20017662 K295.25 X479 1997

羊庄镇志
滕州市羊庄镇史志编纂委员会编 张肇登主编 枣庄 山东省枣庄市出版办公室 1992 年 499 页〔中国地方志丛书〕
b19732892 K295.25 Y222 1992

张汪镇志
张汪镇志编纂委员会编 马兆国主编 济南 黄河出版社 2013 年 621 页
b4485173x K295.25 Z366 2013

滕州市民政志 1912–2011
滕州市民政志编纂委员会编 张道玺主编 北京 方志出版社 2013 年 631 页
b40863785 D632 T291 2013

滕州市政法志 1905–2009
滕州市政法志编纂委员会编 彭庆国主编 济南 黄河出版社 2011 年 453 页〔齐鲁文化丛书〕
b37531074 D927.523 T291 2011

滕州市军事志 1840–2005
滕州市军事志编纂委员会编 赵西尧主编 滕州 滕州市军事志编纂委员会 2010 年 573 页
b45453548 E289.523 T291 2010

八一煤矿志
梁宝庆主编 合肥 安徽人民出版社 1991 年 462 页
b36244922 F426.21 B111 1991

柴里煤矿志
柴里煤矿志编纂委员会编 包志群主编 上海 上海人民出版社 1991 年 481 页
b45840015 F426.21 C294 1991

滕州卷烟厂志 1951–2011
滕州卷烟厂志编纂委员会编 滕州 滕州卷烟厂志编纂委员会 2011 年 676 页
b50665595 F426.89 T291 2011

滕州文化志
滕州文化志编纂委员会编 滕州 山东省滕州市印刷总厂 1997 年 424 页
b18120593 G127.523 T291 1997

滕州市教育志 1840–1999
滕州市教育志编辑委员会编 任守柏主编 枣庄 枣庄市新闻出版局 2000 年 378 页
b2014099x G527.523 T291 2000

滕州当代人物志
张洪德主编 滕州 滕州当代人物志编者 2001 年 524 页
b17654762 K820.852.3 Z353 2001

滕县卫生志
山东省滕州市卫生局编 王健主编 天津 天津市证照厂 1990 年 400 页
b22058138 R199.2 T291 1990

滕州市水利志
滕州市水利志编纂委员会编 北京 中国文史出版社 1999 年 336 页
b17151594 TV–092 T291 1999

东营市

东营市志
山东省东营市地方史志编纂委员会编 济

南 齐鲁书社 2000年 2卷 1561页〔中华人民共和国地方志丛书〕
b13588084 K295.23 D582

中共东营市委政法委志
马新华 张文明主编 北京 法律出版社 2013年 335页
b42305056 D262.6 D582 2013

东营市工会志
东营市工会志编纂委员会编 王秀林主编 东营 石油大学出版社 2004年 380页
b45841056 D412.852.3 D582 2004

东营市妇联志
东营市妇联志编纂委员会编 张惠主编 济南 山东省地图出版社 2008年 437页〔东营市直部门(行业、单位)志〕
b46011900 D442.852.3 D582 2008

东营市教育志
东营市教育志编纂委员会编 张洪生主编 青岛 石油大学出社 2003年 521页〔东营市直部门(行业、单位)志〕
b1753026x D527.523 D582 2003

东营市外侨志
东营市外侨志编纂委员会编 陈广风主编 北京 现代出版社 2016年 233页〔东营市直部门(行业、单位)志〕
b50729044 D634 D582 2016

胜利油田孤岛社区管理中心志 2007–2016
胜利油田孤岛社区管理中心编 卢峰 陆先亮主编 北京 中国文史出版社 2017年 323页
b49961123 D669.3 L7912 2017

东营市民政志
东营市民政志编纂委员会编 秦成华主编 北京 中国社会出版社 2003年 499页
b18240616 D675.23 Q447 2003

东营市中级人民法院志
东营市中级人民法院志编纂委员会编 张乐东 李贯英 曹志海主编 北京 中华书局 2004年 412页〔东营市直部门(行业、单位)志〕
b50318305 D926.22 D582 2004

东营市国土资源志
东营市国土资源志编纂委员会编 于冠营主编 北京 中华书局 2003年 460页〔东营市直部门(行业、单位)志〕
b44851340 F129.952.3 D582 2003

东营市审计志
东营市审计志编纂委员会编 张吉利 蔡玲主编 北京 中华书局 2003年 276页〔东营市直部门(行业、单位)志〕
b45570668 F239.227.523 D582 2003

东营市建设志
东营市建设志编纂委员会编 任思坤主编 北京 中华书局 2004年 529页〔东营市直部门(行业、单位)志〕
b21763136 F299.275.23 D582 2004

胜利油田供水公司志 1965–1987
胜利油田供水公司志编审委员会编 李成奎主编 山东 济南出版社 1991年 329页
b50778924 F299.241 S445 1991

胜利油田供水公司志 2003–2012
胜利油田供水公司志编委会编 曹溪禄主编 北京 石油工业出版社 2013年 468页
b50778596 F299.241 S445 2013

广北农场志
孙良龙主编 济南 山东省地图出版社 2006年 452页
b22921515 F324.1 S773 2006

黄河农场志
黄河农场志编纂委员会编 济南 山东省地图出版社 2006年 329页
b17646674 F324.1 H658 2006

东营电力志
东营电力志编纂委员会编 伦荣之主编 北京 中华书局 2003年 322页
b21763112 F426.61 D582 2003

胜利油田海洋采油厂志 2004–2013
胜利油田海洋采油厂志编委会编 王世秋主编 北京 企业管理出版社 2017年 471页
b50083910 F426.22 W229 2017

胜利油田井下作业公司志 2006–2015
胜利油田井下作业公司志编审委员会编 杜春生主编 北京 石油工业出版社 2015年 419页
b47390840 F426.22 S445J 2015

胜利油田胜利采油厂志 1964–2002
胜利油田胜利采油厂志编审委员会编 张毓华 袁谋主编 北京 中国工人出版社 2004年 766页
b50112521 F426.22 Z3683 2004

胜利油田石油化工总厂志 2006–2016
胜利油田石油化工总厂志编委会编 高卫国主编 北京 企业管理出版社 2017年 349页
b50016404 F426.22 S4457 2017

胜利油田通讯公司志 1983–2000
胜利油田通讯公司志编审委员会编 苏厚军主编 北京 中华书局 2002年 602页
b49938204 F426.22 D582 2002

胜利油田油气集输总厂志 2005–2015
胜利油田油气集输总厂志编审委员会编 北京 石油工业出版社 2015年 385页
b47390839 F426.22 S4459 2015

东营油区志
武洪德主编 东营 石油大学出版社 2000年 414页
b20948682 F427.523 W532 2000

东营交通志
东营市交通史志编纂委员会编 袁景亮主编 北京 人民交通出版社 1998年 446页
b20099083 F512.752.3 Y792 1998

东营市粮食志
东营市粮食志编纂委员会编 刘兴文主编 济南 山东省地图出版社 2008年 510页〔东营市直部门(行业、单位)志〕
b21567517 F724.721 L692 2008

东营市物价志
东营市物价志编纂委员会编 北京 中华书局 2017年 734页〔东营市直部门(行业、单位)志〕
b50581624 F726.752.3 D582 2017

东营市地方税务志
东营市地方税务志编纂委员会编 王秀花主编 北京 中华书局 2007年 488页〔东营市直部门(行业、单位)志〕
b49981663 F812.752.342 D582 2007

东营市农村信用社志
东营市农村信用社志编纂委员会编 庄振

生主编 北京 红旗出版社 2002年 420页〔东营市直部门(行业、单位)志〕
b49802963 F832.35 D582 2002

东营经济技术开发区志
东营经济技术开发区志编纂委员会编 郭兴建主编 北京 中华书局 2013年 343页〔东营市直部门(行业、单位)志〕
b50749171 K295.23 D582J 2013

东营图志
东营图志编委会编 杜金华主编 北京 中华书局 2013年 2卷 1241页
b44795427 K925.23 D582D 2013

山东省地名录 东营市
东营地名委员会办公室编 济南 山东省地图出版社 1993年 342页
b20018836 K925.23 D582C 1993

东营市卫生防疫站志
东营市卫生防疫站志编纂委员会编 赵大江 房建村主编 东营 东营市卫生防疫站志编纂委员会 2004年 343页〔东营市直部门(行业、单位)志〕
b49705118 R197.2 D582 2004

胜利油田石油工程技术研究院志 2002-2014
胜利油田石油工程技术研究院志编纂委员会编 周延芳主编 北京 企业管理出版社 2017年 504页
b50016398 TE-242.523 S445 2017

中国油气田开发志 第15卷 胜利油气区卷
中国油气田开发志总编纂委员会编 刘宝和主编 北京 石油工业出版社 2011年 614页
b47414455 TE3 L671 2011

东营市城乡规划志
东营市城乡规划志编纂委员会编 孙庆荣 燕传忠主编 北京 中华书局 2011年 605页〔东营市直部门(行业、单位)志〕
b5099203x TU984.252.3 D582 2011

东营市水利志
东营市水利志编纂委员会编 北京 红旗出版社 2003年 457页
b16466779 TV-092 D582 2003

东营市水利志 2006-2010
东营市水利志编纂委员会编 青岛 青岛出版社 2011年 400页
b3753144x TV-092 D582D 2011

东营区

东营区志
东营市东营区地方史志编纂委员会编 北京 中华书局 2000年 686页
b15656743 K295.23 D582D 2000

东营区志 1998-2005
东营区地方史志编纂委员会编 马献忠主编 北京 方志出版社 2008年 654页〔中华人民共和国地方志丛书〕
b20198279 K295.23 D582DM 2008

东城街道志
东城街道志编纂委员会编 陈西芹 傅桂主编 东营 东城街道志编纂委员会 2012年 437页
b37531293 K295.25 D5821 2012

六户镇志
六户镇志编纂委员会编 苏爱民主编 北京 中国文史出版社 2015年 574页
b49827030 K295.25 L723 2015

龙居镇志
龙居镇志编纂委员会编 王国平主编 北京 中国文化出版社 2009年 664页
b49938253 K295.25 L741 2009

胜利街道志
胜利街道志编纂委员会编 隋忠斌主编 东营 胜利街道志编纂委员会 2013年 612页
b46562758 K295.23 D582S 2013

孙路志 1369–2013
孙路志编纂委员会编 路兆杰 孙明利 孙如武主编 北京 中国图书出版社 2016年 332页
b49749316 K295.25 S773 2016

东营区政协志 1984–2014
东营区政协志编纂委员会编 王昌勇主编 北京 中国文史出版社 2015年 675页
b4707355x D628.523 D582 2015

东营区民政志
东营区民政志编纂委员会编 李巍主编 东营 东营区民政志编纂委员会 2010年 473页
b40742787 D632 D5829D 2010

东营市东营区人民法院志
东营市东营区人民法院志编纂委员会编 李爱群主编 北京 方志出版社 2012年 525页
b40503306 D926.22 D582D 2012

东营市东营区军事志 1840–2005
东营市东营区军事志编纂委员会编 李在田主编 东营 东营市东营军区事志编纂委员会 2011年 528页
b45452805 E289.523 D582D 2011

胜利油田技术检测中心志 1991–2010
胜利油田技术检测中心志编审委员会编 北京 石油工业出版社 2010年 394页
b21794248 F426.22 S445 2010

东营区地方史志志
东营区地方史志办公室编 马献忠主编 东营 中国石油大学出版社 2012年 246页
b3753046x K295.23 D582DD 2012

河口区

河口区志
东营市河口区地方史志编纂委员会编 杨黎明主编 北京 中华书局 2002年 702页
b16447931 K295.23 D582H 2002

河口区志 2001–2010
东营市河口区地方史志编纂委员会编 孟维芳主编 北京 方志出版社 2013年 1036页〔中华人民共和国地方志丛书〕
b44810696 K295.23 D582H 2013

孤岛镇志
河口区地方史志编纂委员会编 孟维芳主编 北京 中国国际文化出版社 2012年 356页〔东营市河口区地方志丛书〕
b45841226 K295.25 G516 2012

郭局村志
郭局村志编纂委员会编 陈景先主编 北京 线装书局 2017年 344页
b50817048 K295.25 G7695 2017

河口街道新建村志
河口区地方史志编纂委员会编 孟维芳 李培景主编 北京 中国国际文化出版社 2014年 385页〔东营市河口区地方志丛书〕

b50993537　K295.25　X4431　2014

河口街道志
河口区地方史志编纂委员会编　孟维芳主编　北京　中国国际文化出版社　2016 年　545 页〔东营市河口区地方志丛书〕
b47306774　K295.25　H285　2016

六合街道志
河口区地方史志编纂委员会编　孟维芳主编　北京　中国国际文化出版社　2013 年　498 页〔东营市河口区地方志丛书〕
b40938359　K295.25　X443L　2013

太平乡志
河口区地方史志编纂委员会编　孟维芳主编　济南　山东省地图出版社　2011 年　479 页〔东营市河口区地方志丛书〕
b40649313　K295.25　T1626　2011

仙河镇志
河口区地方史志编纂委员会编　孟维芳主编　北京　中国国际文化出版社　2016 年　446 页〔东营市河口区地方志丛书〕
b50268715　K295.25　X192　2016

新户镇东六合村志
河口区地方史志编纂委员会编　邢兆义主编　北京　线装书局　2017 年　483 页〔东营市河口区地方志丛书〕
b50309298　K295.25　D58232　2017

新户镇志
河口区地方史志编纂委员会编　孟维芳主编　北京　中国国际文化出版社　2012 年　534 页〔东营市河口区地方志丛书〕
b40426014　K295.25　X443　2012

义和镇志
河口区地方史志编纂委员会编　孟维芳主编　北京　中国国际文化出版社　2014 年　613 页〔东营市河口区地方志丛书〕
b46133483　K295.25　Y468　2014

河口区政协志　1984–1998
中国人民政治协商会议东营市河口区委员会编　东营　东营市新闻出版局　1999 年　607 页
b20138106　D628.523　H285　1999

东营市河口区民政志
宋宝昌主编　济南　山东省地图出版社　2004 年　394 页〔东营市河口区地方志系列丛书〕
b36092915　D632　H285　2004

济南军区生产基地史志　1963–2008
济南军区生产基地政治部编　济南　济南军区生产基地政治部　2008 年　345 页
b46273864　E24　D582　2008

河口区工商行政管理志　1918–2008
河口区工商行政管理志编纂委员会编　安长滨主编　东营　河口区工商行政管理志编纂委员会　2009 年　606 页〔河口区地方史志系列丛书〕
b50247979　F203.9　D5829H　2009

河口区建设志
东营市河口区建设局　东营市河口区地方史志办公室编　陈丰先主编　济南　山东省地图出版社　2007 年　424 页〔东营市河口区地方志系列丛书〕
b20949480　F299.275.23　C418　2007

河口区物价志
河口区地方史志编纂委员会编　李振江　孟维芳主编　北京　中国文化出版社　2016 年　492 页〔东营市河口区地方志丛书〕

b49749304　F726.752.3　D582H　2016

河口区教育志
河口区地方史志编纂委员会编　毕建军　孟维芳主编　北京　中国文史出版社　2015年　455页〔东营市河口区地方志丛书〕
b47073573　G527.523　H285　2015

河口区第一中学志
河口区第一中学志编纂委员会编　宋加月主编　济南　山东省地图出版社　2005年　304页〔东营市河口区地方史志系列丛书〕
b36168683　G639.285.23　H285　2005

东营市河口区地方志丛书　河口区大事记　1983–2014
河口区地方史志编纂委员会编　孟维芳　吕洪新主编　北京　中国国际文化出版社　2014年　281页〔东营市河口区地方志丛书〕
b46133471　K295.23　D582HC　2014

河口区地方史志志
河口区地方史志办公室编　孟维芳主编　济南　山东友谊出版社　2014年　425页〔东营市河口区地方志丛书〕
b46101925　K295.23　D582HD　2014

山东河口经济开发区志
山东河口经济开发区志编纂委员会编　陈丰先　孟维芳主编　济南　济南出版社　2013年　470页〔东营市河口区地方志丛书〕
b44795142　K295.523　D582　2013

河口区水利志
东营市河口区水利局　东营市河口区地方史志办公室编　东营　东营市河口区水利局　2005年　344页〔东营市河口区地方志系列丛书〕
b20469135　TV–092　H285　2005

河口区水利志　2004–2014
河口区地方史志编纂委员会编　孟维芳　张兆栋主编　郑州　中州古籍出版社　2015年　545页〔东营市河口区地方志丛书〕
b46665742　TV–092　H285C　2015

东营市黄河志
黄河水利委员会黄河河口管理局编　济南　齐鲁书社　1995年　440页
b16432976　TV882.1　H658E　1995

垦利区

垦利县志
山东省垦利县地方史志编纂委员会编　程庆龄主编　济南　山东人民出版社　1997年　1105页
b1264013x　K295.24　K295

垦利县志　1986–2002
垦利县地方史志编纂委员会编　曹光阶　王茂全主编　北京　中华书局　2005年　940页〔山东省地方志丛书〕
b16164672　K295.24　K295　2005

董集乡志
董集乡志编纂委员会编　张月强主编　济南　黄河出版社　2010年　539页〔垦利县基层志丛书〕
b47071114　K295.25　D594　2010

海北村志
海北村志编纂委员会编　苟增国主编　香港　中国图书出版社　2017年　333页
b50581703　K295.25　H1451　2017

海中村志
海中村志编纂委员会编 李子勋主编 济南 黄河出版社 2011年 623页〔垦利县地方志丛书 齐鲁文化丛书〕
b37531049 K295.25 H1459 2011

郝家镇志
郝家镇志编纂委员会编 刘学范主编 济南 山东省地图出版社 2012年 480页
b37531554 K295.25 H249 2012

皇殿村志
皇殿村志编纂委员会编 王春祥主编 垦利 皇殿村志编纂委员会 2015年 895页
b50727448 K295.25 H6721 2015

黄河口镇志 1954–2016
黄河口镇志编纂委员会编 蔡令文 李新成主编 北京 线装书局 2017年 792页
b51090314 K295.25 H658 2017

垦东志
垦东志编纂委员会编 崔旭升主编 济南 黄河出版社 2015年 363页〔垦利县基层志丛书〕
b47206494 K295.24 K295K 2015

前榆村志
前榆村志编纂委员会编 苟宝林主编 垦利 前榆村志编纂委员会 2015年 343页
b4699564x K295.25 Q2289 2015

胜坨镇志
胜坨镇志编纂委员会编 王秀林主编 济南 黄河出版社 2011年 813页
b37531062 K295.25 S445 2011

胜坨镇志
胜坨镇志编纂委员会编 宋华锋主编 北京 线装书局 2016年 1121页
b47365869 K295.25 S445C 2016

垦利县人大志 1988–2005
垦利县人大志编纂委员会编 徐广增主编 北京 中国文联出版公司 2007年 412页〔垦利县直部门行业志丛书〕
b4065011x D624.524 K295 2007

垦利县人大志 2006–2016
垦利县人大志编纂委员会编 孙海君主编 北京 线装书局 2017年 413页
b49958070 D624.524 K295C 2017

垦利县政协志 1984–2007
垦利县政协志编纂委员会编 单连涛主编 北京 中国文史出版社 2008年 650页〔垦利县部门（行业）志丛书〕
b20099927 D628.524 K295 2008

东营市垦利区老干部工作志 1983–2016
东营市垦利区老干部工作志编纂委员会编 许建华主编 北京 线装书局 2017年 379页
b50747496 D632.2 D582K 2017

垦利县军事志 1941–2005
垦利县军事志编纂委员会编 盖长太主编 垦利 垦利县军事志编纂委员会 2011年 416页
b46239807 E289.524 K295 2011

垦利县工商行政管理志 1941–2007
垦利县工商行政管理志编纂委员会编 隋同亮主编 济南 黄河出版社 2009年 404页〔齐鲁文化丛书〕
b44748966 F123.82 K295 2009

垦利县经济和信息化志 1986–2014
封官英主编 济南 黄河出版社 2016 年 572 页
b49803323 F127.524 K295 2016

垦利县国土资源志 1942–2004
垦利县国土资源志编纂委员会编 北京 中华书局 2006 年 425 页〔垦利县直部门行业志丛书〕
b17021224 F129.952.4 K295 2006

东营市垦利区人力资源和社会保障志 1952–2016
东营市垦利区人力资源和社会编保障志编纂委员会编 王永刚主编 北京 线装书局 2018 年 633 页
b51044468 F249.23 K295 2018

垦利县海洋与渔业志 1950–2012
垦利县海洋与渔业志编纂委员会编 张永法主编 济南 山东新华印务公司 2013 年 446 页
b4545310x F326.475.24 K295 2013

垦利油区志 1964–2013
垦利县油区志编纂委员会编 李春河主编 济南 黄河出版社 2014 年 414 页〔垦利县部门（行业）志丛书〕
b45839797 F426.22 L391 2014

垦利县交通志 1986–2009
垦利县交通志编纂委员会编 耿民喜主编 济南 黄河出版社 2012 年 434 页
b44748942 F512.752.4 K295 2012

垦利县供销合作社联合社志 1986–2015
垦利县供销合作社联合社志编纂委员会编 王海强主编 北京 线装书局 2016 年 398 页
b49749286 F721.2 K295 2016

垦利县地方税务志
王占华主编 延吉 延边人民出版社 2004 年 273 页
b46377347 F812.752.442 K295 2004

垦利县教育志 1986–2006
垦利县教育志编纂委员会编 夏之林主编 济南 山东大学出版社 2008 年 481 页〔垦利县直部门行业志丛书〕
b20099137 G527.524 K295 2008

垦利县卫生志 1943–2008
垦利县卫生志编纂委员会编 张英伟主编 济南 黄河出版社 2012 年 545 页〔垦利县部门（行业）志丛书〕
b44748954 R199.2 K295 2012

垦利县环境保护志 1978–2006
垦利县环境保护志编纂委员会编 程合英 邓镇主编 垦利 垦利县环境保护志编纂委员会 2008 年 628 页〔垦利县部门（行业）志丛书〕
b47352565 X321.261.4 K295 2008

利津县

利津县志
山东省利津县地方史志编纂委员会编 孙明钦主编 北京 东方出版社 1990 年 601 页
b10759839 K295.24 L454

利津县志 1986–2002
利津县地方史编纂委员会编 明玉华主编 北京 中华书局 2006 年 757 页
b16737519 K295.24 L454 2006

临河村志 1900–2010
王曰华主编 济南 山东省地图出版社 2011年 575页〔山东省东营市利津县基层志丛书〕
b41235460 K295.25 L581 2011

汀罗镇志
汀罗镇志编纂委员会编 王立军主编 香港 中国国际文化出版社 2015年 642页
b49469976 K295.25 T394 2015

西街村志
西街村志编纂委员会编 刘小民主编 北京 中国国际文化出版社 2010年 450页
b47414340 K295.25 X1195 2010

利津县人口和计划生育志
利津县人口和计划生育志编纂委员会编 伍向红主编 北京 中国国际文化出版社 2010年 339页
b20882816 C924.255.24 L454 2010

利津县人大志
利津县人大志编纂委员会编 陈国栋主编 北京 中国国际文化出版社 2011年 629页
b46668974 D624.524 L454 2011

利津县政协志 1984–2006
利津县政协志编纂委员会编 崔学海主编 香港 中国国际文化出版社 2007年 429页
b21015442 D628.524 L454 2007

利津县公安志
利津县公安志编纂委员会编 薄传民主编 北京 中国国际文化出版社 2009年 590页
b46442728 D631.1 L454 2009

利津县人民法院志
利津县人民法院志编纂委员会编 尚凡明主编 北京 中国国际文化出版社 2010年 337页
b46553241 D926.22 L454 2010

利津县国有一千二林场志 1956–2014
毕作林主编 济南 黄河出版社 2015年 309页
b47415101 F326.275.24 B396 2015

利津县林业志
利津县林业志编纂委员会编 陈志峰主编 北京 中国国际文化出版社 2011年 339页
b46442674 F326.275.24 L454 2011

利津县交通志
利津县交通志编纂委员会编 陈志主编 北京 中国国际文化出版社 2009年 342页
b20950330 F512.752.4 L454 2009

利津县广播电视志
利津县广播电视志编纂委员会编 顾国岭主著 北京 中国国际文化出版社 2011年 512页
b46442662 G229.275.24 L454 2011

利津县科技科协志
利津县科技科协志编纂委员会编 扈长青主编 北京 中国国际文化出版社 2011年 557页〔利津县地方志丛书〕
b46560658 G322.752.4 L454 2011

利津县第一中学志 1954–2014
利津县第一中学志编纂委员会编 王明普主编 利津 利津县第一中学志编纂委员会 2014年 514页
b46443022 G639.285.24 L454 2014

山东省利津县第二中学志 1952-2012
山东省利津县第二中学志编纂委员会编 王明普主编 北京 中国国际文化出版社 2012年 428页
b51079926 G639.285.24 L4541 2012

利津县土壤志
朱澄清主编 利津 利津县第二次土壤普查办公室 1981年 144页
b2176413x S159.252.4 L454 1981

利津县环境保护志
利津县环境保护志编纂委员会编 黄培银主编 香港 中国国际文化出版社 2008年 439页
b49532613 X321.252.4 L454 2008

广饶县

广饶县志
山东省广饶县地方史志编纂委员会编 张齐才 高清云主编 北京 中华书局 1995年 1033页〔中华人民共和国地方志丛书〕
b10623152 K295.24 G681

广饶县志 1986-2002
广饶县地方史志编纂委员会编 胡广东主编 北京 中华书局 2007年 806页〔中华人民共和国地方志丛书〕
b36248551 K295.24 G681 2007

刘集村志
刘集村志编纂委员会编 李在田主编 广饶 刘集村志编纂委员会 2004年 337页
b49938344 K295.25 L6784 2004

西水磨村志
西水磨村志编纂委员会编 宋祖修 宋耀成主编 广饶 西水磨村志编纂委员会 2010年 330页
b50234407 K295.25 X11951 2010

广饶县人口计生志 1957-2008
广饶县人口和计划生育局编纂 潘文广主编 广饶 广饶县人口和计划生育局 2010年 350页〔地方志系列丛书〕
b21763458 C924.255.24 G681 2010

广饶宣传志
中共广饶县委宣传部编 任学诗主编 济南 山东电子音像出版社 2005年 401页
b44749569 D261.5 G681 2005

广饶县人大志
广饶县人大志编纂委员会编 李业陶主编 东营 山东省东营市新华印刷厂 2005年 668页
b20137837 D624.524 G681 2005

广饶县政协志
广饶县政协志编纂委员会编 王军 赵红卫主编 北京 中国文史出版社 2016年 633页
b49598326 D628.524 G681 2016

广饶县军事志 前523-2005
广饶县军事志编纂委员会编 张绍兴主编 广饶 广饶县军事志编纂委员会 2010年 589页
b45840167 E289.524 G681 2010

广饶房地产志
广饶县房产管理局编 刘保国主编 广饶 广饶县房产管理局 2008年 474页
b50016866 F299.275.24 G681 2008

盛泰集团有限公司志
盛泰集团有限公司志编纂委员会编 苏向

升主编 东营 盛泰集团有限公司志编纂委员会 2008年 201页
b50066626 F426.7 S447 2008

广饶县交通志 1996–2006
广饶县交通志编纂委员会编 于海军主编 广饶 广饶县兴华印刷厂 2007年 302页〔广饶县地方志丛书〕
b46377219 F512.752.4 G681 2007

山东省广饶第一中学校志 1951–2001
山东省广饶第一中学校志编纂委员会编 常田军主编 济南 人民画报社山东部 2001年 199页
b21570024 G639.285.24 G681 2001

山东省广饶县第一中学志 1951–2011
山东省广饶县第一中学志编纂委员会编 高欣华主编 广饶 山东省广饶县第一中学 2011年 404页
b45873379 G639.285.24 S2534 2011

烟台市

烟台市志
烟台市地方史志编纂委员会办公室编 赵修基 慕香有主编 北京 科学普及出版社 1994年 2卷 1935页
b10564597 K295.23 Y153

胜利油田工会志 1999–2008
胜利油田工会志编纂委员会编 刘海章主编 烟台 胜利油田工会志编纂委员会 2011年 707页
b47126152 D412.852.3 Y153 2011

烟台机构编制志
烟台市机构编制委员会办公室编 于超执笔 烟台 烟台市机构编制委员会办公室 2004年 329页
b45453755 D630.1 Y153 2004

烟台人事志 1986–2008
烟台市人事局编 王兆哲 钟方新主编 烟台 烟台人事局 2008年 317页
b49534385 D630.3 Y153 2008

烟台市工商业联合会志
烟台市工商业联合会编 孙忠杰主编 北京 中国文史出版社 2012年 1033页〔中华人民共和国地方志丛书〕
b49781467 D665.4 Y153 2012

烟台法院志 1949–2009
烟台法院志编委会编 刘为群主编 济南 山东人民出版社 2011年 928页
b37531529 D926.22 Y153 2011

烟台市军事志 1986–2005
烟台市军事志编纂委员会编 刘国芳主编 济南 山东新华印刷厂 2011年 969页
b45453767 E289.523 Y153 2011

烟台经济技术开发区工商行政管理志 1984–2008
烟台市工商行政管理局经济技术开发区分局编 高炳林主编 北京 中国工商出版社 2010年 519页
b4074291x F123.82 Y153 2010

烟台经济技术开发区建设环保土地志
烟台经济技术开发区建设环保土地志编纂委员会编 北京 方志出版社 2006年 546页
b1795969x F127.523 Y153 2006

烟台市经济技术开发区志 1984–2003
烟台市经济技术开发区地方志编纂委员会

编 陈政主编 北京 方志出版社 2016 年 964 页
b49923559 F127.523 Y153C 2016

烟台物资志 1861–1988
烟台市物资局史志办公室编 王洪涛主编 牟平 山东省牟平县第二印刷厂 1992 年 374 页
b45569800 F259.275.23 Y153 1992

烟台供水志
杨海君主编 烟台 黄海数字出版社 2016 年 414 页
b49626024 F299.275.23 Y153 2016

烟台市林业志 1978–2005
烟台市林业志编纂办公室编 于元魁主编 北京 方志出版社 2008 年 446 页
b20952375 F326.275.23 Y726 2008

烟台农业志
山东省烟台市农业局编 烟台 山东省出版总社烟台分社 1988 年 960 页
b36013547 F327.523 Y153 1988

吉斯厂志
袁居升总编 烟台 吉斯厂志编纂者 2017 年 239 页
b50992065 F426.88 Y792 2017

烟台钢管厂志 全 1 卷 1949–1985
张星初主编 烟台 山东烟台钢管厂 1989 年 348 页
b50008419 F426.41 Y153 1989

烟台市纺织志
王晓光主编 烟台 烟台市纺织志编写者 1988 年 237 页
b21765996 F426.89 Y153 1988

烟台公路志 1949–2005
烟台公路志编纂委员会编 衣书浩主编 北京 中国国际文化出版社 2008 年 606 页
b20952363 F542.852.3 Y153 2008

烟台市财政志 1840–1985
烟台市财政局编 袁田珍 刘士龙主编 烟台 山东省烟台市财政局史志办公室 1990 年 433 页
b21765984 F812.752.3 Y153 1990

烟台市税务志 1840–1983
战华泽主笔 烟台 烟台市国家税务局 2013 年 337 页
b49827406 F812.752.342 Y153 2013

烟台农村金融志 1840–1985
中国农业银行烟台市分行编 王子超主编 烟台 中国农业银行烟台市分行 1989 年 606 页
b47243624 F832.752.3 Y153 1989

中国人民工商银行烟台市分行行志
中国人民工商银行烟台市分行行志编纂委员会编 陈宗太主编 烟台 中国人民工商银行烟台市分行行志编纂委员会 1988 年 456 页
b49534397 F832.752.3 Y153Z 1988

烟台文化志
烟台文化志编纂委员会编著 詹仁中主编 北京 人民出版社 1999 年 309 页
b1748277x G127.523 Y153 1999

烟台日报社志 1945–2005
烟台日报社史志编纂委员会编 孙为刚主编 北京 新华出版社 2006 年 373 页
b36096404 G219.245.23 Y153 2006

烟台工程职业技术学院史志 1957–2007
胡本进主编 烟台 烟台工程职业技术学院 2007年 184页
b47416208 G719.285.23 Y153 2007

烟台市体育志 1893–1985
烟台市体育运动委员会编 迟真光 孙培逊主编 烟台 烟台师范学院印刷厂 1993年 341页
b21766009 G812.752.3 Y153 1993

烟台人物志
烟台市地方史志编纂委员会办公室编 尚庆元 张振宝主编 北京 华龄出版社 1998年 402页
b16655850 K820.852.3 S321 1998

烟台风物志
烟台地区出版办公室编写 济南 山东人民出版社 1983年 157页
b12160374 K925.2 Y153

昆嵛山志
昆嵛山志编纂委员会编 初钊兴主编 济南 山东省地图出版社 2012年 716页
b37531566 K928.3 K538 2012

烟台市口腔医院院志 1952–2012
烟台市口腔医院院志编纂委员会编 烟台 烟台市口腔医院院志编纂委员会 2012年 333页
b50817607 R199.2 Y153 2012

烟台水利志
烟台市水利局史志办公室编 烟台 烟台市水利局史志办公室 1991年 413页
b21136750 TV–092 Y153 1991

烟台打捞局志 2003.6.28–2008.12.31
烟台打捞局编 姜培健主编 烟台 烟台打捞局 2009年 287页
b50066845 U676.8 Y153 2009

莱山区

烟台市莱山区志
烟台市莱山区地方史志编纂委员会编 邴兴波 林乐堂主编 北京 中华书局 2009年 738页〔中华人民共和国地方志丛书〕
b20883158 K295.23 Y153L 2009

东泊子村志
东泊子村志编纂委员会编 刘杰忠主编 北京 方志出版社 2005年 537页
b16289134 K295.25 D582 2005

清泉寨村志
清泉寨村志编纂委员会编 张源福主编 烟台 清泉寨村志编纂委员会 2016年 224页
b5086175x K295.25 Q467 2016

烟台市莱山区政协志 1994–2007
中国人民政治协商会议烟台市莱山区委员会编 许日文主编 烟台 中国人民政治协商会议烟台市莱山区委员会 2007年 220页
b38486891 D628.523 Y153L 2007

芝罘区

芝罘区志
山东省烟台市芝罘区地方史志编纂委员会编 于英刚主编 北京 科学普及出版社 1994年 828页〔中华人民共和国地方志丛书〕
b13273826 K295.23 Y153Z

南世回尧村志
姬长宏主编 北京 中国文史出版社 2007年 498页〔中华人民共和国地方志丛书〕

b22431147　K295.25　N1614　2007

小东夼村志
赵庆文　王日福主编　北京　中国文史出版社　2009 年　491 页〔中华人民共和国地方志丛书〕
b36128314　K295.25　X3474　2009

幸福镇志
山东省烟台市芝罘区幸福镇志编纂委员会编　张荫家主编　烟台　烟台市新闻出版局　1997 年　581 页
b23003972　K295.25　X493　1997

烟台市芝罘区东山街道志　1934–2007
烟台市芝罘区东山街道志编纂委员会编　赵言佐主编　北京　中国文史出版社　2009 年　571 页
b4474979x　K295.25　D5824　2009

只楚村志　698–2004
只楚村志编纂委员会编　杨永亮　牟惟忠主编　北京　中国文联出版社　2015 年　701 页
b46668871　K295.25　Z587C　2015

芝罘区民政志　1986–2005
芝罘区民政志编纂委员会编　付维友编　烟台　黄海数字出版社　2012 年　540 页
b41234509　D632　Y153Z　2012

烟台市芝罘区军事志　1840–2005
烟台市芝罘区军事志编纂委员会编　闫国栋主编　济南　山东新华印刷厂　2012 年　446 页
b46012266　E289.523　Y153Z　2012

福山区

福山区志
山东省烟台市福山区史志编纂委员会编　柳宗铎　藏宜永主编　济南　齐鲁书社　1990 年　657 页〔中华人民共和国地方志丛书〕
b16426290　K295.23　Y153F　1990

城里村志
城里村志编委会编　李瑞星主编　烟台　烟台报捷新闻印刷公司　2010 年　463 页
b36014047　K295.25　C4665　2010

古现东村志
古现东村志编纂委员会　徐嘉殿　解广海主编　北京　方志出版社　2014 年　394 页
b46376628　K295.25　G5422　2014

古现东村志
山东省烟台经济技术开发区古现街道古现东村志编纂委员会编　刘建国　陈政主编　北京　方志出版社　2017 年　194 页〔中国名村志丛书〕
b50642868　K295.25　G5422C　2017

穆家村志
穆家村志编纂委员会编　穆范敏总纂　济南　山东友谊出版社　2015 年　244 页
b50246690　K295.25　M684　2015

西北关村志
西北关村志编委会编　烟台　西北关村志编委会　2010 年　340 页
b40649192　K295.25　X1194　2010

中共福山区委党校志
中共烟台市福山区委党校编　蓬莱　蓬莱市印刷厂　1997 年　241 页
b23389898　D261.41　Y153F　1997

烟台市福山区军事志　1131–2005
烟台市福山区军事志编纂委员会编　胡克礼　姜刚主编　济南　山东新华印刷厂　2012

年 313 页
b46669164　E289.523 Y153F 2012

烟台市福山区建设志
烟台市福山区建设志编纂委员会编 胡克礼主编 烟台 烟台市福山区建设志编纂委员会 2007 年 365 页
b49983337　F299.275.23 Y153F 2007

福山区农业志
烟台市福山区农业志编纂委员会编 胡其华主编 烟台 烟台市福山区农业志编纂委员会 2009 年 602 页
b47585134　F327.523 Y153F 2009

福山区地名志
福山区地名委员会办公室编 董智家 柳宗铎主编 济南 山东省地图出版社 2003 年 428 页
b16448212　K925.23 Y153 2003

福山县水利志
福山县水利志编纂者 福山 福山县水利志编纂者 1985 年 74 页
b51079872　TV-092 F4517 1985

牟平区

牟平县志
山东省牟平县县志编纂委员会编 王本世主编 北京 科学普及出版社 1991 年 743 页
b10761226　K295.24 M646

烟台市牟平区志　1978–2000
烟台市牟平区史志编纂委员会编 孙文博 宋宪际主编 济南 黄河出版社 2012 年 910 页〔中华人民共和国地方志丛书〕
b40421053　K295.23 Y153M 2012

马家泊村志
烟台市牟平区宁海街道马家泊村志编委会编 李宁 王兴主编 张正剑执行主编 烟台 烟台市牟平区宁海街道马家泊村志编委会 2016 年 199 页
b50066857　K295.25 M1381 2016

牟平县宁海镇镇志
宁海镇镇志编纂委员会编 牟平 宁海印刷厂 1986 年 476 页
b22359527　K295.25 N413 1986

驼子村志
驼子村志编纂委员会编 王本世 林树勤主编 烟台 驼子村志编纂委员会 2004 年 583 页
b40744206　K295.25 T598 2004

西关村志
西关村志编纂委员会编 刘杰忠主编 济南 齐鲁书社 2001 年 371 页
b14351420　K295.25 N413X

床而村曲家志
床而村曲家志编撰委员会编 曲延科主编 烟台 牟平 2015 年 400 页
b50248534　K820.9 Q5621 2015

烟台市牟平区军事志　前 206–2005
烟台市牟平区军事志编纂委员会编 陈胜林主编 烟台 烟台市牟平区军事志编纂委员会 2012 年 441 页
b46669176　E289.523 Y153M 2012

牟平教育志
牟平教育志编纂委员会编 烟台 牟平教育志编纂委员会 2003 年 531 页
b20403823　G527.523 Y153M 2003

牟平区实验小学校志 1913–2000
牟平实验小学校志编委员会编 林运杰 都建基主编 烟台 牟平实验小学校志编委员 2006 年 578 页
b21764475 G629.285.23 M646 2006

牟平区实验中学校志
钟淑香主编 烟台 牟平区实验中学 2001 年 288 页
b22032708 G639.285.23 M646 2001

山东省牟平第四中学校志 1978–2000
宿伯安 张书坤主编 牟平 山东省牟平第四中学 2000 年 220 页
b20103591 G639.285.2 S253 2000

牟平教育人物志
牟平教育人物志编委会编 王树山主编 牟平 牟平教育人物志编委会 2002 年 338 页
b49705143 K825.46 M646 2002

山东省牟平县地名志
牟平县地名委员会办公室编 牟平 牟平县地名委员会办公室 1985 年 348 页
b20368744 K925.24 M646 1985

龙口市

龙口市志
山东省龙口市史志编纂委员会编 济南 齐鲁书社 1995 年 903 页〔中华人民共和国地方志丛书〕
b12639369 K295.23 L741

龙口市简志
龙口市地方史志编纂委员会办公室编 曲长征主编 龙口 山东省龙口市史志编纂委员会 1988 年 755 页
b22430775 K295.23 L741J 1988

龙口市计划生育志
龙口市计划生育委员会编 孙家瑾主编 北京 方志出版社 1997 年 605 页
b47009275 C924.255.23 L741 1997

龙口市人大志
吴孝厚主编 北京 中华书局 2010 年 575 页
b41235861 D624.524 L741 2010

莱阳市

莱阳市志
山东省莱阳市志编纂委员会编 唐太金主编 济南 齐鲁书社 1995 年 781 页〔中华人民共和国地方志丛书〕
b10600012 K295.23 L1459

莱阳市志 1978–2005
莱阳市史志编纂委员会编 董明奎主编 北京 中国民主法制出版社 2017 年 953 页〔中华人民共和国地方志丛书〕
b50010001 K295.23 L1459C 2017

莱阳市民政志
莱阳市民政局编 贾义山 孙学思主编 莱阳 莱阳市民政局 1992 年 538 页
b21590606 D675.24 L145 1992

莱动史志 1997–2011
许允和总编辑 李凯周等资料整理 莱阳 山东莱动内燃机有限公司 2012 年 503 页
b50248091 F426.472 S253 2012

莱阳市交通志 1988–2012
莱阳市交通志编纂委员会编 商传明主编 济南 黄河出版社 2013 年 265 页
b47045243 F512.752.4 L145 2013

莱阳市文化志
莱阳市文化志编纂领导小组编 刘子平 左

瑞峨主编 莱阳 莱阳市文化志编纂领导小组 1996 年 266 页
b20535004 G127.524 L145 1996

莱阳教育志
莱阳教育志编纂委员会编 陈化章主编 北京 方志出版社 2006 年 596 页
b16784704 G527.523 L145 2006

山东省莱阳市地名志
白鉴主编 莱阳 莱阳市人民政府地名办公室 1988 年 411 页
b20368963 K925.24 L145 1988

莱阳县水利志
房德祚主编 莱阳 莱阳县水利志编写者 1989 年 191 页
b21856862 TV-092 L1459 1989

莱州市

莱州市志
山东省莱州市史志编纂委员会编 杨宏俊主编 济南 齐鲁书社 1996 年 814 页〔中华人民共和国地方志丛书〕
b1060389x K295.23 L145

莱州市军事志 前 685–2005
莱州市军事志编纂委员会编 姜俊英主编 莱州 莱州市军事志编纂委员会 2012 年 445 页
b45453123 E289.523 L1459 2012

莱州市电力志 1922–2010
莱州市电力志编纂委员会编 北京 人民日报出版社 2011 年 395 页
b44749545 F426.61 L145 2011

新城金矿志 1975–2005
张爱堂 王福山主编 青岛 青岛人民印刷公司 2005 年 290 页
b22432620 F426.1 Z345 2005

莱州一中史志
莱州一中史志编纂委员会编 吴文杰主编 北京 社会科学文献出版社 2005 年 602 页
b17211414 G639.285.2 L145 2005

山东省莱州中华武校史志
山东省莱州中华武校编 叶斌玉主笔 莱州 山东省莱州中华武校史志编纂委员会 2012 年 548 页
b46669139 G852-40 L145 2012

莱州方言志
钱曾怡主编 济南 齐鲁书社 2005 年 378 页〔山东方言志丛书〕
b16425807 H172.1 Q223L 2005

莱州南关史志
侯希顺主编 济南 山东人民出版社 2017 年 624 页
b50777695 K295.25 N16131 2017

掖县医药志 1823–1985
山东省掖县医药志编委会编 张一明主编 掖县 山东省掖县医药志编委会 1986 年 190 页
b49640355 R199.2 Y385 1986

莱州市水利志
莱州市水利志编写组编 莱州 莱州市水利志编写组 1990 年 276 页
b21568893 TV-092 L145 1990

蓬莱市

蓬莱县志
山东省蓬莱市史志编纂委员会编 周恩

惠 宫玉鹏 聂广明主编 济南 齐鲁书社 1995 年 784 页〔中华人民共和国地方志丛书〕
b10624880 K295.24 P337

蓬莱市志
山东省蓬莱市地方史志编纂委员会办公室编 李克主编 北京 方志出版社 2013 年 3 卷 3032 页
b45444894 K295.23 P337C 2013

中共蓬莱市委党校志 1945–2015
中共蓬莱市委党校志编纂委员会编 孙明德主编 蓬莱 中共蓬莱市委党校志编纂委员会 2015 年 388 页
b51079367 D261.41 P337 2015

蓬莱县农业志 1840–1990
山东省蓬莱县农业畜牧局编 高通岐主编 蓬莱 蓬莱市印刷厂 1991 年 412 页
b21764736 F329.524 P337 1991

蓬莱黄金志
蓬莱黄金志编纂委员会编 孙忠富主编 济南 山东友谊出版社 2008 年 344 页
b21569782 F426.1 P337 2008

蓬莱阁志
蓬莱县地方史志编纂委员会办公室编 蓬莱 蓬莱县地方史志编纂委员会办公室 1985 年 138 页
b17301968 K928.74 P337 1985

蓬莱县水利志 征求意见稿 1841–1987
蓬莱县水利局编 蓬莱 蓬莱县水利局 1990 年 油印本 120 页
b2185760x TV–092 P337 1990

招远市

招远县志
山东省招远县志编纂委员会编 孙奎桢主编 北京 华龄出版社 1991 年 955 页〔中华人民共和国地方志丛书〕
b10796095 K295.24 Z412C

招远市志 1978–2002
招远市地方史志编纂委员会编 宋桂俊主编 北京 方志出版社 2008 年 1130 页〔中华人民共和国地方志丛书〕
b21592925 K295.24 Z412D 2008

金岭镇志
招远市金岭镇志编纂委员会编 赵英才主编 招远 招远市新华彩印公司 2001 年 539 页
b1644940x K295.25 J477 2001

九曲蒋家村志
中共九曲蒋家村委员会编 徐革主编 烟台 黄海数字出版社 2013 年 878 页〔招远市地方志书系〕
b49904358 K295.25 J585 2013

宋家镇志
宋家镇志编纂委员会编 王学国 李玉春主编 招远 宋家镇志编纂委员会 1995 年 432 页
b41236026 K295.25 S6794 1995

招远市村庄简志
招远市史志编纂委员会编 北京 华龄出版社 1998 年 2 卷 2245 页
b17457427 K295.25 Z4121 1998

招远市人民检察志
山东省招远市人民检察院编 王凯春主编

北京 方志出版社 2002 年 331 页
b50247712 D926.32 Z412 2002

招远市军事志 1840-2005
招远市军事志编纂委员会编 杨风民主编 济南 山东新华印刷厂 2012 年 510 页
b4666922x E289.523 Z412 2012

招远林业志
招远市林业局编 郭沛英主编 北京 方志出版社 2007 年 553 页
b50247700 F326.275.23 Z412 2007

山东河西黄金集团有限公司志
山东河西黄金集团有限公司志编纂委员会编 王宝红主编 北京 方志出版社 2010 年 334 页
b50247396 F426.32-29 S253 2010

招远电业志
招远电业志编纂委员会编 王修梅主编 北京 方志出版社 2004 年 506 页
b50247670 F426.61 Z412 2004

招远黄金志 1986-2002
招远黄金志编纂委员会编 张丕基主编 北京 方志出版社 2004 年 692 页
b50247694 F426.1 Z3614 2004

招远建筑工程公司志 1964-1998
招远建筑工程公司志编纂委员会编 高桂峰主编 招远 招远建筑工程公司志编纂委员会 2004 年 310 页
b50066961 F426.9 Z412 2004

招远金矿志
招远金矿志编纂委员会编 张秉麟主编 招远 招远金矿志编纂委员会 1993 年 453 页
b45840842 F426.1 Z412 1993

招远文化志
招远文化志编纂委员会编著 王春起主编 招远 招远市新华彩印公司 2003 年 319 页
b40864066 G127.523 Z412 2003

招远广播电视志
招远市广播电视局编纂委员会编 杨书清主编 北京 方志出版社 2004 年 290 页
b50247682 G229.275.34 Z412 2004

山东省招远县地名志
招远县地名委员会办公室编 招远 招远县地名委员会办公室 1987 年 428 页
b20368768 K925.24 Z412 1987

招远地名志 2005
招远市地名委员会办公室编 姚秀兰主编 招远 招远市地名委员会办公室 2006 年 254 页
b20578258 K925.23 Z412 2006

招远市地名志
招远市民政局编 唐建波 杨喜平主编 烟台 黄海数字出版社 2018 年 766 页
b51113582 K925.24 Z412C 2018

招远市规划建设管理志
招远市规划建设管理志编纂委员会编 杨书清主编 北京 方志出版社 2010 年 568 页
b21766319 TU984.252.3 Z412 2010

栖霞市

栖霞县志
山东省栖霞县志编纂委员会编 济南 山东

人民出版社 1990年 889页〔中华人民共和国地方志丛书〕
b10598108　K295.24 Q115

栖霞市志　1985–1999
山东省栖霞市地方志编纂办公室编 宋新华主编 济南 齐鲁书社 2001年 624页
b14882425　K295.23 Q115 2001

栖霞市志　1985–2002
栖霞市地方志史志编纂委员会编 马书波主编 香港 中国国际文化出版社 2012年 1071页〔中华人民共和国地方志丛书〕
b46102061　K295.23 Q115 2012

栖霞市军事志　1840–2005
栖霞市军事志编纂委员会编 张荣起主编 栖霞 栖霞市军事志编纂委员会 2011年 516页
b46011808　E289.523 Q115 2011

栖霞县供销合作志　1940–1985
栖霞县供销合作社联合社编 左旭东 马洪国主笔 栖霞 栖霞县供销合作社联合社 1986年 414页
b23190760　F727.524 Q115 1986

海阳市

海阳县志
山东省海阳县志编纂委员会编 荆甫斋 刘志耘主编 海阳 山东省海阳县志编纂委员会编纂 1988年 1003页
b10759906　K295.24 H145

海阳县志
山东省海阳县志编纂委员会编 荆甫斋 刘志耘主编 海阳 海阳市博丰印刷厂 2010年 1003页〔中华人民共和国地方志丛书〕
b22921680　K295.24 H145 2010

城北村志
海阳县城北村志编纂组编纂 李一道主编 海阳 海阳县印刷厂 1991年 352页
b20014065　K295.25 C4663 1991

凤城镇志
凤城镇志编纂组编 徐德全主编 海阳 凤城镇志编纂组 1985年 油印本 339页
b36128818　K295.25 F4131 1985

海阳市镇村简志
海阳市地方史志编纂委员会编 吕民豪主编 北京 中国出版社 2004年 2卷 1578页
b16737611　K295.25 H145 2004

海阳市人民法院志
海阳市人民法院志编纂委员会编 刘传慕 贾淑花主编 北京 华夏出版社 2010年 592页
b49677755　D926.22 H145 2010

山东富尔达公司志
山东富尔达公司志编纂委员会编 杨哲一主编 海阳 山东富尔达公司志编纂委员会 2012年 536页
b50817292　F426.6 Y252 2012

山东核电有限公司志　2004–2009
山东核电有限公司编 于占峰撰稿 北京 中国电力出版社 2015年 406页
b50778936　F426.23 S253 2015

海阳市教育志
海阳市教育志编纂委员会编 修玉德主编 青岛 青岛海洋大学出版社 1998年 285页
b21763513　G527.524 H145 1998

山东省海阳第一中学校志 1952-2002
海阳一中校志编委会编 严友才 王树云主编 海阳 海阳一中校志编委会 2002年 572页
b18831710 G639.285.2 H145 2002

长岛县

长岛县志
山东省长岛县志编纂委员会编 济南 山东人民出版社 1990年 447页〔中华人民共和国地方志丛书〕
b10628071 K295.24 C346

北隍城乡志
宋军昌主编 烟台 烟台市报捷新闻印刷公司 2010年 609页
b41234649 K295.25 B3161 2010

长岛县人大志 1950-2007
长岛县人大常委会编 郭大复主编 长岛 长岛县人大常委会 2008年 307页
b37531918 D624.524 C346 2008

长岛县政协志
政协长岛县委员会编 成守华主编 长岛 政协长岛县委员会 2003年 581页
b49472008 D628.524 C346 2003

长岛县军事志 1840-2005
长岛县军事志编纂委员会编 宋军昌主编 长岛 长岛县军事志编纂委员会 2012年 528页
b45452672 E289.524 C346 2012

潍坊市

潍坊市志
潍坊市地方史志编纂委员会编 宋科富主编 北京 中央文献出版社 1995年 2卷 1026页
b10564627 K295.23 W314

中共潍坊市委党校志 1948-2016
中共潍坊市委党校志编委会编 徐根义主编 济南 山东大学出版社 2016年 560页
b50246707 D261.41 W314 2016

潍坊市政协志
政协潍坊市委员会编 王金卓主编 北京 人民日报出版社 2006年 537页
b20018794 D628.523 Z6498 2006

潍坊市纪检监察志 1950-2011
中共潍坊市纪委 潍坊市监察局编 解维俊主编 北京 中国方正出版社 2011年 838页
b40649350 D630.9 W314 2011

潍坊军事志
潍坊军事志编纂委员会编 潍坊 潍坊鸣宇印业有限公司 2001年 606页
b21570553 E289.523 W314 2001

潍坊市军事志 前203-2005
潍坊市军事志编纂委员会编 余建国主编 潍坊 潍坊市军事志编纂委员会 2011年 2卷 1285页
b45453652 E289.523 W314C 2011

潍坊高新技术产业开发区志 1991-2011
潍坊高新技术产业开发区志编纂委员会编 北京 方志出版社 2012年 639页
b45453640 F127.523 W314 2012

潍坊海洋化工高新技术产业开发区志 1995-2005
潍坊海洋化工高新技术产业开发区志编委

会编 孙广玉主编 济南 山东友谊出版社 2008年 580页
b20099174 F127.523 S768 2008

潍坊市工商行政管理志
潍坊市工商行政管理局编 北京 中国工商出版社 2008年 749页〔山东省工商行政管理志丛书〕
b21590783 F203.9 W314 2008

潍坊审计志 1984–2014
潍坊审计志编纂委员会编 高敬禄主编 北京 中国时代经济出版社 2015年 469页
b49506389 F239.227.523 W314 2015

潍坊人居环境志 2003–2011
潍坊市地方史志办公室编 傅廷伟主编 北京 方志出版社 2014年 435页
b50247475 F299.275.23 W314 2014

海化集团志 1956–2005
海化集团志编纂委员会编 侯乐勇 单光山主编 潍坊 潍坊瑞源印务公司 2009年 1083页
b44851649 F426.7 H145 2009

潍坊市盐业志
潍坊市盐业志编委会编 北京 中国文史出版社 2015年 412页
b47364579 F426.82 W314 2015

潍县烟草志
山东省烟草公司潍坊市区支公司编 潍坊 山东省烟草公司潍坊市区支公司 1986年 141页
b21765443 F426.89 W314 1986

潍坊文化志
山东省潍坊市文化局史志办公室编 王振民主编 济南 齐鲁书社 1997年 432页
b19930586 G127.523 W235 1997

潍坊市图书馆志
潍坊市图书馆志编委会编 北京 文物出版社 2008年 355页
b19426835 G259.275.23 W314 2008

潍坊市科学技术志
潍坊市科学技术委员会编 济南 山东大学出版社 1991年 475页
b49533356 G322.752.3 W314 1991

潍坊市教育志 1840–1983
潍坊市教育志编纂办公室编 孙宗安主编 潍坊 潍坊市教育志编纂办公室 1986年 315页
b20141154 G527.523 W314 1986

山东潍坊二中校志 1883–1983
潍坊二中校志编纂组编 潍坊 潍坊二中校志编纂组 1983年 127页
b20103633 G639.285.23 S253 1983

潍坊第十三中学校志 1979–1994
潍坊第十三中学编 潍坊 潍坊第十三中学 1994年 219页
b20141142 G639.285.23 W314 1994

山东畜牧兽医职业学院校志 1955–2005
刘常泰 乔立印主编 安丘 山东安丘意中印务公司 2005年 295页
b20103645 G649.285.2 S2539 2005

潍坊市水利志
杨佃俊主编 潍坊 潍坊市水利局 1994年 357页
b20141166 TV–092 W314 1994

奎文区

奎文区志 1994–2010
山东省潍坊市奎文区地方志编纂委员会编 孙涛主编 北京 方志出版社 2011年 1000页〔中华人民共和国地方志丛书〕
b36133516 K295.23 K521 2011

潍坊市奎文区军事志 1840–2005
潍坊市奎文区军事志编纂委员会编 谭宣光主编 潍坊 潍坊市奎文区军事志编纂委员会 2012年 311页
b44749314 E289.523 W314K 2012

潍城区

潍城区志
山东省潍坊市潍城区史志编纂委员会编 杨寿山主编 济南 齐鲁书社 1993年 870页〔中华人民共和国地方志丛书〕
b1643965x K295.23 W314W 1993

崔家村志
崔瑞福主编 济南 黄河出版社 2014年 365页
b50016982 K295.25 C817 2014

后姚家坊村志 1369–2012
后姚家坊村志编纂委员会编 王振东主编 北京 方志出版社 2013年 305页〔潍坊市维城区新编地方志丛书〕
b44794940 K295.25 H4434 2013

刘家园村志
侯希松主编 香港 中华文化出版社 2017年 247页
b50351138 K295.25 L6789 2017

潍坊市潍城区军事志 1840–2005
潍坊市潍城区军事志编纂委员会编 张庆增主编 济南 山东新华印刷厂 2011年 229页
b45453664 E289.523 W314W 2011

潍城区地名志
潍城区地名委员会办公室编 潍坊 山东新华印刷厂潍坊厂 1992年 235页
b2001711x K925.23 W314 1992

寒亭区

寒亭区志
山东省潍坊市寒亭区史志编纂委员会编 徐艺园 孙乐堂主编 济南 齐鲁书社 1992年 838页〔中华人民共和国地方志丛书〕
b13275446 K295.23 W314H

杨家埠村志
山东省潍坊市寒亭区杨家埠村志编纂委员会编 济南 齐鲁书社 1993年 485页〔中华人民共和国地方志丛书〕
b13274259 K295.25 H169Y

寒亭区工会志 1949–2013
刘志伟主编 潍坊 潍坊市寒亭区总工会 2014年 268页
b47420273 D412.852.3 W314H 2014

寒亭区政协志 1980–2010
政协潍坊市寒亭区委员会编 张宏伟主编 潍坊 政协潍坊市寒亭区委员会 2011年 381页
b41234881 D628.523 W314H 2011

潍坊市寒亭区军事志 1840–2005
潍坊市寒亭区军事志编纂委员会编 侯永传主编 潍坊 潍坊市寒亭区军事志编纂委员会 2012年 358页
b45840660 E289.523 W314H 2012

寒亭电力志 1987–2015
寒亭电力志编纂委员会编 庞新民主编 北京 人民日报出版社 2016 年 824 页
b50065476 F426.61 W314H 2016

坊子区

坊子区志
潍坊市坊子区地方史志编纂委员会编 任光明主编 济南 山东友谊出版社 1997 年 769 页〔中华人民共和国地方志丛书〕
b17125935 K295.23 W314F 1997

坊子区志 1990–2007
潍坊市坊子区地方史志编纂委员会编 赵兴书主编 济南 齐鲁电子音像出版社 2013 年 2 卷 907 页〔中华人民共和国地方志丛书〕
b44795257 K295.23 W314F 2013

潍坊市坊子区军事志 1840–2005
潍坊市坊子区军事志编纂委员会编 于鲁闽主编 潍坊 潍坊市坊子区军事志编纂委员会 2011 年 309 页
b45840659 E289.523 W314F 2011

潍坊市坊子区地名志
潍坊市坊子区地名志编纂委员会编 郑锡龄主编 潍坊 潍坊市坊子区地名志编纂委员会 1985 年 296 页〔潍坊市地名志丛书〕
b20100759 K925.23 F229 1985

青州市

青州市志
青州市志编纂委员会编 邢齐典 张景孔主编 天津 南开大学出版社 1989 年 1130 页
b10796071 K295.23 Q464

青州市志 1988–2013
青州市地方史志编纂委员会编 田立胜主编 北京 方志出版社 2018 年 2 卷 1435 页
B53294506 K295.23 Q464 2018

青州市工商联志略 1950–2011
青州市工商业联合会编 李守纲主编 香港 国际炎黄文化出版社 2012 年 253 页
b50347548 D665.9 Q464 2012

青州市军事志 311–2005
青州市军事志编纂委员会编 窦在国主编 青州 青州市军事志编纂委员会 2012 年 425 页
b45840489 E289.523 Q4649 2012

青州商业志
青州市商业局编 张文星主编 青州 青州市商业局 1992 年 506 页
b49705167 F727.524 Q464 1992

青州市电化教育志
青州市电化教育志编纂委员会编 刘继孔主编 青州 青州市电化教育志编纂委员会 1996 年 337 页
b49705179 G43 Q464 1996

青州市教育志
青州市教育志编纂办公室编 单健余主编 青州 青州市教育志编纂委员会 1990 年 399 页
b49705180 G527.523 Q4649 1990

青州市教育志 1988–2010
青州市教育志编纂委员会编 刘务军主编 青州 青州市教育志编纂委员会 2012 年 1007 页
b40649167 G527.523 Q4649 2012

山东省益都卫生学校志 1885–2005
山东省益都卫生学校志编纂委员会编 郑树平主编 济南 山东大学出版社 2005年 655页
b17482793 G719.285.2 S253 2005

青州回族志
青州回族志编纂委员会编 赵潜主编 济南 黄河出版社 2015年 596页
b46442509 K281.3 Q464 2015

青州市地名志
青州市地名委员会办公室编 天津 天津人民出版社 1992年 615页〔潍坊市地名志丛书〕
b20378658 K925.23 Q4647 1992

益都县地名志 弥河公社分册 征求意见稿
益都县地名委员会办公室编 益都 益都县地名委员会办公室 1983年 47页
b21275154 K925.24 Y469M 1983

诸城市

诸城市志
山东省诸城市地方史志编纂委员会编 邹金祥主编 济南 山东人民出版社 1992年 772页〔中华人民共和国地方志丛书〕
b1056469x K295.23 Z726

诸城市志 1988–2007
山东省诸城市史志编纂委员会编 孙铭杰主编 北京 中华书局 2011年 971页
b36708574 K295.23 Z726D 2011

诸城政协志
政协诸城市委员会编 王敬娥主编 诸城 政协诸城市委员会 2005年 250页
b17482549 D628.524 Z726 2005

诸城市劳动和社会保障志
诸城市人力资源和社会保障局编 张振华主编 北京 中华书局 2011年 390页
b47416506 D669.2 Z726 2011

诸城市军事志 1840–2005
诸城市军事志编纂委员会编 董福春主编 诸城 诸城市军事志编纂委员会 2012年 480页
b46669231 E289.523 Z726 2012

诸城市农业志
诸城市农业局编 徐建国主编 诸城 诸城市农业局 2011年 442页
b40649222 F327.523 Z726 2011

得利斯集团公司志
得利斯集团公司志编纂委员会编 郑汝才主编 北京 中国文史出版社 2016年 507页
b49598296 F426.82 D312 2016

诸城文化志
李洪波主编 北京 中国文史出版社 2004年 739页〔东方文化系列〕
b21277679 G127.524 Z726 2004

诸城市卫生志
钟兆湘主编 郑州 中州古籍出版社 2010年 698页
b23216761 R199.2 Z726 2010

寿光市

寿光县志
山东省寿光县地方史志编纂委员会编 王冠三 陈守仁主编 上海 中国大百科全书出版社上海分社 1992年 562页
b10525166 K295.24 S528

寿光县志 1960
寿光县志修编委员会编 上海 东方出版中心 2012年 625页
b36163673 K295.24 S528 1960

寿光市志 1991–2010
寿光市地方史志编纂委员会编 李鹏主编 北京 方志出版社 2017年 798页
b50861724 K295.24 v5

地沟村志
山东省寿光市地沟村志编纂委员会编 葛汝凤主编 北京 中国文史出版社 2011年 716页
b50246446 K295.25 D417 2011

东关村志
东关村志编撰委员会编 孙茂法主编 太原 山西经济出版社 2012年 398页〔中国村志〕
b41235472 K292.55 D5823 2012

东关村志
山东省寿光市东关村志编纂委员会编 黄金相主编 济南 齐鲁书社 2007年 667页
b18621387 K295.25 D5823 2007

侯镇志
山东省寿光市侯镇志编纂委员会编 潍坊 潍坊市新闻出版局 2000年 324页
b16325655 K295.25 H429

侯镇志
寿光市侯镇志编纂委员会编 唐勇 葛怀圣主编 北京 中国文史出版社 2013年 1039页
b41213920 K295.25 H429 2013

三元朱村志
山东省寿光市三元朱村志编纂委员会编 王乐义主编 济南 齐鲁书社 2008年 290页
b20806814 K295.25 S1459 2008

寿光县田柳乡志
寿光县田柳乡编 寿光 寿光二中印刷厂 1985年 275页
b20016682 K295.25 T355 1985

西岔河一村志
寿光市西岔河一村地方志编委会编 宋科富主编 济南 山东省新闻出版局 2005年 414页
b36129136 K295.25 X1193 2005

羊口镇志
山东省寿光市羊口镇志编委会编 薛光照 国光丰主编 寿光 山东潍坊新闻出版局 1998年 425页
b46011924 K295.25 Y2224 1998

中共寿光市委党校志 1948–2008
中共寿光市委党校志编纂委员会编 金树亮主编 潍坊 和盛印刷公司 2008年 353页
b20952909 D261.41 S528 2008

寿光市人大志
寿光市人大志编纂委员会编 北京 方志出版社 2007年 1013页
b18217771 D624.523 S528 2007

寿光市人大志 2007–2016
寿光市人大志编纂委员会编 林立星主编 北京 中国文史出版社 2016年 810页
b49953217 D624.524 S528 2016

寿光市政协志 1979–2009
寿光市政协志编纂委员会编 王茂兴 夏德起主编 北京 中国文联出版社 2009年 858页
b20397495 D628.523 S528 2009

寿光市纪检监察志 1979–2010
寿光市纪检监察志编纂委员会编 王教法主编 北京 中国方正出版社 2011年 436页
b37530409 D630.9 S528 2011

寿光市民政志
山东省寿光市民政志编纂委员会编 孙仲春主编 潍坊 潍坊市新闻出版局 2000年 348页
b18261395 D675.23 S779 2000

寿光市国土资源志
寿光市国土资源志编纂委员会编 王春海主编 北京 方志出版社 2014年 582页
b46120658 F129.952.4 S528 2014

寿光市生态农业观光园建设志 2005–2010
山东省寿光市生态农业观光园建设志编纂委员会编 葛汝凤主编 北京 中国文史出版社 2013年 750页
b49803657 F327.524 S528 2013

山东寿光建设集团志 1953–2013
魏金明主编 北京 中国文史出版社 2013年 957页
b49748579 F426.9 S2537 2013

寿光县交通志
山东省寿光县交通局编 安泽亮 李兰台主编 寿光 寿光县印刷厂 1985年 206页
b2243186x F512.752.4 S528 1985

寿光财政志
魏华山主编 济南 山东人民出版社 2013年 539页〔中华人民共和国地方志丛书〕
b44916127 F812.752.3 S528 2013

寿光农村商业银行志 1951–2011
寿光农村商业银行志编纂委员会编 崔建强主编 北京 中国文史出版社 2013年 619页
b45453457 F832.752.4 S528 2013

寿光广播影视志
刘水明主编 北京 中国文史出版社 2013年 456页
b4974852x G229.275.24 L693 2013

寿光市教育志
寿光市教育志编纂委员会编 马茂盛主编 北京 中国大百科全书出版社 2003年 634页
b20019567 G527.523 S528 2003

山东省寿光市第一中学校志 1957–2002
山东省寿光市第一中学校志编纂委员会编 李宪春主编 寿光 山东省寿光市第一中学印刷厂 2002年 431页
b18805887 G639.285.2 S528 2002

山东省寿光市第一中学校志 1957–2007
山东省寿光市第一中学校志编纂委员会编 李玉明主编 寿光 山东省寿光市第一中学印刷厂 2007年 573页
b20103608 G639.285.2 S528C 2007

山东省寿光中学志
赵玉峰主编 寿光 山东省寿光中学 2010年 724页
b40649180 G639.285.24 S2533 2010

寿光市第二中学校志 1956–1996
李尊然主编 寿光 寿光市第二中学 1996年 207页
b47415812 G639.285.24 S528 1996

寿光现代中学校志 1999–2009
山东省寿光现代中学校志编纂委员会编 李昌武主编 潍坊 山东新华印刷厂潍坊厂 2009年 493页
b20883031 G639.285.23 S528 2009

寿光市电大教育志 讨论稿
寿光市电大教育志编委 郝永荣 朱明华主编 寿光 寿光市电大教育志编纂委员会 1997年 93页
b40743743 G728.8 S528 1997

寿光方言志
张树铮著 北京 语文出版社 1995年 230页〔山东方言志丛书〕
b19733975 H172.1 Z364S 1995

寿光卫生防疫志 1957–2007
刘君主编 寿光 山东省寿光市卫生防疫站 2007年 368页
b49849888 R199.2 L678 2007

寿光市水利志 1949–2010
寿光市水利志编纂委员会编 郝勇主编 北京 中国水利水电出版社 2013年 440页
b50992077 TV-092 S528 2013

安丘市

安丘县志
山东省安丘县地方史志编纂委员会编 李守民主编 济南 山东人民出版社 1992年 722页〔中华人民共和国地方志丛书〕
b1059341x K295.24 A164

安丘市志 1986–2013
安丘市地方史志编纂委员会编 林卫成主编 北京 方志出版社 2016年 1136页
b49578261 K295.24 A164C 2016

安丘镇志 1840–1989
安丘镇志编纂组编 安丘 山东省安丘印刷二厂 1992年 408页
b20013796 K295.25 A164 1992

安丘市军事志 1840–2005
安丘市军事志编纂委员会编 李海峰主编 安丘 安丘市军事志编纂委员会 2012年 483页
b45839931 E289.523 A164 2012

景芝酒志
刘全平主编 北京 北京教育出版社 2016年 2卷 1079页
b50747708 F426.82 J553 2016

安丘文化志
山东省安丘市文化局编 济南 山东省新闻出版局 2002年 426页
b21136348 G127.523 A163 2002

高密市

高密县志
山东省高密县地方志编纂委员会编 李池主编 济南 山东人民出版社 1990年 617页〔中华人民共和国地方志丛书〕
b10727784 K295.24 G244

高密市志 1986–2008
高密市地方史志编纂委员会编 许宝国主编 北京 方志出版社 2014年 860页
b46377207 K295.23 G244 2014

中共高密县委组织志 初稿 1925–1988
中共高密县委组织部编 高密 中共高密县委组织部 1988 年 268 页
b44915809 D235.524 G244 1988

高密市军事志 1840–2005
高密市军事志编纂委员会编 王胜先主编 高密 高密市军事志编纂委员会 2011 年 503 页
b45452878 E289.523 G244 2011

山东高密高锻机械有限公司志 1952–2012
山东高密高锻机械有限公司编 毛琳主编 高密 山东高密高锻机械有限公司 2012 年 294 页
b51012091 F426.4 S2533 2012

高密公路志
山东省高密市公路局编 李顺利主编 济南 齐鲁书社 2004 年 339 页
b16636168 F542.852.4 S253 2004

高密市东关小学校志 1948–2008
高密市东关小学校志编纂委员会编 张玉芬主编 高密 高密市东关小学校志编纂委员会 2008 年 369 页
b51072427 G629.285.24 G244 2008

高密县地名志
高密县地名志编纂委员会编 朱福训主编 高密 高密县地名志编纂委员会 1990 年 508 页〔潍坊市地名志丛书〕
b20014582 K925.24 G244 1990

高密市妇幼保健院志 1956–2016
高密市妇幼保健院志编纂委员会编 张敏主编 北京 线装书局 2016 年 396 页
b50167066 R197.5 G244 2016

山东省高密市人民医院志 1946–1998
高密市人民医院志编纂委员会编 唐宜怀主编 高密 高密市人民医院志编纂委员会 2000 年 561 页
b49963417 R197.3 G244 2000

高密市人民医院志 1999–2010
高密市人民医院志编纂委员会编 荆汝泉主编 香港 中国国际文化出版社 2011 年 490 页
b50016647 R199.2 G2447 2011

高密市卫生防疫志 1956–2006
高密市卫生防疫志编纂委员会编 李丹平 唐宜柱主编 高密 高密市卫生防疫志编纂委员会 2007 年 678 页
b47584853 R199.2 G2445 2007

昌邑市

昌邑县志
山东省昌邑县志编纂委员会编 昌邑 山东省昌邑县志编纂委员会 1987 年 828 页〔中华人民共和国地方志丛书〕
b16142135 K295.24 C3299 1987

昌邑市政协志
昌邑市政协志编纂委员会编 昌邑 昌邑新华印务有限公司 2006 年 690 页
b21136373 D628.524 C329 2006

昌邑市军事志 1840–2005
昌邑市军事志编纂委员会编 杨奎林主编 昌邑 昌邑市军事志编纂委员会 2011 年 523 页
b4485139x E289.523 C329 2011

昌邑市电业志 1933–2010
昌邑市电业志编纂委员会编 徐广平 葛天伟

主编 北京 人民日报出版社 2011 年 697 页
b3753029x F426.61 C329 2011

昌邑市盐业志 1986–2005
昌邑市盐业志编纂委员会编 孙钱林主编 昌邑 昌邑市盐业志编纂委员会 2009 年 182 页
b4074310x F426.82 C329 2009

临朐县

临朐县志
临朐县史志编纂委员会编 傅绍信主编 济南 山东人民出版社 1991 年 843 页〔中华人民共和国地方志丛书〕
b10597803 K295.24 L581

临朐县志 1988–2000
山东省临朐县地方志编纂委员会编 冯元钊主编 济南 齐鲁书社 2004 年 688 页〔中华人民共和国地方志丛书〕
b16164647 K295.24 L581 2004

临朐村镇志略 五井卷
临朐县史志办公室编 刘建国主编 潍坊 潍坊长城印刷公司 2010 年 406 页
b37531979 K295.25 W538 2010

临朐村镇志略 冶源卷
临朐县地方志编纂委员会编 刘建国主编 北京 方志出版社 2012 年 462 页〔中华人民共和国地方志丛书〕
b44850980 K295.25 Y356 2012

冶源镇志
山东省临朐县冶源镇志编纂委员会编 刘建国主编 北京 方志出版社 2016 年 326 页〔中国名镇志丛书〕
b47206196 K295.25 Y356C 2016

临朐县军事志 1840–2005
临朐县军事志编纂委员会编 刘传党主编 临朐 临朐县军事志编纂委员会 2011 年 456 页
b45453147 E289.524 L581 2011

山东省临朐第二中学校志 1956–2006
临朐二中校志编纂组编 王益军主编 临朐 华兴商场印刷厂 2006 年 282 页
b20103566 G639.285.24 S2532 2006

山东省临朐第一中学校志 1952–1992
山东省临朐第一中学编 临朐 山东省临朐县印刷厂 1993 年 231 页
b20103578 G639.285.24 S253 1993

临朐名胜志
张铭璇著 济南 齐鲁书社 2004 年 348 页
b16425819 K928.705.24 Z357 2004

沂山植物志
赵月玲 宋桂全编著 张克亮 张孝友摄影 北京 科学出版社 2012 年 2 卷 929 页
b3624966x Q948.525.24 Z441 2012

昌乐县

昌乐县志
山东省昌乐县史志编纂委员会编 吴锡利 秦晓鸣主编 济南 山东人民出版社 1992 年 674 页〔中华人民共和国地方志丛书〕
b10564718 K295.24 C329

昌乐县志 1986–2007
昌乐县地方史志编纂委员会编 刘西强主编 北京 中华书局 2008 年 864 页〔中华人民共和国地方志丛书〕
b20948001 K295.24 C329C 2008

东山王村志
昌乐县东山王村志编纂委员会编 王庆荣主编 青岛 青岛出版社 2010年 362页
b22429268 K295.25 D5828 2010

营丘镇志
营丘镇人民政府主办 营丘镇志编纂委员会编 刘会勇主编 北京 方志出版社 2017年 401页〔中华人民共和国地方志丛书〕
b49865274 K295.25 Y565 2017

昌乐县政协志
昌乐县政协志编纂委员会编 张有亮主编 北京 中国出版社 2005年 530页
b46994993 D628.524 C3295 2005

昌乐县军事志 1840–2005
昌乐县军事志编纂委员会编 王文成主编 昌乐 昌乐县军事志编纂委员会 2011年 562页
b45452659 E289.524 C329 2011

昌乐一中校志 1938–2008
秦汶民主编 北京 中国社会科学出版社 2008年 654页
b46012576 G639.285.24 C329 2008

济宁市

济宁市志
济宁市地方史志编纂委员会编 杨亦农 邵伟主编 北京 中华书局 2002年 2卷 1994页〔中华人民共和国地方志丛书〕
b14443867 K295.23 J181 2002

济宁市统计志 1949–2005
济宁市统计局编 尤和平主编 北京 中国统计出版社 2009年 494页
b45417180 C832.523 J181 2009

济宁市郊区人民代表大会志 1949.10–1991.12
济宁市郊区人民代表大会常务委员会编 李吉岩主编 济宁 济宁市新闻出版局 1992年 525页
b49533393 D624.523 J181 1992

济宁市政协志
政协山东省济宁市委员会济宁市政协志编委会编 济南 齐鲁书社 1996年 558页
b18198211 D628.524 J181 1996

济宁军事志 1840–1990
济宁军事志编纂委员会编 济宁 济宁市新闻出版局 1995年 622页
b36245689 E289.523 J181 1995

济宁市军事志 1986–2005
济宁市军事志编纂委员会编 尹凤昌主编 济宁 济宁市军事志编纂委员会 2010年 567页
b46011444 E289.523 J181C 2010

济宁市物资志
济宁市物资局史志办公室编 闫怀纲主编 济宁 济宁市物资局史志办公室 1995年 450页
b50665224 F259.275.23 J181 1995

济宁市林业志
济宁市林业局史志编纂委员会编 济南 山东人民出版社 1993年 331页
b46442029 F326.275.23 J181 1993

济宁市农机志
济宁市农机局编 陆亚东主编 济南 山东省地图出版社 2004年 385页
b50221966 F329.523 J181 2004

济宁电业志
济宁电业局史志办公室编 邢文祥主编 济南 齐鲁书社 1992 年 204 页〔济宁市地方史志系列丛书〕
b4601181x F426.61 J181 1992

济宁发电厂志 1918–2000
济宁发电厂志编纂委员会编 刘西华主编 济宁 济宁发电厂志编纂委员会 2003 年 437 页
b49982321 F426.61 J181C 2003

济宁市建筑工程公司志 1952–1991
济宁市建筑工程公司史志编委会编 李碧华主编 济宁 济宁市建筑工程公司史志编委会 1991 年 263 页
b51012224 F426.9 J181 1991

兴隆庄煤矿志 2006–2010
翟卫东主编 香港 中国文化出版社 2012 年 723 页
b50246525 F426.21 X463 2012

济宁市交通志
济宁市交通志编纂委员会编 耿仲超主编 济南 齐鲁书社 2000 年 544 页
b20043338 F512.752.3 G398 2000

济宁航运志
济宁市航运管理局 济宁航运志编纂委员会编 崔爱菊主编 北京 中国出版社 2005 年 469 页
b44851157 F552.752.3 J181 2005

济宁商业志
济宁商业局编 刘来荣主编 济宁 济宁商业局 1992 年 310 页〔济宁市地方史志系列丛书〕
b38174820 F727.523 J181 1992

济宁市财政志
山东省济宁市财政局史志办公室编 赵龙德编 济南 齐鲁书社 1997 年 471 页
b20484598 F812.752.3 Z436 1997

济宁市广播电视志
济宁市广播电视志编纂委员会编 焦承信 聂志泉主编 北京 中国广播电视出版社 1992 年 336 页
b38893745 G229.275.23 J181 1992

济宁市郊区教育志 1840–1985
济宁市郊区教育志编写组编 张忠民主编 济宁 山东省出版总社济宁分社 1991 年 187 页
b27575809 G527.523 J181C 1991

济宁市教育志 1840–1988
济宁市教育史志编纂委员会编 济宁 山东济宁教育印刷所 1998 年 694 页〔济宁市地方史志系列丛书〕
b20484677 G527.523 J181 1998

济宁技术学院志
济宁技术学院志编审委员会编 北京 中国国际广播出版社 2008 年 319 页
b49640884 G719.285.23 J1814 2008

山东省济宁卫生学校志 山东省济宁卫生技工学校志 1978–2008
校志编纂委员会编 蒋继鑫主编 济宁 山东省济宁卫生学校志山东省济宁卫生技工学校志校志编纂委员会 2008 年 312 页
b4735270x G719.285.23 J181 2008

济宁山水志
济宁市地方史志办公室编 杨亦农 王培礼主编 北京 中国出版社 2004 年 402 页
b40935048 K928.3 J1816 2004

济宁市第一人民医院志 2006–2016
济宁市第一人民医院编 王志安 郭金菊主编 北京 中国文史出版社 2016年 427页
b49823188 R199.2 J181 2016

济宁医学院附属医院志 1951–1996
济宁医学院附属医院志编纂委员会编 武广华主编 济南 山东人民出版社 1998年 437页
b20418140 R199.2 W532 1998

济宁市郊区水利志
济宁市郊区水利志编纂办公室编 济宁 济宁新闻出版局 1993年 205页
b45839876 TV–092 J181 1993

任城区

任城区志
山东省济宁市任城区地方史志编纂委员会编 王福安 茹东民主编 济南 齐鲁书社 1999年 723页〔中华人民共和国地方志丛书〕
b16142172 K295.24 R194 1999

济宁市中区志
济宁市市中区地方史志编纂委员会编 济南 齐鲁书社 1999年 822页〔中华人民共和国地方志丛书〕
b22430295 K295.23 J181S 1999

济宁市任城区人民代表大会志 1992–2000
济宁市任城区人民代表大会志编纂委员会编 陈同炎 郑世玉主编 济宁 济宁市新闻出版局 2002年 657页
b41234583 D624.523 J181R 2002

济宁市市中区政协志 1949–2010
政协济宁市市中区委员会编 张仲超主编 济宁 政协济宁市市中区委员会 2010年 444页
b22921692 D628.523 J181 2010

济宁市任城区军事志 1841–2005
济宁市任城区军事志编纂委员会编 陈君主编 济宁 济宁市任城区军事志编纂委员会 2012年 442页
b45453044 E289.523 J181R 2012

济宁市市中区军事志 1840–2005
济宁市市中区军事志编纂委员会编 李国玉 刘裕州主编 济宁 济宁市市中区军事志编纂委员会 2013年 410页
b5026901x E289.523 J181S 2013

任城公路志
任城公路志编纂委员会编 靳蕾主编 北京 中华书局 2009年 366页
b21015429 F542.852.3 J181R 2009

任城区教育志 1997–2010
济宁市任城区教育体育局编 吴景元主编 香港 中国国际文化出版社 2014年 271页
b45445369 G527.524 J181R 2014

济宁市任城区水利志
济宁市任城区水利志编纂委员会编 王书明主编 北京 中共党史出版社 2004年 366页
b17151910 TV–092 W2295 2004

兖州区

兖州市志
山东省兖州市地方史志编纂委员会编 马长友主编 济南 山东人民出版社 1997年 978页〔中华人民共和国地方志丛书〕
b10532894 K295.23 Y183

兖州市人民代表大会志
兖州市人民代表大会志编纂委员会编 陈方主编 济南 齐鲁书社 2010年 481页
b22432863 D624.523 Y183 2010

兖州县人民代表大会志
兖州县人民代表大会常务委员会编 兖州 兖州县人民代表大会常务委员会 1991年 138页
b49534403 D624.524 Y183 1991

兖州市军事志 1840–2005
兖州市军事志编纂委员会编 济南 山东新华印刷厂 2008年 402页
b22432875 E289.523 Y183 2008

北宿煤矿志 1976–1987
北宿煤矿史志编纂委员会编 邢汝悦主编 兖州 北宿煤矿史志编纂委员会 1991年 374页
b49505415 F426.21 B316 1991

北宿煤矿志 1988–2005
北宿煤矿史志编纂委员会编 赵计华主编 北京 方志出版社 2008年 691页
b22428781 F426.21 B316 2008

第二工程处志
兖州矿务局第二工程处史志办公室编 徐一柱主编 兖州 兖州矿务局第二工程处史志办公室 1990年 324页
b50152804 F426.21 Y1832 1990

南屯煤矿志 1973–1985
兖州矿务局南屯煤矿编 牛其山 黄耕晨主编 兖州 兖州矿务局南屯煤矿 1994年 552页
b50008432 F426.21 N161 1994

唐村实业有限公司志
兖矿集团唐村实业有限公司史志编纂委员会编 吴疆主编 兖州 兖矿集团唐村实业有限公司史志编纂委员会 2008年 380页
b51012881 F426.21 T2417 2008

兖矿集团大陆机械有限公司志 1991–2006
兖矿集团大陆机械有限公司史志编纂委员会编 陈新生主编 兖州 兖矿集团大陆机械有限公司史志编纂委员会 2008年 387页
b51012777 F426.42 Y183 2008

兖矿集团机电设备制造厂志 1986–2010
兖矿集团机电设备制造厂史志编纂委员会编 秦勇主编 兖州 兖矿集团机电设备制造厂史志编纂委员会 2012年 678页
b45480230 F426.4 Y183 2012

兖矿集团有限公司物业分公司志
兖矿集团有限公司物业分公司史志编纂委员会编 卢水利主编 邹城 兖矿集团有限公司物业分公司史志编纂委员会 2008年 328页
b51011700 F426.21 Y18341 2008

兖矿煤化公司志
兖矿煤化公司志编纂委员会 李宗立主编 香港 中国文化出版社 2009年 330页
b5024789x F426.79 Y183 2009

兖州矿务局第三十二工程处志
郭庆举主编 肥城 肥城矿务局印刷厂 1990年 205页
b45480242 F426.21 Y1833 1990

兖州矿务局唐村煤矿志 第1卷 1958–1985
唐村煤矿史志办公编纂 潘玉科主编 济宁 山东省出版总社济宁分社 1991年 477页〔兖州矿务局〕

b45480254　F426.21　T241

兖州矿务局志

兖州矿务局编　兖州　兖州矿务局　1995 年　2 卷　2251 页

b20484525　F426.21　Y183　1995

兖州煤业股份有限公司志

兖州煤业股份有限公司史志编纂委员会编　刘福河　高峻主编　北京　中国文化出版社　2008 年　719 页

b51011918　F426.21　Y1836　2008

兖州煤业股份有限公司志　第 1 卷 1996–2005

兖州煤业股份有限公司史志编纂委员会编　济宁　兖州煤业股份有限公司史志编纂委员会　2006 年　1051 页

b51012789　F426.21　Y1836D　2006

兖州煤业股份有限公司志　2006–2010

兖州煤业股份有限公司史志编纂委员会编　刘福河　郭宏伟主编　济宁　兖州煤业股份有限公司史志编纂委员会　2012 年　913 页

b51012790　F426.21　Y1836C　2012

兖矿集团有限公司实业分公司志　第 2 卷 2007–2011

兖矿集团实业分公司史志编纂委员会编　李桃德主编　香港　中国文化出版社　2012 年　431 页

b50778523　F426.21　Y1834　2012

兖州煤炭基本建设志　1971–1986（兖州）

兖州矿务局史志办公室编　江敦义　赵育元主编　兖州　兖州矿务局史志办公室　1993 年　654 页

b45480266　F426.21　Y1835　1993

杨村煤矿志　2006–2010

杨村煤矿史志编纂委员会编　王远金　刘进广主编　济宁　杨村煤矿史志编纂委员会　2012 年　373 页

b40864418　F426.21　Y229　2012

兖州县教育志

兖州县教育局教育志编纂组编　唐家宝主编　兖州　兖州县教育局教育志编纂组　1987 年　188 页〔兖州县地方志丛书〕

b20183021　G527.524　Y183　1987

山东省兖州县地名志

兖州县地名委员会办公室编　兖州　兖州东关印刷厂　1989 年　468 页

b20368756　K925.24　Y183　1989

曲阜市

曲阜市志

山东省曲阜市史志编纂委员会编　宁廷亮主编　济南　齐鲁书社　1993 年　792 页

b10728090　K295.23　Q562

池涯社区志

曲阜市鲁城街道池涯社区居民委员会编　贾祥彬主编　北京　中国文史出版社　2015 年　294 页

b50189189　K295.23　Q562C　2017

防山乡志

曲阜市防山乡编志组编　曲阜　曲阜师大附中印刷厂　1989 年　247 页

b21136427　K295.25　F239　1989

小雪区志

曲阜市小雪镇编志组编　泗水　泗水县印刷厂　1986 年　291 页

b21765741　K295.24　Q562X　1986

曲阜市政协志
曲阜市政协志编纂委员会编 刘玉明主编 香港 中国国际图书出版社 2007 年 746 页
b18838303 D628.523 L693 2007

曲阜市军事志 1840–2005
曲阜市军事志编纂委员会编 孔凡成主编 济南 山东新华印刷厂 2012 年 407 页
b45453378 E289.523 Q562 2012

曲阜二轻工业志
曲阜市二轻工业志办公室编 宫雨声 张发泰主编 曲阜 曲阜市二轻工业志办公室 1987 年 214 页
b22431500 F426.8 Q562C 1987

曲阜一轻工业志
曲阜一轻工业志编写办公室编 赵连仲主编 汶上 汶上县印刷厂 1987 年 213 页
b22431512 F426.8 Q562 1987

曲阜教育志
曲阜教育志编写组编 刘志奇主编 曲阜 曲阜市印刷厂 1987 年 245 页
b20140204 G527.524 Q562 1987

孔子世家艺文志
周洪才著 北京 国家图书馆出版社 2015 年 2 卷 1048 页
b46529524 K820.9 K341Z 2015

新编陋巷志
新编陋巷志编纂委员会编 国伟 颜景琴主编 济南 齐鲁书社 2002 年 573 页
b16386607 K820.9 Y169D 2002

曲阜市地名志
曲阜市地名志编纂委员会编 孔佾主编 济南 山东友谊出版社 1998 年 634 页
b20369049 K925.23 Q562Q 1998

曲阜市卫生和计划生育志
曲阜市卫生和计划生育志编纂委员会编 熊宝玉主编 北京 煤炭工业出版社 2017 年 870 页
b51090296 R199.2 Q5622C 2017

曲阜水利志
曲阜水利志编写组编 张志新主编 济宁 山东省出版社济宁分社 1989 年 188 页
b50152415 TV-092 Q5622 1989

尼山水库志
曲阜市尼山水库志编纂委员会编 颜桂杰主编 曲阜 曲阜市尼山水库志编纂委员会 2017 年 292 页
b50729664 TV632.523 N284 2017

邹城市

邹城市志
山东省邹城市地方史志编纂委员会编 刘文贵 苗存哲主编 北京 中国经济出版社 1995 年 971 页〔中华人民共和国地方志丛书〕
b10593445 K295.23 Z878

邹城市志 1991–2005
邹城市地方史志编纂委员会编 吕郁 梁超主编 北京 方志出版社 2009 年 1012 页
b20397628 K295.23 Z878 2009

城关镇志
张贵卿主编 济宁 山东省济宁市新闻出版局 1993 年 290 页〔邹城市地方史志丛书〕
b20484367 K295.25 C4664 1993

东傅村志
邹城市中心店镇东傅村村志编纂委员会编 黄学贞主编 北京 中国文化出版社 2017年 257页〔中心店镇村志丛书〕
b50581697 K295.25 D58221 2017

古路口乡志
古路口乡志编纂办公室编 郑文阁主编 邹县 古路口乡志编纂办公室 1989年 373页〔邹县地方史志丛书〕
b21136439 K295.25 G542 1989

郭里镇志
郭里镇志编纂委员会编 史传龙主编 邹城 郭里镇志编纂委员会 2008年 335页〔邹城市地方志丛书〕
b22429797 K295.25 G769 2008

太平镇志
太平镇志编纂委员会编 李凌志主编 济南 山东省新华印刷厂 2003年 410页〔邹城市地方志丛书〕
b2040461x K295.25 T162 2003

峄山镇志
齐崇璧主编 北京 中国文化出版社 2008年 524页〔邹城市地方志系列丛书〕
b20484914 K295.25 Y481 2008

中心店镇志
山东省邹城市中心店镇志编纂委员会编 孙为民主编 北京 方志出版社 2017年 268页〔中国名镇志文化工程〕
b50642625 K295.25 Z6452 2017

中心一村志
邹城市中心店镇中心一村志编纂委员会编 李景洲主编 香港 中国文化出版社 2017年 276页〔中心店镇村志丛书 邹城市村志文化工程〕
b50090008 K295.25 Z645 2017

邹城市北宿镇志
邹城市北宿镇志编纂委员会 济宁市新闻出版局编 孔祥杰主编 邹城 邹城市北宿镇志编纂委员会 1997年 369页〔邹城市地方志丛书〕
b20018216 K295.25 B3167 1997

邹城市唐村镇志
邹城市唐村镇志编纂委员会编 邱启才主编 邹城 邹城市唐村镇志编纂委员会 2007年 358页
b49850258 K295.25 T241 2007

邹城市石墙镇志
邹城市石墙镇志编纂委员会编 孙维夏 夏兴山主编 泰安 泰安市新闻出版局 1998年 368页〔邹城市地方志丛书〕
b22921564 K925.25 S474 1998

邹城市政协志
政协邹城市委员会编 韩德良主编 邹城 政协邹城市委员会 2001年 772页
b19732995 D628.523 Z878 2001

邹城市军事志 1840–2005
邹城市军事志编纂委员会编 李庆锋主编 济南 山东新华印刷厂 2010年 787页
b45453962 E289.523 Z878 2010

鲍店煤矿志
马国林 李洪梅主编 北京 中国文化出版社 2008年 843页
b36128296 F426.21 B251 2008

东滩煤矿志
东滩煤矿志史志编纂委员会编 王星主编

北京 中国文化出版社 2008 年 788 页
b44915500 F426.21 D5828 2008

邹城市邮电志
夏金亭主编 邹城 邹城市邮电局 1992 年 232 页〔邹城市地方志丛书〕
b50320543 F632.752.4 Z878 1992

邹城市金融志
邹城市金融志编纂委员会编 济南 山东人民出版社 1997 年 319 页
b2048463x F832.752.4 Z878 1997

邹城市文化志
邹城市文化局编 张延龄主编 济宁 济宁市新闻出版局 1997 年 190 页〔邹城市地方志丛书〕
b20536537 G127.524 Z878 1997

邹城市教育志
邹城市教育局编 孔庆桐 张文刚主编 邹城 邹城市教育局 2009 年 343 页
b20918586 G527.523 Z878 2009

邹县教育志 1840–1989
邹县教育局编 邹县 邹县教育局 1991 年 340 页
b36014837 G527.524 Z879 1991

邹城市郭里中学校志
仲崇杰 赵奇杰主编 邹城 邹城市郭里中学 2010 年 203 页
b40649258 G639.285.24 Z878 2010

邹城市匡庄中学校志 1971–2011
邹城市匡庄中学编 邹城 邹城市匡庄中学 2011 年 232 页
b50153031 G639.285.24 K463 2011

邹城市地名志
邵泽元主编 济南 山东人民出版社 2001 年 666 页
b13990810 K925.23 S337

孟子故里山水志
邹城市政府史志办公室编 周广志主编 北京 中国文史出版社 2016 年 530 页
b49489914 K928.3 Z878 2016

峄山新志
田振铎 刘玉平 秦显耀编 济宁 济宁市新闻出版局 1993 年 219 页
b20018642 K928.3 T3562 1993

邹城市妇幼保健院志 1953–2013
邹城市妇幼保健院志编辑委员会编 秦鹏主编 长春 吉林科学技术出版社 2014 年 403 页
b50246586 R197.5 Z878 2014

山东省邹县土壤志
山东省邹县土壤普查办公室编 邹县农牧渔业局编 邹县 邹县土壤普查办公室 1982 年 239 页
b20951279 S159.252.4 Z878 1982

邹城市水利志 1991–2002
邹城市水利志编纂组编 程玉华主编 邹城 邹城市水利志编纂组 2006 年 285 页
b36129239 TV–092 Z878 2006

邹县水利志
邹县水利局邹县水利志编纂组编 济宁 济宁市新闻出版局 1994 年 256 页〔邹县地方史志丛书〕
b2185581x TV–092 Z879 1994

微山县

微山县志
山东省微山县地方史志编纂委员会编 曹瑞民 盛振钰主编 济南 山东人民出版社 1997年 1284页〔中华人民共和国地方志丛书〕
b13214986 K295.24 W272

微山县志 1991–2005
山东省微山县地方史志编纂委员会编 董学军主编 济南 山东画报出版社 2009年 714页
b20198292 K295.24 W272D 2009

马坡乡志
马坡乡人民政府编 李忠训 吴德举 林为真编写 微山 马坡乡人民政府 2000年 386页
b40864297 K295.25 M141 2000

微山县人大志 1932–2008
微山县人大常委会编 盛金祥 郭晓辉主编 香港 中国文化艺术出版社 2010年 550页
b20883092 D624.524 W272 2010

微山县政协志 1980–2003
微山县政协志编委会编 张德纪主编 微山 微山县政协志编委会 2003年 323页〔微山文史资料〕
b17457440 D628.524 W272 2003

微山县军事志
微山县军事志编纂委员会编 微山 微山县军事志编纂委员会 2010年 803页
b21570541 E289.524 W272 2010

付村煤业有限公司志 1998–2008
付村煤业有限公司志编纂委员会编 顾金滕主编 北京 中国档案出版社 2008年 388页
b50778377 F426.21 F512 2008

蒋庄煤矿志 2002–2013
蒋庄煤矿志编纂委员会编 李永磊主编 微山 蒋庄煤矿志编纂委员会 2014年 770页
b50861748 F426.21 J356 2014

微山县交通志
微山县交通志编纂组编 唐成福主编 微山 微山县印刷厂 1992年 400页〔微山县地方志丛书〕
b36248009 F512.752.4 W272 1992

微山县财政志
微山县财志编纂领导小组编 微山 微山县财志编纂领导小组 1990年 359页〔微山县地方志丛书〕
b46102231 F812.752.4 W272 1990

微山县财政志 1986–2000
微山县财政志编纂领导小组编 尹克玉主编 微山 微山县财政志编纂领导小组 2002年 677页〔中华人民共和国地方志丛书〕
b46102243 F812.752.4 W272 2002

微山县金融志
微山县金融志编纂组编 封心坦主笔 微山 微山县金融志编纂组 1987年 424页〔微山县地方志丛书〕
b45569721 F832.752.4 W272 1987

微山县教育志 1953–2004
微山县教育局编 微山 微山县教育局 2005年 480页
b40935103 G527.524 W272 2005

微山湖志
山东省微山县地方史志编纂委员会编 董学军主编 济南 黄河出版社 2010年 496页
b2100139x K928.43 W272 2010

微山县水利志
微山县水利局编 胡文骏 亓可申主编 微山 微山县水利局 2016年 577页
b50248455 TV-092.524 W272 2016

鱼台县

鱼台县志
山东省鱼台县地方史志编纂委员会编 张瑞檀主编 济南 山东人民出版社 1997年 849页〔中华人民共和国地方志丛书〕
b12640050 K295.24 Y715

鱼台县志 1991-2005
鱼台县地方史志编纂委员会编 齐运祥 明亮主编 北京 方志出版社 2010年 529页〔中华人民共和国地方志丛书〕
b2317464x K295.24 Y715 2010

鱼台县政协志 19843-20104
鱼台县政协志编纂委员会编 王庆礼主编 北京 新世界出版社 2010年 596页
b50992119 D628.524 Y715 2010

鱼台县民政志
鱼台县民政志编纂委员会编 林友山主编 鱼台 鱼台县民政志编纂委员会 1998年 208页
b20484707 D675.24 Y715 1998

鱼台县军事志 1840-2005
鱼台县军事志编纂委员会编 郭超主编 鱼台 鱼台县军事志编纂委员会 2012年 492页
b46899182 E289.524 Y715 2012

鱼台县交通运输志 1999-2014
鱼台县交通运输志编纂委员会编 鉴保奎主编 北京 中国文化出版社 2015年 267页
b47352838 F512.752.4 Y715 2015

金乡县

金乡县志
金乡县地方史志编纂委员会编 师德服 陈乐忠主编 北京 三联书店 1996年 588页〔中国地方志丛书〕
b10598005 K295.24 J479

金乡县志 1991-2005
金乡县地方史志编纂委员会编 姜君杰主编 北京 方志出版社 2013年 972页
b46531105 K295.24 J479D 2013

金乡方言志
马凤如著 济南 齐鲁书社 2000年 219页〔山东方言志丛书〕
b15329483 H172.1 M137 2000

金乡人物志
李海燕 姜君杰主编 北京 中国文化出版社 2007年 500页
b2292159x K820.852.4 J479 2007

嘉祥县

嘉祥县志
山东省嘉祥县地方史志编纂委员会编 济南 山东人民出版社 1997年 812页〔中华人民共和国地方志丛书〕
b10546637 K295.24 J198

嘉祥县志 1991–2005
嘉祥县地方史志编纂委员会编 沈效敏 王迎华主编 北京 方志出版社 2010年 738页〔山东省地方志丛书〕
b20815797 K295.24 J198C 2010

嘉祥东关志
嘉祥东关志编纂委员会编 王祥标主编 嘉祥 嘉祥东关志编纂委员会 2004年 478页〔中华人民共和国地方志丛书〕
b47415137 K295.25 D5823C 2004

嘉祥县人民代表大会志 1954–2012
嘉祥县人民代表大会志编纂委员会编 高新磊主编 嘉祥 嘉祥县人民代表大会志编纂委员会 2012年 586页
b4953340x D624.524 J198 2012

嘉祥县军事志 1840–2005
嘉祥县军事志编纂委员会编 吕学斌主编 嘉祥 嘉祥县军事志编纂委员会 2010年 371页
b4584026x E289.524 J198 2010

嘉祥县农业志
嘉祥县农业志办公室编纂 王鸿田主编 嘉祥 山东省嘉祥县农业志办公室 1992年 399页〔嘉祥县地方志丛书 2〕
b49803244 F327.524 J198 1992

萌山中学校志 1998–2008
萌山中学校志编纂委员会编 王祥标主编 济宁 济宁菲斯特印务公司 2008年 474页〔中华人民共和国校志丛书〕
b2180204x G639.285.24 M345 2008

汶上县

汶上县志
山东省汶上县志编纂委员会编 何树瀛主编 郑州 中州古籍出版社 1996年 646页〔中华人民共和国地方志丛书〕
b13276967 K295.24 W396

汶上政协志 1984.9–2012.6
中国人民政治协商会议山东省汶上县委员会编 李顺林主编 汶上 中国人民政治协商会议山东省汶上县委员会 2012年 486页
b49639882 D628.524 W396 2012

汶上县农村信用合作联社社志
汶上县农村信用合作联社编 汶上 汶上县农村信用合作联社 2014年 188页
b49803724 F832.35 W396 2014

汶上县广播电视志 1950–2010
汶上县广播电视台 张宗田主编 汶上 汶上县广播电视台 2012年 437页
b50729780 G229.275.24 W396 2012

汶上县教育志
汶上县教育局编 汶上 汶上县教育局 1992年 171页
b49640744 G527.524 W396 1992

汶上方言志
钱曾怡主编 宋恩泉著 济南 齐鲁书社 2005年 312页〔山东方言志丛书〕
b16455629 H172.1 Q223W 2005

泗水县

泗水县志
山东省泗水县地方史志编纂委员会编 王久亭 邢相三主编 济南 山东人民出版社 1991年 840页〔中华人民共和国地方志丛书〕
b10604273 K295.24 S665

泗水县志 1989–2003
泗水县地方史志编纂委员会编 王乐民主编 北京 中国出版社 2006 年 862 页〔中华人民共和国地方志〕
b17562132 K295.24 S665 2006

泗水县残疾人联合会志
泗水县残疾人联合会志编纂委员会编 贺相霖主编 泗水 泗水县残疾人联合会志编纂委员会 2011 年 228 页
b40864431 D669.69–232 S665 2011

泗水县军事志 1840–2005
泗水县军事志编纂委员会编 郭卫东主编 泗水 泗水县军事志编纂委员会 2012 年 484 页
b50992089 E289.524 S665 2012

泗水县房产管理志
泗水县房产管理志编纂委员会编 泗水 泗水县房产管理志编纂委员会 2016 年 488 页
b49789740 F299.275.24 S665S 2016

泗水县建设志
泗水县住房和城乡规划建设局编 韩继伟主编 北京 中国文史出版社 2016 年 743 页
b47297335 F299.275.24 S665 2016

泗水县电力志
泗水县电力志编纂委员会编 张怀远主编 济南 齐鲁书社 2008 年 531 页
b44916073 F426.61 S665 2008

沂沭泗河道志
水利部淮河水利委员会沂沭泗水利管理局编 郭其祥 王润海主编 北京 中国水利水电出版社 1996 年 338 页
b17861986 TV882.3 G775 1996

梁山县

梁山县志
梁山县志编纂委员会编 张淑军主编 北京 新华出版社 1997 年 606 页〔中国地方志丛书〕
b1053281x K295.24 L493

梁山县政协志 1981–2013
政协梁山县委员会编 房瑞荣 李孟雷主编 北京 线装书局 2014 年 490 页
b49938174 D628.524 L493 2014

梁山县电业志 1958–2013
梁山县电业志编纂委员会编 赵国海 戚元海主编 北京 人民日报出版社 2015 年 709 页
b50247840 F426.61 L4938 2015

梁山县农村信用合作联社社志
梁山县农村信用合作联社编 徐智主编 梁山 梁山县农村信用合作联社 2014 年 211 页
b49803360 F832.35 L493 2014

山东省梁山县地名志
山东省梁山县地名办公室编 济南 山东新华印刷厂 1984 年 598 页
b20368987 K925.24 L493 1984

梁山东平湖志稿 1986–2005
东平湖管理局梁山管理局编 李超 迟振达主编 香港 中国文化出版社 2016 年 428 页
b50747721 TV–092 D582 2016

泰安市

泰安地区志
山东省泰安市地方史志编纂委员会编 戴

永和主编 济南 齐鲁书社 1997 年 770 页〔中华人民共和国地方志丛书〕
b10532845 K295.22 T163

泰安市志
泰安市泰山区郊区地方史志编纂委员会编 济南 齐鲁书社 1996 年 783 页〔中华人民共和国地方志丛书〕
b10532857 K295.23 T163

泰安市志 1985–2002
泰安市地方史志编纂委员会编 马辉主编 北京 方志出版社 2009 年 1579 页〔中华人民共和国地方志丛书〕
b20467059 K295.23 T163S 2009

中共泰安市委党校志 1950–2010
中共泰安市委党校志编纂委员会编 孙士杰主编 济南 山东人民出版社 2010 年 563 页
b22433235 D261.41 S777 2010

泰安市政协志
政协泰安市委员会编 高儒林主编 济南 山东画报出版社 2011 年 944 页
b40649271 D628.523 T163 2011

泰安市人事志 1985–2006
泰安市人事志编纂委员会编 尹衍祥 张书盈主编 王鹏撰稿 北京 中国人事出版社 2009 年 398 页
b20883080 D630.3 T163 2009

泰安市公安交通警察志 1987.3–2011.6
泰安市公安交通警察志编纂委员会编 赵树铁 刘岱英主编 北京 方志出版社 2012 年 663 页
b3636972x D631.5 T163 2012

泰安慈善志略 1994.3–2009.3
泰安市慈善总会编 崔义明主编 泰安 山东人民印刷厂泰安厂 2009 年 318 页
b45480114 D632.1 T163 2009

泰安高新技术产业开发区志
泰安高新技术产业开发区志编纂委员会编 北京 方志出版社 2006 年 338 页〔泰安市地方志丛书〕
b17576672 F127.523 T163 2006

泰安市自来水公司志
泰安市自来水公司志编纂委员会编 暴勇生主编 北京 方志出版社 2011 年 452 页
b36133590 F279.26 T163 2011

泰安市自来水有限公司志 2008–2017
泰安市自来水有限公司志编纂委员会编 暴勇生主编 北京 方志出版社 2018 年 439 页
b51044481 F299.241 T163 2018

泰安市粮食志
泰安市粮食志编纂委员会编 王成华主编 济南 齐鲁书社 1992 年 265 页
b21570383 F327.523 W213 1992

山东泰山生力源集团股份有限公司志 1994–2008
山东泰山生力源集团股份有限公司志编纂委员会编 王笃银主编 北京 方志出版社 2010 年 502 页
b50247402 F426.82 S253 2010

泰安邮电志
泰安邮电志编纂委员会编 陈学枫主编 北京 中国大地出版社 1999 年 494 页
b46442091 F632.752 T163 1999

泰安市物价志
泰安市物价志编纂委员会编 朱安村主编 泰安 泰安市物价志编纂委员会 1993 年 322 页
b47297049 F726.752.3 T163 1993

泰安市地方税务志 1994–2014
泰安市地方税务志编纂委员会编 郝玲主编 北京 方志出版社 2016 年 719 页
b49781406 F812.752.342 T163 2016

泰安金融志 1840–1990
泰安金融志编纂委员会编 高桓勤主编 泰安 泰安市新闻出版局 1995 年 750 页
b45841111 F832.752.3 T163 1995

泰安市（县）金融志
邱润声主编 泰安 泰安市（县）金融志编纂者 1988 年 239 页
b49640719 F832.752.3 T163Q 1988

泰安日报社志 1985–2009
王安全 赵学法主编 北京 五洲传播出版社 2009 年 426 页
b49904218 G219.245.23 T163C 2009

泰安日报社志 2010–2014
戴冰主编 济南 山东人民出版社 2015 年 350 页
b46995900 G219.245.23 T163 2015

泰安市教育志
泰安市教育志编纂者 泰安 泰安市教学仪器厂附属印刷厂 2002 年 169 页
b20404633 G527.523 T163 2002

山东省电力学校志 1958–2008
于春东 刘玉运主编 泰安 山东省电力学校 2008 年 367 页
b20103542 G719.285.2 S2532 2008

泰安市体育志 送审稿
泰安市体育志编纂委员会编 苏有森主编 泰安 泰安市体育志编纂委员会 2016 年 2 册 977 页
b50234341 G812.752.3 T163 2016

泰安市体育志
泰安市体育志编纂委员会编 苏有森主编 北京 方志出版社 2017 年 972 页
b50993604 G812.752.3 T163C 2017

泰安方言志
宁廷德著 济南 山东大学出版社 2015 年 445 页〔山东方言志丛书〕
b46993502 H172.1 N413T 2015

东岳志稿 泰安地区史志资料
泰安地区地方史志编纂委员会编 泰安 泰安地区地方史志编纂委员会 1983 年 5 卷 837 页
b11470562 K295.2 T163C

泰安历史文化遗迹志
泰安市地方史志编纂委员会编 田书阳 马辉主编 北京 方志出版社 2011 年 487 页
b40934962 K878 T163 2011

山东省地名录 泰安市
泰安市地名委员会办公室编 颜景盛主编 济南 山东省地图出版社 1991 年 450 页
b16357498 K925.23 T163 1991

泰安市地名志
泰安市地名委员会办公室编 济南 泰安市新闻出版局 1997 年 267 页
b16357413 K925.23 T163T 1997

徂徕山志
泰安市地方史志办公室编 王天宇主编 北京 方志出版社 2015 年 600 页
b4717805x K928.3 C781 2015

泰山医学院院志
泰山医学院编 泰安 泰山医学院 2004 年 411 页
b19732727 R-40 T163 2004

泰安市中医二院院志 1986-2013
张富伟主编 北京 中国文史出版社 2013 年 438 页
b49748385 R197.4 T163 2013

泰安卫生志
赵之兴主编 济南 山东科学技术出版社 1991 年 228 页
b49827157 R199.2 T1631 1991

泰安市土种志
泰安市土壤肥料工作站编 泰安 泰安市土壤肥料工作站 1986 年 319 页
b45840623 S155.925.23 T163 1986

泰安市水利志
泰安市水利志编纂委员会编 莱芜 莱芜市印刷厂 1990 年 375 页
b17482215 TV-092 T163 1990

大汶河志
泰安市大汶河志编纂委员会编 李汝庆主编 北京 方志出版社 2016 年 730 页
b47358403 TV882.852.3 D136 2016

泰山区

泰山区志
泰安市泰山区地方史志编纂委员会编 宫继平总纂 北京 中华书局 2004 年 596 页
b15642057 K295.23 T163T 2004

泰山区文物资源志
蒋铁生编著 长春 吉林大学出版社 2012 年 282 页
b36118849 K872.523 J356 2012

泰山区地名志
泰安市泰山区地名办公室编纂 泰安 泰安市新闻出版局 1995 年 280 页
b20016864 K925.23 T163TS 1995

泰山蝶蛾志
卢秀新主编 济南 山东科学技术出版社 1990-1994 年 3 卷 466 页
b17358188 Q969.42 T163 1992

岱岳区

泰安市岱岳区志 1985-2013
泰安市岱岳区地方史志编纂委员会编 张玉成主编 北京 方志出版社 2016 年 1204 页〔中华人民共和国地方志丛书〕
b4978139x K295.23 T163D 2016

山口镇志
泰安市岱岳区山口镇志编纂委员会编 张继銮主编 北京 方志出版社 2017 年 322 页〔齐鲁名镇志丛书〕
b50914613 K295.25 S252 2017

新泰市

新泰县志
新泰县志编纂者 新泰 新泰县志编纂者 1992 年 470 页
b47416178 K295.24 X444 1992

新泰市志
山东省新泰市史志编纂委员会编 刘善言主编 济南 齐鲁书社 1993 年 959 页〔中华人民共和国地方志丛书〕
b10796393 K295.23 X444

新泰市志 1986–2000
山东省新泰市地方志编纂委员会编 孙立柱主编 北京 中华书局 2004 年 711 页〔中华人民共和国地方志丛书〕
b16165135 K295.23 X444 2004

谷里村志
中共谷里镇北谷里村总支委员会等编 毛志成主编 济南 山东友谊出版社 2013 年 549 页
b44749582 K295.25 G543 2013

孙村志
中共孙村社区委员会 孙村社区居民委员会编 牛宝伟主编 北京 中国国际文化出版社 2009 年 494 页
b20951553 K295.25 S766 2009

新泰市福田社区志
新泰市福田社区志编纂委员会编 泰安 新泰市福田社区志编纂委员会编 2015 年 442 页
b51012492 K295.25 F451 2015

新泰市政协志 1981–2011
中国人民政治协商会议新泰市委员会编 王相玲主编 新泰 中国人民政治协商会议新泰市委员会 2011 年 548 页
b5109261x D628.524 X444 2011

新泰市城乡建设志
新泰市城乡建设委员会编 沈焕光 刘善言主编 北京 新华出版社 1992 年 273 页
b46670014 F299.275.24 X444 1992

新泰市自来水公司志
新泰市自来水公司志编纂委员会编 张传德主编 北京 中国国际文化出版社 2011 年 364 页〔中华人民共和国地方志丛书〕
b50246513 F299.241 X444 2011

新泰市林业志
新泰市林业志编纂委员会编 朱昌礼 孙立柱主编 新泰 新泰市林业志编纂委员会 2010 年 413 页
b40742908 F326.275.23 X444 2010

山东鑫泰建设集团志 1952–2015
山东鑫泰建设集团志编纂委员会编 尚道勇主编 北京 中华书局 2016 年 814 页
b49864646 F426.9 S321 2016

新汶矿业集团志 1988–2014
新汶矿业集团志编纂委员会编 鲁玉栋主编 北京 煤炭工业出版社 2016 年 1159 页
b49463470 F426.1 L813 2016

新泰方言志
高慎贵著 北京 语文出版社 1996 年 236 页〔山东方言志丛书〕
b13417216 H172.1 G251

新泰市地名志
新泰市地名委员会办公室编 吴峰主编 北京 新华出版社 1992 年 388 页
b13588813 K925.23 X444

光明水库志 1958–2015
时博主编 天津 天津科学技术出版社 2016 年 497 页
b49964173 TV632.524 G679 2016

肥城市

肥城县志
山东省肥城县史志编纂委员会编 张世培主编 济南 齐鲁书社 1992 年 931 页〔中华人民共和国地方志丛书〕
b10532870 K295.24 F279

肥城市志 1988-2002
肥城市地方史志编纂委员会编 邵俊生主编 北京 方志出版社 2006 年 730 页〔中华人民共和国地方志丛书〕
b16466755 K295.24 F279 2006

北仪仙村志
肥城市北仪仙村志编纂委员会编 李开杰主编 北京 方志出版社 1998 年 325 页
b36128223 K295.25 B3168 1998

边院镇志
边院镇志编纂委员会编 赵淑震主编 泰安 泰安市新闻出版局 1993 年 664 页
b20013875 K295.25 Z438 1993

潮泉镇志
肥城市潮泉镇史志编纂委员会编 石振甫 石威平主编 肥城 肥城市潮泉镇史志编纂委员会 2005 年 456 页
b50016829 K295.25 C376 2005

湖屯镇志
山东省肥城市湖屯镇志编纂委员会编 闫正新主编 济南 山东省地图出版社 2006 年 547 页
b17993891 K295.25 H477 2006

老城镇志
肥城市老城镇镇志编纂委员会编 张衍贵主编 肥城 肥城新华印刷公司 2006 年 595 页
b23003200 K295.25 L255 2006

巧山村志
巧山村志编纂委员会编 孙远华主编 泰安 巧山村志编纂委员会 2013 年 620 页
b49607947 K295.25 Q398 2013

石横镇志
山东省肥城市石横镇史志编纂委员会编 王庆吉主编 北京 方志出版社 1999 年 471 页〔中华人民共和国地方志丛书〕
b12692347 K295.25 S473

孙家小庄村志
孙家小庄村志编纂委员会编 孙衍寅主编 济南 齐鲁书社 2008 年 630 页〔中华人民共和国地方志丛书〕
b19733690 K295.25 S7711 2008

孙家庄村志
孙家庄村村志编纂委员会编 济南 山东省地图出版社 2002 年 401 页〔中华人民共和国地方志丛书〕
b16445703 K295.25 S771 2002

桃园镇志
山东省肥城市桃园镇史志编纂委员会编 白树森主编 泰安 泰安市新闻出版局 1997 年 352 页
b51072671 K295.25 T266 1997

王瓜店镇志
山东省肥城市王瓜店镇史志编纂委员会编 田文鑫主编 济南 山东省地图出版社 2005 年 402 页
b16888030 K295.25 W217 2005

武新村村志
肥城市汶阳镇武新村村志编委会编 武广

洋主编 肥城 山东肥城印刷厂 1999年 443页
b20104297 K295.25 W534 1999

仪阳乡志
山东省肥城市仪阳乡史志编纂委员会编 孟昭禄 王维臣主编 济南 山东省地图出版社 1999年 519页〔中华人民共和国地方丛书〕
b17994366 K295.25 Y432 1999

肥城市人口和计划生育志
肥城市人口和计划生育局编 杜宪河主编 北京 中国文化出版社 2013年 612页
b45452830 C924.255.24 F279 2013

肥城市政协志 1984–2009
中国人民政治协商会议山东省肥城市委员会编 刘长香主编 北京 西苑出版社 2010年 1013页
b40649337 D628.524 F279 2010

肥城供电志 1960–2010
肥城供电志编纂委员会编 李恒民主编 北京 中国出版社 2010年 419页
b44749697 F426.61 F279 2010

肥城矿业集团公司志 电力公司卷
秦宝生主编 北京 新华出版社 2010年 204页
b50778316 F426.21 F279E 2010

肥城矿业集团公司志 矿山救护大队卷
李祖国主编 北京 新华出版社 2009年 198页
b51011748 F426.21 F279F 2009

肥城矿业集团公司志 白庄煤矿卷 1991–2005
张玉海主编 周生坤卷主编 北京 新华出版社 2009年 165页
b4720624x F426.21 F279 2009

肥城矿业集团公司志 党校志 1992–2005
张玉海主编 聂志华卷主编 北京 新华出版社 2009年 165页
b47316731 F426.21 F279C 2009

肥城矿业集团公司志 1992–2005
肥城矿业集团公司志编审委员会编 张玉海主编 北京 新华出版社 2009年 961页
b50778730 F426.21 F279D 2009

肥城地方税务志 1994–2014
肥城市地方税务局编 肥城 肥城市地方税务局 2014年 369页
b49963338 F812.752.442 F279 2014

肥城市教育志 1904–1995
肥城市教委教育志编纂委员会编 侯光雷主编 肥城 肥城市教委教育志编纂委员会 2002年 478页
b49640550 G527.524 F279 2002

肥城人物志
肥城市市志编纂委员会办公室编 北京 中国书籍出版社 1995年 441页
b1828100x K820.852.4 F279 1995

肥城地理志
肥城市地方史志编纂委员会办公室编 邵俊生主编 济南 山东省地图出版社 2002年 275页
b40864844 K925.23 F279 2002

宁阳县

宁阳县志
宁阳县地方史志编纂委员会编 杨志领主

编 北京 中国书籍出版社 1994年 942页〔中华人民共和国地方志丛书〕
b13275513 K295.24 N4139

宁阳县志 1985–2002
宁阳县地方史志编纂委员会编 纪兴本主编 北京 方志出版社 2007年 894页〔中华人民共和国地方志丛书〕
b18225809 K295.24 N4139 2007

大伯集村志
中共大伯集村支部委员会 大伯集村民委员会编修 崔学年主编 北京 中国文化出版社 2011年 444页
b46012606 K295.25 D1353 2011

东疏镇志
东疏镇志编纂委员会编 闫振祥主编 北京 中国文史出版社 2015年 614页
b47052028 K295.25 D5826 2015

东庄镇志
东庄镇志编纂委员会编 胡国强主编 北京 中国文史出版社 2016年 600页
b4982305x K295.25 D58292 2016

高桥村志
高桥村志编纂委员会编 韩志国主编 北京 新华出版社 2005年 483页
b18240847 K295.25 G248 2005

宁阳镇志
宁阳镇志编纂委员会编 宁廷茂主编 天津 天津科学技术出版社 2014年 375页
b49640239 K295.25 N4139 2014

泗店镇志
泗店镇志编纂委员会编 刘庆余主编 北京 中国图书出版社 2013年 708页
b50269513 K295.25 S665 2013

乡饮乡志
王汝成 王万银主编 济南 山东省地图出版社 2005年 552页
b16859285 K295.25 X267 2005

张家圩子村志 1401–2011
张家圩子村志编纂委员会编 李庆云主编 济南 黄河出版社 2012年 502页〔中华人民共和国地方志丛书〕
b40935176 K295.25 Z3549 2012

宁阳人大志
宁阳人大志编纂委员会编 靳恩松主编 济南 山东人民出版社 2016年 1024页
b49715604 D624.524 N413 2016

宁阳县民政志 1986–2005
宁阳县民政局编 郗太省主编 香港 中国文化出版社 2010年 332页
b22921606 D632 N413 2010

宁阳方言志
宁廷德著 济南 齐鲁书社 2013年 382页〔山东方言志丛书〕
b41020558 H172.1 N413 2013

东平县

东平县志
东平县志编纂委员会编 济南 山东人民出版社 1989年 633页〔中华人民共和国地方志丛书〕
b10628095 K295.24 D582

东平县志 1986–2003
山东省东平县地方史志编纂委员会编 姜广智主编 北京 中华书局 2006年 784

页〔中华人民共和国地方志丛书〕
b16737507 K295.24 D582 2006

桂井子街志 1000–2010
桂井子街志编纂委员会编 济南 齐鲁电子音像出版社 2010年 263页〔中华人民共和国地方志丛书〕
b44852034 K295.25 Z658G 2010

彭集镇志
彭集镇志编纂委员会编 济南 山东省地图出版社 2001年 520页〔中华人民共和国地方志丛书〕
b14083954 K295.25 P335

唐营村志 1403–2014
东平县新湖镇唐营村志编纂委员会编 董峰主编 香港 中国文化出版社 2016年 581页
b50729081 K295.25 T2429 2016

东平县人大志
东平县人大志编委会编 北京 中国出版社 2006年 497页
b17457233 D624.524 D582 2006

东平县政协志 1984–2004
中国人民政治协商会议山东省东平县委员会编 张辉主编 济南 山东省地图出版社 2004年 373页
b17482100 D628.524 Z353 2004

东平县东平湖移民志
东平县东平湖移民志编委会编 尚梦峰主编 香港 中国文化出版社 2013年 515页
b49706457 D632.4 D582 2013

东平县民政志
东平县民政局编 东平 东平县民政局 2005年 381页
b20971898 D632 D582 2005

东平鑫海建工志
东平鑫海建工志编纂委员会编 刘振海 刘虎主编 北京 中国建筑工业出版社 2012年 459页
b50246458 F426.9 D582 2012

东平县交通志
山东省东平县交通局编 杨家坡主编 东平 山东省东平县交通局 1987年 140页
b50247967 F512.752.4 D582 1987

东平县财政志 1982–2009
东平县财政志编纂委员会编 宋长山主编 济南 山东人民出版社 2014年 410页〔中华人民共和国地方专业志丛书〕
b45391841 F812.752.4 D582 2014

东平县卫生志
东平县卫生志编委会编 徐金华主编 香港 中国图书出版社 2012年 618页
b37530495 R199.2 D582 2012

东平县水利志
东平县水利志编纂委员会编 东平 东平县印刷厂 1983年 164页
b20014351 TV–092 D5826 1983

东平湖志
山东省黄河位山工程局东平湖志编纂委员会编 彭应仁主编 济南 山东大学出版社 1993年 367页
b36247698 TV882.952 D582 1993

威海市

威海市志
威海市地方史志编纂委员会编 毕吉玲

耿祥星主编 北京 方志出版社 2017 年 4 册 3101 页
b51030536 K295.23 W273E 2017

威海市志 1398–1982
威海市地方史志编纂委员会编 宋协生 王河清主编 济南 山东人民出版社 1986 年 792 页
b10597852 K295.23 W273

威海市统计志
威海市统计局编 毕远胜主编 北京 方志出版社 2008 年 370 页
b21578941 C832.523 W273 2008

威海市人民代表大会志
威海市人民代表大会志编纂委员会编 张璞主编 北京 中国民主法制出版社 2007 年 355 页
b18806521 D624.52 Z361 2007

威海市政协志
威海市政协志编纂委员会编 刘景春主编 北京 中国文史出版社 2007 年 662 页
b21570528 D628.523 W273 2007

汶川特大地震威海市救助援建志
威海市地方史志办公室编 毕吉玲主编 北京 方志出版社 2013 年 195 页
b50247499 D632.5 W273 2013

威海经济技术开发区志 1992–2010
威海经济技术开发区地方史志编纂委员会编 卢树刚主编 北京 方志出版社 2012 年 540 页
b40503240 F127.523 W273 2012

威海市工商行政管理志
威海市工商行政管理局编 北京 中国工商出版社 2008 年 558 页〔山东省工商行政管理志丛书〕
b21570516 F203.9 W273 2008

威海市审计志
威海市审计志编纂委员会编 宋宝军总纂 北京 中华书局 2006 年 434 页
b4557067x F239.227.523 W273 2006

威海市建设志 1398–2006
威海市建设志编纂委员会编 于胜涛主编 北京 中华书局 2007 年 2 卷 1194 页
b46442145 F299.275.23 Y726 2007

威海电业局志
李作锋主编 北京 中华书局 2002 年 179 页
b44915603 F426.21 W273 2002

威海铁路志 1987–2010
威海市地方铁路管理局编 刘兴东主编 北京 方志出版社 2011 年 237 页
b36133450 F532.852.3 W273 2011

威海公路志
威海市公路管理局史志编纂委员会编 于安池主编 北京 中华书局 2004 年 222 页
b20951760 F542.852.3 W273 2004

威海经区民间文化志
乔洪明 鞠世强编著 济南 山东大学出版社 2013 年 2 卷 617 页
b45485124 G127.523 W273 2013

山东大学(威海)校志 2004–2014
仝兴华主编 济南 山东大学出版社 2014 年 343 页
b46240044 G649.285.21 S253W 2014

山东大学威海分校志 1984–2004
李建军主编 济南 山东大学出版社 2004

年 548 页
b17482161 G649.285.2 S253H 2004

山东省威海市地名志
威海市地名委员会办公室编 李仁海主编 济南 山东省地图出版社 1995 年 530 页
b10617073 K925.23 W273

威海市城区环境卫生管理志 2002–2012
威海市城区环境卫生管理志编纂委员会编 尹小毅主编 北京 中国时代经济出版社 2013 年 450 页
b49962991 X321.252.3 W273 2013

环翠区

环翠区志 1983–2002
威海市环翠区地方史志编纂委员会编 北京 中华书局 2007 年 848 页〔中华人民共和国地方志丛书〕
b19023546 K295.23 W273H 2007

草庙子镇志
草庙子镇编 张义江主编 北京 方志出版社 2005 年 607 页
b16746302 K295.25 C226 2005

孙家疃村志 1655–2012
孙继全 苗华利主编 威海 孙家疃社区两委会 2013 年 191 页
b46443472 K295.25 S7718 2013

陶家夼社区志
山东省威海市环翠区竹岛街道陶家夼社区志编纂委员会编 谷佩贞 陶建军主编 北京 方志出版社 2017 年 216 页〔中国名镇志丛书〕
b50642753 K295.25 T262C 2017

陶家夼志 1700–2006
陶家夼志编纂委员会编 陶英杰主编 香港 中国出版社 2007 年 305 页
b44749703 K295.25 T262 2007

威海市环翠区军事志 1840–2005
威海市环翠区军事志编纂委员会编 梁佳明 赛自泉主编 威海 威海市环翠区军事志编纂委员会 2011 年 537 页
b50992090 E289.523 W273H 2011

威海市环翠区教育志 1403–1995
威海市环翠区教育委员会编 威海 威海市教育印刷厂 1997 年 455 页
b36014588 G527.523 W273 1997

文登区

文登市志
文登市地方史志编纂委员会编 北京 中国城市出版社 1996 年 1204 页〔中华人民共和国地方志丛书〕
b10604303 K295.23 W386

林村志
林村志编纂委员会办公室编 王远光主编 文登 文登师范印刷厂 1991 年 500 页
b36128636 K292.25 L585 1991

山东威海文登南桥村志 2015
孙建国 邢玉泽主编 郑州 中州古籍出版社 2016 年 109 页
b50729950 K295.25 N16171 2016

文登党校志 1950–2010
中共文登市委党校志编纂委员会编 于德军主编 文登 中共文登市委党校志编纂委员会 2010 年 414 页
b40649210 D261.41 W386 2010

文登市人民代表大会志
文登市人民代表大会志编纂委员会编 谭志杰 车国进主编 济南 山东省地图出版社 2011 年 601 页
b40649325 D624.524 W386 2011

文登民政志
文登民政志编纂委员会编 连疆主编 济南 山东省地图出版社 2012 年 718 页
b40424492 D632 W386 2012

文登市国土资源志
文登市国土资源志编纂委员会编 栾波 邱宏殿主编 天津 天津古籍出版社 2007 年 486 页
b18261590 F129.952.3 L852 2007

文登电业志
文登电业志编纂委员会编 吴学忠 于英海 王晓主编 天津 天津古籍出版社 2008 年 598 页
b21765509 F426.61 W386 2008

文登交通志
文登交通志编纂委员会编 邓树科主编 天津 天津古籍出版社 2010 年 561 页
b21765510 F512.752.3 W386 2010

文登粮食志
文登粮食志编纂委员会编 王梅胜主编 长春 吉林大学出版社 2011 年 482 页
b40935139 F724.721 W386 2011

文登文化志
文登文化志编纂委员会编 王德松主编 北京 中国文史出版社 2017 年 950 页
b50642364 G127.523 W273W 2017

文登教育志 1991-2010
文登教育志编纂委员会编 刘建舫主编 北京 现代教育出版社 2011 年 819 页
b44844359 G527.524 W386 2011

天福山中学校志 1952-2002
王锡水 崔继孟主编 文登 天福山中学 2002 年 293 页
b46562576 G639.285.24 T343 2002

文登一中志 1952-2001
文登一中志编纂委员会编 初钊兴主编 德州 山东新华印刷厂 2002 年 535 页
b20104200 G639.285.23 S2538 2002

文登师范志 1930-2000
徐永江主编 天津 天津古籍出版社 2000 年 432 页
b15300572 G659.285.23 W386 2000

文登县城乡建设志 556-1985
文登县城乡建设委员会史志办公室编 文登 文登县印刷厂 1988 年 518 页
b20951802 TU984.252.4 W386 1988

文登水利志
文登水利志编纂委员会编 初钊兴主编 天津 天津古籍出版社 2009 年 551 页
b21856357 TV-092 W3862 2009

荣成市

荣成市志
山东省荣成市地方史志编纂委员会编 主编刘远华 济南 齐鲁书社 1999 年 1200 页〔中华人民共和国地方志丛书〕
b1444706x K295.23 R265 1999

荣成市下回头村村志 附下回头村张氏宗谱
张灿玾 张增岱 张增敏主编 北京 华龄出版社 2017 年 续修版 416 页〔琴石书屋

艺文丛刊〕
b5006499x　K295.25　X185　2017

荣成县盐业志　1840–1988
荣成市盐务局编志办公室编　宋厚勤主编　荣成　荣成市盐务局编志办公室　1989 年　303 页
b20806838　F426.82　R265　1989

荣成农村商业银行志　1953–2012
荣成农村商业银行志编纂委员会编　毕涛主编　荣成　荣成农村商业银行志编纂委员会　2014 年　568 页
b49803554　F832.33　R2651　2014

荣成六中志　1958–2008
荣成市第六中学编著　威海　威海恒大彩色印刷公司　2008 年　558 页
b40938335　G639.285.24　S2537　2008

乳山市

乳山市志
山东省乳山市地方史志编纂委员会编　宋吉泽　高玉山主编　济南　齐鲁书社　1998 年　1048 页〔中华人民共和国地方志丛书〕
b13167261　K295.23　R328

乳山市农村信用合作联社志　1953–2010
乳山市农村信用合作联社志编纂委员会编　陈凯主编　乳山　乳山市农村信用合作联社志编纂委员会　2014 年　374 页
b49803566　F832.35　R328　2014

日照市

日照市志
日照市地方史志编纂委员会编　济南　齐鲁书社　1994 年　826 页〔中华人民共和国地方志丛书〕
b16142111　K295.23　R251　1994

日照市政协志
政协日照市委员会编　党英明主编　北京　中国文史出版社　2011 年　702 页
b37530665　D628.523　R251　2011

日照市人事志　1949–2009
日照市人事局编　赵子涛主编　北京　中国人事出版社　2010 年　258 页
b22431561　D630.3　R251　2010

日照市军事志　1840–2005
日照市军事志编纂委员会编　张新海主编　日照　日照市军事志编纂委员会　2011 年　731 页
b45453408　E289.523　R251　2011

日照市工商行政管理志
日照市工商行政管理局编　邹兴祖主编　北京　中国工商出版社　2008 年　722 页〔山东省工商行政管理志丛书〕
b49849049　F123.82　R251　2008

日照城乡建设志
日照市城乡建设委员会编　宋广桐编写　日照　日照市城乡建设委员会　1988 年　238 页
b46669814　F299.275.23　R251　1988

日照市盐业志
日照市盐务局编　张宗坤主编　济南　山东大学出版社　2012 年　294 页
b36350035　F426.82　R251　2012

日照港志　1978–1993
日照港志编纂委员会编　信保森主编　济南　齐鲁书社　1996 年　218 页
b18806144　F552.9　X461　1996

日照市供销合作社志
日照市供销合作社志编纂委员会编 牟宗文 周绪白主编 北京 中国国际广播出版社 2008年 501页
b38893642 F721.1 R251 2008

日照口岸志
日照口岸志编纂委员会编 北京 中华书局 1997年 404页
b15667984 F752.852.3 R251 1997

日照档案志 1949–2009
日照档案志编纂委员会编 梁作芹主编 北京 中国档案出版社 2011年 472页
b47316743 G279.275.23 R251 2011

日照市教育志 1989–2010
日照市教育志编纂委员会编 张传若主编 日照 日照市教育志编纂委员会 2015年 378页
b49789569 G527.523 R251 2015

山海天旅游度假区志
山海天旅游度假区管委会编 刘加德主编 日照 山海天旅游度假区管委会 2007年 202页
b50269379 K295.24 S252 2007

日照市古树名木志
日照市园林管理局编撰 日照 日照市园林管理局 211页
b50665492 S717.252.3 R251

东港区

日照市东港区志
日照市东港区地方史志编纂委员会编 韩纪亮主编 北京 方志出版社 2013年 2卷 1471页〔中华人民共和国地方志丛书〕
b46133124 K295.23 R251D 2013

牟家小庄村志
牟善光著 北京 中国文史出版社 2012年 234页
b41211571 K295.25 M646 2012

南湖镇志
南湖镇志编纂委员会编 赵家峰主编 北京 中国文化出版社 2016年 657页〔日照市东港区地方志丛书〕
b50817073 K295.25 N16132 2016

沙墩村志
李茂洪主编 日照 日照日报印务中心 2008年 193页
b44749260 K295.25 S231 2008

石臼路社区志
石臼路社区志编纂委员会编 刘家懋 张永军主编 北京 线装书局 2016年 551页〔山东省日照市东港区地方志丛书〕
b49749274 K295.25 S4735 2016

东港区军事志 1840–2005
东港区军事志编纂委员会编 迟玉东主编 日照 东港区军事志编纂委员会 2013年 377页
b45452799 E289.523 R251D 2013

东港区供销合作社志
东港区供销合作社志编委会编 万克武主编 北京 中国文史出版社 2017年 457页
b50016258 F721.2 W172 2017

东港区财政税务志 1845–2005
东港区财政税务志编纂委员会编 丁肇斌主编 济南 山东省地图出版社 2007年 745页〔山东省日照市东港区地方志丛书〕

b46101895　F812.754.3　R251D　2007

冮子庄村志
日照市冮子庄村志编纂委员会编　北京　海洋出版社　2011 年　624 页
b51079860　K295.25　Z298　2011

岚山区

日照市岚山区志
日照市岚山区地方史志编纂委员会编　刘绍见主编　北京　方志出版社　2015 年　2 卷　1358 页〔中华人民共和国地方志丛书〕
b47270871　K295.23　R251L　2015

岚山志　1840–2004
岚山办事处地方史志编纂委员会编　卢振赛　庞玉国主编　日照　岚山办事处地方史志编纂委员会　2004 年　768 页
b18265790　K295.23　L173　2004

五莲县

五莲县志
山东省五莲县志编纂委员会编　北京　中国人民大学出版社　1992 年　702 页〔中华人民共和国地方志丛书〕
b1327420x　K295.24　W538

五莲县志　1989–2005
五莲县地方志编纂委员会编　单亦灵主编　北京　中共党史出版社　2010 年　948 页
b36174385　K295.24　W538　2010

五莲县工会志
五莲县总工会编　五莲县历史文化研究所编著　单亦灵主编　香港　中国古籍文物出版社　2012 年　492 页
b40649362　D412.852.4　W538　2012

五莲县人大志　1949–2011
五莲县人大志编纂委员会编　李应田主编　北京　中国文史出版社　2011 年　736 页
b3889385x　D624.524　W538　2011

五莲县法院志
五莲县人民法院编审委员会编　王玉星主编　北京　中共党史出版社　2010 年　592 页
b50318020　D926.22　W538　2010

五莲县军事志　1840–2005
五莲县军事志编纂委员会编　丁立功主编　济南　山东新华印刷厂　2011 年　539 页
b4545369x　E289.524　W538　2011

五莲邮电志
五莲县邮电局办公室编　王治全主编　济南　山东人民出版社　1998 年　196 页〔中华人民共和国地方志丛书〕
b49849529　F632.752.4　W538　1998

五莲县财政志
五莲县财政局　五莲县历史文化研究所编著　单亦灵主编　香港　中国国际文化出版社　2013 年　642 页〔中华人民共和国地方志丛书〕
b44795403　F812.752.4　W538　2013

五莲县教育志　1989–2009
五莲县教育志编纂委员会编　滕玉民　刘龙祥　张瑞卿编纂　五莲　五莲县教育志编纂委员会　2012 年　572 页
b50248479　G527.524　W538　2012

五莲文物志
郭公仕编著　济南　齐鲁书社　2013 年　391 页
b40443656　K872.524.2　G767　2013

五莲山志
范凤学主编 北京 中华书局 1999年 383页〔中华人民共和国地方志丛书〕
b20951905 K928.3 F195 1999

五莲县水利志
五莲县水利志编纂委员会编著 单亦灵主编 北京 中国文史出版社 2016年 736页〔中华人民共和国地方志丛书〕
b49783592 TV-092 W538 2016

莒 县

莒县志
莒县地方史志编纂委员会编 宋宜兆主编 北京 中华书局 1999年 1533页
b16142500 K295.24 J6648 1999

莒县志 1997–2010
莒县地方史志编纂委员会编 史宗义主编 北京 中华书局 2016年 1132页〔中华人民共和国地方志丛书〕
b49864063 K295.24 J664C 2016

长岭镇志
莒县长岭镇人民政府 莒县地方史志办公室编 邹方民主编 济南 山东省地图出版社 2007年 1038页〔中华人民共和国地方志丛书〕
b18262284 K295.25 C346 2007

城阳镇志
莒县城阳镇人民政府 莒县地方史志办公室编 卢宝安 朱吉高主编 济南 山东省地图出版社 2006年 1210页〔中华人民共和国地方志丛书〕
b17516031 K295.25 C4669 2006

浮来山镇志
莒县浮来山镇人民政府 莒县地方史志办公室编 李观军，朱吉高 周远东主编 北京 华艺出版社 2009年 1298页〔中华人民共和国地方志丛书〕
b20402879 K295.25 F448 2009

洛河镇志
洛河镇政府 莒县地方史志办公室编 柳明忠 朱吉高 陈乐增主编 济南 山东省地图出版社 2005年 1104页〔中华人民共和国地方志丛书〕
b16859340 K295.25 L948 2005

碁山镇志
碁山镇人民政府 莒县地方史志办公室编 吴玉琳 朱吉高主编 济南 山东省地图出版社 2003年 722页
b16437433 K295.25 Q147 2003

桑园乡志
莒县桑园乡人民政府 莒县地方史志办公室编 贾高仟主编 济南 山东省地图出版社 2007年 948页〔中华人民共和国地方志丛书〕
b18620814 K295.25 S157 2007

小店镇志
莒县小店镇人民政府 莒县地方史志办公室编 北京 方志出版社 2010年 1050页〔中华人民共和国地方志丛书〕
b23004046 K295.25 X347 2010

阎庄镇志
阎庄镇人民政府 莒县地方史志办公室编 田纪平 朱吉高主编 济南 山东省地图出版社 2005年 1134页
b16142664 K295.25 Y165 2005

寨里河镇志
莒县寨里河镇人民政府 莒县地方史志办

公室编 王文彬 朱吉高 王家友主编 北京 方志出版社 2010年 934页〔中华人民共和国地方志丛书〕
b23004058 K295.25 Z291 2010

招贤镇志
中共莒县招贤镇委员会 莒县招贤镇人民政府编 北京 中国文史出版社 2004年 1092页〔北方文丛〕
b17302298 K295.25 Z412 2004

中楼镇志
莒县中楼镇人民政府 莒县地方史志办公室编 王兴展 杨世顺 朱吉高主编 济南 山东省地图出版社 2008年 1158页〔中华人民共和国地方志丛书〕
b19023595 K295.25 Z644 2008

莒县民政志
莒县民政局 莒县地方史志办公室编 解宝福 朱吉高主编 济南 山东省地图出版社 2008年 1074页
b20950202 D675.24 J664 2008

莒县国土资源志
莒县国土资源局编 陈乐增主编 北京 中国文史出版社 2009年 976页
b20533652 F129.952.4 J664 2009

莒县房地产管理志
莒县房地产管理局 莒县地方史志办公室编 任恒运 朱吉高主编 北京 方志出版社 2012年 640页
b50246471 F299.275.24 J664 2012

莒县农业志
莒县农业志编纂委员会编 卢绪波主编 长春 吉林人民出版社 2017年 950页
b51090521 F329.524 J664 2017

莒县电业志
莒县供电公司 莒县电业志编纂委员会 崔晓光 马德明 朱吉高主编 北京 方志出版社 2012年 440页
b47414200 F426.61 J664 2012

莒县交通志
莒县交通志编纂组编 沈德安主编 莒县 山东省新闻出版局 1994年 249页
b46853819 F512.752.4 J664 1994

莒县物价志
莒县物价局 莒县地方史志办公室编 朱德洲 于增喜 朱吉高主编 香港 天马出版公司 2013年 828页〔中华人民共和国地方志丛书〕
b49640148 F726.752.4 J664 2013

莒县档案志
莒县档案局 莒县档案馆编 吴玉琳主编 济南 山东省地图出版社 2009年 596页
b20882804 G279.275.24 J664 2009

莒县方言志
日照市莒县地方志办公室编 石明远著 北京 语文出版社 1995年 258页
b10686733 H172.1 S473

莒县书画志
莒县地方史志办公室编 史宗义主编 天津 天津人民美术出版社 2017年 452页
b50166487 J222.7 S4889 2017

莒县文物志
苏兆庆 夏兆礼 刘云涛编著 济南 齐鲁书社 1993年 319页
b17298684 K872.524 S715 1993

莒县卫生志
莒县卫生志编纂委员会编 贾绍友 朱吉

高 史宗义主编 中国教育文献出版社 2013 年 1126 页
b4545307x R199.2 J664 2013

青峰岭水库志
孙绪成主编 北京 中华书局 2000 年 320 页
b18267063 TV632.524 S779 2000

莱芜市

莱芜市志
山东省莱芜市地方史志编纂委员会编 李化民主编 济南 山东人民出版社 1991 年 1087 页〔中华人民共和国地方志丛书〕
b10599927 K295.23 L1458

莱芜市志
莱芜市地方史志编纂委员会编 刘霞主编 北京 方志出版社 2014 年 3 卷 2283 页〔中华人民共和国地方志丛书〕
b45969826 K295.23 L1458 2014

莱芜市军事志 前 684–2005
莱芜市军事志编纂委员会编 申宝春主编 莱芜 莱芜市军事志编纂委员会 2010 年 629 页
b45453111 E289.523 L145 2010

莱芜市工商行政管理志
莱芜市工商行政管理局编 北京 中国工商出版社 2008 年 609 页〔山东省工商行政管理志丛书〕
b21568881 F203.9 L145 2008

莱芜农业志
郑德庆主编 北京 中国农业出版社 2009 年 538 页
b49803347 F329.523 L145 2009

莱钢档案志
莱钢档案志编纂委员会编 李海新主编 济南 山东省地图出版社 2013 年 464 页
b44916139 F426.31 L145 2013

莱钢志 第 3 卷 2 韩旺铁矿志 1986–1995
李明福主编 北京 中华书局 1997 年 285 页
b50151526 F426.31 L145C

莱钢志 第 3 卷 12 机械厂志 1991–1995
闫福恒主编 北京 中华书局 1997 年 355 页
b50151538 F426.31 L145C

莱钢志 第 3 卷 20 技工学校志 1973–1995
亓象海主编 北京 中华书局 1998 年 318 页
b20099964 G719.285.2 L145 1998

莱钢志 第 3 卷 21 职工教育中心志 1970–1995
尚纯青卷主编 北京 中华书局 1997 年 225 页
b5015154x F426.31 L145C

鲁南矿业公司志 2007–2013
鲁南矿业公司志编纂委员会编 张家忠卷主编 莱芜 鲁南矿业公司志编纂委员会 2015 年 400 页
b50066419 F426.21 L145 2015

新汶矿务局鄂庄煤矿志
新汶矿务局鄂庄煤矿志编纂委员会编 刘福敏 王淑科 王谦编纂 高密 山东省高密县彩印厂 1992 年 258 页
b45840751 F426.21 E127 1992

新汶矿务局西港煤矿志 1970–1989
新汶矿务局西港煤矿志编纂委员会编 曹

洪俊主编 高密 山东省高密县彩印厂 1991年 424页
b21765613 F426.21 X119 1991

莱芜特产志
陶务瑞主编 香港 中国国际文化出版社 2015年 275页〔莱芜地域文化丛书〕
b51079896 F762.7 T264 2015

莱芜金石志
莱芜市地方史志办公室编 李贞锋主编 北京 线装书局 2017年 502页
b50993562 K877.2 L145 2017

莱城区

莱芜市莱城区志 1993–2005
莱芜市莱城区地方史志编纂委员会编 刘佃银主编 北京 方志出版社 2012年 826页〔中华人民共和国地方志丛书〕
b36369718 K295.23 L1451 2012

唐王许村志
莱芜市莱城区唐王许村志编纂委员会编 唐庚源主编 香港 中国国际图书出版社 2005年 275页
b40743792 K295.25 T242 2005

张家洼街道志
王敦东主编 深圳 中国图书出版社 2010年 692页〔中华人民共和国地方志丛书〕
b46668226 K295.23 L1458LZ 2010

钢城区

莱芜市钢城区志
莱芜市钢城区地方史志编纂委员会编 亓圣勇主编 北京 方志出版社 2015年 834页〔中华人民共和国地方志丛书〕
b49706627 K295.23 L1458G 2015

临沂市

临沂地区志
临沂市人民政府主修 临沂市地方史志编纂委员会编 李兴河等主编 北京 中华书局 2001年 2卷 1983页〔中华人民共和国地方志丛书〕
b14883211 K295.22 L5815 2001

临沂市志
临沂市兰山区地方史志编纂委员会编 隋树屏主编 济南 齐鲁书社 1999年 952页〔中华人民共和国地方志丛书〕
b13588151 K295.23 L5819

临沂市志 1995–2010
临沂市地方史志编纂委员会编 朱海涛主编 北京 方志出版社 2015年 668页〔中华人民共和国地方志丛书〕
b49951105 K295.23 L5819C 2015

中共临沂市委党校志 1942–2012
中共临沂市委党校志编纂委员会编 王举生 贺可印 刘玉英主编 济南 山东人民出版社 2012年 568页
b37531530 D261.41 L5819 2012

临沂市军事志 1840–2005
临沂市军事志编纂委员会编 刘洪连主编 临沂 临沂市军事志编纂委员会 2010年 2卷 1411页
b45453160 E289.523 L581 2010

临沂市国土资源志
李彦普主编 济南 山东人民出版社 2010年 617页
b21569095 F129.952.3 L581 2010

临沂市工商行政管理志
临沂市工商行政管理局编 北京 中国工商出版社 2008 年 680 页〔山东省工商行政管理志丛书〕
b21569083 F203.9 L581 2008

临沂专业市场志
临沂专业市场志编纂委员会编 张理田主编 深圳 海天出版社 2002 年 543 页
b49982850 F723.8 L581 2002

临沂地区供销合作社志
临沂地区供销合作社编 李守玉主编 临沂 临沂地区出版办公室 1993 年 545 页〔临沂地区地方志丛书〕
b50269161 F727.523 L581 1993

临沂教育志 第 2 卷
临沂市教育局编 临沂 临沂铁路印刷厂 2005 年 374 页
b20102720 G527.523 L581 2005

临沂市教育志
临沂市教育志编委会编 姚建元主笔 临沂 临沂四中印刷厂 1988 年 326 页
b27576000 G527.523 L581C

山东省临沂卫生学校志 1958–2008
临沂卫校文史编纂委员会编 临沂 山东新华印刷厂 2008 年 421 页
b20537578 G719.285.23 S2535 2008

临沂方言志
马静 吴永焕著 济南 齐鲁书社 2003 年 261 页〔山东方言志丛书〕
b1424388x H172.1 M138

临沂地区民族宗教志
临沂地区民族宗教事务局编 临沂 临沂地区出版办公室 1994 年 351 页〔临沂地区地方志丛书〕
b4587301x K280.522 L581 1994

临沂地区人事志
临沂地区人事局编 北京 中国广播电视出版社 1992 年 919 页
b10882790 K295.22 L581

临沂风物志
山东省出版总社临沂办事处编 济南 山东人民出版社 1985 年 195 页〔沂蒙山区好地方丛书〕
b18806302 K295.2 L581 1985

琅邪符氏文化志
临沂市地方史志办公室 临沂市望族文化研究会 世界符氏文化研究会编纂 朱海涛 符绩熙 唐士文主编 北京 中华书局 2012 年 504 页
b40424558 K810.2 Z6968 2012

琅邪王氏文化志 征求意见稿
临沂市地方史志办公室 临沂市望族文化研究会编 临沂 临沂市地方史志办公室 19-- 年 317 页
b36380507 K820.9 W2115

琅邪王氏文化志
临沂市地方史志办公室 临沂市望族文化研究会编纂 赵建峰 赵丹峰主编 北京 中华书局 2008 年 556 页
b20405510 K820.9 W2115 2008

沂蒙红嫂志
沂南县党的群众路线教育基地办公室编 刘英 刘维常主编 北京 中国文史出版社 2015 年 252 页
b46668019 K828.5 L6939 2015

山东省临沂地区地名录 行政区划 居民点部分
临沂地区地名委员会办公室编 临沂 临沂地区地名委员会办公室 1986 年 400 页
b1824063x K925.22 L581 1986

临沂地区卫生志
临沂地区卫生志编委会编著 肖德增主编 临沂 山东省出版总社临沂分社 1992 年 284 页〔临沂地区地方志丛书〕
b21764232 R199.2 L581 1992

临沂果茶志
申为宝 陈修会主编 北京 方志出版社 2005 年 360 页
b44915378 S660.192.523 L581 2005

临沂地区水利志
临沂地区水利志编纂办公室编 李夫金 肖怀俊主编 临沂 山东省临沂地区出版办公室 1992 年 398 页〔临沂地区地方志丛书〕
b20139561 TV-092 L581 1992

临沂市水利志
临沂市水利史志编纂办公室编 王玉华主编 临沂 山东省临沂地区出版办公室 1994 年 334 页〔临沂地区地方志丛书〕
b20139573 TV-092 L581C 1994

兰山区

曹家王庄志
临沂市兰山区曹家王庄志编纂委员会编 曹传韵主编 北京 中华书局 2011 年 802 页〔中华人民共和国地方志丛书〕
b22365060 K295.25 C212 2011

华夏社区志
华夏社区编审委员会编 陈文启主编 海口 南方出版社 2009 年 432 页
b46101962 K295.25 Y4688H 2009

兰山区宋家王庄志
兰山区宋家王庄志编纂委员会编 王家亭主编 北京 中华书局 2009 年 495 页
b40743767 K295.25 S679 2009

李庄社区志
中共兰山区李庄社区总支委员会 兰山区李庄社区居民委员会编 高迎熙主编 北京 中国古籍文物出版社 2010 年 486 页
b40649374 K295.23 L581L 2010

前园志
前园志编纂委员会编 李灿主编 临沂 前园志编纂委员会 2005 年 154 页
b20103396 K295.25 Q228 2005

兰山区人大志
山东省临沂市兰山区人大常委会编 谷元朋主编 北京 中央文献出版社 2002 年 915 页
b20136808 D624.523 L581 2002

兰山区政协志
政协山东省临沂市兰山区委员会编 张灿江主编 济南 齐鲁书社 2001 年 666 页
b20139330 D628.523 L581L 2001

临沂市兰山区军事志 前 524–2005
临沂市兰山区军事志编纂委员会编 庄连城 张继恩 魏爱华主编 临沂 临沂市兰山区军事志编纂委员会 2011 年 652 页
b45453172 E289.523 L581L 2011

罗庄区

罗庄区人大志
山东省临沂市罗庄区人大常委会编 张士健

主编 香港 中国文化出版社 2005 年 804 页
b46102048 D624.523 L581L 2005

罗庄区人大志 2005–2015
临沂市罗庄区人民代表大会常务委员会编 张珂主编 北京 中国文史出版社 2015 年 495 页
b49748543 D624.523 L581LC 2015

罗庄区政协志
政协临沂市罗庄区委员会编 香港 中国文化出版社 2005 年 522 页
b36245859 D628.523 L924 2005

罗庄区政协志 2005–2015
罗庄区政协编 周广军 何雪主编 北京 中国文史出版社 2015 年 644 页
b47073597 D628.523 L924C 2015

临沂市罗庄区军事志 1840–2005
临沂市罗庄区军事志编纂委员会编 胡银玖主编 临沂 临沂市罗庄区军事志编纂委员会 2011 年 485 页
b45453184 E289.523 L581K 2011

河东区

九曲店志
山东省临沂市河东区九曲店志编纂委员会编 曹传韵主编 北京 线装书局 2017 年 1202 页〔中华人民共和国地方志丛书〕
b49991036 K295.25 J5852 2017

河东区人大志
河东区人大常委会编 郑朋选主编 北京 中国社会科学出版社 2010 年 446 页
b41235812 D624.523 L581H 2010

临沂市河东区政协志
政协临沂市河东区委员会编 韩继霞主编 北京 中央文献出版社 2006 年 648 页
b20019865 D628.523 H178 2006

临沂市河东区军事志 1840–2005
临沂市河东区军事志编纂委员会编 王桂明主编 济南 山东新华印刷厂 2010 年 382 页
b45453159 E289.523 L581H 2010

沂南县

沂南县志
山东省沂南县地方史志编纂委员会编 岳荣传 张建国主编 济南 齐鲁书社 1997 年 762 页〔中华人民共和国地方志丛书〕
b1269826x K295.34 Y427

沂南县志 1990–2005
沂南县地方史志编纂委员会编 董怀海主编 济南 山东画报出版社 2012 年 809 页
b36370022 K295.34 Y427C 2012

沂南县人大志
山东省沂南县人大常委会编 彭洪国 凌宗峰主编 沂南 山东省沂南县人大常委会 2012 年 512 页
b4086442x D624.524 Y4276 2012

沂南县民政志 1986–2005
沂南县民政志编纂委员会编 香港 中国文化艺术出版社 2008 年 282 页
b20971928 D675.24 Y427 2008

沂南县军事志
沂南县军事志编纂委员会编 徐庆芳 郑国华主编 北京 新华出版社 2010 年 777 页
b46669188 E289.524 Y4276 2010

沂南县交通志
沂南县交通志编纂办公室编 吕岩主编 济南 齐鲁书社 2001 年 499 页
b20046613 F512.752.4 Y427 2001

沂南方言志
邵燕梅 刘长锋 邵明武著 济南 齐鲁书社 2010 年 472 页〔山东方言志丛书〕
b21575642 H172.1 Y427 2010

郯城县

郯城县志
山东省郯城县地方史志编纂委员会编 刘卫星主编 深圳 深圳特区出版社 2001 年 1032 页〔中华人民共和国地方志丛书〕
b14017726 K295.24 T194

郯城县军事志 前 473–2005
郯城县军事志编纂委员会编 宋保武 李崔法主编 济南 山东新华印刷厂 2011 年 552 页
b45453524 E289.524 T194 2011

郯城县银杏志
郯城县地方史志办公室 郯城县林业局 郯城县科技局编 候九寰 刘卫星 苏明洲主编 北京 方志出版社 2013 年 388 页
b44851017 F326.13 T194 2013

郯城县教育志
郯城县教育志编写组编 徐志明主笔 郯城 郯城县教育志编写组 1988 年 166 页
b20182934 G527.524 T194 1988

郯城方言志
邵燕梅著 济南 齐鲁书社 2005 年 274 页〔山东方言志丛书〕
b1661723x H172.1 S339 2005

郯城方言志
王希文编著 郯城 郯城县地方史编纂委员会办公室 1987 年 195 页
b20104029 H172.1 W233T 1987

郯城县第一人民医院志 1946–2015
郯城县第一人民医院编 赵仕文主编 北京 中国文史出版社 2017 年 1020 页
b49991024 R199.2 T194 2017

郯城县水利志
郯城县水利志编写组编 远传高主编 莒县 山东省临沂地区出版办公室 1990 年 284 页
b20140952 TV–092 Y825 1990

沂水县

沂水县志
山东省沂水县地方史志编纂委员会编 王祚厚主编 济南 齐鲁书社 1997 年 878 页〔中华人民共和国地方志丛书〕
b10503493 K295.24 Y4277

沂水县志 1991–2008
沂水县地方史志编纂委员会编 于化凤 申成珠主编 北京 中华书局 2012 年 800 页〔中华人民共和国地方志丛书〕
b36708562 K295.24 Y4277C 2012

沂水县志 评审稿 1991–2008
沂水县地方史志编纂委员会编 沂水 沂水县地方史志编纂委员会 2009 年 838 页
b41235289 K295.24 Y4277 2009

山东省沂水县王家箕山村志 富官庄镇
王思立编 北京 中国文史出版社 2015 年 618 页
b47073639 K295.25 W2194 2015

西朱家庄志
西朱家庄志编纂委员会编 郭庆文主编 北京 中国文史出版社 2017 年 540 页〔中华人民共和国地方志丛书〕
b50065002 K295.25 X1199 2017

沂水县人大志 1954–2011
沂水县人大志编纂委员会编 任树法主编 北京 中国图书出版社 2012 年 670 页
b37530525 D624.524 Y427 2012

沂水县政协志
沂水县政协志编纂委员会编 香港 科学文化艺术出版社 2011 年 评议稿 494 页
b49677767 D628.524 Y427 2011

沂水县国土资源志
沂水县国土资源局编 西安 西安地图出版社 2010 年 606 页
b42291586 F129.952.4 Y427 2010

沂水县审计志
沂水县审计志编纂委员会编 刘京福主编 济南 黄河出版社 2013 年 312 页
b4086439x F239.227.524 Y427 2013

沂水县建设志
沂水县建设志编纂委员会编 刘长德主编 北京 新华出版社 2016 年 787 页
b50151435 F299.275.24 Y427 2016

沂水县交通志 1949–2011
沂水县交通志编纂委员会编 刘永吉主编 北京 中国图书出版社 2012 年 531 页
b37530513 F512.752.4 Y4278 2012

沂水方言志
张廷兴 王祚厚 李贵友著 北京 语文出版社 1999 年 250 页〔山东方言丛书〕
b17576829 H172.1 Z365 1999

兰陵县

苍山县志
苍山县志编纂委员会办公室编 张富敏主编 北京 中华书局 1998 年 812 页
b13155180 K295.24 C177

苍山县志
兰陵县地方史志编纂委员会编 陈永亮主编 北京 方志出版社 2016 年 2 卷 1481 页〔中华人民共和国地方志丛书〕
b49864725 K295.24 C177 2016

涌泉村志
张文强主编 香港 中国文化出版社 2008 年 283 页
b20807387 K295.25 Y639 2008

苍山县人大志
苍山县人大志编纂委员会编 李善东主编 济南 黄河出版社 2010 年 712 页〔齐鲁文化丛书〕
b4064909x D624.524 C177 2010

苍山县军事志 前 1040–2005
苍山县军事志编纂委员会编 李西坤主编 苍山 苍山县军事志编纂委员会 2010 年 823 页
b46994981 E289.524 C177 2010

苍山县农村信用合作联社社志 1954–2010
苍山县农村信用合作联社社志编委会编 苍山 苍山县农村信用合作联社社志编委会 2012 年 223 页
b49802823 F832.35 C177 2012

苍山县教育志 1840–1985
山东省苍山县教育局志书编纂委员会编 魏广忠主编 徐州 徐州新华印刷厂 1988

年 213 页
b18805371 G527.524 W355 1988

苍山方言志
王晓军 田家成 马春时著 济南 齐鲁书社 2012 年 570 页〔山东方言志丛书〕
b40443644 H172.1 C177 2012

苍山县水利志
临沂地区水利志编纂办公室编 高传亮主编 临沂 山东省临沂地区新闻出版办公室 1994 年 251 页〔临沂地区地方志丛书〕
b20533925 TV-092 C177 1994

费县

费县志
费县志编纂委员会编 刘文宣 宋常荣主编 北京 中国广播电视出版社 1992 年 598 页〔中华人民共和国地方志丛书〕
b10727863 K295.24 F314

费县志 1986–2010
费县地方史志编纂委员会编 刘露主编 北京 方志出版社 2015 年 3 卷 1748 页〔中华人民共和国地方志丛书〕
b4705122x K295.24 F314C 2015

费县简志
费县地方史志编纂委员会办公室编 费县 山东费县印刷厂 1987 年 210 页
b17729361 K295.24 F314J 1987

费县计划生育志
费县计划生育委员会编纂 李景芬 阎继生主编 费县 山东省出版总社临沂分社 1989 年 180 页
b50993720 C924.255.24 F314 1989

费县人大志
费县人大常委会编 宋德法 韩学义主编 济南 黄河出版社 2005 年 543 页
b17482756 D624.524 S678 2005

费县政协志
中国人民政治协商会议山东省费县委员会编 崔现彬主编 北京 人民日报出版社 2002 年 520 页
b16862491 D628.524 Z5462 2002

费县军事志 前 1056–2005
中国人民解放军费县人民武装部编 张乃军主编 济南 黄河出版社 2003 年 521 页
b45452842 E289.524 F313 2003

费县工商行政管理志
朱亮然主编 费县 山东省费县工商行政管理局 1992 年 243 页
b49677883 F123.8 F314 1992

费县国土资源志 1987–2007
费县国土资源局编 北京 中国国际文化出版社 2008 年 358 页
b20948773 F129.952.4 F314 2008

费县审计志
费县审计局编 赵永生主编 北京 中国时代经济出版社 2010 年 397 页
b40649386 F239.227.524 F314 2010

费县建设志 1911–2006
费县建设志编纂委员会编 邢继德主编 济南 山东省地图出版社 2007 年 354 页
b21567566 F299.275.24 F314 2007

费县林业志 1840–1989
费县林业局编 费县 费县林业局 1990 年 272 页

b21567578　F326.275.24　F314　1990

费县财政志
费县财政志编纂委员会编　黄久胜主编　临沂　临沂市新闻出版办公室　1997 年　562 页
b21763161　F812.752.4　F314　1997

费县文化志
费县文化志编纂委员会编　刘家训主编　北京　中国社会科学出版社　2007 年　542 页
b49505518　G127.524　F314　2007

费县第一中学校志
费县第一中学校志编委会编纂　吕高观主编　费县　费县第一中学　2012 年　360 页
b44851509　G639.285.24　F314　2012

费县师范学校志
费县师范学校志编纂委员会编　北京　中国档案出版社　2006 年　392 页
b18280778　G659.285.2　F314　2006

费县巾帼志
费县巾帼志编纂委员会　费县妇女联合会编　魏静主编　石家庄　河北人民出版社　2017 年　457 页
b5034609x　K828.5　W356　2017

山东省费县地名志
费县地名委员会编　费县　费县地名委员会　1982 年　447 页
b17120652　K925.24　F314　1982

费县水利志　1984–1987
费县水利局编　涂在田主编　临沂　山东省临沂地区出版办公室　1990 年　309 页
b20534218　TV–092　T514　1990

平邑县

平邑县志
山东省平邑县志编纂委员会编　李常松　徐斌主编　济南　齐鲁书社　1997 年　790 页〔中华人民共和国地方志丛书〕
b10570445　K295.24　P6139

平邑县人口与计划生育志
平邑县计划生育委员会编　孙淑英　李洪廷主编　北京　中国人口出版社　2002 年　421 页
b21569812　C924.255.24　S777　2002

平邑县人大志
山东省平邑县人大常委会编　魏殿玉　王霞主编　济南　齐鲁书社　2007 年　828 页
b22431317　D624.524　P613　2007

平邑县政协志
中国人民政治协商会议山东省平邑县委员会编　济南　山东大学出版社　2008 年　798 页
b19517142　D628.524　Z6496　2008

平邑县国土资源志
平邑县国土资源局编　方祥德　李洪廷主编　北京　中国大地出版社　2007 年　424 页
b22431305　F129.952.4　P613　2007

平邑县财政税务志续编　1986–1990 年
平邑县财政税务志编写组编　尹继忠主编　临沂　临沂市新闻出版办公室　1996 年　255 页〔临沂市地方志丛书〕
b5006650x　F812.752.442　P613　1996

平邑县水利志
于殿富主编　临沂　山东省临沂地区出版办公室　1990年　388页〔临沂地区地方志丛书〕
b20535466　TV–092　Y7259　1990

莒南县

莒南县志
山东省莒南县地方史志编纂委员会编 李维庆主编 济南 齐鲁书社 1998年 991页〔中华人民共和国地方志丛书〕
b10488340 K295.24 J664

莒南县志 1993–2007
山东省莒南县地方史志编纂委员会编 杨永早主编 北京 方志出版社 2013年 918页〔中华人民共和国地方志丛书〕
b45625219 K295.24 J664 2013

大店镇村庄志
大店镇志编纂委员会编 李祥琨总纂 济南 黄河出版社 2015年 429页
b46668949 K295.25 D1352D 2015

大店镇志
大店镇志编纂委员会编 李祥琨总纂 济南 黄河出版社 2013年 1133页
b45452714 K295.25 D1352 2013

莒南县军事志 前741–2005
莒南县军事志编纂委员会编 李亮亭主编 莒南 莒南县军事志编纂委员会 2011年 578页
b45453068 E289.524 J664 2011

莒南县国土资源志
莒南县国土资源志编辑委员会编 李忠全主编 香港 中国出版社 2007年 503页〔莒南县地方文献系列丛书〕
b20971916 F129.952.4 J6646 2007

莒南县金融志
莒南县金融志编纂办公室编 时元善主编 临沂 山东省临沂市新闻出版办公室 1996年 579页
b50665273 F832.752.4 J664 1996

莒南县教育志 1840–1997
莒南县教育志编纂委员会编 庄维林 孙钦举主笔 厉宝德编纂 济南 山东人民出版社 1999年 656页
b15913429 G527.524 J664 1999

莒南县教育志 1998–2008
莒南县教育志编纂委员会编 徐广军主编 北京 中国国际文化出版社 2010年 932页
b20882798 G527.524 J664 2010

莒南一中志 1952–2014
山东省莒南第一中学志编纂委员会编 尤洪平主编 北京 中国文史出版社 2016年 790页
b47364476 G639.285.24 J664 2016

山东省莒南县地名志
莒南县地名委员会编 杭州 浙江省邮电印刷厂 1984年 372页
b20140435 K925.24 J664S 1984

莒南县地震志
莒南县地震志编纂委员会编 孙奎松主编 香港 中国图书出版社 2012年 380页
b37530501 P316.252.4 J664 2012

莒南县人民医院志 1948–2011
莒南县人民医院志编纂委员会编 高建基主编 北京 方志出版社 2013年 939页
b50247153 R197.3 J664 2013

莒南县水利志
莒南县水利志编纂办公室编 唐致本 王德义主编 临沂 山东省临沂地区新闻出版办公

室 1994 年 283 页〔临沂地区地方志丛书〕
b2053498x TV-092 J664 1994

蒙阴县

蒙阴县志

蒙阴县志编纂委员会办公室编 郭淑吉主编 济南 齐鲁书社 1992 年 637 页〔中华人民共和国地方志丛书〕
b10727498 K295.24 M343

蒙阴县人大志

蒙阴县人大常委会编 曹传韵主编 上海 上海文艺出版总社 2007 年 610 页
b21764396 D624.524 M343 2007

蒙阴县民政志

蒙阴县民政志编纂委员会编 郭荣德主编 北京 中华书局 2009 年 711 页
b20882865 D675.24 M343 2009

蒙阴县军事志 1840–2005

蒙阴县军事志编纂委员会编 袁乃银主编 蒙阴 蒙阴县军事志编纂委员会 2012 年 538 页
b45453226 E289.524 M343 2012

蒙阴县电业志

蒙阴县电业志编纂委员会编 刘乃全主编 北京 中国出版社 2010 年 729 页
b44851169 F426.61 L683 2010

蒙阴县交通志

蒙阴县交通委员会编 王锐主编 德州 山东新华印刷厂德州厂 1997 年 369 页
b36245884 F512.752.4 M343 1997

蒙阴县财贸金融志 1949–2009

蒙阴县财贸金融志编纂委员会编 王在育主编 香港 中国国际文化出版社 2010 年 567 页〔中国地方志丛书〕
b21764402 F812.752.4 M343 2010

蒙阴县地名志

蒙阴县地名办公室编 费县 费县印刷厂 1983 年 355 页
b21275142 K925.24 M343 1983

蒙阴县水利志

蒙阴县水利志办公室编 何经雨主编 临沂 临沂地区新闻出版办公室 1994 年 205 页〔临沂地区地方志丛书〕
b20535272 TV-092 H2719 1994

临沭县

临沭县志

山东省临沭县史志编纂委员会编 禚宝祥主编 济南 齐鲁书社 1993 年 714 页〔中华人民共和国地方志丛书〕
b10564706 K295.24 L5817

临沭县志 1986–2007

临沭县地方史志编纂委员会编 王敬涛主编 北京 方志出版社 2014 年 1053 页〔中华人民共和国地方志丛书〕
b46090964 K295.24 L5817 2014

临沭县人大志 1949.10–2007.12

临沭县人大志常委会编 张云龙主编 北京 中国炎黄文化出版社 2008 年 806 页
b2243074x D624.524 Z368 2008

临沭县政协志

中国人民政治协商会议山东省临沭县委员会编 樊圣俊主编 济南 山东人民出版社 2011 年 698 页
b3613398x D628.524 L581 2011

临沭县交通志
临沭县交通局编 香港 天马出版有限公司 2008 年 633 页
b21569071 F512.752.4 L581 2008

山东省临沭县地名志
临沭县地名委员会办公室编纂 王石主编 济南 山东省地图出版社 1992 年 470 页
b19733732 K925.24 L581 1992

德州市

德州地区志
山东省德州地区史志编纂委员会编 徐洪岭主编 济南 齐鲁书社 1992 年 849 页〔中华人民共和国地方志丛书〕
b10836172 K295.22 D291

德州市志
山东省德州市德城区地方史志编纂委员会编 翟京德 张伟 张士祯主编 济南 齐鲁书社 1997 年 746 页〔中华人民共和国地方志丛书〕
b13202960 K295.23 D291

德州纪检监察志 1949.10–2013.12
中共德州市纪律检查委员会 德州市监察局编 郑磊 赵治修主编 德州 中共德州市纪律检查委员会 2015 年 588 页
b49938320 D262.6 D291 2015

德州监狱志 1948–2012
德州监狱志编纂委员会编 刘玉堂主编 德州 德州监狱志编纂委员会 2013 年 340 页
b46010737 D927.523.67 D291 2013

德州市军事志
德州市军事志编纂委员会编 唐玉壮主编 德州 山东新华印刷厂 2009 年 911 页
b20882646 E289.523 D291 2009

德州地区物资志
德州地区物资志编纂委员会编 邵力勤主编 天津 南开大学出版社 1990 年 318 页
b45569551 F259.275.22 D291 1990

德州河东新城建设志
德州河东新城建设志编纂委员会编 张洪儒主编 德州 德州河东新城建设志编纂委员会 2009 年 152 页
b4547946x F299.275.23 D291 2009

德州市农业志
德州市农业志编纂委员会编 李德人主编 德州 山东新华印刷厂德州厂 1991 年 524 页
b46010981 F327.523 D291 1991

德州地区建筑材料公司志
德州地区建筑材料公司编写组编 德州 德州地区建筑材料公司编写组 1986 年 57 页
b49625500 F426.9 D291 1986

德州地区水利志
山东省德州地区水利志编纂委员会编 南京 河海大学出版社 1994 年 432 页
b17736304 F426.9 S253 1994

山东德建集团志 1953–2013
山东德建集团有限公司史志编纂委员会编 靳海洋主编 德州 山东德建集团有限公司史志编纂委员会 2013 年 835 页
b46853182 F426.9 S2532 2013

天元志 1973–2013
天元志编纂委员会编 志温 汪捷编纂 德

州 天元志编纂委员会 2014 年 527 页
b50665625 F426.9 Z595 2014

德州市交通志
德州市交通志编纂委员会编 杨超主编 德州 山东新华印刷厂德州厂 2011 年 624 页
b36128387 F512.752.3 D291 2011

德州公路志 1986–2003
德州市公路管理局编纂 吕明华主编 香港 中国文化出版社 2008 年 178 页
b4627439x F542.852.3 D291 2008

德州地区供销合作社志
德州地区供销合作社联合社志编辑委员会编 王义红主编 德州 德州地区供销合作社联合社志编辑委员会 1990 年 244 页
b49639973 F721.2 D291 1990

德州物价志
德州物价志编纂委员会编 高洪玉主编 北京 中国物价出版社 2004 年 332 页
b42291276 F726.752.3 D291 2004

德州地方税务志
德州市地方税务局编 德州 德州市地方税务局 2010 年 462 页
b40649143 F812.752.3 D291 2010

德州市税务志
德州市税务局编 张学成主编 德州 德州市税务局 1987 年 140 页
b46377165 F812.752.3 D291D 1987

德州市文化艺术志 1840–1988
张凤鸣主编 德州 德城区文化局 2008 年 316 页
b20100589 G127.523 D291 2008

德州地区科学技术志
德州地区科学技术委员会编 张玉田主编 天津 天津科学技术出版社 1991 年 521 页
b4953418x G322.752.3 D291 1991

德州地区教育志
德州地区教育志编纂办公室编 王宗英编写 天津 南开大学出版社 1990 年 254 页
b17457531 G527.522 W235 1990

德州市教育志 1840–1985
德州市教育志编纂委员会编 田宝昆主编 德州 山东省德州市第二中学印刷厂 1988 年 358 页
b20137424 G527.523 D291 1988

德州技工学校志 1958–1998
德州技工学校志编纂委员会编 袁学峰 黄界存主编 德州 山东新华印刷厂德州厂 1999 年 287 页
b20100577 G719.285.2 D291 1999

德州市体育志
德州市体育志编纂委员会编 北京 人民体育出版社 2005 年 583 页〔山东省德州市地方志丛书〕
b20948608 G812.752.3 D291 2005

德州人物志 1949–2008
德州市地方史志编纂委员会编 徐登伟主编 德州 德州市地方史志编纂委员会编 2008 年 368 页
b20948591 K820.852.3 D291

山东省德州市地名志 征求意见稿
德州市地名办公室编 德州 德州市地名办公室 1984 年 181 页
b20368847 K925.23 D291 1984

漳卫南运河志 1996–2005
漳卫南运河志（1996–2005）编委会编 靳怀堎主编 北京 中国水利水电出版社 2013 年 268 页
b46274388 K928.42 F1999 2013

漳卫南运河志稿
史志编写组编 范兴中主编 德州 水电部海委漳卫南运河管理局 1987 年 191 页
b1993290x K928.42 F1999 1987

德州市农业科学研究院志 1961–2011
德州市农业科学研究院志编纂委员会编 贺洪军主编 北京 中国文史出版社 2011 年 248 页
b50747472 S–245.23 D291 2011

德州建设志
德州建设志编纂委员会编 邵自升主编 深圳 深圳市朗前印刷设计公司 2005 年 499 页
b21763070 TU984.252.3 D291 2005

德州市水利志
德州市水利志编纂委员会编 付开泉 吴泽恩主编 德州 德州市统计信息服务部 1994 年 220 页
b20137436 TV–092 F512 1994

德州市水利志 1986–2000
德州市水利志编纂委员会编 郝莉 梁佃侠主编 德州 山东新华印刷厂德州厂 2005 年 360 页
b22429207 TV–092 F512 2005

德州地区黄河志 1855–1985
山东黄河河务局德州修防处编 潍坊 山东新华印刷厂潍坊厂 1990 年 241 页
b19931347 TV882.1 S2531 1990

德州黄河志 1986–2005
德州黄河河务局编 张全林 刘宝青主编 郑州 黄河水利出版社 2013 年 361 页
b40905196 TV882.1 Z362 2013

德城区

陈公堤口志 1010–2013
陈公堤口志编纂委员会编 马维主编 北京 中国文史出版社 2013 年 452 页
b46012631 K295.25 C419 2013

大刘庄志
大刘庄志编纂委员会编 马维 井玉玺主编 北京 中国文史出版社 2012 年 468 页
b37530549 K295.25 D1355 2012

德城区新湖街道办事处志
德州市德城区新湖街道办事处志编纂委员会编 田贵宝主编 德州 山东新华印刷厂德州厂 2007 年 514 页
b22359680 K295.23 D291DX 2007

德州市盐店口街道办事处志
德州市盐店口街道办事处志编纂委员会编 田贵宝主编 德州 德州市第二中学印刷厂 1992 年 325 页
b45840088 K295.23 D291Y 1992

德州小温庄志
孙汉泉主编 德州 小温庄志编委会 2015 年 410 页
b50727709 K295.25 X3479 2015

郭家庵志
郭家庵志编纂委员会编 马维主编 北京 中国文史出版社 2013 年 383 页
b47052077 K295.25 G7691 2013

吕家庄志
德州市旅游文化研究会 中国人民政治协商会议德州市武城委员会编 刘金忠主编 德州 德州市旅游文化研究会 2014年 216页
b49963983 K295.25 L978 2014

罗庄村志
罗庄村志编纂领导小组编 罗庄村民委员会编 德州 山东新华印刷厂德州厂 1996年 295页
b20044392 K295.25 L924 1996

王家院村志
王连才主编 德州 王家院村 2014年 377页
b47073214 K295.25 W219 2014

西长村志
王登利 王文君主编 德州 西长村志编纂者 2012年 335页
b47316913 K295.25 X1191 2012

萧何庄志
刘金忠主编 北京 中国文史出版社 2008年 343页〔飞翼文库丛书系列 6〕
b46858039 K295.25 X332 2008

岳庄志
刘金忠主编 北京 中国文史出版社 2010年 345页
b46377669 K295.25 Y8639 2010

德州市德城区政协志 1949.9–2000.12
中国人民政治协商会议德州市德城区委员会编 德州 政协德州市德城区委员会 2001年 282页
b17736225 D628.523 Z649 2001

德州市德城区军事志 1989–2005
德州市德城区军事志编纂委员会编 宋凤琴主编 德州 德州市德城区军事志编纂委员会 2009年 410页
b21567475 E289.523 D291D 2009

陵城区

陵县志
陵县志编纂委员会编 陵县 陵县志编纂委员会 1986年 900页
b10760350 K295.24 L626

陵县志 1981–2007
陵县地方史志编纂委员会编 赵春万主编 北京 方志出版社 2013年 833页〔中华人民共和国地方志丛书〕
b45444857 K295.24 L626 2013

三洄河村志
魏立金主编 陵县 三洄河村志编写者 2003年 120页
b20045086 K295.25 S1453 2003

德州市陵城区人民代表大会志 2007–2017
德州市陵城区人民代表大会志编纂委员会编 刘天华主编 德州 德州市陵城区人民代表大会志编纂委员会 2017年 502页
b50993707 D624.523 D291L 2017

陵县水利志
陵县水利志编纂委员会编 王德俊主编 德州 山东新华印刷厂德州厂 1990年 375页
b20139615 F426.9 L626 1990

陵县水利志 1986–2005
陵县水利志编纂委员会编 德州 山东新华印刷厂德州厂 2006年 344页
b17736298 F426.9 L626 2006

乐陵市

乐陵县志
山东省乐陵县史志编纂委员会编 济南 齐鲁书社 1991年 743页〔中华人民共和国地方志丛书〕
b10726482 K295.24 Y871

乐陵市志 1986–2007
山东省乐陵市地方史志编纂委员会编 陈卫东主编 北京 方志出版社 2011年 646页
b22458876 K295.24 Y871 2011

大牛韩村志
大牛韩村志编纂委员会编 张德令主编 北京 中国文史出版社 2016年 278页〔乐陵市地方志丛书〕
b50664736 K295.25 D1363 2016

大孙乡志
大孙乡志编纂委员会编 席延军主编 北京 中国文史出版社 2016年 520页〔乐陵市地方志丛书〕
b49655589 K295.25 D1367 2016

丁坞镇志
丁坞镇志编纂委员会编 王江山主编 北京 中国文史出版社 2016年 580页〔乐陵市地方志丛书〕
b50268624 K295.25 D533 2016

郭家街道志 1965–2014
郭家街道志编纂委员会编 马猛主编 北京 中国文史出版社 2015年 441页〔乐陵市地方志丛书〕
b50065440 K295.25 G7694 2015

化楼镇志
化楼镇志编纂委员会编 张德元主编 北京 中国文史出版社 2015年 476页〔乐陵市地方志丛书〕
b5026865x K295.25 H545 2015

黄夹镇志
黄夹镇志编纂委员会编 苏绍文主编 北京 中国文史出版社 2017年 584页〔乐陵市地方志丛书〕
b5021553x K295.25 H659 2017

孔镇镇志
孔镇镇志编纂委员会编 万海波主编 北京 中国文史出版社 2015年 612页〔乐陵市地方志丛书〕
b50268673 K295.25 K344 2015

云红街道志
云红街道志编纂委员会编 张德元主编 北京 中国文史出版社 2015年 433页〔乐陵市地方志丛书〕
b50268740 K295.25 Y879 2015

枣牌刘村志
枣牌刘村志编纂委员会编 范海营主编 北京 中国文史出版社 2016年 310页〔乐陵市地方志丛书〕
b5066489x K295.25 Z177 2016

朱集镇志
朱集镇志编纂委员会编 陈建军主编 北京 中国文史出版社 2015年 384页〔乐陵市地方志丛书〕
b50268752 K295.25 Z6974 2015

禹城市

禹城县志
山东省禹城县史志编纂委员会编 张成道主编 济南 齐鲁书社 1995年 658页〔中

华人民共和国地方志丛书〕
b12639539 K295.24 Y749

禹城市志 1986–2010
禹城市地方志编纂委员会编 张仁庆主编 北京 方志出版社 2017 年 2 册 1295 页
b50328979 K295.24 Y749C 2017

禹城市水利志 1986–2005
禹城市水利志编纂委员会编 单照兴主编 济南 齐鲁三联印务有限公司 2007 年 257 页
b20141749 TV–092 Y749 2007

宁津县

宁津县志
山东省宁津县史志编纂委员会编 盖魁杰 王金铎主编 济南 齐鲁书社 1992 年 835 页〔中华人民共和国地方志丛书〕
b10726329 K295.24 N413

宁津县志 1988–2007
宁津县地方史志编纂委员会编 北京 方志出版社 2013 年 833 页
b45444882 K295.24 N413 2013

宁津邮电志
宁津邮电志编纂委员会编 颜景林 王荣辉主编 宁津 宁津邮电志编纂委员会 2000 年 377 页
b49827248 F632.752.4 Y168 2000

庆云县

庆云县志
山东省庆云县县志编纂委员会编 庆云 山东省庆云县县志编纂委员会 1983 年 694 页
b12314614 K295.2 S252Q

庆云县志 1981–2010
庆云县地方史志编纂委员会编 徐洪义主编 北京 方志出版社 2013 年 887 页〔中华人民共和国地方志丛书〕
b45444924 K295.2 S252Q 2013

南赵村志
南赵村志编纂委员会编印 赵同典主编 庆云 南赵村志编纂委员会 2015 年 262 页
b49625536 K295.25 N1612 2015

庆云民政志
山东省庆云县民政局编 庆云 山东省庆云县民政局 2007 年 468 页
b20971886 D675.24 Q491 2007

庆云县教育志
山东省庆云县教育局编 庆云 庆云县书画印刷厂 1989 年 279 页
b17736249 G527.524 Q491 1989

庆云县水利志
山东省庆云县水利志编纂委员会编 庆云 山东省庆云县水利志编纂委员会 1986 年 184 页
b20140198 TV–092 Q491 1986

临邑县

临邑县志
山东省临邑县史志编纂委员会编 徐心耀主编 济南 齐鲁书社 1993 年 712 页〔中华人民共和国地方志丛书〕
b10564731 K295.24 L5819

临邑县志
山东省临邑县史志编纂委员会编 陈德芳

主编 北京 中华书局 2004 年 827 页
b17358371 K295.24 L5819C 2004

临盘街道志
临盘街道志编纂委员会编 王建华主编 北京 中国文史出版社 2016 年 892 页
b49715677 K295.25 L5816 2016

临邑县西关村志
孙建功 李长城主编 北京 中国文史出版社 2015 年 226 页〔德州市名村志丛书〕
b50065452 K295.25 X11931 2015

临邑县民政志
山东省临邑县民政局编 马海君主编 临邑 山东省临邑县民政局 2005 年 282 页
b18571839 D632 M138 2005

临邑县税务志
临邑县国家税务局编 赵军主编 临邑 临邑县国家税务局 2006 年 380 页
b46443058 F812.752.442 L581 2006

临邑县教育志 2008–2014
临邑县教育志编委会编 临邑 临邑县教育志编委会 2014 年 164 页
b46011699 G527.524 L5819 2014

临邑县水利志
临邑县水利志编纂委员会编 张士林主编 济南 山东人民出版社 1993 年 269 页
b20099150 TV–092 Z3645 1993

齐河县

齐河县志
山东省齐河县志编纂委员会编 北京 中华书局 1990 年 891 页〔中华人民共和国地方志丛书〕
b16142573 K295.24 Q137C 1990

齐河县志 1986–2008
山东省齐河县地方史志编纂委员会编 郝德禄主编 北京 中华书局 2010 年 2 卷 1745 页〔中华人民共和国地方志丛书〕
b22433533 K295.24 Q137D 2010

刘桥镇志
刘桥镇志编纂委员会编 陈勋章 陈树荣 王朝思主编 香港 中国国际文化出版社 2016 年 757 页〔齐河县地方志丛书〕
b49626048 K295.25 L686 2016

王官屯村志
王官屯村志编纂委员会编 李桂生主编 北京 中国文史出版社 2016 年 270 页〔德州市名村志丛书 齐河县地方志丛书〕
b49669552 K295.25 W2178 2016

齐河县人民代表大会志
齐河县人民代表大会志编纂委员会编 赵常祥主编 北京 线装书局 2017 年 587 页〔齐河县地方志丛书〕
b50861761 D624.524 Q137 2017

齐河县政协志
中国人民政治协商会议山东省齐河县委员会编 德州 山东新华印刷厂德州厂 2005 年 259 页
b16378520 D628.524 Z546 2005

齐河县公安志
齐河县公安志编纂委员会编 白承荣主编 香港 现代文化出版社 2016 年 880 页〔齐河县地方志丛书〕
b51079914 D631 Q137 2016

齐河县民政志
山东省齐河县民政志编纂委员会编 田洪国主编 济南 山东数字出版传媒有限公司 2014 年 955 页〔齐河县地方志丛书〕
b51091252 D632 Q137 2014

齐河县司法行政志
齐河县司法行政志编纂委员会编 赵万宝主编 北京 中国国际出版社 2018 年 371 页〔齐河县地方志丛书〕
b50871304 D927.524.613 Q137 2018

齐河县经济和信息化志
齐河县经济和信息化志编纂委员会编 魏青主编 北京 中国国际出版社 2017 年 825 页〔齐河县地方志丛书〕
b50272597 F127.524 Q137 2017

齐河县国土资源志
齐河县国土资源志编纂委员会编 周长民主编 香港 中国国际文化出版社 2016 年 550 页〔齐河县地方志丛书〕
b47316755 F129.952.4 Q137 2016

齐河县质量技术监督志
齐河县质量技术监督志编纂委员会编 朱华中主编 香港 中国国际文化出版社 2016 年 400 页〔齐河县地方志丛书〕
b47306786 F203 Q137 2016

齐河县林业志
齐河县林业志编纂委员会编 曹永强主编 北京 中国国际出版社 2018 年 795 页〔齐河县地方志丛书〕
b50871298 F326.275.24 Q137 2018

齐河县物价志
齐河县物价志编纂委员会编 范庆军主编 香港 中国国际文化出版社 2016 年 373 页〔齐河县地方志丛书〕
b4947151x F726.752.4 Q137 2016

齐河县地方税务志
齐河县地方税务志编纂委员会编 李佃雨主编 北京 中国国际出版社 2017 年 429 页〔齐河县地方志丛书〕
b49864191 F812.752.4 Q137 2017

齐河县国家税务志
齐河县国家税务志编纂委员会编 宋光亭主编 北京 中国国际出版社 2018 年 503 页〔齐河县地方志丛书〕
b51044456 F812.42 Q137 2018

齐河县抗日战争志
齐河县抗日战争志编纂委员会编 郝德禄主编 香港 中国国际文化出版社 2015 年 422 页〔齐河县地方志丛书〕
b46995626 K265.06 Q1378 2015

齐河县农村简志
山东省齐河县地方史志编纂委员会编 郝德禄主编 北京 中华书局 2011 年 2 卷 1856 页〔中华人民共和国地方志丛书〕
b49803517 K295.24 Q137H 2011

王祝晨志
齐河县地方志编纂委员会编 郝德禄主编 香港 中国人民出版社 2016 年 432 页〔齐河县地方志丛书〕
b49803700 K825.46 W235H 2016

齐河县人民医院志 1949–2016
齐河县人民医院志编纂委员会编 吴成之主编 北京 中国国际出版社 2018 年 600 页〔齐河县地方志丛书〕
b50871286 R199.2 Q137 2018

齐河县水利志
齐河县水利志编纂委员会编 黄亚英主笔 济南 山东人民出版社 1990 年 299 页
b20951048 TV-092 Q137 1990

齐河黄河大桥志
齐河县地方史志办公室编 郝德禄主编 北京 线装书局 2018 年 481 页〔齐河县地方丛书〕
b51113557 U448.14 Q137 2018

平原县

平原县志
山东省平原县县志编纂委员会编 裴传宏 程明三主编 济南 齐鲁书社 1993 年 828 页〔中华人民共和国地方志丛书〕
b10836202 K295.24 P612

平原县志 1986-2008
平原县地方史志编纂委员会编 韩维新主编 北京 方志出版社 2010 年 806 页〔中华人民共和国地方志丛书〕
b22364791 K295.24 P612 2010

孝直镇志
孝直镇志编纂委员会编 何鹰主编 北京 中国文史出版社 2016 年 438 页〔平阴县镇（街道）志丛书〕
b49625949 K295.25 X3591 2016

平原县政协志 1959.10-2006.12
中国人民政治协商会议山东省平原县委员会编 王建民主编 德州 山东新华印刷厂德州厂 2007 年 390 页
b18261838 D628.524 P613 2007

平原县审计志 1984-2013
平原县审计志编纂委员会编 董恩杰主编 北京 中国图书出版社 2014 年 289 页〔山东省平原县地方志丛书〕
b4601259x F239.227.524 P613 2014

平原县水利志
平原县水利志编纂委员会编 张连生主编 济南 山东人民出版社 1993 年 228 页
b20136407 TV-092 Z356 1993

夏津县

夏津县志
山东省夏津县志编纂委员会编 济南 山东人民出版社 1991 年 744 页〔中华人民共和国地方志丛书〕
b10910645 K295.24 X187

夏津县志 1986-2009
夏津县地方史志编纂委员会编 贺心玉主编 北京 方志出版社 2011 年 1015 页〔中华人民共和国地方志丛书〕
b37530240 K295.24 X187 2001

夏津县政协志
夏津县政协志编纂委员会编 张玉林主编 北京 中国文史出版社 2015 年 331 页
b47126103 D628.524 X187 2015

夏津县民政志
山东省夏津县民政局编 梁宜先主编 郑州 中州古籍出版社 2013 年 569 页
b45453706 D632 X187 2013

夏津县农村简志
夏津县地方史志编纂委员会编 史健利主编 北京 中国文史出版社 2013 年 890 页〔中华人民共和国地方志丛书〕
b44915561 F329.524 S487 2013

夏津县电业志 2005–2009
夏津县电业志编纂委员会编 尹德雨主编 夏津 夏津县电业志编纂委员会 2009 年 550 页
b50152749 F426.61 X1874 2009

夏津县水利志
夏津县水利志编纂委员会编 济南 山东省教育委员会印刷所 1989 年 414 页
b17736316 F426.9 X187 1989

夏津县水利志 1986–2005
夏津县水务局编 夏津 夏津县水务局 2007 年 305 页
b20017285 F426.9 X187C 2007

武城县

武城县志
山东省武城县史志编纂委员会编 王秉新主编 济南 齐鲁书社 1994 年 616 页〔中华人民共和国地方志丛书〕
b10630685 K295.24 W532

武城县人大志
武城县人大志编纂委员会编 刘增瑞主编 北京 中国言实出版社 2011 年 941 页
b46240202 D624.524 W532 2011

武城县政协志 1981.1–2007.12
武城县政协志编纂委员会编 任永贵主编 德州 山东新华印刷厂德州厂 2008 年 584 页
b22082633 D628.524 W532 2008

武城县军事志 1840–2005
武城县军事志编纂委员会编 马德春主编 武城 武城县军事志编纂委员会 2009 年 447 页
b22921308 E289.524 W532 2009

武城县水利志
武城县水利志编纂委员会编 付如辰主编 济南 山东人民出版社 1994 年 214 页
b21570711 TV–092 W5321 1994

聊城市

聊城地区志
山东省聊城地区地方史志编纂委员会编 齐保柱 周广馥主编 济南 齐鲁书社 1997 年 981 页〔中华人民共和国地方志丛书〕
b10570354 K295.22 L537

聊城市志
山东省聊城市地方史志编纂委员会编 贺继德主编 济南 齐鲁书社 1999 年 802 页〔中华人民共和国地方志丛书〕
b12638900 K295.23 L537

聊城市政协志
政协山东省聊城市委员会聊城市政协志编委会编 聊城 山东省聊城市市委印刷所 2003 年 435 页
b20015707 D628.523 L537 2003

聊城市人事志 1990–2009
聊城市人事志编纂委员会编 刘婧主编 北京 中国人事出版社 2010 年 282 页
b45417179 D630.3 L537 2010

山东省聊城市民政志
山东省聊城市民政局编制 聊城 山东省聊城市民政局 1996 年 440 页
b2157005x D632 L537 1996

聊城法院志
聊城地区人民法院志办公室编 吕贵顺主编 聊城 聊城地区人民法院编志办公室 1988年 2卷
b21764177 D926.22 L537

聊城市军事志
聊城市军事志编纂委员会编 张攀主编 聊城 聊城市军事志编纂委员会 2009年 822页
b49789338 E289.523 L537 2009

聊城经济开发区志
聊城经济开发区地方史志编纂委员会编 齐保柱主编 济南 齐鲁书社 2010年 446页〔中华人民共和国地方志丛书〕
b44852046 F127.523 L537 2010

聊城市工商行政管理志
聊城市工商行政管理局编 北京 中国工商出版社 2008年 511页〔山东省工商行政管理志丛书〕
b21569022 F203.9 L537 2008

聊城地区林业志
聊城地区林业志编写组编 张正良主编 聊城 山东省聊城地区新闻出版局 1993年 382页
b46018268 F326.275.22 L537 1993

聊城地区建筑工程公司志 1951–1990
聊城地区建筑工程公司史志编委会编 王登祥主编 聊城 聊城地区建筑工程公司史志编委会 1991年 212页
b51012376 F426.9 W214 1991

聊城地区教育志 1840–1988
聊城地区教育志编纂办公室编 菏泽 菏泽市牡丹乡洪庙印刷一厂 1989年 412页
b20950378 G527.522 L537 1989

聊城市教育志 1840–1989
聊城市教育志编纂办公室编 李志成 孙元芳主编 聊城 聊城市教育志编纂办公室 1991年 215页
b20182004 G527.523 L537 1991

山东省聊城建设学校志 1982–1992
山东省聊城建设学校编 聊城 山东省聊城建设学校 1992年 62页
b20103554 G719.285.23 S253 1992

聊城方言志
张鹤泉著 北京 语文出版社 1995年 198页〔山东方言志丛书〕
b20577187 H172.1 Z3537 1995

聊城市民族宗教志 1991–2012
聊城市民族宗教事务局编著 王维峰主编 济南 黄河出版社 2015年 215页
b47206524 K280.523 L537 2015

聊城市疾病预防控制志 1949–2013
聊城市疾病预防控制志编纂委员会编 赵金星主编 聊城 聊城市疾病预防控制中心 2014年 656页
b5026915x R197.2 L537 2014

聊城卫生志 1991–2014
聊城市卫生局编纂 刘德勇主编 北京 现代出版社 2017年 321页
b50308191 R199.2 L537 2017

聊城地区水利志
山东省聊城地区水利志编纂委员会编 刘步新主编 聊城 山东省聊城地区水利志编纂委员会 1993年 433页
b19732478 TV-092 L671 1993

聊城市水利志
聊城市水利局水利志编纂组 葛渊主编 聊城 聊城地委印刷所 1986 年 189 页
b21857374 TV-092 L537 1986

聊城地区黄河志
聊城地区黄河河务局编 马俊陆主编 济南 齐鲁书社 1993 年 244 页
b1642718x TV882.1 L537 1993

东昌府区

东昌府区志 1986-2005
聊城市东昌府区地方史志编纂委员会编 孟凡志 宋耀菊 马金成主编 北京 方志出版社 2012 年 773 页〔中华人民共和国地方志丛书〕
b40739946 K295.23 L537D 2012

东昌府区人民代表大会志 1949-2013
东昌府区人民代表大会志编纂委员会编 刘继光主编 北京 方志出版社 2014 年 794 页
b46088003 D624.523 L537D 2014

东昌府区政府志
山东省聊城市东昌府区人民政府办公室编 李洪一主编 北京 五洲传播出版社 2000 年 496 页〔中华人民共和国地方志丛书〕
b17298908 D625.523 L396 2000

东昌府区政协志
政协山东省聊城市东昌府区委员会编 薛守鼎 王彦华主编 聊城 政协山东省聊城市东昌府区委员会 2006 年 603 页
b46101883 D628.523 L537D 2006

聊城市东昌府区军事志 前 249-2005
聊城市东昌府区军事志编纂委员会编 赵磊主编 聊城 聊城市东昌府区军事志编纂委员会 2011 年 487 页
b46102036 E289.523 L537D 2011

东昌府区体育志
东昌府区体育志编纂委员会编 朱永春主编 北京 线装书局 2017 年 479 页
b50727916 G812.752.3 Z722 2017

东昌府区水利志 前 2033-2000 通编
山东省聊城市东昌府区水利局编纂小组编 张金岭主编 北京 五洲传播出版社 2002 年 468 页〔中华人民共和国地方志丛书〕
b21855110 TV-092 L537D 2002

临清市

临清市志
山东省临清市地方史志编纂委员会编 济南 齐鲁书社 1997 年 819 页〔中华人民共和国地方志丛书〕
b10532821 K295.23 L581

临清市志
临清市地方史志编纂委员会编 袁少亭主编 济南 山东美术出版社 2010 年 854 页
b36247716 K295.23 L581 2010

临清市政协志
政协临清市委员会编 王明波主编 北京 中国诗词楹联出版社 2011 年 548 页
b44851285 D628.524 L5818 2011

临清市教育志
临清市教育局史志办公室编 李洪珍主编 临清 临清市教育局史志办公室 1987 年 162 页
b20139536 G527.524 L581 1987

临清市第二中学志
临清市第二中学志编纂工作委员会编 张吉超主编 北京 中国青年出版社 2010年 284页
b40783455 G639.285.24 L5817 2010

临清方言志
张鸿魁主编 北京 中国展望出版社 1990年 229页
b20044173 H172.1 Z353 1990

临清市地名录
临清市地名委员会办公室编 临清 临清市地名委员会办公室 1988年 124页
b20015720 K925.24 L5817 1988

临清市水利志
临清市水利局编 临清 临清市水利局 1994年 油印本 270页
b20139548 TV-092 L5816 1994

阳谷县

阳谷县志
阳谷县地方史志编纂委员会编 张万知主编 北京 中华书局 1991年 557页
b10745798 K295.24 Y225

阳谷县志 1988–2008
阳谷县地方志编纂委员会编 韩学斌主编 北京 中华书局 2012年 762页〔中华人民共和国地方志丛书〕
b40424480 K295.24 Y225 2012

张秋镇志
张秋镇志编纂委员会编 于忠超 高振康 徐玉昌主编 北京 方志出版社 2014年 536页
b45649017 K295.25 Z362 2014

阳谷县工会志 1926–2006
阳谷县总工会编 吴黎明主编 济南 山东省新闻出版局 2006年 173页
b4707341x D412.852.4 Y225 2006

阳谷县教育志 1840–1994
阳谷县教育志编纂办公室编 阳谷 阳谷县印刷厂 1995年 391页
b20017728 G527.524 Y225 1995

山东省阳谷县地名志
阳谷县地名委员会办公室编 济南 山东省地图出版社 2000年 473页
b2025054x K925.24 Y225 2000

阳谷县卫生志
阳谷县卫生志编纂委员会编 王庆森主编 北京 方志出版社 2017年 778页
b51332401 R199.2 Y2253 2017

阳谷县水利志
阳谷县水务局编纂委员会编 汤树国主编 北京 中国文史出版社 2007年 571页
b21766046 TV-092 Y225 2007

莘 县

莘县志
山东省莘县地方史志编纂委员会编 陈庆立 胡维国主编 济南 齐鲁书社 1997年 660页〔中华人民共和国地方志丛书〕
b13214962 K295.24 S389

莘县志 1988–2010
莘县地方史志编纂委员会编 颜廷勇主编 北京 方志出版社 2013年 784页〔中华人民共和国地方志丛书〕
b4544495x K295.24 S389 2013

莘县教育志 1840–1987
莘县教育志编纂办公室编 高泽 张云主编 荷泽 荷泽市牡丹乡洪庙印刷厂 1989年 150页
b36014321 G527.524 S389 1989

莘县第一中学校志 1951–2006
莘县一中校志编委会编 张福显主编 莘县 莘县一中校志编委会 2006年 236页
b40935383 G639.285.24 S389 2006

莘县地方史志志
莘县地方史志编纂委员会办公室编 颜廷勇主编 北京 中国文史出版社 2017年 342页
b50062232 K295.24 S389S 2017

茌平县

茌平县志
山东省茌平县地方史志编纂委员会编 济南 齐鲁书社 1997年 692页〔中华人民共和国地方志丛书〕
b10600346 K295.24 C494

茌平县志 1986–2005
茌平县地方史志编纂委员会编 北京 中华书局 2008年 663页〔中华人民共和国地方志丛书〕
b19734104 K295.24 C494 2008

茌平县村庄志
茌平县史志办公室编 张海峰主编 北京 中国文史出版社 2017年 454页〔中国地方志丛书〕
b51090375 K295.25 C494 2017

茌平县村庄志
茌平县史志办公室编 张海峰主编 北京 中国文史出版社 2017年 2册 1864页〔中国地方志丛书〕
b51141176 K295.25 C494C 2017

茌平县人民代表大会志
茌平县人民代表大会志编纂委员会编 赵希亮 丁洁卉主编 北京 方志出版社 2016年 774页
b50085633 D624.524 C494 2016

茌平县第二中学志 1951–2011
茌平县第二中学志编纂工作委员会编 李宪祥主编 北京 中国青年出版社 2011年 204页
b37530434 G639.285.24 C494 2011

东阿县

东阿县志
山东省东阿县地方史志编纂委员会编 刘永禹 袁今富主编 济南 齐鲁书社 1998年 752页〔中华人民共和国地方志丛书〕
b12638286 K295.24 D5822

东阿县志 1986–2005
山东省东阿县地方史志编纂委员会编 王涛 张昭峰 张冬青主编 济南 齐鲁书社 2009年 744页〔中华人民共和国地方志丛书〕
b2046762x K295.24 D5822 2009

东阿县教育志 1840–1985
东阿县教育局史志办公室编 菏泽 菏泽市牡丹乡洪庙印刷一厂 1989年 170页
b20402776 G527.524 D582 1989

东阿县实验小学校志 1953–2013
东阿县实验小学校志编纂委员会编 王圣方主编 济南 山东人民出版社 2013年

616 页
b44916115 G629.285.24 D582 2013

山东省东阿县第一中学校志 1950–2015
山东省东阿县第一中学校志编纂委员会编 孙家申主编 北京 光明日报出版社 2015 年 420 页
b46668883 G639.285.24 D582 2015

鱼山风物志
刘玉新主编 聊城 山东省聊城地区新闻出版局 1997 年 127 页
b20536276 K925.24 Y715 1997

冠 县

冠县志
山东省冠县地方史志编纂委员会编 石金铭 史钊 张怀轩主编 济南 齐鲁书社 2001 年 781 页〔中华人民共和国地方志丛书〕
b13803414 K295.24 G638

续补冠县志
山东省冠县地方史志编纂委员会编 史钊 崔海坡主编 北京 方志出版社 2014 年 790 页
b45648980 K295.24 G638 2014

高唐县

高唐县志
山东省高唐县史志编纂委员会编 郑宽亭主编 济南 齐鲁书社 1996 年 711 页〔中华人民共和国地方志丛书〕
b10503444 K295.24 G252

高唐县志 1988–2005
高唐县地方史志编纂委员会编 张传庆 唐艳红主编 北京 中国民主法制出版社 2012 年 592 页〔中华人民共和国地方志丛书〕
b36370009 K295.24 G252C 2012

高唐县人民代表大会志 1949–2016
高唐县人民代表大会志编纂委员会编 薛兆臣主编 北京 中国文史出版社 2016 年 793 页
b49781418 D624.524 G252 2016

高唐县教育志 征求意见稿 1840–1985
许冠生主笔 高唐 高唐县教育局史志办公室 1990 年 215 页
b20181747 G527.524 G252 1990

高唐一中校志 初稿
高唐一中校志编纂委员会编 田身友主编 高唐 高唐一中校志编纂委员会 2000 年 714 页
b20137734 G639.285.24 G252 2000

滨州市

滨州地区志
山东省滨州地区地方史志编纂委员会编 北京 中华书局 1996 年 786 页〔中华人民共和国地方志丛书〕
b13588965 K295.22 B495

滨州地区志 1979–2000
山东省滨州市地方史志编纂委员会编 宋守松主编 北京 方志出版社 2003 年 1223 页〔中华人民共和国地方志丛书〕
b16696475 K295.22 B495C 2003

滨州市志
山东省滨州市地方史志编纂委员会编 吕宪章主编 济南 齐鲁书社 1993 年 798 页〔中华人民共和国地方志丛书〕

b10836366 K295.23 B495

滨州市乡镇办简志
滨州市地方史志办公编纂 赵洪美主编 香港 香港天马图书公司 2001 年 699 页〔中华人民共和国地方志丛书〕
b22428859 K295.25 B495 2001

滨州市小康村志
山东省滨州市人民政府编 北京 方志出版社 1998 年 296 页
b17490893 K295.24 B495 1998

中共滨州市委党校志 1951–2011
中共滨州市委党校志编纂委员会编 何凤岐主编 济南 齐鲁书社 2012 年 583 页
b37531438 D261.41 B495 2012

滨州市工会志 1940–2015
滨州市总工会编 李军主编 北京 中国文史出版社 2016 年 517 页
b47364385 D412.852.3 B495 2016

滨州市政协志 1986–2016
滨州市政协志编纂委员会编 王中强主编 北京 中国文史出版社 2016 年 614 页
b49682556 D628.523 B495 2016

滨州人事考试志 1993–2012
滨州人事考试志编纂委员会编 孙希深主编 沈阳 万卷出版公司 辽宁电子出版社 2014 年 253 页
b4953385x D630.3 B495C 2014

滨州人事志 1840–2009
滨州人事志编纂委员会编 高宗才 王培俊主编 济南 山东省地图出版社 2012 年 330 页
b45417520 D630.3 B495 2012

滨州市劳动和社会保障志 1949.10–2009.12
滨州市劳动和社会保障志编纂委员会编 闫中奇主编 济南 山东省地图出版社 2012 年 454 页
b40649295 D669.2 B495 2012

滨州市中级人民法院志 1950–2010
滨州市中级人民法院志编纂委员会编 李全昌主编 济南 齐鲁书社 2013 年 636 页
b50318901 D926.22 B495 2013

滨州市军事志 1986–2005
滨州市军事志编纂委员会编 张志刚 方少亭主编 滨州 滨州市军事志编纂委员会 2010 年 582 页
b45452623 E289.523 B495 2010

滨州市工商行政管理志
滨州市工商行政管理局编 邵立勇主编 北京 中国工商出版社 2008 年 451 页〔山东省工商行政管理志丛书〕
b4541712x F123.82 B495 2008

滨州地区林业志
滨州地区林业局编 张秀荣主编 滨州 滨州地区林业局 1995 年 392 页
b49677809 F326.275.22 B495 1995

香驰控股志
香驰控股志编纂委员会编 张鹏主编 北京 中国文史出版社 2017 年 492 页
b50062220 F426.82 X259 2017

惠民地区公路志
杨志敏主编 东营 石油大学出版社 1989 年 197 页
b47126140 F542.9 B495 1989

滨州市税务志
山东省滨州市税务局编 李明主编 滨州 山东省滨州市税务局 1993 年 389 页
b5022198x F812.752.3 B495 1993

滨州文化志 1949–2009
滨州文化志编纂委员会编 边茂田主编 北京 方志出版社 2011 年 995 页
b36370253 G127.523 B495 2011

滨州地区教育志 1978–2000
滨州市教育局编写 济南 济南出版社 2003 年 340 页
b1642847x G527.523 B495 2003

山东省北镇中学志
山东省北镇中学志编纂委员会编 济南 山东省地图出版社 2007 年 459 页〔中华人民共和国地方志丛书〕
b18806247 G639.285.2 B316 2007

滨州职业学院志 建校 55 周年暨合院 10 周年 1956–2011
滨州职业学院院志编纂委员会编 吴树罡主编 滨州 滨州职业学院院志编纂委员会 2011 年 282 页
b38487032 G719.285.23 B495 2011

团包店村志
孙玉良修纂 北京 中国文化出版社 2017 年 460 页〔中华人民共和国地方史志丛书〕
b5035114x K295.25 T539 2017

滨州地区文物志
滨州地区文物志编委会编 常叙政主编 济南 山东友谊书社 1992 年 174 页
b3637989x K872.522 B495 1992

山东省地名录 滨州地区
滨州地区地名委员会办公室编 济南 山东省地图出版社 1992 年 411 页
b20018824 K925.22 B495 1992

滨州医学院附属医院志 1977–2013
滨州医学院附属医院编 王学武 房清敏主编 北京 中国文史出版社 2017 年 775 页
b50993501 R199.2 B495 2017

山东省滨州畜牧兽医研究院院志 1963–2013
山东省滨州畜牧兽医研究院院志编纂委员会编 沈志强 田风荣主编 滨州 山东省滨州畜牧兽医研究院院志编纂委员会 2013 年 280 页
b45493832 S8–242.523 S253 2013

滨州水利志
山东省滨州市水利志编纂委员会编 王延明主编 济南 济南世同苹果图文公司 2009 年 535 页
b20882634 TV–092 W234 2009

滨州黄河志 1986–2005
滨州黄河河务局编 高庆久主编 滨州 滨州黄河河务局 2011 年 385 页
b46442807 TV882.1 B495C 2011

滨州黄河志资料长编 1986–2005
滨州黄河河务局编 高庆久主编 滨州 滨州黄河河务局 2012 年 584 页
b40649131 TV882.1 B495 2012

滨城区

滨州市滨城区志 1982–2007
滨州市滨城区地方史志编纂委员会编 韩会英 张海娟 宋全梅主编 北京 方志出版

社 2012 年 1040 页〔中华人民共和国地方志丛书〕
b36708720 K295.23 B495E 2012

北镇志
北镇志编纂委员会编 济南 山东省地图出版社 2003 年 618 页〔中华人民共和国地方志丛书〕
b15667960 K295.23 B495BB 2003

滨城区名村志
山东省滨州市滨城区人民政府编 北京 方志出版社 2002 年 476 页〔中华人民共和国地方志丛书〕
b1425086x K295.23 B495B

崔傅刘村志
崔傅刘村志编纂委员会编 关增岭主编 北京 方志出版社 1995 年 264 页〔中华人民共和国地方志丛书〕
b13544329 K295.23 B495C

滨城区政协志 1959–2008
中国人民政治协商会议滨州市滨城区委员会编 赵伟斌主编 香港 中国文化出版社 2008 年 772 页
b20019749 D628.523 B495 2008

滨州市滨城区军事志 1840–2005
滨州市滨城区军事志编纂委员会编 张志刚主编 滨州 滨州市滨城区军事志编纂委员会 2011 年 342 页
b45452611 E289.523 B495B 2011

滨城区财政志 1988–2010
滨州市滨城区财政局编 张丽军主编 济南 山东省地图出版社 2013 年 447 页〔中华人民共和国地方志丛书〕
b44795282 F812.752.3 B495B 2013

滨城区社会保险志
滨城区社会保险志编纂委员会编 赵洪美主编 济南 山东省地图出版社 2011 年 348 页〔中华人民共和国地方志丛书〕
b37531542 F842.61 B495B 2011

滨城区教育志
滨城区教育志编纂委员会编 济南 山东省地图出版社 2007 年 698 页
b19929250 G527.523 B495C 2007

滨城区学府志
滨城区学府志编纂委员会编 赵洪美主编 香港 天马出版社 2006 年 1714 页〔中华人民共和国地方志丛书〕
b46239455 G527.523 B495B 2006

滨城区第一中学校志 1968–2013
冯云华主编 滨城 滨城区第一中学 2013 年 215 页
b46018232 G639.285.23 B495 2013

滨城文化志 1949–2013
滨城文化志编纂委员会编 尹洪吉主编 北京 方志出版社 2013 年 472 页
b45625153 K295.23 B495BC 2013

沾化区

沾化县志
山东省沾化县地方史志编纂委员会编 刘荣昌主编 济南 齐鲁书社 1995 年 599 页〔中华人民共和国地方志丛书〕
b10630661 K295.24 Z293

沾化县志 1988–2007
沾化县地方史志编纂委员会编 李向升主编 北京 方志出版社 2010 年 1046 页〔中华人民共和国地方志丛书〕

b22434380 K295.24 Z293 2010

苏王村志 1940–2015
苏王村志编纂委员会编 曹同章主编 沾化 苏王村志编纂委员会 2015 年 371 页
b49505671 K295.25 S715 2015

沾化人大志 1987–2009
沾化县人大常委会编 赵金芳主编 济南 黄河出版社 2010 年 675 页
b4064912x D624.524 Z293 2010

沾化政协志 1984–2006
政协沾化县委员会编 刘荣昌 张建华主编 北京 中国文化出版社 2006 年 578 页
b18120647 D628.524 Z5469 2006

沾化县军事志 1840–2005
沾化县军事志编纂委员会编 王成杰 刘辉清主编 济南 山东新华印刷厂 2012 年 463 页
b46012424 E289.524 Z293 2012

沾化县畜牧志 1949–2012
沾化县畜牧局 沾化县地方史志编纂委员会办公室编 杨爱民主编 沾化 沾化县畜牧局 2013 年 308 页
b47045395 F326.375.24 Z293 2013

华能沾化热电有限公司志 1974–2016
华能沾化热电有限公司志编委会编 王恒军主编 沾化 华能沾化热电公司志编委会 2016 年 399 页
b49939257 F426.61 H5296 2016

沾化冬枣志
沾化冬枣志编纂委员会编 刘荣昌主编 济南 山东省地图出版社 2000 年 177 页
b21301475 S665.1 L687 2000

沾化县水利志
沾化县水利志编纂委员会编 东营 山东省东营新华印刷厂 1994 年 345 页
b20536355 TV–092 Z293 1994

惠民县

惠民县志
山东省惠民县地方史志编纂委员会编 李洪喜 路公主编 济南 齐鲁书社 1997 年 705 页〔中华人民共和国地方志丛书〕
b10546595 K295.24 H696

惠民县志 1979–2005
惠民县地方史志编纂委员会编 田德贵 刘宝乾 左修和主编 北京 方志出版社 2017 年 870 页
b51090259 K295.24 H696C 2017

惠民县军事志 1840–2005
惠民县军事志编纂委员会编 齐光西 苏延平主编 惠民 惠民县军事志编纂委员会 2011 年 497 页
b45453019 E289.524 H696 2011

阳信县

阳信县志
山东省阳信县史志编纂委员会编 范景淹主编 济南 齐鲁书社 1995 年 559 页〔中华人民共和国地方志丛书〕
b10604108 K295.24 Y2259

阳信文化志 1949–2013
阳信文化志编纂委员会编著 刘海新主编 济南 山东友谊出版社 2015 年 417 页
b46668160 G127.524 Y225 2015

无棣县

无棣县志
山东省无棣县史志编纂委员会编 济南 齐鲁书社 1994年 689页〔中华人民共和国地方志丛书〕
b10644908 K295.24 W479

无棣县志 1990–2007
无棣县地方史志编纂委员会编 李同武主编 北京 方志出版社 2010年 876页
b41213634 K295.24 W479 2010

无棣简志
山东省无棣县地方史志办公室编 李同武主编 北京 方志出版社 2009年 513页〔中华人民共和国地方志丛书〕
b46018128 K295.24 W479C 2009

无棣县政协志 1984–2015
政协无棣县委员会编 张宝悦主编 无棣 政协无棣县委员会 2015年 803页
b50017470 D628.424 W479 2015

无棣县人民法院志
李全昌主编 北京 人民法院出版社 2007年 250页〔基层人民法院文化建设丛书〕
b50317970 D926.22 W479 2007

无棣县军事志 1986–2005
无棣县军事志编纂委员会编 苏银东主编 济南 山东新华印刷厂 2012年 359页
b45453688 E289.524 W479 2012

无棣县工商行政管理志
无棣县工商行政管理局编 刘洪主编 无棣 无棣县工商行政管理局 2012年 538页
b45840684 F123.82 W479 2012

无棣县国土资源志
无棣县国土资源局编 张宝泉 路永诚主编 北京 方志出版社 2009年 408页
b45839633 F129.952.4 W479 2009

无棣方言志
张金圈著 广州 世界图书出版公司 2015年 400页〔山东方言志丛书〕
b46959269 H172.1 Z3547 2015

博兴县

博兴县志
山东省博兴县史志编纂委员会编 戴延久 高汉君主编 济南 齐鲁书社 1993年 763页〔中华人民共和国地方志丛书〕
b1064720x K295.24 B555

博兴县志 1986–2007
博兴县地方史志编纂委员会编 吴瑞林 牛万政 郑振清主编 北京 中国文史出版社 2016年 885页
b47404553 K295.24 B555C 2016

庞家镇志
庞家镇志编纂委员会 博兴县董永文化研究会编 王兴民主编 北京 中国文化出版社 2015年 655页
b47126036 K295.25 P188 2015

兴朱村志
兴朱村志编纂委员会编 朱法旺主编 香港 中国国际文化出版社 2017年 414页
b50065014 K295.25 X463 2017

博兴县人大志
博兴县人大志编纂委员会编 陈继群 李志锦主编 济南 黄河出版社 2013年 3卷
b40649088 D624.524 B555 2013

博兴县政协志
政协博兴县委员会编 北京 中国文化出版社 2006年 540页
b17736195 D628.524 Z649 2006

博兴县体育志
博兴县体育志编纂委员会编 孟庆生主编 北京 线装书局 2017年 274页
b4999105x G812.752.4 B555 2017

山东省博兴县地名志
博兴县地名委员会办公室编 天津 天津人民出版社 1992年 498页
b20369050 K925.24 B555 1992

博兴县水利志
博兴县水利志编纂委员会编 顾建伟主编 海口 南海出版社 1992年 226页
b20533901 TV-092 B555 1992

邹平县

邹平县志
山东省邹平县地方史志编纂委员会编 曲延庆主编 北京 中华书局 1992年 989页
b10604492 K295.24 Z879

邹平县志 1986-2005
邹平县地方史志编纂委员会编 赵玉群 王青山主编 北京 方志出版社 2017年 879页
b50914625 K295.24 Z879D 2017

柏家村志
李福林主编 北京 中国文化出版社 2008年 526页
b18659214 K295.25 B165 2008

东尉村志
曲延庆主编 北京 中国文史出版社 2008年 588页〔邹平县村志文化书库〕
b36028824 K295.25 D5827 2008

郭庄村志
郭庄村志编委会编 曲延庆 李福林主编 北京 中国文化出版社 2013年 516页
b44851303 K295.25 G778 2013

黄西村志
黄西村志编纂委员会编 曲延庆主编 北京 中国图书出版社 2017年 402页〔中华人民共和国地方志丛书〕
b51131389 K295.25 H668 2017

望京村志
中共望京村党支部 望京村村民委员会编 赵承宏主编 邹平 中共望京村党支部 望京村村民委员会 2016年 385页
b49827479 K295.25 W2584 2016

西王村志
西王村志编纂委员会编 王勇主编 北京 中华书局 2011年 640页
b40649416 K295.25 X1198 2011

邹平县霍坡村志
张传勇主编 天津 天津古籍出版社 2017年 402页
b50994037 K295.25 H794 2017

邹平县人大志 1949-2010
邹平县人大志编纂委员会编 杨传生主编 济南 黄河出版社 2011年 733页
b36013651 D624.524 Z879 2011

邹平县人事志 1949-2009
邹平县人事局编 杨传生编 北京 中华书局 2009年 247页
b45417246 D630.3 Z879 2009

鲁中职业学院十年发展志 2003–2013
鲁中职业学院图书档案馆编 李忠山主编 北京 中国文史出版社 2014年 368页
b47052223 G719.285.24 L813C 2014

邹平县文物志 征求意见稿
邹平县史志办公室编 邹平 邹平县史志办公室 1987年 油印本 34页
b44854626 K872.524 Z879 1987

山东长白山志
邹平县政协编 王忠修主编 北京 中国文史出版社 2015年 397页
b4966301x K928.3 C346 2015

菏泽市

菏泽地区志
山东省菏泽地区地方史志编纂委员会编 李明先主编 济南 齐鲁书社 1998年 964页〔中华人民共和国地方志丛书〕
b10532833 K295.22 H292

菏泽市志
山东省荷泽市史志编纂委员会编 济南 齐鲁书社 1993年 761页〔中华人民共和国地方志丛书〕
b10546601 K295.23 H284

菏泽市志 1986–2005
荷泽市地方史志办公室编 王伯涛 李少华 田文建主编 北京 方志出版社 2016年 3卷 2032页〔中华人民共和国地方志丛书〕
b50777348 K295.23 H292C 2016

丹阳志 1983–2012
杨传宏主编 北京 中国文史出版社 2013年 746页
b44808616 K295.23 H292D 2013

菏泽市人民代表大会志
菏泽市人民代表大会常务委员会编 菏泽 华宝公司 1998年 281页
b21136476 D624.523 H292 1998

菏泽市民政志
菏泽市民政局编 菏泽 菏泽市民政局 1988年 油印本 505页
b17646601 D632 H292 1988

菏泽地区宣传志 1949.8–1990.5
中共菏泽地委宣传部编 潘兴玺主编 菏泽 中共菏泽地委宣传部 1992年 257页
b50067011 D64 H284 1992

菏泽地区农业志
山东省菏泽地区农业局编 魏玉传 乔玉录主编 北京 中国农业科技出版社 1990年 406页
b36013924 F327.522 H292 1990

菏泽地区建筑工程公司志 1951–1990
菏泽地区建筑工程公司史志编委会编 菏泽 菏泽地区建筑工程公司史志编委会 1991年 253页
b51012182 F426.9 H292 1991

菏泽地区粮食志
菏泽地区粮食局史志办公室编 菏泽 菏泽地区粮食局史志办公室 1989年 400页
b40743354 F724.721 H292 1989

菏泽地区文化艺术志
菏泽地区文化艺术志编纂委员会编 刘尊雪主编 菏泽 菏泽市福利印刷厂 1991年 410页
b20101569 G127.522 L694 1991

菏泽教育志 1986–2005
菏泽市教育局编 张修田编著 长春 吉林科学技术出版社 2013 年 546 页
b46377232 G527.523 H292 2013

菏泽地区体育志
菏泽地区体育运动委员会史志办公室编 济南 山东人民出版社 1991 年 288 页
b47073408 G812.752 H292 1991

山东省地名录 菏泽地区
菏泽地区地名委员会办公室编 姬长连主编 济南 山东省地图出版社 1993 年 674 页
b2001885x K925.22 H284 1993

山东省菏泽市地名志
菏泽市地名办公室编 东明 山东省东明县印刷厂等 1987 年 630 页
b20016505 K925.23 H292 1987

菏泽市立医院志 1946–2016
菏泽市立医院编 赵利华主编 北京 中国文史出版社 2016 年 667 页〔中华人民共和国地方志丛书〕
b49950204 R199.2 H292 2016

菏泽牡丹志
菏泽市地方史志办公室编 香港 银河出版社 2004 年 200 页
b21763720 S685.11 H292 2004

菏泽地区水产志
山东省菏泽地区水产局编 北京 中国农业科技出版社 1992 年 289 页
b47414157 S922.52 H292 1992

菏泽地区水利志
曹莲舫主编 南京 河海大学出版社 1994 年 370 页〔水利史志丛书〕
b20136067 TV–092 C212 1994

菏泽市水利志
菏泽市水利志编纂委员会编 张光灿主编 济南 济南出版社 1991 年 353 页
b21855791 TV–092 H292 1991

牡丹区

牡丹区志 1986–2005
菏泽市牡丹区地方史志编纂委员会编 丁养会主编 北京 方志出版社 2010 年 945 页〔中华人民共和国地方志丛书〕
b22364754 K295.23 H292M 2010

御河丹城(桂陵社区)志
韩达夫主编 菏泽 桂陵社区 2014 年 345 页
b50778857 K295.25 G731 2014

牡丹区人大志 1949–2009
孙世平主编 北京 中央文献出版社 2009 年 511 页
b21592950 D624.524 H284 2009

牡丹区政协志
政协山东省菏泽市牡丹区委员会编 济南 新华印刷厂 2003 年 772 页
b19732545 D628.523 Z6497 2003

牡丹区政协志 2003–2016
政协菏泽市牡丹区委员会编 崔明山主编 北京 团结出版社 2016 年 705 页
b50247888 D628.523 H284M 2016

菏泽牡丹黄河志 1986–2005
牡丹黄河河务局编 周献勇主编 郑州 黄河水利出版社 2013 年 372 页

b40916868 TV882.1 H658G 2013

定陶区

定陶县志
山东省定陶县县志编纂委员会编 李应松主编 济南 齐鲁书社 1999年 792页
b13588072 K295.24 D547

定陶县政协志
张峰 吕玉杰主编 菏泽 菏泽日报社印刷总厂 2009年 613页
b20948645 D628.524 D547 2009

定陶县城乡建设志 1991年
定陶县城乡建设委员会编 定陶 定陶县印刷厂 1991年 252页
b46101871 F299.275.24 D547 1991

定陶县农村信用社志
定陶县农村信用社志编纂委员会编 定陶 定陶县农村信用社志编纂委员会 2012年 522页
b49802926 F832.35 D547 2012

定陶县水利志
定陶县水利志编纂委员会编 李忠义主编 济南 山东科学技术出版社 1992年 219页
b21855833 TV-092 D547 1992

曹 县

曹县志
山东省曹县地方志编纂委员会编 北京 中华书局 2000年 724页〔中华人民共和国地方志丛书〕
b1375581x K295.24 C214

曹县志 1986-2009
曹县地方志编纂委员会编 董梁英主编 北京 方志出版社 2013年 2卷 1570页〔中华人民共和国地方志丛书〕
b45444730 K295.24 C214 2013

曹县政协志 1955-1996
曹县政协文史资料委员会编印 王沂坤主编 曹县 曹县政协文史资料委员会 1997年 301页
b49677810 D628.524 C214 1997

曹县农村信用社志 1951-2013
曹县农村信用合作联社编 马相林主编 曹县 曹县农村信用合作联社 2014年 665页
b49802835 F832.35 C214 2014

曹县水利志
山东省曹县水利志编纂组编 曹县 山东省曹县水利志编纂组 1989年 212页
b18263148 TV-092 S253 1989

单 县

单县志
山东省单县地方史志编纂委员会编 惠正法等主编 济南 山东人民出版社 1996年 846页〔中华人民共和国地方志丛书〕
b1614207x K295.24 S281 1996

单县人民法院志 1940-2008
单县人民法院志编纂委员会编 惠正法主编 香港 中国文化出版社 2009年 420页
b50222624 D926.22 S281 2009

山东省单县国土资源志
单县国土资源志编纂委员会编 袁玉骝主编 单县 单县国土资源志编纂委员会 2004年 378页
b49625524 F129.952.4 S281 2004

单县教育六十年志 1949-2009
单县教育六十年志编纂委员会编 万方 王同光 惠正法主编 香港 中国文化出版社 2009年 560页
b47297311 G527.524 S281 2009

山东省单县师范学校志
山东省单县师范学校编 张清正主编 菏泽 山东省单县师范学校 2013年 573页
b49505646 G659.285.24 S281 2013

单县水利志
单县水利志编纂组编 杜宗鲁主编 单县 单县水利志编纂组 1994年 190页
b21857076 TV-092 D6985 1994

成武县

成武县志
山东省成武县史志编纂委员会编 济南 齐鲁书社 1992年 796页〔中华人民共和国地方志丛书〕
b10564688 K295.24 C461

成武县志 1986-2005
山东省成武县地方史志编纂委员会编 马华武主编 北京 方志出版社 2007年 705页
b19733136 K295.24 C461M 2007

曹口村志
曹恒顺 牛光芝主编 北京 方志出版社 2014年 312页
b45625165 K295.25 C2124 2014

成武县人大志 1941.6-1987.1
成武县人大常委会人大志编写组编 成武 成武县人大常委会人大志编写组 1989年 125页
b20137242 D624.524 C461 1989

伯乐文化志
山东省成武县政协编 秦建国主编 成武 山东省成武县政协 2008年 394页
b20947975 G127.524 B559 2008

成武县水利志
成武县水利局编 济南 济南出版社 1990年 234页
b2185578x TV-092 C461 1990

巨野县

巨野县志
山东省巨野县史志编纂委员会编 陈有举主编 济南 齐鲁书社 1996年 676页〔中华人民共和国地方志丛书〕
b10600140 K295.24 J676

巨野县志 1986-2005
巨野县地方史志编纂委员会编 朱传成主编 北京 方志出版社 2015年 1102页〔中华人民共和国地方志丛书〕
b46670695 K295.24 J676C 2015

巨野镇村简志
山东省巨野县人民政府主办 巨野县地方史志办公室编 白林新 张宗宇主编 香港 银河出版社 2003年 571页
b16436635 K295.24 J676Z 2003

巨野县军事志 1840-2005
巨野县军事志编纂委员会编 刘峰主编 济南 山东新华印刷厂 2009年 321页
b45453081 E289.524 J676 2009

巨野县图志
巨野县地方志办公室编 北京 中国文联出版社 2006年 370页
b18209099 K295.24 J676J 2006

郓城县

郓城县志
山东省郓城县史志编纂委员会编 陈传铮主编 济南 齐鲁书社 1992 年 719 页〔中华人民共和国地方志丛书〕
b10546649 K295.24 Y917

郓城县志 1986–2005
郓城县地方史志编纂委员会编 魏好敬主编 北京 方志出版社 2012 年 872 页〔中华人民共和国地方志丛书〕
b36369743 K295.24 Y917C 2012

郓城县乡村志
山东省郓城县人民政府主办 郓城县地方史志办公室编 李兴亮主编 北京 中国出版社 2005 年 3 卷 3302 页
b22433090 K295.25 Y917 2005

郓城县政协志
政协山东省郓城县委员会编 郓城 政协山东省郓城县委员会 2006 年 402 页
b20105022 D628.524 Y917 2006

郓城县军事志 1840–2005
郓城县军事志编纂委员会编 赵延金主编 郓城 郓城县军事志编纂委员会 2010 年 447 页
b45840830 E289.524 Y917 2010

郓城电业志 1934–2005
郓城电业志编纂委员会编 王宏主编 北京 中国出版社 2007 年 280 页
b21766265 F426.61 Y917 2007

郓城师范志
山东省郓城师范学校编 香港 香港新时代出版社 2002 年 312 页
b21137080 G659.285.2 Y917 2002

郓城武术志
政协郓城县委员会编 张平主编 香港 中国文化出版社 2010 年 463 页〔郓城文史资料〕
b50992120 G852.092 Z361 2010

山东省郓城县地名志
郓城县地名委员会办公室编 郓城 郓城县地名委员会办公室 1990 年 730 页〔郓城县地名志丛书〕
b2037866x K925.24 Y917 1990

鄄城县

鄄城县志
山东省鄄城县史志编纂委员会编 察志和主编 济南 齐鲁书社 1996 年 783 页〔中华人民共和国地方志丛书〕
b1060442x K295.24 J726

鄄城县政协志
鄄城县政协志编纂委员会编 菏泽 山东省菏泽日报印刷总厂 2011 年 512 页
b36708926 D628.524 J726 2011

鄄城县军事志 前 632–2005
鄄城县军事志编纂委员会编 吴延灵主编 鄄城 鄄城县军事志编纂委员会 2010 年 379 页
b45840301 E289.524 J726 2010

鄄城县职业中等专业学校志 1956–2016
鄄城县职业中等专业学校 鄄城县史志办公室编 胡继东 黄贤清主编 北京 中国文史出版社 2016 年 242 页
b49625573 G719.285.24 J729 2016

鄄城人物志
邓忠印主编 北京 中国文史出版社 2004年 364页
b18571736 K820.852.4 D348 2004

东明县

东明县志
山东省东明县志编纂委员会编 王守义主编 北京 中华书局 1992年 638页
b10628216 K295.24 D5825

东明县志 1986–2005
东明县志编纂委员会编 东明 东明县志编纂委员会 2006年 评审稿 1168页
b22429256 K295.24 D5825 2006

东明县人大志
东明县人大志编纂委员会编 北京 中华书局 2002年 411页
b19931104 D624.524 D5825 2002

东明县政协志
杨芳相主编 香港 银河出版社 2004年 357页
b21001273 D628.524 D582 2004

东明县政协志 2003–2017
中国人民政治协商会议山东省东明县委员会编 钟明伟主编 北京 中国文史出版社 2017年 379页
b50642443 D628.524 D582 2017

东明县军事志
东明县军事志编纂委员会编 晁岱清 童培友主编 东明 东明县军事志编纂委员会 2009年 477页
b21567505 E289.524 D582 2009

东明县国土资源志
东明县国土资源志编纂委员会编 宗学成主编 东明 东明县国土资源志编纂委员会 2012年 498页
b50065968 F129.952.4 D582 2012

东明县农村信用社志
东明县农村信用合作联社编 东明 东明县农村信用合作联社 2012年 411页
b49802951 F832.35 D5825 2012

东明县水利志 1288–1995
东明县水利志编纂委员会编 刘逢钦主编 菏泽 山东省菏泽地区新闻出版局 1997年 484页
b20137485 TV–092 L675 1997

山东东明黄河志 1986–2005
东明黄河河务局编 郭正德主编 郑州 黄河水利出版社 2014年 482页
b46240056 TV882.1 D582 2014

河南省

河南省志 第 1 卷 总述
河南省地方史志编纂委员会编 邵文杰总纂 郑州 河南人民出版社 1997 年 251 页
b10468389 K296.1 H287

河南省志 第 2 卷 大事记
河南省地方史志编纂委员会编 邵文杰总纂 王天奖卷主编 郑州 河南人民出版社 1994 年 636 页
b10468389 K296.1 H287

河南省志 第 3 卷 区域建置志 地貌山河志
河南省地方史志编纂委员会编 邵文杰总纂 张民服 王文楷 张震宇卷主编 郑州 河南人民出版社 1994 年 477 页
b10468389 K296.1 H287

河南省志 第 4 卷 黄河志
河南省地方史志编纂委员会编 邵文杰总纂 王质彬等主编 郑州 河南人民出版社 1991 年 339 页
b10468389 K296.1 H287

河南省志 第 5 卷 地质矿产志
河南省地方史志编纂委员会编 邵文杰总纂 郑州 河南人民出版社 1993 年 445 页
b10468389 K296.1 H287

河南省志 第 6 卷 气象志 地震志
河南省地方史志编纂委员会编 邵文杰总纂 史定珊 庞天河 王启民主编 郑州 河南人民出版社 1993 年 350 页
b10468389 K296.1 H287

河南省志 第 7 卷 植物志
河南省地方史志编纂委员会编 邵文杰总纂 郑州 河南人民出版社 1993 年 473 页
b10468389 K296.1 H287

河南省志 第 8 卷 动物志
河南省地方史志编纂委员会编 邵文杰总纂 杨有乾主编 郑州 河南人民出版社 1992 年 370 页
b10468389 K296.1 H287

河南省志 第 9 卷 人口志 民族志 宗教志
河南省地方史志编纂委员会编 邵文杰总纂 刘同昌 马达 宋文立主编 郑州 河南人民出版社 1994 年 531 页
b10468389 K296.1 H287

河南省志 第 10 卷 民俗志
河南省地方史志编纂委员会编 邵文杰总纂 刘永立卷主编 郑州 河南人民出版社 1995 年 543 页
b10468389 K296.1 H287

河南省志 第 11 卷 方言志
河南省地方史志编纂委员会编 邵文杰总纂 崔灿卷主编 郑州 河南人民出版社 1995 年 296 页
b10468389 K296.1 H287

河南省志 第 12 卷 地名志
河南省地方史志编纂委员会编 邵文杰总纂 郑州 河南人民出版社 1993 年 372 页
b10468389 K296.1 H287

河南省志 第13卷 共产党志
河南省地方史志编纂委员会编 邵文杰总纂 郑州 河南人民出版社 1997年 583页
b10468389 K296.1 H287

河南省志 第14卷 民主党派志 工商联合会志 国民党志
河南省地方史志编纂委员会编 邵文杰总纂 郑州 河南人民出版社 1997年 404页
b10468389 K296.1 H287

河南省志 第15卷 人民代表大会志
河南省地方史志编纂委员会编 邵文杰总纂 郑州 河南人民出版社 1992年 295页
b10468389 K296.1 H287

河南省志 第16卷 政府志
河南省地方史志编纂委员会编 邵文杰总纂 郑州 河南人民出版社 1997年 562页
b10468389 K296.1 H287

河南省志 第17卷 民政志
河南省地方史志编纂委员会编 邵文杰总纂 郑州 河南人民出版社 1993年 319页
b10468389 K296.1 H287

河南省志 第18卷 劳动人事志
河南省地方史志编纂委员会编 邵文杰总纂 郑州 河南人民出版社 1991年 372页
b10468389 K296.1 H287

河南省志 第19卷 公安志 检察志
河南省地方史志编纂委员会编 邵文杰总纂 雷庆同 王育贤卷主编 郑州 河南人民出版社 1994年 332页
b10468389 K296.1 H287

河南省志 第20卷 审判志 司法行政志
河南省地方史志编纂委员会编 邵文杰总纂 郑州 河南人民出版社 1993年 312页
b10468389 K296.1 H287

河南省志 第21卷 外事志 侨务志 旅游志
河南省地方史志编纂委员会编 邵文杰总纂 郑州 河南人民出版社 1993年 431页
b10468389 K296.1 H287

河南省志 第22卷 军事志
河南省地方史志编纂委员会编 邵文杰总纂 傅守印卷主编 郑州 河南人民出版社 1995年 726页
b10468389 K296.1 H287

河南省志 第23卷 工人运动志 农民运动志
河南省地方史志编纂委员会编 邵文杰总纂 郑州 河南人民出版社 1997年 168页
b10468389 K296.1 H287

河南省志 第24卷 青年运动志 妇女运动志
河南省地方史志编纂委员会编 邵文杰总纂 郑州 河南人民出版社 1993年 356页
b10468389 K296.1 H287

河南省志 第25卷 农业志
河南省地方史志编纂委员会编 邵文杰总纂 李树平卷主编 郑州 河南人民出版社 1993年 457页
b10468389 K296.1 H287

河南省志 第26卷 林业志 畜牧志
河南省地方史志编纂委员会编 邵文杰总纂 白易简 王化南卷主编 郑州 河南人民出版社 1994年 532页
b10468389 K296.1 H287

河南省志 第27卷 水利志
河南省地方史志编纂委员会编 邵文杰总纂 魏希思卷主编 郑州 河南人民出版社

1994年 373页
b10468389 K296.1 H287

河南省志 第28卷 纺织工业志
河南省地方史志编纂委员会编 邵文杰总纂 郑州 河南人民出版社 1993年 345页
b10468389 K296.1 H287

河南省志 第29卷 食品工业志 烟草工业志 造纸印刷包装工业志 日用硅酸盐工业志
河南省地方史志编纂委员会编 邵文杰总纂 郑州 河南人民出版社 1995年 430页
b10468389 K296.1 H287

河南省志 第30卷 日用化学工业志 耐用消费品工业志 皮革塑料家具工业志 工艺美术品 文化体育用品工业志
河南省地方史志编纂委员会编 邵文杰总纂 郑州 河南人民出版社 1994年 382页
b10468389 K296.1 H287

河南省志 第31卷 煤炭工业志
河南省地方史志编纂委员会编 邵文杰总纂 郑州 河南人民出版社 1991年 312页
b10468389 K296.1 H287

河南省志 第32卷 电力工业志
河南省地方史志编纂委员会编 邵文杰总纂 郑州 河南人民出版社 1991年 316页
b10468389 K296.1 H287

河南省志 第33卷 石油工业志 化学工业志
河南省地方史志编纂委员会编 邵文杰总纂 郑州 河南人民出版社 1997年 276页
b10468389 K296.1 H287

河南省志 第34卷 冶金工业志 建筑材料工业志
河南省地方史志编纂委员会编 邵文杰总纂 齐兆舜主编 郑州 河南人民出版社 1992年 457页
b10468389 K296.1 H287

河南省志 第35卷 机电工业志 电子工业志
河南省地方史志编纂委员会编 邵文杰总纂 郑州 河南人民出版社 1995年 460页
b10468389 K296.1 H287

河南省志 第36卷 乡镇企业志
河南省地方史志编纂委员会编 邵文杰总纂 李克荣主编 郑州 河南人民出版社 1995年 233页
b10468389 K296.1 H287

河南省志 第37卷 铁路交通志 民用航空志
河南省地方史志编纂委员会编 邵文杰总纂 郑州 河南人民出版社 1991年 388页
b10468389 K296.1 H287

河南省志 第38卷 公路交通志 内河航运志
河南省地方史志编纂委员会编 邵文杰总纂 郑州 河南人民出版社 1991年 369页
b10468389 K296.1 H287

河南省志 第39卷 邮电志
河南省地方史志编纂委员会编 邵文杰总纂 郑州 河南人民出版社 1993年 341页
b10468389 K296.1 H287

河南省志 第40卷 城乡建设志 环境保护志
河南省地方史志编纂委员会编 邵文杰总纂 郑州 河南人民出版社 1993年 325页
b10468389 K296.1 H287

河南省志 第41卷 建筑志 测绘志
河南省地方史志编纂委员会编 邵文杰总纂 刘炎 李守仁卷主编 郑州 河南人民出版社 1994年 530页
b10468389 K296.1 H287

河南省志 第 42 卷 商业志 供销合作社志
河南省地方史志编纂委员会编 邵文杰总纂 郑州 河南人民出版社 1993 年 570 页
b10468389 K296.1 H287

河南省志 第 43 卷 对外经济贸易志 进出口商品检验志
河南省地方史志编纂委员会编 邵文杰总纂 孙加夫 黄松高卷主编 郑州 河南人民出版社 1995 年 366 页
b10468389 K296.1 H287

河南省志 第 44 卷 粮油贸易志 物资管理志
河南省地方史志编纂委员会编 邵文杰总纂 段炳福等卷主编 郑州 河南人民出版社 1993 年 534 页
b10468389 K296.1 H287

河南省志 第 45 卷 财政志 审计志
河南省地方史志编纂委员会编 邵文杰总纂 胡思谋 王英杰卷主编 郑州 河南人民出版社 1994 年 706 页
b10468389 K296.1 H287

河南省志 第 46 卷 金融志
河南省地方史志编纂委员会编 邵文杰总纂 郑州 河南人民出版社 1992 年 350 页
b10468389 K296.1 H287

河南省志 第 47 卷 物价志
河南省地方史志编纂委员会编 邵文杰总纂 田世俊卷主编 郑州 河南人民出版社 1994 年 345 页
b10468389 K296.1 H287

河南省志 第 48 卷 工商行政管理志 计量志 标准化志
河南省地方史志编纂委员会编 邵文杰总纂 郑州 河南人民出版社 1995 年 439 页
b10468389 K296.1 H287

河南省志 第 49 卷 计划志 统计志 人民生活志
河南省地方史志编纂委员会编 邵文杰总纂 王全书 杜荣朴 竟风云卷主编 郑州 河南人民出版社 1995 年 262 页
b10468389 K296.1 H287

河南省志 第 50 卷 教育志
河南省地方史志编纂委员会编 邵文杰总纂 郑州 河南人民出版社 1993 年 590 页
b10468389 K296.1 H287

河南省志 第 51 卷 社会科学志
河南省地方史志编纂委员会编 邵文杰总纂 胡思庸卷主编 郑州 河南人民出版社 1995 年 349 页
b10468389 K296.1 H287

河南省志 第 52 卷 科学技术志
河南省地方史志编纂委员会编 邵文杰总纂 杨成林卷主编 郑州 河南人民出版社 1995 年 926 页
b10468389 K296.1 H287

河南省志 第 53 卷 文化志 档案志
河南省地方史志编纂委员会编 邵文杰总纂 赵建功等卷主编 郑州 河南人民出版社 1994 年 644 页
b10468389 K296.1 H287

河南省志 第 54 卷 新闻报刊志 广播电视志
河南省地方史志编纂委员会编 邵文杰总纂 祁磊 陈承铮等卷主编 郑州 河南人民出版社 1994 年 422 页
b10468389 K296.1 H287

河南省志 第 55 卷 出版志
河南省地方史志编纂委员会编 邵文杰总纂 郑州 河南人民出版社 1995 年 281 页
b10468389 K296.1 H287

河南省志 第 56 卷 著述志
河南省地方史志编纂委员会编 邵文杰总纂 郑州 河南人民出版社 1997 年 649 页
b10468389 K296.1 H287

河南省志 第 57 卷 文物志
河南省地方史志编纂委员会编 邵文杰总纂 郑州 河南人民出版社 1993 年 791 页
b10468389 K296.1 H287

河南省志 第 58 卷 卫生志 医药志
河南省地方史志编纂委员会编 邵文杰总纂 薄学敏卷主编 郑州 河南人民出版社 1993 年 477 页
b10468389 K296.1 H287

河南省志 第 59 卷 体育志
河南省地方史志编纂委员会编 邵文杰总纂 郑州 河南人民出版社 1993 年 443 页
b10468389 K296.1 H287

河南省志 第 60 卷 – 第 61 卷 人物志（传记）
河南省地方史志编纂委员会编 邵文杰总纂 郑州 河南人民出版社 1997 年 2 卷 1651 页
b10468389 K296.1 H287

河南省志 第 62 卷 人物志（简介）
河南省地方史志编纂委员会编 邵文杰总纂 郑州 河南人民出版社 1997 年 696 页
b10468389 K296.1 H287

河南省志 第 63 卷 人物志（表）
河南省地方史志编纂委员会编 邵文杰总纂 郑州 河南人民出版社 1995 年 348 页
b10468389 K296.1 H287

河南省志 第 64 卷 市地县概况
河南省地方史志编纂委员会编 邵文杰总纂 郑州 河南人民出版社 1995 年 647 页
b10468389 K296.1 H287

河南省志 第 65 卷 附录
河南省地方史志编纂委员会编 邵文杰总纂 郑州 河南人民出版社 1997 年 418 页
b10468389 K296.1 H287

河南统计志 1949–1987
陈善书主编 郑州 河南省统计局 1998 年 272 页
b47420376 C832.61 C432 1998

河南省政府志
杜冠章主编 郑州 河南省人民政府办公厅 2002 年 529 页
b50066158 D625.61 D698 2002

河南省政协志
河南省政协志编辑室编 郑州 中国人民政治协商会议河南省委员会文史资料委员会 1990 年 220 页
b20949509 D628.61 H287 1990

河南九三志
戚建庄主编 开封 河南大学出版社 2002 年 749 页
b16403174 D665.7 Q117 2002

河南省监狱志
河南省监狱志编纂委员会编著 王有仁主编 郑州 河南省监狱志编纂委员会 2011 年 2 卷 1261 页〔河南省监狱志系列丛刊〕
b49704734 D927.610.67 W229 2011

河南省审计志
河南省审计志编纂委员会编 刘文奇主编 郑州 海燕出版社 2009 年 899 页

b20466900 F239.227.61 H287 2009

河南林业志 1978–2000
河南省林业厅编 郑州 黄河水利出版社 2011年 266页
b2337603x F326.276.1 H287H 2011

河南省地质矿产志
河南省地质矿产厅地质矿产志编辑委员会编 北京 中国展望出版社 1992年 2卷 1369页
b40740286 F426.1 H287 1992

河南省电力工业志
河南省电力工业志编委会编 唐释主编 北京 水利电力出版社 1992年 413页〔中国电力工业志丛书〕
b49850416 F426.61 H287 1992

河南省电力工业志 1988–2002
张绍贤主编 北京 中国电力出版社 2010年 743页〔中国电力工业志丛书〕
b23216505 F426.61 Z364 2010

河南油田通信志 1972–2007
河南油田通信志编纂委员会编 曹书先主编 南阳 河南油田通信志编纂委员会 2008年 282页
b50017561 F426.22 C214 2008

中国煤炭志 河南卷
中国煤炭志河南卷编纂委员会编 胡克仪 卞书田主编 北京 煤炭工业出版社 1996年 830页
b22433296 F426.21 Z6485 1996

中原油田志 1975–2009
中原油田史志编纂委员会编 张明功编 北京 中国石化出版社 2014年 5卷
b49625895 F426.22 Z645 2014

河南省粮食志 基本建设志
河南省粮食志编纂委员会编纂 刘志坚主编 北京 中国商业出版社 1994年 193页
b50222557 F724.721 H287J 1994

河南省粮食志 大事记
河南省粮食志编纂委员会编纂 周双喜主编 北京 中国商业出版社 1997年 367页
b50222545 F724.721 H287K 1997

河南省对外经济贸易志 1950–2005
河南省对外经济贸易志编纂委员会编 卢风英撰稿 郑州 河南人民出版社 2010年 804页
b22429980 F752.861 L791 2010

河南省地方税务志 1994–2005
河南省地方税务志编委会编 赵江涛 毛风兰 赵亚平主编 郑州 河南人民出版社 2010年 960页〔河南省志系列资料丛书〕
b21763665 F812.761 H287 2010

河南省税务志 国税卷 1991–2015
孙荣洲主编 郑州 河南人民出版社 2017年 2卷 1570页
b50062189 F812.761 S776 2017

河南省农村金融志
河南农村金融志编纂委员会编 许家富总纂 郑州 中州古籍出版社 1996年 667页
b47243569 F832.35 X594 1996

河南省保险志
河南省保险志编纂委员会编 赵守德主编 郑州 中州古籍出版社 2001年 785页
b21301888 F842.761 Z438 2001

河南省文化志资料选编
河南省文化厅文化志编辑室编 郑州 河南省文化厅印刷厂 1985年 16卷
b19931645 G127.61 H287 1985

河南省师范院校图书馆志略
苏全有主编 郑州 中州古籍出版社 2011年 2卷 1128页
b37531827 G259.256 S713 2011

河南省科学技术志 1978-2000
河南省科学技术志编纂委员会编 刘西琳主编 北京 中国宇航出版社 2005年 773页
b20414973 G322.761 L692 2005

河南教研志 河南省基础教育教学研究室五十年史册 1953-2003
河南省基础教育教学研究室编 刘彬荣 周其恩主编 郑州 大象出版社 2003年 322页
b21302121 G527.61 L671 2003

河南教研志 2003-2013
河南省基础教育教学研究室编 郑州 大象出版社 2013年 282页
b44810672 G527.61 L671 2013

中国曲艺志 河南卷
中国曲艺志全国编辑委员会编 中国曲艺志河南卷编辑委员会编 罗扬主编 张凌怡卷主编 北京 中国ISBN中心 1995年 738页
b10643059 J809.2 Z648

中国戏曲志 河南卷
中国戏曲志编辑委员会 中国戏曲志河南卷编辑委员会编 张庚主编 李国经卷主编 北京 文化艺术出版社 1992年 790页
b17343422 J809.2 Z651HM

河南电影志 1909-1987
刘东初编纂 郑州 河南省文化厅文化志编辑室 2000年 305页
b19733392 J909.2 L673 2000

河南连姓志 第1部
河南连姓文化研究会编 连殿卿主编 郑州 河南连姓文化研究会 2012年 563页
b49549777 K810.2 L469 2012

当代豫商人物志
当代豫商人物志编纂委员会编 郑州 中州古籍出版社 2011年 2卷 1115页
b44851170 K820.861 D216 2011

河南劳动模范志 第1,3,4卷
中共河南省委党校党史部 河南省中共党史学会编 张明玉主编 郑州 中共河南省委党校党史部 2002年 3卷 1544页
b4950552x K820.861 H287C 2002

中原在台人物志 第2卷
刘光华主编 台北 中原文献杂志社 2006年 420页〔中原文献丛书〕
b17586306 K820.861 L676

河南书画名家志
河南省地方史志办公室 河南省书法家协会 河南省美术家协会编 郑州 中州古籍出版社 2000年 619页
b17800079 K825.72 H287 2000

中州书家志
翟本宽 孙顺霖主编 开封 河南大学出版社 1990年 171页
b10911728 K825.7 Z282

河南省文物续志稿
河南省文物管理局文物志编辑室编 郑州 河南省文物管理局文物志编辑室 2004年 437页
b20576699 K872.61 H2878B 2004

河南省文物志
河南省文物局编 陈爱兰主编 北京 文物出版社 2009年 2卷 1514页
b36030995 K872.61 C413 2009

河南省文物志选稿
河南省文化厅文物志编辑室编 郑州 郑州商城印刷厂 1983年 9卷
b20138167 K872.61 H2878 1983

河南碑志叙录
河南省文物局编 周到主编 郑州 中州古籍出版社 1992年 2卷 739页〔河南省史志资料丛书〕
b13743491 K877.42 H287

河南风俗志
陈红 刘杰册 苏萦册 尹燕册主编 郑州 河南人民出版社 2016年 4册
b51092967 K892.461 C421 2016

河南地理志
王文楷 毛继周 陈代光等编著 郑州 河南人民出版社 1990年 465页
b1635820x K926.1 W232 1990

河南风物志
胡世厚等编著 郑州 河南人民出版社 1985年 438页〔中国风物志丛书〕
b12159682 K926.1 H475

河南省地理略志
万良著 台北 强华文化事业有限公司 1997年 234页
b1252914x K926.1 W172

河南省行政区划地名录
河南省人口和计划生育委员会编 郑州 河南省人口和计划生育委员会 2006年 728页
b20014934 K926.1 H287 2006

河南黄河志
黄河水利委员会黄河志总编辑室编 王质彬 杨国顺主编 郑州 黄河水利委员会黄河志总编辑室 1986年 494页
b10589454 K928.42 H658

桐柏山志
王文虎 明丽编著 长春 吉林文史出版社 2013年 218页
b51090569 K928.3 T441 2013

河南省水文志
河南省水文志编纂委员会编 杨正富主编 郑州 河南省水文志编纂委员会 2000年 307页
b20042929 P337.261 Y252 2000

河南省区域地质志
河南省地质矿产局编 北京 地质出版社 1989年 772页〔中华人民共和国地质矿产部地质专报〕
b36013730 P548.261 H287 1989

河南野生观赏植物志
田朝阳 田国行主编 北京 科学出版社 2010年 548页
b21495385 Q948.526.1 T354 2010

河南植物志
丁宝章 王遂义 高增义主编 郑州 河南人民出版社 1981年 4卷 2664页

b10575881 Q948.5 D529

河南经济植物志
河南经济植物志编辑委员会编 郑州 河南人民出版社 1962年 585页
b19733367 Q949.9 H287 1962

河南菌物志
林晓民等著 北京 中国农业出版社 2011年 2卷 759页
b22960958 Q949.308 L588 2011

河南树木志
王遂义主编 郑州 河南科学技术出版社 1994年 673页
b10583518 Q949.4 W229

河南啮齿动物志
路纪琪 吕国强 李新民主编 郑州 河南科学技术出版社 1997年 449页
b21136245 Q959.83 H287 1997

河南蜘蛛志 蛛形纲 蜘蛛目
河南省农业科学院植物保护研究所编 河南省植物保护学会编主编 朱明生 张保石编著 北京 科学出版社 2011年 558页
b22442686 Q959.226 Z7117H 2011

河南昆虫志 半翅目 异翅亚目
河南省农业科学院植物保护研究所 河南省植物保护学会主编 彩万志 崔建新 刘国卿著 北京 科学出版社 2017年 783页
b49852334 Q968.226.1 C126 2017

河南昆虫志 鳞翅目 暝蛾总科
河南省农业科学院植物保护研究所 河南省植物保护学会编主编 李后魂 任应党著 申效诚主编 北京 科学出版社 2009年 440页
b20268828 Q968.226.1 H287 2009

河南昆虫志 区系及分布
河南省农业科学院植物保护研究所 河南省植物保护学会编主编 申效诚 任应党 牛瑶编著 北京 科学出版社 2014年 1271页
b44844475 Q968.226.1 H287C 2014

河南昆虫志 膜翅目 姬蜂科
河南省农业科学院植物保护研究所 河南省植物保护学会编主编 盛茂领 孙淑萍著 北京 科学出版社 2009年 340页
b20269031 Q968.226.1 S446 2009

河南昆虫志 鳞翅目 刺蛾科 枯叶蛾科 舟蛾科 灯蛾科 毒蛾科 鹿蛾科
河南省农业科学院植物保护研究所 河南省植物保护学会编主编 武春生 方承莱著 北京 科学出版社 2010年 592页
b20852836 Q968.226.1 W532 2010

河南昆虫志 双翅目 舞虻总科
河南省农业科学院植物保护研究所 河南省植物保护学会编主编 杨定著 北京 科学出版社 2010年 418页
b20595207 Q968.226.1 Y231 2010

河南昆虫志 鳞翅目 蝶类
河南省昆虫学会编 王治国主编 郑州 河南科学技术出版社 1998年 222页
b13563543 Q969.42 W235

河南昆虫志 鞘翅目 1
河南省昆虫学会编 祝长清 朱东明 尹新明主编 郑州 河南科学技术出版社 1999年 414页
b13841713 Q969.48 Z745

河南蜻蜓志 蜻蜓目
王治国编著 郑州 河南科学技术出版社 2007年 189页
b18285351 Q969.22 W235 2007

河南直翅类昆虫志 螳螂目 蜚蠊目 等翅目 直翅目 蟾目 革翅目
王治国 张秀江主编 郑州 河南科学技术出版社 2007年 556页
b20281900 Q969.260.8 W235 2007

河南省农业科研志 1948–1985
河南省农业科学院地方志办公室 河南省农业科学院办公室编 郑州 河南省农业科学院地方志办公室 1991年 516页
b49803104 S–126.1 H287 1991

河南农业昆虫志
于思勤 孙元峰主编 北京 中国农业科技出版社 1993年 552页
b15251846 S186 Y726 1993

河南省经济植物病害志
王守正主编 郑州 河南科学技术出版社 1994年 461页
b36128892 S432 W229 1994

河南森林昆虫志
河南省林业厅主编 郑州 河南科学技术出版社 1988年 509页
b1525009x S718.7 H287 1988

河南鱼类志
新乡师范学院生物系鱼类志编写组编 郑州 河南科学技术出版社 1984年 186页
b12070609 S922.61 X445

中国油气田开发志 第16卷 中原油气区卷
中国油气田开发志总编纂委员会编 刘宝和主编 北京 石油工业出版社 2011年 606页
b47414510 TE3 L671 2011

河南省水利志
河南省水利志编纂委员会编 王仕尧 崔军主编 郑州 河南人民出版社 2017年 2册 573页〔河南省水利志丛书〕
b50308142 TV–092 H287 2017

河南黄河志 1984–2003
河南黄河河务局编 赵勇 牛玉国主编 郑州 黄河水利出版社 2009年 551页
b20538893 TV882.1 Z4419 2009

河南省沙颍河志
河南省沙颍河工程管理局编 闫振国 王恒山主编 郑州 中州古籍出版社 2012年 263页
b45445515 TV882.861 S231 2012

河南省社会科学著述志 1986–2000
王耀主编 郑州 河南人民出版社 2009年 228页
b20949492 Z835 W2349 2009

郑州市

郑州市志 第1卷 总述 大事记 建置区划 自然环境 人口 县区概况
郑州市地方志编纂委员会编 马培中 经书威总纂 张平卷主编 郑州 中州古籍出版社 1999年 567页
b1320984x K296.11 Z545

郑州市志 第2卷 政党 政权政协 群团 政法 军事
郑州市地方志编纂委员会编 马培中总纂 张平卷主编 郑州 中州古籍出版社 1998年 645页

b1320984x K296.11 Z545

郑州市志 第3卷 城市建设 交通邮电
郑州市地方志编纂委员会编 马培中总纂 张平卷主编 郑州 中州古籍出版社 1997年 552页
b1320984x K296.11 Z545

郑州市志 第4卷 工业 农业水利
郑州市地方志编纂委员会编 张平主编 郑州 中州古籍出版社 1999年 656页
b1320984x K296.11 Z545

郑州市志 第5卷 商业贸易 对外经贸 财税金融 经济管理
郑州市地方志编纂委员会编 郑州 中州古籍出版社 1998年 643页
b1320984x K296.11 Z545

郑州市志 第6卷 教育 科学研究 新闻出版 文化艺术 卫生体育
郑州市地方志编纂委员会编 马培中总纂 张平卷主编 郑州 中州古籍出版社 1998年 594页
b1320984x K296.11 Z545

郑州市志 第7卷 文物 风景名胜 社会生活
郑州市地方志编纂委员会编 郭书营等主编 郑州 中州古籍出版社 1998年 603页
b1320984x K296.11 Z545

郑州市志 第8卷 人物 专记 附录
郑州市地方志编纂委员会编 张平主编 郑州 中州古籍出版社 2000年 629页
b1320984x K296.11 Z545

郑州市志 1991-2000
郑州市地方史志编纂委员会编 张平主编 郑州 中州古籍出版社 2009年 6卷〔中国地方志丛书〕
b40421260 K296.11 Z545 2009

黄家门村志
郑州市郑东新区源路办事处黄家门村志编纂委员会编 黄东文主编 郑州 中州古籍出版社 2018年 389页
b5099119x K296.15 H659 2018

郑州高新区枫杨办事处关庄村志
关庄村志编纂委员会编 阎万忠 贾天国主编 郑州 关庄村志编纂委员会 2017年 372页
b50248649 K296.15 G6419 2017

河南省社会科学院志 1979-1999
王天林主编 郑州 河南省社会科学院 1999年 481页
b20042917 C242.61 W231 1999

河南省社会科学界联合会志 1964-2010
王朝纪 任守春主编 郑州 河南人民出版社 2012年 429页
b40935759 C262.61 W213 2012

郑州市人口和计划生育志 市县卷
郑州市卫生和计划生育委员会编 付桂荣主编 郑州 郑州市卫生和计划生育委员会 2015年 387页
b49505804 C924.256.11 Z545 2015

郑州市人口和计划生育志 文献卷
郑州市卫生和计划生育委员会编 付桂荣主编 郑州 郑州市卫生和计划生育委员会 2015年 614页
b49472616 C924.256.11 Z545C 2015

郑州工会志 第2卷
郑州市总工会编 北京 中国工人出版社

2014 年 641 页
b47045437 D412.86 Z545 2014

郑州妇女志 1986–2012
郑州妇女志（1986–2012）编纂委员会编 王燕燕主编 郑州 中州古籍出版社 2014 年 326 页
b46133665 D442.861.1 W234 2014

郑州人事志
郑州市劳动人事志编纂委员会编 卢书珍主编 郑州 中州古籍出版社 1990 年 412 页〔郑州市志丛书〕
b49964628 D676.11 L792 1990

郑州市外事侨务志 2008.7–2012.12
郑州市人民政府外事侨务办公室编 郑州 郑州市人民政府外事侨务办公室 2012 年 291 页
b49506493 D827.61 Z545 2012

郑州检察志 1911–1985
河南省郑州市人民检察院郑州检察志编辑室编 平俊杰主编 郑州 郑州市人民检察院 1988 年 390 页
b40740493 D926.32 P6124 1988

郑州检察志 1986–2003
郑州市人民检察院编 千跟尚主编 郑州 郑州市人民检察院 2007 年 438 页
b44916978 D926.32 P6124 2007

郑州市审计志 1983–2009
郑州市审计志编纂委员会编 段道湍主编 北京 中国时代经济出版社 2012 年 449 页
b49532753 F239.227.611 D744 2012

郑州市物资志 1953–1985
郑州市物资局物资志编纂委员会编 于善岭 张振海编辑 郑州 郑州市物资局物资志编纂委员会 1986 年 298 页
b36380404 F259.276.11 Y726 1986

郑州市建设志
郑州市建设委员会编 郑州 中州古籍出版社 2005 年 596 页
b36248708 F299.276.11 Z545 2005

郑州市园艺场志 1933–1985
郑州市园艺场志编辑小组编 郑州 郑州市园艺场志编辑小组 1989 年 307 页
b4998343x F324.1 Z545 1989

郑州林业志 第 1 卷 综合卷 1978–2008
郑州林业志编纂委员会编 史广敏主编 王珠娜撰稿 郑州 中州古籍出版社 2009 年 202 页
b20883213 F326.276.11 Z545 2009

郑州市土地志
刘国喜 王玉学主编 郑州 河南科学技术出版社 1996 年 506 页〔郑州市土地志丛书〕
b21276651 F327.611 Z545 1996

厂志 1949–1985
国营郑州纺织机械厂编 蔡隆青总编 郑州 国营郑州纺织机械厂 1990 年 565 页
b49850192 F426.81 G792 1990

厂志 1953–1986
国营郑州面粉厂编 张国强主编 郑州 国营郑州面粉厂 1988 年 378 页
b44916966 F426.82 Z545 1988

二砂厂志 1953–1985
第二砂轮厂厂志编写组编 合肥 安徽新华印刷厂 1986 年 457 页

b2292145x　F426.41 D413 1986

河南省化工公司志 1953–1985
郭子焕主编 郑州 河南省化工公司志领导小组 1989年 259页
b50779771　F426.7 H287 1989

河南省建筑设计研究院志 初稿
河南省建筑设计研究院志编纂委员会编 吕锡畴主编 郑州 河南省建筑设计研究院志编纂委员会 1989年 油印本
b36093002　F426.9 H287 1989

河南省金属材料公司志
河南省金属材料公司编 刘献主编 郑州 河南省金属材料公司 1989年 151页
b50066146　F426.41 H287 1989

河南省木材公司志 1952–1986
刘平宇主编 郑州 河南省木材公司 1988年 242页
b50779783　F426.88 H287 1988

新登志
郑州新登企业集团有限公司新登志编纂委员会编 杨松林 李国政 常进才执行主编 郑州 中州古籍出版社 2008年 642页
b21765789　F426.21 X443 2008

郑工厂志 1958–1985
夏建平主编 郑州 郑州工程机械制造厂 1988年 229页
b49550299　F426.42 Z545 1988

郑铝志 1986–1992
郑州铝厂厂志编辑室编 范传统主编 郑州 郑州铝厂厂志编辑室 1996年 542页
b49678474　F426.32 Z545 1996

郑州供电志 1914–1985
郑州供电局编 王善尧主编 郑州 郑州供电局 1988年 212页
b49505798　F426.61 Z545 1988

郑州国棉六厂志 1956–1985
郑州国棉六厂厂志编纂委员会编 王仲波主编 郑州 郑州国棉六厂厂志编纂委员会 1987年 728页
b50066997　F426.81 G7929 1987

郑州矿区志
郑州矿区志编纂委员会编 任哲生主编 郑州 中州古籍出版社 2005年 531页
b46012953　F426.21 R196 2005

郑州市纺织志 1911–1985
郑州市纺织公司编 王福全 李秀明主编 郑州 郑州市须水印刷厂 1986年 262页
b2176640x　F426.81 Z545 1986

郑州铁路局印刷厂志 1949–1985
郑州铁路局印刷厂志编纂领导小组编 郑州 郑州铁路局印刷厂志编纂领导小组 1987年 103页
b4491698x　F426.84 Z545 1987

郑州拖拉机厂志 1925–1985
郑州拖拉机厂志编纂室编 郑州 郑州拖拉机厂志编纂室 1985年 356页
b45840878　F426.47 Z5458 1985

郑州重工业志 1911–1987
郑州市重工业管理局编 李子乾总编 郑州 郑州市重工业管理局 1989年 3卷 1796页
b49850234　F426.42 Z5459 1989

中国铝业河南分公司志 2002–2006
中国铝业河南分公司编 吕子剑主编 郑

州 中国铝业河南分公司志编辑办公室 2007年 1035页
b50779801 F426.32 Z6483 2007

郑州市交通志
郑州市交通志编纂委员会编 欧阳典主编 北京 方志出版社 1999年 487页〔河南省交通志丛书〕
b20047150 F512.761.1 O113 1999

郑州市交通志 1995－2000
周凤荣主编 郑州 中州古籍出版社 2003年 340页
b20047162 F512.761.1 Z664 2003

郑州东站志 1953-1990
郑州东站史志编纂委员会编 刘培忠主编 郑州 郑州东站史志编纂委员会 1993年 420页
b45840854 F532.861.1 Z545 1993

郑州铁路局郑州工程公司志 1953-1985
郑州工程公司史志编辑委员会编 郑州 郑州工程公司史志编辑委员会 1990年 491页
b50779795 F532.861.1 Z5451 1990

郑州铁路局志 1893-1991
郑州铁路局史志编纂委员会编 北京 中国铁道出版社 1998年 2卷 1472页
b22433636 F532.861 Z545 1998

郑州铁路局志 1992-2011
郑州铁路局史志编纂委员会编 卢忠立 华丹隆 张黎克主编 北京 中国铁道出版社 2017年 2册 2486页
b50682738 F532.861 Z545 2017

郑州市公共交通总公司志
张子全主编 北京 方志出版社 1998年 351页
b50247724 F572.886.1-09 Z545 1998

郑州电信志
郑州市地方志编纂委员会 郑州市电信局史志编委会编纂 逯全清主编 郑州 中州古籍出版社 1991年 268页〔郑州市地方志丛书〕
b21766368 F632.761.1 Z545C 1991

郑州邮政志
郑州市邮政局史志编纂领导小组编 王国喜 刘郑主编 北京 方志出版社 2001年 697页
b21288057 F632.761.1 Z545 2001

河南省粮食志 郑州市 开封市
河南省粮食志编纂委员会编纂 北京 中国商业出版社 1995年 159页
b50222594 F724.721 H287H 1995

郑州物价志
郑州市物价局编 陈军安主编 郑州 郑州市物价局 2007年 393页
b4229163x F726.611 Z545 2007

郑州市财政志
崔新民 李克昌主编 郑州 郑州市财政志编纂者 1995年 336页
b21766381 F812.761.1 Z545 1995

中国农业银行河南省分行行志 1979-2002（郑州）
中国农业银行河南省分行编 王祥林主编 郑州 中国农业银行河南省分行 2004年 545页
b4980425x F832.33 H287C 2004

交通银行郑州分行志
交通银行郑州分行志编纂委员会编 邓世敏主编 郑州 交通银行郑州分行志编纂委员会 1998年 324页
b49803293 F832.33 Z545 1998

郑州交通银行志 1912–1990
交通银行郑州支行编志委员会编 王松林总编 郑州 交通银行郑州支行编志委员会 1991年 161页
b49803967 F832.33 Z545C 1991

郑州市农村金融志 1840–1990
中国农业银行郑州市分行编 秦发科 王华东主编 郑州 中国农业银行郑州市分行 1992年 464页
b23228325 F832.761.1 Q447 1992

中国农业发展银行河南省分行志 1995–2002
中国农业发展银行河南省分行志编纂委员会编 李春亭主编 郑州 中国农业发展银行河南省分行志编纂委员会 2004年 480页
b49804005 F832.33 H287 2004

河南省图书馆志
王爱功 张松道主编 长春 吉林文史出版社 2009年 432页〔河南省图书馆百年馆庆丛书〕
b21568212 G259.276.1 W211 2009

郑州市教育志 1628–1985
郑州市教育志编辑组编 郑州 中州古籍出版社 1994年 481页〔河南省专业志丛书〕
b13743338 G527.611 Z545

郑州市教育志 1978–2001
郑州市教育局编 郑州 中州古籍出版社 2006年 407页
b17960101 G527.611 Z545 1994

郑州市第二十六中学校志
董永光 温乃皓主编 珠海 珠海出版社 2004年 165页〔郑州市教育志系列丛书〕
b47317516 G639.286.11 Z54521 2004

郑州市第二十六中学校志 1965–2015
王幸福 刘枫 张松晨主编 郑州 郑州市第二十六中学 2015年 341页〔郑州市教育系列丛书〕
b51072725 G639.286.11 Z54521 2015

郑州市第二中学校志 1941–2003
郑州市教育局主编 珠海 珠海出版社 2004年 742页〔郑州市教育志系列丛书〕
b4086411x G639.286.11 Z5451 2004

郑州市第九中学校志 1953–2003
郑州市教育局编 李福生主编 珠海 珠海出版社 2005年 530页〔郑州市教育志系列丛书〕
b46443691 G639.286.11 Z5456 2005

郑州市第十一中学校志 1953–2003
郑州市第十一中学校志编纂委员会编 郑州 郑州市第十一中学校志编纂委员会 2004年 545页〔郑州市教育志系列丛书〕
b20105198 G639.286.11 Z5452 2004

郑州市第四十三中学 郑州市商贸管理学校校志 1972–2003
郑州市教育局主编 珠海 珠海出版社 2004年 172页〔郑州市教育志系列丛书〕
b50730022 G639.286.11 Z54513 2004

郑州市第五十二中学校志 2003–2013
李国喜主编 郑州 郑州市第五十二中学 2013年 202页

b49550305 G639.286.11 Z54512 2013

郑州市第五十中学 郑州市第二职业中专校志 1963–2003
王冠成主编 珠海 珠海出版社 2004年 467页〔郑州市教育志系列丛书〕
b20105204 G639.286.11 Z545 2004

郑州市第五中学校志 第1卷
李成立主编 郑州 郑州市第五中学 2008年 347页
b45840866 G639.286.11 Z5455 2008

郑州市第一零一中学校志 1929–2009
郑州市第一零一中学校志编纂委员会编 钱锋主编 郑州 郑州铁路局印刷厂 2009年 282页
b45480394 G639.286.11 Z5459 2009

郑州市第一中学校志
郑州市教育局主编 珠海 珠海出版社 2004年 232页〔郑州市教育志系列丛书〕
b4699631x G639.286.11 Z54511 2004

郑州市回民中学校志 1948–2002
郑州市回民中学校志编辑组编 樊芹楼主编 郑州 郑州市回民中学 2002年 511页〔郑州市教育志系列丛书〕
b40744012 G639.286.11 Z5453 2002

郑州市教育志 郑州市第四十七中学卷 1988–2003
郑州市教育科学研究所编 姚雪帝主编 郑州 河南医科大学出版社 2004年 248页
b36129495 G639.286.11 Z5457 2004

郑州四十五中校志
郑州四十五中校志编写组编 珠海 珠海出版社 2004年 274页〔郑州市教育志系列丛书〕
b40744024 G639.286.11 Z5454 2004

郑州外国语学校校志 2003–2013
郑州外国语学校校志编纂委员会编 王中立主编 郑州 郑州外国语学校校志编纂委员会 2013年 350页
b44852484 G639.286.11 Z5458 2013

黄河科技学院志
黄河科技学院志编纂委员会编 陈勇民主编 郑州 中州古籍出版社 2014年 870页
b46012886 G649.286.11 H658 2014

郑州大学水利与环境学院院志 1959–2009
郑州大学水利与环境学院院志编写委员会编 郑州 郑州大学水利与环境学院院志编写委员会 2009年 179页
b21856990 G649.286.11 Z545S 2009

郑州工学院志 1963–1992
沈宁福主编 郑州 郑州工学院 1993年 622页
b13743533 G649.286.11 Z5453

郑州工业应用技术学院校志 1997–2017
郑州工业应用技术学院校志编纂委员会编 杨光岐主编 郑州 郑州工业应用技术学院校志编纂委员会 2017年 607页
b50727801 G649.286.11 Z54531 2017

河南教育学院志 1955–2001
刘金海主编 郑州 中州古籍出版社 2009年 721页
b20467710 G659.286.1 H2874 2009

郑州幼儿师范学校志
张兰英主编 郑州 郑州幼儿师范学校 2004年 262页〔郑州市教育志系列丛书〕
b18261747 G659.286.1 Z545 2004

河南省计划统计学校志
王志电主编 郑州 河南省计划统计学校 2001 年 修订版 328 页
b20101442 G719.286.1 H2874 2001

河南省交通学校志 1953–2000
陈志红主编 郑州 河南省交通学校 2003 年 228 页
b20101466 G719.286.1 H2872 2003

河南省经贸工程技术学校 河南省地质职工学校校志 1980–2009
河南省经贸工程技术学校 河南省地质职工学校校志编辑委员会编 郑州 河南省经贸工程技术学校 2010 年 181 页
b47317462 G719.286.11 H287 2010

郑州市扶轮外国语学校校志 1929–2009
郑州市教育局编 梁寅峰主编 珠海 珠海出版社 2004 年 583 页〔郑州市教育志系列丛书〕
b45480400 G719.286.11 Z545 2004

河南广播电视大学志
高自双 逯文超主编 郑州 河南人民出版社 2007 年 401 页
b1857175x G729.286.1 H287 2007

河南金融管理干部学院志 1950–1993
河南金融管理干部学院志编纂委员会编 王一丁主编 北京 中国经济出版社 1994 年 213 页
b20099770 G729.286.1 H2874 1994

郑州体育志
贺耀臣 吴树林主编 郑州 中州古籍出版社 2001 年 847 页
b22433211 G812.761.1 H315 2001

郑州市文物志
郑州历史文化丛书编纂委员会编 郑州 河南人民出版社 1999 年 606 页〔郑州历史文化丛书〕
b15666384 K872.611 Z545 1999

郑州市文物志
郑州市文物志编辑委员会编 北京 中华书局 2013 年 368 页〔郑州历史文明丛书〕
b44810969 K872.611 Z545 2013

郑州民俗志
郑州民俗志编纂委员会编 北京 首都经济贸易大学出版社 1997 年 228 页
b16432708 K892.461.1 Z545 1997

郑州市标准地名录 第 1 卷
郑州市民政局编 郑州 郑州市民政局 2005 年 363 页
b21276444 K926.11 Z545C 2005

郑州市城区地名志
郑州市地名委员会编 宋元明总编辑 北京 中国文史出版社 2012 年 735 页
b40724335 K926.11 Z5457 2012

郑州市区标准地名录
郑州市地名办公室编 郑州 郑州市地名办公室 1992 年 256 页
b20018423 K926.11 Z545 1992

黄河史志资料 1999–2000
黄河水利委员会黄河志总编辑室编 郑州 黄河史志资料编辑 2001 年
b16432873 K928.42 H658H

郑州植物志
崔波 李服 马杰主编 北京 中国科学技术出版社 2008 年 1373 页

b21571338　Q948.526.11　Z545　2008

郑州药用植物志
李学德 张凤瑞 李元奇 朱世新 张云霞主编 郑州 河南人民出版社 2015年 2卷 1368页
b49608228　Q949.95　L421　2015

郑州市卫生志
郭作范主编 郑州 河南人民出版社 1990年 453页
b36013262　R-092　G778　1990

河南省医学会会志 1932–2012
王宇明 郭金玲主编 郑州 河南省医学会 2012年 407页
b49549790　R-262.61　H287　2012

河南省卫生防疫站志 1953–2003
河南省卫生防疫站志编纂委员会编 郑州 河南省卫生防疫站志编纂委员会 2003年 268页
b21763719　R197.2　H287　2003

河南省农业科学院志 1909–2008
河南省农业科学院志编纂委员会编 马万杰主编 郑州 中州古籍出版社 2009年 1195页
b20467217　S-242.61　H287　2009

中国农业科学院郑州果树研究所志 1960–2010
中国农业科学院郑州果树研究所编 郑州 中国农业科学院郑州果树研究所 2010年 410页
b21766496　S66-242　Z648　2010

河南省林业调查规划院志 1951–2010
河南省林业调查规划院志编委会编 曹冠武 雷跃平主编 郑州 河南科学技术出版社 2011年 433页
b50246884　S7-242　H287　2011

河南电力工业学校 河南电力技师学院校志 1958–2008
韩振兴主编 郑州 河南电力工业学校 2008年 230页
b50320476　TM-40　H287　2008

郑州市水利志
郑州市水利志编辑委员会编 陈振忠主编 郑州 郑州市水利志编辑委员会 1995年 392页
b20141890　TV-092　C4379　1995

郑州市水务志
郑州市水务志编纂委员会编 陈松林主编 何勇前执行主编 郑州 黄河水利出版社 2015年 661页〔河南省水利志丛书〕
b50991632　TV-092　C432　2015

郑州市南水北调和移民志
郑州市南水北调办公室（移民局）编 宋元明总编 郑州 黄河水利出版社 2016年 608页
b50817164　TV68　Z545　2016

郑州黄河志
郑州黄河志编辑室编 郑州 郑州黄河志编辑室 1986年 305页
b21857003　TV882.1　Z545　1986

郑州环境保护志
郑州环境保护志编纂委员会编 程有良主编 郑州 中州古籍出版社 2004年 562页
b45417295　X321.261.1　C456　2004

中原区

中原区志
郑州市中原区志编纂委员会编 顾洪桥总编 郑州 中州古籍出版社 1996年 580页
b17962043 K296.11 Z645 1996

郑州市中原区志 1991–2000
中原区地方史志编纂委员会编 郑州 中州古籍出版社 2008年 603页〔中国地方志丛书〕
b19329362 K296.11 Z645 2008

郑州市中原区志 民政 征求意见稿
郑州市中原区地方志办公室编 郑州 郑州市中原区地方志办公室 1987年 124页
b36246529 D632 Z645Z 1987

大谢村志
大谢村志编纂委员会编 贾天国主编 郑州 大谢村志编纂委员会 2017年 358页
b50991553 K296.15 D1361 2017

西连河村志
西连河村志编纂委员会编 李柏松主编 郑州 西连河村志编纂委员会 2018年 229页
b50778109 K296.15 X1195 2018

常庄村志
宋元明主编 北京 中国文史出版社 2015年 310页〔河南村志丛书 第一集 3〕
b4699502x K296.15 C345 2015

大岗刘乡志
大岗刘乡志编写者 郑州 大岗刘乡 1988年 126页
b17490911 K296.15 D135 1988

建设路街道志 1955–1987
郑州市中原区建设路街道办事处编 郑州 郑州市中原区建设路街道办事处 1989年 144页
b36245690 K296.15 J295 1989

兰寨村志 1637–2014
郑州高新区梧桐办事处兰寨村编志组编 郭炎岭编导 郭书义主笔 郑州 郑州高新区梧桐办事处兰寨村民委员会 2014年再版本 390页
b50066985 K296.15 L172 2014

林山寨街道志 1959–1988
郑州市中原区林山寨街道办事处编 胡应昭 朱永忠撰稿 郑州 郑州市中原区林山寨街道办事处 1989年 227页
b20535132 K296.11 Z545L 1989

绿东村街道志 1959–1988
郑州市中原区绿东村街道办事处编 郑州 郑州市中原区绿东村街道办事处 1989年 油印本 224页
b22359734 K296.11 Z645L 1989

秦岭路街道志
郑州市中原区秦岭路街道办事处编 郑州 郑州市中原区秦岭路街道办事处 1988年 154页
b36246050 K296.15 Q448 1988

三官庙街道志 1956–1997
郑州市中原区三官庙办事处编 胡应昭 赵志平主编 郑州 郑州市中原区三官庙办事处 1999年 279页
b21764931 K296.11 Z645S 1999

石佛村志
石佛村志编委会编 黄书勋主编 郑州 中州古籍出版社 2017年 295页
b49951178 K296.15 S472 2017

桐柏路街道志 1958–1987
郑州市中原区桐柏路街道办事处编 郑州 郑州市中原区桐柏路街道办事处 1988年 207页
b36246219 K296.15 T441 1988

西岗村志
宋元明主编 北京 中国文史出版社 2014年 308页〔宋元明文集〕
b45625748 K296.15 X1193 2014

祥营镇村志
郑州高新区祥营村志编志小组编著 郑州 郑州高新区祥营村志编志小组 2016年 493页
b5006700x K296.15 X276 2016

张五砦村志
张五砦村志编纂委员会编 贾天国主编 郑州 张五砦村志编纂委员会 2017年 406页
b50729937 K296.15 Z366 2017

郑州市郊区白庄志
郑州市郊区志编写组编 郑州 郑州市郊区志编写组 198-年 征求意见稿 二稿 227页
b10600887 K296.15 B151

郑州市中原区白寨村志
中原区地方史志办公室 白寨村民委员会编 李红敏 任莉主编 郑州 中州古籍出版社 2018年 356页〔郑州市中原区地方志丛书〕
b51116789 K296.15 B1529 2018

郑州市中原区天王寺村志
中原区地方史志办公室 天王寺村民委员会编 谢保林主编 郑州 中州古籍出版社 2018年 282页
b52663036 K296.15 T343 2018

郑州市中原区铁炉村志
铁炉村志编纂委员会编 赵东喜主编 郑州 铁炉村志编纂委员会 2015年 479页
b46667799 K296.15 T389 2015

郑州市中原区桐树王村志
中原区地方史志办公室 桐树王村民委员会编 郑州 中州古籍出版社 2017年 382页〔郑州市中原区地方志丛书〕
b49889473 K296.15 T4417 2017

郑州市中原区须水镇志
中原区地方史志办公室编 王冬梅主编 郑州 中州古籍出版社 2015年 394页〔郑州市中原区地方志丛书〕
b49547252 K296.15 X551 2015

中原区街道图志
中原区地方史志办公室编 王冬梅主编 郑州 中州古籍出版社 2015年 454页〔郑州市乡镇(街道)图志丛书 郑州市中原区地方志〕
b49547264 K296.11 Z645J 2015

中原区林山寨村志
林山寨村志编纂委员会编 郭桂兰主编 郑州 中州古籍出版社 2014年 230页
b45969449 K296.15 L588 2014

中原乡志 1948–1987
郑州市中原区中原乡编 郑州 郑州市中原区中原乡 1989年 272页
b21590588 K296.15 Z653 1989

郑州市中原区民政志 1948–1996
郑州市中原区民政局编 郑州 郑州市中原

区民政局 1997 年 251 页
b21766411 D632 Z645 1997

郑州市中原区土地志
郑州市中原区土地管理局编 杨其广主编 郑州 河南科学技术出版社 1995 年 273 页〔郑州市土地志丛书〕
b19930215 F327.611 Z645 1995

郑州市中原区农业志
郑州市中原区农经委编 张松 朱永忠主编 郑州 郑州市中原区农经委 1997 年 399 页
b49803979 F329.611 Z645 1997

郑州市中原区教育志 2001–2005
中原区教育志编纂委员会编 王丽丽 赵玉琴主编 郑州 郑州方志印务公司 2009 年 183 页
b36013985 G527.611 Z645 2009

中原区教育志
中原区教文体局编 郑州 中原区教文体局 2004 年 405 页〔郑州市教育志系列丛书〕
b18621648 G527.611 Z643 2004

郑州市中原区民族宗教志
郑州市中原区民族宗教局编 郑州 郑州市中原区民族宗教局 1988 年 120 页
b17482732 K820.611 Z545 1988

二七区

郑州市二七区志
郑州市二七区地方史志编纂委员会编 冀福主编 郑州 中州古籍出版社 1994 年 546 页〔河南地方志丛书〕
b10600097 K296.14 E163

郑州市二七区志 1991–2000
郑州市二七区地方志编纂委员会编 张春阳执行主编 郑州 中州古籍出版社 2013 年 671 页〔中国地方志丛书〕
b44851182 K296.11 E163 2013

大学路街道志 1958–1985
郑州市二七区大学路街道办事处编 郑州 郑州市劳动印刷厂 1987 年 187 页
b21590618 K296.11 E163D 1987

大学路街道志 1986–2002
郑州市二七区大学路街道办事处编 郑州 郑州市利民印刷厂 2003 年 173 页
b21763033 K296.11 E163D 2003

郭家咀村志
郑州市二七区侯寨乡郭家咀村志编纂委员会编 王彦钦主编 郑州 中州古籍出版社 2016 年 276 页
b47364427 K296.15 G769 2016

侯寨乡志
侯寨乡志编纂委员会编 郭廷伟主编 郑州 侯寨乡志编纂委员会 1994 年 302 页
b22032630 K296.15 H429 1994

路砦村志
郑州市二七区齐礼阎乡路砦村志编纂委员会编 冀福主编 郑州 郑州市二七新华印刷厂 1999 年 442 页
b20015884 K296.15 L829 1999

马寨社区志
马寨社区志编纂委员会编 宋元明主编 郑州 马寨社区志编纂委员会 2018 年 360 页
b50817711 K296.15 M143C 2018

马寨镇志 1991–2009
马寨镇志编纂委员会编 杨庆主编 郑州 马寨镇志编纂委员会 2011 年 399 页〔中国地方志丛书〕
b44795245 K296.15 M143 2011

南岗刘村志
南岗刘村志编纂委员会编 侯万杰主编 郑州 中州古籍出版社 2018 年 514 页
b50914649 K296.15 N1616 2018

齐礼阎乡志 1993–2002
郑州市二七区齐礼阎乡志编纂委员会编 郑州 郑州市二七嵩山印刷厂 2004 年 229 页〔郑州市二七区地方史志丛书〕
b17992886 K296.15 Q138 2004

小李庄村志
郑州市二七区小李庄村志编纂委员会编 郑州 中州古籍出版社 1996 年 307 页
b1973413x K296.15 X347 1996

二七区土地志
张菊焕 侯同伦 吴瑞民主编 郑州 河南科学技术出版社 1994 年 197 页〔郑州市土地志丛书〕
b21276559 F327.611 Z545E 1994

二七区教育文化体育志
郑州市教育局编 李东亮主编 珠海 珠海出版社 2004 年 411 页〔郑州市教育系统专业志丛书〕
b4741649x G527.611 E163C 2004

郑州市二七区教育志
二七区文教局编 郑州 郑州市二七区教育印刷厂 1987 年 140 页
b20141889 G527.611 E163 1987

二七区文物志
政协二七区委员会编 汪爱英主编 郑州 河南人民出版社 2010 年 555 页
b23216116 K872.611 E163 2010

郑州市二七区卫生志 1912–2003
郑州市二七区卫生志编纂委员会编 武乐亭主编 郑州 郑州市新闻出版局 2005 年 395 页〔郑州市二七区地方史志丛书〕
b21766393 R199.2 Z545 2005

管城回族区

郑州市管城回族区志
郑州市管城回族区史志编纂委员会编 魏文颖 王廷曦主编 郑州 中州古籍出版社 1993 年 464 页
b10600085 K296.14 G653

郑州市管城回族区志 1991–2003
管城回族区地方史志编纂委员会编 郑州 中州古籍出版社 2009 年 683 页〔中国地方志丛书〕
b20467084 K296.14 G653 2009

管城回族区志 送审稿 1991–2003
管城回族区地方史志编纂委员会编 郑州 管城回族区地方史志编纂委员会 2008 年 662 页
b22429670 K296.14 G653 2008

耿庄村志
郑州市管城回族区航海东路办事处编 康玉庆主编 郑州 耿庄村志编纂委员会 2017 年 439 页
b50727813 K296.15 G398 2017

南五里堡村志
南五里堡村志编纂委员会编 连德林 王润

才主编 北京 方志出版社 1999 年 470 页
b13544482 K296.15 N161

十八里河镇志
十八里河镇志编纂委员会编 连德林 王润才主编 郑州 中州古籍出版社 2001 年 599 页
b13588448 K296.11 S468

十八里河镇志 2001–2015
郑州市管城回族区十八里河镇志编纂委员会编 连德林 卢拴金主编 郑州 中州古籍出版社 2017 年 455 页
b50747897 K296.15 S4683C 2017

郑州市管城回族区北下街街道志
杨爱玲 姚志刚主编 呼和浩特 远方出版社 2006 年 413 页
b2176637x K296.11 G653GB 2006

郑州市管城回族区城东路街道志
城东路街道办事处编 帖占国 王水岭主编 郑州 城东路街道办事处 2006 年 404 页
b20466729 K296.14 G653D 2006

郑州市管城回族区二里岗街道志
郑州市管城回族区二里岗街道志编纂委员会编 郑向阳 闫凯主编 郑州 郑州市管城回族区二里岗街道志编纂委员会 2006 年 382 页
b23003194 K296.14 G653E 2006

郑州市管城回族区航海东路街道志
航海东路街道办事处编 徐长发 虎强主编 郑州 航海东路街道办事处 2005 年 372 页
b3601431x K296.11 X5672 2005

郑州市管城回族区南曹乡志
马欢 周福利主编 呼和浩特 远方出版社 2006 年 354 页
b20578325 K296.15 N1611 2006

郑州市管城回族区南关街道志
赵晨阳 李振涛主编 郑州 郑州市管城回族区南关街道 2006 年 276 页
b36129501 K296.11 N161 2006

郑州市管城回族区圃田乡志
谷合群主编 香港 中国经济文化出版社 2005 年 446 页
b22360086 K296.15 P696 2005

郑州市管城回族区十八里河村志
十八里河村志编纂委员会编 连德林主编 郑州 郑州市管城回族区十八里河村志编纂委员会 2017 年 426 页
b50204683 K296.15 S4683 2017

郑州市管城回族区西大街街道志
刘剑辉 高建峰主编 香港 中国经济文化出版社 2006 年 350 页
b36378719 K296.11 G653GX 2006

郑州市管城回族区站马屯村志
站马屯村志编纂委员会编 李金泉主编 郑州 郑州方志印务有限公司 2017 年 342 页
b50347056 K296.15 Z328 2017

郑州市管城回族区紫荆山南路街道志
杨胜军 邵会文主编 郑州 郑州方志印务公司 2006 年 254 页
b23004095 K296.14 Z845 2006

郑州市郑东新区圃田村志
圃田村志编纂委员会编 张金贵主编 郑州 圃田村志编纂委员会 2016 年 359 页
b50727576 K296.15 P6961 2016

管城回族区人口和计划生育志
兰维娜主编 郑州 管城回族区人口和计划生育委员会 2006年 237页〔郑州市管城回族区志丛书 14〕
b49625378 C924.256.11 L172 2006

管城回族区民政志
管城回族区民政局编 姚文学主编 郑州 郑州市上街区科技印刷厂 2004年 292页〔郑州市管城回族区志丛书〕
b22429669 D632 Y297 2004

郑州市管城回族区军事志 约前15世纪–2009
郑州市管城区回族区军事志编纂委员会编 黄爱社主编 郑州 郑州市管城区回族区军事志编纂委员会 2009年 271页
b50729949 E289.611 G653 2009

郑州市管城回族区国土资源志
柯当学主编 香港 中国经济文化出版社 2005年 246页
b36246505 F129.961.1 G653 2005

管城回族区土地志
管城回族区土地管理局编 郑州 河南科学技术出版社 1995年 294页〔郑州市土地志丛书之十〕
b16446987 F327.611 G653 1995

郑州市管城回族区农业志
卢明立主编 香港 中国经济文化出版社 2005年 370页
b20815931 F327.611 G653 2005

郑州市管城回族区财政志
闫德本主编 郑州 郑州市管城回族区财政志编纂者 2005年 358页
b36093531 F812.761.1 G653 2005

郑州市管城回族区文化馆志
管城回族区文化馆志编纂小组编 郑州 管城回族区文化馆志编纂小组 1989年 61页
b36379013 G127.611 G653 1989

郑州市管城区回族区档案志
管城回族区档案志编纂委员会编 朱红亚主编 郑州 中州古籍出版社 2016年 300页
b50065543 G279.276.14 G653 2016

郑州市管城回族区教育志
郑州市教育局 郑州市管城回族区文教局编 珠海 珠海出版社 2004年 488页〔郑州市教育志系列丛书〕
b47206378 G527.611 G653 2004

管城回族志
管城回族区志编纂委员会编 魏文颖 周遂枝主编 郑州 中州古籍出版社 1995年 318页〔郑州市管城回族区志丛书〕
b13095821 K296.14 G653C

管城回族区文物志
管城回族区文物局编 郭万全主编 郑州 中州古籍出版社 2012年 366页
b36370502 K872.611 G778 2012

郑州市管城回族区地名志
管城回族区人民政府编 王廷曦 戴济民主编 郑州 中州古籍出版社 1992年 430页
b15602138 K926.11 G653 1992

金水区

郑州市金水区志
金水区地方史志编纂委员会编 郑州 中州古籍出版社 1994年 430页

b15698592 K296.11 J479 1994

郑州市金水区志 1991–2002

金水区地方史志编纂委员会编 郑州 中州古籍出版社 2008 年 760 页〔中国地方志丛书〕

b20467345 K296.11 J479 2008

白庄社区志

白庄社区志编纂委员会编 阎基保主编 郑州 白庄社区志编纂委员会 2017 年 361 页〔郑州市郑东新区祭城路街道办事处社区志系列丛书〕

b50085682 K296.11 B152 2017

陈岗村志

陈岗村志编纂委员会编 高东宝主编 郑州 陈岗村志编纂委员会 2017 年 429 页

b50727308 K296.15 C419 2017

陈砦村志

河南省郑州市金水区丰庆路街道陈砦村志编纂委员会编 陈根国主编 北京 方志出版社 2017 年 202 页〔中国名村志丛书 中国名村志文化工程〕

b50642856 K296.15 v5

二十里铺村志

宋元明主编 北京 中国文史出版社 2014 年 310 页〔河南村志丛书 第一集 1〕

b46995146 K296.15 E163 2014

关虎屯村志

汤乃义主编 郑州 关虎屯村民委员会 1992 年 192 页

b1368016x K296.11 J479G

关虎屯村志

郑州市金水区关虎屯村志编纂委员会编 汤乃义主编 郑州 中州古籍出版社 2009 年 761 页

b20467072 K296.11 J479G 2009

花胡庄村志

花胡庄村志编纂委员会编 康玉庆 张银锁主编 郑州 中州古籍出版社 2017 年 439 页

b50083831 K296.15 H5313 2017

祭城镇志

郑州市金水区祭城镇地方史志编纂委员会编 成永祥主编 郑州 中州古籍出版社 2010 年 714 页

b2203237x K296.15 Z289 2010

贾岗村志

贾岗村志编纂委员会编 马光辉主编 郑州 中州古籍出版社 2017 年 290 页

b49921915 K296.15 J241 2017

金庄社区志

金庄社区志编纂委员会编 郑州 金庄社区志编纂委员会 2017 年 357 页〔社区志系列丛书〕

b49964562 K296.15 J4799 2017

琉璃寺村志

琉璃寺村志编纂委员会编 宋元明主编 郑州 琉璃寺村志编纂委员会 2014 年 238 页

b47106293 K296.15 L665 2014

柳林镇志

郑州市金水区柳林镇地方史志编纂委员会编 郑州 河南省联洋印刷厂 2005 年 689 页

b16862326 K296.15 L711 2005

庙张社区志

庙张社区志编纂委员会编 宋元明总编辑 郑州 庙张社区志编纂委员会 2017 年

325 页〔社区志系列丛书〕
b49964574　K296.15　M495　2017

南录庄村志
南录庄村志编纂委员会编　录万顺主编　郑州　南录庄村志编纂委员会　2017 年　326 页
b5072793x　K296.15　N1615　2017

十里铺社区志
十里铺社区志编纂委员会编　郑州　十里铺社区志编纂委员会　2017 年　253 页〔社区志系列丛书〕
b49964598　K296.15　S468　2017

魏庄村志
魏庄村志编纂委员会编　谢启彦主编　郑州　魏庄村志编纂委员会　2017 年　343 页
b50727941　K296.15　W359　2017

西史赵村志
宋元明主编　北京　中国文史出版社　2015 年　310 页〔河南村志丛书　第一集　2〕
b4666886x　K296.15　X1199　2015

小河村志
郑州市郑东新区龙源路办事处小河村志编纂委员会编　牛海松主编　郑州　中州古籍出版社　2017 年　603 页
b50861372　K296.15　X3473　2017

邢屯社区志
邢屯社区志编纂委员会编　郑州　邢屯社区志编纂委员会　2017 年　277 页〔社区志系列丛书〕
b49964616　K296.15　X479　2017

杨槐村志
杨槐村志编纂委员会编　杨文森主编　郑州　中州古籍出版社　2017 年　900 页
b50346209　K296.15　Y235　2017

张家村志
张泽鹏主编　郑州　张家村志编写者　2005 年　324 页
b20405169　K296.15　Z354　2005

郑州市金水区杲村村志
杲村村志编纂委员会编　蔡增俊主编　郑州　中州古籍出版社　2016 年　264 页
b47287731　K296.15　G277　2016

王马庄村志
郑州市郑东新区龙源路办事处王马庄村志编纂委员会编　崔喜林主编　郑州　中州古籍出版社　2018 年　352 页
b50682763　K296.15　W223　2018

郑州市金水区国土资源志
郑州市金水区国土资源志编纂委员会编　陈伯磊　陈晓霞主编　郑州　中州古籍出版社　2014 年　504 页
b46012965　F129.961.1　J479　2014

金水区土地志
郑州市金水区土地管理局编　郑州　河南科学技术出版社　1996 年　313 页〔郑州市土地志丛书〕
b1768836x　F327.611　J479　1996

郑州市金水区财政志
郑州市金水区财政志编纂委员会编　程保金主编　郑州　郑州市金水区财政志编纂委员会　2005 年　502 页
b50234511　F812.761.3　J479　2005

金水区教育志　1986–2002
金水区教文体局编　郑州　金水区教文体局　2004 年　223 页〔郑州市教育志系列丛书〕

b21568728　G527.611 J479 2004

上街区

郑州市上街区志
郑州市上街区地方史志编纂委员会编 赵思群总编 北京 中华书局 1999 年 548 页
b15698579　K296.11 S322 1999

聂寨村志
聂寨村志编纂委员会编 香港 天马出版社 2002 年 372 页
b20019270　K296.15 N379 2002

上街区政协志 1984–2014
中国人民政治协商会议郑州市上街区委员会编 邓书安主编 郑州 中国人民政治协商会议郑州市上街区委员会 2014 年 466 页
b47073111　D628.611 S322 2014

郑州市上街区土地志
郑州市上街区土地房产管理局编 申明安 王宝英主编 郑州 河南科学技术出版社 1996 年 275 页〔郑州市土地志丛书〕
b21276663　F327.611 Z545S 1996

上街区教育志
郑州市教育局主编 上街区教育志编纂委员会编 珠海 珠海出版社 2004 年 405 页〔郑州市教育志系列丛书〕
b18859318　G527.613 Z545 2004

惠济区

邙山区志
郑州市邙山区地方史志编纂委员会编 郑州 中州古籍出版社 1994 年 337 页
b10599976　K296.14 M219

郑州市邙山区志 1991–2003
郑州市惠济区地方史志编纂委员会编 郑州 中州古籍出版社 2014 年 961 页
b46377074　K296.11 M219C 2014

弓庄村志
弓庄村志编纂委员会编 弓林山主编 郑州 弓庄村志编纂委员会 2017 年 293 页
b51092980　K296.15 G421 2017

毛庄村志
毛庄村村民委员会编制 毛志峰主编 郑州 毛庄村村民委员会 2017 年 289 页
b50991619　K296.15 M244 2017

郑州市郊区花园口乡志 征求意见稿 2
郑州市郊区花园口乡编 郑州 郑州市郊区花园口乡 1986 年 油印本 442 页
b36379232　K296.15 H531 1986

惠济人大三十年志
惠济区人大常委会办公室编 禹舜主编 郑州 惠济区人大常委会办公室 2011 年 520 页
b45453007　D624.611 H696 2011

邙山区政协志 1998–2003
政协邙山区第四届委员会编 溆浦 溆浦县印刷厂 2002 年 125 页
b20015938　D628.611 M219 2002

邙山区教育志 1987–2002
郑州市邙山区教文体局编 郑州 河南东方制图印刷公司 2004 年 357 页〔郑州市教育志系列丛书〕
b3601445x　G527.611 M219 2004

邙山区荣誉志
邙山区地方史志编纂委员会 中共邙山区

委宣传部编 胡玉杰主编 郑州 邙山区地方史志编纂委员会 1996年 346页
b45479811 K296.11 M219 1996

巩义市

河南省巩县志
巩县志编纂委员会编 吴海禄等主编 郑州 中州古籍出版社 1991年 785页
b10647387 K296.14 G444

巩义市志 1986–2005
巩义市地方史志编纂委员会编 郅笃威 魏建邦 李建锋主编 郑州 中州古籍出版社 2012年 887页
b40837361 K296.13 G444G 2012

白沙志
河南省巩义市白沙志编纂委员会编 傅瑞清主编 北京 方志出版社 1996年 462页〔中华人民共和国地方志丛书〕
b17385258 k296.15 G444B 1996

东村志
东村志编纂委员会编 贺居修主编 巩义 东村志编纂委员会 2015年 339页
b46995079 K296.15 D5821 2015

涉村乡志
王震星主编 北京 中国法学会印刷厂 1987年 194页
b2012157x K295.15 S371 1987

西村乡志
巩县西村乡乡志编纂办公室编 杨学忠 张治立主编 巩县 巩县西村乡乡志编纂办公室 1987年 352页
b20104327 K296.15 X119 1987

新中村志 1553–2012
巩义市新中镇新中村志编纂委员会编 赵殿卿主编 郑州 郑州方志印务有限公司 2013年 390页
b4562561x K296.15 X4449 2013

芝田村志
巩义市芝田村编纂委员会编 周西钊主编 巩义 巩义市芝田村编纂委员会 2003年 518页
b23003236 K296.15 Z557 2003

河南省巩义市罗口村志
罗口村志编纂委员会编 康敬收主编 郑州 中州古籍出版社 2018年 471页
b51044596 K296.15 L922 2018

慈云寺志
释延超主编 北京 宗教文化出版社 2012年 303页
b35966336 B947.261.3 Y174 2012

巩义市土地志
李英宸主编 郑州 河南科学技术出版社 1995年 307页〔郑州市土地志丛书〕
b17735580 F327.613 L422 1995

巩县戏曲志
巩县文化局编 艾方平主编 巩县 中国戏曲志河南卷编委会 1988年 206页
b20042486 J825.614 A148 1988

巩县文物志
巩县人民文化馆 巩县文物管理委员会编 巩县 巩县人民文化馆 1963年 64页
b36378999 K872.614 G444 1963

巩义民俗志
王建设 张鑫琦 卢耀灿主编 郑州 中州古

籍出版社 2011 年 773 页
b37531803 K892.461.4 G444 2011

巩县水利志
河南省巩县水利局编 张喜云主编 巩县 河南省巩县水利局 1986 年 油印本
b21857155 TV-092 G444 1986

荥阳市

荥阳市志
荥阳市志编纂委员会编 程远荃总编辑 北京 新华出版社 1996 年 1063 页〔中国地方志丛书〕
b13276633 K296.13 Y556

荥阳市志 1986–2005
荥阳市地方史志编纂委员会编 李建民主编 郑州 中州古籍出版社 2017 年 1204 页
b50651638 K296.14 X475C 2018

荥阳市南水北调暨水库移民志
荥阳市南水北调暨水库移民志编纂委员会编 张舒春主编 郑州 中州古籍出版社 2015 年 465 页
b4728772x D632.4 Z364 2015

荥阳市土地志
荥阳市土地管理局编 张德才主编 郑州 河南科学技术出版社 1998 年 448 页〔郑州市土地志丛书〕
b45453809 F327.614 X475 1998

荥阳市民族宗教志
程远荃主编 郑州 中州古籍出版社 2003 年 220 页
b19471804 K280.614 X475 2003

荥阳文物志
荥阳文物志编写小组编 荥阳 荥阳印刷厂 1981 年 109 页
b2010487x K872.614 X475 1981

荥阳文物志
荥阳文物志编纂委员会编 常维华 陈万卿主编 郑州 中州古籍出版社 2011 年 335 页
b23217224 K872.614 X475 2011

新密市

密县志
密县地方史志编纂委员会编 郑州 中州古籍出版社 1992 年 752 页
b1060425x K296.14 M421

新密市志 1986–1995
河南省新密市地方史志编纂委员会编 郑州 中州古籍出版社 1997 年 585 页
b13275987 K296.14 M421B

马寨村志
新密市米村镇马寨村志编纂委员会编 惠志业总编 郑州 中州古籍出版社 2017 年 316 页〔郑州市名村志文化工程〕
b5107963x K296.15 M1431 2017

米村乡志 征求意见稿
慎炳琨主编 密县 米村乡人民政府 1987 年 油印本 2 卷 351 页
b23003054 K296.15 M397 1987

密县牛店乡志
牛店乡志编写组编 北京 档案出版社 1990 年 230 页
b36128211 K296.15 N435 1990

王村志
姜福圈主编 郑州 中州古籍出版社 2015 年 555 页〔河南省名村志名乡镇志丛书〕

b47331288　K296.15　W213　2015

新密市五里店村志
五里店村志编纂委员会编　张金河主编　郑州　中州古籍出版社　2006 年　707 页
b20019920　K296.15　W538　2006

新密市乡镇(街道)图志
中共新密市委史志办公室编　王西林主编　郑州　中州古籍出版社　2016 年　650 页〔郑州市乡镇(街道)图志丛书〕
b47551112　K296.15-64　X443　2016

新密国土资源志
新密国土资源志编纂委员会编　尚青山主编　郑州　中州古籍出版社　2016 年　953 页
b47373428　F129.961.4　X443　2016

新密市交通志
新密市交通志编纂委员会编　桑德才总编　郑州　中州古籍出版社　2005 年　383 页
b20046376　F512.761.3　S157　2005

新密教育志
新密市教育史志编纂委员会编　郑州　中州古籍出版社　2004 年　472 页
b15602862　G527.613　X443　2004

新密市第一高级中学校志　第 3 卷　1997-2001
新密市第一高级中学校编　新密　新密市第一高级中学校　1990 年
b20101521　G639.286.1　X443

密县戏曲志
密县文化广播电视局密县戏曲志编辑组编　李凯主编　郑州　中州古籍出版社　1991 年　156 页
b17128055　J809.261　M421　1991

河南省密县地名志
密县地名志编纂委员会编　范金中主编　西安　陕西人民出版社　1991 年　452 页
b18571803　K926.14　M421　1991

新密市水利志
新密市水务局编　郑州　中州古籍出版社　2013 年　848 页
b44795464　TV-092　X4437　2013

新郑市

新郑县志
新郑县地方史志编纂委员会编　刘文学主编　西安　陕西人民出版社　1992 年　709 页〔中华人民共和国地方志丛书〕
b10597669　K296.14　X4449

新郑市志　1986-2005
新郑市地方史志编纂委员会编　李长治　刘文学主编　郑州　中州古籍出版社　2013 年　833 页〔中国地方志丛书〕
b44795488　K296.13　X4449X　2013

河南省新郑市孟庄镇唐河村志
贾国义　唐永禄　贾国臣主编　新郑　河南省新郑市孟庄镇唐河村志编纂者　228 页
b50817589　K296.15　T241

新郑人大志
新郑人大志编纂委员会编　赵宪立主编　北京　光明日报出版社　2011 年　594 页
b50151393　D624.614　X444　2011

新郑县教育志
张金才主编　郑州　中州古籍出版社　1992 年　390 页
b15914288　G527.614　Z354　1992

黄帝故里志
河南新郑黄帝故里文化研究会 新郑市地方史志办公室编 刘文学主编 郑州 中州古籍出版社 2007 年 529 页
b17873393 K296.13 X4449C 2007

新郑市文物志
新郑市文物管理局编 寇玉海主编 北京 中国文史出版社 2005 年 390 页
b36378793 K872.613 X444 2005

新郑卫生志
杨学忠主编 郑州 河南人民出版社 2017 年 390 页
b50328967 R199.2 X4446 2017

新郑市环境志
新郑市环境志编纂委员会编 刘文龙主编 郑州 中州古籍出版社 1994 年 308 页〔河南省专业志丛书〕
b49704801 X-12 X444 1994

登封市

登封县志
登封县地方志编纂委员会编 郭明智主编 郑州 河南人民出版社 1990 年 948 页〔中华人民共和国地方志丛书〕
b1262679x K296.14 D323

登封市志
登封市地方志编纂委员会编 吕宏军主编 郑州 中州古籍出版社 2008 年 2 卷 1944 页〔中国地方志丛书〕
b18804809 K296.13 D323 2008

登封县志简编
登封县革命委员会文化局编 登封 登封县革命委员会文化局 1979 年 218 页
b21311444 K296.14 D323E 1979

大金店镇志
段双印主编 郑州 河南人民出版社 2014 年 1009 页
b46239546 K296.15 D1352 2014

大冶镇志
大冶镇地方志编纂委员会编 冯现超等主编 郑州 河南人民出版社 1994 年 610 页
b1058948x K296.15 D136

大冶镇志
郝焕斌主编 郑州 河南人民出版社 2008 年 945 页
b20948517 K296.15 D136C 2008

告成镇志
告成镇志编纂委员会编 郑州 河南人民出版社 2007 年 645 页
b20018587 K296.15 G266 2007

河南登封县告成乡志
登封县告成乡志编纂办公室编 登封 登封县告成乡志编纂办公室 1985 年 520 页
b50318597 K296.15 G266C 1985

石道乡志
石道乡志编纂委员会编 段世民主编 郑州 河南人民出版社 2016 年 548 页
b50320488 K296.15 v5

文村村志
文村村志编委会编 刘天青编辑 登封 文村村志编委会 2014 年 448 页
b49704795 K296.15 W386 2014

西施村志
西施村志编纂委员会编 刘志斌主编 登

封 西施村志编纂委员会 2017 年 399 页
b5109079x K296.15 X1196 2017

徐庄乡志
徐庄乡地方志编纂委员会编 刘天义 李根生主编 郑州 中州古籍出版社 1993 年 298 页〔中华人民共和国地方志丛书〕
b22360153 K296.15 X581 1993

少林武僧志
德虔编著 北京 北京体育学院出版社 1988 年 172 页
b20468787 B949.92 D291 1988

登封工会志
登封工会志编纂委员会编 吴栓林主编 北京 中国工人出版社 2011 年 585 页〔中国地方工会史志丛书〕
b40648345 D412.861.4 D323 2011

登封市政协志
政协登封市委员会编 登封 政协登封市委员会 2001 年 114 页
b20014338 D628.614 Z546 2001

登封检察志
登封检察志编纂委员会编 吕宏军 孙军涛主编 郑州 中州古籍出版社 2013 年 565 页
b45452775 D926.32 D323 2013

登封国土资源志
登封国土资源志编纂委员会编 高玉杰主编 郑州 中州古籍出版社 2010 年 614 页
b22921618 F129.961.3 D323 2010

登封审计志
登封审计志编纂委员会编 景新源主编 郑州 中州古籍出版社 2015 年 528 页
b46934455 F239.227.614 D323 2015

登封市土地志
登封市土地志编纂委员会编 申巧珍主编 郑州 河南科学技术出版社 1996 年 228 页〔郑州市土地志丛书〕
b21276675 F327.613 D323 1996

磴槽煤矿志
刘太经主编 郑州 河南人民出版社 1991 年 224 页
b21763082 F426.21 D324 1991

登封市交通志
王章武主编 登封 登封市交通局 2002 年 109 页
b20042127 F512.761.3 D323 2002

登封文化志
登封市文化局编 李书建主编 郑州 河南人民出版社 2009 年 717 页
b36379177 G127.614 D323 2009

登封文化广电新闻出版志
登封文化广电新闻出版志编纂委员会编 王彩红主编 郑州 中州古籍出版社 2015 年 688 页
b46531166 G229.276.14 D323 2015

登封市教育志 1986–2002
登封市教育局编 登封 登封市教育印刷厂 2005 年 337 页〔郑州市教育志系列丛书〕
b16433130 G527.613 D323 2005

登封县教育志
杨东仁主编 郑州 河南人民出版社 1988 年 385 页〔河南地方志丛书〕
b1374298x G527.614 Y231

鹅坡武院志
登封市少林鹅坡武术专修院志编纂委员会

编 曹宗礼主编 郑州 中州古籍出版社 2015 年 496 页
b46934467 G719.286.13 E119 2015

嵩山少林寺塔沟武校志
塔沟武校志领导小组编纂 牛金库主编 登封 少林寺塔沟武术学校 2001 年 424 页
b20103943 G852-40 S342 2001

中国嵩山少林寺武术学校志
中国嵩山少林寺武术学校编 刘爱玲主编 香港 天马图书有限公司 2000 年 333 页
b20099356 G852-40 S674 2000

登封文物志 稿
登封县志编纂委员会编 登封 登封县志编纂委员会 1983 年 232 页
b36245197 K872.531.4 D323 1983

登封民俗志
登封民俗志编纂委员会编 常松木主编 郑州 河南人民出版社 2011 年 839 页
b49472604 K892.461.3 D323 2011

登封名胜文物志
河南省登封县地方志编纂委员会编 登封 河南省登封县地方志编纂委员会 1985 年 106 页
b10589430 K928.706.14 D323

嵩山志
河南省嵩山风景名胜区管理委员会编 耿直主编 郑州 河南人民出版社 2007 年 851 页
b19329337 K928.3 H2877 2007

新编少林寺志
登封县志办公室编 北京 中国旅游出版社 1988 年 220 页
b10579060 K928.75 D323

中岳庙志
吕宏军主编 郑州 中州古籍出版社 2016 年 454 页
b49460614 K928.75 L978Z 2016

嵩山植物志
叶永忠 吴顺卿主编 北京 中国科学技术出版社 1993 年 640 页
b18176616 Q948.526.1 Y384 1993

登封水务志
登封市水务局编 王国卿主编 北京 解放军文艺出版社 2002 年 411 页
b49848884 TV-092.613 D323 2002

中牟县

中牟县志
中牟县地方志编纂委员会编 张存才 李泽洲 李书彬主编 北京 生活读书新知三联书店 1999 年 864 页〔中华人民共和国地方志丛书〕
b12640608 K296.14 Z644

中牟县志 1991-2000
中牟县地方志编纂委员会编 王曜卿主编 郑州 中州古籍出版社 2006 年 812 页〔中国地方志丛书〕
b18241128 K296.14 Z644 2006

雁鸣湖镇志
雁鸣湖镇志编纂委员会编 韩存仁主编 郑州 中州古籍出版社 2014 年 422 页
b46531415 K296.15 Y198 2014

中牟县国土资源志
中牟县国土资源志编纂委员会编 段军领主编 郑州 中州古籍出版社 2017 年 494 页〔河南省国土资源志系列丛书〕

b50272640　F129.961.4　Z644　2017

中牟教育志
中牟教育志编纂委员会编　王金杞主编　珠海　珠海出版社　2006 年　1005 页〔郑州市教育志系列丛书〕
b20182703　G527.614　Z644　2006

中牟县双塔岗地域志
张玉乾编著　郑州　河南人民出版社　2012 年　204 页
b40935760　K296.14　Z644S　2012

中牟县水利志　初稿
中牟县水利局编　冉守岭主编　郑州　中牟水利局　1986 年　223 页
b45658080　TV-092　Z6445　1986

开封市

开封市志　第 1 卷　城市建设卷
开封市地方史志编纂委员会编　吴治安等主编　北京　方志出版社　2004 年　353 页
b15957780　K296.13　K122C　2004

开封市志　第 2 卷　教育卷
开封市地方史志编纂委员会编　吴治安　孙月娥主编　北京　方志出版社　2004 年　531 页
b15957780　K296.13　K122C　2004

开封市志　第 3 卷　卫生医药卷
开封市地方史志编纂委员会编　北京　方志出版社　2004 年　658 页
b15957780　K296.13　K122C　2004

开封市志　第 1 卷　综合卷
开封市地方志编纂委员会编　孙富山等主编　郑州　北京燕山出版社　2001 年
b12488422　K296.13　K122C

开封市志　第 2–3 卷　经济卷
开封市地方志编纂委员会编　孙富山等主编　郑州　北京燕山出版社　2001 年
b12488422　K296.13　K122C

开封市志　第 4 卷　文化卷
开封市地方志编纂委员会编　孙富山等主编　郑州　北京燕山出版社　2001 年
b12488422　K296.13　K122C

开封市志　第 7 卷　人物卷
开封市地方志编纂委员会编　孙富山等主编　郑州　北京燕山出版社　2001 年
b12488422　K296.13　K122C

开封市志　综合卷　1986–2004
开封市地方史志编纂委员会编　田玉林主编　北京　北京燕山出版社　2012 年　512 页
b40743469　K296.13　K122C　2012

开封简志
开封市地方史志编纂委员会编　郑州　河南人民出版社　1988 年　665 页
b10603967　K296.13　K122

开封政协志　1949.12–2009.4
政协开封市委员会编　程广安主编　开封　政协开封市委员会　2010 年　1029 页
b50991577　D628.613　K122　2010

开封市九三学社志　1956.12–2012.12
侯万生　高继海主编　郑州　河南大学出版社　2015 年　494 页
b51011669　D665.7　H429　2015

河南省开封经济技术开发区志
河南省开封经济技术开发区管理委员会编　开封　河南省开封经济技术开发区管理委员会　2002 年　193 页

b36245008 F127.613 K122 2002

开封市城建志
开封市城建志编辑室编 北京 测绘出版社 1989年 302页
b5034738x F299.276.13 K122 1989

开封市土地志
开封市土地房屋管理局编 郑州 中州古籍出版社 1999年 476页〔河南省土地志丛书〕
b16449514 F327.613 K122 1999

开封地区农机志
开封市农业机械管理局编 谭锡禄主编 开封 河南人民出版社 1989年 307页
b49850209 F329.612 K122 1989

开封市木材公司志 1953–1985
开封市木材公司志编写组编 李小红 陆娟执笔 开封 开封市木材公司志编写组 1988年 162页
b5077900x F426.88 K122 1988

开封市土产公司志
渠振伦主编 开封 开封市土产公司 1986年 84页
b50066316 F426.8 K122 1986

开封市交通志
开封市交通志编纂委员会编 北京 人民交通出版社 1994年 325页〔河南省交通志丛书〕
b20043740 F512.761.3 K122 1994

开封市公路志
开封市公路管理局公路史志编纂委员会编 姚建新 李瑞谋 桑雁兵主编 北京 中国广播电视出版社 2003年 399页
b36248460 F542.861.3 K122 2003

开封市粮食志
开封市粮食局编 常金海主编 开封 开封市粮食局 1986年 419页
b20950238 F724.721 C345 1986

开封市地方税务志 1994.9–2004.12
开封市地方税务局编 白嵩峰主编 北京 北京燕山出版社 2007年 391页
b4967772x F812.761.3 K122K 2007

开封市建设银行志 1986–1993
武小平 马福林主笔 开封 中国人民建设银行开封市分行 1994年 379页
b50067023 F832.33 K1224 1994

中国农业银行开封市分行行志 1955–2004
中国农业银行开封市分行编 张清鲜主编 开封 中国农业银行开封市分行 2005年 389页
b49804273 F832.33 K122 2005

开封市文化志 征求意见稿
开封市文化艺术志编辑室编 开封 开封市文化艺术志编辑室 1988年 油印本 3卷 1110页
b36379487 G127.613 K122 1988

开封日报社志 纪念开封日报创刊六十周年
开封日报社志编辑委员会编 刘会敏主编 开封 开封日报社志编辑委员会 2008年 502页
b49982370 G219.246.13 K122 2008

河南大学出版志
张天定 李建伟主编 开封 河南大学出版社 2010年 560页
b20924197 G239.276.11 Z365 2010

开封档案志 1948–2010
李云平主编 郑州 河南大学出版社 2011年 256页
b47352474 G279.276.13 K122 2011

开封市教育志 1840–1985
开封市教育志编辑室编 郑州 中州古籍出版社 1991年 525页
b15914276 G527.613 K122 1991

开封市教育志 1978–2000
焦会学主编 郑州 大象出版社 2008年 545页
b21764050 G527.613 K122 2008

河南省开封市第四中学校志
河南省开封市第四中学校志编辑组编 庞琪 申星现主编 开封 河南省开封市第四中学校志编辑组 1997年 171页
b20139263 G639.286.13 K1224 1997

河南大学教育科学学院志
河南大学教育科学学院志编写组编 开封 河南大学出版社 2002年 512页
b17477979 G649.286.1 H287J 2002

河南大学体育学院志
杨改生主编 开封 河南大学出版社 2003年 484页
b1526936x G649.286.1 H287T 2003

河南大学药学院院志
邢煜君主编 开封 河南大学药学院 2011年 321页
b46442893 G649.286.1 H287Y 2011

辉煌三十年 开封大学校志
开封大学校志编纂委员会编 储建新主编 开封 开封大学校志编纂委员会 2010年 340页
b22921412 G649.286.1 K122 2010

黄河水利职业技术学院志
黄河水利职业技术学院志编纂委员会编 刘宪亮主编 郑州 黄河水利出版社 2009年 1010页
b21568406 G719.286.1 H658 2009

开封医专校志
开封医专校志编写组编 王志永主编 北京 中国县镇年鉴社 1999年 324页
b20102537 G719.286.1 K122 1999

开封民族宗教志
赵家珍主编 香港 天马出版社 2000年 345页
b1374334x K280.613 Z431

河南开封志
开封旅台同乡会编辑 台北 正中书局 1986年 369页
b10937602 K296.1 K122

开封市郊区志 1999
开封新区地方史志编纂委员会编 江原中 郑忠主编 郑州 中州古籍出版社 2017年 修订再版本 502页
b50051477 K296.13 K122Y 2017

开封市人口志
开封市计划生育委员会编 王更生主编 郑州 中州古籍出版社 1991年 171页
b1642685x K924.256.13 K122 1991

开封建置志 前712–1996
开封建置志编纂委员会编 刘云五主编 开封 开封建置志编纂委员会 1999年 562页
b50861359 K926.13 K122L 1999

开封老街志
开封市地方史志办公室编 曹景宪主编 郑州 中州古籍出版社 2018年 564页〔开封特色志系列丛书〕
b50817693 K926.13 K122K 2018

开封市地名志
开封市民政局编 张景合主编 开封 黄委会开封市测绘印刷厂 2000年 326页
b20368720 K926.13 K122D 2000

开封市胜迹志
熊伯履 井鸿钧编 郑州 河南人民出版社 1958年 88页
b14978209 360.2831 618

开封市中医院志 1959–2016
开封市中医院志编纂委员会编 庞国明 张彩凤主编 开封 开封市中医院志编纂委员会 2017年 681页
b50727977 R197.4 K122 2017

开封市卫生防疫站志 1952–2002
开封市卫生防疫站站志编委会编 开封 开封市卫生防疫站站志编委会 2002年 247页
b49849578 R199.2 K122 2002

开封农林科研所志 1958–1996
开封市农林科学研究所所志编纂委员会编 开封 开封市农林科学研究所所志编纂委员会 1998年 169页
b22430519 S-24 K122 1998

开封市农林科学研究所志 1958–2007
开封市农林科学研究院编 姚清志主编 开封 开封市农林科学研究院 2008年 295页
b22430520 S-242.613 K122 2008

开封菊花志
开封市地方史志编纂委员会编 程志明主编 北京 北京燕山出版社 2005年 303页〔开封地方史志汇编〕
b20467643 S682.1 C456 2005

开封市黄河志
开封市黄河志编辑室编 开封 开封市黄河志编辑室 1988年 油印本 327页
b19931852 TV882.1 K1221 1988

鼓楼区

鼓楼区志
开封市鼓楼区地方志编纂委员会编 王宏斌主编 开封 开封市新闻出版局 1999年 738页
b20576535 K296.13 K122G 1999

开封市鼓楼区志 1986–2005
开封市鼓楼区地方史志编纂委员会编 张胜利主编 郑州 中州古籍出版社 2016年 690页
b49625986 K296.13 K122GC 2016

开封市鼓楼区教育志 初稿
开封市鼓楼区文教局教育志编纂室编 李桂仙 金瑞兰撰稿 开封 开封市鼓楼区文教局教育志编纂室 1988年 油印本 325页
b20182843 G527.613 G539 1988

龙亭区

龙亭区志
开封市龙亭区地方史志编纂委员会编 杨春禄主编 开封 开封市新闻出版局 1999年 901页
b22430805 K296.13 K122L 1999

开封市金明区财政志 1989–2009
开封市金明区财政志编纂委员会编 程传敬主编 郑州 郑州方志印务公司 2010年 392页
b22032289 F812.761.3 K122 2010

开封市郊区教育志
开封市郊区教育志编纂委员会编 开封 开封市郊区文教局 2004年 424页
b21568807 G527.613 K122J 2004

开封市郊区志
开封市郊区地方志编纂委员会编 汪原中主编 开封 开封市新闻出版局 1999年 825页
b20577059 K296.13 K122J 1999

开封市郊区志 1989.1–2005.9
开封市金明区地方史志编纂委员会编 郑忠主编 郑州 中州古籍出版社 2013年 706页
b4093844x K296.13 K122J 2013

开封市龙亭区志 1986–2000
开封市龙亭区地方史志编纂委员会编 郑州 中州古籍出版社 2015年 652页
b46531075 K296.13 L742 2015

开封市郊区黄河志
开封市郊区黄河志编纂领导小组编 开封 开封市郊区黄河志编纂领导小组 1994年 309页
b19732429 TV882.1 K122 1994

顺河回族区

开封市顺河回族区志
顺河回族区地方史志编纂委员会编 开封 开封市市委印刷厂 1999年 689页
b20462098 K296.13 K122S 1999

开封市顺河回族区志 1990–2009
开封市顺河回族区地方史志编纂委员会编 岳薇莎 胡雪光主编 郑州 中州古籍出版社 2016年 678页
b47416385 K296.13 K122SH 2016

开封市顺河回族区教育志
开封市顺河回族区文化教育局教育志编辑委员会编 开封 开封市顺河回族区文化教育局教育志编辑委员会 1992年 油印本 236页
b20015458 G527.613 S628 1992

禹王台区

开封市南关区志
开封市南关区地方史志编纂委员会编 北京 新华出版社 1999年 463页
b15698580 K296.13 K122N 1999

开封市南关区志 1991.1–2005.9
开封市禹王台区地方史志编纂委员会编 陈继甫主编 郑州 中州古籍出版社 2016年 539页
b47364488 K296.13 K122NC 2016

祥符区

开封县志
开封县志编纂委员会编 田书庆主编 郑州 中州古籍出版社 1992年 648页
b10647235 K296.14 K122

开封县志
开封县志编纂委员会编 强国辉 王振法主编 郑州 中州古籍出版社 2014年 816页
b45969395 K296.14 K122 2014

开封县学校志
开封县教育志编纂委员会编 开封 开封县教育志编纂委员会 2003 年 451 页
b2001546x G527.614 K122 2003

开封县戏曲志
开封县文化局编 张庆云主编 开封 开封市医西印刷厂 1988 年 189 页
b20043752 J809.261.3 Z362 1988

杞 县

杞县志
杞县地方史志编纂委员会编 杜宝田主编 郑州 中州古籍出版社 1998 年 1093 页
b1046850x K296.14 Q154

杞县志 1991–2003
杞县地方史志编纂委员会编 高洪宪主编 郑州 中州古籍出版社 2014 年 924 页
b45649248 K296.14 Q154 2014

葛岗志 1949–2014
杞县葛岗志编纂委员会编 刘宗伟 张银国主编 杞县 杞县葛岗志编纂委员会 2014 年 394 页
b47317206 K296.15 G347 2014

杞县城关镇志
杞县城关镇志编纂委员会编 马丙勋主编 郑州 中州古籍出版社 2017 年 754 页
b50651468 K296.15 C4664 2017

河南省杞县地名录
杞县地名委员会编 杞县 杞县地名委员会 1982 年 150 页
b13588382 K926.14 Q154

杞县地名志
杞县地名志编纂委员会编 汤宗立主编 郑州 中州古籍出版社 2012 年 471 页
b40648394 K926.14 Q154C 2012

通许县

通许县志
通许县地方志编纂委员会编 郑州 中州古籍出版社 1995 年 718 页
b10604479 K296.14 T426

通许县志 1986–2000
通许县地方志编纂委员会编 张培元 陈传新总编纂 北京 北京燕山出版社 2005 年 601 页
b16633556 K296.14 T426 2005

通许县人大志
通许县人大常委会编 徐中坤总编辑 通许 通许县人大常委会 2007 年 385 页
b46274030 D624.614 T426 2007

尉氏县

尉氏县志
尉氏县志编纂委员会编 郑州 中州古籍出版社 1993 年 857 页
b10644945 K296.14 W337

尉氏县志 1986–2004
尉氏县地方史志编纂委员会编 尚春杰主编 郑州 中州古籍出版社 2015 年 966 页
b51093005 K296.14 W337C 2015

尉氏县人大志
尉氏县人大常委会编 尉氏 尉氏县人大常委会 2002 年 400 页
b20141178 D624.614 W337 2002

尉氏县政协志 1959–2001
政协河南省尉氏县委员会编 尉氏 政协河南省尉氏县委员会 2002 年 877 页
b18217783 D628.614 Z649 2002

兰考县

兰考县志
河南省兰考县地方史志编纂委员会编 王武生 王爱菊 张德府主编 郑州 中州古籍出版社 1999 年 845 页
b13990652 K296.14 L172

马庄寨村志
翟波主编 兰考 马庄寨村志编纂委员会 2017 年 112 页
b50991607 K296.15 M1439 2017

兰考县人大志 1949–2016
兰考县人大志编纂委员会编 孔维成主编 兰考 兰考县人大志编纂委员会 2017 年 573 页
b49827182 D624.614 L172 2017

兰考县农村金融志 1914–1999
兰考县农村金融志编纂委员会编 王聚金 蔡河顺主编 兰考 兰考县农村金融志编纂委员会 2000 年 237 页
b50066353 F832.35 L172 2000

兰考黄河志
翟自豪编著 郑州 黄河水利出版社 1998 年 192 页
b15913478 TV882.1 Z283 1998

洛阳市

洛阳市志 第 1 卷 总述 大事记 属县概况
洛阳市地方史志编纂委员会编 李贵基 郭俊民总纂 郑州 中州古籍出版社 2002 年 608 页
b12488501 K296.13 L948

洛阳市志 第 3 卷 城市建设志 交通志 邮电志
洛阳市地方史志编纂委员会编 刘典立 宋克耀总纂 郑州 中州古籍出版社 1997 年 566 页
b12488501 K296.13 L948

洛阳市志 第 4 卷 政党志 政权志 人民政协志 社会团体志
洛阳市地方史志编纂委员会编 李贵基 郭俊民总纂 郑州 中州古籍出版社 2001 年 655 页
b12488501 K296.13 L948

洛阳市志 第 5 卷 外事志 旅游志 侨务志
洛阳市地方史志编纂委员会编 刘典立 王文超总纂 郑州 中州古籍出版社 1999 年 305 页
b12488501 K296.13 L948

洛阳市志 第 6 卷 政法志 民政志 军事志
洛阳市地方史志编纂委员会编 李贵基 郭俊民总纂 郑州 中州古籍出版社 2001 年 603 页
b12488501 K296.13 L948

洛阳市志 第 7 卷 工业志
洛阳市地方史志编纂委员会编 刘典立 王文超总纂 郑州 中州古籍出版社 2000 年 551 页
b12488501 K296.13 L948

洛阳市志 第 8 卷 农业志
洛阳市地方史志编纂委员会编 刘典立 王文超总纂 郑州 中州古籍出版社 1999 年 457 页

b12488501　K296.13　L948

洛阳市志　第10卷 财政志 税务志 金融志
洛阳市地方史志编纂委员会编 刘典立 宋克耀总纂 郑州 中州古籍出版社 1996年 494页
b12488501　K296.13　L948

洛阳市志　第11卷 计划 劳动工资 物价 物资 工商行政 标准计量 审计志
洛阳市地方史志编纂委员会编 刘典立 宋克耀总纂 郑州 中州古籍出版社 1998年 474页
b12488501　K296.13　L948

洛阳市志　第12卷 教育志 科技志
洛阳市地方史志编纂委员会编 刘典立总纂 郑州 中州古籍出版社 1995年 491页
b12488501　K296.13　L948

洛阳市志　第13卷 文化艺术志 新闻志 卫生志 体育志
洛阳市地方史志编纂委员会编 刘典立 宋克耀总纂 郑州 中州古籍出版社 1998年 644页
b12488501　K296.13　L948

洛阳市志　第14卷 文物志
洛阳市地方史志编纂委员会编 徐金星主编 郑州 中州古籍出版社 1995年 517页
b12488501　K296.13　L948

洛阳市志　第15卷 白马寺志 龙门石窟志
洛阳市地方史志编纂委员会编 徐金星 李文生主编 郑州 中州古籍出版社 1996年 405页
b12488501　K296.13　L948

洛阳市志　第15卷 教育志 讨论稿
洛阳市教育志编辑室编纂 叶森 袁君敬主编 洛阳 洛阳市教育志编辑室 1986年 油印本 2卷 761页
b2018203x　G527.613　L948　1988

洛阳市志　第16卷 牡丹志
洛阳市地方史志编纂委员会编 刘典立 宋克耀总纂 郑州 中州古籍出版社 1998年 284页
b12488501　K296.13　L948

洛阳市志　第17卷 人民生活志 民族宗教志 民俗志 方言志
洛阳市地方史志编纂委员会编 刘典立 宋克耀总纂 郑州 中州古籍出版社 1999年 556页
b12488501　K296.13　L948

洛阳市志　1991–2000
洛阳市地方史志编纂委员会编 连维良 王立林总纂 郑州 中州古籍出版社 2006年 6卷
b2039620x　K296.13　L948　2006

中共洛阳市委党校志
中共洛阳市委党校志编纂委员会编 马国图主编 洛阳 中共洛阳市委党校志编纂委员会 2005年 416页
b20578350　D261.41　M137　2005

河南省第四监狱志　1955–2001
河南省第四监狱志编纂委员会编 贾书魁 苗正钊主编 洛阳 河南省第四监狱志编纂委员会 2006年 643页〔河南省监狱志系列丛刊〕
b21763689　D927.610.67　H287　2006

洛阳高新技术产业开发区志　1992–2010
洛阳高新技术产业开发区志编纂委员会编 贺敏主编 洛阳 洛阳高新技术产业开发区志编纂委员会 2012年 384页

b40424777 F127.613 L948 2012

洛阳市土地志 郊区卷
洛阳市郊区土地规划管理局编 王红军主编 郑州 中州古籍出版社 1999年 377页〔河南省土地志丛书〕
b16358065 F327.613 L948 1999

洛玻集团公司志
程荣法 渠世忠主编 郑州 中州古籍出版社 1995年 507页
b49850222 F426.7 L948 1995

洛阳矿山机器厂志
洛阳矿山机器厂编 合肥 安徽新华印刷厂 1986年 282页
b4547977x F426.1 L948 1986

洛阳煤炭志 2005
洛阳市煤炭工业局 洛阳煤炭志编纂委员会编 王四林 杜景敏主编 洛阳 洛阳市煤炭工业局 2006年 398页
b49549947 F426.21 L948C 2006

洛阳石化工程公司志 1956–1985
中国石油化工总公司洛阳石油化工工程公司编 洛阳 中国石油化工总公司洛阳石油化工工程公司 1988年 418页
b51012388 F426.72 L948 1988

洛阳市金属材料公司志 1964–1984
翟孝君 王荣继编辑 洛阳 洛阳市杨文印刷厂 1986年 100页
b45479781 F426.41 L948 1986

洛阳市煤炭公司志 1948–1984
洛阳市煤炭公司编 洛阳 洛阳市杨文印刷厂 1986年 228页
b45479793 F426.21 L948 1986

洛阳烟草服务中心志
洛阳烟草服务中心志编纂委员会编 贾伟 郭卫星主编 郑州 中州古籍出版社 2017年 406页
b50651420 F426.89 J243 2017

洛阳轴承厂志
洛阳轴承厂志总编辑室编 丁世友总编辑 洛阳 洛阳轴承厂志总编辑室 1984年 294页
b50007798 F426.42 L948 1984

中国石化洛阳石油化工工程公司志
洛阳石油化工工程公司志编纂委员会编 洛阳 洛阳石油化工工程公司志编纂委员会 1998年 547页
b49550354 F426.22 Z6495 1998

中信重型机械公司志 1986–2005
中信重型机械公司编志办公室编 洛阳 中信重型机械公司编志办公室 2006年 330页
b4548045x F426.42 Z645 2006

洛阳地区交通志
洛阳地区交通史志编纂委员会编 秦国臻主编 北京 当代中国出版社 1995年 332页〔河南省交通史志丛书〕
b20044409 F512.761.2 L948 1995

洛阳交通扶贫志
洛阳市人民政府编 姚孝斌主编 北京 中华书局 2001年 390页
b3601395x F512.761.3 L948Y 2001

洛阳市交通志
洛阳市交通志编纂委员会编 高观波主编 郑州 河南人民出版社 1986年 496页〔河南省交通志丛书〕

b20416921 F512.761.3 G238 1986

洛阳市交通志 1985-2007
赵震 曹忠良主编 郑州 中州古籍出版社 2009年 590页
b20950536 F512.761.3 L948 2009

洛阳市汽车运输公司志
洛阳市汽车运输公司志编纂委员会编 周得京主编 郑州 中州古籍出版社 1991年 396页
b49640902 F572 L948 1991

洛阳市粮食志
辛育生主编 洛阳 洛阳市粮食志编写者 1987年 325页
b36014102 F724.721 L948 1987

洛阳地税志 1994.9-2003.12
洛阳市地方税务局编 吕太昌主编 洛阳 洛阳市地方税务局 2004年 541页
b21764360 F812.761.3 L948 2004

洛阳市财政志 1996-2010
洛阳市财政志编纂委员会编 谷树森主编 郑州 中州古籍出版社 2012年 2卷 1117页
b37531852 F812.761.3 L948C 2012

洛阳地区金融志
洛阳地区金融志编辑室编 王清理主编 洛阳 洛阳地区金融志编辑室 1986年 562页
b21764359 F832.761.3 L948 1986

洛阳日报社志
洛阳日报社编 邓明选主编 洛阳 洛阳日报社 2008年 586页
b22430866 G219.246.13 L948 2008

洛阳地区教育志
洛阳地区教育志编纂者 张正民主编 郑州 中州古籍出版社 1992年 365页
b13743351 G527.612 L948

洛阳市实验小学校志 1954-2009
洛阳市实验小学校志编纂委员会编 潘文武主编 洛阳 洛阳市实验小学校志编纂委员会 2009年 482页
b21569368 G629.286.13 L948 2009

洛阳市第十二中学校志 1956-2006
洛阳市第十二中学校志编委会编 洛阳 洛阳市第十二中学校志编委会 2006年 237页
b2040377x G639.286.13 L9487 2006

洛阳市第十二中学校志 洛阳市第十二中学第二个三年计划 2007-2010
洛阳市第十二中学校志编纂委员会编 洛阳 洛阳市第十二中学校志编纂委员会 2010年 618页
b49849670 G639.286.13 L9487 2010

洛阳市第一高级中学校志 1904-2004
洛阳市第一高级中学校志编纂委员会编 吕幼枫主编 香港 中国教育出版社 2004年 567页
b17298805 G639.286.1 L948 2004

洛阳市第一中学校志 洛阳市第一中学60周年校庆特别纪念专集 1948-2008
贺朝曾主编 洛阳 洛阳市第一中学 2008年 116页
b20102847 G639.286.13 L948 2008

洛阳工学院志
洛阳工学院志编纂委员会编 郑州 中州古籍出版社 1998年 688页

b17646583　G649.286.1　L948　1998

洛阳师范学院体育学院志
高松山　周明华主编　郑州　中州古籍出版社　2009 年　303 页
b2057731x　G649.286.13　L948　2009

洛阳教育学院志　1981–1997
洛阳教育学院志编纂委员会编　高绍禹主编　洛阳　洛阳教育学院志编纂委员会　1999 年　286 页
b49640203　G659.286.13　L9484　1999

洛阳师范高等专科学校志　1916–1995
洛阳师范高等专科学校志编纂委员会编　叶鹏主编　郑州　中州古籍出版社　1996 年　697 页
b1058349x　G659.286.1　L948

洛阳市第二师范学校志　中国中等师范名校　1916–2000
吉瑞林主编　洛阳　洛阳市新闻出版局　2000 年　370 页
b20102835　G659.286.13　L948　2000

洛阳市第一师范学校志　1924–1999
洛阳市第一师范学校志编纂委员会编　李正本主编　洛阳　中国航空工业总公司第六一三所　1999 年　370 页〔河南洛阳地方志〕
b20102859　G659.286.1　L9481　1999

河南科技大学林业职业学院　河南省林业学校志　1951–2011
校志编纂委员会编　刘进社主编　洛阳　洛阳市晨鸣彩色印务公司　2011 年　674 页
b41234911　G719.286.13　H287　2011

河南省林业学校志　1951–2000
河南省林业学校志编纂委员会编　方艾　兀振国主编　洛阳　洛阳市新闻出版局　2001 年　483 页
b2010148x　G719.286.1　H287　2001

洛阳工业高等专科学校志　1956–2006
洛阳工业高等专科学校校志编纂委员会编　北京　方志出版社　2006 年　699 页
b17735397　G719.286.1　L948　2006

中铁隧道集团职工大学志　1979–2007
中铁隧道集团职工大学志编纂委员会编　时圣功主修　北京　中国铁道出版社　2008 年　269 页
b22082724　G726.84　S467　2008

洛阳舞蹈志
洛阳舞蹈志编委会编纂　张金保主编　郑州　中州古籍出版社　2011 年　364 页
b37531876　J709.261.3　L948　2011

洛阳市戏曲志
洛阳市文化局编　盛长柱主编　洛阳　中国戏曲志·河南卷编委会　1988 年　436 页
b16403794　J809.2　S446　1988

洛阳工运人物志
洛阳市总工会编著　张兴霖主编　郑州　河南人民出版社　1993 年　444 页
b21569356　K820.861.3　Z367　1993

洛阳市文物志
洛阳市文化局编　徐金星　黄明兰主编　洛阳　豫西报社印刷厂　1985 年　511 页
b15251913　K872.613　X572　1985

洛阳明清碑志　偃师卷
洛阳市文物钻探管理办公室　洛阳师范学

院编 李春敏主编 郑州 中州古籍出版社 2015 年 2 册 743 页
b51186548 K877.423 L391 2015

洛阳民俗志
韩彦刚 孙素玲 尚仁杰编著 香港 香港教科文出版有限公司 1999 年 389 页
b23920154 K892.461.3 L948 1999

洛阳市地理志
洛阳市地方志编纂委员会编 袁君敬主编 北京 红旗出版社 1992 年 211 页〔河南地方志丛书〕
b19930239 K926.13 L948 1992

洛阳关林志
洛阳市文物管理局 洛阳关林管理处编 郭挺彩主编 西安 三秦出版社 2009 年 244 页〔洛阳地方志丛书〕
b46274200 K928.75 L9489 2009

洛阳市疾病预防控制中心志
洛阳市疾病预防控制中心编 洛阳 洛阳市疾病预防控制中心 2014 年 562 页
b49549959 R197.2 L948 2014

洛阳市农业科学研究所志 1941–2006
洛阳市农业科学研究所志编辑委员会编 张灿军 梁维超主编 洛阳 洛阳市农业科学研究所志编辑委员会 2006 年 344 页
b49982540 S–242.613 L948 2006

洛阳牡丹图志
刘典立主编 郑州 大象出版社 2016 年 336 页
b50994153 S685.11–64 L948 2016

洛阳建筑志
洛阳建筑志编纂委员会编 高元池 何肃然 贺廷栋主编 郑州 中州古籍出版社 2004 年 511 页
b36380453 TU–092 L948 2004

洛阳市政建设志
洛阳市市政工程管理处编 洛阳 洛阳市市政工程管理处 1984 年 255 页
b21764384 TU984.261.3 L948 1984

小浪底水利枢纽志 初稿
小浪底水利枢纽志编写者 洛阳 小浪底水利枢纽志编写者 2006 年 打印稿 3 卷 1181 页
b21856953 TV632.61 X347 2006

西工区

洛阳市西工区志
洛阳市西工区志编纂委员会编 郑州 河南人民出版社 1988 年 397 页
b16746776 K296.13 L948X 1988

洛阳市西工区志 1986–2000
陈淑欣主编 郑州 中州古籍出版社 2008 年 674 页
b20215009 K296.13 L948X 2008

老城区

洛阳市老城区志
洛阳市老城区志编纂委员会编 郑州 河南人民出版社 1989 年 347 页
b13277418 K296.13 L948L

老城区志 1989–2000
洛阳市老城区志编纂委员会编 杨栾福主编 郑州 中州古籍出版社 2006 年 548 页〔中国地方志丛书〕
b16737544 K296.13 L948L 2006

瀍河回族区

洛阳市廛河回族区志
洛阳市廛河回族区地方志编纂委员会编 马洪都主编 郑州 河南人民出版社 1988年 456页
b10597840 K296.14 C296

洛阳市瀍河回族区志 1986–2000
瀍河回族区地方史志编纂委员会编 杨安民主编 郑州 中州古籍出版社 2010年 449页〔中国地方志丛书〕
b21589483 K296.13 L948CH 2010

瀍河回族区志 评审稿 1986–2000
瀍河回族区地方史志办公室编 杨安民主编 洛阳 瀍河回族区地方史志办公室 2005年 663页
b44917053 K296.13 L948CH 2005

涧西区

洛阳市涧西区志
洛阳市涧西区志编纂委员会编 马振九主编 北京 海潮出版社 1988年 458页
b16746569 K296.13 L948K 1988

洛阳市涧西区志 1986–2000
洛阳市涧西区志编纂委员会编 姚进圈主编 郑州 中州古籍出版社 2010年 679页
b36248678 K296.13 L948K 2010

洛阳市涧西区财政志 1955–2011
洛阳市涧西区财政志编纂委员会编 刘水成 吴迪主编 西安 三秦出版社 2012年 584页
b44869897 F812.761.3 L948J 2012

吉利区

洛阳市吉利区志
吉利区地方史志编纂委员会编 北京 光明日报出版社 1991年 525页
b10589387 K296.14 J138

洛阳市吉利区志 1989–2000
洛阳市吉利区地方史志编纂委员会编 张志坚主编 北京 中华书局 2002年 519页
b20950524 K296.14 J138 2002

北陈村志
吉利区北陈村志编纂委员会编 洛阳 吉利区北陈村志编纂委员会 2011年 603页
b5015218x K296.15 B3161 2011

洛龙区

洛阳市郊区志
洛阳市郊区地方史志编纂委员会编 李世田主编 郑州 中州古籍出版社 1998年 2卷 1036页
b16446793 K296.13 L948J 1998

洛阳市郊区志 1991–2000
洛阳市洛龙区史志编纂委员会编 张建慧主编 郑州 中州古籍出版社 2011年 627页
b37531864 K296.13 L948LY 2011

陈李寨村志
洛阳市洛龙区陈李寨村志编委会编 王麦立 王建设主编 郑州 中州古籍出版社 2017年 556页
b50747460 K296.15 C424 2017

洛龙区人口和计划生育志 1975–2014
洛阳市洛龙区人口和计划生育委员会编

洛阳 洛龙区人口和计划生育委员会 2014年 176页
b50991590 C924.256.13 L948 2014

洛阳市洛龙区国土资源志
洛阳市洛龙区国土资源局 洛阳市洛龙区档案史志局编 杜伟宾主编 郑州 中州古籍出版社 2016年 454页
b47206111 F129.961.3 L948L 2016

洛阳市洛龙区财政志 1948–2010
洛龙区财政志编纂委员会编 杨平主编 郑州 中州古籍出版社 2015年 512页
b47287718 F812.761.3 L948L 2015

洛阳市郊区水利志 征求意见稿
洛阳市郊区水利局编 洛阳 洛阳市郊区水利局 1984年 油印本 71页
b21856527 TV–092 L9489 1984

偃师市

偃师县志
偃师县志编纂委员会编 王景森 邓少波 张静安主编 北京 三联书店 1992年 995页〔中国地方志丛书〕
b10588796 K296.14 Y181

偃师市志 1986–2000
偃师市地方史志编纂委员会编 段延峰主编 郑州 中州古籍出版社 2016年 1226页
b5006552x K296.14 Y181D 2016

偃师市志 评审稿 1986–2000
河南省偃师市志编纂委员会编 偃师 河南省偃师市志编纂委员会 2005年 802页
b4491684x K296.14 Y181Y 2005

苗湾村志
苗湾村志编委会编 段天兴 张松治主编 郑州 中州古籍出版社 2006年 602页
b20019877 K296.14 Y181M 2006

曲家寨村志
李建升 周得京主编 郑州 中州古籍出版社 1993年 592页
b18120957 K296.15 Q562 1993

偃师人大志 1949–2016
偃师市人民代表大会志编纂委员会编 郑州 中州古籍出版社 2016年 738页
b49770019 D624.614 Y181 2016

洛阳市土地志 偃师卷
河南省偃师市土地规划管理局编 段志军主编 郑州 中州古籍出版社 1999年 283页〔河南土地志丛书〕
b21277072 F327.613 L948Y 1999

偃师市土地志
河南省偃师市土地规划管理局偃师市土地志编纂委员会编 段志军主编 偃师 河南省偃师市土地规划管理局偃师市土地志编纂委员会 1997年 283页
b19932741 F327.613 D745 1997

偃师市交通志 前2010–2013
偃师市交通志编纂委员会编 李万通主编 郑州 中州古籍出版社 2015年 538页
b47287767 F512.761.4 Y181 2015

偃师市教育志
偃师市教育志编纂委员会编 潘道谦主编 郑州 中州古籍出版社 2001年 694页〔河南省教育志系列丛书〕
b16177381 G527.613 Y181 2001

偃师县戏曲志
张炬灼主编 郑州 中国戏曲志·河南卷编委会 1991 年 242 页
b16425686 J809.2 Z354 1991

偃师县文物志
偃师县文物保护管理委员会编 洛阳 洛阳地区文物管理委员会印 1979 年 90 页
b3638026x K872.614 Y181 1979

偃师市水利志
张安民主编 郑州 黄河水利出版社 1998 年 336 页
b17486646 TV-092 Z345 1998

伊洛河志
郭建民 郑金亮主编 北京 中国科学技术出版社 1995 年 321 页
b21766071 TV882.1 G769 1995

孟津县

孟津县志
河南省孟津县地方史志编纂委员会编 周樟主编 郑州 河南人民出版社 1991 年 896 页〔中华人民共和国地方志丛书〕
b10600061 K296.14 M368

孟津县志 1986–2000
孟津县地方史志编纂委员会编 张元文主编 北京 方志出版社 2006 年 625 页〔中国地方志丛书〕
b17017348 K296.14 M368Z 2006

孟津县老城高级中学校志
陈冠军主编 孟津 孟津县老城高级中学 2008 年 309 页
b20102872 G639.286.14 C419 2008

龙马负图寺志 河图之源
孙顺通主编 郑州 中州古籍出版社 1997 年 173 页
b16324778 K928.75 S777 1997

新安县

新安县志
新安县地方史志编纂委员会编 林志冠主编 郑州 河南人民出版社 1989 年 748 页
b10646942 K296.14 X443

新安县志 1986–2000
新安县地方史志编纂委员会编 葛新士 张友仁 孙三刚主编 郑州 中州古籍出版社 2008 年 698 页〔中国地方志丛书〕
b20462347 K296.14 X443 2008

关址村志
郑金亮主编 郑州 中州古籍出版社 2011 年 281 页
b37531815 K296.15 G641 2011

新安县政协志
政协新安县委员会编 李秀章 张友仁主编 洛阳 洛阳市天彩印刷公司 2005 年 357 页
b22432619 D628.614 X443 2005

新安县政协志 2007–2016
新安县政协志编纂委员会编 王海浩 李秀章主编 新安 政协新安县委员会 2017 年 409 页
b50729834 D628.614 X443 2017

新安县林业志
新安县林业局编 李晓遂主编 新安 新安县林业局 2011 年 407 页
b49472495 F326.276.14 X443 2011

新安煤矿志 1978–2008
新安煤矿志编纂委员会编 龚宝珠主编 郑州 中州古籍出版社 2008 年 391 页
b21765777 F426.21 G431 2008

新安县交通志
新安县交通志编纂委员会编 阎景龙主编 郑州 中州古籍出版社 2016 年 571 页
b50065531 F512.761.4 X443 2016

新安县财政志
新安县财政志编纂委员会编 司益文主编 郑州 中州古籍出版社 2011 年 544 页
b37531888 F812.761.4 X443 2011

新安县文化志
新安县文化志编纂委员会编 裴西川主编 北京 中国文联出版社 2006 年 422 页
b20578027 G127.614 X443 2006

新安民间兴学志
聂治华主编 郑州 河南人民出版社 1997 年 362 页
b5001755x G527.614 X443 1997

新安县教育志
新安县教育志编纂领导小组编 周廷翰 聂治华主编 郑州 河南人民出版社 1996 年 483 页〔中国地方志丛书〕
b1642430x G527.614 Z674 1996

新安县戏曲志
新安县文化局编 刘少玖主编 新安 新安县文化局 1987 年 112 页
b20046297 J809.261.4 L688

新安县水利志
程留保 刘咏章主编 郑州 中州古籍出版社 2015 年 492 页
b47206184 TV–092.614 X443 2015

栾川县

栾川县志
栾川县地方史志编纂委员会编 常书泽主编 北京 三联书店 1994 年 783 页〔中国地方志丛书〕
b10604510 K296.14 L852

栾川县志 1990–2000
栾川县地方史志编纂委员会编 郑州 中州古籍出版社 2009 年 626 页
b20950512 K296.14 L852C 2009

栾川县人事劳动志
栾川县人事劳动局编 杨召军 赵宗智主编 栾川 栾川县人事劳动局 2001 年 406 页
b49849669 D630.3 L852 2001

老君山志
河南省老君山志编纂委员会编 张记主编 郑州 中州古籍出版社 2017 年 796 页〔老君山文化丛书〕
b50290861 K928.3 L255 2017

洛阳老君山文化志
程钢主编 北京 清华大学出版社 2018 年 288 页
b50866242 K928.3 C4533 2018

栾川树木志
谢红伟主编 北京 中国林业出版社 2015 年 736 页
b46980891 S717.261.4 L852 2015

嵩 县

嵩县志
河南省嵩县志编纂委员会编 郑州 河南人民出版社 1990 年 1089 页

b1059999x　K296.14　S674

嵩县志　1986–2000
嵩县地方史志编纂委员会编　龚新贞主编　郑州　中州古籍出版社　2008 年　792 页〔中国地方志丛书〕
b20215010　K296.14　S674G　2008

大章镇志
大章镇志编纂委员会编　范小山主编　郑州　中州古籍出版社　2017 年　442 页〔嵩县乡镇志系列〕
b50232125　K296.15　v5

汝阳县

汝阳县志
汝阳县地方史志编纂委员会编　北京　生活·读书·新知三联书店　1995 年　819 页〔中国地方志丛书〕
b10647338　K296.14　R326C

汝阳县志　1989–2000
汝阳县地方史志编纂委员会编　郑州　中州古籍出版社　2008 年　621 页〔中国地方志丛书〕
b19734128　K296.14　R326C　2008

汝阳县人大志
汝阳县人大常委会编纂委员会编　郭治国主编　汝阳　汝阳县人大常委会编纂委员会　2015 年　504 页
b47297025　D624.614　R326　2015

汝阳县政协志
政协汝阳县委员会编　汝阳　政协汝阳县委员会　2010 年　496 页
b44916498　D628.614　R326　2010

汝阳县财政志
汝阳县财政局　中共汝阳县委党史研究室编　尚荣彬主编　北京　方志出版社　1999 年　544 页
b21764906　F812.761.4　R326　1999

汝阳县金融志
汝阳县金融志编辑组编　蔡天怒主编　汝阳　汝阳县金融志编辑组　1986 年　522 页
b45569599　F832.761.4　R326　1986

宜阳县

宜阳县志
河南省宜阳县地方志编纂委员会编　仝建勋　张修卿　赵苗远主编　北京　三联书店　1996 年　844 页〔中国地方志丛书〕
b10588784　K296.14　Y425

宜阳县志　1990–2000
宜阳县地方史志编纂委员会编　程汴玲主编　北京　方志出版社　2005 年　699 页〔中国地方志丛书〕
b16144685　K296.14　Y425Y　2005

中峪村志
中峪村志编纂委员会编　张成仁主编　宜阳　中峪村志编纂委员会　2010 年　406 页
b40864121　K296.15　Z645　2010

宜阳县人民代表大会志
程汴玲　丁擘飞主编　香港　天马出版社　2002 年　285 页
b20141592　D624.614　Y425　2002

宜阳县人民代表大会志　2001–2011
宜阳县人民代表大会志编纂委员会编　李威武主编　宜阳　宜阳县人民代表大会志编纂委员会　2011 年　322 页

b49506444　D624.614 Y425 2011

政协宜阳县委员会志
李铁芳 程汴玲主编 宜阳 政协宜阳县委员会 2003 年 363 页
b17800134　D628.614 L418 2003

宜阳县农村信用社志 1951–2014
李功武执笔 宜阳 宜阳县农村信用合作联社 2015 年 320 页
b49939221　F832.761.4 L395 2015

宜阳县教育志
马少轻主编 郑州 中州古籍出版社 2016 年 654 页
b47560642　G527.614 Y425 2016

宜阳县文物志
宜阳县地方志史志办公室编 程汴玲主编 郑州 中州古籍出版社 2001 年 193 页
b16428638　K872.614 Y425 2001

洛宁县

洛宁县志
洛宁县志编纂委员会编 刘京岳主编 北京 三联书店 1991年 800页〔中国地方志丛书〕
b10759256　K296.14 L948

洛宁县志 1988–2000
洛宁县志编纂委员会编 李安主编 郑州 中州古籍出版社 2005 年 646 页
b1749087x　K296.14 L948 2005

洛宁县教育志
谭杰 柴鸾苗主编 郑州 中州古籍出版社 1995 年 776 页〔河南地方志丛书〕
b13743429　G527.614 T187

洛河故县水库志
洛河故县水库志编纂委员会编 陈景章主编 北京 方志出版社 1998 年 476 页
b17298817　TV632.614 C422 1998

伊川县

伊川县志
李耀增主编 郑州 河南人民出版社 1991 年 873 页〔中国地方志丛书 2001〕
b10640897　K296.14 Y398

伊川县志 1986–2000
伊川县史志编纂委员会编 方占杰主编 北京 中华书局 2004 年 415 页
b15935917　K296.14 Y398F 2004

伊川县人民代表大会志 1950–2011
伊川县人民代表大会志编纂委员会编 赵留会主编 伊川 伊川县人大志编纂委员会 2011 年 483 页
b47073275　D624.614 Y398 2011

伊川县国土资源志
伊川县国土资源志编纂委员会编 杜群渊 赵留会 袁红敏主编 郑州 中州古籍出版社 2015 年 490 页
b47331252　F129.961 Y398 2015

伊川县财政志
伊川县财政志编纂委员会编 方占杰 姚彦斌主编 北京 方志出版社 2010 年 705 页
b22364894　F812.761.4 Y398 2010

平顶山市

平顶山市志
平顶山市地方史志编纂委员会编 韩向忱主编 郑州 河南人民出版社 1994 年 2

卷 1513 页
b10647491 K296.13 P612

平顶山市志 1987–1995
平顶山市地方史志编纂委员会编 北京 方志出版社 1999 年 781 页
b17729300 K296.13 P612 1999

河南省平顶山市人民政府志
平顶山市人民政府志编纂委员会编 张中河主编 天津 海潮出版社 1994 年 402 页
b19930173 D625.613 Z369 1994

平顶山市工商行政管理志
邵秀水主编 合肥 黄山书社 1998 年 407 页
b36379268 F203.9 P612 1998

平顶山市房地产志
平顶山市房地产志编纂委员会编 刘海波主编 北京 方志出版社 1997 年 434 页
b50247311 F299.276.13 P612 1997

平顶山高压开关厂厂志
平顶山高压开关厂厂志编辑委员会编 赵文华编辑 平顶山 平顶山高压开关厂厂志编辑委员会 1987 年 588 页
b50248212 F426.61 P6122 1987

平顶山矿务局志
平顶山矿务局志编委会编 北京 煤炭工业出版社 1995 年 634 页
b49981031 F426.21 P612 1995

平顶山烟草志
平顶山烟草志编纂委员会编 王国兴主编 北京 方志出版社 2001 年 697 页
b50247323 F426.89 P612 2001

姚电公司志 1996–2009
姚电公司志编纂委员会编 北京 中国科学技术出版社 2010 年 496 页
b5077847x F426.61 Y294 2010

平顶山市交通志
平顶山市交通局交通志编纂委员会编 西安 西安地图出版社 2007 年 430 页
b20815505 F512.761.3 P612 2007

平顶山市金融志
平顶山市金融志编纂委员会编 王殿和主编 北京 中华书局 2001 年 464 页
b21764748 F832.761.3 P612 2001

平顶山煤业集团教育志
平煤集团教育志编委会编 平顶山 平煤业集团教育志编委会 2003 年 480 页
b21136555 G527.613 P612 2003

河南省平顶山市第二高级中学校志
河南省平顶山市第二高级中学校志编纂委员会编 平顶山 河南省平顶山市第二高级中学校志编纂委员会 2009 年 537 页
b21568200 G639.286.13 P612 2009

河南省平顶山市第一中学校志 1956–2006
河南省平顶山市第一中学校志编委会编 盛增坡主编 平顶山 河南省平顶山市第一中学校志编委会 2006 年 712 页
b49640070 G639.286.13 P6122 2006

河南省平顶山市实验高级中学校志 1958–2008
封俊楼主编 平顶山 河南省平顶山市实验高级中学 2008 年 582 页
b41234923 G639.286.13 P6128 2008

平顶山市第二中学校志
平顶山市第二中学校志编纂委员会编 丁富国 马新峰主编 平顶山 平顶山市第二

中学校志编纂委员会 2012年 324页
b49789491 G639.286.13 P6123 2012

平顶山市第一高级中学校志
连新年主编 平顶山 平顶山市第一高级中学 2001年 243页
b20121556 G639.286.13 P6121 2001

平顶山学院志 1977–2005
平顶山学院志编纂委员会编 郑新灵主编 郑州 中州古籍出版社 2007年 432页
b21569800 G649.286.13 P612 2007

平顶山市戏曲志
周斌主编 北京 文化艺术出版社 1991年 213页
b18572789 J809.261.3 Z661 1991

平顶山历史人物志
潘民中 杨晓宇 李瑞编著 郑州 中州古籍出版社 1995年 189页〔平顶山历史文化研究丛书〕
b15668010 K820.861.3 P159 1995

河南省平顶山市地名志
平顶山市地名办公室编 谢复初 申书亮主编 天津 天津人民出版社 1992年 369页
b21276419 K926.13 P612 1992

姚孟电厂志
河南省平项山姚孟发电有限责任公司编 北京 中国电力出版社 1999年 244页
b50318032 TM-092 Y295 1999

平顶山市园林志
平顶山市园林志编纂委员会编 王富安主编 郑州 中州古籍出版社 2016年 406页
b47206135 TU986.626.13 W216 2016

白龟山水库志
河南省白龟山水库灌溉工程管理局编 陈远近主编 郑州 黄河水利出版社 1998年 227页
b21855419 TV632.613 C436 1998

新华区

新华区志
新华区地方史志编纂委员会编 郑州 中州古籍出版社 1993年 481页
b46239911 K296.13 P612X 1993

平顶山市新华区志 1991–2000
平顶山市新华区地方史志编纂委员会编 胡明甫 袁朝卿主编 郑州 中州古籍出版社 2013年 735页
b45649224 K296.13 P612X 2013

郑营村志
郑海林主编 平顶山 郑营村志编纂者 2009年 223页
b20401863 K296.15 Z545 2009

卫东区

卫东区志
平顶山市卫东区地方史志编纂委员编 岳长宇主编 郑州 中州古籍出版社 1991年 410页
b2757507x K296.13 P612W 1991

卫东区志 1989–2000
平顶山市卫东区地方史志编委会编 郑州 中州古籍出版社 2007年 668页〔中国地方志丛书〕
b19329325 K296.13 P612W 2007

平顶山市卫东区科技志
邢发伟主编 北京 中共党史出版社 2011 年 354 页
b40426117 G322.761.3 P612W 2011

石龙区

平顶山市西区志
平顶山市西区志编纂委员会编 刘天育 孙恩重主编 郑州 中州古籍出版社 1995 年 420 页
b10588772 K296.14 X1197

平顶山市石龙区志 1991–2000
平顶山市石龙区地方史志编纂委员会编 郑州 中州古籍出版社 2017 年 602 页
b49832517 K296.13 P612S 2017

平顶山市石龙区人民代表大会志
平顶山市石龙区人民代表大会志编纂委员会编 北京 中国民主法制出版社 2009 年 610 页
b20950998 D624.613 P612 2009

平顶山市石龙区人民代表大会志
平顶山市石龙区人民代表大会志编纂委员会编 翟青虎主编 北京 中国民主法制出版社 2011 年 续修版 847 页
b49532698 D624.613 P612 2011

平顶山市石龙区政协志
平顶山市石龙区政协志编纂委员会编 陈更套主编 北京 中国文史出版社 2011 年 403 页
b38893848 D628.613 P612S 2011

平顶山市石龙区煤炭志
平顶山市石龙区煤炭志编纂委员会编 李玉柱主编 平顶山 平顶山市石龙区煤炭志编纂委员会 2014 年 434 页
b50747824 F426.21 P612S 2014

湛河区

平顶山市湛河区志
平顶山市湛河区地方史志编纂委员会编 魏英乾 李拴兴主编 郑州 中州古籍出版社 2011 年 619 页
b36133796 K296.13 Z331 2011

舞钢市

舞钢市志
舞钢市地方史志编纂委员会编 董文安主编 郑州 中州古籍出版社 1993 年 882 页
b10616950 K296.13 W529

舞钢市志 1991–2000
舞钢市地方史志编纂委员会编 范平主编 北京 方志出版社 2010 年 789 页
b36133851 K296.13 W529C 2010

舞钢市武功乡志
舞钢市武功乡志编纂委员会编 谢宗凡主编 郑州 中州古籍出版社 2017 年 368 页
b49889485 K296.15 W532 2017

舞钢市乡土志
王振明编著 郑州 中州古籍出版社 2016 年 279 页
b4733132x K296.14 W5293 2016

舞钢市人大志
舞钢市人大志编纂委员会编 香港 天马图书公司 2000 年 434 页
b20019294 D624.613 W529 2000

舞钢市国土资源志 前 2070–2010
舞钢市国土资源志编纂委员会编 郑建华

主编 舞钢 舞钢市国土资源志编纂委员会 2014年 409页
b46240226 F129.961.3 W529 2014

汝州市

汝州市志
汝州市地方史志编纂委员会编 王维周主编 郑州 中州古籍出版社 1994年 906页〔河南地方志丛书〕
b10636584 K296.13 R326

汝州市志 1989-2000
汝州市地方史志编纂委员会编 李新立主编 郑州 中州古籍出版社 2012年 1135页
b40837385 K296.13 R326 2012

汝州市人民代表大会志 1949-2011
汝州市人民代表大会志编纂委员会编 魏国正主编 北京 中国民主法制出版社 2011年 934页
b49532704 D624.614 R3269 2011

平顶山市土地志 汝州卷
汝州市土地管理局编 杨建国主编 郑州 中州古籍出版社 1998年 266页〔河南省土地志丛书〕
b16594599 F327.613 P612R 1998

汝州市文学志
陈建国主编 沈阳 白山出版社 2012年 593页〔河洛文库〕
b50347561 I209.961.4 R326 2012

宝丰县

宝丰县志
宝丰县史志编纂委员会编 杨裕主编 北京 方志出版社 1996年 916页
b10524836 K296.14 B268C

宝丰县志 1988-2005
宝丰县志编纂委员会编 郑永安 董国范主编 郑州 中州古籍出版社 2011年 1160页
b36174403 K296.14 B268 2011

河西村志
河西村党支部村委会编 刘文忠主编 北京 国际炎黄文化出版社 2003年 219页
b17359326 K296.15 B268H 2003

宝丰县工商行政管理志
宝丰县工商行政管理志编委会编 李树春主编 北京 方志出版社 1998年 342页
b36378641 F123.82 B268 1998

宝丰县土地志
宝丰县土地志编纂委员会编 郑州 中州古籍出版社 1998年 269页〔河南省土地志丛书〕
b16596225 F327.613 P612B 1998

宝丰县商务志
宝丰县商务志编纂委员会编 张砖头主编 郑州 河南人民出版社 2008年 469页
b21762703 F727.614 B268 2008

宝丰县第一高级中学校志
杨留功主编 郑州 中州古籍出版社 2000年 406页
b18280973 G639.286.1 B268 2000

宝丰县文化志
宝丰县文化广电局编 吕才营主编 北京 中国文史出版社 2016年 568页
b49715653 K296.14 B268D 2016

叶　县

叶县志
叶县地方史志编纂委员会编 杨文平 李建兴主编 郑州 中州古籍出版社 1995 年 734 页
b10647296 K296.14 Y384

叶县志 1986–2002
叶县地方史志编纂委员会编 王亚平主编 郑州 中州古籍出版社 2008 年 730 页
b20198152 K296.14 Y384D 2008

平顶山市土地志 叶县卷
叶县土地管理局编 张俊岭主编 郑州 中州古籍出版社 1999 年 312 页〔河南省土地志丛书〕
b21866788 F327.613 P612Y 1999

鲁山县

鲁山县志
鲁山县地方史志编纂委员会编 郑州 中州古籍出版社 1994 年 1035 页
b10796812 K296.14 L813

鲁山县志 1989–2005
鲁山县地方史志编纂委员会编 王西京主编 郑州 中州古籍出版社 2014 年 1096 页
b45649212 K296.14 L813 2014

张良段庄村志
张良段庄村编 鲁山 张良段庄村 2016 年 70 页
b47415368 K296.15 Z356 2016

平顶山市土地志 鲁山卷
鲁山县土地管理局编 尹崇智总纂 郑州 中州古籍出版社 1999 年 302 页〔河南省土地志丛书〕
b16596237 F327.613 P612L 1999

河南省鲁山县第一高级中学校志续编 1986–2011
鲁山一高校志续编编纂委员会编 王宝钦主编 鲁山 鲁山一高校志续编编纂委员会 2013 年 390 页
b47415356 G639.286.14 L813 2013

鲁山县育英学校志 第 1 卷
鲁山县育英学校志编委会编 张庆林主编 郑州 中州古籍出版社 2018 年 241 页
b51100113 G639.286.14 L8138 2018

鲁山县戏曲志
禹瑞祥主编 郑州 中国戏曲志河南卷编辑委员会 1991 年 109 页
b16431224 J809.261 Y749 1991

河南省鲁山县地名志
鲁山县地名办公室编 谢克旺主编 郑州 中州古籍出版社 1990 年 608 页
b20378543 K926.14 L813 1990

鲁山县瀼河乡地名志
鲁山县瀼河乡人民政府编 鲁山 鲁山县印刷厂 1988 年 58 页
b20015860 K926.15 R132 1988

郏　县

郏县志
郏县地方史志编纂委员会编 张汉文 朱志岭主编 郑州 中州古籍出版社 1996 年 722 页〔中国地方志丛书 2001〕
b10599988 K296.14 J227

郏县志 1987–2000
郏县地方史志编纂委员会编 叶营 贾永志主编 郑州 中州古籍出版社 2003 年 657 页
b16164866 K296.14 J227 2003

郏县产业集聚区志 2009–2014
郏县产业集聚区志编纂委员会编 卢根强主编 郏县 郏县产业集聚区志编纂委员会 2016 年 250 页
b47415149 F127.614 J227 2016

河南省郏县地名志
郏县地名办公室编 李陨岩主编 郏县 郏县地名办公室 1989 年 370 页
b20378531 K926.14 J227 1989

郏县妇幼保健院志 1965–2015
郏县妇幼保健院志编纂委员会编 宋合梁照瑞主编 郑州 中州古籍出版社 2017 年 296 页
b50009989 R197.5 J227 2017

郏县卫生志 1986–2006
郏县卫生志编纂委员会编 宋合主编 香港 中国新时代出版社 2010 年 419 页
b50747654 R199.2 J227 2010

郏县水利志 1986–2000
河南省郏县水利局编 王庆生主编 郑州 河南省郏县水利局 2003 年 267 页
b21137183 TV–092 J227 2003

安阳市

安阳市志
河南省安阳市地方史志编纂委员会编 黄锡章 陈文道主编 郑州 中州古籍出版社 1998 年 4 卷 2257 页
b13007002 K296.13 A1643

安阳市志 1988–2000
安阳市地方史志编纂委员会编 陈文道主编 郑州 中州古籍出版社 2008 年 2 卷 1509 页
b2019836x K296.13 A1643D 2008

安阳市监狱志 1982–2003
史双印主编 安阳 安阳市监狱志编纂委员会 2007 年 303 页〔河南省监狱志系列丛刊〕
b21762636 D927.613.67 S488 2007

安阳市工商行政管理志 1941–2015
安阳市工商行政管理局 尹猛主编 安阳 安阳市工商行政管理局 2016 年 征求意见稿 595 页
b51079616 F123.82 A164 2016

安阳市城市建设志
安阳市城市建设志编纂委员会编 张平主编 北京 中国建筑工业出版社 1997 年 486 页〔中华人民共和国地方志〕
b21763653 F299.276.13 A164 1997

安阳市土地志
安阳市土地志编纂委员会编 牛先锋主编 郑州 中州古籍出版社 2002 年 514 页
b13874044 F327.613 A164

安钢股份公司第一轧钢厂志 1998–2017
第一轧钢厂志编纂委员会编 康万义主编 北京 冶金工业出版社 2018 年 280 页
b51240579 F426.31 A164E 2018

安钢运输部志 1958–1985
安钢运输部志编纂委员会编 北京 冶金工业出版社 2018 年 221 页
b53043613 F426.31 A164C 2018

安钢运输部志 1986–2018
安钢运输部志编纂委员会编 北京 冶金工业出版社 2018 年 317 页
b51237039 F426.31 A164D 2018

安钢志 2008–2017
安钢志（2008–2017）编纂委员会编 北京 冶金工业出版社 2018 年 574 页
b51150542 F426.31 A163 2018

安阳钢铁公司志 1957–1985
安阳钢铁公司志编纂委员会编 安阳 安阳钢铁公司志编纂委员会 1988 年 1428 页
b50778237 F426.31 A164 1988

安阳钢铁集团公司志 1986–1997
安阳钢铁集团公司志编纂委员会编 安阳 安阳钢铁集团公司志编纂委员会 1998 年 540 页
b51011657 F426.31 A164F 1998

安阳矿务局志 初稿
河南省安阳矿务局志编纂办公室 李亭主编 安阳 河南省安阳矿务局志编纂办公室 1987 年 3 册 580 页
b51079604 F426.21 A164 1987

安阳市纺织工业志 1901–2002
郑锦顺主编 安阳 安阳市纺织工业志编纂委员会 2011 年 453 页
b49938095 F426.81 A164 2011

安阳市交通志
安阳市交通志编纂委员会编 北京 人民交通出版社 1990 年 351 页〔河南省地方志丛书〕
b20041512 F512.761.3 A164 1990

安阳市商业志
安阳市商委商业志编纂委员会编纂 赵长命主编 安阳 安阳市商委商业志编纂委员会 1993 年 481 页
b5099153x F727.613 A164 1993

安阳市金融志 1911–1985
安阳市金融志编纂委员会编 郑天海主编 安阳 安阳市金融志编纂委员会 1987 年 504 页〔安阳市志丛书〕
b45569046 F832.761.3 A164 1987

安阳新闻志 1911–2003
尹平 马沛云著 北京 中国戏剧出版社 2005 年 513 页〔世纪文库全书〕
b50151502 G219.276.13 A164 2005

安阳市教育志 县区教育概况篇 初稿
安阳市教育志编辑室编 李九思 高广泉编辑 安阳 安阳市教育志编辑室 1987 年 油印本 96 页
b27575299 G527.613 A164 1987

安阳市教育志 大事记 初稿 约前 21 世纪 –1985
安阳市教育志编辑室编 吴仪智 李九思 冯俊卿编辑 安阳 安阳市教育志编辑室 1986 年 油印本 182 页
b27575263 G527.613 A164D 1987

安阳市教育志 人物篇 初稿
安阳市教育志编辑室编 高广泉编辑 安阳 安阳市教育志编辑室 1987 年 油印本 245 页
b27575287 G527.613 A164E 1987

安阳市教育志 各级各类学校名录篇 初稿
安阳市教育史志编辑室编 李九思 冯俊卿 高广泉编辑 安阳 安阳市教育史志编辑室 1988 年 油印本 505 页
b27575275 G527.613 A164F 1988

安阳市教育志 1840–1987
安阳市教育史志年鉴编纂委员会编 朱惠民主编 郑州 中州古籍出版社 2011年 630页
b41235903 G527.613 A164H 2011

安阳市教育志 县属学校名录篇 初稿 1985
安阳市教育志编辑室编 李九思 高广泉 冯俊卿编辑 安阳 安阳市教育志编辑室 1987年 油印本 323页
b27575305 G527.613 A164C 1987

安阳市七中校志
安阳市第七中学校志编纂委员会编 安阳 安阳市第七中学校志编纂委员会 2006年 633页
b20100097 G639.286.1 A164 2006

五十年风雨历程 安阳市实验中学校志 1953.5–2003.5
安阳市实验中学校志编委会编 安阳 安阳市实验中学校志编委会 2003年 153页
b20100103 G639.286.13 A164 2003

安阳市第一师范学校校志 1978–2000
安阳市第一师范学校校志编纂委员会编 王保林主编 鹤壁 河南省鹤壁市印刷包装公司 2001年 160页
b20100115 G659.286.1 A164 2001

安阳市曲艺志
安阳市文化局编 郑州 中州古籍出版社 1995年 403页〔河南省曲艺志系列〕
b16432800 J809.261 A164 1995

河南省安阳市地名录
安阳市地名图书编纂委员会编 王春田主编 天津 海潮出版社 1991年 488页
b20014867 K926.13 A164H 1991

安阳市水利志
安阳市水利志编纂委员会编 焦仲堂主编 郑州 黄河水利出版社 2005年 474页
b16755686 TV–092 A164 2005

北关区

安阳市北关区志
安阳市北关区地方史志编纂委员会编 北京 国际文化出版公司 1997年 469页
b17302018 K296.13 A164B 1997

安阳市北关区志 1991–2002
安阳市北关区地方史志编纂委员会编 翟莉 彭书湘主编 郑州 中州古籍出版社 2008年 574页
b20468738 K296.13 A1643E 2008

东郊乡志
安阳市郊区东郊乡志编纂办公室编 安阳 安阳市郊区东郊乡志编纂办公室 1987年 391页
b20100693 K296.15 D582 1987

文峰区

安阳市文峰区志
安阳市文峰区地方史志编纂委员会编 赵锦修主编 郑州 中州古籍出版社 2000年 459页
b16746752 K296.13 A164W 2000

安阳市文峰区志 1988–2002
安阳市文峰区地方史志编纂委员会编 李俊清主编 郑州 中州古籍出版社 2008年 588页〔中国地方志丛书〕
b20198450 K296.13 A164WL 2008

文峰地区教育志 初稿
文峰地区教育志编纂委员会编 安阳 文峰地区教育志编委会 1985年 油印本 120页
b20538029 G527.613 W386 1985

殷都区

安阳市铁西区志
安阳市铁西区志编纂委员会编 王志舜主编 郑州 中州古籍出版社 2000年 494页
b16746466 K296.13 A164T 2000

安阳市铁西区志 1991–2002
安阳市铁西区地方史志编纂委员会编 马若愚主编 郑州 中州古籍出版社 2010年 669页
b20947744 K296.13 A164TC 2010

安阳市郊区志
安阳市郊区志编纂委员会编 北京 中国标准出版社 1990年 457页
b11084418 K296.13 A164

殷都区西郊乡志
安阳市殷都区西郊乡志编纂委员会编 宋金星主编 安阳 安阳市殷都区西郊乡志编纂委员会 2006年 649页
b1729860x K296.15 A164YX 2006

龙安区

安阳市郊区志 1986–2002
安阳市龙安区编纂委员会编 尚广主编 郑州 中州古籍出版社 2015年 447页〔安阳市志鉴系列丛书〕
b46376501 K296.13 A164 2015

林州市

林县志
林县志编纂委员会编 张旺增主编 郑州 河南人民出版社 1989年 760页
b10796253 K296.14 L588

林州市志
李学勤 王荣祖 张旺增主编 郑州 中州古籍出版社 2004年 720页
b16165093 K296.13 L588 2004

桂林镇志
桂林镇志编纂委员会编 郭布舜 张俊杰 韩建立主编 郑州 中州古籍出版社 2015年 659页
b46934479 K296.15 G731 2015

河顺镇志
河顺镇志编纂委员会编 常明礼主编 北京 方志出版社 2005年 785页
b16404324 K296.15 H285 2005

横水镇志
李万全主编 北京 北京艺术与科学电子出版社 2006年 536页
b36245562 K296.15 H391 2006

陵阳镇志
常明礼主编 北京 线装书局 2008年 565页
b18806454 K296.15 L626 2008

盘山村志
王文学 岳旺子主编 郑州 中原农民出版社 2009年 354页
b20882920 K296.15 P163 2009

桑耳庄村志
桑继禄主编 香港 天马出版社 2001年 374页
b17298921 K296.15 S157 2001

西丰村志
郭新生主编 北京 北京工业大学出版社 2015年 408页
b47106116 K296.15 X1192 2015

林州市纪检监察志
中共林州市纪律检查委员会 林州市监察局编 韩爱民主编 郑州 河南人民出版社 2014年 425页
b50246598 D262.6 L588 2014

林州人大志
林州人大志编纂委员会编 赵庆生主编 林州 林州人大志编纂委员会 2012年 534页
b50248121 D624.614 S588 2012

林州市政协志
林州市政协志编委会编 张卫平主编 林州 林州市政协志编委会 2012年 438页
b50991589 D628.614 L588 2012

林州市公安志
林州市公安志编纂委员会编 郭秋昌主编 袁守能编辑 北京 中华书局 2002年 609页
b36093178 D676.13 L588 2002

林州司法行政志
常明礼主编 郑州 中州古籍出版社 2017年 442页
b50651377 D927.614.61 L588 2017

林州市工商行政管理志
林州市工商行政管理志编纂委员会编 付清江主编 北京 中国言实出版社 2015年 654页
b4978934x F203.9 L588 2015

林州市城乡建设志
林州市城乡建设志编纂委员会编 王宏民主编 郑州 中州古籍出版社 2014年 696页
b46005584 F299.276.13 L588 2014

林州市土地志
林州市土地志编纂委员会编 郑州 中州古籍出版社 2003年 486页
b17735592 F327.613 L588 2003

林州市交通志
林州市交通志编纂委员会编 林州 中国县镇年鉴社 1999年 612页
b20044136 F512.761.3 L588 1999

林州市旅游志
林州市旅游志编纂委员会编 王宏民主编 北京 光明日报出版社 2007年 608页
b36246888 F592.761.3 L588 2007

林州市教育志
林州市教育志编纂委员会编 郭爱德主编 郑州 中州古籍出版社 2009年 542页
b21764189 G527.613 L588 2009

林县民俗志
李金生 李庆林编著 郑州 黄河文艺出版社 1988年 340页
b21136968 K892.461 L588 1988

红旗渠志
林州市红旗渠志编纂委员会编 王宏民主

编 北京 三联书店 1995年 588页〔中国地方志丛书〕
b10600292 S279.261 L588

安阳县

安阳县志
安阳县志编纂委员会编 亢耀勋总编辑 北京 中国青年出版社 1990年 1296页
b11031104 K296.14 A164

安阳县志 1986–2002
安阳县志编纂委员会编 金静主编 郑州 中州古籍出版社 2005年 887页〔中国地方志丛书〕
b16165081 K296.14 A164 2005

安丰乡志
安丰乡志编纂委员会编 郑州 中州古籍出版社 2010年 578页
b40739764 K296.15 A163 2010

河南省安阳县吕村镇奇务村志 1821–2012
奇务村志编纂筹划组编 杜凤山主编 香港 香港天马图书公司 2013年 586页
b50727886 K296.15 Q146 2013

水冶镇志
河南省安阳县水冶镇人民政府编 邢台 河北省邢台印刷厂 1985年 445页
b20016724 K296.15 S614 1985

瓦店乡志
瓦店乡志编纂委员会编 申海明主编 安阳 瓦店乡志编纂委员会 2011年 670页
b46274042 K296.15 W1222 2011

永和乡志
永和乡志编纂委员会编 狄拥军主编 北京 中国文史出版社 2012年 486页
b46899480 K296.15 Y636 2012

安阳县公安志
李德贵主编 北京 方志出版社 1998年 508页
b47419672 D631 A164 1998

安阳县教育志
王生 任为民 刘书文主编 合肥 黄山书社 1998年 567页〔河南地方志丛书〕
b13742930 G527.614 W229

安阳县水利志
安阳县水利志编委会编 安阳 安阳县水利志编委会 2004年 239页
b17735373 TV–092 A1648

汤阴县

汤阴县志
汤阴县志编纂委员会编 殷时学主编 郑州 河南人民出版社 1987年 702页
b10636602 K296.14 T239

汤阴县志 1985–2002
汤阴县史志编纂委员会编 庞敬国 曹瑞相 殷时学主编 郑州 中州古籍出版社 2004年 839页〔中国地方志丛书〕
b16165007 K296.14 T239 2004

白营镇志
白营镇志编纂委员会编 陈庆福主编 汤阴 白营镇志编纂委员会 2015年 717页〔汤阴县地方志丛书〕
b49827303 K296.15 B152C 2015

河南汤阴南申庄村志
平原文化编辑部编 丁浩善主编 郑州 平

原文化编辑部 2007年 420页〔平原文化〕
b22359448 K296.15 N1617 2007

南周流村志
李希明收集 栗文飞整理 汤阴 南周流村 1959年
b22359813 K296.15 N1619 1959

汤阴县白营乡志
许振杰编辑 汤阴 汤阴县白营乡人民政府 1985年 油印本 152页
b23002803 K296.15 B152 1985

汤阴县伏道乡志
汤阴县伏道乡人民政府编 汤阴 汤阴县伏道乡人民政府 1985年 油印本 120页
b22359886 K296.15 F458 1985

汤阴县古贤乡志
汤阴县古贤乡人民政府编 汤阴 汤阴县古贤乡人民政府 1985年 油印本 154页
b22359898 K296.15 G5428 1985

汤阴县韩庄乡志
郑海发总编 汤阴 汤阴县韩庄乡人民政府 1985年 油印本 117页
b23002815 K296.15 H183 1985

汤阴县任固乡志
傅于贤总编 汤阴 汤阴县任固乡人民政府 1985年 油印本 301页
b22359904 K296.15 R194 1985

汤阴县瓦岗乡志
汤阴县瓦岗乡人民政府编 汤阴 汤阴县瓦岗乡人民政府 1985年 油印本 110页
b22359916 K296.15 W122 1985

汤阴县宜沟乡志
汤阴县宜沟乡人民政府编 汤阴 汤阴县宜沟乡人民政府 1985年 油印本 130页
b22359928 K296.15 Y425 1985

镇抚寨村志
栗文飞 李相臣编辑 汤阴 汤阴县商标印刷厂 1989年 93页
b2235993x K296.15 Z493 1989

汤阴县人民代表大会志 1954–2008
汤阴县人大常委会编 汤阴 汤阴县人大常委会 2008年 471页
b20951590 D624.614 T239

汤阴县政协志
莫九珍 闫寰生主编 汤阴 政协汤阴县委员会 2005年 264页
b21570401 D628.614 T239 2005

汤阴县信访志
中共汤阴县委群众信访工作部 李勃主编 汤阴 中共汤阴县委群众信访工作部 2013年 296页
b49704783 D632.8 T239 2013

汤阴县土地志
汤阴县土地志编纂委员会编 陈佩荣主编 郑州 中州古籍出版社 2003年 212页
b22432073 F327.614 T239 2003

汤阴县文化志
汤阴县文化局编 汤阴 汤阴县文化局 1985年 95页
b36380106 G127.614 T239 1985

汤阴县教育志
汤阴县教育志编委会编 郑州 河南人民出版社 1996年 456页

b13743430　G527.614　T239

汤阴实验中学校志
汤阴县实验中学校志编纂委员会编　张鹤亭　许汉林主编　汤阴　汤阴县实验中学　2013年　485页
b46274029　G639.286.14　T239　2013

岳飞庙志
殷时学主编　郑州　中州古籍出版社　1987年　313页
b10710292　K825.2　Y862Y

岳飞庙志
殷时学　陶涛主编　郑州　河南人民出版社　2007年　348页
b4085534x　K825.2　Y862Y　2007

汤阴县文物志
王波清主编　郑州　中州古籍出版社　2015年　314页〔汤河文化丛书〕
b4946050x　K872.614　T239　2015

汤阴风物民俗志
汤阴县人民政府编史志办公室编　庞敬国主编　北京　光明日报出版社　2009年　352页〔岳飞故里地情丛书〕
b20198474　K892.461.4　P188　2009

羑里城志
殷时学　陶涛主编　郑州　河南人民出版社　2007年　263页
b4085503x　K928.72　Y484　2007

汤阴县水利志
汤阴县水利局编　汤阴　汤阴县水利局　1986年　174页
b21856643　TV-092　T239　1986

滑　县

滑县志
滑县地方史志编纂委员会编　郑州　中州古籍出版社　1997年　914页
b10589417　K296.14　H532C

滑县志　1988–2000
滑县地方史志编纂委员会编　张锡顺主编　郑州　中州古籍出版社　2011年　974页〔中国地方志丛书〕
b36068718　K296.14　H532C　2011

大吕庄村志
大吕庄村村志编纂委员会编　齐华林　赵相臣主编　郑州　中州古籍出版社　2012年　696页
b40424352　K296.15　D1359　2012

滑县人大志
滑县人大志编纂委员会编　郑显义　张建允主编　郑州　中州古籍出版社　2017年　598页
b49712780　D624.614　H532　2017

滑县财政志
滑县财政志编纂委员会编　邵学才主编　北京　方志出版社　2008年　688页
b42291318　F812.761.4　H532　2008

滑县税务志
滑县税务志编纂委员会编　孙新民主编　郑州　中州古籍出版社　2009年　718页
b5000766x　F812.761.442　H532　2009

内黄县

内黄县志
史其显主编　郑州　中州古籍出版社　1993

年 884 页
b10836093　K296.14　N262

内黄县志　1988–2000
内黄县地方史志编委会编　郑州　中州古籍出版社　2007 年　771 页〔中国地方志丛书〕
b17736109　K296.14　N262　2007

内黄县楚旺镇村志
楚旺镇村志编委会编　赵钦明主编　郑州　中州古籍出版社　2014 年　416 页
b50347469　K296.15　C5929　2014

内黄县六村乡村志
六村乡村志编委会编　郭雨　王海军主编　郑州　中州古籍出版社　2016 年　419 页
b49864750　K296.15　L723　2016

内黄县马上乡志
马上乡志编委会编　袁连周　袁礼堂主编　内黄　马上乡志编委会　2016 年　621 页
b49789430　K296.15　M142　2016

内黄县乡镇村志　梁庄镇卷
内黄县乡镇村志编纂委员会编　史其显主编　内黄　内黄县乡镇村志编纂委员会　2000 年　630 页
b50320105　K296.15　L493　2000

内黄县人民代表大会志　1940–2004
内黄县人大常委会编　北京　中国文史出版社　2006 年　425 页
b17962663　D624.614　N262　2006

河南省内黄监狱志　1952–2001
河南省内黄监狱志编纂委员会编　徐殿选主编　内黄　河南省内黄监狱志编纂委员会　2006 年　358 页〔河南省监狱志系列丛刊〕
b21763707　D927.614.67　N262　2006

内黄县审计志　1984–2015
内黄县审计志编纂委员会编　李振华主编　内黄　内黄县审计志编纂委员会　2017 年　412 页
b50665431　F239.227.614　N262　2017

内黄县财政志
内黄县财政志编纂委员会编　王国红主编　郑州　中州古籍出版社　2013 年　688 页
b44916991　F812.761.4　N262　2013

内黄县教育志
内黄县教育委员会编纂　刘尊主编　郑州　中州古籍出版社　1992 年　366 页〔河南地方志丛书〕
b20182661　G527.614　N262　1992

内黄县教育志　1987–2006
内黄县教育志编纂委员会编　刘章石主编　北京　中国文史出版社　2009 年　406 页
b22431007　G527.614　N262　2009

内黄县当代人物志
内黄县当代人物志征编委员会编　史其显主编　香港　香港天马图书公司　2000 年　595 页
b16432605　K820.861.4　S488　2000

内黄县文物志
刘静轩编辑　内黄　内黄县文化局　1980 年　278 页
b3612851x　K872.614　N262　1980

内黄县民俗志
内黄县地方史志编委会编　王基勋主编　郑州　中州古籍出版社　2015 年　462 页〔安

阳市志鉴系列丛书〕
b46934510　K892.461.4　N262　2015

鹤壁市

鹤壁市志
鹤壁市地方史志编纂委员会编　姚仲杰和玉琢主编　郑州　中州古籍出版社　1998年　3卷　1878页
b12590952　K296.13　H312

鹤壁市志　1986–2000
鹤壁市地方史志编纂委员会编　郑州　中州古籍出版社　2007年　2卷　1182页
b18659561　K296.13　H312　2007

鹤壁集镇志
鹤壁集镇志编纂委员会编　李水泉主编　郑州　中州古籍出版社　2012年　528页
b37531839　K296.15　H312　2012

鹤壁市人民代表大会志
鹤壁市人民代表大会志编纂委员会编　付合林主编　郑州　河南人民出版社　2006年　467页
b17505641　D624.613　F512　2006

鹤壁市政协志　1960.4–2015.12
政协鹤壁市委员会编　杜国庆主编　北京　中国文史出版社　2016年　2卷　1038页
b47364439　D628.613　H312　2016

鹤壁市土地志
鹤壁市土地管理局编　石进武　管金复主编　北京　中国大地出版社　2001年　370页〔河南省鹤壁市土地志丛书〕
b16430797　F327.613　H312　2001

鹤壁市交通志
鹤壁市交通志编纂委员会编写　郑州　中州古籍出版社　1996年　340页〔河南省交通志丛书〕
b20042942　F512.761.3　H312　1996

鹤壁市郊区志　1991–2001
鹤壁市淇滨区地方史志编纂委员会编　张岳华　司长虹主编　郑州　中州古籍出版社　2007年　736页
b1820904x　K296.13　H312J　2007

河南省鹤壁市地名志
鹤壁市地名志办公室编　王贵先主编　郑州　中州古籍出版社　1992年　275页
b16447086　K926.13　H312　1992

淇河志
鹤壁市地方史志办公室编　高武峰主编　郑州　中州古籍出版社　2016年　435页
b49939294　TV–092　H312　2016

淇滨区

崔庄村志
崔庄村志编纂委员会编　鹤壁　崔庄村志编纂委员会　2016年　313页
b50991541　K296.15　C822　2016

鹤山区

鹤山区志　1961–1987
鹤壁市鹤山区地方史志编纂委员会编　鹤壁　鹤壁市鹤山区地方史志编纂委员会　1999年　341页
b16357735　K296.13　H312H　1999

鹤山区志　1988–2000
鹤壁市鹤山区地方史志编纂委员会编　韩

秋景 张俊英 李水泉主编 鹤壁 鹤壁市鹤山区地方史志编纂委员会 2005年 598页〔中国地方志丛书〕
b16633568 K296.13 H312H 2005

山城区

山城区志 1961–1985
鹤壁市山城区地方史志编纂委员会编 鹤壁 鹤壁市山城区地方史志编纂委员会 2002年 389页
b36246098 K296.13 H312S 2002

鹤壁市山城区志 1986–2000
鹤壁市山城区地方史志编纂委员会编 杨柳主编 郑州 中州古籍出版社 2007年 594页〔中国地方志丛书〕
b18621806 K296.13 H312S 2007

浚 县

浚县志
浚县地方史志编纂委员会编 郑永立主编 郑州 中州古籍出版社 1990年 1144页〔中华人民共和国地方志丛书〕
b10617255 K296.14 J768

浚县志 1986–2000
浚县地方史志编纂委员会编 王文章主编 郑州 中州古籍出版社 2007年 770页
b20950226 K296.14 J768 2007

浚县政协志 1963.12–2015.12
政协浚县委员会编 李德文主编 北京 中国文史出版社 2016年 478页
b49781868 D628.614 J768 2016

浚县土地志
王之让 和宝镜主编 北京 中国大地出版社 2000年 261页〔河南省鹤壁市土地志丛书〕
b21277357 F327.614 J768 2000

大伾山通志
浚县文物旅游局编 裴顺昌主编 郑州 中州古籍出版社 2014年 513页
b46531476 K928.3 D136 2014

大伾山志
郑永立 田青主编 郑州 中州古籍出版社 1995年 361页
b10588681 K928.3 Z545

浚县水利志
浚县水利志编纂委员会编 郭心田主编 郑州 黄河水利出版社 2009年 601页
b21855444 TV–092 G7788 2009

淇 县

淇县志
淇县志编纂委员会编 周成彬主编 郑州 中州古籍出版社 1996年 1100页〔中国地方志丛书 2001〕
b10588826 K296.14 Q144

赵沟村志
赵沟村志编委会 淇园工作室编 常永海主编 淇县 赵沟村志编委会 2012年 227页〔淇县地方史志丛书〕
b47415757 K296.15 Z433 2012

淇县人民代表大会志 2005.8–2016.12
淇县人民代表大会志编纂委员会编 孙保国主编 淇县 淇县人民代表大会志编纂委员会 2016年 315页
b50347500 D624.614 Q144 2016

淇县土地志
淇县土地管理局编 牛彦斌 闫玉生主编 北京 中国大地出版社 1999 年 348 页〔河南省鹤壁市土地志丛书〕
b16446410 F327.614 Q144 1999

淇县文化志
燕昭安主编 淇县 河南省淇县文化局 1989 年 油印本 492 页
b19932224 G127.614 Y199 1989

新乡市

新乡市志
新乡市地方史志编纂委员会编 梁星三主编 北京 三联书店 1994 年 3 卷 2249 页〔中国地方志丛书〕
b10630636 K296.13 X444

新乡市志 1986–2000
新乡市地方史志编纂委员会编 赵桃山主编 郑州 中州古籍出版社 2008 年 2 卷 1582 页〔中国地方志丛书〕
b20197536 K296.13 X444Z 2008

新乡市人民代表大会志
新乡市人大志编纂委员会编 新乡 新乡市人大志编纂委员会 1992 年 243 页
b19931657 D624.613 X444 1992

新乡市政协志 1950.2–2016.12
政协新乡市委员会编 宗怀川主编 新乡 政协新乡市委员会 2017 年 766 页
b51131821 D628.613 X444 2017

新乡市宗教志 初稿
河南省新乡市人民政府宗教事务局编 新乡 新乡晚报社印刷厂 1990 年 80 页
b19932686 D635.1 X444 1990

河南省第二监狱志
河南省第二监狱志编纂委员会编 李绍春主编 新乡 新乡市卫滨区雅美图文广告公司 2007 年 718 页〔河南省监狱志系列丛刊〕
b21763677 D927.616.7 H287 2007

新乡市国土资源志
新乡市国土资源志编纂委员会编 张文顿主编 新乡 新乡市国土资源志编纂委员会 2017 年 669 页〔河南省国土资源志丛书〕
b5113181x F129.961.3 X444 2017

新乡市物资志 1949–1985
新乡市物资局编 许恒心主编 新乡 新乡市教育印刷厂 1987 年 265 页
b45569782 F259.276.13 X444 1987

新乡市房地产志 586–1996
新乡市房地产管理局编 杨玉福主编 新乡 新乡市房地产管理局 1998 年 225 页
b49505713 F299.276.14 X444 1998

新乡市自来水公司志
新乡市自来水公司志编辑小组编 史玉玮主编 北京 方志出版社 2003 年 511 页
b50247554 F299.241 X4448 2003

新乡市土地志
新乡市土地管理局编 尚波主编 香港 新风出版社 2001 年 618 页
b20575956 F327.613 X444S 2001

风云器材厂志 第 1 卷 1960–1990
风云器材厂厂志编纂委员会编 刘兴业总编辑 新乡 风云器材厂厂志编纂委员会 1990 年 466 页
b50347226 F426.61 X4448 1990

国营七六〇厂志
国营第七六〇厂厂志编委会编辑 北京 北京通县大中印刷厂 1988 年 500 页
b50320142 F426.63-09 G792 1988

河南省第一建筑工程公司志 1951-1985
河南省第一建筑工程公司编辑室编 郑州 河南省第一建筑工程公司编辑室 1986 年 征求意见稿 388 页
b51032600 F426.9 H2871 1986

河南省第二建筑工程公司志 1954-1985
河南省第二建筑工程公司志编辑室 秦兰石总编辑 新乡 河南省第二建筑工程公司志编辑室 1988 年 242 页
b51012856 F426.9 H2872 1988

河南心连心公司志
河南心连心公司志编纂委员会编 庞俊彦主编 北京 新华出版社 2009 年 527 页
b50778328 F426.76 H287 2009

新乡市针织厂志 1958-1984
河南省新乡市针织厂志编辑部编 李连印主编 新乡 河南省新乡市针织厂志编辑部 1987 年 314 页
b49505725 F426.81 L399 1987

新乡交通志
新乡市交通志编纂委员会编 樊世德主编 北京 人民交通出版社 1993 年 457 页〔河南省交通志丛书〕
b2004639x F512.761.3 X444 1993

新乡石油商业志
河南省石油公司新乡分公司编 王渭川主编 新乡 河南省石油公司新乡分公司 1988 年 314 页
b21765820 F724.741 X444 1988

新乡地区商业志
新乡地区商业志编辑室编 边富先主编 郑州 中州古籍出版社 1993 年 539 页〔河南地方志丛书〕
b50065294 F727.263 X444 1993

中国建设银行新乡分行志 1983-1995
中国建设银行新乡分行志编纂领导小组编 杨锡池 文芹主编 新乡 中国建设银行新乡分行志编纂领导小组 1996 年 447 页
b49534373 F832.33 Z6474X 1996

新乡市文化志
舒政鋐主编 新乡 新乡市文化局 1993 年 398 页
b19932674 G127.613 S543 1993

河南省新乡市三中校志 1930-1982
河南省新乡市第三中学编 新乡 河南省新乡市第三中学 1983 年 96 页
b20101545 G639.286.1 X444 1983

新乡市第二十一中学(新乡县三中关堤中学)校志 1956-2006
新乡市第二十一中学五十年校庆筹备委员会编 新乡 新乡市第二十一中学五十年校庆筹备委员会 2006 年 506 页
b41235277 G639.286.13 X4442 2006

新乡市第一中学校志 1940-2010
新乡市第一中学校志编纂委员会编 新乡 新乡市第一中学校志编纂委员会 2010 年 619 页
b22432656 G639.286.13 X444 2010

新乡市田家炳高级中学校志 新乡市第三中学 1930-2010
新乡市田家炳高级中学校志编写委员会

编 熊夫征主编 新乡 新乡市田家炳高级中学校志编写委员会 2010 年 189 页
b40648321 G639.286.1 X444 2010

新乡市铁路高级中学校志 1954–2012
刘建华 李志杰主编 新乡 新乡市铁路高级中学 2012 年 240 页
b40648333 G639.286.13 X4448 2012

新乡市一中校志 1940–1992
刘玉敬主编 新乡 新乡市第一中学 1993 年 201 页
b20104510 G639.286.13 X445 1993

平原大学志
平原大学志编纂委员会编 北京 军事谊文出版社 2000 年 245 页
b2024521x G649.286.13 P613 2000

新乡市重工局职工大学校志 1971–1981
新乡市重工局职工大学编 新乡 新乡市重工局职工大学 1982 年 100 页
b20104522 G729.286.13 X444 1982

新乡市戏曲志
新乡市文化局编 傅以达主编 郑州 中国戏曲志河南卷编辑委员会 1990 年 210 页
b20046406 J809.261.3 F495 1990

新乡市民族志 初稿
河南省新乡市民族事务委员会编 新乡 新乡晚报社印刷厂 1990 年 78 页
b19932662 K280.613 X444 1990

河南省新乡市地名志
新乡市地名办公室编 西安 陕西人民出版社 1991 年 295 页
b36129173 K926.13 X444 1991

新乡市卫生志 1368–1985
新乡市卫生局编 新乡 新乡市卫生局 1988 年 364 页
b49850088 R199.2 X4448 1988

新乡医学院第一附属医院简志 1896–2016
新乡医学院第一附属医院院志编纂委员会编 高富强主编 新乡 新乡医学院第一附属医院院志编纂委员会 2016 年 1122 页
b50085669 R199.2 X4447 2016

新乡市农业科学院志 1949–2009
新乡市农业科学院志编委会编 张忠臣主编 郑州 中州古籍出版社 2009 年 520 页
b20883134 S–242.613 X444 2009

新乡市水利志
新乡市水利局编 陈彦福总主编 郑州 黄河水利出版社 2005 年 748 页
b17490959 TV–092 X444 2005

卫滨区

新华区志
新乡市新华区史志编纂委员会编 郑州 中州古籍出版社 1991 年 455 页
b10624879 K296.14 X4433

新华区志 1986–2003
新乡市卫滨区史志编纂委员会编 孙汝翔 朱延菊 华敏主编 郑州 中州古籍出版社 2013 年 545 页
b46133653 K296.13 X444Y 2013

红旗区

红旗区志
新乡市红旗区史志编纂委员会编 北京 三联书店 1992 年 534 页〔中国地方志丛书〕

b10624867 K296.14 H419

新乡市红旗区志 1986–2000
新乡市红旗区史志编纂委员会编 冯梅荣主编 郑州 中州古籍出版社 2011年 672页
b36369962 K296.13 H419 2011

新乡市红旗区向阳街道志
向阳街道志编纂委员会编 葛晓虹主编 新乡 向阳街道志编纂委员会 2016年 534页
b49995960 K296.13 H419X 2016

凤泉区

北站区志
新乡市北站区史志编纂委员会编 郑州 河南人民出版社 1994年 621页〔中国地方志丛书 2001〕
b10630454 K296.14 B316

新乡市北站区志 1987–2000
新乡市凤泉区史志编纂委员会编 李树德 周冯建主编 呼和浩特 内蒙古人民出版社 2004年 431页〔新乡市志书丛书〕
b36247601 K296.13 X444B 2004

陈堡村志
陈堡村志编纂委员会编 郑州 中州古籍出版社 2016年 255页
b49460432 K296.15 C414 2016

耿黄乡志
新乡市凤泉区耿黄乡志编纂委员会编 王振锋主编 郑州 中州古籍出版社 2014年 710页
b46012874 K296.15 G397 2014

老道井村志
新乡市凤泉区潞王坟乡老道井村志编纂委员会编 韩文金 韩保福主编 新乡 新乡市凤泉区潞王坟乡老道井村志编纂委员会 2014年 239页〔新乡市地方史志丛书〕
b49506109 K296.15 L255 2014

牧野区

新乡市郊区志
新乡市郊区史志编纂委员会编 许东澄 金维溪主编 北京 三联书店 1993年 582页〔中国地方志丛书〕
b10630442 K296.14 J372

新乡市郊区志 1986–2000
新乡市郊区地方史志编纂委员会编 李娟 刘凯主编 郑州 中州古籍出版社 2010年 424页
b36370514 K296.13 X444X 2010

八里营村志
八里营村志编纂委员会编 刘海山主编 新乡 八里营村志编纂委员会 2008年 290页
b4950583x K296.15 B111 2008

卫辉市

卫辉市志
卫辉市地方史志编纂委员会编 北京 三联书店 1993年 881页〔中国地方志丛书〕
b10628368 K296.13 W353

卫辉市志 1989–2000
卫辉市地方史志编纂委员会编 姚航主编 郑州 中州古籍出版社 2008年 713页
b20245191 K296.13 W354 2008

河南省华新棉纺织厂志 1915–1994
河南省华新棉纺织厂志编纂委员会办公室

编 北京 新华出版社 1995 年 461 页
b50318007 F426.81 H529 1995

河南省卫辉市第二中学校志
河南省卫辉市第二中学校志编纂委员会编 申鑫主编 卫辉 河南省卫辉市第二中学校志编纂委员会 2002 年 304 页
b20101508 G639.286.1 W354 2002

河南省卫辉市第一中学校志
卫辉市第一中学校志编委会编 张水香主编 卫辉 卫辉市第一中学校志编委会 2009 年 468 页
b22432334 G639.286.13 W354 2009

河南省卫辉市地名志
河南省卫辉市人民政府地名办公室编 刘乐善 谭羽亭主编 卫辉 河南省卫辉地名办公室 1990 年 304 页
b13588114 K926.13 W353

辉县市

辉县市志
辉县市史志编纂委员会编 任鸿昌 张海主编 郑州 中州古籍出版社 1992 年 921 页〔中国地方志丛书〕
b10636493 K296.13 H685

辉县市志 1989–2002
辉县市史志编纂委员会编 郭宇主编 郑州 中州古籍出版社 2008 年 797 页〔中国地方志丛书〕
b4666807x K296.13 H685 2008

百泉村志
崔灿主编 北京 中国广播电视出版社 2002 年 356 页
b17991894 K296.15 B163 2002

辉县市胡桥乡志
胡桥乡志编纂委员会编 雷佳主编 郑州 中州古籍出版社 2011 年 674 页
b36188670 K296.15 H474 2011

辉县市金河小屯志
金河小屯志编纂委员会编 郭玉忠主编 辉县 金河小屯志编纂委员会 2013 年 369 页
b41213853 K296.15 J479 2013

辉县市小蒲水村志
辉县市小蒲水村志编纂委员会编 郭元有主编 郑州 黄河水利出版社 2016 年 664 页
b47279448 K296.15 X3477 2016

辉县市政协志
郭清怀主编 郑州 中州古籍出版社 2014 年 533 页
b46670506 D628.614 H685 2014

辉县市农村信用社志 1946–2006
卫龙奎主编 郑州 中州古籍出版社 2007 年 508 页
b46012898 F832.761.4 H685 2007

辉县教育志 1904–2004
辉县教育局编 辉县 辉县教育局 200- 年 269 页
b27575755 G527.613 H685

河南省辉县市第一高级中学校志
秦克凌 李帮拴主编 北京 中国档案出版社 2004 年 474 页
b20099745 G639.286.13 H685 2004

河南省辉县市地名志
辉县市人民政府地名办公室编 秦玉良主

编 香港 中华文献出版社 2003 年 401 页
b40740304 K926.14 H685 2003

辉县市卫生志
辉县市卫生志编纂委员会编 梁新亭主编 辉县 辉县市卫生志编纂委员会 2013 年 591 页
b41213865 R199.2 H685 2013

辉县水利志
辉县水利志编辑室编 徐志敏主编 辉县 辉县水利志编辑室 1984 年 261 页
b46273839 TV-092 H685 1984

新乡县

新乡县志
新乡县史志编纂委员会编 北京 三联书店 1991 年 619 页〔中国地方志丛书〕
b10636596 K296.14 X4448

新乡县志 1986–2000
新乡县地方史志编纂委员会编 任荣新 牛庆新 刘平安主编 郑州 中州古籍出版社 2017 年 803 页〔中国地方志丛书〕
b50233038 K296.14 X4448C 2017

小宋佛姓氏志 村志分册
河南省新乡县小宋佛村志编纂委员会编 香港 新风出版社 2000 年 544 页
b17991936 K820.9 H2878 2000

新乡县供销合作社志 1949–2009
新乡县供销合作社志编纂委员会编 高树凌主编 北京 中国档案出版社 2011 年 501 页
b37530355 F721.2 X444 2011

新乡县水利志
河南省新乡县水利志编纂办公室编 张庆县主编 香港 新风出版社 2002 年 600 页〔中国地方志丛书〕
b19733926 TV-092 Z362 2002

获嘉县

获嘉县志
获嘉县志编纂委员会编 张爱国等主编 北京 三联书店 1991 年 717 页〔中国地方志丛书〕
b10631239 K296.14 H796

获嘉县志 1986–2000
获嘉县地方史志编纂委员会编 朱保东主编 郑州 中州古籍出版社 2008 年 721 页〔中国地方志丛书〕
b19329283 K296.14 H796 2008

楼村志
中共获嘉县楼村委员会 河南省获嘉县楼村村民委员会编 获嘉 河南省获嘉县楼村村民委员会 2007 年 595 页
b19329350 K296.15 L765 2007

获嘉县人民代表大会志
获嘉县人大志编辑室 杨运心 陈锡枝编辑 获嘉 河南省获嘉县人民代表大会常务委员会 1986 年 104 页
b49533307 D624.614 H796 1986

新乡市人民政府西工区志
西工区志编纂委员会编 新乡市兰台文化传播有限公司承编 赵建军主编 郑州 中州古籍出版社 2017 年 507 页
b50651523 K296.13 X444T 2017

原阳县

原阳县志
原阳县志编纂委员会编 张振华等总纂 郑州 中州古籍出版社 1995 年 849 页〔中国地方志丛书 2001〕
b10630673 K296.14 Y797

原阳县志 1986–2000
原阳县地方史志编纂委员会编 刘学哗主编 郑州 中州古籍出版社 2010 年 701 页
b21015338 K296.14 Y797 2010

沙岭村志
河南省原阳县大宾乡沙岭村志编委会编 原阳 河南省原阳县大宾乡沙岭村志编委会 2005 年 311 页
b16859479 K296.15 D135S 2005

原阳县国土资源志
原阳县国土资源志编纂委员会编 安国利 吴焕敏主编 原阳 原阳县国土资源志编纂委员会 2016 年 352 页〔河南省国土资源志丛书 新乡卷〕
b49460584 F129.961.4 Y797 2016

延津县

延津县志
延津志编纂委员会编 李贤才总编 北京 三联书店 1991 年 792 页〔中国地方志丛书〕
b10631306 K296.14 Y174

延津县志 1986–2000
延津县史志编纂委员会编 陈廷芝主编 郑州 中州古籍出版社 2009 年 783 页〔中国地方志丛书〕
b20467400 K296.14 Y174 2009

延津县第一高级中学校志
郑崇旺主编 广州 新世纪出版社 2005 年 668 页
b3624823x G639.286.14 Y174 2005

封丘县

封丘县志
河南省封丘县志编纂委员会编 邵廷魁 蔡昌栋主编 郑州 中州古籍出版社 1994 年 785 页〔中国地方志丛书 2001〕
b10628058 K296.14 F352

封丘县志 1986–2002
封丘县地方史志编纂委员会编 程远菊 邵廷魁主编 郑州 中州古籍出版社 2010 年 786 页
b36188682 K296.14 F352C 2010

应举村村志
中共应举村党支部 应举村村民委员会编 封丘 中共应举村党支部 2005 年 170 页
b20104868 K296.15 Y548 2005

封丘文物志
李俊主编 新乡 新乡市政府新闻出版办公室 1991 年 124 页
b36378926 K872.614 F352 1991

封丘县水利志
封丘县水利局编 沈子杰主编 封丘 封丘县水利局 2011 年 306 页
b50347238 TV–092.614 F352 2011

长垣县

长垣县志
长垣县地方史志编委员会编纂 侯海清 萧歧峻主编 郑州 中州古籍出版社 1991

年 738 页〔中国地方志丛书〕
b10628253 K296.14 C346

长垣县志 1986–2003
长垣县地方志编纂委员会编 张喜兵主编 郑州 中州古籍出版社 2012 年 915 页
b40424765 K296.14 C346 2012

小务口村志
小务口村志编纂委员会编 郭震主编 郑州 中州古籍出版社 2016 年 471 页
b49939282 K296.15 X3474 2016

长垣县国土资源志
长垣县国土资源志编纂委员会编 王志勇主编 长垣 长垣县国土资源志编纂委员会 2015 年 401 页〔河南省国土资源志丛书〕
b50085712 F129.961.4 C346 2015

长垣文化志
师鸿光主编 天津 渤海湾出版公司 1999 年 226 页
b19931232 G127.614 S461 1999

苗寨镇文化志
河南省长垣县苗寨镇文化志编委会编 刘杰 景现辉主编 长桓 河南省长垣县苗寨镇文化志编委会 2013 年 153 页
b50817140 G127.615 M471 2013

长垣方言志 语音篇
王青锋著 郑州 中州古籍出版社 2007 年 380 页
b21762843 H172.1 W227 2007

长垣县志 人物志
长垣县地方史志编纂委员会编 张振民主编 呼和浩特 远方出版社 2001 年 620 页
b47316883 K296.14 C346R 2001

长垣文物志
师鸿光 乔国韬主编 呼和浩特 内蒙古大学出版社 2004 年 263 页
b36379657 K872.614 C346 2004

焦作市

焦作市志
河南省焦作市地方史志编纂委员会编 郜世忠主编 北京 红旗出版社 1993 年 3 卷 1539 页
b10600103 K296.13 J369

焦作市志 1987–2000
焦作市地方史志编纂委员会编 许迎春主编 郑州 中州古籍出版社 2005 年 2 卷 1190 页〔中国地方志丛书〕
b16144740 K296.13 J369J 2005

中共焦作市委党校志 1957–2007
中共焦作市委党校志编纂委员会编 焦作 中共焦作市委党校志编纂委员会 2007 年 288 页
b20105290 D261.41 Z6443 2007

焦作市政协志
中国人民政治协商会议河南焦作市委员会 焦作市政协志编审委员会编 李士有主编 焦作 焦作市政协志编审委员会 1993 年 223 页
b44916176 D628.613 J369 1993

焦作市政协志 1949–2006
政协焦作市委员会编 屈志祥主编 焦作 政协焦作市委员会 2007 年 346 页
b20102410 D628.613 J369 2007

焦作市土地志
焦作市土地管理局编 焦作 焦作市土地管

理局 1995 年 279 页〔河南省地方志丛书〕
b20566396 F327.613 J369 1995

河南轮胎厂志 1965–1985
河南轮胎厂厂志编辑室编 郭悦竹主编 焦作 河南轮胎厂厂志编辑室 1989 年 335 页
b49549789 F426.74 H287 1989

焦硅志 第 1 卷 1953–1984
焦作市硅酸盐制品厂志编纂室编 陈万儒主编 焦作 济源县印刷厂 1985 年 365 页
b45479628 F426.9 J369 1985

焦煤集团方庄矿志 1958–2008
杨树千主编 焦作 焦作集团方庄矿志编纂委员会 2008 年 278 页
b50991565 F426.21 J369 2008

焦作化工三厂志 1958–1985
焦作市化工三厂厂志编纂办公室编 薛仲猷主编 焦作 焦作市化工三厂厂志编纂办公室 1987 年 264 页
b45479616 F426.7 J369 1987

焦作矿山机械厂志 1948–1982
焦作矿山机械厂志编辑室编 吴乃宴主编 焦作 焦作矿山机械厂志编辑室 1985 年 378 页
b49704746 F426.1 J369 1985

焦作市起重运输机械厂志 1960–1983
焦作市起重运输机械厂志编纂办公室编 曹泽有主编 汉川 汉川县印刷厂 1984 年 292 页
b45479641 F426.42 J369 1984

焦作市群英机械厂志 1961–1982
焦作市群英机械厂志编纂委员会编辑室编 侯志义主编 焦作 焦作市群英机械厂志编纂委员会编辑室 1986 年 268 页
b45479653 F426.4 J3697 1986

中马村矿志 1955–2005
焦煤集团中马村矿志编纂委员会编 焦作 焦煤集团中马村矿志编纂委员会 2007 年 558 页
b40806960 F426.21 Z644 2007

焦作机械工业志 1904–1983
河南省焦作市机械工业局编 张天国主编 北京 机械工业出版社 1986 年 768 页
b3637927x F427.613 J369 1986

焦作市交通志
焦作市交通志编纂委员会编写 乔平主编 北京 当代中国出版社 1996 年 458 页〔河南交通志丛书〕
b20043570 F512.761.3 J369 1996

焦作市一商志 1898–1985
河南省焦作市第一商业局志编纂办公室编 尤永祥主编 焦作 河南省焦作市第一商业局志编纂办公室 1987 年 292 页
b50269045 F727.263 J369 1987

焦作市教育志 1898–1985
王垂熙主编 开封 河南大学出版社 1989 年 560 页
b17623388 G527.613 W213 1989

焦作市教育志 1978–2002
焦作市教育史志编纂委员会编 刘之杰主编 郑州 中州古籍出版社 2016 年 888 页
b5074768x G527.613 J369L 2016

焦作市解放区民主路小学校志
焦作市解放区民主路小学编 焦作 焦作市

解放区民主路小学 1984 年
b4547963x G629.286.13 J369 1984

焦作市第十二中学校志
焦作市第十二中学编 祁宏伟主编 焦作 焦作市第十二中学 2004 年 293 页
b20102392 G639.286.13 J369 2004

焦作市实验中学校志 1954–2004
焦作市实验中学编 李怀银主编 焦作 焦作市实验中学 2004 年 506 页
b20102409 G639.286.13 J3699 2004

焦作大学志 1981–1996
焦作大学志编辑室编 林效廷主编 郑州 河南人民出版社 1997 年 437 页
b20139093 G649.286.1 J3692 1997

焦作矿业学院志
薛世孝主编 郑州 河南人民出版社 1994 年 564 页
b20098649 G649.286.1 J369 1994

河南工程技术学校校志 1975–2005
河南工程技术学校校志编委会编 何富贤主编 焦作 河南工程技术学校校志编委会 2005 年 183 页
b47317450 G719.286.13 H2873 2005

河南省焦作卫生学校志 1986–2000
第二届河南省焦作卫生学校志编辑室编 乔乃谦主编 焦作 河南省焦作卫生学校 2001 年 163 页
b20101478 G719.286.13 J369 2001

焦作市化工技工学校志 1979–2003
焦作市化工技工学校编纂 赵谐康 刘乃全主编 焦作 焦作市化工技工学校 2004 年 311 页
b49704758 G719.286.13 J3693 2004

焦作市戏曲志
焦作市文化局编 王扬主编 焦作 焦作市文化局 1990 年 293 页
b20139123 J809.261.3 J369 1990

焦作人物志
焦作市地方史志办公室编 卜庆正主编 郑州 中州古籍出版社 2015 年 767 页
b49534464 K820.861.3 J369 2015

焦作市文物志
焦作市文物局编 杨保群主编 郑州 中州古籍出版社 2005 年 540 页
b16635681 K872.613 J369 2005

焦作植物志
辛泽华 张子健 范喜梅主编 西安 西安地图出版社 2002 年 1154 页
b36248071 Q948.526.13 J369 2002

焦作中医志
何银堂主编 北京 中医古籍出版社 2010 年 876 页
b40742829 R–092 J369 2010

焦作市第二人民医院续志
焦作市第二人民医院续志编纂委员会编 曹道俊 张克俭主编 焦作 焦作市第二人民医院续志编纂委员会 2002 年 217 页
b50269033 R199.2 J3697 2002

焦作市卫生志 1904–1985
焦作市卫生局编 温县 河南省温县胶印厂 1987 年 416 页
b45479665 R199.2 J369 1987

引沁灌区志
焦作市引沁灌区管理局编 焦作 焦作市引沁灌区管理局 1998 年 346 页
b2004673x　S279.261.3 J369 1998

焦作园林志 2003.9–2011.6
李天雄主编 香港 中国摄影文化出版社 2011 年 364 页
b40648357　TU986.626.13 J369 2011

沁河志
焦作黄河河务局编 张伟中 程存虎主编 郑州 黄河水利出版社 2009 年 379 页
b21228978　TV882.861 Z366 2009

解放区

解放区志
焦作市解放区志编纂委员会编 田玉宝主编 北京 红旗出版社 1993 年 421 页
b21568686　K296.13 J369G 1993

解放区志 评审稿 1986–2000
焦作市解放区地方史志编纂委员会编 焦作 焦作市解放区地方史志编纂委员会 2004 年 537 页
b2080670x　K296.13 J369G 2004

焦作市解放区志 1986–2000
焦作市解放区地方史志编纂委员会编 张志龙 李全忠主编 郑州 中州古籍出版社 2006 年 440 页〔中国地方志丛书〕
b18201684　K296.13 J369H 2006

焦作市解放区政协志 1984–2009
政协焦作市解放区委员会编 丁瑛主编 焦作 政协焦作市解放区委员会 2010 年 154 页
b4064831x　D628.613 J369J 2010

焦作市解放区教育志 1912–1985
焦作市解放区教育委员会教育志编辑室编 宋成名 马好学编辑 北京 方志出版社 1997 年 410 页
b16449083　G527.613 J369 1997

中站区

焦作市中站区志 1990–2000
焦作市中站区地方史志编纂委员会编 郑州 中州古籍出版社 2006 年 408 页〔中国地方志丛书〕
b18201696　K296.13 J369Y 2006

中站区志 1990–2000 评审稿
焦作市中站区地方史志编纂委员会编 焦作 焦作市中站区地方史志编纂委员会 2004 年 504 页
b36246803　K296.13 J369Y 2004

马村区

焦作市马村区志 1991–2000
焦作市马村区地方史志编纂委员会编 宋晓银主编 郑州 中州古籍出版社 2006 年 431 页〔中国地方志丛书〕
b18261802　K296.13 M137 2006

马村区志 1990–2000 评审稿
焦作市马村区地方史志编纂委员会编 焦作 焦作市马村区地方史志编纂委员会 2004 年 549 页
b20806711　K296.13 J369M 2004

山阳区

焦作市郊区志
焦作市郊区志编纂委员会编 北京 红旗出版社 1993 年 592 页

b16746636　K296.13　J369K　1993

焦作市山阳区志　1986–2000
焦作市山阳区地方史志编纂委员会编　郑州　中州古籍出版社　2006 年　571 页〔中国地方志丛书〕
b18240987　K296.13　S252　2006

山阳区政协志
政协山阳区委员会编　李正荣主编　焦作　政协山阳区委员会　2006 年　304 页
b44917168　D628.613　J369S　2006

沁阳市

沁阳市志
河南省沁阳市地方志编纂委员会编　马修杰主编　北京　红旗出版社　1993 年　688 页〔中国地方志丛书〕
b10727383　K296.13　Q461

沁阳市志　1990–2000
沁阳市地方史志编纂委员会编　司亚生主编　郑州　中州古籍出版社　2016 年　659 页
b4727086x　K296.13　Q461D　2016

沁阳县西向乡志
阎恒显执笔　秦皇岛　秦皇岛市资料印刷厂　1985 年　246 页
b20404049　K296.15　X1198　1985

沁阳市政协志　1956.6–2003.4
政协河南省沁阳市委员会沁阳市政协志编审委员会编　香港　天马图书公司　2004 年　388 页
b20019282　D628.613　Q461　2004

沁阳市教育志
刘峻　丁江图主修　宁国清主编　郑州　中州古籍出版社　1992 年　544 页〔河南地方志丛书〕
b13743454　G527.613　L678

沁阳市第一中学校志
沁阳市第一中学编　沁阳　沁阳市第一中学　2002 年　第 2 版　421 页
b20103402　G639.286.1　Q461　2002

沁阳一中校志　1902–1997
河南省沁阳市第一中学编　沁阳　河南省沁阳市第一中学　1997 年　333 页
b1826704x　G639.286.1　Q461　1997

沁阳师范学校志　1907–2002
沁阳师范学校志校志编纂委员会编　郑州　中州古籍出版社　2007 年　666 页
b20099988　G659.286.13　Q461　2007

沁阳县戏曲志
郭全仁主编　沁阳　沁阳县文化局　1988 年　219 页
b20044902　J825.61　G775　1998

河南省沁阳市地名志
李长吉主编　郑州　中州古籍出版社　1991 年　339 页
b18280936　K926.13　Q461　1991

孟州市

孟县志
孟县志编纂委员会编　张思青总编　西安　陕西人民出版社　1991 年　748 页
b10726512　K296.14　M369

孟州市志　1986–2000
河南省孟州市地方史志编纂委员会编　郑州　中州古籍出版社　2004 年　712 页

b15601109 K296.13 M369 2004

云水村志
郑金亮主编 香港 香港语丝出版社 2002年 359页
b20952661 K296.15 Y879 2002

孟县人民政协志 1984.9–1995.12
中国人民政治协商会议孟县委员会编 孟县 孟县印刷厂 1996年 144页
b20015951 D628.614 M367 1996

孟州市人民政协志 1996.1–1997.12
政协河南省孟州市委员会编 田效申主编 孟州 政协河南省孟州市委员会 1998年 34页
b40743548 D628.614 M369 1998

孟州市粮食志 1949–2006
河南省孟州市粮食局编 马殿立主编 香港 国际炎黄文化出版社 2007年 480页
b21569435 F724.721 M137 2007

孟县民俗志
孟县民政局编 孟县 孟县民政局 1985年 油印本 120页
b20535284 K892.461.4 M369 1985

河南省孟县地名志
孟县地名委员会办公室编 孟县 孟县地名委员会办公室 1986年 291页
b21866727 K925.74 M369 1986

修武县

修武县志
修武县志编撰委员会编 郑州 河南人民出版社 1986年 814页
b13588369 K296.14 X535

河南省修武县北洼村志
北洼村志编纂委员会编写 李万诚主编 郑州 河南省文达印刷公司 2007年 272页
b20402533 K296.15 B316 2007

修武县电业志
修武县电业志编纂委员会编 常保国主编 修武 修武县电业志编纂委员会 1998年 416页
b45480187 F426.61 X535 1998

修武永乐粮机集团志
修武永乐粮机集团志编纂委员会编 黄小平主编 修武 修武永乐粮机集团志编纂委员会 1999年 320页
b50248510 F426.4 X535 1999

修武县教育志 863–1993
焦廷秀主编 郑州 中州古籍出版社 1998年 568页〔河南地方志丛书〕
b13743326 G527.614 J369

修武县第一中学志
修武县第一中学志编纂委员会编 杨守全主编 郑州 中州古籍出版社 2013年 353页
b44810970 G639.286.14 X535 2013

博爱县

博爱县志
河南省博爱县志编纂委员会编 李英芳主编 北京 中国国际广播出版社 1994年 843页
b1058934x K296.14 B555

博爱县志 1986–2000
博爱县地方史志编纂委员会编 李永军主编 郑州 中州古籍出版社 2013年 647页

b41213944　K296.14　B555　2013

博爱县政协志　1981–2009
政协博爱县委员会编　陈志超主编　博爱　政协博爱县委员会　2009 年　246 页
b47414546　D628.614　B555　2009

焦作市土地志　博爱卷
博爱县土地管理局编　郑州　中州古籍出版社　1999 年　191 页〔河南省土地志丛书〕
b16594587　F327.614　B555　1999

博爱县戏曲志
博爱县文化体育广播事业局编　宋继光主编　郑州　中国戏曲志河南卷编委会　1988 年　190 页
b20041676　J809.2　S679　1988

博爱县竹志
博爱县志总编室编　陈大军总编　博爱　博爱县志总编室　1997 年　156 页
b4549227x　S795　B555　1997

博爱县水利志　1949–1989
博爱县水利志编纂领导小组编　博爱　博爱县水利志编纂领导小组　1991 年　211 页
b21856709　TV–092　B5551　1991

武陟县

武陟县志
武陟县地方史志编纂委员会编　李祖超主编　郑州　中州古籍出版社　1993 年　658 页
b10600723　K296.14　W534

武陟县志　1986–2000
河南省武陟县地方史志编纂委员会编　郑州　中州古籍出版社　2007 年　916 页〔中国地方志丛书〕
b18217722　K296.14　W534　2007

武陟县戏曲志
王广先主编　武陟　中国戏曲志河南卷编委会　1988 年　254 页
b20404815　J809.261.4　W217　1988

武陟县民俗志
王光先　薛更银主编　郑州　中州古籍出版社　2009 年　359 页
b20815918　K892.461.4　W534　2009

温　县

温县志
温县志编纂委员会编　北京　光明日报出版社　1991 年　722 页
b10624910　K296.14　W363

温县志　1986–2000
温县地方史志编纂委员会编　岳建林主编　郑州　中州古籍出版社　2014 年　686 页
b46442741　K296.14　W363C　2014

温县政协志
张希昆主编　温县　政协温县委员会　1997 年　363 页
b44916772　D628.614　W363　1997

温县政协志　1997–2016
政协温县委员会编　吴鸿升主编　郑州　中州古籍出版社　2017 年　397 页
b49814345　D628.614　W363C　2017

陈氏太极拳志
温县陈氏太极拳研究会主编　郑州　中州古籍出版社　1997 年　2 卷　483 页
b19518298　G852.11　W363　1997

濮阳市

濮阳市志
濮阳市地方史志编纂委员会编 郑州 中州古籍出版社 2005年 6卷 2985页〔中国地方志丛书〕
b17183236 K296.13 P675S 2005

濮阳市军事志 前21世纪–2005
濮阳市军事志编纂委员会编 赵杰主编 濮阳 濮阳市军事志编纂委员会 2012年 778页
b45453317 E289.613 P675 2012

濮阳市城市建设志
何文超 陈贵新主编 北京 新华出版社 2006年 616页
b22431329 F299.276.3 P675 2006

濮阳供电公司志 1994–2013
王新泉主编 郑州 河南人民出版社 2017年 472页
b50817620 F426.61 P675 2017

中原油田志 1975–1982
中原油田志编纂者 郑州 中原油田志编纂者 1985年 369页
b44917260 F426.22 Z645 1985

河南省粮食志 濮阳市 鹤壁市
河南省粮食志编纂委员会编纂 邢现民 陈排岭主编 北京 中国商业出版社 1996年 167页
b50222533 F724.721 H287 1996

濮阳建设银行志
濮阳建设银行编 董国庆主编 濮阳 濮阳建设银行 1995年 158页
b4953371x F832.33 Z6474P 1995

濮阳市科技志
濮阳市科学技术委员会编 刘昌君 葛爱美主编 北京 北京燕山出版社 1998年 439页
b36378616 G322.761.3 P675 1998

濮阳市教育志
濮阳市教育委员会编 路秉灿主编 合肥 黄山书社 1998年 547页
b2001627x G527.613 L829 1998

濮阳市第一中学校志 1985.7–2006.7
濮阳市第一中学编 濮阳 濮阳市第一中学 2006年 167页
b20577424 G639.286.13 P675 2006

濮阳市实验中学志 1988–2008
濮阳市实验中学编 杨汉宇 黄付合主编 濮阳 濮阳市实验中学 2008年 194页
b49704771 G639.286.13 P6757 2008

濮阳民俗志
田聚常主编 郑州 中州古籍出版社 1993年 256页〔中州民俗丛书〕
b46239959 K892.461.3 P675 1993

濮阳植物志
张俊朴等主编 北京 中国科学技术出版社 1996年 687页
b2004477x Q948.526.13 Z354 1996

濮阳动物志
张俊朴 朱学文 马宜品主编 广州 新世纪出版社 1998年 438页〔中国城市文化丛书〕
b49607911 Q958.526.13 P675 1998

濮阳市卫生志
濮阳市卫生志编纂委员会编 范杰华主编

北京 方志出版社 1998年 472页
b4700938x R199.2 P675 1998

华龙区

北里商村志
北里商党支部、村委会编审 王化一总撰稿 濮阳 北里商党支部 2006年 204页
b46994920 K296.15 B316 2006

马拐村志
王化一撰稿 濮阳 濮阳日报社印刷厂 2004年 202页
b2156940x K296.15 M137 2004

前合村志
王化一撰稿 濮阳 濮阳日报社印刷厂 2004年 210页
b2156985x K296.15 Q228 2004

华龙高中志
濮阳市华龙区高级中学校志编委会编 王华伟主编 濮阳 濮阳市华龙区高级中学校志编委会 2007年 213页
b3624501x G639.286.13 P6753 2007

清丰县

清丰县志
清丰县地方史志编纂委员会编 姬建标总编 济南 山东大学出版社 1990年 592页
b13274235 K296.14 Q467

清丰县志 1986–2000
清丰县地方志编纂委员会编 郑州 中州古籍出版社 2014年 1172页
b46531348 K296.14 Q467C 2014

清丰城关镇志 试写稿
清丰县城关镇修志组 县志总编室社镇志组编写 清丰 清丰县城关镇修志组 1983年 油印本
b23002827 K296.15 C4663 1983

巩营乡敬老院院志
敬老院编纂委员会著 陈志信 赵献民主编 清丰 清丰县巩营乡敬老院编纂委员会 2015年 132页
b5107252x D669.6 G444 2015

濮阳市土地志 清丰卷
清丰县土地管理局编 牛东林主编 郑州 中州古籍出版社 1998年 204页〔河南省土地志丛书〕
b21277011 F327.613 P675Q 1998

南乐县

南乐县志
南乐县地方志编纂委员会编 郑州 中州古籍出版社 1996年 1013页
b14106607 K296.14 N1618

南乐县志 1991–2000
南乐县地方史志编纂委员会编 聂宗达主编 郑州 中州古籍出版社 2017年 758页
b51131456 K296.14 N1618 2017

南乐县教育志
南乐县教育委员会编 合肥 黄山书社 1998年 406页
b36013560 G527.614 N1615 1998

南乐县文物志
南乐县文物志编辑组编 史国强主编 滑县 河南省滑县印刷厂 1984年 308页
b36379700 K872.614 N161 1984

范　县

范县志
范县地方史志编纂委员会编 李瑞主编 郑州 河南人民出版社 1993年 628页
b10836305　K296.14 F199

范县志 1988–2000
范县地方史志编纂委员会编 毕殿忠 王金明主编 郑州 中州古籍出版社 2008年 633页〔中国地方志丛书〕
b20815761　K296.14 F199C 2008

范县政协志 1960–2015
范县政协志编纂委员会 郑州 中州古籍出版社 2015年 606页
b46376574　D628.614 F199 2015

范县纪检监察志 1950–2013
中共范县纪委范县监察局编 范县 中共范县纪委范县监察局 2014年 586页
b49640008　D630.9 F199 2014

范县国土资源志 前21世纪–2010
范县国土资源局史志编纂委员会编 张立新主编 郑州 中州古籍出版社 2015年 360页〔河南省国土资源志丛书〕
b47051723　F129.961.4 F199 2015

濮阳市土地志 范县卷
范县土地管理局编 王继省主编 郑州 中州古籍出版社 1998年 331页〔河南省土地志丛书〕
b21276870　F327.613 P675F 1998

台前县

台前县志
河南省台前县地方史志办公室编 台前 河南省台前县地方史志办公室 1986年 征求意见稿 2卷 754页
b10600024　K296.14 T151

台前县志
台前县地方史志编纂委员会编 郑州 中州古籍出版社 2001年 849页〔中华人民共和国地方志丛书〕
b1425198x　K296.14 T151C

台前县人口和计划生育志
台前县人口和计划生育委员会编 赵兴波主编 郑州 中州古籍出版社 2015年 469页
b46376896　C924.256.14 T151 2015

台前县民俗志
台前县地方史志办公室编 张玉珂 崔彩云编撰 郑州 中州古籍出版社 2015年 453页
b47288000　K892.461.4 T151 2015

濮阳县

濮阳县志
濮阳县地方史志编纂委员会编 王德英主编 北京 华艺出版社 1989年 689页
b10759566　K296.14 P675

濮阳县志 1980–2000
濮阳县地方史志编纂委员会编 化建华主编 郑州 中州古籍出版社 2008年 1047页
b20044768　K296.14 P675 2008

濮阳县志 1980–2000 评审稿
濮阳县地方史志编纂委员会编 濮阳 濮阳县地方史志编纂委员会 2004年 910页
b16635759　K296.14 P675 2004

许村集村志
许村集村志编纂委员会编 田聚常主编 濮阳 许村集村志编纂委员会 2014 年 384 页
b50066833 K296.15 X593 2014

濮阳县财政志
濮阳县财政志编纂委员会编 高照乾主编 北京 方志出版社 2013 年 790 页
b40938499 F812.761.4 P675 2013

濮阳县文物志
中共濮阳县委宣传部编 濮阳 中共濮阳县委宣传部 1980 年 77 页
b36380416 K872.614 P675 1980

许昌市

许昌市志
许昌市地方志编纂委员会编 天津 南开大学出版社 1993 年 839 页〔中国地方志丛书 2001〕
b10600188 K296.13 X593

许昌地区交通志
许昌地区交通志编纂委员会编写 罗少峰主编 郑州 河南人民出版社 1988 年 262 页〔河南省交通志丛书〕
b20046467 F512.761.2 X593 1988

许昌地区供销合作志
吕宜年主编 郑州 河南人民出版社 1988 年 448 页
b50347822 F727.613 X593 1988

许昌市教育志 1840–1985
许昌市教育志编纂委员会编 高建国主编 郑州 中州古籍出版社 2014 年 392 页
b45396632 G527.613 X593 2014

许昌市职业中等专业学校校志 1958–1998
许昌市职业中等专业学校编 许昌 许昌市职业中等专业学校 1999 年 257 页
b20104674 G719.286.13 X593 1999

许昌戏曲志
河南省许昌市文化局编 韩伟 李宗南主编 郑州 河南省戏曲志编辑委员会 1998 年 276 页
b20046479 J809.261.3 H183

许昌市水利志
许昌市水利志编纂委员会编 周光斌主编 郑州 许昌市水利志编纂委员会 2000 年 469 页
b20141518 TV–092 Z664 2000

魏都区

许昌市魏都区志
许昌市魏都区地方史志编纂委员会编 耿军杰 戴伟民主编 郑州 中州古籍出版社 2017 年 927 页
b50721033 K296.13 X593X 2017

建安区

许昌县志
许昌县志编纂委员会编 天津 南开大学出版社 1993 年 1039 页〔中国地方志丛书〕
b10645123 K296.14 X593

许昌县志 1986–2000
河南省许昌县地方史志编纂委员会编 押永辉 焦永胜主编 郑州 中州古籍出版社 2009 年 816 页
b21001479 K296.14 X593 2009

许昌市土地志 许昌县卷
许昌县土地管理局编 朱洪亮主编 郑州 中州古籍出版社 1999 年 239 页〔河南省土地志丛书〕
b21323252 F327.613 X593Z 1999

河南省许昌县地名志
许昌县人民政府地名办公室编 阎玉山主编 西安 陕西人民出版社 1990 年 432 页
b20378555 K926.14 X593 1990

禹州市

禹州市志
禹州市志编纂委员会编 王国谦 尚万德 贾克明主编 郑州 中州古籍出版社 1989 年 790 页
b13588370 K296.13 Y749

禹州市志
禹州市志编纂委员会编 郑州 中州古籍出版社 2007 年 修订本 750 页〔中华人民共和国地方志丛书〕
b50748087 K296.13 Y749 2007

禹州市志 1985–2000
禹州市地方史志编纂委员会编 袁宝根主纂 北京 方志出版社 2005 年 824 页〔中华人民共和国地方志丛书〕
b16357917 K296.13 Y749 2005

无梁镇志
禹州市无梁镇志编纂委员会编 魏殿选主编 郑州 中州古籍出版社 2017 年 388 页〔禹州市乡镇志书系〕
b50651651 K296.15 W479 2017

禹州市军事志 约前 21 世纪 –2005
禹州市军事志编纂委员会编 王勇 刘明主编 禹州 禹州市军事志编纂委员会 2005 年 295 页
b50994128 E289.614 Y749 2005

许昌市土地志 禹州卷
禹州市土地管理局编 李长庚总纂 郑州 中州古籍出版社 1999 年 247 页〔河南省土地志丛书〕
b21277163 F327.613 X593YZ 1999

钧瓷志
苗锡锦主编 郑州 河南人民出版社 2000 年 344 页
b40782499 K876.34 M4714J 2000

钧瓷志 1988–2008
禹州市地方史志编纂委员会编 臧文莹主编 北京 中国文史出版社 2008 年 376 页
b19329428 K876.34 Z142 2008

禹州中药志
禹州市地方史志编纂委员会 禹州市革命老区建设促进会编 李英杰 马庚全主纂 孙彦春主编 北京 光明日报出版社 2006 年 349 页〔河南地方文史志鉴丛书〕
b50016581 R281.461.4 Y749 2006

白沙水库志
河南省白沙水库灌溉工程管理局编 哈尔滨 哈尔滨地图出版社 2004 年 282 页
b16432149 TV632.613 H287 2004

长葛市

长葛县志
长葛县志编纂委员会编 张佐军主编 北京 三联书店 1992 年 694 页〔中国地方志丛书〕
b10604200 K296.14 C3463

长葛县志
刘水林主编 郑州 中州古籍出版社 2013 年 修订版 694 页
b45841330 K296.14 C3463 2013

长葛市志 1986–2000
长葛市志编纂委员会编 刘水林 黄小四主编 郑州 中州古籍出版社 2010 年 764 页
b21015405 K296.13 C346 2010

长葛市坡胡镇志
长葛市坡胡镇志编纂委员会编 姚晓飞主编 郑州 中州古籍出版社 2016 年 396 页
b47206263 K296.15 P627 2016

长葛市太平店村志
长葛市太平店村志编纂委员会编 文范主编 郑州 中州古籍出版社 2009 年 266 页
b2236013x K296.15 T162 2009

长葛市乡镇志
长葛市地方史志办公室编 郑州 中州古籍出版社 2016 年 845 页
b47365894 K296.15 C346 2016

楚寨村志
楚寨村志编纂委员会编 郑州 中州古籍出版社 2016 年 248 页
b49961032 K296.15 C592 2016

长葛市人大志 1954–2016
长葛市人大志编纂委员会编 高凤池主编 郑州 中州古籍出版社 2016 年 738 页
b49611549 D624.614 C346 2016

长葛市军事志 前 770–2005
长葛市军事志编纂委员会编 邓国猛 李洁主编 长葛 长葛市军事志编纂委员会 2010 年 341 页
b50993689 E289.614 C346 2010

许昌市土地志 长葛卷
长葛市土地管理局编 郭松银主编 郑州 中州古籍出版社 1999 年 291 页〔河南省土地志丛书〕
b16449629 F327.613 X593C 1999

长葛电业志 1953–2002
朱文亮 杨中州主编 郑州 中州古籍出版社 2005 年 525 页
b49850180 F426.61 C3463 2005

长葛人物志
长葛市地方史志办公室编 岳广亮主编 郑州 中州古籍出版社 2017 年 554 页
b50009990 K820.861.4 C346 2017

鄢陵县

鄢陵县志
鄢陵县地方志编纂委员会编 司晓辉主编 天津 南开大学出版社 1989 年 622 页
b10624818 K296.14 Y154

鄢陵县志 1987–2000
鄢陵县地方志编纂委员会编 晁根利主编 郑州 中州古籍出版社 2008 年 694 页〔中国地方志丛书〕
b20209770 K296.14 Y154 2008

许昌市土地志 鄢陵卷
鄢陵县土地房产管理局编 王文学主编 郑州 中州古籍出版社 1999 年 264 页〔河南省土地志丛书〕
b16578144 F327.613 X593Y 1999

鄢陵县教育志
陈国占 刘根旺主修 高云周主编 郑州 中

州古籍出版社 1991 年 357 页〔河南地方志丛书〕
b13743466 G527.614 C419

河南省鄢陵县地名志
鄢陵县地名委员会编 鄢陵 鄢陵县地名委员会 1988 年 381 页
b18264773 K926.14 Y154 1988

鄢陵花卉志
鄢陵县地方志编纂委员会总编辑室编 司晓辉主编 鄢陵 鄢陵县地方志编纂委员会总编辑室 1985 年 135 页
b41256372 S68 S649 1985

襄城县

襄城县志
襄城县史志编纂委员会编 郑州 中州古籍出版社 1993 年 686 页
b10647223 K296.14 X262

襄城县志 1988–2000
襄城县地方史志编纂委员会编 袁操然主编 郑州 中州古籍出版社 2011 年 785 页
b36369949 K296.14 X262C 2011

襄城县人民代表大会志
河南省襄城县人大常委会编 香港 香港天马出版社 2001 年 221 页
b17151600 D624.614 X262 2001

襄城县人民代表大会志续
襄城县人大常委会编 宋惊涛主编 襄城 襄城县人大常委会 2011 年 719 页
b51079677 D624.614 X262 2011

许昌市土地志 襄城县卷
襄城县土地管理局编 阎洪主编 郑州 中州古籍出版社 1999 年 221 页〔河南省土地志丛书〕
b21323239 F327.613 X593X 1999

河南省襄城县地名志
襄城县地名办公室编 襄城 襄城县地名办公室 1987 年 372 页
b20014910 K926.14 X262 1987

漯河市

漯河市志
漯河市地方史志编纂委员会编 宋金坤 吴念宗 李勇主编 北京 方志出版社 1999 年 1165 页
b13544962 K296.13 L946

漯河市志 1986–2000
漯河市地方史志编纂委员会编 王献民主编 郑州 中州古籍出版社 2013 年 776 页
b45969401 K296.13 L946 2013

漯河市人口和计划生育志 1986–2014
漯河市人口和计划生育委员会编 漯河 漯河市人口和计划生育委员会 2015 年 213 页
b50777749 C924.256.13 L946 2015

漯河市林业园林志 1986–2012
漯河市林业园林志编纂委员会编 宋孟欣主编 北京 中国林业出版社 2014 年 329 页
b46186839 F326.276.13 L946 2014

漯河市土地志
漯河市土地志编纂委员会编 陈耀亭主编 北京 中国大地出版社 1999 年 282 页〔漯河市土地志丛书〕
b17490832 F327.613 L946 1999

漯河市地方税务稽查志 1994–2017
漯河市地方税务稽查志编委会编 张海方总编辑 郑州 中州古籍出版社 2017 年 312 页
b50651444 F812.761.342.3 L946 2017

漯河市金融志 1906–1990
漯河市金融志编纂室编 黄学根主编 北京 中国金融出版社 1993 年 437 页
b4970476x F832.761.3 L946 1993

郾城区

郾城县志
郾城县志编纂委员会编 郑州 中州古籍出版社 1997 年 752 页
b10524472 K296.14 Y187

郾城县志 1988–2004
漯河市郾城区地方史志编纂委员会编 魏舒 张凯娜主编 郑州 中州古籍出版社 2016 年 651 页
b47206731 K296.14 Y187C 2016

郾城县土地志
郾城县土地房产管理局编 王芳春主编 北京 中国大地出版社 1999 年 342 页〔漯河市土地志丛书〕
b19931037 F327.614 W216 1999

舞阳县

舞阳县志
舞阳县志编纂委员会编 郑州 中州古籍出版社 1993 年 512 页
b10598078 K296.14 W529

舞阳县志 1986–2005
舞阳县地方史志编纂委员会编 王玉山主编 郑州 中州古籍出版社 2011 年 792 页
b2321708x K296.14 W529 2011

河南省舞阳县地名志
舞阳县地名志编辑室编 宋运兴主编 舞阳 舞阳县人民政府地名办公室 1988 年 315 页
b17482872 K926.14 W529 1988

临颍县

临颍县志
临颍县志编纂委员会编 李留根主编 郑州 中州古籍出版社 1996 年 846 页〔中国地方志丛书 2001〕
b10501228 K296.14 L581

临颍县农业生产资料志
王洪涛主编 郑州 中州古籍出版社 1993 年 300 页〔河南地方志丛书〕
b49803396 F721.8 L581 1993

临颍地方税务志
张君民主编 郑州 中州古籍出版社 2013 年 380 页
b49506134 F812.761.4 L581 2013

三门峡市

三门峡市志
三门峡市地方史志编纂委员会编 郑州 中州古籍出版社 1997–1999 年 4 卷
b10503195 K296.13 S145

三门峡市纪检志 第 1 卷
中共三门峡市纪律检查委员会编 王治周主编 三门峡 中共三门峡市纪律检查委员会 1992 年 367 页
b50248248 D262.6 S145 1992

三门峡市黄河河务移民管理局志
三门峡市黄河河务移民管理局志编纂委员会编 张建军主编 北京 方志出版社 2006 年 450 页
b50247372 F426.9 S145 2006

三门峡市黄金志 1964–2007
三门峡市黄金志编纂委员会编 李有光主编 郑州 中原农民出版社 2011 年 950 页
b35970856 F426.32 L422 2011

三门峡市邮电志
三门峡市邮电志编纂委员会编 黄学义主编 北京 方志出版社 1999 年 471 页〔河南邮电史志丛书〕
b50247384 F632.761.3 S145 1999

三门峡财政志 1991–2000
三门峡市财政局编 北京 方志出版社 2009 年 298 页
b20547717 F812.761.3 S145 2009

三门峡市财政志
苗鸿伟主编 郑州 河南人民出版社 1993 年 588 页
b22431585 F812.761.3 S145 1993

三门峡市农村合作金融志
戴景琥 张建军主编 三门峡 河南省农村信用社联合社三门峡市办公室 2011 年 688 页
b49803578 F832.35 S145 2011

三门峡市文化志
三门峡市文化志编纂委员会编 郭炎堂主编 郑州 中州古籍出版社 2007 年 938 页
b20467242 G127.613 S145 2007

三门峡市教育志
三门峡市教育局编 常黎明主编 北京 方志出版社 2013 年 758 页
b41213622 G527.613 S145 2013

三门峡工学院三门峡广播电视大学校志
三门峡工学院三门峡广播电视大学校志编纂委员会编 信存宝主编 三门峡 三门峡十一工程局印刷厂 1998 年 214 页
b21136580 G649.286.1 S145 1998

三门峡市曲艺志
三门峡市文化局编 郑州 河南人民出版社 1993 年 344 页〔河南曲艺志系列丛书〕
b20577564 J809.261.3 S145 1993

三门峡市水利志
三门峡市水利局史志编纂领导小组编 西安 陕西人民出版社 1999 年 575 页
b20136432 TV–092 S145 1999

黄河三门峡水利枢纽志
黄河三门峡水利枢纽志编纂委员会编 北京 中国大百科全书出版社 1993 年 468 页
b16261082 TV632.61 H658 1993

三门峡水利枢纽简志
三门峡水利枢纽管理局工程志编辑室编 韩名显主编 三门峡 三门峡市印刷厂 1990 年 113 页
b21857659 TV632.613 S145 1990

湖滨区

三门峡市湖滨区志
湖滨区地方史志编纂委员会编 郑州 河南人民出版社 2000 年 635 页
b22431597 K296.13 S145J 2000

三门峡市湖滨区志 1991–2000
湖滨区地方史志编纂委员会编 沈实勇主编 郑州 中州古籍出版社 2010 年 680 页
b21764943 K296.13 S145J 2010

三门峡市湖滨区地名志
张冠云编 三门峡 三门峡市湖滨区史志地名办公室 1989 年 106 页
b2113716x K296.13 S145H 1989

三门峡市湖滨区水利志
湖滨区水利志编纂小组编 张五群主编 西安 陕西人民出版社 1999 年 191 页
b21856473 TV–092 S145H 1999

陕州区

陕县志
陕县地方史志编纂委员会编 樊凤梧主编 郑州 河南人民出版社 1988 年 696 页
b13992892 K296.14 S267

陕县志 1986–2000
陕县地方史志编纂委员会编 刘安璋主编 郑州 中州古籍出版社 2005 年 901 页〔中国地方志丛书〕
b16574382 K296.14 S267 2005

大营村志
陕县大营村志编纂委员会编 陈玉顺主编 北京 中国图书出版社 2007 年 重修本 702 页
b44851297 K296.15 D136D 2007

凡村村志
凡村村志编纂领导小组编 王西丁主编 北京 北京京广通广告有限公司 2005 年 144 页
b16467164 K296.15 F172 2005

河南省陕县下庄村志
下庄村志编纂委员会编 张孟熬主笔 陕县 下庄村志编纂委员会 2015 年 102 页
b50861347 K296.15 X185 2015

陕县大营村志
陕县大营村志编委会编 刘照直主编 郑州 河南人民出版社 1990 年 602 页
b13277303 K296.15 D136D

温塘村志
曲景义主编 郑州 中州古籍出版社 2004 年 484 页
b16448327 K296.15 W363 2004

新店村志
何浩民主编 北京 人民日报出版社 2005 年 404 页
b21801964 K296.15 X443 2005

陕县政协志 1949–2006
杨军茂 阮剑平主编 香港 中国图书出版社 2006 年 452 页
b21765121 D628.614 S267 2006

观音堂煤矿志
观音堂煤矿志编纂委员会编 刘大顺主编 三门峡 三门峡市昌顺印厂 2005 年 550 页
b44851571 F426.21 G642 2005

陕县文化志
河南省陕县文化志编辑室编 杨军茂主编 陕县 陕县印刷厂 1985 年 284 页〔河南省洛阳地区文化专志丛书〕
b36379190 G127.614 S267 1985

陕县水利志
刘邦古主编 北京 国际文化出版公司 2000 年 390 页

b46995717 TV-092 S267 2000

义马市

义马市志
义马市地方史志编纂委员会编 戴景琥主编 郑州 中州古籍出版社 1991年 349页〔中华人民共和国地方志丛书〕
b10617395 K296.13 Y468

义马市志 1987–2000
义马市志编纂委员会编 毛世卿总编 戴景琥主编 郑州 中州古籍出版社 2005年 547页〔中国地方志丛书〕
b16356846 K296.13 Y468 2005

河南省义马市狂口村志
狂口村志编纂委员会编 郑金亮主编 香港 环球出版社 2017年 540页
b50166499 K296.15 K474 2017

义马村志
义马村志编纂委员会编 郑州 中州古籍出版社 1993年 335页
b13277005 K296.15 C345Y

义马市千秋村志
张三勤主编 北京 中国图书出版社 2011年 539页
b46442650 K296.15 Q197 2011

义马市国土资源志
义马市国土资源志编纂委员会编 肖广武主编 郑州 中州古籍出版社 2015年 568页
b47206780 F129.961.4 Y468 2015

义马市土地志
义马市规划土地管理局编 李拴军主编 三门峡 水电部第十一局印刷厂 1997年 193页
b46012308 F327.614 Y468 1997

常村煤矿志 1958–2007
常村煤矿志编纂委员会编 王新成主编 郑州 中州古籍出版社 2008年 538页
b21762880 F426.21 W233 2008

金马重机志 1958–2010
金马重机志编纂委员会编 张战国 曹致岐主编 郑州 中州古籍出版社 2012年 534页
b40425988 F426.42 H287 2012

千秋煤矿志 1956–2006
千秋煤矿志编纂委员会编 王振中主编 郑州 中州古籍出版社 2008年 646页
b49964586 F426.21 Q197 2008

义马民俗志
戴景琥主编 郑州 中州古籍出版社 1991年 345页〔中州民俗丛书〕
b16434808 K892.461.3 D152 1991

义马市水利志
范心京主编 义马 义马市水利局 1998年 162页
b4601231x TV-092 Y468 1998

灵宝市

灵宝县志
灵宝县地方史志编委会编 贾同然主编 郑州 中州古籍出版社 1992年 1008页
b10647326 K296.14 L628

灵宝市志 1988–2000
灵宝市志编纂委员会编 郑州 中州古籍出版社 2005年 1006页〔中国地方志丛书〕
b16580473 K296.13 L628 2005

川口村志 1949–2011
川口村志编纂委员会编 陈五岳主编 郑州 河南人民出版社 2012年 299页
b40743263 K296.15 C627 2012

灵宝市朱阳镇志 1949–2015
灵宝市朱阳镇志编纂委员会编 姚邦顺主编 郑州 河南人民出版社 2016年 562页
b49798625 K296.15 Z722 2016

寺河乡志
寺河乡人民政府编 灵宝 河南灵宝市印刷厂 1995年 278页〔灵宝地方史丛书〕
b17960137 K296.15 S666 1995

五亩乡志 1949–2012
灵宝市五庙乡志编纂委员会编 姚邦顺主编 灵宝 灵宝市五庙乡志编纂委员会 2012年 531页
b50066390 K296.15 W5385 2012

西水头村志 1949–2009
西水头村党支部 村委会编 郑州 河南人民出版社 2011年 316页
b37530999 K296.15 X1197 2011

尹庄镇志
尹庄镇志编纂委员会编 许斐主编 灵宝 尹庄镇志编纂委员会 2008年 543页
b44852368 K296.15 Y522 2008

灵宝市人口和计划生育志 1953–2013
王焕民 赵景谋主编 郑州 中州古籍出版社 2014年 534页
b46376732 C924.256.14 L628 2014

灵宝市妇女志 1949–2013
灵宝市妇女志编纂委员会编 姚邦顺主编 郑州 河南人民出版社 2015年 476页
b50246896 D442.861.4 L628 2015

灵宝市建设志 1949–2005
灵宝市建设志编纂委员会编 王世忠主编 灵宝 灵宝市建设志编纂委员会 2007年 329页
b50729524 F299.276.14 L628 2007

灵宝市黄金志 1964–2014
灵宝市黄金志编纂委员会编 郑州 河南人民出版社 2016年 1022页
b50062207 F426.32 L628 2016

灵宝市粮食志 2001–2011
灵宝市粮食志编纂委员会编 潘振华 马建华主编 郑州 中州古籍出版社 2012年 187页
b40648369 F724.721 L628 2012

灵宝市财政志 1995–2010
灵宝市财政志编委会编 杨社军主编 北京 中国财政经济出版社 2012年 434页
b45453196 F812.761.3 L628 2012

灵宝市教育志
卢一主编 郑州 中州古籍出版社 1995年 453页〔河南地方志丛书〕
b13743363 G527.613 L792

灵宝市教育志 1994–2004
乔天民主编 郑州 中州古籍出版社 2005年 409页
b17482896 G527.613 L792 2005

灵宝市教育志 2005–2011
灵宝市教育志编纂委员会编 彭海英主编 郑州 中州古籍出版社 2012年 459页
b40503252 G527.613 L792 2012

灵宝市第三高级中学校志 1953–2013
灵宝市第三高级中学编 郑州 中州古籍出版社 2014年 491页
b46012904 G639.286.14 L628 2014

灵宝一高校志 1937–2007
灵宝一高校志编纂委员会编 邵项书主编 灵宝 灵宝一高校志编纂委员会 2007年 456页
b20950408 G639.286.13 L628 2007

灵宝戏曲志
灵宝戏曲志编纂委员会编 张建华主编 郑州 中州古籍出版社 2013年 658页
b40935784 J809.261.3 L628 2013

灵宝市文物志
杨连珍主编 灵宝 灵宝市文化局 2005年 484页
b20577242 K872.613 L628 2005

灵宝民俗志
周家樵主编 郑州 中州古籍出版社 1993年 323页〔中州民俗丛书〕
b17581539 K892.461.3 Z666 1993

灵宝苹果志 1921–2010
灵宝苹果志编纂委员会编 张孝民主编 郑州 中州古籍出版社 2011年 450页
b37531840 S661.1 Z367 2011

窄口水库志
灵宝市窄口水库管理局编 郑州 黄河水利出版社 1998年 263页
b16434821 TV632.613 L628 1998

灵宝市环境保护志
灵宝市环境保护志编纂委员会编 杨怀亮主编 郑州 中州古籍出版社 1998年 301页
b49850210 X321.261.4 L628 1998

渑池县

河南省渑池县志
渑池县志编纂委员会编 李振麒主编 上海 汉语大词典出版社 1991年 777页
b10758495 K296.14 M446

渑池县志 1986–2000
渑池县地方史志编纂委员会编 姜景泉 杜建成主编 北京 方志出版社 2006年 843页〔中国地方志丛书〕
b17298544 K296.14 M458 2006

渑池县政协志 初稿 1984–2007
渑池县政协学习文史委员会编 渑池 渑池县政协学习文史委员会 2008年 288页
b21136622 D628.614 M458 2008

曹窑煤矿志 1958–2007
曹窑煤矿志编纂委员会编 韩会祥主编 郑州 中州古籍出版社 2008年 716页
b21762806 F426.21 C214 2008

耿村煤矿志 1975–2009
耿村煤矿志编纂委员会编 任百里主编 郑州 中州古籍出版社 2009年 748页
b21763380 F426.21 R194 2009

渑池县戏曲志
渑池县文化局编 侯俊杰 姚梦松主编 郑州 中国戏曲志河南卷编辑委员会 1990年 146页
b18905390 J809.261.4 H429 1990

渑池县地名简志
渑池县地名办公室编纂 渑池 渑池县地名

办公室 1986 年 431 页
b1358831x K926.14 M458

卢氏县

卢氏县志
李啸东主编 郑州 中州古籍出版社 1998 年 1010 页
b12697898 K296.14 L792

卢氏县志 1988–2000
卢氏县志编纂委员会编 李啸东主编 北京 方志出版社 2006 年 661 页〔中国地方志丛书〕
b17994019 K296.14 L792 2006

河南村村志
河南村村志编纂委员会编 李俊堂主编 卢氏 河南村村志编纂委员会 2015 年 95 页〔卢氏县地方志 村志系列丛书〕
b50152154 K296.15 H287 2015

莫家营村志
莫家营村志编纂委员会编 李俊堂主编 卢氏 莫家营村志编纂委员会 2016 年 82 页〔卢氏县地方志 村志系列丛书〕
b50152166 K296.15 M629 2016

五里川村志
五里川村志编纂委员会编 李俊堂主编 卢氏 五里川村志编纂委员会 2016 年 95 页〔卢氏县地方志 村志系列丛书〕
b50152178 K296.15 W5381 2016

卢氏县人民代表大会志
李啸东主编 北京 人民日报出版社 2002 年 399 页
b17486634 D624.614 L421 2002

卢氏县邮电志
卢氏县邮电志编辑室编 李啸东主编 郑州 中州古籍出版社 2000 年 365 页
b47352917 F632.761.4 L792 2000

卢氏县水利志
卢氏县水利志编纂领导小组编 西安 陕西人民出版社 2001 年 392 页
b21856461 TV–092 L792 2001

南阳市

南阳地区志
南阳地区地方史志编纂委员会编 郑州 河南人民出版社 1994 年 3 卷 2611 页
b10617097 K296.12 N161

南阳地区志 1986–1994
南阳地区地方史志编纂委员会编 田振方主编 郑州 中州古籍出版社 1996 年 548 页
b16746685 K296.12 N161 1996

南阳县志
南阳县地方史志编纂委员会编 惠武章总编辑 郑州 河南人民出版社 1990 年 706 页〔中华人民共和国地方志丛书〕
b13246008 K296.14 N1619

南阳市志
南阳市地方史志编纂委员会编 郑州 河南人民出版社 1989 年 962 页
b10597955 K296.13 N161

南阳民族宗教志
南阳民族宗教志编辑室编 南阳 南阳市印刷厂 1989 年 561 页
b16429953 B928.2 N161 1989

南阳清真寺志
闻洪甲 洪兵 马云飞主编 郑州 中州古籍出版社 2013年 388页
b4601293x B967.261.3 N161 2013

中共南阳县委志 1926–1986
中共南阳县委志编辑室编 李国廷主编 郑州 河南人民出版社 1993年 291页
b16403964 D235.614 L395 1993

南阳市民政志 1986–2006
高阳市民政志编纂委员会编 陈洪勋主编 南阳 南阳市蓝天印务公司 2007年 498页
b40740444 D632 N1619 2007

南阳棉花志
薛增荣 李福田主编 郑州 中州古籍出版社 2012年 418页
b40648382 F326.12 N161 2012

南阳地区农业志
王明聚主编 郑州 中州古籍出版社 1992年 470页〔河南地方志丛书〕
b49803475 F329.612 N161 1992

南阳市土地志
南阳市土地管理局编 马凤鸣 王明军主编 郑州 中州古籍出版社 1998年 429页〔河南省土地志丛书〕
b17623431 F329.613 M137 1998

河南油田测井公司志 1972–2006
测井公司志编纂委员会编 方玉光主编 南阳 测井公司志编纂委员会 2009年 653页
b50152919 F426.22 H287 2009

河南油田志
河南油田志编纂委员会编 杨国珍主编 郑州 中原古籍出版社 1993年 849页〔中华人民共和国地方志丛书〕
b20416507 F426.22 Y234 1993

南阳防爆电机厂志
南阳防爆电机厂志编审小组编 李鹏总编 南阳 南阳防爆电机厂志编审小组 1990年 202页
b50152245 F426.61 N1619 1990

南阳地区交通志
南阳地区交通志编纂委员会编写 郑州 河南人民出版社 1995年 426页〔河南交通志丛书〕
b20044641 F512.761.2 N161 1995

南阳市邮电志
南阳市邮电史编纂委员会 刘举主编 北京 方志出版社 1999年 638页〔河南邮电史志丛书〕
b50247281 F632.761.3 N161 1999

河南省粮食志 南阳地区
河南省粮食志编纂委员会编纂 张崇德 马彬主编 北京 中国商业出版社 1995年 336页
b50222569 F724.721 H287C 1995

南阳县粮食志
刘士钦 许平主编 郑州 中州古籍出版社 1991年 172页
b20950810 F724.721 L688 1991

南阳地区商业志
南阳地区商业志编纂委员会编 任世明主编 北京 中国展望出版社 1989年 593页〔河南地方志丛书〕
b51079641 F727.612 N161 1989

南阳地区经贸志
南阳地区对外经济贸易委员会编 郑州 河南人民出版社 1989 年 371 页
b50269689 F752.861.3 N161 1989

南阳县对外经济贸易志
南阳县对外经济贸易局编 南阳 南阳县对外经济贸易局 1988 年 148 页
b50319231 F752.861.4 N161 1988

南阳建设银行志 1956–1985
中国人民建设银行南阳地区中心支行编 谢莹 张炳基编辑 南阳 中国人民建设银行南阳地区中心支行 1987 年 230 页
b49533678 F832.33 N161 1987

南阳农行志 1948.5–2008.12
中国农业银行股份有限公司南阳分行行志编纂委员会编 刘子军总纂 卢伟主编 南阳 中国农业银行股份有限公司南阳分行 2013 年 1034 页
b49963910 F832.33 N1616 2013

南阳地区文化志 夏朝 –1985
南阳地区文化局文化志办公室编 南阳 南阳地区文化局文化志办公室 1986 年 油印本 843 页
b36379724 G127.612 N161 1986

南阳市文化志
南阳市文化局编 李仁瑞主编 南阳 南阳市文化局 1989 年 油印本 2 卷 484 页
b19932157 G127.613 L416 1989

南阳市教育志
南阳市教育志编纂委员会编 杨显社 杨扩 王平玉主编 郑州 大象出版社 2010 年 500 页
b21764633 G527.613 N161 2010

南阳县教育志
南阳县教育志编纂委员会编 郑州 中州古籍出版社 1993 年 255 页〔河南地方志丛书〕
b20019890 G527.614 N161 1993

南阳市第二十五小学校志 1972–2017
南阳市第二十五小学校志编委会编 李霞主编 南阳 南阳市第二十五小学校志编委会 2017 年 111 页
b50152257 G629.286.13 N1611 2017

南阳市第七小学校志 1960–2010
王新红主编 南阳 南阳市第七小学 2010 年 341 页
b46010749 G629.286.13 N161 2010

南阳市第八中学校校志
南阳市第八中学编 南阳 南阳市第八中学 2009 年 467 页
b20576687 G639.286.13 N1613 2009

南阳市第三中学校志 1905–2000
马玉本主编 南阳 河南省南阳市友谊印刷社 2004 年 412 页
b20103074 G639.286.13 N1612 2004

南阳市第十中学校校志
南阳市第十中学编 南阳 南阳市第十中学校 2004 年 303 页
b20103086 G639.286.13 N161 2004

河南省经济管理学校志 1957–2008
河南省经济管理学校志编纂委员会编 李显杰主编 南阳 河南省经济管理学校志编纂委员会 2009 年 370 页
b20576675 G719.286.1 H2875 2009

南阳市第四职业中等专业学校校志
赵富文主编 南阳 南阳市第四职业中等专业学校 2004年 268页
b20103098 G719.286.1 N1612 2004

南阳市宛东中等专业学校志 1955.7–2004.12
南阳市宛东中等专业学校志编纂委员会编 北京 大众文艺出版社 2005年 486页〔河之南丛书〕
b20018307 G719.286.1 N161 2005

南阳中医药学校志 1978–1998
南阳中医药学校志编纂委员会编 孙仁民主编 南阳 南阳中医药学校志编纂委员会 1998年 170页
b20103104 G719.286.13 N161 1998

南阳地区戏曲志
南阳地区文化局编 高波群主编 南阳 南阳地区文化局 油印本 700页
b20139871 J809.261.2 N161

南阳市戏曲志
姚寿仁主编 郑州 中州古籍出版社 1992年 175页
b17490856 J809.261.3 Y297 1992

南阳地区曲艺志
南阳地区文化局编 郑州 河南人民出版社 1994年 532页〔河南曲艺志系列丛书〕
b19733379 J826 N161 1994

南阳县民族志
中共南阳县委统战部编 王振明主编 南阳 南阳县印刷厂 1990年 174页
b20950822 K280.614 N161 1990

河南省南阳地区老干部暨高级知识分子志
南阳地区退休科技协会编 郑州 中州古籍出版社 1992年 522页
b49472628 K820.861.2 N161 1992

南阳市文物志
陈长山主编 郑州 中原农民出版社 1993年 148页
b16433427 K872.61 C415 1993

河南省南阳县地名录
南阳县地名领导小组编 南阳 南阳县地名领导小组 1983年 236页
b20014880 K926.14 N161C 1983

河南省南阳县地名志
南阳县地名委员会办公室编 福州 福建省地图出版社 1990年 526页
b19732181 K926.14 N161 1990

南阳地区地理志
河南省退休科技工作者协会南阳地区分会南阳地区地理志办公室编 李成岱 贺世伍主编 南阳 河南省退休科技工作者协会南阳地区分会南阳地区地理志办公室 1991年 537页
b19931633 K926.12 N161 1991

南阳市地名志
南阳市地名委员会办公室编 西安 三秦出版社 1997年 860页
b13588187 K926.13 N161

伏牛山药用植物志 第2–7卷
尹卫平 王忠东等著 北京 科学出版社 2009年 6卷
b20852824 Q949.95 Y522 2009

南阳市农村卫生协会志
王六文 王树生主编 南阳 南阳市农村卫生协会 2000年 493页

b49803487　R199.2　N1619　2000

南阳市城市建设志　1840–1985
南阳市城乡建设管理委员会编　李彦升主编　南阳　南阳市印刷厂　1987 年　838 页
b20462062　TU984.261.3　N161　1987

南阳地区水利志
南阳地区水利局　南阳地区水利志编纂委员会编　袁耀汉主编　南阳　南阳地区水利志编纂委员会　1990 年　813 页
b20103062　TV–092　N1619　1990

卧龙区

南阳市卧龙区人民代表大会志
王明堂主编　北京　朝华出版社　2006 年　996 页
b17482860　D624.613　W223　2006

宛城区

南阳市宛城区志　1978–2000
宛城区地方史志编纂委员会编　于金献主编　北京　科学出版社　2007 年　872 页
b36247522　K296.13　N161W　2007

宛城区土地志
宛城区土地房产管理局编　蓝炳恩主编　郑州　中州古籍出版社　1999 年　307 页〔河南省土地志丛书〕
b21866715　F327.613　N161W　1999

南阳市宛城区教育志
南阳市宛城区教育志编纂委员会编　南阳　南阳市宛城区教育志编纂委员会　2004 年　398 页
b17530246　G527.613　W159　2004

邓州市

邓州市志
邓州市地方史志编纂委员会编　王复战主编　郑州　中州古籍出版社　1996 年　804 页〔中国地方志丛书 2001〕
b10593457　K296.13　D348

邓州市志　1990–2000
邓州市地方史志编纂委员会编　李雪辉　王复战主编　郑州　中州古籍出版社　2005 年　839 页
b17505896　K296.13　D348C　2005

邓州市土地志
邓州市土地管理局编　袁久胜主编　郑州　中州古籍出版社　1998 年　273 页〔河南省土地志丛书〕
b2127681x　F327.614　D348　1998

邓州市第一高级中学校志
王立玉主编　北京　作家出版社　2005 年　333 页
b20576341　G639.286.13　D3489　2005

邓州市二高中校志　第 2 卷
尹顺华主编　郑州　邓州市二高中　2007 年　211 页
b20100607　G639.286.13　D348

邓县医药志
河南省邓县医药局编纂　王乃恒主编　邓县　邓县医药局　1985 年　128 页
b22429219　R95　W224　1985

南召县

南召县志
南召县史志编纂委员会编　郑州　中州古籍

出版社 1995 年 1283 页〔中国地方志丛书 2001〕
b10616901 K296.14 N161

南召县志 1986–2002
南召县史志编纂委员会编 孙爱芳 艾廷和主编 北京 方志出版社 2007 年 1092 页〔中国地方志丛书〕
b18004878 K296.14 S765 2007

长江流域鸭河口水库移民志
河南省南召县移民安置办公室编 南阳 南阳地区印刷厂 1994 年 159 页
b20041743 D632.4 H287 1994

南召县土地志
南召县土地管理局编 褚新民 艾廷和主编 郑州 中州古籍出版社 1998 年 284 页〔河南省土地志丛书〕
b21276985 F327.614 N161 1998

南召县教育志
南召县教育志编纂委员会编 许铎 张彦主编 郑州 河南大学出版社 2015 年 680 页
b47072829 G527.614 N1619 2015

河南省南召县地名志
南召县人民政府地名办公室编 南召 南召县人民政府地名办公室 2005 年 457 页
b18264761 K926.14 N1619 2005

方城县

方城县志
方城县地方志编纂委员会编 王鼎森 曾大海总编辑 郑州 中州古籍出版社 1992 年 747 页〔中华人民共和国地方志丛书〕
b10617425 K296.14 F223

方城县土地志
方城县土地管理局编 郑州 中州古籍出版社 1998 年 215 页
b36013274 F327.614 F223 1998

方城县教育志
程国珍主编 郑州 中州古籍出版社 1991 年 428 页〔河南地方志丛书〕
b13742863 G527.614 C453

方城当今人物志 第 1 卷
中共方城县委办公室 方城县人事劳动和社会保障局 中共方城县委党史研究室编 方城 中共方城县委办公室 2005 年
b19732053 K820.861.4 Z647

方城民俗志
王金祥主编 郑州 中州古籍出版社 1991 年 462 页〔中州民俗丛书〕
b2053419x K892.461.4 W219 1991

河南省方城县地名志
方城县地名办公室编 郑州 河南人民出版社 1993 年 691 页
b1376164x K926.14 F223

西峡县

西峡县志
西峡县志编纂委员会编 封太运总编辑 郑州 河南人民出版社 1990 年 670 页
b10636341 K296.14 X1198

西峡县志 1986–2000
西峡县地方史志编纂委员会编 王富强主编 郑州 中州古籍出版社 2010 年 772 页〔中国地方志丛书〕
b23190723 K296.14 X1198C 2010

西峡县人民代表大会志
西峡县人大常委会编 张玉良 张明改 杨卫民主编 西峡 西峡县人大常委会 2006年 435页
b49534324 D624.614 X119 2006

河南省西峡县地名志
西峡县人民政府地名办公室编 刘道秉主编 开封 河南大学出版社 1989年 483页
b1762339x K926.14 X119 1989

镇平县

镇平县志
镇平县地方史志编纂委员会编 北京 方志出版社 1998年 1141页〔中华人民共和国地方志丛书〕
b10468602 K296.14 Z493

镇平县志 1986–2000
镇平县地方史志编纂委员会编 苏振强主编 郑州 中州古籍出版社 2007年 687页〔中国地方志丛书〕
b19734141 K296.14 Z493 2007

镇平县农业志 1949–2009
镇平县农业局编 宋书华主编 郑州 中州古籍出版社 2012年 828页
b4653104x F327.614 Z493N 2012

镇平县土地志
镇平县土地管理局编 牛天顺主编 郑州 中州古籍出版社 1998年 379页〔河南省土地志丛书〕
b21276973 F327.614 Z493 1998

镇平县教育志
镇平县教育志编纂委员会编 赵中元主编 镇平 镇平县教育志编纂委员会 2008年 732页
b50729925 G527.614 Z493 2008

镇平县地名志
镇平县民政局编 镇平 镇平县民政局 2005年 395页
b20047113 K926.14 Z493C 2005

镇平玉雕志
镇平玉雕志编纂委员会编 徐志浩主编 郑州 中州古籍出版社 2011年 668页
b3753189x TS932.1–092 X581 2011

内乡县

内乡县志
内乡县地方史志编纂委员会编 朱中馥主编 北京 三联书店 1994年 890页〔中国地方志丛书〕
b10604443 K296.14 N2628

内乡县志 1978–2003
内乡县史志研究室编 吴万林主编 郑州 中州古籍出版社 2008年 874页〔中国地方志丛书〕
b20190141 K296.14 N2628W 2008

赤眉乡志 送审稿
内乡县赤眉乡志办公室编 刘德琛主编 内乡 内乡县赤眉乡志办公室 1991年 油印本 2卷 640页
b23003017 K296.15 C515 1991

内乡县道教志
内乡县道教协会编 刘献春主编 内乡 内乡县道教协会 2016年 238页
b4955072x B959.2 N262 2016

内乡县粮食志
河南省内乡县粮食局编 周喜昌主编 唐

河 唐河县彩印厂 1988 年 386 页
b27574829 F724.721 N262

内乡县教育志 第 2 卷
内乡县教育志编纂委员会编 刘献春编写 郑州 大象出版社 2011 年 497 页
b44810684 G527.614 N2628 2011

河南省内乡县地名志
内乡县地名办公室编 郑州 河南人民出版社 1991 年 635 页
b13588035 K926.14 N262

淅川县

淅川县志
淅川县地方史志编纂委员会编 王本庆主编 郑州 河南人民出版社 1990 年 653 页
b10646784 K296.14 X129

淅川县简志 1986–1992
淅川县地方史志编纂委员会编 吴云贵主编 郑州 河南人民出版社 1994 年 343 页
b10600760 K296.14 X129C

淅川县移民志
淅川县移民志编纂委员会编 武汉 湖北人民出版社 2001 年 356 页
b13990895 D632.4 X136

淅川县畜牧场志
淅川县畜牧场志编纂委员会编 全壬午 张相明主编 郑州 中州古籍出版社 1996 年 264 页
b36028836 F326.376.14 X136 1996

淅川县教育志
淅川县教育史志编纂委员会编 刘武奎 张保文主编 淅川 淅川县教育史志编纂委员会 1995 年 228 页
b20404888 G527.614 X136 1995

河南省淅川县第一高级中学校志 1905–2005
河南省淅川县第一高级中学编 淅川 河南省淅川县第一高级中学 2005 年 264 页
b2010151x G639.286.1 H2878 2005

淅川县戏曲志
河南省淅川县文化局编 魏华岐主编 郑州 中国戏曲志河南卷编委会 1987 年 188 页
b20046145 J809.261.4 W356

淅川县地名志 评审稿
淅川县人民政府地名办公室总编
b21866703 K926.14 X136 1987

淅川县西簧乡地名志
西簧乡地名编纂室编 淅川 淅川县教育局印刷厂 1987 年 118 页
b21866697 K926.15 X119 1987

社旗县

社旗县志
邱应欣主编 郑州 中州古籍出版社 1997 年 561 页
b10521057 K296.14 S368

社旗县志 1986–2000
社旗县志编纂委员会编 郑州 中州古籍出版社 2008 年 717 页
b22431809 K296.14 S368 2008

苗店镇志
中共苗店镇委员会 苗店镇人民政府编 史群堂主编 郑州 中州古籍出版社 2018 年 506 页
b51030548 K296.15 M471 2018

社旗县地方税务志 1994–2014
社旗县地方税务志编纂委员会编 刘营之主编 郑州 中州古籍出版社 2014 年 393 页
b45969425 F812.761.442 S368 2014

社旗县教育志 1840–2005
社旗县教育志编纂委员会编 聂大力主编 郑州 大象出版社 2011 年 290 页
b36013249 G527.614 S368 2011

河南省社旗县地名志
社旗县人民政府地名办公室编 社旗 社旗县人民政府地名办公室 1988 年 油印本
b21275944 K926.14 S368

社旗县地名志
赵玉华主编 西安 西安地图出版社 2014 年 455 页
b50152701 K926.14 S368C 2014

社旗县丁庄乡地名志
社旗县人民政府地名办公室编 社旗 社旗县人民政府地名办公室 1988 年 27 页
b2001658x K926.15 D533 1988

社旗县饶良镇地名志
社旗县人民政府地名办公室编 社旗 社旗县人民政府地名办公室 1988 年 34 页
b20016591 K926.15 R158 1988

社旗县下洼乡地名志
社旗县人民政府地名办公室编 社旗 社旗县人民政府地名办公室 1988 年 71 页
b20016608 K926.15 W111 1988

唐河县

唐河县志
唐河县地方史志编纂委员会编 王富印 朱书林主编 郑州 中州古籍出版社 1993 年 821 页
b10604248 K296.14 T241

唐河县志 1986–2000
唐河县地方史志编纂委员会编 朱书林主编 郑州 中州古籍出版社 2010 年 834 页〔中国地方志丛书〕
b21570425 K296.14 T241 2010

城郊乡志
城郊乡人民政府编 唐河 城郊乡人民政府 1994 年 156 页
b1059789x K296.15 C466

大河屯乡志
大河屯乡志编写领导小组编 唐河 大河屯乡志编写领导小组 1992 年 345 页
b10600371 K296.15 D135

少拜寺乡志
唐河县少拜寺乡志编纂委员会编 唐河 唐河县彩色印刷厂 1987 年 266 页
b19932327 K296.15 S342 1987

唐河县郭滩镇志
唐河县郭滩镇志编纂委员会编 高茹芸主编 郑州 中州古籍出版社 2017 年 361 页
b53029264 K296.15 G777 2017

源潭镇志
源潭镇志编纂委员会编 吴新来主编 开封 河南大学出版社 1999 年 495 页
b13588412 K296.15 Y799

唐河县土地志
唐河县土地管理局编 陈广顺 王洛山主编 郑州 中州古籍出版社 1998 年 558 页〔河南省土地志丛书〕
b17646376 F329.613 C419 1998

新野县

新野县志
新野县史志编纂委员会编 张自训主编 郑州 中州古籍出版社 1991年 690页〔中华人民共和国地方志丛书〕
b1057055x K296.14 X444F

新野县志 1986–1995
新野县地方史志编纂委员会编 梁喜凤主编 北京 人民中国出版社 1998年 584页〔中华人民共和国地方志丛书〕
b20952247 K296.14 X444C 1998

新野乡村志
新野县地方史志编纂委员会编 梁喜凤 汪恒钦主编 北京 光明日报出版社 2006年 823页
b16796512 K296.15 X444 2006

新野县土地志
新野县土地管理局编 陈朝旺主编 郑州 中州古籍出版社 1998年 354页〔河南省土地志丛书〕
b21276961 F327.614 X444 1998

新野县农村合作金融志
新野县农村信用合作联社编 陈遂龙主编 新野 新野县农村信用合作联社 2006年 351页
b50729858 F832.35 X444 2006

新野县教育志
刘振义 刘从贵主修 田永亮主编 郑州 中州古籍出版社 1991年 416页〔河南地方志丛书〕
b13743375 G527.614 L694

河南省新野县第一高级中学校志 1907–2005
王付占主编 新野 河南省新野县第一高级中学 2007年 630页
b20101557 G639.286.1 X4449 2007

新野方言志
徐奕昌 张占献著 郑州 文心出版社 1987年 152页
b2004642x H172.1 X581 1987

河南省新野县地名志
新野县地名办公室编 郑州 河南人民出版社 1990年 314页
b13761596 K926.14 X444

桐柏县

桐柏县志
桐柏县地方史志编纂委员会编 吴富和等主编 郑州 中州古籍出版社 1995年 852页
b10604066 K296.14 T441

桐柏县公安志 1908–1986
桐柏县公安局史志办公室编 周长云编修 桐柏 桐柏县公安局史志办公室 2014年 682页
b50066742 D631 T441 2014

河南省桐柏县第一高级中学校志 1935–2005
张长银主编 西安 三秦出版社 2007年 371页〔淮风馨香史志篇〕
b40740183 G639.286.14 H287 2007

桐柏县地名志 城关镇政区聚落编 征求意见稿
城关镇人民政府地名志编纂小组编 桐柏 桐柏县城关镇地名编纂小组 1986年 油印本 19页
b21275646 K926.14 T441 1986

商丘市

商丘地区志
商丘地区地方志编纂委员会编 杨子建主编 北京 三联书店 1996年 2卷 1962页〔中国地方志丛书〕
b10503420 K296.12 S298

商丘地区志 续卷
商丘市地方史志编纂委员会编 编杨子建主 北京 方志出版社 2003年 1121页〔中国地方志丛书〕
b1640435x K296.12 S298 2003

商丘市志
商丘市地方史志编纂委员会编 李齐敬主编 北京 生活·读书·新知三联书店 1994年 694页
b14106541 K296.13 S298C

商丘市国基建筑安装有限公司志 1968–2008
商丘市国基建筑安装有限公司志编纂委员会编 李付亭主编 商丘 商丘市国基建筑安装有限公司志编纂委员会 2008年 266页
b51012479 F426.9 S297 2008

商丘地区交通志
商丘地区交通志编纂委员会编 商丘 商丘地区交通志编纂委员会 1989年 295页〔河南省交通志丛书〕
b20045244 F512.761.2 S298 1989

河南省粮食志 商丘地区
河南省粮食志编纂委员会编纂 孙德仁主编 北京 中国商业出版社 1994年 334页
b50222570 F724.721 H287E 1994

商丘地区粮食志
商邱地区粮食局编纂 孙德仁主编 郑州 中州古籍出版社 1990年 286页
b21570103 F727.612 S766 1990

商丘地区商业志
商丘地区商业志编纂领导小组编 李世骧主编 商丘 商丘地区商业志编纂领导小组 1991年 240页
b46995730 F727.613 L417 1991

商丘地区财政志
商丘地区财政局编 王义德 孔令伟主编 商丘 商丘地区财政局 1987年 316页
b50066584 F812.761.3 S298 1987

商丘市金融志
商丘市金融志编纂领导组编 商丘 商丘市金融志编纂领导组 1986年 140页
b45569630 F832.761.3 S298 1986

商丘地区广播电视志 1950–1988
商丘地区广播电视局编 张峰主编 商丘 商丘地区广播电视局 1989年 162页
b44749284 G229.276.12 S298 1989

商丘地区教育志
赵清九主编 北京 中国展望出版社 1990年 497页
b20103682 G527.612 Z437 1990

商丘市戏曲志
邓同德主编 北京 中国戏剧出版社 2008年 2卷 839页〔华夏学人文库〕
b2040427x J809.261.3 D348 2008

商丘市医药志
商丘市食品药品监督管理局编 张树仁主编 郑州 中州古籍出版社 2014年 774页

b45969413 R199.2 S298 2014

商丘地区水利志
商丘地区水利志编纂委员会编 尚志诚主编 商丘 商丘地区水利志编纂委员会 1992年 394页
b21857660 TV-092 S321 1992

梁园区

梁园区政协志
政协河南省商丘市梁园区委员会编 陈继亭主编 商丘 商丘市印刷厂 2012年 354页
b46377372 D628.613 S298L 2012

睢阳区

商丘县志
商丘县志编纂委员会编 北京 三联书店 1991年 662页〔中国地方志丛书〕
b10727292 K296.14 S298

商丘市睢阳区志 1986–2005
商丘市睢阳区地方史志编纂委员会编 朱思君 万济江主编 郑州 中州古籍出版社 2012年 880页〔中国地方志丛书〕
b41235927 K296.13 S298S 2012

商丘市睢阳区人大志
商丘市睢阳区人大常委员会编 李永平主编 郑州 中州古籍出版社 2014年 617页
b45841354 D624.613 S298S 2014

商丘县人大志
商丘县人大志编纂委员会编 郑照明主编 郑州 中州古籍出版社 2003年 602页
b17490868 D624.614 S298 2003

商丘县政协志 1956–1997
商丘县政协志编纂委员会编 高太宁主编 郑州 黄委会设计院印刷厂 2000年 252页
b20140563 D628.614 S298 2000

睢阳区政协志 1997–2011
睢阳区政协志编纂委员会编 吴昭臣主编 商丘 睢阳区政协志编纂委员会 2012年 401页
b41235174 D628.613 S298S 2012

商丘县教育志
沈其丽编著 郑州 中州古籍出版社 1991年 374页〔河南地方志丛书〕
b22431706 G527.614 S2987 1991

商丘县人物志 当代卷 第2卷
商丘县志总编室编 郑州 中州古籍出版社 1999年 263页〔河南省地方史志编纂委员会要籍集成〕
b20019889 K820.861.4 S298 1999

永城市

永城县志
永城县地方史志编纂委员会编 曹文质 王晔主编 北京 新华出版社 1991年 685页〔中国地方志丛书〕
b13761523 K296.14 Y636

永城市志 1986–2007
永城市地方史编纂委员会编 郑州 中州古籍出版社 2010年 898页
b23217200 K296.13 Y636 2010

永城市人民代表大会志 1950–2014
永城市人民代表大会编志编纂委员会编 高永澜执行主编 郑州 中州古籍出版社

2015 年 685 页
b46531403 D624.613 Y636 2015

商丘地区土地志 永城卷
永城市土地管理局编 曹文质主编 郑州 中州古籍出版社 2000 年 365 页〔河南省土地志丛书〕
b21277400 F327.612 S298Y 2000

葛店煤矿志 1955–1998
葛店煤矿志编纂委员会编 卢尚玉 陈华光主编 北京 中华书局 1999 年 564 页
b21763379 F426.21 G347 1999

神火集团志 1983–1997
神火集团志编纂委员会编 王永岐主编 北京 中华书局 1999 年 551 页
b50007336 F426.21 S398 1999

神火铝业股份公司志 1970–2008
神火铝业股份公司志编纂委员会编 卢尚玉 常振主编 郑州 中州古籍出版社 2009 年 550 页
b50779813 F426.32 H287 2009

永城市教育志
永城市教育志编纂委员会编 刘怀彬主编 郑州 中州古籍出版社 2012 年 908 页
b40426063 G527.613 Y636 2012

永城当代人物志
永城当代人物志编委会编 香港 天马出版社 2001 年 588 页
b13761547 K820.861.4 Y636

民权县

民权县志
民权县地方史志编纂委员会编 陶景云主编 郑州 中州古籍出版社 1995 年 809 页〔中国地方志丛书〕
b13274880 K296.14 M528M

民权县志 1986–2000
民权县地方史志编纂委员会编 武传坤主编 郑州 中州古籍出版社 2017 年 976 页
b50083867 K296.14 M528C 2017

民权县教育志
王友善主修 陶景云主编 民权 民权县教育志编写者 1997 年 353 页〔河南省地方志丛书〕
b17510429 G527.614 W234 1997

民权高中志 1978–2011
民权高中志编纂委员会编 潘宇主编 郑州 中州古籍出版社 2012 年 966 页
b40648370 G639.286.14 M528 2012

民权人物志 第 1 卷
民权县地方志编纂委员会编 北京 中国戏剧出版社 1999 年 303 页〔商丘文史丛书〕
b13155155 K820.861.4 M528

河南省民权县地名志
杨荣德主编 西安 陕西人民出版社 1992 年 426 页
b21866739 K926.14 M528 1992

睢　县

睢县志
睢县志编纂委员会编 马俊勇主编 郑州 中州古籍出版社 1989 年 558 页
b16746491 K296.14 S742 1989

睢县志 1986–2000
睢县地方史志编纂委员会编 余宏献 陈振

东 罗杰性主编 郑州 中州古籍出版社 2006年 779页
b18240963 K296.14 S742 2006

睢县潮庄镇志
睢县潮庄镇志编纂办公室编 李传海主编 睢县 睢县潮庄镇志编纂办公室 2002年 231页
b20577837 K296.15 C376 2002

睢县政协志 1960–2004
睢县政协志编纂委员会编 丁显臣主编 睢县 睢县政协志编纂委员会 2007年 198页
b49471983 D628.614 J644 2007

宁陵县

宁陵县志
宁陵县志编纂委员会编 郑州 中州古籍出版社 1992年 565页〔中华人民共和国地方志丛书〕
b10644842 K296.14 N413

柘城县

柘城县志
柘城县志编纂委员会编 赵永峰主编 郑州 中州古籍出版社 1991年 581页〔中国地方志丛书〕
b10647247 K296.14 Z456

柘城县志 1986–2000
柘城县地方志编纂委员会编 张学锋 王学建主编 郑州 中州古籍出版社 2012年 876页
b36369950 K296.14 Z456C 2012

柘城县国土资源志
柘城县国土资源志编纂委员会编 王建华 吴玉法主编 柘城 柘城县国土资源志编纂委员会 2016年 470页
b49678450 F129.961.4 Z456 2016

柘城县教育志
朱初基 杜文中主修 张云祥主编 郑州 中州古籍出版社 1992年 512页〔河南地方志丛书〕
b13743223 G527.614 Z691

河南省柘城县地名志
柘城县地名志编辑室编 西安 陕西人民出版社 1994年 381页
b19733793 K926.14 Z456 1994

虞城县

虞城县志
虞城县志编纂委员会编 赵如月主编 北京 三联书店 1991年 694页〔中国地方志丛书〕
b10727474 K296.14 Y731

虞城县志 1986–2005
虞城县地方史志编纂委员会编 何振岭 李瑞华总纂 郑州 中州古籍出版社 2013年 816页
b40935814 K296.14 Y731 2013

虞城县人民代表大会志 1949–2017
虞城县人民代表大会志编纂委员会编 郭志峰主编 郑州 中州古籍出版社 2018年 946页
b50721161 D624.614 Y731 2018

虞城县教育志
虞城县教育志编纂委员会编 张洪涛 刘存领主编 郑州 大象出版社 2014年 365页
b46010968 G527.614 Y731 2014

虞城当代人物志
刘进志 范文生主编 郑州 河南省新闻出版局 1998 年 增订本 539 页
b19732958 K820.861.4 L6789 1998

夏邑县

夏邑县志
夏邑县志编纂委员会编 郑州 河南人民出版社 1989 年 666 页〔中华人民共和国地方志丛书〕
b10604418 K296.14 X188

夏邑县志 1985–2006
夏邑县地方史志编纂委员会编 张金榜 闫明合主编 郑州 中州古籍出版社 2011 年 978 页
b36188700 K296.14 X188C 2011

商丘地区土地志 夏邑卷
夏邑县土地管理局编 彭印 陈自廉主编 郑州 中州古籍出版社 1999 年 307 页〔河南省土地志丛书〕
b16449605 F327.612 P336 1999

夏邑县教育志 1985–2010
夏邑县教育志编纂委员会编 杨嘉运主编 郑州 中州古籍出版社 2012 年 399 页
b44808756 G527.614 X188 2012

河南省夏邑高级中学校志 1960–2010
董存明主编 郑州 河南人民出版社 2012 年 772 页
b40743342 G639.286.14 X188 2012

夏邑县人物志 当代
夏邑县地方史志编纂委员会编 张金榜主编 夏邑 夏邑县地方史志编纂委员会 1999 年 695 页〔河南省夏邑县地方史志系列丛书〕
b13761572 K820.861.4 X188

信阳市

信阳地区志
信阳地区地方史志编纂委员会编 胡捷民主编 北京 三联书店 1992 年 1112 页〔中国地方志丛书〕
b10727978 K296.12 X461

信阳市志
信阳市志编纂委员会编 李玉德 熊传明主编 郑州 中州古籍出版社 2001 年 860 页
b13588023 K296.13 X469

信阳市志 1978–2003
信阳市地方史志编纂委员会编 陈晓玲 李吉光主编 郑州 中州古籍出版社 2014 年 4 卷 2728 页
b4564925x K296.13 X469C 2014

信阳县志
信阳县地方史志总编室编 郑州 河南人民出版社 1990 年 904 页
b13275707 K296.14 X461

信阳市政协志
政协信阳市委员会编 张绪友主编 郑州 中州古籍出版社 2017 年 576 页
b49977921 D628.613 X461 2017

信阳地区交通志
信阳地区交通志编纂委员会编 段文堂主编 信阳 信阳地区交通志编纂委员会 1988 年 214 页〔河南省交通志丛书 信阳地区史志丛书〕
b50861360 F512.761.3 X461 1988

信阳地区邮电志
信阳地区邮电史志编纂委员会编 陈金梅主编 北京 方志出版社 1998 年 498 页〔河南邮电史志丛书〕
b50247578 F632.761.2 X461 1998

河南省粮食志 信阳地区
河南省粮食志编纂委员会编纂 张振森主编 北京 中国商业出版社 1996 年 268 页
b50222582 F724.721 H287D 1996

信阳地区教育志
吴高春主修 郑大略 乔士华主编 郑州 中州古籍出版社 1991 年 619 页〔河南地方志丛书〕
b13743405 G527.612 W488

信阳市教育志 1371–1985
信阳市教育志编辑室编 徐乾元主编 信阳 信阳市教育志编辑室 1987 年 329 页
b20183008 G527.613 X461 1987

信阳师范学校志 1903–1992
信阳师范学校志编纂委员会编 郑州 中州古籍出版社 1993 年 550 页〔河南地方志丛书〕
b1748666x G659.286.1 X461 1993

信阳师范学校志续编
信阳师范学校校志编纂委员会编 北京 中国民族摄影艺术出版社 2003 年 612 页〔河南地方志丛书〕
b18281126 G659.286.1 X461 2003

信阳职业技术学院志 2004.5–2013.2
梁其贵主编 郑州 海燕出版社 2013 年 512 页
b47206718 G719.286.13 X461 2013

信阳市戏曲志
中国戏曲志河南卷编辑委员会编 董伟主编 郑州 中国戏曲志河南卷编辑委员会 1988 年 80 页
b16431200 J809.261 D596

鸡公山志
河南省鸡公山志编纂委员会编著 姜传高主编 郑州 河南人民出版社 1987 年 277 页〔河南风景名胜志丛书〕
b1358828x K928.3 H287

信阳地区建设志
信阳地区城乡建设环境保护局编 祝全福 彭任重主编 北京 中国展望出版社 1990 年 427 页
b46670488 TU984.261.2 X461 1990

南湾水库志
南湾水库志编纂委员会编 北京 中国档案出版社 2005 年 142 页
b19418450 TV632.61 N161 2005

鲇鱼山水库志
信阳地区鲇鱼山水库管理局编 郑州 黄河水利出版社 1998 年 251 页
b16425868 TV632.61 X461 1998

浉河区

浉河区董家河镇志
董家河镇志编纂委员会编 杨森杰主编 郑州 中州古籍出版社 2017 年 538 页
b50817681 K296.15 D594 2017

五星乡（办事处）志
五星乡（办事处）志编纂委员会编 刘天新主编 郑州 河南人民出版社 2013 年 480 页

b41213774　K296.15　W5388　2013

平桥区

信阳市平桥区志　1986–2005
信阳市平桥区地方史志编纂委员会编　王豫湘主编　郑州　中州古籍出版社　2011年　804页
b40421259　K296.13　X461P　2011

河南省信阳市平桥区五里店街道志
信阳市平桥区五里店街道志编纂委员会编　苏永华主编　郑州　中州古籍出版社　2017年　586页
b5081767x　K296.15　W5384　2017

明港镇志
明港镇志编纂委员会编　陈宏章主编　郑州　中州古籍出版社　2010年　567页
b21569538　K296.15　M571　2010

信阳市平桥区高梁店乡志　1506–2012
高梁店乡志编纂委员会编　郑州　中州古籍出版社　2015年　552页
b46531397　K296.15　G243　2015

信阳市平桥区王岗乡志　1644–2000
信阳市平桥区王岗乡志编委会编　陈儒典主编　信阳　信阳市平桥区王岗乡志编委会　2008年　366页
b20469184　K296.15　W217　2008

信阳市平桥区人大志
平桥区人大志编纂委员会编　傅良征主编　郑州　中州古籍出版社　2009年　267页
b20815876　D624.613　X461　2009

信阳市平桥区政协志　1998–2006
中国人民政治协商会议信阳市平桥区委员会编　朱道芝主编　信阳　信阳市平桥区委员会学习文史委员会　2007年　496页
b20141488　D628.613　P613　2007

罗山县

罗山县志
罗山县地方史志编纂委员会编　郑州　河南人民出版社　1987年　686页〔中华人民共和国地方志丛书〕
b10604157　K296.14　L924

罗山县志　1986–2003
罗山县地方志编纂委员会编　王远德主编　郑州　中州古籍出版社　2010年　904页
b22921710　K296.14　L924　2010

罗山县志　送审稿　1986–2003
罗山县地方史志编纂委员会编　王远德主编　罗山　罗山县地方史志编纂委员会　2009年　890页
b22430854　K296.14　L924　2009

罗山县人民代表大会志
罗山县人民代表大会常务委员会编　李继林主编　郑州　中州古籍出版社　2017年　1006页
b49864762　D624.614　L924　2017

光山县

光山县志
光山县史志编纂委员会编　郑州　中州古籍出版社　1991年　678页〔中华人民共和国地方志丛书〕
b10597906　K296.14　G679

光山县志　1985–2005
光山县地方史志编纂委员会编　程学中主

编 郑州 中州古籍出版社 2014 年 1043 页
b46133586 K296.14 G679 2014

光山县教育志
光山县教育局教育志总编室编 光山 光山县城关人民印刷厂 1986 年 265 页
b27575615 G527.614 G679 1986

光山县戏曲志
光山县文化局编 裴传厚主编 郑州 光山县文化局 1990 年 123 页
b20014636 J809.261.4 G679 1990

新 县

新县志
新县志编纂委员会编 郑州 河南人民出版社 1990 年 857 页
b10636638 K296.14 X4441

新县志 1986–2005
新县地方史志编纂委员会编 刘耀 曹君主编 郑州 中州古籍出版社 2012 年 986 页
b36708902 K296.14 X4441X 2012

新县教育志 1783–1994
新县教育志编纂委员会编 郑州 中州古籍出版社 1995 年 410 页〔河南地方志丛书〕
b13743302 G529 X444

商城县

商城县志
商城县志编纂委员会编 辛慈训主编 郑州 中州古籍出版社 1991 年 824 页
b10617000 K296.14 S297

商城县志 1978–2005
商城县地方史志编纂委员会编 涂白松 雷咸义主编 郑州 中州古籍出版社 2013 年 1070 页
b4474982x K296.14 S297 2013

商城县戏曲志
中国戏曲志河南卷编辑委员会编 芮祚国主编 郑州 中国戏曲志河南卷编辑委员会 1988 年 100 页
b16449393 J809.261 R365 1988

固始县

固始县志
固始县志编纂委员会编 郑州 中州古籍出版社 1994 年 646 页
b10727462 K296.14 G561

固始县志 1987–2003
固始县地方史志编纂委员会编 戴吉强主编 郑州 中州古籍出版社 2013 年 1279 页
b40935772 K296.14 G561 2013

信阳地区土地志 固始卷
固始县土地管理局编 侯建荣主编 郑州 中州古籍出版社 1997 年 309 页
b21278106 F327.612 X461G 1997

河南省固始县地名志
固始县地名志编辑部 固始县地名办公室编 郑州 中州古籍出版社 2007 年 792 页
b20368677 K926.14 G561 2007

潢川县

潢川县志
潢川县志编纂委员会编 杨智义主编 北京 三联书店 1992 年 781 页〔中国地方志丛书〕
b10598054 K296.14 H654

潢川县志 1987–2001
潢川县地方史志编纂委员会编 彭长海主编 郑州 中州古籍出版社 2009年 1020页〔中国地方志丛书〕
b1880486x K296.14 H654P 2009

潢川县文化志
潢川县文化局文化志编辑室编 郑州 河南省文化厅印刷厂 1987年 347页
b19931748 G127.614 H654 1987

潢川高级中学校志
王于主编 香港 香港银河出版社 2004年 784页
b49964380 G639.286.14 H673 2004

淮滨县

淮滨县志 1951–1983
淮滨县志办公室编 郑州 河南人民出版社 1986年 861页
b10589491 K296.14 H5591

淮滨县志 1984–2005
淮滨县地方史志编纂委员会编 郑州 中州古籍出版社 2013年 1145页
b44749818 K296.14 H5591 2013

河南省淮滨县第二高级中学校志
简家彦主编 郑州 中州古籍出版社 2017年 398页
b50016428 G639.286.14 H559 2017

河南省淮滨县地名志
淮滨县地名志编辑部 淮滨县地名办公室编 郑州 中州古籍出版社 1991年 519页
b20042899 K926.14 H559 1991

息　县

息县志
息县志编纂委员会编 郑州 河南人民出版社 1989年 569页
b1060036x K296.14 X118

息县志 1986–2000
息县志编纂委员会编 张锦友主编 郑州 中州古籍出版社 2017年 760页
b50651559 K296.14 X118C 2017

周口市

周口地区志
周口地区地方史志编纂办公室编 员向玺总纂 郑州 中州古籍出版社 1993年 1076页〔中国地方志丛书〕
b10824911 K296.12 Z667

周口市志
周口市地方史志编纂委员会编 郑州 中州古籍出版社 1994年 751页〔河南省地方史志编纂委员会要籍集成〕
b10625276 K296.13 Z667

周口地区民政民俗志
周口地区民政局编 张发成主编 郑州 中州古籍出版社 1998年 696页〔中国·河南·周口地方志丛书〕
b47073688 D632 Z667 1998

周口地区农业志
周口地区农业局编 徐公平 马振声主编 郑州 中州古籍出版社 1997年 533页〔中国·河南·周口地方史志丛书〕
b36013286 F327.612 Z667N 1997

周口地区土地志 周口市卷
周口市土地管理局编 完有太主编 郑州 中州古籍出版社 1999年 261页〔河南省土地志丛书〕
b16596146 F327.612 Z667Z 1999

周口供电志 1991–2008
周口供电志编纂委员会编 任德新主编 郑州 中州古籍出版社 2010年 400页
b49790110 F426.61 Z667 2010

周口地区交通志
周口地区交通志编纂委员会编 郑连武主编 北京 人民交通出版社 1992年 318页〔河南省交通志丛书〕
b20047228 F512.761.2 Z667 1992

周口地区供销合作社志
周口地区供销合作社志编纂领导组编 常忠良主编 郑州 中州古籍出版社 1994年 451页
b4996463x F721.2 C345 1994

河南省粮食志 周口地区
河南省粮食志编纂委员会编纂 吕永泰 陈升峰主编 北京 中国商业出版社 1994年 338页
b50222600 F724.721 H287F 1994

周口地区经贸志 1965–1988
周口地区经贸志编辑室编 师金盈主编 周口 周口地区经贸志编辑室 1990年 234页
b5015302x F727.613 Z667 1990

周口地区教育志
周口地区教育志编纂办公室编 王尚林主编 郑州 中州古籍出版社 1994年 460页〔河南专业志丛书〕
b13743314 G527.612 Z667

周口市农业科学院志 1965–2010
周口市农业科学院志编委会编 丁钦印主编 郑州 中州古籍出版社 2013年 364页
b44810982 S–242.613 Z667 2013

周口地区水利志
周口地区水利志编纂办公室编 常文祥主编 郑州 中州古籍出版社 1996年 648页〔中国·河南·周口地方志丛书〕
b21856552 TV–092 C3458 1996

川汇区

河南省周口市川汇区地名志
周口市川汇区地名办公室编 马雪主编 周口 周口市方正印刷公司 2004年 444页
b16432484 K926.14 Z667 2004

项城市

河南省项城县志
项城市地方志办公室编 天津 南开大学出版社 1999年 809页
b14447289 K296.14 X316 1999

项城市志 1986–2000
项城市地方史志编纂委员会编 齐元宝 张良义主编 郑州 中州古籍出版社 2013年 872页
b44808628 K296.13 X316 2013

周口地区土地志 项城卷
项城市土地管理局编 张礼堂主编 郑州 中州古籍出版社 1999年 258页〔河南省土地志丛书〕
b16596171 F327.612 Z667X 1999

项城袁氏历代谱系志
袁晓林主编 袁启军 袁文豪编审 项城 项城袁氏宗祠 2013年 555页
b40855132 K820.9 Y791E 2013

扶沟县

扶沟县志
扶沟县志总编辑室编 郑州 河南人民出版社 1986年 747页
b10636444 K296.14 F456

扶沟县志
扶沟县地方史志编纂委员会编 严明中主编 郑州 中州古籍出版社 2013年 845页
b45841342 K296.14 F456 2013

周口地区土地志 扶沟卷
扶沟县土地管理局编 杨二顺主编 郑州 中州古籍出版社 1999年 278页〔河南省土地志丛书〕
b16578107 F327.612 Z667F 1999

扶沟地税志 1994.9–2005.12
扶沟县地方税务局编 扶沟 扶沟县地方税务局 2006年 358页
b50991255 F812.761.442 F456 2006

扶沟县教育志 1991–1999
扶沟县教育委员会编 王廷林主编 扶沟 扶沟县教育委员会 2000年 591页
b49677895 G527.614 F456B 2000

扶沟县教育志续稿 1987–1990
河南省教育史志编辑室编 郑州 河南省教育史志编辑室 1990年 240页
b20402867 G527.614 F456 1990

扶沟县教育人物志
扶沟县教育人物志编纂委员会编 楚学襄主编 扶沟 扶沟县印刷厂 1993年 652页
b40743299 K825.46 F456 1993

西华县

西华县志
西华县史志编纂委员会编 郑州 中州古籍出版社 1993年 716页
b10617140 K296.14 X1193

西华县志 1986–2000
西华县地方史志编纂委员会编 冯彪主编 郑州 中州古籍出版社 2012年 662页
b45841366 K296.14 X1193 2012

黄泛区农场志 1985–2004
段耀华主编 郑州 中州古籍出版社 2007年 678页
b41235915 F324.1 H657 2007

黄泛区农场志
黄泛区农场志编纂委员会编 郑州 河南人民出版社 1987年 322页
b20043181 F327.61 H657 1987

西华县财政志
西华县财政局编 肖海清主编 西华 西华县财政局 1986年 271页
b49850015 F812.761.4 X1193 1986

西华县文化志
河南省西华县文化局编 西华 河南省西华县文化局 1984年 170页
b36379207 G127.614 X119 1984

商水县

商水县志
商水县地方志编纂委员会编 郑州 河南人

民出版社 1990 年 553 页
b10646851 K296.14 S2987

商水县志 1986–2008
商水县志地方史志编纂委员会编 李恒先主编 郑州 中州古籍出版社 2010 年 828 页
b21570115 K296.14 S2987 2010

周口地区土地志 商水卷
商水县土地管理局编 郭同勤主编 郑州 中州古籍出版社 1999 年 269 页〔河南土地志丛书〕
b21277175 F327.612 Z667G 1999

商水县教育志
商水县教育志编纂委员会编 商水 商水县教育志编纂委员会 1989 年 238 页
b20140575 G527.614 S298 1989

商水县教育志续编
商水县教育志编纂委员会编 王玉申等编辑 商水 商水县教育志编纂委员会 1997 年 450 页
b16426484 G527.614 S298 1997

沈丘县

沈丘县志
沈丘县志编纂委员会编 王国哲 李凡荣 周惠民总纂 郑州 河南人民出版社 1987 年 796 页
b10600048 K296.14 S413

沈丘县志 1985–2000
沈丘县地方史志编纂委员会编 孙志敏 柳俊宏主编 郑州 中州古籍出版社 2007 年 616 页〔中国地方志丛书〕
b1796247x K296.14 S413D 2007

周口地区土地志 沈丘卷
沈丘县土地管理局编 王玉玺主编 郑州 中州古籍出版社 1999 年 274 页〔河南省土地志丛书〕
b16425662 F327.612 Z667S 1999

沈丘县教育志
兖景周主编 开封 开封市医西印刷厂 1986 年 466 页
b2757619x G527.614 S413 1986

李氏族志
沈丘县李楼村李氏族志编纂委员会编 李向军主编 郑州 中州古籍出版社 2014 年 330 页
b45625724 K820.9 L3887 2014

郸城县

郸城县志
郸城县地方志编纂委员会编 汤绍周主编 郑州 中州古籍出版社 1992 年 662 页
b10617322 K296.14 D169

郸城县志 1986–2005
郸城县地方史志编纂委员会编 晋瑞英主编 郑州 中州古籍出版社 2012 年 928 页
b40739983 K296.14 D169 2012

周口地区土地志 郸城卷
郸城县土地管理局编 刘广玉主编 郑州 中州古籍出版社 1999 年 299 页〔河南省土地志丛书〕
b16596158 F327.612 Z667D 1999

淮阳县

淮阳县志
淮阳县地方志编纂委员会编 邵士杰 王守

德主编 郑州 河南人民出版社 1991 年 1009 页〔中国地方志丛书〕
b10824583 K296.14 H559

淮阳县志 1988–2008
淮阳县地方史志编纂委员会编 李乃庆 尹建华主编 郑州 中州古籍出版社 2014 年 1048 页
b46551426 K296.14 H559C 2014

淮阳县人大志
淮阳县人大志编纂委员会编 张帆主编 北京 方志出版社 2010 年 553 页
b20924483 D624.614 H559 2010

周口地区土地志 淮阳卷
淮阳县土地管理局编 成富才主编 郑州 中州古籍出版社 2002 年 345 页〔河南省土地志丛书〕
b16583280 F327.612 Z667H 2002

淮阳县外国语实验小学志 2003–2013
淮阳县外国语实验小学校志编委会编 李耀文主编 淮阳 淮阳县外国语实验小学校志编委会 2013 年 339 页〔河南·周口·淮阳地方史志丛书〕
b44808665 G629.286.14 H559 2013

河南省淮阳中学志
王子顺主编 淮阳 河南省淮阳中学 2003 年 657 页
b17298738 G639.286.1 H559 2003

淮阳县回族志
淮阳县回族志编辑组编 淮阳 淮阳县回族志编辑组 1983 年 55 页
b21568376 K281.3 H559 1983

淮阳县人物志 第 1 部
淮阳县地方史志办公室编 袁世明 戚荷花主编 淮阳 淮阳县地方史志办公室 2003 年 663 页
b50016970 K820.861.4 H559 2003

太康县

太康县志
太康县志编纂委员会编 范文敏 朱晓辉 许书同总纂 郑州 中州古籍出版社 1991 年 835 页
b10616512 K296.14 T162

太康县志 1986–2000
太康县地方史志编纂委员会编 刘庆森 戴春枝总纂 王怀亮 曹海鹰主编 郑州 中州古籍出版社 2007 年 865 页〔中国地方志丛书〕
b18621995 K296.14 T162 2007

太康政协志
政协太康县委员会 太康县地方史志办公室编 董自生主编 郑州 中州古籍出版社 2017 年 571 页
b49923237 D628.614 T162 2017

周口市国土资源志 太康卷
太康县国土资源局编 杨明军 耿科主编 郑州 中州古籍出版社 2018 年 459 页
b51044584 F129.961.3 Z667 2018

周口地区土地志 太康卷
太康县土地管理局编 孙绍辉主编 郑州 中州古籍出版社 1999 年 298 页〔河南省土地志丛书〕
b1659616x F327.612 Z667T 1999

太康县文化志
张祥兆 张涤主编 太康 太康县文化志编纂者 1987 年 274 页
b20103979 G127.614 Z367 1987

太康县教育成果志
太康县教育委员会编 刘政主编 太康 太康县教育委员会 1999年 1417页
b47415873 G527.614 T162C 1999

太康县教育志
河南省太康县教育局编 太康 河南省太康县教育局 1992年 375页
b20016852 G527.614 T162 1992

太康县人物志 第1卷
太康县史志办公室编 范文敏 朱晓辉主编 太康 太康县史志办公室 1999年〔地方史志系列丛书〕
b18201775 K820.861.4 T162 1999

太康县水利志
太康县水利志编纂办公室编 李瑞国 张家兴 张玉环总纂 郑州 中州古籍出版社 1994年 444页〔河南专业志丛书〕
b21856540 TV-092 T162 1994

鹿邑县

鹿邑县志
鹿邑县地方志编委员会主编 王殿举 胡泽春主编 郑州 中州古籍出版社 1992年 833页
b13217215 K296.14 L825

周口地区土地志 鹿邑卷
鹿邑县土地管理局编 傅金华主编 郑州 中州古籍出版社 1999年 275页〔河南省土地志丛书〕
b16585653 F327.612 Z667L 1999

鹿邑民俗志
张鹏举 丁云岸主编 郑州 中州古籍出版社 1991年 286页〔中州民俗丛书〕
b20535247 K892.461.4 Z361 1991

驻马店市

驻马店地区志
驻马店地方史志编纂委员会编 邱成文主编 郑州 中州古籍出版社 2001年 2卷 2145页
b13946146 K296.12 Z748

驻马店市志
驻马店市地方史志编纂委员会编 赵莉主编 郑州 河南人民出版社 1989年 652页〔中华人民共和国地方志丛书〕
b10647181 K296.13 Z748

驻马店市纪检监察志 1949-2011
驻马店市纪检监察志编纂委员会编 郑州 中州古籍出版社 2015年 577页
b46377104 D630.9 Z7482 2015

河南省驻马店监狱志 1953-2001
河南省驻马店监狱志编纂委员会编 袁理政主编 驻马店 河南省驻马店监狱志编纂委员会 2007年 700页〔河南省监狱志系列丛刊〕
b47106311 D927.613.67 Y792 2007

驻马店石油商业志
驻马店石油商业志编纂委员会编 李培元主编 长沙 湖南地图出版社 1993年 272页
b50151605 F427.613 Z748 1993

驻马店地区交通志
驻马店地区交通志编纂委员会编写 马春举主编 北京 人民交通出版社 1991年 317页〔河南省交通志丛书〕
b20047241 F512.761.2 M137 1991

河南省粮食志 驻马店市
河南省粮食志编纂委员会编纂 李书全主编 北京 中国商业出版社 1995年 259页
b50222612 F724.721 H287G 1995

驻马店地区财政志
驻马店地区财政局编 崔甲山 李云从主编 驻马店 驻马店地区财政局 2000年 434页
b46996370 F812.761.3 Z748 2000

驻马店地区教育志
邹庆厚主编 驻马店 驻马店地区教育委员会 1990年 330页
b20142183 G527.612 Z748 1990

驻马店地区教育志 1840–1987
邹庆厚主编 驻马店 驻马店地区教育委员会 1988年 308页
b20183045 G527.612 Z748 1988

驻马店市教育志 1916–2000
驻马店市教育体育委员会编 邓宗灿主编 驻马店 河南省驻马店市教育局 2000年 355页
b49704813 G527.613 Z748 2000

驻马店地区戏曲志
方仲根主编 驻马店 驻马店地区文化局 1998年 318页
b17505628 J809.261.2 F226 1998

驻马店市戏曲志
路平主编 郑州 中国戏曲志河南卷编委会 1990年 114页
b20047253 J809.2 L8296

河南省驻马店高新区志 1994–2003
驻马店高新区志编纂委员会编 郑州 河南省诚和印刷公司 2004年 375页
b19732193 K296.12 Z748G 2004

驻马店市地名志手册
驻马店市地名办公室编 驻马店 驻马店市地名办公室 1988年 86页
b13588308 K926.13 Z748

驿城区

驻马店市驿城区人大志
驻马店市驿城区人大志编纂委员会编 驻马店 驻马店市驿城区人大志编纂委员会 2006年 574页
b22433375 D624.613 Z748 2006

西平县

西平县志
西平县史志编纂委员会编 姚长健总编辑 北京 中国财政经济出版社 1990年 614页
b10761123 K296.14 X119

西平县志 1986–2000
西平县史志编纂委员会编 王廷军 王新强主编 郑州 中州古籍出版社 2005年 704页
b16357012 K296.14 X119 2005

环城乡志
环城乡志编纂领导组编 冀富银 于兴武主编 西平 西平县印刷厂 1990年 361页
b23003339 K296.15 H593 1990

盆尧乡志
西平县盆尧乡志编纂委员会编 刘志斌主编 西平 西平县盆尧乡志编纂委员会 2012年 833页
b41235095 K296.15 P322 2012

西平县老王坡志
西平县老王坡志编纂委员会编 姬军正主编 郑州 中州古籍出版社 2016年 510页
b49669102 K296.15 L2556 2016

西平县盆尧镇叶李村志
河南省西平县盆尧镇叶李村志编纂委员会编 刘志斌主编 西平 河南省西平县盆尧镇叶李村志编纂委员会 2010年 312页
b22432917 K296.15 Y381 2010

西平县财政志
西平县财政志编纂委员会编 董玉振主编 郑州 中州古籍出版社 2008年 614页
b21765625 F812.761.4 X119 2008

西平县回族志
西平县回族志编纂委员会编 姬军正 赵雁鸣主编 郑州 中州古籍出版社 2010年 329页
b21765637 K281.3 J115 2010

西平县柏城镇地名志
柏城镇地名志编纂办公室编 西平 柏城镇地名志编纂办公室 1992年 108页
b13588291 K926.15 B165

西平县卫生防疫志
西平县卫生防疫志编纂委员会编 康健民主编 郑州 中州古籍出版社 2012年 304页
b41235939 R199.2 X119 2012

上蔡县

上蔡县志
上蔡县地方史志编纂委员会编 张根堂主编 北京 三联书店 1995年 796页〔中国地方志丛书〕
b10633741 K296.14 S322C

上蔡县志 1986-2000
上蔡县地方史志编纂委员会编 孔华主编 郑州 中州古籍出版社 2012年 977页
b40739995 K296.14 S322 2012

上蔡民政志
上蔡民政志编审委员会编 上蔡 河南省上蔡县民政局 2005年 506页
b44916504 D632 S322 2005

河南省上蔡第一高级中学校志
陈水献主编 上蔡 河南省上蔡第一高级中学 2012年 414页
b4720641x G639.284.14 H287 2012

平舆县

平舆县志
平舆县史志编纂委员会编 郑州 中州古籍出版社 1995年 607页〔中国地方志丛书〕
b13947503 K296.14 P613

平舆县志 1988-2000
平舆县地方史志编纂委员会编 吴岸杰主编 郑州 中州古籍出版社 2014年 851页
b45649236 K296.14 P613 2014

正阳县

正阳县志
正阳县地方史志编纂委员会编 北京 方志出版社 1996年 666页〔中国地方志丛书〕
b10593433 K296.14 Z515

正阳县志 1986-2000
正阳县地方史志编纂委员会编 刘玉军主编 郑州 中州古籍出版社 2010年 767页
b22032423 K296.14 Z515 2010

正阳人物志
正阳县地方史志办公室编 王玉丰主编 北京 线装书局 2007年 452页〔河南文史志鉴丛书〕
b21767312 K820.861.4 W234 2007

正阳县地名志
正阳县地名办公室编 北京 中国致公出版社 1999年 604页
b20019816 K926.14 Z515 1999

确山县

确山县志
确山县志编纂委员会编 北京 三联书店 1993年 690页〔中国地方志丛书〕
b10728491 K296.14 Q687

确山县志 1986–2000
确山县地方史志编纂委员会编 郑州 中州古籍出版社 2005年 687页〔中国地方志丛书〕
b16164593 K296.14 Q687 2005

泌阳县

泌阳县志
泌阳县地方史志编纂委员会编 吴山林主编 郑州 中州古籍出版社 1994年 814页〔中国地方志丛书.〕
b10728053 K296.14 B418

泌阳县志 1986–2005
泌阳县地方史志编纂委员会编 王萍主编 郑州 中州古籍出版社 2011年 850页
b36369974 K296.14 B418C 2011

泌阳县教育志 1840–1992
陈传辛主编 泌阳 泌阳县教育体育局 1994年 345页
b36014436 G527.614 B418 1994

汝南县

汝南县志
河南省汝南县志编纂委员会编 张文远主编 郑州 中州古籍出版社 1997年 1071页〔中华人民共和国地方志丛书〕
b10521021 K296.14 R3261

汝南县志 1986–2000
汝南县地方史志编纂委员会编 王海建主编 郑州 中州古籍出版社 2011年 984页
b23216827 K296.14 R3261 2011

汝南县人大志 1949–2011
汝南县人大志编纂委员会编 杨莲主编 汝南 河南传美印刷有限公司 2011年 648页
b50993951 D624.614 R3266 2011

汝南县教育志
汝南县教育志编纂委员会编 房瑞麟等编纂 郑州 中州古籍出版社 1998年 517页
b13743296 G527.614 R326

河南省汝南高级中学校志 1905–2005
汝南高中编 樊延中主编 汝南 汝南高中 2005年 351页
b17302080 G639.286.1 H287 2005

遂平县

遂平县志
遂平县志编纂委员会编 郑州 中州古籍出版社 1994年 615页〔中国地方志丛书〕
b10727772 K296.14 S756

遂平县志 1986–2000
河南省遂平县地方史志编纂委员会编 郑州 中州古籍出版社 2007年 668页〔中国地方志丛书〕
b18262491 K296.14 S756 2007

新蔡县

新蔡县志
新蔡县地方史志编纂委员会编 张宗汉主编 郑州 中州古籍出版社 1994年 937页〔中国地方志丛书〕
b13588060 K296.14 X4431

新蔡县人口计生志
叶厚民执行主编 郑州 中州古籍出版社 2013年 673页
b41213956 C924.256.14 X443 2013

新蔡县教育体育志
新蔡县教育体育志编纂委员会编 汪景彦主编 郑州 大象出版社 2012年 562页
b37530847 G527.614 X598 2012

新蔡县教育志
许泽林 贾兴武主修 李坦主编 郑州 中州古籍出版社 1991年 472页〔河南地方志丛书〕
b13743442 G527.614 X598

新蔡人物志
新蔡县地方史志办公室编 王尽忠主编 郑州 中州古籍出版社 2000年 620页
b13761614 K820.861.4 X443

省直辖县级行政单位

济源市

济源市志
济源市地方史志编纂委员会编 刘荣华主编 郑州 河南人民出版社 1993年 679页〔河南省地方志丛书〕
b10624855 K296.13 J181

济源市志 1990–2000
济源市地方史志编纂委员会编 王传福主编 郑州 中州古籍出版社 2011年 2卷 1472页〔中国地方志丛书〕
b23216554 K296.13 J181 2011

济源市志 评审稿 1990–2000
济源市史志编纂委员会编 济源 济源市史志编纂委员会 2008年 2卷 1227页
b23190863 K296.13 J181C 2008

涧南庄村志
涧南庄村志编纂委员会编 济源 涧南庄村志编纂委员会 2016年 168页
b49963685 K296.15 J289 2016

柿槟村志
柿槟村志编纂委员会编 李善文主编 郑州 中州古籍出版社 2006年 367页
b17357755 K296.15 J181S 2006

济源市国土资源志
济源市国土资源志编纂办公室编 王传福 赵晓战主编 郑州 黄河水利出版社 2016年 440页
b47335932 F129.961.3 W213 2016

济源交通志
济源市交通志编纂委员会编写 郑州 中州古籍出版社 2002年 392页〔河南交通志丛书〕
b2004334x F512.761.3 J181 2002

济源公路志
济源市公路志编纂委员会编 侯飞主编 北

京 方志出版社 2004年 558页
b45479586 F542.861.3 J181 2004

河南省济源第一中学校志 1926-2006
济源一中校庆办公室编 范亚平主编 济源 济源一中校庆办公室 2006年 476页
〔济源一中建校80周年系列丛书〕
b36379189 G639.286.13 H287 2006

王屋山志
济源市地方史志办公室编 刘荣华主编 郑州 中州古籍出版社 1996年 243页
b10604169 K928.3 J181

湖北省

湖北省志 第1卷 人物志稿
湖北省地方志编纂委员会编 冯天瑜主编 北京 光明日报出版社 1989年 1610页
b11089969 K296.3 H478

湖北省志 第2卷 交通 邮电
湖北省地方志编纂委员会编 林学明 邹文斗主编 武汉 湖北人民出版社 1995年 1116页
b11089969 K296.3 H478

湖北省志 第3卷 经济综述
湖北省地方志编纂委员会编 韩宁夫总纂 胡昌义卷主编 武汉 湖北人民出版社 1994年 237页
b11089969 K296.3 H478

湖北省志 第4卷 民俗方言
湖北省地方志编纂委员会编 李明开主编 武汉 湖北人民出版社 1996年 218页
b11089969 K296.3 H478

湖北省志 第5卷 科学
湖北省地方志编纂委员会编 石尚文 丰荣森主编 武汉 湖北人民出版社 1993年 2卷 1292页
b11089969 K296.3 H478

湖北省志 第6卷 新闻出版 上卷
湖北省地方志编纂委员会编 武汉 湖北人民出版社 1993年 380页
b11089969 K296.3 H478

湖北省志 第7卷 军事
湖北省地方志编纂委员会编 邹达开主编 武汉 湖北人民出版社 1996年 863页
b11089969 K296.3 H478

湖北省志 第8卷 司法
湖北省地方志编纂委员会编 蒋祝平总纂 李冷卷主编 武汉 湖北人民出版社 1998年 436页
b11089969 K296.3 H478

湖北省志 第9卷 大事记
湖北省地方志编纂委员会编 韩宁夫总纂 王宗华卷主编 武汉 湖北人民出版社 1990年 890页
b11089969 K296.3 H478

湖北省志 第10卷 城乡建设
湖北省地方志编纂委员会编 蒋祝平总纂 王峻峰卷主编 武汉 湖北人民出版社 1999年 2卷 1068页
b11089969 K296.3 H478

湖北省志 第11卷 工业
湖北省地方志编纂委员会编 韩宁夫总纂 谷玉川卷主编 武汉 湖北人民出版社 1995年 2卷 1825页
b11089969 K296.3 H478

湖北省志 第12卷 教育
湖北省地方志编纂委员会编 武汉 湖北人民出版社 1993年 971页
b11089969 K296.3 H478

湖北省志 第 13 卷 体育
湖北省地方志编纂委员会编 韩宁夫总纂 郑露玫卷主编 武汉 湖北人民出版社 1990 年 299 页
b11089969 K296.3 H478

湖北省志 第 14 卷 贸易
湖北省地方志编纂委员会编 彭学章主编 武汉 湖北人民出版社 1992 年 960 页
b11089969 K296.3 H478

湖北省志 第 15 卷 农业
湖北省地方志编纂委员会编 田润生 黄周文主编 武汉 湖北人民出版社 1994 年 2 卷 1165 页
b11089969 K296.3 H478

湖北省志 第 16 卷 政权
湖北省地方志编纂委员会编 蒋祝平总纂 刘其发 陈嘉陵 田穗生卷主编 武汉 湖北人民出版社 1996 年 641 页
b11089969 K296.3 H478

湖北省志 第 17 卷 地理
湖北省地方志编纂委员会编 景才瑞 邓先瑞主编 武汉 湖北人民出版社 1997 年 2 卷 1267 页
b11089969 K296.3 H478

湖北省志 第 18 卷 水利
湖北省地方志编纂委员会编 童文辉主编 武汉 湖北人民出版社 1995 年 653 页
b11089969 K296.3 H478

湖北省志 第 19 卷 文物名胜
湖北省地方志编纂委员会编 蒋祝平总纂 孙启康卷主编 武汉 湖北人民出版社 1996 年 871 页
b11089969 K296.3 H478

湖北省志 第 20 卷 金融
湖北省地方志编纂委员会编 韩宁夫总纂 刘振陆 黄伟如卷主编 武汉 湖北人民出版社 1993 年 414 页
b11089969 K296.3 H478

湖北省志 第 21 卷 宗教
湖北省地方志编纂委员会编 武汉 湖北人民出版社 1997 年 434 页
b11089969 K296.3 H478

湖北省志 第 22 卷 文艺
湖北省地方志编纂委员会编 武汉 湖北人民出版社 1997 年 2 卷 873 页
b11089969 K296.3 H478

湖北省志 第 23 卷 政党社团
湖北省地方志编纂委员会编 蒋祝平总纂 曾宪林卷主编 武汉 湖北人民出版社 2000 年 465 页
b11089969 K296.3 H478

湖北省志 第 24 卷 卫生
湖北省地方志编纂委员会编 蒋祝平总纂 雷吉初卷主编 武汉 湖北人民出版社 2000 年 2 卷 1191 页
b11089969 K296.3 H478

湖北省志 第 25 卷 人物
湖北省地方志编纂委员会编 冯天瑜主编 武汉 湖北人民出版社 2000 年 2 卷 1793 页
b11089969 K296.3 H478

湖北省志 第 26 卷 民族
湖北省地方志编纂委员会编 武汉 湖北人民出版社 1997 年 351 页
b11089969 K296.3 H478

湖北省志 第27卷 民政
湖北省地方志编纂委员会编 韩宁夫总纂 张万化卷主编 武汉 湖北人民出版社 1994年 447页
b11089969 K296.3 H478

湖北省志 第28卷 财政
湖北省地方志编纂委员会编 武汉 湖北人民出版社 1995年 1117页
b11089969 K296.3 H478

湖北省志 第29卷 外事侨务
湖北省地方志编纂委员会编 武汉 湖北人民出版社 1996年 477页
b11089969 K296.3 H478

湖北省志 第30卷 新闻出版 下卷
湖北省地方志编纂委员会编 武汉 湖北人民出版社 1995年 325页
b11089969 K296.3 H478

湖北省志 第31卷 经济综合管理
湖北省地方志编纂委员会编 蒋祝平总纂 赵德馨卷主编 武汉 湖北人民出版社 2002年 768页
b11089969 K296.3 H478

湖北省志 第32卷 地质矿产
湖北省地方志编纂委员会编 韩宁夫总纂 夏湘蓉卷主编 武汉 湖北人民出版社 1990年 438页
b11089969 K296.3 H478

湖北省志 第33卷 工业志稿 冶金
湖北省地方志编纂委员会编 赵德馨主编 北京 中国书籍出版社 1992年 345页
b11089969 K296.3 H478

湖北省志 第34卷 工业志稿 机械
湖北省地方志编纂委员会编 赵德馨主编 武汉 武汉大学出版社 1990年 373页
b11089969 K296.3 H478

湖北省志 第35卷 工业志稿 建材
湖北省地方志编纂委员会编 林海 赵德馨主编 北京 新华出版社 1991年 457页
b11089969 K296.3 H478

湖北省志 第36卷 工业志稿 一轻工
湖北省地方志编纂委员会编 赵德馨主编 北京 中国轻工业出版社 1994年 552页
b11089969 K296.3 H478

湖北省志 第37卷 工业志稿 纺织工业
湖北省地方志编纂委员会编 赵德馨主编 潘定生卷主编 北京 中国文史出版社 1990年 450页
b11089969 K296.3 H478

中国共产党湖北历史图志
中共湖北省委党史研究室编 武汉 中国地质大学出版社 2001年 227页
b17758579 D235.63-64 Z643 2001

中国共产党湖北志
中共湖北省委党史研究室编 北京 中央文献出版社 2008年 548页
b20952946 D235.63 H478Z 2008

湖北公安志 1949-2009
湖北省公安厅编 周厚震主编 武汉 湖北新华印务公司 2010年 908页
b46011298 D631 Z665 2010

湖北省江汉油田公安志 1979-2008
湖北省江汉油田公安志编纂委员会编 牛俊杰主编 江汉 湖北省江汉油田公安志编

纂委员会 2008 年 168 页
b50269021 D631 N435 2008

湖北省人民代表大会志 1922.1–2008.2
湖北省人民代表大会志编纂委员会编 武汉 湖北人民出版社 2008 年 584 页
b19024010 D724.63 H478 2008

湖北法院志
李其凡主编 北京 人民法院出版社 1995 年 575 页
b50317957 D926.22 H478 1995

湖北检察志 1978–2000
湖北检察志编纂委员会编 徐汉明主编 武汉 崇文书局 2008 年 534 页
b22032502 D926.32 X571 2008

湖北省人民防空志 1934–2000
湖北省人民防空办公室编 魏月明主编 武汉 湖北省人民防空办公室 2009 年 391 页
b50994049 E256 H478 2009

中国武警志 湖北总队志 1949.7–2000.12
中国人民武装警察部队湖北省总队志丛书编审委员会办公室编 王孝清主编 武汉 中国人民武装警察部队湖北省总队志丛书编审委员会办公室 2005 年 656 页
b50347913 E277 W233 2005

湖北省审计志
湖北省审计厅编写组编著 姚建华 何立民 褚望嫄总纂 北京 中国时代经济出版社 2013 年 736 页〔中华人民共和国审计志丛书〕
b45625694 F239.227.63 Y295 2013

湖北省物资志
湖北省物流与采购联合会编 何敦美主编 武汉 湖北省物流与采购联合会 2010 年 420 页
b47416002 F259.276.3 H266 2010

湖北乡镇企业志
湖北省乡镇企业管理局 湖北乡镇企业志编辑室编 敬汉洲 张和坤主编 北京 新华出版社 1991 年 554 页
b45841135 F279.276.3 J557 1991

湖北建设志
湖北建设志编委会编 王绍明总纂 武汉 湖北人民出版社 2009 年 492 页
b20815529 F299.276.3 W229 2009

湖北林业志
湖北林业志编纂委员会编 蔡大干主编 武汉 武汉出版社 1989 年 438 页
b20462256 F326.276.3 C137 1989

湖北省林业志 1980–2003
湖北省林业地方志编修办公室主编 王海涛主编 武汉 湖北省林业地方志编修办公室 2009 年 462 页〔湖北省地方志丛书〕
b22430064 F326.276.3 C137 2009

湖北粮食志
湖北粮食志编写组编 李克希主编 浠水 浠水印刷厂 1985 年 436 页
b20566360 F327.63 L398 1985

湖北土地志
湖北省土地管理局 湖北土地志编辑委员会编 武汉 湖北省土地管理局 1999 年 399 页
b17676599 F327.63 H478 1999

湖北省农业机械化志
湖北省农业机械管理局编 黄周文主编 武汉 武汉大学出版社 1991 年 283 页
b41235563 F329.63 H671 1991

湖北省农业机械化志 1979–2005
湖北省农机局编 李丁希主编 武汉 湖北省农机局 2011 年 305 页
b50861438 F329.63 H478 2011

湖北省电力工业志
湖北省电力工业志编纂委员会编 王国治主编 北京 水利电力出版社 1994 年 574 页〔中国电力工业志丛书〕
b49850428 F426.61 H478 1994

湖北省电力工业志 1991–2002
易旺青主编 北京 中国水利水电出版社 2012 年 720 页〔中国电力工业志丛书〕
b49850520 F426.61 H478C 2012

中国煤炭志 湖北卷
中国煤炭志编纂委员会编 崔云龙主编 北京 煤炭工业出版社 1999 年 456 页
b40806017 F426.21 Z6485T 1999

湖北道路运输志 1990–2005
湖北道路运输志编纂工作专班编 胡金洲主编 武汉 湖北道路运输志编纂工作专班 2009 年 415 页
b49706470 F542.863 H472 2009

湖北公路运输志
涂前树主编 武汉 湖北人民出版社 1998 年 670 页
b44851716 F542.863 T514 1998

湖北公路志 1980–2005
湖北省公路史志编纂委员会编 谢俊杰主编 武汉 武汉出版社 2013 年 408 页
b41367789 F542.863 X426 2013

湖北水运志
徐诚主编 武汉 武汉出版社 1996 年 674 页〔湖北省交通志丛书〕
b21136221 F552.763 H478 1996

湖北省商业简志 第 3 卷 纺织品商业志
湖北省纺织品公司编 萧自雄主编 武汉 湖北省农业科学院印刷厂 1988 年 549 页
b36128934 F727.63 H478 1988

湖北物价志 1875–1985
湖北物价志编辑室编 黄景珍编辑 武汉 湖北物价志编辑室 1988 年 493 页
b42291306 F727.63 H659 1988

湖北省商务志 1979–2003
卢焱群主编 武汉 湖北科学技术出版社 2014 年 491 页
b49704850 F729.7 L792 2014

湖北对外贸易简志 1949–1985
湖北对外贸易简志编纂委员会编 彭泽主编 浠水 湖北省浠水县印刷厂 1989 年 424 页
b27574684 F752.863 P336 1989

鄂豫皖革命根据地财政志
周质澄 吴少海主编 武汉 湖北人民出版社 1987 年 211 页
b38892704 F812.96 Z675 1987

湖北省金融志 全卷本送审稿
湖北省金融志编辑室编 汪伟主编 武汉 湖北省金融志编辑部 1985 年 油印本
b36128946 F812.763 W187 1985

湖北省档案志 1949–2000
石山主编 武汉 湖北人民出版社 2011 年 325 页
b21862680 G279.276.3 S475 2011

湖北文化艺术教育志
沈海宁 陈汉明主编 武汉 崇文书局 2008 年 366 页
b20135956 G527.63 S412 2008

湖北高校志
中共湖北省委高校工作委员会 湖北省教育厅编 刘传铁主编 武汉 湖北人民出版社 2013 年 2 卷 1515 页
b45646375 G649.286.3 L672 2013

湖北省体育志
湖北省体育运动委员会编 郑露枚主编 王锦凤撰稿 北京 中国文史出版社 1992 年 673 页
b27574696 G812.763 H478 1992

湖北省体育志 1979–2000
湖北省体育局编 何开文主编 武汉 长江出版社 2014 年 564 页
b46010907 G812.763 H478 2014

中国曲艺志 湖北卷
中国曲艺志全国编辑委员会编 中国曲艺志湖北卷编辑委员会编 罗扬主编 枫波卷主编 北京 中国 ISBN 中心 2000 年 845 页
b10643059 J809.2 Z648

中国戏曲志 湖北卷
中国戏曲志编辑委员会 中国戏曲志湖北卷编辑委员会编 张庚主编 孙家兆卷主编 北京 文化艺术出版社 1993 年 664 页
b17338116 J809.2 Z651HB

湖北风物志
湖北人民出版社编 武汉 湖北人民出版社 1985 年 735 页
b12313476 K296.3 H477

湖北抗战人物志
华中师范大学中共党史人物研究中心编 刘光明等主编 武汉 华中师范大学出版社 1995 年 292 页
b10646632 K820.863 L676

中华覃氏志 湖北卷
覃太智等编著 北京 中国文史出版社 2014 年 709 页
b49748610 K820.9 T186 2014

鄂豫边区新四军人物志
湖北省新四军暨华中抗日根据地历史研究会 鄂豫边区革命史编辑部编 张肇俊主编 武汉 湖北人民出版社 1999 年 430 页
b17910833 K825.2 Z3694 1999

湖北民俗志
李德复 陈金安主编 武汉 湖北人民出版社 2002 年 1476 页
b13767331 K892.463 L392

湖北省湖泊志
湖北省湖泊志编纂委员会编 司念堂 李俊辉总纂 武汉 湖北科学技术出版社 2014 年 3 卷 1783 页
b46204891 K928.43 S648 2014

湖北省测绘志 1840–1985
湖北省测绘志编纂委员会编 黄炽卿主编 武汉 湖北省测绘局制印队 1991 年 292 页
b2156825x P2–092 H478 1991

湖北省测绘志 1979-2005
湖北省测绘志编纂委员会编 张建仁主编 北京 测绘出版社 2010年 424页
b40648436 P2-092 H478 2010

湖北地震志
湖北地震志编纂委员会编 刘锁旺主编 北京 地震出版社 1990年 324页
b20806097 P316.263 L688 1990

湖北省地震志 第2卷
湖北省地震志编委会编 武汉 湖北人民出版社 2008年 362页
b20953574 P316.263 H478 2008

湖北省水文志
湖北省水文水资源局编 李永勤主编 武汉 武汉大学出版社 2017年 768页
b50747563 P337.263 L422 2017

湖北气象志
湖北省气象局编 北京 气象出版社 2002年 564页
b13786167 P468.263 H478

湖北省气候志
湖北省地方志编纂委员会办公室编 乔盛西编著 武汉 湖北人民出版社 1989年 360页
b41234455 P468.263 Q382 1989

湖北植物志
中国科学院武汉植物研究所编著 傅书遐主编 武汉 湖北科学技术出版社 2001年 4卷 2035页
b13947291 Q948.526.3 F495

湖北植物志 第1卷
湖北省植物研究所编 武汉 湖北人民出版社 1976年 508页
b11327169 Q948.526.3 H477

湖北省计量志
湖北省计量志编纂委员会编 刘军主笔 北京 中国计量出版社 1995年 482页
b41235782 TB9-092 L678 1995

湖北水利志
湖北省水利志编纂委员会编 曾凡荣总编辑 北京 中国水利水电出版社 2000年 1716页〔湖北省水利志丛书〕
b17151739 TV-092 H478 2000

荆江大堤志
荆江大堤志编纂委员会编 刘井湘主编 南京 河海大学出版社 1989年 429页
b16431261 TV871-092 J536 1989

东荆河堤防志
东荆河堤防志编纂委员会编 王天增主编 武汉 武汉大学出版社 1994年 387页
b47415988 TV882.863 D582 1994

湖北省环境保护志
湖北省环境保护志编纂委员会编 吴福仁主编 北京 中国环境科学出版社 1989年 209页
b21240218 X321.263 W487 1989

武汉市

武汉市志 第1卷 总类志
武汉地方志编纂委员会主编 武汉 武汉大学出版社 1998年 301页
b13496505 K296.31 W532

武汉市志 第1卷 总类 城市建设 1980-2000
武汉地方志编纂委员会编 涂勇 姚卫东主

编 武汉 武汉出版社 2006 年 692 页
b18261322　K296.31 W532 2006

武汉市志　第 2 卷 大事记
武汉地方志编纂委员会主编 黄道忠主笔 武汉 武汉大学出版社 1990 年 329 页
b13496414　K296.31 W532

武汉市志　第 2 卷 改革开放 经济综合管理 1980–2000
武汉地方志编纂委员会编 涂勇 姚卫东主编 武汉 武汉出版社 2006 年 530 页
b18658702　K296.31 W532 2006

武汉市志　第 3 卷 政党志
武汉地方志编纂委员会主编 武汉 武汉大学出版社 1998 年 318 页
b13496475　K296.31 W532

武汉市志　第 3–4 卷 经济 1980–2000
武汉地方志编纂委员会编 涂勇 袁善腊 姚卫东主编 武汉 武汉出版社 2006 年 2 卷 1212 页
b18658696　K296.31 W532 2006

武汉市志　第 4 卷 社会团体志
武汉地方志编纂委员会主编 武汉 武汉大学出版社 1997 年 380 页
b13496438　K296.31 W532

武汉市志　第 5 卷 政权政协志
武汉地方志编纂委员会主编 武汉 武汉大学出版社 1998 年 634 页
b13496487　K296.31 W532

武汉市志　第 5–6 卷 政治 1980–2000
武汉地方志编纂委员会编 涂勇 袁善腊 姚卫东主编 武汉 武汉出版社 2006 年 2 卷 1251 页
b18658714　K296.31 W532 2006

武汉市志　第 6 卷 民政志
武汉地方志编纂委员会主编 武汉 武汉大学出版社 1990 年 223 页
b13496359　K296.31 W532

武汉市志　第 7 卷 政法志
武汉地方志编纂委员会主编 李刚主编 武汉 武汉大学出版社 1993 年 431 页
b13496384　K296.31 W532

武汉市志　第 7 卷 教育科学文化 1980–2000
武汉地方志编纂委员会编 涂勇 袁善腊 姚卫东主编 武汉 武汉出版社 2006 年 838 页
b18658672　K296.31 W532 2006

武汉市志　第 8 卷 军事志
武汉地方志编纂委员会主编 黎智总纂 周世贵卷主编 武汉 武汉大学出版社 1992 年 457 页
b1349658x　K296.31 W532

武汉市志　第 8 卷 社会 人物 大事记 1980–2000
武汉地方志编纂委员会编 涂勇 袁善腊 姚卫东主编 武汉 武汉出版社 2006 年 652 页
b18658726　K296.31 W532 2006

武汉市志　第 9 卷 外事志
武汉地方志编纂委员会主编 武汉 武汉大学出版社 1991 年 299 页
b13496566　K296.31 W532

武汉市志　第 10 卷 城市建设志
武汉地方志编纂委员会主编 武汉 武汉大学出版社 1996 年 567 页
b13496578　K296.31 W532

武汉市志 第 11 卷 工业志
武汉地方志编纂委员会主编 武汉 武汉大学出版社 1999 年 2 卷 1645 页
b13496463 K296.31 W532

武汉市志 第 12 卷 交通邮电志
武汉地方志编纂委员会主编 武汉 武汉大学出版社 1998 年 736 页
b13496499 K296.31 W532

武汉市志 第 13 卷 农业志
武汉地方志编纂委员会主编 武汉 武汉大学出版社 1991 年 556 页
b13496402 K296.31 W532

武汉市志 第 14 卷 商业志
武汉地方志编纂委员会主编 王炳炎主编 武汉 武汉大学出版社 1989 年 828 页
b13496542 K296.31 W532

武汉市志 第 15 卷 对外经济贸易志
武汉地方志编纂委员会主编 武汉 武汉大学出版社 1996 年 269 页
b13496608 K296.31 W532

武汉市志 第 16 卷 金融志
武汉地方志编纂委员会主编 张世采 王植青主编 武汉 武汉大学出版社 1989 年 343 页
b13496554 K296.31 W532

武汉市志 第 17 卷 财政志
武汉地方志编纂委员会主编 周熙文主编 武汉 武汉大学出版社 1992 年 432 页
b13496451 K296.31 W532

武汉市志 第 18 卷 税务志
武汉地方志编纂委员会主编 白荣庆主编 武汉 武汉大学出版社 1992 年 263 页
b1377346x K296.31 W532

武汉市志 第 19 卷 经济管理志
武汉地方志编纂委员会主编 张孟林等主编 武汉 武汉大学出版社 1999 年 556 页
b13496517 K296.31 W532

武汉市志 第 20 卷 教育志
武汉地方志编纂委员会主编 彭义智主编 武汉 武汉大学出版社 1991 年 543 页
b13496372 K296.31 W532

武汉市志 第 21 卷 科学志
武汉地方志编纂委员会主编 李清斋 洪耀忠主编 武汉 武汉大学出版社 1993 年 901 页
b13496426 K296.31 W532

武汉市志 第 22 卷 文化志
武汉地方志编纂委员会主编 刘志斌等主编 武汉 武汉大学出版社 1998 年 370 页
b1349661x K296.31 W532

武汉市志 第 23 卷 新闻志
武汉地方志编纂委员会主编 张学知 李德林主编 武汉 武汉大学出版社 1991 年 429 页
b1349644x K296.31 W532

武汉市志 第 24 卷 文物志
武汉地方志编纂委员会主编 李子仪等主编 武汉 武汉大学出版社 1990 年 245 页
b13496396 K296.31 W532

武汉市志 第 25 卷 卫生志
武汉地方志编纂委员会主编 武汉 武汉大学出版社 1993 年 583 页
b13496360 K296.31 W532

武汉市志 第26卷 体育志
武汉地方志编纂委员会主编 糜国亮主编 武汉 武汉大学出版社 1990年 230页
b13410684 K296.31 W532

武汉市志 第27卷 社会志
武汉地方志编纂委员会主编 范守方主编 武汉 武汉大学出版社 1997年 354页
b13496591 K296.31 W532

武汉市志 第28卷 人物志
武汉地方志编纂委员会主编 冯天瑜主编 武汉 武汉大学出版社 1999年 1167页
b13496529 K296.31 W532

武汉市志 第29卷 索引
武汉地方志编纂委员会主编 武汉 武汉大学出版社 2000年 2卷 1519页
b13496530 K296.31 W532

归元禅寺志 第1卷 丛林
归元禅寺志编纂委员会编 昌学汤总纂 武汉 湖北人民出版社 2003年 671页
b14510959 B947.263 G696

归元禅寺志 第2卷 沿革
归元禅寺志编纂委员会编 昌学汤总纂 武汉 湖北人民出版社 2003年 976页
b14510959 B947.263 G696

武汉人口与计划生育志(鉴)汇编 1840–2013
武汉市卫生和计划生育委员会编 武汉 武汉出版社 2016年 303页
b47303566 C924.256.31 W532C 2016

中国共产党武汉历史图志
中共武汉市委党史研究室 武汉市档案馆 武汉市文物管理办公室编 武汉 武汉出版社 2001年 250页
b15602643 D235.63-64 Z645 2001

中共武汉市委党校志 1951–1991
方先铭主编 武汉 武汉出版社 1991年 219页
b20578374 D261.41 F226 1991

武汉改革志
武汉改革志编纂委员会编 许金华主编 武汉 武汉出版社 2001年 728页
b13490035 D619.631 W532

武汉市人民代表大会志 1949–2003
武汉市人民代表大会志编纂委员会编 吕金芝主编 武汉 武汉市人民代表大会志编纂委员会 2004年 368页
b19932534 D624.631 L978 2004

武汉检察志
武汉市人民检察院史志办公室 武汉 武汉市人民检察院史志办公室 1985年 油印本 176页
b49983222 D926.32 W532C 1985

武汉检察志资料汇编
武汉市人民检察院史志办公室编 傅传新主编 武汉 武汉市人民检察院史志办公室 1985年 264页
b49983210 D926.32 W532 1985

武汉东湖高新区志 1984–2010
武汉东湖高新区志编纂委员会编 但长春主编 武汉 湖北人民出版社 2015年 2卷 1168页
b4665835x F127.631 D582 2015

武汉劳动史志
武汉劳动史志编纂委员会编 万继勋主编

武汉 武汉市劳动局 1991 年 426 页
b20566141 F249.276.31 W172 1991

武汉市物资志
武汉市物资局修志办公室编 吕万启主编 武汉 武汉市物资局修志办公室 1987 年 327 页
b50234389 F259.276.31 L983 1987

武汉钢铁公司北湖农场志 1975–1988
宛国宇主编 武汉 武钢实业公司印刷厂 1990 年 344 页
b20533846 F324.1 B316 1990

辛安渡场志
严家来主编 咸宁 湖北咸宁地区印刷厂 1991 年 636 页
b20046285 F324.1 Y172 1991

武汉市畜牧兽医志 1949–2009
武汉市畜牧兽医志编纂委员会编 高长明主编 武汉 湖北人民出版社 2012 年 714 页
b36369871 F326.376.31 G234 2012

武汉粮食志 1840–1986
武汉市粮食局编 高清保主编 武汉 武汉市粮食局 1988 年 490 页
b20806954 F327.631 W532 1988

武汉土地志 1980–2000
武汉市城市规划管理局 武汉市国土资源管理局主编 袁海军总纂 彭祖石主编 武汉 武汉出版社 2008 年 362 页
b36128673 F329.631 Y792 2008

大冶铁矿志 第 3 卷 1996–2000
武钢矿业公司大冶铁矿矿志办编 詹展平 尹晓鹏主编 黄石 武钢矿业公司大冶铁矿矿志办 2002 年 320 页
b49964227 F426.3 D136 2002

东风富士汤姆森调温器有限公司志 1985–2008
东风富士汤姆森调温器有限公司史志办公室编 陈家主编 武汉 东风富士汤姆森调温器有限公司史志办公室 2009 年 113 页〔东风汽车公司志丛书〕
b51012704 F426.471 D5822 2009

汉阳造纸厂志 1950–1991
汉阳造纸厂志编纂委员会编 北京 中国轻工业出版社 1993 年 513 页
b50318159 F426.83 H215 1993

汉冶萍公司志
刘明汉主编 武汉 华中理工大学出版社 1990 年 289 页
b49939051 F426.3 H215 1990

汉冶萍公司志
湖北省冶金志编纂委员会编 刘明汉主编 武汉 华中科技大学出版社 2017 年 475 页〔荆楚文库〕
b49843126 F426.31 H215 2017

湖北省机械设备成套局志 1959–2006
湖北省公共资源交易监督管理局主编 杨昌清执行主编 北京 中国文史出版社 2016 年 514 页
b49715690 F426.4–29 H478 2016

湖北大禹公司志 1955–2015
湖北大禹水利水电建设有限责任公司编 石裕友 闵国武主编 武汉 湖北大禹水利水电建设有限责任公司 2015 年 295 页
b50779618 F426.9 H478 2015

湖北省青山热电厂志 1982–1995
青山热电厂编 张明理主编 武汉 青山热电厂 1997 年 270 页
b50319954 F426.61 Q464 1997

宁夏伊斯兰地质工程公司武汉公司志 1986–2013
王旭主编 武汉 湖北人民出版社 2014 年 304 页
b51012698 F426.1 N414 2014

武钢计控厂厂志 1982–1992
武钢计控厂厂志编纂委员会编 姜文兆主编 武汉 武钢计控厂厂志编纂委员会 1994 年 384 页
b50347718 F426.31 W5324 1994

武钢志
武钢志编纂委员会主编 孙贻章 毕传淑主编 武汉 武汉出版社 1988 年 465 页
b20485050 F426.31 S779 1988

武汉钢铁公司机修厂志 1977–1981
倪铭主编 武汉 武汉钢铁公司机修厂 1983 年 198 页
b50319978 F426.31 W5328 1983

武汉钢铁公司设计院志 第 1 卷 1952–1981
滕连洁主编 武汉 武汉钢铁公司设计院 1983 年 231 页
b4978982x F426.31–24 W532 1983

武汉钢铁集团矿业建设有限责任公司志 1984–2004
武汉钢铁集团矿业建设有限责任公司志编纂委员会编 梅银芳 徐腊明主编 武汉 武汉钢铁集团矿业建设有限责任公司志编纂委员会 2004 年 366 页
b51012716 F426.31 W5325 2004

武汉锅炉厂志
高伟来 陈毅行主编 武汉 武汉锅炉厂厂志办公室 1986 年 304 页
b5031998x F426.21 W532 1986

武汉市第二棉纺织厂厂志 1958–1982
武汉市第二棉纺织厂厂志编纂领导小组编 闻立昆主编 武汉 武汉市第二棉纺织厂厂志编纂领导小组 1983 年 358 页
b36128740 F426.81 W532 1983

武汉重型机床厂厂志 1953–1985
武汉重型机床厂厂志办公室编 陈振唐总编辑 武汉 武汉重型机床厂厂志办公室 1988 年 374 页
b50319991 F426.42 W532 1988

武院志 1986–1996
武汉钢铁设计研究院编 胡同兴主编 武汉 武汉钢铁设计研究院 2001 年 589 页
b50320002 F426.31–24 W5323 2001

一炼钢厂志 1982–2003
武汉钢铁集团第一炼钢厂编 北京 冶金工业出版社 2004 年 309 页
b50016623 F426.31 W5323 2004

运输部志 1997–2005
武汉钢铁集团公司运输部编 陈卫东主编 武汉 武汉钢铁(集团)公司运输部 2006 年 541 页
b49704898 F426.31 W532 2006

铁道部武汉工程机械研究所志 1979–1993
郑剑鹰主编 武汉 武汉工程机械研究所 1998 年 276 页
b46443484 F532.3–24 T389 1998

交运公司志 1983–2008
王凤翱主编 武汉 武汉钢铁集团交通运输有限责任公司 2010 年 559 页
b5077962x F542.6 W532 2010

汉正街市场志
朱文尧主编 武汉 武汉出版社 1997 年 335 页
b49983209 F727.631 H215 1997

中国工商银行湖北省分行行志 1985–2005
中国工商银行湖北省分行行志编写组编 左新亚主编 武汉 中国工商银行湖北省分行行志编写组 2008 年 184 页
b49534270 F832.33 Z6473HB 2008

湖北省档案局(馆)志
湖北省档案局(馆)编 武汉 华中师范大学出版社 2006 年 310 页
b17735415 G279.276.3 H478J 2006

武汉民办学校志 1978–1999
武汉教育志编纂委员会编 俞良驹 徐诗银主编 武汉 武汉出版社 2001 年 438 页
b13634185 G527.63 W532

武汉名校志 2005
武汉市教育科学研究院教育信息资源中心编 武汉 武汉出版社 2005 年 233 页
b16662702 G527.631 W5327 2005

一冶教育志
武汉教育志丛编纂委员会主编 武汉 武汉工业大学出版社 1993 年 359 页〔武汉教育志丛〕
b20182478 G527.631 D413 1993

汉阳一中校志 1901–2013(武汉)
方勇军 姚开明主编 武汉 湖北人民出版社 2014 年 494 页
b47206391 G639.286.31 H215 2014

华中科技大学同济医学院志 1907–2002
华中科技大学同济医学院编 武汉 华中科技大学同济医学院 2002 年 622 页
b20102045 G649.286.3 H5298 2002

湖北财税职业学院志 1987–2007
湖北财税职业学院志编辑委员会编 叶训璋主编 丁虹撰稿 武汉 湖北财税职业学院 2007 年 382 页
b20101740 G719.286.3 H478 2007

湖北省建材学校志 1975–1990
湖北省建材学校校志编审委员会编 余祥纪主编 武汉 湖北省建材学校校志编审委员会 1990 年 396 页
b20101764 G719.286.3 H479 1990

武汉电力学校志 1953–1993
武汉电力学校志编纂委员会编 李庆猷主编 武汉 武汉电力学校志编纂委员会 1993 年 288 页
b20104248 G719.286.3 W5322 1993

武汉电力职业技术学院志 1953–2003
贺邦杰主编 武汉 湖北省新闻出版局 2003 年 333 页
b2010425x G719.286.3 W532 2003

武汉市公安干部学院院志
武汉市公安干部学院院志编写组编 武汉 武汉市公安干部学院院志编写组 1995 年 678 页
b21136695 G719.286.31 W532 1995

汉口租界志
汉口租界志编辑委员会编 袁继成主编 武

汉 武汉出版社 2003 年 608 页
b15008629　K296.31 H215 2003

武汉盘龙城经济开发区志
武汉盘龙城经济开发区志编纂委员会编著 谌向红主编 武汉 长江出版社 2011 年 356 页〔武汉市黄陂区地方志系列丛书〕
b36370940　K296.31 P163 2011

华中理工大学教授志
华中理工大学科学技术协会 华中理工大学档案馆编 武汉 华中理工大学出版社 1993 年 323 页
b18280420　K826.1 H5295 1993

武汉地名志
武汉市地名委员会编 武汉 武汉出版社 1990 年 803 页
b13633995　K926.3 W532

武汉湖泊志
武汉市水务局编 王家乾 陈红梅主编 武汉 湖北美术出版社 2014 年 266 页
b47352486　K928.43 W532 2014

新编灵泉志
张高荣主编 武汉 武汉出版社 2006 年 371 页
b1664685x　K928.3 Z3527 2006

武汉测绘志 1980–2000
武汉市城市规划管理局 武汉市国土资源管理局主编 袁海军 肖建华主编 武汉 武汉出版社 2008 年 258 页
b4042473x　P2–092 Y792 2008

长江水利测绘志
水利部长江水利委员会勘测总队编 武汉 水利部长江水利委员会 1991 年 553 页
b16345733　P331 C346 1991

武汉地质矿产志 1980–2000
武汉市城市规划管理局 武汉市国土资源管理局编 袁海军 章传雄主编 武汉 武汉出版社 2008 年 340 页
b4042604x　P562.631 Y792 2008

同济医院志 1900–2000
马先松 赵小抗主编 武汉 武汉出版社 2000 年 458 页
b2243219x　R197.3 T437 2000

同济医院志 2000–2009
马先松 赵小抗主编 武汉 华中科技大学同济医学院附属同济医院 2010 年 增补本 490 页
b22432206　R197.3 T437 2010

武汉市第七医院志 1955–2005
武汉市第七医院志编辑委员会编 王忠诚 白莲升主编 武汉 武汉市第七医院志编辑委员会 2005 年 247 页
b4996429x　R197.3 W532 2005

汉口铁路医院志 1897–1997
汉口铁路医院编 陆大华总编审 汉口 汉口铁路医院 1997 年 276 页
b49964240　R199.2 H215 1997

湖北省护理学会会志（武汉）
李秀云 熊永芳 范湘鸿主编 北京 人民卫生出版社 2016 年 165 页
b49832475　R47–262.63 L421 2016

湖北省农业科学院志 1986–1999
湖北省农业科学院编 刘定富主编 武汉 湖北省农业科学院 2000 年 392 页
b46668445　S–242.63 H478 2000

武汉市蔬菜科学研究所所志 1950–2010
武汉市蔬菜科学研究所编 武汉 武汉市蔬菜科学研究所 2010 年 231 页
b46197989 S63–24 W532 2010

武汉城市规划志 1980–2000
武汉市城市规划管理局 武汉市国土资源管理局编 袁海军总纂 赵子英主编 武汉 武汉出版社 2008 年 655 页
b23190875 TU984.263.1 Y792 2008

武汉市城市规划志
武汉市城市规划管理局主编 眭录明主编 武汉 武汉出版社 1999 年 511 页
b46669930 TU984.263.1 W532 1999

武汉市市政建设志
武汉市市政建设管理局编 王崇贵主编 武汉 武汉市市政建设管理局 1988 年 168 页
b20951942 TU984.263.1 W213 1988

湖北大禹志 1955–2003
湖北大禹水利水电建设有限责任公司编 崔志益主编 武汉 湖北大禹水利水电建设有限责任公司 2006 年 146 页
b21856795 TV22–242.63 H4781 2006

湖北省水利水电勘测设计院院志
湖北省水利水电勘测设计院院志编纂委员会编 王培元主编 武汉 湖北科学技术出版社 1996 年 243 页〔湖北省水利志丛书〕
b21857258 TV22–242.63 H478 1996

江岸区

江岸区志
武汉市江岸区地方志编纂委员会编 刘继光主编 武汉 武汉出版社 2009 年 2 卷 1790 页
b21001480 K296.31 W532J 2009

武汉江岸车辆厂志 1901–1993
武汉江岸车辆厂厂志编纂委员会编 潘斗胜主编 武汉 武汉江岸车辆厂厂志编纂委员会 1996 年 561 页
b45480163 F426.472 W532 1996

江岸区教育志
武汉教育志丛编纂委员会主编 王文圣主编 武汉 武汉工业大学出版社 1992 年 484 页〔武汉教育志丛〕
b16378118 G527.631 W532K 1992

江汉区

江汉区志
武汉市江汉区地方志编纂委员会编 武汉 武汉出版社 2007 年 1032 页
b19733902 K296.31 J324 2007

江汉油田勘探志 1958–2000
汪仕忠 金朝熙主编 北京 石油工业出版社 2004 年 598 页
b40863876 F426.22 J324 2004

江汉油田志 2001–2005
易积正主编 武汉 湖北人民出版社 2012 年 448 页
b40426129 F426.22 J324C 2012

江汉区教育志
武汉教育志丛编纂委员会主编 唐文主编 武汉 武汉工业大学出版社 1992 年 378 页〔武汉教育志丛〕
b16179146 G527.631 W532J 1992

教育志
江汉区地方志编纂委员会办公室编 吴松林主编 武汉 江汉区地方志编纂委员会办公室 2004 年 271 页〔江汉区志系列丛书〕
b20181516 G527.631 J324 2004

硚口区

硚口区志
武汉市硚口区地方志编纂委员会编 张汉桥主编 武汉 武汉出版社 2007 年 1000 页
b18261310 K296.31 Q387Z 2007

长丰乡志
许以华 程宏刚主编 武汉 武汉出版社 2016 年 292 页
b49723054 K296.35 C346 2016

汉正街志
陈佑湘主编 武汉 湖北人民出版社 2009 年 320 页
b20815906 K296.31 C436 2009

硚口区教育志
武汉教育志丛编纂委员会主编 武汉 武汉工业大学出版社 1993 年 366 页〔武汉教育志丛〕
b17960228 G527.631 W532Q 1993

汉阳区

汉阳区志
武汉市汉阳区地方志编纂委员会编 吴明益主编 武汉 武汉出版社 2008 年 2 卷 1573 页
b19024046 K296.31 H215G 2008

简明汉阳区志
武汉市汉阳区地方志编纂委员会编 方东平主编 武汉 武汉市汉阳区地方志编纂委员会 2009 年 849 页
b22430350 K296.31 H2159 2009

江堤乡志
江堤乡志编纂委员会编 武汉 武汉出版社 2006 年 275 页〔武汉市名街名镇名乡名村志丛书〕
b17562156 K296.31 J326 2006

晴川街志
晴川街志编纂委员会编 曾防汛主笔 武汉 武汉出版社 2005 年 188 页〔武汉市名街名镇名乡（村）志丛书〕
b16859297 K296.31 Q478 2005

月湖桥志
王效成 王国建主编 武汉 武汉建通股份有限公司 1998 年 164 页
b20952612 K296.31 W532Y 1998

奓山镇志
武汉市汉阳县奓山镇奓山镇志编写组编 汉阳 武汉市汉阳县奓山镇奓山镇志编写组 1986 年 252 页
b36380143 K296.35 Z257 1986

汉阳县城乡建设志
汉阳县城乡建设管理委员会编 龙良瑛主笔 汉阳 汉阳县城乡建设管理委员会 1988 年 199 页
b4666841x F299.276.34 H215 1988

汉阳县交通志
汉阳县交通局编 汉阳 汉阳县交通局 1985 年 134 页
b46668421 F512.763.4 H215 1985

汉阳区教育志
武汉教育志丛编纂委员会主编 武昌 武汉工业大学出版社 1998 年 289 页〔武汉教育志丛〕
b19733914 G527.631 H215 1998

武昌区

武昌区志
武汉市武昌区地方志编纂委员会编 武汉 武汉出版社 2008 年 2 卷 1339 页
b19024058 K296.31 W532W 2008

金口镇志
武昌县金口镇志编纂委员会编 任永山主编 新州 新州县第二印刷厂 1991 年 483 页
b16433403 K296.35 J477 1991

湖北省武昌热电厂厂志 1946–1996
湖北省武昌热电厂厂志修编室编 蒋润祥主编 武昌 湖北省武昌热电厂厂志编修室 1996 年 284 页
b50665674 F426.61 J355 1996

武昌区教育志
武汉教育志丛编纂委员会主编 杨冬荣 莫惠庸主编 武汉 武汉工业大学出版社 1995 年 714 页〔武汉教育志丛〕
b1562139x G527.631 Y231 1995

武昌区地名录
武汉市武昌区地名领导小组办公室编 武汉 武汉市武昌区地名领导小组办公室 1983 年 170 页
b20369098 K296.31 W532Q 1983

黄鹤楼志
冯天瑜主编 武汉 武汉大学出版社 1999 年 410 页
b1760994x K928.74 F377 1999

武昌县土壤志
武昌县土壤普查办公室编 当阳 宜昌地区当阳县土壤普查办公室 1984 年 119 页〔湖北省第二次土壤普查资料 3〕
b49706585 S159.263.4 W532 1984

武昌环境保护志稿 1973–2000
武汉市武昌区环境保护局编 杨志主编 武汉 武汉市武昌区环境保护局 2008 年 233 页
b49704886 X321.263.1 W532 2008

青山区

青山区志
武汉市青山区地方志编纂委员会编 张承艺主编 武汉 武汉出版社 2006 年 2 卷 989 页
b17530209 K296.31 Q464 2006

青山热电厂厂志 1953–1981
青山热电厂厂志编纂委员会编 武汉 青山热电厂厂志编纂委员会 1985 年 240 页
b50319966 F426.61 Q464C 1985

青山区教育志
武汉教育志丛编纂委员会主编 赵耀斌主编 武汉 武汉工业大学出版社 1992 年 293 页〔武汉教育志丛〕
b2018248x G527.631 Q464 1992

洪山区

洪山区志
武汉市洪山区地方志编纂委员会编 陈邂馨 万磊主编 武汉 武汉出版社 2009 年

1003 页
b20815517 K296.31 C435 2009

洪山区教育志
武汉教育志丛编纂委员会主编 武汉 武汉工业大学出版社 1996 年 272 页〔武汉教育志丛〕
b15621467 G527.631 W532H 1996

洪山区教育志
武汉教育志丛编纂委员会主编 武汉 武汉工业大学出版社 2006 年 356 页〔武汉教育志丛〕
b2757569x G527.631 W532H 2006

左岭区域志
左岭区域志编辑委员会编 武汉 湖北人民出版社 2016 年 360 页
b47317334 K296.35 Z969 2016

东西湖区

东西湖区志
武汉市东西湖区地方志编纂委员会编 刘扬波 张明祥主编 武汉 武汉出版社 2010 年 2 卷 1165 页
b21371003 K296.31 D582C 2010

东西湖区简志
武汉市东西湖区地方志编纂委员会编 高扬波主编 武汉 武汉出版社 2012 年 707 页
b41371446 K296.31 D582D 2012

东西湖区专志 第 1 卷 大事记
武汉市东西湖区地方志编纂委员会办公室编 武汉 武汉出版社 2006 年 448 页
b17151971 K296.31 D582 2006

东西湖区专志 第 2 卷 人物志
武汉市东西湖区地方志编纂委员会办公室编 武汉 武汉出版社 2006 年 605 页
b17151971 K296.31 D582 2006

东西湖区专志 第 3 卷 地名志
武汉市东西湖区地方志编纂委员会办公室编 武汉 武汉出版社 2006 年 527 页
b17151971 K296.31 D582 2006

东西湖区专志 第 4 卷 艺文志
武汉市东西湖区地方志编纂委员会办公室编 武汉 武汉出版社 2007 年 561 页
b17151971 K296.31 D582 2006

新沟镇志
新沟镇志编纂委员会编 武汉 武汉出版社 2003 年 261 页〔武汉市名街名镇名乡名村志丛书〕
b18261309 K296.35 X443 2003

东西湖区教育志
武汉教育志丛编纂委员会主编 蒋方淮主编 武汉 武汉工业大学出版社 1992 年 312 页〔武汉教育志丛〕
b20182454 G527.631 D582 1992

汉南区

汉南区志
武汉市汉南区地方志编纂委员会编 刘启雄 张彩萍 陈彩凤主编 武汉 武汉出版社 2006 年 728 页
b17385635 K296.31 H215H 2006

汉南农垦志
汉南区农垦志编纂委员会编 熊善岚主笔 武汉 汉南区农垦志编纂委员会 1992 年 481 页
b22429888 F329.634 X522 1992

汉南区教育志
武汉教育志丛编纂委员会编 张仁祥 杨先鹏主编 武汉 武汉教育志丛编纂委员会 2006 年 369 页〔武汉教育志丛〕
b50248492 G527.631 H2156 2006

汉南区教育志
武汉教育志丛编纂委员会主编 李贤瑜主编 武汉 武汉工业大学出版社 1992 年 204 页〔武汉教育志丛〕
b20042784 G527.631 L421 1992

蔡甸区

汉阳县志
汉阳县县志编纂委员会编 李育矩总编 武汉 武汉出版社 1989 年 588 页
b10625185 K296.34 H215

蔡甸区志 1980–2000
武汉市蔡甸区地方志编纂委员会编 武汉 武汉出版社 2008 年 660 页
b20209046 K296.31 C137 2008

大集镇志
付正本主笔 武汉 大集镇志编写者 1986 年 油印本 342 页
b22359655 K296.35 D135 1986

索河镇志 1911–1985
索河镇志编委会编 吴正忠主编 武汉 索河镇志编委会 1991 年 495 页
b1819820x K296.35 S821 1991

新华村志
新华村志编纂小组编 张之栋主编 武汉 武汉佳艺彩印包装公司 2004 年 132 页
b44852344 K296.35 X4433 2004

汉阳县物价志
汉阳县物价局编 汉阳 汉阳县物价局 1987 年 261 页
b4229129x F726.763.4 H215 1987

蔡甸区教育志
武汉教育志丛编纂委员会编 张煜平主编 武汉 武汉教育志丛编纂委员会 2005 年 270 页〔武汉教育志丛〕
b1880536x G527.631 Z368 2005

汉阳县教育志
武汉教育志丛编纂委员会主编 魏启规主编 武汉 武汉工业大学出版社 1990 年 308 页〔武汉教育志丛〕
b16179067 G527.634 W358 1990

汉阳县教育志 1840–1985
汉阳县教育志编纂委员会编 汉阳 汉阳县教育局 1986 年 200 页
b16178981 G527.634 H215 1986

汉阳县地名志
汉阳县地名委员会办公室编 李上玉总编 武汉 湖北省测绘队地图印刷厂 1991 年 303 页
b15667534 K926.34 H215 1991

汉阳县水利志
汉阳县水利局编 武汉 武汉市华艺印刷厂 1990 年 198 页
b20138015 TV–092 H215 1990

江夏区

武昌县志
武昌县志编纂委员会编 武汉 武汉大学出版社 1989 年 690 页
b13398350 K296.34 W532

江夏区志 1980–2004
武汉市江夏区地方志编纂委员会编 舒斌主编 武汉 武汉出版社 2007年 767页
b19186022 K296.31 J3268 2007

江夏区建设志 1975–2008
江夏区建设志编纂委员会编 邓有铭主编 武汉 崇文书局 2009年 482页
b40658363 F299.276.31 J326 2009

金水农场志 1934–1985
金水农场志编纂委员会编 武汉 华中师范大学桂子山印刷厂 1988年 417页
b20043624 F324.1 J479 1988

武昌县教育志
武汉教育志丛编纂委员会主编 李绥金主编 武汉 武汉工业大学出版社 1990年 353页〔武汉教育志丛〕
b16179092 G527.634 L417 1990

黄陂区

黄陂县志
黄陂县志编纂委员会编 武汉 武汉出版社 1992年 548页
b1325439x K296.34 H654

黄陂区志 1980–2004
武汉市黄陂区地方志编纂委员会编 武汉 武汉出版社 2008年 791页
b19575397 K296.31 H665 2008

横店镇志
横店镇志编纂小组编 杨奉权主笔 黄陂 横店镇志编纂小组 1988年 381页
b2001496x K296.35 H391 1988

黄陂区教育志 1980–2000
武汉教育志丛编纂委员会主编 向中华主编 武汉 湖北人民出版社 2013年 316页〔武汉教育志丛〕
b41213804 G527.631 H665 2013

黄陂县教育志
武汉教育志丛书编纂委员会主编 武汉 武汉工业大学出版社 1990年 350页〔武汉教育志丛〕
b20182466 G527.634 H665 1990

黄陂三中志 百年华诞志庆
黄陂三中志编纂领导小组编 武汉 黄陂三中志编纂领导小组 2008年 403页
b20102082 G639.286.33 H665 2008

湖北省黄陂县地名志
黄陂县地名领导小组编 黄陂 黄陂县地名领导小组 1981年 548页
b12159530 K926.34 H654

黄陂县水利志
黄陂县水利志编纂领导小组办公室编辑 武汉 武汉印刷厂 1987年 319页
b21856813 TV–092 H665 1987

新洲区

新洲县志
新洲县志编纂委员会编 姚海东主编 武汉 武汉出版社 1992年 808页
b10616998 K296.34 X444C

新洲县志略
新洲县志编纂委员会办公室编 新洲 新洲县志编纂委员会办公室 1984年 143页
b11470525 K296.34 X444

新洲区志
武汉市新洲区地方志编纂委员会编 胡志勇主编 武汉 武汉出版社 2010 年 726 页
b22032265 K296.31 X444 2010

仓埠街志
新洲区仓埠街志编纂委员会编 武汉 武汉出版社 2009 年 526 页〔武汉市名街名镇名乡名村志丛书〕
b2300390x K296.31 C176 2009

李集镇志 1882–1988
李集镇人民政府修志办公室编 蔡佑林 陈才贵主编 新洲 新洲县第二印刷厂 1989 年 215 页
b17127920 K296.35 L397 1989

汪集镇志
汪集镇志编写组编 程序主笔 新洲 新洲县印刷厂 1990 年 612 页
b2319070x K296.35 W185 1990

新洲县城关镇志
张春和主编 新洲 新洲县印刷厂 1986 年 316 页
b36128697 K296.35 C466 1986

新洲县孔埠镇志
新洲县孔埠镇志编纂领导小组编 汪宏星主编 新洲 新洲县印刷厂 1989 年 235 页
b23003947 K296.35 K341 1989

阳逻街志
新洲区阳逻街志编纂委员会编 武汉 武汉出版社 2006 年 433 页〔武汉市名街名镇名乡名村志丛书〕
b17993982 K296.31 X444Y 2006

阳逻志
阳逻镇编志办公室编 张从新主编 新洲 新洲县阳逻镇人民政府编志办公室 1992 年 238 页
b2001773x K296.35 Y225 1992

邾城街志
邾城街志编纂委员会编 商建东主编 武汉 武汉出版社 2014 年 656 页〔武汉市名街名镇名乡名村志丛书〕
b50017494 K296.35 Z687 2014

新洲县畜牧志 1882–1985
新洲县畜牧局编 邱金松主编 新洲 新洲县印刷厂 1990 年 229 页
b21765856 F326.376.34 X444 1990

新洲县金融志 1840–1985
新洲县金融志编辑室编 程立主笔 新洲 新洲县金融志编辑室 1987 年 272 页
b45569794 F832.763.4 X444 1987

新洲县文化志
新洲县文化局编 新洲 新洲县印刷厂 1989 年 250 页
b19932704 G127.634 X444 1989

新洲区教育志
武汉教育志丛编纂委员会主编 夏春胤主编 武汉 武汉教育志丛编纂委员会 2009 年 852 页〔武汉教育志丛〕
b36014618 G527.631 X444 2009

新洲县教育志
武汉教育志丛编纂委员会主编 金道炎主编 武汉 武汉工业大学出版社 1990 年 353 页〔武汉教育志丛〕
b16179110 G527.634 J476 1990

新洲二中学校志 1931–2005
新洲二中学校志编纂委员会编 张平主编 武汉 新洲二中学校志编纂委员会 2008 年 898 页
b40743895 G639.286.31 W5328 2008

湖北省新洲县地名志
新洲县地名普查领导小组办公室编 新洲 新洲县地名普查领导小组办公室 1981 年 420 页
b12159347 K926.34 X445

张氏敦伦堂宗祠志 第 1 卷
张氏宗祠筹建理事会编 武汉 张氏宗祠筹建理事会 1994 年 铅印本 1 卷
b21766290 R34.69–11 8.428

新洲土壤志
新洲县土壤普查办公室编 新洲 新洲县土壤普查办公室 1983 年 238 页〔湖北省第二次土壤普查资料〕
b41223706 S159.263.4 X444 1983

新洲区水务志
武汉市新洲区水务局编 周武刚主编 北京 中国水利水电出版社 2008 年 195 页
b21855183 TV–092 Z6753 2008

新洲县水利志
新洲县水利志编写组编 田凯国主编 新洲 新洲县水利志编写组 1986 年 204 页
b17516110 TV–092 T355 1986

黄石市

黄石市志
黄石市地方志编纂委员会编 孙永平 李国斌 柯时若主编 北京 中华书局 2001 年 2 卷 1602 页〔中华人民共和国地方志丛书〕
b13767318 K296.33 H666

黄石市志 1980–2002
黄石市地方志编纂委员会编 朱中华 周蔚芬主编 武汉 湖北人民出版社 2013 年 2 卷 1349 页
b41213816 K296.33 H666 2013

黄石市人民代表大会志 1954.7–2004.2
黄石市人民代表大会志编纂委员会编 黄石 湖北省人大办公厅印刷服务中心 2004 年 360 页
b1686234x D624.633 H666 2004

华新厂志 第 1 卷 1946–1986
吕相铭编纂 黄石 华新水泥厂 1986 年 569 页
b5031886x F426.71 H529 1986

黄电公司志 1991–2004
中国华电集团公司 湖北华电黄石发电股份有限公司编 钱勇主编 黄石 湖北华电黄石发电股份有限公司 2005 年 356 页
b50778274 F426.61 H4783 2005

黄石电厂志 1945–1990
黄石电厂史志编辑室编 黄石 黄石电厂史志编辑室 1992 年 400 页
b4996365x F426.61 H6667C 1992

黄石电业志
黄石供电局编志办公室编 甘式光主编 黄石 黄石供电局编志办公室 1989 年 262 页
b49625391 F426.61 H6667 1989

中国有色五建志 第 2 卷 1984–1985
中国有色五建志编纂委员会编 黄石 中国有色五建志编纂委员会 1987 年 198 页
b49550366 F426.9 Z6517 1987

黄石市交通志
叶开霞 张承良主编 北京 人民交通出版社 1995 年 463 页〔湖北省交通志丛书〕
b10676491 F512.9 Y379

黄石道路交通管理志
黄石道路交通管理志编纂委员会编 李从德主编 武汉 湖北人民出版社 2011 年 2 卷 1370 页〔黄石市地方志丛书〕
b23217315 F542.863.3 H666 2011

黄石市商业志
黄石市商业局商业志编纂办公室编 张志明主编 黄石 黄石市商业局商业志编纂办公室 1992 年 314 页
b49549844 F727.633 H666 1992

黄石文化新闻体育志
黄石文化新闻体育志编纂委员会编 周密 祁少斌主编 武汉 湖北人民出版社 1993 年 921 页
b40740134 G127.633 H666 1993

黄石教育志 1986–2002
黄石市教育局编 武汉 华中师范大学出版社 2011 年 501 页
b46668184 G527.633 H666C 2011

黄石市教育志
黄石市教育委员会编 贾克非主编 黄石 黄石市教育委员会 1990 年 344 页
b27575743 G527.633 H666 1990

黄石市建设志
黄石市建设志编委员会编 谢见明主编 北京 中国建筑工业出版社 1994 年 344 页〔中华人民共和国地方志〕
b21239708 K296.33 H666J 1994

湖北省黄石市地名录
黄石市地名领导小组编 黄石 黄石市地名领导小组 1979 年 124 页
b20949583 K926.33 H666C 1979

黄石市地名志
黄石市地名委员会编 林耀鹏主编 武汉 湖北省测绘队地图印刷厂 1989 年 344 页
b15667480 K926.33 H666 1989

黄石市卫生志 1880–1985
黄石市卫生志编纂委员会编 吴艮隆主编 黄石 黄石市卫生志编纂委员会 1990 年 275 页
b46011407 R199.2 H666 1990

下陆区

下陆区志
黄石市下陆区地方志编纂委员会编 黄松仁主编 黄石 黄石市图书出版印刷发行服务部 1997 年 307 页
b20017273 K296.33 H666X 1997

下陆区志 1994–2005
黄石市下陆区地方志编纂委员会编 陈泽云主编 武汉 湖北辞书出版社 2012 年 366 页
b37530239 K296.33 H666X 2012

东方山佛教志
湖北省佛教协会编 武汉 湖北省佛教协会 2005 年 342 页
b20576377 B949.2 H478 2005

黄石港区

黄石港区志
黄石市黄石港地方志编纂委员会编 张杰元

主编 武汉 湖北人民出版社 2012 年 900 页
b40424698 K296.33 H666H 2012

石灰窑区志
黄石市石灰窑区地方志编纂委员会编 柯俊 张晓斌主编 黄石 黄石市星光彩印厂 2003 年 958 页〔中华人民共和国地方志丛书〕
b36246116 K296.33 H666S 2003

黄石港区农林水利志 农业 林业 水利 渔业 -2000
黄振喜 刘多杰撰写 黄石 黄石港区农林水利志编纂者 2005 年 95 页
b21856825 F327.633 H666H 2005

西塞山区

西塞山区政协志 1987-2011
中国人民政治协商会议西塞山区政协志编纂委员会编 王志刚主编 黄石 中国人民政治协商会议西塞山区政协志编纂委员会 2011 年 382 页
b5099170x D628.633 W235 2011

西塞山志
黄石市西塞山旅游开发有限责任公司编 黄石 西塞山旅游开发有限责任公司 2004 年 186 页
b2001725x K928.3 H6667 2004

铁山区

铁山区志
黄石市铁山区地方志编纂委员会编 石功来主编 武汉 湖北人民出版社 1998 年 281 页〔中华人民共和国地方志丛书〕
b17151661 K296.33 H666T 1998

铁山区志 1995-2009
湖北省黄石市铁山区地方志编纂委员会编 潘宪斌主编 武汉 湖北人民出版社 2013 年 447 页
b46011286 K296.33 H666T 2013

大冶市

大冶县志
湖北省大冶县地方志编纂委员会编 武汉 湖北科学技术出版社 1990 年 546 页〔中华人民共和国地方志丛书〕
b10645305 K296.34 D136

大冶市志 1985-2005
大冶市地方志编纂委员会编 张先金 纪宏祺主编 北京 中国文史出版社 2014 年 786 页
b46239558 K296.33 D136 2014

保安镇志
湖北省大冶市保安镇志编纂委员会编 乐晗主编 大冶 湖北省大冶市保安镇志编纂委员会 2015 年 420 页
b50016799 K296.35 B265 2015

保安镇志
湖北省大冶市保安镇志编纂委员会编 乐晗主编 北京 方志出版社 2017 年 342 页〔中国名镇志丛书 中国名镇志文化工程〕
b50642650 K296.35 v5

还地桥镇志
孙江河主编 大冶 大冶市电脑印刷公司 1998 年 259 页
b20015100 K296.35 H594 1998

大冶法院志 1840-2008
大冶市人民法院编 张志文总纂 大冶 大冶市人民法院 2011 年 400 页

b50318585　D926.22 D136 2011

大冶城乡建设志
大冶城乡建设志编纂委员会编 黄振余主编 北京 中国建筑工业出版社 1995 年 322 页〔中华人民共和国地方志〕
b49981493　F127.634 D136 1995

大冶钢厂志
大冶钢厂编 蕲春 湖北省蕲县印刷厂 1985 年 3 卷 852 页
b50318573　F426.31 D136 1985

武钢灵乡铁矿志　1958–1994
武钢灵乡铁矿志编纂委员会编 傅玉华 贺存乡主编 武汉 武汉测绘科技大会出版社 1998 年 246 页
b45480151　F426.1 L628 1998

大冶县教育志　1840–1982
刘钧主编 大冶 大冶县文教局印刷厂 1983 年 259 页
b18660423　G527.644 L678 1983

大冶一中校志　1912–2012
大冶一中校志编纂委员会编 黄太纯主编 大冶 大冶一中校志编纂委员会 2012 年 450 页
b4601097x　G639.286.34 D136 2012

大冶县文化志
湖北大冶县文化教育局编 大冶 湖北大冶县文化教育局 1983 年 303 页
b20534103　K296.34 D136F 1983

大冶叶氏宗祠志
叶家坝宗亲理事会 湖北理工学院联合编著 叶可明主编 北京 中国建筑工业出版社 2017 年 380 页
b50281732　K820.9 Y3772 2017

湖北省大冶县地名录
大冶县地名办公室编 大冶 大冶县地名办公室 1980 年 325 页
b12159566　K926.34 D135

大冶市水利志
大冶市水利志编纂委员会编 叶太锐 郭全禄主编 武汉 长江出版社 2016 年 392 页
b47365821　TV–092.634 D136 2016

阳新县

阳新县志
湖北省阳新县县志编纂委员会编 田祥继主编 北京 新华出版社 1993 年 893 页〔中华人民共和国地方志丛书〕
b10617309　K296.34 Y225

阳新县志　1986–2005
阳新县县志编纂委员会编 曹仕力 梁万程主编 武汉 湖北辞书出版社 2011 年 946 页
b44748693　K296.34 Y225 2011

阳新县人民代表大会志
阳新县人民代表大会志编纂委员会编 信祖国主编 阳新 阳新县人民代表大会志编纂委员会 2005 年 468 页
b49803864　D624.634 Y225 2005

阳新县政协志　1983.3–2014.2
阳新县政协志编纂委员会编 陈世国主编 阳新 阳新县政协志编纂委员会 2014 年 635 页
b50991711　D628.634 Y225 2014

阳新县交通志
阳新县交通志编纂委员会编 易振主编 阳

新 交通部公路交通编史研究编辑室 1988年 245页
b20046571 F512.763.4 Y464 1988

阳新县文化体育志
阳新县文化体育志编纂委员会编 程正稳主编 赵海林执行主编 阳新 阳新县文化体育志编纂委员会 2009年 440页
b50729883 G127.634 Y225 2009

阳新县教育志
阳新县教育志编纂办公室编 阳新 湖北省阳新县教委印刷厂 1985年 392页
b15913466 G527.634 Y225 1985

阳新县教育志 1986–2004
阳新县教育志办公室编 费竟成总编纂 阳新 阳新县教育局印刷厂 2008年 502页
b4123604x G527.634 Y225 2008

阳新方言志
黄群建主编 北京 中国三峡出版社 1995年 224页
b2004656x H172.3 H665Y 1995

阳新县地名志
湖北省阳新县地名领导小组编 阳新 湖北省阳新县地名领导小组 1985年 491页
b13209280 K926.34 Y225

阳新县卫生志 1851–1985
阳新县卫生志编纂办公室编 阳新 阳新县卫生志编纂办公室 2011年 494页
b49704904 R199.263.4 Y225 2011

阳新县水利志 1986–2005
阳新县水利志编纂委员会编 郭帮权主编 北京 中国水利水电出版社 2010年 313页〔湖北省水利志丛书〕
b22961483 TV–092.634 Y225 2010

十堰市

十堰市志
湖北省十堰市地方志编纂委员会编 梁国银总编 北京 中华书局 1999年 1136页〔中华人民共和国地方志丛书〕
b13254340 K296.33 S468

十堰市志 1866–2008
十堰市地方志编纂委员会编 杨宝昌主编 北京 中国文史出版社 2014年 3卷 2848页
b46553174 K296.33 S468D 2014

十堰市民政志 1969–1989
十堰市民政志编纂委员会编 张天亮主编 十堰 十堰市民政志编纂委员会 1990年 257页
b49938940 D632 S468 1990

十堰法院志 1866–2009
十堰市中级人民法院编 索明全主编 十堰 十堰市中级人民法院 2009年 398页
b50319450 D926.22 S468 2009

十堰市质量技术监督志 1933–2008
十堰市质量技术监督局编 李建平主编 十堰 十堰市质量技术监督局 2010年 376页
b49938952 F203 S468 2010

东风汽车房地产有限公司志 1984–2003
东风汽车房地产有限公司史志办公室编 翟瑛主编 十堰 东风汽车房地产有限公司史志办公室 2004年 655页〔东风汽车公司志丛书〕
b50779345 F299.276.33 D582 2004

十堰市林业志
十堰市林业志编纂领导小组编 十堰 十堰市林业志编纂领导小组 1993 年 229 页
b50991681 F326.276.33 S468 1993

标准件厂志
肖祥明主编 十堰 标准件厂厂志编纂领导小组 1984 年 146 页〔中国第二汽车制造厂厂志丛书〕
b50319474 F426.471 Z64621C 1984

车架厂志 1965–1983
景以才主编 十堰 中国第二汽车制造厂车架厂 1986 年 205 页〔中国第二汽车制造厂厂志丛书〕
b50319486 F426.471 Z64622D 1986

车身厂志
车身厂厂志编纂委员会编 高风舞总编 十堰 车身厂厂志编纂委员会 1984 年 190 页〔中国第二汽车制造厂厂志丛书〕
b50319498 F426.471 Z64621 1984

底盘零件厂志
丁宗曾 庆忠信主编 十堰 中国第二汽车制造厂底盘零件厂 1985 年 168 页〔中国第二汽车制造厂厂志丛书〕
b50319462 F426.471 Z64622E 1985

东风贝洱热系统有限公司志 1999–2008
东风贝洱热系统有限公司史志办公室编 吴玉斌主编 武汉 东风贝洱热系统有限公司史志办公室 2009 年 287 页〔东风汽车公司志丛书〕
b51012510 F426.471 D5823 2009

东风电子科技股份有限公司志 东风伟世通（十堰）汽车饰件系统有限公司分卷 1999–2008
东风伟世通（十堰）汽车饰件系统有限公司史志办公室编印 杜新主编 十堰 东风伟世通（十堰）汽车饰件系统有限公司史志办公室 2009 年 233 页〔东风汽车公司志丛书〕
b50779412 F426.471 D582W 2009

东风汽车泵业有限公司志 1999–2008
东风汽车泵业有限公司史志办公室编 谈应铭主编 十堰 东风汽车泵业有限公司史志办公室 2009 年 438 页〔东风汽车公司志丛书〕
b50779333 F426.471 D5821 2009

东风汽车变速箱有限公司志 1999–2008
东风汽车变速箱有限公司史志办公室编 周天军主编 十堰 东风汽车变速箱有限公司史志办公室 2009 年 253 页〔东风汽车公司志丛书〕
b51012522 F426.471 D5824 2009

东风汽车车轮有限公司志 1999–2008
东风汽车车轮有限公司史志办公室编 曾木成主编 十堰 东风汽车车轮有限公司史志办公室 2009 年 617 页〔东风汽车公司志丛书〕
b51012534 F426.471 D5826 2009

东风汽车悬架弹簧有限公司志 1999–2008
东风汽车悬架弹簧有限公司史志办公室编 十堰 东风汽车悬架弹簧有限公司史志办公室 2009 年 400 页〔东风汽车公司志丛书〕
b51012571 F426.471 D5825 2009

东风汽车有限公司零部件事业部东风汽车传动轴有限公司志 1998–2008
东风汽车传动轴有限公司史志办公室编印 王永明主编 十堰 东风汽车传动轴有限公司史志办公室 2009 年 318 页〔东

风汽车公司志丛书〕
b51012546　F426.471　D582L　2007

东风汽车有限公司装备公司志　1983–2007
东风汽车有限公司装备公司编印　十堰　东风汽车有限公司装备公司　2007 年　641 页〔东风汽车公司志丛书〕
b5077959x　F426.471　D582ZE　2007

东风设计研究院志　1984–2002
东风设计研究院史志办公室编　赵开华主编　武汉　东风设计研究院史志办公室　2003 年　429 页〔东风汽车公司志丛书〕
b50779424　F426.471　D582SJ　2003

东风志　1984–2007
东风汽车公司志编辑部编　周强主编　十堰　东风汽车公司志编辑部　2012 年　2 卷　950 页
b50729378　F426.471　D582　2012

发动机厂志　1966–1984
发动机厂志编纂领导小组编　张松林主编　十堰　发动机厂志编纂领导小组　1985 年　216 页〔中国第二汽车制造厂厂志丛书〕
b50319504　F426.471　Z6463　1985

工具处志
章国华主编　十堰　中国第二汽车制造厂工具处　1984 年　217 页〔中国第二汽车制造厂厂志丛书〕
b50319516　F426.471　Z64622N　1984

工业工程公司志　1984–2005
东风汽车公司工业工程公司志办公室编　隗金明主编　十堰　东风汽车公司工业工程公司志办公室　2006 年　403 页〔东风汽车公司志丛书〕
b50779448　F426.471　D582G　2006

供应处志　1966–1982
供应处志编纂小组编　李兰富主编　十堰　供应处志编纂小组　1984 年　189 页〔中国第二汽车制造厂厂志丛书〕
b50319528　F426.471　Z64621F　1984

化油器厂志　1966–1983
化油器厂志编纂委员会编　郭德法主编　十堰　化油器厂志编纂委员会　1985 年　196 页〔中国第二汽车制造厂厂志丛书〕
b5031953x　F426.471　Z64621D　1985

机动处志
中国第二汽车制造厂机动处编　十堰　中国第二汽车制造厂机动处　1985 年　177 页〔中国第二汽车制造厂厂志丛书〕
b50319541　F426.471　Z64622G　1985

教育处志
第二汽车制造厂教育处志编纂委员会编　十堰　车身厂厂志编纂委员会　1985 年　151 页〔中国第二汽车制造厂厂志丛书〕
b50319553　F426.471　Z64622L　1985

精密铸造厂志　1969–1983
精密铸造厂志编纂办公室编　吕际业主编　均县　精密铸造厂志编纂办公室　1984 年　182 页〔中国第二汽车制造厂厂志丛书〕
b50319565　F426.471　Z64621G　1984

劳资处志　1966–1983
劳资处志编纂小组编　十堰　劳资处志编纂领导小组　1985 年　245 页〔中国第二汽车制造厂厂志丛书〕
b50319668　F426.471　Z64622J　1985

热电厂分卷　1999–2008
东风汽车有限公司热电厂史志办公室编　文庆早主编　十堰　东风汽车公司热电厂史

志办公室 2009 年 365 页〔东风汽车公司志丛书〕
b50779527 F426.471 D582RD 2009

刃量具厂志 1965–1983
王骞主编 十堰 车身厂厂志编纂委员会 1984 年 239 页〔中国第二汽车制造厂厂志丛书〕
b50319577 F426.471 Z64622M 1984

设备制造厂志
设备制造厂厂志编纂组编 卢永恒主编 十堰 设备制造厂厂志编纂组 1986 年 287 页〔中国第二汽车制造厂厂志丛书〕
b5026946x F426.471 S468 1986

十堰电力工业志 1954–2008
电力工业志编纂委员会编 王宗 成鹏主编 武汉 湖北人民出版社 2012 年 440 页
b40425848 F426.61 S468 2012

水厂志 1966–1983
水厂志编纂领导小组编印 孙群山主编 十堰 水厂志编纂领导小组 1984 年 220 页〔中国第二汽车制造厂厂志丛书〕
b50319590 F426.471 Z64622K 1984

水箱厂志 1965–1983
水箱厂志编纂委员会编 十堰 水箱厂志编纂委员会 1985 年 235 页〔中国第二汽车制造厂厂志丛书〕
b50319607 F426.471 Z64622C 1985

铁路运输处志 1970–1983
铁路运输处志编纂领导小组编 十堰 铁路运输处志编纂领导小组 1985 年 173 页〔中国第二汽车制造厂厂志丛书〕
b50991723 F426.471 T389 1985

协作配套志 1965–1983
协作配套志编纂领导小组编 马荣君主编 十堰 协作配套志编纂领导小组 1985 年 271 页〔中国第二汽车制造厂厂志丛书〕
b50319619 F426.471 Z64622 1985

运输处志 第 1 卷 1966–1984
运输处志编纂委员会编 刘正新主编 十堰 运输处志编纂委员会 1984 年 182 页〔中国第二汽车制造厂厂志丛书〕
b50319620 F426.471 Z64622F 1984

中国东风汽车公司志丛书 热电厂分卷 1978–1998
东风汽车公司热电厂史志办公室编 丁继兴主编 十堰 东风汽车公司热电厂史志办公室 1999 年 275 页
b50779515 F426.471 D582RD 1999

中国东风汽车公司志丛书 锻造厂分卷 1983–1998
东风汽车公司汽车锻造厂史志办公室编 殷新宝主编 十堰 东风汽车公司锻造厂史志办公室 1999 年 434 页
b50779436 F426.471 D582DZ 1999

中国东风汽车公司志丛书 煤气厂分卷 1983–1999
东风汽车有限公司刃量具厂史志办公室编 朱胜明 杨小军主编 十堰 东风汽车公司煤气厂史志办公室 2001 年 314 页
b50779473 F426.471 D582MQ 2001

中国东风汽车公司志丛书 传动轴厂分卷 1984–1997
东风汽车公司传动轴厂史志办公室编 王永明主编 十堰 东风汽车公司传动轴厂史志办 1999 年 368 页
b50779394 F426.471 D582C 1999

中国东风汽车公司志丛书 车架厂分卷 1984–1998
东风汽车公司车架厂史志办公室编 狄晶晶主编 十堰 东风汽车公司车架厂史志办公室 1999年 486页
b50779370 F426.471 D582CJ 1999

中国东风汽车公司志丛书 车轮公司分卷 1984–1998
东风汽车车轮有限公司史志办公室编 朱明英主编 十堰 东风汽车车轮有限公司史志办公室 2000年 317页
b50779382 F426.471 D582CL 1999

中国东风汽车公司志丛书 动力设备厂分卷 1984–1998
东风汽车公司动力设备厂史志办公室编 孙明仁主编 十堰 东风汽车公司动力设备厂史志办公室 1999年 458页
b50779357 F426.471 D582D 1999

中国东风汽车公司志丛书 精密铸造厂分卷 1984–1998
东风汽车公司精密铸造厂史志办公室编 胡宗全主编 十堰 东风汽车公司精密铸造厂史志办公室 1999年 387页
b50779461 F426.471 D582J 1999

中国东风汽车公司志丛书 教育培训部分卷 1984–1998
东风汽车公司教育培训部史志办公室编 李光耀主编 十堰 东风汽车公司教育培训部史志办公室 2000年 374页
b5077945x F426.471 D582JY 2000

中国东风汽车公司志丛书 模具厂分卷 1984–1998
东风汽车模具厂史志办公室编 曾志礼主编 十堰 东风汽车模具厂史志办公室 1999年 317页
b50779485 F426.471 D582M 1999

中国东风汽车公司志丛书 汽车运输处分卷 1984–1998
东风汽车公司汽车运输处史志办公室编 陈自华主编 十堰 东风汽车公司汽车运输处史志办公室 1999年 426页
b50779497 F426.471 D582Q 1999

中国东风汽车公司志丛书 水厂分卷 1984–1998
东风汽车公司水厂史志办公室编 陈重光主编 十堰 东风汽车公司水厂史志办公室 1999年 433页
b50779540 F426.471 D582S 1999

中国东风汽车公司志丛书 悬架弹簧有限公司分卷 1984–1998
东风汽车悬架弹簧有限公司史志办公室编 黄大义主编 十堰 东风汽车悬架弹簧有限公司史志办公室 2000年 305页
b50779552 F426.471 D582X 2000

中国东风汽车公司志丛书 铸造一厂分卷 1984–1999.6
东风汽车公司铸造一厂史志办公室编 张培林主编 十堰 东风汽车公司铸造一厂史志办公室 1999年 507页
b50779588 F426.471 D582Z 1999

中国东风汽车公司志丛书 铸造二厂分卷 1984–1998
东风汽车公司铸造二厂史志办公室编 袁锦程主编 十堰 东风汽车公司铸造二厂史志办公室 1999年 582页
b50779576 F426.471 D582ZC 1999

中国东风汽车公司志丛书 制泵厂分卷 1984–1998
东风汽车公司制泵厂史志办公室编 刘传

文主编 十堰 东风汽车有限公司制泵厂史志办公室 1999 年 359 页
b50779564 F426.471 D582ZD 1999

中国东风汽车公司志丛书 紧固件有限公司分卷 1984–1998
东风汽车紧固件有限公司志编委会编 裴希运主编 十堰 东风汽车紧固件公司志编委会 2000 年 359 页
b49939087 F426.471 Z6462 2000

中国东风汽车公司志丛书 车箱厂分卷 1984–1998
东风汽车公司车厢厂史志办公室编 陶安明主编 十堰 东风汽车公司车厢厂史志办公室 1999 年 368 页
b49939063 F426.471 Z6462C 1999

中国东风汽车公司志丛书 变速箱有限公司分卷 1986–1998
东风汽车变速箱有限公司史志办公室编 张松林主编 十堰 东风汽车变速箱有限公司史志办公室 1999 年 255 页
b50779369 F426.471 D582B 1999

中国东风汽车公司志丛书 神龙汽车有限公司分卷 1992–1999
神龙汽车有限公司史志办公室编 付伙根主编 武汉 神龙汽车有限公司史志办公室 2000 年 629 页
b50066602 F426.471 S398 2000

中国东风汽车公司志丛书 总装配厂分卷 1999–2008
东风汽车有限公司商用车总装配厂史志办公室编 王才勤主编 十堰 东风汽车有限公司商用车总装配厂史志办公室 2009 年 453 页
b50779606 F426.471 D582ZZ 2009

中国东风汽车公司志丛书 刃量具厂分卷 2000–2008
东风汽车有限公司刃量具厂史志办公室编 彭泽龙主编 十堰 东风汽车公司刃量具厂史志办公室 2009 年 333 页
b50779539 F426.471 D582R 2009

中国东风汽车公司志丛书 燃气公司分卷 2000–2006
东风汽车公司燃气公司史志办公室编 朱胜明主编 十堰 东风汽车公司燃气公司史志办公室 2007 年 239 页
b50779503 F426.471 D582RQ 2007

中心实验室志 1965–1983
李朝霞 杨旦民 刘法馗编写 十堰 中国第二汽车制造厂中心实验室 1985 年 132 页〔中国第二汽车制造厂厂志丛书〕
b50319632 F426.471 Z64621E 1985

铸造二厂志 1965–1983
铸造二厂志编纂委员会编 范志立主编 十堰 铸造二厂志编纂委员会 1984 年 290 页〔中国第二汽车制造厂厂志丛书〕
b50319644 F426.471 Z64622H 1984

铸造一厂分卷 1999–2009
东风汽车有限公司商用车铸造一厂史志办编 王锐主编 十堰 东风汽车有限公司商用车铸造一厂史志办 2011 年 486 页〔东风汽车公司志丛书〕
b50269537 F426.41 D582 2011

总装配厂志 1966–1983
总装配厂志编纂领导小组编 任知敏主编 十堰 总装配厂志编纂领导小组 1984 年 189 页〔中国第二汽车制造厂厂志丛书〕
b50319656 F426.471 Z6463Z 1984

十堰市金融志
张福生主编 北京 中国文史出版社 1991年 259页
b4123585x F832.763.3 S468 1991

十堰东风教育集团志 1999–2005
十堰东风教育集团史志办公室编 李光耀主编 十堰 十堰东风教育集团史志办公室 2007年 650页
b4601200x G527.633 S468 2007

十堰市医药卫生学校校志 1958–2008
十堰市医药卫生学校编 郧县 郧县报社印刷厂 2008年 186页
b45840544 G719.286.33 S468 2008

十堰文物志
潘彦文 龚德亮主编 武汉 长江出版社 2007年 731页
b36378628 K872.633 S468 2007

湖北省十堰市地名志
十堰市地名领导小组办公室编 十堰 十堰市地名领导小组办公室 1982年 431页
b12159414 K926.34 S468

武当山志
武当山志编纂委员会编 高开元主编 北京 新华出版社 1994年 424页
b1327613x K928.3 W532

十堰地震志
湖北省十堰市地震局编 魏国甲主编 十堰 十堰永正印务公司 2010年 319页
b45840532 P316.263.3 S468 2010

十堰市人民医院院志
十堰市人民医院院志办公室编 刘春华主编 十堰 十堰市人民医院院志办公室 1999年 219页
b50817474 R199.2 S468 1999

十堰市人民医院院志 1982–2012
柯尊宇主编 十堰 十堰市人民医院院志办公室 2012年 第2版 260页
b50817486 R199.2 S468 2012

中国武当中草药志 第1卷
陈吉炎等主编 武汉 湖北科学技术出版社 2009年 554页
b45839761 R281.463 C422 2009

十堰市建设志
十堰市建设志编纂委员会编 李水清主编 十堰 十堰市建设志编纂委员会 1999年 330页
b50861451 TU984.263.3 S468 1999

十堰市水利志
湖北省十堰市水利水电局 十堰市水利志编纂委员会编 尚宏廷主编 十堰 十堰市水利志编纂委员会 2002年 388页〔湖北省水利志丛书〕
b50991693 TV–092 S468 2002

湖北汽车工业学院志 1972–1998
湖北汽车工业学院史志办公室编 庞凤君主编 武汉 武汉测绘科技大学出版社 1999年 285页〔中国高等学校志 中国东风汽车公司志丛书〕
b50222120 U46–40 H478 1999

茅箭区

茅箭区志 1984–2005
十堰市茅箭区地方志编纂委员会编 刘道军主编 武汉 湖北人民出版社 2011年 672页
b23216797 K296.33 S468M 2011

马路村志
马路村志编纂委员会编 傅元庄主编 十堰 马路村志编纂委员会 2012 年 552 页
b49827066 K296.35 M139 2012

茅箭食俗志
十堰市茅箭区人民政府 十堰市茅箭区地方志编纂委员会编 赵洪福主编 十堰 十堰市茅箭区人民政府 2015 年 472 页
b5086144x K892.25 Z434 2015

张湾区

张湾区志 1984–2013
张湾区地方志编纂委员会编 严巨东执行主编 武汉 长江出版社 2016 年 812 页
b49939075 K296.33 S468Z 2016

郧阳区

郧县志
湖北省郧县地方志编纂委员会编 林雪荣主编 武汉 湖北人民出版社 2001 年 1146 页〔中华人民共和国地方志丛书〕
b13633983 K296.34 Y882

郧县移民志
郧县移民志编纂者编 郧县 郧县印刷厂 1996 年 283 页〔中华人民共和国地方志丛书〕
b17604692 D632.4 Y882 1996

郧县建设志
湖北省郧县建设局编 肖明主编 郧县 湖北省郧县建设局 2000 年 351 页
b45480345 F299.276.34 Y882 2000

郧阳地区水运志
郧阳地区水运志编纂委员会编 沈雨苍 蔡永生主编 武汉 武汉出版社 1995 年 214 页〔湖北水运史志丛书〕
b21766253 F552.763.2 Y882 1995

郧县财政志
郧县财政志编纂委员会编 周国海 焦宗启主编 郧县 郧县星力印务有限公司 2007 年 547 页〔湖北省地方志丛书〕
b46102322 F812.763.4 Y882 2007

新区小学校志 1995–2004
郧县城关镇新区小学编 孙均昌主编 郧县 郧县城关镇新区小学 2005 年 266 页
b4584074x G629.286.34 Y882 2005

郧阳医学院志 1965–2005
郧阳医学院编 郧阳 郧阳医学院 2005 年 360 页
b20952685 G649.284.2 Y882 2005

湖北省郧县地名志
郧县地名领导小组编 郧县 郧县地名领导小组 1983 年 758 页
b13742504 K926.34 Y882

郧县土壤志
郧县土壤普查办公室编 贾光勇主编 郧县 郧县土壤普查办公室 1986 年 236 页〔湖北省第二次土壤普查资料 54〕
b47106281 S159.263.4 Y882 1986

丹江口市

丹江口市志
湖北省丹江口市地方志编纂委员会编 张二江主编 北京 新华出版社 1993 年 715 页〔中华人民共和国地方志丛书〕
b10641087 K296.33 D165

丹江口市志 1983–2006
丹江口市地方志编纂委员会编 崔永辉 曾文华 李翔主编 北京 中国文史出版社 2014年 2卷 1233页
b47052004 K296.33 D165C 2014

丹江口市邮电志
丹江口市地方志办公室 丹江口市邮电局编 薛勇昌主编 丹江 丹江口市邮电局 1998年 240页〔中华人民共和国地方志丛书〕
b50861414 F632.763.3 D165 1998

湖北省均县地名志
均县地名领导小组办公室编 均县 均县地名领导小组办公室 1982年 472页
b12159475 K926.34 J753

丹江口市土壤志
湖北省丹江口市土壤普查办公室编 丹江口 湖北省丹江口市土壤普查办公室 1984年 275页〔湖北省第二次土壤普查资料 53〕
b46995055 S159.263.3 D165 1984

郧西县

郧西县志
湖北省郧西县地方志编纂委员会办公室编 王兴华主编 武汉 武汉测绘科技大学出版社 1995年 812页〔中华人民共和国地方志丛书〕
b10647478 K296.34 Y886

郧西县志 1979–2005
湖北省郧西县地方志编纂委员会编 李柏青 李仁喜主编 北京 中国文史出版社 2014年 902页
b47364622 K296.34 Y8828 2014

湖北省郧西县地名志
郧西县地名委员会办公室编 郧西 郧西县地名委员会办公室 1983年 702页
b15667182 K926.34 Y8829 1983

郧西县黄姜志
郧西县科学技术局等编 陈尊祥主编 郧西 郧西县科学技术局 2007年 333页
b45480333 S632.5 Y882 2007

竹山县

竹山县志
竹山县地方志编纂委员会编 李诗咏 李元华主编 北京 方志出版社 2002年 868页〔中华人民共和国地方志丛书〕
b13767355 K296.34 Z7297

竹山县志 金融志
竹山县金融联席会编 甘武松主编 竹山 竹山县金融联席会 1992年 367页
b45840933 K296.34 Z729J 1992

竹山县农业志 1993–2007
竹山县农业志编纂委员会编 杨寿国主编 竹山 竹山县农业志编纂委员会 2010年 259页
b49704916 F327.634 Z729 2010

竹山县教育志 1865–2005
竹山县教育局编 李大智主编 郑州 中州古籍出版社 2011年 516页
b36133966 G527.634 Z729 2011

竹山二中志 1956–2016
竹山二中志编纂委员会编 竹山 竹山二中志编纂委员会 2016年 395页
b50862649 G639.286.34 Z729 2016

湖北省竹山县地名志
竹山县地名领导小组办公室编 竹山 竹山县地名领导小组办公室 1983 年 609 页
b12159256 K926.34 Z729

竹山县卫生志 1865–1990
竹山县卫生局编纂 刘兆祥主编 竹山 竹山县卫生局 1991 年 219 页
b50347974 R199.2 Z729 1991

竹山县土壤志
竹山县土壤普查办公室编 朱道炳主编 竹山 竹山县土壤普查办公室 1985 年 128 页〔湖北省第二次土壤普查资料 56〕
b47416518 S159.263.4 Z729 1985

竹溪县

竹溪县志
竹溪县志编纂委员会编 彭合林主编 竹溪 竹溪县志编纂委员会 1992 年 内部版 784 页
b13398325 K296.34 Z729

竹溪县志 1980–2005
竹溪县地方志编纂委员会编 张吉清主编 北京 中国文史出版社 2014 年 903 页
b46442339 K296.34 Z729C 2014

竹溪县中峰镇志
竹溪县中峰镇志编纂委员会编 徐韶辉主编 竹溪 竹溪县中峰镇志编纂委员会 2011 年 253 页〔竹溪县地方志丛书〕
b46899583 K296.35 Z643 2011

湖北省竹溪县地名志
竹溪县地名领导小组编 竹溪 竹溪县地名领导小组 1982 年 477 页
b12159244 K926.34 Z7298

竹溪植物志
甘启良编著 武汉 湖北科学技术出版社 2005 年 1298 页
b16636156 Q948.526.34 G157 2005

房 县

房县志
湖北省房县志编纂委员会编 北京 中国文史出版社 1991 年 749 页
b10644854 K296.34 F241

房县教育志 1865–1983
房县教育局教育志编写组编 房县 房县教育局 1984 年 296 页
b16415462 G527.634 F241 1984

房县教育志 1984–2008
房县教育志编纂委员会编 雷建平主编 武汉 长江出版社 2011 年 439 页
b44915342 G527.634 F241 2011

湖北省房县地名志
房县地名领导小组办公室编 房县 房县印刷厂 1984 年 644 页
b15667200 K926.34 F241 1984

房县土壤志
湖北省房县土壤普查办公室编 房县 湖北省房县土壤普查办公室 1983 年 249 页〔湖北省第二次土壤普查资料 58〕
b46668378 S159.263.4 F241 1983

宜昌市

宜昌市志
湖北省宜昌市地方志编纂委员会编 陈绍贤 周开钰主编 合肥 黄山书社 1999 年 1333 页〔中华人民共和国地方志丛书〕

b15699286 K296.33 Y425 1999

宜昌市志 1979–2000
宜昌市地方志编纂委员会编 曹水兵 朱复胜主编 北京 方志出版社 2012年 3卷 2223页
b44851078 K296.33 Y425 2012

宜昌地区简志 1949–1984
湖北省宜昌地区地方志编纂委员会编 艾常鼎主编 宜昌 湖北省宜昌地区地方志编纂委员会 1986年 572页
b15008654 K296.32 Y425 1986

宜昌人口志
宜昌市人口志编纂委员会编 西安 太白文艺出版社 2007年 501页〔积余堂书库 湖北人口志卷〕
b19930823 C924.256.33 Y425 2007

中国共产党宜昌志 1919–2000
中共宜昌市委党史（地方志）办公室编 曹水兵主编 宜昌 中共宜昌市委党史（地方志）办公室 2015年 1046页
b50347883 D235.633 Y425C 2015

宜昌市人民代表大会志 1949–2016
宜昌市人民代表大会志编纂委员会编 雷元海 杜伟主编 北京 方志出版社 2017年 926页
b5068274x D624.633 Y425 2017

宜昌市政协志 1949–2006
宜昌市政协志编纂委员会编 宜昌 宜昌市美源彩色包装印刷公司 2007年 504页
b20017820 D628.633 Y425 2007

宜昌市民政志 1949–1985
湖北省宜昌市民政局编 官昌贵主编 宜昌 湖北省宜昌市民政局 1990年 369页
b4074047x D632 Y425 1990

宜昌市移民志 1970–2010
宜昌市移民志编纂委员会编 吴述军主编 宜昌 三峡电子音像出版社 长江出版社三峡图书中心 2013年 766页
b49964318 D632.4 Y425 2013

宜昌法院志 1840–2005
湖北省宜昌法院志编纂委员会编 裴缜主编 宜昌 三峡电子音像出版社 2010年 760页
b50320191 D926.22 Y425 2010

宜昌发展改革志 1950–2005
宜昌市发展和改革委员会编纂 杨美仁主编 宜昌 宜昌市发展和改革委员会 2007年 563页〔宜昌市地方志丛书〕
b50017524 F127.633 Y425 2007

宜昌乡镇企业志 1976–2004
宜昌市经济委员会编纂 王乐军主编 宜昌 宜昌市经济委员会 2009年 274页
b5026963x F279.276.33 Y425 2009

宜昌市城乡建设志
宜昌市城乡建设志编纂委员会编 秦诗华主编 宜昌 宜昌市城乡建设志编纂委员会 2009年 666页
b46365540 F299.276.33 Y425C 2009

宜昌市房地志 1840–1990
湖北省宜昌市房地志编纂办公室编 贺新民主编 武汉 湖北省新华印刷厂 1992年 363页
b22432929 F299.276.33 Y425 1992

宜昌市林业志 1949–2013
陈宏彦主编 宜昌 三峡电子音像出版社

2015 年 478 页〔宜昌市地方志丛书〕
b49964306　F326.276.33　Y425　2015

葛洲坝水力发电厂志
葛洲坝水力发电厂志编纂委员会编　武汉　长江出版社　2004 年　549 页
b49964239　F426.61　G348　2004

宜昌市烟草志
宜昌县烟草志编纂委员会编　高道德主编　武汉　崇文书局　2006 年　834 页〔宜昌市烟草志丛书〕
b50269549　F426.89　Y425　2006

宜纺机厂志　1966–1986
宜昌纺织机械厂厂志编辑室编　宜昌　宜昌纺织机械厂厂志编辑室　1988 年　413 页
b49849761　F426.81　Y425　1988

宜昌地区交通志
宜昌地区交通志编纂委员会编　北京　中华书局　2001 年　679 页
b20046637　F512.763.2　Y425　2001

宜昌市交通志
宜昌市交通志编纂委员会编　肖身材主编　宜昌　宜昌市交通志编纂委员会　1992 年　292 页〔湖北省交通志丛书〕
b20046649　F512.763.3　X364　1992

宜昌市水运志
宜昌市水运志编纂委员会编　袁志斌主编　宜昌　宜昌市水运志编纂委员会　2006 年　303 页〔宜昌市地方志丛书〕
b50347858　F552.763.3　Y425　2006

宜昌市邮政志　1897–2012
宜昌市邮政志编纂委员会编　宜昌　三峡电子音像出版社　2013 年　482 页
b46554622　F632.763.3　Y425　2013

宜昌市财政志　1979–2005
韩庆顺主编　宜昌　宜昌市财政局　2008 年　591 页
b49505774　F812.9　Y425　2008

三峡农商银行志　2009–2015
湖北三峡农村商业银行编　王服文主编　宜昌　湖北三峡农村商业银行　2016 年　287 页
b50269616　F832.35　S1456　2016

宜昌文化志
冯万林主编　武汉　湖北人民出版社　2009 年　878 页
b20815621　G127.633　Y425　2009

宜昌广播电视志
宜昌广播电视志编纂委员会编　吴玲主编　北京　方志出版社　2006 年　578 页
b47009494　G229.276.33　Y425　2006

宜昌市教育志　1840–1986
宜昌市教育志编纂办公室编　朱长铣主编　宜昌　宜昌市教育志编纂办公室　1990 年　543 页
b16415450　G527.633　Y425　1990

宜昌市教育志　1979–2000
杨启辉主编　宜昌　宜昌市教育局　2009 年　614 页
b49964434　G527.633　Y425　2009

宜昌市第一中学志　1910–2009
宜昌市第一中学志编委会编　张爱华主编　宜昌　三峡电子音像出版社　2010 年　389 页
b21766083　G639.286.33　Y4251　2010

湖北省宜昌市地名志
湖北省宜昌市地名委员会编 枝江 枝江县印刷厂 1984 年 319 页
b15667492 K926.33 Y425 1984

三峡鉴赏志
吕红文著 成都 四川美术出版社 1989 年 500 页
b17646480 K928.707.1 L978 1989

三峡游览志
李华章 谷雨生编 武汉 湖北人民出版社 1984 年 170 页〔湖北旅游丛书〕
b11262382 K928.971 L396

宜昌市卫生志 1979–2000
宜昌市卫生局编 宜昌 宜昌市卫生局 2012 年 432 页
b50269628 R199.2 Y425 2012

宜昌水利志
宜昌水利志编纂委员会编 武汉 长江出版社 2007 年 580 页〔湖北省水利志丛书〕
b19186010 TV–092 Y425 2007

三峡图志
中国三峡总公司编著 金长江总编辑 黄正平 孙荣刚主编 北京 中国三峡出版社 2009 年 2 卷 381 页〔中国三峡工程图鉴〕
b44915482 TV632.71–64 J476 2009

西陵区

西陵区志 1987–2003
宜昌市西陵区地方志编纂委员会编 姚维启主编 武汉 长江出版社 2009 年 704 页〔宜昌市地方志丛书〕
b4485142x K296.33 Y425XY 2009

夷陵中学志 1962–2012
夷陵中学校志编撰委员会编 田爱群主编 夷陵 夷陵中学校志编撰委员会 2012 年 242 页
b47206779 G639.286.33 H4789 2012

伍家岗区

伍家岗区志 1986–2005
宜昌市伍家岗区地方志编纂委员会编 武汉 武汉出版社 2012 年 885 页〔湖北省宜昌市地方志丛书〕
b37531682 K296.33 Y425W 2012

旭光村志
陆龙树主编 宜昌 旭光村志编写者 2004 年 262 页
b20578064 K296.35 X625 2004

湖北伍家岗工业园区志 1996–2013
湖北伍家岗工业园区志编纂委员会编 周华茂主编 宜昌 湖北伍家岗工业园区志编纂委员会 2015 年 509 页〔宜昌市伍家岗区地方志丛书〕
b49607777 F427.633 Z665 2015

点军区

点军区志
宜昌市点军区地方志编纂编委会编 刘建华主编 武汉 武汉出版社 2013 年 772 页〔湖北省宜昌市地方志丛书〕
b44802420 K296.33 Y425D 2013

猇亭区

猇亭区志 1992–2005
宜昌市猇亭区地方志编纂委员会编 许志华主编 武汉 湖北人民出版社 2009 年

801 页〔宜昌市地方志丛书〕
b21579982　K296.33　Y425X　2009

夷陵区

宜昌县志
湖北省宜昌县地方志编纂委员会编　肖素时主编　北京　冶金工业出版社　1993 年　926 页〔中华人民共和国地方志丛书〕
b10728016　K296.34　Y425

宜昌县志　1979–2001
宜昌市夷陵区地方志编纂委员会编　唐皓主编　北京　方志出版社　2011 年　2 卷　1158 页
b36133449　K296.34　Y425C　2011

龙泉镇志　1840–2005
龙泉镇志编纂委员会编纂　高秉政主编　宜昌　龙泉镇志编纂委员会　2010 年　642 页〔宜昌市夷陵区地方志丛书〕
b50234080　K296.35　L742　2010

鸦鹊岭镇志　1840–2005
鸦鹊岭镇志编纂委员会编　汪宏斌主编　宜昌　鸦鹊岭镇志编纂委员会　2009 年　649 页〔宜昌市夷陵区地方志丛书〕
b47416269　K296.35　Y116　2009

樟村坪镇志　1840–2005
夷陵区樟村坪镇志编纂委员会　陈晓阳主编　宜昌　夷陵区樟村坪镇志编纂委员会　2012年　745页〔宜昌市夷陵区地方志丛书〕
b50152816　K296.35　Z377　2012

夷陵宣传志　1949–2009
中共宜昌市夷陵区委宣传部编　周爱民主编　宜昌　中共宜昌市夷陵区委宣传部　2010 年　336 页〔宜昌市夷陵区地方志丛书〕
b50727734　D64　Y425Y　2010

宜昌市夷陵区审计志　1984–2005
宜昌市夷陵区审计志编纂委员会编　郭晶主编　宜昌　宜昌市夷陵区审计志编纂委员会　2007 年　332 页〔宜昌市夷陵区地方志丛书〕
b49789922　F239.227.633　Y425　2007

宜昌县金融志
湖北省宜昌县金融志编纂领导小组编　易行龙主编　宜昌　湖北省宜昌县金融志编纂领导小组　1990 年　326 页
b47352498　F832.763.4　Y425　1990

湖北省宜昌县地名志
宜昌县地名领导小组编　宜昌　宜昌县地名领导小组　1982 年　616 页
b12159323　K926.34　Y425

宜都市

宜都县志
湖北省枝城市地方志编纂委员会编　陶德斌主编　武汉　湖北人民出版社　1990 年　725 页
b13254352　K296.34　Y4252

宜都市志　1979–2000
宜都市地方志编纂委员会编　聂永志　夏友生主编　武汉　湖北人民出版社　2010 年　758 页
b22032241　K296.33　Y4252　2010

青林寺村志
湖北省宜都市高坝洲镇青林寺村志编纂委员会编　夏友生主编　北京　方志出版社　2017 年　250 页〔中国名村志丛书　中国名村志文化工程〕

b5064287x　K296.35　v5

枝城市交通志　1865–1990
枝城市交通志编纂领导小组编　尤太富主编　枝城　枝城市新华印刷厂　1992 年　314 页
b4584088x　F512.763.4　Z561　1992

宜都市档案志　1949–2015
宜都市档案志编纂委员会编　袁道杰主编　宜都　宜都市档案志编纂委员会　2016 年　190 页
b50066912　G279.276.34　Y425　2016

湖北省宜都县地名志
宜都县地名领导小组编　宜都　宜都县地名领导小组　1982 年　373 页
b12159311　K926.34　Y4252

当阳市

当阳县志
湖北省当阳市地方志编纂委员会编　北京　中国城市出版社　1992 年　882 页〔中华人民共和国地方志丛书〕
b10644866　K296.34　D216

当阳市志　1979–2000
湖北省当阳市地方志编纂委员会编　武汉　武汉出版社　2008 年　739 页〔湖北省地方志丛书〕
b20214947　K296.33　D216　2008

草埠湖农场志　1954–1987
草埠湖农场志编纂委员会编　当阳　当阳县印刷厂　1988 年　376 页
b19731930　F324.1　C226　1988

当阳交通志
当阳交通志编纂领导小组编　谢文虎主编　当阳　当阳市交通局　1989 年　238 页
b36092897　F512.763.3　D216　1989

当阳市教育志
当阳市教育局编　任光柱主编　当阳　当阳市教育局　2005 年　290 页
b50151708　G527.634　D216　2005

当阳县教育志
当阳县教育志编辑小组编　宋实繁主编　武汉　湖北人民出版社　1995 年　292 页
b1764673x　G527.634　S682　1995

湖北省当阳县地名志
当阳县地名领导小组办公室编　当阳　当阳县新华印刷厂　1982 年　620 页
b1566725x　K926.34　D216　1982

当阳土壤志
宜昌地区当阳县土壤普查办公室编　许松林主编　当阳　宜昌地区当阳县土壤普查办公室　1985 年　198 页〔湖北省第二次土壤普查资料　63〕
b49706433　S159.263.4　D216　1985

枝江市

枝江县志
湖北省枝江县地方志编纂委员会编　北京　中国城市经济社会出版社　1990 年　918 页〔中华人民共和国地方志丛书〕
b10655529　K296.34　Z561

枝江市志　1979–2002
湖北省枝江市地方志编纂委员会编　郑献忠　段传法主编　北京　方志出版社　2012 年　1113 页〔中华人民共和国地方志丛书〕
b40837075　K296.33　Z561　2012

枝江人口志
枝江市人口志编纂委员会编 枝江 枝江市人口志编纂委员会 2008 年 590 页
b47317474 C924.256.34 Z561 2008

枝江政协志 1980.12–1996.11
枝江政协志编纂委员会编 杨宗新主编 枝江 枝江政协志编纂委员会 1998 年 250 页
b47416397 D628.634 Z561 1998

枝江民政志
枝江市民政局编 胡兴国主编 枝江 枝江市民政局 2007 年 460 页
b50729974 D632 Z561 2007

枝江劳动保障志
枝江劳动保障志编纂委员会编 廖国新主编 枝江 枝江劳动保障志编纂委员会 2009 年 344 页
b50861487 D669.2 Z561 2009

枝江国土资源志
枝江国土资源志编纂委员会编 黄宏亮主编 枝江 枝江国土资源志编纂委员会 2009 年 676 页〔枝江市地方志丛书〕
b45417799 F129.963.4 Z561 2009

枝江市农村信用合作社志 1952–2008
枝江市农村信用合作联社编 余祥林主编 枝江 枝江市农村信用合作联社 2009 年 219 页
b50861499 F832.763.3 Z561 2009

枝江广播电视志 1950–2009
枝江广播电视志编纂委员会编 熊光福主编 枝江 枝江市地方志办公室 2013 年 256 页〔枝江地方志丛书〕
b50729962 G229.276.34 Z561 2013

枝江一中校志 1965–2005
枝江一中校志编纂委员会编 孙发斌主编 枝江 枝江一中校志编纂委员会 2005 年 430 页
b50729986 G639.286.34 Z561 2005

湖北省枝江县地名志
枝江县地名领导小组编 枝江 枝江县地名领导小组 1982 年 442 页
b1215927x K926.34 Z561

枝江县土壤志
湖北省枝江县土壤普查办公室编 枝江 湖北省枝江县土壤普查办公室 1985 年 191 页〔湖北省第二次土壤普查资料 62〕
b46668743 S159.263.4 Z561 1985

远安县

远安县志
湖北省远安县地方志编纂委员会编 王明龙主编 北京 中国城市经济出版社 1990 年 729 页〔中华人民共和国地方志丛书〕
b10634241 K296.34 Y825

远安县志 续篇
湖北省远安县地方志编纂委员会编 王明龙主编 北京 中国三峡出版社 1996 年 462 页〔中华人民共和国地方志丛书〕
b13730472 K296.34 Y825B

远安县志 1979–2005
湖北省远安县地方志编纂委员会编 郝明路主编 北京 方志出版社 2011 年 965 页〔中华人民共和国地方志丛书〕
b36133486 K296.34 Y825C 2011

洪家村志 1949–2015
旧县镇洪家村志编纂委员会编 洪云主编

远安 旧县镇洪家村志编纂委员会 2017 年 276 页〔远安县村(社区)志丛书〕
b50269070 K296.35 H415 2017

远安县政协志 1981–2007
远安县政协志编纂委员会编 曾祥泉主编 远安 远安县政协志编纂委员会 2009 年 430 页〔远安县地方志丛书〕
b4666872x D628.634 Y825 2009

远安县劳动和社会保障志 1949–2005
远安县劳动和社会保障志编委会编 汪圣焱主编 远安 远安县劳动和社会保障志编委会 2009 年 334 页〔远安县地方志丛书〕
b5066587x D669.2 Y825 2009

远安县交通运输志 1991–2010
远安县交通运输志编纂办公室编 詹先进主编 远安 远安县交通运输局 2011 年 382 页
b51012820 F512.763.4 Y825 2011

湖北省远安县地名志
远安县地名领导小组编 远安 远安县地名领导小组 1983 年 443 页
b15667236 K926.34 Y825 1983

远安县水利志 1949–2005
远安县水利志编纂委员会编 汪开佑主编 远安 远安县水利志编纂委员会 2011 年 481 页
b47416336 TV–092.634 Y825 2011

兴山县

兴山县志
湖北省兴山县地方志编纂委员会编 吴祖鉴主编 北京 中国三峡出版社 1997 年 605 页〔中华人民共和国地方志丛书〕
b10524952 K296.34 X463

兴山县志 1979–2003
湖北省兴山县地方志编纂委员会编 王文甲主编 武汉 湖北人民出版社 2015 年 1155 页〔中华人民共和国地方志丛书〕
b49550202 K296.34 X463C 2015

高桥乡志 1949–2003
兴山县高桥乡志编纂委员会编 万旭辉 郑鑫主编 兴山 兴山县高桥乡志编纂委员会 2012 年 322 页〔兴山县地方志丛书〕
b50727357 K296.35 G248 2012

古夫镇志 1949–2003
古夫镇志编纂委员会 甘发根 王克品主编 兴山 古夫镇志编纂委员会 2006 年 388 页〔兴山地方志丛书〕
b4741618x K296.35 G542 2006

峡口镇志 1949–2003
峡口镇地方志编纂领导小组编 王华 钟强主编 兴山 兴山县峡口镇地方志编纂领导小组 2011 年 345 页〔兴山县地方志丛书〕
b49677962 K296.35 X176 2011

榛子乡志 1949–2004
榛子乡志编纂委员会编 陶刚 杨正军主编 兴山 榛子乡志编纂委员会 2009 年 330 页〔兴山县地方志丛书〕
b4964080x K296.35 Z472 2009

兴山县移民志 1984–2003
彭业明主编 北京 中国三峡出版社 2006 年 310 页〔湖北·兴山地方志丛书〕
b18806557 D632.4 P336 2006

兴山县粮食志 1949–2003
兴山县粮食局编 王世榜主编 兴山 兴山县粮食局 2005年 206页〔兴山县地方志丛书〕
b50727722 F724.721 X4637 2005

兴山县地名志
湖北省兴山县地名领导小组编 兴山 湖北省兴山县地名领导小组 1982年 436页
b12159335 K926.34 X463

兴山县卫生志 1986–2003
兴山县卫生志编纂委员会编 吴开创主编 兴山 兴山县卫生志编纂委员会 2008年 245页〔兴山县地方志丛书〕
b50861475 R199.263.4 X463 2008

秭归县

秭归县志
湖北省秭归县地方志编纂委员会编 王健强总纂 北京 中国大百科全书出版社 1991年 581页
b10759554 K296.34 Z848

秭归县志 1979–2005
秭归县地方志编纂委员会编 王进主编 北京 方志出版社 2010年 897页
b22033828 K296.34 Z848 2010

秭归县人口志
秭归县人口志编纂委员会编 秦考学主编 秭归 秭归县人口志编纂委员会 2005年 484页
b49790158 C924.256.34 Z848 2005

秭归县移民志
湖北省秭归县移民志编纂领导小组编 吴志国主编 北京 新华出版社 1998年 285页
b12698520 D632.4 D848

秭归县国土资源志
秭归县国土资源志编纂委员会编 郭汉元主编 秭归 秭归县国土资源志编纂委员会 2005年 497页
b20536513 F129.963.4 Z848 2005

秭归县交通志
湖北省秭归县交通志编纂领导小组编 舒德玉主编 北京 中国大百科全书出版社 1993年 333页
b20047277 F512.763.4 S543 1993

秭归县交通志 续卷
秭归县交通志编纂领导小组编 向祚林 胡开寸主编 北京 新华出版社 2007年 369页
b20047289 F512.763.4 S543B 2007

湖北省秭归县地名志
秭归县地名领导小组编 秭归 秭归县地名领导小组 1982年 513页
b12159232 K926.34 Z846

秭归县水土保持志
秭归县水土保持志编纂领导小组编 王昌德 余志训 许克翠主编 北京 中国水利水电出版社 2004年 322页
b21855274 S157 Z848 2004

秭归县土壤志
姜从权主编 秭归 秭归县土壤普查办公室 1985年 198页〔湖北省第二次土壤普查资料 66〕
b49472689 S159.263.4 Z848 1985

秭归迁城志
谭平 舒德玉主编 北京 中华书局 1999

年 357 页
b13400046　TU984.263.4 T188

长阳土家族自治县

长阳县志
湖北省长阳土家族自治县地方志编纂委员会编 陈金祥总主编 北京 中国城市出版社 1992 年 779 页〔中华人民共和国地方志丛书〕
b10796733　K296.34 C346

长阳土家族自治县志
湖北省长阳土家族自治县地方志编纂委员会编 北京 方志出版社 2010 年 2 卷 1072 页〔中华人民共和国地方志丛书〕
b21762831　K296.34 C346 2010

长阳土家族自治县志 1979–2000
湖北省长阳土家族自治县地方志编纂委员会编 张国振主编 北京 方志出版社 2011 年 994 页〔中华人民共和国地方志丛书〕
b36133887　K296.34 C346C 2011

龙舟坪镇志
龙舟坪镇志编纂委员会编 宗代国主编 长阳 龙舟坪镇志编纂委员会 2008 年 510 页
b50347457　K296.35 L7426 2008

长阳人口志
闫洪南主编 吴开荣执行主编 武汉 湖北人民出版社 2009 年 490 页
b21001455　C924.256.34 C346 2009

长阳土家族自治县人大志
长阳土家族自治县人大志编委会编 郭永金主编 武汉 湖北人民出版社 2011 年 464 页
b23216219　D624.634 C346 2011

长阳移民志
向大法主编 武汉 湖北人民出版社 2007 年 288 页
b3624725x　D632.4 C3469 2007

长阳扶贫志 1926–2003
长阳土家族自治县人民政府扶贫开发办公室 长阳扶贫志编纂领导小组编 李良元主编 长阳 长阳扶贫志编纂领导小组 2009 年 304 页
b49704849　F126 C346 2009

长阳土家族自治县金融志 1867–1985
长阳土家族自治县金融志编纂办公室编 徐启发主编 长阳 长阳土家族自治县金融志编纂办公室 1990 年 284 页
b50016738　F832.763.4 C346 1990

长阳土家族自治县农村信用合作社志
长阳土家族自治县农村信用合作联社编制 秦文进主编 长阳 长阳土家族自治县农村信用合作联社 2009 年 182 页
b50727291　F832.763.4 C346N 2009

长阳文化体育志
长阳土家族自治县文化体育局编纂 胡世春主编 长阳 长阳土家族自治县文化体育局 2006 年 532 页
b45452696　G127.634 C346 2006

长阳方言志
杨发兴著 长阳 长阳土家族自治县新华印刷厂 1994 年 244 页
b20576262　H172.3 Y233C 1994

长阳县地名志
湖北省长阳县地名领导小组办公室编 长阳 湖北省长阳县地名领导小组办公室 1982 年 881 页
b1215958x　K926.34 C346

长阳土壤志
湖北长阳县土壤普查办公室编 长阳 湖北长阳县土壤普查办公室 1983年 167页〔湖北省第二次土壤普查资料 67〕
b46668329 S159.263.4 C346 1983

五峰土家族自治县

五峰县志
湖北省五峰土家族自治县地方志编纂委员会编 师帅 廖从刚主编 北京 中国城市出版社 1994年 676页〔中华人民共和国地方志丛书〕
b10745853 K296.34 W538

五峰土家族自治县志 1985–2005
五峰土家族自治县地方志编纂委员会编 谢昌华 廖崇纲 叶厚全主编 宜昌 三峡电子音像出版社 2014年 763页〔中华人民共和国地方志丛书〕
b46442637 K296.34 W538C 2014

五峰土家族自治县金融志 1875–1985
五峰土家族自治县金融志编纂领导小组编 艾常银主编 五峰 五峰土家族自治县金融志编纂领导小组 1991年 238页
b49608101 F832.763.4 W538 1991

五峰土家族自治县农村信用合作社志 1952–2008
五峰土家族自治县农村信用合作联社编制 胡绍武主编 五峰 五峰土家族自治县农村信用合作联社 2009年 279页〔五峰土家族自治县地方金融志丛书〕
b50727679 F832.763.4 W5386 2009

五峰教育志
五峰土家族自治县教育志编纂委员会编 李新华 叶厚全主编 五峰 五峰土家族自治县教育志编纂委员会 2008年 419页
b50861463 G527.634 W538 2008

湖北省五峰县地名志
五峰县地名领导小组编 五峰 五峰县地名领导小组 1982年 377页
b12159360 K926.34 W538

五峰土家族自治县地方病防治志
中共五峰土家族自治县地方病防治领导小组办公室编 廖从刚 万佩华主编 五峰 中共五峰土家族自治县地方病防治领导小组办公室 2001年 298页
b49939026 R599.01 W538 2001

襄阳市

襄樊市志
湖北省襄樊市地方志编纂委员会编 孙樵声 胡久明总编 北京 中国城市出版社 1994年 1048页〔中华人民共和国地方志丛书〕
b1077158x K296.33 X262

襄樊市志 1979–2005
襄樊市地方志编纂委员会编 李肃清 胡颐新 叶长卫 江万丰总编 北京 方志出版社 2015年 3卷 3418页
b47206676 K296.33 X262G 2015

襄阳县志
湖北省襄阳县地方志编纂委员会编 武汉 湖北人民出版社 1989年 786页
b11189393 K296.34 H478

襄阳县志 1980–2001
襄阳县地方志编纂委员会编 王士金主编 北京 方志出版社 2014年 1031页〔湖北省地方志丛书〕

b46122047　K296.34　H478　2014

襄樊纪检监察志　1950–2007

中共襄樊市纪委　襄樊市监察局编纂　朱守疆主编　襄樊　襄樊市监察局　2009 年　452 页

b49939166　D262.2　X262　2009

襄阳市人民代表大会志　1950.6–2012.1

襄阳市人民代表大会志编纂委员会编　刘长斌主编　武汉　湖北人民出版社　2012 年　352 页

b40424674　D624.633　X262　2012

襄樊市政协志　1956–1994

襄樊市政协志编审委员会编　王东明主编　襄樊　湖北省襄樊日报社　1995 年　356 页

b20017327　D628.633　W214　1995

襄阳市政协志　1950–2016

中国人民政治协商会议襄阳市委员会编　林芳立主编　北京　中国文史出版社　2016 年　919 页

b49655759　D628.633　X262　2016

襄阳县政协志　1980–1999

襄阳县政协志编纂委员会编　付玉江　常旭主编　襄阳　襄阳县政协志编纂委员会　1999 年　281 页〔襄阳文史资料〕

b20017340　D628.634　F512　1999

襄樊高新技术产业开发区志　1992–2009

襄樊高新技术产业开发区志编纂委员会编　武汉　湖北人民出版社　2010 年　248 页

b21570826　F127.633　X262　2010

襄阳鱼梁洲经济开发区志　1991–2010

湖北省襄阳鱼梁洲经济开发区管委会编　武汉　湖北人民出版社　2012 年　210 页

b36367990　F127.634　Y715　2012

襄樊市劳动志

湖北省襄樊市劳动局编　朱有成主笔　襄樊　湖北省襄樊市劳动局　1986 年　221 页

b44851728　F249.276.33　X262　1986

东风汽车电气有限公司志　1999–2008

东风汽车电气有限公司史志办公室编　胡光辉主编　襄阳　东风汽车电气有限公司史志办公室　2009 年　242 页〔东风汽车公司志丛书〕

b50779400　F426.471　D582DQ　2009

湖北制药厂厂志　第 1 卷 1968–1988

王光元主编　襄樊　湖北制药厂　1989 年　236 页

b50008316　F426.77　H478　1989

襄樊电力工业志　1914–1995

襄樊电力工业志编纂委员会编　贾荣明主编　襄樊　襄樊电力工业志编纂委员会　1999 年　295 页

b49851470　F426.61　X262　1999

襄阳轴承厂志

襄阳轴承厂志编纂委员会编　贾信德主编　北京　中国书籍出版社　1992 年　291 页

b49677731　F426.42　X262　1992

襄樊交通志

湖北省襄樊交通志编纂委员会编　北京　中国城市经济社会出版社　1990 年　356 页〔中华人民共和国地方志丛书〕

b20046236　F512.766.3　F262　1990

襄樊交通志　1986–2005

襄阳市交通运输局　襄樊交通志编纂委员会编　陈岘山主编　武汉　湖北人民出版社　2012 年　517 页

b40425861　F512.763.3　X262　2012

中原解放区桐柏行政区财政志
湖北省襄樊市财政局 湖北省襄樊市税务局编纂 殷向文 刘大振撰写 襄樊 襄樊日报印刷厂 1985年 160页
b45480461 F812.763 Y484 1985

中国农业银行襄阳分行志 1979–2010
中国农业银行襄阳分行编纂 谢转义主编 襄阳 中国农业银行襄阳分行 2011年 446页
b4962541x F832.33 X262 2011

襄樊文化艺术志
丁剑卿主编 北京 人民中国出版社 1990年 323页
b20018800 G127.633 D531 1990

襄阳县文化志
张义智主编 襄樊 襄樊印刷二厂 1985年 114页
b21275452 G127.634 Z368 1985

襄樊报业志
孙东海 戴叔尧主编 武汉 湖北人民出版社 1988年 367页
b50008298 G219.246.33 X262 1988

襄樊市教育志
襄樊市教育志办公室编 襄樊 襄樊市教育印刷厂 1988年 558页
b17530234 G527.633 X262 1988

襄樊市教育志 1986–2005
襄阳市教育局编纂 李菲主编 襄阳 襄阳市教育局 2012年 702页
b46012199 G527.633 X262 2012

襄樊市昭明小学校志 1903–2008
襄樊市昭明小学编纂 安良海主笔 武汉 武汉市金港彩印公司 2008年 406页
b2080698x G629.286.33 Z413 2008

湖北省襄樊市第四中学校志
襄樊四中校志编写领导小组编 罗元德主编 武汉 湖北人民出版社 1994年 241页
b49505968 G639.286.33 X2626 1994

襄樊东风中学校志 1985–2010
王华标主编 襄樊 襄樊东风中学 2010年 247页〔襄樊东风中学新校区落成暨建校二十五周年纪念丛书〕
b21570814 G639.286.33 X262 2010

襄樊市长春高级中学校志 1999–2009
湖北襄樊王胖子建筑置业（集团）有限公司 湖北省襄樊市长春高级中学编纂 芮国顺主编 襄樊 襄樊市巨彩印务公司 2009年 200页
b20883110 G639.286.3 X262C 2009

襄樊四中校志 1954–2004
苏超时主编 陈仁庆等撰稿 武汉 湖北人民出版社 2004年 354页
b20098704 G639.286.3 X262 2004

襄樊革命老区志
湖北省襄樊市老区建设促进会编 胡严松主编 襄樊 襄樊日报社印刷厂 2008年 554页
b20536100 K296.33 X262W 2008

襄阳人物志
襄阳县地方编纂委员会办公室编 李道南编撰 襄阳 襄阳县地方编纂委员会办公室 1985年 197页
b13276372 K820.863.4 X262

湖北省襄樊市地名志
襄樊市地名领导小组编 襄樊 襄樊市地名领导小组 1983 年 216 页
b16424451 K926.33 X262 1983

湖北省襄阳县地名志
襄阳县地名领导小组办公室编 襄阳 襄阳县地名领导小组办公室 1983 年 341 页
b16447414 K926.34 X262 1983

襄阳县（区）卫生防疫志 1980–2005
石明亮主编 襄阳 襄阳县（区）卫生防疫志编纂者 2007 年 303 页
b50066791 R18 X262 2007

襄阳县土壤志
襄阳土壤普查办公室编 襄阳 襄阳土壤普查办公室 1982 年 251 页〔湖北省第二次土壤普查资料 44〕
b46668664 S159.263.4 X262 1982

襄樊市城市规划志
襄樊市城市规划管理局编 陈家驹编撰 襄樊 襄樊市城市规划管理局 1990 年 484 页
b21136725 TU984.263.3 X262 1990

襄城区

襄城区志
襄阳市襄城区地方志编纂委员会编 陈佑铭执行主编 北京 中国文史出版社 2016 年 813 页〔湖北省地方志丛书〕
b49639547 K296.33 X262V 2016

隆中志
袁本清主编 襄樊 襄樊市园林局 1987 年 206 页
b1637552x K296.33 X262Y

樊城区

樊城区志 1984–2009
襄阳市樊城区地方志编纂委员会编 项晓峰 胡军 刘智勇主编 北京 中国文史出版社 2014 年 760 页
b46667738 K296.34 F167 2014

襄州区

黑龙集镇志
黑龙集镇志编纂委员会编 襄樊 黑龙集镇志编纂委员会 1995 年 370 页
b1973220x K296.35 H331

老河口市

老河口市志
湖北省老河口市地方志编纂委员会编 北京 新华出版社 1992 年 699 页〔中华人民共和国地方志丛书〕
b13085001 K296.33 L255

老河口市教育志 1898–1985
老河口市湖北省教育委员会编 老河 老河口第一印刷厂 1989 年 303 页
b14445724 G527.633 L255 1989

老河口市教育志续编 1986–1990
老河口市教育委员会编 孙光柱主编 老河 老河口市教育委员会 1997 年 165 页〔老河口市地方志丛书〕
b16323816 G527.633 L255 1997

湖北省光化县地名志
光化县地名领导小组办公室编 光化 光化县地名领导小组办公室 1982 年 341 页
b15667285 K926.34 G679 1982

湖北省老河口市地名志
老河口市地名委员会办公室编 老河 老河口市地名委员会办公室 1983 年 127 页
b15667091 K926.33 L255 1983

枣阳市

枣阳市志 1979–2005
枣阳市地方志编纂委员会编 何飞主编 李明全执行主编 武汉 湖北人民出版社 2013 年 721 页〔湖北省地方志丛书〕
b44795130 K296.33 Z177 2013

枣阳人事志
枣阳市人事志编纂委员会编 襄樊 襄樊阳海天彩印广告公司 2008 年 444 页〔枣阳市地方志丛书〕
b44852435 D630.3 Z177 2008

枣阳县教育志 1905–1985
枣阳县教育志编写小组编 随州 随州市报社印刷厂 1987 年 520 页
b16415280 G527.634 Z177 1987

枣阳革命老区志
枣阳市老区建设促进会编 聂道平 吴祥明 赵万爽主编 枣阳 枣阳市老区建设促进会 2008 年 536 页
b47206792 K296.33 Z177C 2008

枣阳志
湖北省枣阳市地方志编纂委员会编 王荣修主编 北京 中国城市经济社会出版社 1990 年 678 页〔中华人民共和国地方志丛书〕
b10761147 K296.34 Z177

枣阳县地名志
枣阳县地名领导小组办公室编 枣阳 枣阳县地名领导小组办公室 1984 年 392 页
b13742668 K926.34 Z177

宜城市

宜城志
湖北省宜城市地方志编纂委员会编 王生益等主编 北京 新华出版社 1998 年 894 页
b12639011 K296.34 Y4251

宜城市志 1979–2005
湖北省宜城市人民政府 湖北省宜城市地方志编纂委员会编 章德全主编 武汉 湖北人民出版社 2011 年 704 页〔湖北省地方志丛书〕
b36369913 K296.34 Y4251Y 2011

王集农场志
湖北国营王集农场场志编委会编 周明达主编 宜城 湖北国营王集农场场志编委会 1990 年 368 页
b50318986 F324.1 W219 1990

宜城教育体育志 1986–2005
宜城市教育体育局编纂 襄阳 襄阳成君印务有限公司 2011 年 413 页〔宜城市地方志丛书〕
b46377608 G527.634 Y425 2011

湖北省宜城县地名志
宜城县地名领导小组编 宜城 宜城县地名领导小组 1982 年 362 页
b13742656 K926.34 Y4251

南漳县

南漳县志
湖北省南漳县地方志编纂委员会编 北京 中国城市经济社会出版社 1990 年 603

页〔中华人民共和国地方志丛书〕
b10655621 K296.34 N161

南漳县志 1986–2007
南漳县人民政府 南漳县地方志编纂委员会编 李焕珍主编 武汉 湖北人民出版社 2012年 806页〔湖北省地方志丛书〕
b36369895 K296.34 N161D 2012

九仙观村志 1948–2015
南漳县九集镇九仙观村志编纂委员会编 蔚邦能主编 南漳 南漳县九集镇九仙观村志编纂委员会 2018年 301页〔南漳县第二届地方志丛书〕
b50991668 K296.35 J5853 2018

南漳县人大志 1950–2011
南漳县人大志编纂委员会编 王敬东主编 南漳 南漳县人大志编纂委员会 2013年 321页〔南漳县第二届地方志丛书〕
b49625408 D624.634 N161 2013

南漳县政协志 1983–2007
南漳县政协志编审委员会编 高雁平主编 南漳 南漳县政协志编审委员会 2008年 201页
b22431160 D628.634 N161 2008

南漳林业志 1986–2014
南漳县林业局编纂 李建新主编 南漳 南漳县林业局 2016年 281页〔南漳县第二届地方志丛书〕
b49640690 F326.276.34 N161 2016

南漳县教育志 1902–1985
湖北省南漳县教育志编写组编 徐世琛主编 南漳 湖北省南漳县教育志编写组 1987年 359页
b20103116 G527.634 N161 1987

南漳县地名志
南漳县地名委员会办公室编 襄樊 襄樊日报印刷厂 1984年 492页
b15667741 K926.34 N161 1984

长渠志
长渠志编纂委员会编 刘新平 向红星主编 北京 方志出版社 2003年 296页〔湖北省水利志丛书〕
b2185497x TV67 L692 2003

谷城县

谷城县志
湖北省谷城地方志编纂委员会编 万蕴 胡维启主编 北京 新华出版社 1991年 536页〔中华人民共和国地方志丛书〕
b10760842 K296.34 G543

谷城县志 1986–2005
湖北省谷城县人民政府 湖北省谷城县地方志编纂委员会编 胡霞喜主编 武汉 湖北人民出版社 2012年 818页〔湖北省地方志丛书〕
b36369901 K296.34 G543C 2012

石花镇志 1911–1983
湖北省谷城县石花镇地方志编纂办公室编 谷城 湖北省谷城县石花镇地方志编纂办公室 1986年 202页
b1758176x K296.35 S473 1986

谷城县教育志
龚万一主编 谷城 谷城县教育印刷厂 1987年 343页
b16415425 G527.634 G432 1987

湖北省谷城县地名志
谷城县地名领导小组办公室编 谷城 谷城

县地名领导小组办公室 198- 年 597 页
b13743132 K926.34 G543

保康县

保康县志
湖北省保康县地方志编纂委员会编 李德荣主编 北京 中国世界语出版社 1991 年 713 页〔中华人民共和国地方志丛书〕
b10759505 K296.34 B267

保康县志 1979–2005
保康县地方志编纂委员会编 张世伟主编 北京 方志出版社 2015 年 1055 页〔湖北省地方志丛书〕
b47594548 K296.34 B267C 2015

分水岭村志
分水岭村志编纂委员会编 毛瑞吉主编 保康 分水岭村志编纂委员会 2017 年 424 页〔保康县地方志丛书〕
b5086211x K296.35 F3275 2017

尧治河村志
湖北省保康县尧治河村志编纂委员会编 保康 湖北省保康县尧治河村志编纂委员会 2017 年 送审稿 547 页〔中国名村志文化工程〕
b51175708 K296.35 Y289 2017

尧治河村志 1949–2009
保康县尧治河村志编纂委员会编 杨选成主笔 保康 保康县尧治河村志编纂委员会 2010 年 432 页
b44749387 K296.35 Y289 2010

保康青年志 1950–1985
共青团保康县委员会编纂 保康 共青团保康县委员会 2014 年 271 页
b47106098 D432.862.4 B267 2014

保康县青年志 1986–2013
共青团保康县委员会编纂 保康 共青团保康县委员会 2015 年 384 页
b51072294 D432.863.4 B267 2015

保康县人大志
保康县人大志编纂委员会编 杨跃进主编 保康 湖北保康方正印务有限公司 2003 年 477 页
b36245148 D624.634 B267 2003

湖北省保康县地名志
保康县地名领导小组办公室编 保康 保康县地名领导小组办公室 1984 年 302 页
b16431066 K926.34 B267 1984

鄂州市

鄂州市志
鄂州市地方志编纂委员会编 丁有国 姜斌主编 北京 中华书局 2000 年 1018 页〔中华人民共和国地方志丛书〕
b13325577 K296.33 E127

鄂州市志 1983–2007
鄂州市地方志编纂委员会编 汪德锐 陈少杰 黄开如总纂 苏玉霞 李传贵 周秀华主编 武汉 湖北人民出版社 2014 年 2 卷 1098 页
b46011249 K296.33 E127 2014

鄂州市政府志
鄂州市人民政府办公室编 鄂州 鄂州市印刷二厂 1990 年 131 页
b20014454 D625.633 E127 1990

鄂州市政协志 1984–2006
鄂州市政协志编纂委员会编 张志祥 王法宝主编 鄂州 鄂州市政协 2008 年 554 页

b2242930x　D628.633　E127　2008

鄂州政协志
中国人民政治协商会议鄂州市委员会文史资料委员会编　鄂州　中共鄂州市委机关印刷厂　1989 年　109 页
b20014466　D628.633　E127　1989

鄂州市纪检监察志　1951–2007
鄂州市纪检监察志编纂委员会编　熊新文主编　鄂州　鄂州市纪检监察志编纂委员会　2009 年　376 页
b41234789　D630.9　E127　2009

鄂州市审计志　1983–2010
鄂州市审计志编纂委员会编　严和清主编　鄂州　鄂州市审计志编纂委员会　2011 年　386 页
b45569216　F239.227.633　E127　2011

长港农场志
长港农场志编纂委员会编　鄂州　长港农场志编纂委员会　1988 年　361 页
b50318627　F324.1　C346　1988

鄂州市粮食志
鄂州市粮食局编　余慎斋主编　鄂州　鄂州市第一印刷厂　1989 年　288 页
b2056627x　F327.633　E127　1989

鄂州电力工业志　1929–2008
鄂州电力工业志编纂委员会编　谈燕林主编　鄂州　鄂州电力工业志编纂委员会　2009 年　562 页
b49850970　F426.61　E127　2009

鄂州市交通志
鄂州市交通志编纂委员会编　上海　上海社会科学院出版社　1991 年　298 页〔湖北省交通志丛书〕
b20042218　F512.763.3　E127　1991

鄂西粮食志
鄂西粮食志编纂办公室编　黄之泽主编　宜昌　鄂西报社印刷厂　1989 年　228 页
b46011006　F724.721　E127　1989

鄂州市物价志　1984–2007
鄂州市物价志编纂委员会　廖波钧总纂　余耀华主编　鄂州　鄂州市日报社　2011 年　565 页
b46564780　F726.763.3　E127　2011

鄂州市供销合作社志
鄂州市供销合作社联合社编　汤运孝主编　鄂州　鄂州市供销合作社联合社　1994 年　359 页
b49704928　F727.633　E127　1994

鄂州市金融志
鄂州市金融志编纂办公室编　陶伯春总纂　鄂州　鄂州市金融志编纂办公室　1989 年　223 页〔鄂州市地方志丛书〕
b45569204　F832.763.3　E127　1989

鄂州市武术协会志　1993–2012
鄂州市武术协会编制　汤运孝主编　鄂州　鄂州市武术协会　2012 年　367 页
b49938356　G852.092　E127　2012

鄂州方言志
万幼斌著　成都　天地出版社　2000 年　306 页
b20042206　H172.3　W173　2000

鄂西土家族苗族自治州民族志
鄂西土家族苗族自治州民族事务委员会编　成都　四川民族出版社　1993 年　222

页〔鄂西民族研究丛书〕
b17646534 K280.632 E127 1993

鄂州市卫生志 1983–2007
鄂州市卫生志编纂委员会编 舒忠民主编 武汉 湖北科学技术出版社 2011年 698页
b37531025 R199.2 E127 2011

鄂西南药用森林植物志
吴先金 刘晓洪主编 武汉 湖北科学技术出版社 2005年 221页
b17515890 R282.71 W514 2005

鄂州市水利志 初稿
鄂州市水利志编纂办公室编 鄂州 鄂州市水利志编纂办公室 1993年 油印本 2卷
b20534188 TV–092 E127 1993

粑铺大堤志
粑铺大堤志编纂委员会 湖北省鄂州市水利局编 夏祖恩主编 北京 中国水利水电出版社 1998年 211页〔湖北省水利志丛书〕
b13438700 TV871–092 B116

鄂州市环境保护志
鄂州市环境保护局编 鄂州 鄂州市环境保护局 1988年 135页
b2322888x X321.263.3 E127 1988

鄂城区

鄂城区志
鄂州市鄂城区地方志编纂委员会编 杨裕君 李朝明主编 武汉 崇文书局 2012年 840页〔湖北省地方志丛书〕
b45452817 K296.33 E127E 2012

杜山村志
杜山村志编纂委员会编 杜政宁主编 鄂州 杜山村志编纂委员会 2017年 590页
b50861426 K296.35 D698 2017

茅草村志
新庙镇茅草村志编纂委员会编 李春主编 鄂州 新庙镇茅草村志编纂委员会 2008年 384页
b49938368 K296.35 M246 2008

湖北省鄂城市地名志
鄂城市地名领导小组编 鄂城 鄂城市地名领导小组 1981年 166页
b1215961x K926.34 A258

湖北省鄂城县地名志
鄂城县地名领导小组办公室编 鄂城 鄂城县地名领导小组办公室 1981年 388页
b12159608 K926.34 A258C

华容区

华容区志
湖北省鄂州市华容区地方志编纂委员会编 姜长生主编 武汉 湖北人民出版社 2015年 724页〔湖北省地方志丛书〕
b47072842 K296.33 H529 2015

九甲夏堍志
九甲夏堍志编纂委员会编 夏祖恩主编 香港 香港天马出版有限公司 2013年 110页
b49939154 K296.35 J585 2013

荆门市

荆门市志
湖北省荆门市地方志编纂委员会编 杨明森主编 武汉 湖北科学技术出版社 1994年 879页
b13254388 K296.33 J536

荆门市志 1979–2005
荆门市地方志编纂委员会编 肖菊华主编 北京 中国文史出版社 2014 年 2 卷 1702 页
b50222636 K296.33 J536 2014

中共荆门市组织志 1923.9–2005.12
中共荆门市组编织志编纂委员会编 陈祖涛主编 荆门 中共荆门市组织志编纂委员会 2013 年 831 页
b50727825 D235.633 J536C 2013

中共荆门市委党校志 1959–2009
毛怀芝主编 武汉 湖北人民出版社 2009 年 323 页〔荆门市地方志丛书〕
b45480424 D261.41 J536 2009

荆门市接待志 1949–2008
荆门市接待志编纂委员会编 杨宗耀主编 武汉 湖北人民出版社 2010 年 393 页〔荆门市地方志丛书〕
b49964264 D619.633 J536 2010

漳河水库移民志
湖北省漳河水库移民志编纂委员会 湖北省漳河工程管理局编 北京 中国水利水电出版社 1996 年 202 页〔湖北省水利志丛书〕
b18270451 D632.4 H478 1996

荆门市司法志 1980–2007
荆门市司法志编纂委员会编 宋中华主编 武汉 湖北人民出版社 2011 年 427 页〔湖北省荆门市地方志丛书〕
b49789260 D927.633.61 J536 2011

中国湖北武警志 荆门市支队志
中国人民武装警察部队湖北省总队荆门市支队编 董雁泽主编 荆门 中国人民武装警察部队湖北省总队荆门市支队 2005 年 266 页
b50347895 E277 Z6493 2005

荆门市工商行政管理志 1754–2007
荆门市工商行政管理志编纂委员会编 陈以高主编 荆门 荆门市工商行政管理志编纂委员会 2011 年 760 页
b50152099 F203.9 J536 2011

荆门物资志
荆门物资志编纂委员会编 武汉 华中理工大学出版社 1997 年 463 页
b49964276 F259.276.33 J536 1997

荆门市供水总公司志 1969–2007
荆门市供水总公司志编纂委员会编 汪承华主编 武汉 湖北人民出版社 2009 年 416 页〔荆门市地方志丛书〕
b50152671 F299.241 J536 2009

荆门市建设志
荆门市建设志编纂委员会编 吴琇瑜 张明文主编 北京 新华出版社 1994 年 496 页
b46442042 F299.276.33 J536 1994

荆门市农业志
荆门市农业局编纂 涂继诚主编 荆门 荆门市农业局 1990 年 3 卷 849 页
b40935693 F327.633 J536C 1990

荆门市土地志
荆门市土地志编纂委员会编 肖乃金主编 荆门 荆门市印刷包装总公司 1998 年 325 页
b21764001 F327.633 J536 1998

葛洲坝水泥厂志
鲁太平主编 北京 中国建材工业出版社 1996 年 448 页

b49848914　F407.9　G348　1996

国电荆门热电厂志　1985–2004
荆门　国电长源荆门热电厂办公室　2006年　317页
b51079355　F426.61　J5365　2006

湖北凯龙集团公司志　1967–2004
林承祥主编　荆门　湖北凯龙集团公司　2006年　547页
b50727436　F426.7　L585　2006

荆门电力工业志　1922–2007
荆门电力工业志编纂委员会编　吴涛主编　武汉　湖北人民出版社　2009年　497页〔荆门电力工业志丛书〕
b44748899　F426.61　J536J　2009

荆门炼油厂志　1969–1983
荆门炼油厂志编写委员会编　夏其山主编　荆门　荆门炼油厂志编写委员会　2010年再版本　190页
b49849554　F426.22　J536　2010

荆门石化志　1984–2008
桂雅频主编　北京　中国文化出版社　2010年　563页
b38893794　F426.72　J536　2010

荆门市烟草志
荆门市烟草志编纂委员会编　高贤雄主编　武汉　崇文书局　2005年　627页〔荆门市烟草志丛书〕
b49964288　F426.89　J536　2005

荆门桥工段志　2010–2014
荆门桥工段志编纂委员会编　张启云主编　荆门　荆门桥工段志编纂委员会　2016年　287页
b50269069　F532.7　J536　2016

荆门粮食志
荆门粮食志编纂委员会编　彭友坤主编　北京　人民交通出版社　1995年　438页
b40863840　F724.721　J536　1995

荆门国家税务志　1984–2007
胡宏新主修　北京　中国文化出版社　2012年　550页
b49549893　F812.763.3　J536　2012

荆门市财政志　1979–2005
荆门市财政志编纂领导小组编　张尚贵主编　武汉　湖北人民出版社　2012年　463页〔荆门市地方志丛书〕
b36369883　F812.763.4　J536　2012

荆门市教育志
邹诗泉主编　北京　教育科学出版社　1989年　254页
b20181905　G527.633　J536　1989

荆门市教育志　1979–2005
荆门市教育志编纂委员会编　刘南陔主编　武汉　湖北人民出版社　2010年　440页〔荆门地区教育志丛书〕
b36247273　G527.633　J536J　2010

湖北省荆门市地名志
荆门市地名领导小组办公室编　荆门　荆门市地名领导小组办公室　1982年　242页
b12159487　K926.34　J536

湖北省荆门县地名志
荆门县地名领导小组办公室编　荆门　荆门县地名领导小组办公室　1982年　2卷　760页
b15666955　K926.34　J536　1982

荆门卫生志
荆门市卫生局卫生志编纂委员会编 陈旅泉主编 北京 中国文史出版社 1990 年 202 页
b50016672 R199.2 J5365 1990

荆门市水利志
荆门市水利志编纂委员会编 方来苏主编 武汉 湖北教育出版社 1989 年 288 页
b20136158 TV-092 F224 1989

荆门市水利志 1986-2008
荆门市水利志编纂委员会编 武汉 长江出版社 2012 年 529 页〔湖北省水利志丛书〕
b41234315 TV-092 F224 2012

漳河水库志
湖北省漳河工程管理局 漳河水库志编纂委员会编 北京 新华出版社 1991 年 359 页
b16432368 TV632.63 H468 1991

漳河水库志 1990-2000
湖北省漳河工程管理局编 陈泽民主编 北京 新华出版社 2006 年 304 页
b20105071 TV632.63 H468 2006

东宝区

东宝区志 1985-2005
荆门市东宝区地方志编纂委员会办公室编 武汉 长江出版社 2013 年 1048 页
b45444663 K296.33 J536E 2013

东宝区国土资源志 1842-2005
东宝区国土资源志编纂委员会编 李玉怀主编 荆门 东宝区国土资源志编纂委员会 2012 年 508 页
b50152087 F129.963.3 J536 2012

东宝电力工业志 1934-2007
东宝电力工业志编纂委员会编 刘维鼎主编 武汉 湖北人民出版社 2009 年 253 页〔荆门电力工业志丛书 2〕
b4985107x F426.61 D5821 2009

掇刀区

掇刀区志 1949-2005
荆门市掇刀区地方志编纂委员会编 胡孝平主编 武汉 湖北人民出版社 2011 年 787 页
b40420887 K296.33 J536D 2011

钟祥市

钟祥县志
湖北省钟祥县县志编纂委员会编 李道南主编 武汉 湖北人民出版社 1990 年 1004 页
b10728077 K296.34 Z626

钟祥市志 1979-2005
钟祥市地方志编纂委员会编 林长洲总纂 武汉 长江出版社 2013 年 1082 页
b4644256x K296.34 Z626C 2013

双河镇志
双河镇志编纂委员会编 张道生主编 钟祥 双河镇志编纂委员会 2012 年 496 页
b50727643 K296.35 S592 2012

钟祥检察志 1978-2007
钟祥检察志编纂委员会编 黄明振主编 钟祥 钟祥检察志编纂委员会 2010 年 594 页
b51079689 D926.32 Z626 2010

钟祥市审计志 1984-2007
钟祥市审计志编纂委员会编 付正海主编 钟祥 钟祥市审计志编纂委员会 2011年 437页
b50991735 F239.227.634 Z626 2011

钟祥县劳动人事志
湖北省钟祥县劳动人事志编纂委员会编 幸敬华主编 钟祥 湖北省钟祥县劳动人事志编纂委员会 1991年 362页
b45417404 F249.276.34 Z626 1991

钟祥电力工业志 1950-2007
钟祥电力工业志编纂委员会编 罗国新主编 武汉 湖北人民出版社 2009年 283页〔荆门电力工业志丛书〕
b49851135 F426.61 Z626 2009

钟祥县供销商业志 1949-1981
湖北省钟祥县供销合作社编 胡家萱主编 钟祥 湖北省钟祥县供销合作社 1983年 382页
b49608253 F727.634 Z626 1983

钟祥税务志
湖北省钟祥税务志编纂委员会编 凌雄主编 钟祥 湖北省钟祥税务志编纂委员会 1995年 527页
b4950650x F812.763.3 Z626 1995

钟祥市教育志 1988-2005
钟祥市教育志编纂委员会编 魏平主编 北京 中国文史出版社 2010年 794页
b44915512 G527.634 Z626W 2010

钟祥县教育志 1905-1987
钟祥县教育志编纂委员会编 李尚学主编 钟祥 钟祥县教育志编纂委员会 1990年 168页
b20183069 G527.634 Z626 1990

湖北省钟祥县地名志
钟祥县地名领导小组办公室编 钟祥 钟祥县地名领导小组办公室 1982年 2卷 705页
b12159268 K926.34 Z629

钟祥县水利志
钟祥县水利志编辑室编 钟祥 钟祥县水利志编辑室 1989年 油印本 2卷
b21857817 TV-092 Z626 1989

京山县

京山县志
湖北省京山县志编纂委员会编 黄述振总纂 武汉 湖北人民出版社 1990年 796页
b10647417 K296.34 J535

三阳镇志
湖北省京山县三阳镇志编纂委员会编 祝君主编 北京 方志出版社 2016年 385页〔中国名镇志丛书〕
b47206159 K296.35 S145 2016

京山县林业志 1949-2010
京山县林业志编纂委员会编 李忻恬主编 京山 京山县林业志编纂委员会 2015年 472页
b49607819 F326.276.34 J535 2015

京山电力工业志 1951-2007
杨选民主编 武汉 湖北人民出版社 2009年 297页〔荆门电力工业志丛书 9〕
b4985110x F426.61 J535 2009

京山政协志 1981-1999
政协京山县学习文史委员会编 陈仕文主编 京山 京山县亚太印刷厂 1999年 416

页〔京山文史〕
b46273876 K296.34 J535J

湖北省京山地名志
京山县地名领导小组编 京山 京山县地名领导小组 1981 年 589 页
b12159499 K926.34 J535

京山县土壤志
京山县土壤普查办公室编 京山 京山县土壤普查办公室 1984 年 231 页〔湖北省第二次土壤普查资料 43〕
b46668470 S159.263.4 J535 1984

沙洋县

唐林村志 1950–2005
唐林村志编修组委会编 唐东福主编 沙洋 唐林村志编修组委会 2008 年 275 页
b36246190 K296.35 T241 2008

沙洋人民代表大会志 第 1 卷 1987–1998
沙洋人民代表大会志编纂委员会编 张昌海主编 沙洋 沙洋人民代表大会志编纂委员会 2003 年 996 页
b49533800 D624.634 S231 2003

沙洋县城乡建设志
沙洋县住房和城乡建设局编 王孝忠主编 沙洋 沙洋县住房和城乡建设局 2012 年 595 页
b5024825x F299.276.34 S231 2012

沙洋电力工业志 1922–2007
王微主编 武汉 湖北人民出版社 2009 年 215 页〔荆门电力工业志丛书〕
b44748905 F426.61 S231 2009

沙洋县教育志 1979–2005
沙洋县教育志编纂委员会编 王清河主编 武汉 湖北人民出版社 2011 年 525 页〔荆门地区教育志丛书〕
b23217169 G527.634 S231 2011

沙洋人民医院院志 1951–2000
沙洋人民医院院志编纂委员会编 陈旅泉主编 沙洋 沙洋人民医院院志编纂委员会 2001 年 238 页
b51079343 R197.3 S231 2001

孝感市

孝感市志
湖北省孝感市地方志编纂委员会编 张文启总纂 黄楚芳主编 北京 新华出版社 1992 年 975 页〔中华人民共和国地方志丛书〕
b14351262 K296.33 X359S

孝感市志 1949–2005
湖北省孝感市地方志编纂委员会编 李子清主编 武汉 湖北人民出版社 2013 年 2 卷 2449 页
b44795543 K296.33 X359S 2013

孝感县简志
湖北省方志纂修委员会编 武汉 湖北人民出版社 1959 年 110 页
b14983874 363.25 472.3S

孝感市人民政府志 1949–2008
孝感市人民政府办公室编 张志敏主编 孝感 孝感市人民政府办公室 2009 年 177 页
b4982739x D625.633 X359 2009

孝感市政协志 1993–2013
孝感市政协志编纂委员会编 喻楚林主编 武汉 湖北人民出版社 2013 年 809 页
b44795531 D628.633 X359 2013

孝感市民政志 1949–2005
孝感市民政志编纂委员会编 孝感 孝感市民政志编纂委员会 2010 年 414 页〔孝感市地方志丛书〕
b40648473 D632 X359 2010

孝感市农业志 1949–2009
孝感市农业志编辑委员会编 罗东荣主编 武汉 崇文书局 2011 年 832 页
b41234327 F327.633 X359 2011

孝感电业志 1986–2000
孝感电业志编纂委员会编 周先平主编 孝感 孝感电业志编纂委员会 2003 年 498 页
b49505701 F426.61 X3593 2003

孝感地区粮食志
孝感地区粮食志编纂组编 姜仁主编 孝感 孝感地区粮食志编纂组 1989 年 170 页
b41235241 F724.721 X359 1989

孝感地税 20 年税志 1994–2014
孝感市地方税务局编 张少强主编 孝感 孝感市地方税务局 2014 年 829 页
b49983295 F812.763.3 X359C 2014

孝感市财政志
骆明福主编 武汉 华中师范大学出版社 1996 年 433 页
b50152683 F812.763.4 X359 1996

孝感市税务志
骆明福主编 武汉 华中师范大学出版社 1994 年 582 页
b41234492 F812.763.3 X359 1994

孝感市金融志 1875–1985
孝感市金融志编纂委员会编 孝感 孝感市金融志编纂委员会 1988 年 279 页
b45569770 F832.763.3 X359 1988

孝感市教育志 1883–1987
孝感市教育志编纂领导小组编 李继曾主编 孝感 孝感市教育志编纂领导小组 1990 年 248 页
b20181474 G527.633 X359 1990

孝感学院志 1943–2008
丁么明主编 武汉 湖北人民出版社 2010 年 851 页
b21001285 G649.286.33 X359 2010

湖北省孝感县地名志
孝感县地名领导小组编 孝感 孝感县地名领导小组 1982 年 718 页
b13742553 K926.34 X359

孝感土壤志
萧海涛编写 孝感 湖北省孝感市土壤普查办公室 1985 年 245 页〔湖北省第二次土壤普查资料 17〕
b46668676 S159.263.3 X359 1985

孝感地区水利志
林立中主编 武汉 武汉大学出版社 1996 年 352 页〔湖北省水利志丛书〕
b17125868 TV–092 L586 1996

孝感市水利志 1990–2007
湖北省孝感市水利局孝感市水利志编纂委员会编 张俊珊主编 武汉 湖北人民出版社 2011 年 344 页
b47416026 TV–092.633 X359 2011

孝南区

龙店区志
孝感市龙店区志编纂办公室 夏爱华主编

孝感 孝感市龙店区志编纂办公室 1989 年 387 页
b49803426 K296.33 X359L 1989

孝南区志 1990–2008
孝感市孝南区地方志编纂委员会编 胡宝华主编 武汉 湖北人民出版社 2015 年 892 页
b49472422 K296.33 X359Y 2015

朋兴乡志 1949–2009
朋兴乡志编纂委员会编 陈伟主编 孝感 孝感市孝南区委办公室文印中心 2011 年 616 页〔孝南区地方志丛书〕
b36129343 K296.35 P338 2011

书院街志
书院街志编纂委员会编 潘胜屏主编 香港 澋球出版社 2010 年 244 页〔孝南区地方志丛书〕
b49938137 K296.33 S542 2010

孝感市孝南区国税志 1994–2008
孝感市孝南区国税志编纂委员会编 吴发章主编 孝感 孝感市孝南区国家税务局 2010 年 341 页
b41235253 F812.763.3 X359X 2010

应城市

应城县志
湖北省应城市地方志编纂委员会编 张志炜总纂 北京 中国城市出版社 1992 年 1026 页〔中华人民共和国地方志丛书〕
b10655542 K296.34 Y548

应城市志 1986–2005
湖北省应城市地方志编纂委员会编纂 应城 湖北省应城市地方志编纂委员会 2010 年 2 卷 1013 页
b49983180 K296.34 Y548C 2010

应城党校志 1959–2011
中共应城市委党校著 何喜元主编 北京 中国文化出版社 2011 年 298 页
b46670452 D261.41 Y548 2011

应城民政志 1982–1985
应城民政志编纂领导小组编 余友元主编 应城 应城市红旗塑料印刷厂 1992 年 248 页
b40740481 D632 Y548 1992

双环公司志 第 2 卷
湖北双环化工集团有限公司编 潘汉泽主编 应城 湖北双环化工集团有限公司 2004 年 552 页
b51012819 F426.7 H478 2004

应城县金融志
应城县金融志编纂委员会编 李毅主编 孝感 应城县金融志编纂委员会 1988 年 297 页
b45569836 F832.763.4 Y548 1988

应城县教育志 1904–1985
应城县教育志编纂领导小组编 万生民主编 应城 应城县教育志编纂领导小组 1990 年 233 页
b49640756 G527.634 Y5481 1990

应城风物志 历史人文风情 100 篇
应城市地方志办公室编 魏志才主编 应城 应城市地方志办公室 2001 年 194 页〔应城市地方志丛书〕
b20536240 K296.34 Y548F 2001

湖北省应城县地名志
应城县地名领导小组编 应城 应城县地名领导小组 1981 年 361 页
b1215930x K926.34 Y548

应城县土壤志
应城县土壤普查办公室编 应城 应城县土壤普查办公室 1984 年 192 页〔湖北省第二次土壤普查资料 23〕
b4666869x S159.263.4 Y5481 1984

安陆市

安陆县志
湖北省安陆市地方志编纂委员会编 张昕主编 武汉 武汉出版社 1993 年 862 页
b13398349 K296.34 A163

安陆市志 1979–2000
安陆市地方志编纂委员会编 田林舟主编 北京 中央文献出版社 2014 年 1127 页
b47419660 K296.33 A163C 2014

安陆县金融志 1843–1985
安陆县金融志编纂委员会办公室编 吴一鸣主编 安陆 安陆县金融志编纂委员会 1987 年 286 页
b45569022 F832.763.4 A163 1987

湖北省安陆县地名志
安陆县地名普查办公室编 安陆 安陆县地名普查办公室 1982 年 445 页
b12159621 K926.34 A163

汉川市

汉川县志
湖北省汉川县地方志编纂委员会编 萧俊杰 赵开炎主编 北京 中国城市出版社 1992 年 797 页〔中华人民共和国地方志丛书〕
b10938680 K296.34 H4783

汉川市志 1986–2005
湖北省汉川市地方志编纂委员会编 张远栋主编 武汉 长江出版社 2010 年 928 页〔中华人民共和国地方志丛书〕
b45444675 K296.33 H215 2010

汉川县简志
湖北省方志纂修委员会编 武汉 湖北人民出版社 1959 年 105 页
b14983862 363.25 472.3

分水镇志
汉川市分水镇人民政府镇志编纂办公室编 周正明主编 武汉 汉川市分水镇人民政府镇志编纂办公室 1998 年 387 页〔中华人民共和国地方志丛书〕
b20014478 K296.35 F327 1998

汉川市沉湖镇志 首卷
汉川市沉湖镇志编纂委员会编 夏智勇主编 汉川 汉川市沉湖镇志编纂委员会 2010 年 320 页〔汉川市地方志丛书〕
b4125689x K296.35 C442 2010

脉旺镇志
湖北省汉川县脉旺镇志办公室编 武汉 汉川县书刊发行印刷厂 1989 年 228 页
b20014818 K296.35 M167 1989

庙头镇志 1949–2008
汉川市庙头镇人民政府 庙头镇志编辑部编纂 吴秋成主编 汉川 汉川市庙头镇人民政府,庙头镇志编辑部 2010 年 458 页〔中华人民共和国地方志丛书〕
b36128661 K296.35 M495 2010

汉川市人民代表大会志
汉川市人民代表大会志编纂委员会编 汉川 湖北少年儿童出版公司 2003 年 367 页
b1686119x D624.634 H215 2003

汉川政协志 1950.1–1999.2
汉川政协志编纂委员会编 王忠亨主编 汉川 汉川政协志编纂委员会 1999 年 276 页
b20138003 D628.634 H215 1999

汉川市财政志 1949–2009
汉川市财政志编纂委员会办公室编 万为先主编 武汉 长江出版社 2012 年 548 页〔汉川市地方志丛书〕
b50233920 F249.276.34 H215 2012

汉川市农机志 1938–2008
汉川市农机局编 肖光津 周方贵主编 汉川 汉川市农机局 2010 年 268 页〔汉川市地方志丛书〕
b50268909 F324.2 H215 2010

中洲垸农场志 1957–1985
中洲垸农场志编纂委员会编 黄丹阳主编 汉川 中洲垸农场志编纂委员会 1989 年 309 页
b49982084 F324.1 Z645 1989

湖北省汉川发电厂志 1989–1998
汉川发电厂编纂 余传忠主编 汉川 汉川发电厂 1999 年 253 页
b49983192 F426.61 H215 1999

汉川粮食志
汉川县粮食局编 胡涤尘主编 汉川 汉川县粮食局 1990 年 199 页
b50268892 F724.721 H215 1990

汉川市金融志 1986–1998
汉川市金融志编纂委员会编 左文烈总纂 汉川 汉川市金融志编纂委员会 2000 年 251 页
b45569307 F832.763.4 H215 2000

汉川县教育志
湖北省汉川县教育委员会编纂 谢国雄主编 汉川 汉川县教育委员会 1988 年 621 页
b20182788 G527.634 H2151 1988

汉川一中校志 1940–2015
汉川一中校志编纂委员会编 王兴国主编 武汉 长江出版社 2015 年 504 页
b47126334 G639.286.33 H215 2015

湖北省汉川县地名志
汉川县地名领导小组编 汉川 汉川县印刷厂 1981 年 410 页
b1566708x K926.34 H2151 1981

汉川堤防志
汉川提防志编纂委员会编 张洪山主编 汉川 汉川提防志编纂委员会 2007 年 349 页
b47414935 TV871–092 H215 2007

孝昌县

孝昌县志 1993–2012
孝昌县地方志编纂委员会编 胡柏桥主编 武汉 湖北人民出版社 2013 年 1025 页
b41213828 K296.34 X359 2013

大悟县

大悟县志
湖北省大悟县地方志编纂委员会编 魏有豪 李亮朝主编 武汉 湖北科学技术出版

社 1996 年 892 页〔中华人民共和国地方志丛书〕
b13061331 K296.34 D136C

大悟县志 1988–2008
大悟县地方志编纂委员会编 曹汉厚主编 武汉 湖北人民出版社 2013 年 892 页
b4479549x K296.34 D136C 2013

大悟县金融志 1916–1985
大悟县金融志编纂委员会编 大悟 湖北省大悟县金融志编纂委员会 1987 年 260 页
b45569186 F832.763.4 D136 1987

大悟县教育志 1930–1990
湖北省大悟县教育委员会编纂 吴传清主编 武汉 湖北省人民政府办公厅印刷厂 1992 年 557 页
b19024009 G527.634 W484 1992

大悟志略
大悟县地方志编纂委员会编 武汉 湖北人民出版社 1989 年 314 页
b13276244 K296.34 D136D

湖北省大悟县地名志
大悟县地名领导小组编 大悟 大悟县地名领导小组 1983 年 501 页
b12159554 K926.34 D1358

云梦县

云梦县志
湖北省云梦县志编纂委员会编 袁栋林主编 北京 三联书店 1994 年 599 页〔中国地方志丛书〕
b10600139 K296.34 Y879

倒店乡志 1949–2009
云梦县倒店乡志编纂委员会编 王玉成主编 云梦 云梦县倒店乡志编纂委员会 2011 年 296 页〔湖北省地方志丛书〕
b4707291x K296.35 D274 2011

云梦县人大志 1950–2009
云梦县人大志编纂委员会编 张立山主编 云梦 云梦县人大志编纂委员会 2011 年 661 页
b4485240x D624.634 Y879 2011

云梦法院志 1950–2010
云梦县人民法院志编纂委员会编 梁志涛主编 云梦 云梦县人民法院 2012 年 238 页
b49939245 D926.22 Y879 2012

云梦县金融志 1839–1985
云梦县金融志编纂委员会编 云梦 云梦县金融志编纂委员会 1988 年 350 页
b4556985x F832.763.4 Y879 1988

云梦县教育志 1588–2008
湖北省云梦县教育志编纂委员会编 方宗梁 张金发主编 云梦 湖北省云梦县教育志编纂委员会 2011 年 704 页
b46443678 G527.634 Y879 2011

湖北省云梦县地名志
云梦县地名领导小组编 云梦 云梦县地名领导小组 1982 年 291 页
b12159281 K926.34 Y879

云梦县土壤志
云梦县土壤普查办公室编 云梦 云梦县土壤普查办公室 1982 年 165 页〔湖北省第二次土壤普查资料 22〕
b46668731 S159.263.4 Y879 1982

荆州市

荆州地区志
荆州地区地方志编纂委员会编 高先知主编 北京 红旗出版社 1996 年 887 页
b13588606 K296.32 J536

荆州市志 1994–2005
荆州市地方志编纂委员会编 田传章主编 北京 中国文史出版社 2015 年 2 卷 1620 页
b49639444 K296.33 J536F 2015

荆州人事简志
荆州地区行政公署人事局编 荆州 荆州地区行政公署人事局 1994 年 225 页
b50007701 D630.3 J536 1994

太湖港农场志
湖北省国营太湖港农场志编纂委员会编 严占六主编 荆州 湖北省国营太湖港农场志编纂委员会 1988 年 239 页
b50318974 F324.1 G7928 1988

荆州电力志
荆州电力志编辑室编 王进星编辑 荆州 荆州电力志编辑室 1987 年 324 页
b36380490 F426.61 J536 1987

荆州地区交通志
荆州地区交通志编纂委员会编 合肥 黄山书社 1992 年 655 页
b20043661 F512.763.2 J536 1992

荆州地区水运志
荆州地区水运志编纂委员会编 苏有义主编 南宁 广西人民出版社 1989 年 334 页
b20950196 F552.763.2 S715 1989

商业志 1995–2004
荆州市商贸行业协会 荆州市商业联合会编纂 王家松主编 荆州 荆州市商贸行业协会 2005 年 300 页
b50066304 F727.633 J536 2005

荆州市银行志 1994–2005
荆州市银行志编纂委员会编 傅先义主编 荆州 荆州市银行志编纂委员会 2008 年 341 页
b47415174 F832.9 J536 2008

沧水流域地名志
武陵沧水丛书编辑部 沧水流域地名志编纂委员会 荆州沧水三媒文创有限公司编 覃兆元 诸运素主编 武陵 沧水流域地名志编纂委员会 2014 年 866 页〔武陵沧水丛书〕
b50665686 K926.3 W285 2014

荆州市卫生志 1985–2005
荆州市卫生志编纂委员会编 李明炎主编 荆州 荆州市卫生局办公室 2010 年 394 页
b45453056 R199.2 J536 2010

荆州地区土壤志
湖北省荆州地区土壤普查办公室编 荆州 湖北省荆州地区土壤普查办公室 1985 年 175 页〔湖北省第二次土壤普查资料 95〕
b46857618 S159.263.2 J536 1985

荆州水利志
荆州水利志编纂委员会编 易光曙 郑明进 陈少敏编撰 北京 中国水利水电出版社 2016 年 2 册 1927 页
b50346957 TV–092 J536 2016

荆江堤防志
荆州市长江河道管理局编 北京 中国水利水电出版社 2012 年 921 页〔湖北省水利志丛书〕

b40797259 TV871-092 J5361 2012

沙市区

沙市区志 1994–2004
荆州市沙市区地方志编纂委员会编 武汉 湖北人民出版社 2007年 615页
b18261292 K296.33 J536S 2007

沙市市志
沙市市地方志编纂委员会编 北京 中国经济出版社 1992年 4卷
b10727450 K296.33 S231

沙市市志 1986–1994
荆州市史志办公室主编 胡祥英主编 荆州 荆州市金山彩印公司 2011年 604页
b4545341x K296.33 S231C 2011

沙市市人民代表大会志 1949–1994
沙市市人民代表大会志编纂组编 方培元主编 沙市 沙市市人民代表大会志编纂组 1997年 277页
b49533794 D624.634 S2317 1997

沙市市政协志 1955.5–1991.12
中国人民政治协商会议湖北省沙市市委员会办公室编 沙市 沙市日报印刷厂 1992年 204页〔沙市市地方志丛书〕
b18805802 D628.643 Z649S 1992

民政志
沙市市民政局民政志办公室编 刘世馨主编 沙市 沙市市民政局 1987年 275页〔沙市市地方志丛书〕
b23229196 D632 S231 1987

沙市政权志 1911–1985
沙市政权志编纂办公室编 沙市 沙市政权志编纂办公室 1989年 256页〔沙市市地方志丛书〕
b20951231 D676.33 S231 1989

沙市市自来水志
沙市市自来水公司编 沙市 沙市市自来水公司 1995年 373页
b49550068 F299.241 S231 1995

商业志
沙市市商业志编纂领导小组办公室编 谢士祥主编 沙市 沙市市商业志编纂领导小组办公室 1989年 325页〔沙市市地方志丛书〕
b49607960 F727.633 J536S 1989

沙市市金融志 1906–1985
沙市市金融志办公室编 曾庆静主编 沙市 沙市市印刷厂 1993年 247页
b45569617 F832.763.3 S231 1993

沙市市教育志
沙市市教育志编纂办公室编 陈达聪主编 沙市 沙市市教育志编纂办公室 1991年 202页〔沙市市地方志丛书〕
b18805796 G527.643 C416 1991

沙市二中校志 第1卷 大事记
杨希学主编 沙市 沙市第二中学 2005年 195页
b20404128 G639.286.33 S231 2005

沙市二中校志 第2卷 风采录
杨希学主编 沙市 沙市第二中学 2006年 190页
b20404128 G639.286.33 S231 2005

沙市二中校志 第3卷 校友录
杨希学主编 沙市 沙市第二中学 2008

年 227 页
b20404128　G639.286.33　S231　2005

观音垱地名志
观音垱地名志编纂委员会编 高祖泉主编 荆州 观音垱地名志编纂委员会 2005 年 108 页
b21277692　K926.35　G642　2005

沙市市地名志
湖北省沙市市地名委员会编 张光杰主编 沙市 沙市印刷一厂 1984 年 426 页
b15667558　K926.33　S321　1984

沙市市建设志
沙市市建设志编纂委员会编 陈忠友 黄文钟主编 北京 中国建筑工业出版社 1992 年 346 页〔沙市市地方志丛书〕
b49981511　TU984.263.3　S231　1992

沙市水利堤防志
沙市市水利堤防志编纂委员会编 万代源主编 太原 山西高校联合出版社 1994 年 214 页
b21856898　TV-092　S231　1994

荆州区

荆州区志　1986–2005
荆州市荆州区地方志编纂委员会编 罗永猛主编 武汉 武汉出版社 2013 年 606 页
b49607820　K296.33　J536J　2013

江汉第四石油机械厂志
江汉第四石油机械厂志编纂委员会编 倪如祥主编 荆州 江汉第四石油机械厂 2001 年 360 页
b45479598　F426.42　J324　2001

荆州区卫生志　1949–2009
荆州区卫生志编纂委员会编 李成刚主编 荆州 荆州市荆州区新闻出版局 2011 年 473 页
b50152105　R199.2　J536J　2011

石首市

石首县志
湖北省石首县市地方志编纂委员会编 平植义主编 北京 红旗出版社 1990 年 694 页〔中华人民共和国地方志丛书〕
b10655517　K296.34　S475

石首市志　1986–2005
湖北省石首县市地方志编纂委员会编 张善彩 丁辉主编 武汉 湖北人民出版社 2014 年 813 页
b44795129　K296.33　S475S　2014

石首军事志　1979–2012
中国人民解放军湖北省石首市人民武装部军事志编纂委员会编 易铭主编 石首 中国人民解放军湖北省石首市人民武装部军事志编纂委员会 2012 年 349 页
b50152488　E289.634　S475　2012

石首方志
石首县石首方志编委会编 石首 石首县石首方志编委会 1958 年 258 页
b14983795　363.2　62

湖北省石首县地名志
石首县地名领导小组编 石首 石首县地名领导小组 1983 年 577 页
b12159402　K926.34　S475

石首县土壤志
湖北省石首县土壤普查办公室编 石首 湖

北省石首县土壤普查办公室 1984年 157页〔湖北省第二次土壤普查资料〕
b20577734 S159.263.4 H478 1984

洪湖市

洪湖县志
洪湖市地方志编纂委员会编 傅俊生主编 武昌 武汉大学出版社 1992年 622页
b10796769 K296.34 H415

洪湖市志 1987–2007
洪湖市地方志编纂委员会编 刘柏山主编 武汉 湖北人民出版社 2014年 862页
b4627361x K296.34 H415C 2014

瞿家湾志
瞿家湾志编纂委员会编 野夫主编 洪湖 瞿家湾志编纂委员会 1986年 195页
b18176197 K296.35 Y357 1986

洪湖交通志 1840–1987
洪湖交通志编纂委员会编 合肥 黄山书社 1992年 409页
b2004298x F512.763.4 H415 1992

洪湖教育志
洪湖市教育委员会编 洪湖 洪湖市教育委员会 1995年 254页
b20101703 G527.634 H415 1995

洪湖教育志 1987–2007
洪湖市教育局编 许世一主编 武汉 湖北人民出版社 2012年 801页
b36368003 G527.634 H415H 2012

湖北省洪湖县地名志
洪湖县地名办公室编 洪湖 洪湖县地名办公室 1983年 697页
b1374253x K926.34 H415

洪湖县土壌志
洪湖县土壤普查办公室编 洪湖 洪湖县土壤普查办公室 1984年 279页
b2057678x S159.263.4 H415 1984

松滋市

松滋县志
湖北省松滋县志编纂委员会编 张祖德主编 松滋 湖北省松滋县志编纂委员会 1986年 799页
b10796289 K296.34 S673

松滋市志 1986–2005
松滋市史志办公室编纂 魏海湖 丁永健主编 武汉 武汉出版社 2012年 774页
b45453500 K296.33 S673C 2012

沙道观镇志
沙道观镇志编纂委员会编 丁永林主编 松滋 松滋市新闻出版局 2009年 313页
b36379876 K296.35 S231 2009

永久村志 1949–2011
湖北省松滋市八宝镇永久村村民委员会永久村志编纂委员会编 胡定发主编 武汉 湖北人民出版社 2013年 352页
b46273621 K296.35 Y636 2013

松滋交通志
湖北省松滋县交通局编印 松滋 松滋县印刷厂 1984年 179页
b20045657 F512.763.4 S673 1984

松滋邮电志
松滋邮电志编纂委员会编 姜林主编 松滋 松滋邮电志编纂委员会 1998年 446页

b21765273　F632.763.4　S673　1998

松滋县粮食志

湖北省松滋县粮食局编　吴安旷主编　松滋　湖北省松滋县粮食局　1984 年　201 页
b46012114　F724.721　S6739　1984

松滋金融志

松滋县金融志编纂办公室编　刘隆锐　张继衡总纂　松滋　松滋县印刷厂　1990 年　228 页
b45569666　F832.763.4　S673　1990

松滋企业职工养老保险志　1986–2010

松滋市社会保险事业局编　徐德新　薛金平主编　松滋　松滋市社会保险事业局　2011 年　284 页
b50269471　F842.612　S673　2011

松滋县教育志

湖北省松滋县教育委员会编　松滋　湖北省松滋县教育委员会　1986 年　463 页
b47416014　G527.634　S673　1986

洈水流域志

湖北松滋新泰实业集团　湖北松滋洈水滨湖公园　湖北银莎担保有限公司编　覃兆元　诸运素主编　北京　中国炎黄出版社　2011 年　982 页
b46442704　K296.34　S673W　2011

湖北省松滋县地名志

松滋县地名领导小组办公室编　松滋　松滋县地名领导小组办公室　1983 年　704 页
b13743211　K926.34　S673

松滋县土壤志

湖北省松滋县土壤普查办公室编　松滋　湖北省松滋县土壤普查办公室　1985 年　216 页〔湖北省第二次土壤普查资料　33〕
b46995833　S159.263.4　S673　1985

松滋水利志

松滋水利志编纂领导小组　松滋市水利局编　鲜于文灿　丁永孔主编　北京　中国环境科学出版社　2008 年　284 页〔湖北省水利志丛书〕
b21855158　TV–092　S6739　2008

洈水水库志

洈水水库志编纂委员会　湖北省荆沙市洈水工程管理局编　杨光仲主编　北京　中国水利水电出版社　1996 年　252 页〔湖北省水利志丛书〕
b20121489　TV632.633　J536　1996

公安县

公安县志

公安县志编纂委员会编　上海　汉语大词典出版社　1990 年　733 页
b1064717x　K296.34　G422

公安县志　1980–2000

公安县地方志编纂委员会编　王世新主编　北京　中国环境科学出版社　2010 年　610 页
b22082700　K296.34　G422　2010

青羊岗土家族村志

青羊岗土家族村志编纂委员会编纂　伍成发主编　武汉　长江出版社　2017 年　328 页
b50650750　K296.35　Q4649　2017

戊寅公安抗洪志

戊寅公安抗洪志编委会编　张市泉　张宝坊主编　北京　中华书局　1999 年　192 页
b49789831　D632.5　Z364　1999

公安交通志
公安县交通局编史修志办公室编 毛传荣主笔 武汉 湖北工学院印刷厂 1985年 283页
b45479513 F512.763.4 G422 1985

公安县公路志
黄文富主编 北京 方志出版社 2003年 442页
b46667684 F542.9 G422 2003

公安县财政志 1991–2005
公安县财政志编纂委员会编 陆振斌主编 武汉 湖北人民出版社 2008年 498页
b46011250 F812.763.4 G422 2008

公安县教育志
湖北省公安县教育委员会编 武汉 湖北大学史志文萃杂志社 1987年 278页
b27575585 G527.634 G422 1987

湖北省公安县地名志
公安县地名委员会办公室编 公安 公安县地名委员会办公室 1984年 368页
b13743284 K926.34 G422

荆江分洪工程志
荆江分洪工程志编纂委员会编 北京 中国水利水电出版社 2000年 542页〔湖北省水利志丛书〕
b21855225 TV872 J536 2000

监利县

监利县志
湖北省监利县县志编纂委员会编 武汉 湖北人民出版社 1994年 904页
b13276165 K296.34 J258

监利县志 1979–2006
湖北省监利县县志编纂委员会编 张道毅主编 武汉 湖北人民出版社 2013年 882页
b46011262 K296.34 J258 2013

监利县政协志 1956.5–1996.5
监利县政协志编纂委员会编 沈志云主编 监利 监利县人民印刷厂 1997年 259页
b20015203 D628.634 S414 1997

监利县编制志
邓浩光主编 武汉 湖北人民出版社 1993年 327页
b4993904x D676.34 J258 1993

国营荒湖农场荒湖管理区志 1957–2011
监利县荒湖管理区志编纂委员会编 关均才主编 监利 荒湖管理区志编纂委员会 2013年 495页
b50248030 F324.1 G7923 2013

监利县农业志
杨家斌主编 武汉 崇文书局 2011年 502页
b40648448 F329.634 J258 2011

监利交通志
监利交通志编纂委员会编 朱正坤主编 北京 中国城市出版社 1991年 313页
b49938149 F512.763.4 J258 1991

监利县教育志 1859–1986
监利县教育志编纂领导小组编 岳阳 湖南省岳阳师专印刷厂 1987年 260页
b27575810 G527.634 J258 1987

监利县人物志
监利县人物志编纂委员会编 杜光烈主编 武汉 武汉出版社 2014年 545页

b47106268 K820.863.4 J258 2014

湖北省监利县地名志
监利县地名领导小组办公室编 监利 监利县印刷厂 1984年 479页
b1566689x K926.34 J258 1984

监利水利志
监利水利志编辑室编 北京 中国水利水电出版社 2005年 522页
b16480740 TV-092 J258 2005

监利堤防志
监利堤防志编纂委员会编 张佑清主编 武汉 湖北人民出版社 1991年 477页
b49964252 TV871-092 J258 1991

江陵县

江陵县志
湖北省江陵县县志编纂委员会编 浦士培主编 武汉 湖北人民出版社 1990年 863页
b10758963 K296.34 J324

江陵县志 文化志 初稿
江陵县志编纂委员会办公室编 江陵 江陵县志编纂委员会办公室 1990年 油印本 145页
b36379396 K296.34 J324W

江陵县志 1994–2007
江陵县地方志编纂委员会编 胡成宏主编 武汉 崇文书局 2015年 793页
b50152658 K296.34 J324C 2015

郝穴镇志
郝穴镇志编写组编 张家清主编 江陵 湖北省江陵县郝穴印刷厂 1986年 455页
b14990714 K296.35 H249 1986

郝穴镇志 1986–2007
江陵县郝穴志编写组编 金祖文主编 江陵 江陵县郝穴志编写组 2014年 987页
b50729329 K296.35 H249 2014

滩桥志
中共滩桥镇委员会 滩桥镇人民政府编制 王军武主编 荆州 荆州市江陵区印刷总厂 1997年 457页
b14990672 K296.35 T175 1997

江陵县机构编制志
江陵县机构编制志编纂领导小组编 段元祥 张其成主编 江陵 江陵县机构编制委员会办公室 1993年 307页
b49849566 D625.624 J324 1993

江陵县民政志
郑文峰主编 江陵 江陵县民政志编纂者 1990年 225页
b36245707 D632 J324 1990

菱角湖农场志
菱角湖农场志编纂委员会编 北京 中国文史出版社 1991年 229页
b2095041x F324.1 L624 1991

六合垸农场志
国营六合垸农场志编纂委员会编 荆州 荆州师范专科学校印刷厂 1987年 273页
b20044264 F324.1 L723 1987

三湖农场志 1960–1985
三湖农场志编纂委员会编 林宗棠主编 江陵 三湖农场志编纂委员会 1990年 361页
b50318962 F324.1 S145 1990

江陵粮食志
江陵粮食志编写组编 江陵 江陵县志编纂委员会 1987 年 294 页
b20949960 F724.721 J324 1987

江陵县金融志 送审稿
江陵县金融志编纂者 江陵 江陵县金融志编纂者 1986 年 261 页
b45479604 F832.76.34 J324 1986

江陵县文化志
江陵县文化局编 江陵 江陵县文化局 1986 年 油印本 2 卷 441 页
b36379384 G127.634 J324 1986

江陵县教育志 1877-1981
雷方胜主编 江陵 江陵县教育志编纂者 1984 年 358 页
b20182818 G527.634 J324 1984

湖北省江陵县地名志
江陵县地名领导小组办公室编 江陵 江陵县地名领导小组办公室 1982 年 606 页
b12159505 K926.34 J324

江陵县水利志
江陵县水利志编辑组编 廖启光主编 江陵 江陵县水利志编辑组 1984 年 182 页
b17516122 TV-092 L564 1984

黄冈市

黄冈市志
湖北省黄冈市地方志编纂委员会编 刘善桥主编 武汉 崇文书局 2004 年 2 卷 2111 页〔中华人民共和国地方志丛书〕
b15715528 K296.33 H657 2004

黄冈县志
黄冈县志编纂委员会编 武汉 武汉大学出版社 1990 年 673 页
b10600322 K296.34 H657

黄岗县简志
黄岗地区湖北省行政公署编 黄岗 湖北省黄岗地区行政公署 1981 年 1 卷
b18508352 K296.32 H478 1981

黄冈市法院志
黄冈市法院志编写领导小组编 李京洲编写 黄冈 黄冈市法院志编写领导小组 2000 年 357 页
b49704862 D926.22 H657 2000

黄冈县交通志
黄冈县交通史志编辑室编 黄冈 黄冈县新华印刷厂 1984 年 176 页
b2004320x F512.763.4 H657 1984

黄冈道路运输志
黄冈市道路运输管理处道路运输志编纂委员会编 黄中付主编 黄冈 黄冈市道路运输管理处道路运输志编纂委员会 2011 年 630 页
b49640094 F542.863.3 H657 2011

黄冈地区水运志
张明主编 上海 上海社会科学院出版社 1991 年 312 页
b49938861 F552.9 H657 1991

黄冈电信志
龚焱坤主编 黄冈 中国电信股份公司黄冈分公司 2010 年 361 页
b49938575 F632.763.3 H657 2010

黄冈地区金融简志 1987
黄冈地区金融志编纂办公室编写 王福田主编 黄冈 黄冈地区金融志编纂办公室

1988 年 194 页
b4699533x F832.763.3 H657 1988

黄冈县金融志 1882–1985
黄冈县金融志编纂办公室编 黄冈 黄冈县金融志编纂领导小组 1987 年 323 页
b20807223 F832.763.4 H657 1987

黄冈市教育志
黄冈市教育志编纂委员会编 王建学 杨优秀主编 武汉 湖北人民出版社 2012 年 710 页
b40424686 G527.633 H657 2012

黄冈县教育志 1875–1985
黄冈县教育志编纂委员会编 黄冈 黄冈县教育志编纂委员会 1987 年 257 页
b18120866 G527.634 H657 1987

黄冈职业技术学院校志
白颢主编 武汉 武汉出版社 2007 年 293 页
b17962456 G719.286.33 H657 2007

黄冈县路口地方志 1882–1982
路口区史志编辑室编 黄冈 路口区史志编辑室 1986 年 456 页
b19931736 K296.34 H657L 1986

鄂东人物志 现代人物卷
黄冈地区地方志编纂委员会办公室编 黄冈 黄冈地区行署办公室文印中心 1994 年 606 页〔黄冈地区志资料丛书志〕
b2004219x K820.863.2 H656 1994

鄂东风俗志稿
黄冈地区地方志编纂委员会办公室编 余彦文撰 黄冈 黄冈地区地方志编纂委员会办公室 1991 年 279 页〔黄冈地区志资料丛书〕
b20534176 K892.463 Y724 1991

湖北省黄冈县地名志
黄冈县地名领导小组编 黄冈 黄冈县新华印刷厂 1982 年 538 页
b15666992 K926.34 H657

黄州赤壁志
黄州赤壁志编纂委员会编 姜宽主编 赵瑞群总纂 武汉 武汉大学出版社 2018 年 601 页
b53070173 K928.71 C515 2018

黄冈地区土壤志
湖北省黄冈地区土壤普查办公室编 黄冈 罗田县印刷厂 1986 年 244 页
b20043193 S159.263.2 H657 1986

黄冈地区水利志
黄冈地区水利志编纂委员会 湖北省黄冈市水利局编 叶怀锦主编 北京 中国水利水电出版社 1997 年 422 页〔湖北省水利志丛书〕
b20121465 TV–092 Y379 1997

黄冈市水利志 1991–2010
黄冈市水利志编纂委员会编 北京 中国水利水电出版社 2012 年 422 页
b36360326 TV–092 H657 2012

黄州区

黄州区志 1986–2007
湖北省黄冈市黄州区地方志编纂委员会编 骆志勇主编 武汉 武汉大学出版社 2015 年 705 页
b46370791 K296.33 H657G 2015

黄州区烟草志
黄州区烟草志编纂委员会编 王胜言主编 武汉 崇文书局 2006年 433页〔黄冈市烟草志丛书〕
b47584774 F426.89 H657H 2006

黄州文物志
黄州区文化局 黄州区文物局组编 吴仁超主编 武汉 华中科技大学出版社 2015年 139页
b46322115 K872.634 H671 2015

麻城市

麻城县志
湖北省麻城市地方志编纂委员会编 严仪周主编 北京 红旗出版社 1993年 609页
b1308642x K296.34 M123

麻城市志 1986–2005
麻城市地方志编纂委员会编 杨遥主编 武汉 长江出版社 2011年 868页
b37530811 K296.34 M123 2011

湖北省麻城市宋埠镇志
麻城市宋埠镇地方志编纂办公室编 麻城 麻城市宋埠镇地方志编纂办公室 1989年 263页
b23229172 K296.35 S677 1989

中馆驿镇志
麻城市中馆驿镇人民政府编 周炜主编 麻城 麻城市中馆驿镇人民政府 2014年 538页
b51091628 K296.35 Z645 2014

湖北省麻城县地名志
麻城县地名领导小组编 麻城 麻城县地名领导小组 1984年 2卷 1156页
b2113683x K926.34 H478 1984

麻城树木志
周火明 杨旭主编 武汉 武汉大学出版社 2017年 912页
b50747757 S717.263.4 Z665 2017

龟山茶场志
湖北省国营龟山茶场编纂委员会编 金文甫主编 麻城 湖北省国营龟山茶场编纂委员会 1991年 238页
b49982552 TS292.8 G695 1991

麻城县水利志 征求意见稿
麻城市水利志编纂办公室编 麻城 麻城市水利志编纂办公室 1990年 油印本 463页
b2185743x TV–092 M123 1990

武穴市

广济县志
湖北省武穴市地方志编纂委员会编 范确总纂 上海 汉语大词典出版社 1994年 906页〔中华人民共和国地方志丛书〕
b1061736x K296.34 G681

武穴市志 1988–2007
湖北省武穴市地方志编纂委员会编 吴美景主编 武汉 湖北人民出版社 2011年 718页
b30301415 K296.33 W5347W 2011

武穴法院志 1645–2005
武穴法院志编纂委员会编 李觉之总纂 武穴 武穴法院志编纂委员会 2009年 454页
b50320014 D926.22 W534 2009

万丈湖农场志
湖北省国营万丈湖农场志编纂委员会编 胡普生主编 广济 湖北省国营万丈湖农场志编纂委员会 1987 年 365 页
b49983246 F324.1 W173 1987

广济县金融志 1840–1985
广济县金融志编纂领导小组编 广济 广济县金融志编纂领导小组 1988 年 187 页
b20485037 F832.763.4 G681 1988

武穴市教育志
武穴市教育志编纂委员会编 夏国瑞主编 武穴 武穴市红旗印刷厂 2001 年 664 页
b18120805 G527.633 W534 2001

广济方言志
广济县县志编纂委员会编 卢源斌 史纪 刘启宇编著 广济 广济县县志编纂委员会 1985 年 177 页
b20014673 H172.3 L792 1985

湖北省广济县地名志
广济县志编纂委员会办公室编 广济 广济县志编纂委员会办公室 1984 年 516 页
b20015008 K926.34 G681 1984

团风县

团风县志
湖北省团风县地方志编纂委员会编 刘应文主编 武汉 武汉大学出版社 2013 年 711 页
b45569769 K296.34 T539 2013

红安县

红安县志
唐健主编 上海 上海人民出版社 1992 年 867 页〔中国地方志〕
b10948612 K296.34 T241

红安县志 1990–2007
湖北省红安县地方志编纂委员会编 余学武 田胜辉主编 武汉 武汉大学出版社 2016 年 744 页
b5004638x K296.34 H419D 2016

红安县金融志
红安县金融志编辑室编 陈礼仁主编 红安 红安县金融志编辑室 1987 年 208 页
b50268946 F832.763,4 H419 1987

红安县教育志 1905–1985
湖北省红安县教育委员会编 黄世新主编 浠水 湖北浠水县印刷厂 1987 年 310 页
b20138271 G527.634 H419 1987

湖北省红安县地名志
红安县地名领导小组编 红安 红安县地名领导小组 1982 年 636 页
b23229093 K926.34 H419 1982

红安县土壤志
湖北省红安县土壤普查办公室编 红安 湖北省红安县土壤普查办公室 1983 年 181 页〔湖北省第二次土壤普查资料 8〕
b46669048 S159.263.4 H419 1983

罗田县

罗田县志
罗田县地方志编纂委员会编 王国强主编 北京 中华书局 1998 年 815 页
b13325541 K296.34 L924

罗田县志 1986–2005
罗田县地方志编纂委员会编 肖燕梅主编

武汉 武汉出版社 2012 年 828 页
b40935681 K296.34 L924 2012

罗田县交通志
阎福金主编 武汉 湖北新华美雅精装印务公司 2007 年 217 页
b20535259 F512.763.4 L924 2007

罗田县金融志 1874–1985
罗田县金融志编纂办公室编 程度主编 罗田 罗田县金融志编纂领导小组 1988 年 248 页
b45569526 F832.763.4 L924 1988

罗田县教育志 1876–1986
罗田县教育委员会教育志办公室编 罗田 罗田县教育志编纂组 1989 年 378 页
b20182880 G527.634 L924 1989

湖北省罗田县地名志
罗田县地名领导小组编 罗田 罗田县地名领导小组 1984 年 715 页
b13743156 K926.34 L924

罗田土壤志
罗田县土壤普查办公室编 罗田 罗田县土壤普查办公室 1985 年 115 页〔湖北省第二次土壤普查资料 10〕
b46668512 S159.263.4 L924 1985

罗田水利电力志
罗田水利电力志编纂委员会编 童芳烈主编 北京 科学出版社 2007 年 287 页
b49704874 TV-092.634 L924 2007

英山县

英山县志
英山县志编纂委员会编 陈凯文主编 北京 中华书局 1998 年 774 页
b13325553 K296.34 Y545

英山县金融志 1846–1985
英山县金融志编者 英山 湖北省英山县印刷厂 1989 年 217 页
b20485062 F832.763.4 Y545 1989

英山县教育志
英山县教育志编纂委员会编 刘会理主编 黄石 黄石市立信彩色印刷公司 2009 年 406 页
b4485237x G527.634 Y545 2009

湖北省英山县地名志
英山县地名领导小组办公室编 英山 英山县地名领导小组办公室 1982 年 523 页
b12159293 K926.34 Y545

浠水县

浠水县志
湖北省浠水县志编纂委员会编 李伯新主编 北京 中国文史出版社 1992 年 780 页〔中华人民共和国地方志丛书〕
b1349000x K296.34 X131

浠水县志 1988–2007
浠水县地方志编纂委员会编 周勇 吴烨 黄文虎主编 武汉 长江出版社 2014 年 758 页
b46018086 K296.34 X131 2014

浠水县财政志 1986–2007
浠水县财政志编纂委员会编 周国祥主编 武汉 崇文书局 2011 年 443 页
b4064845x F812.763.4 X131 2011

浠水县金融志 1796–1989
浠水县金融志编纂委员会编 武汉 湖北人

民出版社 1993 年 320 页
b40740146 F832.763.4 X131 1993

浠水县教育志 1904–1985
浠水县教育委员会编纂 浠水 湖北省浠水印刷厂 1990 年 282 页
b20404876 G527.634 X131 1990

浠水县教育志 1986–2006
浠水县教育志编纂委员会编 刘炳成主编 武汉 湖北人民出版社 2010 年 342 页
b21007858 G527.634 X131 2010

湖北省浠水县地名志
浠水县地名领导小组编 浠水 浠水县地名领导小组 1983 年 634 页
b12159359 K926.34 X111

浠水土壤志
浠水县土壤普查办公室编 欧阳君主编 浠水 浠水县土壤普查办公室 1985 年 173 页〔湖北省第二次土壤普查资料 12〕
b47416105 S159.263.4 X131 1985

白莲河水库志
黄冈地区白莲河水库志编纂委员会编 武汉 湖北人民出版社 1990 年 229 页
b17586720 TV632.632 B151 1990

蕲春县

蕲春县志
湖北省蕲春县地方志编纂委员会编 岳军 陈绍仪 吕梅森主编 武汉 湖北科学技术出版社 1997 年 910 页
b10600152 K296.34 Q142

蕲春县志 1986–2007
蕲春县地方志编纂委员会编 赵少莲主编 武汉 崇文书局 2015 年 910 页
b50246835 K296.34 Q142D 2015

蕲春县简志
蕲春县人民政府编 蕲春 蕲春县人民政府 1981 年 67 页
b2046647x K296.34 Q142C 1981

蕲春县人大志 1949.12–2004.12
蕲春县人大志编纂委员会编 王成启 景宗志主编 蕲春 蕲春县民政印刷厂 2005 年 554 页
b21569848 D624.634 Q142 2005

蕲春县政协志 1981.1–2001.1
蕲春县政协志编纂委员会编 徐舟济主编 蕲春 蕲春县民政印刷厂 2002 年 404 页
b22431354 D628.634 Q142 2002

八里湖农场志
国营八里湖农场场志办公室编 汪浩编写 蕲春 国营八里湖农场场志办公室 1988 年 485 页
b49851032 F324.1 H478C 1988

八里湖农场志 1986–2006
蕲春县八里湖农场志编纂委员会编 祝和忠主编 蕲春 蕲春县八里湖农场志编纂委员会 2008 年 451 页
b47106207 F324.1 H478 2008

蕲春县金融志 1889–1985
蕲春县金融志编辑室编 方达瑛主编 蕲春 蕲春县金融志编辑室 1988 年 229 页
b45569575 F832.763.4 Q142 1988

蕲春县文化新闻出版志 1986–2007
蕲春县文化新闻出版志编纂委员会编 陈亚西主编 蕲春 蕲春县民政印刷厂 2009

年 430 页
b36379773　G127.634 Q142 2009

蕲春县教育志
湖北省蕲春县教育局教育志编纂组编 赵德鼎主编 蕲春 湖北省蕲春县教育局 1987 年 339 页
b16436787　G527.634 Q142 1987

蕲春县第一高级中学校志 1939–1999
蕲春县第一高级中学校志编辑组编 孙绪旺主编 蕲春 蕲春县芝麻山彩印厂 1999 年 336 页
b20103372　G639.286.34 Q142 1999

湖北省蕲春县地名志
蕲春县地名领导小组编 蕲春 蕲春县地名领导小组 1983 年 770 页
b15667078　K926.34 Q142

蕲州药志
梅全喜主编 北京 中医古籍出版社 1993 年 318 页
b46398429　R281.463.4 M288 1993

湖北省蕲春县水利志 1949–2008
王兴海主编 香港 中国文化出版社 2009 年 405 页
b45452957　TV–092 Q142 2009

黄梅县

黄梅县志
黄梅县地方志编纂委员会编 潘继安 熊锦华主编 北京 中华书局 1999 年 2 卷 1163 页〔中华人民共和国地方志丛书〕
b13496621　K296.34 H663

黄梅县简志
黄梅县人民政府编 黄梅 黄梅县人民政府 1981 年 64 页
b20484161　K296.34 H663H 1981

五祖寺志
黄梅五祖寺志编纂委员会编 武汉 湖北科学技术出版社 1992 年 286 页
b13993653　B947.263.4 H663

龙感湖农场志 1956–1985
龙感湖农场志编纂委员会编 陈实学主笔 黄梅 龙感湖农场志编纂委员会 1989 年 416 页
b49982278　F324.1 L741 1989

黄梅县金融志 1876–1985
黄梅县金融志编辑室编 黄梅 黄梅县金融志编辑室 1992 年 197 页
b5023397x　F832.763.4 H663 1992

黄梅县教育志 1840–1985
赵进 徐耀环编纂 黄梅 黄梅县教育委员会 1989 年 376 页
b27575731　G527.634 H663

黄梅一中校志 1912–2012
黄梅一中校志编委会编 黄梅 黄梅一中校志编委会 2012 年 373 页
b40743378　G639.286.34 H663 2012

黄梅方言志
王定国著 武汉 华中师范大学出版社 2016 年 206 页
b49498617　H172.3 W214 2016

黄梅采茶戏志
黄梅县文化局编 北京 中国戏剧出版社 1991 年 152 页〔湖北省地方戏曲研究丛书〕
b18280894　J825.63 H663 1991

湖北省黄梅县地名志
黄梅县地名领导小组办公室编 黄梅 黄梅县地名领导小组办公室 1985年 716页
b13743235 K926.34 H663

黄梅县土壤志
黄梅县土壤普查办公室编 黄考田主编 黄梅 黄梅县土壤普查办公室 1988年 197页〔湖北省第二次土壤普查资料 15〕
b46668457 S159.263.4 H663 1988

咸宁市

咸宁市志
湖北省咸宁市地方志编纂委员会编 常守先 周鸿雁主编 北京 中国城市出版社 1992年 953页〔中华人民共和国地方志丛书〕
b10645159 K296.33 X214

咸宁市志 1965–2005
咸宁市地方志编纂委员会编 李兵主编 武汉 湖北科学技术出版社 2014年 2卷 1310页
b46377542 K296.33 X214 2014

咸宁县简志
湖北省方志纂修委员会编 武汉 湖北人民出版社 1958年 142页
b14983850 363.22 472.3

咸宁市地名志
湖北省咸宁市地名领导小组编 周天坤主编 咸宁 湖北省咸宁市地名领导小组 1984年 722页
b20369347 K926.33 X214 1984

咸宁土壤志
咸宁县土壤普查办公室编 佘贻珍主编 咸宁 咸宁县土壤普查办公室 1982年 155页〔湖北省第二次土壤普查资料 25〕
b46668652 S159.263.4 X214 1982

咸宁地区水利志
咸宁地区水利志编纂委员会编 葛振华主编 武汉 湖北人民出版社 2001年 515页〔湖北省水利志丛书〕
b1880522x TV–092 G348 2001

赤壁市

赤壁市民政志 1840–2003
赤壁市民政志编纂委员会编 李汉新主编 香港 天马图书有限公司 2003年 545页
b4731736x D632 C515 2003

柳山湖镇移民志 1958–2010
柳山湖镇移民志编纂委员会编 汤大荣主编 赤壁 赤壁市宏远印刷厂 2010年 388页
b40648461 D632.4 L712 2010

蒲圻志
湖北省蒲圻市地方志编纂委员会编 胡嘉运 饶子平主编 深圳 海天出版社 1995年 739页〔中华人民共和国地方志丛书〕
b13476439 K296.33 P677

蒲圻县地名志
湖北省蒲圻县地名领导小组编 蒲圻 湖北省蒲圻县地名领导小组 1982年 333页
b1215944x K926.34 P677

三峡试验坝 陆水蒲圻水利枢纽志
三峡试验坝陆水蒲圻水利枢纽志编纂委员会编 陈秋楚 毛振培主编 武汉 湖北人民出版社 1999年 323页
b20467874 TV632.71 C429 1999

嘉鱼县

嘉鱼县志
湖北省嘉鱼县地方志编纂委员会编 武汉 湖北科学技术出版社 1993 年 1065 页〔中华人民共和国地方志丛书〕
b10604297 K296.34 J198

官桥镇志 1979–2006
嘉鱼县官桥镇志编纂委员会编 章斌主编 嘉鱼 嘉鱼县官桥镇志编纂委员会 2009 年 477 页
b50729317 K296.35 G639 2009

老官乡志
嘉鱼县老官乡地方志编纂领导组编印 刘平主编 咸宁 湖北省嘉鱼县印刷厂 1987 年 250 页
b20015574 K296.35 L255

簰洲镇志
簰洲镇志编纂办公室编 陈明球主编 咸宁 嘉鱼县印刷厂 1988 年 342 页
b20016141 K296.35 P137 1988

嘉鱼县粮食志
湖北省嘉鱼县粮食局编 朱德民主编 嘉鱼 湖北省嘉鱼县粮食局 1987 年 161 页
b47072982 F724.721 J198 1987

嘉鱼县教育志
嘉鱼县教育志编纂办公室编 陈名主主编 嘉鱼 嘉鱼县教育志编纂办公室 1989 年 283 页
b20182806 G527.634 J198 1989

嘉鱼一中校志
湖北省嘉鱼一中校志编纂办公室编 陈述祖主编 嘉鱼 湖北省嘉鱼一中校志编纂办公室 1990 年 168 页
b46668469 G639.286.34 J198 1990

嘉鱼县地名志
嘉鱼县地名领导小组编 嘉鱼 嘉鱼县地名领导小组 1982 年 379 页
b12159517 K926.34 J198

嘉鱼县水利志
嘉鱼县水利志编写组编 王清贵主编 嘉鱼 湖北省嘉鱼县印刷厂 1987 年 211 页
b20139007 TV–092 W227 1987

通城县

通城县志
湖北省通城县志编纂委员会编 武汉 湖北省通城县志编纂委员会 1985 年 730 页
b12313403 K296.34 T426

通城县地名志
通城县地名领导小组编 通城 通城县地名领导小组 1982 年 329 页
b12159372 K926.34 T426

通城土壤志
通城县土壤普查办公室编 通城 通城县土壤普查办公室 1983 年 210 页〔湖北省第二次土壤普查资料 28〕
b46995924 S159.263.4 T426 1983

崇阳县

崇阳县志
崇阳县志编纂委员会编 武汉 武汉大学出版社 1991 年 809 页
b10600279 K296.34 C541

崇阳县国土资源志
崇阳县国土资源志编纂委员会编 姜和平 黄裕晏主编 崇阳 崇阳县国土资源志编纂委员会 2011 年 409 页
b51090697 F129.963.4 C541 2011

崇阳县文化体育志 1729–2009
崇阳县文化体育志编纂委员会编 金亚敏 王向阳主编 崇阳 崇阳县文化体育志编纂委员会 2016 年 306 页
b50233786 G127.634 C541 2016

崇阳县教育志 1840–2005
崇阳县教育志编纂委员会编 田三道主编 武汉 湖北人民出版社 2012 年 355 页
b40425885 G527.634 C541 2012

崇阳县地名志
湖北省崇阳县地名领导小组编 崇阳 湖北省崇阳县地名领导小组 1982 年 539 页
b12159578 K926.34 C541

崇阳县水利志
崇阳县水利志编纂委员会编 胡焕文主编 武汉 武汉测绘科技大学出版社 1991 年 182 页
b21856436 TV–092 C5418 1991

崇阳县水利志 1985–2005
崇阳县水利志编纂委员会编 李力 潘阳冬主编 武汉 长江出版社 2011 年 285 页
b44851418 TV–092 C5418 2011

通山县

通山县志
湖北省通山县志编纂委员会编 王致远主编 北京 中国文史出版社 1991 年 670 页
b10759244 K296.34 T4267

通山县志 1986–2005
通山县地方志编纂委员会编 曾国平主编 武汉 湖北科学技术出版社 2014 年 901 页
b46011237 K296.34 T4267 2014

横石潭镇志
九宫山镇人民政府主办 横石潭镇志编纂委员会编 深圳 深圳市彩印王印刷公司 2009 年 515 页〔通山县地方志〕
b20576766 K296.35 H3918 2009

新塘下村志
通羊镇新塘下村志编纂委员会编 夏国治主编 通山 通山县诚信印刷厂 2011 年 343 页〔通山县地方志〕
b46011833 K296.35 X444 2011

通山县文化志
吴展鹏主编 通山 湖北省通山县文化局 1987 年 229 页
b20141087 G127.634 T426 1987

随州市

随州志
湖北省随州市地方志编纂委员会编 北京 中国城市经济社会出版社 1988 年 691 页〔中华人民共和国地方志丛书〕
b11488438 K296.33 H478

随州交通志 1869–2005
随州市交通运输局编纂 陈松主编 随州 随州市交通运输局 2010 年 574 页
b47317279 F512.763.3 S748 2010

随州贸易志
随州贸易志编辑室编 刘光选主编 随州 随州贸易志编辑室 1987 年 160 页
b50319826 F727.633 S748 1987

随州金融志 1979–2008
中国人民银行随州市中心支行编 兰家彬主编 随州 中国人民银行随州市中心支行 2012 年 617 页
b49533952 F832.763.3 S748 2012

随州文化志
随州市文化局编 任席贵主编 随州 随州市文化局 1987 年 152 页
b3638009x G127.633 S748 1987

随州教育志
随州市教育委员会编 王祖汉 喻家发主编 随州 随州市教育委员会 1996 年 345 页
b20404591 G527.633 S748 1996

湖北省随州市地名志
随州市地名领导小组办公室编 随州 随州市地名领导小组办公室 1983 年 229 页
b13743508 K926.33 S748

曾都区

曾都民政志
曾都民政志编纂委员会编纂 随州 曾都民政志编纂委员会 2017 年 428 页〔随州市曾都区地方志丛书〕
b50727771 D632 Z238 2017

曾都财政志 1979–2009
随州市曾都区财政局编 李宗友主编 随州 随州市曾都区财政局 2014 年 479 页〔随州市曾都区地方志丛书〕
b47073317 F812.763.3 Z238 2014

曾都税务志 1990–2009
随州市曾都区国家税务局 随州市曾都区地方税务局编 刘明生 王杜豆 汪麟主编 随州 随州市曾都区国家税务局 2013 年 690 页〔随州市曾都区地方志丛书〕
b47073329 F812.763.3 Z238C 2013

广水市

应山县志
湖北省应山县志编纂委员会编 李安善主编 武汉 湖北科学技术出版社 1990 年 726 页〔中华人民共和国地方志丛书〕
b13254376 K296.34 Y5487

应山县教育志 1024–1985
应山县教育志编纂小组编 周剑秋 刘正海主编 应山 应山县教育志编纂小组 1989 年 369 页
b36014254 G527.634 Y548

应山县土壤志
应山县土壤普查办公室编 应山 应山县土壤普查办公室 1983 年 242 页〔湖北省第二次土壤普查资料 28〕
b46668706 S159.263.4 Y548 1983

应山县水利志
应山县水利志编辑组编 曹元寿主编 孝感 孝感地区印刷厂 1985 年 233 页
b20536252 TV–092 Y548 1985

随 县

随县教育志 1900–1983
随县教育志编辑组编 随州 随州市国营印刷厂 1983 年 173 页
b15957615 G527.634 S748 1983

浙河志
随县浙河志编写组编 朱世瑶编写 随县 浙河印刷厂 1983 年 171 页
b21136713 K296.635 X136 1983

湖北省随县地名志
随县地名领导小组编 随县 随县地名领导小组 1984年 845页
b23229275 K926.34 S748 1984

随县水利志
湖北省随县水利局编 随县 湖北省随县水利局 1984年 424页
b21857738 TV-092 S748 1984

恩施土家族苗族自治州

恩施州志
湖北省恩施土家族苗族自治州地方志编纂委员会编 任泽全主编 武汉 湖北人民出版社 1998年 1186页
b10468481 K296.32 E137

恩施州志 1983–2003
湖北省恩施土家族苗族自治州地方志编纂委员会编著 杨圣和 卢群林主编 武汉 湖北人民出版社 2013年 1288页
b41213786 K296.32 E137 2013

恩施州委党校志 1952–2012
中国共产党恩施土家族苗族自治州委员会党校编 北京 方志出版社 2012年 649页
b36708641 D261.41 E137 2012

恩施州审计志 1983–2003
恩施州审计志编纂委员会编 刘祥华总编 恩施 恩施州审计局 2006年 206页
b49533095 F239.227.632 E137 2006

恩施州水利电力勘测设计院电力工业志 1933–2005
恩施州水利电力勘测设计院电力工业志编纂委员会编 王大坤主编 武汉 湖北人民出版社 2009年 141页〔恩施土家族苗族自治州电力工业志丛书〕
b44851704 F426.6 W214 2009

恩施自治州交通志
恩施自治州交通志编纂委员会编 何显铸 侯礼新主编 郑州 河南人民出版社 1993年 534页〔湖北省交通志丛书〕
b2004222x F512.763.2 E137 1993

恩施土家族苗族自治州邮电志
恩施土家族苗族自治州邮电局编 祝义山主编 北京 人民邮电出版社 1994年 161页
b2176315x F632.763.2 E137 1994

恩施土家族苗族自治州金融志 1983–2004
恩施土家族苗族自治州金融志编纂委员会编 李涛香主编 武汉 湖北人民出版社 2017年 569页
b50347196 F832.763.3 E137 2017

恩施州教育志 1983–2003
恩施州教育志编纂领导小组编 李长强主编 武汉 崇文书局 2009年 417页
b27575500 G527.632 E137 2009

恩施傩戏志
张金梅等编著 武汉 武汉大学出版社 2017年 306页〔中国戏曲文化研究丛书〕
b50792532 J825.63 Z354 2017

恩施土家族苗族自治州民族志
恩施土家族苗族自治州民族宗教事务委员会编 向国成主编 王平执行主编 北京 民族出版社 2003年 重修本 628页〔湖北省人文社科重点研究基地南方少数民族研究中心丛书〕
b19931372 K280.632 E137 2003

酉水流域土家族民俗志
林继富 覃金福 张远满著 北京 民族出版社 2014年 659页〔中央民族大学民俗学书系〕
b45923504 K892.373 L586Y 2014

湖北恩施药用植物志
方志先 廖朝林主编 武汉 湖北科学技术出版社 2006年 702页
b20575762 R282.71 F226 2006

恩施市

恩施县志 1840–1982
恩施市地方志编纂委员会修订 李国庆主编 武汉 湖北人民出版社 2015年 修订本 872页
b4962538x K296.34 E137C 2015

恩施市志
湖北省恩施市地方志编纂委员会编 姚正维主编 武汉 武汉工业大学出版社 1996年 642页
b15932941 K296.33 E137 1996

恩施市志 1983–2003
恩施市地方志编纂委员会编 秦斌 李国庆主编 武汉 湖北人民出版社 2011年 793页
b40421041 K296.33 E137 2011

龙凤镇志 1813–2003
龙凤镇志编纂委员会编 崔宇辉主编 武汉 湖北人民出版社 2014年 440页
b50017482 K296.35 L741 2014

恩施市国土资源志
恩施市国土资源志编纂委员会编 武汉 湖北人民出版社 2010年 554页
b23216177 F129.963.3 E137 2010

恩施市电力工业志 1933–2005
恩施市电力工业志编纂委员会编 龙建军主编 武汉 湖北人民出版社 2009年 362页〔恩施土家族苗族自治州电力工业志丛书〕
b44748887 F426.61 E137 2009

恩施市档案史志志
恩施市档案史志志编纂委员会编 北京 方志出版社 2016年 376页
b49598302 G279.276.33 E137 2016

恩施县地名志
恩施市地方志编纂委员会 恩施市地名志修订委员会编 张思楚 黄兴主编 北京 方志出版社 2016年 554页
b49738690 K926.34 E137C 2016

湖北省恩施县地名志
恩施县地名办公室编 恩施 鄂西报印刷厂 1984年 550页
b15667698 K926.34 E137 1984

利川市

利川市志
湖北省利川市地方志编纂委员会编 张兴文总编 武昌 湖北科学技术出版社 1993年 586页〔中华人民共和国地方志丛书〕
b10836391 K296.33 L454

利川市志 1986–2003
利川市地方史志编纂委员会编 欧瑞荣主编 武汉 湖北人民出版社 2010年 858页
b23217236 K296.33 L454 2010

利川市团堡镇志 1368–2013
利川市团堡镇地方志编纂委员会编 张文生主编 武汉 武汉出版社 2015年 565页
b47035079 K296.35 T539 2015

利川政协志
中国人民政治协商会议利川市委员会编 吴德成主编 北京 中国文史出版社 2007年 440页
b21568960 D628.634 L454 2007

利川市电力工业志 1951–2005
利川市电力工业志编纂委员会编 胡启成主编 武汉 湖北人民出版社 2009年 265页〔恩施土家族苗族自治州电力工业志丛书〕
b49851111 F426.61 L454 2009

利川市教育志 1740–1986
马德然主编 利川 湖北省利川市印刷厂 1992年 468页
b27575962 G527.633 L454 1992

利川市民族志
利川民族志编纂委员会编 潘顺福主编 成都 四川民族出版社 1991年 288页
b17514344 K280.634 P162 1991

利川人物志
利川市地方史志编纂委员会编 欧瑞荣主编 武汉 武汉出版社 2014年 2卷 860页
b45645772 K820.863.3 L454 2014

湖北省利川县地名志
利川县地名办公室编 利川 利川县印刷厂 1984年 693页
b15667637 K926.34 L454 1984

利川县土壤志
利川县土壤普查办公室编 利川 利川县土壤普查办公室 1987年 285页〔湖北省第二次土壤普查资料 72〕
b46669255 S159.263.4 L454 1987

建始县

建始县志
建始县地方志编纂委员会编 龚万志主编 武汉 湖北辞书出版社 1994年 797页
b10617310 K296.34 J295

建始县志 1983–2003
建始县地方志编纂委员会编 陈先贵主编 北京 方志出版社 2012年 885页
b4093861x K296.34 J295 2012

店子坪村志(建始县)
湖北省地方志编纂委员会编办公室编 黄建华主编 武汉 武汉大学出版社 2017年 176页〔湖北省村志系列〕
b50747484 K296.35 v5

建始县电力工业志 1949–2005
卢祖章主编 武汉 湖北人民出版社 2008年 449页〔恩施州电力工业志丛书〕
b49851093 F426.61 J295 2008

湖北省建始县地名志
建始县地名办公室编 武汉 湖北省新华印刷厂 1983年 436页
b15667662 K926.34 J295 1983

巴东县

巴东县志
湖北省巴东县志编纂委员会编 邓茂林主编 武汉 湖北科学技术出版社 1993年 609页
b13084999 K296.34 B112

巴东县志 1986–2005
巴东县地方志编纂委员会编 刘冰主编 北京 中国文史出版社 2014年 734页

b46442303　K296.34　B112L　2014

巴东县电力工业志　1933–2005
巴东县电力工业志编纂委员会编　贾继定主编　武汉　湖北人民出版社　2009年　336页〔恩施土家族苗族自治州电力工业志丛书〕
b49851068　F426.61　B112　2009

湖北省巴东县地名志
姚大胜主编　巴东　巴东县地名领导小组　1983年　439页
b12159591　K926.34　B112

宣恩县

宣恩县志
宣恩县志编纂委员会编　谭绍国总编辑　武汉　武汉工业大学出版社　1995年　473页
b13398301　K296.34　X637

宣恩县志　1979–2000
宣恩县地方志编纂委员会编　曾德权主编　北京　方志出版社　2011年　478页
b37530264　K296.34　X637　2011

宣恩县林业志
林宝琦主编　宣恩　湖北省宣恩县林业局　1992年　210页
b50269604　F326.276.34　X637　1992

宣恩县电力工业志　1958–2005
宣恩县电力工业志编纂委员会编　胡卫东主编　武汉　湖北人民出版社　2009年　416页〔恩施土家族苗族自治州电力工业志丛书〕
b49851123　F426.61　X637　2009

湖北省宣恩县地名志
宣恩县地名办公室编　宣恩　宣恩县地名办公室　1983年　456页
b12624391　K926.34　X637

宣恩县土壤志
宣恩县土壤普查办公室编　宣恩　宣恩县土壤普查办公室　1983年　416页〔湖北省第二次土壤普查资料　73〕
b46668688　S159.263.4　X637　1983

咸丰县

咸丰县志
咸丰县志编纂委员会编　李享善总编辑　武汉　武汉大学出版社　1990年　580页
b1062529x　K296.34　X214

咸丰县志　1986–2005
咸丰县志编纂委员会编　戴清堂主编　北京　方志出版社　2011年　756页
b46903264　K296.34　X214C　2011

湖北省咸丰县民政志
咸丰县民政局编　黄维泽主编　咸丰　咸丰县国营印刷厂　1988年　221页
b40740389　D632　X2142　1988

咸丰县电力工业志　1950–2005
咸丰县电力工业志编纂委员会编　陈和平主编　武汉　湖北人民出版社　2009年　410页〔恩施土家族苗族自治州电力工业志丛书〕
b44748917　F426.61　X214　2009

湖北省咸丰县地名志
咸丰县地名办公室编　咸丰　咸丰县国营印刷厂　1984年　374页
b15667583　K926.34　X214　1984

咸丰县土壤志
咸丰县土壤普查办公室编　朱秀德主编　咸

丰 咸丰县土壤普查办公室 1984 年 313 页〔湖北省第二次土壤普查资料 74〕
b49789855 S159.263.4 X2142 1984

来凤县

鄂西土家族苗族自治州来凤县志
湖北省来凤县县志编纂委员会编 武汉 湖北人民出版社 1990 年 589 页
b10644623 K296.34 L144

湖北省恩施土家族苗族自治州来凤县志 1983–2003
来凤县地方志编纂委员会编 向军主编 北京 方志出版社 2014 年 699 页
b46934066 K296.34 L144C 2014

来凤县人民代表大会志 1949–2016
来凤县人民代表大会志编纂委员会编 明文林主编 北京 方志出版社 2016 年 649 页
b49675369 D624.634 L144 2016

中国人民政治协商会议湖北省来凤县政协志 1984–2016
陈胜主编 北京 中国文史出版社 2016 年 550 页
b49639456 D628.634 L144 2016

来凤县国土资源志
谢开军主编 来凤 湖北省来凤县国土资源局 2007 年 261 页
b50347391 F129.963.4 L144 2007

来凤县交通志 1985–2005
来凤县交通志编纂委员会编 田援朝主编 来凤 来凤县交通志编纂委员会 2007 年 279 页
b50347408 F512.763.4 L144 2007

来凤县文化体育志 1736–2014
来凤县文化体育局编 北京 中国文史出版社 2017 年 306 页
b49923511 G127.634 L144 2017

来凤县教育志 1736–2003
来凤县教育志编纂组编 伍士富著 来凤 来凤县教育志编纂组 2008 年 414 页
b50269112 G527.634 L144 2008

来凤县民族志
向子钧 周益顺 张兴文主编 北京 民族出版社 2003 年 277 页〔恩施州民族研究丛书〕
b19931888 K280.634 X315 2003

来凤土家族自治县地名志
来凤土家族自治县地名办公室编 来凤 来凤土家族自治县地名办公室 1983 年 538 页
b12159463 K926.34 L144

鹤峰县

鹤峰县志
湖北省鹤峰县史志编纂委员会编 黄贤美总纂 武汉 湖北人民出版社 1990 年 596 页
b10759013 K296.34 H312

鹤峰县志 1986–2005
鹤峰县志编纂委员会编著 丰远桥 龚光美主编 武汉 湖北人民出版社 2012 年 758 页
b46018165 K296.34 H312 2012

鹤峰县电力工业志 1956–2005
鹤峰县电力工业志编纂委员会编 瞿朝天主编 武汉 湖北人民出版社 2007 年 362

页〔恩施州电力工业志丛书〕
b49851081　F426.61 H312 2007

鹤峰苏区文化志　初稿
鹤峰苏区文化志编纂小组编 向宏理 黄平编纂 鹤峰 鹤峰苏区文化志编纂小组 1985 年 油印本 76 页
b21276274　G127.634 H312 1985

鹤峰教育志
张传道编 鹤峰 鹤峰县教育委员会 1990 年 301 页
b27575676　G527.634 H312 1990

鹤峰土家族自治县地名志
鹤峰土家族自治县地名领导小组办公室编 鹤峰 鹤峰土家族自治县地名领导小组办公室 1982 年 234 页
b12159542　K926.34 H312

省直辖县级行政单位

仙桃市

沔阳县志
仙桃市地方志编纂委员会编 武汉 华中师范大学出版社 1989 年 704 页
b13634008　K296.34 M449

仙桃市志　人物志 1986–2010
仙桃市地方志编纂委员会办公室编 李爱红主编 武汉 湖北人民出版社 2011 年 590 页
b30301427　K296.33 X192 2011

彭场镇志
彭场镇地方志编纂领导小组编 汪烈芳主编 仙桃 彭场镇地方志编纂领导小组 1989 年 372 页
b20103177　K296.35 P334 1989

彭场镇志　1986–2005
彭场镇地方志编纂委员会编 汪烈芳主编 仙桃 彭场镇地方志编纂委员会 2010 年 614 页
b5077802x　K296.35 P334 2010

仙桃镇志
沔阳县仙桃镇志编纂委员会编 周胜主编 沔阳 沔阳县仙桃镇志编纂委员会 1988 年 487 页
b20017297　K296.35 X192 1988

杨林尾镇志　1900–2010
湖北省仙桃市杨林尾镇人民政府 仙桃市杨林尾镇地方志编纂委员会编 陈剑春主编 武汉 武汉贝思印务设计有限公司 2013 年 803 页〔湖北省仙桃市地方志丛书〕
b46012990　K296.35 Y238 2013

仙桃市房地产管理志　1959–2005
湖北省仙桃市房地产管理局主编 武汉 湖北人民出版社 2008 年 377 页
b40658351　F299.276.33 X192 2008

沔阳交通志
许秉煌主编 沔阳 沔阳县交通局 1985 年 219 页
b20102914　F512.763.4 M449 1985

沔阳县供销合作社志
仙桃市供销社编纂领导小组编纂 仙桃 仙桃市供销社编纂领导小组 1996 年 239 页
b51079665　F721.2 M449 1996

沔阳县金融志　1840–1985
仙桃市金融志编纂委员会编 金光明主编 仙桃 仙桃市金融志编纂委员会 1993 年

255 页
b42291392　F832.763.4　M449　1993

沔阳教育志
沔阳县教育局编纂　辜德进主编　沔阳　沔阳县教育局　1985 年　363 页
b20182041　G527.634　M449　1985

仙桃教育志　1985–1999
吴德才主编　武汉　武汉工业大学出版社　2000 年　341 页
b15602102　G527.633　W485　2000

长埫口区志
长埫口区志编纂小组编　刘生才主笔　仙桃　国营九原印刷厂　1990 年　610 页
b20013966　K296.34　M449C　1990

胡场地方志　1986–2002
胡场镇第二届志书编纂工作组编　仙桃　胡场镇第二届志书编纂工作组　2007 年　334 页
b49678395　K296.35　H469　2007

黄荆区志
黄荆区志编纂领导小组编　沔阳　黄荆区志编纂领导小组　1986 年　442 页
b20015112　K296.34　M449H　1986

沔城志
沔城回族镇人民政府编　魏光荣主编　仙桃　沔城回族镇人民政府　1990 年　214 页
b20102902　K296.35　M449　1990

沔城志
沔城志编纂委员会编　魏光荣主编　武汉　湖北科学技术出版社　2000 年　增订本　403 页
b20098698　K296.35　M449　2000

西流河区志
西流河区地方志编纂小组编　仙桃　西流河区地方志编纂小组　1986 年　676 页
b20104339　K296.33　X119　1986

杨林尾区志　1840–1985
杨林尾区志编纂领导小组办公室编　郭明庭主编　仙桃　杨林尾区志编纂领导小组办公室　1989 年　541 页
b36246372　K296.33　X192Y　1989

湖北省沔阳县地名志
沔阳县地名领导小组办公室编　沔阳　沔阳县地名领导小组办公室　1982 年　534 页
b12159451　K926.34　M449

沔阳土壤志
沔阳县土壤普查办公室编　沔阳　沔阳县土壤普查办公室　1983 年　137 页〔湖北省第二次土壤普查资料　38〕
b46668548　S159.263.4　M449　1983

沔阳水利志
仙桃市水利局编修　仙桃　仙桃市水利局　1990 年　初稿　321 页
b21857921　TV–092　M449　1990

潜江市

潜江市志　1986–2005
潜江市地方志编纂委员会编　张桂华主编　武汉　长江出版社　2011 年　835 页
b37530823　K296.33　Q225　2011

江汉油田军事志　1965–2005
江汉油田人民武装部军事志编纂委员会编　冉隆安主编　潜江　江汉油田人民武装部军事志编纂委员会　2008 年　319 页
b50727461　E289.633　J324　2008

后湖农场志
湖北省国营后湖农场志编纂委员会编 李超荣主编 潜江 湖北省国营后湖农场志编纂委员会 1990 年 317 页
b50318640 F324.1 H443 1990

运粮湖农场志
运粮湖农场志编纂委员会编 郑明福主编 潜江 运粮湖农场志编纂委员会 1990 年 454 页
b50319279 F324.1 Y914 1990

江汉油田志
江汉油田志编纂委员会 丘昌济主编 北京 人民出版社 1993 年 673 页
b50151423 F426.22 J324D 1993

潜江交通志
潜江交通志编委会编 北京 中国铁道出版社 1992 年 355 页
b20044859 F512.763.3 Q225 1992

潜江物价志
潜江物价志编纂委员会编 王育群主编 潜江 潜江物价志编纂委员会 2008 年 310 页
b5099167x F726.763.3 Q225 2008

潜江国税志 1994–2004
潜江国税志编纂委员会编 李平安主编 潜江 潜江国税志编纂委员会 2005 年 358 页
b5072759x F812.423 Q225 2005

潜江市金融志
潜江市金融志编纂委员会编 尹伦琰主编 潜江 潜江市金融志编纂委员会 2007 年 275 页
b49607935 F832.763.3 Q225 2007

潜江县金融志
潜江县金融志编辑室编 尹伦琰 刘国太总纂 仙桃 湖北教育出版社印刷厂 1987 年 277 页〔潜江县地方志丛书〕
b45569587 F832.763.4 Q225 1987

江汉油田教育志 1965–2000
江汉油田教育志编纂委员会编 彭学元 舒云涛主编 潜江 江汉油田教育志编纂委员会 2002 年 295 页
b47073019 G527.633 Q225 2002

潜江市教育志 1986–2005
潜江市教育局编 王培训主编 武汉 湖北人民出版社 2010 年 578 页
b47585092 G527.633 Q2254 2010

湖北省潜江县地名志
潜江县地名领导小组办公室编 潜江 潜江县地名领导小组办公室 1983 年 501 页
b13743259 K926.34 Q225

江汉石油固井志
江汉石油固井志编纂委员会编 游云武 张良万主编 武汉 江汉石油固井志编纂委员会 2012 年 445 页
b50778018 TE256 Y668 2012

潜江水利志
潜江水利志编纂委员会 湖北省潜江市水利局编 北京 中国水利水电出版社 1997 年 346 页〔湖北省水利志丛书〕
b20121477 TV–092 Q225 1997

潜江市环境保护志
张新全主编 北京 中国文史出版社 2009 年 278 页
b22431378 X321.263.3 Q225 2009

天门市

天门县志
湖北省天门市地方志编纂委员会编 罗菊庭总纂 武汉 湖北人民出版社 1989年 1106页
b10728004 K296.34 T343

天门市志 1979–2003
天门市地方志编纂委员会编 柯俊总纂 武汉 长江出版社 2013年 818页
b4978979x K296.33 T343 2013

黄潭镇志
李晓菁主编 北京 新华出版社 2008年 644页
b20102094 K296.35 H667 2008

天门市人口与计划生育志 1949–2004
天门市人口和计划生育委员会编 雷慧华主编 天门 天门市人口和计划生育委员会 2008年 326页
b47317309 C924.256.33 T343 2008

天门金融志 1800–1985
天门金融志编纂领导小组编 龚汉廷 郭仁树主编 天门 天门金融志编纂领导小组 1990年 312页
b45569691 F832.763.4 T343 1990

天门教育志
天门教育志编纂委员会编 京山 湖北省京山县印刷厂 1990年 506页
b16415474 G527.633 T343 1990

天门市教育志 1986–2003
湖北省天门市教育局编 赵江发主编 武汉 湖北人民出版社 2006年 594页〔湖北省地方志丛书〕
b17298556 G527.633 T343 2006

天门市实验小学校志 1908–2008
天门市实验小学校志编纂委员会编 胡爱平主编 天门 天门市实验小学校志编纂委员会 2008年 606页
b40743810 G629.286.33 T343 2008

湖北省天门县地名志
天门县地名领导小组办公室编 天门 天门县地名领导小组办公室 1982年 470页
b12159384 K926.34 T343

天门市卫生志
天门市卫生志办公室编纂 陈幼发主编 天门 天门市卫生志办公室 2005年 532页
b50152555 R199.2 T343 2005

天门县土壤志
天门县土壤普查办公室编 大冶 大冶县土壤普查办公室 1983年 171页〔湖北省土壤普查资料 39〕
b47415940 S159.263.4 T343 1983

天门水利志
天门水利志编纂委员会 湖北省天门市水利局编 段安华总编辑 北京 中华书局 1999年 366页〔湖北省水利志丛书〕
b2001983x TV–092 D744 1999

神农架林区

神农架志
湖北省神农架林区地方志编纂委员会编 武汉 湖北科学技术出版社 1996年 362页
b10600073 K296.34 S398

神农架农业志 1980–2006
神农架农业志编纂委员会编 谭邦军编纂 神农架 神农架农业志编纂委员会 2006

年 228 页〔地方志系列丛书〕
b46995742　F327.633　S398　2006

神农架交通志
神农架林区交通局 神农架林区地方志编纂委员会办公室编 余祖常主编 神农架 神农架林区地方志编纂委员会 2001 年 313 页〔神农架地方志丛书〕
b4093570x　F512.763　S398　2001

神龙架自然保护区志 1982-2011
湖北神龙架国家级自然保护区管理局编 廖明尧主编 武汉 湖北科学技术出版社 2012 年 253 页
b46562151　K296.34　S398C　2012

湖北省神农架林区地名志
神农架林区地名领导小组办公室编 神农架林区 神农架林区地名领导小组办公室 1982 年 392 页
b12159426　K926.34　S388

神农架植物志
邓涛 张代贵 孙航主编 北京 中国林业出版社 2018 年 4 册〔神农架国家公园丛书〕
b51079112　Q948.526.3-64　S398　2018

湖南省

湖南省志
湖南省志编纂委员会编 长沙 湖南人民出版社 1980–1982 年 第 3 版 第 2 次修订本 949 页
b14663983 K296.4 H477S（3）

湖南省志 卷首 序 凡例 总目 总述
湖南省地方志编纂委员会编 北京 五洲传播出版社 2005 年 修订本 644 页
b12488513 K296.4 H479

湖南省志 第 1–2 卷
湖南省志编纂委员会编 长沙 湖南人民出版社 1980 年 第 3 版 2 卷
b12313397 K296.4 H477S

湖南省志 第 1 卷 湖南近百年大事纪述
湖南省志编纂委员会编 长沙 湖南出版社 1999 年 修订本 1079 页
b14664215 K296.4 H477S（2）

湖南省志 第 2 卷 地理志
湖南省志编纂委员会编 长沙 湖南人民出版社 1959 年 2 卷 1343 页
b14983916 363.4 472.3

湖南省志 第 2 卷 地理志
湖南省志编纂委员会编 长沙 湖南人民出版社 1986 年 修订本 2 卷 2222 页
b14664215 K296.4 H477S（2）

湖南省志 第 3 卷 党派群团志 工会
湖南省地方志编纂委员会编 黄春华主编 长沙 湖南出版社 1997 年 修订本 789 页
b12488513 K296.4 H479

湖南省志 第 3 卷 党派群团志 民主党派及工商联 国民党湖南地方组织
湖南省地方志编纂委员会编 朱振基 鲁庆昌主编 长沙 湖南出版社 1997 年 修订本 233 页
b12488513 K296.4 H479

湖南省志 第 3 卷 党派群团志 妇女团体
湖南省地方志编纂委员会编 周伯华总纂 王雪芝卷主编 北京 五洲传播出版社 2002 年 修订本 577 页
b12488513 K296.4 H479

湖南省志 第 3 卷 党派群团志 共青团
湖南省地方志编纂委员会编 谭平主编 吴奇修卷主编 北京 五洲传播出版社 2005 年 修订本 548 页
b12488513 K296.4 H479

湖南省志 第 4 卷 政务志 人民代表大会
湖南省地方志编纂委员会编 刘正总纂 孙载夫卷主编 长沙 湖南出版社 1992 年 修订本 608 页
b12488513 K296.4 H479

湖南省志 第 4 卷 政务志 政府
湖南省地方志编纂委员会编 谢先阳主编 长沙 湖南出版社 1993 年 修订本 668 页
b12488513 K296.4 H479

湖南省志 第 4 卷 政务志 民政
湖南省地方志编纂委员会编 刘正总纂 曹新洲卷主编 北京 中国文史出版社 1994 年 修订本 636 页
b12488513 K296.4 H479

湖南省志 第 4 卷 政务志 人事
湖南省地方志编纂委员会编 李少华主编 长沙 湖南出版社 1995 年 修订本 731 页
b12488513 K296.4 H479

湖南省志 第 4 卷 政务志 外事
湖南省地方志编纂委员会编 庞力平主编 长沙 湖南出版社 1996 年 修订本 492 页
b12488513 K296.4 H479

湖南省志 第 4 卷 政务志 档案
湖南省地方志编纂委员会编 李石山主编 长沙 湖南人民出版社 1999 年 修订本 578 页
b12488513 K296.4 H479

湖南省志 第 4 卷 政务志 侨务
湖南省地方志编纂委员会编 陈耿华主编 北京 五洲传播出版社 2003 年 修订本 2074 页
b12488513 K296.4 H479

湖南省志 第 5 卷 军事志
湖南省地方志编纂委员会编 黄远炽 曾让泉主编 北京 中国文史出版社 1994 年 修订本 1220 页
b12488513 K296.4 H479

湖南省志 第 6 卷 政法志 审判
湖南省地方志编纂委员会编 刘正总纂 周金堂卷主编 长沙 湖南人民出版社 1995 年 修订本 306 页
b12488513 K296.4 H479

湖南省志 第 6 卷 政法志 检察
湖南省地方志编纂委员会编 刘正总纂 管声纯卷主编 长沙 湖南出版社 1996 年 修订本 572 页
b12488513 K296.4 H479

湖南省志 第 6 卷 政法志 司法行政
湖南省地方志编纂委员会编 王克英总纂 周森卷主编 长沙 湖南出版社 1997 年 修订本 760 页
b12488513 K296.4 H479

湖南省志 第 6 卷 政法志 公安
湖南省地方志编纂委员会编 长沙 湖南出版社 1997 年 修订本 787 页
b12488513 K296.4 H479

湖南省志 第 7 卷 综合经济志 工商行政管理
湖南省地方志编纂委员会编 刘正总纂 王宪章卷主编 长沙 湖南出版社 1991 年 修订本 616 页
b12488513 K296.4 H479

湖南省志 第 7 卷 综合经济志 物价
湖南省地方志编纂委员会编 刘正总纂 刘光耀卷主编 长沙 湖南出版社 1996 年 修订本 724 页
b12488513 K296.4 H479

湖南省志 第 7 卷 综合经济志 劳动
湖南省地方志编纂委员会编 王克英总纂 丁春庭卷主编 长沙 湖南出版社 1998 年 修订本 626 页
b12488513 K296.4 H479

湖南省志 第 7 卷 综合经济志 统计
湖南省地方志编纂委员会编 周伯华总纂 马勇卷主编 北京 五洲传播出版社 2002 年 修订本 875 页

b12488513　K296.4　H479

湖南省志　第7卷 综合经济志 商检
湖南省地方志编纂委员会编 周伯华总纂 王伯勋卷主编 北京 五洲传播出版社 2002年 修订本 365页
b12488513　K296.4　H479

湖南省志　第7卷 综合经济志 海关
湖南省地方志编纂委员会编 周伯华总纂 卢凯旋卷主编 北京 五洲传播出版社 2003年 修订本 286页
b12488513　K296.4　H479

湖南省志　第8卷 农林水利志 水利
湖南省地方志编纂委员会编 北京 中国文史出版社 1990年 修订本 216页
b12488513　K296.4　H479

湖南省志　第8卷 农林水利志 农村经济综述
湖南省地方志编纂委员会编 长沙 湖南出版社 1991年 修订本 1126页
b12488513　K296.4　H479

湖南省志　第8卷 农林水利志 农业
湖南省地方志编纂委员会编 长沙 湖南出版社 1991年 修订本 524页
b12488513　K296.4　H479

湖南省志　第9卷 工业矿产志 轻工业 纺织工业
湖南省地方志编纂委员会编 吴子赞 蒋子云主编 长沙 湖南人民出版社 1989年 修订本 851页
b12488513　K296.4　H479

湖南省志　第9卷 工业矿产志 冶金工业
湖南省地方志编纂委员会编 刘正总纂 傅世业 刘俊林卷主编 长沙 湖南出版社 1991年 修订本 500页

b12488513　K296.4　H479

湖南省志　第9卷 工业矿产志 机械工业
湖南省地方志编纂委员会编 刘正总纂 王学治卷主编 长沙 湖南出版社 1992年 修订本 909页
b12488513　K296.4　H479

湖南省志　第9卷 工业矿产志 电力工业
湖南省地方志编纂委员会编 刘正总纂 邹彦余卷主编 长沙 湖南出版社 1993年 修订本 481页
b12488513　K296.4　H479

湖南省志　第9卷 工业矿产志 化学工业 建材工业
湖南省地方志编纂委员会编 刘正总纂 郭自安 陈亮坤 聂冬梅卷主编 长沙 湖南出版社 1993年 修订本 828页
b12488513　K296.4　H479

湖南省志　第9卷 工业矿产志 地质矿产
湖南省地方志编纂委员会编 刘正总纂 庄锦良卷主编 长沙 湖南出版社 1994年 修订本 528页
b12488513　K296.4　H479

湖南省志　第9卷 工业矿产志 烟草业
湖南省地方志编纂委员会编 曹宗贵主编 长沙 湖南出版社 1997年 修订本 990页
b12488513　K296.4　H479

湖南省志　第9卷 工业矿产志 煤炭工业
湖南省地方志编纂委员会编 孙林主编 长沙 湖南出版社 1998年 修订本 975页
b12488513　K296.4　H479

湖南省志　第9卷 工业矿产志 电子工业
湖南省地方志编纂委员会编 朱云华 吕青

松主编 长沙 湖南出版社 1998年 修订本 479页
b12488513 K296.4 H479

湖南省志 第10卷 交通志 铁路
湖南省地方志编纂委员会编 刘正总纂 刘甲柱主编 北京 中国铁道出版社 1995年 修订本 730页
b12488513 K296.4 H479

湖南省志 第10卷 交通志 民用航空
湖南省地方志编纂委员会编 刘正总纂 刘甲柱主编 刘章同卷主编 长沙 湖南出版社 1996年 修订本 378页
b12488513 K296.4 H479

湖南省志 第10卷 交通志 公路
湖南省地方志编纂委员会编 刘正总纂 刘甲柱主编 长沙 湖南出版社 1996年 修订本 786页
b12488513 K296.4 H479

湖南省志 第10卷 交通志 联合运输
湖南省地方志编纂委员会编 刘正总纂 刘甲柱主编 长沙 湖南出版社 1998年 修订本 333页
b12488513 K296.4 H479

湖南省志 第10卷 交通志 水运
湖南省地方志编纂委员会编 刘正总纂 刘甲柱主编 长沙 湖南人民出版社 2001年 修订本 995页
b12488513 K296.4 H479

湖南省志 第11卷 邮电志
湖南省地方志编纂委员会编 刘高举主编 长沙 湖南出版社 1995年 修订本 548页
b12488513 K296.4 H479

湖南省志 第12卷 建设志 测绘 建筑业
湖南省地方志编纂委员会编 刘正总纂 长沙 湖南出版社 1992年 修订本 672页
b12488513 K296.4 H479

湖南省志 第12卷 建设志 气象
湖南省地方志编纂委员会编 刘正总纂 北京 气象出版社 1995年 修订本 655页
b12488513 K296.4 H479

湖南省志 第12卷 建设志 城乡建设
湖南省地方志编纂委员会编 刘正总纂 长沙 湖南出版社 1997年 修订本 844页
b12488513 K296.4 H479

湖南省志 第12卷 建设志 环境保护
湖南省地方志编纂委员会编 刘正总纂 北京 五洲传播出版社 2001年 修订本 565页
b12488513 K296.4 H479

湖南省志 第13卷 贸易志 贸易综述 商业
湖南省地方志编纂委员会编 李代腾主编 长沙 湖南出版社 1990年 修订本 615页
b12488513 K296.4 H479

湖南省志 第13卷 贸易志 供销合作社
湖南省地方志编纂委员会编 刘正总纂 毛宇飞卷主编 长沙 中国文史出版社 1991年 修订本 210页
b12488513 K296.4 H479

湖南省志 第14卷 对外经济贸易志
湖南省地方志编纂委员会编 长沙 湖南人民出版社 1999年 修订本 328页
b12488513 K296.4 H479

湖南省志 第15卷 财政志
湖南省地方志编纂委员会编 欧阳志高主

编 长沙 湖南人民出版社 1987 年 修订本 726 页
b12488513 K296.4 H479

湖南省志 第 16 卷 金融志
湖南省地方志编纂委员会编 刘正总纂 吉振兴卷主编 长沙 湖南出版社 1995 年 修订本 875 页
b12488513 K296.4 H479

湖南省志 第 17 卷 教育志
湖南省地方志编纂委员会编 刘正总纂 刘欣森卷主编 长沙 湖南教育出版社 1995 年 修订本 2 卷 1358 页
b12488513 K296.4 H479

湖南省志 第 18 卷 科学技术志
湖南省地方志编纂委员会编 刘正总纂 姚德喜 喻志均卷主编 长沙 湖南科学技术出版社 1992 年 修订本 2 卷 1498 页
b12488513 K296.4 H479

湖南省志 第 19 卷 文化志 文化事业
湖南省地方志编纂委员会编 刘正总纂 周德辉卷主编 长沙 湖南出版社 1991 年 修订本 608 页
b12488513 K296.4 H479

湖南省志 第 19 卷 文化志 文学艺术
湖南省地方志编纂委员会编 北京 五洲传播出版社 2004 年 修订本 647 页
b12488513 K296.4 H479

湖南省志 第 20 卷 新闻出版志 出版
湖南省地方志编纂委员会编 刘正总纂 胡昭镕卷主编 长沙 湖南出版社 1991 年 修订本 618 页
b12488513 K296.4 H479

湖南省志 第 20 卷 新闻出版志 报业
湖南省地方志编纂委员会编 刘正总纂 谌震卷主编 长沙 湖南出版社 1993 年 修订本 512 页
b12488513 K296.4 H479

湖南省志 第 21 卷 医药卫生志
湖南省地方志编纂委员会编 长沙 湖南人民出版社 1988 年 修订本 1014 页
b12488513 K296.4 H479

湖南省志 第 22 卷 体育志
湖南省地方志编纂委员会编 刘正总纂 罗露玉卷主编 长沙 湖南出版社 1994 年 修订本 828 页
b12488513 K296.4 H479

湖南省志 第 23 卷 人口志
湖南省地方志编纂委员会编 周伯华总纂 易友生卷主编 长沙 湖南人民出版社 1999 年 修订本 539 页
b12488513 K296.4 H479

湖南省志 第 24 卷 民族志
湖南省地方志编纂委员会编 洪寒松 陈玉琪主编 长沙 湖南人民出版社 1997 年 修订本 822 页
b12488513 K296.4 H479

湖南省志 第 25 卷 方言志
湖南省地方志编纂委员会编 长沙 湖南人民出版社 2001 年 修订本 2 卷 1828 页
b12488513 K296.4 H479

湖南省志 第 26 卷 民俗志
湖南省地方志编纂委员会编 李跃龙主编 北京 五洲传播出版社 2005 年 修订本 794 页
b12488513 K296.4 H479

湖南省志 第 27 卷 宗教志
湖南省地方志编纂委员会编 梁志高主编 长沙 湖南人民出版社 1999 年 修订本 597 页
b12488513 K296.4 H479

湖南省志 第 28 卷 文物志
湖南省地方志编纂委员会编 刘正总纂 侯良卷主编 长沙 湖南人民出版社 1995 年 修订本 1005 页
b12488513 K296.4 H479

湖南省志 第 29 卷 著述志
湖南省地方志编纂委员会编 卢凯旋等编纂 长沙 湖南人民出版社 2003 年 修订本 2 卷 1271 页
b12488513 K296.4 H479

湖南省志 第 30 卷 人物志
湖南省地方志编纂委员会编 长沙 湖南出版社 1992 年 修订本 2 卷 2173 页
b12488513 K296.4 H479

湖南省志 卷末 纂修实录
湖南省地方志编纂委员会编 尹克加主编 北京 五洲传播出版社 2005 年 修订本 342 页
b12488513 K296.4 H479

湖南省志 共产党志 1978–2002
湖南省地方志编纂委员会编 王碧峰主编 北京 五洲传播出版社 2006 年 716 页
b16883688 K296.4 H479D 2006

湖南省志 出版志 1978–2002
湖南省地方志编纂委员会编 刘鸣泰主编 长沙 湖南人民出版社 2006 年 610 页
b17707079 K296.4 H479DC 2006

湖南省志 报业志 1978–2002
湖南省地方志编纂委员会编 杨新正主编 珠海 珠海出版社 2009 年 602 页
b20918562 K296.4 H479DD 2009

湖南省志 财政志 1978–2002
湖南省地方志编纂委员会编 李友志主编 北京 中国文史出版社 2007 年 620 页
b21568303 K296.4 H479DE 2007

湖南省志 广播影视志 1978–2002
湖南省地方志编纂委员会编 钟镇藩主编 北京 中国文史出版社 2007 年 766 页
b45841299 K296.4 H479DF 2007

湖南省志 工业综合志 1978–2002
湖南省地方志编纂委员会编 李醒民主编 珠海 珠海出版社 2009 年 642 页
b20882737 K296.4 H479DG 2009

湖南省志 国土资源志 1978–2002
湖南省地方志编纂委员会编 珠海 珠海出版社 2009 年 911 页
b40935838 K296.4 H479DK 2009

湖南省志 林业志 1978–2002
湖南省地方志编纂委员会编 北京 五洲传播出版社 2005 年 687 页
b17044674 K296.4 H479DL 2005

湖南省志 民政志 1978–2002
湖南省地方志编纂委员会编 余长明主编 珠海 珠海出版社 2009 年 514 页
b20882749 K296.4 H479DM 2009

湖南省志 民主党派及工商联志 1978–2002
湖南省地方志编纂委员会编 汤泽民主编 长沙 湖南人民出版社 2008 年 536 页
b20949650 K296.4 H479DN 2008

湖南省志 气象志 1978–2002
湖南省地方志编纂委员会编 祝燕德主编
珠海 珠海出版社 2009 年 690 页
b21568327 K296.4 H479DQ 2009

湖南省志 出入境检验检疫志 1978–2002
湖南省地方志编纂委员会编 王伯勋主编
北京 中国文史出版社 2007 年 384 页
b18072112 K296.4 H479DR 2007

湖南省志 物价志 1978–2002
湖南省地方志编纂委员会编 刘光耀主编
北京 中国文史出版社 2007 年 795 页
b21568315 K296.4 H479DW 2007

湖南省志 银行志 1978–2002
湖南省地方志编纂委员会编 王吉祥主编
北京 中国文史出版社 2009 年 649 页
b36174440 K296.4 H479DX 2009

湖南省志 电信志 1978–2002
湖南省地方志编纂委员会编 谢小鹏主编
北京 线装书局 2013 年 744 页
b46442418 K296.4 H479DY 2013

湖南省志 交通志 1978–2002
湖南省地方志编纂委员会编 蒋响元 刘甲柱主编 北京 人民交通出版社股份有限公司 2015 年 619 页
b47297165 K296.4 H479DZ 2015

湖南省志 烟草志 1978–2002
湖南省地方志编纂委员会编 肖和元主编
北京 中国文史出版社 2010 年 802 页
b40648576 K296.4 H479GB 2010

湖南省志 体育志 1978–2002
湖南省地方志编纂委员会编 罗兴国主编
北京 中国文史出版社 2010 年 814 页
b40648564 K296.4 H479GC 2010

湖南省志 对外经贸志 1978–2002
湖南省地方志编纂委员会编 陈欣主编 北京 中国文史出版社 2010 年 482 页
b40648527 K296.4 H479GD 2010

湖南省志 检察志 1978–2002
湖南省地方志编纂委员会编 刘良玉主编
北京 中国文史出版社 2010 年 676 页
b40648539 K296.4 H479GE 2010

湖南省志 税务志 1978–2002
湖南省地方志编纂委员会编 卢凯旋编纂
北京 中国文史出版社 2010 年 761 页
b40648552 K296.4 H479GF 2010

湖南省志 经济和社会发展计划志 1978–2002
湖南省地方志编纂委员会编 明柱元主编
北京 中国文史出版社 2010 年 1010 页
b36174804 K296.4 H479GG 2010

湖南省志 工会志 1978–2002
湖南省地方志编纂委员会编 刘革安主编
北京 中国文史出版社 2008 年 586 页
b20949649 K296.4 H479GH 2008

湖南省志 大事记 1978–2002
湖南省地方志编纂委员会编 卢凯旋主编
北京 中国文史出版社 2010 年 579 页
b40648515 K296.4 H479GJ 2010

湖南省志 教育志 1978–2002
湖南省地方志编纂委员会编 陈白玉主编
海口 南方出版社 2012 年 2 卷 1378 页
b47045279 K296.4 H479GK 2012

湖南省志 统计志 1978–2002
湖南省地方志编纂委员会编 海口 海南出

版社 2016年 440页
b49471491 K296.4 H479GT 2016

湖南省志 乡镇企业志 1978–2002
湖南省地方志编纂委员会编 肖彬主编 北京 线装书局 2013年 560页
b47073445 K296.4 H479X 2013

湖南省志 宗教志 1978–2002
湖南省地方志编纂委员会编 邹先觉主编 北京 线装书局 2013年 333页
b49706482 K296.4 H479ZJ 2013

湖南宗教志
湖南省地方志编纂委员会编 长沙 湖南人民出版社 2012年 554页〔湖湘文库 乙编 115〕
b46337830 B929.2 H479 2012

中共湖南省委讲师团志 1983–2014
中共湖南省委讲师团志编委会编 江政华主编 长沙 湖南人民出版社 2016年 471页
b50234523 D261.5 Z6436 2016

湖南共青团志
湖南共青团志编委会编 谭平主编 长沙 湖南出版社 2004年 403页
b36247303 D292.64 T188 2004

湖南省工会志 人物志 1919–1989
湖南省总工会编 长沙 湖南省总工会 1996年 723页
b2176377x D412.864 H479 1996

湖南省政府经济工作通志 湖南历代历届省政府经济施政纪实
施金炎主编 长沙 湖南人民出版社 2006年 945页
b41234480 F127.64 S465 2006

湖南四水流域图志
湖南省志总编室编 卢凯旋主编 香港 华商国际出版公司 2005年 253页
b18572972 F127.64 L791 2005

湖南省内部审计志 1985–2010
湖南省内部审计师协会编 张连华主编 长沙 湖南省内部审计师协会 2010年 737页
b4556937x F239.227.64 Z356 2010

湖南农业志 第1–2,4卷
湖南省农业厅编 李芝发主编 长沙 湖南省农业厅 1985年 3卷
b20953586 F327.64 H479 1985

湖南省电力工业志
湖南省电力工业志编纂委员会编 邹彦余主编 北京 当代中国出版社 1995年 535页〔中国电力工业志丛书〕
b49850283 F426.61 H479 1995

湖南省电力工业志 1991–2002
彭正根主编 北京 中国电力出版社 2012年 532页〔中国电力工业志丛书〕
b37530380 F426.61 P3363 2012

湖南省烟草志
湖南省烟草志编纂委员会编 肖和元主编 北京 方志出版社 2008年 789页
b50247062 F426.89 H479 2008

百年湖湘工业图志 第1卷 炼石
廖静仁主编 深圳 中华图书出版社 2008年 237页
b2095332x F429.64 L563 2008

百年湖湘工业图志 **第 2 卷 淬火**
廖静仁主编 深圳 中华图书出版社 2008 年 237 页
b2095332x F429.64 L563 2008

百年湖湘工业图志 **第 3 卷 铸剑**
廖静仁主编 深圳 中华图书出版社 2008 年 301 页
b2095332x F429.64 L563 2008

湖南省旅游志 **1950–2011**
湖南省旅游局编 北京 中国旅游出版社 2013 年 568 页
b44851261 F592.764 H479 2013

湖南省商业专志 **1840–1985**
湖南省商业厅编 长沙 湖南省商业厅 1986 年 766 页
b4666953x F727.64 H4797 1986

湖南税志 **第 3 卷**
湖南省地方税务局编 长沙 湖南省地方税务局 2006 年 297 页
b41234947 F812.764 H4792 2006

新民主主义革命时期湖南文化史事日志
湖南省文化厅革命文化史料征编领导小组主编 长沙 湖南省文化厅革命文化史料征编领导小组 1996 年 316 页
b36379220 G127.64 H4798 1996

湖南省公共图书馆事业志
湖南图书馆编著 沈小丁 邹序明主编 长沙 湖南人民出版社 2010 年 684 页
b40864224 G259.276.4 S414 2010

湖南省普通高等学校图书馆事业志
湖南省普通高等学校图书馆事业志编委会编 郑章飞主编 长沙 湖南大学出版社 2013 年 360 页
b45438973 G259.256 Z545 2013

湖南名校志
湖南省地方志编纂委员会编 李云峰主编 长沙 湖南人民出版社 2000 年 1283 页〔湖南省志丛书〕
b18176318 G528 L422 2000

湖南省地质中学六十周年校志
湖南省地质中学六十周年校志编委会编 长沙 湖南省地质中学六十周年校志编委会 2015 年 226 页
b47352504 G639.286.4 H479 2015

湖南戏曲志 **简编**
湖南省文化厅编 长沙 湖南文艺出版社 2013 年 536 页〔湖湘文库 乙编 44〕
b46337805 J809.264 H479 2013

中国曲艺志 **湖南卷**
中国曲艺志全国编辑委员会 中国曲艺志湖南卷编辑委员会编 北京 中国 ISBN 中心 1992 年 659 页
b10643059 J809.2 Z648

中国戏曲志 **湖南卷**
中国戏曲志编辑委员会 中国戏曲志湖南卷编辑委员会编 张庚主编 金汉川卷主编 北京 文化艺术出版社 1990 年 764 页
b46240500 J809.2 Z651HP

湖南地方剧种志丛书 **第 2 卷 辰河戏志 阳戏志 苗戏志 侗戏志 傩堂戏志**
湖南省戏曲研究所编 长沙 湖南文艺出版社 1989 年 579 页
b16182935 J825.64 H479 1989

湖南地方剧种志丛书 第3卷 衡阳湘剧志 巴陵戏志 衡州花鼓戏志 岳阳花鼓戏志
湖南省戏曲研究所编 长沙 湖南文艺出版社 1989年 556页
b16182935 J825.64 H479 1989

湘剧志
魏俭主编 长沙 湖南师范大学出版社 2015年 493页〔湖湘舞台艺术研究丛书〕
b46498254 J825.64 W356 2015

湖南百年志 1900–1999
湖南省地方志编纂委员会编 长沙 湖南省地方志编纂委员会 2000年 445页
b18572960 K296.4 H479H 2000

湖南方志图汇编
刘昕 刘志盛编 长沙 湖南美术出版社 2009年 383页〔湖湘文库〕
b20194626 K296.4–64 H479 2009

湖南乡镇简志
龙举高主编 合肥 黄山书社 1995年 752页
b19733434 K296.4 L741 1995

湖南名人志 第1–3卷
湖南省地方志编纂委员会编 澹泊主编 北京 中国档案出版社 1999–2000年 3卷〔湖南省志丛书〕
b17862814 K820.864 T196 1999

湖南妇女英烈志
湖南省妇女联合会编写 长沙 湖南人民出版社 1982年 140页
b12303033 K822 H477F

湖南军事人物志
中国人民解放军湖南省军区编审委员会编 刘正昆 熊云科主编 深圳 深圳中华商务安全印务公司 2004年 618页
b20043041 K825.2 Z6492 2004

三湘体育人物志
湖南省体育局编 傅国良主编 香港 世界华人出版社 2002年 270页
b40935012 K825.47 F492 2002

中国地方志民俗资料汇编 中南卷
丁世良 赵放主编 北京 书目文献出版社 1991年 2卷
b1100969x K892.46 D533

湖南地名志
湖南省地名公共服务工程领导小组编 长沙 湖南地图出版社 2009年 2卷 2144页
b20918458 K926.4 H479 2009

湖南风物志
湖南风物志编辑部编 长沙 湖南人民出版社 1985年 338页〔中国风物志丛书〕
b12159207 K926.4 H477

洞庭湖志
湖南省地方志编纂委员会编 李跃龙主编 长沙 湖南人民出版社 2016年 2册 1030页〔湖南省特色志丛书〕
b50747502 K928.43 D624C 2016

洞庭湖志 2013
李跃龙主编 长沙 湖南人民出版社 2013年 2卷 905页
b49625421 K928.43 D624 2013

千年湖湘胜迹图志
廖静仁总主编 长沙 湖南人民出版社 2010年 2卷 854页
b2337049x K928.706.4 L563 2010

岳阳楼志
湖南省地方志编纂委员会编 戴长明主编 北京 方志出版社 2016年 393页〔湖南省特色志丛书〕
b49502335 K928.74 Y863 2016

湖南省地震监测志
湖南省地震局编 北京 地震出版社 2004年 179页〔中国地震监测志系列〕
b22430118 P315.732.64 H479 2004

湖南省水文志
湖南省水文水资源勘测局编著 覃事恒主编 北京 中国水利水电出版社 2006年 502页
b21855201 P337.264 H479 2006

湖南省气象志
湖南省气象志编纂委员会编 祝燕德主编 北京 气象出版社 2008年 963页
b21227676 P468.264 Z746 2008

湖南省区域地质志
湖南省地质矿产局编 北京 地质出版社 1988年 718页〔中华人民共和国地质矿产部地质专报〕
b36013742 P548.264 H479 1988

湖南植物志 第1卷 总论 蕨类植物
湖南植物志编辑委员会编 李丙贵主编 李建宗 陈三茂 林亲众卷主编 长沙 湖南科学技术出版社 2004年 509页
b13956590 Q948.2 H479

湖南植物志 第2卷 裸子植物 被子植物 杨梅科－芍药科
湖南植物志编辑委员会编 刘克明卷主编 长沙 湖南科学技术出版社 2000年 887页
b13956590 Q948.2 H479

湖南植物志 第3卷 猕猴桃－交让木棵
湖南植物志编辑委员会编 李丙贵 刘林翰 刘克明等编著 长沙 湖南科学技术出版社 2010年 1008页
b13956590 Q948.2 H479

湖南动物志 人体与动物寄生蠕虫
成源达主编 长沙 湖南科学技术出版社 2011年 762页
b22342576 Q958.526.4 C461 2011

湖南动物志 蜘蛛类
尹长民 彭贤锦 颜亨梅等编著 长沙 湖南科学技术出版社 2012年 2卷 1590页
b36250685 Q958.526.4 C461H 2012

湖南动物志 两栖纲
沈猷慧等编著 长沙 湖南科学技术出版社 2014年 390页
b46514880 Q958.526.4 C461L 2014

湖南动物志 鸟纲 雀形目
邓学建 王斌 钟福生编著 长沙 湖南科学技术出版社 2013年 421页
b41087501 Q958.526.4 C461N 2013

湖南动物志 爬行纲
沈猷慧 叶贻云 邓学建主编 长沙 湖南科学技术出版社 2014年 220页
b46855075 Q958.526.4 C461P 2014

湖南农业科研志
湖南省农业科学院主编 长沙 湖南省农业科学院 1985年 590页
b49803177 S-126.4 H479 1985

湖南省农作物品种志
湖南省农业厅 湖南省农科院 湖南农业大学编著 长沙 湖南科学技术出版社 1995年 933页
b17623406 S329.2 H479 1995

湖南树木志
祁承经 林亲众编著 长沙 湖南科学技术出版社 2000年 771页
b1657428x S717.264 Q126 2000

湖南鱼类志
湖南省水产科学研究所编著 长沙 湖南人民出版社 1977年 231页
b12070592 S922.64 H477

湖南鱼类志
湖南省水产科学研究所编著 长沙 湖南科学技术出版社 1980年 231页
b12070580 S922.64 H477（2）

湖南省建筑志
湖南省建筑志编纂委员会编 成宾学主编 长沙 湖南省建筑志编纂委员会 1988年 522页
b45479562 TU-092 C461 1988

洞庭湖水利志 第4卷
湖南省水利水电厅编 长沙 湖南水利水电厅 1989年 556页
b1761000x TV-092 H479 1989

湖南省水利志 第1卷 湖南水利大事记
湖南省水利志编纂办公室编 长沙 湖南省水利志编纂办公室 1985年 177页
b21856801 TV-092 H4797 1985

湖南省水利志 第2卷 概述 水系与水资源 水文与勘测 水政
湖南省水利志编纂办公室编 长沙 湖南省水利志编纂办公室 1987年 124页
b21856801 TV-092 H4797 1985

湖南省水利志 第3卷 洞庭湖区水利
湖南省水利志编纂办公室编 长沙 湖南省水利志编纂办公室 1985年 158页
b21856801 TV-092 H4797 1985

湖南省水利志 第4卷 山丘地区水利
湖南省水利志编纂办公室编 长沙 湖南省水利志编纂办公室 1986年 168页
b21856801 TV-092 H4797 1985

湖南省水利志 第5卷 水利教育 水利科学 技术 附录
湖南省水利志编纂办公室编 长沙 湖南省水利志编纂办公室 1990年 177页
b21856801 TV-092 H4797 1985

长沙市

长沙市志 第2卷 大事记
长沙市志编纂委员会编 李斌恺总编 夏海清卷主编 长沙 湖南出版社 1995年 712页〔中华人民共和国地方志丛书〕
b1346758x K296.41 C346

长沙市志 第4卷 公安 检察 审判 司法行政 军事 防空
长沙市志编纂委员会编 长沙 湖南出版社 1999年 605页〔中华人民共和国地方志丛书〕
b13515366 K296.41 C346

长沙市志 第5卷 综述 城市规划 建筑 市政功工程 公用事业 环境保护 环境卫生 园林绿化 房地产
长沙市志编纂委员会编 宋炳钧 柳涌鸣主编 长沙 湖南人民出版社 1997年 744页〔中华人民共和国地方志丛书〕
b13515378 K296.41 C346

长沙市志 第6卷 计划 统计 物价 标准计量 财政 税务 审计 金融保险 工商行政管理
长沙市志编纂委员会编 李斌恺总编 杨志强卷主编 长沙 湖南出版社 1998年 874页〔中华人民共和国地方志丛书〕
b13515433 K296.41 C346

长沙市志 第8卷 电力工业 冶金机械工业 化学工业 建材工业 煤炭 区街工业
易国强主编 长沙 湖南人民出版社 2003年 727页〔中华人民共和国地方志丛书〕
b21571582 K296.41 C346

长沙市志 第9卷 铁路 公路 水路 民航 联运 装卸搬运及管理 邮政 电信
长沙市志编纂委员会编 李斌恺总编 夏海青卷主编 长沙 湖南出版社 1998年 602页〔中华人民共和国地方志丛书〕
b13515391 K296.41 C346

长沙市志 第10卷 商贸综述 工业品贸易 副食品 饮食服务 粮油 供销合作贸易 蔬菜 对外经济贸易 物资供应
长沙市志编纂委员会编 易国强主编 长沙 湖南人民出版社 1999年 891页〔中华人民共和国地方志丛书〕
b13515408 K296.41 C346

长沙市志 第11卷 农业综述 种植业 林业 畜牧水产 水利 农业机具 乡镇企业
长沙市志编纂委员会编 长沙 湖南出版社 1997年 499页〔中华人民共和国地方志丛书〕
b1351541x K296.41 C346

长沙市志 第12卷 教育 科技 卫生 体育
长沙市志编纂委员会编 李斌恺总编 杨志强卷主编 长沙 湖南出版社 1996年 810页〔中华人民共和国地方志丛书〕
b1351538x K296.41 C346

长沙市志 第13卷 文化事业 文学艺术 文物名胜 新闻报刊 广播电视
长沙市志编纂委员会编 李斌恺总编 宋炳钧卷主编 长沙 湖南出版社 1996年 677页〔中华人民共和国地方志丛书〕
b13515421 K296.41 C346

长沙市志 第14卷 民政 劳动管理 人事 外事 侨务 档案
长沙市志编纂委员会编 李斌恺总编 夏海清主编 长沙 湖南人民出版社 2001年 548页〔中华人民共和国地方志丛书〕
b20468817 K296.41 C346

长沙市志 第15卷 民族 宗教 计划生育 风俗 方言
长沙市志编纂委员会编 李斌恺总编 柳涌鸣卷主编 长沙 湖南人民出版社 2000年 454页〔中华人民共和国地方志丛书〕
b13515354 K296.41 C346

长沙市志 第16卷
长沙市地方志办公室编 柳涌鸣主编 长沙 湖南人民出版社 2002年 616页〔中华人民共和国地方志丛书〕
b20468829 K296.41 C346

长沙市志 第17卷 文献辑存 著述 杂记 旧志著录提要及序言选 稽古录 基层志选载 诗词 文论 楹联选 本届修志始末 补正 编后记
长沙市地方志编纂委员会编 李斌恺总编 长沙 湖南人民出版社 2004年 638页〔中华人民共和国地方志丛书〕
b46995006 K296.41 C346

中共长沙市委党校五十周年校志
任一平主编 长沙 中共长沙市委党校 1999年 198页
b20105265 D261.41 R196 1999

长沙市人大志
长沙市人大常委会办公厅编 长沙 长沙市人大常委会办公厅 1996 年 205 页
b20948086 D624.641 C346 1996

长沙经济技术开发区志 1992–2012
长沙市地方志编纂委员会编 黄庆怀主编 北京 方志出版社 2016 年 512 页〔长沙市开发区志系列丛书〕
b53029033 F127.641 C346 2016

长沙经济技术开发区志 1992–2011
长沙经济技术开发区志编纂委员会编 谭超纲主编 长沙 长沙经济技术开发区志编纂委员会 2012 年 445 页
b40743147 F127.641 T187 2012

长沙市质量技术监督志
长沙市质量技术监督志编纂委员会编 卢楚利主编 长沙 长沙市质量技术监督志编纂委员会 2005 年 279 页
b45452684 F203 L791 2005

长沙矿石粉厂 长沙铸钢件厂厂志 1956–1987
罗学刚主编 长沙 长沙矿石粉厂 长沙铸钢件厂 1988 年 增订本 394 页
b50320464 F426.41 C346 1988

湖南省电力试验研究所所志 1991–2000
王晓峰 李科靖 李立峰编撰 长沙 湖南省电力试验研究所 2005 年 334 页
b23228489 F426.61–24 W233 2005

湖南省送变电建设公司志 1986–2009
湖南省送变电建设公司公司志编纂委员会编 向元桢总编 长沙 湖南省送变电建设公司公司志编纂委员会 2010 年 254 页
b51011980 F426.61 H4797 2010

湖南望新建设集团股份有限公司建设集团志 1966–2008
湖南望新建设集团志编辑委员会编 陈洪牛主编 长沙 湖南望新建设集团志编辑委员会 2009 年 401 页
b50247931 F426.9 H479 2009

湖南有色冶金劳动保护研究所志 第 2 卷 1982–1997
湖南有色冶金劳动保护研究所编 汪根甲 蒋文山 成章智编写 长沙 湖南有色冶金劳动保护研究所 1998 年 89 页
b36245628 F426.32 H479 1998

中国能建湖南省火电建设公司志 1985–2012
中国能源建设集团湖南省火电建设公编 长沙 中国能源建设集团湖南省火电建设公司 2012 年 435 页
b51011992 F426.61 Z6484 2012

长沙市交通志
刘俊杰主编 长沙 湖南出版社 1993 年 474 页〔湖南交通史志丛书〕
b20041767 F512.764.1 L678 1993

长沙市联运总公司志
向明生主编 长沙 长沙市联运总公司 1996 年 280 页
b5077864x F512.764.1 C346 1996

长沙市铁路志
长沙市铁路志编辑委员会编 石道坤主编 长沙 长沙市铁路志编辑委员会 1997 年 432 页
b45479434 F532.864.1 S472 1997

长沙市电信局史志 1897–1949
长沙市电信局编 长沙 长沙市电信局 1986 年 2 卷 352 页

b41234686　F632.764.1　C346　1986

长沙市工业品贸易志　1840–1987
长沙市商业局编　向翰香　徐祖怡主编　长沙　长沙市—商业局　1988 年　317 页
b51079707　F727.641　X315　1988

长沙市金融志　1840–1987
长沙市金融志编纂委员会编　陈漱霜主编　长沙　长沙市金融志编纂委员会　1997 年　378 页
b40740328　F832.764.1　C432　1997

长沙市农村信用社志　1978–2002
长沙市农村信用社志编纂委员会编　冯臻恬主编　长沙　长沙市农村信用社志编纂委员会　2004 年　671 页
b49802847　F832.35　C346　2004

中国农业发展银行湖南省分行志
王振主编　长沙　中国农业发展银行湖南省分行　2004 年　381 页
b49804017　F832.33　H479　2004

湖南省水产科学研究所所志　1959–2009
王冬武主编　长沙　湖南省水产科学研究所所志编撰委员会　2009 年　256 页
b47352516　G322.236.4　H479　2009

长沙教育志　1840–1990
杨道正主编　王崇恒编写　长沙　长沙市教育志编纂委员会　1992 年　359 页
b17530192　G527.641　Y231　1992

湖南省长沙市第一中学校志　1912–1987
湖南省长沙市第一中学校志编写室编　刘先捍主编　长沙　湖南省长沙市第一中学校志编写室　1987 年　2 卷　567 页
b20101879　G639.286.4　C346　1987

湖南师大附中百年校志
湖南师大附中百年校志编委会编　常力源　周望城主编　长沙　湖南教育出版社　2005 年　358 页
b16432307　G639.286.41　H479　2005

继往开来写春秋　湖南省长沙市第十一中学百年校志　1906–2006
湖南省长沙市第十一中学百年校志编写组编　李夏阳　梁国益主编　长沙　湖南省长沙市第十一中学百年校志编写组　2006 年　300 页
b20101867　G639.286.4　C3467　2006

足迹　湖南师大附中校志　2005–2015
谢永红主编　长沙　湖南师范大学出版社　2015 年　291 页
b47052600　G639.286.41　H479D　2015

长沙铁道学院机械工程系系志　1961–1994
文振华　肖利民主编　长沙　长沙铁道学院机械工程系系志编委会　1994 年　247 页
b22428914　G649.286.41　C346J　1994

长沙铁道学院土木建筑学院院志　1953–1999
长沙铁道学院土木建筑学院院志编纂委员会编　长沙　长沙铁道学院土木建筑学院院志编纂委员会　2000 年　287 页
b20807041　G649.286.41　C346　2000

湖南财经高等专科学校志　1933–2006
湖南财专志编写组编　刘畅鹏主编　长沙　湖南财专志编写组　2007 年　360 页
b50727199　G649.286.41　H4791　2007

湖南大学图志　976–1976
徐军主编　长沙　湖南人民出版社　2016 年

208 页
b49664311 G649.286.41 H479K 2016

中南矿冶学院志 1952–1982
中南矿冶学院志编写小组编 汤志大 吴俊忠执笔 长沙 中南矿冶学院志编写组 1983 年 271 页
b2176654x G649.286.41 Z6444 1983

湖南省长沙师范学校校志 1912–1992
王风野主编 长沙 湖南教育出版社 1993 年 233 页〔三湘名校〕
b20949613 G659.286.4 C346 1993

长沙环境保护职业技术学院 30 年志 1979–2009
李倦生主编 长沙 长沙环境保护职业技术学院 30 年志编辑委员会 2009 年 301 页
b40864200 G719.286.41 C3467 2009

国家环境保护局长沙环境保护学校校志 1979–1989
国家环境保护局长沙环境保护学校校志编写室编 龚寅生 宋炳成 杨彬然主编 长沙 国家环境保护局长沙环境保护学校 1989 年 236 页
b20100334 G719.286.41 C346 1989

长沙市盲聋哑学校建校 100 周年校志 1908–2008
长沙市盲聋哑学校编 长沙 长沙市盲聋哑学校 2008 年 147 页
b20100346 G769.286.41 C346 2008

湖南省长沙市地名录
长沙市人民政府编 长沙 长沙市人民政府 1986 年 450 页
b16355362 K926.41 C346 1986

辉煌岁月 湖南省肿瘤医院 40 年院志 1972–2012
湖南省肿瘤医院志编纂委员会编 刘景诗 周晓主编 长沙 湖南省肿瘤医院志编纂委员会 2012 年 308 页
b5081722x R199.2 H479 2012

湖南省农林工业勘察设计研究总院（湖南省林业调查规划设计院）院志 1957–2009
院志编纂办公室编 陈德仁 张若泉 孙奎政主编 长沙 院志编纂办公室 2010 年 354 页
b22430131 S–242.64 H479 2010

中国农业科学院麻类研究所所志 1958–1997
中国农业科学院麻类研究所编 熊和平主编 北京 中国农业科学技术出版社 2008 年 373 页
b41235794 S563–242 Z648 2008

长沙蔬菜品种志
长沙市蔬菜局主编 长沙 湖南科学技术出版社 1988 年 360 页
b47045231 S630.292 C346 1988

冶金工业部长沙矿冶研究院志 第 1 卷 1955–1981
张先累主编 长沙 长沙矿冶研究院志编写办公室 1983 年 307 页
b47414583 TD–242.641 C346 1983

长沙矿冶研究院志 第 2 卷 1982–1998
张泾生主编 长沙 长沙矿冶研究院 2001 年 260 页
b51079690 TD–242.641 C346 1983

中南院志 1949–1989
能源部水利部中南勘测设计院志编纂委员

会编 长沙 能源部水利部中南勘测设计院志编纂委员会 1989 年 354 页
b21855031 TV22-242.643 N273 1989

岳麓区

长沙市西区志
长沙市西区志编纂委员会办公室编 长沙 长沙市西区志编纂委员会办公室 1989 年 380 页
b20948098 K296.43 C346X 1989

长沙市岳麓区志 1988-2002
湖南省长沙市岳麓区地方志编纂委员会编 周庆年 朱锦辉 刘立主编 北京 方志出版社 2010 年 620 页
b21589434 K296.41 Y862 2010

长沙市东区地方志
湖南省长沙市东区地方志办公室编纂 长沙 湖南省长沙市东区地方志办公室 1990 年 311 页
b20948062 K296.41 D582 1990

芙蓉区

长沙市芙蓉区志 1988-2003
长沙市芙蓉区志编纂委员会编 北京 方志出版社 2008 年 470 页
b19826382 K296.41 F468 2008

芙蓉区军事志 1840-2005
中国人民解放军湖南省长沙市芙蓉区人民武装部军事志编纂委员会编 张定浙主编 长沙 中国人民解放军湖南省长沙市芙蓉区人民武装部 2008 年 342 页
b49788991 E289.641 F468 2008

天心区

湖南省长沙市南区志
长沙市南区志编纂委员会办公室编 龙云彰主编 长沙 长沙市南区志编纂委员会办公室 1994 年 389 页〔中国地方志〕
b20948074 K296.41 C346N 1994

长沙市天心区志 1988-2003
长沙市天心区地方志编纂委员会编 北京 方志出版社 2009 年 519 页〔中华人民共和国地方志丛书〕
b40864194 K296.41 T343 2009

开福区

长沙市北区志
长沙市北区志编纂委员会编 沈裕谋总编 长沙 长沙市北区志编纂委员会 2005 年 274 页
b36247911 K296.41 B316 2005

雨花区

长沙市雨花区志
长沙市雨花区志编纂委员会编 长沙 长沙市雨花区志编纂委员会 2006 年 456 页
b19731954 K296.41 Y748 2006

长沙市雨花区志 1988-2002
长沙市雨花区志编纂委员会编 胡岳龙主编 北京 方志出版社 2010 年 457 页
b47009019 K296.44 Y748 2010

雨花教育图志
长沙市雨花区教育局主编 长沙 长沙市雨花区教育局 2008 年 90 页
b20952557 G527.641 Y748

望城区

望城县志
湖南省望城县志编纂委员会编 北京 三联书店 1995年 848页〔中国地方志丛书〕
b10600127 K296.44 W258

望城县志 1988-2002
望城县地方志编纂委员会编 吴汉林主编 北京 方志出版社 2006年 621页
b17729282 K296.44 W258 2006

望城县教育志
望城县教育委员会编 望城 望城县教育委员会 1993年 292页〔望城县地方志丛书〕
b36014576 G527.644 W258 1993

浏阳市

浏阳县志
湖南省浏阳市地方志编委会编纂 北京 中国城市出版社 1994年 1016页〔中华人民共和国地方志丛书〕
b10806131 K296.44 L667

浏阳市志 1988-2002
浏阳市地方志编纂委员会编 北京 方志出版社 2007年 799页
b19023492 K296.44 L667 2007

湖南省浏阳市白沙乡志 1949-2002
白沙乡志编纂组编纂 浏阳 浏阳市鸿天实业公司印刷厂 2004年 238页〔中华人民共和国地方志丛书〕
b36245586 K296.45 B152 2004

湖南省浏阳市淳口镇志 1949-2002
淳口镇志编纂组编纂 长沙 长沙明琼彩印装潢广告公司 2004年 275页〔中华人民共和国地方志丛书〕
b16432861 K296.45 C688 2004

湖南省浏阳市达浒镇志 1949-2002
达浒镇志编纂组编纂 深圳 深圳中华商务安全印务公司 2004年 200页〔中华人民共和国地方志丛书〕
b1642458x K296.45 D123 2004

湖南省浏阳市大围山镇志 1922-2002
大围山镇志编纂组编纂 徐和初主编 浏阳 美光彩印公司 2003年 271页〔中华人民共和国地方志丛书〕
b16447001 K296.45 D136 2003

湖南省浏阳市高坪乡志 1949-2002
高坪乡志编纂组编纂 李谟东主编 长沙 明琼彩印装潢广告公司 2004年 235页〔中华人民共和国地方志丛书〕
b36245598 K296.45 G247 2004

湖南省浏阳市集里街道志 1949-2002
集里街道志编纂组编 张金印主编 浏阳 美光彩印公司 2004年 178页〔中华人民共和国地方志丛书〕
b36245604 K296.45 J145 2004

湖南省浏阳市蕉溪乡志 1949-2002
蕉溪乡志编纂组编纂 浏阳 蕉溪乡志编纂组 2004年 227页〔中华人民共和国地方志丛书〕
b20101910 K296.45 J371 2004

湖南省浏阳市社港镇志 1949-2002
社港镇志编纂组编纂 徐克家主编 浏阳 社港镇志编纂组 2004年 235页〔中华人民共和国地方志丛书〕
b16447098 K296.45 S368 2004

湖南省浏阳市民政志 1875–2002
浏阳市民政志编纂组编纂 长沙 长沙市健峰彩印公司 2006年 226页〔中华人民共和国地方志丛书〕
b20949625 D676.44 L667 2006

浏阳市市志档案志 1986–2004
湖南省浏阳市市志档案局编 邵桉 唐学雷主编 浏阳 湖南省浏阳市市志档案局 2008年 101页
b50993860 G279.276.44 L667 2008

浏阳市教育志 1986–2003
浏阳市教育局编 浏阳 浏阳市教育局 2006年 450页
b2001577x G527.644 L667 2006

浏阳市新文学校志 2007–2016
浏阳市新文学校志编纂委员会编 浏阳 浏阳市新文学校志编纂委员会 2017年 222页
b50991760 G639.286.43 X444 2017

浏阳市妇幼保健院院志 1952–2012
湖南省浏阳市妇幼保健院主编 李敏林主编 浏阳 湖南省浏阳市妇幼保健院 2012年 240页
b4996379x R197.64 L667 2012

宁乡市

宁乡县志
湖南省宁乡县编纂委员会编 北京 中国大百科全书出版社 1995年 683页
b10628113 K296.44 N4138

宁乡县志 1986–2002
宁乡县地方志编纂委员会编 吴石平 贺明兰主编 北京 方志出版社 2008年 614页
b19826345 K296.44 N4138 2008

宁乡政协志 1956–2012
政协宁乡县第十一届委员会编 喻亚军主编 长沙 湖南人民出版社 2014年 337页
b47106165 D628.644 N413 2014

长沙县

长沙县志
湖南省长沙县志编纂委员会编 柳冠群主编 北京 三联书店 1995年 848页〔中国地方志丛书〕
b10525014 K296.44 C346

长沙县志 1988–2002
长沙县地方志编纂委员会编 北京 方志出版社 2007年 802页〔中华人民共和国地方志丛书〕
b18500821 K296.44 C346D 2007

长沙县当代政法志
中国共产党长沙县委员会政法委员会编 常利民主编 长沙 湖南人民出版社 2016年 766页
b49550718 D927.644 C346 2016

长沙县军事志 1840–2005
中国人民解放军长沙县人民武装部军事志编纂委员会编 黄元德主编 长沙 中国人民解放军长沙县人民武装部军事志编纂委员会 2008年 528页
b47414558 E289.644 C346 2008

长沙县审计志 1984–2004
曾利满主编 长沙 长沙县审计局 2005年 101页
b49532959 F239.227.644 C346 2005

长沙县交通志
长沙县交通局编 苏庆光主笔 长沙 长沙县交通局 1990年 226页
b41234698 F512.764.4 C346 1990

湖南省长沙县地名志
长沙县人民政府编 长沙 长沙县人民政府 1982年 528页
b16437998 K926.44 C346 1982

株洲市

株洲市志 第1册 总述 大事记 人口 地理
株洲市地方志编纂委员会编 王汀明总纂 胡松凡等卷主编 长沙 湖南出版社 1995-1997年 2卷 788页〔中华人民共和国地方志〕
b13459430 K296.43 Z684

株洲市志 第2册 城市建设 房地产 建筑 环境保护
株洲市地方志编纂委员会编 长沙 湖南出版社 1995年 429页〔中华人民共和国地方志〕
b13515299 K296.43 Z684

株洲市志 第3册 交通 邮电
株洲市地方志编纂委员会编 长沙 湖南出版社 1995年 324页〔中华人民共和国地方志〕
b13515196 K296.43 Z684

株洲市志 第4册 工业 上 工业综述 机械工业 冶金工业 化学工业 建材工业 煤炭工业 电力工业
株洲市地方志编纂委员会编 长沙 湖南出版社 1996年 420页〔中华人民共和国地方志〕
b13515305 K296.43 Z684

株洲市志 第4册 工业 下 电子工业 轻工业 纺织工业 药业 食品工业 包装 饲料工业 城镇区街工业
株洲市地方志编纂委员会编 长沙 湖南出版社 1996年 416页〔中华人民共和国地方志〕
b13515305 K296.43 Z684

株洲市志 第5册 农业
株洲市地方志编纂委员会编 长沙 湖南出版社 1994年 579页〔中华人民共和国地方志〕
b13515184 K296.43 Z684

株洲市志 第6册 商业
株洲市地方志编纂委员会编 龙碧秋主编 北京 中国商业出版社 1995年 408页〔中华人民共和国地方志〕
b13515287 K296.43 Z684

株洲市志 第7册 对外经济贸易
株洲市地方志编纂委员会编 长沙 湖南出版社 1996年 288页〔中华人民共和国地方志〕
b13515275 K296.43 Z684

株洲市志 第8册 财政金融
株洲市地方志编纂委员会编 北京 中国商业出版社 1996年 462页〔中华人民共和国地方志〕
b13515238 K296.43 Z684

株洲市志 第9册 经济管理
株洲市地方志编纂委员会编 长沙 湖南出版社 1997年 392页〔中华人民共和国地方志〕
b13515226 K296.43 Z684

株洲市志 第10册 党群 政务
株洲市地方志编纂委员会编 王汀明总纂

单先太等卷主编 长沙 湖南出版社 1997年 826页〔中华人民共和国地方志〕
b13515214 K296.43 Z684

株洲市志 第11册 政法
株洲市地方志编纂委员会编 长沙 湖南出版社 1996年 318页〔中华人民共和国地方志〕
b1351524x K296.43 Z684

株洲市志 第12册 军事 防空
株洲市地方志编纂委员会编 王汀明总纂 长沙 湖南出版社 1997年 218页〔中华人民共和国地方志〕
b13515263 K296.43 Z684

株洲市志 第13册 教育 科学技术 文化 卫生 体育 新闻
株洲市地方志编纂委员会编 长沙 湖南出版社 1996年 703页〔中华人民共和国地方志〕
b13515172 K296.43 Z684

株洲市志 第14册 人物
株洲市地方志编纂委员会编 长沙 湖南出版社 1997年 586页〔中华人民共和国地方志〕
b13515202 K296.43 Z684

株洲市志 第15册 杂志
株洲市地方志编纂委员会编 长沙 湖南出版社 1997年 883页〔中华人民共和国地方志〕
b13515251 K296.43 Z684

株洲简志
株洲市地方志编纂委员会编 刘晓亚主编 长沙 湖南出版社 2000年 535页〔中华人民共和国地方志丛书〕
b13459570 K296.43 Z684D

株洲市人口和计划生育志
株洲市人口和计划生育志编纂委员会编 李能斌主编 株洲 株洲市人口和计划生育志编纂委员会 2014年 551页
b47073366 C924.256.43 Z684 2014

株洲市工会志
株洲市总工会编 长沙 湖南出版社 1995年 392页
b49963235 D412.864 Z684 1995

株洲市人大志
株洲市人大志编纂委员会编 罗志钧主编 长沙 湖南出版社 1992年 259页〔株洲市志丛书之一〕
b2013616x D624.643 Z684 1992

株洲市法院志 1991–2010
湖南省株洲市中级人民法院编 彭雁彬主编 株洲 湖南省株洲市中级人民法院 2011年 561页
b47073354 D926.22 Z684 2011

湖南省第五工程公司志 1953–2008
湖南省第五工程有限公司编 钟祝平 熊用机主编 株洲 湖南省第五工程有限公司 2009年 470页
b51011979 F426.9 H4792 2009

株洲齿轮公司志 1998–2008
株洲齿轮有限责任公司编 李建华总编 株洲 株洲齿轮有公司 2008年 370页
b49939336 F426.471 Z684 2008

株洲电机厂志 1958–1995
谢丛贵 郁振鹏主编 株州 中国铁道建筑总公司株洲电机厂 1998年 201页
b44749466 F426.42 Z684 1998

株洲汽车齿轮厂厂志 1987–1997
株洲齿轮股份有限公司编 陈立信主笔 株洲 株洲齿轮公司 1999 年 312 页
b5032052x F426.471 Z6847 1999

株洲冶炼厂志 1953–1980
株洲冶炼厂编 长沙 湖南出版社 1983 年 351 页
b49608290 F426.32 Z684 1983

株洲市交通志 1978–2001
株洲市交通志编纂委员会编 长沙 湖南人民出版社 2005 年 第 2 版 747 页
b19733409 F512.764.3 Z684 2005

株洲国税志 1991–2000
株洲市国家税务局编 刘前秋主编 株洲 株洲市国家税务局 2002 年 198 页
b47416476 F812.764.342 Z684 2002

株洲教育改革志 1978–2000
欧阳振贤主编 株洲 株洲兴科彩色包装印刷公司 2006 年 706 页
b36014783 G527.643 Z684J 2006

株洲市教育志
株洲市教育委员会编 徐晓方 刘大元主编 长沙 湖南出版社 1995 年 541 页
b20953148 G527.643 Z684 1995

株洲市教育志续志
株洲市教育局编 株洲 株洲兴科彩色包装印刷公司 2006 年 214 页
b36014795 G527.643 Z684 2006

湖南省株洲市第二中学校志 第 1 卷 1955–1995
湖南省株洲市第二中学编 株洲 湖南省株洲市科达印刷厂 1995–2000 年 296 页
b20101971 G639.286.4 Z684 1995

湖南省株洲市第二中学校志 第 2 卷 1995–2000
湖南省株洲市第二中学编 株洲 湖南省株洲市科达印刷厂 1995–2000 年 137 页
b20101971 G639.286.4 Z684 1995

湖南省株洲市第四中学校志 1957–2007
湖南省株洲市第四中学编著 株洲 株洲市教育印刷厂 2007 年 204 页
b20101995 G639.286.4 Z6844 2007

湖南省株洲市地名录
株洲市人民政府编 株洲 株洲市人民政府 1983 年 183 页
b20015033 K926.43 Z684Z 1983

株洲地名志 2004 首版
株洲市地名委员会办公室 株洲市网谊文化公司编纂 株洲 株洲市地名委员会 2004 年 357 页
b16142536 K926.43 Z684C 2004

株洲文物名胜志
曹敬庄主编 北京 中国文史出版社 1991 年 417 页
b20099903 K928.706.43 C212 1991

荷塘区

株洲市东区志
株洲市东区志编纂委员会编 易新星主编 株洲 株洲市东区志编纂委员会 2002 年 624 页〔中华人民共和国地方志〕
b20468763 K296.43 Z684E 2002

荷塘检察志 1979–2012
荷塘检察志编纂委员会著 彭物明主编 株洲 株洲市荷塘区人民检察院 2012 年 321 页

b49827455　D926.32　Z684H　2012

芦淞区

株洲市南区志
株洲市芦淞区地方志编纂委员会编　长沙　湖南人民出版社　2005年　送审稿　646页
b20578416　K296.43　Z684N　2005

石峰区

株洲市北区志
株洲市石峰区地方志编纂委员会编　江洪治总编　北京　团结出版社　2015年　344页
b47584841　K296.43　Z684B　2015

醴陵市

醴陵市志
醴陵市志编纂委员会编　王泰诚总纂　长沙　湖南出版社　1995年　1129页
b10636389　K296.43　L386

醴陵市志　1991–2002
醴陵市志编纂委员会编　长沙　湖南人民出版社　2005年　824页
b16398129　K296.43　L386　2005

板杉区志
醴陵市板杉区志编纂领导小组编　江顺德主编　醴陵　醴陵市板杉区志编纂领导小组　1989年　268页〔醴陵市地方志丛书〕
b16425182　K296.43　B191　1989

醴陵人大志
醴陵市人民代表大会常务委员会编　醴陵　醴陵市印刷厂　1991年　162页〔醴陵市地方志丛书〕
b2013941x　D624.643　L386　1991

醴陵政协志
政协湖南省醴陵市委员会编　湘潭　湘潭市彩色色刷厂　1992年　241页〔醴陵市地方志丛书〕
b20015598　D628.643　L386　1992

醴陵市军事志　1681–2005
湖南省醴陵市军事志编纂委员会编　柏国顺主编　醴陵　湖南省醴陵市军事志编纂委员会　2009年　370页
b50729500　E289.644　L386　2009

醴陵市交通志
醴陵市交通志编纂委员会编　邬丰秋主编　长沙　湖南出版社　1994年　234页〔湖南省交通史志丛书〕
b20043958　F512.764.3　L386　1994

醴陵供销合作社志
醴陵市供销合作社联合社编　陈恒安主编　醴陵　醴陵市供销合作社联合社　1990年　365页〔醴陵市地方志丛书〕
b5024811x　F721.2　L386　1990

醴陵市教育志
醴陵市教育局编　醴陵　醴陵市教育局　1989年　351页〔醴陵市地方志丛书〕
b20183057　G527.643　L386　1989

醴陵气象志
醴陵市气象局编　李和平主编　醴陵　醴陵市印刷厂　1990年　127页〔醴陵市地方志丛书〕
b36093166　P468.264.3　L386　1990

醴陵市水利水电志
醴陵市水利水电局编　醴陵　醴陵市水利水电局　1988年　油印本　169页
b21857507　TV-092　L386　1988

醴陵环境保护志
醴陵市环境保护局编 王德槐主编 醴陵 醴陵市环境保护局 1994 年 72 页〔醴陵地方志丛书〕
b36093154 X322.643 L386 1994

株洲县

株洲县志
湖南省株洲县志编纂委员会编 莫高耀主编 长沙 湖南出版社 1995 年 570 页〔中华人民共和国地方志丛书〕
b10525026 K296.44 Z684

株洲县志 1991-2000
株洲县志编纂委员会编 夏昌武 罗克俭主编 长沙 湖南人民出版社 2005 年 427 页
b2077431x K296.44 Z684 2005

株洲县政协志 1984-2014
中国人民政治协商会议株洲县委员会编 株洲 政协株洲县委员会 2014 年 334 页
b49790122 D628.644 Z684 2014

株洲县交通志
株洲县交通志编纂委员会编 长沙 湖南人民出版社 1994 年 141 页〔湖南交通史志丛书〕
b2004723x F512.764.4 Z684 1994

株洲县教育志
刘务宜主编 株洲 株洲县教育局 1991 年 235 页
b20182697 G527.644 Z684 1991

株洲县第一中学校志 1958-1998
盛自西编写 株洲 株洲县第一中学 1998 年 359 页
b20807028 G639.286.34 Z684 1998

株洲县黄龙镇中学校志 第 1 卷 1957-2002
株洲县黄龙镇中学校编 株洲 株洲县黄龙镇中学校 2002 年 212 页
b47416488 G639.286.45 H662 2002

攸 县

攸县志
攸县志编纂委员会编 谭运湘主编 北京 中国文史出版社 1990 年 794 页
b10756942 K296.44 Y652

攸县志 1986-2010
攸县地方志编纂委员会编 夏新文主编 北京 方志出版社 2013 年 948 页
b45625360 K296.44 Y652 2013

望东乡土志
望东乡土志编纂委员会编 欧阳家伏主编 攸县 攸县博文印刷厂 2008 年 474 页
b20104121 K296.45 S518 2008

宝宁寺志 1684-2010
攸县地方志编纂委员会 攸县黄丰桥镇人民政府编 攸县 攸县地方志编纂委员会 2010 年 328 页
b22107010 B947.264.4 B268 2010

灵龟寺志
攸县地方志编纂委员会 攸县联星街道办事处编 谭贻芳主编 攸县 攸县地方志编纂委员会 2017 年 317 页
b50150832 B947.264 L628 2017

攸县工商行政管理志
攸县工商行政管理志编纂委员会编 易树芬主编 株洲 攸县工商行政管理志编纂委员会 2005 年 568 页
b47416300 F203.9 Y652 2005

攸县交通志
攸县交通志编纂领导小组编 攸县 湖南省攸县印刷厂 2000年 302页〔攸县专业志丛书〕
b20046789 F512.764.4 Y652 2000

攸县财政志
攸县财政志编纂委员会编 谭贻芳主编 攸县 攸县财政志编纂委员会 2007年 405页
b47073287 F812.764.4 Y652 2007

攸县文化志
攸县文化志编写小组编 攸县 湖南省攸县文化局 1987年 270页〔湖南省攸县专业志丛书〕
b20141701 G127.644 Y652 1987

攸县科学技术志
湖南省攸县科学技术委员会编 攸县 湖南省攸县科学技术委员会 1988年 188页
b47414595 G322.764.4 Y652 1988

阳升观志
攸县地方志编纂委员会 攸县莲塘坳镇人民政府编 谭贻芳主编 攸县 攸县地方志编纂委员会 2015年 392页
b46488571 K296.44 Y225 2015

攸县水利志
攸县水利水电局编 攸县 湖南省攸县印刷厂 1996年 286页〔攸县地方志丛书〕
b21857271 TV-092 Y652 1996

茶陵县

茶陵县志
湖南省茶陵县地方志编纂委员会编 朱汉兴主编 北京 中国文史出版社 1993年 817页〔中华人民共和国地方志〕
b10525002 K296.44 C267

茶陵县志 1993-2010
湖南省茶陵县地方志编纂委员会编 陈志刚主编 北京 方志出版社 2016年 529页
b47358385 K296.44 C267C 2016

茶陵县腰陂镇志
茶陵县腰陂镇志编纂领导小组编 茶陵 茶陵县腰陂镇志编纂领导小组 1995年 273页〔茶陵县地方志丛书〕
b1747808x K296.45 Y282 1995

湖口镇志
中共茶陵县湖口镇委员会 茶陵县湖口镇人民政府编 茶陵 中共茶陵县湖口镇委员会 2015年 269页〔茶陵县地方志丛书续编 19〕
b47316871 K296.45 H477 2015

下东志 1949-2013
中共茶陵县下东街道工作委员会 茶陵县下东街道办事处编 李慧勤主编 长沙 湖南师范大学出版社 2017年 549页〔茶陵县地方志丛书续编〕
b50106739 K296.45 X185 2017

茶陵共青团志
共青团茶陵县委员会编 彭小中主编 茶陵 共青团茶陵县委员会 2006年 263页〔茶陵县地方志丛书〕
b20947999 D292.644 C267 2006

茶陵县民政志
茶陵县民政局编 茶陵 茶陵县印刷厂 1990年 329页〔茶陵县地方志丛书〕
b18077018 D676.44 C267 1990

炎陵县

酃县志
酃县志编纂委员会编 彭志瑞主编 北京 中国社会出版社 1994 年 605 页
b1083610x K296.44 L635

酃县交通志
酃县湖南省交通局编 邹绍龙主编 长沙 湖南出版社 1992 年 245 页〔湖南交通史志丛书〕
b20044215 F512.764.4 L635 1992

湘潭市

湘潭市志
湘潭市地方志编纂委员会编 张汉良总纂 北京 中国文史出版社 1993 年 12 卷
b12484180 K296.43 X263

湘潭市志 1986-2005
湘潭市地方志编纂委员会编 谈文胜总纂 北京 方志出版社 2016 年 4 卷 2974 页
b49669576 K296.43 X263E 2016

湘潭市物资志
湘潭市物资志编纂委员会编 郭祥光主编 北京 中国物资出版社 1991 年 373 页〔湘潭市地方志丛书〕
b45570656 F259.276.43 X263 1991

湘潭市城市建设志
湘潭市城市建设局编 湘潭 湘潭市城市建设局 1988 年 304 页
b49983271 F299.276.43 X263 1988

湖南农药厂志
湖南南天实业股份有限公司湖南农药厂志编纂委员会编 徐颂庭 谢自华编纂 湘潭 湖南南天实业股份有限公司湖南农药厂志编纂委员会 2000 年 738 页
b45479550 F426.76 H479 2000

湘钢志 1981-1990
湘潭钢铁公司编委会编 湘潭 湘潭钢铁集团公司 2001 年 333 页
b50347779 F426.31 X2633 2001

湘潭电机厂志 1936-1989
湘潭电机厂志编纂办公室编 陈志刚主编 湘潭 湘潭电机厂志编纂办公室 1992 年 796 页
b49850040 F426.61 X263 1992

湘潭钢铁厂志 1958-1980
湘潭钢铁厂厂志编纂办公室编 周崇英总编辑 湘潭 湘潭钢铁厂厂志编纂办公室 1983 年 2 卷 834 页
b50320117 F426.31 X263 1983

湘潭市交通志
湘潭市湖南省交通局编 易端章主编 长沙 湖南出版社 1992 年 176 页〔湖南交通史志丛书〕
b20046200 F512.764.3 X263 1992

湘潭市交通志 1980-2002
湘潭市交通志编纂委员会编 长沙 湖南出版社 2006 年 680 页
b20046212 F512.764.3 X263 2006

湘潭市对外经济贸易志 1840-1989
湘潭市对外经济贸易委员会修志办编纂 秦泽霖主编 湘潭 湘潭市对外经济贸易委员会修志办 1994 年 173 页
b50320129 F752.864.3 X263 1994

湘潭市地方税务志 1994.9-2009.8
龙水根主编 湘潭 湘潭市地方税务志编纂

者 2009 年 411 页〔湘潭市地方志丛书〕
b46996114 F812.764.342 X263 2013

湘潭市金融志
湘潭市金融志编纂委员会编 吴大庆主编 北京 中国文史出版社 2011 年 618 页
b40648588 F832.764.3 X263 2011

湘潭市教育志
湘潭市教育志编纂委员会编 北京 中国文史出版社 1991 年 458 页〔湘潭市地方志丛书〕
b17646236 G527.643 X263 1991

湘潭地名志
湘潭市人民政府编 王龙林主编 北京 中国文史出版社 2009 年 369 页
b21136282 K296.43 X263R 2009

湘潭市郊区志
湘潭市郊区志编纂委员会编 孟季华主编 湘潭 湘潭市霞城印刷厂 1992 年 838 页〔湘潭市地方志丛书〕
b46996126 K296.43 X263D 1992

湖南省湘潭市地名录
湘潭市人民政府编 湘潭 湘潭市人民政府 1982 年 210 页
b20138623 K926.43 X263H 1982

岳塘区

板塘区简志
板塘区志编纂委员会编 湘潭 板塘区志编纂委员会 1987 年 235 页
b20947793 K296.43 X263C 1987

湘潭市岳塘区志 1986–2008
湘潭市岳塘区地方志编纂委员会编 刘明高主编 北京 方志出版社 2012 年 628 页
b40863748 K296.43 X263YT 2012

湘钢一中校志 1960.8–2005.9
湘钢一中校志编写组编 湘潭 湘潭市霞城社会福利印刷厂 2005 年 304 页
b1973282x G639.286.54 X263 2005

雨湖区

雨湖区志
湘潭市雨湖区人民政府编 湘潭 湘潭市雨湖区人民政府 1991 年 324 页
b22058114 K296.43 X263Y 1991

湘潭市雨湖区志 1988–2007
湘潭市雨湖区地方志编纂委员会编 宋定一主编 北京 方志出版社 2016 年 814 页
b47365730 K296.43 X263YC 2016

雨湖公安志
唐徽主编 湘潭 湘潭市公安局雨湖分局 2006 年 419 页
b50778031 D631 X263Y 2006

湘乡市

湘乡县志
湘乡县志编纂委员会编 周业贵总纂 长沙 湖南出版社 1993 年 1077 页〔中国地方志丛书〕
b10836135 K296.44 X263

湘乡水泥厂志 1953–1993
湘乡水泥厂志编纂委员会编 北京 中国建材工业出版社 1994 年 310 页
b49938150 F426.74 X263 1994

湘乡市交通志
宋自警主编 长沙 湖南出版社 1992年 269页〔湖南交通史志丛书〕
b20046224 F512.764.3 S682 1992

湘乡市教育志
湘乡市教育局 湘乡市地方志办公室编 孙铁牛主编 湘乡 湘乡市教育局 1995年 502页〔湘乡市地方志丛书〕
b36014229 G527.643 X2638 1995

韶山市

韶山志
韶山市地方志编纂委员会编 萧旺琦总纂 北京 中国大百科全书出版社 1993年 496页
b10636377 K296.43 S334

韶山市志 1991–2005
韶山市地方志编纂委员会编 刘建强主编 海口 海南出版社 2010年 550页
b40421016 K296.44 S334 2010

韶山市交通志
韶山市交通志编委会编 肖春林主编 长沙 湖南出版社 1992年 123页〔湖南交通史志丛书〕
b20045323 F512.764.4 S334 1992

湘潭县

湘潭县志
湘潭县地方志编纂委员会编 唐俊贤主编 长沙 湖南出版社 1995年 968页
b10624934 K296.44 X2638

湘潭县志 1988–2006
湘潭县地方志编纂委员会编 张作奇主编 北京 方志出版社 2015年 843页
b47287494 K296.44 X2638C 2015

石鼓镇志
湘潭县石鼓镇志编纂委员会编 萧经球主编 湘潭 湘潭县石鼓镇志编纂委员会 2000年 420页
b14445761 K296.45 S472 2000

易俗河镇志
湘潭县易俗河镇人民政府编 周强 郭奇志主编 北京 中国文史出版社 2012年 352页
b46012758 K296.45 Y464 2012

中国共产党湘潭县历史图志 1919–2005
中共湘潭县委主办 湘潭县史志办编著 张作奇主编 湘潭 中国共产党湘潭县委员会 2005年 489页
b45495129 D235.644 X263 2005

湘潭县人大志 1911–1990
湘潭县人大常委会办公室编 湘潭 湘潭县人大常委会办公室 1990年 145页〔湘潭县地方志丛书〕
b20141373 D624.644 X263 1990

湘潭县水利志
湘潭县水利水电局编 赵大荣主编 湘潭 湘潭县水利水电局 1993年 296页〔湘潭县地方志丛书〕
b20952041 F426.9 Z432 1993

湘潭市郊区教育志 1873–1987
湘潭市郊区教育志编辑委员会编 文启煌主编 湘潭 湘潭市郊区教育志编辑委员会 1990年 701页
b17510326 G527.643 X263X 1990

湘潭县教育志 1840–1986
湘潭县教育局编 朱启袖主编 湘潭 湘潭县教育局 1989 年 366 页〔湘潭县地方志丛书〕
b20182995 G527.644 X263 1989

衡阳市

衡阳市志
衡阳市地方志编纂委员会编 陈安众总纂 长沙 湖南人民出版社 1998 年 3 卷 3255 页
b1049487x K296.43 H388

衡阳市志 1978–2008
衡阳市地方志编纂委员会编 杨伟东主编 北京 方志出版社 2014 年 3 卷 2912 页
b45969802 K296.43 H388 2014

大善寺志
南岳佛教文化研究院编辑 释怀恒主修 田彦编纂 北京 宗教文化出版社 2017 年 263 页〔磨镜台文库 南岳寺志丛书〕
b50238152 B947.264.3 D136 2017

衡阳人口志
湖南省衡阳市人口和计划生育委员会编 刘运开主编 衡阳 湖南省衡阳市华圣印刷有限公司 2006 年 571 页
b18838297 C924.256.43 L693 2006

衡阳市志 人口志
衡阳市计划生育委员会编 衡阳 衡阳市计划生育委员会 1993 年 484 页
b19931694 C924.256.43 H388 1993

中国共产党八十年湖南图志 衡阳卷
盛义良主编 长沙 湖南人民出版社 2001 年 582 页
b18905407 D235.64 S447 2001

中国共产党衡阳地方组织志
中国共产党衡阳地方组织志编纂组编 衡阳 中国共产党衡阳地方组织志编纂组 1996 年 232 页
b20018162 D235.643 Z6439 1996

衡阳市共青团志
共青团衡阳市委员会编 周玉梅主编 衡阳 共青团衡阳市委员会 2004 年 360 页
b22430040 D292.643 H388 2004

衡阳市政协志 1949.11–2011.6
中国人民政治协商会议衡阳市委员会编 杨伟东 李岳平主编 衡阳 衡阳顺地印务公司 2011 年 804 页
b40648497 D628.643 H388 2011

衡阳市民政志
衡阳市民政志编纂委员会编 周道福主编 衡阳 衡阳市民政志编纂委员会 1992 年 437 页
b20949522 D632 Z662 1992

衡阳民进会志 1983.7–2013.7
廖晟主编 衡阳 中国民主促进会衡阳市委员会 2013 年 489 页
b47415034 D665.3 L564 2013

衡阳法院志
衡阳法院志编纂委员会编 衡阳 衡阳法院志编纂委员会 2007 年 322 页
b45452933 D926.22 H388 2007

衡阳市政法志 1981–2014
中共衡阳市委政法委员会编 王东文 欧阳强主编 衡阳 中共衡阳市委政法委员会 2015 年 338 页

b49625433　D927.643　H388　2015

衡阳市建设志
衡阳市建设志编纂委员会编　唐存正主编　长沙　湖南出版社　1995 年　499 页
b49981730　F299.276.43　H388　1995

衡阳市农业志
衡阳市农业局编　黄东荣主编　衡阳　衡阳市农业局　2013 年　530 页
b49607753　F327.643　H388　2013

衡阳电力志　1906–1985
衡阳电业局编志小组编　衡阳　衡阳电业局　1993 年　426 页
b40864212　F426.61　H388　1993

衡阳电力志　1978–2005
衡阳电业志编委会编　衡阳　衡阳电业志编委会　2007 年　381 页
b50016945　F426.61　H388C　2007

中钢衡重志　衡冶厂志续编 1981–2010
中钢集团衡阳重机有限公司编　衡阳　中钢集团衡阳重机有限公司　2013 年　572 页
b49550317　F426.31　H388　2013

中国有色金属工业总公司衡阳有色冶金机械总厂工会志　1935–1990
衡阳有色冶金机械总厂工会志编写办公室　单志翔主编　衡阳　衡阳有色冶金机械总厂工会志编写办公室　1993 年
b50152014　F426.4　H388　1993

衡阳市交通志长编　前 221–1995
衡阳市交通志编写组编　王连材　曾广祥　陈善柳撰写　衡阳　衡阳市交通志编写组　1996 年　油印本　498 页
b19732211　F512.764.3　W222　1996

第二工程处志　1964–1999
铁道部第五工程局第二工程处志编纂委员会编　贵阳　贵州人民出版社　2004 年　397 页〔铁道部第五工程局史志丛书〕
b49505464　F532.6　T3892　2004

衡阳市公路志
衡阳市公路管理局　衡阳市县乡公路管理处编　肖华宝主编　衡阳　衡阳市公路管理局　2007 年　288 页
b49549819　F542.864.3　H388　2007

衡阳市粮油志
李永澄主编　合肥　黄山书社　1993 年　247 页
b47584932　F724.721　H388　1993

衡阳市财政志
衡阳市财政局编　邹国富主编　长沙　湖南人民出版社　2011 年　553 页
b45839773　F812.764.3　H388　2011

衡阳市金融志
李勋主编　北京　中国广播电视出版社　1992 年　344 页
b45570577　F832.764.3　H388　1992

衡阳市金融志
黄红星主编　北京　中国财政经济出版社　2009 年　594 页
b45570425　F832.764.3　H388　2009

衡阳市农村金融志
中国农业银行衡阳市中心支行编　李高忠主编　衡阳　中国农业银行衡阳市中心支行　1992 年　186 页
b49803116　F832.764.3　H388L　1992

衡阳市广播电视志　1949–2009
衡阳市广播电视志编纂委员会编　北京　方

志出版社 2014 年 706 页
b46116990 G229.276.43 H388 2014

衡阳市地名志
衡阳市地名志编纂委员会编 衡阳 衡阳县日用印刷厂 1986 年 658 页
b15914070 K926.44 H388 1986

湖南省衡阳市地名录
衡阳市人民政府编 衡阳 衡阳市人民政府 1982 年 207 页
b20014983 K926.43 H388 1982

衡阳市科学技术志
衡阳市科学技术委员会编 周华南主编 北京 中国文史出版社 1993 年 770 页
b49532807 N126.43 H388 1993

衡阳市农业科学研究所科技志 1951–1990
傅荣煜主编 长沙 衡阳市农科所科技志编纂委员会编辑出版 1992 年 263 页
b40841649 S–12 F494 1992

衡阳市建筑志
衡阳市建筑志编纂委员会编 长沙 湖南人民出版社 2009 年 530 页
b41234479 TU–092 H388 2009

衡阳市水利志
衡阳市水利局水利志编纂办公室编 李安 周晓云 岳健总纂 北京 方志出版社 2014 年 530 页
b47009160 TV–092 H388 2014

蒸湘区

衡阳市郊区续志
湖南省衡阳市蒸湘区地方志编纂委员会编 周泽主编 衡阳 湖南省衡阳市蒸湘区地方志编纂委员会 2003 年 366 页〔中华人民共和国地方志丛书〕
b21568236 K296.43 H388K 2003

雁峰区

城南区志 1942–2001
城南区志编纂委员会编 左慧玲 周建总编 北京 团结出版社 2012 年 627 页
b40421181 K296.43 H388D 2012

石鼓区

城北区志
衡阳市城北区志编纂委员会编 邓柯主编 北京 当代中国出版社 2000 年 666 页
b19733100 K296.43 H388C 2000

南岳区

南岳区志
南岳区地方志编纂委会编 刘运发主编 长沙 岳麓书社 2000 年 512 页
b46668792 K296.43 N161 2000

耒阳市

耒阳市志
耒阳市志编纂委员会编 陈列菊总纂 北京 中国社会出版社 1993 年 1076 页
b10647090 K296.43 L313

耒阳市志 1986–2005
耒阳市志编纂委员会编 郑久芳主编 北京 方志出版社 2011 年 904 页
b40420899 K296.43 L313 2011

耒阳市水利志
耒阳市水利志编纂委员会编 胡永光总纂

耒阳 耒阳市水利志编纂委员会 2010年 534页
b40648503 TV-092 L313 2010

常宁市

常宁县志
常宁县志编纂委员会编 北京 社会科学文献出版社 1993年 575页
b10503328 K296.44 C3456

常宁市志 1991–2008
常宁市志编纂委员会编 廖爱国主编 北京 方志出版社 2013年 735页
b41234339 K296.44 C3456 2013

常宁县政府志
常宁县政府办公室编纂 常宁 常宁县政府办公室 1993年 278页
b19931268 D625.644 C345 1993

常宁政协志 1992.1–2008.12
中国人民政治协商会议常宁市委员会编 陈燕主编 常宁 中国人民政治协商会议常宁市委员会 2009年 299页〔常宁市第二轮地方志丛书 1〕
b46859445 D628.644 C345 2009

水口山矿务局志 1981–1995
水口山矿务局志编纂委员会编 陈汉荣主编 衡阳 水口山矿务局志编纂委员会 1996年 1039页
b46443447 F426.1 S614 1996

水口山志 1996–2005
湖南水口山有色金属集团有限公司编 韩湘主编 常宁 湖南水口山有色金属集团有限公司 2006年 605页
b2113666x F426.32 S614 2006

衡阳县

衡阳县志
衡阳县志编纂委员会编 屈忠祥主编 合肥 黄山书社 1994年 639页
b10524484 K296.44 H3889

衡阳县志 1978–2003
衡阳县志编纂委员会编 刘万城主编 衡阳 衡阳县志编纂委员会 2007年 663页
b20198243 K296.44 H3889L 2007

衡阳县乡镇简志
衡阳县地方志编纂委员会办公室编 周海波主编 北京 方志出版社 2017年 377页
b50756461 K296.45 H3889 2017

中共衡阳县委党校校志
第四次校志编纂委员会编 衡阳 第四次校志编纂委员会 2008年 270页
b22433223 D261.41 H388 2008

衡阳县政协志 1982–2009
中国人民政治协商会议衡阳县委员会编 梁祚华主编 衡阳 中国人民政治协商会议衡阳县委员会 2010年 238页〔衡阳县文史〕
b21568248 D628.644 H388 2010

衡阳县人物志
衡阳县志编纂委员会办公室编 衡阳 衡阳县志编纂委员会办公室 2008年 253页
b47106189 K820.864.4 H388 2008

衡南县

衡南县志
衡南县志编纂委员会编 戴述秋主编 北京 中国社会出版社 1992年 756页

b10759220　K296.44　H3886

衡南县人大志　1949.10–2012.3
衡南县第十五届人大常委会编　邱清楚主编　衡阳　衡南县第十五届人大常委会　2012 年　652 页
b49549807　D624.644　H388　2012

湖南省衡南县地名录
衡南县人民政府编　衡南　衡南县人民政府　1982 年　320 页
b20369220　K926.44　H388H　2009

王家祠堂志
王秀会编著　长沙　中南大学出版社　2015 年　294 页
b47036187　K928.75　W2333　2015

衡山县

衡山县志
湖南省衡山县志编纂委员会编　李正南等总编　长沙　岳麓书社　1994 年　750 页
b13055859　K296.44　H3887C

衡山县简志
衡山县简志编委会编　长沙　湖南出版社　1996 年　276 页〔湖南省情系列丛书〕
b13055781　K296.44　H3887J

湖南省衡山县教育志
衡山县教育委员会编　衡山　衡山县教育委员会　1989 年　292 页
b20403288　G527.644　H388　1989

衡山届志　评审稿
衡山届志编纂者编　衡山　衡山届志编纂者　1999 年　403 页
b13055902　K296.44　H3887

衡山文化志
衡山县文化局编　符立平总编　衡山　衡山县文化局　2003 年　358 页
b22430027　K928.3　F461　2003

南岳志
湖南省地方志编纂委员会编　谭岳生主编　长沙　湖南出版社　1996 年　540 页
b10625057　K928.3　H479

衡东县

衡东县志
衡东县志编纂委员会编　周先谅主编　北京　中国社会出版社　1992 年　597 页
b10759190　K296.44　H388

衡东县乡镇简志
衡东县史志办公室编　陈华良主编　北京　方志出版社　2017 年　328 页
b5034612x　K296.45　H388　2017

祁东县

祁东县志
祁东县志编纂委员会编　李国璋总编　北京　中国文史出版社　1992 年　550 页
b10604261　K296.44　Q126

祁东县志　1986–2005
祁东县志编纂委员会编　何军生　刘高飞主编　北京　方志出版社　2010 年　656 页
b2236481x　K296.44　Q126　2010

祁东县政协志　1982.1–2006.12
中国人民政治协商会议祁东县委员会编　衡阳　衡阳华南出版装璜彩印公司　2006 年　472 页
b20016281　D628.644　Q126　2006

邵阳市

邵阳市志 第1卷 综合类
邵阳市地方志编纂委员会编 周泽民总纂
长沙 湖南人民出版社 1997年 525页
b1057041x K296.43 S339F

邵阳市志 第2-3卷 经济类
邵阳市地方志编纂委员会编 周泽民总纂
长沙 湖南人民出版社 1997年 2117页
b1057041x K296.43 S339F

邵阳市志 第4卷 政治类
邵阳市地方志编纂委员会编 周泽民总纂
长沙 湖南人民出版社 1997年 1099页
b1057041x K296.43 S339F

邵阳市志 第5卷 文化类
邵阳市地方志编纂委员会编 周泽民总纂
长沙 湖南人民出版社 1997年 820页
b1057041x K296.43 S339F

邵阳市志 第6卷 人物 社会类
邵阳市地方志编纂委员会编 周泽民总纂
长沙 湖南人民出版社 1997年 766页
b1057041x K296.43 S339F

湖南省邵阳市建筑志
邵阳市建设委员会编 袁迪生主编 北京
中国建筑工业出版社 1992年 281页
b21570152 F426.9 Y791 1992

邵阳市交通志
邵阳市交通局编 杨来凤主编 郑州 中州古籍出版社 1991年 354页〔湖南交通史志丛书〕
b20045335 F512.764.3 S339 1991

邵阳市交通志 1981-2002
邵阳市交通志编纂委员会编 邵阳 邵阳市交通志编纂委员会 2003年 518页
b20045347 F512.764.3 S339 2003

邵阳市教育志
曾建屏主编 长沙 湖南出版社 1994年 606页〔邵阳市地方志资料丛书〕
b17645943 G527.643 Z239 1994

大祥区

邵阳市郊区志
邵阳市郊区志编纂委会编 北京 中国文史出版社 1996年 392页〔中国地方志丛书〕
b17623467 K296.43 S339J 1996

双清区

邵阳市东区简志
邵阳市东区简志编纂委员会编 宁长林主编 长沙 湖南人民出版社 1997年 318页
b5024792x K296.43 S339DC 1997

邵阳市双清区人大志
双清区第四届人大常委会编 夏红波主编
邵阳 双清区第四届人大常委会 2016年 566页
b49964070 D624.643 S339 2016

武冈市

武冈县志
武冈县志编纂委员会编 张治怡 萧时昇 毛政荣主编 北京 中华书局 1997年 791页
b1305580x K296.44 W532

武冈市志 1994-2003
武冈市志编纂委员会编 李良时 杨峰主编 北京 方志出版社 2010年 505页
b21270661 K296.44 W532 2010

武岗县交通志
湖南省武岗县交通志编委会编 郑州 中州古籍出版社 1991 年 208 页〔湖南交通史志丛书〕
b2004608x F512.761.4 W532 1991

武冈市教育志 1978–2002
王集中 王福民主编 武冈 武冈市教育局 2008 年 434 页
b19932522 G527.643 W219 2008

湖南省武冈县地名录
武冈县人民政府编 武冈 武冈县人民政府 1983 年 261 页
b20378567 K926.44 W532 1983

邵东县

邵东县志
邵东县志编纂委员会编 李乔林主编 北京 中国城市出版社 1993 年 638 页
b10525154 K296.44 S337

羊家冲村志
羊文超主编 北京 中国文史出版社 2007 年 410 页
b36128326 K296.445 Y222 2007

新邵县

新邵县志
新邵县志编纂委员会编 卿明星 张志咸 刘剑英主编 北京 人民出版社 1994 年 718 页
b10796782 K296.44 X444

新邵县志 1978–2005
新邵县志编纂委员会编 刘让平 陈远渡主编 北京 方志出版社 2012 年 718 页
b36708707 K296.44 X444 2012

新邵县志 评议稿 1978–2005
新邵县志编纂委员会编 刘让平主编 新邵 新邵县志编纂委员会 2008 年 2 卷 742 页
b21765807 K296.44 X444 2008

新邵林业志
湖南省新邵县林业局编 彭长发主编 新邵 湖南省新邵县林业局 1997 年 525 页
b50347809 F326.276.44 X444 1997

湖南省新邵县地名录
新邵县人民政府编 新邵 新邵县人民政府 1982 年 302 页
b20369232 K926.44 X444 1982

邵阳县

邵阳县志
邵阳县志编纂委员会编 北京 社会科学文献出版社 1993 年 705 页〔中国地方志丛书〕
b10524393 K296.44 S339

邵阳县志 1978–2002
邵阳县志编纂委员会编 长沙 湖南人民出版社 2008 年 740 页
b19929183 K296.44 S339 2008

邵阳县人口和计划生育志
邵阳县人口和计划生育局编 林目坤 阮江青主编 邵阳 邵阳县人口和计划生育局 2014 年 507 页
b5072969x C924.256.44 S339 2014

校志选编
邵阳地区教育局史志编纂办公室编 邵阳 邵阳地区教育局史志编纂办公室 1984

年 144 页
b20103700 G639.286.42 S339 1984

隆回县

隆回县志
隆回县志编纂委员会编 刘绍运主编 北京 中国城市出版社 1994 年 655 页
b10634137 K296.44 L739

隆回县志 1978–2002
隆回县志编纂委员会编 北京 团结出版社 2006 年 529 页
b17385283 K296.44 L739 2006

隆回县人大志
隆回县第十五届人大常委会编 宁玉光主编 隆回 隆回县第十五届人大常委会 2014 年 569 页
b51091574 D624.644 L739 2014

隆回县城乡建设志
隆回县建设委员会编 陈善厚主编 隆回 隆回县建设委员会 1991 年 236 页
b50642996 F299.276.44 L739 1991

隆回县工业志
隆回县经济委员会编 黄镇主编 隆回 隆回县经济委员会 1989 年 406 页
b49506158 F427.644 L739 1989

隆回县教育志 1978–2002
隆回县教育局编 隆回 隆回县教育印刷厂 2003 年 343 页
b36014400 G527.644 L739 2003

隆回县教育志 2003–2012
隆回县教育局编 刘德清主编 隆回 隆回县教育局 2015 年 422 页
b50991772 G527.644 L739 2015

隆回一中校志 1942–2012
隆回一中校志编纂委员会编 刘恒杰 胡玉庭主编 隆回 隆回一中校志编纂委员会 2012 年 265 页
b46011730 G639.286.44 L739 2012

湖南省隆回县地名志
隆回县人民政府编 熊知方主编 隆回 隆回县人民政府 1983 年 538 页
b20368689 K926.44 L739 1983

洞口县

洞口县志 1978–2005
洞口县地方志编纂委员会编 龙会清 邓联文主编 北京 方志出版社 2012 年 632 页
b36368027 K296.44 D624 2012

葓溪瑶族乡志
洞口县葓溪瑶族乡志编纂委员会编 谭玉生主编 洞口 洞口县葓溪瑶族乡志编纂委员会 1990 年 404 页
b36128399 K296.45 N531C 1990

葓溪瑶族乡志 1956–2006
蒋子棠主编 邵阳 邵阳市洞口县博美印刷厂 2006 年 446 页
b20104364 K296.45 N531 2006

湖南省洞口县地名志
洞口县人民政府编 洞口 洞口县人民政府 1983 年 351 页
b16446471 K926.44 D624 1983

绥宁县

绥宁县志
绥宁县志编纂委员会编 袁公湘 李焕宁主编 北京 方志出版社 1997 年 855 页〔中

华人民共和国地方志〕
b13089870 K296.44 S747

党坪苗族乡志
党坪苗族乡志编纂委员会编 陈明才主编 绥宁 绥宁县印刷厂 1997年 705页
b20402740 K296.45 D227 1997

寨市苗族侗族乡志
湖南省绥宁县寨市苗族侗族乡志编纂委员会编 兰序贵 袁子华主编 北京 方志出版社 2017年 254页〔中国名镇志文化工程〕
b50642467 K296.45 Z291 2017

绥宁县第四中学校志
王汉雄等编著 重庆 重庆出版社 2010年 397页
b50778201 G639.286.44 S747 2010

绥宁县文物志
绥宁县文化局 绥宁县文化馆编 袁公湘 肖博文主编 绥宁 绥宁县文化局 1987年 143页
b36380088 K872.644 S747 1987

新宁县

新宁县志
新宁县县志编纂委员会编 李有春主编 长沙 湖南出版社 1995年 799页
b10645184 K296.44 X4446

新宁县志 1978–2004
新宁县志编纂委员会编 李龙生主编 北京 方志出版社 2009年 667页
b20710719 K296.44 X4446 2009

麻林瑶族乡志
新宁县麻林瑶族乡志编纂委员会编 李永鳌编纂 新宁 新宁县麻林瑶族乡志编纂委员会 2008年 226页
b23003042 K296.45 M123 2008

新宁县教育志 1840–1985
新宁县教育委员会编 新宁 新宁县印刷厂 1987年 230页
b36014692 G527.644 X444 1987

城步苗族自治县

城步苗族自治县志
城步苗族自治县志编纂委员会编 段志强 张正清主编 长沙 湖南出版社 1996年 649页
b10525129 K296.44 C466

城步苗族自治县志 1978–2002
城步苗族自治县地方志编纂委员会编 杨小勇主编 北京 方志出版社 2009年 439页
b2101534x K296.44 C466 2009

岳阳市

岳阳市志 第1卷 总述大事记 自然环境 建置 区划 人口
岳阳市地方志编纂委员会 李湘岳总纂 北京 中央文献出版社 2002年 592页
b16842467 K296.43 Y863 2005

岳阳市志 第2卷 中共岳阳地方组织 民主党派岳阳地方组织 中国国民党岳阳地方组织 社会团体 人民代表大会 清代民国时期政权政务 人民政府 人民政协
岳阳市地方志编纂委员会 李湘岳总纂 北京 中央文献出版社 2002年 782页
b16842467 K296.43 Y863 2005

岳阳市志 第 3 卷 人事 劳动与社会保障 民政 外事 侨务 旅游
岳阳市地方志编纂委员会 李湘岳总纂 北京 中央文献出版社 2003 年 438 页
b16842467 K296.43 Y863 2005

岳阳市志 第 4 卷 军事 公安 检察 审判 司法行政
岳阳市地方志编纂委员会 李湘岳总纂 北京 中央文献出版社 2002 年 513 页
b16842467 K296.43 Y863 2005

岳阳市志 第 5 卷 计划管理 国土管理 物价管理 质量技术监督 工商行政管理 统计管理 审计 财政 金融 税务
岳阳市地方志编纂委员会 李湘岳总纂 北京 中央文献出版社 2002 年 688 页
b16842467 K296.43 Y863 2005

岳阳市志 第 6 卷 农业总述 种植业 水产业 畜牧业 林业 水利 农业机械 乡镇企业
岳阳市地方志编纂委员会 李湘岳总纂 北京 中央文献出版社 2002 年 689 页
b16842467 K296.43 Y863 2005

岳阳市志 第 7 卷 工业总述 石油化工 纺织工业 食品饲料 机械电子 采矿冶金 轻工业 建材工业 医药 电力
岳阳市地方志编纂委员会 李湘岳总纂 北京 中央文献出版社 2003 年 605 页
b16842467 K296.43 Y863 2005

岳阳市志 第 8 卷 交通 邮电 城乡建设 开发区建设 环境保护
岳阳市地方志编纂委员会 李湘岳总纂 北京 中央文献出版社 2002 年 587 页
b16842467 K296.43 Y863 2005

岳阳市志 第 9 卷 贸易综述 商贸市场 日用工业品 粮食及食用植物油 副食品 农副土特产品 饮食服务 工业生产资料 农业生产资料 对外经济贸易 口岸海关进出口检验检疫
岳阳市地方志编纂委员会 李湘岳总纂 北京 中央文献出版社 2002 年 535 页
b16842467 K296.43 Y863 2005

岳阳市志 第 10 卷 教育 科学技术 卫生 血吸虫病防治
岳阳市地方志编纂委员会 李湘岳总纂 北京 中央文献出版社 2003 年 535 页
b16842467 K296.43 Y863 2005

岳阳市志 第 11 卷 文化 体育 新闻出版 广播电视 档案
岳阳市地方志编纂委员会 李湘岳总纂 北京 中央文献出版社 2002 年 487 页
b16842467 K296.43 Y863 2005

岳阳市志 第 12 卷 人物
岳阳市地方志编纂委员会 李湘岳总纂 北京 中央文献出版社 2004 年 539 页
b16842467 K296.43 Y863 2005

岳阳市志 第 13 卷 社会 修志始末
岳阳市地方志编纂委员会 李湘岳总纂 北京 中央文献出版社 2002 年 478 页
b16842467 K296.43 Y863 2005

岳阳市人口志
岳阳市计划生育委员会编 甘检培主编 北京 中国人口出版社 1994 年 417 页〔岳阳市地方志丛书〕
b17298428 C924.256.43 G157 1994

岳阳市工会志
岳阳市总工会编 杜义政主编 长沙 湖南人民出版社 1996 年 306 页〔岳阳市地方志丛书〕
b49505786 D412.864.3 Y863 1996

岳阳市军事志
岳阳军分区军事志编纂委员会编 陈有道

余岳武主编 岳阳 岳阳军分区军事志编纂委员会 2000年 581页〔岳阳市地方志丛书〕
b20104972 E289.643 Y863 2000

建新农场志
建新农场志编纂委员会编 合肥 黄山书社 1992年 558页
b19930264 F324.1 J295 1992

屈原农场志
谢玉华主笔 北京 中国文史出版社 1990年 523页
b20045025 F324.1 Q559 1990

岳阳市交通志
李培本主编 北京 人民交通出版社 1992年 446页〔岳阳市地方志丛书〕
b20046923 F512.764.3 Y863 1992

岳阳市交通志 1980–2001
岳阳市交通志编纂委员会编 杨克辉主编 岳阳 岳阳市交通志编纂委员会 2008年 650页
b20952624 F512.764.3 Y863C 2008

岳阳市文化志
岳阳市文化局编 梅实主编 岳阳 岳阳市文化局 1994年 313页
b19932868 G127.643 M288 1994

湖南省岳阳市第一中学志
岳阳市一中校志编纂委员会编 彭名佑主编 北京 中国文史出版社 2003年 363页
b20136766 G639.286.4 Y863 2003

岳阳解放60年100件大事图志
任小娟主编 北京 中央文献出版社 2009年 213页
b45494770 K296.43 Y863C 2009

岳阳市屈原管理区志 1978–2011
岳阳市屈原管理区地方志编纂委员会编 金晨主编 北京 方志出版社 2015年 554页
b47287512 K296.43 Y863Q 2015

岳阳地区文物志
岳阳地区文化局编印 岳阳 岳阳地区文化局 1984年 214页
b20046911 K872.643 Y863Y 1984

岳阳市文物志
岳阳市文化局编 岳阳 岳阳市文化局 1983年 151页
b20046935 K872.643 Y863 1983

岳阳楼志
湖南省地方志编纂委员会编 长沙 湖南人民出版社 1997年 397页〔湖南省志丛刊〕
b15642525 K928.74 H479 1997

岳阳市科学技术志
岳阳市科学技术志编纂委员会编 皮宗汉主编 北京 电子工业出版社 1994年 725页〔岳阳市地方志丛书〕
b40740109 N092.643 Y863 1994

湖南省寄生虫病防治研究所志 1950.6.1–2000.6.1
湖南省寄生虫病防治研究所编 岳阳 湖南省寄生虫病防治研究所 2000年 216页
b2243012x R197.65 H479 2000

湖南省血吸虫病防治所志 1950–2010
湖南省血吸虫病防治所编 岳阳 湖南省血吸虫病防治所 2010年 270页
b49963223 R532.21-24 H479 2010

岳阳楼区

岳阳市南区志
邓建龙主编 北京 中国文史出版社 1993年 624页〔岳阳市地方志丛书〕
b20576031 K296.43 Y863N 1993

岳阳市岳阳楼区志
岳阳市岳阳楼区地方志编纂委员会编 李蕙兰主编 北京 方志出版社 2016年 798页〔中华人民共和国地方志丛书〕
b49951294 K296.43 Y863Y 2016

云溪区

岳阳市云溪区志
岳阳市云溪区地方志编纂委员会编 张明辉主编 北京 方志出版社 2017年 752页〔中华人民共和国地方志丛书〕
b50721173 K296.43 Y863Y 2017

松杨湖农场志
松杨湖农场志编审委员会编 岳阳 松杨湖农场志编审委员会 2000年 416页
b49983386 F324.1 S673 2000

君山区

岳阳市君山区志
君山区地方志编纂委员会编 郭显斌 蔡君平主编 北京 中央文献出版社 2009年 800页〔中华人民共和国地方志丛书〕
b21592949 K296.43 Y863J 2009

合兴村志
广兴洲镇合兴村志编委会编 李新华主编 丁小红撰稿 岳阳 广兴洲镇合兴村志编委会 2011年 253页〔岳阳市君山区地方志丛书〕
b50066055 K296.45 H283 2011

岳阳市君山区政协志 1997-2012
政协岳阳市君山区委员会 岳阳市君山区政协志编纂委员会编 涂山河主编 岳阳 岳阳市君山区政协志编纂委员会 2012年 296页
b50152865 D628.643 Y863J 2012

君山农场志
君山农场志编纂委员会编 李际球主编 乔岳编辑 北京 中国文史出版社 1990年 397页
b36093130 F324.1 J753 1990

钱粮湖农场志
钱粮湖农场志编纂委员会编 刘冬生主编 长沙 国防科技大学出版社 1989年 471页
b49981729 F324.1 Q2213 1989

岳阳市君山区风俗志
岳阳市君山区史志档案局著 王振华主编 芒市 德宏民族出版社 2017年 326页
b51072257 K892.464.3 Y863J 2017

汨罗市

汨罗市志
汨罗市志编纂委员会编 任国瑞主编 北京 方志出版社 1995年 689页〔中华人民共和国地方志丛书〕
b10546662 K296.43 M417

汨罗市志 1978-2008
汨罗市地方志编纂委员会编 周辉奇 蒋海龙主编 北京 方志出版社 2016年 877页
b50728027 K296.44 M423 2016

汨罗市城乡建设志
汨罗市建设委员会编 杨金华主编 汨罗 汨罗市建设委员会 1992年 428页〔汨罗市地方志丛书 7〕
b46669772 F299.276.44 M417 1992

临湘市

临湘市志
临湘市志编纂委员会编 何德海主编 长沙 湖南出版社 1996年 763页〔中华人民共和国地方志丛书〕
b15913417 K296.43 L581 1996

临湘市志 1978–2005
临湘市地方志编纂委员会编 骆岳良 胡卫平主编 北京 中央文献出版社 2013年 734页〔中华人民共和国地方志丛书〕
b46012850 K296.43 L581 2013

临湘市交通运输志
临湘市交通运输志编纂委员会编 李征雷主编 临湘 临湘市交通运输志编纂委员会 2012年 481页
b49963788 F512.764.4 L581 2012

岳阳县

岳阳县志
岳阳县地方志编纂委员会编 黄柏良 张时生 刘美爱主编 长沙 湖南出版社 1997年 692页〔中华人民共和国地方志丛书〕
b10524915 K296.44 Y863

岳阳县志 1978–2007
岳阳县委党史地方志办公室编 易新岳主编 北京 方志出版社 2017年 701页〔中华人民共和国地方志丛书〕
b50346210 K296.44 Y863 2017

岳阳县人口志
岳阳县人民政府计划生育委员会编 周少芳主编 岳阳 岳阳县第二印刷厂 1992年 257页〔岳阳县地方志丛书〕
b1637731x C924.256.44 Y863 1992

岳阳县方言志
岳阳县地方志编纂委员会办公室编 易本新主编 岳阳 岳阳县地方志编纂委员会办公室 1994年 305页〔岳阳县地方志丛书〕
b16425558 H174 Y863 1994

岳阳县湖洲志
岳阳县湖洲管理局编 岳阳 岳阳县湖洲管理局 1989年 286页〔岳阳县志丛书〕
b17301804 K296.44 Y863 1989

岳阳县风俗志
岳阳县地方志编纂委员会办公室编 岳阳 岳阳县地方志编纂委员会办公室 1994年 119页〔岳阳县地方志丛书〕
b16424001 K892.464.4 Y863 1994

岳阳县大云山志
岳阳县地方志编纂委员会办公室编 岳阳 岳阳县第二印刷厂 1990年 165页〔岳阳县地方志丛书〕
b16432241 K928.3 Y863 1990

华容县

华容县志
华容县志编纂委员会编 刘传贵主编 北京 中国文史出版社 1992年 925页〔中华人民共和国地方志丛书〕
b10759803 K296.44 H529

华容县志 1978–2007
华容县地方志编纂委员会编 汪涛主编 北

京 中央文献出版社 2011 年 950 页〔中华人民共和国地方志丛书〕
b36174506 K296.44 H529D 2011

华容县人口与计划生育志
华容县人口和计划生育局编 陈其武主编 香港 香港天马出版公司 2006 年 593 页
b47416130 C924.256.44 H529 2006

华容县人民代表大会志 1950.2–2008.5
华容县人民代表大会志编委会编 彭远方主编 华容 华容县人民代表大会志编委会 2008 年 496 页
b49549820 D624.644 H529 2008

华容县文化体育志
华容县文化体育志编纂小组编写 万平煊主编 北京 中国文史出版社 1992 年 462 页
b20099940 G127.644 H529 1992

华容县教育志
华容县教委教育志编纂组编 周炎华 黎元善主编 北京 中国文史出版社 1991 年 389 页
b44748929 G527.644 H529 1991

华容县教育志 1990–2009
湖南省华容县教育局编 汪跃进 宋国立主编 长沙 湖南人民出版社 2012 年 509 页
b46553137 G527.644 H529C 2012

华容县姓氏志
华容县志编纂委员会编审 北京 中国文史出版社 1992 年 329 页
b20019762 K810.2 H529 1992

华容县水利志
华容县水利志编写组编 杨金炎主编 北京 中国文史出版社 1990 年 362 页
b20949674 TV–092 Y2369 1990

湘阴县

湘阴县志
湖南省湘阴县志编纂委员会编 王洪勋主编 北京 三联书店 1995 年 1018 页〔中国地方志丛书〕
b10604406 K296.44 X2639

南湖洲镇志
南湖洲镇志编纂委员会编 汪鹏主编 湘阴 南湖洲镇志编纂委员会 2013 年 472 页
b47416142 K296.45 N161 2013

平江县

平江县志
湖南省平江县志编纂委员会编 李锐总纂 北京 国防大学出版社 1994 年 900 页〔中华人民共和国地方志丛书〕
b10616810 K296.44 P612

平江县志 1978–2003
湖南省平江县地方志编纂委员会编 徐许斌主编 北京 科学出版社 2007 年 758 页〔环球科技丛书〕
b20250563 K296.44 P612X 2007

平江县军事志 1840–2005
中国人民解放军湖南省平江县人民武装部军事志编纂委员会编 翁应生 徐许斌主编 岳阳 岳阳新胜彩色印刷公司 2008 年 315 页
b46239923 E289.644 P612 2008

平江县文化志
平江县文化局编 平江 湖南省平江县湘宏

印刷厂 1999 年 406 页
b20103256 G127.644 P612 1999

常德市

常德地区志 第 2 卷 人口志
常德市计划生育委员会编 邢祁 李大年总纂 童梓明主编 常德 常德市计划生育委员会 2000 年 254 页
b19931244 K296.42 C3451 2000

常德地区志 第 3 卷 农业志
李承家主编 常德 常德市农业局 1997 年 449 页
b20948141 K296.42 C3451

常德地区志 第 4 卷 水利志
常德市地方志编纂委员会编 北京 中国科学技术出版社 1991 年 444 页
b20041834 K296.42 C3451

常德地区志 第 11 卷 烟草志
李辅臣主编 北京 中国文史出版社 1993 年 178 页
b44749776 K296.42 C3451

常德地区志 第 14 卷 商业志
文明清主编 北京 中国科学技术出版社 1993 年 414 页
b22428987 K296.42 C3451

常德地区志 第 17 卷 审计志
颜永盛总纂 刘光华编著 北京 中国审计出版社 1990 年 197 页
b21762892 K296.42 C3451

常德地区志 第 19 卷 共产党志
常德地区志共产党志编辑组编 陈德铨总纂 陈大雅 张军 姚国才卷主编 合肥 黄山书社 1993 年 482 页
b20041792 K296.42 C3451

常德地区志 第 20 卷 党派群团志 建材工业志
常德市地方志编纂委员会编 陈德铨总纂 齐绍正 罗大普主编 北京 中国文史出版社 1993 年 165 页
b20041822 K296.42 C3451

常德地区志 第 21 卷 公安志
钦时中总纂 胡辉主编 邢祁卷总纂 常德 常德地区志公安志编纂者 1995 年 198 页
b20948128 K296.42 C3451

常德地区志 第 23 卷 教育志
彭展 彭世华主编 北京 中国社会科学出版社 1990 年 512 页
b17646467 K296.42 C3451 1990

常德地区志 第 24 卷 文化志
常德市文化局编 李江总纂 陈士谔 姚协成主编 北京 中国科学技术出版社 1993 年 324 页
b20099782 K296.42 C3451

常德地区志 第 26 卷 文物志
孙常喜主编 北京 中国文史出版社 1995 年 241 页
b36378756 K296.42 C3451

常德地区志 第 29 卷 民族志 宗教志
常德市民族宗教事务处编 钦时中总纂 覃道述卷主编 常德 常德市民族宗教事务处 1995 年 170 页
b2094813x K296.42 C3451

常德地区志 第 33 卷 畜牧水产志
常德市畜牧渔业局编 李承家 李代荣主编 常德 常德市畜牧渔业局 1997 年 292 页

b22429013　K296.42　C3451

常德地区志　第 34 卷　林业志
陈德铨总纂　梁桂萼主编　合肥　黄山书社　1994 年　234 页
b45839827　K296.42　C3451

常德地区志　第 44 卷　供销合作志
李江总纂　杨志刚卷主编　北京　中国科学技术出版社　1992 年　399 页
b21136944　K296.42　C3451

常德地区志　第 49 卷　政务志
李江总纂　田哲均　张华志卷主编　北京　中国社会科学出版社　1991 年　329 页
b20041810　K296.42　C3451

常德地区志　第 50 卷　军事志
刘光前主编　北京　解放军出版社　1991 年　367 页
b20041809　K296.42　C3451

常德地区志　第 51 卷　建设银行志
卓志喜主编　合肥　黄山书社　1993 年　328 页
b22428963　K296.42　C3451

常德地区志　第 52 卷　司法志
罗本宪主编　常德　恒通纸塑印刷厂　1995 年　78 页
b22429001　K296.42　C3451

常德地区志　第 53 卷　财政志
常德市地方志编纂委员会编　李江总纂　袁志主编　北京　中国社会科学出版社　1991 年　369 页
b22428926　K296.42　C3451

常德地区志　第 54 卷　广播电视志
常德市广播电视局编　严阳春主编　北京　中国科学技术出版社　1992 年　175 页
b22428938　K296.42　C3451

常德地区志　第 55 卷　经济综合志
常德市计划委员会编　张晓君主编　常德　常德市计划委员会　1995 年　388 页
b22428975　K296.42　C3451

常德地区志　第 56 卷　机电工业志
李江卷总纂　郭兴盛卷主编　北京　中国物价出版社　1991 年　329 页
b22428951　K296.42　C3451

常德地区志　第 57 卷　环境保护志
陈德铨卷总纂　粟爱国卷主编　北京　中国科学技术出版社　1993 年　165 页
b2242894x　K296.42　C3451

常德地区志　第 58 卷　税务志
颜永盛总纂　汪典章卷编著　北京　中国社会科学出版社　1991 年　279 页
b22428999　K296.42　C3451

常德地区志　第 59 卷　科学技术志
湖南省常德地区科学技术志编辑部编　北京　中国文史出版社　1991 年　421 页
b45841287　K296.42　C3451

常德地区志　第 60 卷　金融志
陈德铨总纂　申金生主编　北京　中国社会科学出版社　1992 年　451 页
b4584124x　K296.42　C3451

常德地区志　第 61 卷　国营农场志
常德地区志国营农场志编写组编　陈德铨卷总纂　高铁珊卷主编　北京　中国物价出版社　1993 年　276 页
b45841305　K296.42　C3451

常德地区志 第62卷 建设志
常德地区志建设志编纂委员会编 罗凯成主编 北京 中国建筑工业出版社 1991年 329页
b49625883 K296.42 C3451

常德地区志 第63卷 民政志
陈德铨总纂 庹朝明 范廉明主编 长沙 湖南出版社 1996年 585页
b49625822 K296.42 C3451

常德地区志 第64卷 人物志
陈德铨 伍顺生主编 北京 中国文史出版社 1993年 374页
b49607509 K296.42 C3451

常德地区志 第65卷 化学工业志
李江总纂 郑昌达卷主编 北京 中国社会科学出版社 1993年 490页
b49599264 K296.42 C3451

常德地区志 第66卷 冶金工业志 煤炭工业志
常德市地方志编纂委员会编 李江总纂 北京 中国物价出版社 1991年 152页
b49607510 K296.42 C3451

常德市志
常德市志编纂委员会编 北京 中国科学技术出版社 1993年 863页
b10759827 K296.43 C345

常德市志
应国斌总纂 长沙 湖南人民出版社 2002年 2卷 1605页〔中华人民共和国地方志丛书〕
b16447876 K296.43 C345C 2002

湖南乡镇简志 常德市卷
湖南省地方志编纂委员会 常德市地方志编纂委员会编 刘李波主编 北京 方志出版社 2017年 2册 1612页
b53029100 K296.45 C345D 2017

常德市人口和计划生育志 1988–2012
常德市地方志编纂委员会 常德市人口和计划生育委员会编 刘兴国主编 北京 方志出版社 2015年 491页
b49598211 C924.256.43 C345 2015

中国共产党常德市委员会志 1988–2010
常德市地方志编纂委员会 中国共产党常德市委员会编 黄清宇主编 北京 方志出版社 2013年 647页
b45444997 D235.643 C345C 2013

魅力新常德 常德撤区建市二十周图志 1988–2008
刘明主编 长沙 湖南人民出版社 2008年 294页
b49788796 D619.643-64 C345 2008

常德市人民代表大会志
常德市地方志编纂委员会 常德市人民代表大会常务委员会编 万利主编 北京 方志出版社 2016年 639页
b49629578 D624.643 C345 2016

常德市人民政府志 1988–2012
常德市地方志编纂委员会 常德市人民政府编 应国斌总纂 长沙 湖南人民出版社 2014年 802页
b47296938 D625.643 C345 2014

常德市政协志
常德市政协志编纂委员会编 皮立华主编 长沙 湖南腾峰印务公司 2013年 652页
b44851443 D628.643 C345 2013

常德市公安志 1988–2012
常德市地方志编纂委员会 常德市公安局编 胡文主编 北京 方志出版社 2017年 500页
b50184398 D631 C345 2017

常德市法院志 1988–2010
常德市地方志编纂委员会编 常德市中级人民法院 高云祥 黄天伏主编 北京 方志出版社 2013年 552页
b40938475 D926.22 C3457 2013

常德市军事志 1988–2005
中国人民解放军湖南省常德军分区编 刘国栋主编 常德 中国人民解放军湖南省常德军分区 2009年 581页
b50861505 E289.643 v5

常德经济技术开发区志 1992–2011
常德经济技术开发区志编纂委员会编 杨丙武主编 北京 方志出版社 2012年 611页
b40739351 F127.643 C345 2012

常德市国土资源志 前4500–2008
常德市地方志编纂委员会编 常德市国土资源局编 蔡文喜主编 北京 方志出版社 2014年 736页
b46115006 F129.964.3 C345 2014

常德市工商行政管理志 1989–2012
常德市地方志编纂委员会 常德市工商行政管理局编 胡祖国主编 北京 方志出版社 2015年 629页
b47287524 F203.9 C345 2015

常德市人力资源和社会保障志 1988–2012
常德市人力资源和社会保障局编 张运华主编 北京 方志出版社 2014年 441页
b47009020 F249.276.43 C345 2014

常德城市建设志 前277–1999
常德市建设委员会编 张启祥主编 常德 常德市建设委员会 2000年 1460页
b20948116 F299.276.43 C345 2000

西洞庭农场志
西洞庭农场志编纂委员会编 李熙祥主编 合肥 黄山书社 1995年 410页
b22432486 F324.1 X119 1995

常德市农业志 1949–1988.6
湖南省常德市农业委员会编 常德 湖南省常德市农业委员会 1990年 365页
b20948153 F327.643 C345 1990

常德市农业综合开发志 1995–2012
常德市农业综合开发志编纂委员会编 李艳红主编 长沙 湖南人民出版社 2015年 249页
b49802859 F327.643 C345L 2015

常德七一机械厂志 1951–1991
湖南省常德七一机械厂编 谭建国主编 常德 湖南省常德七一机械厂 1995年 574页
b50729147 F426.4 C3452 1995

常德市电力志 1989–2008
常德市地方志编纂委员会编 常德市电力志编纂委员会编 罗成岩总编 北京 方志出版社 2013年 762页
b46087357 F426.61 C345 2013

常德烟草工业机械厂志 1969–1999
常德烟草工业机械厂志编纂委员会 胡天钦主编 北京 方志出版社 2001年 464页
b50246938 F426.44–29 C345 2001

常德地区交通志
常德地区湖南省交通局编 邹镇华主编 长沙 湖南出版社 1992 年 339 页〔湖南交通史志丛书〕
b20041780 F512.764.2 C345 1992

常德市交通志 1980–2001
常德市交通局编 温州 温州市海诚印务公司 2005 年 524 页
b20041846 F512.764.3 C345 2005

常德市公路志
常德市地方志编纂委员会 常德市公路管理局编 任朝晖主编 北京 方志出版社 2015 年 786 页
b47358397 F542.9 C345 2015

湖南省常德航道志 1949–2013
湖南省常德航道管理局编 唐云岩主编 北京 光明日报出版社 2016 年 304 页
b50729020 F552.9 T2428 2016

常德市物价志 1989–2012
常德市地方志编纂委员会 常德市物价局编 袁云波主编 北京 方志出版社 2015 年 630 页
b47352413 F726.764.3 C345 2015

常德市财政志 1989–2010
常德市地方志编纂委员会编 常德市财政志编纂委员会编 刘慎松主编 北京 方志出版社 2013 年 737 页
b46087345 F812.764.3 C345 2013

常德市地方税务志 1994–2013
常德市地方志编纂委员会 常德市地方税务局编 常德 常德市地方志编纂委员会 2014 年 368 页
b46377141 F812.764.342 C345 2014

常德市金融志 1989–2010
常德市地方志编纂委员会 常德市金融志编纂委员会编 吕北回主编 北京 方志出版社 2017 年 582 页
b50862662 F832.764.3 C345C 2017

常德市农业银行志 二稿
常德市农业银行志编纂办公室编 张刚主编 常德 常德市农业银行志编纂办公室 2015 年 2 册 965 页
b50861517 F832.33 C3452 2015

中国农业银行常德分行志 1979–2012
中国农业银行常德分行志编纂委员会编 张刚主编 常德 中国农业银行常德分行志编纂委员会 2016 年 932 页
b50268806 F832.764.3 C345 2016

中国人民银行常德市中心支行志 1985–2012
中国人民银行常德市中心支行编 陈正松主编 常德 中国人民银行常德市中心支行 2016 年 465 页
b49963247 F832.31 C345 2016

常德市信息化志 1988–2010
常德市地方志编纂委员会 常德市人民政府电子政务管理办公室编 贾文汉总纂 北京 方志出版社 2016 年 286 页
b5008561x G202 C345 2016

常德市报业志 1988–2011
常德市地方志编纂委员会编 常德日报传媒集团编 虞典浩主编 北京 方志出版社 2013 年 411 页
b45444742 G219.276.43 C345 2013

常德市广播电视志 1988–2010
常德市地方志编纂委员会编 常德市广播

电视台编 鲁光伟主编 北京 方志出版社 2013年 516页
b45444754 G229.276.43 C345 2013

常德市教育志 1840–1988.6
常德市教育委员会编 常德 常德市教育委员会 1989年 306页
b36015969 G527.643 C345C 1989

常德市体育志 1990–2010
常德市地方志编纂委员会编 常德市体育志编纂委员会编 毛先金主编 北京 方志出版社 2014年 560页
b46087369 G812.764.3 C345 2014

常德市西湖管理区志 1991–2010
常德市地方志编纂委员会编 常德市西湖管理区志编纂委员会编 李跃明主编 北京 方志出版社 2017年 674页
b51332486 K296.43 C345X 2017

湖南乡镇简志 常德卷
龙举高 邢祁 李大年主编 合肥 黄山书社 1996年 455页
b20098777 K296.45 C345 1996

芦洲垸志 1398–2015
张盛川主编 常德 常德经济技术开发区石门桥镇芦洲垸志编纂委员会 2015年 677页
b50991784 K296.45 L789 2015

常德市文物志 1988–2010
常德市地方志编纂委员会 常德市文物局编 郑庆蒙主编 北京 方志出版社 2014年 471页
b46087370 K872.64 C345 2014

常德市柳叶湖志
常德市柳叶湖志编纂委员会编 杨学亮主编 北京 方志出版社 2013年 506页
b46115018 K928.706.43 Y249 2013

常德市第一中医医院志 1953–2012
常德市第一中医医院志编纂委员会编 常德 常德市第一中医医院志编纂委员会 2013年 320页
b49938289 R197.4 C345 2013

常德市卫生志 1988–2012
常德市地方志编纂委员会 常德市卫生局编 郑家火 马慧主编 北京 方志出版社 2017年 756页
b50184386 R199.2 C3451 2017

常德市城乡规划管理志 1988–2012
常德市地方志编纂委员会 常德市规划局编 李友明主编 北京 方志出版社 2014年 462页
b46934030 TU984.264.3 C345 2014

常德市环境保护志 1988–2012
常德市地方志编纂委员会编 常德市环境保护局编 何书元主编 北京 方志出版社 2016年 571页
b51079719 X321.264.3 C345 2016

武陵区

常德市武陵区志 1988–2005
常德市武陵区地方志编纂委员会编 长沙 湖南人民出版社 2008年 691页
b40743160 K296.43 C345W 2008

德山枫树岗村志
德山枫树岗村志编纂委员会编 诸柏林主编 北京 中国文史出版社 2015年 470页
b47052016 K296.45 F356 2015

南坪岗乡志
常德市武陵区南坪岗乡人民政府编 吴昌国总纂 常德 常德市武陵区南坪岗乡人民政府 2005 年 438 页〔常德市武陵区地方志丛书〕
b50664943 K296.45 N1613 2005

常德市武陵区人民代表大会志 1949–2001
常德市武陵区第十三届人民代表大会常务委员会编 常德 常德市武陵区正达印刷厂 2002 年 705 页
b19931256 D624.643 W533 2002

常德市武陵区交通志 1988–1998
常德市武陵区交通志编写小组编 王惠文主编 常德 常德市武陵区交通志编写小组编 1999 年 213 页
b41234704 F512.764.3 C345W 1999

武陵区教育志
常德市武陵区教育局编 常德 常德职院后勤管理公司 2006 年 368 页〔常德市武陵区地方志丛书〕
b27575706 G527.645 W533 2006

鼎城区

常德县志
常德县志编纂办公室编 北京 中国文史出版社 1992 年 682 页
b1072803x K296.44 C345

鼎城区志 1988–2003
鼎城区志编纂委员会编 朱昌远总纂 长沙 湖南人民出版社 2005 年 543 页
b2009873x K296.43 C345D 2005

鼎城区乡镇简志
常德市鼎城区人民政府地方志办公室编 刘忠祥 娄福友执行编辑 北京 方志出版社 2017 年 520 页〔湖南省乡镇（街道）简志系列丛书〕
b50862674 K296.45 v5

洞阳观村志 1912–2012
张圣川主编 常德 常德经济技术开发区石门桥镇洞阳观村委会 2013 年 229 页
b50777506 K296.45 D624 2013

鼎城人大志
常德市鼎城区人大志编纂委员会编 张凤池主编 常德 常德市鼎城区人大志编纂委员会 1999 年 291 页
b4960756x D624.643 Z351 1999

湖南省贺家山原种场志
吴逸士主编 合肥 黄山书社 1993 年 462 页
b49963557 F324.1 H314 1993

常德县教育志 1840–1987
常德县教育委员会编 刘维政 何毓秀主编 常德 常德县教育委员会 1991 年 442 页
b2010036x G527.643 C345 1991

湖南省常德县地名录
常德县人民政府编 常德 常德县人民政府 1981 年 277 页
b2001501x K926.44 C345 1981

常德县水利志
常德市鼎城区水利水电局编辑 杨子恢主编 常德 常德市鼎城区水利水电局 1992 年 244 页
b21857027 TV–092 C3452 1992

津市市

津市志
津市志编纂委员会编 王岁新 王荫槐总纂 北京 教育科学出版社 1993 年 727 页
b10644891 K296.43 J481

安乡县

安乡县志
安乡县志编纂委员会编 熊兴炎总纂 北京 新华出版社 1994 年 691 页
b13276153 K296.44 A1649

安乡县志 1989–2009
安乡县志编纂委员会编 汤祚国 廖可元 徐莨 黄旭峰主编 北京 方志出版社 2015 年 754 页
b49477390 K296.44 A1649C 2015

安乡县国土资源志
曾宪孝主编 长沙 湖南地图出版社 2010 年 469 页〔安乡县地方志丛书〕
b22428586 F129.964.4 A164 2010

安乡县农业综合开发史图志
安乡县农业综合开发史图志编纂领导小组编 齐跃生主编 长沙 湖南地图出版社 2012 年 302 页〔安乡县地方志丛书〕
b47206238 F327.644 A164 2012

汉寿县

汉寿县志
汉寿县志编纂委员会编 解正南总纂 北京 人民出版社 1993 年 486 页
b16178397 K296.44 H215 1993

汉寿县志 1990–2004
汉寿县地方志编纂委员会编 北京 方志出版社 2008 年 734 页
b19929237 K296.44 H215 2008

汉寿县教育志
汉寿县教育局编 汉寿 湖南省汉寿县教育印刷厂 2000 年 643 页
b20576626 G527.644 H215 2000

湖南省汉寿县地名志
汉寿县人民政府编 汉寿 汉寿县人民政府 1983 年 275 页
b16438024 K926.44 H215 1983

澧 县

澧县志
澧县地方志编纂办公室编 胡振进主编 北京 社会科学文献出版社 1993 年 772 页
b10630624 K296.44 L426

澧县志 1978–2002
澧县地方志编纂委员会编 王承雄总纂 北京 方志出版社 2010 年 766 页
b22364705 K296.44 L426 2010

澧南垸志
龚道育主编 长沙 中南大学出版社 2006 年 539 页〔知我澧州丛书〕
b17735440 K296.45 L426 2006

澧县乡镇（街道）简志
澧县人民政府地方志办公室编 北京 方志出版社 2017 年 376 页〔湖南省乡镇（街道）简志系列丛书〕
b50682751 K296.45 L4268 2017

湖南省澧县军事志 1949–2005
中国人民解放军湖南省澧县人民武装部编 王少贤主编 石门 石门县教育印刷厂

2009 年 467 页
b21618057 E289.644 L426 2009

澧县交通志
贺修远主编 北京 人民交通出版社 1992 年 165 页
b20950305 F512.764.4 H315 1992

澧县教育志
澧县教育委员会编 郑士苞主编 澧县 澧县印刷厂 1993 年 242 页
b20139408 G527.644 L426 1993

临澧县

临澧县志
临澧县史志编纂委员会编 杜敦来总编 北京 中国社会出版社 1992 年 792 页
b10728028 K296.44 L581

临澧县志 1986–2003
临澧县地方志编纂委员会编 杨华桥总纂 北京 方志出版社 2012 年 720 页
b40938633 K296.44 L581 2012

临澧县国土资源志
临澧县国土资源局 刘定清主编 北京 方志出版社 2012 年 441 页
b50247256 F129.964.4 L581 2012

临澧县财政志
临澧县财政志编纂委员会编 黄新春主编 北京 方志出版社 2017 年 642 页
b50346155 F812.764.4 L581 2017

临澧县灾害志 1729–2008
临澧县灾害志编纂委员会编 朱泽欣总纂 北京 中国社会出版社 2009 年 590 页
b20431624 X432.644 Z723 2009

桃源县

桃源县志
桃源县地方志编纂委员会编 上官敬东主编 长沙 湖南人民出版社 1995 年 608 页
b20136171 K296.44 T266S 1995

桃源县志 第 3 卷 水利志
桃源县地方志编纂委员会编 高春宏主编 北京 水利电力出版社 1994 年 235 页
b20533445 K296.44 T266 1990

桃源县志 第 9 卷 交通志
郭鹏主编 北京 人民交通出版社 1991 年 201 页
b20136389 K296.44 T266 1990

桃源县志 第 17 卷 粮食贸易志
高长发主编 北京 中国商业出版社 1990 年 329 页
b47414327 K296.44 T266 1990

桃源县志 第 41 卷 政治协商志
马志亮主编 北京 中国文史出版社 1990 年 214 页
b20121507 K296.44 T266 1990

桃源县志 1978–2002
湖南省桃源县地方志编纂委员会编 刘建波 罗志秋主编 北京 方志出版社 2009 年 635 页
b21570449 K296.44 T266 2009

桃源县农村经营管理志
蓝重彪 赵必成主编 北京 方志出版社 2015 年 499 页
b50247463 F327.644 T266 2015

桃源县物价志 1989–2012
桃源县物价局编 唐本力主编 长沙 湖南人民出版社 2015 年 508 页
b47414571 F726.763.4 T266 2015

桃源县教育志
桃源县教育委员会编 常德 常德师专印刷厂 1986 年 674 页
b20138611 G527.644 T266 1986

桃花源志
中共桃源县委员会 桃源县人民政府 桃花源文化研究会编 胡宗清主编 广州 广州出版社 2001 年 354 页
b2338945x K928.706.44 H476 2001

石门县

石门县志
石门县志编纂委员会编 北京 中国文史出版社 1993 年 698 页
b14106553 K296.44 S473

石门县志 1978–2002
石门县地方志编纂委员会编 北京 方志出版社 2007 年 559 页
b18261541 K296.44 S473 2007

石门县乡镇简志
石门县人民政府地方志办公室编 张吉全主编 北京 方志出版社 2017 年 328 页〔湖南省乡镇(街道)简志系列丛书〕
b50650683 K296.45 S473 2017

石门县国土资源志
石门县国土资源志编纂委员会编 蔡德成总纂 北京 方志出版社 2013 年 696 页
b44794976 F129.964.4 S473 2013

石门县粮食志 1978–2003
石门县粮食局编 周常云主编 石门 石门县粮食局 2005 年 244 页
b36246128 F326.11 S473 2005

湖南省石门县教育志
石门县教育委员会教育志编写组编 石门 石门县印刷厂 1986 年 614 页
b19732636 G527.644 S473 1986

皂市水库志 1949–2016
中共石门县委员会编 石门县人民政府编 田玉华主编 北京 光明日报出版社 2016 年 524 页
b50993628 TV632.644 Z189 2016

张家界市

大庸县志
湖南省大庸县地方志编纂委员会编 张振莘主编 北京 三联书店 1995 年 820 页〔中国地方志丛书〕
b13276189 K296.44 D136

张家界市志
张家界市地方志编纂委员会编 杨文久主编 张家界 张家界市地方志编纂委员会 2006 年 744 页
b1796202x K296.43 Z354 2006

湖南乡镇简志 张家界市卷
湖南省地方志编纂委员会编 张家界市地方志编纂委员会编纂 杨慈安主编 北京 方志出版社 2017 年 936 页
b51079720 K296.45 Z354 2017

张家界市人口志 1988–2007
张家界市人口和计划生育委员会编 张家界 张家界市人口和计划生育委员会 2008

年 427 页
b50269665 C924.256.43 Z354 2008

张家界市烟草志
湖南省张家界市烟草专卖局 湖南省烟草公司张家界市公司编 李云华主编 张家界 湖南省张家界市烟草专卖局 2005 年 249 页
b50665881 F426.89 L422 2005

张家界国家森林公园志
张家界国家森林公园管理处编 张家界 张家界国家森林公园志编纂委员会 2006 年 295 页
b51079744 S759.992.643 Z354 2006

永定区

永定区志 1988–2002
张家界市永定区地方志编纂委员会编 赵宗山主编 北京 团结出版社 2006 年 466 页
b1902339x K296.43 Z354Y 2006

马头溪村志
湖南省张家界市永定区王家坪镇马头溪村志编纂委员会编 张宏和执行主编 北京 方志出版社 2017 年 246 页〔中国名村志丛书〕
b50642777 K296.45 M142 2017

王家坪镇志
湖南省张家界市永定区王家坪镇志编纂委员会编 张宏和主编 北京 方志出版社 2017 年 330 页〔中国名镇志文化工程〕
b50642649 K296.45 W219 2017

湖南省张家界市永定区科学技术志 1949–2012
湖南省张家界市永定区科学技术志编委会编 赵良胜主编 北京 中国科学技术出版社 2014 年 601 页
b46089627 G322.764.3 Y636 2014

武陵源区

武陵源区志
张家界市武陵源区地方志编纂委员会编 覃大钰主编 长沙 湖南人民出版社 2006 年 430 页〔中华人民共和国地方志丛书〕
b18471377 K296.43 W533 2006

武陵源风景志
湖南省地方志编纂委员会编 廖振旅主编 长沙 湖南人民出版社 1998 年 468 页〔湖南省志丛刊〕
b16447542 K928.706.43 L564 1998

慈利县

慈利县志
慈利县志编纂委员会编 唐熙东 唐庆主编 北京 农业出版社 1990 年 656 页
b10760556 K296.44 C727

慈利县志 1978–2002
慈利县地方志编纂委员会编 孙哲生 朱佳林主编 海口 海南出版社 2008 年 663 页〔中华人民共和国地方志丛书〕
b21136312 K296.44 C727 2008

长见村志
慈村县蒋家坪长见村编 周保林主纂 慈利 慈利县双安印刷厂 1991 年 176 页
b36128752 K296.45 C346 1991

慈利县教育志
吴建攀主编 长沙 湖南人民出版社 2005 年 659 页
b17530258 G527.644 W491 2005

五雷山志
高中晓主编 长沙 湖南出版社 1994 年 428 页
b10752973 K928.3 G256

桑植县

桑植县志
桑植县地方志编纂委员会编 深圳 海天出版社 2000 年 760 页〔中国地方志书〕
b13086583 K296.44 S157

桑植县志 1989-2000
桑植县地方志编纂委员会编 何其雄主编 北京 昆仑出版社 2005 年 680 页〔中华人民共和国地方志丛书〕
b16165196 K296.44 S157 2005

桑植教育志 1729-1985
桑植教育志编辑组编 桑植 桑植县印刷厂 1989 年 359 页
b20806723 G527.644 S157 1989

桑植一中校志
桑植一中校志编写委员会编 桑植 桑植一中校志编写委员会 2001 年 141 页
b20577588 G639.286.44 S157 2001

桑植县文物志
尚立昆 周扬声编 桑植 桑植县文物管理所 1983 年 212 页
b22431615 K872.644 S157 1983

益阳市

益阳地区志
湖南省益阳地区地方志编纂委员会编 傅玉辉 王美成 陆国柱总纂 北京 新华出版社 1997 年 2 卷 1741 页
b1060019x K296.42 Y469

益阳市志
益阳市志编纂委员会编 北京 中国文史出版社 1990 年 562 页
b13086455 K296.43 Y469

益阳市志 1986-2000
益阳市地方志编纂委员会办公室编 崔岳云 苏兆虎主编 北京 民主与建设出版社 2014 年 2 卷 1474 页
b46994853 K296.43 Y469C 2014

益阳县志
益阳县志编纂委员会编 益阳 益阳县志编纂委员会 1992 年 745 页
b10760386 K296.44 Y469

益阳千家洲乡乡志 1990 年冬初稿
千家洲乡乡志编纂领导小组编 张训农主编 益阳 千家洲乡乡志编纂领导小组 1991 年 油印本 126 页
b20104844 K296.45 Q197 1991

益阳地区工会志 1914-1988
湖南省总工会益阳地区工作委员会编 合肥 黄山书社 1993 年 557 页〔湖南省益阳地区地方志丛书〕
b50268922 D412.864.3 Y469 1993

益阳市政协志
中国人民政治协商会议湖南省益阳市委员会编 益阳 益阳市人民印刷厂 1989 年 142 页
b17645980 D628.643 Y469 1989

益阳市民政志 1840-1986
益阳市民政局编 益阳 益阳师范印刷厂 1989 年 171 页〔益阳市志丛书〕
b21571065 D632 Y469 1989

益阳地区物资志 1840–1988
湖南省益阳地区物资局志书编纂委员会主编 胡坚主编 益阳 湖南省益阳地区湘中印刷厂 1990年 195页〔湖南省益阳地方志丛书〕
b45569824 F259.276.42 Y469 1990

益阳地区交通志
益阳地区交通局编 阙子城主编 长沙 湖南出版社 1992年 331页〔湖南交通史志丛书〕
b20046686 F512.764.2 Q674 1992

益阳市交通志
益阳市交通局编 益阳 益阳市人民印刷厂 1990年 241页〔益阳市志丛书〕
b20046698 F512.764.3 Y469 1990

益阳市交通志 1980–2001
益阳市交通志编纂委员会编 长沙 湖南人民出版社 2006年 733页
b20046704 F512.764.3 Y469 2006

益阳地区粮食志 1840–1989
湖南省益阳地区粮食志编纂委员会编 彭杰 陈祖年主编 益阳 湖南省益阳师范印刷厂 1991年 419页
b2757510x F724.721 Y469 1991

益阳地区对外经济贸易志 1840–1987
益阳地区对外经济贸易志编纂委员会编 益阳 益阳地区对外经济贸易志编纂委员会 1989年 227页〔湖南省益阳地方志丛书〕
b50320208 F752.864.2 Y469 1989

益阳地区金融志
李儒珍主编 长沙 湖南地图出版社 1993年 325页〔湖南省益阳地区地方志丛书〕
b50065312 F832.764.2 Y469 1993

益阳市金融志 1990–2000
益阳市金融系统编志办公室编 蒋耀松主编 沅江 沅江市印刷厂 2002年 148页
b21766101 F832.764.3 Y469 2002

益阳市文化志
益阳市文化局编 益阳 益阳市人民印刷厂 1989年 171页〔益阳市志丛书〕
b19932807 G127.643 Y469 1989

益阳地区教育志 1840–1985
湖南省益阳地区教育志编纂委员会编 北京 中国文史出版社 1991年 444页
b16426174 G527.642 Y469 1991

益阳市教育志
益阳市教育志编纂领导小组编 鲁介凡主编 北京 中国文史出版社 1990年 395页〔益阳市地方志丛书〕
b20183033 G527.643 Y469 1990

益阳市教育志 1986–2000
益阳市教育局编 秦学斌主编 北京 社会科学文献出版社 2009年 352页
b40743962 G527.643 Y469 2009

百年校志 1906–2006
益阳市一中百年校志编委会编 姜迪璜主编 益阳 益阳市一中百年校志编委会 2006年 236页
b20141634 G639.286.43 Y469 2006

湖南城专志 1978–2002
湖南城建高等专科学校志编纂委员会编 香港 香港天马图书公司 2003年 456页
b16648547 G719.286.4 H479 2003

湖南省益阳地区地名录
益阳地区行政公署编 益阳 湘中印刷厂 1982年 620页
b2113649x K926.42 Y469 1982

赫山区

赫山区（益阳县）教育志
益阳市赫山区教育局编 贾再良主编 香港 银河出版社 2003年 539页
b20182582 G527.643 H317 2003

沅江市

沅江县志
沅江县志编纂办公室编 李润波卷主编 北京 中国文史出版社 1991年 671页〔中华人民共和国地方志丛书〕
b1595769x K296.44 Y8114 1991

沅江市志 1986–2004
沅江市地方志编纂委员会编 王友达总纂 北京 中国文史出版社 2010年 780页
b30301440 K296.44 Y818 2010

沅江市志 终审稿 1986–2004
沅江市地方志编纂委员会编 沅江 沅江市地方志编纂委员会 2009年 783页
b21136774 K296.44 Y818 2009

沅江县琼湖镇志 598–1988
沅江市市志办编 北京 中国文史出版社 2006年 308页〔沅江市地方志丛书〕
b21571144 K296.45 Q513 2006

沅江政协志 1983–2004
政协沅江市第六届委员会主编 冷国安主编 沅江 政协沅江市第六届委员会 2005年 483页
b20017935 D628.64 Z649 2005

沅江市法院志 1983–2004
沅江市人民法院编 夏小鹰主编 北京 中国文史出版社 2007年 320页〔沅江市地方志丛书〕
b50318275 D926.22 Y818 2007

湖南省赤山监狱志 原湖南省第一监狱 1949.8–2005.8
湖南省赤山监狱志编纂委员会编 丁雪山主编 长沙 湖南省长沙市彩色印刷厂 2005年 500页
b22430106 D927.641.67 D533 2005

赤山岛志 684–2008
沅江市地方志编纂委员会编 长沙 湖南人民出版社 2013年 497页〔沅江市地方志丛书〕
b49963211 K296.44 Y818D 2013

沅江市湖洲志 1986–2008
沅江市湖洲管理局编 熊山喜主编 北京 中国文史出版社 2006年 318页〔沅江市地方志丛书 29〕
b4758483x K296.44 Y818C 2006

沅江市楹联志
夏胜千 刘正德主编 北京 中国诗词楹联出版社 2016年 197页〔沅江市文化志丛书之一〕
b50016726 K296.4 Y818 2016

湖南省沅江县地名录
沅江县人民政府编 沅江 沅江县人民政府 1981年 449页
b36245616 K926.44 Y818 1981

南 县

南县志
南县志编委会编 姚长龄总纂 长沙 湖南人民出版社 1988 年 439 页
b10630703 K296.44 N161

南县志
姚长龄总纂 北京 北京燕山出版社 2017 年 439 页
b50243688 K296.44 N161C 2017

南县志 1986–2004
南县地方志编纂委员会编 涂光明总纂 长沙 湖南人民出版社 2011 年 591 页
b37531037 K296.44 N161 2011

南县民政志
湖南省南县民政局编 卜乾昌编著 南县 湖南省南县民政局 1987 年 310 页
b18805723 D676.44 B581 1987

大通湖农场志
大通湖农场志编纂委员会编 徐梦龄主编 益阳 益阳县印刷二厂 1990 年 542 页〔湖南省益阳地区地方志丛书〕
b20042036 F324.1 X575 1990

南县文化志
南县文化局南县文化志编写组编 益阳 益阳地区湘中印刷厂 1986 年 240 页
b36129057 G127.644 N161 1986

南县地名志
湖南省南县人民政府编 南县 湖南省南县人民政府 1983 年 388 页
b16449228 K926.44 N161 1983

桃江县

桃江县志
桃江县志编纂委员会编 李奇才总纂 北京 中国社会出版社 1993 年 675 页
b10758926 K296.44 T266

桃江县志 1986–2000
桃江县地方志编纂委员会编 龙玉牛主编 北京 方志出版社 2010 年 928 页
b2245889x K296.44 T2664 2010

安化县

安化县志
安化县志编纂委员会编 邓光宇总纂 北京 社会科学文献出版社 1993 年 685 页
b13086522 K296.44 A163

安化县志 1986–2000
湖南省安化县地方志编纂委员会编 刘圃文主编 北京 方志出版社 2005 年 585 页
b16081262 K296.44 A163H 2005

安化县人大志 1949–2016
安化县人大志编纂委员会编 夏华凤 姚国良主编 北京 方志出版社 2017 年 621 页
b50346064 D624.644 A163 2017

安化县农业志
安化县农业局编 郭兴堂 谌银秋主编 安化 安化县农业局 1991 年 335 页
b49802744 F329.644 A163 1991

安化县交通志
安化县交通局编 安化 安化县交通局 1992 年 377 页〔湖南省安化县地方志丛书〕
b20041469 F512.764.4 A163 1992

郴州市

郴州地区志
彬州地区地方志编纂委员会编 北京 中国社会出版社 1996年 3卷 2077页
b10600826 K296.42 B492

郴县志
郴县志编纂委员会编 刘太祺总纂 北京 中国社会出版社 1995年 934页〔中华人民共和国地方志丛书〕
b10616755 K296.44 B492

郴州市志
郴州市志编纂委员会编 合肥 黄山书社 1994年 746页
b13639055 K296.43 C411

湖南乡镇简志 郴州市卷
湖南省地方志编纂委员会 郴州市地方志编纂委员会编纂 唐璨主编 北京 方志出版社 2017年 2册 1915页
b50871092 K296.45 C411 2017

郴州市政协志
郴州市政协志编纂委员会编 郴州 湖南省郴州市美术印刷厂 1996年 216页
b2001403x D628.643 C411 1996

郴州经济开发区志 1988–2008
郴州经济开发区志编纂委员会编 全宏善主编 北京 方志出版社 2011年 252页
b22434306 F127.643 Q624 2011

郴州市国土资源志 1840–2007
郴州市国土资源志编纂委员会编 吴祥祥总编 长沙 湖南人民出版社 2008年 370页
b20533986 F129.964.3 C411 2008

郴州烟叶复烤志
郴州烟叶复烤志编纂委员会编 何田松主编 北京 方志出版社 2010年 334页
b5024694x F426.89 C411 2010

郴州地区交通志
刘安伦主编 长沙 湖南出版社 1993年 362页〔湖南交通史志丛书〕
b20041895 F512.764.2 L669 1993

郴州市交通志 1980–2002
张晓棣主编 郴州 郴州市交通局 2006年 550页
b20100371 F512.764.3 C411 2006

郴州市粮食志
郴州市粮食局编 陈录仕主纂 郴州 郴州市粮食局 2009年 229页
b50729159 F724.721 C411 2009

郴州商业志 1840–2006
郴州市商业物资行业管理办公室编 宁奠安主编 北京 方志出版社 2009年 306页
b47009032 F727.643 C411 2009

郴州市第二中学校志 1943–2013
郴州市第二中学建校70周年校志编纂委员会编 李靖 刘运满主编 郴州 郴州市第二中学建校70周年校志编纂委员会 2013年 211页
b46635129 G639.286.43 C411 2013

湖南省郴州市一中校志 1906–1996
郴州市一中九十周年校志编审组编 郴州 郴州市第一中九十周年校志编审组 1996年 161页
b20101909 G639.286.4 C411 1996

湖南省郴州地区文物志
郴州地区文物工作队编 秦毅主编 郴州 郴州地区文物工作队 1982年 218页
b20101892 K872.642 Q449 1982

郴州地区卫生志 1840–1988
湖南省郴州地区卫生志编纂办公室编 郭履前主笔 郴州 湖南省郴州地区卫生志编纂办公室 1992年 284页
b45840039 R199.2 C411 1992

郴州地区水利志
郴州地区水利水电局编 杨名康主编 郴州 郴州地区美术印刷厂 1988年 288页
b21567207 TV–092 Y239 1988

北湖区

郴州市北湖区志 1990–2004
湖南省郴州市北湖区编纂委员会编 曹亚辉主编 北京 方志出版社 2011年 842页
b36134089 K296.43 B316 2011

小溪村志
李志军主编 北京 中国文史出版社 2016年 248页〔北湖地方史志丛书〕
b47364592 K296.45 X347 2016

苏仙区

苏仙区志 1989–2002
湖南省郴州市苏仙区志编纂委员会编 长沙 湖南人民出版社 2007年 482页
b18658970 K296.43 S715 2007

柿竹园公司志 1986–2010
柿竹园公司志编纂委员会编 黄凯辉主编 郴州 柿竹园公司志编纂委员会 2011年 701页
b49827054 F426.32 S494 2011

资兴市

资兴市志
资兴市地方志编纂委员会编 长沙 湖南人民出版社 1999年 2卷 1005页
b16425480 K296.43 Z841 1999

资兴市志 1989–2003
资兴市地方志编纂委员会编 李冠辉 黄润强主编 北京 方志出版社 2013年 688页
b45649042 K296.43 Z841 2013

桂阳县

桂阳县志
桂阳县志编纂委员会编 钟亦京 李新泉总纂 北京 中国文史出版社 1994年 852页
b10727851 K296.44 G731

桂阳县志 1989–2000
湖南省桂阳县志编纂委员会编 邓佑仁主编 北京 五洲传播出版社 2004年 783页
b16165111 K296.44 G731 2004

桂阳县乡镇简志
桂阳县史志办公室编 刘旭文主编 北京 中国文史出版社 2017年 353页
b50642315 K296.45 G731 2017

太和镇志
太和镇人民政府编 徐桂才主编 桂阳 太和镇人民政府 1999年 548页
b16433385 K296.45 T162 1999

桂阳县水利水电志
桂阳县水利水电局编 朱列孝主编 桂阳 桂阳县水利水电局 1993年 272页
b21857180 TV–092 G731 1993

宜章县

宜章县志
宜章县志编纂委员会编 李相邠主编 合肥 黄山书社 1995年 905页〔中华人民共和国地方志丛书〕
b10524903 K296.44 Y425

宜章县志 1989–2000
宜章县志编纂委员会编 长沙 湖南人民出版社 2005年 687页
b16165056 K296.44 Y425 2005

宜章县乡镇简志
宜章县地方志编纂委员会编 黄利华主编 北京 中国文史出版社 2017年 344页
b51079732 K296.45 Y425 2017

宜章县人大志
宜章县人大志编纂委员会编 杨书泰主编 北京 方志出版社 2011年 671页〔宜章县地方志丛书〕
b36133644 D624.644 Y425 2011

校志 湖南省宜章县第一中学建校81周年庆典 1925–2006
湖南省宜章一中81周年校庆筹备委员会编 谭小金主编 宜章 湖南省宜章一中81周年校庆筹备委员会 2006年 326页
b41257662 G639.286.44 Y425 2006

湖南省宜章县地名录
宜章县人民政府编 宜章 宜章县人民政府 1983年 404页
b16142640 K926.44 Y425 1983

永兴县

永兴县志
永兴县地方志编纂委员会编 北京 中国城市出版社 1994年 783页
b13993070 K296.44 Y636

永兴县志 1989–2002
永兴县志编纂委员会编 陈梅娥 王日明主编 北京 方志出版社 2009年 672页
b20467060 K296.44 Y636 2009

永兴煤炭志
永兴煤炭志编纂委员会编 邓少华主编 北京 方志出版社 2004年 254页
b50247657 F426.21 Y636 2004

嘉禾县

嘉禾县志
嘉禾县志编纂委员会编 罗继韩总纂 合肥 黄山书社 1994年 602页
b10598066 K296.44 J198

嘉禾县志 1989–2002
湖南省嘉禾县志编纂委员会编 黄传胜主编 长沙 湖南人民出版社 2007年 571页
b18209051 K296.44 J198 2007

嘉禾第一中学校志 1923–2013
嘉禾第一中学建校90周年校志编纂委员会编 嘉禾 嘉禾第一中学建校90周年校志编纂委员会 2013年 218页
b50066237 G639.286.44 J198 2013

湖南省嘉禾县土壤志
李贤芳编写 嘉禾 嘉禾县土壤普查办公室 1984年 140页
b20576869 S159.264.4 J198 1984

临武县

临武县志
湖南省临武县志编纂委员会编 卢国瑞

刘锡珍总纂 长沙 中南工业大学出版社 1989年 473页
b16427002 K296.44 L5818 1989

临武县人大志
临武县第十五届人民代表大会常务委员会编 临武 临武县第十五届人民代表大会常务委员会 2011年 582页
b49533514 D624.644 L581 2011

临武县地名录
临武县人民政府编 临武 临武县人民政府 1983年 117页
b20379894 K926.44 L581 1983

汝城县

汝城县志
汝城县志编纂委员会编 长沙 湖南人民出版社 1997年 887页
b10503237 K296.44 R326

汝城县志 1989–2002
汝城县志编纂委员会编 北京 方志出版社 2008年 720页
b19329465 K296.44 R326 2008

汝城县政协志 1982–2016
政协汝城县委员会编 肖春英 邱文辉主编 汝城 政协汝城县委员会 2016年 502页
b50729688 D628.644 R326 2016

桂东县

桂东县志
桂东县志编纂委员会编 长沙 湖南人民出版社 1998年 661页
b12698374 K296.44 G7312

桂东县志 1991–2002
桂东县志编纂委员会编 北京 方志出版社 2009年 662页〔中华人民共和国地方志丛书〕
b20810453 K296.44 G7312C 2009

安仁县

安仁县志
安仁县志编纂委员会编 萧芳萌 樊甲生总纂 北京 中国社会出版社 1996年 721页〔中华人民共和国地方志丛书〕
b10617218 K296.44 A164

安仁县志 1989–2003
安仁县志编纂委员会编 阳启明主编 长沙 湖南人民出版社 2011年 607页
b46273633 K296.44 A164 2011

湖南省安仁县地名录
安仁县人民政府编印 安仁 安仁县人民政府 1985年 109页
b16142627 K926.44 A164 1985

永州市

零陵地区志
零陵地区地方志编纂委员会编 刘桂阳总纂 长沙 湖南人民出版社 2001年 2卷 2710页〔中华人民共和国地方志丛书〕
b13990822 K296.42 L622

零陵地区志 妇女志
湖南省妇联零陵地区办事处编 衡阳 核工业中南三〇六印刷厂 1995年 300页
b21764268 K296.42 L622F 1995

零陵地区志 法院志
零陵地区中级人民法院 盘福德主编 零

陵 零陵地区文化局新闻出版科 1995年 238页
b46011705 K296.42 L622G 1995

零陵地区志 教育志
永州市教育志编纂委员会编 陈岩总纂 零陵 永州市教育志编纂委员会 2000年 413页
b47045358 K296.42 L622H 2000

零陵地区志 金融志
零陵地区金融志编纂办公室编 彭昌龄主编 长沙 湖南出版社 1995年 391页
b2176427x K296.42 L622J 1995

零陵地区志 科学技术志
湖南省零陵地区科学技术委员会编 何大光主编 长沙 湖南出版社 1995年 496页
b41234467 K296.42 L622K 1995

零陵地区志 民族志
零陵地区民族事务委员会编 盘心洪主编 永州 凤凰园长虹彩印厂 2001年 370页
b2053520x K296.42 L622M 2001

零陵地区志 商业志
管文主编 广州 广东省地图出版社 1994年 390页
b44851595 K296.42 L622S 1994

零陵地区志 烟草志
零陵地区烟草专卖局编 李智生主编 长沙 湖南日报第二印刷厂 1995年 306页〔中华人民共和国地方志丛书〕
b41235368 K296.42 L622Y 1995

永州市志 宗教志
永州市民族宗教事务委员会编 王明生总撰 北京 人民出版社 2012年 386页
b46377645 K296.43 Y636C 2012

零陵地区志 人大志
零陵地区人大志编纂委员会编 胡德增主编 零陵 零陵地区人大志编纂委员会 2001年 310页
b20139627 D624.642 L622 2001

永州市检察志 1994–2015
永州市人民检察院编 罗厚清主编 北京 方志出版社 2018年 282页〔永州市地方志丛书〕
b53029185 D926.32 Y636 2018

零陵地区交通志
零陵地区交通志编纂委员会编 长沙 湖南出版社 1993年 367页〔湖南交通史志丛书〕
b20044203 F512.764.2 L622 1993

永州市金洞管理区志
永州市金洞管理区志编纂委员会编 邓观生总编 北京 方志出版社 2016年 605页
b49864713 K296.43 Y636J 2016

永州地名志
永州市人民政府办公室主办 永州市地名委员会编辑 蔡自新 高增遗主编 香港 天马出版公司 2005年 530页
b46668810 K926.43 Y636 2005

冷水滩区

永州市冷水滩区志 1984–2003
永州市冷水滩区志编纂委员会编 北京 方志出版社 2008年 761页
b19826333 K296.43 Y636L 2008

零陵区

永州市零陵区志 1982–2003
永州市零陵区志编纂委员会编 长沙 湖南人民出版社 2009年 746页
b20466766 K296.43 Y636M 2009

零陵县志
湖南省永州冷水滩市地方志联合编纂委员会编 北京 中国社会出版社 1992年 718页
b1079640x K296.44 L622

零陵县文化志
永州市文化局 冷水滩市文化局编 永州 永州市文化局 1990年 199页
b19931992 G127.644 Y636 1990

湖南省零陵县科学技术志
冷水滩市科学技术委员会 永州市科学技术委员会编 萧定才 袁明月主编 北京 中国文史出版社 1991年 291页
b50268648 G322.764.4 L622 1991

零陵农校校志
零陵农业学校编 永州 湖南永州三叶公司 1996年 229页
b20139639 G719.286.4 L622 1996

祁阳县

祁阳县志
祁阳县志编纂委员会编 李麟书总编辑 北京 社会科学文献出版社 1993年 731页
b13276219 K296.44 Q127

祁阳县志 1978–2004
湖南省祁阳县志编纂委员会编 黄承先总编 长沙 湖南人民出版社 2006年 637页
b16784649 K296.44 Q127Q 2006

祁阳县人民代表大会志 1949–2010
祁阳县人大常委会编 祁阳 祁阳县人大常委会 2011年 634页
b44916449 D624.644 Q127 2011

祁阳县林业志
湖南省祁阳县林业局编 陈长智主编 长沙 湖南省地质测绘印刷厂 2007年 591页〔祁阳县志〕
b22431330 F326.276.44 Q127 2007

祁阳县交通志
政协湖南省祁阳县委员会编 王兴国主编 祁阳 政协湖南省祁阳县委员会 2007年 652页〔祁阳文史〕
b18668264 F512.764.4 W233 2007

祁阳县财政志 1986–2010
政协祁阳县委员会学习文史宣教卫体委员会 祁阳县财政局编 邓晓阳主编 祁阳 政协祁阳县委员会学习文史宣教卫体委员会 2011年 613页〔祁阳文史〕
b44852022 K296.44 Q127W

祁阳县文化志
欧阳友徽主编 祁阳 政协湖南省祁阳县委员会 2004年 1071页〔祁阳文史〕
b19932212 K296.44 Q127W 2004

祁阳文物志
祁阳县文化局编 祁阳 祁阳县文化局 1985年 100页
b20103323 K872.644 Q127 1985

浯溪志
桂多荪撰 长沙 湖南人民出版社 2004年 612页

b16610076　K928.4　G731　2004

东安县

东安县志

东安县志编纂委员会编　陈永宁主编　长沙　湖南出版社　1995 年　868 页

b10600425　K296.44　D582

东安县志　1989–2004

东安县志编纂委员会编　文高平总编　北京　方志出版社　2009 年　706 页

b20451131　K296.44　D582　2009

湖南省东安县土壤志

东安县土壤普查办公室　东安县农业局土肥站编　东安　东安县土壤普查办公室　1982 年　136 页

b47316937　S159.264.4　D582　1982

东安县水利志

东安县水利水电局编　东安　东安县水利水电局　1991 年　339 页

b20100668　TV–092　D5821　1991

双牌县

双牌县志

双牌县地方志编纂委员会编　北京　方志出版社　2008 年　913 页

b20397550　K296.44　S5926　2008

双牌县志　评议稿

双牌县地方志编纂委员会编　双牌　双牌县地方志编纂委员会　2005 年　979 页

b21136658　K296.44　S5926　2005

双牌灌区志

湖南省双牌水库管理局编　柏牧主编　永州　湖南省双牌水库管理局印务中心　2002 年　300 页〔中华人民共和国地方志丛书〕

b20045578　S279.264　H479　2002

道　县

道县志

湖南省道县县志编纂委员会编　蒋聪顺总纂　北京　中国社会出版社　1994 年　824 页

b10616962　K296.44　D277

道县志　1978–2003

道县地方志编纂委员会编　罗建华　周新辉　刘功文总纂　北京　方志出版社　2011 年　597 页

b36133425　K296.44　D277C　2011

江永县

江永县志

湖南省江永县志编纂委员会编　吴多禄主编　北京　方志出版社　1995 年　811 页〔中华人民共和国地方志丛书〕

b10597578　K296.44　J326

江永县志　1991–2004

湖南省江永县志编纂委员会编　唐早君主编　北京　方志出版社　2008 年　686 页

b20197573　K296.44　J326T　2008

江永教育志

江永县教育委员会编　江永　江永县印刷厂　1992 年　324 页

b27575834　G527.644　J326　1992

宁远县

宁远县志

湖南省宁远县地方志编纂委员会编　何中

安总纂 北京 社会科学文献出版社 1993 年 642 页
b10836408 K296.44 N413

宁远县志 1978–2003
宁远县志编纂委员会编 刘卫华总纂 北京 方志出版社 2007 年 684 页
b18148177 K296.44 N413 2007

九疑山志
湖南省宁远县九疑山志编纂委员会编 北京 方志出版社 2005 年 418 页
b16635577 K928.3 J5859 2005

湖南省宁远县土壤志
宁远县土壤普查办公室 宁远县农业局土肥站编 彭春生执笔 宁远 宁远县土壤普查办公室 1983 年 244 页
b47072969 S159.264.4 N413 1983

蓝山县

蓝山县志
蓝山县志编纂委员会编 陈书璧总纂 北京 中国社会出版社 1995 年 746 页〔中华人民共和国地方志丛书〕
b10624892 K296.44 L171

蓝山县志 1990–2003
唐国琼总纂 北京 方志出版社 2011 年 602 页
b23217340 K296.44 L171 2011

蓝山县人民代表大会志
蓝山县人大志编纂委员会编 陈年旺主编 蓝山 蓝山县人大志编纂委员会 1998 年 384 页
b47415290 D624.644 L171 1998

新田县

新田县志
新田县志编纂委员会编 曾平英主编 北京 新华出版社 1995 年 592 页
b10624983 K296.44 X4448

新田县志 1978–2003
新田县志编纂委员会编 王小波总纂 长沙 湖南人民出版社 2008 年 711 页
b20198486 K296.44 X4448W 2008

新田县人大志 1950–2012
新田县人大志编纂委员会编 王兴利主编 北京 中共党史出版社 2014 年 674 页
b50664864 D624.644 X444 2014

江华瑶族自治县

江华瑶族自治县志
湖南省江华瑶族自治县县志编纂委员会编 戴维达总纂 北京 中国城市出版社 1994 年 650 页〔中华人民共和国地方志丛书〕
b1075975x K296.44 J324

江华瑶族自治县志 1990–2003
湖南省江华瑶族自治县志编纂委员会编 李祥红总纂 北京 民族出版社 2005 年 645 页
b16229277 K296.44 J324 1994

码市镇志
江华瑶族自治县码市镇志编纂委员会编 蒋建林主编 北京 中国文史出版社 2016 年 360 页
b47384906 K296.45 M134 2016

江华人大志
江华瑶族自治县人民代表大会常务委员会

编 江华 江华瑶族自治县人民代表大会 1992年 191页
b20139032 D624.644 J324 1992

怀化市

怀化地区志
湖南省怀化地区地方志编纂委员会 刘永寿 薛忠勇总纂 北京 三联书店 1999年 3卷 2603页〔中华人民共和国地方志丛书〕
b13762138 K296.42 H558

怀化市志
湖南省怀化市志编纂委员会编 杨司再主编 北京 三联书店 1994年 905页〔中国地方志丛书〕
b10645202 K296.43 H558

怀化市蔬菜志
朱良鱼主编 北京 科学技术文献出版社 2010年 369页〔湖南省怀化市地方志丛书〕
b49826931 F326.43 Z699 2010

怀化农村改革试验区志
怀化农村改革试验区办公室编 周亮一主编 怀化 怀化农村改革试验区办公室 2008年 192页
b49803189 F327.643 H558 2008

怀化电力志
湖南省怀化电力集团有限责任公司 明光先主编 怀化 湖南省怀化电力集团有限责任公司 2012年 392页
b50665200 F426.61 H5583 2012

怀化市双阳林化有限公司志
怀化 怀化市双阳林化有限公司 2015年 47页
b51012212 F426.7 H558 2015

怀化地区交通志
杨铭鉴主编 郑州 中州古籍出版社 1991年 351页〔湖南交通史志丛书〕
b20043144 F512.764.2 Y239 1991

怀化市交通志 1980–2001
怀化市交通志编纂委员会编 杨铭鉴主编 长沙 湖南省航务印刷厂 2003年 473页
b20043156 F512.764.3 H558 2003

怀化铁路总公司志 1970–2005
怀化铁路总公司史志编纂委员会编 北京 中国铁道出版社 2007年 589页
b50778511 F532.864-09 H558 2007

中国农业银行怀化分行志
中国农业银行怀化分行志编纂委员会编 罗忠邦主编 怀化 中国农业银行怀化分行志编纂委员会 2010年 403页〔湖南省怀化市地方志丛书〕
b49804261 F832.33 H558 2010

怀化市民族志
怀化市民族宗教事务委员会编 谭长显主编 北京 线装书局 2014年 691页
b49962917 K280.643 H558 2014

怀化地名志
怀化市地名志编辑委员会编辑 张在晓主编 怀化 怀化市地名志编辑委员会 2001年 522页
b4970493x K926.43 H558C 2001

怀化市地名录
怀化市人民政府编 彭鸣元主编 怀化 怀化市人民政府 1983年 91页
b20369244 K926.43 H558 1983

怀化市水利电力志
怀化市水利电力志编纂委员会编 罗永球

主编 怀化 怀化市水利电力志编纂委员会 1993年 274页〔湖南省怀化市地方志丛书〕
b21856667 TV-092 H558 1993

鹤城区

怀化市黄岩乡志
怀化市黄岩乡志编纂委员会编 怀化 怀化市黄岩乡志编纂委员会 1992年 油印本 212页〔湖南省怀化市地方志丛书〕
b17992813 K296.45 H669 1992

洪江市

黔阳县志
黔阳县地方志编纂委员会编 北京 中国文史出版社 1991年 769页
b1064507x K296.44 Q229

洪江市志
洪江市志编纂委员会编 周浦泰主编 北京 三联书店 1994年 688页〔中国地方志丛书〕
b10570408 K296.43 H415

洪江市城乡建设志 1978–2007
洪江市城乡建设志编纂委员会编 杨喜梅主编 洪江 洪江市城乡建设志编纂委员会 2010年 280页〔洪江市地方志丛书〕
b50991759 F299.276.44 H415 2010

黔阳县交通志
黔阳县交通局编 洪江 安江东风印刷厂 1988年 511页
b20044872 F512.764.4 Q229 1988

湖南省黔阳县地名志
黔阳县人民政府编 黔阳 黔阳县人民政府 1985年 333页
b16438152 K926.44 Q229 1985

沅陵县

沅陵县志
沅陵县地方志编纂委员会编 周光烈总纂 北京 中国社会出版社 1993年 800页〔沅陵县地方志丛书〕
b10796058 K296.44 Y811

沅陵县志 1988–1997
沅陵县志续编版编纂委员会编 长沙 湖南人民出版社 2001年 538页〔中华人民共和国地方志〕
b16426162 K296.44 Y811 2001

沅陵县林业志
沅陵县林业局编 北京 中国文史出版社 1990年 419页〔沅陵县地方志丛书〕
b50268739 F326.276.34 Y818 1990

沅陵县对外经济贸易志
沅陵县对外贸易局编 蔡秀德主编 沅陵 沅陵县对外贸易局 1994年 169页〔沅陵县地方志丛书〕
b5022217x F752.864.4 Y818 1994

沅陵县金融志
彭荣中主编 北京 中国文史出版社 1992年 354页
b42291628 F832.764.4 P336 1992

沅陵县文化志
沅陵县文化志编著者编 桃源 湖南省桃源县印刷厂 1988年 225页〔沅陵县地方志丛书〕
b19932856 G127.644 Y818 1988

沅陵县教育志
沅陵县教育志编写组编 邓必松主编 沅陵 沅陵县教育志编写组 1989年 311页〔沅陵县地方志丛书〕
b20141762 G527.644 Y818 1989

沅陵县凉水井区志
中共凉水井区委会 凉水井区公所编 向顺球主编 沅陵 凉水井区公所 1995年 542页〔沅陵县地方志丛书〕
b36246463 K296.44 Y8185 1995

辰溪县

辰溪县志
辰溪县志编纂委员会编 北京 三联书店 1994年 883页〔中国地方志丛书〕
b10726524 K296.44 C438

辰溪县志 1978–2005
辰溪县志编纂委员会编 刘明卿 鲁圣祥 刘代有主编 北京 线装书局 2012年 683页
b40421193 K296.44 C438 2012

辰溪县金融志
辰溪县金融志编写组编 北京 新华出版社 1994年 303页〔湖南省辰溪县专业志丛书〕
b44851121 F832.764.4 C438 1994

辰溪县教育志
辰溪县教育局编 辰溪 辰溪县新建印刷厂 2003年 418页
b27575391 G527.644 C438 2003

当代辰溪人物志
辰溪县史志办公室编 长沙 湖南人民出版社 1998年 223页
b16434900 K820.864.4 C438 1998

当代辰溪人物志
辰溪县史志办公室编 长沙 湖南人民出版社 2001年 184页〔当代辰溪人物志系列丛书〕
b17654683 K820.864.4 C438 2001

溆浦县

溆浦县志
溆浦县县志编纂委员会编 刘国俦总编 北京 社会科学文献出版社 1993年 753页〔中国地方志丛书〕
b10604327 K296.44 X621

湖南省溆浦县政协志
溆浦县政协学习文史委员会编 溆浦 溆浦县印刷厂 1997年 356页
b20015021 D628.644 X621 1997

湖南省溆浦县地名录
溆浦县人民政府编 溆浦 溆浦县人民政府 1983年 452页
b20043053 K926.44 X621 1983

溆浦县土壤志
溆浦县土壤普查专业队编 溆浦 溆浦县土壤普查专业队 1993年 561页
b20046480 S159.264.4 X621

会同县

会同县志
湖南省会同县编纂委员会编 侯良卓总纂 北京 三联书店 1994年 1059页〔中国地方志丛书〕
b10604121 K296.44 H697

会同县志 1978–2005
会同县志编纂委员会编 张宏早 张英洪主

编 北京 中国文史出版社 2014 年 806 页
b47052107 K296.44 H697C 2014

麻阳苗族自治县

麻阳县志
麻阳苗族自治县志编纂委员会编 王来宾主编 北京 三联书店 1994 年 882 页〔中国地方志丛书〕
b10604170 K296.44 M123

麻阳县志 1978–2005
湖南省麻阳苗族自治县地方志编纂委员会编 郑州 中州古籍出版社 2008 年 771 页
b20136821 K296.44 M123H 2008

麻阳民族志
麻阳民族志编写组编 谭子美 李宜仁主编 北京 民族出版社 1998 年 284 页
b13994906 K280.644 M123

湖南省麻阳县文物志 未定稿
湖南省麻阳县文化局编写领导小组编 麻阳 湖南省麻阳县文化局编写领导小组 1983 年 油印本 92 页
b3637961x K872.644 M123 1983

新晃侗族自治县

新晃侗族自治县志
湖南省新晃侗族自治县志编纂委员会编 杨顺沛总纂 北京 三联书店 1993 年 864 页〔中国地方志丛书〕
b10604236 K296.44 X443

新晃侗族自治县人民代表大会志
新晃侗族自治县人民代表大会志编纂委员会编 吴兆松主编 新晃 新晃侗族自治县人民代表大会志编纂委员会 2010 年 399 页
b47416154 D624.644 X443 2010

新晃侗族自治县扶贫开发志
新晃侗族自治县扶贫开发志编纂委员会编 杨慎学主编 新晃 新晃侗族自治县扶贫开发志编纂委员会 2015 年 274 页〔新晃侗族自治县地方志丛书〕
b5006681x F126 X443 2015

新晃侗族自治县教育志
新晃侗族自治县教育委员会编 新晃 新晃侗族自治县教育委员会 1989 年 280 页
b21136737 G527.644 X443 1989

新晃侗族自治县民族志
新晃侗族自治县民族事务委员会编 贵阳 贵州民族出版社 1995 年 324 页〔新晃侗族自治县地方丛书〕
b17358462 K280.644 X443 1995

湖南省新晃侗族自治县地名录
新晃侗族自治县人民政府编 新晃 新晃侗族自治县人民政府 1982 年 226 页
b21274897 K926.44 X443D 1982

芷江侗族自治县

芷江县志
芷江侗族自治县县志编纂委员会编 杨启舜 吴爱国总纂 北京 三联书店 1993 年 823 页
b10836160 K296.44 Z589

芷江县志
曾岸 张钱云编 北京 中国言实出版社 2016 年 2 册 702 页〔历史·芷江〕
b50777452 K296.44 Z589C 2016

芷江县志 1978–2005
湖南省芷江侗族自治县县志编纂委员会

编 杨文斌主编 北京 方志出版社 2012 年 864 页
b36370356 K296.44 Z589Z 2012

芷江民族志
芷江侗族自治县民族事务委员会编 吴可禄主编 北京 新华出版社 1997 年 534 页
b19930859 K280.644 W492 1997

湖南省芷江县地名录
芷江县人民政府编 芷江 芷江县人民政府 1982 年 314 页
b2010196x K926.44 Z5894 1982

靖州苗族侗族自治县

靖州县志
靖州苗族侗族自治县县志编纂委员会编 周仁美主编 北京 三联书店 1994 年 906 页〔中国地方志丛书〕
b10524976 K296.44 J562

靖州县志 1978-2005
靖州苗族侗族自治县县志编纂委员会编 黄晖主编 北京 方志出版社 2010 年 662 页
b2203254x K296.44 J562 2010

靖州县人口志
靖州苗族侗族自治县计划生育委员会编 靖州 靖州县印刷厂 1993 年 117 页〔靖州县地方志丛书〕
b17358504 C924.256.44 J562 1993

靖州县人大志
靖州苗族侗族自治县人大编 靖州 靖州苗族侗族自治县人大 1994 年 186 页〔靖州县地方志丛书〕
b17358516 D624.644 J562 1994

靖州苗族侗族自治县城乡建设志
靖州苗族侗族自治县建设委员会编 姚绍辉主编 靖州 靖州苗族侗族自治县建设委员会 1989 年 177 页〔靖州县地方志丛书〕
b49982369 F299.276.44 J562 1989

排牙山林场志
国有靖州苗族侗族自治县排牙山林场编 孙启照主编 靖州 国有靖州苗族侗族自治县排牙山林场 1995 年 203 页〔靖州县地方志丛书〕
b23229007 F326.276.44 P135 1995

靖州县文化志
靖州苗族侗族自治县文化局编 靖州 靖州第二中学印刷厂 1993 年 215 页〔靖州县地方志丛书〕
b17358565 G127.644 J562 1993

靖州县教育志
靖州苗族侗族自治县教育局编 靖州 靖州第二中学印刷厂 1995 年 226 页〔靖州县地方志丛书〕
b1735853x G527.644 J562 1995

靖州苗族侗族自治县民族志
湖南省靖州苗族侗族自治县民族事务委员会编 长沙 湖南人民出版社 1997 年 277 页〔靖州县地方志丛书之十九〕
b19930938 K280.644 H479 1997

通道侗族自治县

通道县志
通道侗族自治县县志编纂委员会编 田自保主编 北京 民族出版社 1999 年 974 页〔中华人民共和国地方志丛书〕
b13084987 K296.44 T426

独坡八寨志
石佳能 林良兵 吴文志主编 北京 中国戏剧出版社 2011 年 370 页
b49788954 K296.45 D696 2011

通道城乡建设志
通道侗族自治县城乡建设志编纂委员会编 章伯希 陆安宏主编 通道 通道侗族自治县城乡建设志编纂委员会 2006 年 393 页
b45417647 F299.276.44 T426 2006

通道侗族自治县民族志
通道侗族自治县民族宗教事务局编 北京 民族出版社 2004 年 421 页〔通道侗族自治县地方志丛书〕
b15613434 K280.644 T426 2004

娄底市

娄底地区志
娄底地区地方志编纂委员会编 王焕明 丛树英 曾维亮总纂 长沙 湖南出版社 1997 年 2 卷 1774 页〔中华人民共和国地方志丛书〕
b10468638 K296.42 L764

娄底市志
湖南省娄底市志编纂委员会编 北京 中国社会出版社 1997 年 816 页〔中华人民共和国地方志丛书〕
b10524927 K296.43 L764

娄底地区交通志
娄底地区交通志编委会编 张先初主编 长沙 湖南出版社 1993 年 335 页〔湖南交通史志丛书〕
b2004432x F512.764.2 L764 1993

娄底市教育志
肖惠主编 娄底 娄底市教育印刷厂 1994 年 574 页
b20015847 G527.643 X364 1994

湘中教育志
佘国纲编著 长沙 岳麓书社 1995 年 567 页
b13357876 G529 S364

湖南省娄底市春元中学校志 1907–2007
春元中学百年校庆办公室编 娄底 春元中学百年校庆办公室 2007 年 427 页
b20576870 G639.286.43 L764 2007

冷水江市

冷水江市志
湖南省冷水江市地方志编纂委员会编 范会昌 汤燮理总纂 北京 中国城市出版社 1994 年 684 页〔中华人民共和国地方志丛书〕
b1065544x K296.43 L347

大唐华银电力股份有限公司金竹山火力发电分公司志 1983–2010
金电公司志编纂委员会编 甘伏泉 高福国总编 冷水江 金电公司志编纂委员会 2012 年 521 页
b49938654 F426.61 D1363 2012

锡矿山锑矿志
锡矿山锑矿志编纂委员会编 冷水江 锡矿山锑矿志编纂委员会 1983 年 523 页
b22432504 F426.1 X138

冷水江市教育志
湖南省冷水江市教育委员会编 冷水江 湖南省冷水江市教育委员会 1993 年 394 页
b27575949 G527.643 L347 1993

湖南省冷水江市地名录
冷水江市人民政府编 冷水江 冷水江市人民政府 1982年 276页
b21568285 K926.43 L347 1982

涟源市

涟源市志
涟源市志编纂委员会编 刘国涛主编 长沙 湖南人民出版社 1998年 828页〔中华人民共和国地方志丛书〕
b13992739 K296.43 L463

涟源市志 1987–2007
涟源市地方志编纂委员会编 吴六权主编 北京 方志出版社 2017年 1154页〔中华人民共和国地方志丛书〕
b50777373 K296.44 L463 2017

涟源人物志
涟源市地方志编纂委员会编 娄底 湖南省娄底湘中地质印刷厂 2002年 860页
b20044008 K820.864.3 L463 2002

双峰县

双峰县志
湖南省双峰县地方志编纂委员会编 禹寿全主编 北京 中国文史出版社 1993年 712页〔中华人民共和国地方志〕
b20462104 K296.44 S592 1993

永丰镇志
永丰镇志编纂委员会编 曹军辉主编 长沙 湖南人民出版社 2017年 840页
b50748075 K296.45 Y636 2017

湖南省双峰县第一中学校志 1905–2005
双峰一中百年校庆办公室编 熊迎潮主编 双峰 双峰一中百年校庆办公室 2005年 337页
b20101922 G639.286.4 S592 2005

湖南省双峰县第一中学校志 1906–1993
曾彩初主编 唐诗戡 陈衡平编纂 双峰 双峰县第一中学 1993年 536页
b45872715 G639.286.4 S592H 1993

双峰人物志
双峰人物志编纂委员会编 宋建明 曾伯怡 颜继红主编 双峰 双峰人物志编纂委员会 2008年 859页
b37532030 K820.864.4 S592 2008

新化县

新化县志
新化县志编纂委员会编 刘友田总纂 长沙 湖南出版社 1996年 1269页〔中华人民共和国地方志丛书〕
b10521100 K296.44 X4433

湘西土家族苗族自治州

湘西土家族苗族自治州志丛书 水利电力志
湘西土家族苗族自治州地方志编纂委员会编 龙再宇总纂 彭先传主编 贵阳 贵州民族出版社 1993年 289页
b17510417 K296.42 X263

湘西土家族苗族自治州志丛书 第1卷 文化志
湘西土家族苗族自治州文化局 湘西土家族苗族自治州文联 湘西土家族苗族自治州新华书店编 龙再宇总纂 卷主编罗炳辉 长沙 湖南出版社 1996年 400页
b15587216 K296.42 X263

湘西土家族苗族自治州志丛书 第2卷 民族志
湘西土家族苗族自治州民族事务委员会民族志编组小组 张应和总纂 长沙 湖南人民出版社 1999年 487页
b16432617 K296.42 X263

湘西土家族苗族自治州志丛书 第3卷 烟草志
湘西土家族苗族自治州地方志编纂委员会编 烟草志编写组编写 龙再宇 彭南哨主编 北京 中国文史出版社 1993年 322页
b50727904 K296.42 X263

湘西州志
湘西土家族苗族自治州地方志编纂委员会编 黄秀兰总纂 长沙 湖南人民出版社 1999年 2卷 1345页〔中国地方志丛书〕
b16448303 K296.42 X2638 1999

湖南省湘西土家族苗族自治州政协志
自治州政协志编纂委员会编 田荆贵主编 北京 中国文史出版社 1990年 291页
b27574702 D628.642 Z859 1990

湘西土家族苗族自治州住房和城乡建设志
湘西土家族苗族自治州住房和城乡建设局编 彭银忠 杨昌勋总纂 长沙 湖南人民出版社 2013年 427页
b50246604 F299.276.42 X263 2013

湘西土家族苗族自治州交通志 1981–2005
湘西土家族苗族自治州交通志编纂委员会编 长沙 湖南人民出版社 2008年 449页
b19929730 F512.764.2 X263 2008

湘西土家族苗族自治州教育志
湘西土家族苗族自治州教育委员会编 杨昌鑫主编 长沙 湖南人民出版社 1997年 726页〔湘西土家族苗族自治州志丛书〕
b15641624 G527.642 Y229 1997

吉首市

吉首市志
吉首市志编纂委员会编 朱强生总纂 长沙 湖南出版社 1996年 990页〔中国地方志丛书〕
b10503535 K296.43 J139

吉首市志 1989–2005
湖南省吉首市市志编纂委员会编 石昌麟总编 北京 方志出版社 2012年 719页〔中华人民共和国地方志丛书〕
b40420851 K296.43 J139 2012

中共湘西土家族苗族自治州委党校志 1952–2002
中共湘西土家族苗族自治州委党校编 吉首 湖南省吉首精美彩印公司 2002年 增订本 312页
b20405285 D261.41 X263 2002

吉首大学志
吉首大学志编纂委员会编 合肥 黄山书社 1994年 476页
b20102148 G649.286.43 J139 1994

湖南省吉首民族师范学校志
湖南省吉首民族师范学校志编纂委员会编 吴广平主编 长沙 岳麓书社 1993年 475页
b20576857 G659.286.4 J139 1993

湖南省湘西土家族苗族自治州吉首卫生学校校志 1958–1989
湖南省湘西土家族苗族自治州吉首卫生学校编 陈宗仁主编 吉首 湖南省湘西土家族苗族自治州吉首卫生学校 1990年 142页
b20101934 G719.286.4 H4797 1990

湖南省湘西土家族苗族自治州民族中学志 1936–1989
熊中根主编 合肥 黄山书社 1995年 608页
b20101946 G758.1 X522 1995

吉首市民族志
吉首市民族志编纂领导小组编 周吉潭主编 北京 方志出版社 2015年 437页〔吉首市志丛书〕
b46551347 K280.643 J139 2015

泸溪县

泸溪县志 泸溪民政志
泸溪县史志办公室编 唐黎明主编 北京 方志出版社 2017年 486页
b50244322 D632 L787 2017

泸溪县志 武溪工业园志
泸溪县史志办公室编 唐黎明主编 北京 方志出版社 2017年 426页
b50349971 F427.644 W534 2017

泸溪县志
湖南省泸溪县志编纂委员会编 张永安主编 北京 社会科学文献出版社 1993年 616页
b1083624x K296.44 L787

泸溪县志 1986–2001
湖南省泸溪县志编纂委员会编 李宗学主编 香港 中国图书出版社 2005年 831页
b20245178 K296.44 L787 2005

泸溪县移民志
泸溪县移民局 泸溪县史志办编 张永家主编 北京 社会科学文献出版社 2003年 308页
b36184937 D632.4 L787 2003

湖南省泸溪县民政志 1912–1983
泸溪县民政局编 向仕恒主编 泸溪 泸溪县民政局 1983年 122页
b23229160 D676.44 L787 1983

泸溪公路志
唐黎明主编 北京 中国文史出版社 2016年 392页
b49639493 F542.864.4 L787 2016

凤凰县

凤凰县志
凤凰县志编纂委员会编 长沙 湖南人民出版社 1988年 415页
b13119308 K296.44 F413

凤凰县志 1978–2001
凤凰县地方志编纂委员会编 北京 方志出版社 2015年 808页〔中华人民共和国地方志丛书〕
b49669138 K296.44 F413C 2015

凤凰县建设志
凤凰县建设志编纂委员会编 滕竹轩总编 北京 中国建筑工业出版社 1993年 354页
b49981900 F299.276.44 T291 1993

凤凰县农业志
凤凰县农业志编纂委员会编 吴厚生主编 长沙 湖南出版社 1999年 508页
b4741456x F329.644 F413 1999

凤凰县民族志
凤凰县民族志编写组编 吴彦承主编 北京 中国城市出版社 1997年 388页

b17581552 K280.644 W515 1997

花垣县

花垣县志
花垣县志编纂委员会编 石昌炽 唐介寰 石文生主编 北京 生活·读书·新知三联书店 1993年 649页〔中国地方志丛书〕
b10646838 K296.44 H531

花垣县志 1986–2000
花垣县地方志编纂委员会编 北京 方志出版社 2014年 562页〔中华人民共和国地方志丛书〕
b47365687 K296.44 H531 2014

保靖县

保靖县志
保靖县征史修志领导小组编 田兴中主编 北京 中国文史出版社 1990年 435页
b10759219 K296.44 B267

保靖县志 1986–2005
保靖县征史修志办公室编 王世祥主编 北京 华艺出版社 2010年 715页
b29382117 K296.44 B267 2010

保靖县民政志 初稿
保靖县民政局绘编 保靖 保靖县民政局 1985年 油印本 154页
b36092575 D676.44 B267 1985

保靖县民族志
保靖县民族事务局编 彭美桃主编 北京 民族出版社 2015年 380页
b46489460 K280.644 B267 2015

古丈县

古丈县志
古丈县志编纂委员会编 成都 巴蜀书社 1989年 391页
b14373634 K296.44 G542 1989

古丈县民族志
古丈县民族事务委员会编 保靖 湖南省保靖县印刷厂 1992年 289页
b19931499 K280.644 G542 1992

永顺县

永顺县志
永顺县地方志编纂委员会编 杨安位总纂 长沙 湖南出版社 1995年 693页
b36246438 K296.44 Y6367 1995

湖南省永顺民族师范学校志 1938–1989
李希治主编 邵阳 湖南省新华印刷二厂 1997年 819页
b20101958 G659.286.4 H4799 1997

永顺县民族志
罗士松总纂 成都 四川民族出版社 2009年 283页
b20566207 K280.644 Y636 2009

永顺县民族志
永顺县民族志编纂委员会编 鲁隆汉主编 北京 中央民族大学出版社 2016年 232页
b4994714x K280.644 Y636C 2016

龙山县

龙山县志
湖南省龙山县地方志编纂委员会编 张登

赤 向明星主编 北京 方志出版社 2012年 2卷 1296页〔中华人民共和国地方志丛书〕
b40938645 K296.44 L742 2012

龙山工商联志 1911–2006
龙山县工商联合会(总商会)编 龙山 龙山县工商联合会(总商会)2007年 163页〔龙山县地方志丛书〕
b47243429 D665.9 L742 2007

龙山法院志
龙山县人民法院院志编委会编 彭吉祥主编 龙山 龙山县人民法院院志编委会 2006年 475页
b50269185 D926.22 L7427 2006

龙山县人文志
杨晨主编 北京 学苑出版社 2010年 445页
b45841160 K296.44 L742L 2010